二十四史（附《清史稿》）

（第一卷）

中州古籍出版社

图书在版编目（CIP）数据

二十四史（附清史稿）/（西汉）司马迁等撰．—2版．—郑州：中州古籍出版社，2021.8
ISBN 978-7-5348-1436-5

Ⅰ．①二… Ⅱ．①司… Ⅲ．①二十四史 Ⅳ．①K204.1

中国版本图书馆CIP数据核字（2021）第179332号

ERSHISI SHI：FU QINGSHI GAO
二十四史（附清史稿）

总 策 划　徐耕白
责任编辑　王关林　康　华　闵世勇
责任校对　古　群

出 版 社	中州古籍出版社（地址：郑州市郑东新区祥盛街27号6层 邮编：450016　电话：0371-65788693）
发行单位	河南省新华书店发行集团有限公司
承印单位	沂水沂河印刷有限公司
开　　本	787 mm×1092 mm　1/16
印　　张	992.5
字　　数	38700千字
版　　次	1998年7月第2版
印　　次	2021年8月第6次印刷
定　　价	2460.00元（全十二册）

本书如有印装质量问题，请与出版社调换。

出 版 说 明

　　中华民族五千年的文明史,前启于炎、黄二帝,后迄于清王朝的终寝,传之于文字记载的史料,浩如烟海。一代史学巨擘司马迁创纪传体,写成了不朽的《史记》,自班固之后,历代史家沿用这种体裁,记载了各朝的兴衰盛败,给后人留存了无数精采、丰富的珍贵史料,成了记载中国历史的"正史"。

　　清朝乾隆年间,史家们在前人编纂的《十七史》及《二十一史》的基础上,补入《旧唐书》、《旧五代史》及《明史》,编成了《二十四史》,也就是武英殿本《二十四史》,即:《史记》(西汉·司马迁撰)、《汉书》(东汉·班固撰)、《后汉书》(南朝·宋·范晔等撰)、《三国志》(晋·陈寿撰)、《晋书》(唐·房玄龄等撰)、《宋书》(梁·沈约撰)、《南齐书》(梁·萧子显撰)、《梁书》(唐·姚思廉撰)、《陈书》(唐·姚思廉撰)、《魏书》(北齐·魏收撰)、《北齐书》(唐·李百药撰)、《周书》(唐·令狐德棻等撰)、《南史》(唐·李延寿撰)、《北史》(唐·李延寿撰)、《隋书》(唐·魏徵等撰)、《旧唐书》(后晋·刘昫等撰)、《新唐书》(宋·欧阳修宋祁撰)、《旧五代史》(宋·薛居正等撰)、《新五代史》(宋·欧阳修撰)、《宋史》(元·脱脱等撰)、《辽史》(元·脱脱等撰)、《金史》(元·脱脱等撰)、《元史》(明·宋濂等撰)、《明史》(清·张廷玉等撰)。到了民国初年,未定本《清史稿》编撰完成。

　　《二十四史》刊刻行世几百年来,版本繁多,考校各有长短,且卷帙繁浩,价格不菲,不便家藏,特别是不便今天的读者阅读。

　　我们本着解决广大读者的上述两个难题,出版了这套普及型的《二十四史附清史稿》。

　　前二十四史以武英殿本为底本,《清史稿》则以关外二次本为底本,各本参校了其有关的善本。在校勘工作中,注意吸取了前贤时哲的研究成果,订正了殿本中的讹误。全书不列总目,不序总页码,各书目录分列其首,分列起迄页码,以便检阅。全书采用新式标点,简体16开本对栏横排。为了既方便今天的读者阅读,又尽可能保存史籍原貌,我们在文字处理中作了大量的工作。繁体字改为简体字,一般以1986年文字改革出版社《简化字总表》为依据,参照1989年版《辞海》进行改正,但改后读音、用法会发生变化的不改。异体字一般改为通行字,但人名、地名中的异体字一般不改。古体字和通假字一般也不改。

　　《二十四史附清史稿》中有的史书载有年表,如《史记》、《汉书》等,既不便编排,又不便查阅,因之我们本次出版仅在目录中保留卷帙。本次出版全套共十二册。

　　《二十四史附清史稿》的编校工作繁浩,参加校勘、标点、审校的同志付出了许多心力,始得其成,但难免有不妥之处,书成之后,尚祈通家识者指正,以俟再版改正,不胜感激。

中州古籍出版社

史 记

西汉·司马迁撰

史记目录

本 纪

史记卷一
  本纪第一　五帝 …………………………… 1
史记卷二
  本纪第二　夏 ……………………………… 3
史记卷三
  本纪第三　殷 ……………………………… 5
史记卷四
  本纪第四　周 ……………………………… 6
史记卷五
  本纪第五　秦昭襄王　庄襄王 ………… 11
史记卷六
  本纪第六　秦始皇　二世皇帝 ………… 16
史记卷七
  本纪第七　项羽 …………………………… 23
史记卷八
  本纪第八　汉高祖 ………………………… 28
史记卷九
  本纪第九　吕太后 ………………………… 33
史记卷十
  本纪第十　孝文帝 ………………………… 35
史记卷十一
  本纪第十一　孝景帝 ……………………… 38
史记卷十二
  本纪第十二　孝武帝 ……………………… 39

年 表

史记卷十三
  年表第一　三代世表 ……………………… 42
史记卷十四
  年表第二　十二诸侯 ……………………… 43
史记卷十五
  年表第三　六国 …………………………… 43
史记卷十六
  年表第四　秦楚之际月表 ………………… 44
史记卷十七
  年表第五　汉兴以来诸侯王 ……………… 44

史记卷十八
  年表第六　高祖功臣侯者 ………………… 44
史记卷十九
  年表第七　惠景间侯者 …………………… 44
史记卷二十
  年表第八　建元以来侯者 ………………… 45
史记卷二十一
  年表第九　建元以来王子侯者 ………… 45
史记卷二十二
  年表第十　汉兴以来将相名臣 ………… 45

书

史记卷二十三
  书第一　礼 ………………………………… 45
史记卷二十四
  书第二　乐 ………………………………… 46
史记卷二十五
  书第三　律 ………………………………… 50
史记卷二十六
  书第四　历 ………………………………… 51
史记卷二十七
  书第五　天官 ……………………………… 55
史记卷二十八
  书第六　封禅 ……………………………… 60
史记卷二十九
  书第七　河渠 ……………………………… 66
史记卷三十
  书第八　平准 ……………………………… 67

世 家

史记卷三十一
  世家第一　吴太伯 ………………………… 70
史记卷三十二
  世家第二　齐太公 ………………………… 72
史记卷三十三
  世家第三　鲁周公 ………………………… 76
史记卷三十四
  世家第四　燕召公 ………………………… 80

史记卷三十五
   世家第五　管蔡 …………………………………… 81
史记卷三十六
   世家第六　陈杞 …………………………………… 83
史记卷三十七
   世家第七　卫康叔 ………………………………… 84
史记卷三十八
   世家第八　宋微子 ………………………………… 86
史记卷三十九
   世家第九　晋 ……………………………………… 89
史记卷四十
   世家第十　楚 ……………………………………… 96
史记卷四十一
   世家第十一　越王勾践 …………………………… 101
史记卷四十二
   世家第十二　郑 …………………………………… 103
史记卷四十三
   世家第十三　赵 …………………………………… 106
史记卷四十四
   世家第十四　魏 …………………………………… 112
史记卷四十五
   世家第十五　韩 …………………………………… 115
史记卷四十六
   世家第十六　田敬仲完 …………………………… 117
史记卷四十七
   世家第十七　孔子 ………………………………… 120
史记卷四十八
   世家第十八　陈涉 ………………………………… 124
史记卷四十九
   世家第十九　外戚 ………………………………… 126
史记卷五十
   世家第二十　楚元王 ……………………………… 128
史记卷五十一
   世家第二十一　荆燕 ……………………………… 129
史记卷五十二
   世家第二十二　齐悼惠王 ………………………… 129
史记卷五十三
   世家第二十三　萧相国 …………………………… 131
史记卷五十四
   世家第二十四　曹相国 …………………………… 132
史记卷五十五
   世家第二十五　留侯 ……………………………… 133

史记卷五十六
   世家第二十六　陈丞相 …………………………… 135
史记卷五十七
   世家第二十七　绛侯周勃 ………………………… 137
史记卷五十八
   世家第二十八　梁孝王 …………………………… 139
史记卷五十九
   世家第二十九　五宗 ……………………………… 141
史记卷六十
   世家第三十　三王 ………………………………… 142

列　传

史记卷六十一
   列传第一　伯夷 …………………………………… 144
史记卷六十二
   列传第二　管晏 …………………………………… 145
史记卷六十三
   列传第三　老子　庄子　申不害　韩非 ………… 145
史记卷六十四
   列传第四　司马穰苴 ……………………………… 147
史记卷六十五
   列传第五　孙子　吴起 …………………………… 147
史记卷六十六
   列传第六　伍子胥 ………………………………… 148
史记卷六十七
   列传第七　**仲尼弟子** …………………………… 150
史记卷六十八
   列传第八　商君 …………………………………… 154
史记卷六十九
   列传第九　苏秦 …………………………………… 155
史记卷七十
   列传第十　张仪　陈轸　犀首 …………………… 159
史记卷七十一
   列传第十一　樗里子　甘茂　甘罗 ……………… 163
史记卷七十二
   列传第十二　穰侯 ………………………………… 165
史记卷七十三
   列传第十三　白起　王翦 ………………………… 166
史记卷七十四
   列传第十四　孟子　淳于髡　慎到　驺奭　荀卿
   …………………………………………………… 167
史记卷七十五

列传第十五 孟尝君……168	史记卷九十六
史记卷七十六	列传第三十六 张丞相 周昌 任敖 申屠嘉
列传第十六 平原君 虞卿……170	附韦贤 魏相 邴吉 黄霸
史记卷七十七	韦玄成 匡衡……208
列传第十七 魏公子信陵君……172	史记卷九十七
史记卷七十八	列传第三十七 郦生 陆贾 朱建……210
列传第十八 春申君……173	史记卷九十八
史记卷七十九	列传第三十八 傅宽 靳歙 周緤……212
列传第十九 范雎 蔡泽……175	史记卷九十九
史记卷八十	列传第三十九 刘敬 叔孙通……213
列传第二十 乐毅……179	史记卷一百
史记卷八十一	列传第四十 季布 栾布……214
列传第二十一 廉颇 蔺相如……180	史记卷一百一
史记卷八十二	列传第四十一 袁盎 晁错……215
列传第二十二 田单……182	史记卷一百二
史记卷八十三	列传第四十二 张释之 冯唐……217
列传第二十三 鲁仲连 邹阳……182	史记卷一百三
史记卷八十四	列传第四十三 万石 卫绾 直不疑 周文 张叔
列传第二十四 屈原 贾生……185	……218
史记卷八十五	史记卷一百四
列传第二十五 吕不韦……186	列传第四十四 田叔 附：任安……220
史记卷八十六	史记卷一百五
列传第二十六 **刺客** 曹沫 专诸 豫让 聂政	列传第四十五 扁鹊 仓公……221
荆轲……187	史记卷一百六
史记卷八十七	列传第四十六 吴王濞……225
列传第二十七 李斯……190	史记卷一百七
史记卷八十八	列传第四十七 魏其 武安侯 灌夫……227
列传第二十八 蒙恬……194	史记卷一百八
史记卷八十九	列传第四十八 韩长孺……229
列传第二十九 张耳 陈馀……195	史记卷一百九
史记卷九十	列传第四十九 李将军……230
列传第三十 魏豹 彭越……197	史记卷一百十
史记卷九十一	列传第五十 匈奴……232
列传第三十一 黥布……198	史记卷一百一十一
史记卷九十二	列传第五十一 卫将军 骠骑将军 公孙贺 李息
列传第三十二 淮阴侯……200	公孙敖 李沮 张次公 苏建 赵信
史记卷九十三	张骞 李蔡 曹襄 韩说 郭昌
列传第三十三 韩王信 卢绾……203	赵食其 荀彘 路博德 赵破奴
史记卷九十四	……237
列传第三十四 田儋 田横……205	史记卷一百一十二
史记卷九十五	列传第五十二 平津侯 主父偃……240
列传第三十五 樊哙 郦商 滕公 灌婴……206	史记卷一百一十三

列传第五十三　南越尉佗…………… 243
史记卷一百一十四
　　列传第五十四　东越………………… 244
史记卷一百一十五
　　列传第五十五　朝鲜………………… 245
史记卷一百一十六
　　列传第五十六　西南夷……………… 245
史记卷一百一十七
　　列传第五十七　司马相如…………… 246
史记卷一百一十八
　　列传第五十八　淮南厉王　淮南王安　衡山王
　　　　　　　　　………………………… 251
史记卷一百一十九
　　列传第五十九　**循吏**　孙叔敖　子产　公仪休　石奢
　　　　　　　　　李离……………………… 255
史记卷一百二十
　　列传第六十　汲黯　郑当时………… 255
史记卷一百二十一
　　列传第六十一　**儒林**　申公　辕固生　韩生　伏胜
　　　　　　　　　董仲舒　胡母生…………… 257
史记卷一百二十二
　　列传第六十二　**酷吏**　郅都　甯成　周阳由　赵禹
　　　　　　　　　张汤　义纵　王温舒　杨仆　减宣
　　　　　　　　　杜周…………………… 259
史记卷一百二十三
　　列传第六十三　大宛　乌孙　康居　奄蔡　大月氏
　　　　　　　　　安息…………………… 262
史记卷一百二十四
　　列传第六十四　**游侠**　朱家　剧孟　郭解…… 265
史记卷一百二十五
　　列传第六十五　**佞幸**　邓通　韩嫣　李延年…… 266
史记卷一百二十六
　　列传第六十六　**滑稽**　淳于髡　优孟　优旃　附东方
　　　　　　　　　朔　东郭先生　王先生　西门豹…
　　　　　　　　　…………………………… 267
史记卷一百二十七
　　列传第六十七　**日者**　司马季主……… 269
史记卷一百二十八
　　列传第六十八　**龟策**………………… 271
史记卷一百二十九
　　列传第六十九　**货殖**　范蠡　子贡　白圭　猗顿
　　　　　　　　　卓氏　程郑　宛孔氏　师史　任氏
　　　　　　　　　…………………………… 275
史记卷一百三十
　　列传第七十　**太史公自序**…………… 278

史 记

卷 一　　五帝本纪第一

黄帝者，少典之子，姓公孙，名曰轩辕。生而神灵，弱而能言，幼而徇齐，长而敦敏，成而聪明。

轩辕之时，神农氏世衰，诸侯相侵伐，暴虐百姓，而神农氏弗能征。于是轩辕乃习用干戈，以征不享，诸侯咸来宾从。而蚩尤最为暴，莫能伐。

炎帝欲侵陵诸侯，诸侯咸归轩辕。轩辕乃修德振兵，治五气，艺五种，抚万民，度四方，教熊、罴、貔、貅、䝙、虎，以与炎帝战于阪泉之野，三战，然后得其志。

蚩尤作乱，不用帝命。于是黄帝乃征师诸侯，与蚩尤战于涿鹿之野，遂禽杀蚩尤。而诸侯咸尊轩辕为天子，代神农氏，是为黄帝。天下有不顺者，黄帝从而征之。平者去之。披山通道，未尝宁居。

东至于海，登丸山，及岱宗。西至于空桐，登鸡头。南至于江，登熊、湘。北逐荤粥，合符釜山，而邑于涿鹿之阿。迁徙往来无常处，以师兵为营卫。官名皆以云命，为云师。置左右大监，监于万国。万国和，而鬼神山川封禅与为多焉。获宝鼎，迎日推策。举风后、力牧、常先、大鸿以治民。顺天地之纪，幽明之占，死生之说，存亡之难。时播百谷草木，淳化鸟兽虫蛾，旁罗日月星辰水波土石金玉，劳勤心力耳目，节用水火材物。有土德之瑞，故号黄帝。

黄帝二十五子，其得姓者十四人。

黄帝居轩辕之丘，而娶于西陵之女，是为嫘祖。嫘祖为黄帝正妃，生二子，其后皆有天下：其一曰玄嚣，是为青阳，青阳降居江水；其二曰昌意，降居若水。昌意娶蜀山氏女，曰昌仆，生高阳。高阳有圣德焉。

黄帝崩，葬桥山。其孙昌意之子高阳立，是为帝颛顼也。

帝颛顼高阳者，黄帝之孙而昌意之子也。静渊以有谋，疏通而知事，养材以任地，载时以象天，依鬼神以制义，治气以教化，絜诚以祭祀。北至于幽陵，南至于交阯，西至于流沙，东至于蟠木。动静之物，小大之神，日月所照，莫不砥属。

帝颛顼生子曰穷蝉。

颛顼崩，而玄嚣之孙高辛立，是为帝喾。

帝喾高辛者，黄帝之曾孙也。高辛父曰蟜极，蟜极父曰玄嚣，玄嚣父曰黄帝。自玄嚣与蟜极皆不得在位，至高辛即帝位。高辛于颛顼为族子。

高辛生而神灵，自言其名。普施利物，不于其身。聪以知远，明以察微。顺天之义，知民之急。仁而威，惠而信，修身而天下服。取地之财而节用之，抚教万民而利诲之，历日月而迎送之，明鬼神而敬事之。其色郁郁，其德嶷嶷。其动也时，其服也士。帝喾溉执中而遍天下，日月所照，风雨所至，莫不从服。

帝喾娶陈锋氏女，生放勋。娶娵訾氏女，生挚。帝喾崩，而挚代立。帝挚立，不善，崩，而弟放勋立，是为帝尧。

帝尧者放勋。其仁如天，其知如神。就之如日，望之如云。富而不骄，贵而不舒。黄收纯衣，彤车乘白马。能明驯德，以亲九族。九族既睦，便章百姓。百姓昭明，合和万国。乃命羲、和，敬顺昊天，数法日月星辰，敬授民时。分命羲仲，居郁夷，曰旸谷。敬道日出，便程东作。日中，星鸟，以殷中春，其民析，鸟兽字微。申命羲叔，居南交，便程南为，敬致。日永，星火，以正中夏，其民因，鸟兽希革。申命和仲，居西土，曰昧谷。敬道日入，便程西成，夜中，星虚，以正中秋，其民夷易，鸟兽毛毨。申命和叔，居北方，曰幽都。便在伏物，日短，星昴，以正中冬，其民燠，鸟兽氄毛。岁三百六十六日，以闰月正四时。信饬百官，众功皆兴。尧曰："谁可顺此事？"放齐曰："嗣子丹朱开明。"尧曰："吁！顽凶，不用。"尧又曰："谁可者？"讙兜曰："共工旁聚布功，可用。"尧曰："共工善言，其用僻，似恭漫天，不可。"尧又曰："嗟，四岳，汤汤洪水滔天，浩浩怀山襄陵，下民其忧，有能使治者？"皆曰鲧可。尧曰："鲧负命毁族，不可。"岳曰："异哉，试不可用而已。"尧于是听岳用鲧。九载，功用不成。

尧曰："嗟！四岳：朕在位七十载，汝能庸命，践朕位？"岳应曰："鄙德忝帝位。"尧曰："悉举贵戚及疏远隐匿者。"众皆言于尧曰："有矜在民间，曰虞舜。"尧曰："然，朕闻之。其何如？"岳曰："盲者子。父顽，母嚚，弟傲，能和以孝，烝烝治，不至奸。"尧曰："吾其试哉！"于是尧妻之二女，观其德于二女。舜饬下二女于妫汭，如妇礼。尧善之，乃使舜慎和五典，五典能从。乃遍入百官，百官时序。宾于四门，四门穆穆，诸侯远方宾客皆敬。尧使舜入山林川泽，暴风雷雨，舜行不迷。尧以为圣，召舜曰："女谋事至而言可绩，三年矣。女登帝位。"舜让于德，不怿。正月上日，舜受终于文祖。文祖者，尧大祖也。

于是帝尧老，命舜摄行天子之政，以观天命。舜乃在璇玑玉衡，以齐七政。遂类于上帝，禋于六宗，望于山川，辩于群神。辑五瑞，择吉月日，见四岳诸牧，班瑞。岁二月，东巡狩，至于岱宗，祡；望秩于山川；遂见东方君长，合时月正日，同律度量衡，修五礼、五玉、三帛、二生、一死为挚，如五器，卒乃复。五月，南巡狩；八月，西巡狩；十一月，北巡狩；皆如初。归，至于祖祢庙，用特牛礼。五岁一巡狩，群后四朝，遍告以言，明试以功，车服以庸。肇十有二州，决川。象以典刑，流有五刑，鞭作官刑，扑作教刑，金作赎刑。眚灾过，赦；怙终贼，刑。钦哉，钦哉，惟刑之静哉！

讙兜进言共工，尧曰"不可"，而试之工师，共工果淫辟。四岳举鲧治鸿水，尧以为不可，岳强请试之，试之而无功，故百姓不便。三苗在江淮、荆州数为乱。于是舜归而言于帝，请流共工于幽陵，以变北狄；放讙兜于崇山，以变南蛮；迁三苗于三危，以变西戎；殛鲧于羽山，以变东夷。四罪而天下咸服。

尧立七十年得舜，二十年而老，令舜摄行天子之政，荐之于天。尧辟位凡二十八年而崩。百姓悲哀，如丧父母。三年，四方莫举乐，以思尧。尧知子丹朱之不肖，不足授天下，于是乃权授舜。授舜，则天下得其利而丹朱病；授丹朱，则天下病而丹朱得其利。尧曰："终不以天下之病而利一人。"而卒授舜以天下。尧崩，三年之丧毕，舜让辟丹朱于南河之南。诸侯朝觐者不之丹朱而之舜，狱讼者不之丹朱而之舜，讴歌者不讴歌丹朱而讴歌舜。舜曰："天也夫！"而后之中国践天子位焉，是为帝舜。

虞舜者，名曰重华。重华父曰瞽叟，瞽叟父曰桥牛，桥牛父曰句望，句望父曰敬康，敬康父曰穷蝉，穷蝉父曰帝颛顼，颛顼父曰昌意。以至舜七世矣。自从穷蝉以至帝舜，皆微为庶人。舜父瞽叟盲，而舜母死，瞽叟更娶妻而生象，象傲。瞽叟爱后妻子，常欲杀舜，舜避逃；及有小过，则受罪。顺事父及后母与弟，日以笃谨，匪有懈。舜，冀州之人也。舜耕历山，渔雷泽，陶河滨，作什器于寿丘，就时于负夏。舜父瞽叟顽，母嚚，弟象傲，皆欲杀舜。舜顺适不失子道，兄弟孝慈。欲杀，不可得；即求，尝在侧。

舜年二十以孝闻。三十而帝尧问可用者，四岳咸荐虞舜，曰"可"。于是尧乃以二女妻舜，以观其内；使九男与处，以观其外。舜居妫汭，内行弥谨。尧二女不敢以贵骄事舜亲戚，甚有妇道。尧九男皆益笃。舜耕历山，历山之人皆让畔；渔雷泽，雷泽上人皆让居；陶河滨，河滨器皆不苦窳。一年而所居成聚，二年成邑，三年成都。

尧乃赐舜絺衣与琴，为筑仓廪，予牛羊。瞽叟尚复欲杀之，使舜上涂廪，瞽叟从下纵火焚廪。舜乃以两笠自扞而下，去，得不死。后瞽叟又使舜穿井，舜穿井为匿空旁出。舜既入深，瞽叟与象共下土实井，舜从匿空出，去。瞽叟、象喜，以舜为已死。象曰："本谋者象。"象与其父母分，于是曰："舜妻尧二女与琴，象取之；牛羊仓廪予父母。"象乃止舜宫居，鼓其琴。舜往见之，象愕不怿，曰："我思舜正郁陶！"舜曰："然，尔其庶矣！"舜复事瞽叟爱弟弥谨。于是尧乃试舜五典百官，皆治。

昔高阳氏有才子八人，世得其利，谓之"八恺"。高辛氏有才子八人，世谓之"八元"。此十六族者，世济其美，不陨其名。至于尧，尧未能举。舜举八恺，使主后土，以揆百事，莫不时序。举八元，使布五教于四方，父义，母慈，兄友，弟恭，子孝，内平外成。

昔帝鸿氏有不才子，掩义隐贼，好行凶慝，天下谓之浑沌。少暭氏有不才子，毁信恶忠，崇饰恶言，天下谓之穷奇。颛顼氏有不才子，不可教训，不知话言，天下谓之梼杌。此三族世忧之。至于尧，尧未能去。缙云氏有不才子，贪于饮食，冒于货贿，天下谓之饕餮。天下恶之，比之三凶。舜宾于四门，乃流四凶族，迁于四裔，以御螭魅。于是四门辟，言毋凶人也。

舜入于大麓，烈风雷雨不迷，尧乃知舜之足授天下。尧老，使舜摄行天子政，巡狩。舜得举用事二十年，而使摄政。摄政八年而尧崩。三年丧毕，让丹朱，天下归舜。而禹、皋陶、契、后稷、伯夷、夔、龙、倕、益、彭祖自尧时而皆举用，未有分职。于是舜乃至于文祖，谋于四岳，辟四门，明通四方耳目，命十二牧论帝德，行厚德，远佞人，则蛮夷率服。舜谓四岳曰："有能奋庸美尧之事者，使居官相事？"皆曰："伯禹为司空，可美帝功。"舜曰："嗟，然！禹，汝平水土，维是勉哉。"禹拜稽首，让于稷、契与皋陶。舜曰："然，往矣。"舜曰："弃，黎民始饥，汝后稷播时百谷。"舜曰："契，百姓不亲，五品不驯，汝为司徒，而敬敷五教，在宽。"舜曰："皋陶，蛮夷猾夏，寇贼奸轨，汝作士，五刑有服，五服三就；五流有度，五度三居；维明能信。"舜曰："谁能驯予工？"皆曰垂可。于是以垂为共工。舜曰："谁能驯予上下草木鸟兽？"皆曰益可。于是以益为朕虞。益拜稽首，让于诸臣朱虎、熊罴。舜曰："往矣，汝谐。"遂以朱虎、熊罴为佐。舜曰："嗟！四岳，有能典朕三礼？"皆曰伯夷可。舜曰："嗟！伯夷，以汝为秩宗，夙夜维敬，直哉维静絜。"伯夷让夔、龙。舜曰："然。以夔为典乐，教稚子，直而温，宽而栗，刚而毋虐，简而毋傲；诗言意，歌长言，声依永，律和声，八音能谐，毋相夺伦，神人以和。"夔曰："於！予击石拊石，百兽率舞。"舜曰："龙，朕畏忌谗说殄伪，振惊朕众，命汝为纳言，夙夜出入朕命，惟信。"舜曰："嗟！女二十有二人，敬哉，惟时相天事。"三岁一考功，三考绌陟，远近众功咸兴。分北三苗。此二十二人咸成厥功。皋陶为大理，平，民各伏得其实。伯夷主礼，上下咸让。垂主工师，百工致功。益主虞，山泽辟。弃主稷，百谷时茂。契主司徒，百姓亲和。龙主宾客，远人至。十二牧行而九州莫敢辟违。唯禹之功为大，披九山，通九泽，决九河，定九州，各以其职来贡，不失厥宜。方五千里，至于荒服。南抚交阯、北发，西戎、析枝、渠廋、氐、羌，北山戎、发、息慎，东长、鸟夷。四海之内，咸戴帝舜之功。于是禹乃兴《九招》之乐，致异物，凤皇来翔。天下明德皆自虞帝始。

舜年二十以孝闻，年三十尧举之，年五十摄行天子事，年五十八尧崩，年六十一代尧践帝位。践帝位三十九年，南巡狩，崩于苍梧之野。葬于江南九疑，是为零陵。舜之践帝位，载天子旗，往朝父瞽叟，夔夔唯谨，如子道。封弟象为诸侯。舜子商均亦不肖，舜乃预荐禹于天，十七年而崩。三年丧毕，禹亦乃让舜子，如舜让尧子。诸侯归之，然后禹践天子位。尧子丹朱，舜子商均，皆有疆土，以奉先祀；服其服，礼乐如之；以客见天子，天子弗臣，示不敢专也。

自黄帝至舜、禹，皆同姓而异其国号，以章明德。故黄帝为有熊，帝颛顼为高阳，帝喾为高辛，帝尧为陶唐，帝舜为有虞。帝禹为夏后，而别氏姓姒氏。契为商，姓子氏。弃为周，姓姬氏。

太史公曰：学者多称五帝，尚矣。然《尚书》独载尧以来，而百家言黄帝，其文不雅驯，荐绅先生难言之。孔子所传宰予问《五帝德》及《帝系姓》，儒者或不传。余尝西至空桐，北过涿鹿，东渐于海，南浮江淮矣，至长老皆各往往称黄帝、尧、舜之处，风教固殊焉，总之不离古文者近是。予观《春秋》、《国语》，其发明《五帝德》、《帝系姓》章矣，顾弟弗深考，其所表见皆不虚。《书》缺有间矣，其轶乃时时见于他说。非好学深思，心知其意，固难为浅见寡闻道也。余并论次，择其言尤雅者，故著为本纪书首。

卷 二　　　　夏本纪第二

夏禹，名曰文命。禹之父曰鲧，鲧之父曰帝颛顼，颛顼之父曰昌意，昌意之父曰黄帝。禹者，黄帝之玄孙而帝颛顼之孙也。禹之曾大父昌意及父鲧皆不得在帝位，为人臣。

当帝尧之时，鸿水滔天，浩浩怀山襄陵，下民其忧。尧求能治水者，群臣四岳皆曰鲧可。尧曰："鲧为人负命毁族，不可。"四岳曰："等之未有贤于鲧者，愿帝试之。"于是尧听四岳，用鲧治水。九年而水不息，功用不成。于是帝尧乃求人，更得舜。舜登用，摄行天子之政，巡狩。行视鲧之治水无状，乃殛鲧于羽山以死。天下皆以舜之诛为是。于是舜举鲧子禹，而使续鲧之业。

尧崩，帝舜问四岳曰："有能成美尧之事者使居官？"皆曰："伯禹为司空，可成美尧之功。"舜曰："嗟，然！"命禹："女平水土，维是勉之。"禹拜稽首，让于契、后稷、皋陶。舜曰："女其往视尔事矣。"

禹为人敏给克勤；其德不违，其仁可亲，其言可信；声为律，身为度，称以出，亹亹穆穆，为纲为纪。

禹乃遂与益、后稷奉帝命，命诸侯百姓兴人徒以傅土，行山表木，定高山大川。禹伤先人父鲧功之不成受诛，乃劳身焦思，居外十三年，过家门不敢入。薄衣食，致孝于鬼神。卑宫室，致费于沟淢。陆行乘车，水行乘船，泥行乘橇，山行乘檋。左准绳，右规矩，载四时，以开九州，通九道，陂九泽，度九山。令益予众庶稻，可种卑湿。命后稷予众庶难得之食。食少，调有馀相给，以均诸侯。禹乃行相地宜所有以贡，及山川之便利。

禹行自冀州始。

冀州：既载壶口，治梁及岐；既修太原，至于岳阳，覃怀致功，至于衡漳；其土白壤；赋上上错，田中中；常、卫既从，大陆既为；鸟夷皮服，夹右碣石，入于海。

济、河维沇州：九河既道，雷夏既泽，雍、沮会同，桑土既蚕，于是民得下丘居土；其土黑坟，草繇木条；田中下，赋贞，作十有三年乃同；其贡漆丝，其篚织文；浮于济、漯，通于河。

海岱维青州：嵎夷既略，潍、淄其道；其土白坟，海滨广潟，厥田斥卤；田上下，赋中上；厥贡盐絺，海物维错，岱畎丝、枲、铅、松、怪石，莱夷为牧，其篚檿丝；浮于汶，通于济。

海岱及淮维徐州：淮、沂其治，蒙、羽其艺；大野既都，东原底平；其土赤埴坟，草木渐包；其田上中，赋中中；贡维土五色，羽畎夏狄，峄阳孤桐，泗滨浮磬，淮夷蠙珠暨鱼，其篚玄纤缟。浮于淮、泗，通于河。

淮海维扬州：彭蠡既都，阳鸟所居。三江既入，震泽致定；竹箭既布，其草惟夭，其木惟乔，其土涂泥。田下下，赋下上上杂；贡金三品，瑶、琨、竹箭，齿、革、羽、旄；岛夷卉服，其篚织贝，其包橘、柚锡贡；均江海，通淮、泗。

荆及衡阳维荆州：江、汉朝宗于海。九江甚中，沱、涔已道，云土梦为治；其土涂泥；田下中，赋上下；贡羽、旄、齿、革，金三品，杶、榦、栝、柏，砺、砥、砮、丹，维箘簬、楛，三国致贡其名，包匦菁茅，其篚玄纁玑组，九江入赐大龟；浮于江、沱、涔、汉，逾于洛，至于南河。

荆河惟豫州：伊、洛、瀍、涧既入于河，荥播既都，道荷泽，被明都；其土壤，下土坟垆；田中上，赋杂上中；贡漆、丝、絺、纻，其篚纤絮，锡贡磬错；浮于洛，达于河。

华阳黑水惟梁州：汶、嶓既艺，沱、涔既道，蔡、蒙旅平，和夷底绩；其土青骊；田下上，赋下中三错。贡璆、铁、银、镂、砮、磬，熊、罴、狐、狸、织皮；西倾因桓是来，浮于潜，逾于沔，入于渭，乱于河。

黑水西河惟雍州：弱水既西，泾属渭汭，漆、沮既从，沣水所同；荆、岐已旅，终南、敦物至于鸟鼠；原隰底绩，至于都野；三危既度，三苗大序；其土黄壤；田上上，赋中下；贡璆、琳、琅玕；浮于积石，至于龙门西河，会于渭汭；织皮昆仑、析支、渠搜，西戎即序。

道九山：汧及岐至于荆山，逾于河；壶口、雷首至于太岳；砥柱、析城至于王屋；太行、常山至于碣石，入于海；西倾、朱圉、鸟鼠至于太华；熊耳、外方、桐柏至于负尾；道嶓冢，至于荆山；内方至于大别；汶山之阳至衡山，过九江，至于敷浅原。

道九川：弱水至于合黎，馀波入于流沙。道黑水，至于三危，入于南海。道河积石，至于龙门，南至华阴，东至砥柱，又东至于盟津，东过洛汭，至于大邳，北过降水，至于大陆，北播为九河，同为逆河，入于海。嶓冢道瀁，东流为汉，又东为苍浪之水，过三澨，入于大别，南入于江，东汇泽为彭蠡，东为北江，入于海。汶山道江，东别为沱，又东至于醴，过九江，至于东陵，东迤北会于汇，东为中江，入于海。道沇水，东为济，入于河，泆为荥，东出陶丘北，又东至于荷，又东北会于汶，又东北入于海。道淮自桐柏，东会于泗、沂，东入于海。道渭自鸟鼠同穴，东会于沣，又东北至于泾，东过漆、沮，入于河。道洛自熊耳，东北会于涧、瀍，又东会于伊，东北入于河。

于是九州攸同，四奥既居，九山刊旅，九川涤原，九泽既陂，四海会同。六府甚修，众土交正，致慎财赋，咸则三壤成赋。中国赐土姓："祗台德先，不距朕行。"令天子之国以外五百里甸服：百里赋纳总，二百里纳铚，三百里纳秸服，四百里粟，五百里米。甸服外五百里侯服：百里采，二百里任国，三百里诸侯。侯服外五百里绥服：三百里揆文教，二百里奋武卫。绥服外五百里要服：三百里夷，二百里蔡。要服外五百里荒服：三百里蛮，二百里流。东渐于海，西被于流沙，朔、南暨，声教讫于四海。于是帝锡禹玄圭，以告成功于天下。天下于是太平治。

皋陶作士以理民。帝舜朝，禹、伯夷、皋陶相与语帝前。皋陶述其谋曰："信其道德，谋明辅和。"禹曰："然，如何？"皋陶曰："於！慎其身修，思长，敦序九族，众明高翼，近可远在已。"禹拜美言，曰："然。"皋陶曰："於！在知人，在安民。"禹曰："吁！皆若是，惟帝其难之。知人则智，能官人；能安民则惠，黎民怀之。能知能惠，何忧乎讙兜，何迁乎有苗，何畏乎巧言善色佞人？"皋陶曰："然，於！亦行有九德，亦言其有德。"乃言曰："始事事，宽而栗，柔而立，愿而共，治而敬，扰而毅，直而温，简而廉，刚而实，强而义，章其有常，吉哉。日宣三德，早夜翊明有家。日严振敬六德，亮采有国。翕受普施，九德咸事，俊乂在官，百吏肃谨，毋教邪淫奇谋。非其人居其官，是谓乱天事。天讨有罪，五刑五用哉。吾言厎可行乎？"禹曰："女言致可绩行。"皋陶曰："余未有知，思赞道哉。"帝舜谓禹曰："女亦昌言。"禹拜曰："於，予何言！予思日孳孳。"皋陶难禹曰："何谓孳孳？"禹曰："鸿水滔天，浩浩怀山襄陵，下民皆服于水。予陆行乘车，水行乘舟，泥行乘橇，山行乘檋，行山刊木。与益予众庶稻鲜食。以决九川致四海，浚畎浍致之川。与稷予众庶难得之食。食少，调有馀补不足，徙居。众民乃定，万国为治。"皋陶曰："然，此而美也。"禹曰："於，帝！慎乃在位，安尔止。辅德，天下大应。清意以昭待上帝命，天其重命用休。"帝曰："吁，臣哉，臣哉！臣作朕股肱耳目。予欲左右有民，女辅之。余欲观古人之象，日月星辰，作文绣服色，女明之。予欲闻六律五声八音，来始滑，以出入五言，女听。予即辟，女匡拂予。女无面谀，退而谤予。敬四辅臣。诸众谗嬖臣，君德诚施皆清矣。"禹曰："然，帝即不时，布同善恶则毋功。"帝曰："毋若丹朱傲，维慢游是好，毋水行舟，朋淫于家，用绝其世。予不能顺是。"禹曰："予娶涂山，辛壬癸甲，生启，予不子，以故能成水土功。辅成五服，至于五千里，州十二师，外薄四海，咸建五长，各道有功。苗顽不即功，帝其念哉。"帝曰："道吾德，乃女功序之也。"皋陶于是敬禹之德，令民皆则禹。不如言，刑从之。舜德大明。

于是夔行乐，祖考至，群后相让，鸟兽翔舞，《箫韶》九成，凤皇来仪，百兽率舞，百官信谐。帝用此作歌曰："陟天之命，维时维几。"乃歌曰："股肱熙哉，元首起哉，百工熙哉！"皋陶拜手，稽首扬言曰："念哉，率为兴事，慎乃宪，敬哉！"乃更为歌曰："元首明哉，股肱良哉，庶事康哉！"舜又歌曰："元首丛脞哉，股肱惰哉，万事堕哉！"帝拜曰："然，往钦哉！"于是天下皆宗禹之明度数声乐，为山川神主。

帝舜荐禹于天，为嗣。十七年而帝舜崩。三年丧毕，禹辞辟舜之子商均于阳城。天下诸侯皆去商均而朝禹。禹于是遂即天子位，南面朝天下。国号曰夏后，姓姒氏。

帝禹立而举皋陶荐之，且授政焉，而皋陶卒。封皋陶之后于英、六，或在许。而后举益，任之政。

十年，帝禹东巡狩，至于会稽而崩。以天下授益。三年之丧毕，益让帝禹之子启，而辟居箕山之阳。禹子启贤，天下属意焉。及禹崩，虽授益，益之佐禹日浅，天下未洽，故诸侯皆去益而朝启，曰："吾君帝禹之子也。"于是启遂即天子之位，是为夏后帝启。

夏后帝启，禹之子，其母涂山氏之女也。有扈氏不服，启伐之，大战于甘。将战，作《甘誓》，乃召六卿申之。启曰："嗟！六事之人，予誓告女！有扈氏威侮五行，怠弃三正，天用剿绝其命。今予维共行天之罚。左不攻于左，右不攻于右，女不共命。御非其马之政，女不共命。用命，赏于祖；不用命，僇于社，予则帑僇汝。"遂灭有扈氏。天下咸朝。

夏后帝启崩，子帝太康立。帝太康失国，昆弟五人，须于洛汭，作《五子之歌》。

太康崩，弟中康立，是为帝中康。帝中康时，羲、和湎淫，废时乱日。胤往征之，作《胤征》。

中康崩，子帝相立。帝相崩，子帝少康立。帝少康崩，子帝予立。帝予崩，子帝槐立。帝槐崩，子帝芒立。帝芒崩，子帝泄立。帝泄崩，子帝不降立。帝不降崩，弟帝扃立。帝扃崩，子帝廑立。帝廑崩，立帝不降之子孔甲，是为帝孔甲。帝孔甲立，好方鬼神，事淫乱。夏后氏德衰，诸侯畔之。天降龙二，有雌雄，孔甲不能食，未得豢龙氏。陶唐既衰，其后有刘累，学扰龙于豢龙氏，以事孔甲。孔甲赐之姓曰御龙氏，受豕韦之后。龙一雌死，以食夏后。夏后使求，惧而迁去。

孔甲崩，子帝皋立。帝皋崩，子帝发立。帝发崩，子帝履癸立，是为桀。

帝桀之时，自孔甲以来而诸侯多畔夏，桀不务德而武伤百姓，百姓弗堪。乃召汤而囚之夏台，已而释之。汤修德，诸侯皆归汤，汤遂率兵以伐夏桀。桀走鸣条，遂放而死。桀谓人曰："吾悔不遂杀汤于夏台，使至此。"汤乃践天子位，代夏朝天下。汤封夏之后。至周封于杞也。

太史公曰：禹为姒姓，其后分封，用国为姓，故有夏后氏、有扈氏、有男氏、斟寻氏、彤城氏、褒氏、费氏、杞氏、缯氏、辛氏、冥氏、斟氏、戈氏。孔子正夏时，学者多传《夏小正》云。自虞、夏时，贡赋备矣。或言禹会诸侯江南，计功而崩，因葬焉，命曰会稽。会稽者，会计也。

卷 三　　　　　殷本纪第三

殷契，母曰简狄，有娀氏之女，为帝喾次妃。三人行浴，见玄鸟堕其卵，简狄取吞之，因孕，生契。

契长而佐禹治水有功。帝舜乃命契曰："百姓不亲，五品不训，汝为司徒而敬敷五教，五教在宽。"封于商，赐姓子氏。契兴于唐、虞、大禹之际，功业著于百姓，百姓以平。契卒，子昭明立。昭明卒，子相土立。相土卒，子昌若立。昌若卒，子曹圉立。曹圉卒，子冥立。冥卒，子振立。振卒，子微立。微卒，子报丁立。报丁卒，子报乙立。报乙卒，子报丙立。报丙卒，子主壬立。主壬卒，子主癸立。主癸卒，子天乙立，是为成汤。

成汤，自契至汤八迁。汤始居亳，从先王居，作《帝诰》。

汤征诸侯。葛伯不祀，汤始伐之。汤曰："予有言：人视水见形，视民知治不。"伊尹曰："明哉！言能听，道乃进。君国子民为善者皆在王官。勉哉，勉哉！"汤曰："汝不能敬命，予大罚殛之，无有攸赦。"作《汤征》。

伊尹名阿衡。阿衡欲干汤而无由，乃为有莘氏媵臣，负鼎俎，以滋味说汤，致于王道。或曰，伊尹处士，汤使人聘迎之，五反，然后肯往从汤，言素王及九主之事。汤举任以国政。伊尹去汤适夏。既丑有夏，复归于亳。入自北门，遇女鸠、女房，作《女鸠》、《女房》。

汤出，见野张网四面，祝曰："自天下四方皆入吾网。"汤曰："嘻，尽之矣！"乃去其三面，祝曰："欲左，左。欲右，右。不用命，乃入吾网。"诸侯闻之，曰："汤德至矣，及禽兽。"

当是时，夏桀为虐政淫荒，而诸侯昆吾氏为乱。汤乃兴师，率诸侯，伊尹从汤，汤自把钺以伐昆吾，遂伐桀。汤曰："格汝众庶，来，女悉听朕言。匪台小子敢行举乱，有夏多罪，予维闻女众言，夏氏有罪。予畏上帝，不敢不正。今夏多罪，天命殛之。今女有众，女曰'我君不恤我众，舍我啬事而割政'。女其曰'有罪，其奈何'？夏王率止众力，率夺夏国。有众率怠不和，曰'是日何时丧？予与女皆亡！'夏德若兹，今朕必往。尔尚及予一人致天之罚，予其大理女。女母不信，朕不食言。女不从誓言，予则帑僇女，无有攸赦。"以告令师，作《汤誓》。于是汤曰"吾甚武"，号曰武王。

桀败于有娀之虚，桀奔于鸣条，夏师败绩。汤遂伐三㚇，俘厥宝玉，义伯、仲伯作《典宝》。汤既胜夏，欲迁其社，不可，作《夏社》。伊尹报，于是诸侯毕服，汤乃践天子位，平定海内。

汤归至于泰卷陶，中垒作诰。既绌夏命，还亳，作《汤诰》："维三月，王自至于东郊。告诸侯群后：'毋不有功于民，勤力乃事。予乃大罚殛女，毋予怨。'曰：'古禹、皋陶久劳于外，其有功乎民，民乃有安。东为江，北为济，西为河，南为淮，四渎已修，万民乃有居。后稷降播，农殖百谷。三公咸有功于民，故后有立。昔蚩尤与其大夫作乱百姓，帝乃弗予，有状。先王言不可不勉。'曰：'不道，毋之在国，女毋我怨。'"以令诸侯。伊尹作《咸有一德》，咎单作《明居》。汤乃改正朔，易服色，上白，朝会以昼。

汤崩，太子太丁未立而卒，于是乃立太丁之弟外丙，是为帝外丙。帝外丙即位三年，崩，立外丙之弟中壬，是为帝中壬。帝中壬即位四年，崩，伊尹乃立太丁之子太甲。

太甲，成汤嫡长孙也，是为帝太甲。帝太甲元年，伊尹作《伊训》，作《肆命》，作《徂后》。

帝太甲既立三年，不明，暴虐，不遵汤法，乱德，于是伊尹放之于桐宫。三年，伊尹摄行政当国，以朝诸侯。帝太甲居桐宫三年，悔过自责，反善，于是伊尹乃迎帝太甲而授之政。帝太甲修德，诸侯咸归殷，百姓以宁。伊尹嘉之，乃作《太甲训》三篇，褒帝太甲，称太宗。

太宗崩，子沃丁立。帝沃丁之时，伊尹卒。既葬伊尹于亳，咎单遂训伊尹事，作《沃丁》。

沃丁崩，弟太庚立，是为帝太庚。帝太庚崩，子帝小甲立。帝小甲崩，弟雍己立，是为帝雍己。殷道衰，诸侯或不至。

帝雍己崩，弟太戊立，是为帝太戊。

帝太戊立，伊陟为相。亳有祥桑谷共生于朝，一暮大拱。帝太戊惧，问伊陟。伊陟曰："臣闻妖不胜德，帝之政其有阙与？帝其修德。"太戊从之，而祥桑枯死而去。伊陟赞言于巫咸。巫咸治王家有成，作《咸艾》，作《太戊》。帝太戊赞伊陟于庙，言弗臣。伊陟让，作《原命》。殷复兴，诸侯归之，故称中宗。

中宗崩，子帝中丁立。帝中丁迁于隞。河亶甲居相。祖乙迁于邢。帝中丁崩，弟外壬立，是为帝外壬。《仲丁》书阙不具。帝外壬崩，弟河亶甲立，是为帝河亶甲。河亶甲时，殷复衰。

河亶甲崩，子帝祖乙立。帝祖乙立，殷复兴。巫贤任职。

祖乙崩，子帝祖辛立。帝祖辛崩，弟沃甲立，是为帝沃甲。帝沃甲崩，立沃甲兄祖辛之子祖丁，是为帝祖丁。帝祖丁崩，立弟沃甲之子南庚，是为帝南庚。帝南庚崩，立帝祖丁之子阳甲，是为帝阳甲。帝阳甲之时，殷衰。

自中丁以来，废嫡而更立诸弟子，弟子或争相代立，比九世，乱。于是诸侯莫朝。

帝阳甲崩，弟盘庚立，是为帝盘庚。

帝盘庚之时，殷已都河北，盘庚渡河南，复居成汤之故居，乃五迁，无定处。殷民咨胥皆怨，不欲徙。盘庚乃告谕诸侯大臣曰："昔高后成汤与尔之先祖俱定天下，法则可修。舍而弗勉，何以成德！"乃遂涉河南，治亳，行汤之政。然后百姓由宁，殷道复兴，诸侯来朝，以其遵成汤之德也。

帝盘庚崩，弟小辛立，是为帝小辛。

帝小辛立，殷复衰。百姓思盘庚，乃作《盘庚》三篇。

帝小辛崩，弟小乙立，是为帝小乙。帝小乙崩，子帝武丁立。

帝武丁即位，思复兴殷，而未得其佐。三年不言，政事决定于冢宰，以观国风。武丁夜梦得圣人，名曰说。以梦所见视群臣百吏，皆非也。于是乃使百工营求之野，得说于傅险中。是时说为胥靡，筑于傅险。见于武丁，武丁曰是也。得而与之语，果圣人，举以为相，殷国大治。故遂以傅险姓之，号曰傅说。

帝武丁祭成汤，明日，有飞雉登鼎耳而呴，武丁惧。祖己曰："王勿忧，先修政事。"祖己乃训王曰："唯天监下典厥义，降年有永有不永，非天夭民，中绝其命。民有不若德，不听罪，天既附命正厥德，乃曰其奈何。呜呼！王嗣敬民，罔非天，继常祀毋礼于弃道。"武丁修政行德，天下咸欢，殷道复兴。

帝武丁崩，子帝祖庚立。祖己嘉武丁之以祥雉为德，立其庙为高宗，遂作《高宗肜日》及《训》。

帝祖庚崩，弟祖甲立，是为帝甲。帝甲淫乱，殷复衰。

帝甲崩，子帝廪辛立。帝廪辛崩，弟庚丁立，是为帝庚丁。帝庚丁崩，子帝武乙立。殷复去亳，徙河北。

帝武乙无道，为偶人，谓之天神。与之博，令人为行。天神不胜，乃僇辱之。为革囊，盛血，仰而射之，命曰"射天"。

武乙猎于河、渭之间，暴雷，武乙震死，子帝太丁立。帝太丁崩，子帝乙立。帝乙立，殷益衰。

帝乙长子曰微子启，启母贱，不得嗣。少子辛，辛母正后，辛为嗣。帝乙崩，子辛立，是为帝辛，天下谓之纣。

帝纣资辨捷疾，闻见甚敏；材力过人，手格猛兽；知足以距谏，言足以饰非；矜人臣以能，高天下以声，以为皆出己之下。好酒淫乐，嬖于妇人。爱妲己，妲己之言是从。于是使师涓作新淫声，北里之舞，靡靡之乐。厚赋税以实鹿台之钱，而盈巨桥之粟。益收狗马奇物，充牣宫室。益广沙丘苑台，多取野兽蜚鸟置其中。慢于鬼神。大最乐戏于沙丘，以酒为池，悬肉为林，使男女倮相逐其间，为长夜之饮。百姓怨望而诸侯有畔者，于是纣乃重辟刑，有炮烙之法。

以西伯昌、九侯、鄂侯为三公。九侯有好女，入之纣。九侯女不喜淫，纣怒，杀之，而醢九侯。鄂侯争之强，辨之疾，并脯鄂侯。西伯昌闻之，窃叹。崇侯虎知之，以告纣，纣囚西伯羑里。西伯之臣闳夭之徒，求美女奇物善马以献纣，纣乃赦西伯。西伯出而献洛西之地，以请除炮烙之刑。纣乃许之，赐弓矢斧钺，使得征伐，为西伯。而用费中为政。费中善谀，好利，殷人弗亲。纣又用恶来。恶来善毁谗，诸侯以此益疏。

西伯归，乃阴修德行善，诸侯多叛纣而往归西伯。西伯滋大，纣由是稍失权重。王子比干谏，弗听。商容贤者，百姓爱之，纣废之。及西伯伐饥国，灭之，纣之臣祖伊闻之而咎周，恐，奔告纣曰："天既讫我殷命，假人元龟，无敢知吉，非先王不相我后人，维王淫虐用自绝，故天弃我，不有安食，不虞知天性，不迪率典。今我民罔不欲丧，曰'天曷不降威，大命胡不至'？今王其奈何？"纣曰："我生不有命在天乎！"祖伊反，曰："纣不可谏矣。"

西伯既卒，周武王之东伐，至盟津，诸侯叛殷会周者八百。诸侯皆曰："纣可伐矣。"武王曰："尔未知天命。"乃复归。

纣愈淫乱不止。微子数谏不听，乃与太师、少师谋，遂去。比干曰："为人臣者，不得不以死争。"乃强谏纣。纣怒曰："吾闻圣人心有七窍。"剖比干，观其心。箕子惧，乃详狂为奴，纣又囚之。殷之太师、少师乃持其祭乐器奔周。周武王于是遂率诸侯伐纣。纣亦发兵距之牧野。甲子日，纣兵败。纣走入，登鹿台，衣其宝玉衣，赴火而死。周武王遂斩纣头，悬之大白旗。杀妲己，释箕子之囚，封比干之墓，表商容之闾。封纣子武庚禄父，以续殷祀，令修行盘庚之政。殷民大说。于是周武王为天子。其后世贬帝号，号为王。而封殷后为诸侯，属周。

周武王崩，武庚与管叔、蔡叔作乱，成王命周公诛之，而立微子于宋，以续殷后焉。

太史公曰：余以《颂》次契之事，自成汤以来，采于《书》、《诗》。契为子姓，其后分封，以国为姓有殷氏、来氏、宋氏、空桐氏、稚氏、北殷氏、目夷氏。孔子曰：殷路车为善，而色尚白。

卷 四　　　周本纪第四

周后稷，名弃。其母有邰氏女，曰姜原。姜原为帝喾元妃。姜原出野，见巨人迹，心忻然说，欲践之，践之而身动如孕者。居期而生子，以为不祥，弃之隘巷，马牛过者皆辟不践；徙置之林中，适会山林多人，迁之；而弃渠中冰上，飞鸟以其翼覆荐之。姜原以为神，遂收养长之。初欲弃之，因名曰弃。

弃为儿时，屹如巨人之志。其游戏，好种树麻、菽，麻、菽美。及为成人，遂好耕农，相地之宜，宜谷者稼穑焉，民皆法则。帝尧闻之，举弃为农师，天下得其利，有功。帝舜曰："弃，黎民始饥，尔后稷播时百谷。"封弃于邰，号曰后稷，别姓姬氏。后稷之兴，在陶唐、虞、夏之际，皆有令德。

后稷卒，子不窋立。不窋末年，夏后氏政衰，去稷不务，不窋以失其官而奔戎狄之间。不窋卒，子鞠立。鞠卒，子公刘立。

公刘虽在戎狄之间,复修后稷之业,务耕种,行地宜,自漆、沮渡渭,取材用,行者有资,居者有畜积,民赖其庆。百姓怀之,多徙而保归焉。周道之兴自此始,故诗人歌乐思其德。公刘卒,子庆节立,国于豳。

庆节卒,子皇仆立。皇仆卒,子差弗立。差弗卒,子毁隃立。毁隃卒,子公非立。公非卒,子高圉立。高圉卒,子亚圉立。亚圉卒,子公叔祖类立。公叔祖类卒,子古公亶父立。

古公亶父复修后稷、公刘之业,积德行义,国人皆戴之。薰育戎狄攻之,欲得财物,予之。已复攻,欲得地与民。民皆怒,欲战。古公曰:"有民立君,将以利之。今戎狄所为攻战,以吾地与民。民之在我,与其在彼,何异?民欲以我故战,杀人父子而君之,予不忍为。"乃与私属遂去豳,度漆、沮,逾梁山,止于岐下。豳人举国扶老携弱,尽复归古公于岐下。及他旁国闻古公仁亦多归之。于是古公乃贬戎狄之俗,而营筑城郭室屋,而邑别居之。作五官有司。民皆歌乐之,颂其德。

古公有长子曰太伯,次曰虞仲。太姜生少子季历,季历娶太任,皆贤妇人,生昌,有圣瑞。古公曰:"我世当有兴者,其在昌乎?"长子太伯、虞仲知古公欲立季历以传昌,乃二人亡如荆蛮,文身断发,以让季历。

古公卒,季历立,是为公季。公季修古公遗道,笃于行义,诸侯顺之。

公季卒,子昌立,是为西伯。

西伯曰文王,遵后稷、公刘之业,则古公、公季之法,笃仁,敬老,慈少。礼下贤者,日中不暇食以待士,士以此多归之。伯夷、叔齐在孤竹,闻西伯善养老,盍往归之。太颠、闳夭、散宜生、鬻子、辛甲大夫之徒皆往归之。

崇侯虎谮西伯于殷纣曰:"西伯积善累德,诸侯皆向之,将不利于帝。"帝纣乃囚西伯于羑里。闳夭之徒患之,乃求有莘氏美女、骊戎之文马、有熊九驷、他奇怪物,因殷嬖臣费仲而献之纣。纣大悦,曰:"此一物足以释西伯,况其多乎!"乃赦西伯,赐之弓矢斧钺,使西伯得征伐,曰:"谮西伯者,崇侯虎也。"西伯乃献洛西之地,以请纣去炮烙之刑。纣许之。

西伯阴行善,诸侯皆来决平。于是虞、芮之人有狱不能决,乃如周。入界,耕者皆让畔,民俗皆让长。虞、芮之人未见西伯,皆惭,相谓曰:"吾所争,周人所耻,何往为?只取辱耳。"遂还,俱让而去。诸侯闻之,曰:"西伯盖受命之君。"

明年,伐犬戎。明年,伐密须。明年,败耆国。殷之祖伊闻之,惧,以告帝纣。纣曰:"不有天命乎?是何能为!"明年,伐邘。明年,伐崇侯虎。而作丰邑,自岐下而徙都丰。

明年,西伯崩,太子发立,是为武王。

西伯盖即位五十年。其囚羑里,盖益《易》之八卦为六十四卦。诗人道西伯,盖受命之年称王而断虞、芮之讼。后十年而崩,谥为文王。改法度,制正朔矣。追尊古公为太王,公季为王季。盖王瑞自太王兴。

武王即位,太公望为师,周公旦为辅,召公、毕公之徒左右王,师修文王绪业。九年,武王上祭于毕。东观兵,至于盟津。为文王木主,载以车,中军。武王自称太子发,言奉文王以伐,不敢自专。乃告司马、司徒、司空、诸节:"齐栗,信哉!予无知,以先祖有德臣,小子受先功,毕立赏罚,以定其功。"遂兴师。师尚父号曰:"总尔众庶,与尔舟楫,后至者斩。"武王渡河,中流,白鱼跃入王舟中,武王俯取以祭。既渡,有火自上复于下,至于王屋,流为乌,其色赤,其声魄云。是时,诸侯不期而会盟津者八百诸侯。诸侯皆曰:"纣可伐矣。"武王曰:"女未知天命,未可也。"乃还师归。

居二年,闻纣昏乱暴虐滋甚,杀王子比干,囚箕子。太师疵、少师彊抱其乐器而奔周。于是武王遍告诸侯曰:"殷有重罪,不可以不毕伐。"乃遵文王,遂率戎车三百乘,虎贲三千人,甲士四万五千人,以东伐纣。十一年十二月戊午,师毕渡盟津,诸侯咸会。曰:"孳孳无怠!"武王乃作《太誓》,告于众庶:"今殷王纣乃用其妇人之言,自绝于天,毁坏其三正,离逷其王父母弟,乃断弃其先祖之乐,乃为淫声,用变乱正声,怡说妇人。故今予发维共行天罚。勉哉夫子,不可再,不可三!"

二月甲子昧爽,武王朝至于商郊牧野,乃誓。武王左杖黄钺,右秉白旄,以麾。曰:"远矣西土之人!"武王曰:"嗟!我有国冢君,司徒、司马、司空、亚旅、师氏,千夫长、百夫长,及庸、蜀、羌、髳、微、纑、彭、濮人,称尔戈,比尔干,立尔矛,予其誓。"王曰:"古人有言'牝鸡无晨。牝鸡之晨,惟家之索'。今殷王纣维妇人言是用,自弃其先祖肆祀不答,昏弃其家国,遗其王父母弟不用,乃维四方之多罪逋逃是崇是长,是信是使,俾暴虐于百姓,以奸轨于商国。今予发维共行天之罚。今日之事,不过六步七步,乃止齐焉,夫子勉哉!不过于四伐五伐六伐七伐,乃止齐焉,勉哉夫子!尚桓桓,如虎如罴,如豺如离,于商郊,不御克奔,以役西土,勉哉夫子!尔所不勉,其于尔身有戮。"誓已,诸侯兵会者车四千乘,陈师牧野。

帝纣闻武王来,亦发兵七十万人距武王。武王使师尚父与百夫致师,以大卒驰帝纣师。纣师虽众,皆无战之心,心欲武王亟入。纣师皆倒兵以战,以开武王。武王驰之,纣兵皆崩,畔纣。纣走,反入登于鹿台之上,蒙衣其珠玉,自燔于火而死。武王持大白旗以麾诸侯,诸侯毕拜武王,武王乃揖诸侯,诸侯毕从。武王至商国,商国百姓咸待于郊。于是武王使群臣告语商百姓曰:"上天降休!"商人皆再拜稽首,武王亦答拜。遂入,至纣死所。武王自射之,三发而后下车,以轻剑击之,以黄钺斩纣头,悬太白之旗。已而至纣之嬖妾二女,二女皆经自杀。武王又射三发,击以剑,斩以玄钺,悬其头小白之旗。武王已乃出复军。

其明日,除道,修社及商纣宫。及期,百夫荷罕旗以先驱。武王弟叔振铎奉陈常车,周公旦把大钺,毕公把小钺,以夹武王。散宜生、太颠、闳夭皆执剑以卫武王。既入,立于社南,大卒之左右毕从。毛叔郑奉明水,卫康叔封布兹,召公奭赞采,师尚父牵牲。尹佚策祝曰:"殷之末孙季纣,殄废先王明德,侮蔑神祇不祀,昏暴商邑百姓,其章显闻于天皇上帝。"于是武王再拜稽首,曰:"膺更大命,革殷,受天明命。"武王又再拜稽首,乃出。

封商纣子禄父殷之馀民。武王为殷初定未集,乃使其弟管叔鲜、蔡叔度相禄父治殷。已而命召公释箕子之囚。命毕公释百姓之囚,表商容之闾。命南宫括散鹿台之财,发巨桥之粟,以振贫弱萌隶。命南宫括、史佚展九鼎宝玉。命闳夭封比干之墓。命宗祝享祠于军。乃罢兵西归。行狩,记政事,作《武成》。封诸侯,班赐宗彝,作《分殷之器物》。武王追思先圣王,乃褒封神农之后于焦,黄帝之后于祝,帝尧之后于蓟,帝舜之后于陈,大禹之后于杞。于是封功臣谋士,而师尚父为首封。封尚父于营丘,曰齐。封弟周公旦于曲阜,曰鲁。封召公奭于燕。封弟叔鲜于管,弟叔度于蔡。馀各以次受封。

武王征九牧之君,登豳之阜,以望商邑。武王至于周,自夜不寐。周公旦即王所,曰:"曷为不寐?"王曰:"告女:维天不飨殷,自发未生于今六十年,麋鹿在牧,蜚鸿满野。天不享殷,乃今有成。维天建殷,其登名民三百六十夫,不显亦不宾灭,以至今。我未定天保,何暇寐!"王曰:"定天保,依天室,悉求夫恶,贬从殷王受。日夜劳来定我西土。我维显服,及德方明。自洛汭延于伊汭,居易毋固,其有夏之居。我南望三涂,北望岳鄙,顾詹有河,粤詹洛、伊,毋远天室。"营周居于洛邑而后去。纵马于华山之阳,牧牛于桃林之虚,偃干戈,振兵释旅,示天下不复用也。

武王已克殷,后二年,问箕子殷所以亡。箕子不忍言殷恶,以存亡国宜告。武王亦丑,故问以天道。

武王病,天下未集,群公惧,穆卜,周公乃祓斋,自为质,欲代武王,武王有瘳。后而崩,太子诵代立,是为成王。

成王少,周初定天下,周公恐诸侯畔周,公乃摄行政当国。管叔、蔡叔群弟疑周公,与武庚作乱,畔周。周公奉成王命,伐诛武庚、管叔,放蔡叔,以微子开代殷后,国于宋。颇收殷馀民,以封武王少弟,封为卫康叔。晋唐叔得嘉谷,献之成王,成王以归周公于兵所。周公受禾东土,鲁天子之命。

初,管、蔡叛周,周公讨之,三年而毕定,故初作《大诰》,次作《微子之命》,次《归禾》,次《嘉禾》,次《康诰》、《酒诰》、《梓材》,其事在周公之篇。周公行政七年,成王长,周公反政成王,北面就群臣之位。

成王在丰,使召公复营洛邑,如武王之意。周公复卜申视,卒营筑,居九鼎焉。曰:"此天下之中,四方入贡道里均。"作《召诰》、《洛诰》。成王既迁殷遗民,周公以王命告,作《多士》、《无佚》。召公为保,周公为师,东伐淮夷,残奄,迁其君薄姑。成王自奄归,在宗周,作《多方》。既绌殷命,袭淮夷,归在丰,作《周官》。兴正礼乐,度制于是改,而民和睦,颂声兴。成王既伐东夷,息慎来贺,王赐荣伯作《贿息慎之命》。

成王将崩,惧太子钊之不任,乃命召公、毕公率诸侯以相太子而立之。成王既崩,二公率诸侯,以太子钊见于先王庙,申告以文王、武王之所以为王业之不易,务在节俭,毋多欲,以笃信临之,作《顾命》。太子钊遂立,是为康王。

康王即位,遍告诸侯,宣告以文、武之业以申之,作《康诰》。故成康之际,天下安宁,刑错四十馀年不用。

康王命作策。毕公分居里,成周郊,作《毕命》。

康王卒,子昭王瑕立。昭王之时,王道微缺。昭王南巡狩不返,卒于江上。其卒不赴告,讳之也。立昭王子满,是为穆王。穆王即位,春秋已五十矣。王道衰微,穆王闵文、武之道缺,乃命伯臩申诫太仆国之政,作《臩命》。复宁。

穆王将征犬戎,祭公谋父谏曰:"不可。先王耀德不观兵。夫兵戢而时动,动则威,观则玩,玩则无震。是故周文公之颂曰:'载戢干戈,载櫜弓矢,我求懿德,肆于时夏,允王保之。'先王之于民也,茂正其德而厚其性,阜其财求而利其器用,明利害之乡,以文修之,使之务利而辟害,怀德而畏威,故能保世以滋大。昔我先王世后稷以服事虞、夏。及夏之衰也,弃稷不务,我先王不窋用失其官,而自窜于戎狄之间。不敢怠业,时序其德,遵修其绪,修其训典,朝夕恪勤,守以敦笃,奉以忠信。奕世载德,不忝前人。至于文王、武王,昭前之光明而加之以慈和,事神保民,无不欣喜。商王帝辛大恶于民,庶民不忍,欣载武王,以致戎于商牧。是故先王非务武也,勤恤民隐而除其害也。夫先王之制,邦内甸服,邦外侯服,侯卫宾服,夷蛮要服,戎翟荒服。甸服者祭,侯服者祀,宾服者享,要服者贡,荒服者王。日祭,月祀,时享,岁贡,终王。先王之顺祀也,有不祭则修意,有不祀则修言,有不享则修文,有不贡则修名,有不王则修德,序成而有不至则修刑。于是有刑不祭,伐不祀,征不享,让不贡,告不王。于是有刑罚之辟,有攻伐之兵,有征讨之备,有威让之命,有文告之辞。布令陈辞而有不至,则增修于德,无勤民于远。是以近无不听,远无不服。今自大毕、伯士之终也,犬戎氏以其职来王,天子曰'予必以不享征之,且观之兵',无乃废先王之训,而王几顿乎?吾闻犬戎树敦,率旧德而守终纯,固其有以御我矣。"王遂征之,得四白狼四白鹿以归。自是荒服者不至。

诸侯有不睦者,甫侯言于王,作修刑辟。王曰:"吁,来!有国有土,告汝祥刑。在今尔安百姓,何择非其人,何敬非其刑,何居非其宜与?两造具备,师听五辞。五辞简信,正于五刑。五刑不简,正于五罚。五罚不服,正于五过。五过之疵,官狱内狱,阅实其罪,惟钧其过。五刑之疑有赦,五罚之疑有赦,其审克之。简信有众,惟讯有稽。无简不疑,共严天威。黥辟疑赦,其罚百率,阅实其罪。劓辟疑赦,其罚倍洒,阅实其罪。膑辟疑赦,其罚倍差,阅实其罪。宫辟疑赦,其罚五百率,阅实其罪。大辟疑赦,其罚千率,阅实其罪。墨罚之属千,劓罚之属千,膑罚之属五百,宫罚之属三百,大辟之罚其属二百:五刑之属三千。"命曰《甫刑》。

穆王立五十五年,崩,子共王繄扈立。

共王游于泾上,密康公从,有三女奔之。其母曰:"必致之王。夫兽三为群,人三为众,女三为粲。王田不取群，公行不下众，王御不参一族。夫粲，美之物也。众以美物归女，而何德以堪之？王犹不堪，况尔之小丑乎！小丑备物，终必亡。"康公不献。一年，共王灭密。

共王崩，子懿王囏立。懿王之时，王室遂衰，诗人作刺。

懿王崩，共王弟辟方立，是为孝王。孝王崩，诸侯复立懿王太子燮，是为夷王。

夷王崩，子厉王胡立。厉王即位三十年，好利，近荣夷公。大夫芮良夫谏厉王曰："王室其将卑乎？夫荣公好专利而不知大难。夫利，百物之所生也，天地之所载也，而有专之，其害多矣。天地百物皆将取焉，何可专也？所怒甚多，而不备大难。以是教王，其能久乎？夫王人者，将导利而布之上下者也。使神人百物无不得极，犹日怵惕惧怨之来也。故《颂》曰'思文后稷，克配彼天，立我烝民，莫匪尔极'，《大雅》曰'陈锡载周'，是不布利而惧难乎，故能载周以至于今。今王学专利，其可乎？匹夫专利，犹谓之盗；王而行之，其归鲜矣，荣公若用，周必败也。"厉王不听，卒以荣公为卿士，用事。

王行暴虐侈傲，国人谤王。召公谏曰："民不堪命矣。"王怒，得卫巫，使监谤者，以告，则杀之。其谤鲜矣，诸侯不朝。三十四年，王益严，国人莫敢言，道路以目。厉王喜，告召公曰："吾能弭谤矣，乃不敢言。"召公曰："是鄣之也。防民之口，甚于防水。水壅而溃，伤人必多，民亦如之，是故为水者决之使导，为民者宣之使言。故天子听政，使公卿至于列士献诗，瞽献曲，史献书，师箴，瞍赋，矇诵，百工谏，庶人传语，近臣尽规，亲戚补察，瞽史教诲，耆艾修之，而后王斟酌焉，是以事行而不悖。民之有口也，犹土之有山川也，财用于是乎出；犹其有原隰衍沃也，衣食于是乎生。口之宣言也，善败于是乎兴。行善而备败，所以产财用衣食者也。夫民虑之于心而宣之于口，成而行之。若壅其口，其与能几何？"王不听，于是国莫敢出言。三年，乃相与畔，袭厉王。厉王出奔于彘。

厉王太子静匿召公之家，国人闻之，乃围之。召公曰："昔吾骤谏王，王不从，以及此难也。今杀王太子，王其以我为仇而怼怒乎？夫事君者，险而不仇怼，怨而不怒，况事王乎！"乃以其子代王太子，太子竟得脱。召公、周公二相行政，号曰"共和"。共和十四年，厉王死于彘。太子静长于召公家，二相乃共立之为王，是为宣王。宣王即位，二相辅之，修政，法文、武、成、康之遗风，诸侯复宗周。十二年，鲁武公来朝。

宣王不修籍于千亩，虢文公谏曰不可，王弗听。三十九年，战于千亩，王师败绩于姜氏之戎。宣王既亡南国之师，乃料民于太原。仲山甫谏曰："民不可料也。"宣王不听，卒料民。四十六年，宣王崩，子幽王宫涅立。

幽王二年，西州三川皆震。伯阳甫曰："周将亡矣。夫天地之气，不失其序；若过其序，民乱之也。阳伏而不能出，阴迫而不能蒸，于是有地震。今三川实震，是阳失其所而填阴也。阳失而在阴，原必塞；原塞，国必亡。夫水土演而民用也。土无所演，民乏财用，不亡何待！昔伊、洛竭而夏亡，河竭而商亡。今周德若二代之季矣，其川原

又塞，塞必竭。夫国必依山川，山崩川竭，亡国之征也。川竭必山崩。若国亡不过十年，数之纪也。天之所弃，不过其纪。"是岁也，三川竭，岐山崩。

三年，幽王嬖爱褒姒，褒姒生子伯服，幽王欲废太子。太子母申侯女，而为后。后幽王得褒姒，爱之，欲废申后，并去太子宜臼，以褒姒为后，以伯服为太子。周太史伯阳读史记曰："周亡矣。"昔自夏后氏之衰也，有二神龙止于夏帝庭而言曰："余，褒之二君。"夏帝卜杀之与去之与止之，莫吉。卜请其漦而藏之，乃吉。于是布币而策告之，龙亡而漦在，椟而去之。夏亡，传此器殷。殷亡，又传此器周。比三代，莫敢发之。至厉王之末，发而观之。漦流于庭，不可除。厉王使妇人裸而噪之。漦化为玄鼋，以入王后宫。后宫之童妾既龀而遭之，既笄而孕，无夫而生子，惧而弃之。宣王之时童女谣曰："檿弧箕服，实亡周国。"于是宣王闻之，有夫妇卖是器者，宣王使执而戮之。逃于道，而见乡者后宫童妾所弃妖子出于路者，闻其夜啼，哀而收之，夫妇遂亡，奔于褒。褒人有罪，请入童妾所弃女子者于王以赎罪。弃女子出于褒，是为褒姒。当幽王三年，王之后宫，见而爱之，生子伯服，竟废申后及太子，以褒姒为后，伯服为太子。太史伯阳曰："祸成矣，无可奈何！"

褒姒不好笑，幽王欲其笑万方，故不笑。幽王为烽燧大鼓，有寇至则举烽火。诸侯悉至，至而无寇，褒姒乃大笑。幽王说之，为数举烽火。其后不信，诸侯益亦不至。

幽王以虢石父为卿，用事，国人皆怨。石父为人佞巧，善谀好利，王用之，又废申后，去太子也。申侯怒，与缯、西夷犬戎攻幽王。幽王举烽火征兵，兵莫至。遂杀幽王骊山下，虏褒姒，尽取周赂而去。于是诸侯乃即申侯而共立故幽王太子宜臼，是为平王，以奉周祀。

平王立，东迁于洛邑，辟戎寇。

平王之时，周室衰微，诸侯强并弱，齐、楚、秦、晋始大，政由方伯。

四十九年，鲁隐公即位。

五十一年，平王崩。太子洩父早死，立其子林，是为桓王。桓王，平王孙也。

桓王三年，郑庄公朝，桓王不礼。

五年，郑怨，与鲁易许田。许田，天子之用事太山田也。八年，鲁杀隐公，立桓公。

十三年，伐郑，郑射伤桓王，桓王去归。

二十三年，桓王崩，子庄王佗立。

庄王四年，周公黑肩欲杀庄王而立王子克。辛伯告王，王杀周公。王子克奔燕。

十五年，庄王崩，子釐王胡齐立。

釐王三年，齐桓公始霸。

五年，釐王崩，子惠王阆立。

惠王二年，初，庄王嬖姬姚，生子颓，颓有宠。及惠王即位，夺其大臣园以为囿，故大夫边伯等五人作乱，谋召燕、卫师，伐惠王。惠王奔温。已居郑之栎，立釐王弟颓为王。乐及遍舞，郑、虢君怒。

四年，郑与虢君伐杀王颓，复入惠王。惠王十年，赐齐桓公为伯。

二十五年，惠王崩，子襄王郑立。

襄王母早死，後母曰惠后。惠后生叔带，有宠于惠王，襄王畏之。三年，叔带与戎、翟谋伐襄王，襄王欲诛叔带，叔带奔齐。齐桓公使管仲平戎于周，使隰朋平戎于晋。王以上卿礼管仲。管仲辞曰："臣贱有司也，有天子之二守国、高在。若节春秋来承王命，何以礼焉？陪臣敢辞。"王曰："舅氏，余嘉乃勋，毋逆朕命。"管仲卒受下卿之礼而还。九年，齐桓公卒。十二年，叔带复归于周。

十三年，郑伐滑，王使游孙、伯服请滑，郑人囚之。郑文公怨惠王之入不与厉公爵，又怨襄王之与卫滑，故囚伯服。王怒，将以翟伐郑。富辰谏曰："凡我周之东徙，晋、郑焉依。子颓之乱，又郑之由定。今以小怨弃之？"王不听。十五年，王降翟师以伐郑。王德翟人，将以其女为后。富辰谏曰："平、桓、庄、惠皆受郑劳，王弃亲，亲翟，不可从。"王不听。十六年，王绌翟后，翟人来诛，杀谭伯。富辰曰："吾数谏不从，如是不出，王以我为怼乎？"乃以其属死之。

初，惠后欲立王子带，故以党开翟人，翟人遂入周。襄王出奔郑，郑居王于汜。子带立为王，取襄王所绌翟后与居温。十七年，襄王告急于晋，晋文公纳王而诛叔带。襄王乃赐晋文公圭鬯弓矢，为伯，以河内地与晋。二十年，晋文公召襄王，襄王会之河阳、践土，诸侯毕朝，《书》讳曰"天王狩于河阳"。

二十四年，晋文公卒。

三十一年，秦穆公卒。

三十二年，襄王崩，子顷王壬臣立。

顷王六年，崩，子匡王班立。

匡王六年，崩，弟瑜立，是为定王。

定王元年，楚庄王伐陆浑之戎，次洛，使人问九鼎。王使王孙满应设以辞，楚兵乃去。十年，楚庄王围郑，郑伯降，已而复之。十六年，楚庄王卒。

二十一年，定王崩，子简王夷立。

简王十三年，晋杀其君厉公，迎子周于周，立为悼公。

十四年，简王崩，子灵王泄心立。

灵王二十四年，齐崔杼弑其君庄公。

二十七年，灵王崩，子景王贵立。

景王十八年，后太子圣而早卒。

二十年，景王爱子朝，欲立之，会崩，子丐之党与争立，国人立长子猛为王，子朝攻杀猛。猛为悼王。晋人攻子朝而立丐，是为敬王。

敬王元年，晋人入敬王，子朝自立，敬王不得入，居泽。四年，晋率诸侯入敬王于周，子朝为臣，诸侯城周。十六年，子朝之徒复作乱，敬王奔于晋。十七年，晋定公遂入敬王于周。

三十九年，齐田常杀其君简公。

四十一年，楚灭陈。孔子卒。

四十二年，敬王崩，子元王仁立。

元王八年，崩，子定王介立。

定王十六年，三晋灭智伯，分有其地。

二十八年，定王崩，长子去疾立，是为哀王。

哀王立三月，弟叔袭杀哀王而自立，是为思王。思王立五月，少弟嵬攻杀思王而自立，是为考王。此三王皆定王之子。

考王十五年，崩，子威烈王午立。

考王封其弟于河南，是为桓公，以续周公之官职。桓公卒，子威公代立。威公卒，子惠公代立，乃封其少子于巩以奉王，号东周惠公。

威烈王二十三年，九鼎震。命韩、魏、赵为诸侯。

二十四年，崩，子安王骄立。是岁盗杀楚声王。

安王立二十六年，崩，子烈王喜立。

烈王二年，周太史儋见秦献公曰："始周与秦国合而别，别五百载复合，合十七岁而霸王者出焉。"

十年，烈王崩，弟扁立，是为显王。

显王五年，贺秦献公，献公称伯。九年，致文武胙于秦孝公。二十五年，秦会诸侯于周。二十六年，周致伯于秦孝公。三十三年，贺秦惠王。三十五年，致文武胙于秦惠王。四十四年，秦惠王称王。其後诸侯皆为王。

四十八年，显王崩，子慎靓王定立。

慎靓王立六年，崩，子赧王延立。王赧时东西周分治。王赧徙都西周。

西周武公之共太子死，有五庶子，毋適立。司马翦谓楚王曰："不如以地资公子咎，为请太子。"左成曰："不可，周不听，是公之知困而交疏于周也。不如请周君孰欲立以微告翦，翦请令楚贺之以地。"果立公子咎为太子。

八年，秦攻宜阳，楚救之。而楚以周为秦故，将伐之。苏代为周说楚王曰："何以周为秦之祸也？言周之为秦甚于楚者，欲令周入秦也，故谓'周秦'也。周知其不可解，必入于秦，此为秦取周之精者也。为王计者，周于秦因善之，不于秦亦言善之，以疏之于秦。周绝于秦，必入于郢矣。"

秦借道两周之间，将以伐韩，周恐。借之，畏于韩；不借，畏于秦。史厌谓周君曰："何不令人谓韩公叔曰'秦之敢绝周而伐韩者，信东周也。公何不与周地，发质使之楚'？秦必疑楚，不信周，是韩不伐也。又谓秦曰'韩强与周地，将以疑周于秦也，周不敢不受'。秦必无辞而令周不受，是受地于韩而听于秦。"

秦召西周君，西周君恶往，故令人谓韩王曰："秦召西周君，将以使攻王之南阳也，王何不出兵于南阳？周君将以为辞于秦。周君不入秦，秦必不敢逾河而攻南阳矣。"

东周与西周战，韩救西周。或为东周说韩王曰："西周故天子之国，多名器重宝。王案兵毋出，可以德东周，而西周之宝必可以尽矣。"

王赧谓成君。

楚围雍氏，韩征甲与粟于东周，东周君恐，召苏代而告之。代曰："君何患于是？臣能使韩毋征甲与粟于周，又能为君得高都。"周君曰："子苟能，请以国听子。"代见韩相国曰："楚围雍氏，期三月也，今五月不能拔，是楚病也。今相国乃征甲与粟于周，是告楚病也。"韩相国曰："善。使者已行矣。"代曰："何不与周高都？"韩相国大怒曰："吾毋征甲与粟于周亦已多矣，何故与周高都也？"代曰:"与周高都,是周折而入于韩也。秦闻之必大怒忿周,即不通周使,是以弊高都得完周也,曷为不与?"相国曰:"善。"果与周高都。

三十四年,苏厉谓周君曰:"秦破韩、魏,扑师武,北取赵蔺、离石者,皆白起也。是善用兵,又有天命。今又将兵出塞攻梁,梁破则周危矣。君何不令人说白起乎?曰'楚有养由基者,善射者也。去柳叶百步而射之,百发而百中之。左右观者数千人,皆曰善射。有一夫立其旁,曰:"善,可教射矣。"养由基怒,释弓扼剑,曰:"客安能教我射乎?"客曰:"非吾能教子支左诎右也。夫去柳叶百步而射之,百发而百中之,不以善息,少焉气衰力倦,弓拨矢钩,一发不中者,百发尽息。"今破韩、魏,扑师武,北取赵蔺、离石者,公之功多矣。今又将兵出塞,过两周,倍韩,攻梁,一举不得,前功尽弃。公不如称病而无出'。"

四十二年,秦破华阳约。马犯谓周君曰:"请令梁城周。"乃谓梁王曰:"周王病若死,则犯必死矣。犯请以九鼎自入于王,王受九鼎而图犯。"梁王曰:"善。"遂与之卒,言戍周。因谓秦王曰:"梁非戍周也,将伐周也。王试出兵境以观之。"秦果出兵。又谓梁王曰:"周王病甚矣,犯请后可而复之。今王使卒之周,诸侯皆生心,后举事且不信。不若令卒为周城,以匿事端。"梁王曰:"善。"遂使城周。

四十五年,周君之秦,客谓周最曰:"公不若誉秦王之孝,因以应为太后养地,秦王必喜,是公有秦交。交善,周君必以为公功。交恶,劝周君入秦者必有罪矣。"秦攻周,而周最谓秦王曰:"为王计者不攻周。攻周,实不足以利,声畏天下。天下以声畏秦,必东合于齐。兵弊于周,合天下于齐,则秦不王矣。天下欲弊秦,劝王攻周。秦与天下弊,则令不行矣。"

五十八年,三晋距秦。周令其相国之秦,以秦之轻也,还其行。客谓相国曰:"秦之轻重未可知也。秦欲知三国之情。公不如急见秦王曰'请为王听东方之变',秦王必重公。重公,是秦重周,周以取秦也;齐重,则固有周聚以收齐,是周常不失重国之交也。"秦信周,发兵攻三晋。

五十九年,秦取韩阳城、负黍,西周恐,倍秦,与诸侯约从,将天下锐师出伊阙攻秦,令秦无得通阳城。秦昭王怒,使将军摎攻西周。西周君奔秦,顿首受罪,尽献其邑三十六,口三万。秦受其献,归其君于周。

周君、王赧卒,周民遂东亡。秦取九鼎宝器,而迁西周公于㦤狐。后七岁,秦庄襄王灭东、西周,东、西周皆入于秦,周既不祀。

太史公曰:学者皆称周伐纣,居洛邑。综其实不然。武王营之,成王使召公卜居,居九鼎焉,而周复都丰、镐。至犬戎败幽王,周乃东徙于洛邑。所谓周公"葬我毕",毕在镐东南杜中。秦灭周。汉兴九十有馀载,天子将封泰山,东巡狩至河南,求周苗裔,封其后嘉三十里地,号曰周子南君,比列侯,以奉其先祭祀。

卷　五　　秦本纪第五

秦之先,帝颛顼之苗裔孙曰女脩。女脩织,玄鸟陨卵,女脩吞之,生子大业。大业取少典之子,曰女华。女华生大费,与禹平水土。已成,帝锡玄圭。禹受曰:"非予能成,亦大费为辅。"帝舜曰:"咨尔费,赞禹功,其赐尔皂游。尔后嗣将大出。"乃妻之姚姓之玉女。大费拜受,佐舜调驯鸟兽,鸟兽多驯服,是为柏翳。舜赐姓嬴氏。

大费生子二人:一曰大廉,实鸟俗氏;二曰若木,实费氏。其玄孙曰费昌。子孙或在中国,或在夷狄。

费昌当夏桀之时,去夏归商,为汤御,以败桀于鸣条。大廉玄孙曰孟戏、中衍,鸟身人言。帝太戊闻而卜之使御,吉,遂致使御而妻之。自太戊以下,中衍之后,遂世有功,以佐殷国,故嬴姓多显,遂为诸侯。其玄孙曰中潏,在西戎,保西垂。生蜚廉。

蜚廉生恶来。恶来有力,蜚廉善走,父子俱以材力事殷纣。周武王之伐纣,并杀恶来。是时蜚廉为纣石北方,还,无所报。为坛霍太山而报,得石棺,铭曰"帝令处父不与殷乱,赐尔石棺以华氏"。死,遂葬于霍太山。

蜚廉复有子曰季胜。季胜生孟增。孟增幸于周成王,是为宅皋狼。皋狼生衡父,衡父生造父。造父以善御幸于周穆王,得骥、温骊、骅骝、駼耳之驷,西巡狩,乐而忘归。徐偃王作乱,造父为穆王御,长驱归周,一日千里以救乱。穆王以赵城封造父,造父族由此为赵氏。

自蜚廉生季胜已下五世至造父,别居赵。赵衰其后也。

恶来革者,蜚廉子也,早死。有子曰女防。女防生旁皋,旁皋生太几,太几生大骆,大骆生非子。以造父之宠,皆蒙赵城,姓赵氏。

非子居犬丘,好马及畜,善养息之。犬丘人言之周孝王,孝王召使主马于汧、渭之间,马大蕃息。孝王欲以为大骆适嗣。申侯之女为大骆妻,生子成为适。申侯乃言孝王曰:"昔我先郦山之女,为戎胥轩妻,生中潏,以亲故归周,保西垂,西垂以其故和睦。今我复与大骆妻,生适子成。申骆重婚,西戎皆服,所以为王。王其图之。"于是孝王曰:"昔伯翳为舜主畜,畜多息,故有土,赐姓嬴。今其后世亦为朕息马,朕其分土为附庸。"邑之秦,使复续嬴氏祀,号曰秦嬴。亦不废申侯之女子为骆适者,以和西戎。

秦嬴生秦侯。秦侯立十年,卒。生公伯。公伯立三年,卒。生秦仲。

秦仲立三年,周厉王无道,诸侯或叛。西戎反王室,灭犬丘、大骆之族。周宣王即位,乃以秦仲为大夫,诛西戎。西戎杀秦仲。

秦仲立二十三年,死于戎。有子五人,其长者曰庄公。周宣王乃召庄公昆弟五人,与兵七千人,使伐西戎,破之。于是复予秦仲后,及其先大骆地犬丘并有之,为西垂大夫。

庄公居其故西犬丘，生子三人，其长男世父。世父曰："戎杀我大父仲，我非杀戎王则不敢入邑。"遂将击戎，让其弟襄公，襄公为太子。

庄公立四十四年，卒，太子襄公代立。

襄公元年，以女弟缪嬴为丰王妻。

襄公二年，戎围犬丘，世父击之，为戎人所虏。岁馀，复归世父。

七年春，周幽王用褒姒废太子，立褒姒子为适，数欺诸侯，诸侯叛之。西戎犬戎与申侯伐周，杀幽王郦山下。而秦襄公将兵救周，战甚力，有功。周避犬戎难，东徙洛邑，襄公以兵送周平王。平王封襄公为诸侯，赐之岐以西之地。曰："戎无道，侵夺我岐、丰之地，秦能攻逐戎，即有其地。"与誓，封爵之。襄公于是始国，与诸侯通使聘享之礼，乃用骝驹、黄牛、羝羊各三，祠上帝西畤。

十二年，伐戎而至岐，卒。生文公。

文公元年，居西垂宫。三年，文公以兵七百人东猎。四年，至汧、渭之会，曰："昔周邑我先秦嬴于此，后卒获为诸侯。"乃卜居之，占曰吉，即营邑之。十年，初为鄜畤，用三牢。十三年，初有史以纪事，民多化者。十六年，文公以兵伐戎，戎败走。于是文公遂收周馀民有之，地至岐。岐以东献之周。十九年，得陈宝。二十年，法初有三族之罪。二十七年，伐南山大梓，丰大特。四十八年，文公太子卒，赐谥为竫公，竫公之长子为太子，是文公孙也。

五十年，文公卒，葬西山。竫公子立，是为宁公。

宁公二年，公徙居平阳。遣兵伐荡社。三年，与亳战，亳王奔戎，遂灭荡社。四年，鲁公子翚弑其君隐公。十二年，伐荡氏，取之。

宁公生十岁立，立十二年卒，葬西山。生子三人，长男武公为太子。武公弟德公，同母鲁姬子，生出子。宁公卒，大庶长弗忌、威垒、三父废太子而立出子为君。

出子六年，三父等复共令人贼杀出子。出子生五岁立，立六年卒。三父等乃复立故太子武公。

武公元年，伐彭戏氏，至于华山下，居平阳封宫。三年，诛三父等而夷三族，以其杀出子也。郑高渠眯杀其君昭公。十年，伐邽、冀戎，初县之。十一年，初县杜、郑。灭小虢。

十三年，齐人管至父、连称等杀其君襄公而立公孙无知。晋灭霍、魏、耿。齐雍廪杀无知、管至父等而立齐桓公。齐、晋为强国。十九年，晋曲沃始为晋侯。齐桓公伯于鄄。

二十年，武公卒，葬雍平阳。初以人从死，从死者六十六人。有子一人，名曰白。白不立，封平阳。立其弟德公。

德公元年，初居雍城大郑宫。以牺三百牢祠鄜畤。卜居雍。後子孙饮马于河。梁伯、芮伯来朝。二年，初伏，以狗御蛊。德公生三十三岁而立，立二年卒。生子三人：长子宣公，中子成公，少子穆公。长子宣公立。

宣公元年，卫、燕伐周，出惠王，立王子颓。三年，郑伯、虢叔杀子颓而入惠王。四年，作密畤。与晋战河阳，胜之。

十二年，宣公卒。生子九人，莫立，立其弟成公。

成公元年，梁伯、芮伯来朝。齐桓公伐山戎，次于孤竹。

成公立四年卒。子七人，莫立，立其弟穆公。

穆公任好元年，自将伐茅津，胜之。四年，迎妇于晋，晋太子申生姊也。其岁，齐桓公伐楚，至邵陵。

五年，晋献公灭虞、虢，虏虞君与其大夫百里傒，以璧马赂于虞故也。既虏百里傒，以为秦穆公夫人媵于秦。百里傒亡秦走宛，楚鄙人执之。穆公闻百里傒贤，欲重赎之，恐楚人不与，乃使人谓楚曰："吾媵臣百里傒在焉，请以五羖羊皮赎之。"楚人遂许与之。当是时，百里傒年已七十馀。穆公释其囚，与语国事。谢曰："臣亡国之臣，何足问！"穆公曰："虞君不用子，故亡，非子罪也。"固问，语三日，穆公大说，授之国政，号曰五羖大夫。百里傒让曰："臣不及臣友蹇叔，蹇叔贤而世莫知。臣常游困于齐而乞食铚人，蹇叔收臣。臣因而欲事齐君无知，蹇叔止臣，臣得脱齐难，遂之周。周王子颓好牛，臣以养牛干之。及颓欲用臣，蹇叔止臣，臣去，得不诛。事虞君，蹇叔止臣，臣知虞君不用臣，臣诚私利禄爵，且留。再用其言，得脱；一不用，及虞君难。是以知其贤。"于是穆公使人厚币迎蹇叔，以为上大夫。

秋，穆公自将伐晋，战于河曲。晋骊姬作乱，太子申生死新城，重耳、夷吾出奔。

九年，齐桓公会诸侯于葵丘。

晋献公卒。立骊姬子奚齐，其臣里克杀奚齐。荀息立卓子，克又杀卓子及荀息。夷吾使人请秦，求入晋。于是穆公许之，使百里傒将兵送夷吾。夷吾谓曰："诚得立，请割晋之河西八城与秦。"及至，已立，而使丕郑谢秦，背约不与河西城，而杀里克。丕郑闻之，恐，因与穆公谋曰："晋人不欲夷吾，实欲重耳。今背秦约而杀里克，皆吕甥、郤芮之计也。愿君以利急召吕、郤，吕、郤至，则更入重耳便。"穆公许之，使人与丕郑归，召吕、郤。吕、郤等疑丕郑有间，乃言夷吾杀丕郑。丕郑子丕豹奔秦，说穆公曰："晋君无道，百姓不亲，可伐也。"穆公曰："百姓苟不便，何故能诛其大臣？能诛其大臣，此其调也。"不听，而阴用豹。

十二年，齐管仲、隰朋死。

晋旱，来请粟。丕豹说穆公勿与，因其饥而伐之。穆公问公孙支，支曰："饥穰，更事耳，不可不与。"问百里傒，傒曰："夷吾得罪于君，其百姓何罪？"于是用百里傒、公孙支言，卒与之粟。以船漕车转，自雍相望至绛。

十四年，秦饥，请粟于晋。晋君谋之群臣。虢射曰："因其饥伐之，可有大功。"晋君从之。十五年，兴兵将攻秦。穆公发兵，使丕豹将，自往击之。九月壬戌，与晋惠公夷吾合战于韩地。晋君弃其军，与秦争利，还而马鸷。穆公与麾下驰追之，不能得晋君，反为晋军所围。晋击穆公，穆公伤。于是岐下食善马者三百人驰冒晋军，晋军解围，遂脱穆公而反生得晋君。初，穆公亡善马，岐下野人共得而食之者三百餘人，吏逐得，欲法之。穆公曰："君子不以畜产害人。吾闻食善马肉不饮酒，伤人。"乃皆赐酒而赦之。三百人者闻秦击晋，皆求从，从而见穆公窘，亦皆推锋争死，以报食马之德。于是穆公虏晋君以归，令于国："斋宿，吾将以晋君祠上帝。"周天子闻之，曰"晋我同姓"，为请晋君。夷吾姊亦为穆公夫人，夫人闻之，乃衰絰跣，曰："妾兄弟不能相救，以辱君命。"穆公曰："我得晋君以为功，今天子为请，夫人是忧。"乃与晋君盟，许归之，更舍上舍，而馈之七牢。十一月，归晋君夷吾，夷吾献其河西地，使太子圉为质于秦。秦妻子圉以宗女。是时秦地东至河。

十八年，齐桓公卒。二十年，秦灭梁、芮。

二十二年，晋公子圉闻晋君病，曰："梁，我母家也，而秦灭之。我兄弟多，即君百岁后，秦必留我，而晋轻，亦更立他子。"子圉乃亡归晋。二十三年，晋惠公卒，子圉立为君。秦怨圉亡去，乃迎晋公子重耳于楚，而妻以故子圉妻。重耳初谢，后乃受。穆公益礼厚遇之。

二十四年春，秦使人告晋大臣，欲入重耳。晋许之，于是使人送重耳。二月，重耳立为晋君，是为文公。文公使人杀子圉。子圉是为怀公。

其秋，周襄王弟带以翟伐王，王出居郑。二十五年，周王使人告难于晋、秦。秦穆公将兵助晋文公入襄王，杀王弟带。二十八年，晋文公败楚于城濮。三十年，穆公助晋文公围郑。郑使人言穆公曰："亡郑厚晋，于晋而得矣，而秦未有利。晋之强，秦之忧也。"穆公乃罢兵归。晋亦罢。三十二年冬，晋文公卒。

郑人有卖郑于秦曰："我主其城门，郑可袭也。"穆公问蹇叔、百里傒，对曰："径数国千里袭人，希有得利者。且人卖郑，庸知我国人不有以我情告郑者乎？不可。"穆公曰："子不知也，吾已决矣。"遂发兵，使百里傒子孟明视、蹇叔子西乞术及白乙丙将兵。行日，百里傒、蹇叔二人哭之。穆公闻，怒曰："孤发兵而子沮哭吾军，何也？"二老曰："臣非敢沮君军。军行，臣子与往；臣老，迟还恐不相见，故哭耳。"二老退，谓其子曰："汝军即败，必于殽阨矣。"

三十三年春，秦兵遂东，更晋地，过周北门。周王孙满曰："秦师无礼，不败何待！"兵至滑，郑贩卖贾人弦高持十二牛将卖之周，见秦兵，恐死虏，因献其牛，曰："闻大国将诛郑，郑君谨修守御备，使臣以牛十二劳军士。"秦三将军相谓曰："将袭郑，郑今已觉之，往无及已。"灭滑。滑，晋之边邑也。

当是时，晋文公丧尚未葬。太子襄公怒曰："秦侮我孤，因丧破我滑。"遂墨衰絰，发兵遮秦兵于殽，击之，大破秦军，无一人得脱者，虏秦三将以归。文公夫人，秦女也，为秦三囚将请曰："穆公之怨此三人入于骨髓，愿令此三人归，令我君得自快烹之。"晋君许之，归秦三将。三将至，穆公素服郊迎，向三人哭曰："孤以不用百里傒、蹇叔言以辱三子，三子何罪乎？子其悉心雪耻，毋怠。"遂复三人官秩如故，愈益厚之。

三十四年，楚太子商臣弑其父成王代立。

穆公于是复使孟明视等将兵伐晋，战于彭衙。秦不利，引兵归。

戎王使由余于秦。由余，其先晋人也，亡入戎，能晋言。闻穆公贤，故使由余观秦。秦穆公示以宫室、积聚。由余曰："使鬼为之，则劳神矣。使人为之，亦苦民矣。"穆公怪之，问曰："中国以诗书礼乐法度为政，然尚时乱，今戎夷无此，何以为治，不亦难乎？"由余笑曰："此乃中国所以乱也。夫自上圣黄帝作为礼乐法度，身以先之，仅以小治。及其后世，日以骄淫。阻法度之威，以责督于下，下罢极则以仁义怨望于上，上下交争怨而相篡弒，至于灭宗，皆以此类也。夫戎夷不然。上含淳德以遇其下，下怀忠信以事其上，一国之政犹一身之治，不知所以治，此真圣人之治也。"于是穆公退而问内史廖曰："孤闻邻国有圣人，敌国之忧也。今由余贤，寡人之害，将奈之何？"内史廖曰："戎王处辟匿，未闻中国之声。君试遗其女乐，以夺其志；为由余请，以疏其间；留而莫遣，以失其期。戎王怪之，必疑由余。君臣有间，乃可虏也。且戎王好乐，必怠于政。"穆公曰："善。"因与由余曲席而坐，传器而食，问其地形与其兵势，尽察。而后令内史廖以女乐二八遗戎王。戎王受而说之，终年不还，于是秦乃归由余。由余数谏不听，穆公又数使人间要由余，由余遂去降秦。穆公以客礼礼之，问伐戎之形。

三十六年，穆公复益厚孟明等，使将兵伐晋，渡河焚船，大败晋人，取王官及鄗，以报殽之役。晋人皆城守不敢出。于是穆公乃自茅津渡河，封殽中尸，为发丧，哭之三日。乃誓于军曰："嗟，士卒！听，无哗，余誓告汝。古之人谋，黄发番番，则无所过。"以申思不用蹇叔、百里傒之谋，故作此誓，令后世以记余过。君子闻之，皆为垂涕，曰："嗟乎！秦穆公之与人周也，卒得孟明之庆。"

三十七年，秦用由余谋伐戎王，益国十二，开地千里，遂霸西戎。天子使召公过贺穆公以金鼓。

三十九年，穆公卒，葬雍。从死者百七十七人，秦之良臣子舆氏三人名曰奄息、仲行、鍼虎，亦在从死之中。秦人哀之，为作歌《黄鸟》之诗。君子曰："秦穆公广地益国，东服强晋，西霸戎夷，然不为诸侯盟主，亦宜哉。死而弃民，收其良臣而从死。且先王崩，尚犹遗德垂法，况夺之善人良臣百姓所哀者乎？是以知秦不能复东征也。"穆公子四十人，其太子罃代立，是为康公。

康公元年。往岁穆公之卒，晋襄公亦卒；襄公之弟名雍，秦出也，在秦。晋赵盾欲立之，使随会来迎雍，秦以兵送至令狐。晋立襄公子而反击秦师，秦师败，随会来奔。

二年，秦伐晋，取武城，报令狐之役。四年，晋伐秦，取少梁。六年，秦伐晋，取羁马，战于河曲，大败晋军。晋人患随会在秦为乱，乃使魏仇馀详反，合谋会，诈而得会。会遂归晋。

康公立十二年卒，子共公立。

共公二年，晋赵穿弑其君灵公。三年，楚庄王强，北兵至洛，问周鼎。

共公立五年卒，子桓公立。

桓公三年，晋败我一将。十年，楚庄王服郑，北败晋兵于河上。当是之时，楚霸，为会盟合诸侯。二十四年，晋厉公初立，与秦桓公夹河而盟。归而秦倍盟，与翟合谋击晋。二十六年，晋率诸侯伐秦，秦军败走，追至泾而还。

桓公立二十七年卒，子景公立。

景公四年，晋栾书弑其君厉公。十五年，救郑，败晋兵于栎。是时晋悼公为盟主。十八年，晋悼公强，数会诸侯，率以伐秦，败秦军。秦军走，晋兵追之，遂渡泾，至棫林而还。二十七年，景公如晋，与平公盟，已而背之。三十六年，楚公子围弑其君而自立，是为灵王。景公母弟后子鍼有宠，景公母弟富，或谮之，恐诛，乃奔晋，车重千乘。晋平公曰："后子富如此，何不自亡？"对曰："秦公无道，畏诛，欲待其後世乃归。"三十九年，楚灵王强，会诸侯于申，为盟主，杀齐庆封。

景公立四十年卒，子哀公立。后子复来归秦。

哀公八年，楚公子弃疾弑灵王而自立，是为平王。十一年，楚平王来求秦女为太子建妻。至国，女好而自娶之。十五年，楚平王欲诛建，建亡。伍子胥奔吴。晋公室卑而六卿强，欲内相攻，是以久秦晋不相攻。三十一年，吴王阖闾与伍子胥伐楚，楚王亡奔随，吴遂入郢。楚大夫申包胥来告急，七日不食，日夜哭泣。于是秦乃发五百乘救楚，败吴师。吴师归，楚昭王乃得复入郢。

哀公立三十六年卒。太子夷公，夷公早死，不得立，立夷公子，是为惠公。

惠公元年，孔子行鲁相事。五年，晋卿中行、范氏反晋，晋使智氏、赵简子攻之，范、中行氏亡奔齐。

惠公立十年卒，子悼公立。

悼公二年，齐臣田乞弑其君孺子，立其兄阳生，是为悼公。六年，吴败齐师。齐人弑悼公，立其子简公。九年，晋定公与吴王夫差盟，争长于黄池，卒先吴。吴强，陵中国。十二年，齐田常弑简公，立其弟平公，常相之。十三年，楚灭陈。

秦悼公立十四年卒，子厉共公立。孔子以悼公十二年卒。

厉共公二年，蜀人来赂。十六年，堑河旁。以兵二万伐大荔，取其王城。二十一年，初县频阳。晋取武成。二十四年，晋乱，杀智伯，分其国与赵、韩、魏。二十五年，智开与邑人来奔。三十三年，伐义渠，虏其王。

三十四年，日食，厉共公卒，子躁公立。

躁公二年，南郑反。十三年，义渠来伐，至渭南。

十四年，躁公卒，立其弟怀公。

怀公四年，庶长晁与大臣围怀公，怀公自杀。怀公太子曰昭子，早死，大臣乃立太子昭子之子，是为灵公。灵公，怀公孙也。

灵公六年，晋城少梁，秦击之。十三年，城籍姑。灵公卒，子献公不得立，立灵公季父悼子，是为简公。简公，昭子之弟而怀公子也。

简公六年，令吏初带剑。堑洛。城重泉。

十六年，卒，子惠公立。

惠公十二年，子出子生。十三年，伐蜀，取南郑。惠公卒，出子立。

出子二年，庶长改迎灵公之子献公于河西而立之。杀出子及其母，沉之渊旁。

秦以往者数易君，君臣乖乱，故晋复强，夺秦河西地。

献公元年，止从死。二年，城栎阳。四年正月庚寅，孝公生。十一年，周太史儋见献公曰："周故与秦国合而别，别五百岁复合，合十七岁而霸王出。"十六年，桃冬花。十八年，雨金栎阳。二十一年，与晋战于石门，斩首六万，天子贺以黼黻。二十三年，与魏晋战少梁，虏其将公孙痤。

二十四年，献公卒，子孝公立，年已二十一岁矣。

孝公元年，河山以东强国六，与齐威、楚宣、魏惠、燕悼、韩哀、赵成侯并。淮、泗之间小国十馀。楚、魏与秦接界。魏筑长城，自郑滨洛以北，有上郡。楚自汉中，南有巴、黔中。周室微，诸侯力政，争相并。秦僻在雍州，不与中国诸侯之会盟，夷翟遇之。孝公于是布惠，振孤寡，招战士，明功赏。下令国中曰："昔我穆公自岐、雍之间，修德行武，东平晋乱，以河为界，西霸戎翟，广地千里，天子致伯，诸侯毕贺，为後世开业，甚光美。会往者厉、躁、简公、出子之不宁，国家内忧，未遑外事，三晋攻夺我先君河西地，诸侯卑秦，丑莫大焉。献公即位，镇抚边境，徙治栎阳，且欲东伐，复穆公之故地，修穆公之政令。寡人思念先君之意，常痛于心。宾客群臣有能出奇计强秦者，吾且尊官，与之分土。"于是乃出兵东围陕城，西斩戎之獂王。卫鞅闻是令下，西入秦，因景监求见孝公。

二年，天子致胙。

三年，卫鞅说孝公变法修刑，内务耕稼，外劝战死之赏罚，孝公善之。甘龙、杜挚等弗然，相与争之。卒用鞅法，百姓苦之；居三年，百姓便之。乃拜鞅为左庶长。其事在《商君》语中。

七年，与魏惠王会杜平。八年，与魏战元里，有功。十年，卫鞅为大良造，将兵围魏安邑，降之。

十二年，作为咸阳，筑冀阙，秦徙都之。并诸小乡聚，集为大县，县一令，四十一县。为田开阡陌。东地渡洛。十四年，初为赋。十九年，天子致伯。二十年，诸侯毕贺。秦使公子少官率师会诸侯逢泽，朝天子。

二十一年，齐败魏马陵。

二十二年，卫鞅击魏，虏魏公子卬。封鞅为列侯，号商君。

二十四年，与晋战雁门，虏其将魏错。孝公卒，子惠文君立。是岁，诛卫鞅。鞅之初为秦施法，法不行，太子犯禁。鞅曰："法之不行，自于贵戚。君必欲行法，先于太子。太子不可黥，黥其傅师。"于是法大用，秦人治。及孝公卒，太子立，宗室多怨鞅，鞅亡，因以为反，而卒车裂以徇秦国。

惠文君元年，楚、韩、赵、蜀人来朝。二年，天子贺。三年，王冠。四年，天子致文武胙。齐、魏为王。

五年，阴晋人犀首为大良造。六年，魏纳阴晋，阴晋更名宁秦。七年，公子卬与魏战，虏其将龙贾，斩首八万。八年，魏纳河西地。九年，渡河，取汾阴、皮氏。与魏王会应。围焦,降之。十年,张仪相秦。魏纳上郡十五县。十一年,县义渠。归魏焦、曲沃。义渠君为臣。更名少梁曰夏阳。十二年,初腊。十三年四月戊午,魏君为王,韩亦为王。使张仪伐取陕,出其人与魏。

十四年,更为元年。二年,张仪与齐、楚大臣会啮桑。三年,韩、魏太子来朝。张仪相魏。五年,王游至北河。七年,乐池相秦。韩、赵、魏、燕、齐帅匈奴共攻秦。秦使庶长疾与战脩鱼,虏其将申差,败赵公子渴、韩太子奂,斩首八万二千。八年,张仪复相秦。九年,司马错伐蜀,灭之。伐取赵中都、西阳。十年,韩太子苍来质。伐取韩石章。伐败赵将泥。伐取义渠二十五城。十一年,樗里疾攻魏焦,降之。败韩岸门,斩首万,其将犀首走。公子通封于蜀。燕君让其臣子之。

十二年,王与梁王会临晋。庶长疾攻赵,虏赵将庄。张仪相楚。十三年,庶长章击楚于丹阳,虏其将屈匄,斩首八万;又攻楚汉中,取地六百里,置汉中郡。楚围雍氏,秦使庶长疾助韩而东攻齐,到满助魏攻燕。十四年,伐楚,取召陵。丹、犁臣,蜀相壮杀蜀侯来降。

惠文卒,子武王立。韩、魏、齐、楚、越皆宾从。

武王元年,与魏惠王会临晋。诛蜀相壮。张仪、魏章皆东出之魏。伐义渠、丹、犁。

二年,初置丞相,樗里疾、甘茂为左右丞相。张仪死于魏。三年,与韩襄王会临晋外。南公揭卒,樗里疾相韩。武王谓甘茂曰:"寡人欲容车通三川,窥周室,死不恨矣。"其秋,使甘茂、庶长封伐宜阳。四年,拔宜阳,斩首六万。涉河,城武遂。魏太子来朝。武王有力好戏,力士任鄙、乌获、孟说皆至大官。王与孟说举鼎,绝膑。八月,武王死。族孟说,武王取魏女为后,无子。立异母弟,是为昭襄王。昭襄母楚人,姓芈氏,号宣太后。武王死时,昭襄王为质于燕,燕人送归,得立。

昭襄王元年,严君疾为相,甘茂出之魏。二年,彗星见。庶长壮与大臣、诸侯、公子为逆,皆诛,及惠文后皆不得良死。悼武王后出归魏。三年,王冠。与楚王会黄棘,与楚上庸。四年,取蒲阪。彗星见。五年,魏王来朝应亭,复与魏蒲阪。六年,蜀侯煇反,司马错定蜀。庶长奂伐楚,斩首二万,泾阳君质于齐。日食,昼晦。七年,拔新城,樗里子卒。八年,使将军芈戎攻楚,取新市。齐使章子,魏使公孙喜,韩使暴鸢共攻楚方城,取唐眛。赵破中山,其君亡,竟死齐。魏公子劲、韩公子长为诸侯。九年,孟尝君薛文来相秦。奂攻楚,取八城,杀其将景快。十年,楚怀王入朝秦,秦留之。薛文以金受免。楼缓为丞相。十一年,齐、韩、魏、赵、宋、中山五国共攻秦,至盐氏而还。秦与韩、魏河北及封陵以和。彗星见。楚怀王走之赵,赵不受,还之秦,即死,归葬。十二年,楼缓免,穰侯魏冉为相。予楚粟五万石。

十三年,向寿伐韩,取武始。左更白起攻新城。五大夫礼出亡奔魏。任鄙为汉中守。十四年,左更白起攻韩、魏于伊阙,斩首二十四万,虏公孙喜,拔五城。十五年,大良造白起攻魏,取垣,复予之;攻楚,取宛。十六年,左更错取轵及邓。冉免。封公子市宛,公子悝邓,魏冉陶,为诸侯。

十七年,城阳君入朝,及东周君来朝。秦以垣易蒲阪、皮氏。王之宜阳。十八年,错攻垣、河雍,决桥取之。十九年,王为西帝,齐为东帝,皆复去之。吕礼来自归。齐破宋,宋王在魏,死温。任鄙卒。二十年,王之汉中,又之上郡、北河。二十一年,错攻魏河内。魏献安邑,秦出其人,募徙河东赐爵,赦罪人迁之。泾阳君封宛。二十二年,蒙武伐齐。河东为九县。与楚王会宛。与赵王会中阳。二十三年,尉斯离与三晋、燕伐齐,破之济西。王与魏王会宜阳。与韩王会新城。

二十四年,与楚王会鄢,又会穰。秦取魏安城,至大梁,燕、赵救之,秦军去。魏冉免相。二十五年,拔赵二城。与韩王会新城,与魏王会新明邑。二十六年,赦罪人迁之。穰侯冉复相。二十七年,错攻楚。赦罪人迁之南阳。白起攻赵,取代光狼城。又使司马错发陇西,因蜀攻楚黔中,拔之。二十八年,大良造白起攻楚,取鄢、邓,赦罪人迁之。二十九年,大良造白起攻楚,取郢为南郡,楚王走。周君来。王与楚王会襄陵。白起为武安君。三十年,蜀守若伐楚,取巫郡及江南为黔中郡。三十一年,白起伐魏,取两城。楚人反我江南。三十二年,相穰侯攻魏,至大梁,破暴鸢,斩首四万,鸢走,魏入三县请和。三十三年,客卿胡伤攻魏卷、蔡阳、长社,取之。击芒卯华阳,破之,斩首十五万。魏入南阳以和。三十四年,秦与魏、韩上庸地为一郡,南阳免臣迁居之。三十五年,佐韩、魏、楚伐燕。初置南阳郡。三十六年,客卿灶攻齐,取刚、寿,予穰侯。三十八年,中更胡伤攻赵阏与,不能取。四十年,悼太子死魏,归葬芷阳。四十一年夏,攻魏,取邢丘、怀。四十二年,安国君为太子。十月,宣太后薨,葬芷阳郦山。九月,穰侯出之陶。四十三年,武安君白起攻韩,拔九城,斩首五万。四十四年,攻韩南郡,取之。四十五年,五大夫贲攻韩,取十城。叶阳君悝出之国,未至而死。四十七年,秦攻韩上党,上党降赵,秦因攻赵,赵发兵击秦,相距。秦使武安君白起击,大破赵于长平,四十馀万尽杀之。

四十八年十月,韩献垣雍。秦军分为三军。武安军归。王龁将,伐赵武安、皮牢,拔之。司马梗北定太原,尽有韩上党。正月,兵罢,复守上党。其十月,五大夫陵攻赵邯郸。四十九年正月,益发卒佐陵。陵战不善,免,王龁代将。其十月,将军张唐攻魏。为蔡尉捐弗守,还斩之。

五十年十月,武安君白起有罪,为士伍,迁阴密。张唐攻郑,拔之。十二月,益发卒军汾城旁。武安君白起有罪,死。龁攻邯郸,不拔,去,还奔汾,军二月馀。攻晋军,斩首六千,晋走流死河二万人。攻汾城,即从唐拔宁新中。宁新中更名安阳。初作河桥。

五十一年,将军摎攻韩,取阳城、负黍,斩首四万。攻赵,取二十馀县,首虏九万。西周君背秦,与诸侯约从,将天下锐兵出伊阙攻秦,令秦毋得通阳城。于是秦使将军摎攻西周。西周君来自归,顿首受罪,尽献其邑三十六城,口三万。秦王受献,归其君于周。

五十二年,周民东亡,其器九鼎入秦。周初亡。

五十三年,天下来宾。魏后,秦使摎伐魏,取吴城。

韩王入朝，魏委国听令。五十四年，王郊见上帝于雍。五十六年秋，昭襄王卒，子孝文王立。尊唐八子为唐太后，而合其葬于先王。韩王衰绖入吊祠，诸侯皆使其将相来吊祠，视丧事。

孝文王元年，赦罪人，修先王功臣，褒厚亲戚，弛苑囿。孝文王除丧，十月己亥即位，三日辛丑卒，子庄襄王立。

庄襄王元年，大赦罪人，修先王功臣，施德厚骨肉而布惠于民。东周君与诸侯谋秦，秦使相国吕不韦诛之，尽入其国。秦不绝其祀，以阳人地赐周君，奉其祭祀。使蒙骜伐韩，韩献成皋、巩。秦界至大梁，初置三川郡。二年，使蒙骜攻赵，定太原。三年，蒙骜攻魏高都、汲，拔之。攻赵榆次、新城、狼孟，到三十七城。四月，日食。王龁攻上党。初置太原郡。魏将无忌率五国兵击秦，秦却于河外，蒙骜败，解而去。五月丙午，庄襄王卒，子政立，是为秦始皇帝。

秦王政立二十六年，初并天下为三十六郡，号为始皇帝。始皇帝五十一年而崩，子胡亥立，是为二世皇帝。三年，诸侯并起叛秦，赵高杀二世，立子婴。子婴立月余，诸侯诛之，遂灭秦。其语在《始皇本纪》中。

太史公曰：秦之先为嬴姓，其后分封，以国为姓，有徐氏、郯氏、莒氏、终黎氏、运奄氏、菟裘氏、将梁氏、黄氏、江氏、脩鱼氏、白冥氏、蜚廉氏、秦氏。然秦以其先造父封赵城，为赵氏。

卷六　　秦始皇本纪第六

秦始皇帝者，秦庄襄王子也。庄襄王为秦质子于赵，见吕不韦姬，悦而取之，生始皇。以秦昭王四十八年正月生于邯郸。及生，名为政，姓赵氏。

年十三岁，庄襄王死，政代立为秦王。当是之时，秦地已并巴、蜀、汉中，越宛有郢，置南郡矣；北收上郡以东，有河东、太原、上党郡，东至荥阳，灭二周，置三川郡。吕不韦为相，封十万户，号曰文信侯。招致宾客游士，欲以并天下。李斯为舍人。蒙骜、王齮、麃公等为将军。王年少，初即位，委国事大臣。

晋阳反。元年，将军蒙骜击定之。二年，麃公将卒攻卷，斩首三万。三年，蒙骜攻韩，取十三城。王齮死。十月，将军蒙骜攻魏氏畼、有诡。岁大饥。四年，拔畼、有诡。三月，军罢。秦质子归自赵，赵太子出归国。十月庚寅，蝗虫从东方来，蔽天。天下疫。百姓内粟千石，拜爵一级。五年，将军骜攻魏，定酸枣、燕、虚、长平、雍丘、山阳城，皆拔之，取二十城。初置东郡。冬雷。六年，韩、魏、赵、卫、楚共击秦，取寿陵。秦出兵，五国兵罢。拔卫，迫东郡，其君角率其支属徙居野王，阻其山以保魏之河内。七年，彗星先出东方，见北方，五月见西方。将军骜死。以攻龙、孤、庆都，还兵攻汲。彗星复见西方十六日。夏太后死。八年，王弟长安君成蟜将军击赵，反，死

屯留，军吏皆斩死，迁其民于临洮。将军壁死，卒屯留、蒲鹖反，戮其尸。河鱼大上，轻车重马东就食。嫪毐封为长信侯。予之山阳地，令毐居之。宫室车马衣服苑囿驰猎恣毐。事无小大皆决于毐。又以河西太原郡更为毐国。

九年，彗星见，或竟天。攻魏垣、蒲阳。四月，上宿雍。己酉，王冠，带剑。长信侯毐作乱而觉，矫王御玺及太后玺以发县卒及卫卒、官骑、戎翟君公、舍人，将欲攻蕲年宫为乱。王知之，令相国昌平君、昌文君发卒攻毐。战咸阳，斩首数百。皆拜爵，及宦者皆在战中，亦拜爵一级。毐等败走。即令国中：有生得毐，赐钱百万；杀之，五十万。尽得毐等。卫尉竭、内史肆、佐弋竭、中大夫令齐等二十人皆枭首。车裂以徇，灭其宗。及其舍人，轻者为鬼薪。及夺爵迁蜀四千余家，家房陵。四月寒冻，有死者。杨端和攻衍氏。彗星见西方，又见北方，从斗以南八十日。十年，相国吕不韦坐嫪毐毒免。桓齮为将军。齐、赵来置酒。齐人茅焦说秦王曰："秦方以天下为事，而大王有迁母太后之名，恐诸侯闻之，由此倍秦也。"秦王乃迎太后于雍而入咸阳，复居甘泉宫。

大索，逐客。李斯上书说，乃止逐客令。李斯因说秦王请先取韩以恐他国，于是使斯下韩。韩王患之，与韩非谋弱秦。

大梁人尉缭来，说秦王曰："以秦之强，诸侯譬如郡县之君，臣但恐诸侯合从，翕而出不意，此乃智伯、夫差、湣王之所以亡也。愿大王毋爱财物，赂其豪臣，以乱其谋，不过亡三十万金，则诸侯可尽。"秦王从其计，见尉缭亢礼，衣服食饮与缭同。缭曰："秦王为人，蜂准，长目，挚鸟膺，豺声，少恩而虎狼心，居约易出人下，得志亦轻食人。我布衣，然见我常身自下我。诚使秦王得志于天下，天下皆为虏矣，不可与久游。"乃亡去。秦王觉，固止，以为秦国尉，卒用其计策，而李斯用事。

十一年，王翦、桓齮、杨端和攻邺，取九城。王翦攻阏与、橑杨，皆并为一军。翦将十八日，军归斗食以下，什推二人从军，取邺安阳，桓齮将。

十二年，文信侯不韦死，窃葬。其舍人临者：晋人也，逐出之；秦人，六百石以上夺爵，迁，五百石以下不临，迁，勿夺爵。自今以来，操国事不道如嫪毐、不韦者籍其门，视此。秋，复嫪毐舍人迁蜀者。当是之时，天下大旱，六月至八月，乃雨。

十三年，桓齮攻赵平阳，杀赵将扈辄，斩首十万。王之河南。正月，彗星见东方。十月，桓齮攻赵。十四年，攻赵军于平阳，取宜安，破之，杀其将军。桓齮定平阳、武城。韩非使秦，秦用李斯谋，留非，非死云阳。韩王请为臣。

十五年，大兴兵，一军至邺，一军至太原，取狼孟。地动。十六年九月，发卒受地韩南阳假守腾。初令男子书年。魏献地于秦。秦置丽邑。十七年，内史腾攻韩，得韩王安，尽纳其地，以其地为郡，命曰颍川。地动。华阳太后卒。民大饥。

十八年，大兴兵攻赵，王翦将上地，下井陉，端和将河内，羌瘣伐赵，端和围邯郸城。十九年，王翦、羌瘣尽

定取赵地东阳,得赵王。引兵欲攻燕,屯中山。秦王之邯郸,诸尝与王生赵时母家有仇怨,皆坑之。秦王还,从太原、上郡归。始皇帝母太后崩。赵公子嘉率其宗数百人之代,自立为代王,东与燕合兵,军上谷。大饥。

二十年,燕太子丹患秦兵至国,恐,使荆轲刺秦王。秦王觉之,体解轲以徇,而使王翦、辛胜攻燕。燕、代发兵击秦军,秦军破燕易水之西。

二十一年,王贲攻蓟。乃益发卒诣王翦军,遂破燕太子军,取燕蓟城,得太子丹之首。燕王东收辽东而王之。王翦谢病老归。新郑反。昌平君徙于郢。大雨雪,深二尺五寸。

二十二年,王贲攻魏,引河沟灌大梁,大梁城坏,其王请降,尽取其地。

二十三年,秦王复召王翦,强起之,使将击荆。取陈以南至平舆,虏荆王。秦王游至郢陈。荆将项燕立昌平君为荆王,反秦于淮南。二十四年,王翦、蒙武攻荆,破荆军。昌平君死,项燕遂自杀。

二十五年,大兴兵,使王贲将,攻燕辽东,得燕王喜。还攻代,虏代王嘉。王翦遂定荆江南地,降越君,置会稽郡。五月,天下大酺。

二十六年,齐王建与其相后胜发兵守其西界,不通秦。秦使将军王贲从燕南攻齐,得齐王建。

秦初并天下,令丞相、御史曰:"异日韩王纳地效玺,请为藩臣,已而倍约,与赵、魏合从畔秦,故兴兵诛之,虏其王。寡人以为善,庶几息兵革。赵王使其相李牧来约盟,故归其质子。已而倍盟,反我太原,故兴兵诛之,得其王。赵公子嘉乃自立为代王,故举兵击灭之。魏王始约服入秦,已而与韩赵谋袭秦,秦兵吏诛,遂破之。荆王献青阳以西,已而畔约,击我南郡,故发兵诛,得其王,遂定其荆地。燕王昏乱,其太子丹乃阴令荆轲为贼,兵吏诛,灭其国。齐王用后胜计,绝秦使,欲为乱,兵吏诛,虏其王,平齐地。寡人以眇眇之身,兴兵诛暴乱,赖宗庙之灵,六王咸伏其辜,天下大定。今名号不更,无以称成功、传後世。其议帝号。"

丞相绾、御史大夫劫、廷尉斯等皆曰:"昔者五帝地方千里,其外侯服夷服诸侯或朝或否,天子不能制。今陛下兴义兵,诛残贼,平定天下,海内为郡县,法令由一统,自上古以来未尝有,五帝所不及。臣等谨与博士议曰:'古有天皇,有地皇,有泰皇,泰皇最贵。'臣等昧死上尊号,王为'泰皇',命为'制',令为'诏',天子自称曰'朕'。"王曰:"去'泰',著'皇',采上古'帝'位号,号曰'皇帝'。他如议。"制曰:"可。"追尊庄襄王为太上皇。制曰:"朕闻太古有号毋谥,中古有号,死而以行为谥。如此,则子议父、臣议君也,甚无谓,朕弗取焉。自今已来,除谥法,朕为始皇帝,後世以计数,二世三世至于万世,传之无穷。"

始皇推终始五德之传,以为周得火德,秦代周德,从所不胜。方今水德之始,改年始,朝贺皆自十月朔。衣服旄旌节旗皆上黑。数以六为纪,符法冠皆六寸。而舆六尺,六尺为步,乘六马。更名河曰德水,以为水德之始。刚毅戾深,事皆决于法,刻削毋仁恩和义,然後合五德之数。于是急法,久者不赦。

丞相绾等言:"诸侯初破,燕、齐、荆地远,不为置王,毋以填之,请立诸子,唯上幸许。"始皇下其议于群臣,群臣皆以为便。廷尉李斯议曰:"周文、武所封子弟同姓甚众,然後属疏远,相攻击如仇雠,诸侯更相诛伐,周天子弗能禁止。今海内赖陛下神灵一统,皆为郡县,诸子功臣以公赋税重赏赐之,甚足易制。天下无异意,则安宁之术也。置诸侯不便。"始皇曰:"天下共苦战斗不休,以有侯王。赖宗庙,天下初定,又复立国,是树兵也,而求其宁息,岂不难哉!廷尉议是。"

分天下以为三十六郡,郡置守、尉、监。更名民曰"黔首"。大酺。收天下兵,聚之咸阳,销以为钟鐻,金人十二,重各千石,置廷宫中。一法度衡石丈尺。车同轨。书同文字。地东至海暨朝鲜,西至临洮、羌中,南至北向户,北据河为塞,并阴山至辽东。徙天下豪富于咸阳十二万户。诸庙及章台、上林皆在渭南。秦每破诸侯,写放其宫室,作之咸阳北阪上,南临渭,自雍门以东至泾、渭,殿屋复道周阁相属。所得诸侯美人钟鼓,以充入之。

二十七年,始皇巡陇西、北地,出鸡头山,过回中。焉作信宫渭南,已,更命信宫为极庙,象天极。自极庙道通郦山,作甘泉前殿。筑甬道,自咸阳属之。是岁,赐爵一级。治驰道。

二十八年,始皇东行郡县,上邹峄山。立石,与鲁诸儒生议,刻石颂秦德,议封禅望祭山川之事。乃遂上泰山,立石,封,祠祀。下,风雨暴至,休于树下,因封其树为五大夫。禅梁父。刻所立石,其辞曰:

皇帝临位,作制明法,臣下修饬。二十有六年,初并天下,罔不宾服。亲巡远方黎民,登兹泰山,周览东极。从臣思迹,本原事业,祗诵功德。治道运行,诸产得宜,皆有法式。大义休明,垂于後世,顺承勿革。皇帝躬圣,既平天下,不懈于治。夙兴夜寐,建设长利,专隆教诲。训经宣达,远近毕理,咸承圣志。贵贱分明,男女礼顺,慎遵职事。昭隔内外,靡不清净,施于後嗣。化及无穷,遵奉遗诏,永承重戒。

于是乃并勃海以东,过黄、腄,穷成山,登之罘,立石颂秦德焉而去。

南登琅邪,大乐之,留三月。乃徙黔首三万户琅邪台下,复十二岁。作琅邪台,立石刻,颂秦德,明得意。曰:

维二十八年,皇帝作始,端平法度,万物之纪。以明人事,合同父子。圣智仁义,显白道理。东抚东土,以省卒士。事已大毕,乃临于海。皇帝之功,勤劳本事。上农除末,黔首是富。普天之下,抟心揖志。器械一量,同书文字。日月所照,舟舆所载。皆终其命,莫不得意。应时动事,是维皇帝。匡饬异俗,陵水经地。忧恤黔首,朝夕不懈。除疑定法,咸知所辟。方伯分职,诸治经易。举错必当,莫不如画。皇帝之明,临察四方。尊卑贵贱,不逾次行。奸邪不容,皆务贞良。细大尽力,莫敢怠荒。远迩辟隐,专务肃庄。端直敦忠,事业有常。皇帝之德,存定四极。诛乱除害,兴利致福。节事以时,诸产繁殖。黔首安宁,不用兵革。六亲相保,终无寇贼。欢欣奉教,尽知法式。六合之内,皇帝之土。西涉流沙,南尽北户。东有东海,北过大夏。人迹所至,无不臣者。功盖五帝,泽及牛马。莫不受德,各安其宇。

维秦王兼有天下,立名为皇帝,乃抚东土,至于琅邪。列侯武城侯王离、列侯通武侯王贲、伦侯建成侯赵亥、伦侯昌武侯成、伦侯武信侯冯毋择、丞相隗林、丞相王绾、卿李斯、卿王戊、五大夫赵婴、五大夫杨樛从,与议于海上。曰:"古之帝者,地不过千里,诸侯各守其封域,或朝或否,相侵暴乱,残伐不止,犹刻金石,以自为纪。古之五帝三王,知教不同,法度不明,假威鬼神,以欺远方,实不称名,故不久长。其身未殁,诸侯倍叛,法令不行。今皇帝并一海内,以为郡县,天下和平。昭明宗庙,体道行德,尊号大成。群臣相与诵皇帝功德,刻于金石,以为表经。"

既已,齐人徐市等上书,言海中有三神山,名曰蓬莱、方丈、瀛洲,仙人居之。请得斋戒,与童男女求之。于是遣徐市发童男女数千人,入海求仙人。

始皇还,过彭城,斋戒祷祠,欲出周鼎泗水。使千人没水求之,弗得。乃西南渡淮水,之衡山、南郡。浮江,至湘山祠。逢大风,几不得渡。上问博士曰:"湘君何神?"博士对曰:"闻之,尧女,舜之妻,而葬此。"于是始皇大怒,使刑徒三千人皆伐湘山树,赭其山。上自南郡由武关归。

二十九年,始皇东游。至阳武博狼沙中,为盗所惊。求弗得,乃令天下大索十日。

登之罘,刻石。其辞曰:

维二十九年,时在中春,阳和方起。皇帝东游,巡登之罘,临照于海。从臣嘉观,原念休烈,追诵本始。大圣作治,建定法度,显箸纲纪。外教诸侯,光施文惠,明以义理。六国回辟,贪戾无厌,虐杀不已。皇帝哀众,遂发讨师,奋扬武德。义诛信行,威烨旁达,莫不宾服。烹灭强暴,振救黔首,周定四极。普施明法,经纬天下,永为仪则。大矣哉!宇县之中,承顺圣意。群臣诵功,请刻于石,表垂于常式。

其东观曰:

维二十九年,皇帝春游,览省远方。逮于海隅,遂登之罘,昭临朝阳。观望广丽,从臣咸念,原道至明。圣法初兴,清理疆内,外诛暴强。武威旁畅,振动四极,禽灭六王。阐并天下,灾害绝息,永偃戎兵。皇帝明德,经理宇内,视听不怠。作立大义,昭设备器,咸有章旗。职臣遵分,各知所行,事无嫌疑。黔首改化,远迩同度,临古绝尤。常职既定,後嗣循业,长承圣治。群臣嘉德,祗诵圣烈,请刻之罘。

旋,遂之琅邪,道上党入。

三十年,无事。

三十一年十二月,更名腊曰"嘉平"。赐黔首里六石米、二羊。始皇为微行咸阳,与武士四人俱,夜出,逢盗兰池,见窘,武士击杀盗,关中大索二十日,米石千六百。

三十二年,始皇之碣石,使燕人卢生求羡门、高誓。刻碣石门。坏城郭,决通堤防。其辞曰:

遂兴师旅,诛戮无道,为逆灭息。武殄暴逆,文复无罪,庶心咸服。惠论功劳,赏及牛马,恩肥土域。皇帝奋威,德并诸侯,初一泰平。堕坏城郭,决通川防,夷去险阻。地势既定,黎庶无繇,天下咸抚。男乐其畴,女修其业,事各有序。惠被诸产,久并来田,莫不安所。群臣诵烈,请刻此石,垂著仪矩。

因使韩终、侯公、石生求仙人不死之药。始皇巡北边,从上郡入。燕人卢生使入海还,以鬼神事,因奏录图书,曰:"亡秦者胡也。"始皇乃使将军蒙恬发兵三十万人北击胡,略取河南地。

三十三年,发诸尝逋亡人、赘婿、贾人略取陆梁地,为桂林、象郡、南海,以適遣戍。西北斥逐匈奴。自榆中并河以东,属之阴山,以为三十四县,城河上为塞。又使蒙恬渡河取高阙、陶山、北假中,筑亭障以逐戎人。徙適,实之初县。禁,不得祠。明星出西方。

三十四年,適治狱吏不直者,筑长城及南越地。

始皇置酒咸阳宫,博士七十人前为寿。仆射周青臣进颂曰:"他时秦地不过千里,赖陛下神灵明圣,平定海内,放逐蛮夷,日月所照,莫不宾服。以诸侯为郡县,人人自安乐,无战争之患,传之万世,自上古不及陛下威德。"始皇悦。博士齐人淳于越进曰:"臣闻殷、周之王千馀岁,封子弟功臣,自为枝辅。今陛下有海内,而子弟为匹夫,卒有田常、六卿之臣,无辅拂,何以相救哉?事不师古而能长久者,非所闻也。今青臣又面谀以重陛下之过,非忠臣。"

始皇下其议。丞相李斯曰:"五帝不相复,三代不相袭,各以治,非其相反,时变异也。今陛下创大业,建万世之功,固非愚儒所知。且越言乃三代之事,何足法也?异时诸侯并争,厚招游学。今天下已定,法令出一,百姓当家则力农工,士则学习法令辟禁。今诸生不师今而学古,以非当世,惑乱黔首。丞相臣斯昧死言:古者天下散乱,莫之能一,是以诸侯并作,语皆道古以害今,饰虚言以乱实,人善其所私学,以非上之所建立。今皇帝并有天下,别黑白而定一尊。私学而相与非法教,人闻令下,则各以其学议之;入则心非,出则巷议,夸主以为名,异取以为高,率群下以造谤。如此弗禁,则主势降乎上,党与成乎下,禁之便。臣请史官非秦记皆烧之,非博士官所职,天下敢有藏《诗》、《书》、百家语者,悉诣守、尉杂烧之。有敢偶语《诗》、《书》者弃市,以古非今者族,吏见知不举者与同罪。令下三十日不烧,黥为城旦。所不去者,医药、卜筮、种树之书。若欲有学法令,以吏为师。"制曰:"可。"

三十五年,除道,道九原抵云阳,堑山堙谷,直通之。于是始皇以为咸阳人多,先王之宫廷小,吾闻周文王都丰,武王都镐,丰、镐之间,帝王之都也。乃营作朝宫渭南上林苑中。先作前殿阿房,东西五百步,南北五十丈,上可以坐万人,下可以建五丈旗,周驰为阁道,自殿下直抵南山。表南山之颠以为阙。为复道，自阿房渡渭，属之咸阳，以象天极阁道绝汉抵营室也。阿房宫未成；成，欲更择令名名之。作宫阿房，故天下谓之阿房宫。隐宫徒刑者七十馀万人，乃分作阿房宫，或作丽山。发北山石椁，乃写蜀、荆地材皆至。关中计宫三百，关外四百馀。于是立石东海上朐界中，以为秦东门。因徙三万家丽邑，五万家云阳，皆复不事十岁。

卢生说始皇曰："臣等求芝奇药仙者，常弗遇，类物有害之者。方中人主时为微行以辟恶鬼，恶鬼辟，真人至。人主所居而人臣知之，则害于神。真人者，入水不濡，入火不爇，陵云气，与天地久长。今上治天下，未能恬惔。愿上所居宫毋令人知，然后不死之药殆可得也。"于是始皇曰："吾慕真人。自谓'真人'，不称'朕'。"乃令咸阳之旁二百里内，宫观二百七十，复道甬道相连，帷帐钟鼓美人充之，各案署不移徙。行所幸，有言其处者，罪死。

始皇帝幸梁山宫，从山上见丞相车骑众，弗善也。中人或告丞相，丞相后损车骑。始皇怒曰："此中人泄吾语。"案问莫服。当是时，诏捕诸时在旁者，皆杀之。自是后莫知行之所在。听事，群臣受决事，悉于咸阳宫。

侯生、卢生相与谋曰："始皇为人，天性刚戾自用，起诸侯，并天下，意得欲从，以为自古莫及已。专任狱吏，狱吏得亲幸。博士虽七十人，特备员，弗用。丞相诸大臣皆受成事，倚办于上。上乐以刑杀为威，天下畏罪持禄，莫敢尽忠。上不闻过而日骄，下慑伏谩欺以取容。秦法，不得兼方，不验，辄死。然候星气者至三百人，皆良士，畏忌讳谀，不敢端言其过。天下之事无小大皆决于上，上至以衡石量书，日夜有呈，不中呈不得休息。贪于权势至如此，未可为求仙药。"于是乃亡去。始皇闻亡，乃大怒曰："吾前收天下书不中用者尽去之，悉召文学方术士甚众，欲以兴太平，方士欲练以求奇药。今闻韩众去不报，徐市等费以巨万计，终不得药，徒奸利相告日闻。卢生等吾尊赐之甚厚，今乃诽谤我，以重吾不德也。诸生在咸阳者，吾使人廉问，或为妖言以乱黔首。"于是使御史悉案问诸生，诸生传相告引，乃自除犯禁者四百六十馀人，皆坑之咸阳，使天下知之，以惩后。益发谪徙边。始皇长子扶苏谏曰："天下初定，远方黔首未集，诸生皆诵法孔子，今上皆重法绳之，臣恐天下不安。唯上察之。"始皇怒，使扶苏北监蒙恬于上郡。

三十六年，荧惑守心。有坠星下东郡，至地为石，黔首或刻其石曰"始皇帝死而地分"。始皇闻之，遣御史逐问，莫服，尽取石旁居人诛之。因燔销其石。始皇不乐，使博士为仙真人诗，及行所游天下，传令乐人歌弦之。

秋，使者从关东夜过华阴平舒道，有人持璧遮使者曰："为吾遗滈池君。"因言曰："今年祖龙死。"使者问其故，因忽不见，置其璧去。使者奉璧具以闻。始皇默然良久，曰："山鬼固不过知一岁事也。"退言曰："祖龙者，人之先也。"使御府视璧，乃二十八年行渡江所沉璧也。于是始皇卜之，卦得游徙吉。迁北河榆中三万家。拜爵一级。

三十七年十月癸丑，始皇出游。左丞相斯从，右丞相去疾守。少子胡亥爱慕请从，上许之。十一月，行至云梦，望祀虞舜于九疑山。浮江下，观籍柯，渡海渚。过丹阳，至钱唐。临浙江，水波恶，乃西百二十里从狭中渡。上会稽，祭大禹，望于南海，而立石刻颂秦德。其文曰：

皇帝休烈，平一宇内，德惠修长。三十有七年，亲巡天下，周览远方。遂登会稽，宣省习俗，黔首斋庄。群臣诵功，本原事迹，追首高明。秦圣临国，始定刑名，显陈旧章。初平法式，审别职任，以立恒常。六王专倍，贪戾慠猛，率众自强。暴虐恣行，负力而骄，数动甲兵。阴通间使，以事合从，行为辟方。内饰诈谋，外来侵边，遂起祸殃。义威诛之，殄熄暴悖，乱贼灭亡。圣德广密，六合之中，被泽无疆。皇帝并宇，兼听万事，远近毕清。运理群物，考验事实，各载其名。贵贱并通，善否陈前，靡有隐情。饰省宣义，有子而嫁，倍死不贞。防隔内外，禁止淫泆，男女洁诚。夫为寄豭，杀之无罪，男秉义程。妻为逃嫁，子不得母，咸化廉清。大治濯俗，天下承风，蒙被休经。皆遵度轨，和安敦勉，莫不顺令。黔首修洁，人乐同则，嘉保太平。后敬奉法，常治无极，舆舟不倾。从臣诵烈，请刻此石，光垂休铭。

还，过吴，从江乘渡。并海上，北至琅邪。

方士徐市等入海求神药，数岁不得，费多，恐谴，乃诈曰："蓬莱药可得，然常为大鲛鱼所苦，故不得至。愿请善射与俱，见则以连弩射之。"始皇梦与海神战，如人状。问占梦，博士曰："水神不可见，以大鱼蛟龙为候。今上祷祠备谨，而有此恶神，当除去，而善神可致。"乃令入海者赍捕巨鱼具，而自以连弩候大鱼出射之。自琅邪北至荣成山，弗见。至之罘，见巨鱼，射杀一鱼。遂并海西。

至平原津而病。始皇恶言死，群臣莫敢言死事。上病益甚，乃为玺书赐公子扶苏曰："与丧会咸阳而葬。"书已封，在中车府令赵高行符玺事所，未授使者。七月丙寅，始皇崩于沙丘平台。丞相斯为上崩在外，恐诸公子及天下有变，乃秘之，不发丧。棺载辒凉车中，故幸宦者参乘，所至上食。百官奏事如故，宦者辄从辒凉车中可其奏事。独子胡亥、赵高及所幸宦者五六人知上死。赵高故尝教胡亥书及狱律令法事，胡亥私幸之。高乃与公子胡亥、丞相斯阴谋破去始皇所封书赐公子扶苏者，而更诈为丞相斯受始皇遗诏沙丘，立子胡亥为太子。更为书赐公子扶苏、蒙恬，数以罪，其赐死。语具在《李斯传》中。行，遂从井陉抵九原。会暑，上辒车臭，乃诏从官令车载一石鲍鱼，以乱其臭。

行从直道至咸阳，发丧。

太子胡亥袭位，为二世皇帝。九月，葬始皇郦山。

始皇初即位，穿治郦山。及并天下，天下徒送诣七十馀万人，穿三泉，下铜而致椁，宫观百官奇器珍怪徙臧满之。令匠作机弩矢，有所穿近者辄射之。以水银为百川江河大海，机相灌输，上具天文，下具地理。以人鱼膏为烛，度不灭者久之。二世曰："先帝后宫非有子者，出焉不宜。"皆令从死，死者甚众。葬既已下，或言工匠为机，藏皆知之，藏重即泄。大事毕，已藏，闭中羡，下外羡门，尽闭工匠藏者，无复出者。树草木以象山。

二世皇帝元年，年二十一。赵高为郎中令，任用事。二世下诏，增始皇寝庙牺牲及山川百祀之礼，令群臣议尊始皇庙。群臣皆顿首言曰："古者天子七庙，诸侯五，大夫三，虽万世世不轶毁。今始皇为极庙，四海之内皆献贡职，增牺牲，礼咸备，毋以加。先王庙或在西雍，或在咸阳。天子仪当独奉酌祠始皇庙。自襄公已下轶毁。所置凡七庙。群臣以礼进祠，以尊始皇庙为帝者祖庙。皇帝复自称'朕'。"

二世与赵高谋曰："朕年少，初即位，黔首未集附。先帝巡行郡县，以示强，威服海内。今晏然不巡行，即见弱，毋以臣畜天下。"春，二世东行郡县，李斯从。到碣石，并海，南至会稽，而尽刻始皇所立刻石，石旁著大臣从者名，以章先帝成功盛德焉：

皇帝曰："金石刻尽始皇帝所为也。今袭号而金石刻辞不称始皇帝，其于久远也如后嗣为之者，不称成功盛德。"丞相臣斯、臣去疾、御史大夫臣德昧死言："臣请具刻诏书刻石，因明白矣。臣昧死请。"制曰："可。"

遂至辽东而还。

于是二世乃遵用赵高，申法令。乃阴与赵高谋曰："大臣不服，官吏尚强，及诸公子必与我争，为之奈何？"高曰："臣固愿言而未敢也。先帝之大臣，皆天下累世名贵人也，积功劳世以相传久矣。今高素小贱，陛下幸称举，令在上位，管中事。大臣鞅鞅，特以貌从臣，其心实不服。今上出，不因此时案郡县守尉有罪者诛之，上以振威天下，下以除去上生平所不可者。今时不师文而决于武力，愿陛下遂从时勿疑，即群臣不及谋。明主收举馀民，贱者贵之，贫者富之，远者近之，则上下集而国安矣。"二世曰："善。"乃行诛大臣及诸公子，以罪过连逮少近官三郎，无得立者，而六公子戮死于杜。公子将闾昆弟三人囚于内宫，议其罪独后。二世使使令将闾曰："公子不臣，罪当死，吏致法焉。"将闾曰："阙廷之礼，吾未尝敢不从宾赞也；廊庙之位，吾未尝敢失节也；受命应对，吾未尝敢失辞也。何谓不臣？愿闻罪而死。"使者曰："臣不得与谋，奉书从事。"将闾乃仰天大呼天者三，曰："天乎！吾无罪！"昆弟三人皆流涕拔剑自杀。宗室振恐。群臣谏者以为诽谤，大吏持禄取容，黔首振恐。

四月，二世还至咸阳，曰："先帝为咸阳朝廷小，故营阿房宫。为室堂未就，会上崩，罢其作者，复土郦山。郦山事大毕，今释阿房宫弗就，则是章先帝举事过也。"复作阿房宫。外抚四夷，如始皇计。尽征其材士五万人为屯卫咸阳，令教射狗马禽兽。当食者多，度不足，下调郡县转输菽粟刍稿，皆令自赍粮食。咸阳三百里内不得食其谷。用法益刻深。

七月，戍卒陈胜等反故荆地，为"张楚"。胜自立为楚王，居陈，遣诸将徇地。山东郡县少年苦秦吏，皆杀其守尉令丞反，以应陈涉，相立为侯王，合从西乡，名为伐秦，不可胜数也。谒者使东方来，以反者闻二世。二世怒，下吏。后使者至，上问，对曰："群盗，郡守尉方逐捕，今尽得，不足忧。"上悦。

武臣自立为赵王，魏咎为魏王，田儋为齐王。沛公起沛。项梁举兵会稽郡。

二年冬，陈涉所遣周章等将西至戏，兵数十万。二世大惊，与群臣谋曰："奈何？"少府章邯曰："盗已至，众强，今发近县不及矣。郦山徒多，请赦之，授兵以击之。"二世乃大赦天下，使章邯将，击破周章军而走，遂杀章曹阳。二世益遣长史司马欣、董翳佐章邯击盗，杀陈胜城父，破项梁定陶，灭魏咎临济。楚地盗名将已死，章邯乃北渡河，击赵王歇等于巨鹿。

赵高说二世曰："先帝临制天下久，故群臣不敢为非，进邪说。今陛下富于春秋，初即位，奈何与公卿廷决事？事即有误，示群臣短也。天子称朕，固不闻声。"于是二世常居禁中，与高决诸事。其后公卿希得朝见。盗贼益多，而关中卒发东击盗者毋已。右丞相去疾、左丞相斯、将军冯劫进谏曰："关东群盗并起，秦发兵诛击，所杀亡甚众，然犹不止。盗多，皆以戍漕转作事苦，赋税大也。请且止阿房宫作者，减省四边戍转。"二世曰："吾闻之韩子曰：'尧舜采椽不刮，茅茨不翦，饭土塯，啜土形，虽监门之养，不觳于此。禹凿龙门，通大夏，决河亭水，放之海，身自持筑臿，胫毋毛，臣虏之劳不烈于此矣。'凡所为贵有天下者，得肆意极欲，主重明法，下不敢为非，以制御海内矣。夫虞、夏之主，贵为天子，亲处穷苦之实，以徇百姓，尚何于法？朕尊万乘，毋其实，吾欲造千乘之驾，万乘之属，充吾号名。且先帝起诸侯，兼天下，天下已定，外攘四夷以安边竟，作宫室以章得意，而君观先帝功业有绪。今朕即位二年之间，群盗并起，君不能禁，又欲罢先帝之所为，是上毋以报先帝，次不为朕尽忠力，何以在位？"下去疾、斯、劫吏，案责他罪。去疾、劫曰："将相不辱。"自杀。斯卒囚，就五刑。

三年，章邯等将其卒围巨鹿，楚上将军项羽将楚卒往救巨鹿。冬，赵高为丞相，竟案李斯杀之。夏，章邯等战数却，二世使人让邯，邯恐，使长史欣请事。赵高弗见，又弗信。欣恐，亡去，高使人捕追，不及。欣见邯曰："赵高用事于中，将军有功亦诛，无功亦诛。"项羽急击秦军，虏王离，邯等遂以兵降诸侯。

八月己亥，赵高欲为乱，恐群臣不听，乃先设验，持鹿献于二世，曰："马也。"二世笑曰："丞相误邪？谓鹿为马。"问左右，左右或默，或言"马"以阿顺赵高，或言"鹿"者。高因阴中诸言鹿者以法。后群臣皆畏高。

高前数言"关东盗毋能为也"，及项羽虏秦将王离等巨鹿下而前，章邯等军数却，上书请益助，燕、赵、齐、楚、韩、魏皆立为王，自关以东，大氐尽畔秦吏应诸侯，诸侯咸率其众西乡。沛公将数万人已屠武关，使人私于高。高恐二世怒，诛及其身，乃谢病不朝见。二世梦白虎啮其左骖马，杀之，心不乐，怪，问占梦。卜曰："泾水为祟。"二世乃斋于望夷宫，欲祠泾，沉四白马。使使责让高以盗贼事。高惧，乃阴与其婿咸阳令阎乐、其弟赵成谋曰："上不听谏，今事急，欲归祸于吾宗。吾欲易置上，更立公子婴。子婴仁俭，百姓皆载其言。"使郎中令为内应，诈为有大贼，令乐召吏发卒追，劫乐母置高舍。遣乐将吏卒千馀人至望夷宫殿门，缚卫令仆射，曰："贼入此，何不止？"卫令曰："周庐设卒甚谨，安得贼敢入宫？"乐遂斩卫令，直将吏入，行射，郎宦者大惊，或走或格，格者辄死，死者数十人。郎中令与乐俱入，射上幄坐帏。二世怒，召左右，左右皆惶扰不斗。旁有宦者一人，侍不敢去。二世入内，谓曰："公何不早告我？乃至于此！"宦者曰："臣不敢言，故得全。使臣早言，皆已诛，安得至今？"阎乐前即二世数曰："足下骄恣，诛杀无道，天下共畔足下，足下其自为计。"二世曰："丞相可得见否？"乐曰："不可。"二世曰："吾愿得一郡为王。"弗许。又曰："愿为万户侯。"弗许。曰："愿与妻子为黔首，比诸公子。"阎乐曰："臣受命于丞相，为天下诛足下，足下虽多言，臣不敢报。"麾其兵进。二世自杀。

阎乐归报赵高，赵高乃悉召诸大臣公子，告以诛二世之状，曰："秦故王国，始皇君天下，故称帝。今六国复自立，秦地益小，乃以空名为帝，不可。宜为王如故，便。"立二世之兄子公子婴为秦王。以黔首葬二世杜南宜春苑中。令子婴斋，当庙见，受王玺。斋五日，子婴与其子二人谋曰："丞相高杀二世望夷宫，恐群臣诛之，乃详以义立我。我闻赵高乃与楚约，灭秦宗室而王关中。今使我斋见庙，此欲因庙中杀我。我称病不行，丞相必自来，来则杀之。"高使人请子婴数辈，子婴不行，高果自往，曰："宗庙重事，王奈何不行？"子婴遂刺杀高于斋宫，三族高家以徇咸阳。

子婴为秦王四十六日，楚将沛公破秦军入武关，遂至霸上，使人约降子婴。子婴即系颈以组，白马素车，奉天子玺符，降轵道旁。沛公遂入咸阳，封宫室府库，还军霸上。

居月馀，诸侯兵至，项籍为从长，杀子婴及秦诸公子宗族。遂屠咸阳，烧其宫室，虏其子女，收其珍宝货财，诸侯共分之。灭秦之后，各分其地为三，名曰雍王、塞王、翟王，号曰三秦。项羽为西楚霸王，主命分天下王诸侯，秦竟灭矣。后五年，天下定于汉。

太史公曰：秦之先伯翳，尝有勋于唐虞之际，受土赐姓。及殷夏之间微散。至周之衰，秦兴，邑于西垂。自穆公以来，稍蚕食诸侯，竟成始皇。始皇自以为功过五帝，地广三王，而羞与之侔。善哉乎贾生推言之也！曰：

秦并兼诸侯山东三十馀郡，缮津关，据险塞，修甲兵而守之。然陈涉以戍卒散乱之众数百，奋臂大呼，不用弓戟之兵，锄耰白梃，望屋而食，横行天下。秦人阻险不守，关梁不阖，长戟不刺，强弩不射。楚师深入，战于鸿门，曾无藩篱之艰。于是山东大扰，诸侯并起，豪俊相立。秦使章邯将而东征，章邯因以三军之众要市于外，以谋其上。群臣之不信，可见于此矣。子婴立，遂不寤。藉使子婴有庸主之材，仅得中佐，山东虽乱，秦之地可全而有，宗庙之祀未当绝也。

秦地被山带河以为固，四塞之国也。自穆公以来，至于秦王，二十馀君，常为诸侯雄。岂世世贤哉？

其势居然也。且天下尝同心并力而攻秦矣。当此之世，贤智并列，良将行其师，贤相通其谋，然困于阻险而不能进。秦乃延入战而为之开关，百万之徒逃北而遂坏。岂勇力智慧不足哉？形不利，势不便也。秦小邑并大城，守险塞而军，高垒毋战，闭关据阨，荷戟而守之。诸侯起于匹夫，以利合，非有素王之行也。其交未亲，其下未附，名为亡秦，其实利之也。彼见秦阻之难犯也，必退师。安土息民，以待其敝，收弱扶罢，以令大国之君，不患不得意于海内。贵为天子，富有天下，而身为禽者，其救败非也。

秦王足己不问，遂过而不变。二世受之，因而不改，暴虐以重祸。子婴孤立无亲，危弱无辅。三主惑而终身不悟，亡，不亦宜乎？当此时也，世非无深虑知化之士也，然所以不敢尽忠拂过者，秦俗多忌讳之禁，忠言未卒于口而身为戮没矣。故使天下之士，倾耳而听，重足而立，拑口而不言。是以三主失道，忠臣不敢谏，智士不敢谋，天下已乱，奸不上闻，岂不哀哉！先王知雍蔽之伤国也，故置公卿大夫士，以饰法设刑，而天下治。其强也，禁暴诛乱而天下服。其弱也，五伯征而诸侯从。其削也，内守外附而社稷存。故秦之盛也，繁法严刑而天下振；及其衰也，百姓怨望而海内畔矣。故周五序得其道，而千馀岁不绝。秦本末并失，故不长久。由此观之，安危之统相去远矣。野谚曰"前事之不忘，后事之师也"。是以君子为国，观之上古，验之当世，参以人事，察盛衰之理，审权势之宜，去就有序，变化有时，故旷日长久而社稷安矣。

秦孝公据殽、函之固，拥雍州之地，君臣固守而窥周室，有席卷天下、包举宇内、囊括四海之意，并吞八荒之心。当是时，商君佐之，内立法度，务耕织，修守战之备，外连衡而斗诸侯，于是秦人拱手而取西河之外。

孝公既没，惠王、武王蒙故业，因遗册，南兼汉中，西举巴、蜀，东割膏腴之地，收要害之郡。诸侯恐惧，会盟而谋弱秦，不爱珍器重宝肥美之地，以致天下之士，合从缔交，相与为一。当是时，齐有孟尝，赵有平原，楚有春申，魏有信陵，此四君者，皆明知而忠信，宽厚而爱人，尊贤重士，约从离衡，并韩、魏、燕、楚、齐、赵、宋、卫、中山之众。于是六国之士，有宁越、徐尚、苏秦、杜赫之属为之谋，齐明、周最、陈轸、昭滑、楼缓、翟景、苏厉、乐毅之徒通其意，吴起、孙膑、带佗、儿良、王廖、田忌、廉颇、赵奢之朋制其兵。常以十倍之地，百万之众，叩关而攻秦。秦人开关延敌，九国之师逡巡遁逃而不敢进。秦无亡矢遗镞之费，而天下诸侯已困矣。于是从散约解，争割地而奉秦。秦有馀力而制其敝，追亡逐北，伏尸百万，流血漂卤。因利乘便，宰割天下，分裂河山。强国请服，弱国入朝。延及孝文王、庄襄王，享国日浅，国家无事。

及至秦王，续六世之馀烈，振长策而御宇内，吞二周而亡诸侯,履至尊而制六合,执棰拊以鞭笞天下,威振四海。南取百越之地,以为桂林、象郡,百越之君俯首系颈,委命下吏。乃使蒙恬北筑长城而守藩篱,却匈奴七百馀里,胡人不敢南下而牧马,士不敢弯弓而报怨。于是废先王之道,焚百家之言,以愚黔首。堕名城,杀豪俊,收天下之兵聚之咸阳,销锋铸鐻,以为金人十二,以弱黔首之民。然后斩华为城,因河为津,据亿丈之城,临不测之溪以为固。良将劲弩守要害之处,信臣精卒陈利兵而谁何,天下以定。秦王之心,自以为关中之固,金城千里,子孙帝王万世之业也。

秦王既没,馀威振于殊俗。陈涉,瓮牖绳枢之子,氓隶之人,而迁徙之徒,才能不及中人,非有仲尼、墨翟之贤,陶朱、猗顿之富,蹑足行伍之间,而倔起什伯之中,率罢散之卒,将数百之众,而转攻秦。斩木为兵,揭竿为旗,天下云集响应,赢粮而景从。山东豪俊遂并起而亡秦族矣。

且夫天下非小弱也,雍州之地,殽、函之固自若也。陈涉之位,非尊于齐、楚、燕、赵、韩、魏、宋、卫、中山之君;锄耰棘矜,非铦于勾戟长铩;適戍之众,非抗于九国之师;深谋远虑,行军用兵之道,非及乡时之士也。然而成败异变,功业相反也。试使山东之国与陈涉度长絜大,比权量力,则不可同年而语矣。然秦以区区之地,千乘之权,招八州而朝同列,百有馀年矣。然后以六合为家,殽、函为宫,一夫作难而七庙堕,身死人手,为天下笑者,何也?仁义不施,而攻守之势异也。

秦并海内,兼诸侯,南面称帝,以养四海,天下之士斐然乡风,若是者何也?曰:近古之无王者久矣。周室卑微,五霸既殁,令不行于天下,是以诸侯力政,强侵弱,众暴寡,兵革不休,士民罢敝。今秦南面而王天下,是上有天子也。既元元之民冀得安其性命,莫不虚心而仰上。当此之时,守威定功,安危之本在于此矣。

秦王怀贪鄙之心,行自奋之智,不信功臣,不亲士民,废王道,立私权,禁文书而酷刑法,先诈力而后仁义,以暴虐为天下始。夫并兼者高诈力,安定者贵顺权,此言取与守不同术也。秦离战国而王天下,其道不易,其政不改,是其所以取之守之者无异也。孤独而有之,故其亡可立而待。借使秦王计上世之事,并殷周之迹,以制御其政,后虽有淫骄之主,而未有倾危之患。故三王之建天下,名号显美,功业长久。

今秦二世立,天下莫不引领而观其政。夫寒者利裋褐而饥者甘糟糠,天下之嗷嗷,新主之资也。此言劳民之易为仁也。乡使二世有庸主之行,而任忠贤,臣主一心而忧海内之患,缟素而正先帝之过,裂地分民以封功臣之后,建国立君以礼天下,虚圄圉而免刑戮,除去收帑污秽之罪,使各反其乡里,发仓廪,散财币,以振孤独穷困之士,轻赋少事,以佐百姓之急,约法省刑以持其后,使天下之人皆得自新,更节修行,各慎其身,塞万民之望,而以威德与天下,天下集矣。即四海之内,皆欢然各自安乐其处,唯恐有变,虽有狡猾之民,无离上之心,则不轨之臣无以饰其智,而暴乱之奸止矣。二世不行此术,而重之以无道,坏宗庙与民,更始作阿房宫,繁刑严诛,吏治刻深,赏罚不当,赋敛无度,天下多事,吏弗能纪,百姓困穷而主弗收恤。然后奸伪并起,而上下相遁,蒙罪者众,刑戮相望于道,而天下苦之。自君卿以下至于众庶,人怀自危之心,亲处穷苦之实,咸不安其位,故易动也。是以陈涉不用汤、武之贤,不藉公侯之尊,奋臂于大泽而天下响应者,其民危也。故先王见始终之变,知存亡之机,是以牧民之道,务在安之而已。天下虽有逆行之臣,必无响应之助矣。故曰"安民可与行义,而危民易与为非",此之谓也。贵为天子,富有天下,身不免于戮杀者,正倾非也。是二世之过也。

襄公立,享国十二年。初为西畤。葬西垂。生文公。文公立,居西垂宫。五十年死,葬西垂。生静公。静公不享国而死。生宪公。宪公享国十二年,居西新邑。死,葬衙。生武公、德公、出子。出子享国六年,居西陵。庶长弗忌、威累、参父三人,率贼贼出子鄙衍,葬衙。武公立,武公享国二十年。居平阳封宫。葬宣阳聚东南。三庶长伏其罪。德公立。德公享国二年。居雍大郑宫。生宣公、成公、穆公。葬阳。初伏,以御蛊。宣公享国十二年。居阳宫。葬阳。初志闰月。成公享国四年。居雍之宫。葬阳。齐伐山戎、孤竹。穆公享国三十九年。天子致霸。葬雍。穆公学著人。生康公。康公享国十二年。居雍高寝。葬竘社。生共公。共公享国五年。居雍高寝。葬康公南。生桓公。桓公享国二十七年。居雍太寝。葬义里丘北。生景公。景公享国四十年。居雍高寝。葬丘里南。生毕公。毕公享国三十六年。葬车里北。生夷公。夷公不享国。死,葬左宫。生惠公。惠公享国十年。葬车里康景。生悼公。悼公享国十五年。葬僖公西。城雍。生剌龚公。剌龚公享国三十四年。葬入里。生躁公、怀公。其十年,彗星见。躁公享国十四年。居受寝。葬悼公南。其元年,彗星见。怀公从晋来。享国四年。葬栎圉氏。生灵公。诸臣围怀公,怀公自杀。肃灵公,昭子子也。居泾阳。享国十年。葬悼公西。生简公。简公从晋来。享国十五年。葬僖公西。生惠公。其七年,百姓初带剑。惠公享国十三年。葬陵圉。生出公。出公享国二年。出公自杀。葬雍。献公享国二十三年。葬嚣圉。生孝公。孝公享国二十四年。葬弟圉。生惠文王。其十三年,始都咸阳。惠文王享国二十七年。葬公陵。生悼武王。悼武王享国四年,葬永陵。昭襄王享国五十六年。葬茝阳。生孝文王。孝文王享国一年。葬寿陵。生庄襄王。庄襄王享国三年。葬茝阳。生始皇帝。吕不韦相。献公立七年,初行为市。十年,为户籍相伍。孝公立十六年。时桃李冬华。惠文王生十九年而立。立二年,初行钱。有新生婴儿曰"秦且王"。悼武王生十九年而立。立三年,渭水赤三日。昭襄王生十九年而立。立四年,初为田开阡陌。孝文王生五十三年而立。庄襄王生三十二年而立。立二年，取太原地。庄襄王元年，大赦，修先王功臣，施德厚骨肉，布惠于民。东周与诸侯谋秦，秦使相国不韦诛之，尽入其国。秦不绝其祀，以阳人地赐周君，奉其祭祀。始皇享国三十七年。葬郦邑。生二世皇帝。始皇生十三年而立。二世皇帝享国三年。葬宜春。赵高为丞相安武侯。二世生十二年而立。

右秦襄公至二世，六百一十岁。

孝明皇帝十七年十月十五日乙丑，曰：

周历已移，仁不代母。秦直其位，吕政残虐。然以诸侯十三，并兼天下，极情纵欲，养育宗亲。三十七年，兵无所不加，制作政令，施于后王。盖得圣人之威，河神授图，据狼狐，蹈参伐，佐政驱除，距之称始皇。

始皇既殁，胡亥极愚，郦山未毕，复作阿房，以遂前策。云"凡所为贵有天下者，肆意极欲，大臣至欲罢先君所为"。诛斯、去疾，任用赵高。痛哉言乎！人头畜鸣。不威不伐恶，不笃不虚亡，距之不得留，残虐以促期，虽居形便之国，犹不得存。

子婴度次得嗣，冠玉冠，佩华绂，车黄屋，从百司，谒七庙。小人乘非位，莫不怳忽失守，偷安日日，独能长念却虑，父子作权，近取于户牖之间，竟诛猾臣，为君讨贼。高死之后，宾婚未得尽相劳，餐未及下咽，酒未及濡唇，楚兵已屠关中，真人翔霸上，素车婴组，奉其符玺，以归帝者。郑伯茅旌鸾刀，严王退舍。河决不可复壅，鱼烂不可复全。贾谊、司马迁曰："向使婴有庸主之才，仅得中佐，山东虽乱，秦之地可全而有，宗庙之祀未当绝也。"秦之积衰，天下土崩瓦解，虽有周旦之材，无所复陈其巧，而以责一日之孤，误哉！俗传秦始皇起罪恶，胡亥极，得其理矣。复责小子，云秦地可全，所谓不通时变者也。纪季以酅，《春秋》不名。吾读《秦纪》，至于子婴车裂赵高，未尝不健其决，怜其志。婴死生之义备矣。

卷 七　　项羽本纪第七

项籍者，下相人也，字羽，初起时，年二十四。其季父项梁，梁父即楚将项燕，为秦将王翦所戮者也。项氏世世为楚将，封于项，故姓项氏。

项籍少时，学书不成，去；学剑，又不成。项梁怒之。籍曰："书足以记名姓而已。剑一人敌，不足学，学万人敌。"于是项梁乃教籍兵法，籍大喜，略知其意，又不肯竟学。

项梁尝有栎阳逮，乃请蕲狱掾曹咎书，抵栎阳狱掾司马欣，以故事得已。

项梁杀人，与籍避仇于吴中。吴中贤士大夫皆出项梁下，每吴中有大徭役及丧，项梁常为主办，阴以兵法部勒宾客及子弟，以是知其能。

秦始皇帝游会稽，渡浙江，梁与籍俱观。籍曰："彼可取而代也。"梁掩其口，曰："毋妄言，族矣！"梁以此奇籍。

籍长八尺馀，力能扛鼎，才气过人，虽吴中子弟皆已惮籍矣。

秦二世元年七月，陈涉等起大泽中。其九月，会稽守通谓梁曰："江西皆反，此亦天亡秦之时也。吾闻先即制人，后则为人所制。吾欲发兵，使公及桓楚将。"是时桓楚亡在泽中。梁曰："桓楚亡，人莫知其处，独籍知之耳。"梁乃出，诫籍持剑居外待。梁复入，与守坐，曰："请召籍，使受命召桓楚。"守曰："诺。"梁召籍入。须臾，梁眴籍曰："可行矣！"于是籍遂拔剑斩守头。项梁持守头，佩其印绶。门下大惊，扰乱，籍所击杀数十百人。一府中皆慑伏，莫敢起。梁乃召故所知豪吏，谕以所为起大事，遂举吴中兵。使人收下县，得精兵八千人。梁部署吴中豪杰为校尉、候、司马。有一人不得用，自言于梁。梁曰："前时某丧使公主某事，不能办，以此不任用公。"众乃皆伏。于是梁为会稽守，籍为裨将，徇下县。

广陵人召平于是为陈王徇广陵，未能下。闻陈王败走，秦兵又且至，乃渡江矫陈王命，拜梁为楚王上柱国。曰："江东已定，急引兵西击秦。"项梁乃以八千人渡江而西。闻陈婴已下东阳，使使欲与连和俱西。陈婴者，故东阳令史，居县中，素信谨，称为长者。东阳少年杀其令，相聚数千人，欲置长，无适用，乃请陈婴。婴谢不能，遂强立婴为长，县中从者得二万人。少年欲立婴便为王，异军苍头特起。陈婴母谓婴曰："自我为汝家妇，未尝闻汝先古之有贵者。今暴得大名，不祥。不如有所属，事成犹得封侯，事败易以亡，非世所指名也。"婴乃不敢为王。谓其军吏曰："项氏世世将家，有名于楚。今欲举大事，将非其人，不可。我倚名族，亡秦必矣。"于是众从其言，以兵属项梁。项梁渡淮，黥布、蒲将军亦以兵属焉。凡六七万人，军下邳。

当是时，秦嘉已立景驹为楚王，军彭城东，欲距项梁。项梁谓军吏曰："陈王先首事，战不利，未闻所在。今秦嘉倍陈王而立景驹，逆无道。"乃进兵击秦嘉。秦嘉军败走，追之至胡陵。嘉还战一日，嘉死，军降。景驹走，死梁地。项梁已并秦嘉军，军胡陵，将引军而西。章邯军至栗，项梁使别将朱鸡石、馀樊君与战。馀樊君死，朱鸡石军败，亡走胡陵。项梁乃引兵入薛，诛鸡石。

项梁前使项羽别攻襄城，襄城坚守不下。已拔，皆坑之。还报项梁。项梁闻陈王定死，召诸别将会薛计事。此时沛公亦起沛，往焉。

居鄛人范增，年七十，素居家，好奇计，往说项梁曰："陈胜败固当。夫秦灭六国，楚最无罪。自怀王入秦不反，楚人怜之至今，故楚南公曰'楚虽三户，亡秦必楚也'。今陈胜首事，不立楚后而自立，其势不长。今君起江东，楚蜂起之将皆争附君者，以君世世楚将，为能复立楚之后也。"于是项梁然其言，乃求楚怀王孙心民间，为人牧羊，立以为楚怀王，从民所望也。陈婴为楚上柱国，封五县，与怀王都盱台。项梁自号为武信君。

居数月,引兵攻亢父,与齐田荣、司马龙且军救东阿,大破秦军于东阿。田荣即引兵归,逐其王假。假亡走楚。假相田角亡走赵。角弟田间故齐将,居赵不敢归。田荣立田儋子市为齐王。项梁已破东阿下军,遂追秦军。数使使趣齐兵,欲与俱西。田荣曰:"楚杀田假,赵杀田角、田间,乃发兵。"项梁曰:"田假为与国之王,穷来从我,不忍杀之。"赵亦不杀田角、田间以市于齐。齐遂不肯发兵助楚。

项梁使沛公及项羽别攻城阳,屠之。西破秦军濮阳东,秦兵收入濮阳。沛公、项羽乃攻定陶。定陶未下,去。西略地至雍丘,大破秦军,斩李由。还攻外黄,外黄未下。

项梁起东阿,西北至定陶,再破秦军,项羽等又斩李由,益轻秦,有骄色。宋义乃谏项梁曰:"战胜而将骄卒惰者败。今卒少惰矣,秦兵日益,臣为君畏之。"项梁弗听。乃使宋义使于齐。道遇齐使者高陵君显,曰:"公将见武信君乎?"曰:"然。"曰:"臣论武信君军必败。公徐行即免死,疾行则及祸。"秦果悉起兵益章邯,击楚军,大破之定陶,项梁死。沛公、项羽去外黄攻陈留,陈留坚守,不能下。沛公、项羽相与谋曰:"今项梁军破,士卒恐。"乃与吕臣军俱引兵而东。吕臣军彭城东,项羽军彭城西,沛公军砀。

章邯已破项梁军,则以为楚地兵不足忧,乃渡河击赵,大破之。当此时,赵歇为王,陈馀为将,张耳为相,皆走入巨鹿城。章邯令王离、涉间围巨鹿,章邯军其南,筑甬道而输之粟。陈馀为将,将卒数万人而军巨鹿之北,此所谓河北之军也。

楚兵已破于定陶,怀王恐,从盱台之彭城,并项羽、吕臣军自将之。以吕臣为司徒,以其父吕青为令尹,以沛公为砀郡长,封为武安侯,将砀郡兵。

初,宋义所遇齐使者高陵君显在楚军,见楚王曰:"宋义论武信君之军必败,居数日,军果败。兵未战而先见败征,此可谓知兵矣。"王召宋义与计事而大说之,因置以为上将军,项羽为鲁公,为次将,范增为末将,救赵。诸别将皆属宋义,号为卿子冠军。行至安阳,留四十六日不进。项羽曰:"吾闻秦军围赵王巨鹿,疾引兵渡河,楚击其外,赵应其内,破秦军必矣。"宋义曰:"不然。夫搏牛之虻不可以破虮虱。今秦攻赵,战胜则兵罢,我承其敝;不胜,则我引兵鼓行而西,必举秦矣。故不如先斗秦赵。夫被坚执锐,义不如公;坐而运策,公不如义。"因下令军中曰:"猛如虎,很如羊,贪如狼,强不可使者,皆斩之。"乃遣其子宋襄相齐,身送之至无盐,饮酒高会。天寒大雨,士卒冻饥。项羽曰:"将戮力而攻秦,久留不行。今岁饥民贫,士卒食芋菽,军无见粮,乃饮酒高会,不引兵渡河因赵食,与赵并力攻秦,乃曰'承其敝'。夫以秦之强,攻新造之赵,其势必举赵。赵举而秦强,何敝之承!且国兵新破,王坐不安席,埽境内而专属于将军,国家安危,在此一举。今不恤士卒而徇其私,非社稷之臣。"项羽晨朝上将军宋义,即其帐中斩宋义头,出令军中曰:"宋义与齐谋反楚,楚王阴令羽诛之。"

当是时,诸将皆慑服,莫敢枝梧。皆曰:"首立楚者,将军家也。今将军诛乱。"乃相与共立羽为假上将军。使人追宋义子,及之齐,杀之。使桓楚报命于怀王。怀王因使项羽为上将军,当阳君、蒲将军皆属项羽。

项羽已杀卿子冠军,威震楚国,名闻诸侯。乃遣当阳君、蒲将军将卒二万渡河,救巨鹿。战少利,陈馀复请兵。项羽乃悉引兵渡河,皆沉船,破釜甑,烧庐舍,持三日粮,以示士卒必死,无一还心。于是至则围王离,与秦军遇,九战,绝其甬道,大破之,杀苏角,虏王离。涉间不降楚,自烧杀。

当是时,楚兵冠诸侯。诸侯军救巨鹿下者十馀壁,莫敢纵兵。及楚击秦,诸将皆从壁上观。楚战士无不一以当十。楚兵呼声动天,诸侯军无不人人惴恐。于是已破秦军,项羽召见诸侯将,入辕门,无不膝行而前,莫敢仰视。项羽由是始为诸侯上将军,诸侯皆属焉。

章邯军棘原,项羽军漳南,相持未战。秦军数却,二世使人让章邯。章邯恐,使长史欣请事。至咸阳,留司马门三日,赵高不见,有不信之心。长史欣恐,还走其军,不敢出故道。赵高果使人追之,不及。欣至军,报曰:"赵高用事于中,下无可为者。今战能胜,高必疾妒吾功;战不能胜,不免于死。愿将军孰计之。"陈馀亦遗章邯书曰:"白起为秦将,南征鄢郢,北坑马服,攻城略地,不可胜计,而竟赐死。蒙恬为秦将,北逐戎人,开榆中地数千里,竟斩阳周。何者?功多,秦不能尽封,因以法诛之。今将军为秦将三岁矣,所亡失以十万数,而诸侯并起,滋益多。彼赵高素谀日久,今事急,亦恐二世诛之,故欲以法诛将军以塞责,使人更代将军以脱其祸。夫将军居外久,多内郤,有功亦诛,无功亦诛。且天之亡秦,无愚智皆知之。今将军内不能直谏,外为亡国将,孤特独立而欲常存,岂不哀哉!将军何不还兵与诸侯为从,约共攻秦,分王其地,南面称孤。此孰与身伏鈇质,妻子为僇乎?"章邯狐疑,阴使候始成使项羽,欲约。约未成,项羽使蒲将军日夜引兵度三户,军漳南,与秦战,再破之。项羽悉引兵击秦军汙水上,大破之。

章邯使人见项羽,欲约。项羽召军吏谋曰:"粮少,欲听其约。"军吏皆曰:"善。"项羽乃与期洹水南殷虚上。已盟,章邯见项羽而流涕,为言赵高。项羽乃立章邯为雍王,置楚军中。使长史欣为上将军,将秦军为前行。

到新安。诸侯吏卒异时故繇使屯戍过秦中,秦中吏卒遇之多无状,及秦军降诸侯,诸侯吏卒乘胜多奴虏使之,轻折辱秦吏卒。秦吏卒多窃言曰:"章将军等诈吾属降诸侯,今能入关破秦,大善;即不能,诸侯虏吾属而东,秦必尽诛吾父母妻子。"诸将微闻其计,以告项羽。项羽乃召黥布、蒲将军计曰:"秦吏卒尚众,其心不服,至关中不听,事必危,不如击杀之,而独与章邯、长史欣、都尉翳入秦。"于是楚军夜击坑秦卒二十馀万人新安城南。

行略定秦地。函谷关有兵守关,不得入。又闻沛公已破咸阳,项羽大怒,使当阳君等击关。项羽遂入,至于戏西。沛公军霸上,未得与项羽相见。沛公左司马曹无伤使人言于项羽曰:"沛公欲王关中,使子婴为相,珍宝尽有之。"项羽大怒,曰:"旦日飨士卒,为击破沛公军!"

当是时，项羽兵四十万，在新丰鸿门，沛公兵十万，在霸上。范增说项羽曰："沛公居山东时，贪于财货，好美姬。今入关，财物无所取，妇女无所幸，此其志不在小。吾令人望其气，皆为龙虎，成五采，此天子气也。急击勿失。"

楚左尹项伯者，项羽季父也，素善留侯张良。张良是时从沛公，项伯乃夜驰之沛公军，私见张良，具告以事，欲呼张良与俱去。曰："毋从俱死也。"张良曰："臣为韩王送沛公，沛公今事有急，亡去不义，不可不语。"良乃入，具告沛公。沛公大惊，曰："为之奈何？"张良曰："谁为大王为此计者？"曰："鲰生说我曰'距关，毋内诸侯，秦地可尽王也'。故听之。"良曰："料大王士卒足以当项王乎？"沛公默然，曰："固不如也，且为之奈何？"张良曰："请往谓项伯，言沛公不敢背项王也。"沛公曰："君安与项伯有故？"张良曰："秦时与臣游，项伯杀人，臣活之。今事有急，故幸来告良。"沛公曰："孰与君少长？"良曰："长于臣。"沛公曰："君为我呼入，吾得兄事之。"张良出，要项伯。项伯即入见沛公。沛公奉卮酒为寿，约为婚姻，曰："吾入关，秋毫不敢有所近，籍吏民，封府库，而待将军。所以遣将守关者，备他盗之出入与非常也。日夜望将军至，岂敢反乎！愿伯具言臣之不敢倍德也。"项伯许诺，谓沛公曰："旦日不可不蚤自来谢项王。"沛公曰："诺。"于是项伯复夜去，至军中，具以沛公言报项王。因言曰："沛公不先破关中，公岂敢入乎？今人有大功而击之，不义也，不如因善遇之。"项王许诺。

沛公旦日从百余骑来见项王。至鸿门，谢曰："臣与将军戮力而攻秦，将军战河北，臣战河南，然不自意能先入关破秦，得复见将军于此。今者有小人之言，令将军与臣有郤。"项王曰："此沛公左司马曹无伤言之；不然，籍何以至此？"项王即日因留沛公与饮。项王、项伯东向坐，亚父南向坐。亚父者，范增也。沛公北向坐，张良西向侍。范增数目项王，举所佩玉玦以示之者三，项王默然不应。范增起，出召项庄，谓曰："君王为人不忍，若入前为寿，寿毕，请以剑舞，因击沛公于坐，杀之。不者，若属皆且为所虏。"庄则入为寿。寿毕，曰："君王与沛公饮，军中无以为乐，请以剑舞。"项王曰："诺。"项庄拔剑起舞，项伯亦拔剑起舞，常以身翼蔽沛公，庄不得击。于是张良至军门，见樊哙。樊哙曰："今日之事何如？"良曰："甚急。今者项庄拔剑舞，其意常在沛公也。"哙曰："此迫矣，臣请入，与之同命。"哙即带剑拥盾入军门。交戟之卫士欲止不内，樊哙侧其盾以撞，卫士仆地，哙遂入，披帷西向立，瞋目视项王，头发上指，目眦尽裂。项王按剑而跽曰："客何为者？"张良曰："沛公之参乘樊哙者也。"项王曰："壮士！赐之卮酒。"则与斗卮酒。哙拜谢，起，立而饮之。项王曰："赐之彘肩。"则与一生彘肩。樊哙覆其盾于地，加彘肩上，拔剑切而啖之。项王曰："壮士，能复饮乎？"樊哙曰："臣死且不避，卮酒安足辞！夫秦王有虎狼之心，杀人如不能举，刑人如恐不胜，天下皆叛之。怀王与诸将约曰'先破秦入咸阳者王之'。今沛公先破秦入咸阳，毫毛不敢有所近，封闭宫室，还军霸上，以待大王来。故遣将守关者，备他盗出入与非常也。劳苦而功高如此，未有封侯之赏，而听细说，欲诛有功之人。此亡秦之续耳，窃为大王不取也。"项王未有以应，曰："坐。"樊哙从良坐。坐须臾，沛公起如厕，因招樊哙出。

沛公已出，项王使都尉陈平召沛公。沛公曰："今者出，未辞也，为之奈何？"樊哙曰："大行不顾细谨，大礼不辞小让。如今人方为刀俎，我为鱼肉，何辞为？"于是遂去。乃令张良留谢。良问："大王来何操？"曰："我持白璧一双，欲献项王；玉斗一双，欲与亚父。会其怒，不敢献，公为我献之。"张良曰："谨诺。"

当是时，项王军在鸿门下，沛公军在霸上，相去四十里。沛公则置车骑，脱身独骑，与樊哙、夏侯婴、靳强、纪信等四人持剑盾步走，从郦山下，道芷阳间行。沛公谓张良曰："从此道至吾军，不过二十里耳。度我至军中，公乃入。"

沛公已去，间至军中。张良入谢，曰："沛公不胜杯杓，不能辞，谨使臣良奉白璧一双，再拜献大王足下；玉斗一双，再拜奉大将军足下。"项王曰："沛公安在？"良曰："闻大王有意督过之，脱身独去，已至军矣。"项王则受璧，置之坐上。亚父受玉斗，置之地，拔剑撞而破之，曰："唉！竖子不足与谋。夺项王天下者，必沛公也，吾属今为之虏矣。"

沛公至军，立诛杀曹无伤。

居数日，项羽引兵西屠咸阳，杀秦降王子婴，烧秦宫室，火三月不灭。收其货宝妇女而东。人或说项王曰："关中阻山河四塞，地肥饶，可都以霸。"项王见秦宫室皆以烧残破，又心怀思，欲东归，曰："富贵不归故乡，如衣绣夜行，谁知之者！"说者曰："人言楚人沐猴而冠耳，果然。"项王闻之，烹说者。

项王使人致命怀王。怀王曰："如约。"乃尊怀王为义帝。

项王欲自王，先王诸将相。谓曰："天下初发难时，假立诸侯后以伐秦。然身被坚执锐首事，暴露于野三年，灭秦定天下者，皆将相诸君与籍之力也。义帝虽无功，故当分其地而王之。"诸将皆曰："善。"乃分天下，立诸将为侯王。

项王、范增疑沛公之有天下，业已讲解，又恶负约，恐诸侯叛之，乃阴谋曰："巴、蜀道险，秦之迁人皆居蜀。"乃曰："巴、蜀亦关中地也。"故立沛公为汉王，王巴、蜀、汉中，都南郑。而三分关中，王秦降将以距塞汉王。

项王乃立章邯为雍王，王咸阳以西，都废丘。长史欣者，故为栎阳狱掾，尝有德于项梁；都尉董翳者，本劝章邯降楚。故立司马欣为塞王，王咸阳以东至河，都栎阳；立董翳为翟王，王上郡，都高奴。徙魏王豹为西魏王，王河东，都平阳。瑕丘申阳者，张耳嬖臣也，先下河南郡，迎楚河上，故立申阳为河南王，都洛阳。韩王成因故都，都阳翟。赵将司马卬定河内，数有功，故立卬为殷王，王河内，都朝歌。徙赵王歇为代王。赵相张耳素贤，又从入关，故立耳为常山王，王赵地，都襄国。当阳君黥布为楚将，常冠军，故立布为九江王，都六。鄱君吴芮率百越佐诸侯，又从入关，故立芮为衡山王，都邾。义帝柱国共敖将兵击南郡，功多，因立敖为临江王，都江陵。徙燕王韩广为辽东王。燕将臧荼从楚救赵，因从入关，故立荼为燕王，都蓟。徙齐王田市为胶东王。齐将田都从共救赵，因从入关，故立都为齐王，都临菑。故秦所灭齐王建孙田安，项羽方渡河救赵，田安下济北数城，引其兵降项羽，故立安为济北王，都博阳。田荣者，数负项梁，又不肯将兵从楚击秦，以故不封。成安君陈馀弃将印去，不从入关，然素闻其贤，有功于赵，闻其在南皮，故因环封三县。番君将梅鋗功多，故封十万户侯。项王自立为西楚霸王，王九郡，都彭城。

汉之元年四月，诸侯罢戏下，各就国。

项王出之国，使人徙义帝，曰："古之帝者地方千里，必居上游。"乃使使徙义帝长沙郴县。趣义帝行，其群臣稍稍背叛之，乃阴令衡山、临江王击杀之江中。韩王成无军功，项王不使之国，与俱至彭城，废以为侯，已又杀之。臧荼之国，因逐韩广之辽东，广弗听，荼击杀广无终，并王其地。

田荣闻项羽徙齐王市胶东，而立齐将田都为齐王，乃大怒，不肯遣齐王之胶东。因以齐反，迎击田都。田都走楚。齐王市畏项王，乃亡之胶东就国。田荣怒，追击，杀之即墨。荣因自立为齐王，而西击杀济北王田安，并王三齐。荣与彭越将军印，令反梁地。陈馀阴使张同、夏说说齐王田荣曰："项羽为天下宰，不平。今尽王故王于丑地，而王其群臣诸将善地，逐其故主。赵王乃北居代，馀以为不可。闻大王起兵，且不听不义，愿大王资馀兵，请以击常山，以复赵王，请以国为扞蔽。"齐王许之，因遣兵之赵。陈馀悉发三县兵，与齐并力击常山，大破之。张耳走归汉。陈馀迎故赵王歇于代，反之赵。赵王因立陈馀为代王。

是时，汉还定三秦。

项羽闻汉王皆已并关中，且东，齐、赵叛之，大怒。乃以故吴令郑昌为韩王，以距汉。令萧公角等击彭越。彭越败萧公角。汉使张良徇韩，乃遗项王书曰："汉王失职，欲得关中，如约即止，不敢东。"又以齐、梁反书遗项王曰："齐欲与赵并灭楚。"楚以此故无西意，而北击齐。征兵九江王布。布称疾不往，使将将数千人行。项王由此怨布也。

汉之二年冬，项羽遂北至城阳，田荣亦将兵会战。田荣不胜，走至平原，平原民杀之。遂北烧夷齐城郭室屋，皆坑田荣降卒，系虏其老弱妇女。徇齐至北海，多所残灭，齐人相聚而叛之。于是田荣弟田横收齐亡卒，得数万人，反城阳。项王因留，连战未能下。

春，汉王部五诸侯兵，凡五十六万人，东伐楚。项王闻之，即令诸将击齐，而自以精兵三万人南从鲁出胡陵。四月，汉皆已入彭城，收其货宝美人，日置酒高会。项王乃西从萧，晨击汉军而东，至彭城，日中，大破汉军。汉军皆走，相随入谷、泗水，杀汉卒十馀万人。汉卒皆南走山，楚又追击至灵壁东睢水上。汉军却，为楚所挤，多杀，汉卒十馀万人皆入睢水，睢水为之不流。围汉王三匝。于是大风从西北而起，折木发屋，扬沙石，窈冥昼晦，逢迎楚军。楚军大乱，坏散，而汉王乃得与数十骑遁去。欲过沛，收家室而西。楚亦使人追之沛，取汉王家。家皆亡，不与汉王相见。汉王道逢得孝惠、鲁元，乃载行。楚骑追汉王，汉王急，推堕孝惠、鲁元车下。滕公常下收载之，如是者三，曰："虽急不可以驱，奈何弃之？"于是遂得脱。求太公、吕后，不相遇。审食其从太公、吕后间行，求汉王，反遇楚军。楚军遂与归，报项王，项王常置军中。

是时吕后兄周吕侯为汉将兵居下邑，汉王间往从之，稍稍收其士卒。至荥阳，诸败军皆会。萧何亦发关中老弱未傅悉诣荥阳，复大振。楚起于彭城，常乘胜逐北，与汉战荥阳南京、索间，汉败楚，楚以故不能过荥阳而西。

项王之救彭城，追汉王至荥阳。田横亦得收齐，立田荣子广为齐王。汉王之败彭城，诸侯皆复与楚而背汉。汉军荥阳，筑甬道属之河，以取敖仓粟。

汉之三年，项王数侵夺汉甬道，汉王食乏，恐，请和，割荥阳以西为汉。项王欲听之，历阳侯范增曰："汉易与耳，今释弗取，后必悔之。"项王乃与范增急围荥阳。汉王患之，乃用陈平计间项王。项王使者来，为太牢具，举欲进之。见使者，详惊愕曰："吾以为亚父使者，乃反项王使者。"更持去，以恶食食项王使者。使者归报项王。项王乃疑范增与汉有私，稍夺之权。范增大怒，曰："天下事大定矣，君王自为之。愿赐骸骨归卒伍。"项王许之。行未至彭城，疽发背而死。

汉将纪信说汉王曰："事已急矣，请为王诳楚为王，王可以间出。"于是汉王夜出女子荥阳东门被甲二千人，楚兵四面击之。纪信乘黄屋车，傅左纛，曰："城中食尽，汉王降。"楚军皆呼万岁。汉王亦与数十骑从城西门出，走成皋。项王见纪信，问："汉王安在？"信曰："汉王已出矣。"项王烧杀纪信。

汉王使御史大夫周苛、枞公、魏豹守荥阳。周苛、枞公谋曰："反国之王，难与守城。"乃共杀魏豹。楚下荥阳城，生得周苛。项王谓周苛曰："为我将，我以公为上将军，封三万户。"周苛骂曰："若不趣降汉，汉今虏若，若非汉敌也。"项王怒，烹周苛，并杀枞公。

汉王之出荥阳，南走宛、叶，得九江王布，行收兵，复入保成皋。

汉之四年，项王进兵围成皋。汉王逃，独与滕公出成皋北门，渡河走脩武，从张耳、韩信军。诸将稍稍得出成皋，从汉王。楚遂拔成皋，欲西。汉使兵距之巩，令其不得西。是时，彭越渡河击楚东阿，杀楚将军薛公。项王乃自东击彭越。

汉王得淮阴侯兵，欲渡河南。郑忠说汉王，乃止，壁河内。使刘贾将兵佐彭越，烧楚积聚。汉王东击破之，走彭越。汉王则引兵渡河，复取成皋，军广武，就敖仓食。

项王已定东海来西，与汉俱临广武而军，相守数月。

当此时，彭越数反梁地，绝楚粮食。项王患之，为高俎，置太公其上，告汉王曰："今不急下，吾烹太公。"汉王曰："吾与项羽俱北面受命怀王，曰'约为兄弟'，吾翁即若翁。必欲烹而翁，则幸分我一杯羹。"项王怒，欲杀之。项伯曰："天下事未可知，且为天下者不顾家，虽杀之无益，只益祸耳。"项王从之。楚汉久相持未决，丁壮苦军旅，老弱罢转漕。项王谓汉王曰："天下匈匈数岁者，徒以吾两人耳，愿与汉王挑战决雌雄，毋徒苦天下之民父子为也。"汉王笑谢曰："吾宁斗智，不能斗力。"项王令壮士出挑战。汉有善骑射者楼烦，楚挑战三合，楼烦辄射杀之。项王大怒，乃自被甲持戟挑战。楼烦欲射之，项王瞋目叱之，楼烦目不敢视，手不敢发，遂走还入壁，不敢复出。汉王使人间问之，乃项王也。汉王大惊。于是项王乃即汉王相与临广武间而语。汉王数之，项王怒，欲一战。汉王不听，项王伏弩射中汉王。汉王伤，走入成皋。

项王闻淮阴侯已举河北，破齐、赵，且欲击楚，乃使龙且往击之。淮阴侯与战，骑将灌婴击之，大破楚军，杀龙且。韩信因自立为齐王。项王闻龙且军破，则恐，使盱台人武涉往说淮阴侯。淮阴侯弗听。是时，彭越复反，下梁地，绝楚粮。项王乃谓海春侯大司马曹咎等曰："谨守成皋，则汉欲挑战，慎勿与战，毋令得东而已。我十五日必诛彭越，定梁地，复从将军。"乃东行击陈留、外黄。

外黄不下。数日，已降，项王怒，悉令男子年十五已上诣城东，欲坑之。外黄令舍人儿年十三，往说项王曰："彭越强劫外黄，外黄恐，故且降，待大王。大王至，又皆坑之，百姓岂有归心？从此以东，梁地十余城皆恐，莫肯下矣。"项王然其言，乃赦外黄当坑者。东至睢阳，闻之皆争下项王。

汉果数挑楚军战，楚军不出。使人辱之五六日，大司马怒，渡兵汜水。士卒半渡，汉击之，大破楚军，尽得楚国货赂。大司马咎、长史翳、塞王欣皆自刭汜水上。大司马咎者，故蕲狱掾，长史欣亦故栎阳狱吏，两人尝有德于项梁，是以项王信任之。当是时，项王在睢阳，闻海春侯军败，则引兵还。汉军方围钟离眛于荥阳东，项王至，汉军畏楚，尽走险阻。

是时，汉兵盛，食多，项王兵罢，食绝。汉遣陆贾说项王，请太公，项王弗听。汉王复使侯公往说项王，项王乃与汉约，中分天下。割鸿沟以西者为汉，鸿沟而东者为楚。项王许之，即归汉王父母妻子。军皆呼万岁。汉王乃封侯公为平国君。匿弗肯复见。曰："此天下辩士，所居倾国，故号为平国君。"

项王已约，乃引兵解而东归。

汉欲西归。张良、陈平说曰："汉有天下太半，而诸侯皆附之。楚兵罢，食尽，此天亡楚之时也，不如因其机而遂取之。今释弗击，此所谓'养虎自遗患'也。"汉王听之。

汉五年，汉王乃追项王至阳夏南，止军，与淮阴侯韩信、建成侯彭越期会而击楚军。至固陵，而信、越之兵不会。楚击汉军，大破之。汉王复入壁，深堑而自守。谓张子房曰："诸侯不从约，为之奈何？"对曰："楚兵且破，信、越未有分地，其不至固宜。君王能与共分天下，今可立致也。即不能，事未可知也。君王能自陈以东傅海尽与韩信，睢阳以北至谷城以与彭越，使各自为战，则楚易败也。"汉王曰："善。"于是乃发使者告韩信、彭越曰："并力击楚，楚破，自陈以东傅海与齐王，睢阳以北至谷城与彭相国。"使者至，韩信、彭越皆报曰："请今进兵。"韩信乃从齐往，刘贾军从寿春并行，屠城父，至垓下。大司马周殷叛楚，以舒屠六，举九江兵，随刘贾、彭越皆会垓下，诣项王。

项王军壁垓下，兵少食尽，汉军及诸侯兵围之数重。夜闻汉军四面皆楚歌，项王乃大惊曰："汉皆已得楚乎？是何楚人之多也！"项王则夜起，饮帐中。有美人名虞，常幸从；骏马名骓，常骑之。于是项王乃悲歌慷慨，自为诗曰："力拔山兮气盖世，时不利兮骓不逝。骓不逝兮可奈何，虞兮虞兮奈若何！"歌数阕，美人和之。项王泣数行下，左右皆泣，莫能仰视。于是项王乃上马骑，麾下壮士骑从者八百余人，直夜溃围南出，驰走。平明，汉军乃觉之，令骑将灌婴以五千骑追之。项王渡淮，骑能属者百余人耳。项王至阴陵，迷失道，问一田父，田父绐曰"左"。左，乃陷大泽中，以故汉追及之。项王乃复引兵而东，至东城，乃有二十八骑。汉骑追者数千人。项王自度不得脱，谓其骑曰："吾起兵至今八岁矣，身七十余战，所当者破，所击者服，未尝败北，遂霸有天下。然今卒困于此，此天之亡我，非战之罪也。今日固决死，愿为诸君快战，必三胜之，为诸君溃围，斩将，刈旗，令诸君知天亡我，非战之罪也。"乃分其骑以为四队，四向。汉军围之数重。项王谓其骑曰："吾为公取彼一将。"令四面骑驰下，期山东为三处。于是项王大呼驰下，汉军皆披靡，遂斩汉一将。是时，赤泉侯为骑将，追项王，项王瞋目而叱之，赤泉侯人马俱惊，辟易数里。与其骑会为三处。汉军不知项王所在，乃分军为三，复围之。项王乃驰，复斩汉一都尉，杀数十百人，复聚其骑，亡其两骑耳。乃谓其骑曰："何如？"骑皆伏曰："如大王言。"

于是项王乃欲东渡乌江。乌江亭长枻船待，谓项王曰："江东虽小，地方千里，众数十万人，亦足王也。愿大王急渡。今独臣有船，汉军至，无以渡。"项王笑曰："天之亡我，我何渡为！且籍与江东子弟八千人渡江而西，今无一人还，纵江东父兄怜而王我，我何面目见之？纵彼不言，籍独不愧于心乎？"乃谓亭长曰："吾知公长者。吾骑此马五岁，所当无敌，尝一日行千里，不忍杀之，以赐公。"乃令骑皆下马步行，持短兵接战。独籍所杀汉军数百人。项王身亦被十余创，顾见汉骑司马吕马童，曰："若非吾故人乎？"马童面之，指王翳曰："此项王也。"项王乃曰："吾闻汉购我头千金，邑万户，吾为若德。"乃自刎而死。王翳取其头，余骑相蹂践争项王，相杀者数十人。最其后，郎中骑杨喜，骑司马吕马童，郎中吕胜、杨武，各得其一体。五人共会其体，皆是。故分其地为五：封吕马童为中水侯，封王翳为杜衍侯，封杨喜为赤泉侯，封杨武为吴防侯，封吕胜为涅阳侯。

项王已死，楚地皆降汉，独鲁不下。汉乃引天下兵欲屠之，为其守礼义，为主死节，乃持项王头视鲁，鲁父兄乃降。始，楚怀王初封项籍为鲁公，及其死，鲁最后下，故以鲁公礼葬项王谷城。汉王为发哀，泣之而去。

诸项氏枝属，汉王皆不诛。乃封项伯为射阳侯。桃侯、平皋侯、玄武侯皆项氏，赐姓刘氏。

太史公曰：吾闻之周生曰"舜目盖重瞳子"，又闻项羽亦重瞳子。羽岂其苗裔邪？何兴之暴也！夫秦失其政，陈涉首难，豪杰蜂起，相与并争，不可胜数。然羽非有尺寸，乘势起陇亩之中，三年，遂将五诸侯灭秦，分裂天下，而封王侯，政由羽出，号为"霸王"，位虽不终，近古以来未尝有也。及羽背关怀楚，放逐义帝而自立，怨王侯叛己，难矣。自矜功伐，奋其私智而不师古，谓霸王之业，欲以力征经营天下，五年卒亡其国，身死东城，尚不觉寤而不自责，过矣。乃引"天亡我，非用兵之罪也"，岂不谬哉！

卷　八　　　　高祖本纪第八

高祖，沛丰邑中阳里人，姓刘氏，字季。父曰太公，母曰刘媪。其先刘媪尝息大泽之陂，梦与神遇。是时雷电晦冥，太公往视，则见蛟龙于其上，已而有身，遂产高祖。

高祖为人，隆准而龙颜，美须髯，左股有七十二黑子。仁而爱人，喜施，意豁如也。常有大度，不事家人生产作业。及壮，试为吏，为泗水亭长，廷中吏无所不狎侮。好酒及色。常从王媪、武负贳酒，醉卧，武负、王媪见其上常有龙，怪之。高祖每酤留饮，酒雠数倍。及见怪，岁竟，此两家常折券弃责。

高祖常徭咸阳，纵观，观秦皇帝，喟然太息曰："嗟乎，大丈夫当如此也！"

单父人吕公善沛令，避仇从之客，因家沛焉。沛中豪杰吏闻令有重客，皆往贺。萧何为主吏，主进，令诸大夫曰："进不满千钱，坐之堂下。"高祖为亭长，素易诸吏，乃绐为谒曰"贺钱万"，实不持一钱。谒入，吕公大惊，起，迎之门。吕公者，好相人，见高祖状貌，因重敬之，引入坐。萧何曰："刘季固多大言，少成事。"高祖因狎侮诸客，遂坐上坐，无所诎。酒阑，吕公因目固留高祖。高祖竟酒，后。吕公曰："臣少好相人，相人多矣，无如季相，愿季自爱。臣有息女，愿为季箕帚妾。"酒罢，吕媪怒吕公曰："公始常欲奇此女，与贵人。沛令善公，求之不与，何自妄许与刘季？"吕公曰："此非儿女子所知也。"卒与刘季。吕公女乃吕后也，生孝惠帝、鲁元公主。

高祖为亭长时，常告归之田。吕后与两子居田中耨，有一老父过请饮，吕后因餔之。老父相吕后曰："夫人天下贵人。"令相两子，见孝惠，曰："夫人所以贵者，乃此男也。"相鲁元，亦皆贵。老父已去，高祖适从旁舍来，吕后具言客有过，相我子母皆大贵。高祖问，曰："未远。"乃追及，问老父。老父曰："乡者夫人婴儿皆似君，君相贵不可言。"高祖乃谢曰："诚如父言，不敢忘德。"及高祖贵，遂不知老父处。

高祖为亭长，乃以竹皮为冠，令求盗之薛治之，时时冠之，及贵常冠，所谓"刘氏冠"乃是也。

高祖以亭长为县送徒郦山，徒多道亡。自度比至皆亡之，到丰西泽中，止饮，夜乃解纵所送徒。曰："公等皆去，吾亦从此逝矣！"徒中壮士愿从者十馀人。高祖被酒，夜径泽中，令一人行前。行前者还报曰："前有大蛇当径，愿还。"高祖醉，曰："壮士行，何畏！"乃前，拔剑击斩蛇。蛇遂分为两，径开。行数里，醉，因卧。后人来至蛇所，有一老妪夜哭。人问何哭，妪曰："人杀吾子，故哭之。"人曰："妪子何为见杀？"妪曰："吾子，白帝子也，化为蛇，当道，今为赤帝子斩之，故哭。"人乃以妪为不诚，欲苔之，妪因忽不见。后人至，高祖觉。后人告高祖，高祖乃心独喜，自负。诸从者日益畏之。

秦始皇帝常曰"东南有天子气"，于是因东游以厌之。高祖即自疑，亡匿，隐于芒、砀山泽岩石之间。吕后与人俱求，常得之。高祖怪问之。吕后曰："季所居上常有云气，故从往，常得季。"高祖心喜。沛中子弟或闻之，多欲附者矣。

秦二世元年秋，陈胜等起蕲，至陈而王，号为"张楚"。诸郡县皆多杀其长吏以应陈涉。沛令恐，欲以沛应涉。掾、主吏萧何、曹参乃曰："君为秦吏，今欲背之，率沛子弟，恐不听。愿君召诸亡在外者，可得数百人，因劫众，众不敢不听。"乃令樊哙召刘季。刘季之众已数十百人矣。

于是樊哙从刘季来。沛令后悔，恐其有变，乃闭城城守，欲诛萧、曹。萧、曹恐，逾城保刘季。刘季乃书帛射城上，谓沛父老曰："天下苦秦久矣。今父老虽为沛令守，诸侯并起，今屠沛。沛令共诛令，择子弟可立者立之，以应诸侯，则家室完。不然，父子俱屠，无为也。"父老乃率子弟共杀沛令，开城门迎刘季，欲以为沛令。刘季曰："天下方扰，诸侯并起，今置将不善，壹败涂地。吾非敢自爱，恐能薄，不能完父兄子弟。此大事，愿更相推择可者。"萧、曹等皆文吏，自爱，恐事不就，后秦种族其家，尽让刘季。诸父老皆曰："平生所闻刘季诸珍怪，当贵，且卜筮之，莫如刘季最吉。"于是刘季数让。众莫敢为，乃立季为沛公。祠黄帝，祭蚩尤于沛庭，而衅鼓旗，帜皆赤。由所杀蛇白帝子，杀者赤帝子，故上赤。于是少年豪吏如萧、曹、樊哙等皆为收沛子弟二三千人，攻胡陵、方与，还守丰。

秦二世二年，陈涉之将周章军西至戏而还。燕、赵、齐、魏皆自立为王。项氏起吴。秦泗川监平将兵围丰，二日，出与战，破之。命雍齿守丰，引兵之薛。泗川守壮败于薛，走至戚，沛公左司马得泗川守壮，杀之。沛公还军亢父，至方与。

周市来攻方与，未战。陈王使魏人周市略地。周市使人谓雍齿曰："丰，故梁徒也。今魏地已定者数十城。齿今下魏，魏以齿为侯守丰。不下，且屠丰。"雍齿雅不欲属沛公，及魏招之，即反为魏守丰。沛公引兵攻丰，不能取。沛公病，还之沛。

沛公怨雍齿与丰子弟叛之，闻东阳宁君、秦嘉立景驹为假王，在留，乃往从之，欲请兵以攻丰。是时秦将章邯从陈，别将司马⺁将兵北定楚地，屠相，至砀。东阳宁君、沛公引兵西，与战萧西，不利。还收兵聚留，引兵攻砀，三日乃取砀。因收砀兵，得五六千人。攻下邑，拔之。还军丰。闻项梁在薛，从骑百馀往见之。项梁益沛公卒五千人，五大夫将十人。沛公还，引兵攻丰。

从项梁月馀，项羽已拔襄城还。项梁尽召别将居薛。闻陈王定死，因立楚后怀王孙心为楚王，治盱台。项梁号武信君。居数月，北攻亢父，救东阿，破秦军。齐军归，楚独追北，使沛公、项羽别攻城阳，屠之。军濮阳之东，与秦军战，破之。

秦军复振，守濮阳，环水。楚军去而攻定陶，定陶未下。沛公与项羽西略地至雍丘之下，与秦军战，大破之，斩李由。还攻外黄，外黄未下。

项梁再破秦军，有骄色。宋义谏，不听。秦益章邯兵，夜衔枚击项梁，大破之定陶，项梁死。沛公与项羽方攻陈留，闻项梁死，引兵与吕将军俱东。吕臣军彭城东，项羽军彭城西，沛公军砀。

章邯已破项梁军，则以为楚地兵不足忧，乃渡河北击赵，大破之。当是之时，赵歇为王，秦将王离围之巨鹿城，此所谓河北之军也。

秦二世三年，楚怀王见项梁军破，恐，徙盱台都彭城，并吕臣、项羽军自将之。以沛公为砀郡长，封为武安侯，将砀郡兵。封项羽为长安侯，号为鲁公。吕臣为司徒，其父吕青为令尹。

赵数请救，怀王乃以宋义为上将军，项羽为次将，范增为末将，北救赵。令沛公西略地入关。与诸将约，先入定关中者王之。

当是时，秦兵强，常乘胜逐北，诸将莫利先入关。独项羽怨秦破项梁军，奋，愿与沛公西入关。怀王诸老将皆曰："项羽为人僄悍猾贼。项羽尝攻襄城，襄城无遗类，皆坑之，诸所过无不残灭。且楚数进取，前陈王、项梁皆败。不如更遣长者扶义而西，告谕秦父兄。秦父兄苦其主久矣，今诚得长者往，毋侵暴，宜可下。今项羽僄悍，今不可遣。独沛公素宽大长者，可遣。"卒不许项羽，而遣沛公西略地，收陈王、项梁散卒，乃道砀至成阳，与杠里秦军夹壁，破秦二军。楚军出兵击王离，大破之。

沛公引兵西，遇彭越昌邑，因与俱攻秦军，战不利。还至栗，遇刚武侯，夺其军，可四千馀人，并之。与魏将皇欣、魏申徒武蒲之军并攻昌邑，昌邑未拔。

西过高阳。郦食其谓监门曰："诸将过此者多，吾视沛公大人长者。"乃求见说沛公。沛公方踞床，使两女子洗足。郦生不拜，长揖，曰："足下必欲诛无道秦，不宜踞见长者。"于是沛公起，摄衣谢之，延上坐。食其说沛公袭陈留，得秦积粟。乃以郦食其为广野君，郦商为将，将陈留兵，与偕攻开封，开封未拔。西与秦将杨熊战白马，又战曲遇东，大破之。杨熊走之荥阳，二世使使者斩以徇。南攻颍阳，屠之。因张良遂略韩地轘辕。

当是时，赵别将司马卬方欲渡河入关，沛公乃北攻平阴，绝河津。南，战洛阳东，军不利，还至阳城，收军中马骑，与南阳守齮战犫东，破之。略南阳郡，南阳守齮走，保城守宛。沛公引兵过而西。张良谏曰："沛公虽欲急入关，秦兵尚众，距险。今不下宛，宛从后击，强秦在前，此危道也。"于是沛公乃夜引兵从他道还，更旗帜，黎明，围宛城三匝。南阳守欲自刭。其舍人陈恢曰："死未晚也。"乃逾城见沛公，曰："臣闻足下约，先入咸阳者王之。今足下留守宛。宛，大郡之都也，连城数十，人民众，积蓄多，吏人自以为降必死，故皆坚守乘城。今足下尽日止攻，士死伤者必多；引兵去宛，宛必随足下后。足下前则失咸阳之约，后又有强宛之患。为足下计，莫若约降，封其守，因使止守，引其甲卒与之西。诸城未下者，闻声争开门而待，足下通行无所累。"沛公曰："善。"乃以宛守为殷侯，封陈恢千户。引兵西，无不下者。至丹水，高武侯鳃、襄侯王陵降西陵。还攻胡阳，遇番君别将梅鋗，与皆，降析、郦。遣魏人宁昌使秦，使者未来。是时章邯已以军降项羽于赵矣。

初，项羽与宋义北救赵，及项羽杀宋义，代为上将军，诸将黥布皆属，破秦将王离军，降章邯，诸侯皆附。及赵高已杀二世，使人来，欲约分王关中。沛公以为诈，乃用张良计，使郦生、陆贾往说秦将，啖以利，因袭攻武关，破之。又与秦军战于蓝田南，益张疑兵旗帜，诸所过毋得掠卤。秦人憙，秦军解，因大破之。又战其北，大破之。乘胜，遂破之。

汉元年十月，沛公兵遂先诸侯至霸上。秦王子婴素车白马，系颈以组，封皇帝玺符节，降轵道旁。诸将或言诛秦王。沛公曰："始怀王遣我，固以能宽容；且人已服降，又杀之，不祥。"乃以秦王属吏，遂西入咸阳。欲止宫休舍，樊哙、张良谏，乃封秦重宝财物府库，还军霸上。召诸县父老豪杰曰："父老苦秦苛法久矣，诽谤者族，偶语者弃市。吾与诸侯约，先入关者王之，吾当王关中。与父老约，法三章耳：杀人者死，伤人及盗抵罪。馀悉除去秦法。诸吏人皆案堵如故。凡吾所以来，为父老除害，非有所侵暴，无恐！且吾所以还军霸上，待诸侯至而定约束耳。"乃使人与秦吏行县乡邑，告谕之。秦人大喜，争持牛羊酒食献飨军士。沛公又让不受，曰："仓粟多，非乏，不欲费人。"人又益喜，唯恐沛公不为秦王。

或说沛公曰："秦富十倍天下，地形强。今闻章邯降项羽，项羽乃号为雍王，王关中。今则来，沛公恐不得有此。可急使兵守函谷关，无内诸侯军，稍征关中兵以自益，距之。"沛公然其计，从之。

十一月中，项羽果率诸侯兵西，欲入关，关门闭。闻沛公已定关中，大怒，使黥布等攻破函谷关。

十二月中，遂至戏。沛公左司马曹无伤闻项王怒，欲攻沛公，使人言项羽曰："沛公欲王关中，令子婴为相，珍宝尽有之。"欲以求封。亚父劝项羽击沛公。方飨士，旦日合战。是时项羽兵四十万，号百万。沛公兵十万，号二十万，力不敌。会项伯欲活张良，夜往见良，因以文谕项羽，项羽乃止。沛公从百馀骑，驱之鸿门，见谢项羽。项羽曰："此沛公左司马曹无伤言之。不然，籍何以生此？"沛公以樊哙、张良故，得解归。归，立诛曹无伤。

项羽遂西，屠烧咸阳秦宫室，所过无不残破。秦人大失望，然恐，不敢不服耳。

项羽使人还报怀王。怀王曰："如约。"项羽怨怀王不肯令与沛公俱西入关，而北救赵，后天下约。乃曰："怀王者，吾家项梁所立耳，非有功伐，何以得主约！本定天下，诸将及籍也。"乃佯尊怀王为义帝，实不用其命。

正月，项羽自立为西楚霸王，王梁、楚地九郡，都彭城。负约，更立沛公为汉王，王巴、蜀、汉中，都南郑。三分关中，立秦三将：章邯为雍王，都废丘；司马欣为塞王，都栎阳；董翳为翟王，都高奴。楚将瑕丘申阳为河南王，都洛阳。赵将司马卬为殷王，都朝歌。赵王歇徙王代。赵相张耳为常山王，都襄国。当阳君黥布为九江王，都六。怀王柱国共敖为临江王，都江陵。番君吴芮为衡山王，都邾。燕将臧荼为燕王，都蓟。故燕王韩广徙王辽东。广不听，臧荼攻杀之无终。封成安君陈馀河间三县，居南皮。封梅鋗十万户。

四月，兵罢戏下，诸侯各就国。

汉王之国，项王使卒三万人从。楚与诸侯之慕从者数万人。从杜南入蚀中。去辄烧绝栈道，以备诸侯盗兵袭之，亦示项羽无东意。至南郑，诸将及士卒多道亡归，士卒皆歌思东归。韩信说汉王曰："项羽王诸将之有功者，而王独居南郑，是迁也。军吏士卒皆山东之人也，日夜跂而望归，及其锋而用之，可以有大功。天下已定，人皆自宁，不可复用。不如决策东乡，争权天下。"

项羽出关，使人徙义帝。曰："古之帝者地方千里，必居上游。"乃使使徙义帝长沙郴县，趣义帝行，群臣稍倍叛之。乃阴令衡山王、临江王击之，杀义帝江南。

项羽怨田荣，立齐将田都为齐王。田荣怒，因自立为齐王，杀田都而反楚，予彭越将军印，令反梁地。楚令萧公角击彭越，彭越大破之。陈馀怨项羽之弗王己也，令夏说说田荣，请兵击张耳。齐予陈馀兵，击破常山王张耳，张耳亡归汉。迎赵王歇于代，复立为赵王。赵王因立陈馀为代王。项羽大怒，北击齐。

八月，汉王用韩信之计，从故道还，袭雍王章邯。邯迎击汉陈仓，雍兵败，还走；止战好畤，又复败，走废丘。汉王遂定雍地，东至咸阳。引兵围雍王废丘，而遣诸将略定陇西、北地、上郡。令将军薛欧、王吸出武关，因王陵兵南阳，以迎太公、吕后于沛。楚闻之，发兵距之阳夏，不得前。令故吴令郑昌为韩王，距汉兵。

二年，汉王东略地。塞王欣、翟王翳、河南王申阳皆降。韩王昌不听，使韩信击破之。于是置陇西、北地、上郡、渭南、河上、中地郡；关外置河南郡。更立韩太尉信为韩王。诸将以万人若以一郡降者，封万户。缮治河上塞，诸故秦苑囿园池，皆令人得田之。正月，虏雍王弟章平。大赦罪人。

汉王之出关至陕，抚关外父老，还，张耳来见，汉王厚遇之。

二月，令除秦社稷，更立汉社稷。

三月，汉王从临晋渡，魏王豹将兵从。下河内，虏殷王，置河内郡。南渡平阴津，至洛阳。新城三老董公遮说汉王以义帝死故。汉王闻之，袒而大哭。遂为义帝发丧，临三日。发使者告诸侯曰："天下共立义帝，北面事之。今项羽放杀义帝于江南，大逆无道。寡人亲为发丧，诸侯皆

缟素。悉发关内兵，收三河士，南浮江、汉以下，愿从诸侯王击楚之杀义帝者。"

是时项王北击齐，田荣与战城阳。田荣败，走平原，平原民杀之。齐皆降楚。楚因焚烧其城郭，系虏其子女。齐人叛之。田荣弟横立荣子广为齐王，齐王反楚城阳。项羽虽闻汉东，既已连齐兵，欲遂破之而击汉。汉王以故得劫五诸侯兵，遂入彭城。项羽闻之，乃引兵去齐，从鲁出胡陵，至萧，与汉大战彭城灵壁东睢水上，大破汉军，多杀士卒，睢水为之不流。乃取汉王父母妻子于沛，置之军中以为质。当是时，诸侯见楚强汉败，还皆去汉复为楚。塞王欣亡入楚。

吕后兄周吕侯为汉将兵，居下邑。汉王从之，稍收士卒，军砀。汉王乃西过梁地，至虞。使谒者随何之九江王布所，曰："公能令布举兵叛楚，项羽必留击之。得留数月，吾取天下必矣。"随何往说九江王布，布果背楚。楚使龙且往击之。

汉王之败彭城而西，行使人求家室，家室亦亡，不相得。败后乃独得孝惠，六月，立为太子，大赦罪人。令太子守栎阳，诸侯子在关中者皆集栎阳为卫。引水灌废丘，废丘降，章邯自杀。更名废丘为槐里。于是令祠官祀天地四方上帝山川，以时祀之。兴关内卒乘塞。

是时九江王布与龙且战，不胜，与随何间行归汉。汉王稍收士卒，与诸将及关中卒益出，是以兵大振荥阳，破楚京、索间。

三年，魏王豹谒归视亲疾，至即绝河津，反为楚。汉王使郦生说豹，豹不听。汉王遣将军韩信击，大破之，虏豹。遂定魏地，置三郡，曰河东、太原、上党。汉王乃令张耳与韩信遂东下井陉击赵，斩陈馀、赵王歇。其明年，立张耳为赵王。

汉王军荥阳南，筑甬道属之河，以取敖仓。与项羽相距岁余。项羽数侵夺汉甬道，汉军乏食，遂围汉王。汉王请和，割荥阳以西者为汉。项王不听。汉王患之，乃用陈平之计，予陈平金四万斤，以间疏楚君臣。于是项羽乃疑亚父。亚父是时劝项羽遂下荥阳，及其见疑，乃怒，辞老，愿赐骸骨归卒伍，未至彭城而死。

汉军绝食，乃夜出女子东门二千余人，被甲，楚因四面击之。将军纪信乃乘王驾，诈为汉王，诳楚，楚皆呼万岁，之城东观。以故汉王得与数十骑出西门遁。令御史大夫周苛、魏豹、枞公守荥阳。诸将卒不能从者，尽在城中。周苛、枞公相谓曰："反国之王，难与守城。"因杀魏豹。

汉王之出荥阳入关，收兵欲复东。袁生说汉王曰："汉与楚相距荥阳数岁，汉常困。愿君王出武关，项羽必引兵南走，王深壁，令荥阳、成皋间且得休。使韩信等辑河北赵地，连燕、齐，君王乃复走荥阳，未晚也。如此，则楚所备者多，力分，汉得休，复与之战，破楚必矣。"汉王从其计，出军宛、叶间，与黥布行收兵。

项羽闻汉王在宛，果引兵南。汉坚壁不与战。是时彭越渡睢水，与项声、薛公战下邳，彭越大破楚军。项羽乃引兵东击彭越。汉王亦引兵北军成皋。项羽已破走彭越，闻汉王复军成皋，乃复引兵西，拔荥阳，诛周苛、枞公，

而虏韩王信，遂围成皋。

汉王跳，独与滕公共车出成皋玉门，北渡河，驰宿修武。自称使者，晨驰入张耳、韩信壁，而夺之军。乃使张耳北益收兵赵地，使韩信东击齐。汉王得韩信军，则复振。引兵临河，南飨军小修武南，欲复战。郎中郑忠乃说止汉王，使高垒深堑，勿与战。汉王听其计，使卢绾、刘贾将卒二万人，骑数百，渡白马津，入楚地，与彭越复击破楚军燕郭西，遂复下梁地十馀城。

淮阴已受命东，未渡平原。汉王使郦生往说齐王田广，广叛楚，与汉和，共击项羽。韩信用蒯通计，遂袭破齐。齐王烹郦生，东走高密。项羽闻韩信已举河北兵破齐、赵，且欲击楚，则使龙且、周兰往击之。韩信与战，骑将灌婴击，大破楚军，杀龙且。齐王广奔彭越。当此时，彭越将兵居梁地，往来苦楚兵，绝其粮食。

四年，项羽乃谓海春侯大司马曹咎曰："谨守成皋。若汉挑战，慎勿与战，无令得东而已。我十五日必定梁地，复从将军。"乃行击陈留、外黄、睢阳，下之。汉果数挑楚军，楚军不出。使人辱之五六日，大司马怒，度兵汜水。士卒半渡，汉击之，大破楚军，尽得楚国金玉货赂。大司马咎、长史欣皆自刭汜水上。项羽至睢阳，闻海春侯破，乃引兵还。汉军方围钟离眛于荥阳东，项羽至，尽走险阻。

韩信已破齐，使人言曰："齐边楚，权轻，不为假王，恐不能安齐。"汉王欲攻之。留侯曰："不如因而立之，使自为守。"乃遣张良操印绶立韩信为齐王。

项羽闻龙且军破，则恐，使盱台人武涉往说韩信。韩信不听。

楚汉久相持未决，丁壮苦军旅，老弱罢转饷。汉王项羽相与临广武之间而语。项羽欲与汉王独身挑战。汉王数项羽曰："始与项羽俱受命怀王，曰先入定关中者王之，项羽负约，王我于蜀汉，罪一。项羽矫杀卿子冠军而自尊，罪二。项羽已救赵，当还报，而擅劫诸侯兵入关，罪三。怀王约入秦无暴掠，项羽烧秦宫室，掘始皇帝冢，私收其财物，罪四。又强杀秦降王子婴，罪五。诈坑秦子弟新安二十万，王其将，罪六。项羽皆王诸将善地，而徙逐故主，令臣下争叛逆，罪七。项羽出逐义帝彭城，自都之，夺韩王地，并王梁、楚，多自予，罪八。项羽使人阴弑义帝江南，罪九。夫为人臣而弑其主，杀已降，为政不平，主约不信，天下所不容，大逆无道，罪十也。吾以义兵从诸侯诛残贼，使刑馀罪人击杀项羽，何苦乃与公挑战！"项羽大怒，伏弩射中汉王。汉王伤胸，乃扪足曰："虏中吾指！"汉王病创，卧，张良强请汉王起行劳军，以安士卒，毋令楚乘胜于汉。汉王出行军，病甚，因驰入成皋。

病愈，西入关，至栎阳，存问父老，置酒，枭故塞王欣头栎阳市。留四日，复如军，军广武。关中兵益出。

当此时，彭越将兵居梁地，往来苦楚兵，绝其粮食。田横往之。项羽数击彭越等，齐王信又进击楚。项羽恐，乃与汉王约，中分天下，割鸿沟而西者为汉，鸿沟而东者为楚。项王归汉王父母妻子，军中皆呼万岁，乃归而别去。

项羽解而东归，汉王欲引而西归，用留侯、陈平计，乃进兵追项羽，至阳夏南止军，与齐王信、建成侯彭越期会而击楚军。至固陵，不会。楚击汉军，大破之。汉王复入壁，深堑而守之，用张良计，于是韩信、彭越皆往。及刘贾入楚地，围寿春，汉王败固陵，乃使使者召大司马周殷举九江兵而迎之。武王行屠城父，随何、刘贾，齐、梁诸侯，皆大会垓下。立武王布为淮南王。

五年，高祖与诸侯兵共击楚军，与项羽决胜垓下。淮阴侯将三十万自当之。孔将军居左。费将军居右。皇帝在后。绛侯、柴将军在皇帝后。项羽之卒可十万。淮阴先合，不利，却。孔将军、费将军纵，楚兵不利。淮阴侯复乘之，大败垓下。项羽卒闻汉军之楚歌，以为汉尽得楚地，项羽乃败而走，是以兵大败。使骑将灌婴追杀项羽东城，斩首八万。遂略定楚地。鲁为楚坚守不下。汉王引诸侯兵北，示鲁父老项羽头，鲁乃降。遂以鲁公号葬项羽谷城。

还至定陶，驰入齐王壁，夺其军。

正月，诸侯及将相相与共请尊汉王为皇帝。汉王曰："吾闻帝贤者有也，空言虚语，非所守也，吾不敢当帝位。"群臣皆曰："大王起微细，诛暴逆，平定四海，有功者辄裂地而封为王侯。大王不尊号，皆疑不信。臣等以死守之。"汉王三让，不得已，曰："诸君必以为便，便国家。"甲午，乃即皇帝位汜水之阳。

皇帝曰义帝无后，齐王韩信习楚风俗，徙为楚王，都下邳。立建成侯彭越为梁王，都定陶。故韩王信为韩王，都阳翟。徙衡山王吴芮为长沙王，都临湘。番君之将梅鋗有功，从入武关，故德番君。淮南王布、燕王臧荼、赵王敖皆如故。

天下大定。高祖都洛阳，诸侯皆臣属。故临江王驩为项羽叛汉，令卢绾、刘贾围之，不下。数月而降，杀之洛阳。

五月，兵皆罢归家。诸侯子在关中者复之十二岁，其归者复之六岁，食之一岁。

高祖置酒洛阳南宫。高祖曰："列侯诸将无敢隐朕，皆言其情。吾所以有天下者何？项氏之所以失天下者何？"高起、王陵对曰："陛下慢而侮人，项羽仁而爱人。然陛下使人攻城略地，所降下者因以予之，与天下同利也。项羽妒贤嫉能，有功者害之，贤者疑之，战胜而不予人功，得地而不予人利，此所以失天下也。"高祖曰："公知其一，未知其二。夫运筹策帷帐之中，决胜于千里之外，吾不如子房。镇国家，抚百姓，给馈饷，不绝粮道，吾不如萧何。连百万之军，战必胜，攻必取，吾不如韩信。此三者，皆人杰也，吾能用之，此吾所以取天下也。项羽有一范增而不能用，此其所以为我擒也。"

高祖欲长都洛阳，齐人刘敬说，及留侯劝入都关中，高祖是日驾，入都关中。六月，大赦天下。

十月，燕王臧荼反，攻下代地。高祖自将击之，得燕王臧荼。即立太尉卢绾为燕王。使丞相哙将兵攻代。

其秋，利几反，高祖自将兵击之，利几走。利几者，项氏之将。项氏败，利几为陈公，不随项羽，亡降高祖，高祖侯之颍川。高祖至洛阳，举通侯籍召之，而利几恐，故反。

六年。高祖五日一朝太公，如家人父子礼。太公家令说太公曰："天无二日，土无二王。今高祖虽子，人主也；太公虽父，人臣也。奈何令人主拜人臣！如此，则威重不行。"后高祖朝，太公拥篲，迎门却行。高祖大惊，下扶太公。太公曰："帝，人主也，奈何以我乱天下法！"于是高祖乃尊太公为太上皇。心善家令言，赐金五百斤。

十二月，人有上变事告楚王信谋反，上问左右，左右争欲击之。用陈平计，乃伪游云梦，会诸侯于陈，楚王信迎，即因执之。是日，大赦天下。田肯贺，因说高祖曰："陛下得韩信，又治秦中。秦，形胜之国，带河山之险，县隔千里，持戟百万，秦得百二焉。地势便利，其以下兵于诸侯，譬犹居高屋之上建瓴水也。夫齐，东有琅邪、即墨之饶，南有泰山之固，西有浊河之限，北有勃海之利，地方二千里，持戟百万，县隔千里之外，齐得十二焉。故此东西秦也。非亲子弟，莫可使王齐矣。"高祖曰："善。"赐黄金五百斤。

后十馀日，封韩信为淮阴侯，分其地为二国。高祖曰将军刘贾数有功，以为荆王，王淮东。弟交为楚王，王淮西。子肥为齐王，王七十馀城，民能齐言者皆属齐。乃论功，与诸列侯剖符行封。徙韩王信太原。

七年，匈奴攻韩王信马邑，信因与谋反太原。白土曼丘臣、王黄立故赵将赵利为王以反，高祖自往击之。会天寒，士卒堕指者什二三，遂至平城。匈奴围我平城，七日而后罢去。令樊哙止，定代地。立兄刘仲为代王。

二月，高祖自平城过赵、洛阳，至长安。长乐宫成，丞相已下徙治长安。

八年，高祖东击韩王信馀反寇于东垣。

萧丞相营作未央宫，立东阙、北阙、前殿、武库、太仓。高祖还，见宫阙壮甚，怒，谓萧何曰："天下匈匈苦战数岁，成败未可知，是何治宫室过度也？"萧何曰："天下方未定，故可因遂就宫室。且夫天子以四海为家，非壮丽无以重威，且无令后世有以加也。"高祖乃说。

高祖之东垣，过柏人，赵相贯高等谋弑高祖，高祖心动，因不留。代王刘仲弃国亡，自归洛阳，废以为合阳侯。

九年，赵相贯高等事发觉，夷三族。废赵王敖为宣平侯。是岁，徙贵族楚昭、屈、景、怀、齐田氏关中。

未央宫成。高祖大朝诸侯群臣，置酒未央前殿。高祖奉玉卮，起为太上皇寿，曰："始大人常以臣无赖，不能治产业，不如仲力。今某之业所就孰与仲多？"殿上群臣皆呼万岁，大笑为乐。

十年十月，淮南王黥布、梁王彭越、燕王卢绾、荆王刘贾、楚王刘交、齐王刘肥、长沙王吴芮皆来朝长乐宫。春夏无事。

七月，太上皇崩栎阳宫。楚王、梁王皆来送葬。赦栎阳囚。更命郦邑曰新丰。

八月，赵相国陈豨反代地。上曰："豨尝为吾使，甚有信。代地吾所急也，故封豨为列侯，以相国守代，今乃与王黄等劫掠代地！代吏民非有罪也，其赦代吏民。"九月，上自东往击之。至邯郸，上喜曰："豨不南据邯郸而阻漳水，吾知其无能为也。"闻豨将皆故贾人也，上曰："吾知所以与之。"乃多以金啗豨将，豨将多降者。

十一年，高祖在邯郸诛豨等未毕，豨将侯敞将万馀人游行，王黄军曲逆，张春渡河击聊城。汉使将军郭蒙与齐将击，大破之。太尉周勃道太原入定代地，至马邑，马邑不下，即攻残之。

豨将赵利守东垣，高祖攻之，不下，月馀，卒骂高祖，高祖怒。城降，令出骂者斩之，不骂者原之。于是乃分赵山北，立子恒以为代王，都晋阳。

春，淮阴侯韩信谋反关中，夷三族。

夏，梁王彭越谋反，废，迁蜀；复欲反，遂夷三族。立子恢为梁王，子友为淮阳王。

秋七月，淮南王黥布反，东并荆王刘贾地，北渡淮，楚王交走入薛。高祖自往击之。立子长为淮南王。

十二年，十月，高祖已击布军会甄，布走，令别将追之。

高祖还归，过沛，留。置酒沛宫，悉召故人父老子弟纵酒，发沛中儿得百二十人，教之歌。酒酣，高祖击筑，自为歌诗曰："大风起兮云飞扬，威加海内兮归故乡，安得猛士兮守四方！"令儿皆和习之。高祖乃起舞，慷慨伤怀，泣数行下。谓沛父兄曰："游子悲故乡。吾虽都关中，万岁后吾魂魄犹乐思沛。且朕自沛公以诛暴逆，遂有天下，其以沛为朕汤沐邑，复其民，世世无有所与。"沛父兄诸母故人日乐饮极欢，道旧故为笑乐。十馀日，高祖欲去，沛父兄固请留高祖。高祖曰："吾人众多，父兄不能给。"乃去。沛中空县皆之邑西献。高祖复留止，张饮三日。沛父兄皆顿首曰："沛幸得复，丰未复，唯陛下哀怜之。"高祖曰："丰吾所生长，极不忘耳，吾特为其以雍齿故反我为魏。"沛父兄固请，乃并复丰，比沛。于是拜沛侯刘濞为吴王。

汉将别击布军洮水南北，皆大破之，追，得斩布鄱阳。

樊哙别将兵定代，斩陈豨当城。

十一月，高祖自布军至长安。

十二月，高祖曰："秦始皇帝、楚隐王、陈涉、魏安釐王、齐缗王、赵悼襄王皆绝无后，予守冢各十家，秦皇帝二十家，魏公子无忌五家。"赦代地吏民为陈豨、赵利所劫掠者，皆赦之。

陈豨降将言豨反时，燕王卢绾使人之豨所，与阴谋。上使辟阳侯迎绾，绾称病。辟阳侯归，具言绾反有端矣。二月，使樊哙、周勃将兵击燕王绾。赦燕吏民与反者。立皇子建为燕王。

高祖击布时，为流矢所中，行道病。病甚，吕后迎良医。医入见，高祖问医。医曰："病可治。"于是高祖嫚骂之曰："吾以布衣提三尺剑取天下，此非天命乎？命乃在天，虽扁鹊何益！"遂不使治病，赐金五十斤罢之。已而吕后问："陛下百岁后，萧相国即死，令谁代之？"上曰："曹参可。"问其次，上曰："王陵可。然陵少戆，陈平可以助之。陈平智有馀，然难以独任。周勃重厚少文，然安刘氏者必勃也，可令为太尉。"吕后复问其次，上曰："此后亦非而所知也。"

卢绾与数千骑居塞下候伺，幸上病愈自入谢。

四月甲辰，高祖崩长乐宫。四日不发丧。吕后与审食其谋曰："诸将与帝为编户民，今北面为臣，此常怏怏，今乃事少主，非尽族是，天下不安。"人或闻之，语郦将军。郦将军往见审食其，曰："吾闻帝已崩，四日不发丧，欲诛诸将。诚如此，天下危矣。陈平、灌婴将十万守荥阳，樊哙、周勃将二十万定燕、代，此闻帝崩，诸将皆诛，必连兵还乡以攻关中。大臣内叛，诸侯外反，亡可翘足而待也。"审食其入言之，乃以丁未发丧，大赦天下。

卢绾闻高祖崩，遂亡入匈奴。

丙寅，葬。己巳，立太子，至太上皇庙。群臣皆曰："高祖起微细，拨乱世反之正，平定天下，为汉太祖，功最高。"上尊号为高皇帝。太子袭号为皇帝，孝惠帝也。令郡国诸侯各立高祖庙，以岁时祠。

及孝惠五年，思高祖之悲乐沛，以沛宫为高祖原庙。高祖所教歌儿百二十人，皆令为吹乐。后有缺，辄补之。

高帝八男：长，庶，齐悼惠王肥；次，孝惠，吕后子；次，戚夫人子赵隐王如意；次，代王恒，已立为孝文帝，薄太后子；次，梁王恢，吕太后时徙为赵共王；次，淮阳王友，吕太后时徙为赵幽王；次，淮南厉王长；次，燕王建。

太史公曰：夏之政忠。忠之敝，小人以野，故殷人承之以敬。敬之敝，小人以鬼，故周人承之以文。文之敝，小人以僿，故救僿莫若以忠。三王之道若循环，终而复始。周秦之间，可谓文敝矣。秦政不改，反酷刑法，岂不缪乎？故汉兴，承敝易变，使人不倦，得天统矣。朝以十月。车服黄屋左纛。葬长陵。

卷　九　　　　吕太后本纪第九

吕太后者，高祖微时妃也，生孝惠帝、女鲁元太后。及高祖为汉王，得定陶戚姬，爱幸，生赵隐王如意。孝惠为人仁弱，高祖以为"不类我"，常欲废太子，立戚姬子如意，"如意类我"。

戚姬幸，常从上之关东，日夜啼泣，欲立其子代太子。吕后年长，常留守，希见上，益疏。如意立为赵王后，几代太子者数矣。赖大臣争之，及留侯策，太子得毋废。

吕后为人刚毅，佐高祖定天下，所诛大臣多吕后力。吕后兄二人，皆为将。长兄周吕侯死事，封其子吕台为郦侯，子产为交侯，次兄吕释之为建成侯。

高祖十二年四月甲辰，崩长乐宫，太子袭号为帝。是时高祖八子：长男肥，孝惠兄也，异母，肥为齐王；馀皆孝惠弟，戚姬子如意为赵王，薄夫人子恒为代王，诸姬子子恢为梁王，子友为淮阳王，子长为淮南王，子建为燕王。高祖弟交为楚王，兄子濞为吴王，非刘氏功臣番君吴芮子臣为长沙王。

吕后最怨戚夫人及其子赵王，乃令永巷囚戚夫人，而召赵王。使者三反，赵相建平侯周昌谓使者曰："高帝属臣赵王。赵王年少，窃闻太后怨戚夫人，欲召赵王并诛之，臣不敢遣王。王且亦病，不能奉诏。"吕后大怒，乃使人召赵相。赵相征至长安，乃使人复召赵王。王来，未到。孝惠帝慈仁，知太后怒，自迎赵王霸上，与入宫，自挟与赵王起居饮食。太后欲杀之，不得间。孝惠元年十二月，帝晨出射。赵王少，不能早起。太后闻其独居，使人持鸩饮之。犁明，孝惠还，赵王已死。于是乃徙淮阳王友为赵王。夏，诏赐郦侯父追谥为令武侯。太后遂断戚夫人手足，去眼，煇耳，饮瘖药，使居厕中，命曰"人彘"。居数日，乃召孝惠帝观人彘。孝惠见，问，乃知其戚夫人，乃大哭，因病，岁馀不能起。使人请太后曰："此非人所为。臣为太后子，终不能治天下。"孝惠以此日饮为淫乐，不听政，故有病也。

二年，楚元王、齐悼惠王皆来朝。十月，孝惠与齐王燕饮太后前，孝惠以为齐王兄，置上坐，如家人之礼。太后怒，乃令酌两卮鸩，置前，令齐王起为寿。齐王起，孝惠亦起，取卮欲俱为寿。太后乃恐，自起泛孝惠卮。齐王怪之，因不敢饮，详醉去。问，知其鸩，齐王恐，自以为不得脱长安，忧。齐内史士说王曰："太后独有孝惠与鲁元公主，今王有七十馀城，而公主乃食数城。王诚以一郡上太后，为公主汤沐邑，太后必喜，王必无忧。"于是齐王乃上城阳之郡，尊公主为王太后。吕后喜，许之。乃置酒齐邸，乐饮，罢，归齐王。

三年，方筑长安城，四年就半，五年六年城就，诸侯来会。十月朝贺。

七年秋八月戊寅，孝惠帝崩。发丧，太后哭，泣不下。留侯子张辟彊为侍中，年十五，谓丞相曰："太后独有孝惠，今崩，哭不悲，君知其解乎？"丞相曰："何解？"辟彊曰："帝毋壮子，太后畏君等。君今请拜吕台、吕产、吕禄为将，将兵居南北军，及诸吕皆入宫，居中用事，如此则太后心安，君等幸得脱祸矣。"丞相乃如辟彊计。太后说，其哭乃哀。吕氏权由此起。乃大赦天下。九月辛丑，葬。太子即位为帝，谒高庙。

元年，号令一出太后。太后称制，议欲立诸吕为王，问右丞相王陵。王陵曰："高帝刑白马盟曰：'非刘氏而王，天下共击之。'今王吕氏，非约也。"太后不说。问左丞相陈平、绛侯周勃，勃等对曰："高帝定天下，王子弟，今太后称制，王昆弟诸吕，无所不可。"太后喜。罢朝，王陵让陈平、绛侯曰："始与高帝喋血盟，诸君不在邪？今高帝崩，太后女主，欲王吕氏，诸君纵欲阿意背约，何面目见高帝地下？"陈平、绛侯曰："于今面折廷争，臣不如君；夫全社稷，定刘氏之后，君亦不如臣。"王陵无以应之。

十一月，太后欲废王陵，乃拜为帝太傅，夺之相权。王陵遂病免归。乃以左丞相平为右丞相，以辟阳侯审食其为左丞相。左丞相不治事，令监宫中，如郎中令。食其故得幸太后，常用事，公卿皆因而决事。乃追尊郦侯父为悼武王，欲以王诸吕为渐。

四月，太后欲侯诸吕，乃先封高祖之功臣郎中令无择为博城侯。鲁元公主薨，赐谥为鲁元太后。子偃为鲁王。

鲁王父，宣平侯张敖也。封齐悼惠王子章为朱虚侯，以吕禄女妻之。齐丞相寿为平定侯。少府延为梧侯。乃封吕种为沛侯，吕平为扶柳侯，张买为南宫侯。

太后欲王吕氏，先立孝惠后宫子彊为淮阳王，子不疑为常山王，子山为襄城侯，子朝为轵侯，子武为壶关侯。太后风大臣，大臣请立郦侯吕台为吕王，太后许之。建成康侯释之卒，嗣子有罪，废，立其弟吕禄为胡陵侯，续康侯后。二年，常山王薨，以其弟襄城侯山为常山王，更名义。十一月，吕王台薨，谥为肃王，太子嘉代立为王。三年，无事。四年，封吕嬃为临光侯，吕他为俞侯，吕更始为赘其侯，吕忿为吕城侯，及诸侯丞相五人。

宣平侯女为孝惠皇后时，无子，详为有身，取美人子名之，杀其母，立所名子为太子。孝惠崩，太子立为帝。帝壮，或闻其母死，非真皇后子，乃出言曰："后安能杀吾母而名我？我未壮，壮即为变。"太后闻而患之，恐其为乱，乃幽之永巷中，言帝病甚，左右莫得见。太后曰："凡有天下治为万民命者，盖之如天，容之如地，上有欢心以安百姓，百姓欣然以事其上，欢欣交通而天下治。今皇帝病久不已，乃失惑悖乱，不能继嗣奉宗庙祭祀，不可属天下，其代之。"群臣皆顿首言："皇太后为天下齐民计，所以安宗庙社稷甚深。群臣顿首奉诏。"帝废位，太后幽杀之。五月丙辰，立常山王义为帝，更名曰弘。不称元年者，以太后制天下事也。以轵侯朝为常山王。置太尉官，绛侯勃为太尉。五年八月，淮阳王薨，以弟壶关侯武为淮阳王。

六年十月，太后曰吕王嘉居处骄恣，废之，以肃王台弟吕产为吕王。夏，赦天下。封齐悼惠王子兴居为东牟侯。

七年正月，太后召赵王友。友以诸吕女为后，弗爱，爱他姬，诸吕女妒，怒去，谗之于太后，诬以罪过，曰"吕氏安得王！太后百岁后，吾必击之。"太后怒，以故召赵王。赵王至，置邸不见，令卫围守之，弗与食。其群臣或窃馈，辄捕论之。赵王饿，乃歌曰："诸吕用事兮刘氏危，迫胁王侯兮强授我妃。我妃既妒兮诬我以恶，谗女乱国兮上曾不寤。我无忠臣兮何故弃国？自决中野兮苍天举直！于嗟不可悔兮宁早自财。为王而饿死兮谁者怜之！吕氏绝理兮托天报仇。"丁丑，赵王幽死，以民礼葬之长安民冢次。

己丑，日食，昼晦。太后恶之，心不乐，乃谓左右曰："此为我也。"

二月，徙梁王恢为赵王。吕王产徙为梁王。梁王不之国，为帝太傅。立皇子平昌侯太为吕王。更名梁曰吕，吕曰济川。太后女弟吕嬃有女为营陵侯刘泽妻，泽为大将军。太后王诸吕，恐即崩后刘将军为害，乃以刘泽为琅邪王，以慰其心。

梁王恢之徙王赵，心怀不乐。太后以吕产女为赵王后。王后从官皆诸吕，擅权，微伺赵王，赵王不得自恣。王有所爱姬，王后使人鸩杀之。王乃为歌诗四章，令乐人歌之。王悲，六月即自杀。太后闻之，以为王用妇人弃宗庙礼，废其嗣。

宣平侯张敖卒，以子偃为鲁王，敖赐谥为鲁元王。

秋，太后使使告代王，欲徙王赵。代王谢，愿守代边。

太傅产、丞相平等言，武信侯吕禄上侯，位次第一，请立为赵王。太后许之。追尊禄父康侯为赵昭王。

九月，燕灵王建薨，有美人子，太后使人杀之，无後，国除。

八年十月，立吕肃王子东平侯吕通为燕王，封通弟吕庄为东平侯。

三月中，吕后祓，还过轵道，见物如苍犬，据高后掖，忽弗复见。卜之，云赵王如意为祟。高后遂病掖伤。

高后为外孙鲁元王偃年少，早失父母，孤弱，乃封张敖前姬两子，侈为新都侯，寿为乐昌侯，以辅鲁元王偃。及封中大谒者张释为建陵侯，吕荣为祝兹侯。诸中宦者令丞皆为关内侯，食邑五百户。

七月中，高后病甚，乃令赵王吕禄为上将军，军北军；吕王产居南军。吕太后诫产、禄曰："高帝已定天下，与大臣约，曰'非刘氏王者，天下共击之。'今吕氏王，大臣弗平。我即崩，帝年少，大臣恐为变。必据兵卫宫，慎毋送丧，毋为人所制。"辛巳，高后崩，遗诏赐诸侯王各千金，将相列侯郎吏皆以秩赐金。大赦天下。以吕王产为相国，以吕禄女为帝后。

高后已葬，以左丞相审食其为帝太傅。

朱虚侯刘章有气力，东牟侯兴居其弟也，皆齐哀王弟，居长安。当是时，诸吕用事擅权，欲为乱，畏高帝故大臣绛、灌等，未敢发。朱虚侯妇，吕禄女，阴知其谋，恐见诛，乃阴令人告其兄齐王，欲令发兵西，诛诸吕而立。朱虚侯欲从中与大臣为应。齐王欲发兵，其相弗听。八月丙午，齐王欲使人诛相，相召平乃反，举兵欲围王，王因杀其相，遂发兵东，诈夺琅邪王兵，并将之而西。语在齐王语中。

齐王乃遗诸侯王书曰："高帝平定天下，王诸子弟，悼惠王王齐。悼惠王薨，孝惠帝使留侯良立为齐王。孝惠崩，高后用事，春秋高，听诸吕，擅废帝更立，又比杀三赵王，灭梁、赵、燕以王诸吕，分齐为四。忠臣进谏，上惑乱弗听。今高后崩，而帝春秋富，未能治天下，固恃大臣诸侯。而诸吕又擅自尊官，聚兵严威，劫列侯忠臣，矫制以令天下，宗庙所以危。寡人率兵入诛不当为王者。"汉闻之，相国吕产等乃遣颍阴侯灌婴将兵击之。灌婴至荥阳，乃谋曰："诸吕权兵关中，欲危刘氏而自立。今我破齐还报，此益吕氏之资也。"乃留屯荥阳，使使谕齐王及诸侯，与连和，以待吕氏变，共诛之。齐王闻之，乃还兵西界待约。

吕禄、吕产欲发乱关中，内惮绛侯、朱虚等，外畏齐、楚兵，又恐灌婴畔之，欲待灌婴兵与齐合而发，犹豫未决。当是时，济川王太、淮阳王武、常山王朝名为少帝弟，及鲁元王吕后外孙，皆年少未之国，居长安。赵王禄、梁王产各将兵居南北军，皆吕氏之人。列侯群臣莫自坚其命。

太尉绛侯勃不得入军中主兵。曲周侯郦商老病，其子寄与吕禄善。绛侯乃与丞相陈平谋，使人劫郦商，令其子寄往绐说吕禄曰："高帝与吕后共定天下，刘氏所立九王，吕氏所立三王，皆大臣之议，事已布告诸侯，诸侯皆以为宜。今太后崩，帝少，而足下佩赵王印，不急之国守藩，乃为上将，将兵留此，为大臣诸侯所疑。足下何不归将印，以兵属太尉？请梁王归相国印，与大臣盟而之国，齐兵必罢，大臣得安，足下高枕而王千里，此万世之利也。"吕禄信然其计，欲归将印，以兵属太尉。使人报吕产及诸吕老人，或以为便，或曰不便，计犹豫未有所决。吕禄信郦寄，时与出游猎。过其姑吕嬃，嬃大怒，曰："若为将而弃军，吕氏今无处矣。"乃悉出珠玉宝器散堂下，曰："毋为他人守也。"

左丞相食其免。

八月庚申旦，平阳侯窋行御史大夫事，见相国产计事。郎中令贾寿使从齐来，因数产曰："王不早之国，今虽欲行，尚可得邪？"具以灌婴与齐楚合从，欲诛诸吕告产，乃趣产急入宫。平阳侯颇闻其语，乃驰告丞相、太尉。太尉欲入北军，不得入。襄平侯通尚符节，乃令持节矫内太尉北军。太尉复令郦寄与典客刘揭先说吕禄曰："帝使太尉守北军，欲足下之国，急归将印辞去，不然，祸且起。"吕禄以为郦兄不欺己，遂解印属典客，而以兵授太尉。太尉将之入军门，行令军中曰："为吕氏右袒，为刘氏左袒。"军中皆左袒为刘氏。太尉行至，将军吕禄亦已解上将印去，太尉遂将北军。

然尚有南军。平阳侯闻之，以吕产谋告丞相平，丞相平乃召朱虚侯佐太尉。太尉令朱虚侯监军门，令平阳侯告卫尉："毋入相国产殿门。"吕产不知吕禄已去北军，乃入未央宫，欲为乱，殿门弗得入，徘徊往来。平阳侯恐弗胜，驰语太尉。太尉尚恐不胜诸吕，未敢讼言诛之，乃遣朱虚侯谓曰："急入宫卫帝。"朱虚侯请卒，太尉予卒千馀人，入未央宫门，遂见产廷中。日餔时，遂击产。产走。天风大起，以故其从官乱，莫敢斗。逐产，杀之郎中府吏厕中。

朱虚侯已杀产，帝命谒者持节劳朱虚侯。朱虚侯欲夺节信，谒者不肯，朱虚侯则从与载，因节信驰走，斩长乐卫尉吕更始。还，驰入北军，报太尉。太尉起，拜贺朱虚侯曰："所患独吕产，今已诛，天下定矣。"遂遣人分部悉捕诸吕男女，无少长皆斩之。辛酉，捕斩吕禄，而笞杀吕嬃。使人诛燕王吕通，而废鲁王偃。壬戌，以帝太傅食其复为左丞相。戊辰，徙济川王王梁，立赵幽王子遂为赵王。遣朱虚侯章以诛诸吕氏事告齐王，令罢兵。灌婴兵亦罢荥阳而归。

诸大臣相与阴谋曰："少帝及梁、淮阳、常山王，皆非真孝惠子也。吕后以计诈名他人子，杀其母，养後宫，令孝惠子之，立以为後，及诸王，以强吕氏。今皆已夷灭诸吕，而置所立，即长用事，吾属无类矣。不如视诸王最贤者立之。"或言："齐悼惠王高帝长子，今其适子为齐王，推本言之，高帝适长孙，可立也。"大臣皆曰："吕氏以外家恶而几危宗庙，乱功臣。今齐王母家驷，驷均，恶人也，即立齐王，则复为吕氏。"欲立淮南王，以为少，母家又恶。乃曰："代王方今高帝见子，最长，仁孝宽厚。太后家薄氏谨良。且立长故顺，以仁孝闻于天下，便。"乃相与共阴使人召代王。代王使人辞谢。再反，然后乘六乘传。后九月晦日己酉，至长安，舍代邸。大臣皆往谒，奉天子玺上代王，共尊立为天子。代王数让，群臣固请，然后听。

东牟侯兴居曰："诛吕氏吾无功，请得除宫。"乃与太仆汝阴侯滕公入宫，前谓少帝曰："足下非刘氏，不当立。"乃顾麾左右执戟者掊兵罢去。有数人不肯去兵，宦者令张泽谕告，亦去兵。滕公乃召乘舆车载少帝出。少帝曰："欲将我安之乎？"滕公曰："出就舍。"舍少府。乃奉天子法驾，迎代王于邸。报曰："宫谨除。"代王即夕入未央宫。有谒者十人持戟卫端门，曰："天子在也，足下何为者而入？"代王乃谓太尉。太尉往谕，谒者十人皆掊兵而去。代王遂入而听政。夜，有司分部诛灭梁、淮阳、常山王及少帝于邸。

代王立为天子。二十三年崩，谥为孝文皇帝。

太史公曰：孝惠皇帝、高后之时，黎民得离战国之苦，君臣俱欲休息乎无为，故惠帝垂拱，高后女主称制，政不出房户，天下晏然。刑罚罕用，罪人是希。民务稼穑，衣食滋殖。

卷十　　孝文本纪第十

孝文皇帝，高祖中子也。高祖十一年春，已破陈豨军，定代地，立为代王，都中都。太后薄氏子。即位十七年，高后八年七月，高后崩。九月，诸吕吕产等欲为乱，以危刘氏，大臣共诛之，谋召立代王，事在吕后语中。

丞相陈平、太尉周勃等使人迎代王。代王问左右郎中令张武等，张武等议曰："汉大臣皆故高帝时大将，习兵，多谋诈，此其属意非止此也，特畏高帝、吕太后威耳。今已诛诸吕，新喋血京师，此以迎大王为名，实不可信。愿大王称疾毋往，以观其变。"中尉宋昌进曰："群臣之议皆非也。夫秦失其政，诸侯豪杰并起，人人自以为得之者以万数，然卒践天子之位者，刘氏也，天下绝望，一矣。高帝封王子弟，地犬牙相制，此所谓磐石之宗也，天下服其强，二矣。汉兴，除秦苛政，约法令，施德惠，人人自安，难动摇，三矣。夫以吕太后之严，立诸吕为三王，擅权专制，然而太尉以一节入北军，一呼士皆左袒，为刘氏，叛诸吕，卒以灭之。此乃天授，非人力也。今大臣虽欲为变，百姓弗为使，其党宁能专一邪？方今内有朱虚、东牟之亲，外畏吴、楚、淮南、琅邪、齐、代之强。方今高帝子独淮南王与大王，大王又长，贤圣仁孝闻于天下，故大臣因天下之心而欲迎立大王，大王勿疑也。"代王报太后计之，犹与未定。卜之龟，卦兆得大横。占曰："大横庚庚，余为天王，夏启以光。"代王曰："寡人固已为王矣，又何王？"卜人曰："所谓天王者乃天子。"于是代王乃遣太后弟薄昭往见绛侯，绛侯等具为昭言所以迎立王意。薄昭还报曰："信矣，毋可疑者。"代王乃笑谓宋昌曰："果如公言。"乃命宋昌参乘，张武等六人乘传诣长安。至高陵休止，而使宋昌先驰之长安观变。

昌至渭桥，丞相以下皆迎。宋昌还报。代王驰至渭桥，群臣拜谒称臣。代王下车拜。太尉勃进曰："愿请间言。"宋昌曰："所言公，公言之。所言私，王者不受私。"太尉乃跪上天子玺符。代王谢曰："至代邸而议之。"遂驰入代邸。群臣从至。丞相陈平、太尉周勃、大将军陈武、御史大夫张苍、宗正刘郢、朱虚侯刘章、东牟侯刘兴居、典客刘揭皆再拜言曰："子弘等皆非孝惠帝子，不当奉宗庙。臣谨请与阴安侯列侯顷王后与琅邪王、宗室、大臣、列侯、吏二千石议曰：'大王高帝长子，宜为高帝嗣。'愿大王即天子位。"代王曰："奉高帝宗庙，重事也。寡人不佞，不足以称宗庙。愿请楚王计宜者，寡人不敢当。"群臣皆伏固请。代王西乡让者三，南乡让者再。丞相平等皆曰："臣伏计之，大王奉高帝宗庙最宜称，虽天下诸侯万民以为宜。臣等为宗庙社稷计，不敢忽。愿大王幸听臣等。臣谨奉天子玺符再拜上。"代王曰："宗室将相王列侯以为莫宜寡人，寡人不敢辞。"遂即天子位。群臣以礼次侍。

乃使太仆婴与东牟侯兴居清宫，奉天子法驾，迎于代邸。皇帝即日夕入未央宫。乃夜拜宋昌为卫将军，镇抚南北军。以张武为郎中令，行殿中。还坐前殿。于是夜下诏书曰："间者诸吕用事擅权，谋为大逆，欲以危刘氏宗庙，赖将相列侯宗室大臣诛之，皆伏其辜。朕初即位，其赦天下，赐民爵一级，女子百户牛酒，酺五日。"

孝文皇帝元年十月庚戌，徙立故琅邪王泽为燕王。

辛亥，皇帝即阼，谒高庙。右丞相平徙为左丞相，太尉勃为右丞相，大将军灌婴为太尉。诸吕所夺齐、楚故地，皆复与之。

壬子，遣车骑将军薄昭迎皇太后于代。皇帝曰："吕产自置为相国，吕禄为上将军，擅矫遣灌将军婴将兵击齐，欲代刘氏，婴留荥阳弗击，与诸侯合谋以诛吕氏。吕产欲为不善，丞相陈平与太尉周勃谋夺吕产等军。朱虚侯刘章首先捕吕产等。太尉身率襄平侯通持节承诏入北军。典客刘揭身夺赵王吕禄印。益封太尉勃万户，赐金五千斤。丞相陈平、灌将军婴邑各三千户，金二千斤。朱虚侯刘章、襄平侯通、东牟侯刘兴居邑各二千户，金千斤。封典客揭为阳信侯，赐金千斤。"

十二月，上曰："法者，治之正也，所以禁暴而率善人也。今犯法已论，而使毋罪之父母妻子同产坐之，及为收帑，朕甚不取。其议之。"有司皆曰："民不能自治，故为法以禁之。相坐坐收，所以累其心，使重犯法。所从来远矣，如故便。"上曰："朕闻法正则民悫，罪当则民从。且夫牧民而导之善者，吏也。其既不能导，又以不正之法罪之，是反害于民为暴者也。何以禁之？朕未见其便，其孰计之。"有司皆曰："陛下加大惠，德甚盛，非臣等所及也。请奉诏书，除收帑诸相坐律令。"

正月，有司言："蚤建太子，所以尊宗庙，请立太子。"上曰："朕既不德，上帝神明未歆享，天下人民未有嗛志。今纵不能博求天下贤圣有德之人而禅天下焉，而曰豫建太子，是重吾不德也，谓天下何？其安之。"有司曰："豫建太子，所以重宗庙社稷，不忘天下也。"上曰："楚王，季父也，春秋高，阅天下之义理多矣，明于国家之大体。吴王于朕，兄也，惠仁以好德。淮南王，弟也，秉德以陪朕。岂为不豫哉！诸侯王宗室昆弟有功臣，多贤及有德义者，若举有德以陪之不能终，是社稷之灵，天下之福也。今不选举焉，而曰必子，人其以朕为忘贤有德者而专于子，非所以忧天下也。朕甚不取也。"有司皆固请曰："古者殷、周有国，治安皆千余岁，古之有天下者莫长焉，用此道也。立嗣必子，所从来远矣。高帝亲率士大夫，始平天下，建诸侯，为帝者太祖。诸侯王及列侯始受国者皆亦为其国祖。子孙继嗣，世世弗绝，天下之大义也，故高帝设之以抚海内。今释宜建而更选于诸侯及宗室，非高帝之志也。更议不宜。子某最长，纯厚慈仁，请建以为太子。"上乃许之。因赐天下民当代父后者爵各一级。封将军薄昭为轵侯。

三月，有司请立皇后。薄太后曰："诸侯皆同姓，立太子母为皇后。"皇后姓窦氏。上为立后故，赐天下鳏寡孤独穷困及年八十已上孤儿九岁已下布帛米肉各有数。

上从代来，初即位，施德惠，天下填抚，诸侯、四夷皆洽欢，乃循从代来功臣。上曰："方大臣之诛诸吕迎朕，朕狐疑，皆止朕，唯中尉宋昌劝朕，朕已得保奉宗庙。已尊昌为卫将军，其封昌为壮武侯。诸从朕六人，官皆至九卿。"

上曰："列侯从高帝入蜀、汉中者六十八人皆益封各三百户，故吏二千石以上从高帝颍川守尊等十人食邑六百户，淮阳守申徒嘉等十人五百户，卫尉定等十人四百户。封淮南王舅父赵兼为周阳侯，齐王舅父驷钧为清郭侯。"秋，封故常山丞相蔡兼为樊侯。

人或说右丞相曰："君本诛诸吕，迎代王，今又矜其功，受上赏，处尊位，祸且及身。"右丞相勃乃谢病免罢，左丞相平专为丞相。

二年十月，丞相平卒，复以绛侯勃为丞相。上曰："朕闻古者诸侯建国千余岁，各守其地，以时入贡，民不劳苦，上下欢欣，靡有遗德。今列侯多居长安，邑远，吏卒给输费苦，而列侯亦无由教驯其民。其令列侯之国，为吏及诏所止者，遣太子。"

十一月晦，日有食之。十二月望，日又食。上曰："朕闻之，天生蒸民，为之置君以养治之。人主不德，布政不均，则天示之以灾，以诫不治。乃十一月晦，日有食之，适见于天，灾孰大焉！朕获保宗庙，以微眇之身托于兆民君王之上，天下治乱，在朕一人，唯二三执政犹吾股肱也。朕下不能理育群生，上以累三光之明，其不德大矣。令至，其悉思朕之过失，及知见思之所不及，匄以告朕。及举贤良方正能直言极谏者，以匡朕之不逮。因各饬其任职，务省繇费以便民。朕既不能远德，故憪然念外人之有非，是以设备未息。今纵不能罢边屯戍，而又饬兵厚卫，其罢卫将军军。太仆见马遗财足，馀皆以给传置。"

正月，上曰："农，天下之本，其开籍田，朕亲率耕，以给宗庙粢盛。"

三月，有司请立皇子为诸侯王。上曰："赵幽王幽死，朕甚怜之，已立其长子遂为赵王。遂弟辟彊及齐悼惠王子朱虚侯章、东牟侯兴居有功，可王。"乃立赵幽王少子辟彊为河间王，以齐剧郡立朱虚侯为城阳王，立东牟侯为济北王，皇子武为代王，子参为太原王，子揖为梁王。

上曰："古之治天下，朝有进善之旌、诽谤之木，所以通治道而来谏者。今法有诽谤妖言之罪，是使众臣不敢尽情，而上无由闻过失也。将何以来远方之贤良？其除之。民或祝诅上以约结而后相谩，吏以为大逆，其有他言，而吏又以为诽谤。此细民之愚无知，抵死，朕甚不取。自今以来，有犯此者勿听治。"

九月，初与郡国守相为铜虎符、竹使符。

三年十月丁酉晦，日有食之。

十一月，上曰："前日计遣列侯之国，或辞未行。丞相朕之所重，其为朕率列侯之国。"绛侯勃免丞相就国，以太尉颍阴侯婴为丞相。罢太尉官，属丞相。

四月，城阳王章薨。淮南王长与从者魏敬杀辟阳侯审食其。

五月，匈奴入北地，居河南为寇。帝初幸甘泉。

六月，帝曰："汉与匈奴约为昆弟，毋使害边境，所以输遗匈奴甚厚。今右贤王离其国，将众居河南降地，非常故，往来近塞，捕杀吏卒，驱保塞蛮夷，令不得居其故，陵轹边吏，入盗，甚敖无道，非约也。其发边吏骑八万五千诣高奴。"遣丞相颍阴侯灌婴击匈奴，匈奴去。发中尉材官属卫将军军长安。

辛卯，帝自甘泉之高奴，因幸太原，见故群臣，皆赐之。举功行赏，诸民里赐牛酒。复晋阳中都民三岁。留游太原十馀日。

济北王兴居闻帝之代，欲往击胡，乃反，发兵欲袭荥阳。于是诏罢丞相兵，遣棘蒲侯陈武为大将军，将十万往击之。祁侯贺为将军，军荥阳。七月辛亥，帝自太原至长安。乃诏有司曰："济北王背德反上，诖误吏民，为大逆。济北吏民兵未发先自定，及以军地邑降者，皆赦之，复官爵。与王兴居去来亦赦之。"八月，破济北军，虏其王。赦济北诸吏民与王反者。

六年，有司言淮南王长废先帝法，不听天子诏，居处毋度，出入拟于天子，擅为法令，与棘蒲侯太子奇谋反，遣人使闽越及匈奴，发其兵，欲以危宗庙社稷。群臣议，皆曰："长当弃市。"帝不忍致法于王，赦其罪，废勿王。群臣请处王蜀严道、邛都，帝许之。长未到处所，行病死。上怜之，后十六年，追尊淮南王长谥为厉王，立其子三人为淮南王、衡山王、庐江王。

十三年夏，上曰："盖闻天道，祸自怨起而福由德兴。百官之非，宜由朕躬。今秘祝之官移过于下，以彰吾之不德，朕甚不取。其除之。"

五月，齐太仓令淳于公有罪当刑，诏狱逮徙系长安。太仓公无男，有女五人。太仓公将行会逮，骂其女曰："生子不生男，有缓急非有益也！"其少女缇萦自伤泣，乃随其父至长安，上书曰："妾父为吏，齐中皆称其廉平，今坐法当刑。妾伤夫死者不可复生，刑者不可复属，虽复欲改过自新，其道无由也。妾愿没入为官婢，赎父刑罪，使得自新。"书奏天子，天子怜悲其意，乃下诏曰："盖闻有虞氏之时，画衣冠异章服以为僇，而民不犯。何则？至治也。今法有肉刑三，而奸不止，其咎安在？非乃朕德薄而教不明欤？吾甚自愧。故夫驯道不纯而愚民陷焉。《诗》曰：'恺悌君子，民之父母。'今人有过，教未施而刑加焉，或欲改行为善而道毋由也。朕甚怜之。夫刑至断支体、刻肌肤，终身不息，何其楚痛而不德也，岂称为民父母之意哉！其除肉刑。"

上曰："农，天下之本，务莫大焉。今勤身从事而有租税之赋，是为本末者毋以异，其于劝农之道未备。其除田之租税。"

十四年冬，匈奴谋入边为寇，攻朝那塞，杀北地都尉卬。上乃遣三将军军陇西、北地、上郡，中尉周舍为卫将军，郎中令张武为车骑将军，军渭北，车千乘，骑卒十万。帝亲自劳军，勒兵申教令，赐军吏卒。帝欲自将击匈奴，群臣谏，皆不听。皇太后固要帝，帝乃止。于是以东阳侯张相如为大将军，成侯赤为内史，栾布为将军，击匈奴。匈奴遁走。

春，上曰："朕获执牺牲珪币以事上帝宗庙，十四年于今，历日绵长，以不敏不明而久抚临天下，朕甚自愧。其广增诸祀坛场珪币。昔先王远施不求其报，望祀不祈其福，右贤左戚，先民后己，至明之极也。今吾闻祠官祝釐，皆归福朕躬，不为百姓，朕甚愧之。夫以朕不德，而躬享独美其福，百姓不与焉，是重吾不德。其令祠官致敬，毋有所祈。"

是时北平侯张苍为丞相，方明律历。鲁人公孙臣上书陈终始传五德事，言方今土德时，土德应黄龙见，当改正朔服色制度。天子下其事与丞相议。丞相推以为今水德，始明正十月上黑事，以为其言非是，请罢之。

十五年，黄龙见成纪，天子乃复召鲁公孙臣，以为博士，申明土德事。于是上乃下诏曰："有异物之神见于成纪，无害于民，岁以有年。朕亲郊祀上帝诸神。礼官议，毋讳以劳朕。"有司礼官皆曰："古者天子夏躬亲礼祀上帝于郊，故曰郊。"于是天子始幸雍，郊见五帝，以孟夏四月答礼焉。赵人新垣平以望气见，因说上设立渭阳五庙。欲出周鼎，当有玉英见。

十六年，上亲郊见渭阳五帝庙，亦以夏答礼而尚赤。

十七年，得玉杯，刻曰"人主延寿"。于是天子始更为元年，令天下大酺。其岁，新垣平事觉，夷三族。

后二年，上曰："朕既不明，不能远德，是以使方外之国或不宁息。夫四荒之外不安其生，封畿之内勤劳不处，二者之咎，皆自于朕之德薄而不能远达也。间者累年匈奴并暴边境，多杀吏民，边臣兵吏又不能谕吾内志，以重吾不德也。夫久结难连兵，中外之国将何以自宁？今朕夙兴夜寐，勤劳天下，忧苦万民，为之恒惕不安，未尝一日忘于心，故遣使者冠盖相望，结轶于道，以谕朕意于单于。今单于反古之道，计社稷之安，便万民之利，亲与朕俱弃细过，偕之大道，结兄弟之义，以全天下元元之民。和亲已定，始于今年。"

后六年冬，匈奴三万人入上郡，三万人入云中。以中大夫令勉为车骑将军，军飞狐；故楚相苏意为将军，军句注；将军张武屯北地；河内守周亚夫为将军，居细柳；宗正刘礼为将军，居霸上；祝兹侯军棘门：以备胡。数月，胡人去，亦罢。

天下旱、蝗，帝加惠：令诸侯毋入贡，弛山泽，减诸服御狗马，损郎吏员，发仓庾以振贫民，民得卖爵。

孝文帝从代来，即位二十三年，宫室苑囿狗马服御无所增益，有不便，辄弛以利民。尝欲作露台，召匠计之，直百金。上曰："百金，中民十家之产，吾奉先帝宫室，常恐羞之，何以台为？"上常衣绨衣，所幸慎夫人，令衣不得曳地，帏帐不得文绣，以示敦朴，为天下先。治霸陵，皆以瓦器，不得以金银铜锡为饰，不治坟，欲为省，毋烦民。南越王尉佗自立为武帝，然上召贵尉佗"兄弟"，以德报之，佗遂去帝称臣。与匈奴和亲，匈奴背约入盗，然令边备守，不发兵深入，恶烦苦百姓。吴王诈病不朝，就赐几杖。群臣如袁盎等称说虽切，常假借用之。群臣如张武等受赂遗金钱，觉，上乃发御府金钱赐之，以愧其心，弗下吏。专务以德化民，是以海内殷富，兴于礼义。

后七年六月己亥，帝崩于未央宫。遗诏曰："朕闻盖天下万物之萌生，靡不有死。死者天地之理，物之自然者，奚可甚哀！当今之时，世咸嘉生而恶死，厚葬以破业，重服以伤生，吾甚不取。且朕既不德，无以佐百姓。今崩，又使重服久临，以离寒暑之数，哀人之父子，伤长幼之志，损其饮食，绝鬼神之祭祀，以重吾不德也，谓天下何！朕获保宗庙，以眇眇之身托于天下君王之上，二十有余年矣。赖天地之灵，社稷之福，方内安宁，靡有兵革。朕既不敏，常畏过行，以羞先帝之遗德；维年之久长，惧于不终。今乃幸以天年，得复供养于高庙，朕之不明与！嘉之，其奚哀悲之有！其令天下吏民，令到出临三日，皆释服，毋禁取妇、嫁女、祠祀、饮酒、食肉者。自当给丧事服临者，皆无践。绖带无过三寸，毋布车及兵器，毋发民男女哭临宫殿。宫殿中当临者，皆以旦夕各十五举声，礼毕罢。非旦夕临时，禁毋得擅哭。已下，服大红十五日，小红十四日，纤七日，释服。他不在令中者，皆以此令比率从事。布告天下，使明知朕意。霸陵山川因其故，毋有所改。归夫人以下至少使。"令中尉亚夫为车骑将军，属国悍为将屯将军，郎中令武为复土将军，发近县见卒万六千人，发内史卒万五千人，藏郭穿复土属将军武。

乙巳，群臣皆顿首上尊号曰孝文皇帝。

太子即位于高庙，丁未，袭号曰皇帝。

孝景皇帝元年十月，制诏御史："盖闻古者祖有功而宗有德，制礼乐各有由。闻歌者，所以发德也；舞者，所以明功也。高庙酎，奏《武德》、《文始》、《五行》之舞。孝惠庙酎，奏《文始》、《五行》之舞。孝文皇帝临天下，通关梁，不异远方。除诽谤，去肉刑，赏赐长老，收恤孤独，以育群生。减嗜欲，不受献，不私其利也。罪人不帑，不诛无罪。除肉刑，出美人，重绝人之世。朕既不敏，不能识。此皆上古之所不及，而孝文皇帝亲行之。德厚侔天地，利泽施四海，靡不获福焉。明象乎日月，而庙乐不称，朕甚惧焉。其为孝文皇帝庙为《昭德》之舞，以明休德。然后祖宗之功德著于竹帛，施于万世，永永无穷，朕甚嘉之。其与丞相、列侯、中二千石、礼官具为礼仪奏。"丞相臣嘉等言："陛下永思孝道，立《昭德》之舞以明孝文皇帝之盛德，皆臣嘉等愚所不及。臣谨议：世功莫大于高皇帝，德莫盛于孝文皇帝，高皇庙宜为帝者太祖之庙，孝文皇帝庙宜为帝者太宗之庙。天子宜世世献祖宗之庙。郡国诸侯宜各为孝文皇帝立太宗之庙。诸侯王列侯使者侍祠天子，岁献祖宗之庙。请著之竹帛，宣布天下。"制曰："可。"

太史公曰：孔子言"必世然后仁。善人之治国百年，亦可以胜残去杀。"诚哉是言！汉兴，至孝文四十有余载，德至盛也。廪廪乡改正服封禅矣，谦让未成于今。呜呼，岂不仁哉！

卷十一　　　孝景本纪第十一

孝景皇帝者，孝文之中子也。母窦太后。孝文在代时，前后有三男。及窦太后得幸，前后死，及三子更死，故孝景得立。

元年四月乙卯，赦天下。乙巳，赐民爵一级。五月，除田半租。为孝文立太宗庙。令群臣无朝贺。匈奴入代，与约和亲。

二年春，封故相国萧何孙係为武陵侯。男子二十而得傅。四月壬午，孝文太后崩。广川、长沙王皆之国。丞相申屠嘉卒。八月，以御史大夫开封侯陶青为丞相。彗星出东北。秋，衡山雨雹，大者五寸，深者二尺。荧惑逆行，守北辰。月出北辰间。岁星逆行天廷中。置南陵及内史、祋祤为县。

三年正月乙巳，赦天下。长星出西方。天火燔洛阳东宫大殿城室。吴王濞、楚王戊、赵王遂、胶西王卬、济南王辟光、菑川王贤、胶东王雄渠反，发兵西乡。天子为诛晁错，遣袁盎谕告，不止，遂西围梁。上乃遣大将军窦婴、太尉周亚夫将兵诛之。六月乙亥，赦亡军及楚元王子艺等与谋反者。封大将军窦婴为魏其侯。立楚元王子平陆侯礼为楚王。立皇子端为胶西王，子胜为中山王。徙济北王志为菑川王，淮阳王馀为鲁王，汝南王非为江都王。齐王将庐、燕王嘉皆薨。

四年夏，立太子。立皇子彻为胶东王。六月甲戌，赦天下。后九月，更以弋阳为阳陵。复置津关，用传出入。冬，以赵国为邯郸郡。

五年三月，作阳陵、渭桥。五月，募徙阳陵，予钱二十万。江都大暴风从西方来，坏城十二丈。丁卯，封长公主子蟜为隆虑侯。徙广川王为赵王。

六年春，封中尉赵绾为建陵侯，江都丞相嘉为建平侯，陇西太守浑邪为平曲侯，赵丞相嘉为江陵侯，故将军布为鄃侯。梁、楚二王皆薨。后九月，伐驰道树，殖兰池。

七年冬，废栗太子为临江王。十二月晦，日有食之。春，免徒隶作阳陵者。丞相青免。二月乙巳，以太尉条侯周亚夫为丞相。四月乙巳，立胶东王太后为皇后。丁巳，立胶东王为太子，名彻。

中元年，封故御史大夫周苛孙平为绳侯，故御史大夫周昌子左车为安阳侯。四月乙巳，赦天下，赐爵一级。除禁锢。地动。衡山、原都雨雹，大者尺八寸。

中二年二月，匈奴入燕，遂不和亲。三月，召临江王来，即死中尉府中。夏，立皇子越为广川王，子寄为胶东王。封四侯。九月甲戌，日食。

中三年冬，罢诸侯御史中丞。春，匈奴王二人率其徒来降，皆封为列侯。立皇子方乘为清河王。三月，彗星出西北。丞相周亚夫免，以御史大夫桃侯刘舍为丞相。四月，地动。九月戊戌晦，日食。军东都门外。

中四年三月，置德阳宫。大蝗。秋，赦徒作阳陵者。

中五年夏，立皇子舜为常山王。封十侯。六月丁巳，赦天下，赐爵一级。天下大潦。更命诸侯丞相曰相。秋，地动。

中六年二月己卯，行幸雍，郊见五帝。三月，雨雹。四月，梁孝王、城阳共王、汝南王皆薨。立梁孝王子明为济川王，子彭离为济东王，子定为山阳王，子不识为济阴王。梁分为五。封四侯。更命廷尉为大理，将作少府为将作大匠，主爵中尉为都尉，长信詹事为长信少府，将行为大长秋，大行为行人，奉常为太常，典客为大行，治粟内史为大农。以大内为二千石，置左右内官，属大内。七月辛亥，日食。八月，匈奴入上郡。

后元年冬，更命中大夫令为卫尉。三月丁酉，赦天下，赐爵一级，中二千石、诸侯相爵右庶长。四月，大酺。五月丙戌，地动，其旱食时复动。上庸地动二十二日，坏城垣。七月乙巳，日食。丞相刘舍免。八月壬辰，以御史大夫绾为丞相，封为建陵侯。

后二年正月，地一日三动。郅将军击匈奴。酺五日。令内史郡不得食马粟，没入县官。令徒隶衣七缌布。止马春。为岁不登，禁天下食不造岁。省列侯遣之国。三月，匈奴入雁门。十月，租长陵田。大旱。衡山国、河东、云中郡民疫。

后三年十月，日月皆赤五日。十二月晦，雷。日如紫。五星逆行守太微。月贯天廷中。正月甲寅，皇太子冠。甲子，孝景皇帝崩。遗诏赐诸侯王以下至民为父后爵一级，天下户百钱。出宫人归其家，复无所与。太子即位，是为孝武皇帝。三月，封皇太后弟蚡为武安侯，弟胜为周阳侯。置阳陵。

太史公曰：汉兴，孝义施大德，天下怀安。至孝景，不复忧异姓，而晁错刻削诸侯，遂使七国俱起，合从而西乡。以诸侯太盛，而错为之不以渐也。及主父偃言之，而诸侯以弱，卒以安。安危之机，岂不以谋哉？

卷十二　　孝武本纪第十二

孝武皇帝者，孝景中子也。母曰王太后。孝景四年，以皇子为胶东王。孝景七年，栗太子废为临江王，以胶东王为太子。孝景十六年崩，太子即位，为孝武皇帝。孝武皇帝初即位，尤敬鬼神之祀。

元年，汉兴已六十馀岁矣，天下乂安，荐绅之属皆望天子封禅改正度也。而上乡儒术，招贤良，赵绾、王臧等以文学为公卿，欲议古立明堂城南，以朝诸侯，草巡狩封禅改历服色事未就。会窦太后治黄老言，不好儒术，使人微得赵绾等奸利事，召案绾、臧，绾、臧自杀，诸所兴为者皆废。

后六年，窦太后崩。其明年，上征文学之士公孙弘等。

明年，上初至雍，郊见五畤。后常三岁一郊。是时上求神君，舍之上林中蹄氏观。神君者，长陵女子，以子死悲哀，故见神于先后宛若。宛若祠之其室，民多往祠。平原君往祠，其后子孙以尊显。及武帝即位，则厚礼置祠之内中，闻其言，不见其人云。

是时而李少君亦以祠灶、谷道、却老方见上，上尊之。少君者，故深泽侯入以主方。匿其年及所生长，常自谓七十，能使物，却老。其游以方遍诸侯。无妻子。人闻其能使物及不死，更馈遗之，常馀金钱帛衣食。人皆以为不治产业而饶给，又不知其何所人，愈信，争事之。少君资好方，善为巧发奇中。尝从武安侯饮，坐中有年九十馀老人，少君乃言与其大父游射处，老人为儿时从其大父行，识其处，一坐尽惊。少君见上，上有故铜器，问少君，少君曰："此器齐桓公十年陈于柏寝。"已而案其刻，果齐桓公器。一宫尽骇，以少君为神，数百岁人也。

少君言于上曰："祠灶则致物，致物而丹砂可化为黄金，黄金成以为饮食器则益寿，益寿而海中蓬莱仙者可见，见之以封禅则不死，黄帝是也。臣尝游海上，见安期生，食巨枣，大如瓜。安期生仙者，通蓬莱中，合则见人，不合则隐。"于是天子始亲祠灶，而遣方士入海求蓬莱安期生之属，而事化丹砂诸药齐为黄金矣。

居久之，李少君病死。天子以为化去不死也，而使黄锤、史宽舒受其方。求蓬莱安期生莫能得，而海上燕、齐怪迂之方士多相效，更言神事矣。

亳人薄诱忌奏祠泰一方，曰："天神贵者泰一，泰一佐曰五帝。古者天子以春秋祭泰一东南郊，用太牢具，七日，为坛开八通之鬼道。"于是天子令太祝立其祠长安东南郊，常奉祠如忌方。其后人有上书，言"古者天子三年一用太牢具祠神三一：天一、地一、泰一"。天子许之，令太祝领祠之忌泰一坛上，如其方。后人复有上书，言"古者天子常以春秋解祠，祠黄帝用一枭破镜；冥羊用羊；祠马行用一青牡马；泰一、皋山山君、地长用牛；武夷君用干鱼；阴阳使者以一牛"。令祠官领之如其方，而祠于忌泰一坛旁。

其后，天子苑有白鹿，以其皮为币，以发瑞应，造白金焉。

其明年，郊雍，获一角兽，若麃然。有司曰："陛下肃祗郊祀，上帝报享，锡一角兽，盖麟云。"于是以荐五畤，畤加一牛以燎。赐诸侯白金，以风符应合于天地。

于是济北王以为天子且封禅，乃上书献泰山及其旁邑。天子受之，更以他县偿之。常山王有罪，迁，天子封其弟于真定,以续先王祀,而以常山为郡。然后五岳皆在天子之郡。

其明年,齐人少翁以鬼神方见上。上有所幸王夫人,夫人卒,少翁以方术盖夜致王夫人及灶鬼之貌云,天子自帷中望见焉。于是乃拜少翁为文成将军,赏赐甚多,以客礼礼之。文成言曰:"上即欲与神通,宫室被服不象神,神物不至。"乃作画云气车,及各以胜日驾车辟恶鬼。又作甘泉宫,中为台室,画天、地、泰一诸神,而置祭具以致天神。居岁馀,其方益衰,神不至。乃为帛书以饭牛,详弗知也,言此牛腹中有奇。杀而视之,得书,书言甚怪,天子疑之。有识其手书,问之人,果伪书。于是诛文成将军,而隐之。

其后则又作栢梁、铜柱、承露仙人掌之属矣。

文成死明年,天子病鼎湖甚,巫医无所不致,至不愈。游水发根乃言曰:"上郡有巫,病而鬼下之。"上召置祠之甘泉。及病,使人问神君。神君言曰:"天子毋忧病。病少愈,强与我会甘泉。"于是病愈,遂幸甘泉,病良已。大赦天下,置寿宫神君,神君最贵者大夫,其佐曰大禁、司命之属,皆从之。非可得见,闻其音,与人言等。时去时来,来则风肃然也。居室帷中。时昼言,然常以夜。天子被,然后入。因巫为主人,关饮食。所欲者言行下。又置寿宫、北宫,张羽旗,设供具,以礼神君。神君所言,上使人受书其言,命之曰"画法"。其所语,世俗之所知也,毋绝殊者,而天子独喜。其事秘,世莫知也。

其后三年,有司言元宜以天瑞命,不宜以一二数。一元曰建元,二元以长星曰元光,三元以郊得一角兽曰元狩云。

其明年冬,天子郊雍,议曰:"今上帝朕亲郊,而后土毋祀,则礼不答也。"有司与太史公、祠官宽舒等议:"天地牲角茧栗。今陛下亲祀后土,后土宜于泽中圆丘为五坛,坛一黄犊太牢具,已祠尽瘗,而从祠衣上黄。"于是天子遂东,始立后土祠汾阴脽上,如宽舒等议。上亲望拜,如上帝礼。礼毕,天子遂至荥阳而还。过洛阳,下诏曰:"三代邈绝,远矣难存,其以三十里地封周后为周子南君,以奉先王祀焉。"是岁,天子始巡郡县,侵寻于泰山矣。

其春,乐成侯上书言栾大。栾大,胶东宫人,故尝与文成将军同师,已而为胶东王尚方。而乐成侯姊为康王后,毋子。康王死,他姬子立为王。而康后有淫行,与王不相中,得相危以法。康后闻文成已死,而欲自媚于上,乃遣栾大因乐成侯求见言方。天子既诛文成,后悔恨其早死,惜其方不尽,及见栾大,大悦。大为人长美,言多方略,而敢为大言,处之不疑。大言曰:"臣尝往来海中,见安期、羡门之属。顾以为臣贱,不信臣。又以为康王诸侯耳,不足予方。臣数言康王,康王又不用臣。臣之师曰:'黄金可成,而河决可塞,不死之药可得,仙人可致也。'臣恐效文成,则方士皆掩口,恶敢言方哉!"上曰:"文成食马肝死耳。子诚能修其方,我何爱乎!"大曰:"臣师非有求人,人者求之。陛下必欲致之,则贵其使者,令有亲属,以客礼待之,勿卑,使各佩其信印,乃可使通言于神人。神人尚肯邪不邪?致尊其使,然后可致也。"于是上使先验小方,斗旗,旗自相触击。

是时上方忧河决,而黄金不就,乃拜大为五利将军。居月馀,得四金印,佩天士将军、地士将军、大通将军、天道将军印。制诏御史:"昔禹疏九江,决四渎。间者河溢皋陆,堤繇不息。朕临天下二十有八年,天若遣朕士而大通焉。乾称'蜚龙','鸿渐于般',意庶几与焉。其以二千户封地士将军大为乐通侯。"赐列侯甲第,僮千人。乘舆斥车马帷帐器物以充其家。又以卫长公主妻之,赍金万斤,更名其邑曰当利公主。天子亲如五利之第。使者存问所给,连属于道。自大主将相以下,皆置酒其家,献遗之。于是天子又刻玉印曰"天道将军",使使衣羽衣,夜立白茅上,五利将军亦衣羽衣,立白茅上受印,以示弗臣也。而佩"天道"者,且为天子道天神也。于是五利常夜祠其家,欲以下神。神未至而百鬼集矣,然颇能使之。其后治装行,东入海,求其师云。大见数月,佩六印,贵振天下,而海上燕、齐之间,莫不扼腕而自言有禁方,能神仙矣。

其夏六月中,汾阴巫锦为民祠魏脽后土营旁,见地如钩状,掊视得鼎。鼎大异于众鼎,文镂毋款识,怪之,言吏。吏告河东太守胜,胜以闻。天子使使验问巫锦得鼎无奸诈,乃以礼祠,迎鼎至甘泉,从行,上荐之。至中山,晏温,有黄云盖焉。有麃过,上自射之,因以祭云。至长安,公卿大夫皆议请尊宝鼎,天子曰:"间者河溢,岁数不登,故巡祭后土,祈为百姓育谷。今年丰庑未有报,鼎曷为出哉?"有司皆曰:"闻昔大帝兴神鼎一,一者一统,天地万物所系终也。黄帝作宝鼎三,象天地人也。禹收九牧之金,铸九鼎,皆尝鬺烹上帝鬼神。遭圣则兴,迁于夏、商。周德衰,宋之社亡,鼎乃沦伏而不见。《颂》云'自堂徂基,自羊徂牛,鼐鼎及鼒,不虞不骜,胡考之休',今鼎至甘泉,光润龙变,承休无疆。合兹中山,有黄白云降盖,若兽为符,路弓乘矢,集获坛下,报祠大飨。惟受命而帝者心知其意而合德焉。鼎宜见于祖祢,藏于帝廷,以合明应。"制曰:"可。"

入海求蓬莱者,言蓬莱不远,而不能至者,殆不见其气。上乃遣望气佐候其气云。

其秋,上幸雍,且郊。或曰"五帝,泰一之佐也,宜立泰一而上亲郊之"。上疑未定。齐人公孙卿曰:"今年得宝鼎,其冬辛巳朔旦冬至,与黄帝时等。"卿有札书曰:"黄帝得宝鼎宛侯,问于鬼臾区。区对曰:'黄帝得宝鼎神策,是岁己酉朔旦冬至,得天之纪,终而复始。'于是黄帝迎日推策,后率二十岁得朔旦冬至,凡二十推,三百八十年,黄帝仙登于天。"卿因所忠欲奏之。所忠视其书不经,疑其妄书,谢曰:"宝鼎事已决矣,尚何以为!"卿因嬖人奏之。上大说,召问卿。对曰:"受此书申功,申功已死。"上曰:"申功何人也?"卿曰:"申功,齐人也。与安期生通,受黄帝言,无书,独有此鼎书,曰'汉兴复当黄帝之时,汉之圣者在高祖之孙且曾孙也。宝鼎出而与神通,封禅。封禅七十二王,唯黄帝得上泰山封'。申功曰:'汉主亦当上封,上封则能仙登天矣。黄帝时万诸侯,而神灵之封居七千。天下名山八,而三在蛮夷,五在中国。

中国华山、首山、太室、泰山、东莱,此五山黄帝之所常游,与神会。黄帝且战且学仙。患百姓非其道,乃断斩非鬼神者。百馀岁然后得与神通。黄帝郊雍上帝,宿三月。鬼臾区号大鸿,死葬雍,故鸿冢是也。其后黄帝接万灵明廷,明廷者,甘泉也。所谓寒门者,谷口也。黄帝采首山铜,铸鼎于荆山下。鼎既成,有龙垂胡髯下迎黄帝。黄帝上骑,群臣后宫从上龙七十馀人,龙乃上去。馀小臣不得上,乃悉持龙髯,龙髯拔,堕黄帝之弓。百姓仰望黄帝既上天,乃抱其弓与龙胡髯号,故后世因名其处曰鼎湖,其弓曰乌号。"于是天子曰:"嗟乎!吾诚得如黄帝,吾视去妻子如脱蹝耳。"乃拜卿为郎,东使候神于太室。

上遂郊雍,至陇西,西登空桐,幸甘泉。令祠官宽舒等具泰一祠坛,坛放薄忌泰一坛,坛三垓。五帝坛环居其下,各如其方,黄帝西南,除八通鬼道。泰一所用,如雍一時物,而加醴枣脯之属,杀一犛牛以为俎豆牢具。而五帝独有俎豆醴进。其下四方地,为餟食群神从者及北斗云。已祠,胙馀皆燎之。其牛色白,鹿居其中,彘在鹿中,水而泊之。祭日以牛,祭月以羊彘特。泰一祝宰则衣紫及绣。五帝各如其色,日赤,月白。

十一月辛巳朔旦冬至,昧爽,天子始郊拜泰一。朝朝日,夕夕月,则揖;而见泰一如雍礼。其赞飨曰:"天始以宝鼎神策授皇帝,朔而又朔,终而复始,皇帝敬拜见焉。"而衣上黄。其祠列火满坛旁,坛旁烹炊具。有司云"祠上有光焉"。公卿言"皇帝始郊见泰一云阳,有司奉瑄玉嘉牲荐飨。是夜有美光,及昼,黄气上属天"。太史公、祠官宽舒等曰:"神灵之休,祐福兆祥,宜因此地光域立泰畤坛以明应。令太祝领,秋及腊间祠。三岁天子一郊见。"

其秋,为伐南越,告祷泰一,以牡荆画幡日月北斗登龙,以象天一三星,为泰一锋,名曰"灵旗"。为兵祷,则太史奉以指所伐国。而五利将军使不敢入海,之泰山祠。上使人微随验,实无所见,五利妄言见其师。其方尽,多不雠。上乃诛五利。

其冬,公孙卿候神河南,见仙人迹缑氏城上。有物若雉,往来城上。天子亲幸缑氏城视迹。问卿:"得毋效文成、五利乎?"卿曰:"仙者非有求人主,人主求之。其道非少宽假,神不来。言神事,事如迂诞,积以岁乃可致。"于是郡国各除道,缮治宫观名山神祠所,以望幸矣。

其年,既灭南越,上有嬖臣李延年以好音见。上善之,下公卿议,曰:"民间祠尚有鼓舞之乐,今郊祠而无乐,岂称乎?"公卿曰:"古者祀天地皆有乐,而神祇可得而礼。"或曰:"泰帝使素女鼓五十弦瑟,悲,帝禁不止,故破其瑟为二十五弦。"于是塞南越,祷祠泰一、后土,始用乐舞,益召歌儿,作二十五弦及箜篌瑟自此起。

其来年冬,上议曰:"古者先振兵泽旅,然后封禅。"乃遂北巡朔方,勒兵十馀万。还祭黄帝冢桥山,泽兵须如。上曰:"吾闻黄帝不死,今有冢,何也?"或对曰:"黄帝已仙上天,群臣葬其衣冠。"既至甘泉,为且用事泰山,先类祠泰一。

自得宝鼎,上与公卿诸生议封禅。封禅用希旷绝,莫知其仪礼,而群儒采封禅《尚书》、《周官》、《王制》之望祀射牛事。齐人丁公年九十馀,曰:"封者,合不死之名也。秦皇帝不得上封。陛下必欲上,稍上即无风雨,遂上封矣。"上于是乃令诸儒习射牛,草封禅仪。数年,至且行。天子既闻公孙卿及方士之言,黄帝以上封禅,皆致怪物与神通,欲放黄帝以尝接神仙人蓬莱士,高世比德于九皇,而颇采儒术以文之。群儒既以不能辨明封禅事,又牵拘于《诗》、《书》古文而不敢骋。上为封祠器示群儒,群儒或曰"不与古同",徐偃又曰"太常诸生行礼不如鲁善",周霸属图封事。于是上绌偃、霸,尽罢诸儒弗用。

三月,遂东幸缑氏,礼登中岳太室。从官在山下闻若有言"万岁"云。问上,上不言;问下,下不言。于是以三百户封太室奉祠,命曰崇高邑。东上泰山,山之草木叶未生,乃令人上石立之泰山颠。

上遂东巡海上,行礼祠八神。齐人之上疏言神怪奇方者以万数,然无验者。乃益发船,令言海中神山者数千人求蓬莱神人。公孙卿持节常先行候名山,至东莱,言夜见一人,长数丈,就之则不见,见其迹甚大,类禽兽云。群臣有言见一老父牵狗,言"吾欲见巨公",已忽不见。上既见大迹,未信,及群臣有言老父,则大以为仙人也。宿留海上,与方士传车及间使求仙人以千数。

四月,还至奉高。上念诸儒及方士言封禅人人殊,不经,难施行。天子至梁父,礼祠地主。乙卯,令侍中儒者皮弁荐绅,射牛行事。封泰山下东方,如郊祠泰一之礼。封广丈二尺,高九尺,其下则有玉牒书,书秘。礼毕,天子独与侍中奉车子侯上泰山,亦有封。其事皆禁。明日,下阴道。丙辰,禅泰山下阯东北肃然山,如祭后土礼。天子皆亲拜见,衣上黄而尽用乐焉。江淮间一茅三脊为神藉。五色土益杂封。纵远方奇兽蜚禽及白雉诸物,颇以加祠。兕旄牛犀象之属弗用。皆至泰山然后去。封禅祠,其夜若有光,昼有白云起封中。

天子从封禅还,坐明堂,群臣更上寿。于是制诏御史:"朕以眇眇之身承至尊,兢兢焉惧弗任。维德菲薄,不明于礼乐。修祀泰一,若有象景光,屑如有望,依依震于怪物,欲止不敢,遂登封泰山,至于梁父,而后禅肃然。自新,嘉与士大夫更始,赐民百户牛一酒十石,加年八十孤寡布帛二匹。复博、奉高、蛇丘、历城,毋出今年租税。其赦天下,如乙卯赦令。行所过毋有复作。事在二年前,皆勿听治。"又下诏曰:"古者天子五载一巡狩,用事泰山,诸侯有朝宿地。其令诸侯各治邸泰山下。"

天子既已封禅泰山,无风雨灾,而方士更言蓬莱诸神山若将可得,于是上欣然庶几遇之,乃复东至海上望,冀遇蓬莱焉。奉车子侯暴病,一日死,上乃遂去,并海上,北至碣石,巡自辽西,历北边至九原。五月,返至甘泉。有司言宝鼎出为元鼎,以今年为元封元年。

其秋,有星茀于东井。后十馀日,有星茀于三能。望气王朔言:"候独见其星出如瓠,食顷复入焉。"有司言曰:"陛下建汉家封禅,天其报德星云。"

其来年冬,郊雍五帝,还,拜祝祠泰一。赞飨曰:"德星昭衍,厥维休祥。寿星仍出,渊耀光明。信星昭见,皇帝敬拜泰祝之飨。"

其春，公孙卿言见神人东莱山，若云"见天子"。天子于是幸缑氏城，拜卿为中大夫。遂至东莱，宿留之数日，毋所见，见大人迹。复遣方士求神怪采芝药以千数。是岁旱。于是天子既出毋名，乃祷万里沙，过祠泰山。还至瓠子，自临塞决河。留二日，沉祠而去。使二卿将卒塞决河，河徙二渠，复禹之故迹焉。

是时既灭南越，越人勇之乃言"越人俗信鬼，而其祠皆见鬼，数有效。昔东瓯王敬鬼，寿至百六十岁。后世谩怠，故衰耗"。乃令越巫立越祝祠，安台无坛，亦祠天神上帝百鬼，而以鸡卜。上信之，越祠鸡卜始用焉。

公孙卿曰："仙人可见，而上往常遽，以故不见。今陛下可为观，如缑氏城，置脯枣，神人宜可致。且仙人好楼居。"于是上令长安则作蜚廉桂观，甘泉则作益延寿观，使卿持节设具而候神人。乃作通天台，置祠具其下，将招来神仙之属。于是甘泉更置前殿，始广诸宫室。夏，有芝生殿防内中。天子为塞河，兴通天台，若有光云，乃下诏曰："甘泉防生芝九茎，赦天下，毋有复作。"

其明年，伐朝鲜。夏，旱。公孙卿曰："黄帝时封则天旱，乾封三年。"上乃下诏曰："天旱，意乾封乎？其令天下尊祠灵星焉。"

其明年，上郊雍，通回中道，巡之。春，至鸣泽，从西河归。

其明年冬，上巡南郡，至江陵而东。登礼潜之天柱山，号曰南岳。浮江，自寻阳出枞阳，过彭蠡，祀其名山川。北至琅邪，并海上。四月中，至奉高修封焉。

初，天子封泰山，泰山东北阯古时有明堂处，处险不敞。上欲治明堂奉高旁，未晓其制度。济南人公玉带上黄帝时明堂图。明堂图中有一殿，四面无壁，以茅盖，通水，圜宫垣，为复道，上有楼，从西南入，命曰昆仑，天子从之入，以拜祠上帝焉。于是上令奉高作明堂汶上，如带图。及五年修封，则祠泰一、五帝于明堂上坐，令高皇帝祠坐对之。祠后土于下房，以二十太牢。天子从昆仑道入，始拜明堂如郊礼。礼毕，燎堂下。而上又上泰山，有秘祠其颠。而泰山下祠五帝，各如其方，黄帝并赤帝，而有司侍祠焉。泰山上举火，下悉应之。

其后二岁，十一月甲子朔旦冬至，推历者以本统。天子亲至泰山，以十一月甲子朔旦冬至日祠上帝明堂，每修封禅。其赞飨曰："天增授皇帝泰元神策，周而复始。皇帝敬拜泰一。"东至海上，考入海及方士求神者，莫验，然益遣，冀遇之。

十一月乙酉，柏梁灾。十二月甲午朔，上亲禅高里，祠后土。临渤海，将以望祠蓬莱之属，冀至殊庭焉。

上还，以柏梁灾故，朝受计甘泉。公孙卿曰："黄帝就青灵台，十二日烧，黄帝乃治明庭。明庭，甘泉也。"方士多言古帝王有都甘泉者。其后天子又朝诸侯甘泉，甘泉作诸侯邸。勇之乃曰："越俗有火灾，复起屋必以大，用胜服之。"于是作建章宫，度为千门万户。前殿度高未央。其东则凤阙，高二十余丈。其西则唐中，数十里虎圈。其北治大池，渐台高二十余丈，名曰泰液池。中有蓬莱、方

丈、瀛洲、壶梁，象海中神山龟鱼之属。其南有玉堂、璧门、大鸟之属。乃立神明台、井干楼，度五十余丈，辇道相属焉。

夏，汉改历，以正月为岁首，而色上黄，官名更印章以五字，因为太初元年。是岁，西伐大宛。蝗大起。丁夫人、洛阳虞初等以方祠诅匈奴、大宛焉。

其明年，有司言雍五畤无牢熟具，芬芳不备。乃命祠官进畤犊牢具，五色食所胜，而以木禺马代驹焉。独五帝用驹，行亲郊用驹。及诸名山川用驹者，悉以木禺马代。行过，乃用驹。他礼如故。

其明年，东巡海上，考神仙之属，未有验者。方士有言"黄帝时为五城十二楼，以候神人于执期，命曰迎年"。上许作之如方。名曰明年，上亲礼祠上帝，衣上黄焉。

公玉带曰："黄帝时虽封泰山，然风后、封巨、岐伯令黄帝封东泰山，禅凡山，合符，然后不死焉。"天子既令设祠具，至东泰山，东泰山卑小，不称其声，乃令祠官礼之，而不封禅焉。其后令带奉祠候神物。夏，遂还泰山，修五年之礼如前，而加禅祠石闾。石闾者，在泰山下阯南方，方士多言此仙人之闾也，故上亲禅焉。

其后五年，复至泰山修封，还过祭常山。

今天子所兴祠，泰一、后土，三年亲郊祠，建汉家封禅，五年一修封。薄忌泰一及三一、冥羊、马行、赤星五，宽舒之祠官以岁时致礼。凡六祠，皆太祝领之。至如八神诸神，明年、凡山他名祠，行过则祀，去则已。方士所兴祠，各自主，其人终则已，祠官弗主。他祠皆如其故。今上封禅，其后十二岁而还，遍于五岳、四渎矣。而方士之候祠神人，入海求蓬莱，终无有验。而公孙卿之候神者，犹以大人迹为解，无其效。天子益怠厌方士之怪迂语矣，然终羁縻弗绝，冀遇其真。自此之后，方士言祠神者弥众，然其效可睹矣。

太史公曰：余从巡祭天地诸神名山川而封禅焉。入寿宫侍祠神语，究观方士祠官之言，于是退而论次自古以来用事于鬼神者，具见其表里，后有君子，得以览焉。至若俎豆珪币之详，献酬之礼，则有司存焉。

卷十三　　　　三代世表第一

太史公曰：五帝、三代之记，尚矣。自殷以前诸侯不可得而谱，周以来乃颇可著。孔子因史文次《春秋》，纪元年，正时日月，盖其详哉。至于序《尚书》则略，无年月；或颇有，然多阙，不可录。故疑则传疑，盖其慎也。

余读谍记，黄帝以来皆有年数。稽其历谱谍终始五德之传，古文咸不同，乖异。夫子之弗论次其年月，岂虚哉！于是以《五帝系谍》、《尚书》集世纪黄帝以来讫共和为《世表》。（以上为《三代世表》前之序文。）（表略，下同）

张夫子问褚先生曰："《诗》言契、后稷皆无父而生。今案诸传记咸言有父，父皆黄帝子也，得无与《诗》谬乎？"

褚先生曰："不然。《诗》言契生于卵，后稷人迹者，欲见其有天命精诚之意耳。鬼神不能自成，须人而生，奈何无父而生乎！一言有父，一言无父，信以传信，疑以传疑，故两言之。尧知契、稷皆贤人，天之所生，故封之契七十里，后十馀世至汤，王天下。尧知后稷子孙之后王也，故益封之百里，其后世且千岁，至文王而有天下。《诗传》曰：'汤之先为契，无父而生。契母与姊妹浴于玄丘水，有燕衔卵堕之，契母得，故含之，误吞之，即生契。契生而贤，尧立为司徒，姓之曰子氏。子者兹；兹，益大也。诗人美而颂之曰"殷社芒芒，天命玄鸟，降而生商"。商者质，殷号也。文王之先为后稷，后稷亦无父而生。后稷母为姜嫄，出见大人迹而履践之，知于身，则生后稷。姜嫄以为无父，贱而弃之道中，牛羊避不践也。抱之山中，山者养之。又捐之大泽，鸟覆席食之。姜嫄怪之，于是知其天子，乃取长之。尧知其贤才，立以为大农，姓之曰姬氏。姬者，本也。诗人美而颂之曰"厥初生民"，深修益成，而道后稷之始也。'孔子曰：'昔者尧命契为子氏，为有汤也。命后稷为姬氏，为有文王也。太王命季历，明天瑞也。太伯之吴，遂生源也。'天命难言，非圣人莫能见。舜、禹、契、后稷皆黄帝子孙也。黄帝策天命而治天下，德泽深后世，故其子孙皆复立为天子，是天之报有德也。人不知，以为氾从布衣匹夫起耳。夫布衣匹夫安能无故而起王天下乎？其有天命然。"

"黄帝后世何王天下之久远邪？"

曰："《传》云天下之君王为万夫之黔首请赎民之命者帝，有福万世。黄帝是也。五政明则修礼义，因天时举兵征伐而利者王，有福千世。蜀王，黄帝后世也。至今在汉西南五千里，常来朝降，输献于汉，非以其先之有德，泽流后世邪？行道德岂可以忽乎哉！人君王者举而观之。汉大将军霍子孟名光者，亦黄帝后世也。此可为博闻远见者言，固难为浅闻者说也。何以言之？古诸侯以国为姓，霍者，国名也。武王封弟叔处于霍，后世晋献公灭霍公，后世为庶民，往来居平阳。平阳在河东，河东晋地，分为卫国。以《诗》言之，亦可为周世。周起后稷，后稷无父而生。以三代世传言之，后稷有父名高辛；高辛，黄帝曾孙。《黄帝终始传》曰：'汉兴百有馀年，有人不短不长，出白燕之乡，持天下之政，时有婴儿主，却行车。'霍将军者，本居平阳白燕。臣为郎时，与方士考功会旗亭下，为臣言。岂不伟哉！"

卷十四　　十二诸侯年表第二

太史公读《春秋历谱谍》，至周厉王，未尝不废书而叹也。曰：呜呼，师挚见之矣！纣为象箸而箕子唏。周道缺，诗人本之衽席，《关雎》作。仁义陵迟，《鹿鸣》刺焉。及至厉王，以恶闻其过，公卿惧诛而祸作，厉王遂奔于彘，乱自京师始，而共和行政焉。是后或力政，强乘弱，兴师不请天子。然挟王室之义，以讨伐为会盟主，政由五伯，诸侯恣行，淫侈不轨，贼臣篡子滋起矣。齐、晋、秦、楚其在成周微甚，封或百里或五十里。晋阻三河，齐负东海，楚介江淮，秦因雍州之固，四国迭兴，更为伯主，文、武所褒大封，皆威而服焉。是以孔子明王道，干七十馀君，莫能用，故西观周室，论史记旧闻，兴于鲁而次《春秋》，上记隐，下至哀之获麟，约其辞文，去其烦重，以制义法，王道备，人事浃。七十子之徒口受其传指，为有所刺讥褒讳挹损之辞不可以书见也。鲁君子左丘明惧弟子人人异端，各安其意，失其真，故因孔子史记具论其语，成《左氏春秋》。铎椒为楚威王傅，为王不能尽观《春秋》，采取成败，卒四十章，为《铎氏微》。赵孝成王时，其相虞卿上采《春秋》，下观近势，亦著八篇，为《虞氏春秋》。吕不韦者，秦庄襄王相，亦上观尚古，删拾《春秋》，集六国时事，以为八览、六论、十二纪，为《吕氏春秋》。及如荀卿、孟子、公孙固、韩非之徒，各往往捃摭《春秋》之文以著书，不可胜纪。汉相张苍历谱五德，上大夫董仲舒推《春秋》义，颇著文焉。

太史公曰：儒者断其义，驰说者骋其辞，不务综其终始；历人取其年月，数家隆于神运，谱谍独记世谥，其辞略，欲一观诸要难。于是谱十二诸侯，自共和讫孔子，表见《春秋》、《国语》学者所讥盛衰大指著于篇，为成学治古文者要删焉。

卷十五　　六国年表第三

大史公读《秦纪》，至犬戎败幽王，周东徙洛邑，秦襄公始封为诸侯，作西畤用事上帝，僭端见矣。《礼》曰："天子祭天地，诸侯祭其域内名山大川。"今秦杂戎翟之俗，先暴戾，后仁义，位在藩臣而胪于郊祀，君子惧焉。及文公逾陇，攘夷狄，尊陈宝，营岐、雍之间，而穆公修政，东竟至河，则与齐桓、晋文中国侯伯侔矣。是后陪臣执政，大夫世禄，六卿擅晋权，征伐会盟，威重于诸侯。及田常杀简公而相齐国，诸侯晏然弗讨，海内争于战功矣。三国终之卒分晋，田和亦灭齐而有之，六国之盛自此始。务在强兵并敌，谋诈用而从横短长之说起。矫称蜂出，誓盟不信，虽置质剖符犹不能约束也。秦始小国僻远，诸夏宾之，比于戎翟，至献公之后常雄诸侯。论秦之德义不如鲁卫之暴戾者，量秦之兵不如三晋之强也，然卒并天下，非必险固便形势利也，盖若天所助焉。

或曰"东方，物所始生，西方，物之成孰"。夫作事者必于东南，收功实者常于西北。故禹兴于西羌，汤起于亳，周之王也以丰、镐伐殷，秦之帝用雍州兴，汉之兴自蜀汉。

秦既得意，烧天下《诗》、《书》，诸侯史记尤甚，为其有所刺讥也。《诗》、《书》所以复见者，多藏人家；而史记独藏周室，以故灭。惜哉！惜哉！独有《秦记》，又不载日月，其文略不具。然战国之权变亦有可颇采者，何必上古。秦取天下多暴，然世异变，成功大。传曰"法后王"，何也？以其近己而俗变相类，议卑而易行也。学者牵于所闻，见秦在帝位日浅，不察其终始，因举而笑之，不敢道，此与以耳食无异。悲夫！

余于是因《秦记》，踵《春秋》之后，起周元王，表六国时事，讫二世，凡二百七十年，著诸所闻兴坏之端。后有君子，以览观焉。

卷十六　　秦楚之际月表第四

太史公读秦、楚之际，曰：初作难，发于陈涉；虐戾灭秦，自项氏；拨乱诛暴，平定海内，卒践帝祚，成于汉家。五年之间，号令三嬗，自生民以来，未始有受命若斯之亟也。

昔虞、夏之兴，积善累功数十年，德洽百姓，摄行政事，考之于天，然后在位。汤、武之王，乃由契、后稷修仁行义十馀世。不期而会孟津八百诸侯，犹以为未可，其后乃放弑。秦起襄公，章于文、穆、献、孝之后，稍以蚕食六国，百有馀载，至始皇乃能并冠带之伦。以德若彼，用力如此，盖一统若斯之难也。

秦既称帝，患兵革不休，以有诸侯也，于是无尺土之封，堕坏名城，销锋镝，鉏豪桀，维万世之安。然王迹之兴，起于闾巷，合从讨伐，轶于三代，乡秦之禁，适足以资贤者为驱除难耳。故愤发其所为天下雄，安在无土不王。此乃传之所谓大圣乎？岂非天哉，岂非天哉！非大圣孰能当此受命而帝者乎？

卷十七　　汉兴以来诸侯王年表第五

太史公曰：殷以前尚矣。周封五等：公，侯，伯，子，男。然封伯禽、康叔于鲁、卫，地各四百里，亲亲之义，褒有德也；太公于齐，兼五侯地，尊勤劳也。武王、成、康所封数百，而同姓五十五，地上不过百里，下三十里，以辅卫王室。管、蔡、康叔、曹、郑，或过或损。厉、幽之后，王室缺，侯伯强国兴焉，天子微，弗能正。非德不纯，形势弱也。

汉兴，序二等。高祖末年，非刘氏而王者，若无功上所不置而侯者，天下共诛之。高祖子弟同姓为王者九国，唯独长沙异姓，而功臣侯者百有馀人。自雁门、太原以东至辽阳，为燕、代国；常山以南，大行左转，度河、济、阿、甄以东薄海，为齐、赵国；自陈以西，南至九疑，东带江、淮、谷、泗，薄会稽，为梁、楚、淮南、长沙国；皆外接于胡、越。而内地北距山以东尽诸侯地，大者或五六郡，连城数十，置百官宫观，僭于天子。汉独有三河、东郡、颍川、南阳，自江陵以西至蜀，北自云中至陇西，与内史凡十五郡，而公主列侯颇食邑其中。何者？天下初定，骨肉同姓少，故广强庶孽，以镇抚四海，用承卫天子也。

汉定百年之间，亲属益疏，诸侯或骄奢，忕邪臣计谋为淫乱，大者叛逆，小者不轨于法，以危其命，殒身亡国。天子观于上古，然后加惠，使诸侯得推恩分子弟国邑，故齐分为七，赵分为六，梁分为五，淮南分三，及天子支庶子为王，王子支庶为侯，百有馀焉。吴楚时，前后诸侯或以適削地，是以燕、代无北边郡，吴、淮南、长沙无南边郡，齐、赵、梁、楚支郡名山陂海咸纳于汉。诸侯稍微，大国不过十馀城，小侯不过数十里，上足以奉贡职，下足以供养祭祀，以蕃辅京师。而汉郡八九十，形错诸侯间，犬牙相临，秉其阨塞地利，强本干，弱枝叶之势，尊卑明而万事各得其所矣。

臣迁谨记高祖以来至太初诸侯，谱其下益损之时，令后世得览。形势虽强，要之以仁义为本。

卷十八　高祖功臣侯者年表第六

太史公曰：古者人臣功有五品，以德立宗庙定社稷曰勋，以言曰劳，用力曰功，明其等曰伐，积日曰阅。封爵之誓曰："使河如带，泰山若厉，国以永宁，爰及苗裔。"始未尝不欲固其根本，而枝叶稍陵夷衰微也。

余读高祖侯功臣，察其首封，所以失之者，曰：异哉所闻！《书》曰"协和万国"，迁于夏商，或数千岁。盖周封八百，幽、厉之后，见于《春秋》。《尚书》有唐虞之侯伯，历三代千有馀载，自全以蕃卫天子，岂非笃于仁义，奉上法哉？汉兴，功臣受封者百有馀人。天下初定，故大城名都散亡，户口可得而数者十二三，是以大侯不过万家，小者五六百户。后数世，民咸归乡里，户益息，萧、曹、绛、灌之属或至四万，小侯自倍，富厚如之。子孙骄溢，忘其先，淫嬖。至太初百年之间，见侯五，馀皆坐法陨命亡国，耗矣。罔亦少密焉，然皆身无兢兢于当世之禁云。

居今之世，志古之道，所以自镜也，未必尽同。帝王者各殊礼而异务，要以成功为统纪，岂可绳乎？观所以得尊宠及所以废辱，亦当世得失之林也，何必旧闻？于是谨其终始，表其文，颇有所不尽本末；著其明，疑者阙之。后有君子，欲推而列之，得以览焉。

卷十九　　惠景间侯者年表第七

太史公读列封至便侯，曰：有以也夫！长沙王者，著令甲，称其忠焉。昔高祖定天下，功臣非同姓疆土而王者八国。至孝惠时，唯独长沙全，禅五世，以无嗣绝，竟无过，为藩守职，信矣。故其泽流枝庶，毋功而侯者数人。及孝惠讫孝景间五十载，追修高祖时遗功臣，及从代来，吴楚之劳，诸侯子弟若肺腑、外国归义，封者九十有馀。

咸表始终，当世仁义成功之著者也。

卷二十　建元以来侯者年表第八

太史公曰：匈奴绝和亲，攻当路塞；闽越擅伐，东瓯请降。二夷交侵，当盛汉之隆，以此知功臣受封侔于祖考矣。何者？自《诗》、《书》称三代"戎狄是膺，荆荼是征"，齐桓越燕伐山戎，武灵王以区区赵服单于，秦穆用百里霸西戎，吴楚之君以诸侯役百越。况乃以中国一统，明天子在上，兼文武，席卷四海，内辑亿万之众，岂以晏然不为边境征伐哉！自是后，遂出师北讨强胡，南诛劲越，将卒以次封矣。

卷二十一
建元以来王子侯者年表第九

制诏御史："诸侯王或欲推私恩分子弟邑者，令各条上，朕且临定其号名。"

太史公曰：盛哉，天子之德！一人有庆，天下赖之。

卷二十二
汉兴以来将相名臣年表第十

卷二十三　　　　　礼书第一

太史公曰：洋洋美德乎！宰制万物，役使群众，岂人力也哉？余至大行礼官，观三代损益，乃知缘人情而制礼，依人性而作仪，其所由来尚矣。

人道经纬万端，规矩无所不贯，诱进以仁义，束缚以刑罚，故德厚者位尊，禄重者宠荣，所以总一海内而整齐万民也。人体安驾乘，为之金舆错衡以繁其饰；目好五色，为之黼黻文章以表其能；耳乐钟磬，为之调谐八音以荡其心；口甘五味，为之庶羞酸咸以致其美；情好珍善，为之琢磨圭璧以通其意。故大路越席，皮弁布裳，朱弦洞越，大羹玄酒，所以防其淫侈，救其凋敝。是以君臣朝廷尊卑贵贱之序，下及黎庶车舆衣服宫室饮食嫁娶丧祭之分，事有宜适，物有节文。仲尼曰："禘自既灌而往者，吾不欲观之矣。"

周衰，礼废乐坏，大小相逾，管仲之家，兼备三归。循法守正者见侮于世，奢溢僭差者谓之显荣。自子夏，门人之高弟也，犹云"出见纷华盛丽而说，入闻夫子之道而乐，二者心战，未能自决"，而况中庸以下，渐渍于失教，被服于成俗乎？孔子曰"必也正名"，于卫所居不合。仲尼没后，受业之徒沉湮而不举，或适齐、楚，或入河、海，岂不痛哉！

至秦有天下，悉内六国礼仪，采择其善，虽不合圣制，其尊君抑臣，朝廷济济，依古以来。

至于高祖，光有四海，叔孙通颇有所增益减损，大抵皆袭秦故。自天子称号下至佐僚及宫室官名，少所变改。孝文即位，有司议欲定仪礼。孝文好道家之学，以为繁礼饰貌，无益于治，躬化谓何耳，故罢去之。孝景时，御史大夫晁错明于世务刑名，数干谏孝景曰："诸侯藩辅，臣子一例，古今之制也。今大国专治异政，不禀京师，恐不可传后。"孝景用其计，而六国畔逆，以错首名，天子诛错以解难。事在袁盎语中。是后，官者养交安禄而已，莫敢复议。

今上即位，招致儒术之士，令共定仪，十馀年不就。或言古者太平，万民和喜，瑞应辨至，乃采风俗，定制作。上闻之，制诏御史曰："盖受命而王，各有所由兴，殊路而同归，谓因民而作，追俗为制也。议者咸称太古，百姓何望？汉亦一家之事，典法不传，谓子孙何？化隆者闳博，治浅者褊狭，可不勉与！"乃以太初之元改正朔，易服色，封太山，定宗庙百官之仪，以为典常，垂之于后云。

礼由人起。人生有欲，欲而不得则不能无忿，忿而无度量则争，争则乱。先王恶其乱，故制礼义以养人之欲，给人之求，使欲不穷于物，物不屈于欲，二者相待而长，是礼之所起也。故礼者，养也。稻粱五味，所以养口也；椒兰芬茝，所以养鼻也；钟鼓管弦，所以养耳也；刻镂文章，所以养目也；疏房床第几席，所以养体也。故礼者，养也。

君子既得其养，又好其辨也。所谓辨者，贵贱有等，长少有差，贫富轻重皆有称也。故天子大路越席，所以养体也；侧载臭茝，所以养鼻也；前有错衡，所以养目也；和鸾之声，步中武象，骤中韶濩，所以养耳也；龙旗九斿，所以养信也；寝兕持虎，鲛韅弥龙，所以养威也。故大路之马，必信至教顺，然后乘之，所以养安也，孰知夫士出死要节之所以养生也，孰知夫轻费用之所以养财也，孰知夫恭敬辞让之所以养安也，孰知夫礼义文理之所以养情也。

人苟生之为见，若者必死；苟利之为见，若者必害；怠惰之为安，若者必危；情胜之为安，若者必灭。故圣人一之于礼义，则两得之矣；一之于情性，则两失之矣。故儒者将使人两得之者也，墨者将使人两失之者也，是儒、墨之分。

治辨之极也，强固之本也，威行之道也，功名之总也。王公由之，所以一天下，臣诸侯也。弗由之，所以捐社稷也。故坚革利兵不足以为胜，高城深池不足以为固，严令繁刑不足以为威。由其道则行，不由其道则废。楚人鲛革犀兕，所以为甲，坚如金石；宛之巨铁施，钻如蜂虿，轻利剽遫，卒如熛风。然而兵殆于垂涉，唐昧死焉；庄蹻起，楚分而为四参。是岂无坚革利兵哉？其所以统之者非其道故也。汝、颍以为险，江、汉以为池，阻之以邓林，缘之以方城。然而秦师至鄢郢，举若振槁。是岂无固塞险阻哉？

其所以统之者非其道故也。纣剖比干，囚箕子，为炮格，刑杀无辜，时臣下懔然，莫必其命。然而周师至，而令不行乎下，不能用其民。是岂令不严，刑不峻哉？其所以统之者非其道故也。

古者之兵，戈矛弓矢而已，然而敌国不待试而诎。城郭不集，沟池不掘，固塞不树，机变不张，然而国晏然不畏外而固者，无他故焉，明道而均分之，时使而诚爱之，则下应之如景响。有不由命者，然后俟之以刑，则民知罪矣。故刑一人而天下服。罪人不尤其上，知罪之在己也。是故刑罚省而威行如流，无他故焉，由其道故也。故由其道则行，不由其道则废。古者帝尧之治天下也，盖杀一人刑二人而天下治。《传》曰："威厉而不试，刑措而不用。"

天地者，生之本也。先祖者，类之本也。君师者，治之本也。无天地恶生？无先祖恶出？无君师恶治？三者偏亡，则无安人。故礼，上事天，下事地，尊先祖而隆君师，是礼之三本也。

故王者天太祖，诸侯不敢怀，大夫士有常宗，所以辨贵贱。贵贱治，得之本也。郊畴乎天子，社至乎诸侯，函及士大夫，所以辨尊者事尊，卑者事卑，宜巨者巨，宜小者小。故有天下者事七世，有一国者事五世，有五乘之地者事三世，有三乘之地者事二世，有特牲而食者不得立宗庙，所以辨积厚者流泽广，积薄者流泽狭也。

大飨上玄尊，俎上腥鱼，先大羹，贵食饮之本也。大飨上玄尊而用薄酒，食先黍稷而饭稻粱，祭嚌先大羹而饱庶羞，贵本而亲用也。贵本之谓文，亲用之谓理。两者合而成文，以归太一，是谓大隆。故尊之上玄尊也，俎之上腥鱼也，豆之先大羹，一也。利爵弗啐也，成事俎弗尝也，三侑之弗食也，大昏之未废齐也，大庙之未内尸也，始绝之未小敛，一也。大路之素帱也，郊之麻絻也，丧服之先散麻，一也。三年哭之不反也，清庙之歌一倡而三叹也，县一钟尚拊膈，朱弦而通越，一也。

凡礼始乎脱，成乎文，终乎税。故至备，情文俱尽；其次，情文代胜；其下，复情以归太一。天地以合，日月以明，四时以序，星辰以行，江河以流，万物以昌，好恶以节，喜怒以当。以为下则顺，以为上则明。

太史公曰：至矣哉！立隆以为极，而天下莫之能益损也。本末相顺，终始相应，至文有以辨，至察有以说。天下从之者治，不从者乱；从之者安，不从者危。小人不能则也。

礼之貌诚深矣，坚白同异之察，入焉而弱。其貌诚大矣，擅作典制褊陋之说，入焉而望。其貌诚高矣，暴慢恣睢，轻俗以为高之属，入焉而队。故绳诚陈，则不可欺以曲直；衡诚县，则不可欺以轻重；规矩诚错，则不可欺以方员；君子审礼，则不可欺以诈伪。故绳者，直之至也；衡者，平之至也；规矩者，方员之至也；礼者，人道之极也。然而不法礼者不足礼，谓之无方之民；法礼足礼，谓之有方之士。礼之中，能思索，谓之能虑；能虑勿易，谓之能固。能虑能固，加好之焉，圣矣。天者，高之极也；地者，下之极也；日月者，明之极也；无穷者，广大之极也；圣人者，道之极也。

以财物为用，以贵贱为文，以多少为异，以隆杀为要。文貌繁，情欲省，礼之隆也。文貌省，情欲繁，礼之杀也。文貌情欲相为内外表里，并行而杂，礼之中流也。君子上致其隆，下尽其杀，而中处其中。步骤驰骋广骛不外，是以君子之性守宫庭也。人域是域，士君子也。外是，民也。于是中焉，房皇周浃，曲得其次序，圣人也。故厚者，礼之积也；大者，礼之广也；高者，礼之隆也；明者，礼之尽也。

卷二十四　　　　　　乐书第二

太史公曰：余每读《虞书》，至于君臣相敕，维是几安，而股肱不良，万事堕坏，未尝不流涕也。成王作颂，推己惩艾，悲彼家难，可不谓战战恐惧，善守善终哉？君子不为约则修德，满则弃礼。佚能思初，安能惟始，沐浴膏泽而歌咏勤苦，非大德谁能如斯！《传》曰"治定功成，礼乐乃兴"。海内人道益深，其德益至，所乐者益异。满而不损则溢，盈而不持则倾。凡作乐者，所以节乐。君子以谦退为礼，以损减为乐，乐其如此也。以为州异国殊，情习不同，故博采风俗，协比声律，以补短移化，助流政教。天子躬于明堂临观，而万民咸荡涤邪秽，斟酌饱满，以饰厥性。故云《雅》、《颂》之音理而民正，嘄噭之声兴而士奋，郑、卫之曲动而心淫。及其调和谐合，鸟兽尽感，而况怀五常，含好恶，自然之势也？

治道亏缺而郑音兴起，封君世辟，名显邻州，争以相高。自仲尼不能与齐优遂容于鲁，虽退正乐以诱世，作五章以刺时，犹莫之化。陵迟以至六国，流沔沉佚，遂往不返，卒于丧身灭宗，并国于秦。

秦二世尤以为娱。丞相李斯进谏曰："放弃《诗》、《书》，极意声色，祖伊所以惧也；轻积细过，恣心长夜，纣所以亡也。"赵高曰："五帝、三王乐各殊名，示不相袭。上自朝廷，下至人民，得以接欢喜，合殷勤。非此，和说不通，解泽不流，亦各一世之化，度时之乐，何必华山之騄耳而后行远乎！"二世然之。

高祖过沛，诗"三侯"之章，令小儿歌之。高祖崩，令沛得以四时歌儛宗庙。孝惠、孝文、孝景无所增更，于乐府习常肄旧而已。

至今上即位，作十九章，令侍中李延年次序其声，拜为协律都尉。通一经之士不能独知其辞，皆集会五经家，相与共讲习读之，乃能通知其意，多尔雅之文。

汉家常以正月上辛祠太一甘泉，以昏时夜祠，到明而终，常有流星经于祠坛上。使童男童女七十人俱歌。春歌《青阳》，夏歌《朱明》，秋歌《西皞》，冬歌《玄冥》。世多有，故不论。

又尝得神马渥洼水中，复次以为《太一之歌》。歌曲曰："太一贡兮天马下，沾赤汗兮沫流赭。骋容与兮跇万里，今安匹兮龙为友。"后伐大宛得千里马，马名蒲梢，次作以为歌。歌诗曰："天马来兮从西极，经万里兮归有德。

承灵威兮降外国，涉流沙兮四夷服。"中尉汲黯进曰："凡王者作乐，上以承祖宗，下以化兆民。今陛下得马，诗以为歌，协于宗庙，先帝百姓岂能知其音邪？"上默然不说。丞相公孙弘曰："黯诽谤圣制，当族。"

凡音之起，由人心生也。人心之动，物使之然也。感于物而动，故形于声；声相应，故生变；变成方，谓之音；比音而乐之，及干戚羽旄，谓之乐也。乐者，音之所由生也，其本在人心感于物也。是故其哀心感者，其声噍以杀；其乐心感者，其声啴以缓；其喜心感者，其声发以散；其怒心感者，其声粗以厉；其敬心感者，其声直以廉；其爱心感者，其声和以柔。六者非性也，感于物而后动，是故先王慎所以感之。故礼以导其志，乐以和其声，政以壹其行，刑以防其奸。礼乐刑政，其极一也，所以同民心而出治道也。

凡音者，生人心者也。情动于中，故形于声，声成文，谓之音。是故治世之音安以乐，其政和；乱世之音怨以怒，其政乖；亡国之音哀以思，其民困。声音之道，与政通矣。宫为君，商为臣，角为民，徵为事，羽为物。五者不乱，则无怗懘之音矣。宫乱则荒，其君骄；商乱则陂，其臣坏；角乱则忧，其民怨；徵乱则哀，其事勤；羽乱则危，其财匮。五者皆乱，迭相陵，谓之慢。如此则国之灭亡无日矣。郑、卫之音，乱世之音也，比于慢矣。桑间、濮上之音，亡国之音也，其政散，其民流，诬上行私而不可止。

凡音者，生于人心者也；乐者，通于伦理者也。是故知声而不知音者，禽兽是也；知音而不知乐者，众庶是也。唯君子为能知乐。是故审声以知音，审音以知乐，审乐以知政，而治道备矣。是故不知声者不可与言音，不知音者不可与言乐。知乐则几于礼矣。礼乐皆得，谓之有德。德者，得也。是故乐之隆，非极音也；食飨之礼，非极味也。清庙之瑟，朱弦而疏越，一倡而三叹，有遗音者矣。大飨之礼，尚玄酒而俎腥鱼，大羹不和，有遗味者矣。是故先王之制礼乐也，非以极口腹耳目之欲也，将以教民平好恶而反人道之正也。

人生而静，天之性也；感于物而动，性之颂也。物至知知，然后好恶形焉。好恶无节于内，知诱于外，不能反己，天理灭矣。夫物之感人无穷，而人之好恶无节，则是物至而人化物也。

人化物也者，灭天理而穷人欲者也。于是有悖逆诈伪之心，有淫佚作乱之事。是故强者胁弱，众者暴寡，知者诈愚，勇者苦怯，疾病不养，老幼孤寡不得其所，此大乱之道也。是故先王制礼乐，人为之节：衰麻哭泣，所以节丧纪也；钟鼓干戚，所以和安乐也；婚姻冠笄，所以别男女也；射乡食飨，所以正交接也。礼节民心，乐和民声，政以行之，刑以防之。礼乐刑政四达而不悖，则王道备矣。

乐者为同，礼者为异。同则相亲，异则相敬。乐胜则流，礼胜则离。合情饰貌者，礼乐之事也。礼义立，则贵贱等矣；乐文同，则上下和矣；好恶著，则贤不肖别矣；刑禁暴，爵举贤，则政均矣。仁以爱之，义以正之，如此则民治行矣。

乐由中出，礼自外作。乐由中出，故静；礼自外作，故文。大乐必易，大礼必简。乐至则无怨，礼至则不争。揖让而治天下者，礼乐之谓也。暴民不作，诸侯宾服，兵革不试，五刑不用，百姓无患，天子不怒，如此则乐达矣。合父子之亲，明长幼之序，以敬四海之内，天子如此，则礼行矣。

大乐与天地同和，大礼与天地同节。和，故百物不失；节，故祀天祭地。明则有礼乐，幽则有鬼神，如此则四海之内合敬同爱矣。礼者，殊事合敬者也；乐者，异文合爱者也。礼乐之情同，故明王以相沿也。故事与时并，名与功偕。故钟鼓管磬羽籥干戚，乐之器也；诎信俯仰级兆舒疾，乐之文也。簠簋俎豆制度文章，礼之器也；升降上下周旋裼袭，礼之文也。故知礼乐之情者能作，识礼乐之文者能述。作者之谓圣，述者之谓明。明圣者，述作之谓也。

乐者，天地之和也；礼者，天地之序也。和，故百物皆化；序，故群物皆别。乐由天作，礼以地制。过制则乱，过作则暴。明于天地，然后能兴礼乐也。论伦无患，乐之情也；欣喜欢爱，乐之容也。中正无邪，礼之质也；庄敬恭顺，礼之制也。若夫礼乐之施于金石，越于声音，用于宗庙社稷，事于山川鬼神，则此所以与民同也。

王者功成作乐，治定制礼。其功大者其乐备，其治辨者其礼具。干戚之舞，非备乐也；亨孰而祀，非达礼也。五帝殊时，不相沿乐；三王异世，不相袭礼。乐极则忧，礼粗则偏矣。及夫敦乐而无忧，礼备而不偏者，其唯大圣乎！天高地下，万物散殊，而礼制行也；流而不息，合同而化，而乐兴也。春作夏长，仁也；秋敛冬藏，义也。仁近于乐，义近于礼。乐者敦和，率神而从天；礼者辨宜，居鬼而从地。故圣人作乐以应天，作礼以配地。礼乐明备，天地官矣。

天尊地卑，君臣定矣。高卑已陈，贵贱位矣。动静有常，小大殊矣。方以类聚，物以群分，则性命不同矣。在天成象，在地成形，如此则礼者天地之别也。地气上隮，天气下降，阴阳相摩，天地相荡，鼓之以雷霆，奋之以风雨，动之以四时，暖之以日月，而百物化兴焉，如此则乐者天地之和也。

化不时则不生，男女无别则乱登，此天地之情也。及夫礼乐之极乎天而蟠乎地，行乎阴阳而通乎鬼神，穷高极远而测深厚，乐著太始而礼居成物。著不息者天也，著不动者地也。一动一静者，天地之间也。故圣人曰"礼云乐云"。

昔者舜作五弦之琴，以歌《南风》；夔始作乐，以赏诸侯。故天子之为乐也，以赏诸侯之有德者也。德盛而教尊，五谷时孰，然后赏之以乐。故其治民劳者，其舞行级远；其治民佚者，其舞行级短。故观其舞而知其德，闻其谥而知其行。《大章》，章之也；《咸池》，备也；《韶》，继也；《夏》，大也；殷周之乐尽也。

天地之道，寒暑不时则疾，风雨不节则饥。教者，民之寒暑也，教不时则伤世。事者，民之风雨也，事不节则无功。然则先王之为乐也，以法治也，善则行象德矣。夫豢豕为酒，非以为祸也，而狱讼益烦，则酒之流生祸也。是故先王因为酒礼：一献之礼，宾主百拜，终日饮酒而不得醉焉。此先王之所以备酒祸也。故酒食者,所以合欢也。

乐者,所以象德也;礼者,所以闭淫也。是故先王有大事,必有礼以哀之;有大福,必有礼以乐之。哀乐之分,皆以礼终。

乐也者,施也;礼也者,报也。乐,乐其所自生;而礼,反其所自始。乐章德,礼报情反始也。所谓大路者,天子之舆也;龙旗九旒,天子之旌也;青黑缘者,天子之葆龟也;从之以牛羊之群,则所以赠诸侯也。

乐也者,情之不可变者也;礼也者,理之不可易者也。乐统同,礼别异,礼乐之说贯乎人情矣。穷本知变,乐之情也;著诚去伪,礼之经也。礼乐顺天地之诚,达神明之德,降兴上下之神,而凝是精粗之体,领父子君臣之节。

是故大人举礼乐,则天地将为昭焉。天地欣合,阴阳相得,煦妪覆育万物,然后草木茂,区萌达,羽翮奋,角觡生,蛰虫昭苏,羽者妪伏,毛者孕鬻,胎生者不殰而卵生者不殈,则乐之道归焉耳。

乐者,非谓黄钟大吕弦歌干扬也,乐之末节也,故童者舞之;布筵席,陈樽俎,列笾豆,以升降为礼者,礼之末节也,故有司掌之。乐师辩乎声诗,故北面而弦;宗祝辩乎宗庙之礼,故后尸;商祝辩乎丧礼,故后主人。是故德成而上,艺成而下;行成而先,事成而后。是故先王有上有下,有先有后,然后可以有制于天下也。

乐者,圣人之所乐也,而可以善民心。其感人深,其风移俗易,故先王著其教焉。

夫人有血气心知之性,而无哀乐喜怒之常,应感起物而动,然后心术形焉。是故志微焦衰之音作,而民思忧;啴缓慢易繁文简节之音作,而民康乐;粗厉猛起奋末广贲之音作,而民刚毅;廉直经正庄诚之音作,而民肃敬;宽裕肉好顺成和动之音作,而民慈爱;流辟邪散狄成涤滥之音作,而民淫乱。

是故先王本之情性,稽之度数,制之礼义,合生气之和,道五常之行,使之阳而不散,阴而不密,刚气不怒,柔气不慑,四畅交于中而发作于外,皆安其位而不相夺也。然后立之学等,广其节奏,省其文采,以绳德厚也。类小大之称,比终始之序,以象事行,使亲疏贵贱长幼男女之理皆形见于乐。故曰"乐观其深矣"。

土敝则草木不长,水烦则鱼鳖不大,气衰则生物不育,世乱则礼废而乐淫。是故其声哀而不庄,乐而不安,慢易以犯节,流湎以忘本。广则容奸,狭则思欲,感涤荡之气而灭平和之德,是以君子贱之也。

凡奸声感人而逆气应之,逆气成象而淫乐兴焉。正声感人而顺气应之,顺气成象而和乐兴焉。倡和有应,回邪曲直各归其分,而万物之理以类相动也。

是故君子反情以和其志,比类以成其行。奸声乱色不留聪明,淫乐废礼不接于心术,惰慢邪辟之气不设于身体,使耳目鼻口心知百体皆由顺正,以行其义。然后发以声音,文以琴瑟,动以干戚,饰以羽旄,从以箫管,奋至德之光,动四气之和,以著万物之理。是故清明象天,广大象地,终始象四时,周旋象风雨;五色成文而不乱,八风从律而不奸,百度得数而有常;小大相成,终始相生,

倡和清浊,代相为经。故乐行而伦清,耳目聪明,血气和平,移风易俗,天下皆宁。故曰"乐者,乐也"。君子乐得其道,小人乐得其欲。以道制欲,则乐而不乱;以欲忘道,则惑而不乐。是故君子反情以和其志,广乐以成其教,乐行而民乡方,可以观德矣。

德者,性之端也。乐者,德之华也。金石丝竹,乐之器也。诗,言其志也;歌,咏其声也;舞,动其容也。三者本乎心,然后乐气从之。是故情深而文明,气盛而化神,和顺积中而英华发外,唯乐不可以为伪。

乐者,心之动也;声者,乐之象也;文采节奏,声之饰也。君子动其本,乐其象,然后治其饰。是故先鼓以警戒,三步以见方,再始以著往,复乱以饬归,奋疾而不拔也,极幽而不隐。独乐其志,不厌其道;备举其道,不私其欲。是以情见而义立,乐终而德尊;君子以好善,小人以息过。故曰"生民之道,乐为大焉"。

君子曰"礼乐不可以斯须去身"。致乐以治心,则易直子谅之心油然生矣。易直子谅之心生则乐,乐则安,安则久,久则天,天则神。天则不言而信,神则不怒而威。致乐,以治心者也;致礼,以治躬者也。治躬则庄敬,庄敬则严威。心中斯须不和不乐,而鄙诈之心入之矣;外貌斯须不庄不敬,而慢易之心入之矣。故乐也者,动于内者也;礼也者,动于外者也。乐极和,礼极顺。内和而外顺,则民瞻其颜色而弗与争也,望其容貌而民不生易慢焉。德辉动乎内而民莫不承听,理发乎外而民莫不承顺,故曰"知礼乐之道,举而错之天下无难矣"。

乐也者,动于内者也;礼也者,动于外者也。故礼主其谦,乐主其盈。礼谦而进,以进为文;乐盈而反,以反为文。礼谦而不进则销,乐盈而不反则放。故礼有报而乐有反。礼得其报则乐,乐得其反则安。礼之报,乐之反,其义一也。

夫乐者,乐也,人情之所不能免也。乐必发诸声音,形于动静,人道也。声音动静,性术之变,尽于此矣。故人不能无乐,乐不能无形。形而不为道,不能无乱。先王恶其乱,故制《雅》、《颂》之声以道之,使其声足以乐而不流,使其文足以纶而不息,使其曲直繁省廉肉节奏,足以感动人之善心而已矣,不使放心邪气得接焉;是先王立乐之方也。是故乐在宗庙之中,君臣上下同听之,则莫不和敬;在族长乡里之中,长幼同听之,则莫不和顺;在闺门之内,父子兄弟同听之,则莫不和亲。故乐者,审一以定和,比物以饰节,节奏合以成文。所以合和父子君臣,附亲万民也,是先王立乐之方也。故听其《雅》、《颂》之声,志意得广焉;执其干戚,习其俯仰诎信,容貌得庄焉;行其缀兆,要其节奏,行列得正焉,进退得齐焉。故乐者天地之齐,中和之纪,人情之所不能免也。

夫乐者,先王之所以饰喜也;军旅鈇钺者,先王之所以饰怒也。故先王之喜怒皆得其齐矣。喜则天下和之,怒则暴乱者畏之。先王之道礼乐可谓盛矣。

魏文侯问于子夏曰:"吾端冕而听古乐则唯恐卧,听郑、卫之音则不知倦。敢问古乐之如彼,何也?新乐之如此,何也?"子夏答曰:"今夫古乐,进旅而退旅,和正以

广,弦匏笙簧合守拊鼓,始奏以文,止乱以武,治乱以相,讯疾以雅。君子於是语,於是道古,修身及家,平均天下:此古乐之发也。今夫新乐,进俯退俯,奸声以淫,溺而不止,及优侏儒,獶杂子女,不知父子,乐终不可以语,不可以道古:此新乐之发也。今君之所问者乐也,所好者音也。夫乐之与音,相近而不同。"

文侯曰:"敢问如何?"子夏答曰:"夫古者天地顺而四时当,民有德而五谷昌,疾疢不作而无祅祥,此之谓大当。然后圣人作为父子君臣以为之纪纲。纪纲既正,天下大定,天下大定,然后正六律,和五声,弦歌《诗》、《颂》,此之谓德音。德音之谓乐。《诗》曰:'莫其德音,其德克明。克明克类,克长克君。王此大邦,克顺克俾。俾于文王,其德靡悔。既受帝祉,施于孙子。'此之谓也。今君之所好者,其溺音与?"

文侯曰:"敢问溺音者何从出也?"子夏答曰:"郑音好滥淫志,宋音燕女溺志,卫音趣数烦志,齐音骜辟骄志。四者皆淫于色而害于德,是以祭祀不用也。《诗》曰:'肃雍和鸣,先祖是听。'夫肃肃,敬也;雍雍,和也。夫敬以和,何事不行?为人君者,谨其所好恶而已矣。君好之则臣为之,上行之则民从之。《诗》曰'诱民孔易',此之谓也。然后圣人作为鞉鼓椌楬埙篪,此六者,德音之音也。然后钟磬竽瑟以和之,干戚旄狄以舞之。此所以祭先王之庙也,所以献酬酳酢也,所以官序贵贱各得其宜也,此所以示后世有尊卑长幼序也。钟声铿,铿以立号,号以立横,横以立武。君子听钟声则思武臣。石声硁,硁以立别,别以致死。君子听磬声则思死封疆之臣。丝声哀,哀以立廉,廉以立志。君子听琴瑟之声则思志义之臣。竹声滥,滥以立会,会以聚众。君子听竽笙箫管之声则思畜聚之臣。鼓鼙之声欢,欢以立动,动以进众。君子听鼓鼙之声则思将帅之臣。君子之听音,非听其铿锵而已也,彼亦有所合之也。"

宾牟贾侍坐于孔子。孔子与之言,及乐,曰:"夫《武》之备戒之已久,何也?"

答曰:"病不得其众也。"

"永叹之,淫液之,何也?"

答曰:"恐不逮事也。"

"发扬蹈厉之已早,何也?"

答曰:"及时事也。"

"《武》坐致右宪左,何也?"

答曰:"非《武》坐也。"

"声淫及商,何也?"

答曰:"非《武》音也。"

子曰:"若非《武》音,则何音也?"

答曰:"有司失其传也。如非有司失其传,则武王之志荒矣。"

子曰:"唯丘之闻诸苌弘,亦若吾子之言是也。"

宾牟贾起,免席而请曰:"夫《武》之备戒之已久,则既闻命矣。敢问迟之迟而又久,何也?"

子曰:"居,吾语汝。夫乐者,象成者也。总干而山立,武王之事也;发扬蹈厉,太公之志也;武乱皆坐,周召之治也。且夫《武》,始而北出,再成而灭商,三成而南,四成而南国是疆,五成而分陕,周公左,召公右,六成复缀,以崇天子,夹振之而四伐,盛振威于中国也。分夹而进,事早济也。久立于缀,以待诸侯之至也。且夫女独未闻牧野之语乎?武王克殷反商,未及下车,而封黄帝之后于蓟,封帝尧之后于祝,封帝舜之后于陈;下车而封夏后氏之后于杞,封殷之后于宋,封王子比干之墓,释箕子之囚,使之行商容而复其位,庶民弛政,庶士倍禄。济河而西,马散华山之阳而弗复乘;牛散桃林之野而不复服;车甲弢而藏之府库而弗复用;倒载干戈,苞之以虎皮,将率之士,使为诸侯,名之曰"建櫜":然后天下知武王之不复用兵也。散军而郊射,左射《狸首》,右射《驺虞》,而贯革之射息也;裨冕搢笏,而虎贲之士说剑也;祀乎明堂,而民知孝;朝觐,然后诸侯知所以臣;耕藉,然后诸侯知所以敬:五者天下之大教也。食三老五更于太学,天子袒而割牲,执酱而馈,执爵而酳,冕而总干,所以教诸侯之悌也。若此,则周道四达,礼乐交通,则夫《武》之迟久,不亦宜乎?"

子贡见师乙而问焉,曰:"赐闻声歌各有宜也,如赐者宜何歌也?"师乙曰:"乙,贱工也,何足以问所宜。请诵其所闻,而吾子自执焉。宽而静,柔而正者,宜歌《颂》;广大而静,疏达而信者,宜歌《大雅》;恭俭而好礼者,宜歌《小雅》;正直清廉而谦者,宜歌《风》;肆直而慈爱者,宜歌《商》;温良而能断者,宜歌《齐》。夫歌者,直己而陈德,动己而天地应焉,四时和焉,星辰理焉,万物育焉。故《商》者,五帝之遗声也,商人志之,故谓之《商》;《齐》者,三代之遗声也,齐人志之,故谓之《齐》。明乎《商》之诗者,临事而屡断;明乎《齐》之诗者,见利而让也。临事而屡断,勇也;见利而让,义也。有勇有义,非歌孰能保此?故歌者,上如抗,下如队,曲如折,止如槁木,居中矩,句中钩,累累乎殷如贯珠。故歌之为言也,长言之也。说之,故言之;言之不足,故长言之;长言之不足,故嗟叹之;嗟叹之不足,故不知手之舞之足之蹈之。"《子贡问乐》。

凡音由于人心。天之与人有以相通,如景之象形,响之应声。故为善者天报之以福,为恶者天与之以殃,其自然者也。

故舜弹五弦之琴,歌《南风》之诗而天下治;纣为朝歌北鄙之音,身死国亡。舜之道何弘也?纣之道何隘也?夫《南风》之诗者,生长之音也,舜乐好之,乐与天地同意,得万国之欢心,故天下治也。夫朝歌者不时也,北者败也,鄙者陋也,纣乐好之,与万国殊心,诸侯不附,百姓不亲,天下畔之,故身死国亡。

而卫灵公之时,将之晋,至于濮水之上舍。夜半时闻鼓琴声,问左右,皆对曰"不闻"。乃召师涓曰:"吾闻鼓琴音,问左右,皆不闻。其状似鬼神,为我听而写之。"师涓曰:"诺。"因端坐援琴,听而写之。明日,曰:"臣得之矣,然未习也,请宿习之。"灵公曰:"可。"因复宿。明日,报曰:"习矣。"即去之晋,见晋平公。平公置酒于施惠之台。酒酣,灵公曰:"今者来,闻新声,请奏之。"平公曰："可。"即令师涓坐师旷旁，援琴鼓之。未终，师旷抚而止之曰："此亡国之声也，不可遂。"平公曰："何道出？"师旷曰："师延所作也。与纣为靡靡之乐，武王伐纣，师延东走，自投濮水之中，故闻此声必于濮水之上，先闻此声者国削。"平公曰："寡人所好者音也，愿遂闻之。"师涓鼓而终之。平公曰："音无此最悲乎？"师旷曰："有。"平公曰："可得闻乎？"师旷曰："君德义薄，不可以听之。"平公曰："寡人所好者音也，愿闻之。"师旷不得已，援琴而鼓。一奏之，有玄鹤二八集乎廊门；再奏之，延颈而鸣，舒翼而舞。

平公大喜，起而为师旷寿。反坐，问曰："音无此最悲乎？"师旷曰："有。昔者黄帝以大合鬼神。今君德义薄，不足以听之。听之将败。"平公曰："寡人老矣，所好者音也，愿遂闻之。"师旷不得已，援琴而鼓之。一奏之，有白云从西北起；再奏之，大风至而雨随之，飞廊瓦，左右皆奔走。平公恐惧，伏于廊屋之间。晋国大旱，赤地三年。

听者或吉或凶。夫乐不可妄兴也。

太史公曰：夫上古明王举乐者，非以娱心自乐，快意恣欲，将欲为治也。正教者皆始于音。音正而行正。故音乐者，所以动荡血脉，通流精神而和正心也。故宫动脾而和正圣，商动肺而和正义，角动肝而和正仁，徵动心而和正礼，羽动肾而和正智。故乐所以内辅正心而外异贵贱也；上以事宗庙，下以变化黎庶。琴长八尺一寸，正度也。弦大者为宫，而居中央，君也。商张右傍，其馀大小相次，不失其次序，则君臣之位正矣。故闻宫音，使人温舒而广大；闻商音，使人方正而好义；闻角音，使人恻隐而爱人；闻徵音，使人乐善而好施；闻羽音，使人整齐而好礼。夫礼由外入，乐自内出。故君子不可须臾离礼，须臾离礼则暴慢之行穷外；不可须臾离乐，须臾离乐则奸邪之行穷内。故乐音者，君子之所养义也。夫古者，天子诸侯听钟磬未尝离于庭，卿大夫听琴瑟之音未尝离于前，所以养行义而防淫佚也。夫淫佚生于无礼，故圣王使人耳闻《雅》、《颂》之音，目视威仪之礼，足行恭敬之容，口言仁义之道，故君子终日言而邪辟无由入也。

卷二十五　　律书第三

王者制事立法，物度轨则，壹禀于六律，六律为万事根本焉。

其于兵械尤所重，故云"望敌知吉凶，闻声效胜负"，百王不易之道也。

武王伐纣，吹律听声，推孟春以至于季冬，杀气相并，而音尚宫。同声相从，物之自然，何足怪哉？

兵者，圣人所以讨强暴，平乱世，夷险阻，救危殆。自含血戴角之兽见犯则校，而况于人怀好恶喜怒之气？喜则爱心生，怒则毒螫加，情性之理也。

昔黄帝有涿鹿之战，以定火灾；颛顼有共工之陈，以平水害；成汤有南巢之伐，以殄夏乱。递兴递废，胜者用事，所受于天也。

自是之后，名士迭兴，晋用咎犯，而齐用王子，吴用孙武，申明军约，赏罚必信，卒伯诸侯，兼列邦土，虽不及三代之诰誓，然身宠君尊，当世显扬，可不谓荣焉？岂与世儒暗于大较，不权轻重，猥云德化，不当用兵，大至君辱失守，小乃侵犯削弱，遂执不移等哉！故教笞不可废于家，刑罚不可捐于国，诛伐不可偃于天下。用之有巧拙，行之有逆顺耳。

夏桀、殷纣，手搏豺狼，足追四马，勇非微也；百战克胜，诸侯慑服，权非轻也。秦二世宿军无用之地，连兵于边陲，力非弱也；结怨匈奴，结祸於越，势非寡也。及其威尽势极，闾巷之人为敌国，咎生穷武之不知足，甘得之心不息也。

高祖有天下，三边外畔，大国之王虽称蕃辅，臣节未尽。会高祖厌苦军事，亦有萧、张之谋，故偃武一休息，羁縻不备。

历至孝文即位，将军陈武等议曰："南越、朝鲜自全秦时内属为臣子，后且拥兵阻阨，选蠕观望。高祖时天下新定，人民小安，未可复兴兵。今陛下仁惠抚百姓，恩泽加海内，宜及士民乐用，征讨逆党，以一封疆。"孝文曰："朕能任衣冠，念不到此。会吕氏之乱，功臣宗室共不羞耻，误居正位，常战战栗栗，恐事之不终。且兵凶器，虽克所愿，动亦耗病，谓百姓远方何？又先帝知劳民不可烦，故不以为意。朕岂自谓能？今匈奴内侵，军吏无功，边民父子荷兵日久，朕常为动心伤痛，无日忘之。今未能销距，愿且坚边设候，结和通使，休宁北陲，为功多矣。且无议军。"故百姓无内外之繇，得息肩于田亩，天下殷富，粟至十馀钱，鸣鸡吠狗，烟火万里，可谓和乐者乎！

太史公曰：文帝时，会天下新去汤火，人民乐业，因其欲然，能不扰乱，故百姓遂安。自年六七十翁亦未尝至市井，游敖嬉戏如小儿状。孔子所称有德君子者邪！

书曰"七正"。二十八舍，律历，天所以通五行八正之气，天所以成熟万物也。舍者，日月所舍。舍者，舒气也。

不周风居西北，主杀生。东壁居不周风东，主辟生气而东之。至于营室。营室者，主营胎阳气而产之。东至于危。危，垝也。言阳气之垝，故曰危。十月也。律中应钟。应钟者，阳气之应，不用事也。其于十二子为亥。亥者，该也。言阳气藏于下，故该也。

广莫风居北方。广莫者，言阳气在下，阴莫阳广大也，故曰广莫。东至于虚。虚者，能实能虚，言阳气冬则宛藏于虚，日冬至则一阴下藏，一阳上舒，故曰虚。东至于须女。言万物变动其所，阴阳气未相离，尚相如胥也，故曰须女。十一月也，律中黄钟。黄钟者，阳气踵黄泉而出也。其于十二子为子。子者，滋也；滋者，言万物滋于下也。其于十母为壬癸。壬之为言任也，言阳气任养万物于下也；癸之为言揆也，言万物可揆度，故曰癸。东至牵牛。牵牛者，言阳气牵引万物出之也。牛者，冒也，言地虽冻，能冒而生也。牛者，耕植种万物也。东至于建星。建星者，建诸生也。十二月也，律中大吕。大吕者，其于十二子为丑。丑者，纽也。言阳气在上未降，万物厄纽未敢出也。

条风居东北，主出万物。条之言条治万物而出之，故曰条风。南至于箕。箕者，言万物根棋，故曰箕。正月也，律中泰蔟。泰蔟者，言万物蔟生也。故曰泰蔟。其于十二子为寅。寅言万物始生螾然也，故曰寅。南至于尾，言万物始生如尾也。南至于心，言万物始生有华心也。南至于房。房者，言万物门户　至于门则出矣。

明庶风居东方。明庶者，明众物尽出也。二月也，律中夹钟。夹钟者，言阴阳相夹厕也。其于十二子为卯。卯之为言茂也，言万物茂也。其于十母为甲乙。甲者，言万物剖符甲而出也；乙者，言万物生轧轧也。南至于氐。氐者，言万物皆至也。南至于亢。亢者，言万物亢见也。南至于角。角者，言万物皆有枝格如角也。三月也，律中姑洗。姑洗者，言万物洗生。其于十二子为辰。辰者，言万物之蜄也。

清明风居东南维，主风吹万物，而西之轸。轸者，言万物益大而轸轸然。西至于翼。翼者，言万物皆有羽翼也。四月也，律中中吕。中吕者，言万物尽旅而西行也。其于十二子为巳。巳者，言阳气之已尽也。西至于七星。七星者，阳数成于七，故曰七星。西至于张。张者，言万物皆张也。西至于注。注者，言万物之始衰，阳气下注，故曰注。五月也，律中蕤宾。蕤宾者，言阴气幼少，故曰蕤；痿阳不用事，故曰宾。

景风居南方。景者，言阳气道竟，故曰景风。其于十二子为午。午者，阴阳交，故曰午。其于十母为丙丁。丙者，言阳道著明，故曰丙；丁者，言万物之丁壮也，故曰丁。西至于弧。弧者，言万物之吴落且就死也。西至于狼。狼者，言万物可度量，断万物，故曰狼。

凉风居西南维，主地。地者，沉夺万物气也。六月也，律中林钟。林钟者，言万物就死气林林然。其于十二子为未。未者，言万物皆成，有滋味也。北至于罚。罚者，言万物气夺可伐也。北至于参。参言万物可参也，故曰参。七月也，律中夷则。夷则，言阴气之贼万物也。其于十二子为申。申者，言阴用事，申贼万物，故曰申。北至于浊。浊者，触也，言万物皆触死也，故曰浊。北至于留。留者，言阳气之稽留也，故曰留。八月也，律中南吕。南吕者，言阳气之旅入藏也。其于十二子为酉。酉者，万物之老也，故口酉。

阊阖风居西方。阊者，倡也；阖者，藏也。言阳气道万物，阖黄泉也。其于十母为庚辛。庚者，言阴气庚万物，故曰庚；辛者，言万物之辛生，故曰辛。北至于胃。胃者，言阳气就藏，皆胃胃也。北至于娄。娄者，呼万物且内之也。北至于奎。奎者，主毒螫杀万物也，奎而藏之。九月也，律中无射。无射者，阴气盛用事，阳气无馀也，故曰无射。其于十二子为戌。戌者，言万物尽灭，故曰戌。

律数：

九九八十一，以为宫。

三分去一，五十四，以为徵。

三分益一，七十二，以为商。

三分去一，四十八，以为羽。

三分益一，六十四，以为角。

黄钟：长八寸七分一，宫。

大吕：长七寸五分三分二。

太蔟：长七寸十分二，角。

夹钟：长六寸七分三分一。

姑洗：长六寸十分四，羽。

仲吕：长五寸九分三分二，徵。

蕤宾：长五寸六分三分二。

林钟：长五寸十分四，角。

夷则：长五寸三分二，商。

南吕：长四寸十分八，徵。

无射：长四寸四分三分二。

应钟：长四寸二分三分二，羽。

生钟分：

子：一分。

丑：三分二。

寅：九分八。

卯：二十七分十六。

辰：八十一分六十四。

巳：二百四十三分一百二十八。

午：七百二十九分五百一十二。

未：二千一百八十七分一千二十四。

申：六千五百六十一分四千九十六。

酉：一万九千六百八十三分八千一百九十二。

戌：五万九千四十九分三万二千七百六十八。

亥：十七万七千一百四十七分六万五千五百三十六。

生黄钟术曰：以下生者，倍其实，三其法。以上生者，四其实，三其法。上九，商八，羽七，角六，宫五，徵九。置一而九。三之以为法。实如法，得长一寸。凡得九寸，命曰"黄钟之宫"。故曰音始于宫，穷于角；数始于一，终于十，成于三；气始于冬至，周而复生。

神生于无形，成于有形，然后数形而成声，故曰神使气，气就形。形理如类有可类。或未形而未类，或同形而同类。类而可班，类而可识。圣人知天地识之别，故从有以至未有，以得细若气，微若声。然圣人因神而存之，虽妙必效情，核其华道者明矣。非有圣心以乘聪明，孰能存天地之神而成形之情哉？神者，物受之而不能知及其去来，故圣人畏而欲存之。唯欲存之，神之亦存。其欲存之者，故莫贵焉。

太史公曰：故璇玑玉衡以齐七政，即天地二十八宿。十母，十二子，钟律调自上古。建律运历造日度，可据而度也。合符节，通道德，即从斯之谓也。

卷二十六　　历书第四

昔自在古，历建正作于孟春。于时冰泮发蛰，百草奋兴，秭鴂先滜。物乃岁具，生于东，次顺四时，卒于冬分。时鸡三号，卒明。抚十二节，卒于丑。日月成，故明也。明者孟也，幽者幼也，幽明者雌雄也。雌雄代兴，而顺至正之统也。日归于西，起明于东；月归于东，起明于西。正不率天，又不由人，则凡事易坏而难成矣。

王者易姓受命，必慎始初，改正朔，易服色，推本天元，顺承厥意。

太史公曰：神农以前尚矣。盖黄帝考定星历，建立五行，起消息，正闰馀，于是有天地神祇物类之官，是谓五官。各司其序，不相乱也。民是以能有信，神是以能有明德。民神异业，敬而不渎，故神降之嘉生。民以物享，灾祸不生，所求不匮。

少暤氏之衰也，九黎乱德，民神杂扰，不可放物，祸灾荐至，莫尽其气。颛顼受之，乃命南正重司天以属神，命火正黎司地以属民，使复旧常，无相侵渎。

其后三苗服九黎之德，故二官咸废所职，而闰馀乖次，孟陬殄灭，摄提无纪，历数失序。尧复遂重黎之后，不忘旧者，使复典之，而立羲和之官。明时正度，则阴阳调，风雨节，茂气至，民无夭疫。年耆禅舜，申戒文祖，云"天之历数在尔躬"。舜亦以命禹。由是观之，王者所重也。

夏正以正月，殷正以十二月，周正以十一月。盖三王之正若循环，穷则反本。天下有道，则不失纪序；无道，则正朔不行于诸侯。

幽、厉之后，周室微，陪臣执政，史不记时，君不告朔。故畴人子弟分散，或在诸夏，或在夷狄，是以其机祥废而不统。周襄王二十六年闰三月，而《春秋》非之。先王之正时也，履端于始，举正于中，归邪于终。履端于始，序则不愆；举正于中，民则不惑；归邪于终，事则不悖。

其后战国并争，在于强国禽敌救急解纷而已，岂遑念斯哉！是时独有邹衍，明于五德之传，而散消息之分，以显诸侯，而亦因秦灭六国，兵戎极烦，又升至尊之日浅，未暇遑也。而亦颇推五胜，而自以为获水德之瑞，更名河曰"德水"，而正以十月，色上黑。然历度闰馀，未能睹其真也。

汉兴，高祖曰"北畤待我而起"，亦自以为获水德之瑞。虽明习历及张苍等，咸以为然。是时天下初定，方纲纪大基，高后女主，皆未遑。故袭秦正朔服色。

至孝文时，鲁人公孙臣以终始五德上书，言"汉得土德，宜更元，改正朔，易服色。当有瑞，瑞黄龙见"。事下丞相张苍，张苍亦学律历，以为非是，罢之。其后黄龙见成纪，张苍自黜，所欲论著不成。而新垣平以望气见，颇言正历服色事，贵幸；后作乱，故孝文帝废不复问。

至今上即位，招致方士唐都，分其天部；而巴落下闳运算转历，然后日辰之度与夏正同。乃改元，更官号，封泰山。因诏御史曰："乃者，有司言星度之未定也，广延宣问，以理星度，未能詹也。盖闻昔者黄帝合而不死，名察度验，定清浊，起五部，建气物分数。然盖尚矣。书缺乐弛，朕甚闵焉。朕唯未能循明也。紬绩日分，率应水德之胜。今日顺夏至，黄钟为宫，林钟为徵，太蔟为商，南

吕为羽，姑洗为角。自是以后，气复正，羽声复清，名复正变，以至子日当冬至，则阴阳离合之道行焉。十一月甲子朔旦冬至已詹，其更以七年为太初元年。年名'焉逢摄提格'，月名'毕聚'，日得甲子，夜半朔旦冬至。"

历术甲子篇：

太初元年，岁名"焉逢摄提格"，月名"毕聚"，日得甲子，夜半朔旦冬至。

正北
十二
　　　无大馀，无小馀；
　　　无大馀，无小馀；
焉逢摄提格。太初元年。
十二
　　　大馀五十四，小馀三百四十八；
　　　大馀五，小馀八；
端蒙单阏。二年。
闰十三
　　　大馀四十八，小馀六百九十六；
　　　大馀十，小馀十六；
游兆执徐。三年。
十二
　　　大馀十二，小馀六百三；
　　　大馀十五，小馀二十四；
强梧大荒落。四年。
十二
　　　大馀七，小馀十一；
　　　大馀二十一，无小馀；
徒维敦牂。天汉元年。
闰十三
　　　大馀一，小馀三百五十九；
　　　大馀二十六，小馀八；
祝犁协洽。二年。
十二
　　　大馀二十五，小馀二百六十六；
　　　大馀三十一，小馀十六；
商横涒滩。三年。
十二
　　　大馀十九，小馀六百一十四；
　　　大馀三十六，小馀二十四；
昭阳作鄂。四年。
闰十三
　　　大馀十四，小馀二十二；
　　　大馀四十二，无小馀；
横艾淹茂。太始元年。
十二
　　　大馀三十七，小馀八百六十九；
　　　大馀四十七，小馀八；
尚章大渊献。二年。
闰十三
　　　大馀三十二，小馀二百七十七；

大餘五十二，小餘一十六；
焉逢困敦。三年。
十二
　　　大餘五十六，小餘一百八十四；
　　　大餘五十七，小餘二十四；
端蒙赤奮若。四年。
十二
　　　大餘五十，小餘五百三十二；
　　　大餘三，無小餘；
游兆攝提格。征和元年。
閏十三
　　　大餘四十四，小餘八百八十；
　　　大餘八，小餘八；
強梧單閼。二年。
十二
　　　大餘八，小餘七百八十七；
　　　大餘十三，小餘十六；
徒維執徐。三年。
十二
　　　大餘三，小餘一百九十五；
　　　大餘十八，小餘二十四；
祝犁大荒落。四年。
閏十三
　　　大餘五十七，小餘五百四十三；
　　　大餘二十四，無小餘；
商橫敦牂。後元元年。
十二
　　　大餘二十一，小餘四百五十；
　　　大餘二十九，小餘八；
昭陽協洽。二年。
閏十三
　　　大餘十五，小餘七百九十八；
　　　大餘三十四，小餘十六；
橫艾涒灘。始元元年。
正西
十二
　　　大餘三十九，小餘七百五；
　　　大餘三十九，小餘二十四；
尚章作噩。二年。
十二
　　　大餘三十四，小餘一百一十三；
　　　大餘四十五，無小餘；
焉逢淹茂。三年。
閏十三
　　　大餘二十八，小餘四百六十一；
　　　大餘五十，小餘八；
端蒙大淵獻。四年。
十二
　　　大餘五十二，小餘三百六十八；
　　　大餘五十五，小餘十六；

游兆困敦。五年。
十二
　　　大餘四十六，小餘七百一十六；
　　　無大餘，小餘二十四；
強梧赤奮若。六年。
閏十三
　　　大餘四十一，小餘一百二十四；
　　　大餘六，無小餘；
徒維攝提格。元鳳元年。
十二
　　　大餘五，小餘三十一，
　　　大餘十一，小餘八；
祝犁單閼。二年。
十二
　　　大餘五十九，小餘三百七十九；
　　　大餘十六，小餘十六；
商橫執徐。三年。
閏十三
　　　大餘五十三，小餘七百二十七；
　　　大餘二十一，小餘二十四；
昭陽大荒落。四年。
十二
　　　大餘十七，小餘六百三十四；
　　　大餘二十七，無小餘；
橫艾敦牂。五年。
閏十三
　　　大餘十二，小餘四十二；
　　　大餘三十二，小餘八；
尚章協洽。六年。
十二
　　　大餘三十五，小餘八百八十九；
　　　大餘三十七，小餘十六；
焉逢涒灘。元平元年。
十二
　　　大餘三十，小餘二百九十七；
　　　大餘四十二，小餘二十四；
端蒙作噩。本始元年。
閏十三
大餘二十四，小餘六百四十五；
　　　大餘四十八，無小餘；
游兆閹茂。二年。
十二
　　　大餘四十八，小餘五百五十二；
　　　大餘五十三，小餘八；
強梧 大淵獻。三年。
十二
　　　大餘四十二，小餘九百；
　　　大餘五十八，小餘十六；
徒維困敦。四年。
閏十三

大余三十七，小余三百八；
　　　大余三，小余二十四；
祝犁赤奋若。地节元年。
十二
　　　大余一，小余二百一十五；
　　　大余九，无小余；
商横摄提格。二年。
闰十三
　　　大余五十五，小余五百六十三；
　　　大余十四，小余八；
昭阳单阏。三年。
正南
十二
　　　大余十九，小余四百七十；
　　　大余十九，小余十六；
横艾执徐。四年。
十二
　　　大余十三，小余八百一十八；
　　　大余二十四，小余二十四；
尚章大荒落。元康元年。
闰十三
　　　大余八，小余二百二十六；
　　　大余三十，无小余；
焉逢敦牂。二年。
十二
　　　大余三十二，小余一百三十三；
　　　大余三十五，小余八；
端蒙协洽。三年。
十二
　　　大余二十六，小余四百八十一；
　　　大余四十，小余十六；
游兆涒滩。四年。
闰十三
　　　大余二十，小余八百二十九；
　　　大余四十五，小余二十四；
强梧作噩。神雀元年。
十二
　　　大余四十四，小余七百三十六；
　　　大余五十一，无小余；
徒维淹茂。二年。
十二
　　　大余三十九，小余一百四十四；
　　　大余五十六，小余八；
祝犁大渊献。三年。
闰十三
　　　大余三十三，小余四百九十二；
　　　大余一，小余十六；
商横困敦。四年。
十二
　　　大余五十七，小余三百九十九；

　　　大余六，小余二十四；
昭阳赤奋若。五凤元年。
闰十三
　　　大余五十一，小余七百四十七；
　　　大余十二，无小余；
横艾摄提格。二年。
十二
　　　大余十五，小余六百五十四；
　　　大余十七，小余八；
尚章单阏。三年。
十二
　　　大余十，小余六十二；
　　　大余二十二，小余十六；
焉逢执徐。四年。
闰十三
　　　大余四，小余四百一十；
　　　大余二十七，小余二十四；
端蒙大荒落。甘露元年。
十二
　　　大余二十八，小余三百一十七；
　　　大余三十三，无小余；
游兆敦牂。二年。
十二
　　　大余二十二，小余六百六十五；
　　　大余三十八，小余八；
强梧协洽。三年。
闰十三
　　　大余十七，小余七十三；
　　　大余四十三，小余十六；
徒维涒滩。四年。
十二
　　　大余四十，小余九百二十；
　　　大余四十八，小余二十四；
祝犁作噩。黄龙元年。
闰十三
　　　大余三十五，小余三百二十八；
　　　大余五十四，无小余；
商横淹茂。初元元年。
正东
十二
　　　大余五十九，小余二百三十五；
　　　大余五十九，小余八；
昭阳大渊献。二年。
十二
　　　大余五十三，小余五百八十三；
　　　大余四，小余十六；
横艾困敦。三年。
闰十三
　　　大余四十七，小余九百三十一；
　　　大余九，小余二十四。

尚章赤奋若。四年。
十二
　　大馀十一,小馀八百三十八;
　　大馀十五,无小馀;
焉逢摄提格。五年。
十二
　　大馀六,小馀二百四十六;
　　大馀二十,小馀八;
端蒙单阏。永光元年。
闰十三
无大馀,小馀五百九十四;
　　大馀二十五,小馀十六;
游兆执徐。二年。
十二
　　大馀二十四,小馀五百一;
　　大馀三十,小馀二十四;
强梧大荒落。三年。
十二
　　大馀十八,小馀八百四十九;
　　大馀三十六,无小馀;
徒维敦牂。四年。
闰十三
　　大馀十三,小馀二百五十七;
　　大馀四十一,小馀八;
祝犁协洽。五年。
十二
　　大馀三十七,小馀一百六十四;
　　大馀四十六,小馀十六;
商横涒滩。建昭元年。
闰十三
　　大馀三十一,小馀五百一十二;
　　大馀五十一,小馀二十四;
昭阳作噩。二年。
十二
　　大馀五十五,小馀四百一十九;
　　大馀五十七,无小馀;
横艾阉茂。三年。
十二
　　大馀四十九,小馀七百六十七;
　　大馀二,小馀八;
尚章大渊献。四年。
闰十三
　　大馀四十四,小馀一百七十五;
　　大馀七,小馀十六;
焉逢困敦。五年。
十二
　　大馀八,小馀八十二;
　　大馀十二,小馀二十四;
端蒙赤奋若。竟宁元年。
十二

　　大馀二,小馀四百三十;
　　大馀十八,无小馀;
游兆摄提格。建始元年。
闰十三
　　大馀五十六,小馀七百七十八。
　　大馀二十三,小馀八;
强梧单阏。二年。
十二
　　大馀二十,小馀六百八十五;
　　大馀二十八,小馀十六;
徒维执徐。三年。
闰十三
　　大馀十五,小馀九十三;
　　大馀三十三,小馀二十四;
祝犁大荒落。四年。
右《历书》。大馀者,日也。小馀者,月也。端蒙者,年名也。支:丑名赤奋若,寅名摄提格。干:丙名游兆。正北,冬至加子时;正西,加酉时;正南,加午时;正东,加卯时。

卷二十七　　　　天官书第五

中宫天极星,其一明者,太一常居也;旁三星、三公,或曰子属。后句四星,末大星,正妃,馀三星,后宫之属也。环之匡卫十二星,藩臣。皆曰紫宫。
前列直斗口三星,随北端兑,若见若不,曰阴德,或曰天一。紫宫左三星曰天枪,右五星曰天棓,后六星绝汉抵营室,曰阁道。
北斗七星,所谓"旋玑玉衡以齐七政"。杓携龙角,衡殷南斗,魁枕参首。用昏建者杓;杓,自华以西南。夜半建者衡;衡,殷中州河、济之间。平旦建者魁;魁,海岱以东北也。斗为帝车,运于中央,临制四乡。分阴阳,建四时,均五行,移节度,定诸纪,皆系于斗。
斗魁戴匡六星曰文昌宫:一曰上将,二曰次将,三曰贵相,四月司命,五曰司中,六曰司禄。在斗魁中,贵人之牢。魁下六星,两两相比者,名曰三能。三能色齐,君臣和;不齐,为乖戾。辅星明近,辅臣亲强;斥小,疏弱。
杓端有两星:一内为矛,招摇;一外为盾,天锋。有句圜十五星,属杓,曰贱人之牢。其牢中星实则囚多,虚则开出。
天一、枪、棓、矛、盾动摇,角大,兵起。
东宫苍龙,房、心。心为明堂,大星天王,前后星子属。不欲直,直则天王失计。房为府,曰天驷。其阴,右骖。旁有两星曰衿;北一星曰牵。东北曲十二星曰旗。旗中四星曰天市;中六星曰市楼。市中星众者实;其虚则耗。房南众星曰骑官。
左角,李;右角,将。大角者,天王帝廷。其两旁各有三星,鼎足句之,曰摄提。摄提者,直斗杓所指,以建时节，故曰"摄提格"。亢为疏庙，主疾。其南北两大星，曰南门。氐为天根，主疫。

尾为九子，曰君臣；斥绝，不和。箕为敖客，曰口舌。

火犯守角，则有战。房、心，王者恶之也。

南宫朱鸟，权、衡。衡，太微，三光之廷。匡卫十二星，藩臣：西，将；东，相；南四星，执法；中，端门；门左右，掖门。门内六星，诸侯。其内五星，五帝坐。后聚一十五星蔚然，曰郎位；傍一大星，将位也。月、五星顺入，轨道，司其出，所守，天子所诛也。其逆入，若不轨道，以所犯命之；中坐，成形，皆群下从谋也。金、火尤甚。廷藩西有隋星五，曰少微，士大夫。权，轩辕。轩辕，黄龙体。前大星，女主象；旁小星，御者后宫属。月、五星守犯者，如衡占。

东井为水事。其西曲星曰钺。钺北，北河；南，南河；两河、天阙间为关梁。舆鬼，鬼祠事；中白者为质。火守南北河，兵起，谷不登。故德成衡，观成潢，伤成钺，祸成井，诛成质。

柳为鸟注，主木草。七星，颈，为员官，主急事。张，素，为厨，主觞客。翼为羽翮，主远客。

轸为车，主风。其旁有一小星，曰长沙，星星不欲明，明与四星等。若五星入轸中，兵大起。轸南众星曰天库楼，库有五车。车星角若益众，及不具，无处车马。

西宫咸池，曰天五潢。五潢，五帝车舍。火入，旱；金，兵；水，水。中有三柱，柱不具，兵起。

奎曰封豕，为沟渎。娄为聚众。胃为天仓。其南众星曰廥积。

昴曰髦头，胡星也，为白衣会。毕曰罕车，为边兵，主弋猎。其大星旁小星为附耳。附耳摇动，有谗乱臣在侧。昴、毕间为天街。其阴，阴国；阳，阳国。

参为白虎。三星直者，是为衡石。下有三星，兑，曰罚，为斩艾事。其外四星，左右肩股也。小三星隅置，曰觜觿，为虎首，主葆旅事。其南有四星，曰天厕。厕下一星，曰天矢。矢黄则吉；青、白、黑，凶。其西有句曲九星，三处罗：一曰天旗，二曰天苑，三曰九游。其东有大星曰狼。狼角变色，多盗贼。下有四星曰弧，直狼。狼比地有大星，曰南极老人。老人见，治安；不见，兵起。常以秋分时候之于南郊。

附耳入毕中，兵起。

北宫玄武，虚、危。危为盖屋；虚为哭泣之事。

其南有众星，曰羽林天军。军西为垒，或曰钺。旁有一大星为北落。北落若微亡，军星动角益希，及五星犯北落，入军，军起。火、金、水尤甚；火，军忧；水，患；木、土，军吉。危东六星，两两相比，曰司空。

营室为清庙，曰离宫、阁道。汉中四星，曰天驷。旁一星，曰王良。王良策马，车骑满野。旁有八星，绝汉，曰天潢。天潢旁，江星。江星动，人涉水。

杵、臼四星，在危南。瓠瓜，有青黑星守之，鱼盐贵。

南斗为庙，其北建星。建星者，旗也。牵牛为牺牲。其北河鼓。河鼓大星，上将；左右，左右将。婺女，其北织女。织女，天女孙也。

察日、月之行以揆岁星顺逆。曰东方木，主春，日甲乙。义失者，罚出岁星。岁星赢缩，以其舍命国。所在国不可伐，可以罚人。其趋舍而前曰赢，退舍曰缩。赢，其国有兵不复；缩，其国有忧，将亡，国倾败。其所在，五星皆从而聚于一舍，其下之国，可以义致天下。

以摄提格岁：岁阴左行在寅，岁星右转居丑。正月，与斗、牵牛晨出东方，名曰监德。色苍苍有光，有应见柳。岁早，水；晚，旱。

岁星出，东行十二度，百日而止。反逆行；逆行八度，百日，复东行。岁行三十度十六分度之七，率日行十二分度之一，十二岁而周天。出常东方，以晨；入于西方，用昏。

单阏岁：岁阴在卯，星居子。以二月与婺女、虚、危晨出，曰降入。大有光。其失次，有应见张。其岁大水。

执徐岁：岁阴在辰，星居亥。以三月与营室、东壁晨出，曰青章。青青甚章。其失次，有应见轸。岁早，旱；晚，水。

大荒骆岁：岁阴在巳，星居戌。以四月与奎、娄晨出，曰跰踵。熊熊赤色，有光。其失次，有应见亢。

敦牂岁：岁阴在午，星居酉。以五月与胃、昴、毕晨出，曰开明。炎炎有光。偃兵；唯利公王，不利治兵。其失次，有应见房。岁早，旱；晚，水。

叶洽岁：岁阴在未，星居申。以六月与觜觿、参晨出，曰长列。昭昭有光。利行兵。其失次，有应见箕。

涒滩岁：岁阴在申，星居未。以七月与东井、舆鬼晨出，曰大音。昭昭白。其失次，有应见牵牛。

作鄂岁：岁阴在酉，星居午。以八月与柳、七星、张晨出，曰长王。作作有芒。国其昌，熟谷。其失次，有应见危。有旱而昌，有女丧，民疾。

阉茂岁：岁阴在戌，星居巳。以九月与翼、轸晨出，曰天睢。白色大明。其失次，有应见东壁。岁水，女丧。

大渊献岁：岁阴在亥，星居辰。以十月与角、亢晨出，曰大章。苍苍然，星若跃而阴出旦，是谓"正平"。起师旅，其率必武；其国有德，将有四海。其失次，有应见娄。

困敦岁：岁阴在子，星居卯。以十一月与氐、房、心晨出，曰天泉。玄色甚明。江池其昌，不利起兵。其失次，有应见昴。

赤奋若岁：岁阴在丑，星居寅。以十二月与尾、箕晨出，曰天皓。黫然黑色甚明。其失次，有应见参。

当居不居，居之又左右摇，未当去去之，与他星会，其国凶。所居久，国有德厚。其角动，乍小乍大，若色数变，人主有忧。

其失次舍以下，进而东北，三月生天棓，长四丈，末兑。进而东南，三月生彗星，长二丈，类彗。退而西北，三月生天欃，长四丈，末兑。退而西南，三月生天枪，长数丈，两头兑。谨视其所见之国，不可举事用兵。其出如浮如沉，其国有土功；如沉如浮，其野亡。色赤而有角，其所居国昌。迎角而战者，不胜。星色赤黄而沉，所居野大穰。色青白而赤灰，所居野有忧。岁星入月，其野有逐相；与太白斗，其野有破军。

岁星一曰摄提，曰重华，曰应星，曰纪星。营室为清庙，岁星庙也。

察刚气以处荧惑。曰南方火，主夏，日丙、丁。礼失，罚出荧惑，荧惑失行是也。出则有兵，入则兵散。以其舍命国。荧惑为勃乱，残贼、疾、丧、饥、兵。反道二舍以上，居之，三月有殃，五月受兵，七月半亡地，九月太半亡地。因与俱出入，国绝祀。居之，殃还至，虽大当小；久而至，当小反大。其南为丈夫丧，北为女子丧。若角动绕环之，及乍前乍后，左右，殃益大。与他星斗，光相逮，为害；不相逮，不害。五星皆从而聚于一舍，其下国可以礼致天下。

法，出东行十六舍而止；逆行二舍；六旬，复东行，自所止数十舍，十月而入西方；伏行五月，出东方。其出西方曰"反明"，主命者恶之。东行急，一日行一度半。

其行东、西、南、北疾也。兵各聚其下；用战，顺之胜，逆之败。荧惑从太白，军忧；离之，军却。出太白阴，有分军；行其阳，有偏将战。当其行，太白逮之，破军杀将。其入守犯太微、轩辕、营室，主命恶之。心为明堂，荧惑庙也。谨候此。

历斗之会以定填星之位。曰中央土，主季夏，日戊、己，黄帝，主德，女主象也。岁填一宿，其所居国吉。未当居而居，若已去而复还，还居之，其国得土；不，乃得女。若当居而不居，既已居之，又西去，其国失土；不，乃失女；不可举事用兵。其居久，其国福厚；易，福薄。

其一名曰地侯，主岁。岁行十三度百十二分度之五，日行二十八分度之一，二十八岁周天。其所居，五星皆从而聚于一舍，其下之国，可以重致天下。礼、德、义、杀、刑尽失，而填星乃为之动摇。

嬴，为王不宁；其缩，有军不复。填星，其色黄，九芒，音曰黄钟宫。其失次上二三宿曰嬴，有主命不成；不，乃大水。失次下二三宿曰缩，有后戚，其岁不复。不，乃天裂若地动。

斗为文太室，填星庙，天子之星也。

木星与土合，为内乱、饥，主勿用，战败；水，则变谋而更事；火为旱；金为白衣会若水。金在南曰牝牡，年谷熟。金在北，岁偏无。火与水合，为焠；与金合，为铄，为丧，皆不可举事；用兵，大败。土为忧，主孽卿；大饥，战败，为北军，军困，举事大败。土与水合，穰而拥阏。有覆军，其国不可举事。出，亡地；入，得地。金，为疾，为内兵，亡地。三星若合，其宿地国，外内有兵与丧，改立公王。四星合，兵丧并起，君子忧，小人流。五星合，是谓易行，有德，受庆，改立大人，掩有四方，子孙蕃昌；无德，受殃若亡。五星皆大，其事亦大；皆小，事亦小。

早出者为嬴，嬴者为客。晚出者为缩，缩者为主人。必有天应见于杓星。同舍为合，相陵为斗，七寸以内必之矣。

五星色白圜，为丧旱；赤圜，则中不平，为兵；青圜，为忧水；黑圜，为疾，多死；黄圜，则吉。赤角犯我城，黄角地之争，白角哭泣之声，青角有兵忧，黑角则水。意，行穷兵之所终。五星同色，天下偃兵，百姓宁昌。春风秋雨，冬寒夏暑，动摇常以此。

填星出百二十日而逆西行，西行百二十日反东行。见三百三十日而入，入三十日复出东方。太岁在甲寅，镇星在东壁，故在营室。

察日行以处位太白。曰西方，秋，日庚、辛，主杀。杀失者，罚出太白。太白失行，以其舍命国。其出行十八舍二百四十日而入。入东方，伏行十一舍百三十日；其入西方，伏行三舍十六日而出。当出不出，当入不入，是谓失舍，不有破军，必有国君之篡。

其纪上元，以摄提格之岁，与营室晨出东方，至角而入；与营室夕出西方，至角而入。与角晨出，入毕；与角夕出，入毕。与毕晨出，入箕；与毕夕出，入箕。与箕晨出，入柳；与箕夕出，入柳。与柳晨出，入营室；与柳夕出，入营室。凡出入东西各五，为八岁，二百二十日，复与营室晨出东方。其大率，岁一周天。其始出东方，行迟，率日半度，一百二十日，必逆行一二舍；上极而反，东行，行日一度半，一百二十日入。其庳，近日，曰明星，柔；高，远日，曰大嚣，刚。其始出西方，行疾，率日一度半，百二十日；上极而行迟，日半度，百二十日，旦入，必逆行一二舍而入。其庳，近日，曰大白，柔；高，远日，曰大相，刚。出以辰、戌，入以丑、未。

当出不出，未当入而入，天下偃兵，兵在外，入。未当出而出，当入而不入，天下起兵，有破国。其当期出也，其国昌。其出东为东，入东为北方；出西为西，入西为南方。所居久，其乡利；疾，其乡凶。

出西至东，正西国吉。出东至西，正东国吉。其出不经天；经天，天下革政。

小以角动，兵起。始出大，后小，兵弱；出小，后大，兵强。出高，用兵深吉，浅凶；庳，浅吉，深凶。日方南，金居其南；日方北，金居其北，曰嬴，侯王不宁，用兵进吉退凶。日方南，金居其北；日方北，金居其南，曰缩，侯王有忧，用兵退吉进凶。用兵象太白：太白行疾，疾行；迟，迟行。角，敢战。动摇躁，躁。圜以静，静。顺角所指，吉；反之，皆凶。出则出兵，入则入兵。赤角，有战；白角，有丧；黑圜角，忧，有水事；青圜小角，忧，有木事；黄圜和角，有土事，有年。其已出三日而复，有微入，入三日乃复盛出，是谓耎，其下国有军败将北。其已入三日又复微出，出三日而复盛入，其下国有忧；师有粮食兵革，遗人用之；卒虽众，将为人虏。其出西失行，外国败；其出东失行，中国败。其色大圜黄滜，可为好事；其圜大赤，兵盛不战。

太白白，比狼；赤，比心；黄，比参左肩；苍，比参右肩；黑，比奎大星。五星皆从太白而聚乎一舍，其下之国可以兵从天下。居实，有得也；居虚，无得也。行胜色，色胜位，有位胜无位，有色胜无色，行得尽胜之。出而留桑榆间，疾其下国。上而疾，未尽其日，过参天，疾其对国。上复下，下复上，有反将。其入月，将僇。金、木星合，光，其下战不合，兵虽起而不斗；合相毁，野有破军。出西方，昏而出阴，阴兵强；暮食出，小弱；夜半出，中弱；鸡鸣出，大弱：是谓阴陷于阳。其在东方，乘明而出阳，阳兵之强；鸡鸣出，小弱；夜半出，中弱；昏出，大弱。是谓阳陷于阴。太白伏也，以出兵，兵有殃。其出卯南，南胜北方；出卯北，北胜南方；正在卯，东国利。出酉北，北胜南方；出酉南，南胜北方；正在酉，西国胜。

其与列星相犯，小战；五星，大战。其相犯，太白出其南，南国败；出其北，北国败。行疾，武；不行，文。色白五芒，出早为月蚀，晚为天夭及彗星，将发其国。出东为德，举事左之迎之，吉。出西为刑，举事右之背之，吉。反之皆凶。太白光见景，战胜。昼见而经天，是谓争明，强国弱，小国强，女主昌。

亢为疏庙，太白庙也。太白，大臣也，其号上公。其他名殷星、太正、营星、观星、宫星、明星、大衰、大泽、终星、大相、天浩、序星、月纬。大司马位谨候此。

察日辰之会，以治辰星之位。曰北方水，太阴之精，主冬，日壬、癸。刑失者，罚出辰星，以其宿命国。

是正四时：仲春春分，夕出郊奎、娄、胃东五舍，为齐；仲夏夏至，夕出郊东井、舆鬼、柳东七舍，为楚；仲秋秋分，夕出郊角、亢、氐、房东四舍，为汉；仲冬冬至，晨出郊东方，与尾、箕、斗、牵牛俱西，为中国。其出入常以辰、戌、丑、未。

其早，为月蚀；晚，为彗星及天夭。其时宜效不效为失，追兵在外不战。一时不出，其时不和；四时不出，天下大饥。其当效而出也，色白，为旱；黄，为五谷熟；赤，为兵；黑，为水。出东方，大而白，有兵于外，解。常在东方，其赤，中国胜；其西而赤，外国利。无兵于外而赤，兵起。其与太白俱出东方，皆赤而角，外国大败，中国胜；其与太白俱出西方，皆赤而角，外国利。五星分天之中，积于东方，中国利；积于西方，外国用兵者利。五星皆从辰星而聚于一舍，其所舍之国可以法致天下。辰星不出，太白为客；其出，太白为主。出而与太白不相从，野虽有军，不战。出东方，太白出西方；若出西方，太白出东方，为格，野虽有兵不战。失其时而出，为当寒反温，当温反寒。当出不出，是谓击卒，兵大起。其入太白中而上出，破军杀将，客军胜；下出，客亡地。辰星来抵太白，太白不去，将死。正旗上出，破军杀将，客胜；下出，客亡地。视旗所指，以命破军。其绕环太白，若与斗，大战，客胜。兔过太白，间可槭剑，小战，客胜。兔居太白前，军罢；出太白左，小战；摩太白，有数万人战，主人吏死；出太白右，去三尺，军急约战。青角，兵忧；黑角，水。赤，行穷兵之所终。

兔七命，曰小正、辰星、天欃、安周星、细爽、能星、钩星。其色黄而小，出而易处，天下之文变而不善矣。兔五色。青圜，忧；白圜，丧；赤圜，中不平；黑圜，吉。赤角，犯我城；黄角，地之争；白角，号泣之声。

其出东方，行四舍四十八日，其数二十日，而反入于东方；其出西方，行四舍四十八日，其数二十日，而反入于西方。其一候之营室、角、毕、箕、柳。出房、心间，地动。

辰星之色：春，青黄；夏，赤白；秋，青白，而岁熟；冬，黄而不明。即变其色，其时不昌。春不见，大风，秋则不实。夏不见，有六十日之旱，月蚀。秋不见，有兵；春则不生。冬不见，阴雨六十日，有流邑；夏则不长。

角、亢、氐，兖州。房、心，豫州。尾、箕，幽州。斗，江、湖。牵牛、婺女，扬州。虚、危，青州。营室至东壁，并州。奎、娄、胃，徐州。昴、毕，冀州。觜觿、参，益州。东井、舆鬼，雍州。柳、七星、张，三河。翼、轸，荆州。

七星为员官，辰星庙，蛮夷星也。

两军相当，日晕。晕等，力钧；厚长大，有胜；薄短小，无胜。重抱，大破；无抱，为和；背，不和，为分离相去。直为自立，立侯王；指晕若曰将。负且戴，有喜。围在中，中胜；在外，外胜。青外赤中，以和相去；赤外青中，以恶相去。气晕，先至而后去，居军胜。先至先去，前利后病；后至后去，前病后利；后至先去，前后皆病，居军不胜。见而去，其发疾，虽胜无功。见半日以上，功大。白虹屈短，上下兑，有者下大流血。日晕，制胜，近期三十日，远期六十日。

其食，食所不利；复生，生所利；而食益尽，为主位。以其直及日所宿，加以日时，用命其国也。

月行中道，安宁和平。阴间，多水，阴事。外北三尺，阴星。北三尺，太阴，大水，兵。阳间，骄恣。阳星，多暴狱。太阳，大旱丧也。角、天门，十月为四月，十一月为五月，十二月为六月，水发，近三尺，远五尺。犯四辅，辅臣诛。行南、北河，以阴阳言，旱水兵丧。

月蚀岁星，其宿地，饥若亡。荧惑也乱，填星也下犯上，太白也强国以战败，辰星也女乱。食大角，主命者恶之；心，则为内贼乱也；列星，其宿地忧。

月食始日，五月者六，六月者五，五月复六，六月者一，而五月者五，凡百一十三月而复始。故月蚀，常也；日蚀，为不臧也。甲、乙，四海之外，日月不占。丙、丁，江、淮、海岱也。戊、己，中州、河、济也。庚、辛，华山以西。壬、癸，恒山以北。日蚀，国君；月蚀，将相当之。

国皇星，大而赤，状类南极。所出，其下起兵，兵强；其冲不利。

昭明星，大而白，无角，乍上乍下。所出国，起兵，多变。

五残星，出正东东方之野。其星状类辰星，去地可六丈。

大贼星，出正南南方之野。星去地可六丈，大而赤，数动，有光。

司危星，出正西西方之野。星去地可六丈，大而白，类太白。

狱汉星，出正北北方之野。星去地可六丈，大而赤，数动，察之中青。此四野星所出，出非其方，其下有兵，冲不利。

四填星，所出四隅，去地可四丈。

地维咸光，亦出四隅，去地可三丈，若月始出。所见，下有乱；乱者亡，有德者昌。

烛星，状如太白，其出也不行。见则灭。所烛者，城邑乱。

如星非星，如云非云，命曰归邪。归邪出，必有归国者。

星者，金之散气，本曰火。星众，国吉；少，则凶。

汉者，亦金之散气，其本曰水。汉，星多，多水；少，则旱。其大经也。

天鼓，有音如雷非雷，音在地而下及地。其所往者，兵发其下。

天狗，状如大奔星，有声，其下止地，类狗。所堕及，望之如火光炎炎冲天。其下圜如数顷田处，上兑者则有黄色，千里破军杀将。

格泽星者，如炎火之状。黄白，起地而上。下大，上兑。其见也，不种而获；不有土功，必有大害。

蚩尤之旗，类彗而后曲，象旗。见则王者征伐四方。

旬始，出于北斗旁，状如雄鸡。其怒，青黑，象伏鳖。

枉矢，类大流星，蛇行而仓黑，望之如有毛羽然。

长庚，如一匹布著天。此星见，兵起。

星坠至地，则石也。河、济之间，时有坠星。

天精而见景星。景星者，德星也。其状无常，常出于有道之国。

凡望云气，仰而望之，三四百里；平望，在桑榆上，千馀（里）二千里；登高而望之，下属地者三千里。云气有兽居上者，胜。

自华以南，气下黑上赤。嵩高、三河之郊，气正赤。恒山之北，气下黑上青。勃、碣、海、岱之间，气皆黑。江、淮之间，气皆白。

徒气白。土功气黄。车气乍高乍下，往往而聚。骑气卑而布。卒气抟。前卑而后高者，疾；前方而后高者，兑；后兑而卑者，却。其气平者其行徐。前高而后卑者，不止而反。气相遇者，卑胜高，兑胜方。气来卑而循车通者，不过三四日，去之五六里见。气来高七八尺者，不过五六日，去之十馀里见。气来高丈馀二丈者，不过三四十日，去之五六十里见。

稍云精白者，其将悍，其士怯。其大根而前绝远者，当战。青白，其前低者，战胜；其前赤而仰者，战不胜。阵云如立垣。杼云类杼。轴云抟两端兑。杓云如绳者，居前亘天，其半半天。其蛪者类阙旗故。钩云句曲。诸此云见，以五色合占。而泽抟密，其见动人，乃有占；兵必起，合斗其直。

王朔所候，决于日旁。日旁云气，人主象。皆如其形以占。

故北夷之气如群畜穹闾，南夷之气类舟船幡旗。大水处，败军场，破国之虚，下有积钱，金宝之上，皆有气，不可不察。海旁蜃气象楼台；广野气成宫阙然。云气各象其山川人民所聚积。

故候息耗者，入国邑，视封疆田畴之正治，城廓室屋门户之润泽，次至车服畜产精华。实息者，吉；虚耗者，凶。

若烟非烟，若云非云，郁郁纷纷，萧索轮囷，是谓卿云。卿云（见），喜气也。若雾非雾，衣冠而不濡，见则其域被甲而趋。

夫雷电、蝦虹、辟历、夜明者，阳气之动者也，春夏则发，秋冬则藏，故候者无不司之。

天开县物，地动坼绝。山崩及徙，川塞溪垙，水淡地长，泽竭见象。城郭门闾，闺臬枯槁；宫庙邸第，人民所次。谣俗车服，观民饮食。五谷草木，观其所属。仓府厩库，四通之路。六畜禽兽，所产去就。鱼鳖鸟鼠，观其所处。鬼哭若呼，其人逢倡。化言，诚然。

凡候岁美恶，谨候岁始。岁始或冬至日，产气始萌。腊明日，人众卒岁，一会饮食，发阳气，故曰初岁。正月旦，王者岁首；立春日，四时之卒始也。四始者，候之日。

而汉魏鲜集腊明正月旦决八风。风从南方来，大旱；西南，小旱；西方，有兵；西北，戎菽为，小雨，趣兵；北方，为中岁；东北，为上岁；东方，大水；东南，民有疾疫，岁恶。故八风各与其冲对，课多者为胜。多胜少，久胜亟，疾胜徐。旦至食，为麦；食至日昳，为稷；昳至餔，为黍；餔至下餔，为菽；下餔至日入，为麻。欲终日有雨，有云，有风，有日。日当其时者，深而多实；无云有风日，当其时，浅而多实；有云风，无日，当其时，深而少实；有日，无云，不风，当其时者，稼有败。如食顷，小败；熟五斗米顷，大败。则风复起，有云，其稼复起。各以其时用云色占种其所宜。其雨雪若寒，岁恶。

是日光明，听都邑人民之声。声宫，则岁善，吉；商，则有兵；徵，旱；羽，水；角，岁恶。

或从正月旦比数雨。率日食一升，至七升而极；过之，不占。数至十二日，日直其月，占水旱。为其环域千里内占，则其为天下候，竟正月。月所离列宿，日、风、云，占其国。然必察太岁所在。在金，穰；水，毁；木，饥；火，旱。此其大经也。

正月上甲，风从东方，宜蚕。风从西方，若旦黄云，恶。

冬至短极，县土炭，炭动，鹿解角，兰根出，泉水跃，略以知日至，要决晷景。岁星所在，五谷逢昌。其对为冲，岁乃有殃。

太史公曰：自初生民以来，世主曷尝不历日月星辰？及至五家、三代，绍而明之，内冠带，外夷狄，分中国为十有二州，仰则观象于天，俯则法类于地。天则有日月，地则有阴阳。天有五星，地有五行。天则有列宿，地则有州域。三光者，阴阳之精气本在地，而圣人统理之。

幽、厉以往，尚矣。所见天变，皆国殊窟穴，家占物怪，以合时应，其文图籍机祥不法。是以孔子论六经，纪异而说不书。至天道命，不传；传其人，不待告；告非其人，虽言不著。

昔之传天数者：高辛之前，重、黎；于唐虞，羲、和；有夏，昆吾；殷商，巫咸；周室，史佚、苌弘；于宋，子韦；郑则裨灶；在齐，甘公；楚，唐眛；赵，尹皋；魏，石申。

夫天运，三十岁一小变，百年中变，五百载大变；三大变一纪，三纪而大备；此其大数也。为国者必贵三五。

上下各千岁,然后天人之际续备。

太史公推古天变,未有可考于今者。盖略以春秋二百四十二年之间,日蚀三十六,彗星三见,宋襄公时星陨如雨。天子微,诸侯力政,五伯代兴,更为主命。自是之后,众暴寡,大并小。秦、楚、吴、越,夷狄也,为强伯。田氏篡齐,三家分晋,并为战国。争于攻取,兵革更起,城邑数屠,因以饥馑疾疫焦苦,臣主共忧患,其察祆祥候星气尤急。近世十二诸侯七国相王,言从衡者继踵,而皋、唐、甘、石因时务论其书传,故其占验凌杂米盐。

二十八舍主十二州,斗秉兼之,所从来久矣。秦之疆也,候在太白,占于狼、弧。吴、楚之疆,候在荧惑,占于鸟衡。燕、齐之疆,候在辰星,占于虚、危。宋、郑之疆,候在岁星,占于房、心。晋之疆,亦候在辰星,占于参、罚。

及秦并吞三晋、燕、代,自河、山以南者中国。中国于四海内则在东南,为阳;阳则日、岁星、荧惑、填星;占于街南,毕主之。其西北则胡、貉、月氏诸衣旃裘引弓之民,为阴;阴则月、太白、辰星;占于街北,昴主之。故中国山川东北流,其维,首在陇、蜀,尾没于勃、碣。是以秦、晋好用兵,复占太白,太白主中国;而胡、貉数侵掠,独占辰星,辰星出入躁疾,常主夷狄。其大经也。此更为客主人。荧惑为孛,外则理兵,内则理政。故曰"虽有明天子,必视荧惑所在"。诸侯更强,时灾异记,无可录者。

秦始皇之时,十五年彗星四见,久者八十日,长或竟天。其后秦遂以兵灭六王,并中国,外攘四夷,死人如乱麻。因以张楚并起,三十年之间兵相骀藉,不可胜数。自蚩尤以来,未尝若斯也。

项羽救巨鹿,枉矢西流,山东遂合从诸侯,西坑秦人,诛屠咸阳。

汉之兴,五星聚于东井。平城之围,月晕参、毕七重。诸吕作乱,日蚀,昼晦。吴楚七国叛逆,彗星数丈,天狗过梁野;及兵起,遂伏尸流血其下。元光、元狩,蚩尤之旗再见,长则半天。其后京师师四出,诛夷狄者数十年,而伐胡尤甚。越之亡,荧惑守斗;朝鲜之拔,星茀于河戍;兵征大宛,星茀招摇;此其荦荦大者。若至委曲小变,不可胜道。由是观之,未有不先形见而应随之者也。

夫自汉之为天数者,星则唐都,气则王朔,占岁则魏鲜。故甘、石历五星法,唯独荧惑有反逆行;逆行所守,及他星逆行,日月薄蚀,皆以为占。

余观史记,考行事,百年之中,五星无出而不反逆行,反逆行,尝盛大而变色;日月薄蚀,行南北有时;此其大度也。故紫宫、房心、权衡、咸池、虚危列宿部星,此天之五官坐位也,为经,不移徙,大小有差,阔狭有常。水、火、金、木、填星,此五星者,天之五佐,为纬,见伏有时,所过行赢缩有度。

日变修德,月变省刑,星变结和。凡天变,过度乃占。国君强大,有德者昌;弱小,饰诈者亡。太上修德,其次修政,其次修救,其次修禳,正下无之。夫常星之变希见,而三光之占亟用。日月晕适,云风,此天之客气,其发见亦有大运。然其与政事俯仰,最近天人之符。此五者,天之感动。为天数者,必通三五。终始古今,深观时变,察其精粗,则天官备矣。

苍帝行德,天门为之开。赤帝行德,天牢为之空。黄帝行德,天夭为之起。风从西北来,必以庚、辛。一秋中五至,大赦;三至,小赦。白帝行德,以正月二十日、二十一日,月晕围,常大赦载,谓有太阳也。一曰:白帝行德,毕、昴为之围。围三暮,德乃成;不三暮,及围不合,德不成。二曰:以辰围,不出其旬。黑帝行德,天关为之动。天行德,天子更立年;不德,风雨破石。三能、三衡者,天廷也。客星出天廷,有奇令。

卷二十八　　　封禅书第六

自古受命帝王,曷尝不封禅?盖有无其应而用事者矣,未有睹符瑞见而不臻乎泰山者也。虽受命而功不至,至梁父矣而德不洽,洽矣而日有不暇给,是以即事用希。《传》曰:"三年不为礼,礼必废;三年不为乐,乐必坏。"每世之隆,则封禅答焉,及衰而息。厥旷远者千有余载,近者数百载,故其仪阙然堙灭,其详不可得而闻云。

《尚书》曰,舜在璇玑玉衡,以齐七政。遂类于上帝,禋于六宗,望山川,遍群神。辑五瑞,择吉月日,见四岳诸牧,还瑞。岁二月,东巡狩,至于岱宗。岱宗,泰山也。柴,望秩于山川。遂觐东后。东后者,诸侯也。合时月正日,同律度量衡,修五礼,五玉三帛二牲一死贽。五月,巡狩至南岳。南岳,衡山也。八月,巡狩至西岳。西岳,华山也。十一月,巡狩至北岳。北岳,恒山也。皆如岱宗之礼。中岳,嵩高也。五载一巡狩。

禹遵之。后十四世,至帝孔甲,淫德好神,神渎,二龙去之。其后三世,汤伐桀,欲迁夏社,不可,作《夏社》。后八世,至帝太戊,有桑谷生于廷,一暮大拱,惧。伊陟曰:"妖不胜德。"太戊修德,桑谷死。伊陟赞巫咸,巫咸之兴自此始。后十四世,帝武丁得傅说为相,殷复兴焉,称高宗。有雉登鼎耳雊,武丁惧。祖己曰:"修德。"武丁从之,位以永宁。后五世,帝武乙慢神而震死。后三世,帝纣淫乱,武王伐之。由此观之,始未尝不肃祇,后稍怠慢也。

《周官》曰,冬日至,祀天于南郊,迎长日之至;夏日至,祭地祇。皆用乐舞,而神乃可得而礼也。天子祭天下名山大川,五岳视三公,四渎视诸侯,诸侯祭其疆内名山大川。四渎者,江、河、淮、济也。天子曰明堂、辟雍,诸侯曰泮宫。

周公既相成王,郊祀后稷以配天,宗祀文王于明堂以配上帝。自禹兴而修社祀,后稷稼穑,故有稷祠。郊社所从来尚矣。

自周克殷后十四世,世益衰,礼乐废,诸侯恣行,而幽王为犬戎所败,周东徙洛邑。秦襄公攻戎救周,始列为诸侯。秦襄公既侯,居西垂,自以为主少皞之神,作西畤,祠白帝，其牲用骝驹黄牛羝羊各一云。其后十六年，秦文公东猎汧、渭之间，卜居之而吉。文公梦黄蛇自天下属地，其口止于鄜衍。文公问史敦，敦曰："此上帝之征，君其祠之。"于是作鄜畤，用三牲郊祭白帝焉。

自未作鄜畤也，而雍旁故有吴阳武畤，雍东有好畤，皆废无祠。或曰："自古以雍州积高，神明之隩，故立畤郊上帝，诸神祠皆聚云。盖黄帝时尝用事，虽晚周亦郊焉。"其语不经见，缙绅者不道。

作鄜畤后九年，文公获若石云，于陈仓北阪城祠之。其神或岁不至，或岁数来，来也常以夜，光辉若流星，从东南来集于祠城，则若雄鸡，其声殷云，野鸡夜雊。以一牢祠，命曰陈宝。

作鄜畤后七十八年，秦德公既立，卜居雍，"后子孙饮马于河"，遂都雍。雍之诸祠自此兴。用三百牢于鄜畤。作伏祠。磔狗邑四门，以御蛊灾。

德公立二年卒，其后四年，秦宣公作密畤于渭南，祭青帝。

其后十四年，秦穆公立，病卧五日不寤；寤，乃言梦见上帝，上帝命穆公平晋乱。史书而记，藏之府。而后世皆曰秦穆公上天。

秦穆公即位九年，齐桓公既霸，会诸侯于葵丘，而欲封禅。管仲曰："古者封泰山禅梁父者七十二家，而夷吾所记者十有二焉。昔无怀氏封泰山，禅云云；虙羲封泰山，禅云云；神农封泰山，禅云云；炎帝封泰山，禅云云；黄帝封泰山，禅亭亭；颛顼封泰山，禅云云；帝喾封泰山，禅云云；尧封泰山，禅云云；舜封泰山，禅云云；禹封泰山，禅会稽；汤封泰山，禅云云；周成王封泰山，禅社首；皆受命然后得封禅。"桓公曰："寡人北伐山戎，过孤竹；西伐大夏，涉流沙，束马悬车，上卑耳之山；南伐至召陵，登熊耳山以望江、汉。兵车之会三，而乘车之会六，九合诸侯，一匡天下，诸侯莫违我。昔三代受命，亦何以异乎？"于是管仲睹桓公不可穷以辞，因设之以事，曰："古之封禅，鄗上之黍，北里之禾，所以为盛；江淮之间，一茅三脊，所以为藉也。东海致比目之鱼，西海致比翼之鸟，然后物有不召而自至者十有五焉。今凤凰麒麟不来，嘉谷不生，而蓬蒿藜莠茂，鸱枭数至，而欲封禅，毋乃不可乎？"于是桓公乃止。是岁，秦穆公内晋君夷吾。其后三置晋国之君，平其乱。穆公立三十九年而卒。

其后百有馀年，而孔子论述六艺，传略言易姓而王，封泰山禅乎梁父者七十馀王矣，其俎豆之礼不章，盖难言之。

或问禘之说，孔子曰："不知。知禘之说，其于天下也视其掌。"诗云纣在位，文王受命，政不及泰山。武王克殷二年，天下未宁而崩。爰周德之洽维成王，成王之封禅则近之矣。及后陪臣执政，季氏旅于泰山，仲尼讥之。

是时苌弘以方事周灵王，诸侯莫朝周，周力少；苌弘乃明鬼神事，设射狸首。狸首者，诸侯之不来者。依物怪欲以致诸侯。诸侯不从，而晋人执杀苌弘。周人之言方怪者自苌弘。

其后百馀年，秦灵公作吴阳上畤，祭黄帝；作下畤，祭炎帝。

后四十八年，周太史儋见秦献公曰："秦始与周合，合而离，五百岁当复合，合十七年而霸王出焉。"栎阳雨金，秦献公自以为得金瑞，故作畦畤栎阳，而祀白帝。

其后百二十岁而秦灭周，周之九鼎入于秦。或曰宋太丘社亡，而鼎没于泗水彭城下。

其后百一十五年而秦并天下。

秦始皇既并天下而帝，或曰："黄帝得土德，黄龙地螾见。夏得木德，青龙止于郊，草木畅茂。殷得金德，银自山溢。周得火德，有赤乌之符。今秦变周，水德之时。昔秦文公出猎，获黑龙，此其水德之瑞。"于是秦更命河曰"德水"，以冬十月为年首，色上黑，度以六为名，音上大吕，事统上法。

即帝位三年，东巡郡县，祠驺峄山，颂秦功业。于是征从齐、鲁之儒生博士七十人，至乎泰山下。诸儒生或议曰："古者封禅为蒲车，恶伤山之土石草木；埽地而祭，席用菹秸，言其易遵也。"始皇闻此议各乖异，难施用，由此绌儒生。而遂除车道，上自泰山阳至巅，立石颂秦始皇帝德，明其得封也。从阴道下，禅于梁父。其礼颇采太祝之祀雍上帝所用，而封藏皆秘之，世不得而记也。

始皇之上泰山，中阪遇暴风雨，休于大树下。诸儒生既绌，不得与用于封事之礼，闻始皇遇风雨，则讥之。

于是始皇遂东游海上，行礼祠名山大川及八神，求仙人羡门之属。八神将自古而有之，或曰太公以来作之。齐所以为齐，以天齐也。其祀绝莫知起时。八神：一曰天主，祠天齐。天齐渊水，居临菑南郊山下者。二曰地主，祠泰山梁父。盖天好阴，祠之必于高山之下，小山之上，命曰"畤"；地贵阳，祭之必于泽中圜丘云。三曰兵主，祠蚩尤。蚩尤在东平陆监乡，齐之西境也。四曰阴主，祠三山。五曰阳主，祠之罘。六曰月主，祠之莱山。皆在齐北，并勃海。七曰日主，祠成山。成山斗入海，最居齐东北隅，以迎日出云。八曰四时主，祠琅邪。琅邪在齐东方，盖岁之所始。皆各用一牢具祠，而巫祝所损益，珪币杂异焉。

自齐威、宣之时，驺子之徒论著终始五德之运，及秦帝而齐人奏之，故始皇采用之。而宋毋忌、正伯侨、充尚、羡门子高最后皆燕人。为方仙道，形解销化，依于鬼神之事。驺衍以阴阳主运显于诸侯，而燕、齐海上之方士传其术不能通，然则怪迂阿谀苟合之徒自此兴，不可胜数也。

自威、宣、燕昭使人入海求蓬莱、方丈、瀛洲。此三神山者，其傅在勃海中，去人不远；患且至，则船风引而去。盖尝有至者，诸仙人及不死之药皆在焉。其物禽兽尽白，而黄金银为宫阙。未至，望之如云；及到，三神山反居水下。临之，风辄引去，终莫能至云。世主莫不甘心焉。及至秦始皇并天下，至海上，则方士言之不可胜数。始皇自以为至海上而恐不及矣，使人乃赍童男女入海求之。船交海中，皆以风为解，曰未能至，望见之焉。其明年，始皇复游海上，至琅邪，过恒山，从上党归。后三年，游碣石，考入海方士，从上郡归。后五年，始皇南至湘山，遂登会稽，并海上，冀遇海中三神山之奇药，不得。还至沙丘，崩。

二世元年，东巡碣石，并海南，历泰山，至会稽，皆礼祠之，而刻勒始皇所立石书旁，以章始皇之功德。其秋，诸侯畔秦。三年而二世弑死。

始皇封禅之后十二岁，秦亡。诸儒生疾秦焚《诗》《书》，诛僇文学，百姓怨其法，天下畔之，皆讹曰："始皇上泰山，为暴风雨所击，不得封禅。"此岂所谓无其德而用事者邪？

昔三代之君皆在河、洛之间，故嵩高为中岳，而四岳各如其方，四渎咸在山东。至秦称帝，都咸阳，则五岳、四渎皆并在东方。自五帝以至秦，轶兴轶衰，名山大川或在诸侯，或在天子，其礼损益世殊，不可胜记。及秦并天下，令祠官所常奉天地名山大川鬼神可得而序也。

于是自殽以东，名山五，大川祠二。曰太室。太室，嵩高也。恒山，泰山，会稽，湘山。水曰济，曰淮。春以脯酒为岁祠，因泮冻，秋涸冻，冬赛祷祠。其牲用牛犊各一，牢具珪币各异。

自华以西，名山七，名川四。曰华山，薄山。薄山者，襄山也。岳山、岐山、吴岳、鸿冢、渎山。渎山，蜀之汶山。水曰河，祠临晋；沔，祠汉中；湫渊，祠朝那；江水，祠蜀。亦春秋泮涸祷赛，如东方名山川；而牲牛犊牢具珪币各异。而四大冢鸿、岐、吴、岳，皆有尝禾。

陈宝节来祠，其河加有尝醪。此皆在雍州之域，近天子之都，故加车一乘，骝驹四。

霸、产、长水、沣、涝、泾、渭皆非大川，以近咸阳，尽得比山川祠，而无诸加。

汧、洛二渊，鸣泽、蒲山、岳嶲山之属，为小山川，亦皆岁祷赛泮涸祠，礼不必同。

而雍有日、月、参、辰、南北斗、荧惑、太白、岁星、填星、二十八宿、风伯、雨师、四海、九臣、十四臣、诸布、诸严、诸逑之属，百有余庙。西亦有数十祠。于湖有周天子祠。于下邽有天神。沣、滈有昭明、天子辟池。于杜、亳有三社主之祠、寿星祠；而雍菅庙亦有杜主。杜主，故周之右将军，其在秦中，最小鬼之神者。各以岁时奉祠。

唯雍四时上帝为尊，其光景动人民，唯陈宝。故雍四时，春以为岁祷，因泮冻，秋涸冻，冬赛祠，五月尝驹，及四仲之月月祠，若陈宝节来一祠。春夏用骍，秋冬用骝。时驹四匹，木禺龙栾车一驷，木禺车马一驷，各如其帝色。黄犊羔各四，珪币各有数，皆生瘗埋，无俎豆之具。三年一郊。秦以冬十月为岁首，故常以十月上宿郊见，通权火，拜于咸阳之旁，而衣上白，其用如经祠云。西畤、畦畤，祠如其故，上不亲往。

诸此祠皆太祝常主，以岁时奉祠之。至如他名山川诸鬼及八神之属，上过则祠，去则已。郡县远方神祠者，民各自奉祠，不领于天子之祝官。祝官有秘祝，即有灾祥，辄祝祠移过于下。

汉兴。高祖之微时，尝杀大蛇。有物曰："蛇，白帝子也，而杀者赤帝子。"高祖初起，祷丰枌榆社。徇沛，为沛公，则祠蚩尤，衅鼓旗。遂以十月至灞上，与诸侯平咸阳，立为汉王。因以十月为年首，而色上赤。

二年，东击项籍而还，入关，问："故秦时上帝祠何帝也？"对曰："四帝，有白、青、黄、赤帝之祠。"高祖曰："吾闻天有五帝，而有四，何也？"莫知其说。于是高祖曰："吾知之矣，乃待我而具五也。"乃立黑帝祠，命曰北畤。有司进祠，上不亲往。悉召故秦祝官，复置太祝、太宰，如其故仪礼。因令县为公社。下诏曰："吾甚重祠而敬祭，今上帝之祭及山川诸神当祠者，各以其时礼祠之如故。"

后四岁，天下已定，诏御史，令丰谨治枌榆社，常以四时春以羊彘祠之。令祝官立蚩尤之祠于长安。长安置祠祝官、女巫。其梁巫，祠天、地、天社、天水、房中、堂上之属；晋巫，祠五帝、东君、云中君、司命、巫社、巫祠、族人、先炊之属；秦巫，祠社主、巫保、族累之属；荆巫，祠堂下、巫先、司命、施糜之属；九天巫，祠九天。皆以岁时祠宫中。其河巫祠河于临晋，而南山巫祠南山秦中。秦中者，二世皇帝。各有时日。

其后二岁，或曰周兴而邑邰，立后稷之祠，至今血食天下。于是高祖制诏御史："其令郡国县立灵星祠，常以岁时祠以牛。"

高祖十年春，有司请令县常以春二月及腊祠社稷以羊豕，民里社各自财以祠。制曰："可。"

其后十八年，孝文帝即位。即位十三年，下诏曰："今秘祝移过于下，朕甚不取。自今除之。"

始名山大川在诸侯，诸侯祝各自奉祠，天子官不领。及齐、淮南国废，令太祝尽以岁时致礼如故。是岁，制曰："朕即位十三年于今，赖宗庙之灵，社稷之福，方内艾安，民人靡疾。间者比年登，朕之不德，何以飨此？皆上帝诸神之赐也。盖闻古者飨其德必报其功，欲有增诸神祠。有司议增雍五畤路车各一乘，驾被具；西畤、畦畤寓车各一乘，寓马四匹，驾被具；其河、湫、汉水加玉各二；及诸祠，各增广坛场，珪币俎豆以差加之。而祝釐者归福于朕，百姓不与焉。自今祝致敬，毋有所祈。"

鲁人公孙臣上书曰："始秦得水德，今汉受之，推终始传，则汉当土德，土德之应黄龙见。宜改正朔，易服色，色上黄。"是时丞相张苍好律历，以为汉乃水德之始，故河决金堤，其符也。年始冬十月，色外黑内赤，与德相应。如公孙臣言，非也。罢之。后三岁，黄龙见成纪。文帝乃召公孙臣，拜为博士，与诸生草改历服色事。其夏，下诏曰："异物之神见于成纪，无害于民，岁以有年。朕祈郊上帝诸神，礼官议，无讳以劳朕。"有司皆言："古者天子夏亲郊，祀上帝于郊，故曰郊。"于是夏四月，文帝始郊见雍五畤，祠衣皆上赤。

其明年，赵人新垣平以望气见上，言"长安东北有神气，成五采，若人冠絻焉。或曰东北神明之舍，西方神明之墓也。天瑞下，宜立祠上帝，以合符应。"于是作渭阳五帝庙，同宇，帝一殿，面各五门，各如其帝色。祠所用及仪亦如雍五畤。

夏四月，文帝亲拜霸、渭之会，以郊见渭阳五帝。五帝庙南临渭，北穿蒲池沟水，权火举而祠，若光辉然属天焉。于是贵平上大夫，赐累千金。而使博士诸生刺六经中作《王制》，谋议巡狩封禅事。

文帝出长门，若见五人于道北，遂因其直北立五帝坛，祠以五牢具。

其明年，新垣平使人持玉杯，上书阙下献之。平言上曰："阙下有宝玉气来者。"已视之，果有献玉杯者，刻曰"人主延寿"。平又言"臣候日再中"。居顷之，日却复中。于是始更以十七年为元年，令天下大酺。

平言曰："周鼎亡在泗水中，今河溢通泗，臣望东北汾阴直有金宝气，意周鼎其出乎？兆见不迎则不至。"于是上使使治庙汾阴南，临河，欲祠出周鼎。

人有上书告新垣平所言气神事皆诈也。下平吏治，诛夷新垣平。自是之后，文帝怠于改正朔服色神明之事，而渭阳、长门五帝使祠官领，以时致礼，不往焉。

明年，匈奴数入边，兴兵守御。后岁少不登。

数年而孝景即位，十六年，祠官各以岁时祠如故，无有所兴，至今天子。

今天子初即位，尤敬鬼神之祀。

元年，汉兴已六十余岁矣，天下艾安，搢绅之属皆望天子封禅改正度也，而上乡儒术，招贤良，赵绾、王臧等以文学为公卿，欲议古立明堂城南，以朝诸侯。草巡狩封禅改历服色事，未就。会窦太后治黄老言，不好儒术，使人微伺得赵绾等奸利事，召案绾、臧，绾、臧自杀，诸所兴为皆废。

后六年，窦太后崩。其明年，征文学之士公孙弘等。

明年，今上初至雍，郊见五畤。后常三岁一郊。是时上求神君，舍之上林中蹄氏观。神君者，长陵女子，以子死，见神于先后宛若。宛若祠之其室，民多往祠。平原君往祠，其后子孙以尊显。及今上即位，则厚礼置祠之内中。闻其言，不见其人云。

是时李少君亦以祠灶、谷道、却老方见上，上尊之。少君者，故深泽侯舍人，主方。匿其年及其生长，常自谓七十，能使物，却老。其游以方遍诸侯。无妻子。人闻其能使物及不死，更馈遗之，常余金钱衣食。人皆以为不治生业而饶给，又不知其何所人，愈信，争事之。少君资好方，善为巧发奇中。尝从武安侯饮，坐中有九十余老人，少君乃言与其大父游射处，老人为儿时从其大父，识其处，一坐尽惊。少君见上，上有故铜器，问少君。少君曰："此器齐桓公十年陈于柏寝。"已而案其刻，果齐桓公器，一宫尽骇，以为少君神，数百岁人也。

少君言上曰："祠灶则致物，致物而丹沙可化为黄金。黄金成，以为饮食器则益寿，益寿而海中蓬莱仙者乃可见，见之以封禅则不死，黄帝是也。臣尝游海上，见安期生，安期生食巨枣，大如瓜。安期生仙者，通蓬莱中，合则见人，不合则隐。"于是天子始亲祠灶，遣方士入海求蓬莱安期生之属，而事化丹沙诸药齐为黄金矣。

居久之，李少君病死，天子以为化去不死，而使黄锤、史宽舒受其方。求蓬莱安期生莫能得，而海上燕、齐怪迂之方士多更来言神事矣。

亳人谬忌奏祠太一方，曰："天神贵者太一，太一佐曰五帝。古者天子以春秋祭太一东南郊，用太牢，七日，为坛开八通之鬼道。"于是天子令太祝立其祠长安东南郊，常奉祠如忌方。其后，人有上书，言"古者天子三年壹用太牢祠神三一：天一、地一、太一"。天子许之，令太祝领祠之于忌太一坛上，如其方。后人复有上书，言"古者天子常以春解祠，祠黄帝用一枭破镜；冥羊用羊；祠马行用一青牡马；太一、泽山君地长用牛；武夷君用干鱼；阴阳使者以一牛"。令祠官领之如其方，而祠于忌太一坛旁。

其后，天子苑有白鹿，以其皮为币，以发瑞应，造白金焉。

其明年，郊雍，获一角兽，若麃然。有司曰："陛下肃祗郊祀，上帝报享，锡一角兽，盖麟云。"于是以荐五畤，畤加一牛以燎。锡诸侯白金，风符应合于天也。

于是济北王以为天子且封禅，乃上书献太山及其旁邑，天子以他县偿之。常山王有罪，迁，天子封其弟于真定，以续先王祀，而以常山为郡。然后五岳皆在天子之郡。

其明年，齐人少翁以鬼神方见上。上有所幸王夫人，夫人卒，少翁以方盖夜致王夫人及灶鬼之貌云，天子自帷中望见焉。于是乃拜少翁为文成将军，赏赐甚多，以客礼礼之。文成言曰："上即欲与神通，宫室被服非象神，神物不至。"乃作画云气车，及各以胜日驾车辟恶鬼。又作甘泉宫，中为台室，画天、地、太一诸鬼神，而置祭具以致天神。居岁余，其方益衰，神不至。乃为帛书以饭牛，详不知，言曰此牛腹中有奇。杀视得书，书言甚怪，天子识其手书，问其人，果是伪书，于是诛文成将军，隐之。

其后则又作柏梁、铜柱、承露仙人掌之属矣。

文成死明年，天子病鼎湖甚，巫医无所不致，不愈。游水发根言上郡有巫，病时鬼神下之。上召置祠之甘泉。及病，使人问神君。神君言曰："天子无忧病，病少愈，强与我会甘泉。"于是病愈，遂起，幸甘泉，病良已。大赦，置寿宫神君。寿宫神君最贵者太一，其佐曰大禁、司命之属，皆从之。非可得见，闻其言，言与人音等。时去时来，来则风肃然。居室帷中。时昼言，然常以夜。天子祓，然后入。因巫为主人，关饮食，所以言，行下。又置寿宫、北宫，张羽旗，设供具，以礼神君。神君所言，上使人受书其言，命之曰"画法"。其所语，世俗之所知也，无绝殊者，而天子心独喜。其事秘，世莫知也。

其后三年，有司言"元"宜以天瑞命，不宜以一二数。一"元"曰"建"，二"元"以长星曰"光"，三"元"以郊得一角兽曰"狩"云。

其明年冬，天子郊雍，议曰："今上帝朕亲郊，而后土无祀，则礼不答也。"有司与太史公、祠官宽舒议："天地牲角茧栗。今陛下亲祠后土，后土宜于泽中圜丘为五坛，坛一黄犊太牢具，已祠尽瘗，而从祠衣上黄。"于是天子遂东，始立后土祠汾阴脽丘，如宽舒等议。上亲望拜，如上帝礼。礼毕，天子遂至荥阳而还。过洛阳，下诏曰："三代邈绝，远矣难存。其以三十里地封周后为周子南君，以奉其先祀焉。"是岁，天子始巡郡县，侵寻于泰山矣。

其春，乐成侯上书言栾大。栾大，胶东宫人，故尝与文成将军同师，已而为胶东王尚方。而乐成侯姊为康王后，无子。康王死，他姬子立为王。而康后有淫行，与王不相中，相危以法。康后闻文成已死，而欲自媚于上，乃遣栾大因乐成侯求见，言方。天子既诛文成，后悔其早死，惜其方不尽，及见栾大，大说。大为人长美，言多方略，而敢为大言，处之不疑。大言曰："臣常往来海中，见安期、羡门之属。顾以臣为贱，不信臣。又以为康王诸侯耳，不足与方。臣数言康王，康王又不用臣。臣之师曰：'黄金可成，而河决可塞，不死之药可得，仙人可致也。'然臣恐效文成，则方士皆奄口，恶敢言方哉！"上曰："文成食马肝死耳，子诚能修其方，我何爱乎！"大曰："臣师非有求人，人者求之。陛下必欲致之，则贵其使者，令有亲属，以客礼待之，勿卑，使各佩其信印，乃可使通言于神人，神人尚肯邪不邪。致尊其使，然后可致也。"于是上使验小方。斗棋，棋自相触击。

是时，上方忧河决，而黄金不就，乃拜大为五利将军。居月余，得四印，佩天士将军、地士将军、大通将军印。制诏御史："昔禹疏九江，决四渎。间者河溢皋陆，堤繇不息。朕临天下二十有八年，天若遗朕士而大通焉。乾称'蜚龙'，'鸿渐于般'，朕意庶几与焉。其以二千户封地士将军大为乐通侯。"赐列侯甲第，童千人。乘舆斥车马帷幄器物以充其家。又以卫长公主妻之，赍金万斤，更命其邑曰当利公主。天子亲如五利之第。使者存问供给相属于道。自大主将相以下，皆置酒其家，献遗之。于是天子又刻玉印曰"天道将军"，使使衣羽衣，夜立白茅上，五利将军亦衣羽衣，夜立白茅上受印，以示不臣也。而佩"天道"者，且为天子道天神也。于是五利常夜祠其家，欲以下神。神未至而百鬼集矣，然颇能使之。其后装治行，东入海求其师云。大见数月，佩六印，贵震天下，而海上燕、齐之间，莫不扼腕而自言有禁方、能神仙矣。

其夏六月中，汾阴巫锦为民祠魏脽后土营旁，见地如钩状，掊视得鼎。鼎大异于众鼎，文镂无款识，怪之，言吏。吏告河东太守胜，胜以闻。天子使使验问巫得鼎无奸诈，乃以礼祠，迎鼎至甘泉，从行，上荐之。至中山，晏温，有黄云盖焉。有麃过，上自射之，因以祭云。至长安，公卿大夫皆议请尊宝鼎。天子曰："间者河溢，岁数不登，故巡祭后土，祈为百姓育谷。今岁丰庑未报，鼎曷为出哉？"有司皆曰："闻昔泰帝兴神鼎一，一者壹统，天地万物所系终也。黄帝作宝鼎三，象天地人。禹收九牧之金，铸九鼎。皆尝亨鬺上帝鬼神。遭圣则兴，鼎迁于夏、商。周德衰，宋之社亡，鼎乃沦没，伏而不见。《颂》云：'自堂徂基，自羊徂牛；鼐鼎及鼒，不吴不骜，胡考之休'。今鼎至甘泉，光润龙变，承休无疆。合兹中山，有黄白云降盖，若兽为符，路弓乘矢，集获坛下，报亨大享。唯受命而帝者心知其意而合德焉。鼎宜见于祖祢，藏于帝廷，以合明应。"制曰："可。"

入海求蓬莱者，言蓬莱不远，而不能至者，殆不见其气。上乃遣望气佐候其气云。

其秋，上幸雍，且郊。或曰："五帝，太一之佐也，宜立太一而上亲郊之。"上疑未定。齐人公孙卿曰："今年得宝鼎，其冬辛巳朔旦冬至，与黄帝时等。"卿有札书曰：

"黄帝得宝鼎宛朐，问于鬼臾区。鬼臾区对曰：'黄帝得宝鼎神策，是岁己酉朔旦冬至，得天之纪，终而复始。'于是黄帝迎日推策，后率二十岁复朔旦冬至，凡二十推，三百八十年，黄帝仙登于天。"卿因所忠欲奏之。所忠视其书不经，疑其妄书，谢曰："宝鼎事已决矣，尚何以为！"卿因嬖人奏之。上大说，乃召问卿。对曰："受此书申公，申公已死。"上曰："申公何人也？"卿曰："申公，齐人。与安期生通，受黄帝言，无书，独有此鼎书。曰'汉兴复当黄帝之时'。曰'汉之圣者在高祖之孙且曾孙也，宝鼎出而与神通，封禅。封禅七十二王，唯黄帝得上泰山封'。申公曰：'汉主亦当上封，上封则能仙登天矣。黄帝时万诸侯，而神灵之封居七千。天下名山八，而三在蛮夷，五在中国。中国华山、首山、太室、泰山、东莱，此五山黄帝之所常游，与神会。黄帝且战且学仙。患百姓非其道者，乃断斩非鬼神者。百余岁然后得与神通。黄帝郊雍上帝，宿三月。鬼臾区号大鸿，死葬雍，故鸿冢是也。其后黄帝接万灵明廷。明廷者，甘泉也。所谓寒门者，谷口也。黄帝采首山铜，铸鼎于荆山下。鼎既成，有龙垂胡髯下迎黄帝。黄帝上骑，群臣后宫从上者七十余人，龙乃上去。余小臣不得上，乃悉持龙髯，龙髯拔，堕，堕黄帝之弓。百姓仰望黄帝既上天，乃抱其弓与胡髯号，故后世因名其处曰鼎湖，其弓曰乌号。'"于是天子曰："嗟乎！吾诚得如黄帝，吾视去妻子如脱蹝耳。"乃拜卿为郎，东使候神于太室。

上遂郊雍，至陇西，西登崆峒，幸甘泉。令祠官宽舒等具太一祠坛，祠坛放薄忌太一坛，坛三垓。五帝坛环居其下，各如其方，黄帝西南，除八通鬼道。太一，其所用如雍一畤物，而加醴枣脯之属，杀一狸牛以为俎豆牢具。而五帝独有俎豆醴进。其下四方地，为醊食群神从者及北斗云。已祠，胙余皆燎之。其牛色白，鹿居其中，彘在鹿中，水而洎之。祭日以牛，祭月以羊彘特。太一祝宰则衣紫及绣。五帝各如其色，日赤，月白。

十一月辛巳朔旦冬至，昧爽，天子始郊拜太一。朝朝日，夕夕月，则揖；而见太一如雍郊礼。其赞飨曰："天始以宝鼎神策授皇帝，朔而又朔，终而复始，皇帝敬拜见焉。"而衣上黄。其祠列火满坛，坛旁亨炊具。有司云"祠上有光焉"。公卿言"皇帝始郊见太一云阳，有司奉瑄玉嘉牲荐飨。是夜有美光，及昼，黄气上属天"。太史公、祠官宽舒等曰："神灵之休，祐福兆祥，宜因此地光域立太畤坛以明应。令太祝领，秋及腊间祠。三岁天子一郊见。"

其秋，为伐南越，告祷太一。以牡荆画幡日月北斗登龙，以象太一三星，为太一锋，命曰"灵旗"。为兵祷，则太史奉以指所伐国。

而五利将军使不敢入海，之泰山祠。上使人随验，实毋所见。五利妄言见其师，其方尽，多不雠。上乃诛五利。

其冬，公孙卿候神河南，言见仙人迹缑氏城上，有物如雉，往来城上。天子亲幸缑氏城视迹。问卿："得毋效文成、五利乎？"卿曰："仙者非有求人主，人主者求之。其道非少宽假，神不来。言神事，事如迂诞，积以岁乃可致也。"于是郡国各除道,缮治宫观名山神祠所,以望幸也。

其春,既灭南越,上有嬖臣李延年以好音见。上善之,下公卿议,曰:"民间祠尚有鼓舞乐,今郊祀而无乐,岂称乎?"公卿曰:"古者祠天地皆有乐,而神祇可得而礼。"或曰:"太帝使素女鼓五十弦瑟,悲,帝禁不止,故破其瑟为二十五弦。"于是赛南越,祷祠太一、后土,始用乐舞,益召歌儿,作二十五弦及空侯琴瑟自此起。

其来年冬,上议曰:"古者先振兵释旅,然后封禅。"乃遂北巡朔方,勒兵十余万,还祭黄帝冢桥山,释兵须如。上曰:"吾闻黄帝不死,今有冢,何也?"或对曰:"皇帝已仙上天,群臣葬其衣冠。"既至甘泉,为且用事泰山,先类祠太一。

自得宝鼎,上与公卿诸生议封禅。封禅用希旷绝,莫知其仪礼,而群儒采封禅《尚书》、《周官》、《王制》之望祀射牛事。齐人丁公年九十余,曰:"封禅者,合不死之名也。秦皇帝不得上封。陛下必欲上,稍上即无风雨,遂上封矣。"上于是乃令诸儒习射牛,草封禅仪。数年,至且行。天子既闻公孙卿及方士之言,黄帝以上封禅,皆致怪物与神通,欲放黄帝以上接神仙人蓬莱士,高世比德于九皇,而颇采儒术以文之。群儒既已不能辨明封禅事,又牵拘于《诗》《书》古文而不能骋。上为封禅祠器示群儒,群儒或曰"不与古同"。徐偃又曰"太常诸生行礼不如鲁善"。周霸属图封禅事。于是上绌偃、霸,而尽罢诸儒不用。

三月,遂东幸缑氏,礼登中岳太室。从官在山下闻若有言"万岁"云。问上,上不言;问下,下不言。于是以三百户封太室奉祠,命曰"崇高邑"。东上泰山,泰山之草木叶未生,乃令人上石立之泰山巅。

上遂东巡海上,行礼祠八神。齐人之上疏言神怪奇方者以万数,然无验者。乃益发船,令言海中神山者数千人求蓬莱神人。公孙卿持节常先行候名山,至东莱,言夜见大人,长数丈,就之则不见,见其迹甚大,类禽兽云。群臣有言见一老父牵狗,言"吾欲见巨公",已忽不见。上即见大迹,未信,及群臣有言老父,则大以为仙人也。宿留海上,予方士传车及间使求仙人以千数。

四月,还至奉高。上念诸儒及方士言封禅人殊,不经,难施行。天子至梁父,礼祠地主。乙卯,令侍中儒者皮弁荐绅,射牛行事。封泰山下东方,如郊祠太一之礼。封广丈二尺,高九尺,其下则有玉牒书,书秘。礼毕,天子独与侍中奉车子侯上泰山,亦有封。其事皆禁。明日,下阴道。丙辰,禅泰山下趾东北肃然山,如祭后土礼。天子皆亲拜见,衣上黄而尽用乐焉。江淮间一茅三脊为神藉。五色土益杂封。纵远方奇兽蜚禽及白雉诸物,颇以加礼。兕牛犀象之属不用。皆至泰山祭后土。封禅祠;其夜若有光,昼有白云起封中。

天子从禅还,坐明堂,群臣更上寿。于是制诏御史:"朕以眇眇之身承至尊,兢兢焉惧不任。维德菲薄,不明于礼乐。修祠太一,若有象景光,屑如有望,震于怪物,欲止不敢,遂登封泰山,至于梁父,而后禅肃然。自新,

嘉与士大夫更始,赐民百户牛一、酒十石,加年八十孤寡布帛二匹。复博、奉高、蛇丘、历城,无出今年租税。其大赦天下,如乙卯赦令。行所过母有复作。事在二年前,皆勿听治。"又下诏曰:"古者天子五载一巡狩,用事泰山,诸侯有朝宿地。其令诸侯各治邸泰山下。"

天子既已封泰山,无风雨灾,而方士更言蓬莱诸神若将可得,于是上欣然庶几遇之,乃复东至海上望,冀遇蓬莱焉。奉车子侯暴病,一日死。上乃遂去,并海上,北至碣石,巡自辽西,历北边至九原。五月,反至甘泉。有司言宝鼎出为元鼎,以今年为元封元年。

其秋,有星茀于东井。后十余日,有星茀于三能。望气王朔言:"候独见填星出如瓜,食顷复入焉。"有司皆曰:"陛下建汉家封禅,天其报德星云。"

其来年冬,郊雍五帝,还,拜祝祠太一。赞飨曰:"德星昭衍,厥维休祥。寿星仍出,渊耀光明。信星昭见,皇帝敬拜太祝之享。"

其春,公孙卿言见神人东莱山,若云"欲见天子"。天子于是幸缑氏城,拜卿为中大夫。遂至东莱,宿留之数日,无所见,见大人迹云。复遣方士求神怪、采芝药以千数。是岁旱。于是天子既出无名,乃祷万里沙,过祠泰山。还至瓠子,自临塞决河。留二日,沉祠而去。使二卿将卒塞决河,徙二渠,复禹之故迹焉。

是时既灭两越,越人勇之乃言"越人俗鬼,而其祠皆见鬼,数有效。昔东瓯王敬鬼,寿百六十岁。后世怠慢,故衰耗"。乃令越巫立越祝祠,安台无坛,亦祠天神上帝百鬼,而以鸡卜。上信之,越祠鸡卜始用。

公孙卿曰:"仙人可见,而上往常遽,以故不见。今陛下可为观,如缑城,置脯枣,神人宜可致也。且仙人好楼居。"于是上令长安则作蜚廉桂观,甘泉则作益延寿观,使卿持节设具而候神人。乃作通天茎台,置祠具其下,将招来仙神人之属。于是甘泉更置前殿,始广诸宫室。夏,有芝生殿房内中。天子为塞河,兴通天台,若见有光云,乃下诏:"甘泉房中生芝九茎,赦天下,毋有复作。"

其明年,伐朝鲜。夏,旱。公孙卿曰:"黄帝时封则天旱,乾封三年。"上乃下诏曰:"天旱,意乾封乎?其令天下尊祠灵星焉。"

其明年,上郊雍,通回中道,巡之。春,至鸣泽,从西河归。

其明年冬,上巡南郡,至江陵而东。登礼潜之天柱山,号曰南岳。浮江,自寻阳出枞阳,过彭蠡,礼其名山川。北至琅邪,并海上。四月中,至奉高修封焉。

初,天子封泰山,泰山东北趾古时有明堂处,处险不敞。上欲治明堂奉高旁,未晓其制度。济南人公玉带上黄帝时明堂图。明堂图中有一殿,四面无壁,以茅盖,通水,圜宫垣为复道,上有楼,从西南入,命曰昆仑,天子从之入,以拜祠上帝焉。于是上令奉高作明堂汶上,如带图。及五年修封,则祠太一、五帝于明堂上坐,令高皇帝祠坐对之。祠后土于下房,以二十太牢。天子从昆仑道入,始拜明堂如郊礼。礼毕,燎堂下。而上又上泰山,自有秘祠其巅。而泰山下祠五帝,各如其方,黄帝并赤帝,而有司

侍祠焉。山上举火，下悉应之。

其后二岁，十一月甲子朔旦冬至，推历者以本统。天子亲至泰山，以十一月甲子朔旦冬至日祠上帝明堂，毋修封禅。其赞飨曰："天增授皇帝太元神策，周而复始。皇帝敬拜太一。"东至海上，考入海及方士求神者，莫验，然益遣，冀遇之。

十一月乙酉，柏梁灾。十二月甲午朔，上亲禅高里，祠后土。临勃海，将以望祀蓬莱之属，冀至殊廷焉。

上还，以柏梁灾故，朝受计甘泉。公孙卿曰："黄帝就青灵台，十二日烧，黄帝乃治明廷。明廷，甘泉也。"方士多言古帝王有都甘泉者。其后天子又朝诸侯甘泉，甘泉作诸侯邸。勇之乃曰："越俗有火灾，复起屋必以大，用胜服之。"于是作建章宫，度为千门万户。前殿度高未央。其东则凤阙，高二十余丈。其西则唐中，数十里虎圈。其北治大池，渐台高二十余丈，命曰太液池，中有蓬莱、方丈、瀛洲、壶梁，象海中神山龟鱼之属。其南有玉堂、璧门、大鸟之属。乃立神明台、井幹楼，度五十丈，辇道相属焉。

夏，汉改历，以正月为岁首，而色上黄。官名更印章以五字，为太初元年。是岁，西伐大宛。蝗大起。丁夫人、洛阳虞初等以方祠诅匈奴、大宛焉。

其明年，有司上言雍五畤无牢熟具，芬芳不备。乃令祠官进畤犊牢具，色食所胜，而以木禺马代驹焉。独五月尝驹，行亲郊用驹及诸名山川用驹者，悉以木禺马代。行过，乃用驹。他礼如故。

其明年，东巡海上，考神仙之属，未有验者。方士有言"黄帝时为五城十二楼，以候神人于执期，命曰迎年"。上许，作之如方，命曰明年。上亲礼祠上帝焉。

公玉带曰："黄帝时虽封泰山，然风后、封巨、岐伯令黄帝封东泰山，禅凡山，合符，然后不死焉。"天子既令设祠具，至东泰山，东泰山卑小，不称其声，乃令祠官礼之，而不封禅焉。其后，令带奉祠候神物。夏，遂还泰山，修五年之礼如前，而加以禅祠石闾。石闾者，在泰山下阯南方，方士多言此仙人之闾也，故上亲禅焉。

其后五年，复至泰山修封，还过祭恒山。

今天子所兴祠，太一、后土，三年亲郊祠，建汉家封禅，五年一修封。薄忌太一及三一、冥羊、马行、赤星，五，宽舒之祠官以岁时致礼。凡六祠，皆太祝领之。至如八神诸神，明年、凡山他名祠，行过则祠，行去则已。方士所兴祠，各自主，其人终则已，祠官不主。他祠皆如其故。今上封禅，其后十二岁而还，遍于五岳四渎矣。而方士之候祠神人，入海求蓬莱，终无有验。而公孙卿之候神者，犹以大人之迹为解，无有效。天子益怠厌方士之怪迂语矣。然羁縻不绝，冀遇其真。自此之后，方士言神祠者弥众，然其效可睹矣。

太史公曰：余从巡祭天地诸神名山川而封禅焉。入寿宫侍祠神语，究观方士祠官之意，于是退而论次自古以来用事于鬼神者，具见其表里。后有君子，得以览焉。若至俎豆珪币之详，献酬之礼，则有司存。

卷二十九　　　　河渠书第七

《夏书》曰：禹抑鸿水十三年，过家不入门；陆行载车，水行载舟，泥行蹈毳，山行即桥；以别九州，随山浚川，任土作贡；通九道，陂九泽，度九山。然河灾衍溢，害中国也尤甚。唯是为务。故道河自积石历龙门，南到华阴，东下砥柱，及孟津、洛汭，至于大邳。于是禹以为河所从来者高，水湍悍，难以行平地，数为败，乃厮二渠以引其河。北载之高地，过降水，至于大陆，播为九河，同为逆河，入于勃海。九川既疏，九泽既洒，诸夏艾安，功施于三代。

自是之后，荥阳下引河东南为鸿沟，以通宋、郑、陈、蔡、曹、卫，与济、汝、淮、泗会。于楚，西方则通渠汉水、云梦之野，东方则通鸿沟江淮之间。于吴，则通渠三江、五湖。于齐，则通菑、济之间，于蜀，蜀守冰凿离碓，辟沫水之害，穿二江成都之中。此渠皆可行舟，有余则用溉浸，百姓飨其利。至于所过，往往引其水益用溉田畴之渠，以万亿计，然莫足数也。

西门豹引漳水溉邺，以富魏之河内。

而韩闻秦之好兴事，欲罢之，毋令东伐，乃使水工郑国间说秦，令凿泾水自中山西邸瓠口为渠，并北山东注洛三百余里，欲以溉田。中作而觉，秦欲杀郑国。郑国曰："始臣为间，然渠成亦秦之利也。"秦以为然，卒使就渠。渠就，用注填阏之水，溉泽卤之地四万余顷，收皆亩一钟。于是关中为沃野，无凶年，秦以富强，卒并诸侯。因命曰郑国渠。

汉兴三十九年，孝文时河决酸枣，东溃金堤，于是东郡大兴卒塞之。

其后四十有余年，今天子元光之中，而河决于瓠子，东南注巨野，通于淮、泗。于是天子使汲黯、郑当时兴人徒塞之，辄复坏。是时武安侯田蚡为丞相，其奉邑食鄃。鄃居河北，河决而南则鄃无水灾，邑收多。蚡言于上曰："江河之决皆天事，未易以人力为强塞，塞之未必应天。"而望气用数者亦以为然。于是天子久之不事复塞也。

是时郑当时为大农，言曰："异时关东漕粟从渭中上，度六月而罢，而漕水道九百余里，时有难处。引渭穿渠起长安，并南山下，至河三百余里，径，易漕，度可令三月罢；而渠下民田万余顷，又可得以溉田：此损漕省卒，而益肥关中之地，得谷。"天子以为然，令齐人水工徐伯表，悉发卒数万人穿漕渠，三岁而通。通，以漕，大便利。其后漕稍多，而渠下之民颇得以溉田矣。

其后河东守番系言："漕从山东西，岁百余万石，更砥柱之限，败亡甚多，而亦烦费。穿渠引汾溉皮氏、汾阴下，引河溉汾阴、蒲坂下，度可得五千顷。五千顷故尽河堧弃地，民茭牧其中耳。今溉田之，度可得谷二百万石以上。谷从渭上，与关中无异，而砥柱之东可无复漕。"天子以为然，发卒数万人作渠田。数岁，河移徙，渠不利，则田者不能偿种。久之,河东渠田废,予越人,令少府以为稍入。

其后,人有上书欲通褒斜道及漕事,下御史大夫张汤。汤问其事,因言:"抵蜀从故道,故道多坂,回远。今穿褒斜道,少坂,近四百里;而褒水通沔,斜水通渭,皆可以行船漕。漕从南阳上沔入褒,褒之绝水至斜,间百余里,以车转,从斜下下渭。如此,汉中之谷可致,山东从沔无限,便于砥柱之漕。且褒斜材木竹箭之饶,拟于巴蜀。"天子以为然,拜汤子卬为汉中守,发数万人作褒斜道五百余里。道果便近,而水湍石,不可漕。

其后庄熊罴言:"临晋民愿穿洛以溉重泉以东万余顷故卤地。诚得水,可令亩十石。"于是为发卒万余人穿渠,自徵引洛水至商颜山下。岸善崩,乃凿井,深者四十余丈。往往为井,井下相通行水。水颓以绝商颜,东至山岭十余里间。井渠之生自此始。穿渠得龙骨,故名曰龙首渠。作之十余岁,渠颇通,犹未得其饶。

自河决瓠子后二十余岁,岁因以数不登,而梁、楚之地尤甚。天子既封禅巡祭山川,其明年,旱,乾封少雨。天子乃使汲仁、郭昌发卒数万人塞瓠子决。于是天子已用事万里沙,则还自临决河,沉白马玉璧于河,令群臣从官自将军已下皆负薪寘决河。是时东郡烧草,以故薪柴少,而下淇园之竹以为楗。

天子既临河决,悼功之不成,乃作歌曰:"瓠子决兮将奈何?皓皓旰旰兮闾殚为河!殚为河兮地不得宁,功无已时兮吾山平。吾山平兮巨野溢,鱼沸郁兮柏冬日。延道弛兮离常流,蛟龙骋兮方远游。归旧川兮神哉沛,不封禅兮安知外!为我谓河伯何不仁,泛滥不止兮愁吾人?齧桑浮兮淮泗满,久不反兮水维缓。"一曰:"河汤汤兮激潺湲,北渡污兮浚流难。搴长茭兮沉美玉,河伯许兮薪不属。薪不属兮卫人罪,烧萧条兮噫乎何以御水!颓林竹兮楗石菑,宣房塞兮万福来。"于是卒塞瓠子,筑宫其上,名曰宣房宫。而道河北行二渠,复禹旧迹,而梁、楚之地复宁,无水灾。

自是之后,用事者争言水利。朔方、西河、河西、酒泉皆引河及川谷以溉田;而关中辅渠、灵轵引堵水;汝南、九江引淮;东海引巨定;泰山下引汶水。皆穿渠为溉田,各万余顷。佗小渠披山通道者,不可胜言。然其著者在宣房。

太史公曰:余南登庐山,观禹疏九江,遂至于会稽太湟,上姑苏,望五湖;东窥洛汭、大邳,迎河,行淮、泗、济、漯、洛渠;西瞻蜀之岷山及离碓;北自龙门至于朔方。曰:甚哉,水之为利害也!余从负薪塞宣房,悲《瓠子》之诗而作《河渠书》。

卷 三 十　　平准书第八

汉兴,接秦之弊,丈夫从军旅,老弱转粮饷,作业剧而财匮,自天子不能具钧驷,而将相或乘牛车,齐民无藏盖。于是为秦钱重难用,更令民铸钱,一黄金一斤,约法省禁。而不轨逐利之民,蓄积余业以稽市物,物踊腾粜,米至石万钱,马一匹则百金。

天下已平,高祖乃令贾人不得衣丝乘车,重租税以困辱之。孝惠、高后时,为天下初定,复弛商贾之律,然市井之子孙亦不得仕宦为吏。量吏禄,度官用,以赋于民。而山川园池市井租税之入,自天子以至于封君汤沐邑,皆各为私奉养焉,不领于天下之经费。漕转山东粟,以给中都官,岁不过数十万石。

至孝文时,荚钱益多,轻,乃更铸四铢钱,其文为"半两",令民纵得自铸钱。故吴,诸侯也,以即山铸钱,富埒天子,其后卒以叛逆。邓通,大夫也,以铸钱,财过王者。故吴、邓氏钱布天下,而铸钱之禁生焉。

匈奴数侵盗北边,屯戍者多,边粟不足给食当食者。于是募民能输及转粟于边者拜爵,爵得至大庶长。

孝景时,上郡以西旱,亦复修卖爵令,而贱其价以招民;及徒复作,得输粟县官以除罪。益造苑马以广用,而宫室列观舆马益增修矣。

至今上即位数岁,汉兴七十余年之间,国家无事,非遇水旱之灾,民则人给家足。都鄙廪庾皆满,而府库余货财。京师之钱累巨万,贯朽而不可校。太仓之粟陈陈相因,充溢露积于外,至腐败不可食。众庶街巷有马,阡陌之间成群,而乘字牝者傧而不得聚会。守闾阎者食粱肉,为吏者长子孙,居官者以为姓号。故人人自爱而重犯法,先行义而后绌耻辱焉。当此之时,网疏而民富,役财骄溢,或至兼并豪党之徒,以武断于乡曲。宗室有土公卿大夫以下,争于奢侈,室庐舆服僭于上,无限度。物盛而衰,固其变也。

自是之后,严助、朱买臣等招来东瓯,事两越,江、淮之间萧然烦费矣。唐蒙、司马相如开路西南夷,凿山通道千余里,以广巴蜀,巴蜀之民罢焉。彭吴贾灭朝鲜,置沧海之郡,则燕齐之间靡然发动。及王恢设谋马邑,匈奴绝和亲,侵扰北边,兵连而不解,天下苦其劳,而干戈日滋。行者赍,居者送,中外骚扰而相奉,百姓抏弊以巧法,财赂衰耗而不赡。入物者补官,出货者除罪,选举陵迟,廉耻相冒,武力进用,法严令具。兴利之臣自此始也。

其后汉将岁以数万骑出击胡,及车骑将军卫青取匈奴河南地,筑朔方。当是时,汉通西南夷道,作者数万人,千里负担馈粮,率十余钟致一石,散币于邛僰以集之。数岁道不通,蛮夷因以数攻,吏发卒诛之。悉巴蜀租赋不足以更之,乃募豪民田南夷,入粟县官,而内受钱于都内。东至沧海之郡,人徒之费拟于南夷。又兴十余万人筑卫朔方,转漕甚辽远,自山东咸被其劳,费数十百巨万,府库益虚。乃募民能入奴婢得以终身复,为郎增秩,及入羊为郎,始于此。

其后四年,而汉遣大将将六将军,军十余万,击右贤王,获首虏万五千级。明年,大将军将六将军仍再出击胡,得首虏万九千级。捕斩首虏之士受赐黄金二十余万斤,虏数万人皆得厚赏,衣食仰给县官;而汉军之士马死者十余万,兵甲之财转漕之费不与焉。于是大农陈藏钱经耗,赋税既竭,犹不足以奉战士。有司言:"天子曰'朕闻五帝之教不相复而治,禹、汤之法不同道而王,所由殊路,而建德一也。北边未安,朕甚悼之。日者,大将军攻匈奴,斩首虏万九千级,留蹛无所食。议令民得买爵及赎禁锢免减罪'。请置赏官,命曰武功爵。级十七万,凡值三十余万金。诸买武功爵官首者试补吏,先除;千夫如五大夫;其有罪又减二等;爵得至乐卿。以显军功。"军功多用越等,大者封侯卿大夫,小者郎吏。吏道杂而多端,则官职耗废。

自公孙弘以《春秋》之义绳臣下取汉相,张汤用峻文决理为廷尉,于是见知之法生,而废格沮诽穷治之狱用矣。其明年,淮南、衡山、江都王谋反迹见,而公卿寻端治之,竟其党与,而坐死者数万人,长吏益惨急而法令明察。

当是之时,招尊方正贤良文学之士,或至公卿大夫。公孙弘以汉相,布被,食不重味,为天下先。然无益于俗,稍骛于功利矣。

其明年,骠骑仍再出击胡,获首四万。其秋,浑邪王率数万之众来降。于是汉发车二万乘迎之。既至,受赏,赐及有功之士。是岁费凡百余巨万。

初,先是往十余岁河决观,梁、楚之地固已数困,而缘河之郡堤塞河,辄决坏,费不可胜计。其后番係欲省底柱之漕,穿汾、河渠以为溉田,作者数万人;郑当时为渭漕渠回远,凿直渠自长安至华阴,作者数万人;朔方亦穿渠,作者数万人;各历二三期,功未就,费亦各巨万十数。

天子为伐胡,盛养马,马之来食长安者数万匹,卒牵掌者关中不足,乃调旁近郡。而胡降者皆衣食县官,县官不给,天子乃损膳,解乘舆驷,出御府禁藏以赡之。

其明年,山东被水灾,民多饥乏,于是天子遣使者虚郡国仓庾以振贫民。犹不足,又募豪富人相贷假。尚不能相救,乃徙贫民于关以西,及充朔方以南新秦中,七十余万口,衣食皆仰给县官。数岁,假予产业,使者分部护之,冠盖相望。其费以亿计,不可胜数。于是县官大空。

而富商大贾或蹛财役贫,转毂百数,废居居邑,封君皆低首仰给。冶铸煮盐,财或累万金,而不佐国家之急,黎民重困。于是天子与公卿议,更钱造币以赡用,而摧浮淫并兼之徒。是时禁苑有白鹿而少府多银锡。自孝文更造四铢钱,至是岁四十余年,从建元以来,用少,县官往往即多铜山而铸钱,民亦间盗铸钱,不可胜数。钱益多而轻,物益少而贵。有司言曰:"古者皮币,诸侯以聘享。金有三等,黄金为上,白金为中,赤金为下。今半两钱法重四铢,而奸或盗摩钱里取鋊,钱益轻薄而物贵,则远方用币烦费不省。"乃以白鹿皮方尺,缘以藻缋,为皮币,直四十万。王侯宗室朝觐聘享,必以皮币荐璧,然后得行。

又造银锡为白金,以为天用莫如龙,地用莫如马,人用莫如龟,故白金三品:其一曰重八两,圜之,其文龙,名曰"白选",直三千;二曰重差小,方之,其文马,直

五百;三曰复小,椭之,其文龟,直三百。令县官销半两钱,更铸三铢钱,文如其重,盗铸诸金钱罪皆死。而吏民之盗铸白金者不可胜数。

于是以东郭咸阳、孔仅为大农丞,领盐铁事;桑弘羊以计算用事,侍中。咸阳,齐之大煮盐,孔仅,南阳大冶,皆致生累千金,故郑当时进言之。弘羊,洛阳贾人子,以心计,年十三侍中。故三人言利事析秋豪矣。

法既益严,吏多废免。兵革数动,民多买复及五大夫,征发之士益鲜。于是除千夫五大夫为吏,不欲者出马。故吏皆通適令伐棘上林,作昆明池。

其明年,大将军、骠骑大出击胡,得首虏八九万级,赏赐五十万金,汉军马死者十余万匹,转漕车甲之费不与焉。是时财匮,战士颇不得禄矣。

有司言三铢钱轻,易奸诈,乃更请诸郡国铸五铢钱,周郭其下,令不可磨取鋊焉。

大农上盐铁丞孔仅、咸阳言:"山海,天地之藏也,皆宜属少府,陛下不私,以属大农佐赋。愿募民自给费,因官器作煮盐,官与牢盆。浮食奇民欲擅管山海之货,以致富羡,役利细民。其沮事之议,不可胜听。敢私铸铁器煮盐者,钛左趾,没入其器物。郡不出铁者,置小铁官,便属在所县。"使孔仅、东郭咸阳乘传举行天下盐铁,作官府,除故盐铁家富者为吏。吏道益杂不选,而多贾人矣。

商贾以币之变,多积货逐利。于是公卿言:"郡国颇被灾害,贫民无产业者,募徙广饶之地。陛下损膳省用,出禁钱以振元元,宽贷赋,而民不齐出于南亩,商贾滋众。贫者畜积无有,皆仰县官。异时算轺车贾人缗钱皆有差,请算如故。诸贾人末作贳贷买卖,居邑稽诸物,及商以取利者,虽无市籍,各以其物自占,率缗钱二千而一算。诸作有租及铸,率缗钱四千一算。非吏比者三老、北边骑士,轺车以一算;商贾人轺车二算;船五丈以上一算。匿不自占,占不悉,戍边一岁,没入缗钱。有能告者,以其半畀之。贾人有市籍者,及其家属,皆无得籍名田,以便农。敢犯令,没入田、僮。"

天子乃思卜式之言,召拜式为中郎,爵左庶长,赐田十顷,布告天下,使明知之。

初,卜式者,河南人也,以田畜为事。亲死,式有少弟,弟壮,式脱身出分,独取畜羊百余,田宅财物尽予弟。式入山牧十余岁,羊致千余头,买田宅。而其弟尽破其业,式辄复分予弟者数矣。是时汉方数使将击匈奴,卜式上书,愿输家之半县官助边。天子使使问式:"欲官乎?"式曰:"臣少牧,不习仕宦,不愿也。"使问曰:"家岂有冤,欲言事乎?"式曰:"臣生与人无分争。式邑人贫者贷之,不善者教顺之,所居人皆从式,式何故见冤于人!无所欲言也。"使者曰:"苟如此,子何欲而然?"式曰:"天子诛匈奴,愚以为贤者宜死节于边,有财者宜输委,如此而匈奴可灭也。"使者具其言入以闻。天子以语丞相弘。弘曰:"此非人情。不轨之臣,不可以为化而乱法,愿陛下勿许。"于是上久不报式,数岁,乃罢式。式归,复田牧。岁余,会军数出,浑邪王等降,县官费众,仓府空。其明年,贫民大徙,皆仰给县官,无以尽赡。卜式持钱二十万予河南

守,以给徙民。河南上富人助贫人者籍,天子见卜式名,识之,曰:"是固前而欲输其家半助边。"乃赐式外繇四百人,式又尽复于县官。是时富豪皆争匿财,唯式尤欲输之助费。天子于是以式终长者,故尊显以风百姓。

初,式不愿为郎,上曰:"吾有羊上林中,欲令子牧之。"式乃拜为郎,布衣屩而牧羊。岁余,羊肥息。上过,见其羊,善之。式曰:"非独羊也,治民亦犹是也。以时起居,恶者辄斥去,毋令败群。"上以式为奇,拜为缑氏令试之,缑氏便之。迁为成皋令,将漕最。上以为式朴忠,拜为齐王太傅。

而孔仅之使天下铸作器,三年中拜为大农,列于九卿。而桑弘羊为大农丞,管诸会计事,稍稍置均输以通货物矣。

始令吏得入谷补官,郎至六百石。

自造白金五铢钱后五岁,赦吏民之坐盗铸金钱死者数十万人。其不发觉相杀者,不可胜计。赦自出者百余万人。然不能半自出,天下大抵无虑皆铸金钱矣。犯者众,吏不能尽诛取,于是遣博士褚大、徐偃等分曹循行郡国,举兼并之徒守相为吏者。而御史大夫张汤方隆贵用事,减宣、杜周等为中丞,义纵、尹齐、王温舒等用惨急刻深为九卿,而直指夏兰之属始出矣。

而大农颜异诛。初,异为济南亭长,以廉直稍迁至九卿。上与张汤既造白鹿皮币,问异,异曰:"今王侯朝贺以苍璧,直数千,而其皮荐反四十万,本末不相称。"天子不说。张汤又与异有郄,及人有告异以它议,事下张汤治异,异与客语,客语初令下有不便者,异不应,微反唇。汤奏异当九卿,见令不便,不入言而腹诽,论死。自是之后,有腹诽之法以此,而公卿大夫多谄谀取容矣。

天子既下缗钱令而尊卜式,百姓终莫分财佐县官,于是(杨可)告缗钱纵矣。

郡国多奸铸钱,钱多轻,而公卿请令京师铸钟官赤侧,一当五,赋官用非赤侧不得行。白金稍贱,民不宝用,县官以令禁之,无益。岁余,白金终废不行。

是岁也,张汤死,而民不思。

其后二岁,赤侧钱贱,民巧法用之,不便,又废。于是悉禁郡国无铸钱,专令上林三官铸。钱既多,而令天下非三官钱不得行,诸郡国所前铸钱皆废销之,输其铜三官。而民之铸钱益少,计其费不能相当,唯真工大奸乃盗为之。

卜式相齐,而杨可告缗遍天下,中家以上大抵皆遇告。杜周治之,狱少反者。乃分遣御史廷尉正监分曹往,即治郡国缗钱,得民财物以亿计,奴婢以千万数,田大县数百顷,小县百余顷,宅亦如之。于是商贾中家以上大率破,民偷甘食好衣,不事畜藏之产业,而县官有盐铁缗钱之故,用益饶矣。

益广关,置左右辅。

初,大农管盐铁官布多,置水衡,欲以主盐铁;及杨可告缗钱,上林财物众,乃令水衡主上林。上林既充满,益广。是时越欲与汉用船战逐,乃大修昆明池,列观环之。治楼船,高十余丈,旗帜加其上,甚壮。于是天子感之,乃作柏梁台,高数十丈。宫室之修,由此日丽。

乃分缗钱诸官,而水衡、少府、大农、太仆各置农官,往往即郡县比没入田田之。其没入奴婢,分诸苑养狗马禽兽,及与诸官。诸官益杂置多,徒奴婢众,而下河漕度四百万石,及官自籴乃足。

所忠言:"世家子弟富人或斗鸡走狗马,弋猎博戏,乱齐民。"乃征诸犯令,相引数千人,命曰"株送徒"。入财者得补郎,郎选衰矣。

是时山东被河灾,及岁不登数年,人或相食,方一二千里。天子怜之,诏曰:"江南火耕水耨,令饥民得流就食江淮间,欲留,留处。"遣使冠盖相属于道,护之,下巴蜀粟以振之。

其明年,天子始巡郡国。东度河,河东守不意行至,不办,自杀。行西逾陇,陇西守以行往卒,天子从官不得食,陇西守自杀。于是上北出萧关,从数万骑,猎新秦中,以勒边兵而归。新秦中或千里无亭徼,于是诛北地太守以下,而令民得畜牧边县,官假马母,三岁而归,及息什一,以除告缗,用充仞新秦中。

既得宝鼎,立后土、太一祠,公卿议封禅事,而天下郡国皆豫治道桥,缮故宫,及当驰道县,县治官储,设供具,而望以待幸。

其明年,南越反,西羌侵边为桀。于是天子为山东不赡,赦天下,因南方楼船卒二十余万人击南越,数万人发三河以西骑击西羌,又数万人度河筑令居。初置张掖、酒泉郡,而上郡、朔方、西河、河西开田官,斥塞卒六十万人戍田之。中国缮道馈粮,远者三千,近者千余里,皆仰给大农。边兵不足,乃发武库工官兵器以赡之。车骑马乏绝,县官钱少,买马难得,乃著令,令封君以下至三百石以上吏,以差出牝马天下亭,亭有畜牸马,岁课息。

齐相卜式上书曰:"臣闻主忧臣辱。南越反,臣愿父子与齐习船者往死之。"天子下诏曰:"卜式虽躬耕牧,不以为利,有余辄助县官之用。今天下不幸有急,而式奋愿父子死之,虽未战,可谓义形于内。赐爵关内侯,金六十斤,田十顷。"布告天下,天下莫应。列侯以百数,皆莫求从军击羌、越。至酎,少府省金,而列侯坐酎金失侯者百余人。乃拜式为御史大夫。

式既在位,见郡国多不便县官作盐铁,铁器苦恶,贾贵,或强令民卖买之。而船有算,商者少,物贵,乃因孔仅言船算事。上由是不悦卜式。

汉连兵三岁,诛羌,灭南越。番禺以西至蜀南者置初郡十七,且以其故俗治,毋赋税。南阳、汉中以往郡,各以地比给初郡吏卒奉食币物,传车马被具。而初郡时时小反,杀吏,汉发南方吏卒往诛之,间岁万余人,费皆仰给大农。大农以均输调盐铁助赋,故能赡之。然兵所过县,为以訾给毋乏而已,不敢言擅赋法矣。

其明年,元封元年,卜式贬秩为太子太傅。而桑弘羊为治粟都尉,领大农,尽代仅管天下盐铁。弘羊以诸官各自市,相与争,物故腾跃,而天下赋输或不偿其僦费,乃请置大农部丞数十人,分部主郡国。各往,往县置均输盐铁官,令远方各以其物贵时商贾所转贩者为赋,而相灌输。置平准于京师，都受天下委输。召工官治车诸器，皆仰给大农。大农之诸官尽笼天下之货物，贵即卖之，贱则买之。如此，富商大贾无所牟大利，则反本，而万物不得腾踊。故抑天下物，名曰"平准"。天子以为然，许之。于是天子北至朔方，东到太山，巡海上，并北边以归。所过赏赐，用帛百余万匹，钱金以巨万计，皆取足大农。

弘羊又请令吏得入粟补官，及罪人赎罪。令民能入粟甘泉各有差，以复终身，不告缗。他郡国各输急处，而诸农各致粟，山东漕益岁六百万石。一岁之中，太仓、甘泉仓满。边余谷诸物均输帛五百万匹。民不益赋而天下用饶。于是弘羊赐爵左庶长，黄金再百斤焉。

是岁小旱，上令官求雨。卜式言曰："县官当食租衣税而已，今弘羊令吏坐市列肆，贩物求利。亨弘羊，天乃雨。"

太史公曰：农工商交易之路通，而龟贝金钱刀布之币兴焉，所从来久远。自高辛氏之前尚矣，靡得而记云。故《书》道唐虞之际，《诗》述殷周之世，安宁则长庠序，先本绌末，以礼义防于利。事变多故而亦反是。是以物盛则衰，时极而转，一质一文，终始之变也。《禹贡》九州，各因其土地所宜，人民所多少而纳职焉。汤、武承弊易变，使民不倦，各兢兢所以为治，而稍陵迟衰微。齐桓公用管仲之谋，通轻重之权，徼山海之业，以朝诸侯，用区区之齐显成霸名。魏用李克，尽地力，为强君。自是之后，天下争于战国，贵诈力而贱仁义，先富有而后推让。故庶人之富者或累巨万，而贫者或不厌糟糠；有国强者或并群小以臣诸侯，而弱国或绝祀而灭世。以至于秦，卒并海内。虞、夏之币，金为三品：或黄，或白，或赤；或钱、或布、或刀、或龟贝。及至秦，中一国之币为二等，黄金以镒名，为上币；铜钱识曰半两，重如其文，为下币。而珠玉、龟贝、银锡之属为器饰宝藏，不为币。然各随时而轻重无常。于是外攘夷狄，内兴功业，海内之士力耕不足粮饷，女子纺绩不足衣服。古者尝竭天下之资财以奉其上，犹自以为不足也。无异故云，事势之流，相激使然，曷足怪焉？

卷三十一　　吴太伯世家第一

吴太伯、太伯弟仲雍，皆周太王之子，而王季历之兄也。季历贤，而有圣子昌，太王欲立季历以及昌，于是太伯、仲雍二人乃奔荆蛮，文身断发，示不可用，以避季历。季历果立，是为王季，而昌为文王。太伯之奔荆蛮，自号勾吴，荆蛮义之，从而归之千余家，立为吴太伯。

太伯卒，无子，弟仲雍立，是为吴仲雍。仲雍卒，子季简立。季简卒，子叔达立。叔达卒，子周章立。是时周武王克殷，求太伯、仲雍之后，得周章。周章已君吴，因而封之。乃封周章弟虞仲于周之北故夏虚，是为虞仲，列为诸侯。

周章卒，子熊遂立。熊遂卒，子柯相立。柯相卒，子彊鸠夷立。彊鸠夷卒，子馀桥疑吾立。馀桥疑吾卒，子柯卢立。柯卢卒，子周繇立。周繇卒，子屈羽立。屈羽卒，子夷吾立。夷吾卒，子禽处立。禽处卒，子转立。转卒，子颇高立。颇高卒，子句卑立。是时晋献公灭周北虞公，以开晋伐虢也。句卑卒，子去齐立。去齐卒，子寿梦立。寿梦立而吴始益大，称王。

自太伯作吴，五世而武王克殷，封其后为二：其一虞，在中国；其一吴，在夷蛮。十二世而晋灭中国之虞。中国之虞灭二世，而夷蛮之吴兴。大凡从太伯至寿梦十九世。

王寿梦二年，楚之亡大夫申公巫臣怨楚将子反而奔晋，自晋使吴，教吴用兵乘车，令其子为吴行人，吴于是始通于中国。吴伐楚。

十六年，楚共王伐吴，至衡山。

二十五年，王寿梦卒。

寿梦有子四人，长曰诸樊，次曰馀祭，次曰馀眛，次曰季札。季札贤，而寿梦欲立之，季札让不可，于是乃立长子诸樊，摄行事当国。

王诸樊元年。诸樊已除丧，让位季札。季札谢曰："曹宣公之卒也，诸侯与曹人不义曹君，将立子臧，子臧去之，以成曹君，君子曰'能守节矣'。君义嗣，谁敢干君！有国，非吾节也。札虽不材，愿附于子臧之义。"吴人固立季札，季札弃其室而耕，乃舍之。秋，吴伐楚，楚败我师。

四年，晋平公初立。

十三年，王诸樊卒，有命授弟馀祭。欲传以次，必致国于季札而止，以称先王寿梦之意，且嘉季札之义，兄弟皆欲致国，令以渐至焉。季札封于延陵，故号曰延陵季子。

王馀祭三年，齐相庆封有罪，自齐来奔吴。吴予庆封朱方之县，以为奉邑，以女妻之，富于在齐。

四年，吴使季札聘于鲁。请观周乐。为歌《周南》、《召南》。曰："美哉，始基之矣，犹未也，然勤而不怨。"歌《邶》、《鄘》、《卫》。曰："美哉，渊乎，忧而不困者也。吾闻卫康叔、武公之德如是，是其《卫风》乎？"歌《王》。曰："美哉，思而不惧，其周之东乎？"歌《郑》。曰："其细已甚，民不堪也，是其先亡乎？"歌《齐》。曰："美哉，泱泱乎大风也哉！表东海者，其太公乎？国未可量也。"歌《豳》。曰："美哉，荡荡乎，乐而不淫，其周公之东乎？"歌《秦》。曰："此之谓夏声。夫能夏则大，大之至也，其周之旧乎？"歌《魏》。曰："美哉，沨沨乎，大而婉，俭而易行，以德辅此，则盟主也。"歌《唐》。曰："思深哉，其有陶唐氏之遗风乎？不然，何忧之远也？非令德之后，谁能若是！"歌《陈》。曰："国无主，其能久乎？"自《郐》以下，无讥焉。歌《小雅》。曰："美哉，思而不贰，怨而不言，其周德之衰乎？犹有先王之遗民也。"歌《大雅》。曰："广哉，熙熙乎，曲而有直体，其文王之德乎？"歌《颂》。曰："至矣哉，直而不倨，曲而不诎，近而不逼，远而不携，迁而不淫，复而不厌，哀而不愁，乐而不荒，用而不匮，广而不宣，施而不费，取而不贪，处而不底，行而不流。五声和，八风平，节有度，守有序，盛德之所同也。"见舞《象箾》、《南籥》者，曰："美哉，犹有憾。"见舞《大武》,曰:"美哉,周之盛也,其若此乎?"见舞《韶濩》者,曰:"圣人之弘也,犹有惭德,圣人之难也!"见舞《大夏》,曰:"美哉,勤而不德,非禹其谁能及之?"见舞《招箾》,曰:"德至矣哉,大矣,如天之无不焘也,如地之无不载也,虽甚盛德,无以加矣。观止矣,若有他乐,吾不敢观。"

去鲁,遂使齐。说晏平仲曰:"子速纳邑与政。无邑无政,乃免于难。齐国之政将有所归;未得所归,难未息也。"故晏子因陈桓子以纳政与邑,是以免于栾、高之难。

去齐,使于郑。见子产,如旧交。谓子产曰:"郑之执政侈,难将至矣,政必及子。子为政,慎以礼。不然,郑国将败。"

去郑,适卫。说蘧瑗、史狗、史䲡、公子荆、公叔发、公子朝曰:"卫多君子,未有患也。"

自卫如晋,将舍于宿,闻钟声,曰:"异哉!吾闻之,辩而不德,必加于戮。夫子获罪于君以在此,惧犹不足,而又可以畔乎?夫子之在此,犹燕之巢于幕也。君在殡而可以乐乎?"遂去之。文子闻之,终身不听琴瑟。

适晋,说赵文子、韩宣子、魏献子曰:"晋国其萃于三家乎!"将去,谓叔向曰:"吾子勉之!君侈而多良,大夫皆富,政将在三家。吾子直,必思自免于难。"

季札之初使,北过徐君。徐君好季札剑,口弗敢言。季札心知之,为使上国,未献。还至徐,徐君已死,于是乃解其宝剑,系之徐君冢树而去。从者曰:"徐君已死,尚谁予乎?"季子曰:"不然。始吾心已许之,岂以死倍吾心哉!"

七年,楚公子围弑其王夹敖而代立,是为灵王。

十年,楚灵王会诸侯而以伐吴之朱方,以诛齐庆封。吴亦攻楚,取三邑而去。

十一年,楚伐吴,至雩娄。

十二年,楚复来伐,次于乾溪,楚师败走。

十七年,王馀祭卒,弟馀眛立。

王馀眛二年,楚公子弃疾弑其君灵王代立焉。

四年,王馀眛卒,欲授弟季札。季札让,逃去。于是吴人曰:"先王有命,兄卒弟代立,必致季子。季子今逃位,则王馀眛后立,今卒,其子当代。"乃立王馀眛之子僚为王。

王僚二年,公子光伐楚,败而亡王舟。光惧,袭楚,复得王舟而还。

五年,楚之亡臣伍子胥来奔,公子光客之。公子光者,王诸樊之子也,常以为吾父兄弟四人,当传至季子。季子即不受国,光父先立。即不传季子,光当立。阴纳贤士,欲以袭王僚。

八年,吴使公子光伐楚,败楚师,迎楚故太子建母于居巢以归。因北伐,败陈、蔡之师。

九年,公子光伐楚,拔居巢、钟离。初,楚边邑卑梁氏之处女与吴边邑之女争桑,二女家怒相灭,两国边邑长闻之,怒而相攻,灭吴之边邑。吴王怒,故遂伐楚,取两都而去。

伍子胥之初奔吴,说吴王僚以伐楚之利。公子光曰:

"胥之父兄为僇于楚,欲自报其仇耳。未见其利。"于是伍员知光有他志,乃求勇士专诸,见之光。光喜,乃客伍子胥。子胥退而耕于野,以待专诸之事。

十二年冬,楚平王卒。

十三年春,吴欲因楚丧而伐之,使公子盖馀、烛庸以兵围楚之六、灊。使季札于晋,以观诸侯之变。楚发兵绝吴兵后,吴兵不得还。于是吴公子光曰:"此时不可失也。"告专诸曰:"不索何获!我真王嗣,当立,吾欲求之。季子虽至,不吾废也。"专诸曰:"王僚可杀也。母老子弱,而两公子将兵攻楚,楚绝其路。方今吴外困于楚,而内空无骨鲠之臣,是无奈我何。"光曰:"我身,子之身也。"四月丙子,光伏甲士于窟室,而谒王僚饮。王僚使兵陈于道,自王宫至光之家,门阶户席,皆王僚之亲也,人夹持铍。公子光详为足疾,入于窟室,使专诸置匕首于炙鱼之中以进食。手匕首刺王僚,铍交于匈,遂弑王僚。公子光竟立为王,是为吴王阖庐。阖庐乃以专诸子为卿。

季子至,曰:"苟先君无废祀,民人无废主,社稷有奉,乃吾君也。吾敢谁怨乎?哀死事生,以待天命。非我生乱,立者从之,先人之道也。"复命,哭僚墓,复位而待。吴公子烛庸、盖馀二人将兵遇围于楚者,闻公子光弑王僚自立,乃以其兵降楚,楚封之于舒。

王阖庐元年,举伍子胥为行人而与谋国事。楚诛伯州犁,其孙伯嚭亡奔吴,吴以为大夫。

三年,吴王阖庐与子胥、伯嚭将兵伐楚,拔舒,杀吴亡将二公子。光谋欲入郢,将军孙武曰:"民劳,未可,待之。"

四年,伐楚,取六与灊。五年,伐越,败之。

六年,楚使子常、囊瓦伐吴。迎而击之,大败楚军于豫章,取楚之居巢而还。

九年,吴王阖庐谓伍子胥、孙武曰:"始子之言郢未可入,今果何如?"二子对曰:"楚将子常贪,而唐、蔡皆怨之。王必欲大伐,必得唐、蔡乃可。"阖庐从之,悉兴师,与唐、蔡西伐楚,至于汉水。楚亦发兵拒吴,夹水陈。吴王阖庐弟夫概欲战,阖庐弗许。夫概曰:"王已属臣兵,兵以利为上,尚何待焉?"遂以其部五千人袭冒楚,楚兵大败,走。于是吴王遂纵兵追之。比至郢,五战,楚五败。楚昭王亡出郢,奔郧。郧公弟欲弑昭王,昭王与郧公奔随。而吴兵遂入郢。子胥、伯嚭鞭平王之尸以报父仇。

十年春,越闻吴王之在郢,国空,乃伐吴。吴使别兵击越。楚告急秦,秦遣兵救楚击吴,吴师败。阖庐弟夫概见秦越交败吴,吴王留楚不去,夫概亡归吴而自立为吴王。阖庐闻之,乃引兵归,攻夫概,夫概败奔楚。楚昭王乃得以九月复入郢,而封夫概于堂溪,为堂溪氏。

十一年,吴王使太子夫差伐楚,取番。楚恐而去郢徙鄀。

十五年,孔子相鲁。

十九年夏,吴伐越,越王句践迎击之槜李。越使死士挑战,三行造吴师,呼,自刭。吴师观之,越因伐吴,败之姑苏,伤吴王阖庐指,军却七里。吴王病伤而死。阖庐使立太子夫差,谓曰:"尔忘句践杀汝父乎?"对曰:"不敢！"三年，乃报越。

王夫差元年，以大夫伯嚭为太宰。习战射，常以报越为志。

二年，吴王悉精兵以伐越，败之夫椒，报姑苏也。越王句践乃以甲兵五千人栖于会稽，使大夫种因吴太宰嚭而行成，请委国为臣妾。吴王将许之，伍子胥谏曰："昔有过氏杀斟灌以伐斟寻，灭夏后帝相。帝相之妃后缗方娠，逃于有仍，而生少康。少康为有仍牧正。有过又欲杀少康，少康奔有虞。有虞思夏德，于是妻之以二女而邑之于纶，有田一成，有众一旅。后遂收夏众，抚其官职。使人诱之，遂灭有过氏，复禹之绩，祀夏配天，不失旧物。今吴不如有过之强，而句践大于少康。今不因此而灭之，又将宽之，不亦难乎！且句践为人能辛苦，今不灭，後必悔之。"吴王不听，听太宰嚭，卒许越平，与盟而罢兵去。

七年，吴王夫差闻齐景公死而大臣争宠，新君弱，乃兴师北伐齐。子胥谏曰："越王句践食不重味，衣不重采，吊死问疾，且欲有所用其众。此人不死，必为吴患。今越在腹心疾而王不先，而务齐，不亦谬乎！"吴王不听，遂北伐齐，败齐师于艾陵。至缯，召鲁哀公而征百牢。季康子使子贡以周礼说太宰嚭，乃得止。因留略地于齐、鲁之南。

九年，为驺伐鲁，至，与鲁盟，乃去。

十年，因伐齐而归。

十一年，复北伐齐。

越王句践率其众以朝吴，厚献遗之，吴王喜。唯子胥惧，曰："是弃吴也。"谏曰："越在腹心，今得志于齐，犹石田，无所用。且《盘庚之诰》有颠越勿遗，商之以兴。"吴王不听，使子胥于齐，子胥属其子于齐鲍氏，还报吴王。吴王闻之，大怒，赐子胥属镂之剑以死。将死，曰："树吾墓上以梓，令可为器。抉吾眼置之吴东门，以观越之灭吴也。"

齐鲍氏弑齐悼公。吴王闻之，哭于军门外三日，乃从海上攻齐。齐人败吴，吴王乃引兵归。

十三年，吴召鲁、卫之君会于橐皋。

十四年春，吴王北会诸侯于黄池，欲霸中国以全周室。六月丙子，越王句践伐吴。乙酉，越五千人与吴战。丙戌，虏吴太子友。丁亥，入吴。吴人告败于王夫差，夫差恶其闻也。或泄其语，吴王怒，斩七人于幕下。七月辛丑，吴王与晋定公争长。吴王曰："于周室我为长。"晋定公曰："于姬姓我为伯。"赵鞅怒，将伐吴，乃长晋定公。吴王已盟，与晋别，欲伐宋。太宰嚭曰："可胜而不能居也。"乃引兵归国。国亡太子，内空，王居外久，士皆罢敝，于是乃使厚币以与越平。

十五年，齐田常杀简公。

十八年，越益强。越王句践率兵复伐败吴师于笠泽。楚灭陈。

二十年，越王句践复伐吴。

二十一年，遂围吴。

二十三年十一月丁卯，越败吴。越王句践欲迁吴王夫差于甬东，予百家居之。吴王曰："孤老矣，不能事君王也。吾悔不用子胥之言，自令陷此。"遂自刭死。越王灭吴，诛太宰嚭，以为不忠，而归。

太史公曰：孔子言"太伯可谓至德矣，三以天下让，民无得而称焉"。余读《春秋》古文，乃知中国之虞与荆蛮句吴兄弟也。延陵季子之仁心慕义无穷，见微而知清浊。呜呼，又何其闳览博物君子也！

卷三十二　　齐太公世家第二

太公望吕尚者，东海上人。其先祖尝为四岳，佐禹平水土，甚有功。虞夏之际封于吕，或封于申，姓姜氏。夏商之时，申、吕或封枝庶子孙，或为庶人，尚其后苗裔也。本姓姜氏，从其封姓，故曰吕尚。

吕尚盖尝穷困，年老矣，以渔钓奸周西伯。西伯将出猎，卜之，曰"所获非龙非彲，非虎非罴；所获霸王之辅。"于是周西伯猎，果遇太公于渭之阳，与语大悦，曰："自吾先君太公曰'当有圣人适周，周以兴'。子真是邪？吾太公望子久矣。"故号之曰"太公望"，载与俱归，立为师。

或曰，太公博闻，尝事纣；纣无道，去之。游说诸侯，无所遇，而卒西归周西伯。或曰，吕尚处士，隐海滨。周西伯拘羑里，散宜生、闳夭素知而招吕尚。吕尚亦曰"吾闻西伯贤，又善养老，盍往焉"。三人者为西伯求美女奇物，献之于纣，以赎西伯。西伯得以出，反国。言吕尚所以事周虽异，然要之为文、武师。

周西伯昌之脱羑里归，与吕尚阴谋修德以倾商政，其事多兵权与奇计，故后世之言兵及周之阴权皆宗太公为本谋。周西伯政平，及断虞芮之讼，而诗人称西伯受命曰文王。伐崇、密须、犬夷，大作丰邑。天下三分，其二归周者，太公之谋计居多。

文王崩，武王即位。九年，欲修文王业，东伐，以观诸侯集否。师行，师尚父左杖黄钺，右把白旄以誓，曰："苍兕苍兕，总尔众庶，与尔舟楫，后至者斩！"遂至盟津。诸侯不期而会者八百。诸侯皆曰："纣可伐也。"武王曰："未可。"还师，与太公作此《太誓》。

居二年，纣杀王子比干，囚箕子。武王将伐纣，卜龟兆，不吉，风雨暴至。群公尽惧，唯太公强之，劝武王，武王于是遂行。十一年正月甲子，誓于牧野，伐商纣。纣师败绩。纣反走，登鹿台，遂追斩纣。明日，武王立于社，群公奉明水，卫康叔封布采席，师尚父牵牲，史佚策祝，以告神讨纣之罪。散鹿台之钱，发巨桥之粟，以振贫民。封比干墓，释箕子囚。迁九鼎，修周政，与天下更始。师尚父谋居多。

于是武王已平商而王天下，封师尚父于齐营丘。东就国，道宿行迟。逆旅之人曰："吾闻时难得而易失。客寝甚安，殆非就国者也。"太公闻之，夜衣而行，黎明至国。莱侯来伐，与之争营丘。营丘边莱。莱人，夷也，会纣之乱而周初定，未能集远方，是以与太公争国。

太公至国，修政，因其俗，简其礼，通商工之业，便鱼盐之利，而人民多归齐，齐为大国。及周成王少时，管、蔡作乱，淮夷畔周，乃使召康公命太公曰："东至海，西至河，南至穆陵，北至无棣，五侯九伯，实得征之。"齐由此得征伐，为大国，都营丘。

盖太公之卒百有馀年，子丁公吕伋立。丁公卒，子乙公得立。乙公卒，子癸公慈母立。癸公卒，子哀公不辰立。

哀公时，纪侯谮之周，周烹哀公而立其弟静，是为胡公。胡公徙都薄姑，而当周夷王之时。

哀公之同母少弟山怨胡公，乃与其党率营丘人袭攻杀胡公而自立，是为献公。

献公元年，尽逐胡公子，因徙薄姑都，治临菑。

九年，献公卒，子武公寿立。武公九年，周厉王出奔，居彘。十年，王室乱，大臣行政，号曰"共和"。二十四年，周宣王初立。

二十六年，武公卒，子厉公无忌立。厉公暴虐，故胡公子复入齐，齐人欲立之，乃与攻杀厉公。胡公子亦战死。齐人乃立厉公子赤为君，是为文公。而诛杀厉公者七十人。

文公十二年卒，子成公脱立。成公九年卒，子庄公购立。

庄公二十四年，犬戎杀幽王，周东徙洛。秦始列为诸侯。五十六年，晋弑其君昭侯。

六十四年，庄公卒，子釐公禄甫立。

釐公九年，鲁隐公初立。

十九年，鲁桓公弑其兄隐公而自立为君。

二十五年，北戎伐齐。郑使太子忽来救齐，齐欲妻之。忽曰："郑小齐大，非我敌。"遂辞之。

三十二年，釐公同母弟夷仲年死。其子曰公孙无知，釐公爱之，令其秩服奉养比太子。

三十三年，釐公卒，太子诸兒立，是为襄公。

襄公元年。始为太子时，尝与无知斗，及立，绌无知秩服，无知怨。

四年，鲁桓公与夫人如齐。齐襄公故尝私通鲁夫人。鲁夫人者，襄公女弟也，自釐公时嫁为鲁桓公妇，及桓公来而襄公复通焉。鲁桓公知之，怒夫人，夫人以告齐襄公。齐襄公与鲁君饮，醉之，使力士彭生抱上鲁君车，因拉杀鲁桓公，桓公下车则死矣。鲁人以为让，而齐襄公杀彭生以谢鲁。

八年，伐纪，纪迁去其邑。

十二年。初，襄公使连称、管至父戍葵丘，瓜时而往，及瓜而代。往戍一岁，卒瓜时而公弗为发代。或为请代，公弗许。故此二人怒，因公孙无知谋作乱。连称有从妹在公宫，无宠，使之间襄公，曰："事成以女为无知夫人。"冬十二月，襄公游姑棼，遂猎沛丘。见彘，从者曰"彭生"。公怒，射之，彘人立而啼。公惧，坠车伤足，失屦。反而鞭主屦者茀三百。茀出宫，而无知、连称、管至父等闻公伤，乃遂率其众袭宫。逢主屦茀，茀曰："且无入惊宫，惊宫未易入也。"无知弗信，茀示之创，乃信。待宫外，令茀先入。茀先入，即匿襄公户间。良久，无知等恐，遂入宫。茀反与宫中及公之幸臣攻无知等，不胜，皆死。无知入宫，求公不得。或见人足于户间，发视，乃襄公，遂弑之，而无知自立为齐君。

桓公元年春，齐君无知游于雍林。雍林人尝有怨无知，及其往游，雍林人袭杀无知，告齐大夫曰："无知弑襄公自立，臣谨行诛。唯大夫更立公子之当立者，唯命是听。"

初，襄公之醉杀鲁桓公，通其夫人，杀诛数不当，淫于妇人，数欺大臣，群弟恐祸及，故次弟纠奔鲁。其母鲁女也，管仲、召忽傅之。次弟小白奔莒，鲍叔傅之。小白母，卫女也，有宠于釐公。小白自少好善大夫高傒。及雍林人杀无知，议立君，高、国先阴召小白于莒。鲁闻无知死，亦发兵送公子纠，而使管仲别将兵遮莒道，射中小白带钩。小白详死，管仲使人驰报鲁。鲁送纠者行益迟，六日至齐，则小白已入，高傒立之，是为桓公。

桓公之中钩，详死以误管仲，已而载温车中驰行，亦有高、国内应，故得先入立，发兵距鲁。秋，与鲁战于乾时，鲁兵败走，齐兵掩绝鲁归道。齐遗鲁书曰："子纠兄弟，弗忍诛，请鲁自杀之。召忽、管仲仇也，请得而甘心醢之。不然，将围鲁。"鲁人患之，遂杀子纠于笙渎。召忽自杀。管仲请囚。

桓公之立，发兵攻鲁，心欲杀管仲。鲍叔牙曰："臣幸得从君，君竟以立。君之尊，臣无以增君。君将治齐，既高傒与叔牙足也。君且欲霸王，非管夷吾不可。夷吾所居国国重，不可失也。"于是桓公从之。乃详为召管仲欲甘心，实欲用之。管仲知之，故请往。鲍叔牙迎受管仲，及堂阜而脱桎梏，斋祓而见桓公。桓公厚礼以为大夫，任政。

桓公既得管仲，与鲍叔、隰朋、高傒修齐国政，连五家之兵，设轻重鱼盐之利，以赡贫穷，禄贤能，齐人皆说。

二年，伐灭郯，郯子奔莒。初，桓公亡时，过郯，郯无礼，故伐之。

五年，伐鲁，鲁将师败。鲁庄公请献遂邑以平，桓公许，与鲁会柯而盟。鲁将盟，曹沫以匕首劫桓公于坛上，曰："反鲁之侵地！"桓公许之。已而曹沫去匕首，北面就臣位。桓公后悔，欲无与鲁地而杀曹沫。管仲曰："夫劫许之而倍信杀之，愈一小快耳，而弃信于诸侯，失天下之援，不可。"于是遂与曹沫三败所亡地于鲁。诸侯闻之，皆信齐而欲附焉。

七年，诸侯会桓公于甄，而桓公于是始霸焉。

十四年，陈厉公子完，号敬仲，来奔齐。齐桓公欲以为卿，让，于是以为工正。田成子常之祖也。

二十三年，山戎伐燕，燕告急于齐。齐桓公救燕，遂伐山戎，至于孤竹而还。燕庄公遂送桓公入齐境。桓公曰："非天子，诸侯相送不出境，吾不可以无礼于燕。"于是分沟割燕君所至与燕，命燕君复修召公之政，纳贡于周，如成康之时。诸侯闻之，皆从齐。

二十七年。鲁湣公母曰哀姜，桓公女弟也。哀姜淫于鲁公子庆父，庆父弑湣公，哀姜欲立庆父，鲁人更立釐公。

桓公召哀姜，杀之。

二十八年，卫文公有狄乱，告急于齐。齐率诸侯城楚丘而立卫君。

二十九年，桓公与夫人蔡姬戏船中，蔡姬习水，荡公，公惧，止之，不止，出船，怒，归蔡姬，弗绝。蔡亦怒，嫁其女。桓公闻而怒，兴师往伐。

三十年春，齐桓公率诸侯伐蔡，蔡溃，遂伐楚。楚成王兴师问曰："何故涉吾地？"管仲对曰："昔召康公命我先君太公曰：'五侯九伯，若实征之，以夹辅周室。'赐我先君履，东至海，西至河，南至穆陵，北至无棣。楚贡包茅不入，王祭不共，是以来责。昭王南征不复，是以来问。"楚王曰："贡之不入，有之，寡人罪也，敢不共乎！昭王之出不复，君其问之水滨。"齐师进次于陉。夏，楚王使屈完将兵扞齐，齐师退次召陵。桓公矜屈完以其众。屈完曰："君以道则可；若不，则楚方城以为城，江、汉以为沟，君安能进乎？"乃与屈完盟而去。过陈，陈袁涛涂诈齐，令出东方，觉。秋，齐伐陈。是岁，晋杀太子申生。

三十五年夏，会诸侯于葵丘。周襄王使宰孔赐桓公文武胙、彤弓矢、大路，命无拜。桓公欲许之，管仲曰"不可"。乃下拜受赐。秋，复会诸侯于葵丘，益有骄色。周使宰孔会。诸侯颇有叛者。晋侯病，后，遇宰孔。宰孔曰："齐侯骄矣，弟无行。"从之。是岁，晋献公卒，里克杀奚齐、卓子，秦穆公以夫人入公子夷吾为晋君。桓公于是讨晋乱，至高梁，使隰朋立晋君，还。

是时周室微，唯齐、楚、秦、晋为强。晋初与会，献公死，国内乱。秦穆公辟远，不与中国会盟。楚成王初收荆蛮有之，夷狄自置。唯独齐为中国会盟，而桓公能宣其德，故诸侯宾会。于是桓公称曰："寡人南伐至召陵，望熊山；北伐山戎、离枝、孤竹；西伐大夏，涉流沙；束马悬车登太行，至卑耳山而还。诸侯莫违寡人。寡人兵车之会三，乘车之会六，九合诸侯，一匡天下。昔三代受命，有何以异于此乎？吾欲封泰山，禅梁父。"管仲固谏，不听；乃说桓公以远方珍怪物至乃得封，桓公乃止。

三十八年，周襄王弟带与戎、翟合谋伐周，齐使管仲平戎于周。周欲以上卿礼管仲，管仲顿首曰："臣陪臣，安敢！"三让，乃受下卿礼以见。

三十九年，周襄王弟带来奔齐，齐使仲孙请王，为带谢。襄王怒，弗听。

四十一年，秦穆公虏晋惠公，复归之。是岁，管仲、隰朋皆卒。管仲病，桓公问曰："群臣谁可相者？"管仲曰："知臣莫如君。"公曰："易牙如何？"对曰："杀子以适君，非人情，不可。"公曰："开方如何？"对曰："倍亲以适君，非人情，难近。"公曰："竖刁如何？"对曰："自宫以适君，非人情，难亲。"管仲死，而桓公不用管仲言，卒近用三子，三子专权。

四十二年，戎伐周，周告急齐，齐令诸侯各发卒戍周。是岁，晋公子重耳来，桓公妻之。

四十三年。初，齐桓公之夫人三，曰王姬、徐姬、蔡姬，皆无子。桓公好内，多内宠，如夫人者六人：长卫姬，生无诡；少卫姬，生惠公元；郑姬，生孝公昭；葛嬴，生昭公潘；密姬，生懿公商人；宋华子，生公子雍。桓公与管仲属孝公于宋襄公，以为太子。雍巫有宠于卫共姬，因宦者竖刁以厚献于桓公，亦有宠，桓公许之立无诡。管仲卒，五公子皆求立。冬十月乙亥，齐桓公卒。易牙入，与竖刁因内宠杀群吏，而立公子无诡为君。太子昭奔宋。

桓公病，五公子各树党争立。及桓公卒，遂相攻，以故宫中空，莫敢棺。桓公尸在床上六十七日，尸虫出于户。十二月乙亥，无诡立，乃棺赴。辛巳夜，敛殡。

桓公十有馀子，要其后立者五人：无诡立三月死，无谥；次孝公；次昭公；次懿公；次惠公。孝公元年三月，宋襄公率诸侯兵送齐太子昭而伐齐。齐人恐，杀其君无诡。齐人将立太子昭，四公子之徒攻太子，太子走宋，宋遂与齐人四公子战。五月，宋败齐四公子师而立太子昭，是为齐孝公。宋以桓公与管仲属之太子，故来征之。以乱故，八月乃葬齐桓公。

六年春，齐伐宋，以其不同盟于齐也。夏，宋襄公卒。

七年，晋文公立。

十年，孝公卒，孝公弟潘因卫公子开方杀孝公子而立潘，是为昭公。昭公，桓公子也，其母曰葛嬴。

昭公元年，晋文公败楚于城濮，而会诸侯践土，朝周，天子使晋称伯。

六年，翟侵齐。晋文公卒。秦兵败于殽。

十二年，秦穆公卒。

十九年五月，昭公卒，子舍立为齐君。舍之母无宠于昭公，国人莫畏。昭公之弟商人以桓公死争立而不得，阴交贤士，附爱百姓，百姓说。及昭公卒，子舍立，孤弱，即与众十月即墓上弑齐君舍，而商人自立，是为懿公。懿公，桓公子也，其母曰密姬。

懿公四年春。初，懿公为公子时，与丙戎之父猎，争获不胜，及即位，断丙戎父足，而使丙戎仆。庸职之妻好，公内之宫，使庸职骖乘。五月，懿公游于申池，二人浴，戏。职曰："断足子！"戎曰："夺妻者！"二人俱病此言，乃怨，谋与公游竹中，二人弑懿公车上，弃竹中而亡去。

懿公之立，骄，民不附。齐人废其子而迎公子元于卫，立之，是为惠公。惠公，桓公子也。其母卫女，曰少卫姬避齐乱，故在卫。

惠公二年，长翟来，王子城父攻杀之，埋之于北门。晋赵穿弑其君灵公。

十年，惠公卒，子顷公无野立。初，崔杼有宠于惠公，惠公卒，高、国畏其逼也，逐之，崔杼奔卫。

顷公元年，楚庄王强，伐陈。

二年，围郑，郑伯降。已，复国郑伯。

六年春，晋使郤克于齐，齐使夫人帷中而观之。郤克上，夫人笑之。郤克曰："不是报，不复涉河！"归，请伐齐，晋侯弗许。齐使至晋，郤克执齐使者四人河内，杀之。

八年，晋伐齐，齐以公子彊质晋，晋兵去。

十年春，齐伐鲁、卫。鲁、卫大夫如晋请师，皆因郤克。晋使郤克以车八百乘为中军将，士燮将上军，栾书将下军，以救鲁、卫，伐齐。六月壬申，与齐侯兵合靡笄下。癸酉，陈于鞍。逢丑父为齐顷公右。顷公曰："驰之，破晋军会食。"射伤郤克，流血至履。克欲还入壁，其御曰："我始入，再伤，不敢言疾，恐惧士卒，愿子忍之。"遂复战。战，齐急，丑父恐齐侯得，乃易处，顷公为右，车絓于木而止。晋小将韩厥伏齐侯车前，曰"寡君使臣救鲁、卫"，戏之。丑父使顷公下取饮，因得亡，脱去，入其军，晋郤克欲杀丑父，丑父曰："代君死而见僇，後人臣无忠其君者矣。"克舍之，丑父遂得亡归齐。于是晋军追齐至马陵。齐侯请以宝器谢，不听，必得笑克者萧桐叔子，令齐东亩。对曰："叔子，齐君母。齐君母亦犹晋君母，子安置之？且子以义伐而以暴为後，其可乎？"于是乃许，令反鲁、卫之侵地。

十一年，晋初置六卿，赏鞌之功。齐顷公朝晋，欲尊王晋景公，晋景公不敢受，乃归。归而顷公弛苑囿，薄赋敛，振孤问疾，虚积聚以救民，民亦大说。厚礼诸侯。竟顷公卒，百姓附，诸侯不犯。

十七年，顷公卒，子灵公环立。

灵公九年，晋栾书弑其君厉公。

十年，晋悼公伐齐，齐令公子光质晋。

十九年，立子光为太子，高厚傅之，令会诸侯盟于钟离。

二十七年，晋使中行献子伐齐。齐师败，灵公走入临菑。晏婴止灵公，灵公弗从。曰："君亦无勇矣！"晋兵遂围临菑，临菑城守不敢出，晋焚郭中而去。

二十八年，初，灵公取鲁女，生子光，以为太子。仲姬，戎姬。戎姬嬖，仲姬生子牙，属之戎姬。戎姬请以为太子，公许之。仲姬曰："不可。光之立，列于诸侯矣，今无故废之，君必悔之。"公曰："在我耳。"遂东太子光。使高厚傅牙为太子。灵公疾，崔杼迎故太子光而立之，是为庄公。庄公杀戎姬。五月壬辰，灵公卒，庄公即位，执太子牙于勾窦之丘，杀之。八月，崔杼杀高厚。晋闻齐乱，伐齐，至高唐。

庄公三年，晋大夫栾盈奔齐，庄公厚客待之。晏婴、田文子谏，公弗听。

四年，齐庄公使栾盈间入晋曲沃为内应，以兵随之，上太行，入孟门。栾盈败，齐兵还，取朝歌。

六年。初，棠公妻好，棠公死，崔杼取之。庄公通之，数如崔氏，以崔杼之冠赐人。侍者曰："不可。"崔杼怒，因其伐晋，欲与晋合谋袭齐，而不得间。庄公尝笞宦者贾举，贾举复侍，为崔杼间公以报怨。五月，莒子朝齐，齐子甲戌飨之。崔杼称病不视事。乙亥，公问崔杼病，遂从崔杼妻。崔杼妻入室，与崔杼自闭户不出。公拥柱而歌。宦者贾举遮公从官而入，闭门，崔杼之徒持兵从中起。公登台而请解，不许；请盟，不许；请自杀于庙，不许。皆曰："君之臣杼疾病，不能听命。近于公宫。陪臣争趣有淫者，不知二命。"公逾墙，射中公股，公反坠，遂弑之。晏婴立崔杼门外，曰："君为社稷死则死之，为社稷亡则亡之。若为己死己亡，非其私暱，谁敢任之！"门开而入，枕公尸而哭，三踊而出。人谓崔杼："必杀之。"崔杼曰："民之望也，舍之得民。"

丁丑，崔杼立庄公异母弟杵臼，是为景公。景公母，鲁叔孙宣伯女也。景公立，以崔杼为右相，庆封为左相。二相恐乱起，乃与国人盟曰："不与崔、庆者死！"晏子仰天曰："婴所不获唯忠于君利社稷者是从！"不肯盟。庆封欲杀晏子，崔杼曰："忠臣也，舍之。"齐太史书曰"崔杼弑庄公"，崔杼杀之。其弟复书，崔杼复杀之。少弟复书，崔杼乃舍之。

景公元年，初，崔杼生子成及彊，其母死，取东郭女，生明。东郭女使其前夫子无咎与其弟偃相崔氏。成有罪，二相急治，立明为太子。成请老于崔，崔杼许之，二相弗听，曰："崔，宗邑，不可。"成、彊怒，告庆封。庆封与崔杼有郤，欲其败也。成、彊杀无咎、偃于崔杼家，家皆奔亡，崔杼怒，无人，使一宦者御，见庆封。庆封曰："请为子诛之。"使崔杼仇卢蒲嫳攻崔氏，杀成、彊，尽灭崔氏，崔杼妇自杀。崔杼毋归，亦自杀。庆封为相国，专权。

三年十月，庆封出猎。初，庆封已杀崔杼，益骄，嗜酒好猎，不听政令。庆舍用政，已有内郤。田文子谓桓子曰："乱将作。"田、鲍、高、栾相与谋庆氏。庆舍发甲围庆封宫，四家徒共击破之。庆封还，不得入，奔鲁。齐人让鲁，封奔吴。吴与之朱方，聚其族而居之，富于在齐。其秋，齐人徙葬庄公，僇崔杼尸于市以说众。

九年，景公使晏婴之晋，与叔向私语曰："齐政卒归田氏。田氏虽无大德，以公权私，有德于民，民爱之。"

十二年，景公如晋，见平公，欲与伐燕。

十八年，公复如晋，见昭公。

二十六年，猎鲁郊，因入鲁，与晏婴俱问鲁礼。

三十一年，鲁昭公辟季氏难，奔齐。齐欲以千社封之，子家止昭公，昭公乃请齐伐鲁，取郓以居昭公。

三十二年，彗星见。景公坐柏寝，叹曰："堂堂，谁有此乎？"群臣皆泣，晏子笑，公怒。晏子曰："臣笑群臣谀甚。"景公曰："彗星出东北，当齐分野，寡人以为忧。"晏子曰："君高台深池，赋敛如弗得，刑罚恐弗胜，茀星将出，彗星何惧乎？"公曰："可禳否？"晏子曰："使神可祝而来，亦可禳而去也。百姓苦怨以万数，而君令一人禳之，安能胜众口乎？"是时景公好治宫室，聚狗马，奢侈，厚赋重刑，故晏子以此谏之。

四十二年，吴王阖闾伐楚，入郢。

四十七年，鲁阳虎攻其君，不胜，奔齐，请齐伐鲁。鲍子谏景公，乃囚阳虎。阳虎得亡，奔晋。

四十八年，与鲁定公好会夹谷。犁鉏曰："孔丘知礼而怯，请令莱人为乐，因执鲁君，可得志。"景公害孔丘相鲁，惧其霸，故从犁鉏之计。方会，进莱乐，孔子历阶上，使有司执莱人斩之，以礼让景公。景公惭，乃归鲁侵地以谢，而罢去。是岁，晏婴卒。

五十五年，范、中行反其君于晋，晋攻之急，来请粟。田乞欲为乱，树党于逆臣，说景公曰："范、中行数有德于齐，不可不救。"乃使乞救而输之粟。

五十八年夏，景公夫人燕姬適子死。景公宠妾芮姬生子荼，荼少，其母贱，无行。诸大夫恐其为嗣，乃言愿择诸子长贤者为太子。景公老，恶言嗣事，又爱荼母，欲立之,悼发之口,乃谓诸大夫曰:"为乐耳,国何患无君乎?"秋,景公病,命国惠子、高昭子立少子荼为太子,逐群公子,迁之莱。景公卒,太子荼立,是为晏孺子。冬,未葬,而群公子畏诛,皆出亡。荼诸异母兄公子寿、驹、黔奔卫,公子鉏、阳生奔鲁。莱人歌之曰:"景公死乎弗与埋,三军事乎弗与谋,师乎师乎,胡党之乎?"

晏孺子元年春,田乞伪事高、国者,每朝,乞骖乘,言曰:"子得君,大夫皆自危,欲谋作乱。"又谓诸大夫曰:"高昭子可畏,及未发,先之。"大夫从之。六月,田乞、鲍牧乃与大夫以兵入公宫,攻高昭子。昭子闻之,与国惠子救公。公师败,田乞之徒追之,国惠子奔莒,遂反杀高昭子。晏圉奔鲁。八月,齐秉意兹。田乞败二相,乃使人之鲁召公子阳生。阳生至齐,私匿田乞家。十月戊子,田乞请诸大夫曰:"常之母有鱼菽之祭,幸来会饮。"会饮,田乞盛阳生橐中,置坐中央,发橐出阳生。曰:"此乃齐君矣!"大夫皆伏谒。将与大夫盟而立之,鲍牧醉,乞诬大夫曰:"吾与鲍牧谋共立阳生。"鲍牧怒曰:"子忘景公之命乎?"诸大夫相视欲悔,阳生前,顿首曰:"可则立之,否则已。"鲍牧恐祸起,乃复曰:"皆景公子也,何为不可!"乃与盟,立阳生,是为悼公。悼公入宫,使人迁晏孺子于骀,杀之幕下,而逐孺子母芮子。芮子故贱而孺子少,故无权,国人轻之。

悼公元年,齐伐鲁,取讙、阐。初,阳生亡在鲁,季康子以其妹妻之。及归即位,使迎之。季姬与季鲂侯通,言其情,鲁弗敢与,故齐伐鲁,竟迎季姬。季姬嬖,齐复归鲁侵地。

鲍子与悼公有郤,不善。

四年,吴、鲁伐齐南方。鲍子弑悼公,赴于吴。吴王夫差哭于军门外三日,将从海入讨齐。齐人败之,吴师乃去。晋赵鞅伐齐,至赖而去。齐人共立悼公子壬,是为简公。

简公四年春。初,简公与父阳生俱在鲁也。监止有宠焉。及即位,使为政。田成子惮之,骤顾于朝。御鞅言简公曰:"田、监不可并也,君其择焉。"弗听。子我夕,田逆杀人,逢之,遂捕以入。田氏方睦,使囚病而遗守囚者酒,醉而杀守者,得亡。子我盟诸田于陈宗。初,田豹欲为子我臣,使公孙言豹,豹有丧而止。后卒以为臣,幸于子我。子我谓曰:"吾尽逐田氏而立女,可乎?"对曰:"我远田氏矣。且其违者不过数人,何尽逐焉!"遂告田氏。子行曰:"彼得君,弗先,必祸子。"子行舍于公宫。

夏五月壬申,成子兄弟四乘如公。子我在幄,出迎之,遂入,闭门。宦者御之,子行杀宦者。公与妇人饮酒于檀台,成子迁诸寝。公执戈将击之,太史子馀曰:"非不利也,将除害也。"成子出舍于库,闻公犹怒,将出,曰:"何所无君!"子行拔剑曰:"需,事之贼也。谁非田宗?所不杀子者有如田宗。"乃止。子我归,属徒攻闱与大门,皆弗胜,乃出。田氏追之。丰丘人执子我以告,杀之郭关。成子将杀大陆子方,田逆请而免之。以公命取车于道,出雍门。田豹与之车,弗受,曰:"逆为余请,豹与余车,余有私焉。事子我而有私于其仇,何以见鲁、卫之士?"

庚辰,田常执简公于徐州。公曰:"余早从御鞅言,不及此。"甲午,田常弑简公于徐州。田常乃立简公弟骜,是为平公。平公即位,田常相之,专齐之政,割齐安平以东为田氏封邑。

平公八年,越灭吴。二十五年卒,子宣公积立。

宣公五十一年卒,子康公贷立。田会反廪丘。

康公二年,韩、魏、赵始列为诸侯。十九年,田常曾孙田和始为诸侯,迁康公海滨。

二十六年,康公卒,吕氏遂绝其祀。田氏卒有齐国。为齐威王,强于天下。

太史公曰:吾适齐,自泰山属之琅邪,北被于海,膏壤二千里,其民阔达多匿知,其天性也。以太公之圣,建国本,桓公之盛,修善政,以为诸侯会盟,称伯,不亦宜乎?洋洋哉,固大国之风也!

卷三十三　　鲁周公世家第三

周公旦者,周武王弟也。自文王在时,旦为子孝,笃仁,异于群子。及武王即位,旦常辅翼武王,用事居多。武王九年,东伐至盟津,周公辅行。十一年,伐纣,至牧野,周公佐武王,作《牧誓》。破殷,入商宫。已杀纣,周公把大钺,召公把小钺,以夹武王,衅社,告纣之罪于天及殷民。释箕子之囚。封纣子武庚禄父,使管叔、蔡叔傅之,以续殷祀。遍封功臣同姓戚者。封周公旦于少昊之虚曲阜,是为鲁公。周公不就封,留佐武王。

武王克殷二年,天下未集,武王有疾,不豫,群臣惧,太公、召公乃缪卜。周公曰:"未可以戚我先王。"周公于是乃自以为质,设三坛,周公北面立,戴璧秉圭,告于太王、王季、文王。史策祝曰:"惟尔元孙王发,勤劳阻疾。若尔三王是有负子之责于天,以旦代王发之身。旦巧能,多材多艺,能事鬼神。乃王发不如旦多材多艺,不能事鬼神。乃命于帝庭,敷佑四方,用能定汝子孙于下地,四方之民罔不敬畏。无坠天之降葆命,我先王亦永有所依归。今我其即命于元龟,尔之许我,我以其璧与圭归,以俟尔命。尔不许我,我乃屏璧与圭。"周公已令史策告太王、王季、文王,欲代武王发,于是乃即三王而卜。卜人皆曰吉,发书视之,信吉。周公喜,开籥,乃见书遇吉。周公入贺武王曰:"王其无害。且新受命三王。维长终是图,兹道能念予一人。"周公藏其策金縢匮中,诫守者勿敢言。明日,武王有瘳。

其后武王既崩,成王少,在襁褓之中。周公恐天下闻武王崩而畔,周公乃践阼代成王摄行政当国。管叔及其群弟流言于国曰:"周公将不利于成王。"周公乃告太公望、召公奭曰:"我之所以弗辟而摄行政者,恐天下畔周,无以告我先王太王、王季、文王。三王之忧劳天下久矣,于今而后成。武王早终,成王少,将以成周,我所以为之若此。"于是卒相成王,而使其子伯禽代就封于鲁。周公戒伯禽曰："我文王之子,武王之弟,成王之叔父,我于天下亦不贱矣。然我一沐三捉发,一饭三吐哺,起以待士,犹恐失天下之贤人。子之鲁,慎无以国骄人。"

管、蔡、武庚等果率淮夷而反。周公乃奉成王命,兴师东伐,作《大诰》。遂诛管叔,杀武庚,放蔡叔。收殷馀民,以封康叔于卫,封微子于宋,以奉殷祀,宁淮夷东土,二年而毕定。诸侯咸服宗周。

天降祉福,唐叔得禾,异母同颖,献之成王,成王命唐叔以馈周公于东土,作《馈禾》。周公既受命禾,嘉天子命,作《嘉禾》。东土以集,周公归报成王,乃为诗贻王,命之曰《鸱鸮》。王亦未敢诮周公。

成王七年二月乙未,王朝步自周,至丰,使太保召公先之洛相土。其三月,周公往营成周洛邑,卜居焉,曰吉,遂国之。

成王长,能听政。于是周公乃还政于成王,成王临朝。周公之代成王治,南面倍依以朝诸侯。及七年后,还政成王,北面就臣位,匔匔如畏然。

初,成王少时,病,周公乃自揃其蚤沉之河,以祝于神曰:"王少未有识,奸神命者乃旦也。"亦藏其策于府。成王病有瘳。及成王用事,人或谮周公,周公奔楚。成王发府,见周公祷书,乃泣,反周公。

周公归,恐成王壮,治有所淫佚,乃作《多士》,作《毋逸》。《毋逸》称:"为人父母,为业至长久,子孙骄奢忘之,以亡其家,为人子可不慎乎!故昔在殷王中宗,严恭敬畏天命,自度治民,震惧不敢荒宁,故中宗飨国七十五年。其在高宗,久劳于外,为与小人,作其即位,乃有亮闇,三年不言,言乃欢,不敢荒宁,密靖殷国,至于小大无怨,故高宗飨国五十五年。其在祖甲,不义惟王,久为小人于外,知小人之依,能保施小民,不侮鳏寡,故祖甲飨国三十三年。"《多士》称曰:"自汤至于帝乙,无不率祀明德,帝无不配天者。在今后嗣王纣,诞淫厥佚,不顾天及民之从也。其民皆可诛。""文王日中昃不暇食,飨国五十年。"作此以诫成王。

成王在丰,天下已安,周之官政未次序,于是周公作《周官》,官别其宜。作《立政》,以便百姓。百姓说。

周公在丰,病,将没,曰:"必葬我成周,以明吾不敢离成王。"周公既卒,成王亦让,葬周公于毕,从文王,以明予小子不敢臣周公也。

周公卒后,秋未获,暴风雷雨,禾尽偃,大木尽拔。周国大恐。成王与大夫朝服以开金縢书,王乃得周公所自以为功代武王之说。二公及王乃问史百执事,史百执事曰:"信有,昔周公命我勿敢言。"成王执书以泣,曰:"自今后其无缪卜乎!昔周公勤劳王家,惟予幼人弗及知。今天动威以彰周公之德,惟朕小子其迎,我国家礼亦宜之。"王出郊,天乃雨,反风,禾尽起。二公命国人,凡大木所偃,尽起而筑之。岁则大孰。于是成王乃命鲁得郊祭文王。鲁有天子礼乐者,以褒周公之德也。

周公卒,子伯禽固已前受封,是为鲁公。鲁公伯禽之初受封之鲁,三年而后报政周公。周公曰:"何迟也?"伯禽曰:"变其俗,革其礼,丧三年然后除之,故迟。"太公亦封于齐,五月而报政周公。周公曰:"何疾也?"曰:"吾简其君臣礼,从其俗为也。"及后闻伯禽报政迟,乃叹曰:"呜呼,鲁后世其北面事齐矣!夫政不简不易,民不有近;平易近民,民必归之。"

伯禽即位之后,有管、蔡等反也,淮夷、徐戎亦并兴反。于是伯禽率师伐之于肸,作《肸誓》,曰:"陈尔甲胄,无敢不善。无敢伤牿。马牛其风,臣妾逋逃,勿敢越逐,敬复之。无敢寇攘,逾墙垣。鲁人三郊三隧,峙尔刍茭、糗粮、桢干,无敢不逮。我甲戌筑而征徐戎,无敢不及,有大刑。"作此《肸誓》,遂平徐戎,定鲁。

鲁公伯禽卒,子考公酋立。考公四年卒,立弟熙,是谓炀公。炀公筑茅阙门。六年卒,子幽公宰立。幽公十四年,幽公弟㵒杀幽公而自立,是为魏公。魏公五十年卒,子厉公擢立。厉公三十七年卒,鲁人立其弟具,是为献公。献公三十二年卒,子真公濞立。

真公十四年,周厉王无道,出奔彘,共和行政。二十九年,周宣王即位。

三十年,真公卒,弟敖立,是为武公。

武公九年春,武公与长子括、少子戏西朝周宣王。宣王爱戏,欲立戏为鲁太子。周之樊仲山父谏宣王曰:"废长立少,不顺;不顺,必犯王命;犯王命,必诛之。故出令不可不顺也。令之不行,政之不立;行而不顺,民将弃上。夫下事上,少事长,所以为顺。今天子建诸侯,立其少,是教民逆也。若鲁从之,诸侯效之,王命将有所壅;若弗从而诛之,是自诛王命也。诛之亦失,不诛亦失,王其图之。"宣王弗听,卒立戏为鲁太子。夏,武公归而卒,戏立,是为懿公。

懿公九年,懿公兄括之子伯御与鲁人攻弑懿公,而立伯御为君。伯御即位十一年,周宣王伐鲁,杀其君伯御,而问鲁公子能道顺诸侯者,以为鲁后。樊穆仲曰:"鲁懿公弟称,肃恭明神,敬事耆老;赋事行刑,必问于遗训而咨于固实;不干所问,不犯所咨。"宣王曰:"然,能训治其民矣。"乃立称于夷宫,是为孝公。自是后,诸侯多畔王命。

孝公二十五年,诸侯畔周,犬戎杀幽王。秦始列为诸侯。

二十七年,孝公卒,子弗湟立,是为惠公。惠公三十年,晋人弑其君昭侯。四十五年,晋人又弑其君孝侯。

四十六年,惠公卒,长庶子息摄当国,行君事,是为隐公。初,惠公適夫人无子,公贱妾声子生子息。息长,为娶于宋。宋女至而好,惠公夺而自妻之,生子允,登宋女为夫人,以允为太子。及惠公卒,为允少故,鲁人共令息摄政,不言即位。

隐公五年,观渔于棠。

八年,与郑易天子之太山之邑祊及许田,君子讥之。

十一年冬,公子挥谄谓隐公曰:"百姓便君,君其遂立。吾请为君杀子允,君以我为相。"隐公曰:"有先君命。吾为允少,故摄代。今允长矣,吾方营菟裘之地而老焉,以授子允政。"挥惧子允闻而反诛之,乃反谮隐公于子允曰:"隐公欲遂立,去子,其图之。请为子杀隐公。"子允许诺。十一月,隐公祭钟巫,齐于社圃,馆于蔿氏。挥使人弑隐公于蔿氏,而立子允为君,是为桓公。

桓公元年,郑以璧易天子之许田。二年,以宋之赂鼎入于太庙,君子讥之。

三年,使挥迎妇于齐,为夫人。六年,夫人生子,与桓公同日,故名曰同。同长,为太子。

十六年,会于曹,伐郑,入厉公。

十八年春,公将有行,遂与夫人如齐。申繻谏止,公不听,遂如齐。齐襄公通桓公夫人。公怒夫人,夫人以告齐侯。夏四月丙子,齐襄公飨公,公醉,使公子彭生抱鲁桓公,因命彭生折其胁,公死于车。鲁人告于齐曰:"寡君畏君之威,不敢宁居,来修好礼。礼成而不反,无所归咎,请得彭生以除丑于诸侯。"齐人杀彭生以说鲁。立太子同,是为庄公。庄公母夫人因留齐,不敢归鲁。

庄公五年冬,伐卫,内卫惠公。

八年,齐公子纠来奔。九年,鲁欲内子纠于齐,后桓公,桓公发兵击鲁,鲁急,杀子纠。召忽死。齐告鲁,生致管仲。鲁人施伯曰:"齐欲得管仲,非杀之也,将用之,用之则为鲁患。不如杀,以其尸与之。"庄公不听,遂囚管仲与齐。齐人相管仲。

十三年,鲁庄公与曹沫会齐桓公于柯,曹沫劫齐桓公,求鲁侵地。已盟而释桓公,桓公欲背约,管仲谏,卒归鲁侵地。

十五年,齐桓公始霸。二十三年,庄公如齐观社。

三十二年。初,庄公筑台临党氏,见孟女,说而爱之,许立为夫人,割臂以盟。孟女生子斑。斑长,说梁氏女,往观。圉人荦自墙外与梁氏女戏。斑怒,鞭荦。庄公闻之,曰:"荦有力焉,遂杀之,是未可鞭而置也。"斑未得杀。会庄公有疾。庄公有三弟,长曰庆父,次曰叔牙,次曰季友。庄公取齐女为夫人,曰哀姜。哀姜无子。哀姜娣曰叔姜,生子开。庄公无適嗣,爱孟女,欲立其子斑。庄公病,而问嗣于弟叔牙。叔牙曰:"一继一及,鲁之常也。庆父在,可为嗣,君何忧?"庄公患叔牙欲立庆父,退而问季友。季友曰:"请以死立斑也。"庄公曰:"曩者叔牙欲立庆父,奈何?"季友以庄公命命牙待于鍼巫氏,使鍼季劫饮叔牙以鸩,曰:"饮此则有后奉祀;不然,死且无后。"牙遂饮鸩而死,鲁立其子为叔孙氏。八月癸亥,庄公卒,季友竟立子斑为君,如庄公命。侍丧,舍于党氏。

先时庆父与哀姜私通,欲立哀姜娣子开。及庄公卒而季友立斑。十月己未,庆父使圉人荦杀鲁公子斑于党氏。季友奔陈。庆父竟立庄公子开,是为湣公。

湣公二年,庆父与哀姜通益甚。哀姜与庆父谋杀湣公而立庆父。庆父使卜齮袭杀湣公于武闱。季友闻之,自陈与湣公弟申如邾,请鲁求内之。鲁人欲诛庆父。庆父恐,奔莒。于是季友奉子申入,立之,是为釐公。釐公亦庄公少子。哀姜恐,奔邾。季友以赂如莒求庆父,庆父归,使人杀庆父,庆父请奔,弗听,乃使大夫奚斯行哭而往。庆父闻奚斯音,乃自杀。齐桓公闻哀姜与庆父乱以危鲁,乃召之邾而杀之,以其尸归,戮之鲁。鲁釐公请而葬之。

季友母陈女,故亡在陈,陈故佐送季友及子申。季友之将生也,父鲁桓公使人卜之,曰:"男也,其名曰'友',间于两社,为公室辅。季友亡,则鲁不昌。"及生,有文在掌曰"友",遂以名之,号为成季。其后为季氏,庆父后为孟氏也。

釐公元年,以汶阳鄪封季友。季友为相。

九年,晋里克杀其君奚齐、卓子。齐桓公率釐公讨晋乱,至高梁而还,立晋惠公。十七年,齐桓公卒。二十四年,晋文公即位。

三十三年,釐公卒,子兴立,是为文公。

文公元年,楚太子商臣弑其父成王,代立。三年,文公朝晋襄公。

十一年十月甲午,鲁败翟于鹹,获长翟乔如,富父终甥春其喉,以戈杀之,埋其首于子驹之门,以命宣伯。

初,宋武公之世,鄋瞒伐宋,司徒皇父帅师御之,以败翟于长丘,获长翟缘斯。晋之灭路,获乔如弟棼如。齐惠公二年,鄋瞒伐齐,齐王子城父获其弟荣如,埋其首于北门。卫人获其季弟简如。鄋瞒由是遂亡。

十五年,季文子使于晋。

十八年二月,文公卒。文公有二妃:长妃齐女哀姜,生子恶及视;次妃敬嬴,嬖爱,生子俀。俀私事襄仲,襄仲欲立之,叔仲曰不可。襄仲请齐惠公,惠公新立,欲亲鲁,许之。冬十月,襄仲杀子恶及视而立俀,是为宣公。哀姜归齐,哭而过市,曰:"天乎!襄仲为不道,杀適立庶!"市人皆哭,鲁人谓之"哀姜"。鲁由此公室卑,三桓强。

宣公俀十二年,楚庄王强,围郑。郑伯降,复国之。

十八年,宣公卒,子成公黑肱立,是为成公。季文子曰:"使我杀適立庶失大援者,襄仲。"襄仲立宣公,公孙归父有宠。宣公欲去三桓,与晋谋伐三桓。会宣公卒,季文子怨之,归父奔齐。

成公二年春,齐伐取我隆。夏,公与晋郤克败齐顷公于鞍,齐复归我侵地。

四年,成公如晋,晋景公不敬鲁。鲁欲背晋合于楚,或谏,乃不。十年,成公如晋。晋景公卒,因留成公送葬,鲁讳之。十五年,始与吴王寿梦会钟离。

十六年,宣伯告晋,欲诛季文子。文子有义,晋人弗许。

十八年,成公卒,子午立,是为襄公。是时襄公三岁也。

襄公元年,晋立悼公。往年冬,晋栾书弑其君厉公。四年,襄公朝晋。

五年,季文子卒。家无衣帛之妾,厩无食粟之马,府无金玉,以相三君。君子曰:"季文子廉忠矣。"

九年,与晋伐郑。晋悼公冠襄公于卫,季武子从,相行礼。

十一年,三桓氏分为三军。

十二年,朝晋。十六年,晋平公即位。二十一年,朝晋平公。

二十二年,孔丘生。

二十五年,齐崔杼弑其君庄公,立其弟景公。

二十九年，吴延陵季子使鲁，问周乐，尽知其意，鲁人敬焉。

三十一年六月，襄公卒。其九月，太子卒。鲁人立齐归之子裯为君，是为昭公。

昭公年十九，犹有童心。穆叔不欲立，曰："太子死，有母弟可立；不，即立长。年钧择贤，义钧则卜之。今裯非適嗣，且又居丧意不在戚而有喜色，若果立，必为季氏忧。"季武子弗听，卒立之。比及葬，三易衰。君子曰："是不终也。"

昭公三年，朝晋至河，晋平公谢还之，鲁耻焉。四年，楚灵王会诸侯于申，昭公称病不往。七年，季武子卒。八年，楚灵王就章华台，召昭公。昭公往贺，赐昭公宝器；已而悔，复诈取之。十二年，朝晋至河，晋平公谢还之。十三年，楚公子弃疾弑其君灵王，代立。十五年，朝晋，晋留之葬晋昭公，鲁耻之。二十年，齐景公与晏子狩竟，因入鲁问礼。二十一年，朝晋至河，晋谢还之。

二十五年春，鸲鹆来巢。师己曰："文、成之世童谣曰'鸲鹆来巢，公在乾侯。鸲鹆入处，公在外野'。"

季氏与郈氏斗鸡，季氏芥鸡羽，郈氏金距。季平子怒而侵郈氏，郈昭伯亦怒平子。臧昭伯之弟会伪谗臧氏，匿季氏，臧昭伯囚季氏人。季平子怒，囚臧氏老。臧、郈氏以难告昭公。昭公九月戊戌伐季氏，遂入。平子登台请曰："君以谗不察臣罪，诛之！"请迁沂上，弗许。请囚于鄪，弗许。请以五乘亡，弗许。子家驹曰："君其许之。政自季氏久矣，为徒者众，众将合谋。"弗听。郈氏曰："必杀之。"叔孙氏之臣戾谓其众曰："无季氏与有，孰利？"皆曰："无季氏是无叔孙氏。"戾曰："然，救季氏！"遂败公师。孟懿子闻叔孙氏胜，亦杀郈昭伯。郈昭伯为公使，故孟氏得之。三家共伐公，公遂奔。己亥，公至于齐。齐景公曰："请致千社待君。"子家曰："弃周公之业而臣于齐，可乎？"乃止。子家曰："齐景公无信，不如早之晋。"弗从。叔孙见公还，见平子，平子顿首。初欲迎昭公，孟孙、季孙后悔，乃止。

二十六年春，齐伐鲁，取郓而居昭公焉。夏，齐景公将内公，令无受鲁赂。申丰、汝贾许齐臣高龁、子将粟五千庾。子将言于齐侯曰："群臣不能事鲁君，有异焉。宋元公为鲁如晋，求内之，道卒。叔孙昭子求内其君，无病而死。不知天弃鲁乎？抑鲁君有罪于鬼神也？愿君且待。"齐景公从之。

二十八年，昭公如晋，求入。季平子私于晋六卿，六卿受季氏赂，谏晋君，晋君乃止，居昭公乾侯。二十九年，昭公如郓。齐景公使人赐昭公书，自谓"主君"。昭公耻之，怒而去乾侯。

三十一年，晋欲内昭公，召季平子。平子布衣跣行，因六卿谢罪。六卿为言曰："晋欲内昭公，众不从。"晋人止。

三十二年，昭公卒于乾侯。鲁人共立昭公弟宋为君，是为定公。

定公立，赵简子问史墨曰："季氏亡乎？"史墨对曰："不亡。季友有大功于鲁，受鄪为上卿，至于文子、武子，世增其业。鲁文公卒，东门遂杀適立庶，鲁君于是失国政。政在季氏，于今四君矣。民不知君，何以得国！是以为君慎器与名，不可以假人。"

定公五年，季平子卒。阳虎私怒，囚季桓子，与盟，乃舍之。七年，齐伐我，取郓，以为鲁阳虎邑以从政。

八年，阳虎欲尽杀三桓適，而更立其所善庶子以代之；载季桓子将杀之，桓子诈而得脱。三桓共攻阳虎，阳虎居阳关。九年，鲁伐阳虎，阳虎奔齐，已而奔晋赵氏。

十年，定公与齐景公会于夹谷，孔子行相事。齐欲袭鲁君，孔子以礼历阶，诛齐淫乐，齐侯惧，乃止，归鲁侵地而谢过。

十二年，使仲由毁三桓城，收其甲兵。孟氏不肯堕城，伐之，不克而止。季桓子受齐女乐，孔子去。

十五年，定公卒，子将立，是为哀公。

哀公五年，齐景公卒。

六年，齐田乞弑其君孺子。

七年，吴王夫差强，伐齐，至缯，征百牢于鲁。季康子使子贡说吴王及太宰嚭，以礼诎之。吴王曰："我文身，不足责礼。"乃止。

八年，吴为邹伐鲁，至城下，盟而去。齐伐我，取三邑。十年，伐齐南边。十一年，齐伐鲁，季氏用冉有有功，思孔子，孔子自卫归鲁。

十四年，齐田常弑其君简公于徐州。孔子请伐之，哀公不听。

十五年，使子服景伯、子贡为介，适齐，齐归我侵地。田常初相，欲亲诸侯。

十六年，孔子卒。

二十二年，越王勾践灭吴王夫差。

二十七年春，季康子卒。夏，哀公患三桓，将欲因诸侯以劫之，三桓亦患公作难，故君臣多间。公游于陵阪，遇孟武伯于衢。曰："请问余及死乎？"对曰："不知也。"公欲以越伐三桓。八月，哀公如陉氏。三桓攻公，公奔于卫，去，如邹，遂如越。国人迎哀公，复归，卒于有山氏。子宁立，是为悼公。

悼公之时，三桓胜，鲁如小侯，卑于三桓之家。

十三年，三晋灭智伯，分其地有之。

三十七年，悼公卒，子嘉立，是为元公。元公二十一年卒，子显立，是为穆公。穆公三十三年卒，子奋立，是为共公。共公二十二年卒，子屯立，是为康公。康公九年卒，子匽立，是为景公。景公二十九年卒，子叔立，是为平公。是时六国皆称王。

平公十二年，秦惠王卒，二十年，平公卒，子贾立，是为文公。文公元年，楚怀王死于秦。二十三年，文公卒，子雠立，是为顷公。

顷公二年，秦拔楚之郢，楚顷王东徙于陈。十九年，楚伐我，取徐州。二十四年，楚考烈王伐灭鲁。顷公亡，迁于下邑，为家人，鲁绝祀。顷公卒于柯。

鲁起周公，至顷公，凡三十四世。

太史公曰：余闻孔子称曰"甚矣鲁道之衰也！洙泗之

间断断如也"。观庆父及叔牙、闵公之际,何其乱也?隐、桓之事,襄仲杀适立庶,三家北面为臣,亲攻昭公,昭公以奔。至其揖让之礼则从矣,而行事何其戾也!

卷三十四　　燕召公世家第四

召公奭与周同姓,姓姬氏。周武王之灭纣,封召公于北燕。

其在成王时,召公为三公。自陕以西,召公主之;自陕以东,周公主之。成王既幼,周公摄政,当国践阼,召公疑之,作《君奭》。《君奭》不说周公。周公乃称"汤时有伊尹,假于皇天;在太戊时,则有若伊陟、臣扈,假于上帝,巫咸治王家;在祖乙时,则有若巫贤;在武丁时,则有若甘般:率维兹有陈,保乂有殷"。于是召公乃说。

召公之治西方,甚得兆民和。召公巡行乡邑,有棠树,决狱政事其下,自侯伯至庶人各得其所,无失职者。召公卒,而民人思召公之政,怀棠树不敢伐,哥咏之,作《甘棠》之诗。

自召公已下九世至惠侯。燕惠侯当周厉王奔彘,共和之时。

惠侯卒,子釐侯立。是岁,周宣王初即位。釐侯二十一年,郑桓公初封于郑。三十六年,釐侯卒,子顷侯立。

顷侯二十年,周幽王淫乱,为犬戎所弑。秦始列为诸侯。

二十四年,顷侯卒,子哀侯立。哀侯二年卒,子郑侯立。郑侯三十六年卒,子穆侯立。

穆侯七年,而鲁隐公元年也。十八年卒,子宣侯立。宣侯十三年卒,子桓侯立。桓侯七年卒,子庄公立。

庄公十二年,齐桓公始霸。十六年,与宋、卫共伐周惠王,惠王出奔温,立惠王弟颓为周王。十七年,郑执燕仲父而内惠王于周。二十七年,山戎来侵我,齐桓公救燕,遂北伐山戎而还。燕君送齐桓公出境,桓公因割燕所至地予燕,使燕共贡天子,如成周时职;使燕复修召公之法。三十三年卒,子襄公立。

襄公二十六年,晋文公为践土之会,称伯。三十一年,秦师败于殽。三十七年,秦穆公卒。四十年,襄公卒,桓公立。

桓公十六年卒,宣公立。宣公十五年,昭公立。昭公十三年卒,武公立,是岁晋灭三郤大夫。

武公十九年卒,文公立。文公六年卒,懿公立。懿公元年,齐崔杼弑其君庄公。四年卒,子惠公立。

惠公元年,齐高止来奔。六年,惠公多宠姬,公欲去诸大夫而立宠姬宋,大夫共诛姬宋,惠公惧,奔齐。四年,齐高偃如晋,请共伐燕,入其君。晋平公许,与齐伐燕,入惠公。惠公至燕而死。燕立悼公。

悼公七年卒,共公立。共公五年卒,平公立。晋公室卑,六卿始强大。平公十八年,吴王阖闾破楚入郢。十九年卒,简公立。简公十二年卒,献公立。晋赵鞅围范、中行于朝歌。献公十二年,齐田常弑其君简公。十四年,孔子卒。二十八年,献公卒,孝公立。

孝公十二年,韩、魏、赵灭知伯,分其地,三晋强。

十五年,孝公卒,成公立。成公十六年卒,湣公立,湣公三十一年卒,釐公立。是岁,三晋列为诸侯。

釐公三十年,伐败齐于林营。釐公卒,桓公立。桓公十一年卒,文公立。是岁,秦献公卒,秦益强。

文公十九年,齐威王卒,二十八年,苏秦始来见,说文公。文公予车马金帛以至赵,赵肃侯用之。因约六国,为从长。秦惠王以其女为燕太子妇。

二十九年,文公卒,太子立,是为易王。

易王初立,齐宣王因燕丧伐我,取十城;苏秦说齐,使复归燕十城。十年,燕君为王。苏秦与燕文公夫人私通,惧诛,乃说王使齐为反间,欲以乱齐。易王立十二年卒,子燕哙立。

燕哙既立,齐人杀苏秦。苏秦之在燕,与其相子之为婚,而苏代与子之交。及苏秦死,而齐宣王复用苏代。燕哙三年,与楚、三晋攻秦,不胜而还。子之相燕,贵重,主断。苏代为齐使于燕,燕王问曰:"齐王奚如?"对曰:"必不霸。"燕王曰:"何也?"对曰:"不信其臣。"苏代欲以激燕王以尊子之也。于是燕王大信子之。子之因遗苏代百金,而听其所使。

鹿毛寿谓燕王:"不如以国让相子之。人之谓尧贤者,以其让天下于许由,许由不受,有让天下之名而实不失天下。今王以国让子之,子之必不敢受,是王与尧同行也。"燕王因属国于子之,子之大重。或曰:"禹荐益,已而以启人为吏。及老,以启人为不足任乎天下,传之于益。已而启与交党攻益,夺之。天下谓禹名传天下于益,已而实令启自取之。今王言属国于子之,而吏无非太子人者,是名属之而实太子用事也。"王因收印自三百石吏已上而效之子之。子之南面行王事,而哙老,不听政,顾为臣,国事皆决于子之。

三年,国大乱,百姓恫恐。将军市被与太子平谋,将攻子之。诸将谓齐湣王曰:"因而赴之,破燕必矣。"齐王因令人谓燕太子平曰:"寡人闻太子之义,将废私而立公,饬君臣之义,明父子之位。寡人之国小,不足以为先后。虽然,则唯太子所以令之。"太子因要党聚众。将军市被围公宫,攻子之,不克。将军市被及百姓反攻太子平,将军市被死以徇。因构难数月,死者数万,众人恫恐,百姓离志。孟轲谓齐王曰:"今伐燕,此文、武之时,不可失也。"王因令章子将五都之兵,以因北地之众以伐燕。士卒不战,城门不闭,燕君哙死,齐大胜。

燕子之亡二年,而燕人立太子平,是为燕昭王。

燕昭王于破燕之后即位,卑身厚币以招贤者。谓郭隗曰:"齐因孤之国乱而袭破燕,孤极知燕小力少,不足以报。然诚得贤士以共国,以雪先王之耻,孤之愿也。先生视可者,得身事之。"郭隗曰:"王必欲致士,先从隗始。况贤于隗者,岂远千里哉!"于是昭王为隗改筑宫而师事之。乐毅自魏往,邹衍自齐往,剧辛自赵往,士争趋燕。燕王吊死问孤,与百姓同甘苦。

二十八年，燕国殷富，士卒乐轶轻战。于是遂以乐毅为上将军，与秦、楚、三晋合谋以伐齐。齐兵败，湣王出亡于外。燕兵独追北，入至临淄，尽取齐宝，烧其宫室宗庙。齐城之不下者，独聊、莒、即墨，其馀皆属燕六岁。

昭王三十三年卒，子惠王立。

惠王为太子时，与乐毅有隙；及即位，疑毅，使骑劫代将。乐毅亡走赵。齐田单以即墨击败燕军，骑劫死，燕兵引归，齐悉复得其故城。湣王死于莒，乃立其子为襄王。

惠王七年卒。韩、魏、楚共伐燕。燕武成王立。

武成王七年，齐田单伐我，拔中阳。十三年，秦败赵于长平四十馀万。十四年，武成王卒，子孝王立。

孝王元年，秦围邯郸者解去。三年卒，子今王喜立。

今王喜四年，秦昭王卒。燕王命相栗腹约欢赵，以五百金为赵王酒。还报燕王曰："赵壮者皆死长平，其孤未壮，可伐也。"王召昌国君乐间问之。对曰："赵四战之国，其民习兵，不可伐。"王曰："吾以五而伐一。"对曰："不可。"燕王怒。群臣皆以为可。卒起二军，车二千乘，栗腹将而攻鄗，卿秦攻代。唯独大夫将渠谓燕王曰："与人通关约交，以五百金饮人之王，使者报而反攻之，不祥，兵无成功。"燕王不听，自将偏军随之。将渠引燕王绶止之曰："王必无自往，往无成功。"王蹴之以足。将渠泣曰："臣非以自为，为王也！"燕军至宋子，赵使廉颇将，击破栗腹于鄗。破卿秦、乐间于代。乐间奔赵。廉颇逐之五百馀里，围其国。燕人请和，赵人不许，必令将渠处和。燕相将渠以处和，赵听将渠，解燕围。

六年，秦灭东周，置三川郡。七年，秦拔赵榆次三十七城，秦置太原郡。九年，秦王政初即位。十年，赵使廉颇将攻繁阳，拔之。赵孝成王卒，悼襄王立。使乐乘代廉颇，廉颇不听，攻乐乘，乐乘走，廉颇奔大梁。十二年，赵使李牧攻燕，拔武遂、方城。剧辛故居赵，与庞煖善，已而亡走燕。燕见赵数困于秦，而廉颇去，令庞煖将也，欲因赵弊攻之。问剧辛，辛曰："庞煖易与耳。"燕使剧辛将击赵，赵使庞煖击之，取燕军二万，杀剧辛。秦拔魏二十城，置东郡。十九年，秦拔赵之邺九城。赵悼襄王卒。二十三年，太子丹质于秦，亡归燕。二十五年，秦虏灭韩王安，置颍川郡。二十七年，秦虏赵王迁，灭赵。赵公子嘉自立为代王。

燕见秦且灭六国，秦兵临易水，祸且至燕。太子丹阴养壮士二十人，使荆轲献督亢地图于秦，因袭刺秦王。秦王觉，杀轲，使将军王翦击燕。二十九年，秦攻拔我蓟，燕王亡，徙居辽东，斩丹以献秦。三十年，秦灭魏。

三十三年，秦拔辽东，虏燕王喜，卒灭燕。是岁，秦将王贲亦虏代王嘉。

太史公曰：召公奭可谓仁矣！甘棠且思之，况其人乎？燕外迫蛮貉，内措齐、晋，崎岖强国之间，最为弱小，几灭者数矣。然社稷血食者八九百岁，于姬姓独后亡，岂非召公之烈耶！

卷三十五　　管蔡世家第五

管叔鲜、蔡叔度者，周文王子而武王弟也。

武王同母兄弟十人。母曰太姒，文王正妃也。其长子曰伯邑考，次曰武王发，次曰管叔鲜，次曰周公旦，次曰蔡叔度，次曰曹叔振铎，次曰成叔武，次曰霍叔处，次曰康叔封，次曰冉季载。冉季载最少。同母兄弟十人，唯发、旦贤，左右辅文王，故文王舍伯邑考而以发为太子。及文王崩而发立，是为武王，伯邑考既已前卒矣。

武王已克殷纣，平天下，封功臣昆弟。于是封叔鲜于管，封叔度于蔡。二人相纣子武庚禄父，治殷遗民。封叔旦于鲁而相周，为周公。封叔振铎于曹，封叔武于成，封叔处于霍。康叔封、冉季载皆少，未得封。

武王既崩，成王少，周公旦专王室。管叔、蔡叔疑周公之为不利于成王，乃挟武庚以作乱。周公旦承成王命，伐诛武庚，杀管叔，而放蔡叔，迁之，与车十乘，徒七十人从。而分殷馀民为二：其一封微子启于宋，以续殷祀；其一封康叔为卫君，是为卫康叔。封季载于冉。冉季、康叔皆有驯行，于是周公举康叔为周司寇，冉季为周司空，以佐成王治，皆有令名于天下。

蔡叔度既迁而死，其子曰胡。胡乃改行，率德驯善。周公闻之，而举胡以为鲁卿士，鲁国治。于是周公言于成王，复封胡于蔡，以奉蔡叔之祀，是为蔡仲。馀五叔皆就国，无为天子吏者。

蔡仲卒，子蔡伯荒立。蔡伯荒卒，子宫侯立。宫侯卒，子厉侯立。厉侯卒，子武侯立。

武侯之时，周厉王失国，奔彘，共和行政，诸侯多叛周。

武侯卒，子夷侯立。夷侯十一年，周宣王即位。二十八年，夷侯卒，子釐侯所事立。

釐侯三十九年，周幽王为犬戎所杀，周室卑而东徙。秦始得列为诸侯。

四十八年，釐侯卒，子共侯兴立。共侯二年卒，子戴侯立。戴侯十年卒，子宣侯措父立。

宣侯二十八年，鲁隐公初立。三十五年，宣侯卒，子桓侯封人立。桓侯三年，鲁弑其君隐公。二十年，桓侯卒，弟哀侯献舞立。

哀侯十一年。初，哀侯娶陈，息侯亦娶陈。息夫人将归，过蔡，蔡侯不敬。息侯怒，请楚文王："来伐我，我求救于蔡，蔡必来，楚因击之，可以有功。"楚文王从之，虏蔡哀侯以归。哀侯留九岁，死于楚。凡立二十年卒。蔡人立其子肸，是为穆侯。

穆侯以其女弟为齐桓公夫人。十八年，齐桓公与蔡女戏船中，夫人荡舟，桓公止之，不止，公怒，归蔡女而不绝也。蔡侯怒，嫁其弟。齐桓公怒，伐蔡，蔡溃，遂虏穆侯，南至楚邵陵。已而诸侯为蔡谢齐，齐侯归蔡侯。二十九年，穆侯卒，子庄侯甲午立。

庄侯三年，齐桓公卒。十四年，晋文公败楚于城濮。二十年，楚太子商臣弑其父成王代立。二十五年，秦穆公卒。三十三年，楚庄王即位。三十四年，庄侯卒，子文侯申立。

文侯十四年，楚庄王伐陈，杀夏徵舒。十五年，楚围郑，郑降楚，楚复醳之。二十年，文侯卒，子景侯固立。

景侯元年，楚庄王卒。四十九年，景侯为太子般娶妇于楚，而景侯通焉。太子弑景侯而自立，是为灵侯。

灵侯二年，楚公子围弑其王郏敖而自立，为灵王。九年，陈司徒招弑其君哀公，楚使公子弃疾灭陈而有之。十二年，楚灵王以灵侯弑其父，诱蔡灵侯于申，伏甲，饮之醉而杀之，刑其士卒七十人。令公子弃疾围蔡。十一月，灭蔡，使弃疾为蔡公。

楚灭蔡三岁，楚公子弃疾弑其君灵王代立，为平王。平王乃求蔡景侯少子庐，立之，是为平侯。是年，楚亦复立陈。楚平王初立，欲亲诸侯。故立陈、蔡后。

平侯九年卒，灵侯般之孙东国攻平侯子而自立，是为悼侯。悼侯父曰隐太子友。隐太子友者，灵侯之太子，平侯立而杀隐太子，故平侯卒而隐太子之子东国攻平侯子而代立，是为悼侯。悼侯三年卒，弟昭侯申立。

昭侯十年，朝楚昭王，持美裘二，献其一于昭王而自衣其一。楚相子常欲之，不与。子常谗蔡侯，留之楚三年。蔡侯知之，乃献其裘于子常；子常受之，乃言归蔡侯。蔡侯归而之晋，请与晋伐楚。

十三年春，与卫灵公会邵陵。蔡侯私于周苌弘，以求长于卫；卫使史鰌言康叔之功德，乃长卫。夏，为晋灭沈，楚怒，攻蔡。蔡昭侯使其子为质于吴，以共伐楚。冬，与吴王阖闾遂破楚，入郢。蔡怨子常，子常恐，奔郑。

十四年，吴去而楚昭王复国。

十六年，楚令尹为其民泣以谋蔡，蔡昭侯惧。

二十六年，孔子如蔡。楚昭王伐蔡，蔡恐，告急于吴。吴为蔡远，约迁以自近，易以相救；昭侯私许，不与大夫计。吴人来救蔡，因迁蔡于州来。

二十八年，昭侯将朝于吴，大夫恐其复迁，乃令贼利杀昭侯；已而诛贼利以解过，而立昭侯子朔，是为成侯。

成侯四年，宋灭曹。十年，齐田常弑其君简公。十三年，楚灭陈。十九年，成侯卒，子声侯产立。声侯十五年卒，子元侯立。元侯六年卒，子侯齐立。

侯齐四年，楚惠王灭蔡，蔡侯齐亡，蔡遂绝祀。后陈灭三十三年。

伯邑考，其后不知所封。武王发，其后为周，有本纪言。管叔鲜作乱，诛死，无后。周公旦，其后为鲁，有世家言。蔡叔度，其后为蔡，有世家言。曹叔振铎，其后为曹，有世家言。成叔武，其后世无所见。霍叔处，其后晋献公时灭霍。康叔封，其后为卫，有世家言。冉季载，其后世无所见。

太史公曰：管、蔡作乱，无足载者。然周武王崩，成王少，天下既疑，赖同母之弟成叔、冉季之属十人为辅拂，是以诸侯卒宗周，故附之世家言。

曹叔振铎者，周武王弟也。武王已克殷纣，封叔振铎于曹。

叔振铎卒，子太伯脾立。太伯卒，子仲君平立。仲君平卒，子宫伯侯立。宫伯侯卒。子孝伯云立。孝伯云卒，子夷伯喜立。

夷伯二十三年，周厉王奔于彘。

三十年卒，弟幽伯彊立。幽伯九年，弟苏杀幽伯代立，是为戴伯。戴伯元年，周宣王已立三岁。三十年，戴伯卒，子惠伯兕立。

惠伯二十五年，周幽王为犬戎所杀，因东徙，益卑，诸侯畔之。秦始列为诸侯。

三十六年，惠伯卒，子石甫立，其弟武杀之代立，是为穆公。穆公三年卒，子桓公终生立。

桓公三十五年，鲁公立。四十五年，鲁弑其君隐公。四十六年，宋华父督弑其君殇公，及孔父。五十五年，桓公卒，子庄公夕姑立。

庄公二十三年，齐桓公始霸。

三十一年，庄公卒，子釐公夷立。釐公九年卒，子昭公班立。昭公六年，齐桓公败蔡，遂至楚召陵。九年，昭公卒，子共公襄立。

共公十六年。初，晋公子重耳其亡过曹，曹君无礼，欲观其骈胁。釐负羁谏，不听，私善于重耳。二十一年，晋文公重耳伐曹，虏共公以归，令军毋入釐负羁之宗族间。或说晋文公曰："昔齐桓公会诸侯，复异姓；今君囚曹君，灭同姓，何以令于诸侯？"晋乃复归共公。

二十五年，晋文公卒。三十五年，共公卒，子文公寿立。文公二十三年卒，子宣公彊立。宣公十七年卒，弟成公负刍立。

成公三年，晋厉公伐曹，虏成公以归，已复释之。五年，晋栾书、中行偃使程滑弑其君厉公。二十三年，成公卒，子武公胜立。

武公二十六年，楚公子弃疾弑其君灵王代立。二十七年，武公卒，子平公须立。平公四年卒，子悼公午立。是岁，宋、卫、陈、郑皆火。

悼公八年，宋景公立。九年，悼公朝于宋，宋囚之；曹立其弟野，是为声公。悼公死于宋，归葬。

声公五年，平公弟通弑声公代立，是为隐公。隐公四年，声公弟露弑隐公代立，是为靖公。靖公四年卒，子伯阳立。

伯阳三年，国人有梦众君子立于社宫，谋欲亡曹，曹叔振铎止之，请待公孙彊，许之。旦，求之曹，无此人。梦者戒其子曰："我亡，尔闻公孙彊为政，必去曹，无罹曹祸。"及伯阳即位，好田弋之事。六年，曹野人公孙彊亦好田弋，获白雁而献之，且言田弋之说，因访政事。伯阳大说之，有宠，使为司城，以听政。梦者之子乃亡去。

公孙彊言霸说于曹伯。十四年，曹伯从之，乃背晋干宋。宋景公伐之，晋人不救。十五年，宋灭曹，执曹伯阳及公孙彊以归而杀之。曹遂绝其祀。

太史公曰：余寻曹共公之不用釐负羁，乃乘轩者三百人，知唯德之不建。及振铎之梦，岂不欲引曹之祀者哉？如公孙彊不修厥政，叔铎之祀忽诸。

卷三十六　　陈杞世家第六

陈胡公满者，虞帝舜之后也。昔舜为庶人时，尧妻之二女，居于妫汭，其后因为氏姓，姓妫氏。舜已崩，传禹天下，而舜子商均为封国。夏后之时，或失或续。至于周武王克殷纣，乃复求舜后，得妫满，封之于陈，以奉帝舜祀，是为胡公。

胡公卒，子申公犀侯立。申公卒，弟相公皋羊立。相公卒，立申公子突，是为孝公。孝公卒，子慎公圉戎立。慎公当周厉王时。慎公卒，子幽公宁立。

幽公十二年，周厉王奔于彘。

二十三年，幽公卒。子釐公孝立。

釐公六年，周宣王即位。

三十六年，釐公卒，子武公灵立。武公十五年卒，子夷公说立。是岁，周幽王即位。

夷公三年卒，弟平公燮立。

平公七年，周幽王为犬戎所杀，周东徙。秦始列为诸侯。

二十三年，平公卒，子文公圉立。

文公元年，取蔡女，生子佗。十年，文公卒，长子桓公鲍立。

桓公二十三年，鲁隐公初立。二十六年，卫杀其君州吁。三十三年，鲁弑其君隐公。

三十八年正月甲戌己丑，桓公鲍卒。

桓公弟佗，其母蔡女，故蔡人为佗杀五父及桓公太子免而立佗，是为厉公。桓公病而乱作，国人分散，故再赴。

厉公二年，生子敬仲完。周太史过陈，陈厉公使以《周易》筮之，卦得"观"之"否"："是为观国之光，利用宾于王。此其代陈有国乎？不在此，其在异国？非此其身，在其子孙。若在异国，必姜姓。姜姓，太岳之后。物莫能两大，陈衰，此其昌乎？"

厉公取蔡女，蔡女与蔡人乱，厉公数如蔡淫。七年，厉公所杀桓公太子免之三弟，长曰跃，中曰林，少曰杵臼，共令蔡人诱厉公以好女，与蔡人共杀厉公而立跃，是为利公。

利公者，桓公子也。利公立五月卒，立中弟林，是为庄公。庄公七年卒，少弟杵臼立，是为宣公。

宣公三年，楚武王卒，楚始强。

十七年，周惠王娶陈女为后。

二十一年，宣公后有嬖姬生子款，欲立之，乃杀其太子御寇。御寇素爱厉公子完，完惧祸及己，乃奔齐。齐桓公欲使陈完为卿，完曰："羁旅之臣，幸得免负檐，君之惠也。不敢当高位。"桓公使为工正。齐懿仲欲妻陈敬仲。卜之，占曰："是谓凤皇于飞，和鸣锵锵。有妫之后，将育于姜。五世其昌，并于正卿。八世之后，莫之与京。

三十七年，齐桓公伐蔡，蔡败；南侵楚，至召陵，还，过陈。陈大夫辕涛涂恶其过陈，诈齐令出东道。东道恶，桓公怒，执陈辕涛涂。是岁，晋献公杀其太子申生。

四十五年，宣公卒，子款立，是为穆公。穆公五年，齐桓公卒。十六年，晋文公败楚师于城濮。是岁，穆公卒，子共公朔立。

共公六年，楚太子商臣弑其父成王代立，是为穆王。十一年，秦穆公卒。十八年，共公卒，子灵公平国立。

灵公元年，楚庄王即位。六年，楚伐陈。十年，陈及楚平。

十四年，灵公与其大夫孔宁、仪行父皆通于夏姬，衷其衣以戏于朝。泄冶谏曰："君臣淫乱，民何效焉？"灵公以告二子，二子请杀泄冶，公弗禁，遂杀泄冶。

十五年，灵公与二子饮于夏氏。公戏二子曰："徵舒似汝。"二子曰："亦似公。"徵舒怒。灵公罢酒出，徵舒伏弩厩门射杀灵公。孔宁、仪行父皆奔楚，灵公太子午奔晋。徵舒自立为陈侯。徵舒，故陈大夫也。夏姬，御叔之妻，舒之母也。

成公元年冬，楚庄王为夏徵舒杀灵公，率诸侯伐陈。谓陈曰："无惊，吾诛徵舒而已。"已诛徵舒，因县陈而有之，群臣毕贺。申叔时使于齐来还，独不贺。庄王问其故，对曰："鄙语有之，牵牛径人田，田主夺之牛。径则有罪矣，夺之牛，不亦甚乎？今王以徵舒为贼弑君，故征兵诸侯，以义伐之，已而取之，以利其地，则后何以令于天下！是以不贺。"庄王曰："善。"乃迎陈灵公太子午于晋而立之，复君陈如故，是为成公。孔子读史记至楚复陈，曰："贤哉楚庄王，轻千乘之国而重一言。"

八年，楚庄王卒。二十九年，陈倍楚盟。三十年，楚共王伐陈。是岁，成公卒，子哀公弱立。楚以陈丧，罢兵去。

哀公三年，楚围陈。复释之。

二十八年，楚公子围弑其君郏敖自立，为灵王。

三十四年。初，哀公娶郑，长姬生悼太子师，少姬生偃。二嬖妾，长妾生留，少妾生胜。留有宠哀公，哀公属之其弟司徒招。哀公病，三月，招杀悼太子，立留为太子。哀公怒，欲诛招，招发兵围守哀公，哀公自经杀。招卒立留为陈君。四月，陈使使赴楚。楚灵王闻陈乱，乃杀陈使者，使公子弃疾发兵伐陈，陈君留奔郑。九月，楚围陈。十一月，灭陈。使弃疾为陈公。

招之杀悼太子也，太子之子名吴，出奔晋。晋平公问太史赵曰："陈遂亡乎？"对曰："陈，颛顼之族。陈氏得政于齐，乃卒亡。自幕至于瞽瞍，无违命。舜重之以明德。至于遂，世世守之。及胡公，周赐之姓，使祀虞帝。且盛德之后，必百世祀。虞之世未也，其在齐乎？"

楚灵亡陈五岁，楚公子弃疾弑灵王代立，是为平王。平王初立，欲得和诸侯，乃求故陈悼太子师之子吴，立为陈侯，是为惠公。惠公立，探续哀公卒时年而为元，空籍五岁矣。

十年，陈火。十五年，吴王僚使公子光伐陈，取胡、沈而去。二十八年，吴王阖闾与子胥败楚，入郢。是年，惠公卒，子怀公柳立。

怀公元年，吴破楚，在郢，召陈侯。陈侯欲往，大夫曰："吴新得意；楚王虽亡，与陈有故，不可倍。"怀公乃以疾谢吴。四年，吴复召怀公。怀公恐，如吴。吴怒其前不往，留之，因卒吴。陈乃立怀公之子越，是为湣公。

湣公六年，孔子适陈。吴王夫差伐陈，取三邑而去。十三年，吴复来伐陈，陈告急楚，楚昭王来救，军于城父，吴师去。是年，楚昭王卒于城父。时孔子在陈。

十五年，宋灭曹。

十六年，吴王夫差伐齐，败之艾陵，使人召陈侯。陈侯恐，如吴。楚伐陈。

二十一年，齐田常弑其君简公。

二十三年，楚之白公胜杀令尹子西、子綦，袭惠王。叶公攻败白公，白公自杀。

二十四年，楚惠王复国，以兵北伐，杀陈湣公，遂灭陈而有之。是岁，孔子卒。

杞东楼公者，夏后禹之后苗裔也。殷时或封或绝。周武王克殷纣，求禹之后，得东楼公，封之于杞，以奉夏后氏祀。

东楼公生西楼公，西楼公生题公，题公生谋娶公。谋娶公当周厉王时。谋娶公生武公。

武公立四十七年卒，子靖公立。靖公二十三年卒，子共公立。共公八年卒，子德公立。德公十八年卒，弟桓公姑容立。桓公十七年卒，子孝公匄立。孝公十七年卒，弟文公益姑立。文公十四年卒，弟平公郁立。平公十八年卒，子悼公成立。悼公十二年卒，子隐公乞立。七月，隐公弟遂弑隐公自立，是为釐公。釐公十九年卒，子湣公维立。

湣公十五年，楚惠王灭陈。十六年，湣公弟阏路弑湣公代立，是为哀公。

哀公立十年卒，湣公子欷立，是为出公。出公十二年卒，子简公春立。立一年，楚惠王之四十四年，灭杞。杞后陈亡三十四年。

杞小微，其事不足称述。

舜之后，周武王封之陈，至楚惠王灭之，有世家言。禹之后，周武王封之杞，楚惠王灭之，有世家言。契之后为殷，殷有本纪言。殷破，周封其后于宋，齐湣王灭之，有世家言。后稷之后为周，秦昭王灭之，有本纪言。皋陶之后，或封英、六，楚穆王灭之，无谱。伯夷之后，至周武王复封于齐，曰太公望，陈氏灭之，有世家言。伯翳之后，至周平王时封为秦，项羽灭之，有本纪言。垂、益、夔、龙，其后不知所封，不见也。右十一人者，皆唐虞之际名有功德臣也；其五人之后皆至帝王，馀乃为显诸侯。滕、薛、骝、夏、殷、周之间封也，小，不足齿列，弗论也。

周武王时，侯伯尚千馀人。及幽、厉之后，诸侯力攻相并。江、黄、胡、沈之属，不可胜数，故弗采著于传云。

太史公曰：舜之德可谓至矣！禅位于夏，而后世血食者历三代。及楚灭陈，而田常得政于齐，卒为建国，百世不绝，苗裔兹兹，有土者不乏焉。至禹，于周则杞，微甚，不足数也。楚惠王灭杞，其后越王勾践兴。

卷三十七　　卫康叔世家第七

卫康叔名封，周武王同母少弟也。其次尚有冉季，冉季最少。

武王已克殷纣，复以殷馀民封纣子武庚禄父，比诸侯，以奉其先祀勿绝。为武庚未集，恐其有贼心，武王乃令其弟管叔、蔡叔傅相武庚禄父，以和其民。武王既崩，成王少，周公旦代成王治，当国。管叔、蔡叔疑周公，乃与武庚禄父作乱，欲攻成周。周公旦以成王命兴师伐殷，杀武庚禄父、管叔，放蔡叔，以武庚殷馀民封康叔为卫君，居河、淇间故商墟。

周公旦惧康叔齿少，乃申告康叔曰："必求殷之贤人君子长者，问其先殷所以兴，所以亡，而务爱民。"告以纣所以亡者以淫于酒，酒之失，妇人是用，故纣之乱自此始。为《梓材》，示君子可法则。故谓之《康诰》、《酒诰》、《梓材》以命之。康叔之国，既以此命，能和集其民，民大说。

成王长，用事，举康叔为周司寇，赐卫宝祭器，以章有德。

康叔卒，子康伯代立。康伯卒，子考伯立。考伯卒，子嗣伯立。嗣伯卒，子庭伯立。庭伯卒，子靖伯立。靖伯卒，子贞伯立。贞伯卒，子顷侯立。

顷侯厚赂周夷王，夷王命卫为侯。顷侯立十二年卒，子釐侯立。

釐侯十三年，周厉王出奔于彘，共和行政焉。二十八年，周宣王立。

四十二年，釐侯卒，太子共伯馀立为君，共伯弟和有宠于釐侯，多予之赂；和以其赂赂士，以袭攻共伯于墓上，共伯入釐侯羡自杀。卫人因葬之釐侯旁，谥曰共伯，而立和为卫侯，是为武公。

武公即位，修康叔之政，百姓和集。四十二年，犬戎杀周幽王，武公将兵往佐周平戎，甚有功，周平王命武公为公。五十五年，卒，子庄公扬立。

庄公五年，取齐女为夫人，好而无子。又取陈女为夫人，生子，早死。陈女女弟亦幸于庄公，而生子完。完母死，庄公令夫人齐女子之，立为太子。庄公有宠妾，生子州吁。十八年，州吁长，好兵，庄公使将。石碏谏庄公曰："庶子好兵，使将，乱自此起。"不听。

二十三年，庄公卒，太子完立，是为桓公。

桓公二年，弟州吁骄奢，桓公绌之，州吁出奔。十三年，郑伯弟段攻其兄，不胜，亡，而州吁求与之友。十六年，州吁收聚卫亡人以袭杀桓公，州吁自立为卫君。为郑伯弟段欲伐郑，请宋、陈、蔡与俱，三国皆许州吁。州吁新立，好兵，弑桓公，卫人皆不爱。石碏乃因桓公母家于陈，详为善州吁。至郑郊，石碏与陈侯共谋，使右宰丑进食，因杀州吁于濮，而迎桓公弟晋于邢而立之，是为宣公。

宣公七年，鲁弑其君隐公。九年，宋督弑其君殇公，及孔父。十年，晋曲沃庄伯弑其君哀侯。

十八年。初，宣公爱夫人夷姜，夷姜生子伋，以为太子，而令右公子傅之。右公子为太子取齐女，未入室，而宣公见所欲为太子妇者好，说而自取之，更为太子取他女。宣公得齐女，生子寿、子朔，令左公子傅之。太子伋母死，宣公正夫人与朔共谗恶太子伋。宣公自以其夺太子妻也，心恶太子，欲废之。及闻其恶，大怒，乃使太子伋于齐而令盗遮界上杀之。与太子白旄，而告界盗见持白旄者杀之。且行，子朔之兄寿，太子异母弟也，知朔之恶太子而君欲杀之，乃谓太子曰："界盗见太子白旄，即杀子，太子可毋行。"太子曰："逆父命求生，不可。"遂行。寿见太子不止，乃盗其白旄而先驰至界。界盗见其验，即杀寿。寿已死，而太子伋又至，谓盗曰："所当杀乃我也。"盗并杀太子伋，以报宣公。宣公乃以子朔为太子。

十九年，宣公卒，太子朔立，是为惠公。

左右公子不平朔之立也。惠公四年，左右公子怨惠公之谗杀前太子伋而代立，乃作乱，攻惠公，立太子伋之弟黔牟为君，惠公奔齐。

卫君黔牟立八年，齐襄公率诸侯奉王命共伐卫，纳卫惠公，诛左右公子。卫君黔牟奔于周，惠公复立。惠公立三年出亡，亡八年复入，与前通年凡十三年矣。

二十五年，惠公怨周之容舍黔牟，与燕伐周。周惠王奔温，卫、燕立惠王弟颓为王。二十九年，郑复纳惠王。三十一年，惠公卒，子懿公赤立。

懿公即位，好鹤，淫乐奢侈。九年，翟伐卫，卫懿公欲发兵，兵或畔。大臣言曰："君好鹤，鹤可令击翟。"翟于是遂入，杀懿公。

懿公之立也，百姓大臣皆不服。自懿公父惠公朔之谗杀太子伋代立，至于懿公，常欲败之，卒灭惠公之后而更立黔牟之弟昭伯顽之子申为君，是为戴公。

戴公申元年卒。齐桓公以卫数乱，乃率诸侯伐翟，为卫筑楚丘，立戴公弟燬为卫君，是为文公。文公以乱故奔齐，齐人入之。

初，翟杀懿公也，卫人怜之，思复立宣公前死太子伋之后，伋子又死，而代伋死者子寿又无子。太子伋同母弟二人：其一曰黔牟，黔牟尝代惠公为君，八年复去；其二曰昭伯。昭伯、黔牟皆已前死，故立昭伯子申为戴公。戴公卒，复立其弟燬，为文公。

文公初立，轻赋平罪，身自劳，与百姓同苦，以收卫民。

十六年，晋公子重耳过，无礼。十七年，齐桓公卒。二十五年，文公卒，子成公郑立。

成公三年，晋欲假道于卫救宋，成公不许。晋更从南河渡，救宋。征师于卫，卫大夫欲许，成公不肯。大夫元咺攻成公，成公出奔。晋文公重耳伐卫，分其地予宋，讨前过无礼及不救宋患也。卫成公遂出奔陈。二岁，如周求入，与晋文公会。晋使人鸩卫成公，成公私于周主鸩，令薄，得不死。已而周为请晋文公，卒入之卫，而诛元咺，卫君瑕出奔。

七年，晋文公卒。十二年，成公朝晋襄公。十四年，秦穆公卒。二十六年，齐邴歜弑其君懿公。三十五年，成公卒，子穆公遬立。

穆公二年，楚庄王伐陈，杀夏徵舒。三年，楚庄王围郑，郑降，复释之。十一年，孙良夫救鲁伐齐，复得侵地。穆公卒，子定公臧立。定公十二年卒，子献公衎立。

献公十三年，公令师曹教宫妾鼓琴，妾不善，曹笞之。妾以幸告曹于公，公亦笞曹三百。十八年，献公戒孙文子、宁惠子食，皆往。日旰不召，而去射鸿于囿。二子从之，公不释射服与之言。二子怒，如宿。孙文子子数侍公饮，使师曹歌《巧言》之卒章。师曹又怒公之尝笞三百，乃歌之，欲以怒孙文子，报卫献公。文子语蘧伯玉，伯玉曰："臣不知也。"遂攻出献公，献公奔齐，齐置卫献公于聚邑。孙文子、宁惠子共立定公弟秋为卫君，是为殇公。

殇公秋立，封孙文子林父于宿。

十二年，宁喜与孙林父争宠相恶，殇公使宁喜攻孙林父。林父奔晋，复求入故卫献公。献公在齐，齐景公闻之，与卫献公如晋求入。晋为伐卫，诱与盟。卫殇公会晋平公，平公执殇公与宁喜而复入卫献公。献公亡在外十二年而入。

献公后元年，诛宁喜。

三年，吴延陵季子使过卫，见蘧伯玉、史鳅，曰："卫多君子，其国无故。"过宿，孙林父为击磬，曰："不乐，音大悲，使卫乱乃此矣。"是年，献公卒，子襄公恶立。

襄公六年，楚灵王会诸侯，襄公称病不往。

九年，襄公卒。初，襄公有贱妾，幸之，有身，梦有人谓曰："我康叔也，令若子必有卫，名而子曰'元'。"妾怪之，问孔成子。成子曰："康叔者，卫祖也。"及生子，男也，以告襄公。襄公曰："天所置也。"名之曰元。襄公夫人无子，于是乃立元为嗣，是为灵公。

灵公五年，朝晋昭公。六年，楚公子弃疾弑灵王自立，为平王。十一年，火。

三十八年，孔子来，禄之如鲁。后有隙，孔子去，后复来。

三十九年，太子蒯聩与灵公夫人南子有恶，欲杀南子。蒯聩与其徒戏阳遬谋，朝，使杀夫人。戏阳后悔，不果。蒯聩数目之，夫人觉之，惧，呼曰："太子欲杀我！"灵公怒，太子蒯聩奔宋，已而之晋赵氏。

四十二年春，灵公游于郊，令子郢仆。郢，灵公少子也，字子南。灵公怨太子出奔，谓郢曰："我将立若为后。"郢对曰："郢不足以辱社稷，君更图之。"夏，灵公卒，夫人命子郢为太子，曰："此灵公命也。"郢曰："亡人太子蒯聩之子辄在也，不敢当。"于是卫乃以辄为君，是为出公。

六月乙酉，赵简子欲入蒯聩，乃令阳虎诈命卫十馀人衰绖归，简子送蒯聩。卫人闻之，发兵击蒯聩。蒯聩不得入，入宿而保，卫人亦罢兵。

出公辄四年，齐田乞弑其君孺子。八年，齐鲍子弑其君悼公。

孔子自陈入卫。九年,孔文子问兵于仲尼,仲尼不对。其后鲁迎仲尼,仲尼反鲁。

十二年。初,孔圉文子取太子蒯聩之姊,生悝。孔氏之竖浑良夫美好,孔文子卒,良夫通于悝母。太子在宿,悝母使良夫于太子。太子与良夫言曰:"苟能入我国,报子以乘轩,免子三死,毋所与。"与之盟,许以悝母为妻。闰月,良夫与太子入,舍孔氏之外圃。昏,二人蒙衣而乘,宦者罗御,如孔氏。孔氏之老栾宁问之,称姻妾而告。遂入,适伯姬氏。既食,悝母杖戈而先,太子与五人介,舆豭从之。伯姬劫悝于厕,强盟之,遂劫以登台。栾宁将饮酒,炙未熟,闻乱,使告仲由。召护驾乘车,行爵食炙,奉出公辄奔鲁。

仲由将入,遇子羔将出,曰:"门已闭矣。"子路曰:"吾姑至矣。"子羔曰:"不及,莫践其难。"子路曰:"食焉不避其难。"子羔遂出。子路入,及门,公孙敢阖门,曰:"毋入为也!"子路曰:"是公孙也?求利而逃其难。由不然,利其禄,必救其患。"有使者出,子路乃得入。曰:"太子焉用孔悝?虽杀之,必或继之。"且曰:"太子无勇。若燔台,必舍孔叔。"太子闻之,惧,下石乞、孟黡敌子路,以戈击之,割缨。子路曰:"君子死,冠不免。"结缨而死。孔子闻卫乱,曰:"嗟乎!柴也其来乎?由也其死矣。"孔悝竟立太子蒯聩,是为庄公。

庄公蒯聩者,出公父也,居外,怨大夫莫迎立。元年即位,欲尽诛大臣,曰:"寡人居外久矣,子亦尝闻之乎?"群臣欲作乱,乃止。

二年,鲁孔丘卒。

三年,庄公上城,见戎州。曰:"戎虏何为是?"戎州病之。十月,戎州告赵简子,简子围卫。十一月,庄公出奔,卫人立公子斑师为卫君。齐伐卫,虏斑师,更立公子起为卫君。

卫君起元年,卫石曼尃逐其君起,起奔齐。卫出公辄自齐复归立。初,出公立十二年亡,亡在外四年复入。出公后元年,赏从亡者。立二十一年卒。出公季父黔攻出公子而自立,是为悼公。

悼公五年卒,子敬公弗立。敬公十九年卒,子昭公纠立。是时三晋强,卫如小侯,属之。

昭公六年,公子亹弑之代立,是为怀公。怀公十一年,公子颓弑怀公而代立,是为慎公。慎公父,公子适;适父,敬公也。

慎公四十二年卒,子声公训立。声公十一年卒,子成侯遫立。

成侯十一年,公孙鞅入秦。十六年,卫更贬号曰侯。

二十九年,成侯卒,子平侯立。平侯八年卒,子嗣君立。

嗣君五年,更贬号曰君,独有濮阳。四十二年卒,子怀君立。

怀君三十一年,朝魏,魏囚杀怀君。魏更立嗣君弟,是为元君。元君为魏婿,故魏立之。

元年十四年,秦拔魏东地,秦初置东郡,更徙卫野王县,而并濮阳为东郡。

二十五年,元君卒,子君角立。

君角九年,秦并天下,立为始皇帝。

二十一年,二世废君角为庶人,卫绝祀。

太史公曰:余读世家言,至于宣公之太子以妇见诛,弟寿争死以相让,此与晋太子申生不敢明骊姬之过同,俱恶伤父之志。然卒死亡,何其悲也!或父子相杀,兄弟相灭,亦独何哉?

卷三十八　　宋微子世家第八

微子开者,殷帝乙之首子而纣之庶兄也。纣既立,不明,淫乱于政,微子数谏,纣不听。及祖伊以周西伯昌之修德,灭阢国,惧祸至,以告纣。纣曰:"我生不有命在天乎?是何能为!"于是微子度纣终不可谏,欲死之,及去,未能自决,乃问于太师、少师曰:"殷不有治政,不治四方。我祖遂陈于上,纣沉缅于酒,妇人是用,乱败汤德于下。殷既小大好草窃奸宄,卿士师师非度,皆有罪辜,乃无维获,小民乃并兴,相为敌仇。今殷其典丧!若涉水无津涯。殷遂丧,越至于今。"曰:"太师,少师,我其发出往?吾家保于丧?今女无故告,予颠跻,如之何其?"太师若曰:"王子,天笃下灾亡殷国,乃毋畏畏,不用老长。今殷民乃陋淫神祇之祀。今诚得治国,国治身死不恨。为死,终不得治,不如去。"遂亡。

箕子者,纣亲戚也。纣始为象箸,箕子叹曰:"彼为象箸,必为玉杯;为杯,则必思远方珍怪之物而御之矣。舆马宫室之渐自此始,不可振也。"纣为淫泆,箕子谏,不听。人或曰:"可以去矣。"箕子曰:"为人臣谏不听而去,是彰君之恶而自说于民,吾不忍为也。"乃被发佯狂而为奴。遂隐而鼓琴以自悲,故传之曰《箕子操》。

王子比干者,亦纣之亲戚也。见箕子谏不听而为奴,则曰:"君有过而不以死争,则百姓何辜!"乃直言谏纣。纣怒,曰:"吾闻圣人之心有七窍,信有诸乎?"乃遂杀王子比干,刳视其心。

微子曰:"父子有骨肉,而臣主以义属。故父有过,子三谏不听,则随而号之;人臣三谏不听,则其义可以去矣。"于是太师、少师乃劝微子去,遂行。

周武王伐纣克殷,微子乃持其祭器造于军门,肉袒面缚,左牵羊,右把茅,膝行而前以告。于是武王乃释微子,复其位如故。

武王封纣子武庚禄父以续殷祀,使管叔、蔡叔傅之。

武王既克殷,访问箕子。

武王曰:"於乎!维天阴定下民,相和其居,我不知其常伦所序。"

箕子对曰:"在昔鲧堙鸿水,汩陈其五行,帝乃震怒,不从鸿范九等,常伦所斁。鲧则殛死,禹乃嗣兴。天乃锡禹鸿范九等,常伦所序。

"初一曰五行；二曰五事；三曰八政；四曰五纪；五曰皇极；六曰三德；七曰稽疑；八曰庶徵，九曰向用五福，畏用六极。

"五行：一曰水，二曰火，三曰木，四曰金，五曰土。水曰润下，火曰炎上，木曰曲直，金曰从革，土曰稼穑。润下作咸，炎上作苦，曲直作酸，从革作辛，稼穑作甘。

"五事：一曰貌，二曰言，三曰视，四曰听，五曰思。貌曰恭，言曰从，视曰明，听曰聪，思曰睿。恭作肃，从作治，明作智，聪作谋，睿作圣。

"八政：一曰食，二曰货，三曰祀，四曰司空，五曰司徒，六曰司寇，七曰宾，八曰师。

"五纪：一曰岁，二曰月，三曰日，四曰星辰，五曰历数。

"皇极：皇建其有极，敛时五福，用傅锡其庶民，维时其庶民于女极，锡女保极。凡厥庶民，毋有淫朋，人毋有比德，维皇作极。凡厥庶民，有猷有为有守，女则念之，不协于极，不离于咎，皇则受之。而安而色，曰予所好德，女则锡之福。时人斯其维皇之极。毋侮鳏寡而畏高明。人之有能有为，使羞其行，而国其昌。凡厥正人，既富方谷。女不能使有好于而家，时人斯其辜。于其毋好，女虽锡之福，其作女用咎。毋偏毋颇，遵王之义。毋有作好，遵王之道。毋有作恶，遵王之路。毋偏毋党，王道荡荡。毋党毋偏，王道平平。毋反毋侧，王道正直。会其有极，归其有极。曰王极之傅言，是夷是训，于帝其顺。凡厥庶民，极之傅言，是顺是行，以近天子之光。曰天子作民父母，以为天下王。

"三德：一曰正直，二曰刚克，三曰柔克。平康正直，强不友刚克，内友柔克，沉渐刚克，高明柔克。维辟作福，维辟作威，维辟玉食。臣无有作福作威玉食；臣有作福作威玉食，其害于而家，凶于而国。人用侧颇辟，民用僭忒。

"稽疑：择建立卜筮人。乃命卜筮，曰雨，曰济，曰涕，曰雾，曰克，曰贞，曰悔，凡七。卜五，占之用二，衍贰。立时人为卜筮，三人占则二人之言。女则有大疑，谋及女心，谋及卿士，谋及庶人，谋及卜筮。女则从，龟从，筮从，卿士从，庶民从，是之谓大同，而身其康强，而子孙其逢吉。女则从，龟从，筮从，卿士逆，庶民逆，吉。卿士从，龟从，筮从，女则逆，庶民逆，吉。庶民从，龟从，筮从，女则逆，卿士逆，吉。女则从，龟从，筮逆，卿士逆，庶民逆，作内吉，作外凶。龟筮共违于人，用静吉，用作凶。

"庶徵：曰雨，曰阳，曰奥，曰寒，曰风，曰时。五者来备，各以其序，庶草繁庑。一极备，凶。一极亡，凶。曰休徵：曰肃，时雨若；曰治，时旸若；曰知，时奥若；曰谋，时寒若；曰圣，时风若。曰咎徵：曰狂，常雨若；曰僭，常旸若；曰舒，常奥若；曰急，常寒若；曰雾，常风若。王眚维岁，卿士维月，师尹维日。岁月日时毋易，百谷用成，治用明，畯民用章，家用平康。日月岁时既易，百谷用不成，治用昏不明，畯民用微，家用不宁。庶民维星，星有好风，星有好雨。日月之行，有冬有夏。月之从星，则以风雨。

"五福：一曰寿，二曰富，三曰康宁，四曰攸好德，五曰考终命。

"六极：一曰凶短折，二曰疾，三曰忧，四曰贫，五曰恶，六曰弱。"

于是武王乃封箕子于朝鲜而不臣也。

其后箕子朝周，过故殷虚，感宫室毁坏，生禾黍，箕子伤之，欲哭则不可，欲泣为其近妇人，乃作《麦秀之诗》以歌咏之。其诗曰："麦秀渐渐兮，禾黍油油。彼狡僮兮，不与我好兮！"所谓狡童者，纣也。殷民闻之，皆为流涕。

武王崩，成王少，周公旦代行政当国。管、蔡疑之，乃与武庚作乱，欲袭成王、周公。周公既承成王命诛武庚，杀管叔，放蔡叔，乃命微子开代殷后，奉其先祀，作《微子之命》以申之，国于宋，微子故能仁贤，乃代武庚，故殷之馀民甚戴爱之。

微子开卒，立其弟衍，是为微仲。微仲卒，子宋公稽立。宋公稽卒，子丁公申立。丁公申卒，子湣公共立。湣公共卒，弟炀公熙立。炀公即位，湣公子鲋祀弑炀公而自立，曰"我当立"，是为厉公。厉公卒，子釐公举立。

釐公十七年，周厉王出奔彘。

二十八年，釐公卒，子惠公覸立。

惠公四年，周宣王即位。

三十年，惠公卒，子哀公立。哀公元年卒，子戴公立。

戴公二十九，周幽王为犬戎所杀，秦始列为诸侯。

三十四年，戴公卒，子武公司空立。武公生女为鲁惠公夫人，生鲁桓公。十八年，武公卒，子宣公力立。宣公有太子与夷。

十九年，宣公病，让其弟和，曰："父死子继，兄死弟及，天下通义也。我其立和。"和亦三让而受之。宣公卒，弟和立，是为穆公。

穆公九年，病，召大司马孔父谓曰："先君宣公舍太子与夷而立我，我不敢忘。我死，必立与夷也。"孔父曰："群臣皆愿立公子冯。"穆公曰："毋立冯，吾不可以负宣公。"于是穆公使冯出居于郑。八月庚辰，穆公卒，兄宣公子与夷立，是为殇公。君子闻之，曰："宋宣公可谓知人矣，立其弟以成义，然卒其子复享之。"

殇公元年，卫公子州吁弑其君完自立，欲得诸侯，使告于宋曰："冯在郑，必为乱，可与我伐之。"宋许之，与伐郑，至东门而还。

二年，郑伐宋，以报东门之役。其后诸侯数来侵伐。

九年。大司马孔父嘉妻好，出，道遇太宰华督，督说，目而观之。督利孔父妻，乃使人宣言国中曰："殇公即位十年耳，而十一战，民苦不堪，皆孔父为之，我且杀孔父以宁民。"是岁，鲁弑其君隐公。

十年，华督攻杀孔父，取其妻。殇公怒，遂弑殇公，而迎穆公子冯于郑而立之，是为庄公。

庄公元年，华督为相。九年，执郑之祭仲，要以立突为郑君。祭仲许，竟立突。十九年，庄公卒，子湣公捷立。

湣公七年，齐桓公即位。九年，宋水，鲁使臧文仲往吊水。湣公自罪曰："寡人以不能事鬼神，政不修，故水。"

臧文仲善此言。此言乃公子子鱼教滑公也。

十年夏，宋伐鲁，战于乘丘，鲁生虏宋南宫万。宋人请万，万归宋。十一年秋，湣公与南宫万猎，因博争行，湣公怒，辱之曰："始吾敬若；今若，鲁虏也。"万有力，病此言，遂以局杀湣公于蒙泽。大夫仇牧闻之，以兵造公门。万搏牧，牧齿著门阖死。因杀太宰华督，乃更立公子游为君。诸公子奔萧，公子御说奔亳。万弟南宫牛将兵围亳。冬，萧及宋之诸公子共击杀南宫牛，弑宋新君游而立湣公弟御说，是为桓公。宋万奔陈。宋人请以赂陈。陈人使妇人饮之醇酒，以革裹之，归宋。宋人醢万也。

桓公二年，诸侯伐宋，至郊而去。三年，齐桓公始霸。二十三年，迎卫公子燬于齐，立之，是为卫文公。文公女弟为桓公夫人。秦穆公即位。三十年，桓公病，太子兹甫让其庶兄目夷为嗣。桓公义太子意，竟不听。三十一年春，桓公卒，太子兹甫立，是为襄公。以其庶兄目夷为相。未葬，而齐桓公会诸侯于葵丘，襄公往会。

襄公七年，宋地陨星如雨，与雨偕下；六鹢退蜚，风疾也。

八年，齐桓公卒，宋欲为盟会。十二年春，宋襄公为鹿上之盟，以求诸侯于楚，楚人许之。公子目夷谏曰："小国争盟，祸也。"不听。秋，诸侯会宋公盟于盂。目夷曰："祸其在此乎？君欲已甚，何以堪之！"于是楚执宋襄公以伐宋。冬，会于亳，以释宋公。子鱼曰："祸犹未也。"十三年夏，宋伐郑。子鱼曰："祸在此矣。"秋，楚伐宋以救郑。襄公将战，子鱼谏曰："天之弃商久矣，不可。"冬十一月，襄公与楚成王战于泓。楚人未济，目夷曰："彼众我寡，及其未济击之。"公不听，已济未陈，又曰："可击。"公曰："待其已陈。"陈成，宋人击之。宋师大败，襄公伤股。国人皆怨公。公曰："君子不困人于厄，不鼓不成列。"子鱼曰："兵以胜为功，何常言与！必如公言，即奴事之耳，又何战为！"

楚成王已救郑，郑享之；去而取郑二姬以归。叔瞻曰："成王无礼，其不没乎？为礼卒于无别，有以知其不遂霸也。"

是年，晋公子重耳过宋，襄公以伤于楚，欲得晋援，厚礼重耳以马二十乘。

十四年夏，襄公病伤于泓而竟卒，子成公王臣立。

成公元年，晋文公即位。三年，倍楚盟亲晋，以有德于文公也。四年，楚成王伐宋，宋告急于晋。五年，晋文公救宋，楚兵去。九年，晋文公卒。十一年，楚太子商臣弑其父成王代立。十六年，秦穆公卒。

十七年，成公卒。成公弟御杀太子及大司马公孙固而自立为君。宋人共杀君御而立成公少子杵臼，是为昭公。

昭公四年，宋败长翟缘斯于长丘。七年，楚庄王即位。九年，昭公无道，国人不附。昭公弟鲍革贤而下士。先，襄公夫人欲通于公子鲍，不可，乃助之施于国，因大夫华元为右师。昭公出猎，夫人王姬使卫伯攻杀昭公杵臼。弟鲍革立，是为文公。

文公元年，晋率诸侯伐宋，责以弑君。闻文公定立，乃去。二年，昭公子因文公母弟须与武、穆、戴、庄、桓之族为乱，文公尽诛之，出武、穆之族。

四年春，楚命郑伐宋。宋使华元将。郑败宋，囚华元。华元之将战，杀羊以食士，其御羊羹不及，故怨，驰入郑军，故宋师败，得囚华元。宋以兵车百乘文马四百匹赎华元。未尽入，华元亡归宋。

十四年，楚庄王围郑。郑伯降楚，楚复释之。

十六年，楚使过宋，宋有前仇，执楚使。九月，楚庄王围宋。十七年，楚以围宋五月不解，宋城中急，无食，华元乃夜私见楚将子反。子反告庄王，王问："城中何如？"曰："析骨而炊，易子而食。"庄王曰："诚哉言！我军亦有二日粮。"以信故，遂罢兵去。

二十二年，文公卒，子共公瑕立。始厚葬。君子讥华元不臣矣。

共公十年，华元善楚将子重，又善晋将栾书，两盟晋、楚。十三年，共公卒。华元为右师，鱼石为左师。司马唐山攻杀太子肥，欲杀华元，华元奔晋，鱼石止之，至河乃还，诛唐山。乃立共公少子成，是为平公。

平公三年，楚共王拔宋之彭城，以封宋左师鱼石。四年，诸侯共诛鱼石，而归彭城于宋。三十五年，楚公子围弑其君自立，为灵王。四十四年，平公卒，子元公佐立。

元公三年，楚公子弃疾弑灵王自立，为平王。八年，宋火。十年，元公毋信，诈杀诸公子，大夫华、向氏作乱。楚平王太子建来奔，见诸华氏相攻乱，建去如郑。

十五年，元公为鲁昭公避季氏居外，为之求入鲁，行道卒，子景公头曼立。

景公十六年，鲁阳虎来奔，已复去。二十五年，孔子过宋，宋司马桓魋恶之，欲杀孔子，孔子微服去。三十年，曹倍宋，又倍晋，宋伐曹，晋不救，遂灭曹有之。

三十六年，齐田常弑简公。

三十七年，楚惠王灭陈。荧惑守心。心，宋之分野也。景公忧之。司星子韦曰："可移于相。"景公曰："相，吾之股肱。"曰："可移于民。"景公曰："君者待民。"曰："可移于岁。"景公曰："岁饥民困，吾谁为君"子韦曰："天高听卑。君有君人之言三，荧惑宜有动。"于是候之，果徙三度。

六十四年，景公卒，宋公子特攻杀太子而自立，是为昭公。昭公者，元公之曾庶孙也。昭公父公孙纠，纠父公子褍秦，褍秦即元公少子也。景公杀昭公父纠，故昭公怨，杀太子而自立。

昭公四十七年卒，子悼公购由立。悼公八年卒，子休公田立。休公田二十三年卒，子辟公辟兵立。辟公三年卒，子剔成立。剔成四十一年，剔成弟偃攻袭剔成，剔成败，奔齐，偃自立为宋君。

君偃十一年，自立为王。东败齐，取五城；南败楚，取地三百里；西败魏军。乃与齐、魏为敌国。盛血以韦囊，县而射之，命曰"射天"。淫于酒、妇人。群臣谏者辄射之。于是诸侯皆曰"'桀宋'。宋其复为纣所为，不可不诛。"告齐伐宋。王偃立四十七年，齐湣王与魏、楚伐宋，杀王偃，遂灭宋而三分其地。

太史公曰：孔子称："微子去之，箕子为之奴，比干谏而死，殷有三仁焉。"《春秋》讥宋之乱自宣公废太子而立弟，国以不宁者十世。襄公之时，修行仁义，欲为盟主。其大夫正考父美之，故追道契、汤、高宗，殷所以兴，作《商颂》。襄公既败于泓，而君子或以为多。伤中国阙礼义，褒之也，宋襄之有礼让也。

卷三十九　　晋世家第九

晋唐叔虞者，周武王子而成王弟。初，武王与叔虞母会时，梦天谓武王曰："余命女生子，名虞，余与之唐。"及生子，文在其手曰"虞"，故遂因命之曰虞。

武王崩，成王立，唐有乱，周公诛灭唐。成王与叔虞戏，削桐叶为珪以与叔虞，曰："以此封若。"史佚因请择日立叔虞。成王曰："吾与之戏耳。"史佚曰："天子无戏言。言则史书之，礼成之，乐歌之。"于是遂封叔虞于唐。唐在河、汾之东，方百里，故曰唐叔虞。姓姬氏，字子于。

唐叔子燮，是为晋侯。晋侯子宁族，是为武侯。武侯之子服人，是为成侯。成侯子福，是为厉侯。厉侯之子宜臼，是为靖侯。靖侯已来，年纪可推。自唐叔至靖侯五世，无其年数。

靖侯十七年，周厉王迷惑暴虐，国人作乱，厉王出奔于彘，大臣行政，故曰"共和"。

十八年，靖侯卒，子釐侯司徒立。

釐侯十四年，周宣王初立。

十八年，釐侯卒，子献侯籍立。献侯十一年卒，子穆侯费王立。

穆侯四年，取齐女姜氏为夫人。七年，伐条。生太子仇。

十年，伐千亩，有功。生少子，名曰成师。晋人师服曰："异哉，君之命子也！太子曰仇，仇者雠也。少子曰成师，成师大号，成之者之。名，自命也；物，自定也。今適庶名反逆，此后晋其能毋乱乎？"

二十七年，穆侯卒，弟殇叔自立，太子仇出奔。殇叔三年，周宣王崩。四年，穆侯太子仇率其徒袭殇叔而立，是为文侯。

文侯十年，周幽王无道，犬戎杀幽王，周东徙。而秦襄公始列为诸侯。

三十五年，文侯仇卒，子昭侯伯立。

昭侯元年，封文侯弟成师于曲沃。曲沃邑大于翼。翼，晋君都邑也。成师封曲沃，号为桓叔。靖侯庶孙栾宾相桓叔。桓叔是时年五十八矣，好德，晋国之众皆附焉。君子曰："晋之乱其在曲沃矣。末大于本而得民心，不乱何待！"

七年，晋大臣潘父弑其君昭侯而迎曲沃桓叔。桓叔欲入晋，晋人发兵攻桓叔。桓叔败，还归曲沃。晋人共立昭侯子平为君，是为孝侯；诛潘父。

孝侯八年，曲沃桓叔卒，子鱓代桓叔，是为曲沃庄伯。孝侯十五年，曲沃庄伯弑其君晋孝侯于翼。晋人攻曲沃庄伯，庄伯复入曲沃。晋人复立孝侯子郄为君，是为鄂侯。

鄂侯二年，鲁隐公初立。

鄂侯六年卒。曲沃庄伯闻晋鄂侯卒，乃兴兵伐晋。周平王使虢公将兵伐曲沃庄伯，庄伯走保曲沃。晋人共立鄂侯子光，是为哀侯。

哀侯二年，曲沃庄伯卒，子称代庄伯立，是为曲沃武公。哀侯六年，鲁弑其君隐公。哀侯八年，晋侵陉廷。陉廷与曲沃武公谋，九年，伐晋于汾旁，虏哀侯。晋人乃立哀侯子小子为君，是为小子侯。

小子元年，曲沃武公使韩万杀所虏晋哀侯。曲沃益强，晋无如之何。

晋小子之四年，曲沃武公诱召晋小子杀之。周桓王使虢仲伐曲沃武公，武公入于曲沃。乃立晋哀侯弟缗为晋侯。

晋侯缗四年，宋执郑祭仲而立突为郑君。晋侯十九年，齐人管至父弑其君襄公。

晋侯二十八年，齐桓公始霸。曲沃武公伐晋侯缗，灭之，尽以其宝器赂献于周釐王。釐王命曲沃武公为晋君，列为诸侯，于是尽并晋地而有之。

曲沃武公已即位三十七年矣，更号曰晋武公。晋武公始都晋国，前即位曲沃，通年三十八年。

武公称者，先晋穆侯曾孙也，曲沃桓叔孙也。桓叔者，始封曲沃。武公，庄伯子也。自桓叔初封曲沃以至武公灭晋也，凡六十七岁，而卒代晋为诸侯。武公代晋二岁，卒。与曲沃通年即位凡三十九年而卒。子献公诡诸立。

献公元年，周惠王弟颓攻惠王，惠王出奔，居郑之栎邑。

五年，伐骊戎，得骊姬、骊姬弟，俱爱幸之。

八年，士蒍说公曰："故晋之群公子多，不诛，乱且起。"乃使尽杀诸公子，而城聚都之，命曰绛，始都绛。九年，晋群公子既亡奔虢，虢以其故再伐晋，弗克。十年，晋欲伐虢，士蒍曰："且待其乱。"

十二年，骊姬生奚齐。献公有意废太子，乃曰："曲沃吾先祖宗庙所在，而蒲边秦，屈边翟，不使诸子居之，我惧焉。"于是使太子申生居曲沃，公子重耳居蒲，公子夷吾居屈。献公与骊姬子奚齐居绛。晋国以此知太子不立也。太子申生，其母齐桓公女也，曰齐姜，早死。申生同母女弟为秦穆公夫人。重耳母，翟之狐氏女也。夷吾母，重耳母女弟也。献公子八人，而太子申生、重耳、夷吾皆有贤行。及得骊姬，乃远此三子。

十六年，晋献公作二军。公将上军，太子申生将下军，赵夙御戎，毕万为右，伐灭霍，灭魏，灭耿。还，为太子城曲沃，赐赵夙耿，赐毕万魏，以为大夫。士蒍曰："太子不得立矣。分之都城，而位以卿，先为之极，又安得立！不如逃之，无使罪至。为吴太伯，不亦可乎，犹有令名。"太子不从。卜偃曰："毕万之后必大。万，盈数也；魏，大名也。以是始赏，天开之矣。天子曰兆民，诸侯曰万民，今命之大，以从盈数，其必有众。"初，毕万卜仕于晋国，遇"屯"之"比"。辛廖占之曰:"吉。屯固比入,吉孰大焉!其后必蕃昌。"

十七年,晋侯使太子申生伐东山。里克谏献公曰:"太子奉冢祀社稷之粢盛,以朝夕视君膳者也,故曰冢子。君行则守,有守则从,从曰抚军,守曰监国,古之制也。夫率师,专行谋也;誓军旅,君与国政之所图也;非太子之事也。师在制命而已,禀命则不威,专命则不孝,故君之嗣適不可以帅师。君失其官,率师不威,将安用之?"公曰:"寡人有子,未知其太子谁立。"里克不对而退,见太子,太子曰:"吾其废乎?"里克曰:"太子勉之!教以军旅,不共是惧,何故废乎?且子惧不孝,毋惧不得立。修已而不责人,则免于难。"太子帅师,公衣之偏衣,佩之金玦。里克谢病,不从太子。太子遂伐东山。

十九年,献公曰:"始吾先君庄伯、武公之诛晋乱,而虢常助晋伐我,又匿晋亡公子,果为乱,弗诛,后遗子孙忧。"乃使荀息以屈产之乘假道于虞。虞假道,遂伐虢,取其下阳以归。

献公私谓骊姬曰:"吾欲废太子,以奚齐代之。"骊姬泣曰:"太子之立,诸侯皆已知之,而数将兵,百姓附之,奈何以贱妾之故废適立庶?君必行之,妾自杀也。"骊姬详誉太子,而阴令人谮恶太子,而欲立其子。

二十一年,骊姬谓太子曰:"君梦见齐姜,太子速祭曲沃,归釐于君。"太子于是祭其母齐姜于曲沃,上其荐胙于献公。献公时出猎,置胙于宫中。骊姬使人置毒药胙中。居二日,献公从猎来还,宰人上胙献公,献公欲飨之。骊姬从旁止之,曰:"胙所从来远,宜试之。"祭地,地坟;与犬,犬死;与小臣,小臣死。骊姬泣曰:"太子何忍也,其父而欲弒代之,况他人乎?且君老矣,旦暮之人,曾不能待而欲弒之!"谓献公曰:"太子所以然者,不过以妾及奚齐之故。妾愿子母辟之他国,若早自杀,毋徒使母子为太子所鱼肉也。始君欲废之,妾犹恨之;至于今,妾殊自失于此。"太子闻之,奔新城。献公怒,乃诛其傅杜原款。或谓太子曰:"为此药者乃骊姬也,太子何不自辞明之?"太子曰:"吾君老矣,非骊姬,寝不安,食不甘。即辞之,君且怒之,不可。"或谓太子曰:"可奔他国。"太子曰:"被此恶名以出,人谁内我?我自杀耳。"十二月戊申,申生自杀于新城。

此时重耳、夷吾来朝。人或告骊姬曰:"二公子怨骊姬潜杀太子。"骊姬恐,因谮二公子:"申生之药胙,二公子知之。"二子闻之,恐,重耳走蒲,夷吾走屈,保其城,自备守。初,献公使士蔿为二公子筑蒲、屈城,弗就。夷吾以告公,公怒士蔿。士蔿谢曰:"边城少寇,安用之?"退而歌曰:"狐裘蒙茸,一国三公,吾谁适从!"卒就城。及申生死,二子亦归保其城。

二十二年,献公怒二子不辞而去,果有谋矣,乃使兵伐蒲。蒲人之宦者勃鞮命重耳促自杀。重耳逾垣,宦者追斩其衣袪。重耳遂奔翟。使人伐屈,屈城守,不可下。

是岁也,晋复假道于虞以伐虢。虞之大夫宫之奇谏虞君曰:"晋不可假道也,是且灭虞。"虞君曰:"晋我同姓,不宜伐我。"宫之奇曰:"太伯、虞仲,太王之子也。太伯亡去,是以不嗣。虢仲、虢叔,王季之子也,为文王卿士,其记勋在王室,藏于盟府。将虢是灭,何爱于虞?且虞之亲能亲于桓、庄之族乎?桓、庄之族何罪,尽灭之。虞之与虢,唇之与齿,唇亡则齿寒。"虞公不听,遂许晋。宫之奇以其族去虞。其冬,晋灭虢,虢公丑奔周。还,袭灭虞,虏虞公及其大夫井伯百里奚,以媵秦穆姬,而修虞祀。荀息牵曩所遗虞屈产之乘马奉之献公,献公笑曰:"马则吾马,齿亦老矣!"

二十三年,献公遂发贾华等伐屈,屈溃。夷吾将奔翟。冀芮曰:"不可,重耳已在矣,今往,晋必移兵伐翟,翟畏晋,祸且及,不如走梁。梁近于秦,秦强,吾君百岁后可以求入焉。"遂奔梁。二十五年,晋伐翟,翟以重耳故,亦击晋于齧桑,晋兵解而去。

当此时,晋强,西有河西,与秦接境,北边翟,东至河内。

骊姬弟生悼子。

二十六年夏,齐桓公大会诸侯于葵丘。晋献公病,行后,未至,逢周之宰孔。宰孔曰:"齐桓公益骄,不务德而务远略,诸侯弗平。君弟毋会,毋如晋何。"献公亦病,复还归。病甚,乃谓荀息曰:"吾以奚齐为后,年少,诸大臣不服,恐乱起,子能立之乎?"荀息曰:"能。"献公曰:"何以为验?"对曰:"使死者复生,生者不惭,为之验。"于是遂属奚齐于荀息。荀息为相,主国政。

秋九月,献公卒。里克、邳郑欲内重耳,以三公子之徒作乱,谓荀息曰:"三怨将起,秦、晋辅之,子将何如?"荀息曰:"吾不可负先君言。"十月,里克杀奚齐于丧次。献公未葬也。荀息将死之,或曰不如立奚齐弟悼子而傅之,荀息立悼子而葬献公。十一月,里克弒悼子于朝,荀息死之。君子曰:"《诗》所谓'白珪之玷,犹可磨也,斯言之玷,不可为也',其荀息之谓乎!不负其言。"初,献公将伐骊戎,卜曰:"齿牙为祸。"及破骊戎,获骊姬,爱之,竟以乱晋。

里克等已杀奚齐、悼子,使人迎公子重耳于翟,欲立之。重耳谢曰:"负父之命出奔,父死不得修人子之礼侍丧,重耳何敢入!大夫其更立他子。"还报里克,里克使迎夷吾于梁。夷吾欲往,吕省、郤芮曰:"内犹有公子可立者而外求,难信。计非之秦,辅强国之威以入,恐危。"乃使郤芮厚赂秦,约曰:"即得入,请以晋河西之地与秦。"乃遗里克书曰:"诚得立,请遂封子于汾阳之邑。"秦穆公乃发兵送夷吾于晋。齐桓公闻晋内乱,亦率诸侯如晋。秦兵与夷吾亦至晋,齐乃使隰朋会秦俱入夷吾,立为晋君,是为惠公。齐桓公至晋之高梁而还归。

惠公夷吾元年,使郤郑谢秦曰:"始夷吾以河西地许君,今幸得入立。大臣曰:'地者先君之地,君亡在外,何以得擅许秦者?'寡人争之,弗能得,故谢秦。"亦不与里克汾阳邑,而夺之权。四月,周襄王使周公忌父会齐、秦大夫共礼晋惠公。惠公以重耳在外,畏里克为变,赐里克死,谓曰:"微里子,寡人不得立。虽然,子亦杀二君一大夫,为子君者不亦难乎?"里克对曰:"不有所废,君何以兴?欲诛之,其无辞乎?乃言为此!臣闻命矣。"遂伏剑而死。于是邳郑使谢秦未还，故不及难。

晋君改葬恭太子申生。秋，狐突之下国，遇申生，申生与载而告之曰："夷吾无礼，余得请于帝，将以晋与秦，秦将祀余。"狐突对曰："臣闻神不食非其宗，君其祀毋乃绝乎？君其图之。"申生曰："诺，吾将复请帝。后十日，新城西偏将有巫者见我焉。"许之，遂不见。及期而往，复见，申生告之曰："帝许罚有罪矣，弊于韩。"儿乃谣曰："恭太子更葬矣，后十四年，晋亦不昌，昌乃在兄。"

邳郑使秦，闻里克诛，乃说秦穆公曰："吕省、郤称、冀芮实为不从。若重赂与谋，出晋君，入重耳，事必就。"秦穆公许之，使人与归报晋，厚赂三子。三子曰："币厚言甘，此必邳郑卖我于秦。"遂杀邳郑及里克、邳郑之党七舆大夫。邳郑子豹奔秦，言伐晋，穆公弗听。

惠公之立，倍秦地及里克，诛七舆大夫，国人不附。

二年，周使召公过礼晋惠公，惠公礼倨，召公讥之。

四年，晋饥，乞籴于秦。穆公问百里奚，百里奚曰："天灾流行，国家代有，救灾恤邻，国之道也。与之。"邳郑子豹曰："伐之。"穆公曰："其君是恶，其民何罪！"卒与粟，自雍属绛。

五年，秦饥，请籴于晋。晋君谋之，庆郑曰："以秦得立，已而倍其地约。晋饥而秦贷我，今秦饥请籴，与之何疑？而谋之！"虢射曰："往年天以晋赐秦，秦弗知取而贷我。今天以秦赐晋，晋其可以逆天乎？遂伐之。"惠公用虢射谋，不与秦粟，而发兵且伐秦。秦大怒，亦发兵伐晋。

六年春，秦穆公将兵伐晋。晋惠公谓庆郑曰："秦师深矣，奈何？"郑曰："秦内君，君倍其赂；晋饥秦输粟，秦饥而晋倍之，乃欲因其饥伐，其深不亦宜乎？"晋卜御右，庆郑皆吉。公曰："郑不孙。"乃更令步阳御戎，家仆徒为右，进兵。

九月壬戌，秦穆公、晋惠公合战韩原。惠公马鸷不行，秦兵至，公窘，召庆郑为御。郑曰："不用卜，败，不亦当乎！"遂去。更令梁繇靡御，虢射为右，辂秦穆公。穆公壮士冒败晋军，晋军败，遂失秦穆公。反获晋公以归。秦将以祀上帝。晋君姊为穆公夫人，衰绖涕泣。公曰："得晋侯将以为乐，今乃如此。且吾闻箕子见唐叔之初封，曰'其后必当大矣'，晋庸可灭乎！"乃与晋侯盟王城而许之归。晋侯亦使吕省等报国人曰："孤虽得归，毋面目见社稷，卜日立子圉。"晋人闻之，皆哭。秦穆公问吕省："晋国和乎？"对曰："不和。小人惧失君亡亲，不惮立子圉，曰'必报仇，宁事戎狄'。其君子则爱君而知罪，以待秦命，曰'必报德'。有此二故，不和。"于是秦穆公更舍晋惠公，馈之七牢。十一月，归晋侯。晋侯至国，诛庆郑，修政教。谋曰："重耳在外，诸侯多利内之。"欲使人杀重耳于狄。重耳闻之，如齐。

八年，使太子圉质秦。初，惠公亡在梁，梁伯以其女妻之，生一男一女。梁伯卜之，男为人臣，女为人妾，故名男为圉，女为妾。

十年，秦灭梁。梁伯好土功，治城沟，民力罢怨，其众数相惊，曰"秦寇至"，民恐惑，秦竟灭之。

十三年，晋惠公病，内有数子。太子圉曰："吾母家在梁，梁今秦灭之，我外轻于秦而内无援于国。君即不起，病大夫轻，更立他公子。"乃谋与其妻俱亡归。秦女曰："子一国太子，辱在此。秦使婢子侍，以固子之心。子亡矣，我不从子，亦不敢言。"子圉遂亡归晋。十四年九月，惠公卒，太子圉立，是为怀公。

子圉之亡，秦怨之，乃求公子重耳，欲内之。子圉之立，畏秦之伐也，乃令国中诸从重耳亡者与期，期尽不到者尽灭其家。狐突之子毛及偃从重耳在秦，弗肯召。怀公怒，囚狐突。突曰："臣子事重耳有年数矣，今召之，是教之反君也，何以教之？"怀公卒杀狐突。秦穆公乃发兵送内重耳，使人告栾、郤之党为内应，杀怀公于高梁，入重耳。重耳立，是为文公。

晋文公重耳，晋献公子也。自少好士，年十七，有贤士五人：曰赵衰；狐偃咎犯，文公舅也；贾佗；先轸；魏武子。自献公为太子时，重耳固已成人矣。献公即位，重耳年二十一。献公十三年，以骊姬故，重耳备蒲城守秦。献公二十一年，献公杀太子申生，骊姬谗之，恐，不辞献公而守蒲城。献公二十二年，献公使宦者履鞮趣杀重耳。重耳逾垣，宦者逐斩其衣袪。重耳遂奔狄。狄，其母国也。是时重耳年四十三。从此五士，其馀不名者数十人，至狄。

狄伐咎如，得二女。以长女妻重耳，生伯鯈、叔刘；以少女妻赵衰，生盾。居狄五岁而晋献公卒，里克已杀奚齐、悼子，乃使人迎，欲立重耳。重耳畏杀，因固谢，不敢入。已而晋更迎其弟夷吾立之，是为惠公。惠公七年，畏重耳，乃使宦者履鞮与壮士欲杀重耳。重耳闻之，乃谋赵衰等曰："始吾奔狄，非以为可用兴，以近易通，故且休足。休足久矣，固愿徙之大国。夫齐桓公好善，志在霸王，收恤诸侯。今闻管仲、隰朋死，此亦欲得贤佐，盍往乎？"于是遂行。重耳谓其妻曰："待我二十五年不来，乃嫁。"其妻笑曰："犁二十五年，吾冢上柏大矣。虽然，妾待子。"重耳居狄凡十二年而去。

过卫，卫文公不礼。去，过五鹿，饥而从野人乞食，野人盛土器中进之。重耳怒。赵衰曰："土者，有土也，君其拜受之。"

至齐，齐桓公厚礼，而以宗女妻之，有马二十乘，重耳安之。重耳至齐二岁而桓公卒，会竖刁等为内乱，齐孝公之立，诸侯兵数至。留齐凡五岁。重耳爱齐女，毋去心。赵衰、咎犯乃于桑下谋行。齐女侍者在桑上闻之，以告其主。其主乃杀侍者，劝重耳趣行。重耳曰："人生安乐，孰知其他！必死于此，不能去。"齐女曰："子一国公子，穷而来此，数士者以子为命。子不疾反国，报劳臣，而怀女德，窃为子羞之。且不求，何时得功？"乃与赵衰等谋，醉重耳，载以行。行远而觉，重耳大怒，引戈欲杀咎犯。咎犯曰："杀臣成子，偃之愿也。"重耳曰："事不成，我食舅氏之肉。"咎犯曰："事不成，犯肉腥臊，何足食！"乃止。遂行。

过曹，曹共公不礼，欲观重耳骈胁。曹大夫釐负羁曰："晋公子贤，又同姓，穷来过我，奈何不礼！"共公不从其谋。负羁乃私遗重耳食，置璧其下。重耳受其食，还其璧。

去，过宋。宋襄公新困兵于楚，伤于泓，闻重耳贤，乃以国礼礼于重耳。宋司马公孙固善于咎犯，曰："宋小国新困，不足以求入，更之大国。"乃去。

过郑，郑文公弗礼。郑叔瞻谏其君曰："晋公子贤，而其从者皆国相，且又同姓。郑之出自厉王，而晋之出自武王。"郑君曰："诸侯亡公子过此者众，安可尽礼！"叔瞻曰："君不礼，不如杀之，且后为国患。"郑君不听。

重耳去之楚，楚成王以适诸侯礼待之，重耳谢不敢当。赵衰曰："子亡在外十馀年，小国轻子，况大国乎？今楚大国而固遇子，子其毋让，此天开子也。"遂以客礼见之。成王厚遇重耳，重耳甚卑。成王曰："子即反国，何以报寡人？"重耳曰："羽毛齿角玉帛，君王所馀，未知所以报。"王曰："虽然，何以报不穀？"重耳曰："即不得已，与君王以兵车会平原广泽，请辟王三舍。"楚将子玉怒曰："王遇晋公子至厚，今重耳言不孙，请杀之。"成王曰："晋公子贤而困于外久，从者皆国器，此天所置，庸可杀乎？且言何以易之！"居楚数月，而晋太子圉亡秦，秦怨之；闻重耳在楚，乃召之。成王曰："楚远，更数国乃至晋。秦晋接境，秦君贤，子其勉行！"厚送重耳。

重耳至秦，穆公以宗女五人妻重耳，故子圉妻与往。重耳不欲受，司空季子曰："其国且伐，况其故妻乎！且受以结秦亲而求入，子乃拘小礼，忘大丑乎！"遂受。穆公大欢，与重耳饮。赵衰歌《黍苗》诗，穆公曰："知子欲急反国矣。"赵衰与重耳下，再拜曰："孤臣之仰君，如百谷之望时雨。"是时晋惠公十四年秋。惠公以九月卒，子圉立。十一月，葬惠公。十二月，晋国大夫栾、郤等闻重耳在秦，皆阴来劝重耳、赵衰等反国，为内应甚众。于是秦穆公乃发兵与重耳归晋。晋闻秦兵来，亦发兵拒之。然皆阴知公子重耳入也。唯惠公之故贵臣吕、郤之属不欲立重耳。重耳出亡凡十九岁而得入，时年六十二矣，晋人多附焉。

文公元年春，秦送重耳至河。咎犯曰："臣从君周旋天下，过亦多矣。臣犹知之，况于君乎？请从此去矣。"重耳曰："若反国，所不与子犯共者，河伯视之！"乃投璧河中，以与子犯盟。是时介子推从，在船中，乃笑曰："天实开公子，而子犯以为己功而要市于君，固足羞也。吾不忍与同位。"乃自隐。渡河，秦兵围令狐。晋军于庐柳。

二月辛丑，咎犯与秦晋大夫盟于郇。壬寅，重耳入于晋师。丙午，入于曲沃。丁未，朝于武宫，即位为晋君，是为文公。群臣皆往。怀公圉奔高梁。戊申，使人杀怀公。

怀公故大臣吕省、郤芮本不附文公，文公立，恐诛，乃欲与其徒谋烧公宫，杀文公。文公不知。始尝欲杀文公宦者履鞮知其谋，欲以告文公，解前罪，求见文公。文公不见，使人让曰："蒲城之事，女斩予袪。其后我从狄君猎，女为惠公来求杀我。惠公与女期三日至，而女一日至，何速也？女其念之。"宦者曰："臣刀锯之馀，不敢以二心事君倍主，故得罪于君。君已反国，其毋蒲、翟乎？且管仲射钩，桓公以霸。今刑馀之人以事告而君不见，祸又且及矣。"于是见之。遂以吕、郤等告文公。文公欲召吕、郤，吕、郤等党多，文公恐初入国，国人卖己，乃

微行，会秦穆公于王城，国人莫知。三月己丑，吕、郤等果反，焚公宫，不得文公。文公之卫徒与战，吕、郤等引兵欲奔，秦穆公诱吕、郤等，杀之河上，晋国复而文公得归。夏，迎夫人于秦，秦所与文公妻者卒为夫人。秦送三千人为卫，以备晋乱。

文公修政，施惠百姓。赏从亡者及功臣，大者封邑，小者尊爵。未尽行赏，周襄王以弟带难出居郑地，来告急晋。晋初定，欲发兵，恐他乱起，是以赏从亡，未至隐者介子推。推亦不言禄，禄亦不及。推曰："献公子九人，唯君在矣。惠、怀无亲，外内弃之；天未绝晋，必将有主，主晋祀者，非君而谁？天实开之，二三子以为己力，不亦诬乎？窃人之财，犹曰是盗，况贪天之功以为己力乎？下冒其罪，上赏其奸，上下相蒙，难与处矣！"其母曰："盍亦求之，以死谁怼？"推曰："尤而效之，罪有甚焉，且出怨言，不食其禄。"母曰："亦使知之，若何？"对曰："言，身之文也；身欲隐，安用文之？文之，是求显也。"其母曰："能如此乎？与女偕隐。"至死不复见。

介子推从者怜之，乃悬书宫门曰："龙欲上天，五蛇为辅。龙已升云，四蛇各入其宇，一蛇独怨，终不见处所。"文公出，见其书，曰："此介子推也。吾方忧王室，未图其功。"使人召之，则亡。遂求所在，闻其入绵上山中。于是文公环绵上山中而封之，以为介推田，号曰介山，"以记吾过，且旌善人"。

从亡贱臣壶叔曰："君三行赏，赏不及臣，敢请罪。"文公报曰："夫导我以仁义，防我以德惠，此受上赏。辅我以行，卒以成立，此受次赏。矢石之难，汗马之劳，此复受次赏。若以力事我而无补吾缺者，此复受次赏。三赏之后，故且及子。"晋人闻之，皆说。

二年春，秦军河上，将入王。赵衰曰："求霸莫如入王尊周，周晋同姓，晋不先入王，后秦入之，毋以令于天下。方今尊王，晋之资也。"三月甲辰，晋乃发兵至阳樊，围温，入襄王于周。四月，杀王弟带。周襄王赐晋河内阳樊之地。

四年，楚成王及诸侯围宋，宋公孙固如晋告急。先轸曰："报施定霸，于今在矣。"狐偃曰："楚新得曹而初婚于卫，若伐曹、卫，楚必救之，则宋免矣。"于是晋作三军。赵衰举郤縠将中军，郤臻佐之，使狐偃将上军，狐毛佐之，命赵衰为卿。栾枝将下军，先轸佐之。荀林父御戎，魏犨为右。往伐。冬十二月，晋兵先下山东，而以原封赵衰。

五年春，晋文公欲伐曹，假道于卫，卫人弗许。还自河南度，侵曹，伐卫。正月，取五鹿。二月，晋侯、齐侯盟于敛盂。卫侯请盟晋，晋人不许。卫侯欲与楚，国人不欲，故出其君以说晋。卫侯居襄牛，公子买守卫。楚救卫，不卒。晋侯围曹。三月丙午，晋师入曹，数之以其不用釐负羁言，而用美女乘轩者三百人也。令军毋入釐负羁宗家以报德。楚围宋，宋复告急晋。文公欲救则攻楚，为楚尝有德，不欲伐也；欲释宋，宋又尝有德于晋 患之。先轸曰："执曹伯，分曹、卫地以与宋，楚急曹、卫，其势宜释宋。"于是文公从之，而楚成王乃引兵归。

楚将子玉曰："王遇晋至厚,今知楚急曹、卫而故伐之,是轻王。"王曰："晋侯亡在外十九年,困且久矣,果得反国,险阨尽知之,能用其民,天之所开,不可当。"子玉请曰："非敢必有功,愿以间执谗慝之口也。"楚王怒,少与之兵。于是子玉使宛春告晋:"请复卫侯而封曹,臣亦释宋。"咎犯曰:"子玉无礼矣,君取一,臣取二,勿许。"先轸曰:"定人之谓礼。楚一言定三国,子一言而亡之,我则毋礼。不许楚,是弃宋也。不如私许曹、卫以诱之,执宛春以怒楚,既战而后图之。"晋侯乃囚宛春于卫,且私许复曹、卫。曹、卫告绝于楚。楚得臣怒,击晋师,晋师退。军吏曰:"为何退?"文公曰:"昔在楚,约退三舍,可倍乎!"楚师欲去,得臣不肯。

四月戊辰,宋公、齐将、秦将与晋侯次城濮。己巳,与楚兵合战,楚兵败,得臣收馀兵去。甲午,晋师还至衡雍。作王宫于践土。

初,郑助楚,楚败,惧,使人请盟晋侯。晋侯与郑伯盟。

五月丁未,献楚俘于周,驷介百乘,徒兵千。天子使王子虎命晋侯为伯,赐大辂,彤弓矢百,旅弓矢千,秬鬯一卣,珪瓒,虎贲三百人。晋侯三辞,然后稽首受之。周作《晋文侯命》:"王若曰:父义和,丕显文、武,能慎明德,昭登于上,布闻在下,维时上帝集厥命于文、武。恤朕身,继予一人永其在位。"于是晋文公称伯。癸亥,王子虎盟诸侯于王庭。

晋焚楚军,火数日不息,文公叹。左右曰:"胜楚而君犹忧,何?"文公曰:"吾闻能战胜安者唯圣人,是以惧。且子玉犹在,庸可喜乎!"子玉之败而归,楚成王怒其不用其言,贪与晋战,让责子玉,子玉自杀。晋文公曰:"我击其外,楚诛其内,内外相应。"于是乃喜。

六月,晋人复入卫侯。壬午,晋侯度河北归国。行赏,狐偃为首。或曰:"城濮之事,先轸之谋。"文公曰:"城濮之事,偃说我毋失信。先轸曰'军事胜为右',吾用之以胜。然此一时之说,偃言万世之功,奈何以一时之利而加万世功乎?是以先之。"

冬,晋侯会诸侯于温,欲率之朝周。力未能,恐其有畔者,乃使人言周襄王狩于河阳。壬申,遂率诸侯朝王于践土。孔子读史记至文公,曰"诸侯无召王","王狩河阳"者,《春秋》讳之也。

丁丑,诸侯围许。曹伯臣或说晋曰:"齐桓公合诸侯而国异姓,今君为会而灭同姓。曹,叔振铎之后;晋,唐叔之后。合诸侯而灭兄弟,非礼。"晋侯说,复曹伯。于是晋始作三行。荀林父将中行,先縠将右行,先蔑将左行。

七年,晋文公、秦穆公共围郑,以其无礼于文公亡过时,及城濮时郑助楚也。围郑,欲得叔瞻。叔瞻闻之,自杀。郑持叔瞻告晋。晋曰:"必得郑君而甘心焉。"郑恐,乃间令使谓秦穆公曰:"亡郑厚晋,于晋得矣,而秦未为利。君何不解郑,得为东道交?"秦伯说,罢兵。晋亦罢兵。

九年冬,晋文公卒,子襄公欢立。

是岁郑伯亦卒。郑人或卖其国于秦,秦穆公发兵往袭郑。十二月,秦兵过我郊。

襄公元年春,秦师过周,无礼,王孙满讥之。兵至滑,郑贾人弦高将市于周,遇之,以十二牛劳秦师。秦师惊而还,灭滑而去。

晋先轸曰:"秦伯不用蹇叔,反其众心,此可击。"栾枝曰:"未报先君施于秦,击之,不可。"先轸曰:"秦侮吾孤,伐吾同姓,何德之报?"遂击之。襄公墨衰绖。

四月,败秦师于殽,虏秦三将孟明视、西乞秫、白乙丙以归。遂墨以葬文公。

文公夫人秦女,谓襄公曰:"秦欲得其三将戮之。"公许,遣之。先轸闻之,谓襄公曰:"患生矣。"轸乃追秦将。秦将渡河,已在船中,顿首谢,卒不反。

后三年,秦果使孟明伐晋,报殽之败,取晋汪以归。

四年,秦穆公大兴兵伐我,渡河,取王官,封殽尸而去。晋恐,不敢出,遂城守。五年,晋伐秦,取新城,报王官役也。

六年,赵衰成子、栾贞子、咎季子犯、霍伯皆卒。赵盾代赵衰执政。

七年八月,襄公卒。太子夷皋少,晋人以难故,欲立长君。赵盾曰:"立襄公弟雍。好善而长,先君爱之;且近于秦,秦故好也。立善则固,事长则顺,奉爱则孝,结旧好则安。"贾季曰:"不如其弟乐。辰嬴嬖于二君,立其子,民必安之。"赵盾曰:"辰嬴贱,班在九人下,其子何震之有!且为二君嬖,淫也。为先君子,不能求大而出在小国,僻也。母淫子僻,无威;陈小而远,无援。将何可乎!"使士会如秦迎公子雍。贾季亦使人召公子乐于陈。赵盾废贾季,以其杀阳处父。十月,葬襄公。十一月,贾季奔翟。是岁,秦穆公亦卒。

灵公元年四月,秦康公曰:"昔文公之入也无卫,故有吕、郤之患。"乃多与公子雍卫。太子母缪嬴日夜抱太子以号泣于朝,曰:"先君何罪?其嗣亦何罪?舍适而外求君,将安置此?"出朝,则抱以适赵盾所,顿首曰:"先君奉此子而属之,曰'此子材,吾受其赐;不材,吾怨子'。今君卒,言犹在耳,而弃之,若何?"赵盾与诸大夫皆患缪嬴,且畏诛,乃背所迎而立太子夷皋,是为灵公。发兵以距秦送公子雍者。赵盾为将,往击秦,败之令狐。先蔑、随会亡奔秦。秋,齐、宋、卫、郑、曹、许君皆会赵盾,盟于扈,以灵公初立故也。

四年,伐秦,取少梁。秦亦取晋之郩。

六年,秦康公伐晋,取羁马。晋侯怒,使赵盾、赵穿、郤缺击秦,大战河曲,赵穿最有功。

七年,晋六卿患随会之在秦,常为晋乱,乃详令魏寿馀反晋降秦。秦使随会之魏,因执会以归晋。

八年,周顷王崩,公卿争权,故不赴。晋使赵盾以车八百乘平周乱而立匡王。是年,楚庄王初即位。十二年,齐人弑其君懿公。

十四年,灵公壮,侈,厚敛以雕墙,从台上弹人,观其避丸也。宰夫胹熊蹯不熟,灵公怒,杀宰夫,使妇人持其尸出弃之。过朝,赵盾、随会前数谏,不听;已又见死人手,二人前谏。随会先谏,不听。灵公患之,使鉏麑刺赵盾。盾闺门开,居处节,鉏麑退,叹曰:"杀忠臣,弃君命,罪一也。"遂触树而死。

初,盾常田首山,见桑下有饿人。饿人,示眯明也。盾与之食,食其半。问其故,曰:"宦三年,未知母之存不,愿遗母。"盾义之,益与之饭肉。已而为晋宰夫,赵盾弗复知也。九月,晋灵公饮赵盾酒,伏甲将攻盾。公宰示眯明知之,恐盾醉不能起,而进曰:"君赐臣,觞三行,可以罢。"欲以去赵盾,令先,毋及难。盾既去,灵公伏士未会,先纵啮狗名敖。明为盾搏杀狗。盾曰:"弃人用狗,虽猛何为。"然不知明之为阴德也。已而灵公纵伏士出逐赵盾,示眯明反击灵公之伏士,伏士不能进,而竟脱盾。盾问其故,曰:"我桑下饿人。"问其名,弗告。明亦因亡去。

盾遂奔,未出晋境。乙丑,盾昆弟将军赵穿袭杀灵公于桃园而迎赵盾。赵盾素贵,得民和;灵公少,侈,民不附,故为弑易。盾复位。晋太史董狐书曰"赵盾弑其君",以视于朝。盾曰:"弑者赵穿,我无罪。"太史曰:"子为正卿,而亡不出境,反不诛国乱,非子而谁?"孔子闻之,曰:"董狐,古之良史也,书法不隐。宣子,良大夫也,为法受恶。惜也,出疆乃免。"

赵盾使赵穿迎襄公弟黑臀于周而立之,是为成公。

成公者,文公少子,其母周女也。壬申,朝于武宫。

成公元年,赐赵氏为公族。伐郑,郑倍晋故也。三年,郑伯初立,附晋而弃楚。楚怒,伐郑,晋往救之。

六年,伐秦,虏秦将赤。

七年,成公与楚庄王争强,会诸侯于扈。陈畏楚,不会。晋使中行桓子伐陈,因救郑,与楚战,败楚师。是年,成公卒,子景公据立。

景公元年春,陈大夫夏徵舒弑其君灵公。二年,楚庄王伐陈,诛徵舒。

三年,楚庄王围郑,郑告急晋。晋使荀林父将中军,随会将上军,赵朔将下军,郤克、栾书、先縠、韩厥、巩朔佐之。六月,至河,闻楚已服郑,郑伯肉袒与盟而去,荀林父欲还。先縠曰:"凡来救郑,不至不可,将率离心。"卒度河。楚已服郑,欲饮马于河为名而去。楚与晋军大战。郑新附楚,畏之,反助楚攻晋。晋军败,走河,争度,船中人指甚众。楚虏我将智䓨。归而林父曰:"臣为督将,军败当诛,请死。"景公欲许之,随会曰:"昔文公之与楚战城濮,成王归杀子玉,而文公乃喜。今楚已败我师,又诛其将,是助楚杀仇也。"乃止。

四年,先縠以首计而败晋军河上,恐诛,乃奔翟,与翟谋伐晋。晋觉,乃族縠。縠,先轸子也。

五年,伐郑,为助楚故也。是时楚庄王强,以挫晋兵河上也。

六年,楚伐宋,宋来告急晋,晋欲救之,伯宗谋曰:"楚,天方开之,不可当。"乃使解扬绐为救宋。郑人执与楚,楚厚赐,使反其言,令宋急下。解扬绐许之,卒致晋君言。楚欲杀之,或谏,乃归解扬。

七年,晋使随会灭赤狄。

八年,使郤克于齐,齐顷公母从楼上观而笑之。所以然者,郤克偻,而鲁使蹇,卫使眇,故齐亦令人如之以导客。郤克怒,归至河上,曰:"不报齐者,河伯视之!"至国,请君,欲伐齐。景公问知其故,曰:"子之怨安足以烦国!"弗听。魏文子请老休,辟郤克,克执政。

九年,楚庄王卒。晋伐齐,齐使太子彊为质于晋,晋兵罢。

十一年春,齐伐鲁,取隆。鲁告急卫,卫与鲁皆因郤克告急于晋。晋乃使郤克、栾书、韩厥以兵车八百乘与鲁、卫共伐齐。夏,与顷公战于鞍,伤困顷公。顷公乃与其右易位,下取饮,以得脱去。齐师败走,晋追北至齐。顷公献宝器以求平,不听。郤克曰:"必得萧桐叔子为质。"齐使曰:"萧桐叔子,顷公母;顷公母犹晋君母,奈何必得之?不义。请复战。"晋乃许与平而去。

楚申公巫臣盗夏姬以奔晋,晋以巫臣为邢大夫。

十二年冬,齐顷公如晋,欲上尊晋景公为王,景公让不敢。晋始作六军,韩厥、巩朔、赵穿、荀骓、赵括、赵旃皆为卿。智䓨自楚归。

十三年,鲁成公朝晋,晋弗敬,鲁怒,去,倍晋。晋伐郑,取氾。

十四年,梁山崩。问伯宗,伯宗以为不足怪也。

十六年,楚将子反怨巫臣,灭其族。巫臣怒,遗子反书曰:"必令子罢于奔命!"乃请使吴,令其子为吴行人,教吴乘车用兵。吴晋始通,约伐楚。

十七年,诛赵同、赵括,族灭之。韩厥曰:"赵衰、赵盾之功岂可忘乎?奈何绝祀!"乃复令赵庶子武为赵后,复与之邑。

十九年夏,景公病,立其太子寿曼为君,是为厉公。后月馀,景公卒。

厉公元年,初立,欲和诸侯,与秦桓公夹河而盟。归而秦倍盟,与翟谋伐晋。

三年,使吕相让秦,因与诸侯伐秦,至泾,败秦于麻隧,虏其将成差。

五年,三郤谗伯宗,杀之。伯宗以好直谏得此祸,国人以是不附厉公。

六年春,郑倍晋与楚盟,晋怒。栾书曰:"不可以当吾世而失诸侯。"乃发兵。厉公自将,五月渡河。闻楚兵来救,范文子请公欲还。郤至曰:"发兵诛逆,见强辟之,无以令诸侯。"遂与战。癸巳,射中楚共王目,楚兵败于鄢陵。子反收馀兵,拊循,欲复战,晋患之。共王召子反,其侍者竖阳穀进酒,子反醉,不能见。王怒,让子反,子反死。王遂引兵归。晋由此威诸侯,欲以令天下求霸。

厉公多外嬖姬,归,欲尽去群大夫而立诸姬兄弟。宠姬兄曰胥童,尝与郤至有怨,及栾书又怨郤至不用其计而遂败楚,乃使人间谢楚。楚来诈厉公曰:"鄢陵之战,实至召楚,欲作乱,内子周立之.会与国不具,是以事不成。"厉公告栾书,栾书曰:"其殆有矣!愿公试使人之周微考之。"果使郤至于周。栾书又使公子周见郤至,郤至不知见卖也。厉公验之,信然,遂怨郤至,欲杀之。

八年,厉公猎,与姬饮,郤至杀豕奉进,宦者夺之。

郤至射杀宦者。公怒,曰:"季子欺予!"将诛三郤,未发也。郤锜欲攻公,曰:"我虽死,公亦病矣。"郤至曰:"信不反君,智不害民,勇不作乱。失此三者,谁与我?我死耳!"十二月壬午,公令胥童以兵八百人袭攻杀三郤。胥童因以劫栾书、中行偃于朝,曰:"不杀二子,患必及公。"公曰:"一旦杀三卿,寡人不忍益也。"对曰:"人将忍君。"公弗听,谢栾书等以诛郤氏罪:"大夫复位。"二子顿首曰:"幸甚幸甚!"公使胥童为卿。闰月乙卯,厉公游匠骊氏,栾书、中行偃以其党袭捕厉公,囚之。杀胥童,而使人迎公子周于周而立之,是为悼公。

悼公元年正月庚申,栾书、中行偃弑厉公,葬之以一乘车。厉公囚六日死,死十日庚午,智䓨迎公子周来,至绛,刑鸡与大夫盟而立之,是为悼公。辛巳,朝武宫。二月乙酉,即位。

悼公周者,其大父捷,晋襄公少子也,不得立,号为桓叔,桓叔最爱。桓叔生惠伯谈,谈生悼公周。周之立,年十四矣。悼公曰:"大父、父皆不得立而辟难于周,客死焉。寡人自以疏远,毋几为君。今大夫不忘文、襄之意而惠立桓叔之后,赖宗庙大夫之灵,得奉晋祀,岂敢不战战乎?大夫其亦佐寡人!"于是逐不臣者七人,修旧功,施德惠,收文公入时功臣后。秋,伐郑,郑师败,遂至陈。

三年,晋会诸侯。悼公问群臣可用者,祁傒举解狐。解狐,傒之仇。复问,举其子祁午。君子曰:"祁傒可谓不党矣!外举不隐仇,内举不隐子。"方会诸侯,悼公弟杨干乱行,魏绛戮其仆。悼公怒,或谏公,公卒贤绛,任之政,使和戎,戎大亲附。

十一年,悼公曰:"自吾用魏绛,九合诸侯,和戎、翟,魏子之力也。"赐之乐,三让乃受之。冬,秦取我栎。

十四年,晋使六卿率诸侯伐秦,度泾,大败秦军,至棫林而去。

十五年,悼公问治国于师旷。师旷曰:"惟仁义为本。"冬,悼公卒,子平公彪立。

平公元年,伐齐,齐灵公与战靡下,齐师败走。晏婴曰:"君亦毋勇,何不止战!"遂去。晋追,遂围临菑,尽烧屠其郭中。东至胶,南至沂,齐皆城守,晋乃引兵归。

六年,鲁襄公朝晋。晋栾逞有罪,奔齐。八年,齐庄公微遣栾逞于曲沃,以兵随之。齐兵上太行,栾逞从曲沃中反,袭入绛。绛不戒,平公欲自杀,范献子止公,以其徒击逞,逞败走曲沃。曲沃攻逞,逞死,遂灭栾氏宗。逞者,栾书孙也。其入绛,与魏氏谋。齐庄公闻逞败,乃还,取晋之朝歌去,以报临菑之役也。

十年,齐崔杼弑其君庄公。晋因齐乱,伐败齐于高唐去,报太行之役也。

十四年,吴延陵季子来使,与赵文子、韩宣子、魏献子语,曰:"晋国之政,卒归此三家矣。"

十九年,齐使晏婴如晋,与叔向语。叔向曰:"晋,季世也。公厚赋为台池而不恤政,政在私门,其可久乎!"晏子然之。

二十二年,伐燕。二十六年,平公卒,子昭公夷立。

昭公六年卒。六卿强,公室卑。子顷公去疾立。

顷公六年,周景王崩,王子争立。晋六卿平王室乱,立敬王。

九年,鲁季氏逐其君昭公,昭公居乾侯。

十一年,卫、宋使使请晋纳鲁君。季平子私赂范献子,献子受之,乃谓晋君曰:"季氏无罪。"不果入鲁君。

十二年,晋之宗家祁傒孙、叔向子相恶于君。六卿欲弱公室,乃遂以法尽灭其族,而分其邑为十县,各令其子为大夫。晋益弱,六卿皆大。

十四年,顷公卒,子定公午立。

定公十一年,鲁阳虎奔晋,赵鞅简子舍之。

十二年,孔子相鲁。

十五年,赵鞅使邯郸大夫午,不信,欲杀午,午与中行寅、范吉射亲攻赵鞅,鞅走保晋阳。定公围晋阳。荀栎、韩不信、魏侈与范、中行为仇,乃移兵伐范、中行。范、中行反,晋君击之,败范、中行。范、中行走朝歌,保之。韩、魏为赵鞅谢晋君,乃赦赵鞅,复位。

二十二年,晋败范、中行氏,二子奔齐。

三十年,定公与吴王夫差会黄池,争长,赵鞅时从,卒长吴。

三十一年,齐田常弑其君简公,而立简公弟骜为平公。三十三年,孔子卒。

三十七年,定公卒,子出公凿立。

出公十七年,知伯与赵、韩、魏共分范、中行地以为邑。出公怒,告齐、鲁,欲以伐四卿。四卿恐,遂反攻出公。出公奔齐,道死。故知伯乃立昭公曾孙骄为晋君,是为哀公。

哀公大父雍,晋昭公少子也,号为戴子。戴子生忌。忌善知伯,早死,故知伯欲尽并晋,未敢,乃立忌子骄为君。当是时,晋国政皆决知伯,晋哀公不得有所制。知伯遂有范、中行地,最强。

哀公四年,赵襄子、韩康子、魏桓子共杀知伯,尽并其地。

十八年,哀公卒,子幽公柳立。

幽公之时,晋畏,反朝韩、赵、魏之君。独有绛、曲沃,馀皆入三晋。

十五年,魏文侯初立。十八年,幽公淫妇人,夜窃出邑中,盗杀幽公。魏文侯以兵诛晋乱,立幽公子止,是为烈公。

烈公十九年,周威烈王赐赵、韩、魏皆命为诸侯。

二十七年,烈公卒,子孝公颀立。孝公九年,魏武侯初立,袭邯郸,不胜而去。十七年,孝公卒,子静公俱酒立。是岁,齐威王元年也。

静公二年,魏武侯、韩哀侯、赵敬侯灭晋后而三分其地。静公迁为家人,晋绝不祀。

太史公曰:晋文公,古所谓明君也,亡居外十九年,至困约,及即位而行赏,尚忘介子推,况骄主乎?灵公既弑,其后成、景致严,至厉,大刻,大夫惧诛,祸作。悼公以后日衰,六卿专权。故君道之御其臣下,固不易哉!

卷　四　十　　　楚世家第十

楚之先祖出自帝颛顼高阳。高阳者，黄帝之孙，昌意之子也。高阳生称，称生卷章，卷章生重黎。重黎为帝喾高辛居火正，甚有功，能光融天下，帝喾命曰祝融。共工氏作乱，帝喾使重黎诛之而不尽。帝乃以庚寅日诛重黎，而以其弟吴回为重黎后，复居火正，为祝融。

吴回生陆终。陆终生子六人，坼剖而产焉。其长一曰昆吾；二曰参胡；三曰彭祖；四曰会人；五曰曹姓；六曰季连，芈姓，楚其后也。昆吾氏，夏之时尝为侯伯，桀之时汤灭之。彭祖氏，殷之时尝为侯伯，殷之末世灭彭祖氏。季连生附沮，附沮生穴熊。其后中微，或在中国，或在蛮夷，弗能纪其世。

周文王之时，季连之苗裔曰鬻熊。鬻熊子事文王，早卒。其子曰熊丽。熊丽生熊狂，熊狂生熊绎。

熊绎当周成王之时，举文、武勤劳之后嗣，而封熊绎于楚蛮，封以子男之田，姓芈氏，居丹阳。楚子熊绎与鲁公伯禽、卫康叔子牟、晋侯燮、齐太公子吕伋俱事成王。

熊绎生熊艾，熊艾生熊䵣，熊䵣生熊胜。熊胜以弟熊杨为后。熊杨生熊渠。熊渠生子三人。

当周夷王之时，王室微，诸侯或不朝，相伐。熊渠甚得江汉间民和，乃兴兵伐庸、杨粤，至于鄂。熊渠曰："我蛮夷也，不与中国之号谥。"乃立其长子康为句亶王，中子红为鄂王，少子执疵为越章王，皆在江上楚蛮之地。及周厉王之时，暴虐，熊渠畏其伐楚，亦去其王。

后为熊毋康，毋康早死。熊渠卒，子熊挚红立。挚红卒，其弟弑而代立，曰熊延。熊延生熊勇。

熊勇六年，而周人作乱，攻厉王，厉王出奔彘。熊勇十年，卒，弟熊严为后。

熊严十年，卒。有子四人，长子伯霜，中子仲雪，次子叔堪，少子季徇。熊严卒，长子伯霜代立，是为熊霜。

熊霜元年，周宣王初立。熊霜六年，卒，三弟争立。仲雪死；叔堪亡，避难于濮；而少弟季徇立，是为熊徇。熊徇十六年，郑桓公初封于郑。二十二年，熊徇卒，子熊咢立。熊咢九年，卒，子熊仪立，是为若敖。

若敖二十年，周幽王为犬戎所弑，周东徙，而秦襄公始列为诸侯。

二十七年，若敖卒，子熊坎立，是为霄敖。霄敖六年，卒，子熊眴立，是为蚡冒。蚡冒十三年，晋始乱，以曲沃之故。蚡冒十七年，卒。蚡冒弟熊通弑蚡冒子而代立，是为楚武王。

武王十七年，晋之曲沃庄伯弑主国晋孝侯。十九年，郑伯弟段作乱。二十一年，郑侵天子之田。二十三年，卫弑其君桓公。二十九年，鲁弑其君隐公。三十一年，宋太宰华督弑其君殇公。

三十五年，楚伐随。随曰："我无罪。"楚曰："我蛮夷也。今诸侯皆为叛相侵或相杀。我有敝甲，欲以观中国之政，请王室尊吾号。"随人为之周，请尊楚，王室不听，还报楚。三十七年，楚熊通怒曰："吾先鬻熊，文王之师也，早终。成王举我先公，乃以子男田令居楚，蛮夷皆率服，而王不加位，我自尊耳！"乃自立为武王，与随人盟而去。于是始开濮地而有之。

五十一年，周召随侯，数以立楚为王。楚怒，以随背己，伐随。武王卒师中而兵罢。子文王熊赀立，始都郢。

文王二年，伐申过邓，邓人曰"楚王易取"，邓侯不许也。六年，伐蔡，虏蔡哀侯以归，已而释之。楚强，陵江汉间小国，小国皆畏之。十一年，齐桓公始霸，楚亦始大。

十二年，伐邓，灭之。十三年，卒，子熊艰立，是为庄敖。庄敖五年，欲杀其弟熊恽，恽奔随，与随袭弑庄敖代立，是为成王。

成王恽元年，初即位，布德施惠，结旧好于诸侯。使人献天子，天子赐胙，曰："镇尔南方夷越之乱，无侵中国。"于是楚地千里。

十六年，齐桓公以兵侵楚，至陉山。楚成王使将军屈完以兵御之，与桓公盟。桓公数以周之赋不入王室，楚许之，乃去。

十八年，成王以兵北伐许，许君肉袒谢，乃释之。二十二年，伐黄。二十六年，灭英。

三十三年，宋襄公欲为盟会，召楚。楚王怒曰："召我，我将好往袭辱之。"遂行，至盂，遂执辱宋公，已而归之。

三十四年，郑文公南朝楚。楚成王北伐宋，败之泓，射伤宋襄公，襄公遂病创死。

三十五年，晋公子重耳过楚，成王以诸侯客礼飨，而厚送之于秦。

三十九年，鲁僖公来请兵以伐齐，楚使申侯将兵伐齐，取穀，置齐桓公子雍焉。齐桓公七子皆奔楚，楚尽以为上大夫。灭夔，夔不祀祝融、鬻熊故也。

夏，伐宋，宋告急于晋，晋救宋，成王罢归。将军子玉请战，成王曰："重耳亡居外久，卒得反国，天之所开，不可当。"子玉固请，乃与之少师而去。晋果败子玉于城濮。成王怒，诛子玉。

四十六年。初，成王将以商臣为太子，语令尹子上。子上曰："君之齿未也，而又多内宠，绌乃乱也。楚国之举常在少者，且商臣蜂目而豺声，忍人也，不可立也。"王不听，立之。后又欲立子职而绌太子商臣。商臣闻而未审也，告其傅潘崇曰："何以得其实？"崇曰："飨王之宠姬江芈而勿敬也。"商臣从之。江芈怒曰："宜乎王之欲杀若而立职也。"商臣告潘崇曰："信矣。"崇曰："能事之乎？"曰："不能。""能亡去乎？"曰："不能。""能行大事乎？"曰："能。"冬十月，商臣以宫卫兵围成王。成王请食熊蹯而死，不听。丁未，成王自绞杀。商臣代立，是为穆王。

穆王立，以其太子宫予潘崇，使为太师，掌国事。穆王三年，灭江。四年，灭六、蓼。六、蓼，皋陶之后。八年，伐陈。十二年，卒。子庄王侣立。

庄王即位三年，不出号令，日夜为乐，令国中曰：

"有敢谏者死无赦!"伍举入谏。庄王左抱郑姬,右抱越女,坐钟鼓之间。伍举曰:"愿有进隐。"曰:"有鸟在于阜,三年不蜚不鸣,是何鸟也?"庄王曰:"三年不蜚,蜚将冲天;三年不鸣,鸣将惊人。举退矣,吾知之矣。"居数月,淫益甚。大夫苏从乃入谏。王曰:"若不闻令乎?"对曰:"杀身以明君,臣之愿也。"于是乃罢淫乐,听政,所诛者数百人,所进者数百人,任伍举、苏从以政,国人大说。是岁灭庸。六年,伐宋,获五百乘。

八年,伐陆浑戎,遂至洛,观兵于周郊。周定王使王孙满劳楚王。楚王问鼎小大轻重,对曰:"在德不在鼎。"庄王曰:"子无阻九鼎!楚国折钩之喙,足以为九鼎。"王孙满曰:"呜呼!君王其忘之乎?昔虞夏之盛,远方皆至,贡金九牧,铸鼎象物,百物而为之备,使民知神奸。桀有乱德,鼎迁于殷,载祀六百。殷纣暴虐,鼎迁于周。德之休明,虽小必重;其奸回昏乱,虽大必轻。昔成王定鼎于郏鄏,卜世三十,卜年七百,天所命也。周德虽衰,天命未改。鼎之轻重,未可问也。"楚王乃归。

九年,相若敖氏。人或谗之王,恐诛,反攻王,王击灭若敖氏之族。十三年,灭舒。

十六,伐陈,杀夏徵舒。徵舒弑其君,故诛之也。已破陈,即县之。群臣皆贺,申叔时使齐来,不贺。王问,对曰:"鄙语曰:牵牛径人田,田主取其牛。径者则不直矣,取之牛,不亦甚乎?且王以陈之乱而率诸侯伐之,以义伐之而贪其县,亦何以复令于天下!"庄王乃复国陈后。

十七年春,楚庄王围郑,三月,克之。入自皇门,郑伯肉袒牵羊以逆,曰:"孤不天,不能事君,君用怀怒,以及敝邑,孤之罪也。敢不惟命是听!宾之南海,若以臣妾赐诸侯,亦唯命是听。若君不忘厉、宣、桓、武,不绝其社稷,使改事君,孤之愿也,非所敢望也。敢布腹心。"楚群臣曰:"王勿许。"庄王曰:"其君能下人,必能信用其民,庸可绝乎!"庄王自手旗,左右麾军,引兵去三十里而舍,遂许之平。潘尪入盟,子良出质。夏六月,晋救郑,与楚战,大败晋师河上,遂至衡雍而归。

二十年,围宋,以杀楚使也。围宋五月,城中食尽,易子而食,析骨而炊。宋华元出告以情,庄王曰:"君子哉!"遂罢兵去。

二十三年,庄王卒,子共王审立。

共王十六年,晋伐郑。郑告急,共王救郑。与晋兵战鄢陵,晋败楚,射中共王目。共王召将军子反。子反嗜酒,从者竖阳穀进酒,醉。王怒,射杀子反,遂罢兵归。

三十一年,共王卒,子康王招立。康王立十五年卒,子员立,是为郏敖。

康王宠弟公子围、子比、子皙、弃疾。郏敖三年,以其季父康王弟公子围为令尹,主兵事。四年,围使郑,道闻王疾而还。十二月己酉,围入问王疾,绞而弑之,遂杀其子莫及平夏。使使赴于郑。伍举问曰:"谁为后?"对曰:"寡大夫围。"伍举更曰:"共王之子围为长。"子比奔晋,而围立,是为灵王。

灵王三年六月,楚使使告晋,欲会诸侯。诸侯皆会楚于申。伍举曰:"昔夏启有钧台之飨,商汤有景亳之命,周武王有盟津之誓,成王有岐阳之蒐,康王有丰宫之朝,穆王有涂山之会,齐桓有召陵之师,晋文有践土之盟,君其何用?"灵王曰:"用桓公。"时郑子产在焉。于是晋、宋、鲁、卫不往。灵王已盟,有骄色。伍举曰:"桀为有仍之会,有缗叛之。纣为黎山之会,东夷叛之。幽王为太室之盟,戎翟叛之。君其慎终!"

七月,楚以诸侯兵伐吴,围朱方。八月,克之,囚庆封,灭其族。以封徇,曰:"无效齐庆封弑其君而弱其孤,以盟诸大夫!"封反曰:"莫如楚共王庶子围弑其君兄之子员而代之立!"于是灵王使疾杀之。

七年,就章华台,下令内亡人实之。

八年,使公子弃疾将兵灭陈。十年,召蔡侯,醉而杀之,使弃疾定蔡,因为陈蔡公。

十一年,伐徐以恐吴。灵王次于乾谿以待之。王曰:"齐、晋、鲁、卫,其封皆受宝器,我独不。今吾使使周求鼎以为分,其予我乎?"析父对曰:"其予君王哉!昔我先王熊绎辟在荆山,荜露蓝蒌以处草莽,跋涉山林以事天子,唯是桃弧棘矢以共王事。齐,王舅也;晋及鲁、卫,王母弟也。楚是以无分而彼皆有。周与四国服事君王,将唯命是从,岂敢爱鼎?"灵王曰:"昔我皇祖伯父昆吾旧许是宅,今郑人贪赖其田,不我予,今我求之,其予我乎?"对曰:"周不爱鼎,郑安敢爱田?"灵王曰:"昔诸侯远我而畏晋,今吾大城陈、蔡、不羹,赋皆千乘,诸侯畏我乎?"对曰:"畏哉!"灵王喜曰:"析父善言古事焉。"

十二年春,楚灵王乐乾谿,不能去也。国人苦役。初,灵王会兵于申,僇越大夫常寿过,杀蔡大夫观起。起子从亡在吴,乃劝吴王伐楚,为间越大夫常寿过而作乱,为吴间。使矫公子弃疾命召公子比于晋,至蔡,与吴、越兵欲袭蔡。令公子比见弃疾,与盟于邓。遂入杀灵王太子禄,立子比为王,公子子皙为令尹,弃疾为司马。先除王宫,观从从师于乾谿,令楚众曰:"国有王矣。先归,复爵邑田室;后者,迁之。"楚众皆溃,去灵王而归。

灵王闻太子禄之死也,自投车下,而曰:"人之爱子亦如是乎?"侍者曰:"甚是。"王曰:"余杀人之子多矣,能无及此乎?"右尹曰:"请待于郊以听国人。"王曰:"众怒不可犯。"曰:"且入大县而乞师于诸侯。"王曰:"皆叛矣。"又曰:"且奔诸侯以听大国之虑。"王曰:"大福不再,只取辱耳。"于是王乘舟将欲入鄢。右尹度王不用其计,惧俱死,亦去王亡。

灵王于是独傍徨山中,野人莫敢入王。王行遇其故锅人,谓曰:"为我求食,我已不食三日矣。"锅人曰:"新王下法,有敢饷王从王者,罪及三族。且又无所得食。"王因枕其股而卧。锅人又以土自代,逃去。王觉而弗见,遂饥不能起。芋尹申无宇之子申亥曰:"吾父再犯王命,王弗诛,恩孰大焉!"乃求王,遇王饥于釐泽,奉之以归。夏五月癸丑,王死申亥家,申亥以二女从死,并葬之。

是时楚国虽已立比为王,畏灵王复来,又不闻灵王死,故观从谓初王比曰:"不杀弃疾,虽得国,犹受祸。"王曰:"余不忍。"从曰:"人将忍王。"王不听,乃去。弃疾归,国人每夜惊,曰:"灵王入矣!"乙卯夜,弃疾使船人从江上走呼曰:"灵王至矣!"国人愈惊。又使曼成然告初王比及令尹子皙曰:"王至矣!国人将杀君,司马将至矣!君早自图,无取辱焉。众怒如水火,不可救也。"初王及子皙遂自杀。丙辰,弃疾即位为王,改名熊居,是为平王。

平王以诈弑两王而自立,恐国人及诸侯叛之,乃施惠百姓。复陈、蔡之地而立其后如故,归郑之侵地。存恤国中,修政教。吴以楚乱故,获五率以归。平王谓观从:"恣尔所欲。"欲为卜尹,王许之。

初,共王有宠子五人,无適立,乃望祭群神,请神决之,使主社稷,而阴与巴姬埋璧于室内,召五公子斋而入。康王跨之,灵王肘加之,子比、子皙皆远之。平王幼,抱其上而拜,压纽。故康王以长立,至其子失之;围为灵王,及身而弑;子比为王十餘日;子皙不得立,又俱诛。四子皆绝无后。唯独弃疾后立,为平王,竟续楚祀,如其神符。

初,子比自晋归,韩宣子问叔向曰:"子比其济乎?"对曰:"不就。"宣子:"同恶相求,如市贾焉,何为不就?"对曰:"无与同好,谁与同恶?取国有五难:有宠无人,一也;有人无主,二也;有主无谋,三也;有谋而无民,四也;有民而无德,五也。子比在晋十三年矣,晋、楚之从不闻通者,可谓无人矣;族尽亲叛,可谓无主矣;无衅而动,可谓无谋矣;为羁终世,可谓无民矣;亡无爱征,可谓无德矣。王虐而不忌,子比涉五难以弑君,谁能济之!有楚国者,其弃疾乎?君陈、蔡,方城外属焉。苛慝不作,盗贼伏隐,私欲不违,民无怨心。先神命之,国民信之。芈姓有乱,必季实立,楚之常也。子比之官,则右尹也;数其贵宠,则庶子也;以神所命,则又远之;民无怀焉,将何以立?"宣子曰:"齐桓、晋文不亦是乎?"对曰:"齐桓,卫姬之子也,有宠于釐公。有鲍叔牙、宾须无、隰朋以为辅,有莒、卫以为外主,有高、国以为内主,从善如流,施惠不倦。有国,不亦宜乎?昔我文公,狐季姬之子也,有宠于献公,好学不倦。生十七年,有士五人,有先大夫子馀、子犯以为腹心,有魏犫、贾佗以为股肱,有齐、宋、秦、楚以为外主,有栾、郤、狐、先以为内主。亡十九年,守志弥笃。惠、怀弃民,民从而与之。故文公有国,不亦宜乎?子比无施于民,无援于外。去晋,晋不送;归楚,楚不迎。何以有国!"子比果不终焉,卒立者弃疾,如叔向言也。

平王二年,使费无忌如秦为太子建取妇。妇好,来,未至,无忌先归,说平王曰:"秦女好,可自娶,为太子更求。"平王听之,卒自娶秦女,生熊珍。更为太子娶。是时伍奢为太子太傅,无忌为少傅。无忌无宠于太子,常谗恶太子建。建时年十五矣,其母蔡女也,无宠于王,王稍益疏外建也。

六年,使太子建居城父,守边。无忌又日夜谗太子建于王曰:"自无忌入秦女,太子怨,亦不能无望于王,王少自备焉。且太子居城父,擅兵,外交诸侯,且欲入矣。"平王召其傅伍奢责之。伍奢知无忌谗,乃曰:"王奈何以小臣疏骨肉?"无忌曰:"今不制,后悔也。"于是王遂囚伍奢。乃令司马奋扬召太子建,欲诛之。太子闻之,亡奔宋。

无忌曰:"伍奢有二子,不杀者,为楚国患。盍以其父召之,必至。"于是王使使谓奢:"能致二子则生,不能将死。"奢曰:"尚至,胥不至。"王曰:"何也?"奢曰:"尚之为人,廉,死节,慈孝而仁,闻召而免父,必至,不顾其死。胥之为人,智而好谋,勇而矜功,知来必死,必不来。然为楚国忧者必此子。"于是王使人召之,曰:"来,吾免尔父。"伍尚谓伍胥曰:"闻父免而莫奔,不孝也;父戮莫报,无谋也;度能任事,智也。子其行矣,我其归死。"伍尚遂归。伍胥弯弓属矢,出见使者,曰:"父有罪,何以召其子为?"将射,使者还走。遂出奔吴。伍奢闻之,曰:"胥亡,楚国危哉!"楚人遂杀伍奢及尚。

十年,楚太子建母在居巢,开吴。吴使公子光伐楚,遂败陈、蔡,取太子建母而去。楚恐,城郢。

初,吴之边邑卑梁与楚边邑钟离小童争桑,两家交怒相攻,灭卑梁人。卑梁大夫怒,发邑兵攻钟离。楚王闻之,怒,发国兵灭卑梁。吴王闻之,大怒,亦发兵,使公子光因建母家攻楚,遂灭钟离、居巢。楚乃恐而城郢。

十三年,平王卒。将军子常曰:"太子珍少,且其母乃前太子建所当娶也。"欲立令尹子西。子西,平王之庶弟也,有义。子西曰:"国有常法,更立则乱,言之则致诛。"乃立太子珍,是为昭王。

昭王元年,楚众不说费无忌,以其谗亡太子建,杀伍奢子父与郤宛。宛之宗姓伯氏子嚭及子胥皆奔吴,吴兵数侵楚,楚人怨无忌甚。楚令尹子常诛无忌以说众,众乃喜。

四年,吴三公子奔楚,楚封之以扞吴。五年,吴伐取楚之六、潜。

七年,楚使子常伐吴,吴大败楚于豫章。

十年冬,吴王阖闾、伍子胥、伯嚭与唐、蔡俱伐楚,楚大败,吴兵遂入郢,辱平王之墓,以伍子胥故也。吴兵之来,楚使子常以兵迎之,夹汉水阵。吴伐败子常,子常亡奔郑。楚兵走,吴乘胜逐之,五战及郢。己卯,昭王出奔。庚辰,吴人入郢。

昭王亡也,至云梦,云梦不知其王也,射伤王。王走郧。郧公之弟怀曰:"平王杀吾父,今我杀其子,不亦可乎?"郧公止之,然恐其弑昭王,乃与王出奔随。吴王闻昭王往,即进击随,谓随人曰:"周之子孙封于江汉之间者,楚尽灭之。"欲杀昭王。王从臣子綦乃深匿王,自以为王,谓随人曰:"以我予吴。"随人卜予吴,不吉,乃谢吴王曰:"昭王亡,不在随。"吴请入自索之,随不听,吴亦罢去。

昭王之出郢也,使申包胥请救于秦。秦以车五百乘救楚,楚亦收餘散兵,与秦击吴。十一年六月,败吴于稷。会吴王弟夫概见吴王兵伤败,乃亡归,自立为王。阖闾闻之,引兵去楚,归击夫概。夫概败,奔楚,楚封之堂溪,号为堂溪氏。楚昭王灭唐。九月,归入郢。

十二年,吴复伐楚,取番。楚恐,去郢北徙,都鄀。

十六年,孔子相鲁。二十年,楚灭顿,灭胡。二十一年,吴王阖闾伐越。越王勾践射伤吴王,遂死。吴由此怨越而不西伐楚。

二十七年春，吴伐陈，楚昭王救之，军城父。十月，昭王病于军中，有赤云如鸟，夹日而蜚。昭王问周太史，太史曰："是害于楚王，然可移于将相。"将相闻是言，乃请自以身祷于神。昭王曰："将相，孤之股肱也，今移祸，庸去是身乎！"弗听。卜而河为祟，大夫请祷河。昭王曰："自吾先王受封，望不过江、汉，而河非所获罪也。"止不许。孔子在陈，闻是言，曰："楚昭王通大道矣，其不失国，宜哉！"

昭王病甚，乃召诸公子大夫曰："孤不佞，再辱楚国之师，今乃得以天寿终，孤之幸也。"让其弟公子申为王，不可。又让次弟公子结，亦不可。乃又让次弟公子闾，五让，乃后许为王。将战，庚寅，昭王卒于军中。子闾曰："王病甚，舍其子让群臣，臣所以许王，以广王意也。今君王卒，臣岂敢忘君王之意乎！"乃与子西、子綦谋，伏师闭涂，迎越女之子章立，是为惠王。然后罢兵归，葬昭王。

惠王二年，子西召故平王太子建之子胜于吴，以为巢大夫，号曰白公。白公好兵而下士，欲报仇。六年，白公请兵令尹子西伐郑。初，白公父建亡在郑，郑杀之，白公走亡吴，子西复召之，故以此怨郑，欲伐之。子西许而未为发兵。

八年，晋伐郑，郑告急楚，楚使子西救郑，受赂而去。白公胜怒，乃遂与勇力死士石乞等袭杀令尹子西、子綦于朝，因劫惠王，置之高府，欲弑之。惠王从者屈固负王亡走昭王夫人宫。白公自立为王。月馀，会叶公来救楚，楚惠王之徒与共攻白公，杀之。惠王乃复位。是岁也，灭陈而县之。

十三年，吴王夫差强，陵齐、晋，来伐楚。十六年，越灭吴。四十二年，楚灭蔡。四十四年，楚灭杞，与秦平。是时越已灭吴而不能正江、淮北；楚东侵，广地至泗上。

五十七年，惠王卒，子简王中立。

简王元年，北伐灭莒。八年，魏文侯、韩武子、赵桓子始列为诸侯。

二十四年，简王卒，子声王当立。声王六年，盗杀声王，子悼王熊疑立。悼王二年，三晋来伐楚，至乘丘而还。四年，楚伐周。郑杀子阳。九年，伐韩，取负黍。十一年，三晋伐楚，败我大梁、榆关。楚厚赂秦，与之平。二十一年，悼王卒，子肃王臧立。

肃王四年，蜀伐楚，取兹方。于是楚为扞关以距之。十年，魏取我鲁阳。十一年，肃王卒，无子，立其弟熊良夫，是为宣王。

宣王六年，周天子贺秦献公。秦始复强，而三晋益大，魏惠王、齐威王尤强。三十年，秦封卫鞅于商，南侵楚。是年，宣王卒，子威王熊商立。

威王六年，周显王致文、武胙于秦惠王。

七年，齐孟尝君父田婴欺楚，楚威王伐齐，败之于徐州，而令齐必逐田婴。田婴恐，张丑伪谓楚王曰："王所以战胜于徐州者，田盼子不用也。盼子者，有功于国，而百姓为之用。婴子弗善而用申纪。申纪者，大臣不附，百姓不为用，故王胜之也。今王逐婴子，婴子逐，盼子必用矣。复搏其士卒以与王遇，必不便于王矣。"楚王因弗逐也。

十一年，威王卒，子怀王熊槐立。魏闻楚丧，伐楚，取我陉山。

怀王元年，张仪始相秦惠王。四年，秦惠王初称王。

六年，楚使柱国昭阳将兵而攻魏，破之于襄陵，得八邑。又移兵而攻齐，齐王患之。陈轸适为秦使齐，齐王曰："为之奈何？"陈轸曰："王勿忧，请令罢之。"即往见昭阳军中，曰："愿闻楚国之法，破军杀将者何以贵之？"昭阳曰："其官为上柱国，封上爵执珪。"陈轸曰："其有贵于此者乎？"昭阳曰："令尹。"陈轸曰："今君已为令尹矣，此国冠之上。臣请得譬之。人有遗其舍人一卮酒者，舍人相谓曰：'数人饮此，不足以遍，请遂画地为蛇，蛇先成者独饮之。'一人曰：'吾蛇先成。'举酒而起，曰：'吾能为之足。'及其为之足，而后成人夺之酒而饮之，曰：'蛇固无足，今为之足，是非蛇也。'今君相楚而攻魏，破军杀将，功莫大焉，冠之上不可以加矣。今又移兵而攻齐，攻齐胜之，官爵不加于此；攻之不胜，身死爵夺，有毁于楚：此为蛇为足之说也。不若引兵而去以德齐，此持满之术也。"昭阳曰："善。"引兵而去。

燕、韩君初称王。秦使张仪与楚、齐、魏相会，盟啮桑。

十一年，苏秦约从山东六国共攻秦，楚怀王为从长。至函谷关，秦出兵击六国，六国兵皆引而归，齐独后。十二年，齐湣王伐败赵、魏军，秦亦伐败韩，与齐争长。

十六年，秦欲伐齐，而楚与齐从亲，秦惠王患之，乃宣言张仪免相，使张仪南见楚王，谓楚王曰："敝邑之王所甚说者无先大王，虽仪之所甚愿为门阑之厮者亦无先大王。敝邑之王所甚憎者无先齐王，虽仪之所甚憎者亦无先齐王。而大王和之，是以敝邑之王不得事王，而令仪亦不得为门阑之厮也。王为仪闭关而绝齐，今使使者从仪西取故秦所分楚商於之地方六百里，如是则齐弱矣。是北弱齐，西德于秦，私商於以为富，此一计而三利俱至也。"怀王大悦，乃置相玺于张仪，日与置酒，宣言："吾复得吾商於之地。"群臣皆贺，而陈轸独吊。怀王曰："何故？"陈轸对曰："秦之所为重王者，以王之有齐也。今地未可得而齐交先绝，是楚孤也。夫秦又何重孤国哉，必轻楚矣。且先出地而后绝齐，则秦计不为。先绝齐而后责地，则必见欺于张仪。见欺于张仪，则王必怨之。怨之，是西起秦患，北绝齐交。西起秦患，北绝齐交，则两国之兵必至。臣故吊。"楚王弗听，因使一将军西受封地。

张仪至秦，详醉坠车，称病不出三月，地不可得。楚王曰："仪以吾绝齐为尚薄邪？"乃使勇士宋遗北辱齐王。齐王大怒，折楚符而合于秦。秦齐交合，张仪乃起朝，谓楚将军曰："子何不受地？从某至某，广袤六里。"楚将军曰："臣之所以见命者六百里，不闻六里。"即以归报怀王。怀王大怒，兴师将伐秦。陈轸又曰："伐秦非计也。不如因赂之一名都，与之伐齐，是我亡于秦，取偿于齐也，吾国尚可全。今王已绝于齐而责欺于秦，是吾合秦齐之交而来天下之兵也,国必大伤矣。"楚王不听,遂绝和于秦,发兵西攻秦。秦亦发兵击之。

十七年春,与秦战丹阳,秦大败我军,斩甲士八万,虏我大将军屈匄、裨将军逢侯丑等七十馀人,遂取汉中之郡。楚怀王大怒,乃悉国兵复袭秦。战于蓝田,大败楚军。韩、魏闻楚之困,乃南袭楚,至于邓。楚闻,乃引兵归。

十八年,秦使使约复与楚亲,分汉中之半以和楚。楚王曰:"愿得张仪,不愿得地。"张仪闻之,请之楚。秦王曰:"楚且甘心于子,奈何?"张仪曰:"臣善其左右靳尚,靳尚又能得事于楚王幸姬郑袖,袖所言无不从者。且仪以前使负楚以商於之约,今秦楚大战,有恶,臣非面自谢楚不解。且大王在,楚不宜敢取仪。诚杀仪以便国,臣之愿也。"仪遂使楚。

至,怀王不见,因而囚张仪,欲杀之,靳尚私于靳尚,靳尚为请怀曰:"拘张仪,秦王必怒。天下见楚无秦,必轻王矣。"又谓夫人郑袖曰:"秦王甚爱张仪,而王欲杀之,今将以上庸之地六县赂楚,以美人聘楚王,以宫中善歌者为之媵。楚王重地,秦女必贵,而夫人必斥矣。夫人不若言而出之。"郑袖卒言张仪于王而出之。仪出,怀王因善遇仪,仪因说楚王以叛从约而与秦合亲,约婚姻。张仪已去,屈原使从齐来,谏王曰:"何不诛张仪?"怀王悔,使人追仪,弗及。是岁,秦惠王卒。

二十年,齐湣王欲为从长,恶楚之与秦合,乃使使遗楚王书曰:"寡人患楚之不察于尊名也。今秦惠王死,武王立,张仪走魏,樗里疾、公孙衍用,而楚事秦。夫樗里疾善乎韩,而公孙衍善乎魏;楚必事秦,韩、魏恐,必因二人求合于秦,则燕、赵亦宜事秦。四国争事秦,则楚为郡县矣。王何不与寡人并力收韩、魏、燕、赵,与为从而尊周室,以案兵息民,令于天下?莫敢不乐听,则王名成矣。王率诸侯并伐,破秦必矣。王取武关、蜀、汉之地,私吴、越之富而擅江海之利,韩、魏割上党,西薄函谷,则楚之强百万也。且王欺于张仪,亡地汉中,兵锉蓝田,天下莫不代王怀怒。今乃欲先事秦!愿大王孰计之。"

楚王业已欲和于秦,见齐王书,犹豫不决,下其议群臣。群臣或言和秦,或曰听齐。昭雎曰:"王虽东取地于越,不足以刷耻;必且取地于秦,而后足以刷耻于诸侯。王不如深善齐、韩以重樗里疾,如是则王得韩、齐之重以求地矣。秦破韩宜阳,而韩犹复事秦者,以先王墓在平阳,而秦之武遂去之七十里,以故尤畏秦。不然,秦攻三川,赵攻上党,楚攻河外,韩必亡。楚之救韩,不能使韩不亡,然存韩者楚也。韩已得武遂于秦,以河山为塞,所报德莫如楚厚,臣以为其事王必疾。齐之所信于韩者,以韩公子昧为齐相也。韩已得武遂于秦,王甚善之,使之以齐、韩重樗里疾,疾得齐、韩之重,其主弗敢弃疾也。今又益之以楚之重,樗里子必言秦,复与楚之侵地矣。"于是怀王许之,竟不合秦,而合齐以善韩。

二十四年,倍齐而合秦。秦昭王初立,乃厚赂于楚。楚往迎妇。二十五年,怀王入与秦昭王盟,约于黄棘。秦复与楚上庸。二十六年,齐、韩、魏为楚负其从亲而合于秦,三国共伐楚。楚使太子入质于秦而请救。秦乃遣客卿通将兵救楚,三国引兵去。

二十七年,秦大夫有私与楚太子斗,楚太子杀之而亡归。二十八年,秦乃与齐、韩、魏共攻楚,杀楚将唐眛,取我重丘而去。二十九年,秦复攻楚,大破楚,楚军死者二万,杀我将军景缺。怀王恐,乃使太子为质于齐以求平。

三十年,秦复伐楚,取八城。秦昭王遗楚王书曰:"始寡人与王约为弟兄,盟于黄棘,太子为质,至欢也。太子陵杀寡人之重臣,不谢而亡去,寡人诚不胜怒,使兵侵君王之边。今闻君王乃令太子质于齐以求平。寡人与楚接境壤界,故为婚姻,所以相亲久矣。而今秦楚不欢,则无以令诸侯。寡人愿与君王会武关,面相约,结盟而去,寡人之愿也。敢以闻下执事。"

楚怀王见秦王书,患之。欲往,恐见欺;无往,恐秦怒。昭雎曰:"王毋行,而发兵自守耳。秦虎狼,不可信,有并诸侯之心。"怀王子子兰劝王行,曰:"奈何绝秦之欢心!"于是往会秦昭王。昭王诈令一将军伏兵武关,号为秦王。楚王至,则闭武关,遂与西至咸阳,朝章台,如蕃臣,不与亢礼。楚怀王大怒,悔不用昭子言。秦因留楚王,要以割巫、黔中之郡。楚王欲盟,秦欲先得地。楚王怒曰:"秦诈我,而又强要我以地!"不复许秦。秦因留之。

楚大臣患之,乃相与谋曰:"吾王在秦不得还,要以割地,而太子为质于齐,齐、秦合谋,则楚无国矣。"乃欲立怀王子在国者。昭雎曰:"王与太子俱困于诸侯,而今又倍王命而立其庶子,不宜。"乃诈赴于齐,齐湣王谓其相曰:"不若留太子以求楚之淮北。"相曰:"不可,郢中立王,是吾抱空质而行不义于天下也。"或曰:"不然。郢中立王,因与其新王市曰'予我下东国,吾为王杀太子,不然。将与三国共立之',然则东国必可得矣。"齐王卒用其相计而归楚太子。太子横至,立为王,是为顷襄王。乃告于秦曰:"赖社稷神灵,国有王矣。"

顷襄王横元年。秦要怀王不可得地,楚立王以应秦,秦昭王怒,发兵出武关攻楚,大败楚军,斩首五万,取析十五城而去。

二年,楚怀王亡逃归,秦觉之,遮楚道,怀王恐,乃从间道走赵以求归。赵主父在代,其子惠王初立,行王事,恐,不敢入楚王。楚王欲走魏,秦追至,遂与秦使复之秦。怀王遂发病。

顷襄王三年,怀王卒于秦,秦归其丧于楚。楚人皆怜之,如悲亲戚。诸侯由是不直秦。秦楚绝。

六年,秦使白起伐韩于伊阙,大胜,斩首二十四万。秦乃遗楚王书曰:"楚倍秦,秦且率诸侯伐楚,争一旦之命。愿王之饬士卒,得一乐战。"楚顷襄王患之,乃谋复与秦平。七年,楚迎妇于秦,秦楚复平。

十一年,齐、秦各自称为帝;月馀,复归帝为王。

十四年,楚顷襄王与秦昭王好会于宛,结和亲。十五年,楚王与秦、三晋、燕共伐齐,取淮北。十六年,与秦昭王好会于鄢。其秋,复与秦王会穰。

十八年,楚人有好以弱弓微缴加归雁之上者,顷襄王闻,召而问之。对曰:"小臣之好射鶀雁,罗鸗,小矢之发也,何足为大王道也。且称楚之大,因大王之贤,所弋非直此也。昔者三王以弋道德，五霸以弋战国。故秦、魏、燕、赵者，鹜雁也；齐、鲁、韩、卫者，青首也；驺、费、郯、邳者，罗鹙也。外其馀则不足射者。见鸟六双，以王何取？王何不以圣人为弓，以勇士为缴，时张而射之？此六双者，可得而囊载也。其乐非特朝夕之乐也，其获非特凫雁之实也。王朝张弓而射魏之大梁之南，加其右臂而径属之于韩，则中国之路绝而上蔡之郡坏矣。还射圉之东，解魏左肘而外击定陶，则魏之东外弃而大宋、方与二郡者举矣。且魏断二臂，颠越矣；膺击郯国，大梁可得而有也。王绪缴兰台，饮马西河，定魏大梁，此一发之乐也。若王之于弋诚好而不厌，则出宝弓，碆新缴，射噣鸟于东海，还盖长城以为防，朝射东莒，夕发浿丘，夜加即墨，顾据午道，则长城之东收而太山之北举矣。西结境于赵而北达于燕，三国布挓，则从不待约而可成也。北游目于燕之辽东而南登望于越之会稽，此再发之乐也。若夫泗上十二诸侯，左萦而右拂之，可一旦而尽也。今秦破韩以为长忧，得列城而不敢守也；伐魏而无功，击赵而顾病，则秦魏之勇力屈矣，楚之故地汉中、析、郦可得而复也。王出宝弓，碆新缴，涉鄾塞，而待秦之倦也，山东、河内可得而一也。劳民休众，南面称王矣。故曰秦为大鸟，负海内而处，东面而立，左臂据赵之西南，右臂傅楚鄢郢，膺击韩魏，垂头中国，处既形便，势有地利，奋翼鼓挓，方三千里，则秦未可得独招而夜射也。"欲以激怒襄王，故对以此言。襄王因召与语，遂言曰："夫先王为秦所欺而客死于外，怨莫大焉。今以匹夫有怨，尚有报万乘，白公、子胥是也。今楚之地方五千里，带甲百万，犹足以踊跃中野也，而坐受困，臣窃为大王弗取也。"于是顷襄王遣使于诸侯，复为从，欲以伐秦。秦闻之，发兵来伐楚。

楚欲与齐、韩连和伐秦，因欲图周。周王赧使武公谓楚相昭子曰："三国以兵割周郊地以便输，而南器以尊楚，臣以为不然。夫弑共主，臣世君，大国不亲；以众胁寡，小国不附。大国不亲，小国不附，不可以致名实。名实不得，不足以伤民。夫有图周之声，非所以为号也。"昭子曰："乃图周则无之。虽然，周何故不可图也？"对曰："军不五不攻，城不十不围。夫一周为二十晋，公之所知也。韩尝以二十万之众辱于晋之城下，锐士死，中士伤，而晋不拔。公之无百韩以图周，此天下之所知也。夫怨结于两周以塞驺、鲁之心，交绝于齐，声失天下，其为事危矣。夫危两周以厚三川，方城之外必为韩弱矣。何以知其然也？西周之地，绝长补短，不过百里。名为天下共主，裂其地不足以肥国，得其众不足以劲兵。虽无攻之，名为弑君。然而好事之君，喜攻之臣，发号用兵，未尝不以周为终始。是何也？见祭器在焉，欲器之至而忘弑君之乱。今韩以器之在楚，臣恐天下以器仇楚也。臣请譬之。夫虎肉臊，其兵利身，人犹攻之也。若使泽中之麋蒙虎之皮，人之攻之必万于虎矣。裂楚之地，足以肥国；诎楚之名，足以尊主。今子将以欲诛残天下之共主，居三代之传器，吞三翮六翼，以高世主，非贪而何？《周书》曰'欲起无先'，故器南则兵至矣。"于是楚计辍不行。

十九年，秦伐楚，楚军败，割上庸、汉北地予秦。二十年，秦将白起拔我西陵。二十一年，秦将白起遂拔我郢，烧先王墓夷陵。楚襄王兵散，遂不复战，东北保于陈城。二十二年，秦复拔我巫、黔中郡。

二十三年，襄王乃收东地兵，得十馀万，复西取秦所拔我江旁十五邑以为郡，距秦。二十七年，使三万人助三晋伐燕。复与秦平，而入太子为质于秦。楚使左徒侍太子于秦。

三十六年，顷襄王病，太子亡归。秋，顷襄王卒，太子熊元代立，是为考烈王。考烈王以左徒为令尹，封以吴，号春申君。

考烈王元年，纳州于秦以平。是时楚益弱。六年，秦围邯郸，赵告急楚。楚遣将军景阳救赵。七年，至新中。秦兵去。十二年，秦昭王卒，楚王使春申君吊祠于秦。十六年，秦庄襄王卒，秦王赵政立。二十二年，与诸侯共伐秦，不利而去。楚东徙都寿春，命曰郢。

二十五年，考烈王卒，子幽王悍立。李园杀春申君。幽王三年，秦、魏伐楚。秦相吕不韦卒。九年，秦灭韩。十年，幽王卒，同母弟犹代立，是为哀王。

哀王立二月馀，哀王庶兄负刍之徒袭杀哀王而立负刍为王。是岁，秦虏赵王迁。

王负刍元年，燕太子丹使荆轲刺秦王。二年，秦使将军伐楚，大破楚军，亡十馀城。三年，秦灭魏。四年，秦将王翦破我军于蕲，而杀将军项燕。五年，秦将王翦、蒙武遂破楚国，虏楚王负刍，灭楚为郡云。

太史公曰：楚灵王方会诸侯于申，诛齐庆封，作章华台，求周九鼎之时，志小天下；及饿死于申亥之家，为天下笑。操行之不得，悲夫！势之于人也，可不慎与？弃疾以乱立，婴淫秦女，甚乎哉，几再亡国！

卷四十一　越王勾践世家第十一

越王勾践，其先禹之苗裔，而夏后帝少康之庶子也。封于会稽，以奉守禹之祀。文身断发，披草莱而邑焉。后二十馀世，至于允常。允常之时，与吴王阖庐战而相怨伐。允常卒，子勾践立，是为越王。

元年，吴王阖庐闻允常死，乃兴师伐越。越王勾践使死士挑战，三行，至吴陈，呼而自刭。吴师观之，越因袭击吴师，吴师败于槜李，射伤吴王阖庐。阖庐且死，告其子夫差曰："必毋忘越。"

三年，勾践闻吴王夫差日夜勒兵，且以报越，越欲先吴未发往伐之。范蠡谏曰："不可。臣闻兵者凶器也，战者逆德也，争者事之末也。阴谋逆德，好用凶器，试身于所末，上帝禁之，行者不利。"越王曰："吾已决之矣。"遂兴师。吴王闻之，悉发精兵击越，败之夫椒。越王乃以馀兵五千人保栖于会稽。吴王追而围之。

越王谓范蠡曰："以不听子故至于此，为之奈何？"蠡对曰："持满者与天，定倾者与人，节事者以地。卑辞厚礼以遗之，不许，而身与之市。"勾践曰："诺。"乃令大夫种行成于吴，膝行顿首曰："君王亡臣勾践使陪臣种敢告下执事：勾践请为臣，妻为妾。"吴王将许之，子胥言于吴王曰："天以越赐吴，勿许也。"种还，以报勾践。勾践欲杀妻子，燔宝器，触战以死。种止勾践曰："夫吴太宰嚭贪，可诱以利，请间行言之。"于是勾践乃以美女宝器令种间献吴太宰嚭。嚭受，乃见大夫种于吴王。种顿首言曰："愿大王赦勾践之罪，尽入其宝器。不幸不赦，勾践将尽杀其妻子，燔其宝器，悉五千人触战，必有当也。"嚭因说吴王曰："越以服为臣，若将赦之，此国之利也。"吴王将许之。子胥进谏曰："今不灭越，后必悔之。勾践贤君，种、蠡良臣，若反国，将为乱。"吴王弗听，卒赦越，罢兵而归。

勾践之困会稽也，喟然叹曰："吾终于此乎？"种曰："汤系夏台，文王囚羑里，晋重耳奔翟，齐小白奔莒，其卒王霸。由是观之，何遽不为福乎？"

吴既赦越，越王勾践反国，乃苦身焦思，置胆于坐，坐卧即仰胆，饮食亦尝胆也，曰："女忘会稽之耻邪？"身自耕作，夫人自织，食不加肉，衣不重采，折节下贤人，厚遇宾客，振贫吊死，与百姓同其劳。欲使范蠡治国政，蠡对曰："兵甲之事，种不如蠡；镇抚国家，亲附百姓，蠡不如种。"于是举国政属大夫种，而使范蠡与大夫柘稽行成，为质于吴。二岁而吴归蠡。

勾践自会稽归七年，拊循其士民，欲用以报吴。大夫逢同谏曰："国新流亡，今乃复殷给，缮饰备利，吴必惧，惧则难必至。且鸷鸟之击也，必匿其形。今夫吴兵加齐、晋，怨深于楚、越，名高天下，实害周室，德少而功多，必淫自矜。为越计，莫若结齐，亲楚，附晋，以厚吴。吴之志广，必轻战。是我连其权，三国伐之，越承其弊，可克也。"勾践曰："善。"

居二年，吴王将伐齐。子胥谏曰："未可。臣闻勾践食不重味，与百姓同苦乐。此人不死，必为国患。吴有越，腹心之疾，齐与吴，疥癣也。愿王释齐，先越。"吴王弗听，遂伐齐，败之艾陵，虏齐高、国以归。让子胥。子胥曰："王毋喜！"王怒，子胥欲自杀，王闻而止之。越大夫种曰："臣观吴王政骄矣，请试尝之贷粟，以卜其事。"请贷，吴王欲与，子胥谏勿与，王遂与之，越乃私喜。子胥言曰："王不听谏，后三年吴其墟乎！"太宰嚭闻之，乃数与子胥争越议，因谗子胥曰："伍员貌忠而实忍人，其父兄不顾，安能顾王？王前欲伐齐，员强谏，已而有功，用是反怨王。王不备伍员，员必为乱。"与逢同共谋，谗之王。王始不从，乃使子胥于齐，闻其托子于鲍氏，王乃大怒，曰："伍员果欺寡人！"役反，使人赐子胥属镂剑以自杀。子胥大笑曰："我令而父霸，我又立若，若初欲分吴国半予我，我不受，已，今若反以谗诛我。嗟乎，嗟乎，一人固不能独立！"报使者曰："必取吾眼置吴东门，以观越兵入也！"于是吴任嚭政。

居三年，勾践召范蠡曰："吴已杀子胥，导谀者众，可乎？"对曰："未可。"

至明年春，吴王北会诸侯于黄池，吴国精兵从王，惟独老弱与太子留守。勾践复问范蠡，蠡曰："可矣。"乃发习流二千人，教士四万人，君子六千人，诸御千人，伐吴。吴师败，遂杀吴太子。吴告急于王，王方会诸侯于黄池，惧天下闻之，乃秘之。吴王已盟黄池，乃使人厚礼以请成越。越自度亦未能灭吴，乃与吴平。

其后四年，越复伐吴。吴士民罢弊，轻锐尽死于齐、晋。而越大破吴，因而留围之三年，吴师败，越遂复栖吴王于姑苏之山。吴王使公孙雄肉袒膝行而前，请成越王曰："孤臣夫差敢布腹心，异日尝得罪于会稽，夫差不敢逆命，得与君王成以归。今君王举玉趾而诛孤臣，孤臣惟命是听，意者亦欲如会稽之赦孤臣之罪乎？"勾践不忍，欲许之。范蠡曰："会稽之事，天以越赐吴，吴不取。今天以吴赐越，越其可逆天乎？且夫君王早朝晏罢，非为吴邪？谋之二十二年，一旦而弃之，可乎？且夫天与弗取，反受其咎。'伐柯者其则不远'，君忘会稽之厄乎？"勾践曰："吾欲听子言，吾不忍其使者。"范蠡乃鼓进兵，曰："王已属政于执事，使者去，不者且得罪。"吴使者泣而去。勾践怜之，乃使人谓吴王曰："吾置王甬东，君百家。"吴王谢曰："吾老矣，不能事君王！"遂自杀。乃蔽其面，曰："吾无面以见子胥也！"越王乃葬吴王而诛太宰嚭。

勾践已平吴，乃以兵北渡淮，与齐、晋诸侯会于徐州，致贡于周。周元王使人赐勾践胙，命为伯。勾践已去，渡淮南，以淮上地与楚，归吴所侵宋地于宋，与鲁泗东方百里。当是时，越兵横行于江、淮东，诸侯毕贺，号称霸王。

范蠡遂去，自齐遗大夫种书曰："蜚鸟尽，良弓藏；狡兔死，走狗烹。越王为人长颈鸟喙，可与共患难，不可与共乐。子何不去？"种见书，称病不朝。人或谗种且作乱，越王乃赐种剑，曰："子教寡人伐吴七术，寡人用其三而败吴，其四在子，子为我从先王试之。"种遂自杀。

勾践卒，子王鼫与立。王鼫与卒，子王不寿立。王不寿卒，子王翁立。王翁卒，子王翳立。王翳卒，子王之侯立。王之侯卒，子王无彊立。

王无彊时，越兴师北伐齐，西伐楚，与中国争强。当楚威王之时，越北伐齐，齐威王使人说越王曰："越不伐楚，大不王，小不伯。图越之所以不伐楚者，为不得晋也。韩、魏固不攻楚。韩之攻楚，覆其军，杀其将，则叶、阳翟危；魏亦覆其军，杀其将，则陈、上蔡不安。故二晋之事越也，不至于覆军杀将，马汗之力不效。所重于得晋者何也？"越王曰："所求于晋者，不至顿刃接兵，而况于攻城围邑乎？愿魏以聚大梁之下，愿齐之试兵南阳莒地，以聚常、郯之境，则方城之外不南，淮、泗之间不东，商、於、析、郦、宗胡之地，夏路以左，不足以备秦，江南、泗上不足以待越矣。则齐、秦、韩、魏得志于楚也，是二晋不战而分地，不耕而获之。不此之为，而顿刃于河山之间以为齐、秦用，所待者如此其失计，奈何其以此王也！"齐使者曰："幸也越之不亡也！吾不贵其用智之如目，见豪毛而不见其睫也。今王知晋之失计，而不自知越之过，是目论也。王所待于晋者，非有马汗之力也，又非可与合军连和也，将待之以分楚众也。今楚众已分，何待于晋？"越王曰："奈何？"曰：楚三大夫张九军，北围曲沃、於中，以至无假之关者三千七百里,景翠之军北聚鲁、齐、南阳,分有大此者乎?且王之所求者,斗晋楚也;晋楚不斗,越兵不起,是知二五而不知十也。此时不攻楚,臣以是知越大不王,小不伯。复雠、庞、长沙,楚之粟也;竟泽陵,楚之材也。越窥兵通无假之关,此四邑者不上贡事于郢矣。臣闻之,图王不王,其敝可以伯。然而不伯者,王道失也。故愿大王之转攻楚也。"

于是越遂释齐而伐楚。楚威王兴兵而伐之,大败越,杀王无疆,尽取故吴地至浙江,北破齐于徐州。而越以此散,诸族子争立,或为王,或为君,滨于江南海上,服朝于楚。

后七世,至闽君摇,佐诸侯平秦。汉高帝复以摇为越王,以奉越后。东越,闽君,皆其后也。

范蠡事越王勾践,既苦身戮力,与勾践深谋二十馀年,竟灭吴,报会稽之耻,北渡兵于淮以临齐、晋,号令中国,以尊周室,勾践以霸,而范蠡称上将军。还反国,范蠡以为大名之下,难以久居,且勾践为人可与同患,难与处安,为书辞勾践曰:"臣闻主忧臣劳。主辱臣死。昔者君王辱于会稽,所以不死,为此事也。今既以雪耻,臣请从会稽之诛。"勾践曰:"孤将与子分国而有之。不然,将加诛于子。"范蠡曰:"君行令,臣行意。"乃装其轻宝珠玉,自与其私徒属乘舟浮海以行,终不反。于是勾践表会稽山以为范蠡奉邑。

范蠡浮海出齐,变姓名,自谓鸱夷子皮,耕于海畔,苦身戮力,父子治产,居无几何,致产数十万。齐人闻其贤,以为相。范蠡喟然叹曰:"居家则致千金,居官则至卿相,此布衣之极也。久受尊名,不祥。"乃归相印,尽散其财,以分与知友乡党,而怀其重宝,间行以去,止于陶,以为此天下之中,交易有无之路通,为生可以致富矣。于是自谓陶朱公。复约要父子耕畜,废居,候时转物,逐什一之利。居无何,则致赀累巨万。天下称陶朱公。

朱公居陶,生少子。少子及壮,而朱公中男杀人,囚于楚。朱公曰:"杀人而死,职也。然吾闻千金之子不死于市。"告其少子往视之。乃装黄金千溢,置褐器中,载以一牛车,且遣其少子。朱公长男固请欲行,朱公不听。长男曰:"家有长子曰家督,今弟有罪,大人不遣,乃遣少弟,是吾不肖。"欲自杀。其母为言曰:"今遣少子,未必能生中子也,而先空亡长男,奈何?"朱公不得已而遣长子,为一封书遗故所善庄生,曰:"至则进千金于庄生所,听其所为,慎无与争事。"长男既行,亦自私赍数百金。

至楚,庄生家负郭,披藜藿到门,居甚贫。然长男发书进千金,如其父言。庄生曰:"可疾去矣,慎毋留!即弟出,勿问所以然。"长男既去,不过庄生而私留,以其私赍献遗楚国贵人用事者。

庄生虽居穷阎,然以廉直闻于国,自楚王以下皆师尊之。及朱公进金,非有意受也,欲以成事后复归之以为信耳。故金至,谓其妇曰:"此朱公之金。有如病不宿诫,后复归,勿动。"而朱公长男不知其意,以为殊无短长也。

庄生间时入见楚王,言"某星宿某,此则害于楚"。楚王素信庄生,曰:"今为奈何?"庄生曰:"独以德为可以除之。"楚王曰:"生休矣,寡人将行之。"王乃使使者封三钱之府。楚贵人惊告朱公长男曰:"王且赦。"曰:"何以也?"曰:"每王且赦,常封三钱之府。昨暮王使使封之。"朱公长男以为赦,弟固当出也,重千金虚弃庄生,无所为也,乃复见庄生。庄生惊曰:"若不去邪?"长男曰:"固未也。初为事弟,弟今议自赦,故辞生去。"庄生知其意欲复得其金,曰:"若入室取金。"长男即自入室取金持去,独自欢幸。

庄生羞为儿子所卖,乃入见楚王曰:"臣前言某星事,王言欲以修德报之。今臣出,道路皆言陶之富人朱公之子杀人囚楚,其家多持金钱赂王左右,故王非能恤楚国而赦,乃以朱公子故也。"楚王大怒曰:"寡人虽不德耳,奈何以朱公之子故而施惠乎!"令论杀朱公子。明日,遂下赦令。朱公长男竟持其弟丧归。

至,其母及邑人尽哀之,惟朱公独笑,曰:"吾固知必杀其弟也!彼非不爱其弟,顾有所不能忍者也。是少与我俱,见苦,为生难,故重弃财。至如少弟者,生而见我富,乘坚驱良逐狡兔,岂知财所从来,故轻弃之,非所惜吝。前日吾所为欲遣少子,固为其能弃财故也。而长者不能,故卒以杀其弟,事之理也,无足悲者。吾日夜固以望其丧之来也。"

故范蠡三徙,成名于天下,非苟去而已,所止必成名。卒老死于陶,故世传曰陶朱公。

太史公曰:禹之功大矣,渐九川,定九州,至于今诸夏艾安。及苗裔勾践,苦身焦思,终灭强吴,北观兵中国,以尊周室,号称霸王。勾践可不谓贤哉!盖有禹之遗烈焉。范蠡三迁皆有荣名,名垂后世。臣主若此,欲毋显,得乎?

卷四十二　　　郑世家第十二

郑桓公友者,周厉王少子而宣王庶弟也。宣王立二十二年,友初封于郑。封三十三岁,百姓皆便,爱之。幽王以为司徒。和集周民,周民皆说。河、洛之间,人便思之。为司徒一岁,幽王以褒后故,王室治多邪,诸侯或畔之。于是桓公问太史伯曰:"王室多故,予安逃死乎?"太史伯对曰:"独洛之东土,河、济之南可居。"公曰:"何以?"对曰:"地近虢、郐,虢、郐之君贪而好利,百姓不附。今公为司徒,民皆爱公,公诚请居之,虢、郐之君见公方用事,轻分公地。公诚居之,虢、郐之民皆公之民也。"公曰:"吾欲南之江上,何如?"对曰:"昔祝融为高辛氏火正,其功大矣,而其于周未有兴者,楚其后也,周衰,楚必兴。兴,非郑之利也。"公曰:"吾欲居西方,何如?"对曰:"其民贪而好利,难久居。"公曰:"周衰,何国兴者?"对曰:"齐、秦、晋、楚乎?夫齐,姜姓,伯夷之后也,伯夷佐尧典礼。秦,嬴姓,伯翳之后也,伯翳佐舜怀柔百物。及楚之先,皆尝有功于天下。而周武王克纣后,成王封叔虞于唐,其地阻险,以此有德,与周衰并,亦必兴矣。"桓公曰:"善。"于是卒言王,东徙其民洛东,而虢、郐果献十邑,竟国之。

二岁,犬戎杀幽王于骊山下,并杀桓公。郑人共立其子掘突,是为武公。

武公十年,娶申侯女为夫人,曰武姜。生太子寤生,生之难,及生,夫人弗爱。后生少子叔段,段生易,夫人爱之。二十七年,武公疾。夫人请公,欲立段为太子,公弗听。是岁,武公卒,寤生立,是为庄公。

庄公元年,封弟段于京,号太叔。祭仲曰:"京大于国,非所以封庶也。"庄公曰:"武姜欲之,我弗敢夺也。"段至京,缮治甲兵,与其母武姜谋袭郑。二十二年,段果袭郑,武姜为内应。庄公发兵伐段,段走。伐京,京人畔段,段出走鄢。鄢溃,段出奔共。于是庄公迁其母武姜于城颍,誓言曰:"不至黄泉,毋相见也。"居岁余,已悔,思母。颍谷之考叔有献于公,公赐食。考叔曰:"臣有母,请君食赐臣母。"庄公曰:"我甚思母,恶负盟,奈何?"考叔曰:"穿地至黄泉,则相见矣。"于是遂从之,见母。

二十四年,宋穆公卒,公子冯奔郑。郑侵周地,取禾。二十五年,卫州吁弑其君桓公自立,与宋伐郑,以冯故也。二十七年,始朝周桓王。桓王怒其取禾,弗礼也。二十九年,庄公怒周弗礼,与鲁易祊、许田。三十三年,宋杀孔父。三十七年,庄公不朝周,周桓王率陈、蔡、虢、卫伐郑。庄公与祭仲、高渠弥发兵自救,王师大败。祝聃射中王臂。祝聃请从之,郑伯止之,曰:"犯长且难之,况敢陵天子乎?"乃止。夜令祭仲问王疾。

三十八年,北戎伐齐,齐使求救,郑遣太子忽将兵救齐。齐釐公欲妻之,忽谢曰:"我小国,非齐敌也。"时祭仲与俱,劝使取之,曰:"君多内宠,太子无大援将不立,三公子皆君也。"所谓三公子者,太子忽,其弟突,次弟子亹也。

四十三年,郑庄公卒。初,祭仲甚有宠于庄公,庄公使为卿;公使娶邓女,生太子忽,故祭仲立之,是为昭公。庄公又娶宋雍氏女,生厉公突。雍氏有宠于宋。宋庄公闻祭仲之立忽,乃使人诱召祭仲而执之,曰:"不立突,将死。"亦执突以求赂焉。祭仲许宋,与宋盟。以突归,立之。昭公忽闻祭仲以宋要立其弟突,九月丁亥,忽出奔卫。己亥,突至郑,立,是为厉公。

厉公四年,祭仲专国政。厉公患之,阴使其婿雍纠欲杀祭仲。纠妻,祭仲女也,知之,谓其母曰:"父与夫孰亲?"母曰:"父一而已,人尽夫也。"女乃告祭仲,祭仲反杀雍纠,戮之于市。厉公无奈祭仲何,怒纠,曰:"谋及妇人,死固宜哉!"夏,厉公出居边邑栎。祭仲迎昭公忽,六月乙亥,复入郑,即位。

秋,郑厉公突因栎人杀其大夫单伯,遂居之。诸侯闻厉公出奔,伐郑,弗克而去。宋颇予厉公兵,自守于栎,郑以故亦不伐栎。

昭公二年。自昭公为太子时,父庄公欲以高渠弥为卿,太子忽恶之,庄公弗听,卒用渠弥为卿。及昭公即位,惧其杀己,冬十月辛卯,渠弥与昭公出猎,射杀昭公于野。

祭仲与渠弥不敢入厉公,乃更立昭公弟子亹为君,是为子亹也。无谥号。

子亹元年七月,齐襄公会诸侯于首止,郑子亹往会,高渠弥相,从,祭仲称疾不行。所以然者,子亹自齐襄公为公子之时,尝会斗,相仇,及会诸侯,祭仲请子亹无行。子亹曰:"齐强,而厉公居栎,即不往,是率诸侯伐我,内厉公。我不如往,往何遽必辱,且又何至是!"卒行。于是祭仲恐齐并杀之,故称疾。子亹至,不谢齐侯,齐侯怒,遂伏甲而杀子亹。高渠弥亡归,归与祭仲谋,召子亹弟公子婴于陈而立之,是为郑子。是岁,齐襄公使彭生醉拉杀鲁桓公。

郑子八年,齐人管至父等作乱,弑其君襄公。十二年,宋人长万弑其君湣公。郑祭仲死。

十四年,故郑亡厉公突在栎者使人诱劫郑大夫甫瑕,要以求入。瑕曰:"舍我,我为君杀郑子而入君。"厉公与盟,乃舍之。六月甲子,瑕杀郑子及其二子而迎厉公突,突自栎复入即位。

初,内蛇与外蛇斗于郑南门中,内蛇死。居六年,厉公果复入。入而让其伯父原曰:"我亡国外居,伯父无意入我,亦甚矣。"原曰:"事君无二心,人臣之职也。原知罪矣。"遂自杀。厉公于是谓甫瑕曰:"子之事君有二心矣。"遂诛之。瑕曰:"重德不报,诚然哉!"

厉公突后元年,齐桓公始霸。五年,燕、卫与周惠王弟颓伐王,王出奔温,立弟颓为王。六年,惠王告急郑,厉公发兵击周王子颓,弗胜,于是与周惠王归,王居于栎。七年春,郑厉公与虢叔袭杀王子颓而入惠王于周。

秋,厉公卒,子文公踕立。厉公初立四岁;亡居栎,居栎十七岁;复入,立七岁。与亡凡二十八年。

文公十七年,齐桓公以兵破蔡,遂伐楚,至召陵。

二十四年,文公之贱妾曰燕姞,梦天与之兰,曰:"余为伯鯈。余,尔祖也。以是为而子,兰有国香。"以梦告文公,文公幸之,而予之草兰为符。遂生子,名曰兰。

三十六年,晋公子重耳过,文公弗礼。文公弟叔詹曰:"重耳贤,且又同姓,穷而过君,不可无礼。"文公曰:"诸侯亡公子过者多矣,安能尽礼之!"詹曰:"君如弗礼,遂杀之;弗杀,使即反国,为郑忧矣。"文公弗听。

三十七年春,晋公子重耳反国,立,是为文公。秋,郑入滑,滑听命,已而反与卫,于是郑伐滑。周襄王使伯犕请滑。郑文公怨惠王之亡在栎,而文公父厉公入之,而惠王不赐厉公爵禄,又怨襄王之与卫滑,故不听襄王请而囚伯犕。王怒,与翟人伐郑,弗克。冬,翟攻伐襄王,襄王出奔郑,郑文公居王于氾。三十八年,晋文公入襄王成周。

四十一年,助楚击晋。自晋文公之过无礼,故背晋助楚。四十三年,晋文公与秦穆公共围郑,讨其助楚攻晋者,及文公过时之无礼也。

初,郑文公有三夫人,宠子五人,皆以罪早死。公怒,溉逐群公子。子兰奔晋,从晋文公围郑。时兰事晋文公甚谨,爱幸之,乃私于晋,以求入郑为太子。晋于是欲得叔詹为僇。郑文公恐,不敢谓叔詹言。詹闻,言于郑君曰:

"臣谓君，君不听臣，晋卒为患。然晋所以围郑，以詹。詹死而赦郑国，詹之愿也。"乃自杀。郑人以詹尸与晋。晋文公曰："必欲一见郑君，辱之而去。"郑人患之，乃使人私于秦曰："破郑益晋，非秦之利也。"秦兵罢。晋文公欲入兰为太子，以告郑。郑大夫石癸曰："吾闻姞姓乃后稷之元妃，其后当有兴者。子兰母，其后也。且夫人子尽已死，馀庶子无如兰贤。今围急，晋以为请，利孰大焉！"遂许晋，与盟，而卒立子兰为太子，晋兵乃罢去。

四十五年，文公卒，子兰立，是为穆公。

穆公元年春，秦穆公使三将将兵欲袭郑，至滑，逢郑贾人弦高诈以十二牛劳军，故秦兵不至而还，晋败之于崤。初，往年郑文公之卒也，郑司城缯贺以郑情卖之，秦兵故来。

三年，郑发兵从晋伐秦，败秦兵于汪。

往年楚太子商臣弑其父成王代立。二十一年，与宋华元伐郑。华元杀羊食士，不与其御羊斟，怒以驰郑，郑囚华元。宋赎华元，元亦亡去。晋使赵穿以兵伐郑。

二十二年，郑穆公卒，子夷立，是为灵公。

灵公元年春，楚献鼋于灵公。子家、子公将朝灵公，子公之食指动，谓子家曰："佗日指动，必食异物。"及入，见灵公进鼋羹，子公笑曰："果然！"灵公问其笑故，具告灵公。灵公召之，独弗予羹。子公怒，染其指，尝之而出。公怒，欲杀子公。子公与子家谋先。夏，弑灵公。郑人欲立灵公弟去疾，去疾让曰："必以贤，则去疾不肖；必以顺，则公子坚长。"坚者，灵公庶弟，去疾之兄也。于是乃立子坚，是为襄公。

襄公立，将尽去缪氏。缪氏者，杀灵公子公之族家也。去疾曰："必去缪氏，我将去之。"乃止。皆以为大夫。

襄公元年，楚怒郑受宋赂纵华元，伐郑。郑背楚，与晋亲。五年，楚复伐郑，晋来救之。六年，子家卒，国人复逐其族，以其弑灵公也。

七年，郑与晋盟鄢陵。

八年，楚庄王以郑与晋盟，来伐，围郑三月，郑以城降楚。楚王入自皇门。郑襄公肉袒掔羊以迎，曰："孤不能事边邑，使君王怀怒以及弊邑，孤之罪也。敢不惟命是听。君王迁之江南，及以赐诸侯，亦惟命是听。若君王不忘厉、宣王，桓、武公，哀不忍绝其社稷，锡不毛之地，使复得改事君王，孤之愿也，然非所敢望也。敢布腹心，惟命是听。"庄王为却三十里而后舍。楚群臣曰："自郢至此，士大夫亦久劳矣。今得国舍之，何如？"庄王曰："所为伐，伐不服也。今已服，尚何求乎？"卒去。晋闻楚之伐郑，发兵救郑。其来持两端，故迟；比至河，楚兵已去。晋将率或欲渡，或欲还，卒渡河。庄王闻，还击晋。郑反助楚，大破晋军于河上。

十年，晋来伐郑，以其反晋而亲楚也。

十一年，楚庄王伐宋，宋告急于晋。晋景公欲发兵救宋，伯宗谏景公曰："天方开楚，未可伐也。"乃求壮士得霍人解扬，字子虎，诳楚，令宋毋降。过郑，郑与楚亲，乃执解扬而献楚。楚王厚赐与约，使反其言，令宋趣降，三要乃许。于是楚登解扬楼车，令呼宋。遂负楚约而致其晋君命曰："晋方悉国兵以救宋，宋虽急，慎毋降楚，晋兵今至矣！"楚庄王大怒，将杀之。解扬曰："君能制命为义，臣能承命为信。受吾君命以出，有死无陨。"庄王曰："若之许我，已而背之，其信安在？"解扬曰："所以许王，欲以成吾君命也。"将死，顾谓楚军曰："为人臣无忘尽忠得死者！"楚王诸弟皆谏王赦之，于是赦解扬使归。晋爵之为上卿。

十八年，襄公卒，子悼公溃立。

悼公元年，鄦公恶郑于楚，悼公使弟睔于楚自讼，讼不直，楚囚睔。于是郑悼公来与晋平，遂亲。睔私于楚子反，子反言归睔于郑。

二年，楚伐郑，晋兵来救。是岁，悼公卒，立其弟睔，是为成公。

成公三年，楚共王曰："郑成公孤有德焉"，使人来与盟。成公私与盟。秋，成公朝晋，晋曰："郑私平于楚"，执之，使栾书伐郑。

四年春，郑患晋围，公子如乃立成公庶兄繻为君。其四月，晋闻郑立君，乃归成公。郑人闻成公归，亦杀君繻，迎成公。晋兵去。

十年，背晋盟，盟于楚。晋厉公怒，发兵伐郑。楚共王救郑。晋楚战鄢陵，楚兵败，晋射伤楚共王目，俱罢而去。

十三年，晋悼公伐郑，兵于洧上。郑城守，晋亦去。

十四年，成公卒，子恽立。是为釐公。

釐公五年，郑相子驷朝釐公，釐公不礼。子驷怒，使厨人药杀釐公，赴诸侯曰"釐公暴病卒"。立釐公子嘉，嘉时年五岁，是为简公。

简公元年，诸公子谋欲诛相子驷，子驷觉之，反尽诛诸公子。二年，晋伐郑，郑与盟，晋去。冬，又与楚盟。子驷畏诛，故两亲晋、楚。三年，相子驷欲自立为君，公子子孔使尉止杀相子驷而代之。子孔又欲自立，子产曰："子驷为不可，诛之，今又效之，是乱无时息也。"于是子孔从之而相郑简公。

四年，晋怒郑与楚盟，伐郑，郑与盟。楚共王救郑，败晋兵。简公欲与晋平，楚又囚郑使者。

十二年，简公怒相子孔专国权，诛之，而以子产为卿。十九年，简公如晋请卫君还，而封子产以六邑。子产让，受其三邑。

二十二年，吴使延陵季子于郑，见子产如旧交，谓子产曰："郑之执政者侈，难将至，政将及子。子为政，必以礼；不然，郑将败。"子产厚遇季子。

二十三年，诸公子争宠相杀，又欲杀子产。公子或谏曰："子产仁人，郑所以存者子产也，勿杀！"乃止。

二十五年，郑使子产于晋，问平公疾。平公曰："卜而曰实沉、台骀为祟，史官莫知，敢问？"对曰："高辛氏有二子，长曰阏伯，季曰实沉，居旷林，不相能也，日操干戈以相征伐。后帝弗臧，迁阏伯于商丘，主辰，商人是因，故辰为商星。迁实沉于大夏，主参，唐人是因，服事夏、商，其季世曰唐叔虞。当武王邑姜方娠大叔，梦帝谓己：'余命而子曰虞，乃与之唐，属之参而蕃育其子孙。'

及生，有文在其掌曰'虞'，遂以命之。及成王灭唐而国大叔焉。故参为晋星。由是观之，则实沉，参神也。昔金天氏有裔子曰昧，为玄冥师，生允格、台骀。台骀能业其官，宣汾、洮，障大泽，以处太原。帝用嘉之，国之汾川。沈、姒、蓐、黄实守其祀。今晋主汾川而灭之。由是观之，则台骀，汾、洮神也。然是二者不害君身。山川之神，则水旱之灾崇之；日月星辰之神，则雪霜风雨不时崇之；若君疾，饮食哀乐女色所生也。"平公及叔向曰："善，博物君子也！"厚为之礼于子产。

二十七年夏，郑简公朝晋。冬，畏楚灵王之强，又朝楚，子产从。二十八年，郑君病，使子产会诸侯，与楚灵王盟于申，诛齐庆封。

三十六年，简公卒，子定公宁立。秋，定公朝晋昭公。

定公元年，楚公子弃疾弑其君灵王而自立，为平王。欲行德诸侯，归灵王所侵郑地于郑。四年，晋昭公卒，其六卿强，公室卑。子产谓韩宣子曰："为政必以德，毋忘所以立。"

六年，郑火，公欲禳之。子产曰："不如修德。"

八年，楚太子建来奔。十年，太子建与晋谋袭郑，郑杀建，建子胜奔吴。

十一年，定公如晋。晋与郑谋，诛周乱臣，入敬王于周。

十三年，定公卒，子献公虿立。献公十三年卒，子声公胜立。当是时，晋六卿强，侵夺郑，郑遂弱。

声公五年，郑相子产卒，郑人皆哭泣，悲之如亡亲戚。子产者，郑成公少子也。为人仁，爱人，事君忠厚。孔子尝过郑，与子产如兄弟云。及闻子产死，孔子为泣曰："古之遗爱也。"

八年，晋范、中行氏反晋，告急于郑，郑救之。晋伐郑，败郑军于铁。

十四年，宋景公灭曹。二十年，齐田常弑其君简公，而常相于齐。二十二年，楚惠王灭陈。孔子卒。三十六年，晋知伯伐郑，取九邑。

三十七年，声公卒，子哀公易立。

哀公八年，郑人弑哀公而立声公弟丑，是为共公。

共公三年，三晋灭知柏。三十一年，共公卒，子幽公已立。

幽公元年，韩武子伐郑，杀幽公。郑人立幽公弟骀，是为缥公。

缥公十五年，韩景侯伐郑，取雍丘。郑城京。十六年，郑伐韩，败韩兵于负黍。二十年，韩、赵、魏列为诸侯。二十三年，郑围韩之阳翟。

二十五年，郑君杀其相子阳。二十七年，子阳之党共弑缥公骀而立幽公弟乙为君，是为郑君。

郑君乙立二年，郑负黍反，复归韩。十一年，韩伐郑，取阳城。二十一年，韩哀侯灭郑，并其国。

太史公曰：语有之，"以权利合者，权利尽而交疏，"甫瑕是也。甫瑕虽以劫杀郑子内厉公，厉公终背而杀之，此与晋之里克何异？守节如荀息，身死而不能存奚齐。变所从来，亦多故矣！

卷四十三　　　赵世家第十三

赵氏之先，与秦共祖。至中衍，为帝大戊御。其后世蜚廉有子二人，而命其一子曰恶来，事纣，为周所杀，其后为秦。恶来弟曰季胜，其后为赵。

季胜生孟增。孟增幸于周成王，是为宅皋狼。皋狼生衡父，衡父生造父。造父幸于周穆王。造父取骥之乘匹，与桃林盗骊、骅骝、绿耳，献之穆王。穆王使造父御，西巡狩，见西王母，乐之忘归。而徐偃王反，穆王日驰千里马，攻徐偃王，大破之。乃赐造父以赵城，由此为赵氏。

自造父已下六世至奄父，曰公仲，周宣王时伐戎，为御。及千亩战，奄父脱宣王。奄父生叔带。叔带之时，周幽王无道，去周如晋，事晋文侯，始建赵氏于晋国。

自叔带以下，赵宗益兴，五世而至赵夙。

赵夙，晋献公之十六年伐霍、魏、耿，而赵夙为将伐霍。霍公求奔齐。晋大旱，卜之，曰"霍太山为崇"。使赵夙召霍君于齐，复之，以奉霍太山之祀，晋复穰。晋献公赐赵夙耿。

夙生共孟，当鲁闵公之元年也。共孟生赵衰，字子馀。

赵衰卜事晋献公及诸公子，莫吉；卜事公子重耳，吉，即事重耳。重耳以骊姬之乱亡奔翟，赵衰从。翟伐廧咎如，得二女，翟以其少女妻重耳，长女妻赵衰而生盾。初，重耳在晋时，赵衰妻亦生赵同、赵括、赵婴齐。赵衰从重耳出亡，凡十九年，得反国。重耳为晋文公，赵衰为原大夫，居原，任国政。文公所以反国及霸，多赵衰计策，语在晋事中。

赵衰既反晋，晋之妻固要迎翟妻，而以其子盾为适嗣，晋妻三子皆下事之。晋襄公之六年，而赵衰卒，谥为成季。

赵盾代成季任国政二年而晋襄公卒，太子夷皋年少。盾为国多难，欲立襄公弟雍。雍时在秦，使使迎之。太子母日夜啼泣，顿首谓赵盾曰："先君何罪，释其适子而更求君？"赵盾患之，恐其宗与大夫袭诛之，乃遂立太子，是为灵公，发兵距所迎襄公弟于秦者。灵公既立，赵盾益专国政。

灵公立十四年，益骄。赵盾骤谏，灵公弗听。及食熊蹯，胹不熟，杀宰人，持其尸出，赵盾见之。灵公由此惧，欲杀盾。盾素仁爱人，尝所食桑下饿人反扞救盾，盾以得亡。未出境，而赵穿弑灵公而立襄公弟黑臀，是为成公。赵盾复反，任国政。君子讥盾"为正卿，亡不出境，反不讨贼"，故太史书曰"赵盾弑其君"。晋景公时而赵盾卒，谥为宣孟，子朔嗣。

赵朔，晋景公之三年，塑为晋将下军救郑，与楚庄王战河上。朔娶晋成公姊为夫人。

晋景公之三年，大夫屠岸贾欲诛赵氏。初，赵盾在时，梦见叔带持要而哭，甚悲；已而笑，拊手且歌。盾卜之，兆绝而后好。赵史援占之，曰："此梦甚恶，非君之身，乃君之子，然亦君之咎。至孙，赵将世益衰。"屠岸贾者，始有宠于灵公，及至于景公而贾为司寇，将作难，乃治灵公之贼以致赵盾，遍告诸将曰："盾虽不知，犹为贼首。以臣弑君，子孙在朝，何以惩罪？请诛之。"韩厥曰："灵公遇贼，赵盾在外，吾先君以为无罪，故不诛。今诸君将诛其后，是非先君之意。而今妄诛，妄诛谓之乱。臣有大事而君不闻，是无君也。"屠岸贾不听。韩厥告赵朔趣亡，朔不肯，曰："子必不绝赵祀，朔死不恨。"韩厥许诺，称疾不出。贾不请而擅与诸将攻赵氏于下宫，杀赵朔、赵同、赵括、赵婴齐，皆灭其族。

赵朔妻成公姊，有遗腹，走公宫匿。赵朔客曰公孙杵臼，杵臼谓朔友人程婴曰："胡不死？"程婴曰："朔之妇有遗腹，若幸而男，吾奉之；即女也，吾徐死耳。"居无何，而朔妇免身，生男。屠岸贾闻之，索于宫中。夫人置儿绔中，祝曰："赵宗灭乎，若号；即不灭，若无声。"及索，儿竟无声。已脱，程婴谓公孙杵臼曰："今一索不得，后必且复索之，奈何？"公孙杵臼曰："立孤与死孰难？"程婴曰："死易，立孤难耳。"公孙杵臼曰："赵氏先君遇子厚，子强为其难者，吾为其易者，请先死。"乃二人谋取他人婴儿负之，衣以文葆，匿山中。程婴出，谬谓诸将军曰："婴不肖，不能立赵孤。谁能与我千金，吾告赵氏孤处。"诸将皆喜，许之，发师随程婴攻公孙杵臼，杵臼谬曰："小人哉程婴！昔下宫之难不能死，与我谋匿赵氏孤儿，今又卖我。纵不能立，而忍卖之乎！"抱儿呼曰："天乎天乎！赵氏孤儿何罪？请活之，独杀杵臼可也。"诸将不许，遂杀杵臼与孤儿。诸将以为赵氏孤儿良已死，皆喜。然赵氏真孤乃反在，程婴卒与俱匿山中。

居十五年，晋景公疾，卜之，大业之后不遂者为祟。景公问韩厥，厥知赵孤在，乃曰："大业之后在晋绝祀者，其赵氏乎？夫自中衍者皆嬴姓也。中衍人面鸟噣，降佐殷帝大戊及周天子，皆有明德。下及幽、厉无道，而叔带去周适晋，事先君文侯，至于成公，世有立功，未尝绝祀。今吾君独灭赵宗，国人哀之，故见龟策。唯君图之。"景公问："赵尚有后子孙乎？"韩厥具以实告。于是景公乃与韩厥谋立赵孤儿，召而匿之宫中。诸将入问疾，景公因韩厥之众以胁诸将而见赵孤。赵孤名曰武。诸将不得已，乃曰："昔下宫之难，屠岸贾为之，矫以君命，并命群臣。非然，孰敢作难！微君之疾，群臣固且请立赵后。今君有命，群臣之愿也。"于是召赵武、程婴遍拜诸将，遂反与程婴、赵武攻屠岸贾，灭其族。复与赵武田邑如故。

及赵武冠，为成人，程婴乃辞诸大夫，谓赵武曰："昔下宫之难，皆能死。我非不能死，我思立赵氏之后。今赵武既立，为成人，复故位，我将下报赵宣孟与公孙杵臼。"赵武啼泣顿首固请，曰："武愿苦筋骨以报子至死，而子忍去我死乎！"程婴曰："不可。彼以我为能成事，故先我死；今我不报，是以我事为不成。"遂自杀。赵武服齐衰三年，为之祭邑，春秋祠之，世世勿绝。

赵氏复位十一年，而晋厉公杀其大夫三郤。栾书畏及，乃遂弑其君厉公，更立襄公曾孙周，是为悼公。晋由此大夫稍强。

赵武续赵宗二十七年，晋平公立。平公十二年，而赵武为正卿。十三年，吴延陵季子使于晋，曰："晋国之政卒归于赵武子、韩宣子、魏献子之后矣。"赵武死，谥为文子。

文子生景叔。景叔之时，齐景公使晏婴于晋，晏婴与晋叔向语。婴曰："齐之政后卒归田氏。"叔向亦曰："晋国之政将归六卿。六卿侈矣，而吾君不能恤也。"

赵景叔卒，生赵鞅，是为简子。

赵简子在位，晋顷公之九年，简子将合诸侯戍于周。其明年，入周敬王于周，辟弟子朝之故也。

晋顷公之十二年，六卿以法诛公族祁氏、羊舌氏，分其邑为十县，六卿各令其族为之大夫。晋公室由此益弱。

后十三年，鲁贼臣阳虎来奔，赵简子受赂，厚遇之。

赵简子疾，五日不知人，大夫皆惧。医扁鹊视之，出，董安于问，扁鹊曰："血脉治也，而何怪！在昔秦穆公尝如此，七日而寤。寤之日，告公孙支与子舆曰：'我之帝所甚乐。吾所以久者，适有学也。帝告我：晋国将大乱，五世不安；其后将霸，未老而死；霸者之子且令而国男女无别。'"公孙支书而藏之，秦谶于是出矣。献公之乱，文公之霸，而襄公败秦师于殽而归纵淫，此子之所闻。今主君之疾与之同，不出三日疾必间，间必有言也。"

居二日半，简子寤。语大夫曰："我之帝所甚乐，与百神游于钧天，广乐九奏万舞，不类三代之乐，其声动人心。有一熊欲来援我，帝命我射之，中熊，熊死。又有一罴来，我又射之，中罴，罴死。帝甚喜，赐我二笥，皆有副。吾见儿在帝侧，帝属我一翟犬，曰：'及而子之壮也，以赐之。'帝告我：'晋国且世衰，七世而亡，嬴姓将大败周人于范魁之西，而亦不能有也。今余思虞舜之勋，适余将以其胄女孟姚配而七世之孙。'"董安于受言而书藏之。以扁鹊言告简子，简子赐扁鹊田四万亩。

他日，简子出，有人当道，辟之不去，从者怒，将刃之。当道者曰："吾欲有谒于主君。"从者以闻。简子召之，曰："嘻，吾有所见子晰也。"当道者曰："屏左右，愿有谒。"简子屏人。"主君之疾，臣在帝侧。"简子曰："然，有之。子之见我，我何为？"当道者曰："帝令主君射熊与罴，皆死。"简子曰："是，且何也？"当道者曰："晋国且有大难，主君首之。帝令主君灭二卿，夫熊与罴皆其祖也。"简子曰："帝赐我二笥，皆有副，何也？"当道者曰："主君之子将克二国于翟，皆子姓也。"简子曰："吾见儿在帝侧，帝属我一翟犬，曰'及而子之长以赐之'。夫儿何谓以赐翟犬？"当道者曰："儿，主君之子也。翟犬者，代之先也。主君之子且必有代。及主君之后嗣，且有革政而胡服，并二国于翟。"简子问其姓而延之以官，当道者曰："臣野人，致帝命耳。"遂不见。简子书藏之府。

异日，姑布子卿见简子，简子遍召诸子相之。子卿曰："无为将军者。"简子曰："赵氏其灭乎？"子卿曰："吾尝见一子于路，殆君之子也。"简子召子毋恤。毋恤至，则子卿起曰："此真将军矣！"简子曰："此其母贱，翟婢也，奚道贵哉？"子卿曰："天所授，虽贱必贵。"自是之后，简子尽召诸子与语，毋恤最贤。简子乃告诸子曰："吾藏宝符于常山上，先得者赏。"诸子驰之常山上，求，无所得。毋恤还，曰："已得符矣。"简子曰："奏之。"毋恤曰："从常山上临代，代可取也。"简子于是知毋恤果贤，乃废太子伯鲁，而以毋恤为太子。

后二年，晋定公之十四年，范、中行作乱。明年春，简子谓邯郸大夫午曰："归我卫士五百家，吾将置之晋阳。"午许诺，归而其父兄不听，倍言。赵鞅捕午，囚之晋阳。乃告邯郸人曰："我私有诛午也，诸君欲谁立？"遂杀午。赵稷、涉宾以邯郸反。晋君使籍秦围邯郸。荀寅、范吉射与午善，不肯助秦而谋作乱，董安于知之。十月，范、中行氏伐赵鞅，鞅奔晋阳，晋人围之。范吉射、荀寅仇人魏襄等谋逐荀寅，以梁婴父代之；逐吉射，以范皋绎代之。荀栎言于晋侯曰："君命大臣，始乱者死。今三臣始乱而独逐鞅，用刑不均。请皆逐之。"十一月，荀栎、韩不佞、魏哆奉公命以伐范、中行氏，不克。范、中行氏反伐公，公击之，范、中行败走。丁未，二子奔朝歌。韩、魏以赵氏为请。十二月辛未，赵鞅入绛，盟于公宫。

其明年，知伯文子谓赵鞅曰："范、中行虽信为乱，安于发之，是安于与谋也。晋国有法，始乱者死。夫二子已伏罪而安于独在。"赵鞅患之。安于曰："臣死，赵氏定，晋国宁，吾死晚矣。"遂自杀。赵氏以告知伯，然后赵氏宁。

孔子闻赵简子不请晋君而执邯郸午，保晋阳，故书《春秋》曰"赵鞅以晋阳畔"。

赵简子有臣曰周舍，好直谏。周舍死，简子每听朝，常不悦，大夫请罪，简子曰："大夫无罪。吾闻千羊之皮不如一狐之腋。诸大夫朝，徒闻唯唯，不闻周舍之鄂鄂，是以忧也。"简子由此能附赵邑而怀晋人。

晋定公十八年，赵简子围范、中行于朝歌，中行文子奔邯郸。明年，卫灵公卒。简子与阳虎送卫太子蒯聩于卫，卫不内，居戚。

晋定公二十一年，简子拔邯郸，中行文子奔柏人。简子又围柏人，中行文子、范昭子遂奔齐。赵竟有邯郸、柏人。范、中行馀邑入于晋。赵名晋卿，实专晋权，奉邑侔于诸侯。

晋定公三十年，定公与吴王夫差争长于黄池，赵简子从晋定公，卒长吴。定公三十七年卒，而简子除三年之丧，期而已。是岁，越王勾践灭吴。

晋出公十一年，知伯伐郑。赵简子疾，使太子毋恤将而围郑。知伯醉，以酒灌击毋恤。毋恤群臣请死之。毋恤曰："君所以置毋恤，为能忍诟。"然亦愠知伯。知伯归，因谓简子，使废毋恤，简子不听。毋恤由此怨知伯。

晋出公十七年，简子卒，太子毋恤代立，是为襄子。

赵襄子元年，越围吴。襄子降丧食，使楚隆问吴王。

襄子姊前为代王夫人。简子既葬，未除服，北登夏屋，请代王。使厨人操铜枓以食代王及从者，行斟，阴令宰人各以枓击杀代王及从官，遂兴兵平代地。其姊闻之，泣而呼天，摩笄自杀。代人怜之，所死地名之为摩笄之山。遂以代封伯鲁子周为代成君。伯鲁者，襄子兄，故太子。太子早死，故封其子。

襄子立四年，知伯与赵、韩、魏尽分其范、中行故地。晋出公怒，告齐、鲁，欲以伐四卿。四卿恐，遂共攻出公。出公奔齐，道死。知伯乃立昭公曾孙骄，是为晋懿公。知伯益骄，请地韩、魏，韩、魏与之；请地赵，赵不与，以其围郑之辱。知伯怒，遂率韩、魏攻赵。赵襄子惧，乃奔保晋阳。

原过从，后。至于王泽，见三人，自带以上可见，自带以下不可见。与原过竹二节，莫通，曰："为我以是遗赵毋恤。"原过既至，以告襄子。襄子齐三日，亲自剖竹，有朱书曰："赵毋恤，余霍泰山山阳侯天使也。三月丙戌，余将使女反灭知氏。女亦立我百邑，余将赐女林胡之地。至于后世，且有伉王，赤黑，龙面而鸟噣，鬓麋髭䫇，大膺大胸，修下而冯，左衽界乘，奄有河宗，至于休溷诸貉，南伐晋别，北灭黑姑。"襄子再拜，受三神之令。

三国攻晋阳，岁馀，引汾水灌其城，城不浸者三版。城中悬釜而炊，易子而食。群臣皆有外心，礼益慢，唯高共不敢失礼。襄子惧，乃夜使相张孟同私于韩、魏。韩、魏与合谋，以三月丙戌，三国反灭知氏，共分其地。于是襄子行赏，高共为上。张孟同曰："晋阳之难，唯共无功。"襄子曰："方晋阳急，群臣皆懈，惟共不敢失人臣礼，是以先之。"于是赵北有代，南并知氏，强于韩、魏。遂祠三神于百邑，使原过主霍泰山祠祀。

其后娶空同氏，生五子。襄子为伯鲁之不立也，不肯立子，且必欲传位与伯鲁子代成君。成君先死，乃取代成君子浣立为太子。襄子立三十三年卒，浣立，是为献侯。

献侯少即位，治中牟。襄子弟桓子逐献侯，自立于代，一年卒。国人曰桓子立非襄子意，乃共杀其子而复迎立献侯。

十年，中山武公初立。十三年，城平邑。十五年，献侯卒，子烈侯籍立。

烈侯元年，魏文侯伐中山，使太子击守之。六年，魏、韩、赵皆相立为诸侯。追尊献子为献侯。

烈侯好音，谓相国公仲连曰："寡人有爱，可以贵之乎？"公仲曰："富之可，贵之则否。"烈侯曰："然。夫郑歌者枪、石二人，吾赐之田，人万亩！"公仲曰："诺。"不与。居一月，烈侯从代来，问歌者田。公仲曰："求，未有可者。"有顷，烈侯复问。公仲终不与，乃称疾不朝。番吾君自代来，谓公仲曰："君实好善，而未知所持。今公仲相赵，于今四年，亦有进士乎？"公仲曰："未也。"番吾君曰："牛畜、荀欣、徐越皆可。"公仲乃进三人。及朝，烈侯复问："歌者田何如？"公仲曰："方使择其善者。"牛畜侍烈侯以仁义，约以王道，烈侯道然。明日，荀欣侍，以选练举贤，任官使能。明日，徐越侍，以节财俭用，察度功德。所与无不充，君说。烈侯使使谓相国曰："歌者之田且止。"官牛畜为师，荀欣为中尉，徐越为内史，赐相国衣二袭。

九年，烈侯卒，弟武公立。武公十三年卒，赵复立烈侯太子章，是为敬侯。是岁，魏文侯卒。

敬侯元年，武公子朝作乱，不克，出奔魏。赵始都邯郸。

二年,败齐于灵丘。三年,救魏于廪丘,大败齐人。四年,魏败我兔台。筑刚平以侵卫。五年,齐、魏为卫攻赵,取我刚平。六年,借兵于楚,伐魏,取棘蒲。八年,拔魏黄城。九年,伐齐。齐伐燕,赵救燕。十年,与中山战于房子。

十一年,魏、韩、赵共灭晋,分其地。伐中山,又战于中人。十二年,敬侯卒,子成侯种立。

成侯元年,公子胜与成侯争立,为乱。二年六月,雨雪。三年,大戊午为相。伐卫,取乡邑七十三。魏败我蔺。四年,与秦战高安。败之。五年,伐齐于鄄。魏败我怀。攻郑,败之,以与韩,韩与我长子。六年,中山筑长城。伐魏,败涿泽,围魏惠王。七年,侵齐,至长城。与韩攻周。八年,与韩分周以为两。九年,与齐战阿下。十年,攻卫,取甄。十一年,秦攻魏,赵救之石阿。十二年,秦攻魏少梁,赵救之。十三年,秦献公使庶长国伐魏少梁,虏其太子痤。魏败我浍,取皮牢。成侯与韩昭侯遇上党。十四年,与韩攻秦。十五年,助魏攻齐。

十六年,与韩、魏分晋,封晋君以端氏。

十七年,成侯与魏惠王遇葛孽。十九年,与齐、宋会平陆,与燕会阿。二十年,魏献荣椽,因以为檀台。二十一年,魏围我邯郸。二十二年,魏惠王拔我邯郸,齐亦败魏于桂陵。二十四年,魏归我邯郸,与魏盟漳水上。秦攻我蔺。二十五年,成侯卒。公子緤与太子肃侯争立,緤败,亡奔韩。

肃侯元年,夺晋君端氏,徙处屯留。二年,与魏惠王遇于阴晋。三年,公子范袭邯郸,不胜而死。四年,朝天子。六年,攻齐,拔高唐。七年,公子刻攻魏首垣。十一年,秦孝公使商君伐魏,虏其将公子卬。赵伐魏。十二年,秦孝公卒。商君死。十五年,起寿陵。魏惠王卒。

十六年,肃侯游大陵,出于鹿门,大戊午扣马曰:"耕事方急,一日不作,百日不食。"肃侯下车谢。

十七年,围魏黄,不克。筑长城。

十八年,齐、魏伐我,我决河水灌之,兵去。二十二年,张仪相秦。赵疵与秦战,败,秦杀疵河西,取我蔺、离石。二十三年,韩举与齐、魏战,死于桑丘。

二十四年,肃侯卒。秦、楚、燕、齐、魏出锐师各万人来会葬。子武灵王立。

武灵王元年,阳文君赵豹相。梁襄王与太子嗣、韩宣王与太子仓来朝信宫。武灵王少,未能听政,博闻师三人,左右司过三人。及听政,先问先王贵臣肥义,加其秩;国三老年八十,月致其礼。

三年,城鄗。四年,与韩会于区鼠。五年,娶韩女为夫人。

八年,韩击秦,不胜而去。五国相王,赵独否,曰:"无其实,敢处其名乎!"令国人谓己曰"君"。

九年,与韩、魏共击秦。秦败我,斩首八万级。齐败我观泽。十年,秦取我中都及西阳。齐破燕。燕相子之为君,君反为臣。十一年,王召公子职于韩,立以为燕王,使乐池送之。十三年,秦拔我蔺,虏将军赵庄。楚、魏王来,过邯郸。十四年,赵何攻魏。

十六年,秦惠王卒。王游大陵。他日,王梦见处女鼓琴而歌诗曰:"美人荧荧兮,颜若苕之荣。命乎命乎,曾无我嬴!"异日,王饮酒乐,数言所梦,想见其状。吴广闻之,因夫人而内其女娃嬴。孟姚也。孟姚甚有宠于王,是为惠后。

十七年,王出九门,为野台,以望齐、中山之境。

十八年,秦武王与孟说举龙文赤鼎,绝膑而死。赵王使代相赵固迎公子稷于燕,送归,立为秦王,是为昭王。

十九年春正月,大朝信宫。召肥义与议天下,五日而毕。王北略中山之地,至于房子,遂之代,北至无穷,西至河,登黄华之上。召楼缓谋曰:"我先王因世之变,以长南藩之地,属阻漳、滏之险,立长城,又取蔺、郭狼,败林人于荏,而功未遂。今中山在我腹心,北有燕,东有胡,西有林胡、楼烦、秦、韩之边,而无强兵之救,是亡社稷,奈何?夫有高世之名,必有遗俗之累。吾欲胡服。"楼缓曰:"善。"群臣皆不欲。

于是肥义侍,王曰:"简、襄主之烈,计胡、翟之利。为人臣者,宠有孝悌长幼顺明之节,通有补民益主之业,此两者臣之分也。今吾欲继襄主之迹,开于胡、翟之乡,而卒世不见也。为敌弱,用力少而功多,可以毋尽百姓之劳,而序往古之勋。夫有高世之功者,负遗俗之累;有独智之虑者,任骜民之怨。今吾将胡服骑射以教百姓,而世必议寡人,奈何?"肥义曰:"臣闻疑事无功,疑行无名。王既定负遗俗之虑,殆无顾天下之议矣。夫论至德者不和于俗,成大功者不谋于众。昔者舜舞有苗,禹袒裸国,非以养欲而乐志也,务以论德而约功也。愚者闇成事,智者睹未形,则王何疑焉?"王曰:"吾不疑胡服也,吾恐天下笑我也。狂夫之乐,智者哀焉;愚者所笑,贤者察焉。世有顺我者,胡服之功未可知也。虽驱世以笑我,胡地中山吾必有之。"于是遂胡服矣。

使王緤告公子成曰:"寡人胡服,将以朝也,亦欲叔服之。家听于亲而国听于君,古今之公行也。子不反亲,臣不逆君,兄弟之通义也。今寡人作教易服而叔不服,吾恐天下议之也。制国有常,利民为本;从政有经,令行为上。明德先论于贱,而行政先信于贵。今胡服之意,非以养欲而乐志也;事有所止而功有所出,事成功立,然后善也。今寡人恐叔之逆从政之经,以辅叔之议。且寡人闻之,事利国者行无邪,因贵戚者名不累,故愿慕公叔之义,以成胡服之功。使緤谒之叔,请服焉。"公子成再拜稽首曰:"臣固闻王之胡服也。臣不佞,寝疾,未能趋走以滋进也。王命之,臣敢对,因竭其愚忠。曰:臣闻中国者,盖聪明徇智之所居也,万物财用之所聚也,贤圣之所教也,仁义之所施也,《诗》《书》礼乐之所用也,异敏技能之所试也,远方之所观赴也,蛮夷之所义行也。今王舍此而袭远方之服,变古之教,易古之道,逆人之心,而怫学者,离中国,故臣愿王图之也。"使者以报。王曰:"吾固闻叔之疾也,我将自往请之。"

王遂往之公子成家,因自请之,曰:"夫服者,所以便用也;礼者,所以便事也。圣人观乡而顺宜,因事而制礼,所以利其民而厚其国也。夫剪发文身,错臂左衽,瓯越之民也。黑齿雕题,却冠秫绌,大吴之国也。故礼服莫同,其便一也。乡异而用变,事异而礼易。是以圣人果可以利其国,不一其用;果可以便其事,不同其礼。儒者一师而俗异,中国同礼而教离,况于山谷之便乎?故去就之变,智者不能一;远近之服,贤圣不能同。穷乡多异,曲学多辩。不知而不疑,异于己而不非者,公焉而众求尽善也。今叔之所言者俗也,吾所言者所以制俗也。吾国东有河、薄洛之水,与齐、中山同之,无舟楫之用。自常山以至代、上党,东有燕、东胡之境,而西有楼烦、秦、韩之边,今无骑射之备。故寡人无舟楫之用,夹水居之民,将何以守河、薄洛之水?变服骑射,以备燕、三胡、秦、韩之边。且昔者简主不塞晋阳以及上党,而襄主并戎取代以攘诸胡,此愚智所明也。先时中山负齐之强兵,侵暴吾地,系累吾民,引水围鄗,微社稷之神灵,则鄗几于不守也。先王丑之,而怨未能报也。今骑射之备,近可以便上党之形,而远可以报中山之怨。而叔顺中国之俗以逆简、襄之意,恶变服之名以忘鄗事之丑,非寡人之所望也。"公子成再拜稽首,曰:"臣愚,不达于王之义,敢道世俗之闻,臣之罪也。今王将继简、襄之意以顺先王之志,臣敢不听命乎!"再拜稽首。乃赐胡服。明日,服而朝。于是始出胡服令也。

赵文、赵造、周袑、赵俊皆谏止王毋胡服,如故法便。王曰:"先王不同俗,何古之法?帝王不相袭,何礼之循?虙戏、神农教而不诛,黄帝、尧、舜诛而不怒。及至三王,随时制法,因事制礼。法度制令各顺其宜,衣服器械各便其用。故礼也不必一道,而便国不必古。圣人之兴也不相袭而王,夏、殷之衰也不易礼而灭。然则反古未可非,而循礼未足多也。且服奇者志淫,则是邹、鲁无奇行也;俗辟而民易,则是吴、越无秀士也。且圣人利身谓之服,便事谓之礼。夫进退之节,衣服之制者,所以齐常民也,非所以论贤者也。故齐民与俗流,贤者与变俱。故谚曰'以书御者不尽马之情,以古制今者不达事之变'。循法之功,不足以高世;法古之学,不足以制今。子不及也。"遂服胡招骑射。

二十年,王略中山地,至宁葭;西略胡地,至榆中。林胡王献马。归,使楼缓之秦,仇液之韩,王贲之楚,富丁之魏,赵爵之齐。代相赵固主胡,致其兵。

二十一年,攻中山。赵袑为右军,许钧为左军,公子章为中军,王并将之,牛翦将车骑,赵希并将胡、代。赵与之陉,合军曲阳,攻取丹丘、华阳、鸱之塞。王军取鄗、石邑、封龙、东垣。中山献四邑和,王许之,罢兵。二十三年,攻中山。二十五年,惠后卒。使周袑胡服傅王子何。二十六年,复攻中山,攘地北至燕、代,西至云中、九原。

二十七年五月戊申,大朝于东宫,传国,立王子何以为王。王庙见礼毕,出临朝。大夫悉为臣,肥义为相国,并傅王。是为惠文王。惠文王,惠后吴娃子也。武灵王自号为主父。

主父欲令子主治国,而身胡服将士大夫西北略胡地,而欲从云中、九原直南袭秦,于是诈自为使者入秦。秦昭王不知,已而怪其状甚伟,非人臣之度,使人逐之,而主父驰已脱关矣。审问之,乃主父也。秦人大惊。主父所以入秦者,欲自略地形,因观秦王之为人也。

惠文王二年,主父行新地,遂出代,西遇楼烦王于西河而致其兵。

三年,灭中山,迁其王于肤施。起灵寿,北地方从,代道大通。还归,行赏,大赦,置酒酺五日,封长子章为代安阳君。章素侈,心不服其弟所立。主父又使田不礼相章也。

李兑谓肥义曰:"公子章强壮而志骄,党众而欲大,殆有私乎?田不礼之为人也,忍杀而骄。二人相得,必有谋阴贼起,一出身徼幸。夫小人有欲,轻虑浅谋,徒见其利而不顾其害,同类相推,俱入祸门。以吾观之,必不久矣。子任重而势大,乱之所始,祸之所集也,子必先患。仁者爱万物而智者备祸于未形,不仁不智,何以为国?子奚不称疾毋出,传政于公子成?毋为怨府,毋为祸梯。"肥义曰:"不可。昔者主父以王属义也,曰:'毋变而度,毋异而虑,坚守一心,以殁而世。'义再拜受命而籍之。今畏不礼之难而忘吾籍,变孰大焉。进受严命,退而不全,负孰甚焉。变负之臣,不容于刑。谚曰'死者复生,生者不愧'。吾言已在前矣,吾欲全吾言,安得全吾身!且夫贞臣也难至而节见,忠臣也累至而行明。子则有赐而忠我矣,虽然,吾有语在前者也,终不敢失。"李兑曰:"诺,子勉之矣!吾见子已今年耳。"涕泣而出。李兑数见公子成,以备田不礼之事。

异日肥义谓信期曰:"公子与田不礼甚可忧也。其于义也声善而实恶,此为人也不子不臣。吾闻之也,奸臣在朝,国之残也;谗臣在中,主之蠹也。此人贪而欲大,内得主而外为暴。矫令为慢,以擅一旦之命,不难为也,祸且逮国。今吾忧之,夜而忘寐,饥而忘食。盗贼出入不可不备。自今以来,若有召王者必见吾面,我将先以身当之,无故而王乃入。"信期曰:"善哉,吾得闻此也!"

四年,朝群臣,安阳君亦来朝。主父令王听朝,而自从旁观窥群臣宗室之礼。见其长子章傫然也,反北面为臣,诎于其弟,心怜之,于是乃欲分赵而王章于代,计未决而辍。

主父及王游沙丘,异宫,公子章即以其徒与田不礼作乱,诈以主父令召王。肥义先入,杀之。高信即与王战。公子成与李兑自国至,乃起四邑之兵入距难,杀公子章及田不礼,灭其党贼而定王室。公子成为相,号安平君,李兑为司寇。公子章之败,往走主父,主父开之,成、兑因围主父宫。公子章死,公子成、李兑谋曰:"以章故围主父,即解兵,吾属夷矣。"乃遂围主父。令宫中人"后出者夷",宫中人悉出。主父欲出不得,又不得食,探爵鷇而食之,三月余而饿死沙丘宫。主父定死,乃发丧赴诸侯。

是时王少,成、兑专政,畏诛,故围主父。主父初以长子章为太子,后得吴娃,爱之,为不出者数岁,生子何,乃废太子章而立何为王。吴娃死,爱弛,怜故太子,欲两王之,犹豫未决,故乱起,以至父子俱死,为天下笑,岂不痛乎!

五年，与燕鄚、易。八年，城南行唐。九年，赵梁将，与齐合军攻韩，至鲁关下。及十年，秦自置为西帝。十一年，董叔与魏氏伐宋，得河阳于魏。秦取梗阳。十二年，赵梁将攻齐。十三年，韩徐为将，攻齐。公主死。十四年，相国乐毅将赵、秦、韩、魏、燕攻齐，取灵丘，与秦会中阳。十五年，燕昭王来见。赵与韩、魏、秦共击齐，齐王败走，燕独深入，取临菑。

十六年，秦复与赵数击齐，齐人患之。苏厉为齐遗赵王书曰：

臣闻古之贤君，其德行非布于海内也，教顺非洽于民人也，祭祀时享非数常于鬼神也。甘露降，时雨至，年谷丰孰，民不疾疫，众人善之，然而贤主图之。

今足下之贤行功力，非数加于秦也；怨毒积怒，非素深于齐也。秦赵与国，以强征兵于韩，秦诚爱赵乎？其实憎齐乎？物之甚者，贤主察之。秦非爱赵而憎齐也，欲亡韩而吞二周，故以齐唊天下。恐事之不合，故出兵以却魏、赵。恐天下畏己也，故出质以为信。恐天下亟反己，故征兵于韩以威之。声以德与国，实而伐空韩，臣以秦计为必出于此。夫物固有势异而患同者，楚久伐而中山亡，今齐久伐而韩必亡。破齐，王与六国分其利也。亡韩，秦独擅之。收二周，西取祭器，秦独私之。赋田计功，王之获利孰与秦多？

说士之计曰："韩亡三川，魏亡晋国，市朝未变而祸已及矣。"燕尽齐之北地，去沙丘、巨鹿敛三百里，韩之上党去邯郸百里，燕、秦谋王之河山，间三百里而通矣。秦之上郡近挺关，至于榆中者千五百里，秦以三郡攻王之上党，羊肠之西勾注之南，非王有已。逾勾注，斩常山而守之，三百里而通于燕，代马胡犬不东下，昆山之玉不出，此三宝者亦非王有已。王久伐齐，从强秦攻韩，其祸必至于此。愿王熟虑之。

且齐之所以伐者，以事王也；天下属行，以谋王也。燕秦之约成而兵有日矣。五国三分王之地，齐倍五国之约而殉王之患，西兵以禁强秦，秦废帝请服，反高平、根柔于魏，反巠分、先俞于赵。齐之事王，宜为上佼，而今乃抵罪，臣恐天下后事王者之不敢自必也。愿王孰计之也。

今王毋与天下攻齐，天下必以王为义。齐抱社稷而厚事王，天下必尽重王义。王以天下善秦，秦暴，王以天下禁之，是一世之名宠制于王也。

于是赵乃辍，谢秦不击齐。

王与燕王遇。廉颇将，攻齐昔阳，取之。

十七年，乐毅将赵师攻魏伯阳。而秦怨赵不与己击齐，伐赵，拔我两城。十八年，秦拔我石城。王再之卫东阳，决河水，伐魏氏。大潦，漳水出。魏冉来相赵。十九年，秦取我二城。赵与魏伯阳。赵奢将，攻齐麦丘，取之。

二十年，廉颇将，攻齐。王与秦昭王遇西河外。

二十一年，赵徙漳水武平西。二十二年，大疫。置公子丹为太子。

二十三年，楼昌将，攻魏几，不能取。十二月，廉颇将，攻几，取之。二十四年，廉颇将，攻魏房子，拔之，因城而还。又攻安阳，取之。二十五年，燕周将，攻昌城、高唐，取之。与魏共击秦。秦将白起破我华阳，得一将军。二十六年，取东胡欧代地。

二十七年，徙漳水武平南。封赵豹为平阳君。河水出，大潦。

二十八年，蔺相如伐齐，至平邑。罢城北九门大城。燕将成安君公孙操弑其王。二十九年，秦韩相攻，而围阏与。赵使赵奢将，击秦，大破秦军阏与下，赐号为马服君。

三十三年，惠文王卒，太子丹立，是为孝成王。

孝成王元年，秦伐我，拔三城。赵王新立，太后用事，秦急攻之。赵氏求救于齐，齐曰："必以长安君为质，兵乃出。"太后不肯，大臣强谏。太后明谓左右曰："复言长安君为质者，老妇必唾其面。"左师触龙言愿见太后，太后盛气而胥。入，徐趋而坐，自谢曰："老臣病足，曾不能疾走，不得见久矣。窃自恕，而恐太后体之有所苦也，故愿望见太后。"太后曰："老妇恃辇而行耳。"曰："食得毋衰乎？"曰："恃粥耳。"曰："老臣间者殊不欲食，乃强步，日三四里，少益嗜食，和于身也。"太后曰："老妇不能。"太后不和之色少解。左师公曰："老臣贱息舒祺最少，不肖，而臣衰，窃怜爱之，愿得补黑衣之缺以卫王宫，昧死以闻。"太后曰："敬诺。年几何矣？"对曰："十五岁矣。虽少，愿及未填沟壑而托之。"太后曰："丈夫亦爱怜少子乎？"对曰："甚于妇人。"太后笑曰："妇人异甚。"对曰："老臣窃以为媪之爱燕后贤于长安君。"太后曰："君过矣，不若长安君之甚。"左师公曰："父母爱子，则为之计深远。媪之送燕后也，持其踵，为之泣，念其远也，亦哀之矣。已行，非不思也，祭祀则祝之曰'必勿使反'，岂非计长久，为子孙相继为王也哉？"太后曰："然。"左师公曰："今三世以前，至于赵主之子孙为侯者，其继有在者乎？"曰："无有。"曰："微独赵，诸侯有在者乎？"曰："老妇不闻也。"曰："此其近者祸及其身，远者及其子孙。岂人主之子侯则不善哉？位尊而无功，奉厚而无劳，而挟重器多也。今媪尊长安君之位，而封之以膏腴之地，多与之重器，而不及今令有功于国，一旦山陵崩，长安君何以自托于赵？老臣以媪为长安君之计短也，故以为爱之不若燕后。"太后曰："诺，恣君之所使之。"于是为长安君约车百乘，质于齐，齐兵乃出。

子义闻之，曰："人主之子，骨肉之亲也，犹不能持无功之尊，无劳之奉，而守金玉之重也，而况于予乎？"

齐安平君田单将赵师而攻燕中阳，拔之。又攻韩注人，拔之。二年，惠文后卒，田单为相。

四年，王梦衣偏裻之衣，乘飞龙上天，不至而坠，见金玉之积如山。明日，王召筮史敢占之，曰："梦衣偏裻之衣者，残也。乘飞龙上天不至而坠者，有气而无实也。见金玉之积如山者，忧也。"

后三日，韩氏上党守冯亭使者至，曰："韩不能守上党，入之于秦。其吏民皆安为赵，不欲为秦。有城市邑十七，愿再拜入之赵，财王所以赐吏民。"王大喜，召平阳君豹告之曰："冯亭入城市邑十七，受之何如？"对曰："圣人甚祸无故之利。"王曰："人怀吾德，何谓无故乎？"对曰："夫秦蚕食韩氏地，中绝不令相通，固自以为坐而受上党之地也。韩氏所以不入于秦者，欲嫁其祸于赵也。秦服其劳而赵受其利，虽强大不能得之于小弱，小弱顾能得之于强大乎？岂可谓非无故之利哉！且夫秦以牛田之水通粮，蚕食上乘倍战者，裂上国之地，其政行，不可与为难，必勿受也。"王曰："今发百万之军而攻，逾年历岁未得一城也。今以城市邑十七币吾国，此大利也。"

赵豹出，王召平原君与赵禹而告之。对曰："发百万之军而攻，逾岁未得一城，今坐受城邑十七，此大利，不可失也。"王曰："善。"乃令赵胜受地，告冯亭曰："敝国使者臣胜，敝国君使胜致命，以万户都三封太守，千户都三封县令，皆世世为侯，吏民皆益爵三级，吏民能相安，皆赐之六金。"冯亭垂涕不见使者，曰："吾不处三不义也：为主守地，不能死固，不义一矣；入之秦，不听主令，不义二矣；卖主地而食之，不义三矣。"赵遂发兵取上党。廉颇将军军长平。

七年，廉颇免而赵括代将。秦人围赵括，赵括以军降，卒四十馀万皆坑之。王悔不听赵豹之计，故有长平之祸焉。

王还，不听秦，秦围邯郸，武垣令傅豹、王容、苏射率燕众反燕地。赵以灵丘封楚相春申君。

八年，平原君如楚请救。还，楚来救，及魏公子无忌亦来救，秦围邯郸乃解。

十年，燕攻昌壮，五月拔之。赵将乐乘、庆舍攻秦信梁军，破之。太子死。而秦攻西周，拔之。徒父祺出。十一年，城元氏，县上原。武阳君郑安平死，收其地。十二年，邯郸廥烧。十四年，平原君赵胜死。

十五年，以尉文封相国廉颇为信平君。燕王令丞相栗腹约欢，以五百金为赵王酒，还归，报燕王曰："赵氏壮者皆死长平，其孤未壮，可伐也。"王召昌国君乐间而问之。对曰："赵，四战之国也，其民习兵，伐不可。"王曰："吾以众伐寡，二而伐一，可乎？"对曰："不可。"王曰："吾即以五而伐一，可乎？"对曰："不可。"燕王大怒，群臣皆以为可。燕卒起二军，车二千乘，栗腹将而攻鄗，卿秦将而攻代。廉颇为赵将，破杀栗腹，虏卿秦、乐间。

十六年。廉颇围燕。以乐乘为武襄君。十七年，假相大将武襄君攻燕，围其国。十八年，延陵钧率师从相国信平君助魏攻燕。秦拔我榆次三十七城。十九年，赵与燕易土：以龙兑、汾门、临乐与燕；燕以葛、武阳、平舒与赵。

二十年，秦王政初立，秦拔我晋阳。

二十一年，孝成王卒。廉颇将，攻繁阳，取之。使乐乘代之，廉颇攻乐乘，乐乘走，廉颇亡入魏。子偃立，是为悼襄王。

悼襄王元年，大备魏。欲通平邑、中牟之道，不成。

二年，李牧将，攻燕，拔武遂、方城。秦召春平君，因而留之。泄钧为之谓文信侯曰："春平君者，赵王甚爱之而郎中妒，故相与谋曰'春平君入秦，秦必留之'，故相与谋而内之秦也。今君留之，是绝赵而郎中之计中也。君不如遣春平君而留平都。春平君者言行信于王，王必厚割赵而赎平都。"文信侯曰："善。"因遣之。城韩皋。

三年，庞煖将，攻燕，禽其将剧辛。四年，庞煖将赵、楚、魏、燕之锐师攻秦蕞，不拔；移攻齐，取饶安。五年，傅抵将，居平邑；庆舍将东阳河外师，守河梁。六年，封长安君以饶。魏与赵鄴。

九年，赵攻燕，取貍阳城。兵未罢，秦攻鄴，拔之。悼襄王卒，子幽穆王迁立。

幽穆王迁元年，城柏人。二年，秦攻武城，扈辄率师救之，军败，死焉。

三年，秦攻赤丽、宜安，李牧率师与战肥下，却之。封牧为武安君。四年，秦攻番吾，李牧与之战，却之。

五年，代地大动，自乐徐以西，北至平阴，台屋墙垣太半坏，地坼东西百三十步。六年，大饥，民讹言曰："赵为号，秦为笑。以为不信，视地之生毛。"

七年，秦人攻赵，赵大将李牧、将军司马尚将，击之。李牧诛，司马尚免，赵忽及齐将颜聚代之。赵忽军破，颜聚亡去。以王迁降。

八年十月，邯郸为秦。

太史公曰：吾闻冯王孙曰："赵王迁，其母倡也，嬖于悼襄王。悼襄王废適子嘉而立迁。迁素无行，信谗，故诛其良将李牧，用郭开。"岂不谬哉！秦既虏迁，赵之亡大夫共立嘉为王。王代六岁，秦进兵破嘉，遂灭赵以为郡。

卷四十四　　魏世家第十四

魏之先，毕公高之后也。毕公高与周同姓。武王之伐纣，而高封于毕，于是为毕姓。其后绝封，为庶人，或在中国，或在夷狄。其苗裔曰毕万，事晋献公。

献公之十六年，赵夙为御，毕万为右，以伐霍、耿、魏，灭之。以耿封赵夙，以魏封毕万，为大夫。卜偃曰："毕万之后必大矣。万，满数也；魏，大名也。以是始赏，天开之矣。天子曰兆民，诸侯曰万民。今命之大，以从满数，其必有众。"初，毕万卜事晋，遇"屯"之"比"。辛廖占之，曰："吉。屯固比入，吉孰大焉？其必蕃昌。"

毕万封十一年，晋献公卒，四子争更立，晋乱。而毕万之世弥大，从其国名为魏氏。生武子。魏武子以魏诸子事晋公子重耳。晋献公之二十一年，武子从重耳出亡。十九年反，重耳立为晋文公，而令武子袭魏氏之后封，列为大夫，治于魏。生悼子。

魏悼子徙治霍。生魏绛。

魏绛事晋悼公。悼公三年，会诸侯。悼公弟杨干乱行，魏绛僇辱杨干。悼公怒曰："合诸侯以为荣，今辱吾弟！"将诛魏绛。或说悼公，悼公止。卒任魏绛政，使和戎、翟，戎、翟亲附。悼公之十一年，曰："自吾用魏绛，八年之中，九合诸侯，戎、翟和，子之力也。"赐之乐，三让，然后受之。徙治安邑。魏绛卒，谥为昭子。生魏嬴。嬴生魏献子。

献子事晋昭公。昭公卒而六卿强，公室卑。

晋顷公之十二年，韩宣老、魏献子为国政。晋宗室祁氏、羊舌氏相恶，六卿诛之，尽取其邑为十县，六卿各令其子为之大夫。献子与赵简子、中行文子、范献子并为晋卿。

其后十四岁而孔子相鲁。后四岁，赵简子以晋阳之乱也，而与韩、魏共攻范、中行氏。

魏献子生魏侈。魏侈与赵鞅共攻范、中行氏。

魏侈之孙曰魏桓子，与韩康子、赵襄子共伐灭知伯，分其地。

桓子之孙曰文侯都。魏文侯元年，秦灵公之元年也。与韩武子、赵桓子、周威王同时。

六年，城少梁。十三年，使子击围繁、庞，出其民。十六年，伐秦，筑临晋元里。

十七年，伐中山，使子击守之，赵仓唐傅之。子击逢文侯之师田子方于朝歌，引车避，下谒。田子方不为礼。子击因问曰："富贵者骄人乎？且贫贱者骄人乎？"子方曰："亦贫贱者骄人耳。夫诸侯而骄人则失其国，大夫而骄人则失其家。贫贱者，行不合，言不用，则去之楚、越，若脱躧然，奈何其同之哉！"子击不怿而去。西攻秦，至郑而还，筑洛阴、合阳。

二十二年，魏、赵、韩列为诸侯。

二十四年，秦伐我，至阳狐。

二十五年，子击生子罃。

文侯受子夏经艺，客段干木，过其闾，未尝不轼也。秦尝欲伐魏，或曰："魏君贤人是礼，国人称仁，上下和合，未可图也。"文侯由此得誉于诸侯。

任西门豹守邺，而河内称治。

魏文侯谓李克曰："先生尝教寡人曰'家贫则思良妻，国乱则思良相。'今所置非成则璜，二子何如？"李克对曰："臣闻之，卑不谋尊，疏不谋戚。臣在阙门之外，不敢当命。"文侯曰："先生临事勿让。"李克曰："君不察故也。居视其所亲，富视其所与，达视其所举，穷视其所不为，贫视其所不取，五者足以定之矣，何待克哉！"文侯曰："先生就舍，寡人之相定矣。"

李克趋而出，过翟璜之家。翟璜曰："今者闻君召先生而卜相，果谁为之？"李克曰："魏成子为相矣。"翟璜忿然作色曰："以耳目之所睹记，臣何负于魏成子？西河之守，臣之所进也。君内以邺为忧，臣进西门豹。君谋欲伐中山，臣进乐羊。中山已拔，无使守之，臣进先生。君之子无傅，臣进屈侯鲋。臣何以负于魏成子！"李克曰："且子之言克于子之君者，岂将比周以求大官哉？君问而置相'非成则璜，二子何如'。克对曰：'君不察故也。居视其所亲，富视其所与，达视其所举，穷视其所不为，贫视其所不取，五者足以定之矣，何待克哉！'是以知魏成子之为相也。且子安得与魏成子比乎？魏成子以食禄千钟，什九在外，什一在内，是以东得卜子夏、田子方、段干木。此三人者，君皆师之。子之所进五人者，君皆臣之。

子恶得与魏成子比也？"翟璜逡巡再拜曰："璜，鄙人也，失对，愿卒为弟子。"

二十六年，虢山崩，壅河。

三十二年，伐郑。城酸枣。败秦于注。三十五年，齐伐取我襄陵。三十六年，秦侵我阴晋。

三十八年，伐秦，败我武下，得其将识。是岁，文侯卒，子击立，是为武侯。

魏武侯元年，赵敬侯初立，公子朔为乱，不胜，奔魏，与魏袭邯郸，魏败而去。二年，城安邑、王垣。七年，伐齐，至桑丘。九年，翟败我于浍。使吴起伐齐，至灵丘。齐威王初立。

十一年，与韩、赵三分晋地，灭其后。

十三年，秦献公县栎阳。十五年，败赵北蔺。

十六年，伐楚，取鲁阳。武侯卒，子罃立，是为惠王。

惠王元年。初，武侯卒也，子罃与公中缓争为太子。公孙颀自宋入赵，自赵入韩，谓韩懿侯曰："魏罃与公中缓争为太子，君亦闻之乎？今魏罃得王错，挟上党，固半国也。因而除之，破魏必矣，不可失也。"懿侯说，乃与赵成侯合军并兵以伐魏，战于浊泽，魏氏大败，魏君围。赵谓韩曰："除魏君，立公中缓，割地而退，我且利。"韩曰："不可。杀魏君，人必曰暴；割地而退，人必曰贪。不如两分之。魏分为两，不强于宋、卫，则我终无魏之患矣。"赵不听。韩不说，以其少卒夜去。惠王之所以身不死，国不分者，二家谋不和也。若从一家之谋，则魏必分矣。故曰"君终无适子，其国可破也"。

二年，魏败韩于马陵，败赵于怀。三年，齐败我观。五年，与韩会宅阳。城武堵。为秦所败。六年，伐取宋仪台。九年，伐败韩于浍。与秦战少梁，虏我将公孙痤，取庞。秦献公卒，子孝公立。

十年，伐取赵皮牢。彗星见。十二年，星昼坠，有声。十四年，与赵会鄗。十五年，鲁、卫、宋、郑君来朝。十六年，与秦孝公会杜平。侵宋黄池，宋复取之。

十七年，与秦战元里，秦取我少梁。围赵邯郸。十八年，拔邯郸。赵请救于齐，齐使田忌、孙膑救赵，败魏桂陵。

十九年，诸侯围我襄陵。筑长城，塞固阳。

二十年，归赵邯郸，与盟漳水上。二十一年，与秦会彤。赵成侯卒。二十八年，齐威王卒。中山君相魏。

三十年，魏伐赵，赵告急齐。齐宣王用孙子计，救赵击魏。魏遂大兴师，使庞涓将，而令太子申为上将军。过外黄，外黄徐子谓太子曰："臣有百战百胜之术。"太子曰："可得闻乎？"客曰："固愿效之。"曰："太子自将攻齐，大胜并莒，则富不过有魏，贵不益于王。若战不胜齐，则万世无魏矣。此臣之百战百胜之术也。"太子曰："诺，请必从公之言而还矣。"客曰："太子虽欲还，不得矣。彼劝太子战攻，欲啜汁者众。太子虽欲还，恐不得矣。"太子因欲还，其御曰："将出而还，与北同。"太子果与齐人战，败于马陵。齐虏魏太子申，杀将军涓，军遂大破。

三十一年，秦、赵、齐共伐我，秦将商君诈我将军公子卬而袭夺其军，破之。秦用商君，东地至河，而齐、赵数破我，安邑近秦，于是徙治大梁。以公子赫为太子。

三十三年，秦孝公卒，商君亡秦归魏，魏怒，不入。三十五年，与齐宣王会平阿南。

惠王数被于军旅，卑礼厚币以招贤者。邹衍、淳于髡、孟轲皆至梁。梁惠王曰："寡人不佞，兵三折于外，太子虏，上将死，国以空虚，以羞先君宗庙社稷，寡人甚丑之。叟不远千里，辱幸至弊邑之廷，将何以利吾国？"孟轲曰："君不可以言利若是。夫君欲利则大夫欲利，大夫欲利则庶人欲利，上下争利，国则危矣。为人君，仁义而已矣，何以利为！"

三十六年，复与齐王会甄。是岁，惠王卒，子襄王立。

襄王元年，与诸侯会徐州，相王也。追尊父惠王为王。

五年，秦败我龙贾军四万五千于雕阴，围我焦、曲沃。予秦河西之地。六年，与秦会应。秦取我汾阴、皮氏、焦。魏伐楚，败之陉山。七年，魏尽入上郡于秦。秦降我蒲阳。八年，秦归我焦、曲沃。

十二年，楚败我襄陵。诸侯执政与秦相张仪会齧桑。十三年，张仪相魏。魏有女子化为丈夫。秦取我曲沃、平周。

十六年，襄王卒，子哀王立。张仪复归秦。

哀王元年，五国共攻秦，不胜而去。

二年，齐败我观津。五年，秦使樗里子伐取我曲沃，走犀首岸门。六年，秦来立公子政为太子，与秦会临晋。七年，攻齐。与秦伐燕。

八年，伐卫，拔列城二。卫君患之。如耳见卫君曰："请罢魏兵，免成陵君，可乎？"卫君曰："先生果能，孤请世世以卫事先生。"如耳见成陵君曰："昔者魏伐赵，断羊肠，拔阏与，约斩赵，赵分而为二，所以不亡者，魏为从主也。今卫已迫亡，将西请事于秦。与其以秦醳卫，不如以魏醳卫，卫之德魏必终无穷。"成陵君曰："诺。"如耳见魏王曰："臣有谒于卫。卫故周室之别也，其称小国，多宝器。今国迫于难而宝器不出者，其心以为攻卫醳卫不以王为主，故宝器虽出必不入于王也。臣窃料之，先言醳卫者必受卫者也。"如耳出，成陵君入，以其言见魏王。魏王听其说，罢其兵；免成陵君，终身不见。

九年，与秦王会临晋。张仪、魏章皆归于魏。魏相田需死，楚害张仪、犀首、薛公。楚相昭鱼谓苏代曰："田需死，吾恐张仪、犀首、薛公有一人相魏者也。"代曰："然相者欲谁而君便之？"昭鱼曰："吾欲太子之自相也。"代曰："请为君北，必相之。"昭鱼曰："奈何？"对曰："君其为梁王，代请说君。"昭鱼曰："奈何？"对曰："代也从楚来，昭鱼甚忧，曰：'田需死，吾恐张仪、犀首、薛公有一人相魏者也。'代曰：'梁王，长主也，必不相张仪。张仪相，必右秦而左魏。犀首相，必右韩而左魏。薛公相，必右齐而左魏。梁王，长主也，必不便也。'王曰：'然则寡人孰相？'代曰：'莫若太子之自相。太子之自相，是三人者皆以太子为非常相也，皆将务以其国事魏，欲得丞相玺也。以魏之强，而三万乘之国辅之，魏必安矣。故曰莫若太子之自相也。'"遂北见梁王，以此告之。太子果相魏。

十年，张仪死。十一年，与秦武王会应。十二年，太子朝于秦。秦来伐我皮氏，未拔而解。十四年，秦来归武王后。十六年，秦拔我蒲反、阳晋、封陵。十七年，与秦会临晋。秦予我蒲反。十八年，与秦伐楚。二十一年，与齐、韩共败秦军函谷。

二十三年，秦复予我河外及封陵为和。哀王卒，子昭王立。

昭王元年，秦拔我襄城。二年，与秦战，我不利。三年，佐韩攻秦，秦将白起败我军伊阙二十四万。六年，予秦河东地方四百里。芒卯以诈重。七年，秦拔我城大小六十一。八年，秦昭王为西帝，齐湣王为东帝。月馀，皆复称王归帝。九年，秦拔我新垣、曲阳之城。

十年，齐灭宋，宋王死我温。十二年，与秦、赵、韩、燕共伐齐，败之济西。湣王出亡。燕独入临菑。与秦王会西周。十三年，秦拔我安城。兵到大梁，去。十八年，秦拔郢，楚王徙陈。

十九年，昭王卒，子安釐王立。

安釐王元年，秦拔我两城。二年，又拔我二城，军大梁下，韩来救，予秦温以和。三年，秦拔我四城，斩首四万。四年，秦破我及韩、赵，杀十五万人，走我将芒卯。魏将段干子请予秦南阳以和。苏代谓魏王曰："欲玺者段干子也，欲地者秦也。今王使欲地者制玺，使欲玺者制地，魏氏地不尽则不知已。且夫以地事秦，譬犹抱薪救火，薪不尽，火不灭。"王曰："是则然也。虽然，事始已行，不可更矣。"对曰："王独不见夫博之所以贵枭者，便则食，不便则止矣。今王曰'事始已行，不可更'，是何王之用智不如用枭也？"

九年，秦拔我怀。十年，秦太子外质于魏死。

十一年，秦拔我郪丘。

秦昭王谓左右曰："今时韩、魏与始孰强？"对曰："不如始强。"王曰："今时如耳、魏齐与孟尝、芒卯孰贤？"对曰："不如。"王曰："以孟尝、芒卯之贤，率强韩、魏以攻秦，犹无奈寡人何也。今以无能之如耳、魏齐而率弱韩、魏以伐秦，其无奈寡人何亦明矣。"左右皆曰："甚然。"中旗冯琴而对曰："王之料天下过矣。当晋六卿之时，知氏最强，灭范、中行，又率韩、魏之兵以围赵襄子于晋阳，决晋水以灌晋阳之城，不湛者三版。知伯行水，魏桓子御，韩康子为参乘。知伯曰：'吾始不知水之可以人之国也，乃今知之。'汾水可以灌安邑，绛水可以灌平阳。魏桓子肘韩康子，韩康子履魏桓子，肘足接于车上，而知氏地分，身死国亡，为天下笑。今秦兵虽强，不能过知氏；韩、魏虽弱，尚贤其在晋阳之下也。此方其用肘足之时也，愿王之勿易也！"于是秦王恐。

齐、楚相约而攻魏，魏使人求救于秦，冠盖相望也，而秦救不至。魏人有唐雎者，年九十馀矣，谓魏王曰："老臣请西说秦王，令兵先臣出。"魏王再拜，遂约车而遣之。唐雎到，入见秦王。秦王曰："丈人芒然乃远至此，甚苦矣！夫魏之来求救数矣，寡人知魏之急已。"唐雎对曰："大王已知魏之急而救不发者，臣窃以为用策之臣无任矣。夫魏，一万乘之国也，然所以西面而事秦，称东藩，受冠带，祠春秋者，以秦之强足以为与也。今齐、楚之兵已合于魏郊矣,而秦救不发,亦将赖其未急也。使之大急,彼且割地而约从,王尚何救焉?必待其急而救之,是失一东藩之魏而强二敌之齐、楚,则王何利焉?"于是秦昭王遽为发兵救魏,魏氏复定。

赵使人谓魏王曰:"为我杀范痤,吾请献七十里之地。"魏王曰:"诺。"使吏捕之,围而未杀。痤因上屋骑危,谓使者曰:"与其以死痤市,不如以生痤市。有如痤死,赵不予王地,则王将奈何?故不若与先定割地,然后杀痤。"魏王曰:"善。"痤因上书信陵君曰:"痤,故魏之免相也,赵以地杀痤而魏王听之,有如强秦亦将袭赵之欲,则君且奈何?"信陵君言于王而出之。

魏王以秦救之故,欲亲秦而伐韩,以求故地。无忌谓魏王曰:

秦与戎翟同俗,有虎狼之心,贪戾好利无信,不识礼义德行。苟有利焉,不顾亲戚兄弟,若禽兽耳,此天下之所识也,非有所施厚积德也。故太后母也,而以忧死;穰侯舅也,功莫大焉,而竟逐之;两弟无罪,而再夺之国。此于亲戚若此,而况于仇雠之国乎?今王与秦共伐韩而益近秦患,臣甚惑之。而王不识则不明,群臣莫以闻则不忠。

今韩氏以一女子奉一弱主,内有大乱,外交强秦、魏之兵,王以为不亡乎?韩亡,秦有郑地,与大梁邻,王以为安乎?王欲得故地,今负强秦之亲,王以为利乎?

秦非无事之国也,韩亡之后必将更事,更事必就易与利,就易与利必不伐楚与赵矣。是何也?夫越山逾河,绝韩上党而攻强赵,是复阏与之事,秦必不为也。若道河内,倍邺、朝歌,绝漳、滏水,与赵兵决于邯郸之郊,是知伯之祸也,秦又不敢。伐楚,道涉谷,行三千里,而攻冥阨之塞,所行甚远,所攻甚难,秦又不为也。若道河外,倍大梁,右上蔡、召陵,与楚决于陈郊,秦又不敢。故曰秦必不伐楚与赵矣,又不攻卫与齐矣。夫韩亡之后,兵出之日,非魏无攻已。

秦固有怀、茅、邢丘,城垝津以临河内,河内共、汲必危;有郑地,得垣雍,决荥泽水灌大梁,大梁必亡。王之使者出,过而恶安陵氏于秦,秦之欲诛之久矣。秦叶阳、昆阳与舞阳邻,听使者之恶之,随安陵氏而亡之,绕舞阳之北,以东临许,南国必危,国无害乎?

夫憎韩不爱安陵氏可也,夫不患秦之不爱南国非也。异日者,秦在河西晋,国去梁千里,有山有阑之,有周、韩以间之。从林乡军以至于今,秦七攻魏,五入囿中,边城尽拔,文台堕,垂都焚,林木伐,麋鹿尽,而国继以围。又长驱梁北,东至陶、卫之郊,北至平监。所亡于秦者,山南山北,河外河内,大县数十,名都数百。秦乃在河西晋,去梁千里,而祸若是矣。又况于使秦无韩,有郑地,无河山而阑之,无周、韩而间之,去大梁百里,祸必由此矣。

异日者,从之不成也,楚、魏疑而韩不可得也。

今韩受兵三年,秦桡之以讲,识亡不听,投质于赵,请为天下雁行顿刃,楚、赵必集兵,皆识秦之欲无穷也,非尽亡天下之国而臣海内,必不休矣。是故臣愿以从事王,王速受楚、赵之约,而挟韩之质以存韩,而求故地,韩必效之。此士民不劳而故地得,其功多于与秦共伐韩,而又与强秦邻之祸也。

夫存韩安魏而利天下,此亦王之天时已。通韩上党于共、宁,使道安成,出入赋之,是魏重质韩以其上党也。今有其赋,足以富国,韩必德魏爱魏重魏畏魏,韩必不敢反魏,是韩则魏之县也。魏得韩以为县,卫、大梁、河外必安矣。今不存韩,二周、安陵必危,楚、赵大破,卫、齐甚畏,天下西乡而驰秦入朝而为臣不久矣。

二十年,秦围邯郸,信陵君无忌矫夺将军晋鄙兵以救赵,赵得全。无忌因留赵。二十六年,秦昭王卒。

三十年,无忌归魏,率五国兵攻秦,败之河外,走蒙骜。魏太子增质于秦,秦怒,欲囚魏太子增。或为增谓秦王曰:"公孙喜固谓魏相曰'请以魏疾击秦,秦王怒,必囚增。魏王又以怒,击秦,秦必伤'。今王囚增,是喜之计中也。故不若贵增而合魏,以疑之于齐、韩。"秦乃止增。

三十一年,秦王政初立。

三十四年,安釐王卒,太子增立,是为景湣王。信陵君无忌卒。

景湣王元年,秦拔我二十城,以为秦东郡。二年,秦拔我朝歌。卫徙野王。三年,秦拔我汲。五年,秦拔我垣、蒲阳、衍。十五年,景湣王卒,子王假立。

王假元年,燕太子丹使荆轲刺秦王,秦王觉之。三年,秦灌大梁,虏王假,遂灭魏以为郡县。

太史公曰:吾适故大梁之墟,墟中人曰:"秦之破梁,引河沟而灌大梁,三月城坏,王请降,遂灭魏。"说者皆曰魏以不用信陵君故,国削弱至于亡,余以为不然。天方令秦平海内,其业未成,魏虽得阿衡之佐,曷益乎?

卷四十五　　韩世家第十五

韩之先与周同姓,姓姬氏。其后苗裔事晋,得封于韩原,曰韩武子。武子后三世有韩厥,从封姓为韩氏。

韩厥,晋景公之三年,晋司寇屠岸贾将作乱,诛灵公之贼赵盾。赵盾已死矣,欲诛其子赵朔,韩厥止贾,贾不听。厥告赵朔,令亡。朔曰:"子必能不绝赵祀,死不恨矣。"韩厥许之。及贾诛赵氏,厥称疾不出。程婴、公孙杵臼之藏赵孤赵武也,厥知之。

景公十一年,厥与郤克将兵八百乘伐齐,败齐顷公于鞍,获逢丑父。于是晋作六卿,而韩厥在一卿之位,号为献子。

晋景公十七年,病,卜大业之不遂者为祟。韩厥称赵成季之功，今后无祀，以感景公。景公问曰："尚有世乎？"厥于是言赵武，而复与故赵氏田邑，续赵氏祀。

晋悼公之七年，韩献子老。献子卒，子宣子代。宣子**徙居州**。

晋平公十四年，吴季札使晋，曰："晋国之政卒归于韩、魏、赵矣。"

晋顷公十二年，韩宣子与赵、魏共分祁氏、羊舌氏十县。晋定公十五年，宣子与赵简子侵伐范、中行氏。宣子卒，子贞子代立。贞子徙居平阳。

贞子卒，子简子代。简子卒，子庄子代。庄子卒，子康子代。康子与赵襄子、魏桓子共败知伯，分其地，地益大，大于诸侯。

康子卒，子武子代。武子二年，伐郑，杀其君幽公。十六年，武子卒，子景侯立。

景侯虔元年，伐郑，取雍丘。二年，郑败我负黍。

六年，与赵、魏俱得列为诸侯。

九年，郑围我阳翟。景侯卒，子列侯取立。

列侯三年，聂政杀韩相侠累。九年，秦伐我宜阳，取六邑。十三年，列侯卒，子文侯立。是岁魏文侯卒。

文侯二年，伐郑，取阳城。伐宋，到彭城，执宋君。七年，伐齐，至桑丘。郑反晋。九年，伐齐，至灵丘。十年，文侯卒，子哀侯立。

哀侯元年，与赵、魏分晋国。二年，灭郑，因徙都郑。

六年，韩严弑其君哀侯，而子懿侯立。

懿侯二年，魏败我马陵。五年，与魏惠王会宅阳。九年，魏败我浍。十二年，懿侯卒，子昭侯立。

昭侯元年，秦败我西山。二年，宋取我黄池。魏取朱。六年，伐东周，取陵观、邢丘。八年，申不害相韩，修术行道，国内以治，诸侯不来侵伐。十年，韩姬弑其君悼公。十一年，昭侯如秦。二十二年，申不害死。二十四年，秦来拔我宜阳。

二十五年，旱，作高门。屈宜曰曰："昭侯不出此门。何也？不时。吾所谓时者，非日时也，人固有利不利时。昭侯尝利矣，不作高门。往年秦拔宜阳，今年旱，昭侯不以此时恤民之急，而顾益奢，此谓'时绌举赢'。"二十六年，高门成，昭侯卒，果不出此门。子宣惠王立。

宣惠王五年，张仪相秦。八年，魏败我将韩举。十一年，君号为王。与赵会区鼠。十四年，秦伐败我鄢。

十六年，秦败我脩鱼，虏得韩将鳗、申差于浊泽。韩氏急，公仲谓韩王曰："与国非可恃也，今秦之欲伐楚久矣，王不如因张仪为和于秦，赂以一名都，具甲，与之南伐楚，此以一易二之计也。"韩王曰："善。"乃警公仲之行，将西购于秦。楚王闻之大恐，召陈轸告之。陈轸曰："秦之欲伐楚久矣，今又得韩之名都一而具甲，秦韩并兵而伐楚，此秦所祷祀而求也。今已得之矣，楚国必伐矣。王听臣为之警四境之内，起师言救韩，命战车满道路，发信臣，多其车，重其币，使信王之救己也。纵韩不能听我，韩必德王也，必不为雁行以来，是秦韩不和也，兵虽至，楚不大病也。为能听我绝和于秦，秦必大怒，以厚怨韩。韩之南交楚，必轻秦；轻秦，其应秦必不敬：是因秦、韩之兵而免楚国之患也。"楚王曰："善。"乃警四境之内，兴师言救韩。命战车满道路，发信臣，多其车，重其币。谓韩王曰："不穀国虽小，已悉发之矣。愿大国遂肆志于秦，不穀将以楚徇韩。"韩王闻之大说，乃止公仲之行。公仲曰："不可。夫以实伐我者秦也，以虚名救我者楚也。王恃楚之虚名，而轻绝强秦之敌，王必为天下大笑。且楚韩非兄弟之国也，又非素约而谋伐秦也。已有伐形，因发兵言救韩，此必陈轸之谋也。且王已使人报于秦矣，今不行，是欺秦也。夫轻欺强秦而信楚之谋臣，恐王必悔之。"韩王不听，遂绝于秦。秦因大怒，益甲伐韩。大战，楚救不至韩。十九年，大破我岸门。太子仓质于秦以和。

二十一年，与秦共攻楚，败楚将屈丐，斩首八万于丹阳。是岁，宣惠王卒，太子仓立，是为襄王。

襄王四年，与秦武王会临晋。其秋，秦使甘茂攻我宜阳。五年，秦拔我宜阳，斩首六万。秦武王卒。六年，秦复与我武遂。九年，秦复取我武遂。十年，太子婴朝秦而归。十一年，秦伐我，取穰。与秦伐楚，败楚将唐昧。

十二年，太子婴死。公子咎、公子虮虱争为太子。时虮虱质于楚。苏代谓韩咎曰："虮虱亡在楚，楚王欲内之甚。今楚兵十余万在方城之外，公何不令楚王筑万室之都雍氏之旁。韩必起兵以救之，公必将矣。公因以韩、楚之兵奉虮虱而内之，其听公必矣，必以楚、韩封公也。"韩咎从其计。

楚围雍氏，韩求救于秦。秦未为发，使公孙昧入韩。公仲曰："子以秦为且救韩乎？"对曰："秦王之言曰'请道南郑、蓝田，出兵于楚以待公'，殆不合矣。"公仲曰："子以为果乎？"对曰："秦王必祖张仪之故智。楚威王攻梁也，张仪谓秦王曰：'与楚攻魏，魏折而入于楚，韩固其与国也，是秦孤也。不如出兵以到之，魏楚大战，秦取西河之外以归。'今其状阳言与韩，其实阴善楚。公待秦而到，必轻与楚战。楚阴得秦之不用也，必易与公相支也。公战而胜楚，遂与公乘楚，施三川而归。公战不胜楚，楚塞三川守之，公不能救也。窃为公患之。司马庚三反于郢，甘茂与昭鱼遇于商於，其言收玺，实类有约也。"公仲恐，曰："然则奈何？"曰："公必先韩而后秦，先身而后张仪。公不如亟以国合于齐、楚，齐、楚必委国于公。公之所恶者张仪也，其实犹不无秦也。"于是楚解雍氏围。

苏代又谓秦太后弟芈戎曰："公叔伯婴恐秦、楚之内虮虱也，公何不为韩求质子于楚？楚王听，入质子于韩，则公叔伯婴知秦、楚之不以虮虱为事，必以韩合于秦、楚。秦、楚挟韩以窘魏，魏氏不敢合于齐，是齐孤也。公又为秦求质子于楚，楚不听，怨结于韩。韩挟齐、魏以围楚，楚必重公。公挟秦、楚之重以积德于韩，公叔伯婴必以国待公。"于是虮虱竟不得归韩。韩立咎为太子。齐、魏王来。

十四年，与齐、魏王共击秦，至函谷而军焉。十六年，秦与我河外及武遂。襄王卒，太子咎立，是为釐王。

釐王三年，使公孙喜率周、魏攻秦。秦败我二十四万，虏喜伊阙。五年，秦拔我宛。六年，与秦武遂地二百里。十年，秦败我师于夏山。十二年，与秦昭王会西周而佐秦攻齐。齐败，湣王出亡。十四年，与秦会两周间。二十一年，使暴鸢救魏，为秦所败，鸢走开封。

二十三年，赵、魏攻我华阳。韩告急于秦，秦不救。韩相国谓陈筮曰："事急，愿公虽病，为一宿之行。"陈筮见穰侯。穰侯曰："事急乎？故使公来。"陈筮曰："未急也。"穰侯怒曰："是可以为公之主使乎？夫冠盖相望，告敝邑甚急，公来言未急，何也？"陈筮曰："彼韩急则将变而佗从，以未急，故复来耳。"穰侯曰："公无见王，请今发兵救韩。"八日而至，败赵、魏于华阳之下。是岁，釐王卒，子桓惠王立。

桓惠王元年，伐燕。九年，秦拔我陉，城汾旁。十年，秦击我于太行，我上党郡守以上党郡降赵。十四年，秦拔赵上党，杀马服子卒四十余万于长平。十七年，秦拔我阳城、负黍。二十二年，秦昭王卒。二十四年，秦拔我城皋、荥阳。二十六年，秦悉拔我上党。二十九年，秦拔我十三城。三十四年，桓惠王卒，子王安立。

王安五年，秦攻韩，韩急，使韩非使秦，秦留非，因杀之。

九年，秦虏王安，尽入其地，为颍川郡。韩遂亡。

太史公曰：韩厥之感晋景公，绍赵孤之子武，以成程婴、公孙杵臼之义，此天下之阴德也。韩氏之功，于晋未睹其大者也。然与赵、魏终为诸侯十余世，宜乎哉！

卷四十六　田敬仲完世家第十六

陈完者，陈厉公佗之子也。完生，周太史过陈，陈厉公使卜完，卦得观之否："是为观国之光，利用宾于王。此其代陈有国乎？不在此而在异国乎？非此其身也，在其子孙。若在异国，必姜姓。姜姓，四岳之后，物莫能两大，陈衰，此其昌乎？"

厉公者，陈文公少子也，其母蔡女。文公卒，厉公兄鲍立，是为桓公。桓公与佗异母。及桓公病，蔡人为佗杀桓公鲍及太子免而立佗，为厉公。厉公既立，娶蔡女。蔡女淫于蔡人，数归，厉公亦数如蔡。桓公之少子林怨厉公杀其父与兄，乃令蔡人诱厉公而杀之。林自立，是为庄公。故陈完不得立，为陈大夫。厉公之杀，以淫出国。故《春秋》曰"蔡人杀陈佗"，罪之也。

庄公卒，立弟杵臼，是为宣公。宣公二十一年，杀其太子御寇。御寇与完相爱，恐祸及己，完故奔齐。齐桓公欲使为卿，辞曰："羁旅之臣幸得免负檐，君之惠也，不敢当高位。"桓公使为工正。齐懿仲欲妻完，卜之，占曰："是谓凤皇于蜚，和鸣锵锵。有妫之后，将育于姜。五世其昌，并于正卿。八世之后，莫之与京。"卒妻完。完之奔齐，齐桓公立十四年矣。

完卒，谥为敬仲。仲生稚孟夷。敬仲之如齐，以陈字为田氏。

田稚孟夷生湣孟庄，田湣孟庄生文子须无。田文子事齐庄公。晋之大夫栾逞作乱于晋，来奔齐，齐庄公厚客之。

晏婴与田文子谏，庄公弗听。

文子卒，生桓子无宇。田桓子无宇有力，事齐庄公，甚有宠。

无宇卒，生武子开与釐子乞。田釐子乞事齐景公为大夫，其收赋税于民以小斗受之，其粟禀予民以大斗，行阴德于民，而景公弗禁。由此田氏得齐众心，宗族益强，民思田氏。晏子数谏景公，景公弗听。已而使于晋，与叔向私语曰："齐国之政其卒归于田氏矣。"

晏婴卒后，范、中行氏反晋。晋攻之急，范、中行请粟于齐。田乞欲为乱，树党于诸侯，乃说景公曰："范、中行数有德于齐，齐不可不救。"齐使田乞救之而输之粟。

景公太子死，后有宠姬曰芮子，生子荼。景公病，命其相国惠子与高昭子以子荼为太子。景公卒，两相高、国立荼，是为晏孺子。而田乞不说，欲立景公他子阳生。阳生素与乞欢。晏孺子之立也，阳生奔鲁。田乞伪事高昭子、国惠子者，每朝代参乘，言曰："始诸大夫不欲孺子。孺子既立，君相之，大夫皆自危，谋作乱。"又绐大夫曰："高昭子可畏也，及未发先之。"诸大夫从之。田乞、鲍牧与大夫以兵入公室，攻高昭子。昭子闻之，与国惠子救公。公师败。田乞之众追国惠子，惠子奔莒，遂反杀高昭子。晏孺子圉奔鲁。

田乞使人之鲁，迎阳生。阳生至齐，匿田乞家。请诸大夫曰："常之母有鱼菽之祭，幸而来会饮。"会饮田氏。田乞盛阳生橐中，置坐中央。发橐，出阳生，曰："此乃齐君矣。"大夫皆伏谒。将盟立之，田乞诬曰："吾与鲍牧谋共立阳生也。"鲍牧怒曰："大夫忘景公之命乎？"诸大夫欲悔，阳生乃顿首曰："可则立之，不可则已。"鲍牧恐祸及己，乃复曰："皆景公之子，何为不可！"遂立阳生于田乞之家，是为悼公。乃使人迁晏孺子于骀，而杀孺子荼。悼公既立，田乞为相，专齐政。

四年，田乞卒，子常代立，是为田成子。

鲍牧与齐悼公有郤，弑悼公。齐人共立其子壬，是为简公。田常成子与监止俱为左右相，相简公。田常心害监止，监止幸于简公，权弗能去。于是田常复修釐子之政，以大斗出贷，以小斗收。齐人歌之曰："妪乎采芑，归乎田成子！"齐大夫朝，御鞅谏简公曰："田、监不可并也，君其择焉。"君弗听。

子我者，监止之宗人也，常与田氏有郤。田氏疏族田豹事子我有宠。子我曰："吾欲尽灭田氏適，以豹代田氏宗。"豹曰："臣于田氏疏矣。"不听。已而豹谓田氏："子我将诛田氏，田氏弗先，祸及矣。"子我舍公宫，田常兄弟四人乘如公宫，欲杀子我。子我闭门。简公与妇人饮檀台，将欲击田常。太史子余曰："田常非敢为乱，将除害。"简公乃止。田常出，闻简公怒，恐诛，将出亡。田子行曰："需，事之贼也。"田常于是击子我。子我率其徒攻田氏，不胜，出亡。田氏之徒追杀子我及监止。

简公出奔，田氏之徒追执简公于徐州。简公曰："早从御鞅之言，不及此难。"田氏之徒恐简公复立而诛己，遂杀简公。简公立四年而杀。于是田常立简公弟骜，是为平公。平公即位，田常为相。

田常既杀简公，惧诸侯共诛己，乃尽归鲁、卫侵地，西约晋、韩、魏、赵氏，南通吴、越之使，修功行赏，亲于百姓，以故齐复定。

田常言于齐平公曰："德施人之所欲，君其行之；刑罚人之所恶，臣请行之。"行之五年，齐国之政皆归田常。田常于是尽诛鲍、晏、监止及公族之强者，而割齐自安平以东至琅邪，自为封邑。封邑大于平公之所食。

田常乃选齐国中女子长七尺以上为后宫。后宫以百数，而使宾客舍人出入后宫者不禁。及田常卒，有七十余男。

田常卒，子襄子盘代立，相齐。常谥为成子。

田襄子既相齐宣公，三晋杀知伯，分其地。襄子使其兄弟宗人尽为齐都邑大夫，与三晋通使，且以有齐国。

襄子卒，子庄子白立。田庄子相齐宣公。宣公四十三年，伐晋，毁黄城，围阳狐。明年，伐鲁、葛及安陵。明年，取鲁之一城。

庄子卒，子太公和立。田太公相齐宣公。宣公四十八年，取鲁之郕。明年，宣公与郑人会西城。伐卫，取毌丘。宣公五十一年卒，田会自廪丘反。

宣公卒，子康公贷立。贷立十四年，淫于酒、妇人，不听政。太公乃迁康公于海上，食一城，以奉其先祀。明年，鲁败齐平陆。

三年，太公与魏文侯会浊泽，求为诸侯。魏文侯乃使使言周天子及诸侯，请立齐相田和为诸侯。周天子许之。康公之十九年，田和立为齐侯，列于周室，纪元年。

齐侯太公和立二年，和卒，子桓公午立。桓公午五年，秦、魏攻韩，韩求救于齐。齐桓公召大臣而谋曰："早救之孰与晚救之？"驺忌子曰："不若勿救。"段干朋曰："不救，则韩且折而入于魏，不若救之。"田臣思曰："过矣君之谋也！秦、魏攻韩，楚、赵必救之，是天以燕予齐也。"桓公曰："善。"乃阴告韩使者而遣之。韩自以为得齐之救，因与秦、魏战。楚、赵闻之，果起兵救之。齐因起兵袭燕国，取桑丘。

六年，救卫。桓公卒，子威王因齐立。是岁，故齐康公卒，绝无后，奉邑皆入田氏。

齐威王元年，三晋因齐丧来伐我灵丘。三年，三晋灭晋后而分其地。六年，鲁伐我，入阳关。晋伐我，至博陵。七年，卫伐我，取薛陵。九年，赵伐我，取甄。

威王初即位以来，不治，委政卿大夫，九年之间，诸侯并伐，国人不治。于是威王召即墨大夫而语之曰："自子之居即墨也，毁言日至。然吾使人视即墨，田野辟，民人给，官无留事，东方以宁。是子不事吾左右以求誉也。"封之万家。召阿大夫语曰："自子之守阿，誉言日闻。然使使视阿，田野不辟，民贫苦。昔日赵攻甄，子弗能救。卫取薛陵，子弗知。是子以币厚吾左右以求誉也。"是日，烹阿大夫，及左右尝誉者皆并烹之。遂起兵西击赵、卫，败魏于浊泽而围惠王。惠王请献观以和解，赵人归我长城。于是齐国震惧，人人不敢饰非，务尽其诚，齐国大治。诸侯闻之，莫敢致兵于齐二十余年。

驺忌子以鼓琴见威王，威王说而舍之右室。须臾，王鼓琴，驺忌子推户入曰："善哉鼓琴！"王勃然不说，去琴按剑曰："夫子见容未察，何以知其善也？"驺忌子曰："夫大弦浊以春温者，君也；小弦廉折以清者，相也；攫之深，醳之愉者，政令也；钧谐以鸣，大小相益，回邪而不相害者，四时也。吾是以知其善也。"王曰："善语音。"驺忌子曰："何独语音，夫治国家而弭人民皆在其中。"王又勃然不说曰："若夫语五音之纪，信未有如夫子者也。若夫治国家而弭人民，又何为乎丝桐之间？"驺忌子曰："夫大弦浊以春温者，君也；小弦廉折以清者，相也；攫之深而舍之愉者，政令也；钧谐以鸣，大小相益，回邪而不相害者，四时也。夫复而不乱者，所以治昌也；连而径者，所以存亡也。故曰琴音调而天下治。夫治国家而弭人民者，无若乎五音者。"王曰："善。"

驺忌子见三月而受相印。淳于髡见之曰："善说哉！髡有愚志，愿陈诸前。"驺忌子曰："谨受教。"淳于髡曰："得全全昌，失全全亡。"驺忌子曰："谨受令，请谨毋离前。"淳于髡曰："狶膏棘轴，所以为滑也，然而不能运方穿。"驺忌子曰："谨受令，请谨事左右。"淳于髡曰："弓胶昔干，所以为合也，然而不能傅合疏罅。"驺忌子曰："谨受令，请谨自附于万民。"淳于髡曰："狐裘虽弊，不可补以黄狗之皮。"驺忌子曰："谨受令，请谨择君子，毋杂小人其间。"淳于髡曰："大车不较，不能载其常任；琴瑟不较，不能成其五音。"驺忌子曰："谨受令，请谨修法律而督奸吏。"淳于髡说，毕，趋出，至门，而面其仆曰："是人者，吾语之微言五，其应我若响之应声，是人必封不久矣。"居期年，封以下邳，号曰成侯。

威王二十三年，与赵王会平陆。二十四年，与魏王会田于郊。魏王问曰："王亦有宝乎？"威王曰："无有。"梁王曰："若寡人国小也，尚有径寸之珠照车前后各十二乘者十枚，奈何以万乘之国而无宝乎？"威王曰："寡人之所以为宝与王异。吾臣有檀子者，使守南城，则楚人不敢为寇东取，泗上十二诸侯皆来朝。吾臣有盼子者，使守高唐，则赵人不敢东渔于河。吾吏有黔夫者，使守徐州，则燕人祭北门，赵人祭西门，徙而从者七千余家。吾臣有种首者，使备盗贼，则道不拾遗。将以照千里，岂特十二乘哉！"梁惠王惭，不怿而去。

二十六年，魏惠王围邯郸，赵求救于齐。齐威王召大臣而谋曰："救赵孰与勿救？"驺忌子曰："不如勿救。"段干朋曰："不救则不义，且不利。"威王曰："何也？"对曰："夫魏氏并邯郸，其于齐何利哉？且夫救赵而军其郊，是赵不伐而魏全也。故不如南攻襄陵以弊魏，邯郸拔而乘魏之弊。"威王从其计。

其后成侯驺忌与田忌不善，公孙阅谓成侯忌曰："公何不谋伐魏，田忌必将。战胜有功，则公之谋中也；战不胜，非前死则后北，而命在公矣。"于是成侯言威王，使田忌南攻襄陵。十月，邯郸拔，齐因起兵击魏，大败之桂陵。于是齐最强于诸侯，自称为王，以令天下。三十三年，杀其大夫牟辛。

三十五年，公孙阅又谓成侯忌曰："公何不令人操十金卜于市，曰'我田忌之人也。吾三战而三胜，声威天下。

欲为大事,亦吉乎不吉乎'?"卜者出,因令人捕为之卜者,验其辞于王之所。田忌闻之,因遂率其徒袭攻临淄,求成侯,不胜而奔。

三十六年,威王卒,子宣王辟强立。

宣王元年,秦用商鞅。周致伯于秦孝公。

二年,魏伐赵。赵与韩亲,共击魏。赵不利,战于南梁。宣王召田忌复故位。韩氏请救于齐,宣王召大臣而谋曰:"早救孰与晚救?"䮻忌子曰:"不如勿救。"田忌曰:"弗救,则韩且折而入于魏,不如早救之。"孙子曰:"夫韩、魏之兵未弊而救之,是吾代韩受魏之兵,顾反听命于韩也。且魏有破国之志,韩见亡,必东面而诉于齐矣。吾因深结韩之亲而晚承魏之弊,则可重利而得尊名也。"宣王曰:"善。"乃阴告韩之使者而遣之。

韩因恃齐,五战不胜,而东委国于齐。齐因起兵,使田忌、田婴将,孙子为师,救韩、赵以击魏,大败之马陵,杀其将庞涓,虏魏太子申。其后三晋之王皆因田婴朝齐王于博望,盟而去。

七年,与魏王会平阿南。明年,复会甄。魏惠王卒。明年,与魏襄王会徐州,诸侯相王也。十年,楚围我徐州。十一年,与魏伐赵,赵决河水灌齐、魏,兵罢。十八年,秦惠王称王。

宣王喜文学游说之士,自如䮻衍、淳于髡、田骈、接予、慎到、环渊之徒七十六人,皆赐列第,为上大夫,不治而议论。是以齐稷下学士复盛,且数百千人。

十九年,宣王卒,子湣王地立。

湣王元年,秦使张仪与诸侯执政会于啮桑。三年,封田婴于薛。四年,迎妇于秦。七年,与宋攻魏,败之观泽。

十二年,攻魏。楚围雍氏,秦败屈丐。苏代谓田轸曰:"臣愿有谒于公,其为事甚完,使楚利公,成为福,不成亦为福。今者臣立于门,客有言曰魏王谓韩冯、张仪曰:'煮枣将拔,齐兵又进,子来救寡人则可矣;不救寡人,寡人弗能拔。'此特转辞也。秦、韩之兵毋东,旬余,则魏氏转韩从秦,秦逐张仪,交臂而事齐、楚,此公之事成也。"田轸曰:"奈何使无东?"对曰:"韩冯之救魏之辞,必不谓韩王'冯以为魏',必曰'冯将以秦、韩之兵东却齐、宋,冯因抟三国之兵,乘屈丐之弊,南割于楚,故地必尽得之矣'。张仪救魏之辞,必不谓秦王'仪以为魏',必曰'仪且以秦、韩之兵东距齐、宋,仪将抟三国之兵,乘屈丐之弊,南割于楚,名存亡国,实伐三川而归,此王业也'。公令楚王与韩氏地,使秦制和,谓秦王'请与韩地,而王以施三川,韩氏之兵不用而得地于楚'。韩冯之东兵之辞且谓秦何?曰'秦兵不用而得三川,伐楚、韩以窘魏,魏氏不敢东,是孤齐也'。张仪之东兵之辞且谓何?曰'秦、韩欲地而兵有案,声威发于魏,魏氏之欲不失齐、楚者有资矣'。魏氏转秦、韩争事齐、楚,楚王欲而无与地,公令秦、韩之兵不用而得地,有一大德也。秦、韩之王劫于韩冯、张仪而东兵以徇服魏,公常执左券以责于秦、韩,此其善于公而恶张子多资矣。"

十三年,秦惠王卒。二十三年,与秦击败楚于重丘。二十四年,秦使泾阳君质于齐。二十五年,归泾阳君于秦。孟尝君薛文入秦,即相秦。文亡去。二十六年,齐与韩、魏共攻秦,至函谷,军焉。二十八年,秦与韩河外以和,兵罢。二十九年,赵杀其主父。齐佐赵灭中山。

三十六年,王为东帝,秦昭王为西帝。苏代自燕来,入齐,见于章华东门。齐王曰:"嘻,善,子来!秦使魏冉致帝,子以为何如?"对曰:"王之问臣也卒,而患之所从来微,愿王受之而勿爱称也。秦称之,天下安之,王乃称之,无后也。且让争帝名,无伤也。秦称之,天下恶之,王因勿称,以收天下,此大资也。且天下立两帝,王以天下为尊齐乎?尊秦乎?"王曰:"尊秦。"曰:"释帝,天下爱齐乎?爱秦乎?"王曰:"爱齐而憎秦。"曰:"两帝立约伐赵,孰与伐桀宋之利?"王曰:"伐桀宋利。"对曰:"夫约钧,然与秦为帝而天下独尊秦而轻齐,释帝则天下爱齐而憎秦,伐赵不如伐桀宋之利。故愿王明释帝以收天下,倍约宾秦,无争重,而王以其间举宋。夫有宋,卫之阳地危;有济西,赵之阿东国危;有淮北,楚之东国危;有陶、平陆,梁门不开。释帝而贷之以伐桀宋之事,国重而名尊,燕、楚所以形服,天下莫敢不听,此汤、武之举也。敬秦以为名,而后使天下憎之,此所谓以卑为尊者也。愿王孰虑之。"于是齐去帝复为王。秦亦去帝位。

三十八年,伐宋。秦昭王怒曰:"吾爱宋与爱新城、阳晋同。韩聂与吾友也,而攻吾所爱,何也?"苏代为齐谓秦王曰:"韩聂之攻宋,所以为王也。齐强,辅之以宋,楚、魏必恐,恐必西事秦,是王不烦一兵,不伤一士,无事而割安邑也,此韩聂之所祷于王也。"秦王曰:"吾患齐之难知。一从一衡,其说何也?"对曰:"天下国令齐可知乎?齐以攻宋,其知事秦以万乘之国自辅,不西事秦则宋治不安。中国白头游敖之士皆积智欲离齐秦之交,伏式结轶西驰者,未有一人言善齐者也,伏式结轶东驰者,未有一人言善秦者也。何则?皆不欲齐、秦之合。何晋、楚之智而齐、秦之愚也!晋楚合必议齐秦,齐秦合必图晋楚,请以此决事。"秦王曰:"诺。"于是齐遂伐宋,宋王出亡,死于温。齐南割楚之淮北,西侵三晋,欲以并周室,为天子。泗上诸侯邹、鲁之君皆称臣,诸侯恐惧。

三十九年,秦来伐,拔我列城九。

四十年,燕、秦、楚、三晋合谋,各出锐师以伐,败我济西。王解而却。燕将乐毅遂入临淄,尽取齐之宝藏器。湣王出亡,之卫。卫君辟宫舍之,称臣而共具。湣王不逊,卫人侵之。湣王去,走邹、鲁,有骄色,邹、鲁君弗内,遂走莒。楚使淖齿将兵救齐,因相齐湣王。淖齿遂杀湣王而与燕共分齐之侵地卤器。

湣王之遇杀,其子法章变名姓为莒太史敫家庸。太史敫女奇法章状貌,以为非恒人,怜而常窃衣食之,而与私通焉。淖齿既以去莒,莒中人及齐亡臣相聚求湣王子,欲立。法章惧其诛己也,久之,乃敢自言"我湣王子也"。于是莒人共立法章,是为襄王。以保莒城而布告齐国中:"王已立在莒矣。"

襄王既立,立太史氏女为王后,是为君王后,生子建。太史敫曰:"女不取媒因自嫁,非吾种也,污吾世。"终身不睹君王后。君王后贤,不以不睹故失人子之礼。

襄王在莒五年，田单以即墨攻破燕军，迎襄王于莒，入临菑，齐故地尽复属齐。齐封田单为安平君。

十四年，秦击我刚寿。十九年，襄王卒，子建立。

王建立六年，秦攻赵，齐、楚救之。秦计曰："齐、楚救赵，亲则退兵，不亲遂攻之。"赵无食，请粟于齐。齐不听。周子曰："不如听之以退秦兵，不听则秦兵不却，是秦之计中而齐、楚之计过也。且赵之于齐、楚，扞蔽也，犹齿之有唇也，唇亡则齿寒。今日亡赵，明日患及齐、楚。且救赵之务，宜若奉漏瓮沃焦釜也。夫救赵，高义也；却秦兵，显名也。义救亡国，威却强秦之兵，不务为此而务爱粟，为国计者过矣。"齐王弗听。秦破赵于长平四十余万，遂围邯郸。

十六年，秦灭周。君王后卒。二十三年，秦置东郡。二十八年，王入朝秦，秦王政置酒咸阳。三十五年，秦灭韩。三十七年，秦灭赵。三十八年，燕使荆轲刺秦王，秦王觉，杀轲。明年，秦破燕，燕王亡走辽东。明年，秦灭魏，秦兵次于历下。四十二年，秦灭楚。明年，虏代王嘉。灭燕王喜。

四十四年，秦兵击齐。齐王听相后胜计，不战，以兵降秦。秦虏王建，迁之共。遂灭齐为郡。天下壹并于秦，秦王政立号为皇帝。

始，君王后贤，事秦谨，与诸侯信，齐亦东边海上。秦日夜攻三晋、燕、楚，五国各自救于秦，以故王建立四十余年不受兵。君王后死，后胜相齐，多受秦间金，多使宾客入秦，秦又多予金，客皆为反间，劝王去从朝秦，不修攻战之备，不助五国攻秦，秦以故得灭五国。五国已亡，秦兵卒入临淄，民莫敢格者。王建遂降，迁于共。故齐人怨王建不早与诸侯合从攻秦，听奸臣宾客以亡其国，歌之曰："松耶柏耶？住建共者客耶？"疾建用客之不详也。

太史公曰：盖孔子晚而喜《易》。《易》之为术，幽明远矣，非通人达才孰能注意焉？故周太史之卦田敬仲完，占至十世之后；及完奔齐，懿仲卜之亦云。田乞及常所以比犯二君，专齐国之政，非必事势之渐然也，盖若遵厌兆祥云。

卷四十七　　孔子世家第十七

孔子生鲁昌平乡陬邑。其先宋人也，曰孔防叔。防叔生伯夏，伯夏生叔梁纥。纥与颜氏女野合而生孔子，祷于尼丘得孔子。鲁襄公二十二年而孔子生。生而首上圩顶，故因名曰丘云。字仲尼，姓孔氏。

丘生而叔梁纥死，葬于防山。防山在鲁东，由是孔子疑其父墓处，母讳之也。孔子为儿嬉戏，常陈俎豆，设礼容。孔子母死，乃殡五父之衢，盖其慎也。郰人挽父之母诲孔子父墓，然后往合葬于防焉。

孔子要绖，季氏飨士，孔子与往。阳虎绌曰："季氏飨士，非敢飨子也。"孔子由是退。

孔子年十七，鲁大夫孟釐子病且死，诫其嗣懿子曰："孔丘，圣人之后，灭于宋。其祖弗父何始有宋而嗣让厉公。及正考父佐戴、武、宣公，三命兹益恭，故鼎铭云：'一命而偻，再命而伛，三命而俯，循墙而走，亦莫敢余侮。饘于是，粥于是，以餬余口。'其恭如是。吾闻圣人之后，虽不当世，必有达者。今孔丘年少好礼，其达者欤？吾即没，若必师之。"及釐子卒，懿子与鲁人南宫敬叔往学礼焉。是岁，季武子卒，平子代立。

孔子贫且贱。及长，尝为季氏史，料量平；尝为司职吏而畜蕃息。由是为司空。已而去鲁，斥乎齐，逐乎宋、卫，困于陈、蔡之间，于是反鲁。孔子长九尺有六寸，人皆谓之"长人"而异之。鲁复善待，由是反鲁。

鲁南宫敬叔言鲁君曰："请与孔子适周。"鲁君与之一乘车，两马，一竖子俱，适周问礼，盖见老子云。辞去，而老子送之曰："吾闻富贵者送人以财，仁人者送人以言。吾不能富贵，窃仁人之号，送子以言，曰：'聪明深察而近于死者，好议人者也。博辩广大危其身者，发人之恶者也。为人子者毋以有己，为人臣者毋以有己。'"孔子自周反于鲁，弟子稍益进焉。

是时也，晋平公淫，六卿擅权，东伐诸侯；楚灵王兵强，陵轹中国；齐大而近于鲁。鲁小弱，附于楚则晋怒；附于晋则楚来伐；不备于齐，齐师侵鲁。

鲁昭公之二十年，而孔子盖年三十矣。齐景公与晏婴来适鲁，景公问孔子曰："昔秦穆公国小处辟，其霸何也？"对曰："秦，国虽小，其志大；处虽辟，行中正。身举五羖，爵之大夫，起累绁之中，与语三日，授之以政。以此取之，虽王可也，其霸小矣。"景公说。

孔子年三十五，而季平子与郈昭伯以斗鸡故得罪鲁昭公，昭公率师击平子，平子与孟氏、叔孙氏三家共攻昭公，昭公师败，奔于齐，齐处昭公乾侯。其后顷之，鲁乱。孔子适齐，为高昭子家臣，欲以通乎景公。与齐太师语乐，闻《韶》音，学之，三月不知肉味，齐人称之。

景公问政孔子，孔子曰："君君，臣臣，父父，子子。"景公曰："善哉！信如君不君，臣不臣，父不父，子不子，虽有粟，吾岂得而食诸！"他日又复问政于孔子，孔子曰："政在节财。"景公说，将欲以尼谿田封孔子。晏婴进曰："夫儒者滑稽而不可轨法；倨傲自顺，不可以为下；崇丧遂哀，破产厚葬，不可以为俗；游说乞贷，不可以为国。自大贤之息，周室既衰，礼乐缺有间。今孔子盛容饰，繁登降之礼，趋详之节，累世不能殚其学，当年不能究其礼。君欲用之以移齐俗，非所以先细民也。"后景公敬见孔子，不问其礼。异日，景公止孔子曰："奉子以季氏，吾不能。"以季孟之间待之。齐大夫欲害孔子，孔子闻之，景公曰："吾老矣，弗能用也。"孔子遂行，反乎鲁。

孔子年四十二，鲁昭公卒于乾侯，定公立。定公立五年，夏，季平子卒，桓子嗣立。季桓子穿井得土缶，中若羊，问仲尼云"得狗"。仲尼曰："以丘所闻，羊也。丘闻之，木石之怪夔、罔阆，水之怪龙、罔象，土之怪坟羊。"

吴伐越，堕会稽，得骨节专车。吴使使问仲尼："骨何者最大？"仲尼曰："禹致群神于会稽山，防风氏后至，禹杀而戮之，其节专车，此为大矣。"吴客曰："谁为神？"仲尼曰："山川之神足以纲纪天下，其守为神，社稷为公侯，皆属于王者。"客曰："防风何守？"仲尼曰："汪罔氏之君守封、禺之山，为釐姓。在虞、夏、商为汪罔，于周为长翟，今谓之大人。"客曰："人长几何？"仲尼曰："僬侥氏三尺，短之至也。长者不过十之，数之极也。"于是吴客曰："善哉圣人！"

桓子嬖臣曰仲梁怀，与阳虎有隙。阳虎欲逐怀，公山不狃止之。其秋，怀益骄，阳虎执怀。桓子怒，阳虎因囚桓子，与盟而醳之。阳虎由此益轻季氏。季氏亦僭于公室，陪臣执国政，是以鲁自大夫以下皆僭，离于正道。故孔子不仕，退而修诗、书、礼、乐，弟子弥众，至自远方，莫不受业焉。

定公八年，公山不狃不得意于季氏，因阳虎为乱，欲废三桓之适，更立其庶孽阳虎素所善者，遂执季桓子。桓子诈之，得脱。定公九年，阳虎不胜，奔于齐。是时孔子年五十。

公山不狃以费畔季氏，使人召孔子。孔子循道弥久，温温无所试，莫能己用，曰："盖周文、武起丰镐而王，今费虽小，傥庶几乎！"欲往。子路不说，止孔子。孔子曰："夫召我者岂徒哉？如用我，其为东周乎！"然亦卒不行。

其后定公以孔子为中都宰，一年，四方皆则之。由中都宰为司空，由司空为大司寇。

定公十年春，及齐平。夏，齐大夫黎鉏言于景公曰："鲁用孔丘，其势危矣。"乃使使告鲁为好会，会于夹谷。鲁定公且以乘车好往。孔子摄相事，曰："臣闻有文事者必有武备，有武事者必有文备。古者诸侯出疆，必具官以从。请具左右司马。"定公曰："诺。"具左右司马。会齐侯夹谷，为坛位，土阶三等，以会遇之礼相见，揖让而登。献酬之礼毕，齐有司趋而进曰："请奏四方之乐。"景公曰："诺。"于是旍旄羽袚矛戟剑拨鼓噪而至。孔子趋而进，历阶而登，不尽一等，举袂而言曰："吾两君为好会，夷狄之乐何为于此！请命有司！"有司却之，不去，则左右视晏子与景公。景公心怍，麾而去之。有顷，齐有司趋而进曰："请奏宫中之乐。"景公曰："诺。"优倡侏儒为戏而前。孔子趋而进，历阶而登，不尽一等，曰："匹夫而荧惑诸侯者罪当诛！请命有司！"有司加法焉，手足异处。景公惧而动，知义不若，归而大恐，告其群臣曰："鲁以君子之道辅其君，而子独以夷狄之道教寡人，使得罪于鲁君，为之奈何？"有司进对曰："君子有过则谢以质，小人有过则谢以文。君若悼之，则谢以质。"于是齐侯乃归所侵鲁之郓、汶阳、龟阴之田以谢过。

定公十三年夏，孔子言于定公曰："臣无藏甲，大夫毋百雉之城。"使仲由为季氏宰，将堕三都。于是叔孙氏先堕郈。季氏将堕费，公山不狃、叔孙辄率费人袭鲁。公与三子入于季氏之宫，登武子之台。费人攻之，弗克，入及公侧。孔子命申句须、乐颀下伐之，费人北。国人追之，败诸姑蔑。二子奔齐，遂堕费。将堕成，公敛处父谓孟孙曰："堕成，齐人必至于北门。且成，孟氏之保鄣，无成是无孟氏也。我将弗堕。"十二月，公围成，弗克。

定公十四年，孔子年五十六，由大司寇行摄相事，有喜色。门人曰："闻君子祸至不惧，福至不喜。"孔子曰："有是言也。不曰'乐其以贵下人'乎？"于是诛鲁大夫乱政者少正卯。与闻国政三月，粥羔豚者弗饰贾；男女行者别于涂；涂不拾遗；四方之客至乎邑者不求有司，皆予之以归。

齐人闻而惧，曰："孔子为政必霸，霸则吾地近焉，我之为先并矣，盍致地焉？"黎鉏曰："请先尝沮之，沮之而不可，则致地，庸迟乎！"于是选齐国中女子好者八十人，皆衣文衣而舞《康乐》，文马三十驷，遗鲁君，陈女乐文马于鲁城南高门外。季桓子微服往观再三，将受，乃语鲁君为周道游，往观终日，怠于政事。子路曰："夫子可以行矣。"孔子曰："鲁今且郊，如致膰乎大夫，则吾犹可以止。"桓子卒受齐女乐，三日不听政；郊，又不致膰俎于大夫。孔子遂行，宿乎屯。而师己送，曰："夫子则非罪。"孔子曰："吾歌可夫？"歌曰："彼妇之口，可以出走；彼妇之谒，可以死败。盖优哉游哉，维以卒岁！"师己反，桓子曰："孔子亦何言？"师己以实告。桓子喟然叹曰："夫子罪我以群婢故也夫！"

孔子遂适卫，主于子路妻兄颜浊邹家。卫灵公问孔子："居鲁得禄几何？"对曰："奉粟六万。"卫人亦致粟六万。居顷之，或谮孔子于卫灵公。灵公使公孙余假一出一入。孔子恐获罪焉，居十月，去卫。

将适陈，过匡，颜刻为仆，以其策指之曰："昔吾入此，由彼缺也。"匡人闻之，以为鲁之阳虎。阳虎尝暴匡人，匡人于是遂止孔子。孔子状类阳虎，拘焉五日。颜渊后，子曰："吾以汝为死矣。"颜渊曰："子在，回何敢死！"匡人拘孔子益急，弟子惧。孔子曰："文王既没，文不在兹乎？天之将丧斯文也，后死者不得与于斯文也。天之未丧斯文也，匡人其如予何！"孔子使从者为宁武子臣于卫，然后得去。

去即过蒲。月余，反乎卫，主蘧伯玉家。灵公夫人有南子者，使人谓孔子："四方之君子不辱欲与寡君为兄弟者，必见寡小君。寡小君愿见。"孔子辞谢，不得已而见之。夫人在絺帷中，孔子入门，北面稽首。夫人自帷中再拜，环佩玉声璆然。孔子曰："吾乡为弗见，见之礼答焉。"子路不说。孔子矢之曰："予所不者，天厌之！天厌之！"居卫月余，灵公与夫人同车，宦者雍渠参乘，出，使孔子为次乘，招摇市过之。孔子曰："吾未见好德如好色者也。"于是丑之，去卫，过曹。是岁，鲁定公卒。

孔子去曹适宋，与弟子习礼大树下。宋司马桓魋欲杀孔子，拔其树。孔子去。弟子曰："可以速矣。"孔子曰："天生德于予，桓魋其如予何！"

孔子适郑，与弟子相失，孔子独立郭东门。郑人或谓子贡曰："东门有人，其颡似尧，其项类皋陶，其肩类子产，然自要以下不及禹三寸，累累若丧家之狗。"子贡以实告孔子。孔子欣然笑曰："形状，末也。而谓似丧家之狗，然哉！然哉！"

孔子遂至陈，主于司城贞子家。岁余，吴王夫差伐陈，取三邑而去。赵鞅伐朝歌。楚围蔡，蔡迁于吴。吴败越王勾践会稽。

有隼集于陈廷而死，楛矢贯之，石砮，矢长尺有咫。陈湣公使使问仲尼，仲尼曰："隼来远矣，此肃慎之矢也。昔武王克商，通道九夷百蛮，使各以其方贿来贡，使无忘职业。于是肃慎贡楛矢石砮，长尺有咫。先王欲昭其令德，以肃慎矢分大姬，配虞胡公而封诸陈。分同姓以珍玉，展亲；分异姓以远方职，使无忘服。故分陈以肃慎矢。"试求之故府，果得之。

孔子居陈三岁，会晋楚争强，更伐陈，及吴侵陈，陈常被寇。孔子曰："归与归与！吾党之小子狂简，进取不忘其初。"于是孔子去陈。

过蒲，会公叔氏以蒲畔，蒲人止孔子。弟子有公良孺者，以私车五乘从孔子。其为人长，贤，有勇力，谓曰："吾昔从夫子遇难于匡，今又遇难于此，命也已。吾与夫子再罹难，宁斗而死。"斗甚疾。蒲人惧，谓孔子曰："苟毋适卫，吾出子。"与之盟，出孔子东门。孔子遂适卫。子贡曰："盟可负邪？"孔子曰："要盟也，神不听。"

卫灵公闻孔子来，喜，郊迎，问曰："蒲可伐乎？"对曰："可。"灵公曰："吾大夫以为不可。今蒲，卫之所以待晋、楚也，以卫伐之，无乃不可乎？"孔子曰："其男子有死之志，妇人有保西河之志。吾所伐者不过四五人。"灵公曰："善。"然不伐蒲。

灵公老，怠于政，不用孔子。孔子喟然叹曰："苟有用我者，期月而已，三年有成。"孔子行。

佛肸为中牟宰。赵简子攻范、中行，伐中牟，佛肸畔，使人召孔子。孔子欲往。子路曰："由闻诸夫子，'其身亲为不善者，君子不入也'。今佛肸亲以中牟畔，子欲往，如之何？"孔子曰："有是言也。不曰坚乎，磨而不磷；不曰白乎，涅而不淄。我岂匏瓜也哉，焉能系而不食？"

孔子击磬，有荷蒉而过门者，曰："有心哉，击磬乎！硁硁乎，莫己知也夫而已矣！"

孔子学鼓琴师襄子，十日不进。师襄子曰："可以益矣。"孔子曰："丘已习其曲矣，未得其数也。"有间，曰："已习其数，可以益矣。"孔子曰："丘未得其志也。"有间，曰："已习其志，可以益矣。"孔子曰："丘未得其为人也。"有间，有所穆然深思焉，有所怡然高望而远志焉，曰："丘得其为人，黯然而黑，几然而长，眼如望羊，如王四国，非文王其谁能为此也！"师襄子辟席再拜，曰："师盖云《文王操》也。"

孔子既不得用于卫，将西见赵简子。至于河而闻窦鸣犊、舜华之死也，临河而叹曰："美哉水，洋洋乎！丘之不济此，命也夫！"子贡趋而进曰："敢问何谓也？"孔子曰："窦鸣犊、舜华，晋国之贤大夫也。赵简子未得志之时，须此两人而后从政；及其已得志，杀之乃从政。丘闻之也，刳胎杀夭则麒麟不至郊，竭泽涸渔则蛟龙不合阴阳，覆巢毁卵则凤皇不翔。何则？君子讳伤其类也。夫鸟兽之于不义也尚知辟之，而况乎丘哉！"乃还息乎陬乡，作为《陬操》以哀之。而反乎卫，入主蘧伯玉家。

他日，灵公问兵陈，孔子曰："俎豆之事则尝闻之，军旅之事未之学也。"明日，与孔子语，见蜚雁，仰视之，色不在孔子。孔子遂行，复如陈。

夏，卫灵公卒，立孙辄，是为卫出公。六月，赵鞅内太子蒯聩于戚。阳虎使太子絻，八人衰绖，伪自卫迎者，哭而入，遂居焉。冬，蔡迁于州来。是岁鲁哀公三年，而孔子年六十矣。齐助卫围戚，以卫太子蒯聩在故也。

夏，鲁桓、釐庙燔，南宫敬叔救火。孔子在陈，闻之，曰："灾必于桓、釐庙乎？"已而果然。

秋，季桓子病，辇而见鲁城，喟然叹曰："昔此国几兴矣，以吾获罪于孔子，故不兴也。"顾谓其嗣康子曰："我即死，若必相鲁；相鲁，必召仲尼。"后数日，桓子卒，康子代立。已葬，欲召仲尼。公之鱼曰："昔吾先君用之不终，终为诸侯笑。今又用之不能终，是再为诸侯笑。"康子曰："则谁召而可？"曰："必召冉求。"于是使使召冉求。冉求将行。孔子曰："鲁人召求，非小用之，将大用之也。"是日，孔子曰："归乎归乎！吾党之小子狂简，斐然成章，吾不知所以裁之。"子赣知孔子思归，送冉求，因诫曰"即用，以孔子为招"云。

冉求既去，明年，孔子自陈迁于蔡。蔡昭公将如吴，吴召之也。前昭公欺其臣迁州来，后将往，大夫惧复迁，公孙翩射杀昭公。楚侵蔡。秋，齐景公卒。

明年，孔子自蔡如叶。叶公问政，孔子曰："政在来远附迩。"他日，叶公问孔子于子路，子路不对。孔子闻之，曰："由，尔何不对曰'其为人也，学道不倦，诲人不厌，发愤忘食，乐以忘忧，不知老之将至'云尔。"

去叶，反于蔡。长沮、桀溺耦而耕，孔子以为隐者，使子路问津焉。长沮曰："彼执舆者为谁？"子路曰："为孔丘。"曰："是鲁孔丘与？"曰："然。""是知津矣。"桀溺谓子路曰："子为谁？"曰："为仲由。"曰："子，孔丘之徒与？"曰："然。"桀溺曰："悠悠者天下皆是也，而谁以易之？且与其从辟人之士，岂若从辟世之士哉！"耰而不辍。子路以告孔子，孔子怃然曰："鸟兽不可与同群。天下有道，丘不与易也。"

他日，子路行，遇荷蓧丈人，曰："子见夫子乎？"丈人曰："四体不勤，五谷不分，孰为夫子！"植其杖而芸。子路以告，孔子曰："隐者也。"复往，则亡。

孔子迁于蔡三岁，吴伐陈。楚救陈，军于城父。闻孔子在陈、蔡之间，楚使人聘孔子。孔子将往拜礼，陈蔡大夫谋曰："孔子贤者，所刺讥皆中诸侯之疾。今者久留陈、蔡之间，诸大夫所设行皆非仲尼之意。今楚，大国也，来聘孔子。孔子用于楚，则陈、蔡用事大夫危矣。"于是乃相与发徒役围孔子于野。不得行，绝粮，从者病，莫能兴。孔子讲诵弦歌不衰。子路愠见曰："君子亦有穷乎？"孔子曰："君子固穷，小人穷斯滥矣。"

子贡色作，孔子曰："赐，尔以予为多学而识之者与？"曰："然，非与？"孔子曰："非也。予一以贯之。"

孔子知弟子有愠心，乃召子路而问曰："《诗》云'匪兕匪虎，率彼旷野'。吾道非耶？吾何为于此？"子路曰："意者吾未仁耶？人之不我信也。意者吾未知耶？人之不我行也。"孔子曰："有是乎！由，譬使仁者而必信，安有伯夷、叔齐？使智者而必行，安有王子比干？"

子路出，子贡入见。孔子曰："赐，《诗》云'匪兕匪虎，率彼旷野'。吾道非耶？吾何为于此？"子贡曰："夫子之道至大也，故天下莫能容夫子。夫子盖少贬焉？"孔子曰："赐，良农能稼而不能为穑，良工能巧而不能为顺。君子能修其道，纲而纪之，统而理之，而不能为容。今尔不修尔道而求为容。赐，而志不远矣！"

子贡出，颜回入见。孔子曰："回，《诗》云'匪兕匪虎，率彼旷野'。吾道非耶？吾何为于此？"颜回曰："夫子之道至大，故天下莫能容。虽然，夫子推而行之，不容何病，不容然后见君子！夫道之不修也，是吾丑也。夫道既已大修而不用，是有国者之丑也。不容何病，不容然后见君子！"孔子欣然而笑曰："有是哉颜氏之子！使尔多财，吾为尔宰。"

于是使子贡至楚。楚昭王兴师迎孔子，然后得免。

昭王将以书社地七百里封孔子。楚令尹子西曰："王之使使诸侯有如子贡者乎？"曰："无有。""王之辅相有如颜回者乎？"曰："无有。""王之将率有如子路者乎？"曰："无有。""王之官尹有如宰予者乎？"曰："无有。""且楚之祖封于周，号为子男五十里。今孔丘述三王之法，明周、召之业，王若用之，则楚安得世世堂堂方数千里乎？夫文王在丰，武王在镐，百里之君卒王天下。今孔丘得据土壤，贤弟子为佐，非楚之福也。"昭王乃止。其秋，楚昭王卒于城父。

楚狂接舆歌而过孔子，曰："凤兮凤兮，何德之衰！往者不可谏兮，来者犹可追也！已而已而，今之从政者殆而！"孔子下，欲与之言，趋而去，弗得与之言。

于是孔子自楚反乎卫。是岁也，孔子年六十三，而鲁哀公六年也。

其明年，吴与鲁会缯，征百牢。太宰嚭召季康子。康子使子贡往，然后得已。

孔子曰："鲁卫之政，兄弟也。"是时，卫君辄父不得立，在外，诸侯数以为让。而孔子弟子多仕于卫，卫君欲得孔子为政。子路曰："卫君待子而为政，子将奚先？"孔子曰："必也正名乎！"子路曰："有是哉，子之迂也！何其正也？"孔子曰："野哉由也！夫名不正则言不顺，言不顺则事不成，事不成则礼乐不兴，礼乐不兴则刑罚不中，刑罚不中则民无所错手足矣。夫君子为之必可名，言之必可行。君子于其言，无所苟而已矣。"

其明年，冉有为季氏将师，与齐战于郎，克之。季康子曰："子之于军旅，学之乎？性之乎？"冉有曰："学之于孔子。"季康子曰："孔子何如人哉？"对曰："用之有名，播之百姓，质诸鬼神而无憾。求之至于此道，虽累社，夫子不利也。"康子曰："我欲召之，可乎？"对曰："欲召之，则毋以小人固之，则可矣。"而卫孔文子将攻太叔，问策于仲尼。仲尼辞不知，退而命载而行，曰："鸟能择木，木岂能择鸟乎！"文子固止。会季康子逐公华、公宾、公林，以币迎孔子，孔子归鲁。

孔子之去鲁凡十四岁而反乎鲁。

鲁哀公问政，对曰："政在选臣。"季康子问政，曰："举直错诸枉，则枉者直。"康子患盗，孔子曰："苟子之不欲，虽赏之不窃。"然鲁终不能用孔子，孔子亦不求仕。

孔子之时，周室微而礼乐废，《诗》《书》缺。追迹三代之礼，序《书》传，上纪唐虞之际，下至秦穆，编次其事，曰："夏礼吾能言之，杞不足征也。殷礼吾能言之，宋不足征也。足，则吾能征之矣。"观殷夏所损益，曰："后虽百世可知也，以一文一质。周监二代，郁郁乎文哉。吾从周。"故《书》传、《礼》记自孔氏。

孔子语鲁大师："乐其可知也。始作翕如，纵之纯如，皦如，绎如也，以成。""吾自卫反鲁，然后乐正，《雅》《颂》各得其所。"

古者《诗》三千余篇，及至孔子，去其重，取可施于礼义，上采契、后稷，中述殷、周之盛，至幽、厉之缺，始于衽席，故曰"《关雎》之乱以为《风》始，《鹿鸣》为《小雅》始，《文王》为《大雅》始，《清庙》为《颂》始"。三百五篇孔子皆弦歌之，以求合《韶》、《武》、《雅》、《颂》之音，礼乐自此可得而述，以备王道，成六艺。

孔子晚而喜《易》，序《彖》、《系》、《象》、《说卦》、《文言》。读《易》，韦编三绝，曰："假我数年，若是，我于《易》则彬彬矣。"

孔子以《诗》、《书》礼、乐教，弟子盖三千焉，身通六艺者七十有二人。如颜浊邹之徒，颇受业者甚众。

孔子以四教：文，行，忠，信。绝四：毋意，毋必，毋固，毋我。所慎：斋，战，疾。子罕言利与命与仁。不愤不启，举一隅不以三隅反，则弗复也。

其于乡党，恂恂似不能言者。其于宗庙朝廷，辩辩言，唯谨尔。朝，与上大夫言，訚訚如也；与下大夫言，侃侃如也。入公门，鞠躬如也；趋进，翼如也。君召使傧，色勃如也。君命召，不俟驾行矣。

鱼馁，肉败，割不正，不食。席不正，不坐。食于有丧者之侧，未尝饱也。

是日哭，则不歌。见齐衰、瞽者，虽童子必变。

"三人行，必得我师。""德之不修，学之不讲，闻义不能徙，不善不能改，是吾忧也。"使人歌，善，则使复之，然后和之。

子不语：怪、力、乱、神。

子贡曰："夫子之文章，可得闻也。夫子言天道与性命，弗可得闻也已。"颜渊喟然叹曰："仰之弥高，钻之弥坚。瞻之在前，忽焉在后。夫子循循然善诱人，博我以文，约我以礼，欲罢不能。既竭我才，如有所立，卓尔。虽欲从之，蔑由也已。"达巷党人童子曰："大哉孔子，博学而无所成名。"子闻之曰："我何执？执御乎？执射乎？我执御矣。"牢曰："子云'不试，故艺。'"

鲁哀公十四年春，狩大野。叔孙氏车子鉏商获兽，以为不祥。仲尼视之，曰："麟也。"取之。曰："河不出图，洛不出书，吾已矣夫！"

颜渊死，孔子曰："天丧予！"及西狩见麟，曰："吾道穷矣！"喟然叹曰："莫知我夫！"子贡曰："何为莫知子？"子曰："不怨天，不尤人，下学而上达，知我者其天乎！"

"不降其志，不辱其身，伯夷、叔齐乎！"谓"柳下惠、少连降志辱身矣"。谓"虞仲、夷逸隐居放言，行中清，废中权。""我则异于是，无可无不可。"

子曰："弗乎弗乎，君子病没世而名不称焉。吾道不行矣，吾何以自见于后世哉？"乃因史记作《春秋》，上至隐公，下讫哀公十四年，十二公。据鲁，亲周，故殷，运之三代。约其文辞而指博。故吴楚之君自称王，而《春秋》贬之曰"子"；践土之会实召周天子，而《春秋》讳之曰"天王狩于河阳"。推此类，以绳当世贬损之义。后有王者举而开之。《春秋》之义行，则天下乱臣贼子惧焉。

孔子在位听讼，文辞有可与人共者，弗独有也。至于为《春秋》，笔则笔，削则削，子夏之徒不能赞一辞。弟子受《春秋》，孔子曰："后世知丘者以《春秋》，而罪丘者亦以《春秋》。"

明岁，子路死于卫。孔子病，子贡请见。孔子方负杖逍遥于门，曰："赐，汝来何其晚也？"孔子因叹，歌曰："太山坏乎！梁柱摧乎！哲人萎乎！"因以涕下。谓子贡："天下无道久矣，莫能宗予。夏人殡于东阶，周人于西阶，殷人两柱间。昨暮予梦坐奠两柱之间，予始殷人也。"后七日卒。

孔子年七十三，以鲁哀公十六年四月己丑卒。

哀公诔之曰："旻天不吊，不慭遗一老，俾屏余一人以在位，茕茕余在疚。呜呼哀哉！尼父，毋自律！"子贡曰："君其不没于鲁乎！夫子之言曰：'礼失则昏，名失则愆。失志为昏，失所为愆。'生不能用，死而诔之，非礼也。称'余一人'，非名也。"

孔子葬鲁城北泗上，弟子皆服三年。三年心丧毕，相诀而去，则哭，各复尽哀；或复留。唯子贡庐于冢上，凡六年，然后去。弟子及鲁人往从冢而家者百有余室，因命曰孔里。鲁世世相传以岁时奉祠孔子冢，而诸儒亦讲礼乡饮大射于孔子冢。孔子冢大一顷。故所居堂弟子内，后世因庙藏孔子衣冠琴车书，至于汉二百余年不绝。高皇帝过鲁，以太牢祠焉。诸侯卿相至，常先谒然后从政。

孔子生鲤，字伯鱼。伯鱼年五十，先孔子死。

伯鱼生伋，字子思，年六十二。尝困于宋。子思作《中庸》。

子思生白，字子上，年四十七。子上生求，字子家，年四十五。子家生箕，字子京，年四十六。子京生穿，字子高，年五十一。子高生子慎，年五十七，尝为魏相。

子慎生鲋，年五十七，为陈王涉博士，死于陈下。

鲋弟子襄，年五十七。尝为孝惠皇帝博士，迁为长沙太守。长九尺六寸。

子襄生忠，年五十七。忠生武，武生延年及安国。安国为今皇帝博士，至临淮太守，早卒。安国生卬，卬生驩。

太史公曰：《诗》有之："高山仰止，景行行止。"虽不能至，然心乡往之。余读孔氏书，想见其为人。适鲁，观仲尼庙堂车服礼器，诸生以时习礼其家，余低回留之不能去云。天下君王至于贤人众矣，当时则荣，没则已焉。孔子布衣，传十余世，学者宗之。自天子王侯，中国言"六艺"者折中于夫子，可谓至圣矣！

卷四十八　　陈涉世家第十八

陈胜者，阳城人也，字涉。吴广者，阳夏人也，字叔。

陈涉少时，尝与人佣耕，辍耕之垄上，怅恨久之，曰："苟富贵，无相忘。"庸者笑而应曰："若为庸耕，何富贵也？"陈涉太息曰："嗟乎！燕雀安知鸿鹄之志哉！"

二世元年七月，发闾左適戍渔阳，九百人屯大泽乡。陈胜、吴广皆次当行，为屯长。会天大雨，道不通，度已失期。失期，法皆斩。陈胜、吴广乃谋曰："今亡亦死，举大计亦死，等死，死国可乎？"陈胜曰："天下苦秦久矣。吾闻二世少子也，不当立，当立者乃公子扶苏。扶苏以数谏故，上使外将兵。今或闻无罪，二世杀之。百姓多闻其贤，未知其死也。项燕为楚将，数有功，爱士卒，楚人怜之。或以为死，或以为亡。今诚以吾众诈自称公子扶苏、项燕，为天下唱，宜多应者。"吴广以为然，乃行卜。卜者知其指意，曰："足下事皆成，有功。然足下卜之鬼乎！"陈胜、吴广喜，念鬼，曰："此教我先威众耳。"乃丹书帛曰："陈胜王"，置人所罾鱼腹中。卒买鱼烹食，得鱼腹中书，固以怪之矣。又间令吴广之次所旁丛祠中，夜篝火，狐鸣呼曰"大楚兴，陈胜王"。卒皆夜惊恐。旦日，卒中往往语，皆指目陈胜。

吴广素爱人，士卒多为用者。将尉醉，广故数言欲亡，忿恚尉，令辱之，以激怒其众。尉果笞广。尉剑挺，广起，夺而杀尉。陈胜佐之，并杀两尉。召令徒属曰："公等遇雨，皆已失期，失期当斩。藉弟令毋斩，而戍死者固十六七。且壮士不死即已，死即举大名耳，王侯将相宁有种乎！"徒属皆曰："敬受命。"乃诈称公子扶苏、项燕，从民欲也。袒右，称大楚。为坛而盟，祭以尉首。陈胜自立为将军，吴广为都尉。攻大泽乡，收而攻蕲。蕲下，乃令符离人葛婴将兵徇蕲以东。攻铚、酂、苦、柘、谯，皆下之。行收兵，比至陈，车六七百乘，骑千余，卒数万人。攻陈，陈守令皆不在，独守丞与战谯门中。弗胜，守丞死，乃入据陈。数日，号令召三老、豪杰与皆来会计事。三老、豪杰皆曰："将军身被坚执锐，伐无道，诛暴秦，复立楚国之社稷，功宜为王。"陈涉乃立为王，号为"张楚"。

当此时，诸郡县苦秦吏者，皆刑其长吏，杀之以应陈涉。乃以吴叔为假王，监诸将以西击荥阳。令陈人武臣、张耳、陈余徇赵地，令汝阴人邓宗徇九江郡。当此时，楚兵数千人为聚者不可胜数。

葛婴至东城，立襄强为楚王。婴后闻陈王已立，因杀襄强还报。至陈，陈王诛杀葛婴。

陈王令魏人周市北徇魏地。吴广围荥阳。李由为三川守，守荥阳，吴叔弗能下。陈王征国之豪杰与计，以上蔡人房君蔡赐为上柱国。

周文，陈之贤人也，尝为项燕军视日，事春申君，自言习兵，陈王与之将军印，西击秦。行收兵至关，车千乘，卒数十万，至戏，军焉。秦令少府章邯免郦山徒、人奴产子，悉发以击楚大军，尽败之。周文败，走出关，止次曹阳二三月。章邯追败之，复走次渑池十余日。章邯击，大破之。周文自刭，军遂不战。

武臣到邯郸，自立为赵王，陈余为大将军，张耳、召骚为左右丞相。陈王怒，捕系武臣等家室，欲诛之。柱国曰："秦未亡而诛赵王将相家属，此生一秦也。不如因而立之。"陈王乃遣使者贺赵，而徙系武臣等家属宫中，而封耳子张敖为成都君，趣赵兵亟入关。赵王将相相与谋曰："王王赵，非楚意也。楚已诛秦，必加兵于赵。计莫如毋西兵，使使北徇燕地以自广也。赵南据大河，北有燕、代，楚虽胜秦，不敢制赵。若楚不胜秦，必重赵。赵乘秦之弊，可以得志于天下。"赵王以为然，因不西兵，而遣故上谷卒史韩广将兵北徇燕地。

燕故贵人豪杰谓韩广曰："楚已立王，赵又已立王。燕虽小，亦万乘之国也，愿将军立为燕王。"韩广曰："广母在赵，不可。"燕人曰："赵方西忧秦，南忧楚，其力不能禁我。且以楚之强，不敢害赵王将相之家，赵独安敢害将军之家！"韩广以为然，乃自立为燕王。居数月，赵奉燕王母及家属归之燕。

当此之时，诸将之徇地者，不可胜数。周市北徇地至狄，狄人田儋杀狄令，自立为齐王，以齐反击周市。市军散，还至魏地，欲立魏后故宁陵君咎为魏王。时咎在陈王所，不得之魏。魏地已定，欲相与立周市为魏王，周市不肯。使者五反，陈王乃立宁陵君咎为魏王，遣之国。周市卒为相。

将军田臧等相与谋曰："周章军已破矣，秦兵旦暮至，我围荥阳城弗能下，秦军至，必大败。不如少遗兵，足以守荥阳，悉精兵迎秦军。今假王骄，不知兵权，不可与计，非诛之，事恐败。"

因相与矫王令以诛吴叔，献其首于陈王。陈王使使赐田臧楚令尹印，使为上将。田臧乃使诸将李归等守荥阳城，自以精兵西迎秦军于敖仓。与战，田臧死，军破。章邯进兵击李归等荥阳下，破之，李归等死。

阳城人邓说将兵居郏，章邯别将击破之，邓说军散走陈。铚人伍徐将兵居许，章邯击破之，伍徐军皆散走陈。陈王诛邓说。

陈王初立时，陵人秦嘉、铚人董緤、符离人朱鸡石、取虑人郑布、徐人丁疾等皆特起，将兵围东海守庆于郯。陈王闻，乃使武平君畔为将军，监郯下军。秦嘉不受命，嘉自立为大司马，恶属武平君。告军吏曰："武平君年少，不知兵事，勿听！"因矫以王命杀武平君畔。

章邯已破伍徐，击陈，柱国房君死。章邯又进兵击陈西张贺军。陈王出监战，军破，张贺死。

腊月，陈王之汝阴，还至下城父，其御庄贾杀以降秦。陈胜葬砀，谥曰隐王。

陈王故涓人将军吕臣为仓头军，起新阳，攻陈，下之，杀庄贾，复以陈为楚。

初，陈王至陈，令铚人宋留将兵定南阳，入武关。留已徇南阳，闻陈王死，南阳复为秦。宋留不能入武关，乃东至新蔡，遇秦军，宋留以军降秦。秦传留至咸阳，车裂留以徇。

秦嘉等闻陈王军破出走，乃立景驹为楚王，引兵之方与，欲击秦军定陶下。使公孙庆使齐王，欲与并力俱进。齐王曰："闻陈王战败，不知其死生，楚安得不请而立王！"公孙庆曰："齐不请楚而立王，楚何故请齐而立王！且楚首事，当令于天下。"田儋诛杀公孙庆。

秦左右校复攻陈，下之。吕将军走，收兵复聚。鄱盗当阳君黥布之兵相收，复击秦左右校，破之青波，复以陈为楚。会项梁立怀王孙心为楚王。

陈胜王凡六月。已为王，王陈。其故人尝与庸耕者闻之，之陈，扣宫门曰："吾欲见涉。"宫门令欲缚之。自辩数，乃置，不肯为通。陈王出，遮道而呼涉。陈王闻之，乃召见，载与俱归，入宫，见殿屋帷帐，客曰："夥颐！涉之为王沈沈者！"楚人谓多为夥，故天下传之，夥涉为王，由陈涉始。客出入愈益发舒，言陈王故情。或说陈王曰："客愚无知，颛妄言，轻威。"陈王斩之。诸陈王故人皆自引去，由是无亲陈王者。陈王以朱房为中正，胡武为司过，主司群臣。诸将徇地，至，令之不是者，系而罪之，以苛察为忠。其所不善者，弗下吏，辄自治之。陈王信用之。诸将以其故不亲附，此其所以败也。

陈胜虽已死，其所置遣侯王将相竟亡秦，由涉首事也。高祖时为陈涉置守冢三十家砀，至今血食。

褚先生曰：地形险阻，所以为固也；兵革刑法，所以为治也。犹未足恃也。夫先王以仁义为本，而以固塞文法为枝叶，岂不然哉！吾闻贾生之称曰：

秦孝公据殽、函之固，拥雍州之地，君臣固守，以窥周室。有席卷天下，包举宇内，囊括四海之意，并吞八荒之心。当是时也，商君佐之，内立法度，务耕织，修守战之备；外连衡而斗诸侯。于是秦人拱手而取西河之外。

孝公既没，惠文王、武王、昭王蒙故业，因遗策，南取汉中，西举巴蜀，东割膏腴之地，收要害之郡。诸侯恐惧，会盟而谋弱秦，不爱珍器重宝肥饶之地，以致天下之士。合从缔交，相与为一。当此之时，齐有孟尝，赵有平原，楚有春申，魏有信陵，此四君者，皆明知而忠信，宽厚而爱人，尊贤而重士。约从连衡，兼韩、魏、燕、赵、宋、卫、中山之众。于是六国之士有宁越、徐尚、苏秦、杜赫之属为之谋，齐明、周最、陈轸、邵滑、楼缓、翟景、苏厉、乐毅之徒通其意，吴起、孙膑、带他、兒良、王廖、田忌、廉颇、赵奢之伦制其兵。尝以什倍之地，百万之师，仰关而攻秦。秦人开关而延敌，九国之师遁逃而不敢进。秦无亡矢遗镞之费，而天下固已困矣。于是从散约败，争割地而赂秦。秦有余力而制其弊，追亡逐北，伏尸百万，流血漂橹，因利乘便，宰割天下，分裂山河，强国请服，弱国入朝。

施及孝文王、庄襄王，享国之日浅，国家无事。

及至始皇，奋六世之余烈，振长策而御宇内，吞二周而亡诸侯,履至尊而制六合,执敲朴以鞭笞天下,威振四海。南取百越之地,以为桂林、象郡,百越之君俯首系颈,委命下吏。乃使蒙恬北筑长城而守藩篱,却匈奴七百余里,胡人不敢南下而牧马,士亦不敢贯弓而报怨。于是废先王之道,燔百家之言,以愚黔首。堕名城,杀豪俊,收天下之兵聚之咸阳,销锋镝,铸以为金人十二,以弱天下之民。然后践华为城,因河为池,据亿丈之城,临不测之溪以为固。良将劲弩,守要害之处,信臣精卒,陈利兵而谁何。天下已定,始皇之心,自以为关中之固,金城千里,子孙帝王万世之业也。

始皇既没,余威振于殊俗。然而陈涉瓮牖绳枢之子,甿隶之人,而迁徙之徒也。材能不及中人,非有仲尼、墨翟之贤,陶朱、猗顿之富也。蹑足行伍之间,俯仰阡陌之中,率罢散之卒,将数百之众,而转攻秦。斩木为兵,揭竿为旗,天下云会响应,赢粮而景从,山东豪俊遂并起而亡秦族矣。

且天下非小弱也;雍州之地,殽、函之固自若也。陈涉之位,非尊于齐、楚、燕、赵、韩、魏、宋、卫、中山之君也;锄櫌棘矜,非铦于句戟长铩也;適戍之众,非俦于九国之师也;深谋远虑,行军用兵之道,非及乡时之士也。然而成败异变,功业相反也。尝试使山东之国与陈涉度长絜大,比权量力,则不可同年而语矣。然而秦以区区之地,致万乘之权,抑八州而朝同列,百有余年矣。然后以六合为家,殽、函为宫。一夫作难而七庙堕,身死人手,为天下笑者,何也?仁义不施,而攻守之势异也。

卷四十九　　外戚世家第十九

自古受命帝王及继体守文之君,非独内德茂也,盖亦有外戚之助焉。夏之兴也以涂山,而桀之放也以末喜。殷之兴也以有娀,纣之杀也嬖妲己。周之兴也以姜原及大任,而幽王之禽也淫于褒姒。故《易》基乾坤,《诗》始《关雎》,《书》美釐降,《春秋》讥不亲迎。夫妇之际,人道之大伦也。礼之用,唯婚姻为兢兢。夫乐调而四时和,阴阳之变,万物之统也。可不慎与?人能弘道,无如命何。甚哉,妃匹之爱,君不能得之于臣,父不能得之于子,况卑下乎!既欢合矣,或不能成子姓;能成子姓矣,或不能要其终。岂非命也哉?孔子罕称命,盖难言之也。非通幽明之变,恶能识乎性命哉?

太史公曰:秦以前尚略矣,其详靡得而记焉。汉兴,吕娥姁为高祖正后,男为太子。及晚节色衰爱驰,而戚夫人有宠,其子如意几代太子者数矣。及高祖崩,吕后夷戚氏,诛赵王,而高祖后宫唯独无宠疏远者得无恙。

吕后长女为宣平侯张敖妻,敖女为孝惠皇后。吕太后以重亲故,欲其生子万方,终无子,诈取后宫人子为子。及孝惠帝崩,天下初定未久,继嗣不明。于是贵外家,王诸吕以为辅,而以吕禄女为少帝后,欲连固根本牢甚,然无益也。

高后崩,合葬长陵。禄、产等惧诛,谋作乱。大臣征之,天诱其统,卒灭吕氏。唯独置孝惠皇后居北宫。迎立代王,是为孝文帝,奉汉宗庙。此岂非天邪?非天命孰能当之?

薄太后,父吴人,姓薄氏,秦时与故魏王宗家女魏媪通,生薄姬,而薄父死山阴,因葬焉。

及诸侯畔秦,魏豹立为魏王,而魏媪内其女于魏宫。媪之许负所相,相薄姬,云当生天子。是时项羽方与汉王相距荥阳,天下未有所定。豹初与汉击楚,及闻许负言,心独喜,因背汉而畔,中立,更与楚连和。汉使曹参等击房魏王豹,以其国为郡,而薄姬输织室。豹已死。汉王入织室,见薄姬有色,诏内后宫,岁余不得幸。始姬少时,与管夫人、赵子儿相爱,约曰:"先贵无相忘。"已而管夫人、赵子儿先幸汉王。汉王坐河南宫成皋台,此两美人相与笑薄姬初时约。汉王闻之,问其故,两人具以实告汉王。汉王心惨然,怜薄姬,是日召而幸之。薄姬曰:"昨暮夜妾梦苍龙据吾腹。"高帝曰:"此贵征也,吾为女遂成之。"一幸生男,是为代王,其后薄姬希见高祖。

高祖崩,诸御幸姬戚夫人之属,吕太后怒,皆幽之,不得出宫。而薄姬以希见故,得出,从子之代,为代王太后。太后弟薄昭从如代。

代王立十七年,高后崩。大臣议立后,疾外家吕氏强,皆称薄氏仁善,故迎代王,立为孝文皇帝,而太后改号曰皇太后,弟薄昭封为轵侯。

薄太后母亦前死,葬栎阳北。于是乃追尊薄父为灵文侯,会稽郡置园邑三百家,长丞已下吏奉守冢,寝庙上食祠如法。而栎阳北亦置灵文侯夫人园,如灵文侯园仪。薄太后以为母家魏王后,早失父母,其奉薄太后诸魏有力者,于是召复魏氏,赏赐各以亲疏受之。薄氏侯者凡一人。

薄太后後文帝二年,以孝景帝前二年崩,葬南陵。以吕后会葬长陵,故特自起陵,近孝文皇帝霸陵。

窦太后,赵之清河观津人也。吕太后时,窦姬以良家子入宫侍太后,太后出宫人以赐诸王,各五人,窦姬与在行中。窦姬家在清河,欲如赵近家,请其主遣宦者吏:"必置我籍赵之伍中。"宦者忘之,误置其籍代伍中。籍奏,诏可,当行。窦姬涕泣,怨其宦者,不欲往,相强,乃肯行。至代,代王独幸窦姬,生女嫖,后生两男。而代王王后生四男。先代王未入立为帝而王后卒。后代王立为帝,而王后所生四男更病死。孝文帝立数月,公卿请立太子,而窦姬长男最长,立为太子。立窦姬为皇后,女嫖为长公主。其明年,立少子武为代王,已而又徙梁,是为梁孝王。

窦皇后亲早卒,葬观津。于是薄太后乃诏有司,追尊窦后父为安成侯,母曰安成夫人,令清河置园邑二百家,长丞奉守,比灵文园法。

窦皇后兄窦长君,弟曰窦广国,字少君。少君年四五岁时,家贫,为人所略卖,其家不知其处,传十余家,至宜阳,为其主入山作炭,寒暮卧岸下百余人,岸崩,尽压杀卧者,少君独得脱,不死。自卜数日当为侯,从其家之长安。闻窦皇后新立,家在观津,姓窦氏。广国去时虽小,识其县名及姓,又常与其姊采桑堕,用为符信,上书自陈。窦皇后言之于文帝,召见,问之,具言其故,果是。又复问他何以为验,对曰:"姊去我西时,与我决于传舍中,丐沐沐我,请食饭我,乃去。"于是窦后持之而泣,泣涕交横下。侍御左右皆伏地泣,助皇后悲哀。乃厚赐田宅金钱,封公昆弟,家于长安。

绛侯、灌将军等曰:"吾属不死,命乃且县此两人。两人所出微,不可不为择师傅宾客,又复效吕氏大事也。"于是乃选长者士之有节行者与居。窦长君、少君由此为退让君子,不敢以尊贵骄人。

窦皇后病,失明。文帝幸邯郸慎夫人、尹姬,皆毋子。孝文帝崩,孝景帝立,乃封广国为章武侯。长君前死,封其子彭祖为南皮侯。吴楚反时,窦太后从昆弟子窦婴,任侠自喜,将兵,以军功为魏其侯。窦氏凡三人为侯。

窦太后好黄帝、老子言,帝及太子诸窦不得不读《黄帝》、《老子》,尊其术。

窦太后后孝景帝六岁建元六年崩,合葬霸陵。遗诏尽以东宫金钱财物赐长公主嫖。

王太后,槐里人。母曰臧儿。臧儿者,故燕王臧荼孙也。臧儿嫁为槐里王仲妻,生男曰信,与两女。而仲死,臧儿更嫁长陵田氏,生男蚡、胜。臧儿长女嫁为金王孙妇,生一女矣,而臧儿卜筮之,曰两女皆当贵。因欲奇两女,乃夺金氏。金氏怒,不肯予决,乃内之太子宫。太子幸爱之,生三女一男。男方在身时,王美人梦日入其怀,以告太子,太子曰:"此贵征也。"未生而孝文帝崩,孝景帝即位,王夫人生男。

先是臧儿又入其少女儿姁,儿姁生四男。

景帝为太子时,薄太后以薄氏女为妃。及景帝立,立妃曰薄皇后。皇后毋子,毋宠。薄太后崩,废薄皇后。

景帝长男荣,其母栗姬。栗姬,齐人也。立荣为太子。长公主嫖有女,欲予为妃。栗姬妒,而景帝诸美人皆因长公主见景帝,得贵幸,皆过栗姬,栗姬日怨怒,谢长公主,不许。长公主欲予王夫人,王夫人许之。长公主怒,而日谗栗姬短于景帝曰:"栗姬与诸贵夫人幸姬会,常使侍者祝唾其背,挟邪媚道。"景帝以故望之。

景帝常体不安,心不乐,属诸子为王者于栗姬,曰:"百岁后,善视之。"栗姬怒,不肯应,言不逊。景帝恚,心嗛之而未发也。

长公主日誉王夫人男之美,景帝亦贤之,又有曩者所梦日符,计未有所定。王夫人知帝望栗姬,因怒未解,阴使人趣大臣立栗姬为皇后。大行奏事毕,曰:"'子以母贵,母以子贵',今太子母无号,宜立为皇后。"景帝怒曰:"是而所宜言邪!"遂案诛大行,而废太子为临江王。栗姬愈恚恨,不得见,以忧死。卒立王夫人为皇后,其男为太子,封皇后兄信为盖侯。

景帝崩,太子袭号为皇帝。尊皇太后母臧儿为平原君。封田蚡为武安侯,胜为周阳侯。

景帝十三男,一男为帝,十二男皆为王。而儿姁早卒,其四子皆为王。王太后长女号曰平阳公主,次为南宫公主,次为林虑公主。

盖侯信好酒。田蚡、胜贪,巧于文辞。王仲早死,葬槐里,追尊为共侯,置园邑二百家。及平原君卒,从田氏葬长陵,置园比共侯园。而王太后后孝景帝十六岁,以元朔四年崩,合葬阳陵。王太后家凡三人为侯。

卫皇后字子夫,生微矣。盖其家号曰卫氏,出平阳侯邑。子夫为平阳主讴者。武帝初即位,数岁无子。平阳主求诸良家子女十余人,饰置家。武帝祓霸上还,因过平阳主。主见所侍美人,上弗说。既饮,讴者进,上望见,独说卫子夫。是日,武帝起更衣,子夫侍尚衣,轩中得幸。上还坐,欢甚,赐平阳主金千斤。主因奏子夫奉送入宫。子夫上车,平阳主拊其背曰:"行矣,强饭,勉之!即贵,无相忘。"入宫岁余,竟不复幸。武帝择宫人不中用者,斥出归之。卫子夫得见,涕泣请出。上怜之,复幸,遂有身,尊宠日隆。召其兄卫长君弟青为侍中。而子夫后大幸,有宠,凡生三女一男。男名据。

初,上为太子时,娶长公主女为妃。立为帝,妃立为皇后,姓陈氏,无子。上之得为嗣,大长公主有力焉,以故陈皇后骄贵。闻卫子夫大幸,恚,几死者数矣,上愈怒。陈皇后挟妇人媚道,其事颇觉,于是废陈皇后,而立卫子夫为皇后。

陈皇后母大长公主,景帝姊也,数让武帝姊平阳公主曰:"帝非我不得立,已而弃捐吾女,壹何不自喜而倍本乎!"平阳公主曰:"用无子故废耳。"陈皇后求子,与医钱凡九千万,然竟无子。

卫子夫已立为皇后,先是卫长君死,乃以卫青为将军,击胡有功,封为长平侯。青三子在襁褓中,皆封为列侯。及卫皇后所谓姊卫少儿,少儿生子霍去病,以军功封冠军侯,号骠骑将军。青号大将军。立卫皇后子据为太子。卫氏枝属以军功起家,五人为侯。

及卫后色衰,赵之王夫人幸,有子,为齐王。

王夫人早卒。而中山李夫人有宠,有男一人,为昌邑王。

李夫人早卒,其兄李延年以音幸,号协律。协律者,故倡也。兄弟皆坐奸,族。是时其长兄广利为贰师将军,伐大宛,不及诛,还,而上既夷李氏,后怜其家,乃封为海西侯。

他姬子二人为燕王、广陵王。其母无宠,以忧死。

及李夫人卒,则有尹婕妤之属,更有宠。然皆以倡见,非王侯有土之士女,不可以配人主也。

褚先生曰:臣为郎时,问习汉家故事者钟离生。曰:王太后在民间时所生一女者,父为金王孙。王孙已死,景帝崩后,武帝已立,王太后独在,而韩王孙名嫣素得幸武帝,承间白言太后有女在长陵也。武帝曰:"何不早言!"乃使使往视之,在其家。武帝乃自往迎取之。蹕道,先驱旄骑出横城门,乘舆驰至长陵。当小市西入里,里门闭,暴开门,乘舆直入此里,通至金氏门外止,使武骑围其宅,为其亡走,身自往取不得也。即使左右群臣入呼求之。家人惊恐,女亡匿内中床下。扶持出门,令拜谒。武帝下车泣曰："嘻！大姊，何藏之深也！"诏副车载之，回车驰还，而直入长乐宫。行诏门著引籍，通到谒太后。太后曰："帝倦矣，何从来？"帝曰："今者至长陵得臣姊，与俱来。"顾曰："谒太后！"太后曰："女某邪？"曰："是也。"太后为下泣，女亦伏地泣。武帝奉酒前为寿，奉钱千万，奴婢三百人，公田百顷，甲第，以赐姊。太后谢曰："为帝费焉。"于是召平阳主、南宫主、林虑主三人俱来谒见姊，因号曰修成君。有子男一人，女一人。男号为修成子仲，女为诸侯王王后。此二子非刘氏，以故太后怜之。修成子仲骄恣，陵折吏民，皆患苦之。

卫子夫立为皇后，后弟卫青字仲卿，以大将军封为长平侯。四子，长子伉为侯世子，侯世子常侍中，贵幸。其三弟皆封为侯，各千三百户，一曰阴安侯，二曰发干侯，三曰宜春侯，贵震天下。天下歌之曰："生男无喜，生女无怒，独不见卫子夫霸天下！"

是时平阳主寡居，当用列侯尚主。主与左右议长安中列侯可为夫者，皆言大将军可。主笑曰："此出吾家，常使令骑从我出入耳，奈何用为夫乎？"左右侍御者曰："今大将军姊为皇后，三子为侯，富贵振动天下，主何以易之乎？"于是主乃许之。言之皇后，令白之武帝，乃诏卫将军尚平阳公主焉。

褚先生曰：丈夫龙变。《传》曰："蛇化为龙，不变其文；家化为国，不变其姓。"丈夫当时富贵，百恶灭除，光耀荣华，贫贱之时何足羡之哉！

武帝时，幸夫人尹婕妤。邢夫人号娙娥，众人谓之"娙何"。娙何秩比中二千石，容华秩比二千石，婕妤秩比列侯，常从。婕妤迁为皇后。

尹夫人与邢夫人同时并幸，有诏不得相见。尹夫人自请武帝，愿望见邢夫人，帝许之。即令他夫人饰，从御者数十人，为邢夫人来前。尹夫人前见之，曰："此非邢夫人身也。"帝曰："何以言之？"对曰："视其身貌形状，不足以当人主矣。"于是帝乃诏使邢夫人衣故衣，独身来前。尹夫人望见之，曰："此真是也。"于是乃低头俯而泣，自痛其不如也。谚曰："美女入室，恶女之仇。"

褚先生曰：浴不必江海，要之去垢；马不必骐骥，要之善走；士不必贤世，要之知道；女不必贵种，要之贞好。《传》曰："女无美恶，入室见妒；士无贤不肖，入朝见嫉。"美女者，恶女之仇，岂不然哉！

钩弋夫人姓赵氏，河间人也。得幸武帝，生子一人，昭帝是也。武帝年七十，乃生昭帝。昭帝立时，年五岁耳。

卫太子废后，未复立太子。而燕王旦上书，愿归国入宿卫。武帝怒，立斩其使者于北阙。

上居甘泉宫，召画工图画周公负成王也。于是左右群臣知武帝意欲立少子也。后数日，帝谴责钩弋夫人。夫人脱簪珥叩头。帝曰："引持去，送掖庭狱！"夫人还顾，帝曰："趣行，女不得活！"夫人死云阳宫。时暴风扬尘，百姓感伤，使者夜持棺往葬之，封识其处。

其后帝闲居，问左右曰："人言云何？"左右对曰："人言且立其子，何去其母乎？"帝曰："然。是非儿曹愚人所知也。往古国家之所以乱也，由主少母壮也。女主独居

骄蹇，淫乱自恣，莫能禁也。女不闻吕后邪？"故诸为武帝生子者，无男女，其母无不谴死，岂可谓非贤圣哉！昭然远见，为后世计虑，固非浅闻愚儒之所及也。谥为"武"，岂虚哉！

卷五十　　楚元王世家第二十

楚元王刘交者，高祖之同母少弟也，字游。

高祖兄弟四人，长兄伯，伯早卒。始高祖微时，尝辟事，时时与宾客过巨嫂食。嫂厌叔，叔与客来，嫂详为羹尽，栎釜，宾客以故去。已而视釜中尚有羹，高祖由此怨其嫂。及高祖为帝，封昆弟，而伯子独不得封。太上皇以为言，高祖曰："某非忘封之也，为其母不长者耳。"于是乃封其子信为羹颉侯。而王次兄仲于代。

高祖六年，已禽楚王韩信于陈，乃以弟交为楚王，都彭城。即位二十三年卒，子夷王郢立。，夷王四年卒，子王戊立。

王戊立二十年，冬，坐为薄太后服私奸，削东海郡。春，戊与吴王合谋反，其相张尚、太傅赵夷吾谏，不听。戊则杀尚、夷吾，起兵与吴西攻梁，破棘壁。至昌邑南，与汉将周亚夫战。汉绝吴、楚粮道，士卒饥，吴王走，楚王戊自杀，军遂降汉。

汉已平吴、楚，孝景帝欲以德侯子续吴，以元王子礼续楚。窦太后曰："吴王，老人也，宜为宗室顺善。今乃首率七国，纷乱天下，奈何续其后！"不许吴，许立楚后。是时礼为汉宗正。乃拜礼为楚王，奉元王宗庙，是为楚文王。

文王立三年卒，子安王道立。安王二十二年卒，子襄王注立。襄王立十四年卒，子王纯代立。王纯立，地节二年，中人上书告楚王谋反，王自杀，国除，入汉为彭城郡。

赵王刘遂者，其父高祖中子，名友，谥曰"幽"。幽王以忧死，故为"幽"。高后王吕禄于赵，一岁而高后崩。大臣诛诸吕吕禄等，乃立幽王子遂为赵王。

孝文帝即位二年，立遂弟辟强，取赵之河间郡为河间王，是为文王。立十三年卒，子哀王福立。一年卒，无子，绝后，国除，入于汉。

遂既王赵二十六年，孝景帝时坐晁错以適削赵王常山之郡。吴、楚反，赵王遂与合谋起兵。其相建德、内史王悍谏，不听。遂烧杀建德、王悍，发兵屯其西界，欲待吴与俱西。北使匈奴，与连和攻汉。汉使曲周侯郦寄击之。赵王遂还，城守邯郸。相距七月，吴、楚败于梁，不能西。匈奴闻之，亦止，不肯入汉边。栾布自破齐还，乃并兵引水灌赵城。赵城坏，赵王自杀，邯郸遂降。赵幽王绝后。

太史公曰：国之将兴，必有祯祥，君子用而小人退。国之将亡，贤人隐，乱臣贵。使楚王戊毋刑申公，遵其言，赵任防與先生，岂有篡杀之谋，为天下僇哉？贤人乎，贤人乎！非质有其内，恶能用之哉？甚矣！"安危在出令，存

亡在所任",诚哉是言也!

卷五十一　　荆燕世家第二十一

荆王刘贾者,诸刘,不知其何属、初起时。

汉王元年,还定三秦,刘贾为将军,定塞地,从东击项籍。

汉四年,汉王之败成皋,北渡河,得张耳、韩信军,军修武,深沟高垒,使刘贾将二万人,骑数百,渡白马津入楚地,烧其积聚,以破其业,无以给项王军食。已而楚兵击刘贾,贾辄壁不肯与战,而与彭越相保。

汉五年,汉王追项籍至固陵,使刘贾南渡淮围寿春。还至,使人间招楚大司马周殷。周殷反楚,佐刘贾举九江,迎武王黥布兵,皆会垓下,共击项籍。汉王因使刘贾将九江兵,与太尉卢绾西南击临江王共尉。共尉已死,以临江为南郡。

汉六年春,会诸侯于陈,废楚王信,囚之,分其地为二国。当是时也,高祖子幼,昆弟少,又不贤,欲王同姓以镇天下,乃诏曰:"将军刘贾有功,及择子弟可以为王者。"群臣皆曰:"立刘贾为荆王,王淮东五十二城;高祖弟交为楚王,王淮西三十六城。"因立子肥为齐王。始王昆弟刘氏也。

高祖十一年秋,淮南王黥布反,东击荆。荆王贾与战,不胜,走富陵,为布军所杀。高祖自击破布。十二年,立沛侯刘濞为吴王,王故荆地。

燕王刘泽者,诸刘远属也。

高帝三年,泽为郎中。高帝十一年,泽以将军击陈豨,得王黄,为营陵侯。

高后时,齐人田生游乏资,以画干营陵侯泽。泽大说之,用金二百斤为田生寿。田生已得金,即归齐。二年,泽使人谓田生曰:"弗与矣。"田生如长安,不见泽,而假大宅,令其子求事吕后所幸大谒者张子卿。居数月,田生子请张卿临,亲修具。张卿许往。田生盛帷帐共具,譬如列侯。张卿惊。酒酣,乃屏人说张卿曰:"臣观诸侯王邸弟百余,皆高祖一切功臣。今吕氏雅故本推毂高帝就天下,功又大,又亲戚太后之重。太后春秋长,诸吕弱,太后欲立吕产为王,王代。太后又重发之,恐大臣不听。今卿最幸,大臣所敬,何不风大臣以闻太后,太后必喜。诸吕已王,万户侯亦卿之有。太后心欲之,而卿为内臣,不急发,恐祸及身矣。"张卿大然之,乃风大臣语太后。太后朝,因问大臣。大臣请立吕产为吕王。太后赐张卿千斤金,张卿以其半与田生。田生弗受,因说之曰:"吕产王也,诸大臣未大服。今营陵侯泽,诸刘,为大将军,独此尚觖望。今卿言太后,列十余县王之,彼得王,喜去,诸吕王益固矣。"张卿入言,太后然之。乃以营陵侯刘泽为琅邪王。琅邪王乃与田生之国。田生劝泽急行,毋留。出关,太后果使人追止之;已出,即还。

及太后崩,琅邪王泽乃曰:"帝少,诸吕用事,刘氏孤弱。"乃引兵与齐王合谋西,欲诛诸吕。至梁,闻汉遣灌将军屯荥阳,泽还兵备西界,遂跳驱至长安。代王亦从代至。诸将相与琅邪王共立代王为天子。天子乃徙泽为燕王,乃复以琅邪予齐,复故地。

泽王燕二年,薨,谥为敬王。传子嘉,为康王。

至孙定国,与父康王姬奸,生子男一人。夺弟妻为姬。与子女三人奸。定国有所欲诛杀臣肥如令郢人,郢人等告定国,定国使谒者以他法劾捕格杀郢人以灭口。至元朔元年,郢人昆弟复上书具言定国阴事,以此发觉。诏下公卿,皆议曰:"定国禽兽行,乱人伦,逆天,当诛。"上许之。定国自杀,国除为郡。

太史公曰:荆王王也,由汉初定,天下未集,故刘贾虽属疏,然以策为王,填江、淮之间。刘泽之王,权激吕氏,然刘泽卒南面称孤者三世。事发相重,岂不为伟乎!

卷五十二　　齐悼惠王世家第二十二

齐悼惠王刘肥者,高祖长庶男也。其母外妇也,曰曹氏。高祖六年,立肥为齐王,食七十城,诸民能齐言者皆予齐王。

齐王,孝惠帝兄也。孝惠帝二年,齐王入朝。惠帝与齐王燕饮,亢礼如家人。吕太后怒,且诛齐王。齐王惧不得脱,乃用其内史勋计,献城阳郡以为鲁元公主汤沐邑。吕太后喜,乃得辞就国。

悼惠王即位十三年,以惠帝六年卒。子襄立,是为哀王。

哀王元年,孝惠帝崩,吕太后称制,天下事皆决于高后。二年,高后立其兄子郦侯吕台为吕王,割齐之济南郡为吕王奉邑。

哀王三年,其弟章入宿卫于汉,吕太后封为朱虚侯,以吕禄女妻之。后四年,封章弟兴居为东牟侯,皆宿卫长安中。

哀王八年,高后割齐琅邪郡立营陵侯刘泽为琅邪王。其明年,赵王友入朝,幽死于邸。三赵王皆废。高后立诸吕为三王,擅权用事。

朱虚侯年二十,有气力,忿刘氏不得职。尝入侍高后燕饮,高后令朱虚侯刘章为酒吏。章自请曰:"臣,将种也,请得以军法行酒。"高后曰:"可。"酒酣,章进饮歌舞。已而曰:"请为太后言耕田歌。"高后儿子畜之,笑曰:"顾而父知田耳。若生而为王子,安知田乎?"章曰:"臣知之。"太后曰:"试为我言田。"章曰:"深耕穊种,立苗欲疏,非其种者,锄而去之。"吕后默然。顷之,诸吕有一人醉,亡酒,章追,拔剑斩之,而还报曰:"有亡酒一人,臣谨行法斩之。"太后左右皆大惊。业已许其军法,无以罪也。因罢。自是之后,诸吕惮朱虚侯,虽大臣皆依朱虚侯,刘氏为益强。

其明年,高后崩。赵王吕禄为上将军,吕王产为相国,皆居长安中，聚兵以威大臣，欲为乱。朱虚侯章以吕禄女为妇，知其谋，乃使人阴出告其兄齐王，欲令发兵西，朱虚侯、东牟侯为内应，以诛诸吕，因立齐王为帝。

齐王既闻此计，乃与其舅父驷钧、郎中令祝午、中尉魏勃阴谋发兵。齐相召平闻之，乃发卒卫卫宫。魏勃绐召平曰："王欲发兵，非有汉虎符验也。而相君围王，固善。勃请为君将兵卫卫宫。"召平信之，乃使魏勃将兵围王宫。勃既将兵，使围相府。召平曰："嗟乎！道家之言'当断不断，反受其乱'，乃是也。"遂自杀。于是齐王以驷钧为相，魏勃为将军，祝午为内史，悉发国中兵。使祝午东诈琅邪王曰："吕氏作乱，齐王发兵欲西诛之。齐王自以儿子，年少，不习兵革之事，愿举国委大王。大王自高帝将也，习战事。齐王不敢离兵，使臣请大王幸之临菑见齐王计事，并将齐兵以西平关中之乱。"琅邪王信之，以为然，西乃驰见齐王。齐王与魏勃等因留琅邪王，而使祝午尽发琅邪国而并将其兵。

琅邪王刘泽既见欺，不得反国，乃说齐王曰："齐悼惠王，高皇帝长子，推本言之，而大王高皇帝适长孙也，当立。今诸大臣狐疑未有所定，而泽于刘氏最为长年，大臣固待泽决计。今大王留臣，无为也，不如使我入关计事。"齐王以为然，乃益具车送琅邪王。

琅邪王既行，齐遂举兵西攻吕国之济南。于是齐哀王遗诸侯王书曰："高帝平定天下，王诸子弟，悼惠王于齐。悼惠王薨，惠帝使留侯张良立臣为齐王。惠帝崩，高后用事，春秋高，听诸吕擅废高帝所立，又杀三赵王，灭梁、燕、赵以王诸吕，分齐国为四。忠臣进谏，上惑乱不听，今高后崩，皇帝春秋富，未能治天下，固恃大臣诸侯。今诸吕又擅自尊官，聚兵严威，劫列侯忠臣，矫制以令天下，宗庙所以危。今寡人率兵入诛不当为王者。"

汉闻齐发兵而西，相国吕产乃遣大将军灌婴东击之。灌婴至荥阳，乃谋曰："诸吕将兵居关中，欲危刘氏而自立。我今破齐还报，是益吕氏资也。"乃留兵屯荥阳，使使喻齐王及诸侯，与连和，以待吕氏之变而共诛之。齐王闻之，乃西取其故济南郡，亦屯兵于齐西界以待约。

吕禄、吕产欲作乱关中，朱虚侯与太尉勃、丞相平等诛之。朱虚侯首先斩吕产，于是太尉勃等乃得尽诛诸吕。而琅邪王亦从齐至长安。

大臣议欲立齐王，而琅邪王及大臣曰："齐王母家驷钧，恶戾，虎而冠者也。方以吕氏故几乱天下，今又立齐王，是欲复为吕氏也。代王母家薄氏，君子长者；且代王又亲高帝子，于今见在，且最为长。以子则顺，以善人则大臣安。"于是大臣乃谋迎立代王，而遣朱虚侯以诛吕氏事告齐王，令罢兵。

灌婴在荥阳，闻魏勃本教齐王反，既诛吕氏，罢齐兵，使使召责问魏勃。勃曰："失火之家，岂暇先言大人而后救火乎！"因退立，股战而栗，恐不能言者，终无他语。灌将军熟视笑曰："人谓魏勃勇，妄庸人耳，何能为乎！"乃罢魏勃。魏勃父以善鼓琴见秦皇帝。及魏勃少时，欲求见齐相曹参，家贫无以自通，乃常独早夜扫齐相舍人门外。相舍人怪之，以为物，而伺之，得勃。勃曰："愿见相君，无因，故为子扫，欲以求见。"于是舍人见勃，曹参因以为舍人。一为参御，言事，参以为贤，言之齐悼惠王。悼惠王召见，则拜为内史。始，悼惠王得自置二千石。及悼惠王卒而哀王立，勃用事，重于齐相。

王既罢兵归，而代王来立，是为孝文帝。

孝文帝元年，尽以高后时所割齐之城阳、琅邪、济南郡复与齐，而徙琅邪王王燕，益封朱虚侯、东牟侯各二千户。

是岁，齐哀王卒，太子则立，是为文王。

齐文王元年，汉以齐之城阳郡立朱虚侯为城阳王，以齐济北郡立东牟侯为济北王。

二年，济北王反，汉诛杀之，地入于汉。

后二年，孝文帝尽封齐悼惠王子罢军等七人皆为列侯。

齐文王立十四年卒，无子，国除，地入于汉。

后一岁，孝文帝以所封悼惠王子分齐为王，齐孝王将闾以悼惠王子杨虚侯为齐王。故齐别郡尽以王悼惠王子：子志为济北王，子辟光为济南王，子贤为菑川王，子卬为胶西王，子雄渠为胶东王，与城阳、齐凡七王。

齐孝王十一年，吴王濞、楚王戊反，兴兵西，告诸侯曰"将诛汉贼臣晁错以安宗庙"。胶西、胶东、菑川、济南皆擅发兵应吴、楚。欲与齐，齐孝王狐疑，城守，不听，三国兵共围齐。齐王使路中大夫告于天子。天子复令路中大夫还告齐王："善坚守，吾兵今破吴、楚矣。"路中大夫至，三国兵围临菑数重，无从入。三国将劫与路中大夫盟，曰："若反言汉已破矣，齐趣下三国；不，且见屠。"路中大夫既许之，至城下，望见齐王，曰："汉已发兵百万，使太尉周亚夫击破吴、楚，方引兵救齐，齐必坚守无下！"三国将诛路中大夫。

齐初围急，阴与三国通谋，约未定，会闻路中大夫从汉来，喜，及其大臣乃复劝王毋下三国。居无何，汉将栾布、平阳侯等兵至齐，击破三国兵，解齐围。已而复闻齐初与三国有谋，将欲移兵伐齐。齐孝王惧，乃饮药自杀。景帝闻之，以为齐首善，以迫劫有谋，非其罪也，乃立孝王太子寿为齐王，是为懿王，续齐后。而胶西、胶东、济南、菑川王咸诛灭，地入于汉。徙济北王王菑川。

齐懿王立二十二年卒，子次景立，是为厉王。

齐厉王，其母曰纪太后。太后取其弟纪氏女为厉王后。王不爱纪氏女。太后欲其家重宠，令其长女纪翁主入王宫，正其后宫，毋令得近王，欲令爱纪氏女。王因与其姊翁主奸。

齐有宦者徐甲，入事汉皇太后。皇太后有爱女曰修成君，修成君非刘氏，太后怜之。修成君有女名娥，太后欲嫁之于诸侯，宦者甲乃请使齐，必令齐王上书请娥。皇太后喜，使甲之齐。是时齐人主父偃知甲之使齐以取后事，亦因谓甲："即事成，幸言偃女愿得充王后宫。"甲既至齐，风以此事。纪太后大怒，曰："王有后，后宫具备。且甲，齐贫人，急乃为宦者，入事汉，无补益，乃欲乱吾王家！且主父偃何为者？乃欲以女充后宫！"徐甲大穷，还报皇太后曰："王已愿尚娥，然有一害，恐如燕王！"燕王者，与其子昆弟奸，新坐以死，亡国，故以燕感太后。太后曰："无复言嫁女齐事。"事浸浔不得闻于天子。主父偃由此亦与齐有郤。

主父偃方幸于天子，用事，因言："齐临菑十万户，市租千金，人众殷富，巨于长安，此非天子亲弟爱子不得王此。今齐王于亲属益疏。"乃从容言："吕太后时齐欲反，吴楚时孝王几为乱。今闻齐王与其姊乱。"于是天子乃拜主父偃为齐相，且正其事。主父偃既至齐，乃急治王后宫宦者为王通于姊翁主所者，令其辞证皆引王。王年少，惧大罪为吏所执诛，乃饮药自杀。绝无后。

是时赵王惧主父偃一出废齐，恐其渐疏骨肉，乃上书言偃受金及轻重之短。天子亦既囚偃。公孙弘言："齐王以忧死，毋后，国入汉，非诛偃无以塞天下之望。"遂诛偃。

齐厉王立五年死，毋后，国入于汉。

齐悼惠王后尚有二国：城阳及菑川。菑川地比齐，天子怜齐，为悼惠王冢园在郡，割临菑东环悼惠王冢园邑尽以予菑川，以奉悼惠王祭祀。

城阳景王章，齐悼惠王子，以朱虚侯与大臣共诛诸吕，而章身首先斩相国吕王产于未央宫。孝文帝即立，益封章二千户，赐金千斤。孝文二年，以齐之城阳郡立章为城阳王。立二年卒，子喜立，是为共王。

共王八年，徙王淮南。四年，复还王城阳。凡三十三年卒，子延立，是为顷王。

顷王二十六年卒，子义立，是为敬王。敬王九年卒，子武立，是为惠王。惠王十一年卒，子顺立，为是荒王。荒王四十六年卒，子恢立，是为戴王。戴王八年卒，子景立，至建始三年，十五岁，卒。

济北王兴居，齐悼惠王子，以东牟侯助大臣诛诸吕，功少。及文帝从代来，兴居曰："请与太仆婴入清宫。"废少帝，共与大臣尊立孝文帝。

孝文帝二年，以齐之济北郡立兴居为济北王，与城阳王俱立。立二年，反。始大臣诛吕氏时，朱虚侯功尤大，许尽以赵地王朱虚侯，尽以梁地王东牟侯。及孝文帝立，闻朱虚、东牟之初欲立齐王，故绌其功。及二年，王诸子，乃割齐二郡以王章、兴居。章、兴居自以失职夺功。章死，而兴居闻匈奴大入汉，汉多发兵，使丞相灌婴击之，文帝亲幸太原，以为天子自击胡，遂发兵反于济北。天子闻之，罢丞相及行兵，皆归长安。使棘蒲侯柴将军击破虏济北王，王自杀，地入于汉，为郡。

后十三年，文帝十六年，复以齐悼惠王子安都侯志为济北王。十一年，吴楚反时，志坚守，不与诸侯合谋。吴楚已平，徙志王菑川。

济南王辟光，齐悼惠王子，以勒侯孝文十六年为济南王。十一年，与吴、楚反。汉击破，杀辟光，以济南为郡，地入于汉。

菑川王贤，齐悼惠王子，以武城侯文帝十六年为菑川王。十一年，与吴、楚反，汉击破，杀贤。

天子因徙济北王志王菑川。志亦齐悼惠王子，以安都侯王济北。菑川王反，毋后，乃徙济北王王菑川。凡立三十五年卒，谥为懿王。子建代立，是为靖王。二十年卒，子遗代立，是为顷王。三十六年卒，子终古立，是为思王。二十八年卒，子尚立，是为孝王，五年卒，子横立，至建始三年，十一岁，卒。

胶西王卬，齐悼惠王子，以昌平侯文帝十六年为胶西王。十一年，与吴、楚反。汉击破，杀卬，地入于汉，为胶西郡。

胶东王雄渠，齐悼惠王子，以白石侯文帝十六年为胶东王。十一年，与吴、楚反，汉击破，杀雄渠，地入于汉，为胶东郡。

太史公曰：诸侯大国无过齐悼惠王，以海内初定，子弟少，激秦之无尺土封，故大封同姓，以填万民之心。及后分裂，固其理也。

卷五十三　萧相国世家第二十三

萧相国何者，沛丰人也。以文无害为沛主吏掾。

高祖为布衣时，何数以吏事护高祖。高祖为亭长，常左右之。高祖以吏繇咸阳，吏皆送奉钱三，何独以五。

秦御史监郡者与从事，常辨之。何乃给泗水卒史事，第一。秦御史欲入言征何，何固请，得毋行。

及高祖起为沛公，何常为丞督事。沛公至咸阳，诸将皆争走金帛财物之府分之，何独先入收秦丞相御史律令图书藏之。沛公为汉王，以何为丞相。项王与诸侯屠烧咸阳而去。汉王所以具知天下阨塞，户口多少，强弱之处，民所疾苦者，以何具得秦图书也。何进言韩信，汉王以信为大将军。语在淮阴侯事中。

汉王引兵东定三秦，何以丞相留收巴蜀，填抚谕告，使给军食。汉二年，汉王与诸侯击楚，何守关中，侍太子，治栎阳。法令约束，立宗庙社稷宫室县邑，辄奏上，可，许以从事；即不及奏上，辄以便宜施行，上来以闻。关中事计户口转漕给军，汉王数失军遁去，何常兴关中卒，辄补缺。上以此专属任何关中事。

汉三年，汉王与项羽相距京、索之间，上数使使劳苦丞相。鲍生谓丞相曰："王暴衣露盖，数使使劳苦君者，有疑君心也。为君计，莫若遣君子孙昆弟能胜兵者悉诣军所，上必益信君。"于是何从其计，汉王大说。

汉五年，既杀项羽，定天下，论功行封。群臣争功，岁余功不决。高祖以萧何功最盛，封为酂侯，所食邑多。功臣皆曰："臣等身被坚执锐，**多者百余战**，少者数十合，攻城略地，大小各有差。今萧何未尝有汗马之劳，徒持文墨议论，不战，顾反居臣等上，何也？"高帝曰："诸君知猎乎？"曰："知之。""知猎狗乎？"曰："知之。"高帝曰："夫猎，追杀兽兔者狗也，而发踪指示兽处者人也。今诸君徒能得走兽耳，功狗也。至如萧何，发踪指示，功人也。且诸君独以身随我，多者两三人。今萧何举宗数十人皆随我，功不可忘也。"群臣皆莫敢言。

列侯毕已受封，及奏位次，皆曰："平阳侯曹参身被七十创，攻城略地，功最多，宜第一。"上已桡功臣，多封萧何，至位次未有以复难之，然心欲何第一。关内侯鄂君进曰："群臣议皆误。夫曹参虽有野战略地之功，此特一时之事。夫上与楚相距五岁，常失军亡众，逃身遁者数矣。然萧何常从关中遣军补其处，非上所诏令召，而数万众会上之乏绝者数矣。夫汉与楚相守荥阳数年，军无见粮，萧何转漕关中，给食不乏。陛下虽数亡山东，萧何常全关中以待陛下，此万世之功也。今虽亡曹参等百数，何缺于汉？汉得之不必待以全，奈何欲以一旦之功而加万世之功哉！萧何第一，曹参次之。"高祖曰："善。"于是乃令萧何第一，赐带剑履上殿，入朝不趋。

上曰："吾闻进贤受上赏。萧何功虽高，得鄂君乃益明。"于是因鄂君故所食关内侯邑封为安平侯。是日，悉封何父子兄弟十余人，皆有食邑。乃益封何二千户，以帝尝繇咸阳时"何送我独赢奉钱二"也。

汉十一年，陈豨反，高祖自将，至邯郸。未罢，淮阴侯谋反关中，吕后用萧何计，诛淮阴侯，语在淮阴事中。上已闻淮阴侯诛，使使拜丞相何为相国，益封五千户，令卒五百人一都尉为相国卫。诸君皆贺，召平独吊。召平者，故秦东陵侯。秦破，为布衣，贫，种瓜于长安城东，瓜美，故世俗谓之"东陵瓜"，从召平以为名也。召平谓相国曰："祸自此始矣。上暴露于外而君守于中，非被矢石之事而益君封置卫者，以今者淮阴侯新反于中，疑君心矣。夫置卫卫君，非以宠君也。愿君让封勿受，悉以家私财佐军，则上心说。"相国从其计，高帝乃大喜。

汉十二年秋，黥布反，上自将击之，数使使问相国何为。相国为上在军，乃拊循勉力百姓，悉以所有佐军，如陈豨时。客有说相国曰："君灭族不久矣。夫君位为相国，功第一，可复加哉？然君初入关中，得百姓心，十余年矣，皆附君，常复孳孳得民和。上所为数问君者，畏君倾动关中。今君胡不多买田地，贱贳贷以自污？上心乃安。"于是相国从其计，上乃大说。

上罢布军归，民道遮行上书，言相国贱强买民田宅数千万。上至，相国谒。上笑曰："夫相国乃利民！"民所上书皆以与相国，曰："君自谢民。"相国因为民请曰："长安地狭，上林中多空地，弃，愿令民得入田，毋收稿为禽兽食。"上大怒曰："相国多受贾人财物，乃为请吾苑。"乃下相国廷尉，械系之。数日，王卫尉侍，前问曰："相国何大罪，陛下系之暴也？"上曰："吾闻李斯相秦皇帝，有善归主，有恶自与。今相国多受贾竖金而为民请吾苑，以自媚于民，故系治之。"王卫尉曰："夫职事苟有便于民而请之，真宰相事，陛下奈何乃疑相国受贾人钱乎！且陛下距楚数岁，陈豨、黥布反，陛下自将而往，当是时，相国守关中，摇足则关以西非陛下有也。相国不以此时为利，今乃利贾人之金乎？且秦以不闻其过亡天下，李斯之分过，又何足法哉。陛下何疑宰相之浅也。"高帝不怿。是日，使使持节赦出相国。相国年老，素恭谨，入，徒跣谢。高帝曰："相国休矣！相国为民请苑，吾不许，我不过为桀、纣主，而相国为贤相。吾故系相国，欲令百姓闻吾过

也。"

何素不与曹参相能。及何病，孝惠自临视相国病，因问曰："君即百岁后，谁可代君者？"对曰："知臣莫如主。"孝惠曰："曹参何如？"何顿首曰："帝得之矣！臣死不恨矣！"

何置田宅必居穷处，为家不治垣屋，曰："后世贤，师吾俭；不贤，毋为势家所夺。"

孝惠二年，相国何卒，谥为文终侯。

后嗣以罪失侯者四世，绝，天子辄复求何后，封续酂侯，功臣莫得比焉。

太史公曰：萧相国何于秦时为刀笔吏，碌碌未有奇节。及汉兴，依日月之末光，何谨守管籥，因民之疾秦法，顺流与之更始。淮阴、黥布等皆以诛灭，而何之勋烂焉。位冠群臣，声施后世，与闳夭、散宜生等争烈矣。

卷五十四　曹相国世家第二十四

平阳侯曹参者，沛人也。秦时为沛狱掾，而萧何为主吏，居县为豪吏矣。高祖为沛公而初起也，参以中涓从。将击胡陵、方与，攻秦监公军，大破之。东下薛，击泗水守军薛郭西。复攻胡陵，取之。徙守方与。方与反为魏，击之。丰反为魏，攻之。赐爵七大夫。击秦司马㲿军砀东，破之，取砀、狐父、祁善置。又攻下邑以西，至虞，击章邯车骑。攻爰戚及亢父，先登，迁为五大夫。北救东阿，击章邯军，陷陈，追至濮阳。攻定陶，取临济。南救雍丘，击李由军，破之，杀李由，虏秦候一人。秦将章邯破杀项梁也，沛公与项羽引而东。楚怀王以沛公为砀郡长，将砀郡兵。于是乃封参为执帛，号曰建成君。迁为戚公，属砀郡。

其后从攻东郡尉军，破之成武南。击王离军成阳南，复攻之杠里，大破之。追北，西至开封，击赵贲军，破之，围赵贲开封城中。西击秦将杨熊军于曲遇，破之，虏秦司马及御史各一人。迁为执珪。从攻阳武，下轘辕、缑氏，绝河津，还击赵贲军尸北，破之。从南攻犨，与南阳守齮战阳城郭东，陷陈，取宛，虏齮，尽定南阳郡。从西攻武关、峣关，取之。前攻秦军蓝田南，又夜击其北，秦军大破，遂至咸阳，灭秦。

项羽至，以沛公为汉王。汉王封参为建成侯。从至汉中，迁为将军。从还定三秦，初攻下辩、故道、雍、斄。击章平军于好畤南，破之，围好畤，取壤乡。击三秦军壤东及高栎，破之。复围章平，章平出好畤走。因击赵贲、内史保军，破之。东取咸阳，更名曰新城。参将兵守景陵二十日，三秦使章平等攻参，参出击，大破之。赐食邑于宁秦。参以将军引兵围章邯于废丘。以中尉从汉王出临晋关。至河内，下修武，渡围津，东击龙且、项他定陶，破之。东取砀、萧、彭城，击项籍军，汉军大败走。参以中尉围取雍丘。王武反于外黄，程处反于燕，往击，尽破之。柱天侯反于衍氏，又进破取衍氏。击羽婴于昆阳，追至叶，

还攻武强，因至荥阳。参自汉中为将军中尉，从击诸侯，及项羽败，还至荥阳，凡二岁。

高祖二年，拜为假左丞相，入屯兵关中。月馀，魏王豹反，以假左丞相别与韩信东攻魏将军孙遬军东张，大破之。因攻安邑，得魏将王襄。击魏王于曲阳，追至武垣。生得魏王豹。取平阳，得魏王母妻子。尽定魏地，凡五十二城。赐食邑平阳。因从韩信击赵相国夏说军于邬东，大破之，斩夏说。韩信与故常山王张耳引兵下井陉，击成安君，而令参还围赵别将戚将军于邬城中。戚将军出走，追斩之。乃引兵诣敖仓汉王之所，韩信已破赵，为相国，东击齐。参以右丞相属韩信，攻破齐历下军，遂取临菑。还定济北郡，攻著、漯阴、平原、鬲、卢。已而从韩信击龙且军于上假密，大破之，斩龙且，虏其将军周兰。定齐，凡得七十馀县。得故齐王田广相田光，其守相许章，及故齐胶东将军田既。韩信为齐王，引兵诣陈，与汉王共破项羽，而参留平齐未服者。

项籍已死，天下定，汉王为皇帝，韩信徙为楚王，齐为郡。参归汉相印。高帝以长子肥为齐王，而以参为齐相国。以高祖六年赐爵列侯，与诸侯剖符，世世勿绝。食邑平阳万六百三十户，号曰平阳侯，除前所食邑。

以齐相国击陈豨将张春军，破之。黥布反，参以齐相国从悼惠王将兵车骑十二万人，与高祖会击黥布军，大破之。南至蕲，还定竹邑、相、萧、留。

参功：凡下二国，县一百二十二；得王二人，相三人，将军六人，大莫敖、郡守、司马、侯、御史各一人。

孝惠帝元年，除诸侯相国法，更以参为齐丞相。参之相齐，齐七十城。天下初定。悼惠王富于春秋，参尽召长老诸生，问所以安集百姓，如齐故(俗)诸儒以百数，言人人殊，参未知所定。闻胶西有盖公，善治黄老言，使人厚币请之。既见盖公，盖公为言治道贵清静而民自定，推此类具言之。参于是避正堂，舍盖公焉。其治要用黄老术，故相齐九年，齐国安集，大称贤相。

惠帝二年，萧何卒。参闻之，告舍人趣治行："吾将入相。"居无何，使者果召参。参去，属其後相曰："以齐狱市为寄，慎勿扰也。"後相曰："治无大于此者乎？"参曰："不然，夫狱市者，所以并容也，今君扰之，奸人安所容也？吾是以先之。"

参始微时，与萧何善；及为将相，有郤。至何且死，所推贤唯参。参代何为汉相国，举事无所变更，一遵萧何约束。

择郡国吏木诎于文辞，重厚长者，即召除为丞相史。吏之言文刻深，欲务声名者，辄斥去之。日夜饮醇酒。卿大夫已下吏及宾客见参不事事，来者皆欲有言。至者，参辄饮以醇酒，间之，欲有所言，复饮之，醉而後去，终莫得开说，以为常。

相舍后园近吏舍，吏舍日饮歌呼。从吏恶之，无如之何，乃请参游园中。闻吏醉歌呼，从吏幸相国召按之。乃反取酒张坐饮，亦歌呼与相应和。

参见人之有细过，专掩匿覆盖之，府中无事。

参子窋为中大夫。惠帝怪相国不治事，以为"岂少朕与"？乃谓窋曰："若归，试私从容问而父曰：'高帝新弃群臣，帝富于春秋，君为相，日饮，无所请事，何以忧天下乎？'然无言吾告若也。"窋既洗沐归，间侍，自从其所谏参。参怒，而笞窋二百，曰："趣入侍，天下事非若所当言也。"至朝时，惠帝让参曰："与窋胡治乎？乃者我使谏君也。"参免冠谢曰："陛下自察圣武孰与高帝？"上曰："朕乃安敢望先帝乎！"曰："陛下观臣能孰与萧何贤？"上曰："君似不及也。"参曰："陛下言之是也。且高帝与萧何定天下，法令既明，今陛下垂拱，参等守职，遵而勿失，不亦可乎？"惠帝曰："善。君休矣！"

参为汉相国，出入三年。卒，谥懿侯。子窋代侯。百姓歌之曰："萧何为法，顜若画一；曹参代之，守而勿失。载其清净，民以宁一。"

平阳侯窋，高后时为御史大夫。孝文帝立，免，为侯。立二十九年卒，谥为静侯。子奇代侯，立七年卒，谥为简侯。子时代侯。时尚平阳公主，生子襄。时病疠，归国。立二十三年卒，谥夷侯。子襄代侯。襄尚卫长公主，生子宗。立十六年卒，谥为共侯。子宗代侯。征和二年中，宗坐太子死，国除。

太史公曰：曹相国参攻城野战之攻所以能多若此者，以与淮阴侯俱。及信已灭，而列侯成功，唯独擅其名。参为汉相国，清静极言合道。然百姓离秦之酷後，参与休息无为，故天下俱称其美矣。

卷五十五　　留侯世家第二十五

留侯张良者，其先韩人也。大父开地，相韩昭侯、宣惠王、襄哀王。父平，相釐王、悼惠王。悼惠王二十三年，平卒。卒二十岁，秦灭韩。良年少，未宦事韩。韩破，良家僮三百人，弟死不葬，悉以家财求客刺秦王，为韩报仇，以大父、父五世相韩故。

良尝学礼淮阳，东见仓海君，得力士，为铁椎重百二十斤。秦皇帝东游，良与客狙击秦皇帝博浪沙中，误中副车。秦皇帝大怒，大索天下，求贼甚急，为张良故也。良乃更名姓，亡匿下邳。

良尝闲从容步游下邳圯上，有一老父，衣褐，至良所，直堕其履圯下，顾谓良曰："孺子，下取履！"良鄂然，欲殴之，为其老，强忍，下取履。父曰："履我！"良业为取履，因长跪履之。父以足受，笑而去。良殊大惊，随目之。父去里所，复还，曰："孺子可教矣。后五日平明，与我会此。"良因怪之，跪曰："诺。"五日平明，良往。父已先在。怒曰："与老人期，后，何也？"去，曰："后五日早会。"五日鸡鸣，良往。父又先在，复怒曰："后，何也？"去，曰："后五日复早来。"五日，良夜未半往。有顷，父亦来，喜曰："当如是。"出一编书，曰："读此则为王者师矣，后十年兴，十三年孺子见我济北，谷城山下黄石即我矣。"遂去，无他言，不复见。旦日视其书，乃《太公兵法》也。良因异之，常习诵读之。居下邳，为任侠。项伯常杀人，从良匿。

后十年，陈涉等起兵，良亦聚少年百馀人，景驹自立为楚假王，在留。良欲往从之，道遇沛公。沛公将数千人，略地下邳西，遂属焉。沛公拜良为厩将。良数以《太公兵法》说沛公，沛公善之，常用其策。良为他人言，皆不省。良曰："沛公殆天授。"故遂从之，不去见景驹。

及沛公之薛，见项梁。项梁立楚怀王。良乃说项梁曰："君已立楚后，而韩诸公子横阳君成贤，可立为王。益树党。"项梁使良求韩成。立以为韩王。以良为韩申徒，与韩王将千馀人西略韩地，得数城，秦辄复取之，往来为游兵颍川。

沛公之从洛阳南出轘辕，良引兵从沛公，下韩十馀城，击破杨熊军。沛公乃令韩王成留守阳翟，与良俱南，攻下宛，西入武关。沛公欲以兵二万人击秦嶢下军，良说曰："秦兵尚强，未可轻。臣闻其将屠者子，贾竖易动以利，愿沛公且留壁，使人先行，为五万人具食，益为张旗帜诸山上，为疑兵，令郦食其持重宝啖秦将。"秦将果畔，欲连和俱西袭咸阳。沛公欲听之，良曰："此独其将欲叛耳，恐士卒不从。不从必危，不如因其解击之。"沛公乃引兵击秦军，大破之。遂北至蓝田，再战，秦兵竟败。遂至咸阳，秦王子婴降沛公。

沛公入秦宫，宫室帷帐狗马重宝妇女以千数，意欲留居之。樊哙谏沛公出舍，沛公不听。良曰："夫秦为无道，故沛公得至此。夫为天下除残贼，宜缟素为资。今始入秦，即安其乐，此所谓'助桀为虐。'且'忠言逆耳利于行，毒药苦口利于病'，愿沛公听樊哙言。"沛公乃还军霸上。

项羽至鸿门下，欲击沛公，项伯乃夜驰入沛公军，私见张良，欲与俱去。良曰："臣为韩王送沛公，今事有急，亡去不义。"乃具以语沛公。沛公大惊。曰："为将奈何？"良曰："沛公诚欲倍项羽邪？"沛公曰："鲰生教我距关无内诸侯，秦地可尽王，故听之。"良曰："沛公自度能却项羽乎？"沛公默然良久，曰："固不能也。今为奈何？"良乃固要项伯。项伯见沛公。沛公与饮为寿，结宾婚。令项伯具言沛公不敢倍项羽，所以距关者，备他盗也。及见项羽后解，语在项羽事中。

汉元年正月，沛公为汉王，王巴蜀。汉王赐良金百溢，珠二斗，良具以献项伯。汉王亦因令良厚遗项伯，使请汉中地。项王乃许之，遂得汉中地。汉王之国，良送至褒中，遣良归韩。良因说汉王曰："王何不烧绝所过栈道，示天下无还心，以固项王意。"乃使良还。行，烧绝栈道。

良至韩，韩王成以良从汉王故，项王不遣成之国，从与俱东。良说项王曰："汉王烧绝栈道，无还心矣。"乃以齐王田荣反，书告项王。项王以此无西忧汉心，而发兵北击齐。

项王竟不肯遣韩王，乃以为侯，又杀之彭城。良亡，间行归汉王。汉王亦已还定三秦矣，复以良为成信侯，从东击楚。至彭成，汉败而还。至下邑，汉王下马踞鞍而问曰："吾欲捐关以东等弃之，谁可与共功者？"良进曰："九江王黥布，楚枭将，与项王有郄；彭越与齐王田荣反

梁地：此两人可急使。而汉王之将独韩信可属大事，当一面。即欲捐之，捐之此三人，则楚可破也。"汉王乃遣随何说九江王布，而使人连彭越。及魏王豹反，使韩信将兵击之，因举燕、代、齐、赵。然卒破楚者，此三人力也。

张良多病，未尝特将也，常为画策臣，时时从汉王。

汉三年，项羽急围汉王荥阳，汉王恐忧，与郦食其谋桡楚权。食其曰："昔汤伐桀，封其后于杞。武王伐纣，封其后于宋。今秦失德弃义，侵伐诸侯社稷，灭六国之后，使无立锥之地。陛下诚能复立六国后世，毕已受印，此其君臣百姓必皆戴陛下之德，莫不乡风慕义，愿为臣妾。德义已行，陛下南乡称霸，楚必敛衽而朝。"汉王曰："善。趣刻印，先生因行佩之矣。"

食其未行，张良从外来谒。汉王方食，曰："子房前！客有为我计桡楚权者。"具以郦生语告于子房，曰："何如？"良曰："谁为陛下画此计者？陛下事去矣。"汉王曰："何哉？"张良对曰："臣请藉前箸为大王筹之。"曰："昔者汤伐桀而封其后于杞者，度能制桀之死命也。今陛下能制项籍之死命乎？"曰："未能也。""其不可一也。武王伐纣，封其后于宋者，度能得纣之头也。今陛下能得项籍之头乎？"曰："未能也。""其不可二也。武王入殷，表商容之间，释箕子之拘，封比干之墓。今陛下能封圣人之墓，表贤者之间，式智者之门乎？"曰："未能也。""其不可三也。发巨桥之粟，散鹿台之钱，以赐贫穷。今陛下能散府库以赐贫穷乎？"曰："未能也。""其不可四矣。殷事已毕，偃革为轩，倒置干戈，覆以虎皮，以示天下不复用兵。今陛下能偃武行文，不复用兵乎？"曰："未能也。""其不可五矣。休马华山之阳，示以无所为。今陛下能休马无所用乎？"曰："未能也。""其不可六矣，放牛桃林之阴，以示不复输积。今陛下能放牛不复输积乎？"曰："未能也。""其不可七矣。且天下游士离其亲戚，弃坟墓，去故旧，从陛下游者，徒欲日夜望咫尺之地。今复六国，立韩、魏、燕、赵、齐、楚之后，天下游士各归事其主，从其亲戚，反其故旧坟墓，陛下与谁取天下乎？其不可八矣。且夫楚唯无强，六国立者复桡而从之，陛下焉得而臣之？诚用客之谋，陛下事去矣。"汉王辍食吐哺，骂曰："竖儒，几败而公事！"令趣销印。

汉四年，韩信破齐而欲自立为齐王，汉王怒。张良说汉王，汉王使良授齐王信印，语在淮阴事中。

其秋，汉王追楚至阳夏南，战不利而壁固陵，诸侯期不至。良说汉王，汉王用其计，诸侯皆至。语在项籍事中。

汉六年正月，封功臣。良未尝有战斗功，高帝曰："运筹策帷帐中，决胜千里外，子房功也。自择齐三万户。"良曰："始臣起下邳，与上会留，此天以臣授陛下。陛下用臣计，幸而时中，臣愿封留足矣，不敢当三万户。"乃封张良为留侯，与萧何等俱封。

六年，上已封大功臣二十馀人，其馀日夜争功不决，未得行封。上在洛阳南宫，从复道望见诸将往往相与坐沙中语。上曰："此何语？"留侯曰："陛下不知乎？此谋反耳。"上曰："天下属安定，何故反乎？"留侯曰："陛下起布衣，以此属取天下，今陛下为天子，而所封皆萧、曹故

人所亲爱，而所诛者皆生平所仇怨。今军吏计功，以天下不足遍封，此属畏陛下不能尽封，恐又见疑平生过失及诛，故即相聚谋反耳。"上乃忧曰："为之奈何？"留侯曰："上平生所憎，群臣所共知，谁最甚者？"上曰："雍齿与我故，数尝窘辱我。我欲杀之，为其功多，故不忍。"留侯曰："今急先封雍齿以示群臣，群臣见雍齿封，则人人自坚矣。"于是上乃置酒，封雍齿为什方侯，而急趣丞相、御史定功行封。群臣罢酒，皆喜曰："雍齿尚为侯，我属无患矣。"

刘敬说高帝曰："都关中。"上疑之。左右大臣皆山东人，多劝上都洛阳："洛阳东有成皋，西有殽、黾，倍河，向伊、洛，其固亦足恃。"留侯曰："洛阳虽有此固，其中小，不过数百里，田地薄，四面受敌，此非用武之国也。夫关中左殽、函，右陇、蜀，沃野千里，南有巴蜀之饶，北有胡苑之利，阻三面而守，独以一面东制诸侯。诸侯安定，河、渭漕挽天下，西给京师；诸侯有变，顺流而下，足以委输。此所谓金城千里，天府之国也，刘敬说是也。"于是高帝即日驾，西都关中。留侯从入关。留侯性多病，即道引不食谷，杜门不出岁余。

上欲废太子，立戚夫人子赵王如意。大臣多谏争，未能得坚决者也。吕后恐，不知所为。人或谓吕后曰："留侯善画计策，上信用之。"吕后乃使建成侯吕泽劫留侯，曰："君常为上谋臣，今上欲易太子，君安得高枕而卧乎？"留侯曰："始上数在困急之中，幸用臣策。今天下安定，以爱欲易太子，骨肉之间，虽臣等百余人何益。"吕泽强要曰："为我画计。"留侯曰："此难以口舌争也。顾上有不能致者，天下有四人。四人者年老矣，皆以为上慢侮人，故逃匿山中，义不为汉臣。然上高此四人。今公诚能无爱金玉璧帛，令太子为书，卑辞安车，因使辩士固请，宜来。来，以为客，时时从入朝，令上见之，则必异而问之。问之，上知此四人贤，则一助也。"于是吕后令吕泽使人奉太子书，卑辞厚礼，迎此四人。四人至，客建成侯所。

汉十一年，黥布反，上病，欲使太子将，往击之。四人相谓曰："凡来者，将以存太子。太子将兵，事危矣。"乃说建成侯曰："太子将兵，有功则位不益太子；无功还，则从此受祸矣。且太子所与俱诸将，皆尝与上定天下枭将也，今使太子将之，此无异使羊将狼也，皆不肯为尽力，其无功必矣。臣闻'母爱者子抱'，今戚夫人日夜侍御，赵王如意常抱居前，上曰'终不使不肖子居爱子之上'，明乎其代太子位必矣。君何不急请吕后承间为上泣言：'黥布，天下猛将也，善用兵，今诸将皆陛下故等夷，乃令太子将此属，无异使羊将狼，莫肯为用。且使布闻之，则鼓行而西耳。上虽病，强载辎车，卧而护之，诸将不敢不尽力。上虽苦，为妻子自可强。'"于是吕泽立夜见吕后，吕后承间为上泣涕而言，如四人意。上曰："吾惟竖子固不足遣，而公自行耳。"于是上自将兵而东，群臣居守，皆送至灞上。留侯病，自强起，至曲邮，见上曰："臣宜从，病甚。楚人剽疾，愿上无与楚人争锋。"因说上曰："令太子为将军，监关中兵。"上曰："子房虽病，强卧而傅太子。"是时叔孙通为太傅，留侯行少傅事。

汉十二年，上从击破布军归，疾益甚，愈欲易太子。留侯谏，不听，因疾不视事。叔孙太傅称说引古今，以死争太子。上详许之，犹欲易之。及燕，置酒，太子侍。四人从太子，年皆八十有余，须眉皓白，衣冠甚伟。上怪之，问曰："彼何为者？"四人前对，各言名姓，曰东园公，甪里先生，绮里季，夏黄公。上乃大惊，曰："吾求公数岁，公辟逃我，今公何自从吾儿游乎？"四人皆曰："陛下轻士善骂，臣等义不受辱，故恐而亡匿。窃闻太子为人仁孝，恭敬爱士，天下莫不延颈欲为太子死者，故臣等来耳。"上曰："烦公幸卒调护太子。"

四人为寿已毕，趋去。上目送之。召戚夫人指示四人者曰："我欲易之，彼四人辅之，羽翼已成，难动矣。吕后真而主矣。"戚夫人泣，上曰："为我楚舞，吾为若楚歌。"歌曰："鸿鹄高飞，一举千里。羽翮已就，横绝四海。横绝四海，当可奈何！虽有矰缴，尚安所施！"歌数阕，戚夫人嘘唏流涕，上起去，罢酒。竟不易太子者，留侯本招此四人之力也。

留侯从上击代，出奇计马邑下，及立萧何相国，所与上从容言天下事甚众，非天下所以存亡，故不著。留侯乃称曰："家世相韩，及韩灭，不爱万金之资，为韩报仇强秦，天下振动。今以三寸舌为帝者师，封万户，位列侯，此布衣之极，于良足矣。愿弃人间事，欲从赤松子游耳。"乃学辟谷，道引轻身。会高帝崩，吕后德留侯，乃强食之，曰："人生一世间，如白驹过隙，何至自苦如此乎！"留侯不得已，强听而食。

后八年卒，谥为文成侯。子不疑代侯。

子房始所见下邳圯上老父与《太公书》者，后十三年从高帝过济北，果见谷城山下黄石，取而葆祠之。留侯死，并葬黄石冢。每上冢伏腊，祠黄石。

留侯不疑，孝文帝五年坐不敬，国除。

太史公曰：学者多言无鬼神，然言有物。至如留侯所见老父予书，亦可怪矣。高祖离困者数矣，而留侯常有功力焉，岂可谓非天乎？上曰："夫运筹策帷帐之中，决胜千里外，吾不如子房。"余以为其人计魁梧奇伟，至见其图，状貌如妇人好女。盖孔子曰："以貌取人，失之子羽。"留侯亦云。

卷五十六　陈丞相世家第二十六

陈丞相平者，阳武户牖乡人也。少时家贫，好读书，有田三十亩，独与兄伯居。伯常耕田，纵平使游学。平为人长大美色。人或谓陈平曰："贫何食而肥若是？"其嫂嫉平之不视家生产，曰："亦食糠覈耳。有叔如此，不如无有。"伯闻之，逐其妇而弃之。

及平长，可娶妻，富人莫肯与者，贫者平亦耻之。久之，户牖富人有张负，张负女孙五嫁而夫辄死，人莫敢娶。平欲得之。邑中有丧，平贫，侍丧，以先往后罢为助。张负既见之丧所,独视伟平,平亦以故后去。负随平至其家,家乃负郭穷巷,以弊席为门,然门外多有长者车辙。张负归,谓其子仲曰:"吾欲以女孙予陈平。"张仲曰:"平贫不事事,一县中尽笑其所为,独奈何予女乎?"负曰:"人固有好美如陈平而长贫贱者乎?"卒与女。为平贫,乃假贷币以聘,予酒肉之资以内妇,负诫其孙曰:"毋以贫故,事人不谨。事兄伯如事父,事嫂如母。"平既娶张氏女,赍用益饶,游道日广。

里中社,平为宰,分肉食甚均。父老曰:"善,陈孺子之为宰!"平曰:"嗟乎,使平得宰天下,亦如是肉矣!"

陈涉起而王陈,使周市略定魏地,立魏咎为魏王,与秦军相攻于临济。陈平固已前谢其兄伯,从少年往事魏王咎于临济。魏王以为太仆。说魏王,不听;人或谗之,陈平亡去。

久之,项羽略地至河上,陈平往归之,从入破秦,赐平爵卿。项羽之东王彭城也,汉王还定三秦而东,殷王反楚。项羽乃以平为信武君,将魏王咎客在楚者以往,击降殷王而还。项王使项悍拜平为都尉,赐金二十溢。居无何,汉王攻下殷。项王怒,将诛定殷者将吏。陈平惧诛,乃封其金与印,使使归项王,而平身间行杖剑亡。渡河,船人见其美丈夫独行,疑其亡将,要中当有金玉宝器,目之,欲杀平。平恐,乃解衣裸而佐刺船。船人知其无有,乃止。

平遂至修武降汉,因魏无知求见汉王,汉王召入。是时万石君奋为汉王中涓,受平谒,入见平。平等七人俱进,赐食。王曰:"罢,就舍矣。"平曰:"臣为事来,所言不可以过今日。"于是汉王与语而说之,问曰:"子之居楚何官?"曰:"为都尉。"是日乃拜平为都尉,使为参乘,典护军。诸将尽讙,曰:"大王一日得楚之亡卒,未知其高下,而即与同载,反使监护军长者!"汉王闻之,愈益幸平。遂与东伐项王。至彭城,为楚所败。引而还,收散兵至荥阳,以平为亚将,属于韩信,军广武。

绛侯、灌婴等咸谗陈平曰:"平虽美丈夫,如冠玉耳,其中未必有也。臣闻平居家时,盗其嫂;事魏不容,亡归楚;归楚不中,又亡归汉。今日大王尊官之,令护军。臣闻平受诸将金,金多者得善处,金少者得恶处。平,反覆乱臣也,愿王察之。"汉王疑之,召让魏无知。无知曰:"臣所言者,能也;陛下所问者,行也。今有尾生、孝己之行而无益于胜负之数,陛下何暇用之乎?楚汉相距,臣进奇谋之士,顾其计诚足以利国家不耳。且盗嫂受金又何足疑乎?"汉王召让平:"先生事魏不中,遂事楚而去,今又从吾游,信者固多心乎?"平曰:"臣事魏王,魏王不能用臣说,故去事项王。项王不能信人,其所任爱,非诸项即妻之昆弟,虽有奇士不能用,平乃去楚。闻汉王之能用人,故归大王。臣裸身来,不受金无以为资。诚臣计画有可采者,愿大王用之;使无可用者,金具在,请封输官,得请骸骨。"汉王乃谢,厚赐,拜为护军中尉,尽护诸将,诸将乃不敢复言。

其後,楚急攻,绝汉甬道,围汉王于荥阳城。久之,汉王患之,请割荥阳以西以和,项王不听。汉王谓陈平曰:"天下纷纷,何时定乎?"陈平曰:"项王为人,恭敬爱人,

士之廉节好礼者多归之。至于行功爵邑,重之,士亦以此不附。今大王慢而少礼,士廉节者不来;然大王能饶人以爵邑,士之顽钝嗜利无耻者亦多归汉。诚各去其两短,袭其两长,天下指麾则定矣。然大王恣侮人,不能得廉节之士。顾楚有可乱者,彼项王骨鲠之臣亚父、钟离眛、龙且、周殷之属,不过数人耳。大王诚能出捐数万斤金,行反间,间其君臣,以疑其心,项王为人意忌信谗,必内相诛。汉因举兵而攻之,破楚必矣。"汉王以为然,乃出黄金四万斤与陈平,恣所为,不问其出入。

陈平既多以金纵反间于楚军,宣言诸将钟离眛等为项王将,功多矣,然而终不得裂地而王,欲与汉为一,以灭项氏而分王其地。项羽果意不信钟离眛等。项王既疑之,使使至汉。汉王为太牢具,举进。见楚使,即详惊曰:"吾以为亚父使,乃项王使!"复持去,更以恶草具进楚使。楚使归,具以报项王。项王果大疑亚父。亚父欲急攻下荥阳城,项王不信,不肯听。亚父闻项王疑之,乃怒曰:"天下事大定矣,君王自为之!愿请骸骨归!"归,未至彭城,疽发背而死。陈平乃夜出女子二千人荥阳城东门,楚因击之,陈平乃与汉王从城西门夜出去。遂入关,收散兵复东。

其明年,淮阴侯破齐,自立为齐王,使使言之汉王。汉王大怒而骂,陈平蹑汉王。汉王亦悟,乃厚遇齐使,使张子房卒立信为齐王。封平以户牖乡。用其奇计策,卒灭楚。常以护军中尉从定燕王臧荼。

汉六年,人有上书告楚王韩信反。高帝问诸将,诸将曰:"亟发兵坑竖子耳。"高帝默然。问陈平,平固辞谢,曰:"诸将云何?"上具告之。陈平曰:"人之上书言信反,有知之者乎?"曰:"未有。"曰:"信知之乎?"曰:"不知。"陈平曰:"陛下精兵孰与楚?"上曰:"不能过。"平曰:"陛下将用兵有能过韩信者乎?"上曰:"莫及也。"平曰:"今兵不如楚精,而将不能及,而举兵攻之,是趣之战也,窃为陛下危之。"上曰:"为之奈何?"平曰:"古者天子巡狩,会诸侯。南方有云梦,陛下弟出伪游云梦,会诸侯于陈。陈,楚之西界,信闻天子以好出游,其势必无事而郊迎谒。谒,而陛下因禽之,此特一力士之事耳。"高帝以为然,乃发使告诸侯会陈:"吾将南游云梦。"上因随以行。行未至陈,楚王信果郊迎道中。高帝豫具武士,见信至,即执缚之,载後车。信呼曰:"天下已定,我固当烹!"高帝顾谓信曰:"若毋声。而反明矣!"武士反接之。遂会诸侯于陈,尽定楚地。还至洛阳,赦信以为淮阴侯,而与功臣剖符定封。

于是与平剖符,世世勿绝,为户牖侯。平辞曰:"此非臣之功也。"上曰:"吾用先生谋计,战胜克敌,非功而何?"平曰:"非魏无知臣安得进?"上曰:"若子可谓不背本矣。"乃复赏魏无知。其明年,以护军中尉从攻反者韩王信于代。卒至平城,为匈奴所围,七日不得食。高帝用陈平奇计,使单于阏氏,围以得开。高帝既出,其计秘,世莫得闻。

高帝南过曲逆,上其城,望见其屋室甚大,曰:"壮哉县!吾行天下,独见洛阳与是耳。"顾问御史曰:"曲逆

户口几何?"对曰:"始秦时三万馀户,间者兵数起,多亡匿,今见五千户。"于是乃诏御史,更以陈平为曲逆侯,尽食之,除前所食户牖。

其后常以护军中尉从攻陈豨及黥布。凡六出奇计,辄益邑,凡六益封。奇计或颇秘,世莫能闻也。

高帝从破布军还,病创,徐行至长安。燕王卢绾反,上使樊哙以相国将兵攻之。既行,人有短恶哙者。高帝怒曰:"哙见吾病,乃冀我死也。"用陈平谋而召绛侯周勃受诏床下,曰:"陈平亟驰传载勃代哙将,平至军中即斩哙头!"二人既受诏,驰传未至军,行计之曰:"樊哙,帝之故人也,功多,且又乃吕后弟吕媭之夫,有亲且贵,帝以忿怒故,欲斩之,则恐後悔。宁囚而致上,上自诛之。"未至军,为坛,以节召樊哙。哙受诏,即反接载槛车,传诣长安,而令绛侯勃代将,将兵定燕反县。

平行闻高帝崩,平恐吕太后及吕媭谮怒,乃驰传先去。逢使者诏平与灌婴屯于荥阳。平受诏,立复驰至宫,哭甚哀,因奏事丧前。吕太后哀之,曰:"君劳,出休矣。"平畏谮之就,因固请得宿卫中。太后乃以为郎中令,曰:"傅教孝惠。"是後吕媭谮乃不得行。樊哙至,则赦,复爵邑。

孝惠帝六年,相国曹参卒,以安国侯王陵为右丞相,陈平为左丞相。

王陵者,故沛人,始为县豪。高祖微时,兄事陵。陵少文,任气,好直言。及高祖起沛,入至咸阳,陵亦自聚党数千人,居南阳,不肯从沛公。及汉王之还攻项籍,陵乃以兵属汉。项羽取陵母置军中,陵使至,则东乡坐陵母,欲以招陵。陵母既私送使者,泣曰:"为老妾语陵,谨事汉王。汉王,长者也,无以老妾故,持二心。妾以死送使者。"遂伏剑而死。项王怒,烹陵母。陵卒从汉王定天下。以善雍齿,雍齿,高帝之仇,而陵本无意从高帝,以故晚封,为安国侯。

安国侯既为右丞相,二岁,孝惠帝崩。高后欲立诸吕为王,问王陵,王陵曰:"不可。"问陈平,陈平曰:"可。"吕太后怒,乃详迁陵为帝太傅,实不用陵。陵怒,谢疾免,杜门竟不朝请,七年而卒。

陵之免丞相,吕太后乃徙平为右丞相,以辟阳侯审食其为左丞相。左丞相不治,常给事于中。

食其亦沛人。汉王之败彭城西,楚取太上皇、吕后为质,食其以舍人侍吕后。其后从破项籍为侯,幸于吕太后。及为相,居中,百官皆因决事。

吕媭常以前陈平为高帝谋执樊哙,数谮曰:"陈平为相非治事,日饮醇酒,戏妇女。"陈平闻,日益甚。吕后闻之,私独喜。面质吕媭于陈平曰:"鄙语曰'儿妇人口不可用',顾君与我何如耳。无畏吕媭之谮也。"

吕太后立诸吕为王,陈平伪听之。及吕太后崩,平与太尉勃合谋,卒诛诸吕,立孝文皇帝,陈平本谋也。审食其免相。

孝文帝立,以为太尉勃亲以兵诛吕氏,功多;陈平欲让勃尊位,乃谢病。孝文帝初立,怪平病,问之。平曰:"高祖时,勃功不如臣平。及诛诸吕,臣功亦不如勃。愿以右丞相让勃。"于是孝文帝乃以绛侯勃为右丞相,位次第一;平徙为左丞相,位次第二。赐平金千斤,益封三千户。

居顷之,孝文皇帝既益明习国家事,朝而问右丞相勃曰:"天下一岁决狱几何?"勃谢曰:"不知。"问:"天下一岁钱谷出入几何?"勃又谢不知,汗出沾背,愧不能对。于是上亦问左丞相平。平曰:"有主者。"上曰:"主者谓谁?"平曰:"陛下即问决狱,责廷尉;问钱谷,责治粟内史。"上曰:"苟各有主者,而君所主者何事也?"平谢曰:"主臣。陛下不知其驽下,使待罪宰相。宰相者,上佐天子理阴阳,顺四时,下育万物之宜,外镇抚四夷诸侯,内亲附百姓,使卿大夫各得任其职焉。"孝文帝乃称善。右丞相大惭,出而让陈平曰:"君独不素教我对?"陈平笑曰:"君居其位,不知其任邪?且陛下即问长安中盗贼数,君欲强对邪?"于是绛侯自知其能不如平远矣。居顷之,绛侯谢病请免相,陈平专为一丞相。

孝文帝二年,丞相陈平卒,谥为献侯。子共侯买代侯。二年卒,子简侯恢代侯。二十三年卒,子何代侯。二十三年,何坐略人妻,弃市,国除。

始陈平曰:"我多阴谋,是道家之所禁。吾世即废,亦已矣,终不能复起,以吾多阴祸也。"然其後曾孙陈掌以卫氏亲贵戚,愿得续封陈氏,然终不得。

太史公曰:陈丞相平少时,本好黄帝、老子之术。方其割肉俎上之时,其意固已远矣。倾侧扰攘楚魏之间,卒归高帝。常出奇计,救纷纠之难,振国家之患。及吕后时,事多故矣,然平自脱,定宗庙,以荣名终,称贤相,岂不善始善终哉!非知谋孰能当此者乎?

卷五十七
绛侯周勃世家第二十七

绛侯周勃者,沛人也。其先卷人,徙沛。勃以织薄曲为生。常为人吹箫给丧事。材官引强。

高祖之为沛公,初起,勃以中涓从攻胡陵,下方与。方与反,与战,却适。攻丰。击秦军砀东。还军留及萧。复攻砀,破之。下下邑,先登。赐爵五大夫。攻蒙、虞,取之。击章邯车骑,殿。定魏地。攻爰戚、东缗,以往至栗,取之。攻齧桑,先登。击秦军阿下,破之。追至濮阳,下甄城。攻都关、定陶,袭取宛朐,得单父令。夜袭取临济,攻张,以前至卷,破之。击李由军雍丘下。攻开封,先至城下为多。後章邯破杀项梁,沛公与项羽引兵东如砀。自初起沛还至砀,一岁二月。

楚怀王封沛公号安武侯,为砀郡长。沛公拜勃为虎贲令,以令从沛公定魏地。攻东郡尉于城武,破之。击王离军,破之。攻长社,先登。攻颍阳、缑氏,绝河津。击赵贲军尸北。南攻南阳守齮,破武关、峣关。破秦军于蓝田,至咸阳,灭秦。

项羽至,以沛公为汉王。汉王赐勃爵为威武侯。从入汉中，拜为将军。还定三秦，至秦，赐食邑怀德。攻槐里、好畤，最。击赵贲、内史保于咸阳，最。北攻漆，击章平、姚卬军。西定汧，还下郿、频阳。围章邯废丘。破西丞。击盗巴军，破之。攻上邽。东守峣关，转击项籍。攻曲逆，最。还守敖仓，追项籍。籍已死，因东定楚地泗水、东海郡，凡得二十二县。还守洛阳、栎阳，赐与颍阴侯共食钟离。以将军从高帝击反者燕王臧荼，破之易下。所将卒当驰道为多，赐爵列侯，剖符世世勿绝。食绛八千一百八十户，号绛侯。

以将军从高帝击反韩王信于代，降下霍人。以前至武泉，击胡骑，破之武泉北。转攻韩信军铜鞮，破之。还，降太原六城。击韩信胡骑晋阳下，破之，下晋阳。後击韩信军于硰石，破之，追北八十里。还攻楼烦三城，因击胡骑平城下，所将卒当驰道为多。勃迁为太尉。

击陈豨，屠马邑。所将卒斩豨将军乘马絺。击韩信、陈豨、赵利军于楼烦，破之。得豨将宋最、雁门守圂。因转攻得云中守遬、丞相箕肆、将勋。定雁门郡十七县，云中郡十二县。因复击豨灵丘，破之，斩豨，得豨丞相程纵、将军陈武、都尉高肆，定代郡九县。

燕王卢绾反，勃以相国代樊哙将，击下蓟，得绾大将抵、丞相偃、守陉、太尉弱、御史大夫施，屠浑都。破绾军上兰，复击破绾军沮阳。追至长城，定上谷十二县，右北平十六县，辽西、辽东二十九县，渔阳二十二县。最从高帝得相国一人，丞相二人，将军、二千石各三人；别破军二，下城三，定郡五，县七十九，得丞相、大将各一人。

勃为人木强敦厚，高帝以为可属大事。勃不好文学。每召诸生说士，东乡坐而责之："趣为我语。"其椎少文如此。

勃既定燕而归，高祖已崩矣，以列侯事孝惠帝。孝惠帝六年，置太尉官，以勃为太尉。十岁，高后崩。吕禄以赵王为汉上将军，吕产以吕王为汉相国，秉汉权，欲危刘氏。勃为太尉，不得入军门。陈平为丞相，不得任事。于是勃与平谋，卒诛诸吕而立孝文皇帝。其语在吕后、孝文事中。

文帝即立，以勃为右丞相，赐金五千斤，食邑万户。居月馀，人或说勃曰："君既诛诸吕，立代王，威震天下，而君受厚赏，处尊位，以宠，久之即祸及身矣。"勃惧，亦自危，乃谢请归相印。上许之。岁馀，丞相平卒，上复以勃为丞相。十馀月，上曰："前日吾诏列侯就国，或未能行，丞相吾所重，其率先之。"乃免相就国。

岁馀，每河东守尉行县至绛，绛侯勃自畏恐诛，常被甲，令家人持兵以见之。其後人有上书告勃欲反，下廷尉。廷尉下其事长安，逮捕勃治之。勃恐，不知置辞。吏稍侵辱之。勃以千金与狱吏，狱吏乃书牍背示之曰："以公主为证"。公主者，孝文帝女也，勃太子胜之尚之，故狱吏教引为证。勃之益封受赐，尽以予薄昭。及系急，薄昭为言薄太后，太后亦以为无反事。文帝朝，太后以冒絮提文帝，曰："绛侯绾皇帝玺，将兵于北军，不以此时反，今居一小县，顾欲反邪？"文帝既见绛侯狱辞，乃谢曰："吏方验而出之。"于是使使持节赦绛侯，复爵邑。绛侯既出，曰：

"吾尝将百万军，然安知狱吏之贵乎？"

绛侯复就国。孝文帝十一年卒，谥为武侯。

子胜之代侯。六岁，尚公主不相中，坐杀人，国除。绝一岁，文帝乃择绛侯勃子贤者河内守亚夫，封为条侯，续绛侯後。

条侯亚夫自未侯为河内守时，许负相之，曰："君後三岁而侯。侯八岁为将相，持国秉，贵重矣，于人臣无两。其後九岁而君饿死。"亚夫笑曰："臣之兄已代父侯矣，有如卒，子当代，亚夫何说侯乎？然既已贵如负言，又何说饿死？指示我。"许负指其口曰："有从理入口，此饿死法也。"居三岁，其兄绛侯胜之有罪，孝文帝择绛侯子贤者，皆推亚夫，乃封亚夫为条侯，续绛侯後。

文帝之後六年，匈奴大入边。乃以宗正刘礼为将军，军霸上；祝兹侯徐厉为将军，军棘门；以河内守亚夫为将军，军细柳：以备胡。上自劳军，至霸上及棘门军，直驰入，将以下骑送迎。已而之细柳军，军士吏被甲，锐兵刃，彀弓弩，持满。天子先驱至，不得入。先驱曰："天子且至！"军门都尉曰："将军令曰'军中闻将军令，不闻天子之诏'。"居无何，上至，又不得入。于是上乃使使持节诏将军："吾欲入劳军。"亚夫乃传言开壁门。壁门士吏谓从属车骑曰："将军约，军中不得驱驰。"于是天子乃按辔徐行。至营，将军亚夫持兵揖曰："介胄之士不拜，请以军礼见。"天子为动，改容式车。使人称谢："皇帝敬劳将军。"成礼而去。既出军门，群臣皆惊。文帝曰："嗟乎，此真将军矣！曩者霸上、棘门军，若儿戏耳，其将固可袭而虏也；至于亚夫，可得而犯邪！"称善者久之。月馀，三军皆罢，乃拜亚夫为中尉。

孝文且崩时，诫太子曰："即有缓急，周亚夫真可任将兵。"文帝崩，拜亚夫为车骑将军。

孝景三年，吴、楚反。亚夫以中尉为太尉，东击吴、楚。因自请上曰："楚兵剽轻，难与争锋，愿以梁委之，绝其粮道，乃可制。"上许之。

太尉既会兵荥阳，吴方攻梁，梁急，请救。太尉引兵东北走昌邑，深壁而守。梁日使使请太尉，太尉守便宜，不肯往。梁上书言景帝，景帝使使诏救梁。太尉不奉诏，坚壁不出，而使轻骑兵弓高侯等绝吴、楚兵後食道。吴兵乏粮，饥，数欲挑战，终不出。夜，军中惊，内相攻击扰乱，至于太尉帐下，太尉终卧不起。顷之，复定。後吴奔壁东南陬，太尉使备西北。已而其精兵果奔西北，不得入。吴兵既饿，乃引而去。太尉出精兵追击，大破之。吴王濞弃其军，而与壮士数千人亡走，保于江南丹徒。汉兵因乘胜，遂尽虏之，降其兵，购吴王千金。月馀，越人斩吴王头以告。凡相攻守三月，而吴、楚破平。于是诸将乃以太尉计谋为是。由此梁孝王与太尉有郄。

归，复置太尉官。五岁，迁为丞相，景帝甚重之。景帝废栗太子，丞相固争之，不得。景帝由此疏之。而梁孝王每朝，常与太后言条侯之短。

窦太后曰："皇后兄王信可侯也。"景帝让曰："始南皮、章武侯先帝不侯，及臣即位乃侯之。信未得封也。"窦太后曰："人主各以时行耳。自窦长君在时，竟不得侯，死後乃封其子彭祖顧得侯。吾甚恨之。帝趣侯信也！"景帝曰："請得與丞相議之。"丞相議之，亞夫曰："高皇帝約'非劉氏不得王，非有功不得侯。不如約，天下共擊之'。今信雖皇后兄，無功，侯之，非約也。"景帝默然而止。

其後匈奴王唯徐盧等五人降，景帝欲侯之以勸後。丞相亞夫曰："彼背其主降陛下，陛下侯之，則何以責人臣不守節者乎？"景帝曰："丞相議不可用。"乃悉封唯徐盧等為列侯。亞夫因謝病。景帝中三年，以病免相。

頃之，景帝居禁中，召條侯，賜食。獨置大胾，無切肉，又不置箸。條侯心不平，顧謂尚席取箸。景帝視而笑曰："此不足君所乎？"條侯免冠謝。上起，條侯因趨出。景帝以目送之，曰："此怏怏者非少主臣也！"

居無何，條侯子為父買工官尚方甲盾五百被可以葬者。取庸苦之，不予錢。庸知其盜買縣官器，怒而上變告子，事連污條侯。書既聞上，上下吏。吏簿責條侯，條侯不對。景帝罵之曰："吾不用也。"召詣廷尉。廷尉責曰："君侯欲反邪？"亞夫曰："臣所買器，乃葬器也，何謂反邪？"吏曰："君侯縱不反地上，即欲反地下耳。"吏侵之益急。初，吏捕條侯，條侯欲自殺，夫人止之，以故不得死，遂入廷尉。因不食五日，嘔血而死。國除。

絕一歲，景帝乃更封絳侯勃他子堅為平曲侯，續絳侯後。十九年卒，謚為共侯。子建德代侯，十三年，為太子太傅。坐酎金不善，元鼎五年，有罪，國除。

條侯果餓死。死後，景帝乃封王信為蓋侯。

太史公曰：絳侯周勃始為布衣時，鄙樸人也，才能不過凡庸。及從高祖定天下，在將相位，諸呂欲作亂，勃匡國家難，復之乎正。雖伊尹、周公，何以加哉！亞夫之用兵，持威重，執堅刃，穰苴曷有加焉！足己而不學，守節不遜，終以窮困，悲夫！

卷五十八　梁孝王世家第二十八

梁孝王武者，孝文皇帝子也，而與孝景帝同母。母，竇太后也。

孝文帝凡四男：長子曰太子，是為孝景帝；次子武；次子參；次子揖。孝文帝即位二年，以武為代王，以參為太原王，以揖為梁王。二歲，徙代王為淮陽王。以代盡與太原王，號曰代王。參立十七年，孝文後二年卒，謚為孝王。子登嗣立，是為代共王。立二十九年，元光二年卒。子義立，是為代王。十九年，漢廣關，以常山為限，而徙代王王清河。清河王徙以元鼎三年也。

初，武為淮陽王十年，而梁王勝卒，謚為梁懷王。懷王最少子，愛幸異於他子。其明年，徙淮陽王武為梁王。梁王之初王梁，孝文帝之十二年也。梁王自初王通歷已十一年矣。

梁王十四年，入朝。十七年，十八年，比年入朝，留，其明年，乃之國。二十一年，入朝。二十二年，孝文帝崩。二十四年，入朝。二十五年，復入朝。是時上未置太子也。上與梁王燕飲，嘗從容言曰："千秋萬歲後傳於王。"王辭謝。雖知非至言，然心內喜。太后亦然。

其春，吳楚齊趙七國反。吳、楚先擊梁棘壁，殺數萬人。梁孝王城守睢陽，而使韓安國、張羽等為大將軍，以距吳、楚。吳、楚以梁為限，不敢過而西，與太尉亞夫等相距三月。吳楚破，而梁所破殺虜略與漢中分。明年，漢立太子。其後梁最親，有功，又為大國，居天下膏腴地。地北界泰山，西至高陽，四十餘城，皆多大縣。

孝王，竇太后少子也，愛之，賞賜不可勝道。於是孝王築東苑，方三百餘里。廣睢陽城七十里。大治宮室，為復道，自宮連屬於平臺三十餘里。得賜天子旌旗，出從千乘萬騎。東西馳獵，擬於天子。出言蹕，入言警。招延四方豪桀，自山以東游說之士，莫不畢至，齊人羊勝、公孫詭、鄒陽之屬。公孫詭多奇邪計，初見王，賜千金，官至中尉，梁號之曰公孫將軍。梁多作兵器弩弓矛數十萬，而府庫金錢且百巨萬，珠玉寶器多於京師。

二十九年十月，梁孝王入朝。景帝使使持節乘輿駟馬，迎梁王於關下。既朝，上疏因留，以太后親故。王入則侍景帝同輦，出則同車游獵，射禽獸上林中，梁之侍中、郎、謁者著籍引出入天子殿門，與漢宦官無異。

十一月，上廢栗太子，竇太后心欲以孝王為後嗣。大臣及袁盎等有所關說於景帝，竇太后義格，亦遂不復言以梁王為嗣事由此。以事秘，世莫知。乃辭歸國。

其夏四月，上立膠東王為太子。梁王怨袁盎及議臣，乃與羊勝、公孫詭之屬陰使人刺殺袁盎及他議臣十餘人。逐其賊，未得也。於是天子意梁王。逐賊，果梁使之。乃遣使冠蓋相望於道，覆按梁，捕公孫詭，羊勝。公孫詭、羊勝匿王後宮。使者責二千石急，梁相軒丘豹及內史韓安國進諫王，王乃令勝、詭皆自殺，出之。上由此怨望於梁王。梁王恐，乃使韓安國因長公主謝罪太后，然後得釋。

上怒稍解，因上書請朝，既至關，茅蘭說王，使乘布車，從兩騎入，匿於長公主園。漢使迎王，王已入關，車騎盡居外，不知王處。太后泣曰："帝殺吾子！"景帝憂恐。於是梁王伏斧質於闕下謝罪，然後太后、景帝大喜，相泣，復如故。悉召王從官入關。然景帝益疏王，不同車輦矣。

三十五年冬，復朝，上疏欲留，上弗許。歸國，意忽忽不樂，北獵良山，有獻牛，足出背上，孝王惡之。六月中，病熱，六日卒，謚曰孝王。

孝王慈孝，每聞太后病，口不能食，居不安寢，常欲留長安侍太后。太后亦愛之。及聞梁王薨，竇太后哭極哀，不食，曰："帝果殺吾子！"景帝哀懼，不知所為。與長公主計之，乃分梁為五國，盡立孝王男五人為王，女五人皆食湯沐邑。於是奏之太后，太后乃說，為帝加壹餐。

梁孝王長子買為梁王，是為共王；子明為濟川王；子彭離為濟東王；子定為山陽王；子不識為濟陰王。

孝王未死時，財以巨萬計，不可勝數。及死，藏府餘黃金尚四十餘萬斤，他財物稱是。

梁共王三年，景帝崩。共王立七年卒，子襄立，是為平王。

　　梁平王襄十四年。母曰陈太后。共王母曰李太后。李太后，亲平王之大母也，而平王之后姓任，曰任王后。任王后甚有宠于平王襄。初，孝王在时，有罍樽，直千金。孝王诫後世，善保罍樽，无得以与人。任王后闻而欲得罍樽。平王大母李太后曰："先王有命，无得以罍樽与人。他物虽百巨万，犹自恣也。"任王后绝欲得之。平王襄直使人开府取罍樽，赐任王后。李太后大怒，汉使者来，欲自言，平王襄及任王后遮止，闭门，李后与争门，措指，遂不得见汉使者。李太后亦私与食官长及郎中尹霸等士通乱，而王与任王后以此使人风止李太后，李太后内有淫行，亦已。后病薨。病时，任后未尝请病；薨，又不持丧。

　　元朔中，睢阳人类犴反者，人有辱其父，而与淮阳太守客出同车。太守客出下车，类犴反杀其仇于车上而去。淮阳太守怒，以让梁二千石。二千石以下求反甚急，执反亲戚。反知国阴事，乃上变事，具告知王与大母争樽状。时丞相以下见知之，欲以伤梁长吏，其书闻天子。天子下吏验问，有之。公卿请废襄为庶人。天子曰："李太后有淫行，而梁王襄无良师傅，故陷不义。"乃削梁八城，枭任王后首于市。梁馀尚有十城。襄立三十九年卒，谥为平王。子无伤立为梁王也。

　　济川王明者，梁孝王子，以桓邑侯孝景中六年为济川王。七岁，坐射杀其中尉，汉有司请诛，天子弗忍诛，废明为庶人，迁房陵，地入于汉为郡。

　　济东王彭离者，梁孝王子，以孝景中六年为济东王。二十九年，彭离骄悍，无人君礼，昏暮私与其奴、亡命少年数十人行剽杀人，取财物以为好。所杀发觉者百馀人，国皆知之，莫敢夜行。所杀者子上书言，汉有司请诛，上不忍，废以为庶人，迁上庸，地入于汉，为大河郡。

　　山阳哀王定者，梁孝王子，以孝景中六年为山阳王。九年卒，无子，国除，地入于汉，为山阳郡。

　　济阴哀王不识者，梁孝王子，以孝景中六年为济阴王。一岁卒，无子，国除，地入于汉，为济阴郡。

　　太史公曰：梁孝王虽以亲爱之故，王膏腴之地，然会汉家隆盛，百姓殷富，故能植其财货，广宫室，车服拟于天子。然亦僭矣。

　　褚先生曰：臣为郎时，闻之于宫殿中老郎吏好事者称道之也。窃以为令梁孝王怨望，欲为不善者，事从中生。今太后，女主也，以爱少子故，欲令梁王为太子。大臣不时正言其不可状，阿意治小，私说意以受赏赐，非忠臣也。齐如魏其侯窦婴之正言也，何以有後祸？景帝与王燕见，侍太后饮，景帝曰："千秋万岁之后传王。"太后喜说。窦婴在前，据地言曰："汉法之约，传子适孙，今帝何以得传弟，擅乱高帝约乎！"于是景帝默然无声。太后意不说。

　　故成王与小弱弟立树下，取一桐叶以与之，曰："吾用封汝。"周公闻之，进见曰："天王封弟，甚善。"成王曰："吾直与戏耳。"周公曰："人主无过举，不当有戏言，言之必行之。"于是乃封小弟以应县。是后成王没齿不敢有戏言，言必行之。《孝经》曰："非法不言，非道不行。"此圣人之法言也。今主上不宜出好言于梁王。梁王上有太后之重，骄蹇日久，数闻景帝好言，千秋万世之後传王，而实不行。

　　又诸侯王见朝天子，汉法凡当四见耳。始到，入小见；到正月朔旦，奉皮荐璧玉贺正月，法见；后三日，为王置酒，赐金钱财物；后二日，复入小见，辞去。凡留长安不过二十日。小见者，燕见于禁门内，饮于省中，非士人所得入也。今梁王西朝，因留，且半岁，入与人主同辇，出与同车，示风以大言而实不与，令出怨言，谋畔逆，乃随而忧之，不亦远乎！非大贤人，不知退让。今汉之仪法，朝见贺正月者，常一王与四侯俱朝见，十馀岁一至。今梁王常比年入朝见，久留。鄙语曰"骄子不孝"，非恶言也。故诸侯王当为置良师傅，相忠言之士，如汲黯、韩长孺等，敢直言极谏，安得有患害！

　　盖闻梁王西入朝，谒窦太后，燕见，与景帝俱侍坐于太后前，语言私说。太后谓帝曰："吾闻殷道亲亲，周道尊尊，其义一也。安车大驾，用梁孝王为寄。"景帝跪席举身曰："诺。"罢酒出，帝召袁盎诸大臣通经术者曰："太后言如是，何谓也？"皆对曰："太后意欲立梁王为帝太子。"帝问其状，袁盎等曰："殷道亲亲者，立弟，周道尊尊者，立子。殷道质，质者法天，亲其所亲，故立弟。周道文，文者法地，尊者敬也，敬其本始，故立长子。周道，太子死，立适孙。殷道，太子死，立其弟。"帝曰："于公何如？"皆曰："方今汉家法周，周道不得立弟，当立子。故《春秋》所以非宋宣公。宋宣公死，不立子而与弟。弟受国死，复反之与兄之子。弟之子争之，以为我当代父後，即刺杀兄子。以故国乱，祸不绝。故《春秋》曰：'君子大居正，宋之祸宣公为之。'臣请见太后白之。"袁盎等入见太后："太后言欲立梁王，梁王即终，欲谁立？"太后曰："吾复立帝子。"袁盎等以宋宣公不立正，生祸，祸乱後五世不绝，小不忍害大义状报太后。太后乃解说，即使梁王归就国。而梁王闻其义出于袁盎诸大臣所，怨望，使人来杀袁盎。袁盎顾之曰："我所谓袁将军者也，公得毋误乎？"刺者曰："是矣！"刺之，置其剑。剑著身。视其剑，新治。问长安中削厉工，工曰："梁郎某子来治此剑。"以此知而发觉之，发使者捕逐之。独梁王所欲杀大臣十馀人，文吏穷本之，谋反端颇见。太后不食，日夜泣不止。景帝甚忧之，问公卿大臣，大臣以为遣经术吏往治之，乃可解。于是遣田叔、吕季主往治之。此二人皆通经术，知大礼。来还，至霸昌厩，取火悉烧梁之反辞，但空手来对景帝。景帝曰："何如？"对曰："言梁王不知也。造为之者，独其幸臣羊胜、公孙诡之属为之耳。谨以伏诛死，梁王无恙也。"景帝喜说，曰："急趋谒太后。"太后闻之，立起坐，餐，气平复。故曰，不通经术知古今之大礼，不可以为三公及左右近臣。少见之人，如从管中窥天也。

卷五十九　　五宗世家第二十九

孝景皇帝子凡十三人为王，而母五人，同母者为宗亲。栗姬子曰荣、德、阏于。程姬子曰馀、非、端。贾夫人子曰彭祖、胜。唐姬子曰发。王夫人儿姁子曰越、寄、乘、舜。

河间献王德，以孝景帝前二年用皇子为河间王。好儒学，被服造次必于儒者。山东诸儒多从之游。

二十六年卒，子共王不害立。四年卒，子刚王基代立。十二年卒，子顷王授代立。

临江哀王阏于，以孝皇帝前二年用皇子为临江王。三年卒，无後，国除为郡。

临江闵王荣，以孝景帝前四年为皇太子，四岁废，用故太子为临江王。四年，坐侵庙壖垣为宫，上征荣。荣行，祖于江陵北门。既已上车，轴折车废。江陵父老流涕窃言曰："吾王不反矣！"荣至，诣中尉府簿。中尉郅都责讯王，王恐，自杀。葬蓝田，燕数万衔土置冢上。百姓怜之。

荣最长，死无後，国除，地入于汉，为南郡。

右三国本王皆栗姬之子也。

鲁共王馀，以孝景前二年用皇子为淮阳王。二年，吴、楚反破后，以孝景前三年徙为鲁王。好治宫室苑囿狗马。季年好音，不喜辞辩。为人吃。二十六年卒，子光代为王。初好音舆马；晚节啬，惟恐不足于财。

江都易王非，以孝景前二年用皇子为汝南王。吴、楚反时，非年十五，有材力，上书愿击吴。景帝赐非将军印，击吴。吴已破，二岁，徙为江都王，治吴故国，以军功赐天子旌旗。元光五年，匈奴大入汉为贼，非上书愿击匈奴，上不许。非好气力，治宫观，招四方豪桀，骄奢甚。

立二十六年卒，子建立为王。七年自杀。淮南、衡山谋反时，建颇闻其谋。自以为国近淮南，恐一日发，为所并，即阴作兵器，而时佩其父所赐将军印，载天子旗以出。易王死未葬，建有所说易王宠美人淖姬，夜使人迎与奸服舍中。及淮南事发，治党与，颇及江都王建。建恐，因使人多持金钱，事绝其狱。而又信巫祝，使人祷祠妄言。建又尽与其姊弟奸。事既闻，汉公卿请捕治建。天子不忍，使大臣即讯王。王服所犯，遂自杀。国除，地入于汉，为广陵郡。

胶西于王端，以孝景前三年吴楚七国反破後，端用皇子为胶西王。端为人贼戾，又阴痿，一近妇人，病之数月。而有爱幸少年为郎。为郎者顷之与後宫乱，端禽灭之，及杀其子母。数犯上法，汉公卿数请诛端，天子为兄弟之故，不忍，而端所为滋甚。有司再请削其国，去太半。端心愠，遂为无訾省。府库坏漏，尽腐财物以巨万计，终不得收徙。令吏毋得收租赋。端皆去卫，封其宫门，从一门出游。数变名姓，为布衣，之他郡国。

相、二千石往者，奉汉法以治，端辄求其罪告之，无罪者诈药杀之。所以设诈究变，强足以距谏，智足以饰非。相、二千石从王治，则汉绳以法。故胶西小国，而所杀伤二千石甚众。

立四十七年，卒，竟无男代后，国除，地入于汉。为胶西郡。

右三国本王皆程姬之子也。

赵王彭祖，以孝景前二年用皇子为广川王。赵王遂反破后，彭祖王广川。四年徙为赵王。十五年，孝景帝崩。彭祖为人巧佞卑谄，足恭而心刻深。好法律，持诡辩以中人。彭祖多内宠姬及子孙。相、二千石欲奉汉法以治，则害于王家。是以每相、二千石至，彭祖衣皂布衣，自行迎，除二千石舍，多设疑事以作动之，得二千石失言，中忌讳，辄书之。二千石欲治者，则以此迫劫；不听，乃上书告，及污以奸利事。彭祖立五十馀年，相、二千石无能满二岁，辄以罪去，大者死，小者刑，以故二千石莫敢治。而赵王擅权，使使即县为贾人榷会，入多于国经租税。以是赵王家多金钱，然所赐姬诸子，亦尽之矣。彭祖取故江都易王宠姬王建所盗与中郝姬者为姬，甚爱之。

彭祖不好治宫室、机祥，好为吏事。上书愿督国中盗贼。常夜从走卒行徼邯郸中。诸使客过以彭祖险陂，莫敢留邯郸。

其太子丹与其女及同产姊奸。与其客江充有郤，充告丹，丹以故废。赵更立太子。

中山靖王胜，以孝景前三年用皇子为中山王。十四年，孝景帝崩。胜为人乐酒好内，有子枝属百二十馀人。常与兄赵王相非，曰："兄为王，专代吏治事。王者当日听音乐声色。"赵王亦非之，曰："中山王徒日淫，不佐天子拊循百姓，何以称为藩臣！"

立四十二年卒，子哀王昌立。一年卒，子昆侈代为中山王。

右二国本王皆贾夫人之子也。

长沙定王发，发之母唐姬，故程姬侍者。景帝召程姬，程姬有所辟，不愿进，而饰侍者唐儿使夜进。上醉不知，以为程姬而幸之，遂有身。已乃觉非程姬也。及生子，因命曰发。以孝景前二年用皇子为长沙王。以其母微，无宠，故王卑湿贫国。

立二十七年卒，子康王庸立。二十八年卒，子鲋鮈立为长沙王。

右一国本王唐姬之子也。

广川惠王越，以孝景中二年用皇子为广川王。

十二年卒，子齐立为王。齐有幸臣桑距。已而有罪，欲诛距，距亡，王因禽其宗族。距怨王，乃上书告王齐与同产奸。自是之后，王齐数上书告言汉公卿及幸臣所忠等。

胶东康王寄，以孝景中二年用皇子为胶东王。二十八年卒。淮南王谋反时，寄微闻其事，私作楼车镞矢战守备，候淮南之起。及吏治淮南之事，辞出之。寄于上最亲，意伤之，发病而死，不敢置后，于是上闻寄有长子者名贤，母无宠；少子名庆，母爱幸，寄常欲立之，为不次，因有过，遂无言。上怜之，乃以贤为胶东王，奉康王嗣，而封庆于故衡山地，为六安王。

胶东王贤立十四年卒，谥为哀王。子建为王。六安王庆，以元狩二年用胶东康王子为六安王。

清河哀王乘，以孝景中三年用皇子为清河王。十二年卒，无后，国除，地入于汉，为清河郡。

常山宪王舜，以孝景中五年用皇子为常山王。舜最亲，景帝少子，骄怠多淫，数犯禁，上常宽释之。立三十二年卒，太子勃代立为王。

初，宪王舜有所不爱姬生长男棁。棁以母无宠故，亦不得幸于王。王后修生太子勃。王内多，所幸姬生子平、子商，王后希得幸。及宪王病甚，诸幸姬常侍病，故王后亦以妒媢不常侍病，辄归舍。医进药，太子勃不自尝药，又不宿留侍病。及王薨，王后、太子乃至，宪王雅不以长子棁为人数，及薨，又不分与财物。郎或说太子、王后，令诸子与长子棁共分财物，太子、王后不听。太子代立，又不收恤棁。棁怨王后、太子。汉使者视宪王丧，棁自言宪王病时，王后、太子不侍，及薨，六日出舍。太子勃私奸，饮酒、博戏，击筑，与女子载驰，环城过市，入牢视囚。天子遣大行骞验王后及问王勃，请逮勃所与奸诸证左，王又匿之。吏求捕勃大急，使人致击笞掠，擅出汉所疑囚者。有司请诛宪王后修及王勃。上以修素有行，使棁陷之罪，勃无良师傅，不忍诛。有司请废王后修，徙王勃以家属处房陵，上许之。

勃王数月，迁于房陵，国绝。月余，天子为最亲，乃诏有司曰："常山宪王早夭，后妾不和，適孽诬争，陷于不义，以灭国，朕甚闵焉。其封宪王子平三万户，为真定王；封子商三万户，为泗水王。"

真定王平，元鼎四年用常山宪王子为真定王。

泗水思王商，以元鼎四年用常山宪王子为泗水王。十一年卒，子哀王安世立。十一年卒，无子。于是上怜泗水王绝，乃立安世弟贺为泗水王。

右四国本王皆王夫人儿姁子也。其后汉益封其支子为六安王、泗水王二国。凡儿姁子孙，于今为六王。

太史公曰：高祖时诸侯皆赋，得自除内史以下，汉独为置丞相，黄金印。诸侯自除御史、廷尉正、博士，拟于天子。自吴、楚反后，五宗王世，汉为置二千石，去"丞相"曰"相"，银印。诸侯独得食租税，夺之权。其后诸侯贫者或乘牛车也。

卷六十　　三王世家第三十

"大司马臣去病昧死再拜上疏皇帝陛下：陛下过听，使臣去病待罪行间。宜专边塞之思虑，暴骸中野无以报，乃敢惟他议以干用事者，诚见陛下忧劳天下，哀怜百姓以自忘，亏膳贬乐，损郎员。皇子赖天，能胜衣趋拜，至今无号位师傅官。陛下恭让不恤，群臣私望，不敢越职而言。臣窃不胜犬马心，昧死愿陛下诏有司，因盛夏吉时定皇子位。唯陛下幸察。臣去病昧死再拜以闻皇帝陛下。"三月乙亥，御史臣光守尚书令奏未央宫。制曰："下御史。"

六年三月戊申朔，乙亥，御史臣光守尚书令、丞非，下御史书到，言："丞相臣青翟、御史大夫臣汤、太常臣充、大行令臣息、太子少傅臣安行宗正事昧死上言：大司马去病上疏曰：'陛下过听，使臣去病待罪行间。宜专边塞之思虑，暴骸中野无以报，乃敢惟他议以干用事者，诚见陛下忧劳天下，哀怜百姓以自忘，亏膳贬乐，损郎员。皇子赖天，能胜犬趋拜，至今无号位师傅官。陛下恭让不恤，群臣私望，不敢越职而言。臣窃不胜犬马心，昧死愿陛下诏有司，因盛夏吉时定皇子位。唯愿陛下幸察。'制曰'下御史'。臣谨与中二千石、二千石臣贺等议：古者裂地立国，并建诸侯以承天子，所以尊宗庙重社稷也。今臣去病上疏，不忘其职，因以宣恩，乃道天子卑让自贬以劳天下，虑皇子未有号位。臣青翟、臣汤等宜奉义遵职，愚憧而不逮事。方今盛夏吉时，臣青翟、臣汤等昧死请立皇子臣闳、臣旦、臣胥为诸侯王。昧死请所立国名。"

制曰："盖闻周封八百，姬姓并列，或子、男、附庸。《礼》'支子不祭'。云并建诸侯所以重社稷，朕无闻焉。且天非为君生民也。朕之不德，海内未洽，乃以未教成者强君连城，即股肱何劝？其更议以列侯家之。"

三月丙子，奏未央宫。"丞相臣青翟、御史大夫臣汤昧死言：臣谨与列侯臣婴齐、中二千石二千石臣贺、谏大夫博士臣安等议曰：伏闻周封八百，姬姓并列，奉承天子。康叔以祖考显，而伯禽以周公立，咸为建国诸侯，以相傅为辅。百官奉宪，各遵其职，而国统备矣。窃以为并建诸侯所以重社稷者，四海诸侯各以其职奉贡祭。支子不得奉祭宗祖，礼也。封建使守藩国，帝王所以扶德施化。陛下奉承天统，明开圣绪，尊贤显功，兴灭继绝。续萧文终之後于鄼，褒厉群臣平津侯等。昭六亲之序，明天施之属，使诸侯王封君得推私恩分子弟户邑，锡号尊建百有余国。而家皇子为列侯，则尊卑相逾，列位失序，不可以垂统于万世。臣请立臣闳、臣旦、臣胥为诸侯王。"三月丙子，奏未央宫。

制曰："康叔亲属有十而独尊者，褒有德也。周公祭天命郊，故鲁有白牡、骍刚之牲。群公不毛，贤不肖差也。'高山仰之，景行向之'，朕甚慕焉。所以抑未成，家以列侯可。"

四月戊寅，奏未央宫。"丞相臣青翟、御史大夫臣汤昧死言：臣青翟等与列侯、吏二千石、谏大夫、博士臣庆等议：昧死奏请立皇子为诸侯王。制曰：'康叔亲属有十而独尊者，褒有德也。周公祭天命郊，故鲁有白牡、骍刚之牲。群公不毛，贤不肖差也。"高山仰之，景行向之，"朕甚慕焉。所以抑未成，家以列侯可。'臣青翟、臣汤、博士臣将行等伏闻康叔亲属有十，武王继体，周公辅成王，其八人皆以祖考之尊建为大国。康叔之年幼，周公在三公之位，而伯禽据国于鲁，盖爵命之时，未至成人。康叔後扞禄父之难，伯禽殄淮夷之乱。昔五帝异制，周爵五等，春秋三等，皆因时而序尊卑。高皇帝拨乱世反诸正，昭至德，定海内，封建诸侯，爵位二等。皇子或在襁褓而立为诸侯王，奉承天子，为万世法则，不可易。陛下躬亲仁义，体行圣德，表里文武。显慈孝之行，广贤能之路。内褒有德，外讨强暴。极临北海，西溱月氏，匈奴、西域，举国奉师。舆械之费，不赋于民。虚御府之藏以赏元戎，开禁仓以赈贫穷，减戍卒之半。百蛮之君，靡不乡风，承流称意。远方殊俗，重译而朝，泽及方外。故珍兽至，嘉谷兴，天应甚彰。今诸侯支子封至诸侯王，而家皇子为列侯。臣青翟、臣汤等窃伏孰计之，皆以为尊卑失序，使天下失望，不可。臣请立臣闳、臣旦、臣胥为诸侯王。"四月癸未，奏未央宫。留中不下。

"丞相臣青翟、太仆臣贺、行御史大夫事太常臣充、太子少傅臣安行宗正事昧死言：臣青翟等前奏大司马臣去病上疏言，皇子未有号位，臣谨与御史大夫臣汤、中二千石、二千石、谏大夫、博士臣庆等昧死请立皇子臣闳等为诸侯王。陛下让文武，躬自切，及皇子未教。群臣之议，儒者称其术，或诋其心。陛下固辞弗许，家皇子为列侯。臣青翟等窃与列侯臣寿成等二十七人议，皆曰以为尊卑失序。高皇帝建天下，为汉太祖，王子孙，广支辅。先帝法则弗改，所以宣至尊也。臣请令史官择吉日，具礼仪上，御史奏舆地图，他皆如前故事。"制曰："可。"

四月丙申，奏未央宫。"太仆臣贺行御史大夫事昧死言：太常臣充言卜入四月二十八日乙巳，可立诸侯王。臣昧死奏舆地图，请所立国名。礼仪别奏。臣昧死请。"

制曰："立皇子闳为齐王，旦为燕王，胥为广陵王。"

四月丁酉，奏未央宫。六年四月戊寅朔，癸卯，御史大夫汤下丞相，丞相下中二千石，二千石下郡太守、诸侯相，丞书从事下当用者。如律令。

"维六年四月乙巳，皇帝使御史大夫汤庙立子闳为齐王。曰：於戏，小子闳，受兹青社！朕承祖考，维稽古建尔国家，封于东土，世为汉藩辅。於戏念哉！恭朕之诏，惟命不于常。人之好德，克明显光。义之不图，俾君子怠。悉尔心，允执其中，天禄永终。厥有愆不臧，乃凶于而国，害于尔躬。於戏，保国艾民，可不敬与！王其戒之。"右齐王策。

"维六年四月乙巳，皇帝使御史大夫汤庙立子旦为燕王。曰：於戏，小子旦，受兹玄社！朕承祖考，维稽古建尔国家，封于北土，世为汉藩辅。於戏！荤粥氏虐老兽心，侵犯寇盗，加以奸巧边萌。於戏！朕命将率，徂征厥罪，万夫长，千夫长，三十有二君皆来，降旗奔师。荤粥徙域，北州以绥。悉尔心，毋作怨，毋俷德，毋乃废备。非教士不得从征。於戏，保国艾民，可不敬与！王其戒之。"右燕王策。

"维六年四月乙巳，皇帝使御史大夫汤庙立子胥为广陵王。曰：於戏，小子胥，受兹赤社！朕承祖考，维稽古建尔国家，封于南土，世为汉藩辅。古人有言曰：'大江之南，五湖之间，其人轻心。杨州保疆，三代要服，不及以政。'於戏！悉尔心，战战兢兢，乃惠乃顺，毋侗好轶，毋迩宵人，维法维则。《书》云：'臣不作威，不作福，靡有後羞。'於戏，保国艾民，可不敬与！王其戒之。"右广陵王策。

太史公曰：古人有言曰"爱之欲其富，亲之欲其贵。"故王者疆土建国，封立子弟，所以褒亲亲，序骨肉，尊先祖，贵支体，广同姓于天下也。是以形势强而王室安。自古至今，所由来久矣。非有异也，故弗论箸也。燕齐之事，无足采者，然封立三王，天子恭让，群臣守义，文辞灿然，甚可观也，是以附之世家。

褚先生曰：臣幸得以文学为侍郎，好览观太史公之列传。传中称《三王世家》文辞可观，求其世家，终不能得。窃从长老好故事者取其策书，编列其事而传之，令后世得观贤主之指意。

盖闻孝武帝之时，同日而俱拜三子为王：封一子于齐，一子于广陵，一子于燕。各因子才力智能，及土地之刚柔，人民之轻重，为作策以申戒之。谓王："世为汉藩辅，保国治民，可不敬与！王其戒之。"夫贤主所作，固非浅闻者所能知，非博闻强记君子者所不能究竟其意。至其次序分绝，文字之上下，简之参差长短，皆有意，人莫之能知。谨论次其真草诏书，编于左方，令览者自通其意而解说之。

王夫人者，赵人也，与卫夫人并幸武帝，而生子闳。闳且立为王时，其母病，武帝自临问之，曰："子当为王，欲安所置之？"王夫人曰："陛下在，妾又何等可言者。"帝曰："虽然，意所欲，欲于何所王之？"王夫人曰："愿置之洛阳。"武帝曰："洛阳有武库敖仓，天下冲阨，汉国之大都也。先帝以来，无子王于洛阳者。去洛阳，馀尽可。"王夫人不应。武帝曰："关东之国无大于齐者。齐东负海而城郭大，古时独临菑中十万户，天下膏腴地莫盛于齐者矣。"王夫人以手拓头，谢曰："幸甚。"王夫人死而帝痛之，使使者拜之曰："皇帝谨使使太中大夫明奉璧一，赐夫人为齐王太后。"子闳王齐，年少，无有子，立，不幸早死，国绝，为郡。天下称齐不宜王云。

所谓"受此土"者，诸侯王始封者，必受土于天子之社，归立之以为国社，以岁时祠之。《春秋大传》曰："天子之国有泰社。东方青，南方赤，西方白，北方黑，上方黄。"故将封于东方者取青土，封于南方者取赤土，封于西方者取白土，封于北方者取黑土，封于上方者取黄土。各取其色物，裹以白茅，封以为社。此始受封于天子者也。此之为主土，主土者，立社而奉之也。"朕承祖考"，祖者先也，考者父也。"维稽古"，维者度也，念也，稽者当也。当顺古之道也。

齐地多变诈，不习于礼义，故戒之曰"恭朕之诏，唯命不可为常。人之好德，能明显光。不图于义，使君子怠慢。悉若心，信执其中，天禄长终。有过不善，乃凶于而国，而害于若身。"齐王之国，左右维持以礼义，不幸中年早夭。然全身无过，如其策意。

传曰："青采出于蓝，而质青于蓝"者，教使然也。远哉贤主，昭然独见：诫齐王以慎内；诫燕王以无作怨，无俷德；诫广陵王以慎外，无作威与福。

夫广陵在吴越之地，其民精而轻，故诫之曰"江湖之间，其人轻心。杨州葆疆，三代之时，迫要使从中国俗服，不大及以政教，以意御之而已。无侗好佚，无迩宵人。维法是则。无长好佚乐驰骋弋猎淫康而近小人。常念法度，则无羞辱矣"。三江、五湖有鱼盐之利，铜山之富，天下所仰。故诫之曰"臣不作福"者，勿使行财币，厚赏赐，以立声誉，为四方所归也。又曰"臣不作威"者，勿使因轻以倍义也。

会孝武帝崩，孝昭帝初立，先朝广陵王胥，厚赏赐金钱财币，直三千馀万，益地百里，邑万户。

会昭帝崩，宣帝初立，缘恩行义，以本始元年中，裂汉地，尽以封广陵王胥四子：一子为朝阳侯；一子为平曲侯；一子为南利侯；最爱少子弘，立以为高密王。

其後胥果作威福，通楚王使者。楚王宣言曰："我先元王，高帝少弟也。封三十二城。今地邑益少，我欲与广陵王共发兵，立广陵王为上，我复王楚三十二城，如元王时。"事发觉，公卿有司请行罚诛。天子以骨肉之故，不忍致法于胥，下诏书无治广陵王，独诛首恶楚王。传曰"蓬生麻中，不扶自直；白沙在泥中，与之皆黑"者，土地教化使之然也。其後胥复祝诅谋反，自杀，国除。

燕土垚埛，北迫匈奴，其人民勇而少虑，故诫之曰"荤粥氏无有孝行而禽兽心，以窃盗侵犯边民。朕诏将军往征其罪，万夫长，千夫长，三十有二君皆来，降旗奔师。荤粥徙域远处，北州以安矣。""悉若心，无作怨"者，勿使从俗以怨望也。"无偭德"者，勿使王背德也。"无废备"者，无乏武备，常备匈奴也。"非教士不得从征"者，言非习礼义不得于侧也。

会武帝年老长，而太子不幸薨，未有所立，而且使来上书，请身入宿卫于长安。孝武见其书，击地，怒曰："生子当置之齐、鲁礼义之乡，乃置之燕、赵，果有争心，不让之端见矣。"于是使使即斩其使者于阙下。

会武帝崩，昭帝初立，旦果作怨而望大臣。自以长子当立，与齐王子刘泽等谋为叛逆，出言曰："我安得弟在者！今立者乃大将军子也。"欲发兵。事发觉，当诛。昭帝缘恩宽忍，抑案不扬，公卿使大臣请，遣宗正与太中大夫公户满意、御史二人，偕往使燕，风喻之。到燕，各异日更见责王。宗正者，主宗室诸刘属籍，先见王，为列陈道昭帝实武帝子状。侍御史乃复见王，责之以正法，问："王欲发兵罪名明白，当坐之。汉家有正法，王犯纤介小罪过。即行法直断耳，安能宽王。"惊动以文法。王意益下，心恐。公户满意习于经术，最後见王，称引古今通义，国家大礼，文章尔雅。谓王曰："古者天子必内有异姓大夫，所以正骨肉也；外有同姓大夫，所以正异族也。周公辅成王，诛其两弟，故治。武帝在时，尚能宽王。今昭帝始立，年幼，富于春秋，未临政，委任大臣。古者诛罚不阿亲戚，故天下治。方今大臣辅政，奉法直行，无敢所阿，恐不能宽王。王可自谨，无自令身死国灭，为天下笑。"于是燕王旦乃恐惧服罪，叩头谢过。大臣欲和合骨肉，难伤之以法。

其后旦复与左将军上官桀等谋反，宣言曰"我次太子，太子不在，我当立，大臣共抑我"云云。大将军光辅政，与公卿大臣议曰："燕王旦不改过悔正，行恶不变。"于是修法直断，行罚诛。旦自杀，国除，如其策指。有司请诛旦妻子。孝昭以骨肉之亲，不忍致法，宽赦旦妻子，免为庶人。传曰："兰根与白芷，渐之滫中，君子不近，庶人不服"者，所以渐然也。

宣帝初立，推恩宣德，以本始元年中尽复封燕王旦两子：一子为安定侯；立燕故太子建为广阳王，以奉燕王祭祀。

卷六十一　　　　伯夷列传第一

夫学者载籍极博，犹考信于六艺。《诗》、《书》虽缺，然虞夏之文可知也。尧将逊位，让于虞舜，舜、禹之间岳牧咸荐，乃试之于位，典职数十年，功用既兴，然后授政。示天下重器，王者大统，传天下若斯之难也。而说者曰尧让天下于许由，许由不受，耻之，逃隐。及夏之时，有卞随、务光者。此何以称焉？

太史公曰：余登箕山，其上盖有许由冢云。孔子序列古之仁、圣、贤人，如吴太伯、伯夷之伦详矣。余以所闻由、光义至高，其文辞不少概见，何哉？

孔子曰："伯夷、叔齐，不念旧恶，怨是用希。求仁得仁，又何怨乎？"余悲伯夷之意，睹轶诗可异焉。其传曰：伯夷、叔齐，孤竹君之二子也。父欲立叔齐，及父卒，叔齐让伯夷。伯夷曰："父命也。"遂逃去。叔齐亦不肯立而逃之。国人立其中子。于是伯夷、叔齐闻西伯昌善养老，盍往归焉。及至，西伯卒，武王载木主，号为文王，东伐纣。伯夷、叔齐叩马而谏曰："父死不葬，爰及干戈，可谓孝乎？以臣弑君，可谓仁乎？"左右欲兵之。太公曰："此义人也。"扶而去之。武王已平殷乱，天下宗周，而伯夷、叔齐耻之，义不食周粟，隐于首阳山，采薇而食。及饿且死，作歌，其辞曰："登彼西山兮，采其薇矣。以暴易暴兮，不知其非矣。神农、虞、夏忽焉没兮，我安适归矣？于嗟徂兮，命之衰矣！"遂饿死于首阳山。

由此观之，怨耶非耶？

或曰："天道无亲，常与善人。"若伯夷、叔齐，可谓善人者非邪？积仁洁行如此而饿死！且七十子之徒，仲尼独荐颜渊为好学。然回也屡空，糟糠不厌，而卒早夭。天之报施善人，其何如哉？盗跖日杀不辜，肝人之肉，暴戾恣睢，聚党数千人横行天下，竟以寿终。是遵何德哉？此其尤大彰明较著者也。若至近世，操行不轨，专犯忌讳，而终身逸乐，富厚累世不绝。或择地而蹈之，时然後出言，行不由径，非公正不发愤，而遇祸灾者，不可胜数也。余甚惑焉，倘所谓天道，是邪非邪？

子曰"道不同不相为谋"，亦各从其志也。故曰"富贵如可求，虽执鞭之士，吾亦为之。如不可求，从吾所好"。"岁寒，然後知松柏之後凋。"举世混浊，清士乃见，岂以其重若彼，其轻若此哉？

"君子疾没世而名不称焉。"贾子曰:"贪夫徇财,烈士徇名,夸者死权,众庶冯生。""同明相照,同类相求。""云从龙,风从虎,圣人作而万物睹。"伯夷、叔齐虽贤,得夫子而名益彰。颜渊虽笃学,附骥尾而行益显。岩穴之士,趣舍有时若此。类名堙灭而不称,悲夫!闾巷之人,欲砥行立名者,非附青云之士,恶能施于后世哉?

卷六十二　　　　管晏列传第二

管仲夷吾者,颍上人也。少时常与鲍叔牙游,鲍叔知其贤。管仲贫困,常欺鲍叔,鲍叔终善遇之,不以为言。已而鲍叔事齐公子小白,管仲事公子纠。及小白立为桓公,公子纠死,管仲囚焉。鲍叔遂进管仲。

管仲既用,任政于齐,齐桓公以霸,九合诸侯,一匡天下,管仲之谋也。

管仲曰:"吾始困时,尝与鲍叔贾,分财利多自与,鲍叔不以我为贪,知我贫也。吾尝为鲍叔谋事而更穷困,鲍叔不以我为愚,知时有利不利也。吾尝三仕三见逐于君,鲍叔不以我为不肖,知我不遭时也。吾尝三战三走,鲍叔不以我为怯,知我有老母也。公子纠败,召忽死之,吾幽囚受辱,鲍叔不以我为无耻,知我不羞小节而耻功名不显于天下也。生我者父母,知我者鲍子也。"

鲍叔既进管仲,以身下之。子孙世禄于齐,有封邑者十余世,常为名大夫。天下不多管仲之贤而多鲍叔能知人也。

管仲既任政相齐,以区区之齐在海滨,通货积财,富国强兵,与俗同好恶。故其称曰:"仓廪实而知礼节,衣食足而知荣辱,上服度则六亲固。四维不张,国乃灭亡。下令如流水之原,令顺民心。"故论卑而易行。俗之所欲,因而予之;俗之所否,因而去之。

其为政也,善因祸而为福,转败而为功。贵轻重,慎权衡。桓公实怒少姬,南袭蔡,管仲因而伐楚,责包茅不入贡于周室。桓公实北征山戎,而管仲因而令燕修召公之政。于柯之会,桓公欲背曹沫之约,管仲因而信之,诸侯由是归齐。故曰:"知与之为取,政之宝也。"

管仲富拟于公室,有三归、反坫,齐人不以为侈。管仲卒,齐国遵其政,常强于诸侯。后百余年而有晏子焉。

晏平仲婴者,莱之夷维人也。事齐灵公、庄公、景公,以节俭力行重于齐。既相齐,食不重肉,妾不衣帛。其在朝,君语及之,即危言;语不及,即危行。国有道,即顺命;无道,即衡命。以此三世显名于诸侯。

越石父贤,在缧绁中。晏子出,遭之涂,解左骖赎之,载归。弗谢,入闺。久之,越石父请绝。晏子戄然,摄衣冠谢曰:"婴虽不仁,免子于厄,何子求绝之速也?"石父曰:"不然。吾闻君子诎于不知己而信于知己者。方吾在缧绁中,彼不知我也。夫子既已感寤而赎我,是知己;知己而无礼,固不如在缧绁之中。"晏子于是延入为上客。

晏子为齐相,出,其御之妻从门间而窥其夫。其夫为相御,拥大盖,策驷马,意气扬扬,甚自得也。既而归,其妻请去。夫问其故。妻曰:"晏子长不满六尺,身相齐国,名显诸侯。今者妾观其出,志念深矣,常有以自下者。今子长八尺,乃为人仆御,然子之意自以为足,妾是以求去也。"其后夫自抑损。晏子怪而问之,御以实对。晏子荐以为大夫。

太史公曰:"吾读管氏《牧民》、《山高》、《乘马》、《轻重》、《九府》,及《晏子春秋》,详哉其言之也。既见其著书,欲观其行事,故次其传。至其书,世多有之,是以不论,论其轶事。

管仲世所谓贤臣。然孔子小之,岂以为周道衰微,桓公既贤,而不勉之至王,乃称霸哉?语曰"将顺其美,匡救其恶,故上下能相亲也。"岂管仲之谓乎?

方晏子伏庄公尸哭之,成礼然后去,岂所谓"见义不为无勇"者邪?至其谏说,犯君之颜,此所谓"进思尽忠,退思补过"者哉!假令晏子而在,余虽为之执鞭,所忻慕焉。

卷六十三　　　　老庄申韩列传第三

老子者,楚苦县厉乡曲仁里人也,姓李氏,名耳,字聃,周守藏室之史也。孔子适周,将问礼于老子。老子曰:"子所言者,其人与骨皆已朽矣,独其言在耳。且君子得其时则驾,不得其时则蓬累而行。吾闻之,良贾深藏若虚,君子盛德,容貌若愚。去子之骄气与多欲,态色与淫志,是皆无益于子之身。吾所以告子,若是而已。"

孔子去,谓弟子曰:"鸟,吾知其能飞;鱼,吾知其能游;兽,吾知其能走。走者可以为罔,游者可以为纶,飞者可以为矰。至于龙吾不能知,其乘风云而上天。吾今日见老子,其犹龙邪!"

老子修道德,其学以自隐无名为务。居周久之,见周之衰,乃遂去。至关,关令尹喜曰:"子将隐矣,强为我著书。"于是老子乃著书上下篇,言道德之意五千余言而去,莫知其所终。

或曰老莱子亦楚人也,著书十五篇,言道家之用,与孔子同时云。

盖老子百有六十余岁,或言二百余岁,以其修道而养寿也。

自孔子死之后百二十九年,而史记周太史儋见秦献公曰:"始秦与周合,合五百岁而离,离七十岁而霸王者出焉。"或曰儋即老子,或曰非也,世莫知其然否。老子,隐君子也。

老子之子名宗,宗为魏将,封于段干。宗子注,注子宫,宫玄孙假。假仕于汉孝文帝。而假之子解为胶西王卬太傅,因家于齐焉。

世之学老子者则绌儒学,儒学亦绌老子。"道不同不相为谋",岂谓是邪？李耳无为自化,清静自正。

庄子者,蒙人也,名周。周尝为蒙漆园吏,与梁惠王、齐宣王同时。其学无所不窥,然其要本归于老子之言。故其著书十馀万言,大抵率寓言也。作《渔父》、《盗跖》、《胠箧》,以诋訿孔子之徒,以明老子之术。《畏累虚》、《亢桑子》之属,皆空语无事实。然善属书离辞,指事类情,用剽剥儒、墨,虽当世宿学不能自解免也。其言洸洋自恣以适己,故自王公大人不能器之。

楚威王闻庄周贤,使使厚币迎之,许以为相。庄周笑谓楚使者曰："千金,重利;卿相,尊位也。子独不见郊祭之牺牛乎？养食之数岁,衣以文绣,以入大庙。当是之时,虽欲为孤豚,岂可得乎？子亟去,无污我。我宁游戏污渎之中自快,无为有国者所羁。终身不仕,以快吾志焉。"

申不害者,京人也,故郑之贱臣。学术以干韩昭侯,昭侯用为相。内修政教,外应诸侯,十五年。终申子之身,国治兵强,无侵韩者。

申子之学本于黄老而主刑名。著书二篇,号曰《申子》。

韩非者,韩之诸公子也。喜刑名法术之学,而其归本于黄老。非为人口吃,不能道说,而善著书。与李斯俱事荀卿,斯自以为不如非。

非见韩之削弱,数以书谏韩王,韩王不能用。于是韩非疾治国不务修明其法制,执势以御其臣下,富国强兵而以求人任贤,反举浮淫之蠹而加之于功实之上。以为儒者用文乱法,而侠者以武犯禁。宽则宠名誉之人,急则用介胄之士。今者所养非所用,所用非所养。悲廉直不容于邪枉之臣,观往者得失之变,故作《孤愤》、《五蠹》、《内外储》、《说林》、《说难》十馀万言。

然韩非知说之难,为《说难》书甚具,终死于秦,不能自脱。

《说难》曰:

凡说之难,非吾知之有以说之难也;又非吾辩之难能明吾意之难也;又非吾敢横失能尽之难也。凡说之难,在知所说之心,可以吾说当之。

所说出于为名高者也,而说之以厚利,则见下节而遇卑贱,必弃远矣。所说出于厚利者也,而说之以名高,则见无心而远事情,必不收矣。所说实为厚利而显为名高者也,而说之以名高,则阳收其身而实疏之;若说之以厚利,则阴用其言而显弃其身。此之不可不知也。

夫事以密成,语以泄败。未必其身泄之也,而语及其所匿之事,如是者身危。贵人有过端,而说者明言善议以推其恶者,则身危。周泽未渥也而语极知,说行而有功则德亡,说不行而有败则见疑,如是者身危。夫贵人得计而欲自以为功,说者与知焉,则身危。彼显有所出事,乃为同故也,说者与知焉,则身危。

强之以其所必不为,止之以其所不能已者,身危。故曰:与之论大人,则以为间己;与之论细人,则以为鬻权。论其所爱,则以为借资;论其所憎,则以为尝己。径省其辞,则不知而屈之;泛滥博文,则多而久之。顺事陈意,则曰怯懦而不尽;虑事广肆,则曰草野而倨侮。此说之难,不可不知也。

凡说之务,在知饰所说之所敬,而灭其所丑。彼自知其计,则毋以其失穷之;自勇其断,则毋以其敌怒之;自多其力,则毋以其难概之。规异事与同计,誉异人与同行者,则以饰之无伤也。有与同失者,则明饰其无失也,大忠无所拂悟,辞言无所击排,乃后申其辩知焉。此所以亲近不疑,知尽之难也,得旷日弥久,而周泽既渥,深计而不疑,交争而不罪,乃明计利害以致其功,直指是非以饰其身,以此相持,此说之成也。

伊尹为庖,百里奚为虏,皆所由干其上也。故此二子者,皆圣人也,犹不能无役身而涉世如此其污也,则非能仕之所设也。

宋有富人,天雨墙坏。其子曰"不筑且有盗",其邻人之父亦云。暮而果大亡其财,其家甚知其子而疑邻人之父。昔者郑武公欲伐胡,乃以其子妻之。因问群臣:"吾欲用兵,谁可伐者？"关其思曰:"胡可伐。"乃戮关其思,曰:"胡,兄弟国也,子言伐之,何也？"胡君闻之,以郑为亲己而不备郑。郑人袭胡,取之。此二说者,其知皆当矣,然而甚者为戮,薄者见疑。非知之难也,处知则难矣。

昔者弥子瑕见爱于卫君。卫国之法,窃驾君车者罪至刖。既而弥子之母病,人闻,往夜告之,弥子矫驾君车而出。君闻之而贤之曰:"孝哉,为母之故而犯刖罪!"与君游果园,弥子食桃而甘,不尽而奉君。君曰:"爱我哉,忘其口而念我!"及弥子色衰而爱弛,得罪于君。君曰:"是尝矫驾吾车,又尝食我以其馀桃。"故弥子之行未变于初也,前见贤而后获罪者,爱憎之至变也。故有爱于主,则知当而加亲;见憎于主,则罪当而加疏。故谏说之士不可不察爱憎之主而后说之矣。

夫龙之为虫也,可扰狎而骑也。然其喉下有逆鳞径尺,人有婴之,则必杀人,人主亦有逆鳞,说之者能无婴人主之逆鳞,则几矣。

人或传其书至秦。秦王见《孤愤》、《五蠹》之书,曰:"嗟乎,寡人得见此人与之游,死不恨矣!"李斯曰:"此韩非之所著书也。"秦因急攻韩。韩王始不用非,及急,乃遣非使秦,秦王悦之,未信用。李斯、姚贾害之,毁之曰:"韩非,韩之诸公子也。今王欲并诸侯,非终为韩不为秦,此人之情也,今王不用,久留而归之,此自遗患也。不如以过法诛之。"秦王以为然,下吏治非。李斯使人遗非药,使自杀。韩非欲自陈,不得见。秦王後悔之,使人赦之,非已死矣。

申子、韩子皆著书,传于後世。学者多有。余独悲韩子为《说难》而不能自脱耳。

太史公曰：老子所贵道，虚无，因应变化于无为，故著书辞称微妙难识。庄子散道德，放论，要亦归之自然。申子卑卑，施之于名实。韩子引绳墨，切事情，明是非，其极惨礉少恩。皆原于道德之意，而老子深远矣。

卷六十四　　司马穰苴列传第四

司马穰苴者，田完之苗裔也。齐景公时，晋伐阿、甄，而燕侵河上，齐师败绩。景公患之。晏婴乃荐田穰苴曰："穰苴虽田氏庶孽，然其人文能附众，武能威敌，愿君试之。"景公召穰苴，与语兵事，大说之，以为将军，将兵扞燕、晋之师。穰苴曰："臣素卑贱，君擢之闾伍之中，加之大夫之上，士卒未附，百姓不信，人微权轻，愿得君之宠臣，国之所尊，以监军，乃可。"于是景公许之，使庄贾往。穰苴既辞，与庄贾约曰："旦日日中会于军门。"穰苴先驰至军，立表下漏待贾。贾素骄贵，以为将己之军而己为监，不甚急；亲戚左右送之，留饮。日中而贾不至。穰苴则仆表决漏，入，行军勒兵，申明约束。约束既定，夕时，庄贾乃至。穰苴曰："何后期为？"贾谢曰："不佞大夫亲戚送之，故留。"穰苴曰："将受命之日则忘其家，临军约束则忘其亲，援枹鼓之急则忘身。今敌国深侵，邦内骚动，士卒暴露于境，君寝不安席，食不甘味，百姓之命皆悬于君。何谓相送乎！"召军正问曰："军法期而后至者云何？"对曰："当斩。"庄贾惧，使人驰报景公，请救。既往，未及反，于是遂斩庄贾以徇三军。三军之士皆振栗。久之，景公遣使者持节赦贾，驰入军中。穰苴曰："将在军，君令有所不受。"问军正曰："驰三军法何？"正曰："当斩。"使者大惧。穰苴曰："君之使不可杀之。"乃斩其仆、车之左驸、马之左骖，以徇三军。遣使者还报，然后行。士卒次舍井灶饮食问疾医药，身自拊循之。悉取将军之资粮享士卒，身与士卒平分粮食。最比其羸弱者，三日而后勒兵。病者皆求行，争奋出为之赴战。晋师闻之，为罢去。燕师闻之，度水而解。于是追击之，遂取所亡封内故境而引兵归。未至国，释兵旅，解约束，誓盟而后入邑。景公与诸大夫郊迎，劳师成礼，然后反归寝。既见穰苴，尊为大司马。田氏日以益尊于齐。

已而大夫鲍氏、高、国之属害之，谮于景公。景公退穰苴，苴发疾而死。田乞、田豹之徒由此怨高、国等。其后及田常杀简公，尽灭高子、国子之族。至常曾孙和，因自立为齐威王。用兵行威，大放穰苴之法，而诸侯朝齐。

齐威王使大夫追论古者《司马兵法》而附穰苴于其中，因号曰《司马穰苴兵法》。

太史公曰：余读《司马兵法》，闳廓深远，虽三代征伐，未能竟其义，如其文也，亦少褒矣。若夫穰苴，区区为小国行师，何暇及《司马兵法》之揖让乎？世既多《司马兵法》，以故不论，著穰苴之列传焉。

卷六十五　　孙子吴起列传第五

孙子武者，齐人也。以兵法见于吴王阖庐。阖庐曰："子之十三篇，吾尽观之矣，可以小试勒兵乎？"对曰："可。"阖庐曰："可试以妇人乎？"曰："可。"于是许之，出宫中美女，得百八十人。孙子分为二队，以王之宠姬二人各为队长，皆令持戟，令之曰："汝知而心与左右手背乎？"妇人曰："知之。"孙子曰："前，则视心；左，视左手；右，视右手；后，即视背。"妇人曰："诺。"约束既布，乃设铁钺，即三令五申之。于是鼓之右，妇人大笑。孙子曰："约束不明，申令不熟，将之罪也。"复三令五申而鼓之左，妇人复大笑。孙子曰："约束不明，申令不熟，将之罪也；既已明而不如法者，吏士之罪也。"乃欲斩左右队长。吴王从台上观，见且斩爱姬，大骇，趣使使下令曰："寡人已知将军能用兵矣。寡人非此二姬，食不甘味，愿勿斩也。"孙子曰："臣既已受命为将，将在军，君命有所不受。"遂斩队长二人以徇，用其次为队长。于是复鼓之。妇人左右前后跪起皆中规矩绳墨，无敢出声。于是孙子使使报王曰："兵既整齐，王可试下观之。唯王所欲用之，虽赴水火犹可也。"吴王曰："将军罢休就舍，寡人不愿下观。"孙子曰："王徒好其言，不能用其实。"

于是阖庐知孙子能用兵，卒以为将。西破强楚，入郢，北威齐、晋，显名诸侯，孙子与有力焉。

孙武既死，后百余岁有孙膑。

膑生阿、鄄之间。膑亦孙武之后世子孙也。孙膑尝与庞涓俱学兵法。庞涓既事魏，得为惠王将军，而自以为能不及孙膑，乃阴使召孙膑。膑至，庞涓恐其贤于己，疾之，则以法刑断其两足而黥之，欲隐勿见。

齐使者如梁，孙膑以刑徒阴见，说齐使。齐使以为奇，窃载与之齐。齐将田忌善而客待之。忌数与齐诸公子驰逐重射。孙子见其马足不甚相远，马有上、中、下辈。于是孙子谓田忌曰："君弟重射，臣能令君胜。"田忌信然之，与王及诸公子逐射千金。及临质，孙子曰："今以君之下驷与彼上驷，取君上驷与彼中驷，取君中驷与彼下驷。"既驰三辈毕，而田忌一不胜而再胜，卒得王千金。于是忌进孙子于威王。威王问兵法，遂以为师。

其后魏伐赵，赵急，请救于齐。齐威王欲将孙膑，膑辞谢曰："刑余之人不可。"于是乃以田忌为将，而孙子为师，居辎车中，坐为计谋。田忌欲引兵之赵，孙子曰："夫解杂乱纷纠者不控捲，救斗者不搏撠，批亢捣虚，形格势禁，则自为解耳。今梁、赵相攻，轻兵锐卒必竭于外，老弱罢于内。君不若引兵疾走大梁，据其街路，冲其方虚，彼必释赵而自救。是我一举解赵之围而收弊于魏也。"田忌从之，魏果去邯郸，与齐战于桂陵。大破梁军。

后十三岁，魏与赵攻韩，韩告急于齐。齐使田忌将而往，直走大梁。魏将庞涓闻之，去韩而归，齐军既已过而西矣。孙子谓田忌曰："彼三晋之兵，素悍勇而轻齐，齐号为怯，善战者因其势而利导之。兵法：百里而趣利者蹶上将，五十里而趣利者军半至。使齐军入魏地为十万灶，明日为五万灶，又明日为三万灶。"庞涓行三日，大喜，曰："我固知齐军怯，入吾地三日，士卒亡者过半矣。"乃弃其步军，与其轻锐倍日并行逐之。孙子度其行，暮当至马陵。马陵道狭，而旁多阻隘，可伏兵，乃斫大树白而书之曰："庞涓死于此树之下。"于是令齐军善射者万弩，夹道而伏，期曰："暮见火举而俱发。"庞涓果夜至斫木下，见白书，乃钻火烛之。读其书未毕，齐军万弩俱发，魏军大乱相失。庞涓自知智穷兵败，乃自刭，曰："遂成竖子之名！"齐因乘胜尽破其军，虏魏太子申以归。

孙膑以此名显天下，世传其兵法。

吴起者，卫人也，好用兵，尝学于曾子，事鲁君。齐人攻鲁，鲁欲将吴起，吴起取齐女为妻，而鲁疑之。吴起于是欲就名，遂杀其妻，以明不与齐也。鲁卒以为将，将而攻齐，大破之。

鲁人或恶吴起曰："起之为人，猜忍人也。其少时，家累千金，游仕不遂，遂破其家。乡党笑之，吴起杀其谤己者三十余人，而东出卫郭门。与其母诀，啮臂而盟曰：'起不为卿相，不复入卫。'遂事曾子。居顷之，其母死，起终不归。曾子薄之，而与起绝。起乃之鲁，学兵法以事鲁君。鲁君疑之，起杀妻以求将。夫鲁小国，而有战胜之名，则诸侯图鲁矣。且鲁、卫兄弟之国也，而君用起，则是弃卫。"鲁君疑之，谢吴起。

吴起于是闻魏文侯贤，欲事之。文侯问李克曰："吴起何如人哉？"李克曰："起贪而好色，然用兵，司马穰苴不能过也。"于是魏文侯以为将，击秦，拔五城。

起之为将，与士卒最下者同衣食。卧不设席，行不骑乘，亲裹赢粮，与士卒分劳苦。卒有病疽者，起为吮之。卒母闻而哭之。人曰："子卒也，而将军自吮其疽，何哭为？"母曰："非然也。往年吴公吮其父，其父战不旋踵，遂死于敌。吴公今又吮其子，妾不知其死所矣。是以哭之。"

文侯以吴起善用兵，廉平，尽能得士心，乃以为西河守，以拒秦、韩。

魏文侯既卒，起事其子武侯。武侯浮西河而下，中流，顾而谓吴起曰："美哉乎山河之固，此魏国之宝也！"起对曰："在德不在险。昔三苗氏左洞庭，右彭蠡，德义不修，禹灭之。夏桀之居，左河、济，右泰、华，伊阙在其南，羊肠在其北，修政不仁，汤放之。殷纣之国，左孟门，右太行，常山在其北，大河经其南，修政不德，武王杀之。由此观之，在德不在险。若君不修德，舟中之人尽为敌国也。"武侯曰："善。"

吴起为西河守，甚有声名，魏置相，相田文。吴起不悦，谓田文曰："请与子论功，可乎？"田文曰："可。"起曰："将三军，使士卒乐死，敌国不敢谋，子孰与起？"文曰："不如子。"起曰："治百官，亲万民，实府库，子孰与起？"文曰："不如子。"起曰："守西河而秦兵不敢东乡，韩、赵宾从，子孰与起？"文曰："不如子。"起曰："此三

者，子皆出吾下，而位加吾上，何也？"文曰："主少国疑，大臣未附，百姓不信，方是之时，属之于子乎？属之于我乎？"起默然良久，曰："属之子矣。"文曰："此乃吾所以居子之上也。"吴起乃自知弗如田文。

田文既死，公叔为相，尚魏公主，而害吴起。公叔之仆曰："起易去也。"公叔曰："奈何？"其仆曰："吴起为人节廉而自喜名也。君因先与武侯言曰：'夫吴起贤人也，而侯之国小，又与强秦壤界，臣窃恐起之无留心也。'武侯即曰：'奈何？'君因谓武侯曰：'试延以公主，起为留心，则必受之，无留心，则必辞矣。以此卜之。'君因召吴起而与归，即令公主怒而轻君。吴起见公主之贱君也，则必辞。"于是吴起见公主之贱魏相，果辞魏武侯。武侯疑之而弗信也。吴起惧得罪，遂去，即之楚。

楚悼王素闻起贤，至则相楚。明法审令，捐不急之官，废公族疏远者，以抚养战斗之士。要在强兵，破驰说之言从横者。于是南平百越；北并陈、蔡，却三晋；西伐秦。诸侯患楚之强。故楚之贵戚尽欲害吴起。及悼王死，宗室大臣作乱而攻吴起，吴起走之王尸而伏之。击起之徒因射刺吴起，并中悼王。

悼王既葬，太子立，乃使令尹尽诛射吴起而并中王尸者。坐射起而夷宗死者七十余家。

太史公曰：世俗所称师旅，皆道《孙子》十三篇、吴起兵法，世多有，故弗论，论其行事所施设者。语曰："能行之者未必能言，能言之者未必能行。"孙子筹策庞涓明矣，然不能早救患于被刑。吴起说武侯以形势不如德，然行之于楚，以刻暴少恩亡其躯。悲夫！

卷六十六　　　伍子胥列传第六

伍子胥者，楚人也，名员。员父曰伍奢。员兄曰伍尚。其先曰伍举，以直谏事楚庄王，有显，故其后世有名于楚。

楚平王有太子名曰建，使伍奢为太傅，费无忌为少傅。无忌不忠于太子建。平王使无忌为太子取妇于秦，秦女好，无忌驰归报平王曰："秦女绝美，王可自取，而更为太子取妇。"平王遂自取秦女而绝爱幸之，生子轸。更为太子取妇。

无忌既以秦女自媚于平王，因去太子而事平王。恐一旦平王卒而太子立，杀己，乃因谗太子建。建母，蔡女也，无宠于平王。平王稍益疏建，使建守城父，备边兵。

顷之，无忌又日夜言太子短于王曰："太子以秦女之故，不能无怨望，愿王少自备也。自太子居城父，将兵，外交诸侯，且欲入为乱矣。"平王乃召其太傅伍奢考问之。伍奢知无忌谗太子于平王，因曰："王独奈何以谗贼小臣疏骨肉之亲乎？"无忌曰："王今不制，其事成矣。王且见禽。"于是平王怒，囚伍奢，而使城父司马奋扬往杀太子。行未至，奋扬使人先告太子："太子急去，不然将诛。"太子建亡奔宋。

无忌言于平王曰："伍奢有二子，皆贤，不诛且为楚忧。可以其父质而召之，不然且为楚患。"王使使谓伍奢曰："能致汝二子则生，不能则死。"伍奢曰："尚为人仁，呼必来。员为人刚戾忍诟，能成大事，彼见来之并禽，其势必不来。"王不听，使人召二子曰："来，吾生汝父；不来，今杀奢也。"伍尚欲往，员曰："楚之召我兄弟，非欲以生我父也。恐有脱者后生患，故以父为质，诈召二子。二子到，则父子俱死。何益父之死？往而令仇不得报耳。不如奔他国，借力以雪父之耻。俱灭，无为也。"伍尚曰："我知往终不能全父命。然恨父召我以求生而不往，后不能雪耻，终为天下笑耳。"谓员："可去矣！汝能报杀父之仇，我将归死。"尚既就执，使者捕伍胥。伍胥贯弓执矢向使者，使者不敢进。伍胥遂亡。闻太子建之在宋，往从之。奢闻子胥之亡也，曰："楚国君臣且苦兵矣。"伍尚至楚，楚并杀奢与尚也。

伍胥既至宋，宋有华氏之乱，乃与太子建俱奔于郑。郑人甚善之。太子建又适晋，晋顷公曰："太子既善郑，郑信太子。太子能为我内应，而我攻其外，灭郑必矣。灭郑而封太子。"太子乃还郑。事未会，会自私欲杀其从者，从者知其谋，乃告之于郑。郑定公与子产诛杀太子建。建有子名胜。伍胥惧，乃与胜俱奔吴。到昭关，昭关欲执之。伍胥遂与胜独身步走，几不得脱。追者在后，至江，江上有一渔父乘船。知伍胥之急，乃渡伍胥。伍胥既渡，解其剑曰："此剑直百金，以与父。"父曰："楚国之法，得伍胥者赐粟五万石，爵执珪，岂徒百金剑邪！"不受。伍胥未至吴而疾，止中道，乞食。至于吴，吴王僚方用事，公子光为将，伍胥乃因公子光以求见吴王。

久之，楚平王以其边邑钟离与吴边邑卑梁氏俱蚕，两女子争桑相攻，乃大怒，至于两国举兵相伐。吴使公子光伐楚，拔其钟离、居巢而归。伍子胥说吴王僚曰："楚可破也，愿王遣公子光。"公子光谓吴王曰："彼伍胥父兄为戮于楚，而劝王伐楚者，欲以自报其仇耳。伐楚，未可破也。"伍胥知公子光有内志，欲杀王而自立，未可说以外事，乃进专诸于公子光，退而与太子建之子胜耕于野。

五年而楚平王卒，初，平王所夺太子建秦女生子轸，及平王卒，轸竟立为后，是为昭王。吴王僚因楚丧，使二公子将兵往袭楚，楚发兵绝吴兵之后，不得归，吴国内空，而公子光乃令专诸袭刺吴王僚而自立，是为吴王阖庐。阖庐既立，得志，乃召伍员以为行人，而与谋国事。

楚诛其大臣郤宛、伯州犁，伯州犁之孙伯嚭亡奔吴，吴亦以嚭为大夫。前王僚所遣二公子将兵伐楚者，道绝不得归，後闻阖庐弑王僚自立，遂以其兵降楚，楚封之于舒。

阖庐立三年，乃兴师与伍胥、伯嚭伐楚，拔舒，遂禽故吴反二将军。因欲至郢，将军孙武曰："民劳，未可，且待之。"乃归。

四年，吴伐楚，取六与灊。五年，伐越，败之。六年，楚昭王使公子囊瓦将兵伐吴。吴使伍员迎击，大破楚军于豫章，取楚之居巢。

九年，吴王阖庐谓子胥、孙武曰："始子言郢未可入，今果何如？"二子对曰："楚将囊瓦贪，而唐、蔡皆怨之。王必欲大伐之，必先得唐、蔡乃可。"阖庐听之，悉兴师与唐、蔡伐楚，与楚夹汉水而陈。吴王之弟夫概将兵请从，王不听，遂以其属五千人击楚将子常。子常败走。奔郑。于是吴乘胜而前，五战，遂至郢。已卯，楚昭王出奔。庚辰，吴王入郢。

昭王出亡，入云梦；盗击王，王走郧。郧公弟怀曰："平王杀我父，我杀其子，不亦可乎？"郧公恐其弟杀王，与王奔随。吴兵围随，谓随人曰："周之子孙在汉川者，楚尽灭之。"随人欲杀王，王子綦匿王，已自为王以当之。随人卜与王于吴，不吉，乃谢吴不与王。

始伍员与申包胥为交，员之亡也，谓包胥曰："我必覆楚。"包胥曰："我必存之。"及吴兵入郢，伍子胥求昭王。既不得，乃掘楚平王墓，出其尸，鞭之三百，然后已。申包胥亡于山中，使人谓子胥曰："子之报仇，其以甚乎！吾闻之，人众者胜天，天定亦能破人。今子故平王之臣，亲北面而事之，今至于戮死人，此岂其无天道之极乎？"伍子胥曰："为我谢申包胥曰，吾日暮途远，吾故倒行而逆施之。"于是申包胥走秦告急，求救于秦，秦不许。包胥立于秦廷，昼夜哭，七日七夜不绝其声。秦哀公怜之，曰："楚虽无道，有臣若是，可无存乎！"乃遣车五百乘救楚击吴。六月，败吴兵于稷。会吴王久留楚求昭王，而阖庐弟夫概乃亡归，自立为王。阖庐闻之，乃释楚而归，击其弟夫概。夫概败走，遂奔楚。楚昭王见吴有内乱，乃复入郢。封夫概于堂溪，为堂溪氏。楚复与吴战，败吴，吴王乃归。

后二岁，阖庐使太子夫差将兵伐楚，取番。楚惧吴复大来，乃去郢，徙于鄀。当是时，吴以伍子胥、孙武之谋，西破强楚，北威齐、晋，南服越人。

其后四年，孔子相鲁。

后五年，伐越，越王勾践迎击，败吴于姑苏，伤阖庐指，军却。阖庐病创将死，谓太子夫差曰："尔忘勾践杀尔父乎？"夫差对曰："不敢忘。"是夕，阖庐死。夫差既立为王，以伯嚭为太宰，习战射。二年后伐越，败越于夫湫，越王勾践乃以余兵五千人栖于会稽之上，使大夫种厚币遗吴太宰嚭以请和，求委国为臣妾。吴王将许之，伍子胥谏曰："越王为人能辛苦，今王不灭，后必悔之。"吴王不听，用太宰嚭计，与越平。

其后五年，而吴王闻齐景公死而大臣争宠，新君弱，乃兴师北伐齐。伍子胥谏曰："勾践食不重味，吊死问疾，且欲有所用之也。此人不死，必为吴患。今吴之有越，犹人之有腹心疾也。而王不先越而乃务齐，不亦谬乎！"吴王不听，伐齐，大败齐师于艾陵，遂威邹鲁之君以归。益疏子胥之谋。

其后四年，吴王将北伐齐，越王勾践用子贡之谋，乃率其众以助吴，而重宝以献遗太宰嚭。太宰嚭既数受越赂。其爱信越殊甚，日夜为言于吴王。吴王信用嚭之计。伍子胥谏曰："夫越，腹心之病。今信其浮辞诈伪而贪齐。破齐，譬犹石田，无所用之，且《盘庚之诰》曰：'有颠越不恭，劓殄灭之，俾无遗育，无使易种于兹邑。'此商之所以兴。愿王释齐而先越；若不然，後将悔之无及。"而吴王不听，使子胥于齐。子胥临行，谓其子曰："吾数谏王,王不用,吾今见吴之亡矣。汝与吴俱亡。无益也。"乃嘱其子于齐鲍牧,而还报吴。

吴太宰嚭既与子胥有隙,因谗曰:"子胥为人刚暴,少恩,猜贼。其怨望恐为深祸也。前日王欲伐齐,子胥以为不可,王卒伐之而有大功。子胥耻其计谋不用,乃反怨望。而今王又复伐齐,子胥专愎强谏,沮毁用事,徒幸吴之败以自胜其计谋耳。今王自行,悉国中武力以伐齐,而子胥谏不用,因辍谢,详病不行。王不可不备,此起祸不难。且嚭使人微伺之,其使于齐也,乃属其子于齐之鲍氏。夫为人臣,内不得意,外倚诸侯,自以为先王之谋臣,今不见用,常鞅鞅怨望。愿王早图之。"吴王曰:"微子之言,吾亦疑之。"乃使使赐伍子胥属镂之剑,曰:"子以此死。"伍子胥仰天叹曰:"嗟乎!谗臣嚭为乱矣,王乃反诛我。我令若父霸,自若未立时,诸公子争立,我以死争之于先王,几不得立。若既得立,欲分吴国予我,我顾不敢望也。然今若听谀臣言以杀长者!"乃告其舍人曰:"必树吾墓上以梓,令可以为器;而抉吾眼悬吴东门之上,以观越寇之入灭吴也。"乃自刭死。吴王闻之大怒,乃取子胥尸盛以鸱夷革,浮之江中。吴人怜之,为立祠于江上,因命曰胥山。

吴王既诛伍子胥,遂伐齐。齐鲍氏杀其君悼公而立阳生。吴王欲讨其贼,不胜而去。其后二年,吴王召鲁、卫之君会之橐皋。其明年,因北大会诸侯于黄池,以令周室。越王勾践袭杀吴太子,破吴兵。吴王闻之,乃归,使使厚币与越平。後九年,越王勾践遂灭吴,杀王夫差;而诛太宰嚭,以不忠于其君,而外受重赂,与己比周也。

伍子胥初所与俱亡故楚太子建之子胜者,在于吴。吴王夫差之时,楚惠王欲召胜归楚。叶公谏曰:"胜好勇而阴求死士,殆有私乎!"惠王不听。遂召胜,使居楚之边邑鄢,号曰白公。白公归楚三年而吴诛子胥。

白公胜既归楚,怨郑之杀其父,乃阴养死士,求报郑。归楚五年,请伐郑,楚令尹子西许之。兵未发而晋伐郑,郑请救于楚。楚使子西往救,与盟而还。白公胜怒曰:"非郑之仇,乃子西也。"胜自砺剑,人问曰:"何以为?"胜曰:"欲以杀子西。"子西闻之,笑曰:"胜如卵耳,何能为也!"

其后四岁,白公胜与石乞袭杀楚令尹子西、司马子綦于朝,石乞曰:"不杀王,不可。"乃劫王如高府。石乞从者屈固负楚惠王亡走昭夫人之宫。叶公闻白公为乱,率其国人攻白公。白公之徒败,亡走山中,自杀。而虏石乞,而问白公尸处,不言将亨。石乞曰:"事成为卿,不成而亨,固其职也。"终不肯告其尸处。遂亨石乞,而求惠王复立之。

太史公曰:怨毒之于人甚矣哉!王者尚不能行之于臣下,况同列乎!向令伍子胥从奢俱死,何异蝼蚁。弃小义,雪大耻,名垂于后世,悲夫!方子胥窘于江上,道乞食,志岂尝须臾忘郢邪?故隐忍就功名,非烈丈夫孰能致此哉?白公如不自立为君者,其功谋亦不可胜道者哉!

卷六十七　　仲尼弟子列传第七

孔子曰:"受业身通者七十有七人",皆异能之士也。德行:颜渊,闵子骞,冉伯牛,仲弓。政事:冉有,季路。言语:宰我,子贡。文学:子游,子夏。师也辟。参也鲁。柴也愚。由也喭。回也屡空。赐不受命而货殖焉,亿则屡中。

孔子之所严事:于周则老子;于卫,蘧伯玉;于齐,晏平仲;于楚,老莱子;于郑,子产;于鲁,孟公绰。数称臧文仲、柳下惠、铜鞮伯华、介山子然,孔子皆后之,不并世。

颜回者,鲁人也,字子渊,少孔子三十岁。
颜渊问仁,孔子曰:"克己复礼,天下归仁焉。"
孔子曰:"贤哉回也!一箪食,一瓢饮,在陋巷,人不堪其忧,回也不改其乐。""回也如愚;退而省其私,亦足以发,回也不愚。""用之则行,舍之则藏,唯我与尔有是夫!"

回年二十九,发尽白,早死。孔子哭之恸,曰:"自吾有回,门人益亲。"鲁哀公问:"弟子孰为好学?"孔子对曰:"有颜回者好学,不迁怒,不贰过。不幸短命死矣,今也则亡。"

闵损字子骞,少孔子十五岁。
孔子曰:"孝哉闵子骞!人不间于其父母昆弟之言。"不仕大夫,不食污君之禄。"如有复我者,必在汶上矣。"

冉耕字伯牛,孔子以为有德行。
伯牛有恶疾,孔子往问之,自牖执其手,曰:"命也夫!斯人也而有斯疾,命也夫!"

冉雍字仲弓。
仲弓问政,孔子曰:"出门如见大宾,使民如承大祭。在邦无怨,在家无怨。"
孔子以仲弓为有德行,曰:"雍也可使南面。"
仲弓父,贱人。孔子曰:"犁牛之子骍且角,虽欲勿用,山川其舍诸?"

冉求字子有,少孔子二十九岁。为季氏宰。
季康子问孔子曰:"冉求仁乎?"曰:"千室之邑,百乘之家,求也可使治其赋。仁则吾不知也。"复问:"子路仁乎?"孔子对曰:"如求。"
求问曰:"闻斯行诸?"子曰:"行之。"子路问:"闻斯行诸?"子曰:"有父兄在,如之何其闻斯行之!"子华怪之,"敢问同问而答异?"孔子曰:"求也退,故进之。由也兼人,故退之。"

仲由字子路,卞人也,少孔子九岁。
子路性鄙,好勇力,志伉直,冠雄鸡,佩猳豚,陵暴孔子。孔子设礼稍诱子路,子路后儒服委质,因门人请为弟子。

子路问政,孔子曰:"先之,劳之。"请益,曰:"无倦。"

子路问:"君子尚勇乎?"孔子曰:"义之为上。君子好勇而无义则乱,小人好勇而无义则盗。"

子路有闻,未之能行,唯恐有闻。

孔子曰:"片言可以折狱者,其由也与!""由也好勇过我,无所取材。""若由也,不得其死然。""衣敝缊袍与衣狐貉者立而不耻者,其由也欤!""由也升堂矣,未入于室也。"

季康子问:"仲由仁乎?"孔子曰:"千乘之国可使治其赋,不知其仁。"

子路喜从游,遇长沮、桀溺、荷蓧丈人。

子路为季氏宰,季孙问曰:"子路可谓大臣与?"孔子曰:"可谓具臣矣。"

子路为蒲大夫,辞孔子。孔子曰:"蒲多壮士,又难治。然吾语汝:恭以敬,可以执勇;宽以正,可以比众;恭正以静,可以报上。"

初,卫灵公有宠姬曰南子。灵公太子蒉聩得过南子,惧诛出奔。及灵公卒而夫人欲立公子郢,郢不肯,曰:"亡人太子之子辄在。"于是卫立辄为君,是为出公。出公立十二年,其父蒉聩居外,不得入。子路为卫大夫孔悝之邑宰,蒉聩乃与孔悝作乱,谋入孔悝家,遂与其徒袭攻出公。出公奔鲁,而蒉聩入立,是为庄公。方孔悝作乱,子路在外,闻之而驰往。遇子羔出卫城门,谓子路曰:"出公去矣,而门已闭,子可还矣,毋空受其祸。"子路曰:"食其食者不避其难。"子羔卒去。有使者入城,城门开,子路随而入,造蒉聩。蒉聩与孔悝登台,子路曰:"君焉用孔悝,请得而杀之。"蒉聩弗听。于是子路欲燔台,蒉聩惧,乃下石乞、壶黡攻子路,击断子路之缨。子路曰:"君子死而冠不免。"遂结缨而死。

孔子闻卫乱,曰:"嗟乎,由死矣!"已而果死。故孔子曰:"自吾得由,恶言不闻于耳。"是时子贡为鲁使于齐。

宰予字子我,利口辩辞。

既受业,问:"三年之丧不已久乎?君子三年不为礼,礼必坏;三年不为乐,乐必崩。旧谷既没,新谷既升,钻燧改火,期可已矣。"子曰:"于汝安乎?"曰:"安。""汝安则为之。君子居丧,食旨不甘,闻乐不乐,故弗为也。"宰我出,子曰:"予之不仁也!子生三年然后免于父母之怀。夫三年之丧,天下之通义也。"

宰我昼寝,子曰:"朽木不可雕也,粪土之墙不可圬也。"

宰我问五帝之德,子曰:"予非其人也。"

宰我为临菑大夫,与田常作乱,以夷其族,孔子耻之。

端木赐,卫人,字子贡,少孔子三十一岁。

子贡利口巧辞,孔子常黜其辩。问曰:"汝与回也孰愈?"对曰:"赐也何敢望回!回也闻一以知十,赐也闻一以知二。"

子贡既已受业,问曰:"赐何人也?"孔子曰:"汝器也。"曰:"何器也?"曰:"瑚琏也。"

陈子禽问子贡曰:"仲尼焉学?"子贡曰:"文武之道未坠于地,在人,贤者识其大者,不贤者识其小者,莫不有文武之道。夫子焉不学,而亦何常师之有!"又问曰:"孔子适是国必闻其政。求之与?抑与之与?"子贡曰:"夫子温良恭俭让以得之。夫子之求之也,其诸异乎人之求之也。"

子贡问曰:"富而无骄,贫而无谄,何如?"孔子曰:"可也,不如贫而乐道,富而好礼。"

田常欲作乱于齐,惮高、国、鲍、晏,故移其兵欲以伐鲁。孔子闻之,谓门弟子曰:"夫鲁,坟墓所处,父母之国,国危如此,二三子何为莫出?"子路请出,孔子止之。子张、子石请行,孔子弗许。子贡请行,孔子许之。

遂行,至齐,说田常曰:"君之伐鲁过矣。夫鲁,难伐之国,其城薄以卑,其地狭以泄,其君愚而不仁,大臣伪而无用,其士民又恶甲兵之事,此不可与战。君不如伐吴。夫吴,城高以厚,地广以深,甲坚以新,士选以饱,重器精兵尽在其中,又使明大夫守之,此易伐也。"田常忿然作色曰:"子之所难,人之所易;子之所易,人之所难。而以教常,何也?"子贡曰:"臣闻之,忧在内者攻强,忧在外者攻弱。今君忧在内。吾闻君三封而三不成者,大臣有不听者也。今君破鲁以广齐,战胜以骄主,破国以尊臣,而君之功不与焉,则交日疏于主。是君上骄主心,下恣群臣,求以成大事,难矣。夫上骄则恣,臣骄则争,是君上与主有郤,下与大臣交争也。如此,则君之立于齐危矣。故曰不如伐吴。伐吴不胜,民人外死,大臣内空,是君上无强臣之敌,下无民人之过,孤主制齐者唯君也。"田常曰:"善。虽然,吾兵业已加鲁矣,去而之吴,大臣疑我奈何?"子贡曰:"君按兵无伐,臣请往使吴王,令之救鲁而伐齐,君因以兵迎之。"

田常许之,使子贡南见吴王。说曰:"臣闻之,王者不绝世,霸者无强敌,千钧之重加铢两而移。今以万乘之齐而私千乘之鲁,与吴争强,窃为王危之,且夫救鲁,显名也;伐齐,大利也。以抚泗上诸侯,诛暴齐以服强晋,利莫大焉。名存亡鲁,实困强齐,智者不疑也。"吴王曰:"善,虽然,吾尝与越战,栖之会稽。越王苦身养士,有报我心。子待我伐越而听子。"子贡曰:"越之劲不过鲁,吴之强不过齐,王置齐而伐越,则齐已平鲁矣。且王方以存亡继绝为名,夫伐小越而畏强齐,非勇也。夫勇者不避难,仁者不穷约,智者不失时,王者不绝世,以立其义。今存越示诸侯以仁,救鲁伐齐,威加晋国,诸侯必相率而朝吴,霸业成矣。且王必恶越,臣请东见越王,令出兵以从,此实空越,名从诸侯以伐也。"

吴王大说,乃使子贡之越。越王除道郊迎,身御至舍而问曰:"此蛮夷之国,大夫何以俨然辱而临之?"子贡曰:"今者吾说吴王以救鲁伐齐,其志欲之而畏越,曰'待我伐越乃可。'如此,破越必矣。且夫无报人之志而令人疑之,拙也;有报人之意,使人知之,殆也;事未发而先闻,危也。三者举事之大患。"勾践顿首再拜曰:"孤尝不料力,乃与吴战,困于会稽,痛入于骨髓,日夜焦唇干舌,徒欲与吴王接踵而死,孤之愿也。"遂问子贡。子贡曰:"吴王为人猛暴,群臣不堪;国家敝于数战,士卒弗忍;百姓怨上,大臣内变;子胥以谏死,太宰嚭用事,顺君之过以安其私:是残国之治也。今王诚发士卒佐之以徼其志,重宝以说其心，卑辞以尊其礼，其伐齐必也。彼战不胜，王之福矣。战胜，必以兵临晋，臣请北见晋君，令共攻之，弱吴必矣。其锐兵尽于齐，重甲困于晋，而王制其敝，此灭吴必矣。"越王大说，许诺。送子贡金百镒，剑一，良矛二。子贡不受，遂行。

报吴王曰："臣敬以大王之言告越王，越王大恐，曰：'孤不幸，少失先人，内不自量，抵罪于吴，军败身辱，栖于会稽，国为虚莽。赖大王之赐，使得奉俎豆而修祭祀，死不敢忘，何谋之敢虑！'"后五日，越使大夫种顿首言于吴王曰："东海役臣孤勾践使者臣种，敢修下吏问于左右。今窃闻大王将兴大义，诛强救弱，困暴齐而抚周室，请悉起境内士卒三千人，孤请自被坚执锐，以先受矢石。因越贱臣种奉先人藏器，甲二十领，铁屈卢之矛，步光之剑，以贺军吏。"吴王大说，以告子贡曰："越王欲身从寡人伐齐，可乎？"子贡曰："不可。夫空人之国，悉人之众，又从其君，不义。君受其币，许其师，而辞其君。"吴王许诺，乃谢越王。于是吴王乃遂发九郡兵伐齐。

子贡因去之晋，谓晋君曰："臣闻之，虑不先定不可以应卒，兵不先辨不可以胜敌。今夫齐与吴将战，彼战而不胜，越乱之必矣；与齐战而胜，必以其兵临晋。"晋君大恐，曰："为之奈何？"子贡曰："修兵休卒以待之。"晋君许诺。

子贡去而之鲁。吴王果与齐人战于艾陵，大破齐师，获七将军之兵，而不归，果以兵临晋，与晋人相遇黄池之上。吴、晋争强。晋人击之，大败吴师。越王闻之，涉江袭吴，去城七里而军。吴王闻之，去晋而归，与越战于五湖。三战不胜，城门不守，越遂围王宫，杀夫差而戮其相。破吴三年，东向而霸。

故子贡一出，存鲁，乱齐，破吴，强晋而霸越。子贡一使，使势相破，十年之中，五国各有变。

子贡好废举，与时转货资。喜扬人之美，不能匿人之过。常相鲁、卫，家累千金。卒终于齐。

言偃，吴人，字子游，少孔子四十五岁。

子游既已受业，为武城宰。孔子过，闻弦歌之声。孔子莞尔而笑曰："割鸡焉用牛刀？"子游曰："昔者偃闻诸夫子曰，君子学道则爱人，小人学道则易使。"孔子曰："二三子，偃之言是也。前言戏之耳。"孔子以为子游习于文学。

卜商字子夏，少孔子四十四岁。

子夏问："'巧笑倩兮，美目盼兮，素以为绚兮'，何谓也？"子曰："绘事后素。"曰："礼后乎？"孔子曰："商始可与言《诗》已矣。"

子贡问："师与商孰贤？"子曰："师也过，商也不及。""然则师愈与？"曰："过犹不及。"

子谓子夏曰："汝为君子儒，无为小人儒。"

孔子既没，子夏居西河教授，为魏文侯师。其子死，哭之失明。

颛孙师，陈人，字子张，少孔子四十八岁。

子张问干禄，孔子曰："多闻阙疑，慎言其余，则寡尤；多见阙殆，慎行其余，则寡悔。言寡尤，行寡悔，禄在其中矣。"

他日从在陈、蔡间，困，问行。孔子曰："言忠信，行笃敬，虽蛮貊之国行也；言不忠信，行不笃敬，虽州里行乎哉！立则见其参于前也，在舆则见其倚于衡，夫然后行。"子张书诸绅。

子张问："士何如斯可谓之达矣？"孔子曰："何哉，尔所谓达者？"子张对曰："在国必闻，在家必闻。"孔子曰："是闻也，非达也。夫达者，质直而好义，察言而观色，虑以下人，在国及家必达。夫闻也者，色取仁而行违，居之不疑，在国及家必闻。"

曾参，南武城人，字子舆，少孔子四十六岁。

孔子以为能通孝道，故授之业。作《孝经》。死于鲁。

澹台灭明，武城人，字子羽，少孔子三十九岁。状貌甚恶。欲事孔子，孔子以为材薄。既已受业，退而修行，行不由径，非公事不见卿大夫。南游至江，从弟子三百人，设取予去就，名施乎诸侯。孔子闻之，曰："吾以言取人，失之宰予；以貌取人，失之子羽。"

宓不齐字子贱，少孔子三十岁。

孔子谓"子贱君子哉！鲁无君子，斯焉取斯？"

子贱为单父宰，反命于孔子，曰："此国有贤不齐者五人，教不齐所以治者。"孔子曰："惜哉，不齐所治者小！所治者大，则庶几矣。"

原宪字子思。

子思问耻，孔子曰："国有道，穀。国无道，穀，耻也。"

子思曰："克伐怨欲不行焉，可以为仁乎？"孔子曰："可以为难矣，仁则吾弗知也。"

孔子卒，原宪遂亡，在草泽中。子贡相卫，而结驷连骑，排藜藿入穷阎，过谢原宪。宪摄敝衣冠见子贡。子贡耻之，曰："夫子岂病乎？"原宪曰："吾闻之，无财者谓之贫，学道而不能行者谓之病。若宪，贫也，非病也。"子贡惭，不怿而去，终身耻其言之过也。

公冶长，齐人，字子长。

孔子曰："长可妻也，虽在累绁之中。非其罪也。"以其子妻之。

南宫括字子容。

问孔子曰："羿善射，奡荡舟，俱不得其死然？禹、稷躬稼而有天下？"孔子弗答。容出，孔子曰："君子哉若人！上德哉若人！国有道，不废；国无道，免于刑戮。"三复"白珪之玷，"以其兄之子妻之。

公晳哀字季次。

孔子曰："天下无行，多为家臣，仕于都；唯季次未尝仕。"

曾点字皙。

侍孔子，孔子曰："言尔志。"点曰："春服既成，冠者五六人，童子六七人，浴乎沂，风乎舞雩，咏而归。"孔子喟尔叹曰："吾与点也！"

颜无由字路。路者，颜回父，父子尝各异时事孔子。

颜回死，颜路贫，请孔子车以葬。孔子曰："材不材，亦各言其子也。鲤也死，有棺而无椁，吾不徒行以为之椁，以吾从大夫之后，不可以徒行。"

商瞿，鲁人，字子木，少孔子二十九岁。

孔子传《易》于瞿，瞿传楚人馯臂子弘，弘传江东人矫子庸疵，疵传燕人周子家竖，竖传淳于人光子乘羽，羽传齐人田子庄何，何传东武人王子中同，同传菑川人杨何。何元朔中以治《易》为汉中大夫。

高柴字子羔，少孔子三十岁。

子羔长不盈五尺，受业孔子，孔子以为愚。

子路使子羔为费郈宰，孔子曰："贼夫人之子！"子路曰："有民人焉，有社稷焉，何必读书然后为学！"孔子曰："是故恶夫佞者。"

漆雕开字子开。

孔子使开仕，对曰："吾斯之未能信。"孔子说。

公伯缭字子周。

周愬子路于季孙，子服景伯以告孔子，曰："夫子固有惑志，缭也，吾力犹能肆诸市朝。"孔子曰："道之将行，命也；道之将废，命也。公伯缭其如命何！"

司马耕字子牛。

牛多言而躁。问仁于孔子，孔子曰："仁者，其言也讱。"曰："其言也讱，斯可谓之仁乎？"子曰："为之难，言之得无讱乎！"

问君子，子曰："君子不忧不惧。"曰："不忧不惧，斯可谓之君子乎？"子曰："内省不疚，夫何忧何惧！"

樊须字子迟，少孔子三十六岁。

樊迟请学稼，孔子曰："吾不如老农。"请学圃，曰："吾不如老圃。"樊迟出，孔子曰："小人哉樊须也！上好礼，则民莫敢不敬；上好义，则民莫敢不服；上好信，则民莫敢不用情。夫如是，则四方之民襁负其子而至矣，焉用稼！"

樊迟问仁，子曰："爱人。"问智，曰："知人。"

有若少孔子四十三岁。

有若曰："礼之用，和为贵，先王之道斯为美。小大由之，有所不行；知和而和，不以礼节之，亦不可行也。""信近于义，言可复也；恭近于礼，远耻辱也；因不失其亲，亦可宗也。"

孔子既没，弟子思慕，有若状似孔子，弟子相与共立为师，师之如夫子时也。他日，弟子进问曰："昔夫子当行，使弟子持雨具，已而果雨。弟子问曰：'夫子何以知之？'夫子曰：'《诗》不云乎："月离于毕，俾滂沱矣。"昨暮月不宿毕乎？'他日，月宿毕，竟不雨。商瞿年长无子，其母为取室。孔子使之齐，瞿母请之。孔子曰：'无忧，瞿年四十后当有五丈夫子。'已而果然。敢问夫子何以知此？"有若默然无以应。弟子起曰："有子避之，此非子之座也！"

公西赤字子华，少孔子四十二岁。

子华使于齐，冉有为其母请粟。孔子曰："与之釜。"请益，曰：与之庾。"冉子与之粟五秉。孔子曰："赤之适齐也，乘肥马，衣轻裘。吾闻君子周急，不继富。"

巫马施字子旗，少孔子三十岁。

陈司败问孔子曰："鲁昭公知礼乎？"孔子曰："知礼。"

退而揖巫马旗曰："吾闻君子不党，君子亦党乎？鲁君娶吴女为夫人，命之为孟子。孟子姓姬，讳称同姓，故谓之孟子。鲁君而知礼，孰不知礼！"施以告孔子，孔子曰："丘也幸，苟有过，人必知之。臣不可言君亲之恶，为讳者，礼也。"

梁鱣字叔鱼，少孔子二十九岁。

颜幸字子柳，少孔子四十六岁。

冉孺字子鲁，少孔子五十岁。

曹邮字子循，少孔子五十岁。

伯虔字子析，少孔子五十岁。

公孙龙字子石，少孔子五十三岁。

自子石已右三十五人，显有年名及受业闻见于书传。

其四十有二人，无年及不见书传者纪于左：

冉季，字子产。

公祖句兹，字子之。

秦祖，字子南。

漆雕哆，字子敛。

颜高，字子骄。

漆雕徒父。

壤驷赤，字子徒。

商泽。

石作蜀，字子明。

任不齐，字选。

公良孺，字子正。

后处，字子里。

秦冉，字开。

公夏首，字乘。

奚容箴，字子皙。

公肩定，字子中。

颜祖，字襄。

鄡单，字子家。

句井疆。

罕父黑，字子索。

秦商，字子丕。

申党，字周。

颜之仆，字叔。

荣旂，字子祈。

县成，字子祺。

左人郢，字行。

燕伋，字思。

郑国，字子徒。

秦非，字子之。

施之常，字子恒。

颜哙，字子声。

步叔乘，字子车。

原亢籍。

乐咳，字子声。

廉絜，字庸。

叔仲会，字子期。

颜何，字冉。

狄黑，字晳。

邦巽，字子敛。

孔忠。

公西舆如，字子上。

公西葴，字子上。

太史公曰：学者多称七十子之徒，誉者或过其实，毁者或损其真，钧之未睹厥容貌则论言。弟子籍出孔氏古文，近是。余以弟子名姓文字悉取《论语》弟子问，并次为篇，疑者阙焉。

卷六十八　　商君列传第八

商君者，卫之诸庶孽公子也，名鞅，姓公孙氏，其祖本姬姓也。鞅少好刑名之学，事魏相公叔座为中庶子。公叔座知其贤，未及进。会座病，魏惠王亲往问病，曰："公孙病有如不可讳，将奈社稷何？"公叔曰："座之中庶子公孙鞅，年虽少，有奇才，愿王举国而听之。"王默然。王且去，座屏人言曰："王即不听用鞅，必杀之，无令出境。"王许诺而去。公叔座召鞅谢曰："今者王问可以为相者，我言若，王色不许我，我方先君后臣，因谓王即弗用鞅，当杀之。王许我。汝可疾去矣，且见禽。"鞅曰："彼王不能用君之言任臣，又安能用君之言杀臣乎？"卒不去。惠王既去，而谓左右曰："公叔病甚，悲乎，欲令寡人以国听公孙鞅也，岂不悖哉！"

公叔既死，公孙鞅闻秦孝公下令国中求贤者，将修穆公之业，东复侵地，乃遂西入秦，因孝公宠臣景监以求见孝公。

孝公既见卫鞅，语事良久，孝公时时睡，弗听。罢而孝公怒景监曰："子之客妄人耳，安足用邪！"景监以让卫鞅，卫鞅曰："吾说公以帝道，其志不开悟矣。"后五日，复求见鞅。鞅复见孝公，益愈，然而未中旨。罢而孝公复让景监，景监亦让鞅。鞅曰："吾说公以王道而未入也。请复见鞅，"鞅复见孝公，孝公善之而未用也。罢而去。孝公谓景监曰："汝客善，可与语矣。"鞅曰："吾说公以霸道，其意欲用之矣。诚复见我，我知之矣。"卫鞅复见孝公。公与语，不自知膝之前于席也。语数日不厌。景监曰："子何以中吾君，吾君之欢甚也。"鞅曰："吾说君以帝王之道比三代，而君曰：'久远，吾不能待。且贤君者，各及其身显名天下，安能邑邑待数十百年以成帝王乎？'故吾以强国之术说君，君大悦之耳。然亦难以比德于殷、周矣。"

孝公既用卫鞅，鞅欲变法，恐天下议己。卫鞅曰："疑行无名，疑事无功。且夫有高人之行者，固见非于世；有独知之虑者，必见敖于民。愚者暗于成事，知者见于未萌。民不可与虑始而可与乐成。论至德者不和于俗，成大功者不谋于众。是以圣人苟可以强国，不法其故；苟可以利民，不循其礼。"孝公曰："善。"甘龙曰："不然。圣人

不易民而教，知者不变法而治。因民而教，不劳而成功；缘法而治者，吏习而民安之。"卫鞅曰："龙之所言，世俗之言也。常人安于故俗，学者溺于所闻。以此两者居官守法可也，非所与论于法之外也。三代不同礼而王，五伯不同法而霸。智者作法，愚者制焉；贤者更礼，不肖者拘焉。"杜挚曰："利不百，不变法；功不十，不易器。法古无过，循礼无邪。"卫鞅曰："治世不一道，便国不法古。故汤、武不循古而王，夏、殷不易礼而亡。反古者不可非，而循礼者不足多。"孝公曰："善。"以卫鞅为左庶长，卒定变法之令。

令民为什伍，而相牧司连坐。不告奸者腰斩，告奸者与斩敌首同赏，匿奸者与降敌同罚。民有二男以上不分异者，倍其赋。有军功者，各以率受上爵；为私斗者，各以轻重被刑大小。僇力本业，耕织致粟帛多者复其身。事末利及怠而贫者，举以为收孥。宗室非有军功论，不得为属籍。明尊卑爵秩等级，各以差次名田宅，臣妾衣服以家次。有功者显荣，无功者虽富无所芬华。

令既具，未布，恐民之不信，已乃立三丈之木于国都市南门，募民有能徙置北门者予十金。民怪之，莫敢徙。复曰："能徙者予五十金。"有一人徙之，辄予五十金，以明不欺。卒下令。

令行于民期年，秦民之国都言初令之不便者以千数。于是太子犯法。卫鞅曰："法之不行，自上犯之。"将法太子。太子，君嗣也，不可施刑，刑其傅公子虔，黥其师公孙贾。明日，秦人皆趋令。行之十年，秦民大悦，道不拾遗，山无盗贼，家给人足。民勇于公战，怯于私斗，乡邑大治。秦民初言令不便者有来言令便者，卫鞅曰："此皆乱化之民也。"尽迁之于边城。其后民莫敢议令。

于是以鞅为大良造，将兵围魏安邑，降之。

居三年，作为筑冀阙宫庭于咸阳，秦自雍徙都之。而令民父子兄弟同室内息者为禁。而集小乡邑聚为县，置令、丞，凡三十一县。为田开阡陌封疆，而赋税平。平斗桶权衡丈尺。

行之四年，公子虔复犯约，劓之。

居五年，秦人富强，天子致胙于孝公，诸侯毕贺。

其明年，齐败魏兵于马陵，虏其太子申，杀将军庞涓。其明年，卫鞅说孝公曰："秦之与魏，譬若人之有腹心疾，非魏并秦，秦即并魏。何者？魏居岭阨之西，都安邑，与秦界河而独擅山东之利。利则西侵秦，病则东收地。今以君之贤圣，国赖以盛。而魏往年大破于齐，诸侯畔之，可因此时伐魏。魏不支秦，必东徙。东徙，秦据河山之固，东向以制诸侯，此帝王之业也。"孝公以为然，使卫鞅将而伐魏。魏使公子卬将而击之。军既相距，卫鞅遗魏将公子卬书曰："吾始与公子欢，今俱为两国将，不忍相攻，可与公子面相见，盟，乐饮而罢兵，以安秦、魏。"魏公子卬以为然。会盟已，饮，而卫鞅伏甲士而袭虏魏公子卬，因攻其军，尽破之以归秦。魏惠王兵数破于齐、秦，国内空，日以削，恐，乃使使割河西之地献于秦以和。而魏遂去安邑，徙都大梁。梁惠王曰："寡人恨不用公叔座之言也。"卫鞅既破魏还，秦封之於、商十五邑，号为商君。

商君相秦十年，宗室贵戚多怨望者。赵良见商君，商君曰："鞅之得见也，从孟兰皋，今鞅请得交，可乎？"赵良曰："仆弗敢愿也。孔丘有言曰：'推贤而戴者进，聚不肖而王者退。'仆不肖，故不敢受命，仆闻之曰：'非其位而居之曰贪位，非其名而有之曰贪名。'仆听君之义，则恐仆贪位贪名也。故不敢闻命。"商君曰："子不说吾治秦与？"赵良曰："反听之谓聪，内视之谓明，自胜之谓强。虞舜有言曰：'自卑也尚矣。'君不若道虞舜之道，无为问仆矣。"商君曰："始秦戎翟之教，父子无别，同室而居。今我更制其教，而为其男女之别，大筑冀阙，营如鲁卫矣。子观我治秦也，孰与五羖大夫贤？"赵良曰："千羊之皮，不如一狐之腋；千人之诺诺，不如一士之谔谔。武王谔谔以昌，殷纣墨墨以亡。君若不非武王乎，则仆请终日正言而无诛，可乎？"商君曰："语有之矣，貌言华也，至言实也，苦言药也，甘言疾也。夫子果肯终日正言，鞅之药也。鞅将事子，子又何辞焉！"赵良曰："夫五羖大夫，荆之鄙人也。闻秦缪公之贤而愿望见，行而无资，自粥于秦客，被褐食牛。期年，穆公知之，举之牛口之下，而加之百姓之上，秦国莫敢望焉。相秦六七年，而东伐郑，三置晋国之君，一救荆国之祸。发教封内，而巴人致贡；施德诸侯，而八戎来服。由余闻之，款关请见。五羖大夫之相秦也，劳不坐乘，暑不张盖，行于国中，不从车乘，不操干戈，功名藏于府库，德行施于后世。五羖大夫死，秦国男女流涕，童子不歌谣，舂者不相杵。此五羖大夫之德也。今君之见秦王也，因嬖人景监以为主，非所以为名也。相秦不以百姓为事，而大筑冀阙，非所以为功也。刑黥太子之师傅，残伤民以骏刑，是积怨畜祸也。教之化民也深于命，民之效上也捷于令。今君又左建外易，非所以为教也。君又南面而称寡人，日绳秦之贵公子。《诗》曰：'相鼠有体，人而无礼；人而无礼，何不遄死。'以《诗》观之，非所以为寿也。公子虔杜门不出已八年矣，君又杀祝懽而黥公孙贾。《诗》曰：'得人者兴，失人者崩。'此数事者，非所以得人也。君之出也，后车十数，从车载甲，多力而骈胁者为骖乘，持矛而操闟戟者旁车而趋。此一物不具，君固不出。《书》曰：'恃德者昌，恃力者亡。'君之危若朝露，尚将欲延年益寿乎？则何不归十五都，灌园于鄙，劝秦王显岩穴之士，养老存孤，敬父兄，序有功，尊有德，可以少安。君尚将贪商、於之富，宠秦国之教，畜百姓之怨，秦王一旦捐宾客而不立朝，秦国之所以收君者，岂其微哉？亡可翘足而待。"商君弗从。

后五月而秦孝公卒，太子立。公子虔之徒告商君欲反，发吏捕商君。商君亡至关下，欲舍客舍，客人不知其是商君也，曰："商君之法，舍人无验者坐之。"商君喟然叹曰："嗟乎，为法之敝一至此哉！"去之魏，魏人怨其欺公子卬而破魏师，弗受。商君欲之他国。魏人曰："商君，秦之贼。秦强而贼入魏，弗归，不可。"遂内秦。商君既复入秦，走商邑，与其徒属发邑兵北出击郑。秦发兵攻商君，杀之于郑黾池。秦惠王车裂商君以徇，曰："莫如商鞅反者！"遂灭商君之家。

太史公曰：商君，其天资刻薄人也。迹其欲干孝公以帝王术，挟持浮说，非其质矣。且所因由嬖臣，及得用，刑公子虔，欺魏将卬，不师赵良之言，亦足发明商君之少恩矣。余尝读商君《开塞》、《耕战》书，与其人行事相类。卒受恶名于秦，有以也夫！

卷六十九　　苏秦列传第九

苏秦者，东周洛阳人也。东事师于齐，而习之于鬼谷先生。出游数岁，大困而归，兄弟嫂妹妻妾窃皆笑之，曰："周人之俗，治产业，力工商，逐什二以为务，今子释本而事口舌，困，不亦宜乎！"苏秦闻之而惭，自伤，乃闭室不出，出其书遍观之，曰："夫士业已屈首受书，而不能以取尊荣，虽多亦奚以为！"于是得周书《阴符》，伏而读之。期年，以出揣摩，曰："此可以说当世之君矣。"求说周显王。显王左右素习知苏秦，皆少之，弗信。

乃西至秦。秦孝公卒。说惠王曰：

"秦四塞之国，被山带渭，东有关河，西有汉中，南有巴、蜀，北有代、马，此天府也。以秦士民之众，兵法之教，可以吞天下，称帝而治。"

秦王曰："毛羽未成，不可以高飞；文理未明，不可以并兼。"方诛商鞅，疾辩士，弗用。

乃东之赵。赵肃侯令其弟成为相，号奉阳君。奉阳君弗说之，去。

游燕，岁馀而后得见。说燕文侯曰：

"燕东有朝鲜、辽东，北有林胡、楼烦，西有云中、九原，南有嘑沱、易水，地方二千馀里，带甲数十万，车六百乘，骑六千匹，粟支数年。南有碣石、雁门之饶，北有枣栗之利，民虽不佃作而足于枣栗矣。此所谓天府者也。夫安乐无事，不见覆军杀将，无过燕者。大王知其所以然乎？夫燕之所以不犯寇被甲兵者，以赵之为蔽其南也。秦赵五战，秦再胜而赵三胜，秦赵相弊，而王以全燕制其后，此燕之所以不犯寇也。且夫秦之攻燕也，逾云中、九原，过代、上谷，弥地数千里，虽得燕城，秦计固不能守也。秦之不能害燕亦明矣。今赵之攻燕也，发号出令，不至十日而数十万之军军于东垣矣。渡嘑沱，涉易水，不至四五日而距国都矣。故曰秦之攻燕也，战于千里之外；赵之攻燕也，战于百里之内。夫不忧百里之患而重千里之外，计无过于此者。是故愿大王与赵从亲，天下为一，则燕国必无患矣。"

文侯曰："子言则可，然吾国小，西迫强赵，南近齐，齐、赵强国也。子必欲合从以安燕，寡人请以国从。"

于是资苏秦车马金帛以至赵。而奉阳君已死，即因说赵肃侯曰：

"天下卿相人臣及布衣之士，皆高贤君之行义，皆愿奉教陈忠于前之日久矣。虽然，奉阳君妒君而君不任事，是以宾客游士莫敢自尽于前者。今奉阳君捐馆舍，君乃今复与士民相亲也，臣故敢进其愚虑。

"窃为君计者,莫若安民无事,且无庸有事于民也。安民之本,在于择交,择交而得则民安,择交而不得则民终身不安。请言外患:齐、秦为两敌而民不得安,倚秦攻齐而民不得安,倚齐攻秦而民不得安。故夫谋人之主,伐人之国,常苦出辞断绝人之交也 愿君慎勿出于口。请别白黑,所以异阴阳而已矣。君诚能听臣,燕必致旃裘狗马之地,齐必致鱼盐之海,楚必致橘柚之园。韩、魏、中山皆可使致汤沐之奉,而贵戚父兄皆可以受封侯。夫割地包利,五伯之所以覆军禽将而求也;封侯贵戚,汤、武之所以放弑而争也。今君高拱而两有之,此臣之所以为君愿也。

"今大王与秦,则秦必弱韩、魏;与齐,则齐必弱楚、魏。魏弱则割河外,韩弱则效宜阳。宜阳效则上郡绝,河外割则道不通,楚弱则无援。此三策者,不可不孰计也。

"夫秦下轵道,则南阳危;劫韩包周,则赵氏自操兵;据卫取卷,则齐必入朝秦。秦欲已得乎山东,则必举兵而向赵矣。秦甲渡河逾漳,据番吾,则兵必战于邯郸之下矣。此臣之所为君患也。

"当今之时,山东之建国莫强于赵。赵地方二千馀里,带甲数十万,车千乘,骑万匹,粟支数年。西有常山,南有河漳,东有清河,北有燕国。燕固弱国,不足畏也。秦之所害于天下者莫如赵,然而秦不敢举兵伐赵者,何也?畏韩、魏之议其后也。然则韩、魏,赵之南蔽也。秦之攻韩、魏也,无有名山大川之限,稍蚕食之,傅国都而止。韩、魏不能支秦,必入臣于秦。秦无韩、魏之规,则祸必中于赵矣。此臣之所为君患也。

"臣闻尧无三夫之分,舜无咫尺之地,以有天下;禹无百人之聚,以王诸侯;汤、武之士不过三千,车不过三百乘,卒不过三万,立为天子:诚得其道也。是故明主外料其敌之强弱,内度其士卒贤不肖,不待两军相当而胜败存亡之机固已形于胸中矣,岂掩于众人之言而以冥冥决事哉!

"臣窃以天下之地图案之,诸侯之地五倍于秦,料度诸侯之卒十倍于秦。六国为一,并力西向而攻秦,秦必破矣。今西面而事之,见臣于秦。夫破人之与见破于人也,臣人之与见臣于人也,岂可同日而论哉!

"夫衡人者,皆欲割诸侯之地以予秦。秦成,则高台榭,美宫室,听竽瑟之音,前有楼阙轩辕,后有长姣美人,国被秦患而不与其忧。是故夫衡人日夜务以秦权恐愒诸侯以求割地,故愿大王孰计之也。

"臣闻明主绝疑去谗,屏流言之迹,塞朋党之门,故尊主广地强兵之计臣得陈忠于前矣。故窃为大王计,莫如一韩、魏、齐、楚、燕、赵以从亲,以畔秦。令天下之将相会于洹水之上,通质,刳白马而盟,要约曰:'秦攻楚,齐、魏各出锐师以佐之,韩绝其粮道,赵涉河漳,燕守常山之北。秦攻韩、魏,则楚绝其后,齐出锐师而佐之,赵涉河漳,燕守云中。秦攻齐,则楚绝其后,韩守城皋,魏塞其道,赵涉河漳、博关,燕出锐师以佐之。秦攻燕,则赵守常山,楚军武关,齐涉勃海,韩、魏皆出锐师以佐之。秦攻赵,则韩军宜阳,楚军武关,魏军河外,齐涉清河,燕出锐师以佐之。诸侯有不如约者,以五国之兵共伐之。'六国从亲以宾秦,则秦甲必不敢出于函谷以害山东矣。如此,则霸王之业成矣。"

赵王曰:"寡人年少,立国日浅,未尝得闻社稷之长计也。今上客有意存天下,安诸侯,寡人敬以国从。"乃饰车百乘,黄金千镒,白璧百双,锦绣千纯,以约诸侯。

是时周天子致文、武之胙于秦惠王。惠王使犀首攻魏,禽将龙贾,取魏之雕阴,且欲东兵。苏秦恐秦兵之至赵也,乃激怒张仪,入之于秦。

于是说韩宣王曰:

"韩北有巩、成皋之固,西有宜阳、商阪之塞,东有宛、穰、洧水,南有陉山,地方九百馀里,带甲数十万,天下之强弓劲弩皆从韩出。溪子、少府时力、距来者,皆射六百步之外。韩卒超足而射,百发不暇止,远者括蔽洞胸,近者镝弇心。韩卒之剑戟皆出于冥山、棠溪、墨阳、合赙、邓师、宛冯、龙渊、太阿,皆陆断牛马,水截鹄雁,当敌则斩坚甲铁幕,革抉咙芮,无不毕具。以韩卒之勇,被坚甲,蹠劲弩,带利剑,一人当百,不足言也。夫以韩之劲与大王之贤,乃西面事秦,交臂而服,羞社稷而为天下笑无大于此者矣。是故愿大王孰计之。

"大王事秦,秦必求宜阳、成皋。今兹效之,明年又复求割地。与则无地以给之,不与则弃前功而受后祸。且大王之地有尽而秦之求无已,以有尽之地而逆无已之求,此所谓市怨结祸者也,不战而地已削矣。臣闻鄙谚曰:'宁为鸡口,无为牛后。'今西面交臂而臣事秦,何异于牛后乎?夫以大王之贤,挟强韩之兵,而有牛后之名,臣窃为大王羞之。"

于是韩王勃然作色,攘臂瞋目,按剑仰天太息曰:"寡人虽不肖,必不能事秦。今主君诏以赵王之教,敬奉社稷以从。"

又说魏襄王曰:

"大王之地,南有鸿沟、陈、汝南、许、郾、昆阳、召陵、舞阳、新都、新郪,东有淮、颍、煮枣、无胥,西有长城之界,北有河外、卷、衍、酸枣,地方千里。地名虽小,然而田舍庐庑之数,曾无所刍牧。人民之众,车马之多,日夜行不绝,辘辘殷殷,若有三军之众。臣窃量大王之国不下楚。然衡人怵王交强虎狼之秦以侵天下,卒有秦患,不顾其祸。夫挟强秦之势以内劫其主,罪无过此者。魏,天下之强国也;王,天下之贤王也。今乃有意西面而事秦,称东藩,筑帝宫,受冠带,祠春秋,臣窃为大王耻之。

"臣闻越王勾践战敝卒三千人,禽夫差于干遂;武王卒三千人,革车三百乘,制纣于牧野。岂其士卒众哉,诚能奋其威也。今窃闻大王之卒,武士二十万,苍头二十万,奋击二十万,厮徒十万,车六百乘,骑五千匹。此其过越王勾践、武王远矣,今乃听于群臣之说而欲臣事秦。夫事秦必割地以效实,故兵未用而国已亏矣。凡群臣之言事秦者,皆奸人,非忠臣也。夫为人臣,割其主之地以求外交,偷取一时之功而不顾其后,破公家而成私门,外挟强秦之势以内劫其主,以求割地,愿大王孰察之。

"《周书》曰:'绵绵不绝,蔓蔓奈何?毫氂不伐,将用斧柯。'前虑不定,后有大患,将奈之何?大王诚能听臣,六国从亲,专心并力一意,则必无强秦之患。故敝邑赵王使臣效愚计,奉明约,在大王之诏诏之。"

魏王曰:"寡人不肖,未尝得闻明教。今主君以赵王之诏诏之,敬以国从。"

因东说齐宣王曰:

"齐南有泰山,东有琅邪,西有清河,北有勃海,此所谓四塞之国也。齐地方二千馀里,带甲数十万,粟如丘山。三军之良,五家之兵,进如锋矢,战如雷霆,解如风雨。即有军役,未尝倍泰山,绝清河,涉勃海也。临菑之中七万户,臣窃度之,不下户三男子,三七二十一万,不待发于远县,而临菑之卒固已二十一万矣。临菑甚富而实,其民无不吹竽鼓瑟,弹琴击筑,斗鸡走狗,六博蹹鞠者。临菑之涂,车毂击,人肩摩,连衽成帷,举袂成幕,挥汗成雨,家殷人足,志高气扬。夫以大王之贤与齐之强,天下莫能当。今乃西面而事秦,臣窃为大王羞之。

"且夫韩、魏之所以重畏秦者,为与秦接境壤界也。兵出而相当,不出十日而战胜存亡之机决矣。韩魏战而胜秦,则兵半折,四境不守;战而不胜,则国已危亡随其后。是故韩、魏之所以重与秦战,而轻为之臣也。今秦之攻齐则不然。倍韩、魏之地,过卫阳晋之道,径乎亢父之险,车不得方轨,骑不得比行,百人守险,千人不敢过也。秦虽欲深入,则狼顾,恐韩、魏之议其后也。是故恫疑虚喝,骄矜而不敢进,则秦之不能害齐亦明矣。

"夫不深料秦之无奈齐何,而欲西面而事之,是群臣之计过也。今无臣事秦之名而有强国之实,臣是故愿大王少留意计之。"

齐王曰:"寡人不敏,僻远守海,穷道东境之国也,未尝得闻馀教。今足下以赵王诏诏之,敬以国从。"

乃西南说楚威王曰:

"楚,天下之强国也;王,天下之贤王也。西有黔中、巫郡,东有夏州、海阳,南有洞庭、苍梧,北有陉塞、郇阳,地方五千馀里,带甲百万,车千乘,骑万匹,粟支十年。此霸王之资也。夫以楚之强与王之贤,天下莫能当也。今乃欲西面而事秦,则诸侯莫不西面而朝于章台之下矣。

"秦之所害莫如楚,楚强则秦弱,秦强则楚弱,其势不两立。故为大王计,莫如从亲以孤秦。大王不从亲,秦必起两军,一军出武关,一军下黔中,则鄢、郢动矣。

"臣闻治之其未乱也,为之其未有也。患至而后忧之,则无及已。故愿大王早孰计之。

"大王诚能听臣,臣请令山东之国奉四时之献,以承大王之明诏,委社稷,奉宗庙,练士厉兵,在大王之所用之。大王诚能用臣之愚计,则韩、魏、齐、燕、赵、卫之妙音美人必充后宫,燕、代橐驼良马必实外厩。故从合则楚王,衡成则秦帝,今释霸王之业,而有事人之名,臣窃为大王不取也。

"夫秦,虎狼之国也,有吞天下之心。秦,天下之仇雠也。衡人皆欲割诸侯之地以事秦,此所谓养仇而奉雠者也。夫为人臣,割其主之地以外交强虎狼之秦,以侵天下,卒有秦患,不顾其祸。夫外挟强秦之威以内劫其主,以求割地,大逆不忠,无过此者。故从亲则诸侯割地以事楚,衡合则楚割地以事秦,此两策者相去远矣,二者大王何居焉?故敝邑赵王使臣效愚计,奉明约,在大王诏之。"

楚王曰:"寡人之国西与秦接境,秦有举巴蜀、并汉中之心。秦,虎狼之国,不可亲也。而韩、魏迫于秦患,不可与深谋,与深谋恐反人以入于秦,故谋未发而国已危矣。寡人自料以楚当秦,不见胜也;内与群臣谋,不足恃也。寡人卧不安席,食不甘味,心摇摇然如悬旌而无所终薄。今主君欲一天下,收诸侯,存危国,寡人谨奉社稷以从。"

于是六国从合而并力焉。苏秦为从约长,并相六国。

北报赵王,乃行过洛阳,车骑辎重,诸侯各发使送之甚众,拟于王者。周显王闻之恐惧,除道,使人郊劳。苏秦之昆弟妻嫂侧目不敢仰视,俯伏侍取食。苏秦笑谓其嫂曰:"何前倨而后恭也?"嫂委蛇蒲服,以面掩地而谢曰:"见季子位高金多也。"苏秦喟然叹曰:"此一人之身,富贵则亲戚畏惧之,贫贱则轻易之,况众人乎!且使我有洛阳负郭田二顷,吾岂能佩六国相印乎!"于是散千金以赐宗族朋友。

初,苏秦之燕,贷人百钱为资,及得富贵,以百金偿之。遍报诸所尝见德者,其从者有一人独未得报,乃前自言,苏秦曰:"我非忘子。子之与我至燕,再三欲去我易水之上。方是时,我困,故望子深。是以后子。子今亦得矣。"

苏秦既约六国从亲,归赵,赵肃侯封为武安君,乃投从约书于秦,秦兵不敢窥函谷关十五年。

其后秦使犀首欺齐、魏,与共伐赵,欲败从约。齐、魏伐赵,赵王让苏秦。苏秦恐,请使燕,必报齐。苏秦去赵而从约皆解。

秦惠王以其女为燕太子妇。是岁,文侯卒,太子立,是为燕易王。易王初立,齐宣王因燕丧伐燕,取十城。易王谓苏秦曰:"往日先生至燕,而先王资先生见赵,遂约六国从。今齐先伐赵,次至燕,以先生之故为天下笑,先生能为燕得侵地乎?"苏秦大惭,曰:"请为王取之。"

苏秦见齐王,再拜,俯而庆,仰而吊。齐王曰:"是何庆吊相随之速也?"苏秦曰:"臣闻饥人所以饥而不食乌喙者,为其愈充腹而与饿死同患也。今燕虽弱小,即秦王之少婿也。大王利其十城而长与强秦为仇。今使弱燕为雁行而强秦蔽其后,以招天下之精兵,是食乌喙之类也。"齐王愀然变色曰:"然则奈何?"苏秦曰:"臣闻古之善制事者,转祸为福,因败为功。大王诚能听臣计,即归燕之十城。燕无故而得十城,必喜;秦王知以己之故而归燕之十城,亦必喜。此所谓弃仇雠而得石交者也。夫燕、秦俱事齐,则大王号令天下,莫敢不听。是王以虚辞附秦,以十城取天下,此霸王之业也。"王曰:"善。"于是乃归燕之十城。

人有毁苏秦者曰:"左右卖国反覆之臣也,将作乱。"苏秦恐得罪归而燕王不复官也,苏秦见燕王曰:"臣,东周之鄙人也,无有分寸之功,而王亲拜之于庙而礼之于廷。今臣为王却齐之兵而得十城,宜以益亲。今来而王不官臣者，人必有以不信伤臣于王者。臣之不信，王之福也。臣闻忠信者，所以自为也；进取者，所以为人也。且臣之说齐王，曾非欺之也。臣弃老母于东周，固去自为而行进取也。今有孝如曾参，廉如伯夷，信如尾生。得此三人者以事大王，何若？"王曰："足矣。"苏秦曰："孝如曾参，义不离其亲一宿于外，王又安能使之步行千里而事弱燕之危王哉？廉如伯夷，义不为孤竹君之嗣，不肯为武王臣，不受封侯而饿死首阳山下。有廉如此，王又安能使之步行千里而行进取于齐哉？信如尾生，与女子期于梁下，女子不来，水至不去，抱梁柱而死。有信如此，王又安能使之步行千里却齐之强兵哉？臣所谓以忠信得罪于上者也。"燕王曰："若不忠信耳，岂有以忠信而得罪者乎？"苏秦曰："不然。臣闻客有远为吏而其妻私于人者，其夫将来，其私者忧之，妻曰'勿忧，吾已作药酒待之矣'。居三日，其夫果至，妻使妾举药酒进之。妾欲言酒之有药，则恐其逐主母也；欲勿言乎，则恐其杀主父也。于是乎详僵而弃酒。主父大怒，笞之五十。故妾一僵而覆酒，上存主父，下存主母，然而不免于笞，恶在乎忠信之无罪也？夫臣之过，不幸而类是乎！"燕王曰："先生复就故官。"益厚遇之。

易王母，文侯夫人也，与苏秦私通。燕王知之，而事之加厚。苏秦恐诛，乃说燕王曰："臣居燕不能使燕重，而在齐则燕必重。"燕王曰："唯先生之所为。"于是苏秦详为得罪于燕而亡走齐，齐宣王以为客卿。

齐宣王卒，湣王即位，说湣王厚葬以明孝，高宫室大苑囿以明得意，欲破敝齐而为燕。燕易王卒，燕哙立为王。其后齐大夫多与苏秦争宠者，而使人刺苏秦，不死，殊而走。齐王使人求贼，不得。苏秦且死，乃谓齐王曰："臣即死，车裂臣以徇于市，曰'苏秦为燕作乱于齐'，如此则臣之贼必得矣。"于是如其言，而杀苏秦者果自出，齐王因而诛之。燕闻之，曰："甚矣，齐之为苏生报仇也！"

苏秦既死，其事大泄。齐后闻之，乃恨怒燕。燕甚恐。苏秦之弟曰代，代弟苏厉，见兄遂，亦皆学。及苏秦死，代乃求见燕王，欲袭故事，曰："臣，东周之鄙人也。窃闻大王义甚高，鄙人不敏，释锄耨而干大王。至于邯郸，所见者绌于所闻于东周，臣窃负其志。及至燕廷，观王之群臣下吏，王，天下之明王也。"燕王曰："子所谓明王者何如也？"对曰："臣闻明王务闻其过，不欲闻其善，臣请谒王之过。夫齐、赵者，燕之仇雠也；楚、魏者，燕之援国也。今王奉仇雠以伐援国，非所以利燕也。王自虑之，此则计过，无以闻者，非忠臣也。"王曰："夫齐者固寡人之仇，所欲伐也，直患国敝力不足也。子能以燕伐齐，则寡人举国委子。"对曰："凡天下战国七，燕处弱焉。独战则不能，有所附则无不重。南附楚，楚重；西附秦，秦重；中附韩、魏，韩、魏重。且苟所附之国重，此必使王重矣。今夫齐，长主而自用也。南攻楚五年，畜聚竭；西困秦三年，士卒罢敝；北与燕人战，覆三军，得二将。然而以其余兵南面举五千乘之大宋，而包十二诸侯。此其君欲得，其民力竭，恶足取乎！且臣闻之，数战则民劳，久师则兵敝矣。"燕王曰："吾闻齐有清济、浊河可以为固，长城、巨防足以为塞，诚有之乎？"对曰："天时不与，虽有清济、浊河，恶足以为固！民力罢敝，虽有长城、巨防，恶足以为塞！且异日济西不师，所以备赵也；河北不师，所以备燕也。今济西河北尽已役矣，封内敝矣。夫骄君必好利，而亡国之臣必贪于财。王诚能无羞宠子母弟以为质，宝珠玉帛以事左右，彼将有德燕而轻亡宋，则齐可亡已。"燕王曰："吾终以子受命于天矣。"燕乃使一子质于齐。而苏厉因燕质子而求见齐王。齐王怨苏秦，欲囚苏厉。燕质子为谢，已，遂委质为齐臣。

燕相子之与苏代婚，而欲得燕权，乃使苏代侍质子于齐。齐使代报燕，燕王哙问曰："齐王其霸乎？"曰："不能。"曰："何也？"曰："不信其臣。"于是燕王专任子之，已而让位，燕大乱。齐伐燕，杀王哙、子之。燕立昭王，而苏代、苏厉遂不敢入燕，皆终归齐，齐善待之。

苏代过魏，魏为燕执代。齐使人谓魏王曰："齐请以宋地封泾阳君，秦必不受。秦非不利有齐而得宋地也，不信齐王与苏子。今齐魏不和如此其甚，则齐不欺秦。秦信齐，齐秦合，泾阳君有宋地，非魏之利也。故王不如东苏子，秦必疑齐而不信苏子矣。齐秦不合，天下无变，伐齐之形成矣。"于是出苏代。代之宋，宋善待之。

齐伐宋，宋急，苏代乃遗燕昭王书曰：

夫列在万乘而寄质于齐，名卑而权轻；奉万乘助齐伐宋，民劳而实费；夫破宋，残楚淮北，肥大齐，仇强而国害。此三者皆国之大败也。然且王行之者，将以取信于齐也。齐加不信于王，而忌燕愈甚，是王之计过矣。夫以宋加之淮北，强万乘之国也。而齐并之，是益一齐也。北夷方七百里，加之以鲁、卫，强万乘之国也，而齐并之，是益二齐也。夫一齐之强，燕犹狼顾而不能支，今以三齐临燕，其祸必大矣。

虽然，智者举事，因祸为福，转败为功。齐紫败素也，而贾十倍；越王勾践栖于会稽，复残强吴而霸天下。此皆因祸为福，转败为功者。

今王若欲因祸为福，转败为功，则莫若挑霸齐而尊之，使使盟于周室，焚秦符，曰"其大上计，破秦；其次，必长宾之"。秦挟宾以待破，秦王必患之。秦五世伐诸侯，今为齐下，秦王之志苟得穷齐，不惮以国为功。然则王何不使辩士以此言说秦王曰："燕、赵破宋肥齐，尊之为之下者，燕、赵非利之也。燕、赵不利而势为之者，以不信秦王也。然则王何不使可信者接收燕、赵，令泾阳君、高陵君先于燕、赵？秦有变，因以为质，则燕、赵信秦。秦为西帝，燕为北帝，赵为中帝，立三帝以令于天下，韩、魏不听则秦伐之，齐不听则燕、赵伐之，天下孰敢不听？天下服听，因驱韩、魏以伐齐，曰'必反宋地，归楚淮北。'反宋地，归楚淮北，燕、赵之所利也；并立三帝，燕、赵之所愿也。夫实得所利，尊得所愿，燕、赵弃齐如脱屣矣。今不收燕、赵，齐霸必成。诸侯赞齐而王不从，是国伐也；诸侯赞齐而王从之，是名卑也。今收燕、赵，国安而名尊；不收燕、赵，国危而名卑。夫去尊安而取危卑，智者不为也。"秦王闻若说，必若刺心然。则王何不使辩士以此苦言说秦？秦必取，齐必伐矣。

夫取秦，厚交也；伐齐，正利也。尊厚交，务正利，圣王之事也。

燕昭王善其书，曰："先人尝有德苏氏，子之之乱而苏氏去燕。燕欲报仇于齐，非苏氏莫可。"乃召苏代，复善待之，与谋伐齐。竟破齐，湣王出走。

久之，秦召燕王，燕王欲往，苏代约燕王曰："楚得枳而国亡，齐得宋而国亡，齐、楚不得以有枳、宋而事秦者，何也？则有功者，秦之深仇也。秦取天下，非行义也，暴也。秦之行暴，正告天下。

"告楚曰：'蜀地之甲，乘船浮于汶，乘夏水而下江，五日而至郢。汉中之甲，乘船出于巴，乘夏水而下汉，四日而至五渚。寡人积甲宛东下随，智者不及谋，勇士不及怒，寡人如射隼矣。王乃欲待天下之攻函谷，不亦远乎！'楚王为是故，十七年事秦。

"秦正告韩曰：'我起乎少曲，一日而断太行。我起乎宜阳而触平阳，二日而莫不尽繇。我离两周而触郑，五日而国举。'韩氏以为然，故事秦。

"秦正告魏曰：'我举安邑，塞女戟，韩氏太原卷。我下轵，道南阳，封冀，包两周。乘夏水，浮轻舟，强弩在前，铦戈在后，决荥口，魏无大梁；决白马之口，魏无外黄、济阳；决宿胥之口，魏无虚、顿丘。陆攻则击河内，水攻则灭大梁。'魏氏以为然，故事秦。

"秦欲攻安邑，恐齐救之，则以宋委于齐。曰：'宋王无道，为木人以写寡人，射其面。寡人地绝兵远，不能攻也。王苟能破宋有之，寡人如自得之。'已得安邑，塞女戟，因以破宋为齐罪。

"秦欲攻韩，恐天下救之，则以齐委于天下。曰：'齐王四与寡人约，四欺寡人，必率天下以攻寡人者三。有齐无秦，有秦无齐，必伐之，必亡之。'已得宜阳、少曲、致蔺、离石，因以破齐为天下罪。

"秦欲攻魏重楚，则以南阳委于楚。曰：'寡人固与韩且绝矣。残均陵，塞鄳阨，苟利于楚，寡人如自有之。'魏弃与国而合于秦，因以塞鄳阨为楚罪。

"兵困于林中，重燕、赵，以胶东委于燕，以济西于赵。已得讲于魏，至公子延，因犀首属行而攻赵。

"兵伤于谯石，而遇败于阳马，而重魏，则以叶、蔡委于魏。已得讲于赵，则劫魏。魏不为割，困，则使太后弟穰侯为和；嬴，则兼欺舅与母。

"适燕者曰'以胶东'，适赵者曰'以济西'，适魏者曰'以叶、蔡'，适楚者曰'以塞鄳阨'，适齐者曰'以宋'。此必令言如循环，用兵如刺蜚，母不能制，舅不能约。

"龙贾之战，岸门之战，封陵之战，高商之战，赵庄之战，秦之所杀三晋之民数百万，今其生者皆死秦之孤也。西河之外，上洛之地，三川晋国之祸，三晋之半，秦祸如此其大也。而燕、赵之秦者，皆以争事秦说其主，此臣之所大患也。"

燕昭王不行。苏代复重于燕。

燕使约诸侯从亲如苏秦时，或从或不，而天下由此宗苏氏之从约。代、厉皆以寿死，名显诸侯。

太史公曰：苏秦兄弟三人，皆游说诸侯以显名，其术长于权变。而苏秦被反间以死，天下共笑之，讳学其术。然世言苏秦多异，异时事有类之者皆附之苏秦。夫苏秦起闾阎，连六国从亲，此其智有过人者。吾故列其行事，次其时序，毋令独蒙恶声焉。

卷七十　　　张仪列传第十

张仪者，魏人也。始尝与苏秦俱事鬼谷先生学术，苏秦自以不及张仪。张仪已学而游说诸侯，尝从楚相饮，已而楚相亡璧，门下意张仪，曰："仪贫无行，必此盗相君之璧。"共执张仪，掠笞数百，不服，释之。其妻曰："嘻！子毋读书游说，安得此辱乎？"张仪谓其妻曰："视吾舌尚在不？"其妻笑曰："舌在也。"仪曰："足矣。"

苏秦已说赵王而得相约从亲，然恐秦之攻诸侯，败约后负，念莫可使用于秦者，乃使人微感张仪曰："子始与苏秦善，今秦已当路，子何不往游，以求通子之愿？"张仪于是之赵，上谒求见苏秦。苏秦乃诫门下人不为通，又使不得去者数日。已而见之，坐之堂下，赐仆妾之食。因而数让之曰："以子之材能，乃自令困辱至此。吾宁不能言而富贵子，子不足收也。"谢去之。张仪之来也，自以为故人，求益，反见辱，怒，念诸侯莫可事，独秦能苦赵，乃遂入秦。

苏秦已而告其舍人曰："张仪，天下贤士，吾殆弗如也。今吾幸先用，而能用秦柄者，独张仪可耳。然贫，无因以进。吾恐其乐小利而不遂，故召辱之，以激其意。子为我阴奉之。"乃言赵王，发金币车马，使人微随张仪，与同宿舍，稍稍近就之，奉以车马金钱，所欲用，为取给，而弗告。张仪遂得以见秦惠王。惠王以为客卿，与谋伐诸侯。

苏秦之舍人乃辞去。张仪曰："赖子得显，方且报德，何故去也？"舍人曰："臣非知君，知君乃苏君。苏君忧秦伐赵败从约，以为非君莫能得秦柄，故感怒君，使臣阴奉给君资，尽苏君之计谋。今君已用，请归报。"张仪曰："嗟乎，此在吾术中而不悟，吾不及苏君明矣！吾又新用，安能谋赵乎？为吾谢苏君，苏君之时，仪何敢言。且苏君在，仪宁渠能乎？"张仪既相秦，为文檄告楚相曰："始吾从若饮，我不盗而璧，若笞我。若善守汝国，我顾且盗而城！"

苴蜀相攻击，各来告急于秦。秦惠王欲发兵以伐蜀，以为道险狭难至，而韩又来侵秦。秦惠王欲先伐韩，后伐蜀，恐不利；欲先伐蜀，恐韩袭秦之敝。犹豫未能决。司马错与张仪争论于惠王之前，司马错欲伐蜀，张仪曰："不如伐韩。"王曰："请闻其说。"

仪曰："亲魏善楚，下兵三川，塞什谷之口，当屯留之道，魏绝南阳，楚临南郑，秦攻新城、宜阳，以临二周之郊，诛周王之罪，侵楚、魏之地。周自知不能救，九鼎宝器必出。据九鼎，案图籍，挟天子以令于天下，天下莫敢不听，此王业也。今夫蜀，西僻之国而戎翟之伦也，敝兵劳众不足以成名，得其地不足以为利。臣闻争名者于朝，争利者于市。今三川、周室，天下之朝、市也，而王不争焉，顾争于戎翟，去王业远矣。"

司马错曰："不然。臣闻之，欲富国者务广其地，欲强兵者务富其民，欲王者务博其德。三资者备而王随之矣。今王地小民贫，故臣愿先从事于易。夫蜀，西僻之国也，而戎翟之长也，有桀、纣之乱。以秦攻之，譬如使豺狼逐群羊。得其地足以广国，取其财足以富民缮兵，不伤众而彼已服焉。拔一国而天下不以为暴，利尽西海而天下不以为贪，是我一举而名实附也，而又有禁暴止乱之名。今攻韩，劫天子，恶名也，而未必利也，又有不义之名，而攻天下所不欲，危矣。臣请谒其故：周，天下之宗室也；齐，韩之与国也。周自知失九鼎，韩自知亡三川，将二国并力合谋，以因乎齐、赵而求解乎楚、魏，以鼎与楚，以地与魏，王弗能止也。此臣之所谓危也。不如伐蜀完。"

惠王曰："善，寡人请听子。"卒起兵伐蜀。十月，取之，遂定蜀，贬蜀王更号为侯，而使陈庄相蜀。蜀既属秦，秦以益强，富厚，轻诸侯。

秦惠王十年，使公子华与张仪围蒲阳，降之。仪因言秦复与魏，而使公子繇质于魏。仪因说魏王曰："秦王之遇魏甚厚，魏不可以无礼。"魏因入上郡、少梁，谢秦惠王。惠王乃以张仪为相，更名少梁曰夏阳。

仪相秦四岁，立惠王为王。居一岁，为秦将，取陕。筑上郡塞。

其后二年，使与齐、楚之相会啮桑。东还而免相，相魏以为秦，欲令魏先事秦而诸侯效之。魏王不肯听仪。秦王怒，伐取魏之曲沃、平周，复阴厚张仪益甚。张仪惭，无以归报。留魏四岁而魏襄王卒，哀王立。张仪复说哀王，哀王不听。于是张仪阴令秦伐魏。魏与秦战，败。

明年，齐又来败魏于观津。秦复欲攻魏，先败韩申差军，斩首八万，诸侯震恐。而张仪复说魏王曰："魏地方不至千里，卒不过三十万。地四平，诸侯四通辐凑，无名山大川之限，从郑至梁二百馀里，车驰人走，不待力而至。梁南与楚境，西与韩境，北与赵境，东与齐境，卒戍四方，守亭鄣者不下十万。梁之地势，固战场也。梁南与楚而不与齐，则齐攻其东；东与齐而不与赵，则赵攻其北；不合于韩，则韩攻其西；不亲于楚，则楚攻其南：此所谓四分五裂之道也。

"且夫诸侯之为从者，将以安社稷尊主强兵显名也。今从者一天下，约为昆弟，刑白马以盟洹水之上，以相坚也。而亲昆弟同父母，尚有争钱财，而欲恃诈伪反覆苏秦之馀谋，其不可成亦明矣。

"大王不事秦，秦下兵攻河外，据卷、衍、燕、酸枣，劫卫取阳晋，则赵不南，赵不南而梁不北，梁不北则从道绝，从道绝则大王之国欲毋危不可得也。秦折韩而攻梁，韩怯于秦，秦韩为一，梁之亡可立而须也。此臣之所为大王患也。

"为大王计，莫如事秦。事秦则楚、韩必不敢动；无楚、韩之患，则大王高枕而卧，国必无忧矣。

"且夫秦之所欲弱者莫如楚，而能弱楚者莫如梁。楚虽有富大之名而实空虚；其卒虽多，然而轻走易北，不能坚战。悉梁之兵南面而伐楚，胜之必矣。割楚而益梁，亏楚而适秦，嫁祸安国，此善事也。大王不听臣，秦下甲士而东伐，虽欲事秦，不可得矣。

"且夫从人多奋辞而少可信，说一诸侯而成封侯，是故天下之游谈士莫不日夜扼腕瞋目切齿以言从之便，以说人主。人主贤其辩而牵其说，岂得无眩哉。

"臣闻之，积羽沉舟，群轻折轴，众口铄金，积毁销骨。故愿大王审定计议，且赐骸骨辟魏。"

哀王于是乃倍从约而因仪请成于秦，张仪归，复相秦。三岁而魏复背秦为从。秦攻魏，取曲沃。明年，魏复事秦。

秦欲伐齐，齐楚从亲，于是张仪往相楚。楚怀王闻张仪来，虚上舍而自馆之，曰："此僻陋之国，子何以教之？"仪说楚王曰："大王诚能听臣，闭关绝约于齐，臣请献商、於之地六百里，使秦女得为大王箕帚之妾，秦楚娶妇嫁女，长为兄弟之国，此北弱齐而西益秦也，计无便此者。"

楚王大说而许之。群臣皆贺，陈轸独吊之。楚王怒曰："寡人不兴师发兵得六百里地，群臣皆贺，子独吊，何也？"陈轸对曰："不然。以臣观之，商、於之地不可得而齐秦合，齐秦合，则患必至矣。"楚王曰："有说乎？"陈轸对曰："夫秦之所以重楚者，以其有齐也。今闭关绝约于齐，则楚孤。秦奚贪夫孤国，而与之商、於之地六百里？张仪至秦，必负王，是北绝齐交，西生患于秦也，而两国之兵必俱至。善为王计者，不若阴合而阳绝于齐，使人随张仪。苟与吾地，绝齐未晚也；不与吾地，阴合谋计也。"楚王曰："愿陈子闭口毋复言，以待寡人得地。"乃以相印授张仪，厚赂之。于是遂闭关绝约于齐，使一将军随张仪。

张仪至秦，详失绥堕车，不朝三月。楚王闻之，曰："仪以寡人绝齐未甚邪？"乃使勇士之宋，借宋之符，北骂齐王。齐王大怒，折节而下秦，秦齐之交合，张仪乃朝，谓楚使者曰："臣有奉邑六里，愿以献大王左右。"楚使者曰："臣受令于王，以商、於之地六百里，不闻六里。"还报楚王，楚王大怒，发兵而攻秦。陈轸曰："轸可发口言乎？攻之不如割地反以赂秦，与之并兵而攻齐，是我出地于秦，取偿于齐也，王国尚可存。"楚王不听，卒发兵而使将军屈匄击秦。秦齐共攻楚，斩首八万，杀屈匄，遂取丹阳、汉中之地。楚又复益发兵而袭秦，至蓝田，大战，楚大败，于是楚割两城以与秦平。

秦要楚欲得黔中地，欲以武关外易之。楚王曰："不愿易地，愿得张仪而献黔中地。"秦欲遣之，口弗忍言。张仪乃请行。惠王曰："彼楚王怒子之负以商、於之地，是且甘心于子！"张仪曰："秦强楚弱，臣善靳尚，尚得事楚夫人郑袖，袖所言皆从。且臣奉王之节使楚，楚何敢加诛。假令诛臣而为秦得黔中之地，臣之上愿。"遂使楚。楚怀王至则囚张仪，将杀之。靳尚谓郑袖曰："子亦知子之贱于王乎？"郑袖曰："何也？"靳尚曰："秦王甚爱张仪而必欲出之,今将以上庸之地六县赂楚,以美人聘楚,以宫中善歌讴者为媵。楚王重地尊秦,秦女必贵而夫人斥矣。不若为言而出之。"于是郑袖日夜言怀王曰:"人臣各为其主用。今地未入秦,秦使张仪来,至重王。王未有礼而杀张仪,秦必大怒攻楚。妾请子母俱迁江南,毋为秦所鱼肉也。"怀王后悔,赦张仪,厚礼之如故。

张仪既出,未去,闻苏秦死,乃说楚王曰:

"秦地半天下,兵敌四国,被险带河,四塞以为固。虎贲之士百馀万,车千乘,骑万匹,积粟如丘山。法令既明,士卒安难乐死,主明以严,将智以武,虽无出甲,席卷常山之险,必折天下之脊,天下有后服者先亡。且夫为从者,无以异于驱群羊而攻猛虎,虎之与羊不格明矣。今王不与猛虎而与群羊,臣窃以为大王之计过也。

"凡天下强国,非秦而楚,非楚而秦,两国交争,其势不两立。大王不与秦,秦下甲据宜阳,韩之上地不通。下河东,取成皋,韩必入臣,梁则从风而动。秦攻楚之西,韩、梁攻其北,社稷安得毋危?

"且夫从者聚群弱而攻至强,不料敌而轻战,国贫而数举兵,危亡之术也。臣闻之,兵不如者勿以挑战,粟不如者勿以持久。夫从人饰辩虚辞,高主之节,言其利不言其害,卒有秦祸,无及为已。是故愿大王之孰计之。

"秦西有巴蜀,大船积粟,起于汶山,浮江已下,至楚三千馀里。舫船载卒,一舫载五十人与三月之食,下水而浮,一日行三百馀里,里数虽多,然而不费牛马之力,不至十日而距扞关。扞关惊,则从境以东尽城守矣,黔中、巫郡非王之有。秦举甲出武关,南面而伐,则北地绝。秦兵之攻楚也,危难在三月之内,而楚待诸侯之救,在半岁之外,此其势不相及也。夫恃弱国之救,忘强秦之祸,此臣所以为大王患也。

"大王尝与吴人战,五战而三胜,阵卒尽矣;偏守新城,存民苦矣。臣闻功大者易危,而民敝者怨上。夫守易危之功而逆强秦之心,臣窃为大王危之。

"且夫秦之所以不出兵函谷十五年以攻齐、赵者,阴谋有合天下之心。楚尝与秦构难,战于汉中,楚人不胜,列侯执珪死者七十馀人,遂亡汉中。楚王大怒,兴兵袭秦,战于蓝田。此所谓两虎相据者也。夫秦楚相敝,而韩魏以全制其后,计无危于此者矣。原大王孰计之。

"秦下甲攻卫阳晋,必大关天下之匈。大王悉起兵以攻宋,不至数月而宋可举,举宋而东指,则泗上十二诸侯尽王之有也。

"凡天下而以信约从亲相坚者苏秦,封武安君,相燕,即阴与燕王谋伐破齐而分其地;乃详有罪出走入齐,齐王因受而相之;居二年而觉,齐王大怒,车裂苏秦于市。夫以一诈伪之苏秦,而欲经营天下,混一诸侯,其不可成亦明矣。

"今秦与楚接境壤界,固形亲之国也。大王诚能听臣,臣请使秦太子入质于楚,楚太子入质于秦,请以秦女为大王箕帚之妾,效万室之都以为汤沐之邑,长为昆弟之国,终身无相攻伐。臣以为计无便于此者。"

于是楚王已得张仪而重出黔中地与秦,欲许之。屈原曰:"前大王见欺于张仪,张仪至,臣以为大王烹之;今纵弗忍杀之,又听其邪说,不可。"怀王曰:"许仪而得黔中,美利也。后而倍之,不可。"故卒许张仪,与秦亲。

张仪去楚,因遂之韩,说韩王曰:

"韩地险恶山居,五谷所生,非菽而麦,民之食大抵菽饭藿羹。一岁不收,民不厌糟糠。地不过九百里,无二岁之食。料大王之卒,悉之不过三十万,而厮徒负养在其中矣。除守徼亭鄣塞,见卒不过二十万而已矣。秦带甲百馀万,车千乘,骑万匹,虎贲之士跿跔科头贯颐奋戟者,至不可胜计。秦马之良,戎兵之众,探前趹后蹄间三寻腾者,不可胜数。山东之士被甲蒙胄以会战,秦人捐甲徒裼以趋敌,左挈人头,右挟生虏。夫秦卒与山东之卒,犹孟贲之与怯夫;以重力相压,犹乌获之与婴儿。夫战孟贲、乌获之士以攻不服之弱国,无异垂千钧之重于鸟卵之上,必无幸矣。

"夫群臣诸侯不料地之寡,而听从人之甘言好辞,比周以相饰也,皆奋曰'听吾计可以强霸天下'。夫不顾社稷之长利而听须臾之说,讵误人主,无过此者。

"大王不事秦,秦下甲据宜阳,断韩之上地,东取成皋、荥阳,则鸿台之宫、桑林之苑非王之有也。夫塞成皋,绝上地,则王之国分矣。先事秦则安,不事秦则危。夫造祸而求其福报,计浅而怨深,逆秦而顺楚,虽欲毋亡,不可得也。

"故为大王计,莫如为秦。秦之所欲莫如弱楚,而能弱楚者莫如韩。非以韩能强于楚也,其地势然也。今王西面而事秦以攻楚,秦王必喜。夫攻楚以利其地,转祸而说秦,计无便于此者。"

韩王听仪计。张仪归报。秦惠王封仪五邑,号曰武信君。

使张仪东说齐湣王曰:"天下强国无过齐者,大臣父兄殷众富乐。然而为大王计者,皆为一时之说,不顾百世之利。从人说大王者,必曰'齐西有强赵,南有韩与梁。齐,负海之国也,地广民众,兵强士勇,虽有百秦,将无奈齐何'。大王贤其说而不其实。夫从人朋党比周,莫不以从为可。臣闻之,齐与鲁三战而鲁三胜,国以危亡随其后,虽有战胜之名,而有亡国之实。是何也?齐大而鲁小也。今秦之与齐也,犹齐之与鲁也。秦赵战于河漳之上,再战而赵再胜秦;战于番吾之下,再战又胜秦,四战之后,赵之亡卒数十万,邯郸仅存,虽有战胜之名而国已破矣。是何也?秦强而赵弱。

"今秦楚嫁女娶妇,为昆弟之国。韩献宜阳,梁效河外;赵入朝渑池,割河间以事秦。大王不事秦,秦驱韩、梁攻齐之南地,悉赵兵渡清河,指博关、临菑、即墨非王之有也。国一日见攻,虽欲事秦,不可得也。是故愿大王孰计之也。"

齐王曰:"齐僻陋,隐居东海之上,未尝闻社稷之长利也。"乃许张仪。

张仪去,西说赵王曰:"敝邑秦王使使臣效愚计于大王。大王收率天下以宾秦,秦兵不敢出函谷关十五年。大王之威行于山东,敝邑恐惧慴伏,缮甲厉兵,饰车骑,习驰射，力田积粟，守四封之内，愁居慑处，不敢动摇，唯大王有意督过之也。

"今以大王之力，举巴、蜀，并汉中，包两周，迁九鼎，守白马之津。秦虽僻远，然而心忿含怒之日久矣。今秦有敝甲凋兵，军于渑池，愿渡河逾漳，据番吾，会邯郸之下，愿以甲子合战，以正殷纣之事，敬使使臣先闻左右。

"凡大王之所信为从者恃苏秦，苏秦荧惑诸侯，以是为非，以非为是，欲反齐国，而自令车裂于市。夫天下之不可一亦明矣。今楚与秦为昆弟之国，而韩、梁称为东藩之臣，齐献鱼盐之地，此断赵之右臂也。夫断右臂而与人斗，失其党而孤居，求欲毋危，岂可得乎？

"今秦发三将军：其一军塞午道，告齐使兴师渡清河，军于邯郸之东；一军军成皋，驱韩、梁军于河外；一军军于渑池。约四国为一以攻赵，赵破，必四分其地。是故不敢匿意隐情，先以闻于左右。臣窃为大王计，莫如与秦王遇于渑池，面相见而口相结，请案兵无攻，愿大王之定计。"

赵王曰："先王之时，奉阳君专权擅势，蔽欺先王，独擅绾事，寡人居属师傅，不与国谋计。先王弃群臣，寡人年幼，奉祀之日新，心固窃疑焉，以为一从不事秦，非国之长利也。乃且愿变心易虑，割地谢前过以事秦。方将约车趋行，适闻使者之明诏。"赵王许张仪，张仪乃去。

北之燕，说燕昭王曰："大王之所亲莫如赵。昔赵襄子尝以其姊为代王妻，欲并代，约与代王遇于句注之塞。乃令工人作为金斗，长其尾，令可以击人。与代王饮，阴告厨人曰：'即酒酣乐，进热啜，反斗以击之。'于是酒酣乐，进热啜，厨人进斟，因反斗以击代王，杀之，王脑涂地。其姊闻之，因摩笄以自刺，故至今有摩笄之山。代王之亡，天下莫不闻。

"夫赵王之很戾无亲，大王之所明见，且以赵王为可亲乎？赵兴兵攻燕，再围燕都而劫大王，大王割十城以谢。今赵王已入朝渑池，效河间以事秦。今大王不事秦，秦下甲云中、九原，驱赵而攻燕，则易水、长城非大王之有也。

"且今时赵之于秦犹郡县也，不敢妄举师以攻伐。今王事秦，秦王必喜，赵不敢妄动，是西有强秦之援，而南无齐、赵之患，是故愿大王孰计之。"

燕王曰："寡人蛮夷僻处，虽大男子裁如婴儿，言不足以采正计。今上客幸教之，请西面而事秦，献恒山之尾五城。"

燕王听仪。仪归报，未至咸阳而秦惠王卒，武王立。武王自为太子时不说张仪，及即位，群臣多谗张仪曰："无信，左右卖国以取容。秦必复用之，恐为天下笑。"诸侯闻张仪有郤武王，皆畔衡，复合从。

秦武王元年，群臣日夜恶张仪未已，而齐让又至。张仪惧诛，乃因谓秦武王曰："仪有愚计，愿效之。"王曰："奈何？"对曰："为秦社稷计者，东方有大变，然后王可以多割得地。今闻齐王甚憎仪，仪之所在，必兴师伐之。故仪愿乞其不肖之身之梁，齐必兴师而伐梁。梁、齐之兵连于城下而不能相去，王以其间伐韩，入三川，出兵函谷而毋伐，以临周，祭器必出。挟天子，按图籍，此王业也。"

秦王以为然，乃具革车三十乘，入仪之梁。齐果兴师伐之。梁哀王恐。张仪曰："王勿患也，请令罢齐兵。"乃使其舍人冯喜之楚，借使之齐，谓齐王曰："王甚憎张仪；虽然，亦厚矣王之托仪于秦也！"齐王曰："寡人憎仪，仪之所在，必兴师伐之，何以托仪？"对曰："是乃王之托仪也。夫仪之出也，固与秦王约曰：'为王计者，东方有大变，然后王可以多割得地。今齐王甚憎仪，仪之所在，必兴师伐之。故仪愿乞其不肖之身之梁，齐必兴师伐之。齐、梁之兵连于城下而不能相去，王以其间伐韩，入三川，出兵函谷而无伐，以临周，祭器必出。挟天子，案图籍，此王业也。'秦王以为然，故具革车三十乘而入之梁也。今仪入梁，王果伐之，是王内罢国而外伐与国，广邻敌以内自临，而信仪于秦王也。此臣之所谓'托仪'也。"齐王曰："善。"乃使解兵。

张仪相魏一岁，卒于魏也。

陈轸者，游说之士。与张仪俱事秦惠王，皆贵重，争宠。张仪恶陈轸于秦曰："轸重币轻使秦、楚之间，将为国交也。今楚不加善于秦而善轸者，轸自为厚而为王薄也。且轸欲去秦而之楚，王胡不听乎？"王谓陈轸曰："吾闻子欲去秦之楚，有之乎？"轸曰："然。"王曰："仪之言果信矣。"轸曰："非独仪知之也，行道之士尽知之矣。昔子胥忠于其君而天下争以为臣，曾参孝于其亲而天下愿以为子。故卖仆妾不出闾巷而售者，良仆妾也；出妇嫁于乡曲者，良妇也。今轸不忠其君，楚亦何以轸为忠乎？忠且见弃，轸不之楚何归乎？"王以其言为然，遂善待之。

居秦期年，秦惠王终相张仪，而陈轸奔楚，楚未之重也，而使陈轸使于秦。过梁，欲见犀首。犀首谢弗见。轸曰："吾为事来，公不见轸，轸将行，不得待异日。"犀首见之。陈轸曰："公何好饮也？"犀首曰："无事也。"曰："吾请令公厌事可乎？"曰："奈何？"曰："田需约诸侯从亲，楚王疑之，未信也。公谓于王：'臣与燕、赵之王有故，数使人来，曰"无事何不相见"，愿谒行于王。'王虽许公，公请毋多车，以车三十乘，可陈之于庭，明言之燕、赵。"燕、赵客闻之，驰车告其王，使人迎犀首。楚王闻之大怒，曰："田需与寡人约，而犀首之燕、赵，是欺我也。"怒而不听其事。齐闻犀首之北，使人以事委焉。犀首遂行，三国相事皆断于犀首。轸遂至秦。

韩、魏相攻，期年不解。秦惠王欲救之，问于左右。左右或曰救之便，或曰勿救便，惠王未能为之决。陈轸适至秦，惠王曰："子去寡人之楚，亦思寡人不？"陈轸对曰："王闻夫越人庄舄乎？"王曰："不闻。"曰："越人庄舄仕楚执珪，有顷而病。楚王曰：'舄故越之鄙细人也，今仕楚执珪，贵富矣，亦思越不？'中谢对曰：'凡人之思故，在其病也。彼思越则越声，不思越则楚声。'使人往听之，犹尚越声也。今臣虽弃逐之楚，岂能无秦声哉！"惠王曰："善。今韩、魏相攻，期年不解，或谓寡人救之便，或曰勿救便，寡人不能决，愿子为子主计之馀，为寡人计之。"陈轸对曰："亦尝有以夫卞庄子刺虎闻于王者乎？庄子欲刺虎，馆竖子止之，曰：'两虎方且食牛，食甘必争，争则必斗，斗则大者伤，小者死。从伤而刺之，一举必有双虎之名。'卞庄子以为然，立须之。有顷，两虎果斗，大者伤，小者死。庄子从伤者而刺之，一举果有双虎之功。今韩、魏相攻，期年不解，是必大国伤，小国亡。从伤而伐之，一举必有两实。此犹庄子刺虎之类也。臣主与王何异也。"惠王曰："善。"卒弗救。大国果伤，小国亡，秦兴兵而伐，大克之。此陈轸之计也。

犀首者，魏之阴晋人也，名衍，姓公孙氏。与张仪不善。

张仪为秦之魏，魏王相张仪。犀首弗利，故令人谓韩公叔曰："张仪已合秦、魏矣，其言曰'魏攻南阳，秦攻三川。'魏王所以贵张子者，欲得韩地也。且韩之南阳已举矣，子何不少委焉以为衍功，则秦、魏之交可错矣。然则魏必图秦而弃仪，收韩而相衍。"公叔以为便，因委之犀首以为功。果相魏。张仪去。

义渠君朝于魏。犀首闻张仪复相秦，害之。犀首乃谓义渠君曰："道远不得复过，请谒事情。"曰："中国无事，秦得烧掇焚杆君之国；有事，秦将轻使重币事君之国。"其后五国伐秦。会陈轸谓秦王曰："义渠君者，蛮夷之贤君也，不如赂之，以抚其志。"秦王曰："善。"乃以文绣千纯，妇女百人遗义渠君。义渠君致群臣而谋曰："此公孙衍所谓邪？"乃起兵袭秦，大败秦人李伯之下。

张仪已卒之后，犀首入相秦。尝佩五国之相印，为约长。

太史公曰：三晋多权变之士，夫言从衡强秦者大抵皆三晋之人也。夫张仪之行事甚于苏秦，然世恶苏秦者，以其先死，而仪振暴其短以扶其说，成其衡道。要之，此两人真倾危之士哉！

卷七十一
樗里子甘茂列传第十一

樗里子者，名疾，秦惠王之弟也，与惠王异母。母，韩女也。樗里子滑稽多智，秦人号曰"智囊"。秦惠王八年，爵樗里子右更，使将而伐曲沃，尽出其人，取其城，地入秦。秦惠王二十五年，使樗里子为将伐赵，虏赵将军庄豹，拔蔺。明年，助魏章攻楚，败楚将屈丐，取汉中地，秦封樗里子，号为严君。

秦惠王卒，太子武王立，逐张仪、魏章，而以樗里子、甘茂为左、右丞相。秦使甘茂攻韩，拔宜阳。使樗里子以车百乘入周。周以卒迎之，意甚敬。楚王怒，让周，以其重秦客。游腾为周说楚王曰："智伯之伐仇犹，遗之广车，因随之以兵，仇犹遂亡。何则？无备故也。齐桓公伐蔡，号曰诛楚，其实袭蔡。今秦，虎狼之国，使樗里子以车百乘入周，周以仇犹、蔡观焉，故使长戟居前，强弩在后，名曰卫疾，而实囚之。且夫周岂能无忧其社稷哉！恐一旦亡国以忧大王。"楚王乃悦。

秦武王卒，昭王立，樗里子又益尊重。

昭王元年，樗里子将伐蒲。蒲守恐，请胡衍。胡衍为蒲谓樗里子曰："公之攻蒲，为秦乎？为魏乎？为魏则善矣，为秦则不为赖矣。夫卫之所以为卫者，以蒲也。今伐蒲入于魏，卫必折而从。魏亡西河之外而无以取者，兵弱也。今并卫于魏，魏必强。魏强之日，西河之外必危矣。且秦王将观公之事，害秦而利魏，王必罪公。"樗里子曰："奈何？"胡衍曰："公释蒲勿攻，臣试为公入言之，以德卫君。"樗里子曰："善。"胡衍入蒲，谓其守曰："樗里子知蒲之病矣，其言曰必拔蒲。衍能令释蒲勿攻。"蒲守恐，因再拜曰："愿以请。"因效金三百斤，曰："秦兵苟退，请必言子于卫君，使子为南面。"故胡衍受金于蒲以自贵于卫。于是遂解蒲而去。还击皮氏，皮氏未降，又去。

昭王七年，樗里子卒，葬于渭南章台之东。曰："后百岁，是当有天子之宫夹我墓。"樗里子疾室在于昭王庙西渭南阴乡樗里，故俗谓之樗里子。至汉兴，长乐宫在其东，未央宫在其西，武库正直其墓。秦人谚曰："力则任鄙，智则樗里。"

甘茂者，下蔡人也。事下蔡史举先生，学百家之说。因张仪、樗里子而求见秦惠王。王见而说之，使将，而佐魏章略定汉中地。

惠王卒，武王立。张仪、魏章去，东之魏。蜀侯辉、相壮反，秦使甘茂定蜀。还，而以甘茂为左丞相，以樗里子为右丞相。

秦武王三年，谓甘茂曰："寡人欲容车通三川，以窥周室，而寡人死不朽矣。"甘茂曰："请之魏，约以伐韩，而令向寿辅行。"甘茂至，谓向寿曰："子归，言之于王曰'魏听臣矣，然愿王勿伐'。事成，尽以为子功。"向寿归，以告王，王迎甘茂于息壤。甘茂至，王问其故。对曰："宜阳，大县也，上党、南阳积之久矣。名曰县，其实郡也。今王倍数险，行千里攻之，难。昔曾参之处费，鲁人有与曾参同姓名者杀人，人告其母曰'曾参杀人'，其母织自若也。顷之，一人又告之曰'曾参杀人'，其母尚织自若也。顷又一人告之曰'曾参杀人'，其母投杼下机，逾墙而走。夫以曾参之贤与其母信之也，三人疑之，其母惧焉。今臣之贤不若曾参，王之信臣又不如曾参之母信曾参也，疑臣者非特三人，臣恐大王之投杼也。始张仪西并巴、蜀之地，北开西河之外，南取上庸，天下不以多张子而以贤先王。魏文侯令乐羊将而攻中山，三年而拔之。乐羊返而论功，文侯示之谤书一箧。乐羊再拜稽首曰：'此非臣之功也，主君之力也。'今臣，羁旅之臣也。樗里子、公孙奭二人者挟韩而议之，王必听之，是王欺魏王而臣受公仲侈之怨也。"王曰："寡人不听也，请与子盟。"卒使丞相甘茂将兵伐宜阳。五月而不拔，樗里子、公孙奭果争之。武王召甘茂，欲罢兵。甘茂曰："息壤在彼。"王曰："有之。"因大悉起兵，使甘茂击之。斩首六万，遂拔宜阳。韩襄王使公仲侈入谢，与秦平。

武王竟至周，而卒于周。其弟立，为昭王。王母宣太后，楚女也。楚怀王怨前秦败楚于丹阳而韩不救，乃以兵围韩雍氏。韩使公仲侈告急于秦。秦昭王新立，太后楚人，不肯救。公仲因甘茂，茂为韩言于秦昭王曰："公仲方有得秦救，故敢扞楚也。今雍氏围，秦师不下殽，公仲且仰首而不朝，公叔且以国南合于楚。楚、韩为一，魏氏不敢不听，然则伐秦之形成矣。不识坐而待伐孰与伐人之利？"秦王曰："善。"乃下师于殽以救韩。楚兵去。

秦使向寿平宜阳，而使樗里子、甘茂伐魏皮氏。向寿者，宣太后外族也，而与昭王少相长，故任用。向寿如楚，楚闻秦之贵向寿，而厚事向寿。向寿为秦守宜阳，将以伐韩。韩公仲使苏代谓向寿曰："禽困覆车。公破韩，辱公仲，公仲收国复事秦，自以为必可以封。今公与楚解口地，封小令尹以杜阳。秦、楚合，复攻韩，韩必亡。韩亡，公仲且躬率其私徒以阏于秦。愿公孰虑之也。"向寿曰："吾合秦、楚非以当韩也，子为寿谒之公仲，曰秦、韩之交可合也。"苏代对曰："愿有谒于公。人曰贵其所以贵者贵。王之爱习公也，不如公孙奭；其智能公也，不如甘茂。今二人者皆不得亲于秦事，而公独与王主断于国者何？彼以失之也。公孙奭党于韩，而甘茂党于魏，故王不信也。今秦、楚争强而公党于楚，是与公孙奭、甘茂同道也，公何以异之？人皆言楚之善变也，而公必亡之，是自为责也。公不如与王谋其变，善韩以备楚，如此则无患矣。韩氏必先以国从公孙奭而后委国于甘茂。韩，公之仇也。今公言善韩以备楚，是外举不僻仇也。"向寿曰："然，吾甚欲韩合。"对曰："甘茂许公仲以武遂，反宜阳之民，今公徒收之，其难。"向寿曰："然则奈何？武遂终不可得也？"对曰："公奚不以秦为韩求颍川于楚？此韩之寄地也。公求而得之，是令行于楚而以其地德韩也。公求而不得，是韩、楚之怨不解而交走秦也。秦、楚争强，而公徐过楚以收韩，此利于秦。"向寿曰："奈何？"对曰："此善事也。甘茂欲以魏取齐，公孙奭欲以韩取齐。今公取宜阳以为功，收楚、韩以安之，而诛齐、魏之罪，是以公孙奭、甘茂无事也。"

甘茂竟言秦昭王，以武遂复归之韩。向寿、公孙奭争之，不能得。向寿、公孙奭由此怨，谗甘茂。茂惧，辍伐魏蒲阪，亡去。樗里子与魏讲，罢兵。

甘茂之亡秦，奔齐，逢苏代。代为齐使于秦。甘茂曰："臣得罪于秦，惧而遁逃，无所容迹。臣闻贫人女与富人女会绩，贫人女曰：'我无以买烛，而子之烛光幸有余，子可分我余光，无损子明而得一斯便焉。'今臣困而君方使秦而当路矣。茂之妻子在焉，愿君以余光振之。"苏代许诺。遂致使于秦。已，因说秦王曰："甘茂，非常士也。其居于秦，累世重矣。自殽塞及至鬼谷，其地形险易皆明知之。彼以齐约韩、魏反以图秦，非秦之利也。"秦王曰："然则奈何？"苏代曰："王不若重其贽，厚其禄以迎之，使彼来则置之鬼谷，终身勿出。"秦王曰："善。"即赐之上卿，以相印迎之于齐。甘茂不往。苏代谓齐湣王曰："夫甘茂，贤人也。今秦赐之上卿，以相印迎之。甘茂德王之赐，好为王臣，故辞而不往。今王何以礼之？"齐王曰："善。"即位之上卿而处之。秦因复甘茂之家以市于齐。

齐使甘茂于楚，楚怀王新与秦合婚而欢。而秦闻甘茂在楚，使人谓楚王曰："愿送甘茂于秦。"楚王问于范蜎曰："寡人欲置相于秦，孰可？"对曰："臣不足以识之。"楚王曰："寡人欲相甘茂，可乎？"对曰："不可。夫史举，下蔡之监门也，大不为事君，小不为家室，以苛贱不廉闻于世，甘茂事之顺焉。故惠王之明，武王之察，张仪之辩，而甘茂事之，取十官而无罪。茂诚贤者也，然不可相于秦。夫秦之有贤相，非楚国之利也。且王前尝用召滑于越，而内行章义之难，越国乱，故楚南塞厉门而郡江东。计王之功所以能如此者，越国乱而楚治也。今王知用诸越而忘用诸秦，臣以王为巨过矣。然则王若欲置相于秦，则莫若寿者可。夫向寿之于秦王，亲也，少与之同衣，长与之同车，以听事。王必相向寿于秦，则楚国之利也。"于是使使请秦相向寿于秦。秦卒相向寿。而甘茂竟不得复入秦，卒于魏。

甘茂有孙曰甘罗。

甘罗者，甘茂孙也。茂既死后，甘罗年十二，事秦相文信侯吕不韦。

秦始皇帝使刚成君蔡泽于燕，三年而燕王喜使太子丹入质于秦。秦使张唐往相燕，欲与燕共伐赵以广河间之地。张唐谓文信侯曰："臣尝为秦昭王伐赵，赵怨臣，曰：'得唐者与百里之地。'今之燕必经赵，臣不可以行。"文信侯不快，未有以强也。甘罗曰："君侯何不快之甚也？"文信侯曰："吾令刚成君蔡泽事燕三年，燕太子丹已入质矣，吾自请张卿相燕而不肯行。"甘罗曰："臣请行之。"文信侯叱曰："去！我身自请之而不肯，汝焉能行之？"甘罗曰："夫项橐生七岁为孔子师。今臣生十二岁于兹矣，君其试臣，何遽叱乎？"于是甘罗见张卿曰："卿之功孰与武安君？"卿曰："武安君南挫强楚，北威燕、赵，战胜攻取，破城堕邑，不知其数，臣之功不如也。"甘罗曰："应侯之用于秦也，孰与文言侯专？"张卿曰："应侯不如文信侯专。"甘罗曰："卿明知其不如文信侯专与？"曰："知之。"甘罗曰："应侯欲攻赵，武安君难之，去咸阳七里而立死于杜邮。今文信侯自请卿相燕而不肯行，臣不知卿所死处矣。"张唐曰："请因孺子行。"令装治行。

行有日，甘罗谓文信侯曰："借臣车五乘，请为张唐先报赵。"文信侯乃入言之于始皇曰："昔甘茂之孙甘罗，年少耳，然名家之子孙，诸侯皆闻之。今者张唐欲称疾不肯行，甘罗说而行之。今愿先报赵，请许遣之。"始皇召见，使甘罗于赵。赵襄王郊迎甘罗。甘罗说赵王曰："王闻燕太子丹入质秦欤？"曰："闻之。"曰："闻张唐相燕欤？"曰："闻之。""燕太子丹入秦者，燕不欺秦也。张唐相燕者，秦不欺燕也。燕、秦不相欺者，伐赵，危矣。燕、秦不相欺无异故，欲攻赵而广河间。王不如赍臣五城以广河间，请归燕太子，与强赵攻弱燕。"赵王立自割五城以广河间。秦归燕太子。赵攻燕，得上谷三十城，令秦有十一。

甘罗还报秦，乃封甘罗以为上卿，复以始甘茂田宅赐之。

太史公曰：樗里子以骨肉重，固其理，而秦人称其智，故颇采焉。甘茂起下蔡闾阎，显名诸侯，重强齐、楚。甘罗年少，然出一奇计，声称后世。虽非笃行之君子，然亦战国之策士也。方秦之强时，天下尤趋谋诈哉。

卷七十二　　穰侯列传第十二

穰侯魏冉者，秦昭王母宣太后弟也。其先楚人，姓芈氏。秦武王卒，无子，立其弟为昭王。昭王母故号为芈八子，及昭王即位，芈八子号为宣太后。宣太后非武王母，武王母号曰惠文后，先武王死。宣太后二弟：其异父长弟曰穰侯，姓魏氏，名冉；同父弟曰芈戎，为华阳君。而昭王同母弟曰高陵君、泾阳君。而魏冉最贤，自惠王、武王时任职用事。武王卒，诸弟争立，唯魏冉力为能立昭王。昭王即位，以冉为将军，卫咸阳。诛季君之乱，而逐武王后出之魏，昭王诸兄弟不善者皆灭之，威振秦国。昭王少，宣太后自治，任魏冉为政。

昭王七年，樗里子死，而使泾阳君质于齐。赵人楼缓来相秦，赵不利，乃使仇液之秦，请以魏冉为秦相。仇液将行，其客宋公谓液曰：“秦不听公，楼缓必怨公。公不若谓楼缓曰'请为公毋急秦'。秦王见赵请相魏冉之不急，且不听公。公言而事不成，以德楼子；事成，魏冉故德公矣。”于是仇液从之。而秦果免楼缓而魏冉相秦。欲诛吕礼，礼出奔齐。

昭王十四年，魏冉举白起，使代向寿而攻韩、魏，败之伊阙，斩首二十四万，虏魏将公孙喜。明年，又取楚之宛、叶。魏冉谢病免相，以客卿寿烛为相。其明年，烛免，复相冉，乃封魏冉于穰，复益封陶，号曰穰侯。

穰侯封四岁，为秦将攻魏。魏献河东方四百里。拔魏之河内，取城大小六十余。

昭王十九年，秦称西帝，齐称东帝。月余，吕礼来，而齐、秦各复归帝为王。魏冉复相秦，六岁而免。免二岁，复相秦。四岁，而使白起拔楚之郢，秦置南郡。乃封白起为武安君。白起者，穰侯之所任举也，相善。于是穰侯之富，富于王室。

昭王三十二年，穰侯为相国，将兵攻魏，走芒卯，入北宅，遂围大梁。梁大夫须贾说穰侯曰：“臣闻魏之长吏谓魏王曰：'昔梁惠王伐赵，战胜三梁，拔邯郸；赵氏不割，而邯郸复归。齐人攻卫，拔故国，杀子良；卫人不割，而故地复反。卫、赵之所以国全兵劲而地不并于诸侯者，以其能忍难而重出地也。宋、中山数伐割地，而国随以亡。臣以为卫、赵可法，而宋、中山可为戒也。秦，贪戾之国也，而毋亲。蚕食魏氏，又尽晋国，战胜暴子，割八县，地未毕入，兵复出矣。夫秦何厌之有哉！今又走芒卯，入北宅，此非敢攻梁也，且劫王以求多割地。王必勿听也。今王背楚、赵而讲秦，楚、赵怒而去王，与王争事秦，秦必受之。秦挟楚、赵之兵以复攻梁，则国求无亡不可得也。愿王之必无讲也。王若欲讲，少割而有质；不然，必见欺。'此臣之所闻于魏也，愿君之以是虑事也。《周书》曰'惟命不于常'，此言幸之不可数也。夫战胜暴子，割八县，此非兵力精也，又非计之工也，天幸为多矣。今又走芒卯，入北宅，以攻大梁，是以天幸自为常也，智者不然。臣闻魏氏悉其百县胜甲以上戍大梁，臣以为不下三十万。以三十万之众守梁七仞之城，臣以为汤、武复生，不易攻也。夫轻背楚、赵之兵，陵七仞之城，战三十万之众，而志必举之，臣以为自天地始分以至于今，未尝有者也。攻而不拔，秦兵必罢，陶邑必亡，则前功必弃矣。今魏氏方疑，可以少割收也。愿君逮楚、赵之兵未至于梁，亟以少割收魏。魏方疑而得以少割为利，必欲之，则君得所欲矣。楚、赵怒于魏之先己也，必争事秦，从以此散，而君后择焉。且君之得地岂必以兵哉！割晋国，秦兵不攻，而魏必效绛安邑。又为陶开两道，几尽故宋，卫必效单父。秦兵可全，而君制之，何索而不得，何为而不成！愿君熟虑之而无行危。”穰侯曰：“善。”乃罢梁围。

明年，魏背秦，与齐从亲。秦使穰侯伐魏，斩首四万，走魏将暴鸢，得魏三县。穰侯益封。

明年，穰侯与白起客卿胡阳复攻赵、韩、魏，破芒卯于华阳下，斩首十万，取魏之卷、蔡阳、长社，赵氏观津。且与赵观津，益赵以兵，伐齐。齐襄王惧，使苏代为齐阴遗穰侯书曰：“臣闻往来者言曰'秦将益赵甲四万以伐齐'，臣窃必之弊邑之王曰'秦王明而熟于计，穰侯智而习于事，必不益赵甲四万以伐齐'。是何也？夫三晋之相与也，秦之深仇也。百相背也，百相欺也，不为不信，不为无行。今破齐以肥赵。赵，秦之深仇，不利于秦。此一也。秦之谋者，必曰'破齐，弊晋、楚，而后制晋、楚之胜'。夫齐，罢国也，以天下攻齐，如以千钧之弩决溃痈也，必死，安能弊晋、楚？此二也。秦少出兵，则晋、楚不信也；多出兵，则晋、楚为制于秦。齐恐，不走秦，必走晋、楚。此三也。秦割齐以啖晋、楚，晋、楚案之以兵，秦反受敌。此四也。是晋、楚以秦谋齐，以齐谋秦也，何晋、楚之智而秦、齐之愚？此五也。故得安邑以善事之，亦必无患也。秦有安邑，韩氏必无上党矣。取天下之肠胃，与出兵而惧其不反也，孰利？故曰秦王明而熟于计，穰侯智而习于事，必不益赵甲四万以伐齐矣。”于是穰侯不行，引兵而归。

昭王三十六年，相国穰侯言客卿灶，欲伐齐取刚、寿，以广其陶邑。于是魏人范雎自谓张禄先生，讥穰侯之伐齐，乃越三晋以攻齐也，以此时奸说秦昭王。昭王于是用范雎。范雎言宣太后专制，穰侯擅权于诸侯，泾阳君、高陵君之属太侈，富于王室。于是秦昭王悟，乃免相国，令泾阳之属皆出关，就封邑。穰侯出关，辎车千乘有余。穰侯卒于陶，而因葬焉。秦复收陶为郡。

太史公曰：穰侯，昭王亲舅也。而秦所以东益地，弱诸侯，尝称帝于天下，天下皆西乡稽首者，穰侯之功也。及其贵极富溢，一夫开说，身折势夺而以忧死，况于羁旅之臣乎！

卷七十三　白起王翦列传第十三

白起者，郿人也，善用兵，事秦昭王。昭王十三年，而白起为左庶长，将而击韩之新城。是岁，穰侯相秦，举任鄙以为汉中守。其明年，白起为左更，攻韩、魏于伊阙，斩首二十四万，又虏其将公孙喜，拔五城。起迁为国尉。涉河取韩安邑以东，到乾、河。明年，白起为大良造。攻魏，拔之，取城小大六十一。明年，起与客卿错攻垣城，拔之。后五年，白起攻赵，拔光狼城。后七年，白起攻楚，拔鄢、邓五城。其明年，攻楚，拔郢，烧夷陵，遂东至竟陵。楚王亡去郢，东走徙陈。秦以郢为南郡。白起迁为武安君。武安君因取楚，定巫、黔中郡。昭王三十四年，白起攻魏，拔华阳，走芒卯，而虏三晋将，斩首十三万。与赵将贾偃战，沉其卒二万人于河中。昭王四十三年，白起攻韩陉城，拔五城，斩首五万。四十四年，白起攻南阳太行道，绝之。

四十五年，伐韩之野王。野王降秦，上党道绝。其守冯亭与民谋曰："郑道已绝，韩必不可得为民，秦兵日进，韩不能应，不如以上党归赵。赵若受我，秦怒，必攻赵。赵被兵，必亲韩。韩、赵为一，则可以当秦。"因使人报赵。赵孝成王与平阳君、平原君计之。平阳君曰："不如勿受。受之，祸大于所得。"平原君曰："无故得一郡，受之便。"赵受之，因封冯亭为华阳君。四十六年，秦攻韩缑氏、蔺，拔之。

四十七年，秦使左庶长王龁攻韩，取上党。上党民走赵。赵军长平，以按据上党民。四月，龁因攻赵。赵使廉颇将。赵军士卒犯秦斥兵，秦斥兵斩赵裨将茄。六月，陷赵军，取二鄣四尉。七月，赵军筑垒壁而守之。秦又攻其垒，取二尉，败其阵，夺西垒壁。廉颇坚壁以待秦，秦数挑战，赵兵不出。赵王数以为让。而秦相应侯又使人行千金于赵为反间，曰："秦之所恶，独畏马服子赵括将耳，廉颇易与，且降矣。"赵王既怒廉颇军多失亡，军数败，又反坚壁不敢战，而又闻秦反间之言，因使赵括代廉颇将以击秦。秦闻马服子将，乃阴使武安君白起为上将军，而王龁为尉裨将，令军中有敢泄武安君将者斩。赵括至，则出兵击秦军。秦军详败而走，张二奇兵以劫之。赵军逐胜，追造秦壁。壁坚拒不得入，而秦奇兵二万五千人绝赵军后，又一军五千骑绝赵壁间，赵军分而为二，粮道绝。而秦出轻兵击之。赵战不利，因筑壁坚守，以待救至。秦王闻赵食道绝，王自之河内，赐民爵各一级，发年十五以悉诣长平，遮绝赵救及粮食。

至九月，赵卒不得食四十六日，皆内阴相杀食。来攻秦垒，欲出。为四队，四五复之，不能出。其将军赵括出锐卒自搏战，秦军射杀赵括。括军败，卒四十万人降武安君。武安君计曰："前秦已拔上党，上党民不乐为秦而归赵。赵卒反覆，非尽杀之，恐为乱。"乃挟诈而尽坑杀之，遗其小者二百四十人归赵。前后斩首虏四十五万人。赵人大震。

四十八年十月，秦复定上党郡。秦分军为二：王龁攻皮牢，拔之；司马梗定太原。韩、赵恐，使苏代厚币说秦相应侯曰："武安君擒马服子乎？"曰："然。"又曰："即围邯郸乎？"曰："然。""赵亡则秦王王矣，武安君为三公。武安君所为秦战胜攻取者七十余城，南定鄢、郢、汉中，北擒赵括之军，虽周、召、吕望之功不益于此矣。今赵亡，秦王王，则武安君必为三公，君能为之下乎？虽无欲为之下，固不得已矣。秦尝攻韩，围邢丘，困上党，上党之民皆反为赵，天下不乐为秦民之日久矣。今亡赵，北地入燕，东地入齐，南地入韩、魏，则君之所得民亡几何人。故不如因而割之，无以为武安君功也。"于是应侯言于秦王曰："秦兵劳，请许韩、赵之割地以和，且休士卒。"王听之，割韩垣、雍、赵六城以和。正月，皆罢兵。武安君闻之，由是与应侯有隙。

其九月，秦复发兵，使五大夫王陵攻赵邯郸。是时武安君病，不任行。四十九年正月，陵攻邯郸，少利，秦益发兵佐陵。陵兵亡五校。武安君病愈，秦王欲使武安君代陵将。武安君言曰："邯郸实未易攻也。且诸侯救日至，彼诸侯怨秦之日久矣，今秦虽破长平军，而秦卒死者过半，国内空。远绝河山而争人国都，赵应其内，诸侯攻其外，破秦军必矣。不可。"秦王自命，不行；乃使应侯请之，武安君终辞不肯行，遂称病。

秦王使王龁代陵将，八九月围邯郸，不能拔。楚使春申君及魏公子将兵数十万攻秦军，秦军多失亡。武安君言曰："秦不听臣计，今如何矣！"秦王闻之，怒，强起武安君，武安君遂称病笃。应侯请之，不起。于是免武安君为士伍，迁之阴密。武安君病，未能行。居三月，诸侯攻秦军急，秦军数却，使者日至。秦王乃使人遣白起，不得留咸阳中。

武安君既行，出咸阳西门十里，至杜邮。秦昭王与应侯群臣议曰："白起之迁，其意尚怏怏不服，有馀言。"秦王乃使使者赐之剑，自裁。武安君引剑将自刭，曰："我何罪于天而至此哉？"良久，曰："我固当死。长平之战，赵卒降者数十万人，我诈而尽坑之，是足以死。"遂自杀。武安君之死也，以秦昭王五十年十一月。死而非其罪，秦人怜之，乡邑皆祭祀焉。

王翦者，频阳东乡人也。少而好兵，事秦始皇。始皇十一年，翦将攻赵阏与，破之，拔九城。十八年，翦将攻赵。岁余，遂拔赵，赵王降，尽定赵地为郡。明年，燕使荆轲为贼于秦，秦王使王翦攻燕。燕王喜走辽东，翦遂定燕、蓟而还。秦使翦子王贲击荆，荆兵败。还击魏，魏王降，遂定魏地。

秦始皇既灭三晋，走燕王，而数破荆师。秦将李信者，年少壮勇，尝以兵数千逐燕太子丹至于衍水中，卒破得丹，始皇以为贤勇。于是始皇问李信："吾欲攻取荆，于将军度用几何人而足？"李信曰："不过用二十万人。"始皇问王翦，王翦曰："非六十万人不可。"始皇曰："王将军老矣，何怯也！李将军果势壮勇，其言是也。"遂使李信及蒙恬将二十万南伐荆。王翦言不用，因谢病，归老于频阳。李信攻平与，蒙恬攻寝，大破荆军。信又攻鄢、郢，破之，于是引兵而西，与蒙恬会城父，荆人因随之，三日三夜不顿舍，大破李信军，入两壁，杀七都尉，秦军走。

始皇闻之，大怒，自驰如频阳，见谢王翦曰："寡人以不用将军计，李信果辱秦军。今闻荆兵日进而西，将军虽病，独忍弃寡人乎！"王翦谢曰："老臣罢病悖乱，唯大王更择贤将。"始皇谢曰："已矣，将军勿复言！"王翦曰："大王必不得已用臣，非六十万人不可。"始皇曰："为听将军计耳。"于是王翦将兵六十万人，始皇自送之灞上。王翦行，请美田宅园池甚众。始皇曰："将军行矣，何忧贫乎？"王翦曰："为大王将，有功终不得封侯，故及大王之向臣，臣亦及时以请园池为子孙业耳。"始皇大笑。王翦既至关，使使还请善田者五辈，或曰："将军之乞贷，亦已甚矣。"王翦曰："不然。夫秦王怚而不信人。今空秦国甲士而专委于我，我不多请田宅为子孙业以自坚，顾令秦王坐而疑我邪？"

王翦果代李信击荆。荆闻王翦益军而来，乃悉国中兵以拒秦。王翦至，坚壁而守之，不肯战。荆兵数出挑战，终不出。王翦日休士洗沐，而善饮食抚循之，亲与士卒同食。久之，王翦使人问军中戏乎？对曰："方投石超距。"于是王翦曰："士卒可用矣。"

荆数挑战而秦不出，乃引而东。翦因举兵追之，令壮士击，大破荆军，至蕲南，杀其将军项燕，荆兵遂败走。秦因乘胜略定荆地城邑。岁余，虏荆王负刍，竟平荆地为郡县。因南征百越之君。而王翦子王贲，与李信破定燕、齐地。

秦始皇二十六年，尽并天下，王氏、蒙氏功为多，名施于后世。

秦二世之时，王翦及其子贲皆已死，而又灭蒙氏。陈胜之反秦，秦使王翦之孙王离击赵，围赵王及张耳巨鹿城。或曰："王离，秦之名将也。今将强秦之兵，攻新造之赵，举之必矣。"客曰："不然。夫为将三世者必败。必败者何也？必其所杀伐多矣，其后受其不祥。今王离已三世将矣。"居无何，项羽救赵，击秦军，果虏王离，王离军遂降诸侯。

太史公曰：鄙语云："尺有所短，寸有所长。"白起料敌合变，出奇无穷，声震天下，然不能救患于应侯。王翦为秦将，夷六国，当是时，翦为宿将，始皇师之，然不能辅秦建德，固其根本，偷合取容，以至殒身。及孙王离为项羽所虏，不亦宜乎！彼各有所短也。

卷七十四　孟子荀卿列传第十四

太史公曰：余读《孟子》书，至梁惠王问"何以利吾国"，未尝不废书而叹也。曰：嗟乎，利诚乱之始也！夫子罕言利者，常防其原也。故曰"放于利而行，多怨"。自天子至于庶人，好利之弊何以异哉！

孟轲，邹人也。受业子思之门人。道既通，游事齐宣王，宣王不能用。适梁，梁惠王不果所言，则见以为迂远而阔于事情。当是之时，秦用商君，富国强兵；楚、魏用吴起，战胜弱敌；齐威王、宣王用孙子、田忌之徒，而诸侯东面朝齐。天下方务于合从连衡，以攻伐为贤，而孟轲乃述唐、虞、三代之德，是以所如者不合。退而与万章之徒序《诗》、《书》，述仲尼之意，作《孟子》七篇。

其后有驺子之属。

齐有三驺子。其前驺忌，以鼓琴干威王，因及国政，封为成侯而受相印，先孟子。其次驺衍，后孟子。

驺衍睹有国者益淫侈，不能尚德，若《大雅》整之于身，施及黎庶矣。乃深观阴阳消息而作怪迂之变，《终始》、《大圣》之篇十余万言。其语闳大不经，必先验小物，推而大之，至于无垠。先序今以上至黄帝，学者所共术，大并世盛衰，因载其机祥度制，推而远之，至天地未生，窈冥不可考而原也。先列中国名山大川，通谷禽兽，水土所殖，物类所珍，因而推之，及海外人之所不能睹。称引天地剖判以来，五德转移，治各有宜，而符应若兹。以为儒者所谓中国者，于天下乃八十一分居其一分耳。中国名曰赤县神州。赤县神州内自有九州，禹之序九州是也，不得为州数。中国外如赤县神州者九，乃所谓九州也。于是有裨海环之，人民禽兽莫能相通者，如一区中者，乃为一州。如此者九，乃有大瀛海环其外，天地之际焉。其术皆此类也。然要其归，必止乎仁义节俭，君臣上下六亲之施，始也滥耳。王公大人初见其术，惧然顾化，其后不能行之。

是以驺子重于齐。适梁，惠王郊迎，执宾主之礼。适赵，平原君侧行撇席。如燕，昭王拥彗先驱，请列弟子之座而受业，筑碣石宫，身亲往师之。作《主运》。其游诸侯见尊礼如此，岂与仲尼菜色陈、蔡，孟轲困于齐、梁同乎哉！故武王以仁义伐纣而王，伯夷饿不食周粟；卫灵公问陈，而孔子不答；梁惠王谋欲攻赵，孟轲称太王去邠。此岂有意阿世俗苟合而已哉！持方枘欲内圆凿，其能入乎？或曰，伊尹负鼎而勉汤以王，百里奚饭牛车下而缪公用霸，作先合，然后引之大道。驺衍其言虽不轨，倘亦有牛鼎之意乎？

自驺衍与齐之稷下先生，如淳于髡、慎到、环渊、接子、田骈、驺奭之徒，各著书言治乱之事，以干世主，岂可胜道哉！

淳于髡，齐人也。博闻强记，学无所主。其谏说，慕晏婴之为人也，然而承意观色为务。客有见髡于梁惠王，惠王屏左右，独坐而再见之，终无言也。惠王怪之，以让客曰："子之称淳于先生，管、晏不及，及见寡人，寡人未有得也。岂寡人不足为言邪？何故哉？"客以谓髡。髡曰："固也，吾前见王，王志在驱逐。后复见王，王志在音声。吾是以默然。"客具以报王，王大骇，曰："嗟乎，淳于先生诚圣人也！前淳于先生之来，人有献善马者，寡人未及视，会先生至。后先生之来，人有献讴者，未及试，亦会先生来。寡人虽屏人，然私心在彼，有之。"后淳于髡见，壹语连三日三夜无倦。惠王欲以卿相位待之，髡因谢去。于是送以安车驾驷，束帛加璧，黄金百镒。终身不仕。

慎到，赵人。田骈、接子，齐人。环渊，楚人。皆学黄、老道德之术，因发明序其指意。故慎到著十二论，环渊著上下篇，而田骈、接子皆有所论焉。

驺奭者，齐诸驺子，亦颇采驺衍之术以纪文。

于是齐王嘉之，自如淳于髡以下，皆命曰列大夫，为开第康庄之衢，高门大屋，尊宠之。览天下诸侯宾客，言齐能致天下贤士也。

荀卿，赵人。年五十始来游学于齐。驺衍之术迂大而闳辩；奭也文具难施；淳于髡久与处，时有得善言。故齐人颂曰："谈天衍，雕龙奭，炙毂过髡。"田骈之属皆已死齐襄王时，而荀卿最为老师。齐尚修列大夫之缺，而荀卿三为祭酒焉。齐人或谗荀卿，荀卿乃适楚，而春申君以为兰陵令。春申君死而荀卿废，因家兰陵。李斯尝为弟子，已而相秦。荀卿嫉浊世之政，亡国乱君相属，不遂大道而营于巫祝，信机祥，鄙儒小拘，如庄周等又猾稽乱俗，于是推儒、墨、道德之行事兴坏，序列著数万言而卒。因葬兰陵。

而赵亦有公孙龙为坚白同异之辩，剧子之言；魏有李悝，尽地力之教；楚有尸子、长卢，阿之吁子焉。

自如孟子至于吁子，世多有其书，故不论其传云。

盖墨翟，宋之大夫，善守御，为节用。或曰并孔子时，或曰在其后。

卷七十五　　孟尝君列传第十五

孟尝君名文，姓田氏。文之父曰靖郭君田婴。田婴者，齐威王少子而齐宣王庶弟也。田婴自威王时任职用事，与成侯邹忌及田忌将而救韩伐魏。成侯与田忌争宠，成侯卖田忌。田忌惧，袭齐之边邑，不胜，亡走。会威王卒，宣王立，知成侯卖田忌，乃复召田忌以为将。宣王二年，田忌与孙膑、田婴俱伐魏，败之马陵，虏魏太子申而杀魏将庞涓。宣王七年，田婴使于韩、魏，韩、魏服于齐。婴与韩昭侯、魏惠王会齐宣王东阿南，盟而去。明年，复与梁惠王会甄。是岁，梁惠王卒。宣王九年，田婴相齐。齐宣王与魏襄王会徐州而相王也。楚威王闻之，怒田婴。明年，楚伐败齐师于徐州，而使人逐田婴。田婴使张丑说楚威王，威王乃止。田婴相齐十一年，宣王卒，湣王即位。即位三年，而封田婴于薛。

初，田婴有子四十馀人，其贱妾有子名文，文以五月五日生。婴告其母曰："勿举也。"其母窃举生之。及长，其母因兄弟而见其子文于田婴。田婴怒其母："吾令若去此子，而敢生之，何也？"文顿首，因曰："君所以不举五月子者，何故？"婴曰："五月子者，长与户齐，将不利其父母。"文曰："人生受命于天乎？将受命于户邪？"婴默然。文曰："必受命于天，君何忧焉？必受命于户，则高其户耳，谁能至者！"婴曰："子休矣。"

久之，文承间问其父婴曰："子之子为何？"曰："为孙。""孙之孙为何？"曰："为玄孙。""玄孙之孙为何？"曰："不能知也。"文曰："君用事相齐，至今三王矣，齐不加广而君私家富累万金，门下不见一贤者。文闻将门必有将，相门必有相。今君后宫蹈绮縠而士不得短褐，仆妾馀梁肉而士不厌糟糠。今君又尚厚积馀藏，欲以遗所不知何人，而忘公家之事日损，文窃怪之。"于是婴乃礼文，使主家待宾客。宾客日进，名声闻于诸侯。诸侯皆使人请薛公田婴以文为太子，婴许之。婴卒，谥为靖郭君。而文果代立于薛，是为孟尝君。

孟尝君在薛，招致诸侯宾客及亡人有罪者，皆归孟尝君。孟尝君舍业厚遇之，以故倾天下之士。食客数千人，无贵贱一与文等。孟尝君待客坐语，而屏风后常有侍史，主记君所与客语，问亲戚居处。客去，孟尝君已使使存问，献遗其亲戚。孟尝君曾待客夜食，有一人蔽火光。客怒，以饭不等，辍食辞去。孟尝君起，自持其饭比之。客惭，自刭。士以此多归孟尝君。孟尝君客无所择，皆善遇之。人人各自以为孟尝君亲己。

秦昭王闻其贤，乃先使泾阳君为质于齐，以求见孟尝君。孟尝君将入秦，宾客莫欲其行，谏，不听。苏代谓曰："今旦代从外来，见木偶人与土偶人相与语。木偶人曰：'天雨，子将败矣。'土偶人曰：'我生于土，败则归土。今天雨，流子而行，未知所止息也。'今秦，虎狼之国也，而君欲往，如有不得还，君得无为土偶人所笑乎？"孟尝君乃止。

齐湣王二十五年，复卒使孟尝君入秦，昭王即以孟尝君为秦相。人或说秦昭王曰："孟尝君贤，而又齐族也，今相秦，必先齐而后秦，秦其危矣。"于是秦昭王乃止。囚孟尝君，谋欲杀之。孟尝君使人抵昭王幸姬求解，幸姬曰："妾愿得君狐白裘。"此时孟尝君有一狐白裘，直千金，天下无双，入秦献之昭王，更无他裘。孟尝君患之，遍问客，莫能对。最下坐有能为狗盗者，曰："臣能得狐白裘。"乃夜为狗，以入秦宫藏中，取所献狐白裘至，以献秦王幸姬。幸姬为言昭王，昭王释孟尝君。孟尝君得出，即驰去，更封传，变名姓以出关。夜半至函谷关。秦昭王后悔出孟尝君，求之，已去，即使人驰传逐之。孟尝君至关，关法鸡鸣而出客，孟尝君恐追至，客之居下坐者有能为鸡鸣，而鸡齐鸣，遂发传出。出如食顷，秦追果至关，已后孟尝君出，乃还。始孟尝君列此二人于宾客，宾客尽羞之，及孟尝君有秦难，卒此二人拔之。自是之后，客皆服。

孟尝君过赵，赵平原君客之。赵人闻孟尝君贤，出观之，皆笑曰："始以薛公为魁然也，今视之，乃眇小丈夫耳。"孟尝君闻之，怒。客与俱者下，斫击杀数百人，遂灭一县以去。

齐湣王不自得，以其遣孟尝君。孟尝君至，则以为齐相，任政。

孟尝君怨秦，将以齐为韩、魏攻楚，因与韩、魏攻秦，而借兵食于西周。苏代为西周谓曰："君以齐为韩、魏攻楚九年，取宛、叶以北以强韩、魏，今复攻秦以益之。韩、魏南无楚忧，西无秦患，则齐危矣。韩、楚必轻齐畏秦，臣为君危之。君不如令弊邑深合于秦，而君无攻，又无借兵食。君临函谷而无攻，令敝邑以君之情谓秦昭王曰'薛公必不破秦以强韩、魏。其攻秦也，欲王之令楚王割东国以与齐，而秦出楚怀王以为和'。君令敝邑以此惠秦，秦得无破而以东国自免也，秦必欲之。楚王得出，必德齐。齐得东国益强，而薛世世无患矣。秦不大弱，而处三晋之西，三晋必重齐。"薛公曰："善。"因令韩、魏贺秦，使三国无攻，而不借兵食于西周矣。是时，楚怀王入秦，秦留之，故欲必出之。秦不果出楚怀王。

孟尝君相齐，其舍人魏子为孟尝君收邑入，三反而不致一入。孟尝君问之，对曰："有贤者，窃假与之，以故不致入。"孟尝君怒而退魏子。居数年，人或毁孟尝君于齐湣王曰："孟尝君将为乱。"及田甲劫湣王，湣王意疑孟尝君，孟尝君乃奔。魏子所与粟贤者闻之，乃上书言孟尝君不作乱，请以身为盟，遂自刭宫门以明孟尝君。湣王乃惊，而踪迹验问，孟尝君果无反谋，乃复召孟尝君。孟尝君因谢病，归老于薛。湣王许之。

其后，秦亡将吕礼相齐，欲困苏代。代乃谓孟尝君曰："周最于齐，至厚也，而齐王逐之，而听祝弗相吕礼者，欲取秦也。齐、秦合，则亲弗与吕礼重矣。有用，齐、秦必轻君。君不如急北兵，趋赵以和秦、魏，收周最以厚行，且反齐王之信，又禁天下之变。齐无秦，则天下集齐，亲弗必走，则齐王孰与为其国也！"于是孟尝君从其计，而吕礼嫉害于孟尝君。

孟尝君惧，乃遗秦相穰侯魏冉书曰："吾闻秦欲以吕礼收齐，齐，天下之强国也，子必轻矣。齐、秦相取以临三晋，吕礼必并相矣，是子通齐以重吕礼也。若子免于天下之兵，其仇必深矣。子不如劝秦王伐齐。齐破，吾请以所得封子。齐破，秦畏晋之强，秦必重子以取晋。晋国敝于齐而畏秦，晋必重子以取秦。是子破齐以为功，挟晋以为重。是子破齐定封，秦、晋交重子。若齐不破，吕礼复用，子必大穷。"于是穰侯言于秦昭王伐齐，而吕礼亡。

后齐湣王灭宋，益骄，欲去孟尝君。孟尝君恐，乃如魏。魏昭王以为相，西合于秦、赵，与燕共伐破齐。齐湣王亡在莒，遂死焉。

齐襄王立，而孟尝君中立于诸侯，无所属。齐襄王新立，畏孟尝君，与连和，复亲薛公。文卒，谥为孟尝君。诸子争立，而齐、魏共灭薛。孟尝绝嗣无后也。

初，冯驩闻孟尝君好客，蹑屩而见之。孟尝君曰："先生远辱，何以教文也？"冯驩曰："闻君好士，以贫，身归于君。"孟尝君置传舍十日，孟尝君问传舍长曰："客何所为？"答曰："冯先生甚贫，犹有一剑耳，又蒯缑。弹其剑而歌曰'长铗归来乎，食无鱼'。"孟尝君迁之幸舍，食有鱼矣。五日，又问传舍长。答曰："客复弹剑而歌曰'长铗归来乎，出无舆'。"孟尝君迁之代舍，出入乘舆车矣。五日，孟尝君复问传舍长。舍长答曰："先生又弹剑而歌曰'长铗归来乎，无以为家'。"孟尝君不悦。

居期年，冯驩无所言。孟尝君时相齐，封万户于薛。其食客三千人，邑入不足以奉客。使人出钱于薛，岁馀不入，贷钱者多不能与其息，客奉将不给。孟尝君忧之，问左右："何人可使收债于薛者？"传舍长曰："代舍客冯公形容状貌甚辩，长者，无他伎能，宜可令收债。"孟尝君乃进冯驩而请之曰："宾客不知文不肖，幸临文者三千馀人，邑入不足以奉宾客，故出息钱于薛。薛岁不入，民颇不与其息。今客食恐不给，愿先生责之。"冯驩曰："诺。"辞行。至薛，召取孟尝君钱者皆会，得息钱十万。乃多酿酒，买肥牛，召诸取钱者，能与息者皆来，不能与息者亦来，皆持取钱之券书合之。齐为会，日杀牛置酒。酒酣，乃执券如前合之，能与息者，与为期；贫不能与息者，取其券而烧之。曰："孟尝君所以贷钱者，为民之无者以为本业也；所以求息者，为无以奉客也。今富给者以要期，贫穷者燔券书以捐之。诸君强饮食。有君如此，岂可负哉！"坐者皆起，再拜。

孟尝君闻冯驩烧券书，怒而使使召驩。驩至，孟尝君曰："文食客三千人，故贷钱于薛。文奉邑少，而民尚多不以时与其息，客食恐不足，故请先生收责之。闻先生得钱，即以多具牛酒而烧券书，何？"冯驩曰："然。不多具牛酒即不能毕会，无以知其有馀不足。有馀者，为要期。不足者，虽守而责之十年，息愈多，急，即以逃亡自捐之。若急，终无以偿，上则为君好利不爱士民，下则有离上抵负之名，非所以厉士民彰君声也。焚无用虚债之券，捐不可得之虚计，令薛民亲君而彰君之善声也，君有何疑焉！"孟尝君乃拊手而谢之。

齐王惑于秦、楚之毁，以为孟尝君名高其主而擅齐国之权，遂废孟尝君。诸客见孟尝君废，皆去。冯驩曰："借臣车一乘，可以入秦者，必令君重于国而奉邑益广，可乎？"孟尝君乃约车币而遣之。冯驩乃西说秦王曰："天下之游士凭轼结靷西入秦者，无不欲强秦而弱齐；凭轼结靷东入齐者，无不欲强齐而弱秦。此雄雌之国也，势不两立为雄，雄者得天下矣。"秦王跽而问之曰："何以使秦无为雌而可？"冯驩曰："王亦知齐之废孟尝君乎？"秦王曰："闻之。"冯驩曰："使齐重于天下者，孟尝君也。今齐王以毁废之，其心怨，必背齐；背齐入秦，则齐国之情，人事之诚，尽委之秦，齐地可得也，岂直为雄也！君急使使载币阴迎孟尝君，不可失时也。如有齐觉悟，复用孟尝君，则雌雄之所在未可知也。"秦王大悦，乃遣车十乘黄金百镒以迎孟尝君。冯驩辞以先行，至齐，说齐王曰："天下之游士凭轼结靷东入齐者，无不欲强齐而弱秦者；凭轼结靷西入秦者，无不欲强秦而弱齐者。夫秦、齐，雄雌之国，秦强则齐弱矣，此势不两雄。今臣窃闻秦遣使车十乘载黄金百镒以迎孟尝君。孟尝君不西则已，西入相秦则天下归之，秦为雄而齐为雌，雌则临淄、即墨危矣。王何不先秦使之未到，复孟尝君，而益与之邑以谢之？孟尝君必喜而受之。秦虽强国，岂可以请人相而迎之哉！折秦之谋，而绝其霸强之略。"齐王曰："善。"乃使人至境候秦使。秦使车适入齐境，使还驰告之，王召孟尝君而复其相位，而与其故邑之地，又益以千户。秦之使者闻孟尝君复相齐，还车而去矣。

自齐王毁废孟尝君，诸客皆去。后召而复之，冯驩迎之。未到，孟尝君太息叹曰："文常好客，遇客无所敢失，食客三千有馀人，先生所知也。客见文一日废，皆背文而去，莫顾文者。今赖先生得复其位，客亦有何面目复见文乎！如复见文者，必唾其面而大辱之。"冯驩结辔下拜，孟尝君下车接之，曰："先生为客谢乎？"冯驩曰："非为客谢也，为君之言失。夫物有必至，事有固然，君知之乎？"孟尝君曰："愚不知所谓也。"曰："生者必有死，物之必至也；富贵多士，贫贱寡友，事之固然也。君独不见夫朝趣市者乎？明旦，侧肩争门而入；日暮之后，过市朝者掉臂而不顾。非好朝而恶暮，所期物忘其中。今君失位，宾客皆去，不足以怨士而徒绝宾客之路。愿君遇客如故。"孟尝君再拜曰："敬从命矣。闻先生之言，敢不奉教焉。"

太史公曰：吾尝过薛，其俗闾里率多暴桀子弟，与邹、鲁殊。问其故，曰："孟尝君招致天下任侠，奸人入薛中盖六万馀家矣。"世之传孟尝君好客自喜，名不虚矣。

卷七十六
平原君虞卿列传第十六

平原君赵胜者，赵之诸公子也。诸子中胜最贤，喜宾客，宾客盖至者数千人。平原君相赵惠文王及孝成王，三去相，三复位，封于东武城。

平原君家楼临民家。民家有躄者，槃散行汲。平原君美人居楼上，临见，大笑。明日，躄者至平原君门，请曰："臣闻君之喜士，士不远千里而至者，以君能贵士而贱妾也。臣不幸有罢癃之病，而君之后宫临而笑臣，臣愿得笑臣者头。"平原君笑应曰："诺。"躄者去，平原君笑曰："观此竖子，乃欲以一笑之故杀吾美人，不亦甚乎？"终不杀。居岁馀，宾客门下舍人稍稍引去者过半。平原君怪之，曰："胜所以待诸君者未尝敢失礼，而去者何多也？"门下一人前对曰："以君之不杀笑躄者，以君为爱色而贱士，士即去耳。"于是平原君乃斩笑躄者美人头，自造门进躄者，因谢焉。其后门下乃复稍稍来。是时齐有孟尝，魏有信陵，楚有春申，故争相倾以待士。

秦之围邯郸，赵使平原君求救，合从于楚，约与食客门下有勇力文武备具者二十人偕。平原君曰："使文能取胜，则善矣。文不能取胜，则歃血于华屋之下，必得定从而还。士不外索，取于食客门下足矣。"得十九人，余无可取者，无以满二十人。门下有毛遂者，前，自赞于平原君曰："遂闻君将合从于楚，约与食客门下二十人偕，不外索。今少一人，愿君即以遂备员而行矣。"平原君曰："先生处胜之门下几年于此矣？"毛遂曰："三年于此矣。"平原君曰："夫贤士之处世也，譬若锥之处囊中，其末立见。今先生处胜之门下三年于此矣，左右未有所称诵，胜未有所闻，是先生无所有也。先生不能，先生留。"毛遂曰："臣乃今日请处囊中耳。使遂蚤得处囊中，乃颖脱而出，非特其末见而已。"平原君竟与毛遂偕。十九人相与目笑之而未发也。

毛遂比至楚，与十九人论议，十九人皆服。平原君与楚合从，言其利害，日出而言之，日中不决。十九人谓毛遂曰："先生上。"毛遂按剑历阶而上，谓平原君曰："从之利害，两言而决耳。今日出而言从，日中不决，何也？"楚王谓平原君曰："客何为者也？"平原君曰："是胜之舍人也。"楚王叱曰："胡不下！吾乃与而君言，汝何为者也！"毛遂按剑而前曰："王之所以叱遂者，以楚国之众也。今十步之内，王不得恃楚国之众也，王之命悬于遂手。吾君在前，叱者何也？且遂闻汤以七十里之地王天下，文王以百里之壤而臣诸侯，岂其士卒众多哉！诚能据其势而奋其威。今楚地方五千里，持戟百万，此霸王之资也。以楚之强，天下弗能当。白起，小竖子耳，率数万之众，兴师以与楚战，一战而举鄢、郢，再战而烧夷陵，三战而辱王之先人。此百世之怨，而赵之所羞，而王弗知恶焉。合从者为楚，非为赵也。吾君在前，叱者何也？"楚王曰："唯唯，诚若先生之言，谨奉社稷而以从。"毛遂曰："从定乎？"楚王曰："定矣。"毛遂谓楚王之左右曰："取鸡狗马之血来。"毛遂奉铜盘而跪进之楚王曰："王当歃血而定从，次者吾君，次者遂。"遂定从于殿上。毛遂左手持盘血而右手招十九人曰："公相与歃此血于堂下。公等录录，所谓因人成事者也。"

平原君已定从而归，归至于赵，曰："胜不敢复相士。胜相士多者千人，寡者百数，自以为不失天下之士，今乃于毛先生而失之也。毛先生一至楚，而使赵重于九鼎大吕。毛先生以三寸之舌，强于百万之师。胜不敢复相士。"遂以为上客。

平原君既返赵，楚使春申君将兵赴救赵，魏信陵君亦矫夺晋鄙军往救赵，皆未至。秦急围邯郸，邯郸急，且降，平原君甚患之。邯郸传舍吏子李同说平原君曰："君不忧赵亡邪？"平原君曰："赵亡则胜为虏，何为不忧乎？"李同曰："邯郸之民，炊骨易子而食，可谓急矣，而君之后宫以百数，婢妾被绮縠，馀粱肉，而民褐衣不完，糟糠不厌。民困兵尽，或剡木为矛矢，而君器物钟磬自若。使秦破赵，君安得有此？使赵得全，君何患无有？今君诚能令夫人以下编于士卒之间，分功而作，家之所有尽散以飨士，士方其危苦之时，易德耳。"于是平原君从之，得敢死之士三千人。李同遂与三千人赴秦军，秦军为之却三十里。亦会楚、魏救至，秦兵遂罢，邯郸复存。李同战死，封其父为李侯。

虞卿欲以信陵君之存邯郸为平原君请封。公孙龙闻之，夜驾见平原君曰："龙闻虞卿欲以信陵君之存邯郸为君请封，有之乎？"平原君曰："然。"龙曰："此甚不可。且王举君而相赵者，非以君之智能为赵国无有也。割东武城而封君者，非以君为有功也，而以国人无勋，乃以君为亲戚故也。君受相印不辞无能，割地不言无功者，亦自以为亲戚故也。今信陵君存邯郸而请封，是亲戚受城而国人计功也。此甚不可。且虞卿操其两权，事成，操右券以责；事不成，以虚名德君。君必勿听也。"平原君遂不听虞卿。

平原君以赵孝成王十五年卒。子孙代。后竟与赵俱亡。

平原君厚待公孙龙。公孙龙善为坚白之辩,及邹衍过赵言至道,乃绌公孙龙。

虞卿者,游说之士也。蹑屩檐簦说赵孝成王。一见,赐黄金百镒,白璧一双;再见,为赵上卿,故号为虞卿。

秦、赵战于长平,赵不胜,亡一都尉。赵王召楼昌与虞卿曰:"军战不胜,尉复死,寡人使束甲而趋之,何如?"楼昌曰:"无益也,不如发重使为媾。"虞卿曰:"昌言媾者,以为不媾军必破也。而制媾者在秦。且王之论秦也,欲破赵之军乎?不邪?"王曰:"秦不遗余力矣,必且欲破赵军!"虞卿曰:"王听臣,发使出重宝以附楚、魏,楚、魏欲得王之重宝,必内吾使。赵使入楚、魏,秦必疑天下之合从,且必恐。如此,则媾乃可为也。"赵王不听,与平阳君为媾,发郑朱入秦。秦内之。赵王召虞卿曰:"寡人使平阳君为媾于秦,秦已内郑朱矣,卿以为奚如?"虞卿对曰:"王不得媾,军必破矣。天下贺战胜者皆在秦矣。郑朱,贵人也,入秦,秦王与应侯必显重以示天下。楚、魏以赵为媾,必不救王。秦知天下不救王,则媾不可得成也。"应侯果显郑朱以示天下贺战胜者,终不肯媾。长平大败,遂围邯郸,为天下笑。

秦既解邯郸围,而赵王入朝,使赵郝约事于秦,割六县而媾。虞卿谓赵王曰:"秦之攻王也,倦而归乎?王以其力尚能进,爱王而弗攻乎?"王曰:"秦之攻我也,不遗余力矣,必以倦而归也。"虞卿曰:"秦以其力攻其所不能取,倦而归,王又以其力之所不能取以送之,是助秦自攻也。来年秦复攻王,王无救矣。"王以虞卿之言告赵郝,赵郝曰:"虞卿诚能尽秦力之所至乎?诚知秦力之所不能进,此弹丸之地弗予,令秦来年复攻王,王得无割其内而媾乎?"王曰:"请听子割矣。子能必使来年秦之不复攻我乎?"赵郝对曰:"此非臣之所敢任也。他日三晋之交于秦,相善也。今秦善韩、魏而攻王,王之所以事秦必不如韩、魏也。今臣为足下解负亲之攻,开关通币,齐交韩、魏。至来年而王独取攻于秦,此王之所以事秦必在韩、魏之后也。此非臣之所敢任也。"

王以告虞卿,虞卿对曰:"郝言'不媾,来年秦复攻王,王得无割其内而媾乎'。今媾,郝又以不能必秦之不复攻也,今虽割六城何益!来年复攻,又割其力之所不能取而媾,此自尽之术也,不如无媾。秦虽善攻,不能取六县;赵虽不能守,终不失六城,秦倦而归,兵必罢。我以六城收天下以攻罢秦,是我失之于天下而取偿于秦也,吾国尚利,孰与坐而割地,自弱以强秦哉?今郝曰'秦善韩、魏而攻赵者,必王之事秦不如韩、魏也',是使王岁以六城事秦也,即坐而城尽。来年秦复求割地,王将与之乎?弗与,是弃前功而挑秦祸也;与之,则无地而给之。语曰:'强者善攻,弱者不能守。'今坐而听秦,秦兵不弊而多得地,是强秦而弱赵也。以益强之秦而割愈弱之赵,其计故不止矣。且王之地有尽而秦之求无已,以有尽之地而给无已之求,其势必无赵矣。"

赵王计未定,楼缓从秦来,赵王与楼缓计之,曰:"予秦地如毋予,孰吉?"缓辞让曰:"此非臣之所能知也。"

王曰:"虽然,试言公之私。"楼缓对曰:"王亦闻夫公甫文伯母乎?公甫文伯仕于鲁,病死,女子为自杀于房中者二人。其母闻之,弗哭也。其相室曰:'焉有子死而弗哭者乎?'其母曰:'孔子,贤人也,逐于鲁,而是人不随也。今死而妇人为之自杀者二人,若是者必其于长者薄而于妇人厚也。'故从母言之,是为贤母;从妻言之,是必不免为妒妻。故其言一也,言者异则人心变矣。今臣新从秦来而言勿予,则非计也;言予之,恐王以臣为为秦也。故不敢对。使臣得为大王计,不如予之。"王曰:"诺。"

虞卿闻之,入见王曰:"此饰说也,王慎勿予!"楼缓闻之,往见王。王又以虞卿之言告楼缓,楼缓对曰:"不然,虞卿得其一,不得其二。夫秦、赵构难而天下皆说,何也?曰'吾且因强而乘弱矣'。今赵兵困于秦,天下之贺战胜者则必尽在于秦矣。故不如亟割地为和,以疑天下而慰秦之心。不然,天下将因秦之强,乘赵之弊,瓜分之。赵且亡,何秦之图乎?故曰虞卿得其一,不得其二。愿王以此决之,勿复计也。"

虞卿闻之,往见王曰:"危哉楼子之所以为秦者!是愈疑天下,而何慰秦之心哉?独不言其示天下弱乎?且臣言勿予者,非固勿予而已也。秦索六城于王,而王以六城赂齐。齐,秦之深仇也,得王之六城,并力西击秦,齐之听王,不待辞之毕也。则是王失之于齐而取偿于秦也,而齐、赵之深仇可以报矣,而示天下有能为也。王以此发声,兵未窥于境,臣见秦之重赂至赵而反媾于王也。从秦为媾,韩、魏闻之,必尽重王;重王,必出重宝以先于王。则是王一举而结三国之亲,而与秦易道也。"赵王曰:"善。"则使虞卿东见齐王,与之谋秦。虞卿未返,秦使者已在赵矣。楼缓闻之,亡去。赵于是封虞卿以一城。

居顷之,而魏请为从。赵孝成王召虞卿谋。过平原君。平原君曰:"愿卿之论从也。"虞卿入见王。王曰:"魏请为从。"对曰:"魏过。"王曰:"寡人固未之许。"对曰:"王过。"王曰:"魏请从,卿曰魏过,寡人未之许,又曰寡人过。然则从终不可乎?"对曰:"臣闻小国之与大国从事也,有利则大国受其福,有败则小国受其祸。今魏以小国请其祸,而王以大国辞其福,臣故曰王过,魏亦过。窃以为从便。"王曰:"善。"乃合魏为从。

虞卿既以魏齐之故,不重万户侯卿相之印,与魏齐间行,卒去赵,困于梁。魏齐已死,不得意,乃著书,上采《春秋》,下观近世,曰《节义》、《称号》、《揣摩》、《政谋》,凡八篇。以刺讥国家得失,世传之曰《虞氏春秋》。

太史公曰:平原君,翩翩浊世之佳公子也,然未睹大体。鄙语曰"利令智昏",平原君贪冯亭邪说,使赵陷长平兵四十余万众,邯郸几亡。虞卿料事揣情,为赵画策,何其工也!及不忍魏齐,卒困于大梁,庸夫且知其不可,况贤人乎?然虞卿非穷愁,亦不能著书以自见于后世云。

卷七十七
魏公子信陵君列传第十七

魏公子无忌者,魏昭王少子而魏安釐王异母弟也。昭王薨,安釐王即位,封公子为信陵君。是时范睢亡魏相秦,以怨魏齐故,秦兵围大梁,破魏华阳下军,走芒卯。魏王及公子患之。

公子为人仁而下士,士无贤不肖皆谦而礼交之,不敢以其富贵骄士。士以此方数千里争往归之,致食客三千人。当是时,诸侯以公子贤,多客,不敢加兵谋魏十馀年。

公子与魏王博,而北境传举烽,言"赵寇至,且入界"。魏王释博,欲召大臣谋。公子止王曰:"赵王田猎耳,非为寇也。"复博如故。王恐,心不在博。居顷,复从北方来传言曰:"赵王猎耳,非为寇也。"魏王大惊,曰:"公子何以知之?"公子曰:"臣之客有能探得赵王阴事者,赵王所为,客辄以报臣,臣以此知之。"是后魏王畏公子之贤能,不敢任公子以国政。

魏有隐士曰侯嬴,年七十,家贫,为大梁夷门监者。公子闻之,往请,欲厚遗之,不肯受,曰:"臣修身洁行数十年,终不以监门困故而受公子财。"公子于是乃置酒大会宾客。坐定,公子从车骑,虚左,自迎夷门侯生。侯生摄敝衣冠,直上载公子上坐,不让,欲以观公子。公子执辔愈恭,侯生又谓公子曰:"臣有客在市屠中,愿枉车骑过之。"公子引车入市,侯生下见其客朱亥,俾倪,故久立,与其客语,微察公子。公子颜色愈和。当是时,魏将相宗室宾客满堂,待公子举酒。市人皆观公子执辔,从骑皆窃骂侯生。侯生视公子色终不变,乃谢客就车。至家,公子引侯生坐上坐,遍赞宾客,宾客皆惊。酒酣,公子起,为寿侯生前。侯生因谓公子曰:"今日嬴之为公子亦足矣。嬴乃夷门抱关者也,而公子亲枉车骑,自迎嬴于众人广坐之中,不宜有所过,今公子故过之。然嬴欲就公子之名,故久立公子车骑市中,过客以观公子,公子愈恭。市人皆以嬴为小人,而以公子为长者能下士也。"于是罢酒,侯生遂为上客。

侯生谓公子曰:"臣所过屠者朱亥,此子贤者,世莫能知,故隐屠间耳。"公子往数请之,朱亥故不复谢,公子怪之。

魏安釐王二十年,秦昭王已破赵长平军,又进兵围邯郸。公子姊为赵惠文王弟平原君夫人,数遗魏王及公子书,请救于魏。魏王使将军晋鄙将十万众救赵。秦王使使者告魏王曰:"吾攻赵旦暮且下,而诸侯敢救者,已拔赵,必移兵先击之。"魏王恐,使人止晋鄙,留军壁邺,名为救赵,实持两端以观望。平原君使者冠盖相属于魏,让魏公子曰:"胜所以自附为婚姻者,以公子之高义,为能急人之困。今邯郸旦暮降秦而魏救不至,安在公子能急人之困也!且公子纵轻胜,弃之降秦,独不怜公子姊邪?"公子患之,数请魏王,及宾客辩士说王万端。魏王畏秦,终不听公子。公子自度终不能得之于王,计不独生而令赵亡,乃请宾客,约车骑百馀乘,欲以客往赴秦军,与赵俱死。

行过夷门,见侯生,具告所以欲死秦军状。辞决而行,侯生曰:"公子勉之矣,老臣不能从。"公子行数里,心不快,曰:"吾所以待侯生者备矣,天下莫不闻。今吾且死而侯生曾无一言半辞送我,我岂有所失哉?"复引车还,问侯生。侯生笑曰:"臣固知公子之还也。"曰:"公子喜士,名闻天下。今有难,无他端而欲赴秦军,譬若以肉投馁虎,何功之有哉?尚安事客?然公子遇臣厚,公子往而臣不送,以是知公子恨之复返也。"公子再拜,因问,侯生乃屏人间语,曰:"嬴闻晋鄙之兵符常在王卧内,而如姬最幸,出入王卧内,力能窃之。嬴闻如姬父为人所杀,如姬资之三年,自王以下欲求报其父仇,莫能得。如姬为公子泣,公子使客斩其仇头,敬进如姬。如姬之欲为公子死,无所辞,顾未有路耳。公子诚一开口请如姬,如姬必许诺,则得虎符夺晋鄙军,北救赵而西却秦,此五霸之伐也。"公子从其计,请如姬。如姬果盗晋鄙兵符与公子。

公子行,侯生曰:"将在外,主令有所不受,以便国家。公子即合符,而晋鄙不授公子兵而复请之,事必危矣。臣客屠者朱亥可与俱,此人力士。晋鄙听,大善;不听,可使击之。"于是公子泣。侯生曰:"公子畏死耶?何泣也?"公子曰:"晋鄙嚄唶宿将,往恐不听,必当杀之,是以泣耳,岂畏死哉?"于是公子请朱亥。朱亥笑曰:"臣乃市井鼓刀屠者,而公子亲数存之,所以不报谢者,以为小礼无所用。今公子有急,此臣效命之秋也。"遂与公子俱。公子过谢侯生,侯生曰:"臣宜从,老不能。请数公子行日,以至晋鄙军之日,北乡自刭,以送公子。"公子遂行。

至邺,矫魏王令代晋鄙。晋鄙合符,疑之,举手视公子曰:"今吾拥十万之众,屯于境上,国之重任,今单车来代之,何如哉?"欲无听。朱亥袖四十斤铁椎,椎杀晋鄙,公子遂将晋鄙军。勒兵下令军中曰:"父子俱在军中,父归;兄弟俱在军中,兄归;独子无兄弟,归养。"得选兵八万人,进兵击秦军。秦军解去,遂救邯郸,存赵。赵王及平原君自迎公子于界,平原君负韊矢为公子先引。赵王再拜曰:"自古贤人未有及公子者也。"当此之时,平原君不敢自比于人。公子与侯生决,至军,侯生果北乡自刭。

魏王怒公子之盗其兵符,矫杀晋鄙,公子亦自知也。已却秦存赵,使将将其军归魏,而公子独与客留赵。赵孝成王德公子之矫夺晋鄙兵而存赵,乃与平原君计,以五城封公子。公子闻之,意骄矜而有自功之色。客有说公子曰:"物有不可忘,或有不可不忘。夫人有德于公子,公子不可忘也;公子有德于人,愿公子忘之也。且矫魏王令,夺晋鄙兵以救赵,于赵则有功矣,于魏则未为忠臣也。公子乃自骄而功之,窃为公子不取也。"于是公子立自责,似若无所容者。赵王扫除自迎,执主人之礼,引公子就西阶;公子侧行辞让,从东阶上。自言罪过,以负于魏,无功于赵。赵王侍酒至暮,口不忍献五城,以公子退让也。公子竟留赵。赵王以鄗为公子汤沐邑,魏亦复以信陵奉公子。公子留赵。

公子闻赵有处士毛公藏于博徒,薛公藏于卖浆家,公子欲见两人，两人自匿，不肯见公子。公子闻所在，乃间步往从此两人游，甚欢。平原君闻之，谓其夫人曰："始吾闻夫人弟公子天下无双，今吾闻之，乃妄从博徒卖浆者游。公子妄人耳。"夫人以告公子。公子乃谢夫人去，曰："始吾闻平原君贤，故负魏王而救赵，以称平原君。平原君之游，徒豪举耳，不求士也。无忌自在大梁时，常闻此两人贤，至赵，恐不得见。以无忌从之游，尚恐其不我欲也，今平原君乃以为羞，其不足从游。"乃装为去。夫人具以语平原君，平原君乃免冠谢，固留公子。平原君门下闻之，半去平原君归公子。天下士复往归公子。公子倾平原君客。

公子留赵十年不归。秦闻公子在赵，日夜出兵东伐魏。魏王患之，使使往请公子。公子恐其怒之，乃诫门下："有敢为魏王使通者，死。"宾客皆背魏之赵，莫敢劝公子归。毛公、薛公两人往见公子曰："公子所以重于赵，名闻诸侯者，徒以有魏也。今秦攻魏，魏急而公子不恤，使秦破大梁而夷先王之宗庙，公子当何面目立天下乎？"语未及卒，公子立变色，告车趣驾归救魏。

魏王见公子，相与泣，而以上将军印授公子，公子遂将。魏安釐王三十年，公子使使遍告诸侯。诸侯闻公子将，各遣将将兵救魏。公子率五国之兵破秦军于河外，走蒙骜。遂乘胜逐秦军至函谷关，抑秦兵，秦兵不敢出。当是时，公子威振天下，诸侯之客进兵法，公子皆名之，故世俗称《魏公子兵法》。

秦王患之，乃行金万斤于魏，求晋鄙客，令毁公子于魏王曰："公子亡在外十年矣，今为魏将，诸侯将皆属，诸侯徒闻魏公子，不闻魏王。公子亦欲因此时定南面而王，诸侯畏公子之威，方欲共立之。"秦数使反间，伪贺公子得立为魏王未也。魏王日闻其毁，不能不信，后果使人代公子将。公子自知再以毁废，乃谢病不朝，与宾客为长夜饮，饮醇酒，多近妇女。日夜为乐饮者四岁，竟病酒而卒。其岁，魏安釐王亦薨。

秦闻公子死，使蒙骜攻魏，拔二十城，初置东郡。其后秦稍蚕食魏，十八岁而虏魏王，屠大梁。

高祖始微少时，数闻公子贤。及即天子位，每过大梁，常祠公子。高祖十二年，从击黥布还，为公子置守冢五家，世世岁以四时奉祠公子。

太史公曰：吾过大梁之墟，求问其所谓夷门。夷门者，城之东门也。天下诸公子亦有喜士者矣，然信陵君之接岩穴隐者，不耻下交，有以也。名冠诸侯，不虚耳。高祖每过之而令民奉祠不绝也。

卷七十八　　春申君列传第十八

春申君者，楚人也，名歇，姓黄氏。游学博闻，事楚顷襄王。顷襄王以歇为辩，使于秦。秦昭王使白起攻韩、魏，败之于华阳，禽魏将芒卯，韩、魏服而事秦。秦昭王方令白起与韩、魏共伐楚，未行，而楚使黄歇适至于秦，闻秦之计。当是之时，秦已前使白起攻楚，取巫、黔中之郡，拔鄢、郢，东至竟陵，楚顷襄王东徙治于陈县。黄歇见楚怀王之为秦所诱而入朝，遂见欺，留死于秦。顷襄王，其子也，秦轻之，恐壹举兵而灭楚，歇乃上书说秦昭王曰：

天下莫强于秦、楚。今闻大王欲伐楚，此犹两虎相与斗。两虎相与斗而驽犬受其弊，不如善楚。臣请言其说：

臣闻物至则反，冬夏是也；致至则危，累棋是也。今大国之地，遍天下有其二垂，此从生民已来，万乘之地未尝有也。先帝文王、武王、庄王之身，三世不妄接地于齐，以绝从亲之要。今王使盛桥守事于韩，盛桥以其地入秦，是王不用甲，不信威，而得百里之地。王可谓能矣。王又举甲而攻魏，杜大梁之门，举河内，拔燕、酸枣、虚、桃，入邢，魏之兵云翔而不敢救。王之功亦多矣。王休甲息众，二年而后复之；又并蒲、衍、首、垣，以临仁、平丘，黄、济阳婴城而魏氏服；王以割濮、磿之北，注齐、秦之要，绝楚、赵之脊，天下五合六聚而不敢救。王之威亦单矣。

王若能持功守威，绌攻取之心而肥仁义之地，使无后患，三王不足四，五伯不足六也。王若负人徒之众，仗兵革之强，乘毁魏之威，而欲以力臣天下之主，臣恐其有后患也。《诗》曰"靡不有初，鲜克有终"。《易》曰"狐涉水，濡其尾"。此言始之易，终之难也。何以知其然也？昔智氏见伐赵之利而不知榆次之祸，吴见伐齐之便而不知干隧之败。此二国者，非无大功也，没利于前而易患于后也。吴之信越也，从而伐齐，既胜齐人于艾陵，还为越王禽三渚之浦。智氏之信韩、魏也，从而伐赵，攻晋阳城，胜有日矣，韩、魏叛之，杀智伯瑶于凿台之下。今王妒楚之不毁也，而忘毁楚之强韩、魏也，臣为王虑而不取也。

《诗》曰"大武远宅而不涉"。从此观之，楚国，援也；邻国，敌也。《诗》云"趯趯毚兔，遇犬获之。他人有心，余忖度之"。今王中道而信韩、魏之善王也，此正吴之信越也。臣闻，敌不可假，时不可失。臣恐韩、魏卑辞除患而实欲欺大国也。何则？王无重世之德于韩、魏，而有累世之怨焉。夫韩、魏父子兄弟接踵而死于秦者将十世矣。本国残，社稷坏，宗庙毁。剖腹绝肠，折颈摺颐，首身分离，暴骸骨于草泽，头颅僵仆，相望于境，父子老弱系脰束手为群虏者，相及于路。鬼神孤伤，无所血食。人民不聊生，族类离散，流亡为仆妾者，盈满海内矣。故韩、魏之不亡，秦社稷之忧也，今王资之与攻楚，不亦过乎！

且王攻楚将恶出兵？王将借路于仇雠之韩、魏乎？兵出之日而王忧其不返也！是王以兵资于仇雠之韩、魏也。王若不借路于仇雠之韩、魏，必攻随水右壤。随水右壤，此皆广川大水，山林溪谷，不食之地也，王虽有之，不为得地。是王有毁楚之名而无得地之实也。

且王攻楚之日，四国必悉起兵以应王。秦、楚之兵构而不离，魏氏将出而攻留、方与、铚、湖陵、砀、萧、相，故宋必尽。齐人南面攻楚，泗上必举。此皆平原四达，膏腴之地，而使独攻。王破楚以肥韩、魏于中国，而劲齐。韩、魏之强，足以校于秦。齐南以泗水为境，东负海，北倚河，而无后患。天下之国莫强于齐、魏，齐、魏得地葆利而详事下吏，一年之后，为帝未能，其于禁王之为帝有余矣。

夫以王壤土之博，人徒之众，兵革之强，壹举事而树怨于楚，迟令韩、魏归帝重于齐，是王失计也。臣为王虑，莫若善楚。秦、楚合而为一以临韩，韩必敛手。王施以东山之险，带以曲河之利，韩必为关内之侯。若是而王以十万戍郑，梁氏寒心，许、鄢陵婴城，而上蔡、召陵不往来也，如此而魏亦关内侯矣。王壹善楚，而关内两万乘之主注地于齐，齐右壤可拱手而取也。王之地一经两海，要约天下，是燕、赵无齐、楚，齐、楚无燕、赵也。然后危动燕、赵，直摇齐、楚，此四国者不待痛而服矣。

昭王曰"善。"于是乃止白起而谢韩、魏。发使赂楚，约为与国。

黄歇受约归楚，楚使歇与太子完入质于秦，秦留之数年。楚顷襄王病，太子不得归。而楚太子与秦相应侯善，于是黄歇乃说应侯曰："相国诚善楚太子乎？"应侯曰："然。"歇曰："今楚王恐不起疾，秦不如归其太子。太子得立，其事秦必重而德相国无穷，是亲与国而得储万乘也。若不归，则咸阳一布衣耳；楚更立太子，必不事秦。夫失与国而绝万乘之和，非计也。愿相国孰虑之。"应侯以闻秦王，秦王曰："令楚太子之傅先往问楚王之疾，返而后图之。"黄歇为楚太子计曰："秦之留太子也，欲以求利也。今太子力未能有以利秦也，歇忧之甚。而阳文君子二人在中，王若卒大命，太子不在，阳文君子必立为后，太子不得奉宗庙矣。不如亡秦，与使者俱出。臣请止，以死当之。"楚太子因变衣服为楚使者御以出关，而黄歇守舍，常为谢病。度太子已远，秦不能追，歇乃自言秦昭王曰："楚太子已归，出远矣。歇当死，愿赐死。"昭王大怒，欲听其自杀也。应侯曰："歇为人臣，出身以徇其主，太子立，必用歇，故不如无罪而归之，以亲楚。"秦因遣黄歇。

歇至楚三月，楚顷襄王卒，太子完立，是为考烈王。考烈王元年，以黄歇为相，封为春申君，赐淮北地十二县。后十五岁，黄歇言之楚王曰："淮北地边齐，其事急，请以为郡便。"因并献淮北十二县，请封于江东。考烈王许之。春申君因城故吴墟，以自为都邑。

春申君既相楚，是时齐有孟尝君，赵有平原君，魏有信陵君，方争下士，招致宾客，以相倾夺，辅国持权。

春申君为楚相四年，秦破赵之长平军四十余万。五年，围邯郸。邯郸告急于楚，楚使春申君将兵往救之。秦兵亦去，春申君归。

春申君相楚八年，为楚北伐灭鲁，以荀卿为兰陵令。当是时，楚复强。

赵平原君使人于春申君，春申君舍之于上舍。赵使欲夸楚，为玳瑁簪，刀剑室以珠玉饰之，请命春申君客。春申君客三千余人，其上客皆蹑珠履以见赵使，赵使大惭。

春申君相十四年，秦庄襄王立，以吕不韦为相，封为文信侯。取东周。

春申君相二十二年，诸侯患秦攻伐无已时，乃相与合从，西伐秦，而楚王为从长，春申君用事。至函谷关，秦出兵攻，诸侯兵皆败走。楚考烈王以咎春申君，春申君以此益疏。

客有观津人朱英，谓春申君曰："人皆以楚为强而君用之弱，其于英不然。先君时善秦二十年而不攻楚，何也？秦逾黾隘之塞而攻楚，不便；假道于两周，背韩、魏而攻楚，不可。今则不然，魏旦暮亡，不能爱许、鄢陵，其许魏割以与秦。秦兵去陈百六十里，臣之所观者，见秦、楚之日斗也。"楚于是去陈徙寿春，而秦徙卫野王，作置东郡。春申君由此就封于吴，行相事。

楚考烈王无子，春申君患之，求妇人宜子者进之甚众，卒无子。赵人李园持其女弟，欲进之楚王，闻其不宜子，恐久毋宠。李园求事春申君为舍人，已而谒归，故失期。还谒，春申君问之状，对曰："齐王使使求臣之女弟，与其使者饮，故失期。"春申君曰："娉入乎？"对曰："未也。"春申君曰："可得见乎？"曰："可。"于是李园乃进其女弟，即幸于春申君。知其有身，李园乃与其女弟谋。园女弟承间以说春申君曰："楚王之贵幸君，虽兄弟不如也。今君相楚二十余年，而王无子，即百岁后将更立兄弟，则楚更立君后，亦各贵其故所亲，君又安得长有宠乎，非徒然也，君贵用事久，多失礼于王兄弟，兄弟诚立，祸且及身，何以保相印江东之封乎？今妾自知有身矣，而人莫知。妾幸君未久，诚以君之重而进妾于楚王，王必幸妾；妾赖天有子男，则是君之子为王也，楚国尽可得，孰与身临不测之罪乎？"春申君大然之，乃出李园女弟，谨舍而言之楚王。楚王召入幸之，遂生子男，立为太子，以李园女弟为王后。楚王贵李园，园用事。

李园既入其女弟，立为王后，子为太子，恐春申君语泄而益骄，阴养死士，欲杀春申君以灭口，而国人颇有知之者。

春申君相二十五年，楚考烈王病。朱英谓春申君曰："世有毋望之福，又有毋望之祸。今君处毋望之世，事毋望之主，安可以无毋望之人乎？"春申君曰："何谓毋望之福？"曰："君相楚二十余年矣，虽名相国，实楚王也。今楚王病，旦暮且卒，而君相少主，因而代立当国，如伊尹、周公，王长而反政，不即遂南面称孤而有楚国？此所谓毋望之福也。"春申君曰："何谓毋望之祸？"曰："李园不治国而君之仇也，不为兵而养死士之日久矣，楚王卒，李园必先入据权而杀君以灭口，此所谓毋望之祸也。"春申君曰："何谓毋望之人？"对曰："君置臣郎中，楚王卒，李园必先入，臣为君杀李园。此所谓毋望之人也。"春申君曰："足下置之。李园，弱人也，仆又善之，且又何至此！"朱英知言不用，恐祸及身，乃亡去。

后十七日，楚考烈王卒，李园果先入，伏死士于棘门之内。春申君入棘门，园死士侠刺春申君，斩其头，投之棘门外。于是遂使吏尽灭春申君之家。而李园女弟初幸春申君有身而入之王所生子者遂立，是为楚幽王。

是岁也，秦始皇帝立九年矣。嫪毐亦为乱于秦，觉，夷其三族，而吕不韦废。

太史公曰：吾适楚，观春申君故城，宫室盛矣哉！初，春申君之说秦昭王，及出身遣楚太子归，何其智之明也！后制于李园，旄矣。语曰："当断不断，反受其乱。"春申君失朱英之谓邪？

卷七十九　范雎蔡泽列传第十九

范雎者，魏人也，字叔。游说诸侯，欲事魏王，家贫无以自资，乃先事魏中大夫须贾。须贾为魏昭王使于齐，范雎从。留数月，未得报。齐襄王闻雎辩口，乃使人赐雎金十斤及牛酒，雎辞谢不敢受。须贾知之，大怒，以为雎持魏国阴事告齐，故得此馈，令雎受其牛酒，还其金。既归，心怒雎，以告魏相。魏相，魏之诸公子，曰魏齐。魏齐大怒，使舍人笞击雎，折胁摺齿。雎详死，即卷以箦，置厕中。宾客饮者醉，更溺雎，故僇辱以惩后，令无妄言者。雎从箦中谓守者曰："公能出我，我必厚谢公。"守者乃请出弃箦中死人。魏齐醉，曰："可矣。"范雎得出。后魏齐悔，复召求之。魏人郑安平闻之，乃遂操范雎亡，伏匿，更名姓曰张禄。

当此时，秦昭王使谒者王稽于魏。郑安平诈为卒，侍王稽。王稽问："魏有贤人可与俱西游者乎？"郑安平曰："臣里中有张禄先生，欲见君，言天下事。其人有仇，不敢昼见。"王稽曰："夜与俱来。"郑安平夜与张禄见王稽。语未究，王稽知范雎贤，谓曰："先生待我于三亭之南。"与私约而去。

王稽辞魏去，过载范雎入秦。至湖，望见车骑从西来。范雎曰："彼来者为谁？"王稽曰："秦相穰侯东行县邑。"范雎曰："吾闻穰侯专秦权，恶内诸侯客，此恐辱我，我宁且匿车中。"有顷，穰侯果至，劳王稽，因立车而语曰："关东有何变？"曰："无有。"又谓王稽曰："谒君得无与诸侯客子俱来乎？无益，徒乱人国耳。"王稽曰："不敢。"即别去。范雎曰："吾闻穰侯智士也，其见事迟，乡者疑车中有人，忘索之。"于是范雎下车走，曰："此必悔之。"行十余里，果使骑还索车中，无客，乃已。王稽遂与范雎入咸阳。

已报使，因言曰："魏有张禄先生，天下辩士也。曰'秦王之国危于累卵，得臣则安。然不可以书传也。'臣故载来。"秦王弗信，使舍食草具。待命岁余。

当是时，昭王已立三十六年。南拔楚之鄢、郢，楚怀王幽死于秦。秦东破齐。湣王尝称帝，后去之。数困三晋，厌天下辩士，无所信。

穰侯、华阳君，昭王母宣太后之弟也；而泾阳君、高陵君皆昭王同母弟也。穰侯相，三人者更将，有封邑，以太后故，私家富重于王室。及穰侯为秦将，且欲越韩、魏而伐齐纲寿，欲以广其陶封。范雎乃上书曰：

臣闻明主立政，有功者不得不赏，有能者不得不官，劳大者其禄厚，功多者其爵尊，能治众者其官大。故无能者不敢当职焉，有能者亦不得蔽隐。使以臣之言为可，愿行而益利其道；以臣之言为不可，久留臣无为也。语曰："庸主赏所爱而罚所恶；明主则不然，赏必加于有功，而刑必断于有罪。"今臣之胸不足以当椹质，而要不足以待斧钺，岂敢以疑事尝试于王哉！虽以臣为贱人而轻辱，独不重任臣者之无反复于王邪？

且臣闻周有砥砨，宋有结绿，梁有县藜，楚有和朴，此四宝者，土之所生，良工之所失也，而为天下名器。然则圣王之所弃者，独不足以厚国家乎？

臣闻善厚家者取之于国，善厚国者取之于诸侯。天下有明主则诸侯不得擅厚者，何也？为其割荣也。良医知病人之死生，而圣主明于成败之事，利则行之，害则舍之，疑则少尝之，虽舜、禹复生，弗能改已。语之至者，臣不敢载之于书，其浅者又不足听也。意者臣愚而不概于王心邪？亡其言臣者贱而不可用乎？自非然者，臣愿得少赐游观之间，望见颜色。一语无效，请伏斧质。

于是秦昭王大说，乃谢王稽，使以传车召范雎。

于是范雎乃得见于离宫，详为不知永巷而入其中。王来，而宦者怒逐之，曰："王至！"范雎缪为曰："秦安得王，秦独有太后、穰侯耳。"欲以感怒昭王。昭王至，闻其与宦者争言，遂延迎，谢曰："寡人宜以身受命久矣，会义渠之事急，寡人旦暮自请太后；今义渠之事已，寡人乃得受命。窃闵然不敏，敬执宾主之礼。"范雎辞让。是日观范雎之见者，群臣莫不洒然变色易容者。

秦王屏左右，宫中虚无人。秦王跽而请曰："先生何以幸教寡人？"范雎曰："唯唯。"有间，秦王复跽而请曰："先生何以幸教寡人？"范雎曰："唯唯。"若是者三。秦王跽曰："先生卒不幸教寡人邪？"范雎曰："非敢然也。臣闻昔者吕尚之遇文王也，身为渔父而钓于渭滨耳。若是者，交疏也。已说而立为太师，载与俱归者，其言深也。故文王遂收功于吕尚而卒王天下。乡使文王疏吕尚而不与深言，是周无天子之德，而文、武无与成其王业也。今臣羁旅之臣也，交疏于王，而所愿陈者皆匡君之事，处人骨肉之间，愿效愚忠而未知王之心也。此所以王三问而不敢对者也。臣非有畏而不敢言也。臣知今日言之于前而明日伏诛于后，然臣不敢避也。大王信行臣之言，死不足以为臣患，亡不足以为臣忧，漆身为厉被发为狂不足以为臣耻。且以五帝之圣焉而死，三王之仁焉而死，五伯之贤焉而死，乌获、任鄙之力焉而死，成荆、孟贲、王庆忌、夏育之勇焉而死。死者，人之所必不免也。处必然之势，可以少有补于秦，此臣之所大愿也，臣又何患哉！伍子胥橐载而出昭关，夜行昼伏，至于陵水，无以糊其口，膝行蒲伏，稽首肉袒，鼓腹吹篪，乞食于吴市，卒兴吴国，阖闾为伯。使臣得尽谋如伍子胥，加之以幽囚，终身不复见，是臣之说行也,臣又何忧?箕子、接舆漆身为厉,被发为狂,无益于主。假使臣得同行于箕子,可以有补于所贤之主,是臣之大荣也,臣有何耻?臣之所恐者,独恐臣死之后,天下见臣之尽忠而身死,因以是杜口裹足,莫肯乡秦耳。足下上畏太后之严,下惑于奸臣之态,居深宫之中,不离阿保之手,终身迷惑,无与昭奸。大者宗庙灭覆,小者身以孤危,此臣之所恐耳。若夫穷辱之事,死亡之患,臣不敢畏也。臣死而秦治,是臣死贤于生。"秦王跽曰:"先生是何言也!夫秦国辟远,寡人愚不肖,先生乃幸辱至于此,是天以寡人恩先生而存先王之宗庙也。寡人得受命于先生,是天所以幸先王,而不弃其孤也。先生奈何而言若是!事无小大,上及太后,下至大臣,愿先生悉以教寡人,无疑寡人也。"范雎拜,秦王亦拜。

范雎曰:"大王之国,四塞以为固,北有甘泉、谷口,南带泾、渭,右陇、蜀,左关、阪,奋击百万,战车千乘,利则出攻,不利则入守,此王者之地也。民怯于私斗而勇于公战,此王者之民也。王并此二者而有之。夫以秦卒之勇,车骑之众,以治诸侯,譬若施卢而搏蹇兔也,霸王之业可致也,而群臣莫当其位。至今闭关十五年,不敢窥兵于山东者,是穰侯为秦谋不忠,而大王之计有所失也。"秦王跽曰:"寡人愿闻失计。"

然左右多窃听者,范雎恐,未敢言内,先言外事,以观秦王之俯仰。因进曰:"夫穰侯越韩、魏而攻齐纲、寿,非计也。少出师则不足以伤齐,多出师则害于秦。臣意王之计,欲少出师而悉韩、魏之兵也,则不义矣。今见与国之不亲也,越人之国而攻,可乎?其于计疏矣。且昔齐湣王南攻楚,破军杀将,再辟地千里,而齐尺寸之地无得焉者,岂不欲得地哉,形势不能有也。诸侯见齐之罢弊,君臣之不和也,兴兵而伐齐,大破之。士辱兵顿,皆咎其王,曰:'谁为此计者乎?'王曰:'文子为之。'大臣作乱,文子出走。故齐所以大破者,以其伐楚而肥韩、魏。此所谓借贼兵而赍盗粮者也。王不如远交而近攻,得寸则王之寸也,得尺亦王之尺也。今释此而远攻,不亦缪乎!且昔者中山之国地方五百里,赵独吞之,功成名立而利附焉,天下莫之能害也。今夫韩、魏,中国之处而天下之枢也,王其欲霸,必亲中国以为天下枢,以威楚、赵。楚强则附赵,赵强则附楚,楚、赵皆附,齐必惧矣。齐惧,必卑辞重币以事秦。齐附而韩、魏因可虏也。"昭王曰:"吾欲亲魏久矣,而魏多变之国也,寡人不能亲。请问亲魏奈何?"对曰:"王卑词重币以事之;不可,则割地而赂之;不可,因举兵而伐之。"王曰:"寡人敬闻命矣。"乃拜范雎为客卿,谋兵事。卒听范雎谋,使五大夫绾伐魏,拔怀。后二岁,拔邢丘。

客卿范雎复说昭王曰:"秦、韩之地形,相错如绣。秦之有韩也,譬如木之有蠹也,人之有心腹之病也。天下无变则已,天下有变,其为秦患者孰大于韩乎?王不如收韩。"昭王曰:"吾固欲收韩,韩不听,为之奈何?"对曰:"韩安得无听乎?王下兵而攻荥阳,则巩、成皋之道不通;北断太行之道,则上党之师不下。王一兴兵而攻荥阳,则其国断而为三。夫韩见必亡,安得不听乎?若韩听,而霸

事因可虑矣。"王曰:"善。"且欲发使于韩。

范雎日益亲,复说用数年矣,因请间说曰:"臣居山东时,闻齐之有田文,不闻其有王也;闻秦之有太后、穰侯、华阳、高陵、泾阳,不闻其有王也。夫擅国之谓王,能利害之谓王,制杀生之威之谓王。今太后擅行不顾,穰侯出使不报,华阳、泾阳等击断无讳,高陵进退不请,四贵备而国不危者,未之有也。为此四贵者下,乃所谓无王也。然则权安得不倾,令安得从王出乎?臣闻善治国者,乃内固其威而外重其权。穰侯使者操王之重,决制于诸侯,剖符于下天,政適伐国,莫敢不听。战胜攻取则利归于陶,国弊御于诸侯;战败则结怨于百姓,而祸归于社稷。诗曰'木实繁者披其枝,披其枝者伤其心;大其都者危其国,尊其臣者卑其主。'崔杼、淖齿管齐,射王股,擢王筋,县之于庙梁,宿昔而死。李兑管赵,囚主父于沙丘,百日而饿死。今臣闻秦太后、穰侯用事,高陵、华阳、泾阳佐之,卒无秦王,此亦淖齿、李兑之类也。且夫三代所以亡国者,君专授政,纵酒驰骋弋猎,不听政事。其所授者,妒贤嫉能,御下蔽上,以成其私,不为主计,而主不觉悟,故失其国。今自有秩以上至诸大吏,下及王左右,无非相国之人者。见王独立于朝,臣窃为王恐,万世之后,有秦国者非王子孙也。"昭王闻之大惧,曰:"善。"于是废太后,逐穰侯、高陵、华阳、泾阳君于关外。秦王乃拜范雎为相。收穰侯之印,使归陶。因使县官给车牛以徙,千乘有余,到关,关阅其宝器,宝器珍怪多于王室。

秦封范雎以应,号为应侯。当是时,秦昭王四十一年也。

范雎既相秦,秦号曰张禄,而魏不知,以为范雎已死久矣。魏闻秦且东伐韩、魏,魏使须贾于秦。范雎闻之,为微行,敝衣闲步之邸,见须贾。须贾见之而惊曰:"范叔固无恙乎!"范雎曰:"然。"须贾笑曰:"范叔有说于秦邪?"曰:"不也。雎前日得过于魏相,故亡逃至此,安敢说乎?"须贾曰:"今叔何事?"范雎曰:"臣为人庸赁。"须贾意哀之,留与坐饮食,曰:"范叔一寒如此哉!"乃取其一绨袍以赐之。须贾因问曰:"秦相张君,公知之乎?吾闻幸于王,天下之事皆决于相君。今吾事之去留在张君。孺子岂有客习于相君者哉?"范雎曰:"主人翁习知之。唯雎亦得谒,雎请为见君于张君。"须贾曰:"吾马病,车轴折,非大车驷马,吾不出。"范雎曰:"愿为君借大车驷马于主人翁。"

范雎归取大车驷马,为须贾御之,入秦相府。府中望见,有识者皆避匿。须贾怪之。至相舍门,谓须贾曰:"待我,我为君先入通于相君。"须贾待门下,持车良久,问门下曰:"范叔不出,何也?"门下曰:"无范叔。"须贾曰:"乡者与我载而入者。"门下曰:"乃吾相张君也。"须贾大惊,自知见卖,乃肉袒膝行,因门下人谢罪。于是范雎盛帷帐,侍者甚众,见之。须贾顿首言死罪,曰:"贾不意君能自致于青云之上,贾不敢复读天下之书,不敢复与天下之事。贾有汤镬之罪,请自屏于胡貉之地,唯君死生之!"范雎曰:"汝罪有几?"曰:"擢贾之发以续贾之罪,尚未足。"范雎曰:"汝罪有三耳。昔者楚昭王时而申包胥

为楚却吴军，楚王封之以荆五千户，包胥辞不受，为丘墓之寄于荆也。今雎之先人丘墓亦在魏，公前以雎为有外心于齐而恶雎于魏齐，公之罪一也。当魏齐辱我于厕中，公不止，罪二也。更醉而溺我，公其何忍乎？罪三矣。然公之所以得无死者，以绨袍恋恋，有故人之意，故释公。"乃谢罢。入言之昭王，罢归须贾。

须贾辞于范雎，范雎大供具，尽请诸侯使，与坐堂上，食饮甚设。而坐须贾于堂下，置莝豆其前，令两黥徒夹而马食之，数曰："为我告魏王，急持魏齐头来！不然者，我且屠大梁。"须贾归，以告魏齐。魏齐恐，亡走赵，匿平原君所。

范雎既相，王稽谓范雎曰："事有不可知者三，有不可奈何者亦三。宫车一日晏驾，是事之不可知者一也。君卒然捐馆舍，是事之不可知者二也。使臣卒然填沟壑，是事之不可知者三也。宫车一日晏驾，君虽恨于臣，无可奈何。君卒然捐馆舍，君虽恨于臣，亦无可奈何。使臣卒然填沟壑，君虽恨于臣，亦无可奈何。"范雎不怿，乃入言于王曰："非王稽之忠，莫能内臣于函谷关；非大王之贤圣，莫能贵臣。今臣官至于相，爵在列侯，王稽之官尚止于谒者，非其内臣之意也。"昭王召王稽，拜为河东守，三岁不上计。又任郑安平，昭王以为将军。范雎于是散家财物，尽以报所尝困厄者。一饭之德必偿，睚眦之怨必报。

范雎相秦二年，秦昭王之四十二年，东伐韩少曲、高平，拔之。

秦昭王闻魏齐在平原君所，欲为范雎必报其仇，乃详为好书遗平原君曰："寡人闻君之高义，愿与君为布衣之友。君幸过寡人，寡人愿与君为十日之饮。"平原君畏秦，且以为然，而入秦见昭王。昭王与平原君饮数日，昭王谓平原君曰："昔周文王得吕尚以为太公，齐桓公得管夷吾以为仲父，今范君亦寡人之叔父也。范君之仇在君之家，愿使人归取其头来；不然，吾不出君于关。"平原君曰："贵而为交者，为贱也；富而为交者，为贫也。夫魏齐者，胜之友也，在，固不出也；今又不在臣所。"昭王乃遗赵王书曰："王之弟在秦，范君之仇魏齐在平原君之家。王使人疾持其头来；不然，吾举兵而伐赵，又不出王之弟于关。"赵孝成王乃发卒围平原君家，急，魏齐夜亡出，见赵相虞卿。虞卿度赵王终不可说，乃解其相印，与魏齐亡，间行，念诸侯莫可以急抵者，乃复走大梁，欲因信陵君以走楚。信陵君闻之，畏秦，犹豫未肯见，曰："虞卿何如人也？"时侯嬴在旁，曰："人固未易知，知人亦未易也。夫虞卿蹑屩檐簦，一见赵王，赐白璧一双，黄金百镒；再见，拜为上卿；三见，卒受相印，封万户侯。当此之时，天下争知之。夫魏齐穷困过虞卿，虞卿不敢重爵禄之尊，解相印，捐万户侯而间行。急士之穷而归公子，公子曰'何如人'。人固不易知，知人亦未易也！"信陵君大惭，驾如野迎之。魏齐闻信陵君之初难见之，怒而自刭。赵王闻之，卒取其头予秦，秦昭王乃出平原君归赵。

归王四十三年，秦攻韩汾陉，拔之，因城河上广武。

后五年，昭王用应侯谋，纵反间卖赵，赵以其故，令马服子代廉颇将。秦大破赵于长平，遂围邯郸。已而与武安君白起有隙，言而杀之。任郑安平，使将击赵。郑安平为赵所困，急，以兵二万人降赵。应侯席稿请罪。秦之法，任人而所任不善者，各以其罪罪之。于是应侯罪当收三族。秦昭王恐伤应侯之意，乃下令国中："有敢言郑安平事者，以其罪罪之。"而加赐相国应侯食物日益厚，以顺适其意。后二岁，王稽为河东守，与诸侯通，坐法诛。而应侯日益以不怿。

昭王临朝叹息，应侯进曰："臣闻'主忧臣辱，主辱臣死'。今大王中朝而忧，臣敢请其罪。"昭王曰："吾闻楚之铁剑利而倡优拙。夫铁剑利则士勇，倡优拙则思虑远。夫以远思虑而御勇士，吾恐楚之图秦也。夫物不素具，不可以应卒。今武安君既死，而郑安平等畔，内无良将而外多敌国，吾是以忧。"欲以激励应侯。应侯惧，不知所出。蔡泽闻之，往入秦也。

蔡泽者，燕人也。游学于诸侯小大甚众，不遇。而从唐举相，曰："吾闻先生相李兑，曰'百日之内持国秉'，有之乎？"曰："有之。"曰："若臣者何如？"唐举孰视而笑曰："先生曷鼻，巨肩，魋颜，蹙齃，膝挛。吾闻圣人不相，殆先生乎？"蔡泽知唐举戏之，乃曰："富贵吾所自有，吾所不知者寿也，愿闻之。"唐举曰："先生之寿，从今以往者四十三岁。"蔡泽笑谢而去，谓其御者曰："吾持粱刺齿肥，跃马疾驱，怀黄金之印，结紫绶于要，揖让人主之前，食肉富贵，四十三年足矣。"去之赵，见逐。之韩、魏，遇夺釜鬲于涂。闻应侯任郑安平、王稽皆负重罪于秦，应侯内惭，蔡泽乃西入秦。

将见昭王，使人宣言以感怒应侯曰："燕客蔡泽，天下雄俊弘辩智士也。彼一见秦王，秦王必困君而夺君之位。"应侯闻，曰："五帝三代之事，百家之说，吾既知之，众口之辩，吾皆摧之，是恶能困我而夺我位乎？"使人召蔡泽。蔡泽入，则揖应侯。应侯固不快，及见之，又倨，应侯因让之曰："子尝宣言欲代我相秦，宁有之乎？"对曰："然。"应侯曰："请闻其说。"蔡泽曰："吁，君何见之晚也！夫四时之序，成功者去。夫人生百体坚强，手足便利，耳目聪明而心圣智，岂非士之愿与？"应侯曰："然。"蔡泽曰："质仁秉义，行道施德，得志于天下，天下怀乐敬爱而尊慕之，皆愿以为君王，岂不辩智之期与？"应侯曰："然。"蔡泽复曰："富贵显荣，成理万物，使各得其所；性命寿长，终其天年而不夭伤；天下继其统，守其业，传之无穷；名实纯粹，泽流千里，世世称之而无绝，与天地终始。岂道德之符而圣人所谓吉祥善事者与？"应侯曰："然。"

蔡泽曰："若夫秦之商君，楚之吴起，越之大夫种，其卒然亦可愿与？"应侯知蔡泽之欲困己以说，复谬曰："何为不可？夫公孙鞅之事孝公也，极身无贰虑，尽公而不顾私；设刀锯以禁奸邪，信赏罚以致治。披腹心，示情素，蒙怨咎，欺旧友，夺魏公子卬，安秦社稷，利百姓，卒为秦禽将破敌，攘地千里。吴起之事悼王也，使私不得害公，谗不得蔽忠，言不取苟合，行不取苟容，不为危易行，行义不辟难，然为霸主强国，不辞祸凶。大夫种之事越王也，主虽困辱，悉忠而不解，主虽绝亡，尽能而弗离，成功而弗矜，富贵而不骄怠。若此三子者，固义之至也，忠之节也。是故君子以义死难，视死如归，生而辱不如死而荣。士固有杀身以成名，唯义之所在，虽死无所恨。何为不可哉？"

蔡泽曰："主圣臣贤，天下之盛福也；君明臣直，国之福也；父慈子孝，夫信妻贞，家之福也。故比干忠而不能存殷，子胥智而不能完吴，申生孝而晋国乱。是皆有忠臣孝子，而国家灭乱者，何也？无明君贤父以听之，故天下以其君父为僇辱而怜其臣子。今商君、吴起、大夫种之为人臣，是也；其君，非也。故世称三子致功而不见德，岂慕不遇世死乎？夫待死而后可以立忠成名，是微子不足仁，孔子不足圣，管仲不足大也。夫人之立功，岂不期于成全邪？身与名俱全者，上也。名可法而身死者，其次也。名在僇辱而身全者，下也。"于是应侯称善。

蔡泽少得间，因曰："夫商君、吴起、大夫种，其为人臣尽忠致功则可愿矣，闳夭事文王，周公辅成王也，岂不亦忠圣乎？以君臣论之，商君、吴起、大夫种其可愿孰与闳夭、周公哉？"应侯曰："商君、吴起、大夫种弗若也。"蔡泽曰："然则君之主慈仁任忠，惇厚旧故，其贤智与有道之士为胶漆，义不倍功臣，孰与秦孝公、楚悼王、越王乎？"应侯曰："未知何如也。"蔡泽曰："今主亲忠臣，不过秦孝公、楚悼王、越王。君之设智，能为主安危修政，治乱强兵，批患折难，广地殖谷，富国足家，强主，尊社稷，显宗庙，天下莫敢犯欺其主，主之威盖震海内，功彰万里之外，声名光辉传于千世，君孰与商君、吴起、大夫种？"应侯曰："不若。"蔡泽曰："今主之亲忠臣不忘旧故不若孝公、悼王、勾践，而君之功绩爱信亲幸又不若商君、吴起、大夫种，然而君之禄位贵盛，私家之富过于三子，而身不退者，恐患之甚于三子，窃为君危之。语曰'日中则移，月满则亏'。物盛则衰，天地之常数也。进退盈缩，与时变化，圣人之常道也。故'国有道则仕，国无道则隐'。圣人曰'飞龙在天，利见大人'。'不义而富且贵，于我如浮云'。今君之怨已雠而德已报，意欲至矣，而无变计，窃为君不取也。

"且夫翠、鹄、犀、象，其处势非不远死也，而所以死者，惑于饵也。苏秦、智伯之智，非不足以辟辱远死也，而所以死者，惑于贪利不止也。是以圣人制礼节欲，取于民有度，使之以时，用之有止，故志不溢，行不骄，常与道俱而不失，故天下承而不绝。昔者齐桓公九合诸侯，一匡天下，至于葵丘之会，有骄矜之志，畔者九国。吴王夫差兵无敌于天下，勇强以轻诸侯，陵齐、晋，故遂以杀身亡国。夏育、太史噭叱呼骇三军，然而身死于庸夫。此皆乘至盛而不返道理，不居卑退处俭约之患也。夫商君为秦孝公明法令，禁奸本，尊爵必赏，有罪必罚，平权衡，正度量，调轻重，决裂阡陌，以静生民之业而一其俗，劝民耕农利土，一室无二事，力田蓄积，习战陈之事，是以兵动而地广，兵休而国富，故秦无敌于天下，立威诸侯，成秦国之业。功已成矣，而遂以车裂。楚地方数千里，持戟百万，白起率数万之师以与楚战，一战举鄢、郢以烧夷陵，

再战南并蜀、汉，又越韩、魏而攻强赵，北坑马服，诛屠四十余万之众，尽之于长平之下，流血成川，沸声若雷，遂入围邯郸，使秦有帝业。楚、赵天下之强国而秦之仇敌也。自是之后，楚、赵皆慑伏不敢攻秦者，白起之势也。身所服者七十余城，功已成矣，而遂赐剑死于杜邮。吴起为楚悼王立法，卑减大臣之威重，罢无能，废无用，损不急之官，塞私门之请，一楚国之俗，禁游客之民，精耕战之士，南收杨越，北并陈、蔡，破横散从，使驰说之士无所开其口，禁朋党以励百姓，定楚国之政，兵震天下，威服诸侯。功已成矣，而卒枝解。大夫种为越王深谋远计，免会稽之危，以亡为存，因辱为荣，垦草入邑，辟地殖谷，率四方之士，专上下之力，辅勾践之贤，报夫差之仇，卒擒劲吴，令越成霸。功已彰而信矣，勾践终负而杀之。此四子者，功成不去，祸至于此。此所谓信而不能诎，往而不能返者也。范蠡知之，超然辟世，长为陶朱公。君独不观夫博者乎？或欲大投，或欲分功，此皆君之所明知也。

"今君相秦，计不下席，谋不出廊庙，坐制诸侯，利施三川，以实宜阳，决羊肠之险，塞太行之道，又斩范、中行之涂，六国不得合从，栈道千里，通于蜀、汉，使天下皆畏秦，秦之欲得矣，君之功极矣，此亦秦之分功之时也。如是而不退，则商君、白公、吴起、大夫种是也。吾闻之，'鉴于水者见面之容，鉴于人者知吉与凶'。《书》曰'成功之下，不可久处'。四子之祸，君何居焉？君何不以此时归相印，让贤者而授之，退而岩居川观，必有伯夷之廉，长为应侯，世世称孤，而有许由、延陵季子之让，乔松之寿，孰与以祸终哉？即君何居焉？忍不能自离，疑不能自决，必有四子之祸矣。《易》曰'亢龙有悔'，此言上而不能下，信而不能诎，往而不能自返者也。愿君孰计之！"

应侯曰："善。吾闻'欲而不知止，失其所以欲；有而不知足，失其所以有'。先生幸教，雎敬受命。"于是乃延入坐，为上客。

后数日，入朝，言于秦昭王曰："客新有从山东来者曰蔡泽，其人辩士，明于三王之事，五伯之业，世俗之变，足以寄秦国之政。臣之见人甚众，莫及，臣不如也。臣敢以闻。"秦昭王召见，与语，大说之，拜为客卿。

应侯因谢病请归相印。昭王强起应侯，应侯遂称病笃。范雎免相，昭王新说蔡泽计画，遂拜为秦相，东收周室。

蔡泽相秦数月，人或恶之，惧诛，乃谢病归相印，号为纲成君。居秦十余年，事昭王、孝文王、庄襄王。卒事始皇帝，为秦使于燕，三年而燕使太子丹入质于秦。

太史公曰：韩子称"长袖善舞，多钱善贾"，信哉是言也！范雎、蔡泽世所谓一切辩士，然游说诸侯至白首无所遇者，非计策之拙，所为说力少也。及二人羁旅入秦，继踵取卿相，垂功于天下者，固强弱之势异也。然士亦有偶合，贤者多如此二子，不得尽意，岂可胜道哉！然二子不困厄，恶能激乎？

卷八十　　乐毅列传第二十

乐毅者，其先祖曰乐羊。乐羊为魏文侯将，伐取中山，魏文侯封乐羊以灵寿。乐羊死，葬于灵寿，其后子孙因家焉。中山复国，至赵武灵王时复灭中山，而乐氏后有乐毅。

乐毅贤，好兵，赵人举之。及武灵王有沙丘之乱，乃去赵适魏。闻燕昭王以子之之乱而齐大败燕，燕昭王怨齐，未尝一日而忘报齐也。燕国小，僻远，力不能制，于是屈身下士，先礼郭隗以招贤者。乐毅于是为魏昭王使于燕，燕王以客礼待之。乐毅辞让，遂委质为臣，燕昭王以为亚卿，久之。

当是时，齐湣王强，南败楚将唐眛于重丘，西摧三晋于观津，遂与三晋击秦，助赵灭中山，破宋，广地千馀里。与秦昭王争重为帝，已而复归之。诸侯皆欲背秦而服于齐。湣王自矜，百姓弗堪。于是燕昭王问伐齐之事。乐毅对曰："齐，霸国之馀业也，地大人众，未易独攻也。王必欲伐之，莫如与赵及楚、魏。"于是使乐毅约赵惠文王，别使连楚、魏，令赵啗秦以伐齐之利。诸侯害齐湣王之骄暴，皆争合从与燕伐齐。

乐毅还报，燕昭王悉起兵，使乐毅为上将军，赵惠文王以相国印授乐毅。乐毅于是并护赵、楚、韩、魏、燕之兵以伐齐，破之济西。诸侯兵罢归，而燕军乐毅独追，至于临淄。齐湣王之败济西，亡走，保于莒。乐毅独留徇齐，齐皆城守。乐毅攻入临淄，尽取齐宝财物祭器输之燕。燕昭王大说，亲至济上劳军，行赏飨士，封乐毅于昌国，号为昌国君。于是燕昭王收齐卤获以归，而使乐毅复以兵平齐城之不下者。

乐毅留徇齐五岁，下齐七十馀城，皆为郡县以属燕，唯独莒、即墨未服。会燕昭王死，子立为燕惠王。惠王自为太子时尝不快于乐毅，及即位，齐之田单闻之，乃纵反间于燕曰："齐城不下者两城耳。然所以不早拔者，闻乐毅与燕新王有隙，欲连兵且留齐，南面而王齐。齐之所患，唯恐他将之来。"于是燕惠王固已疑乐毅，得齐反间，乃使骑劫代将，而召乐毅。乐毅知燕惠王之不善代之，畏诛，遂西降赵。赵封乐毅于观津，号曰望诸君。尊宠乐毅以警动于燕、齐。齐田单后与骑劫战，果设诈诳燕军，遂破骑劫于即墨下，而转战逐燕，北至河上，尽复得齐城，而迎襄王于莒，入于临淄。

燕惠王后悔使骑劫代乐毅，以故破军亡将失齐；又怨乐毅之降赵，恐赵用乐毅而乘燕之弊以伐燕。燕惠王乃使人让乐毅，且谢之曰："先王举国而委将军，将军为燕破齐，报先王之仇，天下莫不震动，寡人岂敢一日而忘将军之功哉！会先王弃群臣，寡人新即位，左右误寡人。寡人之使骑劫代将军，为将军久暴露于外，故召将军且休，计事。将军过听，以与寡人有隙，遂捐燕归赵。将军自为计则可矣，而亦何以报先王之所以遇将军之意乎？"乐毅报遗燕惠王书曰：

"臣不佞，不能奉承王命，以顺左右之心。恐伤先王之明，有害足下之义，故遁逃走赵。今足下使人数之以罪，臣恐侍御者不察先王之所以畜幸臣之理，又不白臣之所以事先王之心，故敢以书对。

臣闻贤圣之君不以禄私亲，其功多者赏之，其能当者处之。故察能而授官者，成功之君也；论行而结交者，立名之士也。臣窃观先王之举也，见有高世主之心，故假节于魏，以身得察于燕。先王过举，厕之宾客之中，立之群臣之上，不谋父兄，以为亚卿。臣窃不自知，自以为奉令承教，可幸无罪，故受令而不辞。

先王命之曰：'我有积怨深怒于齐，不量轻弱，而欲以齐为事。'臣曰：'夫齐，霸国之馀业而最胜之遗事也。练于兵甲，习于战攻。王若欲伐之，必与天下图之。与天下图之，莫若结于赵。且又淮北、宋地，楚、魏之所欲也。赵若许约四国攻之，齐可大破也。'先王以为然，具符节南使臣于赵。顾反命，起兵击齐。以天之道，先王之灵，河北之地随先王而举之济上。济上之军受命击齐，大败齐人。轻卒锐兵，长驱至国。齐王遁而走莒，仅以身免；珠玉财宝车甲珍器尽收入于燕。齐器设于宁台，大吕陈于元英，故鼎反乎磨室，蓟丘之植植于汶篁，自五伯以来，功未有及先王者也。先王以为慊于志，故裂地而封之，使得比小国诸侯。臣窃不自知，自以为奉命承教，可幸无罪，是以受命不辞。

臣闻贤圣之君，功立而不废，故著于《春秋》；蚤知之士，名成而不毁，故称于后世。若先王之报怨雪耻，夷万乘之强国，收八百岁之蓄积，及至弃群臣之日，馀教未衰，执政任事之臣，修法令，慎庶孽，施及乎萌隶，皆可以教后世。

臣闻之，善作者不必善成，善始者不必善终。昔伍子胥说听乎阖闾，而吴王远迹至郢；夫差弗是也，赐之鸱夷而浮之江。吴王不寤先论之可以立功，故沉子胥而不悔；子胥不蚤见主之不同量，是以至于入江而不化。

夫免身立功，以明先王之迹，臣之上计也。离毁辱之诽谤，堕先王之名，臣之所大恐也。临不测之罪，以幸为利，义之所不敢出也。

臣闻古之君子，交绝不出恶声；忠臣去国，不絜其名。

臣虽不佞，数奉教于君子矣。恐侍御者之亲左右之说，不察疏远之行，故敢献书以闻，唯君王之留意焉。"

于是燕王复以乐毅子乐间为昌国君；而乐毅往来复通燕，燕、赵以为客卿。乐毅卒于赵。

乐间居燕三十馀年，燕王喜用其相栗腹之计，欲攻赵，而问昌国君乐间。乐间曰："赵，四战之国也，其民习兵，伐之不可。"燕王不听，遂伐赵。赵使廉颇击之，大破栗腹之军于鄗，禽栗腹、乐乘。乐乘者，乐间之宗也。于是乐间奔赵，赵遂围燕。燕重割地以与赵和，赵乃解而去。

燕王恨不用乐间,乐间既在赵,乃遗乐间书曰:"纣之时,箕子不用,犯谏不怠,以冀其听;商容不达,身祗辱焉,以冀其变。及民志不入,狱囚自出,然后二子退隐。故纣负桀暴之累,二子不失忠圣之名。何得?其忧患之尽矣。今寡人虽愚,不若纣之暴也;燕民虽乱,不若殷民之甚也。室有语,不相尽,以告邻里。二者,寡人不为君取也。"

乐间、乐乘怨燕不听其计,二人卒留赵。赵封乐乘为武襄君。

其明年,乐乘、廉颇为赵围燕,燕重礼以和,乃解。

后五岁,赵孝成王卒。襄王使乐乘代廉颇。廉颇攻乐乘,乐乘走,廉颇亡入魏。其后十六年而秦灭赵。

其后二十余年,高帝过赵,问:"乐毅有后世乎?"对曰:"有乐叔。"高帝封之乐卿,号曰华成君。华成君,乐毅之孙也。而乐氏之族有乐瑕公、乐臣公,赵且为秦所灭,亡之齐高密。乐臣公善修黄帝、老子之言,显闻于齐,称贤师。

太史公曰:始齐之蒯通及主父偃读乐毅之报燕王书,未尝不废书而泣也。乐臣公学黄帝、老子,其本师号曰河上丈人,不知其所出。河上丈人教安期生,安期生教毛翕公,毛翕公教乐瑕公,乐瑕公教乐臣公,乐臣公教盖公。盖公教于齐高密、胶西,为曹相国师。

卷八十一
廉颇蔺相如列传第二十一

廉颇者,赵之良将也。赵惠文王十六年,廉颇为赵将,伐齐,大破之,取阳晋,拜为上卿,以勇气闻于诸侯。

蔺相如者,赵人也,为赵宦者令缪贤舍人。

赵惠文王时,得楚和氏璧。秦昭王闻之,使人遗赵王书,愿以十五城请易璧。赵王与大将军廉颇诸大臣谋:欲予秦,秦城恐不可得,徒见欺;欲勿予,即患秦兵之来。计未定,求人可使报秦者,未得。宦者令缪贤曰:"臣舍人蔺相如可使。"王问:"何以知之?"对曰:"臣尝有罪,窃计欲亡走燕,臣舍人相如止臣曰:'君何以知燕王?'臣语曰:'臣尝从大王与燕王会境上,燕王私握臣手,曰"愿结友"。以此知之,故欲往。'相如谓臣曰:'夫赵强而燕弱,而君幸于赵王,故燕王欲结于君。今君乃亡赵走燕,燕畏赵,其势必不敢留君,而束君归赵矣。君不如肉袒伏斧质请罪,则幸得脱矣。'臣从其计,大王亦幸赦臣。臣窃以为其人勇士,有智谋,宜可使。"于是王召见,问蔺相如曰:"秦王以十五城请易寡人之璧,可予不?"相如曰:"秦强而赵弱,不可不许。"王曰:"取吾璧,不予我城,奈何?"相如曰:"秦以城求璧而赵不许,曲在赵。赵予璧而秦不予赵城,曲在秦。均之二策,宁许以负秦曲。"王曰:"谁可使者?"相如曰:"王必无人,臣愿奉璧往使。城入赵而璧留秦;城不入,臣请完璧归赵。"赵王于是遂遣相如奉璧西入秦。

秦王坐章台见相如,相如奉璧奏秦王。秦王大喜,传以示美人及左右,左右皆呼万岁。相如视秦王无意偿赵城,乃前曰:"璧有瑕,请指示王。"王授璧,相如因持璧却立,倚柱,怒发上冲冠,谓秦王曰:"大王欲得璧,使人发书至赵王,赵王悉召群臣议,皆曰'秦贪,负其强,以空言求璧,偿城恐不可得'。议不欲予秦璧。臣以为布衣之交尚不相欺,况大国乎!且以一璧之故逆强秦之欢,不可。于是赵王乃斋戒五日,使臣奉璧,拜送书于庭。何者?严大国之威以修敬也。今臣至,大王见臣列观,礼节甚倨;得璧,传之美人,以戏弄臣。臣观大王无意偿赵王城邑,故臣复取璧。大王必欲急臣,臣头今与璧俱碎于柱矣!"相如持其璧睨柱,欲以击柱。秦王恐其破璧,乃辞谢,固请,召有司案图,指从此以往十五都予赵。相如度秦王特以诈详为予赵城,实不可得,乃谓秦王曰:"和氏璧,天下所共传宝也,赵王恐,不敢不献。赵王送璧时,斋戒五日,今大王亦宜斋戒五日,设九宾于廷,臣乃敢上璧。"秦王度之,终不可强夺,遂许斋五日,舍相如广成传。相如度秦王虽斋,决负约不偿城,乃使其从者衣褐,怀其璧,从径道亡,归璧于赵。

秦王斋五日后,乃设九宾礼于廷,引赵使者蔺相如。相如至,谓秦王曰:"秦自穆公以来二十馀君,未尝有坚明约束者也。臣诚恐见欺于王而负赵,故令人持璧归,间至赵矣。且秦强而赵弱,大王遣一介之使至赵,赵立奉璧来。今以秦之强而先割十五都予赵,赵岂敢留璧而得罪于大王乎?臣知欺大王之罪当诛,臣请就汤镬,唯大王与群臣孰计议之。"秦王与群臣相视而嘻。左右或欲引相如去,秦王因曰:"今杀相如,终不能得璧也,而绝秦、赵之欢,不如因而厚遇之,使归赵,赵王岂以一璧之故欺秦邪!"卒廷见相如,毕礼而归之。

相如既归,赵王以为贤大夫,使不辱于诸侯,拜相如为上大夫。秦亦不以城予赵,赵亦终不予秦璧。

其后秦伐赵,拔石城。明年,复攻赵,杀二万人。

秦王使使者告赵王,欲与王为好会于西河外渑池。赵王畏秦,欲毋行。廉颇、蔺相如计曰:"王不行,示赵弱且怯也。"赵王遂行,相如从。廉颇送至境,与王诀曰:"王行,度道里会遇之礼毕,还,不过三十日。三十日不还,则请立太子为王,以绝秦望。"王许之,遂与秦王会渑池。秦王饮酒酣,曰:"寡人窃闻赵王好音,请奏瑟。"赵王鼓瑟。秦御史前书曰:"某年月日,秦王与赵王会饮,令赵王鼓瑟。"蔺相如前曰:"赵王窃闻秦王善为秦声,请奏盆缻秦王,以相娱乐。"秦王怒,不许。于是相如前进缻,因跪请秦王。秦王不肯击缻。相如曰:"五步之内,相如请得以颈血溅大王矣!"左右欲刃相如,相如张目叱之,左右皆靡。于是秦王不怿,为一击缻。相如顾召赵御史书曰:"某年月日,秦王为赵王击缻。"秦之群臣曰:"请以赵十五城为秦王寿"。蔺相如亦曰:"请以秦之咸阳为赵王寿。"秦王竟酒,终不能加胜于赵。赵亦盛设兵以待秦,秦不敢动。

既罢归国,以相如功大,拜为上卿,位在廉颇之右。

廉颇曰："我为赵将，有攻城野战之大功，而蔺相如徒以口舌为劳，而位居我上，且相如素贱人，吾羞，不忍为之下。"宣言曰："我见相如，必辱之。"相如闻，不肯与会。相如每朝时，常称病，不欲与廉颇争列。已而相如出，望见廉颇，相如引车避匿。于是舍人相与谏曰："臣所以去亲戚而事君者，徒慕君之高义也。今君与廉颇同列，廉君宣恶言而君畏匿之，恐惧殊甚，且庸人尚羞之，况于将相乎！臣等不肖，请辞去。"蔺相如固止之，曰："公之视廉将军孰与秦王？"曰："不若也。"相如曰："夫以秦王之威，而相如廷叱之，辱其群臣，相如虽驽，独畏廉将军哉？顾吾念之，强秦之所以不敢加兵于赵者，徒以吾两人在也。今两虎共斗，其势不俱生。吾所以为此者，以先国家之急而后私仇也。"廉颇闻之，肉袒负荆，因宾客至蔺相如门谢罪。曰："鄙贱之人，不知将军宽之至此也。"卒相与欢，为刎颈之交。

是岁，廉颇东攻齐，破其一军。居二年，廉颇复伐齐、几，拔之。后三年，廉颇攻魏之防陵、安阳，拔之。后四年，蔺相如将而攻齐，至平邑而罢。其明年，赵奢破秦军阏与下。

赵奢者，赵之田部吏也。收租税而平原君家不肯出租，奢以法治之，杀平原君用事者九人。平原君怒，将杀奢，奢因说曰："君于赵为贵公子，今纵君家而不奉公则法削，法削则国弱，国弱则诸侯加兵，诸侯加兵，是无赵也，君安得有此富乎？以君之贵，奉公如法则上下平，上下平则国强，国强则赵固，而君为贵戚，岂轻于天下邪？"平原君以为贤，言之于王。王用之治国赋，国赋大平，民富而府库实。

秦伐韩，军于阏与。王召廉颇而问曰："可救不？"对曰："道远险狭，难救。"又召乐乘而问焉，乐乘对如廉颇言。又召问赵奢，奢对曰："其道远险狭，譬之犹两鼠斗于穴中，将勇者胜。"王乃令赵奢将，救之。

兵去邯郸三十里，而令军中曰："有以军事谏者死。"秦军军武安西，秦军鼓噪勒兵，武安屋瓦尽振。军中候有一人言急救武安，赵奢立斩之。坚壁，留二十八日不行，复益增垒。秦间来入，赵奢善食而遣之。间以报秦将，秦将大喜曰："夫去国三十里而军不行，乃增垒，阏与非赵地也。"

赵奢既已遣秦间，乃卷甲而趋之，二日一夜至，令善射者去阏与五十里而军。军垒成，秦人闻之，悉甲而至。军士许历请以军事谏，赵奢曰："内之。"许历曰："秦人不意赵师至此，其来气盛，将军必厚集其阵以待之。不然，必败。"赵奢曰："请受令。"许历曰："请就鈇质之诛。"赵奢曰："胥后令邯郸。"许历复请谏，曰："先据北山上者胜，后至者败。"赵奢许诺，即发万人趋之。秦兵后至，争山不得上，赵奢纵兵击之，大破秦军。秦军解而走，遂解阏与之围而归。

赵惠文王赐奢号为马服君，以许历为国尉。赵奢于是与廉颇、蔺相如同位。

后四年，赵惠文王卒，子孝成王立。七年，秦与赵兵相距长平，时赵奢已死，而蔺相如病笃，赵使廉颇将攻秦，秦数败赵军，赵军固壁不战。秦数挑战，廉颇不肯。赵王信秦之间。秦之间言曰："秦之所恶，独畏马服君赵奢之子赵括为将耳。"赵王因以括为将，代廉颇。蔺相如曰："王以名使括，若胶柱而鼓瑟耳。括徒能读其父书传，不知合变也。"赵王不听，遂将之。

赵括自少时学兵法，言兵事，以天下莫能当。尝与其父奢言兵事，奢不能难，然不谓善。括母问其故，奢曰："兵，死地也，而括易言之。使赵不将括即已，若必将之，破赵军者必括也。"及括将行，其母上书言于王曰："括不可使将。"王曰："何以？"对曰："始妾事其父，时为将，身所奉饭饮而进食者以十数，所友者以百数，大王及宗室所赏赐者尽以予军吏士大夫，受命之日，不问家事。今括一旦为将，东向而朝，军吏无敢仰视之者，王所赐金帛，归藏于家，而日视便利田宅可买者买之。王以为何如其父？父子异心，愿王勿遣。"王曰："母置之，吾已决矣。"括母因曰："王终遣之，即有如不称，妾得无随坐乎？"王许诺。

赵括既代廉颇，悉更约束，易置军吏。秦将白起闻之，纵奇兵，佯败走，而绝其粮道，分断其军为二。士卒离心，四十余日，军饿，赵括出锐卒自搏战，秦军射杀赵括。括军败，数十万之众遂降秦，秦悉坑之。赵前后所亡凡四十五万。明年，秦兵遂围邯郸，岁余，几不得脱。赖楚、魏诸侯来救，乃得解邯郸之围。赵王亦以括母先言，竟不诛也。

自邯郸围解五年，而燕用栗腹之谋，曰"赵壮者尽于长平，其孤未壮"，举兵击赵。赵使廉颇将，击，大破燕军于鄗，杀栗腹，遂围燕。燕割五城请和，乃听之。赵以尉文封廉颇为信平君，为假相国。

廉颇之免长平归也，失势之时，故客尽去。及复用为将，客又复至。廉颇曰："客退矣！"客曰："吁！君何见之晚也？夫天下以市道交，君有势，我则从君，君无势则去，此固其理也，有何怨乎？"居六年，赵使廉颇伐魏之繁阳，拔之。

赵孝成王卒，子悼襄王立，使乐乘代廉颇，廉颇怒，攻乐乘，乐乘走。廉颇遂奔魏之大梁。其明年，赵乃以李牧为将而攻燕，拔武遂、方城。

廉颇居梁，久之，魏不能信用。赵以数困于秦兵，赵王思复得廉颇，廉颇亦思复用于赵。赵王使使者视廉颇尚可用否，廉颇之仇郭开多与使者金，令毁之。赵使者既见廉颇，廉颇为之一饭斗米，肉十斤，被甲上马，以示尚可用。赵使还报王曰："廉将军虽老，尚善饭，然与臣坐，顷之三遗矢矣。"赵王以为老，遂不召。

楚闻廉颇在魏，阴使人迎之。廉颇一为楚将，无功，曰："我思用赵人。"廉颇卒死于寿春。

李牧者，赵之北边良将也。常居代雁门，备匈奴。以便宜置吏，市租皆输入莫府，为士卒费。日击数牛飨士，习射骑，谨烽火，多间谍，厚遇战士。为约曰："匈奴即入盗，急入收保，有敢捕虏者斩。"匈奴每入，烽火谨，辄入收保，不敢战。如是数岁，亦不亡失。然匈奴以李牧为怯，虽赵边兵亦以为吾将怯。赵王让李牧，李牧如故。赵王怒，召之，使他人代将。

岁馀，匈奴每来，出战。出战，数不利，失亡多，边不得田畜。复请李牧。牧杜门不出，固称疾。赵王乃复强使将兵。牧曰："王必用臣，臣如前，乃敢奉令。"王许之。

李牧至，如故约。匈奴数岁无所得。终以为怯。边士日得赏赐而不用，皆愿一战。于是乃具选车得千三百乘，选骑得万三千匹，百金之士五万人，彀者十万人，悉勒习战。大纵畜牧，人民满野。匈奴小入，佯北不胜，以数千人委之。单于闻之，大率众来入。李牧多为奇陈，张左右翼击之，大破杀匈奴十馀万骑。灭襜褴，破东胡，降林胡，单于奔走。其后十馀岁，匈奴不敢近赵边城。

赵悼襄王元年，廉颇既亡入魏，赵使李牧攻燕，拔武遂、方城。居二年，庞煖破燕军，杀剧辛。后七年，秦破杀赵将扈辄于武遂，斩首十万。赵乃以李牧为大将军，击秦军于宜安，大破秦军，走秦将桓齮。封李牧为武安君。居三年，秦攻番吾，李牧击破秦军。南距韩、魏。

赵王迁七年，秦使王翦攻赵，赵使李牧、司马尚御之。秦多与赵王宠臣郭开金，为反间，言李牧、司马尚欲反。赵王乃使赵葱及齐将颜聚代李牧。李牧不受命，赵使人微捕得李牧，斩之。废司马尚。后三月，王翦因急击赵，大破杀赵葱，虏赵王迁及其将颜聚，遂灭赵。

太史公曰：知死必勇，非死者难也，处死者难。方蔺相如引璧睨柱，及叱秦王左右，势不过诛，然士或怯懦而不敢发。相如一奋其气，威信敌国；退而让颇，名重太山。其处智勇，可谓兼之矣！

卷八十二　　田单列传第二十二

田单者，齐诸田疏属也。湣王时，单为临菑市掾，不见知。及燕使乐毅伐破齐，齐湣王出奔，已而保莒城。燕师长驱平齐，而田单走安平，令其宗人尽断其车轴末而傅铁笼。已而燕军攻安平，城坏，齐人走，争涂，以轊折车败，为燕所虏，唯田单宗人以铁笼故得脱，东保即墨。

燕既尽降齐城，唯独莒、即墨不下。燕军闻齐王在莒，并兵攻之。淖齿既杀湣王于莒，因坚守，距燕军，数年不下。燕引兵东围即墨，即墨大夫出与战，败死。城中相与推田单，曰："安平之战，田单宗人以铁笼得全，习兵。"立以为将军，以即墨拒燕。

顷之，燕昭王卒，惠王立，与乐毅有隙。田单闻之，乃纵反间于燕，宣言曰："齐王已死，城之不拔者二耳。乐毅畏诛而不敢归，以伐齐为名，实欲连兵南面而王齐。齐人未附，故且缓攻即墨以待其事。齐人所惧，唯恐他将之来，即墨残矣。"燕王以为然，使骑劫代乐毅。

乐毅因归赵，燕人士卒忿。而田单乃令城中人食必祭其先祖于庭，飞鸟悉翔舞城中下食。燕人怪之。田单因宣言曰："神来下教我。"乃令城中人曰："当有神人为我师。"有一卒曰："臣可以为师乎？"因反走。田单乃起，引还，东乡坐，师事之。卒曰："臣欺君，诚无能也。"田单曰："子勿言也！"因师之。每出约束，必称神师。乃宣言曰："吾唯惧燕军之劓所得齐卒，置之前行，与我战，即墨败矣。"燕人闻之，如其言。城中人见齐诸降者尽劓，皆怒，坚守，唯恐见得。单又纵反间曰："吾惧燕人掘吾城外冢墓，僇先人，可为寒心。"燕军尽掘垄墓，烧死人。即墨人从城上望见，皆涕泣，俱欲出战，怒自十倍。

田单知士卒之可用，乃身操版插，与士卒分功，妻妾编于行伍之间，尽散饮食飨士。令甲卒皆伏，使老弱女子乘城，遣使约降于燕，燕军皆呼万岁。田单又收民金，得千溢，令即墨富豪遗燕将，曰："即墨即降，愿无虏掠吾族家妻妾，令安堵。"燕将大喜，许之。燕军由此益懈。

田单乃收城中得千馀牛，为绛缯衣，画以五彩龙文，束兵刃于其角，而灌脂束苇于尾，烧其端。凿城数十穴，夜纵牛，壮士五千人随其后。牛尾热，怒而奔燕军，燕军夜大惊。牛尾炬火光明炫耀，燕军视之皆龙文，所触尽死伤。五千人因衔枚击之，而城中鼓噪从之，老弱皆击铜器为声，声动天地。燕军大骇，败走。齐人遂夷杀其将骑劫。燕军扰乱奔走，齐人追亡逐北，所过城皆畔燕而归田单，兵日益多。乘胜，燕日败亡，卒至河上，而齐七十馀城皆复为齐。乃迎襄王于莒，入临菑而听政。

襄王封田单，号曰安平君。

太史公曰：兵以正合，以奇胜。善之者，出奇无穷。奇正还相生，如环之无端。夫始如处女，适人开户；后如脱兔，适不及距：其田单之谓邪！

初，淖齿之杀湣王也，莒人求湣王子法章，得之太史嬓之家，为人灌园。嬓女怜而善遇之。后法章私以情告女，女遂与通。及莒人共立法章为齐王，以莒距燕，而太史氏女遂为后，所谓"君王后"也。

燕之初入齐，闻画邑人王蠋贤，令军中曰"环画邑，三十里无入"，以王蠋之故。已而使人谓蠋曰："齐人多高子之义，吾以子为将，封子万家。"蠋固谢。燕人曰："子不听，吾引三军而屠画邑。"王蠋曰："忠臣不事二君，贞女不更二夫。齐王不听吾谏，故退而耕于野。国既破亡，吾不能存；今又劫之以兵为君将，是助桀为暴也。与其生而无义，固不如烹！"遂经其颈于树枝，自奋绝脰而死。齐亡大夫闻之，曰："王蠋，布衣也，义不北面于燕，况在位食禄者乎！"乃相聚如莒，求诸子，立为襄王。

卷八十三　　鲁仲连邹阳列传第二十三

鲁仲连者，齐人也。好奇伟俶傥之画策，而不肯仕宦任职，好持高节。游于赵。

赵孝成王时，而秦王使白起破赵长平之军前后四十余万，秦兵遂东围邯郸。赵王恐，诸侯之救兵莫敢击秦军。

魏安釐王使将军晋鄙救赵,畏秦,止于荡阴不进。魏王使客将军新垣衍间入邯郸,因平原君谓赵王曰:"秦所为急围赵者,前与齐湣王争强为帝,已而复归帝;今齐湣王已益弱,方今唯秦雄天下,此非必贪邯郸,其意欲复求为帝。赵诚发使尊秦昭王为帝,秦必喜,罢兵去。"平原君犹豫未有所决。

此时鲁仲连适游赵,会秦围赵,闻魏将欲令赵尊秦为帝,乃见平原君曰:"事将奈何?"平原君曰:"胜也何敢言事!前亡四十万之众于外,今又内围邯郸而不能去。魏王使客将军新垣衍令赵帝秦,今其人在是。胜也何敢言事!"鲁仲连曰:"吾始以君为天下之贤公子也,吾乃今然后知君非天下之贤公子也。梁客新垣衍安在?吾请为君责而归之。"平原君曰:"胜请为绍介而见之于先生。"平原君遂见新垣衍曰:"东国有鲁仲连先生者,今其人在此,胜请为绍介,交之于将军。"新垣衍曰:"吾闻鲁仲连先生,齐国之高士也。衍,人臣也,使事有职,吾不愿见鲁仲连先生。"平原君曰:"胜既已泄之矣。"新垣衍许诺。

鲁连见新垣衍而无言。新垣衍曰:"吾视居此围城之中者,皆有求于平原君者也;今吾观先生之玉貌,非有求于平原君者也,曷为久居此围城之中而不去?"鲁仲连曰:"世以鲍焦为无从颂而死者,皆非也。众人不知,则为一身。彼秦者,弃礼义而上首功之国也,权使其士,虏使其民。彼即肆然而为帝,过而为政于天下,则连有蹈东海而死耳,吾不忍为之民也。所为见将军者,欲以助赵也。"

新垣衍曰:"先生助之将奈何?"鲁连曰:"吾将使梁及燕助之,齐、楚则固助之矣。"新垣衍曰:"燕则吾请以从矣;若乃梁者,则吾乃梁人也,先生恶能使梁助之?"鲁连曰:"梁未睹秦称帝之害故耳。使梁睹秦称帝之害,则必助赵矣。"

新垣衍曰:"秦称帝之害何如?"鲁连曰:"昔者齐威王尝为仁义矣,率天下诸侯而朝周。周贫且微,诸侯莫朝,而齐独朝之。居岁馀,周烈王崩,齐后往,周怒,赴于齐曰:'天崩地坼,天子下席。东藩之臣因齐后至,则斮。'齐威王勃然怒曰:'叱嗟,而母婢也!'卒为天下笑。故生则朝周,死则叱之,诚不忍其求也。彼天子固然,其无足怪。"

新垣衍曰:"先生独不见夫仆乎?十人而从一人者,宁力不胜而智不若邪?畏之也。"鲁仲连曰:"呜呼!梁之比于秦若仆邪?"新垣衍曰:"然。"鲁仲连曰:"吾将使秦王烹醢梁王。"新垣衍怏然不悦,曰:"嘻嘻,亦太甚矣先生之言也!先生又恶能使秦王烹醢梁王?"鲁仲连曰:"固也,吾将言之。昔者九侯、鄂侯、文王,纣之三公也。九侯有子而好,献之于纣,纣以为恶,醢九侯。鄂侯争之强,辩之疾,故脯鄂侯。文王闻之,喟然而叹,故拘之牖里之库百日,欲令之死。曷为与人俱称王,卒就脯醢之地?齐湣王之鲁,夷维子为执策而从,谓鲁人曰:'子将何以待吾君?'鲁人曰:'吾将以十太牢待子之君。'夷维子曰:'子安取礼而待吾君?彼吾君者,天子也。天子巡狩,诸侯辟舍,纳筦籥,摄衽抱机,视膳于堂下,天子已食,乃退而听朝也。'鲁人投其籥,不果纳。不得入于鲁,将之薛,假

途于邹。当是时,邹君死,湣王欲入吊,夷维子谓邹之孤曰:'天子吊,主人必将倍殡棺,设北面于南方,然后天子南面吊也。'邹之群臣曰:'必若此,吾将伏剑而死。'固不敢入于邹。邹、鲁之臣,生则不得事养,死则不得赙襚,然且欲行天子之礼于邹、鲁,邹、鲁之臣不果纳。今秦万乘之国也,梁亦万乘之国也。俱据万乘之国,各有称王之名,睹其一战而胜,欲从而帝之,是使三晋之大臣不如邹、鲁之仆妾也。且秦无已而帝,则且变易诸侯之大臣。彼将夺其所不肖而与其所贤,夺其所憎而与其所爱。彼又将使其子女谗妾为诸侯妃姬,处梁之宫。梁王安得晏然而已乎?而将军又何以得故宠乎!"

于是新垣衍起,再拜谢曰:"始以先生为庸人,吾乃今日知先生为天下之士也。吾请出,不敢复言帝秦。"秦将闻之,为却军五十里。适会魏公子无忌夺晋鄙军以救赵,击秦军,秦军遂引而去。

于是平原君欲封鲁连,鲁连辞让者三,终不肯受。平原君乃置酒,酒酣起前,以千金为鲁连寿。鲁连笑曰:"所贵于天下之士者,为人排患释难解纷乱而无取也。即有取者,是商贾之事也,而连不忍为也。"遂辞平原君而去,终身不复见。

其后二十馀年,燕将攻下聊城,聊城人或谗之燕,燕将惧诛,因保守聊城,不敢归。齐田单攻聊城岁馀,士卒多死而聊城不下。鲁连乃为书,约之矢以射城中,遗燕将。书曰:

吾闻之,智者不倍时而弃利,勇士不怯死而灭名,忠臣不先身而后君。今公行一朝之忿,不顾燕王之无臣,非忠也;杀身亡聊城,而威不信于齐,非勇也;功败名灭,后世无称焉,非智也。三者世主不臣,说士不载,故智者不再计,勇士不怯死。今死生荣辱,贵贱尊卑,此时不再至,愿公详计而无与俗同。

且楚攻齐之南阳,魏攻平陆,而齐无南面之心,以为亡南阳之害小,不如得济北之利大,故定计审处之。今秦人下兵,魏不敢东面;衡秦之势成,楚国之形危;齐弃南阳,断右壤,定济北,计犹且为之也。且夫齐之必决于聊城,公勿再计。今楚、魏交退于齐,而燕救不至。以全齐之兵,无天下之规,与聊城共据期年之敝,则臣见公之不能得也。且燕国大乱,君臣失计,上下迷惑,栗腹以十万之众五折于外,以万乘之国被围于赵,壤削主困,为天下僇笑。国敝而祸多,民无所归心。今公又以敝聊之民距全齐之兵,是墨翟之守也。食人炊骨,士无反外之心,是孙膑之兵也。能见于天下。虽然,为公计者,不如全车甲以报于燕。车甲全而归燕,燕王必喜;身全而归于国,士民如见父母,交游攘臂而议于世,功业可明。上辅孤主以制群臣,下养百姓以资说士,矫国更俗,功名可立也。亡意亦捐燕弃世,东游于齐乎?裂地定封,富比乎陶、卫,世世称孤,与齐久存,又一计也。此两计者,显名厚实也,愿公详计而审处一焉。

且吾闻之,规小节者不能成荣名,恶小耻者不能立大功。昔者管夷吾射桓公中其钩,篡也;遗公子纠

不能死，怯也；束缚桎梏，辱也。若此三行者，世主不臣而乡里不通。乡使管子幽囚而不出，身死而不反于齐，则亦名不免为辱人贱行矣。臧获且羞与之同名矣，况世俗乎！故管子不耻身在缧绁之中而耻天下之不治，不耻不死公子纠而耻威之不信于诸侯，故兼三行之过而为五霸首，名高天下而光烛邻国。曹子为鲁将，三战三北，而亡地五百里。乡使曹子计不反顾，议不还踵，刎颈而死，则亦名不免为败军禽将矣。曹子弃三北之耻，而退与鲁君计。桓公朝天下，会诸侯，曹子以一剑之任，枝桓公之心于坛坫之上，颜色不变，辞气不悖，三战之所亡一朝而复之，天下震动，诸侯惊骇，威加吴、越。若此二士者，非不能成小廉而行小节也，以为杀身亡躯，绝世灭后，功名不立，非智也。故去感忿之怨，立终身之名；弃忿悁之节，定累世之功。是以业与三王争流，而名与天壤相弊也。愿公择一而行之。

燕将见鲁连书，泣三日，犹豫不能自决。欲归燕，已有隙，恐诛；欲降齐，所杀虏于齐甚众，恐已降而后见辱。喟然叹曰："与人刃我，宁自刃。"乃自杀。聊城乱，田单遂屠聊城。归而言鲁连，欲爵之。鲁连逃隐于海上，曰："吾与富贵而诎于人，宁贫贱而轻世肆志焉。"

邹阳者，齐人也。游于梁，与故吴人庄忌夫子、淮阴枚生之徒交。上书而介于羊胜、公孙诡之间。胜等嫉邹阳，恶之梁孝王。孝王怒，下之吏，将欲杀之。邹阳客游，以谗见禽，恐死而负累，乃从狱中上书曰：

臣闻"忠无不报，信不见疑"。臣常以为然，徒虚语耳。昔者荆轲慕燕丹之义，白虹贯日，太子畏之；卫先生为秦画长平之事，太白蚀昴，而昭王疑之。夫精变天地而信不喻两主，岂不哀哉！今臣尽忠竭诚，毕议愿知，左右不明，卒从吏讯，为世所疑，是使荆轲、卫先生复起，而燕、秦不悟也。愿大王孰察之。

昔卞和献宝，楚王刖之；李斯竭忠，胡亥极刑。是以箕子佯狂，接舆辟世，恐遭此患也。愿大王孰察卞和、李斯之意，而后楚王、胡亥之听，无使臣为箕子、接舆所笑。臣闻比干剖心，子胥鸱夷，臣始不信，乃今知之。愿大王孰察，少加怜焉。

谚曰："有白头如新，倾盖如故。"何则？知与不知也。故昔樊於期逃秦之燕，藉荆轲首以奉丹之事；王奢去齐之魏，临城自刭以却齐而存魏。夫王奢、樊於期非新于齐、秦而故于燕、魏也，所以去二国死两君者，行合于志而慕义无穷也。是以苏秦不信于天下，而为燕尾生；白圭战亡六城，为魏取中山。何则？诚有以相知也。苏秦相燕，燕人恶之于王，王按剑而怒，食以駃騠；白圭显于中山，中山人恶之魏文侯，文侯投之以夜光之璧。何则？两主二臣，剖心坼肝相信，岂移于浮辞哉！

故女无美恶，入宫见妒；士无贤不肖，入朝见嫉。昔者司马喜膑脚于宋，卒相中山；范雎摺胁折齿于魏，卒为应侯。此二人者，皆信必然之画，捐朋党之私，挟孤独之位，故不能自免于嫉妒之人也。是以申徒狄自沉于河，徐衍负石入海。不容于世，义不苟取，比周于朝，以移主上之心。故百里奚乞食于路，穆公委之以政，宁戚饭牛车下，而桓公任之以国。此二人者，岂借宦于朝，假誉于左右，然后二主用之哉！感于心，合于行，亲于胶漆，昆弟不能离，岂惑于众口哉？故偏听生奸，独任成乱。昔者鲁听季孙之说而逐孔子，宋信子罕之计而囚墨翟。夫以孔、墨之辩，不能自免于谗谀，而二国以危。何则？众口铄金，积毁销骨也。是以秦用戎人由余而霸中国，齐用越人蒙而强威、宣。此二国，岂拘于俗，牵于世，系阿偏之辞哉？公听并观，垂名当世。故意合则胡越为昆弟，由余、越人蒙是矣；不合则骨肉出逐不收，朱、象、管、蔡是矣。今人主诚能用齐、秦之义，后宋、鲁之听，则五伯不足称，三王易为也。

是以圣王觉寤，捐子之之心，而能不说于田常之贤；封比干之后，修孕妇之墓，故功业复就于天下。何则？欲善无厌也。夫晋文公亲其仇，强霸诸侯；齐桓公用其仇，而一匡天下。何则？慈仁殷勤，诚加于心，不可以虚辞借也。

至夫秦用商鞅之法，东弱韩、魏，兵强天下，而卒车裂之；越用大夫种之谋，禽劲吴，霸中国，而卒诛其身。是以孙叔敖三去相而不悔，於陵子仲辞三公为人灌园。今人主诚能去骄傲之心，怀可报之意，披心腹，见情素，堕肝胆，施德厚，终与之穷达，无爱于士，则桀之狗可使吠尧，而蹠之客可使刺由；况因万乘之权，假圣王之资乎？然则荆轲之湛七族，要离之烧妻子，岂足道哉！

臣闻明月之珠，夜光之璧，以暗投人于道路，人无不按剑相眄者。何则？无因而至前也。蟠木根柢，轮囷离诡，而为万乘器者。何则？以左右先为之容也。故无因至前，虽出随侯之珠，夜光之璧，犹结怨而不见德。故有人先谈，则以枯木朽株树功而不忘。今夫天下布衣穷居之士，身在贫贱，虽蒙尧、舜之术，挟伊、管之辩，怀龙逢、比干之意，欲尽忠当世之君，而素无根柢之容，虽竭精思，欲开忠信，辅人主之治，则人主必有按剑相眄之迹，是使布衣不得为枯木朽株之资也。

是以圣王制世御俗，独化于陶钧之上，而不牵于卑乱之语，不夺于众多之口。故秦皇帝任中庶子蒙嘉之言，以信荆轲之说，而匕首窃发；周文王猎泾、渭，载吕尚而归，以王天下。故秦信左右而杀，周用乌集而王。何则？以其能越牵拘之语，驰域外之议，独观于昭旷之道也。

今人主沉于谄谀之辞，牵于帷裳之制，使不羁之士与牛骥同皂，此鲍焦所以忿于世而不留富贵之乐也。臣闻盛饰入朝者不以利污义，砥厉名号者不以欲伤行，故县名胜母而曾子不入，邑号朝歌而墨子回车。今欲使天下寥廓之士，摄于威重之权，主于位势之贵，故回面污行以事谄谀之人而求亲近于左右，则士伏死堀穴岩岩之中耳，安肯有尽忠信而趋阙下者哉！

书奏梁孝王，孝王使人出之，卒为上客。

太史公曰：鲁连其指意虽不合大义，然余多其在布衣之位，荡然肆志，不诎于诸侯，谈说于当世，折卿相之权。邹阳辞虽不逊，然其比物连类，有足悲者，亦可谓抗直不桡矣，吾是以附之列传焉。

卷八十四
屈原贾生列传第二十四

屈原者，名平，楚之同姓也。为楚怀王左徒。博闻强志，明于治乱，娴于辞令。入则与王图议国事，以出号令；出则接遇宾客，应对诸侯。王甚任之。

上官大夫与之同列，争宠而心害其能。怀王使屈原造为宪令，屈平属草稿未定。上官大夫见而欲夺之，屈平不与。因谗之曰："王使屈平为令，众莫不知，每一令出，平伐其功，以为'非我莫能为也'。"王怒而疏屈平。

屈平疾王听之不聪也，谗谄之蔽明也，邪曲之害公也，方正之不容也，故忧愁幽思而作《离骚》。离骚者，犹离忧也。夫天者，人之始也；父母者，人之本也。人穷则反本，故劳苦倦极，未尝不呼天也；疾痛惨怛，未尝不呼父母也。屈平正道直行，竭忠尽智以事其君，谗人间之，可谓穷矣。信而见疑，忠而被谤，能无怨乎？屈平之作《离骚》，盖自怨生也。《国风》好色而不淫，《小雅》怨诽而不乱，若《离骚》者，可谓兼之矣。上称帝喾，下道齐桓，中述汤、武，以刺世事。明道德之广崇，治乱之条贯，靡不毕见。其文约，其辞微，其志洁，其行廉，其称文小而其指极大，举类迩而见义远。其志洁，故其称物芳。其行廉，故死而不容自疏。濯淖污泥之中，蝉蜕于浊秽，以浮游尘埃之外，不获世之滋垢，皭然泥而不滓者也。推此志也，虽与日月争光可也。

屈平既绌，其后秦欲伐齐，齐与楚从亲，惠王患之，乃令张仪详去秦，厚币委质事楚，曰："秦甚憎齐，齐与楚从亲，楚诚能绝齐，秦愿献商、於之地六百里。"楚怀王贪而信张仪，遂绝齐，使使如秦受地。张仪诈之曰："仪与王约六里，不闻六百里。"楚使怒去，归告怀王。怀王怒，大兴师伐秦。秦发兵击之，大破楚师于丹、淅，斩首八万，虏楚将屈匄，遂取楚之汉中地。怀王乃悉发国中兵以深入击秦，战于蓝田。魏闻之，袭楚至邓。楚兵惧，自秦归。而齐竟怒不救楚，楚大困。

明年，秦割汉中地与楚以和。楚王曰："不愿得地，愿得张仪而甘心焉。"张仪闻，乃曰："以一仪而当汉中地，臣请往如楚。"如楚，又因厚币用事者靳尚，而设诡辩于怀王之宠姬郑袖。怀王竟听郑袖，复释去张仪。是时屈平既疏，不复在位，使于齐，顾反，谏怀王曰："何不杀张仪？"怀王悔，追张仪，不及。

其后诸侯共击楚，大破之，杀其将唐昧。

时秦昭王与楚婚，欲与怀王会。怀王欲行，屈平曰："秦，虎狼之国，不可信，不如无行。"怀王稚子子兰劝王行："奈何绝秦欢！"怀王卒行。入武关，秦伏兵绝其后，因留怀王，以求割地。怀王怒，不听。亡走赵，赵不内。复之秦，竟死于秦而归葬。

长子顷襄王立，以其弟子兰为令尹。楚人既咎子兰以劝怀王入秦而不反也。

屈平既嫉之，虽放流，睠顾楚国，系心怀王，不忘欲反，冀幸君之一悟，俗之一改也。其存君兴国而欲反覆之，一篇之中三致志焉。然终无可奈何，故不可以反，卒以此见怀王之终不悟也。人君无愚智贤不肖，莫不欲求忠以自为，举贤以自佐，然亡国破家相随属，而圣君治国累世而不见者，其所谓忠者不忠，而所谓贤者不贤也。怀王以不知忠臣之分，故内惑于郑袖，外欺于张仪，疏屈平而信上官大夫、令尹子兰。兵挫地削，亡其六郡，身客死于秦，为天下笑。此不知人祸也。《易》曰："井泄不食，为我心恻，可以汲。王明，并受其福。"王之不明，岂足福哉！

令尹子兰闻之大怒，卒使上官大夫短屈原于顷襄王，顷襄王怒而迁之。

屈原至于江滨，被发行吟泽畔。颜色憔悴，形容枯槁。渔父见而问之曰："子非三闾大夫欤？何故而至此？"屈原曰："举世混浊而我独清，众人皆醉而我独醒，是以见放。"渔父曰："夫圣人者，不凝滞于物而能与世推移。举世混浊，何不随其流而扬其波？众人皆醉，何不铺其糟而啜其醨？何故怀瑾握瑜而自令见放为？"屈原曰："吾闻之，新沐者必弹冠，新浴者必振衣，人又谁能以身察察，受物之汶汶者乎！宁赴常流而葬乎江鱼腹中耳，又安能以皓皓之白而蒙世俗之温蠖乎！"乃作《怀沙》之赋。其辞曰：

陶陶孟夏兮，草木莽莽。伤怀永哀兮，汨徂南土。眴兮窈窈，孔静幽墨。冤结纡轸兮，离愍之长鞠；抚情效志兮，俯诎以自抑。

刓方以为圜兮，常度未替；易初本由兮，君子所鄙。章画职墨兮，前度未改；内直质重兮，大人所盛。巧匠不斫兮，孰察其揆正？玄文幽处兮，矇谓之不章。离娄微睇兮，瞽以为无明。变白而为黑兮，倒上以为下。凤皇在笯兮，鸡雉翔舞。同糅玉石兮，一概而相量。夫党人之鄙妒兮，羌不知吾所臧。

任重载盛兮，陷滞而不济；怀瑾握瑜兮，穷不得余所示。邑犬群吠兮，吠所怪也；诽骏疑桀兮，固庸态也。文质疏内兮，众不知吾之异采；材朴委积兮，莫知余之所有。重仁袭义兮，谨厚以为丰；重华不可悟兮，孰知余之从容！古固有不并兮，岂知其故也？汤、禹久远兮，邈不可慕也。惩违改忿兮，抑心而自强；离湣而不迁兮，愿志之有象。进路北次兮，日昧昧其将暮；含忧虞哀兮，限之以大故。

乱曰：浩浩沅、湘兮，分流汩兮。修路幽拂兮，道远忽兮。曾唫恒悲兮，永叹慨兮。世既莫吾知兮，人心不可谓兮。怀情抱质兮，独无匹兮。伯乐既殁兮，骥将焉程兮？人生禀命兮，各有所错兮。定心广志，余何畏惧兮？曾伤爱哀，永叹喟兮。世溷不吾知，心不可谓兮。知死不可让兮，愿勿爱兮。明以告君子兮，吾将以为类兮。

于是怀石遂自沉汨罗以死。

屈原既死之后，楚有宋玉、唐勒、景差之徒者，皆好辞而以赋见称。然皆祖屈原之从容辞令，终莫敢直谏。其后楚日以削，数十年竟为秦所灭。

自屈原沉汨罗后百有馀年，汉有贾生，为长沙王太傅，过湘水，投书以吊屈原。

贾生名谊，洛阳人也。年十八，以能诵诗属书闻于郡中。吴廷尉为河南守，闻其秀才，召置门下，甚幸爱。孝文皇帝初立，闻河南守吴公治平为天下第一，故与李斯同邑而常学事焉，乃征为廷尉。廷尉乃言贾生年少，颇通诸子百家之书。文帝召以为博士。

是时贾生年二十馀，最为少。每诏令议下，诸老先生不能言，贾生尽为之对，人人各如其意所欲出。诸生于是乃以为能，不及也。孝文帝说之，超迁，一岁中至太中大夫。

贾生以为汉兴至孝文二十馀年，天下和洽，而固当改正朔，易服色，法制度，定官名，兴礼乐。乃悉草具其事仪法，色尚黄，数用五，为官名，悉更秦之法。孝文帝初即位，谦让未遑也。诸律令所更定，及列侯悉就国，其说皆自贾生发之。于是天子议以为贾生任公卿之位。绛、灌、东阳侯、冯敬之属尽害之，乃短贾生曰："洛阳之人，年少初学，专欲擅权，纷乱诸事。"于是天子后亦疏之，不用其议，乃以贾生为长沙王太傅。

贾生既辞往行，闻长沙卑湿，自以寿不得长，又以適去，意不自得。及渡湘水，为赋以吊屈原。其辞曰：

共承嘉惠兮，俟罪长沙。侧闻屈原兮，自沉汨罗。造托湘流兮，敬吊先生。遭世罔极兮，乃陨厥身。呜呼哀哉，逢时不祥！鸾凤伏窜兮，鸱枭翱翔。闒茸尊显兮，谗谀得志，贤圣逆曳兮，方正倒植。世谓伯夷贪兮，谓盗跖廉；莫邪为顿兮，铅刀为铦。于嗟嘿嘿，生之无故！斡弃周鼎兮宝康瓠，腾驾罢牛兮骖蹇驴，骥垂两耳兮服盐车。章甫荐履兮，渐不可久；嗟苦先生兮，独离此咎！

讯曰：已矣，国其莫我知，独壹郁兮其谁语？凤漂漂其高遰兮，夫固自缩而远去。袭九渊之神龙兮，沕深潜以自珍。弥融爚以隐处兮，夫岂从蚁与蛭螾？所贵圣人之神德兮，远浊世而自藏。使骐骥可得系羁兮，岂云异夫犬羊！般纷纷其离此尤兮，亦夫子之辜也！瞝九州而相君兮，何必怀此都也？凤皇翔于千仞之上兮，览德辉焉下之。见细德之险征兮，摇增翮逝而去之。彼寻常之污渎兮，岂能容吞舟之鱼！横江湖之鱣鲸兮，固将制于蚁蝼。

贾生为长沙王太傅三年，有鸮飞入贾生舍，止于坐隅。楚人命鸮曰"服"。贾生既以適居长沙，长沙卑湿，自以为寿不得长，伤悼之，乃为赋以自广。其辞曰：

单阏之岁兮，四月孟夏，庚子日施兮，服集予舍。止于坐隅，貌甚闲暇。异物来集兮，私怪其故，发书占之兮，策言其度。曰"野鸟入处兮，主人将去"。请问于服兮："予去何之？吉乎告我，凶言其灾。淹数之度兮，语予其期。"服乃叹息，举首奋翼，口不能言，请对以臆。

万物变化兮，固无休息。斡流而迁兮，或推而还。形气转续兮，变化而嬗。沕穆无穷兮，胡可胜言！祸兮福所倚，福兮祸所伏；忧喜聚门兮，吉凶同域。彼吴强大兮，夫差以败；越栖会稽兮，勾践霸世。斯游遂成兮，卒被五刑；傅说胥靡兮，乃相武丁。夫祸之与福兮，何异纠缪。命不可说兮，孰知其极？水激则旱兮，矢激则远。万物回薄兮，振荡相转。云蒸雨降兮，错缪相纷。大专槃物兮，坱轧无垠。天不可与虑兮，道不可与谋。迟数有命兮，恶识其时？

且夫天地为炉兮，造化为工；阴阳为炭兮，万物为铜。合散消息兮，安有常则；千变万化兮，未始有极。忽然为人兮，何足控搏；化为异物兮，又何足患！小知自私兮，贱彼贵我；通人大观兮，物无不可。贪夫徇财兮，烈士徇名；夸者死权兮，品庶冯生。怵迫之徒兮，或趋西东；大人不曲兮，亿变齐同。拘士系俗兮，攌如囚拘；至人遗物兮，独与道俱。众人或或兮，好恶积意；真人淡漠兮，独与道息。释知遗形兮，超然自丧；寥廓忽荒兮，与道翱翔。乘流则逝兮，得坻则止；纵躯委命兮，不私与己。其生若浮兮，其死若休；澹乎若深渊之静，氾乎若不系之舟。不以生故自宝兮，养空而浮；德人无累兮，知命不忧。细故蒂芥兮，何足以疑！

后岁馀，贾生征见。孝文帝方受釐，坐宣室。上因感鬼神事，而问鬼神之本。贾生因具道所以然之状。至夜半，文帝前席。既罢，曰："吾久不见贾生，自以为过之，今不及也。"居顷之，拜贾生为梁怀王太傅。梁怀王，文帝之少子，爱，而好书，故令贾生傅之。

文帝复封淮南厉王子四人皆为列侯。贾生谏，以为患之兴自此起矣。贾生数上疏，言诸侯或连数郡，非古之制，可稍削之，文帝不听。

居数年，怀王骑，堕马而死，无后。贾生自伤为傅无状，哭泣岁馀，亦死。贾生之死时年三十三矣。及孝文崩，孝武皇帝立，举贾生之孙二人至郡守，而贾嘉最好学，世其家，与余通书。至孝昭时列为九卿。

太史公曰：余读《离骚》、《天问》、《招魂》、《哀郢》，悲其志。适长沙，观屈原所自沉渊，未尝不垂涕，想见其为人。及见贾生吊之，又怪屈原以彼其材，游诸侯，何国不容，而自令若是。读《服鸟赋》，同死生，轻去就，又爽然自失矣。

卷八十五 吕不韦列传第二十五

吕不韦者，阳翟大贾人也。往来贩贱卖贵，家累千金。

秦昭王四十年，太子死。其四十二年，以其次子安国君为太子。安国君有子二十余人。安国君有所甚爱姬，立以为正夫人，号曰华阳夫人。华阳夫人无子。安国君中男名子楚，子楚母曰夏姬，毋爱。子楚为秦质子于赵。秦数攻赵，赵不甚礼子楚。

子楚，秦诸庶孽孙，质于诸侯，车乘进用不饶，居处困，不得意。吕不韦贾邯郸，见而怜之，曰"此奇货可居"。乃往见子楚，说曰："吾能大子之门。"子楚笑曰："且自大君之门，而乃大吾门！"吕不韦曰："子不知也，吾门待子门而大。"子楚心知所谓，乃引与坐，深语。吕不韦曰："秦王老矣，安国君得为太子。窃闻安国君爱幸华阳夫人，华阳夫人无子，能立適嗣者独华阳夫人耳。今子兄弟二十馀人，子又居中，不甚见幸，久质诸侯。即大王薨，安国君立为王，则子毋几得与长子及诸子旦暮在前者争为太子矣。"子楚曰："然。为之奈何？"吕不韦曰："子贫，客于此，非有以奉献于亲及结宾客也。不韦虽贫，请以千金为子西游，事安国君及华阳夫人，立子为適嗣。"子楚乃顿首曰："必如君策，请得分秦国与君共之。"

吕不韦乃以五百金与子楚，为进用，结宾客；而复以五百金买奇物玩好，自奉而西游秦，求见华阳夫人姊，而皆以其物献华阳夫人。因言子楚贤智，结诸侯宾客遍天下，常曰"楚也以夫人为天，日夜泣思太子及夫人。"夫人大喜。不韦因使其姊说夫人曰："吾闻之，以色事人者，色衰而爱弛。今夫人事太子，甚爱而无子，不以此时早自结于诸子中贤孝者，举立以为適而子之，夫在则重尊，夫百岁之后，所子者为王，终不失势，此所谓一言而万世之利也。不以繁华时树本，即色衰爱弛后，虽欲开一语，尚可得乎？今子楚贤，而自知中男也，次不得为適，其母又不得幸，自附夫人。夫人诚以此时拔以为適，夫人则竟世有宠于秦矣。"华阳夫人以为然，承太子间，从容言子楚质于赵者绝贤，来往者皆称誉之。乃因涕泣曰："妾幸得充后宫，不幸无子，愿得子楚立以为適嗣，以托妾身。"安国君许之，乃与夫人刻玉符，约以为適嗣，安国君及夫人因厚馈遗子楚，而请吕不韦傅之。子楚以此名誉益盛于诸侯。

吕不韦取邯郸诸姬绝好善舞者与居，知有身。子楚从不韦饮，见而说之，因起为寿，请之。吕不韦怒，念业已破家为子楚，欲以钓奇，乃遂献其姬。姬自匿有身，至大期时，生子政。子楚遂立姬为夫人。

秦昭王五十年，使王齮围邯郸，急，赵欲杀子楚，子楚与吕不韦谋，行金六百斤予守者吏，得脱，亡赴秦军，遂以得归。赵欲杀子楚妻子，子楚夫人赵豪家女也，得匿，以故母子竟得活。秦昭王五十六年，薨，太子安国君立为王，华阳夫人为王后，子楚为太子，赵亦奉子楚夫人及子政归秦。

秦王立一年，薨，谥为孝文王。太子子楚代立，是为庄襄王。庄襄王所母华阳后为华阳太后，真母夏姬尊以为夏太后。庄襄王元年，以吕不韦为丞相，封为文信侯，食河南洛阳十万户。

庄襄王即位三年，薨，太子政立为王，尊吕不韦为相国，号称"仲父"，秦王年少，太后时时窃私通吕不韦。不韦家僮万人。

当是时，魏有信陵君，楚有春申君，赵有平原君，齐有孟尝君，皆下士喜宾客以相倾。吕不韦以秦之强，羞不如，亦招致士，厚遇之，至食客三千人。是时诸侯多辩士，如荀卿之徒，著书布天下。吕不韦乃使其客人人著所闻，集论以为八览、六论、十二纪，二十馀万言，以为备天地万物古今之事，号曰《吕氏春秋》。布咸阳市门，悬千金其上，延诸侯游士宾客有能增损一字者予千金。

始皇帝益壮，太后淫不止。吕不韦恐觉，祸及己，乃私求大阴人嫪毐以为舍人，时纵倡乐，使毐以其阴关桐轮而行，令太后闻之，以啖太后。太后闻，果欲私得之。吕不韦乃进嫪毐，诈令人以腐罪告之。不韦又阴谓太后曰："可事诈腐，则得给事中。"太后乃阴厚赐主腐者吏，诈论之，拔其须眉为宦者，遂得侍太后。太后私与通，绝爱之。有身，太后恐人知之，诈卜当避时，徙宫居雍。嫪毐常从，赏赐甚厚，事皆决于嫪毐。嫪毐家僮数千人，诸客求宦为嫪毐舍人千馀人。

始皇七年，庄襄王母夏太后薨，孝文王后曰华阳太后，与孝文王会葬寿陵。夏太后子庄襄王葬芷阳，故夏太后独别葬杜东，曰"东望吾子，西望吾夫。后百年，旁当有万家邑"。

始皇九年，有告嫪毐实非宦者，常与太后私乱，生子二人，皆匿之。与太后谋曰"王即薨，以子为后"。于是秦王下吏治，具得情实，事连相国吕不韦。九月，夷嫪毐三族，杀太后所生两子，而遂迁太后于雍。诸嫪毐舍人皆没其家而迁之蜀。王欲诛相国，为其奉先王功大，及宾客辩士为游说者众，王不忍致法。

秦王十年十月，免相国吕不韦。及齐人茅焦说秦王，秦王乃迎太后于雍，归复咸阳，而出文信侯就国河南。

岁馀，诸侯宾客使者相望于道，请文信侯。秦王恐其为变，乃赐文信侯书曰："君何功于秦？秦封君河南，食十万户！君何亲于秦？号称仲父！其与家属徙处蜀！"吕不韦自度稍侵，恐诛，乃饮酖而死。秦王所加怒吕不韦、嫪毐皆已死，乃皆复归嫪毐舍人迁蜀者。

始皇十九年，太后薨，谥为帝太后，与庄襄王会葬芷阳。

太史公曰：不韦及嫪毐贵，封号文信侯。人告嫪毐，毐闻之。秦王验左右，未发。上之雍郊，毐恐祸起，乃与党谋，矫太后玺发卒以反蕲年宫。发吏攻毐，毐败亡走，追斩之好畤，遂灭其宗。而吕不韦由此绌矣。孔子之所谓"闻"者，其吕子乎？

卷八十六　　刺客列传第二十六

曹沫者，鲁人也，以勇力事鲁庄公。庄公好力。曹沫为鲁将，与齐战，三败北。鲁庄公惧，乃献遂邑之地以和。

犹复以为将。

齐桓公许与鲁会于柯而盟。桓公与庄公既盟于坛上，曹沫执匕首劫齐桓公，桓公左右莫敢动，而问曰："子将何欲？"曹沫曰："齐强鲁弱，而大国侵鲁亦以甚矣。今鲁城坏即压齐境，君其图之。"桓公乃许尽归鲁之侵地。既已言，曹沫投其匕首，下坛，北面就群臣之位，颜色不变，辞令如故。桓公怒，欲倍其约。管仲曰："不可。夫贪小利以自快，弃信于诸侯，失天下之援，不如与之。"于是桓公乃遂割鲁侵地，曹沫三战所亡地尽复予鲁。

其后百六十有七年而吴有专诸之事。

专诸者，吴堂邑人也。伍子胥之亡楚而如吴也，知专诸之能。伍子胥既见吴王僚，说以伐楚之利。吴公子光曰："彼伍员父兄皆死于楚而员言伐楚，欲自为报私仇也，非能为吴。"吴王乃止。伍子胥知公子光之欲杀吴王僚，乃曰："彼光将有内志，未可说以外事。"乃进专诸于公子光。

光之父曰吴王诸樊。诸樊弟三人：次曰馀祭，次曰夷昧，次曰季子札。诸樊知季子札贤而不立太子，以次传三弟，欲卒致国于季子札。诸樊既死，传馀祭。馀祭死，传夷昧，夷昧死，当传季子札；季子札逃不肯立，吴人乃立夷昧之子僚为王。公子光曰："使以兄弟次邪，季子当立；必以子乎，则光真适嗣，当立。"故尝阴养谋臣以求立。

光既得专诸，善客待之。九年而楚平王死。春，吴王僚欲因楚丧，使其二弟公子盖馀、属庸将兵围楚之灊；使延陵季子于晋，以观诸侯之变。楚发兵绝吴将盖馀、属庸路，吴兵不得还。于是公子光谓专诸曰："此时不可失！不求何获？且光真王嗣，当立，季子虽来，不吾废也。"专诸曰："王僚可杀也。母老子弱，而两弟将兵伐楚，楚绝其后。方今吴外困于楚，而内空无骨鲠之臣，是无如我何。"公子光顿首曰："光之身，子之身也。"

四月丙子，光伏甲士于窟室中，而具酒请王僚。王僚使兵陈自宫至光之家，门户阶陛左右，皆王僚之亲戚也。夹立侍，皆持长铍。酒既酣，公子光详为足疾，入窟室中，使专诸置匕首鱼炙之腹中而进之。既至王前，专诸擘鱼，因以匕首刺王僚，王僚立死。左右亦杀专诸。王人扰乱，公子光出其伏甲以攻王僚之徒，尽灭之。遂自立为王，是为阖闾。阖闾乃封专诸之子以为上卿。

其后七十余年而晋有豫让之事。

豫让者，晋人也，故尝事范、中行氏，而无所知名。去而事智伯，智伯甚尊宠之。及智伯伐赵襄子，赵襄子与韩、魏合谋灭智伯，灭智伯之后而三分其地。赵襄子最怨智伯，漆其头以为饮器。豫让遁逃山中，曰："嗟乎！士为知己者死，女为说己者容。今智伯知我，我必为报仇而死，以报智伯，则吾魂魄不愧矣。"乃变名姓为刑人，入宫涂厕，中挟匕首，欲以刺襄子。襄子如厕，心动，执问涂厕之刑人，则豫让，内持刀兵，曰："欲为智伯报仇！"左右欲诛之。襄子曰："彼义人也，吾谨避之耳。且智伯亡无后，而其臣欲为报仇，此天下之贤也。"卒释去之。

居顷之，豫让又漆身为厉，吞炭为哑，使形状不可知，行乞于市，其妻不识也。行见其友，其友识之，曰："汝非豫让邪？"曰："我是也。"其友为泣曰："以子之才，委质而臣事襄子，襄子必近幸子。近幸子，乃为所欲，顾不易邪？何乃残身苦形，欲以求报襄子，不亦难乎！"豫让曰："既已委质臣事人，而求杀之，是怀二心以事其君也。且吾所为者极难耳！然所以为此者，将以愧天下后世之为人臣怀二心以事其君者也。"

既去，顷之，襄子当出，豫让伏于所当过之桥下。襄子至桥，马惊，襄子曰："此必是豫让也。"使人问之，果豫让也。于是襄子乃数豫让曰："子不尝事范、中行氏乎？智伯尽灭之，而子不为报仇，而反委质臣于智伯。智伯亦已死矣，而子独何以为之报仇之深也？"豫让曰："臣事范、中行氏，范、中行氏皆众人遇我，我故众人报之。至于智伯，国士遇我，我故国士报之。"襄子喟然叹息而泣曰："嗟乎豫子！子之为智伯，名既成矣，而寡人赦子，亦已足矣。子其自为计，寡人不复释子！"使兵围之。豫让曰："臣闻明主不掩人之美，而忠臣有死名之义，前君已宽赦臣，天下莫不称君之贤。今日之事，臣固伏诛，然愿请君之衣而击之焉，以致报仇之意，则虽死不恨。非所敢望也，敢布腹心！"于是襄子大义之，乃使使持衣与豫让。豫让拔剑三跃而击之，曰："吾可以下报智伯矣！"遂伏剑自杀。死之日，赵国志士闻之，皆为涕泣。

其后四十余年而轵有聂政之事。

聂政者，轵深井里人也。杀人避仇，与母、姊如齐，以屠为事。

久之，濮阳严仲子事韩哀侯，与韩相侠累有郤。严仲子恐诛，亡去，游求人可以报侠累者。至齐，齐人或言聂政勇敢士也，避仇隐于屠者之间。严仲子至门请，数反，然后具酒自畅聂政母前。酒酣，严仲子奉黄金百溢，前为聂政母寿。聂政惊怪其厚，固谢严仲子。严仲子固进，而聂政谢曰："臣幸有老母，家贫，客游以为狗屠，可以旦夕得甘毳以养亲。亲供养备，不敢当仲子之赐。"严仲子辟人，因为聂政言曰："臣有仇，而行游诸侯众矣；然至齐，窃闻足下义甚高，故进百金者，将用为大人粗粝之费，得以交足下之欢，岂敢以有求望邪！"聂政曰："臣所以降志辱身居市井屠者，徒幸以养老母；老母在，政身未敢以许人也。"严仲子固让，聂政竟不肯受也。然严仲子卒备宾主之礼而去。

久之，聂政母死。既已葬，除服，聂政曰："嗟乎！政乃市井之人，鼓刀以屠；而严仲子乃诸侯之卿相也，不远千里，枉车骑而交臣。臣之所以待之，至浅鲜矣，未有大功可以称者，而严仲子奉百金为亲寿，我虽不受，然是者徒深知政也。夫贤者以感忿睚眦之意而亲信穷僻之人，而政独安得嘿然而已乎！且前日要政，政徒以老母；老母今以天年终，政将为知己者用。"乃遂西至濮阳，见严仲子曰："前日所以不许仲子者，徒以亲在；今不幸而母以天年终。仲子所欲报仇者为谁？请得从事焉！"严仲子具告曰："臣之仇韩相侠累，侠累又韩君之季父也，宗族盛多，居处兵卫甚设，臣欲使人刺之，终莫能就。今足下幸而不弃，请益其车骑壮士可为足下辅翼者。"聂政曰："韩之与卫，相去中间不甚远，今杀人之相，相又国君之亲，此其势不可以多人，多人不能无生得失，生得失则语泄，语泄是韩举国而与仲子为仇，岂不殆哉！"遂谢车骑人徒，聂政乃辞独行。

杖剑至韩，韩相侠累方坐府上，持兵戟而卫侍者甚众。聂政直入，上阶刺杀侠累，左右大乱。聂政大呼，所击杀者数十人，因自皮面决眼，自屠出肠，遂以死。

韩取聂政尸暴于市，购问莫知谁子，于是韩县购之，有能言杀相侠累者予千金。久之，莫知也。

政姊荣闻人有刺杀韩相者，贼不得，国不知其名姓，暴其尸而县之千金，乃於邑曰："其是吾弟与？嗟乎，严仲子知吾弟！"立起，如韩，之市，而死者果政也，伏尸哭极哀，曰："是轵深井里所谓聂政者也。"市行者诸众人皆曰："此人暴虐吾国相，王县购其名姓千金，夫人不闻与？何敢来识之也？"荣应之曰："闻之。然政所以蒙污辱自弃于市贩之间者，为老母幸无恙，妾未嫁也。亲既以天年下世，妾已嫁夫，严仲子乃察举吾弟困污之中而交之，泽厚矣，可奈何！士固为知己者死，今乃以妾尚在之故，重自刑以绝从，妾其奈何畏殁身之诛，终灭贤弟之名！"大惊韩市人，乃大呼天者三，卒於邑悲哀而死政之旁。

晋、楚、齐、卫闻之，皆曰："非独政能也，乃其姊亦烈女也。乡使政诚知其姊无濡忍之志，不重暴骸之难，必绝险千里以列其名，姊弟俱僇于韩市者，亦未必敢以身许严仲子也。严仲子亦可谓知人能得士矣！"

其后二百二十余年秦有荆轲之事。

荆轲者，卫人也。其先乃齐人，徙于卫，卫人谓之庆卿。而之燕，燕人谓之荆卿。

荆卿好读书击剑，以术说卫元君，卫元君不用。其后秦伐卫，置东郡，徙卫元君之支属于野王。

荆柯尝游过榆次，与盖聂论剑，盖聂怒而目之。荆轲出，人或言复召荆卿。盖聂曰："曩者吾与论剑有不称者，吾目之；试往，是宜去，不敢留。"使使往之主人，荆卿则已驾而去榆次矣。使者还报，盖聂曰："固去也，吾曩者目摄之。"

荆轲游于邯郸，鲁句践与荆轲博，争道，鲁句践怒而叱之，荆轲嘿而逃去，遂不复会。

荆轲既至燕，爱燕之狗屠及善击筑者高渐离。荆轲嗜酒，日与狗屠及高渐离饮于燕市，酒酣以往，高渐离击筑，荆轲和而歌于市中，相乐也，已而相泣，旁若无人者。荆轲虽游于酒人乎，然其为人沉深好书；其所游诸侯，尽与其贤豪长者相结；其之燕，燕之处士田光先生亦善待之，知其非庸人也。

居顷之，会燕太子丹质秦亡归故。燕太子丹者，故尝质于赵，而秦王政生于赵，其少时与丹欢。及政立为秦王，而丹质于秦。秦王之遇燕太子丹不善，故丹怨而亡归。归而求为报秦王者，国小，力不能。其后秦日出兵山东以伐齐、楚、三晋，稍蚕食诸侯，且至于燕，燕君臣皆恐祸之至。太子丹患之，问其傅鞠武。武对曰："秦地遍天下，威

胁韩、魏、赵氏。北有甘泉、谷口之固，南有泾、渭之沃，擅巴、汉之饶，右陇、蜀之山，左关、殽之险，民众而士厉，兵革有馀。意有所出，则长城之南，易水以北，未有所定也。奈何以见陵之怨，欲批其逆鳞哉！"丹曰："然则何由？"对曰："请入图之。"

居有间，秦将樊於期得罪于秦王，亡之燕，太子受而舍之。鞠武谏曰："不可。夫以秦王之暴而积怒于燕，足为寒心，又况闻樊将军之所在乎？是谓'委肉当饿虎之蹊'也，祸必不振矣！虽有管、晏，不能为之谋也。愿太子疾遣樊将军入匈奴以灭口；请西约三晋，南连齐、楚，北购于单于，其后乃可图也。"太子曰："太傅之计，旷日弥久，心惛然，恐不能须臾。且非独于此也，夫樊将军穷困于天下，归身于丹，丹终不以迫于强秦而弃所哀怜之交，置之匈奴，是固丹命卒之时也，愿太傅更虑之。"鞠武曰："夫行危欲求安，造祸而求福，计浅而怨深，连结一人之后交，不顾国家之大害，此所谓'资怨而助祸'矣。夫以鸿毛燎于炉炭之上，必无事矣。且以雕鸷之秦，行怨暴之怒，岂足道哉！燕有田光先生，其为人智深而勇沉，可与谋。"太子曰："愿因太傅而得交于田先生，可乎？"鞠武曰："敬诺。"出见田先生，道："太子愿图国事于先生也。"田光曰："敬奉教。"乃造焉。

太子逢迎，却行为导，跪而蔽席。田光坐定，左右无人，太子避席而请曰："燕、秦不两立，愿先生留意也。"田光曰："臣闻骐骥盛壮之时，一日而驰千里；至其衰老，驽马先之。今太子闻光盛壮之时，不知臣精已消亡矣。虽然，光不敢以图国事，所善荆卿可使也。"太子曰："愿因先生得结交于荆卿，可乎？"田光曰："敬诺。"即起，趋出。太子送至门，戒曰："丹所报，先生所言者，国之大事也，愿先生勿泄也！"田光俯而笑曰："诺。"偻行见荆卿，曰："光与子相善，燕国莫不知。今太子闻光壮盛之时，不知吾形已不逮也，幸而教之曰'燕、秦不两立，愿先生留意也'。光窃不自外，言足下于太子也，愿足下过太子于宫。"荆轲曰："谨奉教。"田光曰："吾闻之，长者为行，不使人疑之。今太子告光曰'所言者，国之大事也，愿先生勿泄'，是太子疑光也。夫为行而使人疑之，非节侠也。"欲自杀以激荆卿，曰："愿足下急过太子，言光已死，明不言也。"因遂自刎而死。

荆轲遂见太子，言田光已死，致光之言。太子再拜而跪，膝行流涕，有顷而后言曰："丹所以诫田先生毋言者，欲以成大事之谋也。今田先生以死明不言，岂丹之心哉！"荆轲坐定，太子避席顿首曰："田先生不知丹之不肖，使得至前，敢有所道，此天之所以哀燕而不弃其孤也。今秦有贪利之心，而欲不可足也。非尽天下之地，臣海内之王者，其意不厌。今秦已虏韩王，尽纳其地。又举兵南伐楚，北临赵。王翦将数十万之众距漳、邺，而李信出太原、云中。赵不能支秦，必入臣，入臣则祸至燕。燕小弱，数困于兵，今计举国不足以当秦。诸侯服秦，莫敢合从。丹之私计愚，以为诚得天下之勇士使于秦，窥以重利，秦王贪，其势必得所愿矣；诚得劫秦王，使悉反诸侯侵地，若曹沫之与齐桓公，则大善矣；则不可，因而刺杀之。彼秦大将擅兵于外

而内有乱,则君臣相疑,以其间诸侯得合从,其破秦必矣。此丹之上愿,而不知所委命,唯荆卿留意焉。"久之,荆轲曰:"此国之大事也,臣驽下,恐不足任使。"太子前顿首,固请毋让,然后许诺。于是尊荆卿为上卿,舍上舍。太子日造门下,供太牢具,异物间进,车骑美女恣荆轲所欲,以顺适其意,久之,荆轲未有行意。秦将王翦破赵,虏赵王,尽收入其地,进兵北略地至燕南界。太子丹恐惧,乃请荆轲曰:"秦兵旦暮渡易水,则虽欲长侍足下,岂可得哉!"荆轲曰:"微太子言,臣愿谒之。今行而毋信,则秦未可亲也。夫樊将军,秦王购之金千斤,邑万家。诚得樊将军首与燕督亢之地图,奉献秦王,秦王必说见臣,臣乃得有以报。"太子曰:"樊将军穷困来归丹,丹不忍以己之私伤长者之意,愿足下更虑之!"

荆轲知太子不忍,乃遂私见樊於期曰:"秦之遇将军可谓深矣,父母宗族皆为戮没。今闻购将军首金千斤,邑万家,将奈何?"於期仰天太息流涕曰:"於期每念之,常痛于骨髓,顾计不知所出耳!"荆轲曰:"今有一言可以解燕国之患,报将军之仇者,何如?"於期乃前曰:"为之奈何?"荆轲曰:"愿得将军之首以献秦王,秦王必喜而见臣,臣左手把其袖,右手揕其匈,然则将军之仇报而燕见陵之愧除矣。将军岂有意乎?"樊於期偏袒扼腕而进曰:"此臣之日夜切齿腐心也,乃今得闻教!"遂自刭。太子闻之,驰往,伏尸而哭,极哀。既已不可奈何,乃遂盛樊於期首函封之。

于是太子豫求天下之利匕首,得赵人徐夫人匕首,取之百金,使工以药淬之,以试人,血濡缕,人无不立死者。乃装为遣荆卿。燕国有勇士秦舞阳,年十三,杀人,人不敢忤视。乃令秦舞阳为副。荆轲有所待,欲与俱;其人居远未来,而为治行。顷之,未发,太子迟之,疑其改悔,乃复请曰:"日已尽矣,荆卿岂有意哉?丹请得先遣秦舞阳。"荆轲怒,叱太子曰:"何太子之遣?往而不反者,竖子也!且提一匕首入不测之强秦,仆所以留者,待吾客与俱。今太子迟之,请辞决矣!"遂发。

太子及宾客知其事者,皆白衣冠以送之。至易水之上,既祖,取道,高渐离击筑,荆轲和而歌,为变徵之声,士皆垂泪涕泣。又前而歌曰:"风萧萧兮易水寒,壮士一去兮不复还!"复为羽声慷慨,士皆瞋目,发尽上指冠。于是荆轲就车而去,终已不顾。

遂至秦,持千金之资币物,厚遗秦王宠臣中庶子蒙嘉。嘉为先言于秦王曰:"燕王诚振怖大王之威,不敢举兵以逆军吏,愿举国为内臣,比诸侯之列,给贡职如郡县,而得奉守先王之宗庙。恐惧不敢自陈,谨斩樊於期之头,乃献燕督亢之地图,函封,燕王拜送于庭,使使以闻大王,唯大王命之。"秦王闻之,大喜,乃朝服,设九宾,见燕使者咸阳宫。

荆轲奉樊於期头函,而秦舞阳奉地图匣,以次进。至陛,秦舞阳色变振恐,群臣怪之。荆轲顾笑舞阳,前谢曰:"北蕃蛮夷之鄙人,未尝见天子,故振慑。愿大王少假借之,使得毕使于前。"秦王谓轲曰:"取舞阳所持地图。"轲既取图奏之,秦王发图,图穷而匕首见。因左手把秦王之袖,而右手持匕首揕之,未至身,秦王惊,自引而起,袖绝,拔剑,剑长,操其室。时惶急,剑坚,故不可立拔。荆轲逐秦王,秦王环柱而走。群臣皆愕,卒起不意,尽失其度。而秦法,群臣侍殿上者不得持尺寸之兵,诸郎中执兵皆陈殿下,非有诏召不得上。方急时,不及召下兵,以故荆轲乃逐秦王,而卒惶急,无以击轲,而以手共搏之。是时侍医夏无且以其所奉药囊提荆轲也。秦王方环柱走,卒惶急,不知所为,左右乃曰:"王负剑!"负剑,遂拔以击荆轲,断其左股。荆轲废,乃引其匕首以擿秦王,不中,中桐柱。秦王复击轲,轲被八创。轲自知事不就,倚柱而笑,箕踞以骂曰:"事所以不成者,以欲生劫之,必得约契以报太子也。"于是左右既前杀轲,秦王不怡者良久。已而论功,赏群臣及当坐者各有差,而赐夏无且黄金二百溢,曰:"无且爱我,乃以药囊提荆轲也。"

于是秦王大怒,益发兵诣赵,诏王翦军以伐燕。十月而拔蓟城,燕王喜、太子丹等尽率其精兵东保于辽东。秦将李信追击燕王急,代王嘉乃遗燕王喜书曰:"秦所以尤追燕急者,以太子丹故也。今王诚杀丹献之秦王,秦王必解,而社稷幸得血食。"其后李信追丹,丹匿衍水中,燕王乃使使斩太子丹,欲献之秦。秦复进兵攻之。后五年,秦卒灭燕,虏燕王喜。

其明年,秦并天下,立号为皇帝。于是秦逐太子丹、荆轲之客,皆亡。高渐离变名姓为人庸保,匿作于宋子。久之,作苦,闻其家堂上客击筑,傍偟不能去。每出言曰:"彼有善有不善。"从者以告其主,曰:"彼庸乃知音,窃言是非。"家丈人召使前击筑,一坐称善,赐酒。而高渐离念久隐畏约无穷时,乃退,出其装匣中筑与其善衣,更容貌而前。举坐客皆惊,下与抗礼,以为上客,使击筑而歌,客无不流涕而去者。宋子传客之。闻于秦始皇。秦始皇召见,人有识者,乃曰:"高渐离也。"秦皇帝惜其善击筑,重赦之,乃矐其目。使击筑,未尝不称善。稍益近之,高渐离乃以铅置筑中,复进得近,举筑朴秦皇帝,不中。于是遂诛高渐离,终身不复近诸侯之人。

鲁勾践已闻荆轲之刺秦王,私曰:"嗟乎,惜哉其不讲于刺剑之术也!甚矣吾不知人也!曩者吾叱之,彼乃以我为非人也!"

太史公曰:世言荆轲,其称太子丹之命,"天雨粟,马生角"也,太过。又言荆轲伤秦王,皆非也。始公孙季功、董生与夏无且游,具知其事,为余道之如是。自曹沫至荆轲五人,此其义或成或不成,然其立意较然,不欺其志,名垂后世,岂妄也哉!

卷八十七　　李斯列传第二十七

李斯者,楚上蔡人也。年少时,为郡小吏,见吏舍厕中鼠食不洁,近人犬,数惊恐之。斯入仓,观仓中鼠,食积粟,居大庑之下,不见人犬之忧。于是李斯乃叹曰:

"人之贤不肖譬如鼠矣,在所自处耳!"

乃从荀卿学帝王之术。学已成,度楚王不足事,而六国皆弱,无可为建功者,欲西入秦,辞于荀卿曰:"斯闻得时无怠,今万乘方争时,游者主事。今秦王欲吞天下,称帝而治,此布衣驰骛之时而游说者之秋也。处卑贱之位而计不为者,此禽鹿视肉,人面而能强行者耳。故诟莫大于卑贱,而悲莫甚于穷困。久处卑贱之位,困苦之地,非世而恶利,自托于无为,此非士之情也。故斯将西说秦王矣。"

至秦,会庄襄王卒,李斯乃求为秦相文信侯吕不韦舍人,不韦贤之,任以为郎。李斯因以得说,说秦王曰:"胥人者,去其几也。成大功者,在因瑕衅而遂忍之。昔者秦穆公之霸,终不东并六国者,何也?诸侯尚众,周德未衰,故五伯迭兴,更尊周室。自秦孝公以来,周室卑微,诸侯相兼,关东为六国,秦之乘胜役诸侯,盖六世矣。今诸侯服秦,譬若郡县。夫以秦之强,大王之贤,由灶上骚除,足以灭诸侯,成帝业,为天下一统,此万世之一时也。今怠而不急就,诸侯复强,相聚约从,虽有黄帝之贤,不能并也。"秦王乃拜斯为长史,听其计,阴遣谋士赍持金玉游说诸侯。诸侯名士可下以财者,厚遗结之;不肯者,利剑刺之。离其君臣之计,秦王乃使其良将随其后。秦王拜斯为客卿。

会韩人郑国来间秦,以作注溉渠,已而觉。秦宗室大臣皆言秦王曰:"诸侯人来事秦者,大抵为其主游间于秦耳,请一切逐客。"李斯议亦在逐中,斯乃上书曰:

臣闻吏议逐客,窃以为过矣。昔穆公求士,西取由余于戎,东得百里奚于宛,迎蹇叔于宋,来丕豹、公孙支于晋。此五子者,不产于秦,而穆公用之,并国二十,遂霸西戎。孝公用商鞅之法,移风易俗,民以殷盛,国以富强,百姓乐用,诸侯亲服,获楚、魏之师,举地千里,至今治强。惠王用张仪之计,拔三川之地,西并巴、蜀,北收上郡,南取汉中,包九夷,制鄢、郢,东据成皋之险,割膏腴之壤,遂散六国之从,使之西面事秦,功施到今。昭王得范雎,废穰侯,逐华阳,强公室,杜私门,蚕食诸侯,使秦成帝业。此四君者,皆以客之功。由此观之,客何负于秦哉!向使四君却客而不内,疏士而不用,是使国无富利之实而秦无强大之名也。

今陛下致昆山之玉,有随、和之宝,垂明月之珠,服太阿之剑,乘纤离之马,建翠凤之旗,树灵鼍之鼓。此数宝者,秦不生一焉,而陛下说之,何也?必秦国之所生然后可,则是夜光之璧不饰朝廷,犀象之器不为玩好,郑、卫之女不充后宫,而骏良駃騠不实外厩,江南金锡不为用,西蜀丹青不为采。所以饰后宫充下陈娱心意说耳目者,必出于秦然后可,则是宛珠之簪、傅玑之珥、阿缟之衣、锦绣之饰不进于前,而随俗雅化佳冶窈窕赵女不立于侧也。夫击瓮叩缶弹筝搏髀,而歌呼呜呜快耳目者,真秦之声也;《郑》、《卫》、《桑间》、《昭》、《虞》、《武》、《象》者,异国之乐也。今弃击瓮叩缶而就《郑》、《卫》,退弹筝而取《昭》、《虞》,若是者何也?快意当前,适观而已矣。今取人则不然。不问可否,不论曲直,非秦者去,为客者逐。然则是所重者在乎色乐珠玉,而所轻者在乎人民也。此非所以跨海内制诸侯之术也。

臣闻地广者粟多,国大者人众,兵强则士勇。是以太山不让土壤,故能成其大;河海不择细流,故能就其深;王者不却众庶,故能明其德。是以地无四方,民无异国,四时充美,鬼神降福,此五帝、三王之所以无敌也。今乃弃黔首以资敌国,却宾客以业诸侯,使天下之士退而不敢西向,裹足不入秦,此所谓"藉寇兵而赍盗粮"者也。

夫物不产于秦,可宝者多;士不产于秦,而愿忠者众。今逐客以资敌国,损民以益仇,内自虚而外树怨于诸侯,求国无危,不可得也。

秦王乃除逐客之令,复李斯官,卒用其计谋。官至廷尉。二十余年,竟并天下,尊主为皇帝,以斯为丞相。夷郡县城,销其兵刃,示不复用。使秦无尺土之封,不立子弟为王、功臣为诸侯者,使后无战攻之患。

始皇三十四年,置酒咸阳宫,博士仆射周青臣等颂称始皇威德。齐人淳于越进谏曰:"臣闻之,殷、周之王千余岁,封子弟功臣自为支辅。今陛下有海内,而子弟为匹夫,卒有田常、六卿之患,臣无辅弼,何以相救哉?事不师古而能长久者,非所闻也,今青臣等又面谀以重陛下过,非忠臣也。"

始皇下其议丞相。丞相谬其说,绌其辞,乃上书曰:

古者天下散乱,莫能相一,是以诸侯并作,语皆道古以害今,饰虚言以乱实。人善其所私学,以非上所建立。今陛下并有天下,别白黑而定一尊,而私学乃相与非法教之制,闻令下,即各以其私学议之,入则心非,出则巷议,非主以为名,异趣以为高,率群下以造谤。如此不禁,则主势降乎上,党与成乎下。禁之便。臣请诸有文学《诗》、《书》、百家语者,蠲除去之。令到满三十日弗去,黥为城旦。所不去者,医药卜筮种树之书。若有欲学者,以吏为师。

始皇可其议,收去《诗》、《书》、百家之语,以愚百姓,使天下无以古非今。明法度,定律令,皆以始皇起。同文书。治离宫别馆,周遍天下。明年,又巡狩,外攘四夷,斯皆有力焉。

斯长男由为三川守,诸男皆尚秦公主,女悉嫁秦诸公子。三川守李由告归咸阳,李斯置酒于家,百官长皆前为寿,门廷车骑以千数。李斯喟然而叹曰:"嗟乎!吾闻之荀卿曰'物禁太盛'。夫斯乃上蔡布衣,闾巷之黔首,上不知其驽下,遂擢至此。当今人臣之位无居臣上者,可谓富贵极矣。物极则衰,吾未知所税驾也!"

始皇三十七年十月,行出游会稽,并海上,北抵琅邪。丞相斯、中车府令赵高兼行符玺令事,皆从。始皇有二十余子,长子扶苏以数直谏上,上使监兵上郡,蒙恬为将。少子胡亥,爱,请从,上许之。余子莫从。

其年七月,始皇帝至沙丘,病甚,令赵高为书赐公子扶苏曰:"以兵属蒙恬,与丧会咸阳而葬。"书已封,未授使者，始皇崩。书及玺皆在赵高所，独子胡亥、丞相李斯、赵高及幸宦者五六人知始皇崩，余群臣皆莫知也。李斯以为上在外崩，无真太子，故秘之。置始皇居辒辌车中，百官奏事上食如故，宦者辄从辒辌车中可诸奏事。

赵高因留所赐扶苏玺书，而谓公子胡亥曰："上崩，无诏封王诸子而独赐长子书。长子至，即立为皇帝，而子无尺寸之地，为之奈何？"胡亥曰："固也。吾闻之，明君知臣，明父知子。父捐命，不封诸子，何可言者！"赵高曰："不然。方今天下之权，存亡在子与高及丞相耳，愿子图之。且夫臣人与见臣于人，制人与见制于人，岂可同日道哉！"胡亥曰："废兄而立弟，是不义也；不奉父诏而畏死，是不孝也；能薄而材谫，强因人之功，是不能也。三者逆德，天下不服，身殆倾危，社稷不血食。"高曰："臣闻汤、武杀其主，天下称义焉，不为不忠；卫君杀其父，而卫国载其德，孔子著之，不为不孝。夫大行不小谨，盛德不辞让，乡曲各有宜而百官不同功。故顾小而忘大，后必有害；狐疑犹豫，后必有悔。断而敢行，鬼神避之，后有成功。愿子遂之！"胡亥喟然叹曰："今大行未发，丧礼未终，岂宜以此事干丞相哉！"赵高曰："时乎时乎，间不及谋！赢粮跃马，唯恐后时！"

胡亥既然高之言，高曰："不与丞相谋，恐事不能成，臣请为子与丞相谋之。"高乃谓丞相斯曰："上崩，赐长子书，与丧会咸阳而立为嗣。书未行，今上崩，未有知者也。所赐长子书及符玺皆在胡亥所，定太子在君侯与高之口耳。事将何如？"斯曰："安得亡国之言！此非人臣所当议也！"高曰："君侯自料能孰与蒙恬？功高孰与蒙恬？谋远不失孰与蒙恬？无怨于天下孰与蒙恬？长子旧而信之孰与蒙恬？"斯曰："此五者皆不及蒙恬，而君责之何深也？"高曰："高固内官之厮役也，幸得以刀笔之文进入秦宫，管事二十余年，未尝见秦免罢丞相功臣有封及二世者也，卒皆以诛亡。皇帝二十余子，皆君之所知。长子刚毅而武勇，信人而奋士，即位，必用蒙恬为丞相，君侯终不怀通侯之印归于乡里，明矣。高受诏教习胡亥，使学以法事数年矣，未尝见过失。慈仁笃厚，轻财重士，辩于心而诎于口，尽礼敬士，秦之诸子未有及此者，可以为嗣。君计而定之。"斯曰："君其反位！斯奉主之诏，听天之命，何虑之可定也？"高曰："安可危也，危可安也。安危不定，何以贵圣？"斯曰："斯，上蔡闾巷布衣也，上幸擢为丞相，封为通侯，子孙皆至尊位重禄者，故将以存亡安危属臣也。岂可负哉！夫忠臣不避死而庶几，孝子不勤劳而见危，人臣各守其职而已矣。君其勿复言，将令斯得罪。"高曰："盖闻圣人迁徙无常，就变而从时，见末而知本，观指而睹归。物固有之，安得常法哉！方今天下之权命悬于胡亥，高能得志焉！且夫从外制中谓之惑，从下制上谓之贼。故秋霜降者草花落，水摇动者万物作，此必然之效也，君何见之晚？"斯曰："吾闻晋易太子，三世不安，齐桓兄弟争位，身死为戮；纣杀亲戚，不听谏者，国为丘墟，遂危社稷：三者逆天，宗庙不血食。斯其犹人哉，安足为谋！"高曰："上下合同，可以长久，中外若一，事无表里。君听臣之计，即长有封侯，世世称孤，必有乔松之寿，孔、墨之智。

今释此而不从，祸及子孙，足以为寒心。善者因祸为福，君何处焉？"斯乃仰天而叹，垂泪太息曰："嗟乎！独遭乱世，既以不能死，安托命哉！"于是斯乃听高。高乃报胡亥曰："臣请奉太子之明命以报丞相，丞相斯敢不奉令！"

于是乃相与谋，诈为受始皇诏丞相，立子胡亥为太子。更为书赐长子扶苏曰："朕巡天下，祷祠名山诸神以延寿命。今扶苏与将军蒙恬将师数十万以屯边，十有余年矣，不能进而前，士卒多耗，无尺寸之功，乃反数上书直言诽谤我所为，以不得罢归为太子，日夜怨望。扶苏为人子不孝，其赐剑以自裁！将军恬与扶苏居外，不匡正，宜知其谋。为人臣不忠，其赐死，以兵属裨将王离。"封其书以皇帝玺，遣胡亥客奉书赐扶苏于上郡。

使者至，发书，扶苏泣，入内舍，欲自杀。蒙恬止扶苏曰："陛下居外，未立太子，使臣将三十万众守边，公子为监，此天下重任也。今一使者来，即自杀，安知其非诈？请复请，复请而后死，未暮也。"使者数趣之。扶苏为人仁，谓蒙恬曰："父而赐子死，尚安复请！"即自杀。蒙恬不肯死，使者即以属吏，系于阳周。

使者还报，胡亥、斯、高大喜。至咸阳，发丧，太子立为二世皇帝。以赵高为郎中令，常侍中用事。

二世燕居，乃召高与谋事，谓曰："夫人生居世间也，譬犹骋六骥过决隙也。吾既已临天下矣，欲悉耳目之所好，穷心志之所乐，以安宗庙而乐万姓，长有天下，终吾年寿，其道可乎？"高曰："此贤主之所能行也，而昏乱主之所禁也。臣请言之，不敢避斧钺之诛，愿陛下少留意焉。夫沙丘之谋，诸公子及大臣皆疑焉，而诸公子尽帝兄，大臣又先帝之所置也，今陛下初立，此其属意怏怏皆不服，恐为变。且蒙恬已死，蒙毅将兵居外，臣战战栗栗，唯恐不终。且陛下安得为此乐乎？"二世曰："为之奈何？"赵高曰："严法而刻刑，令有罪者相坐诛，至收族，灭大臣而远骨肉；贫者富之，贱者贵之。尽除去先帝之故臣，更置陛下之所亲信者近之。此则阴德归陛下，害除而奸谋塞，群臣莫不被润泽，蒙厚德，陛下则高枕肆志宠乐矣。计莫出于此。"二世然高之言，乃更为法律。于是群臣诸公子有罪，辄下高，令鞫治之。杀大臣蒙毅等。公子十二人僇死咸阳市，十公主磔死于杜，财物入于县官。相连坐者不可胜数。

公子高欲奔，恐收族，乃上书曰："先帝无恙时，臣入则赐食，出则乘舆。御府之衣，臣得赐之；中厩之宝马，臣得赐之。臣当从死而不能，为人子不孝，为人臣不忠。不忠者无名以立于世，臣请从死，愿葬郦山之足。唯上幸哀怜之。"书上，胡亥大悦，召赵高而示之，曰："此可谓急乎？"赵高曰："人臣当忧死而不暇，何变之得谋！"胡亥可其书，赐钱十万以葬。法令诛罚日益刻深，群臣人人自危，欲畔者众。又作阿房之宫，治直道、驰道，赋敛愈重，戍徭无已。于是楚戍卒陈胜、吴广等乃作乱，起于山东，杰俊相立，自置为侯王，叛秦，兵至鸿门而却。

李斯数欲请间谏，二世不许。而二世责问李斯曰："吾有私议而有所闻于韩子也，曰'尧之有天下也，堂高三尺，采椽不斫，茅茨不剪，虽逆旅之宿不勤于此矣。冬日鹿裘，夏日葛衣，粢粝之食，藜藿之羹，饭土匦，啜土铏，虽监门之养不觳于此矣。禹凿龙门，通大夏，疏九河，曲九防，决渟水致之海，而股无胈，胫无毛，手足胼胝，面目黎黑，遂以死于外，葬于会稽，臣虏之劳不烈于此矣'。然则夫所贵于有天下者，岂欲苦形劳神，身处逆旅之宿，口食监门之养，手持臣虏之作哉？此不肖人之所勉也，非贤者之所务也。彼贤人之有天下也，专用天下适己而已矣，此所以贵于有天下也。夫所谓贤人者，必能安天下而治万民，今身且不能利，将恶能治天下哉！故吾愿赐志广欲，长享天下而无害，为之奈何？"

李斯子由为三川守，群盗吴广等西略地，过去弗能禁。章邯以破逐广等兵，使者覆案三川相属，诮让斯居三公位，如何令盗如此。李斯恐惧，重爵禄，不知所出，乃阿二世意，欲求容，以书对曰：

夫贤主者，必且能全道而行督责之术者也。督责之，则臣不敢不竭能以徇其主矣。此臣主之分定，上下之义明，则天下贤不肖莫敢不尽力竭任以徇其君矣。是故主独制于天下而无所制也。能穷乐之极矣，贤明之主也，可不察焉！

故申子曰"有天下而不恣睢，命之曰以天下为桎梏"者，无他焉，不能督责，而顾以其身劳于天下之民，若尧、禹然，故谓之"桎梏"也。夫不能修申、韩之明术，行督责之道，专以天下自适也，而徒务苦形劳神，以身徇百姓，则是黔首之役，非畜天下者也，何足贵哉！夫以人徇己，则己贵而人贱；以己徇人，则己贱而人贵。故徇人者贱，而人所徇者贵，自古及今，未有不然者也。凡古之所为尊贤者，为其贵也；而所为恶不肖者，为其贱也。而尧、禹以身徇天下者也，因随而尊之，则亦失所为尊贤之心矣，夫可谓大缪矣。谓之为"桎梏"，不亦宜乎？不能督责之过也。

故韩子曰"慈母有败子而严家无格虏"者，何也？则能罚之加焉必也。故商君之法，刑弃灰于道者。夫弃灰，薄罪也；而被刑，重罚也。彼唯明主为能深督轻罪。夫罪轻且督深，而况有重罪乎？故民不敢犯也。是故韩子曰"布帛寻常，庸人不释，铄金百镒，盗跖不搏"者，非庸人之心重，寻常之利深，而盗跖之欲浅也；又不以盗跖之行，为轻百镒之重也。搏必随手刑，则盗跖不搏百镒；而罚不必行也，则庸人不释寻常。是故城高五丈，而楼季不轻犯也；泰山之高百仞，而跛牂牧其上。夫楼季也而难五丈之限，岂跛牂也而易百仞之高哉？峭堑之势异也。明主圣王之所以能久处尊位，长执重势，而独擅天下之利者，非有异道也，能独断而审督责，必深罚，故天下不敢犯也。今不务所以不犯，而事慈母之所以败子也，则亦不察于圣人之论矣。夫不能行圣人之术，则舍为天下役何事哉？可不哀邪！

且夫俭节仁义之人立于朝，则荒肆之乐辍矣；谏说论理之臣间于侧，则流漫之志诎矣；烈士死节之行显于世，则淫康之虞废矣。故明主能外此三者，而独操主术以制听从之臣，而修其明法，故身尊而势重也。

凡贤主者，必将能拂世摩俗，而废其所恶，立其所欲。故生则有尊重之势，死则有贤明之谥也。是以明君独断，故权不在臣也。然后能灭仁义之涂，掩驰说之口，困烈士之行，塞聪掩明，内独视听。故外不可倾以仁义烈士之行，而内不可夺以谏说忿争之辩。故能荦然独行恣睢之心而莫之敢逆。若此，然后可谓能明申、韩之术，而修商君之法。法修术明而天下乱者，未之闻也。故曰"王道约而易操"也，唯明主为能行之。若此则谓督责之诚，则臣无邪，臣无邪则天下安，天下安则主严尊，主严尊则督责必，督责必则所求得，所求得则国家富，国家富则君乐丰。故督责之术设，则所欲无不得矣。群臣百姓救过不给，何变之敢图？若此则帝道备，而可谓能明君臣之术矣。虽申、韩复生，不能加也。

书奏，二世悦。于是行督责益严，税民深者为明吏。二世曰："若此则可谓能督责矣。"刑者相半于道，而死人日成积于市。杀人众者为忠臣。二世曰："若此则可谓能督责矣。"

初，赵高为郎中令，所杀及报私怨众多，恐大臣入朝奏事毁恶之，乃说二世曰："天子所以贵者，但以闻声，群臣莫得见其面，故号曰'朕'。且陛下富于春秋，未必尽通诸事，今坐朝廷，遣举有不当者，则见短于大臣，非所以示神明于天下也。且陛下深拱禁中，与臣及侍中习法者待事，事来有以揆之。如此则大臣不敢奏疑事，天下称圣主矣。"二世用其计，乃不坐朝廷见大臣，居禁中。赵高常侍中用事，事皆决于赵高。

高闻李斯以为言，乃见丞相曰："关东群盗多，今上急益发徭治阿房宫，聚狗马无用之物。臣欲谏，为位贱。此真君侯之事，君何不谏？"李斯曰："固也，吾欲言之久矣。今时上不坐朝廷，上居深宫，吾有所言者，不可传也，欲见无间。"赵高谓曰："君诚能谏，请为君候上间语君。"

于是赵高待二世方燕乐，妇女居前，使人告丞相："上方间，可奏事。"丞相至宫门上谒，如此者三，二世怒曰："吾常多间日，丞相不来；吾方燕私，丞相辄来请事。丞相岂少我哉？且固我哉？"赵高因曰："如此殆矣！夫沙丘之谋，丞相与焉。今陛下已立为帝，而丞相贵不益，此其意亦望裂地而王矣。且陛下不问臣，臣不敢言。丞相长男李由为三川守，楚盗陈胜等皆丞相傍县之子，以故楚盗公行过三川，城守不肯击。高闻其文书相往来，未得其审，故未敢以闻。且丞相居外，权重于陛下。"二世以为然，欲案丞相，恐其不审，乃使人案验三川守与盗通状。李斯闻之。

是时二世在甘泉，方作觳抵优俳之观。李斯不得见，因上书言赵高之短曰："臣闻之，臣疑其君，无不危国；妾疑其夫，无不危家。今有大臣于陛下擅利擅害，与陛下无异，此甚不便。昔者司城子罕相宋，身行刑罚，以威行之，期年遂劫其君。田常为简公臣，爵列无敌于国，私家之富与公家均，布惠施德，下得百姓，上得群臣，阴取齐国，杀宰予于庭，即弑简公于朝，遂有齐国，此天下所明知也。今高有邪佚之志，危反之行，如子罕相宋也；私家之富，若田氏之于齐也。兼行田常、子罕之逆道而劫陛下之威信，其志若韩玘为韩安相也。陛下不图，臣恐其为变也。"二世曰："何哉？夫高，故宦人也，然不为安肆志，不以危易心，洁行修善，自使至此，以忠得进，以信守位，朕实贤之，而君疑之，何也？且朕少失先人，无所识知，不习治民，而君又老，恐与天下绝矣。朕非属赵君，当谁任哉？且赵君为人精廉强力，下知人情，上能适朕。君其勿疑。"李斯曰："不然。夫高，故贱人也，无识于理，贪欲无厌，求利不止，列势次主，求欲无穷，臣故曰殆。"二世已前信赵高，恐李斯杀之，乃私告赵高。高曰："丞相所患者独高，高已死，丞相即欲为田常所为。"于是二世曰："其以李斯属郎中令！"

赵高案治李斯，李斯拘执束缚，居囹圄中，仰天而叹曰："嗟乎，悲夫！不道之君，何可为计哉！昔者桀杀关龙逢，纣杀王子比干，吴王夫差杀伍子胥。此三臣者，岂不忠哉，然而不免于死，身死而所忠者非也。今吾智不及三子，而二世之无道过于桀、纣、夫差，吾以忠死，宜矣。且二世之治岂不乱哉！日者夷其兄弟而自立也，杀忠臣而贵贱人，作为阿房之宫，赋敛天下。吾非不谏也，而不吾听也。凡古圣王，饮食有节，车器有数，宫室有度，出令造事，加费而无益于民利者禁，故能长久治安。今行逆于昆弟，不顾其咎；侵杀忠臣，不思其殃；大为宫室，厚赋天下，不爱其费：三者已行，天下不听。今反者已有天下之半矣，而心尚未寤也，而以赵高为佐，吾必见寇至咸阳，麋鹿游于朝也。"

于是二世乃使高案丞相狱，治罪，责斯与子由谋反状，皆收捕宗族宾客。赵高治斯，榜掠千馀，不胜痛，自诬服。斯所以不死者，自负其辩，有功，实无反心，幸得上书自陈，幸二世之寤而赦之。李斯乃从狱中上书曰："臣为丞相治民，三十馀年矣，逮秦地之陿隘。先王之时秦地不过千里，兵数十万。臣尽薄材，谨奉法令，阴行谋臣，资之金玉，使游说诸侯；阴修甲兵，饰政教，官斗士，尊功臣，盛其爵禄。故终以胁韩弱魏，破燕、赵，夷齐、楚，卒兼六国，虏其王，立秦为天子。罪一矣。地非不广，又北逐胡、貉，南定百越，以见秦之强。罪二矣。尊大臣，盛其爵位，以固其亲。罪三矣。立社稷，修宗庙，以明主之贤。罪四矣。更剋画，平斗斛、度量、文章，布之天下，以树秦之名。罪五矣。治驰道，兴游观，以见主之得意。罪六矣。缓刑罚，薄赋敛，以遂主得众之心，万民戴主，死而不忘。罪七矣。若斯之为臣者，罪足以死固久矣。上幸尽其能力，乃得至今，愿陛下察之！"书上，赵高使吏弃去不奏，曰："囚安得上书！"

赵高使其客十余辈诈为御史、谒者、侍中，更往复讯斯。斯更以其实对，辄使人复榜之。后二世使人验斯，斯以为如前，终不敢更言，辞服。奏当上，二世喜曰："微赵君，几为丞相所卖。"及二世所使案三川之守至，则项梁已击杀之。使者来，会丞相下吏，赵高皆妄为反辞。

二世二年七月，具斯五刑，论腰斩咸阳市。斯出狱，与其中子俱执，顾谓其中子曰："吾欲与若复牵黄犬俱出上蔡东门逐狡兔，岂可得乎！"遂父子相哭。而夷三族。

李斯已死，二世拜赵高为中丞相，事无大小辄决于高。高自知权重，乃献鹿，谓之马。二世问左右："此乃鹿也？"左右皆曰："马也。"二世惊，自以为惑，乃诏太卜，令卦之。太卜曰："陛下春秋郊祀，奉宗庙鬼神，斋戒不明，故至于此。可依盛德而明斋戒。"于是乃入上林斋戒。日游弋猎，有行人入上林中，二世自射杀之。赵高教其女婿咸阳令阎乐劾不知何人贼杀人移上林。高乃谏二世曰："天子无故贼杀不辜人，此上帝之禁也，鬼神不享，天且降殃，当远避宫以禳之。"二世乃出居望夷之宫。

留三日，赵高诈诏卫士，令士皆素服持兵内乡，入告二世曰："山东群盗兵大至！"二世上观而见之，恐惧，高即因劫令自杀，引玺而佩之，左右百官莫从；上殿，殿欲坏者三。高自知天弗与，群臣弗许，乃召始皇弟，授之玺。

子婴即位，患之，乃称疾不听事，与宦者韩谈及其子谋杀高。高上谒，请病，固召入，令韩谈刺杀之，夷其三族。

子婴立三月，沛公兵从武关入，至咸阳，群臣百官皆畔，不適。子婴与妻子自系其颈以组，降轵道旁。沛公因以属吏。项王至而斩之。遂以亡天下。

太史公曰：李斯以闾阎历诸侯，入事秦，因以瑕衅，以辅始皇，卒成帝业。斯为三公，可谓尊用矣。斯知六艺之归，不务明政以补主上之缺，持爵禄之重，阿顺苟合，严威酷刑，听高邪说，废适立庶。诸侯已畔，斯乃欲谏争，不亦末乎！人皆以斯极忠而被五刑死，察其本，乃与俗议之异。不然，斯之功且与周、召列矣。

卷八十八　　蒙恬列传第二十八

蒙恬者，其先齐人也。恬大父蒙骜，自齐事秦昭王，官至上卿。秦庄襄王元年，蒙骜为秦将，伐韩，取成皋、荥阳，作置三川郡。二年，蒙骜攻赵，取三十七城。始皇三年，蒙骜攻韩，取十三城。五年，蒙骜攻魏，取二十城，作置东郡。始皇七年，蒙骜卒。骜子曰武，武子曰恬。恬尝书狱典文学。始皇二十三年，蒙武为秦裨将军，与王翦攻楚，大破之，杀项燕。二十四年，蒙武攻楚，虏楚王。蒙恬弟毅。

始皇二十六年，蒙恬因家世得为秦将，攻齐，大破之，拜为内史。秦已并天下，乃使蒙恬将三十万众北逐戎、狄，收河南；筑长城，因地形，用制险塞，起临洮，至辽东，延袤万馀里；于是渡河，据阳山，逶蛇而北，暴师于外十余年，居上郡。是时蒙恬威振匈奴，始皇甚尊宠蒙氏，信任贤。而亲近蒙毅，位至上卿，出则参乘，入则御前。恬任外事而毅常为内谋，名为忠信。故虽诸将相莫敢与之争焉。

赵高者，诸赵疏远属也。赵高昆弟数人，皆生隐宫，其母被刑僇，世世卑贱。秦王闻高强力，通于狱法，举以为中车府令。高即私事公子胡亥，喻之决狱。高有大罪，秦王令蒙毅法治之。毅不敢阿法，当高罪死，除其宦籍。帝以高之敦于事也，赦之，复其官爵。

始皇欲游天下，道九原，直抵甘泉。乃使蒙恬通道，自九原抵甘泉，堑山堙谷，千八百里。道未就。

始皇三十七年冬，行出游会稽，并海上，北走琅邪。道病，使蒙毅还祷山川，未反。

始皇至沙丘崩，秘之，群臣莫知。是时丞相李斯、公子胡亥、中车府令赵高常从。高雅得幸于胡亥，欲立之，又怨蒙毅法治之而不为己也，因有贼心，乃与丞相李斯、公子胡亥阴谋，立胡亥为太子。太子已立，遣使者以罪赐公子扶苏、蒙恬死。扶苏已死，蒙恬疑而复请之。使者以蒙恬属吏，更置。胡亥以李斯舍人为护军。使者还报，胡亥已闻扶苏死，即欲释蒙恬。赵高恐蒙氏复贵而用事，怨之。

毅还至，赵高因为胡亥忠计，欲以灭蒙氏，乃言曰："臣闻先帝欲举贤立太子久矣，而毅谏曰'不可'。若知贤而俞不立，则是不忠而惑主也。以臣愚意，不若诛之。"胡亥听而系蒙毅于代。前已囚蒙恬于阳周。丧至咸阳，已葬，太子立为二世皇帝，而赵高亲近，日夜毁恶蒙氏，求其罪过，举劾之。

子婴进谏曰："臣闻故赵王迁杀其良臣李牧而用颜聚，燕王喜阴用荆轲之谋而倍秦之约，齐王建杀其故世忠臣而用后胜之议。此三君者，皆各以变古者失其国而殃及其身。今蒙氏，秦之大臣谋士也，而主欲一旦弃去之，臣窃以为不可。臣闻轻虑者不可以治国，独智者不可以存君。诛杀忠臣而立无节行之人，是内使群臣不相信而外使斗士之意离也，臣窃以为不可。"

胡亥不听，而遣御史曲宫乘传之代，令蒙毅曰："先主欲立太子而卿难之。今丞相以卿为不忠，罪及其宗。朕不忍，乃赐卿死，亦甚幸矣。卿其图之！"毅对曰："以臣不能得先主之意，则臣少宦，顺幸没世，可谓知意矣。以臣不知太子之能，则太子独从，周旋天下，去诸公子绝远，臣无所疑矣。夫先主之举用太子，数年之积也，臣乃何言之敢谏，何虑之敢谋！非敢饰辞以避死也，为羞累先主之名，愿大夫为虑焉，使臣得死情实。且夫顺成全者，道之所贵也；刑杀者，道之所卒也。昔者秦穆公杀三良而死，罪百里奚而非其罪也，故立号曰'缪'。昭襄王杀武安君白起，楚平王杀伍奢，吴王夫差杀伍子胥。此四君者，皆为大失，而天下非之，以其君为不明，以是籍于诸侯。故曰'用道治者不杀无罪，而罚不加于无辜'！唯大夫留心！"使者知胡亥之意，不听蒙毅之言，遂杀之。

二世又遣使者之阳周，令蒙恬曰："君之过多矣，而卿弟毅有大罪，法及内史。"恬曰："自吾先人及至子孙，积功信于秦三世矣。今臣将兵三十余万，身虽囚系，其势足以倍畔，然自知必死而守义者，不敢辱先人之教，以不忘先主也。昔周成王初立，未离襁褓，周公旦负王以朝，卒定天下。及成王有病甚殆，公旦自揃其爪以沉于河，曰：'王未有识，是旦执事。有罪殃，旦受其不详。'乃书而藏之记府，可谓信矣。及王能治国，有贼臣言：'周公旦欲为乱久矣，王若不备，必有大事。'王乃大怒，周公旦走而奔于楚。成王观于记府，得周公旦沉书，乃流涕曰：'孰谓周公旦欲为乱乎！'杀言之者而反周公旦。故《周书》曰'必参而伍之'。今恬之宗，世无二心，而事卒如此，是必孽臣逆乱，内陵之道也。夫成王失而复振则卒昌；桀杀关龙逢，纣杀王子比干而不悔，身死则国亡。臣故曰过可振而谏可觉也。察于参伍，上圣之法也。凡臣之言，非以求免于咎也，将以谏而死，愿陛下为万民思从道也。"使者曰："臣受诏行法于将军，不敢以将军言闻于上也。"蒙恬喟然太息曰："我何罪于天，无过而死乎？"良久，徐曰："恬罪固当死矣。起临洮属之辽东，城堑万余里，此其中不能无绝地脉哉？此乃恬之罪也。"乃吞药自杀。

太史公曰：吾适北边，自直道归，行观蒙恬所为秦筑长城亭障，堑山堙谷，通直道，固轻百姓力矣。夫秦之初灭诸侯，天下之心未定，痍伤者未瘳，而恬为名将，不以此时强谏，振百姓之急，养老存孤，务修众庶之和，而阿意兴功，此其兄弟遇诛，不亦宜乎！何乃罪地脉哉！

卷八十九
张耳陈馀列传第二十九

张耳者，大梁人也。其少时，及魏公子毋忌为客。张耳尝亡命游外黄。外黄富人女甚美，嫁庸奴，亡其夫，去抵父客。父客素知张耳，乃谓女曰："必欲求贤夫，从张耳。"女听，乃卒为请决，嫁之张耳。张耳是时脱身游，女家厚奉给张耳，张耳以故致千里客。乃宦魏为外黄令，名由此益贤。

陈馀者，亦大梁人也，好儒术，数游赵苦陉。富人公乘氏以其女妻之，亦知陈馀非庸人也。馀年少，父事张耳，两人相与为刎颈交。

秦之灭大梁也，张耳家外黄。高祖为布衣时，尝数从张耳游，客数月。秦灭魏数岁，已闻此两人魏之名士也，购求有得张耳千金，陈馀五百金。张耳、陈馀乃变名姓，俱之陈，为里监门以自食。两人相对。里吏尝有过笞陈馀，陈馀欲起，张耳蹑之，使受笞。吏去，张耳乃引陈馀之桑下而数之曰："始吾与公言何如？今见小辱而欲死一吏乎？"陈馀然之。秦诏书购求两人，两人亦反用门者以令里中。

陈涉起蕲，至入陈，兵数万。张耳、陈馀上谒陈涉。涉及左右生平数闻张耳、陈馀贤，未尝见，见即大喜。

陈中豪杰父老乃说陈涉曰："将军身被坚执锐，率士卒以诛暴秦，复立楚社稷，存亡继绝，功德宜为王。且夫监临天下诸将，不为王不可，愿将军立为楚王也。"陈涉问此两人，两人对曰："夫秦为无道，破人国家，灭人社稷，绝人后世，罢百姓之力，尽百姓之财。将军瞋目张胆，出万死不顾一生之计，为天下除残也。今始至陈而王之，示天下私。愿将军毋王，急引兵而西，遣人立六国后，自为树党，为秦益敌也。敌多则力分，与众则兵强。如此野无交兵，县无守城，诛暴秦，据咸阳以令诸侯。诸侯亡而得立，以德服之，如此则帝业成矣。今独王陈，恐天下解也。"陈涉不听，遂立为王。

陈馀乃复说陈王曰："大王举梁、楚而西，务在入关，未及收河北也。臣尝游赵，知其豪桀及地形，愿请奇兵北略赵地。"于是陈王以故所善陈人武臣为将军，邵骚为护军，以张耳、陈馀为左右校尉，予卒三千人，北略赵地。

武臣等从白马渡河，至诸县，说其豪桀曰："秦为乱政虐刑以残贼天下，数十年矣。北有长城之役，南有五岭之戍，外内骚动，百姓罢敝，头会箕敛，以供军费，财匮力尽，民不聊生。重之以苛法峻刑，使天下父子不相安。陈王奋臂为天下倡始，王楚之地，方二千里，莫不响应，家自为怒，人自为斗，各报其怨而攻其仇，县杀其令丞，郡杀其守尉。今已张大楚，王陈，使吴广、周文将卒百万西击秦。于此时而不成封侯之业者，非人豪也。诸君试相与计之！夫天下同心而苦秦久矣。因天下之力而攻无道之君，报父兄之怨而成割地有土之业，此士之一时也。"豪桀皆然其言。乃行收兵，得数万人，号武臣为武信君。下赵十城，余皆城守，莫肯下。

乃引兵东北击范阳。范阳人蒯通说范阳令曰："窃闻公之将死，故吊。虽然，贺公得通而生。"范阳令曰："何以吊之？"对曰："秦法重，足下为范阳令十年矣，杀人之父，孤人之子，断人之足，黥人之首，不可胜数。然而慈父孝子莫敢倳刃公之腹中者，畏秦法耳。今天下大乱，秦法不施，然则慈父孝子且倳刃公之腹中以成其名，此臣之所以吊公也。今诸侯畔秦矣，武信君兵且至。而君坚守范阳，少年皆争杀君，下武信君。君急遣臣见武信君，可转祸为福，在今矣。"

范阳令乃使蒯通见武信君曰："足下必将战胜然后略地，攻得然后下城，臣窃以为过矣。诚听臣之计，可不攻而降城，不战而略地，传檄而千里定，可乎？"武信君曰："何谓也？"蒯通曰："今范阳令宜整顿其士卒以守战者也，怯而畏死，贪而重富贵，故欲先天下降，畏君以为秦所置吏，诛杀如前十城也。然今范阳少年亦方杀其令，自以城距君，君何不赍臣侯印，拜范阳令，范阳令则以城下君，少年亦不敢杀其令。令范阳令乘朱轮华毂，使驱驰燕、赵郊。燕、赵郊见之，皆曰此范阳令，先下者也，即喜矣，燕、赵城可毋战而降也。此臣之所谓传檄而千里定者也。"武信君从其计，因使蒯通赐范阳令侯印。赵地闻之，不战以城下者三十余城。

至邯郸，张耳、陈馀闻周章入关，至戏却；又闻诸将为陈王徇地，多以谗毁得罪诛，怨陈王不用其策，不以为将而以为校尉。乃说武臣曰："陈王起蕲，至陈而王，非必立六国后。将军今以三千人下赵数十城，独介居河北，不王无以填之。且陈王听谗，还报，恐不脱于祸。又不如立其兄弟；不，即立赵后。将军毋失时，时间不容息。"武臣乃听之，遂立为赵王。以陈馀为大将军，张耳为右丞相，邵骚为左丞相。

使人报陈王，陈王大怒，欲尽族武臣等家，而发兵击赵。陈王相国房君谏曰："秦未亡而诛武臣等家，此又生一秦也。不如因而贺之，使急引兵西击秦。"陈王然之，从其计，徙系武臣等家宫中，封张耳子敖为成都君。

陈王使使者贺赵，令趣发兵西入关。张耳、陈馀说武臣曰："王王赵，非楚意，特以计贺王。楚已灭秦，必加兵于赵。愿王毋西兵，北徇燕、代，南收河内以自广。赵南据大河，北有燕、代，楚虽胜秦，必不敢制赵。"赵王以为然，因不西兵，而使韩广略燕，李良略常山，张黡略上党。

韩广至燕，燕人因立广为燕王。赵王乃与张耳、陈馀北略地燕界。赵王间出，为燕军所得。燕将囚之，欲与分赵地半，乃归王。使者往，燕辄杀之以求地。张耳、陈馀患之。有厮养卒谢其舍中曰："吾为公说燕，与赵王载归。"舍中皆笑曰："使者往十余辈，辄死，若何以能得王？"乃走燕壁。燕将见之，问燕将曰："知臣何欲？"燕将曰："若欲得赵王耳。"曰："君知张耳、陈馀何如人也？"燕将曰："贤人也。"曰："知其志何欲？"曰："欲得其王耳。"赵养卒乃笑曰："君未知此两人所欲也。夫武臣、张耳、陈馀杖马棰下赵数十城，此亦各欲南面而王，岂欲为卿相终己邪？夫臣与主岂可同日而道哉，顾其势初定，未敢参分而王，且以少长先立武臣为王，以持赵心。今赵地已服，此两人亦欲分赵而王，时未可耳。今君乃囚赵王。此两人名为求赵王，实欲燕杀之，此两人分赵自立。夫以一赵尚易燕，况以两贤王左提右挈，而责杀王之罪，灭燕易矣。"燕将以为然，乃归赵王，养卒为御而归。

李良已定常山，还报，赵王复使良略太原。至石邑，秦兵塞井陉，未能前。秦将诈称二世使人遗李良书，不封，曰："良尝事我得显幸。良诚能反赵为秦，赦良罪，贵良。"良得书，疑不信。乃还之邯郸，益请兵。未至，道逢赵王姊出饮，从百余骑。李良望见，以为王，伏谒道旁。王姊醉，不知其将，使骑谢李良。李良素贵，起，惭其从官，从官有一人曰："天下畔秦，能者先立。且赵王素出将军下，今女儿乃不为将军下车，请追杀之。"李良已得秦书，固欲反赵，未决，因此怒，遣人追杀王姊道中，乃遂将其兵袭邯郸。邯郸不知，竟杀武臣、邵骚。赵人多为张耳、陈馀耳目者，以故得脱出。收其兵，得数万人。客有说张耳曰："两君羁旅，而欲附赵，难；独立赵后，扶以义，可就功。"乃求得赵歇，立为赵王，居信都。李良进兵击陈馀，陈馀败李良，李良走归章邯。

章邯引兵至邯郸，皆徙其民河内，夷其城郭。张耳与赵王歇走入巨鹿城，王离围之。陈馀北收常山兵，得数万人，军巨鹿北。章邯军巨鹿南棘原，筑甬道属河，饷王离。王离兵食多，急攻巨鹿，巨鹿城中食尽兵少，张耳数使人召前陈馀，陈馀自度兵少，不敌秦，不敢前。数月，张耳大怒，怨陈馀，使张黡、陈泽往让陈馀曰："始吾与公为刎颈交，今王与耳旦暮且死，而公拥兵数万，不肯相救，安在其相为死！苟必信，胡不赴秦军俱死？且有十一二相全。"陈馀曰："吾度前终不能救赵，徒尽亡军。且馀所以不俱死，欲为赵王、张君报秦。今必俱死，如以肉委饿虎，何益？"张黡、陈泽曰："事已急，要以俱死立信，安知后虑？"陈馀曰："吾死顾以为无益，必如公言。"乃使五千人令张黡、陈泽先尝秦军，至皆没。

当是时，燕、齐、楚闻赵急，皆来救。张敖亦北收代兵，得万馀人，来，皆壁馀旁，未敢击秦。项羽兵数绝章邯甬道，王离军乏食，项羽悉引兵渡河，遂破章邯。章邯引兵解，诸侯军乃敢击围巨鹿秦军，遂虏王离。涉间自杀。卒存巨鹿者，楚力也。

于是赵王歇、张耳乃得出巨鹿，谢诸侯。张耳与陈馀相见，责让陈馀以不肯救赵，及问张黡、陈泽所在。陈馀怒曰："张黡、陈泽以必死责臣，臣使将五千人先尝秦军，皆没不出。"张耳不信，以为杀之，数问陈馀，陈馀怒曰："不意君之望臣深也！岂以臣为重去将哉？"乃脱解印绶，推予张耳。张耳亦愕不受。陈馀起如厕。客有说张耳曰："臣闻'天与不取，后受其咎'。今陈将军与君印，君不受，反天不祥，急取之！"张耳乃佩其印，收其麾下。而陈馀还，亦望张耳不让，遂趋出。张耳遂收其兵。陈馀独与麾下所善数百人之河上泽中渔猎。由此陈馀、张耳遂有隙。

赵王歇复居信都。张耳从项羽诸侯入关。汉元年二月，项羽立诸侯王，张耳雅游，人多为之言。项羽亦素数闻张耳贤，乃分赵立张耳为常山王，治信都。信都更名襄国。

陈馀客多说项羽曰："陈馀、张耳一体有功于赵。"项羽以陈馀不从入关，闻其在南皮，即以南皮旁三县以封之，而徙赵王歇王代。

张耳之国，陈馀愈益怒，曰："张耳与馀功等也，今张耳王，馀独侯，此项羽不平。"及齐王田荣畔楚，陈馀乃使夏说说田荣曰："项羽为天下宰不平，尽王诸将善地，徙故王王恶地，今赵王乃居代！愿王假臣兵，请以南皮为捍蔽。"田荣欲树党于赵以反楚，乃遣兵从陈馀。陈馀因悉三县兵袭常山王张耳，张耳败走，念诸侯无可归者，曰："汉王与我有旧故，而项羽又强，立我，我欲之楚。"甘公曰："汉王之入关，五星聚东井。东井者，秦分也。先至必霸。楚虽强，后必属汉。"故耳走汉。汉王亦还定三秦，方围章邯废丘。张耳谒汉王，汉王厚遇之。

陈馀已败张耳，皆复收赵地，迎赵王于代，复为赵王。赵王德陈馀，立以为代王。陈馀为赵王弱，国初定，不之国，留傅赵王，而使夏说以相国守代。

汉二年，东击楚，使使告赵，欲与俱。陈馀曰："汉杀张耳乃从。"于是汉王求人类张耳者斩之，持其头遗陈馀。陈馀乃遣兵助汉。汉之败于彭城西，陈馀亦复觉张耳不死，即背汉。

汉三年，韩信已定魏地，遣张耳与韩信击破赵井陉，斩陈馀泜水上，追杀赵王歇襄国。汉立张耳为赵王。汉五年，张耳薨，谥为景王。子敖嗣立为赵王。高祖长女鲁元公主为赵敖后。

汉七年，高祖从平城过赵，赵王朝夕袒鞲蔽，自上食，礼甚卑，有子婿礼。高祖箕踞詈，甚慢易之，赵相贯高、赵午等年六十馀，故张耳客也。生平为气，乃怒曰："吾王孱王也！"说王曰："夫天下豪桀并起，能者先立。今王事高祖甚恭，而高祖无礼，请为王杀之！"张敖啮其指出血，曰："君何言之误！且先人亡国，赖高祖得复国，德流子孙，秋豪皆高祖力也。愿君无复出口。"贯高、赵午等十余人皆相谓曰："乃吾等非也。吾王长者，不倍德。且吾等义不辱，今怨高祖辱我王，故欲杀之，何乃污王为乎？令事成归王，事败独身坐耳。"

汉八年，上从东垣还，过赵，贯高等乃壁人柏人，要之置厕。上过欲宿，心动，问曰："县名为何？"曰："柏人。""柏人者，迫于人也！"不宿而去。

汉九年，贯高怨家知其谋，乃上变告之。于是上皆并逮捕赵王、贯高等。十馀人皆争自刭，贯高独怒骂曰："谁令公为之？今王实无谋，而并捕王；公等皆死，谁白王不反者！"乃轞车胶致，与王诣长安。治张敖之罪。上乃诏赵群臣宾客有敢从王皆族。贯高与客孟舒等十余人，皆自髡钳，为王家奴，从来。贯高至，对狱，曰："独吾属为之，王实不知。"吏治榜笞数千，刺剟，身无可击者，终不复言。吕后数言张王以鲁元公主故，不宜有此。上怒曰："使张敖据天下，岂少而女乎！"不听。廷尉以贯高事辞闻，上曰："壮士！谁知者，以私问之。"中大夫泄公曰："臣之邑子，素知之。此固赵国立名义不侵为然诺者也。"上使泄公持节问之箯舆前。仰视曰："泄公邪？"泄公劳苦如生平欢，与语，问张王果有计谋不。高曰："人情宁不各爱其父母妻子乎？今吾三族皆以论死，岂以王易吾亲哉！顾为王实不反，独吾等为之。"具道本指所以为者王不知状。于是泄公入，具以报，上乃赦赵王。

上贤贯高为人能立然诺，使泄公具告之曰："张王已出。"因赦贯高。贯高喜曰："吾王审出乎？"泄公曰："然。"泄公曰："上多足下，故赦足下。"贯高曰："所以不死一身无余者，白张王不反也。今王已出，吾责已塞，死不恨矣。且人臣有篡杀之名，何面目复事上哉！纵上不杀我，我不愧于心乎？"乃仰绝肮，遂死。当此之时，名闻天下。

张敖已出，以尚鲁元公主故，封为宣平侯。于是上贤张王诸客，以钳奴从张王入关，无不为诸侯相、郡守者。及孝惠、高后、文帝、孝景时，张王客子孙皆得为二千石。

张敖，高后六年薨。子偃为鲁元王。以母吕后女故，吕后封为鲁元王。元王弱，兄弟少，乃封张敖他姬子二人：寿为乐昌侯，侈为信都侯。高后崩，诸吕无道，大臣诛之，而废鲁元王及乐昌侯、信都侯。孝文帝即位，复封故鲁元王偃为南宫侯，续张氏。

太史公曰：张耳、陈馀，世传所称贤者；其宾客厮役，莫非天下俊桀，所居国无不取卿相者。然张耳、陈馀始居约时，相然信以死，岂顾问哉，及据国争权，卒相灭亡，何乡者相慕用之诚，后相倍之戾也！岂非以势利交哉？名誉虽高，宾客虽盛，所由殆与太伯、延陵季子异矣。

卷九十　　魏豹彭越列传第三十

魏豹者，故魏诸公子也。其兄魏咎，故魏时封为宁陵君。秦灭魏，迁咎为家人。陈胜之起王也，咎往从之。陈王使魏人周市徇魏地，魏地已下，欲相与立周市为魏王。

周市曰:"天下昏乱,忠臣乃见。今天下共畔秦,其义必立魏王后乃可。"齐、赵使车各五十乘,立周市为魏王。市辞不受,迎魏咎于陈。五反,陈王乃遣立咎为魏王。

章邯已破陈王,乃进击魏王于临济。魏王乃使周市出请救于齐、楚。齐、楚遣项它、田巴将兵随市救魏。章邯遂击破杀周市等军,围临济。咎为其民约降。约定,咎自烧杀。

魏豹亡走楚。楚怀王予魏豹数千人,复徇魏地。项羽已破秦,降章邯。豹下魏二十余城,立豹为魏王。豹引精兵从项羽入关。汉元年,项羽封诸侯,欲有梁地,乃徙魏王豹于河东,都平阳,为西魏王。

汉王还定三秦,渡临晋,魏王豹以国属焉,遂从击楚于彭城。汉败,还至荥阳,豹请归视亲病,至国,即绝河津畔汉。汉王闻魏豹反,方东忧楚,未及击,谓郦生曰:"缓颊往说魏豹,能下之,吾以万户封若。"郦生说豹。豹谢曰:"人生一世间,如白驹过隙耳。今汉王慢而侮人,骂詈诸侯群臣如骂奴耳,非有上下礼节也,吾不忍复见也。"于是汉王遣韩信击虏豹于河东,传诣荥阳,以豹国为郡。汉王令豹守荥阳。楚围之急,周苛遂杀魏豹。

彭越者,昌邑人也,字仲。常渔巨野泽中,为群盗。陈胜、项梁之起,少年或谓越曰:"诸豪桀相立畔秦,仲可以来,亦效之。"彭越曰:"两龙方斗,且待之。"

居岁余,泽间少年相聚百余人,往从彭越,曰:"请仲为长。"越谢曰:"臣不愿与诸君。"少年强请,乃许。与期旦日日出会,后期者斩。旦日日出,十余人后,后者至日中。于是越谢曰:"臣老,诸君强以为长。今期而多后,不可尽诛,诛最后者一人。"令校长斩之。皆笑曰:"何至是?请后不敢。"于是越乃引一人斩之,设坛祭,乃令徒属。徒属皆大惊,畏越,莫敢仰视。乃行略地,收诸侯散卒,得千余人。

沛公之从砀北击昌邑,彭越助之。昌邑未下,沛公引兵西。彭越亦将其众居巨野中,收魏散卒。项籍入关,王诸侯,还归,彭越众万余人毋所属。汉元年秋,齐王田荣畔项王,汉乃使人赐彭越将军印,使下济阴以击楚。楚命萧公角将兵击越,越大破楚军。汉王二年春,与魏王豹及诸侯东击楚,彭越将其兵三万余人归汉于外黄。汉王曰:"彭将军收魏地得十余城,欲急立魏后。今西魏王豹亦魏王咎从弟也,真魏后也。"乃拜彭越为魏相国,擅将其兵,略定梁地。

汉王之败彭城解而西也,彭越皆复亡其所下城,独将其兵北居河上。汉王三年,彭越常往来为汉游兵,击楚,绝其后粮于梁地。汉四年冬,项王与汉王相距荥阳,彭越攻下睢阳、外黄十七城。项王闻之,乃使曹咎守成皋,自东收彭越所下城邑,皆复为楚。越将其兵北走谷城。汉五年秋,项王之南走阳夏,彭越复下昌邑旁二十余城,得谷十余万斛,以给汉王食。

汉王败,使使召彭越并力击楚。越曰:"魏地初定,尚畏楚,未可去也。"汉王追楚,为项籍所败固陵。乃谓留侯曰:"诸侯兵不从,为之奈何?"留侯曰:"齐王信之立,非

君王之意,信亦不自坚。彭越本定梁地,功多,始君王以魏豹故,拜彭越为魏相国。今豹死毋后,且越亦欲王,而君王不早定。与此两国约:即胜楚,睢阳以北至谷城,皆以王彭相国;从陈以东傅海,与齐王信。齐王信家在楚,此其意欲复得故邑。君王能出捐此地许二人,二人今可致;即不能,事未可知也。"于是汉王乃发使使彭越,如留侯策。使者至,彭越乃悉引兵会垓下,遂破楚。五年项籍已死。春,立彭越为梁王,都定陶。

六年,朝陈。九年,十年,皆来朝长安。

十年秋,陈豨反代地,高帝自往击,至邯郸,征兵梁王。梁王称病,使将将兵诣邯郸。高帝怒,使人让梁王。梁王恐,欲自往谢。其将扈辄曰:"王始不往,见让而往,往则为禽矣。不如遂发兵反。"梁王不听,称病。梁王怒其太仆,欲斩之。太仆亡走汉,告梁王与扈辄谋反。于是上使使掩梁王,梁王不觉,捕梁王,囚之洛阳。有司治反形已具,请论如法。上赦以为庶人,传处蜀青衣。西至郑,逢吕后从长安来,欲之洛阳,道见彭王。彭王为吕后泣涕,自言无罪,愿处故昌邑。吕后许诺,与俱东至洛阳。吕后白上曰:"彭王壮士,今徙之蜀,此自遗患,不如遂诛之。妾谨与俱来。"于是吕后乃令其舍人告彭越复谋反。廷尉王恬开奏请族之。上乃可,遂夷越宗族,国除。

太史公曰:魏豹、彭越虽故贱,然已席卷千里,南面称孤,喋血乘胜日有闻矣。怀畔逆之意,乃败,不死而虏囚,身被刑戮,何哉?中材已上且羞其行,况王者乎!彼无异故,智略绝人,独患无身耳。得摄尺寸之柄,其云蒸龙变,欲有所会其度,以故幽囚而不辞云。

卷九十一　　黥布列传第三十一

黥布者,六人也,姓英氏。秦时为布衣。少年,有客相之曰:"当刑而王。"及壮,坐法黥。布欣然笑曰:"人相我当刑而王,几是乎?"人有闻者,共俳笑之。布已论输丽山,丽山之徒数十万人,布皆与其徒长豪桀交通,乃率其曹偶,亡之江中为群盗。

陈胜之起也,布乃见番君,与其众叛秦,聚兵数千人。番君以其女妻之。章邯之灭陈胜,破日臣军,布乃引兵北击秦左右校,破之清波,引兵而东。闻项梁定江东会稽,涉江而西。陈婴以项氏世为楚将,乃以兵属项梁,渡淮南,英布、蒲将军亦以兵属项梁。

项梁涉淮而西,击景驹、秦嘉等,布常冠军。项梁至薛,闻陈王定死,乃立楚怀王。项梁号为武信君,英布为当阳君。项梁败死定陶,怀王徙都彭城,诸将英布亦皆保聚彭城。当是时,秦急围赵,赵数使人请救。怀王使宋义为上将,范增为末将,项籍为次将,英布、蒲将军皆为将军,悉属宋义,北救赵。及项籍杀宋义于河上,怀王因立籍为上将军,诸将皆属项籍。项籍使布先涉,渡河击秦。布数有利,籍乃悉引兵涉河从之,遂破秦军,降章邯等。

楚兵常胜，攻冠诸侯。诸侯兵皆以服属楚者，以布数以少败众也。

项籍之引兵西至新安，又使布等夜击坑章邯秦卒二十余万人。至关，不得入，又使布等先从间道破关下军，遂得入，至咸阳。布常为军锋。项王封诸将，立布为九江王，都六。

汉元年四月，诸侯皆罢戏下，各就国。项氏立怀王为义帝，徙都长沙，乃阴令九江王布等行击之。其八月，布使将击义帝，追杀之郴县。

汉二年，齐王田荣畔楚，项王往击齐，征兵九江，九江王布称病不往，遣将将数千人行。汉之败楚彭城，布又称病不佐楚。项王由此怨布，数使使者诮让召布，布愈恐，不敢往。项王方北忧齐、赵，西患汉，所与者独九江王，又多布材，欲亲用之，以故未击。

汉三年，汉王击楚，大战彭城，不利，出梁地，至虞，谓左右曰："如彼等者，无足与计天下事。"谒者随何进曰："不审陛下所谓。"汉王曰："孰能为我使淮南，令之发兵倍楚，留项王于齐数月，我之取天下可以百全。"随何曰："臣请使之。"乃与二十人俱，使淮南。至，因太宰主之，三日不得见。随何因说太宰曰："王之不见何，必以楚为强，以汉为弱，此臣之所以为使。使何得见，言之而是邪，是大王所欲闻也；言之而非邪，使何等二十人伏斧质淮南市，以明王倍汉而与楚也。"太宰乃言之王，王见之。随何曰："汉王使臣敬进书大王御者，窃怪大王与楚何亲也。"淮南王曰："寡人北乡而臣事之。"随何曰："大王与项王俱列为诸侯，北乡而臣事之，必以楚为强，可以托国也。项王伐齐，身负板筑，以为士卒先；大王宜悉淮南之众，身自将之，为楚军前锋，今乃发四千人以助楚。夫北面而臣事人者，固若是乎？夫汉王战于彭城，项王未出齐也，大王宜骚淮南之兵渡淮，日夜会战彭城下；大王抚万人之众，无一人渡淮者，垂拱而观其孰胜。夫托国于人者，固若是乎？大王提空名以乡楚，而欲厚自托，臣窃为大王不取也。然而大王不背楚者，以汉为弱也。夫楚兵虽强，天下负之以不义之名，以其背盟约而杀义帝也。然楚王恃战胜自强，汉王收诸侯，还守成皋、荥阳，下蜀、汉之粟，深沟壁垒，分卒守徼乘塞。楚人还兵，间以梁地，深入敌国八九百里，欲战则不得，攻城则力不能，老弱转粮千里之外；楚兵至荥阳、成皋，汉坚守而不动，进则不得攻，退则不能解。故曰楚兵不足恃也。使楚胜汉，则诸侯自危惧而相救。夫楚之强，适足以致天下之兵耳。故楚不如汉，其势易见也。今大王不与万全之汉而自托于危亡之楚，臣窃为大王惑之。臣非以淮南之兵足以亡楚也。夫大王发兵而倍楚，项王必留；留数月，汉之取天下可以万全。臣请与大王提剑而归汉，汉王必裂地而封大王，又况淮南？淮南必大王有也！故汉王敬使使臣进愚计，愿大王之留意也。"淮南王曰："请奉命。"阴许畔楚与汉，未敢泄也。

楚使者在，方急责英布发兵，舍传舍，随何直入，坐楚使者上坐，曰："九江王已归汉，楚何以得发兵？"布愕然。楚使者起。何因说布曰："事已构，可遂杀楚使者，无

使归，而疾走汉并力。"布曰："如使者教，因起兵而击之耳。"于是杀使者，因起兵而攻楚。楚使项声、龙且攻淮南，项王留而攻下邑。数月，龙且击淮南，破布军。布欲引兵走汉，恐楚王杀之，故间行与何俱归汉。

淮南王至，上方踞床洗，召布入见，布甚大怒，悔来，欲自杀。出就舍，帐御饮食从官如汉王居，布又大喜过望。于是乃使人入九江。楚已使项伯收九江兵，尽杀布妻子。布使者颇得故人幸臣，将众数千人归汉。汉益分布兵而与俱北，收兵至成皋。四年七月，立布为淮南王，与击项籍。

汉五年，布使人入九江，得数县。六年，布与刘贾入九江，诱大司马周殷，周殷反楚，遂举九江兵与汉击楚，破之垓下。

项籍死，天下定，上置酒。上折随何之功，谓何为腐儒，为天下安用腐儒。随何跪曰："夫陛下引兵攻彭城，楚王未去齐也，陛下发步卒五万人、骑五千，能以取淮南乎？"上曰："不能。"随何曰："陛下使何与二十人使淮南，至，如陛下之意，是何之功贤于步卒五万人、骑五千也。然而陛下谓何腐儒，为天下安用腐儒，何也？"上曰："吾方图子之功。"乃以随何为护军中尉。布遂剖符为淮南王，都六，九江、庐江、衡山、豫章郡皆属布。

七年，朝陈。八年，朝洛阳。九年，朝长安。

十一年，高后诛淮阴侯，布因心恐。夏，汉诛梁王彭越，醢之，盛其醢遍赐诸侯。至淮南，淮南王方猎，见醢，因大恐，阴令人部聚兵，候伺旁郡警急。

布所幸姬疾，请就医，医家与中大夫贲赫对门，姬数如医家，贲赫自以为侍中，乃厚馈遗，从姬饮医家。姬侍王，从容语次，誉赫长者也。王怒曰："汝安从知之？"具说状。王疑其与乱。赫恐，称病。王愈怒，欲捕赫。赫言变事，乘传诣长安。布使人追，不及。赫至，上变，言布谋反有端，可先未发诛也。上读其书，语萧相国。相国曰："布不宜有此，恐仇怨妄诬之。请系赫，使人微验淮南王。"淮南王布见赫以罪亡，上变，固已疑其言国阴事；汉使又来，颇有所验，遂族赫家，发兵反。反书闻，上乃赦贲赫，以为将军。

上召诸将问曰："布反，为之奈何？"皆曰："发兵击之，坑竖子耳！何能为乎？"汝阴侯滕公召故楚令尹问之。令尹曰："是固当反。"滕公曰："上裂地而王之，疏爵而贵之，南面而立万乘之主，其反何也？"令尹曰："往年杀彭越，前年杀韩信，此三人者，同功一体之人也。自疑祸及身，故反耳。"滕公言之上曰："臣客故楚令尹薛公者，其人有筹策之计，可问。"上乃召见，问薛公。薛公对曰："布反不足怪也。使布出于上计，山东非汉之有也；出于中计，胜败之数未可知也；出于下计，陛下安枕而卧矣。"上曰："何谓上计？"令尹对曰："东取吴，西取楚，并齐取鲁，传檄燕、赵，固守其所，山东非汉之有也。""何谓中计？""东取吴，西取楚，并韩取魏，据敖仓之粟，塞成皋之口，胜败之数未可知也。""何谓下计？""东取吴，西取下蔡，归重于越，身归长沙，陛下安枕而卧，汉无事矣。"上曰："是计将安出？"令尹对曰："出下计。"上曰："何谓废上中计而出下计？"令尹曰："布故丽山之徒也，自致

万乘之主,此皆为身,不顾后为百姓万世虑也,故曰出下计。"上曰:"善。"封薛公千户。乃立皇子长为淮南王。上遂发兵自将东击布。

布之初反,谓其将曰:"上老矣,厌兵,必不能来。使诸将,诸将独患淮阴、彭越,今皆已死,余不足畏也。"故遂反。果如薛公筹之,东击荆,荆王刘贾走死富陵。尽劫其兵,渡淮击楚。楚发兵与战徐、僮间,为三军,欲以相救为奇。或说楚将曰:"布善用兵,民素畏之。且兵法,诸侯战其地为散地。今别为三,彼败吾一军,余皆走,安能相救!"不听。布果破其一军,其二军散走。

遂西,与上兵遇蕲西,会甄。布兵精甚,上乃壁庸城,望布军置陈如项籍军,上恶之。与布相望见,遥谓布曰:"何苦而反?"布曰:"欲为帝耳。"上怒骂之,遂大战。布军败走,渡淮,数止战,不利,与百余人走江南,布故与番君婚,以故长沙哀王使人绐布,伪与亡,诱走越,故信而随之番阳。番阳人杀布兹乡民田舍,遂灭黥布。

立皇子长为淮南王,封贲赫为期思侯,诸将率多以功封者。

太史公曰:英布者,其先岂《春秋》所见楚灭英、六,皋陶之后哉?身被刑法,何其拔兴之暴也!项氏之所坑杀人以千万数,而布常为首虐。功冠诸侯,用此得王,亦不免于身,为世大僇。祸之兴自爱姬殖,妒媚生患,竟以灭国!

卷九十二 淮阴侯列传第三十二

淮阴侯韩信者,淮阴人也。始为布衣时,贫无行,不得推择为吏,又不能治生商贾,常从人寄食饮,人多厌之者。常数从其下乡南昌亭长寄食,数月,亭长妻患之,乃晨炊蓐食。食时信往,不为具食。信亦知其意,怒,竟绝去。

信钓于城下,诸母漂,有一母见信饥,饭信,竟漂数十日。信喜,谓漂母曰:"吾必有以重报母。"母怒曰:"大丈夫不能自食,吾哀王孙而进食,岂望报乎!"

淮阴屠中少年有侮信者,曰:"若虽长大,好带刀剑,中情怯耳。"众辱之,曰:"信能死,刺我;不能死,出我袴下。"于是信孰视之,俯出袴下,蒲伏。一市人皆笑信,以为怯。

及项梁渡淮,信杖剑从之,居戏下,无所知名。项梁败,又属项羽,羽以为郎中。数以策干项羽,羽不用。汉王之入蜀,信亡楚归汉,未得知名,为连敖。坐法当斩,其辈十三人皆已斩,次至信,信乃仰视,适见滕公,曰:"上不欲就天下乎?何为斩壮士!"滕公奇其言,壮其貌,释而不斩。与语,大说之。言于上,上拜以为治粟都尉,上未之奇也。

信数与萧何语,何奇之。至南郑,诸将行道亡者数十人,信度何等已数言上,上不我用,即亡。何闻信亡,不

及以闻,自追之。人有言上曰:"丞相何亡。"上大怒,如失左右手。居一二日,何来谒上,上且怒且喜,骂何曰:"若亡,何也?"何曰:"臣不敢亡也,臣追亡者。"上曰:"若所追者谁?"何曰:"韩信也。"上复骂曰:"诸将亡者以十数,公无所追;追信,诈也。"何曰:"诸将易得耳。至如信者,国士无双。王必欲长王汉中,无所事信;必欲争天下,非信无所与计事者。顾王策安所决耳。"王曰:"吾亦欲东耳,安能郁郁久居此乎?"何曰:"王计必欲东,能用信,信即留;不能用,信终亡耳。"王曰:"吾为公以为将。"何曰:"虽为将,信必不留。"王曰:"以为大将。"何曰:"幸甚。"于是王欲召信拜之。何曰:"王素慢无礼,今拜大将如呼小儿耳,此乃信所以去也。王必欲拜之,择良日,斋戒,设坛场,具礼,乃可耳。"王许之。诸将皆喜,人人各自以为得大将。至拜大将,乃韩信也,一军皆惊。

信拜礼毕,上坐。王曰:"丞相数言将军,将军何以教寡人计策?"信谢,因问王曰:"今东乡争权天下,岂非项王邪?"汉王曰:"然。"曰:"大王自料勇悍仁强孰与项王?"汉王默然良久,曰:"不如也。"信再拜贺曰:"惟信亦为大王不如也。然臣尝事之,请言项王之为人也。项王喑噁叱咤,千人皆废,然不能任属贤将,此特匹夫之勇耳。项王见人恭敬慈爱,言语呕呕,人有疾病,涕泣分食饮,至使人有功当封爵者,印刓敝,忍不能予。此所谓妇人之仁也。项王虽霸天下而臣诸侯,不居关中而都彭城。有背义帝之约,而以亲爱王,诸侯不平。诸侯之见项王迁逐义帝置江南,亦皆归逐其主而自王善地。项王所过无不残灭者,天下多怨,百姓不亲附,特劫于威强耳。名虽为霸,实失天下心。故曰其强易弱。今大王诚能反其道,任天下武勇,何所不诛!以天下城邑封功臣,何所不服!以义兵从思东归之士,何所不散!且三秦王为秦将,将秦子弟数岁矣,所杀亡不可胜计,又欺其众降诸侯,至新安,项王诈坑秦降卒二十余万,唯独邯、欣、翳得脱,秦父兄怨此三人,痛入骨髓。今楚强以威王此三人,秦民莫爱也。大王之入武关,秋毫无所害,除秦苛法,与秦民约,法三章耳,秦民无不欲得大王王秦者。于诸侯之约,大王当王关中,关中民咸知之。大王失职入汉中,秦民无不恨者。今大王举而东,三秦可传檄而定也。"于是汉王大喜,自以为得信晚。遂听信计,部署诸将所击。

八月,汉王举兵东出陈仓,定三秦。汉二年,出关,收魏、河南,韩、殷王皆降。合齐、赵共击楚。四月,至彭城,汉兵败散而还。信复收兵与汉王会荥阳,复击破楚京、索之间,以故楚兵卒不能西。

汉之败却彭城,塞王欣、翟王翳亡汉降楚,齐、赵欲亦反汉与楚和。六月,魏王豹谒归视亲疾,至国,即绝河关反汉,与楚约和。汉王使郦生说豹,不下。其八月,以信为左丞相,击魏。魏王盛兵蒲坂,塞临晋。信乃益为疑兵,陈船欲度临晋,而伏兵从夏阳以木罂缻渡军,袭安邑。魏王豹惊,引兵迎信。信遂虏豹,定魏为河东郡。汉王遣张耳与信俱,引兵东,北击赵、代。后九月,破代兵,禽夏说阏与。信之下魏破代,汉辄使人收其精兵,诣荥阳以

信与张耳以兵数万，欲东下井陉击赵。赵王、成安君陈馀闻汉且袭之也，聚兵井陉口，号称二十万。广武君李左车说成安君曰："闻汉将韩信涉西河，虏魏王，禽夏说，新喋血阏与，今乃辅以张耳，议欲下赵，此乘胜而去国远斗，其锋不可当。臣闻千里馈粮，士有饥色，樵苏后爨，师不宿饱。今井陉之道，车不得方轨，骑不得成列，行数百里，其势粮食必在其后。愿足下假臣奇兵三万人，从间道绝其辎重。足下深沟高垒，坚营勿与战。彼前不得斗，退不得还。吾奇兵绝其后，使野无所掠，不至十日，而两将之头可致于戏下。愿君留意臣之计。否，必为二子所禽矣。"成安君，儒者也，常称义兵不用诈谋奇计，曰："吾闻兵法十则围之，倍则战。今韩信兵号数万，其实不过数千。能千里而袭我，亦已罢极。今如此避而不击，后有大者，何以加之！则诸侯谓吾怯，而轻来伐我。"不听广武君策。广武君策不用。

韩信使人间视，知其不用，还报，则大喜，乃敢引兵遂下。未至井陉口三十里，止舍。夜半传发，选轻骑二千人，人持一赤帜，从间道萆山而望赵军，诫曰："赵见我走，必空壁逐我，若疾入赵壁，拔赵帜，立汉赤帜。"令其裨将传飧，曰："今日破赵会食！"诸将皆莫信，详应曰："诺。"谓军吏曰："赵已先据便地为壁，且彼未见吾大将旗鼓，未肯击前行，恐吾至阻险而还。"信乃使万人先行，出，背水陈。赵军望见而大笑。平旦，信建大将之旗鼓，鼓行出井陉口，赵开壁击之，大战良久。于是信、张耳详弃鼓旗，走水上军。水上军开入之，复疾战。赵果空壁争汉旗鼓，逐韩信、张耳。韩信、张耳已入水上军，军皆殊死战，不可败。信所出奇兵二千骑，共候赵空壁逐利，则驰入赵壁，皆拔赵旗，立汉赤帜二千。赵军已不胜，不能得信等，欲还归壁，壁皆汉赤帜，而大惊，以为汉皆已得赵王将矣，兵遂乱，遁走，赵将虽斩之，不能禁也。于是汉兵夹击，大破虏赵军，斩成安君泜水上，禽赵王歇。

信乃令军中毋杀广武君，有能生得者购千金。于是有缚广武君而致戏下者，信乃解其缚，东乡坐，西乡对，师事之。

诸将效首虏，休，毕贺，因问信曰："兵法右倍山陵，前左水泽，今者将军令臣等反背水陈，曰破赵会食，臣等不服。然竟以胜，此何术也？"信曰："此在兵法，顾诸君不察耳。兵法不曰'陷之死地而后生，置之亡地而后存'？且信非得素拊循士大夫也，此所谓'驱市人而战之'，其势非置之死地，使人人自为战；今予之生地，皆走，宁尚可得而用之乎！"诸将皆服，曰："善。非臣所及也。"

于是信问广武君曰："仆欲北攻燕，东伐齐，何若而有功？"广武君辞谢曰："臣闻败军之将，不可以言勇；亡国之大夫，不可以图存。今臣败亡之虏，何足以权大事乎！"信曰："仆闻之，百里奚居虞而虞亡，在秦而秦霸，非愚于虞而智于秦也，用与不用，听与不听也。诚令成安君听足下计，若信者亦已为禽矣。以不用足下，故信得侍耳。"因固问曰："仆委心归计，愿足下勿辞。"广武君曰："臣闻智者千虑，必有一失；愚者千虑，必有一得。故曰

'狂夫之言，圣人择焉'。顾恐臣计未必足用，愿效愚忠。夫成安君有百战百胜之计，一旦而失之，军败鄗下，身死泜上。今将军涉西河，虏魏王，禽夏说阏与，一举而下井陉，不终朝破赵二十万众，诛成安君。名闻海内，威震天下，农夫莫不辍耕释耒，褕衣甘食，倾耳以待命者。若此，将军之所长也。然而众劳卒罢，其实难用。今将军欲举倦弊之兵，顿之燕坚城之下，欲战恐久力不能拔，情见势屈，旷日粮竭，而弱燕不服，齐必距境以自强也。燕、齐相持而不下，则刘、项之权未有所分也。若此者，将军所短也。臣愚，窃以为亦过矣。故善用兵者不以短击长，而以长击短。"韩信曰："然则何由？"广武君对曰："方今为将军计，莫如案甲休兵，镇赵，抚其孤，百里之内，牛酒日至，以飨士大夫醳兵，北首燕路，而后遣辩士奉咫尺之书，暴其所长于燕，燕必不敢不听从。燕已从，使喧言者东告齐，齐必从风而服，虽有智者，亦不知为齐计矣。如是，则天下事皆可图也。兵固有先声而后实者，此之谓也。"韩信曰："善。"从其策，发使使燕，燕从风而靡。乃遣使报汉，因请立张耳为赵王，以镇抚其国。汉王许之，乃立张耳为赵王。

楚数使奇兵渡河击赵，赵王耳、韩信往来救赵，因行定赵城邑，发兵诣汉。楚方急围汉王于荥阳，汉王南出，之宛、叶间，得黥布，走入成皋，楚又复急围之。六月，汉王出成皋，东渡河，独与滕公俱，从张耳军修武。至，宿传舍。晨，自称汉使，驰入赵壁。张耳、韩信未起，即其卧内上夺其印符，以麾召诸将，易置之。信、耳起，乃知汉王来，大惊。汉王夺两人军，即令张耳备守赵地，拜韩信为相国，收赵兵未发者击齐。

信引兵东，未渡平原，闻汉王使郦食其说下齐，韩信欲止。范阳辩士蒯通说信曰："将军受诏击齐，而汉独发间使下齐，宁有诏止将军乎？何以得毋行也！且郦生一士，伏轼掉三寸之舌，下齐七十余城；将军将数万众，岁余乃下赵五十余城。为将数岁，反不如一竖儒之功乎？"于是信然之，从其计，遂渡河。齐已听郦生，即留纵酒，罢备汉守御。信因袭齐历下军，遂至临菑。齐王田广以郦生卖己，乃亨之，而走高密，使使之楚请救。韩信已定临菑，遂东追广至高密西。楚亦使龙且将，号称二十万，救齐。

齐王广、龙且并军与信战，未合。人或说龙且曰："汉兵远斗穷战，其锋不可当。齐、楚自居其地战，兵易败散。不如深壁，令齐王使其信臣招所亡城，亡城闻其王在，楚来救，必反汉。汉兵二千里客居，齐城皆反之，其势无所得食，可无战而降也。"龙且曰："吾平生知韩信为人，易与耳。且夫救齐不战而降之，吾何功？今战而胜之，齐之半可得，何为止！"遂战，与信夹潍水陈。韩信乃夜令人为万余囊，满盛沙，壅水上流，引军半渡，击龙且，详不胜，还走。龙且果喜曰："固知信怯也。"遂追信渡水。信使人决壅囊，水大至，龙且军大半不得渡。即急击，杀龙且。龙且水东军散走，齐王广亡去。信遂追北至城阳，皆虏楚卒。

汉四年，遂皆降平齐。使人言汉王曰："齐伪诈多变，反复之国也，南边楚，不为假王以镇之，其势不定。愿为

假王便。"当是时,楚方急围汉王于荥阳,韩信使者至,发书,汉王大怒,骂曰:"吾困于此,旦暮望若来佐我,乃欲自立为王!"张良、陈平蹑汉王足,因附耳语曰:"汉方不利,宁能禁信之王乎?不如因而立,善遇之,使自为守。不然,变生。"汉王亦悟,因复骂曰:"大丈夫定诸侯,即为真王耳,何以假为!"乃遣张良往立信为齐王,征其兵击楚。

楚已亡龙且,项王恐,使盱眙人武涉往说齐王信曰:"天下共苦秦久矣,相与戮力击秦。秦已破,计功割地,分土而王之,以休士卒。今汉王复兴兵而东,侵人之分,夺人之地,已破三秦,引兵出关,收诸侯之兵以东击楚,其意非尽吞天下者不休,其不知厌足如是甚也。且汉王不可必,身居项王掌握中数矣,项王怜而活之。然得脱,辄倍约,复击项王,其不可亲信如此。今足下虽自以与汉王为厚交,为之尽力用兵,终为之所禽矣。足下所以得须臾至今者,以项王尚存也。当今二王之事,权在足下。足下右投则汉王胜,左投则项王胜。项王今日亡,则次取足下。足下与项王有故,何不反汉与楚连和,参分天下王之?今释此时,而自必于汉以击楚,且为智者固若此乎?"韩信谢曰:"臣事项王,官不过郎中,位不过执戟,言不听,画不用,故倍楚而归汉。汉王授我上将军印,予我数万众,解衣衣我,推食食我,言听计用,故吾得以至于此。夫人深亲信我,我倍之,不祥。虽死不易!幸为信谢项王。"

武涉已去,齐人蒯通知天下权在韩信,欲为奇策而感动之,以相人说韩信曰:"仆尝受相人之术。"韩信曰:"先生相人何如?"对曰:"贵贱在于骨法,忧喜在于容色,成败在于决断,以此参之,万不失一。"韩信曰:"善。先生相寡人何如?"对曰:"愿少间。"信曰:"左右去矣。"通曰:"相君之面,不过封侯,又危不安。相君之背,贵乃不可言。"韩信曰:"何谓也?"蒯通曰:"天下初发难也,俊雄豪杰建号壹呼,天下之士云合雾集,鱼鳞杂遝,熛至风起。当此之时,忧在亡秦而已。今楚、汉分争,使天下无罪之人肝胆涂地,父子暴骸骨于中野,不可胜数。楚人起彭城,转斗逐北,至于荥阳,乘利席卷,威震天下。然兵困于京、索之间,迫西山而不能进者,三年于此矣。汉王将数十万之众,距巩、洛,阻山河之险,一日数战,无尺寸之功,折北不救,败荥阳,伤成皋,遂走宛、叶之间,此所谓智勇俱困者也。夫锐气挫于险塞,而粮食竭于内府,百姓罢极怨望,容容无所倚。以臣料之,其势非天下之贤圣固不能息天下之祸。当今两主之命县于足下,足下为汉则汉胜,与楚则楚胜。臣愿披腹心,输肝胆,效愚计,恐足下不能用也。诚能听臣之计,莫若两利而俱存之,参分天下,鼎足而居,其势莫敢先动。夫以足下之贤圣,有甲兵之众,据强齐,从燕、赵,出空虚之地而制其后,因民之欲,西乡为百姓请命,则天下风走而响应矣,孰敢不听!割大弱强,以立诸侯,诸侯已立,天下服听而归德于齐。案齐之故,有胶、泗之地,怀诸侯以德,深拱揖让,则天下之君王相率而朝于齐矣。盖闻天与弗取,反受其咎;时至不行,反受其殃。愿足下熟虑之。"

韩信曰:"汉王遇我甚厚,载我以其车,衣我以其衣,食我以其食。吾闻之,乘人之车者载人之患,衣人之衣者怀人之忧,食人之食者死人之事,吾岂可以乡利倍义乎?"蒯生曰:"足下自以为善汉王,欲建万世之业,臣窃以为误矣。始常山王、成安君为布衣时,相与为刎颈之交,后争张黡、陈泽之事,二人相怨。常山王背项王,奉项婴头而窜,逃归于汉王。汉王借兵而东下,杀成安君泜水之南,头足异处,卒为天下笑。此二人相与,天下至欢也。然而卒相禽者,何也?患生于多欲而人心难测也。今足下欲行忠信以交于汉王,必不能固于二君之相与也,而事多大于张黡、陈泽。故臣以为足下必汉王之不危己,亦误矣。大夫种、范蠡存亡越,霸句践,立功成名而身死亡。野兽已尽而猎狗亨。夫以交友言之,则不如张耳之与成安君者也;以忠信言之,则不过大夫种、范蠡之于句践也。此二人者,足以观矣。愿足下深虑之。且臣闻勇略震主者身危,而功盖天下者不赏。臣请言大王功略:足下涉西河,虏魏王,禽夏说,引兵下井陉,诛成安君,徇赵,胁燕,定齐,南摧楚人之兵二十万,东杀龙且,西乡以报,此所谓功无二于天下,而略不世出者也。今足下戴震主之威,挟不赏之功,归楚,楚人不信;归汉,汉人震恐。足下欲持是安归乎?夫势在人臣之位而有震主之威,名高天下,窃为足下危之。"韩信谢曰:"先生且休矣,吾将念之。"

后数日,蒯通复说曰:"夫听者事之候也,计者事之机也。听过计失而能久安者,鲜矣。听不失一二者,不可乱以言;计不失本末者,不可纷以辞。夫随厮养之役者,失万乘之权;守担石之禄者,阙卿相之位。故知者决之断也,疑者事之害也,审毫氂之小计,遗天下之大数,智诚知之,决弗敢行者,百事之祸也。故曰'猛虎之犹豫,不若蜂虿之致螫;骐骥之踟蹰,不如驽马之安步;孟贲之狐疑,不如庸夫之必至也。虽有舜、禹之智,吟而不言,不如瘖聋之指麾也'。此言贵能行之。夫功者难成而易败,时者难得而易失也。时乎时,不再来,愿足下详察之。"韩信犹豫,不忍倍汉,又自以为功多,汉终不夺我齐,遂谢蒯通。蒯通说不听,已,详狂为巫。

汉王之困固陵,用张良计,召齐王信,遂将兵会垓下。项羽已破,高祖袭夺齐王军。汉五年正月,徙齐王信为楚王,都下邳。

信至国,召所从食漂母,赐千金。及下乡南昌亭长,赐百钱,曰:"公,小人也,为德不卒。"召辱己之少年令出胯下者以为楚中尉。告诸将相曰:"此壮士也。方辱我时,我宁不能杀之邪?杀之无名,故忍而就于此。"

项王亡将钟离眛家在伊庐,素与信善。项王死后,亡归信。汉王怨眛,闻其在楚,诏楚捕眛。信初之国,行县邑,陈兵出入。汉六年,人有上书告楚王信反。高帝以陈平计,天子巡狩会诸侯,南方有云梦,发使告诸侯会陈:"吾将游云梦。"实欲袭信,信弗知。高祖且至楚,信欲发兵反,自度无罪,欲谒上,恐见禽。人或说信曰:"斩眛谒上,上必喜,无患。"信见眛计事。眛曰:"汉所以不击取楚,以眛在公所。若欲捕我以自媚于汉,吾今日死,公亦随手亡矣。"乃骂信曰:"公非长者!"卒自刭。信持其首,谒高祖于陈。上令武士缚信,载后车。信曰:"果若人言'狡兔死，良狗亨；高鸟尽，良弓藏；敌国破，谋臣亡'。天下已定，我固当亨！"上曰："人告公反。"遂械系信。至洛阳，赦信罪，以为淮阴侯。

信知汉王畏恶其能，常称病不朝从。信由此日夜怨望，居常鞅鞅，羞与绛、灌等列。信尝过樊将军哙，哙跪拜送迎，言称臣，曰："大王乃肯临臣！"信出门，笑曰："生乃与哙等为伍！"

上常从容与信言诸将能不，各有差。上问曰："如我能将几何？"信曰："陛下不过能将十万。"上曰："于君何如？"曰："臣多多而益善耳。"上笑曰："多多益善，何为为我禽？"信曰："陛下不能将兵，而善将将，此乃信之所以为陛下禽也。且陛下所谓天授，非人力也。"

陈豨拜为巨鹿守，辞于淮阴侯。淮阴侯挈其手，辟左右与之步于庭，仰天叹曰："子可与言乎？欲与子有言也。"豨曰："唯将军令之。"淮阴侯曰："公之所居，天下精兵处也；而公，陛下之信幸臣也。人言公之畔，陛下必不信；再至，陛下乃疑矣；三至，必怒而自将。吾为公从中起，天下可图也。"陈豨素知其能也，信之，曰："谨奉教！"汉十年，陈豨果反。上自将而往，信病不从。阴使人至豨所，曰："第举兵，吾从此助公。"信乃谋与家臣夜诈诏赦诸官徒奴，欲发以袭吕后、太子。部署已定，待豨报。其舍人得罪于信，信囚，欲杀之。舍人弟上变，告信欲反状于吕后。吕后欲召，恐其党不就，乃与萧相国谋，诈令人从上所来，言豨已得死，列侯群臣皆贺。相国绐信曰："虽疾，强入贺。"信入，吕后使武士缚信，斩之长乐钟室。信方斩，曰："吾悔不用蒯通之计，乃为儿女子所诈，岂非天哉！"遂夷信三族。

高祖已从豨军来，至，见信死，且喜且怜之，问："信死亦何言？"吕后曰："信言恨不用蒯通计。"高祖曰："是齐辩士也。"乃诏齐捕蒯通。蒯通至，上曰："若教淮阴侯反乎？"对曰："然，臣固教之，竖子不用臣之策，故令自夷于此。如彼竖子用臣之计，陛下安得而夷之乎！"上怒曰："亨之。"通曰："嗟乎，冤哉亨也！"上曰："若教韩信反，何冤？"对曰："秦之纲绝而维弛，山东大扰，异姓并起，英俊乌集。秦失其鹿，天下共逐之，于是高材疾足者先得焉。跖之狗吠尧，尧非不仁，狗因吠非其主。当是时，臣唯独知韩信，非知陛下也。且天下锐精持锋欲为陛下所为者甚众，顾力不能耳，又可尽亨之邪？"高帝曰："置之。"乃释通之罪。

太史公曰：吾如淮阴，淮阴人为余言，韩信虽为布衣时，其志与众异。其母死，贫无以葬，然乃行营高敞地，令其旁可置万家。余视其母冢，良然。假令韩信学道谦让，不伐己功，不矜其能，则庶几哉，于汉家勋可以比周、召、太公之徒，后世血食矣。不务出此，而天下已集，乃谋畔逆，夷灭宗族，不亦宜乎！

卷九十三
韩王信卢绾列传第三十三

韩王信者，故韩襄王孽孙也，长八尺五寸。及项梁之立楚后怀王也，燕、齐、赵、魏皆已前王，唯韩无有后，故立韩诸公子横阳君成为韩王，欲以抚定韩故地。项梁败死定陶，成奔怀王，沛公引兵击阳城，使张良以韩司徒降下韩故地，得信，以为韩将，将其兵从沛公入武关。

沛公立为汉王，韩信从入汉中，乃说汉王曰："项王王诸将近地，而王独远居此，此左迁也。士卒皆山东人，跂而望归，及其锋东向，可以争天下。"汉王还定三秦，乃许信为韩王，先拜信为韩太尉，将兵略韩地。

项籍之封诸王皆就国，韩王成以不从无功，不遣就国，更以为列侯。及闻汉遣韩信略韩地，乃令故项籍游吴时吴令郑昌为韩王以距汉。汉二年，韩信略定韩十余城，汉王至河南，韩信急击韩王昌阳城。昌降，汉王乃立韩信为韩王，常将韩兵从。三年，汉王出荥阳，韩王信、周苛等守荥阳。及楚败荥阳，信降楚，已而得亡，复归汉，汉复立以为韩王，竟从击破项籍，天下定。五年春，遂与剖符为韩王，王颍川。

明年春，上以韩信材武，所王北近巩、洛，南迫宛、叶、东有淮阳，皆天下劲兵处，乃诏徙韩王信王太原以北，备御胡，都晋阳。信上书曰："国被边，匈奴数入，晋阳去塞远，请治马邑。"上许之，信乃徙治马邑。秋，匈奴冒顿大围信，信数使使胡求和解。汉发兵救之，疑信数间使，有二心，使人责让信。信恐诛，因与匈奴约共攻汉，反，以马邑降胡，击太原。

七年冬，上自击之，破信军铜鞮，斩其将王喜。信亡走匈奴。与其将白土人曼丘臣、王黄等立赵苗裔赵利为王，复收信败散兵，而与信及冒顿谋攻汉。匈奴使左右贤王将万余骑与王黄等屯广武以南，至晋阳，与汉兵战，汉大破之，追至于离石，复破之。匈奴复聚兵楼烦西北，汉令车骑击破匈奴。匈奴常败走，汉乘胜追北，闻冒顿居代上谷，高皇帝居晋阳，使人视冒顿，还报曰"可击"。上遂至平城。上出白登，匈奴骑围上。上乃使人厚遗阏氏，阏氏乃说冒顿曰："今得汉地，犹不能居；且两主不相厄。"居七日，胡骑稍引去。时大大雾，汉使人往来，胡不觉。护军中尉陈平言上曰："胡者全兵，请令强弩傅两矢外向。徐行出围。"入平城，汉救兵亦到，胡骑遂解去。汉亦罢兵归。韩信为匈奴将兵往来击边。

汉十年，信令王黄等说误陈豨。十一年春，故韩王信复与胡骑入居参合，距汉。汉使柴将军击之，遗书曰："陛下宽仁，诸侯虽有畔亡，而复归，辄复故位号，不诛也。大王所知。今王以败亡走胡，非有大罪，急自归！"韩王信报曰："陛下擢仆起闾巷，南面称孤，此仆之幸也。荥阳之事，仆不能死，囚于项籍，此一罪也。及寇攻马邑，仆不能坚守，以城降之，此二罪也。今反为寇将兵，与将军争一旦之命，此三罪也。夫种、蠡无一罪，身死亡；今仆有三罪于陛下,而欲求活于世,此伍子胥所以偾于吴也。今仆亡匿山谷间,且暮乞贷蛮夷,仆之思归,如痿人不忘起,盲者不忘视也,势不可耳。"遂战。柴将军屠参合,斩韩王信。

信之入匈奴,与太子俱;及至颓当城,生子,因名曰颓当。韩太子亦生子,命曰婴。至孝文十四年,颓当及婴率其众降汉。汉封颓当为弓高侯,婴为襄城侯。吴、楚军时,弓高侯功冠诸将。传子至孙,孙无子,失侯。婴孙以不敬失侯。颓当孽孙韩嫣,贵幸,名富显于当世。其弟说,再封,数称将军,卒为案道侯。子代,岁余坐法死。后岁余,说孙曾拜为龙额侯,续说后。

卢绾者,丰人也,与高祖同里。卢绾亲与高祖太上皇相爱。及生男,高祖、卢绾同日生,里中持羊酒贺两家。及高祖、卢绾壮,俱学书,又相爱也。里中嘉两家亲相爱,生子同日,壮又相爱,复贺两家羊酒。高祖为布衣时,有吏事辟匿,卢绾常随出入上下。及高祖初起沛,卢绾以客从,入汉中,为将军,常侍中。从东击项籍,以太尉常从,出入卧内,衣被饮食赏赐,群臣莫敢望。虽萧、曹等,特以事见礼,至其亲幸,莫如卢绾。绾封为长安侯。长安,故咸阳也。

汉五年冬,以破项籍,乃使卢绾别将,与刘贾击临江王共尉,破之。七月还,从击燕王臧荼,臧荼降。高祖已定天下,诸侯非刘氏而王者七人。欲王卢绾,为群臣觖望。及虏臧荼,乃下诏诸将相列侯,择群臣有功者以为燕王。群臣知上欲王卢绾,皆言曰:"太尉长安侯卢绾常从平定天下,功最多,可王燕。"诏许之。汉五年八月,乃立卢绾为燕王。诸侯王得幸莫如燕王。

汉十一年秋,陈豨反代地,高祖如邯郸击豨兵,燕王绾亦击其东北。当是时,陈豨使王黄求救匈奴。燕王绾亦使其臣张胜于匈奴,言豨等军破。张胜至胡,故燕王臧荼子衍出亡在胡,见张胜曰:"公所以重于燕者,以习胡事也。燕所以久存者,以诸侯数反,兵连不决也。今公为燕,欲急灭豨等。豨等已尽,次亦至燕,公等亦且为虏矣。公何不令燕且缓陈豨而与胡和?事宽,得长王燕;即有汉急,可以安国。"张胜以为然,乃私令匈奴助豨等击燕。燕王绾疑张胜与胡反,上书请族张胜。胜还,具道所以为者。燕王寤,乃诈论他人,脱胜家属,使得为匈奴间,而阴使范齐之陈豨所,欲令久亡,连兵勿决。

汉十二年,东击黥布。豨常将兵居代,汉使樊哙击斩豨。其裨将降,言燕王绾使范齐通计谋于豨所。高祖使使召卢绾,绾称病。上又使辟阳侯审食其、御史大夫赵尧往迎燕王,因验问左右。绾愈恐,闭匿,谓其幸臣曰:"非刘氏而王,独我与长沙耳。往年春,汉族淮阴,夏,诛彭越,皆吕后计。今上病,属任吕后。吕后妇人,专欲以事诛异姓王者及大功臣。"乃遂称病不行。其左右皆亡匿。语颇泄,辟阳侯闻之,归具报上,上益怒。又得匈奴降者,降者言张胜亡在匈奴,为燕使。于是上曰:"卢绾果反矣!"使樊哙击燕。燕王绾悉将其宫人家属骑数千居长城下,候伺,幸上病愈,自入谢。四月,高祖崩,卢绾遂将其众亡入匈奴,匈奴以为东胡卢王。绾为蛮夷所侵夺,常思复归。居岁余,死胡中。

高后时,卢绾妻子亡降汉,会高后病,不能见,舍燕邸,为欲置酒见之。高后竟崩,不得见。卢绾妻亦病死。

孝景中六年,卢绾孙他之以东胡王降,封为亚谷侯。

陈豨者,宛胊人也,不知始所以得从。及高祖七年冬,韩王信反,入匈奴,上至平城还,乃封豨为列侯,以赵相国将监赵、代边兵,边兵皆属焉。

豨常告归过赵,赵相周昌见豨宾客随之者千余乘,邯郸官舍皆满。豨所以待宾客布衣交,皆出客下。豨还之代,周昌乃求入见。见上,具言豨宾客盛甚,擅兵于外数岁,恐有变。上乃令人覆案豨客居代者财物诸不法事,多连引豨。豨恐,阴令客通使王黄、曼丘臣所。及高祖十年七月,太上皇崩,使人召豨,豨称病甚。九月,遂与王黄等反,自立为代王,劫略赵、代。

上闻,乃赦赵、代吏人为豨所诖误劫略者,皆赦之。上自往,至邯郸,喜曰:"豨不南据漳水,北守邯郸,知其无能为也。"赵相奏斩常山守、尉,曰:"常山二十五城,豨反,亡其二十城。"上问曰:"守、尉反乎?"对曰:"不反。"上曰:"是力不足也。"赦之,复以为常山守、尉。上问周昌曰:"赵亦有壮士可令将者乎?"对曰:"有四人。"四人谒,上谩骂曰:"竖子能为将乎?"四人惭伏。上封之各千户,以为将。左右谏曰:"从入蜀、汉,伐楚,功未遍行,今此何功而封?"上曰:"非若所知!陈豨反,邯郸以北皆豨有,吾以羽檄征天下兵,未有至者,今唯独邯郸中兵耳。吾胡爱四千户封四人,不以慰赵子弟!"皆曰:"善。"于是上曰:"陈豨将谁?"曰:"王黄、曼丘臣,皆故贾人。"上曰:"吾知之矣。"乃各以千金购黄、臣等。

十一年冬,汉兵击斩陈豨将侯敞、王黄于曲逆下,破豨将张春于聊城,斩首万余。太尉勃入定太原、代地。十二月,上自击东垣,东垣不下,卒骂上;东垣降,卒骂者斩之,不骂者黥之。更名东垣为真定。王黄、曼丘臣其麾下受购赏之,皆生得,以故陈豨军遂败。

上还至洛阳。上曰:"代居常山北,赵乃从山南有之,远。"乃立子恒为代王,都中都,代、雁门皆属代。

高祖十二年冬,樊哙军卒追斩豨于灵丘。

太史公曰:韩信、卢绾非素积德累善之世,徼一时权变,以诈力成功,遭汉初定,故得列地,南面称孤。内见疑强大,外倚蛮貊以为援,是以日疏自危,事穷智困,卒赴匈奴,岂不哀哉!陈豨,梁人,其少时数称慕魏公子;及将军守边,招致宾客而下士,名声过实。周昌疑之,疵瑕颇起,惧祸及身,邪人进说,遂陷无道。於戏悲夫!夫计之生孰成败于人也深矣。

卷九十四　　田儋列传第三十四

　　田儋者，狄人也，故齐王田氏族也。儋从弟田荣，荣弟田横，皆豪，宗强，能得人。陈涉之初起王楚也，使周市略定魏地，北至狄，狄城守。田儋详为缚其奴，从少年之廷，欲谒杀奴。见狄令，因击杀令，而召豪吏子弟曰："诸侯皆反秦自立，齐，古之建国，儋，田氏，当王。"遂自立为齐王，发兵以击周市。周市军还去，田儋因率兵东略定齐地。

　　秦将章邯围魏王咎于临济，急，魏王请救于齐，齐王田儋将兵救魏。章邯夜衔枚击，大破齐、魏军，杀田儋于临济下。儋弟田荣收儋余兵走东阿。

　　齐人闻王田儋死，乃立故齐王建之弟田假为齐王，田角为相，田间为将，以距诸侯。

　　田荣之走东阿，章邯追围之。项梁闻田荣之急，乃引兵击破章邯军东阿下。章邯走而西，项梁因追之。而田荣怒齐之立假，乃引兵归，击逐齐王假。假亡走楚。齐相角亡走赵，角弟田间前求救赵，因留不敢归。田荣乃立田儋子市为齐王，荣相之，田横为将，平齐地。

　　项梁既追章邯，章邯兵益盛，项梁使使告赵、齐，发兵共击章邯。田荣曰："使楚杀田假，赵杀田角、田间，乃肯出兵。"楚怀王曰："田假，与国之王，穷而归我，杀之不义。"赵亦不杀田角、田间以市于齐。齐曰："蝮螫手则斩手，螫足则斩足。何者？为害于身也。今田假、田角、田间于楚、赵，非直手足戚也，何故不杀？且秦复得志于天下，则齮龁用事者坟墓矣。"楚、赵不听。齐亦怒，终不肯出兵。章邯果败杀项梁，破楚兵，楚兵东走，而章邯渡河围赵于巨鹿。项羽往救赵，由此怨田荣。

　　项羽既存赵，降章邯等，西屠咸阳，灭秦而立侯王也，乃徙齐王田市更王胶东，治即墨。齐将田都从共救赵，因入关，故立都为齐王，治临淄。故齐王建孙田安，项羽方渡河救赵，田安下济北数城，引兵降项羽，项羽立田安为济北王，治博阳。田荣以负项梁不肯出兵助楚、赵攻秦，故不得王。赵将陈馀亦失职，不得王。二人俱怨项王。

　　项王既归，诸侯各就国，田荣使人将兵助陈馀，令反赵地，而荣亦发兵以距击田都。田都亡走楚。田荣留齐王市，无令之胶东。市之左右曰："项王强暴，而王当之胶东，不就国，必危。"市惧，乃亡就国。田荣怒，追，击杀齐王市于即墨，还，攻杀济北王安。于是田荣乃自立为齐王，尽并三齐之地。

　　项王闻之，大怒，乃北伐齐。齐王田荣兵败，走平原，平原人杀荣。项王遂烧夷齐城郭，所过者尽屠之。齐人相聚畔之。

　　荣弟横，收齐散兵，得数万人，反击项羽于城阳。而汉王率诸侯败楚，入彭城。项羽闻之，乃释齐而归，击汉于彭城，因连与汉战，相距荥阳。以故田横复得收齐城邑，立田荣子广为齐王，而横相之，专国政，政无巨细皆断于相。

　　横定齐三年，汉王使郦生往说下齐王广及其相国横。横以为然，解其历下军。汉将韩信引兵且东击齐。齐初使华无伤、田解军于历下以距汉。汉使至，乃罢守战备，纵酒，且遣使与汉平。汉将韩信已平赵、燕，用蒯通计，度平原，袭破齐历下军，因入临淄。齐王广、相横怒，以郦生卖己，而亨郦生。齐王广东走高密，相横走博阳，守相田光走城阳，将军田既军于胶东。楚使龙且救齐，齐王与合军高密。汉将韩信与曹参破杀龙且，房齐王广。汉将灌婴追得齐守相田光。至博阳，而横闻齐王死，自立为齐王，还击婴，婴败横之军于嬴下。田横亡走梁，归彭越。彭越是时居梁地，中立，且为汉，且为楚。韩信已杀龙且，因令曹参进兵破杀田既于胶东，使灌婴破杀齐将田吸于千乘。韩信遂平齐，乞自立为齐假王，汉因而立之。

　　后岁余，汉灭项籍，汉王立为皇帝，以彭越为梁王。田横惧诛，而与其徒属五百余人入海，居岛中。高帝闻之，以为田横兄弟本定齐，齐人贤者多附焉，今在海中不收，后恐为乱，乃使使赦田横罪而召之。田横因谢曰："臣亨陛下之使郦生，今闻其弟郦商为汉将而贤，臣恐惧，不敢奉诏。请为庶人，守海岛中。"使还报，高皇帝乃诏卫尉郦商曰："齐王田横即至，人马从者敢动摇者致族夷！"乃复使使持节具告以诏商状，曰："田横来，大者王，小者乃侯耳；不来，且举兵加诛焉。"田横乃与其客二人乘传诣洛阳。

　　未至三十里，至尸乡厩置，横谢使者曰："人臣见天子当洗沐。"止留。谓其客曰："横始与汉王俱南面称孤，今汉王为天子，而横乃为亡虏而北面事之，其耻固已甚矣。且吾亨人之兄，与其弟并肩而事其主，纵彼畏天子之诏，不敢动我，我独不愧于心乎？且陛下所以欲见我者，不过欲一见吾面貌耳。今陛下在洛阳，今斩吾头，驰三十里间，形容尚未能败，犹可观也。"遂自到。令客奉其头，从使者驰奏之高帝。高帝曰："嗟乎，有以也夫！起自布衣，兄弟三人更王，岂不贤乎哉！"为之流涕，而拜其二客为都尉，发卒二千人，以王者礼葬田横。

　　既葬，二客穿其冢旁孔，皆自到，下从之。高帝闻之，乃大惊，以田横之客皆贤，吾闻其余尚五百人在海中，使使召之。至则闻田横死，亦皆自杀。于是乃知田横兄弟能得士也。

　　太史公曰：甚矣，蒯通之谋！乱齐、骄淮阴，其卒亡此两人。蒯通者，善为长短说，论战国之权变，为八十一首。通善齐人安期生，安期生尝干项羽，项羽不能用其策。已而项羽欲封此两人，两人终不肯受，亡去。田横之高节，宾客慕义而从横死，岂非至贤！余因而列焉。无不善画者，莫能图，何哉？

卷九十五
樊郦滕灌列传第三十五

舞阳侯樊哙者，沛人也。以屠狗为事，与高祖俱隐。初从高祖起丰，攻下沛。高祖为沛公，以哙为舍人。从攻胡陵、方与，还守丰，击泗水监丰下，破之。复东定沛，破泗水守薛西。与司马𡰥战砀东，却敌，斩首十五级，赐爵国大夫。常从，沛公击章邯军濮阳，攻城先登，斩首二十三级，赐爵列大夫。复常从，从攻城阳，先登。下户牖，破李由军，斩首十六级，赐上间爵。从攻围东郡守尉于成武，却敌，斩首十四级，捕虏十一人，赐爵五大夫。从击秦军，出亳南。河间守军于杠里，破之。击破赵贲军开封北，以却敌先登，斩候一人，首六十八级，捕虏二十七人，赐爵卿。从攻破杨熊军于曲遇。攻宛陵，先登，斩首八级，捕虏四十四人，赐爵封号贤成君。从攻长社、轘辕，绝河津，东攻秦军于尸，南攻秦军于犨。破南阳守齮于阳城。东攻宛城，先登。西至郦，以却敌，斩首二十四级，捕虏四十人，赐重封。攻武关，至霸上，斩都尉一人，首十级，捕虏百四十六人，降卒二千九百人。

项羽在戏下，欲攻沛公。沛公从百余骑因项伯面见项羽，谢无有闭关事。项羽既飨军士，中酒，亚父谋欲杀沛公，令项庄拔剑舞坐中，欲击沛公，项伯常屏蔽之。时独沛公与张良得入坐，樊哙在营外，闻事急，乃持铁盾入到营。营卫止哙，哙直撞入，立帐下。项羽目之，问为谁。张良曰："沛公参乘樊哙。"项羽曰："壮士。"赐之卮酒彘肩。哙既饮酒，拔剑切肉食，尽之。项羽曰："能复饮乎？"哙曰："臣死且不辞，岂特卮酒乎！且沛公先入定咸阳，暴师霸上，以待大王。大王今日至，听小人之言，与沛公有隙，臣恐天下解，心疑大王也。"项羽默然。沛公如厕，麾樊哙去。既出，沛公留车骑，独骑一马，与樊哙等四人步从，从间道山下归走霸上军，而使张良谢项羽。项羽亦因遂已，无诛沛公之心矣。是日微樊哙奔入营诮让项羽，沛公事几殆。

明日，项羽入屠咸阳。立沛公为汉王。汉王赐哙爵为列侯，号临武侯。迁为郎中，从入汉中。

还定三秦，别击西丞白水北。雍轻车骑于雍南，破之。从攻雍、斄城，先登。击章平军好畤，攻城，先登陷阵，斩县令丞各一人，首十一级，虏二十人，迁郎中骑将。从击秦军骑壤东，却敌，迁为将军。攻赵贲，下郿、槐里、柳中、咸阳；灌废丘，最。至栎阳，赐食邑杜之樊乡。从攻项籍，屠煮枣。击破王武、程处军于外黄。攻邹、鲁、瑕丘、薛。项羽败汉王于彭城，尽复取鲁、梁地。哙还至荥阳，益食平阴二千户，以将军守广武。一岁，项羽引而东。从高祖击项籍，下阳夏，虏楚周将军卒四千人。围项籍于陈，大破之，屠胡陵。

项籍既死，汉王为帝，以哙坚守战有功，益食八百户。从高帝攻反燕王臧荼，虏荼，定燕地。楚王韩信反，哙从至陈，取信，定楚。更赐爵列侯，与诸侯剖符，世世勿绝，食舞阳，号为舞阳侯，除前所食。以将军从高祖攻反韩王信于代。自霍人以往至云中，与绛侯等共定之。益食千五百户。因击陈豨与曼丘臣军，战襄国，破柏人，先登，降定清河、常山凡二十七县，残东垣，迁为左丞相。破得綦毋印、尹潘军于无终、广昌。破豨别将胡人王黄军于代南。因击韩信军于参合，军所将卒斩韩信。破豨胡骑横谷，斩将军赵既，虏代丞相冯梁、守孙奋、大将王黄、将军太卜、太仆解福等十人。与诸将共定代乡邑七十三。其后燕王卢绾反，哙以相国击卢绾，破其丞相，抵蓟南，定燕地，凡县十八，乡邑五十一。益食邑千三百户，定舞阳五千四百户。从，斩首百七十六级，虏二百八十八人。别，破军七，下城五，定郡六，县五十二，得丞相一人，将军十二人，二千石已下至三百石十一人。

哙以吕后女弟吕须为妇，生子伉，故其比诸将最亲。

先黥布反时，高祖尝病甚，恶见人，卧禁中，诏户者无得入群臣。群臣绛、灌等莫敢入。十余日，哙乃排闼直入，大臣随之。上独枕一宦者卧。哙等见上，流涕曰："始陛下与臣等起丰沛，定天下，何其壮也！今天下已定，又何惫也！且陛下病甚，大臣震恐；不见臣等计事，顾独与一宦绝乎？且陛下独不见赵高之事乎？"高帝笑而起。

其后卢绾反，高帝使哙以相国击燕。是时高帝病甚，人有恶哙党于吕氏，即上一日宫车晏驾，则哙欲以兵尽诛灭戚氏、赵王如意之属。高帝闻之大怒，乃使陈平载绛侯代将，而即军中斩哙。陈平畏吕后，执哙诣长安。至则高祖已崩，吕后释哙，使复爵邑。

孝惠六年，樊哙卒，谥为武侯。子伉代侯。而伉母吕须亦为临光侯。高后时用事专权，大臣尽畏之。伉代侯九岁，高后崩，大臣诛诸吕、吕须婘属，因诛伉。舞阳侯中绝数月。孝文帝既立，乃复封哙他庶子市人为舞阳侯，复故爵邑。市人立二十九岁卒，谥为荒侯。子他广代侯。六岁，侯家舍人得罪他广，怨之，乃上书曰："荒侯市人病不能为人，令其夫人与其弟乱而生他广，他广实非荒侯子，不当代后。"诏下吏。孝景中六年，他广夺侯为庶人，国除。

曲周侯郦商者，高阳人。陈胜起时，商聚少年东西略人，得数千。沛公略地至陈留，六月余，商以将卒四千人属沛公于岐。从攻长社，先登，赐爵封信成君。从沛公攻缑氏，绝河津，破秦军洛阳东。从攻下宛、穰，定十七县。别将攻旬关，定汉中。

项羽灭秦，立沛公为汉王。汉王赐商爵信成君，以将军为陇西都尉。别将定北地、上郡。破雍将军焉氏，周类军栒邑，苏驵军于泥阳。赐食邑武成六千户。以陇西都尉从击项籍军五月。出巨野，与钟离眛战，疾斗，受梁国相印，益食邑四千户。以梁相国将从击项羽二岁三月，攻胡陵。

项羽既已死，汉王为帝。其秋，燕王臧荼反，商以将军从击荼，战龙脱，先登陷阵，破荼军易下，却敌，迁为右丞相，赐爵列侯，与诸侯剖符，世世勿绝，食邑涿五千户，号曰涿侯。以右丞相别定上谷，因攻代，受赵相国印。

以右丞相赵相国别与绛侯等定代、雁门，得代丞相程纵、守相郭同、将军已下至六百石十九人。还，以将军为太上皇卫一岁七月。以右丞相击陈豨，残东垣。又以右丞相从高帝击黥布，攻其前拒，陷两陈，得以破布军。更食曲周五千一百户，除前所食。凡别破军三，降定郡六，县七十三，得丞相、守相、大将各一人，小将二人，二千石已下至六百石十九人。

商事孝惠，高后时，商病，不治。其子寄，字况，与吕禄善。及高后崩，大臣欲诛诸吕，吕禄为将军，军于北军，太尉勃不得入北军，于是乃使人劫郦商，令其子况给吕禄，吕禄信之，故与出游，而太尉勃乃得入据北军，遂诛诸吕。是岁商卒，谥为景侯。子寄代侯。天下称"郦况卖交"也。

孝景前三年，吴、楚、齐、赵反，上以寄为将军，围赵城十月，不能下。得俞侯栾布自平齐来，乃下赵城，灭赵，王自杀，除国。孝景中二年，寄欲取平原君为夫人，景帝怒，下寄吏，有罪，夺侯。景帝乃以商他子坚封为缪侯，续郦氏後。缪靖侯卒，子康侯遂成立。遂成卒，子怀侯世宗立。世宗卒，子侯终根立，为太常，坐法，国除。

汝阴侯夏侯婴，沛人也。为沛厩司御。每送使客还，过沛泗上亭，与高祖语，未尝不移日也。婴已而试补县吏，与高祖相爱。高祖戏而伤婴，人有告高祖。高祖时为亭长，重坐伤人，告故不伤婴，婴证之。后狱覆，婴坐高祖系岁余，掠笞数百，终以是脱高祖。

高祖之初与徒属欲攻沛也，婴时以县令史为高祖使。上降沛一日，高祖为沛公，赐婴爵七大夫，以为太仆。从攻胡陵，婴与萧何降泗水监平，平以胡陵降。赐婴爵五大夫。从击秦军砀东，攻济阳，下户牖，破李由军雍丘下，以兵车趣攻战疾，赐爵执帛。常以太仆奉车从击章邯军东阿、濮阳下，以兵车趣攻战疾，破之，赐爵执珪。复常奉车从击赵贲军开封、杨熊军曲遇。婴从捕虏六十八人，降卒八百五十人，得印一匮。因复常奉车从击秦军洛阳东，以兵车趣攻战疾，赐爵封转为滕公。因复奉车从攻南阳，战于蓝田、芷阳，以兵车趣攻战疾，至霸上。项羽至，灭秦，立沛公为汉王。汉王赐婴爵列侯，号昭平侯。复为太仆，从入蜀、汉。

还定三秦。从击项籍，至彭城，项羽大破汉军。汉王败，不利，驰去。见孝惠、鲁元，载之，汉王急，马罢，虏在后，常蹶两儿欲弃之，婴常收，竟载之，徐行面雍树乃驰。汉王怒，行欲斩婴者十余，卒得脱，而致孝惠、鲁元于丰。

汉王既至荥阳，收散兵，复振，赐婴食祈阳。复常奉车从击项籍，追至陈，卒定楚，至鲁，益食兹氏。

汉王立为帝。其秋，燕王臧荼反，婴以太仆从击荼。明年，从至陈，取楚王信。更食汝阴，剖符世世勿绝。以太仆从击代，至武泉、云中，益食千户。因从击韩信军胡骑晋阳旁，大破之。追北至平城，为胡所围，七日不得通。高帝使使厚遗阏氏，冒顿开围一角。高帝出欲驰，婴固徐行，弩皆持满外向，卒得脱。益食婴细阳千户。复以太仆

从击胡骑句注北，大破之。以太仆击胡骑平城南，三陷陈，功为多，赐所夺邑五百户。以太仆击陈豨、黥布军，陷陈却敌，益食千户，定食汝阴六千九百户，除前所食。

婴自上初起沛，常为太仆，竟高祖崩。以太仆事孝惠，孝惠帝及高后德婴之脱孝惠、鲁元于下邑之间也，乃赐婴县北第第一，曰"近我"，以尊异之。孝惠帝崩，以太仆事高后。高后崩，代王之来，婴以太仆与东牟侯入清宫，废少帝，以天子法驾迎立王代邸，与大臣共立为孝文皇帝，复为太仆。八岁，卒，谥为文侯。子夷侯灶立，七年卒。子共侯赐立，三十一年卒。子侯颇尚平阳公主。立十九岁，元鼎二年，坐与父御婢奸罪，自杀，国除。

颍阴侯灌婴者，睢阳贩缯者也。高祖之为沛公，略地至雍丘下。章邯败杀项梁，而沛公还军于砀，婴初以中涓从击破东郡尉于成武及秦军于扛里，疾斗，赐爵七大夫。从攻秦军亳南、开封、曲遇，战疾力，赐爵执帛，号宣陵君。从攻阳武以西至洛阳，破秦军尸北，北绝河津，南破南阳守齮阳城东，遂定南阳郡。西入武关，战于兰田，疾力，至霸上，赐爵执珪，号昌文君。

沛公立为汉王，拜婴为郎中。从入汉中，十月，拜为中谒者。从还定三秦，下栎阳，降塞王。还围章邯于废丘，未拔。从东出临晋关，击降殷王，定其地。击项羽将龙且、魏相项他军定陶南，疾战，破之。赐爵列侯，号昌文侯，食杜平乡。

复以中谒者从降下砀，以至彭城。项羽击，大破汉王。汉王遁而西，婴从还，军于雍丘。王武、魏公申徒反，从击破之。攻下黄，西收兵，军于荥阳。楚骑来众，汉王乃择军中可为骑将者，皆推故秦骑士重泉人李必、骆甲习骑兵，今为校尉，可为骑将。汉王欲拜之，必、甲曰："臣故秦民，恐军不信臣，臣愿得大王左右善骑者傅之。"灌婴虽少，然数力战，乃拜灌婴为中大夫，令李必、骆甲为左右校尉，将郎中骑兵击楚骑于荥阳东，大破之。受诏别击楚军后，绝其饷道，起阳武至襄邑。击项羽之将项冠于鲁下，破之，所将卒斩右司马、骑将各一人。击破柘公、王武军于燕西，所将卒斩楼烦将五人，连尹一人。击王武别将桓婴白马下，破之，所将卒斩都尉一人。以骑渡河南，送汉王到洛阳，使北迎相国韩信军于邯郸。还至敖仓，婴迁为御史大夫。

三年，以列侯食邑杜平乡。以御史大夫受诏将郎中骑兵东属相国韩信，击破齐军于历下，所将卒虏车骑将车华毋伤及将吏四十六人。降下临菑，得齐守相田光。追齐相田横至嬴、博，破其骑，所将卒斩骑将一人，生得骑将四人。攻下嬴、博，破齐将军田吸于千乘，所将卒斩吸。东从韩信攻龙且、留公旋于高密，卒斩龙且，生得右司马、连尹各一人，楼烦将十人，身生得亚将周兰。

齐地已定，韩信自立为齐王，使婴别将击楚将公杲于鲁北，破之。转南，破薛郡长，身虏骑将一人，攻傅阳，前至下相以东南僮、取虑、徐。度淮，尽降其城邑，至广陵。项羽使项声、薛公、郯公复定淮北。婴度淮北，击破项声、郯公下邳，斩薛公，下下邳。击破楚骑于平阳，遂

降彭城，虏柱国项佗。降留、薛、沛、鄤、萧、相。攻苦、谯，复得亚将周兰。与汉王会颐乡。从击项籍军于陈下，破之，所将卒斩楼烦将二人，虏骑将八人。赐益食邑二千五百户。

项籍败垓下去也，婴以御史大夫受诏将车骑别追项籍至东城，破之。所将卒五人共斩项籍，皆赐爵列侯。降左右司马各一人，卒万二千人，尽得其军将吏。下东城、历阳。渡江，破吴郡长吴下，得吴守，遂定吴、豫章、会稽郡。还定淮北，凡五十二县。

汉王立为皇帝，赐益婴邑三千户。其秋，以车骑将军从击破燕王臧荼。明年，从至陈，取楚王信。还，剖符，世世勿绝，食颍阴二千五百户，号曰颍阴侯。

以车骑将军从击反韩王信于代，至马邑，受诏别降楼烦以北六县，斩代左相，破胡骑于武泉北。复从击韩信胡骑晋阳下，所将卒斩胡白题将一人。受诏并将燕、赵、齐、梁、楚车骑，击破胡骑于硰石。至平城，为胡所围，从还军东垣。

从击陈豨，受诏别攻豨丞相侯敞军曲逆下，破之，卒斩敞及特将五人。降曲逆、卢奴、上曲阳、安国、安平。攻下东垣。

黥布反，以车骑将军先出，攻布别将于相，破之，斩亚将楼烦将三人。又进击破布上柱国军及大司马军。又进破布别将肥诛。婴身生得左司马一人，所将卒斩其小将十人，追北至淮上。益食二千五百户。布已破，高帝归，定令婴食颍阴五千户，除前所食邑。凡从得二千石二人，别破军十六，降城四十六，定国一、郡二、县五十二，得将军二人，柱国、相国各一人，二千石十人。

婴自破布归，高帝崩，婴以列侯事孝惠帝及吕太后。太后崩，吕禄等以赵王自置为将军，军长安，为乱。齐哀王闻之，举兵西，且入诛不当为王者。上将军吕禄等闻之，乃遣婴为大将，将军往击之。婴行至荥阳，乃与绛侯等谋，因屯兵荥阳，风齐王以诛吕氏事，齐兵止不前。绛侯等既诛诸吕，齐王罢兵归，婴亦罢兵自荥阳归，与绛侯、陈平共立代王为孝文皇帝。孝文皇帝于是益封婴三千户，赐黄金千斤，拜为太尉。

三岁，绛侯勃免相就国，婴为丞相，罢太尉官。是岁，匈奴大入北地、上郡。令丞相婴将骑八万五千往击匈奴，匈奴去。济北王反，诏乃罢婴之兵。后岁余，婴以丞相卒，谥曰懿侯。子平侯阿代侯。二十八年卒，子彊代侯。十三年，彊有罪，绝二岁。元光三年，天子封灌婴孙贤为临汝侯，续灌氏后。八岁，坐行赇有罪，国除。

太史公曰：吾适丰、沛，问其遗老，观故萧、曹、樊哙、滕公之家，及其素，异哉所闻！方其鼓刀屠狗卖缯之时，岂自知附骥之尾，垂名汉庭，德流子孙哉！余与他广通，为言高祖功臣之兴时若此云。

卷九十六　张丞相列传第三十六

张丞相苍者，阳武人也。好书律历。秦时为御史，主柱下方书。有罪，亡归。及沛公略地过阳武，苍以客从攻南阳。苍坐法当斩，解衣伏质，身长大，肥白如瓠，时王陵见而怪其美士，乃言沛公，赦勿斩。遂从西入武关，至咸阳。沛公立为汉王，入汉中，还定三秦。陈馀击走常山王张耳，耳归汉，汉乃以张苍为常山守。从淮阴侯击赵，苍得陈馀。赵地已平，汉王以苍为代相，备边寇。已而徙为赵相，相赵王耳。耳卒，相赵王敖。复徙相代王。燕王臧荼反，高祖往击之，苍以代相从攻臧荼有功，以六年中封为北平侯，食邑千二百户。

迁为计相，一月，更以列侯为主计四岁。是时萧何为相国，而张苍乃自秦时为柱下史，明习天下图书计籍。苍又善用算律历，故令苍以列侯居相府，领主郡国上计者。黥布反亡，汉立皇子长为淮南王，而张苍相之。十四年，迁为御史大夫。

周昌者，沛人也。其从兄曰周苛，秦时皆为泗水卒史。及高祖起沛，击破泗水守监，于是周昌、周苛自卒史从沛公，沛公以周昌为职志，周苛为客。从入关，破秦。沛公立为汉王，以周苛为御史大夫，周昌为中尉。

汉王四年，楚围汉王荥阳急，汉王遁出，去，而使周苛守荥阳城。楚破荥阳城，欲令周苛将，苛骂曰："若趣降汉王！不然，今为虏矣！"项羽怒，亨周苛。于是乃拜周昌为御史大夫。常从击破项籍。以六年中与萧、曹等俱封。封周昌为汾阴侯；周苛子周成以父死事，封为高景侯。

昌为人强力，敢直言，自萧、曹等皆卑下之。昌尝燕时入奏事，高帝方拥戚姬，昌还走。高帝逐得，骑周昌项，问曰："我何如主也？"昌仰曰："陛下即桀、纣之主也。"于是上笑之，然尤惮周昌。及帝欲废太子，而立戚姬子如意为太子，大臣固争之，莫能得；上以留侯策即止。而昌廷争之强。上问其说，昌为人吃，又盛怒，曰："臣口不能言，然臣期期知其不可。陛下虽欲废太子，臣期期不奉诏。"上欣然而笑。既罢，吕后侧耳于东厢听，见周昌，为跪谢曰："微君，太子几废。"

是后戚姬子如意为赵王，年十岁，高祖忧即万岁之后不全也。赵尧年少，为符玺御史。赵人方与公谓御史大夫周昌曰："君之史赵尧，年虽少，然奇才也，君必异之，是且代君之位。"周昌笑曰："尧年少，刀笔吏耳，何能至是乎！"居顷之，赵尧侍高祖。高祖独心不乐，悲歌，群臣不知上之所以然。赵尧进请问曰："陛下所以不乐，非为赵王年少而戚夫人与吕后有郤邪？备万岁之后而赵王不能自全乎？"高祖曰："然。吾私忧之，不知所出。"尧曰："陛下独宜为赵王置贵强相，及吕后、太子、群臣素所敬惮乃可。"高祖曰："然。吾念之欲如是，而群臣谁可者？"尧曰："御史大夫周昌，其人坚忍质直，且自吕后、太子及大臣皆素敬惮之。独昌可。"高祖曰："善。"于是乃召周昌，谓曰："吾欲固烦公，公强为我相赵王。"周昌泣曰："臣初起从陛下，陛下独奈何中道而弃之于诸侯乎？"高祖曰："吾极知其左迁，然吾私忧赵王，念非公无可者。公不得已强行！"于是徙御史大夫周昌为赵相。

既行久之，高祖持御史大夫印弄之，曰："谁可以为御史大夫者？"孰视赵尧，曰："无以易尧。"遂拜赵尧为御史大夫。尧亦前有军功食邑，及以御史大夫从击陈豨有功，封为江邑侯。

高祖崩，吕太后使使召赵王，其相周昌令王称疾不行。使者三反，周昌固为不遣赵王。于是高后患之，乃使使召周昌。周昌至，谒高后，高后怒而骂周昌曰："尔不知我之怨戚氏乎？而不遣赵王，何？"昌既征，高后使使召赵王，赵王果来。至长安月余，饮药而死。周昌因谢病不朝见，三岁而死。

后五岁，高后闻御史大夫江邑侯赵尧高祖时定赵王如意之画，乃抵尧罪，以广阿侯任敖为御史大夫。

任敖者，故沛狱吏。高祖尝辟吏，吏系吕后，遇之不谨。任敖素善高祖，怒，击伤主吕后吏。及高祖初起，敖以客从，为御史，守丰二岁。高祖立为汉王，东击项籍，敖迁为上党守。陈豨反时，敖坚守，封为广阿侯，食千八百户。高后时为御史大夫，三岁，免。以平阳侯曹窋为御史大夫。高后崩，不与大臣共诛吕禄等，免。以淮南相张苍为御史大夫。

苍与绛侯等尊立代王为孝文皇帝。四年，丞相灌婴卒，张苍为丞相。

自汉兴至孝文二十余年，会天下初定，将相公卿皆军吏，张苍为计相时，绪正律历。以高祖十月始至霸上，因故秦时本以十月为岁首，弗革。推五德之运，以为汉当水德之时，尚黑如故。吹律调乐，入之音声，及以比定律令，若百工，天下作程品，至于为丞相，卒就之。故汉家言律历者，本之张苍。苍本好书，无所不观，无所不通，而尤善律历。

张苍德王陵。王陵者，安国侯也。及苍贵，常父事王陵。陵死后，苍为丞相，洗沐，常先朝陵夫人上食，然后敢归家。

苍为丞相十余年，鲁人公孙臣上书言汉土德时，其符有黄龙当见。诏下其议张苍，张苍以为非是，罢之。其后黄龙见成纪，于是文帝召公孙臣以为博士，草土德之历制度，更元年。张丞相由此自绌，谢病称老。苍任人为中侯，大为奸利，上以让苍，苍遂病免。苍为丞相十五岁而免。孝景前五年，苍卒，谥为文侯。子康代侯，八年卒。子类代为侯，八年，坐临诸侯丧后就位，不敬，国除。

初，张苍父长不满五尺，及生苍，苍长八尺余，为侯、丞相。苍子复长。及孙类，长六尺余，坐法失侯。苍之免相后，老，口中无齿，食乳，女子为乳母。妻妾以百数，尝孕者不复幸。苍年百有余岁而卒。

申屠丞相嘉者，梁人，以材官蹶张从高帝击项籍，迁为队率。从击黥布军，为都尉。孝惠时，为淮阳守。孝文帝元年，举故吏士二千石从高皇帝者，悉以为关内侯，食邑二十四人，而申屠嘉食邑五百户。张苍已为丞相，嘉迁

为御史大夫。张苍免相，孝文帝欲用皇后弟窦广国为丞相，曰："恐天下以吾私广国。"广国贤有行，故欲相之，念久之，不可。而高帝时大臣又皆多死，余见无可者，乃以御史大夫嘉为丞相，因故邑封为故安侯。

嘉为人廉直，门不受私谒。是时太中大夫邓通方隆爱幸，赏赐累巨万。文帝尝宴饮通家，其宠如是。是时丞相入朝，而通居上傍，有怠慢之礼。丞相奏事毕，因言曰："陛下爱幸臣，则富贵之；至于朝廷之礼，不可以不肃！"上曰："君勿言，吾私之。"罢朝坐府中，嘉为檄召邓通诣丞相府。不来，且斩通。通恐，入言文帝。文帝曰："汝第往，吾今使人召若。"通至丞相府，免冠，徒跣，顿首谢。嘉坐自如，故不为礼，责曰："夫朝廷者，高皇帝之朝廷也。通小臣，戏殿上，大不敬，当斩。吏今行斩之！"通顿首，首尽出血，不解。文帝度丞相已困通，使使者持节召通，而谢丞相曰："此吾弄臣，君释之。"邓通既至，为文帝泣曰："丞相几杀臣。"

嘉为丞相五岁，孝文帝崩，孝景帝即位。二年，晁错为内史，贵幸用事，诸法令多所请变更，议以谪罚侵削诸侯。而丞相嘉自绌所言不用，疾错。错为内史，门东出，不便，更穿一门南出。南出者，太上皇庙堧垣。嘉闻之，欲因此以法错擅穿宗庙垣为门，奏请诛错。错客有语错，错恐，夜入宫上谒，自归景帝。至朝，丞相奏请诛内史错。景帝曰："错所穿非真庙垣，乃外堧垣，故他官居其中，且又我使为之，错无罪。"罢朝，嘉谓长史曰："吾悔不先斩错，乃先请之，为错所卖。"至舍，因呕血而死。谥为节侯。子共侯蔑代，三年卒。子侯去病代，三十一年卒。子侯臾代，六岁，坐为九江太守受故官送有罪，国除。

自申屠嘉死之后，景帝时开封侯陶青、桃侯刘舍为丞相。及今上时，柏至侯许昌、平棘侯薛泽、武强侯庄青翟、高陵侯赵周等为丞相。皆以列侯继嗣，娖娖廉谨，为丞相备员而已，无所能发明功名有著于当世者。

太史公曰：张苍文学律历，为汉名相，而绌贾生、公孙臣等言正朔服色事而不遵，明用秦之《颛顼历》，何哉？周昌，木强人也。任敖以旧德用。申屠嘉可谓刚毅守节矣，然无术学，殆与萧、曹、陈平异矣。

孝武时丞相多甚，不记，莫录其行起居状略，且纪征和以来。

有车丞相，长陵人也，卒，而有韦丞相代。韦丞相贤者，鲁人也，以读书术为吏，至大鸿胪。有相工相之，当至丞相。有男四人，使相工相之，至第二子，其名玄成。相工曰："此子贵，当封。"韦丞相言曰："我即为丞相。有长子，是安从得之？"后竟为丞相，病死，而长子有罪论，不得嗣，而立玄成。玄成时佯狂，不肯立，竟立之，有让国之名。后坐骑至庙，不敬，有诏夺爵一级，为关内侯，失列侯，得食其故国邑。韦丞相卒，有魏丞相代。

魏丞相相者，济阴人也。以文吏至丞相。其人好武，皆令诸吏带剑，带剑前奏事。或有不带剑者，当入奏事，至乃借剑而敢入奏事。

其时京兆尹赵君，丞相奏以免罪，使人执魏丞相，欲

求脱罪而不听。复使人胁恐魏丞相,以夫人贼杀侍婢事而私独奏请验之,发吏卒至丞相舍,捕奴婢笞击问之,实不以兵刃杀也。而丞相司直繁君奏京兆尹赵君迫胁丞相,诬以夫人贼杀婢,发吏卒围捕丞相舍,不道;又得擅屏骑士事,赵京兆坐要斩。又有使掾陈平等,劾中尚书,疑以独擅劫事而坐之,大不敬,长史以下皆坐死,或下蚕室。而魏丞相竟以丞相病死。子嗣。后坐骑至庙,不敬,有诏夺爵一级,为关内侯,失列侯,得食其故国邑。魏丞相卒,以御史大夫邴吉代。

邴丞相吉者,鲁国人也。以读书好法令至御史大夫。孝宣帝时,以有旧故,封为列侯,而因为丞相。明于事,有大智,后世称之。以丞相病死。子显嗣。后坐骑至庙,不敬,有诏夺爵一级,失列侯,得食故国邑。显为吏至太仆,坐官耗乱,身及子男有奸赃,免为庶人。

邴丞相卒,黄丞相代。长安中有善相工田文者,与韦丞相、魏丞相、邴丞相微贱时会于客家,田文言曰:"今此三君者,皆丞相也。"其后三人竟更相代为丞相,何见之明也!

黄丞相霸者,淮阳人也。以读书为吏,至颍川太守。治颍川,以礼义条教喻告化之。犯法者,风晓令自杀。化大行,名声闻。孝宣帝下制曰:"颍川太守霸,以宣布诏令治民,道不拾遗,男女异路,狱中无重囚。赐爵关内侯,黄金百斤。"征为京兆尹而至丞相,复以礼义为治。以丞相病死。子嗣,后为列侯。黄丞相卒,以御史大夫于定国代。于丞相已有廷尉传,在《张廷尉》语中。于丞相去,御史大夫韦玄成代。

韦丞相玄成者,即前韦丞相子也。代父,后失列侯。其人少时好读书,明于《诗》、《论语》。为吏至卫尉,徙为太子太傅。御史大夫薛君免,为御史大夫。于丞相乞骸骨免,而为丞相。因封故邑为扶阳侯。数年,病死。孝元帝亲临丧,赐赏甚厚。子嗣后。其治容容,随世俗浮沉,而见谓谄巧。而相工本谓之当为侯代父,而后失之;复自游宦而起,至丞相。父子俱为丞相,世间美之,岂不命哉!相工其先知之。韦丞相卒,御史大夫匡衡代。

丞相匡衡者,东海人也。好读书,从博士受《诗》。家贫,衡佣作以给食饮。才下,数射策不中,至九,乃中丙科。其经以不中科故明习。补平原文学卒史。数年,郡不尊敬。御史征之,以补百石属。荐为郎,而补博士,拜为太子少傅,而事孝元帝。孝元好《诗》,而迁为光禄勋,居殿中为师,授教左右,而县官坐其旁听,甚善之,日以尊贵。御史大夫郑弘坐事免,而匡君为御史大夫。岁余,韦丞相死,匡君代为丞相,封乐安侯。以十年之间,不出长安城门而至丞相,岂非遇时而命也哉!

深惟士之游宦所以至封侯者微甚,然多至御史大夫即去者。诸为大夫而丞相次也,其心冀幸丞相物故也。或乃阴私相毁害,欲代之。然守之日久不得,或为之日少而得之,至于封侯,真命也夫!御史大夫郑君守之数年不得,匡君居之未满岁,而韦丞相死,即代之矣,岂可以智巧得哉!多有贤圣之才,困厄不得者众甚也。

卷九十七
郦生陆贾列传第三十七

郦生食其者,陈留高阳人也。好读书,家贫落魄,无以为衣食业,为里监门吏。然县中贤豪不敢役,县中皆谓之狂生。

及陈胜、项梁等起,诸将徇地过高阳者数十人,郦生闻其将皆握龊,好苛礼自用,不能听大度之言,郦生乃深自藏匿。后闻沛公将兵略地陈留郊,沛公麾下骑士适郦生里中子也,沛公时时问邑中贤士豪俊。骑士归,郦生见谓之曰:"吾闻沛公慢而易人,多大略,此真吾所愿从游,莫为我先。若见沛公,谓曰'臣里中有郦生,年六十余,长八尺,人皆谓之狂生,生自谓我非狂生'。"骑士曰:"沛公不好儒,诸客冠儒冠来者,沛公辄解其冠,溲溺其中。与人言,常大骂。未可以儒生说也。"郦生曰:"弟言之。"骑士从容言如郦生所诫者。

沛公至高阳传舍,使人召郦生。郦生至,入谒,沛公方倨床使两女子洗足,而见郦生。郦生入,则长揖不拜,曰:"足下欲助秦攻诸侯乎?且欲率诸侯破秦也?"沛公骂曰:"竖儒!夫天下同苦秦久矣,故诸侯相率而攻秦,何谓助秦攻诸侯乎?"郦生曰:"必聚徒合义兵诛无道秦,不宜倨见长者。"于是沛公辍洗,起摄衣,延郦生上坐,谢之。郦生因言六国从横时。沛公喜,赐郦生食,问曰:"计将安出?"郦生曰:"足下起纠合之众,收散乱之兵,不满万人,欲以径入强秦,此所谓探虎口者也。夫陈留,天下之冲,四通五达之郊也,今其城又多积粟。臣善其令,请得使之,令下足下。即不听,足下举兵攻之,臣为内应。"于是遣郦生行,沛公引兵随之,遂下陈留。号郦食其为广野君。

郦生言其弟郦商,使将数千人从沛公西南略地。郦生常为说客,驰使诸侯。

汉三年秋,项羽击汉,拔荥阳,汉兵遁保巩、洛。楚人闻淮阴侯破赵,彭越数反梁地,则分兵救之。淮阴方东击齐,汉王数困荥阳、成皋,计欲捐成皋以东,屯巩、洛以拒楚。郦生因曰:"臣闻知天之天者,王事可成,不知天之天者,王事不可成。王者以民为天,而民以食为天。夫敖仓,天下转输久矣,臣闻其下乃有藏粟甚多。楚人拔荥阳,不坚守敖仓,乃引而东,令适卒分守成皋,此乃天所以资汉也。方今楚易取而汉反却,自夺其便,臣窃以为过矣。且两雄不俱立,楚、汉久相持不决,百姓骚动,海内摇荡,农夫释耒,工女下机,天下之心未有所定也。愿足下急复进兵,收取荥阳,据敖仓之粟,塞成皋之险,杜大行之道,拒蜚狐之口,守白马之津,以示诸侯效实形制之势,则天下知所归矣。方今燕、赵已定,唯齐未下。今田广据千里之齐,田解将二十万之众,军于历城,诸田宗强,负海阻河、济,南近楚,人多变诈,足下虽遣数十万师,未可以岁月破也。臣请得奉明诏说齐王,使为汉而称东藩。"上曰:"善。"

乃从其画，复守敖仓，而使郦生说齐王曰："王知天下之所归乎？"王曰："不知也。"曰："王知天下之所归，则齐国可得而有也；若不知天下之所归，即齐国未可得保也。"齐王曰："天下何所归？"曰："归汉。"曰："先生何以言之？"曰："汉王与项王戮力西面击秦，约先入咸阳者王之。汉王先入咸阳，项王负约不与而王之汉中。项王迁杀义帝，汉王闻之，起蜀、汉之兵击三秦，出关而责义帝之处，收天下之兵，立诸侯之后。降城即以侯其将，得赂即以分其士，与天下同其利，豪英贤才皆乐为之用。诸侯之兵四面而至，蜀、汉之粟方船而下。项王有倍约之名，杀义帝之负；于人之功无所记，于人之罪无所忘；战胜而不得其赏，拔城而不得其封；非项氏莫得用事；为人刻印，刓而不能授；攻城得赂，积而不能赏；天下畔之，贤才怨之，而莫为之用。故天下之士归于汉王，可坐而策也。夫汉王发蜀、汉，定三秦；涉西河之外，援上党之兵；下井陉，诛成安君；破北魏，举三十二城；此蚩尤之兵也，非人之力也，天之福也。今已据敖仓之粟，塞成皋之险，守白马之津，杜大行之阪，拒蜚狐之口，天下后服者先亡矣。王疾先下汉王，齐国社稷可得而保也；不下汉王，危亡可立而待也。"田广以为然，乃听郦生，罢历下兵守战备，与郦生日纵酒。

淮阴侯闻郦生伏轼下齐七十余城，乃夜度兵平原袭齐。齐王田广闻汉兵至，以为郦生卖己，乃曰："汝能止汉军，我活汝；不然，我将亨汝！"郦生曰："举大事不细谨，盛德不辞让。而公不为若更言！"齐王遂亨郦生，引兵东走。

汉十二年，曲周侯郦商以丞相将兵击黥布有功。高祖举列侯功臣，思郦食其。郦食其子疥数将兵，功未当侯，上以其父故，封疥为高梁侯。后更食武遂，嗣三世。元狩元年中，武遂侯平坐诈诏衡山王取百斤金，当弃市，病死，国除。

陆贾者，楚人也。以客从高祖定天下，名为有口辩士，居左右，常使诸侯。及高祖时，中国初定，尉他平南越，因王之。高祖使陆贾赐尉他印为南越王。陆生至，尉他魋结箕倨见陆生。陆生因进说他曰："足下中国人，亲戚昆弟坟墓在真定。今足下反天性，弃冠带，欲以区区之越与天子抗衡为敌国，祸且及身矣。且夫秦失其政，诸侯豪杰并起，唯汉王先入关，据咸阳。项羽倍约，自立为西楚霸王，诸侯皆属，可谓至强。然汉王起巴、蜀，鞭笞天下，劫略诸侯，遂诛项羽灭之。五年之间，海内平定，此非人力，天之所建也。天子闻君王王南越，不助天下诛暴逆，将相欲移兵而诛王，天子怜百姓新劳苦，故且休之，遣臣授君王印，剖符通使。君王宜郊迎，北面称臣，乃欲以新造未集之越，屈强于此。汉诚闻之，掘烧王先人冢，夷灭宗族，使一偏将将十万众临越，则越杀王降汉，如反覆手耳。"

于是尉他乃蹶然起坐，谢陆生曰："居蛮夷中久，殊失礼义。"因问陆生曰："我孰与萧何、曹参、韩信贤？"陆生曰："王似贤。"复曰："我孰与皇帝贤？"陆生曰："皇帝起丰、沛，讨暴秦，诛强楚，为天下兴利除害，继五帝、三王之业，统理中国。中国之人以亿计，地方万里，居天下之膏腴，人众车舆，万物殷富，政由一家，自天地剖泮未始有也。今王众不过数十万，皆蛮夷，崎岖山海间，譬若汉一郡，王何乃比于汉！"尉他大笑曰："吾不起中国，故王此。使我居中国，何渠不若汉？"乃大说陆生，留与饮数月。曰："越中无足与语，至生来，令我日闻所不闻。"赐陆生橐中装直千金，他送亦千金。陆生卒拜尉他为南越王，令称臣奉汉约。归报，高祖大悦，拜贾为太中大夫。

陆生时时前说称《诗》、《书》。高帝骂之曰："乃公居马上而得之，安事《诗》、《书》！"陆生曰："居马上得之，宁可以马上治之乎？且汤、武逆取而以顺守之，文武并用，长久之术也。昔者吴王夫差、智伯，极武而亡；秦任刑法不变，卒灭赵氏。乡使秦已并天下，行仁义，法先圣，陛下安得而有之？"高帝不怿而有惭色，乃谓陆生曰："试为我著秦所以失天下，吾所以得之者何，及古成败之国。"陆生乃粗述存亡之征，凡著十二篇。每奏一篇，高帝未尝不称善，左右呼万岁，号其书曰"《新语》"。

孝惠帝时，吕太后用事，欲王诸吕，畏大臣有口者，陆生自度不能争之，乃病免家居。以好畤田地善，可以家焉。有五男，乃出所使越得橐中装卖千金，分其子，子二百金，令为生产。陆生常安车驷马，从歌舞鼓琴瑟侍者十人，宝剑直百金，谓其子曰："与汝约：过汝，汝给吾人马酒食，极欲，十日而更。所死家，得宝剑车骑侍从者。一岁中往来过他客，率不过再三过，数见不鲜，无久慁公为也。"

吕太后时，王诸吕，诸吕擅权，欲劫少主，危刘氏。右丞相陈平患之，力不能争，恐祸及己，常燕居深念。陆生往请，直入坐，而陈丞相方深念，不时见陆生。陆生曰："何念之深也？"陈平曰："生揣我何念？"陆生曰："足下位为上相，食三万户侯，可谓极富贵无欲矣。然有忧念，不过患诸吕、少主耳。"陈平曰："然。为之奈何？"陆生曰："天下安，注意相；天下危，注意将。将相和调，则士务附，士务附，天下虽有变，即权不分。为社稷计，在两君掌握耳。臣常欲谓太尉绛侯，绛侯与我戏，易吾言。君何不交欢太尉，深相结？"为陈平画吕氏数事。陈平用其计，乃以五百金为绛侯寿，厚具乐饮；太尉亦报如之。此两人深相结，则吕氏谋益衰。陈平乃以奴婢百人，车马五十乘，钱五百万，遗陆生为饮食费。陆生以此游汉廷公卿间，名声藉甚。

及诛诸吕，立孝文帝，陆生颇有力焉。孝文帝即位，欲使人之南越。陈丞相等乃言陆生为太中大夫，往使尉他，令尉他去黄屋称制，令比诸侯，皆如意旨。语在《南越》语中。陆生竟以寿终。

平原君朱建者，楚人也。故尝为淮南王黥布相，有罪去，后复事黥布。布欲反时，问平原君，平原君止之，布不听而听梁父侯，遂反。汉已诛布，闻平原君谏，不与谋，得不诛。语在《黥布》语中。

平原君为人辩有口，刻廉刚直，家于长安。行不苟合，义不取容。辟阳侯行不正，得幸吕太后。时辟阳侯欲知平原君,平原君不肯见。及平原君母死,陆生素与平原君善,过之。平原君家贫,未有以发丧,方假贷服具,陆生令平原君发丧。陆生往见辟阳侯,贺曰:"平原君母死。"辟阳侯曰:"平原君母死,何乃贺我乎?"陆贾曰:"前日君侯欲知平原君,平原君义不知君,以其母故。今其母死,君诚厚送丧,则彼为君死矣。"辟阳侯乃奉百金往税。列侯贵人以辟阳侯故,往税凡五百金。

辟阳侯幸吕太后,人或毁辟阳侯于孝惠帝,孝惠帝大怒,下吏,欲诛之。吕太后惭,不可以言。大臣多害辟阳侯行,欲遂诛之。辟阳侯急,因使人欲见平原君。平原君辞曰:"狱急,不敢见君。"用求见孝惠帝幸臣闳孺,说之曰:"君所以得幸帝,天下莫不闻。今辟阳侯幸太后而下吏,道路皆言君谗,欲杀之。今日辟阳侯诛,旦日太后含怒,亦诛君,何不肉袒为辟阳侯言于帝?帝听君出辟阳侯,太后大欢。两主共幸君,君贵富益倍矣。"于是闳孺大恐,从其计,言帝,果出辟阳侯。辟阳侯之囚,欲见平原君,平原君不见辟阳侯,辟阳侯以为倍己,大怒,及其成功出之,乃大惊。

吕太后崩,大臣诛诸吕,辟阳侯于诸吕至深,而卒不诛。计画所以全者,皆陆生、平原君之力也。

孝文帝时,淮南厉王杀辟阳侯,以诸吕故。文帝闻其客平原君为计策,使吏捕欲治。闻吏至门,平原君欲自杀。诸子及吏皆曰:"事未可知,何早自杀为?"平原君曰:"我死祸绝,不及而身矣。"遂自刭。孝文帝闻而惜之,曰:"吾无意杀之。"乃召其子,拜为中大夫。使匈奴,单于无礼,乃骂单于,遂死匈奴中。

初,沛公引兵过陈留,郦生踵军门上谒曰:"高阳贱民郦食其,窃闻沛公暴露,将兵助楚讨不义,敬劳从者,愿得望见,口画天下便事。"使者入通,沛公方洗,问使者曰:"何如人也?"使者对曰:"状貌类大儒,衣儒衣,冠侧注。"沛公曰:"为我谢之,言我方以天下为事,未暇见儒人也。"使者出谢曰:"沛公敬谢先生,言以天下为事,未暇见儒人也。"郦生嗔目案剑叱使者曰:"走!复入言沛公,吾高阳酒徒也,非儒人也。"使者惧而失谒,跪拾谒,还走,复入报曰:"客,天下壮士也,叱臣,臣恐,至失谒。曰'走!复入言,而公高阳酒徒也。'"沛公遽雪足杖矛曰:"延客入!"

郦生入,揖沛公曰:"足下甚苦,暴衣露冠,将兵助楚讨不义,足下何不自喜也?臣愿以事见,而曰'吾方以天下为事,未暇见儒人也。'夫足下欲兴天下之大事而成天下之大功,而以目皮相,恐失天下之能士。且吾度足下之智不如吾,勇又不如吾。若欲就天下而不相见,窃为足下失之。"沛公谢曰:"乡者闻先生之容,今见先生之意矣。"乃延而坐之,问所以取天下者。郦生曰:"夫足下欲成大功,不如止陈留。陈留,天下之据冲也,兵之会地也,积粟数千万石,城守甚坚。臣素善其令,愿为足下说之。不听臣,臣请为足下杀之,而下陈留。足下将陈留之众,据陈留之城,而食其积粟,招天下之从兵;从兵已成,足下横行天下,莫能有害足下者矣。"沛公曰:"敬闻命矣。"

于是郦生乃夜见陈留令,说之曰:"夫秦为无道而天下畔之,今足下与天下从则可以成大功。今独为亡秦婴城而坚守,臣窃为足下危之。"陈留令曰:"秦法至重也,不可以妄言,妄言者无类,吾不可以应。先生所以教臣者,非臣之意也,愿勿复道。"郦生留宿卧,夜半时斩陈留令首,逾城而下报沛公。沛公引兵攻城,县令首于长竿以示城上人,曰:"趣下,而令头已断矣!今后下者必先斩之!"于是陈留人见令已死,遂相率而下沛公。沛公舍陈留南城门上,因其库兵,食积粟,留,出入三月,从兵以万数,遂入破秦。

太史公曰:世之传郦生书,多曰汉王已拔三秦,东击项籍而引军于巩、洛之间,郦生被儒衣往说汉王,乃非也。自沛公未入关,与项羽别而至高阳,得郦生兄弟。余读陆生《新语》书十二篇,固当世之辩士。至平原君子与余善,是以得具论之。

卷九十八
傅靳蒯成列传第三十八

阳陵侯傅宽,以魏五大夫骑将从,为舍人,起横阳。从攻安阳、杠里,击赵贲军于开封,及击杨熊曲遇、阳武,斩首十二级,赐爵卿。从至霸上。沛公立为汉王,汉王赐宽封号共德君。从入汉中,迁为右骑将。从定三秦,赐食邑雕阴。从击项籍,待怀,赐爵通德侯。从击项冠、周兰、龙且,所将卒斩骑将一人敌下,益食邑。

属淮阴,击破齐历下军,击田解。属相国参,残博,益食邑。因定齐地,剖符世世勿绝,封为阳陵侯,二千六百户,除前所食。为齐右丞相,备齐。五岁为齐相国。

四月,击陈豨,属太尉勃,以相国代丞相哙击豨。一月,徙为代相国,将屯。二岁,为代丞相,将屯。

孝惠五年卒,谥为景侯。子顷侯精立,二十四年卒。子共侯则立,十二年卒。子侯偃立,三十一年,坐与淮南王谋反,死,国除。

信武侯靳歙,以中涓从,起宛朐。攻济阳。破李由军。击秦军亳南、开封东北,斩骑千人将一人,首五十七级,捕虏七十三人,则爵封号临平君。又战蓝田北,斩车司马二人,骑长一人,首二十八级,捕虏五十七人。至霸上。沛公立为汉王,赐歙爵建武侯,迁为骑都尉。

从定三秦。别西击章平军于陇西,破之,定陇西六县,所将卒斩车司马、候各四人,骑长十二人。以东击楚,至彭城,汉王败,还保雍丘,去击反者王武等。略梁地,别将击邢说军葘南,破之,身得说都尉二人,司马、候十二人,降吏卒四千一百八十人。破楚军荥阳东。三年,赐食邑四千二百户。

别之河内,击赵将贲郝军朝歌,破之,所将卒得骑将二人,车马二百五十匹。从攻安阳以东,至棘蒲,下七县。别攻破赵军,得其将司马二人,候四人,降吏卒二千四百人。从攻下邯郸。别下平阳，身斩守相，所将卒斩兵守、郡守各一人，降邺。从攻朝歌、邯郸，及别击破赵军，降邯郸郡六县。还军敖仓，破项籍军成皋南，击绝楚饷道。起荥阳至襄邑。破项冠军鲁下。略地东至缯、郯、下邳，南至蕲、竹邑。击项悍济阳下。还击项籍陈下，破之。别定江陵，降江陵柱国，大司马以下八人，身得江陵王，生致之洛阳，因定南郡。从至陈，取楚王信，剖符世世勿绝，定食四千六百户。号信武侯。

以骑都尉从击代，攻韩信平城下，还军东垣。有功，迁为车骑将军，并将梁、赵、齐、燕、楚车骑。别击陈豨丞相敞，破之，因降曲逆。从击黥布有功，益封，定食五千三百户。凡斩首九十级，虏百三十二人；别破军十四，降城五十九，定郡、国各一，县二十三；得王、柱国各一人，二千石以下至五百石三十九人。

高后五年，歙卒，谥为肃侯。子亭代侯。二十一年，坐事国人过律，孝文后三年，夺侯，国除。

蒯成侯緤者，沛人也，姓周氏。常为高祖参乘，以舍人从起沛。至霸上，西入蜀、汉，还定三秦，食邑池阳。东绝甬道，从出度平阴，遇淮阴侯兵襄国，军乍利乍不利，终无离上心。以緤为信武侯，食邑三千三百户。高祖十二年，以緤为蒯成侯，除前所食邑。

上欲自击陈豨，蒯成侯泣曰："始秦攻破天下，未尝自行。今上常自行，是为无人可使者乎？"上以为"爱我"，赐入殿门不趋，杀人不死。

至孝文五年，緤以寿终，谥为贞侯。子昌代侯，有罪，国除。至孝景中二年，封緤子居代侯。至元鼎三年，居为太常，有罪，国除。

太史公曰：阳陵侯傅宽、信武侯靳歙皆高爵，从高祖起山东，攻项籍，诛杀名将，破军降城以十数，未尝困辱，此亦天授也。蒯成侯周緤操心坚正，身不见疑，上欲有所之，未尝不垂涕，此有伤心者然，可谓笃厚君子矣。

卷九十九
刘敬叔孙通列传第三十九

刘敬者，齐人也。汉五年，戍陇西，过洛阳，高帝在焉。娄敬脱挽辂，衣其羊裘，见齐人虞将军曰："臣愿见上言便事。"虞将军欲与之鲜衣，娄敬曰："臣衣帛，衣帛见；衣褐，衣褐见。终不敢易衣。"于是虞将军入言上。上召入见，赐食。

已而问娄敬，娄敬说曰："陛下都洛阳，岂欲与周室比隆哉？"上曰："然。"娄敬曰："陛下取天下与周室异。周之先自后稷，尧封之邰，积德累善十有余世。公刘避桀居豳。太王以狄伐故去豳，杖马箠居岐，国人争随之。及文王为西伯，断虞、芮之讼，始受命，吕望、伯夷自海滨来归。武王伐纣，不期而会孟津之上八百诸侯，皆曰纣可伐矣，遂灭殷。成王即位，周公之属傅相焉，乃营成周洛邑，以此为天下之中也，诸侯四方纳贡职，道里均矣，有德则易以王，无德则易以亡。凡居此者，欲令周务以德致人，不欲依阻险，令后世骄奢以虐民也。及周之盛时，天下和洽，四夷乡风，慕义怀德，附离而并事天子，不屯一卒，不战一士，八夷大国之民莫不宾服，效其贡职。及周之衰也，分而为两，天下莫朝，周不能制也。非其德薄也，而形势弱也。今陛下起丰沛，收卒三千人，以之径往而卷蜀、汉，定三秦，与项羽战荥阳，争成皋之口，大战七十，小战四十，使天下之民肝脑涂地，父子暴骨中野，不可胜数，哭泣之声未绝，伤痍者未起，而欲比隆于成康之时，臣窃以为不侔也。且夫秦地被山带河，四塞以为固，卒然有急，百万之众可具也。因秦之故，资甚美膏腴之地，此所谓天府也。陛下入关而都之，山东虽乱，秦之故地可全而有也。夫与人斗，不扼其吭、拊其背，未能全其胜也。今陛下入关而都，案秦之故地，此亦扼天下之吭而拊其背也。"

高帝问群臣，群臣皆山东人，争言周王数百年，秦二世即亡，不如都周。上疑未能决。及留侯明言入关便，即日车驾西都关中。

于是上曰："本言都秦地者娄敬，'娄'者乃'刘'也。"赐姓刘氏，拜为郎中，号为奉春君。

汉七年，韩王信反，高帝自往击之。至晋阳，闻信与匈奴欲共击汉，上大怒，使人使匈奴。匈奴匿其壮士、肥牛马，但见老弱及羸畜。使者十辈来，皆言匈奴可击。上使刘敬复往使匈奴，还报曰："两国相击，此宜夸矜见所长。今臣往，徒见羸瘠老弱，此必欲见短，伏奇兵以争利。愚以为匈奴不可击也。"是时汉兵已逾句注，二十余万兵已业行。上怒，骂刘敬曰："齐虏！以口舌得官，今乃妄言沮吾军！"械系敬广武。遂往，至平城，匈奴果出奇兵围高帝白登，七日然后得解。高帝至广武，赦敬，曰："吾不用公言，以困平城。吾皆已斩前使十辈言可击者矣。"乃封敬二千户，为关内侯，号为建信侯。

高帝罢平城归，韩王信亡入胡。当是时，冒顿为单于，兵强，控弦三十万，数苦北边。上患之，问刘敬。刘敬曰："天下初定，士卒罢于兵，未可以武服也。冒顿杀父代立，妻群母，以力为威，未可以仁义说也。独可以计久远子孙为臣耳，然恐陛下不能为。"上曰："诚可，何为不能！顾为奈何？"刘敬对曰："陛下诚能以适长公主妻之，厚奉遗之，彼知汉适女，送厚，蛮夷必慕以为阏氏，生子必为太子，代单于。何者？贪汉重币。陛下以岁时汉所余彼所鲜数问遗，因使辩士风谕以礼节。冒顿在，固为子婿；死，则外孙为单于。岂尝闻外孙敢与大父抗礼者哉？兵可无战以渐臣也。若陛下不能遣长公主，而令宗室及后宫诈称公主，彼亦知，不肯贵近，无益也。"高帝曰："善。"欲遣长公主。吕后日夜泣，曰："妾唯太子、一女，奈何弃之匈奴！"上竟不能遣长公主，而取家人子名为长公主，妻单于。使刘敬往结和亲约。

刘敬从匈奴来，因言："匈奴河南白羊、楼烦王，去长安近者七百里，轻骑一日一夜可以至秦中。秦中新破，少民，地肥饶，可益实。夫诸侯初起时，非齐诸田，楚昭、屈、景莫能兴。今陛下虽都关中，实少人。北近胡寇，东有六国之族，宗强，一日有变，陛下亦未得高枕而卧也。臣愿陛下徙齐诸田，楚昭、屈、景，燕、赵、韩、魏后，及豪桀名家居关中。无事，可以备胡；诸侯有变，亦足率以东伐。此强本弱末之术也。"上曰："善。"乃使刘敬徙所言关中十余万口。

叔孙通者，薛人也。秦时以文学征，待诏博士。数岁，陈胜起山东，使者以闻，二世召博士诸儒生问曰："楚戍卒攻蕲入陈，于公如何？"博士诸生三十余人前曰："人臣无将，将即反，罪死无赦。愿陛下急发兵击之。"二世怒，作色。叔孙通前曰："诸生言皆非也。夫天下合为一家，毁郡县城，铄其兵，示天下不复用。且明主在其上，法令具于下，使人人奉职，四方辐辏，安敢有反者！此特群盗鼠窃狗盗耳，何足置之齿牙间！郡守尉今捕论，何足忧！"二世喜曰："善。"尽问诸生，诸生或言反，或言盗。于是二世令御史案诸生言反者下吏，非所宜言。诸言盗者皆罢之。乃赐叔孙通帛二十匹，衣一袭，拜为博士。叔孙通已出宫，反舍，诸生曰："先生何言之谀也？"通曰："公不知也，我几不脱于虎口！"乃亡去，之薛，薛已降楚矣。及项梁之薛，叔孙通从之。败于定陶，从怀王。怀王为义帝，徙长沙，叔孙通留事项王。汉二年，汉王从五诸侯入彭城，叔孙通降汉王。汉王败而西，因竟从汉。

叔孙通儒服，汉王憎之；乃变其服，服短衣，楚制，汉王喜。

叔孙通之降汉，从儒生弟子百余人，然通无所言进，专言诸故群盗壮士进之。弟子皆窃骂曰："事先生数岁，幸得从降汉，今不能进臣等，专言大猾，何也？"叔孙通闻之，乃谓曰："汉王方蒙矢石争天下，诸生宁能斗乎？故先言斩将搴旗之士。诸生且待我，我不忘矣。"汉王拜叔孙通为博士，号稷嗣君。

汉五年，已并天下，诸侯共尊汉王为皇帝于定陶，叔孙通就其仪号。高帝悉去秦苛仪法，为简易。群臣饮酒争功，醉或妄呼，拔剑击柱，高帝患之。叔孙通知上益厌之也，说上曰："夫儒者难与进取，可与守成。臣愿征鲁诸生，与臣弟子共起朝仪。"高帝曰："得无难乎？"叔孙通曰："五帝异乐，三王不同礼。礼者，因时世人情为之节文者也。故夏、殷、周之礼所因损益可知者，谓不相复也。臣愿颇采古礼与秦仪杂就之。"上曰："可试为之，令易知，度吾所能行为之。"

于是叔孙通使征鲁诸生三十余人。鲁有两生不肯行，曰："公所事者且十主，皆面谀以得亲贵。今天下初定，死者未葬，伤者未起，又欲起礼乐。礼乐所由起，积德百年而后可兴也。吾不忍为公所为。公所为不合古，吾不行。公往矣，无污我！"叔孙通笑曰："若真鄙儒也，不知时变。"

遂与所征三十人西，及上左右为学者与其弟子百余人为绵蕞野外。习之月余，叔孙通曰："上可试观。"上既观，使行礼，曰："吾能为此。"乃令群臣习肄。会十月。

汉七年，长乐宫成，诸侯群臣皆朝十月。仪：先平明，谒者治礼，引以次入殿门，廷中陈车骑步卒卫宫，设兵张旗志。传言"趋"。殿下郎中侠陛，陛数百人。功臣列侯诸将军军吏以次陈西方，东乡；文官丞相以下陈东方，西乡。大行设九宾，胪传。于是皇帝辇出房，百官执职传警，引诸侯王以下至吏六百石以次奉贺。自诸侯王以下莫不振恐肃敬。至礼毕，复置法酒。诸侍坐殿上皆伏抑首，以尊卑次起上寿。觞九行，谒者言"罢酒"。御史执法举不如仪者辄引去。竟朝置酒，无敢讙哗失礼者。于是高帝曰："吾乃今日知为皇帝之贵也。"乃拜叔孙通为太常，赐金五百斤。

叔孙通因进曰："诸弟子儒生随臣久矣，与臣共为仪，愿陛下官之。"高帝悉以为郎。叔孙通出，皆以五百斤金赐诸生。诸生乃皆喜曰："叔孙生诚圣人也，知当世之要务。"

汉九年，高帝徙叔孙通为太子太傅。汉十二年，高祖欲以赵王如意易太子，叔孙通谏上曰："昔者晋献公以骊姬之故废太子，立奚齐，晋国乱者数十年，为天下笑。秦以不早定扶苏，令赵高得以诈立胡亥，自使灭祀，此陛下所亲见。今太子仁孝，天下皆闻之；吕后与陛下攻苦食啖，其可背哉！陛下必欲废適而立少，臣愿先伏诛，以颈血污地。"高帝曰："公罢矣，吾直戏耳。"叔孙通曰："太子天下本，本一摇，天下振动，奈何以天下为戏？"高帝曰："吾听公言。"及上置酒，见留侯所招客从太子入见，上乃遂无易太子志矣。

高帝崩，孝惠即位，乃谓叔孙生曰："先帝园陵寝庙，群臣莫能习。"徙为太常，定宗庙仪法。及稍定汉诸仪法，皆叔孙生为太常所论著也。

孝惠帝为东朝长乐宫，及间往来，数跸烦人，乃作复道，方筑武库南，叔孙生奏事，因请间曰："陛下何自筑复道高寝，衣冠月出游高庙？高庙，汉太祖，奈何令后世子孙乘宗庙道上行哉？"孝惠帝大惧，曰："急坏之。"叔孙生曰："人主无过举。今已作，百姓皆知之，今坏此，则示有过举。愿陛下为原庙渭北，衣冠月出游，益广多宗庙，大孝之本也。"上乃诏有司立原庙。原庙起，以复道故。

孝惠帝曾春出游离宫，叔孙生曰："古者有春尝果，方今樱桃孰，可献，愿陛下出，因取樱桃献宗庙。"上乃许之。诸果献由此兴。

太史公曰：语曰"千金之裘，非一狐之腋也；台榭之榱，非一木之枝也；三代之际，非一士之智也。"信哉！夫高祖起微细，定海内，谋计用兵，可谓尽之矣。然而刘敬脱挽辂一说，建万世之安，智岂可专邪！叔孙通希世度务，制礼进退，与时变化，卒为汉家儒宗。"大直若诎，道固委蛇"，盖谓是乎？

卷一百　　季布栾布列传第四十

季布者，楚人也。为气任侠，有名于楚。项籍使将兵，数窘汉王。及项羽灭，高祖购求布千金，敢有舍匿，罪及三族。季布匿濮阳周氏，周氏曰："汉购将军急，迹且至臣家，将军能听臣，臣敢献计；即不能，愿先自到。"季布许之。乃髡钳季布，衣褐衣，置广柳车中，并与其家僮数十人，之鲁朱家所卖之。朱家心知是季布，乃买而置之田。诫其子曰："田事听此奴，必与同食。"朱家乃乘轺车之洛阳，见汝阴侯滕公。滕公留朱家饮数日，因谓滕公曰："季布何大罪，而上求之急也？"滕公曰："布数为项羽窘上，上怨之，故必欲得之。"朱家曰："君视季布何如人也？"曰："贤者也。"朱家曰："臣各为其主用，季布为项籍用，职耳。项氏臣可尽诛耶？今上始得天下，独以己之私怨求一人，何示天下之不广也！且以季布之贤而汉求之急如此，此不北走胡即南走越耳。夫忌壮士以资敌国，此伍子胥所以鞭荆平王之墓也。君何不从容为上言邪？"汝阴侯滕公心知朱家大侠，意季布匿其所，乃许曰："诺。"待间，果言如朱家指。上乃赦季布。当是时，诸公皆多季布能摧刚为柔，朱家亦以此名闻当世。季布召见，谢，上拜为郎中。

孝惠时，为中郎将。单于尝为书嫚吕后，不逊，吕后大怒，召诸将议之。上将军樊哙曰："臣愿得十万众，横行匈奴中。"诸将皆阿吕后意，曰："然。"季布曰："樊哙可斩也！夫高帝将兵四十余万众，困于平城，今哙奈何以十万众横行匈奴中？面欺！且秦以事于胡，陈胜等起。于今创痍未瘳，哙又面谀，欲摇动天下。"是时殿上皆恐，太后罢朝，遂不复议击匈奴事。

季布为河东守，孝文时，人有言其贤者，孝文召，欲以为御史大夫。复有言其勇，使酒难近。至，留邸一月，见罢。季布因进曰："臣无功窃宠，待罪河东。陛下无故召臣，此人必有以臣欺陛下者；今臣至，无所受事，罢去，此人必有以毁臣者。夫陛下以一人之誉而召臣，一人之毁而去臣，臣恐天下有识闻之有以窥陛下也。"上默然，惭，良久曰："河东吾股肱郡，故特召君耳。"布辞，之官。

楚人曹丘生，辩士，数招权顾金钱。事贵人赵同等，与窦长君善。季布闻之，寄书谏窦长君曰："吾闻曹丘生非长者，勿与通。"及曹丘生归，欲得书请季布。窦长君曰："季将军不说足下，足下无往。"固请书，遂行。使人先发书，季布果大怒，待曹丘。曹丘至，即揖季布曰："楚人谚曰'得黄金百斤，不如得季布一诺'，足下何以得此声梁、楚间哉？且仆楚人，足下亦楚人也。仆游扬足下之名于天下，顾不重邪？何足下距仆之深也！"季布乃大说，引入，留数月，为上客，厚送之。季布名所以益闻者，曹丘扬之也。

季布弟季心，气盖关中，遇人恭谨，为任侠，方数千里，士皆争为之死。尝杀人，亡之吴，从袁丝匿。长事袁丝，弟畜灌夫、籍福之属。尝为中司马，中尉郅都不敢不加礼。少年多时时窃籍其名以行。当是时，季心以勇，布以诺，著闻关中。

季布母弟丁公，为楚将。丁公为项羽逐窘高祖彭城西，短兵接，高祖急，顾丁公曰："两贤岂相厄哉！"于是丁公引兵而还，汉王遂解去。及项王灭，丁公谒见高祖。高祖以丁公徇军中，曰："丁公为项王臣不忠，使项王失天下者，乃丁公也。"遂斩丁公，曰："使后世为人臣者无效丁公！"

栾布者，梁人也。始梁王彭越为家人时，尝与布游。穷困，赁佣于齐，为酒人保。数岁，彭越去，之巨野中为盗，而布为人所略卖，为奴于燕。为其家主报仇，燕将臧荼举以为都尉。臧荼后为燕王，以布为将。及臧荼反，汉击燕，虏布。梁王彭越闻之，乃言上，请赎布以为梁大夫。

使于齐，未还，汉召彭越，责以谋反，夷三族。已而枭彭越头于洛阳下，诏曰："有敢收视者，辄捕之。"布从齐还，奏事彭越头下，祠而哭之。吏捕布以闻。上召布，骂曰："若与彭越反邪？吾禁人勿收，若独祠而哭之，与越反明矣。趣亨之。"方提趣汤，布顾曰："愿一言而死。"上曰："何言？"布曰："方上之困于彭城，败荥阳、成皋间，项王所以遂不能西，徒以彭王居梁地，与汉合从苦楚也。当是之时，彭王一顾，与楚则汉破，与汉而楚破。且垓下之会，微彭王，项氏不亡。天下已定，彭王剖符受封，亦欲传之万世。今陛下一征兵于梁，彭王病不行，而陛下疑以为反，反形未见，以苛小案诛灭之，臣恐功臣人人自危也。今彭王已死，臣生不如死，请就亨。"于是上乃释布罪，拜为都尉。

孝文时，为燕相，至将军。布乃称曰："穷困不能辱身下志，非人也；富贵不能快意，非贤也。"于是尝有德者厚报之，有怨者必以法灭之。吴军反时，以军功封俞侯，复为燕相。燕、齐之间皆为栾布立社，号曰栾公社。

景帝中五年薨。子贲嗣，为太常，牺牲不如令，国除。

太史公曰：以项羽之气，而季布以勇显于楚，身覆军搴旗者数矣，可谓壮士。然至被刑戮，为人奴而不死，何其下也！彼必自负其材，故受辱而不羞，欲有所用其未足也，故终为汉名将。贤者诚重其死。夫婢妾贱人感慨而自杀者，非能勇也，其计画无复之耳。栾布哭彭越，趣汤如归者，彼诚知所处，不自重其死。虽往古烈士，何以加哉！

卷一百一
袁盎晁错列传第四十一

袁盎者，楚人也，字丝。父故为群盗，徙处安陵。高后时，盎尝为吕禄舍人。及孝文帝即位，盎兄哙任盎为中郎。

绛侯为丞相，朝罢趋出，意得甚。上礼之恭，常自送之。袁盎进曰："陛下以丞相何如人？"上曰："社稷臣。"盎曰："绛侯所谓功臣，非社稷臣。社稷臣主在与在，主亡与亡。方吕后时，诸吕用事，擅相王，刘氏不绝如带。是时绛侯为太尉，主兵柄，弗能正。吕后崩，大臣相与共畔诸吕，太尉主兵，适会其成功，所谓功臣，非社稷臣。丞相如有骄主色。陛下谦让，臣主失礼，窃为陛下不取也。"后朝，上益庄，丞相益畏。已而绛侯望袁盎曰："吾与而兄善，今儿廷毁我！"盎遂不谢。

及绛侯免相之国，国人上书告以为反，征系请室，宗室诸公莫敢为言，唯袁盎明绛侯无罪。绛侯得释，盎颇有力。绛侯乃大与盎结交。

淮南厉王朝，杀辟阳侯，居处骄甚。袁盎谏曰："诸侯大骄必生患，可适削地。"上弗用。淮南王益横。及棘蒲侯柴武太子谋反事觉，治，连淮南王，淮南王征，上因迁之蜀，辎车传送。袁盎时为中郎将，乃谏曰："陛下素骄淮南王，弗稍禁，以至此，今又暴摧折之。淮南王为人刚，如有遇雾露，行道死，陛下竟为以天下之大弗能容，有杀弟之名，奈何？"上弗听，遂行之。

淮南王至雍病死，闻，上辍食，哭甚哀。盎入，顿首请罪。上曰："以不用公言至此。"盎曰："上自宽，此往事，岂可悔哉！且陛下有高世之行者三，此不足以毁名。"上曰："吾高世行三者何事？"盎曰："陛下居代时，太后尝病，三年，陛下不交睫，不解衣，汤药非陛下口所尝弗进。夫曾参以布衣犹难之，今陛下亲以王者修之，过曾参孝远矣。夫诸吕用事，大臣专制，然陛下从代乘六乘传驰不测之渊，虽贲、育之勇不及陛下。陛下至代邸，西向让天子位者再，南面让天子位者三。夫许由一让，而陛下五以天下让，过许由四矣。且陛下迁淮南王，欲以苦其志，使改过，有司卫不谨，故病死。"于是上乃解，曰："将奈何？"盎曰："淮南王有三子，唯在陛下耳。"于是文帝立其三子皆为王。盎由此名重朝廷。

袁盎常引大体慷慨。宦者赵同以数幸，常害袁盎，袁盎患之。盎兄子种为常侍骑，持节夹乘，说盎曰："君与斗，廷辱之，使其毁不用。"孝文帝出，赵同参乘，袁盎伏车前曰："臣闻天子所与共六尺舆者，皆天下豪英。今汉虽乏人，陛下独奈何与刀锯余人载！"于是上笑，下赵同。赵同泣下车。

文帝从霸陵上，欲西驰下峻阪。袁盎骑，并车擥辔。上曰："将军怯邪？"盎曰："臣闻千金之子坐不垂堂，百金之子不骑衡，圣主不乘危而徼幸。今陛下骋六騑，驰下峻山，如有马惊车败，陛下纵自轻，奈高庙、太后何？"上乃止。

上幸上林，皇后、慎夫人从。其在禁中，常同席坐。及坐，郎署长布席，袁盎引却慎夫人坐。慎夫人怒，不肯坐。上亦怒，起，入禁中。盎因前说曰："臣闻尊卑有序则上下和。今陛下既已立后，慎夫人乃妾，妾主岂可与同坐哉！适所以失尊卑矣。且陛下幸之，即厚赐之。陛下所以为慎夫人，适所以祸之。陛下独不见'人彘'乎？"于是上乃说，召语慎夫人。慎夫人赐盎金五十斤。

然袁盎亦以数直谏，不得久居中，调为陇西都尉。仁爱士卒，士卒皆争为死。迁为齐相。徙为吴相，辞行，种谓盎曰："吴王骄日久，国多奸。今苟欲劾治，彼不上书告君，即利剑刺君矣。南方卑湿，君能日饮，毋苛，时说王曰'毋反'而已。如此幸得脱。"盎用种之计，吴王厚遇盎。

盎告归，道逢丞相申屠嘉，下车拜谒，丞相从车上谢袁盎。袁盎还，愧其吏，乃之丞相舍上谒，求见丞相。丞相良久而见之。盎因跪曰："愿请间。"丞相曰："使君所言公事，之曹与长史掾议，吾且奏之；即私邪，吾不受私语。"袁盎即跪说曰："君为丞相，自度孰与陈平、绛侯？"丞相曰："吾不如。"袁盎曰："善，君即自谓不如。夫陈平、绛侯辅翼高帝，定天下，为将相，而诛诸吕，存刘氏；君乃为材官蹶张，迁为队率，积功至淮阳守，非有奇计攻城野战之功。且陛下从代来，每朝，郎官上书疏，未尝不止辇受其言。言不可用，置之；言可受，采之。未尝不称善，何也？则欲以致天下贤士大夫。上日闻所不闻，明所不知，日益圣智；君今自闭钳天下之口而日益愚。夫以圣主责愚相，君受祸不久矣。"丞相乃再拜曰："嘉鄙野人，乃不知，将军幸教。"引入与坐，为上客。

盎素不好晁错，晁错所居坐，盎去；盎坐，错亦去。两人未尝同堂语。及孝文帝崩，孝景帝即位，晁错为御史大夫，使吏案袁盎受吴王财物，抵罪。诏赦以为庶人。

吴、楚反，闻，晁错谓丞史曰："夫袁盎多受吴王金钱，专为蔽匿，言不反。今果反，欲请治盎宜知计谋。"丞史曰："事未发，治之有绝。今兵西乡，治之何益！且袁盎不宜有谋。"晁错犹与未决。人有告袁盎者，袁盎恐，夜见窦婴，为言吴所以反者，愿至上前口对状。窦婴入言上，上乃召袁盎入见。晁错在前，及盎请辟人赐间，错去，固恨甚。袁盎具言吴所以反状，以错故，独急斩错以谢吴，吴兵乃可罢。其语具在《吴事》中。使袁盎为太常，窦婴为大将军。两人素相与善。逮吴反，诸陵长者长安中贤大夫争附两人，车随者日数百乘。

及晁错已诛，袁盎以太常使吴。吴王欲使将，不肯；欲杀之，使一都尉以五百人围守盎军中。袁盎自其为吴相时，尝有从史。从史尝盗爱盎侍儿，盎知之，弗泄，遇之如故。人有告从史，言"君知尔与侍者通"，乃亡归。袁盎驱自追之，遂以侍者赐之，复为从史。及袁盎使吴见守，从史适为守盎校尉司马，乃悉以其装赍置二石醇醪，会天寒，士卒饥渴，饮酒醉，西南陬卒皆卧，司马夜引袁盎起，曰："君可以去矣，吴王期旦日斩君。"盎弗信，曰："公何为者？"司马曰："臣故为从史盗君侍儿者。"盎乃惊谢曰："公幸有亲，吾不足以累公。"司马曰："君弟去，臣亦且亡，辟吾亲，君何患！"乃以刀决张，道从醉卒隧直出。司马与分背，袁盎解节毛怀之，杖，步行七八里，明，见梁骑，骑驰去，遂归报。

吴楚已破，上更以元王子平陆侯礼为楚王，袁盎为楚相。尝上书有所言，不用。袁盎病免居家，与闾里浮沉，相随行，斗鸡走狗。洛阳剧孟尝过袁盎，盎善待之。安陵富人有谓盎曰："吾闻剧孟博徒，将军何自通之？"盎曰："剧孟虽博徒，然母死，客送葬车千余乘，此亦有过人者。且缓急人所有。夫一旦有急叩门，不以亲为解，不以存亡为辞，天下所望者，独季心、剧孟耳。今公常从数骑，一旦有缓急，宁足恃乎！"骂富人，弗与通。诸公闻之，皆多袁盎。

袁盎虽家居，景帝时时使人问筹策。梁王欲求为嗣，袁盎进说，其后语塞。梁王以此怨盎，曾使人刺盎。刺者至关中，问袁盎，诸君誉之皆不容口。乃见袁盎曰："臣受梁王金来刺君。君长者，不忍刺君。然后刺君者十余曹，备之!"袁盎心不乐,家又多怪,乃之棓生所问占。还,梁刺客后曹辈果遮刺杀盎安陵郭门外。

晁错者,颍川人也。学申、商刑名于轵张恢先所,与洛阳宋孟及刘礼同师。以文学为太常掌故。

错为人峭直刻深。孝文帝时,天下无治《尚书》者,独闻济南伏生故秦博士,治《尚书》,年九十余,老不可征,乃诏太常使人往受之。太常遣错受《尚书》伏生所。还,因上便宜事,以《书》称说。诏以为太子舍人、门大夫、家令。以其辩得幸太子,太子家号曰"智囊"。数上书孝文,时言削诸侯事,及法令可更定者。书数十上,孝文不听,然奇其材,迁为中大夫。当是时,太子善错计策,袁盎诸大功臣多不好错。

景帝即位,以错为内史。错常数请间言事,辄听,宠幸倾九卿,法令多所更定。丞相申屠嘉心弗便,力未有以伤。内史府居太上庙壖中,门东出,不便,错乃穿两门南出,凿庙壖垣。丞相嘉闻,大怒,欲因此过为奏,请诛错。错闻之,即夜请间,具为上言。丞相奏事,因言错擅凿庙垣为门,请下廷尉诛。上曰:"此非庙垣,乃壖中垣,不致于法。"丞相谢。罢朝,怒谓长史曰:"吾当先斩以闻,乃先请,为儿所卖,固误。"丞相遂发病死。错以此愈贵。

迁为御史大夫,请诸侯之罪过,削其地,收其枝郡。奏上,上令公卿列侯宗室集议,莫敢难,独窦婴争之,由此与错有郤。错所更令三十章,诸侯皆喧哗疾晁错。错父闻之,从颍川来,谓错曰:"上初即位,公为政用事,侵削诸侯,别疏人骨肉,人口议多怨公者,何也?"晁错曰:"固也,不如此,天子不尊,宗庙不安。"错父曰:"刘氏安矣,而晁氏危矣,吾去公归矣!"遂饮药死,曰:"吾不忍见祸及吾身。"死十余日,吴楚七国果反,以诛错为名。及窦婴、袁盎进说,上令晁错衣朝衣斩东市。

晁错已死,谒者仆射邓公为校尉,击吴、楚军为将。还,上书言军事,谒见上。上问曰:"道军所来,闻晁错死,吴、楚罢不?"邓公曰:"吴王为反数十年矣,发怒削地,以诛错为名,其意非在错也。且臣恐天下之士噤口,不敢复言也!"上曰:"何哉?"邓公曰:"夫晁错患诸侯强大不可制,故请削地以尊京师,万世之利也。计画始行,卒受大戮,内杜忠臣之口,外为诸侯报仇,臣窃为陛下不取也。"于是景帝默然良久,曰:"公言善,吾亦恨之。"乃拜邓公为城阳中尉。

邓公,成固人也,多奇计。建元中,上招贤良,公卿言邓公。时邓公免,起家为九卿。一年,复谢病免归。其子章以修黄、老言显于诸公间。

太史公曰:袁盎虽不好学,亦善傅会,仁心为质,引义慷慨。遭孝文初立,资适逢世。时以变易,及吴、楚一说,说虽行哉,然复不遂。好声矜贤,竟以名败。晁错为家令时,数言事不用。后擅权,多所变更。诸侯发难,不急匡救,欲报私仇,反以亡躯。语曰"变古乱常,不死则亡",岂错等谓邪!

卷一百二
张释之冯唐列传第四十二

张廷尉释之者,堵阳人也,字季。有兄仲同居。以訾为骑郎,事孝文帝,十岁不得调,无所知名。释之曰:"久宦减仲之产,不遂。"欲自免归。中郎将袁盎知其贤,惜其去,乃请徙释之补谒者。

释之既朝毕,因前言便宜事。文帝曰:"卑之,毋甚高论,令今可施行也。"于是释之言秦、汉之间事,秦所以失而汉所以兴者久之。文帝称善,乃拜释之为谒者仆射。

释之从行,登虎圈。上问上林尉诸禽兽簿。十余问,尉左右视,尽不能对。虎圈啬夫从旁代尉对上所问禽兽簿甚悉,欲以观其能口对响应无穷者。文帝曰:"吏不当若是邪?尉无赖!"乃诏释之拜啬夫为上林令。释之久之前曰:"陛下以绛侯周勃何如人也?"上曰:"长者也。"又复问:"东阳侯张相如何如人也?"上复曰:"长者。"释之曰:"夫绛侯、东阳侯称为长者,此两人言事曾不能出口,岂斅此啬夫谍谍利口捷给哉!且秦以任刀笔之吏,吏争以亟疾苛察相高,然其敝,徒文具耳,无恻隐之实。以故不闻其过,陵迟而至于二世,天下土崩。今陛下以啬夫口辩而超迁之,臣恐天下随风靡靡,争为口辩而无其实。且下之化上疾于景响,举错不可不审也。"文帝曰:"善。"乃止,不拜啬夫。

上就车,召释之参乘。徐行,问释之秦之敝,具以质言。至宫,上拜释之为公车令。

顷之,太子与梁王共车入朝,不下司马门,于是释之追止太子、梁王无得入殿门。遂劾不下公门不敬,奏之。薄太后闻之,文帝免冠谢曰:"教儿子不谨。"薄太后乃使使承诏赦太子、梁王,然后得入。文帝由是奇释之,拜为中大夫。

顷之,至中郎将。从行至霸陵,居北临厕。是时慎夫人从,上指示慎夫人新丰道,曰:"此走邯郸道也。"使慎夫人鼓瑟,上自倚瑟而歌,意惨凄悲怀,顾谓群臣曰:"嗟乎!以北山石为椁,用纻絮斮陈,蕠漆其间,岂可动哉!"左右皆曰:"善。"释之前进曰:"使其中有可欲者,虽锢南山犹有郄,使其中无可欲者,虽无石椁,又何戚焉!"文帝称善。其后拜释之为廷尉。

顷之,上行出中渭桥,有一人从桥下走出,乘舆马惊。于是使骑捕,属之廷尉,释之治问。曰:"县人,来,闻跸,匿桥下。久之,以为行已过,即出,见乘舆车骑,即走耳。"廷尉奏当,一人犯跸,当罚金。文帝怒曰:"此人亲惊吾马,吾马赖柔和,令他马,固不败伤我乎?而廷尉乃当之罚金!"释之曰:"法者,天子所与天下公共也。今法如此而更重之,是法不信于民也。且方其时,上使立诛之则已。今既下廷尉,廷尉,天下之平也,一倾而天下用法皆为轻重,民安所措其手足?唯陛下察之。"良久,上曰:"廷尉当是也。"

其后有人盗高庙坐前玉环,捕得,文帝怒,下廷尉治。释之案律盗宗庙服御物者为奏,奏当弃市。上大怒曰:"人之无道,乃盗先帝庙器!吾属廷尉者,欲致之族,而君以法奏之,非吾所以共承宗庙意也。"释之免冠顿首谢曰:"法如是足也。且罪等,然以逆顺为差。今盗宗庙器而族之,有如万分之一,假令愚民取长陵一抔土,陛下何以加其法乎?"久之,文帝与太后言之,乃许廷尉当。

是时,中尉条侯周亚夫与梁相山都侯王恬开见释之持议平,乃结为亲友。张廷尉由此天下称之。

后文帝崩,景帝立,释之恐,称病。欲免去,惧大诛至;欲见谢,则未知何如。用王生计,卒见谢,景帝不过也。

王生者,善为黄老言,处士也。尝召居廷中,三公九卿尽会立,王生老人,曰"吾袜解",顾谓张廷尉:"为我结袜!"释之跪而结之。既已,人或谓王生曰:"独奈何廷辱张廷尉,使跪结袜?"王生曰:"吾老且贱,自度终无益于张廷尉。张廷尉方今天下名臣,吾故聊辱廷尉,使跪结袜,欲以重之。"诸公闻之,贤王生而重张廷尉。

张廷尉事景帝岁余,为淮南王相,犹尚以前过也。久之,释之卒。其子曰张挚,字长公,官至大夫,免。以不能取容当世。故终身不仕。

冯唐者,其大父赵人。父徙代。汉兴,徙安陵。唐以孝著,为中郎署长,事文帝。文帝辇过,问唐曰:"父老何自为郎?家安在?"唐具以实对。文帝曰:"吾居代时,吾尚食监高祛数为我言赵将李齐之贤,战于巨鹿下。今吾每饭,意未尝不在巨鹿也。父知之乎?"唐对曰:"尚不如廉颇、李牧之为将也。"上曰:"何以?"唐曰:"臣大父在赵时,为官卒将,善李牧。臣父故为代相,善赵将李齐,知其为人也。"上既闻廉颇、李牧为人,良说,而搏髀曰:"嗟乎!吾独不得廉颇、李牧时为吾将,吾岂忧匈奴哉!"唐曰:"主臣!陛下虽得廉颇、李牧,弗能用也。"上怒,起入禁中。良久,召唐让曰:"公奈何众辱我,独无间处乎?"唐谢曰:"鄙人不知忌讳。"

当是之时,匈奴新大入朝那,杀北地都尉印。上以胡寇为意,乃卒复问唐曰:"公何以知吾不能用廉颇、李牧也?"唐对曰:"臣闻上古王者之遣将也,跪而推毂,曰:'阃以内者,寡人制之;阃以外者,将军制之'。军功爵赏皆决于外,归而奏之。此非虚言也。臣大父言,李牧为赵将居边,军市之租皆自用飨士,赏赐决于外,不从中扰也。委任而责成功,故李牧乃得尽其智能,遣选车千三百乘,彀骑万三千匹,百金之士十万,是以北逐单于,破东胡,灭澹林,西抑强秦,南支韩、魏。当是之时,赵几霸。其后会赵王迁立,其母倡也。王迁立,乃用郭开谗,卒诛李牧,令颜聚代之。是以兵破士北,为秦所禽灭。今臣窃闻魏尚为云中守,其军市租尽以飨士卒,出私养钱,五日一椎牛,飨宾客军吏舍人,是以匈奴远避,不近云中之塞。虏曾一入,尚率车骑击之,所杀其众。夫士卒尽家人子,起田中从军,安知尺籍伍符。终日力战,斩首捕虏,上功莫府,一言不相应,文吏以法绳之。其赏不行而吏奉法必用。臣愚,以为陛下法太明,赏太轻,罚太重。且云中守魏尚坐上功首虏差六级,陛下下之吏,削其爵,罚作之。由此言之,陛下虽得廉颇、李牧,弗能用也。臣诚愚,触忌讳,死罪死罪!"文帝说,是日令冯唐持节赦魏尚,复以为云中守。而拜唐为车骑都尉,主中尉及郡国车士。

七年,景帝立,以唐为楚相,免。武帝立,求贤良,举冯唐。唐时年九十余,不能复为官,乃以唐子冯遂为郎。遂字王孙,亦奇士,与余善。

太史公曰:张季之言长者,守法不阿意;冯公之论将率,有味哉!有味哉!语曰"不知其人,视其友"。二君之所称诵,可著廊庙。《书》曰:"不偏不党,王道荡荡;不党不偏,王道便便。"张季、冯公近之矣。

卷一百三
万石张叔列传第四十三

万石君名奋,其父赵人也,姓石氏。赵亡,徙居温。高祖东击项籍,过河内,时奋年十五,为小吏,侍高祖。高祖与语,爱其恭敬,问曰:"若何有?"对曰:"奋独有母,不幸失明。家贫。有姊,能鼓琴。"高祖曰:"若能从我乎?"曰:"愿尽力。"于是高祖召其姊为美人,以奋为中涓,受书谒,徙其家长安中戚里,以姊为美人故也。其官至孝文时,积功劳至大中大夫。无文学,恭谨无与比。

文帝时,东阳侯张相如为太子太傅,免。选可为傅者,皆推奋,奋为太子太傅。及孝景即位,以为九卿;迫近,惮之,徙奋为诸侯相。奋长子建,次子甲,次子乙,次子庆,皆以驯行孝谨,官皆至二千石。于是景帝曰:"石君及四子皆二千石,人臣尊宠乃集其门。"号奋为万石君。

孝景帝季年,万石君以上大夫禄归老于家,以岁时为朝臣。过宫门阙,万石君必下车趋。见路马必式焉。子孙为小吏,来归谒,万石君必朝服见之,不名。子孙有过失,不谯让,为便坐,对案不食。然后诸子相责,因长老肉袒固谢罪,改之,乃许。子孙胜冠者在侧,虽燕居必冠,申申如也。僮仆欣欣如也,唯谨。上时赐食于家,必稽首俯伏而食之,如在上前。其执丧,哀戚甚悼。子孙遵教,亦如之。万石君家以孝谨闻乎郡国,虽齐、鲁诸儒质行,皆自以为不及也。

建元二年,郎中令王臧以文学获罪。皇太后以为儒者文多质少,今万石君家不言而躬行,乃以长子建为郎中令,少子庆为内史。

建老,白首,万石君尚无恙。建为郎中令,每五日洗沐归谒亲,入子舍,窃问侍者,取亲中裙厕牏,身自浣涤,复与侍者,不敢令万石君知,以为常。建为郎中令,事有可言,屏人恣言,极切;至廷见,如不能言者。是以上乃亲尊礼之。

万石君徙居陵里。内史庆醉归,入外门不下车,万石君闻之,不食。庆恐,肉袒请罪,不许。举宗及兄建肉袒,万石君让曰:"内史贵人,入间里,里中长老皆走匿,而内史坐车中自如,固当!"乃谢罢庆。庆及诸子弟入里门,趋至家。

万石君以元朔五年中卒。长子郎中令建哭泣哀思,扶杖乃能行。岁余,建亦死。诸子孙咸孝,然建最甚,甚于万石君。

建为郎中令,书奏事,事下,建读之,曰:"误书!'马'者与尾当五,今乃四,不足一。上谴,死矣!"甚惶恐。其为谨慎,虽他皆如是。

万石君少子庆为太仆,御出,上问车中几马,庆以策数马毕,举手曰:"六马。"庆于诸子中最为简易矣,然犹如此。为齐相,举齐国皆慕其家行,不言而齐国大治,为立石相祠。

元狩元年,上立太子,选群臣可为傅者,庆自沛守为太子太傅,七岁迁为御史大夫。

元鼎五年秋,丞相有罪,罢。制诏御史:"万石君先帝尊之,子孙孝,其以御史大夫庆为丞相,封为牧丘侯。"是时汉方南诛两越,东击朝鲜,北逐匈奴,西伐大宛,中国多事。天子巡狩海内,修上古神祠,封禅,兴礼乐。公家用少,桑弘羊等致利,王温舒之属峻法,儿宽等推文学至九卿,更进用事,事不关决于丞相,丞相醇谨而已。在位九岁,无能有所匡言。尝欲请治上近臣所忠、九卿减宣罪,不能服,反受其过,赎罪。

元封四年中,关东流民二百万口,无名数者四十万,公卿议欲请徙流民于边以適之。上以为丞相老谨,不能与其议,乃赐丞相告归,而案御史大夫以下议为请者。丞相惭不任职,乃上书曰:"庆幸得待罪丞相,罢驽无以辅治,城郭仓库空虚,民多流亡,罪当伏斧质,上不忍致法。愿归丞相侯印,乞骸骨归,避贤者路。"天子曰:"仓廪既空,民贫流亡,而君欲请徙之,摇荡不安,动危之,而辞位,君欲安归难乎?"以书让庆,庆甚惭,遂复视事。

庆文深审谨,然无他大略为百姓言。后三岁余,太初二年中,丞相庆卒,谥为恬侯。庆中子德,庆爱用之,上以德为嗣,代侯。后为太常,坐法当死,赎免为庶人。庆方为丞相,诸子孙为吏更至二千石者十三人。及庆死后,稍以罪去,孝谨益衰矣。

建陵侯卫绾者,代大陵人也。绾以戏车为郎,事文帝,功次迁为中郎将,醇谨无他。孝景为太子时,召上左右饮,而绾称病不行。文帝且崩时,属孝景曰:"绾长者,善遇之。"及文帝崩,景帝立,岁余不消呵绾,绾日以谨力。

景帝幸上林,诏中郎将参乘,还而问曰:"君知所以得参乘乎?"绾曰:"臣从车士幸得以功次迁为中郎将,不自知也。"上问曰:"吾为太子时召君,君不肯来,何也?"对曰:"死罪,实病。"上赐之剑。绾曰:"先帝赐臣剑凡六,剑,不敢奉诏。"上曰:"剑,人之所施易,独至今乎?"绾曰:"具在。"上使取六剑,剑尚盛,未尝服也。郎官有谴,常蒙其罪,不与他将争;有功,常让他将。上以为廉,忠实无他肠,乃拜绾为河间王太傅。吴、楚反,诏绾为将,将河间兵击吴、楚,有功,拜为中尉。三岁,以军功,孝景前六年中封绾为建陵侯。

其明年,上废太子,诛栗卿之属。上以为绾长者,不忍,乃赐绾告归,而使郅都治捕栗氏。既已,上立胶东王为太子,召绾,拜为太子太傅。久之,迁为御史大夫。五岁,代桃侯舍为丞相,朝奏事如职所奏。然自初官以至丞相,终无可言。天子以为敦厚,可相少主,尊宠之,赏赐甚多。

为丞相三岁,景帝崩,武帝立。建元年中,丞相以景帝疾时诸官囚多坐不辜者,而君不任职,免之。其后绾卒,子信代,坐酎金失侯。

塞侯直不疑者,南阳人也。为郎,事文帝。其同舍有告归,误持同舍郎金去,已去而金主觉,妄意不疑,不疑谢有之,买金偿。而告归者来而归金,而前郎亡金者大惭,以此称为长者。文帝称举,稍迁至太中大夫。朝,廷见,人或毁曰:"不疑状貌甚美,然独无奈其善盗嫂何也!"不疑闻,曰:"我乃无兄。"然终不自明也。

吴、楚反时,不疑以二千石将兵击之。景帝后元年,拜为御史大夫。天子修吴、楚时功,乃封不疑为塞侯。武帝建元年中,与丞相绾俱以过免。

不疑学《老子》言。其所临,为官如故,唯恐人知其为吏迹也。不好立名称,称为长者。不疑卒,子相如代。孙望,坐酎金失侯。

郎中令周文者,名仁,其先故任城人也。以医见。景帝为太子时,拜为舍人,积功稍迁。孝文帝时至太中大夫。景帝初即位,拜仁为郎中令。

仁为人阴重,不泄。常衣敝补衣,溺袴,期为不洁清。以是得幸。景帝入卧内,于后宫秘戏,仁常在旁。至景帝崩,仁尚为郎中令,终无所言。上时问人,仁曰:"上自察之。"然亦无所毁。以此景帝再自幸其家。家徙阳陵。上所赐甚多,然常让,不敢受也。诸侯群臣赂遗,终无所受。

武帝立,以为先帝臣,重之。仁乃病免,以二千石禄归老。子孙咸至大官矣。

御史大夫张叔者,名欧,安丘侯说之庶子也。孝文时,以治刑名言,事太子。然欧虽治刑名家,其人长者。景帝时尊重,常为九卿。至武帝元朔四年,韩安国免,诏拜欧为御史大夫。自欧为吏,未尝言案人,专以诚长者处官。官属以为长者,亦不敢大欺。上具狱事,有可却,却之;不可者,不得已,为涕泣面对而封之。其爱人如此。

老病笃,请免。于是天子亦策罢,以上大夫禄归老于家。家于阳陵。子孙咸至大官矣。

太史公曰:仲尼有言曰"君子欲讷于言而敏于行",其万石、建陵、张叔之谓邪?是以其教不肃而成,不严而治。塞侯微巧,而周文处讇,君子讥之,为其近于佞也。然斯可谓笃行君子矣。

卷一百四　　田叔列传第四十四

田叔者，赵陉城人也。其先，齐田氏苗裔也。叔喜剑，学黄、老术于乐巨公所。叔为人刻廉自喜，喜游诸公。赵人举之赵相赵午，午言之赵王张敖所，赵王以为郎中。数岁，切直廉平，赵王贤之。

未及迁，会陈豨反代。汉七年，高祖往诛之，过赵，赵王张敖自持案进食，礼恭甚，高祖箕踞骂之。是时赵相赵午等数十人皆怒，谓张王曰："王事上礼备矣，今遇王如是，臣等请为乱。"赵王啮齿出血，曰："先人失国，微陛下，臣等当虫出。公等奈何言若是！毋复出口矣！"于是贯高等曰："王长者，不倍德。"卒私相与谋弑上。会事发觉，汉下诏捕赵王及群臣反者。于是赵午等皆自杀，唯贯高就系。是时汉下诏书："赵有敢随王者罪三族。"唯孟舒、田叔等十余人赭衣自髡钳，称王家奴，随赵王敖至长安。贯高事明白，赵王敖得出，废为宣平侯，乃进言田叔等十余人。上尽召见，与语，汉廷臣毋能出其右者，上说，尽拜为郡守、诸侯相。叔为汉中守十余年，会高后崩，诸吕作乱，大臣诛之，立孝文帝。

孝文帝既立，召田叔问之曰："公知天下长者乎？"对曰："臣何足以知之！"上曰："公，长者也，宜知之。"叔顿首曰："故云中守孟舒，长者也。"是时孟舒坐虏大入塞盗劫，云中尤甚，免。上曰："先帝置孟舒云中十余年矣，虏曾一入，孟舒不能坚守，毋故士卒战死数百人。长者固杀人乎？公何以言孟舒为长者也？"叔叩头对曰："是乃孟舒所以为长者也。夫贯高等谋反，上下明诏，赵有敢随张王，罪三族。然孟舒自髡钳，随张王敖之所在，欲以身死之，岂自知为云中守哉！汉与楚相距，士卒罢敝。匈奴冒顿新服北夷，来为边害，孟舒知士卒罢敝，不忍出言，士争临城死敌，如子为父，弟为兄，以故死者数百人。孟舒岂故驱战之哉！是乃孟舒所以为长者也。"于是上曰："贤哉孟舒！"复召孟舒以为云中守。

后数岁，叔坐法失官。梁孝王使人杀故吴相袁盎，景帝召田叔案梁，具得其事，还报。景帝曰："梁有之乎？"叔对曰："死罪！有之。"上曰："其事安在？"田叔曰："上毋以梁事为也。"上曰："何先？"曰："今梁王不伏诛，是汉法不行也；如其伏法，而太后食不甘味，卧不安席，此忧在陛下也。"景帝大贤之，以为鲁相。

鲁相初到，民自言相，讼王取其财物百余人。田叔取其渠率二十人，各笞五十，余各搏二十，怒之曰："王非若主邪？何自敢言若主！"鲁王闻之大惭，以中府钱，使相偿之。相曰："王自夺之，使相偿之，是王为恶而相为善也。相毋与偿之。"于是王乃尽偿之。

鲁王好猎，相常从入苑中，王辄休相就馆舍，相出，常暴坐待王苑外。王数使人请相休，终不休，曰："我王暴露苑中，我独何为就舍！"鲁王以故不大出游。

数年，叔以官卒，鲁以百金祠，少子仁不受也，曰："不以百金伤先人名。"

仁以壮健为卫将军舍人，数从击匈奴。卫将军进言仁，仁为郎中。数岁，为二千石丞相长史。失官。其后使刺举三河。上东巡，仁奏事有辞，上说，拜为京辅都尉。月余，上迁拜为司直。数岁，坐太子事。时左丞相自将兵，令司直田仁主闭守城门。坐纵太子，下吏诛死。仁发兵，长陵令车千秋上变仁，仁族死。陉城今在中山国。

太史公曰：孔子称曰"居是国必闻其政"，田叔之谓乎！义不忘贤，明主美之以救过。仁与余善，余故并论之。

褚先生曰：臣为郎时，闻之曰田仁故与任安相善。任安，荥阳人也。少孤，贫困，为人将车之长安，留，求事为小吏，未有因缘也，因占著名数家于武功。武功，扶风西界小邑也，谷口蜀栈道近山。安以武功小邑，无豪，易高也，安留，代人为求盗亭父。后为亭长。邑中人民俱出猎，任安常为人分麋鹿雉兔，部署老小当壮剧易处，众人皆喜，曰："无伤也，任少卿分别平，有智略。"明日复合会，会者数百人。任少卿曰："某子甲何为不来乎？"诸人皆怪其见之疾。其后除为三老，举为亲民，出为三百石长，治民。坐上行出游共帐不办，斥免。

乃为卫将军舍人，与田仁会，俱为舍人，居门下，同心相爱。此二人家贫，无钱用以事将军家监，家监使养恶啮马。两人同床卧，仁窃言曰："不知人哉家监也！"任安曰："将军尚不知人，何乃家监也！"卫将军从此两人过平阳主，主家令两人与骑奴同席而食，此二子拔刀列断席别坐。主家皆怪而恶之，莫敢呵。

其后有诏募择卫将军舍人以为郎，将军取舍人中富给者，令具鞍马绛衣玉具剑，欲入奏之。会贤大夫少府赵禹来过卫将军，将军呼所举舍人以示赵禹。赵禹以次问之，十余人无一人习事有智略者。赵禹曰："吾闻之，将门之下必有将类。传曰'不知其君，视其所使；不知其子，视其所友'。今有诏举将军舍人者，欲以观将军而能得贤者文武之士也。今徒取富人子上之，又无智略，如木偶人衣之绮绣耳，将奈之何？"于是赵禹悉召卫将军舍人百余人，以次问之，得田仁、任安，曰："独此两人可耳，余无可用者。"卫将军见此两人贫，意不平。赵禹去，谓两人曰："各自具鞍马新绛衣。"两人对曰："家贫无用具也。"将军怒曰："今两君家自为贫，何为出此言？鞅鞅如有移德于我者，何也？"将军不得已，上籍以闻。有诏召见卫将军舍人，此二人前见，诏问能略相推第也。田仁对曰："提桴鼓立军门，使士大夫乐死战斗，仁不及任安。"任安对曰："夫决嫌疑，定是非，辩治官，使百姓无怨心，安不及仁也。"武帝大笑曰："善。"使任安护北军，使田仁护边田谷于河上。此两人立名天下。

其后用任安为益州刺史，以田仁为丞相长史。

田仁上书言："天下郡太守多为奸利，三河尤甚，臣请先刺举三河。三河太守皆内倚中贵人，与三公有亲属，无所畏惮，宜先正三河以警天下奸吏。"是时河南、河内太守皆御史大夫杜父兄子弟也，河东太守石丞相子孙也。

是时石氏九人为二千石,方盛贵。田仁数上书言之。杜大夫及石氏使人谢,谓田少卿曰:"吾非敢有语言也,愿少卿无相诬污也。"仁已刺三河,三河太守皆下吏诛死。仁还奏事,武帝说,以仁为能不畏强御,拜仁为丞相司直,威振天下。

其后逢太子有兵事,丞相自将兵,使司直主城门。司直以为太子骨肉之亲,父子之间不甚欲近,去之诸陵过。是时武帝在甘泉,使御史大夫暴君下责丞相"何为纵太子",丞相对言"使司直部守城门而开太子"。上书以闻,请捕系司直。司直下吏,诛死。

是时任安为北军使者护军,太子立车北军南门外,召任安,与节令发兵。安拜受节,入,闭门不出。武帝闻之,以为任安为详邪,不傅военные,何也?任安答辱北军钱官小吏,小吏上书言之,以为受太子节,言"幸与我其鲜好者"。书上闻,武帝曰:"是老吏也,见兵事起,欲坐观成败,见胜者欲合从之,有两心。安有当死之罪甚众,吾常活之,今怀诈,有不忠之心。"下安吏,诛死。

夫月满则亏,物盛则衰,天地之常也。知进而不知退,久乘富贵,祸积为祟。故范蠡之去越,辞不受官位,名传后世,万岁不忘,岂可及哉!后进者慎戒之。

卷一百五
扁鹊仓公列传第四十五

扁鹊者,勃海郡郑人也,姓秦氏,名越人,少时为人舍长。舍客长桑君过,扁鹊独奇之,常谨遇之。长桑君亦知扁鹊非常人也。出入十余年,乃呼扁鹊私坐,闲与语曰:"我有禁方,年老,欲传与公,公毋泄!"扁鹊曰:"敬诺。"乃出其怀中药予扁鹊:"饮是以上池之水,三十日当知物矣。"乃悉取其禁方书尽与扁鹊。忽然不见,殆非人也。扁鹊以其言饮药三十日,视见垣一方人。以此视病,尽见五脏症结,特以诊脉为名耳。为医,或在齐,或在赵。在赵者名扁鹊。

当晋昭公时,诸大夫强而公族弱,赵简子为大夫,专国事。简子疾,五日不知人,大夫皆惧,于是召扁鹊。扁鹊入视病,出,董安于问扁鹊,扁鹊曰:"血脉治也,而何怪!昔秦穆公尝如此,七日而寤。寤之日,告公孙支与子舆曰:'我之帝所甚乐。吾所以久者,适有所学也。帝告我:"晋国且大乱,五世不安。其后将霸,未老而死。霸者之子且令而国男女无别。"'公孙支书而藏之,秦策于是出。夫献公之乱,文公之霸,而襄公败秦师于殽而归纵淫,此子之所闻。今主君之病与之同,不出三日必间,间必有言也。"

居二日半,简子寤,语诸大夫曰:"我之帝所甚乐,与百神游于钧天;广乐九奏万舞,不类三代之乐,其声动心。有一熊欲援我,帝命我射之,中熊,熊死。有罴来,我又射之,中罴,罴死。帝甚喜,赐我二笥,皆有副。吾见儿在帝侧,帝属我一翟犬,曰:'及而子之壮也以赐之。'帝告我:'晋国且世衰,七世而亡。嬴姓将大败周人于范魁

之西,而亦不能有也。'"董安于受言,书而藏之。以扁鹊言告简子,简子赐扁鹊田四万亩。

其后扁鹊过虢。虢太子死,扁鹊至虢宫门下,问中庶子喜方者曰:"太子何病,国中治穰过于众事?"中庶子曰:"太子病血气不时,交错而不得泄,暴发于外,则为中害。精神不能止邪气,邪气畜积而不得泄,是以阳缓而阴急,故暴蹶而死。"扁鹊曰:"其死何如时?"曰:"鸡鸣至今。"曰:"收乎?"曰:"未也,其死未能半日也。""言臣齐勃海秦越人也,家在于郑,未尝得望精光侍谒于前也。闻太子不幸而死,臣能生之。"中庶子曰:"先生得无诞之乎?何以言太子可生也!臣闻上古之时,医有俞跗,治病不以汤液醴洒、镵石、挢引、案扤、毒熨,一拨见病之应,因五脏之输,乃割皮解肌,诀脉结筋,搦髓脑,揲荒爪幕,湔浣肠胃,漱涤五脏,练精易形。先生之方能若是,则太子可生也;不能若是而欲生之,曾不可以告咳婴之儿!"终日,扁鹊仰天叹曰:"夫子之为方也,若以管窥天,以郄视文;越人之为方也,不待切脉、望色、听声、写形,言病之所在。闻病之阳,论得其阴,闻病之阴,论得其阳。病应见于大表,不出千里,决者至众,不可曲止也。子以吾言为不诚,试入诊太子,当闻其耳鸣而鼻张,循其两股以至于阴,当尚温也。"中庶子闻扁鹊言,目眩然而不瞚,舌挢然而不下,乃以扁鹊言入报虢君。

虢君闻之,大惊,出见扁鹊于中阙,曰:"窃闻高义之日久矣,然未尝得拜谒于前也。先生过小国,幸而举之,偏国寡臣幸甚!有先生则活,无先生则弃捐填沟壑,长终而不得反。"言未卒,因嘘唏服臆,魂精泄横,流涕长潸,忽忽承睫,悲不能自止,容貌变更。扁鹊曰:"若太子病,所谓'尸蹶'者也。夫以阳入阴中,动胃缠缘,中经维络,别下于三焦、膀胱,是以阳脉下遂,阴脉上争,会气闭而不通,阴上而阳内行,下内鼓而不起,上外绝而不为使,上有绝阳之络,下有破阴之纽,破阴绝阳,色废脉乱,故形静如死状。太子未死也。夫以阳入阴支兰藏者生,以阴入阳支兰藏者死。凡此数事,皆五藏蹶中之时暴作也。良工取之,拙者疑殆。"

扁鹊乃使弟子子阳厉针砥石,以取外三阳五会。有间,太子苏。乃使子豹为五分之熨,以八减之齐和煮之,以更熨两胁下。太子起坐。更适阴阳,但服汤二旬而复故。故天下尽以扁鹊能生死人。扁鹊曰:"越人非能生死人也,此自当生者,越人能使之起耳。"

扁鹊过齐,齐桓侯客之。入朝见,曰:"君有疾在腠理,不治将深。"桓侯曰:"寡人无疾。"扁鹊出,桓侯谓左右曰:"医之好利也,欲以不疾者为功。"后五日,扁鹊复见,曰:"君有疾在血脉,不治恐深。"桓侯曰:"寡人无疾。"扁鹊出,桓侯不悦。后五日,扁鹊复见,曰:"君有疾在肠胃间,不治将深。"桓侯不应。扁鹊出,桓侯不悦。后五日,扁鹊复见,望见桓侯而退走。桓侯使人问其故,扁鹊曰:"疾之居腠理也,汤熨之所及也;在血脉,针石之所及也;其在肠胃,酒醪之所及也;其在骨髓,虽司命无奈之何。今在骨髓,臣是以无请也。"后五日,桓侯体痛,使人召扁鹊,扁鹊已逃去。桓侯遂死。

使圣人预知微，能使良医得早从事，则疾可已，身可活也。人之所病，病疾多；而医之所病，病道少。故病有六不治：骄恣不论于理，一不治也；轻身重财，二不治也；衣食不能适，三不治也；阴阳并，藏气不定，四不治也；形羸不能服药，五不治也；信巫不信医，六不治也。有此一者，则重难治也。

扁鹊名闻天下。过邯郸，闻贵妇人，即为带下医；过洛阳，闻周人爱老人，即为耳目痹医；来入咸阳，闻秦人爱小儿，即为小儿医。随俗为变。秦太医令李醯自知伎不如扁鹊也，使人刺杀之。至今天下言脉者，由扁鹊也。

太仓公者，齐太仓长，临菑人也，姓淳于氏，名意。少而喜医方术。高后八年，更受师同郡元里公乘阳庆。庆年七十余，无子，使意尽去其故方，更悉以禁方予之，传黄帝、扁鹊之脉书，五色诊病，知人死生，决嫌疑，定可治，及药论，甚精。受之三年，为人治病，决死生，多验。然左右行游诸侯，不以家为家，或不为人治病，病家多怨之者。

文帝四年中，人上书言意，以刑罪当传西之长安。意有五女，随而泣。意怒，骂曰："生子不生男，缓急无可使者！"于是少女缇萦伤父之言，乃随父西，上书曰："妾父为吏，齐中称其廉平，今坐法当刑。妾切痛死者不可复生，而刑者不可复续，虽欲改过自新，其道莫由，终不可得。妾愿入身为官婢，以赎父刑罪，使得改行自新也。"书闻，上悲其意，此岁中亦除肉刑法。

意家居，诏召问所为治病死生验者几何人也，主名为谁。

诏问故太仓长臣意："方伎所长，及所能治病者？有其书无有？皆安受学？受学几何岁？尝有所验，何县里人也？何病？医药已，其病之状皆何如？具悉而对。"

臣意对曰：

自意少时，喜医药，医药方试之多不验者。至高后八年，得见师临菑元里公乘阳庆。庆年七十余，意得见事之。谓意曰："尽去而方书，非是也。庆有古先道遗传黄帝、扁鹊之脉书，五色诊病，知人生死，决嫌疑，定可治，及药论书，甚精。我家给富，心爱公，欲尽以我禁方书悉教公。"臣意即曰："幸甚，非意之所敢望也。"臣意即避席再拜谒，受其脉书上下经、五色诊、奇咳术、揆度阴阳外变、药论、石神、接阴阳禁书，受读解验之，可一年所。明岁即验之，有验，然尚未精也。要事之三年所，即尝已为人治，诊病决死生，有验，精良。今庆已死十年所，臣意年尽三年，年三十九岁也。

齐侍御史成自言病头痛，臣意诊其脉，告曰："君之病恶，不可言也。"即出，独告成弟昌曰："此病疽也，内发于肠胃之间，后五日当臃肿，后八日呕脓死。"成之病得之饮酒且内。成即如期死。所以知成之病者，臣意切其脉，得肝气。肝气浊而静，此内关之病也，脉法曰"脉长而弦，不得代四时者，其病主在于肝。和即经主病也。代则络脉有过"。经主病

和者，其病得之筋髓里。其代绝而脉贲者，病得之酒且内。所以知其后五日而臃肿，八日呕脓死者，切其脉时，少阳初代。代者经病，病去过人，人则去。络脉主病，当其时，少阳初关一分，故中热而脓未发也；及五分，则至少阳之界；及八日，则呕脓死。故上二分而脓发，至界而臃肿，尽泄而死。热上则熏阳明，烂流络，流络动则脉结发，脉结发则烂解，故络交。热气已上行，至头而动，故头痛。

齐王中子诸婴儿小子病，召臣意诊切其脉，告曰："气鬲病。病使人烦懑，食不下，时呕沫，病得之心忧，数忔食饮。"臣意即为之作下气汤以饮之，一日气下，二日能食，三日即病愈。所以知小子之病者，诊其脉，心气也，浊躁而经也，此络阳病也。脉法曰"脉来数疾去难而不一者，病主在心。"周身热，脉盛者，为重阳。重阳者，逿心主。故烦懑食不下则络脉有过，络脉有过则血上出，血上出者死。此悲心所生也，病得之忧也。

齐郎中令循病，众医皆以为蹶入中，而刺之。臣意诊之，曰："涌疝也，令人不得前后溲。"循曰："不得前后溲三日矣。"臣意饮以火齐汤，一饮得前溲，再饮大溲，三饮而疾愈。病得之内。所以知循病者，切其脉时，右口气急，脉无五藏气，右口脉大而数。数者中下热而涌，左为下，右为上，皆无五藏应，故曰涌疝。中热，故溺赤也。

齐中御府长信病，臣意入诊其脉，告曰："热病气也。然暑汗，脉少衰，不死。"曰："此病得之当浴流水而寒甚，已则热。"信曰："唯，然！往冬时，为王使于楚，至莒县阳周水，而莒桥梁颇坏，信则揽车辕未欲渡也，马惊，即堕，信身入水中，几死，吏即来救信，出之水中，衣尽濡，有间而身寒，已热如火，至今不可以见寒。"臣意即为之液汤火齐逐热，一饮汗尽，再饮热去，三饮病已。即使服药，出入二十日，身无病者，所以知信之病者，切其脉时，并阴。脉法曰"热病阴阳交者死"。切之不交，并阴。并阴者，脉顺清而愈，其热虽未尽，犹活也。肾气有时间浊，在太阴脉口而希，是水气也。肾固主水，故以此知之。失治一时，即转为寒热。

齐王太后病，召臣意入诊脉，曰："风瘅客脬，难于大小溲，溺赤。"臣意饮以火齐汤，一饮即前后溲，再饮病已，溺如故。病得之流汗出潍。潍者，去衣而汗晞也。所以知齐王太后病者，臣意诊其脉，切其太阴之口，湿然风气也。脉法曰"沉之而大坚，浮之而大紧者，病主在肾"。肾切之而相反也，脉大而躁。大者，膀胱气也；躁者，中有热而溺赤。

齐章武里曹山跗病，臣意诊其脉，曰："肺消瘅也，加以寒热。"即告其人曰："死，不治。适其供养。此不当医治。"法曰"后三日而当狂，妄起行，欲走；后五日死"。即如期死。山跗病得之盛怒而以接内。所以知山跗之病者，臣意切其脉，肺气热也。脉法曰"不平不鼓，形弊"。此五藏高之远数以经病也，故切

之时不平而代。不平者，血不居其处；代者，时参击并至，乍骤乍大也。此两络脉绝，故死不治。所以加寒热者，言其人尸夺。尸夺者，形弊；形弊者，不当关灸镵石及饮毒药也。臣意未往诊时，齐太医先诊山跗病，灸其足少阳脉口，而饮之半夏丸，病者即泄注，腹中虚；又灸其少阴脉，是坏肝刚绝深，如是重损病者气，以故加寒热。所以后三日而当狂者，肝一络连属结绝乳下阳明，故络绝，开阳明脉，阳明脉伤，即当狂走。后五日死者，肝与心相去五分，故曰五日尽，尽即死矣。

齐中尉潘满如病少腹痛，臣意诊其脉，曰："遗积瘕也。"臣意即谓齐太仆臣饶、内史臣繇曰："中尉不复自止于内，则三十日死。"后二十余日，溲血死。病得之酒且内。所以知潘满如病者，臣意切其脉深小弱，其卒然合合也，是脾气也。右脉口气至紧小，见瘕气也。以次相乘，故三十日死。三阴俱抟者，如法；不俱抟者，决在急期；一抟一代者，近也。故其三阴抟，溲血如前止。

阳虚侯相赵章病，召臣意。众医皆以为寒中，臣意诊其脉，曰："迥风。"迥风者，饮食下嗌而辄出不留。法曰"五日死"。而后十日乃死。病得之酒。所以知赵章之病者，臣意切其脉，脉来滑，是内风气也。饮食下嗌而辄出不留者，法五日死，皆为前分界法。后十日乃死，所以过期者，其人嗜粥，故中藏实；中藏实，故过期。师言曰："安谷者过期。不安谷者不及期。"

济北王病，召臣意诊其脉，曰："风蹶胸满。"即为药酒，尽三石，病已。得之汗出伏地。所以知济北王病者，臣意切其脉时，风气也，心脉浊。病法"过入其阳，阳气尽而阴气入。"阴气入张，则寒气上而热气下，故胸满。汗出伏地者，切其脉，气阴。阴气者，病必入中，出及瀺水也。

齐北宫司空命妇出於病，众医皆以为风入中，病主在肺，刺其足少阳脉。臣意诊其脉，曰："病气疝，客于膀胱，难于前后溲，而溺赤。病见寒气则遗溺，使人腹肿。"出於病得之欲溺不得，因以接内。所以知出於病者，切其脉大而实，其来难，是蹶阴之动也。脉来难者，疝气之客于膀胱也。腹之所以肿者，言蹶阴之络结小腹也。蹶阴有过则脉结动，动则腹肿。臣意即灸其足蹶阴之脉，左右各一所，即不遗溺而溲清，小腹痛止。即更为火齐汤以饮之，三日而疝气散，即愈。

故济北王阿母自言足热而懑，臣意告曰："热蹶也。"则刺其足心各三所，案之无出血，病旋已。病得之饮酒大醉。

济北王召臣意诊脉诸女子侍者，至女子竖，竖无病。臣意告永巷长曰："竖伤脾，不可劳，法当春呕血死。"臣意言王曰："才人女子竖何能？"王曰："是好为方，多伎能，为所是案法新，往年市之民所，四百七十万，曹偶四人。"王曰："得毋有病乎？"臣意对曰："竖病重，在死法中。"王召视之，其颜色不变，以为不然，不卖诸侯所。至春，竖奉剑从王之厕，王去，竖后，王令人召之，即仆于厕，呕血死。病得之流汗。流汗者，法病内重，毛发面色泽，脉不衰，此亦内关之病也。

齐中大夫病龋齿，臣意灸其左太阳明脉，即为苦参汤，日嗽三升，出入五六日，病已。得之风，及卧开口，食而不嗽。

菑川王美人怀子而不乳，来召臣意。臣意往，饮以莨蓎药一撮，以酒饮之，旋乳。臣意复诊其脉，而脉躁。躁者有余病，即饮以消石一齐，出血，血如豆比五六枚。

齐丞相舍人奴从朝入宫，臣意见之食闺门外，望其色有病气。臣意即告宦者平。平好为脉，学臣意所，臣意即示之舍人奴病，告之曰："此伤脾气也，当至春鬲塞不通，不能食饮，法至夏泄血死。"宦者平即往告相曰："君之舍人奴有病，病重，死期有日。"相君曰："卿何以知之？"曰："君朝时入宫，君之舍人奴尽食闺门外，平与仓公立，即示平曰病如是者死。"相即召舍人而谓之曰："公奴有病不？"舍人曰："奴无病，身无痛者。"至春果病，至四月，泄血死。所以知奴病者，脾气周乘五藏，伤部而交，故伤脾之色也，望之杀然黄，察之如死青之兹。众医不知，以为大虫，不知伤脾。所以至春死病者，胃气黄，黄者土气也，土不胜木，故至春死。所以至夏死者，脉法曰"病重而脉顺清者曰内关"。内关之病，人不知其所痛，心急然无苦。若加以一病，死中春，一愈顺，及一时。其所以四月死者，诊其人时愈顺。愈顺者，人尚肥也。奴之病得之流汗数出，灸于火而以出见大风也。

菑川王病，召臣意诊脉，曰："蹶上为重，头痛身热，使人烦懑。"臣意即以寒水拊其头，刺足阳明脉，左右各三所，病旋已。病得之沐发未干而卧。诊如前，所以蹶，头热至肩。

齐王黄姬兄黄长卿家有酒召客，召臣意。诸客坐，未上食。臣意望见王后弟宋建，告曰："君有病，往四五日，君要胁痛不可俯仰，又不得小溲。不亟治，病即入濡肾。及其未舍五藏，急治之。病方今客肾濡，此所谓'肾痹'也。"宋建曰："然，建故有要脊痛。往四五日，天雨，黄氏诸倩见建家京下方石，即弄之，建亦欲效之，效之不能起，即复置之。暮，要脊痛，不得溺，至今不愈。"建病得之好持重。所以知建病者，臣意见其色，太阳色乾，肾部上及界要以下者枯四分所，故以往四五日知其发也。臣意即为柔汤使服之，十八日所而病愈。

济北王侍者韩女病要背痛，寒热，众医皆以为寒热也。臣意诊脉，曰："内寒，月事不下也。"即窜以药，旋下，病已。病得之欲男子而不可得也。所以知韩女之病者，诊其脉时，切之，肾脉也，啬而不属。啬而不属者，其来难，坚，故曰月不下。肝脉弦，出临菑氾里女子薄吾病甚，众医皆以为寒热笃，当死，不治。臣意诊其脉，曰："蛲瘕。"蛲瘕为病，腹大，上肤黄粗，循之戚戚然。臣意饮以芫华一撮，即出蛲可数升，病已，三十日如故。病蛲得之于寒湿，寒湿气宛笃不发，化为虫。臣意所以知薄吾病者，切其脉，循其尺，其尺索刺粗，而毛美奉发，是虫气也。其色泽者，中藏无邪气及重病。

齐淳于司马病，臣意切其脉，告曰："当病迥风。迥风之状，饮食下嗌辄后之。病得之饱食而疾走。"淳于司马曰："我之王家食马肝，食饱甚，见酒来，即走去，驱疾至舍，即泄数十出。"臣意告曰："为火齐米汁饮之，七八日而当愈。"时医秦信在旁，臣意去，信谓左右阁都尉曰："意以淳于司马病为何？"曰："以为迥风，可治。"信即笑曰："是不知也。淳于司马病，法当后九日死。"即后九日不死，其家复召臣意。臣意往问之，尽如意诊。臣即为一火齐米汁，使服之，七八日病已。所以知之者，诊其脉时，切之，尽如法，其病顺，故不死。

齐中郎破石病，臣意诊其脉，告曰："肺伤，不治，当后十日丁亥溲血死。"即后十一日，溲血而死。破石之病，得之堕马僵石上。所以知破石之病者，切其脉，得肺阴气，其来散，数道至而不一也。色又乘之。所以知其堕马者，切之得番阴脉。番阴脉入虚里，乘肺脉。肺脉散者，固色变也乘之。所以不中期死者，师言曰"病者安谷即过期，不安谷则不及期。"其人嗜黍，黍主肺，故过期。所以溲血者，诊脉法曰"病养喜阴处者顺死，养喜阳处者逆死"。其人喜自静，不躁，又久安坐，伏几而寐，故血下泄。

齐王侍医遂病，自练五石服之。臣意往过之，遂谓意曰："不肖有病，幸诊遂也。"臣意即诊之，告曰："公病中热。论曰'中热不溲者，不可服五石'。石之为药精悍，公服之不得数溲，亟勿服。色将发臃。"遂曰："扁鹊曰'阴石以治阴病，阳石以治阳病'。夫药石者有阴阳水火之齐，故中热，即为阴石柔齐治之；中寒，即为阳石刚齐治之。"臣意曰："公所论远矣。扁鹊虽言若是，然必审诊，起度量，立规矩，称权衡，合色脉表里有余不足顺逆之法，参其人动静与息相应，乃可以论。论曰'阳疾处内，阴形应外者，不加悍药及镵石'。夫悍药入中，则邪气辟矣，而宛气愈深。诊法曰'二阴应外，一阳接内者，不可以刚药'，刚药入则动阳，阴病益衰，阳病益著，邪气流行，为重困于俞，忿发为疽'。"意告之后百余日，果为疽发乳上，入缺盆，死。此谓论之大体也，必有经纪。拙工有一不习，文理阴阳失矣。

齐王故为阳虚侯时，病甚，众医皆以为蹶。臣意诊脉，以为痹，根在右胁下，大如覆杯，令人喘，逆气不能食。臣意即以火齐粥且饮，六日气下；即令更服丸药，出入六日，病已。病得之内。诊之时不能识其经解，大识其病所在。

臣意常诊安阳武都里成开方，开方自言以为不病，臣意谓之病苦沓风，三岁四支不能自用，使人瘖，瘖即死。今闻其四支不能用，瘖而未死也。病得之数饮酒以见大风气。所以知成开方病者，诊之，其脉法奇咳言曰："藏气相反者死。"切之，得肾反肺，法曰"三岁死"也。

安陵阪里公乘项处病，臣意诊脉，曰："牡疝。"牡疝在鬲下，上连肺。病得之内。臣意谓之："慎毋为劳力事，为劳力事则必呕血死。"处后蹴踘，要蹶寒，汗出多，即呕血。臣意复诊之，曰："当旦日日夕死。"即死。病得之内。所以知项处病者，切其脉得番阳。番阳入虚里，处旦日死。一番一络者，牡疝也。

臣意曰：他所诊期决死生及所治已病众多，久颇忘之，不能尽识，不敢以对。

问臣意："所诊治病，病名多同而诊异，或死或不死，何也？"对曰："病名多相类，不可知，故古圣人为之脉法，以起度量，立规矩，县权衡，案绳墨，调阴阳，别人之脉各名之，与天地相应，参合于人，故乃别百病以异之，有数者能异之，无数者同之。然脉法不可胜验，诊疾人以度异之，乃可别同名，命病主在所居。今臣意所诊者，皆有诊籍。所以别之者，臣意所受师方适成，师死，以故表籍所诊，期决死生，观所失所得者合脉法，以故至今知之。"

问臣意曰："所期病决死生，或不应期，何故？"对曰："此皆饮食喜怒不节，或不当饮药，或不当针灸，以故不中期死也。"

问臣意："意方能知病死生，论药用所宜，诸侯王大臣有尝问意者不？及文王病时，不求意诊治，何故？"对曰："赵王、胶西王、济南王、吴王皆使人来召臣意，臣意不敢往。文王病时，臣意家贫，欲为人治病，诚恐吏以除拘臣意也，故移名数，左右不修家生，出行游国中，问善为方数者事之久矣，见事数师，悉受其要事，尽其方书意，用解论之。身居阳虚侯国，因事侯。侯入朝，臣意从之长安，以故得诊安陵项处等病也。"

问臣意："知文王所以得病不起之状？"臣意对曰："不见文王病，然窃闻文王病喘，头痛，目不明。臣意心论之，以为非病也。以为肥而蓄精，身体不得摇，骨肉不相任，故喘，不当医治。脉法曰'年二十脉气当趋，年三十当疾步，年四十当安坐，年五十当安卧，年六十已上气当大董'。文王年未满二十，方脉气之趋也而徐之，不应天道四时。后闻医灸之即笃，此论病之过也。臣意论之，以为神气争而邪气入，非年少所能复之也，以故死。所谓气者，当调饮食，择晏日，车步广志，以适筋骨肉血脉，以泻气。故年二十，是谓'易贺'，法不当砭灸，砭灸至气逐。"

问臣意："师庆安受之？闻于齐诸侯不？"对曰："不知庆所师受。庆家富，善为医，不肯为人治病，当以此故不闻。庆又告臣意曰：'慎毋令我子孙知若学我方也。'"

问臣意："师庆何见于意而爱意，欲悉教意方？"对曰：

"臣意不闻师庆为方善也。意所以知庆者，意少时好诸方事，臣意试其方，皆多验，精良。臣意闻菑川唐里公孙光善为古传方，臣意即往谒之。得见事之，受方化阴阳及传语法，臣意悉受书之。臣意欲尽受他精方，公孙光曰：'吾方尽矣，不为爱公所。吾身已衰，无所复事之。是吾年少所受妙方也，悉与公，毋以教人。'臣意曰：'得见事侍公前，悉得禁方，幸甚。意死不敢妄传人也。'居有间，公孙光闲处，臣意深论方，见言百世之为精也。师光喜曰：'公必为国工。吾有所善者皆疏，同产处临菑，善为方，吾不若，其方甚奇，非世之所闻也。吾年中时，尝欲受其方，杨中倩不肯，曰"若非其人也。"胥与公往见之，当知公喜方也。其人亦老矣，其家给富。'时者未往，会庆子男殷来献马，因师光奏马王所，意以故得与殷善。光又属意于殷曰：'意好数，公必谨遇之，其人圣儒。'即为书以意属杨庆，以故知庆。臣意事庆谨，以故爱意也。"

问臣意曰："吏民尝有事学意方，及毕尽得意方不？何县里人？"对曰："临菑人宋邑。邑学，臣意教以五诊，岁余。济北王遣太医高期、王禹，臣意教以经脉高下及奇络结，当论俞所居，及气当上下出入邪正逆顺，以宜镵石，定砭灸处，岁余。菑川王时遣太仓马长冯信正方，臣意教以案法逆顺，论药法，定五味及和齐汤法。高永侯家丞杜信，喜脉，来学，臣意教以上下经脉五诊，二岁余。临菑召里唐安来学，臣意教以五诊上下经脉，奇咳，四时应阴阳重，未成，除为齐王侍医。"

问臣意："诊病决死生，能全无失乎？"臣意对曰："意治病人，必先切其脉，乃治之。败逆者不可治，其顺者乃治之。心不精脉，所期死生视可治，时时失之，臣意不能全也。"

太史公曰：女无美恶，居宫见妒；士无贤不肖，入朝见疑。故扁鹊以其伎见殃，仓公乃匿迹自隐而当刑。缇萦通尺牍，父得以后宁。故老子曰"夫兵者不祥之器"，岂谓扁鹊等邪？若仓公者，可谓近之矣。

卷一百六　吴王濞列传第四十六

吴王濞者，高帝兄刘仲之子也。高帝已定天下，七年，立刘仲为代王。而匈奴攻代，刘仲不能坚守，弃国亡，间行走洛阳，自归天子。天子为骨肉故，不忍致法，废以为郃阳侯。高帝十一年秋，淮南王英布反，东并荆地，劫其国兵，西度淮，击楚，高帝自将往诛之。刘仲子沛侯濞年二十，有气力，以骑将从破布军蕲西，会甀，布走。荆王刘贾为布所杀，无后。上患吴、会稽轻悍，无壮王以填之，诸子少，乃立濞于沛为吴王，王三郡五十三城。已拜受印，高帝召濞相之，谓曰："若状有反相。"心独悔，业已拜，因拊其背，告曰："汉后五十年东南有乱者，岂若邪？然天下同姓为一家也，慎无反！"濞顿首曰："不敢。"

会孝惠、高后时，天下初定，郡国诸侯各务自拊循其民。吴有豫章郡铜山，濞则招致天下亡命者盗铸钱，煮海水为盐，以故无赋，国用富饶。

孝文时，吴太子入见，得侍皇太子饮博。吴太子师傅皆楚人，轻悍，又素骄，博，争道，不恭，皇太子引博局提吴太子，杀之。于是遣其丧归葬。至吴，吴王愠曰："天下同宗，死长安即葬长安，何必来葬为！"复遣丧之长安葬。吴王由此稍失藩臣之礼，称病不朝。京师知其以子故称病不朝，验问实不病，诸吴使来，辄系责治之。吴王恐，为谋滋甚。及后使人为秋请，上复责问吴使者。使者对曰："王实不病，汉系治使者数辈，以故遂称病。且夫'察见渊中鱼，不祥。'今王始诈病，及觉，见责急，愈益闭，恐上诛之，计乃无聊。唯上弃之而为更始。"于是天子乃赦吴使者归之，而赐吴王几杖，老，不朝。吴得释其罪，谋亦益解。然其居国以铜盐故，百姓无赋。卒践更，辄与平贾。岁时存问茂材，赏赐闾里。佗郡国吏欲来捕亡人者，讼共禁弗予。如此者四十余年，以故能使其众。

晁错为太子家令，得幸太子，数从容言吴过可削。数上书说孝文帝，文帝宽，不忍削，以此吴日益横。及孝景帝即位，错为御史大夫，说上曰："昔高帝初定天下，昆弟少，诸子弱，大封同姓，故王孽子悼惠王王齐七十余城，庶弟元王王楚四十余城，兄子濞王吴五十余城。封三庶孽，分天下半。今吴王前有太子之郄，诈称病不朝，于古法当诛，文帝弗忍，因赐几杖。德至厚，当改过自新。乃益骄溢，即山铸钱，煮海水为盐，诱天下亡人，谋作乱。今削之亦反，不削之亦反。削之，其反亟，祸小；不削，反迟，祸大。"三年冬，楚王朝，晁错因言楚王戊往年为薄太后服，私奸服舍，请诛之。诏赦，罚削东海郡。因削吴之豫章郡、会稽郡。及前二年赵王有罪，削其河间郡。胶西王卬以卖爵有奸，削其六县。

汉廷臣方议削吴。吴王濞恐削地无已，因以此发谋，欲举事。念诸侯无足与计谋者，闻胶西王勇，好气，喜兵，诸齐皆惮惧，于是乃使中大夫应高诱胶西王。无文书，口报曰："吴王不肖，有宿夕之忧，不敢自外，使喻其欢心。"王曰："何以教之？"高曰："今者主上兴于奸，饰于邪臣，好小善，听谗贼，擅变更律令，侵夺诸侯之地，征求滋多，诛罚良善，日以益甚。里语有之，'舐糠及米。'吴与胶西，知名诸侯也，一时见察，恐不得安肆矣。吴王身有内病，不能朝请二十余年，尝患见疑，无以自白，今胁肩累足，犹惧不见释。窃闻大王以爵事有適，所闻诸侯削地，罪不至此，此恐不得削地而止。"王曰："然，有之。子将奈何？"高曰："同恶相助，同好相留，同情相成，同欲相趋，同利相死。今吴王自以为与大王同忧，愿因时循理，弃躯以除患害于天下，亿亦可乎？"王瞿然骇曰："寡人何敢如是？今主上虽急，固有死耳，安得不戴？"高曰："御史大夫晁错，荧惑天子，侵夺诸侯，蔽忠塞贤，朝廷疾怨，诸侯皆有倍畔之意，人事极矣。慧星出，蝗虫数起，此万世一时，而愁劳圣人之所以起也。故吴王欲内以晁错为讨，外随大王后车，彷徉天下，所乡者降，所指者下，天下莫敢不服。大王诚幸而许之一言，则吴王率楚王略函谷关，守荥阳敖仓之粟，距汉兵。治次舍，须大王。大王有幸而临之，则天下可并，两主分割，不亦可乎？"王曰："善。"高归报吴王，吴王犹恐其不与，乃身自为使，使于胶西，面结之。

胶西群臣或闻王谋，谏曰："承一帝，至乐也。今大王与吴西乡，弟令事成，两主分争，患乃始结。诸侯之地不足以汉郡什二，而为畔逆以忧太后，非长策也。"王弗听。遂发使约齐、菑川、胶东、济南、济北，皆许诺，而曰"城阳景王有义，攻诸吕，勿与，事定分之耳。"

诸侯既新削罚，振恐，多怨晁错。及削吴、会稽、豫章郡书至，则吴王起兵，胶西正月丙午诛汉吏二千石以下，胶东、菑川、济南、楚、赵亦然，遂发兵西。齐王后悔，饮药自杀，畔约。济北王城坏未完，其郎中令劫守其王，不得发兵。胶西为渠率，胶东、菑川、济南共攻围临菑。赵王遂亦反，阴使匈奴与连兵。

七国之发也，吴王悉其士卒，下令国中曰："寡人年六十二，身自将。少子年十四，亦为士卒先。诸年上与寡人比，下与少子等者，皆发。"发二十馀万人。南使闽越、东越，东越亦发兵从。

孝帝三年正月甲子，初起兵于广陵。西涉淮，因并楚兵。发使遗诸侯书曰："吴王刘濞敬问胶西王、胶东王、菑川王、济南王、赵王、楚王、淮南王、衡山王、庐江王、故长沙王子：幸教寡人！以汉有贼臣，无功天下，侵夺诸侯地，使吏劾系讯治，以僇辱之为故，不以诸侯人君礼遇刘氏骨肉，绝先帝功臣，进任奸宄，诖乱天下，欲危社稷。陛下多病志失，不能省察。欲举兵诛之，谨闻教。敝国虽狭，地方三千里；人虽少，精兵可具五十万。寡人素事南越三十余年，其王君皆不辞，分其卒以随寡人，又可得三十余万。寡人虽不肖，愿以身从诸王。越直长沙者，因王子定长沙以北，西走蜀、汉中。告越、楚王、淮南三王，与寡人西面。齐诸王与赵王定河间、河内，或入临晋关，或与寡人会洛阳。燕王、赵王固与胡王有约，燕王北定代、云中，抟胡众入萧关，走长安，匡正天子，以安高庙。愿王勉之。楚元王子、淮南三王或不沐洗十余年，怨入骨髓，欲一有所出之久矣，寡人未得诸王之意，未敢听。今诸王苟能存亡继绝，振弱伐暴，以安刘氏，社稷之所愿也。敝国虽贫，寡人节衣食之用，积金钱，修兵革，聚谷食，夜以继日，三十馀年矣。凡为此，愿诸王勉用之。能斩捕大将者，赐金五千斤，封万户；列将，三千斤，封五千户；裨将，二千斤，封二千户；二千石，千斤，封千户；千石，五百斤，封五百户；皆为列侯。其以军若城邑降者，卒万人，邑万户，如得大将；人户五千，如得列将；人户三千，如得裨将；人户千，如得二千石；其小吏皆以差次受爵金。佗封赐皆倍军法。其有故爵邑者，更益不因。愿王明以令士大夫，弗敢欺也。寡人金钱在天下者往往而有，非必取于吴，诸王日夜用之弗能尽。有当赐者告寡人，寡人且往遗之。敬以闻。"

七国反书闻天子，天子乃遣太尉条侯周亚夫将三十六将军，往击吴、楚；遣曲周侯郦寄击赵；将军栾布击齐，大将军窦婴屯荥阳，监齐、赵兵。

吴、楚反书闻，兵未发，窦婴未行，言故吴相袁盎。盎时家居，诏召入见。上方与晁错调兵筹军食，上问袁盎曰："君尝为吴相，知吴臣田禄伯为人乎？今吴、楚反，于公何如？"对曰："不足忧也，今破矣。"上曰："吴王即山铸钱，煮海水为盐，诱天下豪杰，白头举事。若此，其计不百全，岂发乎？何以言其无能为也？"袁盎对曰："吴有铜盐，利则有之，安得豪杰而诱之！诚令吴得豪杰，亦且辅王为义，不反矣。吴所诱皆无赖子弟，亡命铸钱奸人，故相率以反。"晁错曰："袁盎策之善。"上问曰："计安出？"盎对曰："愿屏左右。"上屏人，独错在。盎曰："臣所言，人臣不得知也。"乃屏错。错趋避东厢，恨甚。上卒问盎，盎对曰："吴、楚相遗书，曰'高帝王子弟各有分地，今贼臣晁错擅适过诸侯，削夺之地'。故以反为名，西共诛晁错，复故地而罢。方今计独斩晁错，发使赦吴、楚七国，复其故削地，则兵可无血刃而俱罢。"于是上嘿然良久，曰："顾诚何如，吾不爱一人以谢天下。"盎曰："臣愚，计无出此，愿上孰计之。"乃拜盎为太常，吴王弟子德侯为宗正。盎装治行。后十余日，上使中尉召错，绐载行东市。错朝衣斩东市。则遣袁盎奉宗庙，宗正辅亲戚，使告吴如盎策。至吴，吴、楚兵已攻梁壁矣。宗正以亲故，先入见，谕吴王使拜受诏。吴王闻袁盎来，亦知其欲说己，笑而应曰："我已为东帝，尚何谁拜？"不肯见盎而留之军中。欲劫使将，盎不肯，使人围守，且杀之。盎得夜出，步亡去，走梁军，遂归报。

条侯将，乘六乘传，会兵荥阳。至洛阳，见剧孟，喜曰："七国反，吾乘传至此，不自意全。又以为诸侯已得剧孟，剧孟今无动。吾据荥阳，以东无足忧者。"至淮阳，问父绛侯故客邓都尉曰："策安出？"客曰："吴兵锐甚，难与争锋。楚兵轻，不能久。方今为将军计，莫若引兵东北壁昌邑，以梁委吴，吴必尽锐攻之。将军深沟高垒，使轻兵绝淮、泗口，塞吴饷道。彼吴、梁相敝而粮食竭，乃以全强制其罢极，破吴必矣。"条侯曰："善。"从其策，遂坚壁昌邑南，轻兵绝吴饷道。

吴王之初发也，吴臣田禄伯为大将军。田禄伯曰："兵屯聚而西，无佗奇道，难以就功。臣愿得五万人，别循江、淮而上，收淮南、长沙，入武关，与大王会，此亦一奇也。"吴王太子谏曰："王以反为名，此兵难以藉人，藉人亦且反王，奈何？且擅兵而别，多佗利害，未可知也，徒自损耳。"吴王即不许田禄伯。

吴少将桓将军说王曰："吴多步兵，步兵利险；汉多车骑，车骑利平地。愿大王所过城邑不下，直弃去，疾西据洛阳武库，食敖仓粟，阻山河之险以令诸侯，虽毋入关，天下固已定矣。即大王徐行，留下城邑，汉军车骑至，驰入梁、楚之郊，事败矣。"吴王问诸老将，老将曰："此少年推锋之计可耳，安知大虑乎！"于是王不用桓将军计。

吴王专并将其兵，未度淮，诸宾客皆得为将、校尉、候、司马，独周丘不得用。周丘者，下邳人，亡命吴，酤酒无行，吴王濞薄之，弗任。周丘上谒，说王曰："臣以无能，不得待罪行间。臣非敢求有所将，愿得王一汉节，必以有报王。"王乃予之。周丘得节，夜驰入下邳。下邳时闻吴反，皆城守。至传舍，召令。令入户，使从者以罪斩令。遂召昆弟所善豪吏告曰："吴反兵且至，至，屠下邳不过食顷。今先下，家室必完，能者封侯矣。"出乃相告，下邳皆下。周丘一夜得三万人，使人报吴王，遂将其兵北略城邑。比至城阳，兵十余万，破城阳中尉军。闻吴王败走，自度无与共成功，即引兵归下邳。未至，疽发背死。

二月中，吴王兵既破，败走，于是天子制诏将军曰："盖闻为善者，天报之以福；为非者，天报之以殃。高皇帝亲表功德，建立诸侯，幽王、悼惠王绝无后，孝文皇帝哀怜加惠，王幽王子遂、悼惠王子卬等，令奉其先王宗庙，为汉藩国，德配天地，明并日月。吴王濞倍德反义，诱受天下亡命罪人，乱天下币，称病不朝二十余年，有司数请濞罪，孝文皇帝宽之，欲其改行为善。今乃与楚王戊、赵王遂、胶西王卬、济南王辟光、菑川王贤、胶东王雄渠约从反，为逆无道，起兵以危宗庙，贼杀大臣及汉使者，迫劫万民，夭杀无罪，烧残民家，掘其丘冢，甚为暴虐。今卬等又重逆无道，烧宗庙，卤御物，朕甚痛之。朕素服避正殿，将军其劝士大夫击反虏。击反虏者，深入多杀为功，斩首捕虏比三百石以上者皆杀之，无有所置。敢有议诏及不如诏者，皆要斩。"

初，吴王之度淮，与楚王遂西败棘壁，乘胜前，锐甚。梁孝王恐，遣六将军击吴，又败梁两将，士卒皆还走梁。梁数使使报条侯求救，条侯不许。又使使恶条侯于上，上使人告条侯救梁，复守便宜不行。梁使韩安国及楚死事相弟张羽为将军，乃得颇败吴兵。吴兵欲西，梁城守坚，不敢西，即走条侯军，会于下邑。欲战，条侯壁，不肯战。吴粮绝，卒饥，数挑战，遂夜奔条侯壁，惊东南。条侯使备西北，果从西北入。吴大败，士卒多饥死，乃畔散。于是吴王乃与其麾下壮士数千人夜亡去，度江走丹徒，保东越。东越兵可万余人，乃使人收聚亡卒。汉使人以利啗东越，东越即绐吴王，吴王出劳军，即使人鈹杀吴王，盛其头，驰传以闻。吴王子子华、子驹亡走闽、越。吴王之弃其军亡也，军遂溃，往往稍降太尉、梁军。楚王戊军败，自杀。

三王之围齐临菑也，三月不能下。汉兵至，胶西、胶东、菑川王各引兵归。胶西王乃祖跣，席稾，饮水，谢太后。王太子德曰："汉兵远，臣观之已罢，可袭，愿收大王余兵击之。击之不胜，乃逃入海，未晚也。"王曰："吾士卒皆已坏，不可发用。"弗听。汉将弓高侯颓当遗王书曰："奉诏诛不义，降者赦其罪，复故；不降者灭之。王何处？须以从事。"王肉袒叩头汉军壁，谒曰："臣卬奉法不谨，惊骇百姓，乃苦将军远道至于穷国，敢请菹醢之罪。"弓高侯执金鼓见之，曰："王苦军事，愿闻王发兵状。"王顿首膝行对曰："今者，晁错天子用事臣，变更高皇帝法令，侵夺诸侯地。卬等以为不义，恐其败乱天下，七国发兵，且以诛错。今闻错已诛，卬等谨以罢兵归。"将军曰："王苟以错不善，何不以闻？及未有诏、虎符，擅发兵击义国。以此观之，意非欲诛错也。"乃出诏书为王读之。读之讫，曰："王其自图。"王曰："如卬等死有余罪。"遂自杀。太后、太子皆死。胶东、菑川、济南王皆死，国除，纳于汉。郦将军围赵十月而下之，赵王自杀。济北王以劫故，得不诛，徙王菑川。

初，吴王首反，并将楚兵，连齐、赵。正月起兵，三月皆破，独赵后下。复置元王少子平陆侯礼为楚王，续元王后。徙汝南王非王吴故地，为江都王。

太史公曰：吴王之王，由父省也。能薄赋敛，使其众，以擅山海利。逆乱之萌，自其子兴。争技发难，卒亡其本，亲越谋宗，竟以夷陨。晁错为国远虑，祸反近身。袁盎权说，初宠后辱。故古者诸侯地不过百里，山海不以封。"毋亲夷狄，以疏其属"，盖谓吴邪？"毋为权首，反受其咎"，岂盎、错邪？

卷一百七
魏其武安侯列传第四十七

魏其侯窦婴者，孝文后从兄子也。父世观津人，喜宾客。孝文时，婴为吴相，病免。孝景初即位，为詹事。

梁孝王者，孝景弟也，其母窦太后爱之。梁孝王朝，因昆弟燕饮。是时上未立太子，酒酣，从容曰："千秋之后传梁王。"太后欢。窦婴引卮酒进上，曰："天下者，高祖天下，父子相传，此汉之约也，上何以得擅传梁王！"太后由此憎窦婴。窦婴亦薄其官，因病免。太后除窦婴门籍，不得入朝请。

孝景三年，吴、楚反，上察宗室诸窦毋如窦婴贤，乃召婴。婴入见，因辞谢病不足任。太后亦惭。于是上曰："天下方有急，王孙宁可以让邪？"乃拜婴为大将军，赐金千斤。婴乃言袁盎、栾布诸名将贤士在家者进之。所赐金，陈之廊庑下，军吏过，辄令财取为用，金无入家者。窦婴守荥阳，监齐、赵兵。七国兵已尽破，封婴为魏其侯。诸游士宾客争归魏其侯。孝景时每朝议大事，条侯、魏其侯，诸列侯莫敢与亢礼。

孝景四年，立栗太子，使魏其侯为太子傅。孝景七年，栗太子废，魏其数争不能得。魏其谢病，屏居蓝田南山之下数月，诸宾客辩士说之，莫能来。梁人高遂乃说魏其曰："能富贵将军者，上也；能亲将军者，太后也。今将军傅太子，太子废而不能争；争不能得，又弗能死。自引谢病，拥赵女，屏闲处而不朝。相提而论，是自明扬主上之过。有如两宫螫将军，则妻子毋类矣。"魏其侯然之，乃遂起，朝请如故。

桃侯免相，窦太后数言魏其侯。孝景帝曰："太后岂以为臣有爱，不相魏其？魏其者，沾沾自喜耳，多易，难以为相持重。"遂不用，用建陵侯卫绾为丞相。

武安侯田蚡者，孝景后同母弟也，生长陵。魏其已为大将军后，方盛，蚡为诸郎，未贵，往来侍酒魏其，跪起如子姓。及孝景晚节，蚡益贵幸，为太中大夫。蚡辩有口，学《槃盂》诸书，王太后贤之。孝景崩，即日太子立，称制，所镇抚多有田蚡宾客计策。蚡弟田胜，皆以太后弟，孝景后三年封蚡为武安侯，胜为周阳侯。

武安侯新欲用事为相，卑下宾客，进名士家居者贵之，欲以倾魏其诸将相。建元元年，丞相绾病免，上议置丞相、太尉。籍福说武安侯曰："魏其贵久矣，天下士素归之。今将军初兴，未如魏其，即上以将军为丞相，必让魏其。魏其为丞相，将军必为太尉。太尉、丞相尊等耳，又有让贤名。"武安侯乃微言太后风上，于是乃以魏其侯为丞相，武安侯为太尉。籍福贺魏其侯，因吊曰："君侯资性喜善疾恶，方今善人誉君侯，故至丞相；然君侯且疾恶，恶人众，亦且毁君侯。君有能兼容，则幸久；不能，今以毁去矣。"魏其不听。

魏其、武安俱好儒术，推毂赵绾为御史大夫，王臧为郎中令。迎鲁申公，欲设明堂，令列侯就国，除关，以礼为服制，以兴太平。举適诸窦宗室毋节行者，除其属籍。时诸外家为列侯，列侯多尚公主，皆不欲就国，以故毁日至窦太后。太后好黄、老之言，而魏其、武安、赵绾、王臧等务隆推儒术，贬道家言，是以窦太后滋不说魏其等。及建元二年，御史大夫赵绾请无奏事东宫。窦太后大怒，乃罢逐赵绾、王臧等，而免丞相、太尉，以柏至侯许昌为丞相，武强侯庄青翟为御史大夫。魏其、武安由此以侯家居。

武安侯虽不任职，以王太后故，亲幸，数言事，多效，天下吏士趋势利者，皆去魏其归武安。武安日益横。建元六年，窦太后崩，丞相昌、御史大夫青翟坐丧事不办，免。以武安侯蚡为丞相，以大司农韩安国为御史大夫。天下士郡国诸侯愈益附武安。

武安者，貌侵，生贵甚。又以为诸侯王多长，上初即位，富于春秋，蚡以肺腑为京师相，非痛折节以礼诎之，天下不肃。当是时，丞相入奏事，坐语移日，所言皆听。荐人或起家至二千石，权移主上。上乃曰："君除吏已尽未？吾亦欲除吏。"尝请考工地益宅，上怒曰："君何不遂取武库！"是后乃退。尝召客饮，坐其兄盖侯南乡，自坐东乡，以为汉相尊，不可以兄故私桡。武安由此滋骄，治宅甲诸第。田园极膏腴，而市买郡县器物相属于道。前堂罗钟鼓，立曲旃；后房妇女以百数。诸侯奉金玉狗马玩好，不可胜数。

魏其失窦太后，益疏不用，无势，诸客稍稍自引而怠傲，唯灌将军独不失故。魏其日默默不得志，而独厚遇灌将军。

灌将军夫者，颍阴人也。夫父张孟，尝为颍阴侯婴舍人，得幸，因进之至二千石，故蒙灌氏姓为灌孟。吴、楚反时，颍阴侯灌何为将军，属太尉，请灌孟为校尉。夫以千人与父俱。灌孟年老，颍阴侯强请之，郁郁不得意，故战常陷坚，遂死吴军中。军法，父子俱从军，有死事，得与丧归。灌夫不肯随丧归，奋曰："愿取吴王若将军头，以报父之仇。"于是灌夫被甲持戟，募军中壮士所善愿从者数十人。及出壁门，莫敢前。独二人及从奴十数骑驰入吴军，至吴将麾下，所杀伤数十人。不得前，复驰还，走入汉壁，皆亡其奴，独与一骑归。夫身中大创十余，适有万金良药，故得无死。夫创少瘳，又复请将军曰："吾益知吴壁中曲折，请复往。"将军壮义之，恐亡夫，乃言太尉，太尉乃固止之。吴已破，灌夫以此名闻天下。

颍阴侯言之上，上以夫为中郎将。数月，坐法去。后家居长安，长安中诸公莫弗称之。孝景时，至代相。孝景崩，今上初即位，以为淮阳天下交，劲兵处，故徙夫为淮阳太守。建元元年，入为太仆。二年，夫与长乐卫尉窦甫饮，轻重不得，夫醉，搏甫。甫，窦太后昆弟也。上恐太后诛夫，徙为燕相。数岁，坐法去官，家居长安。

灌夫为人刚直使酒，不好面谀。贵戚诸有势在己之右，不欲加礼，必陵之；诸士在己之左，愈贫贱，尤益敬，与钧。稠人广众，荐宠下辈。士亦以此多之。

夫不喜文学，好任侠，已然诺。诸所与交通，无非豪杰大猾。家累数千万，食客日数十百人。陂池田园，宗族宾客为权利，横于颍川。颍川儿乃歌之曰："颍水清，灌氏宁；颍水浊，灌氏族。"

灌夫家居虽富，然失势，卿相侍中宾客益衰。及魏其侯失势，亦欲倚灌夫引绳批根生平慕之后弃之者。灌夫亦倚魏其而通列侯宗室为名高。两人相为引重，其游如父子然，相得欢甚，无厌，恨相知晚也。

灌夫有服，过丞相。丞相从容曰："吾欲与仲孺过魏其侯，会仲孺有服。"灌夫曰："将军乃肯幸临况魏其侯，夫安敢以服为解！请语魏其侯帐具，将军旦日早临。"武安许诺。灌夫具语魏其侯如所谓武安侯。魏其与其夫人市牛酒，夜洒扫，早帐具至旦。平明，令门下候伺。至日中，丞相不来。魏其谓灌夫曰："丞相岂忘之哉？"灌夫不怿，曰："夫以服请，宜往。"乃驾，自往迎丞相。丞相特前戏许灌夫，殊无意往。及夫至门，丞相尚卧。于是夫入见，曰："将军昨日幸许过魏其，魏其夫妻治具，自旦至今，未敢尝食。"武安鄂谢曰："吾昨日醉，忽忘与仲孺言。"乃驾往，又徐行，灌夫愈益怒。及饮酒酣，夫起舞属丞相，丞相不起，夫从坐上语侵之。魏其乃扶灌夫去，谢丞相。丞相卒饮至夜，极欢而去。

丞相尝使籍福请魏其城南田。魏其大望曰："老仆虽弃，将军虽贵，宁可以势夺乎！"不许。灌夫闻，怒，骂籍福。籍福恶两人有郤，乃谩自好谢丞相曰："魏其老且死，易忍，且待之。"已而武安闻魏其、灌夫实怒不予田，亦怒曰："魏其子尝杀人，蚡活之。蚡事魏其无所不可，何爱数顷田？且灌夫何与也？吾不敢复求田。"武安由此大怨灌夫、魏其。

元光四年春，丞相言灌夫家在颍川，横甚，民苦之，请案。上曰："此丞相事，何请。"灌夫亦持丞相阴事，为奸利，受淮南王金与语言。宾客居间，遂止，俱解。

夏，丞相取燕王女为夫人，有太后诏，召列侯宗室皆往贺。魏其侯过灌夫，欲与俱。夫谢曰："夫数以酒失过丞相，丞相今者又与夫有郤。"魏其曰："事已解。"强与俱。饮酒酣，武安起为寿，坐皆避席伏。已魏其侯为寿，独故人避席耳，余半膝席。灌夫不悦，起行酒，至武安，武安膝席曰："不能满觞。"夫怒，因嘻笑曰："将军贵人也，属之！"时武安不肯。行酒次至临汝侯，临汝侯方与程不识耳语，又不避席。夫无所发怒，乃骂临汝侯曰："生平毁程不识不直一钱，今日长者为寿，乃效女儿咕嗫耳语！"武安谓灌夫曰："程、李俱东西宫卫尉，今众辱程将军，仲孺独不为李将军地乎？"灌夫曰："今日斩头陷匈，何知程、李乎！"坐乃起更衣，稍稍去。魏其侯去，麾灌夫出。武安遂怒曰："此吾骄灌夫罪。"乃令骑留灌夫。灌夫欲出不得。籍福起为谢，案灌夫项令谢。夫愈怒，不肯谢。武安乃麾骑缚灌夫置传舍，召长史曰："今日召宗室，有诏。"劾灌夫骂坐不敬，系居室。遂按其前事，遣吏分曹逐捕诸灌氏支属，皆得弃市罪。魏其侯大愧，为资使宾客请，莫能解。武安吏皆为耳目，诸灌氏皆亡匿，夫系，遂不得告言武安阴事。

魏其锐身为救灌夫。夫人谏魏其曰："灌将军得罪丞相，与太后家忤，宁可救邪？"魏其侯曰："侯自我得之，自我捐之，无所恨。且终不令灌仲孺独死，婴独生。"乃匿其家，窃出上书。立召入，具言灌夫醉饱事，不足诛。上然之，赐魏其食，曰："东朝廷辩之。"

魏其之东朝，盛推灌夫之善，言其醉饱得过，乃丞相以他事诬罪之。武安又盛毁灌夫所为横恣，罪逆不道。魏其度不可奈何，因言丞相短。武安曰："天下幸而安乐无事，蚡得为肺腑，所好音乐狗马田宅。蚡所爱倡优巧匠之属，不如魏其、灌夫日夜招聚天下豪杰壮士与论议，腹诽而心谤，不仰视天而俯画地，辟倪两宫间，幸天下有变，而欲有大功。臣乃不知魏其等所为。"于是上问朝臣："两人孰是？"御史大夫韩安国曰："魏其言灌夫父死事，身荷戟驰入不测之吴军，身被数十创，名冠三军，此天下壮士，非有大恶，争杯酒，不足引他过以诛也。魏其言是也。丞相亦言灌夫通奸猾，侵细民，家累巨万，横恣颍川，凌轹宗室，侵犯骨肉，此所谓'枝大于本，胫大于股，不折必披'，丞相言亦是。唯明主裁之。"主爵都尉汲黯是魏其。内史郑当时是魏其，后不敢坚对。余皆莫敢对。上怒内史曰："公平生数言魏其、武安长短，今日廷论，局趣效辕下驹，吾并斩若属矣。"即罢起入，上食太后。太后亦已使人候伺，具以告太后。太后怒，不食，曰："今我在也，而人皆藉吾弟，令我百岁后，皆鱼肉之矣。且帝宁能为石人邪！此特帝在，即录录，设百岁后，是属宁有可信者乎？"上谢曰："俱宗室外家，故廷辩之。不然，此一狱吏所决耳。"是时郎中令石建为上分别言两人事。

武安已罢朝，出止车门，召韩御史大夫载，怒曰："与长孺共一老秃翁，何为首鼠两端？"韩御史良久谓丞相曰："君何不自喜？夫魏其毁君，君当免冠解印绶归，曰'臣以肺腑幸得待罪，固非其任，魏其言皆是。'如此，上必多君有让，不废君。魏其必内愧，杜门齰舌自杀。今人毁君，君亦毁人，譬如贾竖女子争言，何其无大体也！"武安谢罪曰："争时急，不知出此。"

于是上使御史簿责魏其所言灌夫，颇不雠，欺谩。劾系都司空。孝景时，魏其常受遗诏，曰："事有不便，以便宜论上。"及系，灌夫罪至族，事日急，诸公莫敢复明言于上。魏其乃使昆弟子上书言之，幸得复召见。书奏上，而案尚书大行无遗诏。诏书独藏魏其家，家丞封。乃劾魏其矫先帝诏，罪当弃市。五年十月，悉论灌夫及家属。魏其良久乃闻，闻即恚，病痱，不食欲死。或闻上无意杀魏其，魏其复食，治病。议定不死矣，乃有蜚语为恶言闻上，故以十二月晦论弃市渭城。

其春，武安侯病，专呼服谢罪。使巫视鬼者视之，见魏其、灌夫共守，欲杀之。竟死。子恬嗣。元朔三年，武安侯坐衣襜褕入宫，不敬。

淮南王安谋反觉，治。王前朝，武安侯为太尉，时迎王至霸上，谓王曰："上未有太子，大王最贤，高祖孙，即宫车晏驾，非大王立，当谁哉！"淮南王大喜，厚遗金财物。上自魏其时不直武安，特为太后故耳。及闻淮南王金事，上曰："使武安侯在者，族矣。"

太史公曰：魏其、武安皆以外戚重，灌夫用一时决策而名显。魏其之举以吴、楚，武安之贵在日月之际。然魏其诚不知时变，灌夫无术而不逊，两人相翼，乃成祸乱。武安负贵而好权，杯酒责望，陷彼两贤。呜呼哀哉！迁怒及人，命亦不延。众庶不载，竟被恶言。呜呼哀哉！祸所从来矣！

卷一百八　韩长孺列传第四十八

御史大夫韩安国者，梁成安人也，后徙睢阳。尝受《韩子》、杂家说于驺田生所。事梁孝王为中大夫。吴、楚反时，孝王使安国及张羽为将，扞吴兵于东界。张羽力战，安国持重，以故吴不能过梁。吴、楚已破，安国、张羽名由此显。

梁孝王，景帝母弟，窦太后爱之，令得自请置相、二千石，出入游戏，僭于天子。天子闻之，心弗善也。太后知帝不善，乃怒梁使者，弗见，案责王所为。韩安国为梁使，见大长公主而泣曰："何梁王为人子之孝，为人臣之忠，而太后曾弗省也？夫前日吴、楚、齐、赵七国反时，自关以东皆合从西乡，惟梁最亲为艰难。梁王念太后、帝在中，而诸侯扰乱，一言泣数行下，跪送臣等六人，将兵击却吴、楚，吴、楚以故兵不敢西，而卒破亡，梁王之力也。今太后以小节苛礼责望梁王。梁王父兄皆帝王，所见者大，故出称跸，入言警，车旗皆帝所赐也，即欲以侘鄙县，驱驰国中，以夸诸侯，令天下尽知太后、帝爱之也。今梁使来，辄案责。梁王恐，日夜涕泣思慕，不知所为。何梁王之为子孝，为臣忠，而太后弗恤也？"大长公主具以告太后，太后喜曰："为言之帝。"言之，帝心乃解，而免冠谢太后曰："兄弟不能相教，乃为太后遗忧。"悉见梁使，厚赐之。其后梁王益亲欢。太后、长公主更赐安国可直千余金。名由此显，结于汉。

其后安国坐法抵罪，蒙狱吏田甲辱安国。安国曰："死灰独不复然乎？"田甲曰："然即溺之。"居无何，梁内史缺，汉使使者拜安国为梁内史，起徒中为二千石。田甲亡走。安国曰："甲不就官，我灭而宗。"甲因肉袒谢。安国笑曰："可溺矣！公等足与治乎？"卒善遇之。

梁内史之缺也，孝王新得齐人公孙诡，说之，欲请以为内史。窦太后闻，乃诏王以安国为内史。

公孙诡、羊胜说孝王求为帝太子及益地事，恐汉大臣不听，乃阴使人刺汉用事谋臣。及杀故吴相袁盎，景帝遂闻诡、胜等计画，乃遣使捕诡、胜，必得。汉使十辈至梁，相以下举国大索，月余不得。内史安国闻诡、胜匿孝王所，安国入见王而泣曰："主辱臣死。大王无良臣，故事纷纷至此。今诡、胜不得，请辞赐死。"王曰："何至此？"安国泣数行下，曰："大王自度于皇帝，孰与太上皇之与高皇帝及皇帝之与临江王亲？"孝王曰："弗如也。"安国曰："夫太上、临江亲父子之间，然而高帝曰'提三尺剑取天下者朕也'，故太上皇终不得制事，居于栎阳。临江王，适长太子也，以一言过，废王临江；用宫垣事，卒自杀中尉府。何者？治天下终不以私乱公。语曰：'虽有亲父，安知其不为虎？虽有亲兄，安知其不为狼？'今大王列在诸侯，悦一邪臣浮说，犯上禁，桡明法。天子以太后故，不忍致法于王。太后日夜涕泣，幸大王自改，而大王终不觉寤。有如太后宫车即晏驾，大王尚谁攀乎？"语未卒，孝王泣数行下，谢安国曰："吾今出诡、胜。"诡、胜自杀。汉使还报，梁事皆得释，安国之力也。于是景帝、太后益重安国。

孝王卒，共王即位，安国坐法失官，居家。

建元中，武安侯田蚡为汉太尉，亲贵用事，安国以五百金物遗蚡。蚡言安国太后，天子亦素闻其贤，即召以为北地都尉，迁为大司农。闽越、东越相攻，安国及大行王恢将。兵未至越，越杀其王降，汉兵亦罢。

建元六年，武安侯为丞相，安国为御史大夫。匈奴来请和亲，天子下议。大行王恢，燕人也，数为边吏，习知胡事。议曰："汉与匈奴和亲，率不过数岁即复倍约。不如勿许，兴兵击之。"安国曰："千里而战，兵不获利。今匈奴负戎马之足，怀禽兽之心，迁徙鸟举，难得而制也。得其地不足以为广，有其众不足以为强。自上古不属为人。汉数千里争利，则人马罢，虏以全制其敝。且强弩之极，矢不能穿鲁缟；冲风之末，力不能漂鸿毛。非初不劲，末力衰也。击之不便，不如和亲。"群臣议者多附安国。于是上许和亲。

其明年，则元光元年，雁门马邑豪聂翁壹因大行王恢言上曰："匈奴初和亲，亲信边，可诱以利。"阴使聂翁壹为间，亡入匈奴，谓单于曰："吾能斩马邑令丞吏，以城降，财物可尽得。"单于爱信之，以为然，许聂翁壹。聂翁壹乃还，诈斩死罪囚，县其头马邑城，示单于使者为信。曰："马邑长吏已死，可急来。"于是单于穿塞将十余万骑，入武州塞。

当是时，汉伏兵车骑材官三十余万，匿马邑旁谷中。卫尉李广为骁骑将军，太仆公孙贺为轻车将军，大行王恢为将屯将军，太中大夫李息为材官将军。御史大夫韩安国为护军将军，诸将皆属护军。约单于入马邑而汉兵纵发。王恢、李息、李广别从代主击其辎重。于是单于入汉长城武州塞。未至马邑百余里，行掠卤，徒见畜牧于野，不见一人。单于怪之，攻烽燧，得武州尉史，欲刺问尉史。尉史曰："汉兵数十万伏马邑下。"单于顾谓左右曰："几为汉所卖！"乃引兵还。出塞，曰："吾得尉史，乃天也。"命尉史为"天王"。塞下传言单于已引去。汉兵追至塞，度

弗及，即罢。王恢等兵三万，闻单于不与汉合，度往击辎重，必与单于精兵战，汉兵势必败，则以便宜罢兵。皆无功。

天子怒王恢不出击单于辎重，擅引兵罢也。恢曰："始约虏入马邑城，兵与单于接，而臣击其辎重，可得利。今单于闻，不至而还，臣以三万人众不敌，祇取辱耳。臣固知还而斩，然得完陛下士三万人。"于是下恢廷尉。廷尉当恢逗桡，当斩。恢私行千金丞相蚡。蚡不敢言上，而言于太后曰："王恢首造马邑事，今不成而诛恢，是为匈奴报仇也。"上朝太后，太后以丞相言告上。上曰："首为马邑事者，恢也。故发天下兵数十万，从其言，为此。且纵单于不可得，恢所部击其辎重，犹颇可得，以慰士大夫心。今不诛恢，无以谢天下。"于是恢闻之，乃自杀。

安国为人多大略，智足以当世取舍，而出于忠厚焉。贪嗜于财。所推举皆廉士，贤于己者也。于梁举壶遂、臧固、郅他，皆天下名士，士亦以此称慕之，唯天子以为国器。安国为御史大夫四岁余，丞相田蚡死，安国行丞相事，奉引堕车蹇。天子议置相，欲用安国，使使视之，蹇甚，乃更以平棘侯薛泽为丞相。安国病免数月，蹇愈，上复以安国为中尉。岁余，徙为卫尉。

车骑将军卫青击匈奴，出上谷，破胡龙城。将军李广为匈奴所得，复失之；公孙敖大亡卒：皆当斩，赎为庶人。明年，匈奴大入边，杀辽西太守，及入雁门，所杀略数千人。车骑将军卫青击之，出雁门。卫尉安国为材官将军，屯于渔阳。安国捕生虏，言匈奴远去。即上书言方田作时，请且罢军屯。罢军屯月余，匈奴大入上谷、渔阳。安国壁乃有七百余人，出与战，不胜，复入壁。匈奴虏略千余人及畜产而去。天子闻之，怒，使使责让安国。徙安国益东，屯右北平，是时匈奴虏言当入东方。

安国始为御史大夫及护军，后稍斥疏，下迁。而新幸壮将军卫青等有功，益贵。安国既疏远，默默也；将屯又为匈奴所欺，失亡多，甚自愧。幸得罢归，乃益东徙屯。意忽忽不乐，数月，病欧血死。安国以元朔二年中卒。

太史公曰：余与壶遂定律历，观韩长孺之义，壶遂之深中隐厚。世之言梁多长者，不虚哉！壶遂官至詹事，天子方倚以为汉相，会遂卒，不然。壶遂之内廉行修，斯鞠躬君子也。

卷一百九　李将军列传第四十九

李将军广者，陇西成纪人也。其先曰李信，秦时为将，逐得燕太子丹者也。故槐里，徙成纪。广家世世受射。孝文帝十四年，匈奴大入萧关，而广以良家子从军击胡，用善骑射，杀首虏多，为汉中郎。广从弟李蔡亦为郎，皆为武骑常侍，秩八百石。尝从行，有所冲陷折关及格猛兽，而文帝曰："惜乎，子不遇时！如令子当高帝时，万户侯岂足道哉！"

及孝景初立，广为陇西都尉，徙为骑郎将。吴、楚军时，广为骁骑都尉，从太尉亚夫击吴、楚军，取旗，显功名昌邑下。以梁王授广将军印，还，赏不行。徙为上谷太守，匈奴日以合战。典属国公孙昆邪为上泣曰："李广才气，天下无双，自负其能，数与虏敌战，恐亡之。"于是乃徙为上郡太守。后广转为边郡太守，徙上郡。尝为陇西、北地、雁门、代郡、云中太守，皆以力战为名。

匈奴大入上郡，天子使中贵人从广勒习兵击匈奴。中贵人将骑数十纵，见匈奴三人，与战。三人还射，伤中贵人，杀其骑且尽。中贵人走广。广曰："是必射雕者也。"广乃遂从百骑往驰三人。三人亡马步行，行数十里。广令其骑张左右翼，而广身自射彼三人者，杀其二人，生得一人，果匈奴射雕者也。已缚之上马，望匈奴有数千骑，见广，以为诱骑，皆惊，上山陈。广之百骑皆大恐，欲驰还走。广曰："吾去大军数十里，今如此以百骑走，匈奴追射我立尽。今我留，匈奴必以我为大军之诱，必不敢击我。"广令诸骑曰："前"！前未到匈奴陈二里所，止，令曰："皆下马解鞍！"其骑曰："虏多且近，即有急，奈何？"广曰："彼虏以我为走，今皆解鞍以示不走，用坚其意。"于是胡骑遂不敢击。有白马将出护其兵，李广上马与十余骑奔射杀胡白马将，而复还至其骑中，解鞍，令士皆纵马卧。是时会暮，胡兵终怪之，不敢击。夜半时，胡兵亦以为汉有伏军于旁欲夜取之，胡皆引兵而去。平旦，李广乃归其大军。大军不知广所之，故弗从。

居久之，孝景崩，武帝立，左右以为广名将也，于是广以上郡太守为未央卫尉，而程不识亦为长乐卫尉。程不识故与李广俱以边太守将军屯。及出击胡，而广行无部伍行陈，就善水草屯，舍止，人人自便，不击刀斗以自卫，莫府省约文书籍事，然亦远斥候，未尝遇害。程不识正部曲行伍营陈、击刀斗，士吏治军簿至明，军不得休息，然亦未尝遇害。不识曰："李广军极简易，然虏卒犯之，无以禁也；而其士卒亦佚乐，咸乐为之死。我军虽烦扰，然虏亦不得犯我。"是时汉边郡李广、程不识皆为名将，然匈奴畏李广之略，士卒亦多乐从李广而苦程不识。程不识孝景时以数直谏为太中大夫，为人廉，谨于文法。

后汉以马邑城诱单于，使大军伏马邑旁谷。而广为骁骑将军，领属护军将军。是时单于觉之，去，汉军皆无功。其后四岁，广以卫尉为将军，出雁门击匈奴。匈奴兵多，破败广军，生得广。单于素闻广贤，令曰："得李广必生致之。"胡骑得广，广时伤病，置广两马间，络而盛卧广。行十余里，广详死，睨其旁有一胡儿骑善马，广暂腾而上胡儿马，因推堕儿，取其弓，鞭马南驰数十里，复得其余军，因引而入塞。匈奴捕者骑数百追之，广行取胡儿弓，射杀追骑，以故得脱。于是至汉，汉下广吏。吏当广所失亡多，为虏所生得，当斩，赎为庶人。

顷之，家居数岁。广家与故颍阴侯孙屏野居蓝田南山中射猎。尝夜从一骑出，从人田间饮。还至霸陵亭，霸陵尉醉，呵止广。广骑曰："故李将军。"尉曰："今将军尚不得夜行，何乃故也！"止广宿亭下。居无何，匈奴入杀辽西太守，败韩将军，韩将军后徙右北平。于是天子乃召拜广为右北平太守。广即请霸陵尉与俱，至军而斩之。

广居右北平，匈奴闻之，号曰"汉之飞将军"，避之数岁不敢入右北平。

广出猎，见草中石，以为虎而射之，中石没镞。视之，石也，因复更射之，终不能复入石矣。广所居郡闻有虎，尝自射之。及居右北平射虎，虎腾伤广，广亦竟射杀之。

广廉，得赏赐辄分其麾下，饮食与士共之。终广之身，为二千石四十余年，家无余财，终不言家产事。广为人长，猿臂，其善射亦天性也，虽其子孙他人学者，莫能及广。广讷口少言，与人居则画地为军陈，射阔狭以饮。专以射为戏，竟死。广之将兵，乏绝之处，见水，士卒不尽饮，广不近水；士卒不尽食，广不尝食。宽缓不苛，士以此爱乐为用。其射，见敌急，非在数十步之内，度不中不发，发即应弦而倒。用此，其将兵数困辱，其射猛兽亦为所伤云。

居顷之，石建卒，于是上召广代建为郎中令。元朔六年，广复为后将军，从大将军军出定襄，击匈奴。诸将多中首虏率，以功为侯者，而广军无功。后二岁，广以郎中令将四千骑出右北平，博望侯张骞将万骑与广俱，异道。行可数百里，匈奴左贤王将四万骑围广，广军士皆恐，广乃使其子敢往驰之。敢独与数十骑驰，直贯胡骑，出其左右而还，告广曰："胡虏易与耳。"军士乃安。广为圜陈外向，胡急击之，矢下如雨。汉兵死者过半，汉矢且尽。广乃令士持满毋发，而广身自以大黄射其裨将，杀数人，胡虏益解。会日暮，吏士皆无人色，而广意气自如，益治军。军中自是服其勇也。明日，复力战，而博望侯军亦至，匈奴军乃解去。汉军罢，弗能追。是时广军几没，罢归。汉法，博望侯留迟后期，当死，赎为庶人。广军功自如，无赏。

初，广之从弟李蔡与广俱事孝文帝。景帝时，蔡积功劳至二千石。孝武帝时，至代相。以元朔五年为轻车将军，从大将军击右贤王，有功中率，封为乐安侯。元狩二年中，代公孙弘为丞相。蔡为人在下中，名声出广下甚远，然广不得爵邑，官不过九卿，而蔡为列侯，位至三公。诸广之军吏及士卒或取封侯。广尝与望气王朔燕语，曰："自汉击匈奴而广未尝不在其中，而诸部校尉以下，才能不及中人，然以击胡军功取侯者数十人，而广不为后人，然无尺寸之功以得封邑者，何也？岂吾相不当侯邪？且固命也？"朔曰："将军自念，岂尝有所恨乎？"广曰："吾尝为陇西守，羌尝反，吾诱而降，降者八百余人，吾诈而同日杀之。至今大恨独此耳。"朔曰："祸莫大于杀已降，此乃将军所以不得侯者也。"

后二岁，大将军、骠骑将军大出击匈奴，广数自请行。天子以为老，弗许；良久乃许之，以为前将军。是岁，元狩四年也。

广既从大将军青击匈奴，既出塞，青捕虏知单于所居，乃自以精兵走之，而令广并于右将军军，出东道。东道少回远，而大军行水草少，其势不屯行。广自请曰："臣部为前将军，今大将军乃徙令臣出东道，且臣结发而与匈奴战，今乃一得当单于，臣愿居前，先死单于。"大将军青亦阴受上诫，以为李广老，数奇，毋令当单于，恐不得所欲。而是时公孙敖新失侯，为中将军从大将军，大将军亦欲使敖与俱当单于，故徙前将军广。广时知之，固自辞于大将军。大将军不听，令长史封书与广之莫府，曰："急诣部，如书。"广不谢大将军而起行，意甚愠怒而就部，引兵与右将军食其合军出东道。军亡导，或失道，后大将军。大将军与单于接战，单于遁走，弗能得而还。南绝幕，遇前将军、右将军。广已见大将军，还入军。大将军使长史持糒醪遗广，因问广、食其失道状，青欲上书报天子军曲折。广未对，大将军使长史急责广之幕府对簿。广曰："诸校尉无罪，乃我自失道。吾今自上簿。"

至莫府，广谓其麾下曰："广结发与匈奴大小七十馀战，今幸从大将军出接单于兵，而大将军又徙广部行回远，而又迷失道，岂非天哉！且广年六十余矣，终不能复对刀笔之吏。"遂引刀自刭。广军士大夫一军皆哭。百姓闻之，知与不知，无老壮，皆为垂涕。而右将军独下吏，当死，赎为庶人。

广子三人，曰当户、椒、敢，为郎。天子与韩嫣戏，嫣少不逊，当户击嫣，嫣走。于是天子以为勇。当户早死，拜椒为代郡太守，皆先广死。当户有遗腹子名陵。广死军时，敢从骠骑将军。广死明年，李蔡以丞相坐侵孝景园墙地，当下吏治，蔡亦自杀，不对狱，国除。李敢以校尉从骠骑将军击胡左贤王，力战，夺左贤王鼓旗，斩首多，赐爵关内侯，食邑二百户，代广为郎中令。顷之，怨大将军青之恨其父，乃击伤大将军，大将军匿讳之。居无何，敢从上雍，至甘泉宫猎。骠骑将军去病与青有亲，射杀敢。去病时方贵幸，上讳云鹿触杀之。居岁余，去病死。而敢有女为太子中人，爱幸。敢男禹有宠于太子，然好利，李氏陵迟衰微矣。

李陵既壮，选为建章监，监诸骑善射，爱士卒。天子以为李氏世将，而使将八百骑。尝深入匈奴二千余里，过居延视地形，无所见虏而还。拜为骑都尉，将丹阳楚人五千人，教射酒泉、张掖以屯卫胡，数岁。

天汉二年秋，贰师将军李广利将三万骑击匈奴右贤王于祁连、天山，而使陵将其射士步兵五千人出居延北可千余里，欲以分匈奴兵，毋令专走贰师也。陵既至期还，而单于以兵八万围击陵军。陵军五千人，兵矢既尽，士死者过半，而所杀伤匈奴亦万余人。且引且战，连斗八日，还，未到居延百余里，匈奴遮狭绝道，陵食乏而救兵不到，虏急击，招降陵。陵曰："无面目报陛下。"遂降匈奴。其兵尽没，余亡散得归汉者四百余人。

单于既得陵，素闻其家声，及战又壮，乃以其女妻陵而贵之。汉闻，族陵母妻子。自是之后，李氏名败，而陇西之士居门下者皆用为耻焉。

太史公曰：《传》曰"其身正，不令而行；其身不正，虽令不从。"其李将军之谓也？余睹李将军悛悛如鄙人，口不能道辞。及死之日，天下知与不知，皆为尽哀。彼其忠实心诚信于士大夫也？谚曰"桃李不言，下自成蹊。"此言虽小，可以谕大也。

卷一百十　　匈奴列传第五十

匈奴，其先祖夏后氏之苗裔也，曰淳维。唐、虞以上有山戎、猃狁、荤粥，居于北蛮，随畜牧而转移。其畜之所多则马、牛、羊，其奇畜则橐驼、驴、骡、駃騠、騊駼、驒騱。逐水草迁徙，毋城郭常处耕田之业，然亦各有分地。毋文书，以言语为约束。儿能骑羊，引弓射鸟鼠，少长则射狐兔，用为食。士力能弯弓，尽为甲骑。其俗，宽则随畜，因射猎禽兽为生业，急则人习战攻以侵伐，其天性也。其长兵则弓矢，短兵则刀铤。利则进，不利则退，不羞遁走。苟利所在，不知礼义。自君王以下，咸食畜肉，衣其皮革，被旃裘。壮者食肥美，老者食其余。贵壮健，贱老弱。父死，妻其后母；兄弟死，皆取其妻妻之。其俗有名不讳，而无姓字。

夏道衰，而公刘失其稷官，变于西戎，邑于豳。其后三百有余岁，戎狄攻大王亶父，亶父亡走岐下，而豳人悉从亶父而邑焉，作周。其后百有余岁，周西伯昌伐畎夷氏。后十有余年，武王伐纣而营洛邑，复居于酆鄗，放逐戎夷泾、洛之北，以时入贡，命曰"荒服"。其后二百有余年，周道衰，而穆王伐犬戎，得四白狼四白鹿以归。自是之后，荒服不至。于是周遂作《甫刑》之辟。穆王之后二百有余年，周幽王用宠姬褒姒之故，与申侯有郤。申侯怒而与犬戎共攻杀周幽王于骊山之下，遂取周之焦获，而居于泾、渭之间，侵暴中国。秦襄公救周，于是周平王去酆鄗而东徙洛邑。当是之时，秦襄公伐戎至岐，始列为诸侯。是后六十有五年，而山戎越燕而伐齐，齐釐公与战于齐郊。其后四十四年，而山戎伐燕。燕告急于齐，齐桓公北伐山戎，山戎走。其后二十有余年，而戎狄至洛邑，伐周襄王，襄王奔于郑之氾邑。初，周襄王欲伐郑，故娶戎狄女为后，与戎狄兵共伐郑。已而黜狄后，狄后怨，而襄王后母曰惠后，有子子带，欲立之，于是惠后与狄后、子带为内应，开戎狄，戎狄以故得入，破逐周襄王，而立子带为天子。于是戎狄或居于陆浑，东至于卫，侵盗暴虐。中国疾之，故诗人歌之曰"戎狄是应"；"薄伐猃狁，至于大原"；"出舆彭彭"，"城彼朔方"。周襄王既居外四年，乃使使告急于晋。晋文公初立，欲修霸业，乃兴师伐逐戎翟，诛子带，迎内周襄王，居于洛邑。

当是之时，秦、晋为强国。晋文公攘戎翟，居于河西圁、洛之间，号曰赤翟、白翟。秦穆公得由余，西戎八国服于秦，故自陇以西有绵诸、绲戎、翟、獂之戎，岐、梁山、泾、漆之北有义渠、大荔、乌氏、朐衍之戎。而晋北有林胡、楼烦之戎，燕北有东胡、山戎。各分散居溪谷，自有君长，往往而聚者百有余戎，然莫能相一。

自是之后百有余年，晋悼公使魏绛和戎翟，戎翟朝晋。后百有余年，赵襄子逾句注而破并代以临胡貉。其后既与韩、魏共灭智伯，分晋地而有之，则赵有代、句注之北，魏有河西、上郡，以与戎界边。其后义渠之戎筑城郭以自守，而秦稍蚕食，至于惠王，遂拔义渠二十五城。惠王击魏，魏尽入西河及上郡于秦。秦昭王时，义渠戎王与宣太后乱，有二子。宣太后诈而杀义渠戎王于甘泉，遂起兵伐残义渠。于是秦有陇西、北地、上郡，筑长城以拒胡。而赵武灵王亦变俗胡服，习骑射，北破林胡、楼烦。筑长城，自代并阴山下，至高阙为塞，而置云中、雁门、代郡。其后燕有贤将秦开，为质于胡，胡甚信之。归而袭破走东胡，东胡却千余里。与荆轲刺秦王秦舞阳者，开之孙也。燕亦筑长城，自造阳至襄平，置上谷、渔阳、右北平、辽西、辽东郡以拒胡。当是之时，冠带战国七，而三国边于匈奴。其后赵将李牧时，匈奴不敢入赵边。后秦灭六国，而始皇帝使蒙恬将十万之众北击胡，悉收河南地，因河为塞，筑四十四县城临河，徙适戍以充之。而通直道，自九原至云阳，因边山险堑溪谷可缮者治之，起临洮至辽东万余里。又度河据阳山北假中。当是之时，东胡强而月氏盛，匈奴单于曰头曼，头曼不胜秦，北徙。十余年而蒙恬死，诸侯畔秦，中国扰乱，诸秦所徙适戍边者皆复去，于是匈奴得宽，复稍度河南与中国界于故塞。

单于有太子名冒顿。后有所爱阏氏，生少子。而单于欲废冒顿而立少子，乃使冒顿质于月氏。冒顿既质于月氏，而头曼急击月氏。月氏欲杀冒顿，冒顿盗其善马，骑之亡归。头曼以为壮，令将万骑。冒顿乃作为鸣镝，习勒其骑射，令曰："鸣镝所射而不悉射者，斩之。"行猎鸟兽，有不射鸣镝所射者，辄斩之。已而冒顿以鸣镝自射其善马，左右或不敢射者，冒顿立斩不射善马者。居顷之，复以鸣镝自射其爱妻，左右或颇恐，不敢射，冒顿又复斩之。居顷之，冒顿出猎，以鸣镝射单于善马，左右皆射之。于是冒顿知其左右皆可用。从其父单于头曼猎，以鸣镝射头曼，其左右亦皆随鸣镝而射杀单于头曼，遂尽诛其后母与弟及大臣不听从者。冒顿自立为单于。

冒顿既立，是时东胡强盛，闻冒顿杀父自立，乃使使谓冒顿，欲得头曼时有千里马。冒顿问群臣，群臣皆曰："千里马，匈奴宝马也，勿与。"冒顿曰："奈何与人邻国而爱一马乎？"遂与之千里马。居顷之，东胡以为冒顿畏之，乃使使谓冒顿，欲得单于一阏氏。冒顿复问左右，左右皆怒曰："东胡无道，乃求阏氏！请击之。"冒顿曰："奈何与人邻国爱一女子乎？"遂取所爱阏氏予东胡。东胡王愈益骄，西侵。与匈奴间，中有弃地，莫居，千余里，各居其边为瓯脱。东胡使使谓冒顿："匈奴所与我界瓯脱外弃地，匈奴非能至也，吾欲有之。"冒顿问群臣，群臣或曰："此弃地，予之亦可，勿予亦可。"于是冒顿大怒曰："地者，国之本也，奈何予之！"诸言予之者，皆斩之。冒顿上马，令国中有后者斩，遂东袭击东胡。东胡初轻冒顿，不为备。及冒顿以兵至，击，大破灭东胡王，而虏其民人及畜产。既归，西击走月氏，南并楼烦、白羊河南王。悉复收秦所使蒙恬所夺匈奴地者，与汉关故河南塞，至朝那、肤施，遂侵燕、代。是时汉兵与项羽相距，中国罢于兵革，以故冒顿得自强，控弦之士三十余万。

自淳维以至头曼千有余岁，时大时小，别散分离，尚矣，其世传不可得而次云。然至冒顿而匈奴最强大，尽服从北夷，而南与中国为敌国，其世传国官号乃可得而记云。

置左右贤王，左右谷蠡王，左右大将，左右大都尉，左右大当户，左右骨都侯。匈奴谓贤曰"屠耆"，故常以太子为左屠耆王。自如左右贤王以下至当户，大者万骑，小者数千，凡二十四长，立号曰"万骑"。诸大臣皆世官。呼衍氏，兰氏，其后有须卜氏，此三姓其贵种也。诸左方王将居东方，直上谷以往者，东接秽貉、朝鲜；右方王将居西方，直上郡以西，接月氏、氐、羌；而单于之庭直代、云中：各有分地，逐水草移徙。而左右贤王、左右谷蠡王最为大，左右骨都侯辅政。诸二十四长亦各自置千长、百长、什长、裨小王、相、封、都尉、当户、且渠之属。

岁正月，诸长小会单于庭，祠。五月，大会龙城，祭其先、天地、鬼神。秋，马肥，大会蹛林，课校人畜计。其法，拔刃尺者死，坐盗者没入其家；有罪，小者轧，大者死。狱久者不过十日，一国之囚不过数人。而单于朝出营，拜日之始生，夕拜月。其坐，长而北乡。日上戊己。其送死，有棺椁金银衣裳，而无封树丧服；近幸臣妾从死者，多至数千百人。举事而候星月，月盛壮则攻战，月亏则退兵。其攻战，斩首虏赐一卮酒，而所得卤获因以予之，得人以为奴婢。故其战，人人自为趣利，善为诱兵以冒敌。故其见敌则逐利，如鸟之集；其困败，则瓦解云散矣。战而扶舆死者，尽得死者家财。

后北服浑庾、屈射、丁零、鬲昆、薪犁之国。于是匈奴贵人大臣皆服，以冒顿单于为贤。

是时汉初定中国，徙韩王信于代，都马邑。匈奴大攻围马邑，韩王信降匈奴。匈奴得信，因引兵南逾句注，攻太原，至晋阳下。高帝自将兵往击之。会冬大寒雨雪，卒之堕指者十二三，于是冒顿详败走，诱汉兵。汉兵逐击冒顿，冒顿匿其精兵，见其羸弱。于是汉悉兵，多步兵，三十二万，北逐之。高帝先至平城，步兵未尽到，冒顿纵精兵四十万骑围高帝于白登，七日，汉兵中外不得相救饷。匈奴骑，其西方尽白马，东方尽青駹，北方尽乌骊，南方尽骍马。高帝乃使使间厚遗阏氏，阏氏乃谓冒顿曰："两主不相困。今得汉地，而单于终非能居之。且汉王亦有神，单于察之。"冒顿与韩王信之将王黄、赵利期，而黄、利兵又不来，疑其与汉有谋，亦取阏氏之言，乃解围之一角。于是高帝令士皆持满傅矢外乡，从解角直出，竟与大军合，而冒顿遂引兵而去。汉亦引兵而罢，使刘敬结和亲之约。

是后韩王信为匈奴将，及赵利、王黄等数倍约，侵盗代、云中。居无几何，陈豨反，又与韩信合谋击代。汉使樊哙往击之，复拔代、雁门、云中郡县，不出塞。是时匈奴以汉将众往降，故冒顿常往来侵盗代地。于是汉患之，高帝乃使刘敬奉宗室女公主为单于阏氏，岁奉匈奴絮缯酒米食物各有数，约为昆弟以和亲，冒顿乃少止。后燕王卢绾反，率其党数千人降匈奴，往来苦上谷以东。

高祖崩，孝惠、吕太后时，汉初定，故匈奴以骄。冒顿乃为书遗高后，妄言。高后欲击之，诸将曰："以高帝贤武，然尚困于平城。"于是高后乃止，复与匈奴和亲。

至孝文帝初立，复修和亲之事。其三年五月，匈奴右贤王入居河南地，侵盗上郡葆塞蛮夷，杀略人民。于是孝文帝诏丞相灌婴发车骑八万五千，诣高奴，击右贤王。右贤王走出塞。文帝幸太原。是时济北王反，文帝归，罢丞相击胡之兵。

其明年，单于遗汉书曰："天所立匈奴大单于敬问皇帝无恙。前时皇帝言和亲事，称书意，合欢。汉边吏侵侮右贤王，右贤王不请，听后义卢侯难氏等计，与汉吏相距，绝二主之约，离兄弟之亲。皇帝让书再至，发使以书报，不来，汉使不至，汉以其故不和，领国不附。今以小吏之败约故，罚右贤王，使之西求月氏击之。以天之福，吏卒良，马强力，以夷灭月氏，尽斩杀降下之。定楼兰、乌孙、呼揭及其旁二十六国，皆以为匈奴。诸引弓之民，并为一家。北州已定，愿寝兵休士卒养马，除前事，复故约，以安边民，以应始古，使少者得成其长，老者安其处，世世平乐。未得皇帝之志也，故使郎中系雩浅奉书请，献橐他一匹，骑马二匹，驾二驷。皇帝即不欲匈奴近塞，则且诏吏民远舍。使者至，即遣之。"以六月中来至薪望之地。书至，汉议击与和亲孰便。公卿皆曰："单于新破月氏，乘胜，不可击。且得匈奴地，泽卤，非可居也。和亲甚便。"汉许之。

孝文皇帝前六年，汉遗匈奴书曰："皇帝敬问匈奴大单于无恙。使郎中系雩浅遗朕书曰：'右贤王不请，听后义卢侯难氏等计，绝二主之约，离兄弟之亲，汉以故不和，邻国不附。今以小吏败约，故罚右贤王使西击月氏，尽定之。愿寝兵休士卒养马，除前事，复故约，以安边民，使少者得成其长，老者安其处，世世平乐。'朕甚嘉之，此古圣主之意也。汉与匈奴约为兄弟，所以遗单于甚厚。倍约离兄弟之亲者，常在匈奴。然右贤王事已在赦前，单于勿深诛。单于若称书意，明告诸吏，使无负约，有信，敬如单于书。使者言单于自将伐国有功，甚苦兵事。服绣袷绮衣、绣袷长襦、锦袷袍各一，比余一，黄金饰具带一，黄金胥纰一，绣十匹，锦三十匹，赤绨、绿缯各四十匹，使中大夫意、谒者令肩遗单于。"

后顷之，冒顿死，子稽粥立，号曰老上单于。

老上稽粥单于初立，孝文皇帝复遣宗室女公主为单于阏氏，使宦者燕人中行说傅公主。说不欲行，汉强使之。说曰："必我行也，为汉患者。"中行说既至，因降单于，单于甚亲幸之。

初，匈奴好汉缯絮食物，中行说曰："匈奴人众不能当汉之一郡，然所以强者，以衣食异，无仰于汉也。今单于变俗好汉物，汉物不过什二，则匈奴尽归于汉矣。其得汉缯絮，以驰草棘中，衣袴皆裂敝，以示不如旃裘之完善也。得汉食物皆去之，以示不如湩酪之便美也。"于是说教单于左右疏记，以计课其人众畜物。

汉遗单于书，牍以尺一寸，辞曰"皇帝敬问匈奴大单于无恙"，所遗物及言语云云。中行说令单于遗汉书以尺二寸牍，及印封皆令广大长，倨傲其辞曰"天地所生日月所置匈奴大单于敬问汉皇帝无恙"，所以遗物言语亦云云。

汉使或言曰："匈奴俗贱老。"中行说穷汉使曰："而汉俗屯戍从军当发者，其老亲岂有不自脱温厚肥美以赍送饮食行戍乎？"汉使曰："然。"中行说曰："匈奴明以战攻为事，其老弱不能斗，故以其肥美饮食壮健者，盖以自为守卫，如此父子各得久相保，何以言匈奴轻老也？"汉使曰："匈奴父子乃同穹庐而卧。父死，妻其后母；兄弟死，尽取其妻妻之。无冠带之饰，阙庭之礼。"中行说曰："匈奴之俗，人食畜肉，饮其汁，衣其皮；畜食草饮水，随时转移。故其急则人习骑射，宽则人乐无事，其约束轻，易行也。君臣简易，一国之政犹一身也。父子兄弟死，取其妻妻之，恶种姓之失也。故匈奴虽乱，必立宗种。今中国虽详不取其父兄之妻，亲属益疏则相杀，至乃易姓，皆从此类。且礼义之敝，上下交怨望，而室屋之极，生力必屈。夫力耕桑以求衣食，筑城郭以自备，故其民急则不习战功，缓则罢于作业。嗟土室之人，顾无多辞，令喋喋而占占，冠固何当？"

自是之后，汉使欲辩论者，中行说辄曰："汉使无多言，顾汉所输匈奴缯絮米糵，令其量中，必善美而已矣，何以为言乎！且所给备善则已；不备，苦恶，则候秋孰，以骑驰蹂而稼穑耳。"日夜教单于候利害处。

汉孝文皇帝十四年，匈奴单于十四万骑入朝那、萧关，杀北地都尉卬，虏人民畜产甚多，遂至彭阳。使奇兵入烧回中宫，候骑至雍甘泉。于是文帝以中尉周舍、郎中令张武为将军，发车千乘，骑十万，军长安旁以备胡寇。而拜昌侯卢卿为上郡将军，宁侯魏遫为北地将军，隆虑侯周灶为陇西将军，东阳侯张相如为大将军，成侯董赤为前将军，大发车骑往击胡。单于留塞内月余乃去，汉逐出塞即还，不能有所杀。匈奴日已骄，岁入边，杀略人民畜产甚多，云中、辽东最甚，至代郡万余人。汉患之，乃使使遗匈奴书。单于亦使当户报谢，复言和亲事。

孝文帝后二年，使使遗匈奴书曰："皇帝敬问匈奴大单于无恙。使当户且居雕渠难、郎中韩辽遗朕马二匹，已至，敬受。先帝制：长城以北，引弓之国，受命单于；长城以内，冠带之室，朕亦制之。使万民耕织射猎衣食，父子无离，臣主相安，俱无暴逆。今闻渫恶民贪降其进取之利，倍义绝约，忘万民之命，离两主之欢，然其事已在前矣。书曰：'二国已和亲，两主欢说，寝兵休卒养马，世世昌乐，翩然更始。'朕甚嘉之。圣人者日新，改作更始，使老者得息，幼者得长，各保其首领而终其天年。朕与单于俱由此道。顺天恤民，世世相传，施之无穷，天下莫不咸便。汉与匈奴邻国之敌，匈奴处北地，寒，杀气早降，故诏吏遗单于秫糵金帛丝絮佗物岁有数。今天下大安，万民熙熙，朕与单于为之父母。朕追念前事，薄物细故，谋臣计失，皆不足以离兄弟之欢。朕闻天不颇覆，地不偏载，朕与单于皆捐往细故，俱蹈大道，堕坏前恶，以图长久，使两国之民若一家子。元元万民，下及鱼鳖，上及飞鸟，跂行喙息蠕动之类，莫不就安利而辟危殆。故来者不止，天之道也。俱去前事，朕释逃虏民，单于无言章尼等。朕闻古之帝王，约分明而无食言。单于留志，天下大安，和亲之后，汉过不先。单于其察之。"

单于既约和亲，于是制诏御史曰："匈奴大单于遗朕书，言和亲已定，亡人不足以益众广地，匈奴无入塞，汉无出塞，犯今约者杀之，可以久亲，后无咎，俱便，朕已许之。其布告天下，使明知之。"

后四岁，老上稽粥单于死，子军臣立为单于。既立，孝文皇帝复与匈奴和亲。而中行说复事之。

军臣单于立四岁，匈奴复绝和亲，大入上郡、云中各三万骑，所杀略甚众而去。于是汉使三将军军屯北地，代屯句注，赵屯飞狐口，缘边亦各坚守以备胡寇。又置三将军，军长安西细柳、渭北棘门、霸上以备胡。胡骑入代句注边，烽火通于甘泉、长安。数月，汉兵至边，匈奴亦去远塞，汉兵亦罢。后岁余，孝文帝崩，孝景帝立，而赵王遂乃阴使人于匈奴。吴、楚反，欲与赵合谋入边。汉围破赵，匈奴亦止。自是之后，孝景帝复与匈奴和亲，通关市，给遗匈奴，遣公主，如故约。终孝景时，时小入盗边，无大寇。

今帝即位，明和亲约束，厚遇，通关市，饶给之。匈奴自单于以下皆亲汉，往来长城下。

汉使马邑下人聂翁壹奸兰出物与匈奴交，详为卖马邑城以诱单于。单于信之，而贪马邑财物，乃以十万骑入武州塞。汉伏兵三十余万马邑旁，御史大夫韩安国为护军，护四将军以伏单于。单于既入汉塞，未至马邑百余里，见畜布野而无人牧者，怪之，乃攻亭。是时雁门尉史行徼，见寇，葆此亭，知汉兵谋。单于得，欲杀之，尉史乃告单于汉兵所居。单于大惊曰："吾固疑之。"乃引兵还。出曰："吾得尉史，天也，天使若言。"以尉史为"天王"。汉兵约，单于入马邑而纵。单于不至，以故汉兵无所得。汉将军王恢部出代击胡辎重，闻单于还，兵多，不敢出。汉以恢本造兵谋而不进，斩恢。自是之后，匈奴绝和亲，攻当路塞，往往入盗于汉边，不可胜数。然匈奴贪，尚乐关市，嗜汉财物，汉亦尚关市不绝以中之。

自马邑军后五年之秋，汉使四将军各万骑击胡关市下。将军卫青出上谷，至龙城，得胡首虏七百人。公孙贺出云中，无所得。公孙敖出代郡，为胡所败七千余人。李广出雁门，为胡所败，而匈奴生得广，广后得亡归。汉因敖、广，敖、广赎为庶人。其冬，匈奴数入盗边，渔阳尤甚。汉使将军韩安国屯渔阳备胡。其明年秋，匈奴二万骑入汉，杀辽西太守，略二千余人。胡又入败渔阳太守军千余人，围汉将军安国。安国时千余骑亦且尽，会燕救至，匈奴乃去。匈奴又入雁门，杀略千余人。于是汉使将军卫青将三万骑出雁门，李息出代郡，击胡，得首虏数千人。其明年，卫青复出云中以西至陇西，击胡之楼烦、白羊王于河南，得胡首虏数千，牛羊百余万。于是汉遂取河南地，筑朔方，复缮故秦时蒙恬所为塞，因河为固。汉亦弃上谷之什辟县造阳地以予胡。是岁，汉之元朔二年也。

其后冬，匈奴军臣单于死。军臣单于弟左谷蠡王伊稚斜自立为单于，攻破军臣单于太子於单。於单亡降汉，汉封於单为涉安侯，数月而死。

伊稚斜单于既立，其夏，匈奴数万骑入杀代郡太守恭友，略千余人。其秋，匈奴又入雁门，杀略千余人。其明年，匈奴又复入代郡、定襄、上郡，各三万骑，杀略数千

人。匈奴右贤王怨汉夺之河南地而筑朔方，数为寇，盗边，及入河南，侵扰朔方，杀略吏民甚众。

其明年春，汉以卫青为大将军，将六将军，十余万人，出朔方、高阙击胡。右贤王以为汉兵不能至，饮酒醉，汉兵出塞六七百里，夜围右贤王。右贤王大惊，脱身逃走，诸精骑往往随后去。汉得右贤王众男女万五千人，裨小王十余人。其秋，匈奴万骑入杀代郡都尉朱英，略千余人。

其明年春，汉复遣大将军卫青将六将军，兵十余万骑，乃再出定襄数百里击匈奴，得首虏前后凡万九千余级，而汉亦亡两将军，军三千余骑。右将军建得以身脱，而前将军翕侯赵信兵不利，降匈奴。赵信者，故胡小王，降汉，汉封为翕侯，以前将军与右将军并军分行，独遇单于兵，故尽没。单于既得翕侯，以为自次王，用其姊妻之，与谋汉。信教单于益北绝幕，以诱罢汉兵，徼极而取之，无近塞。单于从其计。

其明年，胡骑万人入上谷，杀数百人。

其明年春，汉使骠骑将军去病将万骑出陇西，过焉支山千余里，击匈奴，得胡首虏万八千余级，破得休屠王祭天金人。其夏，骠骑将军复与合骑侯数万骑出陇西、北地二千里，击匈奴。过居延，攻祁连山，得胡首虏三万余人，裨小王以下七十余人。是时匈奴亦来入代郡、雁门，杀略数百人。汉使博望侯及李将军广出右北平，击匈奴左贤王。左贤王围李将军，卒可四千人，且尽，杀虏亦过当。会博望侯军救至，李将军得脱。汉失亡数千人。合骑侯后骠骑将军期，及与博望侯皆当死，赎为庶人。

其秋，单于怒浑邪王、休屠王居西方为汉所杀虏数万人，欲召诛之。浑邪王与休屠王恐，谋降汉，汉使骠骑将军往迎之。浑邪王杀休屠王，并将其众降汉。凡四万余人，号十万。于是汉已得浑邪王，则陇西、北地、河西益少胡寇，徙关东贫民处所夺匈奴河南、新秦中以实之，而减北地以西戍卒半。其明年，匈奴入右北平、定襄各数万骑，杀略千余人而去。

其明年春，汉谋曰"翕侯信为单于计，居幕北，以为汉兵不能至。"乃粟马，发十万骑，私负从马凡十四万匹，粮重不与焉，令大将军青、骠骑将军去病中分军，大将军出定襄，骠骑将军出代，咸约绝幕击匈奴。单于闻之，远其辎重，以精兵待于幕北。与汉大将军接战一日，会暮，大风起，汉兵纵左右翼围单于。单于自度战不能如汉兵，单于遂独身与壮骑数百溃汉围西北遁走。汉兵夜追不得。行斩捕匈奴首虏凡九千级，北至阗颜山赵信城而还。

单于之遁走，其兵往往与汉兵相乱而随单于。单于久不与其大众相得，其右谷蠡王以为单于死，乃自立为单于。真单于复得其众，而右谷蠡王乃去其单于号，复为右谷蠡王。

汉骠骑将军之出代二千余里，与左贤王接战，汉兵得胡首虏凡七万余级，左贤王将皆遁走。骠骑封于狼居胥山，禅姑衍，临翰海而还。

是后匈奴远遁，而幕南无王庭。汉度河自朔方以西至令居，往往通渠置田，官吏卒五六万人，稍蚕食，地接匈奴以北。

初，汉两将军大出围单于，所杀虏八九万，而汉士卒物故亦数万，汉马死者十余万。匈奴虽病，远去，而汉亦马少，无以复往。匈奴用赵信之计，遣使于汉，好辞请和亲。天子下其议，或言和亲，或言遂臣之。丞相长史任敞曰："匈奴新破，困，宜可使为外臣，朝请于边。"汉使任敞于单于。单于闻敞计，大怒，留之不遣。先是汉亦有所降匈奴使者，单于亦辄留汉使相当。汉方复收士马，会骠骑将军去病死，于是汉久不北击胡。

数岁，伊稚斜单于立十三年死，子乌维立为单于。是岁，汉元鼎三年也。乌维单于立，而汉天子始出巡郡县。其后汉方南诛两越，不击匈奴，匈奴亦不侵入边。

乌维单于立三年，汉已灭南越，遣故太仆贺将万五千骑出九原二千余里，至浮苴井而还，不见匈奴一人。汉又遣故从骠侯赵破奴万余骑出令居数千里，至匈河水而还，亦不见匈奴一人。

是时天子巡边，至朔方，勒兵十八万骑以见武节，而使郭吉风告单于。郭吉既至匈奴，匈奴主客问所使，郭吉礼卑言好，曰："吾见单于而口言。"单于见吉，吉曰："南越王头已悬于汉北阙。今单于即能前与汉战，天子自将兵待边；单于即不能，即南面而臣于汉。何徒远走，亡匿于幕北寒苦无水草之地，毋为也。"语卒而单于大怒，立斩主客见者，而留郭吉不归，迁之北海上。而单于终不肯为寇于汉边，休养息士马，习射猎，数使于汉，好辞甘言求请和亲。

汉使王乌等窥匈奴。匈奴法，汉使非去节而以墨黥其面者不得入穹庐。王乌，北地人，习胡俗，去其节，黥面，得入穹庐。单于爱之，详许甘言，为遣其太子入汉为质，以求和亲。

汉使杨信于匈奴。是时汉东拔秽貉、朝鲜以为郡，而西置酒泉郡以鬲绝胡与羌通之路。汉又西通月氏、大夏，又以公主妻乌孙王，以分匈奴西方之援国。又北益广田至胘雷为塞，而匈奴终不敢以为言。是岁，翕侯信死，汉用事者以匈奴为已弱，可臣从也。杨信为人刚直屈强，素非贵臣，单于不亲。单于欲召入，不肯去节，单于乃坐穹庐外见杨信。杨信既见单于，说曰："即欲和亲，以单于太子为质于汉。"单于曰："非故约。故约，汉常遣公主，给缯絮食物有品，以和亲，而匈奴亦不扰边。今乃欲反古，令吾太子为质，无几矣。"匈奴俗，见汉使非中贵人，其儒先，以为欲说，折其辩；其少年，以为欲刺，折其气。每汉使入匈奴，匈奴辄报偿。汉留匈奴使，匈奴亦留汉使，必得当乃肯止。

杨信既归，汉使王乌，而单于复谄以甘言，欲多得汉财物，绐谓王乌曰："吾欲入汉见天子，面相约为兄弟。"王乌归报汉，汉为单于筑邸于长安。匈奴曰："非得汉贵人使，吾不与诚语。"匈奴使其贵人至汉，病，汉予药，欲愈之，不幸而死。而汉使路充国佩二千石印绶往使，因送其丧，厚葬直数千金，曰："此汉贵人也。"单于以为汉杀吾贵使者，乃留路充国不归。诸所言者，单于特空给王乌，殊无意入汉及遣太子来质。于是匈奴数使奇兵侵犯边。汉乃拜郭昌为拔胡将军，及浞野侯屯朔方以东，备胡。路充

国留匈奴三岁，单于死。

乌维单于立十岁而死，子乌师庐立为单于。年少，号为儿单于。是岁元封六年也。自此之后，单于益西北，左方兵直云中，右方直酒泉、敦煌郡。

儿单于立，汉使两使者，一吊单于，一吊右贤王，欲以乖其国。使者入匈奴，匈奴悉将致单于。单于怒而尽留汉使。汉使留匈奴者前后十余辈，而匈奴使来，汉亦辄留相当。

是岁，汉使贰师将军广利西伐大宛，而令因杅将军敖筑受降城。其冬，匈奴大雨雪，畜多饥寒死。儿单于年少，好杀伐，国人多不安。左大都尉欲杀单于，使人间告汉曰："我欲杀单于降汉，汉远，即兵来迎我，我即发。"初，汉闻此言，故筑受降城，犹以为远。

其明年春，汉使浞野侯破奴将二万余骑出朔方西北二千余里，期至浚稽山而还。浞野侯既至期而还，左大都尉欲发而觉，单于诛之，发左方兵击浞野，浞野侯行捕首虏得数千人。还，未至受降城四百里，匈奴兵八万骑围之。浞野侯夜自出求水，匈奴间捕，生得浞野侯，因急击其军。军中郭纵为护，维王为渠，相与谋曰："及诸校尉畏亡将军而诛之，莫相劝归。"军遂没于匈奴。匈奴儿单于大喜，遂遣奇兵攻受降城。不能下，乃寇入边而去。其明年，单于欲自攻受降城，未至，病死。

儿单于立三岁而死。子年少，匈奴乃立其季父乌维单于弟右贤王呴犁湖为单于。是岁太初三年也。

呴犁湖单于立，汉使光禄徐自为出五原塞数百里，远者千余里，筑城鄣列亭至庐朐，而使游击将军韩说、长平侯卫伉屯其旁，使强弩都尉路博德筑居延泽上。

其秋，匈奴大入定襄、云中，杀略数千人，败数二千石而去，行破坏光禄所筑城列亭鄣。又使右贤王入酒泉、张掖，略数千人。会任文击救，尽复失所得而去。是岁，贰师将军破大宛，斩其王而还。匈奴欲遮之，不能至。其冬，欲攻受降城，会单于病死。

呴犁湖单于立一岁死。匈奴乃立其弟左大都尉且鞮侯为单于。

汉既诛大宛，威震外国。天子意欲遂困胡，乃下诏曰："高皇帝遗朕平城之忧，高后时单于书绝悖逆。昔齐襄公复九世之仇，《春秋》大之。"是岁太初四年也。

且鞮侯单于既立，尽归汉使之不降者，路充国等得归。单于初立，恐汉袭之，乃自谓"我儿子，安敢望汉天子！汉天子，我丈人行也。"汉遣中郎将苏武厚币赂遗单于。单于益骄，礼甚倨，非汉所望也。其明年，浞野侯破奴得亡归汉。

其明年，汉使贰师将军广利以三万骑出酒泉，击右贤王于天山，得胡首虏万余级而还。匈奴大围贰师将军，几不脱，汉兵物故什六七。汉复使因杅将军敖出西河，与强弩都尉会涿涂山，毋所得。又使骑都尉李陵将步骑五千人，出居延北千余里，与单于会，合战，陵所杀伤万余人，兵及食尽，欲解归。匈奴围陵，陵降匈奴，其兵遂没，得还者四百人。单于乃贵陵，以其女妻之。

后二岁，复使贰师将军将六万骑、步兵十万，出朔方。

强弩都尉路博德将万余人，与贰师会。游击将军说将步骑三万人，出五原。因杅将军敖将万骑、步兵三万人，出雁门。匈奴闻，悉远其累重于余吾水北，而单于以十万骑待水南，与贰师将军接战。贰师解而引归，与单于连战十余日。贰师闻其家以巫蛊族灭，因并众降匈奴，得来还千人一两人耳。游击说无所得。因杅敖与左贤王战，不利，引归。是岁汉兵之出击匈奴者不得言功多少，功不得御。有诏捕太医令随但，言贰师将军家室族灭，使广利得降匈奴。

太史公曰：孔氏著《春秋》，隐、桓之间则章，至定、哀之际则微，为其切当世之文而罔褒，忌讳之辞也。世俗之言匈奴者，患其徼一时之权，而务诎纳其说，以便偏指，不参彼己；将率席中国广大，气奋，人主因以决策，是以建功不深。尧虽贤，兴事业不成，得禹而九州宁。且欲兴圣统，唯在择任将相哉！唯在择任将相哉！

卷一百一十一
卫将军骠骑列传第五十一

大将军卫青者，平阳人也。其父郑季，为吏，给事平阳侯家，与侯妾卫媪通，生青。青同母兄卫长子，而姊卫子夫自平阳公主家得幸天子，故冒姓为卫氏。字仲卿。长子更字长君。长君母号为卫媪。媪长女卫孺，次女少儿，次女即子夫。后子夫男弟步、广皆冒卫氏。

青为侯家人，少时归其父，其父使牧羊。先母之子皆奴畜之，不以为兄弟数。青尝从入至甘泉居室，有一钳徒相青曰："贵人也，官至封侯。"青笑曰："人奴之生，得毋笞骂即足矣，安得封侯事乎！"

青壮，为侯家骑，从平阳主。建元二年春，青姊子夫得入宫幸上。皇后，堂邑大长公主女也，无子，妒。大长公主闻卫子夫幸，有身，妒之，乃使人捕青。青时给事建章，未知名。大长公主执囚青，欲杀之。其友骑郎公孙敖与壮士往篡取之，以故得不死。上闻，乃召青为建章监，侍中。及同母昆弟贵，赏赐数日间累千金。孺为太仆公孙贺妻。少儿故与陈掌通，上召贵掌。公孙敖由此益贵。子夫为夫人。青为大中大夫。

元兴五年，青为车骑将军，击匈奴，出上谷；太仆公孙贺为轻车将军，出云中；大中大夫公孙敖为骑将军，出代郡；卫尉李广为骁骑将军，出雁门；军各万骑。青至龙城，斩首虏数百。骑将军敖亡七千骑，卫尉李广为虏所得，得脱归，皆当斩，赎为庶人。贺亦无功。

元朔元年春，卫夫人有男，立为皇后。其秋，青为车骑将军，出雁门，三万骑击匈奴，斩首虏数千人。明年，匈奴入杀辽西太守，虏略渔阳二千余人，败韩将军军。汉令将军李息击之，出代；令车骑将军青出云中以西到高阙。遂略河南地，至于陇西，捕首虏数千，畜数十万，走白羊、楼烦王。遂以河南地为朔方郡。以三千八百户封青为长平侯。青校尉苏建有功，以千一百户封建为平陵侯。使建筑朔方城。青校尉张次公有功，封为岸头侯。天子曰："匈奴逆天理，乱人伦，暴长虐老，以盗窃为务，行诈诸蛮夷，造谋藉兵，数为边害，故兴师遣将，以征厥罪。《诗》不云乎，'薄伐猃狁，至于太原'；'出车彭彭，城彼朔方'。今车骑将军青度西河至高阙，获首虏二千三百级，车辎畜产毕收为卤，已封为列侯，遂西定河南地，按榆谿旧塞，绝梓领，梁北河，讨蒲泥，破符离，斩轻锐之卒，捕伏听者三千七十一级，执讯获丑，驱马牛羊百有余万，全甲兵而还，益封青三千户。"其明年，匈奴入杀代郡太守友，入略雁门千余人。其明年，匈奴大入代、定襄、上郡，杀略汉数千人。

其明年，元朔之五年春，汉令车骑将军青将三万骑，出高阙；卫尉苏建为游击将军，左内史李沮为强弩将军，太仆公孙贺为骑将军，代相李蔡为轻车将军，皆领属车骑将军，俱出朔方；大行李息、岸头侯张次公为将军，出右北平：咸击匈奴。匈奴右贤王当卫青等兵，以为汉兵不能至此，饮醉。汉兵夜至，围右贤王，右贤王惊，夜逃，独与其爱妾一人壮骑数百驰，溃围北去。汉轻骑校尉郭成等逐数百里，不及，得右贤裨王十余人，众男女万五千余人，畜数千百万，于是引兵而还。至塞，天子使使者持大将军印，即军中拜车骑将军青为大将军，诸将皆以兵属大将军，大将军立号而归。天子曰："大将军青躬率戎士，师大捷，获匈奴王十有余人。益封青六千户。"而封青子伉为宜春侯，青子不疑为阴安侯，青子登为发干侯。青固谢曰："臣幸得待罪行间，赖陛下神灵，军大捷，皆诸校尉力战之功也。陛下幸已益封臣青。臣青子在襁褓中，未有勤劳。上幸列地封为三侯，非臣待罪行间所以劝士力战之意也。伉等三人何敢受封！"天子曰："我非忘诸校尉功也，今固且图之。"乃诏御史曰："护军都尉公孙敖三从大将军击匈奴，常护军，傅校获王，以千五百户封敖为合骑侯。都尉韩说从大将军出窳浑，至匈奴右贤王庭，为麾下搏战获王，以千三百户封说为龙颔侯。骑将军公孙贺从大将军获王，以千三百户封贺为南窌侯。轻车将军李蔡再从大将军获王，以千六百户封蔡为乐安侯。校尉李朔，校尉赵不虞，校尉公孙戎奴，各三从大将军获王，以千三百户封朔为涉轵侯，以千三百户封不虞为随成侯，以千三百户封戎奴为从平侯。将军李沮、李息及校尉豆如意有功，赐爵关内侯，食邑各三百户。"其秋，匈奴入代，杀都尉朱英。

其明年春，大将军青出定襄。合骑侯敖为中将军，太仆贺为左将军，翕侯赵信为前将军，卫尉苏建为右将军，郎中令李广为后将军，右内史李沮为强弩将军，咸属大将军，斩首数千级而还。月余，悉复出定襄击匈奴，斩首虏万余人。右将军建、前将军信并军三千余骑，独逢单于兵，与战一日余，汉兵且尽。前将军故胡人，降为翕侯，见急，匈奴诱之，遂将其余骑可八百奔降单于。右将军苏建尽亡其军，独以身得亡去，自归大将军。大将军问其罪正闳、长史安、议郎周霸等："建当云何？"霸曰："自大将军出，未尝斩裨将。今建弃军，可斩以明将军之威。"闳、安曰："不然。兵法'小敌之坚，大敌之禽也'。今建以数千当单于数万，力战一日余，士尽，不敢有二心，自归。自归而斩之，是示后无反意也。不当斩。"大将军曰："青幸得以肺腑待罪行间，不患无威，而霸说我以明威，甚失臣意。且使臣职虽当斩将，以臣之尊宠而不敢自擅专诛于境外，而具归天子，天子自裁之，于是以见为人臣不敢专权，不亦可乎？"军吏皆曰"善"。遂囚建诣行在所。入塞罢兵。

是岁也，大将军姊子霍去病年十八，幸，为天子侍中。善骑射，再从大将军，受诏与壮士，为剽姚校尉，与轻勇骑八百直弃大军数百里赴利，斩捕首虏过当。于是天子曰："剽姚校尉去病斩首虏二千二十八级，及相国、当户，斩单于大父行籍若侯产，生捕季父罗姑比，再冠军，以千六百户封去病为冠军侯。上谷太守郝贤四从大将军，捕斩首虏二千余人，以千一百户封贤为众利侯。"是岁，失两将军军，亡翕侯，军功不多，故大将军不益封。右将军建至，天子不诛，赦其罪，赎为庶人。

大将军既还，赐千金。是时王夫人方幸于上，宁乘说大将军曰："将军所以功未甚多，身食万户，三子皆为侯者，徒以皇后故也。今王夫人幸而宗族未富贵，愿将军奉所赐千金为王夫人亲寿。"大将军乃以五百金为寿。天子闻之，问大将军，大将军以实言，上乃拜宁乘为东海都尉。

张骞从大将军，以尝使大夏，留匈奴中久，导军，知善水草处，军得以无饥渴，因前使绝国功，封骞博望侯。

冠军侯去病既侯三岁，元狩二年春，以冠军侯去病为骠骑将军，将万骑出陇西，有功。天子曰："骠骑将军率戎士逾乌盩，讨遬濮，涉狐奴，历五王国，辎重人众慑慴者弗取，冀获单于子。转战六日，过焉支山千有余里，合短兵，杀折兰王，斩卢胡王，诛全甲，执浑邪王子及相国、都尉，首虏八千余级，收休屠祭天金人。益封去病二千户。"

其夏，骠骑将军与合骑侯敖俱出北地，异道；博望侯张骞、郎中令李广俱出右北平，异道，皆击匈奴。郎中令将四千骑先至，博望侯将万骑在后至。匈奴左贤王将数万骑围郎中令，郎中令与战二日，死者过半，所杀亦过当。博望侯至，匈奴兵引去。博望侯坐行留，当斩，赎为庶人。而骠骑将军出北地，已遂深入，与合骑侯失道，不相得，骠骑将军逾居延至祁连山，捕首虏甚多。天子曰："骠骑将军逾居延，遂过小月氏，攻祁连山，得酋涂王，以众降者二千五百人，斩首虏三万二百级，获五王，五王母，单于阏氏、王子五十九人，相国、将军、当户、都尉六十三人，师大率减什三，益封去病五千户。赐校尉从至小月氏爵左庶长。鹰击司马破奴再从骠骑将军斩遬濮王，捕稽沮王，千骑将得王、王母各一人，王子以下四十一人，捕虏三千三百三十人，前行捕虏千四百人，以二千五百户封破奴为从骠侯。校尉句王高不识，从骠骑将军捕呼于屠王王子以下十一人，捕虏千七百六十八人，以千一百户封不识为宜冠侯。校尉仆多有功，封为煇渠侯。合骑侯敖坐行留不与骠骑会，当斩，赎为庶人。诸宿将所将士马兵亦不如骠骑，骠骑所将常选，然亦敢深入，常与壮骑先其大军，军亦有天幸，未尝困绝也。然而诸宿将常坐留落不遇。由此骠骑日以亲贵，比大将军。

其秋，单于怒浑邪王居西方数为汉所破，亡数万人，以骠骑之兵也。单于怒，欲召诛浑邪王。浑邪王与休屠王等谋欲降汉，使人先要边。是时大行李息将城河上，得浑邪王使，即驰传以闻。天子闻之，于是恐其以诈降而袭边，乃令骠骑将军将兵往迎之。骠骑既渡河，与浑邪王众相望。浑邪王裨将见汉军而多欲不降者，颇遁去。骠骑乃驰入与浑邪王相见，斩其欲亡者八千人，遂独遣浑邪王乘传先诣行在所，尽将其众渡河，降者数万，号称十万。既至长安，天子所以赏赐者数十巨万。封浑邪王万户，为漯阴侯。封其裨王呼毒尼为下摩侯，鹰庇为煇渠侯，禽梨为河綦侯，大当户铜离为常乐侯。于是天子嘉骠骑之功曰："骠骑将军去病率师攻匈奴西域王浑邪，王及厥众萌咸相奔，率以军粮接食，并将控弦万有余人，诛猰獟，获首虏八千余级，降异国之王三十二人，战士不离伤，十万之众咸怀集服，仍与之劳，爰及河塞，庶几无患，幸既永绥矣。以千七百户益封骠骑将军。"减陇西、北地、上郡戍卒之半，以宽天下之繇。

居顷之，乃分徙降者边五郡故塞外，而皆在河南，因其故俗，为属国。其明年，匈奴入右北平、定襄，杀略汉千余人。

其明年，天子与诸将议曰："翕侯赵信为单于画计，常以为汉兵不能度幕轻留，今大发士卒，其势必得所欲。"是岁元狩四年也。

元狩四年春，上令大将军青、骠骑将军去病将各五万骑，步兵转者踵军数十万，而敢力战深入之士皆属骠骑。骠骑始为出定襄，当单于。捕虏言单于东，乃更令骠骑出代郡，令大将军出定襄。郎中令为前将军，太仆为左将军，主爵赵食其为右将军，平阳侯襄为后将军，皆属大将军。兵即度幕，人马凡五万骑，与骠骑等咸击匈奴单于。赵信为单于谋曰："汉兵既度幕，人马罢，匈奴可坐收虏耳。"乃悉远北其辎重，皆以精兵待幕北。而适值大将军军出塞千余里，见单于兵陈而待，于是大将军令武刚车自环为营，而纵五千骑往当匈奴。匈奴亦纵可万骑。会日且入，大风起，沙砾击面，两军不相见，汉益纵左右翼绕单于。单于视汉兵多，而士马尚强，战而匈奴不利，薄暮，单于遂乘六赢，壮骑可数百，直冒汉围西北驰去。时已昏，汉、匈奴相纷挐，杀伤大当。汉军左校捕虏言单于未昏而去，汉军因发轻骑夜追之，大将军军因随其后。匈奴兵亦散走。迟明，行二百余里，不得单于，颇捕斩首虏万余级，遂至寘颜山赵信城，得匈奴积粟食军。军留一日而还，悉烧其城余粟以归。

大将军之与单于会也，而前将军广、右将军食其军别从东道，或失道，后击单于。大将军引还过幕南，乃得前将军、右将军。大将军欲使使归报，令长史簿责前将军广，广自杀。右将军至，下吏，赎为庶人。大将军军入塞，凡斩捕首虏万九千级。

是时匈奴众失单于十余日，右谷蠡王闻之，自立为单于。单于后得其众，右王乃去单于之号。

骠骑将军亦将五万骑，车重与大将军军等，而无裨将。悉以李敢等为大校，当裨将，出代、右北平千余里，直左方兵，所斩捕功已多大将军。军既还，天子曰："骠骑将军去病率师，躬将所获荤粥之士，约轻赍，绝大幕，涉获章渠，以诛比车耆，转击左大将，斩获旗鼓，历涉离侯。济弓闾，获屯头王、韩王等三人，将军、相国、当户、都尉八十三人，封狼居胥山，禅于姑衍，登临翰海。执卤获丑七万有四百四十三级，师率减什三，取食于敌，迈行殊远而粮不绝。以五千八百户益封骠骑将军。"右北平太守路博德属骠骑将军，会与城，不失期，从至梼余山，斩首捕虏二千七百级，以千六百户封博德为符离侯。北地都尉邢山从骠骑将军获王，以千二百户封山为义阳侯。故归义因淳王复陆支、楼专王伊即轩皆从骠骑将军有功，以千三百户封复陆支为壮侯，以千八百户封伊即轩为众利侯。从骠侯破奴、昌武侯安稽从骠骑有功，益封各三百户。校尉敢得旗鼓，为关内侯，食邑二百户。校尉自为爵大庶长。军吏卒为官，赏赐甚多。而大将军不得益封，军吏卒皆无封侯者。

两军之出塞，塞阅，官及私马凡十四万匹。而复入塞者不满三万匹。乃益置大司马位，大将军、骠骑将军皆为大司马。定令，令骠骑将军秩禄与大将军等。自是之后，大将军青日退，而骠骑日益贵。举大将军故人门下多去，事骠骑，辄得官爵，唯任安不肯。

骠骑将军为人少言不泄，有气敢任。天子尝欲教之孙、吴兵法，对曰："顾方略何如耳，不至学古兵法。"天子为治第，令骠骑视之，对曰："匈奴未灭，无以家为也。"由此上益重爱之。然少而侍中，贵，不省士。其从军，天子为遣太官赍数十乘，既还，重车余弃粱肉，而士有饥者。其在塞外，卒乏粮，或不能自振，而骠骑尚穿域蹋鞠。事多此类。大将军为人仁善退让，以和柔自媚于上，然天下未有称也。

骠骑将军自四年军后三年，元狩六年而卒。天子悼之，发属国玄甲军，陈自长安至茂陵，为冢象祁连山。谥之，并武与广地曰景桓侯。子嬗代侯。嬗少，字子侯，上爱之，幸其壮而将之。居六岁，元封元年，嬗卒，谥哀侯。无子，绝，国除。

自骠骑将军死后，大将军长子宜春侯伉坐法失侯。后五岁，伉弟二人，阴安侯不疑及发干侯登皆坐酎金失侯。失侯后二岁，冠军侯国除。其后四年，大将军青卒，谥为烈侯。子伉代为长平侯。

自大将军围单于之后十四年而卒。竟不复击匈奴者，以汉马少，而方南诛两越，东伐朝鲜，击羌、西南夷，以故久不伐胡。

大将军以其得尚平阳公主故，长平侯伉代侯。六岁，坐法失侯。

左右两大将军及诸裨将名：最大将军青，凡七出击匈奴，斩捕首虏五万余级。一与单于战，收河南地，遂置朔方郡，再益封，凡万一千八百户。封三子为侯，侯千三百户。并之，万五千七百户。其校尉裨将以从大将军侯者九人。其裨将及校尉已为将者十四人。为裨将者曰李广，自有传。无传者曰：

将军公孙贺。贺，义渠人，其先胡种。贺父浑邪，景帝时为平曲侯，坐法失侯。贺，武帝为太子时舍人。武帝立八岁，以太仆为轻车将军，军马邑。后四岁，以轻车将军出云中。后五岁，以骑将军从大将军有功，封为南窌侯。后一岁，以左将军再从大将军出定襄，无功。后四岁，以坐酎金失侯。后八岁，以浮沮将军出五原二千余里，无功。后八岁，以太仆为丞相，封葛绎侯。贺七为将军，出击匈奴无大功，而再侯，为丞相。坐子敬声与阳石公主奸，为巫蛊，族灭，无后。

将军李息，郁郅人。事景帝。至武帝立八岁，为材官将军，军马邑。后六岁，为将军，出代。后三岁，为将军，从大将军出朔方。皆无功。凡三为将军，其后常为大行。

将军公孙敖，义渠人。以郎事武帝。武帝立十二岁，为骑将军，出代，亡卒七千人，当斩，赎为庶人。后五岁，以校尉从大将军有功，封为合骑侯。后一岁，以中将军从大将军再出定襄，无功。后二岁，以将军出北地，后骠骑期，当斩，赎为庶人。后二岁，以校尉从大将军，无功。后十四岁，以因杅将军筑受降城。七岁，复以因杅将军再出击匈奴，至余吾，亡士卒多，下吏，当斩，诈死，亡居民间五六岁。后发觉，复系。坐妻为巫蛊，族。凡四为将军，出击匈奴，一侯。

将军李沮，云中人。事景帝。武帝立十七岁，以左内史为强弩将军。后一岁，复为强弩将军。

将军李蔡，成纪人也。事孝文帝、景帝、武帝。以轻车将军从大将军有功，封为乐安侯。已为丞相，坐法死。

将军张次公，河东人。以校尉从卫将军青有功，封为岸头侯。其后太后崩，为将军，军北军。后一岁，为将军，从大将军，再为将军，坐法失侯。次公父隆，轻车武射也。以善射，景帝幸近之也。

将军苏建，杜陵人。以校尉从卫将军青，有功，为平陵侯，以将军筑朔方。后四岁，为游击将军，从大将军出朔方。后一岁，以右将军再从大将军出定襄，亡翕侯，失军，当斩，赎为庶人。其后为代郡太守，卒，冢在大犹乡。

将军赵信，以匈奴相国降，为翕侯。武帝立十七岁，为前将军，与单于战，败，降匈奴。

将军张骞，以使通大夏，还，为校尉。从大将军有功，封为博望侯。后三岁，为将军，出右北平，失期，当斩，赎为庶人。其后使通乌孙，为大行，而卒，冢在汉中。

将军赵食其，祋祤人也。武帝立二十二岁，以主爵为右将军，从大将军出定襄，迷失道，当斩，赎为庶人。

将军曹襄，以平阳侯为后将军，从大将军出定襄。襄，曹参孙也。

将军韩说，弓高侯庶孙也。以校尉从大将军有功，为龙额侯，坐酎金失侯。元鼎六年，以待诏为横海将军，击东越有功，为按道侯。以太初三年为游击将军，屯于五原外列城。为光禄勋，掘蛊太子宫，卫太子杀之。

将军郭昌，云中人也。以校尉从大将军。元封四年，以太中大夫为拔胡将军，屯朔方。还击昆明，毋功，夺印。

将军荀彘，太原广武人。以御见，侍中，为校尉，数从大将军。以元封三年为左将军击朝鲜，无功。以捕楼船将军坐法死。

最骠骑将军去病，凡六出击匈奴，其四出以将军，斩捕首虏十一万余级。及浑邪王以众降数万，遂开河西酒泉之地，西方益少胡寇。四益封，凡万五千一百户。其校吏有功为侯者凡六人，而后为将军二人。

将军路博德，平州人。以右北平太守从骠骑将军有功，为符离侯。骠骑死后，博德以卫尉为伏波将军，伐破南越，益封。其后坐法失侯。为强弩都尉，屯居延，卒。

将军赵破奴，故九原人。尝亡入匈奴，已而归汉，为骠骑将军司马。出北地，时有功，封为从骠侯。坐酎金失侯。后一岁，为匈河将军，攻胡至匈河水。无功。后二岁，击虏楼兰王，复封为浞野侯。后六岁，为浚稽将军，将二万骑击匈奴左贤王，左贤王与战，兵八万骑围破奴，破奴生为虏所得，遂没其军。居匈奴中十岁，复与其太子安国亡入汉。后坐巫蛊，族。

自卫氏兴，大将军青首封，其后枝属为五侯。凡二十四岁而五侯尽夺，卫氏无为侯者。

太史公曰：苏建语余曰："吾尝责大将军至尊重，而天下之贤大夫毋称焉，愿将军观古名将所招选择贤者，勉之哉。大将军谢曰：'自魏其、武安之厚宾客，天子常切齿。彼亲附士大夫，招贤绌不肖者，人主之柄也。人臣奉法遵职而已，何与招士！'"骠骑亦放此意，其为将如此。

卷一百一十二
平津侯主父列传第五十二

丞相公孙弘者，齐菑川国薛县人也，字季。少时为薛狱吏，有罪，免。家贫，牧豕海上。年四十余，乃学《春秋》杂说。养后母孝谨。

建元元年，天子初即位，招贤良文学之士。是时弘年六十，征以贤良为博士。使匈奴，还报，不合上意，上怒，以为不能，弘乃病免归。

元光五年，有诏征文学，菑川国复推上公孙弘。弘让，谢国人曰："臣已尝西应命，以不能罢归。愿更推选。"国人固推弘，弘至太常。太常令所征儒士各对策，百余人，弘第居下。策奏，天子擢弘对为第一。召入见，状貌甚丽，拜为博士。是时通西南夷道，置郡，巴、蜀民苦之，诏使弘视之。还奏事，盛毁西南夷无所用，上不听。

弘为人恢奇多闻，常称以为人主病不广大，人臣病不俭节。弘为布被，食不重肉。后母死，服丧三年。每朝会议，开陈其端，令人主自择，不肯面折庭争。于是天子察其行敦厚，辩论有余，习文法吏事，而又缘饰以儒术，上大说之。二岁中，至左内史。弘奏事，有不可，不庭辩之。尝与主爵都尉汲黯请间，汲黯先发之，弘推其后，天子常说，所言皆听，以此日益亲贵。尝与公卿约议，至上前，皆倍其约以顺上旨。汲黯庭诘弘曰："齐人多诈而无情实，始与臣等建此议，今皆倍之，不忠。"上问弘。弘谢曰："夫知臣者以臣为忠，不知臣者以臣为不忠。"上然弘言。左右幸臣每毁弘，上益厚遇之。

元朔三年，张欧免，以弘为御史大夫。是时通西南夷，东置沧海，北筑朔方之郡。弘数谏，以为罢敝中国以奉无用之地，愿罢之。于是天子乃使朱买臣等难弘置朔方之便。发十策，弘不得一。弘乃谢曰："山东鄙人，不知其便若是，愿罢西南夷、沧海而专奉朔方。"上乃许之。

汲黯曰："弘位在三公，奉禄甚多，然为布被，此诈也。"上问弘。弘谢曰："有之。夫九卿与臣善者无过黯，然今日庭诘弘，诚中弘之病。夫以三公为布被，诚饰诈欲以钓名。且臣闻管仲相齐，有三归，侈拟于君，桓公以霸，亦上僭于君。晏婴相景公，食不重肉，妾不衣丝，齐国亦治，此下比于民。今臣弘位为御史大夫，而为布被，自九卿以下至于小吏，无差，诚如汲黯言。且无汲黯忠，陛下安得闻此言！"天子以为谦让，愈益厚之。卒以弘为丞相，封平津侯。

弘为人意忌，外宽内深。诸尝与弘有郤者，虽详与善，阴报其祸。杀主父偃，徙董仲舒于胶西，皆弘之力也。食一肉脱粟之饭。故人所善宾客，仰衣食，弘奉禄皆以给之，家无所余。士亦以此贤之。

淮南、衡山谋反，治党与方急。弘病甚，自以为无功而封，位至丞相，宜佐明主填抚国家，使人由臣子之道。今诸侯有畔逆之计，此皆宰相奉职不称，恐窃病死，无以塞责。乃上书曰："臣闻天下之通道五，所以行之者三。曰君臣，父子，兄弟，夫妇，长幼之序，此五者，天下之通道也。智，仁，勇，此三者，天下之通德，所以行之者也。故曰'力行近乎仁，好问近乎智，知耻近乎勇'。知此三者，则知所以自治；知所以自治，然后知所以治人。天下未有不能自治而能治人者也，此百世不易之道也。今陛下躬行大孝，鉴三王，建周道，兼文、武，厉贤予禄，量能授官。今臣弘罢驽之质，无汗马之劳，陛下过意擢臣弘卒伍之中，封为列侯，致位三公。臣弘行能不足以称，素有负薪之病，恐先狗马填沟壑，终无以报德塞责。愿归侯印，乞骸骨，避贤者路。"天子报曰："古者赏有功，褒有德，守成尚文，遭遇右武，未有易此者也。朕宿昔庶几获承尊位，惧不能宁，惟所与共为治者，君宜知之。盖君子善善恶恶，君若谨行，常在朕躬。君不幸罹霜露之病，何恙不已，乃上书归侯，乞骸骨，是章朕之不德也。今事少间，君其省思虑，一精神，辅以医药。"因赐告牛酒杂帛。居数月，病有瘳，视事。

元狩二年，弘病，竟以丞相终。子度嗣为平津侯。度为山阳太守十余岁，坐法失侯。

主父偃者，齐临菑人也。学长短纵横之术，晚乃学《易》、《春秋》、百家言。游齐诸生间，莫能厚遇也。齐诸儒生相与排摈，不容于齐。家贫，假贷无所得，乃北游燕、赵、中山，皆莫能厚遇。为客甚困。孝武元光元年中，以为诸侯莫足游者，乃西入关见卫将军。卫将军数言上，上不召。资用乏，留久，诸公宾客多厌之，乃上书阙下。朝奏，暮召入见。所言九事，其八事为律令，一事谏伐匈奴。其辞曰：

臣闻明主不恶切谏以博观，忠臣不敢避重诛以直谏，是故事无遗策而功流万世。今臣不敢隐忠避死以效愚计，愿陛下幸赦而少察之。

《司马法》曰："国虽大，好战必亡；天下虽平，忘战必危。"天下既平，天子大凯，春蒐秋狝，诸侯春振旅，秋治兵，所以不忘战也。且夫怒者逆德也，兵者凶器也，争者末节也。古之人君一怒必伏尸流血，故圣王重行之。夫务战胜穷武事者，未有不悔者也。昔秦皇帝任战胜之威，蚕食天下，并吞战国，海内为一，功齐三代。务胜不休，欲攻匈奴。李斯谏曰："不可。夫匈奴无城郭之居，委积之守，迁徙鸟举，难得而制也。轻兵深入，粮食必绝；踵粮以行，重不及事。得其地不足以为利也，遇其民不可役而守也。胜必杀之，非民父母也。靡敝中国，快心匈奴，非长策也。"秦皇帝不听，遂使蒙恬将兵攻胡，辟地千里，以河为境。地固泽卤，不生五谷。然后发天下丁男以守北河。暴兵露师十有余年，死者不可胜数，终不能逾河而北。是岂人众不足，兵革不备哉？其势不可也。又使天下蜚刍挽粟，起于东腄、琅邪负海之郡，转输北河，率三十钟而致一石。男子疾耕不足于粮饷，女子纺绩不足于帷幕。百姓靡敝，孤寡老弱不能相养，道路死者相望，盖天下始畔秦也。

及至高皇帝定天下，略地于边，闻匈奴聚于代谷之外而欲击之。御史成进谏曰："不可。夫匈奴之性，兽聚而鸟散，从之如搏影。今以陛下盛德攻匈奴，臣窃危之。"高帝不听，遂北至于代谷，果有平城之围。高皇帝盖悔之甚，乃使刘敬往结和亲之约，然后天下忘干戈之事。故兵法曰"兴师十万，日费千金"。夫秦常积众暴兵数十万人，虽有覆军杀将系虏单于之功，亦适足以结怨深仇，不足以偿天下之费。夫上虚府库，下敝百姓，甘心于外国，非完事也。夫匈奴难得而制，非一世也。行盗侵驱，所以为业也，天性固然，上及虞夏殷周，固弗程督，禽兽畜之，不属为人。夫上不观虞、夏、殷、周之统，而下循近世之失，此臣之所大忧，百姓之所疾苦也。且夫兵久则变生，事苦则虑易。乃使边境之民靡敝愁苦而有离心，将吏相疑而外市，故尉佗、章邯得以成其私也。夫秦政之所以不行者，权分乎二子，此得失之效也。故《周书》曰"安危在出令，存亡在所用。"愿陛下详察之，少加意而熟虑焉。

是时赵人徐乐、齐人严安俱上书言世务，各一事。徐乐曰：

臣闻天下之患在于土崩，不在于瓦解，古今一也。何谓土崩？秦之末世是也。陈涉无千乘之尊，尺土之地，身非王公大人名族之后，无乡曲之誉，非有孔、墨、曾子之贤，陶朱、猗顿之富也，然起穷巷，奋棘矜，偏袒大呼而天下从风，此其故何也？由民困而主不恤，下怨而上不知，俗已乱而政不修，此三者陈涉之所以为资也。是之谓土崩。故曰天下之患在于土崩。何谓瓦解？吴、楚、齐、赵之兵是也。七国谋为大逆，号皆称万乘之君，带甲数十万，威足以严其境内，财足以劝其士民，然不能西攘尺寸之地而身为

禽于中原者，此其故何也？非权轻于匹夫而兵弱于陈涉也，当是之时，先帝之德泽未衰而安土乐俗之民众，故诸侯无境外之助。此之谓瓦解。故曰天下之患不在瓦解。由是观之，天下诚有土崩之势，虽布衣穷处之士或首恶而危海内，陈涉是也，况三晋之君或存乎！天下虽未有大治也，诚能无土崩之势，虽有强国劲兵，不得旋踵而身为禽矣，吴、楚、齐、赵是也，况群臣百姓能为乱乎哉！此二体者，安危之明要也，贤主所留意而深察也。

间者关东五谷不登，年岁未复，民多穷困，重之以边境之事，推数循理而观之，则民且有不安其处者矣。不安故易动。易动者，土崩之势也。故贤主独观万化之原，明于安危之机，修之庙堂之上，而销未形之患。其要，期使天下无土崩之势而已矣。故虽有强国劲兵，陛下逐走兽，射蜚鸟，弘游燕之囿，淫纵恣之观，极驰骋之乐，自若也。金石丝竹之声不绝于耳，帷帐之私俳优侏儒之笑不乏于前，而天下无宿忧。名何必汤武，俗何必成康！虽然，臣窃以为陛下天然之圣，宽仁之资，而诚以天下为务，则汤、武之名不难侔，而成、康之俗可复兴也。此二体者立，然后处尊安之实，扬名广誉于当世，亲天下而服四夷，余恩遗德为数世隆，南面负扆摄袂而揖王公，此陛下之所服也。臣闻图王不成，其敝足以安。安则陛下何求而不得，何为而不成，何征而不服乎哉！

严安上书曰：

臣闻周有天下，其治三百余岁，成、康其隆也，刑错四十余年而不用。及其衰也，亦三百余岁，故五伯更起。五伯者，常佐天子兴利除害，诛暴禁邪，匡正海内，以尊天子。五伯既没，贤圣莫续，天子孤弱，号令不行。诸侯恣行，强陵弱，众暴寡，田常篡齐，六卿分晋，并为战国，此民之始苦也。于是强国务攻，弱国备守，合从连横，驰车击毂，介胄生虮虱，民无所告愬。

及至秦王，蚕食天下，并吞战国，称号曰皇帝，主海内之政，坏诸侯之城，销其兵，铸以为钟虡，示不复用。元元黎民得免于战国，逢明天子，人人自以为更生。向使秦缓其刑罚，薄赋敛，省徭役，贵仁义，贱权利，上笃厚，下智巧，变风易俗，化于海内，则世世必安矣。秦不行是风，而循其故俗，为智巧权利者进，笃厚忠信者退；法严政峻，谄谀者众，日闻其美，意广心轶。欲肆威海外，乃使蒙恬将兵以北攻胡，辟地进境，戍于北河，蜚刍挽粟以随其后。又使尉屠雎将楼船之士南攻百越，使监禄凿渠运粮，深入越，越人遁逃。旷日持久，粮食绝乏，越人击之，秦兵大败。秦乃使尉佗将卒以戍越。当是时，秦祸北构于胡，南挂于越，宿兵无用之地，进而不得退。行十余年，丁男被甲，丁女转输，苦不聊生，自经于道树，死者相望。及秦皇帝崩，天下大叛。陈胜、吴广举陈，武臣、张耳举赵，项梁举吴，田儋举齐，景驹举郢，周市举魏，韩广举燕，穷山通谷豪士并起，不可胜载也。

然皆非公侯之后，非长官之吏也。无尺寸之势，起闾巷，杖棘矜，应时而皆动，不谋而俱起，不约而同会，壤长地进，至于霸王，时教使然也。秦贵为天子，富有天下，灭世绝祀者，穷兵之祸也。故周失之弱，秦失之强，不变之患也。

今欲招南夷，朝夜郎，降羌僰，略濊州，建城邑，深入匈奴，燔其龙城，议者美之。此人臣之利也，非天下之长策也。今中国无狗吠之惊，而外累于远方之备，靡敝国家，非所以子民也。行无穷之欲，甘心快意，结怨于匈奴，非所以安边也。祸结而不解，兵休而复起，近者愁苦，远者惊骇，非所以持久也。今天下锻甲砥剑，桥箭累弦，转输运粮，未见休时，此天下之所共忧也。夫兵久而变起，事烦而虑生。今外郡之地或几千里，列城数十，形束壤制，旁胁诸侯，非公室之利也。上观齐、晋之所以亡者，公室卑削，六卿大盛也；下观秦之所以灭者，严法刻深，欲大无穷也。今郡守之权，非特六卿之重也；地几千里，非特闾巷之资也；甲兵器械，非特棘矜之用也。以遭万世之变，则不可称讳也。

书奏天子，天子召见三人，谓曰："公等皆安在？何相见之晚也！"于是上乃拜主父偃、徐乐、严安为郎中。偃数见，上疏言事。诏拜偃为谒者，迁为中大夫。一岁中四迁偃。

偃说上曰："古者诸侯不过百里，强弱之形易制。今诸侯或连城数十，地方千里，缓则骄奢易为淫乱，急则阻其强而合从以逆京师。今以法割削之，则逆节萌起，前日晁错是也。今诸侯子弟或十数，而適嗣代立，余虽骨肉，无尺寸之地封，则仁孝之道不宣。愿陛下令诸侯得推恩分子弟，以地侯之。彼人人喜得所愿，上以德施，实分其国，不削而稍弱矣。"于是上从其计。又说上曰："茂陵初立，天下豪杰并兼之家，乱众之民，皆可徙茂陵，内实京师，外销奸猾，此所谓不诛而害除。"上又从其计。

尊立卫皇后，及发燕王定国阴事，偃有功焉。大臣皆畏其口，赂遗累千金。人或说偃曰："太横矣。"主父曰："臣结发游学四十余年，身不得遂，亲不以为子，昆弟不收，宾客弃我，我厄日久矣。且丈夫生不五鼎食，死即五鼎烹耳。吾日暮途远，故倒行暴施之。"

偃盛言朔方地肥饶，外阻河，蒙恬城之以逐匈奴，内省转输戍漕，广中国，灭胡之本也。上览其说。下公卿议，皆言不便。公孙弘曰："秦时常发三十万众筑北河，终不可就，已而弃之。"主父偃盛言其便。上竟用主父计，立朔方郡。

元朔二年，主父言齐王内淫佚行僻，上拜主父为齐相。至齐，遍召昆弟宾客，散五百金予之，数之曰："始吾贫时，昆弟不我衣食，宾客不我内门；今吾相齐，诸君迎我或千里。吾与诸君绝矣，毋复入偃之门！"乃使人以王与姊奸事动王，王以为终不得脱罪，恐效燕王论死，乃自杀。有司以闻。

主父始为布衣时，尝游燕、赵，及其贵，发燕事。赵王恐其为国患，欲上书言其阴事，为偃居中，不敢发。及为齐相，出关，即使人上书，告言主父偃受诸侯金，以故诸侯子弟多以得封者。及齐王自杀，上闻大怒，以为主父劫其王令自杀，乃征下吏治。主父服受诸侯金，实不劫王令自杀。上欲勿诛，是时公孙弘为御史大夫，乃言曰："齐王自杀无后，国除为郡入汉，主父偃本首恶，陛下不诛主父偃，无以谢天下。"乃遂族主父偃。

主父方贵幸时，宾客以千数，及其族死，无一人收者，唯独洨孔车收葬之。天子后闻之，以为孔车长者也。

太史公曰：公孙弘行义虽修，然亦遇时。汉兴八十余年矣，上方乡文学，招俊乂，以广儒、墨，弘为举首。主父偃当路，诸公皆誉之，及名败俗诛，士争言其恶。悲夫！

太皇太后诏大司徒大司空："盖闻治国之道，富民为始；富民之要，在于节俭。《孝经》曰'安上治民，莫善于礼'。'礼，与奢也宁俭'。昔者管仲相齐桓，霸诸侯，有九合一匡之功，而仲尼谓之不知礼，以其奢泰侈拟于君故也。夏禹卑宫室，恶衣服，后圣不循。由此言之，治之盛也，德优矣，莫高于俭。俭化俗民，则尊卑之序得，而骨肉之恩亲，争讼之原息。斯乃家给人足，刑错之本也欤？可不务哉！夫三公者，百寮之率，万民之表也。未有树直表而得曲影者也。孔子不云乎，'子率而正，孰敢不正'；'举善而教不能则劝'。维汉兴以来，股肱宰臣身行俭约，轻财重义，较然著明，未有若故丞相平津侯公孙弘者也。位在丞相而为布被，脱粟之饭，不过一肉。故人所善宾客皆分奉禄以给之，无有所余。诚内自克约而外从制。汲黯诘之，乃闻于朝，此可谓减于制度而可施行者也。德优则行，否则止，与内奢泰而外为诡服以钓虚誉者殊科。以病乞骸骨，孝武皇帝即制曰'赏有功，褒有德，善善恶恶，君宜知之。其省思虑，存精神，辅以医药'。赐告治病，牛酒杂帛。居数月，有瘳，视事。至元狩二年，竟以善终于相位。夫知臣莫若君，此其效也。弘子度嗣爵，后为山阳太守，坐法失侯。夫表德章义，所以率俗厉化，圣王之制，不易之道也。其赐弘后子孙之次当为后者爵关内侯，食邑三百户，征诣公车，上名尚书，朕亲临拜焉。"

班固称曰："公孙弘、卜式、兒宽皆以鸿渐之翼困于燕雀，远迹羊豕之间，非遇其时，焉能致此位乎？是时汉兴六十余载，海内乂安，府库充实，而四夷未宾，制度多阙，上方欲用文武，求之如弗及。始以蒲轮迎枚生，见主父而叹息。群臣慕向，异人并出。卜式试于刍牧，弘羊擢于贾竖，卫青奋于奴仆，日䃅出于降虏，斯亦曩时版筑饭牛之朋矣。汉之得人，于兹为盛。儒雅则公孙弘、董仲舒、兒宽，笃行则石建、石庆，质直则汲黯、卜式，推贤则韩安国、郑当时，定令则赵禹、张汤，文章则司马迁、相如，滑稽则东方朔、枚皋，应对则严助、朱买臣，历数则唐都、落下闳，协律则李延年，运筹则桑弘羊，奉使则张骞、苏武，将帅则卫青、霍去病，受遗则霍光、金日䃅。其余不可胜纪。是以兴造功业，制度遗文，后世莫及。孝宣承统，纂修洪业，亦讲论六艺，招选茂异，而萧望之、梁丘贺、夏侯胜、韦玄成、严彭祖、尹更始以儒术进，刘向、王褒以文章显。将相则张安世、赵充国、魏相、邴吉、于定国、杜延年，治民则黄霸、王成、龚遂、郑弘、邵信臣、韩延寿、尹翁归、赵广汉之属，皆有功迹见述于后。累其诸名臣，亦其次也。"

卷一百一十三
南越列传第五十三

南越王尉佗者，真定人也，姓赵氏。秦时已并天下，略定杨越，置桂林、南海、象郡，以谪徙民，与越杂处十三岁。佗，秦时用为南海龙川令。至二世时，南海尉任嚣病且死，召龙川令赵佗语曰："闻陈胜等作乱，秦为无道，天下苦之，项羽、刘季、陈胜、吴广等州郡各共兴军聚众，虎争天下，中国扰乱，未知所安，豪杰畔秦相立。南海僻远，吾恐盗兵侵地至此，吾欲兴兵绝新道，自备，待诸侯变，会病甚。且番禺负山险，阻南海，东西数千里，颇有中国人相辅，此亦一州之主也，可以立国。郡中长吏无足与言者，故召公告之。"即被佗书，行南海尉事。嚣死，佗即移檄告横蒲、阳山、湟溪关曰："盗兵且至，急绝道聚兵自守！"因稍以法诛秦所置长吏，以其党为假守。秦已破灭，佗即击并桂林、象郡，自立为南越武王。高帝已定天下，为中国劳苦，故释佗弗诛。汉十一年，遣陆贾因立佗为南越王，与剖符通使，和集百越，毋为南边患害，与长沙接境。

高后时，有司请禁南越关市铁器。佗曰："高帝立我，通使物，今高后听谗臣，别异蛮夷，隔绝器物，此必长沙王计也，欲倚中国，击灭南越而并王之，自为功也。"于是佗乃自尊号为南越武帝，发兵攻长沙边邑，败数县而去焉。高后遣将军隆虑侯灶往击之。会暑湿，士卒大疫，兵不能逾岭。岁余，高后崩，即罢兵。佗因此以兵威边，财物赂遗闽越、西瓯、骆，役属焉，东西万余里。乃乘黄屋左纛，称制，与中国侔。

及孝文帝元年，初镇抚天下，使告诸侯四夷从代来即位意，喻盛德焉。乃为佗亲冢在真定，置守邑，岁时奉祀。召其从昆弟，尊官厚赐宠之。诏丞相陈平等举可使南越者，平言好畤陆贾，先帝时习使南越。乃召贾以为太中大夫，往使。因让佗自立为帝，曾无一介之使报者。陆贾至南越，王甚恐，为书谢，称曰："蛮夷大长老夫臣佗，前日高后隔异南越，窃疑长沙王谗臣，又遥闻高后尽诛佗宗族，掘烧先人冢，以故自弃，犯长沙边境。且南方卑湿，蛮夷中间，其东闽越千人众号称王，其西瓯骆裸国亦称王。老臣妄窃帝号，聊以自娱，岂敢以闻天王哉！"乃顿首谢，愿长为藩臣，奉贡职。于是乃下令国中曰："吾闻两雄不俱立，两贤不并世。皇帝，贤天子也。自今以后，去帝制黄屋左纛。"陆贾还报，孝文帝大说。遂至孝景时，称臣，使人朝请。然南越其居国窃如故号名，其使天子，称王朝命如诸侯。至建元四年卒。

佗孙胡为南越王。此时闽越王郢兴兵击南越边邑，胡使人上书曰："两越俱为藩臣，毋得擅兴兵相攻击。今闽越兴兵侵臣，臣不敢兴兵，唯天子诏之。"于是天子多南越义，守职约，为兴师，遣两将军往讨闽越。兵未逾岭，闽越王弟余善杀郢以降，于是罢兵。

天子使庄助往谕意南越王，胡顿首曰："天子乃为臣兴兵讨闽越，死无以报德！"遣太子婴齐入宿卫。谓助曰："国新被寇，使者行矣。胡方日夜装入见天子。"助去后，其大臣谏胡曰："汉兴兵诛郢，亦行以惊动南越。且先王昔言，事天子期无失礼，要之不可以说好语入见。入见则不得复归，亡国之势也。"于是胡称病，竟不入见。后十余岁，胡实病甚，太子婴齐请归。胡薨，谥为文王。

婴齐代立，即藏其先武帝玺。婴齐其入宿卫在长安时，取邯郸樛氏女，生子兴。及即位，上书请立樛氏女为后，兴为嗣。汉数使使者风谕婴齐，婴齐尚乐擅杀生自恣，惧入见要用汉法，比内诸侯，固称病，遂不入见。遣子次公入宿卫。婴齐薨，谥为明王。

太子兴代立，其母为太后。太后自未为婴齐姬时，尝与霸陵人安国少季通。及婴齐薨后，元鼎四年，汉使安国少季往谕王、王太后以入朝，比内诸侯，令辩士谏大夫终军等宣其辞，勇士魏臣等辅其缺，卫尉路博德将兵屯桂阳，待使者。王年少，太后中国人也，尝与安国少季通，其使，复私焉。国人颇知之，多不附太后。太后恐乱起，亦欲倚汉威，数劝王及群臣求内属。即因使者上书，请比内诸侯，三岁一朝，除边关。于是天子许之，赐其丞相吕嘉银印，及内史、中尉、大傅印，余得自置。除其故黥劓刑，用汉法，比内诸侯。使者皆留填抚之。王、王太后饬治行装重赍，为入朝具。

其相吕嘉年长矣，相三王，宗族官仕为长吏者七十余人，男尽尚王女，女尽嫁王子兄弟宗室，及苍梧秦王有连。其居国中甚重，越人信之，多为耳目者，得众心愈于王。王之上书，数谏止王，王弗听。有畔心，数称病不见汉使者。使者皆注意嘉，势未能诛。王、王太后亦恐嘉等先事发，乃置酒，介汉使者权，谋诛嘉等。使者皆东乡，太后南乡，王北乡，相嘉、大臣皆西乡，侍坐饮。嘉弟为将，将卒居宫外。酒行，太后谓嘉曰："南越内属，国之利也，而相君苦不便者，何也？"以激怒使者。使者狐疑相杖，遂莫敢发。嘉见耳目非是，即起而出。太后怒，欲鑕嘉以矛，王止太后。嘉遂出，分其弟兵就舍，称病，不肯见王及使者。乃阴与大臣作乱。王素无意诛嘉，嘉知之，以故数月不发。太后有淫行，国人不附，欲独诛嘉等，力又不能。

天子闻嘉不听王，王、王太后弱孤不能制，使者怯无决。又以为王、王太后已附汉，独吕嘉为乱，不足以兴兵，欲使庄参以二千人往使。参曰："以好往，数人足矣；以武往，二千人无足以为也。"辞不可，天子罢参也。郏壮士故济北相韩千秋奋曰："以区区之越，又有王、太后应，独相吕嘉为害，愿得勇士二百人，必斩嘉以报。"于是天子遣千秋与王太后弟樛乐将二千人往，入越境。吕嘉等乃遂反，下令国中曰："王年少。太后，中国人也，又与使者乱，专欲内属，尽持先王宝器入献天子以自媚，多从人，行至长安，虏卖以为僮仆。取自脱一时之利，无顾赵氏社稷，为万世虑计之意。"乃与其弟将卒攻杀王、太后及汉使者。遣人告苍梧秦王及其诸郡县，立明王长男越妻子术阳侯建德为王。而韩千秋兵入，破数小邑。其后越直开道给食，未至番禺四十里，越以兵击千秋等，遂灭之。使人函封汉使者节置塞上，好为谩辞谢罪，发兵守要害处。于是天子曰："韩千秋虽无成功，亦军锋之冠。"封其子延年为成安侯。樛乐，其姊为王太后，首愿属汉，封其子广德为龙亢侯。乃下赦曰："天子微，诸侯力政，讥臣不讨贼。今吕嘉、建德等反，自立晏如，令罪人及江、淮以南楼船十万师往讨之。"

元鼎五年秋，卫尉路博德为伏波将军，出桂阳，下汇水；主爵都尉杨仆为楼船将军，出豫章，下横浦；故归义越侯二人为戈船、下厉将军，出零陵，或下离水，或抵苍梧；使驰义侯因巴蜀罪人，发夜郎兵，下牂柯江。咸会番禺。

元鼎六年冬，楼船将军将精卒先陷寻陕，破石门，得越船粟，因推而前，挫越锋，以数万人待伏波。伏波将军将罪人，道远，会期后，与楼船会乃有千余人，遂俱进。楼船居前，至番禺。建德、嘉皆城守。楼船自择便处，居东南面；伏波居西北面。会暮，楼船攻败越人，纵火烧城。越素闻伏波名，日暮，不知其兵多少。伏波乃为营，遣使者招降者，赐印，复纵令相招。楼船力攻烧敌，反驱而入伏波营中。犁旦，城中皆降伏波。吕嘉、建德已夜与其属数百人亡入海，以船西去。伏波又因问所得降者贵人，以知吕嘉所之，遣人追之。以其故校尉司马苏弘得建德，封为海常侯；越郎都稽得嘉，封为临蔡侯。

苍梧王赵光者，越王同姓，闻汉兵至，及越揭阳令定，自定属汉；越桂林监居翁，谕瓯骆属汉。皆得为侯。戈船、下厉将军兵及驰义侯所发夜郎兵未下，南越已平矣。遂为九郡。伏波将军益封。楼船将军兵以陷坚为将梁侯。

自尉佗初王后，五世九十三岁而国亡焉。

太史公曰：尉佗之王，本由任嚣。遭汉初定，列为诸侯。隆虑离湿疫，佗得以益骄。瓯骆相攻，南越动摇。汉兵临境，婴齐入朝。其后亡国，征自樛女；吕嘉小忠，令佗无后。楼船从欲，怠傲失惑；伏波困穷，智虑愈殖，因祸为福。成败之转，譬若纠墨。

卷一百一十四
东越列传第五十四

闽越王无诸及越东海王摇者，其先皆越王句践之后也，姓驺氏。秦已并天下，皆废为君长，以其地为闽中郡。及诸侯畔秦，无诸、摇率越归鄱阳令吴芮，所谓鄱君者也，从诸侯灭秦。当是之时，项籍主命，弗王，以故不附楚。汉击项籍，无诸、摇率越人佐汉。汉五年，复立无诸为闽越王，王闽中故地，都东冶。孝惠三年，举高帝时越功，曰闽君摇功多，其民便附，乃立摇为东海王，都东瓯，世俗号为东瓯王。

后数世，至孝景三年，吴王濞反，欲从闽越，闽越未肯行，独东瓯从吴。及吴破，东瓯受汉购，杀吴王丹徒，以故皆得不诛，归国。

吴王子子驹亡走闽越，怨东瓯杀其父，常劝闽越击东瓯。至建元三年，闽越发兵围东瓯。东瓯食尽，困，且降，乃使人告急天子。天子问太尉田蚡，蚡对曰："越人相攻击，固其常，又数反覆，不足以烦中国往救也。自秦时弃弗属。"于是中大夫庄助诘蚡曰："特患力弗能救，德弗能覆；诚能，何故弃之？且秦举咸阳而弃之，何乃越也！今小国以穷困来告急天子，天子弗振，彼当安所告愬？又何以子万国乎？"上曰："太尉未足与计。吾初即位，不欲出虎符发兵郡国。"乃遣庄助以节发兵会稽。会稽太守欲距不为发兵，助乃斩一司马，谕意指，遂发兵浮海救东瓯。未至，闽越引兵而去。东瓯请举国徙中国，乃悉举众来，处江、淮之间。

至建元六年，闽越击南越。南越守天子约，不敢擅发兵击而以闻。上遣大行王恢出豫章，大农韩安国出会稽，皆为将军。兵未逾岭，闽越王郢发兵距险。其弟余善乃与相、宗族谋曰："王以擅发兵击南越，不请，故天子兵来诛。今汉兵众强，今即幸胜之，后来益多，终灭国而止。今杀王以谢天子，天子听，罢兵，固一国完；不听，乃力战，不胜，即亡入海。"皆曰"善"。即鏦杀王，使使奉其头致大行。大行曰："所为来者诛王。今王头至，谢罪，不战而耘，利莫大焉。"乃以便宜案兵告大农军，而使使奉王头驰报天子。诏罢两将兵，曰："郢等首恶，独无诸孙繇君丑不与谋焉。"乃使郎中将立丑为越繇王，奉闽越先祭祀。

余善已杀郢，威行于国，国民多属，窃自立为王。繇王不能矫其众持正。天子闻之，为余善不足复兴师，曰："余善数与郢谋乱，而后首诛郢，师得不劳。"因立余善为东越王，与繇王并处。

至元鼎五年，南越反，东越王余善上书，请以卒八千人从楼船将军击吕嘉等。兵至揭扬，以海风波为解，不行，持两端，阴使南越。及汉破番禺，不至。是时楼船将军杨仆使使上书，愿便引兵击东越。上曰士卒劳倦，不许，罢兵，令诸校屯豫章梅岭待命。

元鼎六年秋，余善闻楼船请诛之，汉兵临境，且往，乃遂反，发兵距汉道。号将军驺力等为"吞汉将军"，入白沙、武林、梅岭，杀汉三校尉。是时汉使大农张成、故山州侯齿将屯，弗敢击，却就便处，皆坐畏懦诛。

余善刻"武帝"玺自立，诈其民，为妄言。天子遣横海将军韩说出句章，浮海从东方往；楼船将军杨仆出武林；中尉王温舒出梅岭；越侯为戈船、下濑将军，出若邪、白沙。元封元年冬，咸入东越。东越素发兵距险，使徇北将军守武林，败楼船将军数校尉，杀长吏。楼船将军率钱唐辕终古斩徇北将军，为御儿侯。自兵未往。

故越衍侯吴阳前在汉，汉使归谕余善，余善弗听。及横海将军先至，越衍侯吴阳以其邑七百人反，攻越军于汉阳。从建成侯敖，与其率，从繇王居股谋曰："余善首恶，劫守吾属。今汉兵至，众强，计杀余善，自归诸将，倘幸得脱。"乃遂俱杀余善，以其众降横海将军，故封繇王居股为东成侯，万户；封建成侯敖为开陵侯；封越衍侯吴阳为北石侯；封横海将军说为按道侯；封横海校尉福为缭荌侯。福者，成阳共王子，故为海常侯，坐法失侯。旧从军无功，以宗室故侯。诸将皆无成功，莫封。东越将多军，汉兵至，弃其军降，封为无锡侯。

于是天子曰东越狭多阻，闽越悍，数反覆。诏军吏皆将其民徙处江、淮间。东越地遂虚。

太史公曰：越虽蛮夷，其先岂尝有大功德于民哉，何其久也！历数代常为君王，句践一称伯。然余善至大逆，灭国迁众，其先苗裔繇王居股等犹尚封为万户侯，由此知越世世为公侯矣。盖禹之余烈也。

卷一百一十五
朝鲜列传第五十五

朝鲜王满者，故燕人也。自始全燕时尝略属真番、朝鲜，为置吏，筑鄣塞。秦灭燕，属辽东外徼。汉兴，为其远，难守，复修辽东故塞，至浿水为界，属燕。燕王卢绾反，入匈奴，满亡命，聚党千余人，魋结蛮夷服而东走出塞，渡浿水，居秦故空地上下鄣，稍役属真番、朝鲜蛮夷及故燕、齐亡命者王之，都王险。

会孝惠、高后时天下初定，辽东太守即约满为外臣，保塞外蛮夷，无使盗边；诸蛮夷君长欲入见天子，勿得禁止。以闻，上许之，以故满得兵威财物侵降其旁小邑，真番、临屯皆来服属，方数千里。

传子至孙右渠，所诱汉亡人滋多，又未尝入见；真番旁众国欲上书见天子，又拥阏不通。元封二年，汉使涉何谯谕右渠，终不肯奉诏。何去至界上，临浿水，使御刺杀送何者朝鲜裨王长，即渡，驰入塞，遂归报天子曰"杀朝鲜将"。上为其名美，即不诘，拜何为辽东东部都尉。朝鲜怨何，发兵袭攻杀何。

天子募罪人击朝鲜。其秋，遣楼船将军杨仆从齐浮渤海，兵五万人，左将军荀彘出辽东。讨右渠。右渠发兵距险。左将军卒正多率辽东兵先纵，败散，多还走，坐法斩。楼船将军将齐兵七千人先至王险，右渠城守，窥知楼船军少，即出城击楼船，楼船军败散走。将军杨仆失其众，遁山中十余日，稍求收散卒，复聚。左将军击朝鲜浿水西军，未能破，自前。

天子为两将未有利，乃使卫山因兵威往谕右渠。右渠见使者，顿首谢："愿降，恐两将诈杀臣；今见信节，请服降。"遣太子入谢，献马五千匹，及馈军粮。人众万余，持兵，方渡浿水，使者及左将军疑其为变，谓太子已服降，宜命人毋持兵。太子亦疑使者、左将军诈杀之，遂不渡浿水，复引归。山还报天子，天子诛山。

左将军破浿水上军，乃前，至城下，围其西北。楼船亦往会，居城南。右渠遂坚守城。数月未能下。

左将军素侍中，幸，将燕、代卒，悍，乘胜，军多骄。楼船将齐卒，入海，固已多败亡；其先与右渠战，因辱亡卒，卒皆恐，将心惭，其围右渠，常持和节。左将军急击之，朝鲜大臣乃阴间使人私约降楼船，往来言，尚未肯决。左将军数与楼船期战，楼船欲急就其约，不会；左将军亦使人求间郤降下朝鲜，朝鲜不肯，心附楼船。以故两将不相能。左将军心意楼船前有失军罪，今与朝鲜私善而又不降，疑其有反计，未敢发。天子曰将率不能前，乃使卫山谕降右渠，右渠遣太子，山使不能剖决，与左将军计相误，卒沮约。今两将围城，又乖异，以故久不决。使济南太守公孙遂往正之，有便宜得以从事。遂至，左将军曰："朝鲜当下久矣，不下者有状。"言楼船数期不会，具以素所意告遂，曰："今如此不取，恐为大害，非独楼船，又且与朝鲜共灭吾军。"遂亦以为然，而以节召楼船将军入左将军营计事，即命左将军麾下执捕楼船将军，并其军，以报天子。天子诛遂。

左将军已并两军，即急击朝鲜。朝鲜相路人、相韩阴、尼溪相参、将军王唊相与谋曰："始欲降楼船，楼船今执，独左将军交将，战益急，恐不能与战，王又不肯降。"阴、唊、路人皆亡降汉。路人道死。元封三年夏，尼溪相参乃使人杀朝鲜王右渠来降。王险城未下，故右渠之大臣成巳又反，复攻吏。左将军使右渠子长降、相路人之子最告谕其民，诛成巳，以故遂定朝鲜，为四郡。封参为澅清侯，阴为狄苴侯，唊为平州侯，长降为几侯。最以父死颇有功，为温阳侯。

左将军征至，坐争功相嫉，乖计，弃市。楼船将军亦坐兵至列口，当待左将军，擅先纵，失亡多，当诛，赎为庶人。

太史公曰：右渠负固，国以绝祀。涉何诬功，为兵发首。楼船将狭，及难离咎。悔失番禺，乃反见疑。荀彘争劳，与遂皆诛。两军俱辱，将率莫侯矣。

卷一百一十六
西南夷列传第五十六

西南夷君长以什数，夜郎最大。其西，靡莫之属以什数，滇最大；自滇以北君长以什数，邛都最大，此皆魋结，耕田，有邑聚。其外，西自同师以东，北至楪榆，名为巂、昆明，皆编发，随畜迁徙，毋常处，毋君长，地方可数千里。自巂以东北，君长以什数，徙、筰都最大。自筰以东北，君长以什数，冉駹最大。其俗或土箸，或移徙，在蜀之西。自冉駹以东北，君长以什数，白马最大，皆氐类也。此皆巴、蜀西南外蛮夷也。

始楚威王时，使将军庄蹻将兵循江上，略巴、蜀、黔中以西。庄蹻者，故楚庄王苗裔也。蹻至滇池，地方三百里，旁平地，肥饶数千里，以兵威定属楚。欲归报，会秦击夺楚巴、黔中郡，道塞不通，因还，以其众王滇，变服，从其俗，以长之。秦时常頞略通五尺道，诸此国颇置吏焉。十余岁，秦灭。及汉兴，皆弃此国而开蜀故徼。巴、蜀民或窃出商贾，取其筰马、僰僮、髦牛，以此巴、蜀殷富。

建元六年，大行王恢击东越，东越杀王郢以报。恢因兵威使番阳令唐蒙风指晓南越。南越食蒙、蜀枸酱，蒙问所从来，曰"道西北牂柯，牂柯江广数里，出番禺城下"。蒙归至长安，问蜀贾人，贾人曰："独蜀出枸酱，多持窃出市夜郎。夜郎者，临牂柯江，江广百余步，足以行船。南越以财物役属夜郎，西至同师，然亦不能臣使也。"蒙乃上书说上曰："南越王黄屋左纛，地东西万余里，名为外臣，实一州主也。今以长沙、豫章往，水道多绝，难行。窃闻夜郎所有精兵，可得十余万，浮船牂柯江，出其不意，此制越一奇也。诚以汉之强，巴、蜀之饶，通夜郎道，为置吏，易甚。"上许之。乃拜蒙为郎中将，将千人，食重万余人，从巴、蜀筰关入，遂见夜郎侯多同。蒙厚赐，喻以威德，约为置吏，使其子为令。夜郎旁小邑皆贪汉缯帛，以为汉道险，终不能有也，乃且听蒙约。还报，乃以为犍为郡。发巴、蜀卒治道，自僰道指牂柯江。蜀人司马相如亦言西夷邛、筰可置郡。使相如以郎中将往喻，皆如南夷，为置一都尉，十余县，属蜀。

当是时，巴、蜀四郡通西南夷道，戍转相饷。数岁，道不通，士罢饿离湿死者甚众；西南夷又数反，发兵兴击，耗费无功。上患之，使公孙弘往视问焉。还对，言其不便。及弘为御史大夫，是时方筑朔方以据河逐胡，弘因数言西南夷害，可且罢，专力事匈奴。上罢西夷，独置南夷夜郎两县一都尉，稍令犍为自葆就。

及元狩元年，博望侯张骞使大夏来，言居大夏时见蜀布、邛竹杖，使问所从来，曰"从东南身毒国，可数千里，得蜀贾人市"。或闻邛西可二千里有身毒国。骞因盛言大夏在汉西南，慕中国，患匈奴隔其道，诚通蜀，身毒国道便近，有利无害。于是天子乃令王然于、柏始昌、吕越人等，使间出西夷西，指求身毒国。至滇，滇王尝羌乃留为求道西十余辈。岁余，皆闭昆明，莫能通身毒国。

滇王与汉使者言曰："汉孰与我大？"及夜郎侯亦然。以道不通故，各自以为一州主，不知汉广大。使者还，因盛言滇大国，足事亲附。天子注意焉。

及至南越反，上使驰义侯因犍为发南夷兵。且兰君恐远行，旁国虏其老弱，乃与其众反，杀使者及犍为太守。汉乃发巴、蜀罪人尝击南越者八校尉击破之。会越已破，汉八校尉不下，即引兵还，行诛头兰。头兰，常隔滇道者也。已平头兰，遂平南夷为牂柯郡。夜郎侯始倚南越，南越已灭，会还诛反者，夜郎遂入朝。上以为夜郎王。

南越破后，及汉诛且兰、邛君，并杀筰侯，冉駹皆振恐，请臣置吏。乃以邛都为越巂郡，筰都为沈犁郡，冉駹为汶山郡，广汉西白马为武都郡。

上使王然于以越破及诛南夷兵威风喻滇王入朝。滇王者，其众数万人，其旁东北有劳浸、靡莫，皆同姓相扶，未肯听。劳浸、靡莫数侵犯使者吏卒。元封二年，天子发巴、蜀兵击灭劳浸、靡莫，以兵临滇。滇王始首善，以故弗诛。滇王离难西南夷，举国降，请置吏入朝。于是以为益州郡，赐滇王王印，复长其民。

西南夷君长以百数，独夜郎、滇受王印。滇小邑，最宠焉。

太史公曰：楚之先岂有天禄哉？在周为文王师，封楚。及周之衰，地称五千里。秦灭诸侯，唯楚苗裔尚有滇王。汉诛西南夷，国多灭矣，唯滇复为宠王。然南夷之端，见枸酱番禺，大夏杖邛竹。西夷后揃，剽分二方，卒为七郡。

卷一百一十七
司马相如列传第五十七

司马相如者，蜀郡成都人也，字长卿。少时好读书，学击剑，故其亲名之曰犬子。相如既学，慕蔺相如之为人，更名相如。以赀为郎，事孝景帝，为武骑常侍，非其好也。会景帝不好辞赋，是时梁孝王来朝，从游说之士齐人邹阳、淮阴枚乘、吴庄忌夫子之徒，相如见而说之，因病免，客游梁。梁孝王令与诸生同舍，相如得与诸生游士居数岁，乃著《子虚》之赋。

会梁孝王卒，相如归，而家贫，无以自业。素与临邛令王吉相善，吉曰："长卿久宦游不遂，而来过我。"于是相如往，舍都亭。临邛令缪为恭敬，日往朝相如。相如初尚见之，后称病，使从者谢吉，吉愈益谨肃。临邛中多富人，而卓王孙家僮八百人，程郑亦数百人，二人乃相谓曰："令有贵客，为具召之。"并召令。令既至，卓氏客以百数。至日中，谒司马长卿，长卿谢病不能往，临邛令不敢尝食，自往迎相如。相如不得已，强往，一坐尽倾。酒酣，临邛令前奏琴曰："窃闻长卿好之，愿以自娱。"相如辞谢，为鼓一再行。是时卓王孙有女文君新寡，好音，故相如缪与令相重，而以琴心挑之。相如之临邛，从车骑，雍容闲雅甚都；及饮卓氏，弄琴，文君窃从户窥之，心悦而好之，恐不得当也。既罢，相如乃使人重赐文君侍者通殷勤。文君夜亡奔相如，相如乃与驰归成都。家徒四壁立。卓王孙大怒曰："女至不材。我不忍杀，不分一钱也。"人或谓王孙，王孙终不听。文君久之不乐，曰："长卿第俱如临邛，从昆弟假贷犹足为生，何至自苦如此！"相如与俱之临邛，尽卖其车骑，买一酒舍酤酒，而令文君当炉。相如身自著犊鼻裈，与保庸杂作，涤器于市中。卓王孙闻而耻之，为杜门不出。昆弟诸公更谓王孙曰："有一男两女，所不足者非财也。今文君已失身于司马长卿，长卿故倦游，虽贫，其人材足依也。且又令客，独奈何相辱如此！"卓王孙不得已，分予文君僮百人，钱百万，及其嫁时衣被财物。文君乃与相如归成都，买田宅，为富人。

居久之，蜀人杨得意为狗监，侍上。上读《子虚赋》而善之，曰："朕独不得与此人同时哉！"得意曰："臣邑人司马相如自言为此赋。"上惊，乃召问相如。相如曰："有是。然此乃诸侯之事，未足观也。请为天子游猎赋，赋成奏之。"上许，令尚书给笔札。相如以"子虚"，虚言也，为楚称；"乌有先生"者，乌有此事也，为齐难；"无是公"者，无是人也，明天子之义。故空藉此三人为辞，以推天子诸侯之苑囿。其卒章归之于节俭，因以风谏。奏之天子，天子大说。其辞曰：

楚使子虚使于齐，齐王悉发境内之士，备车骑之众，与使者出田。田罢，子虚过诧乌有先生，而无是公在焉。坐定，乌有先生问曰："今日田乐乎？"子虚曰："乐。""获多乎？"曰："少。""然则何乐？"曰："仆乐齐王之欲夸仆以车骑之众，而仆对以云梦之事也。"曰："可得闻乎？"

子虚曰："可。王驾车千乘，选徒万骑，田于海滨。列卒满泽，罘罔弥山，掩兔辚鹿，射麋脚麟。骛于盐浦，割鲜染轮。射中获多，矜而自功。顾谓仆曰：'楚亦有平原广泽游猎之地饶乐若此者乎？楚王之猎何与寡人？'仆下车对曰：'臣，楚国之鄙人也，幸得宿卫十有余年，时从出游，游于后园，览于有无，然犹未能遍睹也，又恶足以言其外泽者乎！'齐王曰：'虽然，略以子之所闻见而言之。'

"仆对曰：'唯唯。臣闻楚有七泽，尝见其一，未睹其余也。臣之所见，盖特其小小者耳，名曰云梦。云梦者，方九百里，其中有山焉。其山则盘纡岪郁，隆崇嵂崒；岑岩参差，日月蔽亏；交错纠纷，上干青云；罢池陂陀，下属江河。其土则丹青赭垩，雌黄白坿，锡碧金银，众色炫耀，照烂龙鳞。其石则赤玉、玫瑰、琳瑉、琨珸，瑊玏玄厉，瑌石武夫。其东则有蕙圃衡兰，芷若射干，穹穷昌蒲，江离蘪芜，诸柘巴且。其南则有平原广泽，登降陀靡，案衍坛曼。缘以大江，限以巫山。其高燥则生葴菥苞荔，薛莎青薠。其卑湿则生藏莨蒹葭，东蔷雕胡，莲藕菰芦，庵䕡轩芋，众物居之，不可胜图。其西则有涌泉清池，激水推移，外发芙蓉菱华，内隐巨石白沙。其中则有神龟蛟鼍，瑇瑁鳖鼋。其北则有阴林巨树，楩楠豫章，桂椒木兰，蘖离朱杨，樝梨梬栗，橘柚芬芳。其上则有赤猿蠷蝚，鹓雏孔鸾，腾远射干。其下则有白虎玄豹，蟃蜒貙犴，兕象野犀，穷奇獌狿。

"于是乃使专诸之伦，手格此兽。楚王乃驾驯驳之驷，乘雕玉之舆。靡鱼须之桡旃，曳明月之珠旗。建干将之雄戟，左乌嗥之雕弓，右夏服之劲箭。阳子骖乘，纤阿为御，案节未舒，即陵狡兽。轔邛邛，蹴距虚，轶野马而辚騊駼，乘遗风而射游骐。儵眒凄浰。雷动焱至，星流霆击。弓不虚发，中必决眦，洞胸达掖，绝乎心系。获若雨兽，掩草蔽地。于是楚王乃弭节裴回，翱翔容与。览乎阴林，观壮士之暴怒，与猛兽之恐惧。徼郤受诎，殚睹众物之变态。

"于是郑女曼姬，被阿锡，揄纻缟，杂纤罗，垂雾縠。襞积褰绉，纡徐委曲，郁桡溪谷。衯衯裶裶，扬袘戌削，蜚纤垂髾。扶与猗靡，噏呷萃蔡。下摩兰蕙，上拂羽盖。错翡翠之威蕤，缪绕玉绥。缥乎忽忽，若神仙之仿佛。

"于是乃相与獠于蕙圃，媻珊勃窣，上金堤，掩翡翠，射䴔鸡，微矰出，纤缴施。弋白鹄，连驾鹅。双鸧下，玄鹤加。怠而后发，游于清池。浮文鹢，扬桂枻。张翠帷，建羽盖。罔瑇瑁，钓紫贝。摐金鼓，吹鸣籁。榜人歌，声流喝。水虫骇，波鸿沸。涌泉起，奔扬会。礧石相击，硠硠礚礚，若雷霆之声，闻乎数百里之外。

"将息獠者，击灵鼓，起烽燧。车案行，骑就队。缅乎淫淫，般乎裔裔。于是楚王乃登阳云之台，泊乎无为，澹乎自持，勺药之和具而后御之。不若大王终日驰骋而不下舆，脟割轮淬，自以为娱。臣窃观之，齐殆不如。'于是王默然无以应仆也。"

乌有先生曰："是何言之过也！足下不远千里，来贶齐国，王悉发境内之士，而备车骑之众，以出田，乃欲戮力致获，以娱左右也，何名为夸哉！问楚地之有无者，愿闻大国之风烈，先生之余论也。今足下不称楚王之德厚，而盛推云梦以为高，奢言淫乐而显侈靡，窃为足下不取也。必若所言，固非楚国之美也。有而言之，是章君之恶；无而言之，是害足下之信。章君之恶而伤私义，二者无一可，而先生行之，必且轻于齐而累于楚矣。且齐东陼巨海，南有琅邪；观乎成山，射乎之罘；浮勃澥，游孟诸；邪与肃慎为邻，右以汤谷为界；秋田乎青丘，傍偟乎海外。吞若云梦者八九，其于胸中曾不蒂芥。若乃俶傥瑰伟，异方殊类，珍怪鸟兽，万端鳞萃，充仞其中者，不可胜记，禹不能名，契不能计。然在诸侯之位，不敢言游戏之乐，苑囿之大。先生又见客，是以王辞而不复，何为无用应哉！"

无是公听然而笑曰："楚则失矣，齐亦未为得也。夫使诸侯纳贡者，非为财币，所以述职也；封疆画界者，非为守御，所以禁淫也。今齐列为东藩，而外私肃慎，捐国逾限，越海而田，其于义故未可也。且二君之论，不务明君臣之义而正诸侯之礼，徒事争游猎之乐，苑囿之大，欲以奢侈相胜，荒淫相越，此不可以扬名发誉，而适足以贬君自损也。

"且夫齐、楚之事又焉足道邪！君未睹夫巨丽也，独不闻天子之上林乎？左苍梧，右西极，丹水更其南，紫渊径其北；终始霸浐，出入泾渭；酆鄗潦潏，纡余委蛇，经营乎其内。荡荡兮八川分流，相背而异态。东西南北，驰骛往来，出乎椒丘之阙，行乎洲淤之浦，径乎桂林之中，过乎泱莽之野。汨乎浑流，顺阿而下，赴隘陿之口。触穹石，激堆埼，沸乎暴怒，汹涌滂湃。滭弗宓汩，湢测泌㳽，横流逆折，转腾潎洌。澎濞沆瀣，穹隆云桡，蜿灗胶戾，逾波趋浥，莅莅下濑。批岩冲壅，奔扬滞沛，临坻注壑，瀺灂霣坠，湛湛隐隐，砰磅訇磕。潏潏淈淈，湁潗鼎沸。驰波跳沫，汩㵒漂疾，悠远长怀。寂漻无声，肆乎永归。然后灏溔潢漾，安翔徐徊。翯乎滈滈，东注大湖，衍溢陂池。于是乎蛟龙赤螭，䱭鳙鲯离，鰅鳙鳍魠，禺禺魼鳎。揵鳍掉尾，振鳞奋翼，潜处于深岩。鱼鳖讙声，万物众伙。明月珠子，玓瓅江靡。蜀石黄硬，水玉磊砢。磷磷烂烂，采色澔旰，丛积乎其中。鸿鹄鹔鸨，䴢鹅属玉，交精旋目，烦鹜鹔䴊，䴋鸬䴋鸹，群浮乎其上。泛淫泛滥，随风澹淡，与波摇荡，掩薄草渚。唼喋菁藻，咀嚼菱藕。

"于是乎崇山矗矗，崔巍嵯峨。深林巨木，嶻岩参嵯。九嵕巀嶭，南山峨峨。岩陀甗锜，摧崣崛崎。振溪通谷，蹇产沟渎。谽呀豁閕，阜陵别岛，崴磈嵔瘣，丘墟崛𡷊。隐辚郁㠕，登降施靡，陂池貏豸。沇溶淫鬻，散涣夷陆，亭皋千里，靡不被筑。掩以绿蕙，被以江离，糅以蘪芜，杂以流夷。尃结缕，欑戾莎，揭车衡兰，稿本射干。茈姜蘘荷，葴橙若荪。鲜枝黄砾，蒋芧青薠。布濩闳泽，延曼太原。丽靡广衍，应风披靡。吐芳扬烈，郁郁斐斐。众香发越，肸蚃布写，晻薆咇茀。

"于是乎周览泛观，瞋盼轧沕，芒芒恍忽。视之无端，察之无崖。日出东沼，入乎西陂。其南则隆冬生长，踊水跃波；兽则㺎㺎貘犛，沈牛麈麋，赤首圜题，穷奇象犀。其北则盛夏含冻裂地，涉冰揭河；兽则麒麟角䚡，騊駼橐驼，蛩蛩驒騱，駃騠驴骡。

"于是乎离宫别馆，弥山跨谷。高廊四注，重坐曲阁。华榱璧珰，辇道纚属，步檐周流，长途中宿。夷嵕筑堂，累台增成。岩突洞房，俯杳眇而无见，仰攀橑而扪天。奔星更于闺闼，宛虹拖于楯轩。青虬蚴蟉于东箱，象舆婉蝉于西清。灵圄燕于闲观，偓佺之伦暴于南荣。醴泉涌于清室，通川过乎中庭。般石裖崖，嶔岩倚倾，嵯峨礁砣，刻削峥嵘。玫瑰碧琳，珊瑚丛生。珉玉旁唐，瑸斒文鳞。赤瑕驳荦，杂臿其间，垂绥琬琰，和氏出焉。

"于是乎卢橘夏孰，黄甘橙楱，枇杷㮕柿，樗櫯厚朴，樗枣杨梅，樱桃蒲陶，隐夫郁棣，榙𣗃荔枝，罗乎后宫，列乎北园。貤丘陵，下平原，扬翠叶，杌紫茎，发红华，秀朱荣，煌煌扈扈，照曜巨野。沙棠栎槠，华泛檗栌，留落胥余，仁频并闾，欃檀木兰，豫章女贞，长千仞，大连抱，夸条直畅，实叶葰茂，攒立丛倚，连卷累佹，崔错癹骫，阬衡閜砢，垂条扶于，落英幡纚，纷容萧蓼，旖旎从风，浏莅芔吸，盖象金石之声，管籥之音。柴池茈虒，旋环后宫。杂遝累辑，被山缘谷，循阪下隰，视之无端，究之无穷。

"于是玄猨素雌，蜼玃飞鸓，蛭蜩蠼蝚，螹胡毂蜼，栖息乎其间；长啸哀鸣，翩幡互经，夭矫枝格，偃蹇杪颠。于是乎隃绝梁，腾殊榛，捷垂条，踔稀间，牢落陆离，烂曼远迁。

"若此辈者数千百处。嬉游往来，宫宿馆舍，庖厨不徙，后宫不移，百官备具。

"于是乎背秋涉冬，天子校猎。乘镂象，六玉虬，拖蜺旌，靡云旗，前皮轩，后道游；孙叔奉辔，卫公骖乘，扈从横行，出乎四校之中。鼓严簿，纵猎者，江河为阹，泰山为橹，车骑雷起，隐天动地，先后陆离，离散别追，淫淫裔裔，缘陵流泽，云布雨施。

"生貔豹，搏豺狼，手熊罴，足野羊，蒙鹖苏，绔白虎，被豳文，跨野马。陵三嵕之危，下碛历之坻，径峻赴险，越壑厉水。推蜚廉，弄解豸，格瑕蛤，铤猛氏，罥騕褭，射封豕。箭不苟害，解脰陷脑，弓不虚发，应声而倒。

"于是乎乘舆弥节裴回，翱翔往来，睨部曲之进退，览将率之变态。然后浸潭促节，儵夐远去。流离轻禽，蹴履狡兽。轊白鹿，捷狡兔。轶赤电，遗光耀。追怪物，出宇宙。弯繁弱，满白羽，射游枭，栎蜚虡。择肉后发，先中命处。弦矢分，艺殪仆。

"然后扬节而上浮，凌惊风，历骇飙，乘虚无，与神俱。轔玄鹤，乱昆鸡，遒孔鸾，促骏鵔，拂鹥鸟，捎凤皇，捷鸳雏，掩焦明。

"道尽涂殚，回车而还。招摇乎襄羊，降集乎北纮。率乎直指，暗乎反乡。蹷石阙，历封峦，过鳷鹊，望露寒。下棠梨，息宜春，西驰宣曲，濯鹢牛首。登龙台，掩细柳。观士大夫之勤略，钧猎者之所得获。徒车之所轥轹，乘骑之所蹂若，人民之所蹈躥。与其穷极倦郄，惊惮慑伏，不被创刃而死者，佗佗籍籍，填坑满谷，掩平弥泽。

"于是乎游戏懈怠，置酒乎昊天之台，张乐乎轇輵之宇；撞千石之钟，立万石之虡；建翠华之旗，树灵鼍之鼓。奏陶唐氏之舞，听葛天氏之歌。千人唱，万人和。山陵为之震动，川谷为之荡波。巴俞宋、蔡，淮南《于遮》，文成颠歌。族举递奏，金鼓迭起，铿锵铛鼞，洞心骇耳。荆、吴、郑、卫之声，《韶》、《濩》、《武》、《象》之乐，阴淫案衍之音，鄢郢缤纷，《激楚》结风，俳优侏儒，狄鞮之倡，所以娱耳目而乐心意者，丽靡烂漫于前，靡曼美色于后。

若夫青琴宓妃之徒，绝殊离俗，姣冶娴都。靓妆刻饬，便嬛绰约，柔桡嬽嬽，妩媚姌嫋，抴独茧之褕袘，眇阎易以戌削，媥姺徶㦿，与世殊服；芬香沤郁，酷烈淑郁，皓齿粲烂，宜笑旳皪，长眉连娟，微睇绵藐；色授魂与，心愉于侧。

"于是酒中乐酣，天子芒然而思，似若有亡。曰：'嗟乎，此泰奢侈！朕以览听余间，无事弃日，顺天道以杀伐，时休息于此，恐后世靡丽，遂往而不反，非所以为继嗣创业垂统也。'于是乃解酒罢猎，而命有司曰：'地可以垦辟，悉为农郊，以赡萌隶；陾墙填堑，使山泽之民得于焉。实陂池而勿禁，虚宫观而勿仞。发仓廪以振贫穷，补不足，恤鳏寡，存孤独。出德号，省刑罚，改制度，易服色，更正朔，与天下为始。'

"于是历吉日以齐戒，袭朝衣，乘法驾，建华旗，鸣玉鸾，游乎六艺之囿，骛乎仁义之途，览观《春秋》之林，射《狸首》，兼《驺虞》，弋玄鹤，建干戚，载云罕，掩群《雅》，悲《伐檀》，乐《乐胥》，修容乎《礼》园，翱翔乎《书》圃，述《易》道，放怪兽，登明堂，坐清庙，恣群臣，奏得失，四海之内，靡不受获。于斯之时，天下大说，向风而听，随流而化，喟然兴道而迁义，刑错而不用。德隆乎三皇，功羡于五帝。若此，故猎乃可喜也。

"若夫终日暴露驰骋，劳神苦形，罢车马之用，抏士卒之精，费府库之财，而无德厚之恩，务在独乐，不顾众庶，忘国家之政，而贪雉兔之获，则仁者不由也。从此观之，齐、楚之事，岂不哀哉！地方不过千里，而囿居九百，是草木不得垦辟，而民无所食也。夫以诸侯之细，而乐万乘之所侈，仆恐百姓之被其尤也。"

于是二子愀然改容，超若自失，逡巡避席曰："鄙人固陋，不知忌讳，乃今日见教，谨闻命矣。"

赋奏，天子以为郎。无是公言天子上林广大，山谷水泉万物，及子虚言楚云梦所有甚众，侈靡过其实，且非义理所尚，故删取其要，归正道而论之。

相如为郎数岁，会唐蒙使略通夜郎西僰中，发巴、蜀吏卒千人，郡又多为发转漕万余人，用兴法诛其渠帅，巴蜀民大惊恐。上闻之，乃使相如责唐蒙，因喻告巴、蜀民以非上意，檄曰：

告巴、蜀太守：蛮夷自擅，不讨之日久矣，时侵犯边境，劳士大夫。陛下即位，存抚天下，辑安中国。然后兴师出兵，北征匈奴，单于怖骇，交臂受事，诎膝请和。康居、西域，重译请朝，稽首来享。移师东指，闽越相诛。右吊番禺，太子入朝。南夷之君，西僰之长，常效贡职，不敢堕怠，延颈举踵，喁喁然皆争归义，欲为臣妾，道里辽远，山川阻深，不能自致。夫不顺者已诛，而为善者未赏，故遣中郎将往宾之，发巴、蜀士民各五百人，以奉币帛，卫使者不然，靡有兵革之事，战斗之患。今闻其乃发军兴制，惊惧子弟，忧患长老。郡又擅为转粟运输，皆非陛下之意也。当行者或亡逃自贼杀，亦非人臣之节也。

夫边郡之士，闻烽举燧燔，皆摄弓而驰，荷兵而走，流汗相属，唯恐居后；触白刃，冒流矢，义不反顾，计不旋踵，人怀怒心，如报私仇。彼岂乐死恶生，非编列之民，而与巴、蜀异主哉？计深虑远，急国家之难，而乐尽人臣之道也。故有剖符之封，析珪而爵，位为通侯，居列东第。终则遗显号于后世，传土地于子孙，行事甚忠敬，居位甚安佚，名声施于无穷，功烈著而不灭。是以贤人君子，肝脑涂中原，膏液润野草而不辞也。今奉币役至南夷，即自贼杀，或亡逃抵诛，身死无名，谥为至愚，耻及父母，为天下笑。人之度量相越，岂不远哉！然此非独行者之罪也，父兄之教不先，子弟之率不谨也，寡廉鲜耻而俗不长厚也。其被刑戮，不亦宜乎！

陛下患使者有司之若彼，悼不肖愚民之如此，故遣信使晓喻百姓以发卒之事，因数之以不忠死亡之罪，让三老孝弟以不教诲之过。方今田时，重烦百姓，已亲见近县，恐远所溪谷山泽之民不遍闻，檄到，亟下县道，使咸知陛下之意，唯毋忽也。

相如还报。唐蒙已略通夜郎，因通西南夷道，发巴、蜀、广汉卒，作者数万人。治道二岁，道不成，士卒多物故，费以巨万计。蜀民及汉用事者多言其不便。是时邛筰之君长闻南夷与汉通，得赏赐多，多欲愿为内臣妾，请吏，比南夷。天子问相如，相如曰："邛、筰、冉、駹者近蜀，道亦易通，秦时尝通为郡县，至汉兴而罢。今诚复通，为置郡县，愈于南夷。"天子以为然，乃拜相如为中郎将，建节往使。副使王然于、壶充国、吕越人驰四乘之传，因巴、

蜀吏币物以赂西夷。至蜀，蜀太守以下郊迎，县令负弩矢先驱，蜀人以为宠。于是卓王孙、临邛诸公皆因门下献牛酒以交欢。卓王孙喟然而叹，自以得使女尚司马长卿晚，而厚分与其女财，与男等同。司马长卿便略定西夷。邛、筰、冉、駹、斯榆之君皆请为内臣。除边关，关益斥，西至沫、若水，南至牂柯为徼，通零关道，桥孙水以通邛、筰。还报天子，天子大说。

相如使时，蜀长老多言通西南夷不为用，唯大臣亦以为然。相如欲谏，业已建之，不敢，乃著书，籍以蜀父老为辞，而己诘难之，以风天子，且因宣其使指，令百姓知天子之意。其辞曰：

汉兴七十有八载，德茂存乎六世，威武纷纭，湛恩汪濊，群生澍濡，洋溢乎方外。于是乃命使西征，随流而攘，风之所被，罔不披靡。因朝冉从駹，定筰存邛，略斯榆，举苞满，结轶还辕，东乡将报，至于蜀都。

耆老大夫荐绅先生之徒二十有七人，俨然造焉。辞毕，因进曰："盖闻天子之于夷狄也，其义羁縻勿绝而已。今罢三郡之士，通夜郎之涂，三年于兹，而功不竟，士卒劳倦，万民不赡。今又接以西夷，百姓力屈，恐不能卒业，此亦使者之累也，窃为左右患之。且夫邛、筰、西僰之与中国并也，历年兹多，不可记已。仁者不以德来，强者不以力并，意者其殆不可乎！今割齐民以附夷狄，弊所恃以事无用，鄙人固陋，不识所谓。"

使者曰："乌谓此邪？必若所云，则是蜀不变服而巴不化俗也。余尚恶闻若说。然斯事体大，固非观者之所觐也。余之行急，其详不可得闻已，请为大夫粗陈其略。

"盖世必有非常之人，然后有非常之事；有非常之事，然后有非常之功。非常者，固常人之所异也。故曰非常之原，黎民惧焉；及臻厥成，天下晏如也。

"昔者鸿水浡出，氾滥衍溢，民人登降移徙，陭岖而不安。夏后氏戚之，乃堙鸿水，决江疏河，漉沈赡灾，东归之于海，而天下永宁。当斯之勤，岂唯民哉。心烦于虑而身亲其劳，躬腠无胈，肤不生毛。故休烈显乎无穷，声称浃乎于兹。

"且夫贤君之践位也，岂特委琐握龊，拘文牵俗，循诵习传，当世取说云尔哉！必将崇论闳议，创业垂统，为万世规。故驰骛乎兼容并包，而勤思乎参天贰地。且《诗》不云乎：'普天之下，莫非王土；率土之滨，莫非王臣。'是以六合之内，八方之外，浸浔衍溢，怀生之物有不浸润于泽者，贤君耻之。今封疆之内，冠带之伦，咸获嘉祉，靡有阙遗矣。而夷狄殊俗之国，辽绝异党之地，舟舆不通，人迹罕至，政教未加，流风犹微。内之则犯义侵礼于边境，外之则邪行横作，放弑其上，君臣易位，尊卑失序，父兄不辜，幼孤为奴，系虏号泣，内向而怨，曰'盖闻中国有至仁焉，德洋而恩普，物靡不得其所，今独曷为遗己'。举踵思慕，若枯旱之望雨。盭夫为之垂涕，况乎上圣，

又恶能已？故北出师以讨强胡，南驰使以诮劲越。四面风德，二方之君鳞集仰流，愿得受号者以亿计。故乃关沬、若，徼牂柯，镂零山，梁孙原，创道德之涂，垂仁义之统。将博恩广施，远抚长驾，使疏逖不闭，阻深闇昧得耀乎光明，以偃甲兵于此，而息诛伐于彼。遐迩一体，中外提福，不亦康乎？夫拯民于沉溺，奉至尊之休德，反衰世之陵迟，继周氏之绝业，斯乃天子之急务也。百姓虽劳，又恶可以已哉？

"且夫王事固未有不始于忧勤，而终于佚乐者也。然则受命之符，合在于此矣。方将增泰山之封，加梁父之事，鸣和鸾，扬乐颂，上咸五，下登三。观者未睹指，听者未闻音，犹鹪明已翔乎寥廓，而罗者犹视乎薮泽。悲夫！"

于是诸大夫芒然丧其所怀来而失厥所以进，喟然并称曰："允哉汉德，此鄙人之所愿闻也。百姓虽怠，请以身先之。"敞罔靡徙，因迁延而辞避。

其后人有上书言相如使时受金，失官。居岁余，复召为郎。

相如口吃而善著书。常有消渴疾。与卓氏婚，饶于财。其进仕宦，未尝肯与公卿国家之事，称病间居。不慕官爵。常从上至长杨猎。是时天子方好自击熊彘，驰逐野兽，相如上疏谏之。其辞曰：

臣闻物有同类而殊能者，故力称乌获，捷言庆忌，勇斯贲、育。臣之愚，窃以为人诚有之，兽亦宜然。今陛下好陵阻险，射猛兽，卒然遇轶材之兽，骇不存之地，犯属车之清尘，舆不及还辕，人不暇施巧，虽有乌获、逢蒙之伎，力不得用，枯木朽株尽为害矣。是胡越起于毂下，而羌夷接轸也，岂不殆哉！万全无患，然本非天子之所宜近也。

且夫清道而后行，中路而后驰，犹时有衔橛之变，而况涉乎蓬蒿，驰乎丘坟，前有利兽之乐而内无存变之意，其为祸也不亦难矣！夫轻万乘之重不以为安，而乐出于万有一危之途以为娱，臣窃为陛下不取也。

盖明者远见于未萌，而智者避危于无形，祸固多藏于隐微而发于人之所忽者也。故鄙谚曰"家累千金，坐不垂堂"。此言虽小，可以喻大。臣愿陛下之留意幸察。

上善之。还过宜春宫，相如奏赋以哀二世行失也。其辞曰：

登陂阤之长阪兮，坌入曾宫之嵯峨。临曲江之隑州兮，望南山之参差。岩岩深山之谾谾兮，通谷豁兮谽谺。汩淢噏习以永逝兮，注平皋之广衍。观众树之塕薆兮，览竹林之榛榛。东驰土山兮，北揭石濑。弭节容与兮，历吊二世。持身不谨兮，亡国失势。信谗不寤兮，宗庙灭绝。呜呼哀哉！操行之不得兮，坟墓芜秽而不修兮，魂无归而不食。夐邈绝而不齐兮，弥久远而愈佅。精罔阆而飞扬兮，拾九天而永逝。呜呼哀哉！

相如拜为孝文园令。天子既美子虚之事，相如见上好仙道，因曰："上林之事未足美也，尚有靡者。臣尝为《大人赋》，未就，请具而奏之。"相如以为列仙之传居山泽间，形容甚臞，此非帝王之仙意也，乃遂就《大人赋》。其辞曰：

世有大人兮，在于中州。宅弥万里兮，曾不足以少留。悲世俗之迫隘兮，朅轻举而远游。垂绛幡之素蜺兮，载云气而上浮。建格泽之长竿兮，总光耀之采旄。垂旬始以为幓兮，抴彗星而为髾。掉指桥以偃蹇兮，又猗旎以招摇。揽欃枪以为旌兮，靡屈虹而为绸。红杳渺以眩湣兮，猋风涌而云浮。驾应龙象舆之蠖略逶丽兮，骖赤螭青虬之蚴蟉蜿蜒。低卬夭蛴据以骄骜兮，诎折隆穷蠼以连卷。沛艾赳螑仡以佁儗兮，放散畔岸骧以孱颜。跮踱輵辖容以委丽兮，绸缪偃蹇怵奂以梁倚。纠蓼叫奡蹋以艐路兮，蔑蒙踊跃腾而狂趡。莅飒卉翕熛至电过兮，焕然雾除，霍然云消。

邪绝少阳而登太阴兮，与真人乎相求。互折窈窕以右转兮，横厉飞泉以正东。悉征灵圉而选之兮，部乘众神于瑶光。使五帝先导兮，反太一而从陵阳。左玄冥而右含雷兮，前陆离而后潏湟。厮征伯侨而役羡门兮，属岐伯使尚方。祝融惊而跸御兮，清雰气而后行。屯余车其万乘兮，綷云盖而树华旗。使勾芒其将行兮，吾欲往乎南嬉。

历唐尧于崇山兮，过虞舜于九疑。纷湛湛其差错兮，杂遝胶葛以方驰。骚扰冲苁其相纷挐兮，滂濞泱轧洒以林离。钻罗列聚丛以茏茸兮，衍曼流烂坛以陆离。径入雷室之砰磷郁律兮，洞出鬼谷之崛礨嵬磈。遍览八纮而观四荒兮，朅渡九江而越五河。经营炎火而浮弱水兮，杭绝浮渚而涉流沙。奄息总极泛滥水嬉兮，使灵娲鼓瑟而舞冯夷。时若薆薆将混浊兮，召屏翳诛风伯而刑雨师。西望昆仑之轧沕洸忽兮，直径驰乎三危。排阊阖而入帝宫兮，载玉女而与之归。舒阆风而摇集兮，亢乌腾而一止。低回阴山翔以纡曲兮，吾乃今日睹西王母皭然白首。载胜而穴处兮，亦幸有三足乌为之使。必长生若此而不死兮，虽济万世不足以喜。

回车揭来兮，绝道不周，会食幽都。呼吸沆瀣兮飧朝霞，噍咀芝英兮叽琼华。嬐侵浔而高纵兮，纷鸿涌而上厉。贯列缺之倒景兮，涉丰隆之滂沛。驰游道而修降兮，骛遗雾而远逝。迫区中之隘陕兮，舒节出乎北垠。遗屯骑于玄阙兮，轶先驱于寒门。下峥嵘而无地兮，上寥廓而无天。视眩眠而无见兮，听惝恍而无闻。乘虚无而上假兮，超无友而独存。

相如既奏《大人之颂》，天子大说，飘飘有凌云之气，似游天地之间意。

相如既病免，家居茂陵。天子曰："司马相如病甚，可往从悉取其书；若不然，后失之矣。"使所忠往，而相如已死，家无书。问其妻，对曰："长卿固未尝有书也。时时著书，人又取去，即空居。长卿未死时，为一卷书，曰有使者来求书，奏之。无他书。"其遗札书言封禅事，奏所忠。忠奏其书，天子异之。其书曰：

伊上古之初肇，自昊穹兮生民，历撰列辟，以迄于秦。率迩者踵武，逖听者风声。纷纶葳蕤，堙灭而不称者，不可胜数也。续《韶》、《夏》，崇号谥，略可道者七十有二君。罔若淑而不昌，畴逆失而能存？

轩辕之前，遐哉邈乎，其详不可得闻也。五三六经载籍之传，维见可观也。《书》曰"元首明哉，股肱良哉"，因斯以谈，君莫盛于唐尧，臣莫贤于后稷。后稷创业于唐，公刘发迹于西戎，文王改制，爰周郅隆，大行越成，而后陵夷衰微，千载无声，岂不善始善终哉！无异端，慎所由于前，谨遗教于后耳。故轨迹夷易，易遵也；湛恩濛涌，易丰也；宪度著明，易则也；垂统理顺，易继也。是以业隆于褓褓而崇冠于二后。揆厥所元，终都攸卒，未有殊尤绝迹可考于今者也。然犹蹑梁父，登泰山，建显号，施尊名。大汉之德，逢涌原泉，汤滃漫衍，旁魄四塞，云专雾散，上畅九垓，下泝八埏。怀生之类沾濡浸润，协气横流，武节飘逝，迩陕游原，迥阐泳沫，首恶湮没，暗昧昭晰，昆虫凯泽，回首面内。然后囿驺虞之珍群，徼麋鹿之怪兽，䅣一茎六穗于庖，牺双觡共抵之兽，获周余珍收龟于岐，招翠黄乘龙于沼。鬼神接灵圉，宾于间馆。奇物谲诡，俶傥穷变，钦哉，符瑞臻兹，犹以为薄，不敢道封禅。盖周跃鱼陨杭，休之以燎，微夫斯之为符也，以登介丘，不亦恧乎！进让之道，其何爽与？

于是大司马进曰："陛下仁育群生，义征不憓，诸夏乐贡，百蛮执贽，德侔往初，功无与二，休烈浃洽，符瑞众变，期应绍至，不特创见。意者泰山、梁父设坛场望幸，盖号以况荣，上帝垂恩储祉，将以荐成，陛下谦让而弗发也，挈三神之欢，缺王道之仪，群臣恧焉。或谓且天为质闇，珍符固不可辞；若然辞之，是泰山靡记而梁父靡几也。亦各并时而荣，咸济世而屈，说者尚何称于后，而云七十二君乎？夫修德以锡符，奉符以行事，不为进越。故圣王弗替，而修礼地祗，谒款天神，勒功中岳，以彰至尊，舒盛德，发号荣，受厚福，以浸黎民。皇皇哉斯事！天下之壮观，王者之丕业，不可贬也。愿陛下全之。而后因杂荐绅先生之略术，使获耀日月之末光绝炎，以展彩错事。犹兼正列其义，校饬厥文，作《春秋》一艺。将袭旧六为七，摅之无穷，俾万世得激清流，扬微波，蜚英声，腾茂实。前圣之所以永保鸿名而常为称首者用此。宜命掌故悉奏其义而览焉。"

于是天子沛然改容，曰："愉乎，朕其试哉！"乃迁思回虑，总公卿之议，询封禅之事，诗大泽之博，广符瑞之富。乃作颂曰：

"自我天覆，云之油油。甘露时雨，厥壤可游。滋液渗漉，何生不育！嘉谷六穗，我穑曷蓄？

非唯雨之，又润泽之；非唯濡之，氾尃濩之。万物熙熙，怀而慕思。名山显位，望君之来。君乎君乎，侯不迈哉！

般般之兽，乐我君囿；白质黑章，其仪可喜；旼旼睦睦，君子之能。盖闻其声，今观其来。厥涂靡踪，天瑞之征。兹亦于舜，虞氏以兴。

濯濯之麟，游彼灵畤。孟冬十月，君祖郊祀。驰我君舆，帝以享祉。三代之前，盖未尝有。

宛宛黄龙，兴德而升；采色炫耀，爌炳辉煌。正阳显见，觉寤黎烝。于传载之，云受命所乘。

厥之有章，不必谆谆。依类托寓，谕以封峦。"

披艺观之，天人之际已交，上下相发允答。圣王之德，兢兢翼翼也。故曰"兴必虑衰，安必思危"。是以汤、武至尊严，不失肃祗；舜在假典，顾省厥遗。此之谓也。

司马相如既卒五岁，天子始祭后土。八年而遂先礼中岳，封于太山，至梁父禅肃然。

相如他所著，若《遗平陵侯书》、《与五公子相难》、《草木书》篇不采，采其尤著公卿者云。

太史公曰：《春秋》推见至隐，《易》本隐之以显，《大雅》言王公大人而德逮黎庶，《小雅》讥小己之得失，其流及上。所以言虽外殊，其合德一也。相如虽多虚辞滥说，然其要归引之节俭，此与《诗》之风谏何异！扬雄以为靡丽之赋，劝百风一，犹驰骋郑、卫之声，曲终而奏雅，不已亏乎？余采其语可论者著于篇。

卷一百一十八
淮南衡山列传第五十八

淮南厉王长者，高祖少子也，其母故赵王张敖美人。高祖八年，从东垣过赵，赵王献之美人，厉王母得幸焉，有身。赵王敖弗敢内宫，为筑外宫而舍之。及贯高等谋反柏人事发觉，并逮治王，尽收捕王母兄弟美人，系之河内。厉王母亦系，告吏曰："得幸上，有身。"吏以闻上，上方怒赵王，未理厉王母。厉王母弟赵兼因辟阳侯言吕后，吕后妒，弗肯白，辟阳侯不强争。及厉王母已生厉王，恚，即自杀。吏奉厉王诣上，上悔，令吕后母之，而葬厉王母真定。真定，厉王母之家在焉，父世县也。

高祖十一年七月，淮南王黥布反。立子长为淮南王，王黥布故地，凡四郡。上自将兵击灭布，厉王遂即位。厉王早失母，常附吕后，孝惠、吕后时以故得幸无患害，而常心怨辟阳侯，弗敢发。及孝文帝初即位，淮南王自以为最亲，骄蹇，数不奉法。上以亲故，常宽赦之。三年，入朝，甚横。从上入苑囿猎，与上同车，常谓上"大兄"。厉王有材力，力能扛鼎。乃往请辟阳侯。辟阳侯出见之，即自袖铁椎椎辟阳侯，令从者魏敬刭之。厉王乃驰走阙下，肉袒谢曰："臣母不当坐赵事，其时辟阳侯力能得之吕后，弗争，罪一也。赵王如意子母无罪，吕后杀之，辟阳侯弗争，罪二也。吕后王诸吕，欲以危刘氏，辟阳侯弗争，罪三也。臣谨为天下诛贼臣辟阳侯，报母之仇，谨伏阙下请罪。"孝文伤其志，为亲故，弗治，赦厉王。当是时，薄太后及太子诸大臣皆惮厉王，厉王以此归国益骄恣，不用汉法，出入称警跸，称制，自为法令，拟于天子。

六年，令男子但等七十人与棘蒲侯柴武太子奇谋，以辇车四十乘反谷口，令人使闽越、匈奴。事觉，治之，使使召淮南王。淮南王至长安。

"丞相臣张仓、典客臣冯敬、行御史大夫事宗正臣逸、廷尉臣贺、备盗贼中尉臣福昧死言：淮南王长废先帝法，不听天子诏，居处无度，为黄屋盖乘舆，出入拟于天子，擅为法令，不用汉法。及所置吏，以其郎中春为丞相，聚收汉诸侯人及有罪亡者，匿与居，为治家室，赐其财物爵禄田宅，爵或至关内侯，奉以二千石，所不当得，欲以有为。大夫但、士五开章等七十人与棘蒲太子奇谋反，欲以危宗庙社稷。使开章阴告长，与谋使闽越及匈奴发其兵。开章之淮南见长，长数与坐语饮食，为家室娶妇，以二千石俸奉之。开章使人告但，已言之王。春使使报但等。吏觉知，使长安尉奇等往捕开章。长匿不予，与故中尉蕑忌谋，杀以闭口。为棺椁衣衾，葬之肥陵邑，谩吏曰'不知安在'。又伪聚土，树表其上，曰'开章死，埋此下'。及长身自贼杀无罪者一人；令吏论杀无罪者六人；为亡命弃市罪诈捕命者以除罪；擅罪人，罪人无告劾，系治城旦舂以上十四人；赦免罪人，死罪十八人，城旦舂以下五十八人；赐人爵关内侯以下九十四人。前日长病，陛下忧苦之，使使者赐书、枣脯。长不欲受赐，不肯见拜使者。南海民处庐江界中者反，淮南吏卒击之。陛下以淮南民贫苦，遣使者赐长帛五千匹，以赐吏卒劳苦者。长不欲受赐，谩言曰'无劳苦者'。南海民王织上书献璧皇帝，忌擅燔其书，不以闻。吏请召治忌，长不遣，谩言曰'忌病'。春又请长，愿入见，长怒曰'女欲离我自附汉'。长当弃市，臣请论如法。"

制曰："朕不忍致法于王，其与列侯二千石议。"

"臣仓、臣敬、臣逸、臣福、臣贺昧死言：臣谨与列侯吏二千石臣婴等四十三人议，皆曰'长不奉法度，不听天子诏，乃阴聚徒党及谋反者，厚养亡命，欲以有为'。臣等议论如法。"

制曰："朕不忍致法于王，其赦长死罪，废勿王。"

"臣仓等昧死言：长有大死罪，陛下不忍致法，幸赦，废勿王。臣请处蜀郡严道邛邮，遣其子母从居，县为筑盖家室，皆禀食，给薪、菜、盐、豉、炊食器、席蓐，臣等昧死请，请布告天下。"

制曰："计食：长给肉日五斤，酒二斗。令故美人才人得幸者十人从居。他可。"

尽诛所与谋者。于是乃遣淮南王，载以辎车，令县以次传。是时袁盎谏上曰："上素骄淮南王，弗为置严傅相，以故至此。且淮南王为人刚，今暴摧折之，臣恐卒逢雾露病死，陛下为有杀弟之名，奈何！"上曰："吾特苦之耳，今复之。"县传淮南王者皆不敢发车封。淮南王乃谓侍者曰："谁谓乃公勇者？吾安能勇！吾以骄故不闻吾过至于此，人生一世间，安能邑邑如此！"乃不食死。至雍，雍令发封，以死闻。上哭甚悲，谓袁盎曰："吾不听公言，卒亡淮南王。"盎曰："不可奈何，愿陛下自宽。"上曰："为之奈何？"盎曰："独斩丞相、御史以谢天下乃可。"上即令丞相、御史逮考诸县传送淮南王不发封馈侍者，皆弃市。乃以列侯葬淮南王于雍，守冢三十户。

孝文八年，上怜淮南王，淮南王有子四人，皆七八岁，乃封子安为阜陵侯，子勃为安阳侯，子赐为阳周侯，子良为东成侯。

孝文十二年，民有作歌歌淮南厉王曰："一尺布，尚可缝；一斗粟，尚可舂。兄弟二人不能相容。"上闻之，乃叹曰："尧、舜放逐骨肉，周公杀管、蔡，天下称圣。何者？不以私害公，天下岂以我为贪淮南王地邪？"乃徙城阳王王淮南故地，而追尊谥淮南王为厉王，置园复如诸侯仪。

孝文十六年，徙淮南王喜复故城阳。上怜淮南厉王废法不轨，自使失国早死，乃立其三子：阜陵侯安为淮南王，安阳侯勃为衡山王，阳周侯赐为庐江王，皆复得厉王时地，叁分之。东城侯良前薨，无后也。

孝景三年，吴、楚七国反，吴使者至淮南，淮南王欲发兵应之。其相曰："大王必欲发兵应吴，臣愿为将。"王乃属相兵。淮南相已将兵，因城守，不听王而为汉，汉亦使曲城侯将兵救淮南，淮南以故得完。吴使者至庐江，庐江王弗应，而往来使越。吴使者至衡山，衡山王坚守无二心。孝景四年，吴、楚已破，衡山王朝，上以为贞信，乃劳苦之曰："南方卑湿。"徙衡山王王济北，所以褒之。及薨，遂赐谥为贞王。庐江王边越，数使使相交，故徙为衡山王，王江北。淮南王如故。

淮南王安为人好读书鼓琴，不喜弋猎狗马驰骋，亦欲以行阴德拊循百姓，流誉天下。时时怨望厉王死，时欲畔逆，未有因也。及建元二年，淮南王入朝。素善武安侯，武安侯时为太尉，乃逆王霸上，与王语曰："方今上无太子，大王亲高皇帝孙，行仁义，天下莫不闻。即宫车一日晏驾，非大王当谁立者！"淮南王大喜，厚遗武安侯金财物。阴结宾客，拊循百姓，为畔逆事。建元六年，彗星见，淮南王心怪之。或说王曰："先吴军起时，彗星出长数尺，然尚流血千里。今彗星长竟天，天下兵当大起。"王心以为上无太子，天下有变，诸侯并争，愈益治器械攻战具，积金钱赂遗郡国诸侯游士奇材。诸辩士为方略者，妄作妖言，谄谀王，王喜，多赐金钱，而谋反滋甚。

淮南王有女陵，慧，有口辩。王爱陵，常多予金钱，为中诇长安，约结上左右。元朔三年，上赐淮南王几杖，不朝。淮南王王后荼，王爱幸之。王后生太子迁，迁取王皇太后外孙脩成君女为妃。王谋为反具，畏太子妃知而内泄事，乃与太子谋，令诈弗爱，三月不同席。王乃详为怒太子，闭太子使与妃同内三月，太子终不近妃。妃求去，王乃上书谢归去之。王后荼、太子迁及女陵得爱幸王，擅国权，侵夺民田宅，妄致系人。

元朔五年，太子学用剑，自以为人莫及。闻郎中雷被巧，乃召与戏，被一再辞让，误中太子。太子怒，被恐。此时有欲从军者辄诣京师，被即愿奋击匈奴。太子迁数恶被于王，王使郎中令斥免，欲以禁后。被遂亡至长安，上书自明。诏下其事廷尉、河南。河南治，逮淮南太子。王、王后计欲无遣太子，遂发兵反，计犹豫，十余日未定。会有诏，即讯太子。当是时，淮南相怒寿春丞留太子逮不遣，劾不敬。王以请相，相弗听。王使人上书告相，事下廷尉治。踪迹连王，王使人候伺汉公卿，公卿请逮捕治王。王恐事发，太子迁谋曰："汉使即逮王，王令人衣卫士衣，持戟居庭中，王旁有非是，则刺杀之，臣亦使人刺杀淮南中尉，乃举兵，未晚。"是时上不许公卿请，而遣汉中尉宏即讯验王。王闻汉使来，即如太子谋计。汉中尉至，王视其颜色和，讯王以斥雷被事耳，王自度无何，不发。中尉还，以闻。公卿治者曰："淮南王安拥阏奋击匈奴者雷被等，废格明诏，当弃市。"诏弗许。公卿请废勿王，诏弗许。公卿请削五县，诏削二县。使中尉宏赦淮南王罪，罚以削地。中尉入淮南界，宣言赦王。王初闻汉公卿请诛之，未知得削地，闻汉使来，恐其捕之，乃与太子谋刺之如前计。及中尉至，即贺王，王以故不发。其后自伤曰："吾行仁义见削，甚耻之。"然淮南王削地之后，其为反谋益甚。诸使道从长安来，为妄妖言，言上无男，汉不治，即喜；即言汉廷治，有男，王怒，以为妄言，非也。

王日夜与伍被、左吴等案舆地图，部署兵所从入。王曰："上无太子，宫车即晏驾，廷臣必征胶东王，不即常山王。诸侯并争，吾可以无备乎！且吾高祖孙，亲行仁义，陛下遇我厚，吾能忍之；万世之后，吾宁能北面臣事竖子乎！"

王坐东宫，召伍被与谋，曰："将军上。"被怅然曰："上宽赦大王，王复安得此亡国之语乎！臣闻子胥谏吴王，吴王不用，乃曰'臣今见麋鹿游姑苏之台也'。今臣亦见宫中生荆棘，露沾衣也。"王怒，系伍被父母，囚之三月。复召曰："将军许寡人乎？"被曰："不，直来为大王画耳。臣闻聪者听于无声，明者见于未形，故圣人万举万全。昔文王一动而功显于千世，列为三代，此所谓因天心以动作者也，故海内不期而随。此千岁之可见者。夫百年之秦，近世之吴、楚，亦足以喻国家之存亡矣。臣不敢避子胥之诛，愿大王毋为吴王之听。昔秦绝先王之道，杀术士，燔《诗》、《书》，弃礼义，尚诈力，任刑罚，转负海之粟致之西河。当是之时，男子疾耕不足于糟糠，女子纺绩不足于盖形。遣蒙恬筑长城，东西数千里，暴兵露师常数十万，死者不可胜数，僵尸千里，流血顷亩，百姓力竭，欲为乱者十家而五。又使徐福入海求神异物，还，为辞曰：'臣见海中大神，言曰："汝西皇之使邪？"臣答曰："然。""汝何求？"曰："愿请延年益寿药。"神曰："汝秦王之礼薄，得观而不得取。"即从臣东南至蓬莱山，见芝成宫阙，有使者铜色而龙形，光上照天。于是臣再拜问曰："宜何资以献？"海神曰："以令名男子若振女与百工之事，即得之矣。"'秦皇帝大说，遣振男女三千人，资之五谷百工而行。徐福得平原广泽，止王不来。于是百姓悲痛相思，欲为乱者十家而六。又使尉佗逾五岭攻百越。尉佗知中国劳极，止王不来，使人上书，求女无夫家者三万人，以为士卒衣补。秦皇帝可其万五千人。于是百姓离心瓦解，欲为乱者十家而七。客谓高皇帝曰：'时可矣。'高皇帝曰：'待之，圣人当起东南。'间不一年，陈胜、吴广发矣。高皇始于丰沛，一倡天下不期而响应者不可胜数也。此所谓蹈瑕候

间，因秦之亡而动者也。百姓愿之，若旱之望雨，故起于行陈之中而立为天子，功高三王，德传无穷。今大王见高皇帝得天下之易也，独不观近世之吴、楚乎？夫吴王赐号为刘氏祭酒，复不朝，王四郡之众，地方数千里，内铸消铜以为钱，东煮海水以为盐，上取江陵木以为船，一船之载当中国数十两车，国富民众。行珠玉金帛赂诸侯宗室大臣，独窦氏不与。计定谋成，举兵而西。破于大梁，败于狐父，奔走而东，至于丹徒，越人禽之，身死绝祀，为天下笑。夫以吴、越之众不能成功者何？诚逆天道而不知时也。方今大王之兵众不能十分吴、楚之一，天下安宁有万倍于秦之时，愿大王从臣之计。大王不从臣之计，今见大王事必不成而语先泄也。臣闻微子过故国而悲，于是作《麦秀之歌》，是痛纣之不用王子比干也。故《孟子》曰：'纣贵为天子，死曾不若匹夫。'是纣先自绝于天下久矣，非死之日而天下去之。今臣亦窃悲大王弃千乘之君，必且赐绝命之书，为群臣先，死于东宫也。"于是气怨结而不扬，涕满匡而横流，即起，历阶而去。

王有孽子不害，最长，王弗爱，王、王后、太子皆不以为子兄数。不害有子建，材高有气，常怨望太子不省其父；又怨时诸侯皆得分子弟为侯，而淮南独二子，一为太子，建父独不得为侯。建阴结交，欲告败太子，以其父代之。太子知之，数捕系而榜笞建。建具知太子之谋欲杀汉中尉，即使所善寿春庄芷以元朔六年上书于天子曰："毒药苦于口利于病，忠言逆于耳利于行。今淮南王孙建，材能高，淮南王王后荼，荼子太子迁常疾害建。建父不害无罪，擅数捕系，欲杀之。今建在，可征问，具知淮南阴事。"书闻，上以其事下廷尉，廷尉下河南治。是时故辟阳侯孙审卿善丞相公孙弘，怨淮南厉王杀其大父，乃深购淮南事于弘，弘乃疑淮南有畔逆计谋，深穷治其狱。河南治建，辞引淮南太子及党与。淮南王患之，欲发，问伍被曰："汉廷治乱？"伍被曰："天下治。"王意不悦，谓伍被曰："公何以言天下治也？"被曰："被窃观朝廷之政，君臣之义，父子之亲，夫妇之别，长幼之序，皆得其理，上之举错遵古之道，风俗纪纲未有所缺也。重装富贾，周流天下，道无不通，故交易之道行。南越宾服，羌、僰入献，东瓯入降，广长榆，开朔方，匈奴折翅伤翼，失援不振。虽未及古太平之时，然犹为治也。"王怒，被谢死罪。王又谓被曰："山东即有兵，汉必使大将军将而制山东，公以为大将军何如人也？"被曰："被所善者黄义，从大将军击匈奴，还，告被：'大将军遇士大夫有礼，于士卒有恩，众皆乐为之用。骑上下山若蜚，材干绝人。'被以为材能如此，数将习兵，未易当也。及谒者曹梁使长安来，言大将军号令明，当敌勇敢，常为士卒先。休舍，穿井未通，须士卒尽得水，乃敢饮。军罢，卒尽已渡河，乃渡。皇太后所赐金帛，尽以赐军吏。虽古名将弗过也。"王默然。

淮南王见建已征治，恐国阴事且觉，欲发，被又以为难，乃复问被曰："公以为吴兴兵是邪非也？"被曰："以为非也。吴王至富贵也，举事不当，身死丹徒，头足异处，子孙无遗类。臣闻吴王悔之甚。愿王孰虑之，无为吴王之所悔。"王曰："男子之所死者一言耳。且吴何知反，汉将

一日过成皋者四十余人。今我令楼缓先要成皋之口,周被下颍川兵塞轘辕、伊阙之道,陈定发南阳兵守武关。河南太守独有洛阳耳,何足忧。然此北尚有临晋关、河东、上党与河内、赵国。人言曰'绝成皋之口,天下不通'。据三川之险,招山东之兵,举事如此,公以为何如?"被曰:"臣见其祸,未见其福也。"王曰:"左吴、赵贤、朱骄如皆以为有福,什事九成,公独以为有祸无福,何也?"被曰:"大王之群臣近幸素能使众者,皆前系诏狱,余无可用者。"王曰:"陈胜、吴广无立锥之地,千人之聚,起于大泽,奋臂大呼而天下响应,西至于戏而兵百二十万。今吾国虽小,然而胜兵者可得十余万,非直適戍之众,钆凿棘矜也,公何以言有祸无福?"被曰:"往者秦为无道,残贼天下。兴万乘之驾,作阿房之宫,收太半之赋,发闾左之戍,父不宁子,兄不便弟,政苛刑峻,天下熬然若焦,民皆引领而望,倾耳而听,悲号仰天,叩心而怨上。故陈胜大呼,天下响应。当今陛下临制天下,一齐海内,泛爱蒸庶,布德施惠。口虽未言,声疾雷霆,令虽未出,化驰如神,心有所怀,威动万里,下之应上,犹影响也。而大将军材能不特章邯、杨熊也。大王以陈胜、吴广谕之,被以为过矣。"王曰:"苟如公言,不可侥幸邪?"被曰:"被有愚计。"王曰:"奈何?"被曰:"当今诸侯无异心,百姓无怨气。朔方之郡田地广,水草美,民徙者不足以实其地。臣之愚计,可伪为丞相御史请书,徙郡国豪杰任侠及有耐罪以上,赦令除其罪,产五十万以上者,皆徙其家属朔方之郡,益发甲卒,急其会日。又伪为左右都司空上林中都官诏狱书,逮诸侯太子幸臣。如此则民怨,诸侯惧,即使辩武随而说之,傥可侥幸什得一乎?"王曰:"此可也。虽然,吾以为不至若此。"于是王乃令官奴入宫,作皇帝玺,丞相、御史、大将军、军吏、中二千石、都官令、丞印,及旁近郡太守、都尉印,汉使节法冠,欲如伍被计。使人伪得罪而西,事大将军、丞相;一日发兵,使人即刺杀大将军青,而说丞相下之,如发蒙耳。

王欲发国中兵,恐其相、二千石不听。王乃与伍被谋,先杀相、二千石;伪失火宫中,相、二千石救火,至即杀之。计未决,又欲令人衣求盗衣,持羽檄,从东方来,呼曰"南越兵入界",欲因以发兵。乃使人至庐江、会稽为求盗,未发。王问伍被曰:"吾举兵西乡,诸侯必有应我者;即无应,奈何?"被曰:"南收衡山以击庐江,有寻阳之船,守下雉之城,结九江之浦,绝豫章之口;强弩临江而守,以禁南郡之下;东收江都、会稽,南通劲越,屈强江、淮间,犹可得延岁月之寿。"王曰:"善,无以易此。急则走越耳。"

于是廷尉以王孙建辞连淮南王太子迁闻。上遣廷尉监因拜淮南中尉,逮捕太子。至淮南,淮南王闻,与太子谋召相、二千石,欲杀而发兵。召相,相至;内史以出为解;中尉曰:"臣受诏使,不得见王。"王念独杀相而内史、中尉不来,无益也,即罢相。王犹豫,计未决。太子念所坐者谋刺汉中尉,所与谋者已死,以为口绝,乃谓王曰:"群臣可用者皆前系,今无足与举事者。王以非时发,恐无功,臣愿会逮。"王亦偷欲休,即许太子。太子即自到,

不殊。伍被自诣吏,因告与淮南王谋反,反踪迹具如此。

吏因捕太子、王后,围王宫,尽求捕王所与谋反宾客在国中者,索得反具以闻。上下公卿治,所连引与淮南王谋反列侯二千石豪杰数千人,皆以罪轻重受诛。衡山王赐,淮南王弟也,当坐收,有司请逮捕衡山王。天子曰:"诸侯各以其国为本,不当相坐。与诸侯王列侯会肄丞相诸侯议。"赵王彭祖、列侯臣让等四十三人议,皆曰:"淮南王安甚大逆无道,谋反明白,当伏诛。"胶西王臣端议曰:"淮南王安废法行邪,怀诈伪心,以乱天下,荧惑百姓,倍畔宗庙,妄作妖言。《春秋》曰'臣无将,将而诛'。安罪重于将,谋反形已定。臣端所见其书节印图及他逆无道事验明白,甚大逆无道,当伏其法。而论国吏二百石以上及比者,宗室近幸臣不在法中者,不能相教,当皆免官削爵为士伍,毋得宦为吏。其非吏,他赎死金二斤八两。以章臣安之罪,使天下明知臣子之道,毋敢复有邪僻倍畔之意。"丞相弘、廷尉汤等以闻,天子使宗正以符节治王。未至,淮南王安自刭杀。王后荼、太子迁诸侯所与谋反者皆族。天子以伍被雅辞多引汉之美,欲勿诛。廷尉汤曰:"被首为王画反谋,被罪无赦。"遂诛被。国除为九江郡。

衡山王赐,王后乘舒生子三人,长男爽为太子,次男孝,次女无采。又姬徐来生子男女四人,美人厥姬生子二人。衡山王、淮南王兄弟相责望礼节,间不相能。衡山王闻淮南王作为畔逆反具,亦心结宾客以应之,恐为所并。

元光六年,衡山王入朝,其谒者卫庆有方术,欲上书事天子。王怒,故劾庆死罪,强榜服之。衡山内史以为非是,却其狱。王使人上书告内史,内史治,言王不直。王又数侵夺人田,坏人冢以为田。有司请逮治衡山王,天子不许,为置吏二百石以上。衡山王以此恚,与奚慈、张广昌谋,求能为兵法候星气者,日夜从容王密谋反事。

王后乘舒死,立徐来为王后。厥姬俱幸。两人相妒,厥姬乃恶王后徐来于太子曰:"徐来使婢蛊道杀太子母。"太子心怨徐来,徐来兄至衡山,太子与饮,以刃刺伤王后兄。王后怨怒,数毁恶太子于王。太子女弟无采,嫁弃归,与奴奸,又与客奸。太子数让无采,无采怒,不与太子通。王后闻之,即善遇无采。无采及中兄孝少失母,附王后,王后以计爱之,与共败太子,王以故数击笞太子。元朔四年中,人有贼伤王后假母者,王疑太子使人伤之,笞太子。后王病,太子时称病不侍。孝、王后、无采恶太子:"太子实不病,自言病,有喜色。"王大怒,欲废太子,立其弟孝。王后知王决废太子,又欲并废孝。王后有侍者,善舞,王幸之。王后欲令侍者与孝乱以污之,欲并废兄弟而立其子广代太子。太子爽知之,念后数恶己无已时,欲与乱以止其口。王后饮,太子前为寿,因据王后股,求与王后卧。王后怒,以告王。王乃召,欲缚而笞之。太子知王常欲废已立其弟孝,乃谓王曰:"孝与王御者奸,无采与奴奸,王强食,请上书。"即倍王去。王使人止之,莫能禁,乃自驾追捕太子。太子妄恶言,王械系太子宫中。孝日益亲幸。王奇孝材能,乃佩之王印,号曰将军,令居外

宅，多给金钱，招致宾客。宾客来者，微知淮南、衡山有逆计，日夜从容劝之。王乃使孝客江都人救赫、陈喜作辌车镞矢，刻天子玺、将相军吏印。王日夜求壮士如周丘等，数称引吴、楚反时计画，以约束。衡山王非敢效淮南王求即天子位，畏淮南起并其国，以为淮南已西，发兵定江、淮之间有之，望如是。

元朔五年秋，衡山王当朝，过淮南，淮南王乃昆弟语，除前郄，约束反具。衡山王即上书谢病，上赐书不朝。

元朔六年中，衡山王使人上书请废太子爽，立孝为太子。爽闻，即使所善白赢之长安上书，言孝作辌车镞矢，与王御者奸，欲以败孝。白赢至长安，未及上书，吏捕赢，以淮南事系。王闻爽使白赢上书，恐言国阴事，即上书反告太子爽所为不道弃市罪事。事下沛郡治。元狩元年冬，有司公卿下沛郡求捕所与淮南谋反者，未得，得陈喜于衡山王子孝家。吏劾孝首匿喜。孝以为陈喜雅数与王计谋反，恐其发之，闻律先自告除其罪，又疑太子使白赢上书发其事，即先自告，告所与谋反者救赫、陈喜等。廷尉治验，公卿请逮捕衡山王治之。天子曰："勿捕。"遣中尉安、大行息即问王，王具以情实对。吏皆围王宫而守之。中尉、大行还，以闻，公卿请遣宗正、大行与沛郡杂治王。王闻，即自刭杀。孝先自告反，除其罪；坐与王御婢奸，弃市。王后徐来亦坐蛊杀前王后乘舒，及太子爽坐王告不孝，皆弃市。诸与衡山王谋反者皆族。国除为衡山郡。

太史公曰：《诗》之所谓"戎、狄是膺，荆、舒是惩"，信哉是言也。淮南、衡山亲为骨肉，疆土千里，列为诸侯，不务遵蕃臣职以承辅天子，而专挟邪僻之计，谋为畔逆，仍父子再亡国，各不终其身，为天下笑。此非独王过也，亦其俗薄，臣下渐靡使然也。夫荆、楚僄勇轻悍，好作乱，乃自古记之矣。

卷一百一十九
循吏列传第五十九

太史公曰：法令所以导民也，刑罚所以禁奸也。文武不备，良民惧然身修者，官未曾乱也。奉职循理，亦可以为治，何必威严哉？

孙叔敖者，楚之处士也。虞丘相进之于楚庄王，以自代也。三月为楚相，施教导民，上下和合，世俗盛美，政缓禁止，吏无奸邪，盗贼不起。秋冬则劝民山采，春夏以水，各得其所便，民皆乐其生。

庄王以为币轻，更以小为大，百姓不便，皆去其业。市令言之相曰："市乱，民莫安其处，次行不定。"相曰："如此几何顷乎？"市令曰："三月顷。"相曰："罢，吾今令之复矣。"后五日，朝，相言之王曰："前日更币，以为轻。今市令来言曰'市乱，民莫安其处，次行之不定'。臣请遂令复如故。"王许之，下令三日而市复如故。

楚民俗好庳车，王以为庳车不便马，欲下令使高之。相曰："令数下，民不知所从，不可。王必欲高车，臣请教闾里使高其梱。乘车者皆君子，君子不能数下车。"王许之。居半岁，民悉自高其车。

此不教而民从其化，近者视而效之，远者四面望而法之。故三得相而不喜，知其材自得之也；三去相而不悔，知非己之罪也。

子产者，郑之列大夫也。郑昭君之时，以所爱徐挚为相，国乱，上下不亲，父子不和。大宫子期言之君，以子产为相。为相一年，竖子不戏狎，斑白不提挈，僮子不犁畔。二年，市不豫贾。三年，门不夜关，道不拾遗。四年，田器不归。五年，士无尺籍，丧期不令而治。治郑二十六年而死，丁壮号哭，老人儿啼，曰："子产去我死乎！民将安归？"

公仪休者，鲁博士也。以高弟为鲁相。奉法循理，无所变更，百官自正。使食禄者不得与下民争利，受大者不得取小。

客有遗相鱼者，相不受。客曰："闻君嗜鱼，遗君鱼，何故不受也？"相曰："以嗜鱼，故不受也。今为相，能自给鱼，今受鱼而免，谁复给我鱼者？吾故不受也。"

食茹而美，拔其园葵而弃之。见其家织布好，而疾出其家妇，燔其机，云"欲令农士工女安所雠其货乎"？

石奢者，楚昭王相也。坚直廉正，无所阿避。行县，道有杀人者，相追之，乃其父也。纵其父而还自系焉。使人言之王曰："杀人者，臣之父也。夫以父立政，不孝也；废法纵罪，非忠也。臣罪当死。"王曰："追而不及，不当伏罪，子其治事矣。"石奢曰："不私其父，非孝子也；不奉主法，非忠臣也。王赦其罪，上惠也；伏诛而死，臣职也。"遂不受令，自刎而死。

李离者，晋文公之理也。过听杀人，自拘当死。文公曰："官有贵贱，罚有轻重。下吏有过，非子之罪也。"李离曰："臣居官为长，不与吏让位；受禄为多，不与下分利。今过听杀人，傅其罪下吏，非所闻也。"辞不受令。文公曰："子则自以为有罪，寡人亦有罪邪？"李离曰："理有法，失刑则刑，失死则死。公以臣能听微决疑，故使为理。今过听杀人，罪当死。"遂不受令，伏剑而死。

太史公曰：孙叔敖出一言，郢市复。子产病死，郑民号哭。公仪子见好布而家妇逐。石奢纵父而死，楚昭名立。李离过杀而伏剑，晋文以正国法。

卷一百二十　　汲郑列传第六十

汲黯字长孺，濮阳人也。其先有宠于古之卫君。至黯七世，世为卿大夫。黯以父任，孝景时为太子洗马，以庄见惮。孝景帝崩，太子即位，黯为谒者。东越相攻，上使黯往视之。不至，至吴而还，报曰："越人相攻，固其俗然，不足以辱天子之使。"河内失火，延烧千余家，上使黯往视之。还报曰："家人失火，屋比延烧，不足忧也。臣过河南，河南贫人伤水旱万余家，或父子相食，臣谨以便宜，持节发河南仓粟以振贫民。臣请归节，伏矫制之罪。"上贤而释之。迁为荥阳令。黯耻为令，病归田里。上闻，乃召拜为中大夫。以数切谏，不得久留内，迁为东海太守。黯学黄、老之言，治官理民，好清静，择丞史而任之。其治，责大指而已，不苛小。黯多病，卧闺阁内不出。岁余，东海大治，称之。上闻，召以为主爵都尉，列于九卿。治务在无为而已，弘大体，不拘文法。

黯为人性倨，少礼，面折，不能容人之过。合己者善待之，不合己者不能忍见，士亦以此不附焉。然好学，游侠，任气节，内行修洁，好直谏，数犯主之颜色，常慕傅柏、袁盎之为人也。善灌夫、郑当时及宗正刘弃。亦以数直谏，不得久居位。

当是时，太后弟武安侯蚡为丞相，中二千石来拜谒，蚡不为礼。然黯见蚡未尝拜，常揖之。天子方招文学儒者，上曰吾欲云云，黯对曰："陛下内多欲而外施仁义，奈何欲效唐、虞之治乎！"上默然，怒，变色而罢朝。公卿皆为黯惧。上退，谓左右曰："甚矣，汲黯之戆也！"群臣或数黯，黯曰："天子置公卿辅弼之臣，宁令从谀承意，陷主于不义乎？且已在其位，纵爱身，奈辱朝廷何！"

黯多病，病且满三月，上常赐告者数，终不愈。最后病，庄助为请告，上曰："汲黯何如人哉？"助曰："使黯任职居官，无以逾人。然至其辅少主，守城深坚，招之不来，麾之不去，虽自谓贲、育亦不能夺之矣。"上曰："然。古有社稷之臣，至如黯，近之矣。"

大将军青侍中，上踞厕而视之。丞相弘燕见，上或时不冠。至如黯见，上不冠不见也。上尝坐武帐中，黯前奏事，上不冠，望见黯，避帐中，使人可其奏。其见敬礼如此。

张汤方以更定律令为廷尉，黯数质责汤于上前，曰："公为正卿，上不能襃先帝之功业，下不能抑天下之邪心，安国富民，使囹圄空虚，二者无一焉。非苦就行，放析就功，何乃取高皇帝约束纷更之为？公以此无种矣。"黯时与汤论议，汤辩常在文深小苛，黯伉厉守高不能屈，忿发骂曰："天下谓刀笔吏不可以为公卿，果然。必汤也，令天下重足而立，侧目而视矣！"

是时，汉方征匈奴，招怀四夷。黯务少事，乘上间，常言与胡和亲，无起兵。上方向儒术，尊公孙弘。及事益多，吏民巧弄。上分别文法，汤等数奏决谳以幸。而黯常毁儒，面触弘等徒怀诈饰智以阿人主取容，而刀笔吏专深文巧诋，陷人于罪，使不得反其真，以胜为功。上愈益贵弘、汤，弘、汤深心疾黯，唯天子亦不说也，欲诛之以事。弘为丞相，乃言上曰："右内史界部中多贵人宗室，难治，非素重臣不能任，请徙黯为右内史。"为右内史数岁，官事不废。

大将军青既益尊，姊为皇后，然黯与亢礼。人或说黯曰："自天子欲群臣下大将军，大将军尊重益贵，君不可以不拜。"黯曰："夫以大将军有揖客，反不重邪？"大将军闻，愈贤黯，数请问国家朝廷所疑，遇黯过于平生。

淮南王谋反，惮黯，曰："好直谏，守节死义，难惑以非。至如说丞相弘，如发蒙振落耳。"

天子既数征匈奴有功，黯之言益不用。

始黯列为九卿，而公孙弘、张汤为小吏。及弘、汤稍益贵，与黯同位，黯又非毁弘、汤等。已而弘至丞相，封为侯；汤至御史大夫；故黯时丞相史皆与黯同列，或尊用过之。黯褊心，不能无少望，见上，前言曰："陛下用群臣如积薪耳，后来者居上。"上默然。有间黯罢，上曰："人果不可以无学，观黯之言也日益甚。"居无何，匈奴浑邪王率众来降，汉发车二万乘。县官无钱，从民贳马。民或匿马，马不具。上怒，欲斩长安令。黯曰："长安令无罪，独斩黯，民乃肯出马。且匈奴畔其主而降汉，汉徐以县次传之，何至令天下骚动，罢弊中国而以事夷狄之人乎！"上默然。及浑邪至，贾人与市者，坐当死者五百余人。黯请间，见高门，曰："夫匈奴攻当路塞，绝和亲，中国兴兵诛之，死伤者不可胜计，而费以巨万百数。臣愚以为陛下得胡人，皆以为奴婢以赐从军死事者家；所卤获，因予之，以谢天下之苦，塞百姓之心。今纵不能，浑邪率数万之众来降，虚府库赏赐，发良民侍养，譬若奉骄子。愚民安知市买长安中物而文吏绳以为阑出财物于边关乎？陛下纵不能得匈奴之资以谢天下，又以微文杀无知者五百余人，是所谓'庇其叶而伤其枝'者也，臣窃为陛下不取也。"上默然，不许，曰："吾久不闻汲黯之言，今又复妄发矣。"后数月，黯坐小法，会赦，免官。于是黯隐于田园。

居数年，会更五铢钱，民多盗铸钱，楚地尤甚。上以为淮阳，楚地之郊，乃召拜黯为淮阳太守。黯伏谢不受印，诏数强予，然后奉诏。诏召见黯，黯为上泣曰："臣自以为填沟壑，不复见陛下，不意陛下复收用之。臣常有狗马病，力不能任郡事，臣愿为中郎，出入禁闼，补过拾遗，臣之愿也。"上曰："君薄淮阳邪？吾今召君矣。顾淮阳吏民不相得，吾徒得君之重，卧而治之。"黯既辞行，过大行李息，曰："黯弃居郡，不得与朝廷议也。然御史大夫张汤智足以拒谏，诈足以饰非，务巧佞之语，辩数之辞，非肯正为天下言，专阿主意。主意所不欲，因而毁之；主意所欲，因而誉之。好兴事，舞文法，内怀诈以御主心，外挟贼吏以为威重。公列九卿，不早言之，公与之俱受其僇矣。"息畏汤，终不敢言。黯居郡如故治，淮阳政清。后张汤果败，上闻黯与息言，抵息罪。令黯以诸侯相秩居淮阳。七岁而卒。

卒后，上以黯故，官其弟汲仁至九卿，子汲偃至诸侯相。黯姑姊子司马安亦少与黯为太子洗马。安文深巧善宦，官四至九卿，以河南太守卒。昆弟以安故，同时至二千石者十人。濮阳段宏始事盖侯信，信任宏，宏亦再至九卿。然卫人仕者皆严惮汲黯，出其下。

郑当时者，字庄，陈人也。其先郑君尝为项籍将；籍死，已而属汉。高祖令诸故项籍臣名籍，郑君独不奉诏。诏尽拜名籍者为大夫，而逐郑君，郑君死孝文时。

郑庄以任侠自喜，脱张羽于厄，声闻梁、楚之间。孝景时，为太子舍人，每五日洗沐，常置驿马长安诸郊，存诸故人，请谢宾客，夜以继日，至其明旦，常恐不遍。庄好黄、老之言，其慕长者如恐不见。年少官薄，然其游知交皆其大父行，天下有名之士也。武帝立，庄稍迁为鲁中尉、济南太守、江都相，至九卿为右内史。以武安侯、魏其时议，贬秩为詹事，迁为大农令。

庄为太史，诫门下："客至，无贵贱无留门者。"执宾主之礼，以其贵下人。庄廉，又不治其产业，仰奉赐以给诸公。然其馈遗人，不过算器食。每朝，候上之间，说未尝不言天下之长者。其推毂士及官属丞史，诚有味其言之也，常引以为贤于己。未尝名吏，与官属言，若恐伤之。闻人之善言，进之上，唯恐后。山东士诸公以此翕然称郑庄。

郑庄使视决河，自请治行五日。上曰："吾闻'郑庄行，千里不赍粮'，请治行者何也？"然郑庄在朝，常趋和承意，不敢甚引当否。及晚节，汉征匈奴，招四夷，天下费多，财用益匮。庄任人宾客为大农僦人，多逋负。司马安为淮阳太守，发其事，庄以此陷罪，赎为庶人。顷之，守长史。上以为老，以庄为汝南太守。数岁，以官卒。

郑庄、汲黯始列为九卿，廉，内行修洁。此两人中废，家贫，宾客益落。及居郡，卒后家无余资财。庄兄弟子孙以庄故，至二千石六七人焉。

太史公曰：夫以汲、郑之贤，有势则宾客十倍，无势则否，况众人乎！下邽翟公有言，始翟公为廷尉，宾客阗门；及废，门外可设雀罗。翟公复为廷尉，宾客欲往，翟公乃大署其门曰："一死一生，乃知交情。一贫一富，乃知交态。一贵一贱，交情乃见。"汲、郑亦云，悲夫！

卷一百二十一
儒林列传第六十一

太史公曰：余读功令，至于广厉学官之路，未尝不废书而叹也。曰：嗟乎！夫周室衰而《关雎》作，幽厉微而礼乐坏，诸侯恣行，政由强国。故孔子闵王路废而邪道兴，于是论次《诗》《书》，修起礼乐。适齐闻《韶》，三月不知肉味。自卫返鲁，然后乐正，《雅》、《颂》各得其所。世以混浊莫能用，是以仲尼干七十余君无所遇，曰："苟有用我者，期月而已矣。"西狩获麟，曰："吾道穷矣。"故因史记作《春秋》，以当王法，其辞微而指搏，后世学者多录焉。

自孔子卒后，七十子之徒散游诸侯，大者为师傅卿相，小者友教士大夫，或隐而不见。故子路居卫，子张居陈，澹台子羽居楚，子夏居西河，子贡终于齐。如田子方、段干木、吴起、禽滑釐之属，皆受业于子夏之伦，为王者师。是时独魏文侯好学。后陵迟以至于始皇，天下并争于战国，儒术既绌焉，然齐、鲁之间，学者独不废也。于威、宣之际，孟子、荀卿之列，咸遵夫子之业而润色之，以学显于当世。

及至秦之季世，焚《诗》、《书》，坑术士，六艺从此缺焉。陈涉之王也，而鲁诸儒持孔氏之礼器往归陈王。于是孔甲为陈涉博士，卒与涉俱死。陈涉起匹夫，驱瓦合適戌，旬月以王楚，不满半岁竟灭亡，其事至微浅，然而缙绅先生之徒负孔子礼器往委质为臣者，何也？以秦焚其业，积怨而发愤于陈王也。

及高皇帝诛项籍，举兵围鲁，鲁中诸儒尚讲诵习礼乐，弦歌之音不绝，岂非圣人之遗化，好礼乐之国哉？故孔子在陈，曰："归与归与！吾党之小子狂简，斐然成章，不知所以裁之"。夫齐、鲁之间于文学，自古以来，其天性也。故汉兴，然后诸儒始得修其经艺，讲习大射乡饮之礼。叔孙通作汉礼仪，因为太常，诸生弟子共定者，咸为选首，于是喟然叹兴于学。然尚有干戈，平定四海，亦未暇遑庠序之事也。孝惠、吕后时，公卿皆武力有功之臣。孝文时颇征用，然孝文帝本好刑名之言。及至孝景，不任儒者，而窦太后又好黄、老之术，故诸博士具官待问，未有进者。

及今上即位，赵绾、王臧之属明儒学，而上亦乡之，于是招方正贤良文学之士。自是之后，言《诗》于鲁则申培公，于齐则辕固生，于燕则韩太傅。言《尚书》自济南伏生。言《礼》自鲁高堂生。言《易》自葘川田生。言《春秋》于齐、鲁自胡毋生，于赵自董仲舒。及窦太后崩，武安侯田蚡为丞相，绌黄、老、刑名百家之言，延文学儒者数百人，而公孙弘以《春秋》白衣为天子三公，封以平津侯。天下之学士靡然乡风矣。

公孙弘为学官，悼道之郁滞，乃请曰："丞相御史言：制曰'盖闻导民以礼，风之以乐。婚姻者，居室之大伦也。今礼废乐崩，朕甚愍焉。故详延天下方正博闻之士，咸登诸朝。其令礼官劝学，讲议洽闻兴礼，以为天下先。太常议，与博士弟子，崇乡里之化，以广贤材焉'。谨与太常臧、博士平等议曰：闻三代之道，乡里有教，夏曰校，殷曰序，周曰庠。其劝善也，显之朝廷；其惩恶也，加之刑罚。故教化之行也，建首善自京师始，由内及外。今陛下昭至德，开大明，配天地，本人伦，劝学修礼，崇化厉贤，以风四方，太平之原也。古者政教未洽，不备其礼，请因旧官而兴焉。为博士官置弟子五十人，复其身。太常择民年十八已上，仪状端正者，补博士弟子。郡国县道邑有好文学，敬长上，肃政教，顺乡里，出入不悖所闻者，令相长丞上属所二千石，二千石谨察可者，当与计偕，诣太常，得受业如弟子。一岁皆辄试，能通一艺以上，补文学掌故缺；其高第可以为郎中者，太常籍奏。即有秀才异等，辄以名闻。其不事学若下材及不能通一艺，辄罢之，而请诸不称者罚。臣谨案诏书律令下者，明天人分际，通古今之义，文章尔雅，训辞深厚，恩施甚美。小吏浅闻，不能究宣，无以明布谕下。治礼次治掌故，以文学礼义为官，迁留滞。请选择其秩比二百石以上，及吏百石通一艺以上，补左右内史、大行卒史；比百石已下，补郡太守卒史。皆各二人，边郡一人。先用诵多者，若不足，乃择掌故补中二千石属，文学掌故补郡属，备员。请著功令，佗如律令。"制曰："可。"自此以来，则公卿大夫士吏斌斌多文学之士矣。

申公者，鲁人也。高祖过鲁，申公以弟子从师入见高祖于鲁南宫。吕太后时，申公游学长安，与刘郢同师。已而郢为楚王，令申公傅其太子戊。戊不好学，疾申公。及王郢卒，戊立为楚王，胥靡申公。申公耻之，归鲁，退居家教，终身不出门，复谢绝宾客，独王命召之乃往。弟子自远方至受业者百余人。申公独以《诗》经为训以教，无传，疑者则阙不传。

兰陵王臧既受《诗》，以事孝景帝为太子少傅，免去。今上初即位，臧乃上书宿卫上，累迁，一岁中为郎中令。及代赵绾亦尝受《诗》申公。绾为御史大夫。绾、臧请天子，欲立明堂以朝诸侯，不能就其事，乃言师申公。于是天子使使束帛加璧安车驷马迎申公，弟子二人乘轺传从。至，见天子。天子问治乱之事，申公时已八十余，老，对曰："为治者不在多言，顾力行何如耳。"是时天子方好文词，见申公对，默然。然已招致，则以为太中大夫，舍鲁邸，议明堂事。太皇窦太后好老子言，不说儒术，得赵绾、王臧之过以让上，上因废明堂事，尽下赵绾、王臧吏，后皆自杀。申公亦疾免以归，数年卒。

弟子为博士者十余人。孔安国至临淮太守，周霸至胶西内史，夏宽至城阳内史，砀鲁赐至东海太守，兰陵缪生至长沙内史，徐偃为胶西中尉，邹人阙门庆忌为胶东内史。其治官民皆有廉节，称其好学。学官弟子行虽不备，而至于大夫、郎中、掌故以百数。言《诗》虽殊，多本于申公。

清河王太傅辕固生者，齐人也。以治《诗》，孝景时为博士。与黄生争论景帝前。黄生曰："汤、武非受命，乃弑也。"辕固生曰："不然。夫桀、纣虐乱，天下之心皆归汤、武，汤、武与天下之心而诛桀、纣，桀、纣之民不为之使而归汤、武，汤、武不得已而立，非受命为何？"黄生曰："冠虽敝，必加于首；履虽新，必关于足。何者？上下之分也。今桀、纣虽失道，然君上也；汤、武虽圣，臣下也。夫主有失行，臣下不能正言匡过以尊天子，反因过而诛之，代立践南面，非弑而何也？"辕固生曰："必若所云，是高帝代秦即天子之位，非邪？"于是景帝曰："食肉不食马肝，不为不知味；言学者无言汤、武受命，不为愚。"遂罢。是后学者莫敢明受命放杀者。

窦太后好《老子》书，召辕固生问《老子》书。固曰："此是家人言耳。"太后怒曰："安得司空城旦书乎？"乃使固入圈刺豕。景帝知太后怒而固直言无罪，乃假固利兵，下圈刺豕，正中其心，一刺，豕应手而倒。太后默然，无以复罪，罢之。居顷之，景帝以固为廉直，拜为清河王太傅。久之，病免。

今上初即位，复以贤良征固。诸谀儒多疾毁，曰"固老"，罢归固。时固已九十余矣。固之征也，薛人公孙弘亦征，侧目而视固。固曰："公孙子，务正学以言，无曲学以阿世！"自是之后，齐言《诗》皆本辕固生也。诸齐人以《诗》显贵，皆固之弟子也。

韩生者，燕人也。孝文帝时为博士，景帝时为常山王太傅。韩生推《诗》之意而内外传数万言，其语颇与齐、鲁间殊，然其归一也。淮南贲生受之。自是之后，而燕、赵间言《诗》者由韩生。韩生孙商为今上博士。

伏生者，济南人也。故为秦博士。孝文帝时，欲求能治《尚书》者，天下无有，乃闻伏生能治，欲召之。是时伏生年九十余，老，不能行，于是乃诏太常使掌故朝错往受之。秦时焚书，伏生壁藏之。其后兵大起，流亡。汉定，伏生求其书，亡数十篇，独得二十九篇，即以教于齐、鲁之间。学者由是颇能言《尚书》，诸山东大师无不涉《尚书》以教矣。

伏生教济南张生及欧阳生，欧阳生教千乘兒宽。兒宽既通《尚书》，以文学应郡举，诣博士受业，受业孔安国。兒宽贫无资用，常为弟子都养，及时时间行佣赁，以给衣食。行常带经，止息则诵习之。以试第次，补廷尉史。是时张汤方乡学，以为奏谳掾，以古法议决疑大狱，而爱幸宽。宽为人温良，有廉智，自持，而善著书、书奏，敏于文，口不能发明也。汤以为长者，数称誉之。及汤为御史大夫，以兒宽为掾，荐之天子。天子见，问，说之。张汤死后六年，兒宽位至御史大夫。九年而以官卒。

宽在三公位，以和良承意从容得久，然无有所匡谏。于官，官属易之，不为尽力。张生亦为博士。而伏生孙以治《尚书》征，不能明也。

自此之后，鲁周霸、孔安国，洛阳贾嘉，颇能言《尚书》事。孔氏有古文《尚书》，而安国以今文读之，因以起其家。逸《书》得十余篇，盖《尚书》滋多于是矣。

诸学者多言《礼》，而鲁高堂生最本。《礼》固自孔子时而其经不具，及至秦焚书，书散亡益多，于今独有《士礼》，高堂生能言之。

而鲁徐生善为容。孝文帝时，徐生以容为礼官大夫。传子至孙徐延、徐襄。襄，其天姿善为容，不能通《礼经》；延颇能，未善也。襄以容为汉礼官大夫，至广陵内史。延及徐氏弟子公户满意、桓生、单次，皆尝为汉礼官大夫。而瑕丘萧奋以《礼》为淮阳太守。是后能言《礼》为容者，由徐氏焉。

自鲁商瞿受《易》孔子，孔子卒，商瞿传《易》，六世至齐人田何，字子庄，而汉兴。田何传东武人王同子仲，子仲传菑川人杨何。何以《易》，元光元年征，官至中大夫。齐人即墨成以《易》至城阳相。广川人孟但以《易》为太子门大夫。鲁人周霸，莒人衡胡，临菑人主父偃，皆以《易》至二千石。然要言《易》者本于杨何之家。

董仲舒，广川人也。以治《春秋》，孝景时为博士。下帷讲诵，弟子传以久次相受业，或莫见其面，盖三年董仲舒不观于舍园，其精如此。进退容止，非礼不行，学士皆师尊之。今上即位，为江都相。以《春秋》灾异之变推阴阳所以错行。故求雨闭诸阳，纵诸阴。其止雨反是。行之一国，未尝不得所欲。中废为中大夫，居舍，著《灾异之记》。是时辽东高庙灾，主父偃疾之，取其书奏之天子。天子召诸生示其书，有刺讥。董仲舒弟子吕步舒不知其师书，以为下愚。于是下董仲舒吏，当死，诏赦之。于是董仲舒竟不敢复言灾异。

董仲舒为人廉直。是时方外攘四夷，公孙弘治《春秋》不如董仲舒，而弘希世用事，位至公卿。董仲舒以弘为从谀，弘疾之，乃言上曰："独董仲舒可使相胶西王。"胶西王素闻董仲舒有行，亦善待之。董仲舒恐久获罪，疾免居家。至卒，终不治产业，以修学著书为事。故汉兴至于五世之间，唯董仲舒名为明于《春秋》，其传公羊氏也。

胡毋生，齐人也。孝景时为博士，以老归教授。齐之言《春秋》者多受胡毋生，公孙弘亦颇受焉。

瑕丘江生为穀梁《春秋》。自公孙弘得用，尝集比其义，卒用董仲舒。仲舒弟子遂者：兰陵褚大，广川殷忠，温吕步舒。褚大至梁相。步舒至长史，持节使决淮南狱，于诸侯擅专断，不报，以《春秋》之义正之，天子皆以为是。弟子通者，至于命大夫；为郎、谒者、掌故者以百数。而董仲舒子及孙皆以学至大官。

卷一百二十二
酷吏列传第六十二

孔子曰："导之以政，齐之以刑，民免而无耻。导之以德，齐之以礼，有耻且格。"老氏称："上德不德，是以有德；下德不失德，是以无德。""法令滋章，盗贼多有。"太史公曰：信哉是言也！法令者治之具，而非制治清浊之源也。昔天下之网尝密矣，然奸伪萌起，其极也，上下相遁，至于不振。当是之时，吏治若救火扬沸，非武健严酷，恶能胜其任而愉快乎！言道德者，溺其职矣。故曰："听讼，吾犹人也，必也使无讼乎。""下士闻道大笑之"。非虚言也。汉兴，破觚而为圜，斫雕而为朴，网漏于吞舟之鱼，而吏治烝烝，不至于奸，黎民艾安。由是观之，在彼不在此。

高后时，酷吏独有侯封，刻轹宗室，侵辱功臣。吕氏已败，遂夷侯封之家。孝景时，晁错以刻深，颇用术辅其资，而七国之乱，发怒于错，错卒以被戮。其后有郅都、宁成之属。

郅都者，杨人也。以郎事孝文帝。孝景时，都为中郎将，敢直谏，面折大臣于朝。尝从入上林，贾姬如厕，野彘卒入厕。上目都，都不行。上欲自持兵救贾姬，都伏上前曰："亡一姬复一姬进，天下所少宁贾姬等乎？陛下纵自轻，奈宗庙太后何！"上还，彘亦去。太后闻之，赐都金百斤，由此重郅都。

济南瞷氏宗人三百余家，豪猾，二千石莫能制，于是景帝乃拜都为济南太守。至则族灭瞷氏首恶，余皆股栗。居岁余，郡中不拾遗。旁十余郡守畏都如大府。

都为人勇，有气力，公廉，不发私书，问遗无所受，请寄无所听。常自称曰："已倍亲而仕，身固当奉职死节官下，终不顾妻子矣。"

郅都迁为中尉，丞相条侯至贵倨也，而都揖丞相。是时民朴，畏罪自重，而都独先严酷，致行法不避贵戚，列侯宗室见都，侧目而视，号曰"苍鹰"。

临江王征诣中尉府对簿，临江王欲得刀笔为书谢上，而都禁吏不予，魏其侯使人以间与临江王。临江王既为书谢上，因自杀。窦太后闻之，怒，以危法中都，都免归家。孝景帝乃使使持节拜都为雁门太守，而便道之官，得以便宜从事。匈奴素闻郅都节，居边，为引兵去，竟郅都死不近雁门。匈奴至为偶人象郅都，令骑驰射，莫能中，见惮如此。匈奴患之。窦太后乃竟中都以汉法。景帝曰："都忠臣。"欲释之。窦太后曰："临江王独非忠臣邪？"于是遂斩郅都。

宁成者，穰人也。以郎谒者事景帝。好气，为人小吏，必陵其长吏；为人上，操下如束湿薪。滑贼任威。稍迁至济南都尉，而郅都为守。始前数都尉皆步入府，因吏谒守如县令，其畏郅都如此。及成往，直陵都出其上。都素闻其声，于是善遇，与结欢。久之，郅都死，后长安左右宗室多暴犯法，于是上召宁成为中尉。其治效郅都，其廉弗如，然宗室豪桀皆人人惴恐。

武帝即位，徙为内史。外戚多毁成之短，抵罪髡钳。是时九卿罪死即死，少被刑，而成极刑，自以为不复收，于是解脱，诈刻传出关归家。称曰："仕不至二千石，贾不至千万，安可比人乎！"乃贳贷买陂田千余顷，假贫民，役使数千家。数年，会赦。致产数千金，为任侠，持吏长短，出从数十骑。其使民威重于郡守。

周阳由者，其父赵兼以淮南王舅父侯周阳，故因姓周阳氏。由以宗家任为郎，事孝文及景帝。景帝时，由为郡守。武帝即位，吏治尚循谨甚，然由居二千石中，最为暴酷骄恣。所爱者，挠法活之；所憎者，曲法诛灭之。所居郡，必夷其豪。为守，视都尉如令。为都尉，必陵太守，夺之治。与汲黯俱为忮，司马安之文恶，俱在二千石列，同车未尝敢均茵伏。

由后为河东都尉，时与其守胜屠公争权，相告言罪。胜屠公当抵罪，义不受刑，自杀，而由弃市。

自宁成、周阳由之后，事益多，民巧法，大抵吏之治类多成、由等矣。

赵禹者，斄人。以佐史补中都官，用廉为令史，事太尉亚夫。亚夫为丞相，禹为丞相史，府中皆称其廉平。然亚夫弗任，曰："极知禹无害，然文深，不可以居大府。"今上时，禹以刀笔吏积劳，稍迁为御史。上以为能，至太中大夫。与张汤论定诸律令，作见知，吏传得相监司。用法益刻,盖自此始。

张汤者,杜人也。其父为长安丞,出,汤为儿,守舍。还而鼠盗肉,其父怒,笞汤。汤掘窟得盗鼠及余肉,劾鼠掠治,传爰书,讯鞫论报,并取鼠与肉,具狱磔堂下。其父见之,视其文辞如老狱吏,大惊,遂使书狱。父死后,汤为长安吏,久之。

周阳侯始为诸卿时,尝系长安,汤倾身为之。及出为侯,大与汤交,遍见汤贵人。汤给事内史,为宁成掾,以汤为无害,言大府,调为茂陵尉,治方中。

武安侯为丞相,征汤为史,时荐言之天子,补御史,使案事。治陈皇后蛊狱,深竟党与。于是上以为能,稍迁至太中大夫。与赵禹共定诸律令,务在深文,拘守职之吏。已而赵禹迁为中尉,徙为少府,而张汤为廷尉,两人交欢,而兄事禹。禹为人廉倨,为吏以来,舍毋食客。公卿相造请禹,禹终不报谢,务在绝知友宾客之请,孤立行一意而已。见文法辄取,亦不覆案,求官属阴罪。汤为人多诈,舞智以御人。始为小吏,乾没,与长安富贾田甲、鱼翁叔之属交私。及列九卿,收接天下名士大夫,己心内虽不合,然阳浮慕之。

是时上方乡文学,汤决大狱,欲傅古义,乃请博士弟子治《尚书》、《春秋》补廷尉史,亭疑法。奏谳疑事,必豫先为上分别其原,上所是,受而著谳决法廷尉,絜令扬主之明。奏事即谴,汤应谢,乡上意所便,必引正、监、掾史贤者,曰:"固为臣议,如上责臣,臣弗用,愚抵于此。"罪常释。间即奏事,上善之,曰:"臣非知为此奏,乃正、监、掾史某为之。"其欲荐吏,扬人之善蔽人之过如此。所治即上意所欲罪,予监史深祸者;即上意所欲释,与监史轻平者。所治即豪,必舞文巧诋;即下户羸弱,时口言,虽文致法,上财察。于是往往释汤所言。汤至于大吏,内行修也。通宾客饮食,于故人子弟为吏及贫昆弟,调护之尤厚。其造请诸公,不避寒暑。是以汤虽文深意忌不专平,然得此声誉。而刻深吏多为爪牙用者。依于文学之士,丞相弘数称其美。及治淮南、衡山、江都反狱,皆穷根本。严助及伍被,上欲释之。汤争曰:"伍被本画反谋,而助亲幸出入禁闼爪牙臣,乃交私诸侯如此,弗诛,后不可治。"于是上可论之。其治狱所排大臣自为功,多此类。于是汤益尊任,迁为御史大夫。

会浑邪等降,汉大兴兵伐匈奴,山东水旱,贫民流徙,皆仰给县官,县官空虚。于是丞上指,请造白金及五铢钱,笼天下盐铁,排富商大贾,出告缗令,锄豪强并兼之家,舞文巧诋以辅法。汤每朝奏事,语国家用,日晏,天子忘食。丞相取充位,天下事皆决于汤。百姓不安其生,骚动。县官所兴,未获其利,奸吏并侵渔,于是痛绳以罪。则自公卿以下,至于庶人,咸指汤。汤尝病,天子至自视病,其隆贵如此。

匈奴来请和亲,群臣议上前。博士狄山曰:"和亲便。"上问其便,山曰:"兵者凶器,未易数动。高帝欲伐匈奴,大困平城,乃遂结和亲。孝惠、高后时,天下安乐。及孝文帝欲事匈奴,北边萧然苦兵矣。孝景时,吴、楚七国反,

景帝往来两宫间,寒心者数月。吴、楚已破,竟景帝不言兵,天下富实。今自陛下举兵击匈奴,中国以空虚,边民大困贫。由此观之,不如和亲。"上问汤,汤曰:"此愚儒,无知。"狄山曰:"臣固愚忠,若御史大夫汤乃诈忠。若汤之治淮南、江都,以深文痛诋诸侯,别疏骨肉,使蕃臣不自安。臣固知汤之为诈忠。"于是上作色曰:"吾使生居一郡,能无使虏入盗乎?"曰:"不能。"曰:"居一县?"对曰:"不能。"复曰:"居一障间?"山自度辩穷且下吏,曰:"能。"于是上遣山乘鄣。至月余,匈奴斩山头而去。自是以后,群臣震慑。

汤之客田甲,虽贾人,有贤操。始汤为小吏时,与钱通,及汤为大吏,甲所以责汤行义过失,亦有烈士风。

汤为御史大夫七岁,败。

河东人李文尝与汤有郤,已而为御史中丞,恚,数从中文书事有可以伤汤者,不能为地。汤有所爱史鲁谒居,知汤不平。使人上蜚变告文奸事,事下汤,汤治,论杀文,而汤心知谒居为之。上问曰:"言变事踪迹安起?"汤详惊曰:"此殆文故人怨之。"谒居病卧闾里主人,汤自往视疾,为谒居摩足。赵国以冶铸为业,王数讼铁官事,汤常排赵王。赵王求汤阴事。谒居尝案赵王,赵王怨之,并上书告:"汤,大臣也,史谒居有病,汤至为摩足,疑与为大奸。"事下廷尉,谒居病死,事连其弟,弟系导官。汤亦治他囚导官,见谒居弟,欲阴为之,而详不省。谒居弟弗知,怨汤,使人上书告汤与谒居谋,共变告李文。事下减宣。宣尝与汤有郤,及得此事,穷竟其事,未奏也。会人有盗发孝文园瘗钱,丞相青翟朝,与汤约俱谢,至前,汤念独丞相以四时行园,当谢,汤无与也,不谢。丞相谢,上使御史案其事。汤欲致其文丞相见知,丞相患之。三长史皆害汤,欲陷之。

始长史朱买臣,会稽人也。读《春秋》。庄助使人言买臣,买臣以《楚辞》与助俱幸,侍中,为太中大夫,用事;而汤乃为小吏,跪伏使买臣等前。已而汤为廷尉,治淮南狱,排挤庄助,买臣固心望。及汤为御史大夫,买臣以会稽守为主爵都尉,列于九卿。数年,坐法废,守长史,见汤,汤坐床上,丞史遇买臣弗为礼。买臣楚士,深怨,常欲死之。王朝,齐人也。以术至右内史。边通,学长短,刚暴强人也。官再至济南相。故皆居汤右,已而失官,守长史,诎体于汤。汤数行丞相事,知此三长史素贵,常凌折之。以故三长史合谋曰:"始汤约与君谢,已而卖君;今欲劾君以宗庙事,此欲代君耳。吾知汤阴事。"使吏捕案汤左田信等,曰:"汤且欲奏请,信辄先知之,居物致富,与汤分之。"及他奸事。事辞颇闻。上问汤曰:"吾所为,贾人辄先知之,益居其物,是类有以吾谋告之者。"汤不谢。汤又详惊曰:"固宜有。"减宣亦奏谒居等事。天子果以汤怀诈面欺,使使八辈簿责汤。汤具自道无此,不服。于是上使赵禹责汤。禹至,让汤曰:"君何不知分也。君所治夷灭者几何人矣?今人言君皆有状,天子重致君狱,欲令君自为计,何多以对簿为?"汤乃为书谢曰:"汤无尺寸功,起刀笔吏,陛下幸致为三公,无以塞责。然谋陷汤罪者,三长史也。"遂自杀。

汤死，家产直不过五百金，皆所得奉赐，无他业。昆弟诸子欲厚葬汤，汤母曰："汤为天子大臣，被污恶言而死，何厚葬乎！"载以牛车，有棺无椁。天子闻之，曰："非此母不能生此子。"乃尽案诛三长史。丞相青翟自杀。出田信。上惜汤，稍迁其子安世。

赵禹中废，已而为廷尉。始条侯以为禹贼深，弗任。及禹为少府，比九卿。禹酷急，至晚节，事益多，吏务为严峻，而禹治加缓，而名为平。王温舒等后起，治酷于禹。禹以老，徙为燕相。数岁，乱悖有罪，免归，后汤十余年，以寿卒于家。

义纵者，河东人也。为少年时，尝与张次公俱攻剽为群盗。纵有姊姁，以医幸王太后。王太后问："有子兄弟为官者乎？"姊曰："有弟无行，不可。"太后乃告上，拜义姁弟纵为中郎，补上党郡中令。治敢行，少蕴藉，县无逋事，举为第一。迁为长陵及长安令，直法行治，不避贵戚。以捕案太后外孙脩成君子仲，上以为能，迁为河内都尉。至则族灭其豪穰氏之属，河内道不拾遗。而张次公亦为郎，以勇悍从军，敢深入，有功，为岸头侯。

宁成家居，上欲以为郡守。御史大夫弘曰："臣居山东为小吏时，宁成为济南都尉，其治如狼牧羊。成不可使治民。"上乃拜成为关都尉。岁余，关东吏隶郡国出入关者，号曰："宁见乳虎，无值宁成之怒。"义纵自河内迁为南阳太守，闻宁成家居南阳，及纵至关，宁成侧行送迎，然纵气盛，弗为礼。至郡，遂案宁氏，尽破碎其家。成坐有罪，及孔、暴之属皆奔亡，南阳吏民重足一迹。而平氏朱强、杜衍、杜周为纵牙爪之吏，任用，迁为廷史。军数出定襄，定襄吏民乱败，于是徙纵为定襄太守。纵至，掩定襄狱中重罪轻系二百余人，及宾客昆弟私入相视亦二百余人。纵一捕鞠，曰："为死罪解脱"。是日皆报杀四百余人。其后郡中不寒而栗，猾民佐吏为治。

是时赵禹、张汤以深刻为九卿矣，然其治尚宽，辅法而行，而纵以鹰击毛挚为治。后会五铢钱白金起，民为奸，京师尤甚，乃以纵为右内史，王温舒为中尉。温舒至恶，其所为不先言纵。纵必以气凌之，败坏其功。其治，所诛杀甚多，然取为小治，奸益不胜，直指始出矣。吏之治以斩杀缚束为务，阎奉以恶用矣。纵廉，其治放郅都。上幸鼎湖，病久，已而卒起幸甘泉，道多不治。上怒曰："纵以我为不复行此道乎？"嗛之。至冬，杨可方受告缗，纵以为此乱民，部吏捕其为可使者。天子闻，使杜式治。以为废格沮事，弃纵市。后一岁，张汤亦死。

王温舒者，阳陵人也。少时椎埋为奸。已而试补县亭长，数废。为吏，以治狱至廷史。事张汤，迁为御史。督盗贼，杀伤甚多，稍迁至广平都尉。择郡中豪敢任吏十余人，以为爪牙，皆把其阴重罪，而纵使督盗贼。快其意所欲得，此人虽有百罪，弗法；即有避，因其事夷之。亦灭宗。以其故齐赵之郊盗贼不敢近广平，广平声为道不拾遗。上闻，迁为河内太守。

素居广平时，皆知河内豪奸之家，及往，九月而至。令郡具私马十匹，为驿自河内至长安，部吏如居广平时方略，捕郡中豪猾，郡中豪猾相连坐千余家。上书请，大者至族，小者乃死，家尽没入偿臧。奏行不过二三日，得可事。论报，至流血十余里。河内皆怪其奏，以为神速。尽十二月，郡中毋声，毋敢夜行，野无犬吠之盗。其颇不得，失之旁郡国，黎来，会春，温舒顿足叹曰："嗟乎，令冬月益展一月，足吾事矣！"其好杀伐行威不爱人如此。天子闻之，以为能，迁为中尉。其治复放河内，徙请召猾吏与从事，河内则杨皆、麻戊，关中杨赣、成信等。义纵为内史，惮未敢恣治。及纵死，张汤败后，徙为廷尉，而尹齐为中尉。

尹齐者，东郡茌平人。以刀笔稍迁至御史。事张汤，张汤数称以为廉武，使督盗贼，所斩伐不避贵戚。迁为关内都尉，声甚于宁成。上以为能，迁为中尉。吏民益凋敝。尹齐木彊少文，豪恶吏伏匿而善吏不能为治，以故事多废，抵罪。上复徙温舒为中尉，而杨朴以严酷为主爵都尉。

杨仆者，宜阳人也。以千夫为吏。河南守案举以为能，迁为御史，使督盗贼关东。治放尹齐，以为敢挚行。稍迁至主爵都尉，列九卿。天子以为能。南越反，拜为楼船将军，有功，封将梁侯。为荀彘所缚。居久之，病死。

而温舒复为中尉。为人少文，居廷惛惛不辩，至于中尉则心开。督盗贼，素习关中俗，知豪恶吏，豪恶吏尽复为用，为方略。吏苛察，盗贼恶少年投缿购告言奸，置伯格长以牧司奸盗贼。温舒为人谄，善事有势者，即无势者，视之如奴。有势家，虽有奸如山，弗犯；无势者，贵戚必侵辱。舞文巧诋下户之猾，以焄大豪。其治中尉如此。奸猾穷治，大抵尽靡烂狱中，行论无出者。其爪牙吏虎而冠。于是中尉部中中猾以下皆伏，有势者为游声誉，称治。治数岁，其吏多以权富。

温舒击东越还，议有不中意者，坐小法抵罪免。是时天子方欲作通天台而未有人，温舒请覆中尉脱卒，得数万人作。上说，拜为少府。徙为右内史，治如其故，奸邪少禁。坐法失官。复为右辅，行中尉事，如故操。

岁余，会宛军发，诏征豪吏，温舒匿其吏华成。及人有变告温舒受员骑钱、他奸利事，罪至族，自杀。其时两弟及两婚家亦各自坐他罪而族。光禄徐自为曰："悲夫，夫古有三族，而王温舒罪至同时而五族乎！"

温舒死，家直累千金。后数岁，尹齐亦以淮阳都尉病死，家直不满五十金。所诛灭淮阳甚多，及死，仇家欲烧其尸，尸亡去归葬。

自温舒等以恶为治，而郡守、都尉、诸侯二千石欲为治者，其治大抵尽放温舒，而吏民益轻犯法，盗贼滋起。南阳有梅免、白政，楚有殷中、杜少，齐有徐勃，燕、赵之间有坚卢、范生之属。大群至数千人，擅自号，攻城邑，取库兵，释死罪，缚辱郡太守、都尉，杀二千石，为檄告县趣具食；小群以百数，掠卤乡里者，不可胜数也。于是天子始使御史中丞、丞相长史督之。犹弗能禁也，乃使光禄大夫范昆、诸辅都尉及故九卿张德等衣绣衣，持节，虎符发兵以兴击，斩首大部或至万余级，及以法诛通饮食，坐连诸郡，甚者数千人。数岁，乃颇得其渠率。散卒失亡，复聚党阻山川者，往往而群居，无可奈何。于是作"沈命法"，曰群盗起不发觉，发觉而捕弗满品者，二千石以下至小吏主者皆死。其后小吏畏诛，虽有盗不敢发，恐不能得，坐课累府，府亦使其不言。故盗贼寖多，上下相为匿，以文辞避法焉。

减宣者，杨人也。以佐史无害给事河东守府。卫将军青使买马河东，见宣无害，言上，征为大厩丞。官事办，稍迁至御史及中丞。使治主父偃及治淮南反狱，所以微文深诋，杀者甚众，称为敢决疑。数废数起，为御史及中丞者几二十岁。王温舒免中尉，而宣为左内史。其治米盐，事大小皆关其手，自部署县名曹实物，官吏令丞不得擅摇，痛以重法绳之。居官数年，一切郡中为小治办，然独宣以小致大，能以行之，难以为经。中废。为右扶风，坐怨成信，信亡藏上林中，宣使郿令格杀信，吏卒格信时，射中上林苑门，宣下吏诋罪，以为大逆，当族，自杀。而杜周任用。

杜周者，南阳杜衍人。义纵为南阳守，以为爪牙，举为廷尉史。事张汤，汤数言其无害，至御史。使案边失亡，所论杀甚众。奏事中意，任用，与减宣相编，更为中丞十余岁。

其治与宣相放，然重迟，外宽，内深次骨。宣为左内史，周为廷尉，其治大放张汤而善候伺。上所欲挤者，因而陷之；上所欲释者，久系待问而微见其冤状。客有让周曰："君为天子决平，不循三尺法，专以人主意指为狱。狱者固如是乎？"周曰："三尺安出哉？前主所是著为律，后主所是疏为令。当时为是，何古之法乎？"

至周为廷尉，诏狱亦益多矣。二千石系者新故相因，不减百余人。郡吏大府举之廷尉，一岁至千余章。章大者连逮证案数百，小者数十人；远者数千，近者数百里：会狱，吏因责如章告劾，不服，以笞掠定之。于是闻有逮皆亡匿。狱久者至更数赦十有余岁而相告言，大抵尽诋以不道以上。廷尉及中都官诏狱逮至六七万人，吏所增加十万余人。

周中废，后为执金吾，逐盗，捕治桑弘羊、卫皇后昆弟子刻深，天子以为尽力无私，迁为御史大夫。家两子，夹河为守。其治暴酷皆甚于王温舒等矣。杜周初征为廷史，有一马，且不全；及身久任事，至三公列，子孙尊官，家赀累数巨万矣。

太史公曰：自郅都、杜周十人者，此皆以酷烈为声。然郅都伉直，引是非，争天下大体。张汤以知阴阳，人主与俱上下，时数辩当否，国家赖其便。赵禹时据法守正。杜周从谀，以少言为重。自张汤死后，网密，多诋严，官事寖以耗废。九卿碌碌奉其官，救过不赡，何暇论绳墨之外乎！然此十人中，其廉者足以为仪表，其污者足以为戒，方略教导，禁奸止邪，一切亦皆彬彬，质有其文武焉。虽惨酷，斯称其位矣。至若蜀守冯当暴挫，广汉李贞擅磔人，**东郡弥仆锯项**，天水骆璧椎成，河东褚广妄杀，京兆无忌、冯翊殷周蝮鸷，水衡阎奉朴击卖请，何足数哉！何足数哉！

卷一百二十三
大宛列传第六十三

大宛之迹，见自张骞。张骞，汉中人，建元中为郎。是时天子问匈奴降者，皆言匈奴破月氏王，以其头为饮器，月氏遁逃，而常怨仇匈奴，无与共击之。汉方欲事灭胡，闻此言，因欲通使。道必更匈奴中，乃募能使者。骞以郎应募，使月氏，与堂邑氏故胡奴甘父俱出陇西。经匈奴，匈奴得之，传诣单于。单于留之，曰："月氏在吾北，汉何以得往使？吾欲使越，汉肯听我乎？"留骞十余岁，与妻，有子，然骞持汉节不失。

居匈奴中，益宽，骞因与其属亡乡月氏，西走数十日，至大宛。大宛闻汉之饶财，欲通不得，见骞，喜，问曰："若欲何之？"骞曰："为汉使月氏，而为匈奴所闭道。今亡，唯王使人导送我。诚得至，反汉，汉之赂遗王财物不可胜言。"大宛以为然，遣骞，为发导驿，抵康居，康居传致大月氏。大月氏王已为胡所杀，立其太子为王。既臣大夏而居，地肥饶，少寇，志安乐。又自以远汉，殊无报胡之心。骞从月氏至大夏，竟不能得月氏要领。

留岁余，还，并南山，欲从羌中归，复为匈奴所得。留岁余，单于死，左谷蠡王攻其太子自立，国内乱，骞与胡妻及堂邑父俱亡归汉。汉拜骞为太中大夫，堂邑父为奉使君。

骞为人强力，宽大信人，蛮夷爱之。堂邑父故胡人，善射，穷急射禽兽给食。初，骞行时百余人，去十三岁，唯二人得还。

骞身所至大宛、大月氏、大夏、康居，而传闻其旁大国五六，具为天子言之。曰：

大宛在匈奴西南，在汉正西，去汉可万里。其俗土著，耕田，田稻麦。有蒲陶酒。多善马，马汗血，其先天马子也。有城郭屋室。其属邑大小七十余城，众可数十万。其兵弓矛骑射。其北则康居，西则大月氏，西南则大夏，东北则乌孙，东则扜罙、于寘。于寘之西，则水皆西流，注西海；其东水东流，注盐泽，盐泽潜行地下。其南则河源出焉，多玉石，河注中国。而楼兰、姑师邑有城郭，临盐泽。盐泽去长安可五千里。匈奴右方居盐泽以东，至陇西长城，南接羌，隔汉道焉。

乌孙在大宛东北可二千里，行国，随畜，与匈奴同俗。控弦者数万，敢战。故服匈奴，及盛，取其羁属，不肯往朝会焉。

康居在大宛西北可二千里，行国，与月氏大同俗。控弦者八九万人。与大宛邻国。国小，南羁事月氏，东羁事匈奴。

奄蔡在康居西北可二千里，行国，与康居大同俗。控弦者十余万。临大泽，无崖，盖乃北海云。

大月氏在大宛西可二三千里，居妫水北。其南则大夏，西则安息，北则康居。行国也，随畜移徙，与匈奴同俗。控弦者可一二十万。故时强，轻匈奴，及冒顿立，攻破月氏，至匈奴老上单于，杀月氏王，以其头为饮器。始月氏居敦煌、祁连间，及为匈奴所败，乃远去，过宛，西击大夏而臣之，遂都妫水北，为王庭。其余小众不能去者，保南山羌，号小月氏。

安息在大月氏西可数千里。其俗土著，耕田，田稻麦，蒲陶酒。城邑如大宛。其属小大数百城，地方数千里，最为大国。临妫水，有市，民商贾用车及船，行旁国或数千里。以银为钱，钱如其王面，王死辄更钱，效王面焉。画革旁行以为书记。其西则条枝，北有奄蔡、黎轩。

条枝在安息西数千里，临西海。暑湿。耕田，田稻。有大鸟，卵如瓮。人众甚多，往往有小君长，而安息役属之，以为外国。国善眩。安息长老传闻条枝有弱水、西王母，而未尝见。

大夏在大宛西南二千余里妫水南。其俗土著，有城屋，与大宛同俗。无大君长，往往城邑置小长。其兵弱，畏战。善贾市。及大月氏西徙，攻败之，皆臣畜大夏。大夏民多，可百余万。其都曰蓝市城。有市，贩贾诸物。其东南有身毒国。

骞曰："臣在大夏时，见邛竹杖、蜀布。问曰：'安得此？'大夏国人曰：'吾贾人往市之身毒。身毒在大夏东南可数千里。其俗土著，大与大夏同，而卑湿暑热云。其人民乘象以战。其国临大水焉。'以骞度之，大夏去汉万二千里，居汉西南。今身毒国又居大夏东南数千里，有蜀物，此其去蜀不远矣。今使大夏，从羌中，险，羌人恶之；少北，则为匈奴所得；从蜀宜径，又无寇。"天子既闻大宛及大夏、安息之属皆大国，多奇物，土著，颇与中国同业，而兵弱，贵汉财物；其北有大月氏、康居之属，兵强，可以赂遗设利朝也。且诚得而以义属之，则广地万里，重九译，致殊俗，威德遍于四海。天子欣然，以骞言为然，乃令骞因蜀犍为发间使，四道并出：出駹，出冉，出徙，出邛、僰，皆各行一二千里。其北方闭氐、筰，南方闭嶲、昆明。昆明之属无君长，善寇盗，辄杀略汉使，终莫得通。然闻其西可千余里有乘象国，名曰滇越，而蜀贾奸出物者或至焉，于是汉以求大夏道始通滇国。初，汉欲通西南夷，费多，道不通，罢之。及张骞言可以通大夏，乃复事西南夷。

骞以校尉从大将军击匈奴，知水草处，军得以不乏，乃封骞为博望侯。是岁元朔六年也。其明年，骞为卫尉，与李将军俱出右北平击匈奴。匈奴围李将军，军失亡多；而骞后期，当斩，赎为庶人。是岁汉遣骠骑破匈奴西域数万人，至祁连山。其明年，浑邪王率其民降汉，而金城、河西西并南山至盐泽空无匈奴。匈奴时有候者到，而希矣。其后二年，汉击走单于于幕北。

是后天子数问骞大夏之属。骞既失侯，因言曰："臣居匈奴中，闻乌孙王号昆莫，昆莫之父，匈奴西边小国也。匈奴攻杀其父，而昆莫生弃于野。乌嗛肉蜚其上，狼往乳之。单于怪以为神，而收长之。及壮，使将兵，数有功，单于复以其父之民予昆莫，令长守于西域。昆莫收养其民，攻旁小邑，控弦数万，习攻战。单于死，昆莫乃率其众远徙，中立，不肯朝会匈奴。匈奴遣奇兵击，不胜，以为神而远之，因羁属之，不大攻。今单于新困于汉，而故浑邪地空无人。蛮夷俗贪汉财物，今诚以此时厚币赂乌孙，招以益东，居故浑邪之地，与汉结昆弟，其势宜听，听则是断匈奴右臂也。既连乌孙，自其西大夏之属皆可招来而为外臣。"天子以为然，拜骞为中郎将，将三百人，马各二匹，牛羊以万数，赍金币帛直数千巨万，多持节副使，道可使，使遗之他旁国。

骞既至乌孙，乌孙王昆莫见汉使如单于礼，骞大惭，知蛮夷贪，乃曰："天子致赐，王不拜则还赐。"昆莫起拜赐，其他如故。骞谕使指曰："乌孙能东居浑邪地，则汉遣翁主为昆莫夫人。"乌孙国分，王老，而远汉，未知其大小，素服属匈奴日久矣，且又近之，其大臣皆畏胡，不欲移徙，王不能专制。骞不得其要领。昆莫有十余子，其中子曰大禄，强，善将众，将众别居万余骑。大禄兄为太子，太子有子曰岑娶，而太子早死。临死谓其父昆莫曰："必以岑娶为太子，无令他人代之。"昆莫哀而许之，卒以岑娶为太子。大禄怒其不得代太子也，乃收其诸昆弟，将其众畔，谋攻岑娶及昆莫。昆莫老，常恐大禄杀岑娶，予岑娶万余骑别居，而昆莫有万余骑自备，国众分为三，而其大总取羁属昆莫，昆莫亦以此不敢专约于骞。

骞因分遣副使使大宛、康居、大月氏、大夏、安息、身毒、于窴、扜罙及诸旁国。乌孙发导译送骞还，骞与乌孙使数十人，马数十匹报谢，因令窥汉，知其广大。

骞还到，拜为大行，列于九卿。岁余，卒。

乌孙使既见汉人众富厚，归报其国，其国乃益重汉。其后岁余，骞所遣使通大夏之属者皆颇与其人俱来，于是西北国始通于汉矣。然张骞凿空，其后使往者皆称博望侯，以为质于外国，外国由此信之。

自博望侯骞死后，匈奴闻汉通乌孙，怒，欲击之。及汉使乌孙，若出其南，抵大宛、大月氏相属，乌孙乃恐，使使献马，愿得尚汉女翁主，为昆弟。天子问群臣议计，皆曰"必先纳聘，然后乃遣女"。初，天子发《易》书云"神马当从西北来"。得乌孙马好，名曰"天马"。及得大宛汗血马，益壮，更名乌孙马曰"西极"，名大宛马曰"天马"云。而汉始筑令居以西，初置酒泉郡以通西北国。因益发使抵安息、奄蔡、黎轩、条枝、身毒国。而天子好宛马，使者相望于道。诸使外国一辈大者数百，少者百余人，人所赍操大放博望侯时。其后益习而衰少焉。汉率一岁中使多者十余，少者五六辈。远者八九岁，近者数岁而反。

是时汉既灭越，而蜀、西南夷皆震，请吏入朝。于是置益州、越嶲、牂柯、沈黎、汶山郡，欲地接以前通大夏。乃遣使柏始昌、吕越人等，岁十余辈，出此初郡抵大夏，皆复闭昆明，为所杀，夺币财，终莫能通至大夏焉。于是汉发三辅罪人，因巴蜀士数万人，遣两将军郭昌、卫广等往击昆明之遮汉使者，斩首虏数万人而去。其后遣使，昆明复为寇，竟莫能得通。而北道酒泉抵大夏，使者既多，而外国益厌汉币，不贵其物。

自博望侯开外国道以尊贵，其后从吏卒皆争上书言外国奇怪利害，求使。天子为其绝远，非人所乐往，听其言，予节，募吏民毋问所从来，为具备人众遣之，以广其道。来还不能毋侵盗币物，及使失指，天子为其习之，辄覆案致重罪，以激怒令赎，复求使。使端无穷，而轻犯法。其吏卒亦辄复盛推外国所有，言大者予节，言小者为副，故妄言无行之徒皆争效之。其使皆贫人子，私县官赍物，欲贱市以私其利外国。外国亦厌汉使人人有言轻重，度汉兵远，不能至，而禁其食物以苦汉使。汉使乏绝积怨，至相攻击。而楼兰、姑师小国耳，当空道，攻劫汉使王恢等尤甚。而匈奴奇兵时时遮击使西国者。使者争遍言外国灾害，皆有城邑，兵弱易击。于是天子以故遣从骠侯破奴将属国骑及郡兵数万，至匈河水，欲以击胡，胡皆去。其明年，击姑师，破奴与轻骑七百余先至，虏楼兰王，遂破姑师。因举兵威以困乌孙、大宛之属。还，封破奴为浞野侯。王恢数使，为楼兰所苦，言天子，天子发兵令恢佐破奴击破之，封恢为浩侯。于是酒泉列亭鄣至玉门矣。

乌孙以千匹马聘汉女，汉遣宗室女江都翁主往妻乌孙，乌孙王昆莫以为右夫人。匈奴亦遣女妻昆莫，昆莫以为左夫人。昆莫曰"我老"，乃令其孙岑娶妻翁主。乌孙多马，其富人至有四五千匹马。

初，汉使至安息，安息王令将二万骑迎于东界。东界去王都数千里。行比至，过数十城，人民相属甚多。汉使还，而后发使随汉使来观汉广大，以大鸟卵及黎轩眩人献于汉。及宛西小国驩潜、大益，宛东姑师、扜罙、苏薤之属，皆随汉使献见天子。天子大悦。

而汉使穷河源，河源出于田，其山多玉石，采来，天子案古图书，名河所出山曰昆仑云。

是时上方数巡狩海上，乃悉从外国客，大都多人则过之，散财帛以赏赐，厚具以饶给之，以览示汉富厚焉。于是大觳抵，出奇戏诸怪物，多聚观者，行赏赐，酒池肉林，令外国客遍观各仓库府藏之积，见汉之广大，倾骇之。及加其眩者之工，而觳抵奇戏岁增变，甚盛益兴，自此始。

西北外国使，更来更去。宛以西，皆自以远，尚骄恣晏然，未可诎以礼羁縻而使也。自乌孙以西至安息，以近匈奴，匈奴困月氏也，匈奴使持单于一信，则国国传送食，不敢留苦；及至汉使，非出币帛不得食，不市畜不得骑用。所以然者，远汉，而汉多财物，故必市乃得所欲，然以畏匈奴于汉使焉。宛左右以蒲陶为酒，富人藏酒至万余石，久者数十岁不败。俗嗜酒，马嗜苜蓿。汉使取其实来，于是天子始种苜蓿、蒲陶肥饶地。及天马多，外国使来众，则离宫别观旁尽种蒲陶、苜蓿极望。自大宛以西至安息，国虽颇异言，然大同俗，相知言。其人皆深眼，多须髯，善市贾，争分铢。俗贵女子，女子所言而丈夫乃决正。其地皆无丝漆，不知铸钱器。及汉使亡卒降，教铸作他兵器。得汉黄白金，辄以为器，不用为币。

而汉使者往既多，其少从率多进熟于天子，言曰："宛有善马在贰师城，匿不肯与汉使。"天子既好宛马，闻之甘心，使壮士车令等持千金及金马以请宛王贰师城善马。宛国饶汉物，相与谋曰："汉去我远，而盐水中数败，出其北有胡寇，出其南乏水草。又且往往而绝邑，乏食者多。汉使数百人为辈来。而常乏食，死者过半，是安能致大军乎？无奈我何。且贰师马，宛宝马也。"遂不肯予汉使。汉使怒，妄言，椎金马而去。宛贵人怒曰："汉使至轻我！"遣汉使去，令其东边郁成遮攻杀汉使，取其财物。于是天子大怒。诸尝使宛姚定汉等言宛兵弱，诚以汉兵不过三千人，强弩射之，即尽虏破宛矣。天子已尝使浞野侯攻楼兰，以七百骑先至，虏其王，以定汉等言为然，而欲侯宠姬李氏，拜李广利为贰师将军，发属国六千骑，及郡国恶少年数万人，以往伐宛。期至贰师城取善马，故号"贰师将军"。赵始成为军正，故浩侯王恢使导军，而李哆为校尉，制军事。是岁太初元年也。而关东蝗大起，蜚西至敦煌。

贰师将军军既西过盐水，当道小国恐，各坚城守，不肯给食。攻之不能下。下者得食，不下者数日则去。比至郁成，士至者不过数千，皆饥罢。攻郁成，郁成大破之，所杀伤甚众。贰师将军与哆、始成等计："至郁成尚不能举，况至其王都乎？"引兵而还。往来二岁。还至敦煌，士不过什一二。使使上书言："道远多乏食，且士卒不患战，患饥。人少，不足以拔宛。愿且罢兵。益发而复往。"天子闻之，大怒，而使使遮玉门，曰军有敢入者辄斩之！贰师恐，因留敦煌。

其夏，汉亡浞野之兵二万余于匈奴。公卿及议者皆愿罢击宛军，专力攻胡。天子已业诛宛，宛小国而不能下，则大夏之属轻汉，而宛善马绝不来，乌孙、仑头易苦汉使矣，为外国笑。乃案言伐宛尤不便者邓光等，赦囚徒材官，益发恶少年及边骑，岁余而出敦煌者六万人，负私从者不与。牛十万，马三万余匹，驴骡橐它以万数。多赍粮，兵弩甚设，天下骚动，传相奉伐宛，凡五十余校尉。宛王城中无井，皆汲城外流水，于是乃遣水工徙其城下水空以空其城。益发戍甲卒十八万，酒泉、张掖北，置居延、休屠以卫酒泉，而发天下七科适，及载糒给贰师。转车人徒相连属至敦煌。而拜习马者二人为执驱校尉，备破宛择取其善马云。

于是贰师后复行，兵多，而所至小国莫不迎，出食给军。至仑头，仑头不下，攻数日，屠之。自此而西，平行至宛城，汉兵到者三万人。宛兵迎击汉兵，汉兵射败之，宛走入，保其城。贰师兵欲行攻郁成，恐留行而令宛益生诈，乃先至宛，决其水源，移之，则宛固已忧困。围其城，攻之四十余日，其外城坏，虏宛贵人勇将煎靡。宛大恐，走入中城。宛贵人相与谋曰："汉所为攻宛，以王毋寡匿善马而杀汉使。今杀毋寡而出善马，汉兵宜解；即不解，乃力战而死，未晚也。"宛贵人皆以为然，共杀其王毋寡，持其头遣贵人使贰师，约曰："汉毋攻我，我尽出善马，恣所取，而给汉军食。即不听，我尽杀善马，而康居之救必至。至，我居内，康居居外，与汉军战。汉军孰计之，何从？"是时康居候视汉兵，汉兵尚盛，不敢进。贰师与赵始成、李哆等计：“闻宛城中新得秦人，知穿井，而其内食尚多。所为来，诛首恶者毋寡。毋寡头已至，如此而不许解兵，则坚守，而康居候汉罢而来救宛，破汉军必矣。”军吏皆以为然，许宛之约。宛乃出其善马，令汉自择之，而多出食食给汉军。汉军取其善马数十匹，中马以下牡牝三千余匹，而立宛贵人之故待遇汉使善者名昧蔡以为宛王，与盟而罢兵。终不得入中城，乃罢而引归。

初，贰师起敦煌西，以为人多，道上国不能食，乃分为数军，从南北道。校尉王申生、故鸿胪壶充国等千余人，别到郁成。郁成城守，不肯给食其军。王申生去大军二百里，偵而轻之，责郁成。郁成食不肯出，窥知申生军日少，晨用三千人攻，戮杀申生等，军破，数人脱亡，走贰师。贰师令搜粟都尉上官桀往攻破郁成。郁成王亡走康居，桀追至康居。康居闻汉已破宛，乃出郁成王予桀，桀令四骑士缚守诣大将军。四人相谓曰：“郁成王汉国所毒，今生将去，卒失大事。”欲杀，莫敢先击。上邽骑士赵弟最少，拔剑击之，斩郁成王，赍头。弟、桀等逐及大将军。

初，贰师后行，天子使使告乌孙，大发兵并力击宛。乌孙发二千骑往，持两端，不肯前。贰师将军之东，诸所过小国闻宛破，皆使其子弟从军入献，见天子，因以为质焉。贰师之伐宛也，而军正赵始成力战，功最多；及上官桀敢深入，李哆为谋计，军入玉门者万余人，军马千余匹。贰师后行，军非乏食，战死不能多，而将吏贪，多不爱士卒，侵牟之，以此物故众。天子为万里而伐宛，不录过，封广利为海西侯。又封身斩郁成王者骑士赵弟为新畤侯，军正赵始成为光禄大夫，上官桀为少府，李哆为上党太守。军官吏为九卿者三人，诸侯相、郡守、二千石者百余人，千石以下千余人。奋行者官过其望，以適过行者皆绌其劳。士卒赐直四万金。伐宛再反，凡四岁而得罢焉。

汉已伐宛，立昧蔡为宛王而去。岁余，宛贵人以为昧蔡善谀，使我国遇屠，乃相与杀昧蔡，立毋寡昆弟曰蝉封为宛王，而遣其子入质于汉。汉因使使赂赐以镇抚之。

而汉发使十余辈至宛西诸外国，求奇物，因风览以伐宛之威德。而敦煌置酒泉都尉，西至盐水，往往有亭。而仑头有田卒数百人，因置使者护田积粟，以给使外国者。

太史公曰：《禹本纪》言"河出昆仑。昆仑其高二千五百余里，日月所相避隐为光明也。其上有醴泉、华池"。今自张骞使大夏之后也，穷河源，恶睹本纪所谓昆仑者乎？故言九州山川，《尚书》近之矣。至《禹本纪》、《山海经》所有怪物，余不敢言之也。

卷一百二十四
游侠列传第六十四

韩子曰："儒以文乱法，而侠以武犯禁。"二者皆讥，而学士多称于世云。至如以术取宰相卿大夫，辅翼其世主，功名俱著于春秋，固无可言者。及若季次、原宪，闾巷人也，读书怀独行君子之德，义不苟合当世，当世亦笑之。故季次、原宪终身空室蓬户，褐衣疏食不厌。死而已四百余年，而弟子志之不倦。今游侠，其行虽不轨于正义，然其言必信，其行必果，已诺必诚，不爱其躯，赴士之厄困。既已存亡死生矣，而不矜其能，羞伐其德，盖亦有足多者焉。

且缓急，人之所时有也。太史公曰：昔者虞舜窘于井廪，伊尹负于鼎俎，傅说匿于傅险，吕尚困于棘津，夷吾桎梏，百里饭牛，仲尼畏匡，菜色陈、蔡。此皆学士所谓有道仁人也，犹然遭此灾，况以中材而涉乱世之末流乎？其遇害何可胜道哉！

鄙人有言曰："何知仁义，已飨其利者为有德。"故伯夷丑周，饿死首阳山，而文、武不以其故贬王；跖、蹻暴戾，其徒诵义无穷。由此观之，"窃钩者诛，窃国者侯，侯之门仁义存"，非虚言也。

今拘学或抱咫尺之义，久孤于世，岂若卑论侪俗，与世沉浮而取荣名哉！而布衣之徒，设取予然诺，千里诵义，为死不顾世，此亦有所长，非苟而已也。故士穷窘而得委命，此岂非人之所谓贤豪间者邪？诚使乡曲之侠，予季次、原宪比权量力，效功于当世，不同日而论矣。要以功见言信，侠客之义又曷可少哉！

古布衣之侠，靡得而闻已。近世延陵、孟尝、春申、平原、信陵之徒，皆因王者亲属，藉于有土卿相之富厚，招天下贤者，显名诸侯，不可谓不贤者矣。比如顺风而呼，声非加疾，其势激也。至如闾巷之侠，修行砥名，声施于天下，莫不称贤，是为难耳。然儒、墨皆排摈不载。自秦以前，匹夫之侠，湮灭不见，余甚恨之。以余所闻，汉兴有朱家、田仲、王公、剧孟、郭解之徒，虽时扞当世之文罔，然其私义廉洁退让，有足称者。名不虚立，士不虚附。至如朋党宗强比周，设财役贫，豪暴侵凌孤弱，恣欲自快，游侠亦丑之。余悲世俗不察其意，而猥以朱家、郭解等令与暴豪之徒同类而共笑之也。

鲁朱家者，与高祖同时。鲁人皆以儒教，而朱家用侠闻。所藏活豪士以百数，其余庸人不可胜言。然终不伐其能，歆其德，诸所尝施，唯恐见之。振人不赡，先从贫贱始。家无余财，衣不完采，食不重味，乘不过軥牛。专趋人之急，甚己之私。既阴脱季布将军之厄，及布尊贵，终身不见也。自关以东，莫不延颈愿交焉。楚田仲以侠闻，喜剑，父事朱家，自以为行弗及。

田仲已死，而洛阳有剧孟。周人以商贾为资，而剧孟以任侠显诸侯。吴楚反时，条侯为太尉，乘传车将至河南，得剧孟，喜曰："吴楚举大事而不求孟，吾知其无能为已矣。"天下骚动，宰相得之若得一敌国云。剧孟行大类朱家，而好博，多少年之戏。然剧孟母死，自远方送丧盖千乘。及剧孟死，家无余十金之财。而符离人王孟亦以侠称江淮之间。

是时济南瞷氏、陈周庸亦以豪闻，景帝闻之，使使尽诛此属。其后代诸白、梁韩无辟、阳翟薛兄、郏韩孺纷纷复出焉。

郭解,轵人也,字翁伯,善相人者许负外孙也。解父以任侠,孝文时诛死。解为人短小精悍,不饮酒。少时阴贼、慨不快意,身所杀甚众。以躯借交报仇,藏命作奸剽攻不休,及铸钱掘冢,固不可胜数。适有天幸,窘急常得脱,若遇赦。及解年长,更折节为俭,以德报怨,厚施而薄望。然其自喜为侠益甚。既已振人之命,不矜其功,其阴贼著于心,卒发于睚眦如故云。而少年慕其行,亦辄为报仇,不使知也。解姊子负解之势,与人饮,使之嚼。非其任,强必灌之。人怒,拔刀刺杀解姊子,亡去。解姊怒曰:"以翁伯之义,人杀吾子,贼不得。"弃其尸于道,弗葬,欲以辱解。解使人微知贼处。贼窘自归,具以实告解。解曰:"公杀之固当,吾儿不直。"遂去其贼,罪其姊子,乃收而葬之。诸公闻之,皆多解之义,益附焉。

解出入,人皆避之。有一人独箕倨视之,解遣人问其名姓。客欲杀之,解曰:"居邑屋至不见敬,是吾德不修也,彼何罪!"乃阴属尉史曰:"是人,吾所急也,至践更时脱之。"每至践更,数过,吏弗求。怪之,问其故,乃解使脱之。箕踞者乃肉袒谢罪。少年闻之,愈益慕解之行。

洛阳人有相仇者,邑中贤豪居间者以十数,终不听。客乃见郭解。解夜见仇家,仇家曲听解。解乃谓仇家曰:"吾闻洛阳诸公在此间,多不听者。今子幸而听解,解奈何乃从他县夺人邑中贤大夫权乎!"乃夜去,不使人知,曰:"且无用,待我去,令洛阳豪居其间,乃听之。"

解执恭敬,不敢乘车入其县廷。之旁郡国,为人请求事,事可出,出之;不可者,各厌其意,然后乃敢尝酒食。诸公以故严重之,争为用。邑中少年及旁近县贤豪,夜半过门常十余车,请得解客舍养之。

及徙豪富茂陵也,解家贫,不中訾,吏恐,不敢不徙。卫将军为言"郭解家贫不中徙"。上曰:"布衣权以使将军为言,此其家不贫。"解家遂徙,诸公送者出千余万。轵人杨季主子为县掾,举徙解。解兄子断杨掾头。由此杨氏与郭氏为仇。

解入关,关中贤豪知与不知,闻其声,急交欢解。解为人短小,不饮酒,出未尝有骑。已又杀杨季主。杨季主家上书,人又杀之阙下。上闻,乃下吏捕解。解亡,置其母家室夏阳,身至临晋。临晋籍少公素不知解,解冒,因求出关。籍少公已出解,解转入太原,所过辄告主人家。吏逐之,迹至籍少公。少公自杀,口绝。久之,乃得解。穷治所犯,为解所杀,皆在赦前。轵有儒生侍使者坐,客誉郭解,生曰:"郭解专以奸犯公法,何谓贤!"解客闻,杀此生,断其舌。吏以此责解,解实不知杀者。杀者亦竟绝,莫知为谁。吏奏解无罪。御史大夫公孙弘议曰:"解布衣为任侠行权,以睚眦杀人,解虽弗知,此罪甚于解杀之。当大逆无道。"遂族郭解翁伯。

自是之后,为侠者极众,敖而无足数者。然关中长安樊仲子,槐里赵王孙,长陵高公子,西河郭公仲,太原卤公孺,临淮兒长卿,东阳田君孺,虽为侠而逡逡有退让君子之风。至若北道姚氏,西道诸杜,南道仇景,东道赵他、羽公子,南阳赵调之徒,此盗跖居民间者耳,曷足道哉!此乃乡者朱家之羞也。

太史公曰:吾视郭解,状貌不及中人,言语不足采者。然天下无贤与不肖,知与不知,皆慕其声,言侠者皆引以为名。谚曰:"人貌荣名,岂有既乎!"於戏,惜哉!

卷一百二十五
佞幸列传第六十五

谚曰:"力田不如逢年,善仕不如遇合",固无虚言。非独女以色媚,而士宦亦有之。

昔以色幸者多矣。至汉兴,高祖至暴抗也,然籍孺以佞幸。孝惠时有闳孺。此两人非有材能,徒以婉佞贵幸,与上卧起,公卿皆因关说。故孝惠时郎侍中皆冠䍐鵔,贝带,傅脂粉,化闳、籍之属也。两人徙家安陵。

孝文时中宠臣,士人则邓通,宦者则赵同、北宫伯子。北宫伯子以爱人长者;而赵同以星气幸,常为文帝参乘;邓通无伎能。

邓通,蜀郡南安人也,以濯船为黄头郎。孝文帝梦欲上天,不能,有一黄头郎从后推之上天,顾见其衣裻带后穿。觉而之渐台,以梦中阴自求推者郎,即见邓通,其衣后穿,梦中所见也。召问其名姓,姓邓氏,名通,文帝说焉,尊幸之日异。通亦愿谨,不好外交,虽赐洗沐,不欲出。于是文帝赏赐通巨万以十数,官至上大夫。文帝时时如邓通家游戏。然邓通无他能,不能有所荐士,独自谨其身以媚上而已。上使善相者相通,曰"当贫饿死"。文帝曰:"能富通者在我也,何谓贫乎?"于是赐邓通蜀严道铜山,得自铸钱,"邓氏钱"布天下。其富如此。

文帝尝病痈,邓通常为帝唶吮之。文帝不乐,从容问通曰:"天下谁最爱我者乎?"通曰:"宜莫如太子。"太子入问病,文帝使唶痈,唶痈而色难之。已而闻邓通常为帝唶吮之,心惭,由此怨通矣。及文帝崩,景帝立,邓通免,家居。居无何,人有告邓通盗出徼外铸钱。下吏验问,颇有之,遂竟案,尽没入邓通家,尚负责数巨万。长公主赐邓通,吏辄随没入之,一簪不得著身。于是长公主乃令假衣食。竟不得名一钱,寄死人家。

孝景帝时,中无宠臣,然独郎中令周文仁,仁宠最过庸,乃不甚笃。

今天子中宠臣,士人则韩王孙嫣,宦者则李延年。嫣者,弓高侯孽孙也。今上为胶东王时,嫣与上学书相爱。及上为太子,愈益亲嫣。嫣善骑射,善佞。上即位,欲事伐匈奴,而嫣先习胡兵,以故益尊贵,官至上大夫,赏赐拟于邓通。时嫣常与上卧起。江都王入朝,有诏得从入猎上林中。天子车驾跸道未行,而先使嫣乘副车,从数十百骑,骛驰视兽。江都王望见,以为天子,辟从者,伏谒道傍。嫣驱不见。既过,江都王怒,为皇太后泣曰:"请得归国入宿卫,比韩嫣。"太后由此嗛嫣。嫣侍上,出入永巷不禁,以奸闻皇太后。皇太后怒,使使赐嫣死。上为谢,终不能得，嫣遂死。而案道侯韩说，其弟也，亦佞幸。

李延年，中山人也。父母及身兄弟及女，皆故倡也。延年坐法腐，给事狗中。而平阳公主言延年女弟善舞，上见，心说之，及入永巷，而召贵延年。延年善歌，为变新声，而上方兴天地祠，欲造乐诗歌弦之。延年善承意，弦次初诗。其女弟亦幸，有子男。延年佩二千石印，号协声律。与上卧起，甚贵幸，埒如韩嫣也。久之，寖与中人乱，出入骄恣。及其女弟李夫人卒后，爱弛，则禽诛延年昆弟也。

自是之后，内宠嬖臣大底外戚之家，然不足数也。卫青、霍去病亦以外戚贵幸，然颇用材能自进。

太史公曰：甚哉爱憎之时！弥子瑕之行，足以观后人佞幸矣。虽百世可知也。

卷一百二十六
滑稽列传第六十六

孔子曰："六艺于治一也。《礼》以节人，《乐》以发和，《书》以道事，《诗》以达意，《易》以神化，《春秋》以义。"太史公曰：天道恢恢，岂不大哉！谈言微中，亦可以解纷。

淳于髡者，齐之赘婿也。长不满七尺，滑稽多辩，数使诸侯，未尝屈辱。齐威王之时喜隐，好为淫乐长夜之饮，沉湎不治，委政卿大夫。百官荒乱，诸侯并侵，国且危亡，在于旦暮，左右莫敢谏。淳于髡说之以隐曰："国中有大鸟，止王之庭，三年不蜚又不鸣，王知此鸟何也？"王曰："此鸟不飞则已，一飞冲天；不鸣则已，一鸣惊人。"于是乃朝诸县令长七十二人，赏一人，诛一人，奋兵而出。诸侯振惊，皆还齐侵地。威行三十六年。语在《田完世家》中。

威王八年，楚大发兵加齐。齐王使淳于髡之赵请救兵，赍金百斤，车马十驷。淳于髡仰天大笑，冠缨索绝。王曰："先生少之乎？"髡曰："何敢！"王曰："笑，岂有说乎？"髡曰："今者臣从东方来，见道傍有禳田者，操一豚蹄，酒一盂，祝曰：'瓯窭满篝，污邪满车，五谷蕃熟，穰穰满家。'臣见其所持者狭而所欲者奢，故笑之。"于是齐威王乃益赍黄金千镒，白璧十双，车马百驷。髡辞而行，至赵，赵王与之精兵十万，革车千乘。楚闻之，夜引兵而去。

威王大说，置酒后宫，召髡赐之酒，问曰："先生能饮几何而醉？"对曰："臣饮一斗亦醉，一石亦醉。"威王曰："先生饮一斗而醉，恶能饮一石哉！其说可得闻乎？"髡曰："赐酒大王之前，执法在傍，御史在后，髡恐惧俯伏而饮，不过一斗径醉矣。若亲有严客，髡帣韝鞠䠱，侍酒于前，时赐馀沥，奉觞上寿，数起，饮不过二斗径醉矣。若朋友交游，久不相见，卒然相睹，欢然道故，私情相语，饮可五六斗径醉矣。若乃州闾之会，男女杂坐，行酒稽留，六博投壶，相引为曹，握手无罚，目眙不禁，前有堕珥，后有遗簪，髡窃乐此，饮可八斗而醉二参。日暮酒阑，合尊促坐，男女同席，履舄交错，杯盘狼藉，堂上烛灭，主人留髡而送客，罗襦襟解，微闻芗泽，当此之时，髡心最欢，能饮一石。故曰酒极则乱，乐极则悲，万事尽然。言不可极，极之而衰。"以讽谏焉。齐王曰："善。"乃罢长夜之饮，以髡为诸侯主客。宗室置酒，髡尝在侧。

其后百馀年，楚有优孟。

优孟，故楚之乐人也。长八尺，多辩，常以谈笑讽谏。楚庄王之时，有所爱马，衣以文绣，置之华屋之下，席以露床，啖以枣脯。马病肥死，使群臣丧之，欲以棺椁大夫礼葬之。左右争之，以为不可。王下令曰："有敢以马谏者，罪至死。"优孟闻之，入殿门，仰天大哭。王惊而问其故。优孟曰："马者王之所爱也，以楚国堂堂之大，何求不得，而以大夫礼葬之，薄，请以人君礼葬之。"王曰："何如？"对曰："臣请以雕玉为棺，文梓为椁，楩枫豫章为题凑，发甲卒为穿圹，老弱负土，齐、赵陪位于前，韩、魏翼卫其后，庙食太牢，奉以万户之邑。诸侯闻之，皆知大王贱人而贵马也。"王曰："寡人之过一至此乎！为之奈何？"优孟曰："请为大王六畜葬之，以垅灶为椁，铜历为棺，赍以姜枣，荐以木兰，祭以粮稻，衣以火光，葬之于人腹肠。"于是王乃使以马属太官，无令天下久闻也。

楚相孙叔敖知其贤人也，善待之。病且死，属其子曰："我死，汝必贫困。若往见优孟，言'我孙叔敖之子也'。"居数年，其子穷困负薪，逢优孟，与言曰："我，孙叔敖子也。父且死时，属我贫困往见优孟。"优孟曰："若无远有所之。"即为孙叔敖衣冠，抵掌谈语。岁馀，像孙叔敖，楚王及左右不能别也。庄王置酒，优孟前为寿。庄王大惊，以为孙叔敖复生也，欲以为相。优孟曰："请归与妇计之，三日而为相。"庄王许之。三日后，优孟复来。王曰："妇言谓何？"孟曰："妇言慎无为，楚相不足为也。如孙叔敖之为楚相，尽忠为廉以治楚，楚王得以霸。今死，其子无立锥之地，贫困负薪以自饮食。必如孙叔敖，不如自杀。"因歌曰："山居耕田苦，难以得食。起而为吏，身贪鄙者馀财，不顾耻辱。身死家室富，又恐受赇枉法，为奸触大罪，身死而家灭。贪吏安可为也！念为廉吏，奉法守职，竟死不敢为非。廉吏安可为也！楚相孙叔敖持廉至死，方今妻子穷困，负薪而食，不足为也！"于是庄王谢优孟，乃召孙叔敖子，封之寝丘四百户，以奉其祀。后十世不绝。此知可以言时矣。

其后二百馀年，秦有优旃。

优旃者，秦倡侏儒也。善为笑言，然合于大道。秦始皇时，置酒而天雨，陛楯者皆沾寒。优旃见而哀之，谓之曰："汝欲休乎？"陛楯者皆曰："幸甚。"优旃曰："我即呼汝，汝疾应曰诺。"居有顷，殿上上寿呼万岁。优旃临槛大呼曰："陛楯郎！"郎曰："诺。"优旃曰："汝虽长，何益，雨中立。我虽短也，幸休居。"于是始皇使陛楯者得半相代。

始皇尝议欲大苑囿，东至函谷关，西至雍、陈仓。优旃曰："善。多纵禽兽于其中，寇从东方来，令麋鹿触之足矣。"始皇以故辍止。

二世立，又欲漆其城。优旃曰："善。主上虽无言，臣固将请之。漆城虽于百姓愁费，然佳哉！漆城荡荡，寇来不能上。即欲就之，易为漆耳，顾难为荫室。"于是二世笑之，以其故止。居无何，二世杀死，优旃归汉，数年而卒。

太史公曰：淳于髡仰天大笑，齐威王横行。优孟摇头而歌，负薪者以封。优旃临槛疾呼，陛楯得以半更。岂不亦伟哉！

褚先生曰：臣幸得以经术为郎，而好读外家传语。窃不逊让，复作故事滑稽之语六章，编之于左。可以览观扬意，以示后世好事者读之，以游心骇耳，以附益上方太史公之三章。

武帝时有所幸倡郭舍人者，发言陈辞虽不合大道，然令人主和说。武帝少时，东武侯母常养帝，帝壮时，号之曰"大乳母"。率一月再朝。朝奏入，有诏使幸马游卿以帛五十匹赐乳母。又奉饮糒飧养乳母。乳母上书曰："某所有公田，愿得假倩之。"帝曰："乳母欲得之乎？"以赐乳母。乳母所言，未尝不听。有诏得令乳母乘车行驰道中。当此之时，公卿大臣皆敬重乳母。乳母家子孙奴从者横暴长安中，当道掣顿人车马，夺人衣服。闻于中，不忍致之法。有司请徙乳母家室，处之于边。奏可。乳母当入至前，面见辞。乳母先见郭舍人，为下泣。舍人曰："即入见辞去，疾步数还顾。"郭母如其言，谢去，疾步数还顾。郭舍人疾言骂之曰："咄！老女子！何不疾行！陛下已壮矣，宁尚须汝乳而活邪？尚何还顾！"于是人主怜焉悲之，乃下诏止无徙乳母，罚谪谮之者。

武帝时，齐人有东方生名朔，以好古传书，爱经术，多所博观外家之语。朔初入长安，至公车上书，凡用三千奏牍。公车令两人共持举其书，仅然能胜之。人主从上方读之，止，辄乙其处，读之二月乃尽。诏拜以为郎，常在侧侍中。数召至前谈语，人主未尝不说也。时诏赐之食于前。饭已，尽怀其余肉持去，衣尽污。数赐缯帛，檐揭而去。徒用所赐钱帛，取少妇于长安中好女。率取妇一岁所者即弃去，更取妇。所赐钱财尽索之于女子。人主左右诸郎半呼之"狂人"。人主闻之，曰："令朔在事无为是行者，若等安能及之哉！"朔任其子为郎，又为侍谒者，常持节出使。朔行殿中，郎谓之曰："人皆以先生为狂。"朔曰："如朔等，所谓避世于朝廷间者也。古之人，乃避世于深山中。"时坐席中，酒酣，据地歌曰："陆沉于俗，避世金马门。宫殿中可以避世全身，何必深山之中，蒿庐之下。"金马门，宦者署门也，门傍有铜马，故谓之曰"金马门"。

时会聚宫下博士诸先生与论议，共难之曰："苏秦、张仪一当万乘之主，而都卿相之位，泽及后世。今子大夫修先王之术，慕圣人之义，讽诵《诗》、《书》、百家之言，不可胜数。著于竹帛，自以为海内无双，即可谓博闻辩智矣。然悉力尽忠以事圣帝，旷日持久，积数十年，官不过侍郎，位不过执戟，意者尚有遗行邪？其故何也？"东方生曰："是固非子所能备也。彼一时也，此一时也，岂可同哉！夫张仪、苏秦之时，周室大坏，诸侯不朝，力政争权，相禽以兵，并为十二国，未有雌雄，得士者强，失士者亡，故说听行通，身处尊位，泽及后世，子孙长荣。今非然也。圣帝在上，德流天下，诸侯宾服，威振四夷，连四海之外以为席，安于覆盂，天下平均，合为一家，动发举事，犹如运之掌中。贤与不肖，何以异哉？方今天下之大，士民之众，竭精驰说，并进辐凑者，不可胜数。悉力慕义，困于衣食，或失门户。使张仪、苏秦与仆并生于今之世，曾不能得掌故，安敢望常侍侍郎乎！传曰：'天下无害灾，虽有圣人，无所施其才；上下和同，虽有贤者，无所立功。'故曰时异则事异。虽然，安可以不务修身乎？《诗》曰：'鼓钟于宫，声闻于外。鹤鸣九皋，声闻于天。'苟能修身，何患不荣！太公躬行仁义七十二年，逢文王，得行其说，封于齐，七百岁而不绝。此士之所以日夜孜孜，修学行道，不敢止也。今世之处士，时虽不用，崛然独立，块然独处，上观许由，下察接舆，策同范蠡，忠合子胥，天下和平，与义相扶，寡偶少徒，固其常也。子何疑于余哉！"于是诸先生默然无以应也。

建章宫后阁重栎中有物出焉，其状似麋。以闻，武帝往临视之。问左右群臣习事通经术者，莫能知。诏东方朔视之，朔曰："臣知之，愿赐美酒粱饭大飧臣，臣乃言。"诏曰："可。"已，又曰："某所有公田鱼池蒲苇数顷，陛下以赐臣，臣朔乃言。"诏曰："可。"于是朔乃肯言，曰："所谓驺牙者也。远方当来归义，而驺牙先见。其齿前后若一，齐等无牙，故谓之驺牙。"其后一岁所，匈奴混邪王果将十万众来降汉。乃复赐东方生钱财甚多。

至老，朔且死时，谏曰："《诗》云'营营青蝇，止于蕃。恺悌君子，无信谗言。谗言罔极，交乱四国'。愿陛下远巧佞，退谗言。"帝曰："今顾东方朔多善言？"怪之。居无几何，朔果病死。传曰："鸟之将死，其鸣也哀；人之将死，其言也善。"此之谓也。

武帝时，大将军卫青者，卫后兄也，封为长平侯。从军击匈奴，至余吾水上而还，斩首捕虏，有功来归，诏赐金千斤。将军出宫门，齐人东郭先生以方士待诏公车，当道遮卫将军车，拜谒曰："愿白事。"将军止车前，东郭先生旁车言曰："王夫人新得幸于上，家贫。今将军得金千斤，诚以其半赐王夫人之亲，人主闻之必喜。此所谓奇策便计也。"卫将军谢之曰："先生幸告之以便计，请奉教。"于是卫将军乃以五百金为王夫人之亲寿。王夫人以闻武帝。帝曰："大将军不知为此。"问之安所受计策，对曰："受之待诏者东郭先生。"诏召东郭先生，拜以为郡都尉。东郭先生久待诏公车，贫困饥寒，衣敝，履不完。行雪中，履有上无下，足尽践地。道中人笑之，东郭先生应之曰："谁能履行雪中，令人视之，其上履也，其履下处乃似人足者乎？"及其拜为二千石，佩青緺出宫门，行谢主人。故所以同官待诏者，等比祖道于都门外。荣华道路，立名当世。此所谓衣褐怀宝者也。当其贫困时，人莫省视；至其贵也，乃争附之。谚曰："相马失之瘦，相士失之贫。"其此之谓邪？

王夫人病甚，人主自往问之曰："子当为王，欲安所置之？"对曰："愿居洛阳。"人主曰："不可。洛阳有武库、敖仓，当关口，天下咽喉。自先帝以来，传不为置王。然关东国莫大于齐，可以为齐王。"王夫人以手击头，呼"幸甚"。王夫人死，号曰"齐王太后薨"。

昔者，齐王使淳于髡献鹄于楚。出邑门，道飞其鹄，徒揭空笼，造诈成辞，往见楚王曰："齐王使臣来献鹄，过于水上，不忍鹄之渴，出而饮之，去我飞亡。吾欲刺腹绞颈而死，恐人之议吾王以鸟兽之故令士自伤杀也。鹄，毛物，多相类者，吾欲买而代之，是不信而欺吾王也。欲赴佗国奔亡，痛吾两主使不通。故来服过，叩头受罪大王。"楚王曰："善，齐王有信士若此哉！"厚赐之，财倍鹄在也。

武帝时，征北海太守诣行在所。有文学卒史王先生者，自请与太守俱："吾有益于君。"君许之。诸府掾功曹白云："王先生嗜酒，多言少实，恐不可与俱。"太守曰："先生意欲行，不可逆。"遂与俱。行至宫下，待诏宫府门。王先生徒怀钱沽酒，与卫卒仆射饮，日醉，不视其太守。太守入跪拜。王先生谓户郎曰："幸为我呼吾君至门内遥语。"户郎为呼太守。太守来，望见王先生。王先生曰："天子即问君何以治北海令无盗贼，君对曰何哉？"对曰："选择贤材，各任之以其能，赏异等，罚不肖。"王先生曰："对如是，是自誉自伐功，不可。愿君对言：非臣之力，尽陛下神灵威武所变化也。"太守曰："诺。"召入，至于殿下，有诏问之曰："何以治北海，令盗贼不起？"叩头对言："非臣之力，尽陛下神灵威武之所变化也。"武帝大笑，曰："於呼！安得长者之语而称之！安所受之？"对曰："受之文学卒史。"帝曰："今安在？"对曰："在宫府门外。"有诏召拜王先生为水衡丞，以北海太守为水衡都尉。传曰："美言可以市，尊行可以加人。君子相送以言，小人相送以财。"

魏文侯时，西门豹为邺令。豹往到邺，会长老，问之民所疾苦。长老曰："苦为河伯娶妇，以故贫。"豹问其故，对曰："邺三老、廷掾常岁赋敛百姓，收取其钱得数百万，用其二三十万为河伯娶妇，与祝巫共分其馀钱持归。当其时，巫行视小家女好者，云'是当为河伯妇'，即聘取。洗沐之，为治新缯绮縠衣，闲居斋戒；为治斋宫河上，张缇绛帷，女居其中。为具牛酒饭食，十馀日。共粉饰之，如嫁女床席，令女居其上，浮之河中。始浮，行数十里乃没。其人家有好女者，恐大巫祝为河伯取之，以故多持女远逃亡。以故城中益空无人，又困贫，所从来久远矣。民人俗语曰'即不为河伯娶妇，水来漂没，溺其人民'云。"西门豹曰："至为河伯娶妇时，愿三老、巫祝、父老送女河上，幸来告语之，吾亦往送女。"皆曰："诺。"

至其时，西门豹往会之河上。三老、官属、豪长者、里父老皆会，以人民往观之者三二千人。其巫，老女子也，已年七十。从弟子女十人所，皆衣缯单衣，立大巫后。西门豹曰："呼河伯妇来，视其好丑。"即将女出帷中，来至前。豹视之，顾谓三老、巫祝、父老曰："是女子不好，烦大巫妪为入报河伯，得更求好女，后日送之。"即使吏卒共抱大巫妪投之河中。有顷，曰："巫妪何久也？弟子趣之！"复以一弟子投河中。有顷，曰："弟子何久也？复使一人趣之！"复投一弟子河中。凡投三弟子。西门豹曰："巫妪弟子是女子也，不能白事，烦三老为入白之。"复投三老河中。西门豹簪笔磬折，向河立待良久。长老、吏傍观者皆惊恐。西门豹顾曰："巫妪、三老不来还，奈之何？"欲复使廷掾与豪长者一人入趣之。皆叩头，叩头且破，额血流地，色如死灰。西门豹曰："诺，且留待之须臾。"须臾，豹曰："廷掾起矣。状河伯留客之久，若皆罢去归矣。"邺吏民大惊恐，从是以后，不敢复言为河伯娶妇。

西门豹即发民凿十二渠，引河水灌民田，田皆溉。当其时，民治渠少烦苦，不欲也。豹曰："民可以乐成，不可与虑始。今父老子弟虽患苦我，然百岁后期令父老子孙思我言。"至今皆得水利，民人以给足富。十二渠经绝驰道，到汉之立，而长吏以为十二渠桥绝驰道，相比近，不可。欲合渠水且至驰道，合三渠，为一桥。邺民人父老不肯听长吏，以为西门君所为也，贤君之法式不可更也。长吏终听置之。故西门豹为邺令，名闻天下，泽流后世，无绝已时，几可谓非贤大夫哉！

传曰："子产治郑，民不能欺；子贱治单父，民不忍欺；西门豹治邺，民不敢欺。"三子之才能谁最贤哉？辨治者当能别之。

卷一百二十七
日者列传第六十七

自古受命而王，王者之兴何尝不以卜筮决于天命哉！其于周尤甚，及秦可见。代王之入，任于卜者。太卜之起，由汉兴而有。

司马季主者，楚人也。卜于长安东市。

宋忠为中大夫，贾谊为博士，同日俱出洗沐，相从论议，诵易先王圣人之道术，究遍人情，相视而叹。贾谊曰："吾闻古之圣人，不居朝廷，必在卜医之中。今吾已见三公九卿朝士大夫，皆可知矣。试之卜数中以观采。"二人即同舆而之市，游于卜肆中。天新雨，道少人，司马季主间坐，弟子三四人侍，方辨天地之道，日月之运，阴阳吉凶之本。二大夫再拜谒。司马季主视其状貌，如类有知者，即礼之，使弟子延之坐。坐定，司马季主复理前语，分别天地之终始，日月星辰之纪，差次仁义之际，列吉凶之符，语数千言，莫不顺理。

宋忠、贾谊瞿然而悟，猎缨正襟危坐，曰："吾望先生之状，听先生之辞，小子窃观于世，未尝见也。今何居之卑，何行之污？"

司马季主捧腹大笑曰："观大夫类有道术者，今何言之陋也，何辞之野也！今夫子所贤者何也？所高者谁也？今何以卑污长者？"

二君曰："尊官厚禄，世之所高也，贤才处之。今所处非其地，故谓之卑。言不信，行不验，取不当，故谓之污。夫卜筮者，世俗之所贱简也。世皆言曰：'夫卜者多言夸严以得人情，虚高人禄命以说人志，擅言祸灾以伤人心，矫言鬼神以尽人财，厚求拜谢以私于己。'此吾之所耻，故谓之卑污也。"

司马季主曰："公且安坐。公见夫被发童子乎？日月照之则行，不照则止，问之日月疵瑕吉凶，则不能理。由是观之，能知别贤与不肖者寡矣。

"贤之行也，直道以正谏，三谏不听则退。其誉人也不望其报，恶人也不顾其怨，以便国家利众为务。故官非其任不处也，禄非其功不受也；见人不正，虽贵不敬也；见人有污，虽尊不下也；得不为喜，去不为恨，非其罪也，虽累辱而不愧也。

"今公所谓贤者，皆可为羞矣。卑疵而前，孅趋而言；相引以势，相导以利；比周宾正，以求尊誉，以受公奉；事私利，枉主法，猎农民；以官为威，以法为机，求利逆暴：譬无异于操白刃劫人者也。

"初试官时，倍力为巧诈，饰虚功执空文以罔主上，用居上为右；试官不让贤陈功，见伪增实，以无为有，以少为多，以求便势尊位；食饮驱驰，从姬歌儿，不顾于亲，犯法害民，虚公家。此夫为盗不操矛弧者也，攻而不用弦刃者也，欺父母未有罪而弑君未伐者也，何以为高贤才乎？

"盗贼发不能禁，夷貊不服不能摄，奸邪起不能塞，官耗乱不能治，四时不和不能调，岁谷不孰不能适。才贤不为，是不忠也；才不贤而托官位，利上奉，妨贤者处，是窃位也；有人者进，有财者礼，是伪也。子独不见鸱枭之与凤皇翔乎？兰芷芎䓖弃于广野，蒿萧成林，使君子退而不显众，公等是也。

"述而不作，君子义也。今夫卜者，必法天地，象四时，顺于仁义，分策定卦，旋式正棋，然后言天地之利害，事之成败。昔先王之定国家，必先龟策日月，而后乃敢代；正时日，乃后入家；产子必先占吉凶，后乃有之。自伏羲作八卦，周文王演三百八十四爻而天下治。越王勾践放文王八卦以破敌国，霸天下。由是言之，卜筮有何负哉！

"且夫卜筮者，扫除设坐，正其冠带，然后乃言事，此有礼也。言而鬼神或以飨，忠臣以事其上，孝子以养其亲，慈父以畜其子，此有德者也。而以义置数十百钱，病者或以愈，且死或以生，患或以免，事或以成，嫁子娶妇或以养生。此之为德，岂直数十百钱哉！此夫老子所谓'上德不德，是以有德'。今夫卜筮者利大而谢少，老子之云岂异于是乎？

"庄子曰：'君子内无饥寒之患，外无劫夺之忧，居上而敬，居下不为害，君子之道也。'今夫卜筮者之为业也，积之无委聚，藏之不用府库，徙之不用辎车，负装之不重，止而用之无尽索之时。持不尽索之物，游于无穷之世，虽庄氏之行未能增于是也，子何故而云不可卜哉？天不足西北，星辰西北移；地不足东南，以海为池；日中必移，月满必亏；先王之道，乍存乍亡。公责卜者言必信，不亦惑乎！

"公见夫谈士辩人乎？虑事定计，必是人也，然不能以一言说人主意，故言必称先王，语必道上古；虑事定计，饰先王之成功，语其败害，以恐喜人主之志，以求其欲。多言夸严，莫大于此矣。然欲强国成功，尽忠于上，非此不立。今夫卜者，导惑教愚也。夫愚惑之人，岂能以一言而知之哉！言不厌多。

"故骐骥不能与罢驴为驷，而凤皇不与燕雀为群，而贤者亦不与不肖者同列。故君子处卑隐以辟众，自匿以辟伦，微见德顺以除群害，以明天性，助上养下，多其功利，不求尊誉。公之等喁喁者也，何知长者之道乎！"

宋忠、贾谊忽而自失，芒乎无色，怅然噤口不能言。于是摄衣而起，再拜而辞，行洋洋也，出市门仅能自上车，伏轼低头，卒不能出气。

居三日，宋忠见贾谊于殿门外，乃相引屏语相谓自叹曰："道高益安，势高益危。居赫赫之势，失身且有日矣。夫卜而有不审，不见夺糈；为人主计而不审，身无所处。此相去远矣，犹天冠地屦也。此老子之所谓'无名者，万物之始也。'天地旷旷，物之熙熙，或安或危，莫知居之。我与若，何足预彼哉！彼久而愈安，虽曾氏之义未有以异也。"

久之，宋忠使匈奴，不至而还，抵罪。而贾谊为梁怀王傅，王堕马薨，谊不食，毒恨而死。此务华绝根者也。

太史公曰：古者卜人所以不载者，多不见于篇。及至司马季主，余志而著之。

褚先生曰：臣为郎时，游观长安中，见卜筮之贤大夫，观其起居行步，坐起自动，誓正其衣冠而当乡人也，有君子之风。见性好解妇来卜，对之颜色严振，未尝见齿而笑也。从古以来，贤者避世，有居止舞泽者，有居民间闭口不言，有隐居卜筮间以全身者。夫司马季主者，楚贤大夫，游学长安，通《易经》，术黄帝、老子，博闻远见。观其对二大夫贵人之谈言，称引古明王圣人道，固非浅闻小数之能。及卜筮立名声千里者，各往往而在。传曰："富为上，贵次之；既贵，各各学一伎能立其身。"黄直，丈夫也；陈君夫，妇人也：以相马立名天下。齐张仲、曲成侯以善击刺学用剑，立名天下。留长孺以相猪立名。荥阳褚氏以相牛立名。能以伎能立名者甚多，皆有高世绝人之风，何可胜言。故曰："非其地，树之不生；非其意，教之不成。"夫家之教子孙，当视其所以好，好含苟生活之道，因而成之。故曰："制宅命子，足以观士；子有处所，可谓贤人。"

臣为郎时，与太卜待诏为郎者同署，言曰："孝武帝时，聚会占家问之，某日可取妇乎？五行家曰可，堪舆家曰不可，建除家曰不吉，丛辰家曰大凶，历家曰小凶，天人家曰小吉，太一家曰大吉。辩讼不决，以状闻。制曰：'避诸死忌，以五行为主。'"人取于五行者也。

卷一百二十八
龟策列传第六十八

太史公曰：自古圣王将建国受命，兴动事业，何尝不宝卜筮以助善！唐虞以上，不可记已。自三代之兴，各据祯祥。涂山之兆从而夏启世，飞燕之卜顺故殷兴，百谷之筮吉故周王。王者决定诸疑，参以卜筮，断以蓍龟，不易之道也。

蛮夷氐羌虽无君臣之序，亦有决疑之卜。或以金石，或以草木，国不同俗。然皆可以战伐攻击，推兵求胜，各信其神，以知来事。

略闻夏殷欲卜者，乃取蓍龟，已则弃之矣，以为龟藏则不灵，蓍久则不神。至周室之卜官，常宝藏蓍龟；又其大小先后，各有所尚，要其归等耳。或以为圣王遭事无不定，决凝无不见，其设稽神求问之道者，以为后世衰微，愚不师智，人各自安，化分为百室，道散而无垠，故推归之至微，要洁于精神也。或以为昆虫之所长，圣人不能与争。其处吉凶，别然否，多中于人。至高祖时，因秦太卜官。天下始定，兵革未息。及孝惠享国日少，吕后女主，孝文、孝景因袭掌故，未遑讲试，虽父子畴官，世世相传，其精微深妙，多所遗失。至今上即位，博开艺能之路，悉延百端之学，通一伎之士咸得自效，绝伦超奇者为右，无所阿私，数年之间，太卜大集。会上欲击匈奴，西攘大宛，南收百越，卜筮至预见表象，先图其利。及猛将推锋执节，获胜于彼，而蓍龟时日亦有力于此。上尤加意，赏赐至或数千万。如丘子明之属，富溢贵宠，倾于朝廷。至以卜筮射蛊道，巫蛊时或颇中。素有眦睚不快，因公行诛，恣意所伤，以破族灭门者，不可胜数。百僚荡恐，皆曰龟策能言。后事觉奸穷，亦诛三族。

夫揲策定数，灼龟观兆，变化无穷，是以择贤而用占焉，可谓圣人重事者乎！周公卜三龟，而武王有瘳。纣为暴虐，而元龟不占。晋文将定襄王之位，卜得黄帝之兆，卒受彤弓之命。献公贪骊姬之色，卜而兆有口象，其祸竟流五世。楚灵将背周室，卜而龟逆，终被乾溪之败。兆应信诚于内，而时人明察见之于外，可不谓两合者哉！君子谓夫轻卜筮，无神明者，悖；背人道，信祯祥者，鬼神不得其正。故《书》建稽疑，五谋而卜筮居其二，五占从其多，明有而不专之道也。

余至江南，观其行事，问其长老，云龟千岁乃游莲叶之上，蓍百茎共一根。又其所生，兽无虎狼，草无毒螫。江傍家人常畜龟饮食之，以为能导引致气，有益于助衰养老，岂不信哉！

褚先生曰：臣以通经术，受业博士，治《春秋》，以高第为郎，幸得宿卫，出入宫殿中十有余年。窃好《太史公传》。太史公之传曰："三王不同龟，四夷各异卜，然各以决吉凶，略窥其要，故作《龟策列传》。"臣往来长安中，求《龟策列传》不能得，故之太卜官，问掌故文学长老习事者，写取龟策卜事，编于下方。

闻古五帝、三王发动举事，必先决蓍龟。传曰："下有伏灵，上有兔丝；上有捣蓍，下有神龟。"所谓伏灵者，在兔丝之下，状似飞鸟之形。新雨已，天清静无风，以夜捎兔丝去之，即以燎烛此地，烛之，火灭，即记其处，以新布四丈环置之，明即掘取之。入四尺至七尺，得矣，过七尺不可得。伏灵者，千岁松根也，食之不死。闻蓍生满百茎者，其下必有神龟守之，其上常有青云覆之。传曰："天下和平，王道得，而蓍茎长丈，其丛生百茎共根。"方今世取蓍者，不能中古法度，不能得满百茎长丈者，取八十茎已上，蓍长八尺，即难得也。人民好用卦者，取满六十茎已上，长满六尺者，即可用矣。记曰："能得名龟者，财物归之，家必大，富至千万。"一曰"北斗龟"，二曰"南辰龟"，三曰"五星龟"，四曰"八风龟"，五曰"二十八宿龟"，六曰《日月龟》，七曰"九州龟"，八曰"玉龟"。凡八名龟。龟图各有文在腹下，文云云者，此某之龟也。略记其大指，不写其图。取此龟不必满尺二寸，民人得长七八寸，可宝矣。今夫珠玉宝器，虽有所深藏，必见其光，必出其神明，其此之谓乎！故玉处于山而木润，渊生珠而岸不枯者，润泽之所加也。明月之珠出于江海，藏于蚌中，蛟龙伏之。王者得之，长有天下，四夷宾服。能得百茎蓍，并得其下龟以卜者，百言百当，足以决吉凶。

神龟出于江水中，庐江郡常岁时生龟长尺二寸者二十枚输太卜官，太卜官因以吉日剔取其腹下甲。龟千岁乃满尺二寸。王者发军行将，必钻龟庙堂之上，以决吉凶。今高庙中有龟室，藏内以为神宝。

传曰："取前足臑骨穿佩之，取龟置室西北隅悬之，以入深山大林中，不惑。"臣为郎时，见《万毕石朱方》传曰："有神龟在江南嘉林中。嘉林者，兽无虎狼，鸟无鸱枭，草无毒螫，野火不及，斧斤不至，是为嘉林。龟在其中，常巢于芳莲之上。左胁书文曰：'甲子重光，得我者匹夫为人君，有土正，诸侯得我为帝王。'求之于白蛇蟠杅林中者，斋戒以待，谨然，状如有人来告之，因以醮酒佗发，求之三宿而得。"由是观之，岂不伟哉！故龟可不敬欤？

南方老人用龟支床足，行二十余岁，老人死，移床，龟尚生不死。龟能行气导引。问者曰："龟至神若此，然太卜官得生龟，何为辄杀取其甲乎？"近世江上人有得名龟，畜置之。家因大富。与人议，欲遣去。人教杀之勿遣，遣之破人家。龟见梦曰："送我水中，无杀吾也。"其家终杀之。杀之后，身死，家不利。人民与君王者异道。人民得名龟，其状类不宜杀也。以往古故事言之，古明王圣主皆杀而用之。

宋元王时得龟，亦杀而用之。谨连其事于左方，令好事者观择其中焉。

宋元王二年，江使神龟使于河，至于泉阳，渔者豫且举网得而囚之，置之笼中。夜半，龟来见梦于宋元王曰："我为江使于河，而幕网当吾路。泉阳豫且得我，我不能去。身在患中，莫可告语。王有德义，故来告诉。"元王惕然而悟。乃召博士卫平而问之曰："今寡人梦见一丈夫，延颈而长头，衣玄绣之衣而乘辎车，来见梦于寡人曰：

'我为江使于河，而幕网当吾路。泉阳豫且得我，我不能去。身在患中，莫可告语。王有德义，故来告诉。'是何物也？"卫平乃援式而起，仰天而视月之光，观斗所指，定日处乡。规矩为辅，副以权衡。四维已定，八卦相望。视其吉凶，介虫先见。乃对元王曰："今昔壬子，宿在牵牛。河水大会，鬼神相谋。汉正南北，江河固期，南风新至，江使先来。白云壅汉，万物尽留。斗柄指日，使者当囚。玄服而乘辀车，其名为龟。王急使人问而求之。"王曰："善。"

于是王乃使人驰而往问泉阳令曰："渔者几何家？名谁为豫且？豫且得龟，见梦于王，王故使我求之。"泉阳令乃使吏案籍视图，水上渔者五十五家，上流之庐，名为豫且。泉阳令曰："诺。"乃与使者驰而问豫且曰："今昔汝渔何得？"豫且曰："夜半时举网得龟。"使者曰："今龟安在？"曰："在笼中。"使者曰："王知子得龟，故使我求之。"豫且曰："诺。"即系龟而出之笼中，献使者。

使者载行，出于泉阳之门。正昼无见，风雨晦冥。云盖其上，五采青黄；雷雨并起，风将而行。入于端门，见于东箱。身如流水，润泽有光。望见元王，延颈而前，三步而止，缩颈而却，复其故处。元王见而怪之，问卫平曰："龟见寡人，延颈而前，以何望也？缩颈而却，是何当也？"卫平对曰："龟在患中，而终昔囚，王有德义，使人活之。今延颈而前，以当谢也，缩颈而却，欲亟去也。"元王曰："善哉！神至如此乎，不可久留；趣驾送龟，勿令失期。"

卫平对曰："龟者是天下之宝也，先得此龟者为天子，且十言十当，十战十胜。生于深渊，长于黄土。知天之道，明于上古。游三千岁，不出其域。安平静正，动不用力。寿蔽天地，莫知其极。与物变化，四时变色。居而自匿，伏而不食。春苍夏黄，秋白冬黑。明于阴阳，审于刑德。先知利害，察于祸福。以言而当，以战而胜，王能宝之，诸侯尽服。王勿遣也，以安社稷。"

元王曰："龟甚神灵，降于上天，陷于深渊，在患难中。以我为贤，德厚而忠信，故来告寡人。寡人若不遣也，是渔者也。渔者利其肉，寡人贪其力，下为不仁，上为无德。君臣无礼，何从有福？寡人不忍，奈何勿遣！"

卫平对曰："不然。臣闻盛德不报，重寄不归；天与不受，天夺之宝。今龟周流天下，还复其所，上至苍天，下薄泥涂。还遍九州，未尝愧辱，无所稽留。今至泉阳，渔者辱而囚之。王虽遣之，江河必怒，务求报仇。自以为侵，因神与谋。淫雨不霁，水不可治。若为枯旱，风而扬埃，蝗虫暴生，百姓失时。王行仁义，其罚必来。此无佗故，其祟在龟，后虽悔之，岂有及哉！王勿遣也。"

元王慨然而叹曰："夫逆人之使，绝人之谋，是不暴乎？取人之有，以自为宝，是不强乎？寡人闻之，暴得者必暴亡，强取者必后无功。桀、纣暴强，身死国亡。今我听子，是无仁义之名而有暴强之道。江河为汤、武，我为桀、纣。未见其利，恐离其咎。寡人狐疑，安事此宝，趣驾送龟，勿令久留。"

卫平对曰："不然，王其无患。天地之间，累石为山。高而不坏，地得为安。故云物或危而顾安，或轻而不可迁；人或忠信而不如诞谩，或丑恶而宜大官，或美好佳丽而为众人患。非神圣人，莫能尽言。春秋冬夏，或暑或寒。寒暑不和，贼气相奸。同岁异节，其时使然。故令春生夏长，秋收冬藏。或为仁义，或为暴强。暴强有乡，仁义有时。万物尽然，不可胜治。大王听臣，臣请悉言之。天出五色，以辨白黑。地生五谷，以知善恶。人民莫知辨也，与禽兽相若。谷居而穴处，不知田作。天下祸乱，阴阳相错。匆匆疾疾，通而不相择。妖孽数见，传为单薄。圣人别其生，使无相获。禽兽有牝牡，置之山原；鸟有雌雄，布之林泽；有介之虫，置之溪谷。故牧人民，为之城郭，内经闾术，外为阡陌。夫妻男女，赋之田宅，列其室屋。为之图籍，别其名族。立官置吏，劝以爵禄。衣以桑麻，养以五谷。耕之耰之，锄之耨之。口得所嗜，目得所美，身受其利。以是观之，非强不至。故曰田者不强，囷仓不盈；商贾不强，不得其赢；妇女不强，布帛不精；官御不强，其势不成；大将不强，卒不使令；侯王不强，没世无名。故云强者，事之始也，分之理也，物之纪也。所求于强，无不有也。王以为不然，王独不闻玉椟只雉，出于昆山；明月之珠，出于四海，镂石拌蚌，传卖于市。圣人得之，以为大宝。大宝所在，乃为天子。今王自以为暴，不如拌蚌于海也；自以为强，不过镂石于昆山也。取者无咎，宝者无患。今龟使来抵网，而遭渔者得之，见梦自言，是国之宝也，王何忧焉！"

元王曰："不然。寡人闻之，谏者福也，谀者贼也。人主听谀，是愚惑也。虽然，祸不妄至，福不徒来。天地合气，以生百财。阴阳有分，不离四时，十有二月，日至为期。圣人彻焉，身乃无灾。明王用之，人莫敢欺。故云福之至也，人自生之；祸之至也，人自成之。祸与福同，刑与德双。圣人察之，以知吉凶。桀、纣之时，与天争功，拥遏鬼神，使不得通。是固已无道矣，谀臣有众。桀有谀臣，名曰赵梁。教为无道，劝以贪狼。系汤夏台，杀关龙逢。左右恐死，偷谀于傍。国危于累卵，皆曰无伤。称乐万岁，或曰未央。蔽其耳目，与之诈狂。汤卒伐桀，身死国亡。听其谀臣，身独受殃。《春秋》著之，至今不忘。纣有谀臣，名为左强。夸而目巧，教为象郎。将至于天，又有玉床。犀玉之器，象箸而羹。圣人剖其心，壮士斩其骭。箕子恐死，被发佯狂。杀周太子历，囚文王昌，投之石室，将以昔至明。阴竞活之，与之俱亡。入于周地，得太公望。兴卒聚兵，与纣相攻。文王病死，载尸以行。太子发代将，号为武王。战于牧野，破之华山之阳。纣不胜，败而还走，围之象郎。自杀宣室，身死不葬。头悬车轸，四马曳行。寡人念其如此，肠如涫汤。是人皆富有天下而贵至天子，然而大傲。欲无厌时，举事而喜高，贪很而骄。不用忠信，听其谀臣，而为天下笑。今寡人之邦，居诸侯之间，曾不如秋毫。举事不当，又安亡逃！"

卫平对曰："不然。河虽神贤，不如昆仑之山；江之源理，不如四海，而人尚夺取其宝，诸侯争之，兵革为起。小国见亡，大国危殆，杀人父兄，虏人妻子，残国灭庙，以争此宝。战攻分争，是暴强也。故云取之以暴强而治以文理，无逆四时，必亲贤士；与阴阳化，鬼神为使；通于天地，与之为友。诸侯宾服，民众殷喜。邦家安宁，与世更始。汤武行之，乃取天子；《春秋》著之，以为经纪。王不自称汤、武，而自比桀、纣。桀、纣为暴强也，固以为常。桀为瓦室，纣为象郎。征丝灼之，务以费氓。赋敛无度，杀戮无方。杀人六畜，以韦为囊。囊盛其血，与人县而射之，与天帝争强。逆乱四时，先百鬼尝。谏者辄死，谀者在傍。圣人伏匿，百姓莫行。天数枯旱，国多妖祥。螟虫岁生，五谷不成。民不安其处，鬼神不享，飘风日起，正昼晦冥。日月并蚀，灭息无光。列星奔乱，皆绝纪纲。以是观之，安得久长！虽无汤、武，时固当亡。故汤伐桀，武王克纣，其时使然。乃为天子，子孙续世，终身无咎，后世称之，至今不已。是皆当时而行，见事而强，乃能成其帝王。今龟，大宝也，为圣人使，传之贤王。不用手足，雷电将之，风雨送之，流水行之。侯王有德，乃得当之。今王有德而当此宝，恐不敢受；王若遣之，宋必有咎。后虽悔之，亦无及已。"

元王大悦而喜。于是元王向日而谢，再拜而受。择日斋戒，甲乙最良。乃刑白雉，及与骊羊；以血灌龟，于坛中央。以刀剥之，身全不伤。脯酒礼之，横其腹肠。荆支卜之，必制其创。程达于理，文相错迎。使工占之，所言尽当。邦福重宝，闻于傍乡。杀牛取革，被郑之桐。草木毕分，化为甲兵。战胜攻取，莫如元王。元王之时，卫平相宋，宋国最强，龟之力也。

故云神至能见梦于元王，而不能自出渔者之笼。身能十言尽当，不能通使于河，还报于江。贤能令人战胜攻取，不能自解于刀锋，免剥刺之患。圣能先知亟见，而不能令卫平无言。言事百全，至身而挛；当时不利，又焉事贤！贤者有恒常，士有适然。是故明有所不见，听有所不闻。人虽贤，不能左画方，右画圆。日月之明，而时蔽于浮云。羿名善射，不如雄渠、蠭门；禹名为辩智，而不能胜鬼神。地柱折，天故毋椽，又奈何责人于全？孔子闻之曰："神龟知吉凶，而骨直空枯。日为德而君于天下，辱于三足之乌。月为刑而相佐，见食于虾蟆。蝍蛆辱于鹊，腾蛇之神而殆于即且。竹外有节理，中直空虚；松柏为百木长，而守门闾。日辰不全，故有孤虚。黄金有疵，白玉有瑕。事有所疾，亦有所徐，物有所拘，亦有所据。网有所数，亦有所疏。人有所贵，亦有所不如。何可而适乎？物安可全乎？天尚不全，故世为屋，不成三瓦而栋之，以应之天。天下有阶，物不全乃生也。"

褚先生曰：渔者举网而得神龟，龟自见梦宋元王，元王召博士卫平告以梦龟状。平运式，定日月，分衡度，视吉凶，占龟与物色同。平谏王留神龟以为国重宝，美矣。古者筮必称龟者，以其令名，所从来久矣。余述而为传。

三月	二月	正月	十二月	十一月	中关
内高外下	四月	首仰	足开	胻开	首俯
大	五月	横吉	首俯大	六月	七月
八月	九月	十月			

卜禁曰：子亥戌，不可以卜及杀龟。日中如食已卜，暮昏龟之徼也，不可以卜。庚辛可以杀，及钻龟。常以月旦祓龟，先以清水澡之，以卵祓之，乃持龟而遂之，若尝以为祖。人若已卜不中，皆祓之以卵，东向立，灼以荆若刚木，土卵指之者三，持龟以卵周环之，祝曰："今日吉，谨以梁卵焐黄祓去玉灵之不祥。"玉灵必信以诚，知万事之情，辩兆皆可占。不信不诚，则烧玉灵，扬其灰，以征后龟。其卜必北向，龟甲必尺二寸。

卜先以造灼钻，钻中已，又灼龟首，各三；又复灼所钻中曰正身，灼首曰正足，各三。即以造三周龟，祝曰："假之玉灵夫子。夫子玉灵，荆灼而心，令而先知。而上行于天，下行于渊，诸灵数箭，莫如汝信。今日良日，行一良贞。某欲卜某，即得而喜，不得而悔。即得，发乡我身长大，首足收人皆上偶。不得，发乡我身挫折，中外不相应，首足灭去。"

灵龟卜祝曰："假之灵龟，五筮五灵，不如神龟之灵，知人死，知人生。某身良贞，某欲求某物。即得也，头见足发，内外相应；即不得也，头仰足肣，内外自垂。可得占。"

卜占病者祝曰："今某病困。死，首上开，内外交骇，身节折；不死，首仰，足肣。"卜病者祟曰："今病有祟，无呈；无祟，有呈。兆有中，祟有内；外祟，有外。"

卜系者出不出。不出，横吉安；若出，足开首仰有外。

卜求财物，其所当者。得，首仰足开，内外相应；即不得，呈兆首仰足肣。

卜有卖若买臣妾马牛。得之，首仰足开，内外相应；不得，首仰足肣，呈兆若横吉安。

卜击盗聚若干人，在某所，今某将卒若干人，往击之。当胜，首仰足开身正，内自桥，外下；不胜，足肣首仰，身首内下外高。

卜求当行不行。行，首足开；不行，足肣首仰，若横吉安，安不行。

卜往击盗，当见不见。见，首仰足肣有外；不见，足开首仰。

卜往候盗，见不见。见，首仰足肣，肣胜有外；不见，足开首仰。

卜闻盗来不来。来，外高内下，足肣首仰；不来，足开首仰，若横吉安，期之自次。

卜迁徙去官不去。去，足开有肣外首仰；不去，自去，即足肣，呈兆若横吉安。

卜居官尚吉不。吉，呈兆身正，若横吉安；不吉，身节折，首仰足开。

卜居室家吉不吉。吉，呈兆身正，若横吉安；不吉，身节折，首仰足开。

卜岁中禾稼孰不孰。孰，首仰足开，内外自桥外垂；不孰，足肣首仰有外。

卜岁中民疫不疫。疫，首仰足肣，身有强外；不疫，身正首仰足开。

卜岁中有兵无兵。无兵，呈兆若横吉安；有兵，首仰足开，身作外强情。

卜见贵人吉不吉。吉，足开首仰身正，内自桥；不吉，首仰，身节折，足肣有外，若无渔。

卜请谒于人得不得。得，首仰足开，内自桥；不得，首仰足肣有外。

卜追亡人当得不得。得，首仰足肣，内外相应；不得，首仰足开，若横吉安。

卜渔猎得不得。得，首仰足开，内外相应；不得，足肣首仰足开，若横吉安。

卜行遇盗不遇。遇，首仰足开，身节折，外高内下；不遇，呈兆。

卜天雨不雨。雨，首仰有外，外高内下；不雨，首仰足开，若横吉安。

卜天雨霁不霁。霁，呈兆足开首仰；不霁，横吉。

命曰横吉安。以占病，病甚者一日不死；不甚者卜日瘳，不死。系者重罪不出，轻罪环出；过一日不出，久毋伤也。求财物买臣妾马牛，一日环得；过一日不得。行者不行。来者环至；过食时不至，不来。击盗不行，行不遇；闻盗不来。徙官不徙。居官家室皆吉。岁稼不孰。民疾疫无疾。岁中无兵。见人行，不行不喜。请谒人，不行不得。追亡人渔猎不得。行不遇盗。雨不雨。霁不霁。

命曰呈兆。病者，不死。系者，出。行者，行。来者，来。市买，得。追亡人，得；过一日不得。问行者，不到。

命曰柱彻。卜病，不死。系者，出。行者，行。来者，来。市买，不得。忧者，毋忧。追亡人，不得。

命曰首仰足肣有内无外。占病，病甚，不死。系者，解。求财物买臣妾马牛，不得。行者，闻言不行。来者，不来。闻盗，不来。闻言，不至。徙官，闻言不徙。居官有忧。居家多灾。岁稼中孰。民疾疫多病。岁中有兵，闻言不开。见贵人，吉。请谒不行，行不得善言。追亡人，不得。渔猎，不得。行，不遇盗。雨，不雨甚。霁，不霁。故其莫字皆为首备。问之曰，备者仰也，故定以为仰。此私记也。

命曰首仰足肣有内无外。占病，病甚，不死。系者，不出。求财买臣妾，不得。行者，不行。来者，不来。击盗，不见。闻盗来，内自惊，不来。徙官，不徙。居官家室，吉。岁稼不孰。民疾疫，有病甚。岁中无兵。见贵人，吉。请谒追亡人，不得。亡财物，财物不出，得。渔猎，不得。行，不遇盗。雨，不雨。霁，不霁。凶。

命曰呈兆首仰足肣。以占病，不死。系者，未出。求财物买臣妾马牛，不得。行，不行。来，不来。击盗，不相见。闻盗来，不来。徙官，不徙。居官，久，多忧。居家室，不吉。岁稼不孰。民病疫。岁中毋兵。见贵人，不吉。请谒，不得。渔猎，得少。行，不遇盗。雨，不雨。霁，不霁。不吉。

命曰呈兆首仰足开。以占病，病笃死。系囚，出。求财物买臣妾马牛，不得。行者，行。来者，来。击盗，不见盗。闻盗来，不来。徙官，徙。居官不久。居家室不吉。岁稼不孰。民疾疫有而少。岁中毋兵。见贵人，不见，吉。请谒、追亡人、渔猎，不得。行，遇盗。雨，不雨。霁小吉。

命曰首仰足肣。以占病，不死。系者，久，毋伤也。求财物买臣妾马牛，不得。行者，不行。击盗，不行。来者，来。闻盗来。徙官，闻言不徙。居家室不吉。岁稼不孰。民疾疫少。岁中毋兵，见贵人，得见。请谒、追亡人、渔猎，不得。行，遇盗。雨，不雨。霁，不霁。吉。

命曰首仰足开有内。以占病者，死。系者，出。求财物买臣妾马牛，不得。行者，行。来者，来。击盗，行，不见盗。闻盗来，不来。徙官，徙。居官不久。居家室不吉。岁孰。民疾疫有而少。岁中毋兵。见贵人，不吉。请谒、追亡人、渔猎，不得。行，不遇盗。雨，霁。霁小吉，不霁吉。

命曰横吉内外自桥。以占病，卜日毋瘳，死。系者，毋罪出。求财物买臣妾马牛，得。行者，行。来者，来。击盗，合交等。闻盗来，不来。徙官，徙。居家室，吉。岁孰。民疫无疾。岁中无兵。见贵人、请谒、追亡人、渔猎，得。行，遇盗。雨，霁，雨霁大吉。

命曰横吉内外自吉。以占病，病者死。系，不出。求财物、买臣妾马牛、追亡人、渔猎，不得。行者，不来。击盗，不相见。闻盗，不来。徙官，徙。居官，有忧。居家室、见贵人、请谒，不吉。岁稼不孰。民疾疫。岁中无兵，行，不遇盗。雨，不雨。霁，不霁。不吉。

命曰渔人。以占病者，病者甚，不死。系者，出。求财物、买臣妾马牛、击盗、请谒、追亡人、渔猎，得。行者，行。闻盗来，不来。徙官，不徙。居家室，吉。岁稼不孰。民疾疫。岁中毋兵。见贵人，吉。行，不遇盗。雨，不雨。霁，不霁。吉。

命曰首仰足肣内高外下。以占病，病者甚，不死。系者，不出。求财物、买臣妾马牛、追亡人、渔猎，得。行，不行。来者，来。击盗，胜。徙官，不徙。居官，有忧，无伤也。居家室，多忧病。岁大孰。民疾疫。岁中有兵不至。见贵人、请谒，不吉。行，遇盗。雨，不雨。霁，不霁。吉。

命曰横吉上有仰下有柱。病久，不死。系者，不出。求财物、买臣妾马牛、追亡人、渔猎，不得，不行。来，不来。击盗，不行；行，不见。闻盗来，不来。徙官，不徙。居家室、见贵人。吉。岁大孰。民疾疫。岁中毋兵，行，不遇盗。雨，不雨。霁，不霁。大吉。

命曰横吉榆仰。以占病，不死。系者，不出。求财物、买臣妾马牛，至。不得。行，不行。来，不来。击盗，不行；行，不见。闻盗来，不来。徙官，不徙。居官家室、见贵从，吉。岁孰。岁中有疾役，毋兵。请谒、追亡人，不得。渔猎，至，不得。行，不得。行，不遇盗。雨霁，不霁。小吉。

命曰横吉下有柱。以占病，病甚，不环有瘳无死。系者，出。求财物、买臣妾马牛、请谒、追亡人、渔猎，不得。行来，不来。击盗，不合。闻盗来。徙官、居官，吉，不久。居家室，不吉。岁不孰。民毋疾疫。岁中毋兵。见贵人，吉。行，不遇盗。雨，不雨。霁。小吉。

命曰载所。以占病，环有瘳无死。系者，出。求财物、买臣妾马牛、请谒、追亡人、渔猎，得。行者，行。来者，来。击盗，相见，不相合。闻盗来，来。徙官，徙。居家室，忧。见贵人，吉。岁孰。民毋疾疫。岁中毋兵。行，不遇盗。雨，不雨。霁，霁。吉。

命曰根格。以占病者，不死。系，久毋伤。求财物、买臣妾马牛、请谒、追亡人、渔猎，不得。行，不行。来，不来。击盗，盗行，不合。闻盗，不来。徙官，不徙。居家室，吉。岁稼中。民疾疫，无死。见贵人，不得见。行，不遇盗。雨，不雨。大吉。

命曰首仰足肣外高内下。卜有忧，无伤也。行者，不来。病，久，死。求财物，不得。见贵人者，吉。

命曰外高内下。卜病，不死，有祟。市买，不得。居官家室，不吉。行者，不行。来者，不来。系者，久、毋伤。吉。

命曰头见足发有内外相应。以占病者，起。系者，出。行者，行。来者，来。求财物，得。吉。

命曰呈兆首仰足开。以占病，病甚，死。系者，出，有忧。求财物、买臣妾马牛、请谒、追亡人、渔猎，不得。行，不行。来，不来。击盗，不合。闻盗来，来。徙官、居官家室不吉。岁恶。民疾疫，无死。岁中毋兵。见贵人，不吉。行，不遇盗。雨，不雨。霁。不吉。

命曰呈兆首仰足开外高内下。以占病，不死，有外祟。系者，出，有忧。求财物、买臣妾马牛，相见不会。行，行。来，闻言不来。击盗，胜。闻盗来，不来。徙官、居官家室、见贵人，不吉。岁中。民疾疫，有兵。请谒、追亡人、渔猎，不得。闻盗，遇盗。雨，不雨。霁。凶。

命曰首仰足肣身折内外相应。以占病，病甚，不死。系者，久不出。求财物、买臣妾马牛、渔猎，不得。行，不行。来，不来。击盗，有用，胜。闻盗来，来。徙官，不徙。居官家室不吉。岁不孰。民疾疫。岁中。有兵不至。见贵人，喜。请谒、追亡人，不得。遇盗，凶。

命曰内格外垂。行者，不行。来者，不来。病者，死。系者，不出。求财物，不得。见人，不见。大吉。

命曰横吉内外相应自桥榆仰上柱足肣。以占病，甚不死。系，久，不抵罪。求财物、买臣妾马牛、请谒、追亡人、渔猎，不得。行，不行。来，不来。居官家室、见贵人吉。徙官，不徙。岁不大孰。民疾疫。有兵，有兵不会。行，遇盗，闻言不见。雨，不雨。霁，霁。大吉。

命曰头仰足肣内外自垂。卜忧病者，甚，不死。居官，不得居。行者，行。来者，不来。求财物，不得。求人，不得。吉。

命曰横吉下有柱。卜来者，来。卜日即不至，未来。卜病者，过一日毋瘳死。行者，不行。求财物，不得。系者，出。

命曰横吉内外自举。以占病者，久不死。系者，久不出。求财物，得而少。行者，不行。来者，不来。见贵人，见。吉。

命曰内高外下疾轻足发。求财物，不得。行者，行。病者，有瘳。系者，不出。来者，来。见贵人，不见。吉。

命曰外格。求财物，不得。行者，不行。来者，不来。系者，不出。不吉。病者，死。求财物，不得。见贵人，见。吉。

命曰内自举外来正足发。行者，行。来者，来。求财物，得。病者，久，不死。系者，不出。见贵人，见。吉。

此横吉上柱外内自举足肣。以卜有求，得。病，不死。系者，毋伤，未出。行，不行。来，不来。见人，不见。百事尽吉。

此横吉上柱外内自举柱足以作。以卜有求，得。病死环起。系留毋伤，环出。行，不行。来，不来。见人，不见。百事吉。可以举兵。

此挺诈有外。以卜有求，不得。病，不死，数起。系，祸、罪。闻言毋伤。行，不行。来，不来。

此挺诈有内。以卜有求，不得。病，不死，数起。系留，祸罪无伤出。行，不行。来者，不来。见人，不见。

此挺诈内外自举。以卜有求，得。病，不死，系，毋罪。行，行。来，来。田贾市渔猎尽喜。

此狐狢。以卜有求，不得。病，死，难起。系留，毋罪难出。可居宅。可娶妇嫁女。行，不行。来，不来。见人，不见。有忧，不忧。

此狐彻。以卜有求，不得。病者，死。系留，有抵罪。行，不行。来，不来。见人，不见。言语定。百事尽不吉。

此首俯足肣身节折。以卜有求，不得。病者，死。系留，有罪。望行者，不来。行，行。来，不来。见人，不见。

此挺内外自垂。以卜有求，不晦。病，不死，难起。系留，毋罪，难出。行，不行。来，不来。见人，不见。不吉。

此横吉榆仰首俯。以卜有求，难得。病，难起，不死。系，难出，毋伤也。可居家室，以娶妇嫁女。

此横吉上柱载正身折内外自举。以卜病者，卜日不死，其一日乃死。

此横吉上柱足肣内自举外自垂。以卜病者，卜日不死，其一日乃死。

首俯足诈有外无内。病者占龟未已，急死。卜轻失大，一日不死。

首仰足肣。以卜有求，不得。以系，有罪。人言语恐之，毋伤。行，不行。见人，不见。

大论曰：外者人也，内者自我也；外者女也，内者男也。首俯者忧。大者身也，小者枝也。大法，病者，足肣者，生；足开者，死。行者，足开，至；足肣者，不至。行者，足肣，不行；足开，行。有求，足开，得；足肣者，不得。系者，足肣不出；开，出。其卜病也，足开而死者，内高而外下也。

卷一百二十九
货殖列传第六十九

老子曰："至治之极，邻国相望，鸡狗之声相闻，民各甘其食，美其服，安其俗，乐其业，至老死不相往来。"必用此为务，輓近世涂民耳目，则几无行矣。

太史公曰：夫神农以前，吾不知已。至若《诗》、《书》所述虞夏以来，耳目欲极声色之好，口欲穷刍豢之味，身安逸乐，而心夸矜势能之荣，使俗之渐民久矣。虽户说以眇论，终不能化。故善者因之，其次利道之，其次教诲之，其次整齐之，最下者与之争。

夫山西饶材、竹、穀、纑、旄、玉石；山东多鱼、盐、漆、丝、声色；江南出楠、梓、姜、桂、金、锡连、丹沙、犀、瑇瑁、珠玑、齿革；龙门、碣石北多马、牛、羊、旃裘、筋角；铜、铁则千里往往山出棋置。此其大较也。皆中国人民所喜好，谣俗被服饮食奉生送死之具也。故待农而食之，虞而出之，工而成之，商而通。此宁有政教发征期会哉？人各任其能，竭其力，以得所欲。故物贱之征贵，贵之征贱，各劝其业，乐其事，若水之趋下，日夜无休时，不召而自来，不求而民出之，岂非道之所符，而自然之验邪？

《周书》曰："农不出则乏其食，工不出则乏其事，商不出则三宝绝，虞不出则财匮少。"财匮少而山泽不辟矣。此四者，民所衣食之原也。原大则饶，原小则鲜。上则富国，下则富家。贫富之道，莫之夺予，而巧者有馀，拙者不足。故太公望封于营丘，地潟卤，人民寡，于是太公劝其女功，极技巧，通鱼盐，则人物归之，繦至而辐凑。故齐冠带衣履天下，海岱之间敛袂而往朝焉。其后齐中衰，管子修之，设轻重九府，则桓公以霸，九合诸侯，一匡天下；而管氏亦有三归，位在陪臣，富于列国之君。是以齐富强至于威、宣也。

故曰："仓廪实而知礼节，衣食足而知荣辱。"礼生于有而废于无。故君子富，好行其德；小人富，以适其力。渊深而鱼生之，山深而兽往之，人富而仁义附焉。富者得势益彰，失势则客无所之，以而不乐。夷狄益甚。谚曰："千金之子，不死于市。"此非空言也。故曰："天下熙熙，皆为利来；天下壤壤，皆为利往。"夫千乘之王，万家之侯，百室之君，尚犹患贫，而况匹夫编户之民乎！

昔者越王勾践困于会稽之上，乃用范蠡、计然。计然曰："知斗则修备，时用则知物，二者形则万货之情可得而观已。故岁在金，穰；水，毁；木，饥；火，旱。旱则资舟，水则资车，物之理也。六岁穰，六岁旱，十二岁一大饥。夫粜，二十病农，九十病末。末病则财不出，农病则草不辟矣。上不过八十，下不减三十，则农末俱利，平粜齐物，关市不乏，治国之道也。积著之理，务完物，无息币。以物相贸易，腐败而食之货勿留，无敢居贵。论其有馀不足，则知贵贱。贵上极则反贱，贱下极则反贵。贵出如粪土，贱取如珠玉。财币欲其行如流水。"修之十年，国富，厚赂战士，士赴矢石，如渴得饮，遂报强吴，观兵中国，称号"五霸"。

范蠡既雪会稽之耻，乃喟然而叹曰："计然之策七，越用其五而得意。既已施于国，吾欲用之家。"乃乘扁舟浮于江湖，变名易姓，适齐为鸱夷子皮，之陶为朱公。朱公以为陶天下之中，诸侯四通，货物所交易也。乃治产积居，与时逐而不责于人。故善治生者，能择人而任时。十九年之中三致千金，再分散与贫交疏昆弟。此所谓富好行其德者也。后年衰老而听子孙，子孙修业而息之，遂至巨万。故言富者皆称陶朱公。

子赣既学于仲尼，退而仕于卫，废著鬻财于曹、鲁之间，七十子之徒，赐最为饶益。原宪不厌糟糠，匿于穷巷。子贡结驷连骑，束帛之币以骋享诸侯，所至，国君无不分庭与之抗礼。夫使孔子名布扬于天下者，子贡先后之也。此所谓得势而益彰者乎？

白圭，周人也。当魏文侯时，李克务尽地力，而白圭乐观时变，故人弃我取，人取我与。夫岁孰取谷，予之丝漆；茧出取帛絮，与之食。太阴在卯，穰；明岁衰恶。至午，旱；明岁美。至酉，穰；明岁衰恶。至子，大旱；明岁美，有水。至卯，积著率岁倍。欲长钱，取下谷；长石斗，取上种。能薄饮食，忍嗜欲，节衣服，与用事僮仆同苦乐，趋时若猛兽挚鸟之发。故曰："吾治生产，犹伊尹、吕尚之谋，孙、吴用兵，商鞅行法是也。是故其智不足与权变，勇不足以决断，仁不能以取予，强不能有所守，虽欲学吾术，终不告之矣。"盖天下言治生祖白圭。白圭其有所试矣，能试有所长，非苟而已也。

猗顿用盬盐起。而邯郸郭纵以铁冶成业，与王者埒富。

乌氏倮畜牧，及众，斥卖，求奇缯物，间献遗戎王。戎王什倍其偿，与之畜，畜至用谷量马牛。秦始皇帝令倮比封君，以时与列臣朝请。而巴寡妇清，其先得丹穴，而擅其利数世，家亦不訾。清，寡妇也，能守其业，用财自卫，不见侵犯。秦皇帝以为贞妇而客之，为筑女怀清台。夫倮，鄙人牧长，清，穷乡寡妇，礼抗万乘，名显天下，岂非以富邪？汉兴，海内为一，开关梁，弛山泽之禁，是以富商大贾周流天下，交易之物莫不通，得其所欲，而徙豪杰诸侯强族于京师。关中自汧、雍以东到河、华，膏壤沃野千里，自虞夏之贡以为上田，而公刘适邠，大王、王季在岐，文王作丰，武王治镐，故其民犹有先王之遗风，好稼穑，殖五谷，地重，重为邪。及秦文、德、穆居雍，隙陇蜀之货物而多贾。献公徙栎邑，栎邑北却戎翟，东通三晋，亦多大贾。孝、昭治咸阳，因以汉都，长安诸陵，四方辐凑并至而会，地小人众，故其民益玩巧而事末也。南则巴蜀。巴蜀亦沃野，地饶卮、姜、丹沙、石、铜、铁、竹木之器。南御滇僰、僰僮。西近邛、笮，笮马、旄牛。然四塞，栈道千里，无所不通，唯褒斜绾毂其口，以所多易所鲜。天水、陇西、北地、上郡与关中同俗；然西有羌中之利，北有戎翟之畜，畜牧为天下饶；然地亦穷险，唯京师要其道。故关中之地，于天下三分之一，而人众不过什三；然量其富，什居其六。

昔唐人都河东，殷人都河内，周人都河南。夫三河在天下之中，若鼎足，王者所更居也，建国各数百千岁，土地小狭，民人众，都国诸侯所聚会，故其俗纤俭习事。杨、平阳西贾秦、翟，北贾种、代。种、代，石北也，地边胡，数被寇，人民矜懻忮，好气，任侠为奸，不事农商。然迫近北夷，师旅亟往，中国委输时有奇羡。其民羯羠不均，自全晋之时固已患其僄悍，而武灵王益厉之，其谣俗犹有赵之风也。故杨、平阳陈掾其间，得所欲。温、轵西贾上党，北贾赵、中山。中山地薄人众，犹有沙丘纣淫地馀民，民俗懁急，仰机利而食。丈夫相聚游戏，悲歌忼慨，起则相随椎剽，休则掘冢作巧奸冶，多美物，为倡优。女子则鼓鸣瑟，跕屣，游媚贵富，入后宫，遍诸侯。

然邯郸亦漳、河之间一都会也，北通燕、涿，南有郑、卫。郑、卫俗与赵相类，然近梁、鲁，微重而矜节。濮上之邑徙野王，野王好气任侠，卫之风也。

夫燕亦勃、碣之间一都会也。南通齐、赵，东北边胡。上谷到辽东，地踔远，人民希，数被寇，大与赵、代俗相类，而民雕捍少虑，有鱼盐枣栗之饶。北邻乌桓、夫馀，东绾秽貉、朝鲜、真番之利。

洛阳东贾齐、鲁，南贾梁、楚，故泰山之阳则鲁，其阴则齐。

齐带山海，膏壤千里，宜桑麻，人民多文采布帛鱼盐。临菑亦海岱之间一都会也。其俗宽缓阔达，而足智，好议论，地重，难动摇，怯于众斗，勇于持刺，故多劫人者，大国之风也，其中具五民。

而邹、鲁滨洙、泗，犹有周公遗风，俗好儒，备于礼，故其民龊龊。颇有桑麻之业，无林泽之饶。地小人众，俭啬，畏罪远邪。及其衰，好贾趋利，甚于周人。

夫自鸿沟以东，芒、砀以北，属巨野，此梁、宋也。陶、睢阳亦一都会也。昔尧作于成阳，舜渔于雷泽，汤止于亳。其俗犹有先王遗风，重厚多君子，好稼穑，虽无山川之饶，能恶衣食，致其蓄藏。

越、楚则有三俗。夫自淮北沛、陈、汝南、南郡，此西楚也。其俗剽轻，易发怒，地薄，寡于积聚。江陵故郢都，西通巫、巴，东有云梦之饶。陈在楚、夏之交，通鱼盐之货，其民多贾。徐、僮、取虑，则清刻，矜己诺。

彭城以东，东海、吴、广陵，此东楚也。其俗类徐、僮。朐、缯以北，俗则齐。浙江南则越。夫吴自阖庐、春申、王濞三人招致天下之喜游子弟，东有海盐之饶，章山之铜，三江、五湖之利，亦江东一都会也。

衡山、九江、江南、豫章、长沙，是南楚也，其俗大类西楚。郢之后徙寿春，亦一都会也。而合肥受南北潮，皮革、鲍、木输会也。与闽中、于越杂俗，故南楚好辞，巧说少信。江南卑湿，丈夫早夭，多竹木。豫章出黄金，长沙出连锡，然堇堇物之所有，取之不足以更费。九疑、苍梧以南至儋耳者，与江南大同俗，而杨越多焉。番禺亦其一都会也，珠玑、犀、瑇瑁、果、布之凑。

颖川、南阳，夏人之居也。夏人政尚忠朴，犹有先王之遗风，颖川敦愿。秦末世，迁不轨之民于南阳。南阳西通武关、郧关，东南受汉、江、淮。宛亦一都会也。俗杂好事，业多贾。其任侠，交通颖川，故至今谓之"夏人"。

夫天下物所鲜所多，人民谣俗，山东食海盐，山西食盐卤，领南、沙北固往往出盐，大体如此矣。

总之，楚越之地，地广人希，饭稻羹鱼，或火耕而水耨，果蓏蠃蛤，不待贾而足，地势饶食，无饥馑之患，以故呰窳偷生，无积聚而多贫。是故江、淮以南，无冻饿之人，亦无千金之家。沂、泗水以北，宜五谷桑麻六畜，地小人众，数被水旱之害，民好畜藏，故秦、夏、梁、鲁好农而重民。三河、宛、陈亦然，加以商贾。齐、赵设智巧，仰机利。燕、代田畜而事蚕。

由此观之，贤人深谋于廊庙，论议朝廷，守信死节隐居岩穴之士设为名高者安归乎？归于富厚也。是以廉吏久，久更富，廉贾归富。富者，人之情性，所不学而俱欲者也。故壮士在军，攻城先登，陷阵却敌，斩将搴旗，前蒙矢石，不避汤火之难者，为重赏使也。其在闾巷少年，攻剽椎埋，劫人作奸，掘冢铸币，任侠并兼，借交报仇，篡逐幽隐，不避法禁，走死地如鹜者，其实皆为财用耳。今夫赵女郑姬，设形容，揳鸣琴，揄长袂，蹑利屣，目挑心招，出不远千里，不择老少者，奔富厚也。游闲公子，饰冠剑，连车骑，亦为富贵容也。弋射渔猎，犯晨夜，冒霜雪，驰阬谷，不避猛兽之害，为得味也。博戏驰逐，斗鸡走狗，作色相矜，必争胜者，重失负也。医方诸食技术之人，焦神极能，为重糈也。吏士舞文弄法，刻章伪书，不避刀锯之诛者，没于赂遗也。农工商贾畜长，固求富益货也。此有知尽能索耳，终不馀力而让财矣。

谚曰："百里不贩樵，千里不贩籴。"居之一岁，种之以谷；十岁，树之以木；百岁，来之以德。德者，人物之谓也。今有无秩禄之奉，爵邑之入，而乐与之比者，命曰"素封"。封者食租税，岁率户二百。千户之君则二十万，朝觐聘享出其中。庶民农工商贾，率亦岁万息二千，百万之家则二十万，而更徭租赋出其中。衣食之欲，恣所好美矣。故曰陆地牧马二百蹄，牛蹄角千，千足羊，泽中千足彘，水居千石鱼陂，山居千章之萩。安邑千树枣；燕、秦千树栗；蜀、汉、江陵千树橘；淮北、常山已南，河济之间千树萩；陈、夏千亩漆；齐、鲁千亩桑麻，渭川千亩竹；及名国万家之城，带郭千亩亩钟之田，若千亩卮茜，千畦姜韭：此其人皆与千户侯等。然是富给之资也，不窥市井，不行异邑，坐而待收，身有处士之义而取给焉。若至家贫亲老，妻子软弱，岁时无以祭祀进醵，饮食被服不足以自通，如此不惭耻，则无所比矣。是以无财作力，少有斗智，既饶争时，此其大经也。今治生不待危身取给，则贤人勉焉。是故本富为上，末富次之，奸富最下。无岩处奇士之行，而长贫贱，好语仁义，亦足羞也。

凡编户之民，富相什则卑下之，伯则畏惮之，千则役，万则仆，物之理也。夫用贫求富，农不如工，工不如商，刺绣文不如倚市门。此言末业，贫者之资也。通邑大都，酤一岁千酿，醯酱千瓨，浆千甔，屠牛羊彘千皮，贩谷粜千钟，薪槀千车，船长千丈，木千章，竹竿万个，其轺车百乘，牛车千两，木器髹者千枚，铜器千钧，素木铁器若卮茜千石，马蹄躈千，牛千足，羊彘千双，僮手指千，筋角丹沙千斤，其帛絮细布千钧，文采千匹，榻布皮革千石，漆千斗，糵曲盐豉千答，鲐鲰千斤，鲰千石，鲍千钧，枣栗千石者三之，狐貂裘千皮，羔羊裘千石，旃席千具，佗果菜千钟，子贷金钱千贯，节驵会，贪贾三之，廉贾五之，此亦比千乘之家，其大率也。佗杂业不中什二，则非吾财也。

请略道当世千里之中，贤人所以富者，令后世得以观择焉。

蜀卓氏之先，赵人也，用铁冶富。秦破赵，迁卓氏。卓氏见虏略，独夫妻推辇，行诣迁处。诸迁虏少有馀财，争与吏，求近处，处葭萌。唯卓氏曰："此地狭薄。吾闻汶山之下，沃野，下有蹲鸱，至死不饥。民工于市，易贾。"乃求远迁。致之临邛，大喜，即铁山鼓铸，运筹策，倾滇蜀之民，富至僮千人。田池射猎之乐，拟于人君。

程郑，山东迁虏也，亦冶铸，贾椎髻之民，富埒卓氏，俱居临邛。

宛孔氏之先，梁人也。用铁冶为业。秦代魏，迁孔氏南阳。大鼓铸，规陂池，连车骑，游诸侯，因通商贾之利，有游闲公子之赐与名。然其赢得过当，愈于纤啬，家致富数千金。故南阳行贾尽法孔氏之雍容。

鲁人俗俭啬，而曹邴氏尤甚，以铁冶起，富至巨万。然家自父兄子孙约，俯有拾，仰有取，贳贷行贾遍郡国。邹、鲁以其故多去文学而趋利者，以曹邴氏也。

齐俗贱奴虏，而刁间独爱贵之。桀黠奴，人之所患也，唯刁间收取，使之逐渔盐商贾之利，或连车骑，交守相，然愈益任之。终得其力，起富数千万。故曰"宁爵毋刁"，言其能使豪奴自饶而尽其力。

周人既纤，而师史尤甚，转毂以百数，贾郡国，无所不至。洛阳街居在齐秦楚赵之中，贫人学事富家，相矜以久贾，数过邑不入门，设任此等，故师史能致七千万。

宣曲任氏之先，为督道仓吏。秦之败也，豪杰皆争取金玉，而任氏独窖仓粟。楚汉相距荥阳也，民不得耕种，米石至万，而豪杰金玉尽归任氏，任氏以此起富。富人争奢侈，而任氏折节为俭，力田畜。田畜人争取贱贾，任氏独取贵善。富者数世。然任公家约，非田畜所出弗衣食，公事不毕则身不得饮酒食肉。以此为闾里率，故富而主上重之。

塞之斥也，唯桥姚已致马千匹，牛倍之，羊万头，粟以万锺计。吴楚七国兵起时，长安中列侯封君行从军旅，赍贷子钱，子钱家以为侯邑国在关东，关东成败未决，莫肯与。唯无盐氏出捐千金贷，其息什之。三月，吴楚平。一岁之中，则无盐氏之息什倍，用此富埒关中。

关中富商大贾，大抵尽诸田，田啬、田兰。韦家栗氏，安陵、杜杜氏，亦巨万。

此其章章尤异者也。皆非有爵邑奉禄弄法犯奸而富，尽椎埋去就，与时俯仰，获其赢利，以末致财，用本守之，以武一切，用文持之，变化有概，故足术也。若至力农畜，工虞商贾，为权利以成富，大者倾郡，中者倾县，下者倾乡里者，不可胜数。

夫纤啬筋力，治生之正道也，而富者必用奇胜。田农，掘业，而秦扬以盖一州。掘冢，奸事也，而田叔以起。博戏，恶业也，而桓发用富。行贾，丈夫贱行也，而雍乐成以饶。贩脂，辱处也，而雍伯千金。卖浆，小业也，而张氏千万。洒削，薄技也，而郅氏鼎食。胃脯，简微耳，浊氏连骑。马医，浅方，张里击锺。此皆诚壹之所致。

由是观之，富无经业，则货无常主，能者辐凑，不肖者瓦解。千金之家比一都之君，巨万者乃与王者同乐。岂所谓"素封"者邪？非也？

卷一百三十　太史公自序第七十

昔在颛顼，命南正重以司天，火正黎以司地。唐虞之际，绍重黎之后，使复典之。至于夏商，故重黎氏世序天地。其在周，程伯休甫其后也。当周宣王时，失其守而为司马氏。司马氏世典周史。惠襄之间，司马氏去周适晋。晋中军随会奔秦，而司马氏入少梁。

自司马氏去周适晋，分散，或在卫，或在赵，或在秦。其在卫者，相中山。在赵者，以传剑论显，蒯聩其后也。在秦者名错，与张仪争论，于是惠王使错将伐蜀，遂拔，因而守之。错孙靳，事武安君白起。而少梁更名曰夏阳。靳与武安君坑赵长平军，还而与之俱赐死杜邮，葬于华池。靳孙昌，昌为秦主铁官，当始皇之时。

蒯聩玄孙卬为武信君将而徇朝歌。诸侯之相王，王卬于殷。汉之伐楚，卬归汉，以其地为河内郡。

昌生无泽，无泽为汉市长。无泽生喜，喜为五大夫，卒，皆葬高门。喜生谈，谈为太史公。

太史公学天官于唐都，受《易》于杨何，习道论于黄子。太史公仕于建元、元封之间，愍学者之不达其意而师悖，乃论六家之要指曰：

《易大传》："天下一致而百虑，同归而殊途。"夫阴阳、儒、墨、名、法、道德，此务为治者也，直所从言之异路，有省不省耳。尝窃观阴阳之术，大祥而众忌讳，使人拘而多所畏；然其序四时之大顺，不可失也。儒者博而寡要，劳而少功，是以其事难尽从；然其序君臣父子之礼，列夫妇长幼之别，不可易也。墨者俭而难遵，是以其事不可遍循；然其强本节用，不可废也。法家严而少恩；然其正君臣上下之分，不可改矣。名家使人俭而善失真；然其正名实，不可不察也。道家使人精神专一，动合无形，赡足万物。其为术也，因阴阳之大顺，采儒、墨之善，撮名、法之要，与时迁移，应物变化，立俗施事，无所不宜，指约而易操，事少而功多。儒者则不然，以为人主天下之仪表也，主倡而臣和，主先而臣随。如此，则主劳而臣逸。至于大道之要，去健羡，绌聪明，释此而任术。夫神大用则竭，形大劳则敝。形神骚动，欲与天地长久，非所闻也。

夫阴阳四时、八位、十二度、二十四节各有教令，顺之者昌，逆之者不死则亡，未必然也，故曰"使人拘而多畏"。夫春生夏长，秋收冬藏，此天道之大经也。弗顺则无以为天下纲纪，故曰"四时之大顺，不可失也"。

夫儒者以六艺为法，六艺经传以千万数，累世不能通其学，当年不能究其礼，故曰"博而寡要，劳而少功"。若夫列君臣父子之礼，序夫妇长幼之别，虽百家弗能易也。

墨者亦尚尧舜道，言其德行曰："堂高三尺，土阶三等，茅茨不剪，采椽不刮。食土簋，啜土刑，粝粱之食，藜藿之羹。夏日葛衣，冬日鹿裘。"其送死，桐棺三寸，举音不尽其哀。教丧礼，必以此为万民之率。使天下法若此，则尊卑无别也。夫世异时移，事业不必同，故曰"俭而难遵"。要曰强本节用，则人给家足之道也。此墨子之所长，虽百家弗能废也。

法家不别亲疏，不殊贵贱，一断于法，则亲亲尊尊之恩绝矣。可以行一时之计，而不可长用也，故曰"严而少恩"。若尊主卑臣，明分职不得相逾越，虽百家弗能改也。

名家苛察缴绕，使人不得反其意，专决于名而失人情，故曰"使人俭而善失真"。若夫控名责实，参伍不失，此不可不察也。

道家无为，又曰无不为，其实易行，其辞难知。其术以虚无为本，以因循为用。无成势，无常形，故能究万物之情。不为物先，不为物后，故能为万物主。有法无法，因时为业；有度无度，因物与合。故曰"圣人不朽，时变是守"。虚者道之常也，因者君之纲也。群臣并至，使各自明也。其实中其声者谓之端，实不中其声者谓之窾。窾言不听，奸乃不生，贤不肖自分，白黑乃形。在所欲用耳，何事不成。乃合大道，混混冥冥，光耀天下，复反无名。凡人所生者神也，所托者形也。神大用则竭，形大劳则敝，形神离则死。死者不可复生，离者不可复反，故圣人重之。由是观之，神者生之本也，形者生之具也。不先定其神形，而曰"我有以治天下"，何由哉？

太史公既掌天官，不治民。有子曰迁。迁生龙门，耕牧河山之阳。年十岁则诵古文。二十而南游江、淮，上会稽，探禹穴，窥九疑，浮于沅、湘；北涉汶、泗，讲业齐、鲁之都，观孔子之遗风，乡射邹、峄；厄困鄱、薛、彭城，过梁、楚以归。于是迁仕为郎中，奉使西征巴、蜀以南，南略邛、筰、昆明，还报命。

是岁天子始建汉家之封，而太史公留滞周南，不得与从事，故发愤且卒。而子迁适使反，见父于河、洛之间。太史公执迁手而泣曰："余先周室之太史也。自上世尝显功名于虞夏，典天官事。后世中衰，绝于予乎？汝复为太史，则续吾祖矣。今天子接千岁之统，封泰山，而余不得从行，是命也夫，命也夫！余死，汝必为太史；为太史，无忘吾所欲论著矣。且夫孝始于事亲，中于事君，终于立身。扬名于后世，以显父母，此孝之大者。夫天下称诵周公，言其能论歌文、武之德，宣周、邵之风，达太王、王季之思虑，爰及公刘，以尊后稷也。幽、厉之后，王道缺，礼乐衰，孔子修旧起废，论《诗》、《书》，作《春秋》，则学者至今则之。自获麟以来四百有馀岁，而诸侯相兼，史记放绝。今汉兴，海内一统，明主贤君忠臣死义之士，余为太史而弗论载，废天下之史文，余甚惧焉，汝其念哉！"迁俯首流涕曰："小子不敏，请悉论先人所次旧闻，弗敢阙。"

卒三岁而迁为太史令，䌷史记石室金匮之书。五年而当太初元年，十一月甲子朔旦冬至，天历始改，建于明堂，诸神受纪。

太史公曰："先人有言：'自周公卒五百岁而有孔子。孔子卒后至于今五百岁，有能绍明世，正《易》传，继《春秋》，本《诗》、《书》、《礼》、《乐》之际？'意在斯乎！意在斯乎！小子何敢让焉。"

上大夫壶遂曰："昔孔子何为而作《春秋》哉？"太史公曰："余闻董生曰：'周道衰废，孔子为鲁司寇，诸侯害之，大夫壅之。孔子知言之不用，道之不行也。是非二百四十二年之中，以为天下仪表，贬天子，退诸侯，讨大夫，以达王事而已矣。'子曰：'我欲载之空言，不如见之于行事之深切著明也。'夫《春秋》，上明三王之道，下辨人事之纪，别嫌疑，明是非，定犹豫，善善恶恶，贤贤贱不肖，存亡国，继绝世，补敝起废，王道之大者也。《易》著天地阴阳四时五行，故长于变；《礼》经纪人伦，故长于行；《书》记先王之事，故长于政；《诗》记山川溪谷禽兽草木牝牡雌雄，故长于风；《乐》乐所以立，故长于和；《春秋》辨是非，故长于治人。是故《礼》以节人，《乐》以发和，《书》以道事，《诗》以达意，《易》以道化，《春秋》以道义。拨乱世反之正，莫近于《春秋》。《春秋》文成数万，其指数千。万物之散聚皆在《春秋》。《春秋》之中，弑君三十六，亡国五十二，诸侯奔走不得保其社稷者不可胜数。察其所以，皆失其本已。故《易》曰'失之豪厘，差以千里'。故曰'臣弑君，子弑父，非一旦一夕之故也。其渐久矣'。故有国者不可以不知《春秋》，前有谗而弗见，后有贼而不知。为人臣者不可以不知《春秋》，守经事而不知其宜，遭变事而不知其权。为人君父而不通于《春秋》之义者，必蒙首恶之名。为人臣子而不通于《春秋》之义者，必陷篡弑之诛，死罪之名。其实皆以为善，为之不知其义，被之空言而不敢辞。夫不通礼义之旨，至于君不君，臣不臣，父不父，子不子。夫君不君则犯，臣不臣则诛，父不父则无道，子不子则不孝。此四行者，天下之大过也。以天下之大过予之，则受而弗敢辞。故《春秋》者，礼义之大宗也。夫礼禁未然之前，法施已然之后；法之所为用者易见，而礼之所为禁者难知。"

壶遂曰："孔子之时，上无明君，下不得任用，故作《春秋》，垂空文以断礼义，当一王之法。今夫子上遇明天子，下得守职，万事既具，咸各序其宜，夫子所论，欲以何明？"

太史公曰："唯唯，否否，不然。余闻之先人曰：'伏羲至纯厚，作《易》八卦。尧舜之盛，《尚书》载之，礼乐作焉。汤武之隆，诗人歌之。《春秋》采善贬恶，推三代之德，褒周室，非独刺讥而已也。'汉兴以来，至明天子，获符瑞，封禅，改正朔，易服色，受命于穆清，泽流罔极，海外殊俗，重译款塞，请来献见者，不可以胜道。臣下百官力诵圣德，犹不能宣尽其意。且士贤能而不用，有国者之耻；主上明圣而德不布闻，有司之过也。且余尝掌其官，废明圣盛德不载，灭功臣世家贤大夫之业不述，堕先人所言，罪莫大焉。余所谓述故事，整齐其世传，非所谓作也，而君比之于《春秋》，谬矣。"

于是论次其文。七年而太史公遭李陵之祸，幽于缧继。乃喟然而叹曰:"是余之罪也夫!是余之罪也夫!身毁不用矣。"退而深惟曰:"夫《诗》、《书》隐约者,欲遂其志之思也。昔西伯拘羑里,演《周易》;孔子厄陈、蔡,作《春秋》;屈原放逐,著《离骚》;左丘失明,厥有《国语》;孙子膑脚,而论兵法;不韦迁蜀,世传《吕览》;韩非囚秦,《说难》、《孤愤》;《诗》三百篇,大抵贤圣发愤之所为作也。此人皆意有所郁结,不得通其道也,故述往事,思来者。"于是卒述陶唐以来,至于麟止。自黄帝始。

维昔黄帝,法天则地。四圣遵序,各成法度;唐尧逊位,虞舜不台;厥美帝功,万世载之。作《五帝本纪》第一。

维禹之功,九州攸同,光唐虞际,德流苗裔;夏桀淫骄,乃放鸣条。作《夏本纪》第二。

维契作商,爰及成汤;太甲居桐,德盛阿衡,武丁得说,乃称高宗;帝辛湛湎,诸侯不享。作《殷本纪》第三。

维弃作稷,德盛西伯;武王牧野,实抚天下;幽、厉昏乱,既丧酆、镐;陵迟至赧,洛邑不祀。作《周本纪》第四。

维秦之先,伯翳佐禹;穆公思义,悼豪之旅;以人为殉,诗歌《黄鸟》;昭襄业帝。作《秦本纪》第五。

始皇既立,并兼六国,销锋铸鐻,维偃干革,尊号称帝,矜武任力;二世受运,子婴降虏。作《始皇本纪》第六。

秦失其道,豪桀并扰,项梁业之,子羽接之;杀庆救赵,诸侯立之;诛婴背怀,天下非之。作《项羽本纪》第七。

子羽暴虐,汉行功德;愤发蜀汉,还定三秦;诛籍业帝,天下惟宁,改制易俗。作《高祖本纪》第八。

惠之早霣,诸吕不台;崇强禄、产,诸侯谋之;杀隐幽友,大臣洞疑,遂及宗祸。作《吕太后本纪》第九。

汉既初兴,继嗣不明,迎王践祚,天下归心;蠲除肉刑,开通关梁,广恩博施,厥称太宗。作《孝文本纪》第十。

诸侯骄恣,吴首为乱,京师行诛,七国伏辜,天下翕然,大安殷富。作《孝景本纪》第十一。

汉兴五世,隆在建元,外攘夷狄,内修法度,封禅,改正朔,易服色。作《今上本纪》第十二。

维三代尚矣,年纪不可考,盖取之谱牒旧闻,本于兹,于是略推,作《三代世表》第一。

幽、厉之后,周室衰微,诸侯专政,《春秋》有所不纪;而谱牒经略,五霸更盛衰,欲睹周世相先后之意,作《十二诸侯年表》第二。

春秋之后,陪臣秉政,强国相王;以至于秦,卒并诸夏,灭封地,擅其号。作《六国年表》第三。

秦既暴虐,楚人发难,项氏遂乱,汉乃扶义征伐;八年之间,天下三嬗,事繁变众,故详著《秦楚之际月表》第四。

汉兴已来,至于太初百年,诸侯废立分削,谱纪不明,有司靡踵,强弱之原云已世。作《汉兴已来诸侯年表》第五。

维高祖元功,辅臣股肱,剖符而爵,泽流苗裔,忘其昭穆,或杀身陨国。作《高祖功臣侯者年表》第六。

惠景之间,维申功臣宗属爵邑,作《惠景间侯者年表》第七。

北讨强胡,南诛劲越,征伐夷蛮,武功爰列。作《建元以来侯者年表》第八。

诸侯既强,七国为从,子弟众多,无爵封邑,推恩行义,其势销弱,德归京师。作《王子侯者年表》第九。

国有贤相良将,民之师表也。维见汉兴以来将相名臣年表,贤者记其治,不贤者彰其事。作《汉兴以来将相名臣年表》第十。

维三代之礼,所损益各殊务,然要以近性情,通王道,故礼因人质为之节文,略协古今之变,作《礼书》第一。

乐者,所以移风易俗也。自《雅》《颂》声兴,则已好《郑》《卫》之音,《郑》《卫》之音所从来久矣。人情之所感,远俗则怀。比《乐书》以述来古,作《乐书》第二。

非兵不强,非德不昌,黄帝、汤、武以兴,桀、纣、二世以崩,可不慎欤?《司马法》所从来尚矣,太公、孙、吴、王子能绍而明之,切近世,极人变,作《律书》第三。

律居阴而治阳,历居阳而治阴,律历更相治,间不容翲忽。五家之文怫异,维太初之元论。作《历书》第四。

星气之书,多杂机祥,不经;推其文,考其应,不殊。比集论其行事,验于轨度以次,作《天官书》第五。

受命而王,封禅之符罕用,用则万灵罔不禋祀。追本诸神名山大川礼,作《封禅书》第六。

维禹浚川,九州攸宁;爰及宣防,决渎通沟。作《河渠书》第七。

维币之行,以通农商;其极则玩巧,并兼兹殖,争于机利,去本趋末。作《平准书》以观事变,第八。

太伯避历,江蛮是適;文武攸兴,古公王迹。阖庐弑僚,宾服荆楚;夫差克齐,子胥鸱夷;信嚭亲越,吴国既灭。嘉伯之让,作《吴世家》第一。

申、吕肖矣,尚父侧微,卒归西伯,文武是师;功冠群公,缪权于幽;番番黄发,爰飨营丘。不背柯盟,桓公以昌,九合诸侯,霸功显彰。田阚争宠,姜姓解亡。嘉父之谋,作《齐太公世家》第二。

依之违之,周公绥之;愤发文德,天下和之;辅翼成王,诸侯宗周。隐、桓之际,是独何哉?三桓争强,鲁乃不昌。嘉旦《金縢》,作《周公世家》第三。

武王克纣,天下未协而崩。成王既幼,管、蔡疑之,淮夷叛之,于是召公率德,安集王室,以宁东土。燕哙之禅,乃成祸乱。嘉《甘棠》之诗,作《燕世家》第四。

管、蔡相武庚,将宁旧商;及旦摄政,二叔不飨;杀鲜放度,周公为盟;太任十子,周以宗强。嘉仲悔过,作《管蔡世家》第五。

王后不绝,舜禹是说;维德休明,苗裔蒙烈。百世享祀,爰周陈杞,楚实灭之。齐田既起,舜何人哉?作《陈杞世家》第六。

收殷馀民,叔封始邑,申以商乱,《酒》、《材》是告,及朔之生，卫顷不宁；南子恶蒯聩，子父易名。周德卑微，战国既强，卫以小弱，角独后亡。嘉彼《康诰》，作《卫世家》第七。

嗟箕子乎！嗟箕子乎！正言不用，乃反为奴。武庚既死，周封微子。襄公伤于泓，君子孰称。景公谦德，荧惑退行。剔成暴虐，宋乃灭亡。嘉微子问太师，作《宋世家》第八。

武王既崩，叔虞邑唐，君子讥名，卒灭武公。骊姬之爱，乱者五世；重耳不得意，乃能成霸。六卿专权，晋国以耗。喜文公赐珪鬯，作《晋世家》第九。

重黎业之，吴回接之；殷之季世，粥子牒之。周用熊绎，熊渠是续。庄王之贤，乃复国陈；既赦郑伯，班师华元。怀王客死，兰咎屈原；好谀信谗，楚并于秦。嘉庄王之义，作《楚世家》第十。

少康之子，实宾南海。文身断发，鼋鳝与处，既守封禺，奉禹之祀。勾践困彼，乃用种、蠡。嘉勾践夷蛮能修其德，灭强吴以尊周室，作《越王勾践世家》第十一。

桓公之东，太史是庸。及侵周禾，王人是议。祭仲要盟，郑久不昌。子产之仁，绍世称贤。三晋侵伐，郑纳于韩。嘉厉公纳惠王，作《郑世家》第十二。

维骥騄耳，乃章造父。赵夙事献，衰续厥绪。佐文尊王，卒为晋辅。襄子困辱，乃禽智伯。主父生缚，饿死探爵。王迁辟淫，良将是斥。嘉鞅讨周乱，作《赵世家》第十三。

毕万爵魏，卜人知之。及绛戮干，戎翟和之。文侯慕义，子夏师之。惠王自矜，齐秦攻之。既疑信陵，诸侯罢之。卒亡大梁，王假厮之。嘉武佐晋文申霸道，作《魏世家》第十四。

韩厥阴德，赵武攸兴。绍绝立废，晋人宗之。昭侯显列，申子庸之。疑非不信，秦人袭之。嘉厥辅晋匡周天子之赋，作《韩世家》第十五。

完子避难，适齐为援，阴施五世，齐人歌之。成子得政，田和为侯，王建动心，乃迁于共。嘉威、宣能拨浊世而独宗周，作《田敬仲完世家》第十六。

周室既衰，诸侯恣行。仲尼悼礼废乐崩，追修经术，以达王道，匡乱世反之于正，见其文辞，为天下制仪法，垂六艺之统纪于后世。作《孔子世家》第十七。

桀、纣失其道而汤、武作，周失其道而春秋作，秦失其政，而陈涉发迹，诸侯作难，风起云蒸，卒亡秦族。天下之端，自涉发难。作《陈涉世家》第十八。

成皋之台，薄氏始基。诎意适代，厥崇诸窦。栗姬偩贵，王氏乃遂。陈后太骄，卒尊子夫。嘉夫德若斯，作《外戚世家》第十九。

汉既谲谋，禽信于陈；越荆剽轻，乃封弟交为楚王。爰都彭城，以强淮泗，为汉宗藩。戊溺于邪，礼复绍之。嘉游辅祖，作《楚元王世家》第二十。

维祖师旅，刘贾是与；为布所袭，丧其荆、吴。营陵激吕，乃王琅邪；伏午信齐，往而不归，遂西入关，遭立孝文，获复王燕。天下未集，贾、泽以族，为汉藩辅。作《荆燕世家》第二十一。

天下已平，亲属既寡；悼惠先壮，实镇东土。哀王擅兴，发怒诸吕，驷钧暴戾，京师弗许。厉之内淫，祸成主父。嘉肥股肱，作《齐悼惠王世家》第二十二。

楚人围我荥阳，相守三年；萧何填抚山西，推计踵兵，给粮食不绝，使百姓爱汉，不乐为楚。作《萧相国世家》第二十三。

与信定魏，破赵拔齐，遂弱楚人。续何相国，不变不革，黎庶攸宁。嘉参不伐功矜能。作《曹相国世家》第二十四。

运筹帷幄之中，制胜于无形，子房计谋其事，无知名，无勇功，图难于易，为大于细，作《留侯世家》第二十五。

六奇既用，诸侯宾从于汉；吕氏之事，平为本谋，终安宗庙，定社稷。作《陈丞相世家》第二十六。

诸吕为从，谋弱京师，而勃反经合于权；吴楚之兵，亚夫驻于昌邑，以厄齐赵，而出委以梁。作《绛侯世家》第二十七。

七国叛逆，蕃屏京师，唯梁为扞；偩爱矜功，几获于祸。嘉其能距吴楚，作《梁孝王世家》第二十八。

五宗既王，亲属洽和，诸侯大小为藩，爰得其宜，僭拟之事稍衰贬矣。作《五宗世家》第二十九。

三子之王，文辞可观。作《三王世家》第三十。

末世争利，维彼奔义；让国饿死，天下称之。作《伯夷列传》第一。

晏子俭矣，夷吾则奢；齐桓以霸，景公以治。作《管晏列传》第二。

李耳无为自化，清净自正；韩非揣事情，循势理。作《老子韩非列传》第三。

自古王者而有《司马法》，穰苴能申明之。作《司马穰苴列传》第四。

非信仁廉勇不能传兵论剑，与道同符，内可以治身，外可以应变，君子比德焉。作《孙子吴起列传》第五。

维建遇谗，爰及子奢，尚既匡父，伍员奔吴。作《伍子胥列传》第六。

孔氏述文，弟子兴业，咸为师傅，崇仁厉义。作《仲尼弟子列传》第七。

鞅去卫适秦，能明其术，强霸孝公，后世遵其法。作《商君列传》第八。

天下患衡秦毋餍，而苏子能存诸侯，约从以抑贪强。作《苏秦列传》第九。

六国既从亲，而张仪能明其说，复散解诸侯。作《张仪列传》第十。

秦所以东攘雄诸侯，樗里、甘茂之策。作《樗里甘茂列传》第十一。

苞河山，围大梁，使诸侯敛手而事秦者，魏冉之功。作《穰侯列传》第十二。

南拔鄢郢，北摧长平，遂围邯郸，武安为率。破荆灭赵，王翦之计。作《白起王翦列传》第十三。

猎儒墨之遗文，明礼义之统纪，绝惠王利端，列往世兴衰，作《孟子荀卿列传》第十四。

好客喜士，士归于薛，为齐扞楚、魏。作《孟尝君列传》第十五。

争冯亭以权,如楚以救邯郸之围,使其君复称于诸侯。作《平原君虞卿列传》第十六。

能以富贵下贫贱,贤能诎于不肖,唯信陵君为能行之。作《魏公子列传》第十七。

以身徇君,遂脱强秦,使驰说之士南乡走楚者,黄歇之义。作《春申君列传》第十八。

能忍诟于魏齐,而信威于强秦,推贤让位,二子有之。作《范雎蔡泽列传》第十九。

率行其谋,连五国兵,为弱燕报强齐之仇,雪其先君之耻。作《乐毅列传》第二十。

能信意强秦,而屈体廉子,用徇其君,俱重于诸侯。作《廉颇蔺相如列传》第二十一。

湣王既失临淄而奔莒,唯田单用即墨破走骑劫,遂存齐社稷。作《田单列传》第二十二。

能设诡说解患于围城,轻爵禄,乐肆志。作《鲁仲连邹阳列传》第二十三。

作辞以讽谏,连类以争义,《离骚》有之。作《屈原贾生列传》第二十四。

结子楚亲,使诸侯之士斐然争入事秦。作《吕不韦列传》第二十五。

曹子匕首,鲁获其田,齐明其信,豫让义不为二心。作《刺客列传》第二十六。

能明其画,因时推秦,遂得意于海内,斯为谋首。作《李斯列传》第二十七。

为秦开地益众,北靡匈奴,据河为塞,因山为固,建榆中。作《蒙恬列传》第二十八。

填赵塞常山以广河内,弱楚权,明汉王之信于天下。作《张耳陈馀列传》第二十九。

收西河、上党之兵,从至彭城;越之侵掠梁地以苦项羽。作《魏豹彭越列传》第三十。

以淮南叛楚归汉,汉用得大司马殷,卒破子羽于垓下。作《黥布列传》第三十一。

楚人迫我京、索,而信拔魏、赵,定燕、齐,使汉三分天下有其二,以灭项籍。作《淮阴侯列传》第三十二。

楚汉相距巩、洛,而韩信为填颍川,卢绾绝籍粮饷。作《韩信卢绾列传》第三十三。

诸侯畔项王,唯齐连子羽城阳,汉得以间遂入彭城。作《田儋列传》第三十四。

攻城野战,获功归报,哙、商有力焉。非独鞭策,又与之脱难。作《樊郦列传》第三十五。

汉既初定,文理未明,苍为主计,整齐度量,序律历。作《张丞相列传》第三十六。

结言通使,约怀诸侯;诸侯咸亲,归汉为藩辅。作《郦生陆贾列传》第三十七。

欲详知秦楚之事,唯周緤常从高祖,平定诸侯。作《傅靳蒯成列传》第三十八。

徙强族,都关中,和约匈奴;明朝廷礼,次宗庙仪法。作《刘敬叔孙通列传》第三十九。

能摧刚作柔,卒为列臣;栾公不劫于势而倍死。作《季布栾布列传》第四十。

敢犯颜色以达主义,不顾其身,为国家树长画。作《袁盎晁错列传》第四十一。

守法不失大理,言古贤人,增主之明。作《张释之冯唐列传》第四十二。

敦厚慈孝,讷于言,敏于行,务在鞠躬,君子长者。作《万石张叔列传》第四十三。

守节切直,义足以言廉,行足以厉贤,任重权不可以非理挠。作《田叔列传》第四十四。

扁鹊言医,为方者宗,守数精明;后世循序,弗能易也,而仓公可谓近之矣。作《扁鹊仓公列传》第四十五。

维仲之省,厥濞王吴,遭汉初定,以填抚江、淮之间。作《吴王濞列传》第四十六。

吴楚为乱,宗属唯婴贤而喜士,士乡之,率师抗山东荥阳。作《魏其武安列传》第四十七。

智足以应近世之变,宽足用得人。作《韩长孺列传》第四十八。

勇于当敌,仁爱士卒,号令不烦,师徒乡之。作《李将军列传》第四十九。

自三代以来,匈奴常为中国患害,欲知强弱之时,设备征讨,作《匈奴列传》第五十。

直曲塞,广河南,破祁连,通西国,靡北胡。作《卫将军骠骑列传》第五十一。

大臣宗室以侈靡相高,唯弘用节衣食为百吏先。作《平津侯列传》第五十二。

汉既平中国,而佗能集杨越以保南藩,纳贡职。作《南越列传》第五十三。

吴之叛逆,瓯人斩濞,葆守封禺为臣。作《东越列传》第五十四。

燕丹散乱辽间,满收其亡民,厥聚海东,以集真藩,葆塞为外臣。作《朝鲜列传》第五十五。

唐蒙使略通夜郎,而邛、笮之君请为内臣受吏。作《西南夷列传》第五十六。

《子虚》之事,《大人》赋说,靡丽多夸,然其指风谏,归于无为。作《司马相如列传》第五十七。

黥布叛逆,子长国之,以填江、淮之南,安剿楚庶民。作《淮南衡山列传》第五十八。

奉法循理之吏,不伐功矜能,百姓无称,亦无过行。作《循吏列传》第五十九。

正衣冠立于朝廷,而群臣莫敢言浮说,长孺矜焉;好荐人,称长者,壮有溉。作《汲郑列传》第六十。

自孔子卒,京师莫崇庠序,唯建元、元狩之间,文辞粲如也。作《儒林列传》第六十一。

民倍本多巧,奸轨弄法,善人不能化,唯一切严削为能齐之。作《酷吏列传》第六十二。

汉既通使大夏,而西极远蛮,引领内乡,欲观中国。作《大宛列传》第六十三。

救人于厄,振人不赡,仁者有乎;不既信,不倍言,义者有取焉。作《游侠列传》第六十四。

夫事人君能说主耳目,和主颜色,而获亲近,非独色爱，能亦各有所长。作《佞幸列传》第六十五。

不流世俗，不争势利，上下无所凝滞，人莫之害，以道之用。作《滑稽列传》第六十六。

齐、楚、秦、赵为日者，各有俗所用。欲循观其大旨，作《日者列传》第六十七。

三王不同龟，四夷各异卜，然各以决吉凶。略窥其要，作《龟策列传》第六十八。

布衣匹夫之人，不害于政，不妨百姓，取与以时而息财富，智者有采焉。作《货殖列传》第六十九。

维我汉继五帝末流，接三代绝业。周道废，秦拨去古文，焚灭诗书，故明堂石室金匮玉版图籍散乱。于是汉兴，萧何次律令，韩信申军法，张苍为章程，叔孙通定礼仪，则文学彬彬稍进，《诗》《书》往往间出矣。自曹参荐盖公言黄老，而贾生、晁错明申、商，公孙弘以儒显，百年之间，天下遗文古事靡不毕集太史公。太史公仍父子相续纂其职。曰："於戏！余维先人尝掌斯事，显于唐虞，至于周，复典之，故司马氏世主天官。至于余乎，钦念哉！钦念哉！"罔罗天下放失旧闻，王迹所兴，原始察终，见盛观衰，论考之行事，略推三代，录秦汉，上记轩辕，下至于兹，著十二本纪，既科条之矣。并时异世，年差不明，作十表。礼乐损益，律历改易，兵权山川鬼神，天人之际，承敝通变，作八书。二十八宿环北辰，三十辐共一毂，运行无穷，辅拂股肱之臣配焉，忠信行道，以奉主上，作三十世家。扶义俶傥，不令己失时，立功名于天下，作七十列传。凡百三十篇，五十二万六千五百字，为《太史公书》。序略。以拾遗补艺，成一家之言，厥协六经异传，整齐百家杂语，藏之名山，副在京师，俟后世圣人君子。第七十。

太史公曰：余述历黄帝以来至太初而讫，百三十篇。

汉 书

东汉·班 固撰

序文

裴 國 珍・文洙

目 录

帝 纪

汉书卷一上
 帝纪第一上　高祖邦 …………………………… 1

汉书卷一下
 帝纪第一下　高祖 ……………………………… 5

汉书卷二
 帝纪第二　惠帝盈 ……………………………… 8

汉书卷三
 帝纪第三　高后雉 ……………………………… 8

汉书卷四
 帝纪第四　文帝恒 ……………………………… 9

汉书卷五
 帝纪第五　景帝启 ……………………………… 12

汉书卷六
 帝纪第六　武帝彻 ……………………………… 13

汉书卷七
 帝纪第七　昭帝弗陵 …………………………… 17

汉书卷八
 帝纪第八　宣帝询 ……………………………… 18

汉书卷九
 帝纪第九　元帝奭 ……………………………… 22

汉书卷十
 帝纪第十　成帝骜 ……………………………… 24

汉书卷十一
 帝纪第十一　哀帝欣 …………………………… 26

汉书卷十二
 帝纪第十二　平帝衎 …………………………… 27

表

汉书卷十三
 表第一　异姓诸侯王 …………………………… 28

汉书卷十四
 表第二　诸侯王 ………………………………… 29

汉书卷十五上
 表第三上　王子侯 ……………………………… 29

汉书卷十五下
 表第三下　王子侯 ……………………………… 29

汉书卷十六
 表第四　高惠高后文功臣 ……………………… 29

汉书卷十七
 表第五　景武昭宣元成功臣 …………………… 30

汉书卷十八
 表第六　外戚恩泽侯 …………………………… 30

汉书卷十九上
 表第七上　百官公卿 …………………………… 30

汉书卷十九下
 表第七下　百官公卿 …………………………… 32

汉书卷二十
 表第八　古今人物 ……………………………… 32

志

汉书卷二十一上
 志第一上　律历 ………………………………… 33

汉书卷二十一下
 志第一下　律历 ………………………………… 37

汉书卷二十二
 志第二　礼乐 …………………………………… 43

汉书卷二十三
 志第三　刑法 …………………………………… 47

汉书卷二十四上
 志第四上　食货 ………………………………… 51

汉书卷二十四下
 志第四下　食货 ………………………………… 54

汉书卷二十五上
 志第五上　郊祀 ………………………………… 58

汉书卷二十五下
 志第五下　郊祀 ………………………………… 63

汉书卷二十六
 志第六　天文 …………………………………… 66

汉书卷二十七上
 志第七上　五行 ………………………………… 73

汉书卷二十七中之上
 志第七中之上　五行 …………………………… 77

汉书卷二十七中之下
 志第七中之下　五行 …………………………… 83

汉书卷二十七下之上
 志第七下之上　五行 …………………………… 87

汉书卷二十七下之下
 志第七下之下　五行 …………………………… 91

汉书卷二十八上
 志第八上　地理 ………………………………… 97

汉书卷二十八下
 志第八下　地理 ………………………………… 104

汉书卷二十九
 志第九　沟洫 …………………………………… 111

汉书卷三十
 志第十　艺文 …………………………………… 114

列 传

汉书卷三十一
 列传第一　陈胜　项籍 ………………………… 122

汉书卷三十二
　　列传第二　张耳　子敖　陈馀 …… 126
汉书卷三十三
　　列传第三　魏豹　田儋　韩王信 …… 128
汉书卷三十四
　　列传第四　韩信　彭越　英布　卢绾　吴芮 ……
　　　　　　　　　　　　　　　　　　　　　　 130
汉书卷三十五
　　列传第五　荆王贾　燕王泽　吴王濞 …… 134
汉书卷三十六
　　列传第六　楚元王交　交孙　辟强　辟强子德
　　　　　　　德子　向　向子歆 …… 137
汉书卷三十七
　　列传第七　季布　栾布　田叔 …… 143
汉书卷三十八
　　列传第八　齐悼惠王肥　赵隐王如意　赵幽王友
　　　　　　　赵共王恢　燕灵王建 …… 144
汉书卷三十九
　　列传第九　萧何　曹参 …… 146
汉书卷四十
　　列传第十　张良　陈平　王陵　周勃　子亚夫 ……
　　　　　　　　　　　　　　　　　　　　　　 148
汉书卷四十一
　　列传第十一　樊哙　郦商　夏侯婴　灌婴　傅宽
　　　　　　　　靳歙　周緤 …… 153
汉书卷四十二
　　列传第十二　张苍　周昌　赵尧　任敖
　　　　　　　　申屠嘉 …… 156
汉书卷四十三
　　列传第十三　郦食其　陆贾　朱建　娄敬
　　　　　　　　叔孙通 …… 157
汉书卷四十四
　　列传第十四　淮南厉王长　衡山王赐　济北贞
　　　　　　　　王勃 …… 160
汉书卷四十五
　　列传第十五　蒯通　伍被　江充　息夫躬 …… 163
汉书卷四十六
　　列传第十六　石奋　卫绾　直不疑　周仁
　　　　　　　　张欧 …… 167
汉书卷四十七
　　列传第十七　梁孝王武　代孝王参　梁怀王揖
　　　　　　　　　　　　　　　　　　　　　　 168
汉书卷四十八
　　列传第十八　贾谊 …… 170
汉书卷四十九
　　列传第十九　爰盎　晁错 …… 174
汉书卷五十
　　列传第二十　张释之　冯唐　汲黯　郑当时 ……
　　　　　　　　　　　　　　　　　　　　　　 179
汉书卷五十一
　　列传第二十一　贾山　邹阳　枚乘　子皋
　　　　　　　　　路温舒 …… 181
汉书卷五十二
　　列传第二十二　窦婴　田蚡　灌夫　韩安国 ……
　　　　　　　　　　　　　　　　　　　　　　 186
汉书卷五十三
　　列传第二十三　河间献王德　临江哀王阏　临江闵
　　　　　　　　　王荣　鲁恭王馀　江都易王非　胶
　　　　　　　　　西于王端　赵敬肃王彭祖　中山靖
　　　　　　　　　王胜　长沙定王发　广川惠王越
　　　　　　　　　胶东康王寄　清河哀王乘　常山宪
　　　　　　　　　王舜 …… 189
汉书卷五十四
　　列传第二十四　李广　孙陵　苏建　子武 ……
　　　　　　　　　　　　　　　　　　　　　　 192
汉书卷五十五
　　列传第二十五　卫青　霍去病　李息　公孙敖　李
　　　　　　　　　沮　张次公　赵信　赵食其　郭昌
　　　　　　　　　荀彘　路博德　赵破奴 …… 196
汉书卷五十六
　　列传第二十六　董仲舒 …… 199
汉书卷五十七上
　　列传第二十七上　司马相如 …… 203
汉书卷五十七下
　　列传第二十七下　司马相如 …… 205
汉书卷五十八
　　列传第二十八　公孙弘　卜式　兒宽 …… 208
汉书卷五十九
　　列传第二十九　张汤　子安世　安世子延寿 ……
　　　　　　　　　　　　　　　　　　　　　　 211
汉书卷六十
　　列传第三十　杜周　子延年　延年子缓
　　　　　　　　缓弟钦 …… 213
汉书卷六十一
　　列传第三十一　张骞　李广利 …… 216
汉书卷六十二
　　列传第三十二　司马迁 …… 218
汉书卷六十三
　　列传第三十三　戾太子据　齐怀王闳　燕刺王旦
　　　　　　　　　广陵厉王胥　昌邑哀王髆 …… 221
汉书卷六十四上
　　列传第三十四上　严助　朱买臣　吾丘寿王
　　　　　　　　　　主父偃　徐乐 …… 225
汉书卷六十四下
　　列传第三十四下　严安　终军　王褒　贾捐之 ……
　　　　　　　　　　　　　　　　　　　　　　 229
汉书卷六十五
　　列传第三十五　东方朔 …… 232
汉书卷六十六
　　列传第三十六　公孙贺　子敬声　刘屈氂

车千秋 王䜣 杨敞 子恽
蔡义 陈万年 子咸 郑弘……………… 235

汉书卷六十七
　列传第三十七　杨王孙 胡建 朱云 梅福
　　　　　　　　云敞…………………… 239

汉书卷六十八
　列传第三十八　霍光 金日磾 子安上…… 241

汉书卷六十九
　列传第三十九　赵充国 辛庆忌……………… 245

汉书卷七十
　列传第四十　傅介子 常惠 郑吉 甘延寿
　　　　　　　陈汤 段会宗……………… 249

汉书卷七十一
　列传第四十一　隽不疑 疏广 广兄子受 于
　　　　　　　　定国 薛广德 平当 彭宣…
　　　　　　　　………………………………… 253

汉书卷七十二
　列传第四十二　王吉 子骏 孙崇 贡禹
　　　　　　　　龚胜 龚舍 鲍宣 唐林
　　　　　　　　薛方 ………………………… 255

汉书卷七十三
　列传第四十三　韦贤 子玄成 ……………… 261

汉书卷七十四
　列传第四十四　魏相 丙吉 ………………… 264

汉书卷七十五
　列传第四十五　眭弘 夏侯始昌 夏侯胜 京房
　　　　　　　　翼奉 李寻 ………………… 267

汉书卷七十六
　列传第四十六　赵广汉 尹翁归 韩延寿 张敞
　　　　　　　　王尊 王章 ………………… 272

汉书卷七十七
　列传第四十七　盖宽饶 诸葛丰 刘辅 郑崇
　　　　　　　　孙宝 贯将隆 何并 ……… 277

汉书卷七十八
　列传第四十八　萧望之　子育 咸 由…
　　　　　　　　…………………………………… 280

汉书卷七十九
　列传第四十九　冯奉世　子 野王 逡 立 参……
　　　　　　　　…………………………………… 283

汉书卷八十
　列传第五十　淮阳宪王钦 楚孝王嚣 东平思王宇
　　　　　　　中山哀王竟 定陶共王康 中山孝
　　　　　　　王兴 ……………………………… 285

汉书卷八十一
　列传第五十一　匡衡 张禹 孔光 马宫 …… 287

汉书卷八十二
　列传第五十二　王商 史丹 傅喜 …………… 292

汉书卷八十三
　列传第五十三　薛宣 朱博 ………………… 294

汉书卷八十四
　列传第五十四　翟方进 子宣 义 ………… 297

汉书卷八十五
　列传第五十五　谷永 杜邺 ………………… 300

汉书卷八十六
　列传第五十六　何武 王嘉 师丹 ………… 304

汉书卷八十七上
　列传第五十七上　扬雄 …………………… 308

汉书卷八十七下
　列传第五十七下　扬雄 …………………… 311

汉书卷八十八
　列传第五十八　**儒林**
　　　　　　　　丁宽 施雠 孟喜 梁丘贺 京房
　　　　　　　　费直 高相 伏生 欧阳生 林尊
　　　　　　　　夏侯胜 周堪 张山拊 孔安国
　　　　　　　　申公 王式 辕固 后苍 韩婴
　　　　　　　　赵子 毛公 孟卿 胡母生
　　　　　　　　严彭祖 颜安乐 瑕丘江公
　　　　　　　　房凤 ……………………… 314

汉书卷八十九
　列传第五十九　**循吏**
　　　　　　　　文翁 王成 黄霸 朱邑 龚遂
　　　　　　　　召信臣 …………………… 318

汉书卷九十
　列传第六十　**酷吏**
　　　　　　　郅都 甯成 周阳由 赵禹 义纵
　　　　　　　王温舒 尹齐 杨仆 咸宣 田广明
　　　　　　　田延年
　　　　　　　严延年 尹赏 …………… 321

汉书卷九十一
　列传第六十一　**货殖**
　　　　　　　　范蠡 子赣 白圭 猗顿 乌氏嬴
　　　　　　　　巴寡妇清 蜀卓氏 程郑 宛孔
　　　　　　　　氏 丙氏 刀间 师史 宣曲任氏
　　　　　　　　…………………………………… 324

汉书卷九十二
　列传第六十二　**游侠**
　　　　　　　　朱家 楚田仲 剧孟 王孟
　　　　　　　　郭解 萭章 楼护 陈遵 原涉
　　　　　　　　…………………………………… 326

汉书卷九十三
　列传第六十三　**佞幸**
　　　　　　　　邓通 赵谈 韩嫣 李延年 石
　　　　　　　　显 淳于长 张放 董贤 …… 329

汉书卷九十四上
　列传第六十四上　匈奴 …………………… 331

汉书卷九十四下
　列传第六十四下　匈奴 …………………… 338

汉书卷九十五

列传第六十五　西南夷　南粤　闽粤　朝鲜 ……
　　　　　　　　　　　　　　　　　　　　343
汉书卷九十六上
　　列传第六十六上　西域 …………………… 347
汉书卷九十六下
　　列传第六十六下　西域 …………………… 351
汉书卷九十七上
　　列传第六十七上　外戚 …………………… 355
汉书卷九十七下
　　列传第六十七下　外戚 …………………… 360
汉书卷九十八

　　列传第六十八　元后 ……………………… 365
汉书卷九十九上
　　列传第六十九上　王莽 …………………… 368
汉书卷九十九中
　　列传第六十九中　王莽 …………………… 376
汉书卷九十九下
　　列传第六十九下　王莽 …………………… 382
汉书卷一百上
　　列传第七十上　叙传 ……………………… 388
汉书卷一百下
　　列传第七十下　叙传 ……………………… 391

汉 书

卷一上　　　　高帝纪第一上

高祖，沛丰邑中阳里人也，姓刘氏。母媪尝息大泽之陂，梦与神遇。是时雷电晦冥，父太公往视，则见交龙于上。已而有娠，遂产高祖。高祖为人，隆准而龙颜，美须髯，左股有七十二黑子。宽仁爱人，意豁如也。常有大度，不事家人生产作业。及壮，试吏，为泗上亭长，廷中吏无所不狎侮。好酒及色。常从王媪、武负贳酒，时饮醉卧，武负、王媪见其上常有怪。高祖每酤留饮，酒雠数倍。及见怪，岁竟，此两家常折券弃责。高祖常繇咸阳，纵观秦皇帝，喟然大息，曰："嗟乎，大丈夫当如此矣！"单父人吕公善沛令，辟仇，从之客，因家焉。沛中豪杰吏闻令有重客，皆往贺。萧何为主吏，主进，令诸大夫曰："进不满千钱，坐之堂下。"高祖为亭长，素易诸吏，乃绐为谒曰"贺钱万"，实不持一钱。谒入，吕公大惊，起，迎之门。吕公者，好相人，见高祖状貌，因重敬之，引入坐上坐。萧何曰："刘季固多大言，少成事。"高祖因狎侮诸客，遂坐上坐，无所诎。酒阑，吕公因目固留高祖。竟酒，后。吕公曰："臣少好相人，相人多矣，无如季相，愿季自爱。臣有息女，愿为箕帚妾。"酒罢，吕媪怒吕公曰："公始常欲奇此女，与贵人。沛令善公，求之不与，何自妄许与刘季？"吕公曰："此非儿女子所知。"卒与高祖。吕公女即吕后也，生孝惠帝、鲁元公主。高祖尝告归之田。吕后与两子居田中，有一老父过，请饮，吕后因铺之。老父相后曰："夫人天下贵人也。"令相两子，见孝惠帝，曰："夫人所以贵者，乃此男也。"相鲁元公主，亦皆贵。老父已去，高祖适从旁舍来，吕后具言："客有过，相我子母皆大贵。"高祖问，曰："未远。"乃追及，问老父。老父曰："乡者夫人儿子皆以君，君相贵不可言。"高祖乃谢曰："诚如父言，不敢忘德。"及高祖贵，遂不知老父处。高祖为亭长，乃以竹皮为冠，令求盗之薛治，时时冠之。及贵常冠，所谓"刘氏冠"也。高祖以亭长为县送徒骊山，徒多道亡。自度比至皆亡之，到丰西泽中亭，止饮，夜皆解纵所送徒，曰："公等皆去，吾亦从此逝矣！"徒中壮士愿从者十余人。高祖被酒，夜径泽中，令一人行前。行前者还报曰："前有大蛇当径，愿还。"高祖醉，曰："壮士行，何畏！"乃前，拔剑斩蛇。蛇分为两，道开。行数里，醉困卧。后人来至蛇所，有一老妪夜哭。人问妪何哭，妪曰："人杀吾子。"人曰："妪子何为见杀？"妪曰："吾子，白帝子也，化为蛇当道，今者赤帝子斩之，故哭。"人乃以妪为不诚，欲苦之，妪因忽不见。后人至，高祖觉。告高祖，高祖乃心独喜，自负。诸从者日益畏之。秦始皇帝尝曰"东南有天子气"，于是东游以厌当之。高祖隐于芒砀山泽间，吕后与人俱求，常得之。高祖怪，问之，吕后曰："季所居上常有云气，故从往常得季。"高祖又喜。沛中子弟或闻之，多欲附者矣。

秦二世元年秋七月，陈涉起蕲。至陈，自立为楚王，遣武臣、张耳、陈馀略赵地。八月，武臣自立为赵王。郡县多杀长吏以应涉。九月，沛令欲以沛应之。掾、主吏萧何、曹参曰："君为秦吏，今欲背之，帅沛子弟，恐不听。愿君召诸亡在外者，可得数百人，因以劫众，众不敢不听。"乃令樊哙召高祖。高祖之众已数百人矣。于是樊哙从高祖来。沛令后悔，恐其有变，乃闭城城守，欲诛萧、曹。萧、曹恐，逾城保高祖。高祖乃书帛射城上，与沛父老曰："天下同苦秦久矣。今父老虽为沛令守，诸侯并起，今屠沛。沛今共诛令，择可立之，以应诸侯，即室家完。不然，父子俱屠，无为也。"父老乃帅子弟共杀沛令，开城门迎高祖，欲以为沛令。高祖曰："天下方扰，诸侯并起，今置将不善，一败涂地。吾非敢自爱，恐能薄，不能完父兄子弟。此大事，愿更择可者。"萧、曹皆文吏，自爱，恐事不就，后秦种族其家，尽让高祖。诸父老皆曰："平生所闻刘季奇怪，当贵，且卜筮之，莫如刘季最吉。"高祖数让，众莫肯为，高祖乃立为沛公。祠黄帝，祭蚩尤于沛廷，而衅鼓。旗帜皆赤，由所杀蛇白帝子，杀者赤帝子故也。于是少年豪吏如萧、曹、樊哙等皆为收沛子弟，得三千人。是月，项梁与兄子羽起吴。田儋与从弟荣、横起齐，自立为齐王。韩广自立为燕王。魏咎自立为魏王。陈涉之将周章西入关，至戏，秦将章邯距破之。

秦二年十月，沛公攻胡陵、方与，还守丰。秦泗川监平将兵围丰。二日,出与战,破之。令雍齿守丰。十一月,沛公引兵之薛。秦泗川守壮兵败于薛,走至戚,沛公左司马得杀之。沛公还军亢父,至方与。赵王武臣为其将所杀。十二月,楚王陈涉为其御庄贾所杀。魏人周市略地丰、沛,使人谓雍齿曰:"丰,故梁徙也。今魏地已定者数十城,齿今下魏,魏以齿为侯守丰;不下,且屠丰。"雍齿雅不欲属沛公,及魏招之,即反为魏守丰。沛公攻丰,不能取。沛公还之沛,怨雍齿与丰子弟畔之。正月,张耳等立赵后赵歇为赵王。东阳甯君、秦嘉立景驹为楚王,在留。沛公往从之,道得张良,遂与俱见景驹,请兵以攻丰。时章邯从陈,别将司马尼将兵北定楚地,屠相,至砀。东阳甯君、沛公引兵西,与战萧西,不利,还收兵聚留。二月,攻砀,三日拔之。收砀兵,得六千人,与故合九千人。三月,攻下邑,拔之。还击丰,不下。四月,项梁击杀景驹、秦嘉,止薛,沛公往见之。项梁益沛公卒五千人,五大夫将十人。沛公还,引兵攻丰,拔之。雍齿奔魏。五月,项羽拔襄城还。项梁尽召别将。六月,沛公如薛,与项梁共立楚怀王孙心为楚怀王。章邯破杀魏王咎、齐王田儋于临济。七月,大霖雨。沛公攻亢父。章邯围田荣于东阿。沛公与项梁共救田荣,大破章邯东阿。田荣归,沛公、项羽追北,至城阳,又屠其城。军濮阳东,复与章邯战,又破之。章邯复振,守濮阳,环水。沛公、项羽去攻定陶。八月,田荣立田儋子市为齐王。定陶未下,沛公与项羽西略地至雍丘,与秦军战,大败之,斩三川守李由。还攻外黄,外黄未下。项羽再破秦军,有骄色。宋义谏,不听。秦益章邯兵。九月,章邯夜衔枚击项梁定陶,大破之,杀项梁。时连雨自七月至九月。沛公、项羽方攻陈留,闻梁死,士卒恐。乃与将军吕臣引兵而东,徙怀王自盱台都彭城。吕臣军彭城东,项羽军彭城西,沛公军砀。魏咎弟豹自立为魏王。后九月,怀王并吕臣、项羽军自将之。以沛公为砀郡长,封武安侯,将砀郡兵。以羽为鲁公,封长安侯。吕臣为司徒,其父吕青为令尹。章邯已破项梁,以为楚地兵不足忧,乃渡河北击赵王歇,大破之。歇保巨鹿城,秦将王离围之。赵数请救,怀王乃以宋义为上将,项羽为次将,范增为末将,北救赵。初,怀王与诸将约,先入定关中者王。当是时,秦兵强,常乘胜逐北,诸将莫利先入关。独羽怨秦破项梁,奋势,愿与沛公西入关。怀王诸将皆曰:"项羽为人僄悍祸贼,尝攻襄城,襄城无噍类,所过无不残灭。且楚数进取,前陈王、项梁皆败,不如更遣长者扶义而西,告谕秦父兄。秦父兄苦其主久矣,今诚得长者往,毋侵暴,宜可下。项羽不可遣,独沛公素宽大长者。"卒不许羽,而遣沛公西收陈王、项梁散卒。乃道砀至城阳与杠里,攻秦军壁,破其二军。

秦三年十月,齐将田都畔田荣,将兵助项羽救赵。沛公攻破东郡尉于成武。十一月,项羽杀宋义,并其兵渡河,自立为上将军,诸将黥布等皆属。十二月,沛公引兵至栗,遇刚武侯,夺其军四千余人,并之,与魏将皇欣、武满军合,攻秦军,破之。故齐王建孙田安下济北,从项羽救赵。羽大破秦军巨鹿下,虏王离,走章邯。二月,沛公从砀北攻昌邑,遇彭越。越助攻昌邑,未下。沛公西过高阳,郦食其为里监门,曰:"诸将过此者多,吾视沛公大度。"乃求见沛公。沛公方踞床,使两女子洗。郦生不拜,长揖曰:"足下必欲诛无道秦,不宜踞见长者。"于是沛公起,摄衣谢之,延上坐。食其说沛公袭陈留。沛公以为广野君,以其弟商为将,将陈留兵。三月,攻开封,未拔。西与秦将杨熊会战白马,又战曲遇东,大破之。杨熊走之荥阳,二世使使斩之以徇。四月,南攻颍川,屠之。因张良遂略韩地。时赵别将司马卬方欲渡河入关,沛公乃北攻平阴,绝河津。南,战雒阳东,军不利,从轘辕至阳城,收军中马骑。六月,与南阳守齮战犨东,大破之。略南阳郡,南阳守走,保城守宛。沛公引兵过宛西。张良谏曰:"沛公虽欲急入关,秦兵尚众,距险。今不下宛,宛从后击,强秦在前,此危道也。"于是沛公乃夜引军从他道还,偃旗帜,迟明,围宛城三匝。南阳守欲自刭,其舍人陈恢曰:"死未晚也。"乃逾城见沛公,曰:"臣闻足下约先入咸阳者王之,今足下留守宛。宛郡县连城数十,其吏民自以为降必死,故皆坚守乘城。今足下尽日攻,士死伤者必多;引兵去,宛必随足下。前则失咸阳之约,后有强宛之患。为足下计,莫若约降,封其守,因使止守,引其甲卒与之西。诸城未下者,闻声争开门而待足下,足下通行无所累。"沛公曰:"善。"七月,南阳守齮降,封为殷侯,封陈恢千户。引兵西,无不下者。至丹水,高武侯鳃、襄侯王陵降。还攻胡阳,遇番君别将梅鋗,与偕攻析、郦,皆降。所过毋得卤掠,秦民喜。遣魏人甯昌使秦。是月,章邯举军降项羽,羽以为雍王。瑕丘申阳下河南。八月,沛公攻武关,入秦。秦相赵高恐,乃杀二世,使人来,欲约分王关中,沛公不许。九月,赵高立二世兄子子婴为秦王。子婴诛灭赵高,遣将将兵距峣关。沛公欲击之,张良曰:"秦兵尚强,未可轻。愿先遣人益张旗帜于山上为疑兵,使郦食其、陆贾往说秦将,啖以利。"秦将果欲连和,沛公欲许之。张良曰:"此独其将欲叛,恐其士卒不从,不如因其急懈击之。"沛公引兵绕峣关,逾蒉山,击秦军,大破之蓝田南。遂至蓝田,又战其北,秦兵大败。

元年冬十月,五星聚于东井。沛公至霸上。秦王子婴素车白马,系颈以组,封皇帝玺、符、节,降枳道旁。诸将或言诛秦王,沛公曰:"始怀王遣我,固以能宽容,且人已服降,杀之不祥。"乃以属吏。遂西入咸阳,欲止宫休舍,樊哙、张良谏,乃封秦重宝财物府库,还军霸上。萧何尽收秦丞相府图籍文书。十一月,召诸县豪桀曰:"父老苦秦苛法久矣,诽谤者族,耦语者弃市。吾与诸侯约,先入关者王之,吾当王关中。与父老约法三章耳:杀人者死,伤人及盗抵罪。余悉除去秦法。吏民皆按堵如故。凡吾所以来,为父兄除害,非有所侵暴,毋恐!且吾所以军霸上,待诸侯而定要束耳。"乃使人与秦吏行至县、乡、邑告谕之。秦民大喜,争持牛、羊、酒食献享军士。沛公让不受,曰:"仓粟多,不欲费民。"民又益喜,唯恐沛公不为秦王。或说沛公曰:"秦富十倍天下,地形强。今闻章邯降项羽,羽号曰雍王,王关中。即来,沛公恐不得有此。可急使守函谷关,毋内诸侯军,稍征关中兵以自益,距之。"沛公然其计,从之。十二月,项羽果帅诸侯兵欲西入关,关门闭。闻沛公已定关中,羽大怒,使黥布等攻破函谷关,遂至戏下。沛公左司马曹毋伤闻羽怒,欲攻沛公,使人言羽曰:"沛公欲王关中，令子婴相，珍宝尽有之。"欲以求封。亚父范增说羽曰："沛公居山东时，贪财好色。今闻其入关，珍物无所取，妇女无所幸，此其志不小。吾使人望其气，皆为龙，成五色，此天子气。急击之，勿失。"于是飨士，旦日合战。是时，羽兵四十万，号百万。沛公兵十万，号二十万，力不敌。会羽季父左尹项伯素善张良，夜驰见张良，具告其实，欲与俱去，毋特俱死。良曰："臣为韩王送沛公，不可不告，亡去不义。"乃与项伯俱见沛公。沛公与伯约为婚姻，曰："吾入关，秋毫无所敢取，籍吏民，封府库，待将军。所以守关者，备他盗也。日夜望将军到，岂敢反邪！愿伯明言不敢背德。"项伯许诺，即夜复去，戒沛公曰："旦日不可不早自来谢。"项伯还，具以沛公言告羽，因曰："沛公不先破关中兵，公巨能入乎？且人有大功，击之不祥，不如因善之。"羽许诺。沛公旦日从百余骑见羽鸿门，谢曰："臣与将军戮力攻秦，将军战河北，臣战河南，不自意先入关，能破秦，与将军复相见。今者有小人言，令将军与臣有隙。"羽曰："此沛公左司马曹毋伤言之，不然，籍何以至此？"羽因留沛公饮。范增数目羽击沛公，羽不应。范增起，出谓项庄曰："君王为人不忍，汝入以剑舞，因击沛公，杀之。不者，汝属且为所虏。"庄入为寿。寿毕，曰："军中无以为乐，请以剑舞。"因拔剑舞。项伯亦起舞，常以身翼蔽沛公。樊哙闻事急，直入，怒甚。羽壮之，赐以酒。哙因谯让羽。有顷，沛公起如厕，招樊哙出，置车官属，独骑，樊哙、靳强、滕公、纪成步，从间道走军，使张良留谢羽。羽问："沛公安在？"曰："闻将军有意督过之，脱身去，间至军，故使臣献璧。"羽受之。又献玉斗范增。增怒，撞其斗，起曰："吾属今为沛公虏矣！"沛公归数日，羽引兵西屠咸阳，杀秦降王子婴，烧秦宫室，所过无不残灭，秦民大失望。羽使人还报怀王，怀王曰："如约。"羽怨怀王不肯令与沛公俱西入关而北救赵，后天下约。乃曰："怀王者，吾家所立耳，非有功伐，何以得专主约！本定天下，诸将与籍也。"春正月，阳尊怀王为义帝，实不用其命。二月，羽自立为西楚霸王，王梁、楚地九郡，都彭城。背约，更立沛公为汉王，王巴、蜀、汉中四十一县，都南郑。三分关中，立秦三将：章邯为雍王，都废丘；司马欣为塞王，都栎阳；董翳为翟王，都高奴。楚将瑕丘申阳为河南王，都洛阳。赵将司马卬为殷王，都朝歌。当阳君英布为九江王，都六。怀王柱国共敖为临江王，都江陵。番君吴芮为衡山王，都邾。故齐王建孙田安为济北王。徙魏王豹为西魏王，都平阳。徙燕王韩广为辽东王。燕将臧荼为燕王，都蓟。徙齐王田市为胶东王。齐将田都为齐王，都临菑。徙赵王歇为代王。赵相张耳为常山王。汉王怨羽之背约，欲攻之，丞相萧何谏，乃止。夏四月，诸侯罢戏下，各就国。羽使卒三万人从汉王，楚子、诸侯人之慕从者数万人，从杜南入蚀中。张良辞归韩，汉王送至褒中，因说汉王烧绝栈道，以备诸侯盗兵，亦视项羽无东意。汉王既至南郑，诸将及士卒皆歌讴思东归，多道亡还者。韩信为治粟都尉，亦亡去。萧何追还之，因荐于汉王，曰："必欲争天下，非信无可与计事者。"于是汉王斋戒设坛场，拜信为大将军，问以计策。信对曰："项羽背约而王君王于南郑，是迁也。吏卒皆山东之人，日夜企而望归，及其锋而用之，可以

有大功。天下已定，民皆自宁，不可复用。不如决策东向。"因陈羽可图、三秦易并之计。汉王大说，遂听信策，部署诸将。留萧何收巴、蜀租，给军粮食。五月，汉王引兵从故道出袭雍。雍王邯迎击汉陈仓，雍兵败，还走。战好畤，又大败，走废丘。汉王遂定雍地。东如咸阳，引兵围雍王废丘，而遣诸将略地。田荣闻羽徙齐王市于胶东而立都为齐王，大怒，以齐兵迎击田都。都走降楚。六月，田荣杀田市，自立为齐王。时彭越在巨野，众万余人，无所属。荣与越将军印，因令反梁地。越击杀济北王安，荣遂并三齐之地。燕王韩广亦不肯徙辽东。秋八月，臧荼杀韩广，并其地。塞王欣、翟王翳皆降汉。初，项梁立韩后公子成为韩王，张良为韩司徒。羽以良从汉王，韩王成又无功，故不遣就国，与俱至彭城，杀之。及闻汉王并关中，而齐、梁畔之，羽大怒，乃以故吴令郑昌为韩王，距汉。令萧公角击彭越，越败角兵。时张良徇韩地，遗羽书曰："汉欲得关中，如约即止，不敢复东。"羽以故无西意，而北击齐。九月，汉王遣将军薛欧、王吸出武关，因王陵兵，从南阳迎太公、吕后于沛。羽闻之，发兵距之阳夏，不得前。

二年冬十月，项羽使九江王布杀义帝于郴。陈馀亦怨羽独不王己，从田荣借助兵，以击常山王张耳。耳败走降汉，汉王厚遇之。陈馀迎代王歇还赵，歇立馀为代王。张良自韩间行归汉，汉王以为成信侯。汉王如陕，镇抚关外父老。河南王申阳降，置河南郡。使韩太尉韩信击韩，韩王郑昌降。十一月，立韩太尉信为韩王。汉王还归，都栎阳，使诸将略地，拔陇西。以万人若一郡降者，封万户。缮治河上塞。故秦苑囿园池，令民得田之。春正月，羽击田荣城阳，荣败走平原，平原民杀之。齐皆降楚，楚焚其城郭，齐人复畔。诸将拔北地，虏雍王弟章平。赦罪人。二月癸未，令民除秦社稷，立汉社稷。施恩德，赐民爵。蜀、汉民给军事劳苦，复勿租税二岁。关中卒从军者，复家一岁。举民年五十以上，有修行，能帅众为善，置以为三老，乡一人。择乡三老一人为县三老，与县令、丞、尉以事相教，复勿徭戍。以十月赐酒肉。三月，汉王自临晋渡河。魏王豹降，将兵从。下河内，虏殷王卬，置河内郡。至脩武，陈平亡楚来降。汉王与语，说之，使参乘，监诸将。南渡平阴津，至洛阳，新城三老董公遮说汉王曰："臣闻'顺德者昌，逆德者亡'，'兵出无名，事故不成'。故曰：'明其为贼，敌乃可服。'项羽为无道，放杀其主，天下之贼也。夫仁不以勇，义不以力，三军之众以之素服，以告之诸侯，为此东伐，四海之内莫不仰德。此三王之举也。"汉王曰："善。非夫子无所闻。"于是汉王为义帝发丧，袒而大哭，哀临三日。发使告诸侯曰："天下共立义帝，北面事之。今项羽放杀义帝江南，大逆无道。寡人亲为发丧，兵皆缟素。悉发关中兵，收三河士，南浮江、汉以下，愿从诸侯王击楚之杀义帝者。"夏四月，田荣弟横收得数万人，立荣子广为齐王。羽虽闻汉东，既击齐，欲遂破之而后击汉。汉王以故得劫五诸侯兵，东伐楚。到外黄，彭越将三万人归汉。汉王拜越为魏相国，令定梁地。汉王遂入彭城，收羽美人货赂，置酒高会。羽闻之，令其将击齐，而自以精兵三万人从鲁出胡陵，至萧，晨击汉军，大战彭城灵壁东睢水上，大破汉军，多杀士卒，睢水

为之不流。围汉王三匝。大风从西北起,折木发屋,扬砂石,昼晦,楚军大乱,而汉王得与数十骑遁去。过沛,使人求室家,室家亦已亡,不相得。汉王道逢孝惠、鲁元,载行。楚骑追汉王,汉王急,推堕二子,滕公下收载,遂得脱。审食其从太公、吕后间行,反遇楚军,羽常置军中以为质。诸侯见汉败,皆亡去。塞王欣、翟王翳降楚,殷王卬死。吕后兄周吕侯将兵居下邑,汉王往从之。稍收士卒,军砀。汉王西过梁地,至虞,谓谒者随何曰:"公能说九江王布使举兵畔楚,项王必留击之。得留数月,吾取天下必矣。"随何往说布,果使畔楚。五月,汉王屯荥阳,萧何发关中老弱未傅者悉诣军。韩信亦收兵与汉王会,兵复大振。与楚战荥阳南京、索间,破之。筑甬道,属河,以取敖仓粟。魏王豹谒归视亲疾。至则绝河津,反为楚。六月,汉王还栎阳。壬午,立太子,赦罪人。令诸侯子在关中者皆集栎阳为卫。引水灌废丘,废丘降,章邯自杀。雍地定,八十余县,置河上、渭南、中地、陇西、上郡。令祠官祀天地四方上帝山川,以时祠之。兴关中卒乘边塞。关中大饥,米斛万钱,人相食。令民就食蜀汉。秋八月,汉王如荥阳,谓郦食其曰:"缓颊往说魏王豹,能下之,以魏地万户封生。"食其往,豹不听。汉王以韩信为左丞相,与曹参、灌婴俱击魏。食其还,汉王问:"魏大将谁也?"对曰:"柏直。"王曰:"是口尚乳臭,不能当韩信。骑将谁也?"曰:"冯敬。"曰:"是秦将冯无择子也。虽贤,不能当灌婴。步卒将谁也?"曰:"项它。"曰:"不能当曹参。吾无患矣。"九月,信等虏豹,传诣荥阳。定魏地,置河东、太原、上党郡。信使人请兵三万人,愿以北举燕、赵,东击齐,南绝楚粮道。汉王与之。

三年冬十月,韩信、张耳东下井陉击赵,斩陈馀,获赵王歇。置常山、代郡。甲戌晦,日有食之。十一月癸卯晦,日有食之。随何既说黥布,布起兵畔楚。楚使项声、龙且攻布,布战不胜。十二月,布与随何间行归汉。汉王分之兵,与俱收兵至成皋。项羽数侵夺汉甬道,汉军乏食,与郦食其谋桡楚权。食其欲立六国后以树党,汉王刻印,将遣食其立之。以问张良,良发八难。汉王辍饭吐哺,曰:"竖儒几败乃公事!"令趣销印。又问陈平,乃从其计,与平黄金四万斤,以间疏楚君臣。夏四月,项羽围汉荥阳,汉王请和,割荥阳以西者为汉。亚父劝项羽急攻荥阳,汉王患之。陈平反间既行,羽果疑亚父。亚父大怒而去,发病死。五月,将军纪信曰:"事急矣!臣请诳楚,可以间出。"于是陈平夜出女子东门二千余人,楚因四面击之。纪信乃乘王车,黄屋左纛,曰:"食尽,汉王降楚。"楚皆呼万岁,之城东观,以故汉王得与数十骑出西门遁。令御史大夫周苛、魏豹、枞公守荥阳。羽见纪信,问:"汉王安在?"曰:"已出去矣。"羽烧杀信。而周苛、枞公相谓曰:"反国之王,难与守城。"因杀魏豹。汉王出荥阳,至成皋。自成皋入关,收兵欲复东。辕生说汉王曰:"汉与楚相距荥阳数岁,汉常困。愿君王出武关,项王必引兵南走,王深壁,令荥阳、成皋间且得休息。使韩信等得辑河北赵地,连燕、齐,君王乃复走荥阳。如此,则楚所备者多,力分。汉得休息,复与之战,破之必矣。"汉王从其计,出军宛、叶间,与黥布行收兵。羽闻汉王在宛,果引兵南,汉王坚壁不与战。是月,彭越渡睢,与

项声、薛公战下邳,破杀薛公。羽使终公守成皋,而自东击彭越。汉王引兵北,击破终公,复军成皋。六月,羽已破走彭越,闻汉复取成皋,乃引兵西拔荥阳城,生得周苛。羽谓苛:"为我将,以公为上将军,封三万户。"周苛骂曰:"若不趋降汉,今为虏矣!若非汉王敌也。"羽亨周苛,并杀枞公,而虏韩王信,遂围成皋。汉王跳,独与滕公共车出成皋玉门,北渡河,宿小脩武。自称使者,晨驰入张耳、韩信壁,而夺之军。乃使张耳北收兵赵地。秋七月,有星孛于大角。汉王得韩信军,复大振。八月,临河南乡,军小脩武,欲复战。郎中郑忠说止汉王,高垒深堑勿战。汉王听其计,使卢绾、刘贾将卒二万人,骑数百,渡白马津入楚地,佐彭越烧楚积聚,复击破楚军燕郭西,攻下睢阳、外黄十七城。九月,羽谓海春侯大司马曹咎曰:"谨守成皋。即汉王欲挑战,慎勿与战,勿令得东而已。我十五日必定梁地,复从将军。"羽引兵东击彭越。汉王使郦食其说齐王田广,罢守兵与汉和。

四年冬十月,韩信用蒯通计,袭破齐。齐王亨郦生,东走高密。项羽闻韩信破齐,且欲击楚,使龙且救齐。汉果数挑成皋战,楚军不出,使人辱之数日,大司马咎怒,渡兵汜水。士卒半渡,汉击之,大破楚军,尽得楚国金玉货赂。大司马咎、长史欣皆自刭汜水上。汉王引兵渡河,复取成皋,军广武,就敖仓食。羽下梁地十余城,闻海春侯破,乃引兵还。汉军方围钟离昧于荥阳东,闻羽至,尽走险阻。羽亦军广武,与汉相守。丁壮苦军旅,老弱罢转饷。汉王、羽相与临广武之间而语。羽欲与汉王独身挑战,汉王数羽曰:"吾始与羽俱受命怀王,曰先定关中者王之。羽负约,王我于蜀、汉,罪一也。羽矫杀卿子冠军,自尊,罪二也。羽当以救赵还报,而擅劫诸侯兵入关,罪三也。怀王约,入秦无暴掠,羽烧秦宫室,掘始皇帝冢,收私其财,罪四也。又强杀秦降王子婴,罪五也。诈坑秦子弟新安二十万,王其将,罪六也。皆王诸将善地,而徙逐故主,令臣下争畔逆,罪七也。出逐义帝彭城,自都之,夺韩王地,并王梁楚,多自与,罪八也。使人阴杀义帝江南,罪九也。夫为人臣而杀其主,杀其已降,为政不平,主约不信,天下所不容,大逆无道,罪十也。吾以义兵从诸侯诛残贼,使刑余罪人击公,何苦乃与公挑战!"羽大怒,伏弩射中汉王。汉王伤胸,乃扪足曰:"虏中吾指!"汉王病创卧,张良强请汉王起行劳军,以安士卒,毋令楚乘胜。汉王出行军,疾甚,因驰入成皋。十一月,韩信与灌婴击破楚军,杀楚将龙且,追至城阳,虏齐王广。齐相田横自立为齐王,奔彭越。汉立张耳为赵王。汉王疾愈,西入关,至栎阳,存问父老,置酒。枭故塞王欣头栎阳市。留四日,复如军,军广武。关中兵益出,而彭越、田横居梁地,往来苦楚兵,绝其粮食。韩信已破齐,使人言曰:"齐边楚,权轻,不为假王,恐不能安齐。"汉王怒,欲攻之。张良曰:"不如因而立之,使自为守。"春二月,遣张良操印,立韩信为齐王。秋七月,立黥布为淮南王。八月,初为算赋。北貉、燕人来致枭骑助汉。汉王下令:军士不幸死者,吏为衣衾棺敛,转送其家。四方归心焉。项羽自知少助食尽,韩信又进兵击楚,羽患之。汉遣陆贾说羽,请太公,羽弗听。汉复使侯公说羽,羽乃与汉约,中分天下,割鸿沟

以西为汉,以东为楚。九月,归太公、吕后,军皆称万岁。乃封侯公为平国君。羽解而东归。汉王欲西归,张良、陈平谏曰:"今汉有天下太半,而诸侯皆附,楚兵罢食尽,此天亡之时,不因其几而遂取之,所谓养虎自遗患也。"汉王从之。

卷一下　　　　　高帝纪第一下

五年冬十月,汉王追项羽至阳夏南,止军,与齐王信、魏相国越期会击楚。至固陵,不会。楚击汉军,大破之,汉王复入壁,深堑而守。谓张良曰:"诸侯不从,奈何?"良对曰:"楚兵且破,未有分地,其不至固宜。君王能与共天下,可立致也。齐王信之立,非君王意,信亦不自坚。彭越本定梁地,始,君王以魏豹故,拜越为相国。今豹死,越亦望王,而君王不早定。今能取睢阳以北至穀城皆以王彭越,从陈以东傅海与齐王信,信家在楚,其意欲复得故邑。能出捐此地以许两人,使各自为战,则楚易败也。"于是汉王发使使韩信、彭越。至,皆引兵来。十一月,刘贾入楚地,围寿春。汉亦遣人诱楚大司马周殷。殷畔楚,以舒屠六,举九江兵迎黥布,并行屠城父,随刘贾皆会。十二月,围羽垓下。羽夜闻汉军四面皆楚歌,知尽得楚地。羽与数百骑走,是以兵大败。灌婴追斩羽东城。楚地悉定,独鲁不下。汉王引天下兵欲屠之,为其守节礼义之国,乃持羽头示其父兄,鲁乃降。初,怀王封羽为鲁公,及死,鲁又为之坚守,故以鲁公葬羽于穀城。汉王为发丧,哭临而去。封项伯等四人为列侯,赐姓刘氏。诸民略在楚者皆归之。汉王还至定陶,驰入齐王信壁,夺其军。初项羽所立临江王共敖前死,子尉嗣立为王,不降。遣卢绾、刘贾击虏尉。春正月,追尊兄伯号曰武哀侯。下令曰:"楚地已定,义帝亡后,欲存恤楚众,以定其主。齐王信习楚风俗,更立为楚王,王淮北,都下邳。魏相国建城侯彭越勤劳魏民,卑下士卒,常以少击众,数破楚军,其以魏故地王之,号曰梁王,都定陶。"又曰:"兵不得休八年,万民与苦甚,今天下事毕,其赦天下殊死以下。"于是诸侯上疏曰:"楚王韩信、韩王信、淮南王英布、梁王彭越、故衡山王吴芮、赵王张敖、燕王臧荼昧死再拜言,大王陛下:先时,秦为亡道,天下诛之。大王先得秦王,定关中,于天下功最多。存亡定危,救败继绝,以安万民,功盛德厚。又加惠于诸侯王有功者,使得立社稷。地分已定,而位号比拟,亡上下之分,大王功德之著,于后世不宣。昧死再拜上皇帝尊号。"汉王曰:"寡人闻帝者贤者有也,虚言亡实之名,非所取也。今诸侯王皆推高寡人,将何以处之哉?"诸侯王皆曰:"大王起于细微,灭乱秦,威动海内。又以辟陋之地,自汉中行威德,诛不义,立有功,平定海内,功臣皆受地食邑,非私之也。大王德施四海,诸王不足以道之,居帝位甚实宜,愿大王以幸天下。"汉王曰:"诸侯王幸以为便于天下之民,则可矣。"于是诸侯王及太尉长安侯臣绾等三百人,与博士稷嗣君叔孙通谨择良日二月甲午,上尊号。汉王即皇帝位于氾水之阳。尊王后曰皇后,太子曰皇太子,追尊先媪曰昭灵夫人。诏曰:"故衡山王吴芮与子二人、兄子一人,从百粤之兵,以佐诸侯,诛暴秦,有大功,诸侯立以为王。项羽侵夺之地,谓之番君。其以长沙、豫章、象郡、桂林、南海立番君芮为长沙王。"又曰:"故粤王亡诸世奉粤祀,秦侵夺其地,使其社稷不得血食。诸侯伐秦,亡诸身帅闽中兵以佐灭秦,项羽废而弗立。今以为闽粤王,王闽中地,勿使失职。"帝乃西都洛阳。夏五月,兵皆罢归家。诏曰:"诸侯子在关中者,复之十二岁,其归者半之。民前或相聚保山泽,不书名数,今天下已定,令各归其县,复故爵田宅,吏以文法教训辨告,勿笞辱。民以饥饿自卖为人奴婢者,皆免为庶人。军吏卒会赦,其亡罪而亡爵及不满大夫者,皆赐爵为大夫。故大夫以上,赐爵各一级。其七大夫以上,皆令食邑;非七大夫以下,皆复其身及户,勿事。"又曰:"七大夫、公乘以上,皆高爵也。诸侯子及从军归者,甚多高爵,吾数诏吏先与田宅,及所当求于吏者,亟与。爵或人君,上所尊礼,久立吏前,曾不为决,甚亡谓也。异日秦民爵公大夫以上,令丞与亢礼。今吾于爵非轻也。吏独安取此!且法以有功劳行田宅,今小吏未尝从军者多满,而有功者顾不得,背公立私,守尉长吏教训甚不善。其令诸吏善遇高爵,称吾意。且廉问,有不如吾诏者,以重论之。"帝置酒洛阳南宫。上曰:"通侯诸将毋敢隐朕,皆言其情。吾所以有天下者何?项氏之所以失天下者何?"高起、王陵对曰:"陛下嫚而侮人,项羽仁而敬人。然陛下使人攻城略地,所降下者,因以与之,与天下同利也。项羽妒贤嫉能,有功者害之,贤者疑之,战胜而不与人功,得地而不与人利,此其所以失天下也。"上曰:"公知其一,未知其二。夫运筹帷幄之中,决胜千里之外,吾不如子房;填国家,抚百姓,给饷馈,不绝粮道,吾不如萧何;连百万之众,战必胜,攻必取,吾不如韩信。三者皆人杰,吾能用之,此吾所以取天下者也。项羽有一范增而不能用,此所以为我禽也。"群臣说服。初,田横归彭越。项羽已灭,横惧诛,与宾客亡入海。上恐其久为乱,遣使者赦横,曰:"横来,大者王,小者侯;不来,且发兵加诛。"横惧,乘传诣洛阳,未至三十里,自杀。上壮其节,为流涕,发卒二千人,以王礼葬焉。戍卒娄敬求见,说上曰:"陛下取天下与周异,而都洛阳,不便,不如入关,据秦之固。"上以问张良,良因劝上。是日,车驾西都长安。拜娄敬为奉春君,赐姓刘氏。六月壬辰,大赦天下。秋七月,燕王臧荼反,上自将征之。九月,虏荼。诏诸侯王视有功者立以为燕王。荆王臣信等十人皆曰:"太尉长安侯卢绾功最多,请立以为燕王。"使丞相哙将兵平代地。利几反,上自击破之。利几者,项羽将。羽败,利几为陈令,降,上侯之颍川。上至雒阳,举通侯籍召之,而利几恐,反。后九月,徙诸侯子关中。治长乐宫。

六年冬十月,令天下县邑城。人告楚王信谋反,上问左右,左右争欲击之。用陈平计,乃伪游云梦。十二月,会诸侯于陈,楚王信迎谒,因执之。诏曰:"天下既安,豪桀有功者封侯,新立,未能尽图其功。身居军九年,或未习法令,或以其故犯法,大者死刑,吾甚怜之。其赦天下。"田肯贺上曰:"甚善,陛下得韩信,又治秦中。秦,形胜之国也,带河阻山，县隔千里，持戟百万，秦得百二焉。地势便利，其以下兵于诸侯，譬犹居高屋之上建瓴水也。夫齐，东有琅邪、即墨之饶，南有泰山之固，西有浊河之限，北有勃海之利，地方二千里，持戟百万，县隔千里之外，齐得十二焉，此东西秦也。非亲子弟，莫可使王齐者。"上曰："善。"赐金五百斤。上还至洛阳，赦韩信，封为淮阴侯。甲申，始剖符封功臣曹参等为通侯。诏曰："齐，古之建国也，今为郡县，其复以为诸侯。将军刘贾数有大功，及择宽惠修洁者，王齐、荆地。"春正月丙午，韩王信等奏请以故东阳郡、鄣郡、吴郡五十三县立刘贾为荆王；以砀郡、薛郡、郯郡三十六县立弟文信君交为楚王。壬子，以云中、雁门、代郡五十三县立兄宜信侯喜为代王；以胶东、胶西、临淄、济北、博阳、城阳郡七十三县立子肥为齐王；以太原郡三十一县为韩国，徙韩王信都晋阳。上已封大功臣二十余人，其余争功，未得行封。上居南宫，从复道上见诸将往往耦语，以问张良。良曰："陛下与此属共取天下，今已为天子，而所封皆故人所爱，所诛皆平生仇怨。今军吏计功，以天下为不足用遍封，而恐以过失及诛，故相聚谋反耳。"上曰："为之奈何？"良曰："取上素所不快，计群臣所共知最甚者一人，先封以示群臣。"三月，上置酒，封雍齿，因趣丞相急定功臣封。罢酒，群臣皆喜，曰："雍齿且侯，吾属亡患矣！"上归栎阳，五日一朝太公。太公家令说太公曰："天亡二日，土亡二王。皇帝虽子，人主也；太公虽父，人臣也。奈何令人主拜人臣！如此，则威重不行。"后上朝，太公拥彗，迎门却行。上大惊，下扶太公。太公曰："帝，人主，奈何以我乱天下法！"于是上心善家令言，赐黄金五百斤。夏五月丙午，诏曰："人之至亲，莫亲于父子，故父有天下传归于子，子有天下尊归于父，此人道之极也。前日天下大乱，兵革并起，万民苦殃，朕亲被坚执锐，自帅士卒，犯危难，平暴乱，立诸侯，偃兵息民，天下大安，此皆太公之教训也。诸王、通侯、将军、群卿、大夫已尊朕为皇帝，而太公未有号，今上尊太公曰太上皇。"秋九月，匈奴围韩王信于马邑，信降匈奴。

七年冬十月，上自将击韩王信于铜鞮，斩其将。信亡走匈奴，其将曼丘臣、王黄共立故赵后赵利为王，收信散兵，与匈奴共距汉。上从晋阳连战，乘胜逐北，至楼烦，会大寒，士卒堕指者什二三。遂至平城，为匈奴所围，七日，用陈平秘计得出。使樊哙留定代地。十二月，上还过赵，不礼赵王。是月，匈奴攻代，代王喜弃国，自归洛阳，赦为合阳侯。辛卯，立子如意为代王。春，令郎中有罪耐以上，请之。民产子，复勿事二岁。二月，至长安。萧何治未央宫，立东阙、北阙、前殿、武库、大仓。上见其壮丽，甚怒，谓何曰："天下匈匈，劳苦数岁，成败未可知，是何治宫室过度也！"何曰："天下方未定，故可因以就宫室。且夫天子以四海为家，非令壮丽亡以重威，且亡令后世有以加也。"上说。自栎阳徙都长安。置宗正官以序九族。夏四月，行如洛阳。

八年冬，上东击韩信余寇于东垣。还过赵，赵相贯高等耻上不礼其王，阴谋欲弑上。上欲宿，心动，问："县名何？"曰："柏人。"上曰："柏人者，迫于人也。"去弗宿。十一月，令士卒从军死者为槥，归其县，县给衣衾棺葬具，祠以少牢，长吏视葬。十二月，行自东垣至。春三月，行如洛阳。令吏卒从军至平城及守城邑者皆复终身勿事。爵非公乘以上毋得冠刘氏冠。贾人毋得衣锦绣绮縠絺纻罽，操兵，乘骑马。秋八月，吏有罪未发觉者，赦之。九月，行自雒阳至。淮南王、梁王、赵王、楚王皆从。

九年冬十月，淮南王、梁王、赵王、楚王朝未央宫，置酒前殿。上奉玉卮为太上皇寿，曰："始大人常以臣亡赖，不能治产业，不如仲力。今某之业所就孰与仲多？"殿上群臣皆称万岁，大笑为乐。十一月，徙齐、楚大族昭氏、屈氏、景氏、怀氏、田氏五姓关中，与利田宅。十二月，行如洛阳。贯高等谋逆发觉，逮捕高等，并捕赵王敖下狱。诏敢有随王，罪三族。郎中田叔、孟舒等十人自髡钳为王家奴，从王就狱。王实不知其谋。春正月，废赵王敖为宣平侯。徙代王如意为赵王，王赵国。丙寅，前有罪殊死以下皆赦之。二月，行自洛阳至。贤赵臣田叔、孟舒等十人，召见与语，汉廷臣无能出其右者。上说，尽拜为郡守、诸侯相。夏六月乙未晦，日有食之。

十年冬十月，淮南王、燕王、荆王、梁王、楚王、齐王、长沙王来朝。夏五月，太上皇后崩。秋七月癸卯，太上皇崩，葬万年。赦栎阳囚死罪以下。八月，令诸侯王皆立太上皇庙于国都。九月，代相国陈豨反。上曰："豨尝为吾使，甚有信。代地吾所急，故封豨为列侯，以相国守代，今乃与王黄等劫掠代地！吏民非有罪也，能去豨、黄来归者，皆赦之。"上自东，至邯郸。上喜曰："豨不南据邯郸而阻漳水，吾知其亡能为矣。"赵相周昌奏常山二十五城亡其二十城，请诛守、尉。上曰："守、尉反乎？"对曰："不。"上曰："是力不足，亡罪。"上令周昌选赵壮士可令将者，白见四人。上谩骂曰："竖子能为将乎！"四人惭，皆伏地。上封各千户，以为将。左右谏曰："从入蜀、汉，伐楚，赏未遍行，今封此，何功？"上曰："非汝所知。陈豨反，赵、代地皆豨有。吾以羽檄征天下兵，未有至者，今计唯独邯郸中兵耳。吾何爱四千户，不以慰赵子弟！"皆曰："善。"又求："乐毅有后乎？"得其孙叔，封之乐乡，号华成君。问豨将，皆故贾人。上曰："吾知与之矣。"乃多以金购豨将，豨将多降。

十一年冬，上在邯郸。豨将侯敞将万余人游行，王黄将骑千余军曲逆，张春将卒万余人度河攻聊城。汉将军郭蒙与齐将击，大破之。太尉周勃道太原入定代地，至马邑，马邑不下，攻残之。豨将赵利守东垣，高祖攻之不下。卒骂，上怒。城降，卒骂者斩之。诸县坚守不降反寇者，复租赋三岁。春正月，淮阴侯韩信谋反长安，夷三族。将军柴武斩韩王信于参合。上还洛阳。诏曰："代地居常山之北，与夷狄边，赵乃从山南有之，远，数有胡寇，难以为国。颇取山南太原之地益代，代之云中以西为云中郡，则代受边寇益少矣。王、相国、通侯、吏二千石择可立为代王者。"燕王绾、相国何等三十三人皆曰："子恒贤知温良，请立以为代王，都晋阳。"大赦天下。二月，诏曰："欲省赋甚。今献未有程，吏或多赋以为献，而诸侯王尤多，民疾之。令诸侯王、通侯常以十月朝献，及郡各以其口数率，人岁六十三钱，以给献费。"又曰："盖闻王者莫高于周文，伯者莫高于齐桓,皆待贤人而成名。今天下贤者智能,岂特古之人乎?患在人主不交故也,士奚由进!今吾以天之灵,贤士大夫定有天下,以为一家,欲其长久,世世奉宗庙亡绝也。贤人已与我共平之矣,而不与吾共安利之,可乎?贤士大夫有肯从我游者,吾能尊显之。布告天下,使明知朕意。御史大夫昌下相国,相国酂侯下诸侯王,御史中执法下郡守,其有意称明德者,必身劝,为之驾,遣诣相国府,署行、义、年。有而弗言,觉,免。年老癃病,勿遣。"三月,梁王彭越谋反,夷三族。诏曰:"择可以为梁王、淮阳王者。"燕王绾、相国何等请立子恢为梁王,子友为淮阳王。罢东郡,颇益梁;罢颍川郡,颇益淮阳。夏四月,行自洛阳至。令丰人徙关中者皆复终身。五月,诏曰:"粤人之俗,好相攻击,前时秦徙中县之民南方三郡,使与百粤杂处。会天下诛秦,南海尉它居南方长治之,甚有文理,中县人以故不耗减,粤人相攻击之俗益止,俱赖其力。今立它为南粤王。"使陆贾即授玺、绶。它稽首称臣。六月,令士卒从入蜀、汉、关中者皆复终身。秋七月,淮南王布反。上问诸将,滕公言故楚令尹薛公有筹策。上召见,薛公言布形势,上善之,封薛公千户。诏王、相国择可立为淮南王者,群臣请立子长为王。上乃发上郡、北地、陇西车骑,巴、蜀材官及中尉卒三万人为皇太子卫,军霸上。布果如薛公言,东击杀荆王刘贾,劫其兵,度淮击楚,楚王交走入薛。上赦天下死罪以下,皆令从军;征诸侯兵,上自将以击布。

十二年冬十月,上破布军于会甀。布走,令别将追之。

上还,过沛,留,置酒沛宫,悉召故人父老子弟佐酒。发沛中儿得百二十人,教之歌。酒酣,上击筑,自歌曰:"大风起兮云飞扬,威加海内兮归故乡,安得猛士兮守四方!"令儿皆和习之。上乃起舞,忼慨伤怀,泣数行下。谓沛父兄曰:"游子悲故乡。吾虽都关中,万岁之后吾魂魄犹思沛。且朕自沛公以诛暴逆,遂有天下,其以沛为朕汤沐邑,复其民,世世无有所与。"沛父老诸母故人日乐饮极欢,道旧故为笑乐。十余日,上欲去,沛父兄固请。上曰:"吾人众多,父兄不能给。"乃去。沛中空县皆之邑西献。上留止,张饮三日。沛父兄皆顿首曰:"沛幸得复,丰未得,唯陛下哀矜。"上曰:"丰者,吾所生长,极不忘耳。吾特以其为雍齿故反我为魏。"沛父兄固请之,乃并复丰,比沛。汉别将击布军洮水南北,皆大破之,追斩布番阳。周勃定代,斩陈豨于当城。诏曰:"吴,古之建国也。日者荆王兼有其地,今死亡后。朕欲复立吴王,其议可者。"长沙王臣等言:"沛侯濞重厚,请立为吴王。"已拜,上召谓濞曰:"汝状有反相。"因拊其背,曰:"汉后五十年东南有乱,岂汝邪?然天下同姓一家,汝慎毋反。"濞顿首曰:"不敢。"

十一月,行自淮南还。过鲁,以大牢祠孔子。十二月,诏曰:"秦皇帝、楚隐王、魏安釐王、齐愍王、赵悼襄王皆绝亡后。其与秦始皇帝守冢二十家,楚、魏、齐各十家,赵及魏公子亡忌各五家,令视其冢,复,亡与它事。陈豨降将言豨反时燕王卢绾使人之豨所阴谋。上使辟阳侯审食其迎绾,绾称疾。食其言绾反有端。春二月,使樊哙、周勃将兵击绾。诏曰:"燕王绾与吾有故,爱之如子,闻与陈豨有谋,吾以为亡有,故使人迎绾。绾称疾不来,谋反明矣。燕吏民非有罪也,赐其吏六百石以上爵各一级。与绾居,去来归者,赦之,加爵亦一级。"诏诸侯王议可立为燕王者。长沙王臣等请立子建为燕王。诏曰:"南武侯织亦粤之世也,立以为南海王。"三月,诏曰:"吾立为天子,帝有天下,十二年于今矣。与天下之豪士贤大夫共定天下,同安辑之。其有功者上致之王,次为列侯,下乃食邑。而重臣之亲,或为列侯,皆令自置吏,得赋敛,女子公主。为列侯食邑者,皆佩之印,赐大第室。吏二千石,徙之长安,受小第室。入蜀、汉定三秦者,皆世世复。吾于天下贤士功臣,可谓亡负矣。其有不义背天子擅起兵者,与天下共伐诛之。布告天下,使明知朕意。"上击布时,为流矢所中,行道疾。疾甚,吕后迎良医。医入见,上问医。曰:"疾可治。"于是上谩骂之,曰:"吾以布衣提三尺取天下,此非天命乎?命乃在天,虽扁鹊何益!"遂不使治疾,赐黄金五十斤,罢之。吕后问曰:"陛下百岁后,萧相国既死,谁令代之?"上曰:"曹参可。"问其次,曰:"王陵可,然少戆,陈平可以助之。陈平知有余,然难独任。周勃重厚少文,然安刘氏者必勃也,可令为太尉。"吕后复问其次,上曰:"此后亦非乃所知也。"卢绾与数千人居塞下候伺,幸上疾愈,自入谢。夏四月甲辰,帝崩于长乐宫。卢绾闻之,遂亡入匈奴。吕后与审食其谋曰:"诸将故与帝为编户民,北面为臣,心常鞅鞅,今乃事少主,非尽族是,天下不安。"以故不发丧。人或闻,以语郦商。郦商见审食其曰:"闻帝已崩四日,不发丧,欲诛诸将。诚如此,天下危矣。陈平、灌婴将十万守荥阳,樊哙、周勃将二十万定燕、代,此闻帝崩,诸将皆诛,必连兵还乡,以攻关中。大臣内畔,诸将外反,亡可跂足待也。"审食其入言之,乃以丁未发丧,大赦天下。五月丙寅,葬长陵。已下,皇太子、群臣皆反至太上皇庙。群臣曰:"帝起细微,拨乱世反之正,平定天下,为汉太祖,功最高。"上尊号曰高皇帝。初,高祖不修文学,而性明达,好谋,能听,自监门戍卒,见之如旧。初顺民心作三章之约。天下既定,命萧何次律令,韩信申军法,张苍定章程,叔孙通制礼仪,陆贾造《新语》。又与功臣剖符作誓,丹书铁契,金匮石室,藏之宗庙。虽日不暇给,规摹弘远矣。

赞曰:《春秋》晋史蔡墨有言:陶唐氏既衰,其后有刘累,学扰龙,事孔甲,范氏其后也。而大夫范宣子亦曰:"祖自虞以上为陶唐氏,在夏为御龙氏,在商为豕韦氏,在周为唐杜氏,晋主夏盟为范氏。"范氏为晋士师,鲁文公世奔秦。后归于晋,其处者为刘氏。刘向云战国时刘氏自秦获于魏。秦灭魏,迁大梁,都于丰,故周市说雍齿曰:"丰,故梁徙也。"是以颂高祖云:"汉帝本系,出自唐帝。降及于周,在秦作刘。涉魏而东,遂为丰公。"丰公,盖太上皇父。其迁日浅,坟墓在丰鲜焉。及高祖即位,置祠祀官,则有秦、晋、梁、荆之巫,世祠天地,缀之以祀,岂不信哉!由是推之,汉承尧运,德祚已盛,断蛇著符,旗帜上赤,协于火德,自然之应,得天统矣。

卷二　　　　惠帝纪第二

孝惠皇帝，高祖太子也，母曰吕皇后。帝年五岁，高祖初为汉王。二年，立为太子。十二年四月，高祖崩。五月丙寅，太子即皇帝位，尊皇后曰皇太后。赐民爵一级。中郎、郎中满六岁爵三级，四岁二级。外郎满六岁二级。中郎不满一岁一级。外郎不满二岁赐钱万。宦官尚食比郎中。谒者、执楯、执戟、武士、驺比外郎。太子御骖乘赐爵五大夫，舍人满五岁二级。赐给丧事者，二千石钱二万，六百石以上万，五百石、二百石以下至佐史五千。视作斥上者，将军四十金，二千石二十金，六百石以上六金，五百石以下至佐史二金。减田租，复十五税一。爵五大夫、吏六百石以上及宦皇帝而知名者有罪当盗械者，皆颂系；上造以上及内外公孙、耳孙有罪当刑及当为城旦舂者，皆耐为鬼薪、白粲；民年七十以上若不满十岁有罪当刑者，皆完之。又曰："吏所以治民也，能尽其治则民赖之，故重其禄，所以为民也。今吏六百石以上父母妻子与同居，及故吏尝佩将军、都尉印将兵，及佩二千石官印者，家唯给军赋，他无有所与。"令郡诸侯王立高庙。

元年冬十二月，赵隐王如意薨。民有罪，得买爵三十级以免死罪。赐民爵，户一级。春正月，城长安。

二年冬十月，齐悼惠王来朝，献城阳郡以益鲁元公主邑，尊公主为太后。春正月癸酉，有两龙见兰陵家人井中，乙亥夕而不见。陇西地震。夏旱，郃阳侯仲薨。秋七月辛未，相国何薨。

三年春，发长安六百里内男女十四万六千人城长安，三十日罢。以宗室女为公主，嫁匈奴单于。夏五月，立闽越君摇为东海王。六月，发诸侯王、列侯徒隶二万人城长安。秋七月，都厩灾。南越王赵佗称臣奉贡。

四年冬十月壬寅，立皇后张氏。春正月，举民孝弟力田者复其身。三月甲子，皇帝冠，赦天下。省法令妨吏民者；除挟书律。长乐宫鸿台灾。宜阳雨血。秋七月乙亥，未央宫凌室灾；丙子，织室灾。

五年冬十月，雷；桃李华，枣实。春正月，复发长安六百里内男女十四万五千人城长安，三十日罢。夏，大旱。秋八月己丑，相国参薨。九月，长安城成。赐民爵，户一级。

六年冬十月辛丑，齐王肥薨。令民得卖爵。女子年十五以上至三十不嫁，五算。夏六月，舞阳侯哙薨。起长安西市，修敖仓。

七年冬十月，发车骑、材官诣荥阳，太尉灌婴将。春正月辛丑朔，日有蚀之。夏五月丁卯，日有蚀之，既。秋八月戊寅，帝崩于未央宫。九月辛丑，葬安陵。

赞曰：孝惠内修亲亲，外礼宰相，优宠齐悼、赵隐，恩敬笃矣。闻叔孙通之谏则惧然，纳曹相国之对而心说，可谓宽仁之主。遭吕太后亏损至德，悲夫！

卷三　　　　高后纪第三

高皇后吕氏，生惠帝。佐高祖定天下，父兄及高祖而侯者三人。惠帝即位，尊吕后为太后。太后立帝姊鲁元公主女为皇后，无子，取后宫美人子名之以为太子。惠帝崩，太子立为皇帝，年幼，太后临朝称制，大赦天下。乃立兄子吕台、产、禄、台子通四人为王，封诸吕六人为列侯。语在《外戚传》。

元年春正月，诏曰："前日孝惠皇帝言欲除三族罪、妖言令，议未决而崩。今除之。"二月，赐民爵，户一级。初置孝弟力田二千石者一人。夏五月丙申，赵王宫丛台灾。立孝惠后宫子强为淮阳王，不疑为恒山王，弘为襄城侯，朝为轵侯，武为壶关侯。秋，桃李华。

二年春，诏曰："高皇帝匡饬天下，诸有功者皆受分地为列侯，万民大安，莫不受休德。朕思念至于久远而功名不著，亡以尊大谊，施后世。今欲差次列侯功以定朝位，臧于高庙，世世勿绝，嗣子各袭其功位。其与列侯议定奏之。"丞相臣平言："谨与绛侯臣勃、曲周侯臣商、颍阴侯臣婴、安国侯臣陵等议：列侯幸得赐餐钱奉邑，陛下加惠，以功次定朝位，臣请臧高庙。"奏可。春正月乙卯，地震，羌道、武都道山崩。夏六月丙戌晦，日有蚀之。秋七月，恒山王不疑薨。行八铢钱。

三年夏，江水、汉水溢，流民四千余家。秋，星昼见。四年夏，少帝自知非皇后子，出怨言，皇太后幽之永巷。诏曰："凡有天下治万民者，盖之如天，容之如地；上有欢心以使百姓，百姓欣然以事其上，欢欣交通而天下治。今皇帝疾久不已，乃失惑昏乱，不能继嗣奉宗庙，守祭祀，不可属天下。其议代之。"群臣皆曰："皇太后为天下计，所以安宗庙社稷甚深。顿首奉诏。"五月丙辰，立恒山王弘为皇帝。

五年春，南粤王尉佗自称南武帝。秋八月，淮阳王强薨。九月，发河东、上党骑屯北地。

六年春，星昼见。夏四月，赦天下。秩长陵令二千石。六月，城长陵。匈奴寇狄道，攻阿阳。行五分钱。

七年冬十二月，匈奴寇狄道，略二千余人。春正月丁丑，赵王友幽死于邸。己丑晦，日有蚀之，既。以梁王吕产为相国，赵王禄为上将军。立营陵侯刘泽为琅邪王。夏五月辛未，诏曰："昭灵夫人，太上皇妃也；武哀侯、宣夫人，高皇帝兄姊也。号谥不称，其议尊号。"丞相臣平等请尊昭灵夫人曰昭灵后，武哀侯曰武哀王，宣夫人曰昭哀后。六月，赵王恢自杀。秋九月，燕王建薨。南越侵盗长沙，遣隆虑侯灶将兵击之。

八年春，封中谒者张释卿为列侯。诸中官、宦者令、丞皆赐爵关内侯，食邑。夏，江水、汉水溢，流万余家。秋七月辛巳，皇太后崩于未央宫。遗诏赐诸侯王各千金，将、相、列侯下至郎吏各有差。大赦天下。上将军禄、相国产颛兵秉政，自知背高皇帝约，恐为大臣、诸侯王所诛，因谋作乱。时齐悼惠王子朱虚侯章在京师,以禄女为妇,知其谋,乃使人告兄齐王,令发兵西。章欲与太尉勃、丞相平为内应,以诛诸吕。齐王遂发兵,又诈琅邪王泽发其国兵,并将而西。产、禄等遣大将军灌婴将兵击之。婴至荥阳,使人谕齐王与连和,待吕氏变而共诛之。太尉勃与丞相平谋,以曲周侯郦商子寄与禄善,使人劫郦令寄绐说禄曰:"高帝与吕后共定天下,刘氏所立九王,吕氏所立三王,皆大臣之议。事已布告诸侯王,诸侯王以为宜。今太后崩,帝少。足下不急之国守藩,乃为上将将兵留此,为大臣诸侯所疑。何不速归将军印,以兵属太尉,请梁王亦归相国印,与大臣盟而之国?齐兵必罢,大臣得安,足下高枕而王千里,此万世之利也。"禄然其计,使人报产及诸吕老人。或以为不便,计犹豫未有所决。禄信寄,与俱出游,过其姑吕媭。媭怒曰:"汝为将而弃军,吕氏今无处矣!"乃悉出珠玉宝器散堂下,曰:"无为它人守也!"八月庚申,平阳侯行御史大夫事,见相国产计事。郎中令贾寿使从齐来,因数产曰:"王不早之国,今虽欲行,尚可得邪?"具以灌婴与齐、楚合从状告产。平阳侯窋闻其语,驰告丞相平、太尉勃。勃欲入北军,不得入。襄平侯纪通尚符节,乃令持节矫内勃北军。勃复令郦寄、典客刘揭说禄,曰:"帝使太尉守北军,欲令足下之国,急归将军印,辞去。不然,祸且起。"禄遂解印属典客,而以兵授太尉勃。勃入军门,行令军中曰:"为吕氏右袒,为刘氏左袒。"军皆左袒。勃遂将北军。然尚有南军,丞相平召朱虚侯章佐勃。勃令章监军门,令平阳侯告卫尉,毋内相国产殿门。产不知禄已去北军,入未央宫欲为乱。殿门弗内,徘徊往来。平阳侯驰语太尉勃,勃尚恐不胜,未敢诵言诛之,乃谓朱虚侯章曰:"急入宫卫帝。"章从勃请卒千人,入未央宫掖门,见产廷中。日晡时,遂击产,产走。天大风,从官乱,莫敢斗者。逐产,杀之郎中府吏舍厕中。章已杀产,帝令谒者持节劳章。章欲夺节,谒者不肯,章乃从与载,因节信驰斩长乐卫尉吕更始。还入北军,复报太尉勃。勃起拜贺章,曰:"所患独产,今已诛,天下定矣。"辛酉,斩吕禄,笞杀吕媭。分部悉捕诸吕男女,无少长皆斩之。大臣相与阴谋,以为少帝及三弟为王者皆非孝惠子,复共诛之,尊立文帝。语在《周勃》、《高五王传》。

赞曰:孝惠、高后之时,海内得离战国之苦,君臣俱欲无为,故惠帝拱己,高后女主制政,不出房闼,而天下晏然,刑罚罕用,民务稼穑,衣食滋殖。

卷四　　　　文帝纪第四

孝文皇帝,高祖中子也,母曰薄姬。高祖十一年,诛陈豨,定代地,立为代王,都中都。十七年秋,高后崩,诸吕谋为乱,欲危刘氏。丞相陈平、太尉周勃、朱虚侯刘章等共诛之,谋立代王。语在《高后纪》、《高五王传》。大臣遂使人迎代王。郎中令张武等议,皆曰:"汉大臣皆故高帝时将,习兵事,多谋诈,其属意非止此也,特畏高帝、吕太后威耳。今已诛诸吕,新喋血京师,以迎大王为名,实不可信。愿称疾无往,以观其变。"中尉宋昌进曰:"群臣之议皆非也。夫秦失其政,豪杰并起,人人自以为得之者以万数,然卒践天子位者,刘氏也,天下绝望,一矣。高帝王子弟,地犬牙相制,所谓盘石之宗也,天下服其强,二矣。汉兴,除秦烦苛,约法令,施德惠,人人自安,难动摇,三矣。夫以吕太后之严,立诸吕为三王,擅权专制,然而太尉以一节入北军,一呼士皆袒左,为刘氏,畔诸吕,卒以灭之。此乃天授,非人力也。今大臣虽欲为变,百姓弗为使,其党宁能专一邪?内有朱虚、东牟之亲,外畏吴、楚、淮南、琅邪、齐、代之强。方今高帝子独淮南王与大王,大王又长,贤圣仁孝闻于天下,故大臣因天下之心而欲迎立大王,大王勿疑也。"代王报太后,计犹豫未定。卜之,兆得大横。占曰:"大横庚庚,余为天王,夏启以光。"代王曰:"寡人固已为王,又何王乎?"卜人曰:"所谓天王者,乃天子也。"于是代王乃遣太后弟薄昭见太尉勃,勃等具言所以迎立王者。昭还报曰:"信矣,无可疑者。"代王笑谓宋昌曰:"果如公言。"乃令宋昌骖乘,张武等六人乘六乘传,诣长安,至高陵止,而使宋昌先之长安观变。昌至渭桥,丞相已下皆迎。昌还报,代王乃进至渭桥。群臣拜谒称臣,代王下拜。太尉勃进曰:"愿请间。"宋昌曰:"所言公,公言之;所言私,王者无私。"太尉勃乃跪上天子玺。代王谢曰:"至邸而议之。"闰月己酉,入代邸。群臣从至,上议曰:"丞相臣平、太尉臣勃、大将军臣武、御史大夫臣苍、宗正臣郢、朱虚侯臣章、东牟侯臣兴居、典客臣揭再拜言大王足下:子弘等皆非孝惠皇帝子,不当奉宗庙。臣谨请阴安侯、顷王后、琅邪王、列侯、吏二千石议,大王高皇帝子,宜为嗣。愿大王即天子位。"代王曰:"奉高帝宗庙,重事也。寡人不佞,不足以称。愿请楚王计宜者,寡人弗敢当。"群臣皆伏,固请。代王西乡让者三,南乡让者再。丞相平等皆曰:"臣伏计之,大王奉高祖宗庙最宜称,虽天下诸侯万民皆以为宜。臣等为宗庙社稷计,不敢忽。愿大王幸听臣等。臣谨奉天子玺符再拜上。"代王曰:"宗室将相王列侯以为莫宜寡人,寡人不敢辞。"遂即天子位。群臣以次侍。使太仆婴、东牟侯兴居先清宫,奉天子法驾迎代邸。皇帝即日夕入未央宫。夜拜宋昌为卫将军,领南北军。张武为郎中令,行殿中。还坐前殿,下诏曰:"制诏丞相、太尉、御史大夫:间者诸吕用事擅权,谋为大逆,欲危刘氏宗庙,赖将相列侯宗室大臣诛之,皆伏其辜。朕初即位,其赦天下,赐民爵一级,女子百户牛酒,酺五日。"

元年冬十月辛亥,皇帝见于高庙。遣车骑将军薄昭迎皇太后于代。诏曰:"前吕产自置为相国,吕禄为上将军,擅遣将军灌婴将兵击齐,欲代刘氏。婴留荥阳,与诸侯合谋以诛吕氏。吕产欲为不善,丞相平与太尉勃等谋夺产等军。朱虚侯章首先捕斩产。太尉勃身率襄平侯通持节承诏入北军。典客揭夺吕禄印。其益封太尉勃邑万户,赐金五千斤。丞相平、将军婴邑各三千户,金二千斤。朱虚侯章、襄平侯通邑各二千户,金千斤。封典客揭为阳信侯,赐金千斤。"十二月,立赵幽王子遂为赵王,徙琅邪王泽为燕王。吕氏所夺齐、楚地皆归之。尽除收帑相坐律令。正月,有司请蚤建太子，所以尊宗庙也。诏曰："朕既不德，上帝神明未歆飨也，天下人民未有惬志。今纵不能博求天下贤圣有德之人而嬗天下焉，而曰豫建太子，是重吾不德也。谓天下何？其安之。"有司曰："豫建太子，所以重宗庙社稷，不忘天下也。"上曰："楚王，季父也，春秋高，阅天下之义理多矣，明于国家之体。吴王于朕，兄也，淮南王，弟也：皆秉德以陪朕，岂为不豫哉！诸侯王宗室昆弟有功臣，多贤及有德义者，若举有德以陪朕之不能终，是社稷之灵，天下之福也。今不选举焉，而曰必子，人其以朕为忘贤有德者而专于子，非所以忧天下也。朕甚不取。"有司固请曰："古者殷、周有国，治安皆且千岁，有天下者莫长焉，用此道也。立嗣必子，所从来远矣。高帝始平天下，建诸侯，为帝者太祖。诸侯王列侯始受国者亦皆为其国祖。子孙继嗣，世世不绝，天下之大义也。故高帝设之以抚海内。今释宜建而更选于诸侯宗室，非高帝之志也。更议不宜。子启最长，敦厚慈仁，请建以为太子。"上乃许之。因赐天下民当为父后者爵一级。封将军薄昭为轵侯。三月，有司请立皇后。皇太后曰："立太子母窦氏为皇后。"诏曰："方春和时，草木群生之物皆有以自乐，而吾百姓鳏寡孤独穷困之人或阽于死亡，而莫之省忧。为民父母将何如？其议所以振贷之。"又曰："老者非帛不暖，非肉不饱。今岁首，不时使人存问长老，又无布帛酒肉之赐，将何以佐天下子孙孝养其亲？今闻吏禀当受鬻者，或以陈粟，岂称养老之意哉！具为令。"有司请令县道，年八十已上，赐米人月一石，肉二十斤，酒五斗。其九十已上，又赐帛人二匹，絮三斤。赐物及当禀鬻米者，长吏阅视，丞若尉致。不满九十，啬夫、令史致。二千石遣都吏循行，不称者督之。刑者及有罪耐以上，不用此令。楚元王交薨。四月，齐、楚地震，二十九山同日崩，大水溃出。六月，令郡国无来献。施惠天下，诸侯、四夷，远近欢洽。乃修代来功。诏曰："方大臣诛诸吕迎朕，朕狐疑，皆止朕，唯中尉宋昌劝朕，以得保宗庙。已尊昌为卫将军，其封昌为壮武侯。诸从朕六人，官皆至九卿。"又曰："列侯从高帝入蜀汉者六十八人益邑各三百户，吏二千石以上从高帝颍川守尊等十人食邑六百户，淮阳守申屠嘉等十人五百户，卫尉足等十人四百户。"封淮南王舅赵兼为周阳侯，齐王舅驷钧为靖郭侯，故常山丞相蔡兼为樊侯。

二年冬十月，丞相陈平薨。诏曰："朕闻古者诸侯建国千余，各守其地，以时入贡，民不劳苦，上下欢欣，靡有违德。今列侯多居长安，邑远，吏卒给输费苦，而列侯亦无由教训其民。其令列侯之国，为吏及诏所止者，遣太子。"十一月癸卯晦，日有食之。诏曰："朕闻之，天生民，为之置君以养治之。人主不德，布政不均，则天示之灾以戒不治。乃十一月晦，日有食之，适见于天，灾孰大焉！朕获保宗庙，以微眇之身托于士民君王之上，天下治乱，在予一人，唯二三执政犹吾股肱也。朕下不能治育群生，上以累三光之明，其不德大矣。令至，其悉思朕之过失，及知见之所不及，丐以启告朕。及举贤良方正能直言极谏者，以匡朕之不逮。因各敕以职任，务省徭费以便民。朕既不能远德，故㥯然念外人之有非，是以设备未息。今纵不能罢边屯戍，又饬兵厚卫，其罢卫将军军。太仆见马遗才足，余皆以给传置。"春正月丁亥，诏曰："夫农，天下之本也，其开藉田，朕亲率耕，以给宗庙粢盛。民谪作县官及贷种食未入、入未备者，皆赦之。"三月，有司请立皇子为诸侯王。诏曰："前赵幽王幽死，朕甚怜之，已立其太子遂为赵王。遂弟辟强及齐悼惠王子朱虚侯章、东牟侯兴居有功，可王。"乃立辟强为河间王，章为城阳王，兴居为济北王。因立皇子武为代王，参为太原王，揖为梁王。五月，诏曰："古之治天下，朝有进善之旌，诽谤之木，所以通治道而来谏者也，今法有诽谤、妖言之罪，是使众臣不敢尽情，而上无由闻过失也。将何以来远方之贤良？其除之。民或祝诅上，以相约而后相谩，吏以为大逆，其有他言，吏又以为诽谤。此细民之愚无知抵死，朕甚不取。自今以来，有犯此者勿听治。"九月，初与郡守为铜虎符、竹使符。诏曰："农，天下之大本也，民所恃以生也，而民或不务本而事末，故生不遂。朕忧其然，故今兹亲率群臣农以劝之。其赐天下民今年田租之半。"

三年冬十月丁酉晦，日有食之。十一月丁卯晦，日有蚀之。诏曰："前日诏遣列侯之国，辞未行。丞相朕之所重，其为朕率列侯之国。"遂免丞相勃，遣就国。十二月，太尉颍阴侯灌婴为丞相。罢太尉官，属丞相。夏四月，城阳王章薨。淮南王长杀辟阳侯审食其。五月，匈奴入居北地、河南为寇。上幸甘泉，遣丞相灌婴击匈奴，匈奴去。发中尉材官属卫将军，军长安。上自甘泉之高奴，因幸太原，见故群臣，皆赐。举功行赏，诸民里赐牛、酒。复晋阳、中都民三岁租。留游太原十余日。济北王兴居闻帝之代欲自击匈奴，乃反，发兵欲袭荥阳。于是诏罢丞相兵，以棘蒲侯柴武为大将军，将四将军十万众击之。祁侯缯贺为将军，军荥阳。秋七月，上自太原至长安。诏曰："济北王背德反上，诖误吏民，为大逆。济北吏民，兵未至先自定及以军、城邑降者，皆赦之，复官爵。与王兴居去来者，亦赦之。"八月，虏济北王兴居，自杀。赦诸与兴居反者。

四年冬十二月，丞相灌婴薨。夏五月，复诸刘有属籍，家无所与。赐诸侯王子邑各二千户。秋九月，封齐悼惠王子七人为列侯。绛侯周勃有罪，逮诣廷尉诏狱。作顾成庙。

五年春二月，地震。夏四月，除盗铸钱令。更造四铢钱。

六年冬十月，桃、李华。十一月，淮南王长谋反，废迁蜀严道，死雍。

七年冬十月，令列侯太夫人、夫人、诸侯王子及吏二千石无得擅征捕。夏四月，赦天下。六月癸酉，未央宫东阙罘罳灾。

八年夏，封淮南厉王长子四人为列侯。有长星出于东方。

九年春，大旱。

十年冬，行幸甘泉。将军薄昭死。

十一年冬十一月，行幸代。春正月，上自代还。夏六月，梁王揖薨。匈奴寇狄道。

十二年冬十二月，河决东郡。春正月，赐诸侯王女邑各二千户。二月，出孝惠皇帝后宫美人，令得嫁。三月，除关无用传。诏曰："道民之路，在于务本。朕亲率天下农，十年于今，而野不加辟。岁一不登，民有饥色，是从事焉尚寡，而吏未加务也。吾诏书数下，岁劝民种树，而功未兴，是吏奉吾诏不勤，而劝民不明也。且吾农民甚苦，而吏莫之省，将何以劝焉？其赐农民今年租税之半。"又曰："孝悌，天下之大顺也；力田，为生之本也；三老，众民之师也；廉吏，民之表也。朕甚嘉此二三大夫之行。今万家之县，云无应令，岂实人情？是吏举贤之道未备也。其遣谒者劳赐三老、孝者帛，人五匹；悌者、力田二匹；廉吏二百石以上率百石者三匹。及问民所不便安，而以户口率置三老孝悌力田常员，令各率其意以道民焉。"

十三年春二月甲寅，诏曰："朕亲率天下农耕以供粢盛，皇后亲桑以奉祭服，其具礼仪。"夏，除秘祝，语在《郊祀志》。五月，除肉刑法，语在《刑法志》。六月，诏曰："农，天下之本，务莫大焉。今勤身从事，而有租税之赋，是谓本末者无以异也，其于劝农之道未备。其除田之租税。"赐天下孤寡布帛絮各有数。"

十四年冬，匈奴寇边，杀北地都尉卬。遣三将军军陇西、北地、上郡，中尉周舍为卫将军，郎中令张武为车骑将军，军渭北，车千乘，骑卒十万人。上亲劳军，勒兵，申教令，赐吏卒。自欲征匈奴，群臣谏，不听。皇太后固要上，乃止。于是以东阳侯张相如为大将军，建成侯董赫、内史栾布皆为将军，击匈奴，匈奴走。春，诏曰："朕获执牺牲珪币以事上帝宗庙，十四年于今。历日弥长，以不敏不明而久抚临天下，朕甚自愧。其广增诸祀坛场珪币。昔先王远施不求其报，望祀不祈其福，右贤左戚，先民后己，至明之极也。今吾闻祠官祝釐，皆归福于朕躬，不为百姓，朕甚愧之。夫以朕之不德，而专乡独美其福，百姓不与焉，是重吾不德也。其令祠官致敬，无有所祈。"

十五年春，黄龙见于成纪。上乃下诏议郊祀。公孙臣明服色，新垣平设五庙，语在《郊祀志》。夏四月，上幸雍，始郊见五帝，赦天下。修名山大川尝祀而绝者，有司以岁时致礼。九月，诏诸侯王、公卿、郡守举贤良能直言极谏者，上亲策之，傅纳以言，语在《晁错传》。

十六年夏四月，上郊祀五帝于渭阳。五月，立辟悼惠王子六人、淮南厉王子三人皆为王。秋九月，得玉杯，刻曰"人主延寿"。令天下大酺，明年改元。

后元年冬十月，新垣平诈觉，谋反，夷三族。春三月，孝惠皇后张氏薨。诏曰："间者数年比不登，又有水旱疾疫之灾，朕甚忧之。愚而不明，未达其咎。意者朕之政有所失而行有过与？乃天道有不顺，地利或不得，人事多失和，鬼神废不享与？何以致此？将百官之奉养或费，无用之事或多与？何其民食之寡乏也！夫度田非益寡，而计民未加益，以口量地，其于古犹有余，而食之甚不足者，其咎安在？无乃百姓之从事于末以害农者蕃，为酒醪以靡谷者多，六畜之食焉者众与？细大之义，吾未能得其中。其与丞相列侯吏二千石博士议之，有可以佐百姓者，率意远思，无有所隐也。"

二年夏，行幸雍棫阳宫。六月，代王参薨。匈奴和亲。诏曰："朕既不明，不能远德，使方外之国或不宁息。夫四荒之外不安其生，封圻之内勤劳不处，二者之咎，皆自于朕之德薄而不能达远也。间者累年，匈奴并暴边境，多杀吏民，边臣兵吏又不能谕其内志，以重吾不德。夫久结难连兵，中外之国将何以自宁？今朕夙兴夜寐，勤劳天下，忧苦万民，为之恻怛不安，未尝一日忘于心，故遣使者冠盖相望，结彻于道，以谕朕志于单于。今单于反古之道，计社稷之安，便万民之利，新与朕俱弃细过，偕之大道，结兄弟之义，以全天下元元之民。和亲以定，始于今年。"

三年春二月，行幸代。

四年夏四月丙寅晦，日有蚀之。五月，赦天下。免官奴婢为庶人。行幸雍。

五年春正月，行幸陇西。三月，行幸雍。秋七月，行幸代。

六年冬，匈奴三万骑入上郡，三万骑入云中。以中大夫令免为车骑将军，屯飞狐；故楚相苏意为将军，屯句注；将军张武屯北地；河内太守周亚夫为将军，次细柳；宗正刘礼为将军，次霸上；祝兹侯徐厉为将军，次棘门，以备胡。夏四月，大旱，蝗。令诸侯无入贡，弛山泽，减诸服御，损郎吏员，发仓庾以振民，民得卖爵。

七年夏，六月己亥，帝崩于未央宫。遗诏曰："朕闻之：盖天下万物之萌生，靡不有死。死者天地之理，物之自然，奚可甚哀！当今之世，咸嘉生而恶死，厚葬以破业，重服以伤生，吾甚不取。且朕既不德，无以佐百姓。今崩，又使重服久临，以罹寒暑之数，哀人父子，伤长老之志，损其饮食，绝鬼神之祭祀，以重吾不德，谓天下何！朕获保宗庙，以眇眇之身托于天下君王之上，二十有余年矣。赖天之灵，社稷之福，方内安宁，靡有兵革。朕既不敏，常畏过行，以羞先帝之遗德；惟年之久长，惧于不终。今乃幸以天年得复供养于高庙，朕之不明与嘉之，其奚哀念之有！其令天下吏民，令到出临三日，皆释服。无禁取妇嫁女祠祀饮酒食肉。自当给丧事服临者，皆无跣。绖带无过三寸。无布车及兵器。无发民哭临宫殿中。殿中当临者，皆以旦夕各十五举音，礼毕罢。非旦夕临时，禁无得擅哭临。以下，服大红十五日，小红十四日，纤七日，释服。它不在令中者，皆以此令比类从事。布告天下，使明知朕意。霸陵山川因其故，无有所改。归夫人以下至少使。"令中尉亚夫为车骑将军，属国悍为将屯将军，郎中令张武为复土将军，发近县卒万六千人，发内史卒万五千人，臧郭穿复土属将军武。赐诸侯王以下至孝悌力田金钱帛各有数。乙巳，葬霸陵。

赞曰："孝文皇帝即位二十三年，宫室苑囿车骑服御无所增益。有不便，辄弛以利民。尝欲作露台，召匠计之。直百金。上曰："百金，中人十家之产也。吾奉先帝宫室，常恐羞之，何以台为！"身衣弋绨，所幸慎夫人衣不曳地，帷帐无文绣，以示敦朴，为天下先。治霸陵，皆瓦器，不得以金、银、铜、锡为饰，因其山，不起坟。南越尉佗自立为帝，召贵佗兄弟，以德怀之，佗遂称臣。与匈奴结和亲，后而北约入盗，令边备守，不发兵深入，恐烦百姓。吴王诈病不朝，赐以几杖。群臣袁盎等谏说虽切，常假借纳用焉。张武等受赂金钱，觉，更加赏赐，以愧其心。专务以德化民，是以海内殷富，兴于礼义，断狱数百，几致刑措。呜呼，仁哉！

卷五　　　　　景帝纪第五

孝景皇帝，文帝太子也。母曰窦皇后。后七年六月，文帝崩。丁未，太子即皇帝位，尊皇太后薄氏曰太皇太后，皇后曰皇太后。九月，有星孛于西方。

元年冬十月，诏曰："盖闻古者祖有功而宗有德，制礼乐各有由。歌者，所以发德也；舞者，所以明功也。高庙酎，奏《武德》、《文始》、《五行》之舞。孝惠庙酎，奏《文始》、《五行》之舞。孝文皇帝临天下，通关梁，不异远方；除诽谤，去肉刑，赏赐长老，收恤孤独，以遂群生；减耆欲，不受献，罪人不帑，不诛亡罪，不私其利也；除宫刑，出美人，重绝人之世也。朕既不敏，弗能胜识。此皆上世之所不及，而孝文皇帝亲行之。德厚侔天地，利泽施四海，靡不获福。明象乎日月，而庙乐不称，朕甚惧焉。其为孝文皇帝庙为《昭德》之舞，以明休德。然后祖宗之功德，施于万世，永永无穷，朕甚嘉之。其与丞相、列侯、中二千石、礼官具礼仪奏。"丞相臣嘉等奏曰："陛下永思孝道，立《昭德》之舞以明孝文皇帝之盛德，皆臣嘉等愚所不及。臣谨议：世功莫大于高皇帝，德莫盛于孝文皇帝。高皇帝庙宜为帝者太祖之庙，孝文皇帝庙宜为帝者太宗之庙。天子宜世世献祖宗之庙。郡国诸侯宜各为孝文皇帝立太宗之庙。诸侯王列侯使者侍祠天子所献祖宗之庙。请宣布天下。"制曰："可"。春正月，诏曰："间者岁比不登，民多乏食，夭绝天年，朕甚痛之。郡国或硗狭，无所农桑系畜；或地饶广，荐草莽，水泉利，而不得徙。其议民欲徙宽大地者，听之。"夏四月，赦天下。赐民爵一级。遣御史大夫青翟至代下与匈奴和亲。五月，令田半租。秋七月，诏曰："吏受所监临，以饮食免，重；受财物，贱买贵卖，论轻。廷尉与丞相更议著令。"廷尉信谨与丞相议曰："吏及诸有秩受其官属所监、所治、所行、所将，其与饮食，计偿费，勿论。它物，若买故贱，卖故贵，皆坐赃为盗，没入赃县官。吏迁徙免罢受其故官属所将监治送财物，夺爵为士伍，免之。无爵，罚金二斤，令没入所受。有能捕告，畀其所受赃。"

二年冬十二月，有星孛于西南。令天下男子年二十始傅。春三月，立皇子德为河间王，阏为临江王，馀为淮阳王，非为汝南王，彭祖为广川王，发为长沙王。夏四月壬午，太皇太后崩。六月，丞相嘉薨。封故相国萧何孙系为列侯。秋，与匈奴和亲。

三年冬十二月，诏曰："襄平侯嘉子恢说不孝，谋反，欲以杀嘉，大逆无道。其赦嘉为襄平侯，及妻子当坐者复故爵。论恢说及妻子如法。"春正月，淮阳王宫正殿灾。吴王濞、胶西王卬、楚王戊、赵王遂、济南王辟光、菑川王贤、胶东王雄渠皆举兵反。大赦天下。遣太尉亚夫、大将军窦婴将兵击之。斩御史大夫晁错以谢七国。二月壬子晦，日有蚀之。诸将破七国，斩首十余万级。追斩吴王濞于丹徒。

胶西王卬、楚王戊、赵王遂、济南王辟光、菑川王贤、胶东王雄渠皆自杀。夏六月，诏曰："乃者吴王濞等为逆，起兵相胁，诖误吏民，吏民不得已。今濞等已灭，吏民当坐濞等及逋逃亡军者，皆赦之。楚元王子艺等与濞等为逆，朕不忍加法，除其籍，毋令污宗室。"立平陆侯刘礼为楚王，续元王后。立皇子端为胶西王，胜为中山王。赐民爵一级。

四年春，复置诸关用传出入。夏四月己巳，立皇子荣为皇太子，彻为胶东王。六月，赦天下，赐民爵一级。秋七月，临江王阏薨。十月戊戌晦，日有蚀之。

五年春正月，作阳陵邑。夏，募民徙阳陵，赐钱二十万。遣公主嫁匈奴单于。

六年冬十二月，雷，霖雨。秋九月，皇后薄氏废。

七年冬十一月庚寅晦，日有蚀之。春正月，废皇太子荣为临江王。二月，罢太尉官。夏四月乙巳，立皇后王氏。丁巳，立胶东王彻为皇太子。赐民为父后者爵一级。

中元年夏四月，赦天下，赐爵一级。封故御史大夫周苛、周昌孙子为列侯。

二年春二月，令诸侯王薨、列侯初封及之国，大鸿胪奏谥、诔、策。列侯薨及诸侯太傅初除之官，大行奏谥、诔、策。王薨，遣光禄大夫吊襚、祠、赠，视丧事，因立嗣子。列侯薨，遣太中大夫吊祠，视丧事，因立嗣。其葬，国得发民挽丧穿复土，治坟无过三百人毕事。匈奴入燕。改磔曰弃市，勿复磔。三月，临江王荣坐侵太宗庙地，征诣中尉，自杀。夏四月，有星孛于西北。立皇子越为广川王，寄为胶东王。秋七月，更郡守为太守，郡尉为都尉。九月，封故楚、赵傅、相、内史前死事者四人子皆为列侯。甲戌晦，日有蚀之。

三年冬十一月，罢诸侯御史大夫官。春正月，皇太后崩。夏，旱，禁酤酒。秋九月，蝗。有星孛于西北。戊戌晦，日有蚀之。立皇子乘为清河王。

四年春三月，起德阳宫。御史大夫绾奏禁马高五尺九寸以上，齿未平，不得出关。夏，蝗。秋，赦徒作阳陵者死罪；欲腐者，许之。十月戊午，日有蚀之。

五年夏，立皇子舜为常山王。六月，赦天下，赐民爵一级。秋八月己酉，未央宫东阙灾。更名诸侯丞相为相。九月，诏曰："法令度量，所以禁暴止邪也。狱，人之大命，死者不可复生。吏或不奉法令，以货赂为市，朋党比周，以苛为察，以刻为明，令亡罪者失职，朕甚怜之。有罪者不伏罪，奸法为暴，甚亡谓也。诸狱疑，若虽文致于法而于人心不厌者，辄谳之。"

六年冬十月，行幸雍，郊五畤。十二月，改诸官名。定铸钱伪黄金弃市律。春三月，雨雪。夏四月，梁王薨。分梁为五国，立孝王子五人皆为王。五月，诏曰："夫吏者，民之师也。车驾、衣服宜称。吏六百石以上，皆长吏也。亡度者、或不吏服，出入闾里，与民亡异。令长吏二千石车朱两轓；千石至六百石朱左轓。车骑从者不称其官衣服，下吏出入闾巷亡吏体者，二千石上其官属，三辅举不如法令者，皆上丞相御史请之。"先是，吏多军功，车服尚轻，故为设禁。又惟酷吏奉宪失中，乃诏有司减笞法，定棰令，语在《刑法志》。六月，匈奴入雁门，至武泉，入上郡，取苑马。吏卒战死者二千人。秋七月辛亥晦，日有蚀之。

后元年春正月，诏曰："狱，重事也。人有智愚，官有上下。狱疑者谳有司，有司所不能决，移廷尉。有令谳而后不当，谳者不为失。欲令治狱者务先宽。"三月，赦天下，赐民爵一级，中二千石、诸侯相爵右庶长。夏，大酺五日，民得酤酒。五月，地震。秋七月乙巳晦，日有蚀之。条侯周亚夫下狱死。

二年冬十月，省彻侯之国。春，匈奴入雁门，太守冯敬与战死。发车骑材官屯。春，以岁不登，禁内郡食马粟，没入之。夏四月，诏曰："雕文刻镂，伤农事者也；锦绣纂组，害女红者也。农事伤则饥之本也，女红害则寒之原也。夫饥寒并至，而能亡为非者寡矣。朕亲耕，后亲桑，以奉宗庙粢盛祭服，为天下先；不受献，减太官，省徭赋，欲天下务农蚕，素有畜积，以备灾害。强毋攘弱，众毋暴寡，老耆以寿终，幼孤得遂长。今岁或不登，民食颇寡，其咎安在？或诈伪为吏，吏以货赂为市，渔夺百姓，侵牟万民。县丞，长吏也，奸法与盗盗，甚无谓也。其令二千石各修其职；不事官职耗乱者，丞相以闻，请其罪。布告天下，使明知朕意。"五月，诏曰："人不患其不知，患其为诈也；不患其不勇，患其为暴也；不患其不富，患其亡厌也。其唯廉士，寡欲易足。今訾算十以上乃得宦，廉士算不必众。有市籍不得宦，无訾又不得宦，朕甚愍之。訾算四得宦，亡令廉士久失职，贪夫长利。"秋，大旱。

三年春正月，诏曰："农，天下之本也。黄金珠玉，饥不可食，寒不可衣，以为币用，不识其终始。间岁或不登，意为末者众，农民寡也。其令郡国务劝农桑，益种树，可得衣食物。吏发民若取庸采黄金珠玉者，坐臧为盗。二千石听者，与同罪。"皇太子冠，赐民为父后者爵一级。甲子，帝崩于未央宫。遗诏赐诸侯王列侯马二驷，吏二千石黄金二斤，吏民户百钱。出宫人归其家，复终身。二月癸酉，葬阳陵。

赞曰：孔子称"斯民，三代之所以直道而行也"，信哉！周秦之敝，罔密文峻，而奸轨不胜。汉兴，扫除烦苛，与民休息。至于孝文，加之以恭俭，孝景遵业，五六十载之间，至于移风易俗，黎民醇厚。周云成康，汉言文景，美矣！

卷六　　武帝纪第六

孝武皇帝，景帝中子也，母曰王美人。年四岁立为胶东王。七岁为皇太子，母为皇后。十六岁，后三年正月，景帝崩。甲子，太子即皇帝位，尊皇太后窦氏曰太皇太后，皇后曰皇太后。三月，封皇太后同母弟田蚡、胜皆为列侯。

建元元年冬十月，诏丞相、御史、列侯、中二千石、二千石、诸侯相举贤良方正直言极谏之士。丞相绾奏："所举贤良，或治申、商、韩非、苏秦、张仪之言，乱国政，请皆罢。"奏可。春二月，赦天下。赐民爵一级。年八十复二算，九十复甲卒。行三铢钱。夏四月己巳，诏曰："古之立教，乡里以齿，朝廷以爵，扶世导民，莫善于德。然则于乡里先者

艾，奉高年，古之道也。今天下孝子、顺孙愿自竭尽以承其亲，外迫公事，内乏资财，是以孝心阙焉，朕甚哀之。民年九十以上，已有受鬻法，为复子若孙，令得身帅妻妾遂其供养之事。"五月，诏曰："河海润千里。其令祠官修山川之祠，为岁事，曲加礼。"赦吴楚七国帑输在官者。秋七月，诏曰："卫士转置送迎二万人，其省万人。罢苑马，以赐贫民。"议立明堂。遣使者安车蒲轮，束帛加璧，征鲁申公。

二年冬十月，御史大夫赵绾坐请毋奏事太皇太后，及郎中令王臧皆下狱，自杀。丞相婴、太尉蚡免。春二月丙戌朔，日有蚀之。夏四月戊申，有如日夜出。初置茂陵邑。

三年春，河水溢于平原，大饥，人相食。赐徙茂陵者户钱二十万，田二顷。初作便门桥。秋七月，有星孛于西北。济川王明坐杀太傅、中傅废迁防陵。闽越围东瓯，东瓯告急。遣中大夫严助持节发会稽兵，浮海救之。未至，闽越走，兵还。九月丙子晦，日有蚀之。

四年夏，有风赤如血。六月，旱。秋九月，有星孛于东北。

五年春，罢三铢钱，行半两钱。置《五经》博士。夏四月，平原君薨。五月，大蝗。秋八月，广川王越、清河王乘皆薨。

六年春二月乙未，辽东高庙灾。夏四月壬子，高园便殿火。上素服五日。五月丁亥，太皇太后崩。秋八月，有星孛于东方，长竟天。闽越王郢攻南越。遣大行王恢将兵出豫章，大司农韩安国出会稽击之，未至，越人杀郢降，兵还。

元光元年冬十一月，初令郡国举孝廉各一人。卫尉李广为骁骑将军屯云中，中尉程不识为车骑将军屯雁门，六月罢。夏四月，赦天下，赐民长子爵一级。复七国宗室前绝属者。五月，诏贤良曰："朕闻昔在唐虞，画像而民不犯，日月所烛，莫不率俾。周之成康，刑错不用，德及鸟兽，教通四海。海外肃慎，北发渠搜，氐羌徕服，星辰不孛，日月不蚀，山陵不崩，川谷不塞；麟凤在郊薮，河洛出图书。呜呼，何施而臻此乎！今朕获奉宗庙，夙兴以求，夜寐以思，若涉渊水，未知所济。猗与伟与！何行而可以章先帝之洪业休德，上参尧舜，下配三王！朕之不敏，不能远德，此子大夫之所睹闻也，贤良明于古今王事之体，受策察问，咸以书对，著之于篇，朕亲览焉。"于是董仲舒、公孙弘等出焉。秋七月癸未，日有蚀之。

二年冬十月，行幸雍，祠五畤。春，诏问公卿曰："朕饰子女以配单于，金币文绣赂之甚厚，单于待命加嫚，侵盗亡已。边境被害，朕甚闵之。今欲举兵攻之，何如？"大行王恢建议宜击。夏六月，御史大夫韩安国为护军将军，卫尉李广为骁骑将军，太仆公孙贺为轻车将军，大行王恢为将屯将军，太中大夫李息为材官将军，将三十万众屯马邑谷中，诱致单于，欲袭击之。单于入塞，觉之，走出。六月，军罢。将军王恢坐首谋不进，下狱死。秋九月，令民大酺五日。

三年春，河水徙，从顿丘东南流入勃海。夏五月，封高祖功臣五人后为列侯。河水决濮阳，泛郡十六。发卒十万救决河。起龙渊宫。

四年冬,魏其侯窦婴有罪,弃市。春三月乙卯,丞相蚡薨。夏四月,陨霜杀草。五月,地震。赦天下。

五年春正月,河间王德薨。夏,发巴蜀治南夷道。又发卒万人治雁门阻险。秋七月,大风拔木。乙巳,皇后陈氏废。捕为巫蛊者,皆枭首。八月,螟。征吏民有明当世之务、习先圣之术者,县次续食,令与计偕。

六年冬,初算商车。春,穿漕渠通渭。匈奴入上谷,杀略吏民。遣车骑将军卫青出上谷,骑将军公孙敖出代,轻车将军公孙贺出云中,骁骑将军李广出雁门。青至龙城,获首虏七百级。广、敖失师而还。诏曰:"夷狄无义,所从来久。间者匈奴数寇边境,故遣将抚师。古者治兵振旅,因遭虏之方入,将吏新会,上下未辑。代郡将军敖、雁门将军广所任不肖,校尉又背义妄行,弃军而北,少吏犯禁。用兵之法:不勤不教,将率之过也;教令宣明,不能尽力,士卒之罪也。将军已下廷尉,使理正之,而又加法于士卒,二者并行,非仁圣之心。朕闵众庶陷害,欲刷耻改行,复奉正义,厥路亡由。其赦雁门、代郡军士不循法者。"夏,大旱,蝗。六月,行幸雍。秋,匈奴盗边。遣将军韩安国屯渔阳。

元朔元年冬十一月,诏曰:"公卿大夫,所使总方略,一统类,广教化,美风俗也。夫本仁祖义,褒德禄贤,劝善刑暴,五帝、三王所以昌也。朕夙兴夜寐,嘉与宇内之士臻于斯路。故旅耆老,复孝敬,选豪俊,讲文学,稽参政事,祈进民心,深诏执事,兴廉举孝,庶几成风,绍休圣绪。夫十室之邑,必有忠信;三人并行,厥有我师。今或至阖郡而不荐一人,是化不下究,而积行之君子雍于上闻也。二千石官长纪纲人伦,将何以佐朕烛幽隐,劝元元,厉蒸庶,崇乡党之训哉?且进贤受上赏,蔽贤蒙显戮,古之道也。其与中二千石、礼官、博士议不举者罪。"有司奏议曰:"古者,诸侯贡士,一适谓之好德,再适谓之贤贤,三适谓之有功,乃加九锡;不贡士,一则黜爵,再则黜地,三而黜,爵地毕矣。夫附下罔上者死,附上罔下者刑;与闻国政而无益于民者斥;在上位而不能进贤者退,此所以劝善黜恶也。今诏书昭先帝圣绪,令二千石举孝廉,所以化元元,移风易俗也。不举孝,不奉诏,当以不敬论。不察廉,不胜任也,当免。"奏可。十二月,江都王非薨。春三月甲子,立皇后卫氏。诏曰:"朕闻天地不变,不成施化;阴阳不变,物不畅茂。《易》曰'通其变,使民不倦'。《诗》云'九变复贯,知言之选'。朕嘉唐虞而乐殷周,据旧以鉴新。其赦天下,与民更始。诸逋贷及辞讼在孝景后三年以前,皆勿听治。"

秋,匈奴入辽西,杀太守;入渔阳、雁门,败都尉,杀略三千余人。遣将军卫青出雁门,将军李息出代,获首虏数千级。东夷薉君南闾等口二十八万人降,为苍海郡。鲁王馀、长沙王发皆薨。

二年冬,赐淮南王、菑川王几杖,毋朝。

春正月,诏曰:"梁王、城阳王亲慈同生,愿以邑分弟,其许之。诸侯王请与子弟邑者,朕将亲览,使有列位焉。"于是藩国始分,而子弟毕侯矣。匈奴入上谷、渔阳,杀略吏民千余人。遣将军卫青、李息出云中,至高阙,遂西至符离,获首虏数千级。收河南地,置朔方、五原郡。三月乙亥晦,日有蚀之。夏,募民徙朔方十万口。又徙郡国豪杰及訾三百万以上于茂陵。秋,燕王定国有罪,自杀。

三年春,罢苍海郡。三月,诏曰:"夫刑罚所以防奸也,内长文所以见爱也。以百姓之未洽于教化,朕嘉与士大夫日新厥业,祗而不解。其赦天下。"夏,匈奴入代,杀太守;入雁门,杀略千余人。六月庚午,皇太后崩。秋,罢西南夷,城朔方城。令民大酺五日。

四年冬,行幸甘泉。夏,匈奴入代、定襄、上郡,杀略数千人。

五年春,大旱。大将军卫青将六将军兵十余万人出朔方、高阙,获首虏万五千级。夏六月,诏曰:"盖闻导民以礼,风之以乐。今礼坏乐崩,朕甚闵焉。故详延天下方闻之士,咸荐诸朝。其令礼官劝学,讲议洽闻,举遗兴礼,以为天下先。太常其议予博士弟子,崇乡党之化,以厉贤材焉。"丞相弘请为博士置弟子员,学者益广。秋,匈奴入代,杀都尉。

六年春二月,大将军卫青将六将军兵十余万骑出定襄,斩首三千余级。还,休士马于定襄、云中、雁门。赦天下。夏四月,卫青将六将军绝幕,大克获。前将军赵信军败,降匈奴。右将军苏建亡军,独身脱还,赎为庶人。六月,诏曰:"朕闻五帝不相复礼,三代不同法,所由殊路而建德一也。盖孔子对定公以徕远,哀公以论臣,景公以节用,非期不同,所急异务也。今中国一统而北边未安,朕甚悼之。日者大将军巡朔方,征匈奴,斩首虏八千级,诸禁锢及有过者,咸蒙award赏,得免减罪。今大将军仍复克获,斩首虏万九千级,受爵赏而欲移卖者,无所流贩。其议为令。"有司奏请置武功赏官,以宠战士。

元狩元年冬十月,行幸雍,祠五畤。获白麟,作《白麟》之歌。十一月,淮南王安、衡山王赐谋反,诛。党与死者数万人。十二月,大雨雪,民冻死。夏四月,赦天下。丁卯,立皇太子。赐中二千石爵右庶长,民为父后者一级。诏曰:"朕闻咎繇对禹,曰在知人,知人则哲,惟帝难之。盖君者,心也,民犹支体,支体伤则心憯怛。日者淮南、衡山修文学,流货赂,两国接壤,俯于邪说,而造篡弒,此朕之不德。《诗》云:'忧心惨惨,念国之为虐。'已赦天下,涤除与之更始。朕嘉孝弟力田,哀夫老眊孤寡鳏独或匮于衣食,甚怜愍焉。其遣谒者巡行天下,存问致赐。曰:'皇帝使谒者赐县三老孝者帛,人五匹;乡三老弟者力田帛,人三匹;年九十以上及鳏寡孤独帛,人二匹,絮三斤;八十以上米,人三石。有冤失职,使者以闻。县乡即赐,毋赘聚。'"五月乙晦,日有蚀之。匈奴入上谷,杀数百人。

二年冬十月,行幸雍,祠五畤。春三月戊寅,丞相弘薨。遣骠骑将军霍去病出陇西,至皋兰,斩首八千余级。夏,马生余吾水中。南越献驯象、能言鸟。将军去病、公孙敖出北地二千余里,过居延,斩首虏三万余级。匈奴入雁门,杀略数百人。遣卫尉张骞、郎中令李广皆出右北平。广杀匈奴三千余人,尽亡其军四千人,独身脱还,及公孙敖、张骞皆后期,当斩,赎为庶人。江都王建有罪,自杀。胶东王寄薨。秋,匈奴昆邪王杀休屠王,并将其众合四万余人来降,置五属国以处之。以其地为武威、酒泉郡。

三年春,有星孛于东方。夏五月,赦天下。立胶东康王少子庆为六安王。封故相国萧何曾孙庆为列侯。秋，匈奴入右北平、定襄，杀略千余人。遣谒者劝有水灾郡种宿麦。举吏民能假贷贫民者以名闻。减陇西、北地、上郡戍卒半。发谪吏穿昆明池。

四年冬，有司言关东贫民徙陇西、北地、西河、上郡、会稽凡七十二万五千口，县官衣食振业，用度不足，请收银锡造白金及皮币以足用。初算缗钱。春，有星孛于东北。夏，有长星出于西北。大将军卫青将四将军出定襄，将军去病出代，各将五万骑。步兵踵军后数十万人。青至幕北围单于，斩首万九千级，至阗颜山乃还。去病与左贤王战，斩获首虏七万余级，封狼居胥山乃还。两军士死者数万人。前将军广、后将军食其皆后期。广自杀，食其赎死。

五年春三月甲午，丞相李蔡有罪，自杀。天下马少，平牡马，匹二十万。罢半两钱，行五铢钱。徙天下奸猾吏民于边。

六年冬十月，赐丞相以下至吏二千石金，千石以下至乘从者帛，蛮夷锦各有差。雨水亡冰。夏四月乙巳，庙立皇子闳为齐王，旦为燕王，胥为广陵王。初作诰。六月，诏曰："日者有司以币轻多奸，农伤而末众，又禁兼并之涂，故改币以约之。稽诸往古，制宜于今。废期有月，而山泽之民未谕。夫仁行而从善，义立则俗易，意奉宪者所以导之未明与？将百姓所安殊路，而拊虔吏因乘势以侵蒸庶邪？何纷然其扰也！今遣博士大等六人分循行天下，存问鳏寡废疾，无以自振者贷与之。谕三老孝弟以为民师，举独行之君子，征诣行在所。朕嘉贤者，乐知其人。广宣厥道，士有特招，使者之任也。详问隐处亡位及冤失职、奸猾为害、野荒治苛者，举奏。郡国有所以为便者，上丞相、御史以闻。"秋九月，大司马骠骑将军去病薨。

元鼎元年夏五月，赦天下，大酺五日。得鼎汾水上。济东王彭离有罪，废徙上庸。

二年冬十一月，御史大夫张汤有罪，自杀。十二月，丞相青翟下狱死。春，起柏梁台。三月，大雨雪。夏，大水，关东饿死者以千数。秋九月，诏曰："仁不异远，义不辞难，今京师虽未为丰年，山林池泽之饶与民共之。今水潦移于江南，迫隆冬至，朕惧其饥寒不活。江南之地，火耕水耨，方下巴蜀之粟致之江陵，遣博士中等分循行，谕告所抵，无令重困。吏民有振救饥民免其厄者，具举以闻。"

三年冬，徙函谷关于新安。以故关为弘农县。十一月，令民告缗者以其半与之。正月戊子，阳陵园火。夏四月，雨雹，关东郡国十余饥，人相食。常山王舜薨。子敖嗣立，有罪，废徙房陵。

四年冬十月，行幸雍，祠五畤。赐民爵一级，女子百户牛酒。行自夏阳，东幸汾阴。十一月甲子，立后土祠于汾阴脽上。礼毕，行幸荥阳。还至洛阳，诏曰："祭地冀州，瞻望河洛，巡省豫州，观于周室，邈而无祀。询问耆老，乃得孽子嘉。其封嘉为周子南君，以奉周祀。"春二月，中山王胜薨。夏，封方士栾大为乐通侯，位上将军。六月，得宝鼎后土祠旁。秋，马生渥洼水中。作《宝鼎》、《天马》之歌。立常山宪王子商为泗水王。

五年冬十月，行幸雍，祠五畤。遂逾陇，登空同，西临祖厉河而还。十一月辛巳朔旦，冬至。立泰畤于甘泉。天子亲郊见，朝日夕月。诏曰："朕以眇身托于王侯之上，德未能绥民，民或饥寒，故巡祭后土以祈丰年。冀州脽壤乃显文鼎，获荐于庙。渥洼水出马，朕其御焉。战战兢兢，惧不克任，思昭天地，内惟自新。《诗》云：'四牡翼翼，以征不服。'亲省边垂，用事所极。望见泰一，修天文禅。辛卯夜，若景光十有二明。《易》曰：'先甲三日，后甲三日。'朕甚念岁未咸登，饬躬斋戒，丁酉，拜况于郊。"夏四月，南越王相吕嘉反，杀汉使者及其王、王太后。赦天下。丁丑晦，日有蚀之。秋，蛙、虾蟆斗。遣伏波将军路博德出桂阳，下湟水；楼船将军杨仆出豫章，下浈水；归义越侯严为戈船将军，出零陵，下离水；甲为下濑将军，下苍梧。皆将罪人，江淮以南楼船十万人，越驰义侯遗别将巴蜀罪人，发夜郎兵，下牂柯江，咸会番禺。九月，列侯坐献黄金酎祭宗庙不如法夺爵者百六人，丞相赵周下狱死。乐通侯栾大坐诬罔要斩。西羌众十万人反，与匈奴通使，攻故安，围枹罕。匈奴入五原，杀太守。

六年冬十月，发陇西、天水、安定骑士及中尉、河南、河内卒十万人，遣将军李息、郎中令徐自为征西羌，平之。行东，将幸缑氏，至左邑桐乡，闻南越破，以为闻喜县。春，至汲新中乡，得吕嘉首，以为获嘉县。驰义侯遗兵未及下，上便令征西南夷，平之。遂定越地，以为南海、苍梧、郁林、合浦、交阯、九真、日南、珠厓、儋耳郡。定西南夷，以为武都、牂柯、越巂、沈黎、文山郡。秋，东越王余善反，攻杀汉将吏。遣横海将军韩说、中尉王温舒出会稽，楼船将军杨仆出豫章击之。又遣浮沮将军公孙贺出九原，匈河将军赵破奴出令居，皆二千余里，不见虏而还。乃分武威、酒泉地置张掖、敦煌郡，徙民以实之。

元封元年冬十月，诏曰："南越、东瓯咸伏其辜，西蛮、北夷颇未辑睦。朕将巡边垂，择兵振旅，躬秉武节，置十二部将军，亲帅师焉。"行自云阳，北历上郡、西河、五原，出长城，北登单于台，至朔方，临北河。勒兵十八万骑，旌旗径千余里，威震匈奴。遣使者告单于曰："南越王头已县于汉北阙矣。单于能战，天子自将待边；不能，亟来臣服。何但亡匿幕北寒苦之地为！"匈奴讋焉。还，祠黄帝于桥山，乃归甘泉。东越杀王余善降。诏曰："东越险阻反复，为后世患，迁其民于江淮间。"遂虚其地。春正月，行幸缑氏。诏曰："朕用事华山，至于中岳，获驳麃，见夏后启母石。翌日，亲登嵩高，御史乘属，在庙旁吏卒咸闻呼万岁者三。登礼罔不答。其令祠官加增太室祠，禁无伐其草木。以山下户三百为之奉邑，名曰崇高，独给祠，复亡所与。"行，遂东巡海上。夏四月癸卯，上还，登封泰山，降坐明堂。诏曰："朕以眇身承至尊，兢兢焉惟德菲薄，不明于礼乐，故用事八神，遭天地况施，著见景象，屑然如有闻。震于怪物，欲止不敢，遂登封泰山，至于梁父，然后升禅肃然。自新，嘉与士大夫更始，其以十月为元封元年。行所巡至，博、奉高、蛇丘、历城、梁父，民田租逋赋贷，已除。加年七十以上孤寡帛，人二匹。四县无出今年算。赐天下民爵一级，女子百户牛酒。"行自泰山，复东巡海上，至碣石。自辽西历北边九原，归于甘泉。秋，有星孛于东井，又孛于三台。齐王阋蘙。

二年冬十月,行幸雍,祠五畤。春,幸缑氏,遂至东莱。夏四月,还祠泰山。至瓠子,临决河,命从臣将军以下皆负薪塞河堤,作《瓠子之歌》。赦所过徒,赐孤独高年米,人四石。还,作甘泉通天台、长安飞廉馆。朝鲜王攻杀辽东都尉,乃募天下死罪击朝鲜。六月,诏曰:"甘泉宫内中产芝,九茎连叶。上帝博临,不异下房,赐朕弘休。其赦天下,赐云阳都百户牛酒。"作《芝房之歌》。秋,作明堂于泰山下。遣楼船将军杨仆、左将军荀彘将应募罪人击朝鲜。又遣将军郭昌、中郎将卫广发巴蜀兵平西南夷未服者,以为益州郡。

三年春,作角抵戏,三百里内皆观。夏,朝鲜斩其王右渠降,以其地为乐浪、临屯、玄菟、真番郡。楼船将军杨仆坐失亡多免为庶民,左将军荀彘坐争功弃市。秋七月,胶西王端薨。武都氏人反,分徙酒泉郡。

四年冬十月,行幸雍,祠五畤。通回中道,遂北出萧关,历独鹿、鸣泽,自代而还,幸河东。春三月,祠后土。诏曰:"朕躬祭后土地祇,见光集于灵坛,一夜三烛。幸中都宫,殿上见光。其赦汾阴、夏阳、中都死罪以下,赐三县及杨氏皆无出今年租赋。"夏,大旱,民多暍死。秋,以匈奴弱,可遂臣服,乃遣使说之。单于使来,死京师。匈奴寇边,遣拔胡将军郭昌屯朔方。

五年冬,行南巡狩,至于盛唐,望祀虞舜于九嶷。登灊天柱山,自寻阳浮江,亲射蛟江中,获之。舳舻千里,薄枞阳而出,作《盛唐枞阳之歌》。遂北至琅邪,并海,所过,礼祠其名山大川。春三月,还至泰山,增封。甲子,祠高祖于明堂,以配上帝,因朝诸侯王、列侯,受郡国计。夏四月,诏曰:"朕巡荆扬,辑江淮物,会大海气,以合泰山。上天见象,增修封禅。其赦天下。所幸县毋出今年租赋,赐鳏寡孤独帛,贫穷者粟。"还幸甘泉,郊泰畤。大司马大将军青薨。初置刺史部十三州。名臣文武欲尽,诏曰:"盖有非常之功,必待非常之人,故马或奔踶而致千里,士或有负俗之累而立功名。夫泛驾之马,跅弛之士,亦在御之而已。其令州郡察吏民有茂材异等可为将相及使绝国者。"

六年冬,行幸回中。春,作首山宫。三月,行幸河东,祠后土。诏曰:"朕礼首山,昆田出珍物,化或为黄金。祭后土,神光三烛。其赦汾阴殊死以下,赐天下贫民布帛,人一匹。"益州、昆明反,赦京师亡命令从军,遣拔胡将军郭昌将以击之。夏,京师民观角抵于上林平乐馆。秋,大旱,蝗。

太初元年冬十月,行幸泰山。十一月甲子朔旦,冬至,祀上帝于明堂。乙酉,柏梁台灾。十二月,禅高里,祠后土。东临勃海,望祠蓬莱。春,还,受计于甘泉。二月,起建章宫。夏五月,正历,以正月为岁首。色上黄,数用五,定官名,协音律。遣因杅将军公孙敖筑塞外受降城。秋八月,行幸安定。遣贰师将军李广利发天下谪民西征大宛。蝗从东方飞至敦煌。

二年春正月戊申,丞相庆薨。三月,行幸河东,祠后土。令天下大酺五日,膢五日,祠门户,比腊。夏四月,诏曰:"朕用事介山,祭后土,皆有光应。其赦汾阴、安邑殊死以下。"五月,籍吏民马,补车骑马。秋,蝗。遣浚稽将军赵破奴二万骑出朔方击匈奴,不还。冬十二月,御史大夫兒宽卒。

三年春正月,行东巡海上。夏四月,还,修封泰山,禅石闾。遣光禄勋徐自为筑五原塞外列城,西北至卢朐,游击将军韩说将兵屯之。强弩都尉路博德筑居延。秋,匈奴入定襄、云中,杀略数千人,行坏光禄诸亭障;又入张掖、酒泉,杀都尉。

四年春,贰师将军李广利斩大宛王首,获汗血马来。作《西极天马之歌》。秋,起明光宫。冬,行幸回中。徙弘农都尉治武关,税出入者以给关吏卒食。

天汉元年春正月,行幸甘泉,郊泰畤。三月,行幸河东,祠后土。匈奴归汉使者,使使来献。夏五月,赦天下。秋,闭城门大搜。发谪戍屯五原。

二年春,行幸东海。还幸回中。夏五月,贰师将军三万骑出酒泉,与右贤王战于天山,斩首虏万余级。又遣因杅将军出西河,骑都尉李陵将步兵五千人出居延北,与单于战,斩首虏万余级。陵兵败,降匈奴。秋,止禁巫祠道中者。大搜。渠黎六国使使来献。泰山、琅邪群盗徐教等阻山攻城,道路不通。遣直指使者暴胜之等衣绣衣杖斧分部逐捕。刺史郡守以下皆伏诛。冬十一月,诏关都尉曰:"今豪杰多远交,依东方群盗。其谨察出入者。"

三年春二月,御史大夫王卿有罪,自杀。初榷酒酤。三月,行幸泰山,修封,祀明堂,因受计。还幸北地,祠常山,瘗玄玉。夏四月,赦天下。行所过毋出田租。秋,匈奴入雁门,太守坐畏愞弃市。

四年春正月,朝诸侯王于甘泉宫。发天下七科谪及勇敢士,遣贰师将军李广利将六万骑、步兵七万人出朔方,因杅将军公孙敖万骑、步兵三万人出雁门,游击将军韩说步兵三万人出五原,强弩都尉路博德步兵万余人与贰师会。广利与单于战余吾水上连日,敖与左贤王战不利,皆引还。夏四月,立皇子髆为昌邑王。秋九月,令死罪入赎钱五十万减死一等。

太始元年春正月,因杅将军敖有罪,要斩。徙郡国吏民豪桀于茂陵、云陵。夏六月,赦天下。

二年春正月,行幸回中。三月,诏曰:"有司议曰:往者朕郊见上帝,西登陇首,获白麟以馈宗庙,渥洼水出天马,泰山见黄金,宜改故名。今更黄金为麟趾褭蹄以协瑞焉。"因以班赐诸侯王。秋,旱。九月,募死罪入赎钱五十万减死一等。御史大夫杜周卒。

三年春正月,行幸甘泉宫,飨外国客。二月,令天下大酺五日。行幸东海,获赤雁,作《朱雁之歌》。幸琅邪,礼日成山。登之罘,浮大海。山称万岁。冬,赐行所过五千钱,鳏寡孤独帛,人一匹。

四年春三月,行幸泰山。壬午,祀高祖于明堂,以配上帝,因受计。癸未,祀孝景皇帝于明堂。甲申,修封。丙戌,禅石闾。夏四月,幸不其,祠神人于交门宫,若有乡坐拜者。作《交门之歌》。夏五月,还幸建章宫,大置酒,赦天下。秋七月,赵有蛇从郭外入邑,与邑中蛇群斗孝文庙下,邑中蛇死。冬十月甲寅晦,日有蚀之。十二月,行幸雍,祠五畤,西至安定、北地。

征和元年春正月，还，行幸建章宫。三月，赵王彭祖薨。冬十一月，发三辅骑士大搜上林，闭长安城门索，十一日乃解。巫蛊起。

二年春正月，丞相贺下狱死。夏四月，大风发屋折木。闰月，诸邑公主、阳石公主皆坐巫蛊死。夏，行幸甘泉。秋七月，按道侯韩说、使者江充等掘蛊太子宫。壬午，太子与皇后谋斩充，以节发兵与丞相刘屈氂大战长安，死者数万人。庚寅，太子亡，皇后自杀。初置城门屯兵。更节加黄旄。御史大夫暴胜之、司直田仁坐失纵，胜之自杀，仁要斩。八月辛亥，太子自杀于湖。癸亥，地震。九月，立赵敬肃王子偃为平干王。匈奴入上谷、五原，杀略吏民。

三年春正月，行幸雍，至安定、北地。匈奴入五原、酒泉，杀两都尉。三月，遣贰师将军广利将七万人出五原，御史大夫商丘成二万人出西河，重合侯马通四万骑出酒泉。成至浚稽山与虏战，多斩首。通至天山，虏引去，因降车师。皆引兵还。广利败，降匈奴。夏五月，赦天下。六月，丞相屈氂下狱要斩，妻枭首。秋，蝗。九月，反者公孙勇、胡倩发觉，皆伏辜。

四年春正月，行幸东莱，临大海。二月丁酉，陨石于雍，二，声闻四百里。三月，上耕于巨定。还幸泰山，修封。庚寅，祀于明堂。癸巳，禅石闾。夏六月，还幸甘泉。秋八月辛酉晦，日有蚀之。

后元元年春正月，行幸甘泉，郊泰畤，遂幸安定。昌邑王髆薨。二月，诏曰："朕郊见上帝，巡于北边，见群鹤留止，以不罗罔，靡所获献。荐于泰畤，光景并见。其赦天下。"夏六月，御史大夫商丘成有罪，自杀。侍中仆射莽何罗与弟重合侯通谋反，侍中驸马都尉金日磾、奉车都尉霍光、骑都尉上官桀讨之。秋七月，地震，往往涌泉出。

二年春正月，朝诸侯王于甘泉宫，赐宗室。二月，行幸周至五柞宫。乙丑，立皇子弗陵为皇太子。丁卯，帝崩于五柞宫，入殡于未央宫前殿。三月甲申，葬茂陵。

赞曰：汉承百王之弊，高祖拨乱反正，文景务在养民，至于稽古礼文之事，犹多阙焉。孝武初立，卓然罢黜百家，表章《六经》。遂畴咨海内，举其俊茂，与之立功。兴太学，修郊祀，改正朔，定历数，协音律，作诗乐，建封禅，礼百神，绍周后，号令文章，焕焉可述。后嗣得遵洪业，而有三代之风。如武帝之雄材大略，不改文景之恭俭以济斯民，虽《诗》、《书》所称，何有加焉！

卷七　　昭帝纪第七

孝昭皇帝，武帝少子也。母曰赵婕妤，本以有奇异得幸，及生帝，亦奇异。语在《外戚传》。武帝末，戾太子败，燕王旦、广陵王胥行骄嫚，后元二年二月上疾病，遂立昭帝为太子，年八岁。以侍中奉车都尉霍光为大司马大将军，受遗诏辅少主。明日，武帝崩。戊辰，太子即皇帝位，谒高庙。帝姊鄂邑公主益汤沐邑，为长公主，共养省中。大将军光秉政，领尚书事，车骑将军金日磾、左将军上官桀副焉。夏六月，赦天下。秋七月，有星孛于东方。济北王宽有罪，自杀。赐长公主及宗室昆弟各有差。追遵赵婕妤为皇太后，起云陵。冬，匈奴入朔方，杀略吏民。发军屯西河，左将军桀行北边。

始元元年春二月，黄鹄下建章宫太液池中。公卿上寿。赐诸侯王、列侯、宗室金钱各有差。己亥，上耕于钩盾弄田。益封燕王、广陵王及鄂邑长公主各万三千户。夏，为太后起园庙云陵。益州廉头、姑缯、牂柯谈指、同并二十四邑皆反。遣水衡都尉吕破胡募吏民及发犍为、蜀郡奔命击益州，大破之。有司请河内属冀州，河东属并州。秋七月，赦天下，赐民百户牛酒。大雨，渭桥绝。八月，齐孝王孙刘泽谋反，欲杀青州刺史隽不疑，发觉，皆伏诛。迁不疑为京兆尹，赐钱百万。九月丙子，车骑将军日磾薨。闰月，遣故廷尉王平等五人持节行郡国，举贤良，问民所疾苦、冤、失职者。冬，无冰。

二年春正月，大将军光、左将军桀皆以前捕斩反虏重合侯马通功封，光为博陆侯，桀为安阳侯。以宗室毋在位者，举茂才刘辟强、刘长乐皆为光禄大夫，辟强守长乐卫尉。三月，遣使者振贷贫民毋种、食者。秋八月，诏曰："往年灾害多，今年蚕麦伤，所振贷种、食勿收责，毋令民出今年田租。"冬，发习战射士诣朔方，调故吏将屯田张掖郡。

三年春二月，有星孛于西北。秋，募民徙云陵，赐钱、田、宅。冬十月，凤皇集东海，遣使者祠其处。十一月壬辰朔，日有蚀之。

四年春三月甲寅，立皇后上官氏。赦天下。辞讼在后二年前，皆勿听治。夏六月，皇后见高庙。赐长公主、丞相、将军、列侯、中二千石以下及郎吏、宗室钱、帛各有差。徙三辅富人云陵，赐钱，户十万。秋七月，诏曰："比岁不登，民匮于食，流庸未尽还，往时令民共出马，其止勿出。诸给中都官者，且减之。"冬，遣大鸿胪田广明击益州。廷尉李种坐故纵死罪弃市。

五年春正月，追尊皇太后父为顺成侯。夏阳男子张延年诣北阙，自称卫太子，诬罔，要斩。夏，罢天下亭母马及马弩关。六月，封皇后父骠骑将军上官安为桑乐侯。诏曰："朕以眇身获保宗庙，战战栗栗，夙兴夜寐，修古帝王之事，诵《保傅传》、《孝经》、《论语》、《尚书》，未云有明。其令三辅、太常举贤良各二人，郡国文学高第各一人。赐中二千石以下至吏民爵，各有差。"罢儋耳、真番郡。秋，大鸿胪广明、军正王平击益州，斩首捕虏三万余人，获畜产五万余头。

六年春正月，上耕于上林。二月，诏有司问郡国所举贤良文学民所疾苦。议罢盐铁榷酤。栘中监苏武前使匈奴，留单于庭十九岁乃还，奉使全节，以武为典属国，赐钱百万。夏，旱，大雩，不得举火。秋七月，罢榷酤官，令民得以律占租，卖酒升四钱。以边塞阔远，取天水、陇西、张掖郡各二县置金城郡。诏曰："钩町侯毋波率其君长人民击反者，斩首捕虏有功。其立毋波为钩町王。大鸿胪广明将率有功，赐爵关内侯，食邑。"

元凤元年春，长公主共养劳苦，复以蓝田益长公主汤沐邑。泗水戴王前薨，以毋嗣，国除。后宫有遗腹子煖，相、内史不奏言,上闻而怜之,立嫒为泗水王。相、内史皆下狱。三月,赐郡国所选有行义者涿郡韩福等五人帛,人五十匹,遣归。诏曰:"朕闵劳以官职之事,其务修孝弟以教乡里。令郡县常以正月赐羊酒。有不幸者赐衣被一袭,祠以中牢。"武都氐人反,遣执金吾马适建、龙頟侯韩增、大鸿胪广明将三辅、太常徒,皆免刑击之。夏六月,赦天下。秋七月乙亥晦,日有蚀之,既。八月,改始元为元凤。九月,鄂邑长公主、燕王旦与左将军上官桀、桀子票骑将军安、御史大夫桑弘羊皆谋反,伏诛。初,桀、安父子与大将军光争权,欲害之,诈使人为燕王旦上书言光罪。时上年十四,觉其诈。后有谮光者,上辄怒曰:"大将军国家忠臣,先帝所属,敢有谮毁者,坐之。"光由是得尽忠。语在《燕王》、《霍光传》。冬十月,诏曰:"左将军安阳侯桀、票骑将军桑乐侯安、御史大夫弘羊皆数以邪枉干辅政,大将军不听,而怀怨望,与燕王通谋,置驿往来相约结。燕王遣寿西长、孙纵之等赂遗长公主、丁外人、谒者杜延年、大将军长史公孙遗等,交通私书,共谋令长公主置酒,伏兵杀大将军光,征立燕王为天子,大逆毋道。故稻田使者燕仓先发觉,以告大司农敞,敞告谏大夫延年,延年以闻。丞相征事任宫手捕斩桀,丞相少史王寿诱教安入府门,皆已伏诛,吏民得以安。封延年、仓、宫、寿皆为列侯。"又曰:"燕王迷惑失道,前与齐王子刘泽等为逆,抑而不扬,望王反道自新,今乃与长公主及左将军桀等谋危宗庙。王及公主皆自伏辜。其赦王太子建、公主子文信及宗室子与燕王、上官桀等谋反父母同产当坐者,皆免为庶人。其吏为桀等所诖误,未发觉在吏者,除其罪。"

二年夏四月,上自建章宫徙未央宫,大置酒。赐郎从官帛,及宗室子钱,人二十万。吏民献牛酒者赐帛,人一匹。六月,赦天下。诏曰:"朕闵百姓未赡,前年减漕三百万石。颇省乘舆马及苑马,以补边郡三辅传马。其令郡国毋敛今年马口钱,三辅、太常郡得以菽、粟当赋。"

三年春正月,泰山有大石自起立,上林有柳树枯僵自起生。罢中牟苑赋贫民。诏曰:"乃者民被水灾,颇匮于食,朕虚仓廪,使使者振困乏。其止四年毋漕。三年以前所振贷,非丞相御史所请,边郡受牛者毋收责。"夏四月,少府徐仁、廷尉王平、左冯翊贾胜胡皆坐纵反者,仁自杀,平、胜胡皆要斩。冬,辽东乌桓反,以中郎将范明友为度辽将军,将北边七郡郡二千骑击之。

四年春正月丁亥,帝加元服,见于高庙。赐诸侯王、丞相、大将军、列侯、宗室下至吏民金帛牛酒各有差。赐中二千石以下及天下民爵。毋收四年、五年口赋。三年以前逋更赋未入者,皆勿收。令天下酺五日。甲戌,丞相千秋薨。夏四月,诏曰:"度辽将军明友前以羌骑校尉将羌王侯君长以下击益州反虏,后复率击武都反氐,今破乌桓,斩虏获生,有功。其封明友为平陵侯。平乐监傅介子持节使,诛斩楼兰王安,归首县北阙,封义阳侯。"五月丁丑,孝文庙正殿火,上及群臣皆素服。发中二千将五校作治,六月成。太常及庙令、丞、郎吏皆劾大不敬,会赦,太常轑阳侯德免为庶人。六月,赦天下。

五年春正月,广陵王来朝,益国万一千户,赐钱二千

万,黄金二百斤,剑二,安车一,乘马二驷。

夏,大旱。

六月,发三辅及郡国恶少年吏有告劾亡者,屯辽东。

秋,罢象郡,分属郁林、牂牁。冬十一月,大雷。十二月庚戌,丞相䜣薨。

六年春正月,募郡国徒筑辽东玄菟城。夏,赦天下。诏曰:"夫谷贱伤农,今三辅、太常谷减贱,其令以菽粟当今年赋。"右将军张安世宿卫忠谨,封富平侯。乌桓复犯塞,遣度辽将军范明友击之。

元平元年春二月,诏曰:"天下以农桑为本。日者省用,罢不急官,减外繇,耕桑者益众,而百姓未能家给,朕甚愍焉。其减口赋钱。"有司奏请减什三,上许之。甲申晨,有流星,大如月,众星皆随西行。夏四月癸未,帝崩于未央宫。六月壬申,葬平陵。

赞曰:昔周成以孺子继统,而有管、蔡四国流言之变。孝昭幼年即位,亦有燕、盖、上官逆乱之谋。成王不疑周公,孝昭委任霍光,各因其时以成名,大矣哉!承孝武奢侈余敝师旅之后,海内虚耗,户口减半,光知时务之要,轻徭薄赋,与民休息。至始元、元凤之间,匈奴和亲,百姓充实。举贤良文学,问民所疾苦,议盐铁而罢榷酤,尊号曰"昭",不亦宜乎!

卷八　　宣帝纪第八

孝宣皇帝,武帝曾孙,戾太子孙也。太子纳史良娣,生史皇孙。皇孙纳王夫人,生宣帝,号曰皇曾孙,生数月,遭巫蛊事,太子、良娣、皇孙、王夫人皆遇害。语在《太子传》。曾孙虽在襁褓,犹坐收系郡邸狱。而邴吉为廷尉监,治巫蛊于郡邸,怜曾孙之亡辜,使女徒复作淮阳赵征卿、渭城胡组更乳养,私给衣食,视遇甚有恩。巫蛊事连岁不决。至后元二年,武帝疾,往来长杨、五柞宫,望气者言长安狱中有天子气,上遣使者分条中都官狱系者,轻重皆杀之。内谒者令郭穰夜至郡邸狱,吉拒闭,使者不得入,曾孙赖吉得全。因遭大赦,吉乃载曾孙送祖母史良娣家。语在吉及外戚《传》。后有诏掖庭养视,上属籍宗正。时掖庭令张贺尝事戾太子,思顾旧恩,哀曾孙,奉养甚谨,以私钱供给教书。既壮,为取暴室啬夫许广汉女。曾孙因依倚广汉兄弟及祖母家史氏。受《诗》于东海澓中翁,高材好学,然亦喜游侠,斗鸡走马,具知闾里奸邪,吏治得失。数上下诸陵,周遍三辅,常困于莲勺卤中。尤乐杜、鄠之间,率常在下杜。时会朝请,舍长安尚冠里,身足下有毛,卧居数有光耀。每买饼,所从买家辄大雠,亦以是自怪。

元平元年四月,昭帝崩,毋嗣。大将军霍光请皇后征昌邑王。六月丙寅,王受皇帝玺绶,尊皇后曰皇太后。癸巳,光奏王贺淫乱,请废。语在《贺》及《光传》。秋七月,光奏议曰:"礼,人道亲亲故尊祖,尊祖故敬宗。大宗毋嗣,择支子孙贤者为嗣。孝武皇帝曾孙病已,有诏掖庭养视,至今年十八,师受《诗》、《论语》、《孝经》,操行节俭,慈仁爱

人，可以嗣孝昭皇帝后，奉承祖宗，子万姓。"奏可。遣宗正德至曾孙尚冠里舍，洗沐，赐御府衣。太仆以轻猎车奉迎曾孙，就斋宗正府。庚申，入未央宫，见皇太后，封为阳武侯。已而群臣奉上玺绶，即皇帝位，谒高庙。八月己巳，丞相敞薨。九月，大赦天下。十一月壬子，立皇后许氏。赐诸侯王以下金钱，至吏民鳏寡孤独各有差。皇太后归长乐宫。初置屯卫。

本始元年春正月，募郡国吏、民訾百万以上徙平陵。遣使者持节诏郡国二千石谨牧养民而风德化。大将军光稽首归政，上谦让委任焉。论定策功，益封大将军光万七千户，车骑将军光禄勋富平侯世万户。诏曰："故丞相安平侯敞等居位守职，与大将军光、车骑将军安世建议定策，以安宗庙，功赏未加而薨。其益封敞嗣子忠及丞相阳平侯义、度辽将军平陵侯明友、前将军龙䪉侯增、太仆建平侯延年、太常蒲侯昌、谏大夫宜春侯谭、当涂侯平、杜侯屠耆堂、长信少府关内侯胜邑户各有差。封御史大夫广明为昌水侯，后将军充国为营平侯，大司农延年为阳城侯，少府乐成为爰氏侯，光禄大夫迁为平丘侯。赐右扶风德、典属国武、廷尉光、宗正德、大鸿胪贤、詹事畸、光禄大夫吉、京辅都尉广汉爵皆关内侯。德、武食邑。"夏四月庚午，地震。诏内郡国举文学高第各一人。五月，凤皇集胶东、千乘。赦天下。赐吏二千石、诸侯相、下至中都官、宦吏、六百石爵，各有差，自五更至五大夫。赐天下人爵各一级，孝者二级，女子百户牛酒。租税勿收。六月，诏曰："故皇太子在湖，未有号谥。岁时祠，其议谥，置园邑。"语在《太子传》。秋七月，诏立燕刺王太子建为广阳王，立广陵王胥少子弘为高密王。

二年春，以水衡钱为平陵，徙民起第宅。大司农阳城侯田延年有罪，自杀。夏五月，诏曰："朕以眇身奉承祖宗，夙夜惟念孝武皇帝躬履仁义，选明将，讨不服，匈奴远遁，平氐、羌、昆明、南越，百蛮乡风，款塞来享；建太学，修郊祀，定正朔，协音律；封泰山，塞宣房，符瑞应，宝鼎出，白麟获。功德茂盛，不能尽宣，而庙乐未称，其议奏。"有司奏请宜加尊号。六月庚午，尊孝武庙为世宗庙，奏《盛德》、《文始》、《五行》之舞，天子世世献。武帝巡狩所幸之郡国，皆立庙。赐民爵一级，女子百户牛酒。匈奴数侵边，又西伐乌孙。乌孙昆弥及公主因国使者上书，言昆弥愿发国精兵击匈奴，唯天子哀怜，出兵以救公主。秋，大发兴调关东轻车锐卒，选郡国吏三百石伉健习骑射者，皆从军。御史大夫田广明为祁连将军，后将军赵充国为蒲类将军，云中太守田顺为虎牙将军，及度辽将军范明友、前将军韩增，凡五将军，兵十五万骑，校尉常惠持节护乌孙兵，咸击匈奴。

三年春正月癸亥，皇后许氏崩。戊辰，五将军师发长安。夏五月，军罢。祁连将军广明、虎牙将军顺有罪，下有司，皆自杀。校尉常惠将乌孙兵入匈奴右地，大克获，封列侯。大旱，郡国伤旱甚者，民毋出租赋。三辅民就贱者，且毋收事，尽四年。六月己丑，丞相义薨。

四年春正月，诏曰："盖闻农者兴德之本也，今岁不登，已遣使者振贷困乏。其令太官损膳省宰，乐府减乐人，使归就农业。丞相以下至都官令丞上书入谷，输长安仓，助贷贫民。民以车船载谷入关者，得毋用传。"三月乙卯，立皇后霍氏。赐丞相以下至郎吏从官金钱帛，各有差。赦天下。夏四月壬寅，郡国四十九地震，或山崩水出。诏曰："盖灾异者，天地之戒也。朕承洪业，奉宗庙，托于士民之上，未能和群生。乃者地震北海、琅邪，坏祖宗庙，朕甚惧焉。丞相、御史其与列侯、中二千石博问经学之士，有以应变，辅朕之不逮，毋有所讳。令三辅、太常、内郡国举贤良方正各一人。律令有可蠲除以安百姓，条奏。被地震坏败甚者，勿收租赋。"大赦天下。上以宗庙堕，素服，避正殿五日。五月，凤皇集北海安丘、淳于。秋，广川王吉有罪，废迁上庸，自杀。

地节元年春正月，有星孛于西方。三月，假郡国贫民田。夏六月，诏曰："盖闻尧亲九族，以和万国。朕蒙遗德，奉承圣业，惟念宗室属未尽而以罪绝，若有贤材，改行劝善，其复属，使得自新。"冬十一月，楚王延寿谋反，自杀。十二月癸亥晦，日有蚀之。

二年春三月庚午，大司马大将军光薨。诏曰："大司马大将军博陆侯宿卫孝武皇帝三十余年，辅孝昭皇帝十有余年，遭大难，躬秉义，率三公、诸侯、九卿、大夫定万世策，以安宗庙。天下蒸庶，咸以康宁，功德茂盛，朕甚嘉之。复其后世，畴其爵邑，世世毋有所与。功如萧相国。"夏四月，凤皇集鲁郡，群鸟从之。大赦天下。五月，光禄大夫平丘侯王迁有罪，下狱死。上始亲政事，又思报大将军功德，乃复使乐平侯山领尚书事，而令群臣得奏封事，以知下情。五日一听事，自丞相以下各奉职奏事，以傅奏其言，考试功能。侍中尚书功勤当迁及有异善，厚加赏赐，至于子孙，终不改易。枢机周密，品式备具，上下相安，莫有苟且之意也。

三年春三月，诏曰："盖闻有功不赏，有罪不诛，虽唐虞犹不能以化天下。今胶东相成劳来不息，流民自占八万余口，治有异等，其秩成中二千石，赐爵关内侯。"又曰："鳏寡孤独高年贫困之民，朕所怜也。前下诏假公田，贷种、食。其加赐鳏寡孤独高年帛。二千石严教吏谨视遇，毋令失职。"令内郡国举贤良方正可亲民者。夏四月戊申，立皇太子，大赦天下。赐御史大夫爵关内侯，中二千石爵右庶长。天下当为父后者爵一级。赐广陵王黄金千斤，诸侯王十五人黄金各百斤，列侯在国者八十七人黄金各二十斤。冬十月，诏曰："乃者九月壬申地震，朕甚惧焉。有能箴朕过失，及贤良方正直言极谏之士以匡朕之不逮，毋讳有司。朕既不德，不能附远，是以边境屯戍未息。今复饬兵重屯，久劳百姓，非所以绥天下也。其罢车骑将军、右将军屯兵。"又诏："池籞未御幸者，假与贫民。郡国宫馆，勿复修治。流民还归者，假公田，贷种、食，且勿算事。"十一月，诏曰："朕既不逮，导民不明，反侧晨兴，念虑万方，不忘元元。唯恐羞先帝圣德，故并举贤良方正以亲万姓，历载臻兹，然而俗化阙焉。传曰：'孝弟也者，其为仁之本与！'其令郡国举孝弟有行义闻于乡里者各一人。"十二月，初置廷尉平四人，秩六百石。省文山郡，并蜀。

四年春二月，封外祖母为博平君，故酇侯萧何曾孙建世为侯。诏曰："导民以孝，则天下顺。今百姓或遭衰绖凶灾,而吏徭事,使不得葬,伤孝子之心,朕甚怜之。自今,诸有大父母、父母丧者勿徭事,使得收敛送终,尽其子道。"夏五月,诏曰:"父子之亲,夫妇之道,天性也。虽有患祸,犹蒙死而存。诚爱结于心,仁厚之至也,岂能违之哉!自今,子首匿父母、妻匿夫、孙匿大父母,皆勿坐。其父母匿子、夫匿妻、大父母匿孙,罪殊死,皆上请廷尉以闻。"立广川惠王孙文为广川王。秋七月,大司马霍禹谋反。诏曰:"乃者,东织室令史张赦使魏郡豪李竟报冠阳侯霍云谋为大逆,朕以大将军故,抑而不扬,冀其自新。今大司马博陆侯禹与母宣成侯夫人显及从昆弟冠阳侯云、乐平侯山,诸姊妹婿度辽将军范明友、长信少府邓广汉、中郎将任胜、骑都尉赵平、长安男子冯殷等谋为大逆。显前又使女侍医淳于衍进药杀共哀后,谋毒太子,欲危宗庙。逆乱不道,咸伏其辜。诸为霍氏所诖误未发觉在吏者,皆赦除之。"八月己酉,皇后霍氏废。九月,诏曰:"朕惟百姓失职不赡,遣使者循行郡国问民所疾苦。吏或营私烦扰,不顾厥咎,朕甚闵之。今年郡国颇被水灾,已振贷。盐,民之食,而贾咸贵,众庶重困。其减天下盐贾。"又曰:"令甲,死者不可生,刑者不可息。此先帝之所重,而吏未称。今系者或以掠辜若饥寒瘐死狱中,何用心逆人道也!朕甚痛之。其令郡国岁上系囚以掠笞若瘐死者所坐名、县、爵、里,丞相、御史课殿最以闻"。十二月,清河王年有罪,废迁房陵。

元康元年春,以杜东原上为初陵,更名杜县为杜陵。徙丞相、将军、列侯、吏二千石、訾百万者杜陵。三月,诏曰:"乃者凤皇集泰山、陈留,甘露降未央宫。朕未能章先帝休烈,协宁百姓,承天顺地,调序四时,获蒙嘉瑞,赐兹祉福,夙夜兢兢,靡有骄色,内省匪解,永惟罔极。《书》不云乎?'凤皇来仪,庶尹允谐。'其赦天下徒,赐勤事吏中二千石以下至六百石爵,自中郎吏至五大夫,佐史以上二级,民一级,女子百户牛酒。加赐鳏寡孤独三老孝弟力田帛。所振贷勿收。"夏五月,立皇考庙。益奉明园户为奉明县。复高皇帝功臣绛侯周勃等百三十六人家子孙,令奉祭祀,世世勿绝。其毋嗣者,复其次。秋八月,诏曰:"朕不明六艺,郁于大道,是以阴阳风雨未征。其博举吏民,厥身修正,通文学,明于先王之术,宣究其意者,各二人,中二千石各一人。"冬,置建章卫尉。

二年春正月,诏曰:"《书》云'文王作罚,刑兹无赦',今吏修身奉法,未有能称朕意,朕甚愍其。其赦天下,与士大夫厉精更始。"二月乙丑,立皇后王氏。赐丞相以下至郎从官钱帛各有差。三月,以凤皇、甘露降集,赐天下吏爵二级,民一级,女子百户牛酒,鳏寡孤独高年帛。夏五月,诏曰:"狱者,万民之命,所以禁暴止邪,养育群生也。能使生者不怨,死者不恨,则可谓文吏矣。今则不然,用法或持巧心,析律贰端,深浅不平,增辞饰非,以成其罪。奏不如实,上亦亡由知。此朕之不明,吏之不称,四方黎民将何仰哉!二千石各察官属,勿用此人。吏务平法。或擅兴徭役,饰厨、传,称过使客,越职逾法,以取名誉,譬犹践薄冰以待白日,岂不殆哉!今天下颇被疾疫之灾,朕愍之。其令郡国被灾甚者,毋出今年租赋。"又曰:"闻古天子之名,难知而易讳也。今百姓多上书触讳以犯罪者,朕甚怜之。其更

讳询。诸触讳在令前者,赦之。"冬,京兆尹赵广汉有罪,要斩。

三年春,以神爵数集泰山,赐诸侯王、丞相、将军、列侯二千石金,郎从官帛,各有差。赐天下吏爵二级,民一级,女子百户牛酒,鳏寡孤独高年帛。三月,诏曰:"盖闻象有罪,舜封之,骨肉之亲粲而不殊。其封故昌邑王贺为海昏侯。"又曰:"朕微眇时,御史大夫丙吉,中郎将史曾、史玄、长乐卫尉许舜、侍中光禄大夫许延寿皆与朕有旧恩。及故掖庭令张贺辅导朕躬,修文学经术,恩惠卓异,厥功茂焉。《诗》不云乎?'无德不报。'封贺所子弟子侍中中郎将彭祖为阳都侯,追赐贺谥曰阳都哀侯。吉、曾、玄、舜、延寿皆为列侯。故人下至郡邸狱复作尝有阿保之功,皆受官禄、田宅、财物,各以恩深浅报之。"夏六月,诏曰:"前年夏,神爵集雍。今春,五色鸟以万数飞过属县,翱翔而舞,欲集未下。其令三辅毋得以春夏擿巢探卵,弹射飞鸟。具为令。"立皇子钦为淮阳王。

四年春正月,诏曰:"朕惟耆老之人,发齿堕落,血气衰微,亦亡暴虐之心,今或罹文法,拘执囹圄,不终天命,朕甚怜之。自今以来,诸年八十以上,非诬告、杀伤人,佗皆勿坐。"遣太中大夫强等十二人循行天下,存问鳏寡,览观风俗,察吏治得失,举茂材异伦之士。二月,河东霍徵史等谋反,诛。三月,诏曰:"乃者,神爵五采以万数集长乐、未央、北宫、高寝、甘泉泰畤殿中及上林苑。朕之不逮,寡于德厚,屡获嘉祥,非朕之任。其赐天下吏爵二级,民一级,女子百户牛酒。加赐三老、孝弟、力田帛,人二匹,鳏寡孤独各一匹。"秋八月,赐故右扶风尹翁归子黄金百斤。以奉其祭祀。又赐功臣适后黄金,人二十斤。丙寅,大司马卫将军安世薨。比年丰,谷石五钱。

神爵元年春正月,行幸甘泉,郊泰畤。三月,行幸河东,祠后土。诏曰:"朕承宗庙,战战栗栗,惟万事统,未烛厥理。乃元康四年嘉谷、玄稷降于郡国,神爵仍集,金芝九茎产于函德殿铜池中,九真献奇兽,南郡获白虎、威凤为宝。朕之不明,震于珍物,饬躬斋精,祈为百姓。东济大河,天气清静,神鱼舞河。幸万岁宫,神爵翔集。朕之不德,惧不能任。其以五年为神爵元年。"赐天下勤事吏爵二级,民一级,女子百户牛酒,鳏寡孤独高年帛。所振贷物勿收。行所过,毋出田租。"西羌反,发三辅、中都官徒弛刑,及应募佽飞射士、羽林孤儿,胡、越骑,三河、颍川、沛郡、淮阳、汝南材官,金城、陇西、天水、安定、北地、上郡骑士、羌骑,诣金城。夏四月,遣后将军赵充国、强弩将军许延寿击西羌。六月,有星孛于东方。即拜酒泉太守辛武贤为破羌将军,与两将军并进。诏曰:"军旅暴露,转输烦劳,其令诸侯王、列侯、蛮夷王侯君长当朝二年者,皆毋朝。"秋,赐故大司农朱邑子黄金百斤,以奉祭祀。后将军充国言屯田之计,语在《充国传》。

二年春二月,诏曰:"乃者正月乙丑,凤皇、甘露降集京师,群鸟从以万数。朕之不德,屡获天福,祇事不怠,其赦天下。"夏五月,羌虏降服,斩其首恶大豪杨玉、酋非首。置金城属国以处降羌。秋,匈奴日逐王先贤掸将人众万余来降。使都护西域骑都尉郑吉迎日逐,破车师,皆封列侯。

九月，司隶校尉盖宽饶有罪，下有司，自杀。匈奴单于遣名王奉献，贺正月，始和亲。

三年春，起乐游苑。三月丙午，丞相相薨。秋八月，诏曰："吏不廉平则治道衰。今小吏皆勤事，而奉禄薄，欲其毋侵渔百姓，难矣。其益吏百石以下奉十五。"

四年春二月，诏曰："乃者凤皇、甘露降集京师，嘉瑞并见。修兴泰一、五帝、后土之祠，祈为百姓蒙祉福。鸾凤万举，蜚览翱翔，集止于旁。斋戒之暮，神光显著。荐鬯之夕，神光交错。或降于天，或登于地，或从四方来集于坛。上帝嘉向，海内承福。其赦天下，赐民爵一级，女子百户牛酒，鳏寡孤独高年帛。"夏四月，颍川太守黄霸以治行尤异秩中二千石，赐爵关内侯，黄金百斤。及颍川吏、民有行义者爵，人二级，力田一级，贞妇、顺女帛。令内郡国举贤良可亲民者各一人。五月，匈奴单于遣弟呼留若王胜之来朝，冬十月，凤皇十一集杜陵。十一月，河南太守严延年有罪，弃市。十二月，凤皇集上林。

五凤元年春正月，行幸甘泉，郊泰畤。皇太子冠。皇太后赐丞相、将军、列侯、中二千石帛，人百匹，大夫人八十匹，夫人六十匹。又赐列侯嗣子爵五大夫，男子为父后者爵一级。夏，赦徒作杜陵者。冬十二月乙酉朔，日有蚀之。左冯翊韩延寿有罪，弃市。

二年春三月，行幸雍，祠五畤。夏四月己丑，大司马车骑将军增薨。秋八月，诏曰："夫婚姻之礼，人伦之大者也；酒食之会，所以行礼乐也。今郡国二千石或擅为苛禁，禁民嫁娶不得具酒食相贺召。由是废乡党之礼，令民亡所乐，非所以导民也。《诗》不云乎？'民之失德，乾餱以愆。'勿行苛政。"冬十一月，匈奴呼遫累单于帅众来降，封为列侯。十二月，平通侯杨恽坐前为光禄勋有罪，免为庶人。不悔过，怨望，大逆不道，要斩。

三年春正月癸卯，丞相吉薨。三月，行幸河东，祠后土。诏曰："往者匈奴数为边寇，百姓被其害。朕承至尊，未能绥定匈奴。虚闾权渠单于请求和亲，病死。右贤王屠耆堂代立。骨肉大臣立虚闾权渠单于子为呼韩邪单于，击杀屠耆堂。诸王并自立，分为五单于，更相攻击，死者以万数，畜产大耗什八九，人民饥饿，相燔烧以求食，因大乖乱。单于阏氏子孙、昆弟及呼遫累单于、名王、右伊秩訾、且渠、当户以下将众五万余人来降归义。单于称臣，使弟奉珍朝贺正月，北边晏然，靡有兵革之事。朕饬躬斋戒，郊上帝，祠后土，神光并见，或兴于谷，烛耀斋宫，十有余刻。甘露降，神爵集。已诏有司告祠上帝、宗庙。三月辛丑，鸾凤又集长乐宫东阙中树上，飞下止地，文章五色，留十余刻，吏民并观。朕之不敏，惧不能任，屡蒙嘉瑞，获兹祉福。《书》不云乎？'虽休勿休，祗事不怠。'公卿大夫其勖焉。减天下口钱。赦殊死以下。赐民爵一级，女子百户牛酒。大酺五日。加赐鳏寡孤独高年帛。"置西河、北地属国以处匈奴降者。

四年春正月，广陵王胥有罪，自杀。匈奴单于称臣，遣弟谷蠡王入侍。以边塞亡寇，减戍卒什二。大司农中丞耿寿昌奏设常平仓，以给北边，省转漕。赐爵关内侯。夏四月辛丑晦，日有蚀之。诏曰："皇天见异，以戒朕躬，是朕之不逮，吏之不称也。以前使使者问民所疾苦，复遣丞相、御史掾二十四人循行天下，举冤狱，察擅为苛禁深刻不改者。"

甘露元年春正月，行幸甘泉，郊泰畤。匈奴呼韩邪单于遣子右贤王铢娄渠堂入侍。二月丁巳，大司马车骑将军延寿薨。夏四月，黄龙见新丰。丙申，太上皇庙火。甲辰，孝文庙火。上素服五日。冬，匈奴单于遣弟左贤王来朝贺。

二年春正月，立皇子嚣为定陶王。诏曰："乃者凤皇、甘露降集，黄龙登兴，醴泉滂流，枯槁荣茂，神光并见，咸受祯祥。其赦天下。减民算三十。赐诸侯王、丞相、将军、列侯、中二千石金钱各有差。赐民爵一级，女子百户牛酒，鳏寡孤独高年帛。"夏四月，遣护军都尉禄将兵击珠崖。秋九月，立皇子宇为东平王。冬十二月，行幸萯阳宫属玉观。匈奴呼韩邪单于款五原塞，愿奉国珍朝三年正月。诏有司议。咸曰："圣王之制，施德行礼，先京师而后诸夏，先诸夏而后夷狄。《诗》云：'率礼不越，遂视既发。相土烈烈，海外有截。'陛下圣德，充塞天地，光被四表。匈奴单于乡风慕义，举国同心，奉珍朝贺，自古未之有也。单于非正朔所加，王者所客也，礼仪宜如诸侯王，称臣昧死再拜，位次诸侯王下。"诏曰："盖闻五帝三王，礼所不施，不及以政。今匈奴单于称北藩臣，朝正月，朕之不逮，德不能弘覆。其以客礼待之，位在诸侯王上。"

三年春正月，行幸甘泉，郊泰畤。匈奴呼韩邪单于稽侯狦来朝，赞谒称藩臣而不名。赐以玺绶、冠带、衣裳、安车、驷马、黄金、锦绣、缯絮。使有司道单于先行就邸长安，宿长平。上自甘泉宿池阳宫。上登长平阪，诏单于毋谒。其左右当户之群皆列观，蛮夷君、长、王、侯迎者数万人，夹道陈。上登渭桥，咸称万岁。单于就邸。置酒建章宫，飨赐单于，观以珍宝。二月，单于罢归。遣长乐卫尉高昌侯忠、车骑都尉昌、骑都尉虎将万六千骑送单于。单于居幕南，保光禄城。诏北边振谷食。郅支单于远遁，匈奴遂定。诏曰："乃者凤皇集新蔡，群鸟四面行列，皆乡凤皇立，以万数。其赐汝南太守帛百匹，新蔡长吏、三老、孝弟力田、鳏寡孤独各有差。赐民爵二级。毋出今年租。"三月己丑，丞相霸薨。诏诸儒讲《五经》同异，太子太傅萧望之等平奏其议，上亲称制临决焉。乃立梁丘《易》、大小夏侯《尚书》、谷梁《春秋》博士。冬，乌孙公主来归。

四年夏，广川王海阳有罪，废迁房陵。冬十月丁卯，未央宫宣室阁火。

黄龙元年春正月，行幸甘泉，郊泰畤。匈奴呼韩邪单于来朝，礼赐如初。二月，单于归国。诏曰："盖闻上古之治，君臣同心，举措曲直，各得其所。是以上下和洽，海内康平，其德弗可及已。朕既不明，数申诏公卿大夫务行宽大，顺民所疾苦，将欲配三王之隆，明先帝之德也。今吏或以不禁奸邪为宽大，纵释有罪为不苛，或以酷恶为贤，皆失其中。奉诏宣化如此，岂不谬哉！方今天下少事，徭役省减，兵革不动，而民多贫，盗贼不止，其咎安在？上计簿，具文而已，务为欺谩，以避其课。三公不以为意，朕将何任？诸请诏省卒徒自给者皆止。御史察计簿，疑非实者，按之，使真伪毋相乱。"三月，有星孛于王良、阁道，入紫宫。夏四月，诏曰："举廉吏，诚欲得其真也。吏六百石位大夫，有罪先请,秩禄上通,足以效其贤材,自今以来毋得举。"

冬十二月甲戌,帝崩于未央宫。癸巳,尊皇太后曰太皇太后。

赞曰:孝宣之治,信赏必罚,综核名实,政事、文学、法理之士咸精其能,至于技巧、工匠、器械,自元、成间鲜能及之,亦足以知吏称其职,民安其业也。遭值匈奴乖乱,推亡固存,信威北夷,单于慕义,稽首称藩。功光祖宗,业垂后嗣,可谓中兴,侔德殷宗、周宣矣!

卷九　　元帝纪第九

孝元皇帝,宣帝太子也。母曰共哀许皇后,宣帝微时生民间。年二岁,宣帝即位。八岁,立为太子。壮大,柔仁好儒。见宣帝所用多文法吏,以刑名绳下,大臣杨恽、盖宽饶等坐刺讥辞语为罪而诛,尝侍燕从容言:"陛下持刑太深,宜用儒生。"宣帝作色曰:"汉家自有制度,本以霸王道杂之,奈何纯任德教,用周政乎!且俗儒不达时宜,好是古非今,使人眩于名实,不知所守,何足委任!"乃叹曰:"乱我家者,太子也!"由是疏太子而爱淮阳王,曰:"淮阳王明察好法,宜为吾子。"而王母张婕伃尤幸。上有意欲用淮阳王代太子,然以少依许氏,俱从微起,故终不背焉。黄龙元年十二月,宣帝崩。癸巳,太子即皇帝位,谒高庙。尊皇太后曰太皇太后,皇后曰皇太后。

初元元年春正月辛丑,孝宣皇帝葬杜陵。赐诸侯王、公主、列侯黄金,吏二千石以下钱帛,各有差。大赦天下。三月,封皇太后兄侍中中郎将王舜为安平侯。丙午,立皇后王氏。以三辅、太常、郡国公田及苑可省者振业贫民,訾不满千钱者赋贷种、食。封外祖父平恩戴侯同产弟子中常侍许嘉为平恩侯,奉戴侯后。夏四月,诏曰:"朕承先帝之圣绪,获奉宗庙,战战兢兢。间者地数动而未静,惧于天地之戒,不知所由。方田作时,朕忧蒸庶之失业,临遣光禄大夫褒等十二人循行天下,存问耆老鳏寡孤独困乏失职之民,延登贤俊,招显侧陋,因览风俗之化。相守二千石诚能正躬劳力,宣明教化,以亲万姓,则六合之内和亲,庶几乎无忧矣。《书》不云乎?'股肱良哉,庶事康哉!'布告天下,使明知朕意。"又曰:"关东今年谷不登,民多困乏。其令郡国被灾害甚者毋出租赋。江海陂湖园池属少府者以假贫民,勿租赋。赐宗室有属籍者马一匹至二驷,三老、孝者帛五匹,弟者、力田三匹,鳏寡孤独二匹,吏民五十户牛酒。"六月,以民疾疫,令太官损膳,减乐府员,省苑马,以振困乏。秋八月,上郡属国降胡万余人亡入匈奴。九月,关东郡国十一大水,饥,或人相食,转旁郡钱、谷以相救。诏曰:"间者,阴阳不调,黎民饥寒,无以保治,惟德浅薄,不足以充入旧贯之居。其令诸宫馆希御幸者勿缮治,太仆减谷食马,水衡省肉食兽。"

二年春正月,行幸甘泉,郊泰畤。赐云阳民爵一级,女子百户牛酒。立弟竟为清河王。三月,立广陵厉王太子霸为王。诏罢黄门乘舆狗马,水衡禁囿,宜春下苑,少府佽飞外池、严籞池田假与贫民。诏曰:"盖闻贤圣在位,阴阳和,风雨时,日月光,星辰静,黎庶康宁,考终厥命。今朕恭承天地,托于公侯之上,明不能烛,德不能绥,灾异并臻,连年不息。乃二月戊午,地震于陇西郡,毁落太上皇庙殿壁木饰,坏败豲道县城郭官寺及民室屋,压杀人众。山崩地裂,水泉涌出。天惟降灾,震惊朕师。治有大亏,咎至于斯。夙夜兢兢,不通大变,深惟郁悼,未知其序。间者岁数不登,元元困乏,不胜饥寒,以陷刑辟,朕甚闵之。郡国被地动灾甚者,无出租赋。赦天下。有可蠲除、减省以便万姓者,条奏,毋有所讳。丞相、御史、中二千石举茂材异等直言极谏之士,朕将亲览焉。"夏四月丁巳,立皇太子。赐御史大夫爵关内侯,中二千石右庶长,天下当为父后者爵一级,列侯钱各二十万,五大夫十万。六月,关东饥,齐地人相食。秋七月,诏曰:"岁比灾害,民有菜色,惨怛于心。已诏吏虚仓廪,开府库振救,赐寒者衣。今秋禾麦颇伤。一年中地再动。北海水溢,流杀人民。阴阳不和,其咎安在?公卿将何以忧之?其悉意陈朕过,靡有所讳。"冬,诏曰:"国之将兴,尊师而重傅。故前将军望之傅朕八年,道以经书,厥功茂焉。其赐爵关内侯,食邑八百户,朝朔望。"十二月,中书令弘恭、石显等谮望之,令自杀。

三年春,令诸侯相位在郡守下。

珠厓郡山南县反,博谋群臣。待诏贾捐之以为宜弃珠厓,救民饥馑。乃罢珠厓。夏四月乙未晦,茂陵白鹤馆灾。诏曰:"乃者火灾降于孝武园馆,朕战栗恐惧。不烛变异,咎在朕躬。群司又未肯极言朕过,以至于斯,将何以寤焉!百姓仍遭凶厄,无以相振,加以烦扰苛吏,拘牵乎微文,不得永终性命,朕甚闵焉。其赦天下。"夏,旱。立长沙炀王弟宗为王。封故海昏侯贺子代宗为侯。六月,诏曰:"盖闻安民之道,本由阴阳,间者阴阳错谬,风雨不时。朕之不德,庶几群公有敢言朕之过,今则不然。偷合苟从,未肯极言,朕甚闵焉。永惟烝庶之饥寒,远离父母妻子,劳于非业之作,卫于不居之宫,恐非所以佐阴阳之道也。其罢甘泉、建章宫卫,令就农。百官各省费。条奏毋有所讳。有司勉之,毋犯四时之禁。丞相、御史举天下明阴阳灾异者各三人。"于是言事者众,或进擢召见,人人自以得上意。

四年春正月,行幸甘泉,郊泰畤。三月,行幸河东,祠后土。赦汾阴徒。赐民爵一级,女子百户牛酒,鳏寡高年帛。行所过无出租赋。

五年春正月,以周子南君为周承休侯,位次诸侯王。三月,行幸雍,祠五畤。夏四月,有星孛于参。诏曰:"朕之不逮,序位不明,众僚久旷,未得其人。元元失望,上感皇天,阴阳为变,咎流万民,朕甚惧之。乃者关东连遭灾害,饥寒疾疫,夭不终命。《诗》不云乎,'凡民有丧,匍匐救之。'其令太官毋日杀,所具各减半。乘舆秣马,无乏正事而已。罢角抵、上林宫馆希御幸者,齐三服官、北假田官、盐铁官、常平仓。博士弟子毋置员,以广学者。赐宗室子有属籍者马一匹至二驷,三老、孝者帛,人五匹,弟者、力田三匹,鳏寡孤独二匹,吏民五十户牛酒。"省刑罚七十余事。除光禄大夫以下至郎中保父母同产之令。令从官给事宫司马中者,得为大父母父母兄弟通籍。冬十二月丁未,御史大夫贡禹卒。卫司马谷吉使匈奴,不还。

　　永光元年春正月,行幸甘泉,郊泰畤。赦云阳徒。赐民爵一级,女子百户牛酒,高年帛。行所过毋出租赋。二月,诏丞相、御史举质朴敦厚逊让有行者,光禄岁以此科第郎、从官。三月,诏曰:"五帝、三王任贤使能,以登至平,而今不治者,岂斯民异哉?咎在朕之不明,亡以知贤也。是故壬人在位,而吉士雍蔽。重以周秦之弊,民渐薄俗,去礼义,触刑法,岂不哀哉!由此观之,元元何辜?其赦天下,令厉精自新,各务农亩。无田者皆假之,贷种、食如贫民。赐吏六百石以上爵五大夫,勤事吏二级,为父后者民一级,女子百户牛酒,鳏寡孤独高年帛。"是月雨雪,陨霜伤麦稼,秋罢。

　　二年春二月,诏曰:"盖闻唐虞象刑而民不犯,殷周法行而奸宄服。今朕获承高祖之洪业,托位公侯之上,夙夜战栗,永惟百姓之急,未尝有忘焉。然而阴阳未调,三光晻昧。元元大困,流散道路,盗贼并兴。有司又长残贼,失牧民之术。是皆朕之不明,政有所亏。咎至于此,朕甚自耻。为民父母,若是之薄,谓百姓何!其大赦天下,赐民爵一级,女子百户牛酒,鳏寡孤独高年三老、孝弟、力田帛。"又赐诸侯王、公主、列侯黄金,中二千石以下至中都官长吏各有差,吏六百石以上爵五大夫,勤事吏各二级。三月壬戌朔,日有蚀之。诏曰:"朕战战栗栗,夙夜思过失,不敢荒宁。惟阴阳不调,未烛其咎,屡敕公卿,日望有效。至今有司执政,未得其中,施与禁切,未合民心,暴猛之俗弥长,和睦之道日衰,百姓愁苦,靡所错躬。是以氛邪岁增,侵犯太阳,正气湛掩,日久夺光。乃壬戌,日有蚀之,天见大异,以戒朕躬,朕甚悼焉。其令内郡国举茂材异等贤良直言之士各一人。"夏六月,诏曰:"间者连年不收,四方咸困。元元之民,劳于耕耘,又亡成功,困于饥馑,亡以相救。朕为民父母,德不能覆,而有其刑,甚自伤焉。其赦天下。"秋七月,西羌反,遣右将军冯奉世击之。八月,以太常任千秋为奋威将军,别将五校并进。

　　三年春,西羌平,军罢。三月,立皇子康为济阳王。夏四月癸未,大司马车骑将军接薨。冬十一月,诏曰:"乃者已丑地动,中冬雨水、大雾,盗贼并起。吏何不以时禁?各悉意对。"冬,复盐铁官、博士弟子员。以用度不足,民多复除,无以给中外徭役。

　　四年春二月,诏曰:"朕承至尊之重,不能烛理百姓,娄遭凶咎。加以边境不安,师旅在外,赋敛转输,元元骚动,穷困亡聊,犯法抵罪。夫上失其道而绳下以深刑,朕甚痛之。其赦天下,所贷贫民勿收责。"三月,行幸雍,祠五畤。夏六月甲戌,孝宣园东阙灾。戊寅晦,日有蚀之。诏曰:"盖闻明王在上,忠贤布职,则群生和乐,方外蒙泽。今朕晻于王道,夙夜忧劳,不通其理,靡瞻不眩,靡听不惑,是以政令多还,民心未得,邪说空进,事亡成功。此天下所著闻也。公卿大夫好恶不同,或缘奸邪,侵削细民,元元安所归命哉!乃六月晦,日有蚀之。《诗》不云乎?'彼此下民,亦孔之哀!'自今以来,公卿大夫其勉思天戒,慎身修永,以辅朕之不逮。直言尽意,无有所讳。"九月戊子,罢卫思后园及戾园。冬十月乙丑,罢祖宗庙在郡国者。诸陵分属三辅。以渭城寿陵亭部原上为初陵。诏曰:"安土重迁,黎民之性;骨肉相附,人情所愿也。顷者有司缘臣子之义,奏徙郡国民以奉园陵,令百姓远弃先祖坟墓,破业失产,亲戚别离,人怀思慕之心,家有不安之意。是以东垂被虚耗之害,关中有无聊之民,非久长之策也。《诗》不云乎?'民亦劳止,迄可小康,惠此中国,以绥四方。'其所为初陵者,勿置县邑,使天下咸安土乐业,亡有动摇之心。布告天下,令明知之。"又罢先后父母奉邑。

　　五年春正月,行幸甘泉,郊泰畤。三月,上幸河东,祠后土。秋,颍川水出,流杀人民。吏、从官县被害者与告,士卒遣归。冬,上幸长杨射熊馆,布车骑,大猎。十二月乙酉,毁太上皇、孝惠皇帝寝庙园。

　　建昭元年春三月,上幸雍,祠五畤。秋八月,有白蛾群飞蔽日,从东都门至枳道。冬,河间王元有罪,废迁房陵。罢孝文太后、孝昭太后寝园。

　　二年春正月,行幸甘泉,郊泰畤。三月,行幸河东,祠后土。益三河大郡太守秩。户十二万为大郡。夏四月,赦天下。六月,立皇子兴为信都王。闰月丁酉,太皇太后上官氏崩。冬十一月,齐、楚地震,大雨雪,树折屋坏。淮阳王舅张博、魏郡太守京房坐窥道诸侯王以邪意,漏泄省中语,博要斩,房弃市。

　　三年夏,令三辅都尉、大郡都尉秩皆二千石。六月甲辰,丞相玄成薨。秋,使护西域骑都尉甘延寿、副校尉陈汤矫发戊己校尉屯田吏、士及西域胡兵攻郅支单于。冬,斩其首,传诣京师,县蛮夷邸门。

　　四年春正月,以诛郅支单于告祠郊庙。赦天下。群臣上寿置酒,以其图书示后宫贵人。夏四月,诏曰:"朕承先帝之休烈,夙夜栗栗,惧不克任。间者阴阳不调,五行失序,百姓饥馑。惟烝庶之失业,临遣谏大夫博士赏等二十一人循行天下,存问耆老鳏寡孤独乏困失职之人,举茂材特立之士。相将九卿,其帅意毋怠,使朕获观教化之流焉。"六月甲申,中山王竟薨。蓝田地沙石雍霸水,安陵岸崩雍泾水,水逆流。

　　五年春三月,诏曰:"盖闻明王之治国也,明好恶而定去就,崇敬让而民兴行,故法设而不犯,令施而民从。今朕获保宗庙,兢兢业业,匪敢解怠,德薄明晻,教化浅微。传不云乎?'百姓有过,在予一人。'其赦天下,赐民爵一级,女子百户牛酒,三老、孝弟、力田帛。"又曰:"方春,农桑兴,百姓戮力自尽之时也,故是月劳农劝民,无使后时。今不良之吏,覆案小罪,征召证案,兴不急之事,以妨百姓,使失一时之作,亡终岁之功,公卿其明察申敕之。"夏六月庚申,复戾园。壬申晦,日有蚀之。秋七月庚子,复太上皇寝庙园、原庙,昭灵后、武哀王、昭哀后、卫思后园。

　　竟宁元年春正月,匈奴乎韩邪单于来朝。诏曰:"匈奴郅支单于背叛礼义,既伏其辜,乎韩邪单于不忘恩德,乡慕礼义,复修朝贺之礼,愿保塞传之无穷,边垂长无兵革之事。其改元为竟宁,赐单于待诏掖庭王樯为阏氏。"皇太子冠。赐列侯嗣子爵五大夫,天下为父后者爵一级。二月,御史大夫延寿卒。三月癸未,复孝惠皇帝寝庙园、孝文太后、孝昭太后寝园。夏,封骑都尉甘延寿为列侯。赐副校尉陈汤爵关内侯,黄金百斤。五月壬辰,帝崩于未央宫。毁太上皇、孝惠、孝景皇帝庙。罢孝文、孝昭太后、昭灵后、武哀王、昭哀后寝园。秋七月丙戌,葬渭陵。

赞曰:臣外祖兄弟为元帝侍中,语臣曰:元帝多材艺,善史书。鼓琴瑟,吹洞箫,自度曲,被歌声,分刌节度,穷极幼眇。少而好儒,及即位,征用儒生,委之以政,贡、薛、韦、匡迭为宰相。而上牵制文义,优游不断,孝宣之业衰焉。然宽弘尽下,出于恭俭,号令温雅,有古之风烈。

卷十　　　成帝纪第十

孝成皇帝,元帝太子也。母曰王皇后。元帝在太子宫生甲观画堂,为世嫡皇孙。宣帝爱之,字曰太孙,常置左右。年三岁而宣帝崩,元帝即位,帝为太子。壮好经书,宽博谨慎。初居桂宫,上尝急召,太子出龙楼门,不敢绝驰道,西至直城门,得绝乃度,还入作室门。上迟之,问其故,以状对。上大说,乃著令,令太子得绝驰道云。其后幸酒,乐燕乐,上不以为能。而定陶恭王有材艺,母傅昭仪又爱幸,上以故常有意欲以恭王为嗣。赖侍中史丹护太子家,辅助有力,上亦以先帝尤爱太子,故得无废。

竟宁元年五月,元帝崩。六月己未,太子即皇帝位,谒高庙。尊皇太后曰太皇太后,皇后曰皇太后。以元舅侍中卫尉阳平侯王凤为大司马大将军,领尚书事。乙未,有司言:"乘舆车牛马禽兽皆非礼,不宜以葬。"奏可。七月,大赦天下。

建始元年春正月乙丑,皇曾祖悼考庙灾。立故河间王弟上郡库令良为王。有星孛于营室。罢上林诏狱。二月,右将军长史姚尹等使匈奴还,去塞百余里,暴风火发,烧杀尹等七人。赐诸侯王、丞相、将军、列侯、王太后、公主、王主、吏二千石黄金,宗室诸官吏千石以下至二百石及宗室子有属籍者、三老、孝弟、力田、鳏寡孤独钱帛,各有差,吏民五十户牛酒。诏曰:"乃者火灾降于祖庙,有星孛于东方,始正而亏,咎孰大焉!《书》云:'惟先假王正厥事。'群公孜孜,帅先百寮,辅朕不逮。崇宽大,长和睦,凡事恕己,毋行苛刻。其大赦天下,使得自新。"封舅诸吏光禄大夫关内侯王崇为安成侯。赐舅王谭、商、立、根、逢时爵关内侯。夏四月,黄雾四塞,博问公卿大夫,无有所讳。六月,有青蝇无万数集未央宫殿中朝者坐。秋,罢上林宫馆希御幸者二十五所。八月,有两月相承,晨见东方。九月戊子,流星光烛地,长四五丈,委曲蛇形,贯紫宫。十二月,作长安南北郊,罢甘泉、汾阴祠。是日大风,拔甘泉畤中大木十韦以上。郡国被灾什四以上,毋收田租。

二年春正月,罢雍五畤。辛巳,上始郊祀长安南郊。诏曰:"乃者徙泰畤、后土于南郊、北郊,朕亲饬躬,郊祀上帝。皇天报应,神光并见。三辅长无共张徭役之劳,赦奉郊县长安、长陵及中都官耐罪徒。减天下赋钱,算四十。"闰月,以渭城延陵亭部为初陵。二月,诏三辅内郡举贤良方正各一人。三月,北宫井水溢出。辛丑,上始祠后土于北郊。丙午,立皇后许氏。罢六厩、技巧官。夏,大旱。东平王宇有罪,削樊、亢父县。秋,罢太子博望苑,以赐宗室朝请者。减乘舆厩马。

三年春三月,赦天下徒。赐孝弟、力田爵二级。诸逋租赋所振贷勿收。秋,关内大水。七月,虒上小女陈持弓闻大水至,走入横城门,阑入尚方掖门,至未央宫钩盾中。吏民惊上城。九月,诏曰:"乃者郡国被水灾,流杀人民,多至千数。京师无故讹言大水至,吏民惊恐,奔走乘城。殆苛暴深刻之吏未息,元元冤,失职者众。遣谏大夫林等循行天下。"冬十二月戊申朔,日有蚀之。夜,地震未央宫殿中。诏曰:"盖闻天生众民,不能相治,为之立君以统理之。君道得,则草木昆虫咸得其所;人君不德,谪见天地,灾异娄发,以告不治。朕涉道日寡,举错不中,乃戊申日蚀、地震,朕甚惧焉。公卿其各思朕过失,明白陈之。'女无面从,退有后言。'丞相、御史与将军、列侯、中二千石及内郡国举贤良方正能直言极谏之士,诣公车,朕将览焉。"越嶲山崩。

四年春,罢中书宦官,初置尚书五人。夏四月,雨雪。五月,中谒者丞陈临杀司隶校尉辕丰于殿中。秋,桃李实。大水,河决东郡金堤。冬十月,御史大夫尹忠以河决不忧职,自杀。

河平元年春三月,诏曰:"河决东郡,流漂二州,校尉王延世堤塞辄平,其改元为河平。赐天下吏民爵,各有差。"夏四月己亥晦,日有蚀之,既。诏曰:"朕获保宗庙,战战栗栗,未能奉称。传曰:'男教不修,阳事不得,则日为之蚀。'天著厥异,辜在朕躬。公卿大夫其勉,悉心以辅不逮。百寮各修其职,惇任仁人,退远残贼。陈朕过失,无有所讳。"大赦天下。

六月,罢典属国并大鸿胪。秋九月,复太上皇寝庙园。

二年春正月,沛郡铁官冶铁飞,语在《五行志》。夏六月,封舅谭、商、立、根、逢时皆为列侯。

三年春二月丙戌,犍为地震山崩,雍江水,水逆流。

秋八月乙卯晦,日有蚀之。光禄大夫刘向校中秘书。谒者陈农使,求使遗书于天下。四年春正月,匈奴单于来朝。赦天下徒,赐孝弟、力田爵二级,诸逋租赋所振贷勿收。二月,单于罢归国。三月癸丑朔,日有蚀之。遣光禄大夫博士嘉等十一人行举瀕河之郡水所毁伤困乏不能自存者,财振贷。其为水所流压死,不能自葬,令郡国给槥椟葬埋。已葬者与钱,人二千。避水它郡国,在所冗食之,谨遇以文理,无令失职。举惇厚有行能直言之士。壬申,长陵临泾岸崩,雍泾水。夏六月庚戌,楚王嚣薨。山阳火生石中,改元为阳朔。

阳朔元年春二月丁未晦,日有蚀之。三月,赦天下徒。冬,京兆尹王章有罪,下狱死。

二年春,寒。诏曰:"昔在帝尧,立羲、和之官,命以四时之事,令不失其序。故《书》云'黎民于蕃时雍',明以阴阳为本也。今公卿大夫或不信阴阳,薄而小之,所奏请多违时政。传以不知,周行天下,而欲望阴阳和调,岂不谬哉!其务顺四时月令。"三月,大赦天下。夏五月,除吏八百石、五百石秩。秋,关东大水,流民欲入函谷、天井、壶口、五阮关者,勿苛留。遣谏大夫博士分行视。八月甲申,定陶王康薨。九月，奉使者不称。诏曰："古之立太学，将以传先王之业，流化于天下也。儒林之官，四海渊原，宜皆明于古今，温故知新，通达国体，故谓之博士。否则学者无述焉，为下所轻，非所以尊道德也。'工欲善其事，必先利其器。'丞相、御史其与中二千石、二千石杂举可充博士位者，使卓然可观。"是岁，御史大夫张忠卒。

三年春三月壬戌，陨石东郡，八。夏六月，颍川铁官徒申屠圣等百八十人杀长吏，盗库兵，自称将军，经历九郡。遣丞相长史、御史中丞逐捕，以军兴从事，皆伏辜。秋八月丁巳，大司马、大将军王凤薨。

四年春正月，诏曰："夫《洪范》八政，以食为首，斯诚家给刑错之本也。先帝劭农，薄其租税，宠其强力，令与孝弟同科。间者，民弥惰怠，乡本者少，趋末者众，将何以矫之？方东作时，其令二千石勉劝农桑，出入阡陌，致劳来之。《书》不云乎？'服田力穑，乃亦有秋。'其勖之哉！"二月，赦天下。秋九月壬申，东平王宇薨。闰月壬戌，御史大夫于永卒。

鸿嘉元年春二月，诏曰："朕承天地，获保宗庙，明有所蔽，德不能绥，刑罚不中，众冤失职，趋阙告诉者不绝。是以阴阳错谬，寒暑失序，日月不光，百姓蒙辜，朕甚闵焉。《书》不云乎？'即我御事，罔克耆寿，咎在厥躬。'方春生长时，临遣谏大夫理等举三辅、三河、弘农冤狱。公卿大夫、部刺史明申敕守、相，称朕意焉。其赐天下民爵一级，女子百户牛酒，加赐鳏寡孤独高年帛。逋贷未入者勿收。"壬午，行幸初陵。赦作徒。以新丰戏乡为昌陵县，奉初陵，赐百户牛酒。上始为微行出。冬，黄龙见真定。

二年春，行幸云阳。三月，博士行饮酒礼，有雉蜚集于庭，历阶升堂而雊，后集诸府，又集承明殿。诏曰："古之选贤，傅纳以言，明试以功。故官无废事，下无逸民，教化流行，风雨和时，百谷用成，众庶乐业，咸以康宁。朕承鸿业十有余年，数遭水旱疾疫之灾，黎民娄困于饥寒，而望礼义之兴，岂不难哉！朕既无以率道，帝王之道日以陵夷，意乃招贤选士之路郁滞而不通与，将举者未得其人也？其举敦厚有行义、能直言者，冀闻切言嘉谋，匡朕之不逮。"夏，徙郡国豪杰赀五百万以上五千户于昌陵。赐丞相、御史、将军、列侯、公主、中二千石冢地、第宅。六月，立中山宪王孙云客为广德王。

三年夏四月，赦天下。令吏民得买爵，贾级千钱。大旱。秋八月乙卯，孝景庙阙灾。冬十一月甲寅，皇后许氏废。广汉男子郑躬等六十余人攻官寺，篡囚徒，盗库兵，自称山君。

四年春正月，诏曰："数敕有司，务行宽大，而禁苛暴，讫今不改。一人有辜，举宗拘系，农民失业，怨恨者众，伤害和气，水旱为灾，关东流冗者众，青、幽、冀部尤剧，朕甚痛焉。未闻在位有恻然者，孰当助朕忧之！已遣使者循行郡国。被灾害什四以上，民赀不满三万，勿出租赋。逋贷未入，皆勿收。流民欲入关，辄籍内。所之郡国，谨遇以理，务有以全活之。思称朕意。"秋，勃海、清河河溢，被灾者振贷之。冬，广汉郑躬等党与浸广，犯历四县，众且万人。拜河东都尉赵护为广汉太守，发郡中及蜀郡合三万人击之。或相捕斩，除罪。旬月平，迁护为执金吾，赐黄金百斤。

永始元年春正月癸丑，太官凌室火。戊午，戾后园阙火。夏四月，封婕妤赵氏父临为成阳侯。五月，封舅曼子侍中骑都尉光禄大夫王莽为新都侯。六月丙寅，立皇后赵氏。大赦天下。秋七月，诏曰："朕执德不固，谋不尽下，过听将作大匠万年言昌陵三年可成。作治五年，中陵、司马殿门内尚未加功。天下虚耗，百姓罢劳，客土疏恶，终不可成。朕惟其难，怛然伤心。夫'过而不改，是谓过矣'。其罢昌陵，及故陵勿徙吏民，令天下毋有动摇之心。立城阳孝王子俚为王。"八月丁丑，太皇太后王氏崩。

二年春正月己丑，大司马车骑将军王音薨。二月癸未夜，星陨如雨。乙酉晦，日有蚀之。诏曰："乃者，龙见于东莱，日有蚀之。天著变异，以显朕邮，朕甚惧焉。公卿申敕百寮，深思天诫，有可省减便安百姓者，条奏。所振贷贫民，勿收。"又曰："关东比岁不登，吏民以义收食贫民、入谷物助县官振赡者，已赐直，其百万以上，加赐爵右更，欲为吏，补三百石，其吏也，迁二等。三十万以上，赐爵五大夫，吏亦迁二等，民补郎。十万以上，家无出租赋三岁。万钱以上，一年。"冬十一月，行幸雍，祠五畤。十二月，诏曰："前将作大匠万年知昌陵卑下，不可为万岁居，奏请营作，建置郭邑，妄为巧诈，积土增高，多赋敛徭役，兴卒暴之作。卒徒蒙辜，死者连属，百姓罢极，天下匮竭。常侍闳前为大司农中丞，数奏昌陵不可成。侍中卫尉长数白宜早止，徙家反故处。朕以长言下闳章，公卿议者皆合长计。长首建至策，闳典省大费，民以康宁。闳前赐爵关内侯，黄金百斤。其赐长爵关内侯，食邑千户，闳五百户。万年佞邪不忠，毒流众庶，海内怨望，至今不息，虽蒙赦令，不宜居京师。其徙万年敦煌郡。"是岁，御史大夫王骏卒。

三年春正月己卯晦，日有蚀之。诏曰："天灾仍重，朕甚惧焉。惟民之失职，临遣太中大夫嘉等循行天下，存问耆老，民所疾苦。其与部刺史举惇朴逊让有行义者各一人。"冬十月庚辰，皇太后诏有司复甘泉泰畤、汾阴后土、雍五畤、陈仓陈宝祠。语在《郊祀志》。十一月，尉氏男子樊并等十三人谋反，杀陈留太守，劫略吏民，自称将军。徒李谭等五人共格杀并等，皆封为列侯。十二月，山阳铁官徒苏令等二百二十八人攻杀长吏，盗库兵，自称将军，经历郡国十九，杀东郡太守、汝南都尉。遣丞相长史、御史中丞持节督趣逐捕。汝南太守严䜣捕斩令等。迁䜣为大司农，赐黄金百斤。

四年春正月，行幸甘泉，郊泰畤，神光降集紫殿。大赦天下。赐云阳吏民爵，女子百户牛酒，鳏寡孤独高年帛。三月，行幸河东，祠后土，赐吏民如云阳，行所过无出田租。夏四月癸未，长乐临华殿、未央宫东司马门皆灾。六月甲午，霸陵园门阙灾。出杜陵诸未尝御者归家。诏曰："乃者，地震京师，火灾娄降，朕甚惧之。有司其悉心明对厥咎，朕将亲览焉。"又曰："圣王明礼制以序尊卑，异车服以章有德，虽有其财，而无其尊，不得逾制，故men兴行，上义而下利。方今世俗奢僭罔极，靡有厌足。公卿列侯亲属近臣，四方所则，未闻修身遵礼，同心忧国者也。或乃奢侈逸豫，务广第宅，治园池，多畜奴婢，被服绮縠，设钟鼓，备女乐，车服嫁娶葬埋过制。吏民慕效，浸以成俗。而欲望百姓俭节，家给人足，岂不难哉！《诗》不云乎？'赫赫师尹，民具尔瞻。'其申敕有司，以渐禁之。青绿民所常服，且勿止。列侯近臣，各自省改。司隶校尉察不变者。"秋七月辛未晦，日有蚀之。

元延元年春正月己亥朔，日有蚀之。三月，行幸雍，祠五畤。夏四月丁酉，无云有雷，声光耀耀，四面下至地，昏止。赦天下。秋七月，有星孛星东井。诏曰："乃者，日蚀星陨，谪见于天，大异重仍。在位默然，罕有忠言。今孛星见于东井，朕甚惧焉。公卿大夫、博士、议郎其各悉心，惟思变意，明以经对，无有所讳。与内郡国举方正能直言极谏者各一人，北边二十二郡举勇猛知兵法者各一人。"封萧相国后喜为酇侯。冬十二月辛亥，大司马大将军王商薨。是岁，昭仪赵氏害后宫皇子。

二年春正月，行幸甘泉，郊泰畤。三月，行幸河东，祠后土。夏四月，立广陵孝王子守为王。冬，行幸长杨宫，从胡客大校猎。宿萯阳宫，赐从官。

三年春正月丙寅，蜀郡岷山崩，雍江三日，江水竭。二月，封侍中卫尉淳于长为定陵侯。三月，行幸雍，祠五畤。

四年春正月，行幸甘泉，郊泰畤。二月，罢司隶校尉官。三月，行幸河东，祠后土。甘露降京师，赐长安民牛酒。

绥和元年春正月，大赦天下。二月癸丑，诏曰："朕承太祖鸿业，奉宗庙二十五年，德不能绥理宇内，百姓怨望者众。不蒙天祐，至今未有继嗣，天下无所系心。观于往古近事之戒，祸乱之萌，皆由斯焉。定陶王欣于朕为子，慈仁孝顺，可以承天序，继祭祀。其立欣为皇太子。封中山王舅谏大夫冯参为宜乡侯，益中山国三万户，以慰其意。赐诸侯王、列侯金，天下当为父后者爵，三老、孝弟、力田帛，各有差。"又曰："盖闻王者必存二王之后，所以通三统也。昔成汤受命，列为三代，而祭祀废绝。考求其后，莫正孔吉。其封吉为殷绍嘉侯。"三月，进爵为公，及周承休侯皆为公，地各百里。行幸雍，祠五畤。夏四月，以大司马票骑将军为大司马，罢将军官。御史大夫为大司空，封为列侯。益大司马、大司空奉如丞相。秋八月庚戌，中山王兴薨。冬十一月，立楚孝王孙景为定陶王。定陵侯淳于长大逆不道，下狱死。廷尉孔光使持节赐贵人许氏药，饮药死。十二月，罢部刺史，更置州牧，秩二千石。

二年春正月，行幸甘泉，郊泰畤。二月壬子，丞相翟方进薨。三月，行幸河东，祠后土。丙戌，帝崩于未央宫。皇太后诏有司复长安南北郊。四月己卯，葬延陵。

赞曰：臣之姑充后宫为婕妤，父子昆弟侍帷幄，数为臣言：成帝善修容仪，升车正立，不内顾，不疾言，不亲指，临朝渊嘿，尊严若神，可谓穆穆天子之容者矣！博览古今，容受直辞。公卿称职，奏议可述。遭世承平，上下和睦。然湛于酒色，赵氏乱内，外家擅朝，言之可为于邑。建始以来，王氏始执国命，哀、平短祚，莽遂篡位，盖其威福所由来者渐矣！

卷十一　　　　哀帝纪第十一

孝哀皇帝，元帝庶孙，定陶恭王子也。母曰丁姬。年三岁嗣立为王，长好文辞法律。元延四年入朝，尽从傅、相、中尉。时成帝少弟中山孝王亦来朝，独从傅。上怪之，以问定陶王，对曰："令，诸侯王朝，得从其国二千石。傅、相、中尉皆国二千石，故尽从之。"上令诵《诗》，通习，能说。他日问中山王："独从傅在何法令？"不能对。令诵《尚书》，又废。及赐食于前，后饱；起下，袜系解。成帝由此以为不能，而贤定陶王，数称其材。时王祖母傅太后随王来朝，私赂遗上所幸赵昭仪及帝舅票骑将军曲阳侯王根。昭仪及根见上亡子，亦欲豫自结为长久计，皆更称定陶王，劝帝以为嗣。成帝亦自美其材，为加元服而遣之，时年十七矣。明年，使执金吾宏守大鸿胪，持节征定陶王，立为皇太子。谢曰："臣幸得继父守藩为诸侯王，材质不足以假充太子之宫。陛下圣德宽仁，敬承祖宗，奉顺神祇，宜蒙福祐子孙千亿之报。臣愿且得留国邸，旦夕奉问起居，俟有圣嗣，归国守藩。"书奏，天子报闻。后月余，立楚孝王孙景为定陶王，奉恭王祀，所以奖厉太子专为后之谊。语在《外戚传》。

绥和二年三月，成帝崩。四月丙午，太子即皇帝位，谒高庙。尊皇太后曰太皇太后，皇后曰皇太后。大赦天下。赐宗室王子有属者马各一驷，吏民爵，百户牛酒，三老、孝弟、力田、鳏寡孤独帛。皇太后诏尊定陶恭王为恭皇。五月丙戌，立皇后傅氏。诏曰："《春秋》'母以子贵'，尊定陶太后曰恭皇太后，丁姬曰恭皇后，各置左右詹事，食邑如长信宫、中宫。"追尊傅父为崇祖侯、丁父为褒德侯。封舅丁明为阳安侯，舅子满为平周侯。追谥满父忠为平周怀侯，皇后父晏为孔乡侯，皇太后同母弟侍中光禄大夫赵钦为新成侯。六月，诏曰："郑声淫而乱乐，圣王所放，其罢乐府。"曲阳侯根前以大司马建社稷策，益封二千户。太仆安阳侯舜辅导有旧恩，益封五百户，及丞相孔光、大司空汜乡侯何武益封各千户。诏曰："河间王良丧太后三年，为宗室仪表，益封万户。"又曰："制节谨度以防奢淫，为政所先，百王不易之道也。诸侯王、列侯、公主、吏二千石及豪富民多畜奴婢，田宅亡限，与民争利，百姓失职，重困不足。其议限列。"有司条奏："诸王、列侯得名田国中，列侯在长安及公主名田县道，关内侯、吏民名田，皆无得过三十顷。诸侯王奴婢二百人，列侯、公主百人，关内侯、吏民三十人。年六十以上，十岁以下，不在数中。贾人皆不得名田、为吏，犯者以律论。诸名田畜奴婢过品，皆没入县官。齐三服官、诸官织绮绣，难成，害女红之物，皆止，无作输。除任子令及诽谤诋欺法。掖庭宫人年三十以下，出嫁之。官奴婢五十以上，免为庶人。禁郡国无得献名兽。益吏三百石以下奉。察吏残贼酷虐者，以时退。有司无得举赦前事。博士弟子父母死，予宁三年。"秋，曲阳侯王根、成都侯王况皆有罪，根就国，况免为庶人，归故郡。诏曰："朕承宗庙之重，战战兢兢，惧失天心。间者日月亡光，五星失行，郡国比比地动。乃者河南、颍川郡水出，流杀人民，坏败庐舍。朕之不德，民反蒙辜，朕甚惧焉。已遣光禄大夫循行举籍，赐死者棺钱，人三千。其令水所伤县邑及他郡国灾害什四以上，民赀不满十万，皆无出今年租赋。"

建平元年春正月，赦天下。侍中骑都尉新成侯赵钦、成阳侯赵䜣皆有罪，免为庶人，徙辽西。太皇太后诏外家王氏田非冢茔，皆以赋贫民。二月，诏曰："盖闻圣王之治，以得贤为首。其与大司马、列侯、将军、中二千石、州牧、守、相举孝弟惇厚能直言通政事，延于侧陋可亲民者，各一人。"三月，赐诸侯王、公主、列侯、丞相、将军、中二千石、中都官郎吏金、钱、帛，各有差。冬，中山孝王太后媛、弟宜乡侯冯参有罪，皆自杀。

二年春三月，罢大司空，复御史大夫。夏四月，诏曰："汉家之制，推亲亲以显尊尊。定陶恭皇之号不宜复称定陶。尊恭皇太后曰帝太太后，称永信宫；恭皇后曰帝太后，称中安宫。立恭皇庙于京师。赦天下徒。"罢州牧，复刺史。六月庚申，帝太后丁氏崩。上曰："朕闻夫妇一体，《诗》云：'谷则异室，死则同穴。'昔季武子成寝，杜氏之殡在西阶下，请合葬而许之。附葬之礼，自周兴焉。'郁郁乎文哉！吾从周。'孝子事亡如事存。帝太后宜起陵恭皇之园。"遂葬定陶。发陈留、济阴近郡国五万人穿复土。待诏夏贺良等言赤精子之谶，汉家历运中衰，当再受命，宜改元易号。诏曰："汉兴二百载，历数开元。皇天降非材之佑，汉国再获受命之符，朕之不德，曷敢不通！夫基事之元命，必与天下自新，其大赦天下。以建平二年为太初元年。号曰陈圣刘太平皇帝。漏刻以百二十度为度。"七月，以渭城西北原上永陵亭部为初陵。勿徙郡国民，使得自安。八月，诏曰："待诏夏贺良等建言改元易号，增益漏刻，可以永安国家。朕过听贺良等言，冀为海内获福，卒亡嘉应。皆违经背古，不合时宜。六月甲子制书，非赦令也，皆蠲除之。贺良等反道惑众，下有司。"皆伏辜。丞相博、御史大夫玄、孔乡侯晏有罪。博自杀，玄减死二等论，晏削户四分之一。语在《博传》。

三年春正月，立广德夷王弟广汉为广平王。癸卯，帝太太后所居桂宫正殿火。三月己酉，丞相当薨。有星孛于河鼓。夏六月，立鲁顷王子郚乡侯闵为王。冬十一月壬子，复甘泉泰畤、汾阴后土祠，罢南北郊。东平王云、云后谒、安成恭侯夫人放皆有罪。云自杀，谒、放弃市。四年春，大旱。关东民传行西王母筹，经历郡国，西入关至京师。民又会聚祠西王母，或夜持火上屋，击鼓号呼相惊恐。

二月，封帝太太后从弟侍中傅商为汝昌侯，太后同母弟子侍中郑业为阳信侯。三月，侍中驸马都尉董贤、光禄大夫息夫躬、南阳太守孙宠皆以告东平王封列侯。语在《贤传》。夏五月，赐中二千石至六百石及天下男子爵。六月，尊帝太太后为皇太太后。秋八月，恭皇园北门灾。冬，诏将军、中二千石举明兵法有大虑者。

元寿元年春正月辛丑朔，日有蚀之。诏曰："朕获保宗庙，不明不敏，宿夜忧劳，未皇宁息。惟阴阳不调，元元不赡，未赡厥咎。娄敕公卿，庶几有望。至今有司执法，未得其中，或上暴虐，假势获名，温良宽柔，陷于亡灭。是故残贼弥长，和睦日衰，百姓愁怨，靡所错躬。乃正月朔，日有蚀之，厥咎不远，在余一人。公卿大夫其各悉心勉帅百寮，敦任仁人，黜远残贼，期于安民。陈朕之过失，无有所讳。其与将军、列侯、中二千石举贤良方正能直言者各一人。大赦天下。"丁巳，皇太太后傅氏崩。三月，丞相嘉有罪，下狱死。秋九月，大司马票骑将军丁明免。孝元庙殿门铜龟蛇铺首鸣。

二年春正月，匈奴单于、乌孙大昆弥来朝。二月，归国，单于不说。语在《匈奴传》。夏四月壬辰晦，日有蚀之。五月，正三公官分职。大司马卫将军董贤为大司马，丞相孔光为大司徒，御史大夫彭宣为大司空，封长平侯。正司直、司隶，造司寇职，事未定。六月戊午，帝崩于未央宫。秋九月壬寅，葬义陵。

赞曰：孝哀自为藩王及充太子之宫，文辞博敏，幼有令闻。赡孝成世禄去王室，权柄外移，是故临朝娄诛大臣，欲强主威，以则武、宣。雅性不好声色，时觉下射武戏。即位痿痹，末年寖剧，飨国不永，哀哉！

卷十二　　　平帝纪第十二

孝平皇帝，元帝庶孙，中山孝王子也。母曰卫姬。年三岁嗣立为王。元寿二年六月，哀帝崩，太皇太后诏曰："大司马贤年少，不合众心。其上印绶，罢。"贤即日自杀。新都侯王莽为大司马，领尚书事。秋七月，遣车骑将军王舜、大鸿胪左咸使持节迎中山王。辛卯，贬皇太后赵氏为孝成皇后，退居北宫，哀帝皇后傅氏退居桂宫。孔乡侯傅晏、少府董恭等皆免官爵，徙合浦。九月辛酉，中山王即皇帝位，谒高庙，大赦天下。帝年九岁，太皇太后临朝，大司马莽秉政，百官总己以听于莽。诏曰："夫赦令者，将与天下更始，诚欲令百姓改行洁己，全其性命也。往者有司多举奏赦前事，累增罪过，诛陷亡辜，殆非重信慎刑，洒心自新之意也。及选举者，其历职更事有名之士，则以为难保，废而弗举，甚谬于赦小过举贤材之义。对诸有臧及内恶未发而荐举者，皆勿案验。令士厉精乡进，不以小疵妨大材。自今以来，有司无得陈赦前事置奏上。有不如诏书为亏恩，以不道论。定著令，布告天下，使明知之。"

元始元年春正月，越裳氏重译献白雉一，黑雉二，诏使三公以荐宗庙。群臣奏言大司马莽功德比周公，赐号安汉公，及太师孔光等皆益封。语在《莽传》。赐天下民爵一级，吏在位二百石以上，一切满秩如真。立故东平王云太子开明为王，故桃乡顷侯子成都为中山王。封宣帝耳孙信等三十六人皆为列侯。太仆王恽等二十五人前议定陶傅太后尊号，守经法，不阿指从邪；右将军孙建爪牙大臣，大鸿胪咸前正议不阿，后奉节使迎中山王；及宗正刘不恶、执金吾任岑、中郎将孔永、尚书令姚恂、沛郡太守石诩，皆以前与建策，东迎即位，奉事周密勤劳，赐爵关内侯，食邑各有差。赐帝征即位前所过县邑吏二千石以下至佐史爵，各有差。又令诸侯王、公、列侯、关内侯亡子而有孙若子同产子者,皆得以为嗣。公、列侯嗣子有罪,耐以上先请。宗室属未尽而以罪绝者,复其属。其为吏举廉佐史,补四百石。天下吏比二千石以上年老致仕者,参分故禄,以一与之,终其身。遣谏大夫行三辅,举籍吏民,以元寿二年仓卒时横赋敛者,偿其直。义陵民家不妨殿中者勿发。天下吏民亡得置什器储偫。二月,置羲和官,秩二千石;外史、闾师,秩六百石。班教化,禁淫祀,放郑声。乙未,义陵寝神衣在柙中,丙申旦,衣在外床上,寝令以急变闻。用太牢祠。夏五月丁巳朔,日有蚀之。大赦天下。公卿、将军、中二千石举敦厚能直言者各一人。六月,使少府左将军丰赐帝母中山孝王姬玺书,拜为中山孝王后。赐帝舅卫宝、宝弟玄爵关内侯。赐帝女弟四人号皆曰君,食邑各二千户。封周公后公孙相如为褒鲁侯,孔子后孔均为褒成侯,奉其祀。追谥孔子曰褒成宣尼公。

罢明光宫及三辅驰道。天下女徒已论,归家,顾山钱月三百。复贞妇,乡一人。置少府海丞、果丞各一人;大司农部丞十三人,人部一州,劝农桑。太皇太后省所食汤沐邑十县,属大司农,常别计其租入,以赡贫民。

秋九月,赦天下徒。以中山苦陉县为中山孝王后汤沐邑。

二年春,黄支国献犀牛。诏曰:"皇帝二名,通于器物,今更名,合于古制。使太师光奉太牢告祠高庙。"夏四月,立代孝王玄孙之子如意为广宗王,江都易王孙盱台侯宫为广川王,广川惠王曾孙伦为广德王。封故大司马博陆侯霍光从父昆弟曾孙阳,宣平侯张敖玄孙庆忌,绛侯周勃玄孙共,舞阳侯樊哙玄孙之子章皆为列侯,复爵。赐故曲周侯郦商等后玄孙郦明友等百一十三人爵关内侯,食邑各有差。郡国大旱,蝗,青州尤甚,民流亡。安汉公、四辅、三公、卿大夫、吏民为百姓困乏献其田宅者二百三十人,以口赋贫民。遣使者捕蝗,民捕蝗诣吏,以石斗受钱。天下民皆不满二万及被灾之郡不满十万,勿租税。民疾疫者,舍空邸第,为置医药。赐死者一家六尸以上葬钱五千,四尸以上三千,二尸以上二千。罢安定呼池苑,以为安民县,起官寺市里,募徙贫民,县次给食。至徙所,赐田宅什器,假与犁、牛、种、食。又起五里于长安城中,宅二百区,以居贫民。秋,举勇武有节明兵法,郡一人,诣公车。九月戊申晦,日有蚀之。赦天下徒。使谒者大司马掾四十四人持节行边兵。遣执金吾候陈茂假以钲鼓,募汝南、南阳勇敢吏士三百人,谕说江湖贼成重等二百余人皆自出,送家在所收事。重徙云阳,赐公田宅。冬,中二千石举治狱平,岁一人。

三年春,诏有司为皇帝纳采安汉公莽女。语在《莽传》。又诏光禄大夫刘歆等杂定婚礼。四辅、公卿、大夫、博士、郎、吏家属皆以礼娶,亲迎立轺并马。夏,安汉公奏车服制度,吏民养生、送终、嫁娶、奴婢、田宅、器械之品。立官稷及学官:郡国曰学,县、道、邑、侯国曰校,校、学置经师一人;乡曰庠,聚曰序,序、庠置《孝经》师一人。阳陵任横等自称将军,盗库兵,攻官寺,出囚徒。大司徒掾督逐,皆伏辜。安汉公世子宇与帝外家卫氏有谋。宇下狱死,诛卫氏。

四年春正月,郊祀高祖以配天,宗祀孝文以配上帝。改殷绍嘉公曰宋公,周承休公曰郑公。诏曰:"盖夫妇正则父子亲,人伦定矣。前诏有司复贞妇,妇女徒,诚欲以防邪辟,全贞信。及眊悼之人刑罚所不加,圣王之所以制也。惟苛暴吏多拘系犯法者亲属,妇女老弱,构怨伤化,百姓苦之,其明敕百僚,妇女非身犯法,及男子年八十以上七岁以下,家非坐不道,诏所名捕,它皆无得系。其当验者,即验问。定著令。"二月丁未,立皇后王氏,大赦天下。遣太仆王恽等八人置副,假节,分行天下,览观风俗。赐九卿已下至六百石、宗室有属籍者爵,自五大夫以上各有差。赐天下民爵一级,鳏寡孤独高年帛。夏,皇后见于高庙。加安汉公号曰:"宰衡。"赐公太夫人号曰功显君。封公子安、临皆为列侯。安汉公奏立明堂、辟雍。尊孝宣庙为中宗,孝元庙为高宗,天子世世献祭。置西海郡,徙天下犯禁者处之。梁王立有罪,自杀。分京师置前辉光、后丞烈二郡。更公卿、大夫、八十一元士官名位次及十二州名。分界郡国所属,罢置改易,天下多事,吏不能纪。冬,大风吹长安城东门屋瓦且尽。

五年春正月,祫祭明堂。诸侯王二十八人、列侯百二十人、宗室子九百余人征助祭。礼毕,皆益户,赐爵及金、帛,增秩补吏,各有差。诏曰:"盖闻帝王以德抚民,其次亲亲以相及也。昔尧睦九族,舜惇叙之。朕以皇帝幼年,且统国政,惟宗室子皆太祖高皇帝子孙及兄弟吴顷、楚元之后,汉元至今,十有余万人,虽有王侯之属,莫能相纠,或陷入刑罪,教训不至之咎也。传不云乎?'君子笃于亲,则民兴于仁。'其为宗室自太上皇以来族亲,各以世氏,郡国置宗师以纠之,致教训焉。二千石选有德义者以为宗师。考察不从教令有冤失职者,宗师得因邮亭书言宗伯,请以闻。常以岁正月赐宗师帛各十匹。"羲和刘歆等四人使治明堂、辟雍,令汉与文王灵台、周公作洛同符。太仆王恽等八人使行风俗,宣明德化,万国齐同。皆封为列侯。征天下通知逸经、古记、天文、历算、钟律、小学、《史篇》、方术、《本草》及以《五经》、《论语》、《孝经》、《尔雅》教授者,在所为驾一封轺传,遣诣京师。至者数千人。闰月,立梁孝王玄孙之耳孙音为王。冬十二月丙午,帝崩于未央宫。大赦天下。有司议曰:"礼,臣不殇君。皇帝年十有四岁,宜以礼敛,加元服。"奏可。葬康陵。诏曰:"皇帝仁惠,无不顾哀,每疾一发,气辄上逆,害于言语,故不及有遗诏。其出媵妾,皆归家得嫁,如孝文时故事。"

赞曰:孝平之世,政自莽出,褒善显功,以自尊盛。观其文辞,方外百蛮,亡思不服,休征嘉应,颂声并作。至乎变异见于上,民怨于下,莽亦不能文也。

卷十三　　异姓诸侯王表第一

昔《诗》、《书》述虞夏之际,舜禹受禅,积德累功,洽于百姓,摄位行政,考之于天,经数十年,然后在位。殷、周之王,乃由卨稷,修仁行义,历十余世,至于汤武,然后放杀。秦起襄公,章文、缪、献、孝、昭、严,稍蚕食六国,百有余载,至始皇,乃并天下。以德若彼,用力如此其艰难也。

秦既称帝,患周之败,以为起于处士横议,诸侯力争,四夷交侵,以弱见夺。于是削去五等,堕城销刃,箝语烧书,内锄雄俊,外攘胡粤,用一威权,为万世安。然十余年间,猛敌横发乎不虞,适戍强于五伯,闾阎逼于戎狄,响应瘈于谤议,奋臂威于甲兵。乡秦之禁,适所以资豪杰而速自毙也。是以汉亡尺土之阶,由一剑之任,五载而成帝业。书传所记,未尝有焉。何则?古世相革,皆承圣王之烈,今汉独收孤秦之弊。镌金石者难为功,摧枯朽者易为力,其势然也,故据汉受命,谱十八王,月而列之,天下一统,乃以年数。迄于孝文,异姓尽矣。

卷十四　　　　诸侯王表第二

昔周监于二代,三圣制法,立爵五等,封国八百,同姓五十有余。周公、康叔建于鲁、卫,各数百里;太公于齐,亦五侯九伯之地。《诗》载其制曰:"介人惟藩,大师惟垣。大邦惟屏,大宗惟翰。怀德惟宁,宗子惟城。毋俾城坏,毋独斯畏。"所以亲亲贤贤,褒表功德,关诸盛衰,深根固本,为不可拔者也。故盛则周、邵相其治,致刑错;衰则五伯扶其弱,与共守。自幽、平之后,日以陵夷,至乎厄阨河洛之间,分为二周,有逃责之台,被窃鈇之言。然天下谓之共主,强大弗之敢倾。历载八百余年,数极德尽,既于王赧,降为庶人,用天年终。号位已绝天于下,尚犹枝叶相持,莫得居其虚位,海内无主,三十余年。

秦据势胜之地,骋狙诈之兵,蚕食山东,壹切取胜。因矜其所习,自任私知,姗笑三代,荡灭古法,窃自号为皇帝,而子弟为匹夫,内亡骨肉本根之辅,外亡尺土藩翼之卫。陈、吴奋其白挺,刘、项随而毙之。故曰:周过其历,秦有及期,国势然也。

汉兴之初,海内新定,同姓寡少,惩戒亡秦孤立之败,于是剖裂疆土,立二等之爵。功臣侯者百有余邑,尊王子弟,大启九国。自雁门以东,尽辽阳,为燕、代。常山以南,太行左转,度河、济,渐于海,为齐、赵。谷、泗以往,奄有龟、蒙,为梁、楚。东带江、湖,薄会稽,为荆、吴。北界淮濒,略庐、衡,为淮南。波汉之阳,亘九嶷,为长沙。诸侯比境,周匝三垂,外接胡越。天子自有三河、东郡、颍川、南阳,自江陵以西至巴蜀,北自云中至陇西,与京师内史凡十五郡,公主、列侯颇邑其中。而藩国大者夸州兼郡,连城数十,宫室百官同制京师,可谓挢枉过其正矣。虽然,高祖创业,日不暇给,孝惠享国又浅,高后女主摄位,而海内晏如,亡狂狡之忧,卒折诸吕之难,成太宗之业者,亦赖之于诸侯也。

然诸侯原本以大,末流滥以致溢,小者淫荒越法,大者睽孤横逆,以害身丧国。故文帝采贾生之议分齐、赵,景帝用晁错之计削吴、楚。武帝施主父之册,下推恩之令,使诸侯王得分户邑以封子弟,不行黜陟,而藩国自析。自此以来,齐分为七,赵公为六,梁分为五,淮南分为三。皇子始立者,大国不过十余城。长沙、燕、代虽有旧名,皆亡南北边矣。景遭七国之难,抑损诸侯,减黜其官。武有衡山、淮南之谋,作左官之律,设附益之法,诸侯惟得衣食税租,不与政事。

至于哀、平之际,皆继体苗裔,亲属疏远,生于帷墙之中,不为士民所尊,势与富室亡异。而本朝短世,国统三绝,是故王莽知汉中外殚微,本末俱弱,亡所忌惮,生其奸心;因母后之权,假伊、周之称,专作威福庙堂之上,不降阶序而运天下。诈谋既成,遂据南面之尊,分遣五威之吏,驰传天下,班行符命。汉诸侯王厥角稽首,奉上玺韨,惟恐在后,或乃称 美颂德,以求容媚,岂不哀哉!是以究其终始强弱之变,明监戒焉。

卷十五上　　　王子侯表第三上

大哉,圣祖之建业也!后嗣承序,以广亲亲。至于孝武,以诸侯王疆土过制,或替差失轨,而子弟为匹夫,轻重不相准,于是制诏御史:"诸侯王或欲推私恩分子弟邑者,令各条上,朕且临定其号名。"自是支庶毕侯矣。《诗》云:"文王孙子,本支百世",信矣哉!

卷十五下　　　王子侯表第三下

孝元之世,亡王子侯者,盛衰终始,岂非命哉!元始之际,王莽擅朝,伪襃宗室,侯及王之孙焉;居摄而愈多,非其正,故弗录。旋踵亦绝,悲夫!

卷十六　高惠高后文功臣表第四

自古帝王之兴,曷尝不建辅弼之臣所与共成天功者乎!汉兴自秦二世元年之秋,楚陈之岁,初以沛公总帅雄俊,三年然后西灭秦,立汉王之号,五年东克项羽,即皇帝位,八载而天下乃平,始论功而定封。迄十二年,侯者百四十有三人。时大城名都民人散亡,户口可得而数裁什二三,是以大侯不过万家,小者五六百户。封爵之誓曰:"使黄河如带,泰山若厉,国以永存,爰及苗裔。"于是申以丹书之信,重以白马之盟,又作十八侯之位次。高后二年,复诏丞相陈平尽差列侯之功,录弟下竟,臧诸宗庙,副在有司。始未尝不欲固根本,而枝叶稍落也。

故逮文、景四五世间,流民既归,户口亦息,列侯大者至三四万户,小国自倍,富厚如之。子孙骄逸,忘其先祖之艰难,多陷法禁,陨命亡国,或亡子孙。迄于孝武后元之年,靡有孑遗,耗矣。罔亦少密焉。故孝宣皇帝愍而录之,乃开庙臧,览旧籍,诏令有司求其子孙,咸出庸保之中,并降及孝成，复加恤问，稍益衰微，不绝如线。善乎，杜业之纳说也！曰："昔唐以万国致时雍之政，虞、夏以多群后飨共己之治。汤法三圣，殷氏太平。周封八百，重译来贺。是以内恕之君，乐继绝世；隆名之主，安立亡国。至于不及下车，德念深矣。成王察牧野之克，顾群后之勤，知其恩结于民心，功光于王府也，故追述先父之志，录遗老之策，高其位，大其寓，爱敬饬尽，命赐备厚。大孝之隆，于是为至。至其没也，世主叹其功，无民而不思。所息之树，且犹不伐，况其庙乎？是以燕、齐之祀与周并传，子继弟及，历载不堕。岂无刑辟，由祖之竭力，故支庶赖焉。迹汉功臣，亦皆割符世爵，受山河之誓，存以著其号，亡以显其魂，赏亦不细矣。百余年间，而袭封者尽，或绝失姓，或乏无主，朽骨孤于墓，苗裔流于道，生为愍隶，死为转尸。以往况今，甚可悲伤。圣朝怜闵，诏求其后，四方忻忻，靡不归心。出入数年而不省察，恐议者不思大义，设言虚亡，则厚德掩息，遽柬布章，非所以视化劝后也。三人为众，虽难尽继，宜从尤功。"于是成帝复绍萧何。

哀、平之世，增修曹参、周勃之属，得其宜矣。以缀续前记，究其本末，并序位次，尽于孝文，以昭元功之侯籍。

卷十七　景武昭宣元成功臣表第五

昔《书》称"蛮夷帅服"，《诗》云"徐方既来"，《春秋》列潞子之爵，许其慕诸夏也。汉兴至于孝文时，乃有弓高、襄城之封，虽自外来，本功臣后。故至孝景始欲侯降者，丞相周亚夫守约而争。帝黜其议，初开封赏之科，又有吴、楚之事。武兴胡、越之伐，将帅受爵，应本约矣。后世承平，颇有劳臣，辑而序之，续元功次云。

卷十八　外戚恩泽侯表第六

自古受命及中兴之君，必兴灭继绝，修废举逸，然后天下归仁，四方之政行焉。传称武王克殷，追存贤圣，至乎不及下车。世代虽殊，其揆一也。高帝拨乱诛暴，庶事草创，日不暇给，然犹修祀六国，求聘四皓，过魏则宠无忌之墓，适赵则封乐毅之后。及其行赏而授位也，爵以功为先后，官用能为次序。后嗣共己遵业，旧臣继踵居位。至乎孝武，元功宿将略尽。会上亦兴文学，进拔幽隐，公孙弘自海濒而登宰相，于是宠以列侯之爵。又畴咨前代，询问耆老，初得周后，复加爵邑。自是之后，宰相毕侯矣。元、成之间，晚得殷世，以备宾位。

汉兴，外戚与定天下，侯者二人。故誓曰："非刘氏不王，若有亡功非上所置而侯者，天下共诛之。"是以高后欲王诸吕，王陵廷争；孝景将侯王氏，脩侯犯色。卒用废黜。是后薄昭、窦婴、上官、卫、霍之侯，以功受爵。其余后父据《春秋》褒纪之义，帝舅缘《大雅》申伯之意，寖广博矣。是以别而叙之。

卷十九上　百官公卿表第七上

《易》叙宓羲、神农、黄帝作教化民，而《传》述其官，以为宓羲龙师名官，神农火师火名，黄帝云师云名，少昊鸟师鸟名。自颛顼以来，为民师而命以民事，有重黎、句芒、祝融、后土、蓐收、玄冥之官，然已上矣。《书》载唐、虞之际，命羲、和四子顺天文，授民时，咨四岳，以举贤材，扬侧陋；十有二牧，柔远能迩；禹作司空，平水土；弃作后稷，播百谷；高作司徒，敷五教；咎繇作士，正五刑；垂作共工，利器用；益作朕虞，育草木鸟兽；伯夷作秩宗，典三礼；夔典乐，和神人；龙作纳言，出入帝命。夏、殷亡闻焉，周官则备矣。天官冢宰，地官司徒，春官宗伯，夏官司马，秋官司寇，冬官司空，是为六卿，各有徒属职分，用于百事。太师、太傅、太保，是为三公，盖参天子，坐而议政，无不总统，故不以一职为官名。又立三少为之副，少师、少傅、少保，是为孤卿，与六卿为九焉。记曰三公无官，言有其人然后充之，舜之于尧，伊尹于汤，周公、召公于周，是也。或说司马主天，司徒主人，司空主土，是为三公。四岳谓四方诸侯。自周衰，官失而百职乱，战国并争，各变异。秦兼天下，建皇帝之号，立百官之职。汉因循而不革，明简易，随时宜也。其后颇有所改。王莽篡位，慕从古官，而吏民弗安，亦多虐政，遂以乱亡。故略表举大分，以通古今，备温故知新之义云。

相国、丞相，皆秦官，金印紫绶，掌丞天子助理万机。秦有左右，高帝即位，置一丞相，十一年更名相国，绿绶。孝惠、高后置左右丞相，文帝二年复置一丞相。有两长史，秩千石。哀帝元寿二年更名大司徒。武帝元狩五年初置司直，秩比二千石，掌佐丞相举不法。

太尉，秦官，金印紫绶，掌武事。武帝建元二年省。元狩四年初置大司马，以冠将军之号。宣帝地节三年置大司马，不冠将军，亦无印绶官属。成帝绥和元年初赐大司马金印紫绶，置官属，禄比丞相，去将军。哀帝建平二年复去大司马印绶、官属，冠将军如故。元寿二年复赐大司马印绶，置官属，去将军，位在司徒上。有长史，秩千石。

御史大夫，秦官，位上卿，银印青绶，掌副丞相。有两丞，秩千石。一曰中丞，在殿中兰台，掌图籍秘书，外督部刺史，内领侍御史员十五人，受公卿奏事，举劾按章。成帝绥和元年更名大司空，金印紫绶，禄比丞相，置长史如中丞，官职如故。哀帝建平二年复为御史大夫，元寿二年复为大司空，御史中丞更名御史长史。侍御史有绣衣直指，出讨奸猾，治大狱，武帝所制，不常置。

太傅，古官，高后元年初置，金印紫绶。后省，八年复置。后省，哀帝元寿二年复置。位在三公上。

太师、太保，皆古官，平帝元始元年皆初置，金印紫绶。太师位在太傅上，太保次太傅。

前后左右将军，皆周末官，秦因之，位上卿，金印紫绶。汉不常置，或有前后，或有左右，皆掌兵及四夷。有长史，秩千石。

奉常，秦官，掌宗庙礼仪，有丞。景帝中六年更名太常。属官有太乐、太祝、太宰、太史、太卜、太医六令丞，又均官、都水两长丞，又诸庙寝园食官令长丞，有雍太宰、太祝令丞，五畤各一尉。又博士及诸陵县皆属焉。景帝中六年更名太祝为祠祀，武帝太初元年更曰庙祀，初置太卜。博士，秦官，掌通古今，秩比六百石，员多至数十人。武帝建元五年初置《五经》博士，宣帝黄龙元年稍增员十二人。元帝永光元年分诸陵邑属三辅。王莽改太常曰秩宗。

郎中令，秦官，掌宫殿掖门户，有丞。武帝太初元年更名光禄勋。属官有大夫、郎、谒者，皆秦官。又期门、羽林皆属焉。大夫掌论议，有太中大夫、中大夫、谏大夫，皆无员，多至数十人。武帝元狩五年初置谏大夫，秩比八百石，太初元年更名中大夫为光禄大夫，秩比二千石，太中大夫秩比千石如故。郎掌守门户，出充车骑，有议郎、中郎、侍郎、郎中，皆无员，多至千人。议郎、中郎秩比六百石，侍郎比四百石，郎中比三百石。中郎有五官、左、右三将，秩皆比二千石。郎中有车、户、骑三将，秩皆比千石。谒者掌宾赞受事，员七十人，秩比六百石，有仆射，秩比千石。期门掌执兵送从，武帝建元三年初置，比郎，无员，多至千人，有仆射，秩比千石。平帝元始元年更名虎贲郎，置中郎将，秩比二千石，羽林掌送从，次期门，武帝太初元年初置，名曰建章营骑，后更名羽林骑。又取从军死事之子孙养羽林，官教以五兵，号曰羽林孤儿。羽林有令丞。宣帝令中郎将、骑都尉监羽林，秩比二千石。仆射，秦官，自侍中、尚书、博士、郎皆有。古者重武官，有主射以督课之，军屯吏、驺宰、永巷宫人皆有，取其领事之号。

卫尉，秦官，掌宫门卫屯兵，有丞。景帝初更名中大夫令，后元年复为卫尉。属官有公车司马、卫士、旅贲三令丞。卫士三丞。又诸屯卫候、司马二十二官皆属焉。长乐、建章、甘泉卫尉皆掌其宫，职略同，不常置。

太仆，秦官，掌舆马，有两丞。属官有大厩、未央、家马三令，各五丞一尉。又车府、路軨、骑马、骏马四令丞；又龙马、闲驹、橐泉、騊駼、承华五监长丞；又边郡六牧师苑令各三丞；又牧橐、昆蹏令丞皆属焉。中太仆掌皇太后舆马，不常置也。武帝太初元年更名家马为挏马，初置路軨。

廷尉，秦官，掌刑辟，有正、左右监，秩皆千石。景帝中六年更名大理，武帝建元四年复为廷尉。宣帝地节三年初置左右平，秩皆六百石。哀帝元寿二年复为大理。王莽改曰作士。

典客，秦官，掌诸归义蛮夷，有丞。景帝中六年更名大行令，武帝太初元年更名大鸿胪。属官有行人、译官、别火三令丞及郡邸长丞。武帝太初元年更名行人为大行令，初置别火。王莽改大鸿胪曰典乐。初，置郡国邸属少府，中属中尉，后属大鸿胪。

宗正，秦官，掌亲属，有丞。平帝元始四年更名宗伯。属官有都司空令丞，内官长丞。又诸公主家令、门尉皆属焉。王莽并其官于秩宗。初，内官属少府，中属主爵，后属宗正。

治粟内史，秦官，掌谷货，有两丞。景帝后元年更名大农令，武帝太初元年更名大司农。属官有太仓、均输、平准、都内、籍田五令丞，斡官、铁市两长丞。又郡国诸仓农监、都水六十五官长丞皆属焉。骏粟都尉，武帝军官，不常置。王莽改大司农曰羲和，后更为纳言。初，斡官属少府，中属主爵，后属大司农。

少府，秦官，掌山海池泽之税，以给共养，有六丞。属官有尚书、符节、太医、太官、汤官、导官、乐府、若卢、考工室、左弋、居室、甘泉居室、左右司空、东织、西织、东园匠十六官令丞，又胞人、都水、均官三长丞，又上林中十池监，又中书谒者、黄门、钩盾、尚方、御府、永巷、内者、宦者八官令丞。诸仆射、署长、中黄门皆属焉。武帝太初元年更名考工室为考工，左弋为佽飞，居室为保宫，甘泉居室为昆台，永巷为掖廷。佽飞掌弋射，有九丞两尉，太官七丞，昆台五丞，乐府三丞，掖廷八丞，宦者七丞，钩盾五丞两尉。成帝建始四年更名中书谒者令为中谒者令，初置尚书，员五人，有四丞。河平元年省东织，更名西织为织室。绥和二年，哀帝省乐府。王莽改少府曰共工。

中尉，秦官，掌徼循京师，有两丞、候、司马、千人。武帝太初元年更名执金吾。属官有中垒、寺互、武库、都船四令丞。都船、武库有三丞，中垒两尉。又式道左右中候、候丞及左右京辅都尉、尉丞兵卒皆属焉。初，寺互属少府，中属主爵，后属中尉。自太常至执金吾，秩皆中二千石，丞皆千石。

太子太傅、少傅，古官。属官有太子门大夫、庶子、先马、舍人。

将作少府，秦官，掌治宫室，有两丞、左右中候。景帝中六年更名将作大匠。属官有石库、东园主章、左右前后中校七令丞，又主章长丞。武帝太初元年更名东园主章为木工。成帝阳朔三年省中候及左右前后中校五丞。

詹事，秦官，掌皇后、太子家，有丞。属官有太子率更、家令丞，仆，中盾、卫率、厨厩长丞，又中长秋、私府、永巷、仓、厩、祠祀、食官令长丞。诸宦官皆属焉。成帝鸿嘉三年省詹事官，并属大长秋。长信詹事掌皇太后宫，景帝中六年更名长信少府，平帝元始四年更名长乐少府。

将行，秦官，景帝中六年更名大长秋，或用中人，或用士人。

典属国，秦官，掌蛮夷降者。武帝元狩三年昆邪王降，复增属国，置都尉、丞、候、千人。属官，九译令。成帝河平元年省并大鸿胪。

水衡都尉，武帝元鼎二年初置，掌上林苑，有五丞。属官有上林、均输、御羞、禁圃、辑濯、钟官、技巧、六厩、辩铜九官令丞。又衡官、水司空、都水、农仓，又甘泉上林、都水七官长丞皆属焉。上林有八丞十二尉，均输四丞，御羞两丞，都水三丞，禁圃两尉，甘泉上林四丞。成帝建始二年省技巧、六厩官。王莽改水衡都尉曰予虞。初，御羞、上林、衡官及铸钱皆属少府。

内史,周官,秦因之,掌治京师。景帝二年,分置左、右内史。右内史武帝太初元年更名京兆尹,属官有长安市、厨两令丞,又都水、铁官两长丞。左内史更名左冯翊,属官有廪牺令丞尉。又左都水、铁官、云垒、长安四市四长丞皆属焉。

主爵中尉,秦官,掌列侯。景帝中六年更名都尉,武帝太初元年更名右扶风,治内史右地。属官有掌畜令丞。又右都水、铁官、厩、雍厨四长丞皆属焉。与左冯翊、京兆尹是为三辅,皆有两丞。列侯更属大鸿胪。元鼎四年更置三辅都尉、都尉丞各一人。

自太子太傅至右扶风,皆秩二千石,丞六百石。

护军都尉,秦官,武帝元狩四年属大司马,成帝绥和元年居大司马府比司直,哀帝元寿元年更名司寇,平帝元始元年更名护军。

司隶校尉,周官,武帝征和四年初置。持节,从中都官徒千二百人,捕巫蛊,督大奸猾。后罢其兵。察三辅、三河、弘农。元帝初元四年去节。成帝元延四年省。绥和二年,哀帝复置,但为司隶,冠进贤冠,属大司空,比司直。

城门校尉掌京师城门屯兵,有司马、十二城门候。中垒校尉掌北军垒门内,外掌西域。屯骑校尉掌骑士。步兵校尉掌上林苑门屯兵。越骑校尉掌越骑。长水校尉掌长水宣曲胡骑。又有胡骑校尉,掌池阳胡骑,不常置。射声校尉掌待诏射声士。虎贲校尉掌轻车。凡八校尉,皆武帝初置,有丞、司马。自司隶至虎贲校尉,秩皆二千石。西域都护加官,宣帝地节二年初置,以骑都尉、谏大夫使护西域三十六国,有副校尉,秩比二千石,丞一人,司马、候、千人各二人。戊己校尉,元帝初元元年置,有丞、司马各一人,候五人,秩比六百石。

奉车都尉掌御乘舆车,驸马都尉掌驸马,皆武帝初置,秩比二千石。侍中、左右曹、诸吏、散骑、中常侍,皆加官,所加或列侯、将军、卿大夫、将、都尉、尚书、太医、太官令至郎中,亡员,多至数十人。侍中、中常侍得入禁中,诸曹受尚书事,诸吏得举法,散骑骑并乘舆车。给事中亦加官,所加或大夫、博士、议郎,掌顾问应对,位次中常侍。中黄门有给事黄门,位从将大夫。皆秦制。

爵:一级曰公士,二上造,三簪袅,四不更,五大夫,六官大夫,七公大夫,八公乘,九五大夫,十左庶长,十一右庶长,十二左更,十三中更,十四右更,十五少上造,十六大上造,十七驷车庶长,十八大庶长,十九关内侯,二十彻侯。皆秦制,以赏功劳。彻侯金印紫绶,避武帝讳,曰通侯,或曰列侯,改所食国令长名相,又有家丞、门大夫、庶子。

诸侯王,高帝初置,金玺盭绶,掌治其国。有太傅辅王,内史治国民,中尉掌武职,丞相统众官,群卿大夫都官如汉朝。景帝中五年令诸侯王不得复治国,天子为置吏,改丞相曰相,省御史大夫、廷尉、少府、宗正、博士官,大夫、谒者、郎诸官长丞皆损其员。武帝改汉内史为京兆尹,中尉为执金吾,郎中令为光禄勋,故王国如故。损其郎中

令,秩千石;改太仆曰仆,秩亦千石。成帝绥和元年省内史,更令相治民,加郡太守,中尉如郡都尉。

监御史,秦官,掌监郡。汉省,丞相遣史分刺州,不常置。武帝元封五年初置部刺史,掌奉诏条察州,秩六百石,员十三人。成帝绥和元年更名牧,秩二千石。哀帝建平二年复为刺史,元寿二年复为牧。

郡守,秦官,掌治其郡,秩二千石。有丞,边郡又有长史,掌兵马,秩皆六百石。景帝中二年更名太守。

郡尉,秦官,掌佐守典武职甲卒,秩比二千石。有丞,秩皆六百石。景帝中二年更名都尉。

关都尉,秦官。农都尉、属国都尉,皆武帝初置。

县令、长,皆秦官,掌治其县。万户以上为令,秩千石至六百石。减万户为长,秩五百石至三百石。皆有丞、尉,秩四百石至二百石,是为长吏。百石以下有斗食、佐史之秩,是为少吏。大率十里一亭,亭有长;十亭一乡,乡有三老、有秩、啬夫、游徼。三老掌教化;啬夫职听讼,收赋税;游徼徼循禁贼盗。县大率方百里,其民稠则减,稀则旷,乡、亭亦如之。皆秦制也。列侯所食县曰国,皇太后、皇后、公主所食曰邑,有蛮夷曰道。凡县、道、国、邑千五百八十七,乡六千六百二十二,亭二万九千六百三十五。

凡吏秩比二千石以上,皆银印青绶,光禄大夫无。秩比六百石以上,皆铜印黑绶,大夫、博士、御史、谒者、郎无。其仆射、御史治书尚符玺者,有印绶。比二百石以上,皆铜印黄绶。成帝阳朔二年除八百石、五百石秩。绥和元年,长、相皆黑绶。哀帝建平二年,复黄绶。吏员自佐史至丞相,十二万二百八十五人。

卷十九下　　百官公卿表第七下

卷二十　　古今人表第八

自书契之作,先民可得而闻者,经传所称,唐虞以上,帝王有号谥。辅佐不可得而称矣,而诸子颇言之,虽不考乎孔氏,然犹著在篇籍,归乎显善昭恶,劝戒后人,故博采焉。孔子曰:"若圣与仁,则吾岂取?"又曰:"何事于仁,必也圣乎!""未知,焉得仁?""生而知之者,上也;学而知之者,次也;困而学之,又其次也;困而不学,民斯为下矣。"又曰:"中人以上,可以语上也。""唯上智与下愚不移。"传曰:譬如尧、舜、禹、稷、卨与之为善则行,鲧、讙兜欲与为恶则诛。可与为善,不可与为恶,是谓上智。桀、纣、龙逄、比干欲与之为善则诛,于莘、崇侯与之为恶则行。可与为恶,不可与为善,是谓下愚。齐桓公,管仲相之则霸,竖貂

辅之则乱。可与为善，可与为恶，是谓中人。因兹以列九等之序，究极经传，继世相次，总备古今之略要云。

卷二十一上　　律历志第一上

《虞书》曰"乃同律度量衡"，所以齐远近，立民信也。自伏羲画八卦，由数起，至黄帝、尧、舜而大备。三代稽古，法度章焉。周衰官失，孔子陈后王之法，曰："谨权量，审法度，修废官，举逸民，四方之政行矣。"汉兴，北平侯张苍首律历事，孝武帝时乐官考正。至元始中，王莽秉政，欲耀名誉，征天下通知钟律者百余人，使羲和刘歆等典领条奏，言之最详。故删其伪辞，取正义，著于篇。

一曰备数，二曰和声，三曰审度，四曰嘉量，五曰权衡。参五以变，错综其数，稽之于古今，效之于气物，和之于心耳，考之于经传，咸得其实，靡不协同。

数者，一、十、百、千、万也，所以算数事物，顺性命之理也。《书》曰："先其算命。"本起于黄钟之数，始于一而三之，三三积之，历十二辰之数，十有七万七千一百四十七，而五数备矣。其算法用竹，径一分，长六寸，二百七十一枚而成六觚，为一握。径象乾律黄钟之一，而长象坤吕林钟之长。其数以《易》大衍之数五十，其用四十九，成阳六爻，得周流六虚之象也。夫推历生律制器，规圜矩方，权重衡平，准绳嘉量，探赜索隐，钩深至远，莫不用焉。度长短者不失毫厘，量多少者不失圭撮，权轻重者不失黍累。纪于一，协于十，长于百，大于千，衍于万，其法在算术。宣于天下，小学是则。职在太史，羲和掌之。

声者，宫、商、角、徵、羽也。所以作乐者，谐八音，荡涤人之邪意，全其正性，移风易俗也。八音：土曰埙，匏曰笙，皮曰鼓，竹曰管，丝曰弦，石曰磬，金曰钟，木曰柷。五声和，八音谐，而乐成。商之为言章也，物成孰可章度也。角，触也，物触地而出，戴芒角也。宫，中也，居中央，畅四方，唱始施生，为四声纲也。徵，祉也，物盛大而繁祉也。羽，宇也，物聚臧，宇覆之也。夫声者，中于宫，触于角，祉于徵，章于商，宇于羽，故四声为宫纪也。协之五行，则角为木，五常为仁，五事为貌。商为金，为义，为言；徵为火，为礼，为视；羽为水，为智，为听；宫为土，为信，为思。以君臣民事物言之，为，则宫为君，商为臣，角为民，徵为事，羽为物。唱和有象，故言君臣位事之体也。

五声之本，生于黄钟之律。九寸为宫，或损或益，以定商、角、徵、羽。九六相生，阴阳之应也。律十有二，阳六为律，阴六为吕。律以统气类物，一曰黄钟，二曰太族，三曰姑洗，四曰蕤宾，五曰夷则，六曰亡射。吕以旅阳宣气，一曰林钟，二曰南吕，三曰应钟，四曰大吕，五曰夹钟，六曰中吕。有三统之义焉。其传曰：黄帝之所作也。黄帝使泠纶，自大夏之西，昆仑之阴，取竹之解谷生，其窍厚均者，断两节间而吹之，以为黄钟之宫。制十二笛以听凤之鸣，其雄鸣为六，雌鸣亦六，比黄钟之宫，而皆可以生之，是为律本。至治之世，天地之气合以生风；天地之风气正，十二律定。

黄钟：黄者，中之色，君之服也。钟者，种也。天之中数五，五为声，声上宫，五声莫大焉。地之中数六，六为律，律有形有色，色上黄，五色莫盛焉。故阳气施种于黄泉，孳萌万物，为六气元也。以黄色名元气律者，著宫声也。宫以九唱六，变动不居，周流六虚。始于子，在十一月。大吕：吕，旅也，言阴大，旅助黄钟宣气而牙物也。位于丑，在十二月。太族：族，奏也，言阳气大，奏地而达物也。位于寅，在正月。夹钟：言阴夹助太族宣四方之气而出种物也。位于卯，在二月。姑洗：洗，洁也，言气洗物幸洁之也。位于辰，在三月。中吕：言微阴始起未成，著于其中旅助姑洗宣气齐物也。位于巳，在四月。蕤宾：蕤，继也；宾，导也，言阳始导阴气使继养物也。位于午，在五月。林钟：林，君也，言阴气受任，助蕤宾君主种物使长大茂盛也。位于未，在六月。夷则：则，法也，言阳气正法度，而使阴气夷当伤之物也。位于申，在七月。南吕：南，任也，言阴气旅助夷则任成万物也。位于酉，在八月。亡射：射，厌也，言阳气究物，而使阴气毕剥落之，终而复始，亡厌已也。位于戌，在九月。应钟：言阴气应亡射，该臧万物而杂阳阂种也。位于亥，在十月。

三统者，天施，地化，人事之纪也。十一月，"乾"之初九，阳气伏于地下，始著为一，万物萌动，钟于太阴，故黄钟为天统，律长九寸。九者，所以究极中和，为万物元也。《易》曰："立天之道，曰阴与阳。"六月，"坤"之初六，阴气受任于太阳，继养化柔，万物生长，茂之于未，令种刚强大，故林钟为地统，律长六寸。六者，所以含阳之施，茂之于六合之内，令刚柔有体也。"立地之道，曰柔与刚。""'乾'知太始，'坤'作成物。"正月，"乾"之九三，万物棣通，族出于寅，人奉而成之，仁以养之，义以行之，令事物各得其理。寅，木也，为仁；其声，商也，为义。故太族为人统，律长八寸，象八卦，宓戏氏之所以顺天地，通神明，类万物之情也。"立人之道，曰仁与义。""在天成象，在地成形。""后以裁成天地之道，辅相天地之宜，以左右民。"此三律之谓矣，是为三统。

其于三正也，黄钟，子，为天正；林钟，未之冲丑，为地正；太族，寅，为人正。三正正始，是以地正适其始纽于阳东北丑位。《易》曰"东北丧朋，乃终有庆"，答应之道也。及黄钟为宫，则太族、姑洗、林钟、南吕皆以正声应，无有忽微，不复与它律为役者，同心一统之义也。非黄钟而它律，虽当其月自宫者，则其和应之律有空积忽微，不得其正。此黄钟至尊，亡与并也。

《易》曰："参天两地而倚数。"天之数始于一，终于二十有五。其义纪之以三，故置一得三，又二十五分之六，凡二十五置，终天之数，得八十一，以天地五位之合终于十者乘之，为八百一十分，应历一统千五百三十九岁之章数，黄钟之实也。由此之义，起十二律之周径。地之数始于二，终于三十。其义纪之以两，故置一得二，凡三十置，终地之数,得六十,以地中数六乘之,为三百六十分,当期之日,林钟之实。人者,继天顺地,序气成物,统八卦,调八风,理八政,正八节,谐八音,舞八佾,监八方,被八荒,以终天地之功,故八八六十四。其义极天地之变,以天地五位之合终于十者乘之,为六百四十分,以应六十四卦,大族之实也。《书》曰:"天功人其代之。"天兼地,人则天,故以五位之合乘焉,"唯天为大,唯尧则之"之象也。地以中数乘者,阴道理内,在中馈之象也。三统相通,故黄钟、林钟、太族律长皆全寸而亡余分也。

天之中数五,地之中数六,而二者为合。六为虚,五为声,周流于六虚。虚者,爻律夫阴阳,登降运行,列为十二,而律吕和矣。太极元气,函三为一。极,中也。元,始也。行于十二辰,始动于子。参之于丑,得三。又参之于寅,得九。又参之于卯,得二十七。又参之于辰,得八十一。又参之于巳,得二百四十三。又参之于午,得七百二十九。又参之于未,得二千一百八十七。又参之于申,得六千五百六十一。又参之于酉,得万九千六百八十三。又参之于戌,得五万九千四十九。又参之于亥,得十七万七千一百四十七。此阴阳合德,气钟于子,化生万物者也。故孳萌于子,纽牙于丑,引达于寅,冒茆于卯,振美于辰,已盛于巳,咢布于午,昧薆于未,申坚于申,留孰于酉,毕入于戌,该阂于亥。出甲于甲,奋轧于乙,明炳于丙,大盛于丁,丰茂于戊,理纪于己,敛更于庚,悉新于辛,怀任于壬,陈揆于癸。故阴阳之施化,万物之终始,既类旅于律吕,又经历于日辰,而变化之情可见矣。

玉衡构建,天之纲也;晶月初躔,星之纪也。纲纪之交,以原始造设,合乐用焉。律吕唱和,以育生成化,歌奏用焉。指顾取象,然后阴阳万物靡不条鬯该成,故以成之数忖该之积,如法为一寸,则黄钟之长也。参分损一,下生林钟。参分林钟益一,上生太族。参分太族损一,下生南吕。参分南吕益一,上生姑洗。参分姑洗损一,下生应钟。参分应钟益一,上生蕤宾。参分蕤宾损一,下生大吕。参分大吕益一,上生夷则。参分夷则损一,下生夹钟。参分夹钟益一,上生亡射。参分亡射损一,下生中吕。阴阳相生,自黄钟始而左旋,八八为伍。其法皆用铜。职在大乐,太常掌之。

度者,分、寸、尺、丈、引也,所以度长短也。本起黄钟之长,以子谷秬黍中者,一黍之广,度之九十分,黄钟之长。一为一分,十分为寸,十寸为尺,十尺为丈,十丈为引,而五度审矣。其法用铜,高一寸,广二寸,长一丈,而分、寸、尺、丈存焉。用竹为引,高一分,广六分,长十丈,其方法矩,高广之数,阴阳之象也。分者,自三微而成著,可分别也。寸者,忖也。尺者,蒦也。丈者,张也。引者,信也。夫度者,别于分,忖于寸,蒦于尺,张于丈,信于引。引者,信天下也。职在内官,廷尉掌之。

量者,龠、合、升、斗、斛也,所以量多少也。本起于黄钟之龠,用度数审其容,以子谷秬黍中者千有二实其龠,以井水准其概。合龠为合,十合为升,十升为斗,十斗为斛,而五量嘉矣。其法用铜,方尺而圜其外,旁有庣焉。其上为斛,其下为斗。左耳为升,右耳为合龠。其状似爵,以縻爵禄。上三下二,参天两地,圜而函方,左一右二,阴阳之象也。其圜象规,其重二钧,备气物之数,合万有一千五百二十。声中黄钟,始于黄钟而反覆焉,君制器之象也。龠者,黄钟律之实也,跃微动气而生物也。合者,合龠之量也。升者,登合之量也。斗者,聚升之量也。斛者,角斗平多少之量也。夫量者,跃于龠,合于合,登于升,聚于斗,角于斛。职在太仓,大司农掌之。

衡权者,衡,平也;权,重也,衡所以任权而均物平轻重也。其道如底,以见准之正,绳之直,左旋见规,右折见矩。其在天也,佐助旋机,斟酌建指,以齐七政,故曰玉衡。《论语》云:"立则见其参于前也,在车则见其倚于衡也。"又曰:"齐之以礼。"此衡在前居南方之义也。

权者,铢、两、斤、钧、石也,所以称物平施,知轻重也。本起于黄钟之重。一龠容千二百黍,重十二铢,两之为两。二十四铢为两。十六两为斤。三十斤为钧。四钧为石。忖为十八,《易》十有八变之象也。五权之制,以义立之,以物钧之,其余小大之差,以轻重为宜。圜而环之,令之肉倍好者,周旋无端,终而复始,无穷已也。铢者,物由忽微始,至于成著,可殊异也。两者,两黄钟律之重也。二十四铢而成两者,二十四气之象也。斤者,明也,三百八十四铢,《易》二篇之爻,阴阳变动之象也。十六两成斤者,四时乘四方之象也。钧者,均也,阳施其气,阴化其物,皆得其成就平均也。权与物均,重万一千五百二十铢,当万物之象也。四百八十两者,六旬行八节之象也。三十斤成钧者,一月之象也。石者,大也,权之大者也。始于铢,两于两,明于斤,均于钧,终于石,物终石大也。四钧为石者,四时之象也。重百二十斤者,十二月之象也。终于十二辰而复于子,黄钟之象也。千九百二十两者,阴阳之数也。三百八十四爻,五行之象也。四万六千八十铢者,万一千五百二十物历四时之象也。而岁功成就,五权谨矣。

权与物钧而生衡,衡运生规,规圜生矩,矩方生绳,绳直生准,准正则平衡而钧权矣。是为五则。规者,所以规圜器械,令得其类也。矩者,所以矩方器械,令不失其形也。规矩相须,阴阳位序,圜方乃成。准者,所以揆平取正也。绳者,上下端直,经纬四通也。准绳连体,衡权合德,百工由焉,以定法式,辅弼执玉,以翼天子。《诗》云:"尹氏大师,秉国之钧,四方是维,天子是毗,俾民不迷。"咸有五象,其义一也。以阴阳言之,大阴者,北方。北,伏也,阳伏于下,于时为冬。冬,终也,物终臧,乃可称。水润下。知者谋,谋者重,故为权也。大阳者,南方。南,任也,阳气任养物,于时为夏。夏,假也,物假大,乃宣平。火炎上。礼者齐,齐者平,故为衡也。少阴者,西方。西,迁也,阴气迁落物,于时为秋。秋,䉻也,物䉻敛,乃成孰。金从革,改更也。义者成,成者方,故为矩也。少阳者,东方。东,动也,阳气动物,于时为春。春,蠢也,物蠢生,乃动运。木曲直。仁者生,生者圜,故为规也。中央者,阴阳之内,四方之中,经纬通达,乃能端直,于时为四季。土稼啬蕃息。信者诚,诚者直,故为绳也。五则揆物,有轻重圜方平直阴阳之义,四方四时之体,五常五行之象。厥法有品,各顺其方而应其行。职在大行,鸿胪掌之。

《书》曰:"予欲闻六律、五声、八音、七始咏,以出内五言,女听。"予者,帝舜也。言以律吕和五声,施之八音,合之成乐。七者,天地四时人之始也。顺以歌咏五常之言,听之则顺乎天地,序乎四时,应人伦,本阴阳,原情性,风之以德,感之以乐,莫不同乎一。唯圣人为能同天下之意,故帝舜欲闻之也。今广延群儒,博谋讲道,修明旧典,同律、审度、嘉量、平衡、均权、正准、直绳,立于五则,备数和声,以利兆民,贞天下于一,同海内之归。凡律、度、量、衡用铜者,名自名也,所以同天下,齐风俗也。铜为物之至精,不为燥湿、寒暑变其节,不为风雨、暴露改其形,介然有常,有似于士君子之行,是以用铜也。用竹为引者,事之宜也。

历数之起上矣。传述颛顼命南正重司天,火正黎司地,其后三苗乱德,二官咸废,而闰余乖次,孟陬殄灭,摄提失方。尧复育重、黎之后,使纂其业,故《书》曰:"乃命羲、和,钦若昊天,历象日月星辰,敬授民时。""岁三百有六旬有六日,以闰月定四时成岁,允釐百官,众功皆美。"其后以授舜曰:"咨尔舜,天之历数在尔躬。""舜亦以命禹。"至周武王访箕子,箕子言大法九章,而五纪明历法。故自殷、周,皆创业改制,咸正历纪,服色从之,顺其时气,以应天道。三代既没,五伯之末,史官丧纪,畴人子弟分散,或在夷狄,故其所记,有《黄帝》、《颛顼》、《夏》、《殷》、《周》及《鲁历》。战国扰攘,秦兼天下,未皇暇也,亦颇推五胜,而自以获水德,乃以十月为正,色上黑。

汉兴,方纲纪大基,庶事草创,袭秦正朔。以北平侯张苍言,用《颛顼历》,比于六历,疏阔中最为微近。然正朔服色,未睹其真,而朔晦月见,弦望满亏,多非是。

至武帝元封七年,汉兴百二岁矣,大中大夫公孙卿、壶遂、太史令司马迁等言"历纪坏废,宜改正朔"。是时御史大夫兒宽明经术,上乃诏宽曰:"与博士共议,今宜何以为正朔?服色何上?"宽与博士赐等议,皆曰:"帝王必改正朔,易服色,所以明受命于天。创业变改,制不相复,推传序文,则今夏时也,臣等闻学褊陋,不能明。陛下躬圣发愤,昭配天地,臣愚以为三统之制,后圣复前圣者,二代在前也。今二代之统绝而不序矣,唯陛下发圣德,宣考天地四时之极,则顺阴阳以定大明之制,为万世则。"于是乃诏御史曰:"乃者有司言历未定,广延宣问,以考星度,未能雠也。盖闻古者黄帝合而不死,名察发敛,定清浊,起五部,建气物分数,然则上矣。书缺乐弛,朕甚难之。依违以惟,未能修明。其以七年为元年。"遂诏卿、遂、迁与侍郎尊、大典星射姓等议造《汉历》。乃定东西,立晷仪,下漏刻,以追二十八宿相距于四方,举终以定朔晦分至,躔离弦望。乃以前历上元泰初四千六百一十七岁,至于元封七年,复得阏逢摄提格之岁,中冬十一月甲子朔旦冬至,日月在建星,太岁在子,已得太初本星度新正。姓等奏不

能为算,愿募治历者,更造密度,各自增减,以造汉《太初历》。乃选治历邓平及长乐司马可、酒泉候宜君、侍郎尊及与民间治历者,凡二十余人,方士唐都、巴郡落下闳与焉。都分天部,而闳运算转历。其法以律起历,曰:"律容一龠,积八十寸,则一日分也。与长相终。律长九寸,百七十一分而终复。三复而得甲子。夫律阴阳九六,爻象所从出也。故黄钟纪元气之谓律。律,法也,莫不取法焉。"与邓平所治同。于是皆观新星度、日月行,更以算推,如闳、平法。法,一月之日二十九日八十一分日之四十三,先籍半日,名曰阳历;不籍,名曰阴历。所谓阳历者,先朔月生;阴历者,朔而后月乃生。平曰:"阳历朔皆先旦月生,以朝诸侯王群臣便。"乃诏迁用邓平所造八十一分律历,罢废尤疏远者十七家,复使校历律昏明。宦者淳于陵渠复覆《太初历》晦、朔、弦、望,皆最密,日月如合璧,五星如连珠。陵渠奏状,遂用邓平历,以平为太史丞。

后二十七年,元凤三年,太史令张寿王上书言:"历者天地之大纪,上帝所为。传黄帝《调律历》,汉元年以来用之。今阴阳不调,宜更历之过也。"诏下主历使者鲜于妄人诘问,寿王不服。妄人请与治历大司农中丞麻光等二十余人杂候日、月、晦、朔、弦、望、八节、二十四气,钩校诸历用状。奏可。诏与丞相、御史、大将军、右将史各一人杂候上林清台,课诸历疏密,凡十一家。以元凤三年十一月朔旦冬至,尽五年十二月,各有第。寿王课疏远。案汉元年不用黄帝《调历》,寿王非汉历,逆天道,非所宜言,大不敬。有诏勿劾。复候,尽六年。《太初历》第一,即墨徐万且、长安徐禹治《太初历》亦第一。寿王及待诏李信治黄帝《调历》,课皆疏阔,又言黄帝至元凤三年六千余岁。丞相属宝、长安单安国、安陵杯育治《终始》,言黄帝以来三千六百二十九岁,不与寿王合。寿王又移《帝王录》,舜、禹年岁不合人年。寿王言化益为天子代禹,骊山女亦为天子,在殷、周间,皆不合经术。寿王历乃太史官《殷历》也。寿王猥曰安得五家历,又妄言《太初历》亏四分日之三,去小余七百五分,以故阴阳不调,谓之乱世。劾寿王吏八百石,古之大夫,服儒衣,诵不详之辞,作妖言欲乱制度,不道。奏可。寿王候课,比三年下,终不服。再劾死,更赦勿劾,遂不更言,诽谤益甚,竟下吏。故历本之验在于天,自汉历初起,尽元凤六年,三十六岁,而是非坚定。

至孝成世,刘向总六历,列是非,作《五纪论》。向子歆究其微眇,作《三统历》及《谱》以说《春秋》,推法密要,故述焉。

夫历《春秋》者,天时也,列人事而因以天时。传曰:"民受天地之中以生,所谓命也。是故有礼谊动作威仪之则以定命也,能者养以之福,不能者败以取祸。"故列十二公二百四十二年之事,以阴阳之中制其礼。故春为阳中,万物以生;秋为阴中,万物以成。是以事举其中,礼取其和,历数以闰正天地之中,以作事厚生,皆所以定命也。《易》金、火相革之卦曰"汤、武革命,顺乎天而应乎人",又曰"治历明时",所以和人道也。

周道既衰,幽王既丧,天子不能班朔,鲁历不正,以闰

余一之岁为蔀首。故《春秋》刺"十一月乙亥朔,日有食之"。于是辰在申,而司历以为在建戌,史书建亥。哀十二年,亦以建申流火之月为建亥,而怪蛰虫之不伏也。自文公闰月不告朔,至此百有余年,莫能正历数。故子贡欲去其饩羊,孔子爱其礼,而著其法于《春秋》。《经》曰:"冬十月朔,日有食之。"《传》曰:"不书日,官失之也。天子有日官,诸侯有日御,日官居卿以底日,礼也。日御不失日以授百官于朝。"言告朔也。元典历始用元。《传》曰:"元,善之长也。"共养三德为善。又曰:"元,体之长也。"合三体而为之原,故曰元。于春三月,每月书王,元之三统也。三统合于一元,故因元一而九三之以为法,十一三之以为实。实如法得一。黄钟初九,律之首,阳之变也。因而六之,以九为法,得林钟初六,吕之首,阴之变也。皆参天两地之法也。上生六而倍之,下生六而损之,皆以九为法。九六,阴阳夫妇子母之道也。律娶妻而吕生子,天地之情也。六律六吕,而十二辰立矣。五声清浊,而十日行矣。《传》曰"天六地五",数之常也。天有六气,降生五味。夫五六者,天地之中合,而民所受以生也。故日有六甲,辰有五子,十一而天地之道毕,言终而复始。太极中央元气,故为黄钟,其实一龠,以其长自乘,故八十一为日法,所以生权衡度量,礼乐之所由出也。《经》元一以统始,《易》太极之首也。春秋二以目岁,《易》两仪之中也。于春每月书王,《易》三极之统也。于四时虽亡事必书时月,《易》四象之节也。时月以建分至启闭之分,《易》八卦之位也。象事成败,《易》吉凶之效也。朝聘会盟,《易》大业之本也。故《易》与《春秋》,天人之道也。《传》曰:"龟,象也。筮,数也。物生而后有象,象而后有滋,滋而后有数。"

是故元始有象一也,春秋二也,三统三也,四时四也,合而为十,成五体。以五乘十,大衍之数也,而道据其一,其余四十九,所当用也,故著以为数。以象两两之,又以象三三之,又以象四四之,又归奇象闰十九,及所据一加之,因以再扐两之,是为月法之实。如日法得一,则一月之日数也,而三辰之会交矣,是以能生吉凶。故《易》曰:"天一地二,天三地四,天五地六,天七地八,天九地十。天数五,地数五,五位相得而各有合。天数二十有五,地数三十,凡天地之数五十有五,此所以成变化而行鬼神也。"并终数为十九,《易》穷则变,故为闰法。参天九,两地十,是为会数。参天数二十五,两地数三十,是为朔、望之会。以会数乘之,则周于朔旦冬至,是为会月。九会而复元,黄钟初九之数也。经于四时,虽亡事必书时月。时所以记启闭也,月所以纪分至也。启闭者,节也。分至者,中也。节不必在其月,故时中必在正数之月。故《传》曰:"先王之正时也,履端于始,举正于中,归余于终。履端于始,序则不愆;举正于中,民则不惑;归余于中,事则不悖。"此圣王之重闰也。以五位乘会数,而朔旦冬至,是为章月。四分月法,以其一乘章月,是为中法。参闰法为周至,以乘月法,以减中法而约之,则七扐之数,为一月之闰法,其余七分。此中朔相求之术也。朔不得中,是谓闰月,言阴阳虽交,不得中不生。故日法乘闰法,是为统岁。三统,是为元岁。元岁之闰,

阴阳灾,三统闰法。《易》九厄曰:"初入元,百六,阳九;次三百七十四,阴九,次四百八十,阳九;次七百二十,阴七;次七百二十,阳七;次六百,阴五;次六百,阳五;次四百八十,阴三;次四百八十,阳三,凡四千六百一十七岁,与一元终。经岁四千五百六十,灾岁五十七。是以《春秋》曰:"举正于中。"又曰:"闰月不告朔,非礼也。闰以正时,时以作事,事以厚生,生民之道于是乎在矣。不告闰朔,弃时正也,何以为民?"故善僖"五年春,王正月辛亥朔,日南至,公既视朔,遂登观台以望,而书,礼也。凡分至启闭,必书云物,为备故也。"至昭二十年二月己丑,日南至,失闰,至在非其月,梓慎望氛气而弗正,不履端于始也。故传不曰冬至,而曰日南至。极于牵牛之初,日中之时景最长,以此知其南至也。斗纲之端连贯营室,织女之纪指牵牛之初,以纪日月,故曰星纪。五星起其初,日月起其中,凡十二次。日至其初为节,至其中斗建下为十二辰。视其建而知其次。故曰"制礼上物,不过十二,天之大数也"。《经》曰"春王正月",《传》曰:周正月"火出,于夏为三月,商为四月,周为五月,夏数得天",得四时之正也。三代各据一统,明三统常合,而迭为首,登降三统之首,周还五行之道也。故三五相包而生。天统之正,始施于子半,日萌色赤。地统受之于丑初,日肇化而黄,至丑半,日牙化而白,人统受之于寅初,日孽成而黑,至寅半,日生成而青。天施复于子,地化自丑毕于辰,人生自寅成于申。故历数三统,天以甲子,地以甲辰,人以甲申。孟、仲、季迭用事为统首。三微之统既著,而五行自青始,其序亦如之。五行与三统相错。传曰"天有三辰,地有五行",然则三统五星可知也。《易》曰:"参五以变,错综其数。通其变,遂成天下之文;极其数,遂定天下之象。"太极运三辰五星于上,而元气转三统五行于下。其于人,皇极统三德五事。故三辰之合于三统也,日合于天统,月合于地统,斗合于人统。五星之合于五行,水合于辰星,火合于荧惑,金合于太白,木合于岁星,土合于镇星。三辰五星而相经纬也。天以一生水,地以二生火,天以三生木,地以四生金,天以五生土。五胜相乘,以生小周,以乘《乾》、《坤》之策,而成大周。阴阳比类,交错相成,故九六之变登降于六体。三微而成著,三著而成象,二象十有八变而成卦,四营而成易,为七十二,参三统两四时相乘之数也。参之则得《乾》之策,两之则得《坤》之策。以阳九九之,为六百四十八;以阴六六之,为四百三十二,凡一千八十,阴阳各一卦之微算策也。八之,为八千六百四十,而八卦小成。引而信之,又八之,为六万九千一百二十,天地再之,为十三万八千二百四十,然后大成。五星会终,触类而长之,以乘章岁,为二百六十二万六千五百六十,而与日月会。三会为七百八十七万九千六百八十,而与三统会。三统二千三百六十三万九千四十,而复于太极上元。九章岁而六之为法,太极上元为实,实如法得一,阴阳各万一千五百二十,当万物气体之数,天下之能事毕矣。

卷二十一下　　律历志第一下

统母

　　日法八十一。元始黄钟初九自乘，一龠之数，得日法。

　　闰法十九，因为章岁。合天地终数，得闰法。

　　统法千五百三十九。以闰法乘日法，得统法。

　　元法四千六百一十七。参统法，得元法。

　　会数四十七。参天九，两地十，得会数。

　　章月二百三十五。五位乘会数，得章月。

　　月法二千三百九十二，推大衍象，得月法。

　　通法五百九十八。四分月法，得通法。

　　中法十四万五百三十。以章月乘通法，得中法。

　　周天五十六万二千一百二十。以章月乘月法，得周天。

　　岁中十二。以三统乘四时，得岁中。

　　月周二百五十四。以章月加闰法，得月周。

　　朔望之会百三十五。参天数二十五，两地数三十，得朔望之会。

　　会月六千三百四十五。以会数乘朔望之会，得会月。

　　统月一万九千三十五。参会月，得统月。

　　元月五万七千一百五。参统月，得元月。

　　章中二百二十八。经闰法乘岁中，得章中。

　　统中万八千四百六十八。以日法乘章中，得统中。

　　元中五万五千四百四。参统中，得元中。

　　策余八千八十。什乘元中，以减周天，得策余。

　　周至五十七。参闰法，得周至。

纪母

　　木金相乘为十二，是为岁星小周。小周乘《坤》策，为千七百二十八，是为岁星数。

　　见中分二万七百三十六。

　　积中十三，中余百五十七。

　　见中法千五百八十三。见数也。

　　见闰分万二千九十六。

　　积月十三，月余万五千七十九。

　　见月法三万九千七十七。

　　见中日法七百三十万八千七百一十一。

　　见月日法二百四十三万六千二百三十七。

　　金火相乘为八，又以火乘之为十六而小复。小复乘《乾》策，为三千四百五十六，是为太白岁数。

　　见中分四万一千四百七十二。

　　积中十九，中余四百一十三。

　　见中法二千一百六十一。复数。

　　见闰分二万四千一百九十二。

　　积月十九，月余三万二千三十九。

　　见月法四万一千五十九。

　　晨中分二万三千三百二十八。

　　积中十，中余千七百一十八。（"十"一作"七"）

　　夕中分万八千一百四十四。

　　积中八，中余八百五十六。

　　晨闰分万三千六百八。

　　积月十一，月余五千一百九十一。

　　夕闰分万五百八十四。

　　积月八，月余二万六千八百四十八。

　　见中日法九百九十七万七千三百三十七。

　　见月日法三百三十二万五千七百七十九。

　　土木相乘而合经纬为三十，是为镇星小周。小周乘《坤》策，为四千三百二十，是为镇星岁数。

　　见中分五万一千八百四十。

　　积中十二，中余千七百四十。

　　见中法四千一百七十五。见数也。

　　见闰分三万二百四十。

　　积月十二，月余六千三百三百。

　　见月法七万九千三百二十五。

　　见中日法千九百二十七万五千九百七十五。

　　见月日法六百四十二万五千三百二十五。

　　火经特成，故二岁而过初，三十二过初为六十四岁而小周。小周乘《乾》策，则太阳大周，为万三千八百二十四岁，是为荧惑岁数。

　　见中分十六万五千八百八十八。

　　积中二十五，中余四千一百六十三。

　　见中法六千四百六十九。见数也。

　　见闰分九万六千七百六十八。

　　积月二十六，月余五万二千九百五十四。

　　见月法十二万二千九百一十一。

　　见中日法二千九百八十六万七千三百七十三。

　　见月日法九百九十五万五千七百九十一。

　　水经特成，故一岁而及初，六十四及初而小复。小复乘《坤》策，则太阴大周，为九千二百一十六岁，是为辰星岁数。

　　见中分十一万五百九十二。

　　积中三，中余三万二千四百六十九。

　　见中法二万九千四十一。复数也。

　　见闰分六万四千五百一十二。

　　积月三，月余五十一万四百二十三。

　　见月法五十五万一千七百七十九。

　　晨中分六万二千二百八。

　　积中二，中余四千一百二十六。

　　夕中分四万八千三百八十四。

　　积中一，中余万九千七百四十三。

　　晨闰分三万六千二百八十八。

　　积月二，月余十一万四千六百八十二。

　　夕闰分二万八千二百二十四。

积月一,月余三十九万五千七百四十一。
见中日法一亿三千四百八万二千二百九十七。
见月日法四千四百六十九万四千九十九。

　　合太阴太阳之岁数而中分之,各万一千五百二十。阳施其气,阴成其物。
　　以星行率减岁数,余则见数也。
　　东九西七乘岁数,并九七为法,得一,金、水晨夕岁数。
　　以岁中乘岁数,是为星见中分。
　　星见数,是为见中法。
　　以岁闰乘岁数,是为星见闰分。
　　以章岁乘见数,是为见月法。
　　以元法乘见数,是为见中日法。
　　以统法乘见数,是为见月日法。

五步

　　木,晨始见,去日半次。顺,日行十一分度二,百二十一日。始留,二十五日而旋。逆,日行七分度一,八十四日。复留,二十四日三分而旋。复顺,日行十一分度二,百一十一日有百八十二万八千三百六十二分而伏。凡见三百六十五日有百八十二万八千三百六十五分,除逆,定行星三十度百六十六万一千二百八十六分。凡见一岁,行一次而后伏。日行不盈十一分度一。伏三十三日三百三十三万四千七百三十七分,行星三度百六十七万三千四百五十一分。一见,三百九十八日五百一十六万三千一百二分,行星三十三度三百三十三万四千七百三十七分。通其率,故曰日行千七百二十八分度之百四十五。

　　金,晨始见,去日半次。逆,日行二分度一,六日。始留,八日而旋。始顺,日行四十六分度三十三,四十六日。顺,疾,日行一度九十二分度十五,百八十四日而伏。凡见二百四十四日,除逆,定行星二百四十度。伏,日行一度九十二分度三十三有奇。伏八十三日,行星百一十三度四百三十六万五千二百二十分。凡晨见,伏三百二十七日,行星三百五十七度四百三十六万五千二百二十分。夕始见,去日半次。顺,日行一度九十二分度十五,百八十一日百七日四十五。顺,迟,日行四十六分度四十三,四十六日。始留,七日百七分日六十二分而旋。逆,日行二分度一,六日而伏。凡见二百四十一日,除逆,定行星二百四十一度。伏,逆,日行八分度七有奇。伏十六日百二十九万五千三百五十二分,行星十四度三百六万九千七百八十六分。一凡夕见伏,二百五十七日二百二十九万五千三百五十一分。行星二百二十六度六百九十万七千四百六十九分。一复,五百八十四日百二十九万五千三百五十二分。行星亦如之,故曰日行一度。

　　土,晨始见,去日半次。顺,日行十五分度一,八十七日。始留,三十四日而旋。逆,日行八十一分度五,百一日,复留,三十三日八十六万二千四百五十五分而旋。复顺,日行十五分度一,八十五日而伏。凡见三百四十日八十六万二千四百五十五分,除逆,定余行星五度四百四十七万三三

千九百三十分。伏,日行不盈十五分度三。三十七日千七百一十七万一百七十分,行星七度八百七十三万六千五百七十分。一见,三百七十七日千八百三万二千六百二十五分,行星十二度千三百二十一万五百分。通其率,故曰日行四千三百二十分度之百四十五。

　　火,晨始见,去日半次。顺,日行九十二分度五十三,二百七十六日,始留,十日而旋。逆,日行六十二分度十七,六十二日。复留,十日而旋。复顺,日行九十二分度五十三,二百七十六日而伏。凡见六百三十四日,除逆,定行星三百一度。伏,日行不盈九十二分度七十三,伏百四十六日千五百六十八万九千七百分,行星百一十四度八百二十一万八千五百分。一见,七百八十日千五百六十八万九千七百分,凡行星四百一十五度八百二十一万八千五百分。通其率,故曰日行万三千八百二十四分度之七千三百五十五。

　　水,晨始见,去日半次。逆,日行二度,一日。始留,二日而旋。顺,日行七分度六,七日。顺,疾,日行一度三分度一,十八日而伏。凡见二十八日,除逆,定行星二十八度。伏,日行一度九分七有奇,三十七日一亿二千二百二万九千六百五分,行星六十八度四千六百六十一万一百二十八分。凡晨见,伏,六十五日一亿二千二百二万九千六百五分,行星九十六度四千六百六十一万一百二十八分。夕始见,去日半次。顺,疾,日行一度三分度一,十六日二分日一。顺,迟,日行七分度六,七日。留,一日二分日一而旋。逆,日行二度,一日而伏。凡见二十六日,除逆,定行星二十六度。伏,逆,日行十五分度四有奇,二十四日,行星六度五千八百六十六万二千八百二十分。凡夕见伏,五十日,行星十九度七千五百四十一万九千四百七十七分。一复,百一十五日一亿二千二百二万九千六百五分。行星亦如之,故曰日行一度。

统术

　　推日月元统,置太极上元以来,外所求年,盈元法除之,余不盈统者,则天统甲子以来年数也。盈统,除之,余则地统甲辰以来年数也。又盈统,除之,余则人统甲申以来年数也。各以其统首日为纪。

　　推天正,以章月乘入统岁数,盈章岁得一,名曰积月,不盈者名曰闰余。闰余十二以上,岁有闰,求地正,加积月一;求人正,加二。

　　推正月朔,以月法乘积月,盈日法得一,名曰积日,不盈者名曰小余。小余三十八以上,其月大。积日盈六十,除之,不盈者名曰大余。数从统首日起,算外,则朔日也。求其次月,加大余二十九,小余四十三。小余盈日法得一,从大余,数除如法。求弦,加大余七,小余三十一。求望,倍弦。

　　推闰余所在,以十二乘闰余,加七得一,盈章中,数所得,起冬至,算外,则中至终闰盈。中气在朔若二日,则前月闰也。

　　推冬至,以策余乘入统岁数,盈统法得一,名曰大余,不盈者名曰小余。除数如法,则所求冬至日也。

求八节,加大余四十五,小余千一十。求二十四气,三其小余,加大余十五,小余千一十。

推中部二十四气,皆以元为法。

推五行,其四行各七十三日,统法分之七十七。中央各十八日,统法分之四百四。冬至后,中央二十七日六百六分。

推合晨所在星,置积日,以统法乘之,以十九乘小余而并之。盈周天,除去之;不盈者,令盈统法得一度。数起牵牛,算外,则合晨所入星度也。

推其日夜半所在星,以章岁乘月小余,以减合晨度。小余不足者,破全度。

推其月夜其半所在星,以月周乘月小余,盈统法得一度,以减合晨度。

推诸加时,以十二乘小余为实,各盈分母为法,数起于子,算外,则所加辰也。

推月食,置会余岁积月,以二十三乘之,盈百三十五,除之。不盈者,加二十三得一月,盈百三十五,数所得,起其正,算外,则食月也。加时,在望日冲辰。

纪术

推五星见复,置太极上元以来,尽所求年,乘大统见复数,盈岁数得一,则定见复数也。不盈者名曰见复余。见复余盈其见复数,一以上见在往年,倍一以上,又在前往年,不盈者在今年也。

推星所见中次,以见中分乘定见复数,盈见中法得一,则积中也。不盈者名曰中余。以元中除积中,余则中元余也。以章中除之,余则入章中数也。以十二乘之,余则星见中次也。中数从冬至起,次数从星纪起,算外,则星所中次也。

推星见月,以闰分乘定见复数,以章岁乘中余从之,盈见月法得一,并积中,则积月也。不盈者名曰月余。以元月除积月余,名曰月元余。以章月除月元余,则入章月数也。以十二除之,至有闰之岁,除十三入章。三岁一闰,六岁二闰,九岁三闰,十一岁四闰,十四岁五闰,十七岁六闰,十九岁七闰。不盈者数起于天正,算外,则星所见月也。

推至日,以中法乘中元余,盈元法得一,名曰积日,不盈者名曰小余。小余盈二千五百九十七以上,中大。数除积日如法,算外,则冬至也。

推朔日,以月法乘月元余,盈日法得一,名曰积日,余名曰小余。小余三十八以上,月大。数除积日如法,算外,则星见朔日也。

推入中次日度数,以中法乘中余,以见中法乘其小余并之,盈见中日法得一,则入中日入次度数也。中日至日数,次以次初数,算外,则星所见及日所在度数也。求夕,在日后十五度。

推入月日数,以月法乘月余,以见月法乘其小余并之,盈见月日法得一,则入月日数也。并之大余,数除如法,则见日也。

推后见中,加积中于中元余,加后中余于中余,盈其法得一,从中元余,除数如法,则后见中也。

推后见月,加积月于月元余,加后月余于月余,盈其法得一,从月元余,除数如法,则后见月也。

推至日及入中次度数,如上法。

推朔日及入月数,如上法。

推晨见加夕,夕见加晨,皆如上法。

推五步,置始见以来日数,至所求日,各以其行度数乘之。其星若日有分者,分子乘全为实,分母为法。其两有分者,分母分度数乘全,分子从之,令相乘为实,分母相乘为法,实如法得一,名曰积度。数起星初见所在宿度,算外,则星所在宿度也。

岁术

推岁所在,置上元以来,外所求年,盈岁数,除去之,不盈者以百四十五乘之,以百四十四为法,如法得一,名曰积次,不盈者名曰次余。积次盈十二,除去之,不盈者名曰定次。数从星纪起,算尽之外,则所在次也。欲知太岁,以六十除积次,余不盈者,数从丙子起,算尽之外,则太岁日也。

赢缩。传曰:"岁弃其次而旅于明年之次,以害鸟帑,周楚恶之。"五星之赢缩不是过也。过次者殃大,过舍者灾小,不过者亡咎。次度。六物者,岁时日月星辰也。辰者,日月之会而建所指也。

星纪,初斗十二度,大雪。中牵牛初,冬至。于夏为十一月,商为十二月,周为正月。终于婺女七度。

玄枵,初婺女八度,小寒。中危初,大寒。于夏为十二月,商为正月,周为二月。终于危十五度。

诹訾,初危十六度,立春。中营室十四度,惊蛰。今曰雨水,于夏为正月,商为二月,周为三月。终于奎四度。

降娄,初奎五度,雨水。今曰惊蛰。中娄四度,春分。于夏为二月,商为三月,周为四月。终于胃六度。

大梁,初胃七度,谷雨。今曰清明。中昴八度,清明。今曰谷雨,于夏为三月,商为四月,周为五月。终于毕十一度。

实沈,初毕十二度,立夏。中井初,小满。于夏为四月,商为五月,周为六月。终于井十五度。

鹑首,初井十六度,芒种。中井三十一度,夏至。于夏为五月,商为六月,周为七月。终于柳八度。

鹑火,初柳九度,小暑。中张三度,大暑。于夏为六月,商为七月,周为八月。终于张十七度。

鹑尾,初张十八度,立秋。中翼十五度,处暑。于夏为七月,商为八月,周为九月。终于轸十一度。

寿星,初轸十二度,白露。中角十度,秋分。于夏为八月,商为九月,周为十月。终于氐四度。

大火,初氐五度,寒露。中房五度,霜降。于夏为九月,商为十月,周为十一月。终于尾九度。

析木,初尾十度,立冬。中箕七度,小雪。于夏为十月,商为十一月,周为十二月。终于斗十一度。

角十二   亢九。   氐十五。   房五。   心五。

尾十八。   箕十一。

　　东七十五度。

斗二十六。   牛八。   女十二。   虚十。

危十七。　　营室十六。　　壁九。
　　　　北九十八度。
　　奎十六。　　娄十二。　胃十四。　昴十一。
毕十六。　　觜二。　　参九。
　　　　西八十度。
　　井三十三。　鬼四。　柳十五。　星七。
张十八。　　翼十八。　轸十七。
　　　　南百一十二度。

　　九章岁为百七十一岁,而九道小终。九终千五百三十
九岁而大终。三终而与元终。进退于牵牛之前四度五分。
九会。阳以九终,故日有九道。阴兼而成之,故月有十九
道。阳名成功,故九会而终。四营而成易,故四岁中余一,
四章而朔余一,为篇首,八十一章而终一统。

　　一,甲子元首。汉太初元年。　十,辛酉。　十九,己未。
二十八,丁巳。　三十七,乙卯。　四十六,壬子。
五十五,庚戌。　六十四,戊申。　七十三,丙午,
中。
　　甲辰二统。　辛丑。　己亥。　丁酉。　乙
未。　壬辰。　庚寅。　戊子。　丙戌,季。
　　甲申三统。　辛巳。　己卯。　丁丑。文王四
十二年。　乙亥。微二十六年。壬申。　庚午。
戊辰。　丙寅,孟。懿二十二年。
　　二,癸卯。　十一,辛丑。　二十,己亥。　二
十九,丁酉。　三十八,甲午。　四十七,壬辰。
五十六,庚寅。　六十五,戊子。　七十四,乙酉,中。
癸未。　辛巳。　己卯。　丁丑。　甲戌。
壬申。　庚午。　戊辰。
乙丑,季。商太甲元年
　　癸亥　辛酉。　己未。　丁巳。周公五
年。　甲寅。　壬子。　庚戌。　戊申。元四年。
乙巳,孟。
　　三,癸未。　十二,辛巳。　二十一,己卯。
三十,丙子。　三十九,甲戌。　四十八,壬申。
五十七,庚子。　六十六,丁卯。　七十五,乙丑,中。
癸亥。　辛酉。　己未。　丙辰。　甲寅。
壬申。　庚戌。　丁未。　乙巳,季。
　　癸卯。　辛丑。　己亥。　丙申　甲午
壬辰。　庚寅。成十二年。丁亥。　乙酉,孟。
　　四,癸亥。初元二年。　十三,辛酉。　二十二,
戊午。　三十一,丙辰。　四十,甲寅。　四十九,
壬子。　五十八,己酉。　六十七,丁未。　七十六,
乙巳,中。
　　癸卯。　辛丑。　戊戌。　丙申。　甲午。
壬辰。　己丑。　丁亥。　乙酉,季。
　　癸未。　辛巳。　戊寅。　丙子。　甲戌。
壬申。惠三十八年。己巳。　丁卯。　乙丑,孟。
　　五,癸亥。河平元年。　十四,庚子。　二十三,
戊戌。三十二,丙申。　四十一,甲午。　五十,辛卯。
五十九,己丑。　六十八,丁亥。　七十七,乙酉,

中。
　　癸未。　庚辰。　戊寅。　丙子。　甲戌。
辛未。　己巳。　丁卯。　乙丑,季。商太甲
元年。
　　癸亥。　庚申。　戊午。　丙辰。　甲寅。
献十五年。　辛亥。　己酉。　丁未。　乙巳,孟。
楚元三年。
　　六,壬午。　十五,庚辰。　二十四,戊寅。
三十三,丙子。　四十二,癸酉。　五十一,辛未。
六十,己巳。　六十九,丁卯。　七十八,甲子,中。
壬戌。　庚申。　戊午。　丙辰。　癸丑。
辛亥。　己酉。　丁未。　甲辰,季。　壬
寅。　庚子。　戊戌。　丙申。炀二十四年。　癸
巳。　辛卯。　己丑。　丁亥。康四年。　甲申,
孟。
　　七,壬戌。始建国三年。　十六,庚申。　二十五,
戊午。　三十四,乙卯。　四十三,癸丑。　五十二,
辛亥。　六十一,己酉。　七十,丙午。　七十九,甲
辰,中。
　　壬寅。　庚子。　戊戌。　乙未。　癸巳。
辛卯。　己丑。　丙戌。　甲申,季。　壬
午。　庚辰。　戊寅。　乙亥。　癸酉。　辛
未。　己巳。定七年。　丙寅。　甲子,孟。
　　八,壬寅。　十七,庚子。　二十六,丁酉。
三十五,乙未。　四十四,癸巳。　五十三,辛卯。
六十二,戊子。　七十一,丙戌。　八十,甲申,中。
壬午。　庚辰。　丁亥。　乙酉。　癸未。
辛巳。　戊辰。　丙寅。　甲子,季。　壬
戌。　庚申。　丁巳。　乙卯。　癸丑。　辛
亥。僖五年。　戊申。　丙午。　甲辰,孟。
　　九,壬午。　十八,庚辰。　二十七,丁丑。
三十六,乙亥。　四十五,癸酉。　五十四,庚午。
六十三,戊辰。　七十二,丙寅。　八十一,甲子,
中。　壬戌。　己未。　丁巳。　乙卯。　癸
丑。　庚戌。　戊申。　丙午。　甲辰,季。
　　壬寅。　己亥。　丁酉。　乙未。　癸
巳。　庚寅。　戊子。　丙戌。　甲申,孟。
懿九年。　元朔六年。

　　推章首朔旦冬至日,置大余三十九,小余六十一,数
除如法,各从其统首起。求其后章,当加大余三十九,小余
六十一,各尽其八十一章。
　　推篇,大余亦如之,小余加一。求周至,加大余五十
九,小余二十一。

世经

《春秋》昭公十七年"郯子来朝",《传》曰:昭子问少昊
氏鸟名何故,对曰:"吾祖也,我知之矣。昔者,黄帝氏以云
纪,故为云师而云名;炎帝氏以火纪,故为火师而火名;共
工氏以水纪,故为水师而水名;太昊氏以龙纪,故为龙师
而龙名。我高祖少昊挚之立也,凤鸟适至,故纪于鸟,为鸟

师而鸟名。"言郯子据少昊受黄帝,黄帝受炎帝,炎帝受共工,共工受太昊,故先言黄帝,上及太昊。稽之于《易》,炮牺、神农、黄帝相继之世可知。

太昊帝 《易》曰:"炮牺氏之王天下也。"言炮牺继天而王,为百王先,首德始于木,故为帝太昊。作罔罟以田渔,取牺牲,故天下号曰炮牺氏。《祭典》曰:"共工氏伯九域。"言虽有水德,在火、木之间,非其序也。任知刑以强,故伯而不王。秦以水德,在周、汉木火之间。周人迁其行序,故《易》不载。

炎帝 《易》曰:"炮牺氏没,神农氏作。"言共工伯而不王,虽有水德,非其序也,以火承木,故为炎帝。教民耕农,故天下号曰神农氏。

黄帝 《易》曰:"神农氏没,黄帝氏作。"火生土,故为土德。与炎帝之后战于坂泉,遂王天下。始垂衣裳,有轩冕之服,故天下号曰轩辕氏。

少昊帝 《考德》曰少昊曰清。清者,黄帝之子清阳也,是其子孙名挚立。土生金,故为金德,天下号曰金天氏。周迁其乐,故《易》不载,序于行。

颛顼帝 《春秋外传》曰:"少昊之衰,九黎乱德,颛顼受之,乃命重、黎。苍林昌意之子也。金生水,故为水德。天下号曰高阳氏。周迁其乐,故《易》不载,序于行。

帝喾 《春秋外传》曰:颛顼之所建,帝喾受之。清阳玄嚣之孙也。水生木,故为木德。天下号曰高辛氏。帝挚继之,不知其数。周迁其乐,故《易》不载。周人禘之。

唐帝 《帝系》曰:"帝喾四妃,陈丰生帝尧,封于唐,盖高辛氏衰,天下归之。木生火,故为火德,天下号曰陶唐氏。让天下于虞,使子朱处于丹渊为诸侯。即位七十载。

虞帝 《帝系》曰:"颛顼生穷蝉,五世而生瞽瞍,瞽瞍生帝舜,处虞之妫汭,尧嬗以天下。火生土,故为土德,天下号曰有虞氏。让天下于禹,使子商均为诸侯,即位五十载。

伯禹 《帝系》曰:颛顼五世而生鲧,鲧生禹,虞舜嬗以天下。土生金,故为金德。天下号曰夏后氏。继世十七王,四百三十二岁。

成汤 《书经·汤誓》:汤伐夏桀。金生水,故为水德。天下号曰商,后曰殷。

《三统》,上元至伐桀之岁,十四万一千四百八十岁,岁在大火房五度,故《传》曰:"大火,阏伯之星也,实纪商人。"后为成汤,方即世崩没之时,为天子用事十三年矣。商十二月乙丑朔旦冬至,故《书序》曰:"成汤既没,太甲元年,使伊尹作《伊训》。"《伊训》篇曰:"惟太甲元年十有二月乙丑朔,伊尹祀于先王,诞资有牧方明。"言虽有成汤、太丁、外丙之服,以冬至越茀祀先王于方明以配上帝,是朔旦冬至之岁也。后九十五岁,商十二月甲申朔旦冬至,亡余分,是为孟统。自伐桀至武王伐纣,六百二十九岁,故《传》曰殷"载祀六百"。

《殷历》曰:当成汤方即世用事十三年,十一月甲子朔旦冬至,终六府首。当周公五年,则为距伐桀四百五十八岁,少百七十一岁,不盈六百二十九。又以夏时乙丑为甲子,计其年乃孟统后五章,癸亥朔旦冬至也。以为甲子府首,皆非是。凡殷世继嗣三十一王,六百二十九岁。

《四分》,上元至伐桀十三万二千一百一十三岁,其八十八纪,甲子府首,入伐桀后百二十七岁。

《春秋历》,周文王四十二年十二月丁丑朔旦冬至,孟统之二会首也。后八岁而武王伐纣。

武王 《书经·牧誓》:武王伐商纣。水生木,故为木德。天下号曰周室。

《三统》,上元至伐纣之岁,十四万二千一百九岁,岁在鹑火张十三度。文王受命九年而崩,再期,在大祥而伐纣,故《书序》曰:"惟十有一年,武王伐纣,作《太誓》。"八百诸侯会。还归二年,乃遂伐纣克殷,以箕子归,十三年也。故《书序》曰:"武王克殷,以箕子归,作《洪范》。"《洪范》篇曰:"惟十有三祀,王访于箕子。"自文王受命而至此十三年,岁亦在鹑火,故《传》曰:"岁在鹑火,则我有周之分野也。"师初发,以殷十一月戊子,日在析木箕七度,故《传》曰:"日在析木。"是夕也,月在房五度。房为天驷,故《传》曰:"月在天驷。"后三日得周正月辛卯朔,合辰在斗前一度,斗柄也,故《传》曰:"辰在斗柄。"明日壬辰,晨星始见。癸巳武王始发,丙午还师,戊午度于孟津。孟津去周九百里,师行三十里,故三十一日而度。明日己未冬至,晨星与婺女伏,历建星及牵牛,至于婺女天鼋之首,故《传》曰:"星在天鼋。"《周书·武成》篇:"惟一月壬辰,旁死霸,若翌日癸巳,武王乃朝步自周,于征伐纣。"《序》曰:"一月戊午,师度于孟津。"至庚申,二月朔日也。四日癸亥,至牧野,夜陈,甲子昧爽而合矣。故《外传》曰:"王以二月癸亥夜陈。"《武成》篇曰:"粤若来三月,既死霸,粤五日甲子,咸刘商王纣。"是岁也,闰数余十八,正大寒中,在周二月己丑晦。明日闰月庚寅朔。三月二日庚申惊蛰。四月己丑朔死霸。死霸,朔也。生霸,望也。是月甲辰望,乙巳,旁之。故《武成》篇:"惟四月既旁生霸,粤六日庚戌,武王燎于周庙。翌日辛亥,祀于天位。粤五日乙卯,乃以庶国祀馘于周庙。"文王十五而生武王,受命九年而崩,崩后四年而武王克殷。克殷之岁八十六矣,后七岁而崩。故《礼记·文王世子》曰:"文王九十七而终,武王九十三而终。"凡武王即位十一年,周公摄政五年,正月丁巳朔旦冬至,《殷历》以为六年戊午,距炀公七十六岁,入孟统二十九章首也。后二岁,得周公七年"复子明辟"之岁。是岁二月乙亥朔,庚寅望,后六日得乙未。故《召诰》曰:"惟二月既望,粤六日乙未。"又其三月甲辰朔,三日丙午,《召诰》曰:"惟三月丙午朏。"古文《月采》篇曰"三日曰朏"。是岁十二月戊辰晦,周公以返政。故《洛诰》篇曰:"戊辰,王在新邑,烝祭岁,命作策,惟周公诞保文、武受命,惟七年。"

成王元年正月己巳朔,此命伯禽俾侯于鲁之岁也。后三十年四月庚戌朔,十五日甲子哉生霸。故《顾命》曰"惟四月哉生霸,王有疾不豫,甲子,王乃洮沬水",作《顾命》。翌日乙丑,成王崩。康王十二年六月戊辰朔,三日庚午,故《毕命丰刑》曰:"惟十有二年六月庚午朏,王命作策《丰刑》。"

《春秋》、《殷历》皆以殷,鲁自周昭王以下亡年数,故据周公、伯禽以下为纪。鲁公伯禽,推即位四十六年,至康王十六年而薨。故《传》曰"燮父、禽父并事康王",言晋侯燮、鲁公伯禽俱事康王也。子考公就立,酋。考公,《世家》:即位四年,及炀公熙立。炀公二十四年正月丙申朔旦冬至,《殷历》以为丁酉,距微公七十六岁。

《世家》:炀公即位六十年,子幽公宰立。幽公,《世家》:即位十四年,及微公弗立,沸。微公二十六年正月乙亥旦冬至,《殷历》以为丙子,距献公七十六岁。

《世家》:微公即位五十年,子厉公翟立,擢。厉公,《世家》:即位三十七年,及献公具立。献公十五年正月甲寅朔旦冬至,《殷历》以为乙卯,距懿公七十六岁。

《世家》:献公即位五十年,子慎公执立,嚊。慎公,《世家》:即位三十年,及武公敖立。武公,《世家》:即位二年,子懿公被立,戏。懿公九年正月癸巳朔旦冬至,《殷历》以为甲午,距惠公七十六岁。

《世家》:懿公即位于九年,兄子柏御立。柏御,《世家》:即位十一年,叔父孝公称立。孝公,《世家》:即位二十七年,子惠公皇立。惠公三十八年正月壬申朔旦冬至,《殷历》以为癸酉,距釐公七十六岁。

《世家》:惠公即位四十六年,子隐公息立。

凡伯禽至春秋,三百八十六年。

春秋 隐公,《春秋》:即位十一年,及桓公轨立。此元年上距伐纣四百岁。

桓公,《春秋》:即位十八年,子庄公同立。

庄公,《春秋》:即位三十二年,子愍公启方立。

愍公,《春秋》:即位二年,及釐公申立。釐公五年正月辛亥朔旦冬至,《殷历》以为壬子,距成公七十六岁。

是岁距上元十四万二千五百七十七岁,得孟统五十三章首。故《传》曰:"五年春王 正月辛亥朔,日南至。""八月甲午,晋侯围上阳。"童谣云:"丙子之辰,龙尾伏辰,袀服振振,取虢之旂,鹑之贲贲,天策焞焞,火中成军,虢公其奔。"卜偃曰:"其九月十月之交乎?丙子旦,日在尾,月在策,鹑火中,必是时也。"冬十二月丙子灭虢。言历者以夏时,故周十二月,夏十月也。是岁,岁在大火。故《传》曰晋侯使寺人披伐蒲,重耳奔狄。董因曰:"君之行,岁在大火。"后十二年,釐之十六年,岁在寿星。故《传》曰:重耳处狄十二年而行,过卫五鹿,乞食于野人,野人举块而与之。子犯曰:"天赐也,后十二年,必获此土。岁复于寿星,必获诸侯。"后八岁,釐之二十四年也,岁在实沈,秦伯纳之。故《传》曰董因云:"君以辰出,而以参入,必获诸侯。"

《春秋》:釐公即位三十三年,子文公兴立。文公元年,距辛亥朔旦冬至二十九岁。是岁闰余十三,正小雪,闰当在十一月后,而在三月,故《传》曰"非礼也"。后五年,闰余十,是岁亡闰,而置闰。闰,所以正中朔'也。亡闰而置闰,又不告朔,故经曰"闰月不告朔",言亡此月也。《传》曰:"不告朔,非礼也。"

《春秋》:文公即位十八年,子宣公倭立。

宣公,《春秋》:即位十八年,子成公黑肱立。成公十二年正月庚寅朔旦冬至,《殷历》以为辛卯,距定公七年七十六岁。

《春秋》:成公即位十八年,子襄公午立。襄公二十七年,距辛亥百九岁。九月乙亥朔,是建申之月也。鲁史书:"十二月乙亥朔,日有食之。"《传》曰:"冬十一月乙亥朔,日有食之,于是辰在申,司历过也,再失闰矣。"言时实行以为十一月也,不察其建,不考之于天也。二十八年距辛亥百一十岁,岁在星纪,故《经》曰:"春无冰。"《传》曰:"岁在星纪,而淫于玄枵。"三十年岁在娵訾。三十一岁在降娄。是岁距辛亥百一十三年,二月有癸未,上距文公十一年会于承匡之岁夏正月甲子朔凡四百四十有五甲子,奇二十日,为日二万六千六百有六旬。故《传》曰:绛县老人曰:"臣生之岁,正月甲子朔,四百四十有五甲子矣。其季于今,三之一也。"师旷曰:"邹成子会于承匡之岁也,七十三年矣。"史赵曰:"亥有二首六身,下二如身,则其日数也。"士文伯曰:"然则二万六千六百有六旬也。"

《春秋》:襄公即位三十一年,子昭公稠立。昭公八年,岁在析木,十年,岁在颛顼之虚,玄枵也。十八年距辛亥百三十一岁,五月有丙子、戊寅、壬午,火始昏见,宋、卫、陈、郑火。二十年春王 正月,距辛亥百三十三岁,是辛亥后八章首也。正月己丑朔旦冬至,失闰,故《传》曰:"二月己丑,日南至。"三十二年,岁在星纪,距辛亥百四十五岁,盈一次矣。故《传》曰:"越得岁,吴伐之,必受其咎。"

《春秋》:昭公即位三十二年,及定公宋立。定公七年,正月己巳朔旦冬至,《殷历》以为庚午,距元公七十六岁。

《春秋》:定公即位十五年,子哀公蒋立。哀公十二年冬十二月流火,非建戌之月也。是月也螽,故《传》曰:"火伏而后蛰者毕,今火犹西流,司历过也。"《诗》曰:"七月流火。"《春秋》:哀公即位二十七年。自《春秋》尽哀十四年,凡二百四十二年。

六国 《春秋》:哀公后十三年逊于邾,子悼公曼立,宁。悼公,《世家》:即位三十七年,子元公嘉立。元公四年正月戊申朔旦冬至,《殷历》以为己酉,距康公七十六岁。元公,《世家》:即位二十一年,子穆公衍立,显。穆公,《世家》:即位三十三年,子恭公奋立。恭公,《世家》:即位二十二年,子康公毛立。康公四年正月丁亥朔旦冬至,《殷历》以为戊子,距缗公七十六岁。康公,《世家》:即位九年,子景公偃立。景公,《世家》:即位二十九年,子平公旅立。平公,《世家》:即位二十年,子缗公贾立。缗公二十二年正月丙寅朔旦冬至,《殷历》以为丁卯,距楚元七十六岁。缗公,《世家》:即位二十三年,子顷公仇立。顷公,《表》:十八年,秦昭王之五十一年也,秦始灭周。周凡三十六王,八百六十七岁。

秦伯昭王,《本纪》:无天子五年。孝文王,《本纪》:即位一年。元年,楚考烈王灭鲁顷公为家人,周灭后六年也。庄襄王,《本纪》:即位三年。始皇,《本纪》:即位三十七年。二世,《本纪》:即位三年。凡秦伯五世,四十九岁。

汉高祖皇帝,著《纪》,伐秦继周。木生火。故为火德。天下号曰"汉"。距上元十四万三千二十五岁,岁在大棣之东井二十二度,鹑首之六度也。故《汉志》曰:岁在大棣,名曰鹑鲜,太岁在午。八年十一月乙巳朔旦冬至,楚元三年也。故《殷历》以为丙午,距元朔七十六岁。著《纪》,高帝即位十二年。

惠帝，著《纪》，即位七年。

高后，著《纪》，即位八年。

文帝，前十六年，后七年，著《纪》，即位二十三年。

景帝，前七年，中六年，后三年，著《纪》，即位十六年。

武帝建元、元光、元朔各六年。元朔六年十一月甲申朔旦冬至，《殷历》以为乙酉，距初元七十六岁。元狩、元鼎、元封各六年。汉历太初元年，距上元十四万三千一百二十七岁。前十一月甲子朔旦冬至，岁在星纪婺女六度，故《汉志》曰："岁名困敦，正月岁星出婺女。太初、天汉、太始、征和各四年，后二年，著《纪》，即位五十四年。

昭帝始元、元凤各六年，元平一年，著《纪》，即位十三年。

宣帝本始、地节、元康、神爵、五凤、甘露各四年，黄龙一年，著《纪》，即位二十五年。

元帝初元二年十一月癸亥朔旦冬至，《殷历》以为甲子，以为纪首。是岁也，十月日食，非合辰之会，不得为纪首。距建武七十六岁。初元、永光、建昭各五年，竟宁一年，著《纪》，即位十六年。

成帝建始、河平、阳朔、鸿嘉、永始、元延各四年，绥和二年，著《纪》，即位二十六年。

哀帝建平四年，元寿二年，著《纪》，即位六年。

平帝，著《纪》，即位元始五年，以宣帝玄孙婴为嗣，谓之孺子。孺子，著《纪》，新都侯王莽居摄三年，王莽居摄，盗袭帝位，窃号曰"新室"。始建国五年，天凤六年，地皇三年，著《纪》，盗位十四年。更始帝，著《纪》，以汉宗室灭王莽，即位二年。赤眉贼立宗室刘盆子，灭更始帝。自汉元年讫更始二年，凡二百三十岁。

光武皇帝，著《纪》，以景帝后高祖九世孙受命中兴复汉，改元曰建武，岁在鹑尾之张度。建武三十一年，中元二年，即位三十三年。

卷二十二　　　礼乐志第二

《六经》之道同归，而《礼》、《乐》之用为急。治身者斯须忘礼，则暴嫚入之矣；为国者一朝失礼，则荒乱及之矣。人函天地阴阳之气，有喜怒哀乐之情。天禀其性而不能节也，圣人能为之节而不能绝也，故象天地而制礼乐，所以通神明，立人伦，正情性，节万事者也。

人性有男女之情，妒忌之别，为制婚姻之礼；有交接长幼之序，为制乡饮之礼；有哀死思远之情，为制丧祭之礼；有尊尊敬上之心，为制朝觐之礼。哀有哭踊之节，乐有歌舞之容，正人足以副其诚，邪人足以防其失。故婚姻之礼废，则夫妇之道苦，而淫辟之罪多；乡饮之礼废，则长幼之序乱，而争斗之狱蕃；丧祭之礼废，则骨肉之恩薄，而背死忘先者众；朝聘之礼废，则君臣之位失，而侵陵之渐起。故孔子曰："安上治民，莫善于礼；移风易俗，莫善于乐。"礼节民心，乐和民声，政以行之，刑以防之。礼乐政刑四达而不诤，则王道备矣。

乐以治内而为同，礼以修外而为异；同则和亲，异则畏敬；和亲则无怨，畏敬则不争。揖让而天下治者，礼乐之谓也。二者并行，合为一体。畏敬之意难见，则著之于享献辞受，登降跪拜；和亲之说难形，则发之于诗歌咏言，钟石管弦。盖嘉其敬意而不及其财贿，美其欢心而不流其声音。故孔子曰："礼云礼云，玉帛云乎哉？乐云乐云，钟鼓云乎哉？"此礼乐之本也。故曰："知礼乐之情者能作，识礼乐之文者能述；作者之谓圣，述者之谓明。明圣者，述作之谓也。"

王者必因前王之礼，顺时施宜，有所损益，即民之心，稍稍制作，至太平而大备。周监于二代，礼文尤具，事为之制，曲为之防，故称礼经三百，威仪三千。于是教化浃洽，民用和睦，灾害不生，祸乱不作，囹圄空虚，四十余年。孔子美之曰："郁郁乎文哉！吾从周。"及其衰也，诸侯逾越法度，恶礼制之害己，去其篇籍。遭秦灭学，遂以乱亡。

汉兴，拨乱反正，日不暇给，犹命叔孙通制礼仪，以正君臣之位。高祖说而叹曰："吾乃今日知为天子之贵也！"以通为奉常，遂定仪法，未尽备而通终。至文帝时，贾谊以为："汉承秦之败俗，废礼义，捐廉耻，今其甚者杀父兄，盗者取庙器，而大臣特以簿书不报期会为故，至于风俗流溢，恬而不怪，以为是适然耳。夫移风易俗，使天下回心而乡道，类非俗吏之所能也。夫立君臣，等上下，使纲纪有序，六亲和睦，此非天之所为，人之所设也。人之所设，不为不立，不修则坏。汉兴至今二十余年，宜定制度，兴礼乐，然后诸侯轨道，百姓素朴，狱讼衰息。"乃草具其仪，天子说焉。而大臣绛、灌之属害之，故其议遂寝。

至武帝即位，进用英隽，议立明堂，制礼服，以兴太平。会窦太后好黄老言，不说儒术，其事又废。后董仲舒对策言："王者欲有所为，宜求其端于天。天道大者，在于阴阳。阳为德，阴为刑。天使阳常居大夏，而以生育长养为事；阴常居大冬，而积于空虚不用之处，以此见天之任德不任刑也。阳出布施于上而主岁功，阴入伏藏于下而时出佐阳。阳不得阴之助，亦不能独成岁功。王者承天意以从事，故务德教而省刑罚。刑罚不可任以治世，犹阴之不可任以成岁也。今废先王之德教，独用执法之吏治民，而欲德化被四海，故难成也。是故古之王者，莫不以教化为大务，立大学以教于国，设庠序以化于邑。教化已明，习俗已成，天下尝无一人之狱矣。至周末世，大为无道，以失天下。秦继之后，又益甚之。自古以来，未尝以乱济乱，大败天下如秦者也。习俗薄恶，民人抵冒。今汉继秦之后，虽欲治之，无可奈何。法出而奸生，令下而诈起，一岁之狱以万千数，如以汤止沸，沸俞甚而无益。辟之琴瑟不调，甚者必解而更张之，乃可鼓也。为政而不行，甚者必变而更化之，乃可理也。故汉得天下以来，常欲善治，而至今不能胜残去杀者，失之当更化而不能更化也。古人有言：'临渊羡鱼，不如归而结网。'今临政而愿治七十余岁矣，不如退而更化。更化则可善治，而灾害日去，福禄日来矣。"是时，上方征讨四夷，锐志武功，不暇留意礼文之事。

至宣帝时，琅邪王吉为谏大夫，又上疏言："欲治之主不世出，公卿幸得遭遇其时，未有建万世之长策，举明主于三代之隆者也。其务在于簿书断狱听讼而已，此非太平之基也。今俗吏所以牧民者，非有礼义科指可世世通行者也，以意穿凿，各取一切。是以诈伪萌生，刑罚无极，质朴日消，恩爱浸薄。孔子曰'安上治民，莫善于礼'，非空言也。愿与大臣延及儒生，述旧礼，明王制，驱一世之民，济之仁寿之域，则俗何以不若成、康？寿何以不若高宗？"上不纳其言，吉以病去。

至成帝时，犍为郡于水滨得古磬十六枚，议者以为善祥。刘向因是说上："宜兴辟雍，设庠序，陈礼乐，隆雅颂之声，盛揖攘之容，以风化天下。如此而不治者，未之有也。或曰，不能具礼。礼以养人为本，如有过差，是过而养人也。刑罚之过，或至死伤。今之刑，非皋陶之法也，而有司请定法，削则削，笔则笔，救时务也。至于礼乐，则曰不敢，是敢于杀人不敢于养人也。为其俎豆、管弦之间小不备，因是绝而不为，是去小不备而就大不备，或莫甚焉。夫教化之比于刑法，刑法轻，是舍所重而急所轻也。且教化，所恃以为治也，刑法所以助治也。今废所恃而独立其所助，非所以致太平也。自京师有悖逆不顺之子孙，至于陷大辟受刑戮者不绝，由不习五常之道也。夫承千岁之衰周，继暴秦之余敝，民渐渍恶俗，贪饕险诐，不闲义理，不示以大化，而独驱以刑罚，终已不改。故曰：'导之以礼乐，而民和睦。'初，叔孙通将制定礼仪，见非于齐、鲁之士，然卒为汉儒宗，业垂后嗣，斯成法也。"成帝以向言下公卿议，会向病卒，丞相大司空奏请立辟雍。案行长安城南，营表未作，遭成帝崩，群臣引以定谥。

及王莽为宰衡，欲耀众庶，遂兴辟雍，因以篡位，海内畔之。世祖受命中兴，拨乱反正，改定京师于土中。即位三十年，四夷宾服，百姓家给，政教清明，乃营立明堂、辟雍。显宗即位，躬行其礼，宗祀光武皇帝于明堂，养三老、五更于辟雍，威仪既盛美矣。然德化未流洽者，礼乐未具，群下无所诵说，而庠序尚未设之故也。孔子曰："辟如为山，未成一篑，止，吾止也。"今叔孙通所撰礼仪，与律令同录，臧于理官，法家又复不传。汉典寝而不著，民臣莫有言者。又通没之后，河间献王采礼乐古事，稍稍增辑，至五百余篇。今学者不能昭见，但推士礼以及天子，说义又颇谬异，故君臣长幼交接之道浸以不章。

乐者，圣人之所乐也，而可以善民心。其感人深，移风易俗，故先王著其教焉。

夫民有血气心知之性，而无哀乐喜怒之常，应感而动，然后心术形焉，是以纤微憔瘁之音作，而民思忧；阐谐嫚易之音作，而民康乐；粗厉猛奋之音作，而民刚毅；廉直正诚之音作，而民肃敬；宽裕和顺之音作，而民慈爱；流辟邪散之音作，而民淫乱。先王耻其乱也，故制雅颂之声，本之情性，稽之度数，制之礼仪，合生气之和，导五常之行，使之阳而不散，阴而不集，刚气不怒，柔气不慑，四畅交于中，而发作于外，皆安其位而不相夺，足以感动人之善心也，不使邪气得接焉，是先王立乐之方也。

王者未作乐之时，因先王之乐以教化百姓，说乐其俗，然后改作，以章功德。《易》曰："先王以作乐崇德，殷荐之上帝，以配祖考。"昔黄帝作《咸池》，颛顼作《六茎》，帝喾作《五英》，尧作《大章》，舜作《招》，禹作《夏》，汤作《濩》，武王作《武》，周公作《勺》。《勺》，言能勺先祖之道也。《武》，言以功定天下也。《濩》，言救民也。《夏》大承二帝也。《招》，继尧也。《大章》，章之也。《五英》，英华茂也。《六茎》，及根茎也。《咸池》，备矣。自夏以往，其流不可闻已，殷《颂》犹有存者。周《诗》既备，而其器用张陈，《周官》具焉。典者自卿大夫师瞽以下，皆选有道德之人，朝夕习业，以教国子。国子者，卿大夫之子弟也，皆学歌九德，诵六诗，习六舞、五声、八音之和。故帝舜命夔曰："女典乐，教胄子，直而温，宽而栗，刚而无虐，简而无敖。诗言志，歌咏言，声依咏，律和声，八音克谐。"此之谓也。又以外赏诸侯德盛而教尊者。其威仪足以充目，音声足以动耳，诗语足以感心，故闻其音而德和，省其诗而志正，论其数而法立。是以荐之郊庙则鬼神飨，作之朝廷则群臣和，立之学官则万民协。听者无不虚己竦神，说而承流，是以海内遍知上德，被服其风，光辉日新，化上迁善，而不知所以然，至于万物不夭，天地顺而嘉应降。故《诗》曰："钟鼓锽锽，磬管锵锵，降福穰穰。"《书》云："击石拊石，百兽率舞。"鸟兽且犹感应，而况于人乎？况于鬼神乎？故乐者，圣人之所以感天地，通神明，安万民，成性类者也。然自《雅》、《颂》之兴，而所承衰乱之音犹在，是谓淫过凶嫚之声，为设禁焉。世衰民散，小人乘君子，心耳浅薄，则邪胜正。故《书》序："殷纣断弃先祖之乐，乃作淫声，用变乱正声，以说妇人。"乐官师瞽抱其器而奔散，或适诸侯，或入河海。夫乐本情性，浃肌肤而臧骨髓，虽经乎千载，其遗风余烈尚犹不绝。至春秋时，陈公子完奔齐。陈，舜之后，《招》乐存焉。故孔子适齐闻《招》，三月不知肉味，曰："不图为乐之至于斯！"美之甚也。

周道始缺，怨刺之诗起。王泽既竭，而诗不能作。王官失业，《雅》、《颂》相错，孔子论而定之，故曰："吾自卫反鲁，然后乐正，《雅》、《颂》各得其所。"是时，周室大坏，诸侯恣行，设两观，乘大路。陪臣管仲、季氏之属，三归《雍》彻，八佾舞廷。制度遂坏，陵夷而不反，桑间、濮上、郑、卫、宋、赵之声并出。内则致疾损寿，外则乱政伤民。巧伪因而饰之，以营乱富贵之耳。庶人以求利，列国以相间。故秦穆遗戎而由余去，齐人馈鲁而孔子行。至于六国，魏文侯最为好古，而谓子夏曰："寡人听古乐则欲寐，及闻郑、卫，余不知倦焉。"子夏辞而辨之，终不见纳，自此礼乐丧矣。

汉兴，乐家有制氏，以雅乐声律世世在大乐官，但能纪其铿锵鼓舞，而不能言其义。高祖时，叔孙通因秦乐人制宗庙乐，大祝迎神于庙门，奏《嘉至》，犹古降神之乐也。皇帝入庙门，奏《永至》，以为行步之节，犹古《采荠》、《肆夏》也。乾豆上，奏《登歌》，独上歌，不以管弦乱人声，欲在位者遍闻之，犹古《清庙》之歌也。《登歌》再终，下奏《休成》之乐，美神明既飨也。皇帝就酒东厢，坐定，奏《永安》之乐，美礼已成也。又有《房中祠乐》，高祖唐山夫人所作也。周有《房中乐》，至秦名曰《寿人》。凡乐，乐其所生，礼不忘本。高祖乐楚声，故《房中乐》楚声也。孝惠二年，使乐府令夏侯宽备其箫管,更名曰《安世乐》。

高庙奏《武德》、《文始》、《五行》之舞;孝文庙奏《昭德》、《文始》、《四时》、《五行》之舞;孝武庙奏《盛德》、《文始》、《四时》、《五行》之舞。《武德舞》者,高祖四年作,以象天下乐已行武以除乱也。《文始舞》者,曰本舜《招舞》也,高祖六年更名曰《文始》,以示不相袭也。《五行舞》者,本周舞也,秦始皇二十六年更名曰《五行》也。《四时舞》者,孝文所作,以示天下之安和也。盖乐已所自作,明有制也;乐先王之乐,明有法也。孝景采《武德舞》以为《昭德》,以尊大宗庙。至孝宣,采《昭德舞》为《盛德》,以尊世宗庙。诸帝庙皆常奏《文始》、《四时》、《五行舞》云。高祖六年又作《昭容乐》、《礼容乐》。《昭容》者,犹古之《昭夏》也,主出《武德舞》。《礼容》者,主出《文始》、《五行舞》。舞人无乐者,将至至尊之前不敢以乐也;出用乐者,言舞不失节,能以乐终也。大氐皆因秦旧事焉。

初,高祖既定天下,过沛,与故人父老相乐,醉酒欢哀,作"风起"之诗,令沛中僮儿百二十人习而歌之。至孝惠时,以沛宫为原庙,皆令歌儿习吹以相和,常以百二十人为员。文、景之间,礼官肄业而已。至武帝定郊祀之礼,祠太一于甘泉,就乾位也;祭后土于汾阴,泽中方丘也。乃立乐府,采诗夜诵,有赵、代、秦、楚之讴。以李延年为协律都尉,多举司马相如等数十人造为诗赋,略论律吕,以合八音之调,作十九章之歌。以正月上辛用事甘泉圜丘,使童男女七十人俱歌,昏祠至明。夜常有神光如流星止集于祠坛,天子自竹宫而望拜,百官侍祠者数百人皆肃然动心焉。

《安世房中歌》十七章,其诗曰:

大孝备矣,休德昭清。高张四县,乐充宫庭。芬树羽林,云景杳冥,金支秀华,庶旄翠旌。

《七始》、《华始》,肃倡和声。神来宴娭,庶几是听。鬻鬻音送,细齐人情。忽乘青玄,熙事备成。清思眑眑,经纬冥冥。

我定历数,人告其心。敕身斋戒,施教申申。乃立祖庙,敬明尊亲。大矣孝熙,四极爰轃。

王侯秉德,其邻翼翼,显明昭式。清明鬯矣,皇帝孝德。竟全大功,抚安四极。

海内有奸,纷乱东北。诏抚成师,武臣承德。行乐交逆 《箫》、《勺》群慝。肃为济哉,盖定燕国。

大海荡荡水所归,高贤愉愉民所怀。大山崔,百卉殖。民何贵?贵有德。

安其所,乐终产。乐终产,世继绪。飞龙秋,游上天。高贤愉,乐民人。

丰草葽,女罗施。善何如,谁能回!大莫大,成教德,长莫长,被无极。

雷震震,电耀耀。明德乡,治本约。治本约,泽弘大。加被宠,咸相保。德施大,世曼寿。

都荔遂芳,窅窊桂华。孝奏天仪,若日月光。乘玄四龙,回驰北行。羽旄殷盛,芬哉芒芒。孝道随世,我署文章。《桂华》。

冯冯翼翼,承天之则。吾易久远,烛明四极。慈惠所爱,美若休德。杳杳冥冥,克绰永福。《美若》。

磑磑即即,师象山则。乌呼孝哉,案抚戎国。蛮夷竭欢,象来致福。兼临是爱,终无兵革。

嘉荐芳矣,告灵飨矣。告灵既飨,德音孔臧。惟德之臧,建侯之常。承保天休,令问不忘。

皇皇鸿明,荡侯休德。嘉承天和,伊乐厥福。在乐不荒,惟民之则。

浚则师德,下民咸殖。令问在旧,孔容翼翼。

孔容之常,承帝之明。下民之乐,子孙保光。承顺温良,受帝之光。嘉荐令芳,寿考不忘。

承帝明德,师象山则。云施称民,永受厥福。承容之常,承帝之明。下民安乐,受福无疆。

《郊祀歌》十九章,其诗曰:

练时日,侯有望,焫膋萧,延四方。九重开,灵之游,垂惠恩,鸿祐休。灵之车,结玄云,驾飞龙,羽旄纷。灵之下,若风马,左仓龙,右白虎。灵之来,神哉沛,先以雨,般裔裔。灵之至,庆阴阴,相放㑊,震澹心。灵已坐,五音饬,虞至旦,承灵亿。牲茧栗,粢盛香,尊桂酒,宾八乡。灵安留,吟青黄,遍观此,眺瑶堂。众嫭并,绰奇丽,颜如荼,兆逐靡。被华文,厕雾縠,曳阿锡,佩珠玉。侠嘉夜,茝兰芳,淡容与,献嘉觞。

《练时日》一

帝临中坛,四方承宇,绳绳意变,备得其所。清和六合,制数以五。海内安宁,兴文偃武。后土富媪,昭明三光。穆穆优游,嘉服上黄。

《帝临》二

青阳开动,根荄以遂,膏润并爱,跂行毕逮。霆声发荣,壧处顷听,枯槁复产,乃成厥命。众庶熙熙,施及夭胎,群生啿啿,惟春之祺。

《青阳》三 邹子乐

朱明盛长,敷与万物,桐生茂豫,靡有所诎。敷华就实,既阜既昌,登成甫田,百鬼迪尝。广大建祀,肃雍不忘,神若宥之,传世无疆。

《朱明》四 邹子乐

西颢沆砀,秋气肃杀,含秀垂颖,续旧不废。奸伪不萌,祆孽伏息,隅辟越远,四貉咸服。既畏兹威,惟慕纯德,附而不骄,正心翊翊。

《西颢》五 邹子乐

玄冥陵阴,蛰虫盖臧,草木零落,抵冬降霜。易乱除邪,革正异俗,兆民反本,抱素怀朴。条理信义,望礼五岳。籍敛之时,掩收嘉谷。

《玄冥》六 邹子乐

惟泰元尊,媪神蕃釐,经纬天地,作成四时。精建日月,星辰度理,阴阳五行,周而复始。云风雷电,降甘露雨,百姓蕃滋,咸循厥绪。继统共勤,顺皇之德,鸾路龙鳞,罔不肸饰。嘉笾列陈,庶几宴享,灭除凶灾,烈腾八荒。钟鼓竽笙,云舞翔翔,招摇灵旗,九夷宾将。

《惟泰元》七　建始元年,丞相匡衡奏罢"鸾路龙鳞",更定诗曰"涓选休成"。

天地并况,惟予有慕,爰熙紫坛,思求厥路。恭承禋祀,缊豫为纷,黼绣周张,承神至尊。千童罗舞成八溢,合好效欢虞泰一。九歌毕奏斐然殊,鸣琴竽瑟会轩朱。璆磬金鼓,灵其有喜,百官济济,各敬厥事。盛牲实俎进闻膏,神奄留,临须摇。长丽前掞光耀明,寒暑不忒况皇章。展诗应律鋗玉鸣,函宫吐角激徵清。发梁扬羽申以商,造兹新音永久长。声气远条凤鸟翔,神夕奄虞盖孔享。

《天地》八　丞相匡衡奏罢"黼绣周张",更定诗曰"肃若旧典"。

日出入安穷?时世不与人同。故春非我春,夏非我夏,秋非我秋,冬非我冬。泊如四海之池,遍观是邪谓何?吾知所乐,独乐六龙,六龙之调,使我心若。訾黄其何不徕下!

《日出入》九

太一况,天马下,沾赤汗,沫流赭。志俶傥,精权奇,策浮云,晻上驰。体容与,迣万里,今安匹,龙为友。

元狩三年马生渥洼水中作。

天马徕,从西极,涉流沙,九夷服。天马徕,出泉水,虎脊两,化若鬼。天马徕,历无草,径千里,循东道。天马徕,执徐时,将摇举,谁与期?天马徕,开远门,竦予身,逝昆仑。天马徕,龙之媒,游阊阖,观玉台。

《天马》十　太初四年诛宛王获宝马作。

天门开,詄荡荡,穆并骋,以临飨。光夜烛,德信著,灵浸鸿,长生豫。大朱涂广,夷石为堂,饰玉梢以舞歌,体招摇若永望。星留俞,塞陨光,照紫幄,珠烦黄。幡比翅回集,贰双飞常羊。月穆穆以金波,日华耀以宣明。假清风轧忽,激长至重觞。神裴回若留放,殣冀亲以肆章。函蒙祉福常若期,寂漻上天知厥时。泛泛滇滇从高游,殷勤此路胪所求。佻正嘉吉弘以昌,休嘉砰隐溢四方。专精厉意逝九阂,纷云六幕浮大海。

《天门》十一

景星显见,信星彪列,象载昭庭,日亲以察。参侔开阖,爰推本纪,汾脽出鼎,皇祐元始。五音六律,依韦飨昭,杂变并会,雅声远姚。空桑琴瑟结信成,四兴递代八风生。殷殷钟石羽龠鸣,河龙供鲤醇牺牲。百末旨酒布兰生。泰尊柘浆析朝酲。微感心攸通修名,周流常羊思所并。穰穰复正直往宁,冯蠵切和疏写平。上天布施后土成,穰穰丰年四时荣。

《景星》十二　元鼎五年得鼎汾阴作。

齐房产草,九茎连叶,宫童效异,披图案谍。玄气之精,回复此都,蔓蔓日茂,芝成灵华。

《斋房》十三　元封二年芝生甘泉斋房作。

后皇嘉坛,立玄黄服,物发冀州,兆蒙祉福。沈沈四塞,假狄合处,经营万亿,咸遂厥宇。

《后皇》十四

华烨烨,固灵根。神之游,过天门,车千乘,敦昆仑。神之出,排玉房,周流杂,拔兰堂。神之行,旌容容,骑沓沓,般纵纵。神之徕,泛翊翊,甘露降,庆云集。神之揄,临坛宇,九疑宾,夔龙舞。神安坐,翔吉时,共翊翊,合所思。神嘉虞,申贰觞,福滂洋,迈延长。沛施祐,汾之阿,扬金光,横泰河,莽若云,增阳波。遍胪欢,腾天歌。

《华烨烨》十五

五神相,包四邻,土地广,扬浮云。扢嘉坛,椒兰芳,璧玉精,垂华光。益亿年,美始兴,交于神,若有承。广宣延,咸毕觞,灵舆位,偃蹇骧。卉汨胪,析奚遗?淫渌泽,汪然归。

《五神》十六

朝陇首,览西垠,雷电燎,获白麟。爰五止,显黄德,图匈虐,熏鬻殛。辟流离,抑不详,宾百僚,山河飨。掩回辕,騑长驰,腾雨师,洒路陂。流星陨,感惟风,籋归云,抚怀心。

《朝陇首》十七　元狩元年行幸雍获白麟作。

象载瑜,白集西,食甘露,饮荣泉。赤雁集,六纷员,殊翁杂,五采文。神所见,施祉福,登蓬莱,结无极。

《象载瑜》十八　太始三年行幸东海获赤雁作。

赤蛟绥,黄华盖,露夜零,昼晻濭。百君礼,六龙位,勺椒浆,灵已醉。灵既享,锡吉祥,芒芒极,降嘉觞。灵殷殷,烂扬光,延寿命,永未央。杳冥冥,塞六合,泽汪涉,辑万国。灵禗禗,象舆轪,票然逝,旗逶蛇。礼乐成,灵将归,托玄德,长无衰。

《赤蛟》十九

其余巡狩福应之事,不序郊庙,故弗论。

是时,河间献王有雅材,亦以为治道非礼乐不成,因献所集雅乐。天子下大乐官,常存肄之,岁以备数,然不常御,常御及郊庙皆非雅声。然诗乐施于后嗣,犹得有所祖述。昔殷、周之《雅》、《颂》,乃上本有娀、姜原、高、稷始生,玄王、公刘、古公、大伯、王季、姜女、大任、太姒之德,乃及成汤、文、武受命,武丁、成、康、宣王中兴,下及辅佐阿衡、周、召、太公、申伯、召虎、仲山甫之属,君臣男女有功德者,靡不褒扬。功德既信美矣,褒扬之声盈乎天地之间,是以光名著于当世,遗誉垂于无穷也。今汉郊庙诗歌,未有祖宗之事,八音调均,又不协于钟律,而内有掖庭材人,外有上林乐府,皆以郑声施于朝廷。

至成帝时,谒者常山王禹世受河间乐,能说其义,其弟子宋晔等上书言之,下大夫博士平当等考试。当以为:"汉承秦灭道之后,赖先帝圣德,博受兼听,修废官,立大学,河间献王聘求幽隐,修兴雅乐以助化。时,大儒公孙弘、董仲舒皆以为音中正雅,立之大乐。春秋乡射,作于学官,希阔不讲。故自公卿大夫观听者,但闻铿锵,不晓其意,而欲以风谕众庶,其道无由。是以行之百有余年,德化至今未成。今晔等守习孤学,大指归于兴助教化。衰微之学,兴废在人。宜领属雅乐,以继绝表微。孔子曰:'人能弘道,非道弘人。'河间区区,小国藩臣,以好学修古,能有所存,民到于今称之,况于圣主广被之资,修起旧文,放郑近雅,述而不作,信而好古,于以风示海内,扬名后世,诚非小功小美也。"事下公卿,以为久远难分明,当议复寝。

是时,郑声尤甚。黄门名倡丙强、景武之属富显于世,贵戚五侯定陵、富平外戚之家淫佚过度,至与人主争女乐。哀帝自为定陶王时疾之,又性不好音,及即位,下诏曰:"惟世俗奢泰文巧,而郑、卫之声兴。夫奢泰则下不孙而国贫,文巧则趋末背本者众,郑、卫之声兴则淫辟之化流,而欲黎庶敦朴家给,犹浊其源而求其清流,岂不难哉!孔子不云乎?'放郑声,郑声淫。'其罢乐府官。郊祭乐及古兵法武乐,在经非郑、卫之乐者,条奏,别属他官。"丞相孔光、大司空何武奏:"郊祭乐人员六十二人,给祠南北郊。大乐鼓员六人,《嘉至》鼓员十人,邯郸鼓员二人,骑吹鼓员三人,江南鼓员二人,淮南鼓员四人,巴俞鼓员三十六人,歌鼓员二十四人,楚严鼓员一人,梁皇鼓员四人,临淮鼓员三十五人,兹邡鼓员三人,凡鼓十二,员百二十八人,朝贺置酒陈殿下,应古兵法。外郊祭员十三人,诸族乐人兼《云招》给乐南郊用六十七人,兼给事雅乐用四人,夜诵员五人,刚、别柎员二人,给《盛德》主调篪员二人,听工以律知日冬,夏至一人,钟工、磬工、箫工员各一人,仆射二人主领诸乐人,皆不可罢。竽工员三人,一人可罢。琴工员五人,三人可罢。柱工员二人,一人可罢。绳弦工员六人,四人可罢。郑四会员六十二人,一人给事雅乐,六十一人可罢。张瑟员八人,七人可罢。《安世乐》鼓员二十人,十九人可罢。沛吹鼓员十二人,族歌鼓员二十七人,陈吹鼓员十三人,商乐鼓员十四人,东海鼓员十六人,长乐鼓员十三人,缦乐鼓员十三人,凡鼓八,员百二十八人,朝贺置酒,陈前殿房中,不应经法,治竽员五人,楚鼓员六人,常从倡三十人,常从象人四人,诏随常从倡十六人,秦倡二十九人,秦倡象人员三人,诏随秦倡一人,雅大人员九人,朝贺置酒为乐。楚四会员十七人,巴四会员十二人,铫四会员十二人,齐四会员十九人,蔡讴员三人,齐讴员六人,筝、瑟、钟磬员五人,皆郑声,可罢。师学百四十二人,其七十二人给大官挏马酒,其七十人可罢。大凡八百二十九人,其三百八十八人不可罢,可领属大乐,其四百四十一人不应经法,或郑、卫之声,皆可罢。"奏可。然百姓渐渍日久,又不制雅乐有以相变,豪富吏民湛沔自若,陵夷坏于王莽。

今海内更始,民人归本,户口岁息,平其刑辟,牧以贤良,至于家给,既庶且富,则须庠序、礼乐之教化矣。今幸有前圣遗制之威仪,诚可法象而补备之,经纪可因缘而存著也。孔子曰:"殷因于夏礼,所损益可知也;周因于殷礼,所损益可知也;其或继周者,百世可知也。"今大汉继周,久旷大仪,未有立礼成乐,此贾谊、仲舒、王吉、刘向之徒所为发愤而增叹也。

卷二十三　　　　刑法志第三

夫人宵天地之貌,怀五常之性,聪明精粹,有生之最灵者也。爪牙不足以供耆欲,趋走不足以避利害,无毛羽以御寒暑,必将役物以为养,用仁智而不恃力,此其所以为贵也。故不仁爱则不能群,不能群则不胜物,不胜物则养不足。群而不足,争心将作,上圣卓然先行敬让博爱之德者,众心说而从之。从之成群,是为君矣;归而往之,是为王矣。《洪范》曰:"天子作民父母,为天下王。"圣人取类以正名,而谓君为父母,明仁、爱、德、让,王道之本也。爱待敬而不败,德须威而久立,故制礼以崇敬,作刑以明威也。圣人既躬明哲之性,必通天地之心,制礼作教,立法设刑,动缘民情,而则天象地。故曰:先王立礼,"则天之明,因地之性"也。刑罚威狱,以类天之震曜杀戮也;温慈惠和,以效天之生殖长育也。《书》云"天秩有礼","天讨有罪"。故圣人因天秩而制五礼,因天讨而作五刑。大刑用甲兵,其次用斧钺;中刑用刀锯,其次用钻凿;薄刑用鞭扑。大者陈诸原野,小者致之市朝,其所由来者上矣。

自黄帝有涿鹿之战以定火灾,颛顼有共工之陈以定水害。唐、虞之际,至治之极,犹流共工,放讙兜,窜三苗,殛鲧,然后天下服。夏有甘扈之誓,殷、周以兵定天下矣。天下既定,戢臧干戈,教以文德,而犹立司马之官,设六军之众,因井田而制军赋。地方一里为井,井十为通,通十为成,成方十里;成十为终,终十为同,同方百里;同十为封,封十为畿,畿方千里。有税有赋。税以足食,赋以足兵。故四井为邑,四邑为丘。丘,十六井也,有戎马一匹,牛三头。四丘为甸,甸,六十四井也,有戎马四匹,兵车一乘,牛十二头,甲士三人,卒七十二人,干戈备具,是谓乘马之法。一同百里,提封万井,除山川沈斥,城池邑居,园囿术路,三千六百井,定出赋六千四百井,戎马四百匹,兵车百乘,此卿大夫采地之大者也,是谓百乘之家。一封三百一十六里,提封十万井,定出赋六万四千井,戎马四千匹,兵车千乘,此诸侯之大者也,是谓千乘之国。天子畿方千里,提封百万井,定出赋六十四万井,戎马四万匹,兵车万乘,故称万乘之主。戎马、车徒、干戈素具,春振旅以蒐,夏拔舍以苗,秋治兵以狝,冬大阅以狩,皆于农隙以讲事焉。五国为属,属有长;十国为连,连有帅,三十国为卒,卒有正;二百一十国为州,州有牧。连帅比年简车,卒正三年简徒,群牧五载大简车、徒,此先王为国立武足兵之大略也。

周道衰,法度堕,至齐桓公任用管仲,而国富民安。公问行伯用师之道,管仲曰:"公欲定卒伍,修甲兵,大国亦将修之,而小国设备,则难以速得志矣。"于是乃作内政而寓军令焉,故卒伍定乎里,而军政成乎郊。连其什伍,居处同乐,死生同忧,祸福共之,故夜战则其声相闻,昼战则其目相见,缓急足以相死。其教已成,外攘夷狄,内尊天子,以安诸夏。齐桓既没,晋文接之,亦先定其民,作被庐之法,总帅诸侯,迭为盟主。然其礼已颇僭差,又随时苟合以求欲速之功,故不能充王制。二伯之后,寖以陵夷,至鲁成公作丘甲,哀公用田赋,搜、狩、治兵、大阅之事皆失其正。《春秋》书而讥之,以存王道。于是师旅亟动,百姓罢敝,无伏节死难之谊。孔子伤焉,曰:"以不教民战,是谓弃之。"故称子路曰:"由也,千乘之国,可使治其赋也。"而子路亦曰:"千乘之国,摄乎大国之间,加之以师旅,因之以饥馑,由也为之,比及三年,可使有勇,且知方也。"治其赋兵教以礼谊之谓也。

春秋之后,灭弱吞小,并为战国,稍增讲武之礼,以为戏乐,用相夸视。而秦更名角抵,先王之礼没于淫乐中矣。雄桀之士因势辅时,作为权诈以相倾覆,吴有孙武,齐有孙膑,魏有吴起,秦有商鞅,皆擒敌立胜,垂著篇籍。当此之时,合纵连衡,转相攻伐,代为雌雄。齐愍以技击强,魏惠以武卒奋,秦昭以锐士胜。世方争于功利,而驰说者以孙、吴为宗。时唯孙卿明于王道,而非之曰:"彼孙、吴者,上势利而贵变诈;施于暴乱昏嫚之国,君臣有间,上下离心,政谋不良,故可变而诈也。夫仁人在上,为下所卬,犹子弟之卫父兄,若手足之捍头目,何可当也?领国望我,欢若亲戚,芬若椒兰,顾视其上,犹焚灼仇雠。人情岂肯为其所恶而攻其所好哉?故以桀攻桀,犹有巧拙;以桀诈尧,若卵投石,夫何幸之有!《诗》曰:'武王载旆,有虔秉钺,如火烈烈,则莫我敢遏。'言以仁谊绥民者,无敌于天下也。若齐之技击,得一首则受赐金。事小敌脆,则偷可用也;事巨敌坚,则焕然离矣。是亡国之兵也。魏氏武卒,衣三属之甲,操十二石之弩,负矢五十个,置戈其上,冠胄带剑,赢三日之粮,日中而趋百里,中试则复其户,利其田宅。如此,则其地虽广,其税必寡,其气力数年而衰。是危国之兵也。秦人,其生民也狭厄,其使民也酷烈。劫之以势,隐之以厄,狃之以赏庆,道之以刑罚,使其民所以要利于上者,非战无由也。功赏相长,五甲首而隶五家,是最为有数,故能四世有胜于天下。然皆干赏蹈利之兵,庸徒鬻卖之道耳,未有安制矜节之理也。故虽地广兵强,鳃鳃常恐天下之一合而共轧己也。至乎齐桓、晋文之兵,可谓入其域而有节制矣,然犹未本仁义之统也。故齐之技击不可以遇魏之武卒,魏之武卒不可以直秦之锐士,秦之锐士不可以当桓、文之节制,桓、文之节制不可以敌汤、武之仁义。"

故曰:"善师者不陈,善陈者不战,善战者不败,善败者不亡。"若夫修百僚,咎繇作士,命以"蛮夷猾夏,寇贼奸轨",而刑无所用,所谓善师不陈者也。汤、武征伐,陈师誓众,而放擒桀、纣,所谓善陈不战者也。齐桓南服强楚,使贡周室,北伐山戎,为燕开路,存亡继绝,功为伯首,所谓善战不败者也。楚昭王遭阖庐之祸,国灭出亡,父老送之。王曰:"父老反矣!何患无君?"父老曰:"有君如是其贤也!"相与从之。或奔走赴秦,号哭请救,秦人为之出兵。二国并力,遂走吴师,昭王返国,所谓善败不亡者也。若秦因四世之胜,据河山之阻,任用白起、王翦豺狼之徒,奋其爪牙,禽猎六国,以并天下。穷武极诈,士民不附,卒隶之徒,还为敌仇,燄起云合,果共轧之。斯为下矣。凡兵,所以存亡继绝,救乱除害也。故伊、吕之将,子孙有国,与商、周并。至于末世,苟任诈力,以快贪残,争城杀人盈城,争地

杀人满野。孙、吴、商、白之徒,皆身诛戮于前,而国灭亡于后。报应之势,各以类至,其道然矣。

汉兴,高祖躬神武之材,行宽仁之厚,总揽英雄,以诛秦、项。任萧、曹之文,用良、平之谋,骋陆、郦之辩,明叔孙通之仪,文武相配,大略举焉。天下既定,踵秦而置材官于郡国,京师有南北军之屯。至武帝平百粤,内增七校,外有楼船,皆岁时讲肄,修武备云。至元帝时,以贡禹议,始罢角抵,而未正治兵振旅之事也。

古人有言:"天生五材,民并用之,废一不可,谁能去兵?"鞭扑不可弛于家,刑罚不可废于国,征伐不可偃于天下。用之有本末,行之有逆顺耳。孔子曰:"工欲善其事,必先利其器。"文德者,帝王之利器;威武者,文德之辅助也。夫文之所加者深,则武之所服者大;德之所施者博,则威之所制者广。三代之盛,至于刑错兵寝者,其本末有序,帝王之极功也。

昔周之法,建三典以刑邦国,诘四方:一曰,刑新邦用轻典;二曰,刑平邦用中典;三曰,刑乱邦用重典。五刑:墨罪五百,劓罪五百,宫罪五百,刖罪五百,杀罪五百,所谓刑平邦用中典者也。凡杀人者踣诸市,墨者使守门,劓者使守关,宫者使守内,刖者使守囿,完者使守积。其奴,男子入于罪隶,女子入舂槁。凡有爵者,与七十者,与未龀者,皆不为奴。

周道既衰,穆王眊荒,命甫侯度时作刑,以诘四方。墨罚之属千,劓罚之属千,膑罚之属五百,宫罚之属三百,大辟之罚其属二百,五刑之属三千,盖多于平邦中典五百章,所谓刑乱邦用重典者也。

春秋之时,王道浸坏,教化不行,子产相郑而铸刑书。晋叔向非之曰:"昔先王议事以制,不以刑辟。惧民之有争心也,犹不可禁御,是故闲之以谊,纠之以政,行之以礼,守之以信,奉之以仁;制为禄位以劝其从,严断刑罚以威其淫。惧其未也,故诲之以忠,竦之以行,教之以务,使之以和,临之以敬,莅之以强,断之以刚。犹求圣哲之上,明察之官,忠信之长,慈惠之师。民于是乎可任使也,而不生祸乱。民知有辟,则不忌于上,并有争心,以征于书,而徼幸以成之,弗可为矣。夏有乱政而作禹刑,商有乱政而作汤刑,周有乱政而作九刑。三辟之兴,皆叔世也。今吾子相郑国,制参辟,铸刑书,将以靖民,不亦难乎!《诗》曰:'仪式刑文王之德,日靖四方。'又曰:'仪刑文王,万邦作孚。'如是,何辟之有?民知争端矣,将弃礼而征于书。锥刀之末,将尽争之,乱狱滋丰,货赂并行。终子之世,郑其败乎!"子产报曰:"若吾子之言,侨不材,不能及子孙,吾以救世也。"偷薄之政,自是滋矣。孔子伤之,曰:"导之以德,齐之以礼,有耻且格;导之以政,齐之以刑,民免而无耻。""礼乐不兴,则刑罚不中;刑罚不中,则民无所错手足。"孟氏使阳肤为士师,问于曾子,亦曰:"上失其道,民散久矣。如得其情,则哀矜而勿喜。"

陵夷至于战国,韩任申子,秦用商鞅,连相坐之法,造参夷之诛;增加肉刑、大辟,有凿颠、抽胁、镬亨之刑。

至于秦始皇,兼吞战国,遂毁先王之法,灭礼谊之官,专任刑罚,躬操文墨,昼断狱,夜理书,自程决事,日县石

之一，而奸邪并生，赭衣塞路，囹圄成市，天下愁怨，溃而叛之。

汉兴，高祖初入关，约法三章曰："杀人者死，伤人及盗抵罪。"蠲削烦苛，兆民大说。其后四夷未附，兵革未息，三章之法不足以御奸，于是相国萧何捃摭秦法，取其宜于时者，作律九章。

当孝惠、高后时，百姓新免毒蠚，人欲长幼养老。萧、曹为相，镇以无为，从民之欲而不扰乱，是以衣食滋殖，刑罚用稀。

及孝文即位，躬修玄默，劝趣农桑，减省租赋。而将相皆旧功臣，少文多质，惩恶亡秦之政，论议务在宽厚，耻言人之过失。化行天下，告讦之俗易。吏安其官，民乐其业，畜积岁增，户口浸息。风流笃厚，禁罔疏阔。选张释之为廷尉，罪疑者予民，是以刑罚大省，至于断狱四百，有刑错之风。

即位十三年，齐太仓令淳于公有罪当刑，诏狱逮系长安。淳于公无男，有五女，当行会逮，骂其女曰："生子不生男，缓急非有益！"其少女缇萦，自伤悲泣，乃随其父至长安，上书曰："妾父为吏，齐中皆称其廉平，今坐法当刑。妾伤夫死者不可复生，刑者不可复属，虽后欲改过自新，其道亡由也。妾愿没入为官婢，以赎父刑罪，使得自新。"书奏天子，天子怜悲其意，遂下令曰："制诏御史：盖闻有虞氏之时，画衣冠、异章服以为僇，而民弗犯，何治之至也！今法有肉刑三，而奸不止，其咎安在？非乃朕德之薄而教不明与？吾甚自愧。故夫训道不纯而愚民陷焉。《诗》曰：'恺弟君子，民之父母。'今人有过，教未施而刑已加焉，或欲改行为善，而道亡由至，朕甚怜之。夫刑至断支体，刻肌肤，终身不息，何其刑之痛而不德也！岂为民父母之意哉！其除肉刑，有以易之；及令罪人各以轻重，不亡逃，有年而免。具为令。"

丞相张仓、御史大夫冯敬奏言："肉刑所以禁奸，所由来者久矣。陛下下明诏，怜万民之一有过被刑者终身不息，及罪人欲改行为善而道亡由至，于盛德，臣等所不及也。臣谨议请定律曰：诸当完者，完为城旦舂；当黥者，髡钳为城旦舂；当劓者，笞三百；当斩左止者，笞五百；当斩右止，及杀人先自告，及吏坐受赇枉法，守县官财物而即盗，已论命复有笞罪者，皆弃市。罪人狱已决，完为城旦舂，满三岁为鬼薪、白粲。鬼薪、白粲一岁，为隶臣妾。隶臣妾一岁，免为庶人。隶臣妾满二岁，为司寇。司寇岁，及作如司寇二岁，皆免为庶人。其亡逃及有罪耐以上，不用此令。前令之刑城旦舂岁而非禁锢者，如完为城旦舂岁数以免。臣昧死请。"制曰："可。"是后，外有轻刑之名，内实杀人。斩右止者又当死。斩左止者笞五百，当劓者笞三百，率多死。

景帝元年，下诏曰："加笞与重罪无异，幸而不死，不可为人。其定律：笞五百曰三百，笞三百曰二百。"犹尚不全。至中六年，又下诏曰："加笞者，或至死而笞未毕，朕甚怜之。其减笞三百曰二百，笞二百曰一百。"又曰："笞者，所以教之也。其定箠令。"丞相刘舍、御史大夫卫绾请："笞者，箠长五尺，其本大一寸，其竹也，末薄半寸，皆平其节。当笞者，笞臀。毋得更人，毕一罪乃更人。"自是笞者得全，然酷吏犹以为威。死刑既重，而生刑又轻，民易犯之。

及至孝武即位，外事四夷之功，内盛耳目之好，征发烦数，百姓贫耗，穷民犯法，酷吏击断，奸轨不胜。于是招进张汤、赵禹之属，条定法令，作见知故纵、监临部主之法，缓深故之罪，急纵出之诛。其后奸猾巧法，转相比况，禁罔浸密。律、令凡三百五十九章，大辟四百九条，千八百八十二事，死罪决事比万三千四百七十二事。文书盈于几阁，典者不能遍睹。是以郡国承用者驳，或罪同而论异。奸吏因缘为市，所欲活则傅生议，所欲陷则予死比，议者咸冤伤之。

宣帝自在闾阎而知其若此。及即尊位，廷史路温舒上疏，言秦有十失，其一尚存，治狱之吏是也。语在《温舒传》。上深愍焉，乃下诏曰："间者吏用法，巧文浸深，是朕之不德也。夫决狱不当，使有罪兴邪，不辜蒙戮，父子悲恨，朕甚伤之。今遣廷史与郡鞫狱，任轻禄薄，其为置廷平，秩六百石，员四人。其务平之，以称朕意。"于是选于定国为廷尉，求明察宽恕黄霸等以为廷平，季秋后请谳。时上常幸宣室，斋居而决事，狱刑号为平矣。时涿郡太守郑昌上疏言："圣王置谏争之臣者，非以崇德，防逸豫之生也；立法明刑者，非以为治，救衰乱之起也。今明主躬垂明听，虽不置廷平，狱将自正；若开后嗣，不若删定律令。律令一定，愚民知所避，奸吏无所弄矣。今不正其本，而置廷平以理其末也，政衰听怠，则廷平将招权而为乱首矣。"宣帝未及修正。

至元帝初立，乃下诏曰："夫法令者，所以抑暴扶弱，欲其难犯而易避也。今律、令烦多而不约，自典文者不能分明，而欲罗元元之不逮，斯岂刑中之意哉！其议律、令可蠲除轻减者，条奏，唯在便安万姓而已。"

至成帝河平中，复下诏曰："《甫刑》云'五刑之属三千，大辟之罚其属二百'，今大辟之刑千有余条，律、令烦多，百有余万言，奇请它比，日以益滋，自明习者不知所由，欲以晓喻众庶，不亦难乎！于以罗元元之民，夭绝亡辜，岂不哀哉！其与中二千石、二千石、博士及明习律、令者议减死刑及可蠲除约省者，令较然易知，条奏。《书》不云乎？'惟刑之恤哉！'其审核之，务准古法，朕将尽心览焉。"有司无仲山父将明之材，不能因时广宣主恩，建立明制，为一代之法，而徒钩摭微细，毛举数事，以塞诏而已。是以大议不立，遂以至今。议者或曰，法难数变，此庸人不达，疑塞治道，圣智之所常患也。故略举汉兴以来，法令稍定而合古便今者。

汉兴之初，虽有约法三章，网漏吞舟之鱼。然其大辟，尚有夷三族之令。令曰："当三族者，皆先黥、劓，斩左右止，笞杀之，枭其首，菹其骨肉于市。其诽谤詈诅者，又先断舌。"故谓之具五刑。彭越、韩信之属皆受此诛。

至高后元年，乃除三族罪、袄言令。

孝文二年，又诏丞相、太尉，御史："法者，治之正，所以禁暴而卫善人也。今犯法者已论，而使无罪之父、母、妻、子、同产坐之及收，朕甚弗取。其议。"左、右丞相周勃、陈平奏言："父、母、妻、子、同产相坐及收，所以累其心，使重犯法也。收之之道,所由来久矣。臣之愚计,以为如其故便。"文帝复曰:"朕闻之,法正则民慤,罪当则民从。且夫牧民而道之以善者,吏也;既不能道,又以不正之法罪之,是法反害于民,为暴者也。朕未见其便,宜孰计之。"平、勃乃曰:"陛下幸加大惠于天下,使有罪不收,无罪不相坐,甚盛德,臣等所不及也。臣等谨奉诏,尽除收律、相坐法。"其后,新垣平谋为逆,复行三族之诛。由是言之,风俗移易,人性相近而习相远,信矣。夫以孝文之仁,平、勃之知,犹有过刑谬论如此甚也,而况庸材溺于末流者乎?

《周官》有五听、八议、三刺、三宥、三赦之法。五听:一曰辞听,二曰色听,三曰气听,四曰耳听,五曰目听。八议:一曰议亲,二曰议故,三曰议贤,四曰议能,五曰议功,六曰议贵,七曰议勤,八曰议宾。三刺:一曰讯群臣,二曰讯群吏,三曰讯万民。三宥:一曰弗识,二曰过失,三曰遗忘。三赦:一曰幼弱,二曰老眊,三曰蠢愚。凡囚,"上罪梏拲而桎,中罪梏桎,下罪梏,王之同族拲,有爵者桎,以待弊。"高皇帝七年,制诏御史:"狱之疑者,吏或不敢决,有罪者久而不论,无罪者久系不决。自今以来,县道官狱疑者,各谳所属二千石官,二千石官以其罪名当报。所不能决者,皆移廷尉,廷尉亦当报之。廷尉所不能决,谨具为奏,傅所当比律、令以闻。"上恩如此,吏犹不能奉宣。故孝景中五年复下诏曰:"诸狱疑,虽文致于法而于人心不厌者,辄谳之。"其后狱吏复避微文,遂其愚心。至后元年,又下诏曰:"狱,重事也。人有愚智,官有上下。狱疑者谳,有令谳者已报谳而后不当,谳者不为失。"自此之后,狱刑益详,近于五听三宥之意。三年复下诏曰:"高年老长,人所尊敬也;鳏、寡不属逮者,人所哀怜也。其著令:年八十以上,八岁以下,及孕者未乳、师、朱儒当鞠系者,颂系之。"至孝宣元康四年,又下诏曰:"朕念夫耆老之人,发齿堕落,血气既衰,亦无暴逆之心,今或罗于文法,执于囹圄,不得终其年命,朕甚怜之。自今以来,诸年八十非诬告、杀伤人,它皆勿坐。"至成帝鸿嘉元年,定令:"年未满七岁,贼斗杀人及犯殊死者,上请廷尉以闻,得减死。"合于三赦幼弱、老眊之人。此皆法令稍近古而便民者也。

孔子曰:"如有王者,必世而后仁;善人为国百年,可以胜残去杀矣。"言圣王承衰拨乱而起,被民以德教,变而化之,必世然后仁道成焉;至于善人,不入于室,然犹百年胜残去杀矣。此为国者之程式也。今汉道至盛,历世二百余载,考自昭、宣、元、成、哀、平六世之间,断狱殊死,率岁千余口而一人,耐罪上至右止,三倍有余。古人有言:"满堂而饮酒,有一人乡隅而悲泣,则一堂皆为之不乐。"王者之于天下,譬犹一堂之上也,故一人不得其平,为之凄怆于心。今郡、国被刑而死者岁以万数,天下狱二千余所,其冤死者多少相覆,狱不减一人,此和气所以未洽者也。

原狱刑所以蕃若此者,礼教不立,刑法不明,民多贫穷,豪杰务私,奸不辄得,狱犴不平之所致也。《书》云"伯夷降典,哲民惟刑",言制礼以止刑,犹堤之防溢水也。今堤防凌迟,礼制未立;死刑过制,生刑易犯;饥寒并至,穷斯滥溢;豪杰擅私,为之囊橐,奸有所隐,则狃而寖广:此刑之所以蕃也。孔子曰:"古之知法者能省刑,本也;今之知法者不失有罪,末矣。"又曰:"今之听狱者,求所以杀之;古之听狱者,求所以生之。"与其杀不辜,宁失有罪。今之狱吏,上下相驱,以刻为明,深者获功名,平者后患。谚曰:"鬻棺者欲岁之疫。"非憎人欲杀之,利在于人死也。今治狱吏欲陷害人,亦犹此矣。凡此五疾,狱刑所以尤多者也。

自建武、永平,民亦新免兵革之祸,人有乐生之虑,与高、惠之间同,而政在抑强扶弱,朝无威福之臣,邑无豪杰之侠。以口率计,断狱少于成、哀之间什八,可谓清矣。然而未能称意比隆于古者,以其疾未尽除,而刑本不正。

善乎!孙卿之论刑也,曰:"世俗之为说者,以为治古者无肉刑,有象刑、墨黥之属,菲履赭衣而不纯,是不然矣。以为治古,则人莫触罪邪,岂独无肉刑哉,亦不待象刑矣。以为人或触罪矣,而直轻其刑,是杀人者不死,而伤人者不刑也。罪至重而刑至轻,民无所畏,乱莫大焉。凡制刑之本,将以禁暴恶,且惩其未也。杀人者不死,伤人者不刑,是惠暴而宽恶也。故象刑非生于治古,方起于乱今也。凡爵列官职,赏庆刑罚,皆以类相从者也。一物失称,乱之端也。德不称位,能不称官,赏不当功,刑不当罪,不祥莫大焉。夫征暴诛悖,治之威也。杀人者死,伤人者刑,是百王之所同也,未有知其所由来者也。故治则刑重,乱则刑轻,犯治之罪故重,犯乱之罪故轻。《书》云'刑罚世重世轻',此之谓也。"所谓"象刑惟明"者,言象天道而作刑,安有菲履赭衣者哉?

孙卿之言既然,又因俗说而论之曰:禹承尧、舜之后,自以德衰而制肉刑,汤、武顺而行之者,以俗薄于唐、虞故也。今汉承衰周暴秦极敝之流,俗已薄于三代,而行尧、舜之刑,是犹以鞿而御駻突,违救时之宜矣。且除肉刑者,本欲以全民也,今去髡钳一等,转而入于大辟,以死罔民,失本惠矣。故死者岁以万数,刑重之所致也。至乎穿窬之盗,忿怒伤人,男女淫佚,吏为奸臧,若此之恶,髡钳之罚又不足以惩也。故刑者岁十万数,民既不畏,又曾不耻,刑轻之所生也。故俗之能吏,公以杀盗为威,专杀者胜任,奉法者不治,乱名伤制,不可胜条。是以罔密而奸不塞,刑蕃而民愈嫚。必世而未仁,百年而不胜残,诚以礼乐阙而刑不正也。岂宜惟思所以清原正本之论,删定律、令,籑二百章,以应大辟。其余罪次,于古当生,今触死者,皆可募行肉刑。及伤人与盗,吏受赇枉法,男女淫乱,皆复古刑,为三千章。诋欺文致微细之法,悉蠲除。如此,则刑可畏而禁易避,吏不专杀,法无二门,轻重当罪,民命得全,合刑罚之中,殷天人之和,顺稽古之制,成时雍之化。成、康刑错,虽未可致,孝文断狱,庶几可及。《诗》云"宜民宜人,受禄于天"。《书》曰"立功立事,可以永年"。言为政而宜于民者,功成事立,则受天禄而永年命,所谓"一人有庆,万民赖之"者也。

卷二十四上　　食货志第四上

《洪范》八政，一曰食，二曰货。食谓农殖嘉谷可食之物，货谓布帛可衣，及金、刀、龟、贝，所以分财布利通有无者也。二者，生民之本，兴自神农之世。"斫木为耜，煣木为耒，耒耨之利以教天下"，而食足；"日中为市，致天下之民，聚天下之货，交易而退，各得其所"，而货通。食足货通，然后国实民富，而教化成。黄帝以下"通其变，使民不倦"。尧命四子以"敬授民时"，舜命后稷以"黎民祖饥"，是为政首。禹平洪水，定九州，制土田，各因所生远近，赋入贡棐，茂迁有无，万国作乂。殷周之盛，《诗》、《书》所述，要在安民，富而教之。故《易》称："天地之大德曰生，圣人之大宝曰位；何以守位曰仁，何以聚人曰财。"财者，帝王所以聚人守位，养成群生，奉顺天德，治国安民之本也。故曰："不患寡而患不均，不患贫而患不安；盖均亡贫，和亡寡，安亡倾。"是以圣王域民，筑城郭以居之；制庐井以均之；开市肆以通之；设庠序以教之：士、农、工、商，四民有业。学以居位曰士，辟土殖谷曰农，作巧成器曰工，通财鬻货曰商。圣王量能授事，四民陈力受职，故朝亡废官，邑亡敖民，地亡旷土。

理民之道，地著为本。故必建步立亩，正其经界。六尺为步，步百为亩，亩百为夫，夫三为屋，屋三为井，井方一里，是为九夫。八家共之，各受私田百亩，公田十亩，是为八百八十亩，余二十亩以为庐舍。出入相友，守望相助，疾病相救，民是以和睦，而教化齐同，力役生产可得而平也。

民受田：上田夫百亩，中田夫二百亩，下田夫三百亩。岁耕种者为不易上田；休一岁者为一易中田；休二岁者为再易下田，三岁更耕之，自爰其处。农民户人已受田，其家众男为余夫，亦以口受田如比。士、工、商家受田，五口乃当农夫一人。此谓平土可以为法者也。若山林薮泽原陵淳卤之地，各以肥硗多少为差。有赋有税。税谓公田什一及工商衡虞之入也。赋共车马兵甲士徒之役，充实府库赐予之用，税给郊社宗庙百神之祀，天子奉养、百官禄食庶事之费。民年二十受田，六十归田。七十以上，上所养也；十岁以下，上所长也，十一以上，上所强也。种谷必杂五种，以备灾害。田中不得有树，用妨五谷。力耕数耘，收获如寇盗之至，还庐树桑，菜茹有畦，瓜瓠果蓏殖于疆易。鸡、豚、狗、彘毋失其时，女修蚕织，则五十可以衣帛，七十可以食肉。

在野曰庐，在邑曰里。五家为邻，五邻为里，四里为族，五族为党，五党为州，五州为乡。乡，万二千五百户也。邻长位下士，自此以上，稍登一级，至乡而为卿也。于是里有序而乡有庠。序以明教，庠则行礼而视化焉。春令民毕出在野，冬则毕入于邑。其《诗》曰："四之日举止，同我妇子，馌彼南亩。"又曰："十月蟋蟀，入我床下"，"嗟我妇子，聿为改岁，入此室处。"所以顺阴阳，备寇贼，习礼文也。春将出民，里胥平旦坐于右塾，邻长坐于左塾，毕出然后归，夕亦如之。入者必持薪樵，轻重相分，班白不提挈。冬，民既入，妇人同巷，相从夜绩，女工一月得四十五日。必相从者，所以省费燎火，同巧拙而合习俗也。男女有不得其所者，因相与歌咏，各言其伤。

是月，余子亦在于序室，八岁入小学，学六甲、五方、书计之事，始知室家长幼之节。十五入大学，学先圣礼乐，而知朝廷君臣之礼。其有秀异者，移乡学于庠序；庠序之异者，移国学于少学。诸侯岁贡少学之异者于天子，学于大学，命曰造士。行同能偶，则别之以射，然后爵命焉。

孟春之月，群居者将散，行人振木铎徇于路以采诗，献之大师，比其音律，以闻于天子。故曰王者不窥牖户而知天下。此先王制土处民，富而教之之大略也。故孔子曰："道千乘之国，敬事而信，节用而爱人，使民以时。"故民皆劝功乐业，先公而后私。其《诗》曰："有渰凄凄，兴云祁祁，雨我公田，遂及我私。"民三年耕，则余一年之畜。衣食足而知荣辱，廉让生而争讼息，故三载考绩。孔子曰"苟有用我者，期月而已可也，三年有成"，成此功也。三考黜陟，余三年食，进业曰登；再登曰平，余六年食；三登曰泰平，二十七岁，遗九年食。然后至德流洽，礼乐成焉。故曰"如有王者，必世而后仁"，由此道也。

周室既衰，暴君污吏慢其经界，徭役横作，政令不信，上下相诈，公田不治。故鲁宣公"初税亩"，《春秋》讥焉。于是上贪民怨，灾害生而祸乱作。

陵夷至于战国，贵诈力而贱仁谊，先富有而后礼让。是时，李悝为魏文侯作尽地力之教，以为地方百里，提封九万顷，除山泽、邑居参分去一，为田六百万亩，治田勤谨则亩益三升，不勤则损亦如之。地方百里之增减，辄为粟百八十万石矣。又曰：籴甚贵伤民，甚贱伤农。民伤则离散，农伤则国贫，故甚贵与甚贱，其伤一也。善为国者，使民毋伤而农益劝。今一夫挟五口，治田百亩，岁收亩一石半，为粟百五十石，除十一之税十五石，余百三十五石。食，人月一石半，五人终岁为粟九十石，余有四十五石。石三十，为钱千三百五十，除社闾尝新、春秋之祠，用钱三百，余千五十。衣，人率用钱三百，五人终岁用千五百，不足四百五十。不幸疾病死丧之费，及上赋敛，又未与此。此农夫所以常困，有不劝耕之心，而令籴至于甚贵者也。是故善平籴者，必谨观岁有上、中、下孰。上孰其收自四，余四百石，中孰自三，余三百石；下孰自倍，余百石。小饥则收百石，中饥七十石，大饥三十石。故大孰则上籴三而舍一，中孰则籴二，下孰则籴一，使民适足，贾平则止。小饥则发小孰之所敛，中饥则发中孰之所敛，大饥则发大孰之所敛而粜之。故虽遇饥馑水旱，籴不贵而民不散，取有余以补不足也。行之魏国，国以富强。

及秦孝公用商君，坏井田，开阡陌，急耕战之赏，虽非古道，犹以务本之故，倾邻国而雄诸侯。然王制遂灭，僭差亡度。庶人之富者累巨万，而贫者食糟糠；有国强者兼州域，而弱者丧社稷。至于始皇，遂并天下，内兴功作，**外攘**夷狄，收泰半之赋，发闾左之戍。男子力耕不足粮饷，**女子**纺绩不足衣服。竭天下之资财以奉其政，**犹未足以澹其欲**也。海内愁怨，遂用溃畔。

汉兴,接秦之敝,诸侯并起,民失作业,而大饥馑。凡米石五千,人相食,死者过半。高祖乃令民得卖子,就食蜀汉。天下既定,民亡盖臧,自天子不能具醇驷,而将相或乘牛车。上于是约法省禁,轻田租,十五而税一,量吏禄,度官用,以赋于民。而山川园池市肆租税之入,自天子以至封君汤沐邑,皆各为私奉养,不领于天子之经费。漕转关东粟以给中都官,岁不过数十万石。孝惠、高后之间,衣食滋殖。文帝即位,躬修俭节,思安百姓。时民近战国,皆背本趋末,贾谊说上曰:

管子曰:"仓廪实而知礼节。"民不足而可治者,自古及今,未之尝闻。古之人曰:"一夫不耕,或受之饥;一女不织,或受之寒。"生之有时,而用之亡度,则物力必屈。古之治天下,至纤至悉也,故其畜积足恃。今背本而趋末,食者甚众,是天下之大残也;淫侈之俗,日日以长,是天下之大贼也。残贼公行,莫之或止;大命将泛,莫之振救。生之者甚少而靡之者甚多,天下财产何得不蹶!汉之为汉几四十年矣,公私之积犹可哀痛。失时不雨,民且狼顾;岁恶不入,请卖爵子。既闻耳矣,安有为天下阽危者若是而上不惊者!

世之有饥穰,天之行也,禹、汤被之矣。即不幸有方二三千里之旱,国胡以相恤?卒然边境有急,数十百万之众,国胡以馈之?兵旱相乘,天下大屈,有勇力者聚徒而衡击,罢夫羸老易子而咬其骨。政治未毕通也,远方之能疑者并举而争起矣,乃骇而图之,岂将有及乎?

夫积贮者,天下之大命也。苟粟多而财有余,何为而不成?以攻则取,以守则固,以战则胜。怀敌附远,何招而不至?今殴民而归之农,皆著于本,使天下各食其力,末技游食之民转而缘南亩,则畜积足而人乐其所矣。可以为富安天下,而直为此廪廪也。窃为陛下惜之!

于是上感谊言,始开籍田,躬耕以劝百姓。晁错复说上曰:

圣王在上而民不冻饥者,非能耕而食之,织而衣之也,为开其资财之道也。故尧、禹有九年之水,汤有七年之旱,而国亡捐瘠者,以畜积多而备先具也。今海内为一,土地人民之众不避汤、禹,加以亡天灾数年之水旱,而畜积未及者,何也?地有遗利,民有余力,生谷之土未尽垦,山泽之利未尽出也,游食之民未尽归农也。民贫,则奸邪生。贫生于不足,不足生于不农,不农则不地著,不地著则离乡轻家,民如鸟兽,虽有高城深池,严法重刑,犹不能禁也。

夫寒之于衣,不待轻暖;饥之于食,不待甘旨;饥寒至身,不顾廉耻。人情,一日不再食则饥,终岁不制衣则寒。夫腹饥不得食,肤寒不得衣,虽慈父不能保其子,君安能以有其民哉!明主知其然也,故务民于农桑,薄赋敛,广畜积,以实仓廪,备水旱,故民可得而有也。

民者,在上所以牧之,趋利如水走下,四方亡择也。夫珠玉金银,饥不可食,寒不可衣,然而众贵之者,以上用之故也。其为物轻微易臧,在于把握,可以周海内而亡饥寒之患。此令臣轻背其主,而民易去其乡,盗贼有所劝,亡逃者得轻资也。粟米布帛生于地,长于时,聚于力,非可一日成也;数石之重,中人弗胜,不为奸邪所利,一日弗得而饥寒至。是故明君贵五谷而贱金玉。

今农夫五口之家,其服役者不下二人,其能耕者不过百亩,百亩之收不过百石。春耕、夏耘,秋获、冬藏,伐薪樵,治官府,给徭役;春不得避风尘,夏不得避暑热,秋不得避阴雨,冬不得避寒冻,四时之间亡日休息;又私自送往迎来,吊死问疾,养孤长幼在其中。勤苦如此,尚复被水旱之灾,急政暴赋,赋敛不时,朝令而暮改。当具有者半贾而卖,亡者取倍称之息,于是有卖田宅、鬻子孙以偿责者矣。而商贾大者积贮倍息,小者坐列贩卖,操其奇赢,日游都市,乘上之急,所卖必倍。故其男不耕耘,女不蚕织,衣必文采,食必粱肉;亡农夫之苦,有仟伯之得。因其富厚,交通王侯,力过吏势,以利相倾;千里游遨,冠盖相望,乘坚策肥,履丝曳缟。此商人所以兼并农人,农人所以流亡者也。

今法律贱商人,商人已富贵矣;尊农夫,农夫已贫贱矣。故俗之所贵,主之所贱也;吏之所卑,法之所尊也。上下相反,好恶乖迕,而欲国富法立,不可得也。方今之务,莫若使民务农而已矣。欲民务农,在于贵粟;贵粟之道,在于使民以粟为赏罚。今募天下入粟县官,得以拜爵,得以除罪。如此,富人有爵,农民有钱,粟有所渫。夫能入粟以受爵,皆有余者也;取于有余,以供上用,则贫民之赋可损,所谓损有余补不足,令出而民利者也。顺于民心,所补者三:一曰主用足,二曰民赋少,三曰劝农功。今令民有车骑马一匹者,复卒三人。车骑者,天下武备也,故为复卒。神农之教曰:"有石城十仞,汤池百步,带甲百万,而亡粟,弗能守也。"以是观之,粟者,王者大用,政之本务。令民入粟受爵至五大夫以上,乃复一人耳,此其与骑马之功相去远矣。爵者,上之所擅,出于口而亡穷;粟者,民之所种,生于地而不乏。夫得高爵与免罪,人之所甚欲也。使天下人入粟于边,以受爵免罪,不过三岁,塞下之粟必多矣。

于是文帝从错之言,令民入粟边,六百石爵上造,稍增至四千石为五大夫,万二千石为大庶长,各以多少级数为差。错复奏言:"陛下幸使天下入粟塞下以拜爵,甚大惠也。窃恐塞卒之食不足用大渫天下粟。边食足以支五岁,可令入粟郡县矣;足支一岁以上,可时赦,勿收农民租。如此,德泽加于万民,民俞勤农。时有军役,若遭水旱,民不困乏,天下安宁;岁熟且美,则民大富乐矣。"上复从其言,乃下诏赐民十二年租税之半。明年,遂除民田之租税。后十三岁,孝景二年,令民半出田租,三十而税一也。其后,上郡以西旱,复修卖爵令,而裁其贾以招民;及徙复作,得输粟于县官以除罪。始造苑马以广用,宫室列馆,车马益增修矣。然娄敕有司以农为务,民遂乐业。至武帝之初七十年间，国家亡事，非遇水旱，则民人给家足，都鄙廪庾尽满，而府库余财。京师之钱累百巨万，贯朽而不可校。太仓之粟陈陈相因，充溢露积于外，腐败不可食。众庶街巷有马，阡陌之间成群，乘牸牝者摈而不得会聚。守闾阎者食粱肉；为吏者长子孙；居官者以为姓号。人人自爱而重犯法，先行谊而黜愧辱焉。于是罔疏而民富，役财骄溢，或至并兼豪党之徒以武断于乡曲。宗室有土，公卿大夫以下争于奢侈，室庐车服僭上亡限。物盛而衰，固其变也。

是后，外事四夷，内兴功利，役费并兴，而民去本。董仲舒说上曰："《春秋》它谷不书，至于麦禾不成则书之，以此见圣人于五谷最重麦与禾也。今关中俗不好种麦，是岁失《春秋》之所重，而损生民之具也。愿陛下幸诏大司农，使关中民益种宿麦，令毋后时。"又言："古者税民不过什一，其求易共；使民不过三日，其力易足。民财内足以养老尽孝，外足以事上共税，下足以蓄妻子极爱，故民说从上。至秦则不然，用商鞅之法，改帝王之制，除井田，民得卖买，富者田连阡陌，贫者无立锥之地。又颛川泽之利，管山林之饶，荒淫越制，逾侈以相高；邑有人君之尊，里有公侯之富，小民安得不困？又加月为更卒，已复为正，一岁屯戍，一岁力役，三十倍于古；田租口赋，盐铁之利，二十倍于古。或耕豪民之田，见税什五。故贫民常衣牛马之衣，而食犬彘之食。重以贪暴之吏，刑戮妄加，民愁亡聊，亡逃山林，转为盗贼，赭衣半道，断狱岁以千万数。汉兴，循而未改。古井田法虽难卒行，宜少近古，限民名田，以澹不足，塞并兼之路。盐铁皆归于民。去奴婢，除专杀之威。薄赋敛，省繇役，以宽民力。然后可善治也。"仲舒死后，功费愈甚，天下虚耗，人复相食。

武帝末年，悔征伐之事，乃封丞相为富民侯。下诏曰："方今之务，在于力农。"以赵过为搜粟都尉。过能为代田，一亩三甽。岁代处，故曰代田，古法也。后稷始甽田，以二耜为耦，广尺、深尺曰甽，长终亩。一亩三甽，一夫三百甽，而播种于甽中。苗生叶以上，稍耨陇草，因隤其土以附苗根。故其《诗》曰："或芸或芓，黍稷似似。"芸，除草也。芓，附根也。言苗稍壮，每耨辄附根。比盛暑，陇尽而根深，能风与旱，故儗儗而盛也。其耕耘下种田器，皆有便巧。率十二夫为田一井一屋，故亩五顷，用耦犁，二牛三人，一岁之收常过缦田亩一斛以上，善者倍之。过使教田太常、三辅，大农置工巧奴与从事，为作田器。二千石遣令长、三老、力田及里父老善田者受田器，学耕种养苗状。民或苦少牛，亡以趋泽，故平都令光教过以人挽犁。过奏光以为丞，教民相与庸挽犁。率多人者田日三十亩，少者十三亩，以故田多垦辟。过试以离宫卒田其宫壖地，课得谷皆多其旁田亩一斛以上。令命家田三辅公田，又教边郡及居延城。是后边城、河东、弘农、三辅、太常民皆便代田，用力少而得谷多。

至昭帝时，流民稍还，田野益辟，颇有蓄积。宣帝即位，用吏多选贤良，百姓安土，岁数丰穰，谷至石五钱，农人少利。时大司农中丞耿寿昌以善为算能商功利，得幸于上，五凤中奏言："故事，岁漕关东谷四百万斛以给京师，用卒六万人。宜籴三辅、弘农、河东、上党、太原郡谷，足供京师，可以省关东漕卒过半。"又白增海租三倍，天子皆从其计。御史大夫萧望之奏言："故御史属徐宫家在东莱，言往年加海租，鱼不出。长老皆言武帝时县官尝自渔，海鱼不出，后复予民，鱼乃出。夫阴阳之感，物类相应，万事尽然。今寿昌欲近籴漕关内之谷，筑仓治船，费直二万万余，有动众之功，恐生旱气，民被其灾。寿昌习于商功分铢之事，其深计远虑，诚未足任，宜且如故。"上不听。漕事果便，寿昌遂白令边郡皆筑仓，以谷贱时增其贾而籴，以利农，谷贵时减贾而粜，名曰常平仓。民便之。上乃下诏，赐寿昌爵关内侯。而蔡癸以好农使劝郡国，至大官。

元帝即位，天下大水，关东郡十一尤甚。二年，齐地饥，谷石三百余，民多饿死，琅邪郡人相食。在位诸儒多言盐、铁官及北假田官、常平仓可罢，毋与民争利。上从其议，皆罢之。又罢建章、甘泉卫卒、角抵、齐三服官，省禁苑以予贫民，减诸侯王庙卫卒半。又减关中卒五百人，转谷赈贷穷乏。其后用度不足，独复盐铁官。

成帝时，天下亡兵革之事，号为安乐，然俗奢侈，不以蓄聚为意。永始二年，梁国、平原郡比年伤水灾，人相食，刺史、守、相坐免。

哀帝即位，师丹辅政，建言："古之圣王莫不设井田，然后治乃可平。孝文皇帝承亡周乱秦兵革之后，天下空虚，故务劝农桑，帅以节俭。民始充实，未有并兼之害，故不为民田及奴婢为限。今累世承平，豪富吏民訾数巨万，而贫弱俞困。盖君子为政，贵因循而重改作，然所以有改者，将以救急也。亦未可详，宜略为限。"天子下其议。丞相孔光、大司空何武奏请："诸侯王、列侯皆得名田国中。列侯在长安，公主名田县道，及关内侯、吏民名田，皆毋过三十顷。诸侯王奴婢二百人，列侯、公主百人，关内侯、吏民三十人。期尽三年，犯者没入官。"时田宅奴婢贾为减贱，丁、傅用事，董贤隆贵，皆不便也。诏书："且须后"，遂寝不行。宫室苑囿、府库之臧已侈，百姓訾富虽不及文、景，然天下户口最盛矣。

平帝崩，王莽居摄，遂篡位。王莽因汉承平之业，匈奴称藩，百蛮宾服，舟车所通，尽为臣妾，府库百官之富，天下晏然。莽一朝有之，其心意未满，狭小汉家制度，以为疏阔。宣帝始赐单于印玺，与天子同，而西南夷钩町称王。莽乃遣使易单于印，贬钩町王为侯，二方始怨，侵犯边境。莽遂兴师，发三十万众，欲同时十道并出，一举灭匈奴；募发天下囚徒、丁男、甲卒转委输兵器，自负海江、淮而至北边，使者驰传督趣，海内扰矣。又动欲慕古，不度时宜，分裂州郡，改职作官，下令曰："汉氏减轻田租，三十而税一，常有更赋，罢癃咸出，而豪民侵陵，分田劫假，厥名三十，实十税五也。富者骄而为邪，贫者穷而为奸，俱陷于辜，刑用不错。今更名天下田曰王田，奴婢曰私属，皆不得卖买。其男口不满八，而田过一井者，分余田与九族乡党。"犯令，法至死，制度又不定，吏缘为奸，天下謷謷然，陷刑者众。

后三年，莽知民愁，下诏诸食王田及私属皆得卖买，勿拘以法。然刑罚深刻，它政尤乱。边兵二十余万人仰县官衣食，用度不足，数横赋敛，民俞贫困。常苦枯旱，亡有平岁,谷贾翔贵。

末年,盗贼群起,发军击之,将吏放纵于外。北边及青、徐地人相食,雒阳以东米石二千。莽遣三公将军开东方诸仓赈贷穷乏,又分遣大夫谒者教民煮木为酪,酪不可食,重为烦扰。流民入关者数十万人,置养澹官以禀之,吏盗其禀,饥死者什七八。莽耻为政所至,乃下诏曰:"予遭阳九之厄,百六之会,枯、旱、霜、蝗,饥馑荐臻,蛮夷猾夏,寇贼奸轨,百姓流离。予甚悼之,害气将究矣。"岁为此言,以至于亡。

卷二十四下　　食货志第四下

凡货,金、钱、布、帛之用,夏、殷以前其详靡记云。太公为周立九府圜法:黄金方寸而重一斤;钱圜函方,轻重以铢;布帛广二尺二寸为幅,长四丈为匹。故货宝于金,利于刀,流于泉,布于布,束于帛。

太公退,又行之于齐。至管仲相桓公,通轻重之权,曰:"岁有凶穰,故谷有贵贱;令有缓急,故物有轻重。人君不理,则蓄贾游于市,乘民之不给,百倍其本矣。故万乘之国必有万金之贾,千乘之国必有千金之贾者,利有所并也。计本量委则足矣,然而民有饥饿者,谷有所臧也。民有余则轻之,故人君敛之以轻;民不足则重之,故人君散之以重。凡轻重敛散之以时,则准平。守准平,使万室之邑必有万钟之臧,臧镪千万;千室之邑必有千钟之臧,臧镪百万。春以奉耕,夏以奉耘,耒耜器械,种饷粮食,必取澹焉。故大贾蓄家不得豪夺吾民矣。"桓公遂用区区之齐合诸侯,显伯名。

其后百余年,周景王时患钱轻,将更铸大钱,单穆公曰:"不可。古者天降灾戾,于是乎量资币,权轻重,以救民。民患轻,则为之作重币以行之,于是有母权子而行,民皆得焉。若不堪重,则多作轻而行之,亦不废重,于是乎有子权母而行,小大利之。今王废轻而作重,民失其资,能无匮乎?民若匮,王用将有所乏,乏将厚取于民,民不给,将有远志,是离民也。且绝民用以实王府,犹塞川原为潢污也,竭亡日矣。王其图之。"弗听,卒铸大钱,文曰"宝货",肉好皆有周郭,以劝农澹不足,百姓蒙利焉。

秦兼天下,币为二等:黄金以溢为名,上币;铜钱质如周钱,文曰"半两",重如其文。而珠、玉、龟、贝、银、锡之属为器饰宝臧,不为币,然各随时而轻重无常。

汉兴,以为秦钱重难用,更令民铸荚钱。黄金一斤。而不轨逐利之民蓄积余赢以稽市,物痛腾跃,米至石万钱,马至匹百金。天下已平,高祖乃令贾人不得衣丝乘车,重税租以困辱之。孝惠、高后时,为天下初定,复弛商贾之律,然市井子孙亦不得官吏。孝文五年,为钱益多而轻,乃更铸四铢钱,其文为"半两"。除盗铸钱令,使民放铸。贾谊谏曰:

法使天下公得顾租铸铜锡为钱,敢杂以铅铁为它巧者,其罪黥。然铸钱之情,非殽杂为巧,则不可得

赢;而殽之甚微,为利甚厚。夫事有召祸而法有起奸,今令细民人操造币之势,各隐屏而铸作,因欲禁其厚利微奸,虽黥罪日报,其势不止。乃者,民人抵罪,多者一县百数,及吏之所疑,榜笞奔走者甚众。夫县法以诱民,使入陷井,孰积如此!曩禁铸钱,死罪积下;今公铸钱,黥罪积下。为法若此,上何赖焉?

又,民用钱,郡县不同:或用轻钱,百加若干;或用重钱,平称不受。法钱不立。吏急而壹之乎,则大为烦苛,而力不能胜;纵而弗呵乎,则市肆异用,钱文大乱。苟非其术,何乡而可哉!

今农事弃捐而采铜者日蕃,释其耒耨,冶熔炊炭,奸钱日多,五谷不为多。善人怵而为奸邪,愿民陷而之刑戮,刑戮将甚不详,奈何而忽!国知患此,吏议必曰禁之。禁之不得其术,其伤必大。令禁铸钱,则钱必重。重则其利深,盗铸如云而起,弃市之罪又不足以禁矣!奸数不胜而法禁数溃,铜使之然也。故铜布于天下,其为祸博矣。

今博祸可除,而七福可致也。何谓七福?上收铜勿令布,则民不铸钱,黥罪不积,一矣。伪钱不蕃,民不相疑,二矣。采铜铸作者反于耕田,三矣。铜毕归于上,上挟铜积以御轻重,钱轻则以术敛之,重则以术散之,货物必平,四矣。以作兵器,以假贵臣,多少有制,用别贵贱,五矣。以临万货,以调盈虚,以收奇羡,则官富实而末民困,六矣。制事弃财,以与匈奴逐争其民,则敌必怀,七矣。故善为天下者,因祸而为福,转败而为功。今久退七福而行博祸,臣诚伤之。

上不听。是时,吴以诸侯即山铸钱,富埒天子,后卒叛逆。邓通,大夫也,以铸钱,财过王者。故吴、邓钱布天下。

武帝因文、景之蓄,忿胡、粤之害,即位数年,严助、朱买臣等招徕东瓯,事两粤,江、淮之间萧然烦费矣。唐蒙、司马相如始开西南夷,凿山通道千余里,以广巴、蜀,巴、蜀之民罢焉。彭吴穿秽貊、朝鲜,置沧海郡,则燕、齐之间靡然发动。及王恢谋马邑,匈奴绝和亲,侵扰北边,兵连而不解,天下共其劳。干戈日滋,行者赍,居者送,中外骚扰相奉,百姓抏敝以巧法,财赂衰耗而不澹。入物者补官,出货者除罪,选举陵夷,廉耻相冒,武力进用,法严令具。兴利之臣自此而始。

其后,卫青岁以数万骑出击匈奴,遂取河南地,筑朔方。时又通西南夷道,作者数万人,千里负担馈饷,率十余钟致一石,散币于邛、僰以辑之。数岁而道不通,蛮夷因以数攻,吏发兵诛之。悉巴、蜀租赋不足以更之,乃募豪民田南夷,入粟县官,而内受钱于都内。东置沧海郡,人徒之费疑于南夷。又兴十余万人筑卫朔方,转漕甚远,自山东咸被其劳,费数十百巨万,府库并虚。乃募民能入奴婢得以终身复,为郎增秩,及入羊为郎,始于此。

此后四年,卫青比岁十余万众击胡,斩捕首虏之士受赐黄金二十余万斤,而汉军士马死者十余万,兵甲转漕之费不与焉。于是大司农陈臧钱经用,赋税既竭,不足以奉战士。有司请令民得买爵及赎禁锢免减罪;请置赏官,名曰

武功爵,级十七万,凡值三十余万金。诸买武功爵官首者试补吏,先除;千夫如五大夫;其有罪又减二等;爵得至乐卿。以显军功。军功多用超等,大者封侯,卿大夫,小者郎。吏道杂而多端,则官职耗废。

自公孙弘以《春秋》之义绳臣下取汉相,张汤以峻文决理为廷尉,于是见知之法生,而废格沮诽穷治之狱用矣。其明年,淮南、衡山、江都王谋反迹见,而公卿寻端治之,竟其党与,坐而死者数万人,吏益惨急而法令察。当是时,招尊方正贤良文学之士,或至公卿大夫。公孙弘以宰相,布被,食不重味,为下先,然而无益于俗,稍务于功利矣。

其明年,票骑仍再出击胡,大克获。浑邪王率数万众来降,于是汉发车三万两迎之。既至,受赏,赐及有功之士。是岁费凡百余巨万。

先是十余岁,河决,灌梁、楚地,固已数困,而缘河之郡堤塞河,辄坏决,费不可胜计。其后番系欲省底柱之漕,穿汾、河渠以为溉田;郑当时为渭漕回远,凿漕直渠自长安至华阴;而朔方亦穿溉渠。作者各数万人,历二三期而功未就,费亦各以巨万十数。

天子为伐胡故,盛养马,马之往来食长安者数万匹,卒掌者关中不足,乃调旁近郡。而胡降者数万人皆得厚赏,衣食仰给于县官,县官不给,天子乃捐膳,解乘舆驷,出御府禁臧以澹之。

其明年,山东被水灾,民多饥乏,于是天子遣使虚郡国仓廪以振贫。犹不足,又募豪富人相假贷。尚不能相救,乃徙贫民于关以西,及充朔方以南新秦中,七十余万口,衣食皆仰给于县官。数岁,贷与产业,使者分部护,冠盖相望,费以亿计,县官大空。而富商贾或滞财役贫,转毂百数,废居邑,封君皆氐首仰给焉。冶铸煮盐,财或累万金,而不佐公家之急,黎民重困。

于是天子与公卿议,更造钱币以澹用,而摧浮淫并兼之徒。是时禁苑有白鹿而少府多银、锡。自孝文更造四铢钱,至是岁四十余年,从建元以来,用少,县官往往即多铜山而铸钱,民亦盗铸,不可胜数。钱益多而轻,物益少而贵。有司言曰:"古者皮币,诸侯以聘享。金有三等,黄金为上,白金为中,赤金为下。今半两钱法重四铢,而奸或盗摩钱质而取鋊,钱益轻薄而物贵,则远方用币烦费不省。"乃以白鹿皮方尺,缘以缋,为皮币,值四十万。王侯宗室朝觐聘享,必以皮币荐璧,然后得行。

又造银锡白金。以为天用莫如龙,地用莫如马,人用莫如龟,故白金三品:其一曰重八两,圜之,其文龙,名"白撰",值三千;二曰以重差小,方之,其文马,值五百;三曰复小,椭之,其文龟,值三百。令县官销半两钱,更铸三铢钱,重如其文。盗铸诸金钱罪皆死,而吏民之犯者不可胜数。

于是以东郭咸阳、孔仅为大农丞,领盐铁事,而桑弘羊贵幸。咸阳,齐之大煮盐;孔仅,南阳大冶,皆至产累千金,故郑当时进言之。弘羊,洛阳贾人之子,以心计,年十三侍中。故三人言利事析秋豪矣。

法既益严,吏多废免。兵革数动,民多买复及五大夫、千夫,征发之士益鲜。于是除千夫、五大夫为吏,不欲者出马,故吏皆适令伐棘上林,作昆明池。

其明年,大将军、票骑大出击胡,赏赐五十万金,军马死者十余万匹,转漕、车甲之费不与焉。是时财匮,战士颇不得禄矣。

有司言三铢钱轻,轻钱易作奸诈,乃更请郡国铸五铢钱,周郭其质,令不可得摩取鋊。

大农上盐铁丞孔仅、咸阳言:"山海,天地之臧,宜属少府,陛下弗私,以属大农佐赋。愿募民自给费,因官器作煮盐,官与牢盆。浮食奇民欲擅斡山海之货,以致富羡,役利细民。其沮事之议,不可胜听。敢私铸铁器、煮盐者,钦左趾,没入其器物。郡不出铁者,置小铁官,使属在所县。"使仅、咸阳乘传举行天下盐、铁,作官府,除故盐、铁家富者为吏。吏益多贾人矣。

商贾以币之变,多积货逐利。于是公卿言:"郡国颇被灾害,贫民无产业者,募徙广饶之地。陛下损膳省用,出禁钱以振元元,宽贷,而民不齐出南亩,商贾滋众。贫者蓄积无有,皆仰县官。异时算轺车,贾人之缗钱皆有差,请算如故。诸贾人末作贯贷卖买,居邑贮积诸物,及商以取利者,虽无市籍,各以其物自占,率缗钱二千而算一。诸作有租及铸,率缗钱四千算一。非吏比者、三老、北边骑士,轺车一算;商贾人轺车二算。船五丈以上一算。匿不自占,占不悉,戍边一岁,没入缗钱。有能告者,以其半畀之。贾人有市籍,及家属,皆无得名田,以便农。敢犯令,没入田货。"

是时,豪富皆争匿财,唯卜式数求入财以助县官。天子乃超拜式为中郎,赐爵左庶长,田十顷,布告天下,以风百姓。初,式不愿为官,上强拜之,稍迁至齐相。语自在其《传》。

孔仅使天下铸作器,三年中至大司农,列于九卿。而桑弘羊为大司农中丞,管诸会计事,稍稍置均输以通货物。始令吏得入谷补官,郎至六百石。

自造白金、五铢钱后五岁,而赦吏民之坐盗铸金钱死者数十万人。其不发觉相杀者,不可胜计。赦自出者百余万人。然不能半自出,天下大氐无虑皆铸金钱矣。犯法者众,吏不能尽诛,于是遣博士褚大、徐偃等分行郡国,举并兼之徒守、相为利者。而御史大夫张汤方用事,减宣、杜周等为中丞,义纵、尹齐、王温舒等用惨急奇刻为九卿,直指夏兰之属始出。而大农颜异诛矣。

初,异为济南亭长,以廉直稍迁至九卿。上与汤既造白鹿皮币,问异。异曰:"今王侯朝贺以仓璧,直数千,而其皮荐反四十万,本末不相称。"天子不说。汤又与异有隙,及人有告异以它议,事下汤治。异与客语,客语初令下有不便者,异不应,微反唇。汤奏当异九卿见令不便,不入言而腹非,论死。自是后有腹非之法比,而公卿大夫多谄谀取容。

天子既下缗钱令而尊卜式,百姓终莫分财佐县官,于是告缗钱纵矣。

郡国铸钱,民多奸铸,钱多轻,而公卿请令京师铸官赤仄,一当五,赋官用非赤仄不得行。白金稍贱,民弗宝用，县官以令禁之，无益，岁余终废不行。

是岁，汤死而民不思。

其后二岁，赤仄钱贱，民巧法用之，不便，又废。于是悉禁郡国毋铸钱，专令上林三官铸。钱既多，而令天下非三官钱不得行，诸郡国前所铸钱皆废销之，输入其铜三官。而民之铸钱益少，计其费不能相当，唯真工大奸乃盗为之。

杨可告缗遍天下，中家以上大氐皆遇告。杜周治之，狱少反者。乃分遣御史、廷尉正监分曹往，即治郡国缗钱，得民财物以亿计；奴婢以千万数；田，大县数百顷，小县百余顷；宅亦如之。于是商贾中家以上大氐破，民媮甘食好衣，不事畜臧之业，而县官以盐、铁、缗钱之故，用少饶矣。益广关，置左右辅。

初，大农斡盐铁官布多，置水衡，欲以主盐铁。及杨可告缗，上林财物众，乃令水衡主上林。上林既充满，益广。

是时粤欲与汉用船战逐，乃大修昆明池，列馆环之。治楼船，高十余丈，旗织加其上，甚壮。于是天子感之，乃作柏梁台，高数十丈。宫室之修，由此日丽。

乃分缗钱诸官，而水衡、少府、太仆、大农各置农官，往往即郡县比没入田田之。其没入奴婢，分诸苑养狗马禽兽，及与诸官。官益杂置多，徒奴婢众，而下河漕度四百万石，及官自籴乃足。

所忠言："世家子弟富人或斗鸡走狗马，弋猎博戏，乱齐民。"乃征诸犯令，相引数千人，名曰"株送徒"。入财者得补郎，郎选衰矣。

是时山东被河灾，乃岁不登数年，人或相食，方二三千里。天子怜之，令饥民得流就食江淮间，欲留，留处。使者冠盖相属于道护之，下巴蜀粟以赈焉。

明年，天子始出巡郡国。东度河，河东守不意行至，不辩，自杀。行西逾陇，卒，从官不得食，陇西守自杀。于是上北出萧关，从数万骑行猎新秦中，以勒边兵而归。新秦中或千里无亭徼，于是诛北地太守以下，而令民得畜边县，官假马母，三岁而归，及息什一，以除告缗，用充入新秦中。

既得宝鼎，立后土、泰一祠，公卿白议封禅事，而郡国皆豫治道，修缮故宫，及当驰道县，县治宫储，设共具，而望幸。

明年，南粤反，西羌侵边。天子为山东不澹，赦天下囚，因南方楼船士二十余万人击粤，发三河以西骑击羌，又数万人度河筑令居。初置张掖、酒泉郡，而上郡、朔方、西河、河西开田官，斥塞卒六十万戍田之。中国缮道馈粮，远者三之，近者千余里，皆仰给大农。边兵不足，乃发武库工官兵器以澹之。车骑马乏，县官钱少，买马难得，乃著令，令封君以下至三百石吏以上差出牝马天下亭，亭有畜字马，岁课息。

齐相卜式上书，愿父子死南粤。天子下诏褒扬，赐爵关内侯，黄金四十斤，田十顷。布告天下，天下莫应。列侯以百数，皆莫求从军。至饮酎，少府省金，而列侯坐酎金失侯者百余人。乃拜卜式为御史大夫。式既在位，见郡国多不便县官作盐铁，器苦恶，贾贵，或强令民买之。而船有

算，商者少，物贵，乃因孔仅言船算事。上不说。

汉连出兵三岁，诛羌，灭两粤，番禺以西至蜀南者置初郡十七，且以其故俗治，无赋税。南阳、汉中以往，各以地比给初郡吏卒奉食币物，传车马被具。而初郡又时时小反，杀吏，汉发南方吏卒往诛之，间岁万余人，费皆仰大农。大农以均输调盐铁助赋，故能澹之。然兵所过县，县以为訾给毋乏而已，不敢言轻赋法矣。

其明年，元封元年，卜式贬为太子太傅。而桑弘羊为治粟都尉，领大农，尽代仅斡天下盐铁。弘羊以诸官各自市相争，物以故腾跃，而天下赋输或不偿其僦费，乃请置大农部丞数十人，分部主郡国，各往往置均输盐铁官，令远方各以其物如异时商贾所转贩者为赋，而相灌输。置平准于京师，都受天下委输。召工官治车诸器，皆仰给大农。大农诸官尽笼天下之货物，贵则卖之，贱则买之。如此，富商大贾亡所牟大利，则反本，而万物不得腾跃。故抑天下之物，名曰"平准"。天子以为然而许之。于是天子北至朔方，东封泰山，巡海上，旁北边以归。所过赏赐，用帛百余万匹，钱、金以巨万计，皆取足大农。

弘羊又请令民得入粟补吏，及罪以赎。令民入粟甘泉各有差，以复终身，不复告缗。它郡各输急处，而诸农各致粟，山东漕益岁六百万石。一岁之中，太仓、甘泉仓满。边余谷，诸均输帛五百万匹。民不益赋而天下用饶。于是弘羊赐爵左庶长，黄金者再百焉。

是岁小旱，上令百官求雨。卜式言曰："县官当食租衣税而已，今弘羊令吏坐市列，贩物求利。亨弘羊，天乃雨。"久之，武帝疾病，拜弘羊为御史大夫。

昭帝即位六年，诏郡国举贤良文学之士，问以民所疾苦，教化之要。皆对愿罢盐铁酒榷均输官，毋与天下争利，视以俭节，然后教化可兴。弘羊难，以为此国家大业，所以制四夷，安边足用之本，不可废也。乃与丞相千秋共奏罢酒酤。弘羊自以为国兴大利，伐其功，欲为子弟得官，怨望大将军霍光，遂与上官桀等谋反，诛灭。

宣、元、成、哀、平五世，无所变改。元帝时尝罢盐铁官，三年而复之。贡禹言："铸钱采铜，一岁十万人不耕，民坐盗铸陷刑者多。富人臧钱满室，犹无厌足。民心动摇，弃本逐末，耕者不能半，奸邪不可禁，原起于钱。疾其末者绝其本，宜罢采珠、玉、金、银、铸钱之官，毋复以为币，除其贩卖租铢之律，租税禄赐皆以布帛及谷，使百姓壹意农桑。"议者以为交易待钱，布帛不可尺寸分裂。禹议亦寝。

自孝武元狩五年三官初铸五铢钱，至平帝元始中，成钱二百八十亿万余云。

王莽居摄，变汉制，以周钱有子母相权，于是更造大钱，径寸二分，重十二铢，文曰："大钱五十"。又造契刀、错刀。契刀，其环如大钱，身形如刀，长二寸，文曰"契刀五百"。错刀，以黄金错其文，曰"一刀直五千"。与五铢钱凡四品，并行。

莽即真，以为书"刘"字有"金"、"刀"，乃罢错刀、契刀及五铢钱，而更作金、银、龟、贝、钱、布之品，名曰"宝货"。小钱径六分，重一铢，文曰"小钱直一"。次七分，三铢，曰"幺钱一十"。次八分，五铢，曰"幼钱二十"。次九分，七铢，

曰"中钱三十"。次一寸,九铢,曰"壮钱四十"。因前"大钱五十",是为钱货六品,直各如其文。

黄金重一斤,直钱万。朱提银重八两为一流,直一千五百八十。它银一流直千。是为银货二品。

元龟岠冉长尺二寸,直二千一百六十,为大贝十朋。公龟九寸,直五百,为壮贝十朋。侯龟七寸以上,直三百,为幺贝十朋。子龟五寸以上,直百,为小贝十朋。是为龟宝四品。

大贝四寸八分以上,二枚为一朋,直二百一十六。壮贝三寸六分以上,二枚为一朋,直五十。幺贝二寸四分以上,二枚为一朋,直三十。小贝寸二分以上,二枚为一朋,直十。不盈寸二分,漏度不得为朋,率枚直钱三。是为贝货五品。

大布、次布、弟布、壮布、中布、差布、厚布、幼布、幺布、小布。小布长寸五分,重十五铢,文曰"小布一百"。自小布以上,各相长一分,相重一铢,文各为其布名,直各加一百。上至大布,长二寸四分,重一两,而直千钱矣。是为布货十品。

凡宝货五物,六名,二十八品。

铸作钱布皆用铜,淆以连锡,文质周郭放汉五铢钱云。其金、银与它物杂,色不纯好,龟不盈五寸,贝不盈六分,皆不得为宝货。元龟为蔡,非四民所得居,有者,入大卜受直。

百姓愦乱,其货不行。民私以五铢钱市买。莽患之,下诏:"敢非井田、挟五铢钱者为惑众,投诸四裔以御魑魅。"于是农、商失业,食、货俱废,民涕泣于市道。坐卖买田宅奴婢铸钱抵罪者,自公卿大夫至庶人,不可称数。莽知民愁,乃但行小钱直一,与大钱五十,二品并行,龟、贝、布属且寝。

莽性躁扰,不能无为,每有所兴造,必欲依古得经文。国师公刘歆言周有泉府之官,收不雠,与欲得,即《易》所谓"理财正辞,禁民为非"者也。莽乃下诏曰:"夫《周礼》有赊贷,《乐语》有五均,传记各有斡焉。今开赊贷,张五均,设诸斡者,所以齐众庶,抑并兼也。"遂于长安及五都立五均官,更名长安东西市令及洛阳、邯郸、临菑、宛、成都市长皆为五均司市师。东市称京,西市称畿,洛阳称中,余四都各用东、西、南、北为称,皆置交易丞五人,钱府丞一人。工商能采金银铜连锡,登龟、取贝者,皆自占司市钱府,顺时气而取之。

又以《周官》税民:凡田不耕为不殖,出三夫之税;城郭中宅不树艺者为不毛,出三夫之布;民浮游无事,出夫布一匹。其不能出布者,冗作,县官衣食之。诸取众物鸟兽鱼鳖百虫于山林水泽及畜牧者,嫔妇桑蚕织絍纺绩补缝,工匠医巫卜祝及它方技商贩贾人坐肆列里区谒舍,皆各自占所为于其所之县官,除其本,计其利,十一分之,而以其一为贡。敢不自占、自占不以实者,尽没入所采取,而作县官一岁。

诸司市常以四时中月实定所掌,为物上中下之贾,各自用为其市平,毋拘它所。众民卖买五谷布帛丝绵之物,周于民用而不雠者,均官有以考检厥实,用其本贾取之,毋令折钱。万物卬贵,过平一钱,则以平贾卖与民。其贾氐贱,减平者,听民自相与市,以防贵庾者。民欲祭祀、丧纪而无用者,钱府以所入工、商之贡但赊之,祭祀无过旬日,丧纪毋过三月。民或乏绝,欲贷以治产业者,均授之,除其费,计所得受息,毋过岁什一。

羲和鲁匡言:"名山大泽,盐铁钱布帛,五均赊贷,斡在县官,唯酒酤独未斡。酒者,天之美禄,帝王所以颐养天下,享祀祈福,扶衰养疾。百礼之会,非酒不行。故《诗》曰'无酒酤我',而《论语》曰'酤酒不食',二者非相反也。夫《诗》据承平之世,酒酤在官,和旨便人,可以相御也。《论语》孔子当周衰乱,酒酤在民,薄恶不诚,是以疑而弗食。今绝天下之酒,则无以行礼相养;放而亡限,则费财伤民。请法古,令官作酒,以二千五百石为一均,率开一卢以卖,雠五十酿为准。一酿用粗米二斛,曲一斛,得成酒六斛六斗。各以其市月朔米曲三斛,并计其贾而参分之,以其一为酒一斛之平。除米曲本贾,计其利而什分之,以其七入官,其三及糟酨灰炭给工器薪樵之费。"

羲和置命士督五均六斡,郡有数人,皆用富贾。洛阳薛子仲、张长叔、临菑姓伟等,乘传求利,交错天下,因与郡县通奸,多张空簿,府臧不实,百姓俞病。莽知民苦之,复下诏曰:"夫盐,食肴之将;酒,百药之长,嘉会之好;铁,田农之本;名山、大泽,饶衍之臧;五均赊贷,百姓所取平,卬以给澹;铁布、铜冶,通行有无,备民用也。此六者,非编户齐民所能家作,必卬于市,虽贵数倍,不得不买。豪民富贾,即要贫弱,先圣知其然也,故斡之。每一斡为设科条防禁,犯者罪至死。"奸吏猾民并侵,众庶各不安生。

后五岁,天凤元年,复申下金银龟贝之货,颇增减其贾直。而罢大小钱,改作货布,长二寸五分,广一寸,首长八分有奇,广八分,其圜好径二分半,足枝长八分,间广二分,其文右曰"货",左曰"布",重二十五铢,直货泉二十五。货泉径一寸,重五铢,文右曰"货",左曰"泉",枚直一,与货布二品并行。又以大钱行久,罢之,恐民挟不止,乃令民且独行大钱,与新货泉俱枚直一,并行尽六年,毋得复挟大钱矣。每一易钱,民用破业,而大陷刑。莽以私铸钱死,及非沮宝货投四裔,犯法者多,不可胜行,乃更轻其法:私铸作泉布者,与妻子没入为官奴婢;吏及比伍,知而不举告,与同罪;非沮宝货,民罚作一岁,吏免官。犯者俞众,及五人相坐皆没入,郡国槛车铁锁,传送长安钟官,愁苦死者什六七。

作货布后六年,匈奴侵寇甚,莽大募天下囚徒、人奴,名曰猪突豨勇,一切税吏民,訾三十而取一。又令公卿以下至郡县黄绶吏,皆保养军马,吏尽复以与民。民摇手触禁,不得耕桑,徭役烦剧,而枯旱蝗虫相因。又用制作未定,上自公侯,下至小吏,皆不得奉禄,而私赋敛,货赂上流,狱讼不决。吏用苛暴立威,旁缘莽禁,侵刻小民。富者不得自保,贫者无以自存,起为盗贼,依阻山泽,吏不能禽而覆蔽之,浸淫日广,于是青、徐、荆楚之地往往万数。战斗死亡,缘边四夷所系虏,陷罪,饥疫,人相食,及莽未诛,而天下户口减半矣。

自发猪突豨勇后四年,而汉兵诛莽。后二年,世祖受命,荡涤烦苛,复五铢钱,与天下更始。

赞曰:《易》称"裒多益寡,称物平施",《书》云"懋迁有无",周有泉府之官,而《孟子》亦非"狗彘食人之食不知敛,野有饿莩而弗知发"。故管氏之轻重,李悝之平籴,弘羊均输,寿昌常平,亦有从徕。顾古为之有数,吏ദ而令行,故民赖其利,万国作乂。及孝武时,国用饶给,而民不益赋,其次也。至于王莽,制度失中,奸轨弄权,官民俱竭,亡次矣。

卷二十五上　　郊祀志第五上

《洪范》八政,三曰祀。祀者,所以昭孝事祖,通神明也。旁及四夷,莫不修之;下至禽兽,豺獭有祭。是以圣王为之典礼。民之精爽不贰,斋肃聪明者,神或降之,在男曰觋,在女曰巫,使制神之处位,为之牲器。使先圣之后,能知山川,敬于礼仪,明神之事者,以为祝;能知四时牺牲,坛场上下,氏姓所出者,以为宗。故有神民之官,各司其序,不相乱也。民神异业,敬而不黩,故神降之嘉生,民以物序,灾祸不至,所求不匮。

及少昊之衰,九黎乱德,民神杂扰,不可放物。家为巫史,享祀无度,黩斋明而神弗蠲。嘉生不降,祸灾荐臻,莫尽其气。颛顼受之,乃命南正重司天以属神,命火正黎司地以属民,使复旧常,亡相侵黩。

自共工氏霸九州,其子曰句龙,能平水土,死为社祠。有烈山氏王天下,其子曰柱,能殖百谷,死为稷祠。故郊祀社稷,所以来尚矣。

《虞书》曰:舜在璇玑玉衡,以齐七政。遂类于上帝,禋于六宗,望秩于山川,遍于群神。揖五瑞,择吉月日,见四岳诸牧,班瑞。岁二月,东巡狩,至于岱宗。岱宗,泰山也。柴,望秩于山川。遂见东后。东后者,诸侯也。合时月正日,同律度量衡,修五礼五乐,三帛二生一死为贽。五月,巡狩至南岳。南岳者,衡山也。八月,巡狩至西岳。西岳者,华山也。十一月,巡狩至北岳。北岳者,恒山也。皆如岱宗之礼。中岳,嵩高也。五载一巡狩。

禹遵之。后十三世,至帝孔甲,淫德好神,神黩,二龙去之。其后十三世,汤伐桀,欲迁夏社,不可,作《夏社》。乃迁烈山子柱,而以周弃代为稷祠。后八世,帝太戊有桑穀生于廷,一暮大拱,惧。伊陟曰:"祅不胜德。"太戊修德,桑穀死。伊陟赞巫咸。后十三世,帝武丁得傅说为相,殷复兴焉,称高宗。有雉登鼎耳而雊,武丁惧。祖己曰:"修德。"武丁从之,位以永宁。后五世,帝乙嫚神而震死。后三世,帝纣淫乱,武王伐之。由是观之,始未尝不肃祗,后稍怠嫚也。

周公相成王,王道大洽,制礼作乐,天子曰明堂辟雍,诸侯曰泮宫。郊祀后稷以配天,宗祀文王于明堂以配上帝。四海之内各以其职来助祭。天子祭天下名山大川,怀柔百神,咸秩无文。五岳视三公,四渎视诸侯。而诸侯祭其疆内名山大川,大夫祭门、户、井、灶、中霤五祀,士、庶人祖考而已。各有典礼,而淫祀有禁。

后十三世,世益衰,礼乐废。幽王无道,为犬戎所败,平王东徙洛邑。秦襄公攻戎救周,列为诸侯,而居西,自以为主少昊之神,作西畤,祠白帝,其牲用騮驹、黄牛、羝羊各一云。

其后十四年,秦文公东猎汧、渭之间,卜居之而吉。文公梦黄蛇自天下属地,其口止于鄜衍。文公问史敦,敦曰:"此上帝之征,君其祠之。"于是作鄜畤,用三牲郊祭白帝焉。

自未作鄜畤,而雍旁故有吴阳武畤,雍东有好畤,皆废无祀。或曰:"自古以雍州积高,神明之隩,故立畤郊上帝,诸神祠皆聚云。盖黄帝时尝用事,虽晚周亦郊焉。"其语不经见,缙绅者弗道。

作鄜畤后九年,文公获若石云,于陈仓北阪城祠之。其神或岁不至,或岁数来,来也常以夜,光辉若流星,从东方来,集于祠城,若雄雉,其声殷殷云,野鸡夜鸣。以一牢祠之,名曰陈宝。

作陈宝祠后七十一年,秦德公立,卜居雍。子孙饮马于河,遂都雍。雍之诸祠自此兴。用三百牢于鄜畤。作伏祠。磔狗邑四门,以御蛊灾。

后四年,秦宣公作密畤于渭南,祭青帝。

后十三年,秦穆公立,病卧五日不寤,寤,乃言梦见上帝,上帝命穆公平晋乱。史书而藏之府。而后世皆曰上天。

穆公立九年,齐桓公既霸,会诸侯于葵丘,而欲封禅。管仲曰:"古者封泰山禅梁父者七十二家,而夷吾所记者十有二焉。昔无怀氏封泰山,禅云云;虙羲封泰山,禅云云;神农氏封泰山,禅云云;炎帝封泰山,禅云云;黄帝封泰山,禅亭亭;颛顼封泰山,禅云云;帝喾封泰山,禅云云;尧封泰山,禅云云;舜封泰山,禅云云;禹封泰山,禅会稽;汤封泰山,禅云云;周成王封泰山,禅于社首;皆受命然后得封禅。"桓公曰:"寡人北伐山戎,过孤竹;西伐,束马县车,上卑耳之山;南伐至召陵,登熊耳山,以望江汉。兵车之会三,乘车之会六,九合诸侯,一匡天下,诸侯莫违我。昔三代受命,亦何以异乎?"于是管仲睹桓公不可穷以辞,因设之以事,曰:"古之封禅,鄗上黍,北里禾,所以为盛;江、淮间一茅三脊,所以为藉也。东海致比目之鱼,西海致比翼之鸟。然后物有不召而自至者十有五焉。今凤凰麒麟不至,嘉禾不生,而蓬蒿藜莠茂,鸱枭群翔,而欲封禅,无乃不可乎?"于是桓公乃止。

是岁,秦穆公纳晋君夷吾。其后三置晋国之君,平其乱。穆公立三十九年而卒。

后五十年,周灵王即位。时诸侯莫朝周,苌弘乃明鬼神事,设射不来。不来者,诸侯之不来朝者也。依物怪,欲以致诸侯。诸侯弗从,而周室愈微。后二世,至敬王时,晋人杀苌弘。

是时,季氏专鲁,旅于泰山,仲尼讥之。

自秦宣公作密畤后二百五十年,而秦灵公于吴阳作上畤，祭黄帝；作下畤，祭炎帝。

后四十八年，周太史儋见秦献公曰："周始与秦国合而别，别五百载当复合，合七十年而伯王出焉。"儋见后七年，栎阳雨金，献公自以为得金瑞，故作畦畤栎阳，而祀白帝。

后百一十岁，周赧王卒，九鼎入于秦。或曰，周显王之四十二年，宋之大丘社亡，而鼎沦没于泗水彭城下。

自赧王卒后七年，秦庄襄王灭东周，周祀绝。后二十八年，秦并天下，称皇帝。

秦始皇帝既即位，或曰："黄帝得土德，黄龙地螾见。夏得木德，青龙止于郊，草木畅茂。殷得金德，银自山溢。周得火德，有赤乌之符。今秦变周，水德之时。昔文公出猎，获黑龙，此其水德之瑞。"于是秦更名河曰"德水"，以冬十月为年首，色尚黑，度以六为名，音上大吕，事统上法。

即帝位三年，东巡狩郡县，祠驺峄山，颂功业。于是从齐、鲁之儒生博士七十人，至于泰山下。诸儒生或议曰："古者封禅为蒲车，恶伤山之土石草木；扫地而祠，席用苴秸，言其易遵也。"始皇闻此议各乖异，难施用，由此黜儒生。而遂除车道，上自泰山阳。至颠，立石颂德，明其得封也。从阴道下，禅于梁父。其礼颇采泰祝之祀雍上帝所用，而封藏皆秘之，世不得而记也。

始皇之上泰山，中阪遇暴风雨，休于大树下。诸儒既黜，不得与封禅，闻始皇遇风雨，即讥之。

于是始皇遂东游海上，行礼祠名山川及八神，求仙人羡门之属。八神将自古而有之，或曰太公以来作之。齐所以为齐，以天齐也。其祀绝，莫知起时。八神：一曰天主，祠天齐。天齐渊水，居临菑南郊山下者。二曰地主，祠泰山梁父。盖天好阴，祠之必于高山之下畤，命曰"畤"；地贵阳，祭之必于泽中圜丘云。三曰兵主，祠蚩尤。蚩尤在东平陆监乡，齐之西竟也。四曰阴主，祠三山；五曰阳主，祠之罘山；六曰月主，祠莱山：皆在齐北，并勃海。七曰日主，祠盛山。盛山斗入海，最居齐东北阳，以迎日出云。八曰四时主，祠琅邪。琅邪在齐东北，盖岁之所始。皆各用牢具祠，而巫祝所损益，圭、币杂异焉。

自齐威、宣时，驺子之徒论著终始五德之运，及秦帝而齐人奏之，故始皇采用之。而宋毋忌、正伯侨、元尚、羡门高最后，皆燕人，为方仙道，刑解销化，依于鬼神之事。驺衍以阴阳主运显于诸侯，而燕、齐海上之方士传其术不能通，然则怪迂阿谀苟合之徒自此兴，不可胜数也。

自威、宣、燕昭使人入海求蓬莱、方丈、瀛州。此三神山者，其传在勃海中，去人不远。盖尝有至者，诸仙人及不死之药皆在焉。其物禽兽尽白，而黄金银为宫阙。未至，望之如云；及到，三神山反居水下，水临之。患且至，则风辄引船而去，终莫能至云。世主莫不甘心焉。

及秦始皇至海上，则方士争言之。始皇如恐弗及，使人赍童男女入海求之。船交海中，皆以风为解，曰未能至，望见之焉。其明年，始皇复游海上，至琅邪，过恒山，从上党归。后三年，游碣石，考入海方士，从上郡归。后五年，始皇南至湘山，遂登会稽，并海上，几遇海中三神山之奇药。不得，还到沙丘崩。

二世元年，东巡碣石，并海，南历泰山，至会稽，皆礼祠之，而胡亥刻勒始皇所立石书旁，以章始皇之功德。其秋，诸侯叛秦。三年而二世弑死。

始皇封禅之后十二年而秦亡。诸儒生疾秦焚《诗》、《书》，诛灭文学，百姓怨其法，天下叛之，皆说曰："始皇上泰山，为风雨所击，不得封禅云。"此岂所谓无其德而用其事者邪？

昔三代之居，皆河、洛之间，故嵩高为中岳，而四岳各如其方，四渎咸在山东。至秦称帝，都咸阳，则五岳、四渎皆并在东方。自五帝以至秦，迭兴迭衰，名山、大川或在诸侯，或在天子，其礼损益世殊，不可胜记。及秦并天下，令祠官所常奉天地、名山、大川、鬼神可得而序也。

于是自崤以东，名山五，大川祠二。曰太室。太室，嵩高也。恒山、泰山、会稽、湘山。水曰沛，曰淮。春以脯酒为岁祷，因泮冻；秋涸冻；冬寒祷祠。其牲用牛犊各一，牢具圭币各异。

自华以西，名山七，名川四。曰华山、薄山。薄山者，襄山也。岳山、岐山、吴山、鸿冢、渎山。渎山，蜀之岷山也。水曰河，祠临晋；沔，祠汉中；湫渊，祠朝那；江水，祠蜀。亦春秋泮涸祷塞如东方山川。而牲牛犊牢具圭币各异。而四大冢鸿、岐、吴、岳，皆有尝禾。陈宝节来祠，其河加有尝醪。此皆雍州之域，近天子都，故加车一乘，骝驹四。霸、产、丰、涝、泾、渭、长水，皆不在大山川数，以近咸阳，尽得比山川祠，而无诸加。

汧、洛二渊，鸣泽、蒲山、岳壻山之属，为小山川，亦皆祷塞泮涸祠，礼不必同。

而雍有日、月、参、辰、南北斗、荧惑、太白、岁星、填星、辰星、二十八宿、风伯、雨师、四海、九臣、十四臣、诸布、诸严、诸逐之属，百有余庙。西亦有数十祠。于湖有周天子祠。于下邽有天神。丰、镐有昭明、天子辟池。于杜、亳有五杜主之祠、寿星祠；而雍、菅庙祠亦有杜主。杜主，故周之右将军，其在秦中最小鬼之神者也。各以岁时奉祠。

唯雍四畤上帝为尊；其光景动人民，唯陈宝。故雍四畤，春以为岁祷，因泮冻，秋涸冻，冬赛祠，五月尝驹，及四中之月月祠，陈宝节来一祠。春、夏用骍，秋、冬用駵。畤驹四匹，木寓龙一驷，木寓车马一驷，各如其帝色。黄犊羔各四，圭币各有数，皆生瘗埋，无俎豆之具。三年一郊。秦以十月为岁首，故常以十月上宿郊见，通权火，拜于咸阳之旁，而衣上白，其用如经祠云。西畤、畦畤，祠如其故，上不亲往。

诸此祠皆太祝常主，以岁时奉祠之。至如它名山川诸神及八神之属，上过则祠，去则已。郡县远方祠者，民各自奉祠，不领于天子之祝官。祝官有秘祝，即有灾祥，辄祝祠移过于下。

汉兴，高祖初起，杀大蛇，有物曰："蛇，白帝子，而杀者赤帝子也。"及高祖祷丰枌榆社，徇沛，为沛公，则祀蚩尤，衅鼓旗。遂以十月至霸上，立为汉王。因以十月为年首。色上赤。

二年，东击项籍而还入关，问："故秦时上帝祠何帝也？"对曰："四帝，有白、青、黄、赤帝之祠。"高祖曰："吾闻天有五帝，而四，何也？"莫知其说。于是高祖曰："吾知之矣，乃待我而具五也。"乃立黑帝祠，名曰北畤。有司进祠，上不亲往。悉召故秦祀官，复置太祝、太宰，如其故仪礼。因令县为公社。下诏曰："吾甚重祠而敬祭。今上帝之祭及山川诸神当祠者，各以其时礼祠之如故。"

后四岁，天下已定，诏御史令丰治枌榆社，常以时，春以羊、彘祠之。令祝立蚩尤之祠于长安。长安置祠祀官、女巫。其梁巫祠天、地、天社、天水、房中、堂上之属；晋巫祠五帝、东君、云中君、巫社、巫祠、族人炊之属；秦巫祠杜主、巫保、族累之属；荆巫祠堂下、巫先、司命、施糜之属；九天巫祠九天：皆以岁时祠宫中。其河巫祠河于临晋，而南山巫祠南山、秦中。秦中者，二世皇帝也。各有时日。

其后二岁，或言曰周兴而邑立后稷之祠，至今血食天下。于是高祖制诏御史："其令天下立灵星祠，常以岁时祠以牛。"

高祖十年春，有司请令县常以春二月及腊祠稷以羊、彘，民里社各自裁以祠。制曰："可。"

文帝即位十三年，下诏曰："秘祝之官移过于下，朕甚弗取，其除之。"

始，名山大川在诸侯，诸侯祝各自奉祠，天子官不领。及齐、淮南国废，令太祝尽以岁时致礼如故。

明年，以岁比登，诏有司增雍五畤路车各一乘，驾被具，西畤、畦畤寓车各一乘，寓马四匹，驾被具，河、湫、汉水，玉加各二，及诸祠皆广场场，圭币俎豆以差加之。

鲁人公孙臣上书曰："始秦得水德，及汉受之，推终始传，则汉当土德，土德之应黄龙见。宜改正朔，服色上黄。"时丞相张苍好律历，以为汉乃水德之时，河决金堤，其符也。年始冬十月，色外黑内赤，与德相应。公孙臣言非是，罢之。明年，黄龙见成纪。文帝召公孙臣，拜为博士，与诸生申明土德，草改历、服色事。其夏，下诏曰："有异物之神见于成纪，毋害于民，岁以有年。朕几郊祀上帝诸神，礼官议，毋讳以朕劳。"有司皆曰："古者天子夏亲郊祀上帝于郊，故曰郊。"于是，夏四月文帝始幸雍郊见五畤，祠衣皆上赤。

赵人新垣平以望气见上，言"长安东北有神气，成五采，若人冠冕焉。或曰东北神明之舍；西方神明之墓也。天瑞下，宜立祠上帝，以合符应。"于是作渭阳五帝庙，同宇，帝一殿，面五门，各如其帝色。祠所用及仪亦如雍五畤。

明年夏四月，文帝亲拜霸渭之会，以郊见渭阳五帝。五帝庙临渭，其北穿蒲池沟水。权火举而祠，若光辉然属天焉。于是贵平至上大夫，赐累千金。而使博士诸生刺《六经》中作《王制》，谋议巡狩封禅事。

文帝出长门，若见五人于道北，遂因其直立五帝坛，祠以五牢。

其明年，平使人持玉杯，上书阙下献之。平言上曰："阙下有宝玉气来者。"已视之，果有献玉杯者，刻曰"人主延寿"。平又言"臣候日再中"。居顷之，日却复中。于是始更以十七年为元年，令天下大酺。平言曰："周鼎亡在泗水中，今河决通于泗，臣望东北汾阴直有金宝气，意周鼎其出乎？兆见不迎则不至。"于是上使使治庙汾阴南，临河，欲祠出周鼎。人有上书告平所言皆诈也。下吏治，诛夷平。是后，文帝怠于改正服鬼神之事，而渭阳、长门五帝使祠官领，以时致礼，不往焉。

明年，匈奴数入边，兴兵守御。后，岁少不登。数岁而孝景即位。十六年，祠官各以岁时祠如故，无有所兴。

武帝初即位，尤敬鬼神之祀。汉兴已六十余岁矣，天下艾安，缙绅之属皆望天子封禅改正度也，而上乡儒术，招贤良。赵绾、王臧等以文学为公卿，欲议古立明堂城南，以朝诸侯，草巡狩封禅、改历服色事，未就。窦太后不好儒术，使人微伺赵绾等奸利事，按绾、臧，绾、臧自杀，诸所兴为皆废。六年，窦太后崩。其明年，征文学之士。

明年，上初至雍，郊见五畤。后常三岁一郊。是时上求神君，舍之上林中蹛氏馆。神君者，长陵女子，以乳死，见神于先后宛若。宛若祠之其室，民多往祠。平原君亦往祠，其后子孙以尊显。及上即位，则厚礼置祠之内中。闻其言，不见其人云。

是时，李少君亦以祠灶、谷道、却老方见上，上尊之。少君者，故深泽侯人，主方。匿其年及所生长。常自谓七十，能使物，却老。其游以方遍诸侯。无妻子。人闻其能使物及不死，更馈遗之，常余金钱、衣食。人皆以为不治产业而饶给，又不知其何所人，愈信，争事之。少君资好方，善为巧发奇中。常从武安侯宴，坐中有年九十余老人，少君乃言与其大父游射处，老人为儿从其大父，识其处，一坐尽惊。少君见上，上有故铜器，问少君。少君曰："此器齐桓公十年陈于柏寝。"已而按其刻，果齐桓公器。一宫尽骇，以为少君神，数百岁人也。少君言上："祠灶皆可致物，致物而丹沙可化为黄金，黄金成以为饮食器则益寿，益寿而海中蓬莱仙者乃可见之，以封禅则不死，黄帝是也。臣尝游海上，见安期生，安期生食臣枣，大如瓜。安期生仙者，通蓬莱中，合则见人，不合则隐。"于是天子始亲祠灶，遣方士入海求蓬莱安期生之属，而事化丹沙诸药齐为黄金矣。久之，少君病死。天子以为化去不死也，使黄锤史宽舒受其方，而海上燕、齐怪迂之方士多更来言神事矣。

亳人谬忌奏祠泰一方，曰："天神贵者泰一，泰一佐曰五帝。古者天子以春秋祭泰一东南郊，日一太牢，七日，为坛开八通之鬼道。"于是，天子令太祝立其祠长安城东南郊，常奉祠如忌方。其后，人上书言："古者天子三年一用太牢祠三一：天一、地一、泰一。"天子许之，令太祝领祠之于忌泰一坛上，如其方。后人复有言："古天子常以春解祠，祠黄帝用一枭、破镜；冥羊用羊祠；马行用一青牡马；泰一、皋山山君用牛；武夷君用干鱼；阴阳使者以一牛。"令祠官领之如其方，而祠泰一于忌泰一坛旁。

后二年，郊雍，获一角兽，若麃然。有司曰："陛下肃祗郊祀，上帝报享，锡一角兽，盖麟云。"于是以荐五畤，畤加一牛以燎。赐诸侯白金，以风符应合于天也。于是济北王以为天子且封禅，上书献泰山及其旁邑，天子以它县偿之。常山王有罪，迁，天子封其弟真定，以续先王祀，而以常山为郡。然后五岳皆在天子之郡。

明年，齐人少翁以方见上。上有所幸李夫人，夫人卒，少翁以方盖夜致夫人及灶鬼之貌云，天子自帷中望见焉。乃拜少翁为文成将军，赏赐甚多，以客礼礼之。文成言："上即欲与神通，宫室被服非象神，神物不至。"乃作画云气车，及各以胜日驾车辟恶鬼。又作甘泉宫，中为台室，画天地泰一诸鬼神，而置祭具以致天神。居岁余，其方益衰，神不至。乃帛书以饭牛，阳不知，言此牛腹中有奇。杀视得书，书言甚怪。天子识其手，问之，果为书。于是诛文成将军，隐之。

其后又作柏梁、铜柱、承露仙人掌之属矣。

文成死明年，天子病鼎湖甚，巫医无所不致。游水发根言上郡有巫，病而鬼下之。上召置祠之甘泉。及病，使人问神君，神君言曰："天子无忧病。病少愈，强与我会甘泉。"于是上病愈，遂起，幸甘泉，病良已。大赦，置寿宫神君。神君最贵者曰太一，其佐曰太禁、司命之属，皆从之。非可得见，闻其言，言与人音等。时去时来，来则风肃然。居室帷中，时昼言，然常以夜。天子袚，然后入。因巫为主人，关饮食，所欲言，行下。又置寿宫、北宫，张羽旗，设共具，以礼神君。神君所言，上使受书，其名曰"画法"。其所言，世俗之所知也，无绝殊者，而天子心独喜。其事秘，世莫知也。

后三年，有司言元宜以天瑞，不宜以一二数。一元曰"建"，二元以长星曰"光"，今郊得一角兽曰"狩"云。

其明年，天子郊雍，曰："今上帝朕亲郊，而后土无祀，则礼不答也。"有司与太史令谈、祠官宽舒议："天地牲角，茧栗。今陛下亲祠后土，后土宜于泽中圜丘为五坛，坛一黄犊牢具，已祠尽瘗。而从祠衣上黄。"于是天子东幸汾阴。汾阴男子公孙滂洋等见汾旁有光如绛，上遂立后土祠于汾阴脽上，如宽舒等议。上亲望拜，如上帝礼。礼毕，天子遂至荥阳。还过洛阳，下诏封周后，令奉其祀。语在《武纪》。上始巡幸郡县，寖寻于泰山矣。

其春，乐成侯上书言栾大。栾大，胶东宫人，故尝与文成将军同师，已而为胶东王尚方。而乐成侯姊为康王后，无子。王死，它姬子立为王，而康后有淫行，与王不相中，相危以法。康后闻文成死，而欲自媚于上，乃遣栾大入，因乐成侯求见言方。天子既诛文成，后悔其方不尽，及见栾大，大说。大为人长美，言多方略，而敢为大言，处之不疑。大言曰："臣常往来海中，见安期、羡门之属，顾以臣为贱，不信臣。又以为康王诸侯耳，不足与方。臣数以言康王，康王又不用臣。臣之师曰：'黄金可成，而河决可塞，不死之药可得，仙人可致也。'然臣恐效文成，则方士皆掩口，恶敢言方哉！"上曰："文成食马肝死耳。子诚能修其方，我何爱乎！"大曰："臣师非有求人，人者求之。陛下必欲致之，则贵其使者，令为亲属，以客礼待之，勿卑，使各佩其信印，乃可使通言于神人，神人尚肯邪不邪，尊其使然后可致也。"于是上使验小方，斗棋，棋自相触击。

是时，上方忧河决而黄金不就，乃拜大为五利将军。居月余，得四印，得天士将军、地士将军、大通将军印。制

诏御史："昔禹疏九河，决四渎。间者，河溢皋陆，堤繇不息。朕临天下二十有八年，天若遗朕士而大通焉。《乾》称'飞龙'，'鸿渐于般'，朕意庶几与焉。其以二千户封地士将军大为乐通侯。"赐列侯甲第，童千人。乘舆斥车马帷帐器物以充其家。又以卫长公主妻之，赍金十万斤，更名其邑曰当利公主。天子亲如五利之弟，使者存问共给，相属于道。自大主将相以下，皆置酒其家，献遗之。天子又刻玉印曰"天道将军"，使使衣羽衣。夜立白茅上，五利将军亦衣羽衣，立白茅上受印，以视不臣也。而佩"天道"者，且为天子道天神也。于是五利常夜祠其家，欲以下神。后装治行，东入海求其师云。大见数月，佩六印，贵震天下。而海上燕、齐之间，莫不扼掔而自言有禁方能神仙矣。

其夏六月，汾阴巫锦为民祠魏脽后土营旁，见地如钩状，掊视得鼎。鼎大异于众鼎，文镂无款识，怪之，言吏。吏告河东太守胜，胜以闻。天子使验问巫得鼎无奸诈，乃以礼祠，迎鼎至甘泉，从上行，荐之。至中山，晏温，有黄云焉。有鹿过，上自射之，因以祭云。至长安，公卿大夫皆议尊宝鼎。天子曰："间者河溢，岁数不登，胡巡祭后土，祈为百姓育谷。今年丰茂未报，鼎曷为出哉？"有司皆言："闻昔泰帝兴神鼎一，一者一统，天地万物所系象也。黄帝作宝鼎三，象天、地、人。禹收九牧之金，铸九鼎，象九州。皆尝鬺享上帝鬼神。其空足曰鬲，以象三德，飨承天祜。夏德衰，鼎迁于殷；殷德衰，鼎迁于周；周德衰，鼎迁于秦；秦德衰，宋之社亡，鼎乃沦伏而不见。《周颂》曰：'自堂徂基，自羊徂牛，鼐鼎及鼒'，'不吴不敖，胡考之休。'今鼎至甘泉，以光润龙变，承休无疆。合兹中山，有黄白云降，盖若兽之为符，路弓乘矢，集获坛下，报祠大亨。唯受命而帝者心知其意而合德焉。鼎宜视宗祢庙，臧于帝庭，以合明应。"制曰："可。"

入海求蓬莱者，言蓬莱不远，而不能至者，殆不见其气。上乃遣望气佐候其气云。

其秋，上雍，且郊。或曰"五帝，泰一之佐也，宜立泰一而上亲郊之"。上疑未定。

齐人公孙卿曰："今年得宝鼎，其冬辛巳朔旦冬至，与黄帝时等。"卿有札书曰："黄帝得宝鼎冕候，问于鬼臾区，鬼臾区对曰'黄帝得宝鼎神策，是岁己酉朔旦冬至，得天之纪，终而复始。'于是黄帝迎日推策，后率二十岁复朔旦冬至，凡二十推，三百八十年，黄帝仙登于天。"卿因所忠欲奏之。所忠视其书不经，疑其妄言，谢曰："宝鼎事已决矣，尚何以为！"卿因嬖人奏之。上大说，乃召问卿。对曰："受此书申公，申公已死。"上曰："申公何人也？"卿曰："齐人，与安期生通，受黄帝言，无书，独有此鼎书。曰'汉兴复当黄帝之时'。曰：'汉之圣者，在高祖之孙且曾孙也。宝鼎出而与神通，封禅。封禅七十二王，唯黄帝得上泰山封。'申公曰：'汉帝亦当上封，上封则能仙登天矣。黄帝万诸侯，而神灵之封君七千。天下名山八，而三在蛮夷，五在中国。中国华山、首山、太室山、泰山、东莱山，此五山黄帝之所常游，与神会。黄帝且战且学仙，患百姓非其道，乃断斩非鬼神者。百余岁然后得与神通。黄帝郊雍上帝，宿三月。鬼臾区号大鸿，死葬雍，故鸿冢是也。其后黄帝接万灵明

庭。明庭者，甘泉也。所谓寒门者，谷口也。黄帝采首山铜，铸鼎于荆山下。鼎既成，有龙垂胡髯下迎黄帝。黄帝上骑，群臣后宫从上龙七十余人，龙乃上去。余小臣不得上，乃悉持龙髯，龙髯拔，堕，堕黄帝之弓。百姓卬望黄帝既上天，乃抱其弓与龙髯号，故后世因名其处曰鼎湖，其弓曰乌号'。"于是天子曰："嗟乎！诚得如黄帝，吾视去妻子如脱屣耳。"拜卿为郎，使东候神于太室。

上遂郊雍，至陇西，登空桐，幸甘泉。令祠官宽舒等具泰一祠坛，祠坛放亳忌泰一坛，三陔。五帝坛环居其下，各如其方。黄帝西南，除八通鬼道。泰一所用，如雍一畤物，而加醴枣脯之属，杀一犛牛以为俎豆牢具。而五帝独有俎豆醴进。其下四方地，为腏，食群神从者及北斗云。已祠，胙余皆燎之。其牛色白，白鹿居其中，彘在鹿中，鹿中水而酒之。祭日以牛，祭月以羊彘特。泰一祝宰则衣紫及绣，五帝各如其色，日赤，月白。

十一月辛巳朔旦冬至，昧爽，天子始郊拜泰一。朝朝日，夕夕月，则揖；而见泰一如雍郊礼。其赞飨曰："天始以宝鼎神策授皇帝，朔而又朔，终而复始，皇帝敬拜见焉。"而衣上黄。其祠列火满坛，坛旁亨炊具。有司云"祠上有光"。公卿言"皇帝始郊见泰一云阳，有司奉瑄玉嘉牲荐飨，是夜有美光，及昼，黄气上属天。"太史令谈、祠官宽舒等曰："神灵之休，祐福兆祥，宜因此地光域立泰畤坛以明应。令太祝领，秋及腊间祠。三岁天子一郊见。"

其秋，为伐南越，告祷泰一，以牡荆画幡日、月、北斗登龙，以象太一三星，为泰一锋，命曰"灵旗"。为兵祷，则太史奉以指所伐国。而五利将军使不敢入海，之泰山祠。上使人随验，实无所见。五利妄言见其师，其方尽，多不仇。上乃诛五利。

其冬，公孙卿候神河南，言见仙人迹缑氏城上，有物如雉，往来城上。天子亲幸缑氏视迹，问卿："得毋效文成、五利乎？"卿曰："仙者非有求人主，人主者求之。其道非少宽暇，神不来。言神事，如迂诞，积以岁，乃可致。"于是郡国各除道，缮治宫馆名山神祠所，以望幸矣。

其春，既灭南越，嬖臣李延年以好音见。上善之，下公卿议，曰："民间祠有鼓舞乐，今郊祀而无乐，岂称乎？"公卿曰："古者祠天地皆有乐，而神祇可得而礼。"或曰："泰帝使素女鼓五十弦瑟，悲，帝禁不止，故破其瑟为二十五弦。"于是塞南越，祷祠泰一、后土，始用乐舞。益召歌儿，作二十五弦及空侯瑟自此起。

其来年冬，上议曰："古者先振兵释旅，然后封禅。"及遂北巡朔方，勒兵十余万骑，还祭黄帝冢桥山，释兵凉如。上曰："吾闻黄帝不死。有冢，何也？"或对曰："黄帝以仙上天，群臣葬其衣冠。"既至甘泉，为且用事泰山，先类祠泰一。

自得宝鼎，上与公卿诸生议封禅。封禅用希旷绝，莫知其仪体，而群儒采封禅《尚书》、《周官》、《王制》之望祀射牛事。齐人丁公年九十余，曰："封禅者，古不死之名也。秦皇帝不得上封。陛下必欲上，稍上即无风雨，遂上封矣。"上于是乃令诸儒习射牛，草封禅仪。数年，至且行。天子既闻公孙卿及方士之言，黄帝以上封禅皆致怪物与神通，欲放黄帝以接神人蓬莱，高世比德于九皇，而颇采儒术以文之。群儒既已不能辩明封禅事，又拘于《诗》、《书》古文而不敢骋。上为封祠器视群儒，群儒或曰"不与古同"，徐偃又曰"太常诸生行礼不如鲁善"，周霸属图封事，于是上黜偃、霸，而尽罢诸儒弗用。

三月，乃东幸缑氏，礼登中岳太室。从官在山上闻若有言"万岁"云。问上，上不言；问下，下不言。乃令祠官加增太室祠，禁毋伐其山木，以山下户凡三百封崇高，为之奉邑，独给祠，复无有所与。上因东上泰山，泰山草木未生，乃令人上石立之泰山颠。

上遂东巡海上，行礼祠八神。齐人之上疏言神怪、奇方者以万数，乃益发船，令言海中神山者数千人求蓬莱神人。公孙卿持节常先行候名山，至东莱，言夜见大人，长数丈，就之则不见，见其迹甚大，类禽兽云。群臣有言见一老父牵狗，言"吾欲见巨公"，已忽不见。上既见大迹，未信，及群臣又言老父，则大以为仙人也。宿留海上，与方士传车，及间使求神仙人以千数。

四月，还至奉高。上念诸儒及方士言封禅人殊，不经，难施行。天子至梁父，礼祠地主。至乙卯，令侍中儒者皮弁缙绅，射牛行事。封泰山下东方，如郊祠泰一之礼。封广丈二尺，高九尺，其下则有玉牒书，书秘。礼毕，天子独与侍中奉车子侯上泰山，亦有封。其事皆禁。明日，下阴道。丙辰，禅泰山下阯东北肃然山，如祭后土礼。天子皆亲拜见，衣上黄用尽而乐焉。江、淮间一茅三脊为神藉。五色土益杂封。纵远方奇兽飞禽及白雉诸物，颇以加祠。兕牛象犀之属不用。皆至泰山，然后去。封禅祠，其夜若有光，昼有白云出封中。

天子从禅还，坐明堂，群臣更上寿。下诏改元为元封。语在《武纪》。又曰："古者天子五载一巡狩，用事泰山，诸侯有朝宿地。其令诸侯各治邸泰山下。"

天子既已封泰山，无风雨，而方士更言蓬莱诸神若将可得，于是上欣然庶几遇之，复东至海上望焉。奉车子侯暴病，一日死。上乃遂去，并海上，北至碣石，巡自辽西，历北边至九原。五月，乃至甘泉，周万八千里云。

其秋，有星孛于东井。后十余日，有星孛于三能。望气王朔言："候独见填星出如瓜，食顷，复入。"有司皆曰："陛下建汉家封禅，天其报德星云。"

其来年冬，郊雍五帝。还，拜祝祠泰一。赞飨曰："德星昭衍，厥维休祥。寿星乃出，渊耀光明。信星昭见，皇帝敬拜泰祝之享。"

其春，公孙卿言见神人东莱山，若云"欲见天子"。天子于是幸缑氏城，拜卿为中大夫。遂至东莱，宿，留之数日，毋所见，见大人迹云。复遣方士求神人采药以千数。是岁旱。天子既出亡名，乃祷万里沙，过祠泰山。还至瓠子，自临塞决河，留二日，湛祠而去。

汉书卷二十五下　郊祀志第五下

是时既灭两粤,粤人勇之乃言:"粤人俗鬼,而其祠皆见鬼,数有效。昔东瓯王敬鬼,寿百六十岁。后世怠慢,故衰耗。"乃命粤巫立粤祝祠,安台无坛,亦祠天神帝百鬼,而以鸡卜。上信之,粤祠鸡卜自此始用。

公孙卿曰:"仙人可见,上往常遽,以故不见。今陛下可为馆如缑氏城,置脯枣,神人宜可致。且仙人好楼居。"于是上令长安则作飞廉、桂馆,甘泉则作益寿、延寿馆,使卿持节设具而候神人。乃作通天台,置祠具其下,将招来神仙之属。于是甘泉更置前殿,始广诸宫室。夏,有芝生甘泉殿房内中。天子为塞河,兴通天,若有光云,乃下诏:"甘泉房中生芝九茎,赦天下,毋令复作。"

其明年,伐朝鲜。夏,旱。公孙卿曰:"黄帝时,封则天旱,干封三年。"上乃下诏:"天旱,意干封乎?其令天下尊祠灵星焉。"

明年,上郊雍五畤,通回中道,遂北出萧关,历独鹿、鸣泽,自西河归,幸河东祠后土。

明年冬,上巡南郡,至江陵而东。登礼灊之天柱山,号曰南岳。浮江,自浔阳出枞阳,过彭蠡,礼其名山川。北至琅邪,并海上。四月,至奉高修封焉。

初,天子封泰山,泰山东北阯古时有明堂处,处险不敞。上欲治明堂奉高旁,未晓其制度。济南人公玉带上黄帝时明堂图。明堂中有一殿,四面无壁,以茅盖。通水,水圜宫垣。为复道,上有楼,从西南入,名曰昆仑,天子从之入,以拜祀上帝焉。于是上令奉高作明堂汶上,如带图。及是岁修封,则祠泰一、五帝于明堂上坐,合高皇帝祠坐对之。祠后土于下房,以二十太牢。天子从昆仑道入,始拜明堂如郊礼。毕,燎堂下。而上又上泰山,自有秘祠其颠。而泰山下祠五帝,各如其方,黄帝并赤帝所,有司侍祠焉。山上举火,下悉应之。还幸甘泉,郊泰畤。春幸汾阴,祠后土。

明年,幸泰山,以十一月甲子朔旦冬至日祀上帝于明堂,毋修封。其赞飨曰:"天增授皇帝泰元神策,周而复始。皇帝敬拜泰一。"东至海上,考入海及方士求神者,莫验,然益遣,几遇之。乙酉,柏梁灾。十二月甲午朔,上亲禅高里,祠后土。临勃海,将以望祀蓬莱之属,几至殊庭焉。

上还,以柏梁灾故,受计甘泉。公孙卿曰:"黄帝就青灵台,十二日烧,黄帝乃治明庭。明庭,甘泉也。"方士多言古帝王有都甘泉者。其后天子又朝诸侯甘泉,甘泉作诸侯邸。勇之乃曰:"粤俗有火灾,复起屋,必以大,用胜服之。"于是作建章宫,度为千门万户。前殿度高未央。其东则凤阙,高二十余丈。其西则商中,数十里虎圈。其北治大池,渐台高二十余丈,名曰泰液,池中有蓬莱、方丈、瀛州、壶梁,象海中神山龟鱼之属。其南有玉堂璧门大鸟之属。立神明台、井干楼,高五十丈,辇道相属焉。

夏,汉改历,以正月为岁首,而色上黄,官更印章以五字,因为太初元年。是岁,西伐大宛,蝗大起。丁夫人、洛阳虞初等以方祠诅匈奴、大宛焉。

明年,有司言雍五畤无牢孰具,芬芳不备。乃令祠官进畤犊牢具,色食所胜,而以木寓马代驹云。及诸名山川用驹者,悉以木寓马代。独行过亲祠,乃用驹,它礼如故。

明年,东巡海上,考神仙之属,未有验者。方士有言:黄帝时为五城十二楼,以候神人于执期,名曰迎年。上许作之如方,名曰明年。上亲礼祠,上犊黄焉。

公玉带曰:"黄帝时虽封泰山,然风后、封巨、岐伯令黄帝封东泰山,禅凡山,合符,然后不死。"天子既令设祠具,至东泰山,东泰山卑小,不称其声,乃令祠官礼之而不封焉。其后令带奉祠候神物。复还泰山,修五年之礼如前,而加禅祠石闾。石闾者,在泰山下阯南方,方士言仙人闾也,故上亲禅焉。

其后五年,复至泰山修封,还过祭恒山。

自封泰山后,十三岁而周遍于五岳、四渎矣。

后五年,复至泰山修封。东幸琅邪,礼日成山,登之罘,浮大海,用事八神延年。又祠神人于交门宫,若有乡坐拜者云。

后五年,上复修封于泰山。东游东莱,临大海。是岁,雍县无云如雷者三,或如虹气苍黄,若飞鸟集械阳宫南,声闻四百里。陨石二,黑如黳,有司以为美祥,以荐宗庙。而方士之候神入海求蓬莱者终无验,公孙卿犹以大人之迹为解。天子犹羁縻不绝,几遇其真。

诸所兴,如薄忌泰一及三一、冥羊、马行、赤星,五。宽舒之祠官以岁时致礼。凡六祠,皆大祝领之。至如八神,诸明年、凡山它名祠,行过则祠,去则已。方士所兴祠,各自主,其人终则已,祠官不主。它祠皆如故。甘泉泰一、汾阴后土,三年亲郊祠,而泰山五年一修封。武帝凡五修封。昭帝即位,富于春秋,未尝亲巡祭云。

宣帝即位,由武帝正统兴,故立三年,尊孝武庙为世宗,行所巡狩郡国皆立庙。告祠世宗庙日,有白鹤集后庭。以立世宗庙告祠孝昭寝,有雁五色集殿前。西河筑世宗庙,神光兴于殿旁,有鸟如白鹤,前赤后青。神光又兴于房中,如烛状。广川国世宗庙殿上有钟音,门户大开,夜有光,殿上尽明。上乃下诏赦天下。

时,大将军霍光辅政,上共已正南面,非宗庙之祀不出。十二年,乃下诏曰:"盖闻天子事天地,修祀山川,古今通礼也。间者,上帝之祠阙而不亲十有余年,朕其惧焉。朕亲饬躬斋戒,亲奉祀,为百姓蒙嘉气,获丰年焉。"

明年正月,上始幸甘泉,郊见泰畤,数有美祥。修武帝故事,盛车服,敬斋祠之礼,颇作诗歌。

其三月,幸河东,祠后土,有神爵集,改元为神爵。制诏太常:"夫江海,百川之大者也,今阙焉无祠。其令祠官以礼为岁事,以四时祠江海洛水,祈为天下丰年焉。"自是五岳、四渎皆有常礼。东岳泰山于博,中岳泰室于嵩高,南岳灊山于灊,西岳华山于华阴,北岳常山于上曲阳,河于临晋,江于江都,淮于平氏,济于临邑界中,皆使者持节侍祠。唯泰山与河岁五祠,江水四,余皆一祷而三祠云。

时,南郡获白虎,献其皮牙爪,上为立祠。又以方士言,为随侯、剑宝、玉宝璧、周康宝鼎立四祠于未央宫中。又祠太室山于即墨,三户山于下密,祠天封苑火井于鸿门。又立岁星、辰星、太白、荧惑、南斗祠于长安城旁。又祠参山八神于曲城,蓬山石社、石鼓于临朐,之罘山于腄,成山于不夜,莱山于黄。成山祠日,莱山祠月。又祠四时于琅邪,蚩尤于寿良。京师近县,鄠则有劳谷、五床山、日月、五帝、仙人、玉女祠;云阳有径路神祠,祭休屠王也。又立五龙山仙人祠及黄帝、天神帝、原水凡四祠于肤施。

或言益州有金马、碧鸡之神,可醮祭而致,于是遣谏大夫王褒使持节而求之。

大夫刘更生献淮南枕中洪宝苑秘之方,令尚方铸作。事不验,更生坐论。京兆尹张敞上疏谏曰:"愿明主时忘车马之好,斥远方士之虚语,游心帝王之术,太平庶几可兴也。"后尚方待诏皆罢。

是时,美阳得鼎,献之。下有司议,多以为宜荐见宗庙,如元鼎时故事。张敞好古文字,桉鼎铭勒而上议曰:"臣闻周祖始乎后稷,后稷封于骀,公刘发迹于豳,大王建国于歧、梁,文、武兴于丰、镐。由此言之,则歧、梁、丰、镐之间周旧居也,固宜有宗庙、坛场祭祀之臧。今鼎出于歧东,中有刻书曰:王命尸臣:'官此栒邑,赐尔旂鸾、黼黻、雕戈。'尸臣拜手稽首曰:'敢对扬天子丕显休命。'臣愚不足以迹古文,窃以传记言之,此鼎殆周之所以襃赐大臣,大臣子孙刻铭其先功,臧之于宫庙也。昔宝鼎之出于汾脽也,河东太守以闻,诏曰:'朕巡祭后土,祈为百姓蒙丰年,今谷嗛未报,鼎焉为出哉?'博问耆老,意旧臧与,诚欲考得事实也。有司验脽上非旧臧处,鼎大八尺一寸,高三尺六寸,殊异于众鼎。今此鼎细小,又有款识,不宜荐见于宗庙。"制曰:"京兆尹议是。"

上自幸河东之明年正月,凤凰集祋祤,于所集处得玉宝,起步寿宫,乃下诏赦天下。后间岁,凤凰、神爵、甘露降集京师,赦天下。其冬,凤凰集上林,乃作凤凰殿,以答嘉瑞。明年正月复幸甘泉,郊泰畤,改元曰五凤。明年,幸雍祠五畤。其明年春,幸河东,祠后土,赦天下。后间岁,改元为甘露。正月,上幸甘泉,郊泰畤。其夏,黄龙见新丰。建章、未央、长乐宫钟虡铜人皆生毛,长一寸所,时以为美祥。后间岁正月,上郊泰畤,因朝单于甘泉宫。所间岁,改元为黄龙。正月,复幸甘泉,郊泰畤,又朝单于于甘泉宫。至冬而崩。凤凰下郡国凡五十余所。

元帝即位,遵旧仪,间岁正月,一幸甘泉郊泰畤,又东至河东祠后土,西至雍祠五畤。凡五奉泰畤、后土之祠。亦施恩泽,时所过毋出田租,赐百户牛酒,或赐爵,赦罪人。

元帝好儒,贡禹、韦玄成、匡衡等相继为公卿。禹建言汉家宗庙祭祀多不应古礼,上是其言。后韦玄成为丞相,议罢郡国庙,自太上皇、孝惠帝诸园寝庙皆罢。后元帝寝疾,梦神灵谴罢诸庙祠,上遂复焉。后或罢或复,至哀、平不定。语在《韦玄成传》。

成帝初即位,丞相衡、御史大夫谭奏言:"帝王之事莫大乎承天之序,承天之序莫重于郊祀,故圣王尽心极虑以建其制。祭天于南郊,就阳之义也;瘗地于北郊,即阴之象也。天之于天子也,因其所都而各飨焉。往者,孝武皇帝居甘泉宫,即于云阳立泰畤,祭于宫南。今行常幸长安,郊见皇天,反北之泰阴,祠后土,反东之少阳,事与古制殊。又至云阳,行溪谷中,厄陕且百里,汾阴则渡大川,有风波舟楫之危,皆非圣主所宜数乘,郡县治道共张,吏民困苦,百官烦费。劳所保之民,行危险之地,难以奉神灵而祈福祐,殆未合于承天子民之意。昔者周文武郊于丰、镐,成王郊于洛邑。由此观之,天随王者所居而飨之,可见也。甘泉泰畤、河东后土之祠宜可徙置长安,合于古帝王。愿与群臣议定。"奏可。大司马车骑将军许嘉等八人以为:所从来久远,宜如故。右将军王商、博士师丹、议郎翟方进等五十人以为《礼记》曰"燔柴于太坛,祭天也;瘗薶于大折,祭地也。"兆于南郊,所以定天位也。祭地于大折,在北郊,就阴位也。郊处各在圣王所都之南北。《书》曰:"越三日丁巳,用牲于郊,牛二。"周公加牲,告徙新邑,定郊礼于洛。明王圣主,事天明,事地察。天地明察,神明章矣。天地以王者为主,故圣王制祭天地之礼必于国郊。长安,圣主之居,皇天所观视也。甘泉、河东之祠非神灵所飨,宜徙就正阳大阴之处。违俗复古,循圣制,定天位,如礼便。于是衡、谭奏议曰:"陛下圣德,聪明上通,承天之大,典览群下,使各悉心尽虑,议郊祀之处,天下幸甚。臣闻广谋从众,则合于天心,故《洪范》曰'三人占,则从二人言',言少从多之义也。论当往古,宜于万民,则依而从之;违道寡与,则废而不行。今议者五十八人,其五十人言当徙之义,皆著于经传,同于上世,便于吏民;八人不案经艺考古制,而以为不宜,无法之议,难以定吉凶。《太誓》曰:'正稽古立功立事,可以永年,丕天之大律',《诗》曰'毋曰高高在上,陟降厥士,日监在兹',言天之日监王者之处也。又曰'乃眷西顾,此维予宅',言天以文王之都为居也。宜于长安定南北郊,为万世基。"天子从之。

既定,衡言:"甘泉泰畤紫坛,八觚宣通象八方。五帝坛周环其下,又有群神之坛。以《尚书》禋六宗、望山川、遍群神之义,紫坛有文章、采镂、黼黻之饰及玉、女乐,石坛、仙人祠,瘗鸾路、骍驹、寓龙马,不能得其象于古。臣闻郊柴飨帝之义,埽地而祭,上质也。歌大吕舞《云门》以俟神,歌太蔟舞《咸池》以俟地祇,其牲用犊,其席槁秸,其器陶匏,皆因天地之性,贵诚上质,不敢修其文也。以为神祇功德至大,虽修精微而备庶物,犹不足以报功,唯至诚可,故上质不饰,以章天德。紫坛伪饰女乐、鸾路、骍驹、龙马、石坛之属,宜皆勿修。"

衡又言:"王者各以其礼制事天地,非因异世所立而继之。今雍鄜、密、上、下畤,本秦侯各以其意所立,非礼之所载术也。汉兴之初,仪制未及定,即且因秦故祠,复立北畤。今既稽古,建定天地之大礼,郊见上帝,青、赤、白、黄、黑五方之帝皆毕陈,各有位馔,祭祀备具。诸侯所妄造,王者不当长遵。及北畤,未定时所立,不宜复修。"天子皆从焉。及陈宝祠,由是皆罢。

明年,上始祀南郊,赦奉郊之县及中都官耐罪囚徒。是岁,衡、谭复条奏:"长安厨官、县官给祠郡国候神方士使者所祠,凡六百八十三所,其二百八所应礼及疑无明文,可奉祠如故。其余四百七十五所不应礼,或复重,请毕罢。"奏可。本雍旧祠二百三所,唯山川诸星十五所为应礼云。若诸布、诸严、诸逐,皆罢。杜主有五祠,置其一。又罢高祖所立梁、晋、秦、荆巫、九天、南山、莱中之属,及孝文渭阳、孝武薄忌泰一、三一、黄帝、冥羊、马行、泰一、皋山山君、武夷、夏后启母石、万里沙、八神、延年之属,及孝宣参山、蓬山、之罘、成山、莱山、四时、蚩尤、劳谷、五床、仙人、玉女、径路、黄帝、天神、原水之属,皆罢。候神方士使者副佐、本草待诏七十余人皆归家。

明年,匡衡坐事免官爵。众庶多言不当变动祭祀者。又初罢甘泉泰畤作南郊日,大风坏甘泉竹宫,折拔畤中树木十围以上百余。天子异之,以问刘向。对曰:"家人尚不欲绝种祠,况于国之神宝旧畤!且甘泉、汾阴及雍五畤始立,皆有神祇感应,然后营之,非苟而已也。武、宣之世,奉此三神,礼敬敕备,神光尤著。祖宗所立神祇旧位,诚未易动。及陈宝祠,自秦文公至今七百余岁矣,汉兴世世常来,光色赤黄,长四五丈,直祠而息,音声砰隐,野鸡皆雊。每见雍太祝祠以太牢,遣候者乘传驰诣行在所,以为福祥。高祖时五来,文帝二十六来,武帝七十五来,宣帝二十五来,初元元年以来亦二十来,此阳气旧祠也。及汉宗庙之礼,不得擅议,皆祖宗之君与贤臣所共定。古今异制,经无明文,至尊至重,难以疑说正也。前始纳贡禹之议,后人相因,多所动摇。《易大传》曰:'诬神者殃及三世。'恐其咎不独止禹等。"上意恨之。

后上以无继嗣故,令皇太后诏有司曰:"盖闻王者承事天地,交接泰一,尊莫著于祭祀。孝武皇帝大圣通明,始建上下之祀,营泰畤于甘泉,定后土于汾阴,而神祇安之,飨国长久,子孙蕃滋,累世遵业,福流于今。今皇帝宽仁孝顺,奉循圣绪,靡有大愆,而久无继嗣。思其咎职,殆在徙南北郊,违先帝之制,改神祇旧位,失天地之心,以妨继嗣之福。春秋六十,未见皇孙,食不甘味,寝不安席,朕甚悼焉。《春秋》大复古,善顺祀。其复甘泉泰畤、汾阴后土如故,及雍五畤、陈宝祠在陈仓者。"天子复亲郊礼如前。又复长安、雍及郡国祠著明者且半。

成帝末年颇好鬼神,亦以无继嗣故,多上书言祭祀方术者,皆得待诏,祠祭上林苑中长安城旁,费用甚多,然无大贵盛者。谷永说上曰:"臣闻明于天地之性,不可惑以神怪;知万物之情,不可罔以非类。诸背仁义之正道,不遵《五经》之法言,而盛称奇怪鬼神,广崇祭祀之方,求报无福之祠,及言世有仙人,服食不终之药,遥兴轻举,登遐倒景,览观县圃,浮游蓬莱,耕耘五德,朝种暮获,与山石无极,黄冶变化,坚冰淖溺,化色五仓之术者,皆奸人惑众,挟左道,怀诈伪,以欺罔世主。听其言,洋洋满耳,若将可遇;求之,荡荡如系风捕景,终不可得。是以明王距而不听,圣人绝而不语。昔周史苌弘欲以鬼神之术辅尊灵王会朝诸侯,而周室愈微,诸侯愈叛。楚怀王隆祭祀,事鬼神,欲以获福助,却秦师,而兵挫地削,身辱国危。秦始皇初并天下,甘心于神仙之道,遣徐福、韩终之属多赍童男童女入海求神采药,因逃不还,天下怨恨。汉兴,新垣平、齐人少翁、公孙卿、栾大等,皆以仙人黄冶祭祠事鬼使物入海求神采药贵幸,赏赐累千金。大尤尊盛,至妻公主,爵位累,震动海内。元鼎、元封之际,燕、齐之间方士瞋目扼掔,言有神仙、祭祠致福之术者以万数。其后,平等皆以术穷诈得,诛夷伏辜。至初元中,有天渊玉女、巨鹿神人、轑阳侯师张宗之奸,纷纷复起。夫周、秦之末,三五之隆,已尝专意散财,厚爵禄,竦精神,举天下以求之矣。旷日经年,靡有毫厘之验,足以揆今。《经》曰:'享多仪,仪不及物,惟曰不享。'《论语》说曰:'子不语怪神。'唯陛下距绝此类,毋令奸人有以窥朝者。"上善其言。

后成都侯王商为大司马卫将军辅政,杜邺说商曰:"'东邻杀牛,不如西邻之禴祭',言奉天之道,贵以诚质大得民心也。行秽祀丰,犹不蒙祐;德修荐薄,吉必大来。古者坛场有常处,燎禋有常用,赞见有常礼;牺牲玉帛虽备而财不匮,车舆臣役虽动而用不劳。是故每举其礼,助者欢说,大路肸历,黎元不知。今甘泉、河东天地郊祀,咸失方位,违阴阳之宜。及雍五畤皆旷远,奉尊之役,休而复起,缮治共张,无解已时,皇天著象,殆可略知。前上甘泉,先驱失道,礼月之夕,奉引复迷。祠后土还,临河当渡,疾风起波,船不可御。又雍大雨,坏平阳宫垣。乃三月甲子,震电灾林光宫门。祥瑞未著,咎征仍臻。迹三郡所奏,皆有变故。不答不飨,何以甚此!《诗》曰:'率由旧章'。旧章,先王法度,文王以之,交神于祀,子孙千亿。宜如异时公卿之议,复还长安南、北郊。"

后数年,成帝崩,皇太后诏有司曰:"皇帝即位,思顺天心,遵经义,定郊礼,天下说喜。惧未有皇孙,故复甘泉泰畤、汾阴后土,庶几获福。皇帝恨难之,卒未得其祐。其复南、北郊长安如故,以顺皇帝之意也。"

哀帝即位,寝疾,博征方术士,京师诸县皆有侍祠使者,尽复前世所常兴诸神祠官,凡七百余所,一岁三万七千祠云。

明年,复令太皇太后诏有司曰:"皇帝孝顺,奉承圣业,靡有解怠,而久疾未瘳。夙夜唯思,殆继体之君不宜改作。其复甘泉泰畤、汾阴后土祠如故。"上亦不能亲至,遣有司行事而礼祠焉。后三年,哀帝崩。

平帝元始五年,大司马王莽奏言:"王者父事天,故爵称天子。孔子曰:'人之行莫大于孝,孝莫大于严父,严父莫大于配天。'王者尊其考,欲以配天,缘考之意,欲尊祖,推而上之,遂及始祖。是以周公郊祀后稷以配天,宗祀文王于明堂以配上帝。《礼记》:天子祭天地及山川,岁遍。《春秋穀梁传》以十二月下辛卜,正月上辛郊。高皇帝受命,因雍四畤起北畤,而备五帝,未共天地之祀。孝文十六年用新垣平,初起渭阳五帝庙,祭泰一、地祇,以太祖高皇帝配。日冬至祠泰一,夏至祠地祇,皆并祠五帝,而共一牲,上亲郊拜。后平伏诛,乃不复自亲,而使有司行事。孝武皇帝祠雍,曰:'今上帝朕亲郊,而后土无祠,则礼不答也。'于是元鼎四年十一月甲子始立后土祠于汾阴。或曰,五帝,泰一之佐,宜立泰一。五年十一月癸未始立泰一祠于甘泉,二岁一郊,与雍更祠,亦以高祖配,不岁事天,皆未应古制。建始元年,徙甘泉泰畤、河东后土于长安南北郊。永始元年三月,以未有皇孙,复甘泉、河东祠。绥和二年,以卒不获祐,复长安南、北郊。建平三年,惧孝哀皇帝之疾未瘳,复甘泉、汾阴祠,竟复无福。臣谨与太师孔光、长乐少府平晏、大司农左咸、中垒校尉刘歆、太中大夫朱阳、博士薛顺、议郎国由等六十七人议,皆曰宜如建始时丞相匡衡等议,复长安南、北郊如故。"

莽又颇改其祭礼,曰:"《周官》天地之祀,乐有别有合。其合乐曰'以六律、六钟、五声、八音、六舞大合乐',祀天神,祭地祇,祀四望,祭山川,享先妣先祖。凡六乐,奏六歌,而天地神祇之物皆至。四望,盖谓日、月、星、海也。三光高而不可得亲,海广大无限界,故其乐同。祀天则天文从,祭地则地理从。三光,天文也;山川,地理也。天地合祭,先祖配天,先妣配地,其谊一也。天地合精,夫妇判合。祭天南郊,则以地配,一体之谊也。天地位皆南乡,同席,地在东,共牢而食。高帝、高后配于坛上,西乡,后在北,亦同席共牢。牲用茧栗,玄酒陶匏。《礼记》曰天子籍田千亩以事天地,由是言之,宜有黍、稷。天地用牲一,燔燎、瘗薶用牲一,高帝、高后用牲一。天用牲左,及黍、稷燔燎南郊;地用牲右,及黍、稷瘗于北郊。其旦,东乡再拜朝日;其夕,西向再拜夕月。然后孝弟之道备,而神祇嘉享,万福降辑。此天地合祀,以祖、妣配者也。其别乐曰'冬日至,于地上之圜丘奏乐六变,则天神皆降;夏日至,于泽中之方丘奏乐八变,则地祇皆出。'天地有常位,不得常合,此其各特祀者也。阴阳之别于日冬、夏至;其会也,以孟春正月上辛若丁。天子亲合祀天地于南郊,以高帝、高后配。阴阳有离合,《易》曰'分阴分阳,迭用柔刚'。以日冬至使有司奉祠南郊,高帝配而望群阳;日夏至使有司奉祭北郊,高后配而望群阴。皆以助致微气,通道幽弱。当此之时,后不省方,故天子不亲而遣有司,所以正承天顺地,复圣王之制,显太祖之功也。渭阳祠勿复修。群望未悉定,定复奏。"奏可。三十余年间,天地之祠五徙焉。

后莽又奏言:"《书》曰'类于上帝,禋于六宗'。欧阳、大小夏侯三家说六宗,皆曰上不及天,下不及地,旁不及四方,在六者之间,助阴阳变化,实一而名六,名实不相应。《礼记》祀典,功施于民则祀之。天文:日、月、星、辰,所昭仰也;地理:山、川、海、泽,所生殖也。《易》有八卦,'乾'、'坤'六子,水火不相逮,雷风不相诿,山泽通气,然后能变化,既成万物也。臣前奏徙甘泉泰畤、汾阴后土皆复于南北郊。谨案《周官》'兆五帝于四郊',山川各因其方,今五帝兆居于雍五畤,不合于古。又日、月、雷、风、山、泽,《易》卦六子之尊气,所谓六宗也。星、辰、水、火、沟、渎,皆六宗之属也。今或未特祀,或无兆居。谨与太师光、大司徒宫、羲和歆等八十九人议,皆曰:天子父事天,母事地。今称天神曰皇天上帝,泰一兆曰泰畤,而称地祇曰后土,与中央黄灵同,又兆北郊,未有尊称。宜令地祇称皇地后祇,兆曰广畤。《易》曰'方以类聚,物以群分'。分群神以类相从为五部,兆天地之别神:中央帝黄灵后土畤及日庙、北辰、北斗、填星、中宿中宫于长安城之未地兆;东方帝太昊青灵勾芒畤及雷公、风伯庙、岁星、东宿东宫于东郊兆;南方炎帝赤灵祝融畤及荧惑星、南宿南宫于南郊兆;西方帝少皞白灵蓐收畤及太白星、西宿西宫于西郊兆;北方帝颛顼黑灵玄冥畤及月庙、雨师庙、辰星、北宿北宫于北郊兆。"奏可。于是长安旁诸庙兆畤甚盛矣。

莽又言:"帝王建立社稷,百王不易。社者,土也。宗庙,王者所居。稷者,百谷之主,所以奉宗庙,共粢盛,人所食以生活也。王者莫不尊重亲祭,自为之主,礼如宗庙。《诗》曰'乃立冢土'。又曰'以御田祖,以祈甘雨'。《礼记》曰'唯祭宗庙社稷,为越绋而行事'。圣汉兴,礼仪稍定,已有官社,未立官稷。"遂于官社后立官稷,以夏禹配食官社,后稷配食官稷。稷种谷树。徐州牧岁贡五色土各一斗。

莽篡位二年,兴神仙事,以方士苏乐言,起八风台于宫中。台成万金,作乐其上,顺风作液汤。又种五粱禾于殿中,各顺色置其方面,先煮鹤髓、毒冒、犀玉二十余物渍种,计粟斛成一金,言此黄帝谷仙之术也。以乐为黄门郎,令主之。莽遂崇鬼神淫祀,至其末年,自天地六宗以下至诸小鬼神,凡千七百所,用三牲鸟兽三千余种。后不能备,乃以鸡当鹜雁,犬当麋鹿。数下诏自以当仙,语在其《传》。

赞曰:汉兴之初,庶事草创,唯一叔孙生略定朝廷之仪。若乃正朔、服色、郊望之事,数世犹未章焉。至于孝文,始以夏郊,而张苍据水德,公孙臣、贾谊更以为土德,卒不能明。孝武之世,文章为盛,太初改制,而兒宽、司马迁等犹从臣、谊之言,服色数度,遂顺黄德。彼以五德之传,从所不胜,秦在水德,故谓汉据土而克之。刘向父子以为帝出于《震》,故包羲氏始受木德,其后以母传子,终而复始,自神农、黄帝下历唐、虞三代而汉得火焉。故高祖始起,神母夜号,著赤帝之符,旗章遂赤,自得天统矣。昔共工氏以水德间于木、火,与秦同运,非其次序,故皆不永。由是言之,祖宗之制盖有自然之应,顺时宜矣。究观方士祠官之变,谷永之言,不亦正乎!不亦正乎!

卷二十六　　　　天文志第六

凡天文在图籍昭昭可知者,经星常宿中外官凡百一十八名,积数七百八十三星,皆有州国官宫物类之象。其伏见早晚,邪正存亡,虚实阔狭,及五星所行,合散犯守,陵历斗食,彗孛飞流,日月薄食,晕适背穴,抱珥虹蜺,迅雷风袄,怪云变气:此皆阴阳之精,其本在地,而上发于天者。政失于此,则变见于彼,犹景之象形,乡之应声。是以明君睹之而寤,饬身正事,思其咎谢,则祸除而福至,自然之符也。

中宫天极星,其一明者,泰一之常居也,旁三星三公,或曰子属。后句四星,末大星正妃,余三星后宫之属也。环之匡卫十二星,藩臣。皆曰紫宫。

前列直斗口三星,随北耑锐,若见若不见,曰阴德,或曰天一。紫宫左三星曰天枪,右四星曰天棓。后十七星绝汉抵营室,曰阁道。

北斗七星,所谓"旋、玑、玉衡,以齐七政"。杓携龙角,衡殷南斗，魁枕参首。用昏建者杓；杓，自华以西南。夜半建者衡；衡，殷中州河、济之间。平旦建者魁；魁，海岱以东北也。斗为帝车，运于中央，临制四海。分阴阳，建四时，均五行，移节度，定诸纪，皆系于斗。

斗魁戴筐六星，曰文昌宫：一曰上将，二曰次将，三曰贵相，四曰司命，五曰司禄，六曰司灾。在魁中，贵人之牢。魁下六星两两而比者，曰三能。三能色齐，君臣和；不齐，为乖戾。柄辅星，明近，辅臣亲强；斥小，疏弱。

杓端有两星：一内为矛，招摇；一外为盾，天蜂。有句圜十五星，属杓，曰贱人之牢。牢中星实则囚多，虚则开出。

天一、枪、棓、矛、盾动摇，角大，兵起。

东宫苍龙，房、心。心为明堂，大星天王，前后星子属。不欲直，直，王失计。房为天府，曰天驷。其阴，右骖。旁有两星曰衿。衿北一星曰辖。东北曲十二星曰旗。旗中四星曰天市。天市中星众者实，其中虚则耗。房南众星曰骑官。

左角，理；右角，将。大角者，天王帝坐廷。其两旁各有三星，鼎足句之，曰摄提。摄提者，直斗杓所指，以建时节，故曰"摄提格"。亢为宗庙，主疾。其南北两大星，曰南门。氐为天根，主疫。尾为九子，曰君臣；斥绝，不和。箕为敖客，后妃之府，曰口舌。火犯守角，则有战。房、心，王者恶之。

南宫朱鸟，权、衡。衡、太微，三光之廷。筐卫十二星，藩臣：西，将；东，相；南四星，执法；中，端门；左右，掖门。掖门内六星，诸侯。其内五星，五帝坐。后聚十五星，曰哀乌郎位；旁一大星，将位也。月、五星顺入，轨道，司其出，所守，天子所诛也。其逆入，若不轨道，以所犯名之；中坐，成形，皆群下不从谋也。金、火尤甚。廷藩西有随星四，名曰少微，士大夫。权，轩辕，黄龙体。前大星，女主象；旁小星，御者后宫属。月、五星守犯者，如衡占。

东井为水事。火入之，一星居其左右，天子且以火为败。东井西曲星曰戉；北，北河；南，南河；两河、天阙间为关梁。舆鬼，鬼祠事；中白者为质。火守南北河，兵起，谷不登。故德成衡，观成潢，伤成戉，祸成井，诛成质。

柳为鸟喙，主木草。七星，颈，为员宫，主急事。张，嗉，为厨，主觞客。翼为羽翮，主远客。

轸为车，主风。其旁有一小星，曰长沙，星星不欲明；明与四星等，若五星入轸中，兵大起。轸南众星曰天库，库有五车。车星角，若益众，及不具，亡处车马。

西宫咸池，曰天五潢。五潢，五帝车舍。火入，旱；金，兵；水，水。中有三柱；柱不具，兵起。

奎曰封豨，为沟渎。娄为聚众。胃为天仓。其南众星曰廥积。

昴曰旄头，胡星也，为白衣会。毕曰罕车，为边兵，主弋猎。其大星旁小星为附耳。附耳摇动，有谗乱臣在侧。昴、毕间为天街。其阴，阴国；阳，阳国。

参为白虎，三星直者，是为衡石。下有三星，锐，曰罚，

为斩艾事。其外四星，左右肩股也。小三星隅置，曰觜觿，为虎首，主葆旅事。其南有四星，曰天厕。天厕下一星，曰天矢。矢黄则吉；青、白、黑，凶。其西有句曲九星，三处罗列：一曰天旗，二曰天苑，三曰九斿。其东有大星曰狼，狼角变色，多盗贼。下有四星曰弧，直狼。比地有大星，曰南极老人。老人见，治安；不见，兵起。常以秋分时候之南郊。

北宫玄武，虚、危。危为盖屋；虚为哭泣之事。其南有众星，曰羽林天军。军西为垒，或曰戉。旁一大星，北落。北落若微亡，军星动角益稀，及五星犯北落，入军，军起。火、金、水尤甚。火入，军忧；水，水患；木、土，军吉。危东六星，两两而比，曰司寇。

营室为清庙，曰离宫、阁道。汉中四星，曰天驷。旁一星，曰王梁。王梁策马，车骑满野。旁有八星，绝汉，曰天横。天横旁，江星。江星动，以人涉水。

杵、臼四星，在危南。匏瓜，有青黑星守之，鱼盐贵。

南斗为庙，其北建星。建星者，旗也。牵牛为牺牲，其北河鼓。河鼓大星，上将；左，左将；右，右将。婺女，其北织女。织女，天女孙也。

岁星曰东方，春，木；于人五常，仁也；五事，貌也。仁亏貌失，逆春令，伤木气，罚见岁星。岁星所在，国不可伐，可以伐人。超舍而前为赢，退舍为缩。赢，其国有兵不复；缩，其国有忧，其将死，国倾败。所去，失地；所之，得地。一曰，当居不居，国亡；所之，国昌；已居之，又东西去之，国凶，不可举事用兵。安静中度，吉。出入不当其次，必有天祆见其舍也。

岁星赢而东南，《石氏》"见彗星"，《甘氏》"不出三月乃生彗，本类星，末类彗，长二丈。赢东北，《石氏》"见觉星"，《甘氏》"不出三月乃生天棓，本类星，末锐，长四尺"。缩西南，《石氏》"见欃云，如牛"，《甘氏》"不出三月乃生天枪，左右锐，长数丈"。缩西北，《石氏》"见枪云，如马"，《甘氏》"不出三月乃生天欃，本类星，末锐，长数丈"。《石氏》"枪、欃、棓、彗异状，其殃一也，必有破国乱君，伏死其辜，余殃不尽，为旱、凶、饥、暴疾"。至日行一尺，出二十余日乃入，《甘氏》"其国凶，不可举事用兵"。出而易，"所当之国，是受其殃"。又曰"祆星，不出三年，其下有军，及失地，若国君丧"。

荧惑曰南方，夏，火；礼也，视也。礼亏视失，逆夏令，伤火气，罚见荧惑。逆行一舍二舍为不祥，居之三月国有殃，五月受兵，七月国半亡地，九月地太半亡。因与俱出入，国绝祀。荧惑为乱为贼，为疾为丧，为饥为兵，所居之宿国受殃。殃还至者，虽大当小；居之久殃乃至者，当小反大。已去复还居之，若居之而角者，若动者，绕环之，及乍前乍后，乍左乍右，殃愈甚。一曰，荧惑出则有大兵，入则兵散。周还止息，乃为其死丧。寇乱在其野者亡地，以战不胜。东行疾则兵聚于东方，西行疾则兵聚于西方；其南为丈夫丧，北为女子丧。荧惑，天子理也，故曰虽有明天子，必视荧惑所在。

太白曰西方，秋，金；义也，言也。义亏言失，逆秋令，伤金气，罚见太白。日方南太白居其南，日方北太白居其北，为嬴，侯王不宁，用兵进吉退凶。日方南太白居其北，日方北太白居其南，为缩，侯王有忧，用兵退吉进凶。当出不出，当入不入为失舍，不有破军，必有死王之墓，有亡国。一曰，天下偃兵，野有兵者，所当之国大凶。当出不出，未当入而入，天下偃兵，兵在外，入。未当而出，当入而不入，天下起兵，有至破国。未当而出，未当入而入，天下举兵，所当之国亡。当期而出，其国昌。出东为东方，入为北方；出西为西方，入为南方。所居久，其国利；易，其乡凶。入七日复出，将军战死。入十日复出，相死之。入又复出，人君恶之。已出三日而复微入，三日乃复盛出，是为奥而伏，其下国有军，其众败将北。已入三日，又复微出，三日乃复盛入，其下国有忧，帅师虽众，敌食其粮，用其兵，戾其帅。出西方，失其行，夷狄败；出东方，失其行，中国败。一曰，出蚤为月食，晚为天祆及彗星，将发于亡道之国。

太白出而留桑榆间，病其下国。上而疾，未尽期日过参天，病其对国。太白经天，天下革，民更王，是为乱纪，人民流亡。昼见与日争明，强国弱，小国强，女主昌。

太白，兵象也。出而高，用兵深吉浅凶，埤，浅吉深凶。行疾，用兵疾吉迟凶；行迟，用兵迟吉疾凶。角，敢战吉，不敢战凶；击角所指吉，逆之凶。进退左右，用兵进退左右吉，静凶。圜以静，用兵静吉趮凶。出则兵出，入则兵入。象太白吉，反之凶。赤角，战。

太白者，犹军也，而荧惑，忧也。故荧惑从太白，军忧；离之，军舒。出太白之阴，有分军；出其阳，有偏将之战。当其行，太白还之，破军杀将。

辰星，杀伐之气，战斗之象也。与太白俱出东方，皆赤而角，夷狄败，中国胜；与太白俱出西方，皆赤而角，中国败，夷狄胜。

五星分天之中，积于东方，中国大利；积于西方，夷狄用兵者利。

辰星不出，太白为客；辰星出，太白为主人。辰星与太白不相从，虽有军不战。辰星出东方，太白出西方。若辰星出西方，太白出东方，为格，野虽有兵，不战。辰星入太白中，五日乃出，及入而上出，破军杀将，客胜；下出，客亡地。辰星来抵，太白不去，将死。正其上出，破军杀将，客胜；下出，客亡地。视其所指，以名破军。辰星绕环太白，若斗，大战，客胜，主人吏死。辰星过太白，间可械剑，小战，客胜；居太白前旬三日，军罢；出太白左，小战；历太白右，数万人战，主人吏死；出太白右，去三尺，军急约战。

凡太白所出所直之辰，其国为得位，得位者战胜。所直之辰顺其色而角者胜，其色害者败。太白白比狼，赤比心，黄北参北肩，青比参左肩，黑比奎大星。色胜位，行胜色，行得尽胜之。

辰星曰北方，冬，水，知也，听也。知亏听失，逆冬令，伤水气，罚见辰星。出蚤为月食，晚为彗星及天祆。一时不出，其时不和；四时不出，天下大饥。失时而出，为当寒反温，当温反寒。当出不出，是谓击卒，兵大起。与它星遇而斗，天下大乱。出于房、心间，地动。

填星曰中央，季夏，土，信也，思心也。仁义礼智以信为主，貌言视听以心为正，故四星皆失，填星乃为之动。填星所居，国吉。未当居而居之，若已去而复还居之，国得土，不乃得女子。当居不居，既已居之，又东西去之，国失土，不乃失女，不，有土事若女之忧。居宿久，国福厚，易，福薄。当居不居，为失填，其下国可伐；得者，不可伐。其嬴，为王不宁；缩，有军不复。一曰，既已居之又东西去之，其国凶，不可举事用兵。失次而上一舍三舍，有王命不成，不乃大水；失次而下二舍，有后戚，其岁不复，不乃天裂若地动。

凡五星，岁与填合则为内乱，与辰合则为变谋而更事，与荧惑合则为饥，为旱，与太白合则为白衣之会，为水。太白在南，岁在北，名曰牝牡，年谷大孰。太白在北，岁在南，年或有或亡。荧惑与太白合则为丧，不可举事用兵；与填合则为忧，主孽卿；与辰合则为北军，用兵举事大败。填与辰合则将有覆军下师；与太白合则为疾，为内兵。辰与太白合则为变谋，为兵忧。凡岁、荧惑、填、太白四星与辰斗，皆为战，兵不在外，皆为内乱。一曰，火与水合为淬，与金合为铄，不可举事用兵。土与金合国亡地，与木合则国饥，与水合为雍沮，不可举事用兵。木与金合斗，国有内乱。同舍为合，相陵为斗。二星相近者其殃大，二星相远者殃无伤也，从七寸以内必之。

凡月食五星，其国皆亡：岁以饥，荧惑以乱，填以杀，太白强国以战，辰以女乱。月食大角，王者恶之。

凡五星所聚宿，其国王天下：从岁以义，从荧惑以礼，从填以重，从太白以兵，从辰以法。以法者，以法致天下也。三星若合，是谓惊立绝行，其国外内有兵与丧，民人乏饥，改立王公。四星若合，是谓大汤，其国兵丧并起，君子忧，小人流。五星若合，是谓易行：有德受庆，改立王者，掩有四方，子孙蕃昌；亡德受罚，离其国家，灭其宗庙，百姓离去，被满四方。五星皆大，其事亦大；皆小，其事亦小也。

凡五星色：皆圜，白为丧为旱，赤中不平为兵，青为忧为水，黑为疾为多死，黄吉；皆角，赤犯我城，黄地之争，白哭泣之声，青有兵忧，黑水。五星同色，天下偃兵，百姓安宁，歌舞以行，不见灾疾，五谷蕃昌。

凡五星，岁，缓则不行，急则过分，逆则占。荧惑，缓则不出，急则不入，违道则占。填，缓则不建，急则过舍，逆则占。太白，缓则不出，急则不入，逆则占。辰，缓则不出，急则不入，非时则占。五星不失行，则年谷丰昌。

凡以宿星通下之变者，维星散，句星信，则地动。有星守三渊，天下大水，地动，海鱼出。纪星散者山崩，不即有丧。龟、鳖星不居汉中，川有易者。辰星入五车，大水。荧惑入积水，水，兵起；入积薪，旱，兵起；守之，亦然。极后有四星，名曰句星。斗杓后有三星，名曰维星。散者，不相从也。三渊，盖五车之三柱也。天纪属贯索。积薪在北成西北。积水在北成东北。

角、亢、氐，沇州。房、心，豫州。尾、箕，幽州。斗，江、湖。牵牛、婺女，扬州。虚、危，青州。营室、东壁，并州。奎、娄、胃，徐州。昴、毕，冀州。觜觿、参，益州。东井、舆鬼，雍州。柳、七星、张，三河。翼、轸，荆州。

甲乙，海外，日月不占。丙丁，江、淮、海、岱。戊己，中州河、济。庚辛，华山以西。壬癸，常山以北。一曰，甲齐、乙东夷、丙楚、丁南夷、戊魏、己韩、庚秦、辛西夷、壬燕、赵、癸北夷。子周，丑翟，寅赵，卯郑，辰邯郸，巳卫，午秦，未中山，申齐，酉鲁，戌吴、越，亥燕、代。

秦之疆，候太白，占狼、弧。吴、楚之疆，候荧惑，占鸟衡。燕、齐之疆，候辰星，占虚、危。宋、郑之疆，候岁星，占房、心。晋之疆，亦候辰星，占参、罚。及秦并吞三晋、燕、代，自河、山以南者中国。中国于四海内则在东南，为阳，阳则日、岁星、荧惑、填星，占于街南，毕主之。其西北则胡、貉、月氏旃裘引弓之民，为阴，阴则月、太白、辰星，占于街北，昴主之。故中国山川东北流，其维，首在陇、蜀，尾没于渤海碣石。是以秦、晋好用兵，复占太白。太白主中国，而胡、貉数侵掠，独占辰星。辰星出入躁疾，常主夷狄，其大经也。

凡五星，早出为赢，赢为客；晚出为缩，缩为主人。五星赢缩，必有天应见杓。

太岁在寅曰摄提格。岁星正月晨出东方，《石氏》曰名监德，在斗、牵牛。失次，杓，早水，晚旱。《甘氏》在建星、婺女。《太初历》在营室、东壁。

在卯曰单阏。二月出，《石氏》曰名降入，在婺女、虚、危。《甘氏》在虚、危。失次，杓，有水灾。《太初》在奎、娄。

在辰曰执徐。三月出，《石氏》曰名青章，在营室、东壁。失次，杓，早旱，晚水。《甘氏》同。《太初》在胃、昴。

在巳曰大荒落。四月出，《石氏》曰名路踵，在奎、娄。《甘氏》同，《太初》在参、罚。

在午曰敦牂。五月出，《石氏》曰名启明，在胃、昴、毕。失次，杓，早旱，晚水。《甘氏》同。《太初》在东井、舆鬼。

在未曰协洽。六月出，《石氏》曰名长烈，在觜觿、参。《甘氏》在参、罚。《太初》在注、张、七星。

在申曰涒滩。七月出，《石氏》曰名天晋，在东井、舆鬼。《甘氏》在弧。《太初》在翼、轸。

在酉曰作鄂。八月出，《石氏》曰名长壬，在柳、七星、张。失次，杓，有女丧，民疾。《甘氏》在注、张。失次，杓，有火。《太初》在角、亢。

在戌曰掩茂。九月出，《石氏》曰名天睢，在翼、轸。失次，杓，水。《甘氏》在七星、翼。《太初》在氐、房、心。

在亥曰大渊献。十月出，《石氏》曰名天皇，在角、亢始。《甘氏》在轸、角、亢。《太初》在尾、箕。

在子曰困敦。十一月出，《石氏》曰名天宗，在氐、房始。《甘氏》同。《太初》在建星、牵牛。

在丑曰赤奋若。十二月出，《石氏》曰名天昊，在尾、箕。《甘氏》在心、尾。《太初》在婺女、虚、危。

《甘氏》、《太初历》所以不同者，以星赢缩在前，各录后所见也。其四星亦略如此。

古历五星之推，亡逆行者，至甘氏、石氏《经》，以荧惑、太白为有逆行。夫历者，正行也。古人有言曰："天下太平，五星循度，亡有逆行。日不食朔，月不食望。"夏氏《日月传》曰："日月食尽，主位也；不尽，臣位也。"《星传》曰："日者德也，月者刑也，故日日食修德，月食修刑。"然而历纪推月食，与二星之逆亡异。荧惑主内乱，太白主兵，月主刑。自周室衰，乱臣贼子师旅数起，刑罚失中，虽其亡乱臣贼子师旅之变，内臣犹不治，四夷犹不服，兵革犹不寝，刑罚犹不错，故二星与月为之失度，三变常见；及有乱臣贼子伏尸流血之兵，大变乃出。甘、石氏见其常然，因以为纪，皆非正行也。《诗》云："彼月而食，则惟其常；此日而食，于何不臧？"《诗传》曰："月食非常也，比之日食犹常也，日食则不臧矣。"谓之小变，可也；谓之正行，非也。故荧惑必行十六舍，去日远而颠愆。太白出西方，进在日前，气盛乃逆行。及月必食于望，亦诛盛也。

国皇星，大而赤，状类南极。所出，其下起兵。兵强，其冲不利。

昭明星，大而白，无角，乍上乍下。所出国，起兵多变。

五残星，出正东，东方之星。其状类辰，去地可六丈，大而黄。

六贼星，出正南，南方之星。去地可六丈，大而赤，数动，有光。

司诡星，出正西，西方之星。去地可六丈，大而白，类太白。

咸汉星，出正北，北方之星。去地可六丈，大而赤，数动，察之中青。

此四星所出非其方，其下有兵，冲不利。

四填星，出四隅，去地可四丈。地维臧光，亦出四隅，去地可二丈，若月始出。所见下，有乱者亡，有德者昌。

烛星，状如太白，其出也不行，见则灭。所烛，城邑乱。

如星非星，如云非云，名曰归邪。归邪出，必有归国者。

星者，金之散气，其本曰人。星众，国吉，少则凶。汉者亦金散气，其本曰水。星多，多水，少则旱，其大经也。

天鼓，有音如雷非雷，音在地而下及地。其所住者，兵发其下。

天狗，状如大流星，有声，其下止地，类狗。所坠及，望之如火光炎炎冲天，其下圜如数顷田处，上锐见则有黄色，千里破军杀将。

格泽者，如炎火之状，黄白，起地而上，下大上锐。其见也，不种而获。不有土功，必有大客。

蚩尤之旗，类彗而后曲，象旗。见则王者征伐四方。

旬始，出于北斗旁，状如雄鸡。其怒，青黑色，象伏鳖。

枉矢，状类大流星，蛇行而苍黑，望如有毛目然。

长庚，广如一匹布著天。此星见，起兵。

星坠至地，则石也。

天暝而见景星。景星者，德星也，其状无常，常出于有道之国。

日有中道，月有九行。

中道者，黄道，一曰光道。光道北至东井，去北极近；南至牵牛，去北极远；东至角，西至娄，去极中。夏至至于东井，北近极，故暑短；立八尺之表，而晷景长尺五寸八分。冬至至于牵牛，远极，故暑长；立八尺之表，而晷景长丈三尺一寸四分。春秋分日至娄、角，去极中，而晷中；立八尺之表，而晷景长七尺三寸六分。此日去极远近之差，晷景长短之制也。去极远近难知，要以晷景。晷景者，所以知日之南北也。日，阳也。阳用事则日进而北，昼进而长，阳胜，故为温暑；阴用事则日退而南，昼退而短，阴胜，故为凉寒也。故日进为暑，退为寒。若日之南北失节，暑过而长为常寒，退而短为常燠。此寒燠之表也，故日为寒暑。一曰，暑长为潦，短为旱，奢为扶。扶者，邪臣进而正臣疏，君子不足，奸人有余。

月有九行者：黑道二，出黄道北；赤道二，出黄道南；白道二，出黄道西；青道二，出黄道东。立春、春分，月东从青道；立秋、秋分，西从白道；立冬、冬至，北从黑道；立夏、夏至，南从赤道。然用之，一决房中道。青赤出阳道，白黑出阴道。若月失节度而妄行，出阳道则旱风，出阴道则阴雨。

凡君行急则日行疾，君行缓则日行迟。日行不可指而知也，故以二至二分之星为候。日东行，星西转。冬至昏，奎八度中；夏至，氐十三度中；春分，柳一度中；秋分，牵牛三度七分中；此其正行也。日行疾，则星西转疾，事势然也。故过中则疾，君行急之感也；不及中则迟，君行缓之象也。

至月行，则以晦朔决之。日冬则南，夏则北；冬至于牵牛，夏至于东井。日之所行为中道，月、五星皆随之也。

箕星为风，东北之星也。东北地事，天位也，故《易》曰"东北丧朋"。及《巽》在东南，为风，风，阳中之阴，大臣之象也，其星，轸也。月去中道，移而东北入箕，若东南入轸，则多风。西方为雨；雨，少阴之位也。月去中道，移而西入毕，则多雨。故《诗》云"月离于毕，俾滂沱矣"，言多雨也。《星传》曰"月入毕则将相有以家犯罪者"，言阴盛也。《书》曰"星有好风，星有好雨，月之从星，则以风雨"，言失中道而东西也。故《星传》曰："月入南牵牛南戒，民间疾疫；月北入太微，出坐北，若犯坐，则下人谋上。"

一曰月为风雨，日为寒温。冬至日南极，暑长，南不极则温为害；夏至日北极，暑短，北不极则寒为害。故《书》曰"日月之行，则有冬有夏"也。政治变于下，日月运于上矣。月出房北，为雨为阴，为乱为兵；出房南，为旱为夭丧。水旱至冲而应，及五星之变，必然之效也。

两军相当，日晕等，力均；厚长大，有胜；薄短小，亡胜。重抱，大破亡。抱为和，背为不和，为分离相去。直为自立，立兵破军，若曰杀将。抱且戴，有喜。围在中，中胜；在外，外胜。青外赤中，以和相去；赤外青中，以恶相去。气晕先至而后去，居军胜。先至先去，前有利，后有病；后至后去，前病后利；后至先去，前后皆病，居军不胜。见而去，其后发疾，虽胜亡功。见半日以上，功大。白虹屈短，上下锐，有者下大流血。日晕制胜，近期三十日，远期六十日。

其食，食所不利；复生，生所利；不然，食尽为主位。以其直及日所躔加日时，用名其国。

凡望云气，仰而望之，三四百里；平望，在桑榆上，千余里，二千里；登高而望之，下属地者居三千里。云气有居上者，胜。

自华以南，气下黑上赤。嵩高、三河之郊，气正赤。常山以北，气下黑上青。勃、碣、海、岱之间，气皆黑。江、淮之间，气皆白。

徒气白。土功气黄。车气乍高乍下，往往而聚。骑气卑而布。卒气抟。前卑而后高者，疾；前方而后高者，锐；后锐而卑者，却。其气平者其行徐。前高后卑者，不止而反。气相遇者，卑胜高，锐胜方。气来卑而循车道者，不过三四日，去之五六里见。气来高七八尺者，不过五六日，去之十余二十里见。气来高丈余二丈者，不过三四十日，去之五六十里见。

捎云精白者，其将悍，其士怯。其大根而前绝远者，战。精白，其芒低者，战胜；其前赤而卬者，战不胜。陈云如立垣。杼云类杼。柚云抟而耑锐。杓云如绳者，居前竟天，其半半天。蚳云者，类斗旗故。钩云句曲。诸此云见，以五色占。而泽抟密，其见动人，乃有占；兵必起，斗其直。

王朔所候，决于日旁。日旁云气，人主象。皆如其形以占。

故北夷之气如群畜穹闾，南夷之气类舟船幡旗。大水处，败军场，破国之虚，下有积泉，金宝上，皆有气，不可不察。海旁蜃气象楼台，广野气成宫阙然。云气各象其山川人民所聚积。故候息耗者，入国邑，视封疆田畴之整治，城郭室屋门户之润泽，次至车服畜产精华。实息者吉，虚耗者凶。

若烟非烟，若云非云，郁郁纷纷，萧索轮囷，是谓庆云。庆云见，喜气也。若雾非雾，衣冠不濡，见则其城被甲而趋。

夫雷电、虾虹、辟历、夜明者，阳气之动者也，春夏则发，秋冬则藏，故候书者亡不司。

天开县物，地动圻绝。山崩及陁，川塞溪垅；水潜地长，泽竭见象。城郭门闾，润息楠枯；宫庙廊第，人民所次。谣俗车服，观民饮食。五谷草木，观其所属。仓府厩库，四通之路。六畜禽兽，所产去就；鱼鳖鸟鼠，观其所处。鬼哭若呼，与人逢遌。讹言，诚然。

凡候岁美恶，谨候岁始。岁始或冬至日，产气始萌。腊明日，人众卒岁，壹会饮食，发阳气，故曰初岁。正月旦，王者岁首；立春，四时之始也。四始者，候之日。

而汉魏鲜集腊明正月旦决八风。风从南，大旱；西南，小旱；西方，有兵；西北，戎叔为，小雨，趣兵；北方，为中岁；东北，为上岁；东方，大水；东南，民有疾疫，岁恶。故八风各与其冲对，课多者为胜。多胜少，久胜亟，疾胜徐。旦至食，为麦；食至日昳，为稷；昳至晡，为黍；晡至下晡，为叔；下晡至日入，为麻。欲终日有云，有风，有日，当其时，深而多实；亡云，有风日，当其时，浅而少实；有云风，亡日,当其时,深而少实;有日,亡云,不风,当其时者稼有败。如食顷,小败;孰五斗米顷,大败。风复起,有云,其稼复起。各以其时用云色占种所宜。雨雪,寒,岁恶。

是日光明,听都邑人民之声。声宫,则岁美,吉;商,有兵;徵,旱;羽,水;角,岁恶。

或从正月旦比数雨。率日食一升,至七升而极。过之,不占。数至十二日,直其月,占水旱。为其环域千里内占,即为天下候,竟正月。月所离列宿,日、风、云,占其国。然必察太岁所在。金,穰;水,毁;木,饥;火,旱。此其大经也。

正月上甲,风从东方来,宜蚕;从西方来,若旦有黄云,恶。

冬至短极,县土炭,炭动,麋鹿解角,兰根出,泉水踊,略以知日至,要决晷景。

夫天运三十岁一小变,百年中变,五百年大变,三大变一纪,三纪而大备,此其大数也。

春秋二百四十二年间,日食三十六,彗星三见,夜常星不见,夜中星陨如雨者各一。当是时,祸乱辄应,周室微弱,上下交怨,杀君三十六,亡国五十二,诸侯奔走不得保其社稷者不可胜数。自是之后,众暴寡,大并小。秦、楚、吴、粤,夷狄也,为强伯。田氏篡齐,三家分晋,并为战国,争于攻取,兵革递起,城邑数屠,因以饥馑疾疫愁苦,臣主共忧患,其察禨祥候星气尤急。近世十二诸侯七国相王,言从横者继踵,而占天文者因时务论书传,故其占验鳞杂米盐,亡可录者。

周卒为秦所灭。始皇之时,十五年间彗星四见,久者八十日,长或竟天。后秦遂以兵内兼六国,外攘四夷,死人如乱麻。又荧惑守心,及天市芒角,色赤如鸡血。始皇既死,適、庶相杀,二世即位,残骨肉,戮将相,太白再经天。因以张楚并兴,兵相跆籍,秦遂以亡。

项羽救巨鹿,枉矢西流。枉矢所触,天下之所伐射,灭亡象也。物莫直于矢,今蛇弓不能直而枉者,执矢者亦不正,以象项羽执政乱也。羽遂合从,坑秦人,屠咸阳。凡枉矢之流,以乱伐乱也。

汉元年十月,五星聚于东井,以历推之,从岁星也。此高皇帝受命之符也。故客谓张耳曰:"东井秦地,汉王入秦,五星从岁星聚,当以义取天下。"秦王子婴降于枳道,汉王以属吏,宝器妇女亡所取,闭宫封门,还军次于霸上,以候诸侯。与秦民约法三章,民亡不归心者,可谓能行义矣,天之所予也。五年遂定天下,即帝位。此明岁星之崇义,东井为秦之地明效也。

三年秋,太白出西方,有光几中,乍北乍南,过期乃入。辰星出四孟。是时,项羽为楚王,而汉已定三秦,与相距荥阳。太白出西方,有光几中,是秦地战将胜,而汉国将兴也。辰星出四孟,易主之表也。后二年,汉灭楚。

七年,月晕,围参、毕七重。占曰:"毕、昴间,天街也;街北,胡也;街南,中国也。昴为匈奴,参为赵,毕为边兵。"是岁高皇帝自将兵击匈奴,至平城,为冒顿单于所围,七日乃解。

十二年春,荧惑守心。四月,宫车晏驾。

孝惠二年,天开东北,广十余丈,长二十余丈。地动,阴有余;天裂,阳不足:皆下盛强将害上之变也。其后有吕氏之乱。

孝文后二年正月壬寅,天欃夕出西南。占曰:"为兵丧乱。"其六年十一月,匈奴入上郡、云中,汉起三军以卫京师。其四月乙巳,水、木、火三合于东井。占曰:"外内有兵与丧,改立王公。东井,秦也。"八月,天狗下梁野,是岁诛反者周殷长安市。其七年六月,文帝崩。其十一月戊戌,土、水合于危。占曰:"为雍沮,所当之国不可举事用兵,必受其殃。一曰将覆军。危,齐也。"其七月,火东行,行毕阳,环毕东北,出而西,逆行至昴,即南乃东行。占曰:"为丧死寇乱。毕、昴,赵也。"

孝景元年正月癸酉,金、水合于婺女。占曰:"为变谋,为兵忧。婺女,粤也,又为齐。"其七月乙丑,金、木、水三合于张。占曰:"外内有兵与丧,改立王公。张,周地,今之河南也,又为楚。"其二年七月丙子,火与水晨出东方,因守斗。占曰:"其国绝祀。"至其十二月,水、火合于斗。占曰:"为淬,不可举事用兵,必受其殃。"一曰:"为北军,用兵举事大败。斗,吴也,又为粤。"是岁彗星出西南。其三月,立六皇子为王,王淮阳、汝南、河间、临江、长沙、广川。其三年,吴、楚、胶西、胶东、淄川、济南、赵七国反。吴、楚兵先至功梁,胶西、胶东、淄川三国攻围齐。汉遣大将军周亚夫等成止河南,以候吴、楚之敝,遂败之。吴王亡走粤,粤攻而杀之。平阳侯败三国之师于齐,咸伏其辜,齐王自杀。汉兵以水攻赵城,城坏,王自杀。六月,立皇子二人,楚元王子一人为王,王胶西、中山、楚。徙济北为淄川王,淮阳为鲁王,汝南为江都王。七月,兵罢。天狗下,占为:"破军杀将。狗,又守御类也,天狗所降,以戒守御。"吴、楚攻梁,梁坚城守,遂伏尸流血其下。

三年,填星在娄,几入,还居奎。奎,鲁也。占曰:"其国得地为得填。"是岁鲁为国。

四年七月癸未,火入东井,行阴,又以九月己未入舆鬼,戊寅出。占曰:"为诛罚,又为火灾。"后二年,有栗氏事。其后未央东阙灾。

中元年,填星当在觜巂、参,去居东井。占曰:"亡地,不乃有女忧。"其二年正月丁亥,金、木合于觜巂,为白衣之会。三月丁酉,彗星夜见西北,色白,长丈,在觜巂,且去益小,十五日不见,占曰:"必有破国乱君,伏死其辜。觜巂,梁也。"其五月甲午,金、木俱在东井,戊戌,金去木留,守之二十日。占曰:"伤成于戊。木为诸侯,诛将行于诸侯也。"其六月壬戌,蓬星见西南,在房南,去房可二丈,大如二斗器,色白,癸亥,在心东北,可长丈所;甲子,在尾北,可六丈;丁卯,在箕北,近汉,稍小,且去时,大如桃。壬申去,凡十日。占曰:"蓬星出,必有乱臣。房、心间,天子宫也。"是时,梁王欲为汉嗣,使人杀汉争臣袁盎。汉按诛梁大臣,斧伐用。梁王恐惧,布车入关,伏斧伐谢罪,然后得免。

中三年十一月庚午夕,金、火合于虚,相去一寸。占曰:为铄,为丧。虚,齐也。"

四年四月丙申,金、木合于东井。占曰:"为白衣之会。

井,秦也。"其五年四月乙巳,水、火合于参。占曰:"国不吉。参,梁也。"其六年四月,梁孝王死。五月,城阳王、济阴王死。六月,成阳公主死。出入三月,天子四衣白,临邸第。

后元年五月壬午,火、金合于舆鬼之东北,不至柳,出舆鬼北可五寸。占曰:"为铄,有丧。舆鬼,秦也。"丙戌,地大动,铃铃然,民大疫死,棺贵,至秋止。

孝武建元三年三月,有星孛于注、张,历太微,干紫宫,至于天汉。《春秋》"星孛于北斗,齐、宋、晋之君皆将死乱"。今星孛历五宿,其后济东、胶西、江都王皆坐法削黜自杀,淮阳、衡山谋反而诛。

三年四月,有星孛于天纪,至织女。占曰:"织女有女变,天纪为地震。"至四年十月而地动,其后陈皇后废。

六年,荧惑守舆鬼。占曰:"为火变,有丧。"是岁高园有火灾,窦太后崩。

元光元年六月,客星见于房。占曰:"为兵起。"其二年十一月,单于将十万骑入武州,汉遣兵三十余万以待之。

元光中,天星尽摇,上以问候星者。对曰:"星摇者,民劳也。"后伐四夷,百姓劳于兵革。

元鼎五年,太白入于天苑。占曰:"将以马起兵也。"一曰:"马将以军而死耗。"其后以天马故诛大宛,马大死于军。

元鼎中,荧惑守南斗。占曰:"荧惑所守,为乱贼丧兵;守之久,其国绝祀。南斗,越分也。"其后越相吕嘉杀其王及太后,汉兵诛之,灭其国。

元封中,星孛于河戍。占曰:"南戍为越门,北戍为胡门。"其后汉兵击拔朝鲜,以为乐浪、玄菟郡。朝鲜在海中,越之象也;居北方,胡之域也。

太初中,星孛于招摇。《星传》曰:"客星守招摇,蛮夷有乱,民死君。"其后汉兵击大宛,斩其王。招摇,远夷之分也。

孝昭始元中,汉宦者梁成恢及燕王候星者吴莫如见蓬星出西方天市东门,行过河鼓,入营室中。恢曰:"蓬星出六十日,不出三年,下有乱臣戮死于市。"后太白出西方,下行一舍,复上行二舍而下去。太白主兵,上复下,将有戮死者。后太白出东方,入咸池,东下入东井。人臣不忠,有谋上者。后太白入太微西藩第一星,北出东藩第一星,北东下去。太微者,天廷也,太白行其中,宫门当闭,大将被甲兵,邪臣伏诛。荧惑在娄,逆行至奎,法曰"当有兵"。后太白入昴。莫如曰:"蓬星出西方,当有大臣戮死者。太白星入东井、太微廷,出东门,汉有死将。"后荧惑出东方,守太白。兵当起,主人不胜。后流星下燕万载宫极,东去,法曰"国恐,有诛"。其后左将军桀、骠骑将军安与长公主、燕刺王谋作乱,咸伏其辜,兵诛乌桓。

元凤四年九月,客星在紫宫中斗枢极间。占曰:"为兵。"其五年六月,发三辅郡国少年诸北军。五年四月,烛星见奎、娄间。占曰:"有土功,胡人死,边城和。"其六年正月,筑辽东、玄菟城。二月,度辽将军范明友击乌桓还。

元平元年正月庚子,日出时有黑云,状如焱风乱馨,转出西北,东南行,转而西,有顷亡。占曰:"有云如众风,是谓风师,法有大兵。"其后兵起乌孙,五将征匈奴。

二月甲申,晨有大星如月,有众星随而西行,乙酉,烊云如狗,赤色,长尾三枚,夹汉西行。大星如月,大臣之象,众星随之,众皆随从也。天文以东行为顺,西行为逆,此大臣欲行权以安社稷。占曰:"太白散为天狗,为卒起。卒起见,祸不时,臣运柄。烊云为乱君。"到其四月,昌邑王贺行淫辟,立二十七日,大将军霍光白皇太后废贺。

三月丙戌,流星出翼、轸东北,干太微,入紫宫。始出小,且入大,有光。入有顷,声如雷,三鸣止。占曰:"流星入紫宫,天下大凶。"其四月癸未,宫车晏驾。

孝宣本始元年四月壬戌甲夜,辰星与参出西方。其二年七月辛亥夕,辰星与翼出,皆为蚤。占曰:"大臣诛。"其后荧惑守房之钩铃。钩铃,天子之御也。占曰:"不太仆,则奉车,不黜即死也。房、心,天子宫也。房为将相,心为子属也。其地宋,今楚彭城也。"四年七月甲辰,辰星在翼,月犯之。占曰:"兵起,上卿死,将相也。"是日,荧惑入舆鬼天质。占曰:"大臣有诛者,名曰天贼在大人之侧。"

地节元年正月戊午乙夜,月食荧惑,荧惑在角、亢。占曰:"忧在宫中,非贼而盗也。有内乱,谗臣在旁。"其辛酉,荧惑入氐中。氐,天子之宫,荧惑入之,有贼臣。其六月戊戌甲夜,客星又居左右角间,东南指,长可二尺,色白。占曰:"有奸人在宫廷间。"其丙寅,又有客星见贯索东北,南行,至七月癸酉夜入天市,芒炎东南指,其色白。占曰:"有戮卿。"一曰:"有戮王。期皆一年,远二年。"是时,楚王廷寿谋逆自杀。四年,故大将军霍光夫人显、将军霍禹、范明友、奉车霍山及诸昆弟宾婚为侍中、诸曹、九卿、郡守皆谋反,咸伏其辜。

黄龙元年三月,客星居王梁东北可九尺,长丈余,西指,出阁道间,至紫宫。其十二月,宫车晏驾。

元帝初元元年四月,客星大如瓜,色青白,在南斗第二星东可四尺,占曰:"为水饥。"其五月,勃海水大溢。六月,关东大饥,民多饿死,琅邪郡人相食。

二年五月,客星见昴分,居卷舌东可五尺,青白色,炎长三寸。占曰:"天下有妄言者。"其十二月,巨鹿都尉谢君男诈为神人,论死,父免官。

五年四月,彗星出东北,赤黄色,长八尺所,后数日长丈余,东北指,在参分。后二岁余,西羌反。

孝成建始元年九月戊子,有流星出文昌,色白,光烛地,长可四丈,大一围,动摇如龙蛇形。有顷,长可五六丈,大四围所,诎折委曲,贯紫宫西,在斗西北子亥间。后诎如环,北方不合,留一刻所。占曰:"文昌为上将贵相。"是时,帝舅王凤为大将军,其后宣帝舅子王商为丞相,皆贵重任政。凤妒商,谮而罢之。商自杀,亲属皆废黜。

四年七月,荧惑逾岁星,居其东北半寸所如连李。时岁星在关东西四尺所,荧惑初从毕口大星东东北往,数日至,往疾去迟。占曰:"荧惑与岁星斗,有病君饥岁。"至河平元年三月,旱,伤麦,民食榆皮。二年十二月壬申,太皇太后避时昆明东观。

十一月乙卯,月食填星,星不见,时在舆鬼西北八九尺所。占曰:"月食填星,流民千里。"

河平元年三月,流民入函谷关。

河平二年十月下旬，填星在东井轩辕南尚大星尺余，岁星在其西北尺所，荧惑在其西北二尺所，皆从西方来。填星贯舆鬼，先到岁星次，荧惑亦贯舆鬼。十一月上旬，岁星、荧惑西去填星，皆西北逆行。占曰："三星若合，是谓惊位，是谓绝行，外内有兵与丧，改立王公。"其十一月丁巳，夜郎王歆大逆不道，牂柯太守立捕杀歆，三年九月甲戌，东郡庄平侯子侯母辟兄弟五人群党为盗，攻燔官寺，缚县长吏，盗取印绶，自称将军。三月辛卯，左将军千秋卒，右将军史丹为左将军。四年四月戊申，梁王贺薨。

阳朔元年七月壬子，月犯心星。占曰："其国有忧，若有大丧。房、心为宋，今楚地。"十一月辛未，楚王薨。

四年闰月庚午，飞星大如缶，出西南，入斗下。占曰："汉使匈奴。"明年，鸿嘉元年正月，匈奴单于雕陶莫皋死。五月甲午，遣中郎将杨兴使吊。

永始二年二月癸未夜，东方有赤色，大三四围，长二三丈，索索如树，南方有大四五围，下行十余丈，皆不至地灭。占曰："东方客之变气，状如树木，以此知四方欲动者。"明年十二月己卯，尉氏男子樊并等谋反，贼杀陈留太守严普及吏民，出囚徒，取库兵，劫略令丞，自称将军，皆诛死。庚子，山阳铁官亡徒苏令等杀伤吏民，篡出囚徒，取库兵，聚党数百人为大贼，逾年经历郡国四十余。一日有两气同时起，并见，而并、令等同月俱发也。

元延元年四月丁酉日餔时，天㬈晏，殷殷如雷声，有流星头大如缶，长十余丈，皎然赤白色，从日下东南去。四面或大如盂，或如鸡子，耀耀如雨下，至昏止。郡国皆言星陨。《春秋》星陨如雨为王者失势诸侯起伯之异也。其后王莽遂颠国柄。王氏之兴萌于成帝时，是以有星陨之变，后莽遂篡国。

绥和元年正月辛未，有流星从东南入北斗，长数十丈，二刻所息。占曰："大臣有系者。"其年十一月庚子，定陵侯淳于长坐执左道下狱死。

二年春，荧惑守心。二月乙丑，丞相翟方进欲塞灾异，自杀。三月丙戌，宫车晏驾。

哀帝建平元年正月丁未日出时，有著天白气，广如一匹布，长十余丈，西南行，讙如雷，西南行一刻而止，名曰天狗。传曰："言之不从，则有犬祸诗妖。"到其四年正月、二月、三月，民相惊动，讙哗奔走，传行诏筹祠西王母，又曰："从目人当来。"十二月，白气出西南，从地上至天，出参下，贯天厕，广如一匹布，长十余丈，十余日去。占曰："天子有阴病。"其三年十一月壬子，太皇太后诏曰："皇帝宽仁孝顺，奉承圣绪，靡有解怠，而久病未瘳。夙夜惟思，殆继体之君不宜改作。《春秋》大复古，其复甘泉泰畤、汾阴后土如故。"

二年二月，彗星出牵牛七十余日。传曰："彗所以除旧布新也。牵牛，日、月、五星所从起，历数之元，三正之始。彗而出之，改更之象也。其出久者，为其事大也。"其六月甲子，夏贺良等建言当改元易号，增漏刻，诏书改建平二年为太初元年，号曰"陈圣刘太平皇帝"，刻漏以百二十为度，八月丁巳，悉复蠲除之，贺良及党与皆伏诛流放。其后卒有王莽篡国之祸。

元寿元年十一月，岁星入太微，逆行干右执法。占曰："大臣有忧，执法者诛，若有罪。"二年十月戊寅，高安侯董贤免大司马位，归第自杀。

卷二十七上　　五行志第七上

《易》曰："天垂象，见吉凶，圣人象之；河出图，雒出书，圣人则之。"刘歆以为虙羲氏继天而王，受《河图》，则而画之，八卦是也；禹治洪水，赐《雒书》，法而陈之，《洪范》是也。圣人行其道而宝其真。降及于殷，箕子在父师位而典之。周既克殷，以箕子归，武王亲虚己而问焉。故经曰："惟十有三祀，王访于箕子，王乃言曰：'乌呼，箕子！惟天阴骘下民，相协厥居，我不知其彝伦攸叙。'箕子乃言曰：'我闻在昔，鲧陻洪水，汩陈其五行，帝乃震怒，弗畀《洪范》九畴，彝伦攸斁。鲧则殛死，禹乃嗣兴，天乃锡禹《洪范》九畴，彝伦攸叙。'"此武王问《雒书》于箕子，箕子对禹得《雒书》之意也。

"初一曰五行；次二曰羞用五事；次三曰农用八政；次四曰叶用五纪；次五曰建用皇极；次六曰艾用三德；次七曰明用稽疑；次八曰念用庶征；次九曰向用五福，畏用六极。"凡此六十五字，皆《雒书》本文，所谓天乃锡禹大法九章常事所次者也。以为《河图》、《洛书》相为经纬，八卦、九章相为表里。昔殷道弛，文王演《周易》；周道敝，孔子述《春秋》。则《乾》、《坤》之阴阳，效《洪范》之咎徵，天人之道粲然著矣。

汉兴，承秦灭学之后，景、武之世，董仲舒治《公羊春秋》，始推阴阳，为儒者宗。宣、元之后，刘向治《穀梁春秋》，数其祸福，传以《洪范》，与仲舒错。至向子歆治《左氏传》，其《春秋》意亦乖矣；言《五行传》，又颇不同。是以揽仲舒，别向、歆，传载眭孟、夏侯胜、京房、谷永、李寻之徒，所陈行事，讫于王莽，举十二世，以傅《春秋》，著于篇。

经曰："初一曰五行。五行：一曰水，二曰火，三曰木，四曰金，五曰土。水曰润下，火曰炎上，木曰曲直，金曰从革，土爰稼穑。"

传曰："田猎不宿，饮食不享，出入不节，夺民农时，及有奸谋，则木不曲直。"

说曰："木，东方也。于《易》，地上之木为《观》。其于王事，威仪容貌亦可观者也。故行步有佩玉之度，登车有和鸾之节，田狩有三驱之制，饮食有享献之礼，出入有名，使民以时，务在劝农桑，谋在安百姓；如此，则木得其性矣。若乃田猎驰骋不反宫室，饮食沉湎不顾法度，妄兴徭役以夺民时，作为奸诈以伤民财，则木失其性矣。盖工匠之为轮矢者多伤败，乃木为变怪，是为木不曲直。

《春秋》成公十六年"正月，雨，木冰"。刘歆以为上阳施不下通，下阴施不上达，故雨，而木为之冰，雾气寒，木不曲直也。刘向以为冰者阴之盛而水滞者也，木者少阳，贵臣卿大夫之象也。此人将有害，则阴气胁木，木先寒，故得雨而冰也。是时，叔孙乔如出奔，公子偃诛死。一曰，时晋执季孙行父,又执公,此执辱之异。或曰,今之长老名木冰为"木介"。介者,甲。甲,兵象也,是岁晋有鄢陵之战,楚王伤目而败。属常雨也。

传曰:"弃法律,逐功臣,杀太子,以妾为妻,则火不炎上。"

说曰:火,南方,扬光辉为明者也。其于王者,南面乡明而治。《书》云:"知人则哲,能官人。"故尧、舜举群贤而命之朝,远四佞而放诸野。孔子曰:"浸润之谮、肤受之诉不行焉,可谓明矣。"贤佞分别,官人有序,帅由旧章,敬重功勋,殊别适庶,如此则火得其性矣。若乃信道不笃,或耀虚伪,谗夫昌,邪胜正,则火失其性矣。自上而降,及滥炎妄起,灾宗庙,烧宫馆,虽兴师众,弗能救也,是为火不炎上。

《春秋》桓公十四年"八月壬申,御廪灾"。董仲舒以为先是四国共伐鲁,大破之于龙门。百姓伤者未瘳,怨咎未复,而君臣俱惰,内急政事,外侮四邻,非能保守宗庙终其天年者也,故天灾御廪以戒之。刘向以为御廪,夫人八妾所舂米之臧以奉宗庙者也,时夫人有淫行,挟逆心,天戒若曰,夫人不可以奉宗庙。桓不寤,与夫人俱会齐,夫人谮桓公于齐侯,齐侯杀桓公。刘歆以为御廪,公所亲耕籍田以奉粢盛者也,弃法度亡礼之应也。

严公二十年"夏,齐大灾。"刘向以为齐桓好色,听女口,以妾为妻,适庶数更,故致大灾。桓公不寤,及死,适庶分争,九月不得葬。《公羊传》曰,大灾,疫也。董仲舒以为,鲁夫人淫于齐,齐桓姊妹不嫁者七人。国君,民之父母;夫妇,生化之本。本伤则末夭,故天灾所予也。

釐公二十年"五月乙巳,西宫灾"。《穀梁》以为愍公宫也。以谥言之则若疏,故谓之西宫。刘向以为釐立妾母为夫人以入宗庙,故天灾愍宫,若曰,去其卑而亲者,将害宗庙之正礼。董仲舒以为釐娶于楚,而齐媵之,胁公使立以为夫人。西宫者,小寝,夫人之居也。若曰,妾何为此宫!诛去之意也。以天灾之,故大之曰西宫也。《左氏》以为西宫者,公宫也。言西,知有东。东宫,太子所居。言宫,举区皆灾也。

宣公十六年"夏,成周宣榭火"。榭者,所以臧乐器,宣其名也。董仲舒、刘向以为十五年王札子杀召伯、毛伯,天子不能诛。天戒若曰,不能行政令,何以礼乐为而臧之?《左氏经》曰:"成周宣榭火,人火也。人火曰火,天火曰灾。"榭者,讲武之坐屋。

成公三年"二月甲子,新宫灾"。《穀梁》以为宣宫,不言谥,恭也。刘向以为时鲁三桓子孙始执国政,宣公欲诛之,恐不能,使大夫公孙归父如晋谋。未反,宣公死。三家谮归父于成公。成公父丧未葬,听谗而逐其父之臣,使奔齐,故天灾宣宫,明不用父命之象也。一曰,三家亲而亡礼,犹宣公杀子赤而立。亡礼而亲,天灾宣庙,欲示去三家也。董仲舒以为成居丧亡哀戚心,数兴兵战伐,故天灾其父庙,示失子道,不能奉宗庙也。一曰,宣杀君而立,不当列于群祖也。

襄公九年"春,宋灾"。刘向以为先是宋公听谗,逐其大夫华弱,出奔鲁。《左氏传》曰,宋灾,乐喜为司城,先使火所未至彻小屋,涂大屋,陈畚挶,具绠缶,备水器,畜水潦,积土涂,缮守备,表火道,储正徒。郊保之民,使奔火所。又儆众官,务慎其职。晋侯闻之,问士弱曰:"宋灾,于是乎知有天道,何故?"对曰:"古之火正,或食于心,或食于咮,以出入火。是故咮为鹑火,心为大火。陶唐氏之火正阏伯,居商丘,祀大火,而火纪时焉。相土因之,故商主大火。商人阅其祸败之衅必始于火,是以知有天道。"公曰:"可必乎?"对曰:"在道。国乱亡象,不可知也。"说曰:古之火正,谓火官也,掌祭火星,行火政。季春昏,心星出东方,而咮、七星、鸟首正在南方,则用火;季秋,星入,则止火,以顺天时,救民疾。帝喾则有祝融,尧时有阏伯,民赖其德,死则以为火祖,配祭火星,故曰"或食于心,或食于咮也"。相土,商祖契之曾孙,代阏伯后主火星。宋,其后也,世司其占,故先知火灾。贤君见变,能修道以除凶;乱君亡象,天不谴告,故不可必也。

三十年"五月甲午,宋灾"。董仲舒以为伯姬如宋五年,宋恭公卒,伯姬幽居守节三十余年,又忧伤国家之患祸,积阴生阳,故火生灾也。刘向以为先是宋公听谗而杀太子痤,应火不炎上之罚也。

《左氏传》昭公六年"六月丙戌,郑灾"。是春三月,郑人铸刑书。士文伯曰:"火见,郑其火乎?火未出而作火以铸刑器,臧争辟焉。火而象之,不火何为?"说曰:火星出于周五月,而郑以三月作火铸鼎,刻刑辟书,以为民约,是为刑器争辟,故火星出,与五行之火争明为灾,其象然也,又弃法律之占也。不书于经,时不告鲁也。

九年"夏四月,陈火"。董仲舒以为陈夏征舒杀君,楚严王托欲为陈讨贼,陈国辟门而待之,至因灭陈。陈臣子尤毒恨甚,极阴生阳,故致火灾。刘向以为先是陈侯弟招杀陈太子偃师,皆外事,不因其宫馆者,略之也。八年十月壬午,楚师灭陈,《春秋》不与蛮夷灭中国,故复书陈火也。《左氏经》曰"陈灾"。《传》曰郑禆灶曰:'五年,陈将复封,封五十二年而遂亡。'子产问其故,对曰:'陈,水属也。火,水妃也,而楚所相也。今火出而火陈,逐楚而建陈也。妃以五成,故曰五年。岁五及鹑火,而后陈卒亡,楚克有之,天之道也。'说曰:颛顼以水王,陈其族也。今兹岁在星纪,后五年在大梁。大梁,昴也。金为水宗,得其宗而昌,故曰"五年陈将复封"。楚之先为火正,故曰"楚所相也"。天以一生水,地以二生火,天以三生木,地以四生金,天以五生土。五位皆以五而合,而阴阳易位,故曰"妃以五成"。然则水之大数六,火七,木八,金九,土十。故水以天一为火二牡,木以天三为土十牡,土以天五为水六牡,火以天七为金四牡,金以天九为木八牡。阳奇为牡,阴耦为妃。故曰"水,火之牡也;火,水妃也。"于《易》,"坎"为水,为中男,"离"为火,为中女,盖取诸此也。自大梁四岁而及鹑火,四周四十八岁,凡五及鹑火,五十二年而陈卒亡。火盛水衰,故曰"天之道也。"哀公十七年七月己卯,楚灭陈。

昭十八年"五月壬午,宋、卫、陈、郑灾"。董仲舒以为象王室将乱,天下莫救,故灾四国,言亡四方也。又宋、卫、陈、郑之君皆荒淫于乐,不恤国政,与周室同行。阳失节则火灾出,是以同日灾也。刘向以为宋、陈,王者之后;卫、郑,周同姓也。时周景王老,刘子、单子事王子猛,尹氏、召伯、毛伯事王子晁。子晁,楚之出也。及宋、卫、陈、郑亦皆外附于楚,亡尊周室之心。后三年,景王崩,王室乱,故天灾四国。天戒若曰,不救周,反从楚,废世子,立不正,以害王室,明同罪也。

定公二年"五月,雉门及两观灾"。董仲舒、刘向以为此皆奢僭过度者也。先是,季氏逐昭公,昭公死于外。定公即位,既不能诛季氏,又用其邪说,淫于女乐,而退孔子。天戒若曰,去高显而奢僭者。一曰,门阙,号令所由出也,今舍大圣而纵有罪,亡以出令矣。京房《易传》曰:"君不思道,厥妖火烧宫。"

哀公三年"五月辛卯,桓、釐宫灾"。董仲舒、刘向以为此二宫不当立,违礼者也。哀公又以季氏之故不用孔子。孔子在陈闻鲁灾,曰:"其桓、釐之宫乎!"以为桓,季氏之所出,釐,使季氏世卿者也。

四年"六月辛丑,亳社灾"。董仲舒、刘向以为亡国之社,所以为戒也。天戒若曰,国将危亡,不用戒矣。《春秋》火灾,屡于定、哀之间,不用圣人而纵骄臣,将以亡国,不明甚也。一曰,天生孔子,非为定、哀也,盖失礼不明,火灾应之,自然象也。

高后元年五月丙申,赵丛台灾。刘向以为,是时吕氏女为赵王后,嫉妒,将为逸口以害赵王。王不寤焉,卒见幽杀。

惠帝四年十月乙亥,未央宫凌室灾;丙子,织室灾。刘向以为元年吕太后杀赵王如意,残戮其母戚夫人。是岁十月壬寅,太后立帝姊鲁元公主女为皇后。其乙亥,凌室灾,明日,织室灾。凌室所以供养饮食,织室所以奉宗庙衣服,与《春秋》御廪同义。天戒若曰,皇后亡奉宗庙之德,将绝祭祀。其后,皇后亡子,后宫美人有男,太后使皇后名之,而杀其母。惠帝崩,嗣子立,有怨言,太后废之,更立吕氏子弘为少帝。赖大臣共诛诸吕而立文帝,惠后幽废。

文帝七年六月癸酉,未央宫东阙罘罳灾。刘向以为,东阙所以朝诸侯之门也,罘罳在其外,诸侯之象也。汉兴,大封诸侯王,连城数十。文帝即位,贾谊等以为违古制度,必将叛逆。先是,济北、淮南王皆谋反,其后吴、楚七国举兵而诛。

景帝中五年八月己酉,未央宫东阙灾。先是,栗太子废为临江王,以罪征诣中尉,自杀。丞相条侯周亚夫以不合旨称疾免,后二年下狱死。

武帝建元六年六月丁酉,辽东高庙灾。四月壬子,高园便殿火。董仲舒对曰:"《春秋》之道举往以明来,是故天下有物,视《春秋》所举与同比者,精微眇以存其意,通伦类以贯其理,天地之变,国家之事,粲然皆见,亡所疑矣。按《春秋》鲁定公、哀公时,季氏之恶已孰,而孔子之圣方盛。夫以盛圣而易孰恶,季孙虽重,鲁君虽轻,其势可成也。故定公二年五月两观灾。两观,僭礼之物。天灾之者,若曰,僭礼之臣可以去。已见罪征,而后告可去,此天意也。定公不知省。至哀公三年五月,桓宫、釐宫灾。二者同事,所为一也,若曰燔贵而去不义云尔。哀公未能见,故四年六月亳社灾。两观、桓、釐庙、亳社,四者皆不当立,天皆

燔其不当立者以示鲁,欲其去乱臣而用圣人也。季氏亡道久矣,前是天不见灾者,鲁未有贤圣臣,虽欲去季孙,其力不能,昭公是也。至定、哀乃见之,其时可也。不时不见,天之道也。今高庙不当居辽东,高园殿不当居陵旁,于礼亦不当立,与鲁所灾同。其不当立久矣,至于陛下时天乃灾之者,殆亦其时可也。昔秦受亡周之敝,而亡以化之;汉受亡秦之敝,又亡以化之。夫继二敝之后,承其下流,兼受其猥,难治甚矣。又多兄弟亲戚骨肉之连,骄扬奢侈,恣睢者众,所谓重难之时者也。陛下正当大敝之后,又遭重难之时,甚可忧也。故天灾若语陛下:'当今之世,虽敝而重难,非以太平至公,不能治也。视亲戚贵属在诸侯远正最甚者,忍而诛之,如吾燔辽东高庙乃可;视近臣在国中处旁仄及贵而不正者,忍而诛之,如吾燔高园殿乃可'云尔。在外而不正者,虽贵如高庙,犹灾燔之。况诸候乎!在内不正者,虽贵如高园殿,犹燔灾之,况大臣乎!此天意也。罪在外者天灾外,罪在内者天灾内,燔甚罪当重,燔简罪当轻,承天意之道也。"

先是,淮南王安入朝,始与帝舅太尉武安侯田蚡有逆言。其后胶西于王、赵敬肃王、常山宪王皆数犯法,或至夷灭人家,药杀二千石,而淮南、衡山王遂谋反。胶东、江都王皆知其谋,阴治兵弩,欲以应之。至元朔六年,乃发觉而伏辜。时田蚡已死,不及诛。上思仲舒前言,使仲舒弟子吕步舒持斧钺治淮南狱,以《春秋》谊颛断于外,不请。既还奏事,上皆是之。

太初元年十一月乙酉,未央宫柏梁台灾。先是,大风发其屋,夏侯始昌先言其灾日。后有江充巫蛊卫太子事。

征和二年春,涿郡铁官铸铁,铁销,皆飞上去,此火为变使之然也。其三月,涿郡太守刘屈氂为丞相。后月,巫蛊事兴,帝女诸邑公主、阳石公主、丞相公孙贺、子太仆敬声、平阳侯曹宗等皆下狱死。七月,使者江充掘蛊太子宫,太子与母皇后议,恐不能自明,乃杀充,举兵与丞相刘屈氂战,死者数万人,太子败走,至湖自杀。明年,屈氂复坐祝诅要斩,妻枭首也。成帝河平二年正月,沛郡铁官铸铁,铁不下,隆隆如雷声,又如鼓音,工十三人惊走。音止,还视地,地陷数尺,炉分为十,一炉中销铁散如流星,皆上去,与征和二年同象,其夏,帝舅五人封列侯,号五侯。元舅王凤为大司马、大将军,秉政。后二年,丞相王商与凤有隙,凤潜之,免官,自杀。明年,京兆尹王章讼商忠直,言凤颛权,凤诬章以大逆罪,下狱死。妻子徙合浦。后许皇后坐巫蛊废,而赵飞燕为皇后,妹为昭仪,贼害皇子,成帝遂亡嗣。皇后、昭仪皆伏辜。一曰,铁飞属金不从革。

昭帝元凤元年,燕城南门灾。刘向以为时燕王使邪臣通于汉,为逸贼,谋逆乱。南门者,通汉道也。天戒若曰,邪臣往来,为奸谗于汉,绝亡之道也。燕王不寤,卒伏其辜。

元凤四年五月丁丑,孝文庙正殿灾。刘向以为,孝文,太宗之君,与成周宣谢火同义。先是,皇后父车骑将军上官安、安父左将军桀谋为逆,大将军霍光诛之。皇后以光外孙,年少不知,居位如故。光欲后有子,因上侍疾医言,禁内后宫皆不得进,唯皇后专宠。皇后年六岁而立,十三年而昭帝崩,遂绝继嗣。光执朝政,犹周公之摄也。是岁正

月,上加元服,通《诗》《尚书》,有明哲之性。光亡周公之德,秉政九年,久于周公,上既已冠而不归政,将为国害。故正月加元服,五月而灾见。古之庙皆在城中,孝文庙始出居外,天戒若曰,去贵而不正者。宣帝既立,光犹摄政,骄溢过制,至妻显杀许皇后,光闻而不讨,后遂诛灭。

宣帝甘露元年四月丙申,中山太上皇庙灾。甲辰,孝文庙灾。元帝初元三年四月乙未,孝武园白鹤馆灾。刘向以为,先是前将军萧望之、光禄大夫周堪辅政,为佞臣石显、许章等所谮,望之自杀,堪废黜。明年,白鹤馆灾。园中五里驰逐走马之馆,不当在山陵昭穆之地。天戒若曰,去贵近逸游不正之臣,将害忠良。后章坐走马上林下烽驰逐,免官。

永光四年六月甲戌,孝宣杜陵园东阙南方灾。刘向以为,先是上复征用周堪为光禄勋,及堪弟子张猛为太中大夫,石显等复潜毁之,皆出外迁。是岁,上复征堪领尚书,猛给事中,石显等终欲害之。园陵小于朝廷,阙在司马门中,内臣石显之象也。孝宣,亲而贵;阙,法令所从出也。天戒若曰,去法令,内臣亲而贵者必为国害。后堪希得进见,因显言事,事决显口。堪病不能言。显诬告张猛,自杀于公车。成帝即位,显卒伏辜。

成帝建始元年正月乙丑,皇考庙灾。初,宣帝为昭帝后而立父庙,于礼不正。是时,大将军王凤颛权擅朝,甚于田蚡,将害国家,故天于元年正月而见象也。其后浸盛,五将世权,遂以亡道。

鸿嘉三年八月乙卯,孝景庙北阙灾。十一月甲寅,许皇后废。

永始元年正月癸丑,大官凌室灾。戊午,戾后园南阙灾。是时,赵飞燕大幸,许后既废,上将立之,故天见象于凌室,与惠帝四年同应。戾后,卫太子妾,遭巫蛊之祸,宣帝既立,追加尊号,于礼不正。又戾后起于微贱,与赵氏同应。天戒若曰,微贱亡德之人不可以奉宗庙,将绝祭祀,有凶恶之祸至。其六月丙寅,赵皇后遂立,姊妹骄妒,贼害皇子,卒皆受诛。

永始四年四月癸未,长乐宫临华殿及未央宫东司马门灾。六月甲午,孝文霸陵园东阙南方灾。长乐宫,成帝母王太后之所居也。未央宫,帝所居也。霸陵,太宗盛德园也。是时,太后三弟相续秉政,举宗居位,充塞朝廷,两宫亲属将害国家,故天象仍见。明年,成都侯商薨,弟曲阳侯根代为大司马秉政。后四年,根乞骸骨,荐兄子新都侯莽自代,遂覆国焉。

哀帝建平三年正月癸卯,桂宫鸿宁殿灾,帝祖母傅太后之所居也。时,傅太后欲与成帝母等号齐尊,大臣孔光、师丹等执政,以为不可,太后皆免官爵,遂称尊号。后三年,帝崩,傅氏诛灭。

平帝元始五年七月己亥,高皇帝原庙殿门灾尽。高皇帝庙在长安城中,后以叔孙通讥复道,故复起原庙于渭北,非正也。是时,平帝幼,成帝母王太后临朝,委任王莽,将篡绝汉,堕高祖宗庙,故天象见也。其冬,平帝崩。明年,莽居摄,因以篡国,后卒夷灭。

传曰:"治宫室,饰台榭,内淫乱,犯亲戚,侮父兄,则稼穑不成。"

说曰:土,中央,生万物者也。其于王者,为内事。宫室、夫妇、亲属,亦相生者也。古者天子诸侯,宫庙大小高卑有制,后夫人媵妾多少进退有度,九族亲疏长幼有序。孔子曰:"礼,与其奢也,宁俭。"故禹卑宫室,文王刑于寡妻,此圣人之所以昭教化也。如此则土得其性矣。若乃奢淫骄慢,则土失其性。亡水旱之灾而草木百谷不孰,是为稼穑不成。

严公二十八年"冬,大亡麦禾。"董仲舒以为,夫人哀姜淫乱,逆阴气,故大水也。刘向以为,水旱当书,不书水旱而曰"大亡麦禾"者,土气不养,稼穑不成者也。是时,夫人淫于二叔,内外亡别,又因凶饥,一年而三筑台,故应是而稼穑不成,饰台榭内淫乱之罚云。遂不改寤,四年而死,祸流二世,奢淫之患也。

传曰:"好战攻,轻百姓,饰城郭,侵边境,则金不从革。"

说曰:金,西方,万物既成,杀气之始也。故立秋而鹰隼击,秋分而微霜降。其于王事,出军行师,把旄杖钺,誓士众,抗威武,所以征畔逆、止暴乱也。《诗》云:"有虔秉钺,如火烈烈。"又曰:"载戢干戈,载櫜弓矢。"动静应谊,"说以犯难,民忘其死"。如此则金得其性矣。若乃贪欲恣睢,务立威胜,不重民命,则金失其性。盖工冶铸金铁,金铁冰滞涸坚,不成者众,及为变怪,是为金不从革。

《左氏传》曰昭公八年"春,石言于晋"。晋平公问于师旷,对曰:"石不能言,神或冯焉。作事不时,怨讟动于民,则有非言之物而言。今宫室崇侈,民力雕尽,怨讟并兴,莫信其性,石之言不亦宜乎!"于是晋侯方筑虒祁之宫。叔向曰:"君子之言,信而有征。"刘歆以为金石同类,是为金不从革,失其性也。刘向以为石白色为主,属白祥。

成帝鸿嘉三年五月乙亥,天水冀南山大石鸣,声隆隆如雷,有顷止,闻平襄二百四十里,野鸡皆鸣。石长丈三尺,广厚略等,旁著岸胁,去地二百余丈,民俗名曰石鼓。石鼓鸣,有兵。是岁,广汉钳子谋攻牢,篡死罪囚郑躬等,盗库兵,劫略吏民,衣绣衣,自号曰山君,党与浸广。明年冬,乃伏诛,自归者三千余人。后四年,尉氏樊并等谋反,杀陈留太守严普,自称将军,山阳亡徒苏令等党与数百人盗取库兵,经历郡国四十余,皆逾年乃伏诛。是时起昌陵,作者数万人,徙郡国吏民五千余户以奉陵邑。作治五年不成,乃罢昌陵,还徙家。石鸣,与晋石言同应,师旷所谓"民力雕尽",传云"轻百姓"者也。虒祁离宫去绛都四十里,昌陵亦在郊野,皆与城郭同占。城郭属金,宫室属土,外内之别云。

传曰:"简宗庙,不祷祠,废祭祀,逆天时,则水不润下。"

说曰:水,北方,终臧万物者也。其于人道,命终而形臧,精神放越,圣人为之宗庙以收魂气,春秋祭祀,以终孝道。王者即位,必郊祀天地,祷祈神祇,望秩山川,怀柔百神,亡不宗事。慎其斋戒,致其严敬,鬼神歆飨,多获福助。

此圣王所以顺事阴气,和神人也。至发号施令,亦奉天时。十二月咸得其气,则阴阳调而终始成。如此则水得其性矣。若乃不敬鬼神,政令逆时,则水失其性。雾水暴出,百川逆溢,坏乡邑,溺人民,及淫雨伤稼穑,是为水不润下,京房《易传》曰:"颛事有知,诛罚绝理,厥灾水,其水也,雨杀人以陨霜,大风天黄。饥而不损兹谓泰,厥灾水,水杀人。辟遏有德兹谓狂,厥灾水,水流杀人,已水则地生虫。归狱不解,兹谓追非,厥水寒,杀人。追诛不解,兹谓不理,厥水五谷不收。大败不解,兹谓皆阴。解,舍也,王者于大败,诛首恶,救其众,不则皆函阴气,厥水流入国邑,陨霜杀叔草。"

桓公元年"秋,大水"。董仲舒、刘向以为桓弑兄隐公,民臣痛隐而贼桓。后宋督弑其君,诸侯会,将讨之,桓受赂而归,又背宋。诸侯由是伐鲁,仍交兵结仇,伏尸流血,百姓愈怨,故十三年夏复大水。一曰,夫人骄淫,将弑君,隐气盛,桓不痛,卒弑死。刘歆以为桓易许田,不祀周公,废祭祀之罚也。

严公七年"秋,大水,亡麦苗"。董仲舒、刘向以为,严母文姜与兄齐襄公淫,共杀桓公,严释父仇,复取齐女,未入,先与之淫,一年再出,会于道逆乱,臣下贼之应也。

十一年"秋,宋大水"。董仲舒以为时鲁、宋比年乘丘、鄑之战,百姓愁怨,阴气盛,故二国俱水。刘向以为时宋愍公骄慢,睹灾不改,明年与其臣宋万博戏,妇人在侧,矜而骂万,万杀公之应。

二十四年,"大水"。董仲舒以为夫人哀姜淫乱不妇,阴气盛也。刘向以为哀姜初入,公使大夫宗妇见,用币,又淫于二叔,公弗能禁。臣下贼之,故是岁、明年仍大水。刘歆以为先是严饰宗庙,刻桷丹楹,以夸夫人,简宗庙之罚也。

宣公十年"秋,大水,饥。"董仲舒以为,时比伐邾取邑,亦见报复,兵仇连结,百姓愁怨。刘向以为,宣公杀子赤而立,子赤,齐出也,故惧,以济西田赂齐。邾子貜且亦齐出也,而宣比与邾交兵。臣下惧齐之威,创邾之祸,皆贼公行而非其正也。

成公五年"秋,大水"。董仲舒、刘向以为,时成幼弱,政在大夫,前此一年再用师,明年复城郓以强私家,仲孙蔑、叔孙侨如专会宋、晋,阴胜阳。

襄公二十四年"秋,大水"。董仲舒以为,先是一年齐伐晋,襄使大夫帅师救晋,后又侵齐,国小兵骄,数敌强大,百姓愁怨,阴气盛。刘向以为,先是襄慢邻国,是以邾伐其南,齐伐其北,莒伐其东,百姓骚动,后又仍犯强齐也。大水,饥,谷不成,其灾甚也。

高后三年夏,汉中、南郡大水,水出流四千余家。四年秋,河南大水,伊、雒流千六百余家,汝水流八百余家。八年夏,汉中、南郡水复出,流六千余家。南阳沔水流万余家。是时,女主独治,诸吕相王。

文帝后三年秋,大雨,昼夜不绝三十五日。蓝田山水出,流九百余家。汉水出,坏民室八千余所,杀三百余人。先是,赵人新垣平以望气得幸,为上立渭阳五帝庙,欲出周鼎,以夏四月,郊见上帝。岁余惧诛,谋为逆,发觉,要

斩,夷三族。是时,比再遣公主配单于,赂遗甚厚,匈奴愈骄,侵犯北边,杀略多至万余人,汉连发军征讨戍边。

元帝永光五年夏及秋,大水。颍川、汝南、淮阳、庐江雨,坏乡聚民舍,及水流杀人。先是一年,有司奏罢郡国庙,是岁又定迭毁,罢太上皇、孝惠帝寝庙,皆无复修,通儒以为违古制。刑臣石显用事。

成帝建始三年夏,大水,三辅霖雨三十余日,郡国十九雨,山谷水出,凡杀四千余人,坏官寺民舍八万三千余所。元年,有司奏徙甘泉泰畤、河东后土于长安南北郊。二年,又罢雍五畤、郡国诸旧祀,凡六所。

卷二十七中之上
五行志第七中之上

经曰:"羞用五事。五事:一曰貌,二曰言,三曰视,四曰听,五曰思。貌曰恭,言曰从,视曰明,听曰聪,思曰睿。恭作肃,从作乂,明作哲,聪作谋,睿作圣。休征:曰肃,时雨若;乂,时旸若;哲,时奥若;谋,时寒若;圣,时风若。咎征:曰狂,恒雨若;僭,恒旸若;舒,恒奥若;急,恒寒若;霧,恒风若。"

传曰:"貌之不恭,是谓不肃,厥咎狂,厥罚恒雨,厥极恶。时则有服妖,时则有龟孽,时则有鸡祸,时则有下体生上之痾,时则有青眚青祥。唯金沴木。"

说曰:"凡草木之类谓之妖。妖犹夭胎,言尚微。虫豸之类谓之孽。孽则牙孽矣。及六畜之祸,言其著也。及人,谓之痾。痾,病貌,言浸深也。甚则异物生,谓之眚;自外来,谓之祥,祥犹祯也。气相伤,谓之沴。沴犹临莅,不和意也。每一事云"时则"以绝之,言非必至,或有或亡,或在前或在后也。

孝武时,夏侯始昌通《五经》,善推《五行传》,以传族子夏侯胜,下及许商,皆以教所贤弟子。其传与刘向同,唯刘歆传独异。貌之不恭,是谓不肃。肃,敬也。内曰恭,外曰敬。人君行己,体貌不恭,怠慢骄蹇,则不能敬万事,失在狂易,故其咎狂也。上嫚下暴,则阴气胜,故其罚常雨也。水伤百谷,衣食不足,则奸轨并作,故其极恶也。一曰,民多被刑,或形貌丑恶,亦是也。风俗狂慢,变节易度,则为剽轻奇怪之服,故有服妖。水类动,故有龟孽。于《易》,"巽"为鸡,鸡有冠距文武之貌。不为威仪,貌气毁,故有鸡祸。一曰,水岁鸡多死及为怪,亦是也。上失威仪,则下有强臣害君上者,故有下体生于上之痾。木色青,故有青眚青祥。凡貌伤者病木气,木气病则金沴之,冲气相通也。于《易》,"震"在东方,为春为木也;"兑"在西方,为秋为金也;"离"在南方,为夏为火也;"坎"在北方,为冬为水也。春与秋,日夜分,寒暑平,是以金木之气易以相变,故貌伤则致秋阴常雨,言伤则致春阳常旱也。至于冬夏,日夜相反,寒暑殊绝,水火之气不得相并,故视伤常奥,听伤常寒者,其气然也。逆之,其极曰恶;顺之,其福曰攸好德。刘歆貌传曰有鳞虫之孽,羊祸,鼻痾。说以为于天文东方辰为龙星,故为鳞虫;于《易》,"兑"为羊,木为金所病,故致羊

祸，与常雨同应。此说非是。春与秋，气阴阳相敌，木病金盛，故能相并，唯此一事耳。祸与妖、痾、祥、眚同类，不得独异。

史记成公十六年，公会诸候于周，单襄公见晋厉公视远步高，告公曰："晋将有乱。"鲁侯曰："敢问天道也？抑人故也？"对曰："吾非瞽史，焉知天道？吾见晋君之容，殆必祸者也。夫君子目以定体，足以从之，是以观其容而知其心矣。目以处谊，足以步目。晋侯视远而足高，目不在体，而足不步目，其心必异矣。目、体不相从，何以能久？夫合诸侯，民之大事也，于是乎观存亡。故国将无咎，其君在会，步、言、视、听必皆不谪，则可以知德矣。视远，曰绝谊；足高，曰弃其德；言爽，曰反其信；听淫，曰离其名。夫目以处谊，足以践德，口以庇信，耳以听名者也，故不可不慎。偏丧有咎；既丧，则国从之。晋侯爽二，吾是以云。"后二年，晋人杀厉公。凡此属，皆貌不恭之咎云。

《左氏传》桓公十三年，楚屈瑕伐罗，斗伯比送之，还谓其驭曰："莫嚣必败，举趾高，心不固矣。"遽见楚子以告。楚子使赖人追之，弗及。莫嚣行，遂无次，且不设备。及罗，罗人军之，大败。莫嚣缢死。

釐公十一年，周使内史过赐晋惠公命，受玉，惰。过归告王曰："晋侯其无后乎！王赐之命，而惰于受瑞，先自弃也已，其何继之有！礼，国之干也，敬，礼之舆也。不敬则礼不行，礼不行则上下昏，何以长世！"二十一年，晋惠公卒，子怀公立，晋人杀之，更立文公。

成公十三年，晋侯使郤锜乞师于鲁，将事不敬。孟献子曰：郤氏其亡乎！礼，身之干也，敬，身之基也。郤子无基。且先君之嗣卿也，受命以求师，将社稷是卫，而惰弃君命也，不亡何为！"十七年，郤氏亡。

成公十三年，诸侯朝王，遂从刘康公伐秦。成肃公受脤于社，不敬。刘子曰："吾闻之曰，民受天地之中以生，所谓命也。是以有礼义动作威仪之则，以定命也。能者养以之福，不能者败以取祸，是故君子勤礼，小人尽力。勤礼莫如致敬，尽力莫如敦笃。敬在养神，笃在守业。国之大事，在祀与戎。祀有执膰，戎有受脤，神之大节也。今成子惰，弃其命矣，其不反乎！"五月，成肃公卒。

成公十四年，卫定公享苦成叔，甯惠子相。苦成叔敖，甯子曰："苦成家其亡乎！古之为享食也，以观威仪省祸福也。故《诗》曰：'兕觥其觩，旨酒思柔，匪傲匪傲，万福来求。'今夫子傲，取祸之道也。"后三年，苦成家亡。

襄公七年，卫孙文子聘于鲁，登登亦登。叔孙穆子相，趋进曰："诸侯之会，寡君未尝后卫君。今吾子不后寡君，寡君未知所过，吾子其少安！"孙子亡辞，亦亡悛容。穆子曰："孙子必亡，为臣而君，过而不悛，亡之本也。"十四年，孙子逐其君而外叛。

襄公二十八年，蔡景侯归自晋，入于郑。郑伯享之，不敬。子产曰："蔡君其不免乎！日其过此也，君使子展往劳于东门，而敖。吾曰：'犹将更之。'今还，受享而惰，乃其心也。君小国，事大国，而惰傲以为己心，将得死乎？君若不免，必由其子。淫而不父，如是者必有子祸。"三十年，为世子般所杀。

襄公三十一年，公薨。季武子将立公子裯，穆叔曰："是人也，居丧而不哀，在戚而有嘉容，是谓不度，不度之人，鲜不为患。若果立，必为季氏忧。"武子弗听，卒立之。比及葬，三易衰，衰衽如故衰。是为昭公。立二十五年，听谗攻季氏。兵败，出奔，死于外。

襄公三十一年，卫北宫文子见楚令尹围之仪，言于卫侯曰："令尹似君矣，将有它志；虽获其志，弗能终也。"公曰："子何以知之？"对曰："《诗》云'敬慎威仪，惟民之则'，令尹无威仪，民无则焉。民所不则，以在民上，不可以终。"

昭公十一年夏，周单子会于戚，视下言徐。晋叔向曰："单子其死乎！朝有著定，会有表，衣有襘，带有结。会朝之言必闻于表著之位，所以昭事序也；视不过结襘之中，所以道容貌也。言以命之，容貌以明之，失则有阙。今单子为王官伯，而命事于会，视不登带，言不过步，貌不道容而言不昭矣。不道不恭，不昭不从，无守气矣。"十二月，单成公卒。

昭公二十一年三月，葬蔡平公，蔡太子朱失位，位在卑。鲁大夫送葬者归告昭子。昭子叹曰："蔡其亡乎！若不亡，是君必不终。《诗》曰：'不解于位，民之攸塈。'今始即位而适卑，身将从之。"十月，蔡侯朱出奔楚。

晋魏舒合诸侯之大夫于翟泉，将以城成周。魏子莅政，卫彪傒曰："将建天子，而易位以令，非谊也。大事奸谊，必有大咎。晋不失诸侯，魏子其不免乎！"是行也，魏献子属役于韩简子，而田于大陆，焚焉而死。

定公十五年，邾隐公朝于鲁，执玉高，其容仰。公受玉卑，其容俯。子赣观焉，曰："以礼观之，二君者皆有死焉。夫礼，死生存亡之体也。将左右周旋，进退俯仰，于是乎取之；朝祀丧戎，于是乎观之。今正月相朝，而皆不度，心已亡矣。嘉事不体，何以能久？高仰，骄也；卑俯，替也。骄近乱，替近疾。君为主，其先亡乎！"

庶征之恒雨，刘歆以为《春秋》大雨也。刘向以为大水。

隐公九年"三月癸酉，大雨，震电；庚辰，大雨雪"。大雨，雨水也；震，雷也。刘歆以为三月癸酉，于历数春分后一日，始震电之时也，当雨，而不当大雨。大雨，常雨之罚也。于始震电八日之间而大雨雪，常寒之罚也。刘向以为周三月，今正月也，当雨水，雪杂雨，雷电未可以发也。既已发也，则雪不当复降。皆失节，故谓之异。于《易》，雷以二月出，其卦曰"豫"，言万物随雷出地，皆逸豫也。以八月入，其卦曰"归妹"，言雷复归。入地则孕毓根核，保藏蛰虫，避盛阴之害，出地则养长华实，发扬隐伏，宣盛阳之德。入能除害，出能兴利，人君之象也。是时，隐以弟桓幼，代而摄立。公子翚见隐居位已久，劝之遂立。隐既不许，翚惧而易辞，遂与桓共杀隐。天见其将然，故正月大雨水而雷电。是阳不闭阴，出涉危难而害万物。天戒若曰，为君失时，贼弟佞臣将作乱矣。后八日大雨雪，阴见间隙而胜阳，篡杀之祸将成也。公不寤，后二年而杀。

昭帝始元元年七月，大水雨，自七月至十月。成帝建始三年秋，大雨三十余日；四年九月，大雨十余日。

《左氏传》愍公二年,晋献公使太子申生帅师,公衣之偏衣,佩之金玦。狐突叹曰:"时,事之征也;衣,身之章也;佩,衷之旗也。故敬其事,则命以始;服其身,则衣之纯;用其衷,则佩之度。今命以时卒,闶其事也;衣以尨服,远其躬也;佩以金玦,弃其衷也。服以远之,时以闶之,尨凉冬杀,金寒玦离,胡可恃也!"梁馀子养曰:"帅师者,受命于庙,受脤于社,有常服矣。弗获而尨,命可知也。死而不孝,不如逃之。"罕夷曰:"尨奇无常,金玦不复,君有心矣。"后四年,申生以谗自杀。近服妖也。

《左氏传》曰,郑子臧好聚鹬冠,郑文公恶之,使盗杀之,刘向以为近服妖者也。一曰,非独为子臧之身,亦文公之戒也。初,文公不礼晋文,又犯天子命而伐滑,不尊尊敬上。其后晋文伐郑,几亡国。

昭帝时,昌邑王贺遣中大夫之长安,多治仄注冠,以赐大臣,又以冠奴。刘向以为近服妖也。时王贺狂悖,闻天子不豫,弋猎驰骋如故,与驺奴、宰人游居娱戏,骄嫚不敬。冠者尊服,奴者贱人,贺无故好作非常之冠,暴尊象也。以冠奴者,当自至尊坠至贱也。其后帝崩,无子,汉大臣征贺为嗣。即位,狂乱无道,缚絷谏者夏侯胜等。于是大臣白皇太后,废贺为庶人。贺为王时,又见大白狗冠方山冠而无尾,此服妖,亦犬祸也。贺以问郎中令龚遂,遂曰:"此天戒,言在仄者尽冠狗也。去之则存,不去则亡矣。"贺既废数年,宣帝封之为列侯,复有罪,死不得置后,又犬祸无尾之效也。京房《易传》曰:"行不顺,厥咎人奴冠,天下乱,辟无適,妾子拜。"又曰:"君不正,臣欲篡,厥妖狗冠出朝门。"

成帝鸿嘉、永始之间,好为微行出游,选从期门郎有材力者,及私奴客,多至十余,少五六人,皆白衣袒帻,带持刀剑。或乘小车,御者在茵上,或皆骑,出入市里郊野,远至旁县。时,大将车骑将军王音及刘向等数以切谏。谷永曰:"《易》称'得臣无家',言王者臣天下,无私家也。今陛下弃万乘之至贵,乐家人之贱事,厌高美之尊称,好匹夫之卑字;崇聚标轻无谊之人,以为私客,置私田于民间,畜私奴车马于北宫;数去南面之尊,离深宫之固,挺身独与小人晨夜相随,乌集醉饱吏民之家,乱服共坐,混肴亡别,闵勉遁乐,昼夜在路。典门户奉宿卫之臣执干戈守空宫,公卿百寮不知陛下所在,积数年矣。昔虢公为无道,有神降曰'赐尔土田',言将以庶人受土田也。诸侯梦得土田,为失国祥,而况王者畜私田财物,为庶人之事乎!"

《左氏传》曰,周景王时大夫宾起见雄鸡自断其尾。刘向以为近鸡祸也。是时,王有爱子子朝,王与宾起阴谋欲立之。田于北山,将因兵众杀適人之党,未及而崩。三子争国,王室大乱。其后,宾起诛死,子朝奔楚亦败。京房《易传》曰:"有始无终,厥妖雄鸡自啮断其尾。"

宣帝黄龙元年,未央殿辂軨中雌鸡化为雄,毛衣变化而不鸣,不将,无距。元帝初元中,丞相府史家雌鸡伏子,渐化为雄,冠距鸣将。永光中,有献雄鸡生角者。京房《易传》曰:"鸡知时,知时者当死。"房以为知时,恐当之。刘向以为房失鸡占。鸡者,小畜,主司时,起居人,小臣执事为政之象也。言小臣将秉君威,以害正事,犹石显也。竟宁元年,石显伏辜,此其效也。一曰,石显何足以当此?昔武王伐殷,至于牧野,誓师曰:"古人有言曰'牝鸡无晨;牝鸡之晨,惟家之索。'今殷王纣惟妇言用。"由是论之,黄龙、初元、永光鸡变,乃国家之占,妃后象也。孝元王皇后以甘露二年生男,立为太子。妃,王禁女也。黄龙元年,宣帝崩,太子立,是为元帝。王妃将为皇后,故是岁未央殿中雌鸡为雄,明其占在正宫也。不鸣不将无距,贵始萌而尊未成也。至元帝初元元年,将立王皇后,先以为婕妤。三月癸卯制书曰:"其封婕妤父丞相少史王禁为阳平侯,位特进。"丙午,立王婕妤为皇后。明年正月,立皇后子为太子。故应是,丞相府史家雌鸡为雄,其占即丞相少史之女也。伏子者,明已有子也。冠距鸣将者,尊已成也。永光二年,阳平顷侯禁薨,子凤嗣侯,为侍中卫尉。元帝崩,皇太子立,是为成帝。尊皇后为皇太后,以后弟凤为大司马大将军,领尚书事,上委政,无所与。王氏之权自凤起,故于凤始受爵位时,雄鸡有角,明视作威颛害上危国者,从此人始也。其后群弟世权,以至于莽,遂篡天下。即位五年,王太后乃崩,此其效也。京房《易传》曰:"贤者居明夷之世,知时而伤,或众在位,厥妖鸡生角。鸡生角,时主独。"又曰:"妇人专政,国不静;牝鸡雄鸣,主不荣。"故房以为已亦在占中矣。

成公七年"正月,鼷鼠食郊牛角;改卜牛,又食其角"。刘向以为,近青祥,亦牛祸也,不敬而俆霜之所致也。昔周公制礼乐,成周道,故成王命鲁郊祀天地,以尊周公。至成公时,三家始专政,鲁将从此衰。天愍周公之德,痛其将有败亡之祸,故于郊祭而见戒云。鼠,小虫,性盗窃;鼷,又其小者也。牛,大畜,祭天尊物也。角,兵象,在上,君威也。小小鼷鼠,食至尊之牛角,象季氏乃陪臣盗窃之人,将执国命以伤君威而害周公之祀也。改卜牛,鼷鼠又食其角,天重语之也。成公怠慢昏乱,遂君臣更执于晋。至于襄公,晋为溴梁之会,天下大夫皆夺君政。其后三家逐昭公,卒死于外,几绝周公之祀。董仲舒以为,鼷鼠食郊牛,皆养牲不谨也。京房《易传》曰:"祭天不慎。厥妖鼷鼠啮郊牛角。"

定公十五年"正月,鼷鼠食郊牛,牛死"。刘向以为定公知季氏逐昭公,罪恶如彼,亲用孔子为夹谷之会,齐人俆归郓、讙、龟阴之田,圣德如此,反用季桓子,淫于女乐,而退孔子,无道甚矣。《诗》曰:"人而亡仪,不死何为!"是岁五月,定公薨,牛死之应也。京房《易传》曰:子不子,鼠食其郊牛。"

哀公元年"正月,鼷鼠食郊牛"。刘向以为,天意汲汲于用圣人,逐三家,故复见戒也。哀公年少,不亲见昭公之事,故见败亡之异。已而哀不寤,身奔于粤,此其效也。

昭帝元凤元年九月,燕有黄鼠衔其尾舞王宫端门中,王往视之,鼠舞如故。王使吏以酒脯祠,鼠舞不休,一日一夜死。近黄祥,时燕刺王旦谋反将死之象也。其月,发觉伏辜。京房《易传》曰:"诛不原情,厥妖鼠舞门。"

成帝建始四年九月,长安城南有鼠衔黄蒿、柏叶,上民冢柏及榆树上为巢,桐柏尤多。巢中无子,皆有干鼠矢数十。时议臣以为恐有水灾。鼠,盗窃小虫,夜出昼匿;今昼去穴而登木,象贱人将居显贵之位也。桐柏,卫思后园所在也。其后,赵皇后自微贱登至尊,与卫后同类。赵后终无子而为害。明年,有鸢焚巢,杀子之异也。天象仍见,甚可畏也。一曰,皆王莽窃位之象云。京房《易传》曰:"臣私禄罔辟,厥妖鼠巢。"

文公十三年,"大室屋坏"。近金沴木,木动也。先是,冬,釐公薨,十六月乃作主。后六月,又吉禘于太庙而致釐公,《春秋》讥之。经曰:"大事于太庙,跻釐公。"《左氏》说曰:太庙,周公之庙,飨有礼义者也;祀,国之大事也。恶其乱国之大事于太庙,故言大事也。跻,登也,登釐公于愍公上,逆祀也。釐虽愍之庶兄,尝为愍臣,臣子一例,不得在愍上。又未三年而吉禘,前后乱贤父圣祖之大礼,内为貌不恭而狂,外为言不从而僭。故是岁自十二月不雨,至于秋七月。后年,若是者三,而太室屋坏矣。前堂曰太庙,中央曰太室;屋,其上重屋尊高者也,象鲁自是陵夷,将堕周公之祀也。《穀梁》、《公羊经》曰,世室,鲁公伯禽之庙也。周公称太庙,鲁公称世室。大事者,祫祭也。跻釐公者,先祢后祖也。

景帝三年十二月,吴二城门自倾,大船自覆。刘向以为,近金沴木,木动也。先是,吴王濞以太子死于汉,称疾不朝,阴与楚王戊谋为逆乱。城犹国也,其一门名曰楚门,一门曰鱼门。吴地以船为家,以鱼为食。天戒若曰,与楚所谋,倾国覆家。吴王不寤,正月,与楚俱起兵,身死国亡。京房《易传》曰:"上下咸悖,厥妖城门坏。"

宣帝时,大司马霍禹所居第门自坏。时,禹内不顺,外不敬,见戒不改,卒受灭亡之诛。

哀帝时,大司马董贤第门自坏。时,贤以私爱居大位,赏赐无度,骄嫚不敬,大失臣道,见戒不改。后贤夫妻自杀,家徙合浦。

传曰:"言之不从,是谓不艾,厥咎僭,厥罚恒阳,厥极忧。时则有诗妖,时则有介虫之孽,时则有犬祸,时则有口舌之疴,时则有白眚白祥。惟木沴金。"

"言之不从",从,顺也。"是谓不乂",乂,治也。孔子曰:"君子居其室,出其言不善,则千里之外违之,况其迩者乎!"《诗》云:"如蜩如螗,如沸如羹。"言上号令不顺民心,虚哗愦乱,则不能治海内,失在过差,故其咎僭。僭,差也。刑罚妄加,群阴不附,则阳气胜,故其罚常阳也。旱伤百谷,则有寇难,上下俱忧,故其极忧也。君炕阳而暴虐,臣畏刑而柑口,则怨谤之气发于歌谣,故有诗妖。介虫孽者,谓小虫有甲飞扬之类,阳气所生,于《春秋》为螽,今谓之蝗,皆其类也。于《易》,"兑"为口,犬以吠守,而不可信,言气毁故有犬祸。一曰,旱岁犬多狂死及为怪,亦是也。及人,则多病口喉咳者,故有口舌疴。金色白,故有白眚白祥。凡言伤者,病金气;金气病,则木沴之。其极忧者,顺之,其福曰康宁。刘歆言传曰时有毛虫之孽,说以为于天文西方参为虎星,故为毛虫。

史记周单襄公与晋郤錡、郤犫、郤至、齐国佐语,告鲁成公曰:"晋将有乱,三郤其当之乎!夫郤氏,晋之宠人也,三卿而五大夫,可以戒惧矣。高位实疾颠,厚味实腊毒。今郤伯之语犯,叔迂,季伐。犯则陵人,迂则诬人,伐则掩人。有是宠也。而益之以三怨,其谁能忍之!虽齐国子亦将与焉。立于淫乱之国,而好尽言以招人过,怨之本也。唯善人能受尽言,齐其有乎?"十七年,晋杀三郤。十八年,齐杀国佐。凡此属,皆言不从之咎云。

晋穆侯以条之役生太子,名之曰仇;其弟以千亩之战生,名之曰成师。师服曰:"异哉,君之名子也!夫名以制谊,谊以出礼,礼以体政,政以正民,是以政成而民听;易则生乱。嘉耦曰妃,怨耦曰仇,古之命也。今君名太子曰仇,弟曰成师,始兆乱矣,兄其替乎!"及仇嗣立,是为文侯。文侯卒,子昭侯立,封成师于曲沃,号桓叔。后晋人杀昭侯而纳桓叔,不克。复立昭侯子孝侯,桓叔子严伯杀之。晋人立其弟鄂侯。鄂侯生哀侯,严伯子武公复杀哀侯及其弟,灭之,而代有晋国。

宣公六年,郑公子曼满与王子伯廖语,欲为卿。伯廖告人曰:"无德而贪,其在《周易》'丰'之'离',弗过之矣。"间一岁,郑人杀之。

襄公二十九年,齐高子容与宋司徒见晋知伯,汝齐相礼。宾出,汝齐语知伯曰:"二子皆将不免!子容专,司徒侈,皆亡家之主也。专则速,侈将以其力敝,专则人实敝之,将及矣。"九月,高子出奔燕。

襄公三十一年正月,鲁穆叔会晋归,告孟孝伯曰:"赵孟将死矣!其语偷,不似民主;且年未盈五十,而谆谆焉如八九十者,弗能久矣。若赵孟死,为政者其韩子乎?吾子盍与季孙言之?可以树善,君子也。"孝伯曰:"民生几何,谁能毋偷!朝不及夕,将焉用树!"穆叔告人曰:"孟孙将死矣!吾语诸赵孟之偷也,而又甚焉。"九月,孟孝伯卒。

昭公元年,周使刘定公劳晋赵孟,因曰:"子弁冕以临诸侯,盍亦远绩禹功,而大庇民乎?"对曰:"老夫罪戾是惧,焉能恤远?吾侪偷食,朝不谋夕,何其长也?"刘子归,以语王曰:"谚所谓老将知而耄及之者,其赵孟之谓乎!为晋正卿而主诸侯,而侪于隶人,朝不谋夕,弃神人矣。神怒民畔,何以能久?赵孟不复年矣!"是岁,秦景公弟后子奔晋,赵孟问:"秦君何如?"对曰:"无道。"赵孟曰:"亡乎?"对曰:"何为?一世无道,国未艾也。国于天地,有与立焉。不数世淫,弗能敝也。"赵孟曰:"天乎?"对曰:"有焉。"赵孟曰:"其几何?"对曰:"鍼闻国无道而年谷和孰,天赞之也,鲜不五稔。"赵孟视荫,曰:"朝夕不相及,谁能待五?"后子出而告人曰:"赵孟将死矣!主民玩岁而愒日,其与几何?"冬,赵孟卒。昭五年,秦景公卒。

昭公元年,楚公子围会盟,设服离卫。鲁叔孙穆子曰:"楚公子美矣君哉!"伯州犁曰:"此行也,辞而假之寡君。"郑行人子羽曰:"假不反矣。"伯州犁曰:"子姑忧子皙之欲背诞也。"子羽曰:"假而不反,子其无忧乎?"齐国子曰:"吾代二子闵矣。"陈公子招曰:"不忧何成?二子乐矣!"卫齐子曰:"苟或知之,虽忧不害。"退会,子羽告人曰:"齐、卫、陈大夫其不免乎!国子代人忧,子招乐忧,齐子虽忧弗害。夫弗及而忧，与可忧而乐，与忧而弗害，皆取忧之道也。《太誓》曰：'民之所欲，天必从之。'三大夫兆忧矣，能无至乎！言以知物，其是之谓矣。"

昭公十五年，晋籍谈如周葬穆后。既除丧而燕，王曰："诸侯皆有以填抚王室，晋独无有，何也？"籍谈对曰："诸侯之封也，皆受明器于王室，故能荐彝器。晋居深山，戎翟之与邻，拜戎不暇，其何以献器？"王曰："叔氏其忘诸乎！叔父唐叔，成王之母弟，其反亡分乎？昔而高祖司晋之典籍，以为大正，故曰籍氏。女，司典之后也，何故忘之？"籍谈不能对。宾出，王曰："籍父其无后乎！数典而忘其祖。"籍谈归，以语叔向。叔向曰："王其不终乎！吾闻所乐必卒焉。今王乐忧，若卒以忧，不可谓终。王一岁而有三年之丧二焉，于是乎以丧宾燕，又求彝器，乐忧甚矣。三年之丧，虽贵遂服，礼也。王虽弗遂，燕乐已早。礼，王之大经也；一动而失二礼，无大经矣。言以考典，典以志经。忘经而多言举典，将安用之！"

哀公十六年，孔丘卒，公诔之曰："旻天不吊，不慭遗一老，俾屏予一人。"子赣曰："君其不殁于鲁乎？夫子之言曰：'礼失则昏，名失则愆。'失志为昏，失所为愆。生弗能用，死而诔之，非礼也；称'予一人'，非名也。君两失之。"二十七年，公孙于邾，遂死于越。

庶征之恒阳，刘向以为《春秋》大旱也。其夏旱雩祀，谓之大雩。不伤二谷，谓之不雨。京房《易传》曰："欲德不用兹谓张，厥灾荒。荒，旱也，其旱阴云不雨，变而赤，因而除。师出过时兹谓广，其旱不生。上下皆蔽兹谓隔，其旱天赤三月，时有雹杀飞禽。上缘求妃兹谓僭，其旱三月大温亡云。居高台府，兹谓犯阴侵阳，其旱万物根死，数有火灾。庶位逾节兹谓僭，其旱泽物枯，为火所伤。"

釐公二十一年"夏，大旱"。董仲舒、刘向以为，齐桓既死，诸侯从楚，釐尤得楚心。楚来献捷，释宋之执。外倚强楚，炕阳失众，又作南门，劳民兴役。诸雩旱不雨，略皆同说。

宣公七年"秋，大旱"。是夏，宣与齐侯伐莱。

襄公五年"秋，大雩"。先是，宋鱼石奔楚，楚伐宋，取彭城以封鱼石。郑畔于中国而附楚，襄与诸侯共围彭城，城郑虎牢以御楚。是岁郑伯使公子发来聘，又大夫会吴于善道。外结二国，内得郑聘，有炕阳动众之应。

八年"九月，大雩"。时作三军，季氏盛。

二十八年"八月，大雩"。先是，比年晋使荀吴、齐使庆封来聘，是夏邾子来朝。襄有炕阳自大之应。

昭公三年"八月，大雩"。刘歆以为，昭公即位年十九矣，犹有童心，居丧不哀，炕阳失众。

六年"九月，大雩"。先是，莒牟夷以二邑来奔，莒怒伐鲁，叔弓帅师，距而败之，昭得入晋。外和大国，内获二邑，取胜邻国，有炕阳动众之应。

十六年"九月，大雩"。先是，昭公母夫人归氏薨，昭不戚，又大搜于比蒲。晋叔向曰："鲁有大丧而不废搜。国不恤丧，不忌君也；君亡戚容，不顾亲也。殆其失国。"与三年同占。

二十四年"八月，大雩"。刘歆以为，《左氏传》二十三年邾师城翼，还经鲁地，鲁袭取邾师，获其三大夫。邾人诉于晋，晋人执我行人叔孙婼，是春乃归之。

二十五年"七月上辛大雩，季辛又雩"，旱甚也。刘歆以为时后氏与季氏人隙。又季氏之族有淫妻为逸，使季平子与族人相恶，皆共谮平子。子家驹谏曰："谗人以君徼幸，不可。"昭公遂伐季氏，为所败，出奔齐。

定公七年"九月，大雩"。先是定公自将侵郑，归至城中城。二大夫帅师围郓。

严公三十一年"冬，不雨"。是岁，一年而三筑台，奢侈不恤民。

釐公二年"冬十月不雨"，三年"春正月不雨，夏四月不雨，""六月雨"。先是者，严公夫人与公子庆父淫，而杀二君。国人攻之，夫人逊于邾，庆父奔莒。釐公即位，南败邾，东败莒，获其大夫。有炕阳之应。

文公二年，"自十有二月不雨，至于秋七月"。文公即位，天子使叔服会葬，毛伯赐命。又会晋侯于戚。公子遂如齐纳币。又与诸侯盟。上得天子，外得诸侯，沛然自大。跻釐公主。大夫始专事。

十年，"自正月不雨，至于秋七月"。先是公子遂会四国而救郑。楚使越椒来聘。秦人归襚。有炕阳之应。

十三年，"自正月不雨，至于秋七月"。先是曹伯、杞伯、滕子来朝，郕伯来奔，秦伯使遂来聘，季孙行父城诸及郓。二年之间，五国趋之，内城二邑。炕阳失众。一曰，不雨而五谷皆孰，异也。文公时，大夫始颛盟会，公孙敖会晋侯，又会诸侯盟于垂陇。故不雨而生者，阴不出气而私自行，以象施不由上出，臣下作福而私自成。一曰，不雨近常阴之罚，君弱也。

惠帝五年夏，大旱，江河水少，溪谷绝。先是发民男女十四万六千人城长安，是岁城乃成。

文帝三年秋，天下旱。是岁夏，匈奴右贤王寇侵上郡，诏丞相灌婴发车骑士八万五千人诣高奴，击右贤王走出塞。其秋，济北王兴居反，使大将军讨之，皆伏诛。

后六年春，天下大旱。先是，发车骑材官屯广昌。是岁二月，复发材官屯陇西。后匈奴大入上郡、云中，烽火通长安，三将军屯边，又三将军屯京师。

景帝中三年秋，大旱。

武帝元光六年夏，大旱。是岁，四将军征匈奴。

元朔五年春，大旱。是岁，六将军众十余万征匈奴。

元狩三年夏，大旱。是岁，发天下故吏伐棘上林，穿昆明池。

天汉元年夏，大旱；其三年夏，大旱。先是贰师将军征大宛还。天汉元年，发谪民。二年夏，三将军征匈奴，李陵没不还。

征和元年夏，大旱。是岁，发三辅骑士闭长安城门，大搜，始治巫蛊。明年，卫皇后、太子败。

昭帝始元六年，大旱。先是大鸿胪田广明征益州，暴师连年。

宣帝本始三年夏，大旱，东西数千里。先是五将军众二十万征匈奴。

神爵元年秋,大旱。是岁,后将军赵充国征西羌。
成帝永始三年、四年夏,大旱。

《左氏传》晋献公时童谣曰:"丙子之晨,龙尾伏辰,枃服振振,取虢之旂。鹑之贲贲,天策焞焞,火中成军,虢公其奔。"是时,虢为小国,介夏阳之厄,怙虞国之助,亢衡于晋,有炕阳之节,失臣下之心。晋献伐之,问于卜偃曰:"吾其济乎?"偃以童谣对曰:"克之。十月朔丙子旦,日在尾,月在策,鹑火中,必此时也。"冬十二月丙子朔,晋师灭虢,虢公丑奔周。周十二月,夏十月也。言天者以夏正。

史记晋惠公时童谣曰:"恭太子更葬兮,后十四年,晋亦不昌,昌乃在其兄。"是时,惠公赖秦力得立,立而背秦,内杀二大夫,国人不说。及更葬其兄恭太子申生而不敬,故诗妖作也。后与秦战,为秦所获,立十四年而死。晋人绝之,更立其兄重耳,是为文公,遂伯诸侯。

《左氏传》文、成之世童谣曰:"鸜之鹆之,公出辱之。鸜鹆之羽,公在外野,往馈之马。鸜鹆跦跦,公在乾侯,征褰与襦。鸜鹆之巢,远哉摇摇,裯父丧劳,宋父以骄。鸜鹆鸜鹆,往歌来哭。"至昭公时,有鸜鹆来巢。公攻季氏,败,出奔齐,居外野,次乾侯。八年,死于外,归葬鲁。昭公名裯。公子宋立,是为定公。

元帝时童谣曰:"井水溢,灭灶烟,灌玉堂,流金门。"至成帝建始二年三月戊子,北宫中井泉稍上,溢出南流,象春秋时先有鸜鹆之谣,而后有来巢之验。井水,阴也;灶烟,阳也;玉堂、金门,至尊之居,象阴盛而灭阳,窃有宫室之应也。王莽生于元帝初元四年,至成帝封侯,为三公辅政,因以篡位。

成帝时童谣曰:"燕燕尾涎涎,张公子,时相见。木门仓琅根,燕飞来,啄皇孙。皇孙死,燕啄矢。"其后帝为微行出游,常与富平侯张放俱称富平侯家人,过阳阿主作乐,见舞者赵飞燕而幸之,故曰"燕燕尾涎涎",美好貌也。"张公子",谓富平侯也。"木门仓琅根",谓宫门铜锾,言将尊贵也。后遂立为皇后。弟昭仪贼害后宫皇子,卒皆伏辜,所谓"燕飞来,啄皇孙,皇孙死,燕啄矢"者也。

成帝时歌谣又曰:"邪径败良田,谗口乱善人。桂树华不实,黄爵巢其颠。故为人所羡,今为人所怜。"桂,赤色,汉家象。华不实,无继嗣也。王莽自谓黄象,黄爵巢其颠也。

严公十七年"冬,多麋"。刘歆以为毛虫之孽为灾。刘向以为麋色青,近青祥也。麋之为言迷也,盖牝兽之淫者也。是时,严公将取齐之淫女,其象先见。天戒若曰,勿取齐女,淫而迷国。严公不寤,遂取之。夫人既入,淫于二叔,终皆诛死,几亡社稷,董仲舒指略同。京房《易传》曰:"废正作淫,大不明,国多麋。"又曰:"'震'遂泥,厥咎国多麋。"

昭帝时,昌邑王贺闻人声曰"熊",视而见大熊。左右莫见,以问郎中令龚遂,遂曰:"熊,山野之兽,而来入宫室,王独见之,此天戒大王,恐宫室将空,危亡象也。"贺不改寤,后卒失国。

《左氏传》襄公十七年十一月甲午,宋国人逐狂狗,狂狗入于华臣氏,国人从之。臣惧,遂奔陈。先是,臣兄阅为宋卿,阅卒,臣使贼杀阅家宰,遂就其妻。宋平公闻之,曰:"臣不唯其宗室是暴,大乱宋国之政。"欲逐之。左师向戌曰:"大臣不顺,国之耻也,不如盖之。"公乃止。华臣炕暴失义,内不自安,故犬祸至,以奔亡也。

高后八年三月,祓霸上,还过枳道,见物如仓狗,撅高后掖,忽而不见。卜之,赵王如意作祟。遂病掖伤而崩。先是,高后鸩杀如意,支断其母戚夫人手足,摧其眼,以为人彘。

文帝后五年六月,齐雍城门外有狗生角。先是,帝兄齐悼惠王亡后,帝分齐地,立其庶子女七人皆为王。兄弟并强,有炕阳心,故犬祸见也。犬守御,角兵象,在前而上乡者也。犬不当生角,犹诸侯不当举兵向京师也。天之戒人蚤矣,诸侯不寤。后六年,吴、楚畔,济南、胶西、胶东三国应之,举兵至齐。齐王犹与城守,三国围之。会汉破吴、楚,因诛四王。故天狗下梁而吴、楚攻梁,狗生角于齐而三国围齐。汉卒破吴、楚于梁,诛四王于齐。京房《易传》曰:"执政失,下将害之。厥妖狗生角。君子苟免,小人陷之,厥妖狗生角。"

景帝三年二月,邯郸狗与彘交。悖乱之气,近犬豕之祸也。是时,赵王遂悖乱,与吴、楚谋为逆,遣使匈奴求助兵,卒伏其辜。犬,兵革失众之占也;豕,北方匈奴之象。逆言失听,交于异类,以生害也。京房《易传》曰:"夫妇不严,厥妖狗与豕交。兹谓反德,国有兵革。"

成帝河平元年,长安男子石良、刘音相与同居,有如人状在其室中,击之,为狗,走出。去后,有数人被甲持兵弩至良家,良等格击,或死或伤,皆狗也。自二月至六月乃止。

鸿嘉中,狗与彘交。

《左氏》昭公二十四年十月癸酉,王子晁以成周之宝圭湛于河,几以获神助。甲戌,津人得之河上,阴不佞取将卖之,则为石。是时,王子晁篡天子位,万民不乡,号令不从,故有玉变,近白祥也。癸酉入而甲戌出,神不享之验云。玉化为石,贵将为贱也。后二年,子晁奔楚而死。

史记秦始皇帝三十六年,郑客从关东来,至华阴,望见素车白马从华山上下,知其非人,道住止而待之,遂至,持璧与客曰:"为我遗镐池君。"因言"今年祖龙死"。忽不见。郑客奉璧,即始皇二十八年过江所湛璧也。与周子晁同应。是岁,石陨于东郡,民或刻其石曰:"始皇死而地分。"此皆白祥,炕阳暴虐,号令不从,孤阳独治,群阴不附之所致也。一曰,石,阴类也,阴持高节,臣将危君,赵高、李斯之象。始皇不畏戒自省,反夷灭其旁民,而燔烧其石。是岁始皇死,后三年而秦灭。

孝昭元凤三年正月,泰山莱芜山南匄匄有数千人声。民视之,有大石自立,高丈五尺,大四十八围,入地深八尺,三石为足。石立处,有白乌数千集其旁。眭孟以为,石阴类,下民象,泰山岱宗之岳,王者易姓告代之处,当有庶人为天子者。孟坐伏诛。京房《易传》曰:"'复',崩来无咎。'自上下者为崩,厥应泰山之石颠而下,圣人受命人君房。"又曰："石立如人，庶士为天下雄。立于山，同姓；平地，异姓。立于水，圣人；于泽，小人。"

天汉元年三月，天雨白毛；三年八月，天雨白氂。京房《易传》曰："前乐后忧，厥妖天雨羽。"又曰："邪人进，贤人逃，天雨毛。"

史记周威烈王二十三年，九鼎震。金震，木动之也。是时，周室衰微，刑重而虐，号令不从，以乱金气。鼎者，宗庙之宝器也。宗庙将废，宝鼎将迁，故震动也。是岁，晋三卿韩、魏、赵篡晋君而分其地，威烈王命以为诸侯。天子不恤同姓，而爵其贼臣，天下不附矣。后三世，周致德祚于秦。其后秦遂灭周，而取九鼎。九鼎之震，木沴金，失众甚。

成帝元延元年正月，长安章城门门牡自亡，函谷关次门牡亦自亡。京房《易传》曰："饥而不损兹谓泰，厥灾水，厥咎牡亡。"《妖辞》曰："关动牡飞，辟为亡道臣为非，厥咎乱臣谋篡。"故谷永对曰："章城门通路寝之路，函谷关距山东之险，城门关守国之固，固将去焉，故牡飞也。"

卷二十七中之下
五行志第七中之下

传曰："视之不明，是谓不哲，厥咎舒，厥罚恒奥，厥极疾。时则有草妖，时则有蠃虫之孽，时则有羊祸，时则有目痾，时则有赤眚赤祥。惟水沴火。"

"视之不明，是谓不哲"，哲，知也。《诗》云："尔德不明，以亡陪亡卿；不明尔德，以亡背亡仄。"言上不明，暗昧蔽惑，则不能知善恶，亲近习，长同类，亡功者受赏，有罪者不杀，百官废乱，失在舒缓，故其咎舒也。盛夏日长，暑以养物，政弛缓，故其罚常奥。奥则冬温，春夏不和，伤病民人，故极疾也。诛不行则霜不杀草，由臣下则杀不以时，故有草妖。凡妖，貌则以服，言则以诗，听则以声。视则以色者，五色物之大分也，在于眚祥，故圣人以为草妖，失秉之明者也。温奥生虫，故有蠃虫之孽，谓螟螣之类当死不死，未当生而生，或多于故而为灾也。刘歆以为属思心不容。于《易》，刚而包柔为"离"，"离"为火为目。羊上角下蹄，刚而包柔，羊大目而不精明，视气毁故有羊祸。一曰，暑岁羊多疫死，及为怪，亦是也。及人，则多病目者，故有目痾，火色赤，故有赤眚赤祥。凡视伤者病火气，火气伤则水沴之。其极疾者，顺之，其福曰寿。刘歆视传曰有羽虫之孽，鸡祸。说以为于天文南方喙为鸟星，故为羽虫；祸亦从羽，故为鸡；鸡于《易》自在"巽"。说非是。庶征之恒奥，刘向以为《春秋》亡冰也。小奥不书，无冰然后书，举其大者也。京房《易传》曰："禄不遂行兹谓欺，厥咎奥，雨雪四至而温。臣安禄乐逸兹谓乱，奥而生虫。知罪不诛兹谓舒，其奥，夏则暑杀人，冬则物华实。重过不诛，兹谓亡征，其咎当寒而奥六日也。"

桓公十五年"春，亡冰"。刘向以为周春，今冬也。先是，连兵邻国，三战而再败也，内失百姓，外失诸侯，不敢行诛罚，郑伯突篡兄而立，公与相亲，长养同类，不明善恶之罚也。董仲舒以为象夫人不正，阴失节也。

成公元年"二月，无冰"。董仲舒以为方有宣公之丧，君臣无悲哀之心，而炕阳，作丘甲。刘向以为时公幼弱，政舒缓也。

襄公二十八年"春，无冰"。刘向以为先是公作三军，有侵陵用武之意，于是邻国不和，伐其三鄙，被兵十有余年，因之以饥馑，百姓怨望，臣下心离，公惧而弛缓，不敢行诛罚，楚有夷狄行，公有从楚心，不明善恶之应。董仲舒指略同。一曰，水旱之灾，寒暑之变，天下皆同，故曰"无冰"，天下异也。桓公杀兄弑君，外成宋乱，与郑易邑，背畔周室。成公时，楚横行中国，王札子杀召伯、毛伯，晋败天子之师于贸戎，天子皆不能讨。襄公时，天下诸侯之大夫皆执国权，君不能制。渐将日甚，善恶不明，诛罚不行，周失之舒，秦失之急，故周衰亡寒岁，秦灭亡奥年。

武帝元狩六年冬，亡冰。先是，比年遣大将军卫青、霍去病攻祁连，绝大幕，穷追单于，斩首十余万级，还，大行庆赏。乃闵海内勤劳，是岁遣博士褚大等六人持节巡行天下，存赐鳏寡，假与乏困，举遗逸独行君子诣行在所。郡国有以为便宜者，上丞相、御史以闻。天下咸喜。

昭帝始元二年冬，亡冰。是时上年九岁，大将军霍光秉政，始行宽缓，欲以说下。

僖公三十三年"十二月，陨霜不杀草"。刘歆以为草妖也。刘向以为今十月，周十二月。于《易》，五为天位，君位，九月阴气至，五通于天位，其卦为"剥"，剥落万物，始大杀矣，明阴从阳命，臣受君令而后杀。今十月陨霜而不能杀草，此君诛不行，舒缓之应也。是时，公子遂专权，三桓始世官，天戒若曰，自此之后，将皆为乱矣。文公不寤，其后遂杀子赤，三家逐昭公。董仲舒指略同。京房《易传》曰："臣有缓兹谓不顺，厥异霜不杀也。"

《书序》曰："伊陟相太戊，亳有祥桑谷共生。"传曰："俱生乎朝，七日而大拱。伊陟戒以修德，而木枯。"刘向以为殷道既衰，高宗承敝而起，尽凉阴之哀，天下应之，既获显荣，怠于政事，国将危亡，故桑谷之异见。桑犹丧也，谷犹生也，杀生之秉失而在下，近草妖也。一曰，野木生朝而暴长，小人将暴在大臣之位，危亡国家，象朝将为虚之应也。

《书序》又曰："高宗祭成汤，有蜚雉登鼎耳而雊。"祖己曰："惟先假王，正厥事。"刘向以为雉雊鸣者雄也。以赤色为主。于《易》，"离"为雉，雉，南方，近赤祥也。刘歆以为羽虫之孽。《易》有"鼎卦"，鼎，宗庙之器，主器奉宗庙者长子。野鸟自外来，入为宗庙器主，是继嗣将易也。一曰，鼎三足，三公象，而以耳行。野鸟居鼎耳，小人将居公位，败宗庙之祀。野木生朝，野鸟入庙，败亡之异也。武丁恐骇，谋于忠贤，修德而正事，内举傅说，授以国政，外伐鬼方，以安诸夏，故能攘木、鸟之妖，致百年之寿，所谓"六沴作见，若是其御，五福乃降，用章于下"者也。一曰，金沴木曰木不曲直。

僖公三十三年"十二月，李梅实"。刘向以为周十二月，今十月也，李梅当剥落，今反华实，近草妖也。先华而后实，不书华，举重者也。阴成阳事，象臣颛君作威福。一曰,冬当杀,反生,象骄臣当诛,不行其罚也。故冬华者,象臣邪谋有端而不成,至于实,则成矣。是时僖公死,公子遂专权,文公不寤,后有子赤之变。一曰,君舒缓甚,奥气不臧,则华实复生。董仲舒以为李梅实,臣下强也。记曰:"不当华而华,易大夫;不当实而实,易相室。"冬,水王,木相,故象大臣。刘歆以为庶征皆以虫为孽,思心嬴虫孽也。李梅实,属草妖。

惠帝五年十月,桃李华,枣实。昭帝时,上林苑中大柳树断仆地,一朝起立,生枝叶,有虫食其叶,成文字,曰"公孙病已立"。又,昌邑王国社有枯树复生枝叶。眭孟以为,木阴类,下民象,当有故废之家公孙氏从民间受命为天子者。昭帝富于春秋,霍光秉政,以孟妖言,诛之。后昭帝崩,无子,征昌邑王贺嗣位,狂乱失道,光废之,更立昭帝兄卫太子之孙,是为宣帝。宣帝本名病已。京房《易传》曰:"枯杨生梯,枯木复生,人君亡子。"

元帝初元四年,皇后曾祖父济南东平陵王伯墓门梓柱卒生枝叶,上出屋。刘向以为王氏贵盛,将代汉家之象也。后王莽篡位,自说之曰:"初元四年,莽生之岁也,当汉九世火德之厄,而有此祥兴于高祖考之门。门为开通,梓犹子也,言王氏当有贤子开通祖统,起于柱石大臣之位,受命而王之符也。"

建昭五年,兖州刺史浩赏禁民私所自立社。山阳橐茅乡社有大槐树,吏伐断之,其夜树复立其故处。成帝永始元年二月,河南街邮樗树生支如人头,眉、目、须皆具,亡发、耳。哀帝建平三年十月,汝南西平遂阳乡柱仆地,生支如人形,身青黄色,面白,头有髭发,稍长大,凡长六寸一分。京房《易传》曰:"王德衰,下人将起,则有木生为人状。"

哀帝建平三年,零陵有树僵地,围丈六尺,长十丈七尺。民断其本,长九尺余,皆枯。三月,树卒自立故处。京房《易传》曰:"弃正作淫,厥妖木断自属。妃后有专,木仆反立,断枯复生。天辟恶之。"

元帝永光二年八月,天雨草,而叶相撺结,大如弹丸。平帝元始三年正月,天雨草,状如永光时。京房《易传》曰:"君吝于禄,信衰贤去,厥妖天雨草。"

昭公二十五年"夏,有鸲鹆来巢"。刘歆以为,羽虫之孽,其色黑,又黑祥也,视不明,听不聪之罚也。刘向以为,蜚有蛾不言来者,气所生,所谓眚也;鸲鹆言来者,气所致,所谓祥也。鸲鹆,夷狄穴藏之禽,来至中国,不穴而巢,阴居阳位,象季氏将逐昭公,去宫室而居外野也。鸲鹆白羽,旱之祥也;穴居而好水,黑色,为主急之应也。天戒若曰,既失众,不可急暴;急暴,阴将持节阳以逐尔,去宫室而居外野矣。昭不寤,而举兵围季氏,为季氏所败,出奔于齐,遂死于外野。董仲舒指略同。

景帝三年十一月,有白颈乌与黑乌群斗楚国吕县,白颈不胜,堕泗水中,死者数千。刘向以为近白黑祥也。时楚王戊暴逆无道,刑辱申公,与吴王谋反。乌群斗者,师战之象也。白颈者小,明小者败也。堕于水者,将死水地。王戊不寤,遂举兵应吴,与汉大战,兵败而走,至于丹徒,为越人所斩,堕死水之效也。京房《易传》曰:"逆亲亲,厥妖白黑乌斗于国。"

昭帝元凤元年,有乌与鹊斗燕王宫中池上,乌堕池死,近黑祥也。时燕王旦谋为乱,遂不改寤,伏辜而死。楚、燕皆骨肉藩臣,以骄怨而谋逆,俱有乌鹊斗死之祥,行同而占合,此天人之明表也。燕一乌鹊斗于宫中而黑者死,楚以万数斗于野外而白者死,象燕阴谋未发,独王自杀于宫,故一乌水色者死,楚坑阳举兵,军师大败于野,故众乌金色者死,天道精微之效也。京房《易传》曰:"专征劫杀,厥妖乌鹊斗。"

昭帝时有鹈鹕或曰秃鹙,集昌邑王殿下,王使人射杀之。刘向以为,水鸟色青,青祥也。时,王驰骋无度,慢侮大臣,不敬至尊,有服妖之象,故青祥见也。野鸟入处,宫室将空。王不悟,卒以亡。京房《易传》曰:"辟退有德,厥咎狂,厥妖水鸟集于国中。"

成帝河平元年二月庚子,泰山山桑谷有瓡焚其巢。男子孙通等闻山中群鸟瓡鹊声,往视,见巢然,尽堕地中,有三瓡鷇烧死。树大四围,巢去地五丈五尺。太守平以闻。瓡色黑,近黑祥,贪虐之类也。《易》曰:"鸟焚其巢,旅人先笑后号咷。"泰山,岱宗,五岳之长,王者易姓告代之处也。天戒若曰,勿近贪虐之人,听其贼谋,将生焚巢自害其子绝世易姓之祸。其后,赵飞燕得幸,立为皇后,弟为昭仪,姊妹专宠,闻后宫许美人、曹伟能生皇子也,昭仪大怒,令上夺取而杀之,皆并杀其母。成帝崩,昭仪自杀,事乃发觉,赵后坐诛。此焚巢杀子后号咷之应也。一曰,王莽贪虐而任社稷之重,卒成易姓之祸云。京房《易传》曰:"人君暴虐,鸟焚其舍。"

鸿嘉二年三月,博士行大射礼,有飞雉集于庭,历阶登堂而雊。后雉又集太常、宗正、丞相、御史大夫、大司马车骑将军之府,又集未央宫承明殿屋上。时大司马车骑将军王音、待诏宠等上言:"天地之气,以类相应,谴告人君,甚微而著。雉者听察,先闻雷声,故《月令》以纪气。经载高宗雊雉之异,以明转祸为福之验。今雉以博士行礼之日大众聚会,飞集于庭,历阶登堂,万众睢睢,惊怪连日。径历三公之府,太常宗正典宗庙骨肉之官,然后入宫。其宿留告晓人,具备深切,虽人道相戒,何以过是!"后帝使中常侍晁闳诏音曰:"闻捕得雉,毛羽颇摧折,类拘执者,得无人为之?"音复对曰:"陛下安得亡国之语?不知谁主为佞谄之计,诬乱圣德如此者!左右阿谀甚众,不待臣音言谄而足。公卿以下,保位自守,莫有正言。如令陛下觉寤,惧大祸且至身,深责臣下,绳以圣法,臣音当先受诛,岂有以自解哉!今即位十五年,继嗣不立,日日驾车而出,失行流闻,海内传之,甚于京师。外有微行之害,内有疾病之忧,皇天数见灾异,欲人变更,终已不改。天尚不能感动陛下,臣子何望?独有极言待死,命在朝暮而已。如有不然,老母安得处所,尚何皇太后之有!高祖天下当以谁属乎!宜谋于贤知,克己复礼,以求天意,继嗣可立,灾变尚可销也。"

成帝绥和二年三月,天水平襄有燕生爵,哺食至大,俱飞去。京房《易传》曰:"贼臣在国,厥咎燕生爵,诸侯销。"一曰,生非其类,子不嗣世。

史记鲁定公时,季桓子穿井,得土缶,中得虫若羊,近羊祸也。羊者,地上之物,幽于土中,象定公不用孔子而听季氏,暗昧不明之应也。一曰,羊去野外而拘土者,象鲁君失其所而拘于季氏,季氏亦将拘于家臣也。是岁,季氏家臣阳虎囚季桓子。后三年,阳虎劫公伐孟氏,兵败,窃宝玉大弓而出亡。

《左氏传》鲁襄公时,宋有生女子赤而毛,弃之堤下,宋平公母共姬之御者见而收之,因名曰弃。长而美好,纳之平公,生子曰佐,后宋臣伊戾谗太子痤而杀之,先是,大夫华元出奔晋,华弱奔鲁,华臣奔陈,华合比奔卫。刘向以为时则火灾赤眚之明应也,京房《易传》曰:"尊卑不别,厥妖女生赤毛。"

惠帝二年,天雨血于宜阳,一顷所,刘向以为赤眚也,时又冬雷,桃李华,常奥之罚也。是时,政舒缓,诸吕用事,谗口妄行,杀三皇子,建立非嗣,及不当立之王,退王陵、赵尧、周昌。吕太后崩,大臣共诛灭诸吕,僵尸流血,京房《易传》曰:"归狱不解,兹谓追非,厥咎天雨血;兹谓不亲,民有怨心,不出三年,无其宗人。"又曰:"佞人禄,功功僇,天雨血。"

哀帝建平四年四月,山阳湖陵雨血,广三尺,长五尺,大者如钱,小者如麻子。后二年,帝崩。王莽擅朝,诛贵戚丁、傅,大臣董贤等皆放徙远方,与诸吕同象。诛死者少,雨血亦少。

传曰:"听之不聪,是谓不谋,厥咎急,厥罚恒寒,厥极贫。时则有鼓妖,时则有鱼孽,时则有豕祸,时则有耳痾,时则有黑眚黑祥。惟火沴水。"

"听之不聪,是谓不谋",言上偏听不聪,下情隔塞,则不能谋虑利害,失在严急,故其咎急也。盛冬日短,寒以杀物,政促迫,故其罚常寒也。寒则不生百谷,上下俱贫,故其极贫也。君严猛而闭下,臣战栗而塞耳,则妄闻之气发于音声,故有鼓妖。寒气动,故有鱼孽。雨以龟为孽,龟能陆处,非极阴也;鱼去水而死,极阴之孽也。于《易》,"坎"为豕,豕大耳而不聪察,听气毁,故有豕祸也。一曰,寒岁豕多死,及为怪,亦是也。及人,则多病耳者,故有耳痾。水色黑,故有黑眚黑祥。凡听伤者病水气,水气病则火沴之。其极贫者,顺之,其福曰富。刘歆听传曰有介虫孽也,庶征之恒寒。刘向以为春秋无其应,周之末世舒缓微弱,政在臣下,奥暖而已,故籍秦以为验。秦始皇即位尚幼,委政太后,太后淫于吕不韦及嫪毐,封毐为长信侯,以太原郡为毐国,宫室苑囿自恣,政事断焉。故天冬雷,以见阳不禁闭,以涉危害,舒奥迫近之变也。始皇既冠,毐惧诛作乱,始皇诛之,斩首数百级,大臣二十人,皆车裂以徇,夷灭其宗,迁四千余家于房陵。是岁四月,寒,民有冻死者。数年之间,缓急如此,寒奥辄应,此其效也。刘歆以为大雨雪,及未当雨雪而雨雪,及大雨雹,陨霜杀叔草,皆常寒之罚也。刘向以为常雨属貌不恭。京房《易传》曰:"有德遭险,兹谓逆命,厥异寒。诛过深,当奥而寒,尽六日,亦为雹。害正不诛,兹谓养贼,寒七十二日,杀飞禽。道人始去

兹谓伤,其寒物无霜而死,涌水出。战不量敌,兹谓辱命,其寒虽雨物不茂。闻善不予,厥咎聋。"

桓公八年"十月,雨雪"。周十月,今八月也,未可以雪,刘向以为时夫人有淫齐之行,而桓有妒媢之心,夫人将杀,其象见也。桓不觉寤,后与夫人俱如齐而杀死。凡雨,阴也,雪又雨之阴也,出非其时,迫近象也。董仲舒以为象夫人专恣,阴气盛也。

釐公十年"冬,大雨雪"。刘向以为,先是釐公立妾为夫人,阴居阳位,阴气盛也。《公羊经》曰"大雨雹"。董仲舒以为,公胁于齐桓公,立妾为夫人,不敢进群妾,故专一之象见诸雹,皆为有所渐胁也,行专一之政云。

昭公四年"正月,大雨雪"。刘向以为,昭取于吴而为同姓,谓之吴孟子。君行于上,臣非于下。又三家已强,皆贱公行,慢侮之心生。董仲舒以为季孙宿任政,阴气盛也。

文帝四年六月,大雨雪。后三岁,淮南王长谋反,发觉,迁,道死。京房《易传》曰:"夏雨雪,戒臣为乱。"

景帝中六年三月,雨雪。其六月,匈奴入上郡取苑马,吏卒战死者二千余人。明年,条侯周亚夫下狱死。

武帝元狩元年十二月,大雨雪,民多冻死。是岁,淮南、衡山王谋反,发觉,皆自杀。使者行郡国,治党与,坐死者数万人。

元鼎二年三月,雪,平地厚五尺,是岁,御史大夫张汤有罪自杀,丞相严青翟坐与三长史谋陷汤,青翟自杀,三长史皆弃市。

元鼎三年三月水冰,四月雨雪,关东十余郡人相食。是岁,民不占缗钱有告者,以半畀之。

元帝建昭二年十一月,齐、楚地大雪,深五尺。是岁,魏郡太守京房为石显所告,坐与妻父淮阳王舅张博、博弟光劝视淮阳王以不义。博要斩,光、房弃市,御史大夫郑弘坐免为庶人。成帝即位,显伏辜,淮阳王上书冤博,辞语增加,家属徙者复得还。

建昭四年三月,雨雪,燕多死。谷永对曰:"皇后桑蚕以治祭服,共事天地宗庙,正以是日疾风自西北,大寒雨雪,坏败其功,以章不乡。宜斋戒辟寝,以深自责,请皇后就宫,隔闭门户,毋得擅上。且令众妾人人更进,以时博施。皇天说喜,庶几可以得贤明之嗣。即不行臣言,灾异愈甚,天变成形,臣虽欲复捐身关策,不及事已。"其后许后坐祝诅废。

阳朔四年四月,雨雪,燕雀死。后十二年,许皇后自杀。

定公元年"十月,陨霜杀菽"。刘向以为,周十月,今八月也,消卦为"观",阴气未至君位而杀,诛罚不由君出,在臣下之象也。是时,季氏逐昭公,公死于外,定公得立,故天见灾以视公也。釐公二年"十月,陨霜不杀草",为嗣君微,失秉事之象也。其后卒在臣下,则灾为之生矣。异故言草,灾故言菽,重杀谷。一曰菽,草之难杀者也,言杀菽,知草皆死也;言不杀草,知菽亦不死也。董仲舒以为,菽,草之强者,天戒若曰,加诛于强臣。言菽,以微见季氏之罚也。

武帝元光四年四月，陨霜杀草木。先是二年，遣五将军三十万众伏马邑下，欲袭单于，单于觉之而去。自是始征伐四夷，师出三十余年，天下户口减半。京房《易传》曰："兴兵妄诛，兹谓亡法，厥灾霜，夏杀五谷，冬杀麦。诛不原情，兹谓不仁，其霜，夏先大雷风，冬先雨雪，乃陨霜，有芒角。贤圣遭害，其霜附木不下地。佞人依刑，兹谓私贼。其霜在草根土隙间。不教而诛兹谓虐，其霜反在草下。"

元帝永光元年三月，陨霜杀桑；九月二日，陨霜杀稼，天下大饥。是时，中书令石显用事专权，与《春秋》定公时陨霜同应。成帝即位，显坐作威福诛。

釐公二十九年"秋，大雨雹。"刘向以为，盛阳雨水，温暖而汤热，阴气胁之不相入，则转而为雹；盛阴雨雪，凝滞而冰寒，阳气薄之不相入，则散而为霰。故沸汤之在闭器，而湛于寒泉，则为冰，及雪之销，亦冰解而散，此其验也。故雹者阴胁阳也。霰者阳胁阴也，《春秋》不书霰者，犹月食也。釐公末年信用公子遂，遂专权自恣，将至于杀君，故阴胁阳之象见。釐公不寤，遂终专权，后二年杀子赤，立宣公。《左氏传》曰："圣人在上无雹，虽有不为灾。"说曰："凡物不为灾不书，书大，言为灾也。凡雹，皆冬之愆阳，夏之伏阴也。"

昭公三年，"大雨雹"。是时季氏专权，胁君之象见。昭公不寤，后季氏卒逐昭公。

元封三年十二月，雷雨雹，大如马头。宣帝地节四年五月，山阳济阴雨雹如鸡子，深二尺五寸，杀二十人，飞鸟皆死。其十月，大司马霍禹宗族谋反，诛，霍皇后废。

成帝河平二年四月，楚国雨雹，大如斧，飞鸟死。

《左传》曰釐公三十二年十二月己卯，"晋文公卒，庚辰，将殡于曲沃，出绛，柩有声如牛"。刘向以为近鼓妖也。丧，凶事；声象牛，怒象也。将有急怒之谋，以生兵革之祸。是时，秦穆公遣兵袭郑而不假道，还，晋大夫先轸谓襄公曰，秦师过不假涂，请击之。遂要崤厄，以败秦师，匹马觭轮无反者，操之急矣。晋不惟旧，而听虐谋，结怨强国，三被秦寇，祸流数世，凶恶之效也。

哀帝建平二年四月乙亥朔，御史大夫朱博为丞相，少府赵玄为御史大夫，临延登受策，有大声如钟鸣，殿中郎吏陛者皆闻焉。上以问黄门侍郎扬雄、李寻，寻对曰："《洪范》所谓鼓妖者也。师法以为人君不聪，为众所惑，空名得进，则有声无形，不知所从生。其传曰岁月日之中，则正卿受之。今以四月日加辰巳有异，是为中焉。正卿谓执政大臣也。宜退丞相、御史，以应天变。然虽不退，不出期年，其人自蒙其咎。"扬雄亦以为鼓妖，听失之象也。朱博为人强毅多权谋，宜将不宜相，恐有凶恶亟疾之怒。八月，博、玄坐为奸谋，博自杀，玄减死论。京房《易传》曰："令不修本，下不安，金毋故自动，若有音。"

史记秦二世元年，天无云而雷。刘向以为，雷当托于云，犹君托于臣，阴阳之合也。二世不恤天下，万民有怨畔之心，是岁，陈胜起，天下畔，赵高作乱，秦遂以亡。一曰，《易》"震"为雷，为貌不恭也。

史记秦始皇八年，河鱼大上。刘向以为近鱼孽也。是岁，始皇弟长安君将兵击赵，反，死屯留，军吏皆斩，迁其民于临洮。明年，有嫪毐之诛。鱼阴类，民之象，逆流而上者，民将不从君令为逆行也。其在天文，鱼星中河而处，车骑满野。至于二世，暴虐愈甚，终用急亡。京房《易传》曰："众逆同志，厥妖河鱼逆流上。"

武帝元鼎五年秋，蛙与虾蟆群斗。是岁，四将军众十万征南越，开九郡。

成帝鸿嘉四年秋，雨鱼于信都，长五寸以下。成帝永始元年春，北海出大鱼，长六丈，高一丈，四枚。哀帝建平三年，东莱平度出大鱼，长八丈，高一尺，七枚，皆死。京房《易传》曰："海数见巨鱼，邪人进，贤人疏。"

桓公五年"秋，螽"。刘歆以为贪虐取民则螽，介虫之孽也，与鱼同占。刘向以为介虫之孽属言不从。是岁，公获二国之聘，取鼎易邑，兴役起城。诸螽略皆从董仲舒说云。

严公二十九年"有蜚"。刘歆以为负蠜也，性不食谷，食谷为灾，介虫之孽。刘向以为蜚色青，近青眚也，非中国所有。南越盛暑，男女同川泽，淫风所生，为虫臭恶。是时，严公取齐淫女为夫人，既入，淫于两叔，故蜚至。天戒若曰，今诛绝之尚及，不将生臭恶，闻于四方。严不寤，其后夫人与两叔作乱，二嗣以杀，卒皆被辜。董仲舒指略同。

釐公十五年"八月，螽"。刘向以为，先是釐有咸之会，后城缘陵，是岁，复以兵车为牡丘会，使公孙敖帅师，及诸侯大夫救徐，兵比三年在外。

文公三年"秋，雨螽于宋"。刘向以为，先是宋杀大夫而无罪，有暴虐赋敛之应。《榖梁传》曰上下皆合，言甚。董仲舒以为宋三世内取，大夫专恣，杀生不中，故螽先死而至。刘歆以为，螽为谷灾，卒遇贼阴，坠而死也。

八年"十月，螽"。时公伐邾取须朐，城郚。

宣公六年"八月，螽"。刘向以为，先是时宣伐莒向，后比再如齐，谋伐莱。

十三年"秋，螽"。公孙归父会伐莒。

十五年"秋，螽"。宣亡熟岁，数有军旅。

襄公七年"八月，螽"。刘向以为，先是襄兴师救陈，滕子、郯子、小邾子皆来朝。夏，城费。

哀公十二年"十二月，螽"。是时，哀用田赋。刘向以为春用田赋，冬而螽。

十三年"九月，螽；十二月，螽"。比三螽，虐取于民之效也。刘歆以为，周十二月，夏十月也。火星既伏，蛰虫皆毕，天之见变，因物类之宜，不得螽，是岁，再失闰矣。周九月，夏七月，故传曰："火犹西流，司历过也。"

宣公十五年"冬，蝝生"。刘歆以为，蝝，蚍蜉之有翼者，食谷为灾，黑眚也。董仲舒、刘向以为，蝝，螟始生也，一曰蝗始生。是时，民患上力役，解于公田。宣是时初税亩。税亩，就民田亩择美者税其什一，乱先王制而为贪利，故应是而蝝生，属蠃虫之孽。

景帝中三年秋，蝗。先是匈奴寇边，中尉不害将车骑材官士屯代高柳。

武帝元光五年秋,螟;六年夏,蝗。先是五将军众三十万伏马邑,欲袭单于也。是岁,四将军征匈奴。

元鼎五年秋,蝗。是岁,四将军征南越及西南夷,开十余郡。

元封六年秋,蝗。先是,两将军征朝鲜,开三郡。

太初元年夏,蝗从东方蜚至敦煌;三年秋,复蝗。元年,贰师将军征大宛,天下奉其役连年。

征和三年秋,蝗;四年夏,蝗。先是一年,三将军众十余万征匈奴。征和三年,贰师七万人没不还。

平帝元始二年秋,蝗,遍天下。是时,王莽秉政。

《左氏传》曰严公八年齐襄公田于贝丘,见豕。从者曰:"公子彭生也。"公怒曰:"射之!"豕人立而啼,公惧,坠车,伤足丧屦。刘向以为近豕祸也。先是,齐襄淫于妹鲁桓公夫人,使公子彭生杀桓公,又杀彭生以谢鲁。公孙无知有宠于先君,襄公绌之,无知帅怨恨之徒攻襄于田所,襄匿其户间,足见于户下,遂杀之。伤足丧屦,卒死于足,虐急之效也。

昭帝元凤元年,燕王宫永巷中豕出圂,坏都灶,衔其鬴六七枚置殿前。刘向以为近豕祸也。是时,燕王旦与长公主、左将军谋为大逆,诛杀谏者,暴急无道。灶者,生养之本,豕而败灶,陈鬴于庭,鬴灶将不用,宫室将废辱也。燕王不改,卒伏其辜。京房《易传》曰:"众心不安君政,厥妖豕入居室。"

史记鲁襄公二十三年,榖、洛水斗,将毁王宫。刘向以为近火沴水也。周灵王将拥之,有司谏曰:"不可。长民者不崇薮,不堕山,不防川,不窦泽。今吾执政毋乃有所辟,而滑夫二川之神,使至于争明,以防王宫室,王而饰之,毋乃不可乎!惧及子孙,王室愈卑。"王卒拥之。以传推之,以四渎比诸侯,榖、洛其次也,卿大夫之象也,为卿大夫将分争以危乱王室也。是时,世卿专权,儋括将有篡杀之谋,如灵王觉寤,匡其失政,惧以承戒,则灾祸除矣。不听谏谋,简慢大异,任其私心,塞埤拥下,以逆水势而害鬼神。后数年有黑如日者五。是岁蚤霜,灵王崩。景王立二年,儋括欲杀王,而立王弟佞夫。佞夫不知,景王并诛佞夫。及景王死,五大夫争权,或立子猛,或立子朝,王室大乱。京房《易传》曰:"天子弱,诸侯力政,厥异水斗。"

史记曰,秦武王三年渭水赤者三日,昭王三十四年渭水又赤三日。刘向以为近火沴水也。秦连相坐之法,弃灰于道者黥,罔密而刑虐,加以武伐横出,残贼邻国,至于变乱五行,气色谬乱。天戒若曰,勿为刻急,将致败亡。秦遂不改,至始皇灭六国,二世而亡。昔三代居三河,河洛出图书,秦居渭阳,而渭水数赤,瑞异应德之效也。京房《易传》曰:"君湎于酒,淫于色,贤人潜,国家危,厥异流水赤也。"

卷二十七下之上
五行志第七下之上

传曰:"思心之不睿,是谓不圣,厥咎霧,厥罚恒风,厥极凶短折。时则有脂夜之妖,时则有华孽,时则有牛祸,时则有心腹之痾,时则有黄眚黄祥,时则有金木水火沴土。"

"思心之不睿,是谓不圣。"思心者,心思虑也;睿,宽也。孔子曰:"居上不宽,吾何以观之哉!"言上不宽大包容臣下,则不能居圣位。貌言视听,以心为主,四者皆失,则区霧无识,故其咎霧也。雨旱寒奥,亦以风为本,四气皆乱,故其罚常风也。常风伤物,故其极凶短折也。伤人曰凶,禽兽曰短,草木曰折。一曰,凶,夭也;兄丧弟曰短,父丧子曰折。在人腹中,肥而包裹心者,脂也,心区霧则冥晦,故有脂夜之妖。一曰,有脂物而夜为妖,若脂水夜污人衣,淫之象也。一曰,夜妖者,云风并起而杳冥,故与常风同象也。温而风则生螟䗁,有裸虫之孽。刘向以为于《易》,"巽"为风为木,卦在三月、四月,继阳而治,主木之华实。风气盛,至秋冬木复华,故有华孽。一曰,地气盛则秋冬复华。一曰,华者色也,土为内事,为女孽也。于《易》,"坤"为土为牛,牛大而心不能思虑,思心气毁,故有牛祸。一曰,牛多死及为怪,亦是也。及人,则多病心腹者,故有心腹之痾。土色黄,故有黄眚黄祥。凡思心伤者病土气,土气病则金木水火沴之,故曰"时则有金木水火沴土"。不言"惟"而独曰"时则有"者,非一冲气所沴,明其异大也。其极曰凶短折,顺之,其福曰考终命。刘歆思心传曰时则有裸虫之孽,谓螟䗁之属也。庶征之常风,刘向以为《春秋》无其应。

釐公十六年"正月,六鶂退飞,过宋都"。《左氏传》曰"风也"。刘歆以为风发于它所,至宋而高,鶂高飞而逢之,则退。经以见者为文,故记退飞;传以实应著,言风,常风之罚也。象宋襄公区霧自用,不容臣下,逆司马子鱼之谏,而与强楚争盟,后六年为楚所执,应六鶂之数云。京房《易传》曰:"潜龙勿用,众逆同志,至德乃潜,厥异风。其风也,行不解物,不长,雨小而伤。政悖德隐兹谓乱,厥风先风不雨。大风暴起,发屋折木。守义不进兹谓耄,厥风与云俱起,折五谷茎。臣易上政,兹谓不顺,厥风大焱发屋。赋敛不理兹谓祸,厥风绝经纬,止即温,温即虫。侯专封兹谓不统,厥风疾,而树不摇,谷不成。辟不思道利,兹谓无泽,厥风不摇木,旱无云,伤禾。公常于利兹谓乱,厥风微而温,生虫蝗,害五谷。弃正作淫兹谓惑,厥风温,螟虫起,害有益人之物。侯不朝兹谓叛,厥风无恒,地变赤而杀人。"

文帝二年六月,淮南王都寿春大风毁民室,杀人。刘向以为,是岁南越反,攻〔淮南〕边,淮南王长破之,后年入朝,杀汉故丞相辟阳侯,上赦之,归聚奸人谋逆乱,自称东帝,见异不寤,后迁于蜀,道死雍。

文帝五年,吴暴风雨,坏城官府民室。时吴王濞谋为逆乱,天戒数见,终不改寤,后卒诛灭。

五年十月,楚王都彭城大风从东南来,毁市门,杀人。

是月王戊初嗣立，后坐淫削国，与吴王谋反，刑僇谏者。吴在楚东南，天戒若曰，勿与吴为恶，将败市朝。王戊不寤，卒随吴亡。

昭帝元凤元年，燕王都蓟大风雨，拔宫中树七围以上十六枚，坏城楼。燕王旦不寤，谋反发觉，卒伏其辜。

釐公十五年"九月己卯晦，震夷伯之庙"。刘向以为，晦，暝也；震，雷也。夷伯，世大夫，正昼雷，其庙独冥。天戒若曰。勿使大夫世官，将专事暝晦。明年，公子季友卒，果世官，政在季氏。至成公十六年"六月甲午晦"，正昼皆暝，阴为阳，臣制君也。成公不寤，其冬季氏杀公子偃。季氏萌于釐公，大于成公，此其应也。董仲舒以为，夷伯，季氏之孚也，陪臣不当有庙。震者，雷也，晦暝，雷击其庙，明当绝去僭差之类也。向又以为此皆所谓夜妖者也。刘歆以为，《春秋》及朔言朔，及晦言晦，人道所不及，则天震之。展氏有隐慝，故天加诛于其祖夷伯之庙以谴告之也。

成公十六年"六月甲午晦，晋侯及楚子、郑伯战于鄢陵。"皆月晦云。

隐公五年"秋，螟"。董仲舒、刘向以为时公观渔于棠，贪利之应也。刘歆以为又逆臧釐伯之谏，贪利区寙，以生裸虫之孽也。

八年"九月，螟"。时郑伯以邴将易许田，有贪利心。京房《易传》曰："臣安禄兹谓贪，厥灾虫，虫食根。德无常兹谓烦，虫食叶，不绌无德，虫食本。与东作争，兹谓不时，虫食节。蔽恶生孽，虫食心。"

严公六年"秋，螟"。董仲舒、刘向以为，先是，卫侯朔出奔齐，齐侯会诸侯纳朔，许诸侯赂。齐人归卫宝，鲁受之，贪利应也。

文帝后六年秋，螟。是岁，匈奴大入上郡、云中，烽火通长安，遣三将军屯边，三将军屯京师。

宣公三年，"郊牛之口伤，改卜牛，牛死"。刘向以为近牛祸也。是时，宣公与公子遂谋共杀子赤而立，又以丧娶，区寙昏乱。乱成于口，幸有季文子得免于祸，天犹恶之，生则不飨其祀，死则灾燔其庙。董仲舒指略同。

秦孝文王五年，斿朐衍，有献五足牛者。刘向以为近牛祸也。先是文惠王初都咸阳，广大宫室，南临渭，北临泾，思心失，逆土气。足者，止也，戒秦建止奢泰，将致危亡。秦遂不改，至于离宫三百，复起阿房，未成而亡。一曰，牛以力为人用，足所以行也。其后秦大用民力转输，起负海至北边，天下叛之。京房《易传》曰："兴徭役，夺民时，厥妖牛生五足。"

景帝中六年，梁孝王田北山，有献牛，足上出背上。刘向以为近牛祸。先是，孝王骄奢，起苑方三百里，宫馆阁道相连三十余里。纳为邪臣羊胜之计，欲求为汉嗣，刺杀议臣爰盎，事发，负斧归死。既退归国，犹有恨心，内则思虑霿乱，外则土功过制，故牛祸作。足而出于背，下奸上之象也。犹不能自解，发疾暴死，又凶短之极也。

《左氏传》昭公二十一年春，周景王将铸无射钟，泠州鸠曰："王其以心疾死乎！夫天子省风以作乐，小者不窕，大者不摦。摦则不容，心是以感，感实生疾。今钟摦矣，王

心弗戒，其能久乎？"刘向以为，是时景王好听淫声，适庶不明，思心霿乱，明年以心疾崩，近心腹之疴，凶短之极者也。

昭二十五年春，鲁叔孙昭子聘于宋，元公与燕，饮酒乐，语相泣也。乐祁佐，告人曰："今兹君与叔孙其皆死乎！吾闻之，哀乐而乐哀，皆丧心也。心之精爽，是谓魂魄，魂魄去之，何以能久？"冬十月，叔孙昭子死；十一月，宋元公卒。

昭帝元凤元年九月，燕有黄鼠衔其尾舞王宫端门中，往视之，鼠舞如故。王使夫人以酒脯祠，鼠舞不休，夜死。黄祥也。时，燕刺王旦谋反将败，死亡象也。其月，发觉伏辜。京房《易传》曰："诛不原情，厥妖鼠舞门。"

成帝建始元年四月辛丑夜，西北有如火光。壬寅晨，大风从西北起，云气赤黄，四塞天下，终日夜下著地者黄土尘也。是岁，帝元舅大司马大将军王凤始用事；又封凤母弟崇为安成侯，食邑万户；庶弟谭等五人赐爵关内侯，食邑三千户。复益封凤五千户，悉封谭等为列侯，是为五侯。哀帝即位，封外属丁氏、傅氏、周氏、郑氏凡六人为列侯。杨宣对曰："五侯封日，天气赤黄，丁、傅复然。此殆爵土过制，伤乱土气之祥也。"京房《易传》曰："经称'观其生'，言大臣之义，当观贤人，知其性行，推而贡之，否则为闻善不与，兹谓不知，厥异黄，厥咎聋，厥灾不嗣。黄者，日上黄光不散如火然，有黄浊气四塞天下。蔽贤绝道，故灾异至绝世也。经曰'良马逐'。逐，进也，言大臣得贤者谋，当显进其人，否则为下相攘善，兹谓盗明，厥咎亦不嗣，至于身戮家绝。"

史记周幽王二年，周三川皆震。刘向以为金木水火沴土者也。伯阳甫曰："周将亡矣！天地之气不过其序，若过其序，民乱之也。阳伏而不能出，阴迫而不能升，于是有地震。今三川实震，是阳失其所而填阴也。阳失而在阴，原必塞；原塞，国必亡。夫水，土演而民用也；土无所演，而民乏财用，不亡何待？昔伊、洛竭而夏亡，河竭而商亡，今周德如二代之季，其原又塞，塞必竭，川竭，山必崩。夫国必依山川，山崩川竭。亡之征也。若国亡，不过十年，数之纪也。"

是岁，三川竭，岐山崩。刘向以为，阳失在阴者，谓火气来煎枯水，故川竭也。山川连体，下竭上崩，事势然也。时，幽王暴虐，妄诛伐，不听谏，迷于褒姒，废其正后，废后之父申侯与犬戎共攻杀幽王。一曰，其在天文，水为辰星，辰星为蛮夷。月食辰星，国以女亡。幽王之败，女乱其内，夷攻其外。京房《易传》曰："君臣相背，厥异名水绝。"

文公九年"九月癸酉，地震"。刘向以为，先是时，齐桓、晋文、鲁釐二伯贤君新没，周襄王失道，楚穆王杀父，诸侯皆不肖，权倾于下，天戒若曰，臣下强盛者将动为害。后宋、鲁、晋、莒、郑、陈、齐皆杀君。诸震，略皆从董仲舒说也。京房《易传》曰："臣事虽正，专必震，其震，于水则波，于木则摇，于屋则瓦落。大经在辟而易臣，兹谓阴动，厥震摇政宫。大经摇政，兹谓不阴，厥震搖山，山出涌水。嗣子无德专禄，兹谓不顺，厥震动丘陵，涌水出。"

襄公十六年"五月甲子，地震"。刘向以为，先是鸡泽

之会,诸侯盟,大夫又盟。是岁三月,诸侯为溴梁之会,而大夫独相与盟。五月,地震矣。其后,崔氏专齐,栾盈乱晋,良霄倾郑,阍杀吴子,燕逐其君,楚灭陈、蔡。

昭公十九年"五月乙卯,地震"。刘向以为,是时季氏将有逐君之变。其后,宋三臣、曹会皆以地叛,蔡、莒逐其君,吴败中国杀二君。

二十三年"八月乙未,地震"。刘向以为,是时周景王崩,刘、单立王子猛,尹氏立子朝。其后,季氏逐昭公,黑肱叛邾,吴杀其君僚,宋五大夫、晋二大夫皆以地叛。

哀公三年"四月甲午,地震"刘向以为,是时诸侯皆信邪臣,莫能用仲尼,盗杀蔡侯、齐陈乞弑君。

惠帝二年正月,地震陇西,厌四百余家。武帝征和二年八月癸亥,地震,厌杀人。宣帝本始四年四月壬寅,城震河南以东四十九郡,北海琅邪坏祖宗庙城郭,杀六千余人。元帝永光三年冬,地震。绥和二年九月丙辰,地震,自京师至北边郡国三十余坏城郭,凡杀四百一十五人。

釐公十四年"秋八月辛卯,沙麓崩"。《穀梁传》曰:"林属于山曰麓,沙其名也。"刘向以为臣下背叛,散落不事上之象也。先是,齐桓行伯道,会诸侯,事周室。管仲既死,桓德日衰,天戒若曰,伯道将废,诸侯散落,政逮大夫,陪臣执命,臣下不事上矣。桓公不寤,天子蔽晦。及齐桓死,天下散而从楚。王札子杀二大夫,晋败天子之师,莫能征讨,从是陵迟。《公羊》以为,沙麓,河上邑也。董仲舒说略同。一曰,河,大川象;齐,大国;桓德衰,伯道将移于晋文,故河为徙也。《左氏》以为,沙麓,晋地;沙,山名也;地震而麓崩,不书震,举重者也。伯阳甫所谓"国必依山川,山崩川竭,亡之征也;不过十年,数之纪也。"至二十四年,晋怀公杀于高梁,京房《易传》曰:"小人剥庐,厥妖山崩,兹谓阴乘阳,弱胜强。"

成公五年"夏,梁山崩"。《穀梁传》曰雍河三日不流,晋君帅群臣而哭之,乃流。刘向以为,山,阳,君也;水,阴,民也。天戒若曰,君道崩坏,下乱,百姓将失其所矣。哭然后流,丧亡象也。梁山在晋地,自晋始而及天下也。后晋暴杀三卿,厉公以弑。溴梁之会,天下大夫皆执国政,其后孙、甯出卫献,三家逐鲁昭,单、尹乱王室,董仲舒说略同。刘歆以为,梁山,晋望也;崩,驰崩也。古者三代命祀,祭不越望,吉凶祸福,不是过也。国主山川,山崩川竭,亡之征也,美恶周必复,是岁,岁在鹑火,至十七年复在鹑火,栾书、中行偃杀厉公而立悼公。

高后二年正月,武都山崩,杀七百六十人,地震至八月乃止。文帝元年四月,齐、楚地山二十九所同日俱大发水,溃出。刘向以为,近水渗土也。天戒若曰,勿盛齐、楚之君,今失制度,将为乱。后十六年,帝庶兄齐悼惠王之孙文王则薨,无子,帝分齐地,立悼惠王庶子六人皆为王,贾谊、晁错谏,以为违古制,恐为乱。至景帝三年,齐、楚七国起兵百余万,汉皆破之。秦秋四国同日灾,汉七国同日众山溃,咸被其害,不畏天威之明效也。

成帝河平三年二月丙戌,犍为柏江山崩,捐江山崩,皆雍江水,江水逆流坏城,杀十三人,地震积二十一日,百

二十四动。元延三年正月丙寅,蜀郡岷山崩,雍江,江水逆流,三日乃通。刘向以为,周时岐山崩,三川竭,而幽王亡,岐山者,周所兴也。汉家本起于蜀、汉,今所起之地山崩川竭,星孛又及摄提、大角,从参至辰,殆必亡矣。其后,三世亡嗣,王莽篡位。

传曰:"皇之不极,是谓不建,厥咎眊,厥罚恒阴,厥极弱。时则有射妖,时则有龙蛇之孽,时则有马祸,时则有下人伐上之痾,时则有日月乱行,星辰逆行。"

"皇之不极,是谓不建",皇,君也。极,中;建,立也。人君貌言视听思心五事皆失,不得其中,则不能立万事,失在眊悖,故其咎眊也。王者自不承天理物,云起于山,而弥于天;天气乱,故其罚常阴也。一曰,上失中,则下强盛而蔽君明也。《易》曰"亢龙有悔,贵而亡位,高而亡民,贤人在下位而亡辅",如此,则君有南面之尊,而亡一人之助,故其极弱也。盛阳动进轻疾。礼,春而大射,以顺阳气。上微弱则下奋动,故有射妖。《易》曰"云从龙",又曰"龙蛇之蛰,以存身也"。阴气动,故有龙蛇之孽,于《易》,"乾"为君为马,马任用而强力,君气毁,故有马祸。一曰,马多死及为怪,亦是也。君乱且弱,人之所叛,天之所去,不有明王之诛,则有篡弑之祸,故有下人伐上之痾。凡君道伤者病天气,不言五行沴天,而曰"日月乱行,星辰逆行"者,为若下不敢沴天,犹《春秋》曰"王师败绩于贸戎",不言败之者,以自败为文,尊尊之意也。刘歆皇极传曰,有下体生上之痾。说以为下人伐上,天诛已成。不得复为痾云。皇极之常阴,刘向以为,《春秋》亡其应。一曰,久阴不雨是也。刘歆以为,自属常阴。

昭帝元平元年四月崩,亡嗣,立昌邑王贺。贺即位,天阴,昼夜不见日月。贺欲出,光禄大夫夏侯胜当车谏曰:"天久阴而不雨,臣下有谋上者,陛下欲何之?"贺怒,缚胜以属吏,吏白大将军霍光。光时与车骑将军张安世谋欲废贺。光让安世,以为泄语,安世实不泄,召问胜。胜上《洪范五行传》曰:"'皇之不极,厥罚常阴,时则有下人伐上。'不敢察察言,故云臣下有谋。"光、安世读之,大惊,以此益重经术士。后数日,卒共废贺,此常阴之明效也。京房《易传》曰:"有蜺、蒙、雾。雾,上下合也。蒙,如尘云。蜺,日旁气也。其占曰:后妃有专,蜺再重,赤而专,至冲旱。妻不壹顺,黑蜺四背,又曰蜺双出曰中。妻以贵高大,兹谓擅阳,蜺四方,日光不阳,解而温。内取兹谓禽,蜺如禽,在日旁。以尊降妃,兹谓薄嗣,蜺直而塞,六辰乃除,夜星见而赤。女不变始,兹谓乘夫,蜺白在侧,黑蜺果之,气正直。妻不顺正,兹谓擅阳,蜺中窥贯而外专。夫妻不严兹谓媟,蜺与日会。妇人擅国兹谓顷,蜺白贯日中,赤蜺四背。適不答兹谓不次,蜺直在左,蜺交在右。取于不专,兹谓危嗣,蜺抱日两未及。君淫外兹谓亡,蜺气左日交于外。取不达兹谓不知,蜺白夺明而大温,温而雨。尊卑不别兹谓媟,蜺三出三已,三辰除,除则日出且雨。臣私禄及亲,兹谓罔辟,厥异蒙,其蒙先大温,已蒙起,日不见。行善不请于上,兹谓作福,蒙一日五起王解。辟不下谋,臣辟异道,兹谓不

见,上蒙下雾,风三变而俱解。立嗣子疑,兹谓动欲,蒙赤,日不明。德不序,兹谓不聪,蒙,日不明,温而民病。德不试,空言禄,兹谓主窳臣夭,蒙起而白。君乐逸人,兹谓放,蒙,日青,黑云夹日,左右前后行过日。公不任职,兹谓枯禄,蒙三日,又大风五日,蒙不解。利邪以食,兹谓闭上,蒙大起,白云如山行蔽日。公惧不言道,兹谓闭下,蒙大起,日不见,若雨不雨,至十二日解,而有大云蔽日。禄生于下,兹谓诬君,蒙微而小雨,已乃大雨。下相攘善,兹谓盗明,蒙黄浊。下陈功,求于上,兹谓不知,蒙,微而赤,风鸣条,解复蒙。下专刑,兹谓分威,蒙而日不得明。大臣厌小臣,兹谓蔽,蒙微,日不明,若解不解,大风发,赤云起而蔽日。众不恶恶,兹谓闭,蒙,尊卦用事,三日而起,日不见。漏言亡喜,兹谓下厝用,蒙微,日无光,有雨云,雨不降。废忠惑佞,兹谓亡,蒙,天先清而暴,蒙微而日不明。有逸民,兹谓不明,蒙浊,夺日光。公不任职,兹谓不细,蒙白,三辰止,则日青,青而寒,寒必雨。忠臣进善君不试,兹谓遏,蒙,先小雨,雨已蒙起,微而日不明。惑众在位,兹谓覆国,蒙微而日不明,一温一寒,风扬尘。知佞厚之,兹谓庳,蒙甚而温。君臣故弼,兹谓悖,厥灾风雨雾,风拔木,乱五谷,已而大雾。庶正蔽恶,兹谓孽灾,厥异雾"。此皆阴云之类云。

严公十八年"秋,有蜮"。刘向以为蜮生南越。越地多妇人,男女同川,淫女为主,乱气所生,故圣人名之曰蜮。蜮犹惑也,在水旁,能射人,射人有处,甚者至死。南方谓之短弧,近射妖,死亡之象也。时严将取齐之淫女,故蜮至。天戒若曰,勿取齐女,将生淫惑篡弑之祸。严不寤,遂取之。入后淫于二叔,二叔以死,两子见弑,夫人亦诛。刘歆以为,蜮,盛暑所生,非自越来也。京房《易传》曰:"忠臣进善君不试,厥咎国生蜮。"

史记鲁哀公时,有隼集于陈廷而死,楛矢贯之,石砮,长尺有咫。陈愍公使使问仲尼,仲尼曰:"隼之来远矣!昔武王克商,通道百蛮,使各以方物来贡,肃慎贡楛矢,石砮长尺有咫。先王分异姓以远方职,使毋忘服,故分陈以肃慎矢。"求之故府,果得之。刘向以为,隼近祸祥,贪暴类也;矢贯之,近射妖也;死于廷,国亡表也。象陈眊乱,不服事周,而行贪暴,将致远夷之祸,为所灭也。是时,中国齐、晋、南夷、吴、楚为强,陈交晋不亲,附楚不固,数被二国之祸。后楚有白公之乱,陈乘而侵之,卒为楚所灭。

史记夏后氏之衰,有二龙止于夏廷,而言"余,褒之二君也"。夏帝卜杀之,去之,止之,莫吉;卜请其漦而藏之,乃吉。于是布币策告之。龙亡而漦在,乃椟去之。其后夏亡,传椟于殷、周,三代莫发,至厉王末,发而观之,漦流于廷,不可除也。厉王使妇人裸而噪之,漦化为玄鼋,入后宫,处妾遇之而孕。生子,惧而弃之。宣王立,女童谣曰:"檿弧萁服,实亡周国。"后有夫妇鬻是器者,宣王使执而戮之。既去,见处妾所弃妖子,闻其夜号,哀而收之,遂亡奔褒。后褒人有罪,入妖子以赎,是为褒姒,幽王见而爱之,生子伯服。王废申后及太子宜咎,而立褒姒、伯服代之。废后之父申侯与缯西畎戎共攻杀幽王。《诗》曰:"赫赫宗周,褒姒灭之。"刘向以为,夏后季世,周之幽、厉,皆悖乱逆天,故有龙鼋之怪,近龙蛇孽也。漦,血也,一曰沫也。檿弧,桑弓也。其服,盖以其草为箭服,近射妖也。女童谣者,祸将生于女,国以兵寇亡也。

《左氏传》昭公十九年,龙斗于郑时门之外洧渊。刘向以为近龙孽也。郑以小国摄乎晋、楚之间,重以强吴,郑当其冲,不能修德,将斗三国,以自危亡。是时,子产任政,内惠于民,外善辞令,以交三国,郑卒亡患,能以德消变之效也。京房《易传》曰:"众心不安,厥妖龙斗。"

惠帝二年正月癸酉旦,有两龙见于兰陵廷东里温陵井中,至乙亥夜去。刘向以为,龙贵象而困于庶人井中,象诸侯将有幽执之祸。其后吕太后幽杀三赵王,诸吕亦终诛灭。京房《易传》曰:"有德遭害,厥妖龙见井中。"又曰:"行刑暴恶,黑龙从井出。"

《左氏传》鲁严公时有内蛇与外蛇斗郑南门中,内蛇死。刘向以为近蛇孽也。先是,郑厉公劫相祭仲而逐兄昭公代立。后厉公出奔,昭公复入。死,弟子仪代立。厉公自外劫大夫傅瑕,使杀子仪。此外蛇杀内蛇之象也。蛇死六年,而厉公立。严公闻之,问申繻曰:"犹有妖乎?"对曰:"人之所忌,其气炎以取之,妖由人兴也。人亡衅焉,妖不自作。人弃常,故有妖。"京房《易传》曰:"立嗣子疑,厥妖蛇居国门斗。"

《左氏传》文公十六年夏,有蛇自泉宫出,入于国,如先君之数,刘向以为近蛇孽也。泉宫在囿中,公母姜氏尝居之,蛇从之出,象宫将不居也。《诗》曰:"维虺维蛇,女子之祥。"又蛇入国,国将有女忧也。如先君之数者,公母将薨象也。秋,公母薨。公恶之,乃毁泉台。夫妖孽应行而自见,非见而为害也。文不改行循正,共御厥罚,而作非礼,以重其过。后二年薨,公子遂杀文之二子恶、视,而立宣公。文公夫人大归于齐。

武帝太始四年七月,赵有蛇从郭外入,与邑中蛇斗孝文庙下,邑中蛇死。后二年秋,有卫太子事,事自赵人江充起。

《左氏传》定公十年,宋公子地有白马驷,公嬖向魋欲之,公取而朱其尾鬣以予之。地怒,使其徒抶魋而夺之。魋惧将走,公闭门而泣之,目尽肿。公弟辰谓地曰:"子为君礼,不过出竟,君必止子。"地出奔陈,公弗止。辰为之请,不听。辰曰:"是我迕吾兄也,吾以国人出,君谁与处?"遂与其徒出奔陈。明年,俱入于萧以叛,大为宋患,近马祸也。

史记秦孝公二十一年有马生人,昭王二十年牡马生子而死。刘向以为皆马祸也。孝公始用商君攻守之法,东侵诸侯,至于昭王,用兵弥烈。其象将以兵革抗极成功,而还自害也。牡马非生类,妄生而死,犹秦恃力强得天下,而还自灭之象也。一曰,诸畜生非其类,子孙必有非其姓者;至于始皇,果昌不韦子也。京房《易传》曰:"方伯分威,厥妖牡马生子。亡天子,诸侯相伐,厥妖马生人。"

文帝十二年,有马生角于吴,角在耳前,上乡。右角长三寸,左角长二寸,皆大二寸。刘向以为马不当生角,犹吴不当举兵乡上也。是时,吴王濞封有四郡五十余城,内怀骄恣，变见于外，天戒早矣。王不寤，后卒举兵，诛灭。京房《易传》曰："臣易上，政不顺，厥妖马生角，兹谓贤士不足。"又曰："天子亲伐，马生角。"

成帝绥和二年二月，大厩马生角，在左耳前，围长各二寸。是时，王莽为大司马，害上之萌自此始矣。哀帝建平二年，定襄牡马生驹，三足，随群饮食，太守以闻。马，国之武用，三足，不任用之象也。后侍中董贤年二十二为大司马，居上公之位，天下不宗。哀帝暴崩，成帝母王太后召弟子新都侯王莽入，收贤印绶，贤恐，自杀，莽因代之，并诛外家丁、傅。又废哀帝傅皇后，令自杀，发掘帝祖母傅太后、母丁太后陵，更以庶人葬之。幸及至尊，大臣微弱之祸也。

文公十一年，"败狄于咸"。《穀梁》、《公羊传》曰，长狄兄弟三人，一者之鲁，一者之齐，一者之晋。皆杀之，身横九亩；断其首而载之，眉见于轼。何以书？记异也，刘向以为，是时周室衰微，三国为大，可责者也。天戒若曰，不行礼义，大为夷狄之行，将致危亡。其后三国皆有篡弑之祸，近下人伐上之痾也。刘歆以为人变，属黄祥。一曰，属裸虫之孽。一曰，天地之性人为贵，凡人变，皆属皇极下人伐上之痾云。京房《易传》曰："君弱乱，疾有道，厥妖长狄入国。"又曰："丰其屋，下独苦。长狄生，世主房。"

史记秦始皇帝二十六年，有大人长五丈，足履六尺，皆夷狄服，凡十二人，见于临洮。天戒若曰，勿大为夷狄之行，将受其祸。是岁，始皇初并六国，反喜以为瑞，销天下兵器，作金人十二以象之。遂自贤圣，燔《诗》、《书》，坑儒士；奢淫暴虐，务欲广地，南戍五岭，北筑长城，以备胡、越，堑山填谷，西起临洮，东至辽东，径数千里。故大人见于临洮，明祸乱之起。后十四年而秦亡，亡自戍卒陈胜发。

史记魏襄王十三年，魏有女子化为丈夫。京房《易传》曰："女子化为丈夫，兹谓阴昌，贱人为王；丈夫化为女子，兹谓阴胜，厥咎亡。"一曰，男化为女，宫刑滥也；女化为男，妇政行也。

哀帝建平中，豫章有男子化为女子，嫁为人妇，生一子，长安陈凤言此阳变为阴，将亡继嗣，自相生之象也。一曰，嫁为人妇生一子者，将复一世乃绝。

哀帝建平四年四月，山阳方与女子田无啬生子。先未生二月，儿啼腹中，及生，不举，葬之陌上，三日，人过闻啼声，母掘收养。

平帝元始元年二月，朔方广牧女子赵春病死，敛棺积六日，出在棺外，自言见夫死父，曰："年二十七，不当死。"太守谭以闻。京房《易传》曰："'干父之蛊，有子，考亡咎'。子三年不改父道，思慕不皇，亦重见先人之非，不则为私，厥妖人死复生。"一曰，至阴为阳，下人为上。

六月，长安女子有生儿，两头异颈面相乡，四臂共匈俱前乡，尻上有目长二寸所。京房《易传》曰："'睽孤，见豕负涂'，厥妖人生两头。下相攘善，妖亦同。人若六畜首目在下，兹谓亡上，正将变更。凡妖之作，以谴失正，各象其类。二首，下不壹也；足多，所任邪也；足少，下不胜任，或不任下也。凡下体生于上，不敬也；上体生于下，媟渎也；生非其类，淫乱也；人生而大，上速成也；生而能言，好虚也。群妖推此类，不改乃成凶也。"

景帝二年九月，胶东下密人年七十余，生角，角有毛。时胶东、胶西、济南、齐四王有举兵反谋，谋由吴王濞起，连楚、赵，凡七国。下密，县居四齐之中；角，兵象，上乡者也；老人，吴王象也。年七十，七国象也。天戒若曰，人不当生角，犹诸侯不当举兵以乡京师也；祸从老人生，七国俱败云。诸侯不寤。明年，吴王先起，诸侯从之，七国俱灭。京房《易传》曰："冢宰专政，厥妖人生角。"

成帝建始三年十月丁未，京师相惊，言大水至。渭水虒上小女陈持弓年九岁，走入横城门，入未央宫尚方掖门，殿门门卫户者莫见，至句盾禁中而觉得。民以水相惊者，阴气盛也。小女入而入宫殿中者，下人将因女宠而居有宫室之象也。名曰持弓，有似周家檿弧之祥。《易》曰："弧矢之利，以威天下。"是时，帝母王太后弟凤始为上将，秉国政，天知其后将威天下而入宫室，故象先见也。其后，王氏兄弟父子五侯秉权，至莽卒篡天下，盖陈氏之后云。京房《易传》曰："妖言动众，兹谓不信，路将亡人，司马死。"

成帝绥和二年八月庚申，郑通里男子王褒，衣绛衣小冠，带剑入北司马门殿东门，上前殿，入非常室中，解帷组结佩之，招前殿署长业等曰："天帝令我居此。"业等收缚考问，褒故公车大谁卒，病狂易，不自知入宫状，下狱死。是时，王莽为大司马，哀帝即位，莽乞骸骨就第，天知其必不退，故因是而见象也。姓名章服甚明，径上前殿路寝，入室取组而佩之，称天帝命，然时人莫察。后莽就国，天下冤之，哀帝征莽还京师。明年，帝崩，莽复为大司马，因是而篡国。

哀帝建平四年正月，民惊走，持稾或棷一枚，传相付与，曰行诏筹。道中相过逢多至千数，或被发徒践，或夜折关，或逾墙入，或乘车骑奔驰，以置驿传行，经历郡国二十六，至京师。其夏，京师郡国民聚会里巷阡陌，设张博具，歌舞祠西王母。又传书曰："母告百姓，佩此书者不死。不信我言，视门枢下，当有白发。"至秋止。是时，帝祖母傅太后骄，与政事，故杜邺对曰："《春秋》灾异，以指象为言语。筹，所以纪数。民，阴，水类也。水以东流为顺走，而西行，反类逆上。象数度放溢，妄以相予，违忤民心之应化。西王母，妇人之称。博弈，男子之事。于街巷阡陌，明离阃内，与疆外。临事盘乐，炕阳之意。白发，衰年之象，体尊性弱，难理易乱。门，人之所由；枢，其要也。居人之所由，制持其要也。其明其著。今外家丁、傅并侍帷幄，布于列位，有罪恶者不坐辜罚，亡功能者毕受官爵。皇甫、三桓，诗人所刺，《春秋》所讥，亡以甚此。指象昭昭，以觉圣朝，奈何不应！"后哀帝崩，成帝母王太后临朝，王莽为大司马，诛灭丁、傅。一曰丁、傅所乱者小，此异乃王太后、莽之应云。

卷二十七下之下
五行志第七下之下

隐公三年"二月己巳，日有食之"。《穀梁传》曰，言日不言朔，食晦。《公羊传》曰，食二日。董仲舒、刘向以为，其后戎执天子之使,郑获鲁隐,灭戴,卫、鲁、宋咸杀君。《左氏》刘歆以为正月二日,燕、越之分野也。凡日所躔而有变,则分野之国失政者受之。人君能修政,共御厥罚,则灾消而福至;不能,则灾息而祸生。故经书灾而不记其故,盖吉凶亡常,随行而成祸福也。周衰,天子不班朔,鲁历不正,置闰不得其月,月大小不得其度。史记日食,或言朔而实非朔,或不言朔而实朔,或脱不书朔与日,皆官失之也。京房《易传》曰:"亡师兹谓不衔,厥异日食,其食也既,并食不一处。诛众失理,兹谓生叛,厥食既,光散。纵畔兹谓不明,厥食,先大雨三日,雨除而寒,寒即食。专禄不封,兹谓不安,厥食既,先日出而黑,光反外烛。君臣不通兹谓亡,厥蚀三既。同姓上侵,兹谓诬君,厥食四方有云,中央无云,其日大寒。公欲弱主位,兹谓不知,厥食中白青,四方赤,已食地震。诸侯相侵,兹谓不承,厥食三毁三复。君疾善,下谋上,兹谓乱,厥食既,先雨雹,杀走兽。弑君获位,兹谓逆,厥食既,先风雨折木,日赤。内臣外向,兹谓背,厥食食且雨,地中鸣。冢宰专政,兹谓因,厥食先大风,食时日居云中,四方亡云。伯正越职,兹谓分威,厥食日中分。诸侯争美于上,兹谓泰,厥食日伤月,食半,天营而鸣。赋不得,兹谓竭,厥食星随而下。受命之臣专征云试,厥食虽侵光犹明,若文王臣独诛纣矣。小人顺受命者征其君云杀,厥食五色,至大寒阴霜,若纣臣顺武王而诛纣矣。诸侯更制,兹谓叛,厥食三复三食,食已而风,地动。適让庶,兹谓生欲,厥食日失位,光晻晻,月形见。酒亡节兹谓荒,厥蚀乍青乍黑乍赤,明日大雨,发雾而寒。"凡食二十占,其形二十有四,改之辄除;不改三年,三年不改六年,六年不改九年。推隐三年之食,贯中央,上下竟而黑,臣弑从中成之形也。后卫州吁弑君而立。

桓公三年"七月壬辰朔,日有食之,既"。董仲舒、刘向以为,前事已大,后事将至者又大,则既。先是,鲁、宋弑君,鲁又成宋乱,易许田,亡事天子之心;楚僭称王。后郑拒王师,射桓王,又二君相篡。刘歆以为六月,赵与晋分。先是,晋曲沃伯再弑晋侯,是岁晋大乱,灭其宗国。京房《易传》以为桓三年日食贯中央,上下竟而黄,臣弑而不卒之形也。后楚严称王,兼地千里。

十七年"十月朔,日有食之"。《穀梁传》曰,言朔不言日,食二日也。刘向以为是时卫侯朔有罪出奔齐,天子更立卫君。朔借助五国,举兵伐之而自立,王命遂坏。鲁夫人淫失于齐,卒杀桓公。董仲舒以为,言朔不言日,恶鲁桓且有夫人之祸,将不终日也。刘歆以为楚、郑分。

严公十八年"三月,日有食之"。《穀梁传》曰,不言日,不言朔,夜食。史记推合朔在夜,明且日食而出,出而解,是为夜食。刘向以为,夜食者,阴因日明之衰而夺其光,象周天子不明,齐桓将夺其威,专会诸侯而行伯道。其后遂九合诸侯,天子使世子会之,此其效也。《公羊传》曰食晦。董仲舒以为,宿在东壁,鲁象也。后公子庆父、叔牙果通于夫人以劫公。刘歆以为,晦鲁、卫分。

二十五年"六月辛未朔,日有食之"。董仲舒以为,宿在毕,主边兵夷狄象也。后狄灭邢、卫。刘歆以为,五月二日鲁、赵分。

二十六年"十二月癸亥朔,日有食之"。董仲舒以为,宿在心,心为明堂,文武之道废,中国不绝若线之象也。刘向以为,时戎侵曹,鲁夫人淫于庆父、叔牙,将以弑君,故比年再蚀以见戒。刘歆以为,十月二日楚、郑分。

三十年"九月庚午朔,日有食之"。董仲舒、刘向以为后鲁二君弑,夫人诛,两弟死,狄灭邢,徐取舒,晋杀世子,楚灭弦。刘歆以为,八月秦、周分。

僖公五年"九月戊申朔,日有食之"。董仲舒、刘向以为,先是齐桓行伯,江、黄自至,南服强楚。其后不内自正,而外执陈大夫,则陈、楚不附,郑伯逃盟,诸侯将不从桓政,故天见戒。其后晋灭虢,楚围许,诸侯伐郑,晋弑二君,狄灭温,楚灭黄,桓不能救。刘歆以为,七月秦、晋分。

十二年"三月庚午朔,日有食之"。董仲舒、刘向以为,是时楚灭黄,狄侵卫、郑,莒灭杞。刘歆以为,三月齐、卫分。

十五年"五月,日有食之"。刘向以为象晋文公将行伯道,后遂伐卫,执曹伯,败楚城濮,再会诸侯,召天王而朝之,此其效也。日食者臣之恶也,夜食者掩其罪也,以为上亡明王,桓、文能行伯道,攘夷狄,安中国,虽不正犹可,盖《春秋》实与而文不与之义也。董仲舒以为后秦获晋侯,齐灭项,楚败徐于娄林。刘歆以为,二月朔齐、越分。

文公元年"二月癸亥,日有食之"。董仲舒、刘向以为,先是大夫始执国政,公子遂如京师,后楚世子商臣杀父,齐公子商人弑君。皆自立,宋子哀出奔,晋灭江,楚灭六,大夫公孙敖、叔彭生并专会盟。刘歆以为,正月朔燕、越分。

十五年"六月辛丑朔,日有食之"。董仲舒、刘向以为,后宋、齐、莒、晋、郑八年之间五君杀死。楚灭舒蓼。刘歆以为,四月二日鲁、卫分。

宣公八年"七月甲子,日有食之,既"。董仲舒、刘向以为,先是楚商臣弑父而立,至于严王遂强。诸夏大国唯有齐、晋,齐、晋新有篡弑之祸,内皆未安,故楚乘弱横行,八年之间六侵伐而一灭国,伐陆浑戎,观兵周室;后又入郑,郑伯肉袒谢罪;北败晋师于邲,流血色水;围宋九月,析骸而炊之。刘歆以为,十月二日楚、郑分。

十年"四月丙辰,日有食之"。董仲舒、刘向以为,后陈夏征舒弑其君,楚灭萧,晋灭二国,王札子杀召伯、毛伯。刘歆以为,二月鲁、卫分。

十七年"六月癸卯,日有食之"。董仲舒、刘向以为后邾支解鄫子,晋败王师于贸戎,败齐于鞌。刘歆以为,三月晦眺鲁、卫分。

成公十六年"六月丙寅朔,日有食之"。董仲舒、刘向以为,后晋败楚、郑于鄢陵,执鲁侯。刘歆以为,四月二日鲁、卫分。

十七年"十二月丁巳朔,日有食之"。董仲舒、刘向以为,后楚灭舒庸,晋弑其君,宋鱼石因楚夺君邑,莒灭鄫,齐灭莱,郑伯弑死。刘歆以为九月周、楚分。

襄公十四年"二月乙未朔,日有食之"。董仲舒、刘向以为,后卫大夫孙、甯共逐献公,立孙剽。刘歆以为,前年十二月二日宋、燕分。

十五年"八月丁巳朔,日有食之"。董仲舒、刘向以为,先是晋为鸡泽之会,诸侯盟,又大夫盟,后为溴梁之会,诸侯在而大夫独相与盟,君若缀旒,不得举手。刘歆以为,五月二日鲁、赵分。

二十年"十月丙辰朔,日有食之"。董仲舒以为,陈庆虎、庆寅蔽君之明,邾庶其有叛心,后庶其以漆、闾丘来奔,陈杀二庆。刘歆以为,八月秦、周分。

二十一年"九月庚戌朔,日有食之"。董仲舒以为晋栾盈将犯君,后入于曲沃。刘歆以为,七月秦、晋分,"十月庚辰朔,日有食之"。董仲舒以为,宿在轸、角,楚大国象也。后楚屈氏谮杀公子追舒,齐庆封胁君乱国。刘歆以为,八月秦、周分。

二十三年"二月癸酉朔,日有食之"。董仲舒以为,后卫侯入陈仪,甯喜弑其君剽。刘歆以为,前年十二月二日宋、燕分。

二十四年"七月甲子朔,日有食之,既"。刘歆以为,五月鲁、赵分。"八月癸巳朔,日有食之"。董仲舒以为,比食又既,象阳将艳,夷狄主上国之象也。后六君弑,楚子果从诸侯伐郑,灭舒鸠,鲁往朝之,卒主中国,伐吴讨庆封。刘歆以为,六月晋、赵分。

二十七年"十二月乙亥朔,日有食之。"董仲舒以为,礼义将大灭绝之象也。时,吴子好勇,使刑人守门;蔡侯通于世子之妻;莒不早立嗣。后阍戕吴子,蔡世子般弑其父,莒人亦弑君而庶子争。刘向以为,自二十年至此岁,八年间日食七作,祸乱将重起,故天仍见戒也。后齐崔杼弑君,宋杀世子,北燕伯出奔,郑大夫自外入而篡位。指略如董仲舒。刘歆以为,九月周、楚分。

昭公七年"四月甲辰朔,日有食之"。董仲舒、刘向以为,先是楚灵王弑君而立,会诸侯,执徐子,灭赖,后陈公子招杀世子,楚因而灭之,又灭蔡,后灵王亦弑死。刘歆以为,二月鲁、卫分。传曰晋侯问于士文伯曰:"谁将当日食?"对曰:"鲁、卫恶之,卫大鲁小。"公曰:"何故?"对曰:"去卫地,如鲁地,于是有灾,其卫君乎?鲁将上卿。"是岁,八月卫襄公卒,十一月鲁季孙宿卒。晋侯谓士文伯曰:"吾所问日食从矣,可常乎?"对曰:"不可。六物不同,民心不一,事序不类,官职不则,同始异终,胡可常也?《诗》曰:'或宴宴居息,或尽悴事国。'其异终也如是。"公曰:"何谓六物?"对曰:"岁、时、日、月、星、辰是谓。"公曰:"何谓辰?"对曰:"日月之会是谓。"公曰:"《诗》所谓'此日而食,于何不臧',何也?"对曰:"不善政之谓也。国无政,不用善,则自取适于日月之灾。故政不可不慎也,务三而已:一曰择人,二曰因民,三曰从时。"此推日食之占循变之要也。《易》曰:"县象著明,莫大于日月。"是故圣人重之,载于三经。于《易》在"丰"之"震"曰:"丰其沛,日中见昧,折其右肱,亡咎。"于《诗·十月之交》,则著卿士、司徒,下至趣马、师氏,咸非其材。同于右肱之所折,协于三务之所择,明小人乘君子,阴侵阳之原也。

十五年"六月丁巳朔,日有食之"。刘歆以为,三月鲁、卫分。

十七年"六月甲戌朔,日有食之。"董仲舒以为时宿在毕,晋国象也。晋厉公诛四大夫,失众心,以弑死。后莫敢复责大夫,六卿遂相与比周,专晋国,君还事之。日比再食,其事在春秋后,故不载于经。刘歆以为鲁、赵分。《左氏传》平子曰:"唯正月朔,慝未作,日有食之,于是乎天子不举,伐鼓于社,诸侯用币于社,伐鼓于朝,礼也。其余则否。"太史曰:"在此月也,日过分而未至,三辰有灾,百官降物,君不举,避移时,乐奏鼓,祝用币,史用辞,啬夫驰,庶人走,此月朔之谓也。当夏四月,是谓孟夏。"说曰:"正月谓周六月,夏四月,正阳纯乾之月也。慝谓阴爻也,冬至阳爻起初,故曰复。至建巳之月为纯乾,亡阴爻,而阴侵阳,为灾重,故伐鼓用币,责阴之礼。降物,素服也。不举,去乐也。避移时,避正堂,须时移灾复也。啬夫,掌币吏。庶人,其徒役也。刘歆以为,六月二日鲁、赵分。

二十一年"七月壬午朔,日有食之"。董仲舒以为周景王老,刘子、单子专权,蔡侯朱骄,君臣不说之象也。后蔡侯朱果出奔,刘子、单子立王猛。刘歆以为,五月二日鲁、赵分。

二十二年"十二月癸酉朔,日有食之"。董仲舒以为,宿在心,天子之象也。后尹氏立子朝,天王居于狄泉。刘歆以为,十月楚、郑分。

二十四年"五月乙未朔,日有食之"。董仲舒以为,宿在胃,鲁象也。后昭公为季氏所逐。刘向以为,自十五年至此岁,十年间天戒七见,人君犹不寤。后楚杀戎蛮子,晋灭陆浑戎,盗杀卫侯兄,蔡、莒之君出奔,吴灭巢,公子光杀王僚,宋三臣以邑叛其君。它如仲舒。刘歆以为,二日鲁、赵分。是月斗建辰。《左氏传》梓慎曰:"将大水。"昭子曰:"旱也。日过分而阳犹不克,克必甚,能无旱乎!阳不克,莫将积聚也。"是岁秋,大雩,旱也。二至二分,日有食之,不为灾。日月之行也,春秋分日夜等,故同道;冬夏至长短极,故相过。相过同道而食轻,不为大灾,水旱而已。

三十一年"十二月辛亥朔,日有食之"。董仲舒以为,宿在心,天子象也。时京师微弱,后诸侯莫相率而城周,宋中几亡尊天子之心,而不衰城。刘向以为,时吴灭徐,而蔡灭沈,楚围蔡,吴败楚入郢,昭王走出。刘歆以为,二日宋、燕分。

定公五年"三月辛亥朔,日有食之"。董仲舒、刘向以为,后郑灭许,鲁阳虎作乱,窃宝玉大弓,李桓子退仲尼,宋三臣以邑叛。刘歆以为,正月二日燕、赵分。

十二年"十一月丙寅朔,日有食之"。董仲舒、刘向以为,后晋三大夫以邑叛,薛弑其君,楚灭顿、胡,越败吴,卫逐世子。刘歆以为,十二月二日楚、郑分。

十五年"八月庚辰朔,日有食之"。董仲舒以为,宿在柳,周室大坏,夷狄主诸夏之象也。明年,中国诸侯累累从楚而围蔡,蔡恐,迁于州来。晋人执戎蛮子归于楚,京师楚也。刘向以为,盗杀蔡侯,齐陈乞弑其君而立阳生,孔子终不用。刘歆以为,六月晋、赵分。

哀公十四年"五月庚申朔,日有食之"。在获麟后。刘歆以为,三月二日齐、卫分。

凡春秋十二公,二百四十二年,日食三十六。《榖梁》

以为，朔二十六，晦七，夜二，二日一。《公羊》以为，朔二十七，二日七，晦二。《左氏》以为，朔十六，二日十八，晦一，不书日者二。

高帝三年十月甲戌晦，日有食之，在斗二十度，燕地也。后二年，燕王臧荼反，诛，立卢绾为燕王，后又反，败。

十一月癸卯晦，日有食之，在虚三度，齐地也。后二年，齐王韩信徙为楚王，明年废为列侯，后又反，诛。

九年六月乙未晦，日有食之，既，在张十三度。

惠帝七年正月辛丑朔，日有食之，在危十三度。谷永以为，岁首正月朔日，是为三朝，尊者恶之。

五月丁卯，先晦一日，日有食之，几尽，在七星初。刘向以为，五月微阴始起而犯至阳，其占重。至其八月，宫车晏驾，有吕氏诈置嗣君之害。京房《易传》曰："凡日食不以晦、朔者，名曰薄。人君诛将不以理，或贼臣将暴起，日月虽不同宿，阴气盛，薄日光也。"

高后二年六月丙戌晦，日有食之。

七年正月己丑晦，日有食之，既，在营室九度，为宫室中。时高后恶之，曰："此为我也！"明年应。

文帝二年十一月癸卯晦，日有食之，在婺女一度。

三年十月丁酉晦，日有食之，在斗二十二度。

十一月丁卯晦，日有食之，在虚八度。

后四年四月丙辰晦，日有食之，在东井十三度。

七年正月辛未朔，日有食之。

景帝三年二月壬午晦，日有食之。在胃二度。

七年十一月庚寅晦，日有食之，在虚九度。

中元年十二月甲寅晦，日有食之。

中二年九月甲戌晦，日有食之。

三年九月戊戌晦，日有食之，几尽，在尾九度。

六年七月辛亥晦，日有食之，在轸七度。

后元年七月乙巳，先晦一日，日有食之，在翼十七度。

武帝建元二年二月丙戌朔，日有食之，在奎十四度。刘向以为，奎为卑贱妇人，后有卫皇后自至微兴，卒有不终之害。

三年九月丙子晦，日有食之，在尾二度。

五年正月己巳朔，日有食之。

元光元年二月丙辰晦，日有食之。七月癸未，先晦一日，日有食之，在翼八度。刘向以为，前年高园便殿灾，与春秋御廪灾后日食于翼、轸同。其占，内有女变，外为诸侯，其后陈皇后废，江都、淮南、衡山王谋反，诛。日有食之从东北，过半，晡时复。

元朔二年二月乙巳晦，日有食之，在胃三度。

六年十一月癸丑晦，日有食之。

元狩元年五月乙巳晦，日有食之，在柳六度。京房《易传》推以为，是时日食从旁右，法曰君失臣。明年丞相公孙弘薨。日食从旁左者，亦君失臣；从上者，臣失君；从下者，君失民。

元鼎五年四月丁丑晦，日有食之，在东井二十三度。

元封四年六月己酉朔，日有食之。

太始元年正月乙巳晦，日有食之。

四年十月甲寅晦，日有食之，在斗十九度。

征和四年八月辛酉晦，日有食之，不尽如钩，在亢二度。晡时食从西北，日下晡时复。

昭帝始元三年十一月壬辰朔，日有食之，在斗九度，燕地也。后四年，燕刺王谋反，诛。

元凤元年七月己亥晦，日有食之，几尽，在张十二度。刘向以为，己亥而既，其占重。后六年，宫车晏驾，卒以亡嗣。

宣帝地节元年十二月癸亥晦，日有食之，在营室十五度。

五凤元年十二月乙酉朔，日有食之，在婺女十度。

四年四月辛丑朔，日有食之，在毕十九度。是为正月朔，慝未作，《左氏》以为重异。

元帝永光二年三月壬戌朔，日有食之，在娄八度。

四年六月戊寅晦，日有食之，在张七度。

建昭五年六月壬申晦，日有食之，不尽如钩，因入。

成帝建始三年十二月戊申朔，日有食之，其夜未央殿中地震。谷永对曰："日食婺女九度，占在皇后。在震萧墙之内，咎在贵妾。二者俱发，明同事异人，共掩制阳，将害继嗣也。壹日食，则妾不见；壹地震，则后不见。异日而发，则似殊事；亡故动变，则恐不知。是月，后、妾当有失节之尤，故天因此两见其变。若曰：违失妇道，隔远众妾，妨绝继嗣者，此二人也。"杜钦对亦曰："日以戊申食，时加未。戊未，土也，中宫之部。其夜殿中地震，此必適妾将有争宠相害而为患者。人事失于下，变象见于上。能应之以德，则咎异消；忽而不戒，则祸败至。应之，非诚不立，非信不行。"

河平元年四月己亥晦，日有食之，不尽如钩，在东井六度。刘向对曰："四月交于五月，月同孝惠，日同孝昭。东井，京师地，且既，其占恐害继嗣。"日蚕食时，从西南起。

三年八月己卯晦，日有食之，在房。

四年三月癸丑朔，日有食之，在昴。

阳朔元年二月丁未晦，日有食之，在胃。

永始元年九月丁巳晦，日有食之。谷永以京房《易占》对曰："元年九月日蚀，酒亡节之所致也。独使京师知之，四国不见者，若曰，湛湎于酒，君臣不别，祸在内也。"

永始二年二月乙酉晦，日有食之。谷永以京房《易占》对曰："今年二月日食，赋敛不得度，民愁怨之所致也。所以使四方皆见，京师阴蔽者，若曰，人君好治宫室，大营坟墓，赋敛兹重，而百姓屈竭，祸在外也。"

三年正月己卯晦，日有食之。

四年七月辛未晦，日有食之。

元延元年正月己亥朔，日有食之。

哀帝元寿元年正月辛丑朔，日有食之，不尽如钩，在营室十度，与惠帝七年同月日。

二年三月壬辰晦，日有食之。

平帝元始元年五月丁巳朔，日有食之，在东井。

二年九月戊申晦，日有食之，既。

凡汉著纪十二世，二百一十二年，日食五十三，朔十四，晦三十六，先晦一日三。

成帝建始元年八月戊午，晨漏未尽三刻，有两月重见。京房《易传》曰："'妇贞厉，月几望，君子征，凶。'言君弱而妇强，为阴所乘，则月并出。晦而月见西方谓之朓，朔而月见东方谓之仄慝，仄慝则侯王其肃，朓则侯王其舒。"刘向以为，朓者疾也，君舒缓则臣骄慢，故日行迟而月行疾也。仄慝者不进之意，君肃急则臣恐惧，故日行疾而月行迟，不敢迫近君也。不舒不急，以正失之者，食朔日。刘歆以为，舒者侯王展意专事，臣下促急，故月行疾也。肃者王侯缩朒不任事，臣下弛纵，故月行迟也。当春秋时，侯王率多缩朒不任事，故食二日仄慝者十八，食晦日朓者一，此其效也。考之汉家，食晦朓者三十六，终亡二日仄慝者，歆说信矣。此皆谓日月乱行者也。

　　元帝永光元年四月，日色青白，亡景，正中时有景亡光。是夏寒，至九月，日乃有光。京房《易传》曰："美不上人，兹谓上弱，厥异日白，七日不温。顺亡所制兹谓弱，日白六十日，物亡霜而死。天子亲伐，兹谓不知，日白，体动而寒。弱而有任，兹谓不亡，日白不温，明不动。辟愈公行，兹谓不伸，厥异日黑，大风起，天无云，日光晻。不难上政，兹谓见过，日黑居仄，大如弹丸。"

　　成帝河平元年正月壬寅朔，日月俱在营室，时日出赤。二月癸未，日朝视，且入又赤，夜月赤。甲申，日出赤如血，亡光，漏上四刻半，乃颇有光，烛地赤黄，食后乃复。京房《易传》曰："辟不闻道兹谓亡，厥异日赤。"三月乙未，日出黄，有黑气大如钱，居日中央。京房《易传》曰："祭天不顺兹谓逆，厥异日赤，其中黑。闻善不予，兹谓失知，厥异日黄。"夫大人者，与天地合其德，与日月合其明，故圣王在上，总命群贤，以亮天功，则日之光明，五色备具，烛耀亡主；有主则为异，应行而变也。色不虚改，形不虚毁，观日之五变，足以监矣。故曰："县象著明，莫大乎日月"，此之谓也。

　　严公七年"四月辛卯夜，恒星不见，夜中星陨如雨"。董仲舒、刘向以为，常星二十八宿者，人君之象也；众星，万民之类也。列宿不见，象诸侯微也；众星陨坠，民失其所也。夜中者，为中国也。不及地而复，象齐桓起而救存之也。乡亡桓公，星遂至地，中国其良绝矣。刘向以为，夜中者，言不得终性命，中道败也。或曰象其叛也，言当中道叛其上也。天垂象以视下，将欲人君防恶远非，慎卑省微，以自全安也。如人君有贤明之材，畏天威命，若高宗谋祖己，成王泣《金縢》，改过修正，立信布德，存亡继绝，修废举逸，下学而上达，裁什一之税，复三日之役，节用俭服，以惠百姓，则诸侯怀德，士民归仁，灾消而福兴矣。遂莫肯改寤，法则古人，而各行其私意，终于君臣乖离，上下交怨。自是之后，齐、宋之君弑，谭、遂、邢、卫之国灭，宿迁于宋，蔡获于楚，晋相弑杀，五世乃定，此其效也。《左氏传》曰："恒星不见，夜明也；星陨如雨，与雨偕也。"刘歆以为昼象中国，夜象夷狄。夜明，故常见之星皆不见，象中国微也。"星陨如雨"，如，而也，星陨而且雨，故曰"与雨偕也"，明雨与星陨，两变相成也。《洪范》曰："庶民惟星。"《易》曰："雷雨作，'解'"。是岁，岁在玄枵，齐分野也。夜中而星陨，象庶民中离上也。雨以解过施，复从上下，象齐桓行伯，复

兴周室也。周四月，夏二月也，日在降娄，鲁分野也。先是，卫侯朔奔齐，卫公子黔牟立，齐帅诸侯伐之，天子使使救卫。鲁公子溺专政，会齐以犯王命，严弗能止，卒从而伐卫，逐天王所立。不义至甚，而自以为功。民去其上，政由下作，尤著，故星陨于鲁，天事常象也。

　　成帝永始二年二月癸未，夜过中，星陨如雨，长一二丈，绎绎未至地灭，至鸡鸣止。谷永对曰："日月星辰烛临下土，其有食陨之异，则遐迩幽隐廉不咸睹。星辰附离于天，犹庶民附离王者也。王者失道，纲纪废顿，下将叛去，故星叛天而陨，以见其象。《春秋》记异，星陨最大，自鲁严以来，至今再见。臣闻三代所以丧亡者，皆由妇人群小，湛湎于酒。《书》云'乃用其妇人之言，四方之逋逃多罪，是信是使。'《诗》曰：'赫赫宗周，褒姒灭之。''颠覆厥德，荒沈于酒。'及秦所以二世而亡者，养生大奢，奉终大厚。方今国家兼而有之，社稷宗庙之大忧也。"京房《易传》曰："君不任贤，厥妖天雨星。"

　　文公十四年"七月，有星孛入于北斗"。董仲舒以为，孛者恶气之所生也。谓之孛者，言其孛孛有所妨蔽，暗乱不明之貌也。北斗，大国象。后齐、宋、鲁、莒、晋皆弑君。刘向以为，君臣乱于朝，政令亏于外，则上浊三光之精，五星赢缩，变色逆行，甚则为孛。北斗，人君象；孛星，乱臣类，篡杀之表也。《星传》曰："魁者，贵为之牢。"又曰："孛星见北斗中，大臣诸侯有受诛者。"一曰魁为齐、晋。夫彗星较然在北斗中，天之视人显矣，史之有占明矣，时君终不改寤。是后，宋、鲁、莒、晋、郑、陈六国咸弑其君，齐再弑焉。中国既乱，夷狄并侵，兵革从横，楚乘威席胜，深入诸夏，六侵伐，一灭国，观兵周室。晋外灭二国，内败王师，又连三国之兵大败齐师于鞌，追亡逐北，东临海水，威陵京师，武折大齐。皆孛星炎之所及，流至二十八年。《星传》又曰："彗星入北斗，有大战。其流入北斗中，得名人；不入，失名人。"宋华元，贤名大夫，大棘之战，华元获于郑，传举其效云。《左氏传》曰有星孛北斗，周史服曰："不出七年，宋、齐、晋之君皆将死乱。"刘歆以为，北斗有环域，四星入其中也。斗，天之三辰，纲纪星也。宋、齐、晋，天子方伯，中国纲纪。彗所以除旧布新也。斗七星，故曰不出七年。至十六年，宋人弑昭公；十八年，齐人弑懿公；宣公二年，晋赵穿弑灵公。

　　昭公十七年"冬，有星孛于大辰"。董仲舒以为，大辰心也，心为明堂，天子之象。后王室大乱，三王分争，此其效也。刘向以为，《星传》曰"心，大星，天王也。其前星，太子；后星，庶子。尾为君臣乖离。"孛星加心，象天子嫡庶将分争也。其在诸侯，角、亢、氐，陈、郑也；房、心，宋也。后五年，周景王崩，王室乱，大夫刘子、单子立王猛，尹氏、召伯、毛伯立子朝。子朝，楚出也。时楚强，宋、卫、陈、郑皆南附楚。王猛既卒，敬王即位，子朝入王城，天王居狄泉，莫之敢纳。五年，楚平王居卒，子朝奔楚，王室乃定。后楚帅六国伐吴，吴败之于鸡父，杀获其君臣。蔡怨楚而灭沈，楚怒，围蔡。吴人救之，遂与柏举之战，败楚师，屠郢都，妻昭王母，鞭平王墓。此皆孛彗流炎所及之效也。《左氏传》曰：

"有星孛于大辰,西及汉。申繻曰:'彗,所以除旧布新也,天事恒象。今除于火,火出必布焉。诸侯其有火灾乎?'梓慎曰:'往年吾见,是其征也。火出而见,今兹火出而章,必火入而伏,其居火也久矣,其与不然乎? 火出,于夏为三月,于商为四月,于周为五月。夏数得天,若火作,其四国当之,在宋、卫、陈、郑乎?宋,大辰之虚;陈,太昊之虚;郑,祝融之虚;皆火房也。星孛及汉;汉,水祥也。卫,颛顼之虚,其星为大水。水,火之牡也。其以丙子若壬午作乎?水火所以合也。若火入而伏,必以壬午,不过见之月。'"明年"夏五月,火始昏见,丙子风。梓慎曰:'是谓融风,火之始也。七日其火作乎?'戊寅风甚,壬午太甚,宋、卫、陈、郑皆火。"刘歆以为,大辰,房、心、尾也,八月心星在西方,孛从其西过心东及汉也。宋,大辰虚,谓宋先祖掌祀大辰星也。陈,太昊虚,虑羲木德,火所生也。郑,祝融虚,高辛氏火正也。故皆为火所舍。卫,颛顼虚,星为大水,营室也。天星既然,又四国失政相似,及为王室乱皆同。

哀公十三年"冬十一月,有星孛于东方"。董仲舒、刘向以为,不言宿名者,不加宿也。以辰乘日而出,乱气蔽君明也。明年,《春秋》事终。一曰,周之十一月,夏九月,日在氐。出东方者,轸、角、亢也。轸,楚;角、亢,陈、郑也。或曰角、亢大国象,为齐、晋也。其后楚灭陈,田氏篡齐,六卿分晋,此其效也。刘歆以为,孛,东方大辰也,不言大辰,且而见与日争光,星入而彗犹见。是岁,再失闰,十一月实八月也。日在鹑火,周分野也。十四年冬,"有星孛",在获麟后。刘歆以为不言所在,官失之也。

高帝三年七月,有星孛于大角,旬余乃入。刘向以为,是时项羽为楚王,伯诸侯,而汉已定三秦,与羽相距荥阳,天下归心于汉,楚将灭,故彗除王位也。一曰,项羽坑秦卒,烧宫室,弑义帝,乱王位,故彗加之也。

文帝后七年九月,有星孛于西方,其本直尾、箕,末指虚、危,长丈余,及天汉,十六日不见。刘向以为,尾宋地,今楚彭城也。箕为燕,又为吴、越、齐。宿在汉中,负海之国水泽地也。是时,景帝新立,信用晁错,将诛正诸侯王,其象先见。后三年,吴、楚、四齐与赵七国举兵反,皆诛灭云。

武帝建元六年六月,有星孛于北方。刘向以为,明年淮南王安入朝,与太尉武安侯田蚡有邪谋,而陈皇后骄恣。其后,陈后废,而淮南王反,诛。

八月,长星出于东方,长终天,三十日去。占曰:"是为蚩尤旗,见则王者征伐四方。"其后,兵诛四夷,连数十年。

元狩四年四月,长星又出西北。是时,伐胡尤甚。

元封元年五月,有星孛于东井,又孛于三台。其后江充作乱,京师纷然。此明东井、三台为秦地效也。

宣帝地节元年正月,有星孛于西方,去太白二丈所。刘向以为,太白为大将,彗孛加之,扫灭象也。明年,大将军霍光薨,后二年家夷灭。

成帝建始元年正月,有星孛于营室,青白色,长六七丈,广尺余。刘向、谷永以为,营室为后宫怀任之象,彗星加之,将有害怀任绝继嗣者。一曰,后宫将受害也。其后,许皇后坐祝诅后宫怀妊者废。赵皇后立为妹昭仪,害两皇子,上遂无嗣。赵后姊妹卒皆伏辜。

元延元年七月辛未,有星孛于东井,践五诸侯,出河戍北率行轩辕、太微,后日六度有余,晨 出东方。十三日夕见西方,犯次妃、长秋、斗、填,蜂炎再贯紫宫中。大火当后,达天河,除于妃后之域。南逾度犯大角、摄提,至天市而按节徐行,炎入市,中旬而后西去,五十六日与仓龙俱伏。谷永对曰:"上古以来,大乱之极,所希有也。察其驰骋骤步,芒炎或长或短,所历奸犯,内为后宫女妾之害,外为诸夏叛逆之祸。"刘向亦曰:"三代之亡,摄提易方;秦、项之灭,星孛大角。"是岁,赵昭仪害两皇子。后五年,成帝崩,昭仪自杀。哀帝即位,赵氏皆免官爵,徙辽西。哀帝亡嗣。平帝即位,王莽用事,追废成帝赵皇后、哀帝傅皇后,皆自杀。外家丁、傅皆免官爵,徙合浦,归故郡。平帝亡嗣,莽遂篡国。

釐公十六年"正月戊申朔,陨石于宋,五。是月,六鹢退飞过宋都"。董仲舒、刘向以为,象宋襄公欲行伯道将自败之戒也。石,阴类;五,阳数;自上而陨,此阴而阳行,欲高反下也。石与金同类,色以白为主,近白祥也。鹢,水鸟;六,阴数;退飞,欲进反退也。其色青,青祥也,属于貌之不恭。天戒若曰:德薄国小,勿持炕阳,欲长诸侯,与强大争,必受其害。襄公不寤,明年齐桓死,伐齐丧,执滕子,围曹,为盂之会,与楚争盟,卒为所执。后得反国,不悔过自责,复会诸侯伐郑,与楚战于泓,军败身伤,为诸侯笑。《左氏传》曰:陨石,星也;鹢退飞,风也。宋襄公以问周内史叔兴曰:"是何祥也?吉凶何在?"对曰:"今兹鲁多大丧,明年齐有乱,君将得诸侯而不终。"退而告人曰:"是阴阳之事,非吉凶之所生也。吉凶由人,吾不敢逆君故也。"是岁,鲁公子季友、鄫季姬、公孙兹皆卒。明年,齐桓死,嫡庶乱。宋襄公伐齐行伯,卒为楚所败。刘歆以为,是岁岁在寿星,其冲降娄。降娄,鲁分野也,故为鲁多大丧。正月,日在星纪,厌在玄枵。玄枵,齐分野也,石,山物;齐,大岳后。五石象齐桓卒而五公子作乱,故为明年齐有乱。庶民惟星,陨于宋,象宋襄将得诸侯之众,而治五公子之乱。星陨而鹢退飞,故为得诸侯而不终。六鹢象后六年伯业始退,执于盂也。民反德为乱,乱则妖灾生,言吉凶繇人,然后阴阳冲厌受其咎。齐、鲁之灾非君所致,故曰"吾不敢逆君故也"。京房《易传》曰:"距谏自强,兹谓却行,厥异鹢退飞。适当黜,则鹢退飞。"

惠帝三年,陨石绵诸,一。

武帝征和四年二月丁酉,陨石雍,二,天晏亡云,声闻四百里。

元帝建昭元年正月戊辰,陨石梁国,六。

成帝建始四年正月癸卯,陨石槀,四,肥累,一。

阳朔三年二月壬戌,陨石白马,八。

鸿嘉二年五月癸未,陨石杜衍,三。

元延四年三月,陨石都关,二。

哀帝建平元年正月丁未,陨石北地,十。其九月甲辰,陨石虞,二。

平帝元始二年六月,陨石巨鹿,二。

自惠尽平,陨石凡十一,皆有光耀雷声,成、哀尤屡。

卷二十八上　　地理志第八上

昔在黄帝，作舟车以济不通，旁行天下，方制万里，画野分州，得百里之国万区。是故《易》称"先王建万国，亲诸侯"，《书》云"协和万国"，此之谓也。尧遭洪水，怀山襄陵，天下分绝，为十二州，使禹治之。水土既平，更制九州，列五服，任土作贡。

曰：禹敷土，随山刊木，奠高山大川。

冀州既载，壶口治梁及岐。既修太原，至于岳阳。覃怀厎绩，至于衡章。厥土惟白壤。厥赋上上错，厥田中中。恒、卫既从，大陆既作。鸟夷皮服。夹右碣石，入于河。

沛、河惟兖州。九河既道，雷夏既泽，雍、沮会同，桑土既蚕，是降丘宅土。厥土黑坟，草繇木条。厥田中下，赋贞，作十有三年乃同。厥贡漆丝，厥棐织文。浮于沛、漯，通于河。

海、岱惟青州。嵎夷既略，惟、甾其道。厥土白坟，海濒广潟。田上下，赋中上。贡盐、絺，海物惟错，岱畎丝、枲、鈆、松、怪石，莱夷作牧，厥棐檿丝。浮于汶，达于沛。

海、岱及淮惟徐州。淮、沂其乂，蒙、羽其艺。大野既猪，东原厎平。厥土赤埴坟，草木渐包。田上中，赋中中。贡土五色，羽畎夏狄，峄阳孤桐，泗濒浮磬，淮夷蠙珠暨鱼，厥棐玄纤缟。浮于淮、泗，达于河。

淮、海惟扬州。彭蠡既猪，阳鸟逌居。三江既入，震泽厎定。篠簜既敷，草夭木乔。厥土涂泥。田下下，赋下上错。贡金三品，瑶、琨、篠、簜、齿、革、羽毛，鸟夷卉服，厥棐织贝，厥包橘、柚，锡贡。均江海，通于淮、泗。

荆及衡阳惟荆州。江、汉朝宗于海。九江孔殷，沱、潜既道，云梦土作乂。厥土涂泥。田下中，赋上下。贡羽旄、齿、革，金三品，杶、干、栝、柏，厉、砥、砮、丹、惟箘簵、楛，三国厎贡厥名，包匦菁茅，厥棐玄纁玑组，九江纳锡大龟。浮于江、沱、潜、汉，逾于洛，至于南河。

荆、河惟豫州。伊、洛、瀍、涧既入于河，荥、波既猪，道荷泽，被盟猪。厥土惟壤，下土坟垆。田中上，赋错上中，贡漆、枲、絺、纻，厥棐纤纩，锡贡磬错。浮于洛，入于河。

华阳、黑水惟梁州。岷、嶓既艺，沱、潜既道，蔡、蒙旅平，和夷厎绩。厥土青黎。田下上，赋下中三错。贡璆、铁、银、镂、砮、磬，熊、罴、狐、狸、织皮。西倾因桓是徕，浮于潜，逾于沔，入于渭，乱于河。

黑水、西河惟雍州。弱水既西，泾属渭汭。漆、沮既从，酆水逌同。荆、岐既旅，终南、惇物，至于鸟鼠。原隰厎绩，至于猪野。三危既宅，三苗丕叙。厥土黄壤。田上上，赋中下。贡球、琳、琅玕。浮于积石，至于龙门西河，会于渭汭。织皮昆仑、析支、渠叟，西戎即叙。

道汧及岐，至于荆山，逾于河；壶口、雷首，至于大岳；厎柱、析城，至于王屋；太行、恒山，至于碣石，入于海。西倾、朱圉、鸟鼠，至于太华；熊耳、外方、桐柏，至于倍尾。道嶓冢，至于荆山；内方，至于大别；岷山之阳，至于衡山，过九江，至于敷浅原。

道弱水，至于合藜，余波入于流沙。道黑水，至于三危，入于南海。道河积石，至于龙门，南至于华阴，东至于厎柱，又东至于盟津，东过洛汭，至于大伾，北过降水，至于大陆，又北播为九河，同为逆河，入于海。嶓冢道漾，东流为汉，又东为沧浪之水，过三澨，至于大别，南入于江，东汇泽为彭蠡，东为北江，入于海。岷山道江，东别为沱，又东至于醴，过九江，至于东陵，东迆北会于汇，东为中江，入于海。道沇水，东流为沛，入于河，轶为荥，东出于陶丘北，又东至于荷，又东北会于汶，又北东入于海。道淮自桐柏，东会于泗、沂，东入于海。道渭自鸟鼠同穴，东会于酆，又东至于泾，又东过漆、沮，入于河。道洛自熊耳，东北会于涧、瀍，又东会于伊，又东北入于河。

九州逌同，四奥既宅，九山刊旅，九川涤原，九泽既陂，四海会同。六府孔修，庶土交正，厎慎财赋，咸则三壤，成赋中国。锡土姓："祗台德先，不距朕行。"

五百里甸服：百里赋内总，二百里内铚，三百里内戛服，四百里粟，五百里米。五百里侯服：百里采，二百里男国，三百里诸侯。五百里绥服：三百里揆文教，二百里奋武卫。五百里要服：三百里夷，二百里蔡。五百里荒服：三百里蛮，二百里流。东渐于海，西被于流沙，朔、南暨，声教讫于四海。

禹锡玄圭，告厥成功。

后受禅于虞，为夏后氏。

殷因于夏，亡所变改。周既克殷，监于二代而损益之，定官分职，改禹徐、梁二州合之于雍、青，分冀州之地以为幽、并。故《周官》有职方氏，掌天下之地，辩九州之国。

东南曰扬州：其山曰会稽，薮曰具区，川曰三江，浸曰五湖；其利金、锡、竹箭；民二男五女；畜宜鸟兽，谷宜稻。

正南曰荆州：其山曰衡，薮曰云梦，川曰江、汉，浸曰颍、湛；其利丹、银、齿、革；民一男二女；畜及谷宜，与扬州同。

河南曰豫州：其山曰华，薮曰圃田，川曰荥、洛，浸曰波、溠；其利林、漆、丝枲；民二男三女；畜宜六扰，其谷宜五种。

正东曰青州：其山曰沂，薮曰孟诸，川曰淮、泗，浸曰沂、沭；其利蒲、鱼；民二男三女；其畜宜鸡、狗，谷宜稻、麦。

河东曰兖州：其山曰岱，薮曰泰野，其川曰河、沛，浸曰卢、潍；其利蒲、鱼；民二男三女；其畜宜六扰，谷宜四种。

正西曰雍州：其山曰岳，薮曰弦蒲，川曰泾、汭，其浸曰渭、洛；其利玉、石；其民三男二女；畜宜牛、马，谷宜黍、稷。

东北曰幽州：其山曰医无闾，薮曰豯养，川曰河、沛，浸曰菑、时；其利鱼、盐；民一男三女；畜宜四扰，谷宜三种。

河内曰冀州：其山曰霍，薮曰扬纡，川曰漳，浸曰汾、潞；其利松、柏；民五男三女；畜宜牛、羊，谷宜黍、稷。

正北曰并州：其山曰恒山，薮曰昭余祁，川曰滹池、呕夷,浸曰涞、易;其利布帛;民二男三女;畜宜五扰,谷宜五种。

而保章氏掌天文,以星土辩九州之地,所封封域皆有分星,以视吉凶。

周爵五等,而土三等:公、侯百里,伯七十里,子、男五十里。不满为附庸,盖千八百国。而太昊、黄帝之后,唐、虞侯伯犹存,帝王图籍相踵而可知。周室既衰,礼乐征伐自诸侯出,转相吞灭,数百年间,列国耗尽。至春秋时,尚有数十国,五伯迭兴,总其盟会。陵夷至于战国,天下分而为七,合从连衡,经数十年。秦遂并兼四海。以为周制微弱,终为诸侯所丧,故不立尺土之封,分天下为郡县,荡灭前圣之苗裔,靡有孑遗者矣。

汉兴,因秦制度,崇恩德,行简易,以抚海内。至武帝攘却胡、越,开地斥境,南置交阯,北置朔方之州,兼徐、梁、幽、并夏、周之制,改雍曰凉,改梁曰益,凡十三部,置刺史。先王之迹既远,地名又数改易,是以采获旧闻,考迹《诗》、《书》,推表山川,以缀《禹贡》、《周官》、《春秋》,下及战国、秦、汉焉。

京兆尹,故秦内史,高帝元年属塞国,二年更为渭南郡,九年罢,复为内史。武帝建元六年分为右内史,太初元年更为京兆尹。元始二年,户十九万五千七百二,口六十八万二千四百六十八。县十二:长安,高帝五年置。惠帝元年初城,六年成。户八万八百,口二十四万六千二百。王莽曰常安。新丰,骊山在南,故骊戎国。秦曰骊邑。高祖七年置。船司空,莽曰船利。蓝田,山出美玉,有虎候山祠,秦孝公置她。华阴,胡阴晋,秦惠文王五年更名宁秦,高帝八年更名华阴。太华山在南,有祠,豫州山。集灵宫,武帝起,莽曰华坛也。郑,周宣王弟郑桓公邑。有铁官。湖,有周天子祠二所。故曰胡,武帝建元年更名湖。下邽,南陵,文帝七年置。沂水出蓝田谷,北至霸陵入霸水。霸水亦出蓝田谷,北入渭。古曰兹水,秦穆公更名以章霸功,视子孙。奉明,宣帝置也。霸陵,故芷阳,文帝更名。莽曰水章也。杜陵。故杜伯国,宣帝更名。有周右将军杜主祠四所。莽曰饶安也。

左冯翊,故秦内史,高帝元年属塞国,二年更名河上郡,九年罢,复为内史。武帝建元六年为左内史,太初元年更名左冯翊。户二十三万五千一百一,口九十一万七千八百二十二。县二十四:高陵,左辅都尉治。莽曰千春。栎阳,秦献公自雍徙。莽曰师亭。翟道,莽曰涣。池阳,惠帝四年置。嶻山在北。夏阳,故少梁,秦惠文王十一年更名。《禹贡》梁山在西北,龙门山在北。有铁官。莽曰冀亭。衙,莽曰达昌。粟邑,莽曰粟城。谷口,九嵕山在西。有天齐公、五床山、仙人、五帝祠四所。莽曰谷喙。莲勺,鄜,莽曰修令。频阳,秦厉公置。临晋,故大荔,秦获之,更名。有河水祠。芮乡,故芮国。莽曰监晋。重泉,莽曰调泉。郃阳,祋祤,景帝二年置。武城,莽曰桓城。沈阳,莽曰制昌。襄德,《禹贡》北条荆山在南,下有强梁原。洛水东南入渭,雍州浸。莽曰德驩。徵,莽曰泛爱。云陵,昭帝置也。万年,高帝置。莽曰异赤。长陵,高帝置。户五万七十,口十七万

九千四百六十九。莽曰长平。阳陵,故弋阳,景帝更名。莽曰渭阳。云阳。有休屠、金人及径路神祠三所,越巫䄠鄜祠三所。

右扶风,故秦内史,高帝元年属雍国,二年更为中地郡。九年罢,复为内史。武帝建元六年分为右内史,太初元年更名主爵都尉为右扶风。户二十一万六千三百七十七,口八十三万六千七十,县二十一:渭城,故咸阳,高帝元年更名新城,七年罢,属长安。武帝元鼎三年更名渭城。有兰池宫。莽曰京城。槐里,周曰犬丘,懿王都之。秦更名废丘。高祖三年更名。有黄山宫,孝惠二年起。莽曰槐治。鄠,古国。有扈谷亭。扈,夏启所伐。鄷水出东南,又有涝水,皆北过上林苑入渭。有萯阳宫,秦文王起。盩厔,有长杨宫,有射熊馆,秦昭王起。灵轵渠,武帝穿也。氂,周后稷所封。郁夷,《诗》"周道郁夷"。有汧水祠。莽曰郁平。美阳,《禹贡》岐山在西北。中水乡,周文王所邑。有高泉宫,秦宣太后起也。郿,成国渠首受渭,东北至上林入蒙和渠。右辅都尉治。雍,秦惠公都之。有五畤,太昊、黄帝以下祠三百三所。橐泉宫,孝公起。祈年宫,惠公起。棫阳宫,昭王起。有铁官。漆,水在县西。有铁官。莽曰漆治。栒邑,《诗》幽国,公刘所居,翮䣕,有黄帝子祠。莽曰扶亭。陈仓,有上公、明星、黄帝孙、舜妻育冢祠。有羽阳宫,秦武王起也。杜阳,杜水南入渭。《诗》曰"自杜"。莽曰通杜。汧,吴山在西,古文以为汧山。雍州山。北有蒲谷乡弦中谷,雍州弦蒲薮。汧水出西北,入渭。芮水出西北,东入泾。《诗》芮阮,雍州川也。好畤,垝山在东。有梁山宫,秦始皇起。莽曰好邑。虢,有黄帝子、周文武祠。虢宫,秦宣太后起也。安陵,惠帝置。莽曰嘉平。茂陵,武帝置。户六万一千八十七,口二十七万七千二百七十七。莽曰宣城。平陵,昭帝置。莽曰广利。武功,太壹山,古文以为终南。垂山,古文以为敦物。皆在县东。斜水出衙领山北,至郿入渭。褒水亦出衙领,至南郑入沔。有垂山、斜水、褒水祠三所。莽曰新光。

弘农郡,武帝元鼎四年置。莽曰右队。户十一万八千九十一,口四十七万五千九百五十四。有铁官,在黾池。县十一:弘农,故秦函谷关。衙山领下谷,烛水所出,北入河。卢氏,熊耳山在东。伊水出,东北入洛,过郡一,行四百五十里。又有育水,南至顺阳入沔。又有洱水,东南至鲁阳,亦入沔。皆过郡二,行六百里。莽曰昌富。陕,故虢国。有焦城,故焦国。北虢在大阳,东虢在荥阳,西虢在雍州。莽曰黄眉。宜阳,在黾池有铁官也。黾池,高帝八年复黾池中乡民。景帝中二年初城,徙万家为县,谷水出谷阳谷,东北至谷城入雒。莽曰陕亭。丹水,水出上雒冢领山,东至析入钧。密阳乡,故商密也。新安,《禹贡》涧水在东,南入洛。商,秦相卫鞅邑也。析,黄水出黄谷,鞠水出析谷,俱东至郦入湍水。莽曰君亭。陆浑,春秋迁陆浑戎于此。有关。上洛,《禹贡》洛水出冢领山,东北至巩入河,过郡二,行千七十里,豫州川。又有甲水,出秦领山,东南至钖入沔,过郡三,行五百七十里。熊耳、获舆山在东北。

河东郡,秦置。莽曰兆阳。有根仓、湿仓。户二十三万六千八百九十六,口九十六万二千九百一十二。县二十四:安邑,巫咸山在南,盐池在西南。魏绛自魏徙此,至惠

王徙大梁。有铁官、盐官。莽曰河东。大阳，吴山在西，上有吴城，周武王封太伯后于此，是为虞公，为晋所灭。有天子庙。莽曰勤田。猗氏，解，蒲反，有尧山，首山祠。雷首山在南。故曰蒲，秦更名。莽曰蒲城。河北，《诗》魏国，晋献公灭之，以封大夫毕万，曾孙绛徙安邑也。左邑，莽曰兆亭。汾阴，介山在南。闻喜，故曲沃。晋武公自晋阳徙此。武帝元鼎六年行过，更名。瀵泽，《禹贡》析城山在西南。端氏，临汾，垣，《禹贡》王屋山在东北，沇水所出，东南至武德入河，轶出荥阳北地中，又东至琅槐入海，过郡九，行千八百四十里。皮氏，耿乡，故耿国，晋献公灭之，以赐大夫赵夙。后十世献侯徙中牟。有铁官。莽曰延平。长脩，平阳，韩武子玄孙贞子居此。有铁官。莽曰香平。襄陵，有班氏乡亭。莽曰幹昌。虞，霍大山在东，冀州山，周厉王所奔。莽曰黄城。杨，莽曰有年亭。北屈，《禹贡》壶口山在东南。莽曰朕北。蒲子，绛，晋武公自曲沃徙此。有铁官。狐谐，骐。侯国。

太原郡，秦置。有盐官，在晋阳。属并州。户十六万九千八百六十三，口六十八万四百八十八。有家马官。县二十一：晋阳，故《诗》唐国，周成王灭唐，封弟叔虞。龙山在西北。有盐官。晋水所出，东入汾。後人，界休，莽曰界美。榆次，涂水乡，晋大夫知徐吾邑。梗阳乡，魏戊邑。莽曰大原亭。中都，于离，莽曰于合。兹氏，莽曰兹同。狼孟，莽曰狼调。邬，九泽在北，是为昭馀祁，并州薮。晋大夫司马弥牟邑。盂，晋大夫孟丙邑。平陶，莽曰多穰。汾阳，北山，汾水所出，西南至汾阴入河，过郡二，行千三百四十里，冀州浸。京陵，莽曰致城。阳曲，大陵，有铁官。莽曰大宁。原平，祁，晋大夫贾辛邑。上艾，绵曼水，东至蒲吾，入虖池水。虑虒，阳邑，莽曰繁穰。广武，句注、贾屋山在北。都尉治。莽曰信桓。

上党郡，秦置，属并州。有上党关、壶口关、石研关、天井关。户七万三千七百九十八，口三十三万七千七百六十六。县十四：长子，周史辛甲所封。鹿谷山，浊漳水所出，东至邺入清漳。屯留，桑钦言"绛水出西南，东入海"。余吾，铜鞮，有上虒亭，下虒聚。沾，大黾谷，清漳水所出，东北至邑成入大河，过郡五，行千六百八十里，冀州川。涅氏，涅水也。襄垣，莽曰上党亭。壶关，有羊肠阪。沾水东至朝歌入淇。泫氏，杨谷，绝水所出，南至野王入沁。高都，莞谷，丹水所出，东南入泫水。有天井关。潞，故潞子国。陭氏，阳阿，谷远。羊头山世靡谷，沁水所出，东南至荥阳入河，过郡三，行九百七十里。莽曰谷近。

河内郡，高帝元年为殷国，二年更名。莽曰后队，属司隶。户二十四万一千二百四十六，口百六万七千九十七。县十八：怀，有工官。莽曰河内。汲，武德，波，山阳，东太行山在西北。河阳，莽曰河亭。州，共，故国。北山，淇水所出，东至黎阳入河。平皋，朝歌，纣所都。周武王弟康叔所封，更名卫。莽曰雅歌。修武，温，故国，己姓，苏忿生所封。野王，太行山在西北。卫元君为秦所夺，自濮阳徙此。莽曰平野。获嘉，故汲之新中乡，武帝行过更名也。轵，沁水，隆虑，国水东北至信成入张甲河，过郡三，行千八百四十里。有铁官。荡阴，荡水东至内黄泽。西山，羑水所出，亦至

黄入荡。有羑里城，西伯所拘也。

河南郡，故秦三川郡，高帝更名。洛阳户五万二千八百三十九。莽曰保忠信乡，属司隶部。户二十七万六千四百四十四，口一百七十四万二百七十九。有铁官、工官。敖仓在荥阳。县二十二：洛阳，周公迁殷民，是为成周。《春秋》昭公三十二年，晋合诸侯于狄泉，以其地大成周之城，居敬王。莽曰宜阳。荥阳，卞水、冯池皆在西南。有狼汤渠，首受泲，东南至陈入颍，过郡四，行七百八十里。偃师，尸乡，殷汤所都。莽曰师成。京，平阴，中牟，圃田泽在西，豫州薮。有管叔邑，赵献侯自耿徙此。平，莽曰治平。阳武，有博狼沙。莽曰阳桓。河南，故郏鄏地。周武王迁九鼎，周公致太平，营以为都，是为王城，至平王居之。缑氏，刘聚，周大夫刘子邑。有延寿城仙人祠。莽曰中亭。卷，原武，莽曰原桓。巩，东周所居。穀成，《禹贡》瀍水出朁亭北，东南入洛。故市，密，故国。有大騩山，溱水所出，南至临颍入颍。新成，惠帝四年置。蛮中，故戎蛮子国。开封，逢池在东北，或曰宋之逢泽也。成皋，故虎牢，或曰制。苑陵，莽曰左亭。梁，慈狐聚，秦灭西周徙其君于此。阳人聚，秦灭东周徙其君于此。新郑，《诗》郑国，郑桓公之子武公所国，后为韩所灭，韩自平阳徙都之。

东郡，秦置。莽曰治亭。属兖州。户四十万一千二百九十七，口百六十五万九千二十八。县二十二：濮阳，卫成公自楚丘徙此。故帝丘，颛顼虚。莽曰治亭。观，莽曰观治。聊城，顿丘，莽曰顺丘。发干，莽曰戢楯。范，莽曰建睦。茌平，莽曰功崇。东武阳，禹治漯水，东北至千乘入海，过郡三，行千二十里。莽曰武昌。博平，莽曰加睦。黎，莽曰黎治。清，莽曰清治。东阿，都尉治。离狐，莽曰瑞狐。临邑，有泲庙。利苗，须昌，故须句国，太昊后，风姓。寿良，蚩尤祠在西北泲上。有朐城。乐昌，阳平，白马，南燕，南燕国，姞姓，黄帝后。廪丘。

陈留郡，武帝元狩元年置。属兖州。户二十九万六千二百八十四，口一百五十万九千五十。县十七：陈留，鲁渠水首受狼汤渠，东至阳夏，入涡渠。小黄，成安，宁陵，莽曰康善。雍丘，故杞国也，周武王封禹后东楼公。先春秋时徙鲁东北，二十一世简公为楚所灭。酸枣，东昏，莽曰东明。襄邑，有服官，莽曰襄平。外黄，都尉治。封丘，濮渠水首受泲，东北至都关，入羊里水，过郡三，行六百三十里，长罗，侯国。莽曰惠泽。尉氏，傿，莽曰顺通。长垣，莽曰长固。平丘，济阳，莽曰济前。浚仪，故大梁。魏惠王自安邑徙此。睢水首受狼汤水，东至取虑入泗，过郡四，行千三百六十里。

颍川郡，秦置。高帝五年为韩国，六年复故。莽曰左队。阳翟有工官。属豫州。户四十三万二千四百九十一，口二百二十一万九百七十三。县二十：阳翟，夏禹国。周末，韩景侯自新郑徙此。户四万一千六百五十，口十万九千。莽曰颍川。昆阳，颍阳，定陵，有东不羹。莽曰定城。长社，新汲，襄城，有西不羹。莽曰相城。郾，郏，舞阳，颍阴，崇高，武帝置，以奉太室山，是为中岳。有太室、少室山庙。古文以崇高为外方山也。许，故国，姜姓，四岳后，太叔所封，二十四世为楚所灭。傿陵，户四万九千一百一，口二十

六万一千四百一十八。莽曰左亭。临颍，莽曰监颍。父城，应乡，故国，周武王弟所封。成安，侯国也。周承休，侯国，元帝置，元始二年更名郑公。莽曰嘉美。阳城，阳城山，洧水所出，东南至长平入颍，过郡三，行五百里。阳乾山，颍水所出，东至下蔡入淮，过郡三，行千五百里，荆州浸。有铁官。纶氏。

汝南郡，高帝置。莽曰汝汾。分为赏都尉。属豫州。户四十六万一千五百八十七，口二百五十九万六千一百四十八。县三十七：平舆，阳安，阳城，侯国。莽曰新安。㶏强，富波，女阳，鲖阳，吴房，安成，侯国。莽曰至成。南顿，故顿子国，姬姓。朗陵，细阳，莽曰乐庆。宜春，侯国。莽曰宣扆。女阴，故胡国。都尉治。莽曰汝坟。新蔡，蔡平侯自蔡徙此，后二世徙下蔡。莽曰新迁。新息，莽曰新德。灊阳，期思，慎阳，慎，莽曰慎治。召陵，弋阳，侯国。西平，有铁官。莽曰新亭。上蔡，故蔡国，周武王弟叔度所封。度放，成王封其子胡，十八世徙新蔡。漫，莽曰闰治。西华，莽曰华望。长平，莽曰长正。宜禄，莽曰赏都亭。项，故国。新郪，莽曰新延。归德，侯国。宣帝置。莽曰归惠。新阳，莽曰新明。安昌，侯国。莽曰始成。安阳，侯国。莽曰均夏。博阳，侯国。莽曰乐家。成阳，侯国。莽曰新利。定陵。高陵山，汝水出，东南至新蔡入淮，过郡四，行千三百四十里。

南阳郡，秦置。莽曰前队。属荆州。户三十五万九千三百一十六，口一百九十四万二千五十一。县三十六：宛，故申伯国。有屈申城。县南有北筮山。户四万七千五百四十七。有工官、铁官。莽曰南阳。犨，杜衍，莽曰闰衍。鄼，侯国。莽曰南庚。育阳，有南筮聚，在东北。博山，侯国。哀帝置。故顺阳。涅阳，莽曰前亭。阴，堵阳，莽曰阳城。雉，衡山，沣水所出，东至䣕入汝。山都，蔡阳，莽之母功显君邑。新野，筑阳，故穀伯国。莽曰宜禾。棘阳，武当，舞阴，中阴山，漻水所出，东至蔡入汝。西鄂，穰，莽曰农穰。郦，育水出西北，南入汉。安众，侯国。故宛西乡。冠军，武帝置。故穰卢阳乡、宛临駣聚。比阳，平氏，《禹贡》桐柏大复山在东南，淮水所出，东南至淮浦入海，过郡四，行三千二百四十里，青州川。莽曰平善。随，故国。厉乡，故厉国也。叶，楚叶公邑。有长城，号曰方城。邓，故国。都尉治。朝阳，莽曰厉信。鲁阳，有鲁山。古鲁县，御龙氏所迁。鲁山，㶟水所出，东北至定陵入汝。又有昆水，东南至定陵入汝。舂陵，侯国。故蔡阳白水乡。上唐乡，故唐国。新都，侯国。莽曰新林。湖阳，故廖国也。红阳，侯国。莽曰红俞。乐城，侯国。博望，侯国。莽曰宜乐。复阳，侯国。故湖阳乐乡。

南郡，秦置，高帝元年更为临江郡，五年复故。景帝二年复为临江，中二年复故。莽曰南顺。属荆州。户十二万五千五百七十九，口七十一万八千五百四十。有发弩官。县十八：江陵，故楚郢都，楚文王自丹阳徙此。后九世平王城之。后十世秦拔我郢，徙陈。莽曰江陆。临沮，《禹贡》南条荆山在东北，漳水所出，东至江陵入阳水，阳水入沔，行六百里。夷陵，都尉治。莽曰居利。华容，云梦泽在南，荆州薮。夏水首受江，东入沔，行五百里。宜城，故鄢，惠帝三年更名。鄀，楚别邑，故鄀。莽曰郢亭。邔，当阳，中庐，枝江，故罗国。江沱出西，东入江。襄阳，莽曰相阳。编，有云梦官。莽曰南顺。秭归，归乡，故归国。夷道，莽曰江南。州陵，莽曰江夏。若，楚昭王畏吴，自鄀徙此，后复还鄀。巫，夷水东至夷道入江，过郡二，行五百四十里。有盐官。高成，洈山，洈水所出，东入繇。繇水南至华容入江，过郡二，行五百里。莽曰言程。

江夏郡，高帝置。属荆州。户五万六千八百四十四，口二十一万九千二百一十八。县十四：西陵，有云梦官。莽曰江阳。竟陵，章山在东北，古文以为内方山。郧乡，楚郧公邑。莽曰守平。西阳，襄，莽曰襄非。邾，衡山王吴芮都。軑，故弦子国。鄂，安陆，横尾山在东北，古文以为陪尾山。沙羡，蕲春，鄳，云杜，下雉，莽曰闰光。钟武，侯国。莽曰当利。

庐江郡，故淮南，文帝十六年别为国。金兰西北有东陵乡，淮水出。属扬州。庐江出陵阳东南，北入江。户十二万四千三百八十三，口四十五万七千三百三十三。有楼船官。县十二：舒，故国。莽曰昆乡。居巢，龙舒，临湖，雩娄，决水北至蓼入淮，又有灌水，亦北至蓼入决，过郡二，行五百一十里。襄安，莽曰庐江亭也。枞阳，寻阳，《禹贡》九江在南，皆东合为大江。潜，天柱山在南。有祠。灊山，灊水所出，北至寿春入芍陂。皖，有铁官。湖陵邑，北湖在南。松兹，侯国。莽曰诵善。

九江郡，秦置，高帝四年更名为淮南国，武帝元狩元年复故。莽曰延平。属扬州。户十五万五十二，口七十八万五百二十五。有陂官、湖官。县十五：寿春邑，楚考烈王自陈徙此。浚遒，成德，莽曰平阿。橐皋，阴陵，莽曰阴陆。历阳，都尉治。莽曰明义。当涂，侯国。莽曰山聚。钟离，莽曰蚕富。合肥，东城，莽曰武城。博乡，侯国。莽曰扬陆。曲阳，侯国。莽曰延平亭。建阳，全椒，阜陵，莽曰阜陆。

山阳郡，故梁。景帝中六年别为山阳国。武帝建元五年别为郡。莽曰巨野。属兖州。户十七万二千八百四十七，口八十万一千二百八十八。有铁官。县二十三：昌邑，武帝天汉四年更山阳为昌邑国，有梁丘乡。《春秋传》曰"宋、齐会于梁丘"。南平阳，莽曰黾平。成武，有楚丘亭。齐桓公所城，迁卫文公于此。予成公徙濮阳。莽曰居安。湖陵，《禹贡》"浮于泗、淮，通于河"，水在南。莽曰湖陆。东缗，方与，橐，莽曰高平。巨野，大野泽在北，兖州薮。单父，都尉治。莽曰利父。薄，都关，城都，莽曰城穀。黄，侯国。爰戚，莽曰戚亭。郜成，侯国。莽曰告成。中乡，平乐，侯国。包水东北至沛入泗。郑，侯国。瑕丘，甾乡，侯国。栗乡，侯国。莽曰足亭。曲乡，侯国。西阳，侯国。

济阴郡，故梁。景帝中六年别为济阴国。宣帝甘露二年更名定陶。《禹贡》荷泽在定陶东。属兖州。户二十九万二十五，口百三十八万六千二百七十八。县九：定陶，故曹国，周武王弟叔振铎所封。《禹贡》陶丘在西南。陶丘亭。冤句，莽改定陶曰济平，冤句县曰济平亭。吕都，莽曰祈都。葭密，成阳，有尧冢灵台。《禹贡》雷泽在西北。鄄城，莽曰鄄良。句阳，秺，莽曰万岁。乘氏。泗水东南至睢陵入淮，过郡六，行千一百一十里。

沛郡，故秦泗水郡。高帝更名。莽曰吾符。属豫州。户四十万九千七十九，口二百三万四百八十。县三十七：相，莽曰吾符亭。龙亢，竹，莽曰笃亭。谷阳，萧，故萧叔国，宋别封附庸也。向，故国。《春秋》曰"莒人入向"。姜姓，炎帝后。铚，广戚，侯国。莽曰力聚。下蔡，故州来国，为楚所灭，后吴取之，至夫差迁昭侯于此。后四世侯齐竟为楚所灭。丰，莽曰吾丰。鄮，莽曰单城。谯，酂乡。高祖破黥布。都尉治。莽曰蕲城。虹，莽曰贡，辄与，莽曰华乐。山桑，公丘，侯国。故滕国，周懿王子错叔绣所封，三十一世为齐所灭。符离，莽曰符合。敬丘，侯国。夏丘，莽曰归思。洨，侯国。垓下，高祖破项羽。沛，有铁官。芒，莽曰博治。建成，侯国。城父，夏肥水东南至下蔡入淮，过郡二，行六百二十里。莽曰思善。建平，侯国，莽曰田平。鄲，莽曰赞治。栗，侯国，莽曰成富。扶阳，侯国。莽曰合治。高，侯国。高柴，侯国。漂阳，平阿，侯国。莽曰平宁。东乡，临都，义成，祁乡，侯国。莽曰会谷。

魏郡，高帝置。莽曰魏城。属冀州。户二十一万二千八百四十九，口九十万九千六百五十五。县十八：邺，故大河在东北入海。馆陶，河水别出为屯氏河，东北至章武入海，过郡四，行千五百里。斥丘，莽曰利丘。沙，内黄，清河水出南。清渊，魏，都尉治。莽曰魏城亭。繁阳，元城，梁期，黎阳，莽曰黎蒸。即裴，侯国。莽曰即是。武始，漳水东至邯郸入漳，又有拘涧水，东北至邯郸入白渠。邯会，侯国。阴安，平恩，侯国。莽曰延平。邯沟，侯国。武安，钦口山，白渠水所出，东至列人入漳。又有浸水，东北至东昌入虖池河，过郡五，行六百一里。有铁官。莽曰桓安。

巨鹿郡，秦置。属冀州。户十五万五千九百五十一，口八十二万二千一百七十七。县二十：巨鹿，《禹贡》大陆泽在北。纣所作沙丘台在东北七十里。南縞，莽曰富平。广阿，象氏，侯国。莽曰宁昌。廮陶，宋子，莽曰宜子。杨氏，莽曰功陆。临平，下曲阳，都尉治。贳，鄡，莽曰秦聚。新市，侯国。莽曰市乐。堂阳，有盐官，尝分为经县。安定，侯国。敬武，历乡，侯国。莽曰历聚。乐信，侯国。武陶，侯国。柏乡，安乡，侯国。

常山郡，高帝置。莽曰井关。属冀州。户十四万一千七百四十一，口六十七万七千九百五十六。县十八：元氏，泜水首受中丘西山穷泉谷，东至堂阳入黄河。莽曰井关亭。石邑，井陉山在西，洨水所出，东南至廮陶入泜。桑中，侯国。灵寿，中山桓公居此。《禹贡》卫水出东北，东入虖池。蒲吾，有铁山。大白渠水首受绵曼水，东南至下曲阳入斯洨。上曲阳，恒山北谷在西北。有祠。并州山。《禹贡》恒水所出，东入滱。莽曰常山亭。九门，莽曰久门。井陉，房子，赞皇山，济水所出，东至廮陶入泜。莽曰多子。中丘，逢山长谷，诸水所出，东至张邑入浊。莽曰直聚。封斯，侯国。关，平棘，郖，世祖即位，更名高邑。莽曰禾成亭。乐阳，侯国。莽曰畅苗。平台，侯国。莽曰顺台。都乡，侯国。有铁官。莽曰分乡。南行唐，牛饮山白陉谷，滋水所出，东入虖池水。都尉治。莽曰延亿。

清河郡，高帝置。莽曰平河。属冀州。户二十万一千

七百七十四，口八十七万五千四百二十二。县十四：清阳，王都。东武城，绎幕，灵，河水别出为鸣犊河，东北至蓨入屯氏河。莽曰播。厝，莽曰厝治。鄃，莽曰善陆。贝丘，都尉治。信成，张甲河首受屯氏别河，东北至蓨入漳水，莎题，东阳，侯国。莽曰胥陵。信乡，侯国。缭，枣强，复阳，莽曰乐岁。

涿郡，高帝置。莽曰垣翰。属幽州。户十九万五千六百七，口七十八万二千七百六十四。有铁官。县二十九：涿，桃水首受涞水，分东至安次入河。道，莽曰道屏，谷丘，故安，阎乡，易水所出，东至范阳入濡也，并州浸。水亦至范阳入涞。南深泽，范阳，莽曰顺阴。蠡吾，容城，莽曰深泽。易，广望，侯国。郑，莽曰言铲。高阳，莽曰高亭。州乡，侯国。安平，都尉治。莽曰广望亭。樊舆，莽曰握符。成，侯国。莽曰宜家。良乡，垣水南东至阳乡入桃。莽曰广阳。利乡，侯国。莽曰章符。临乡，侯国。益昌，侯国。莽曰有秩。阳乡，侯国。莽曰章武。西乡，侯国。莽曰移风。饶阳，中水，武垣，莽曰垣翰亭。阿陵，莽曰阿陆。阿武，侯国。高郭，侯国。莽曰广堤。新昌，侯国。

勃海郡，高帝置。莽曰迎河。属幽州。户二十五万六千三百七十七，口九十万五千一百一十九。县二十六：浮阳，莽曰浮城。阳信，东光，有胡苏亭。阜城，莽曰吾城。千童，重合，南皮，莽曰迎河亭。定，侯国。章武，有盐官。莽曰桓章。中邑，莽曰检阴，高成，都尉治也。高乐，莽曰为乡。参户，成平，滹池河，民曰徒骇河。莽曰泽亭。柳，侯国。临乐，侯国。莽曰乐亭。东平舒，重平，安次，修市，侯国。莽曰居宁。文安，景成，侯国。束州，建成，章乡，侯国。蒲领，侯国。

平原郡，高帝置。莽曰河平。属青州。户十五万四千三百八十七，口六十六万四千五百四十三。县十九：平原，有笃马河，东北入海，五百六十里。鬲，平当以为鬲津。莽曰河平亭。高唐，桑钦言漯水所出。重丘，平昌，侯国。羽，侯国。莽曰羽贞。般，莽曰分明。乐陵，都尉治。莽曰美阳。祝阿，莽曰安成。瑗，莽曰东顺亭。阿阳，漯阴，莽曰翼成。朸，莽曰张乡。富平，侯国。莽曰乐安亭。安德，合阳，侯国。莽曰宜乡。楼虚，侯国。龙颔，莽曰清乡。安，侯国。

千乘郡，高帝置。莽曰建信。属青州。户十一万六千七百二十七，口四十九万七百二十。有铁官、盐官、均输官。县十五：千乘，有铁官。东邹，湿沃，莽曰延亭。平安，侯国。莽曰鸿睦。博昌，时水东北至巨定入马车渎；幽州浸。蓼城，都尉治。莽曰施武。建信，狄，莽曰利居。琅槐，乐安，被阳，高昌，繁安，侯国。莽曰瓦亭。高宛，莽曰常乡。延乡。

济南郡，故齐。文帝十六年别为济南国。景帝二年为郡。莽曰乐安。属青州。户十四万七百六十一，口六十四万二千八百八十四。县十四：东平陵，有工官、铁官。邹平，台，莽曰台治。梁邹，土鼓，於陵，都尉治。莽曰於陆。阳丘，般阳，莽曰济南亭。菅，朝阳，侯国。莽曰修治。历城，有铁官。猇，侯国。莽曰利成。著，宜成，侯国。

泰山郡，高帝置。属兖州。户十七万二千八十六，口七十二万六千六百四。有工官。汶水出莱芜，西入济。县二

十四:奉高,有明堂,在西南四里,武帝元封二年造。有工官。博,有泰山庙,岱山在西北,兖州山。茌。卢,都尉治。济北王都也。肥成。蛇丘。隧乡,故隧国。《春秋》曰"齐人歼于隧"也。刚,故阐。莽曰柔。柴。盖,临乐子山,洙水所出,西北至蓋入池水。又沂水南至下邳入泗,过郡五,行六百里,青州浸。梁父。东平阳。南武阳,冠石山,治水所出,南至下邳入泗,过郡二,行九百四十里。莽曰桓宣。莱芜,原山,甾水所出,东至博昌入泲,幽州浸。又《禹贡》汶水出西南入泲。汶水,桑钦所言。钜平,有亭亭山祠。嬴,有铁官。牟,故国。蒙阴,《禹贡》蒙山在西南,有祠。颛臾国在蒙山下。莽曰蒙恩。华。盖阴。宁阳,侯国。莽曰宁顺。乘丘。富阳。桃山,侯国。莽曰鬲鲁。桃乡,侯国。莽曰鄣亭。式。

齐郡,秦置。莽曰济南。属青州。户十五万四千八百二十六,口五十五万四千四百四十四。县十二:临淄,师尚父所封。如水西至梁邹入泲。有服官、铁官。莽曰齐陵。昌国,德会水西北至西安入如。利,莽曰利治。西安,莽曰东宁。钜定,马车渎水首受巨定,东北至琅槐入海。广,为山,浊水所出,东北至广饶入巨定。广饶,昭南。临朐,有逢山祠。石膏山,洋水所出,东北至广饶入巨定。莽曰监朐。北乡,侯国。莽曰禺聚。平广,侯国。台乡。

北海郡,景帝中二年置。属青州。户十二万七千,口五十九万三千一百五十九。县二十六:营陵,或曰营丘。莽曰北海亭。剧魁,侯国。莽曰上符。安丘,莽曰诛郅。瓡,侯国。莽曰道德。淳于,益。都昌。平寿,剧,侯国。莽曰探阳。平寿,剧,侯国。都昌,有盐官。平望,侯国。莽曰所聚。平的,侯国。柳泉,侯国。莽曰弘睦。寿光,有盐官。莽曰翼平亭。乐望,侯国。饶,侯国。斟,故国,禹后。桑犊,覆甑山,溉水所出,东北至都昌入海。平城,侯国。密乡,侯国。羊石,侯国。乐都,侯国。莽曰拔垄,(一作杖,一作枝也。)石乡,侯国,(一作正乡。)上乡,侯国。新成,侯国。成乡,侯国。莽曰石乐。胶阳,侯国。

东莱郡,高帝置。属青州。户十万三千二百九十二,口五十万二千六百九十三。县十七:掖,莽曰掖通。腄,有之罘山祠。居上山,声洋水所出,东北入海。平度,莽曰利卢。黄,有莱山松林莱君祠。莽曰意母。临朐,有海水祠。莽曰监朐。曲成,有参山万里沙祠。阳丘山,治水所出,南至沂入海。有盐官。牟平,莽曰望利。东牟,有铁官、盐官。莽曰弘德。㷠,有百支莱王祠。有盐官。育犁。昌阳,有盐官。莽曰夙敬亭。不夜,有成山日祠。莽曰夙夜。当利,有盐官。莽曰东莱亭。卢乡。阳乐,侯国。莽曰延乐。阳石,莽曰识命。徐乡。

琅邪郡,秦置。莽曰填夷。属徐州。户二十二万八千九百六十,口一百七万九千一百。有铁官。县五十一:东武,莽曰祥善。不其,有太一、仙人祠九所,及明堂,武帝所起。海曲,有盐官。赣榆。朱虚,凡山,丹水所出,东北至寿光入海。东泰山,汶水所出,至安丘入维。有三山、五帝祠。诸,莽曰诸并。梧成。灵门,有高柘山、壶山,浯水所出,东北入淮。姑幕,都尉治。或曰薄姑。莽曰季睦。虚水,侯国。临原,侯国。莽曰填夷亭。琅邪,越王句践尝治此,起馆台。有四时祠。柜,根艾水东入海。莽曰祓同。

鯫,侯国。郑,胶水东至平度入海。莽曰纯德。雩假,侯国,黔陬,故介国也。云,侯国。计斤,莒子始起此,后徙莒。有盐官。稻,侯国。皋虞,莽曰盈庐。平昌,长广,有莱山莱王祠。奚养泽在西,秦地图曰剧清池,幽州薮。有盐官。横,故山,久台水所出,东南至东武入淮。莽曰令丘。东莞,术水南至下邳入泗,过郡三,行七百一十里,青州浸。魏其,侯国。莽曰青泉。昌,有环山祠。兹乡,侯国。箕,侯国。《禹贡》潍水北至都昌入海,过郡三,行五百二十里,兖州浸也。椑,夜头水南至海。莽曰识命。高广,侯国。高乡,侯国。柔,侯国。即来,侯国。莽曰盛睦。丽,侯国。武乡,侯国。莽曰顺理。伊乡,侯国。新山,侯国。高阳,侯国。昆山,侯国。参封,侯国。折泉,侯国。折泉水北至莫入淮。博石,侯国。房山,侯国。慎乡,侯国。驷望,侯国。莽曰泠乡。安丘,侯国。莽曰宁乡。高陵,侯国。莽曰蒲陆。临安,侯国。莽曰诚信。石山,侯国。

东海郡,高帝置。莽曰沂平。属徐州。户三十五万八千四百一十四,口百五十五万九千三百五十七。县三十八:郯,故国,少昊后,盈姓。兰陵,莽曰兰东。襄贲,莽曰章信。下邳,葛峰山在西,古文以为峄阳。有铁官。闰俭。良成,侯国。莽曰承翰。平曲,莽曰平端。戚。朐,秦始皇立石海上以为东门阙。有铁官。开阳,故鄅国。莽曰厌虏。费,故鲁季氏邑。都尉治。莽曰顺从。利成,莽曰流泉。海曲,莽曰东海亭。兰祺,侯国。莽曰薄睦。缯,故国,禹后。莽曰缯治。南成,山乡。建乡,侯国。即丘,莽曰就信。祝其,《禹贡》羽山在南,鲧所殛。莽曰犹亭。临沂,厚丘,莽曰祝其亭。容丘,侯国。祠水东南至下邳入泗。东安,侯国。莽曰业亭。合乡,莽曰合聚。承,莽曰承治。建阳,侯国。莽曰建力。曲阳,莽曰从羊。司吾,莽曰息吾。于乡,侯国。平曲,侯国。莽曰端平。都阳,侯国。阴平,侯国。部乡,侯国。莽曰徐亭。武阳,侯国。莽曰弘亭。新阳,侯国。莽曰博聚。建陵,侯国。莽曰付亭。昌虑,侯国。莽曰虑聚。都平。侯国。

临淮郡,武帝元狩六年置。莽曰淮平。户二十六万八千二百八十三,口百二十三万七千七百六十四。县二十九:徐,故国,盈姓。至春秋时徐子章禹为楚所灭。莽曰徐调。取虑。淮浦,游水北入海。盱眙,都尉治。莽曰武匡。厹犹,莽曰秉义。僮,莽曰成信。射阳,莽曰监亭。开阳,赘其,高山,睢陵,莽曰睢陆。盐渎,有铁官。淮阴,莽曰嘉信。淮陵,莽曰淮陆。下相,莽曰从德。富陵,莽曰棵房。东阳,播旌。东阳,莽曰著信。西平,莽曰永聚。高平,侯国。莽曰成丘。开陵,侯国。莽曰成乡。昌阳,侯国。广平,侯国。莽曰平宁。兰阳,侯国。莽曰建节。襄平,侯国。莽曰相平。海陵,有江海会祠。莽曰亭间。舆,莽曰美德。堂邑,有铁官。乐陵,侯国。

会稽郡,秦置。高帝六年为荆国,十二年更名吴。景帝四年属江都。属扬州。户二十二万三千三十八,口百三万二千六百四。县二十六:吴,故国,周太伯所邑。具区泽在西,扬州薮,古文以为震泽。南江在南,东入海,扬州川。莽曰泰德。曲阿,故云阳。莽曰凤美。乌伤,莽曰乌孝。毗陵,季札所居。江在北,东入海,扬州川。莽曰毗坛。馀暨,萧山,潘水所出,东入海。莽曰馀衍。阳羡,诸暨,莽曰疏虏。无锡,有历山,春申君岁祠以牛。莽曰有锡。山阴,会稽山在南,上有禹冢、禹井,扬州山。越王句践本国。有灵文园。丹徒,余姚,娄,有南武城,阖闾所起以候越。莽曰娄治。上虞,有仇亭。柯水东入海。海盐,故武原乡。有盐官。莽曰展武。剡,莽曰尽忠。由拳,柴辟,故就李乡,吴、越战地。大末,谷水东北至钱唐入江。莽曰末治。乌程,有欧阳亭。句章,渠水东入海。馀杭,莽曰进睦。鄞,有镇亭,有鲒埼亭。东南有天门水入海。有越天门山。莽曰谨。钱唐,西部都尉治。武林山,武林水所出,东入海,行八百三十里。莽曰泉亭。鄮,莽曰海治。富春,莽曰诛岁。冶,回浦。南部都尉治。

丹扬郡,故鄣郡。属江都。武帝元封二年更名丹扬。属扬州。户十万七千五百四十一,口四十万五千一百七十。有铜官。县十七:宛陵,彭泽聚在西南。清水西北至芜湖入江。莽曰无宛。於朁,江乘,莽曰相武。春谷,秣陵,莽曰宣亭。故鄣,莽曰候望。句容,泾,丹阳,楚之先熊绎所封,十八世,文王徙郢。石城,分江水首受江,东至馀姚入海,过郡二,行千二百里。胡孰,陵阳,桑钦言淮水出东南,北入大江。芜湖,中江出西南,东至阳羡入海,扬州川。黟,浙江水出南蛮夷中,东入海。成帝鸿嘉二年为广德王国。莽曰愬虏。溧阳,歙,都尉治。宣城。

豫章郡,高帝置。莽曰九江。属扬州。户六万七千四百六十二,口三十五万一千九百六十五。县十八:南昌,莽曰宜善。庐陵,莽曰桓亭。彭泽,《禹贡》彭蠡泽在西。鄱阳,武阳乡右十余里有黄金采。鄱水西入湖汉。莽曰乡亭。历陵,傅易山、傅易川在南,古文以为傅浅原。莽曰蒲亭。馀汗,馀水在北,至鄡阳入湖汉。莽曰治干。柴桑,莽曰九江亭。艾,修水东北至彭泽入湖汉,行六百六十里。莽曰治翰。赣,豫章水出西南,北入大江。新淦,都尉治。莽曰偶亭。南城,旴水西北至南昌入湖汉。建成,蜀水东至南昌入湖汉。莽曰多聚。宜春,南水东至新淦入湖汉。莽曰修晓。海昏,莽曰宜生。雩都,湖汉水东至彭泽入江,行千九百八十里。鄡阳,莽曰豫章。南野,彭水东入湖汉。安平,侯国。莽曰安宁。

桂阳郡,高帝置。莽曰南平。属荆州。户二万八千一百一十九,口十五万六千四百八十八。有金官。县十一:郴,耒山,耒水所出,西南至湘南入湖。项羽所立义帝都此。莽曰宣风。临武,秦水东南至浈阳入汇,行七百里。莽曰大武。便,莽曰便屏。南平,末山,春水所出,北至郴入湖,过郡二,行七百八十里。莽曰南平亭。桂阳,汇水南至四会入郁,过郡二,行九百里。阳山,侯国。曲江,莽曰除虏。含洭,浈阳,莽曰基武。阴山,侯国。

武陵郡,高帝置。莽曰建平。属荆州。户三万四千一百七十七,口十八万五千七百五十八。县十三:索,渐水东入沅。孱陵,莽曰孱陆。临沅,莽曰监元。沅陵,莽曰沅陆。镡成,康谷水南入海。玉山,潭水所出,东至阿林入郁,过郡二,行七百二十里。无阳,无水首受故且兰,南入沅,八百九十里。迁陵,莽曰迁陆。辰阳,三山谷,辰水所出,南入沅,七百五十里。莽曰会亭。酉阳,义陵,鄜梁山,序水所出,西入沅,莽曰建平。佷山,零阳,充。酉原山,酉水所出,南至沅陵入沅,行千二百里。历山,澧水所出,东至下隽入沅,过郡二,行一千二百里。

零陵郡,武帝元鼎六年置。莽曰九疑。属荆州。户二万一千九十二,口十三万九千三百七十八。县十:零陵,阳海山,湘水所出,北至酃入江,过郡二,行二千五百三十里。又有离水,东南至广信入郁林,行九百八十里。营道,九疑山在南。莽曰九疑亭。始安,夫夷,营浦,都梁,侯国。路山,资水所出,东北至益阳入沅,过郡二,行千八百里。泠道,莽曰泠陵。泉陵,侯国。莽曰溥闰。洮阳,莽曰洮治。钟武。莽曰钟桓。

汉中郡,秦置。莽曰新成。属益州。户十万一千五百七十,口三十万六百一十四。县十二:西城,旬阳,北山,旬水所出,南入沔。南郑,旱山,池水所出,东北入汉。褒中,都尉治。汉阳乡。房陵,淮山,淮水所出,东至中庐入沔。又有筑水,东至筑阳亦入沔。东山,沮水所出,东至郢入江,行七百里。安阳,𩰚谷水出西南,北入汉。在谷水出北,入汉。成固,沔阳,有铁官。钖,莽曰钖治。武陵,上庸,长利。有郧关。

广汉郡,高帝置。莽曰就都。属益州。户十六万七千四百九十九,口六十六万二千二百四十九。有工官。县十三:梓潼,五妇山,驰水所出,南入涪,行五百五十里,莽曰子同。汁方,莽曰美信。涪,有漮亭。莽曰统睦。洛,章山,洛水所出,南至新都谷入湔。有工官。莽曰吾洛。绵竹,紫岩山,绵水所出,东至新都北入洛。都尉治。广汉,莽曰广信。葭明,郪,新都,甸氐道,白水出徼外,东至葭明入汉,过郡一,行九百五十里,莽曰致治。白水,刚氐道,涪水出徼外,南至垫江入汉,过郡二,行千六十九里。阴平道。北部都尉治。莽曰摧虏。

蜀郡,秦置。有小江入,并行千九百八十里。《禹贡》桓水出蜀山西南,行羌中,入南海。莽曰导江。属益州。户二十六万八千二百七十九,口百二十四万五千九百二十九。县十五:成都,户七万六千二百五十六,有工官。郫,《禹贡》江沱在西,东入大江。繁,广都,莽曰就都亭。临邛,仆千水东至武阳入江,过郡二,行五百一十里。有铁官、盐官。莽曰监邛。青衣,《禹贡》蒙山溪大渡水东南至南安入渽。江原,郡水首受江,南至武阳入江。莽曰邛原。严道,邛来山,邛水所出,东入青衣。有木官。莽曰严治。绵虒,玉垒山,湔水所出,东南至江阳入江,过郡三,行千八百九十里。旄牛,鲜水出徼外,南入若水,若水亦出徼外,南至大莋入绳,过郡二,行千六百里。徙,湔氐道,《禹贡》崏山在西徼外,江水所出,东南至江都入海,过郡七,行二千六百六十里。汶江,渽水出徼外,南至南安,东入江,过郡三,行三千四十里。江沱在西南,东入江。广柔,蚕陵。莽曰步昌。

犍为郡,武帝建元六年开。莽曰西顺。属益州。户十万九千四百一十九,口四十八万九千四百八十六。县十二:僰道,莽曰僰治。江阳,武阳,有铁官,莽曰戢成。南安,有盐官、铁官。资中,符,温水南至鳖入黚水,黚水亦南至鳖入江。莽曰符信。牛鞞,南广,汾关山,符黑水所出,北至僰道入江。又有大涉水，北至符入江，过郡三，行八百四十里。汉阳，都尉治。山闟谷，汉水所出，东至鳖入延。莽曰新通。郱䣕，莽曰𡼥䣕。朱提，山出银。堂琅。

赵嶲郡，武帝元鼎六年开。莽曰集嶲。属益州。户六万一千二百八，口四十万八千四百五。县十五：邛都，南山出铜。有邛池泽，遂久，绳水出徼外，东至僰道入江，过郡二，行千四百里。灵关道，台登，孙水南至会无入若，行七百五十里。定筰，出盐。步北泽在南。都尉治。会无，东山出碧，筰秦，大筰，姑复，临池泽在南。三绛，苏示，尼江在西北。阑，卑水，潜街，青蛉。临池潜在北。仆水出徼外，东南至惟入劳，过郡二，行千八百八十里。有禺同山，有金马、碧鸡。

益州郡，武帝元封二年开。莽曰就新。属益州。户八万一千九百四十六，口五十八万四百六十三。县二十四：滇池，大泽在西，滇池泽在西北。有黑水祠。双柏，同劳，铜濑，谈虏山，迷水所出，东至谈稿入温。连然，有盐官。俞元，池在南，桥水所出，东至毋单入温，行千九百里。怀山出铜。收靡，南山腊谷，涂水所出，西北至越嶲入绳，过郡二，行千二十里。谷昌，秦臧，牛兰山，即水所出，南至双柏入仆，行八百二十里。邪龙，味，昆泽，叶榆，叶榆泽在东，贪水首受青蛉，南至邪龙入仆，行五百里。律高，西石空山出锡，东南盐町山出银、铅。不韦，云南，嶲唐，周水首受徼外。又有类水，西南至不韦，行六百五十里。弄栋，东农山，毋血水出，北至三绛南入绳，行五百一十里。比苏，贲古，北采山出锡，西羊山出银、铅，南乌山出锡。毋棳，桥水首受桥山，东至中留入潭，过郡四，行三千一百二十里。莽曰有棳。胜休，河水东至毋棳入桥。莽曰胜僰。健伶，来唯。从陭山出铜。劳水出徼外，东至麋泠入南海，过郡二，行三千五百六十里。

牂柯郡，武帝元鼎六年开。莽曰同亭。有柱蒲关。属益州。户二万四千二百一十九，口十五万三千三百六十。县十七：故且兰，沅水东南至益阳入江，过郡二，行二千五百三十里。镡封，温水东至广郁入郁，过郡二，行五百六十里。鳖，不狼山，鳖水所出，东入沅，过郡二，行七百三十里。漏卧，平夷，同并，谈指，宛温，毋敛，刚水东至潭中入潭。莽曰有敛。夜郎，豚水东至广郁。都尉治。莽曰同亭。毋单，漏江，西随，麋水西受徼外，东至麋泠入尚龙溪，过郡二，行千一百六里。都梦，壶水东南至麋泠入尚龙溪，过郡二，行千一百六十里。谈稿，进桑，南部都尉治。有关。句町。文象水东至增食入郁。又有卢唯水、来细水、伐水。莽曰从化。

巴郡，秦置。属益州。户十五万八千六百四十三，口七十万八千一百四十八。县十一：江州，临江，莽曰监江。枳，阆中，彭道将池在南，彭道鱼池在西南。垫江，朐忍，容毋水所出，南入江。有橘官、盐官。安汉，是鱼池在南。莽曰安新。宕渠，符特山在西南，潜水西南入江。不曹水出东北徐谷，南入潜。鱼复，江关，都尉治。有橘官。充国，涪陵。莽曰巴亭。

卷二十八下　　地理志第八下

武都郡，武帝元鼎六年置。莽曰乐平。户五万一千三百七十六，口二十三万五千五百六十。县九：武都，东汉水受氐道水，一名沔，过江夏，谓之夏水，入江。天池大泽在县西。莽曰循虏。上禄，故道，莽曰善治。河池，泉街水南至沮入汉，行五百二十里。莽曰乐平亭。平乐道，沮，沮水出东狼谷，南至沙羡南入江，过郡五，行四千里，荆州川。嘉陵道，循成道，下辨道。莽曰杨德。

陇西郡，秦置。莽曰厌戎。户五万三千九百六十四，口二十三万六千八百二十四。有铁官、盐官。县十一：狄道，白石山在东。莽曰操虏。上邽，安故，氐道，《禹贡》养水所出，至武都为汉。莽曰亭道。首阳，《禹贡》鸟鼠同穴山在西南，渭水所出，东至船司空入河，过郡四，行千八百七十里，雍州浸。予道，莽曰德道。大夏，莽曰顺夏。羌道，羌水出塞外，南至阴平入白水，过郡三，行六百里。襄武，莽曰相桓。临洮，洮水出西羌中，北至枹罕入河。《禹贡》西顷山在县西，南部都尉治也。西，《禹贡》冢山，西汉所出，南入广汉白水，东南至江州入江，过郡四，行二千七百六十里。莽曰西治。

金城郡，昭帝始元六年置。莽曰西海。户三万八千四百七十，口十四万九千六百四十八。县十三：允吾，乌亭逆水出参街谷，东至枝阳入湟。莽曰修远。浩亹，浩亹水出塞外，东至允吾入湟水。莽曰兴武。令居，涧水出西北塞外，至县西南，入郑伯津。莽曰罕虏。枝阳，金城，莽曰金屏。榆中，枹罕，白石，离水出西塞外，东至枹罕入河。莽曰顺砾。河关，积石山在西南羌中。河水行塞外，东北入塞内，至章武入海，过郡十六，行九千四百里。破羌，宣帝神爵二年置。安夷，允街，宣帝神爵二年置。莽曰修远。临羌。西北至塞外，有西王母石室、仙海、盐池。北则湟水所出，东至允吾入河。西有须抵池，有弱水、昆仑山祠。莽曰盐羌。

天水郡，武帝元鼎三年置。莽曰填戎。明帝改曰汉阳。户六万三百七十，口二十六万一千三百四十八。县十六：平襄，莽曰平相。街泉，戎邑道，莽曰填戎亭。望垣，莽曰望亭。罕幵，绵诸道，阿阳，略阳道，冀，《禹贡》朱圄山在县南梧中聚。莽曰冀治。勇士，属国都尉治满福。莽曰纪德。成纪，清水，莽曰识睦。奉捷，陇，豲道，骑都尉治密艾亭。兰干。莽曰兰盾。

武威郡，故匈奴休屠王地。武帝太初四年开。莽曰张掖。户万七千五百八十一，口七万六千四百一十九。县十：姑臧，南山，谷水所出，北至武威入海，行七百九十里。张掖，武威，休屠泽在东北，古文以为猪野泽。休屠，莽曰晏然。都尉治熊水障。北部都尉治休屠城。揟次，莽曰播德。鸾鸟，扑䜣，莽曰敷虏。媪围，苍松，南山，松陕水所出，北至揟次入海。莽曰射楚。宣威。

张掖郡，故匈奴昆邪王地，武帝太初元年开。莽曰设屏。户二万四千三百五十二，口八万八千七百三十一。县十：觻得，千金渠西至乐涫入泽中。羌谷水出羌中，东北至居延入海，过郡二，行二千一百里。莽曰官式。昭武，莽曰渠武。删丹，桑钦以为道弱水自此，西至酒泉合黎。莽曰贯房。氐池，莽曰否武。屋兰，莽曰传武。日勒，都尉治泽索谷。莽曰勒治。骊靬，莽曰揭虏。番和，农都尉治。莽曰罗房。居延，居延泽在东北，古文以为流沙。都尉治。莽曰居成。显美。

酒泉郡，武帝太初元年开。莽曰辅平。户万八千一百三十七，口七万六千七百二十六。县九：禄福，呼蚕水出南羌中，东北至会水入羌谷。莽曰显德。表是，莽曰载武。乐涫，莽曰乐亭。天㢴，玉门，莽曰辅平亭。会水，北部都尉治偃泉障。东部都尉治东部障。莽曰萧武。池头，绥弥，乾齐。西部都尉治西部障。莽曰测房。

敦煌郡，武帝后元年分酒泉置。正西关外有白龙堆沙，有蒲昌海。莽曰敦德。户万一千二百，口三万八千三百三十五。县六：敦煌，中部都尉治步广侯官。杜林以为古瓜州地，生美瓜。莽曰敦德。冥安，南籍端水出南羌中，西北入其泽，溉民田。效谷，渊泉，广至，宜禾都尉治昆仑障。莽曰广桓。龙勒，有阳关、玉门关，皆都尉治。氐置水出南羌中，东北入泽，溉民田。

安定郡，武帝元鼎三年置。户四万二千七百二十五，口十四万三千二百九十四。县二十一：高平，莽曰铺睦。复累，安俾，抚夷，莽曰抚宁。朝那，有端旬祠十五所，胡巫祝。又有湫渊祠。泾阳，幵头山在西，《禹贡》泾水所出，东南至阳陵入渭，过郡三，行千六百里。雍州川。临泾，莽曰监泾。卤，㵲水出西。乌氏，乌水出西，北入河。都卢山在西。莽曰乌亭。阴密，《诗》密人国。有駵安亭。安定，参䜌，主骑都尉治。三水，属国都尉治。有盐官。莽曰广亭。阴槃，安武，祖厉，莽曰乡礼。爱得，眴卷，河水别出为河沟，东至富平北入河。彭阳，鹑阴，月氏道，莽曰月顺。

北地郡，秦置。莽曰威戎。户六万四千四百六十一，口二十一万六百八十八。县十九：马领，直路，沮水出西，东入洛。灵武，莽曰威成亭。富平，北部都尉治神泉障。浑怀都尉治塞外浑怀障。莽曰特武。灵州，惠帝四年置。有河奇苑、号非苑。莽曰令周。昫衍，方渠，除道，莽曰通道。五街，莽曰吾街。鹑孤，归德，洛水出北蛮夷中，入河。有堵苑、白马苑。回获，略畔道，莽曰延年道。泥阳，莽曰泥阴。郁郅，泥水出北蛮夷中。有牧师苑官。莽曰功著。义渠道，莽曰义沟。弋居，有盐官。大要，廉，卑移山在西北。莽曰西河亭。

上郡，秦置，高帝元年更为翟国，七月复故。匈归都尉治塞外匈归障。属并州。户十万三千六百八十三，口六十万六千六百五十八。县二十三：肤施，有五龙山、帝、原水、黄帝祠四所。独乐，有盐官。阳周，桥山在南，有黄帝冢。莽曰上陵畤。木禾，平都，浅水，莽曰广信。京室，莽曰积粟。洛都，莽曰卑顺。白土，圜水出西，东入河。莽曰黄土。襄洛，莽曰上党亭。原都，漆垣，莽曰漆墙。奢延，莽曰奢节。雕阴，推邪，莽曰排邪。桢林，莽曰桢干。高望，北部都尉治。莽曰坚宁。雕阴道，龟兹，属国都尉治。有盐官。定阳，

高奴，有洧水，可燃。莽曰利平。望松，北部都尉治。宜都。莽曰坚宁小邑。

西河郡，武帝元朔四年置。南部都尉治塞外翁龙、埤是。莽曰归新。属并州。户十三万六千三百九十，口六十九万八千八百三十六。县三十六：富昌，有盐官。莽曰富成。驹虞，鹄泽，平定，莽曰阴平亭。美稷，属国都尉治。中阳，乐街，莽曰截虏。徒经，莽曰廉耻。皋狼，大成，莽曰好成。广田，莽曰广翰。圜阴，惠帝五年置。莽曰方阴。益阑，莽曰香阑。平周，鸿门，有天封苑火井祠，火从地出也。蔺，宣武，莽曰讨貉。千章，增山，有道西出眩雷塞，北部都尉治。圜阳，广衍，武车，莽曰桓车。虎猛，西部都尉治。离石，谷罗，武泽在西北。饶，莽曰饶衍。方利，莽曰广德。隰成，莽曰慈平亭。临水，莽曰监水。土军，西都，莽曰五原亭。平陆，阴山，莽曰山宁。觬是，莽曰伏觬。博陵，莽曰助桓。盐官。

朔方郡，武帝元朔二年开。西部都尉治窳浑。莽曰沟搜。属并州。户三万四千三百三十八，口十三万六千六百二十八。县十：三封，武帝元狩三年城。朔方，金连盐泽、青盐泽皆在南。莽曰武符。修都，临河，莽曰监河。呼遒，窳浑，有道西北出鸡鹿塞。屠申泽在东。莽曰极武。渠搜，中部都尉治。莽曰沟搜。沃野，武帝元狩三年城。有盐官。莽曰绥武。广牧，东部都尉治。莽曰盐官。临戎，武帝元朔五年城。莽曰推武。

五原郡，秦九原郡，武帝元朔二年更名。东部都尉治稒阳。莽曰获降。属并州。户三万九千三百二十二，口二十三万一千三百二十八。县十六：九原，莽曰成平。固陵，莽曰固调。五原，莽曰填河亭。临沃，莽曰振武。文国，莽曰繁聚。河阴，蒱泽，属国都尉治。南兴，莽曰南利。武都，莽曰桓都。宜梁，曼柏，莽曰延柏。成宜，中部都尉治原高，西部都尉治田辟。有盐官。莽曰艾房。稒阳，北出石门障得光禄城，又西北得支就城，又西北得头曼城，又西北得虖河城，又西得宿虏城。莽曰固阴。莫䵣，西安阳，莽曰鄣安。河目。

云中郡，秦置。莽曰受降。属并州。户三万八千三百三，口十七万三千二百七十。县十一：云中，莽曰远服。咸阳，莽曰贲武。陶林，东部都尉治。桢陵，缘胡山在西北。西部都尉治。莽曰桢陆。犊和，沙陵，莽曰希恩。原阳，沙南，北舆，中部都尉治。武泉，莽曰顺泉。阳寿，莽曰常得。

定襄郡，高帝置。莽曰得降。属并州。户三万八千五百五十九，口十六万三千一百四十四。县十二：成乐，桐过，莽曰椅桐。都武，莽曰通德。武进，白渠水出塞外，西至沙陵入河。西部都尉治。莽曰伐蛮。襄阴，武皋，荒干水出塞外，西至沙陵入河。中部都尉治。莽曰永武。骆，莽曰遮要。定陶，莽曰迎符。武城，莽曰桓就。武要，东部都尉治。莽曰厌胡。定襄，莽曰著武。复陆。莽曰闻武。

雁门郡，秦置。句注山在阴馆。莽曰填狄。属并州。户七万三千一百三十八，口二十九万三千四百五十四。县十四：善无，莽曰阴馆。沃阳，盐泽在东北，在长丞。西部都尉治。莽曰敬阳。繁畤，莽曰当要。中陵，莽曰遮害。阴馆，楼烦乡。景帝后三年置。累头山，治水所出，东至泉州入

海,过郡六,行千一百里。莽曰富代。楼烦,有盐官。武州,莽曰桓州。涅陶,剧阳,莽曰善阳。崞,莽曰崞张。平城,东部都尉治。莽曰平顺。埒,莽曰填狄亭。马邑,莽曰章昭。强阴。诸闻泽在东北。莽曰伏阴。

代郡,秦置。莽曰厌狄。有五原关、常山关。属幽州。户五万六千七百七十一,口二十七万八千七百五十四。县十八:桑乾,莽曰安德。道人,莽曰道仁。当城,高柳,西部都尉治。马城,东部都尉治。班氏,秦地图书班氏。莽曰班副。延陵,狋氏,莽曰狋聚。且如,于延水出塞外,东至宁入沽。中部都尉治。平邑,莽曰平胡。阳原,东安阳,莽曰竟安。参合,平舒,祁夷水北至桑乾入沽。莽曰平葆。代,莽曰厌狄亭。灵丘,滱河东至文安入大河,过郡五,行九百四十里。并州川。广昌,涞水东至容城入河,过郡三,行五百里,并州浸。莽曰广屏。卤城,虖池河东至参户入虖池别,过郡九,行千三百四十里,并州川。从河东至文安入海,过郡六,行千三百七十里。莽曰鲁盾。

上谷郡,秦置。莽曰朔调。属幽州。户三万六千八,口十一万七千七百六十二。县十五:沮阳,莽曰沮阴。泉上,莽曰塞泉。潘,莽曰树武。军都,温馀水东至路,南入沽。居庸,有关。雊瞀,夷舆,莽曰朔调亭。宁,西部都尉治。莽曰博康。昌平,莽曰长昌。广宁,莽曰广康。涿鹿,莽曰抪陆。且居,阳乐水出东,南入沽。莽曰久居。茹,莽曰谷武。女祁,东部都尉治。莽曰祁。下落,莽曰下忠。

渔阳郡,秦置。莽曰通路。属幽州。户六万八千八百二,口二十六万四千一百一十六。县十二:渔阳,沽水出塞外,东南至泉州入海,行七百五十里。有铁官。莽曰得渔。狐奴,莽曰举符。路,莽曰通路亭。雍奴,泉州,有盐官。莽曰泉调。平谷,安乐,厗奚,莽曰敦德。犷平,莽曰平犷。要阳,都尉治,莽曰要术。白檀,洫水出北蛮夷。滑盐,莽曰匡德。

右北平郡,秦置。莽曰北顺。属幽州。户六万六千六百八十九,口三十二万七百八十。县十六:平刚,无终,故无终子国。浭水西至雍奴入海,过郡二,行六百五十里。石成,廷陵,莽曰铺武。俊靡,灅水南至无终东入庚。莽曰俊麻。薋,都尉治。莽曰裒睦。徐无,莽曰北顺亭。字,榆水出东。土垠,白狼,莽曰伏狄。夕阳,有铁官。莽曰夕阴。昌城,莽曰淑武。骊成,大揭石山在县西南。莽曰揭石。广成,莽曰平虏。聚阳,莽曰笃睦。平明,莽曰平阳。

辽西郡,秦置。有小水四十八,并行三千四十六里。属幽州。户七万二千六百五十四,口三十五万二千三百二十五。县十四:且虑,有高庙。莽曰鉏虑。海阳,龙鲜水东入封大水。封大水、缓虚水皆南入海。有盐官。新安平,夷水东入塞外。柳城,马首山在西南。参柳水北入海。西部都尉治。令支,有孤竹城。莽曰令氏亭。肥如,玄水东入濡水。濡水南入海阳。又有卢水,南入玄。莽曰肥而。宾从,莽曰勉武。交黎,渝水首受塞外,南入海。东部都尉治。莽曰禽房。阳乐,狐苏,唐就水至徒河入海。徒河,莽曰河福。文成,莽曰言虏。临渝,渝水首受白狼,东入塞外。又有侯水,北入渝。莽曰冯德。絫。下官水南入海。又有揭石水、宾水,皆南入官。莽曰选武。

辽东郡,秦置。属幽州。户五万五千九百七十二,口二十七万二千五百三十九。县十八:襄平,有牧师官。莽曰昌平。新昌,无虑,西部都尉治。望平,大辽水出塞外,南至安市入海。行千二百五十里。莽曰长说。房,候城,中部都尉治。辽队,莽曰顺睦。辽阳,大梁水西南至辽阳入辽。莽曰辽阴。险渎,居就,室伪山,室伪水所出,北至襄平入梁也。高显,安市,武次,东部都尉治。莽曰桓次。平郭,有铁官、盐官。西安平,莽曰北安平。文,莽曰文亭。番汗,沛水出塞外,西南入海。沓氏。

玄菟郡,武帝元封四年开。高句骊,莽曰下句骊。属幽州。户四万五千六,口二十二万一千八百四十五。县三:高句骊,辽山,辽水所出,西南至辽队入大辽水。又有南苏水,西北经塞外。上殷台,莽曰下殷。西盖马。马訾水西北入盐难水,西南至西安平入海,过郡二,行二千一百里。莽曰玄菟亭。

乐浪郡,武帝元封三年开。莽曰乐鲜。属幽州。户六万二千八百一十二,口四十万六千七百四十八。有云鄣。县二十五:朝鲜,讘邯,浿水,水西至增地入海。莽曰乐鲜亭。含资,带水西至带方入海。黏蝉,遂成,增地,莽曰增土。带方,驷望,海冥,莽曰海桓。列口,长岑,屯有,昭明,南部都尉治。镂方,提奚,浑弥,吞列,分黎山,列水所出,西至黏蝉入海,行八百二十里。东暆,不而,东部都尉治。蚕台,华丽,邪头昧,前莫,夫租。

南海郡,秦置。秦败,尉佗王此地。武帝元鼎六年开,属交州。户万九千六百一十三,口九万四千二百五十三。有圃羞官。县六:番禺,尉佗都。有盐官。博罗,中宿,有洭浦官。龙川,四会,揭阳。莽曰南海亭。

郁林郡,故秦桂林郡,属尉佗。武帝元鼎六年开,更名。有小溪川水七,并行三千一百一十里。莽曰郁平。属交州。户万二千四百一十五,口七万一千一百六十二。县十二:布山,安广,阿林,广郁,郁水首受夜郎豚水,东至四会入海,过郡四,行四千三十里。中留,桂林,潭中,莽曰中潭。临尘,朱涯水入领方。又有斤南水。又有侵离水,行七百里。莽曰监尘。定周,周水首受无敛,东入潭,行七百九十里。增食,驩水首受牂柯东界,入朱涯水,行五百七十里。领方,斤南水入郁。又有垟水。都尉治。雍鸡。有关。

苍梧郡,武帝元鼎六年开。莽曰新广。属交州。有离水关。户二万四千三百七十九,口十四万六千一百六十。县十:广信,莽曰广信亭。谢沐,有关。高要,有盐官。封阳,临贺,莽曰大贺。端溪,冯乘,富川,荔浦,有荔平关。猛陵。龙山,合水所出,南至布山入海。莽曰猛陆。

交趾郡,武帝元鼎六年开,属交州。户九万二千四百四十,口七十四万六千二百三十七。县十:羸䴢,有羞官。安定,苟屚,麊泠,都尉治。曲易,北带,稽徐,西于,龙编,朱䳒。

合浦郡,武帝元鼎六年开,莽曰桓合。属交州。户万五千三百九十八,口七万八千九百八十。县五:徐闻,高凉,合浦,有关。莽曰桓亭。临允,牢水北入高要入郁,过郡三,行五百三十里。莽曰大允。朱卢。都尉治。

九真郡,武帝元鼎六年开。有小水五十二,并行八千五百六十里。户三万五千七百四十三,口十六万六千一十三。有界关。县七:胥浦,莽曰雝成。居风、都庞、馀发、咸驩,无切,都尉治。无编,莽曰九真亭。

日南郡,故秦象郡,武帝元鼎六年开,更名。有小水十六,并行三千一百八十里。属交州。户万五千四百六十,口六万九千四百八十五。县五:朱吾,比景,卢容,西卷,水入海,有竹,可为杖。莽曰日南亭。象林。

赵国,故秦邯郸郡,高帝四年为赵国,景帝三年复为邯郸郡,五年复故。莽曰桓亭。属冀州。户八万四千二百二,口三十四万九千九百五十二。县四:邯郸,堵山,牛首水所出,东入白渠。赵敬侯自中牟徙此。易阳,柏人,莽曰寿仁。襄国,故邢国。西山,渠水所出,东北至任入湛。又有蓼水、冯水,皆东至朝平入湡。

广平国,武帝征和二年置为平干国,宣帝五凤二年复故。莽曰富昌。属冀州。户二万七千九百八十四,口十九万八千五百五十八。县十六:广平,张,朝平,南和,列葭水东入溉。列人,莽曰列治。斥章,任,曲周,武帝建元四年置。莽曰直周。南曲,曲梁,侯国。莽曰直梁。广乡,平利,平乡,阳台,侯国。广年,莽曰富昌。城乡。

真定国,武帝元鼎四年置。属冀州。户三万七千一百二十六,口十七万八千六百一十六。县四:真定,故东垣,高帝十一更为名。莽曰思治。稿城,莽曰稿实。肥累,故肥子国,绵曼。斯淦水首受太白渠,东至鄡入河。莽曰绵延。

中山国,高帝郡,景帝三年为国。莽曰常山。属冀州。户十六万八百七十三,口六十六万八千八十。县十四:卢奴,北平,徐水东至高阳入博。又有卢水,亦至高阳入河。有铁官。莽曰善和。北新成,桑钦言易水出西北,东入滱。莽曰朔平。唐,尧山在南。莽曰和亲。深泽,莽曰翼和。苦陉,莽曰北陉。安国,莽曰兴睦。曲逆,蒲阳山,蒲水所出,东入濡,又有苏水,亦东入濡。莽曰顺平。望都,博水东至高阳入河。莽曰顺调。新市,新处,毋极,陆成,安险,莽曰宁险。

信都国,景帝二年为广川国,宣帝甘露三年复故。莽曰新博。属冀州。户六万五千五百五十六,口三十万四千三百八十四。县十七:信都,王都。故章河、故虖池皆在北,东入海。《禹贡》绛水亦入海。莽曰新博亭。历,莽曰历宁。扶柳,辟阳,莽曰乐信。南宫,莽曰序下。下博,莽曰闰博。武邑,莽曰顺桓。观津,莽曰朔定亭。高堤,广川,乐乡,侯国。莽曰乐丘。平堤,侯国。桃,莽曰桓分。西梁,侯国。昌成,侯国。东昌,侯国。莽曰田昌。修,莽曰修治。

河间国,故赵,文帝二年别为国。莽曰朔定。户四万五千四十三,口十八万七千六百六十二。县四:乐成,虖池别水首受虖池河,东至东光入虖池河。莽曰陆信。候井,武隧,莽曰桓隧。弓高,虖池别河首受虖池,东至平舒入海。莽曰乐成。

广阳国,高帝燕国,昭帝元凤元年为广阳郡,宣帝本始元年更为国。莽曰广有。户二万七百四十,口七万六百五十八。县四:蓟,故燕国,召公所封。莽曰伐戎。方城,广阳,阴乡,莽曰阴顺。

菑川国,故齐,文帝十八年别为国。后并北海。户五万

二百八十九,口二十二万七千三十一。县三:剧,义山,蕤水所出,北至寿光入海。莽曰俞。东安平,蕪头山,女水出,东北至临菑入巨定。楼乡。

胶东国,故齐,高帝元年别为国,五月复属齐国,文帝十六年复为国。莽曰郁秩。户七万二千二,口三十二万三千三百三十一。县八:即墨,有天室山祠。莽曰即善。昌武,下密,有三石山祠。壮武,莽曰晓武。郁秩,有铁官。挺,观阳,邹卢。莽曰始斯。

高密国,故齐,文帝十六年别为胶西国。宣帝本始元年更为高密国。户四万五百三十一,口十九万二千五百三十六。县五:高密,莽曰章牟。昌安,石泉,莽曰养信。夷安,莽曰原亭。成乡。莽曰顺成。

城阳国,故齐。文帝二年别为国。莽曰莒陵。属兖州。户五万六千六百四十二,口二十万五千七百八十四。县四:莒,故国,盈姓,三十世为楚所灭。少昊后。有铁官。莽曰莒陵。阳都,东安,虑。莽曰著善。

淮阳国,高帝十一年置。莽曰新平。属兖州。户十三万五千五百四十四,口九十八万一千四百二十三。县九:陈,故国,舜后,胡公所封,为楚所灭。楚顷襄王自郢徙此。莽曰陈陵。苦,莽曰赖陵。阳夏,宁平,扶沟,涡水首受狼汤渠,东至向入淮,过郡三,行千里。固始,圉,新平,柘。

梁国,故秦砀郡,高帝五年为梁国。莽曰陈定。属豫州。户三万八千七百九,口十万六千七百五十二。县八:砀,山出文石。莽曰节砀。甾,故戴国。莽曰嘉穀。杼秋,莽曰予秋。蒙,获水首受甾获渠,东北至彭城入泗,过郡五,行五百五十里。莽曰蒙恩。已氏,莽曰已善。虞,莽曰陈定亭。下邑,莽曰下洽。睢阳。故宋国,微子所封。《禹贡》盟诸泽在东北。

东平国,故梁国,景帝中六年别为济东国,武帝元鼎元年为大河郡,宣帝甘露二年为东平国。莽曰有盐。属兖州。户十三万一千七百五十三,口六十万七千九百七十六。有铁官。县七:无盐,有郈乡。莽曰有盐亭。任城,故任国,太昊后,风姓。莽曰延就亭。东平陆,富城,莽曰成富。章,亢父,诗亭,故诗国。莽曰顺父。樊。

鲁国,故秦薛郡,高后元年为鲁国。属豫州。户十一万八千四十五,口六十万七千三百八十一。县六:鲁,伯禽所封。户五万二千。有铁官。卞,泗水西南至方与入沛,过郡三,行五百里,青州川。汶阳,莽曰汶亭。蕃,南梁水西至胡陵入沛梁。驺,故邾国,曹姓,二十九世为楚所灭。峄山在北。莽曰驺亭。薛。夏车正奚仲所国,后迁于邳,汤相仲虺居之。

楚国,高帝置,宣帝地节元年更为彭城郡,黄龙元年复故。莽曰和乐。属徐州。户十一万四千七百三十八,口四十九万七千八百四。县七:彭城,古彭祖国。户四万一百九十六。有铁官。留,梧,莽曰吾治。傅阳,故逼阳国。莽曰辅阳。吕,武原,莽曰和乐亭。甾丘。莽曰善丘。

泗水国,故东海郡,武帝元鼎四年别为泗水国。莽曰水顺。户二万五千二十五,口十一万九千一百一十四。县三:凌,莽曰生凌。泗阳,莽曰淮平亭。于。莽曰于屏。

广陵国,高帝六年属荆州,十一年更属吴,景帝四年

更名江都，武帝元狩三年更名广陵。莽曰江平。属徐州。户三万六千七百七十三，口十四万七百二十二。有铁官。县四：广陵，江都易王非、广陵厉王胥皆都此，并得郭郡，而不得吴。莽曰安定。江都，有江水祠。渠水首受江，北至射阳入湖。高邮，平安。莽曰杜乡。

六安国，故楚，高帝元年别为衡山国，五年属淮南。文帝十六年复为衡山，武帝元狩二年别为六安国。莽曰安风。户三万八千三百四十五，口十七万八千六百一十六。县五：六，故国，皋繇后，偃姓，为楚所灭。如溪水首受沘，东北至寿春入芍陂。蓼，故国，皋繇后，为楚所灭。安丰，《禹贡》大别山在西南。莽曰美丰。安风，莽曰安风亭。阳泉。

长沙国，秦郡，高帝五年为国。莽曰填蛮。属荆州。户四万三千四百七十，口二十三万五千八百二十五。县十三：临湘，莽曰抚睦。罗，连道，益阳，湘山在北。下隽，莽曰闰隽。攸，酃，承阳，湘南，《禹贡》衡山在东南，荆州山。昭陵，茶陵。泥水西入湘，行七百里。莽曰声乡。容陵，安成。庐水东至庐陵，入湖汉。莽曰思成。

本秦京师为内史，分天下作三十六郡。汉兴，以其郡太大，稍复开置，又立诸侯王国。武帝开广三边。故自高祖增二十六，文、景各六，武帝二十八，昭帝一，讫于孝平，凡郡国一百三，县邑千三百一十四，道三十二，侯国二百四十一。地东西九千三百二里，南北万三千三百六十八里。提封田一万四千五百一十三万六千四百五顷，其一万万二百五十二万八千八百八十九顷，邑居道路、山川林泽，群不可垦，其三千二百二十九万九百四十七顷，可垦不可垦，定垦田八百二十七万五百三十六顷。民户千二百二十三万三千六十二，口五千九百五十九万四千九百七十八。汉极盛矣。

凡民函五常之性，而其刚柔缓急，音声不同，系水土之风气，故谓之风；好恶取舍，动静亡常，随君上之情欲，故谓之俗。孔子曰："移风易俗，莫善于乐。"言圣王在上，统理人伦，必移其本，而易其末，此混同天下之乎中和，然后王教成也。汉承百王之末，国土变改，民人迁徙，成帝时刘向略言其地分，丞相张禹使颍川朱赣条其风俗，犹未宣究，故辑而论之。终其本末著于篇。

秦地，于天官东井、舆鬼之分野也。其界自弘农故关以西，京兆、扶风、冯翊、北地、上郡、西河、安定、天水、陇西，南有巴、蜀、广汉、犍为、武都，西有金城、武威、张掖、酒泉、敦煌，又西南有牂柯、越嶲、益州，皆宜属焉。

秦之先曰柏益，出自帝颛顼，尧时助禹治水，为舜朕虞，养育草木鸟兽，赐姓嬴氏，历夏、殷为诸侯。至周有造父，善驭习马，得华骝、绿耳之乘，幸于穆王，封于赵城，故更为赵氏。后有非子，为周孝王养马汧、渭之间。孝王曰："昔伯益知禽兽，子孙不绝。"乃封为附庸，邑之于秦，今陇西秦亭秦谷是也。至玄孙，氏为庄公，破西戎，有其地。子襄公时，幽歧为犬戎所败，平王东迁洛邑。襄公将兵救周有功，赐受郊、酆之地，列为诸侯。后八世，穆公称伯，以

河为竟。十余世，孝公用商君，制辕田，开仟伯，东雄诸侯。子惠公初称王，得上郡、西河。孙昭王开巴蜀，灭周，取九鼎。昭王曾孙政并六国，称皇帝，负力怙威，燔书坑儒，自任私智。至子胡亥，天下畔之。

故秦地于《禹贡》时跨雍、梁二州，《诗·风》兼秦、幽两国。昔后稷封斄，公刘处豳，大王徙郊，文王作酆，武王治镐，其民有先王遗风，好稼穑，务本业，故《豳诗》言农桑衣食之本甚备，有鄠、杜竹林，南山檀柘，号称陆海，为九州膏腴。始皇之初，郑国穿渠，引泾水溉田，沃野千里，民以富饶，汉兴，立都长安，徙齐诸国，楚昭、屈、景及诸功臣家于长陵。后世世徙吏二千石、高訾富人及豪桀并兼之家于诸陵。盖亦以强干弱支，非独为奉山园也。是故五方杂厝，风俗不纯。其世家则好礼文，富人则商贾为利，豪桀则游侠通奸。濒南山，近夏阳，多阻险轻薄，易为盗贼，常为天下剧。又郡国辐凑，浮食者多，民去本就末，列侯贵人车服僭上，众庶放效，羞不相及，嫁娶尤崇侈靡，送死过度。

天水、陇西，山多林木，民以板为室屋。及安定、北地、上郡、西河，皆迫近戎狄，修习战备，高上气力，以射猎为先。故《秦诗》曰："在其板屋"；又曰"王于兴师，修我甲兵，与子偕行"。及《车辚》、《四载》、《小戎》之篇，皆言车马田狩之事。汉兴，六郡良家子选给羽林、期门，以材力为官，名将多出焉。孔子曰："君子有勇而亡谊则为乱，小人有勇而亡谊则为盗。"故此数郡，民俗质木，不耻寇盗。

自武威以西，本匈奴昆邪王、休屠王地，武帝时攘之，初置四郡，以通西域，鬲绝南羌、匈奴。其民或以关东下贫，或以报怨过当，或以悖逆亡道，家属徙焉。习俗颇殊，地广民稀，水草宜畜牧，故凉州之畜为天下饶。保边塞，二千石治之，咸以兵马为务；酒礼之会，上下通焉，吏民相亲。是以其俗风雨时节，谷籴常贱，少盗贼，有和气之应，贤于内郡。此政宽厚，吏不苛刻之所致也。

巴、蜀、广汉本南夷，秦并以为郡，土地肥美，有江水沃野，山林竹木疏食果实之饶。南贾滇、僰僮，西近邛、筰马旄牛。民食稻鱼，亡凶年忧，俗不愁苦，而轻易淫泆，柔弱褊阨。景、武间，文翁为蜀守，教民读书法令，未能笃信道德，反以好文刺讥，贵慕权势。及司马相如游宦京师诸侯，以文辞显于世，乡党慕循其迹。后有王褒、严遵、扬雄之徒，文章冠天下。由文翁倡其教，相如为之师，故孔子曰："有教亡类。"

武都地杂氐、羌，及犍为、牂柯、越嶲，皆西南外夷，武帝初开置。民俗略与巴、蜀同，而武都近天水，俗颇似焉。

故秦地天下三分之一，而人众不过什三，然量其富居什六。吴札观乐，为之歌《秦》，曰："此之谓夏声。夫能夏则大，大之至也，其周旧乎？"

自井十度至柳三度，谓之鹑首之次，秦之分也。

魏地，觜觽、参之分野也。其界自高陵以东，尽河东、河内，南有陈留及汝南之召陵、𨻳强、新汲、西华、长平，颍川之舞阳、郾、许、傿陵、河南之开封、中牟、阳武、酸枣、卷，皆魏分也。

河内本殷之旧都，周既灭殷，分其几内为三国，《诗·风》邶、庸、卫国是也。邶，以封纣子武庚；庸，管叔尹之；卫，蔡叔尹之：以临殷民，谓之三监。故《书序》曰"武王崩，三监畔"，周公诛之，尽以其地封弟康叔，号曰孟侯，以夹辅周室；迁邶、庸之民于洛邑，故邶、庸、卫三国之诗相与同风。《邶诗》曰"在浚之下"；《庸》曰"在浚之郊"；《邶》又曰"亦流于淇"，"河水洋洋"，《庸》曰"送我淇上"，"在彼中河"。《卫》曰"瞻彼其奥"，"河水洋洋。"故吴公子札聘鲁观周乐，闻《邶》、《庸》、《卫》之歌，曰："美哉渊乎！吾闻康叔之德如是，是其《卫风》乎？"至十六世，懿公亡道，为狄所灭。齐桓公帅诸侯伐狄，而更封卫于河南曹、楚丘，是为文公。而河内殷虚，更属于晋。康叔之风既歇，而纣之化犹存，故俗刚强，多豪桀侵夺，薄恩礼，好生分。

　　河东土地平易，有盐铁之饶，本唐尧所居，《诗·风》唐、魏之国也。周武王子唐叔在母未生，武王梦帝谓己曰："余名而子曰虞，将与之唐，属之参。"及生，名之曰虞。至成王灭唐，而封叔虞。唐有晋水，及叔虞子爕为晋侯云，故参为晋星。其民有先王遗教，君子深思，小人俭陋。故《唐诗·蟋蟀》、《山枢》、《葛生》之篇曰："今我不乐，日月其迈"；"宛其死矣，它人是媮"；"百岁之后，归于其居"。皆思奢俭之中，念死生之虑。吴札闻《唐》之歌，曰："思深哉！其有陶唐氏之遗民乎？"

　　魏国，亦姬姓也，在晋之南河曲，故其诗曰"彼汾一曲"；"寘诸河之侧"。自唐叔十六世至献公，灭魏以封大夫毕万，灭耿以封大夫赵夙，及大夫韩武子食采于韩原，晋于是始大。至于文公，伯诸侯，尊周室，始有河内之土。吴札闻《魏》之歌，曰："美哉沨沨乎！以德辅此，则明主也。"文公后十六世为韩、魏、赵所灭，三家皆自立为诸侯，是为三晋。赵与秦同祖，韩、魏皆姬姓也。自毕万后十世称侯，至孙称王，徙都大梁，故魏一号为梁，七世为秦所灭。

　　周地，柳、七星、张之分野也。今之河南洛阳、谷城、平阴、偃师、巩、缑氏，是其分也。

　　昔周公营洛邑，以为在于土中，诸侯蕃屏四方，故立京师。至幽王淫褒姒，以灭宗周，子平王东居洛邑。其后五伯更是帅诸侯以尊周室，故周于三代最为长久。八百余年至于赧王，乃为秦所兼。初，洛邑与宗周通封畿，东西长而南北短，短长相覆者千里。至襄王以河内赐晋文公，又为诸侯所侵，故其分地小。周人之失，巧伪趋利，贵财贱义，高富下贫，喜为商贾，不好仕宦。

　　自柳三度至张十二度，谓之鹑火之次，周之分也。

　　韩地，角、亢、氐之分野也。韩分晋得南阳郡及颍川之父城、定陵、襄城、颍阳、颍阴、长社、阳翟、郏，东接汝南，西接弘农得新安、宜阳，皆韩分也。及《诗·风》陈、郑之国，与韩同星分焉。

　　郑国，今河南之新郑，本高辛氏火正祝融之虚也。及成皋、荥阳，颍川之崇高、阳城，皆郑分也。本周宣王弟友为周司徒，食采于宗周畿内，是为郑。郑桓公问于史伯曰："王室多故，何所可以逃死？"史伯曰："四方之国，非王母弟甥舅则夷狄，不可入也。其济、洛、河、颍之间乎！子男之国，虢、会为大，恃势与险，崇侈贪冒，君若寄帑与贿，周乱而敝，必将背君；君以成周之众，奉辞伐罪，亡不克矣。"公曰："南方不可乎？"对曰："夫楚，重黎之后也，黎为高辛氏火正，昭显天地，以生柔嘉之材。姜、嬴、荆、芈，实与诸姬代相干也。姜，伯夷之后也；嬴，伯益之后也。伯夷能礼于神以佐尧，伯益能仪百物以佐舜，其后皆不失祀，而未有兴者，周衰将起，不可逼也。"桓公从其言，乃东寄帑与贿，虢、会受之。后三年，幽王败，桓公死，其子武公与平王东迁，卒定虢、会之地，右洛左泲，食溱、洧焉。土狭而险，山居谷汲，男女亟聚会，故其俗淫。《郑诗》曰："出其东门，有女如云。"又曰："溱与洧方灌灌兮，士与女方秉苣兮。"恂盱且乐，惟士与女，伊其相谑。"此其风也。吴札闻《郑》之歌，曰："美哉！其细已甚，民弗堪也。是其先亡乎？"自武公后二十三世，为韩所灭。

　　陈国，今淮阳之地，陈本太昊之虚，周武王封舜后妫满于陈，是为胡公，妻以元女大姬。妇人尊贵，好祭祀，用史巫，故其俗巫鬼。《陈诗》曰："坎其击鼓，宛丘之下，亡冬亡夏，值其鹭羽。"又曰："东门之枌，宛丘之栩，子仲之子，婆娑其下。"此其风也。吴札闻《陈》之歌，曰："国亡主，其能久乎！"自胡公后二十三世为楚所灭。陈虽属楚，于天文自若其故。

　　颍川、南阳，本夏禹之国。夏人上忠，其敝鄙朴。韩自武子后七世称侯，六世称王，五世而为秦所灭。秦既灭韩，徙天下不轨之民于南阳，故其俗夸奢，上气力，好商贾渔猎，藏匿难制御也。宛，西通武关，东受江、淮，一都之会也。宣帝时，郑弘、召信臣为南阳太守，治行见纪。信臣劝民农桑，去末归本，郡以殷富。颍川，韩都。士有申子、韩非，刻害余烈，高仕宦，好文法，民以贪遴争讼生分为失。韩延寿为太守，先之以敬让，黄霸继之，教化大行，狱或八年亡重罪囚。南阳好商贾，召父富以本业；颍川好争讼分异，黄、韩化以笃厚。"君子之德风也，小人之德草也"，信矣！

　　自东井六度至亢六度，谓之寿星之次，郑之分野，与韩同分。

　　赵地，昴、毕之分野。赵分晋，得赵国。北有信都、真定、常山、中山，又得涿郡之高阳、鄚、州乡；东有广平、巨鹿、清河、河间，又得渤海郡之东平舒、中邑、文安、束州、成平、章武，河以北也；南至浮水、繁阳、内黄、斥丘；西有太原、定襄、云中、五原、上党。上党，本韩之别郡也，远韩近赵，后卒降赵，皆赵分也。

　　自赵夙后九世称侯，四世敬侯徙都邯郸，至曾孙武灵王称王，五世为秦所灭。

　　赵、中山地薄人众，犹有沙丘纣淫乱余民。丈夫相聚游戏，悲歌忼慨，起则椎剽掘冢，作奸巧，多弄物，为倡优。女子弹弦跕𨇰，游媚富贵，遍诸侯之后宫。

　　邯郸北通燕、涿，南有郑、卫，漳、河之间一都会也。其土广俗杂，大率精急，高气势，轻为奸。

　　太原、上党又多晋公族子孙，以诈力相倾，矜夸功名，报仇过直,嫁取送死奢靡,汉兴,号为难治,常择严猛之将,或任杀伐为威。父兄被诛,子弟怨愤,至告讦刺史二千石,或报杀其亲属。

钟、代、石、北,迫近胡寇,民俗懻忮,好气为奸,不事农商,自全晋时,已患其剽悍,而武灵王又益厉之。故冀州之部,盗贼常为它州剧。

定襄、云中、五原,本戎狄地,颇有赵、齐、卫、楚之徙。其民鄙朴,少礼文,好射猎。雁门亦同俗,于天文别属燕。

燕地,尾、箕分野也。武王定殷,封召公于燕,其后三十六世与六国俱称王。东有渔阳、右北平、辽西、辽东,西有上谷、代郡、雁门,南得涿郡之易、容城、范阳、北新城、胡安、涿县、良乡、新昌,及勃海之安次,皆燕分也。乐浪、玄菟,亦宜属焉。

燕称王十世,秦欲灭六国,燕王太子丹遣勇士荆轲西刺秦王,不成而诛,秦遂举兵灭燕。

蓟,南通齐、赵、勃、碣之间一都会也。初,太子丹宾养勇士,不爱后宫美女,民化以为俗,至今犹然。宾客相过,以妇侍宿,嫁取之夕,男女无别,反以为荣。后稍颇止,然终未改。其俗愚悍少虑,轻薄无威,亦有所长,敢于急人,燕丹遗风也。

上谷至辽东,地广民希,数被胡寇,俗与赵、代相类,有渔盐枣栗之饶。北隙乌丸、夫馀,东贾真番之利。

玄菟、乐浪,武帝时置,皆朝鲜、濊貊、句骊蛮夷。殷道衰,箕子去之朝鲜,教其民以礼义,田蚕织作。乐浪朝鲜民犯禁八条:相杀以当时偿杀;相伤以谷偿;相盗者男没入为其家奴,女子为婢,欲自赎者,人五十万。虽免为民,俗犹羞之,嫁取无所雠,是以其民终不相盗,无门户之闭,妇人贞信不淫辟。其田民饮食以笾豆,都邑颇放效吏及内郡贾人,往往以杯器食。郡初取吏于辽东,吏见民无闭臧,及贾人往者,夜则为盗,俗稍益薄。今于犯禁浸多,至六十余条。可贵哉,仁贤之化也!然东夷天性柔顺,异于三方之外,故孔子悼道不行,设浮于海,欲居九夷,有以也夫!乐浪海中有倭人,分为百余国,以岁时来献见云。

自危四度至斗六度,谓之析木之次,燕之分也。

齐地,虚、危之分野也。东有甾川、东莱、琅邪、高密、胶东,南有泰山、城阳,北有千乘,清河以南、勃海之高乐、高城、重合、阳信,西有济南、平原,皆齐分也。

少昊之世有爽鸠氏,虞、夏时有季萴,汤时有逢公柏陵,殷末有薄姑氏,皆为诸侯,国此地。至周成王时,薄姑氏与四国共作乱,成王灭之,以封师尚父,是为太公。《诗·风》齐国是也。临甾名营丘,故《齐诗》曰:"子之营兮,遭我乎嶩之间兮。"又曰:"俟我于著乎而。"此亦其舒缓之体也。吴札闻《齐》之歌,曰:"泱泱乎,大风也哉!其太公乎?国未可量也。"

古有分土,亡分民。太公以齐地负海舄卤,少五谷而人民寡,乃劝以女工之业,通鱼盐之利,而人物辐凑。后十四世,桓公用管仲,设轻重以富国,合诸侯成伯功,身在陪臣而取三归。故其俗弥侈,织作冰纨绮绣纯丽之物,号为冠带衣履天下。

初,太公治齐,修道术,尊贤智,赏有功,故至今其土多好经术,矜功名,舒缓阔达而足智。其失夸奢朋党,言与行缪,虚诈不情,急之则离散,缓之则放纵。始桓公兄襄公淫乱,姑姊妹不嫁,于是令国中民家长女不得嫁,名曰"巫儿",为家主祠,嫁者不利其家,民至今以为俗。痛乎,道民之道,可不慎哉!

昔太公始封,周公问:"何以治齐?"太公曰:"举贤而上功。"周公曰:"后世必有篡杀之臣。"其后二十九世为强臣田和所灭,而和自立为齐侯。初,和之先陈公子完有罪来奔齐,齐桓公以为大夫,更称田氏。九世至和而篡齐,至孙威王称王,五世为秦所灭。

临甾,海、岱之间一都会也,其中具五民云。

鲁地,奎、娄之分野也。东至东海,南有泗水,至淮,得临淮之下相、睢陵、僮、取虑,皆鲁分也。

周兴,以少昊之虚曲阜封周公子伯禽为鲁侯,以为周公主。其民有圣人之教化,故孔子曰"齐一变至于鲁,鲁一变至于道",言近正也。濒洙泗之水,其民涉度,幼者扶老而代其任。俗既益薄,长老不自安,与幼少相让,故曰:"鲁道衰,洙泗之间龂龂如也。"孔子闵王道将废,乃修六经,以述唐虞三代之道,弟子受业而通者七十有七人。是以其民好学,上礼义,重廉耻。周公始封,太公问:"何以治鲁?"周公曰:"尊尊而亲亲。"太公曰:"后世浸弱矣。"故鲁自文公以后,禄去公室,政在大夫,季氏逐昭公,陵夷微弱,三十四世而为楚所灭。然本大国故自为分野。

今去圣久远,周公遗化销微,孔氏庠序衰坏。地狭民众,颇有桑麻之业,亡林泽之饶。俗俭啬爱财,趋商贾,好訾毁,多巧伪,丧祭之礼文备实寡,然其好学犹愈于它俗。

汉兴以来,鲁东海多至卿相。东平、须昌、寿良,皆在济东,属鲁,非宋地也,当考。

宋地,房、心之分野也。今之沛、梁、楚、山阳、济阴、东平及东郡之须昌、寿张,皆宋分也。

周封微子于宋,今之睢阳是也,本陶唐氏火正阏伯之虚也。济阴定陶,《诗·风》曹国也。武王封弟叔振铎于曹,其后稍大,得山阳、陈留,二十余世为宋所灭。

昔尧作游成阳,舜渔雷泽,汤止于亳,故其民犹有先王遗风,重厚多君子,好稼穑,恶衣食,以致畜藏。

宋自微子二十余世,至景公灭曹,灭曹后五世亦为齐、楚、魏所灭,三分其地。魏得其梁、陈留,齐得其济阴、东平,楚得其沛。故今之楚彭城,本宋也,《春秋经》曰"围宋彭城"。宋虽灭,本大国,故自为分野。

沛楚之失,急疾颛己,地薄民贫,而山阳好为奸盗。

卫地,营室、东壁之分野也。今之东郡及魏郡黎阳,河内之野王、朝歌,皆卫分也。

卫本国既为狄所灭,文公徙封楚丘,三十余年,子成公徙于帝丘。故《春秋经》曰"卫迁于帝丘",今之濮阳是也。本颛顼之虚,故谓之帝丘。夏后之世,昆吾氏居之。成公后十余世,为韩、魏所侵,尽亡其旁邑,独有濮阳。后秦灭濮阳，置东郡，徙之于野王。始皇既并天下，犹独置卫君，二世时乃废为庶人。凡四十世，九百年，最后绝，故独为分野。

卫地有桑间濮上之阻，男女亦亟聚会，声色生焉，故俗称郑、卫之音。周末有子路、夏育，民人慕之，故其俗刚武，上气力。汉兴，二千石治者亦以杀戮为威。宣帝时韩延寿为东郡太守，承圣恩，崇礼义，尊谏争，至今东郡号善为吏，延寿之化也。其失颇奢靡，嫁取送死过度，而野王好气任侠，有濮上风。

楚地，翼、轸之分野也。今之南郡、江夏、零陵、桂阳、武陵、长沙及汉中、汝南郡，尽楚分也。

周成王时，封文、武先师鬻熊之曾孙熊绎于荆蛮，为楚子，居丹阳。后十余世至熊达，是为武王，浸以强大。后五世至严王，总帅诸侯，观兵周室，并吞江、汉之间，内灭陈、鲁之国。后十余世，顷襄王东徙于陈。

楚有江汉川泽山林之饶；江南地广，或火耕水耨。民食鱼稻，以渔猎山伐为业，果蓏蠃蛤，食物常足。故呰窳偷生，百亡积聚，饮食还给，不忧冻饿，亦亡千金之家。信巫鬼，重淫祀。而汉中淫失枝柱，与巴、蜀同俗。汝南之别，皆急疾有气势。江陵，故郢都，西通巫、巴，东有云梦之饶，亦一都会也。

吴地，斗分野也。今之会稽、九江、丹阳、豫章、庐江、广陵、六安、临淮郡，尽吴分也。

殷道既衰，周大王亶父兴郊梁之地，长子大伯，次曰仲雍，少曰公季。公季有圣子昌，大王欲传国焉。大伯、仲雍辞行采药，遂奔荆蛮。公季嗣位，至昌为西伯，受命而王。故孔子美而称曰："大伯，可谓至德也已矣！三以天下让，民无得而称焉。"谓"虞仲夷逸，隐居放言，身中清，废中权。"大伯初奔荆蛮，荆蛮归之，号曰句吴。大伯卒，仲雍立，至曾孙周章，而武王克殷，因而封之。又封周章弟中于河北，是为北吴，后世谓之虞，十二世为晋所灭。后二世而荆蛮之吴子寿梦盛大称王。其少子则季札，有贤材。兄弟欲传国，札让而不受。自寿梦称王六世，阖庐举伍子胥、孙武为将，战胜攻取，兴伯名于诸侯。至子夫差，诛子胥，用宰嚭，为粤王句践所灭。

吴、粤之君皆好勇，故其民至今好用剑，轻死易发。

粤既并吴，后六世为楚所灭。后秦又击楚，徙寿春，至子为秦所灭。

寿春、合肥受南北湖皮革、鲍、木之输，亦一都会也。始楚贤臣屈原被谗放流，作《离骚》诸赋以自伤悼。后有宋玉、唐勒之属慕而述之，皆以显名。汉兴，高祖王兄子濞于吴，招致天下之娱游子弟，枚乘、邹阳、严夫子之徒兴于文、景之际。而淮南王安亦都寿春，招宾客著书。而吴有严助、朱买臣，贵显汉朝，文辞并发，故世传《楚辞》。其失巧而少信。初淮南王异国中民家有女者，以待游士而妻之，故至今多女而少男。本吴、粤与楚接比，数相并兼，故民俗略同。

吴东有海盐章山之铜，三江五湖之利，亦江东之一都

会也。豫章出黄金，然堇堇物之所有，取之不足以更费。江南卑湿，丈夫多夭。

会稽海外有东鳀人，分为二十余国，以岁时来献见云。

粤地，牵牛、婺女之分野也。今之苍梧、郁林、合浦、交阯、九真、南海、日南，皆粤分也。

其君禹后，帝少康之庶子云，封于会稽，文身断发，以避蛟龙之害。后二十世，至句践称王，与吴王阖庐战，败之隽李。夫差立，句践乘胜复伐吴，吴大破之，栖会稽，臣服请平。后用范蠡、大夫种计，遂伐灭吴，兼并其地。度淮与齐、晋诸侯会，致贡于周。周元王使使赐命为伯，诸侯毕贺。后五世为楚所灭，子孙分散，君服于楚。后十世，至闽君摇，佐诸侯平秦。汉兴，复立摇为越王。是时，秦南海尉赵佗亦自王，传国至武帝时，尽灭以为郡云。

处近海，多犀、象、毒冒、珠玑、银、铜、果、布之凑，中国往商贾者多取富焉。番禺，其一都会也。

自合浦徐闻南入海，得大州，东西南北方千里，武帝元封元年略以为儋耳、珠厓郡。民皆服布如单被，穿中央为贯头。男子耕农，种禾稻、纻麻，女子桑蚕织绩。亡马与虎，民有五畜，山多麈麖。兵则矛、盾、刀、木弓弩、竹矢，或骨为镞。自初为郡县，吏卒中国人多侵陵之，故率数岁一反。元帝时，遂罢弃之。

自日南障塞、徐闻、合浦船行可五月，有都元国；又船行可四月，有邑卢没国；又船行可二十余日，有谌离国；步行可十余日，有夫甘都卢国。自夫甘都卢国船行可二月余，有黄支国，民俗略与珠厓相类。其州广大，户口多，多异物，自武帝以来皆献见。有译长，属黄门，与应募者俱入海市明珠、璧流离、奇石异物，赍黄金杂缯而往。所至国皆禀食为耦，蛮夷贾船，转送致之。亦利交易，剽杀人。又苦逢风波溺死，不者数年来还。大珠至围二寸以下。平帝元始中，王莽辅政，欲耀威德，厚遗黄支王，令遣使献生犀牛。自黄支船行可八月，到皮宗；船行可二月，到日南、象林界云。黄支之南，有已程不国，汉之译使自此还矣。

卷二十九　　沟洫志第九

《夏书》：禹堙洪水十三年，过家不入门。陆行载车，水行乘舟，泥行乘橇，山行则梮，以别九州；随山浚川，任土作贡；通九道，陂九泽，度九山。然河灾之羡溢，害中国尤甚。唯是为务，故道河自积石，历龙门，南到华阴，东下底柱，及盟津、洛内，至于大伾。于是禹以为河所从来者高，水湍悍，难以行平地，数为败，乃酾二渠以引其河，北载之高地，过洚水，至于大陆，播为九河，同为迎河，入于勃海。九川既疏，九泽既陂，诸夏乂安，功施乎三代。

自是之后，荥阳下引河东南为鸿沟，以通宋、郑、陈、蔡、曹、卫，与济、汝、淮、泗会。于楚，西方则通渠汉川、云梦之际，东方则通沟江、淮之间。于吴，则通渠三江、五湖。

于齐，则通淄、济之间。于蜀，则蜀守李冰凿离堆，避沫水之害，穿二江成都中。此渠皆可行舟，有余则用溉，百姓飨其利。至于它，往往引其水，用溉田，沟渠甚多，然莫足数也。

魏文侯时，西门豹为邺令，有令名。至文侯曾孙襄王时，与群臣饮酒，王为群臣祝曰："令吾臣皆如西门豹之为人臣也！"史起进曰："魏氏之行田也以百亩，邺独二百亩，是田恶也。漳水在其旁，西门豹不知用，是不智也。知而不兴，是不仁也。仁智豹未之尽，何足法也！"于是以史起为邺令，遂引漳水溉邺，以富魏之河内。民歌之曰："邺有贤令兮为史公，决漳水兮灌邺旁，终古舄卤兮生稻粱。"

其后韩闻秦之好兴事，欲罢之，无令东伐。乃使水工郑国间说秦，令凿泾水，自中山西邸瓠口为渠，并北山，东注洛，三百余里，欲以溉田。中作而觉，秦欲杀郑国。郑国曰："始臣为间，然渠成亦秦之利也。臣为韩延数岁之命，而为秦建万世之功。"秦以为然，卒使就渠。渠成而用注填阏之水，溉舄卤之地四万余顷，收皆亩一钟。于是关中为沃野，无凶年，秦以富强，卒并诸侯，因名曰郑国渠。

汉兴三十有九年，孝文时河决酸枣，东溃金堤，于是东郡大兴卒塞之。

其后三十六岁，孝武元光中，河决于瓠子，东南注巨野，通于淮、泗。上使汲黯、郑当时兴人徒塞之，辄复坏。是时，武安侯田蚡为丞相，其奉邑食鄃。鄃居河北，河决而南则鄃无水灾，邑收入多。蚡言于上曰："江、河之决皆天事，未易以人力强塞，强塞之未必应天。"而望气用数者亦以为然，是以久不复塞也。

时郑当时为大司农，言："异时关东漕粟从渭上，度六月罢，而渭水道九百余里，时有难处。引渭穿渠起长安，旁南山下，至河三百余里，径，易漕，度可令三月罢；而渠下民田万余顷又可得以溉。此损漕省卒，而益肥关中之地，得谷。"上以为然，令齐人水工徐伯表，发卒数万人穿漕渠，三岁而通。以漕，大便利。其后漕稍多，而渠下之民颇得以溉矣。

后河东守番系言："漕从山东西，岁百余万石，更底柱之艰，败亡甚多而烦费。穿渠引汾溉皮氏、汾阴下，引河溉汾阴、蒲坂下，度可得五千顷。故尽河堧弃地，民茭牧其中耳，今溉田之，度可得谷二百万石以上。谷从渭上，与关中无异，而底柱之东可毋复漕。"上以为然，发卒数万人作渠田。数岁，河移徙，渠不利，田者不能偿种。久之，河东渠田废，予越人，令少府以为稍入。

其后人有上书，欲通褒斜道及漕，事下御史大夫张汤。汤问之，言："抵蜀从故道，故道多阪，回远。今穿褒斜道，少阪，近四百里；而褒水通沔，斜水通渭，皆可以行船漕。漕从南阳上沔入褒，褒绝水至斜，间百余里，以车转，从斜下渭。如此，汉中谷可致，而山东从沔无限，便于底柱之漕。且褒斜材木竹箭之饶，似于巴蜀。"上以为然。拜汤子卬为汉中守，发数万人作褒斜道五百余里。道果便近，而水多湍石，不可漕。

其后，严熊言："临晋民愿穿洛以溉重泉以东万余顷故恶地。诚即得水，可令亩十石。"于是为发卒万人穿渠，自徵引洛水至商颜下。岸善崩，乃凿井，深者四十余丈，往往为井，井下相通行水。水隤以绝商颜，东至山岭十余里间。井渠之生自此始。穿得龙骨，故名曰龙首渠。作之十余岁，渠颇通，犹未得其饶。

自河决瓠子后二十余岁，岁因以数不登，而梁楚之地尤甚。上既封禅，巡祭山川，其明年，干封少雨。上乃使汲仁、郭昌发卒数万人塞瓠子决河。于是上以用事万里沙，则还自临决河，湛白马玉璧，令群臣从官自将军以下皆负薪寘决河。是时，东郡烧草，以故薪柴少，而下淇园之竹以为楗。上既临河决，悼功不成，乃作歌曰：

瓠子决兮将奈何？浩浩洋洋，虑殚为河。殚为河兮地不得宁，功无已时兮吾山平。吾山平兮巨野溢，鱼弗郁兮柏冬日。正道弛兮离常流，蛟龙骋兮放远游。归旧川兮神哉沛，不封禅兮安知外！皇谓河公兮何不仁，泛滥不止兮愁吾人！啮桑浮兮淮、泗满，久不反兮水维缓。

一曰：

河汤汤兮激潺湲，北渡回兮迅流难。搴长茭兮湛美玉，河公许兮薪不属。薪不属兮卫人罪，烧萧条兮噫乎何以御水！隤林竹兮揵石菑，宣防塞兮万福来。

于是卒塞瓠子，筑宫其上，名曰宣防。而道河北行二渠，复禹旧迹，而梁、楚之地复宁，无水灾。

自是之后，用事者争言水利。朔方、西河、河西、酒泉皆引河及川谷以溉田。而关中灵轵、成国、湋渠引诸川，汝南、九江引淮，东海引巨定，泰山下引汶水，皆穿渠为溉田，各万余顷。它小渠及陂山通道者，不可胜言也。

自郑国渠起，至元鼎六年，百三十六岁，而儿宽为左内史，奏请穿凿六辅渠，以益溉郑国傍高卬之田。上曰："农，天下之本也。泉流灌浸，所以育五谷也。左、右内史地，名山川原甚众，细民未知其利，故为通沟渎，畜陂泽，所以备旱也。今内史稻田租挈重，不与郡同，其议减。令吏民勉农，尽地利，平繇行水，勿使失时。"

后十六岁，太始二年，赵中大夫白公复奏穿渠。引泾水，首起谷口，尾入栎阳，注渭中，袤二百里，溉田四千五百余顷，因名曰白渠。民得其饶，歌之曰："田于何所？池阳、谷口。郑国在前，白渠起后。举臿为云，决渠为雨。泾水一石，其泥数斗。且溉且粪，长我禾黍。衣食京师，亿万之口。"言此两渠饶也。

是时，方事匈奴，兴功利，言便宜者甚众。齐人延年上书言："河出昆仑，经中国，注勃海。是其地势西北高而东南下也。可案图书，观地形，令水工准高下，开大河上领，出之胡中，东注之海。如此，关东长无水灾，北边不忧匈奴，可以省堤防备塞，士卒转输，胡寇侵盗，覆军杀将，暴骨原野之患。天下常备匈奴而不忧百越者，以其水绝壤断也。此功一成，万世大利。"书奏，上壮之，报曰："延年计议甚深。然河乃大禹之所道也，圣人作事，为万世功，通于神明，恐难改更。"

自塞宣房后，河复北决于馆陶，分为屯氏河，东北经魏郡、清河、信都、勃海入海，广深与大河等，故因其自然，不堤塞也。此开通后，馆陶东北四五郡虽时小被水害，而兖州以南六郡无水忧。宣帝地节中，光禄大夫郭昌使行河。北曲三所水流之势皆邪直贝丘县。恐水盛，堤防不能禁，乃各更穿渠，直东，经东郡界中，不令北曲。渠通利，百姓安。元帝永光五年，河决清河灵鸣犊口，而屯氏河绝。

成帝初，清河都尉冯逡奏言："郡承河下流，与兖州东郡分水为界，城郭所居尤卑下，土壤轻脆易伤。顷所以阔无大害者，以屯氏河通，两川分流也。今屯氏河塞，灵鸣犊口又益不利，独一川兼受数河之任，虽高增堤防，终不能泄。如有霖雨，旬日不霁，必盈溢。灵鸣犊口在清河东界，所在处下，虽令通利，犹不能为魏郡、清河减损水害。禹非不爱民力，以地形有势，故穿九河，今既灭难明，屯氏河不流行七十余年，新绝未久，其处易浚。又其口所居高，于以分流杀水力，道里便宜，可复浚以助大河泄暴水，备非常。又地节时郭昌穿直渠，后三岁，河水更从故第二曲间北可六里，复南合。今其曲势复邪直贝丘，百姓寒心，宜复穿渠东行。不豫修治，北决病四五郡，南决病十余郡，然后忧之，晚矣。"事下丞相、御史，白博士许商治《尚书》，善为算，能度功用。遣行视，以为屯氏河盈溢所为，方用度不足，可且勿浚。

后三岁，河果决于馆陶及东郡金堤，泛滥兖、豫，入平原、千乘、济南，凡灌四郡三十二县，水居地十五万余顷，深者三丈，坏败官亭室庐且四万所。御史大夫尹忠对方略疏阔，上切责之，忠自杀。遣大司农非调调均钱谷河决所灌之郡，谒者二人发河南以东漕船五百艘，徙民避水居丘陵，九万七千余口。河堤使者王延世使塞，以竹落长四丈，大九围，盛以小石，两船夹载而下之。三十六日，河堤成。上曰："东郡河决，流漂二州，校尉延世堤防三旬立塞。其以五年为河平元年。卒治河者为著外徭六月。惟延世长于计策，功费约省，用力日寡，朕甚嘉之。其以延世为光禄大夫，秩中二千石，赐爵关内侯、黄金百斤。"

后二岁，河复决平原，流入济南、千乘，所坏败者半建始时，复遣王延世治之。杜钦说大将军王凤，以为："前河决，丞相史杨焉言延世受焉术以塞，蔽不肯见。今独任延世，延世见前塞之易，恐其虑害不深。又审如焉言，延世之巧，反不如。且水势各异，不博议利害而任一人，如使不及今冬成，来春桃华水盛，必羡溢，有填淤反壤之害。如此，数郡种不得下，民人流散，盗贼将生，虽重诛延世，无益于事。宜遣焉及将作大匠许商、谏大夫乘马延年杂作。延世与焉必相破坏，深论便宜，以相难极。商、延年皆明计算，能商功利，足以分别是非，择其善而从之，必有成功。"凤如钦言，白遣焉等作治，六月乃成。复赐延世黄金百斤。治河卒非受平贾者，为著外徭六月。后九岁，鸿嘉四年，杨焉言："从河上下，患底柱隘，可镌广之。"上从其言，使焉镌之。镌之裁没水中，不能去，而令水益湍怒，为害甚于故。

是岁，勃海、清河、信都河水湓溢，灌县邑三十一，败官亭民舍四万余所。河堤都尉许商与丞相史孙禁共行视，图方略。禁以为："今河溢之害数倍于前决平原时。今可决平原金堤间，开通大河，令入故笃马河。至海五百余里，水道浚利，又干三郡水地，得美田且二十余万顷，足以偿所开伤民田庐处，又省吏卒治堤救水，岁三万人以上。"许商以为："古说九河之名，有徒骇、胡苏、鬲津，今见在成平、东光、鬲界中。自鬲以北至徒骇间，相去二百余里，今河虽数移徙，不离此域。孙禁所欲开者，在九河南笃马河，失水之迹，处势平夷，旱则淤绝，水则为败，不可许。"公卿皆从商言。

先是，谷永以为："河，中国之经渎，圣王兴则出图书，王道废则竭绝。今溃溢横流，漂没陵阜，异之大者也。修政以应之，灾变自除。"是时，李寻、解光亦言："阴气盛则水为之长，故一日之间，昼减夜增，江河满溢，所谓水不润下，虽常于卑下之地，犹日月变见于朔望，明天道有因而作也。众庶见王延世蒙重赏，竞言便巧，不可用。议者常欲求索九河故迹而穿之，今因其自决，可且勿塞，以观水势。河欲居之，当稍自成川，跳出沙土，然后顺天心而图之，必有成功，而用财力寡。"于是遂止不塞。满昌、师丹等数言百姓可哀，上数遣使者处业振赡之。

哀帝初，平当使领河堤，奏言："九河今皆寘灭，按经义治水，有决河深川，而无堤防壅塞之文。河从魏郡以东，北多决溢，水迹难以分明。四海之众不可诬，宜博求能浚川疏河者。"下丞相孔光、大司空何武，奏请部刺史、三辅、三河、弘农太守举吏民能者，莫有应书。待诏贾让奏言：

治河有上、中、下策。古者立国居民，疆理土地，必遗川泽之分，度水势所不及。大川无防，小水得入，陂障卑下，以为汙泽，使秋水多，得有所休息，左右游波，宽缓而不迫。夫土之有川，犹人之有口也。治土而防其川，犹止儿啼而塞其口，岂不遽止，然其死可立而待也。故曰："善为川者，决之使道；善为民者，宣之使言。"盖堤防之作，近起战国，壅防百川，各以自利。齐与赵、魏，以河为竟。赵、魏濒山，齐地卑下，作堤去河二十五里。河水东抵齐堤，则西泛赵、魏，赵、魏亦为堤去河二十五里。虽非其正，水尚有所游荡。时至而去，则填淤肥美，民耕田之。或久无害，稍筑室宅，遂成聚落。大水时至漂没，则更起堤防以自救，稍去其城郭，排水泽而居之，湛溺自其宜也。今堤防狭者去水数百步，远者数里。近黎阳南故大金堤，从河西西北行，至西山南头，乃折东，与东山相属。民居金堤东，为庐舍，往十余年更起堤，从东山南头直南与故大堤会。又内黄界中有泽，方数十里，环之有堤，往十余岁太守以赋民，民今起庐舍其中，此臣亲所见者也。东郡白马故大堤亦复数重，民皆居其间。从黎阳北尽魏界，故大堤去河远者数十里，内亦数重，此皆前世所排也。河从河内北至黎阳为石堤，激使东抵东郡平刚；又为石堤，使西北抵黎阳、观下；又为石堤，使东北抵东郡津北；又为石堤，使西北抵魏郡昭阳；又为石堤，激使东北。百余里间，河再西三东，迫厄如此，不得安息。

今行上策，徙冀州之民当水冲者，决黎阳遮害亭，放河使北入海。河西薄大山，东薄金堤，势不能远泛滥，期月自定。难者将曰："若如此，败坏城郭田庐冢墓以万数,百姓怨恨。"昔大禹治水,山陵当路者毁之,故凿龙门,辟伊阙,析底柱,破碣石,堕断天地之性。此乃人功所造,何足言也!今濒河十郡治堤岁费且万万,及其大决,所残无数。如出数年治河之费,以业所徙之民,遵古圣之法,定山川之位,使神人各处其所,而不相奸。且以大汉方制万里,岂其与水争咫尺之地哉?此功一立,河定民安,千载无患,故谓之上策。

若乃多穿漕渠于冀州地,使民得以溉田,分杀水怒,虽非圣人法,然亦救败术也。难者将曰:"河水高于平地,岁增堤防,犹尚决溢,不可以开渠。"臣窃按视遮害亭西十八里,至淇水口,乃有金堤,高一丈。自是东,地稍下,堤稍高,至遮害亭,高四五丈。往六七岁,河水大盛,增丈七尺,坏黎阳南郭门,入至堤下。水未逾堤二尺所,从堤上北望,河高出民屋,百姓皆走上山。水留十三日,堤溃,吏民塞之。臣循堤上,行视水势,南七十余里,至淇口,水适至堤半,计出地上五尺所。今可从淇口以东为石堤,多张水门。初元中,遮害亭下河去堤足数十步,至今四十余岁,适至堤足。由是言之,其地坚矣。恐议者疑河大川难禁制,荥阳漕渠足以卜之,其水门但用木与土耳,今据坚地作石堤,势必完安。冀州渠首尽当卬此水门。治渠非穿地也,但为东方一堤,北行三百余里,入漳水中,其西因山足高地,诸渠皆往往股引取之;旱则开东方下水门溉冀州,水则开西方高门分水流。通渠有三利,不通有三害。民常罢于救水,半失作业;水行地上,凑润上彻,民则病湿气,木皆立枯,卤不生谷;决溢有败,为鱼鳖食:此三害也。若有渠溉,则盐卤下湿,填淤加肥;故种禾麦,更为粳稻,高田五倍,下田十倍;转漕舟船之便:此三利也。今濒河堤吏卒郡数千人,伐买薪石之费岁数千万,足以通渠成水门;又民利其溉灌,相率治渠,虽劳不罢。民田适治,河堤亦成,此诚富国安民,兴利除害,支数百岁,故谓之中策。若乃缮完故堤,增卑倍薄,劳费无已,数逢其害,此最下策也。

王莽时,征能治河者以百数,其大略异者,长水校尉平陵关并言:"河决率常于平原、东郡左右,其地形下而土疏恶。闻禹治河时,本空此地,以为水猥,盛则放溢,少稍自索,虽时易处,犹不能离此。上古难识,近察秦、汉以来,河决曹、卫之域,其南北不过百八十里者,可空此地,勿以为官亭民室而已。"大司马史长安张戎言:"水性就下,行疾则自刮除成空而稍深。河水重浊,号为一石水而六斗泥。今西方诸郡,以至京师东行,民皆引河、渭山川水溉田。春夏干燥,少水时也,故使河流迟,贮淤而稍浅;雨多水暴至,则溢决。而国家数堤塞之,稍益高于平地,犹筑垣而居水也。可各顺从其性,毋复灌溉,则百川流行,水道自利,无溢决之害矣。"御史临淮韩牧以为"可略于《禹贡》九河处穿之,纵不能九,但为四五,宜有益。"大司空掾王横言:"河入勃海,勃海地高于韩牧所欲穿处。往者天尝连雨,东北风,海水溢,西南出,浸数百城,九河之地已为海所渐矣。禹之行河水,本随西山下东北去。《周谱》云定王五年河徙,则今所行非禹之所穿也。又秦攻魏,决河灌其都,决处遂大,不可复补。宜却徙完平处,更开空,使缘西山足乘高地而东北入海,乃无水灾。"沛郡桓谭为司空掾,典其议,为甄丰言:"凡此数者,必有一是。宜详考验,皆可豫见,计定然后举事,费不过数亿万,亦可以事诸浮食无产业民。空居与行役,同当衣食;衣食县官,而为之作,乃两便,可以上继禹功,下除民疾。"王莽时,但崇空语,无施行者。

赞曰:古人有言:"微禹之功,吾其鱼乎!"中国川原以百数,莫著于四渎,而河为宗。孔子曰:"多闻而志之,知之次也。"国之利害,故备论其事。

卷三十　　　　艺文志第十

昔仲尼没而微言绝,七十子丧而大义乖。故《春秋》分为五,《诗》分为四,《易》有数家之传。战国从衡,真伪分争,诸子之言纷然殽乱。至秦患之,乃燔灭文章,以愚黔首。汉兴,改秦之败,大收篇籍,广开献书之路。迄孝武世,书缺简脱,礼坏乐崩,圣上喟然而称曰:"朕甚闵焉!"于是建藏书之策,置写书之官,下及诸子传说,皆充秘府。至成帝时,以书颇散亡,使谒者陈农求遗书于天下。诏光禄大夫刘向校经传诸子诗赋,步兵校尉任宏校兵书,太史令尹咸校数术,侍医李柱国校方技。每一书已,向辄条其篇目,撮其指意,录而奏之。会向卒,哀帝复使向子侍中奉车都尉歆卒父业。歆于是总群书而奏其《七略》,故有《辑略》,有《六艺略》,有《诸子略》,有《诗赋略》,有《兵书略》,有《术数略》有《方技略》。今删其要,以备篇辑。

《易经》十二篇,施、孟、梁丘三家。　《易传·周氏》二篇。字王孙也。　《服氏》二篇。　《杨氏》二篇。名何,字叔元,菑川人　《蔡公》二篇。卫人,事周王孙。《韩氏》二篇。名婴。　《王氏》二篇。名同。　《丁氏》八篇。名宽,字子襄,梁人也。　《古五子》十八篇。自甲子至壬子,说《易》阴阳。　《淮南道训》二篇。淮南王安聘明《易》者九人,号九师说。　《古杂》八十篇,《杂灾异》三十五篇,《神输》五篇,图一。　《孟氏京房》十一篇,《灾异孟氏京房》六十六篇,五鹿充宗《略说》三篇,《京氏段嘉》十二篇。《章句》施、孟、梁丘氏各二篇。

凡《易》十三家,二百九十四篇。

《易》曰:"宓戏氏仰观象于天,俯观法于地,观鸟兽之文,与地之宜,近取诸身,远取诸物,于是始作八卦,以通神明之德,以类万物之情。"至于殷、周之际,纣在上位,逆天暴物,文王以诸侯顺命而行道,天人之占可得而效,于是重《易》六爻,作上下篇。孔氏为之《彖》、《象》、《系辞》、《文言》、《序卦》之属十篇。故曰《易》道深矣,人更三圣,世历三古。及秦燔书，而《易》为筮卜之事，传者不绝。汉兴，田何传之。讫于宣、元，有施、孟、梁丘、京氏列于学官，而民间有费、高二家之说。刘向以中《古文易经》校施、孟、梁丘经，或脱去"无咎"、"悔亡"，唯费氏经与古文同。

《尚书古文经》四十六卷。为五十七篇。 《经》二十九卷。大、小夏侯二家。《欧阳经》三十二卷。 《传》四十一篇。 《欧阳章句》三十一卷。 大、小《夏侯章句》各二十九卷。 大、小《夏侯解故》二十九篇。 《欧阳说义》二篇。 刘向《五行传记》十一卷。 许商《五行传记》一篇。 《周书》七十一篇。周史记。 《议奏》四十二篇。宣帝时石渠论。

凡《书》九家，四百一十二篇，入刘向《稽疑》一篇。

《易》曰："河出图，洛出书，圣人则之。"故《书》之所起远矣，至孔子纂焉，上断于尧，下讫于秦，凡百篇，而为之序，言其作意。秦燔书禁学，济南伏生独壁藏之。汉兴亡失，求得二十九篇，以教齐鲁之间。讫孝宣世，有《欧阳》、《大小夏侯氏》，立于学官。《古文尚书》者，出孔子壁中。武帝末，鲁共王坏孔子宅，欲以广其宫，而得《古文尚书》及《礼记》、《论语》、《孝经》凡数十篇，皆古字也。共王往入其宅，闻鼓琴瑟钟磬之音，于是惧，乃止不坏。孔安国者，孔子后也，悉得其书，以考二十九篇，得多十六篇。安国献之。遭巫蛊事，未列于学官。刘向以中古文校欧阳、大小夏侯三家经文，《酒诰》脱简一，《召诰》脱简二。率简二十五字者，脱亦二十五字，简二十二字者，脱亦二十二字，文字异者七百有余，脱字数十。《书》者，古之号令，号令于众，其言不立，则听受施行者弗晓。古文读应尔雅，故解古今语而可知也。

《诗经》二十八卷，鲁、齐、韩三家。 《鲁故》二十五卷。 《鲁说》二十八卷。 《齐后氏故》二十卷。 《齐孙氏故》二十七卷。 《齐后氏传》三十九卷。 《齐孙氏传》二十八卷。 《齐杂记》十八卷。 《韩故》三十六卷。 《韩内传》四卷。 《韩外传》六卷。 《韩说》四十一卷。 《毛诗》二十九卷。 《毛诗故训传》三十卷。

凡《诗》六家，四百一十六卷。

《书》曰："诗言志，歌咏言。"故哀乐之心感，而歌咏之声发。诵其言谓之诗，咏其声谓之歌。故古有采诗之官，王者所以观风俗，知得失，自考正也。孔子纯取周诗，上采殷，下取鲁，凡三百五篇，遭秦而全者，以其讽诵，不独在竹帛故也。汉兴，鲁申公为《诗》训故，而齐辕固、燕韩生皆为之传。或取《春秋》，采杂说，咸非其本义。与不得已，鲁最为近之。三家皆列于学官。又有毛公之学，自谓子夏所传，而河间献王好之，未得立。

《礼古经》五十六卷，《经》十七篇。后氏、戴氏。 《记》百三十一篇。七十子后学者所记也。 《明堂阴阳》三十三篇。古明堂之遗事。 《王史氏》二十一篇。七十子后学者。 《曲台后仓》九篇。 《中庸说》二篇。 《明堂阴阳说》五篇。 《周官经》六篇。王莽时刘歆置博士。 《周官传》四篇。 《军礼司马法》百五十五篇。 《古封禅群祀》二十二篇。 《封禅议对》十九篇。武帝时也。 《汉封禅群祀》三十六篇。 《议奏》三十八篇。石渠。

凡《礼》十三家，五百五十五篇。入《司马法》一家，百五十五篇。

《易》曰："有夫妇父子君臣上下，礼义有所错。"而帝王质文世有损益，至周曲为之防，事为之制，故曰："礼经三百，威仪三千。"及周之衰，诸侯将逾法度，恶其害己，皆灭去其籍，自孔子时而不具，至秦大坏。汉兴，鲁高堂生传《士礼》十七篇。讫孝宣世，后仓最明。戴德、戴圣、庆普皆其弟子，三家立于学官。《礼古经》者，出于鲁淹中及孔氏，与十七篇文相似，多三十九篇。及《明堂阴阳》、《王史氏记》所见，多天子、诸侯、卿、大夫之制，虽不能备，犹瘉仓等推《士礼》而致于天子之说。

《乐记》二十三篇。 《王禹记》二十四篇。 《雅歌诗》四篇。 《雅琴赵氏》七篇。名定，勃海人，宣帝时丞相魏相所奏。 《雅琴师氏》八篇。名中，东海人，传言师旷后。 《雅琴龙氏》九十九篇。名德，梁人。

凡《乐》六家，百六十五篇。出淮南刘向等《琴颂》七篇。

《易》曰："先王作乐崇德，殷荐之上帝，以享祖考。"故自黄帝下至三代，乐各有名。孔子曰："安上治民，莫善于礼；移风易俗，莫善于乐。"二者相与并行。周衰俱坏，乐尤微眇，以音律为节，又为郑、卫所乱，故无遗法。汉兴，制氏以雅乐声律，世在乐官，颇能纪其铿锵鼓舞，而不能言其义。六国之君，魏文侯最为好古，孝文时得其乐人窦公，献其书，乃《周官·大宗伯》之《大司乐》章也。武帝时，河间献王好儒，与毛生等共采《周官》及诸子言乐事者，以作《乐记》，献八佾之舞，与制氏不相远。其内史丞王定传之，以授常山王禹。禹，成帝时为谒者，数言其义，献二十四卷记。刘向校书，得《乐记》二十三篇，与禹不同，其道浸以益微。

《春秋古经》十二篇，《经》十一卷。公羊、穀梁二家。 《左氏传》三十卷。左丘明，鲁太史。 《公羊传》十一卷。公羊子，齐人。 《穀梁传》十一卷。穀梁子，鲁人。 《邹氏传》十一卷。 《夹氏传》十卷。有录无书。 《左氏微》二篇。 《铎氏微》三篇。楚太傅铎椒也。 《张氏微》十篇。 《虞氏微传》二篇。赵相虞卿。 《公羊外传》五十篇。 《穀梁外传》二十篇。 《公羊章句》三十八篇。 《穀梁章句》三十三篇。 《公羊杂记》八十三篇。 《公羊颜氏记》十一篇。 《公羊董仲舒治狱》十六篇。 《议奏》三十九篇。石渠论。 《国语》二十一篇。左丘明著。 《新国语》五十四篇。刘向分《国语》。 《世本》十五篇。古史官记黄帝以来记春秋时诸侯大夫。 《战国策》三十三篇。记春秋后。 《奏事》二十篇。秦时大臣奏事，及刻石名山文也。 《楚汉春秋》九篇。陆贾所记。 《太史公》百三十篇。　　十篇有录无书。　　冯商所续《太史公》七篇。
《太古以来年纪》二篇。　　《汉著记》百九十卷。
《汉大年纪》五篇。

　　凡《春秋》二十三家，九百四十八篇。省《太史公》四篇。

　　古之王者世有史官，君举必书，所以慎言行，昭法式也。左史记言，右史记事，事为《春秋》，言为《尚书》，帝王靡不同之。周室既微，载籍残缺，仲尼思存前圣之业，乃称曰："夏礼吾能言之，杞不足征也；殷礼吾能言之，宋不足征也。文献不足故也，足则吾能征之矣。"以鲁周公之国，礼文备物，史官有法，故与左丘明观其史记，据行事，仍人道，因兴以立功，就败以成罚，假日月以定历数，借朝聘以正礼乐。有所褒讳贬损，不可书见，口授弟子，弟子退而异言。丘明恐弟子各安其意，以失其真，故论本事而作传，明夫子不以空言说经也。《春秋》所贬损大人当世君臣，有威权势力，其事实皆形于传，是以隐其书而不宣，所以免时难也。及末世口说流行，故有《公羊》、《穀梁》、《邹》、《夹》之《传》。四家之中，《公羊》、《穀梁》立于学官，邹氏无师，夹氏未有书。

《论语》古二十一篇。出孔子壁中，两《子张》。
《齐》二十二篇。多《问王》、《知道》。　　《鲁》二十篇。
《传》十九篇。　　《齐说》二十九篇。　　《鲁夏侯说》二十一篇。　　《鲁安昌侯说》二十一篇。　　《鲁王骏说》二十篇。　　《燕传说》三卷。　　《议奏》十八篇。石渠论。
《孔子家语》二十七卷。　　《孔子三朝》七篇。　　《孔子徒人图法》二卷。

　　凡《论语》十二家，二百二十九篇。

　　《论语》者，孔子应答弟子时人及弟子相与言而接闻于夫子之语也。当时弟子各有所记。夫子既卒，门人相与辑而论纂，故谓之《论语》。汉兴，有齐、鲁之说。传《齐论》者，昌邑中尉王吉、少府宋畸、御史大夫贡禹、尚书令五鹿充宗、胶东庸生，唯王阳名家。传《鲁论语》者，常山都尉龚奋、长信少府夏侯胜、丞相韦贤、鲁扶卿、前将军萧望之、安昌侯张禹，皆名家。张氏最后而行于世。

《孝经古孔氏》一篇。二十二章。　　《孝经》一篇。十八章。长孙氏、江氏、后氏、翼氏四家。　　《长孙氏说》二篇。　　《江氏说》一篇。　　《翼氏说》一篇。　　《后氏说》一篇。　　《杂传》四篇。　　《安昌侯说》一篇。
《五经杂议》十八篇。石渠论。　　《尔雅》三卷二十篇。
《小尔雅》一篇，《古今字》一卷。　　《弟子职》一篇。
《说》三篇。

　　凡《孝经》十一家，五十九篇。

　　《孝经》者，孔子为曾子陈孝道也。夫孝，天之经，地之义，民之行也。举大者言，故曰《孝经》。汉兴，长孙氏、博士江翁、少府后仓、谏大夫翼奉、安昌侯张禹传之，各自名家。经文皆同，唯孔氏壁中古文为异。父母生之，续莫大焉"，"故亲生之膝下"，诸家说不安处，古文字读皆异。

《史籀》十五篇。周宣王太史作大篆十五篇，建武时亡六篇矣。《八体六技》。　　《苍颉》一篇。上七章，秦丞相李斯作；《爰历》六章，车府令赵高作；《博学》七章，太史令胡母敬作。　　《凡将》一篇。司马相如作。　　《急就》一篇。元帝时黄门令史游作。　　《元尚》一篇。成帝时将作大匠李长作。　　《训纂》一篇。扬雄作。　　《别字》十三篇。　　《苍颉传》一篇。　　扬雄《苍颉训纂》一篇。　　杜林《苍颉训纂》一篇。　　杜林《苍颉故》一篇。

　　凡小学十家，四十五篇。入扬雄、杜林二家二篇。

　　《易》曰："上古结绳以治，后世圣人易之以书契，百官以治，万民以察，盖取诸《夬》。""夬，扬于王庭"，言其宣扬于王者朝廷，其用最大也。古者八岁入小学，故《周官》保氏掌养国子，教之六书，谓象形、象事、象意、象声、转注、假借，造字之本也。汉兴，萧何草律，亦著其法，曰："太史试学童，能讽书九千字以上，乃得为史。又以六体试之，课最者以为尚书、御史书书令史。吏民上书，字或不正，辄举劾。"六体者，古文、奇字、篆书、隶书、缪篆、虫书，皆所以通知古今文字，摹印章，书幡信也。古制，书必同文，不知则阙，问诸故老，至于衰世，是非无正，人用其私。故孔子曰："吾犹及史之阙文也，今亡矣夫！"盖伤其浸不正。《史籀篇》者，周时史官教学童书也，与孔氏壁中古文异体。《苍颉》七章者，秦丞相李斯所作也；《爰历》六章者，车府令赵高所作也；《博学》七章者，太史令胡母敬所作也：文字多取《史籀篇》，而篆体复颇异，所谓秦篆者也。是时始造隶书矣，起于官狱多事，苟趋省易，施之于徒隶也。汉兴，闾里书师合《苍颉》、《爰历》、《博学》三篇，断六十字以为一章，凡五十五章，并为《苍颉篇》。武帝时司马相如作《凡将篇》，无复字。元帝时黄门令史游作《急就篇》，成帝时将作大匠李长作《元尚篇》，皆《苍颉》中正字也。《凡将》则颇有出矣。至元始中，征天下通小学者以百数，各令记字于庭中。扬雄取其有用者以作《训纂篇》，顺续《苍颉》，又易《苍颉》中重复之字，凡八十九章。臣复续扬雄作十三章，凡一百二章，无复字，六艺群书所载略备矣。《苍颉》多古字，俗师失其读，宣帝时征齐人能正读者，张敞从受之，传至外孙之子杜林，为作训故，并列焉。

　　凡六艺一百三家，三千一百二十三篇。入三家，一百五十九篇；出重十一篇。

　　六艺之文：《乐》以和神，仁之表也；《诗》以正言，义之用也；《礼》以明体，明者著见，故无训也；《书》以广听，知之术也；《春秋》以断事，信之符也。五者，盖五常之道，相须而备，而《易》为之原。故曰"《易》不可见，则乾坤或几乎息矣"，言与天地为终始也。至于五学，世有变改，犹五行之更用事焉。古之学者耕且养，三年而通一艺，存其大体，玩经文而已，是故用日少而畜德多，三十而五经立也。后世经传既已乖离，博学者又不思多闻阙疑之义，而务碎义逃难，便辞巧说，破坏形体；说五字之文，至于二三万言。后进弥以驰逐，故幼童而守一艺，白首而后能言，安其所习，毁所不见，终以自蔽。此学者之大患也。序六艺为九种。

《晏子》八篇。名婴，谥平仲，相齐景公，孔子称善与人交，有《列传》。　《子思》二十三篇。名伋，孔子孙，为鲁缪公师。　《曾子》十八篇。名参，孔子弟子。　《漆雕子》十三篇。孔子弟子漆雕启后。　《宓子》十六篇。名不齐，字子贱，孔子弟子。　《景子》三篇。说宓子语，似其弟子。　《世子》二十一篇。名硕，陈人也，七十子之弟子。　《魏文侯》六篇。　《李克》七篇。子夏弟子，为魏文侯相。　《公孙尼子》二十八篇。七十子之弟子。　《孟子》十一篇。名轲，邹人，子思弟子，有《列传》。　《孙卿子》三十三篇。名况，赵人，为齐稷下祭酒，有《列传》。　《芈子》十八篇。名婴，齐人，七十子之后。　《内业》十五篇。不知作书者。　《周史六弢》六篇。惠、襄之间，或曰显王时，或曰孔子问焉。　《周政》六篇。周时法度政教。　《周法》九篇。法天地，立百官。　《河间周制》十八篇。似河间献王所述也。　《谰言》十篇。不知作者，陈人君法度。　《功议》四篇。不知作者，论功德事。　《宁越》一篇。中牟人，为周威王师。　《王孙子》一篇。一曰《巧心》。　《公孙固》一篇。十八章，齐闵王失国，问之，固因为陈古今成败也。　《李氏春秋》二篇。　《羊子》四篇。百章。固秦博士。　《董子》一篇。名无心，难墨子。　《俟子》一篇。　《徐子》四十二篇。宋外黄人。　《鲁仲连子》十四篇。有《列传》。　《平原君》七篇。朱建也。　《虞氏春秋》十五篇。虞卿也。　《高祖传》十三篇。高祖与大臣述古语及诏策也。　《陆贾》二十三篇。　《刘敬》三篇。　《孝文传》十一篇。文帝所称及诏策。　《贾山》八篇。　《太常蓼侯孔臧》十篇。父聚，高祖时以功臣封，减嗣爵。　《贾谊》五十八篇。　河间献王《对上下三雍宫》三篇。　《董仲舒》百二十三篇。　《兒宽》九篇。　《公孙弘》十篇。　《终军》八篇。　《吾丘寿王》六篇。　《虞丘说》一篇。难孙卿也。　《庄助》四篇。　《臣彭》四篇。　《钩盾冗从李步昌》八篇。宣帝时数言事。　《儒家言》十八篇。不知作者。　桓宽《盐铁论》六十篇。　刘向所序六十七篇。《新序》、《说苑》、《世说》、《列女传颂图》也。　杨雄所序三十八篇。《太玄》十九，《法言》十三，《乐》四，《箴》二。

右儒五十三家，八百三十六篇。入杨雄一家三十八篇。

儒家者流，盖出于司徒之官，助人君顺阴阳明教化者也。游文于六经之中，留意于仁义之际，祖述尧、舜，宪章文、武，宗师仲尼，以重其言，于道最为高。孔子曰："如有所誉，其有所试。"唐、虞之隆，殷、周之盛，仲尼之业，已试之效者也。然惑者既失精微，而辟者又随时抑扬，违离道本，苟以哗众取宠。后进循之，是以《五经》乖析，儒学浸衰，此辟儒之患。

《伊尹》五十一篇。汤相。　《太公》二百三十七篇。吕望为周师尚父，本有道者。或有近世又以为太公术者所增加也。《谋》八十一篇，《言》七十一篇，《兵》八十五篇。　《辛甲》二十九篇。纣臣，七十五谏而去，周封之。　《鬻子》二十二篇。名熊，为周师，自文王以下问焉，周封为楚祖。　《管子》八十篇。名夷吾，相齐桓公，九合诸侯，不以兵车也。有《列传》。　《老子邻氏经传》四篇。姓李，名耳，邻氏传其学。　《老子傅氏经说》三十七篇。述老子学。　《老子徐氏经说》六篇。字少季，临淮人，传《老子》。　刘向《说老子》四篇。　《文子》九篇。老子弟子，与孔子并时，而称周平王问，似依托者也。　《蜎子》十三篇。名渊，楚人，老子弟子。　《关尹子》九篇。名喜，为关吏，老子过关，喜去吏而从之。　《庄子》五十二篇。名周，宋人。　《列子》八篇。名圆寇，先庄子，庄子称之。　《老成子》十八篇。　《长卢子》九篇。楚人。　《王狄子》一篇。　《公子牟》四篇。魏之公子也，先庄子，庄子称之。　《田子》二十五篇。名骈，齐人，游稷下，号天口骈。　《老莱子》十六篇。楚人，与孔子同时。　《黔娄子》四篇。齐隐士，守道不诎，威王下之。　《宫孙子》二篇。　《鹖冠子》一篇。楚人，居深山，以鹖为冠。　《周训》十四篇。　《黄帝四经》四篇。　《黄帝铭》六篇。　《黄帝君臣》十篇。起六国时，与《老子》相似也。　《杂黄帝》五十八篇。六国时贤者所作。　《力牧》二十二篇。六国时所作，托之力牧。力牧，黄帝相。　《孙子》十六篇。六国时。　《捷子》二篇。齐人，武帝时说。　《曹羽》二篇。楚人，武帝时说于齐王。　《郎中婴齐》十二篇。武帝时。　《臣君子》二篇。蜀人。　《郑长者》一篇。六国时。先韩子，韩子称之。　《楚子》三篇。　《道家言》二篇。近世，不知作者。

右道三十七家，九百九十三篇。

道家者流，盖出于史官，历记成败存亡祸福古今之道，然后知秉要执本，清虚以自守，卑弱以自持，此君人南面之术也。合于尧之克攘，《易》之嗛嗛，一谦而四益，此其所长也。及放者为之，则欲绝去礼学，兼弃仁义，曰独任清虚可以为治。

《宋司星子韦》三篇。景公之史。　《公梼生终始》十四篇。传邹奭《始终》书。　《公孙发》二十二篇。六国时。　《邹子》四十九篇。名衍，齐人，为燕昭王师，居稷下，号谈天衍。　《邹子终始》五十六篇。　《乘丘子》五篇。六国时。　《杜文公》五篇。六国时。　《黄帝泰素》二十篇。六国时韩诸公子所作。　《南公》三十一篇。六国时。　《容成子》十四篇。　《张苍》十六篇。丞相北平侯。　《邹奭子》十二篇。齐人，号曰雕龙奭。　《闾丘子》十三篇。名快，魏人，在南公前。　《冯促》十三篇。郑人。　《将巨子》五篇。六国时。先南公，南公称之。　《五曹官制》五篇。汉制，似贾谊所条。　《周伯》十一篇。齐人，六国时。　《卫侯官》十二篇。近世，不知作者。　于长《天下忠臣》九篇。平阴人，近世。　《公孙浑邪》十五篇。平曲侯。　《杂阴阳》三十八篇。不知作者。

右阴阳二十一家，三百六十九篇。

阴阳家者流,盖出于羲和之官,敬顺昊天,历象日月星辰,敬授民时,此其所长也。及拘者为之,则牵于禁忌,泥于小数,舍人事而任鬼神。

《李子》三十二篇。名悝,相魏文侯,富国强兵。 《商君》二十九篇。名鞅,姬姓,卫后也,相秦孝公,有《列传》。 《申子》六篇。名不害,京人,相韩昭侯,终其身诸侯不敢侵韩。 《处子》九篇。 《慎子》四十二篇。名到,先申、韩,申、韩称之。 《韩子》五十五篇。名非,韩诸公子,使秦,李斯害而杀之。 《游棣子》一篇。 《晁错》三十一篇。 《燕十事》十篇。不知作者。 《法家言》二篇。不知作者。

右法十家,二百一十七篇。

法家者流,盖出于理官,信赏必罚,以辅礼制。《易》曰"先王以明罚饬法",此其所长也。及刻者为之,则无教化,去仁爱,专任刑法而欲以致治,至于残害至亲,伤恩薄厚。

《邓析》二篇。郑人,与子产并时。 《尹文子》一篇。说齐宣王,先公孙龙。 《公孙龙子》十四篇。赵人。 《成公生》五篇。与黄公等同时。 《惠子》一篇。名施,与庄子并时。 《黄公》四篇。名疵,为秦博士,作歌诗,在秦时歌诗中。 《毛公》九篇。赵人,与公孙龙等并游平原君赵胜家。

右名七家,三十六篇。

名家者流,盖出于礼官。古者名位不同,礼亦异数。孔子曰:"必也正名乎!名不正则言不顺,言不顺则事不成。"此其所长也。及謷者为之,则苟鉤鈲析乱而已。

《尹佚》二篇。周臣,在成、康时也。 《田俅子》三篇。先韩子。 《我子》一篇。 《随巢子》六篇。墨翟弟子。 《胡非子》三篇。墨翟弟子。 《墨子》七十一篇。名翟,为宋大夫,在孔子后。

右墨六家,八十六篇。

墨家者流,盖出于清庙之守。茅屋采椽,是以贵俭;养三老五更,是以兼爱;选士大射,是以上贤;宗祀严父,是以右鬼;顺四时而行,是以非命;以孝视天下,是以上同:此其所长也。及蔽者为之,见俭之利,因以非礼,推兼爱之意,而不知别亲疏。

《苏子》三十一篇。名秦,有《列传》。 《张子》十篇。名仪,有《列传》。 《庞煖》二篇。为燕将。 《阙子》一篇。 《国筮子》十七篇。 《秦零陵令信》一篇。难秦相李斯。 《蒯子》五篇。名通。 《邹阳》七篇。 《主父偃》二十八篇。 《徐乐》一篇。 《庄安》一篇。 《待诏金马聊苍》三篇。赵人,武帝时。

右从横十二家,百七篇。

从横家者流,盖出于行人之官。孔子曰:"诵《诗》三百,使于四方,不能专对,虽多亦奚以为?"又曰:"使乎,使乎!"言其当权事制宜,受命而不受辞,此其所长也。及邪人为之,则上诈谖而弃其信。

孔甲《盘盂》二十六篇。黄帝之史,或曰夏帝孔甲,似皆非。《大禹》三十七篇。传言禹所作,其文似后世语。 《五子胥》八篇。名员,春秋时为吴将,忠直遇谗死。 《子晚子》三十五篇。齐人,好议兵,与《司马法》相似。 《由余》三篇。戎人,秦穆公聘以为大夫。 《尉缭》二十九篇。六国时。 《尸子》二十篇。名佼,鲁人,秦相商君师之。鞅死,佼逃入蜀。 《吕氏春秋》二十六篇。秦相吕不韦辑智略士作。 《淮南内》二十一篇。王安。 《淮南外》三十三篇。 《东方朔》二十篇。 《伯象先生》一篇。 《荆轲论》五篇。轲为燕刺秦王,不成而死,司马相如等论之。 《吴子》一篇。 《公孙尼》一篇。 《博士臣贤对》一篇。汉世,难韩子、商君。 《臣说》三篇。武帝时作赋。 《解子簿书》三十五篇。 《推杂书》八十七篇。 《杂家言》一篇。王伯,不知作者。

右杂二十家,四百三篇。入兵法。

杂家者流,盖出于议官。兼儒、墨,合名、法,知国体之有此,见王治之无不贯,此其所长也。及荡者为之,则漫羡而无所归心。

《神农》二十篇。六国时,诸子疾时怠于农业,道耕农事,托之神农。 《野老》十七篇。六国时,在齐、楚间。 《宰氏》十七篇。不知何世。 《董安国》十六篇。汉代内史,不知何帝时。 《尹都尉》十四篇。不知何世。 《赵氏》五篇。不知何世。 《氾胜之》十八篇。成帝时为议郎。 《王氏》六篇。不知何世。 《蔡癸》一篇。宣帝时,以言便宜,至弘农太守。

右农九家,百一十四篇。

农家者流,盖出于农稷之官。播百谷,劝耕桑,以足衣食,故八政一曰食,二曰货。孔子曰"所重民食",此其所长也。及鄙者为之,以为无所事圣王,欲使君臣并耕,谆上下之序。

《伊尹说》二十七篇。其语浅薄,似依托也。 《鬻子说》十九篇。后世所加。 《周考》七十六篇。考周事也。 《青史子》五十七篇。古史官记事也。 《师旷》六篇。见《春秋》,其言浅薄,本与此同,似因托之。 《务成子》十一篇。称尧问,非古语。 《宋子》十八篇。孙卿道宋子,其言黄、老意。 《天乙》三篇。天乙谓汤,其言非殷时,皆依托也。 《黄帝说》四十篇。迂诞依托。 《封禅方说》十八篇。武帝时。 《待诏臣饶心术》二十五篇。武帝时。 《待诏臣安成未央术》一篇。 《臣寿周纪》七篇。项国圉人,宣帝时。 《虞初周说》九百四十三篇。河南人,武帝时以方士侍郎号黄车使者。 《百家》百三十九卷。

右小说十五家,千三百八十篇。

小说家者流,盖出于稗官。街谈巷语,道听涂说者之所造也。孔子曰:"虽小道,必有可观者焉,致远恐泥,是以君子弗为也。"然亦弗灭也。闾里小知者之所及,亦使缀而不忘。如或一言可采,此亦刍荛狂夫之议也。

凡诸子百八十九家,四千三百二十四篇。出蹴鞠一家,二十五篇。

诸子十家,其可观者九家而已。皆起于王道既微,诸侯力政,时君世主,好恶殊方,是以九家之术蜂出并作,各引一端,崇其所善,以此驰说,取合诸侯。其言虽殊,辟犹水火,相灭亦相生也。仁之与义,敬之与和,相反而皆相成也。《易》曰:"天下同归而殊涂,一致而百虑。"今异家者各推所长,穷知究虑,以明其指,虽有蔽短,合其要归,亦《六经》之支与流裔。使其人遭明王圣主,得其所折中,皆股肱之材已。仲尼有言:"礼失而求诸野。"方今去圣久远,道术缺废,无所更索,彼九家者,不犹愈于野乎?若能修六艺之术,而观此九家之言,合短取长,则可以通万方之略矣。

屈原赋二十五篇。楚怀王大夫,有《列传》。 唐勒赋四篇。楚人。 宋玉赋十六篇。楚人,与唐勒并时,在屈原后也。 赵幽王赋一篇。 庄夫子赋二十四篇。名忌,吴人。 贾谊赋七篇。 枚乘赋九篇。 司马相如赋二十九篇。 淮南王赋八十二篇。 淮南王群臣赋四十四篇。 太常蓼侯孔臧赋二十篇。 阳丘侯刘郾赋十九篇。 吾丘寿王赋十五篇。 蔡甲赋一篇。 上所自造赋二篇。 兒宽赋二篇。 光禄大夫张子侨赋三篇。与王褒同时也。 阳成侯刘德赋九篇。 刘向赋三十三篇。 王褒赋十六篇。

右赋二十家,三百六十一篇。

陆贾赋三篇。 枚皋赋百二十篇。 朱建赋二篇。 常侍郎庄忽奇赋十一篇。枚皋同时。 严助赋三十五篇。 朱买臣赋三篇。 宗正刘辟强赋八篇。 司马迁赋八篇。 郎中臣婴齐赋十篇。 臣说赋九篇。 臣吾赋十八篇。 辽东太守苏季赋一篇。 萧望之赋四篇。 河内太守徐明赋三篇。字长君,东海人,元、成世历五郡太守,有能名。 给事黄门侍郎李息赋九篇。 淮阳宪王赋二篇。 杨雄赋十二篇。 待诏冯商赋九篇。 博士弟子杜参赋二篇。 车郎张丰赋三篇。张子侨子。 骠骑将军朱宇赋三篇。

右赋二十一家,二百七十四篇。入杨雄八篇。

孙卿赋十篇。 秦时杂赋九篇。 李思《孝景皇帝颂》十五篇。 广川惠王越赋五篇。 长沙王群臣赋三篇。 魏内史赋二篇。 东暆令延年赋七篇。 卫士令李忠赋二篇。 张偃赋二篇。 贾充赋四篇。 张仁赋六篇。 秦充赋二篇。 李步昌赋二篇。 侍郎谢多赋十篇。 平阳公主舍人周长孺赋二篇。 洛阳锜华赋九篇。 眭弘赋一篇。 别栩阳赋五篇。 臣昌市赋六篇。 臣义赋二篇。 黄门书者假史王商赋十三篇。 侍中徐博赋四篇。 黄门书者王广、吕嘉赋五篇。 汉中都尉丞华龙赋二篇。 左冯翊史路恭赋八篇。

右赋二十五家,百三十六篇。

《客主赋》十八篇。 《杂行出及颂德赋》二十四篇。 《杂四夷及兵赋》二十篇。 《杂中贤失意赋》十二篇。 《杂思慕悲哀死赋》十六篇。 《杂鼓琴剑戏赋》十三篇。 《杂山陵水泡云气雨旱赋》十六篇。 《杂禽兽六畜昆虫赋》十八篇。 《杂器械草木赋》三十三篇。 《大杂赋》三十四篇。 《成相杂辞》十一篇。 《隐书》十八篇。

右杂赋十二家,二百三十三篇。

《高祖歌诗》二篇。 《泰一杂甘泉寿宫歌诗》十四篇。 《宗庙歌诗》五篇。 《汉兴以来兵所诔灭歌诗》十四篇。 《出行巡狩及游歌诗》十篇。 《临江王及愁思节士歌诗》四篇。 《李夫人及幸贵人歌诗》三篇。 《诏赐中山靖王子哙及孺子妾冰未央材人歌诗》四篇。 《吴楚汝南歌诗》十五篇。 《燕代讴雁门云中陇西歌诗》九篇。 《邯郸河间歌诗》四篇。 《齐郑歌诗》四篇。 《淮南歌诗》四篇。 《左冯翊秦歌诗》三篇。 《京兆尹秦歌诗》五篇。 《河东蒲反歌诗》一篇。 《黄门倡车忠等歌诗》十五篇。 《杂各有主名歌诗》十篇。 《杂歌诗》九篇。 《洛阳歌诗》四篇。 《河南周歌诗》七篇。 《河南周歌声曲折》七篇。 《周谣歌诗》七十五篇。 《周谣歌诗声曲折》七十五篇。 《诸神歌诗》三篇。 《送迎灵颂歌诗》三篇。 《周歌诗》二篇。 《南郡歌诗》五篇。

右歌诗二十八家,三百一十四篇。

凡诗赋百六家,千三百一十八篇。入杨雄八篇。

传曰:"不歌而诵谓之赋,登高能赋可以为大夫。"言感物造端,材知深美,可与图事,故可以为列大夫也。古者诸侯卿大夫交接邻国,以微言相感,当揖让之时,必称《诗》以谕其志,盖以别贤不肖而观盛衰焉。故孔子曰"不学《诗》,无以言"也。春秋之后,周道浸坏,聘问歌咏不行于列国,学《诗》之士逸在布衣,而贤人失志之赋作矣。大儒孙卿及楚臣屈原离谗忧国,皆作赋以风,咸有恻隐古诗之义。其后宋玉、唐勒;汉兴,枚乘、司马相如,下及杨子云,竞为侈丽闳衍之词,没其风谕之义。是以杨子悔之,曰:"诗人之赋丽以则,辞人之赋丽以淫。如孔氏之门人用赋也,则贾谊登堂,相如入室矣,如其不用何!"自孝武立乐府而采歌谣,于是有代赵之讴,秦楚之风,皆感于哀乐,缘事而发,亦可以观风俗,知薄厚云。序诗赋为五种。

《吴孙子兵法》八十二篇。图九卷。 《齐孙子》八十九篇。图四卷。 《公孙鞅》二十七篇。 《吴起》四十八篇。有《列传》。 《范蠡》二篇。越王勾践臣也。 《大夫种》二篇。与范蠡俱事勾践。 《李子》十篇。 《娷》一篇。 《兵春秋》一篇。 《庞煖》三篇。 《兒良》一篇。 《广武君》一篇。李左车。 《韩信》三篇。

右兵权谋十三家,二百五十九篇。省伊尹、太公、《管子》、《孙卿子》、《鹖冠子》、《苏子》、蒯通、陆贾、淮南王二百五十九种,出《司马法》入礼也。

权谋者,以正守国,以奇用兵,先计而后战,兼形势,包阴阳,用技巧者也。

《楚兵法》七篇。图四卷。《蚩尤》二篇。见《吕刑》。《孙轸》五篇。图二卷。《繇叙》二篇。《王孙》十六篇。图五卷。《尉缭》三十一篇。《魏公子》二十一篇。图十卷。名无忌,有《列传》。《景子》十三篇。《李良》三篇。《丁子》一篇。《项王》一篇。名籍。

右兵形势十一家,九十二篇,图十八卷。

形势者,雷动风举,后发而先至,离合背乡,变化无常,以轻疾制敌者也。

《太壹兵法》一篇。《天一兵法》三十五篇。《神农兵法》一篇。《黄帝》十六篇。图三卷。《封胡》五篇。黄帝臣,依托也。《风后》十三篇。图二卷。黄帝臣,依托也。《力牧》十五篇。黄帝臣,依托也。《鵊冶子》一篇。图一卷。《鬼容区》三篇。图一卷。黄帝臣,依托。《地典》六篇。《孟子》一篇。《东父》三十一篇。《师旷》八篇。晋平公臣。《苌弘》十五篇。周史。《别成子望军气》六篇。图三卷。《辟兵威胜方》七十篇。

右阴阳十六家,二百四十九篇,图十卷。

阴阳者,顺时而发,推刑德,随斗击,因五胜,假鬼神而为助者也。

《鲍子兵法》十篇。图一卷。《五子胥》十篇。图一卷。《公胜子》五篇。《苗子》五篇。图一卷。《逢门射法》二篇。《阴通成射法》十一篇。《李将军射法》三篇。《魏氏射法》六篇。《强弩将军王围射法》五卷。《望远连弩射法具》十五篇。《护军射师王贺射书》五篇。《薄苴子弋法》四篇。《剑道》三十八篇。《手搏》六篇。《杂家兵法》五十七篇。《蹴鞠》二十五篇。

右兵技巧十三家,百九十九篇。省《墨子》重,入《蹴鞠》也。

技巧者,习手足,便器械,积机关,以立攻守之胜者也。

凡兵书五十三家,七百九十篇,图四十三卷。省十家二百七十一篇重,入《蹴鞠》一家二十五篇,出《司马法》百五十五篇入礼也。

兵家者,盖出古司马之职,王官之武备也。《洪范》八政,八曰师。孔子曰为国者"足食足兵","以不教民战,是谓弃之",明兵之重也。《易》曰"古者弦木为弧,剡木为矢,弧矢之利,以威天下",其用上矣。后世耀金为刃,割革为甲,器械甚备。下及汤、武受命,以师克乱而济百姓,动之以仁义,行之以礼让,《司马法》是其遗事也。自春秋至于战国,出奇设伏,变诈之兵并作。汉兴,张良、韩信序次兵法,凡百八十二家,删取要用,定著三十五家。诸吕用事而盗取之。武帝时,军政杨仆捃摭遗逸,纪奏兵录,犹未能备。至于孝成,命任宏论次兵书为四种。

《泰壹杂子星》二十八卷。《五残杂变星》二十一卷。《黄帝杂子气》三十三篇。《常从日月星气》二十一卷。《皇公杂子星》二十二卷。《淮南杂子星》十九卷。《泰壹杂子云雨》三十四卷。《国章观霓云雨》三十四卷。《泰阶六符》一卷。《金度玉衡汉五星客流出入》八篇。《汉五星彗客行事占验》八卷。《汉日旁气行事占验》三卷。《汉流星行事占验》八卷。《汉日旁气行占验》十三卷。《汉日食月晕杂变行事占验》十三卷。《海中星占验》十二卷。《海中五星经杂事》二十二卷。《海中五星顺逆》二十八卷。《海中二十八宿国分》二十八卷。《海中二十八宿臣分》二十八卷。《海中日月彗虹杂占》十八卷。《图书秘记》十七篇。

右天文二十一家,四百四十五卷。

天文者,序二十八宿,步五星日月,经纪吉凶之象,圣王所以参政也。《易》曰:"观乎天文,以察时变。"然星事凶悍,非湛密者弗能由也。夫观景以谴形,非明王亦不能服听也。以不能由之臣,谏不能听之王,此所以两有患也。

《皇帝五家历》三十三卷。《颛顼历》二十一卷。《颛顼五星历》十四卷。《日月宿历》十三卷。《夏殷周鲁历》十四卷。《天历大历》十八卷。《汉元殷周谍历》十七卷。《耿昌月行帛图》二百三十二卷。《耿昌月行度》二卷。《传周五星行度》三十九卷。《律历数法》三卷。《自古五星宿纪》三十卷。《太岁谋日晷》二十九卷。《帝王诸侯世谱》二十卷。《古来帝王年谱》五卷。《日晷书》三十四卷。《许商算术》二十六卷。《杜忠算术》十六卷。

右历谱十八家,六百六卷。

历谱者,序四时之位,正分至之节,会日月五星之辰,以考寒暑杀生之实。故圣王必正历数,以定三统服色之制,又以探知五星日月之会。凶厄之患,吉隆之喜,其术皆出焉。此圣人知命之术也,非天下之至材,其孰与焉!道之乱也,患出于小人而强欲知天道者,坏大以为小,削远以为近,是以道术破碎而难知也。

《泰一阴阳》二十三卷。《黄帝阴阳》二十五卷。《黄帝诸子论阴阳》二十五卷。《诸王子论阴阳》二十五卷。《太元阴阳》二十六卷。《三典阴阳谈论》二十七卷。《神农大幽五行》二十七卷。《四时五行经》二十六卷。《猛子闲昭》二十五卷。《阴阳五行时令》十九卷。《堪舆金匮》十四卷。《务成子灾异应》十四卷。《十二典灾异应》十二卷。《钟律灾异》二十六卷。《钟律丛辰日苑》二十三卷。《钟律消息》二十九卷。《黄钟》七卷。《天一》六卷。

《泰一》二十九卷。　《刑德》七卷。　《风鼓六甲》二十四卷。　《风后孤虚》二十卷。　《六合随典》二十五卷。　《转位十二神》二十五卷。　《羡门式法》二十卷。　《羡门式》二十卷。　《文解六甲》十八卷。《文解二十八宿》二十八卷。　《五音奇胲用兵》二十三卷。　《五音奇胲刑德》二十一卷。　《五音定名》十五卷。

　　右五行三十一家，六百五十二卷。

　　五行者，五常之形气也。《书》云"初一曰五行，次二曰羞用五事"，言进用五事以顺五行也。貌、言、视、听、思心失，而五行之序乱，五星之变作，皆出于律历之数而分为一者也。其法亦起五德终始，推其极则无不至。而小数家因此以为吉凶，而行于世，浸以相乱。

《龟书》五十二卷。　《夏龟》二十六卷。　《南龟书》二十八卷。　《巨龟》三十六卷。　《杂龟》十六卷。　《蓍书》二十八卷。　《周易》三十八卷。　《周易明堂》二十六卷。　《周易随曲射匿》五十卷。　《大筮衍易》二十八卷。　《大次杂易》三十卷。　《鼠序卜黄》二十五卷。　《於陵钦易吉凶》二十三卷。　《任良易旗》七十一卷。　《易卦八具》。

　　右蓍龟十五家，四百一卷。

　　蓍龟者，圣人之所用也。《书》曰："女则有大疑，谋及卜筮。"《易》曰："定天下之吉凶，成天下之亹亹者，莫善于蓍龟。""是故君子将有为也，将有行也，问焉而以言，其受命也如响，无有远近幽深，遂知来物。非天下之至精，其孰能与于此！"及至衰世，解于斋戒，而娄烦卜筮，神明不应。故筮渎不告，《易》以为忌；龟厌不告，《诗》以为刺。

《黄帝长柳占梦》十一卷。　《甘德长柳占梦》二十卷。　《武禁相衣器》十四卷。　《嚏耳鸣杂占》十六卷。　《祯祥变怪》二十一卷。　《人鬼精物六畜变怪》二十一卷。　《变怪诰咎》十三卷。　《执不祥劾鬼物》八卷。　《请官除讹祥》十九卷。　《禳祀天文》十八卷。　《请祷致福》十九卷。　《请雨止雨》二十六卷。　《泰壹杂子候岁》二十二卷。　《子赣杂子候岁》二十六卷。　《五法积贮宝臧》二十三卷。　《神农教田相土耕种》十四卷。　《昭明子钓种生鱼鳖》八卷。　《种树臧果相蚕》十三卷。

　　右杂占十八家，三百一十三卷。

　　杂占者，纪百事之象，候善恶之征。《易》曰："占事知来。"众占非一，而梦为大，故周有其官。而《诗》载熊罴虺蛇众鱼旐旟之梦，著明大人之占，以考吉凶，盖参卜筮。《春秋》之说讹也，曰："人之所忌，其气炎以取之，讹由人兴也。人失常则讹兴，人无衅焉，讹不自作。"故曰："德胜不祥，义厌不惠。"桑谷共生，大戊以兴；雊雉登鼎，武丁为宗。然惑者不稽诸躬，而忌讹之见，是以《诗》刺"召彼故老，讯之占梦"，伤其舍本而忧末，不能胜凶咎也。

《山海经》十三篇。　《国朝》七卷。　《宫宅地形》二十卷。　《相人》二十四卷。　《相宝剑刀》二十卷。　《相六畜》三十八卷。

　　右形法六家，百二十二卷。

　　形法者，大举九州之势以立城郭室舍形，人及六畜骨法之度数、器物之形容以求其声气贵贱吉凶。犹律有长短，而各征其声，非有鬼神，数自然也。然形与气相首尾，亦有其形而无其气，有其气而无其形，此精微之独异也。

　　凡数术百九十家，二千五百二十八卷。

　　数术者，皆明堂羲和史卜之职也。史官之废久矣，其书既不能具，虽有其书而无其人。《易》曰："苟非其人，道不虚行。"春秋时鲁有梓慎，郑有裨灶，晋有卜偃，宋有子韦。六国时楚有甘公，魏有石申夫。汉有唐都，庶得粗觕。盖有因而成易，无因而成难，故旧书以序数术为六种。

《黄帝内经》十八卷。　《外经》三十七卷。　《扁鹊内经》九卷。　《外经》十二卷。　《白氏内经》三十八卷。　《外经》三十六卷。　《旁篇》二十五卷。

　　右医经七家，二百一十六卷。

　　医经者，原人血脉经落骨髓阴阳表里，以起百病之本，死生之分，而用度箴石汤火所施，调百药齐和之所宜。至齐之得，犹磁石取铁，以物相使。拙者失理，以愈为剧，以生为死。

《五藏六府痹十二病方》三十卷。　《五藏六府疝十六病方》四十卷。　《五藏六府瘅十二病方》四十卷。　《风寒热十六病方》二十六卷。　《泰始黄帝扁鹊俞拊方》二十三卷。　《五藏伤中十一病方》三十一卷。　《客疾五藏狂颠病方》十七卷。　《金创疭瘛方》三十卷。　《妇人婴儿方》十九卷。　《汤液经法》三十二卷。　《神农黄帝食禁》七卷。

　　右经方十一家，二百七十四卷。

　　经方者，本草石之寒温，量疾病之浅深，假药味之滋，因气感之宜，辩五苦六辛，致水火之齐，以通闭解结，反之于平。及失其宜者，以热益热，以寒增寒，精气内伤，不见于外，是所独失也。故谚曰："有病不治，常得中医。"

《容成阴道》二十六卷。　《务成子阴道》三十六卷。　《尧舜阴道》二十三卷。　《汤盘庚阴道》二十卷。　《天老杂子阴道》二十五卷。　《天一阴道》二十四卷。　《黄帝三王养阳方》二十卷。　《三家内房有子方》十七卷。

　　右房中八家，百八十六卷。

　　房中者，情性之极，至道之际，是以圣王制外乐以禁内情，而为之节文。传曰："先王之所乐，所以节百事也。"乐而有节，则和平寿考。及迷者弗顾，以生疾而陨性命。

《宓戏杂子道》二十篇。　《上圣杂子道》二十六卷。　《道要杂子》十八卷。　《黄帝杂子步引》十二卷。　《黄帝岐伯按摩》十卷。　《黄帝杂子芝菌》十八卷。　《黄帝杂子十九家方》二十一卷。　《泰壹杂子十五家方》二十二卷。　《神农杂子技道》二十三卷。　《泰壹杂子黄冶》三十一卷。

　　　　　　右神仙十家，二百五卷。

　　神仙者，所以保性命之真，而游求于其外者也。聊以荡意平心，同死生之域，而无怵惕于胸中。然而或者专以为务，则诞欺怪迂之文弥以益多，非圣王之所以教也。孔子曰："索隐行怪，后世有述焉，吾不为之矣。"

　　凡方技三十六家，八百六十八卷。

　　方技者，皆生生之具，王官之一守也。太古有岐伯、俞拊，中世有扁鹊、秦和，盖论病以及国，原诊以知政。汉兴有仓公。今其技晻昧，故论其书，以序方技为四种。

　　大凡书，六略三十八种，五百九十六家，万三千二百六十九卷。入三家，五十篇，省兵十家。

卷三十一　　陈胜项籍列传第一

　　陈胜字涉，阳城人。吴广，字叔，阳夏人也。胜少时，尝与人佣耕。辍耕之垄上，怅然甚久，曰："苟富贵，无相忘！"佣者笑而应曰："若为佣耕，何富贵也？"胜太息曰："嗟乎，燕雀安知鸿鹄之志哉！"

　　秦二世元年秋七月，发闾左戍渔阳九百人，胜、广皆为屯长。行至蕲大泽乡，会天大雨，道不通，度已失期。失期法斩，胜、广乃谋曰："今亡亦死，举大计亦死，等死，死国可乎？"胜曰："天下苦秦久矣。吾闻二世，少子，不当立，当立者乃公子扶苏。扶苏以数谏故不得立，上使外将兵。今或闻无罪，二世杀之。百姓多闻其贤，未知其死。项燕为楚将，数有功，爱士卒，楚人怜之。或以为在。今诚以吾众为天下倡，宜多应者。"广以为然。乃行卜。卜者知其指意，曰："足下事皆成，有功。然足下卜之鬼乎！"胜、广喜，念鬼，曰："此教我先威众耳。"乃丹书帛曰"陈胜王"，置人所罾鱼腹中。卒买鱼亨食，得书，已怪之矣。又间令广之次所旁丛祠中，夜篝火，狐鸣呼曰："大楚兴，陈胜王。"卒皆夜惊恐。旦日，卒中往往指目胜、广。

　　胜、广素爱人，士卒多为用。将尉醉，广故数言欲亡，忿尉，令辱之，以激怒其众。尉果笞广。尉剑挺，广起夺而杀尉。胜佐之，并杀两尉。召令徒属曰："公等遇雨，皆已失期，当斩。藉弟令毋斩，而戍死者固什六七。且壮士不死则已，死则举大名耳。侯王将相，宁有种乎！"徒属皆曰："敬受令。"乃诈称公子扶苏、项燕，从民望也。袒右，称大楚。为坛而盟，祭以尉首。胜自立为将军，广为都尉。攻大泽乡，拔之。收兵而攻蕲，蕲下。乃令符离人葛婴将兵徇蕲以东，攻铚、酂、苦、柘、谯，皆下之。行收兵，比至陈，兵车六七百乘，骑千余，卒数万人。攻陈，陈守令皆不在，独守丞与战谯门中。不胜，守丞死。乃入据陈。数日，号召三老豪桀会计事。皆曰："将军身被坚执锐，伐无道，诛暴秦，复立楚之社稷，功宜为王。"胜乃立为王，号张楚。于是诸郡县苦秦吏暴，皆杀其长吏，将以应胜。乃以广为假王，监诸将以西击荥阳。令陈人武臣、张耳、陈馀徇赵，汝阴人邓宗徇九江郡。当此时，楚兵数千人为聚者不可胜数。

　　葛婴至东城，立襄强为楚王。后闻胜已立，因杀襄强，还报。至陈，胜杀婴，令魏人周市北徇魏地。广围荥阳，李由为三川守守荥阳，广不能下。胜征国之豪桀与计，以上蔡人房君蔡赐为上柱国。

　　周文，陈贤人也，尝为项燕军视日，事春申君，自言习兵。胜与之将军印，西击秦。行收兵至关，车千乘，卒十万，至戏，军焉。秦令少府章邯免骊山徒、人奴产子，悉发以击楚军，大败之。周文走出关，止屯曹阳。二月余，章邯追败之，复走黾池。十余日，章邯击，大破之。周文自刭，军遂不战。

　　武臣至邯郸，自立为赵王，陈馀为大将军，张耳、召骚为左右丞相。胜怒，捕系武臣等家室，欲诛之。柱国曰："秦未亡而诛赵王将相家属，此生一秦，不如因立之。"胜乃遣使者贺赵，而徙系武臣等家属宫中。而封张耳子敖为成都君，趣发兵亟入关。赵王将相相与谋曰："王王赵，非楚意也。楚已诛秦，必加兵于赵。计莫如毋西兵，使使北徇燕地以自广。赵南据大河，北有燕、代，楚虽胜秦，不敢制赵，若不胜秦，必重赵。赵承秦、楚之敝，可以得志于天下。"赵王以为然，因不西兵，而遣故上谷卒史韩广将兵北徇燕。燕地贵人豪桀谓韩广曰："楚、赵皆已立王。燕虽小，亦万乘之国也，愿将军立为王。"韩广曰："广母在赵，不可。"燕人曰："赵方西忧秦，南忧楚，其力不能禁我。且以楚之强，不敢害赵王将相之家，今赵独安敢害将军家乎？"韩广以为然，乃自立为燕王。居数月，赵奉燕王母家属归之。

　　是时，诸将徇地者不可胜数。周市北至狄，狄人田儋杀狄令，自立为齐王，反击周市。市军散，还至魏地，立魏后故宁陵君咎为魏王。咎在胜所，不得之魏。魏地已定，欲立周市为王，市不肯。使者五反，胜乃立宁陵君为魏王，遣之国。周市为相。将军田臧等相与谋曰："周章军已破，秦兵且至，我守荥阳城不能下，秦军至，必大败。不如少遣兵，足以守荥阳，悉精兵迎秦军。今假王骄，不知兵权，不可与计，非诛之，事恐败。"因相与矫陈王令以诛吴广，献其首于胜。胜使赐田臧楚令尹印，使为上将。田臧乃使诸将李归等守荥阳城，自以精兵西迎秦军于敖仓。与战，田臧死，军破。章邯进击李归等荥阳下，破之，李归死。阳城人邓说将兵居郯，章邯别将击破之，邓说走陈。铚人五逢将兵居许，章邯击破之，五逢亦走陈。胜诛邓说。

　　胜初立时，凌人秦嘉、铚人董緤、符离人朱鸡石、取虑人郑布、徐人丁疾等皆特起，将兵围东海守于郯。胜闻，乃使武平君畔为将军，监郯下军。秦嘉自立为大司马，恶属人，告军吏曰："武平君年少，不知兵事，勿听。"因矫以王命杀武平君畔。

　　章邯已破五逢，击陈，柱国房君死。章邯又进击陈西张贺军。胜出临战，军破，张贺死。

　　腊月，胜之汝阴，还至下城父，其御庄贾杀胜以降秦。葬砀，谥曰隐王。胜故涓人将军吕臣为苍头军，起新阳，攻陈，下之，杀庄贾，复以陈为楚。

　　初，胜令铚人宋留将兵定南阳，入武关。留已徇南阳，闻胜死,南阳复为秦。宋留不能入武关,乃东至新蔡,遇秦军,宋留以军降秦。秦传留至咸阳,车裂留以徇。

秦嘉等闻胜军败,乃立景驹为楚王,引兵之方与,欲击秦军济阴下。使公孙庆使齐王,欲与并力俱进。齐王曰:"陈王战败,未知其死生,楚安得不请而立王?"公孙庆曰:"齐不请楚而立王,楚何故请齐而立王!且楚首事,当令于天下。"田儋杀公孙庆。秦左右校复攻陈,下之。吕将军走,徼兵复聚,与番盗英布相遇,攻击秦左右校,破之青波,复以陈为楚。会项梁立怀王孙心为楚王。

陈胜王凡六月。初为王,其故人尝与佣耕者闻之,乃之陈,叩宫门曰:"吾欲见涉。"宫门令欲缚之。自辩数,乃置,不肯为通。胜出,遮道而呼涉。乃召见,载与归。入宫,见殿屋帷帐,客曰:"夥,涉之为王沈沈者!"楚人谓多为夥,故天下传之"夥涉为王",由陈涉始。客出入愈益发舒,言胜故情。或言"客愚无知,专妄言,轻威"。胜斩之。诸故人皆自引去,由是无亲胜者。以朱防为中正,胡武为司过,主司群臣。诸将徇地,至,令之不是者,系而罪之。以苛察为忠。其所不善者,不下吏,辄自治。胜信用之,诸将以故不亲附。此其所以败也。

胜虽已死,其所置遣侯王将相竟亡秦。高祖时为胜置守冢于砀,至今血食。王莽败,乃绝。

项籍字羽,下相人也。初起,年二十四。其季父梁,梁父即楚名将项燕者也。家世楚将,封于项,故姓项氏。

籍少时,学书不成,去;学剑又不成,去。梁怒之。籍曰:"书足记姓名而已。剑一人敌,不足学,学万人敌耳。"于是梁奇其意,乃教以兵法。籍大喜,略知其意,又不肯竟。梁尝有栎阳逮,请蕲狱掾曹咎书抵栎阳狱史司马欣,以故事皆已。梁尝杀人,与籍避仇吴中。吴中贤士大夫皆出梁下。每有大繇役及丧,梁常主办,阴以兵法部勒宾客子弟,以知其能。秦始皇帝东游会稽,渡浙江,梁与籍观。籍曰:"彼可取而代也。"梁掩其口,曰:"无妄言,族矣!"梁以此奇籍。籍长八尺二寸,力扛鼎,才气过人。吴中子弟皆惮籍。

秦二世元年,陈胜起。九月,会稽假守通素贤梁,乃召与计事。梁曰:"方今江西皆反秦,此亦天亡秦时也。先发制人,后发制于人。"守叹曰:"闻夫子楚将世家,唯足下耳!"梁曰:"吴有奇士桓楚,亡在泽中,人莫知其处,独籍知之。"梁乃戒籍持剑居外待。梁复入,与守语曰:"请召籍,使受令召桓楚。"籍入,梁眴籍曰:"可行矣!"籍遂拔剑击斩守。梁持守头,佩其印绶。门下惊扰,籍所击杀数十百人。府中皆慴伏,莫敢复起。梁乃召故人所知豪吏,谕以所为,遂举吴中兵。使人收下县,得精兵八千人,部署豪桀为校尉、候、司马。有一人不得官,自言。梁曰:"某时某丧,使公主某事,不能办,以故不任公。"众乃皆服。梁为会稽将,籍为裨将,徇下县。

秦二年,广陵人召平为陈胜徇广陵,未下。闻陈胜败走,秦将章邯且至,乃渡江矫陈王令,拜梁为楚上柱国,曰:"江东已定,急引兵西击秦。"梁乃以八千人渡江而西。闻陈婴已下东阳,使使欲与连和俱西。陈婴者,故东阳令史,居县,素信,为长者。东阳少年杀其令,相聚数千人,欲立长,无适用,乃请陈婴。婴谢不能,遂强立之,县中从之者得二万人。欲立婴为王,异军苍头特起。婴母谓婴曰:"自吾为乃家妇,闻先故未曾贵。今暴得大名不祥,不如有所属,事成犹得封侯,事败易以亡,非世所指名也。"婴乃不敢为王,谓其军吏曰:"项氏世世将家,有功于楚,今欲举大事,将非其人,不可。我倚名族,亡秦必矣。"其众从之,乃以其兵属梁。梁渡淮,英布、蒲将军亦以其兵属焉。凡六七万人,军下邳。

是时,秦嘉已立景驹为楚王,军彭城东,欲以距梁。梁谓军吏曰:"陈王首事,战不利,未闻所在。今秦嘉背陈王立景驹,大逆亡道。"乃引兵击秦嘉。嘉军败走,追至胡陵。嘉还战一日,嘉死,军降。景驹走死梁地。梁已并秦嘉军,军胡陵,将引而西。章邯至栗,梁使别将朱鸡石、馀樊君与战。馀樊君死。朱鸡石败,亡走胡陵。梁乃引兵入薛,诛朱鸡石。梁前使羽别攻襄城,襄城坚守不下。已拔,皆坑之,还报梁。闻陈王定死,召诸别将会薛计事,时沛公亦从沛往。

居鄛人范增年七十,素好奇计,往说梁曰:"陈胜败固当。夫秦灭六国,楚最亡罪,自怀王入秦不反,楚人怜之至今,故南公称曰'楚虽三户,亡秦必楚'。今陈胜首事,不立楚后,其势不长。今君起江东,楚蜂起之将皆争附君者,以君世世楚将,为能复立楚之后也。"于是梁乃求楚怀王孙心,在民间为人牧羊,立以为楚怀王,从民望也。陈婴为上柱国,封五县,与怀王都盱台。梁自号武信君,引兵攻亢父。

初,章邯既杀齐王田儋于临菑,田假复自立为齐王。儋弟荣走保东阿,章邯追围之。梁引兵救东阿,大破秦军东阿。田荣即引兵归,逐王假,假亡走楚,相田角亡走赵。角弟间,故将,居赵不敢归。田荣立儋子市为齐王。梁已破东阿下军,遂追秦军。数使使趣齐兵俱西。荣曰:"楚杀田假,赵杀田角、田间,乃发兵。"梁曰:"田假与国之王,穷来归我,不忍杀。"赵亦不杀角、间以市于齐。齐遂不肯发兵助楚。梁使羽与沛公别攻城阳,屠之。西破秦军濮阳东,秦兵收入濮阳。沛公、羽攻定陶,定陶未下,去,西略地至雍丘,大破秦军,斩李由。还攻外黄,外黄未下。

梁起东阿,比至定陶,再破秦军,羽等又斩李由,益轻秦,有骄色。宋义谏曰:"战胜而将骄卒惰者败。今少惰矣,秦兵日益,臣为君畏之。"梁不听。乃使宋义于齐。道遇齐使者高陵君显,曰:"公将见武信君乎?"曰:"然。"义曰:"臣论武信君军必败。公徐行则免,疾行则及祸。"秦果悉起兵益章邯,夜衔枚击楚,大破之定陶,梁死。沛公与羽去外黄,攻陈留,陈留坚守不下。沛公、羽相与谋曰:"今梁军败,士卒恐。"乃与吕臣俱引兵而东。吕臣军彭城东,羽军彭城西,沛公军砀。

章邯已破梁军,则以为楚地兵不足忧,乃渡河北击赵,大破之。当此之时,赵歇为王,陈馀为将,张耳为相,走入巨鹿城。秦将王离、涉间围巨鹿,章邯军其南,筑甬道而输之粟。陈馀将卒数万人军巨鹿北,所谓河北军也。

宋义所遇齐使者高陵君显见楚怀王曰:"宋义论武信

君必败,数日果败。军未战先见败征,可谓知兵矣。"王召宋义与计事而说之,因以为上将军,羽公鲁公,为次将,范增为末将。诸别将皆属,号卿子冠军。北救赵,至安阳,留不进。秦三年,羽谓宋义曰:"今秦军围巨鹿,疾引兵渡河,楚击其外,赵应其内,破秦军必矣。"宋义曰:"不然。夫搏牛之虻不可以破虮。今秦攻赵,战胜则兵罢,我承其敝;不胜,则我引兵鼓行而西,必举秦矣。故不如先斗秦、赵。夫击轻锐,我不如公;坐运筹策,公不如我。"因下令军中曰:"猛如虎,狠如羊,贪如狼,强不可令者,皆斩。"遣其子襄相齐,身送之无盐,饮酒高会。天寒大雨,士卒冻饥。羽曰:"将戮力而攻秦,久留不行。今岁饥民贫,卒食半菽,军无见粮,乃饮酒高会,不引兵渡河因赵食,与并力击秦,乃曰'承其敝'。夫以秦之强,攻新造之赵,其势必举赵。赵举秦强,何敝之承!且国兵新破,王坐不安席,扫境内而属将军,国家安危,在此一举。今不恤士卒而徇私,非社稷之臣也。"羽晨朝上将军宋义,即其帐中斩义头,出令军中曰:"宋义与齐谋反楚,楚王阴令籍诛之。"诸将詟服,莫敢枝梧。皆曰:"首立楚者,将军家也。今将军诛乱。"乃相与共立羽为假上将军。使人追宋义子,及之齐,杀之。使桓楚报命于王。王因使使立羽为上将军。

羽已杀卿子冠军,威震楚国,名闻诸侯。乃遣当阳君、蒲将军将卒二万人渡河救巨鹿。战少利,陈馀复请兵。羽乃悉引兵渡河。已渡,皆湛舡,破釜甑,烧庐舍,持三日粮,视士必死,无还心。于是至则围王离,与秦军遇,九战,绝甬道,大破之,杀苏角,虏王离。涉閒不降,自烧杀。当是时,楚兵冠诸侯。诸侯军救巨鹿者十余壁,莫敢纵兵。及楚击秦,诸侯皆从壁上观。楚战士无不一当十,呼声动天地。诸侯军人人惴恐。于是楚已破秦军,羽见诸侯将,入辕门,膝行而前,莫敢仰视。羽由是始为诸侯上将军,兵皆属焉。

章邯军棘原,羽军漳南,相持未战。秦军数却,二世使人让章邯。章邯恐,使长史欣请事。至咸阳,留司马门三日,赵高不见,有不信之心。长史欣恐,还走,不敢出故道。赵高果使人追之,不及。欣至军,报曰:"事亡可为者。相国赵高专国主断。今战而胜,高嫉吾功;不胜,不免于死。愿将军熟计之。"陈馀亦遗章邯书曰:"白起为秦将,南并鄢、郢,北坑马服,攻城略地,不可胜计,而卒赐死。蒙恬为秦将,北逐戎人,开榆中地数千里,竟斩阳周,何者?功多,秦不能封,因以法诛之。今将军为秦将三岁矣,所亡失已十万数,而诸侯并起兹益多。彼赵高素谀日久,今事急,亦恐二世诛之,故欲以法诛将军以塞责,使人更代以脱其祸。将军居外久,多内隙,有功亦诛,亡功亦诛。且天之亡秦,无愚智皆知之。今将军内不能直谏,外为亡国将,孤立而欲长存,岂不哀哉!将军何不还兵与诸侯为从,南面称孤,孰与身伏斧质,妻子为戮乎?"章邯狐疑,阴使候始成使羽,欲约。约未成,羽使蒲将军引兵渡三户,军漳南,与秦战,再破之。羽悉引兵击秦军汙水上,大破之。邯使使见羽,欲约。羽召军吏谋曰:"粮少,欲听其约。"军吏皆曰:"善。"羽乃与盟洹水南殷虚上。已盟,章邯见羽流涕,为言赵高。羽乃立章邯为雍王,置军中。使长史欣为上将,将秦军行前。

汉元年,羽将诸侯兵三十余万,行略地至河南,遂西到新安。异时诸侯吏卒繇役屯戍过秦中,秦中遇之多亡状,及秦军降诸侯,诸侯吏卒乘胜奴虏使之,轻折辱秦吏卒。吏卒多窃言曰:"章将军等诈吾属降诸侯,今能入关破秦,大善;即不能,诸侯虏吾属而东,秦又尽诛吾父母妻子。"诸将微闻其计,以告羽。羽乃召英布、蒲将军计曰:"秦吏卒尚众,其心不服,至关不听,事必危,不如击之,独与章邯、长史欣、都尉翳入秦。"于是夜击坑秦军二十余万人。

至函谷关,有兵守,不得入。闻沛公已屠咸阳,羽大怒,使当阳君击关。羽遂入,至戏西鸿门,闻沛公欲王关中,独有秦府库珍宝。亚父范增亦大怒,劝羽击沛公。飨士,旦日合战,羽季父项伯素善张良。良时从沛公,项伯夜以语良。良与俱见沛公,因伯自解于羽。明日,沛公从百余骑至鸿门谢羽,自陈"封秦府库,还军霸上以待大王,闭关以备他盗,不敢背德。"羽意既解,范增欲害沛公,赖张良、樊哙得免。语在《高纪》。

后数日,羽入屠咸阳,杀秦降王子婴,烧其宫室,火三月不灭;收其宝货,略妇女而东。秦民失望。于是韩生说羽曰:"关中阻山带河,四塞之地,肥饶,可都以伯。"羽见秦宫室皆已烧残,又怀思东归,曰:"富贵不归故乡,如衣锦夜行。"韩生曰:"人谓楚人沐猴而冠,果然。"羽闻之,斩韩生。

初,怀王与诸将约,先入关者王其地。羽既背约,使人致命于怀王。怀王曰:"如约。"羽乃曰:"怀王者,吾家武信君所立耳,非有功伐,何以得专主约?天下初发难,假立诸侯后以伐秦。然身披坚执锐首事,暴露于野三年,灭秦定天下者,皆将相诸君与籍力也。怀王亡功,固当分其地王之。"诸将皆曰:"善。"羽乃阳尊怀王为义帝,曰:"古之王者,地方千里,必居上游。"徙之长沙,都郴。乃分天下以王诸侯。

羽与范增疑沛公,业已讲解,又恶背约,恐诸侯叛之,阴谋曰:"巴、蜀道险,秦之迁民皆居之。"乃曰:"巴、蜀亦关中地。"故立沛公为汉王,王巴、蜀、汉中。而参分关中,王秦降将以距塞汉道。乃立章邯为雍王,王咸阳以西。长史司马欣,故栎阳狱吏,尝有德于梁;都尉董翳,本劝章邯降。故立欣为塞王,王咸阳以东至河;立翳为翟王,王上郡。徙魏王豹为西魏王,王河东。瑕丘公申阳者,张耳嬖臣也,先下河南,迎楚河上。立阳为河南王。赵将司马卬定河内,数有功。立卬为殷王,王河内。徙赵王歇王代。赵相张耳素贤,又从入关,立为常山王,王赵地。当阳君英布为楚将,常冠军。立布为九江王。番君吴芮帅百粤佐诸侯从入关。立芮为衡山王。义帝柱国共敖将兵击南郡,功多,因立为临江王。徙燕王韩广为辽东王。燕将臧荼从楚救赵,因从入关。立荼为燕王。徙齐王田市为胶东王。齐将田都从共救赵,入关。立都为齐王。故秦所灭齐王建孙田安,羽方渡河救赵,安下济北数城,引兵降羽。立安为济北王。田荣者,背梁不肯助楚击秦,以故不得封。陈馀弃将印去,不入关,然素闻其贤,有功于赵,闻其在南皮,故因环封之三县。番君将梅鋗功多,故封十万户侯。羽自立为西楚伯王,王梁、楚地九郡，都彭城。诸侯各就国。

田荣闻羽徙齐王市胶东，而立田都为齐王，大怒，不肯遣市之胶东，因以齐反，迎击都。都走楚。市畏羽，乃亡之胶东就国。荣怒，追杀之即墨，自立为齐王。予彭越将军印，令反梁地。越乃击杀济北王田安。田荣遂并王三齐之地。时汉王还定三秦。羽闻汉并关中，且东，齐、梁畔之，大怒，乃以故吴令郑昌为韩王以距汉，令萧公角等击彭越。越败萧公角等。时，张良徇韩，遗项王书曰："汉王失职，欲得关中，如约即止，不敢东。"又以齐、梁反书遗羽，羽以此故无西意，而北击齐。征兵九江王布，布称疾不行，使将将数千人往。

二年，羽阴使九江王布杀义帝。陈馀使张同、夏说说齐王荣，曰："项王为天下宰不平，今尽王故王于丑地，而王群臣诸将善地，逐其故主赵王，乃北居代，馀以为不可。闻大王起兵，且不听不义，愿大王资馀兵，使击常山，以复赵王，请以国为扞蔽。"齐王许之，因遣兵往。陈馀悉三县兵，与齐并力击常山，大破之。张耳走归汉。陈馀迎故赵王歇反之赵。赵因立馀为代王。羽至城阳，田荣亦将兵会战。荣不胜，走至平原，平原民杀之。羽遂北烧夷齐城郭室屋，皆坑降卒，系虏老弱妇女。徇齐至北海，所过残灭。齐人相聚而畔之。于是田荣弟横收得亡卒数万人，反城阳。羽因留，连战未能下。

汉王劫五诸侯兵，凡五十六万人，东伐楚。羽闻之，即令诸将击齐，而自以精兵三万人南从鲁出胡陵。汉王皆已破彭城，收其货赂美人，日置酒高会。羽乃从萧晨击汉军而东，至彭城，日中，大破汉军。汉军皆走，迫之穀、泗水。汉军皆南走山，楚又追击至灵壁东睢水上。汉军却，为楚所挤，多杀。汉卒十余万皆入睢水，睢水为不流。汉王乃与数十骑遁去。语在《高纪》。太后、吕后间求汉王，反遇楚军。楚军与归，羽常置军中。汉王稍收散卒，萧何亦发关中卒悉诣荥阳，战京、索间，败楚。楚以故不能过荥阳而西。汉军荥阳，筑甬道，取敖仓食。

三年，羽数击绝汉甬道，汉王食乏，请和，割荥阳以西为汉。羽欲听之。历阳侯范增曰："汉易与耳，今不取，后必悔之。"羽乃急围荥阳。汉王患之，乃与陈平金四万斤以间楚君臣。语在《陈平传》。项羽以故疑范增，稍夺之权。范增怒曰："天下事大定矣，君王自为之！愿赐骸骨归。"行未至彭城，疽发背死。于是汉将纪信诈为汉王出降，以诳楚军，故汉王得与数十骑从西门出。令周苛、枞公、魏豹守荥阳。汉王西入关收兵，还出宛、叶间，与九江王黥布行收兵。羽闻之，即引兵南。汉王坚壁不与战。

是时，彭越渡睢，与项声、薛公战下邳，杀薛公。羽乃东击彭越。汉王亦引兵北军成皋。羽已破走彭越，引兵西下荥阳城，亨周苛，杀枞公，虏韩王信，进围成皋。汉王跳，独与滕公得出。北渡河，至修武，从张耳、韩信。楚遂拔成皋。汉王得韩信军，留止，使卢绾、刘贾渡白马津入楚地，佐彭越共击破楚军燕郭西，烧其积聚，攻下梁地十余城。羽闻之，谓海春侯大司马曹咎曰："谨守成皋。即汉欲挑战，慎毋与战，勿令得东而已。我十五日必定梁地，复从将军。"于是引兵东。

四年，羽击陈留、外黄，外黄不下。数日降，羽悉令男子年十五以上诣城东，欲坑之。外黄令舍人儿年十三，往说羽曰："彭越强劫外黄，外黄恐，故且降，待大王。大王至，又皆坑之，百姓岂有所归心哉！从此以东，梁地十余城皆恐，莫肯下矣。"羽然其言，乃赦外黄当坑者。而东至睢阳，闻之皆争下。

汉果数挑楚军战，楚军不出。使人辱之，五六日，大司马怒，渡兵汜水。卒半渡，汉击，大破之，尽得楚国金玉货赂。大司马咎、长史欣皆自到汜水上。咎故蕲狱掾，欣故塞王，羽信任之。羽至睢阳，闻咎等破，则引兵还。汉军方围钟离昧于荥阳东，羽军至，汉军畏楚，尽走险阻。羽亦军广武相守，乃为高俎，置太公其上，告汉王曰："今不急下，吾亨太公。"汉王曰："吾与若俱北面受命怀王，约为兄弟，吾翁即汝翁。必欲亨乃翁，幸分我一杯羹。"羽怒，欲杀之。项伯曰："天下事未可知。且为天下者不顾家，虽杀之无益，但益怨耳。"羽从之。乃使人谓汉王曰："天下匈匈，徒以吾两人，愿与王挑战，决雌雄，毋徒罢天下父子为也。"汉王笑谢曰："吾宁斗智，不能斗力。"羽令壮士出挑战。汉有善骑射曰楼烦，楚挑战，三合，楼烦辄射杀之。羽大怒，自被甲持戟挑战。楼烦欲射，羽嗔目叱之。楼烦目不能视，手不能发，走还入壁，不敢复出。汉王使间问之，乃羽也，汉王大惊。于是羽与汉王相与临广武间而语。汉王数羽十罪。语在《高纪》。羽怒，伏弩射伤汉王。汉王入成皋。

时，彭越数反梁地，绝楚粮食，又韩信破齐，且欲击楚。羽使从兄子项它为大将，龙且为裨将，救齐。韩信破杀龙且，追至成阳，虏齐王广。信遂自立为齐王。羽闻之，恐，使武涉往说信。语在《信传》。

时，汉关中兵益出，食多，羽兵食少。汉王使侯公说羽，羽乃与汉王约，中分天下，割鸿沟而西者为汉，东者为楚，归汉王父母妻子。已约，羽解而东。

五年，汉王进兵追羽，至固陵，复为羽所败。汉王用张良计，致齐王信、建成侯、彭越兵，及刘贾入楚地，围寿春。大司马周殷叛楚，举九江兵随刘贾，迎黥布，与齐、梁诸侯皆大会。

羽壁垓下，军少食尽。汉帅诸侯兵围之数重。羽夜闻汉军四面皆楚歌，乃惊曰："汉皆已得楚乎？是何楚人多也！"起饮帐中。有美人姓虞氏，常幸从；骏马名骓，常骑。乃悲歌慷慨，自为歌诗曰："力拔山兮气盖世，时不利兮骓不逝。骓不逝兮可奈何！虞兮虞兮奈若何！"歌数曲，美人和之。羽泣下数行，左右皆泣，莫能仰视。

于是羽遂上马，戏下骑从者八百余人，夜直溃围南出驰。平明，汉军乃觉之，令骑将灌婴以五千骑追羽。羽渡淮，骑能属者百余人。羽至阴陵，迷失道，问一田父，田父绐曰"左"。左，乃陷大泽中，以故汉追及之。羽复引而东，至东城，乃有二十八骑。追者数千，羽自度不得脱，谓其骑曰："吾起兵至今八岁矣，身七十余战，所当者破，所击者服，未尝败北，遂伯有天下。然今卒困于此，此天亡我，非战之罪也。今日固决死，愿为诸军快战，必三胜，斩将，艾旗，乃后死，使诸君知吾非用兵罪，天亡我也。"于是引其骑因四隤山而为圜陈外向，汉骑围之数重。羽谓其骑曰：

"吾为公取彼一将。"令四面骑驰下,期山东为三处。于是羽大呼驰下,汉军皆披靡。遂杀汉一将。是时,杨喜为郎骑,追羽,羽还叱之,喜人马俱惊,辟易数里。与其骑会三处。汉军不知羽所居,分军为三,复围之。羽乃驰,复斩汉一都尉,杀数十百人。复聚其骑,亡两骑。乃谓骑曰:"何如?"骑皆服曰:"如大王言。"

于是羽遂引东,欲渡乌江。乌江亭长枻船待,谓羽曰:"江东虽小,地方千里,众数十万,亦足王也。愿大王急渡。今独臣有船,汉军至,亡以渡。"羽笑曰:"乃天亡我,何渡为!且籍与江东子弟八千人渡而西,今亡一人还,纵江东父兄怜而王我,我何面目见之哉?纵彼不言,籍独不愧于心乎!"谓亭长曰:"吾知公长者也,吾骑此马五岁,所当无敌,尝一日千里,吾不忍杀,以赐公。"乃令骑皆去马,步持短兵接战。羽独所杀汉军数百人。羽亦被十余创。顾见汉骑司马吕马童曰:"若非吾故人乎?"马童面之,指王翳曰:"此项王也。"羽乃曰:"吾闻汉购我头千金,邑万户,吾为公得。"乃自刭。王翳取其头,乱相蹂蹈争羽相杀者数十人。最后杨喜、吕马童、郎中吕胜、杨武各得其一体。故分其地以封五人,皆为列侯。

汉王乃以鲁公号葬羽于谷城。诸项支属皆不诛。封项伯等四人为列侯,赐姓刘氏。

赞曰:昔贾生之《过秦》曰:

秦孝公据殽、函之固,拥雍州之地,君臣固守而窥周室,有席卷天下,包举宇内,囊括四海,并吞八荒之心。当是时也,商君佐之,内立法度,务耕织,修守战之备,外连衡而斗诸侯。于是秦人拱手而取西河之外。

孝公既没,惠文、武、昭襄蒙故业,因遗策,南取汉中,西举巴、蜀,东割膏腴之地,收要害之郡。诸侯恐惧,会盟而谋弱秦,不爱珍器重宝肥饶之地,以致天下之士。合从缔交,相与为一。当此之时,齐有孟尝,赵有平原,楚有春申,魏有信陵。此四贤者,皆明智而忠信,宽厚而爱人,尊贤重士,约从离衡,兼韩、魏、燕、赵、宋、卫、中山之众。于是六国之士有甯越、徐尚、苏秦、杜赫之属为之谋,齐明、周最、陈轸、召滑、楼缓、翟景、苏厉、乐毅之徒通其意,吴起、孙膑、带他、兒良、王廖、田忌、廉颇、赵奢之朋制其兵。常以十倍之地,百万之军,仰关而攻秦。秦人开关延敌,九国之师遁巡而不敢进。秦无亡矢遗镞之费,而天下已困矣。于是从散约败,争割地而赂秦。秦有余力而制其弊,追亡逐北,伏尸百万,流血漂卤,因利乘便,宰割天下,分裂山河;强国请服,弱国入朝。

施及孝文、庄襄王,享国之日浅,国家亡事。

及至始皇,奋六世之余烈,振长策而驭宇内,吞二周而亡诸侯,履至尊而制六合,执敲扑以鞭笞天下,威震四海。南取百粤之地,以为桂林、象郡。百粤之君颇首系颈,委命下吏。乃使蒙恬北筑长城而守藩篱,却匈奴七百余里,胡人不敢南下而牧马,士不敢弯弓而报怨。于是废先王之道,焚百家之言,以愚黔首。堕名城,杀豪俊,收天下之兵聚之咸阳,销锋镝铸以为金人十二,以弱天下之民。然后践华为城,因河为池,据亿丈之城,临不测之川,以为固。良将劲弩,守要害之处,信臣精卒,陈利兵而谁何。天下已定,始皇之心,自以为关中之固,金城千里,子孙帝王万世之业也。

始皇既没,余威震于殊俗,然而陈涉,瓮牖绳枢之子,氓隶之人,迁徙之徒也,材能不及中庸,非有仲尼、墨翟之知,陶朱、猗顿之富。蹑足行伍之间,而免起阡陌之中,帅罢散之卒,将数百之众,转而攻秦。斩木为兵,揭竿为旗,天下云合向应,赢粮而景从,山东豪俊遂并起而亡秦族矣。

且天下非小弱也;雍州之地,殽、函之固,自若也。陈涉之位,不齿于齐、楚、燕、赵、韩、魏、宋、卫、中山之君;钼耰棘矜,不敌于钩戟长铩;適戍之众,不亢于九国之师;深谋远虑,行军用兵之道,非及曩时之士也。然而成败异变,功业相反,何也?试使山东之国与陈涉度长絜大,比权量力,不可同年而语矣。然秦以区区之地,致万乘之权,招八州而朝同列,百有余年,然后以六合为家,殽、函为宫。一夫作难而七庙堕,身死人手,为天下笑者,何也?仁谊不施,而攻守之势异也。

周生亦有言,"舜盖重瞳子",项羽又重瞳子,岂其苗裔邪?何其兴之暴也!夫秦失其政,陈涉首难,豪桀蜂起,相与并争,不可胜数。然羽非有尺寸,乘势拔起陇亩之中,三年,遂将五诸侯兵灭秦,分裂天下而威海内,封立王侯,政由羽出,号为"伯王",位虽不终,近古以来未尝有也。及羽背关怀楚,放逐义帝,而怨王侯畔己,难矣。自矜功伐,奋其私智而不师古,始霸王之国,欲以力征经营天下,五年卒亡其国,身死东城,尚不觉寤,不自责过失,乃引"天亡我,非用兵之罪",岂不谬哉!

卷三十二　　　张耳陈馀传第二

张耳,大梁人也,少时及魏公子毋忌为客。尝亡命游外黄,外黄富人女甚美,庸奴其夫,亡邸父客。父客谓曰:"必欲求贤夫,从张耳。"女听,为请决,嫁之。女家厚奉给耳,耳以故致千里客,宦为外黄令。

陈馀,亦大梁人,好儒术。游赵苦陉,富人公乘氏以其女妻之。馀年少,父事耳,相与为刎颈交。

高祖为布衣时,尝从耳游。秦灭魏,购求耳千金,馀五百金。两人变名姓,俱之陈,为里监门。吏尝以过笞馀,馀欲起,耳摄使受笞。吏去,耳数之曰:"始吾与公言何如?今见小辱而欲死一吏乎?"馀谢罪。

陈涉起蕲至陈,耳、馀上谒涉。涉及左右生平数闻耳、馀贤,见,大喜。陈豪桀说涉曰:"将军被坚执锐,帅士卒以诛暴秦,复立楚社稷,功德宜为王。"陈涉问两人,两人对曰："将军嗔目张胆，出万死不顾之计，为天下除残。今始至陈而王之，视天下私。愿将军毋王，急引兵而西，遣人立六国后，自为树党。如此，野无交兵，诛暴秦，据咸阳以令诸侯，则帝业成矣。今独王陈，恐天下解也。"涉不听，遂立为王。

耳、馀复说陈王曰："大王兴梁、楚，务在入关，未及收河北也。臣尝游赵，知其豪桀，愿请奇兵略赵地。"于是陈王许之，以所善陈人武臣为将军，耳、馀为左右校尉，与卒三千人，从白马渡河。至诸县，说其豪桀曰："秦为乱政虐刑，残灭天下，北为长城之役，南有五岭之戍，外内骚动，百姓罢敝，头会箕敛，以供军费，财匮力尽，重以苛法，使天下父子不相聊。今陈王奋臂为天下倡始，莫不乡应，家自为怒，各报其怨，县杀其令丞，郡杀其守尉。今以张大楚，王陈，使吴广、周文将卒百万西击秦。于此时而不成封侯之业者，非人豪也。夫因天下之力而攻无道之君，报父兄之怨而成割地之业，此一时也。"豪桀皆然其言。乃行收兵，得数万人，号武信君。下赵十城，余皆城守莫肯下。乃引兵东北击范阳。范阳人蒯通说其令徐公降武信君，又说武信君以侯印封范阳令。语在《通传》。赵地闻之，不战下者三十余城。

至邯郸，耳、馀闻周章军入关，至戏却；又闻诸将为陈王徇地、多以谗毁得罪诛。怨陈王不以为将军而以为校尉，乃说武臣曰："陈王非必立六国后。今将军下赵数十城，独介居河北，不王无以填之。且陈王听谗，还报，恐不得脱于祸。愿将军毋失时。"武臣听，遂立为赵王。以馀为大将军，耳为丞相。使人报陈王，陈王大怒，欲尽族武臣等家，而发兵击赵。相国房君谏曰："秦未亡，今又诛武臣等家，此生一秦也。不如因而贺之，使急引兵西击秦。"陈王从其计，徙系武臣等家宫中，封陈王子敖为成都君。使使者贺赵，趣兵西入关。耳、馀说武臣曰："王王赵，非楚意，特以计贺王。楚已灭秦，必加兵于赵。愿王毋西兵，北徇燕、代，南收河内以自广。赵南据大河，北有燕、代，楚虽胜秦，必不敢制赵。"赵王以为然，因不西兵，而使韩广略燕，李良略常山，张黡略上党。

韩广至燕，燕人因立广为燕王。赵王乃与耳、馀北略地燕界。赵王间出，为燕军所得。燕囚之，欲与分地。使者往，燕辄杀之，以固其地。耳、馀患之。有厮养卒谢其舍曰："吾为二公说燕，与赵王载归。"舍中人皆笑曰："使者往十辈皆死，若何以能得王？"乃走燕壁。燕将见之，问曰："知臣何欲？"燕将曰："若欲得王耳。"曰："君知张耳、陈馀何如人也？"燕将曰："贤人也。"曰："其志何欲？"燕将曰："欲得其王耳。"赵卒笑曰："君未知两人所欲也。夫武臣、张耳、陈馀，杖马箠下赵数十城，亦各欲南面而王。夫臣之与主，岂可同日道哉！顾其势初定，且以长少先立武臣，以持赵心。今赵地已服，两人亦欲分赵而王，时未可耳。今君囚赵王，念此两人名为求王，实欲燕杀之，此两人分赵而王。夫以一赵尚易燕，况以两贤王左提右挈，而责杀王，灭燕易矣。"燕以为然，乃归赵王。养卒为御而归。

李良已定常山，还报赵王，赵王复使良略太原。至石邑，秦兵塞井陉，未能前。秦将诈称二世使使遗良书，不

封，曰："良尝事我，得显幸，诚能反赵为秦，赦良罪，贵良。"良得书，疑不信。之邯郸益请兵。未至，道逢赵王姊，从百余骑。良望见，以为王，伏谒道旁。王姊醉，不知其将，使骑谢良。良素贵，起，惭其从官。从官有一人曰："天下叛秦，能者先立。且赵王素出将军下，今女儿乃不为将军下车，请追杀之。"良以得秦书，欲反赵，未决，因此怒，遣人追杀王姊，遂袭邯郸。邯郸不知，竟杀武臣。赵人多为耳、馀耳目者，故得脱出，收兵得数万人。客有说耳、馀曰："两君羁旅，而欲附赵，难可独立；立赵后，辅以谊，可就功。"乃求得赵歇，立为赵王，居信都。

李良进兵击馀，馀败良。良走归章邯。章邯引兵至邯郸，皆徙其民河内，夷其城郭。耳与赵王歇走入巨鹿城，王离围之。馀北收常山兵，得数万人，军巨鹿北。章邯军巨鹿南棘原，筑甬道属河，饷王离。王离兵食多，急攻巨鹿。巨鹿城中食尽，耳数使人召馀，馀自度兵少，不能敌秦，不敢前。数月，耳大怒，怨馀，使张黡、陈释往让馀曰："始吾与公为刎颈交，今王与耳旦暮死，而公拥兵数万，不肯相救，胡不赴秦俱死？且什有一二相全。"馀曰："所以不俱死，欲为赵王、张君报秦。今俱死，如以肉餧虎，何益？"张黡、陈释曰："事已急，要以俱死立信，安知后虑！"馀曰："吾顾以无益。"乃使五千人令张黡、陈释先尝秦军，至皆没。

当是时，燕、齐、楚闻赵急，皆来救。张敖亦北收代，得万余人来，皆壁馀旁。项羽兵数绝章邯甬道，王离军乏食。项羽悉引兵渡河，破章邯军。诸侯军乃敢击秦军，遂虏王离。于是赵王歇、张耳得出巨鹿，与馀相见，责让馀，问："张黡、陈释所在？"馀曰："黡、释以必死责臣，臣使校五千人先尝秦军，皆没。"耳不信，以为杀之，数问馀。馀怒曰："不意君之望臣深也！岂以臣重去将哉？"乃脱解印绶与耳，耳不敢受。馀起如厕，客有说耳曰："天予不取，反受其咎。今陈将军与君印绶，不受，反天不祥。急取之！"耳乃佩其印，收其麾下。馀还，亦望耳不让，趋出。耳遂收其兵。馀独与麾下数百人之河上泽中渔猎。由此有隙。

赵王歇复居信都。耳从项羽入关。项羽立诸侯，耳雅游，多为人所称。项羽素亦闻耳贤，乃分赵立耳为常山王，治信都。信都更名襄国。

馀客多说项羽："陈馀、张耳一体有功于赵。"羽以馀不从入关，闻其在南皮，即以南皮旁三县封之。而徙赵王歇王代。耳之国，馀愈怒曰："耳与馀功等也，今耳王，馀独侯！"及齐王田荣叛楚，馀乃使夏说说田荣曰："项羽为天下宰不平，尽王诸将善地，徙故王王恶地，今赵王乃居代！愿王假臣兵，请以南皮为扞蔽。"田荣欲树党，乃遣兵从馀。馀悉三县兵，袭常山王耳。耳败走，曰："汉王与我有故，而项王强，立我，我欲之楚。"甘公曰："汉王之入关，五星聚东井。东井者，秦分也。先至必王。楚虽强，后必属汉。"耳走汉，汉亦还定三秦，方围章邯废丘。耳谒汉王，汉王厚遇之。

馀已败耳，皆收赵地，迎赵王于代，复为赵王。赵王德馀，立以为代王。馀为赵王弱，国初定，留傅赵王，而使夏说以相国守代。

汉二年，东击楚，使告赵，欲与俱。馀曰："汉杀张耳乃

从。"于是汉求人类耳者,斩其头遗馀,馀乃遣兵助汉。汉败于彭城西,馀亦闻耳诈死,即背汉。汉遣耳与韩信击破赵井陉,斩馀泜水上,追杀赵王歇襄国。

四年夏,立耳为赵王。五年秋,耳薨,谥曰景王。子敖嗣立为王,尚高祖长女鲁元公主,为王后。

七年,高祖从平城过赵,赵王旦暮自上食,体甚卑,有子婿礼,高祖箕踞骂詈,甚慢之。赵相贯高、赵午年六十余,故耳客也,怒曰:"吾王孱王也!"说敖曰:"天下豪桀并起,能者先立,今王事皇帝甚恭,皇帝遇王无礼,请为王杀之。"敖啮其指出血,曰:"君何言之误!且先王亡国,赖皇帝得复国,德流子孙,秋毫皆帝力也。愿君无复出口。"贯高等十余人相谓曰:"吾等非也。吾王长者,不背德。且吾等义不辱,今帝辱我王,故欲杀之,何乃污王为?事成归王,事败独身坐耳。"

八年,上从东垣过。贯高等乃壁人柏人,要之置厕。上过欲宿,心动,问曰:"县名为何?"曰:"柏人。""柏人者,迫于人!"不宿,去。

九年,贯高怨家知其谋,告之。于是上逮捕赵王诸反者。赵午等十余人皆争自刭,贯高独怒骂曰:"谁令公等为之!今王实无谋,而并捕王;公等死,谁当白王不反者?"乃槛车与王诣长安。高对狱曰:"独吾属为之,王不知也。"吏榜笞数千,刺爇,身无完者,终不复言。吕后数言张王以鲁元故,不宜有此。上怒曰:"使张敖据天下,岂少乃女乎!"廷尉以贯高辞闻,上曰:"壮士!谁知者,以私问之。"中大夫泄公曰:"臣素知之,此固赵国立名义不侵为然诺者也。"上使泄公持节问之箯舆前。卬视泄公,劳苦如平生欢。与语,问:"张王果有谋不?"高曰:"人情岂不各爱其父母妻子哉?今吾三族皆以论死,岂以王易吾亲哉!顾为王实不反,独吾等为之。"具道本根所以、王不知状。于是泄公具以报上,上乃赦赵王。

上贤高能自立然诺,使泄公赦之,告曰:"张王已出,上多足下,故赦足下。"高曰:"所以不死,白张王不反耳。今王已出,吾责塞矣。且人臣有篡弑之名,岂有面目复事上哉!"乃仰绝亢而死。

敖已出,尚鲁元公主如故,封为宣平侯。于是上贤张王诸客,皆以为诸侯相、郡守。语在《田叔传》。及孝惠、高后、文、景时,张王客子孙皆为二千石。

初,孝惠时,齐悼惠王献城阳郡,尊鲁元公主为太后。高后元年,鲁元太后薨。后六年,宣平侯敖薨。吕太后立敖子偃为鲁王,以母为太后故也。又怜其年少孤弱,乃封敖前妇子二人:寿为乐昌侯,侈为信都侯。

高后崩,大臣诛诸吕,废鲁王及二侯。孝文即位,复封故鲁王偃为南宫侯。薨,子生嗣。武帝时,生有罪免,国除。元光中,复封偃孙广国为睢陵侯。薨,子昌嗣。太初中,昌坐不敬免,国除。孝元始二年,继绝世,封敖玄孙庆忌为宣平侯,食千户。

赞曰:张耳、陈馀,世所称贤,其宾客厮役皆天下俊桀,所居国无不取卿相者。然耳、馀始居约时,相然信死,岂顾问哉!及据国争权,卒相灭亡,何乡者慕用之诚,后相背之戾也!势利之交,古人羞之,盖谓是矣。

卷三十三
魏豹田儋韩王信传第三

魏豹,故魏诸公子也。其兄魏咎,故魏时封为宁陵君,秦灭魏,为庶人。陈胜之王也,咎往从之。胜使魏人周市徇魏地,魏地已下,欲立周市为魏王。市曰:"天下昏乱,忠臣乃见。今天下共畔秦,其谊必立魏王后乃可。"齐、赵使车各五十乘,立市为王。市不受,迎魏咎于陈,五反,陈王乃遣立咎为魏王。

章邯已破陈王,进兵击魏王于临济。魏王使周市请救齐、楚。齐、楚遣项它、田巴将兵,随市救魏。章邯遂击破杀周市等军,围临济。咎为其民约降。约降定,咎自杀。魏豹亡走楚。楚怀王予豹数千人,复徇魏地。项羽已破秦兵,降章邯,豹下魏二十余城,立为魏王。豹引精兵从项羽入关。羽封诸侯,欲有梁地,乃徙豹于河东,都平阳,为西魏王。

汉王还定三秦,渡临晋,豹以国属焉,遂从击楚于彭城。汉王败,还至荥阳,豹请视亲病,至国,则绝河津畔汉。汉王谓郦生曰:"缓颊往说之。"郦生往,豹谢曰:"人生一世间,如白驹过隙。今汉王嫚侮人,骂詈诸侯群臣如奴耳,非有上下礼节,吾不忍复见也。"汉王遣韩信击豹,遂虏之,传豹诣荥阳,以其地为河东、太原、上党郡。汉王令豹守荥阳。楚围之急,周苛曰:"反国之王,难与共守。"遂杀豹。

田儋,狄人也,故齐王田氏之族也。儋从弟荣,荣弟横,皆豪桀,宗强,能得人。陈涉使周市略地,北至狄,狄城守。儋阳为缚其奴,从少年之廷,欲谒杀奴。见狄令,因击杀令,而召豪吏子弟曰:"诸侯皆反秦自立,齐,古之建国,儋,田氏,当王。"遂自立为齐王,发兵击周市。市军还去,儋因率兵东略定齐地。

秦将章邯围魏王咎于临济,急。魏王请救于齐,儋将兵救魏。章邯夜衔枚击,大破齐、楚军,杀儋于临济下。儋从弟荣收儋余兵东走东阿。齐人闻儋死,乃立故齐王建之弟田假为王,田角为相,田间为将,以距诸侯。

荣之走东阿,章邯追围之。项梁闻荣急,乃引兵击破章邯东阿下。章邯走而西,项梁因逐之。而荣怒齐之立假,乃引兵归,击逐假。假亡走楚。相角亡走赵。角弟闻前救赵,因不敢归。荣乃立儋子市为王,荣相之,横为将,平齐地。

项梁既追章邯,章邯兵益盛,项梁使使趣齐兵共击章邯。荣曰:"楚杀田假,赵杀角、闻,乃出兵。"楚怀王曰:"田假与国之王,穷而归我,杀之不谊。"赵亦不杀田角、田间以市于齐。齐王曰:"蝮蠚手则斩手,蠚足则斩足。何者?为害于身也。田假、田角、田间于楚、赵,非手足戚,何故不杀?且秦复得志于天下,则龂龂首用事者坟墓矣。"楚、赵不听齐,齐亦怒,终不肯出兵。章邯果败杀项梁,破楚兵。楚兵东走,而章邯渡河围赵于巨鹿。项羽由此怨荣。

羽既存赵,降章邯,西灭秦,立诸侯王,乃徙齐王市更王胶东,治即墨。齐将田都从共救赵,因入关,故立都为齐王,治临菑。故齐王建孙田安,项羽方渡河救赵,安下济北数城,引兵降项羽,羽立安为济北王,治博阳。

荣以负项梁,不肯助楚攻秦,故不得王。赵将陈馀亦失职,不得王。二人俱怨项羽,荣使人将兵助陈馀,令反赵地,而荣亦发兵以距击田都,都亡走楚。荣留齐王市毋之胶东。市左右曰:"项王强暴,王不就国,必危。"市惧,乃亡就国。荣怒,追击杀市于即墨,还攻杀济北王安,自立为王,尽并三齐之地。

项王闻之,大怒,乃北伐齐。荣发兵距之城阳。荣兵败,走平原,平原民杀荣。项羽遂烧夷齐城郭,所过尽屠破。齐人相聚畔之。荣弟横收齐散兵,得数万人,反击项羽于城阳。而汉王帅诸侯败楚,入彭城。项羽闻之,乃释齐而归击汉于彭城,因连与汉战,相距荥阳。以故横复收齐城邑,立荣子广为王,而横相之,政事无巨细皆断于横。

定齐三年,闻汉将韩信引兵且东击齐,齐使华毋伤、田解军历下以距汉。会汉使郦食其往说王广及相横,与连和。横然之,乃罢历下守备,纵酒,且遣使与汉平。韩信乃渡平原,袭破齐历下军,因入临菑。王广、相横以郦生为卖己而亨之。广东走高密,横走博,守相田光走城阳,将军田既军于胶东。楚使龙且救齐,齐王与合军高密。汉将韩信、曹参破杀龙且,虏齐王广。汉将灌婴追得守相光,至博。而横闻王死,自立为王,还击婴,婴败横军于嬴下。横亡走梁,归彭越。越时居梁地,中立,且为汉,且为楚。韩信已杀龙且,因进兵破杀田既于胶东,灌婴破杀齐将田吸于千乘,遂平齐地。

汉灭项籍,汉王立为皇帝,彭越为梁王。横惧诛,而与其徒属五百余人入海,居岛中。高帝闻之,以横兄弟本定齐,齐人贤者多附焉,今在海中不收,后恐为乱,乃使使赦横罪而召之。横谢曰:"臣亨陛下之使郦食其,今闻其弟商为汉将而贤,臣恐惧,不敢奉诏,请为庶人,守海岛中。"使还报,高帝乃诏卫尉郦商曰:"齐王横即至,人马从者敢动摇者致族夷!"乃复使使持节具告以诏意,曰:"横来,大者王,小者乃侯耳;不来,且发兵加诛。"横乃与其客二人乘传诣洛阳。

至尸乡厩置,横谢使者曰:"人臣见天子,当洗沐。"止留。谓其客曰:"横始与汉王俱南面称孤,今汉王为天子,而横乃为亡虏,北面事之,其愧固已甚矣。又吾亨人之兄,与其弟并肩而事主,纵彼畏天子之诏,不敢动摇,我独不愧于心乎?且陛下所以欲见我,不过欲壹见我面貌耳。陛下在洛阳,今斩吾头,驰三十里间,形容尚未能败,犹可知也。"遂自刭,令客奉其头,从使者驰奏之高帝。高帝曰:"嗟乎,有以!起布衣,兄弟三人更王,岂非贤哉!"为之流涕,而拜其二客为都尉,发卒二千,以王者礼葬横。

既葬,二客穿其冢旁,皆自刭下从之。高帝闻而大惊,以横之客皆贤者,"吾闻其余尚五百人在海中",使使召至,闻横死,亦皆自杀。于是乃知田横兄弟能得士也。"

韩王信,故韩襄王孽孙也,长八尺五寸。项梁立楚怀王、燕、齐、赵、魏皆已前王,唯韩无有后,故立韩公子横阳君成为韩王,欲以抚定韩地。项梁死定陶,成奔怀王。沛公引兵击阳城,使张良以韩司徒徇韩地,得信,以为韩将,将其兵从入武关。

沛公为汉王,信从入汉中,乃说汉王曰:"项王王诸将,王独居此,迁也。士卒皆山东人,竦而望归,及其蜂东乡,可以争天下。"汉王还定三秦,乃许王信,先拜为韩太尉,将兵略韩地。

项籍之封诸王皆就国,韩王成以不从无功,不遣之国,更封为穰侯,后又杀之。闻汉遣信略韩地,乃令故籍游吴时令郑昌为韩王距汉。汉二年,信略定韩地十余城。汉王至河南,信急击韩王昌,昌降汉。汉乃立信为韩王,常将韩兵从。汉王使信与周苛等守荥阳,楚拔之,信降楚。已得亡归汉,汉复以为韩王,竟从击破项籍。五年春,与信剖符,王颍川。

六年春,上以为信壮武,北近巩、洛,南迫宛、叶,东有淮阳,皆天下劲兵处也,乃更以太原郡为韩国,徙信以备胡,都晋阳。信上书曰:"国被边,匈奴数入,晋阳去塞远,请治马邑。"上许之。秋,匈奴冒顿大入围信,信数使使胡求和解。汉发兵救之,疑信数间使,有二心。上赐信书责让之曰:"专死不勇,专生不任,寇攻马邑,君王力不足以坚守乎?安危存亡之地,此二者朕所以责于君王。"信得书,恐诛,因与匈奴约共攻汉,以马邑降胡,击太原。

七年冬,上自往击破信军铜鞮,斩其将王喜。信亡走匈奴。其将白土人曼丘臣、王黄立赵苗裔赵利为王,复收信散兵,而与信及冒顿谋攻汉。匈奴使左右贤王将万余骑与王黄等屯广武以南,至晋阳,与汉兵战,汉兵大破之,追至于离石,复破之。匈奴复聚兵楼烦西北。汉令车骑击匈奴,常败走,汉乘胜逐北。闻冒顿居代谷,上居晋阳,使人视冒顿,还报曰"可击"。上遂至平城,上白登。匈奴骑围上,上乃使人厚遗阏氏。阏氏说冒顿曰:"今得汉地,犹不能居,且两主不相厄。"居七日,胡骑稍稍引去。天雾,汉使人往来,胡不觉。护军中尉陈平言上曰:"胡者全兵,请令强弩傅两矢外乡,徐行出围。"入平城,汉救兵亦至。胡骑遂解去,汉亦罢兵归。信为匈奴将兵往来击边,令王黄等说误陈豨。

十一年春,信复与胡骑入居参合。汉使柴将军击之,遗信书曰:"陛下宽仁,诸侯虽有叛亡,而后归,辄复故位号,不诛也。大王所知。今王以败亡走胡,非有大罪,急自归。"信报曰:"陛下擢仆闾巷,南面称孤,此仆之幸也。荥阳之事,仆不能死,囚于项籍,此一罪也。寇攻马邑,仆不能坚守,以城降之,此二罪也。今为反寇,将兵与将军争一旦之命,此三罪也。夫种、蠡无一罪,身死亡;仆有三罪,而欲求活,此伍子胥所以偾于吴世也。今仆亡匿山谷间,旦暮乞贷蛮夷,仆之思归,如痿人不忘起,盲者不忘视,势不可耳。"遂战。柴将军屠参合,斩信。

信之入匈奴,与太子俱,及至颓当城,生子,因名曰颓当。韩太子亦生子婴。至孝文时,颓当及婴率其众降。汉封颓当为弓高侯,婴为襄城侯。吴、楚反时,弓高侯功冠诸将。传子至孙,孙无子,国绝。婴孙以不敬失侯。颓当孽孙嫣，贵幸，名显当世。嫣弟说，以校尉击匈奴，封龙额侯。后坐酎金失侯，复以待诏为横海将军，击破东越，封按道侯。太初中，为游击将军屯五原外列城，还为光禄勋，掘蛊太子宫，为太子所杀。子兴嗣，坐巫蛊诛。上曰："游击将军死事，无论坐者。"乃复封兴嗣增为龙额侯。增少为郎，诸曹、侍中、光禄大夫，昭帝时至前将军，与大将军霍光定策立宣帝，益封千户。本始二年，五将征匈奴，增将三万骑出云中，斩首百余级，至期而还。神爵元年，代张安世为大司马车骑将军，领尚书事。增贵，幼为忠臣，事三主，重于朝廷。为人宽和自守，以温颜逊辞承上接下，无所失意，保身固宠，不能有所建明。五凤二年薨，谥曰安侯。子宝嗣，亡子，国除。成帝时，继功臣后，封增兄子岑为龙额侯。薨，子持弓嗣。王莽败，乃绝。

赞曰：周室既坏，至春秋末，诸侯耗尽，而炎、黄、唐、虞之苗裔尚犹颇有存者。秦灭六国，而上古遗烈扫地尽矣。楚、汉之际，豪桀相王，唯魏豹、韩信、田儋兄弟为旧国之后，然皆及身而绝。横之志节，宾客慕义，犹不能自立，岂非天乎！韩氏自弓高后贵显，盖周烈近与！

卷三十四　　韩彭英卢吴传第四

韩信，淮阴人也。家贫无行，不得推择为吏，又不能治生为商贾，常从人寄食。其母死无以葬，乃行营高燥地，令傍可置万家者。信从下乡南昌亭长食，亭长妻苦之，乃晨炊蓐食。食时信往，不为具食。信亦知其意，自绝去。至城下钓，有一漂母哀之，饭信，竟漂数十日。信谓漂母曰："吾必重报母。"母怒曰："大丈夫不能自食，吾哀王孙而进食，岂望报乎！"淮阴少年又侮信曰："虽长大，好带刀剑，怯耳。"众辱信曰："能死，刺我；不能，出胯下。"于是信孰视，俯出胯下。一市皆笑信，以为怯。

及项梁度淮，信乃杖剑从之，居戏下，无所知名。梁败，又属项羽，为郎中。信数以策干项羽，羽弗用。汉王之入蜀，信亡楚归汉，未得知名，为连敖。坐法当斩，其畴十三人皆已斩，至信，信乃仰视，适见滕公，曰："上不欲就天下乎？而斩壮士！"滕公奇其言，壮其貌，释弗斩。与语，大说之，言于汉王。汉王以为治粟都尉，上未奇之也。

数与萧何语，何奇之。至南郑，诸将道亡者数十人，信度何等已数言上，不我用，即亡。何闻信亡，不及以闻，自追之。人有言上曰："丞相何亡。"上怒，如失左右手。居一二日，何来谒。上且怒且喜，骂何曰："若亡，何也？"何曰："臣非敢亡，追亡者耳。"上曰："所追者谁也？"曰："韩信。"上复骂曰："诸将亡者以十数，公无所追；追信，诈也。"何曰："诸将易得，至如信，国士无双。王必欲长王汉中，无所事信；必欲争天下，非信无可与计事者。顾王策安决。"王曰："吾亦欲东耳，安能郁郁久居此乎？"何曰："王计必东，能用信，信即留；不能用信，信终亡耳。"王曰："吾为公以为将。"何曰："虽为将，信不留。"曰："以为大将。"何曰：

"幸甚。"于是王欲召信拜之。何曰："王素嫚无礼，今拜大将如召小儿，此乃信所以去也。王必欲拜之，择日斋戒，设坛场具礼，乃可。"王许之。诸将皆喜，人人各自以为得大将。至拜，乃韩信也，一军皆惊。

信已拜，上坐。王曰："丞相数言将军，将军何以教寡人计策？"信谢，因问王曰："今东乡争权天下，岂非项王邪？"上曰："然。"信曰："大王自料勇悍仁强孰与项王？"汉王默然良久，曰："弗如也。"信再拜贺曰："唯信亦以为大王弗如也。然臣尝事项王，请言项王为人也。项王意乌猝嗟，千人皆废，然不能任属贤将，此特匹夫之勇也。项王见人恭谨，言语呴呴，人有病疾，涕泣分食饮，至使人有功，当封爵，刻印刓，忍不能予，此所谓妇人之仁也。项王虽霸天下而臣诸侯，不居关中而都彭城；又背义帝约，而以亲爱王，诸侯不平。诸侯之见项王逐义帝江南，亦皆归逐其主，自王善地。项王所过亡不残灭，多怨百姓，百姓不附，特劫于威，强服耳。名虽为霸，实失天下心，故曰其强易弱。今大王诚能反其道，任天下武勇，何不诛！以天下城邑封功臣，何不服！以义兵从思东归之士，何不散！且三秦王为秦将，将秦子弟数岁，而所杀亡不可胜计，又欺其众降诸侯。至新安，项王诈坑秦降卒二十余万人，唯独邯、欣、翳脱。秦父兄怨此三人，痛于骨髓。今楚强以威王此三人，秦民莫爱也。大王之入武关，秋毫亡所害，除秦苛法，与民约，法三章耳，秦民亡不欲得大王王秦者。于诸侯之约，大王当王关中，关中民户知之。王失职之蜀，民亡不恨者。今王举而东，三秦可传檄而定也。"于是汉王大喜，自以为得信晚。遂听信计，部署诸将所击。

汉王举兵东出陈仓，定三秦。二年，出关，收魏、河南，韩、殷王皆降。令齐、赵共击楚城，汉兵败散而还。信复发兵与汉王会荥阳，复击破楚京、索间，以故楚兵不能西。

汉之败却彭城，塞王欣、翟王翳亡汉降楚，齐、赵、魏亦皆反，与楚和。汉王使郦生往说魏王豹，豹不听，乃以信为左丞相击魏。信问郦生："魏得毋用周叔为大将乎？"曰："柏直也。"信曰："竖子耳！"遂进兵击魏。魏盛兵蒲坂，塞临晋。信乃益为疑兵，陈船欲度临晋，而伏兵从夏阳以木罂缶度军，袭安邑。魏王豹惊，引兵迎信。信遂虏豹，定河东，使人请汉王："愿益兵三万人，臣请以北举燕、赵，东击齐，南绝楚之粮道，西与大王会于荥阳。"汉王与兵三万人，遣张耳与俱，进击赵、代。破代，禽夏说阏与。信之下魏、代，汉辄使人收其精兵，诣荥阳以距楚。

信、耳以兵数万，欲东下井陉击赵。赵王、成安君陈馀闻汉且袭之，聚兵井陉口，号称二十万。广武君李左车说成安君曰："闻汉将韩信涉西河，虏魏王，禽夏说，新喋血阏与。今乃辅以张耳，议欲以下赵，此乘胜而去国远斗，其锋不可当。臣闻'千里馈粮，士有饥色；樵苏后爨，师不宿饱'。今井陉之道，车不得方轨，骑不得成列，行数百里，其势粮食必在后。愿足下假臣奇兵三万人，从间路绝其辎重；足下深沟、高垒勿与战。彼前不得斗，退不得还，吾奇兵绝其后，野无所掠卤，不至十日，两将之头可致戏下。愿君留意臣之计，必不为二子所禽矣。"成安君，儒者，常称义兵不用诈谋奇计，谓曰："吾闻兵法'什则围之，倍则战。'今韩信兵号数万,其实不能,千里袭我,亦以罢矣。今如此避弗击,后有大者,何以距之?诸侯谓吾怯,而轻来伐我。"不听广武君策。

信使间人窥知其不用,还报,则大喜,乃敢引兵遂下。未至井陉口三十里,止舍。夜半传发,选轻骑二千人,人持一赤帜,从间道革山而望赵军,戒曰:"赵见我走,必空壁逐我,若疾入,拔赵帜,立汉帜。"令其裨将传飧,曰:"今日破赵会食。"诸将皆呒然,阳应曰:"诺。"信谓军吏曰:"赵已先据便地壁,且彼未见大将旗鼓,未肯击前行,恐吾阻险而还。"乃使万人先行,出,背水阵。赵兵望见大笑。平旦,信建大将旗鼓,鼓行出井陉口,赵开壁击之,大战良久。于是信、张耳弃鼓旗,走水上军,复疾战。赵空壁争汉鼓旗,逐信、耳。信、耳已入水上军,军皆殊死战,不可败。信所出奇兵二千骑者,候赵空壁逐利,即驰入赵壁,皆拔赵旗帜,立汉赤帜二千。赵军已不能得信、耳等,欲还归壁,壁皆汉赤帜,大惊,以为皆已破赵王将矣,遂乱,遁走。赵将虽斩之,弗能禁。于是汉兵夹击,破虏赵军,斩成安君泜水上,禽赵王歇。信乃令军毋斩广武君,有生得之者,购千金。顷之,有缚而至戏下者,信解其缚,东乡坐,西乡对而师事之。

诸校效首虏休,皆贺,因问信曰:"兵法有'右背山陵,前左水泽',今者将军令臣等反背水阵,曰破赵会食,臣等不服。然竟以胜,此何术也?"信曰:"此在兵法,顾君弗察耳。兵法不曰'陷之死地而后生,投之亡地而后存'乎?且信非得素拊循士大夫,经所谓'驱市人而战之'也,其势非置死地,人人自为战;今即予生地,皆走,宁尚得而用之乎!"诸将皆服曰:"非所及也。"

于是问广武君曰:"仆欲北攻燕,东伐齐,何若有功?"广武君辞曰:"臣闻'亡国之大夫不可以图存,败军之将不可以语勇'。若臣者,何足以权大事乎!"信曰:"仆闻之,百里奚居虞而虞亡,之秦而秦伯,非愚于虞而智于秦也,用与不用,听与不听耳。向使成安君听子计,仆亦禽矣。仆委心归计,愿子勿辞。"广武君曰:"臣闻'智者千虑,必有一失;愚者千虑,亦有一得。'故曰'狂夫之言,圣人择焉。'顾恐臣计未足用,愿效愚忠。故成安君有百战百胜之计,一日而失之,军败鄗下,身死泜水上。今足下虏魏王,禽夏说,不旬朝破赵二十万众,诛成安君。名闻海内,威震诸侯,众庶莫不辍作怠惰,靡衣偷食,倾耳以待命者。然而众劳卒罢,其实难用也。今足下举倦敝之兵,顿之燕坚城之下,情见力屈,欲战不拔,旷日持久,粮食单竭。若燕不破,齐必距境而以自强。二国相持,则刘、项之权未有所分也。臣愚,窃以为亦过矣。"信曰:"然则何由?"广武君对曰:"当今之计,不如按甲休兵,百里之内,牛、酒日至,以飨士大夫,北首燕路,然后发一乘之使,奉咫尺之书,以使燕,燕必不敢不听。从燕而东临齐,虽有智者,亦不知为齐计矣。如是,则天下事可图也。兵故有先声而后实者,此之谓也。"信曰:"善。敬奉教。"于是用广武君策,发使燕,燕从风而靡。乃遣使报汉,因请立张耳王赵以抚其国。汉王许之。

楚数使奇兵度河击赵,王耳、信往来救赵,因行定赵城邑,发卒佐汉。楚方急围汉王荥阳,汉王出,南之宛、叶,得九江王布,入成皋,楚复急围之。四年,汉王出成皋,度河,独与滕公从张耳军修武。至,宿传舍。晨自称汉使,驰入壁。张耳、韩信未起,即其卧,夺其印符,麾召诸将易置之。信、耳起,乃知独汉王来,大惊。汉王夺两人军,即令张耳备守赵地,拜信为相国,发赵兵未发者击齐。

信引兵东,未度平原,闻汉王使郦食其已下齐。信欲止,蒯通说信令击齐。语在《通传》。信然其计,遂渡河,袭历下军,至临菑。齐王走高密,使使于楚请救。信已定临菑,东追至高密西。楚使龙且将,号称二十万,救齐。

齐王、龙且并军与信战,未合。或说龙且曰:"汉兵远斗,穷寇久战,锋不可当也。齐、楚自居其地战,兵易败散。不如深壁,令齐王使其信臣招所亡城,城闻王在,楚来救,必反汉。汉二千里客居齐,齐城皆反之,其势无所得食,可毋战而降也。"龙且曰:"吾平生知韩信为人,易与耳。寄食于漂母,无资身之策;受辱于跨下,无兼人之勇,不足畏也。且救齐而降之,吾何功?今战而胜之,齐半可得,何为而止!"遂战,与信夹潍水阵。信乃夜令人为万余囊,盛沙以壅水上流,引兵半渡,击龙且。阳不胜,还走。龙且果喜曰:"固知信怯。"遂追渡水。信使人决壅囊,水大至。龙且军太半不得渡,即急击,杀龙且。龙且水东军散走,齐王广亡去。信追北至城阳,虏广。楚卒皆降,遂平齐。

使人言汉王曰:"齐夸诈多变,反复之国,南边楚,不为假王以填之,其势不定。今权轻,不足以安之,臣请自立为假王。"当是时,楚方急围汉王于荥阳,使者至,发书,汉王大怒,骂曰:"吾困于此,旦暮望而来佐我,乃欲自立为王!"张良、陈平伏后蹑汉王足,因附耳语曰:"汉方不利,宁能禁信之自王乎?不如因立,善遇之,使自为守。不然,变生。"汉王亦寤,因复骂曰:"大丈夫定诸侯,即为真王耳,何以假为!"遣张良立信为齐王,征其兵使击楚。

楚以亡龙且,项王恐,使盱台人武涉往说信曰:"足下何不反汉与楚?楚王与足下有旧故。且汉王不可必,身居项王掌握中数矣,然得脱,背约,复击项王,其不可亲信如此。今足下虽自以为与汉王为金石交,然终为汉王所禽矣。足下所以得须臾至今者,以项王在。项王即亡,次取足下。何不与楚连和,三分天下而王齐?今释此时,自必于汉王以击楚,且为智者固若此邪!"信谢曰:"臣得事项王数年,官不过郎中,位不过执戟,言不听,画策不用,故背楚归汉。汉王授我上将军印、数万之众,解衣衣我,推食食我,言听计用,吾得至于此。夫人深亲信我,背之不祥。幸为信谢项王。"武涉已去,蒯通知天下权在于信,深说以三分天下,鼎足而王。语在《通传》。信不忍背汉,又自以功大,汉王不夺我齐,遂不听。

汉王之败固陵,用张良计,征信将兵会陔下。项羽死,高祖袭夺信军,徙信为楚王,都下邳。信至国,召所从食漂母,赐千金。及下乡亭长,钱百,曰:"公,小人,为德不竟。"召辱己少年令出跨下者,以为中尉,告诸将相曰:"此壮士也。方辱我时,宁不能死?死之无名,故忍而就此。"

项王亡将钟离眛家在伊庐,素与信善。项王败,眛亡归信。汉怨眛,闻在楚,诏楚捕之。信初之国,行县邑,陈兵出入。有变告信欲反，书闻，上患之。用陈平谋，伪游于云梦者，实欲袭信，信弗知。高祖且至楚，信欲发兵，自度无罪；欲谒上，恐见禽。人或说信曰："斩昧谒上，上必喜，亡患。"信见昧计事，昧曰："汉所以不击取楚，以昧在。公若欲捕我自媚汉，吾今死，公随手亡矣。"乃骂信曰："公非长者！"卒自刭。信持其首谒于陈。高祖令武士缚信，载后车。信曰："果若人言，'狡兔死，良狗亨'。"上曰："人告公反。"遂械信。至洛阳，赦以为淮阴侯。

信知汉王畏恶其能，称疾不朝从。由此日怨望，居常鞅鞅，羞与绛、灌等列。尝过樊将军哙。哙趋拜送迎，言称臣，曰："大王乃肯临臣。"信出门，笑曰："生乃与哙等为伍！"

上尝从容与信言诸将能各有差。上问曰："如我，能将几何？"信曰："陛下不过能将十万。"上曰："如公何如？"曰："如臣，多多益办耳。"上笑曰："多多益办，何为为我禽？"信曰："陛下不能将兵，而善将将，此乃信之为陛下禽也。且陛下所谓天授，非人力也。"

后陈豨为代相监边，辞信，信挈其手，与步于庭数匝，仰天而叹曰："子可与言乎？吾欲与子有言。"豨因曰："唯将军命。"信曰："公之所居，天下精兵处也；而公，陛下之信幸臣也。人言公反，陛下必不信；再至，陛下乃疑；三至，必怒而自将。吾为公从中起，天下可图也。"陈豨素知其能，信之，曰："谨奉教！"

汉十年，豨果反，高帝自将而往，信称病不从。阴使人之豨所，而与家臣谋，夜诈赦诸官徒奴，欲发兵袭吕后、太子。部署已定，待豨报。其舍人得罪信，信囚，欲杀之。舍人弟上书变告信欲反状于吕后。吕后欲召，恐其党不就，乃与萧相国谋，诈令人从帝所来，称豨已破，群臣皆贺。相国绐信曰："虽病，强入贺。"信入，吕后使武士缚信，斩之长乐钟室。信方斩，曰："吾不用蒯通计，反为女子所诈，岂非天哉！"遂夷信三族。

高祖已破豨归，至，闻信死，且喜且哀之，问曰："信死亦何言？"吕后道其语。高祖曰："此齐辩士蒯通也。"召欲亨之。通至自说，释弗诛。语在《通传》。

彭越字仲，昌邑人也。常渔巨野泽中，为盗。陈胜起，或谓越曰："豪桀相立畔秦，仲可效之。"越曰："两龙方斗，且待之。"

居岁余，泽间少年相聚百余人，往从越，"请仲为长"，越谢不愿也。少年强请，乃许。与期旦日日出时，后会者斩。旦日日出，十余人后，后者至日中。于是越谢曰："臣老，诸君强以为长。今期而多后，不可尽诛，诛最后者一人。"令校长斩之。皆笑曰："何至是！请后不敢。"于是越乃引一人斩之，设坛祭，令徒属。徒属皆惊，畏越，不敢仰视。乃行略地，收诸侯散卒，得千余人。

沛公之从砀北击昌邑，越助之。昌邑未下，沛公引兵西。越亦将其众居巨野泽中，收魏败散卒。项籍入关，王诸侯，还归，越众万余人无所属。齐王田荣叛项王，汉乃使人赐越将军印，使下济阴以击楚。楚令萧公角将兵击越，越大破楚军。汉二年春，与魏豹及诸侯东击楚，越将其兵三万余人，归汉外黄。汉王曰："彭将军收魏地，得十余城，欲急立魏后。今西魏王豹，魏咎从弟，真魏也。"乃拜越为魏相国，擅将兵，略定梁地。

汉王之败彭城解而西也，越皆亡其所下城，独将其兵北居河上。汉三年，越常往来为汉游兵击楚，绝其粮于梁地。项王与汉王相距荥阳，越攻下睢阳、外黄十七城。项王闻之，乃使曹咎守成皋，自东收越所下城邑，皆复为楚。越将其兵北走穀城。项王南走阳夏，越复下昌邑旁二十余城，得粟十余万斛，以给汉食。

汉王败，使使召越并力击楚，越曰："魏地初定，尚畏楚，未可去。"汉王追楚，为项籍所败固陵。乃谓留侯曰："诸侯兵不从，为之奈何？"留侯曰："彭越本定梁地，功多，始君王以魏豹故，拜越为相国。今豹死亡后，且越亦欲王，而君王不蚤定。今取睢阳以北至穀城，皆许以王彭越。"又言所以许韩信。语在《高纪》。于是汉王发使使越，如留侯策。使者至，越乃引兵会垓下。项籍死，立越为梁王，都定陶。

六年，朝陈。九年、十年，皆来朝长安。陈豨反代地，高帝自往击之，至邯郸，征兵梁。梁王称病，使使将兵诣邯郸。高帝怒，使人让梁王。梁王恐，欲自往谢。其将扈辄曰："王始不往，见让而往，往即为禽，不如遂发兵反。"梁王不听，称病。梁太仆有罪，亡走汉，告梁王与扈辄谋反。于是上使使掩捕梁王，囚之洛阳。有司治反形已具，请论如法。上赦以为庶人，徙蜀青衣。西至郑，逢吕后从长安东，欲之洛阳，道见越。越为吕后泣涕，自言亡罪，愿处故昌邑。吕后许诺，诏与俱东。至洛阳，吕后言上曰："彭越壮士也，今徙之蜀，此自遗患，不如遂诛之。妾谨与俱来。"于是吕后令其舍人告越复谋反。廷尉奏请，遂夷越宗族。

黥布，六人也。姓英氏。少时客相之，当刑而王。及壮，坐法黥，布欣然笑曰："人相我当刑而王，几是乎？"人有闻者，共戏笑之。布以论输骊山，骊山之徒数十万人，布皆与其徒长豪桀交通，乃率其曹耦，亡之江中为群盗。

陈胜之起也，布乃见番君，其众数千人。番君以女妻之。章邯之灭陈胜，破吕臣军，布引兵北击秦左右校，破之青波，引兵而东。闻项梁定会稽，西度淮，布以兵属梁。梁西击景驹、秦嘉等，布常冠军。项梁闻陈涉死，立楚怀王，以布为当阳君。项梁败死，怀王与布及诸侯将皆聚彭城。当是时，秦急围赵，赵数使人请救怀王。怀王使宋义为上将军，项籍与布皆属之，北救赵。及籍杀宋义河上，自立为上将军，使布先涉河，击秦军，数有利。籍乃悉引兵从之，遂破秦军，降章邯等。楚兵常胜，功冠诸侯。诸侯兵皆服属楚者，以布数以少败众也。

项籍之引兵西至新安，又使布等夜击坑章邯秦卒二十余万人。至关，不得入，又使布等先从间道破关下军，遂得入。至咸阳，布为前锋。项王封诸将，立布为九江王，都六。尊怀王为义帝，徙都长沙，乃阴令布击之。布使将追杀之郴。

齐王田荣叛楚，项王往击齐，征兵九江，布称病不往，遣将将数千人行。汉之败楚彭城，布又称病不佐楚。项王由此怨布，数使使者谯让召布，布愈恐，不敢往。项王方北忧齐、赵，西患汉，所与者独布，又多其材，欲亲用之，以故未击。

汉王与楚大战彭城，不利，出梁地，至虞，谓左右曰："如彼等者，亡足与计天下事者。"谒者随何进曰："不审陛下所谓。"汉王曰："孰能为我使淮南，使之发兵背楚，留项王于齐数月，我之取天下可以万全。"随何曰："臣请使之。"乃与二十人俱使淮南。至，太宰主之，三日不得见。随何因说太宰曰："王之不见何，必以楚为强，以汉为弱，此臣之所为使。使何得见，言之而是邪，是大王所欲闻也；言之而非邪，使何等二十人伏斧质淮南市，以明背汉而与楚也。"太宰乃言之王，王见之。随何曰："汉王使使臣敬进书大王御者，窃怪大王与楚何亲也。"淮南王曰："寡人北乡而臣事之。"随何曰："大王与项王俱列为诸侯，北乡而臣事之，必以楚为强，可以托国也。项王伐齐，身负版筑，以为士卒先。大王宜悉淮南之众，身自将，为楚军前锋，今乃发四千人以助楚。夫北面而臣事人者，固若是乎？夫汉王战于彭城，项王未出齐也，大王宜扫淮南之众，日夜会战彭城下。今抚万人之众，无一人渡淮者，阴拱而观其孰胜。夫托国于人者，固若是乎？大王提空名以乡楚，而欲厚自托，臣窃为大王不取也。然大王不背楚者，以汉为弱也。夫楚兵虽强，天下负之以不义之名，以其背明约而杀义帝也。然而楚王特以战胜自强。汉王收诸侯，还守成皋、荥阳，下蜀、汉之粟，深沟壁垒，分卒守徼乘塞。楚人还兵，间以梁地，深入敌国八九百里，欲战则不得，攻城则力不能，老弱转粮千里之外。楚兵至荥阳、成皋，汉坚守而不动，进则不得攻，退则不能解，故楚兵不足罢也。使楚胜汉，则诸侯自危惧而相救。夫楚之强，适足以致天下之兵耳。故楚不如汉，其势易见也。今大王不与万全之汉，而自托于危亡之楚，臣窃为大王惑之。臣非以淮南之兵足以亡楚也。夫大王发兵而背楚，项王必留，留数月，汉之取天下可以万全。臣请与大王杖剑而归汉王，汉王必裂地而分大王，又况淮南，必大王有也。故汉王敬使使臣进愚计，愿大王之留意也。"淮南王曰："请奉命。"阴许叛楚与汉，未敢泄。

楚使者在，方急责布发兵，随何直入曰："九江王已归汉，楚何以得发兵！"布愕然。楚使者起，何因说布曰："事已构，独可遂杀楚使，毋使归，而疾走汉并力。"布曰："如使者教。"因起兵而攻楚。楚使项声、龙且攻淮南，项王留而攻下邑。数月，龙且攻淮南，破布军。布欲引兵走汉，恐项王击之，故间行与随何俱归汉。至，汉王方踞床洗，而召布入见。布大怒，悔来，欲自杀。出就舍，张御食饮从官如汉王居，布又大喜过望。于是乃使人之九江。楚已使项伯收九江兵，尽杀布妻子。布使者颇得故人幸臣，从将众数千人归汉。汉益分布兵而与俱北，收兵至成皋。

四年秋七月，立布为淮南王，与击项籍。布使人之九江，得数县。五年，布与刘贾入九江，诱大司马周殷，殷反楚。遂举九江兵与汉击楚，破垓下。

项籍死，上置酒对众折随何曰："腐儒！为天下安用腐儒哉！"随何跪曰："夫陛下引兵攻彭城，楚王未去齐也，陛下发步卒五万人、骑五千，能以取淮南乎？"曰："不能。"随何曰："陛下使何与二十人使淮南，如陛下之意，是何之功贤于步卒数万、骑五千也。然陛下谓何'腐儒'，'为天下安用腐儒'，何也？"上曰："吾方图子之功。"乃以随何为护军中尉。布遂剖符为淮南王，都六，九江、庐江、衡山、豫章郡皆属焉。

六年，朝陈。七年，朝洛阳。九年，朝长安。

十一年，高后诛淮阴侯，布因心恐。夏，汉诛梁王彭越，盛其醢以遍赐诸侯。至淮南，淮南王方猎，见醢，因大恐，阴令人部聚兵，候伺旁郡警急。

布有所幸姬病，就医。医家与中大夫贲赫对门，赫乃厚馈遗，从姬饮医家。姬侍王，从容语次，誉赫长者也。王怒曰："女安从知之？"具道，王疑与乱。赫恐，称病。王愈怒，欲捕赫。赫上变事，乘传诣长安。布使人追，不及。赫至，上变，言"布谋反有端，可先未发诛也"。上以其书语萧相国，萧相国曰："布不宜有此，恐仇怨妄诬之。请系赫，使人微验淮南王。"布见赫以罪亡上变，已疑其言国阴事，汉使又来，颇有所验，遂族赫家，发兵反。

反书闻，上乃赦赫，以为将军。召诸侯问："布反，为之奈何？"皆曰："发兵坑竖子耳，何能为！"汝阴侯滕公以问其客薛公，薛公曰："是固当反。"滕公曰："上裂地而封之，疏爵而贵之，南面而立万乘之主，其反何也？"薛公曰："前年杀彭越，往年杀韩信，三人皆同功一体之人也。自疑祸及身，故反耳。"滕公言之上曰："臣客故楚令尹薛公，其人有筹策，可问。"上乃见问薛公，对曰："布反不足怪也。使布出于上计，山东非汉之有也；出于中计，胜负之数未可知也；出于下计，陛下安枕而卧矣。"上曰："何谓上计？"薛公对曰："东取吴，西取楚，并齐取鲁，传檄燕、赵，固守其所，山东非汉之有也。""何谓中计？""东取吴，西取楚，并韩取魏，据敖仓之粟，塞成皋之险，胜败之数未可知也。""何谓下计？""东取吴，西取蔡，归重于越，身归长沙，陛下安枕而卧，汉无事矣。"上曰："是计将安出？"薛公曰："出下计。"上曰："胡为废上计而出下计？"薛公曰："布故骊山之徒也，致万乘之主，此皆为身，不顾后为百姓万世虑者也，故出下计。"上曰："善。"封薛公千户。遂发兵自将东击布。

布之初反，谓其将曰："上老矣，厌兵，必不能来。使诸将，诸将独患淮阴、彭越，今已死，余不足畏。"故遂反。果如薛公揣之，东击荆，荆王刘贾走死富陵。尽劫其兵，度淮击楚。楚发兵与战徐、僮间，为三军，欲以相救为奇。或说楚将曰："布善用兵，民素畏之。且兵法，诸侯自战其地为散地。今别为三，彼败吾一，余皆走，安能相救！"不听。布果破其一军，二军散走。遂西，与上兵遇蕲西，会甀。布兵精甚，上乃壁庸城，望布军置陈如项籍军。上恶之，与布相望见，隃谓布"何苦而反？"布曰："欲为帝耳。"上怒骂之，遂战，破布军。布走度淮，数止战，不利，与百余人走江南。布旧与番君婚，故长沙哀王使人诱布，伪与俱亡走越，布信而随至番阳。番阳人杀布兹乡，遂灭之。封贲赫为列侯，将率封者六人。

卢绾，丰人也，与高祖同里。绾亲与高祖太上皇相爱，及生男，高祖、绾同日生，里中持羊、酒贺两家。及高祖、绾壮，学书，又相爱也。里中嘉两家亲相爱，生子同日，壮又相爱，复贺羊、酒。高祖为布衣时，有吏事避宅，绾常随上下。及高祖初起沛，绾以客从，入汉为将军，常侍中。从东击项籍，以太尉常从，出入卧内，衣被食饮赏赐，群臣莫敢望。虽萧、曹等，特以事见礼，至其亲幸，莫及绾者。封为长安侯。长安，故咸阳也。

项籍死，使绾别将，与刘贾击临江王共尉，还，从击燕王臧荼，皆破平。时诸侯非刘氏而王者七人。上欲王绾，为群臣觖望。及虏臧荼，乃下诏，诏诸将相列侯择群臣有功者以为燕王。群臣知上欲王绾，皆曰："太尉长安侯卢绾常从平定天下，功最多，可王。"上乃立绾为燕王。诸侯得幸莫如燕王者。绾立六年，以陈豨事见疑而败。

豨者，宛句人也，不知始所以得从。及韩王信反入匈奴，上至平城还，豨以郎中封为列侯，以赵相国将监赵、代边，边兵皆属焉。豨少时，常称慕魏公子，及将守边，招致宾客。常告过赵，宾客随之者千余乘，邯郸官舍皆满。豨所以待客，如布衣交，皆出客下。赵相周昌乃求入见上，具言豨宾客盛，擅兵于外，恐有变。上令人复案豨客居代者诸为不法事，多连引豨。豨恐，阴令客通使王黄、曼丘臣所。汉十年秋，太上皇崩，上因是召豨。豨称病，遂与王黄等反，自立为代王，劫略赵、代。上闻，乃赦吏民为豨所诖误劫略者。上自击豨，破之。语在《高纪》。

初，上如邯郸击豨，燕王绾亦击其东北。豨使王黄求救匈奴，绾亦使其臣张胜使匈奴，言豨等军破。胜至胡，故燕王臧荼子衍亡在胡，见胜曰："公所以重于燕者，以习胡事也。燕所以久存者，以诸侯数反，兵连不决也。今公为燕欲急灭豨等，豨等已尽，次亦至燕，公等亦且为虏矣。公何不令燕且缓豨，而与胡连和？事宽，得长王燕，即有汉急，可以安国。"胜以为然，乃私令匈奴兵击燕。绾疑胜与胡反，上书请族胜。胜还报，具道所以为者。绾寤，乃诈论他人，以脱胜家属，使得为匈奴间。而阴使范齐之豨所，欲令久连兵毋决。

汉既斩豨，其裨将降，言燕王绾使范齐通计谋豨所。上使使召绾，绾称病。又使辟阳侯审食其、御史大夫赵尧往迎绾，因验问其左右。绾愈恐，闟匿，谓其幸臣曰："非刘氏而王者，独我与长沙耳。往年汉族淮阴，诛彭城，皆吕后计。今上病，属任吕后。吕后妇人，专欲以事诛异姓王者及大功臣。"乃称病不行，其左右皆亡匿。语颇泄，辟阳侯闻之，归具报，上益怒。又得匈奴降者，言张胜亡在匈奴，为燕使。于是上曰："绾果反矣！"使樊哙击绾。绾悉将其宫人家属，骑数千，居长城下候伺，幸上病愈，自入谢。高祖崩，绾遂将其众亡入匈奴，匈奴以为东胡卢王。为蛮夷所侵夺，常思复归。居岁余，死胡中。

高后时，绾妻与其子亡降，会高后病，不能见，舍燕邸，为欲置酒见之。高后竟崩，绾妻亦病死。

孝景帝时，绾孙它人以东胡王降，封为恶谷侯。传至曾孙，有罪，国除。

吴芮，秦时番阳令也，甚得江湖间民心，号曰番君。天下之初叛秦也，黥布归芮，芮妻之，因率越人举兵以应诸侯。沛公攻南阳，乃遇芮之将梅鋗，与偕攻析、郦，降之。及项羽相王，以芮率百越佐诸侯，从入关，故立芮为衡山王，都邾。其将梅鋗功多，封十万户，为列侯。项籍死，上以鋗有功，从入武关，故德芮，徙为长沙王，都临湘，一年薨，谥曰文王，子成王臣嗣。薨，子哀王回嗣。薨，子共王右嗣。薨，子靖王差嗣。孝文后七年薨，无子，国除。初，文王芮，高祖贤之，制诏御史："长沙王忠，其定著令。"至孝惠、高后时，封芮庶子二人为列侯，传国数世绝。

赞曰：昔高祖定天下，功臣异姓而王者八国。张耳、吴芮、彭越、黥布、臧荼、卢绾与两韩信，皆徼一时之权变，以诈力成功，咸得裂土，南面称孤。见疑强大，怀不自安，事穷势迫，卒谋叛逆，终于灭亡。张耳以智全，至子亦失国。唯吴芮之起，不失正道，故能传号五世，以无嗣绝，庆流支庶有以矣夫，著于甲令而称忠也！

卷三十五　　　　荆燕吴传第五

荆王刘贾，高帝从父兄也，不知其初起时。汉元年，还定三秦，贾为将军，定塞地，从东击项籍。

汉王败成皋，北度河，得张耳、韩信军，军修武，深沟高垒，使贾将二万人，骑数百，击楚，度白马津入楚地，烧其积聚，以破其业，无以给项王军食。已而楚兵击之，贾辄避不肯与战，而与彭越相保。汉王追项籍至固陵，使贾南度淮围寿春。还至，使人间招楚大司马周殷。周殷反楚，佐贾举九江，迎英布兵，皆会垓下，诛项籍。汉王因使贾将九江兵，与太尉卢绾西南击临江王共尉，尉死，以临江为南郡。

贾既有功，而高祖子弱，昆弟少，又不贤，欲王同姓以填天下，乃下诏曰："将军刘贾有功，及择子弟可以为王者。"群臣皆曰："立刘贾为荆王，王淮东。"立六年，而淮南王黥布反，东击荆。贾与战，弗胜，走富陵，为布军所杀。

燕王刘泽，高祖从祖昆弟也。高祖三年，泽为郎中。十一年，以将军击陈豨将王黄，封为营陵侯。

高后时，齐人田生游乏资，以画奸泽。泽大说之，用金二百斤为田生寿。田生已得金，即归齐。二岁，泽使人谓田生曰："弗与矣。"田生如长安，不见泽，而假大宅，令其求事吕后所幸大谒者张卿。居数月，田生子请张卿临，亲修具。张卿往，见田生帷帐具皆如列侯。张卿惊。酒酣，乃屏人说张卿曰："臣观诸侯邸第百余，皆高帝一切功臣。今吕氏雅故本推毂高帝就天下，功至大，又有亲戚太后之重。太后春秋长，诸吕弱，太后欲立吕产为吕王，王代。太后又重发，恐大臣不听。今卿最幸，大臣所敬，何不风大臣以闻太后，太后必喜。诸吕已王，万户侯亦卿之有。太后心欲之，而卿为内臣，不急发，恐祸及身矣。"张卿大然之，乃风大臣语太后。太后朝，因问大臣。大臣请立吕产为吕王。太后赐张卿千金，张卿以其半进田生。田生弗受，因说之曰："吕产王也，诸大臣未大服。今营陵侯泽，诸刘长，为大将军，独此尚觖望。今卿言太后，裂十余县王之，彼得王喜，于诸吕王益固矣。"张卿入言之。又太后女弟吕须女亦为营陵侯妻，故遂立营陵侯泽为琅邪王。琅邪王与田生之国，急行毋留。出关，太后果使人追之。已出，即还。

泽王琅邪二年，而太后崩，泽乃曰："帝少，诸吕用事，诸刘孤弱。"引兵与齐王合谋西，欲诛诸吕。至梁，闻汉灌将军屯荥阳，泽还兵备西界，遂跳驱至长安。代王亦从代至。诸将相与琅邪王共立代王，是为孝文帝。文帝元年，徙泽为燕王，而复以琅邪归齐。

泽王燕二年，薨，谥曰敬王。子康王嘉嗣，九年薨。子定国嗣。定国与父康王姬奸，生子男一人。夺弟妻为姬。与子女三人奸。定国有所欲诛杀臣肥如令郢人，郢人等告定国。定国使谒者以它法劾捕格杀郢人灭口。至元朔中，郢人昆弟复上书具言定国事。下公卿，皆议曰："定国禽兽行，乱人伦，逆天道，当诛。"上许之。定国自杀，立四十二年，国除。哀帝时继绝世，乃封敬王泽玄孙之孙无终公士归生为营陵侯，更始中为兵所杀。

吴王濞，高帝兄仲之子也。高帝立仲为代王。匈奴攻代，仲不能坚守，弃国间行，走洛阳，自归，天子不忍致法，废为合阳侯。子濞，封为沛侯。黥布反，高祖自将往诛之。濞年二十，以骑将从破布军。荆王刘贾为布所杀，无后。上患吴会稽轻悍，无壮王填之，诸子少，乃立濞于沛，为吴王，王三郡五十三城。已拜受印，高祖召濞相之，曰："若状有反相。"独悔，业已拜，因拊其背曰："汉后五十年东南有乱，岂若邪？然天下同姓一家，慎无反！"濞顿首曰："不敢。"

会孝惠、高后时天下初定，郡国诸侯各务自拊循其民。吴有豫章郡铜山，即招致天下亡命者盗铸钱，东煮海水为盐，以故无赋，国用饶足。

孝文时，吴太子入见，得侍皇太子饮博。吴太子师傅皆楚人，轻悍，又素骄。博争道，不恭，皇太子引博局提吴太子，杀之。于是遣其丧归葬吴。吴王愠曰："天下一宗，死长安即葬长安，何必来葬！"复遣丧之长安葬。吴王由是怨望，稍失藩臣礼，称疾不朝。京师知其以子故，验问实不病，诸吴使来，辄系责治之。吴王恐，所谋滋甚。及后使人为秋请，主复责问吴使者。使者曰："察见渊中鱼，不祥。今吴王始诈疾，及觉，见责急，愈益闭，恐上诛之，计乃无聊。唯上与更始。"于是天子皆赦吴使者归之，而赐吴王几杖，老，不朝。吴得释，其谋亦益解。然其居国以铜盐故，百姓无赋。卒践更，辄予平贾。岁时存问茂材，赏赐闾里。它郡国吏欲来捕亡人者，颂共禁不与。如此者三十余年，以故能使其众。

朝错为太子家令，得幸皇太子，数从容言吴过可削。数上书说之，文帝宽，不忍罚，以此吴王日益横。及景帝即位，错为御史大夫，说上曰："昔高帝初定天下，昆弟少，诸子弱，大封同姓，故孽子悼惠王王齐七十二城，庶弟元王

王楚四十城，兄子王吴五十余城。封三庶孽，分天下半。今吴王前有太子之郄，诈称病不朝，于古法当诛。文帝不忍，因赐几杖，德至厚也。不改过自新，乃益骄恣，公即山铸钱，煮海为盐，诱天下亡人谋作乱逆。今削之亦反，不削亦反。削之，其反亟，祸小；不削，其反迟，祸大。"三年冬，楚王来朝，错因言楚王戊往年为薄太后服，私奸服舍，请诛之。诏赦，削东海郡。及前二年，赵王有罪，削其常山郡。胶西王卬以卖爵事有奸，削其六县。

汉廷臣方议削吴，吴王恐削地无已，因欲发谋举事。念诸侯无足与计者，闻胶西王勇，好兵，诸侯皆畏惮之，于是乃使中大夫应高口说胶西王曰："吴王不肖，有夙夜之忧，不敢自外，使使臣谕其驩心。"王曰："何以教之？"高曰："今者主上任用邪臣，听信谗贼，变更律令，侵削诸侯，征求滋多，诛罚良善，日以益甚。语有之曰：'狧糠及米。'吴与胶西，知名诸侯也，一时见察，不得安肆矣。吴王身有内疾，不能朝请二十余年，常患见疑，无以自白，胁肩累足，犹惧不见释。窃闻大王以爵事有过，所闻诸侯削地，罪不至此，此恐不止削地而已。"王曰："有之，子将奈何？"高曰："同恶相助，同好相留，同情相求，同欲相趋，同利相死。今吴王自以与大王同忧，愿因时循理，弃躯以除患于天下，意亦可乎？"胶西王瞿然骇曰："寡人何敢如是？主上虽急，固有死耳，安得不事？"高曰："御史大夫朝错营或天子，侵夺诸侯，蔽忠塞贤，朝廷疾怨，诸侯皆有背叛之意，人事极矣。彗星出，蝗虫起，此万世一时，而愁劳，圣人所以起也。吴王内以朝错为诛，外从大王后车，方洋天下，所向者降，所指者下，莫敢不服。大王诚幸而许之一言，则吴王率楚王略函谷关，守荥阳敖仓之粟，距汉兵，治次舍，须大王。大王幸而临之，则天下可并，两主分割，不亦可乎？"王曰："善。"归报吴王，犹恐其不果，乃身自为使者，至胶西面约之。

胶西群臣或闻王谋，谏曰："诸侯地不能为汉十二，为叛逆以忧太后，非计也。今承一帝，尚云不易，假令事成，两主分争，患乃益生。"王不听，遂发使约齐、菑川、胶东、济南，皆许诺。

诸侯既新削罚，震恐，多怨错。及削吴会稽、豫章郡书至，则吴王先起兵，诛汉吏二千石以下。胶西、胶东、菑川、济南、楚、赵亦皆反，发兵西。齐王后悔，背约城守。济北王城坏未完，其郎中令劫守王，不得发兵。胶西王、胶东王为渠率，与菑川、济南共攻围临菑。赵王遂亦阴使匈奴与连兵。

七国之发也，吴王悉其士卒，下令国中曰："寡人年六十二，身自将。少子年十四，亦为士卒先。诸年上与寡人同，下与少子等，皆发！"二十余万人。南使闽、东越，闽、东越亦发兵从。

孝景前三年正月甲子，初起兵于广陵。西涉淮，因并楚兵。发使遗诸侯书曰："吴王刘濞敬问胶西王、胶东王、菑川王、济南王、赵王、楚王、淮南王、衡山王、庐江王、故长沙王子：幸教！以汉有贼臣错，无功天下，侵夺诸侯之地，使吏劾系讯治，以侵辱之为故，不以诸侯人君礼遇刘氏骨肉，绝先帝功臣，进任奸人，诳乱天下，欲危社稷。陛

下多病志逸,不能省察。欲举兵诛之,谨闻教。敝国虽狭,地方三千里;人民虽少,精兵可具五十万。寡人素事南越三十余年,其王诸君皆不辞分其兵以随寡人,又可得三十万。寡人虽不肖,愿以身从诸王。南越直长沙者,因王子定长沙以北,西走蜀、汉中。告越、楚王、淮南三王,与寡人西面;齐诸王与赵王定河间、河内,或入临晋关,或与寡人会洛阳;燕王、赵王故与胡王有约,燕王北定代、云中,转胡众入萧关,走长安,匡正天下,以安高庙。愿王勉之。楚元王子、淮南三王或不沐洗十余年,怨人骨髓,欲壹有所出久矣,寡人未得诸王之意,未敢听。今诸王苟能存亡继绝,振弱伐暴,以安刘氏,社稷所愿也。吴国虽贫,寡人节衣食用,积金钱,修兵革,聚粮食,夜以继日,三十余年矣。凡皆为此,愿诸王勉之。能斩捕大将者,赐金五千斤,封万户;列将,三千斤,封五千户;裨将,二千斤,封二千户;二千石,千斤,封千户;皆为列侯。其以军若城邑降者,卒万人,邑万户,如得大将;人户五千,如得列将;人户三千,如得裨将;人户千,如得二千石;其小吏皆以差次受爵金。它封赐皆倍军法。其有故爵邑者,更益勿因。愿诸王明以令士大夫,不敢欺也。寡人金钱在天下者往往而有,非必取于吴,诸王日夜用之不能尽。有当赐者告寡人,寡人且往遗之。敬以闻。"

七国反书闻,天子乃遣太尉条侯周亚夫将三十六将军往击吴、楚;遣曲周侯郦寄击赵,将军栾布击齐,大将军窦婴屯荥阳监齐、赵兵。

初,吴、楚反书闻,兵未发,窦婴言故吴相爰盎。召入见,上问以吴、楚之计,盎对曰:"吴、楚相遗书,曰'贼臣朝错擅適诸侯,削夺之地',以故反,名为'西共诛错,复故地而罢'。方今计独斩错,发使赦七国,复其故地,则兵可毋血刃而俱罢。"上从其议,遂斩错。语具在《盎传》。以盎为泰常,奉宗庙,使吴王,吴王弟子德侯为宗正,辅亲戚。使至吴,吴、楚兵已攻梁壁矣。宗正以亲故,先入见,谕吴王拜受诏。吴王闻盎来,亦知其欲说,笑而应曰:"我已为东帝,尚谁拜?"不肯见盎而留军中,欲劫使将。盎不肯,使人围守,且杀之。盎得夜亡走梁,遂归报。

条侯将乘六乘传,会兵荥阳。至洛阳,见剧孟,喜曰:"七国反,吾乘传至此,不自意全。又以为诸侯已得剧孟。孟今无动,吾据荥阳,荥阳以东无足忧者。"至淮阳,问故父绛侯客邓都尉曰:"策安出?"客曰:"吴兵锐甚,难与争锋。楚兵轻,不能久。方今为将军计,莫若引兵东北壁昌邑,以梁委吴,吴必尽锐攻之。将军深沟高垒,使轻兵绝淮泗口,塞吴饷道。使吴、梁相敝而粮食竭,乃以全制其极,破吴必矣。"条侯曰:"善。"从其策,遂坚壁昌邑南,轻兵绝吴饷道。

吴王之初发也,吴臣田禄伯为大将军。田禄伯曰:"兵屯聚而西,无它奇道,难以立功。臣愿得五万人,别循江、淮而上,收淮南、长沙,入武关,与大王会,此亦一奇也。"吴王太子谏曰:"王以反为名,此兵难以藉人,人亦且反王,奈何?且擅兵而别,多它利害,徒自损耳。"吴王即不许田禄伯。

吴少将桓将军说王曰:"吴多步兵,步兵利险;汉多车骑,车骑利平地。愿大王所过城不下,直去,疾西据洛阳武库,食敖仓粟,阻山河之险以令诸侯,虽无入关,天下固已定矣。大王徐行,留下城邑,汉军车骑至,驰入梁、楚之郊,事败矣。"吴王问吴老将,老将曰:"此年少推锋可耳,安知大虑!"于是王不用桓将军计。

王专并将其兵,未度淮,诸宾客皆得为将、校尉、行间侯、司马,独周丘不用。周丘者,下邳人,亡命吴,酤酒无行,王薄之,不任。周丘乃上谒,说王曰:"臣以无能,不得待罪行间。臣非敢求有所将也,愿请王一汉节,必有以报。"王乃予之。周丘得节,夜驰入下邳。下邳时闻吴反,皆城守。至传舍,召令入户,使从者以罪斩令。遂召昆弟所善豪吏告曰:"吴反兵且至,屠下邳不过食顷。今先下,家室必完,能者封侯至矣。"出乃相告,下邳皆下。周丘一夜得三万人,使人报吴王,遂将其兵北略城邑。比至城阳,兵十余万,破城阳中尉军。闻吴王败走,自度无与共成功,即引兵归下邳。未至,痈发背死。

二月,吴王兵既破,败走,于是天子制诏将军:"盖闻为善者天报以福,为非者天报以殃。高皇帝亲垂功德,建立诸侯,幽王、悼惠王绝无后,孝文皇帝哀怜加惠,王幽王子遂、悼惠王子卬等,令奉其先王宗庙,为汉藩国,德配天地,明并日月。而吴王濞背德反义,诱受天下亡命罪人,乱天下币,称疾不朝二十余年。有司数请濞罪,孝文皇帝宽之,欲其改行为善。今乃与楚王戊、赵王遂、胶西王卬、济南王辟光、菑川王贤、胶东王雄渠约从谋反,为逆无道,起兵以危宗庙,贼杀大臣及汉使者,迫劫万民,伐杀无罪,烧残民家,掘其丘垄,甚为虐暴。而卬等又重逆无道,烧宗庙,卤御物,朕甚痛之。朕素服避正殿,将军其劝士大夫击反房。击反房者,深入多杀为功,斩首捕房比三百石以上皆杀,无有所置。敢有议诏及不如诏者,皆要斩。"

初,吴王之度淮,与楚王遂西败棘壁,乘胜而前,锐甚。梁孝王恐,遣将击之,又败梁两军,士卒皆还走。梁数使使条侯求救,条侯不许。又使使诉条侯于上,上使告条侯救梁,又守便宜不行,梁使韩安国及楚死事相弟张羽为将军,乃得颇败吴兵。吴兵欲西,梁城守,不敢西,即走条侯军,会下邑。欲战,条侯壁,不肯战。吴粮绝,卒饥,数挑战,遂夜奔条侯壁,惊东南。条侯使备西北,果从西北。不得入,吴大败,士卒多饥死叛散。于是吴王乃与其戏下壮士千人夜亡去,度淮走丹徒,保东越。东越兵可万余人,使人收聚亡卒。汉使人以利咲东越,东越即绐吴王,吴王出劳军,使人钍杀吴王,盛其头,驰传以闻。吴王太子驹亡走闽越。吴王之弃军亡也,军遂溃,往往稍降太尉条侯及梁军。楚王戊军败,自杀。

三王之围齐临菑也,三月不能下。汉兵至,胶西、胶东、菑川王各引兵归国。胶西王徒跣,席稿,饮水,谢太后。王太子德曰:"汉兵还,臣观之以罢,可袭,愿收王余兵击之,不胜而逃入海,未晚也。"王曰:"吾士卒皆已坏,不可用之。"不听。汉将弓高侯颓当遗王书曰:"奉诏诛不义,降者赦,除其罪,复故;不降者灭之。王何处?须以从事。"王肉祖叩头汉军壁,谒曰:"臣卬奉法不谨,惊骇百姓,乃苦将军远道至于穷国,敢请菹醢之罪。"弓高侯执金鼓见之,曰："王苦军事，愿闻王发兵状。"王顿首膝行对曰："今者，朝错天子用事臣，变更高皇帝法令，侵夺诸侯地。卬等以为不义，恐其败乱天下，七国发兵，且以诛错。今闻错已诛，卬等谨已罢兵归。"将军曰："王苟以错为不善，何不以闻？及未有诏虎符，擅发兵击义国。以此观之，意非徒欲诛错也！"乃出诏书为王读之，曰："王其自图之。"王曰："如卬等死有余罪。"遂自杀。太后、太子皆死。胶东、菑川、济南王皆伏诛。郦将军攻赵，十月而下之，赵王自杀。济北王以劫故，不诛。

初，吴王首反，并将楚兵，连齐、赵。正月起，三月皆破灭。

赞曰：荆王王也，由汉初定，天下未集，故虽疏属，以策为王，镇江、淮之间。刘泽发于田生，权激吕氏，然卒南面称孤者三世。事发相重，岂不危哉！吴擅山海之利，能薄敛以使其众，逆乱之萌，自其子兴。古者诸侯不过百里，山海不以封，盖防此矣。朝错为国远虑，祸反及身。"毋为权首，将受其咎"，岂谓错哉！

卷三十六　　楚元王传第六

楚元王交字游，高祖同父少弟也。好书，多材艺。少时尝与鲁穆生、白生、申公俱受《诗》于浮丘伯。伯者，孙卿门人也。及秦焚书，各别去。

高祖兄弟四人，长兄伯，次仲，伯蚤卒。高祖既为沛公，景驹自立为楚王。高祖使仲与审食其留侍太上皇，交与萧、曹等俱从高祖见景驹，遇项梁，共立楚怀王。因西攻南阳，入武关，与秦战于蓝田。至霸上，封交为文信君，从入蜀汉，还定三秦，诛项籍。即帝位，交与卢绾常侍上，出入卧内，传言语诸内事隐谋。而上从父兄刘贾数别将。

汉六年，既废楚王信，分其地为二国，立贾为荆王，交为楚王，王薛郡、东海、彭城三十六县，先有功也。后封次兄仲为代王，长子肥为齐王。

初，高祖微时，常避事，时时与宾客过其丘嫂食。嫂厌叔与客来，阳为羹尽，轑釜，客以故去。已而视釜中有羹，由是怨嫂。及立齐、代王，而伯子独不得侯。太上皇以言，高祖曰："某非敢忘封之也，为其母不长者。"七年十月，封其子信为羹颉侯。

元王既至楚，以穆生、白生、申公为中大夫。高后时，浮丘伯在长安，元王遣子郢客与申公俱卒业。文帝时，闻申公为《诗》最精，以为博士。元王好《诗》，诸子皆读《诗》，申公始为《诗》传，号《鲁诗》。元王亦次之《诗》传，号曰《元王诗》，世或有之。

高后时，以元王子郢客为宗正，封上邳侯。元王立二十三年薨，太子辟非先卒，文帝乃以宗正上邳侯郢客嗣，是为夷王。申公为博士，失官，随郢客归，复以为中大夫。立四年薨，子戊嗣。文帝尊宠元王，子生，爵比皇子。景帝即位，以亲亲封元王宠子五人：子礼为平陆侯，富为休侯，

岁为沈犹侯，执为宛朐侯，调为棘乐侯。

初，元王敬礼申公等，穆生不耆酒，元王每置酒，常为穆生设醴。及王戊即位，常设，后忘设焉。穆生退曰："可以逝矣！醴酒不设，王之意怠，不去，楚人将钳我于市。"称疾卧。申公、白生强起之曰："独不念先王之德与？今王一旦失小礼，何足至此！"穆生曰："《易》称'知几其神乎！几者动之微，吉凶之先见者也。君子见几而作，不俟终日'。先王之所以礼吾三人者，为道之存故也；今而忽之，是忘道也。忘道之人，胡可与久处！岂为区区之礼哉？"遂谢病去。申公、白生独留。

王戊稍淫暴，二十年，为薄太后服私奸，削东海、薛郡，乃与吴通谋。二人谏，不听，胥靡之，衣之赭衣，使杵臼雅舂于市。休侯使人谏王，王曰："季父不吾与，我起，先取季父矣。"休侯惧，乃与母太夫人奔京师。二十一年春，景帝之三年也，削书到，遂应吴王反。其相张尚、太傅赵夷吾谏，不听。遂杀尚、夷吾，起兵会吴西攻梁，破棘壁，至昌邑南，与汉将周亚夫战。汉绝吴、楚粮道，士饥，吴王走，戊自杀，军遂降汉。

汉已平吴、楚，景帝乃立宗正平陆侯礼为楚王，奉元王后，是为文王。四年薨，子安王道嗣。二十二年薨，子襄王注嗣。十四年薨，子节王纯嗣。十六年薨，子延寿嗣。宣帝即位，延寿以为广陵王胥武帝子，天下有变必得立，阴欲附倚辅助之，故为其后母弟赵何齐取广陵王女为妻。与何齐谋曰："我与广陵王相结，天下不安，发兵助之，使广陵王立，何齐尚公主，列侯可得也。"因使何齐奉书遗广陵王曰："愿长耳目，毋后人有天下。"何齐父长年上书告之。事下有司，考验辞服，延寿自杀。立三十二年，国除。

初，休侯富既奔京师，而王戊反，富等皆坐免侯，削属籍。后闻其数谏戊，乃更封为红侯。太夫人与窦太后有亲，憎山东之寇，求留京师，诏许之。富子辟强等四人供养，仕于朝。太夫人薨，赐茔，葬灵户。富传国至曾孙，无子，绝。

辟强字少卿，亦好读《诗》，能属文。武帝时，以宗室子随二千石论议，冠诸宗室。清静少欲，常以书自娱，不肯仕。昭帝即位，或说大将军霍光曰："将军不见诸吕之事乎？处伊尹、周公之位，摄政擅权，而背宗室，不与共职，是以天下不信，卒至于灭亡。今将军当盛位，帝春秋富，宜纳宗室，又多与大臣共事，反诸吕道，如是则可以免患。"光然之，乃择宗室可用者。辟强子德待诏丞相府，年三十余，欲用之。或言父见在，亦先帝之所忽也。遂拜辟强为光禄大夫，守长乐卫尉，时年已八十矣。徙为宗正，数月卒。

德字路叔，修黄老术，有智略。少时数言事，召见甘泉宫，武帝谓之"千里驹"。昭帝初，为宗正丞，杂治刘泽诏狱。父为宗正，徙大鸿胪丞，迁太中大夫，后复为宗正，杂案上官氏、盖主事。德常持《老子》"知足"之计。妻死，大将军光欲以女妻之，德不敢取，畏盛满也。盖长公主孙谭遮德自言，德数责以公主起居无状。侍御史以光望不受女，承指劾德诽谤诏狱，免为庶人，屏居山田。光闻而恨之，复白召德守青州刺史。岁余，复为宗正，与立宣帝，以

定策赐爵关内侯。地节中,以亲亲行谨厚封为阳城侯。子安民为郎中右曹,宗家以德得官宿卫者二十余人。

德宽厚,好施生,每行京兆尹事,多所平反罪人。家产过百万,则以振昆弟宾客食饮,曰:"富,民之怨也。"立十一年,子向坐铸伪黄金,当伏法,德上书讼罪。会薨,大鸿胪奏德讼子罪,失大臣体,宜赐谥置嗣。制曰:"赐谥缪侯,为置嗣。"传至孙庆忌,复为宗正、太常。薨,子岑嗣,为诸曹中郎将,列校尉,至太常。薨,传子,至王莽败,乃绝。

向字子政,本名更生。年十二,以父德任为辇郎。既冠,以行修饬擢为谏大夫。是时,宣帝循武帝故事,招选名儒俊材置左右。更生以通达能属文辞,与王褒、张子侨等并进对,献赋颂凡数十篇。上复兴神仙方术之事,而淮南有枕中《鸿宝苑秘书》。书言神仙使鬼物为金之术,及邹衍重道延命方,世人莫见,而更生父德武帝时治淮南狱得其书。更生幼而读诵,以为奇,献之,言黄金可成。上令典尚方铸作事,费甚多,方不验。上乃下更生吏,吏劾更生铸伪黄金,系当死。更生兄阳城侯安民上书,入国户半,赎更生罪。上亦奇其材,得逾冬减死论。会初立《穀梁春秋》,征更生受《穀梁》,讲论《五经》于石渠。复拜为郎中给事黄门,迁散骑、谏大夫、给事中。

元帝初即位,太傅萧望之为前将军,少傅周堪为诸吏光禄大夫,皆领尚书事,甚见尊任。更生年少于望之、堪,然二人重之,荐更生宗室忠直,明经有行,擢为散骑、宗正、给事中,与侍中金敞拾遗于左右。四人同心辅政,患苦外戚许、史在位放纵,而中书宦官弘恭、石显弄权。望之、堪、更生议,欲白罢退之。未白而语泄,遂为许、史及恭、显所谮诉,堪、更生下狱,及望之皆免官。语在《望之传》。其春地震,夏,客星见昴、卷舌间。上感悟,下诏赐望之爵关内侯,奉朝请。秋,征堪、向,欲以为谏大夫,恭、显白皆为中郎。冬,地复震。时恭、显、许、史子弟侍中诸曹,皆侧目于望之等,更生惧焉,乃使其外亲上变事,言:

窃闻故前将军萧望之等,皆忠正无私,欲致大治,忤于贵戚尚书。今道路人闻望之等复进,以为且复见毁谗,必曰尝有过之臣不宜复用,是大不然。臣闻春秋地震,为在位执政大盛也,不为三独夫动,亦已明矣。且往者高皇帝时,季布有罪,至于夷灭,后赦以为将军,高后、孝文之间卒为名臣。孝武帝时,兒宽有重罪系,按道侯韩说谏曰:"前吾丘寿王死,陛下至今恨之;今杀宽,后将复大恨矣!"上感其言,遂贳宽,复用之,位至御史大夫,御史大夫未有及宽者也。又董仲舒坐私为灾异书,主父偃取奏之,下吏,罪至不道,幸蒙不诛,复为太中大夫,胶西相,以老病免归。汉有所欲兴,常有诏问。仲舒为世儒宗,定议有益天下。孝宣皇帝时,夏侯胜坐诽谤系狱三年,免为庶人。宣帝复用胜,至长信少府、太子太傅,名敢直言,天下美之。若乃群臣,多此比类,难一二记。有过之臣,无负国家,有益天下,此四臣者,足以观矣。

前弘恭奏望之等狱决,三月,地大震。恭移病出,后复视事,天阴雨雪。由是言之,地动殆为恭等。

臣愚以为宜退恭、显以章蔽善之罚,进望之等以通贤者之路。如此,太平之门开,灾异之原塞矣。

书奏,恭、显疑其更生所为,白请考奸诈。辞果服,遂逮更生系狱,下太傅韦玄成、谏大夫贡禹,与廷尉杂考。劾更生前为九卿,坐与望之、堪谋排车骑将军高、许、史氏侍中者,毁离亲戚,欲退去之,而独专权。为臣不忠,幸不伏诛,复蒙恩征用,不悔前过,而教令人言变事,诬罔不道。更生坐免为庶人。而望之亦坐使子上书自冤前事,恭、显白令诣狱置对。望之自杀。天子甚悼恨之,乃擢周堪为光禄勋,堪弟子张猛光禄大夫、给事中,大见信任。恭、显惮之,数谮毁焉。更生见堪、猛在位,几已得复进,惧其倾危,乃上封事谏曰:

臣前幸得以骨肉备九卿,奉法不谨,乃复蒙恩。窃见灾异并起,天地失常,征表为国。欲终不言,念忠臣虽在畎亩,犹不忘君,惓惓之义也。况重以骨肉之亲,又加以旧恩未报乎!欲竭愚诚,又恐越职,然惟二恩未报,忠臣之义,一抒愚意,退就农亩,死无所恨。

臣闻舜命九官,济济相让,和之至也。众贤和于朝,则万物和于野。故萧《韶》九成,而凤皇来仪;击石拊石,百兽率舞。四海之内,靡不和宁。及至周文,开基西郊,杂遝众贤,罔不肃和,崇推让之风,以销分争之讼。文王既没,周公思慕,歌咏文王之德。其《诗》曰:"于穆清庙,肃雍显相;济济多士,秉文之德。"当此之时,武王、周公继政,朝臣和于内,万国欢于外,故尽得其欢心,以事其先祖。其《诗》曰:"有来雍雍,至止肃肃,相维辟公,天子穆穆。"言四方皆以和来也。诸侯和于下,天应报于上,故《周颂》曰"降福穰穰",又曰"饴我釐麰"。釐麰,大麦也,始自天降。此皆以和致和,获天助也。

下至幽、厉之际,朝廷不和,转相非怨,诗人疾而忧之曰:"民之无良,相怨一方。"众小在位而从邪议,歙歙相是而背君子,故其《诗》曰:"歙歙讻讻,亦孔之哀!谋之其臧,则具是违;谋之不臧,则具是依!"君子独处守正,不桡众枉,勉强以从王事则反见憎毒谗诉,故其《诗》曰:"密勿从事,不敢告劳,无罪无辜,谗口嗷嗷!"当是之时,日月薄蚀而无光,其《诗》曰:"朔日辛卯,日有蚀之,亦孔之丑!"又曰:"彼月而微,此日而微,今此下民,亦孔之哀!"又曰:"日月鞠凶,不用其行;四国无政,不用其良!"天变见于上,地变动于下,水泉沸腾,山谷易处。其《诗》曰:"百川沸腾,山冢卒崩,高岸为谷,深谷为陵。哀今之人,胡憯莫惩!"霜降失节,不以其时,其《诗》曰:"正月繁霜,我心忧伤;民之讹言,亦孔之将!"言民以是为非,甚众大也。此皆不和,贤不肖易位之所致也。

自此之后,天下大乱,篡杀殃祸并作,厉王奔彘,幽王见杀。至乎平王末年,鲁隐之始即位也,周大夫祭伯乖离不和,出奔于鲁,而《春秋》为讳,不言来奔,伤其祸殃自此始也。是后尹氏世卿而专恣,诸侯背畔而不朝,周室卑微。二百四十二年之间,日食三十六,地震五,山陵崩阤二,彗星三见,夜常星不见,夜中星陨如雨一,火灾十四。长狄入三国,五石陨坠,六鹢退飞,多麋,有蜮、蜚,鹳鹆来巢者,皆一见。昼冥晦。雨木冰。李梅冬实。七月霜降,草木不死。八月杀菽。大雨雹。雨雪雷霆失序相乘。水、旱、饥、蝝、螽、螟蜂午并起。当是时,祸乱辄应,弑君三十六,亡国五十二,诸侯奔走,不得保其社稷者,不可胜数也。周室多祸:晋败其师于贸戎;伐其郊,郑伤桓王;戎执其使;卫侯朔召不往,齐逆命而助朔;五大夫争权,三君更立,莫能正理。遂至陵夷不能复兴。

由此观之,和气致祥,乖气致异;祥多者其国安,异众者其国危,天地之常经,古今之通义也。今陛下开三代之业,招文学之士,优游宽容,使得并进。今贤不肖浑殽,白黑不分,邪正杂糅,忠谗并进。章交公车,人满北军。朝臣舛午,胶戾乖刺,更相谗诉,转相是非。传授增加,文书纷纠,前后错缪,毁誉浑乱。所以营惑耳目,感移心意,不可胜载。分曹为党,往往群朋,将同心以陷正臣。正臣进者,治之表也;正臣陷者,乱之机也。乘治乱之机,未知孰任,而灾异数见,此臣所以寒心者也。夫乘权藉势之人,子弟鳞集于朝,羽翼阴附者众,辐凑于前,毁誉将必用,以终乖离之咎。是以日月无光,雪霜夏陨,海水沸出,陵谷易处,列星失行,皆怨气之所致也。夫遵衰周之轨迹,循诗人之所刺,而欲以成太平,致雅颂,犹却行而求及前人也。初元以来六年矣,案《春秋》六年之中,灾异未有稠如今者也。夫有《春秋》之异,无孔子之救,犹不能解纷,况甚于《春秋》乎?

原其所以然者,谗邪并世也。谗邪之所以并进者,由上疑心,既已用贤人而行善政,如或潜之,则贤人退而善政还。夫执狐疑之心者,来谗贼之口;持不断之意者,开群枉之门。谗邪进则众贤退,群枉盛则正士消。故《易》有"否"、"泰"。小人道长,君子道消,君子道消,则政日乱,故为"否"。否者,闭而乱也。君子道长,小人道消,小人道消,则政日治,故为"泰"。泰者,通而治也。《诗》又云"雨雪麃麃,见晛聿消",与《易》同义。昔者鲧、共工、骥兜与舜、禹杂处尧朝,周公与管、蔡并居周位,当是时,迭进相毁,流言相谤,岂可胜道哉!帝尧、成王能贤舜、禹、周公而消共工、管、蔡,故以大治,荣华至今。孔子与季、孟偕仕于鲁,李斯与叔孙俱宦于秦,定公、始皇贤季、孟、李斯而消孔子、叔孙,故以大乱,污辱至今。故治乱荣辱之端,在所信任;信任既贤,在于坚固而不移。《诗》云"我心匪石,不可转也",言守善笃也。《易》曰"涣汗其大号",言号令如汗,汗出而不反者也。今出善令,未能逾时而反,是反汗也;用贤未能三旬而退,是转石也。《论语》曰:"见不善如探汤。"今二府奏佞谄不当在位,历年而不去。故出令则如反汗,用贤则如转石,去佞则如拔山,如此望阴阳之调,不亦难乎!

是以群小窥见间隙,缘饰文字,巧言丑诋,流言飞文,哗于民间。故《诗》云:"忧心悄悄,愠于群小。"下人成群,诚足愠也。昔孔子与颜渊、子贡更相称誉,不为朋党;禹、稷与皋陶传相汲引,不为比周。何则?忠于为国,无邪心也。故贤人在上位,则引其类而聚之于朝,《易》曰"飞龙在天,大人聚也";在下位,则思与其类俱进,《易》曰"拔茅茹以其汇,征吉"。在上则引其类,在下则推其类,故汤用伊尹,不仁者远,而众贤至,类相致也。今佞邪与贤臣并在交戟之内,合党共谋,违善依恶,歙歙訿訿,数设危险之言,欲以倾移主上。如忽然用,此天地之所以先戒,灾异之所以重至者也。

自古明圣,未有无诛而治者也,故舜有四放之罚,而孔子有两观之诛,然后圣化可得而行也。今以陛下明知,诚深思天地之心,迹察两观之诛,览"否"、"泰"之卦,观雨雪之诗,历周、唐之所进以为法,原秦、鲁之所消以为戒,考祥应之福,省灾异之祸,以揆当世之变,放远佞邪之党,坏散险诐之聚,杜闭群枉之门,广开众正之路,决断狐疑,分别犹豫,使是非炳然可知,则百异消灭,而众祥并至,太平之基,万世之利也。

臣幸得托肺附,诚见阴阳不调,不敢不通所闻。窃推《春秋》灾异,以救今事一二,条其所以,不宜宣泄。臣谨重封昧死上。

恭、显见其书,愈与许、史比而怨更生等。堪性公方,自见孤立,遂直道而不曲。是岁夏寒,日青无光,恭、显及许、史皆言堪、猛用事之咎。上内重堪,又患众口之浸润,无所取信。时长安令杨兴以材能幸,常称誉堪。上欲以为助,乃见问兴:"朝臣齗齗不可光禄勋,何邪?"兴者,倾巧士,谓上疑堪,因顺指曰:"堪非独不可于朝廷,自州里亦不可也。臣见众人闻堪前与刘更生等谋毁骨肉,以为当诛,故臣前言堪不可诛伤,为国养恩也。"上曰:"然此何罪而诛?今宜奈何?"兴曰:"臣愚以为可赐爵关内侯,食邑三百户,勿令典事。明主不失师傅之恩,此最策之得者也。"上于是疑。会城门校尉诸葛丰亦言堪、猛短,上因发怒免丰。语在其《传》。又曰:"丰言堪、猛贞信不立,朕闵而不治,又惜其材未有所效,其左迁堪为河东太守,猛槐里令。"

显等专权日甚。后三岁余,孝宣庙阙灾,其晦,日有蚀之。于是上召诸前言日变在堪、猛者责问,皆稽首谢。乃因下诏曰:"河东太守堪,先帝贤之,命而傅朕。资质淑茂,道术通明,论议正直,秉心有常,发愤悃愊,信有忧国之心。以不能阿尊事贵,孤特寡助,抑厌遂退,卒不克明。往者众臣见异,不务自修,深惟其故,而反晻昧说天,托咎此人。朕不得已,出而试之,以彰其材。堪出之后,大变仍臻,众亦嘿然。堪治未期年,而三老官属有识之士咏颂其美,使者过郡,靡人不称。此固足以彰先帝之知人,而朕有以自明。俗人乃造端作基,非议诋欺,或引幽隐,非所宜明,意疑以类,欲以陷之,朕亦不取也。朕迫于俗,不得专心,乃者天著大异,朕甚惧焉。今堪年衰岁暮,恐不得自信,排于众人,将安究之哉?其征堪诣行在所。"拜为光禄大夫,秩中二千石,领尚书事。猛复为太中大夫给事中。显干尚书事,尚书五人,皆其党也。堪希得见,常因显白事,事决显口。会堪疾瘖,不能言而卒。显诬谮猛,令自杀于公车。更生伤之,乃著《疾谗》、《摘要》、《救危》及《世颂》,凡八篇,依兴古事,悼己及同类也。遂废十余年。

成帝即位,显等伏辜,更生乃复进用,更名向。向以故九卿召拜为中郎,使领护三辅都水。数奏封事,迁光禄大夫。是时,帝元舅阳平侯王凤为大将军,秉政,倚太后,专国权。兄弟七人皆封为列侯。时数有大异,向以为外戚贵盛,凤兄弟用事之咎。而上方精于《诗》、《书》,观古文,诏向领校中《五经》秘书。向见《尚书·洪范》,箕子为武王陈五行阴阳休咎之应。向乃集合上古以来历春秋六国至秦、汉符瑞灾异之记,推迹行事,连传祸福,著其占验,比类相从,各有条目,凡十一篇,号曰《洪范五行传论》,奏之。天子心知向忠精,故为凤兄弟起此论也,然终不能夺王氏权。

久之,营起昌陵,数年不成,复还归延陵,制度泰奢。向上疏谏曰:

臣闻《易》曰:"安不忘危,存不忘亡,是以身安而国家可保也。"故贤圣之君,博观终始,穷极事情,而是非分明。王者必通三统,明天命所授者博,非独一姓也。孔子论《诗》,至于"殷士肤敏,祼将于京",喟然叹曰:"大哉天命!善不可不传于子孙,是以富贵无常;不如是,则王公其何以戒慎,民萌何以劝勉?"盖伤微子之事周,而痛殷之亡也。虽有尧、舜之圣,不能化丹朱之子;虽有禹、汤之德,不能训末孙之桀、纣。自古及今,未有不亡之国也。昔高皇帝既灭秦,将都洛阳,感寤刘敬之言,自以德不及周,而贤于秦,遂徙都关中,依周之德,因秦之阻。世之长短,以德为效,故常战栗,不敢讳亡。孔子所谓"富贵无常",盖谓此也。

孝文皇帝居霸陵,北临厕,意凄怆悲怀,顾谓群臣曰:"嗟乎!以北山石为椁,用纻絮斫陈漆其间,岂可动哉!"张释之进曰:"使其中有可欲,虽锢南山犹有隙;使其中无可欲,虽无石椁,又何感焉?"夫死者无终极,而国家有废兴,故释之之言,为无穷计也。孝文寤焉,遂薄葬,不起山坟。

《易》曰:"古之葬者,厚衣之以薪,臧之中野,不封不树。后世圣人易之以棺椁。"棺椁之作,自黄帝始。黄帝葬于桥山,尧葬济阴,丘垄皆小,葬具甚微。舜葬苍梧,二妃不从。禹葬会稽,不改其列。殷汤无葬处。文、武、周公葬于毕,秦穆公葬于雍橐泉宫祈年馆下,樗里子葬于武库,皆无丘陇之处。此圣帝明王贤君智士远览独虑无穷之计也。其贤臣孝子亦承命顺意而薄葬之,此诚奉安君父,忠孝之至也。

夫周公,武王弟也,葬兄甚微。孔子葬母于防,称古墓而不坟,曰:"丘,东西南北之人也,不可以不识也。"为四尺坟,遇雨而崩。弟子修之,以告孔子,孔子流涕曰:"吾闻之,古者不修墓。"盖非之也。延陵季子适齐而反,其子死,葬于嬴、博之间,穿不及泉,敛以时服,封坟掩坎,其高可隐,而号曰:"骨肉归复于土,命也,魂气则无不之也。"夫嬴、博去吴千有余里,季子不归葬。孔子往观曰:"延陵季子于礼合矣。"故仲尼孝子,而延陵慈父,舜、禹忠臣,周公弟弟,其葬君亲骨肉,皆微薄矣;非苟为俭,诚便于体也。宋桓司马为石椁,仲尼曰"不如速朽"。秦相吕不韦集知略之士而造《春秋》,亦言薄葬之义,皆明于事情者也。

逮至吴王阖闾,违礼厚葬,十有余年,越人发之。及秦惠文、武、昭、孝文、严襄五王,皆大作丘陇,多其瘗臧,咸尽发掘暴露,甚足悲也。秦始皇帝葬于骊山之阿,下锢三泉,上崇山坟,其高五十余丈,周回五里有余;石椁为游馆,人膏为灯烛,水银为江海,黄金为凫雁。珍宝之臧,机械之变,棺椁之丽,宫馆之盛,不可胜原。又多杀宫人,生埋工匠,计以万数。天下苦其役而反之,骊山之作未成,而周章百万之师至其下矣。项籍燔其宫室营宇,往者咸见发掘。其后牧儿亡羊,羊入其凿,牧者持火照求羊,失火烧其臧椁。自古至今,葬未有盛如始皇者也,数年之间,外被项籍之灾,内离牧竖之祸,岂不哀哉!

是故德弥厚者葬弥薄,知愈深者葬愈微。无德寡知,其葬愈厚,丘陇弥高,宫庙甚丽,发掘必速。由是观之,明暗之效,葬之吉凶,昭然可见矣。周德既衰而奢侈,宣王贤而中兴,更为俭宫室,小寝庙。诗人美之,《斯干》之诗是也,上章道宫室之如制,下章言子孙之众多也。及鲁严公刻饰宗庙,多筑台囿,后嗣再绝,《春秋》刺焉。周宣如彼而昌,鲁、秦如此而绝,是则奢俭之得失也。

陛下即位,躬亲节俭,始营初陵,其制约小,天下莫不称贤明。及徙昌陵,增埤为高,积土为山,发民坟墓,积以万数,营起邑居,期日迫卒,功费大万百余。死者恨于下,生者愁于上,怨气感动阴阳,因之以饥馑,物故流离以十万数,臣甚愍焉。以死者为有知,发人之墓,其害多矣;若其无知,又安用大?谋之贤知则不说,以示众庶则苦;若苟以说愚夫淫侈之人,又何为哉!陛下慈仁笃美甚厚,聪明疏达盖世,宜弘汉家之德,崇刘氏之美,光昭五帝、三王,而顾与暴秦乱君竞为奢侈,比方丘垅,说愚夫之目,隆一时之观,违贤知之心,亡万世之安,臣窃为陛下羞之。唯陛下上览明圣黄帝、尧、舜、禹、汤、文、武、周公、仲尼之制,下观贤知穆公、延陵、樗里、张释之之意。孝文皇帝去坟薄葬,以俭安神,可以为则;秦昭、始皇增山厚臧,以侈生害,足以为戒。初陵之模,宜从公卿大臣之议,以息众庶。

书奏,上甚感向言,而不能从其计。

向睹俗弥奢淫,而赵、卫之属起微贱,逾礼制。向以为王教由内及外,自近者始。故采取《诗》、《书》所载贤妃贞妇,兴国显家可法则,及孽嬖乱亡者,序次为《列女传》,凡八篇,以戒天子。及采传记行事,著《新序》、《说苑》凡五十篇奏之。数上疏言得失,陈法戒。书数十上,以助观览,补遗阙。上虽不能尽用,然内嘉其言,常嗟叹之。

时上无继嗣,政由王氏出,灾异浸甚。向雅奇陈汤智谋,与相亲友,独谓汤曰:"灾异如此,而外家日盛,其渐必危刘氏。吾幸得同姓末属,累世蒙汉厚恩,身为宗室遗老,历事三主。上以我先帝旧臣,每进见常加优礼,吾而不言,孰当言者?"向遂上封事极谏曰:

臣闻人君莫不欲安,然而常危;莫不欲存,然而常亡;失御臣之术也。夫大臣操权柄,持国政,未有不为害者也。昔晋有六卿,齐有田、崔,卫有孙、甯,鲁有季、孟,常掌国事,世执朝柄。终后田氏取齐;六卿分晋;崔杼弑其君光;孙林父、甯殖出其君衎,弑其君剽;季氏八佾舞于庭,三家者以《雍》彻,并专国政,卒逐昭公。周大夫尹氏管朝事,浊乱王室,子朝、子猛更立,连年乃定。故经曰"王室乱",又曰"尹氏杀王子克",甚之也。《春秋》举成败,录祸福,如此类众矣,皆阴盛而阳微,下失臣道之所致也。故《书》曰:"臣之有作威作福,害于而家,凶于而国。"孔子曰:"禄去公室,政逮大夫",危亡之兆。秦昭王舅穰侯及泾阳、叶阳君专国擅势,上假太后之威,三人者权重于昭王,家富于秦国,国甚危殆,赖蒨范雎之言,而秦复存。二世委任赵高,专权自恣,壅蔽大臣,终有阎乐望夷之祸,秦遂以亡。近事不远,即汉所代也。

汉兴,诸吕无道,擅相尊王。吕产、吕禄席太后之宠,据将相之位,兼南北军之众,拥梁、赵王之尊,骄盈无厌,欲危刘氏。赖忠正大臣绛侯、朱虚侯等竭诚尽节以诛灭之,然后刘氏复安。今王氏一姓乘朱轮华毂者二十三人,青紫貂蝉充盈幄内,鱼鳞左右。大将军秉事用权,五侯骄奢僭盛,并作威福,击断自恣,行污而寄治,身私而托公,依东宫之尊,假甥舅之亲,以为威重。尚书、九卿、州牧、郡守皆出其门,管执枢机,朋党比周。称誉者登进,忤恨者诛伤;游谈者助之说,执政者为之言。排摈宗室,孤弱公族,其有智能者,尤非毁而不进。远绝宗室之任,不令得给事朝省,恐其与己分权;数称燕王、盖主以疑上心,避讳吕、霍而弗肯称。内有管、蔡之萌,外假周公之论,兄弟据重,宗族磐互。历上古至秦、汉,外戚僭贵未有如王氏者也。虽周皇甫、秦穰侯、汉武安、吕、霍、上官之属,皆不及也。

物盛必有非常之变先见,为其人微象。孝昭帝时,冠石立于泰山,仆柳起于上林。而孝宣帝即位,今王氏先祖坟墓在济南者,其梓柱生枝叶,扶疏上出屋,根垂地中,虽立石起柳,无以过此之明也。事势不两大,王氏与刘氏亦且不并立,如下有泰山之安,则上有累卵之危。陛下为人子孙,守持宗庙,而令国祚移于外亲,降为皂隶,纵不为身,奈宗庙何!妇人内夫家,外父母家,此亦非皇太后之福也。孝宣皇帝不与舅平昌、乐昌侯权,所以安全之也。

夫明者起福于无形,销患于未然。宜发明诏,吐德音,援近宗室,亲而纳信,黜远外戚,毋授以政,皆罢令就第,以则效先帝之所行,厚安外戚,全其宗族,诚东宫之意,外家之福也。王氏永存,保其爵禄,刘氏长安,不失社稷,所以褒睦外内之姓,子子孙孙无疆之计也。如不行此策,田氏复见于今,六卿必起于汉,为后嗣忧,昭昭甚明,不可不深图,不可不蚤虑。《易》曰:"君不密,则失臣;臣不密,则失身;几事不密,则害成。"唯陛下深留圣思,审固几密,览往事之戒,以折中取信,居万安之实,用保宗庙,久承皇太后,天下幸甚。

书奏,天子召见向,叹息悲伤其意,谓曰:"君且休矣,吾将思之。"以向为中垒校尉。

向为人简易无威仪,廉靖乐道,不交接世俗,专积思于经术,昼诵书传,夜观星宿,或不寐达旦。元延中,星孛东井,蜀郡岷山崩雍江。向恶此异,语在《五行志》。怀不能已,复上奏,其辞曰:

臣闻帝舜戒伯禹,毋若丹朱敖;周公戒成王,毋若殷王纣。《诗》曰:"殷监不远,在夏后之世",亦言汤以桀为戒也。圣帝明王常以败乱自戒,不讳废兴,故臣敢极陈其愚,唯陛下留神察焉。

谨案春秋二百四十二年,日蚀三十六,襄公尤数,率三岁五月有奇而壹食。汉兴讫竟宁,孝景帝尤数,率三岁一月而一食。臣向前数言日当食,今连三年比食。自建始以来,二十岁间而八食,率二岁六月而一发,古今罕有。异有小大希稠,占有舒疾缓急,而圣人所以断疑也。《易》曰:"观乎天文,以察时变。"昔孔子对鲁哀公,并言夏桀、殷纣暴虐天下,故历失则摄提失方,孟陬无纪,此皆易姓之变也。秦始皇之末至二世时,日月薄食,山陵沦亡,辰星出于四孟,太白经天而行,无云而雷,枉矢夜光,荧惑袭月,蘖火烧宫,野禽戏廷,都门内崩,长人见临洮,石陨于东郡,星孛大角,大角以亡。观孔子之言,考暴秦之异,天命信可畏也。

及项籍之败,亦孛大角。汉之入秦,五星聚于东井,得天下之象也。孝惠时,有雨血,日食于冲,灭光星见之异。孝昭时,有泰山卧石自立,上林僵柳复起,大星如月西行,众星随之,此为特异。孝宣兴起之表,天狗夹汉而西,久阴不雨者二十余日,昌邑不终之异也。皆著于《汉纪》。观秦、汉之易世,览惠、昭之无后,察昌邑之不终,视孝宣之绍起,天之去就,岂不昭昭然哉!高宗、成王亦有雊雉拔木之变,能思其故,故高宗有百年之福,成王有复风之报。神明之应,应若景响,世所同闻也。

臣幸得托末属,诚见陛下宽明之德,冀销大异,而兴高宗、成王之声,以崇刘氏,故狼狼数奸死亡之诛。今日食尤屡,星孛东井,摄提炎及紫宫,有识长老莫不震动,此变之大者也。其事难一二记,故《易》曰"书不尽言,言不尽意",是以设卦指爻,而复说义。《书》曰"泮来以图",天文难以相晓,臣虽图上,犹须口说,然后可知,愿赐清燕之闲,指图陈状。

上辄入之,然终不能用也。向每召见,数言:"公族者国之枝叶,枝叶落则本根无所庇荫;方今同姓疏远,母党专政,禄去公室,权在外家,非所以强汉宗、卑私门,保守社稷、安固后嗣也。"向自见得信于上,故常显讼宗室,讥刺王氏及在位大臣,其言多痛切,发于至诚。上数欲用向为九卿,辄不为王氏居位者及丞相御史所持,故终不迁。居列大夫官前后三十余年,年七十二卒。卒后十三岁而王氏代汉。

向三子皆好学:长子伋,以《易》教授,官至郡守,中子赐,九卿丞,蚤卒;少子歆,最知名。

歆字子骏,少以通《诗》、《书》能属文召,见成帝,待诏宦者署,为黄门郎。河平中,受诏与父向领校秘书,讲六艺传记,诸子、诗赋、数术、方技,无所不究。向死后,歆复为中垒校尉。

哀帝初即位,大司马王莽举歆宗室有材行,为侍中太中大夫,迁骑都尉、奉车光禄大夫,贵幸。复领《五经》,卒父前业。歆乃集六艺群书,种别为《七略》。语在《艺文志》。

歆及向始皆治《易》,宣帝时,诏向受《穀梁春秋》,十余年,大明习。及歆校秘书,见古文《春秋左氏传》,歆大好之。时丞相史尹咸以能治《左氏》,与歆共校经传。歆略从咸及丞相翟方进受,质问大义。初《左氏传》多古字古言,学者传训故而已,及歆治《左氏》,引传文以解经,转相发明,于是章句义理备焉。歆亦湛靖有谋,父子俱好古,博见强志,过绝于人。歆以为左丘明好恶与圣人同,亲见夫子,而公羊、穀梁在七十子后,传闻之与亲见之,其详略不同。歆数以难向,向不能非间也,然犹自持其《穀梁》义。及歆亲近,欲建立《左氏春秋》及《毛诗》、《逸礼》、《古文尚书》皆列于学官。哀帝令歆与《五经》博士讲论其义,诸博士或不肯置对,歆因移书太常博士,责让之曰:

昔唐、虞既衰,而三代迭兴,圣帝明王,累起相袭,其道甚著。周室既微而礼乐不正,道之难全也如此。是故孔子忧道之不行,历国应聘。自卫反鲁,然后乐正,《雅》、《颂》乃得其所;修《易》,序《书》,制作《春秋》,以纪帝王之道。及夫子没而微言绝,七十子终而大义乖。重遭战国,弃笾豆之礼,更军旅之陈,孔氏之道抑,而孙、吴之术兴。陵夷至于暴秦,燔经书,杀儒士,设挟书之法,行是古之罪,道术由是遂灭。

汉兴,去圣帝明王遐远,仲尼之道绝,法度无所因袭。时独有一叔孙通略定礼仪,天下唯有《易》卜,未有它书。至孝惠之世,乃除挟书之律,然公卿大臣绛、灌之属咸介胄武夫,莫以为意。至孝文皇帝,始使掌故朝错从伏生受《尚书》。《尚书》初出于屋壁,朽折散绝,今其书见在,时师传读而已。《诗》始萌牙。天下众书往往颇出,皆诸子传说,犹广立于学官,为置博士。在汉朝之儒,唯贾生而已。至孝武皇帝,然后邹、鲁、梁、赵颇有《诗》、《礼》、《春秋》先师,皆起于建元之间。当此之时,一人不能独尽其经,或为《雅》,或为《颂》,相合而成。《泰誓》后得,博士集而读之。故诏书称曰:"礼坏乐崩,书缺简脱,朕闵焉。"时汉兴已七八十年,离于全经,固已远矣。

及鲁恭王坏孔子宅,欲以为宫,而得古文于坏壁之中,《逸礼》有三十九篇,《书》十六篇。天汉之后,孔安国献之,遭巫蛊仓卒之难,未及施行。及《春秋》左氏丘明所修,皆古文旧书,多者二十余通,臧于秘府,伏而未发。孝成皇帝闵学残文缺,稍离其真,乃陈发秘臧,校理旧文,得此三事,以考学官所传,经或脱简,传或间编。传问民间,则有鲁国桓公、赵国贯公、胶东庸生之遗学与此同,抑而未施。此乃有识者之所惜闵,士君子之所嗟痛也,往者缀学之士不思废绝之阙,苟因陋就寡,分文析字,烦言碎辞,学者罢老且不能究其一艺。信口说而背传记,是末师而非往古,至于国家将有大事,若立辟雍、封禅、巡狩之仪,则幽冥而莫知其原。犹欲保残守缺,挟恐见破之私意,而无从善服义之公心,或怀妒嫉,不考情实,雷同相从,随声是非,抑此三学,以《尚书》为备,谓左氏为不传《春秋》,岂不哀哉!

今圣上德通神明,继统扬业,亦闵文学错乱,学士若兹,虽昭其情,犹依违谦让,乐与士君子同之。故下明诏,试《左氏》可立不,遣近臣奉指衔命,将以辅弱扶微,与二三君子比意同力,冀得废遗。今则不然,深闭固距,而不肯试,猥以不诵绝之,欲以杜塞余道,绝灭微学,夫可与乐成,难与虑始,此乃众庶之所为耳,非所望士君子也。且此数家之事,皆先帝所亲论,今上所考视,其古文旧书,皆有征验,外内相应,岂苟而已哉!

夫礼失求之于野,古文不犹愈于野乎?往者博士《书》有欧阳,《春秋》公羊,《易》则施、孟,然孝宣皇帝犹复广立《穀梁春秋》、《梁丘易》、《大小夏侯尚书》,义虽相反,犹并置之。何则?与其过而废之也,宁过而立之。传曰:"文武之道未坠于地,在人;贤者志其大者,不贤者志其小者。"今此数家之言所以兼包大小之义,岂可偏绝哉!若必专己守残,党同门,妒道真,违明诏,失圣意,以陷于文吏之议,甚为二三君子不取也。

其言甚切,诸儒皆怨恨。是时,名儒光禄大夫龚胜以歆移书上疏深自罪责,愿乞骸骨罢。及儒者师丹为大司空,亦大怒,奏歆改乱旧章,非毁先帝所立。上曰:"歆欲广道术,亦何以为非毁哉!"歆由是忤执政大臣,为众儒所讪,惧诛,求出补吏,为河内太守。以宗室不宜典三河,徙守五原,后复转在涿郡,历三郡守。数年,以病免官,起家复为安定属国都尉。会哀帝崩,王莽持政,莽少与歆俱为黄门郎,重之,白太后。太后留歆为右曹太中大夫,迁中垒校尉、羲和、京兆尹,使治明堂辟雍,封红休侯。典儒林史卜之官,考定律历,著《三统历谱》。

初,歆以建平元年改名秀,字颖叔云。及王莽篡位,歆为国师,后事皆在《莽传》。

赞曰:仲尼称"材难,不其然与!"自孔子后,缀文之士众矣,唯孟轲、孙况、董仲舒、司马迁、刘向、扬雄,此数公者,皆博物洽闻,通达古今,其言有补于世。传曰"圣人不出,其间必有命世者焉",岂近是乎?刘氏《洪范论》发明《大传》,著天人之应;《七略》剖判艺文,总百家之绪;《三统历谱》考步日月五星之度,有意其推本之也。呜乎!向言山陵之戒,于今察之,哀哉!指明梓柱以推废兴,昭矣!岂非直谅多闻,古之益友与!

卷三十七　季布栾布田叔传第七

季布,楚人也,为任侠有名。项籍使将兵,数窘汉王。项籍灭,高祖购求布千金,敢有舍匿,罪三族。布匿濮阳周氏,周氏曰:"汉求将军急,迹且至臣家,能听臣,臣敢进计;即否,愿先自到。"布许之,乃髡钳布,衣褐,置广柳车中,并与其家僮数十人,之鲁朱家所卖之。朱家心知其季布也,买置田舍。乃之洛阳见汝阴侯滕公,说曰:"季布何罪?臣各为其主用,职耳。项氏臣岂可尽诛邪?今上始得天下,而以私怨求一人,何示不广也!且以季布之贤,汉求之急如此,此不北走胡,南走越耳。夫忌壮士以资敌国,此伍子胥所以鞭荆平之墓也。君何不从容为上言之?"滕公心知朱家大侠,意布匿其所,乃许诺。侍间,果言如朱家指。上乃赦布。当是时,诸公皆多布能摧刚为柔,朱家亦以此名闻当世。布召见,谢,拜郎中。

孝惠时,为中郎将。单于尝为书谩吕太后,太后怒,召诸将议之。上将军樊哙曰:"臣愿得十万众,横行匈奴中。"诸将皆阿吕太后,以哙言为然。布曰:"樊哙可斩也!夫以高帝兵三十余万,困于平城,哙时亦在其中。今哙奈何以十万众横行匈奴中,面谩!且秦以事胡,陈胜等起。今疮痍未瘳,哙又面谀,欲摇动天下。"是时,殿上皆恐,太后罢朝,遂不复议击匈奴事。

布为河东守。孝文时,人有言其贤,召欲以为御史大夫。人又言其勇,使酒难近。至,留邸一月,见罢。布进曰:"臣待罪河东,陛下无故召臣,此人必以臣欺陛下者。今臣至,无所受事,罢去,此人必有毁臣者。夫陛下以一人誉召臣,一人毁去臣,臣恐天下有识者闻之,有以窥陛下也。"上默然,惭曰:"河东吾股肱郡,故特召君耳。"布之官。

辩士曹丘生数招权顾金钱,事贵人赵谈等,与窦长君善。布闻,寄书谏长君曰:"吾闻曹丘生非长者,勿与通。"及曹丘生归,欲得书请布。窦长君曰:"季将军不说足下,足下无往。"固请书,遂行。使人先发书,布果大怒,待曹丘。曹丘至,则揖布曰:"楚人谚曰'得黄金百,不如得季布诺',足下何以得此声梁、楚之间哉!且仆与足下俱楚人,使仆游扬足下名于天下,顾不美乎?何足下距仆之深也!"布乃大说。引入,留数月,为上客,厚送之。布名所以益闻者,曹丘扬之也。

布弟季心气盖关中,遇人恭谨,为任侠,方数千里,士争为死。尝杀人,亡吴,从爰丝匿,长事爰丝,弟畜灌夫、籍福之属。尝为中司马,中尉郅都不敢加。少年多时时窃借其名以行。当是时,季心以勇,布以诺,闻关中。

布母弟丁公,为项羽将,逐窘高祖彭城西。短兵接,汉王急,顾谓丁公曰:"两贤岂相厄哉!"丁公引兵而还。及项王灭,丁公谒见高祖,以丁公徇军中,曰:"丁公为项王臣不忠,使项王失天下者也。"遂斩之,曰:"使后为人臣无效丁公也!"

栾布,梁人也,彭越为家人时,尝与布游,穷困,卖庸于齐,为酒家保,数岁别去,而布为人所略,卖为奴于燕。为其主家报仇,燕将臧荼举以为都尉。荼为燕王,布为将。及荼反,汉击燕,虏布。梁王彭越闻之,乃言上,请赎布为梁大夫。使于齐,未反,汉召彭越责以谋反,夷三族,枭首洛阳,下诏"有收视者辄捕之"。布还,奏事彭越头下,祠而哭之。吏捕以闻。上召布骂曰:"若与彭越反邪?吾禁人勿收,若独祠而哭之,与反明矣。趣亨之。"方提趋汤,顾曰:"愿一言而死。"上曰:"何言?"布曰:"方上之困彭城,败荥阳、成皋间,项王所以不能遂西,徒以彭王居梁地,与汉合从苦楚也。当是之时,彭王壹顾,与楚则汉破,与汉则楚破。且垓下之会,微彭王,项氏不亡。天下已定,彭王剖符受封,欲传之万世。今帝一征兵于梁,彭王病不行,而疑以为反。反形未见,以苛细诛之,臣恐功臣人人自危也。今彭王已死,臣生不如死,请就亨。"上乃释布,拜为都尉。

孝文时,为燕相,至将军。布称曰:"穷困不能辱身,非人也;富贵不能快意,非贤也。"于是尝有德,厚报之;有怨,必以法灭之。吴、楚反时,以功封为鄃侯,复为燕相。燕、齐之间皆为立社,号曰"栾公社。"

布薨,子贲嗣侯,孝武时坐为太常牺牲不如令,国除。

田叔,赵陉城人也。其先,齐田氏也。叔好剑,学黄老术于乐巨公。为人廉直,喜任侠。游诸公,赵人举之赵相赵午,言之赵王张敖,以为郎中,数岁,赵王贤之,未及迁。

会赵午、贯高等谋弑上,事发觉,汉下诏捕赵王及群臣反者。赵有敢随王,罪三族。唯田叔、孟舒等十余人赭衣自髡钳,随王至长安。赵王敖事白,得出,废王为宣平侯,乃进言叔等十人。上召见,与语,汉廷臣无能出其右者。上说,尽拜为郡守、诸侯相。叔为汉中守十余年。

孝文帝初立,召叔问曰:"公知天下长者乎?"对曰:"臣何足以知之!"上曰:"公长者,宜知之。"叔顿首曰:"故云中守孟舒,长者也。"是时,孟舒坐虏大入云中免。上曰:"先帝置孟舒云中十余年矣,虏常一入,孟舒不能坚守,无故士卒战死者数百人。长者固杀人乎?"叔叩头曰:"夫贯高等谋反,天子下明诏:'赵有敢随张王者,罪三族!'然孟舒自髡钳,随张王,以身死之,岂自知为云中守哉!汉与楚相距,士卒罢敝,而匈奴冒顿新服北夷,来为边寇,孟舒知士卒罢敝,不忍出言,士争临城死敌,如子为父,以故死者数百人,孟舒岂驱之哉!是乃孟舒所以为长者。"于是上曰:"贤哉孟舒!"复召以为云中守。

后数岁,叔坐法失官。梁孝王使人杀汉议臣爰盎,景帝召叔案梁,具得其事。还报,上曰:"梁有之乎?"对曰:"有之。""事安在?"叔曰:"上无以梁事为问也。今梁王不伏诛,是废汉法也;如其伏诛,太后食不甘味,卧不安席,此忧在陛下也。"于是上大贤之,以为鲁相。

相初至官,民以王取其财物自言者百余人。叔取其渠率二十人笞,怒之曰:"王非汝主邪?何敢自言主!"鲁王闻之,大惭,发中府钱,使相偿之。相曰:"王自使人偿之,不尔,是王为恶而相为善也。"

鲁王好猎，相常从入苑中，王辄休相就馆。相常暴坐苑外，终不休，曰："吾王暴露，独何为舍？"王以故不大出游。

数年以官卒，鲁以百金祠，少子仁不受，曰："义不伤先人名。"

仁以壮勇为卫将军舍人，数从击匈奴。卫将军进言仁为郎中，至二千石、丞相长史失官。后使刺三河，还，奏事称意，拜为京辅都尉。月余，迁司直。数岁，戾太子举兵，仁部闭城门，令太子得亡，坐纵反者族。

赞曰：以项羽之气，而季布以勇显名楚，身履军搴旗者数矣，可谓壮士。及至困厄奴僇，苟活不变，何也？彼自负其材，受辱不羞，欲有所用其未足也，故终为汉名将。贤者诚重其死。夫婢妾贱人，感慨而自杀，非能勇也，其画无俚之至耳。栾布哭彭越，田叔随张敖，赴死如归，彼诚知所处，虽古烈士，何以加哉！

卷三十八　　　　高五王传第八

高皇帝八男：吕后生孝惠帝，曹夫人生齐悼惠王肥，薄姬生孝文帝，戚夫人生赵隐王如意，赵姬生淮南厉王长，诸姬生赵幽王友、赵共王恢、燕灵王建。淮南厉王长自有传。

齐悼惠王肥，其母高祖微时外妇也。高祖六年立，食七十余城。诸民能齐言者皆与齐。孝惠二年，入朝。帝与齐王燕饮太后前，置齐王上坐，如家人礼。太后恐，乃令人酌两卮鸩酒置前，令齐王为寿。齐王起，帝亦起，欲俱为寿。太后怒，自起反卮。齐王怪之，因不敢饮，阳醉去。问，知其鸩，乃忧，自以为不得脱长安。内史士曰："太后独有帝与鲁元公主，今王有七十余城，而公主食数城。王诚以一郡上太后为公主汤沐邑，太后必喜，王无患矣。"于是齐王献城阳郡以尊公主为王太后。吕太后喜而许之。乃置酒齐邸，乐饮，遣王归国。后十三年薨，子襄嗣。

赵隐王如意，九年立。四年，高祖崩，吕太后征王到长安，鸩杀之。无子，绝。

赵幽王友，十一年立为淮阳王。赵隐王如意死，孝惠元年，徙友王赵，凡立十四年。友以诸吕女为后，不爱，爱它姬。诸吕女怒去，谗之于太后曰："王宣'吕氏安得王？太后百岁后，吾必击之。'"太后怒，以故召赵王。赵王至，置邸不见，令卫围守之，不得食。其群臣或窃馈之，辄捕论之。赵王饿，乃歌曰："诸吕用事兮，刘氏微，迫胁王侯兮，强授我妃。我妃既妒兮，诬我以恶，谗女乱国兮，上曾不寤。我无忠臣兮，何故弃国？自快中野兮，苍天与直！于嗟不可悔兮，宁早自贼！为王饿死兮，谁者怜之？吕氏绝理兮，托天报仇！"遂幽死。以民礼葬之长安。

高后崩，孝文即位，立幽王子遂为赵王。二年，有司请立皇子为王。上曰："赵幽王幽死，朕甚怜之。已立其长子遂为赵王。遂弟辟强及齐悼惠王子朱虚侯章、东牟侯兴居有功，皆可王。"于是取赵之河间立辟强，是为河间文王。文王立十三年薨，子哀王福嗣。一年薨，无子，国除。

赵王遂立二十六年，孝景时鼌错以过削赵常山郡，诸侯怨，吴、楚反，遂与合谋起兵。其相建德、内史王悍谏，不听。遂烧杀德、悍，发兵住其西界，欲待吴、楚俱进，北使匈奴与连和。汉使曲周侯郦寄击之，赵王城守邯郸，相距七月。吴、楚败，匈奴闻之，亦不肯入边。栾布自破齐还，并兵引水灌赵城。城坏，王遂自杀，国除。景帝怜赵相、内史守正死，皆封其子为列侯。

赵共王恢。十一年，梁王彭越诛，立恢为梁王。十六年，赵幽王死，吕后徙恢王赵，恢心不乐。太后以吕产女为赵王后，王后从官皆诸吕也，内擅权，微司赵王，王不得自恣。王有爱姬，王后鸩杀之。王乃为歌诗四章，令乐人歌之。王悲思，六月自杀。太后闻之，以为用妇人故自杀，无思奉宗庙礼，废其嗣。

燕灵王建。十一年，燕王卢绾亡入匈奴，明年，立建为燕王。十五年薨，有美人子，太后使人杀之，绝后。

齐悼惠王子，前后凡九人为王：太子襄为齐哀王，次子章为城阳景王，兴居为济北王，将闾为齐王，志为济北王，辟光为济南王，贤为菑川王，卬为胶西王，雄渠为胶东王。

齐哀王襄，孝惠六年嗣立。明年，惠帝崩，吕太后称制。元年，以其兄子郦侯吕台为吕王，割齐之济南郡为吕王奉邑。明年，哀王弟章入宿卫于汉，高后封为朱虚侯，以吕禄女妻之。后四年，封章弟兴居为东牟侯，皆宿卫长安。高后七年，割齐琅邪郡，立营陵侯刘泽为琅邪王。是岁，赵王友幽死于邸。三赵王既废，高后立诸吕为三王，擅权用事。

章年二十，有气力，忿刘氏不得职。尝入侍燕饮，高后令章为酒吏。章自请曰："臣，将种也，请得以军法行酒。"高后曰："可。"酒酣，章进歌舞，已而曰："请为太后言耕田。"高后儿子畜之，笑曰："顾乃父知田耳，若生而为王子，安知田乎？"章曰："臣知之。"太后曰："试为我言田意。"章曰："深耕概种，立苗欲疏；非其种者，鉏而去之。"太后默然。顷之，诸吕有一人醉，亡酒，章追，拔剑斩之，而还报曰："有亡酒一人，臣谨行军法斩之。"太后左右大惊。业已许其军法，亡以罪也。因罢酒。自是后，诸吕惮章，虽大臣皆依朱虚侯。刘氏为强。

其明年，高后崩。赵王吕禄为上将军，吕王产为相国，皆居长安中，聚兵以威大臣，欲为乱。章以吕禄女为妇，知其谋，乃使人阴出告其兄齐王，欲令发兵西，朱虚侯、东牟侯欲从中与大臣为内应，以诛诸吕，因立齐王为帝。

齐王闻此计，与其舅驷钧、郎中令祝午、中尉魏勃阴谋发兵。齐相召平闻之，乃发兵入卫王宫。魏勃绐平曰："王欲发兵，非有汉虎符验也。而相君围王，固善。勃请为君将兵卫卫王。"召平信之，乃使魏勃将。勃既将，以兵围相府。召平曰："嗟乎！道家之言'当断不断，反受其乱'。"遂自杀。于是齐王以驷钧为相，魏勃为将军，祝午为内史，悉发国中兵。使祝午绐琅邪王曰："吕氏为乱，齐王发兵欲西诛之。齐王自以儿子，年少，不习兵革之事，愿举国委大王。大王自高帝将也，习战事。齐王不敢离兵，使臣请大王幸之临菑见齐王计事，并将齐兵以西平关中之乱。琅邪王信之，以为然，乃驰见齐王。齐王与魏勃等因留琅邪王，而使祝午尽发琅邪国而并将其兵。

琅邪王刘泽既欺，不得反国，乃说齐王曰："齐悼惠王，高皇帝长子也，推本言之，大王高皇帝适长孙也，当立。今诸大臣狐疑未有所定，而泽于刘氏最为长年，大臣固待泽决计。今大王留臣无为也，不如使我入关计事。"齐王以为然，乃益具车送琅邪王。

琅邪王既行，齐遂举兵西攻吕国之济南。于是齐王遗诸侯王书曰："高帝平定天下，王诸子弟。悼惠王薨，惠帝使留侯张良立臣为齐王。惠帝崩，高后用事，春秋高，听诸吕擅废帝更立，又杀三赵王，灭梁、赵、燕，以王诸吕，分齐国为四。忠臣进谏，上或乱不听。今高后崩，皇帝春秋富，未能治天下，固待大臣诸侯。今诸吕又擅自尊官，聚兵严威，劫列侯忠臣，矫制以令天下，宗庙以危。寡人帅兵入诛不当为王者。"汉闻之，相国吕产等遣大将军颍阴侯灌婴将兵击之。婴至荥阳，乃谋曰："诸吕举兵关中，欲危刘氏而自立，今我破齐还报，是益吕氏资也。"乃留兵屯荥阳，使人谕齐王及诸侯，与连和，以待吕氏之变而共诛之。齐王闻之，乃屯兵西界待约。

吕禄、吕产欲作乱，朱虚侯章与太尉勃、丞相平等诛之。章首先斩吕产，太尉勃等乃尽诛诸吕。而琅邪王亦从齐至长安。

大臣议欲立齐王，皆曰："母家驷钧恶戾，虎而冠者也。访以吕氏故，几乱天下，今又立齐王，是欲复为吕氏也。代王母家薄氏，君子长者，且代王，高帝子，于今见在，最为长。以子则顺，以善人则大臣安。"于是大臣乃谋迎代王，而遣章以诛吕氏事告齐王，令罢兵。

灌婴在荥阳，闻魏勃本教齐王反，既诛吕氏，罢齐兵，使使召责问魏勃。勃曰："失火之家，岂暇先言丈人后救火乎！"因退立，股战而栗。恐不能言者，终无他语。灌将军孰视，笑曰："人谓魏勃勇，妄庸人耳，何能为乎！"乃罢勃。勃父以善鼓琴见秦皇帝。及勃少时，欲求见齐相曹参，家贫无以自通，乃常独早扫齐相舍人门外。舍人怪之，以为物而司之，得勃。勃曰："愿见相君无因，故为子扫，欲以求见。"于是舍人见勃，曹参因以为舍人。壹为参御言事，以为贤，言之悼惠王。王召见，拜为内史。始悼惠王得自置二千石。及悼惠王薨，哀王嗣，勃用事重于相。

齐王既罢兵归，而代王立，是为孝文帝。

文帝元年，尽以高后时所割齐之城阳、琅邪、济南郡复予齐，而徙琅邪王王燕。益封朱虚侯、东牟侯各二千户，黄金千斤。

是岁，齐哀王薨，子文王则嗣。十四年薨，无子，国除。

城阳景王章，孝文二年以朱虚侯与东牟侯兴居俱立，二年薨。子共王喜嗣。孝文十二年，徙王淮南，五年，复还王城阳，凡立三十三年薨。子顷王延嗣，二十六年薨。子敬王义嗣，九年薨。子惠王武嗣，十一年薨。子荒王顺嗣，四十六年薨。子戴王恢嗣，八年薨。子孝王景嗣，二十四年薨。子哀王云嗣，一年薨，无子，国绝。成帝复立云兄俚为城阳王，王莽时绝。

济北王兴居初以东牟侯与大臣共立文帝于代邸，曰："诛吕氏，臣无功，请与太仆滕公俱入清宫。"遂将少帝出，迎皇帝入宫。

始诛诸吕时，朱虚侯章功尤大，大臣许尽以赵地王章，尽以梁地王兴居，及文帝立，闻朱虚、东牟之初欲立齐王，故黜其功。二年，王诸子，乃割齐二郡以王章、兴居。章、兴居意自以失职夺功。岁余，章薨，而匈奴大入边，汉多发兵，丞相灌婴将击之，文帝亲幸太原。兴居以为天子自击胡，遂发兵反，上闻之，罢兵归长安，使棘蒲侯柴将军击破，虏济北王。王自杀，国除。

文帝悯济北王逆意以自灭，明年，尽封悼惠王诸子罢军等七人为列侯。至十五年，齐文王又薨，无子。时悼惠王后尚有城阳王在，文帝怜悼惠王适嗣之绝，于是乃分齐为六国，尽立前所封悼惠王子列侯见在者六人为王。齐孝王将闾以杨虚侯立，济北王志以安都侯立，菑川王贤以武成侯立，胶东王雄渠以白石侯立，胶西王卬以平昌侯立，济南王辟光以扐侯立。孝文十六年，六王同日俱立。

立十一年，孝景三年，吴、楚反，胶东、胶西、菑川、济南王皆发兵应吴、楚。欲与齐，齐孝王狐疑，城守不听。三国兵共围齐，齐王使路中大夫告于天子。天子复令路中大夫还报，告齐王坚守，汉兵今破吴、楚矣。路中大夫至，三国兵围临菑数重，无从入。三国将与路中大夫盟："若反言汉已破矣，齐趣下三国，不且见屠。"路中大夫既许，至城下，望见齐王，曰："汉已发兵百万，使太尉亚夫击破吴、楚，方引兵救齐，齐必坚守无下！"三国将诛路中大夫。

齐初围急，阴与三国通谋，约未定，会路中大夫从汉来，其大臣乃复劝王无下三国。会汉将栾布、平阳侯等兵至齐，击破三国兵，解围。已后闻齐初与三国有谋，将欲移兵伐齐。齐孝王惧，饮药自杀。而胶东、胶西、济南、菑川王皆伏诛，国除。独济北王在。

齐孝王之自杀也，景帝闻之，以为齐首善，以迫劫有谋，非其罪也，召立孝王太子寿，是为懿王。二十三年薨，子厉王次昌嗣。其母曰纪太后。太后取其弟纪氏女为王后，王不爱。纪太后欲其家重宠。令其长女纪翁主入王宫正其后宫无令得近王，欲令爱纪氏女。王因与其姊翁主奸。

齐有宦者徐甲，入事汉皇太后。皇太后有爱女曰脩成君，脩成君非刘氏子，太后怜之。脩成君有女娥，太后欲嫁之于诸侯。宦者甲乃请使齐，必令王上书请娥。皇太后大喜，使甲之齐。时主父偃知甲之使齐以取后事，亦因谓甲："即事成，幸言偃女愿得充王后宫。"甲至齐，风以此事。纪太后怒曰："王有后，后宫备具。且甲，齐贫人，及为宦者入事汉，初无补益，乃欲乱吾王家！且主父偃何为者？乃欲以女充后宫！"甲大穷，还报皇太后曰："王已愿尚娥，然事有所害，恐如燕王。"燕王者，与其子昆弟奸，坐死。故以燕感太后。太后曰："毋复言嫁女齐事！"事浸淫闻于上。主父偃由此与齐有隙。

偃方幸用事，因言："齐临菑十万户，市租千金，人众殷富，巨于长安，非天子亲弟爱子不得王此。今齐王于亲属益疏。"乃从容言吕太后时齐欲反，及吴、楚时孝王几为乱。今闻齐王与其姊乱。于是武帝拜偃为齐相，且正其事。偃至齐，急治王后宫宦者为王通于姊翁主所者，辞及王。王年少，惧以罪为吏所执诛，乃饮药自杀。

是时，赵王惧主父偃壹出败齐，恐其渐疏骨肉，乃上书言偃受金及轻重之短，天子亦因囚偃。公孙弘曰："齐王以忧死，无后，非诛偃无以塞天下之望。"偃遂坐诛。

厉王立五年，国除。

济北王志，吴、楚反时初亦与通谋，后坚守不发兵，故得不诛，徙王菑川。元朔中，齐国绝。悼惠王后唯有二国：城阳、菑川。菑川地比齐，武帝为悼惠王冢园在齐，乃割临菑东圜悼惠王冢园邑尽以予菑川，令奉祭祀。

志立三十五年薨，是为懿王。子靖王建嗣，二十年薨。子顷王遗嗣，三十五年薨。子思王终古嗣。五凤中，青州刺史奏终古使所爱奴与八子及诸御婢奸，终古或参与被席，或白昼使裸伏，犬马交接，终古亲临观。产子，辄曰："乱不可知，使去其子。"事下丞相、御史，奏终古位诸侯王，以令置八子，秩比六百石，所以广嗣重祖也。而终古禽兽行，乱君臣夫妇之别，悖逆人伦，请逮捕。有诏：削四县。二十八年薨。子考王尚嗣，五年薨。子孝王横嗣，三十一年薨。子怀王交嗣，六年薨。子永嗣，王莽时绝。

赞曰：悼惠之王齐，最为大国。以海内初定，子弟少，激秦孤立亡藩辅，故大封同姓，以填天下。时诸侯得自除御史大夫群卿以下众官，如汉朝，汉独为置丞相。自吴、楚诛后，稍夺诸侯权，左官附益阿党之法设。其后诸侯唯得衣食租税，贫者或乘牛车。

卷三十九　　萧何曹参传第九

萧何，沛人也。以文毋害为沛主吏掾。高祖为布衣时，数以吏事护高祖。高祖为亭长，常佑之。高祖以吏繇咸阳，吏皆送奉钱三，何独以五。秦御史临郡者，与从事辨之。何乃给泗水卒史事，第一。秦御史欲入言征何，何固请，得毋行。

及高祖起为沛公，何尝为丞督事。沛公至咸阳，诸将皆争走金、帛、财物之府，分之，何独先入收秦丞相、御史律令图书藏之。沛公具知天下厄塞、户口多少、强弱处、民所疾苦者，以何得秦图书也。

初，诸侯相与约，先入关破秦者王其地。沛公既先定秦，项羽后至，欲攻沛公，沛公谢之得解。羽遂屠烧咸阳，与范增谋曰："巴、蜀道险，秦之迁民皆居蜀。"乃曰："蜀汉亦关中地也。"故立沛公为汉王，而三分关中地，王秦降将以距汉王。汉王怒，欲谋攻项羽。周勃、灌婴、樊哙皆劝之，何谏之曰："虽王汉中之恶，不犹愈于死乎？"汉王曰："何为乃死也？"何曰："今众弗如，百战百败，不死何为？《周书》曰'天予不取，反受其咎'。语曰'天汉'，其称甚美。夫能诎于一人之下，而信于万乘之上者，汤、武是也。臣愿大王王汉中，养其民以致贤人，收用巴、蜀，还定三秦，天下可图也。"汉王曰："善。"乃遂就国，以何为丞相。何进韩信，汉王以为大将军，说汉王令引兵东定三秦。语在《信传》。

何以丞相留收巴、蜀，填抚谕告，使给军食。汉二年，汉王与诸侯击楚，何守关中，侍太子，治栎阳。为令约束，立宗庙、社稷、宫室、县邑，辄奏，上可许以从事，即不及奏，辄以便宜施行，上来以闻。计户转漕给军，汉王数失军遁去，何常兴关中卒，辄补缺。上以此剸属任何关中事。

汉三年，与项羽相距京、索间，上数使使劳苦丞相。鲍生谓何曰："今王暴衣露盖，数劳苦君者，有疑君心。为君计，莫若遣君子孙昆弟能胜兵者悉诣军所，上益信君。"于是何从其计，汉王大说。

汉五年，已杀项羽，即皇帝位，论功行封，群臣争功，岁余不决。上以何功最盛，先封为酂侯，食邑八千户。功臣皆曰："臣等身被坚执兵，多者百余战，少者数十合，攻城略地，大小各有差。今萧何未有汗马之劳，徒持文墨议论，不战，顾居臣等上，何也？"上曰："诸君知猎乎？"曰："知之。""知猎狗乎？"曰："知之。"上曰："夫猎，追杀兽者狗也，而发纵指示兽处者人也。今诸君徒能走得兽耳，功狗也；至如萧何，发纵指示，功人也。且诸君独以身从我，多者三两人；萧何举宗数十人皆随我，功不可忘也！"群臣后皆莫敢言。

列侯毕已受封，奏位次，皆曰："平阳侯曹参身被七十创，攻城略地，功最多，宜第一。"上已桡功臣多封何，至位次未有以复难之，然心欲何第一。关内侯鄂秋时为谒者，进曰："群臣议皆误。夫曹参虽有野战略地之功，此特一时之事。夫上与楚相距五岁，失军亡众，跳身遁者数矣，然萧何常从关中遣军补其处。非上所诏令召，而数万众会上乏绝者数矣。夫汉与楚相守荥阳数年，军无见粮，萧何转漕关中，给食不乏。陛下虽数亡山东，萧何常全关中待陛下，此万世功也。今虽无曹参等百数，何缺于汉？汉得之不必待以全。奈何欲以一旦之功加万世之功哉！萧何当第一，曹参次之。"上曰："善。"于是乃令何第一，赐带剑履上殿，入朝不趋。上曰："吾闻进贤受上赏，萧何功虽高，待鄂君乃得明。"于是因鄂秋故所食关内侯邑二千户，封为安平侯。是日，悉封何父母兄弟十余人，皆食邑。乃益封何二千户，"以尝繇咸阳时何送我独赢钱二也"。

陈豨反，上自将，至邯郸。而韩信谋反关中，吕后用何计诛信。语在《信传》。上已闻诛信，使使拜丞相为相国，益封五千户，令卒五百人一都尉为相国卫。诸君皆贺，召平独吊。召平者，故秦东陵侯。秦破，为布衣，贫，种瓜长安城东，瓜美，故世谓"东陵瓜"，从召平始也。平谓何曰："祸自此始矣。上暴露于外,而君守于内,非被矢石之难,而益君封置卫者,以今者淮阴新反于中,有疑君心。夫置卫卫君,非以宠君也。愿君让封勿受,悉以家私财佐军。"何从其计,上说。

其秋,黥布反,上自将击之,数使使问相国何为。曰:"为上在军,拊循勉百姓,悉所有佐军,如陈狶时。"客又说何曰:"君灭族不久矣。夫君位为相国,功第一,不可复加。然君初入关,本得百姓心,十余年矣。皆附君,尚复孳孳得民和。上所谓数问君,畏君倾动关中。今君胡不多买田地,贱贳贷以自污?上心必安。"于是何从其计,上乃大说。

上罢布军归,民道遮行,上书言相国强贱买民田宅数千人。上至,何谒。上笑曰:"今相国乃利民!"民所上书皆以与何,曰:"君自谢民。"后何为民请曰:"长安地狭,上林中多空地,弃,愿令民得入田,毋收稿为兽食。"上大怒曰:"相国多受贾人财物,为请吾苑!"乃下何延尉,械系之。数日,王卫尉侍,前问曰:"相国胡大罪,陛下系之暴也?"上曰:"吾闻李斯相秦皇帝,有善归主,有恶自予。今相国多受贾竖金,为请吾苑,以自媚于民。故系治之。"王卫尉曰:"夫职事苟有便于民而请之,真宰相事也。陛下奈何乃疑相国受贾人钱乎!且陛下距楚数岁,陈狶、黥布反时,陛下自将往,当是时相国守关中,关中摇足则关西非陛下有也。相国不以此时为利,乃利贾人之金乎?且秦以不闻其过亡天下,夫李斯之分过,又何足法哉!陛下何疑宰相之浅也!"上不怿。是日,使使持节赦出何。何年老,素恭谨,徒跣入谢。上曰:"相国休矣!相国为民请吾苑不许,我不过为桀纣主,而相国为贤相。吾故系相国,欲令百姓闻吾过。"

高祖崩,何事惠帝。何病,上亲自临视何疾,因问曰:"君即百岁后,谁可代君?"对曰:"知臣莫如主。"帝曰:"曹参何如?"何顿首曰:"帝得之矣,何死不恨矣!"

何买田宅必居穷辟处,为家不治垣屋。曰:"令后世贤,师吾俭;不贤,毋为势家所夺。"

孝惠二年,何薨,谥曰文终侯。子禄嗣,薨,无子。高后乃封何夫人同为酂侯,小子延为筑阳侯。孝文元年,罢同,更封延为酂侯。薨,子遗嗣。薨,无子。文帝复以遗弟则嗣,有罪免。景帝二年,制诏御史:"故相国萧何,高皇帝大功臣,所与为天下也。今其祀绝,朕甚怜之。其以武阳县户二千封何孙嘉为列侯。"嘉,则弟也。薨,子胜嗣,后有罪免。武帝元狩中,复下诏御史:"以酂户二千四百封何曾孙庆为酂侯,布告天下,令明知朕报萧相国德也。"庆,则子也。薨,子寿成嗣,坐为太常牺牲瘦免。宣帝时,诏丞相、御史求问萧相国后在者,得玄孙建世等十二人,复下诏以酂户二千封建世为酂侯。传子至孙获,坐使奴杀人减死论。成帝时,复封何玄孙之子南繺长喜为酂侯。传子至曾孙,王莽败乃绝。

曹参,沛人也。秦时为狱掾,而萧何为主吏,居县为豪吏矣。高祖为沛公也,参以中涓从。击胡陵、方与,攻秦监公军,大破之。东下薛,击泗水守军薛郭西。复攻胡陵,取之。徙守方与。方与反为魏,击之。丰反为魏,攻之。赐爵

七大夫。北击司马欣军砀东,取狐父、祁善置。又攻下邑以西,至虞,击秦将章邯车骑。攻辕戚及亢父,先登。迁为五大夫。北救东阿,击章邯军,陷陈,追至濮阳。攻定陶,取临济。南救雍丘,击李由军,破之,杀李由,虏秦候一人。章邯破杀项梁也,沛公与项羽引兵而东。楚怀王以沛公为砀郡长,将砀郡兵。于是乃封参执帛,号曰建成君。迁为戚公,属砀郡。

其后,从攻东郡尉军,破之成武南。击王离军成阳南,又攻杠里,大破之。追北,西至开封,击赵贲军,破之,围赵贲开封城中。西击秦将杨熊军于曲遇,破之,虏秦司马及御史各一人。迁为执珪。从西攻阳武,下轘辕、缑氏,绝河津。击赵贲军尸北,破之。从南攻犨,与南阳守齮战阳城郭东,陷陈,取宛,虏齮,定南阳郡。从西攻武关、峣关,取之。前攻秦军蓝田南,又夜击其北军,大破之,遂至咸阳,破秦。

项羽至,以沛公为汉王。汉王封参为建成侯。从至汉中,迁为将军。从还定三秦,攻下辨、故道、雍、斄。击章平军于好畤南,破之,围好畤,取壤乡。击三秦军壤东及高栎,破之。复围章平,平出好畤走。因击赵贲、内使保军,破之。东取咸阳,更名曰新城。参将兵守景陵二十三日,三秦使章平等攻参,参出击,大破之。赐食邑于宁秦。以将军引兵围章邯废丘;以中尉从汉王出临晋关。至河内,下修武,度围津,东击龙且、项佗定陶,破之。东取砀、萧、彭城。击项籍军,汉军大败走。参以中尉围取雍丘。王武反于外黄,程处反于燕,往击,尽破之。柱天侯反于衍氏,进破取衍氏。击羽婴于昆阳,追至叶。还攻武强,因至荥阳。参自汉中为将军中尉,从击诸侯及项王,败,还至荥阳。

汉二年,拜为假左丞相,入屯兵关中。月余,魏王豹反,以假左丞相别与韩信东攻魏将孙遫东张,大破之。因攻安邑,得魏将王襄。击魏王于曲阳,追至东垣,生获魏王豹。取平阳,得豹母妻子,尽定魏地,凡五十二县。赐食邑平阳。因从韩信击赵相国夏说军于邬东,大破之,斩夏说。韩信与故常山王张耳引兵下井陉,击成安君陈馀,而令参还围赵别将戚公于邬城中。戚公出走,追斩之。乃引兵诣汉王在所。韩信已破赵,为相国,东击齐,参以左丞相属焉。攻破齐历下军,遂取临淄。还定济北郡,收著、漯阴、平原、鬲、卢。已而从韩信击龙且军于上假密,大破之,斩龙且,虏亚将周兰。定齐郡,凡得七十县。得故齐王田广相田光,其守相许章,及故将军田既。韩信立为齐王,引兵诣陈,与汉王共破项羽,而参留平齐未服者。

汉王即皇帝位,韩信徙为楚王,参归相印焉。高祖以长子肥为齐王,而以参为相国。高祖六年,与诸侯剖符,赐参爵列侯,食邑平阳万六百三十户,世世勿绝。

参以齐相国击陈狶将张春,破之。黥布反,参从悼惠王将车骑十二万,与高祖会击黥布军,大破之。南至蕲,还定竹邑、相、萧、留。

参功:凡下二国,县百二十二;得王二人,相三人,将军六人,大莫嚣、郡守、司马、候、御史各一人。

孝惠元年,除诸侯相国法,更以参为齐丞相。参之相齐,齐七十城。天下初定,悼惠王富于春秋,参尽召长老诸

先生,向所以安集百姓。而齐故诸儒以百数,言人人殊。参未知所定。闻胶西有盖公,善治黄、老言,使人厚币请之。既见盖公,盖公为言"治道贵清静而民自定",推此类具言之。参于是避正堂,舍盖公焉。其治要用黄、老术,故相齐九年,齐国安集,大称贤相。

萧何薨,参闻之,告舍人趣治行,"吾且入相"。居无何,使者果召参。参去,属其后相曰:"以齐狱市为寄,慎勿扰也。"后相曰:"治无大于此者乎?"参曰:"不然。夫狱市者,所以并容也,今君扰之,奸人安所容乎?吾是以先之。"

始参微时,与萧何善,及为宰相,有隙。至何且死,所推贤唯参。参代何为相国,举事无所变更,壹遵何之约束。择郡国吏长大,讷于文辞,谨厚长者,即召除为丞相史。吏言文刻深,欲务声名,辄斥去之。日夜饮酒。卿大夫以下吏及宾客见参不事事,来者皆欲有言。至者,参辄饮以醇酒,度之欲有言,复饮酒,醉而后去,终莫得开说,以为常。

相舍后园近吏舍,吏舍日饮歌呼。从吏患之,无如何,乃请参游后园。闻吏醉歌呼,从吏幸相国召按之。乃反取酒张坐饮,大歌呼与相和。

参见人之有细过,掩匿覆盖之,府中无事。

参子窋为中大夫。惠帝怪相国不治事,以为"岂少朕与?"乃谓窋曰:"女归,试私从容问乃父曰:'高帝新弃群臣,帝富于春秋,君为相国,日饮,无所请事,何以忧天下?'然无言吾告女也。"窋既洗沐归,时间,自从其所谏参。参怒而笞之二百,曰:"趣入侍,天下事非乃所当言也!"至朝时,帝让参曰:"与窋胡治乎?乃者我使谏君也。"参免冠谢曰:"陛下自察圣武孰与高皇帝?"上曰:"朕乃安敢望先帝!"参曰:"陛下观参孰与萧何贤?"上曰:"君似不及也。"参曰:"陛下言之是也。且高皇帝与萧何定天下,法令既明具,陛下垂拱,参等守职,遵而勿失,不亦可乎?"惠帝曰:"善。君休矣!"

参为相国三年,薨,谥曰懿侯。百姓歌之曰:"萧何为法,讲若画一,曹参代之,守而勿失。载其清靖,民以宁壹。"

窋嗣侯,高后时至御史大夫。传国至曾孙襄,武帝时为将军,击匈奴,薨。子宗嗣,有罪,完为城旦。至哀帝时,乃封参玄孙之孙本始为平阳侯,二千户,王莽时薨。子宏嗣,建武中先降河北,封平阳侯。至今八侯。

赞曰:"萧何、曹参皆起秦刀笔吏,当时录录未有奇节。汉兴,依日月之末光,何以信谨守管籥,参与韩信俱征伐。天下既定,因民之疾秦法,顺流与之更始,二人同心,遂安海内。淮阴、黥布等已灭,唯何、参擅功名,位冠群臣,声施后世,为一代之宗臣,庆流苗裔,盛矣哉!

卷四十　　张陈王周传第十

张良字子房,其先韩人也。大父开地,相韩昭侯、宣惠王、襄哀王。父平,相釐王、悼惠王。悼惠王二十三年,平卒。卒二十岁,秦灭韩。良少,未宦事韩。韩破,良家僮三百人,弟死不葬,悉以家财求客刺秦王,为韩报仇,以五世相韩故。

良尝学礼淮阳,东见仓海君,得力士,为铁椎重百二十斤。秦皇帝东游,至博狼沙中,良与客狙击秦皇帝,误中副车。秦皇帝大怒,大索天下,求贼急甚。良乃更名姓,亡匿下邳。

良尝间从容步游下邳圯上,有一老父,衣褐,至良所,直堕其履圯下,顾谓良曰:"孺子下取履!"良愕然,欲殴之。为其老,乃强忍,下取履,因跪进。父以足受之,笑去。良殊大惊。父去里所,复还,曰:"孺子可教矣。后五日平明,与我期此。"良因怪,跪曰:"诺。"五日平明,良往。父已先在,怒曰:"与老人期,后,何也?去,后五日蚤会。"五日,鸡鸣往。父又先在,复怒曰:"后,何也?去,**后五日复蚤来。**"五日,良夜半往。有顷,父亦来,喜曰:"当如是。"出一编书,曰:"读是则为王者师。后十年兴。十三年,孺子见我,济北穀城山下黄石即我已。"遂去不见。旦日视其书,乃《太公兵法》。良因异之,常习读诵。

居下邳,为任侠。项伯尝杀人,从良匿。

后十年,陈涉等起,良亦聚少年百余人。景驹自立为楚假王,在留。良欲往从之,行道遇沛公。沛公将数千人略地下邳,遂属焉。沛公拜良为厩将。良数以《太公兵法》说沛公,沛公喜,常用其策。良为它人言,皆不省。良曰:"沛公殆天授。"故遂从不去。

沛公之薛,见项梁,共立楚怀王。良乃说项梁曰:"君已立楚后,韩诸公子横阳君成贤,可立为王,益树党。"项梁使良求韩成,立为韩王。以良为韩司徒,与韩王将千余人西略韩地,得数城,秦辄复取之,往来为游兵颍川。

沛公之从洛阳南出轘辕,良引兵从沛公,下韩十余城,击杨熊军。沛公乃令韩王成留守阳翟,与良俱南,攻下宛,西入武关。沛公欲以二万人击秦峣下军,良曰:"秦兵尚强,未可轻。臣闻其将屠者子,贾竖易动以利。愿沛公且留壁,使人先行,为五万人具食,益张旗帜诸山上,为疑兵,令郦食其持重宝啖秦将。"秦将果欲连和俱西袭咸阳,沛公欲听之。良曰:"此独其将欲叛,士卒恐不从。不从必危,不如因其解击之。"沛公乃引兵击秦军,大破之。逐北至蓝田,再战,秦兵竟败。遂至咸阳,秦王子婴降沛公。

沛公入秦,宫室帷帐狗马重宝妇女以千数,意欲留居之。樊哙谏,沛公不听。良曰:"夫秦为无道,故沛公得至此。为天下除残去贼,宜缟素为资。今始入秦,即安其乐,此所谓'助桀为虐'。且'忠言逆耳利于行,毒药苦口利于病',愿沛公听樊哙言。"沛公乃还军霸上。

项羽至鸿门,欲击沛公,项伯夜驰至沛公军,私见良,欲与俱去。良曰:"臣为韩王送沛公,今事有急,亡去不义。"乃具语沛公。沛公大惊,曰:"为之奈何?"良曰:"沛公诚欲背项王邪?"沛公曰:"鲰生说我距关毋内诸侯,秦地可王也,故听之。"良曰:"沛公自度能却项王乎?"沛公默然,曰:"今为奈何?"良因要项伯见沛公。沛公与伯饮,为寿,结婚,令伯具言沛公不敢背项王,所以距关者,备它盗也。项羽后解,语在《羽传》。

汉元年，沛公为汉王，王巴、蜀，赐良金百溢，珠二斗，良具以献项伯。汉王亦因令良厚遗项伯，使请汉中地。项王许之。汉王之国，良送至褒中，遣良归韩。良因说汉王烧绝栈道，示天下无还心，以固项王意。乃使良还。行，烧绝栈道。

良归至韩，闻项羽以良从汉王故，不遣韩王成之国，与俱东，至彭城杀之。时汉王还定三秦，良乃遗项羽书曰："汉王失职，欲得关中，如约即止，不敢复东。"又以齐反书遗羽，曰："齐与赵欲并灭楚。"项羽以故北击齐。良乃间行归汉。汉王以良为成信侯，从东击楚。至彭城，汉王兵败而还。至下邑，汉王下马踞鞍而问曰："吾欲捐关已东等弃之，谁可与共功者？"良曰："九江王布，楚枭将，与项王有隙，彭越与齐王田荣反梁地，此两人可急使。而汉王之将独韩信可属大事，当一面。即欲捐之，捐之此三人，楚可破也。"汉王乃遣随何说九江王布，而使人连彭城。及魏王豹反，使韩信特将北击之，因举燕、代、齐、赵。然卒破楚者，此三人力也。

良多病，未尝特将兵，常为画策臣，时时从。

汉三年，项羽急围汉王于荥阳，汉王忧恐，与郦食其谋桡楚权。郦生曰："昔汤伐桀，封其后杞；武王诛纣，封其后宋。今秦无道，伐灭六国，无立锥之地。陛下诚复立六国后，此皆争戴陛下德义，愿为臣妾。德义已行，南面称伯，楚必敛衽而朝。"汉王曰："善。趣刻印，先生因行佩之。"

郦生未行，良从外来谒汉王。汉王方食，曰："客有为我计桡楚权者。"具以郦生计告良，曰："于子房何如？"良曰："谁为陛下画此计者？陛下事去矣！"汉王曰："何哉？"良曰："臣请借前箸以筹之。昔汤、武伐桀、纣封其后者，度能制其死命也。今陛下能制项籍死命乎？其不可一矣。武王入殷，表商容闾，式箕子门，封比干墓，今陛下能乎？其不可二矣。发巨桥之粟，散鹿台之财，以赐贫穷，今陛下能乎？其不可三矣。殷事已毕，偃革为轩，倒载干戈，示不复用，今陛下能乎？其不可四矣。休马华山之阳，示无所为，今陛下能乎？其不可五矣。息牛桃林之野，示天下不复输积，今陛下能乎？其不可六矣。且夫天下游士，离亲戚，弃坟墓，去故旧，从陛下者，但日夜望咫尺之地。今乃立六国后，唯无复立者，游士各归事其主，从亲戚，反故旧，陛下谁与取天下乎？其不可七矣。且楚唯毋强，六国复桡而从之，陛下焉得而臣之？其不可八矣。诚用此谋，陛下事去矣。"汉王辍食吐哺，骂曰："竖儒，几败乃公事！"令趣销印。

后韩信破齐欲自立为齐王，汉王怒。良说汉王，汉王使良授齐王信印。语在《信传》。

五年冬，汉王追楚至阳夏南，战不利，壁固陵，诸侯期不至。良说汉王，汉王用其计，诸侯皆至。语在《高纪》。

汉六年，封功臣。良未尝有战斗功，高帝曰："运筹策帷幄中，决胜千里外，子房功也。自择齐三万户。"良曰："始臣起下邳，与上会留，此天以臣授陛下。陛下用臣计，幸而时中，臣愿封留足矣，不敢当三万户。"乃封良为留侯，与萧何等俱封。

上已封大功臣二十余人，其余日夜争功而不决，未得行封。上居洛阳南宫，从复道望见诸将往往数人偶语。上曰："此何语？"良曰："陛下不知乎？此谋反耳。"上曰："天下属安定，何故而反？"良曰："陛下起布衣，与此属取天下，今陛下已为天子，而所封皆萧、曹故人所亲爱，而所诛者皆平生仇怨。今军吏计功，天下不足以遍封，此属畏陛下不能尽封，又恐见疑过失及诛，故相聚而谋反耳。"上乃忧曰："为将奈何？"良曰："上平生所憎，群臣所共知，谁最甚者？"上曰："雍齿与我有故怨，数窘辱我，我欲杀之，为功多，不忍。"良曰："今急先封雍齿，以示群臣，群臣见雍齿先封，则人人自坚矣。"于是上置酒，封雍齿为什方侯，而急趣丞相、御史定功行封。群臣罢酒，皆喜曰："雍齿且侯，我属无患矣。"

刘敬说上都关中，上疑之。左右大臣皆山东人，多劝上都洛阳："洛阳东有成皋，西有殽、黾，背河乡洛，其固亦足恃。"良曰："洛阳虽有此固，其中小，不过数百里，田地薄，四面受敌，此非用武之国。夫关中左殽、函，右陇、蜀，沃野千里，南有巴、蜀之饶，北有胡苑之利，阻三面而固守，独以一面东制诸侯。诸侯安定，河、渭漕挽天下，西给京师；诸侯有变，顺流而下，足以委输。此所谓金城千里，天府之国。刘敬说是也。"于是上即日驾，西都关中。

良从入关。性多疾，即道引不食谷，闭门不出岁余。

上欲废太子，立戚夫人子赵王如意。大臣多争，未能得坚决也。吕后恐，不知所为。或谓吕后曰："留侯善画计，上信用之。"吕后乃使建成侯吕泽劫良曰："君常为上谋臣，今上日欲易太子，君安得高枕而卧？"良曰："始上数在急困之中，幸用臣策；今天下安定，以爱欲易太子，骨肉之间，虽臣等百人何益！"吕泽强要曰："为我画计。"良曰："此难以口舌争也。顾上有所不能致者四人。四人年老矣，皆以上嫚侮士，故逃匿山中，义不为汉臣。然上高此四人。今公诚能毋爱金玉璧帛，令太子为书，卑辞安车，因使辩士固请，宜来。来，以为客，时从入朝，令上见之，则一助也。"于是吕后令吕泽使人奉太子书，卑辞厚礼，迎此四人。四人至，客建成侯所。

汉十一年，黥布反，上疾，欲使太子往击之。四人相谓曰："凡来者，将以存太子。太子将兵，事危矣。"乃说建成侯曰："太子将兵，有功即位不益，无功则从此受祸。且太子所与俱诸将，皆与上定天下枭将也，今乃使太子将之，此无异使羊将狼，皆不肯为用，其无功必矣。臣闻'母爱者子抱'，今戚夫人日夜侍御，赵王常居前，上曰'终不使不肖子居爱子上'，明其代太子位必矣。君何不急请吕后承间为上泣言：'黥布，天下猛将，善用兵，今诸将皆陛下故等夷，乃令太子将，此属莫肯为用，且布闻之，鼓行而西耳。上虽疾，强载辎车，卧而护之，诸将不敢不尽力。上虽苦，强为妻子计。'"于是吕泽夜见吕后。吕后承间为上泣而言，如四人意。上曰："吾惟之，竖子固不足遣，乃公自行耳。"于是上自将而东，群臣居守，皆送至霸上。良疾，强起至曲邮，见上曰："臣宜从，疾甚。楚人剽疾，愿上慎毋与楚争锋。"因说上令太子为将军监关中兵。上谓"子房虽疾，强卧傅太子"。是时，叔孙通已为太傅，良行少傅事。

汉十二年，上从破布归，疾益甚，愈欲易太子。良谏不听，因疾不视事。叔孙太傅称说引古，以死争太子。上阳许之，犹欲易之。及晏，置酒，太子侍。四人者从太子，年皆八十有余，须眉皓白，衣冠甚伟。上怪，问曰："何为者？"四人前对，各言其姓名。上乃惊曰："吾求公，避逃我，今公何自从吾儿游乎？"四人曰："陛下轻士善骂，臣等义不辱，故恐而亡匿。今闻太子仁孝，恭敬爱士，天下莫不延颈愿为太子死者，故臣等来。"上曰："烦公幸卒调护太子。"

四人为寿已毕，趋去。上目送之，召戚夫人指视曰："我欲易之，彼四人为之辅，羽翼已成，难动矣。吕氏真乃主矣。"戚夫人泣涕，上曰："为我楚舞，吾为若楚歌。"歌曰："鸿鹄高飞，一举千里。羽翼以就，横绝四海。横绝四海，又可奈何！虽有矰缴，尚安所施！"歌数阕，戚夫人歔欷流涕。上起去，罢酒。竟不易太子者，良本招此四人之力也。

良从上击代，出奇计下马邑，及立萧相国，所与从容言天下事甚众，非天下所以存亡，故不著。良乃称曰："家世相韩，及韩灭，不爱万金之资，为韩报仇强秦，天下震动。今以三寸舌为帝者师，封万户，位列侯，此布衣之极，于良足矣。愿弃人间事，欲从赤松子游耳。"乃学道，欲轻举。高帝崩，吕后德良，乃强食之，曰："人生一世间，如白驹之过隙，何自苦如此！"良不得已，强听食。后六岁薨。谥曰文成侯。

良始所见下邳圯上老父与书者，后十三岁从高帝过济北，果得穀城山下黄石，取而宝祠之。及良死，并葬黄石。每上冢伏腊祠黄石。

子不疑嗣侯。孝文三年坐不敬，国除。

陈平，阳武户牖乡人也。少时家贫，好读书，治黄帝、老子之术。有田三十亩，与兄伯居。伯常耕田，纵平使游学。平为人长大美色。人或谓平："贫何食而肥若是？"其嫂疾平之不亲家生产，曰："亦食糠覈耳。其叔如此，不如无有！"伯闻之，逐其妇弃之。

及平长，可取妇，富人莫与者，贫者平亦愧之。久之，户牖富人张负有女孙，五嫁夫辄死，人莫敢取，平欲得之。邑中有大丧，平家贫侍丧，以先往后罢为助。张负既见之丧所，独视伟平，平亦以故后去。负随平至其家，家乃负郭穷巷，以席为门，然门外多长者车辙。张负归，谓其子仲曰："吾欲以女孙予陈平。"仲曰："平贫不事事，一县中尽笑其所为，独奈何予之女？"负曰："固有美如陈平长贫者乎？"卒与女。为平贫，乃假贷币以聘，予酒肉之资以内妇。负戒其孙曰："毋以贫故，事人不谨。事兄伯如事父，事嫂如事乃母。"平既取张氏女，资用益饶，游道日广。

里中社，平为宰，分肉甚均。里父老曰："善，陈孺子之为宰！"平曰："嗟乎，使平得宰天下，亦如此肉矣！"

陈涉起王，使周市略地，立魏咎为魏王，与秦军相攻于临济。平已前谢兄伯，从少年往事魏王咎，为太仆。说魏王，王不听，人或谗之，平亡去。

项羽略地至河上，平往归之，从入破秦，赐爵卿。项羽之东王彭城也，汉王还定三秦而东。殷王反楚，项羽乃以平为信武君，将魏王客在楚者往击，殷降而还。项王使项悍拜平为都尉，赐金二十溢。居无何，汉攻下殷。项王怒，将诛定殷者。平惧诛，乃封其金与印，使使归项王，而平身间行杖剑亡。度河，船人见其美丈夫，独行，疑其亡将，要下当有宝器金玉，目之，欲杀平。平心恐，乃解衣裸而佐刺船。船人知其无有，乃止。

平遂至修武降汉，因魏无知求见汉王，汉王召入。是时，万石君石奋为中涓，受平谒。平等十人俱进，赐食。王曰："罢，就舍矣。"平曰："臣为事来，所言不可以过今日。"于是汉王与语而说之，问曰："子居楚何官？"平曰："为都尉。"是日拜平为都尉，使参乘，典护军。诸将尽谨，曰："大王一日得楚之亡卒，未知高下，而即与共载，使监护长者！"汉王闻之，愈益幸平，遂与东伐项王。至彭城，为楚所败，引师而还。收散兵至荥阳，以平为亚将，属韩王信，军广武。

绛、灌等或谗平曰："平虽美丈夫，如冠玉耳，其中未必有也。闻平居家时盗其嫂；事魏王不容，亡而归楚；归楚不中，又亡归汉。今大王尊官之，令护军。臣闻平使诸将，金多者得善处，金少者得恶处。平，反复乱臣也，愿王察之。"汉王疑之，以让无知，问曰："有之乎？"无知曰："有。"汉王曰："公言其贤人何也？"对曰："臣之所言者，能也；陛下所问者，行也。今有尾生、孝己之行，而无益于胜败之数，陛下何暇用之乎？今楚、汉相距，臣进奇谋之士，顾其计诚足以利国家耳。盗嫂、受金又安足疑乎？"汉王召平而问曰："吾闻先生事魏不遂，事楚而去，今又从吾游，信者固多心乎？"平曰："臣事魏王，魏王不能用臣说，故去事项王。项王不信人，其所任爱，非诸项即妻之昆弟，虽有奇士不能用。臣居楚闻汉王之能用人，故归大王。裸身来，不受金无以为资。诚臣计画有可采者，愿大王用之，使无可用者，大王所赐金具在，请封输官，得请骸骨。"汉王乃谢，厚赐，拜以为护军中尉，尽护诸将。诸将乃不敢复言。

其后，楚急击，绝汉甬道，围汉王于荥阳城。汉王患之，请割荥阳以西和。项王弗听。汉王谓陈平曰："天下纷纷，何时定乎？"平曰："项王为人，恭敬爱人，士之廉节好礼者多归之。至于行功赏爵邑，重之，士亦以此不附。今大王嫚而少礼，士之廉节者不来；然大王能饶人以爵邑，士之顽顿耆利无耻者亦多归汉。诚各去两短，集两长，天下指麾即定矣。然大王资侮人，不能得廉节之士。顾楚有可乱者，彼项王骨鲠之臣亚父、钟离昧、龙且、周殷之属，不过数人耳。大王能出捐数万斤金，行反间，间其君臣，以疑其心，项王为人意忌信谗，必内相诛。汉因举兵而攻之，破楚必矣。"汉王以为然，乃出黄金四万斤予平，恣所为，不问出入。

平既多以金纵反间于楚军，宣言诸将钟离昧等为项王将，功多矣，然终不得列地而王，欲与汉为一，以灭项氏，分王其地。项王果疑之，使使至汉。汉为太牢之具，举进，见楚使，即阳惊曰："以为亚父使，乃项王使也！"复持去，以恶草具进楚使。使归，具以报项王，果大疑亚父。亚父欲急击下荥阳城，项王不信，不肯听亚父。亚父闻项王疑之，乃大怒曰："天下事大定矣，君王自为之！愿乞骸骨归！"归未至彭城，疽发背而死。

平乃夜出女子二千人荥阳东门，楚因击之，平乃与汉王从城西门出去。遂入关，收聚兵而复东。

明年，淮阴侯信破齐，自立为假齐王，使使言之汉王。汉王怒而骂，平蹑汉王。汉王寤，乃复遣齐使，使张良往立信为齐王。于是封平以户牖乡。用其计策，卒灭楚。

汉六年，人有上书告楚王韩信反。高帝问诸将，诸将曰："亟发兵坑竖子耳。"高帝默然。以问平，平固辞谢，曰："诸将云何？"上具告之。平曰："人之上书言信反，人有闻知者乎？"曰："未有。"曰："信知之乎？"曰："弗知。"平曰："陛下兵精孰与楚？"上曰："不能过也。"平曰："陛下将用兵有能敌韩信者乎？"上曰："莫及也。"平曰："今兵不如楚精，将弗及，而举兵击之，是趣之战也，窃为陛下危之。"上曰："为之奈何？"平曰："古者天子巡狩，会诸侯。南方有云梦，陛下第出伪游云梦，会诸侯于陈。陈，楚之西界，信闻天子以好出游，其势必郊迎谒。而陛下因禽之，特一力士之事耳。"高帝以为然，乃发使告诸侯会陈，"吾将南游云梦。"上因随以行。行至陈，楚王信果郊迎道中。高帝豫具武士，见信，即执缚之。语在《信传》。

遂会诸侯于陈。还至洛阳，与功臣剖符定封，封平为户牖侯，世世勿绝。平辞曰："此非臣之功也。"上曰："吾用先生计谋，战胜克敌，非功而何？"平曰："非魏无知臣安得进？"上曰："若子可谓不背本矣！"乃复赏魏无知。

其明年，平从击韩王信于代。至平城，为匈奴围，七日不得食。高帝用平奇计，使单于阏氏解，围以得开。高帝既出，其计秘，世莫得闻。高帝南过曲逆，上其城，望室屋甚大，曰："壮哉县！吾行天下，独见洛阳与是耳。"顾问御史："曲逆户口何如？"对曰："始秦时三万余户，间者兵数起，多亡匿，今见五千余户。"于是诏御史，更封平为曲逆侯，尽食之，除前所食户牖。

平自初从，至天下定后，常以护军中尉从击臧荼、陈豨、黥布。凡六出奇计，辄益邑封。奇计或颇秘，世莫得闻也。

高帝从击布军还，病创，徐行至长安。燕王卢绾反，上使樊哙以相国将兵击之。既行，人有短恶哙者。高帝怒曰："哙见吾病，乃几我死乎！"用平计，召绛侯周勃受诏床下，曰："陈平乘驰传载勃代哙，平至军中即斩哙头！"二人既受诏，驰传未至军，行计曰："樊哙，帝之故人，功多，又吕后女弟吕须夫，有亲且贵，帝以忿怒故欲斩之，即恐后悔。宁囚而致上，令上自诛之。"未至军，为坛，以节召樊哙。哙受诏，即反接，载槛车诣长安，而令周勃将兵定燕。

平行闻高帝崩，平恐吕后及吕须怒，乃驰传先去。逢使者诏平与灌婴屯于荥阳。平受诏，立复驰至宫，哭殊悲，因奏事丧前。吕后哀之，曰："君出休矣！"平畏谗之就，因固请之得宿卫中。太后乃以为郎中令，曰傅教帝。是后，吕须谗乃不得行。樊哙至，即赦复爵邑。

惠帝六年，相国曹参薨，安国侯王陵为右丞相，平为左丞相。

王陵，沛人也。始为县豪，高祖微时兄事陵。及高祖起沛，入咸阳，陵亦聚党数千人，居南阳，不肯从沛公。及汉王之还击项籍，陵乃以兵属汉。项羽取陵母置军中，陵使至，则东乡坐陵母，欲以招陵。陵母既私送使者，泣曰："愿为老妾语陵，善事汉王。汉王长者，毋以老妾故持二心。妾以死送使者。"遂伏剑而死。项王怒，亨陵母。陵卒从汉王定天下。以善雍齿，雍齿，高祖之仇。陵又本无从汉之意，以故后封陵，为安国侯。

陵为人少文任气，好直言，为右丞相二岁，惠帝崩。高后欲立诸吕为王，问陵。陵曰："高皇帝刑白马而盟：'非刘氏而王者，天下共击之'。今王吕氏，非约也。"太后不说。问左丞相平及绛侯周勃等，皆曰："高帝定天下，王子弟；今太后称制，欲王昆弟诸吕，无所不可。"太后喜。罢朝，陵让平、勃曰："始与高帝喋血而盟，诸君不在邪？今高帝崩，太后女主，欲王吕氏，诸君纵欲阿意背约，何面目见高帝于地下乎！"平曰："于面折廷争，臣不如君；全社稷，定刘氏后，君亦不如臣。"陵无以应之。于是吕太后欲废陵，乃阳迁陵为帝太傅，实夺之相权。陵怒，谢病免，杜门竟不朝请，十年而薨。

陵之免，吕太后徙平为右丞相，以辟阳侯审食其为左丞相。食其亦沛人也。汉王之败彭城西，楚取太上皇、吕后为质，食其以舍人侍吕后。其后从破项籍为侯，幸于吕太后。及为相，不治，监宫中，如郎中令，公卿百官皆因决事。

吕须常以平前为高帝谋执樊哙，数谗平曰："为丞相不治事，日饮醇酒，戏妇人。"平闻，日益甚。吕太后闻之，私喜。面质吕须于平前，曰："鄙语曰'儿妇人口不可用'，顾君与我何如耳，无畏吕须之谮。"

吕太后多立诸吕为王，平伪听之。及吕太后崩，平与太尉勃合谋，卒诛诸吕，立文帝，平本谋也。审食其免相，文帝立，举以为相。太尉勃亲以兵诛吕氏，功多，平欲让勃位，乃谢病。文帝初立，怪平病，问之。平曰："高帝时，勃功不如臣，及诛诸吕，臣功亦不如勃。愿以相让勃。"于是乃以太尉勃为右丞相，位第一；平徙为左丞相，位第二。赐平金千斤，益封三千户。

居顷之，上益明习国家事，朝而问右丞相勃曰："天下一岁决狱几何？"勃谢不知。问："天下钱谷一岁出入几何？"勃又谢不知。汗出洽背，愧不能对。上亦问左丞相平。平曰："各有主者。"上曰："主者为谁乎？"平曰："陛下即问决狱，责廷尉；问钱谷，责治粟内史。"上曰："苟各有主者，而君所主何事也？"平谢曰："主臣！陛下不知其驽下，使待罪宰相。宰相者，上佐天子理阴阳，顺四时，下遂万物之宜，外填抚四夷诸侯，内亲附百姓，使卿大夫各得任其职也。"上称善。勃大惭，出而让平曰："君独不素教我乎！"平笑曰："君居其位，独不知其任邪？且陛下即问长安盗贼数，又欲强对邪？"于是绛侯自知其能弗如平远矣。居顷之，勃谢免相，而平专为丞相。

孝文二年，平薨，谥曰献侯。传子至曾孙何，坐略人妻弃市。王陵亦至玄孙，坐酎金国除。辟阳侯食其免后三岁而为淮南王所杀，文帝令其子平嗣侯。淄川王反，辟阳近淄川，平降之，国除。

始，平曰："我多阴谋，道家之所禁。吾世即废，亦已周勃，沛人。其先卷人也，徙沛。勃以织薄曲为生，常以吹箫给丧事，材官引强。

高祖为沛公初起，勃以中涓从攻胡陵，下方与。方与反，与战，却敌。攻丰。击秦军砀东。还军留及萧。复攻砀，破之。下下邑，先登，赐爵五大夫。攻蒙、虞，取之。击章邯车骑殿。略定魏地，攻辕戚、东缗，以往至栗，取之。攻齧桑，先登。击秦军阿下，破之。追至濮阳，下甄城。攻都关、定陶，袭取宛朐，得单父令。夜袭取临济，攻寿张，以前至卷，破李由雍丘下。攻开封，先至城下为多。后章邯破项梁，沛公与项羽引兵东如砀。自初起沛还至砀，一岁二月。楚怀王封沛公号武安侯，为砀郡长。沛公拜勃为襄贲令。从沛公定魏地，攻东郡尉于成武，破之。攻长社，先登。攻颍阳、缑氏，绝河津。击赵贲军尸北。南攻南阳守齮，破武关、峣关。攻秦军于蓝田。至咸阳，灭秦。

项羽至，以沛公为汉王。汉王赐勃爵为威武侯。从入汉中，拜为将军。还定三秦，赐食邑怀德。攻槐里、好畤，最。北击赵贲、内史保于咸阳，最。北救漆。击章平、姚卬军。西定汧。还下郿、频阳。围章邯废丘，破之。西击益已军，破之。攻上邽。东守峣关。击项籍。攻曲遇，最。还守敖仓，追籍。籍已死，因东定楚地泗水、东海郡，凡得二十二县。还守洛阳、栎阳，赐与颍阴侯共食钟离。以将军从高祖击燕王臧荼，破之易下。所将卒当驰道为多。赐爵列侯，剖符世世不绝。食绛八千二百八十户。

以将军从高帝击韩王信于代，降下霍人。以前至武泉，击胡骑，破之武泉北。转攻韩信军铜鞮，破之。还，降太原六城。击韩信胡骑晋阳下，破之，下晋阳。后击韩信军于硰石，破之，追北八十里。还攻楼烦三城，因击胡骑平城下，所将卒当驰道为多。勃迁为太尉。击陈豨，屠马邑。所将卒斩豨将军乘马絺。转击韩信、陈豨、赵利军于楼烦，破之。得豨将宋最、雁门守圂。因转攻得云中守遬、丞相箕肆、将军博。定雁门郡十七县，云中郡十二县。因复击豨灵丘，破之，斩豨丞相程纵、将军陈武、都尉高肆。定代郡九县。

燕王卢绾反，勃以相国代樊哙将，击下蓟，得绾大将抵、丞相偃、守陉、太尉弱、御史大夫施屠浑都。破绾军上兰，后击绾军沮阳。追至长城，定上谷十二县、右北平十六县、辽东二十九县、渔阳二十二县。最从高帝得相国一人，丞相二人，将军、二千石各三人，别破军二，下城三，定郡五、县七十九，得丞相、大将各一人。

勃为人木强敦厚，高帝以为可属大事。勃不好文学，每召诸生说士，东乡坐责之：“趣为我语。”其椎少文如此。

勃既定燕而归，高帝已崩矣，以列侯事惠帝，惠帝六年，置太尉官，以勃为太尉。十年，高后崩，吕禄以赵王为汉上将军，吕产以吕王为相国，秉权，欲危刘氏。勃与丞相平、朱虚侯章共诛诸吕。语在《高后纪》。

于是阴谋以为“少帝及济川、淮阳、恒山王皆非惠帝子，吕太后以计诈名它人子，杀其母，养之后宫，令孝惠子之，立以为后，用强吕氏。今已灭诸吕，少帝即长用事，吾属无类矣，不如视诸侯贤者立之。”遂迎立代王，是为孝文皇帝。

东牟侯兴居，朱虚侯章弟也，曰：“诛诸吕，臣无功，请得除宫。”乃与太仆汝阴侯滕公入宫。滕公前谓少帝曰："足下非刘氏，不当立。"乃顾麾左右执戟，皆仆兵罢。有数人不肯去，宦者令张释谕告，亦去。滕公召乘舆车载少帝出。少帝曰："欲将我安之乎？"滕公曰："就舍少府。"乃奉天子法驾，迎皇帝代邸，报曰："宫谨除。"皇帝入未央宫，有谒者十人持戟卫端门，曰："天子在也，足下何为者？"不得入。太尉往喻，乃引兵去，皇帝遂入。是夜，有司分部诛济川、淮阳、常山王及少帝于邸。

文帝即位，以勃为右丞相，赐金五千斤，邑万户。居十余月，人或说勃曰："君既诛诸吕，立代王，威震天下，而君受厚赏、处尊位以厌之，则祸及身矣。"勃惧，亦自危，乃谢请归相印。上许之。岁余，陈丞相平卒，上复用勃为相。十余月，上曰："前日吾召列侯就国，或颇未能行，丞相朕所重，其为朕率列侯之国。"乃免相就国。

岁余，每河东守尉行县至绛，绛侯勃自畏恐诛，常被甲，令家人持兵以见。其后人有上书告勃欲反，下廷尉，逮捕勃治之。勃恐，不知置辞。吏稍侵辱之。勃以千金与狱吏，狱吏乃书牍背示之，曰"以公主为证"。公主者，孝文帝女也，勃太子胜之尚之，故狱吏教引为证。初，勃之益封，尽以予薄昭。及系急，薄昭为言薄太后，太后亦以为无反事。文帝朝，太后以冒絮提文帝，曰："绛侯绾皇帝玺，将兵于北军，不以此时反，今居一小县，顾欲反邪！"文帝既见勃狱辞，乃谢曰："吏方验而出之。"于是使使持节赦勃，复爵邑。勃既出，曰："吾尝将百万军，安知狱吏之贵也！"

勃复就国，孝文十一年薨，谥曰武侯。子胜之嗣，尚公主不相中，坐杀人，死，国绝。一年，文帝乃择勃子贤者河内太守亚夫复为侯。

亚夫为河内守时，许负相之："君后三岁而侯。侯八岁，为将相，持国秉，贵重矣，于人臣无二。后九年而饿死。"亚夫笑曰："臣之兄以代父侯矣，有如卒，子当代，我何说侯乎？然既已贵如负言，又何说饿死？指视我。"负指其口曰："从理入口，此饿死法也。"居三岁，兄绛侯胜之有罪，文帝择勃子贤者，皆推亚夫，乃封为条侯。

文帝后六年，匈奴大入边。以宗正刘礼为将军军霸上，祝兹侯徐厉为将军军棘门，以河内守亚夫为将军军细柳，以备胡。上自劳军，至霸上及棘门军，直驰入，将以下骑出入送迎。已而之细柳军，军士吏披甲，锐兵刃，彀弓弩持满。天子先驱至，不得入。先驱曰："天子且至！"军门都尉曰："军中闻将军之令，不闻天子之诏。"有顷，上至，又不得入。于是上使使持节诏将军曰："吾欲劳军。"亚夫乃传言开壁门。壁门士请车骑曰："将军约，军中不得驱驰。"于是天子乃按辔徐行。至中营，将军亚夫揖，曰："介胄之士不拜，请以军礼见。"天子为动，改容式车，使人称谢："皇帝敬劳将军。"成礼而去。既出军门，群臣皆惊。文帝曰："嗟乎，此真将军矣！乡者霸上、棘门如儿戏耳，其将固可袭而虏也。至于亚夫，可得而犯邪！"称善者久之。月余，三军皆罢。乃拜亚夫为中尉。

文帝且崩时,戒太子曰:"即有缓急,周亚夫真可任将兵。"文帝崩,亚夫为车骑将军。

孝景帝三年,吴、楚反。亚夫以中尉为太尉,东击吴、楚。因自请上曰:"楚兵剽轻,难与争锋。愿以梁委之,绝其食道,乃可制也。"上许之。

亚夫既发,至霸上,赵涉遮说亚夫曰:"将军东诛吴、楚,胜则宗庙安,不胜则天下危,能用臣之言乎?"亚夫下车,礼而问之。涉曰:"吴王素富,怀辑死士久矣。此知将军且行,必置间人于殽、黾厄狭之间。且兵事上神密,将军何不从此右去,走蓝田,出武关,抵洛阳,间不过差一二日,直入武库,击鸣鼓。诸侯闻之,以为将军从天而下也。"太尉如其计。至洛阳,使吏搜殽、黾间,果得吴伏兵。乃请涉为护军。

亚夫至,会兵荥阳。吴方攻梁,梁急,请救。亚夫引兵东北走昌邑,深壁而守。梁王使使请亚夫,亚夫守便宜,不往。梁上书言景帝,景帝诏使救梁。亚夫不奉诏,坚壁不出,而使轻骑兵弓高侯等绝吴、楚兵后食道。吴、楚兵乏粮,饥,欲退,数挑战,终不出。夜,军中惊,内相攻击扰乱,至于帐下。亚夫坚卧不起。顷之,复定。吴奔壁东南陬,亚夫使备西北。已而其精兵果奔西北,不得入。吴、楚既饿,乃引而去。亚夫出精兵追击,大破吴王濞。吴王濞弃其军,与壮士数千人亡走,保于江南丹徒。汉兵因乘胜,遂尽虏之,降其县,购吴王千金。月余,越人斩吴王头以告。凡相守攻三月,而吴、楚破平。于是诸将乃以太尉计谋为是。由此梁孝王与亚夫有隙。

归,复置太尉官。五岁,迁为丞相,景帝甚重之。上废栗太子,亚夫固争之,不得。上由此疏之。而梁孝王每朝,常与太后言亚夫之短。窦太后曰:"皇后兄王信可侯也。"上让曰:"始南皮及章武先帝不侯,及臣即位,乃侯之,信未得封也。"窦太后曰:"人生各以时行耳。窦长君在时,竟不得侯,死后,乃其子彭祖顾得侯。吾甚恨之。帝趣侯信也!"上曰:"请得与丞相计之。"亚夫曰:"高帝约'非刘氏不得王,非有功不得侯。不如约,天下共击之'。今信虽皇后兄,无功,侯之,非约也。"上默然而沮。

其后匈奴王徐卢等五人降汉,上欲侯之以劝后。亚夫曰:"彼背其主降陛下,陛下侯之,即何以责人臣不守节者乎?"上曰:"丞相议不可用。"乃悉封徐卢等为列侯。亚夫因谢病免相。

顷之,上居禁中,召亚夫赐食。独置大胾,无切肉,又不置箸。亚夫心不平,顾谓尚席取箸。上视而笑曰:"此非不足君所乎?"亚夫免冠谢上。上曰:"起。"亚夫因趋出。上目送之,曰:"此鞅鞅,非少主臣也!"

居无何,亚夫子为父买工官尚方甲楯五百被可以葬者。取庸苦之,不与钱。庸知其盗买县官器,怨而上变告子,事连污亚夫。书既闻,上下吏。吏簿责亚夫,亚夫不对。上骂之曰:"吾不用也。"召诣廷尉。廷尉责问曰:"君侯欲反何?"亚夫曰:"臣所买器,乃葬器也,何谓反乎?"吏曰:"君纵不欲反地上,即欲反地下耳。"吏侵之益急。初,吏捕亚夫,亚夫欲自杀,其夫人止之,以故不得死,遂入廷尉,因不食五日,呕血而死。国绝。

一岁,上乃更封绛侯勃它子坚为平曲侯,续绛侯后。传子建德,为太子太傅,坐酎金免官。后有罪,国除。

亚夫果饿死。死后,上乃封王信为盖侯。至平帝元始二年,继绝世,复封勃玄孙之子恭为绛侯,千户。

赞曰:闻张良之智勇,以为其貌魁梧奇伟,反若妇人女子。故孔子称"以貌取人,失之子羽"。学者多疑于鬼神,如良受书老父,亦异矣。高祖数离困厄,良常有力,岂可谓非天乎!陈平之志,见于社下,倾侧扰攘楚、魏之间,卒归于汉,而为谋臣。及吕后时,事多故矣,平竟自免,以智终。王陵廷争,杜门自绝,亦各其志也。周勃为布衣时,鄙朴庸人,至登辅佐,匡国家难,诛诸吕,立孝文,为汉伊、周,何其盛也!始吕后问宰相,高祖曰:"陈平智有余,王陵少憨,可以佐之;安刘氏者必勃也。"又问其次,云"过此以后,非乃所及"。终皆如言,圣矣夫!

卷四十一
樊郦滕灌傅靳周传第十一

樊哙,沛人也,以屠狗为事。后与高祖俱隐于芒砀山泽间。

陈胜初起,萧何、曹参使哙求迎高祖,立为沛公。哙以舍人从攻胡陵、方与,还守丰,击泗水监丰下,破之。复东定沛,破泗水守薛西。与司马尸战砀东,却敌,斩首十五级,赐爵国大夫。常从,沛公击章邯军濮阳,攻城先登,斩首二十三级,赐爵列大夫。从攻城阳,先登。下户牖,破李由军,斩首十六级,赐上间爵。后攻围都尉、东郡守尉于成武,却敌,斩首十四级,捕虏十六人,赐爵五大夫。从攻秦军,出亳南。河间守军于杠里,破之。击破赵贲军开封北,以却敌先登,斩侯一人,首六十八级,捕虏二十六人,赐爵卿。从攻破扬熊于曲遇。攻宛陵,先登,斩首八级,捕虏四十四人,赐爵封号贤成君。从攻长社、轘辕,绝河津,东攻秦军尸乡,南攻秦军于犨。破南阳守齮于阳城。东攻宛城,先登。西至郦,以却敌,斩首十四级,捕虏四十人,赐重封。攻武关,至霸上,斩都尉一人,首十级,捕虏百四十六人,降卒二千九百人。

项羽在戏下,欲攻沛公。沛公从百余骑因项伯面见项羽,谢无有闭关事。项羽既飨军士,中酒,亚父谋欲杀沛公,令项庄拔剑舞坐中,欲击沛公,项伯常屏蔽之。时,独沛公与张良得入坐,樊哙居营外,闻事急,乃持盾入。初入营,营卫止哙,哙直撞入,立帐下。项羽目之,问为谁。张良曰:"沛公参乘樊哙也。"项羽曰:"壮士!"赐之卮酒彘肩。哙既饮酒,拔剑切肉食之。项羽曰:"能复饮乎?"哙曰:"臣死且不辞,岂特卮酒乎!且沛公先入定咸阳,暴师霸上,以待大王。大王今日至,听小人之言,与沛公有隙,臣恐天下解心疑大王也!"项羽默然。沛公如厕,麾哙去。既出,沛公留车骑,独骑马,哙等四人步从,从山下走归霸上军,而使张良谢项羽。羽亦因遂已,无诛沛公之心。是日微樊哙奔入营谯让项羽，沛公几殆。

后数日，项羽入屠咸阳，立沛公为汉王。汉王赐哙爵为列侯，号临武侯。迁为郎中，从入汉中。

还定三秦，别击西丞白水北，雍轻车骑雍南，破之。从攻雍、𣹢城，先登。击章平军好畤，攻城，先登陷陈，斩县令丞各一人，首十一级，虏二十人，迁为郎中骑将。从击秦车骑壤东，却敌，迁为将军。攻赵贲，下郿、槐里、柳中、咸阳；灌废丘，最。至栎阳，赐食邑杜之樊乡。从攻项籍，屠煮枣，击破王武、程处军于外黄。攻邹、鲁、瑕丘、薛。项羽败汉王于彭城，尽复取鲁、梁地。哙还至荥阳，益食平阴二千户，以将军守广武一岁。项羽引东，从高祖击项籍，下阳夏，虏楚周将军卒四千人。围攻籍陈，大破之。屠胡陵。

项籍死，汉王即皇帝位，以哙有功，益食邑八百户。其秋，燕王臧荼反，哙从攻荼，定燕地。楚王韩信反，哙从至陈，取信，定楚。更赐爵列侯，与剖符，世世勿绝，食舞阳，号为舞阳侯，除前所食。以将军从攻反者韩王信于代。自霍人以往至云中，与绛侯等共定之，益食千五百户。因击陈豨与曼丘臣军，战襄国，破柏人，先登，降定清河、常山凡二十七县，残东垣，迁为左丞相。破得綦毋卬、尹潘军于无终、广昌。破豨别将胡人王黄军代南，因击韩信军参合。军所将卒斩韩信，击豨胡骑横谷，斩将军赵既，虏代丞相冯梁、守孙奋、大将王黄、将军一人、太仆解福等十人。与诸将共定代乡邑七十三。后燕王卢绾反，哙以相国击绾，破其丞相抵蓟南，定燕县十八、乡邑五十一。益食千三百户，定食舞阳五千四百户。从，斩首百七十六级，虏二百八十七人。别，破军七，下城五，定郡六、县五十二，得丞相一人，将军十三人，二千石以下至三百石十一人。

哙以吕后弟吕须为妇，生子伉，故其比诸将最亲。先黥布反时，高帝尝病，恶见人，卧禁中，诏户者无得入群臣。群臣绛、灌等莫敢入。十余日，哙乃排闼直入，大臣随之。上独枕一宦者卧。哙等见上，流涕曰："始，陛下与臣等起丰沛，定天下，何其壮也！今天下已定，又何惫也！且陛下病甚，大臣震恐，不见臣等计事，顾独与一宦者绝乎？且陛下独不见赵高之事乎？"高帝笑而起。

其后卢绾反，高帝使哙以相国击燕。是时，高帝病甚，人有恶哙党于吕氏，即上一日宫车晏驾，则哙欲以兵尽诛戚氏、赵王如意之属。高帝大怒，乃使陈平载绛侯代将，而即军中斩哙。陈平畏吕后，执哙诣长安。至则高帝已崩，吕后释哙，得复爵邑。

孝惠六年，哙薨，谥曰武侯，子伉嗣。而伉母吕须亦为临光侯，高后时用事专权，大臣尽畏之。高后崩，大臣诛吕须等，因诛伉，舞阳侯中绝数月。孝文帝立，乃复封哙庶子市人为侯，复故邑。薨，谥曰荒侯。子佗广嗣。六岁，其舍人上书言："荒侯市人病不能为人，令其夫人与其弟乱而生佗广，佗广实非荒侯子。"下吏，免。平帝元始二年，继绝世，封哙玄孙之子章为舞阳侯，邑千户。

郦商，高阳人也。陈胜起，商聚少年得数千人。沛公略地六月余，商以所将四千人属沛公于岐。从攻长社，先登，赐爵封信成君。从攻缑氏。绝河津，破秦军洛阳东。从下宛、穰，定十七县。别将攻旬关，西定汉中。

沛公为汉王，赐商爵信成侯，以将军为陇西都尉。别定北地郡，破章邯别将于乌氏、枸邑、泥阳，赐食邑武城六千户。从击项籍军，与钟离昧战，受梁相国印，益食四千户。从击项羽二岁，攻胡陵。

汉王即帝位，燕王臧荼反，商以将军从击荼，战龙脱，先登陷阵，破荼军易下，却敌，迁为右丞相，赐爵列侯，与剖符，世世勿绝，食邑涿郡五千户。别定上谷，因攻代，受赵相国印。与绛侯等定代郡、雁门，得代丞相程纵、守相郭同、将军以下至六百石十九人。还，以将军将太上皇卫一岁。十月，以右丞相击陈豨，残东垣。又从击黥布，攻其前垣，陷两陈，得以破布军，更封为曲周侯，食邑五千一百户，除前所食。凡别破军三，降定郡六，县七十三，得丞相、守相、大将各一人，小将二人，二千石以下至六百石十九人。

商事孝惠帝、吕后。吕后崩，商疾不治事。其子寄，字况，与吕禄善。及高后崩，大臣欲诛诸吕，吕禄为将军，军于北军，太尉勃不得入北军，于是乃使人劫商，令其子寄绐吕禄。吕禄信之，与出游，而太尉勃乃得入据北军，遂以诛诸吕。商是岁薨，谥曰景侯。子寄嗣。天下称郦况卖友。

孝景时，吴、楚、齐、赵反，上以寄为将军，围赵城，七月不能下，栾布自平齐来，乃灭赵。孝景中二年，寄欲取平原君为夫人，景帝怒，下寄吏，免。上乃封商它子坚为缪侯，奉商后。传至玄孙终根，武帝时为太常，坐巫蛊诛，国除。元始中，赐高祖时功臣自郦商以下子孙爵皆关内侯，食邑凡百余人。

夏侯婴，沛人也。为沛厩司御，每送使客，还过泗上亭，与高祖语，未尝不移日也。婴已而试补县吏，与高祖相爱。高祖戏而伤婴，人有告高祖。高祖时为亭长，重坐伤人，告故不伤婴，婴证之。移狱复，婴坐高祖系岁余，掠笞数百，终脱高祖。

高祖之初与徒属欲攻沛也，婴时以县令史为高祖使。上降沛一日，高祖为沛公，赐爵七大夫，以婴为太仆，常奉车。从攻胡陵，婴与萧何降泗水监平，平以胡陵降，赐婴爵五大夫。从击秦军砀东，攻济阳，下户牖，破李由军雍丘，以兵车趣攻战疾，破之，赐爵执帛。从击章邯军东阿、濮阳下，以兵车趣攻战疾，破之，赐爵执圭。从击赵贲军开封，杨熊军曲遇。婴从捕虏六十八人，降卒八百五十人，得印一匮。又击秦军洛阳东，以兵车趣攻战疾，赐爵封，转为滕令。因奉车从攻定南阳，战于蓝田、芷阳，至霸上。沛公为汉王，赐婴爵列侯，号昭平侯，复为太仆，从入蜀汉。

还定三秦，从击项籍。至彭城，项羽大破汉军。汉王不利，驰去。见孝惠、鲁元，载之。汉王急，马罢，虏在后，常蹶两儿弃之，婴常收载行，面雍树驰。汉王怒，欲斩婴者十余，卒得脱，而致孝惠、鲁元于丰。汉王既至荥阳，收散兵，复振，赐婴食邑沂阳。击项籍下邑，追至陈，卒定楚。至鲁，益食兹氏。

汉王即帝位，燕王臧荼反，婴从击荼。明年，从至陈，取楚王信。更食汝阴。剖符，世世勿绝。从击代，至武泉、云中，益食千户。因从击韩信军胡骑晋阳旁，大破之。追北至平城，为胡所围，七日不得通。高帝使使厚遗阏氏，冒顿乃开其围一角。高帝出欲驰，婴固徐行，弩皆持满外乡，卒以得脱。益食婴细阳千户。从击胡骑句注北，大破之。击胡骑平城南，三陷陈，功为多，赐所夺邑五百户。从击陈豨、黥布军，陷陈却敌，益千户，定食汝阴六千九百户，除前所食。

婴自上初起沛，常为太仆从，竟高祖崩。以太仆事惠帝。惠帝及高后德婴之脱孝惠、鲁元于下邑间也，乃赐婴北第第一，曰"近我"，以尊异之。惠帝崩，以太仆事高后。高后崩，代王之来，婴以太仆与东牟侯入清宫，废少帝，以天子法驾迎代王代邸，与大臣共立文帝，复为太仆。八岁薨，谥曰文侯。传至曾孙颇，尚平阳公主，坐与父御婢奸，自杀，国除。

初，婴为滕令奉车，故号滕公。及曾孙颇尚主，主随外家姓，号孙公主，故滕公子孙更为孙氏。

灌婴，睢阳贩缯者也。高祖为沛公，略地至雍丘，章邯杀项梁，而沛公还军于砀，婴以中涓从，击破东郡尉于成武及秦军于杠里，疾斗，赐爵七大夫。又从攻秦军亳南、开封、曲遇，战疾力，赐爵执帛，号宣陵君。从攻阳武以西至洛阳，破秦军尸北。北绝河津，南破南阳守齮阳城东，遂定南阳郡。西入武关，战于蓝田，疾力，至霸上，赐爵执圭，号昌文君。

沛公为汉王，拜婴为郎中，从入汉中，十月，拜为中谒者。从还定三秦，下栎阳，降塞王。还围章邯废丘，未拔。从东出临晋关，击降殷王，定其地。击项羽将龙且、魏相项佗军定陶南，疾战，破之。赐婴爵列侯，号昌文侯。

复以中谒者从降下砀，以北至彭城。项羽击破汉王，汉王遁而西，婴从还，军于雍丘。王武、魏公申徒反，从击破之。攻下外黄，西收军于荥阳。楚骑来众，汉王乃择军中可为骑将者；皆推故秦骑士重泉人李必、骆甲习骑兵，今为校尉，可为骑将。汉王欲拜之，必、甲曰："臣故秦民，恐军不信臣，臣愿得大王左右善骑者傅之。"婴虽少，然数力战，乃拜婴为中大夫，令李必、骆甲为左右校尉，将郎中骑兵击楚骑于荥阳东，大破之。受诏别击楚军后，绝其饷道，起阳武至襄邑。击项羽之将项冠于鲁下，破之，所将卒斩右司马、骑将各一人。击破柘公王武军燕西，所将卒斩楼烦将五人，连尹一人。击王武别将桓婴白马下，破之，所将卒斩都尉一人。以骑度河南，送汉王到洛阳，从北迎相国韩信军于邯郸。还至敖仓，婴迁为御史大夫。

三年，以列侯食邑杜平乡。受诏将郎中骑兵东属相国韩信，击破齐军于历下，所将卒虏车骑将华毋伤及将吏四十六人。降下临淄，得相田光。追齐相田横至嬴、博，击破其骑，所将卒斩骑将一人，生得四人。攻下嬴、博，破齐将军田吸于千乘，斩之。东从韩信攻龙且、留公于假密，卒斩龙且，生得右司马、连尹各一人，楼烦将十人，身生得亚将周兰。

齐地已定，韩信自立为齐王，使婴别将击楚将公杲于鲁北，破之。转南，破薛郡长，身虏骑将一人。攻傅阳，前至

下相以东南僮、取虑、徐、度淮，尽降其城邑，至广陵。项羽使项声、薛公、郯公复定淮北，婴度淮击破项声、郯公下邳，斩薛公，下下邳、寿春。击破楚骑平阳，遂降彭城。虏柱国项佗，降留、薛、沛、酂、萧、相。攻苦、谯，复得亚将。与汉王会颐乡。从击项籍军陈下，破之。所将卒斩楼烦将二人，虏将八人。赐益食邑二千五百户。

项籍败垓下去也，婴以御史大夫将车骑别追项籍至东城，破之。所将卒五人共斩项籍，皆赐爵列侯。降左右司马各一人，卒万二千人，尽得其军将吏。下东城、历阳。度江破吴郡长吴下，得吴守，遂定吴、豫章、会稽郡。还定淮北，凡五十二县。

汉王即帝位，赐益婴邑三千户。以车骑将军从击燕王荼。明年，从至陈，取楚王信。还，剖符世世勿绝，食颍阴二千五百户。

从击韩王信于代，至马邑，别降楼烦以北六县，斩代左将，破胡骑将于武泉北。复从击信胡骑晋阳下，所将卒斩胡白题将一人。又受诏并将燕、赵、齐、梁、楚车骑，击破胡骑于硰石。至平城，为胡所困。

从击陈豨，别攻豨丞相侯敞军曲逆下，破之，卒斩敞及特将五人。降曲逆、卢奴、上曲阳、安国、安平。攻下东垣。黥布反，以车骑将军先出，攻布别将于相，破之，斩亚将楼烦将三人。又进击破布上柱国及大司马军。又进破布别将肥铢。婴身生得左司马一人，所将卒斩其小将十人，追北至淮上。益食邑二千五百户。布已破，高帝归，定令婴食颍阴五千户，除前所食邑。

凡从所得二千石二人，别破军十六，降城四十六，定国一、郡二、县五十二，得将军二人，柱国、相各一人，二千石十人。

婴自破布归，高帝崩，以列侯事惠帝及吕后。吕后崩，吕禄等欲为乱。齐哀王闻之，举兵西，吕禄等以婴为大将军往击之。婴至荥阳，乃与绛侯等谋，因屯兵荥阳，风齐王以诛吕氏事，齐兵止不前。绛侯等既诛诸吕，齐王罢兵归。婴自荥阳还，与绛侯、陈平共立文帝。于是益封婴三千户，赐金千斤，为太尉。三岁，绛侯勃免相，婴为丞相，罢太尉官。

是岁，匈奴大入北地，上令丞相婴将骑八万五千击匈奴。匈奴去，济北王反，诏罢婴兵。后岁余，以丞相薨，谥曰懿侯。传至孙强，有罪，绝。武帝复封婴孙贤为临汝侯，奉婴后，后有罪，国除。

傅宽，以魏五大夫骑将从，为舍人，起横阳。从攻安阳、杠里，赵贲军于开封，及击杨熊曲遇、阳武，斩首十二级，赐爵卿。从至霸上。沛公为汉王，赐宽封号共德君。从入汉中，为右骑将。定三秦，赐食邑雕阴。从击项籍，待怀，赐爵通德侯。从击项冠、周兰、龙且，所将卒斩骑将一人敖下，益食邑。

属淮阴，击破齐历下军，击田解。属相国参，残博，益食邑。因定齐地，剖符世世勿绝，封阳陵侯，二千六百户，除前所食。为齐右丞相，备齐。五岁为齐相国。四月，击陈豨，属太尉勃，以相国代丞相哙击豨。一月，徙为相国，将

屯。二岁，为丞相，将屯。

孝惠五年，薨，谥曰景侯。传至曾孙偃，谋反，诛，国除。

靳歙，以中涓从，起宛朐。攻济阳。破李由军。击秦军开封东，斩骑千人将一人，首五十七级，捕虏七十三人，赐爵封临平君。又战蓝田北，斩车司马二人，骑长一人，首二十八级，捕虏五十七人。至霸上。沛公为汉王，赐歙爵建武侯，迁骑都尉。

从定三秦。别西击章平军于陇西，破之，定陇西六县，所将卒斩车司马、候各四人，骑长十二人。从东击楚，至彭城。汉军败还，保雍丘，击反者王武等。略梁地，别西击邢说军菑南，破之，身得说都尉二人，司马、候十二人，降吏卒四千六百八十人。破楚军荥阳东。食邑四千二百户。

别之河内，击赵贲军朝歌，破之，所将卒得骑将二人，车马二百五十匹。从攻安阳以东，至棘蒲，下十城。别攻破赵军，得其将司马二人，候四人，降吏卒二千四百人。从降下邯郸。别下平阳，身斩守相，所将卒斩兵守、郡守各一人，降邺。从攻朝歌、邯郸，又别击破赵军，降邯郸郡六县。还军敖仓，破项籍军成皋南，击绝楚饷道，起荥阳至襄邑。破项冠鲁下。略地东至缯、郯、下邳，南至蕲、竹邑。击项悍济阳下。还击项籍军陈下，破之。别定江陵，降柱国、大司马以下八人，身得江陵王，致洛阳，因定南郡。从至陈，取楚王信，剖符世世勿绝，定食四千六百户，为信武侯。

以骑都尉从击代，攻韩信平城下，还军东垣。有功，迁为车骑将军，并将梁、赵、齐、燕、楚车骑，别击陈豨丞相敞，破之，因降曲逆。从击黥布有功，益封，定食邑五千三百户。凡斩首九十级，虏百四十二人，别破军十四，降城五十九，定郡、国各一，县二十三，得王、柱国各一人，二千石以下至五百石三十九人。

高后五年，薨，谥曰肃侯。子亭嗣，有罪，国除。

周緤，沛人也。以舍人从高祖起沛。至霸上，西入蜀汉，还定三秦，常为参乘，赐食邑池阳。从东击项羽荥阳，绝甬道，从出度平阴，遇韩信军襄国，战有利不利，终亡离上心。上以緤为信武侯，食邑三千三百户。

上欲自击陈豨，緤泣曰："始秦攻破天下，未曾自行，今上常自行，是亡人可使者乎？"上以为"爱我"，赐入殿门不趋。十二年，更封緤为郦城侯。

孝文五年，薨，谥曰贞侯。子昌嗣，有罪，国除。景帝复封緤子应为郦侯，薨，谥曰康侯。子仲居嗣，坐为太常有罪，国除。

赞曰：仲尼称"犁牛之子骍且角，虽欲勿用，山川其舍诸？"言士不系于世类也。语曰"虽有兹基，不如逢时"，信矣！樊哙、夏侯婴、灌婴之徒，方其鼓刀、仆御、贩缯之时，岂自知附骥之尾，勒功帝籍，庆流子孙哉！当孝文时，天下以郦寄为卖友。夫卖友者，谓见利而忘义也。若郦父为功臣而又执劫，虽摧吕禄，以安社稷，谊存君亲，可也。

卷四十二
张周赵任申屠传第十二

张苍，阳武人也，好书律历。秦时为御史，主柱下方书。有罪，亡归。及沛公略地过阳武，苍以客从攻南阳。苍当斩，解衣伏质，身长大，肥白如瓠，时王陵见而怪其美士，乃言沛公，赦勿斩。遂西入武关，至咸阳。

沛公立为汉王，入汉中，还定三秦。陈馀击走常山王张耳，耳归汉，汉以苍为常山守。从韩信击赵，苍得陈馀。赵地已平，汉王以苍为代相，备边寇。已而徙为赵相，相赵王耳。耳卒，相其子敖。复徙相代。燕王臧荼反，苍以代相从攻荼有功，封为北平侯，食邑千二百户。

迁为计相，一月，更以列侯为主计四岁。是时，萧何为相国，而苍乃自秦时为柱下御史，明习天下图书计籍，又善用算律历，故令苍以列侯居相府，领主郡国上计者。黥布反，汉立皇子长为淮南王，而苍相之。十四年，迁为御史大夫。

周昌者，沛人也。其从兄苛，秦时皆为泗水卒史。及高祖起沛，击破泗水守监，于是苛、昌以卒史从沛公，沛公以昌为职志，苛为客。从入关破秦。沛公立为汉王，以苛为御史大夫，昌为中尉。

汉三年，楚围汉王荥阳急，汉王出去，而使苛守荥阳城。楚破荥阳城，欲令苛将，苛骂曰："若趣降汉王！不然，今为虏矣！"项羽怒，亨苛。汉王于是拜昌为御史大夫。常从击破项籍。六年，与萧、曹等俱封，为汾阴侯。苛子成以父死事，封为高景侯。

昌为人强力，敢直言，自萧、曹等皆卑下之。昌尝燕入奏事，高帝方拥戚姬，昌还走。高帝逐得，骑昌项，上问曰："我何如主也？"昌仰曰："陛下即桀、纣之主也。"于是上笑之，然尤惮昌。及高帝欲废太子，而立戚姬子如意为太子，大臣固争莫能得，上以留侯策止。而昌廷争之强，上问其说，昌为人吃，又盛怒，曰："臣口不能言，然臣期期知其不可。陛下欲废太子，臣期期不奉诏。"上欣然而笑，即罢。吕后侧耳于东箱听，见昌，为跪谢曰："微君，太子几废。"

是岁，戚姬子如意为赵王，年十岁，高祖忧万岁之后不全也。赵尧为符玺御史，赵人方与公谓御史大夫周昌曰："君之史赵尧年虽少，然奇士，君必异之，是且代君之位。"昌笑曰："尧年少，刀笔吏耳，何至是乎！"居顷之，尧侍高祖，高祖独心不乐，悲歌，太子、群臣不知上所以然。尧进请问曰："陛下所为不乐，非以赵王年少，而戚夫人与吕后有隙，备万岁之后而赵王不能自全乎？"高祖曰："我私忧之，不知所出。"尧曰："陛下独为赵王置贵强相，及吕后、太子、群臣素所敬惮者乃可。"高祖曰："然。吾念之欲如是，而群臣谁可者？"尧曰："御史大夫昌，其人坚忍伉直，自吕后、太子及大臣皆素严惮之。独昌可。"高祖曰："善。"于是诏昌谓曰："吾故欲烦公，公强为我相赵。"昌泣曰："臣初起从陛下，陛下独奈何中道而弃之于诸侯乎？"

高祖曰："吾极知其左迁,然吾私忧赵,念非公无可者。公不得已强行!"于是徙御史大夫昌为赵相。

既行久之,高祖持御史大夫印弄之,曰:"谁可以为御史大夫者?"孰视尧曰:"无以易尧。"遂拜尧为御史大夫。尧亦前有军功食邑,及以御史大夫从击陈豨有功,封为江邑侯。

高祖崩,太后使使召赵王,其相昌令王称疾不行。使者三反,昌曰:"高帝属臣赵王,王年少,窃闻太后怨戚夫人,欲召赵王并诛之。臣不敢遣王,王且亦疾,不能奉诏。"太后怒,乃使使召赵相。相至,谒太后,太后骂昌曰:"尔不知我之怨戚氏乎?而不遣赵王!"昌既被征,高后使使召赵王。王果来,至长安月余,见鸩杀。昌谢病不朝见,三岁而薨,谥曰悼侯。传子至孙意,有罪,国除。景帝复封昌孙左车为安阳侯,有罪,国除。

初,赵尧既代周昌为御史大夫,高祖崩,事惠帝终世。高后元年,怨尧前定赵王如意之画,乃抵尧罪,以广阿侯任敖为御史大夫。

任敖,沛人也,少为狱吏。高祖尝避吏,吏系吕后,遇之不谨。任敖素善高祖,怒,击伤主吕后吏。及高祖初起,敖以客从为御史,守丰二岁。高祖立为汉王,东击项羽,敖迁为上党守。陈豨反,敖坚守,封为广阿侯,食邑千八百户。高后时为御史大夫。三岁免。孝文元年薨,谥曰懿侯。传子至曾孙越人,坐为太常庙酒酸不敬,国除。

初任敖免,平阳侯曹窋代敖为御史大夫。高后崩,与大臣共诛诸吕。后坐事免,以淮南相张苍为御史大夫。苍与绛侯等尊立孝文皇帝,四年,代灌婴为丞相。

汉兴二十余年,天下初定,公卿皆军吏。苍为计相时,绪正律历。以高祖十月始至霸上,故因秦时本十月为岁首,不革。推五德之运,以为汉当水德之时,上黑如故。吹律调乐,入之音声,及以比定律令。若百工,天下作程品。至于为丞相,卒就之。故汉家言律历者本张苍。苍凡好书,无所不观,无所不通,而尤邃律历。

苍德安国侯王陵,及贵,父事陵。陵死后,苍为丞相,洗沐,常先朝陵夫人上食,然后敢归家。

苍为丞相十余年,鲁人公孙臣上书,陈终始五德传,言"汉土德时,其符黄龙见,当改正朔,易服色。"事下苍,苍以为非是,罢之。其后黄龙见成纪,于是文帝召公孙臣以为博士,草立土德时历制度,更元年。苍由此自绌,谢病称老。苍任人为中候,大为奸利,上以为让,苍遂病免。孝景五年薨,谥曰文侯。传子至孙类,有罪,国除。

初苍父长不满五尺,苍长八尺余,苍子复长八尺,及孙类长六尺余。苍免相后,口中无齿,食乳,女子为乳母。妻妾以百数,尝孕者不复幸。年百余岁乃卒。著书十八篇,言阴阳律历事。

申屠嘉,梁人也。以材官蹶张从高帝击项籍,迁为队率。从击黥布,为都尉。孝惠时,为淮阳守。孝文元年,举故以二千石从高祖者,悉以为关内侯,食邑二十四人,而嘉食邑五百户。十六年,迁为御史大夫。张苍免相,文帝以皇后弟窦广国贤有行,欲相之,曰:"恐天下以吾私广国。"久念不可,而高帝时大臣余见无可者,乃以御史大夫嘉为丞相,因故邑封为故安侯。

嘉为人廉直,门不受私谒。是时,太中大夫邓通方爱幸,赏赐累巨万。文帝常燕饮通家,其宠如是。是时,嘉入朝而通居上旁,有怠慢之礼。嘉奏事毕,因言曰:"陛下幸爱群臣则富贵之,至于朝廷之礼,不可以不肃!"上曰:"君勿言,吾私之。"罢朝坐府中,嘉为檄召通诣丞相府,不来,且斩通。通恐,入言上。上曰:"汝第往,吾今使人召若。"通至丞相府,免冠,徒跣,顿首谢嘉。嘉坐自如,弗为礼,责曰:"夫朝廷者,高皇帝之朝廷也,通小臣,戏殿上,大不敬,当斩。史今行斩之!"通顿首,首尽出血,不解。上度丞相已困通,使使持节召通,而谢丞相:"此吾弄臣,君释之。"邓通既至,为上泣曰:"丞相几杀臣。"

嘉为丞相五岁,文帝崩,孝景即位。二年,晁错为内史,贵幸用事,诸法令多所请变更,议以适罚侵削诸侯。而丞相嘉自绌,所言不用,疾错。错为内史,门东出,不便,更穿一门,南出。南出者,太上皇庙壖垣也。嘉闻错穿宗庙垣,为奏请诛错。客有语错,错恐,夜入宫上谒,自归上。至朝,嘉请诛内史错。上曰:"错所穿非真庙垣,乃外壖垣,故冗官居其中,且又我使为之,错无罪。"罢朝,嘉谓长史曰:"吾悔不先斩错乃请之,为错所卖!"至舍,因呕血而死。谥曰节侯。传子至孙臾,有罪,国除。

自嘉死后,开封侯陶青、桃侯刘舍及武帝时柏至侯许昌、平棘侯薛泽、武强侯庄青翟、商陵侯赵周,皆以列侯继踵,龊龊廉谨,为丞相备员而已,无所能发明功名著于世者。

赞曰:张苍文好律历,为汉名相,而专遵用秦之颛顼历,何哉?周昌,木强人也。任敖以旧德用。申屠嘉可谓刚毅守节,然无术学,殆与萧、曹、陈平异矣。

卷四十三
郦陆朱刘叔孙传第十三

郦食其,陈留高阳人也。好读书,家贫落魄,无衣食业。为里监门,然吏县中贤豪不敢役,皆谓之狂生。

及陈胜、项梁等起,诸将徇地过高阳者数十人,食其闻其将皆握龊好苛礼自用,不能听大度之言,食其乃自匿。后闻沛公略地陈留郊,沛公麾下骑士适食其里中子,沛公时时问邑中贤豪。骑士归,食其见,谓曰:"吾闻沛公嫚易人,有大略,此真吾所愿从游,莫为我先。若见沛公,谓曰'臣里中有郦生,年六十余,长八尺,人皆谓之狂生,自谓我非狂。'"骑士曰:"沛公不喜儒,诸客冠儒冠来者,沛公辄解其冠,溺其中。与人言,常大骂。未可以儒生说也。"食其曰:"第言之。"骑士从容言食其所戒者。

沛公至高阳传舍,使人召食其。食其至,入谒,沛公方踞床令两女子洗,而见食其。食其入,即长揖不拜,曰:"足下欲助秦攻诸侯乎?欲率诸侯破秦乎?"沛公骂曰:"竖儒!

夫天下同苦秦久矣，故诸侯相率攻秦，何谓助秦？"食其曰："必欲聚徒合义兵诛无道秦，不宜踞见长者。"于是沛公辍洗，起衣，延食其上坐，谢之。食其因言六国从衡时，沛公喜，赐食其食，问曰："计安出？"食其曰："足下起瓦合之卒，收散乱之兵，不满万人，欲以径入强秦，此所谓探虎口者也。夫陈留，天下之冲，四通五达之郊也，今其城中又多积粟。臣知其令，今请使，令下足下。即不听，足下举兵攻之，臣为内应。"于是遣食其往，沛公引兵随之，遂下陈留。号食其为广野君。

食其言弟商，使将数千人从沛公西南略地。食其常为说客，驰使诸侯。

汉三年秋，项羽击汉，拔荥阳，汉兵遁保巩。楚人闻韩信破赵，彭越数反梁地，则分兵救之。韩信方东击齐，汉王数困荥阳、成皋，计欲捐成皋以东，屯巩、洛以距楚。食其因曰："臣闻之，知天之天者，王事可成；不知天之天者，王事不可成。王者以民为天，而民以食为天。夫敖仓，天下转输久矣，臣闻其下乃有藏粟甚多。楚人拔荥阳，不坚守敖仓，乃引而东，令适卒分守成皋，此乃天所以资汉。方今楚易取而汉反却，自夺便，臣窃以为过矣。且两雄不俱立，楚、汉久相持不决，百姓骚动，海内摇荡，农夫释耒，红女下机，天下之心未有所定也。愿足下急复进兵，收取荥阳，据敖庾之粟，塞成皋之险，杜太行之道，距飞狐之口，守白马之津，以示诸侯形制之势，则天下知所归矣。方今燕、赵已定，唯齐未下。今田广据千里之齐，田间将二十万之众军于历城，诸田宗强，负海岱，阻河济，南近楚，齐人多变诈，足下虽遣数十万师，未可以月日破也。臣请得奉明诏说齐王使为汉而称东藩。"上曰："善。"

乃从其画，复守敖仓，而使食其说齐王，曰："王知天下之所归乎？"曰："不知也。"曰："知天下之所归，则齐国可得而有也；若不知天下之所归，即齐国未可保也。"齐王曰："天下何归？"食其曰："天下归汉。"齐王曰："先生何以言之？"曰："汉王与项王戮力西面击秦，约先入咸阳者王之，项王背约不与，而王之汉中。项王迁杀义帝，汉王起蜀汉之兵击三秦，出关而责义帝之负处，收天下之兵，立诸侯之后。降城即以侯其将，得赂则以分其士，与天下同其利，豪英贤材皆乐为之用。诸侯之兵四面而至，蜀汉之粟方船而下。项王有背约之名，杀义帝之负；于人之功无所记，于人之罪无所忘；战胜而不得其赏，拔城而不得其封；非项氏莫得用事，为人刻印，玩而不能授；攻城得赂，积财而不能赏。天下畔之，贤材怨之，而莫为之用。故天下之士归于汉王，可坐而策也。夫汉王发蜀汉，定三秦；涉西河之外，授上党之兵；下井陉，诛成安君；破北魏，举三十二城：此黄帝之兵，非人之力，天之福也。今已据敖仓之粟，塞成皋之险，守白马之津，杜太行之厄，距飞狐之口，天下后服者先亡矣。王疾下汉王，齐国社稷可得而保也；不下汉王，危亡可立而待也。"田广以为然，乃听食其，罢历下兵守战备，与食其日纵酒。

韩信闻食其冯轼下齐七十余城，乃夜度兵平原袭齐。齐王田广闻汉兵至，以为食其卖己，乃亨食其，引兵走。

汉十二年，曲周侯郦商以丞相将兵击黥布，有功。高祖举功臣，思食其。食其子疥数将兵，上以其父故，封疥为高梁侯。后更食武阳，卒，子遂嗣。三世，侯平有罪，国除。

陆贾，楚人也。以客从高祖定天下，名有口辩，居左右，常使诸侯。

时中国初定，尉佗平南越，因王之。高祖使贾赐佗印为南越王。贾至，尉佗魋结箕踞见贾。贾因说佗曰："足下中国人，亲戚昆弟坟墓在真定。今足下反天性，弃冠带，欲以区区之越与天子抗衡为敌国，祸且及身矣。夫秦失其正，诸侯豪桀并起，唯汉王先入关，据咸阳。项籍背约，自立为西楚霸王，诸侯皆属，可谓至强矣。然汉王起巴、蜀，鞭笞天下，劫诸侯，遂诛项羽。五年之间，海内平定，此非人力，天之所建也。天子闻君王王南越，而不助天下诛暴逆，将相欲移兵而诛王，天子怜百姓新劳苦，且休之，遣臣授君王印，剖符通使。君王宜郊迎，北面称臣，乃欲以新造未集之越屈强于此。汉诚闻之，掘烧君王先人冢墓，夷种宗族，使一偏将将十万众临越，即越杀王降汉，如反覆手耳。"

于是佗乃蹶然起坐，谢贾曰："居蛮夷中久，殊失礼义。"因问贾曰："我孰与萧何、曹参、韩信贤？"贾曰："王似贤也。"复问曰："我孰与皇帝贤？"贾曰："皇帝起丰沛，讨暴秦，诛强楚，为天下兴利除害，继五帝三王之业，统天下，理中国。中国之人以亿计，地方万里，居天下之膏腴，人众车舆，万物殷富，政由一家，自天地剖判未始有也。今王众不过数万，皆蛮夷，崎岖山海间，譬如汉一郡，王何乃比于汉！"佗大笑曰："吾不起中国，故王此。使我居中国，何遽不若汉？"乃大说贾，留与饮数月。曰："越中无足与语，至生来，令我日闻所不闻。"赐贾橐中装直千金，它送亦千金。贾卒拜佗为南越王，令称臣奉汉约。归报，高帝大说，拜贾为太中大夫。

贾时时前说称《诗》《书》。高帝骂之曰："乃公居马上得之，安事《诗》《书》！"贾曰："马上得之，宁可以马上治乎？且汤、武逆取而以顺守之，文武并用，长久之术也。昔者吴王夫差、智伯极武而亡；秦任刑法不变，卒灭赵氏。乡使秦以并天下，行仁义，法先圣，陛下安得而有之？"高帝不怿，有惭色，谓贾曰："试为我著秦所以失天下，吾所以得之者，及古城败之国。"贾凡著十二篇。每奏一篇，高帝未尝不称善，左右呼万岁，称其书曰《新语》。

孝惠时，吕太后用事，欲王诸吕，畏大臣及有口者。贾自度不能争之，乃病免。以好畤田地善，往家焉。有五男，乃出所使越橐中装，卖千金，分其子，子二百金，令为生产。贾常乘安车驷马，从歌鼓瑟侍者十人，宝剑直百金，谓其子曰："与女约：过女，女给人马酒食极欲，十日而更。所死家，得宝剑车骑侍从者。一岁中以往来过它客，率不过再过，数击鲜，毋久溷女为也。"

吕太后时，王诸吕，诸吕擅权，欲劫少主，危刘氏。右丞相陈平患之，力不能争，恐祸及己。平常燕居深念。贾往，不请，直入坐，陈平方念，不见贾。贾曰："何念深也？"平曰："生揣我何念？"贾曰："足下位为上相，食三万户侯，可谓极富贵无欲矣。然有忧念，不过患诸吕、少主耳。"陈平曰："然。为之奈何？"贾曰："天下安，注意相；天下危，注意将。将相和，则士豫附；士豫附，天下虽有变，则权不分。权不分，为社稷计，在两君掌握耳。臣常欲谓太尉绛侯，绛侯与我戏，易吾言。君何不交驩太尉，深相结？"为陈平画吕氏数事。平用其计，乃以五百金为绛侯寿，厚具乐饮太尉，太尉亦报如之。两人深相结，吕氏谋益坏。陈平乃以奴婢百人，车马五十乘，钱五百万，遗贾为食饮费。贾以此游汉廷公卿间，名声籍甚。及诛吕氏，立孝文，贾颇有力。

孝文即位，欲使人之南越，丞相平乃言贾为太中大夫，往使尉佗，去黄屋称制，令比诸侯，皆如意指。语在《南越传》。陆生竟以寿终。

朱建，楚人也。故尝为淮南王黥布相，有罪去，后复事布。布欲反时，问建，建谏止之。布不听，听梁父侯，遂反。汉既诛布，闻建谏之，高祖赐建号平原君，家徙长安。

为人辩有口，刻廉刚直，行不苟合，义不取容。辟阳侯行不正，得幸吕太后，欲知建，建不肯见。及建母死，贫未有以发丧，方假贷服具。陆贾素与建善，乃见辟阳侯，贺曰："平原君母死。"辟阳侯曰："平原君母死，何乃贺我？"陆生曰："前日君侯欲知平原君，平原君义不知君，以其母故。今其母死，君诚厚送丧，则彼为君死矣。"辟阳侯乃奉百金祝，列侯贵人以辟阳侯故，往赙凡五百金。

久之，人或毁辟阳侯，惠帝大怒，下吏，欲诛之。太后惭，不可言。大臣多害辟阳侯行，欲遂诛之。辟阳侯困急，使人欲见建。建辞曰："狱急，不敢见君。"建乃求见孝惠幸臣闳籍孺，说曰："君所以得幸帝，天下莫不闻。今辟阳侯幸太后而下吏，道路皆言君谗，欲杀之。今日辟阳侯诛，旦日太后含怒，亦诛君。君何不肉袒为辟阳侯言帝？帝听君出辟阳侯，太后大驩。两主俱幸君，君富贵益倍矣。"于是闳籍孺大恐，从其计，言帝，帝果出辟阳侯。辟阳侯之囚，欲见建，建不见，辟阳侯以为背之，大怒。及其成功出之，大惊。

吕太后崩，大臣诛诸吕，辟阳侯与诸吕至深，卒不诛。计画所以全者，皆陆生、平原君之力也。

孝文时，淮南厉王杀辟阳侯，以党诸吕故。孝文闻其客朱建为其策，使吏捕欲治。闻吏至门，建欲自杀。诸子及吏皆曰："事未可知，何自杀为？"建曰："我死祸绝，不及身矣。"遂自刭。文帝闻而惜之，曰："吾无杀建意也。"乃召其子，拜为中大夫。使匈奴，单于无礼，骂单于，遂死匈奴中。

娄敬，齐人也。汉五年，戍陇西，过洛阳，高帝在焉。敬脱挽辂，见齐人虞将军曰："臣愿见上言便宜。"虞将军欲与鲜衣，敬曰："臣衣帛，衣帛见，衣褐，衣褐见，不敢易衣。"虞将军入言上，上召见，赐食。

已而问敬，敬说曰："陛下都洛阳，岂欲与周室比隆哉？"上曰："然。"敬曰："陛下取天下与周异。周之先自后稷，尧封之邰，积德累善十余世。公刘避桀居豳。大王以狄伐故，去豳，杖马箠去居岐，国人争归之。及文王为西伯，断虞、芮讼，始受命，吕望、伯夷自海滨来归。武王伐纣，不期而会孟津上八百诸侯，遂灭殷。成王即位，周公之属傅相焉，乃营成周都洛，以为此天下中，诸侯四方纳贡职，道里钧矣，有德则易以王，无德则易以亡。凡居此者，欲令务以德致人，不欲阻险，令后世骄奢以虐民也。及周之衰，分而为二，天下莫朝周，周不能制。非德薄，形势弱也。今陛下起丰沛，收卒三千人，以之径往，卷蜀汉，定三秦，与项籍战荥阳，大战七十，小战四十，使天下之民肝脑涂地，父子暴骸中野，不可胜数，哭泣之声不绝，伤夷者未起，而欲比隆成、康之时，臣窃以为不侔矣。且夫秦地被山带河，四塞以为固，卒然有急，百万之众可具。因秦之故，资甚美膏腴之地，此所谓天府。陛下入关而都之，山东虽乱，秦故地可全而有也。夫与人斗，不搤其亢，拊其背，未能全胜。今陛下入关而都，按秦之故，此亦搤天下之亢而拊其背也。"高帝问群臣，群臣皆山东人，争言周王数百年，秦二世则亡，不如都周。上疑未能决。及留侯明言入关便，即日驾西都关中。于是上曰："本言都秦地者娄敬，娄者刘也。"赐姓刘氏，拜为郎中，号曰奉春君。

汉七年，韩王信反，高帝自往击。至晋阳，闻信与匈奴欲击汉，上大怒，使人使匈奴。匈奴匿其壮士肥牛马，徒见其老弱及羸畜。使者十辈来，皆言匈奴易击。上使刘敬复往使匈奴，还报曰："两国相击，此宜夸矜见所长。今臣往，徒见羸胔老弱，此必欲见短，伏奇兵以争利。愚以为匈奴不可击也。"是时汉兵已逾句注，三十余万众，兵已业行。上怒，骂敬曰："齐虏！以舌得官，乃今妄言沮吾军！"械系敬广武。遂往，至平城，匈奴果出奇兵围高帝白登，七日然后得解。高帝至广武，赦敬，曰："吾不用公言，以困平城。吾已斩先使十辈言可击者矣。"乃封敬二千户，为关内侯，号建信侯。

高帝罢平城归，韩王信亡入胡。当是时，冒顿单于兵强，控弦四十万骑，数苦北边。上患之，问敬。敬曰："天下初定，士卒罢于兵革，未可以武服也。冒顿杀父代立，妻群母，以力为威，未可以仁义说也。独可以计久远子孙为臣耳，然陛下恐不能为。"上曰："诚可，何为不能！顾为奈何？"敬曰："陛下诚能以适长公主妻单于，厚奉遗之，彼知汉女送厚，蛮夷必慕，以为阏氏，生子必为太子，代单于。何者？贪汉重币。陛下以岁时汉所余彼所鲜数问遗，使辩士风喻以礼节。冒顿在，固为子婿；死，外孙为单于。岂曾闻孙敢与大父亢礼哉？可毋战以渐臣也。若陛下不能遣长公主，而令宗室及后宫诈称公主，彼亦知不肯贵近，无益也。"高帝曰："善。"欲遣长公主。吕后泣曰："妾唯以一太子、一女，奈何弃之匈奴！"上竟不能遣长公主，而取家人子为公主，妻单于。使敬往结和亲约。

敬从匈奴来，因言"匈奴河南白羊、楼烦王，去长安近者七百里，轻骑一日一夕可以至。秦中新破，少民，地肥饶，可益实。夫诸侯初起时，非齐诸田，楚昭、屈、景莫与。今陛下虽都关中，实少人。北近胡寇，东有六国强族，一日有变，陛下亦未得安枕而卧也。臣愿陛下徙齐诸田，楚昭、屈、景、燕、赵、韩、魏后，及豪杰名家，且实关中。无事，可以备胡；诸侯有变，亦足率以东伐。此强本弱末之术也。"上曰："善。"乃使刘敬徙所言关中十余万口。

叔孙通，薛人也。秦时以文学征，待诏博士。数岁，陈胜起，二世诏博士诸儒生问曰："楚戍卒攻蕲入陈，于公何如？"博士诸生三十余人前曰："人臣无将，将则反，罪死无赦。愿陛下急发兵击之。"二世怒，作色。通前曰："诸生言皆非。夫天下为一家，毁郡县城，铄其兵，视天下弗复用。且明主在上，法令具于下，吏人人奉职，四方辐辏，安有反者！此特群盗鼠窃狗盗，何足置齿牙间哉？郡守尉今捕诛，何足忧？"二世喜，尽问诸生，诸生或言反，或言盗。于是二世令御史按诸生言反者下吏，非所宜言，诸生言盗者皆罢之。乃赐通帛二十匹，衣一袭，拜为博士。通已出，反舍，诸生曰："生何言之谀也？"通曰："公不知，我几不免虎口！"乃亡去之薛，薛已降楚矣。

及项梁之薛，通从之。败定陶，从怀王。怀王为义帝，徙长沙，通留事项王。汉二年，汉王从五诸侯入彭城，通降汉王。

通儒服，汉王憎之，乃变其服，服短衣，楚制。汉王喜。

通之降汉，从弟子百余人，然无所进，剸言诸故群盗壮士进之。弟子皆曰："事先生数年，幸得从降汉，今不进臣等，剸言大猾，何也？"通乃谓曰："汉王方蒙矢石争天下，诸生宁能斗乎？故先言斩将搴旗之士。诸生且待我，我不忘矣。"汉王拜通为博士，号稷嗣君。

汉王已并天下，诸侯共尊为皇帝于定陶，通就其仪号。高帝悉去秦仪法，为简易。群臣饮争功，醉或妄呼，拔剑击柱，上患之。通知上亦厌之，说上曰："夫儒者难与进取，可与守成。臣愿征鲁诸生，与臣弟子共起朝仪。"高帝曰："得无难乎？"通曰："五帝异乐，三王不同礼。礼者，因时世人情为之节文者也。故夏、殷、周礼所因损益可知者，谓不相复也。臣愿颇采古礼与秦仪杂就之。"上曰："可试为之，令易知，度吾所能行为之。"

于是通使征鲁诸生三十余人。鲁有两生不肯行，曰："公所事者且十主，皆面腴亲贵。今天下初定，死者未葬，伤者未起，又欲起礼乐。礼乐所由起，百年积德而后可兴也。吾不忍为公所为。公所为不合古，吾不行。公往矣，毋污我！"通笑曰："若真鄙儒，不知时变。"遂与所征三十人西，及上左右为学者与其弟子百余人为绵蕞野外。习之月余，通曰："上可试观。"上使行礼，曰："吾能为此。"乃令群臣习肄，会十月。

汉七年，长乐宫成，诸侯群臣朝十月。仪：先平明，谒者治礼，引以次入殿门，廷中陈车骑戎卒卫官，设兵，张旗志。传曰"趋"。殿下郎中侠陛。陛数百人。功臣、列侯、诸将军、军吏以次陈西方，东乡；文官丞相以下陈东方，西乡。大行设九宾，胪句传。于是皇帝辇出房，百官执戟传警，引诸侯王以下至吏六百石以次奉贺。自诸侯王以下莫不震恐肃敬。至礼毕，尽伏，置法酒。诸侍坐殿上皆伏抑首，以尊卑次起上寿。觞九行，谒者言"罢酒"。御史执法举不如仪者辄引去。竟朝置酒，无敢谨哗失礼者。于是高帝曰："吾乃今日知为皇帝之贵也！"拜通为奉常，赐金五百斤。通因进曰："诸弟子儒生随臣久矣，与共为仪，愿陛下官之。"高帝悉以为郎，通出，皆以五百金赐诸生。诸生乃喜曰："叔孙生圣人，知当世务。"

九年，高帝徙通为太子太傅。十二年，高帝欲以赵王如意易太子，通谏曰："昔者晋献公以骊姬故，废太子，立奚齐，晋国乱者数十年，为天下笑。秦以不早定扶苏，胡亥诈立，自使灭祀，此陛下所亲见。今太子仁孝，天下皆闻之；吕后与陛下攻苦食啖，其可背哉！陛下必欲废适而立少，臣愿先伏诛，以颈血污地。"高帝曰："公罢矣，吾特戏耳。"通曰："太子天下本，本壹摇天下震动，奈何以天下戏！"高帝曰："吾听公。"及上置酒，见留侯所招客从太子入见，上遂无易太子志矣。

高帝崩，孝惠即位，乃谓通曰："先帝园陵寝庙，群臣莫习。"徙通为奉常，定宗庙仪法。及稍定汉诸仪法，皆通所论著也。惠帝为东朝长乐宫，及间往，数跸烦民，作复道，方筑武库南，通奏事，因请间，曰："陛下何自筑复道高帝寝，衣冠月出游高庙？子孙奈何乘宗庙道上行哉！"惠帝惧，曰："急坏之。"通曰："人主无过举。今已作，百姓皆知之矣。愿陛下为原庙渭北，衣冠月出游之，益广宗庙，大孝之本。"上乃诏有司立原庙。

惠帝常出游离宫，通曰："古者有春尝果，方今樱桃熟，可献，愿陛下出，因取樱桃献宗庙。"上许之。诸果献由此兴。

赞曰：高祖以征伐定天下，而缙绅之徒骋其知辩，并成大业。语曰"廊庙之材非一木之枝，帝王之功非一士之略"，信哉！刘敬脱挽辂而建金城之安，叔孙通舍枹鼓而立一王之仪，遇其时也。郦生自匿监门，待主然后出，犹不免鼎镬。朱建始名廉直，既距辟阳，不终其节，亦以丧身。陆贾位止大夫，致仕诸吕，不受忧责，从容平、勃之间，附会将相以强社稷，身名俱荣，其最优乎！

卷四十四
淮南衡山济北王传第十四

淮南厉王长，高帝少子也，其母故赵王张敖美人。高帝八年，从东垣过赵，赵王献美人，厉王母也，幸，有身。赵王不敢内宫，为筑外宫舍之。及贯高等谋反事觉，并逮治王，尽捕王母兄弟美人，系之河内。厉王母亦系，告吏曰："日得幸上，有子。"吏以闻，上方怒赵，未及理厉王母。厉王母弟赵兼因辟阳侯言吕后，吕后妒，不肯白，辟阳侯不强争。厉王母已生厉王，恚，即自杀。吏奉厉王诣上，上悔，令吕后母之，而葬其母真定。真定，厉王母家县也。

十一年，淮南王布反，上自将击灭布，即立子长为淮南王。王早失母，常附吕后，孝惠、吕后时以故得幸无患，然常心怨辟阳侯，不敢发。及孝文初即位，自以为最亲，骄蹇，数不奉法。上宽赦之。三年，入朝，甚横。从上入苑猎，与上同辇，常谓上"大兄"。厉王有材力，力扛鼎，乃往请辟阳侯。辟阳侯出见之，即自袖金椎椎之，命从者刑之。驰诣阙下，肉袒而谢曰："臣母不当坐赵时事，辟阳侯力能得之吕后，不争，罪一也。赵王如意子母无罪，吕后杀之，辟阳侯不争,罪二也。吕后王诸吕,欲以危刘氏,辟阳侯不争,罪三也。臣谨为天下诛贼,报母之仇,伏阙下请罪。"文帝伤其志,为亲故不治,赦之。

当是时,自薄太后及太子诸大臣皆惮厉王。厉王以此归国益恣,不用汉法,出入警跸,称制,自作法令,数上书不逊顺。文帝重自切责之。时帝舅薄昭为将军,尊重。上令昭予厉王书谏数之,曰:

窃闻大王刚直而勇,慈惠而厚,贞信多断,是天以圣人之资奉大王也甚盛,不可不察。今大王所行,不称天资。皇帝初即位,易侯邑在淮南者,大王不肯。皇帝卒易之,使大王得三县之实,甚厚。大王未尝与皇帝相见,求入朝见,未毕昆弟之欢,而杀列侯以自为名。皇帝不使吏与其间,赦大王,甚厚。汉法,二千石缺,辄言汉补,大王逐汉所置,而请自置相、二千石。皇帝委天下正法而许大王,甚厚。大王欲属国为布衣,守冢真定。皇帝不许,使大王毋失南面之尊,甚厚。大王宜日夜奉法度,修贵职,以称皇帝之厚德,今乃轻言恣行,以负谤于天下,甚非计也。

夫大王以千里为宅居,以万民为臣妾,此高皇帝之厚德也。高帝蒙霜露,沫风雨,赴矢石,野战攻城,身被创痍,以为子孙成万世之业,艰难危苦甚矣。大王不思先帝之艰苦,日夜怵惕,修身正行,养牺牲,丰洁粢盛,奉祭祀,以无忘先帝之功德,而欲属国为布衣,甚过。且夫贪让国土之名,轻废先帝之业,不可以言孝。父为之基,而不能守,不贤。不求守长陵,而求之真定,先母后父,不谊。数逆天子之令,不顺。言节行以高兄,无礼。幸臣有罪,大者立断,小者肉刑,不仁。贵布衣一剑之任,贱王侯之位,不知。不好学问大道,触情忘行,不祥。此八者,危亡之路也,而大王行之,弃南面之位,奋诸、贲之勇,常出入危亡之路,臣之所见,高皇帝之神必不庙食于大王之手,明白。

昔者,周公诛管叔,放蔡叔,以安周,齐桓杀其弟,以反国;秦始皇杀两弟,迁其母,以安秦,顷王亡代,高帝夺之国,以便事,济北举兵,皇帝诛之,以安汉。故周、齐行之于古,秦、汉用之于今,大王不察古今之所以安国便事,而欲以亲戚之意望于太上,不可得也。亡之诸侯,游宦事人,及舍匿者,论皆有法。其在王所,吏主者坐。今诸侯子为吏者,御史主;为军吏者,中尉主;客出入殿门者,卫尉大行主;诸从蛮夷来归谊及亡名数自占者,内史县令主。相欲委下吏,无与其祸,不可得也。王若不改,汉系大王邸,论相以下,为之奈何?夫堕父大业,退为布衣所哀,幸臣皆伏法而诛,为天下笑,以羞先帝之德,甚为大王不取也。

宜急改操易行,上书谢罪,曰:"臣不幸早失先帝,少孤,吕氏之世,未尝忘死。陛下即位,臣忽恩德骄盈,行多不轨。追念罪过,恐惧,伏地待诛不敢起。"皇帝闻之必喜。大王昆弟欢欣于上,群臣皆得延寿于下;上下得宜,海内常安。愿孰计而疾行之。行之有疑,祸如发矢,不可追已。

王得书不说。六年,令男子但等七十人与棘蒲侯柴武太子奇谋,以輂车四十乘反谷口,令人使闽越、匈奴。事觉,治之,乃使使召淮南王。

王至长安,丞相张苍、典客冯敬行御史大夫事,与宗正、廷尉杂奏:"长废先帝法,不听天子诏,居处无度,为黄屋盖拟天子,擅为法令,不用汉法。及所置吏,以其郎中春为丞相,收聚汉诸侯人及有罪亡者,匿与居,为治家室,赐与财物、爵禄、田宅,爵或至关内侯,奉以二千石所当得。大夫但、士伍开章等七十人与棘蒲侯太子奇谋反,欲以危宗庙社稷,谋使闽越及匈奴发其兵。事觉,长安尉奇等往捕开章,长匿不予,与故中尉蕳忌谋,杀以闭口,为棺椁衣衾,葬之肥陵,谩吏曰'不知安在'。又阳聚土,树表其上曰'开章死,葬此下'。及长身自贼杀无罪者一人;令吏论杀无罪者六人;为亡命弃市诈捕命者以除罪;擅罪人,无告劾系治城旦以上十四人;赦免罪人死罪十八人,城旦舂以下五十八人;赐人爵关内侯以下九十四人。前日长病,陛下心忧之,使使者赐枣脯,长不肯见拜使者。南海民处庐江界中者反,淮南吏卒击之。陛下遣使者赍帛五千匹,以赐吏卒劳苦者。长不欲受赐,谩曰'无劳苦者'。南海王织上书献璧帛皇帝,忌擅燔其书,不以闻。吏请召治忌,长不遣,谩曰'忌病'。长所犯不轨,当弃市,臣请论如法。"

制曰:"朕不忍置法于王,其与列侯、吏二千石议。"列侯、吏二千石臣婴等四十三人议,皆曰:"宜论如法。"制曰:"其赦长死罪,废勿王。"有司奏:"请处蜀严道邛邮,遣其子、子母从居,县为筑盖家室,皆日三食,给薪菜盐炊食器席蓐。"制曰:"食长,给肉日五斤,酒二斗。令故美人、材人得幸者十人从居。"于是尽诛所与谋者。乃遣长,载以辎车,令县以次传。

爱盎谏曰:"上素骄淮南王,不为置严相傅,以故至此。且淮南王为人刚,今暴摧折之,臣恐其逢雾露病死,陛下有杀弟之名,奈何!"上曰:"吾特苦之耳,令复之。"淮南王谓侍者曰:"谁谓乃公勇者?吾以骄不闻过,故至此。"乃不食而死。县传者不敢发车封。至雍,雍令发之,以死闻。上悲哭,谓爱盎曰:"吾不从公言,卒亡淮南王。"盎曰:"淮南王不可奈何,愿陛下自宽。"上曰:"为之奈何?"曰:"独斩丞相、御史以谢天下乃可。"上即令丞相、御史逮诸县传淮南王不发封馈侍者,皆弃市。乃以列侯葬淮南王于雍,置守冢三十家。

孝文八年,怜淮南王,王有子四人,年皆七八岁,乃封子安为阜陵侯,子勃为安阳侯,子赐为阳周侯,子良为东城侯。

十二年,民有作歌歌淮南王曰:"一尺布,尚可缝;一斗粟,尚可舂。兄弟二人,不相容!"上闻之曰:"昔尧、舜放逐骨肉,周公杀管、蔡,天下称圣,不以私害公。天下岂以为我贪淮南地邪?"乃徙城阳王王淮南故地,而追尊谥淮南王为厉王,置园如诸侯仪。

十六年,上怜淮南王废法不轨,自使失国早夭,乃徙淮南王喜复王故城阳,而立厉王三子王淮南故地,三分之:阜陵侯安为淮南王,安阳侯勃为衡山王,阳周侯赐为庐江王。东城侯良前薨,无后。

孝景三年,吴、楚七国反,吴使者至淮南,王欲发兵应之。其相曰："王必欲应吴，臣愿为将。"王乃属之。相已将兵，因城守，不听王而为汉。汉亦使曲城侯将兵救淮南，淮南以故得完。吴使者至庐江，庐江王不应，而往来使越；至衡山，衡山王坚守无二心。孝景四年，吴、楚已破，衡山王朝，上以为贞信，乃劳苦之曰："南方卑湿。"徙王王于济北以褒之。及薨，遂赐谥为贞王。庐江王以边越，数使使相交，徙为衡山王，王江北。

淮南王安为人好书，鼓琴，不喜弋猎狗马驰骋，亦欲以行阴德拊循百姓，流名誉。招致宾客方术之士数千人，作为《内书》二十一篇，《外书》甚众，又有《中篇》八卷，言神仙黄白之术，亦二十余万言。时武帝方好艺文，以安属为诸父，辩博善为文辞，甚尊重之。每为报书及赐，常召司马相如等视草乃遣。初，安入朝，献所作《内篇》，新出，上爱秘之。使为《离骚传》，且受诏，日食时上。又献《颂德》及《长安都国颂》。每宴见，谈说得失及方技赋颂，昏莫然后罢。

安初入朝，雅善太尉武安侯，武安侯迎之霸上，与语曰："方今上无太子，王亲高皇帝孙，行仁义，天下莫不闻。宫车一日晏驾，非王尚谁立者！"淮南王大喜，厚遗武安侯宝赂。其群臣宾客，江淮间多轻薄，以厉王迁死感激安。建元六年，彗星见，淮南王心怪之。或说王曰："先吴军时，彗星出，长数尺，然尚流血千里。今彗星竟天，天下兵当大起。"王心以为上无太子，天下有变，诸侯并争，愈益治攻战具，积金钱赂遗郡国。游士妄作妖言阿谀王，王喜，多赐予之。

王有女陵，慧有口。王爱陵，多予金钱，为中诇长安，约结上左右。元朔二年，上赐淮南王几杖，不朝。后荼爱幸，生子迁为太子，取皇太后外孙修成君女为太子妃。王谋为反具，畏太子妃知而内泄事，乃与太子谋，令诈不爱，三月不同席。王阳怒太子，闭使与妃同内，终不近妃。妃求去，王乃上书谢归之。后荼、太子迁及女陵擅国权，夺民田宅，妄致系人。

太子学用剑。自以为人莫及，闻郎中雷被巧，召与戏，被一再辞让，误中太子。太子怒，被恐。此时有欲从军者辄诣长安，被即愿奋击匈奴。太子数恶被，王使郎中令斥免，欲以禁后。元朔五年，被遂亡之长安，上书自明。事下廷尉、河南。河南治，逮淮南太子，王、王后计欲毋遣太子，遂发兵。计未定，犹与十余日。会有诏即讯太子，淮南相怒寿春丞留太子逮不遣，劾不敬。王请相，相不听。王使人上书告相，事下廷尉治。从迹逮王，王使人候司。汉公卿请逮捕治王，王恐，欲发兵。太子迁谋曰："汉使即逮王，令人衣卫士衣，持戟居王旁，有非是者，即刺杀之，臣亦使人刺杀淮南中尉，乃举兵，未晚也。"是时上不许公卿，而遣汉中尉宏即讯验王。王视汉中尉颜色和，问斥雷被事耳，自度无何，不发。中尉还，以闻。公卿治者曰："淮南王安雍阏求奋击匈奴者雷被等，格明诏，当弃市。"诏不许。请废勿王，上不许。请削五县，可二县。使中尉宏赦其罪，罚以削地。中尉入淮南界，宣言赦王。王初闻公卿请诛之，未知得削地，闻汉使来，恐其捕之，乃与太子谋如前计。中尉至，即贺王，王以故不发。其后自伤曰："吾行仁义见削地，寡人甚耻之。"为反谋益甚。诸使者道长安来，为妄言，言上无男，即喜；言汉廷治，有男，即怒，以为妄言，非也。

日夜与左吴等案舆地图，部署兵所从入。王曰："上无太子，宫车即晏驾，大臣必征胶东王，不即常山王，诸侯并争，吾可以无备乎！且我高帝孙，亲行仁义，陛下遇我厚，吾能忍之；万世之后，吾宁能北面事竖子乎！"

王有孽子不害，最长，王不爱，后、太子皆不以为子兄数。不害子建，材高有气，常怨望太子不省其父。时，诸侯皆得分子弟为侯，淮南王有两子，一子为太子，而建父不得为侯。阴结交，欲害太子，以其父代之。太子知之，数捕系笞建。建具知太子之欲谋杀汉中尉，即使所善寿春严正上书天子曰："毒药苦口利病，忠言逆耳利行。今淮南王孙建材能高，淮南王后荼，荼子迁常疾害建。建父不害无罪，擅数系，欲杀之。今建在，可征问，具知淮南王阴事。"书既闻，上以其事下廷尉、河南治。是岁元朔六年也。故辟阳侯孙审卿善丞相公孙弘，怨淮南厉王杀其大父，阴求淮南事而搆之于弘。弘乃疑淮南有畔逆计，深探其狱。河南治建，辞引太子及党与。

初，王数以举兵谋问伍被，被告谏之，以吴、楚七国为效。王引陈胜、吴广，被复言形势不同，必败亡。及建见治，王恐国阴事泄，欲发，复问被，被为言发兵权变。语在《被传》。于是王锐欲发，乃令宫奴入宫中，作皇帝玺，丞相、御史大夫、将军、吏中二千石、都官令、丞印，及旁近郡太守、都尉印，汉使节法冠。欲如伍被计，使人为得罪而西，事大将军、丞相；一日发兵，即刺大将军卫青，而说丞相弘下之，如发蒙耳，欲发国中兵，恐相、二千石不听，王乃与伍被谋，为失火宫中，相、二千石救火，因杀之。又欲令人衣求盗衣，持羽檄从南方来，呼言曰"南越兵入"，欲因以发兵。乃使人之庐江、会稽为求盗，未决。

廷尉以建辞连太子迁闻，上遣廷尉监与淮南中尉逮捕太子。至，淮南王闻，与太子谋召相、二千石，欲杀而发兵。召相，相至；内史以出为解。中尉曰："臣受诏使，不得见王。"王念独杀相而内史、中尉不来，无益也，即罢相。计犹与未决。太子念所坐者谋杀汉中尉，所与谋杀者已死，以为口绝，乃谓王曰："群臣可用者皆前系，今无足与举者。王以非时发，恐无功，臣愿会逮。"王亦愈欲休，即许太子。太子自刑，不殊。伍被自诣吏，具告与淮南王谋反。吏因捕太子、王后，围王宫，尽捕王宾客在国中者，索得反具以闻。上下公卿治，所连引与淮南王谋反列侯、二千石、豪桀数千人，皆以罪轻重受诛。

衡山王赐，淮南王弟，当坐收。有司请逮捕衡山王，上曰："诸侯各以其国为本，不当相坐。与诸侯王列侯议。"赵王彭祖、列侯让等四十三人皆曰："淮南王安大逆无道，谋反明白，当伏诛。"胶西王端议曰："安废法度，行邪辟，有诈伪心，以乱天下，营惑百姓，背畔宗庙，妄作妖言。《春秋》曰'臣毋将，将而诛'。安罪重于将，谋反形已定。臣端所见其书印图及它逆亡道事验明白，当伏法。论国吏二百石以上及比者，宗室近幸臣不在法中者，不能相教，皆免，削爵为士伍，毋得官为吏。其非吏，它赎死金二斤八两，以章安之罪，使天下明知臣子之道，毋敢复有邪僻背畔之意。"丞相弘、廷尉汤等以闻，上使宗正以符节治王。未至，安自刑杀。后、太子诸所与谋皆收夷。国除为九江郡。

衡山王赐后乘舒生子三人，长男爽为太子，次女无采，少男孝。姬徐来生子男女四人，美人厥姬生子二人。淮南、衡山相责望礼节，间不相能。衡山王闻淮南王作为畔逆具，亦心结宾客以应之，恐为所并。元光六年入朝，谒者卫庆有方术，欲上书事天子，王怒，故劾庆死罪，强榜服之。内史以为非是，却其狱。王使人上书告内史，内史治，言王不直。又数侵夺人田，坏人冢以为田。有司请逮治衡山王，上不许，为置吏二百石以上。衡山王以此恚，与奚慈、张广昌谋，求能为兵法候星气者，日夜纵臾王谋反事。

后乘舒死，立徐来为后，厥姬俱幸。两人相妒，厥姬乃恶徐来于太子，曰："徐来使婢蛊杀太子母。"太子心怨徐来。徐来兄至衡山，太子与饮，以刃刑伤之。后以此怨太子，数恶之于王。女弟无采嫁，弃归，与客奸。太子数以数让，无采怒，不与太子通。后闻之，即善遇无采及孝。孝少失母，附后，后以计爱之，与共毁太子，王以故数系笞太子。元朔四年中，人有贼伤后假母者，王疑太子使人伤之，笞太子。后王病，太子时称病不侍。孝、无采恶太子："实不病，自言，有喜色。"王于是大怒，欲废太子而立弟孝。后知王决废太子，又欲并废孝。后有侍者善舞，王幸之，后欲令与孝乱以污之，欲并废二子而以己子广代之。太子知之，念后数恶己无已时，欲与乱以止其口。后饮太子，太子前为寿，因据后股求与卧。后怒，以告王。王乃召，欲缚笞之。太子知王常欲废己而立孝，乃谓王曰："孝与王御者奸，无采与奴奸，王强食，请上书。"即背王去。王使人止之，莫能禁，王乃自追捕太子，太子妄恶言，王械系宫中。

孝日益以亲幸。王奇孝材能，乃佩之王印，号曰将军，令居外家，多给金钱；招致宾客。宾客来者，微知淮南、衡山有逆计，皆将养劝之。王乃使孝客江都人枚赫、陈喜作𫐓车锻矢，刻天子玺，将、相、军吏印。王日夜求壮士如周丘等，数称引吴、楚反时计画约束。衡山王非敢效淮南王求即天子位，畏淮南起并其国，以为淮南已西，发兵定江淮间而有之，望如是。

元朔五年秋，当朝，六年，过淮南。淮南王乃昆弟语，除前隙，约束反具。衡山王即上书谢病，上赐不朝。乃使人上书请废太子爽，立孝为太子。爽闻，即使所善白嬴之长安上书，言衡山王与子谋逆，言孝作兵车锻矢，与王御者奸。至长安未及上书，即吏捕嬴，以淮南事系。王闻之，恐其言国阴事，即上书告太子，以为不道。事下沛郡治。

元狩元年冬，有司求捕与淮南王谋反者，得陈喜于孝家。吏劾孝首匿喜。孝以为陈喜雅数与王计反，恐其发之，闻律先自告除其罪，又疑太子使白嬴上书发其事，即先自告所与谋反者枚赫、陈喜等。廷尉治，事验，请逮捕衡山王治。上曰："勿捕。"遣中尉安、大行息即问王，王具以情实对。吏皆围王宫守之。中尉、大行还，以闻。公卿请遣宗正、大行与沛郡杂治王。王闻，即自杀。孝先自告反，告除其

罪。孝坐与王卿婢奸，及后徐来坐蛊前后乘舒，及太子爽坐告王父不孝，皆弃市。诸坐与王谋反者皆诛。国除为郡。

济北贞王勃者，景帝四年徙。徙二年，因前王衡山，凡十四年薨。子式王胡嗣，五十四年薨。子宽嗣。十二年，宽坐与父式王后光、姬孝儿奸，悖人伦，又祠祭祝诅上，有司请诛。上遣大鸿胪利召王，王以刃自到死。国除为北安县，属泰山郡。

赞曰：《诗》云"戎狄是膺，荆舒是惩"，信哉是言也！淮南、衡山亲为骨肉，疆土千里，列在诸侯，不务遵蕃臣职，以丞辅天子，而刭怀邪辟之计，谋为畔逆，仍父子再亡国，各不终其身。此非独王也，亦其俗薄，臣下渐靡使然。夫荆楚剽轻，好作乱，乃自古记之矣。

卷四十五　蒯伍江息夫传第十五

蒯通，范阳人也，本与武帝同讳。楚汉初起，武臣略定赵地，号武信君。通说范阳令徐公曰："臣，范阳百姓蒯通也，窃闵公之将死，故吊之。虽然，贺公得通而生也。"徐公再拜曰："何以吊之？"通曰："足下为令十余年矣，杀人之父，孤人之子，断人之足，黥人之首，甚众。慈父孝子所以不敢事刃于公之腹者，畏秦法也。今天下大乱，秦政不施，然则慈父孝子将争接刃于公之腹，以复其怨而成名。此通之所以吊者也。"曰："何以贺得子而生也？"曰："赵武信君不知通不肖，使人候问其死生，通且见武信君而说之，曰：'必将战胜而后略地，攻得而后下城，臣窃以为殆矣。用臣之计，毋战而略地，不攻而下城，传檄而千里定，可乎？'彼将曰：'何谓也？'臣因对曰：'范阳令宜整顿其士卒以守战者也，怯而畏死，贪而好富贵'，故欲以其城先下君。先下君而君不利之，则边地之城皆将相告曰'范阳令先降而身死'，必将婴城固守，皆为金城汤池，不可攻也。为君计者，莫若以黄屋朱轮迎范阳令，使驰骛于燕、赵之郊，则边城皆将相告曰'范阳令先下而身富贵'，必相率而降，犹如阪上走丸也。此臣所谓传檄而千里定者也。"徐公再拜，具车马遣通。通遂以此说武臣。武臣以车百乘、骑二百、侯印迎徐公。燕、赵闻之，降者三十余城，如通策焉。

后汉将韩信虏魏王，破赵、代，降燕，定三国，引兵将东击齐。未度平原，闻汉王使郦食其说下齐，信欲止。通说信曰："将军受诏击齐，而汉独发间使下齐，宁有诏止将军乎？何以得无行！且郦生一士，伏轼掉三寸舌，下齐七十余城，将军将数万之众，乃下赵五十余城。为将数岁，反不如一竖儒之功乎！"于是信然之，从其计，遂度河。齐已听郦生，即留之纵酒，罢备汉守御。信因袭历下军，遂至临菑。齐王以郦生为欺己而亨之，因败走。信遂定齐地，自立为齐假王。汉方困于荥阳，遣张良即立信为齐王，以安固之。项王亦遣武涉说信，欲与连和。

蒯通知天下权在信，欲说信令背汉，乃先微感信曰：

"仆尝受相人之术,相君之面,不过封侯,又危而不安;相君之背,贵而不可言。"信曰:"何谓也?"通因请间,曰:"天下初作难也,俊雄豪桀建号一呼,天下之士云合雾集,鱼鳞杂袭,飘至风起。当此之时,忧在亡秦而已。今刘、项分争,使人肝脑涂地,流离中野,不可胜数。汉王将数十万众,距巩、洛,岨山河,一日数战,无尺寸之功,折北不救,败荥阳,伤成皋,还走宛、叶之间,此所谓智勇俱困者也。楚人起彭城,转斗逐北,至荥阳,乘利席胜,威震天下,然兵困于京、索之间,迫西山而不能进,三年于此矣。锐气挫于险塞,粮食尽于内藏,百姓罢极,无所归命。以臣料之,非天下贤圣,其势固不能息天下之祸。当今之时,两主县命足下。足下为汉则汉胜,与楚则楚胜。臣愿披心腹,堕肝胆,效愚忠,恐足下不能用也。方今为足下计,莫若两利而俱存之,参分天下,鼎足而立,其势莫敢先动。夫以足下之贤圣,有甲兵之众,据强齐,从燕、赵,出空虚之地以制其后,因民之欲,西乡为百姓请命,天下孰敢不听!足下按齐国之故,有淮、泗之地,怀诸侯以德,深拱揖让,则天下君王相率而朝齐矣。盖闻'天与弗取,反受其咎;时至弗行,反受其殃'。愿足下孰图之。"

信曰:"汉遇我厚,吾岂可见利而背恩乎!"通曰:"始常山王,成安君故相与为刎颈之交,及争张黡、陈释之事,常山王奉头鼠窜,以归汉王。借兵东下,战于鄗北,成安君死于泜水之南,头足异处。此二人相与,天下之至驩也,而卒相灭亡者,何也?患生于多欲而人心难测也。今足下行忠信以交于汉王,必不能固于二君之相与也,而事多大于张黡、陈释之事者,故臣以为足下必汉王之不危足下,过矣。大夫种存亡越,伯句践,立功名而身死。语曰:'野禽殚,走犬亨;敌国破,谋臣亡。'故以交友言之,则不过张王与成安君;以忠臣言之,则不过大夫种。此二者,宜足以观矣。愿足下深虑之。且臣闻之,勇略震主者身危,功盖天下者不赏。足下涉西河,虏魏王,禽夏说,下井陉,诛成安君之罪,以令于赵,胁燕定齐,南摧楚人之兵数十万众,遂斩龙且,西乡以报,此所谓功无二于天下,略不世出者也。今足下挟不赏之功,戴震主之威,归楚,楚人不信;归汉,汉人震恐。足下欲持是安归乎?夫势在人臣之位,而有高天下之名,切为足下危之。"信曰:"生且休矣,吾将念之。"

数日,通复说曰:"听者,事之候也;计者,存亡之机也。夫随厮养之役者,失万乘之权;守儋石之禄者,阙卿相之位。计诚知之,而决弗敢行者,百事之祸也。故猛虎之犹与,不如蜂虿之致螫;孟贲之狐疑,不如童子之必至。此言贵能行之也。夫功者,难成而易败;时者,难值而易失。'时乎时,不再来。'愿足下无疑臣之计。"信犹与不忍背汉,又自以功多,汉不夺我齐,遂谢通。通说不听,惶恐,乃阳狂为巫。

天下既定,后信以罪废为淮阳侯,谋反被诛,临死叹曰:"悔不用蒯通之言,死于女子之手!"高帝曰:"是齐辩士蒯通。"乃诏齐召蒯通。通至,上欲亨之,曰:"昔教韩信反,何也?"通曰:"狗各吠非其主。当彼时,臣独知齐王韩信,非知陛下也。且秦失其鹿,天下共逐之,高材者先得。天下匈匈,争欲为陛下所为,顾力不能,可殚诛邪?"上乃赦之。

至齐悼惠王时,曹参为相,礼下贤人,请通为客。

初,齐王田荣怨项羽,谋举兵畔之,劫齐士,不与者死。齐处士东郭先生、梁石君在劫中,强从。及田荣败,二人丑之,相与入深山隐居。客谓通曰:"先生之于曹相国,拾遗举过,显贤进能,齐国莫若先生者。先生知梁石君、东郭先生世俗所不及,何不进之于相国乎?"通曰:"诺。臣之里妇,与里之诸母相善也。里妇夜亡肉,姑以为盗,怒而逐之。妇晨去,过所善诸母,语以事而谢之。里母曰:'女安行,我今令而家追女矣。'即束缊请火于亡肉家,曰:'昨暮夜,犬得肉,争斗相杀,请火治之。'亡肉家遽追呼其妇。故里母非谈说之士也,束缊乞火非还妇之道也,然物有相感,事有适可。臣请乞火于曹相国。"乃见相国曰:"妇人有夫死三日而嫁者,有幽居守寡不出门者,足下即欲求妇,何取?"曰:"取不嫁者。"通曰:"然则求臣亦犹是也,彼东郭先生、梁石君,齐之俊士也,隐居不嫁,未尝卑节下意以求仕也。愿足下使人礼之。"曹相国曰:"敬受命。"皆以为上宾。

通论战国时说士权变,亦自序其说,凡八十一首,号曰《隽永》。

初,通善齐人安其生,安其生尝干项羽,羽不能用其策。而项羽欲封此两人,两人卒不肯受。

伍被,楚人也。或言其先伍子胥后也。被以材能称,为淮南中郎。是时淮南王安好术学,折节下士,招致英隽以百数,被以冠首。

久之,淮南王阴有邪谋,被数微谏。后王坐东宫,召被欲与计事,呼之曰:"将军上。"被曰:"王安得亡国之言乎?昔子胥谏吴王,吴王不用,乃曰'臣今见麋鹿游姑苏之台也'。今臣亦将见宫中生荆棘,露沾衣也。"于是王怒,系被父母,囚之三月。

王复召被曰:"将军许寡人乎?"被曰:"不,臣将为大王画计耳。臣闻聪听于无声,明者见于未形,故圣人万举而万全。文王一动而功显万世,列为三王,所谓因天心以动作者也。"王曰:"方今汉庭治乎?乱乎?"被曰:"天下治。"王不说,曰:"公何言治也?"被对曰:"被窃观朝廷,君臣、父子、夫妇、长幼之序皆得其理,上之举错遵古之道,风俗纪纲未有所缺。重装富贾周流天下,道无不通,交易之道行。南越宾服,羌、僰贡献,东瓯入朝,广长榆,开朔方,匈奴折伤。虽未及古太平时,然犹为治。"王怒,被谢死罪。

王又曰:"山东即有变,汉必使大将军而制山东,公以为大将军何如人也?"被曰:"臣所善黄义,从大将军击匈奴,言大将军遇士大夫以礼,与士卒有恩,众皆乐为用。骑上下山如飞,材力绝人如此,数将习兵,未易当也。及谒者曹梁使长安来,言大将军号令明,当敌勇,常为士卒先;须士卒休,乃舍;穿井得水,乃敢饮;军罢,士卒已逾河,乃度。皇太后所赐金钱,尽以赏赐。虽古名将不过也。"王曰:"夫蓼太子知略不世出,非常人也,以为汉廷公卿列侯皆如沐猴而冠耳。"被曰:"独先刺大将军,乃可举事。"

王复问被曰："公以为吴举兵非邪？"被曰："非也。夫吴王赐号为刘氏祭酒，受几杖而不朝，王四郡之众，地方数千里，采山铜以为钱，煮海水以为盐，伐江陵之木以为船，国富民众，行珍宝，赂诸侯，与七国合从，举兵而西，破大梁，败狐父，奔走而还，为越所禽，死于丹徒，头足异处，身灭祀绝，为天下戮。夫以吴众不能成功者，何也？诚逆天违众而不见时也。"王曰："男子之所死者，一言耳。且吴何知反？汉将一日过成皋者四十余人。今我令缓先要成皋之口，周被下颍川兵塞镮辕、伊阙之道，陈定发南阳兵守武关。河南太守独有洛阳耳，何足忧？然此北尚有临晋关、河东、上党与河内、赵国界者通谷数行。人言'绝成皋之道，天下不通'。据三川之险，招天下之兵，公以为何如？"被曰："臣见其祸，未见其福也。"

后汉逮淮南王孙建，系治之。王恐阴事泄，谓被曰："事至，吾欲遂发。天下劳苦有间矣，诸侯颇有失行，皆自疑，我举兵西乡，必有应者；无应，即还略衡山。势不得不发。"被曰："略衡山以击庐江，有寻阳之船，守下雉之城，结九江之浦，绝豫章之口，强弩临江而守，以禁南郡之下，东保会稽，南通劲越，屈强江、淮间，可以延岁月之寿耳，未见其福也。"王曰："左吴、赵贤、朱骄如皆以为什八九成，公独以为无福，何？"被曰："大王之群臣近幸素能使众者，皆前系诏狱，余无可用者。"王曰："陈胜、吴广无立锥之地，百人之聚，起于大泽，奋臂大呼，天下响应，西至于戏而兵百二十万。今吾国虽小，胜兵可得二十万，公何以言有祸无福？"被曰："臣不敢避子胥之诛，愿大王无为吴王之听。往者秦为无道，残贼天下，杀术士，燔《诗》、《书》，灭圣迹，弃礼义，任刑法，转海滨之粟，致于西河。当是之时，男子疾耕不足于粮馈，女子纺绩不足于盖形。遣蒙恬筑长城，东西数千里。暴兵露师，常数十万，死者不可胜数，僵尸满野，流血千里。于是百姓力屈，欲为乱者十室而五。又使徐福入海求仙药，多赍珍宝，童男女三千人，五种百工而行。徐福得平原大泽，止王不来。于是百姓悲痛愁思，欲为乱者十室而六。又使尉佗逾五岭，攻百越，尉佗知中国劳极，止王南越。行者不还，往者莫返，于是百姓离心瓦解，欲为乱者十室而七。兴万乘之驾，作阿房之宫，收太半之赋，发闾左之戍。父不宁子，兄不安弟，政苛刑惨，民皆引领而望，倾耳而听，悲号仰天，叩心怨上，欲为乱者，十室而八。客谓高皇帝曰：'时可矣。'高帝曰：'待之，圣人当起东南。'间不一岁，陈、吴大呼，刘、项并和，天下响应，所谓蹈瑕衅，因秦之亡时而动，百姓愿之，若枯旱之望雨，故起于行阵之中，以成帝王之功。今大王见高祖得天下之易也，独不观近世之吴、楚乎！当今陛下临制天下，一齐海内，泛爱蒸庶，布德施惠。口虽未言，声疾雷震；令虽未出，化驰如神。心有所怀，威动千里；下之应上，犹景响也。而大将军材能非直章邯、杨熊也。王以陈胜、吴广论之，被以为过矣。且大王之兵众不能什分吴、楚之一，天下安宁又万倍于秦时。愿王用臣之计。臣闻箕子过故国而悲，作《麦秀》之歌，痛纣之不用王子比干之言也。故孟子曰，纣贵为天子，死曾不如匹夫。是纣先自绝久矣，非死之日天去之也。今臣亦窃悲大王弃千乘之君，将赐绝命之书，为群臣先，身死于东宫也。"被因流涕而起。

后王复召问被："苟如公言，不可以徼幸邪？"被曰："必不得已，被有愚计。"王曰："奈何？"被曰："当今诸侯无异心，百姓无怨气。朔方之郡土地广美，民徙者不足以实其地。可为丞相、御史请书，徙郡国豪桀及耐罪以上，以赦令除，家产五十万以上者，皆徙其家属朔方之郡，益发甲卒，急其会日。又伪为左右都司空、上林中都官诏狱书，逮诸侯太子及幸臣。如此，则民怨，诸侯惧，即使辩士随说之，党可以徼幸。"王曰："此可也。虽然，吾以不至若此，专发而已。"后事发觉，被诣吏自告与淮南王谋反踪迹如此。天子以伍被雅辞多引汉美，欲勿诛。张汤进言："被首为王画反计，罪无赦。"遂诛被。

江充字次倩，赵国邯郸人也。充本名齐，有女弟善鼓琴歌舞，嫁之赵太子丹。齐得幸于敬肃王，为上客。久之，太子疑齐以己阴私告王，与齐忤，使吏逐捕齐，不得，收系其父兄，按验，皆弃市。齐遂绝迹亡，西入关，更名充。诣阙告太子丹与同产姊及王后宫奸乱，交通郡国豪猾，攻剽为奸，吏不能禁。书奏，天子怒，遣使者诏郡发卒围赵王宫，收捕太子丹，移系魏郡诏狱，与廷尉杂治，法至死。

赵王彭祖，帝异母兄也，上书讼太子罪，言"充逋逃小臣，苟为奸讹，激怒圣朝，欲取必于万乘以复私怨。后虽亨醢，计犹不悔。臣愿选从赵国勇敢士，从军击匈奴，极尽死力，以赎丹罪。"上不许，竟败赵太子。

初，充召见犬台宫，自请愿以所常被服冠见上。上许之。充衣纱縠禅衣，曲裾后垂交输，冠禅缅步摇冠，飞翩之缨。充为人魁岸，容貌甚壮。帝望见而异之，谓左右曰："燕、赵固多奇士。"既至前，问以当世政事，上说之。充因自请，愿使匈奴。诏问其状，充对曰："因变制宜，以敌为师，事不可豫图。"上以充为谒者，使匈奴还，拜为直指绣衣使者，督三辅盗贼，禁察逾侈。贵戚近臣多奢僭，充皆举劾，奏请没入车马，令身侍北军击匈奴。奏可。充即移书光禄勋、中黄门，逮名近臣侍中诸当诣北军者，移劾门卫，禁止无令得出入宫殿。于是贵戚子弟惶恐，皆见上叩头求哀，愿得入钱赎罪。上许之，令各以秩次输钱北军，凡数千万。上以充忠直，奉法不阿，所言中意。

充出，逢馆陶长公主行驰道中。充呵问之，公主曰："有太后诏。"充曰："独公主得行，车骑皆不得。"尽劾没入官。

后充从上甘泉，逢太子家使乘车马行驰道中，充以属吏。太子闻之，使人谢充曰："非爱车马，诚不欲令上闻之，以教敕亡素者。唯江君宽之！"充不听，遂白奏。上曰："人臣当如是矣。"大见信用，威震京师。迁为水衡都尉，宗族、知友多得其力者。久之，坐法免。

会阳陵朱安世告丞相公孙贺子太仆敬声为巫蛊事，连及阳石、诸邑公主，贺父子皆坐诛。语在《贺传》。后上幸甘泉，疾病，充见上年老，恐晏驾后为太子所诛，因是为奸，奏言上疾崇在巫蛊。于是上以充为使者治巫蛊。充将胡巫掘地求偶人，捕蛊及夜祠，视鬼，染污令有处，辄收验治，烧铁钳灼，强服之。民转相诬以巫蛊，吏辄劾以大逆亡道,坐而死者前后数万人。

是时,上春秋高,疑左右皆为蛊祝诅,有与亡,莫敢讼其冤者。充既知上意,因言宫中有蛊气,先治后宫希幸夫人,以次及皇后,遂掘蛊于太子宫,得桐木人。太子惧,不能自明,收充,自临斩之。骂曰:"赵虏!乱乃国王父子不足邪!乃复乱吾父子也!"太子由是遂败。语在《戾园传》。后武帝知充有诈,夷充三族。

息夫躬字子微,河内河阳人也。少为博士弟子,受《春秋》,通览记书。容貌壮丽,为众所异。

哀帝初即位,皇后父特进孔乡侯傅晏与躬同郡,相友善,躬由是以为援,交游日广。先是,长安孙宠亦以游说显名,免汝南太守,与躬相结,俱上书,召待诏。是时哀帝被疾,始即位,而人有告中山孝王太后祝诅上,太后及弟宜乡侯冯参皆自杀,其罪不明。是后无盐危山有石自立,开道。躬与宠谋曰:"上亡继嗣,体久不平,关东诸侯,心争阴谋。今无盐有大石自立,闻邪臣托往事,以为大山石立而先帝龙兴。东平王云以故与其后日夜祠祭祝诅上,欲求非望。而后舅伍宏反因方术以医技得幸,出入禁门。霍显之谋将行于杯杓,荆轲之变必起于帷幄。事势若此,告之必成;发国奸,诛主雠,取封侯之计也。"躬、宠乃与中郎右师谭,共因中常侍宋弘上变事告焉。上恶之,下有司案验,东平王云、云后谒及伍宏等皆坐诛。上擢宠为南阳太守,谭颍川都尉,弘、躬皆光禄大夫、左曹、给事中。是时,侍中董贤爱幸,上欲侯之,遂下诏云:"躬、宠因贤以闻,封贤为高安侯,宠为方阳侯,躬为宜陵侯,食邑各千户。赐谭爵关内侯,食邑。"丞相王嘉内疑东平狱事,争不欲侯贤等,语在《嘉传》。嘉固言董贤泰盛,宠、躬皆倾覆有佞邪材,恐必挠乱国家,不可任用。嘉以此得罪矣。

躬既亲近,数进见言事,议论亡所避。众畏其口,见之仄目。躬上疏历诋公卿大臣,曰:"方今丞相王嘉健而蓄缩,不可用。御史大夫贾延堕弱不任职。左将军公孙禄、司隶鲍宣皆外有直项之名,内实骏软不晓政事。诸曹以下仆遬不足数。卒有强弩围城,长戟指阙,陛下谁与备之?如使狂夫喋谋于东崖,匈奴饮马于渭水,边竟雷动,四野风起,京师虽有武蜂精兵,未有能窥左足而先应者也。军书交驰而辐凑,羽檄重迹而押至,小夫愞臣之徒愦眊不知所为。其有犬马之决者,仰药而伏刃,虽加夷灭之诛,何益祸败之至哉!"

躬又言:"秦开郑国渠以富国强兵,今京师土地肥饶,可度地势水泉,广溉灌之利。"天子使躬持节领护三辅都水。躬立表,欲穿长安城,引漕注太仓下以省转输。议不可成,乃止。

董贤贵幸日盛,丁、傅害其宠,孔乡侯晏与躬谋,欲求居位辅政。会单于当来朝,遣使言病,愿朝明年。躬因是而上奏,以为"单于当以十一月入塞,后以病为解,疑有他变。乌孙两昆弥弱,卑爰疐强盛,居强煌之地,拥十万之众,东结单于,遣子往侍。如因素强之威,循乌孙就屠之迹,举兵南伐,并乌孙之势也。乌孙并,则匈奴盛,而西域危矣。可令降胡诈为卑爰疐使者来上书曰:'所以遣子侍单于者,非亲信之也,实畏之耳。唯天子哀,告单于归臣侍子。愿助戊己校尉保恶都奴之界。'因下其章诸将军,令匈奴客闻焉。则是所谓'上兵伐谋,其次伐交'者也。"

书奏,上引见躬,召公卿将军大议。左将军公孙禄以为"中国常以威信怀伏夷狄,躬欲逆诈造不信之谋,不可许。且匈奴赖先帝之德,保塞称蕃。今单于以疾病不任奉朝贺,遣使自陈,不失臣子之礼。臣禄自保没身不见匈奴为边境忧也。"躬掎禄曰:"臣为国家计几先,谋将然,豫图未形,为万世虑。而左将军公孙禄欲以其犬马齿保目所见。臣与禄异议,未可同日语也。"上曰"善。"乃罢群臣,独与躬议。

因建言:"往年荧惑守心,太白高而芒光,又角星弗于河鼓,其法为有兵乱。是后讹言行诏筹,经历郡国,天下骚动,恐必有非常之变。可遣大将军行边兵,敕武备,斩一郡守,以立威,震四夷,因以厌应变异。"上然之,以问丞相。丞相嘉对曰:"臣闻动民以行不以言,应天以实不以文。下民微细,犹不可诈,况于上天神明而可欺哉!天之见异,所以敕戒人君,欲令觉悟反正,推诚行善。民心说而天意得矣。辩士见一端,或妄以意傅著星历,虚造匈奴、乌孙、西羌之难,谋动干戈,设为权变,非应天之道也。守相有罪,车驰诣阙,交臂就死,恐惧如此,而谈说者云,动安之危,辩口快耳,其实未可从。夫议政者,苦其谄谀倾险辩慧深刻也。谄谀则主德毁,倾险则下怨恨,辩慧则破正道,深刻则伤恩惠。昔秦缪公不从百里奚、蹇叔之言,以败其师,悔过自责,疾诖误之臣,思黄发之言,名垂于后世。唯陛下观览古戒,反复参考,无以先入之语为主。"

上不听,遂下诏曰:"间者灾变不息,盗贼众多,兵革之征,或颇著见。未闻将军恻然深以为意,简练戎士,缮修干戈。器用盬恶,孰当督之!天下虽安,忘战必危。将军与中二千石举明习兵法有大虑者各一人,将军二人,诣公车。"就拜孔乡侯傅晏为大司马卫将军,阳安侯丁明又为大司马票骑将军。

是日,日有食之,董贤因此沮躬、晏之策。后数日,收晏卫将军印绶,而丞相御史奏躬罪过。上由是恶躬等,下诏曰:"南阳太守方阳侯宠,素亡廉声,有酷恶之资,毒流百姓。左曹光禄大夫宜陵侯躬,虚造诈谖之策,欲以诖误朝延。皆交游贵戚,趋权门,为名。其免躬、宠宫,遣就国。"

躬归国,未有第宅,寄居丘亭。奸人以为侯家富,常夜守之。躬邑人河内掾贾惠往过躬,教以祝盗方,以桑东南指枝为匕,画北斗七星其上,躬夜自被发,立中庭,向北斗,持匕招指祝盗。人有上书言躬怀怨恨,非笑朝廷所进,候星宿,视天子吉凶,与巫同祝诅。上遣侍御史、廷尉监逮躬,系洛阳诏狱。欲掠问,躬仰天大呼,因僵仆。吏就问,云咽已绝,血从鼻耳出。食顷,死。党支谋议相连下狱百余人。躬母圣,坐祠灶祝诅上,大逆不道。圣弃市,妻充汉与家属徙合浦。躬同族亲素所厚者,皆免废锢。哀帝崩,有司奏:"方阳侯宠及右师谭等,皆造作奸谋,罪及王者骨肉,虽蒙赦令,不宜处爵位,在中土。"皆免宠等,徙合浦郡。

初,躬待诏,数危言高论,自恐遭害,著绝命辞曰:"玄云泱郁,将安归兮!鹰隼横厉,鸾徘徊兮!赠若浮焱,动则机兮!棘栈栈,曷可栖兮!发忠忘身,自绕罔兮!冤颈折翼,庸得往兮!涕泣流兮萑兰,心结慉兮伤肝。虹蜺曜兮日微,孽杳冥兮未开。痛人天兮呜呼,冤际绝兮谁语!仰天光兮自列,招上帝兮我察。秋风为我吟,浮云为我阴。嗟若是兮欲何留,抚神龙兮揽其须。游旷迥兮反亡期,雄失据兮世我思。"后数年乃死,如其文。

赞曰:仲尼"恶利口之覆邦家",蒯通一说而丧三俊,其得不亨者,幸也。伍被安于危国,身为谋主,忠不终而诈雠,诛夷不亦宜乎!《书》放四罪,《诗》歌《青蝇》,春秋以来,祸败多矣。昔子䂮谋桓而鲁隐危,栾书构郤而晋厉弑。竖牛奔仲,叔孙卒;郄伯毁季,昭公逐;费忌纳女,楚建走;宰嚭逸胥,夫差丧;李园进妹,春申毙;上官诉屈,怀王执;赵高败斯,二世缢;伊戾坎盟,宋痤死;江充造蛊,太子杀;息夫作奸,东平诛:皆自小覆大,由疏陷亲,可不惧哉!可不惧哉!

卷四十六
万石卫直周张传第十六

万石君石奋,其父赵人也。赵亡,徙温。高祖东击项籍,过河内,时奋年十五,为小吏,侍高祖。高祖与语,爱其恭敬,问曰:"若何有?"对曰:"有母,不幸失明。家贫。有姊,能鼓瑟。"高祖曰:"若能从我乎?"曰:"愿尽力。"于是高祖召其姊为美人,以奋为中涓,受书谒。徙其家长安中戚里,以姊为美人故也。

奋积功劳,孝文时官至太中大夫。无文学,恭谨,举无与比。东阳侯张相如为太子太傅,免。选可为傅者,皆推奋为太子太傅。及孝景即位,以奋为九卿。迫近,惮之,徙奋为诸侯相。奋长子建,次甲,次乙,次庆,皆以驯行孝谨,官至二千石。于是景帝曰:"石君及四子皆二千石,人臣尊宠乃举集其门。"凡号奋为万石君。

孝景季年,万石君以上大夫禄归老于家,以岁时为朝臣。过宫门阙必下车趋,见路马必轼焉。子孙为小吏,来归谒,万石君必朝服见之,不名。子孙有过失,不诮让,为便坐,对案不食。然后诸子相责,因长老肉袒固谢罪,改之,乃许。子孙胜冠者在侧,虽燕必冠,申申如也。僮仆䜣䜣如也,唯谨。上时赐食于家,必稽首俯伏而食,如在上前。其执丧,哀戚甚。子孙遵教,亦如之。万石君家以孝谨闻乎郡国,虽齐、鲁诸儒质行,皆自以为不及也。

建元二年,郎中令王臧以文学获罪皇太后。太后以为儒者文多质少,今万石君家不言而躬行,乃以长子建为郎中令,少子庆为内史。

建老白首,万石君尚无恙。每五日洗沐归谒亲,入子舍,窃问侍者,取亲中裙厕牏,身自浣洒,复与侍者,不敢令万石君知之,以为常。建奏事于上前,即有可言,屏人乃言极切;至廷见,如不能言者,上以是亲而礼之。

万石君徙居陵里。内史庆醉归,入外门不下车。万石君闻之,不食。庆恐,肉袒谢请罪,不许。举宗及兄建肉袒,万石君让曰:"内史贵人,入闾里,里中长老皆走匿,而内史坐车中自如,固当!"乃谢罢庆。庆及诸子入里门,趋至家。

万石君元朔五年卒,建哭泣哀思,杖乃能行。岁余,建亦死。诸子孙咸孝,然建最甚,甚于万石君。

建为郎中令,奏事下,建读之,惊恐曰:"书'马'者与尾而五,今乃四,不足一,获遣死矣!"其为谨慎,虽他皆如是。

庆为太仆,御出,上问车中几马,庆以策数马毕,举手曰:"六马。"庆于兄弟最为简易矣,然犹如此。出为齐相,齐国慕其家行,不治而齐国大治,为立石相祠。

元狩元年,上立太子,选群臣可傅者,庆自沛守为太子太傅,七岁迁御史大夫。元鼎五年,丞相赵周坐酎金免,制诏御史:"万石君先帝尊之,子孙至孝,其以御史大夫庆为丞相,封牧丘侯。"是时,汉方南诛两越,东击朝鲜,北逐匈奴,西伐大宛,中国多事。天子巡狩海内,修古神祠,封禅,兴礼乐。公家用少,桑弘羊等致利,王温舒之属峻法,兒宽等推文学,九卿更进用事,事不关决于庆,庆醇谨而已。在位九岁,无能有所匡言。尝欲请治上近臣所忠、九卿咸宣,不能服,反受其过,赎罪。

元封四年,关东流民二百万口,无名数者四十万,公卿议欲请徙流民于边以适之。上以为庆老谨,不能与其议,乃赐丞相告归,而案御史大夫以下议为请者。庆惭不任职,上书曰:"臣幸得待罪丞相,疲驽无以辅治。城郭仓廪空虚,民多流亡,罪当伏斧质,上不忍致法。愿归丞相侯印,乞骸骨归,避贤者路。"

上报曰:"间者,河水滔陆,泛滥十余郡,堤防勤劳,弗能埋塞,朕甚忧之。是故巡方州,礼嵩岳,通八神,以合宣房。济淮、江,历山滨海,问百年民所疾苦。惟吏多私,征求无已,去者便,居者扰,故为流民法,以禁重赋。乃者封泰山,皇天嘉况,神物并见。朕方答气应,未能承意,是以切比闾里,知吏奸邪。委任有司,然则官旷民愁,盗贼公行。往年觐明堂,赦殊死,无禁锢,咸自新,与更始。今流民愈多,计文不改,君不绳责长吏,而请以兴徙四十万口,摇荡百姓,孤儿幼年未满十岁,无罪而坐率,朕失望焉。今君上书言仓库城郭不充实,民多贫,盗贼众,请入粟为庶人。夫怀知民贫而请益赋,动危之而辞位,欲安归难乎?君其反室!"

庆素质,见诏报"反室",自以为得许,欲上印绶。掾史以为见责甚深,而终以反室者,丑恶之辞也。或劝庆宜引决。庆甚惧,不知所出,遂复起视事。

庆为丞相,文深审谨,无他大略。后三岁余薨,谥曰恬侯。中子德,庆爱之。上以德嗣,后为太常,坐法免,国除。庆方为丞相时,诸子孙为小吏至二千石者十三人。及庆死后,稍以罪去,孝谨衰矣。

卫绾,代大陵人也,以戏车为郎,事文帝,功次迁中郎将,醇谨无它。孝景为太子时,召上左右饮,而绾称病不行。文帝且崩时,属孝景曰:"绾长者,善遇之。"及景帝立,岁余，不执何绾，绾日以谨力。

景帝幸上林，诏中郎将参乘，还而问曰："君知所以得参乘乎？"绾曰："臣代戏车士，幸得功次迁，待罪中郎将，不知也。"上问曰："吾为太子时召君，君不肯来，何也？"对曰："死罪，病。"上赐之剑，绾曰："先帝赐臣剑凡六，不敢奉诏。"上曰："剑，人之所施易，独至今乎？"绾曰："具在。"上使取六剑，剑常盛，未尝服也。

郎官有谴，常蒙其罪，不与它将争；有功，常让它将。上以为廉，忠实无它肠，乃拜绾为河间王太傅。吴、楚反，诏绾为将，将河间兵击吴、楚有功，拜为中尉。三岁，以军功封绾为建陵侯。

明年，上废太子，诛栗卿之属。上以绾为长者，不忍，乃赐绾告归，而使郅都治捕栗氏。既已，上立胶东王为太子，召绾拜为太子太傅，迁为御史大夫。五岁，代桃侯舍为丞相，朝奏事如职所奏。然自初宦以至相，终无可言。上以为敦厚可相少主，尊宠之，赏赐甚多。

为丞相三岁，景帝崩，武帝立。建元中，丞相以景帝病时诸官囚多坐不辜者，而君不任职，免之。后薨，谥曰哀侯。子信嗣，坐酎金，国除。

直不疑，南阳人也。为郎，事文帝。其同舍有告归，误持其同舍郎金去。已而同舍郎觉，亡意不疑，不疑谢有之，买金偿。后告归者至而归金，亡金郎大惭，以此称为长者。稍迁至中大夫。朝，廷见，人或毁不疑曰："不疑状貌甚美，然特毋奈其善盗嫂何也！"不疑闻，曰："我乃无兄。"然终不自明也。

吴、楚反时，不疑以二千石将击之。景帝后元年，拜为御史大夫。天子修吴、楚时功，封不疑为塞侯。武帝即位，与丞相绾俱以过免。

不疑学《老子》言。其所临，为官如故，唯恐人之知其为吏迹也。不好立名，称为长者。薨，谥曰信侯。传子至孙彭祖，坐酎金，国除。

周仁，其先任城人也。以医见。景帝为太子时，为舍人，积功迁至太中大夫。景帝初立，拜仁为郎中令。

仁为人阴重不泄。常衣弊补衣溺袴，故为不洁清，以是得幸，入卧内。于后宫秘戏，仁常在旁，终无所言。上时问人，仁曰："上自察之。"然亦无所毁，如此。景帝再自幸其家。家徙阳陵。上所赐甚多，然常让，不敢受也。诸侯群臣赂遗，终无所受。武帝立，为先帝臣重之。仁乃病免，以二千石禄归老，子孙咸至大官。

张欧字叔，高祖功臣安丘侯说少子也。欧孝文时以治刑名侍太子，然其人长者。景帝时尊重，常为九卿。至武帝元朔中，代韩安国为御史大夫。欧亦为吏，未尝言按人，剸以诚长者处官。官属以为长者，亦不敢大欺。上具狱事，有可却，却之；不可者，不得已，为涕泣，面而封之。其爱人如此。

老笃，请免，天子亦宠以上大夫禄，归老于家。家阳陵。子孙咸至大官。

赞曰：仲尼有言"君子欲讷于言而敏于行"，其万石君、建陵侯、塞侯、张叔之谓与？是以其教不肃而成，不严而治。至石建之浣衣，周仁为垢污，君子讥之。

卷四十七　　文三王传第十七

孝文皇帝四男：窦皇后生孝景帝、梁孝王武，诸姬生代孝王参、梁怀王揖。

梁孝王武以孝文二年与太原王参、梁王揖同日立。武为代王，四年徙为淮阳王，十二年徙梁，自初王通历已十一年矣。

孝王十四年，入朝。十七年、十八年，比年入朝，留。其明年，乃之国。二十一年，入朝。二十二年，文帝崩。二十四年，入朝。二十五年，复入朝。是时，上未置太子，与孝王宴饮，从容言曰："千秋万岁后传于王。"王辞谢。虽知非至言，然心内喜。太后亦然。

其春，吴、楚、齐、赵七国反，先击梁棘壁，杀数万人。梁王城守睢阳，而使韩安国、张羽等为将军以距吴、楚。吴、楚以梁为限，不敢过而西，与太尉亚夫等相距三月。吴、楚破，而梁所杀虏略与汉中分。

明年，汉立太子。梁最亲，有功，又为大国，居天下膏腴地，北界泰山，西至高阳，四十余城，多大县。孝王，太后少子，爱之，赏赐不可胜道。于是孝王筑东苑，方三百余里，广睢阳城七十里，大治宫室，为复道，自宫连属于平台三十余里。得赐天子旌旗，从千乘万骑，出称警，入言跸，拟于天子。招延四方豪桀，自山东游士莫不至：齐人羊胜、公孙诡、邹阳之属。公孙诡多奇邪计，初见日，王赐千金，官至中尉，号曰公孙将军。多作兵弩弓数十万，而府库金钱且百巨万，珠玉宝器多于京师。

二十九年十月，孝王入朝。景帝使使持乘舆驷，迎梁王于关下。既朝，上疏，因留。以太后故，入则侍帝同辇，出则同车游猎上林中。梁之侍中、郎、谒者著引籍出入天子殿门，与汉宦官亡异。

十一月。上废栗太子，太后心欲以梁王为嗣。大臣及爰盎等有所关说于帝，太后议格，孝王不敢复言太后以嗣事。事秘，世莫知，乃辞归国。

其夏，上立胶东王为太子。梁王怨爰盎及议臣，乃与羊胜、公孙诡之属谋，阴使人刺杀爰盎及他议臣十余人。贼未得也。于是天子意梁，逐贼，果梁使之。遣使冠盖相望于道，复案梁事，捕公孙诡、羊胜，皆匿王后宫。使者责二千石急，梁相轩丘豹及内史安国皆泣谏王，王乃令胜、诡皆自杀，出之。上由此怨望于梁王。梁王恐，乃使韩安国因长公主谢罪太后，然后得释。

上怒稍解，因上书请朝。既至关，茅兰说王，使乘布车，从两骑入，匿于长公主园。汉使迎王，王已入关，车骑尽居外，外不知王处。太后泣曰："帝杀吾子！"帝忧恐。于是梁王伏斧质,之阙下谢罪。然后太后、帝皆大喜,相与泣,复如故。悉召王从官入关。然帝益疏王,不与同车辇矣。

三十五年冬,复入朝。上疏欲留,上弗许。归国,意忽忽不乐。北猎梁山,有献牛,足上出背上,孝王恶之。六月中,病热,六日薨。

孝王慈孝,每闻太后病,口不能食,常欲留长安侍太后。太后亦爱之。及闻孝王死,窦太后泣极哀,不食,曰:"帝果杀吾子!"帝哀惧,不知所为。与长公主计之,乃分梁为五国,尽立孝王男五人为王,女五人皆令食汤沐邑。奏之太后,太后乃说,为帝壹餐。

孝王未死时,财以巨万计,不可胜数。及死,藏府余黄金尚四十余万斤,他财物称是。

代孝王参初立为太原王。四年,代王武徙为淮阳王,而参徙为代王,复并得太原,都晋阳如故。五年一朝,凡三朝。十七年薨,子共王登嗣。二十九年薨,子义嗣。元鼎中,汉广关,以常山为阻,徙代王于清河,是为刚王。并前在代凡立四十年薨,子顷王汤嗣。二十四年薨,子年嗣。

地节中,冀州刺史林奏年为太子时与女弟则私通。及年立为王后,则怀年子,其婿使勿举。则曰:"自来杀之。"婿怒曰:"为王生子,自令王家养之。"则送儿顷太后所。相闻知,禁止则,令不得入宫。年使以季父往来送迎则,连年不绝。有司奏年淫乱,年坐废为庶人,徙房陵,与汤沐邑百户。立三年,国除。

元始二年,新都侯王莽兴灭继绝,白太皇太后,立年弟子如意为广宗王,奉代孝王后。莽篡位,国绝。

梁怀王揖,文帝少子也。好《诗》、《书》,帝爱之,异于他子。五年一朝,凡再入朝。因堕马死,立十年薨。无子,国除。明年,梁孝王武徙王梁。

梁孝王子五人为王。太子买为梁共王,次子明为济川王,彭离为济东王,定为山阳王,不识为济阴王,皆以孝景中六年同日立。

梁共王买立十年薨,子平王襄嗣。

济川王明以垣邑侯立。七年,坐射杀其中尉,有司请诛,武帝弗忍,废为庶人,徙房陵,国除。

济东王彭离立二十九年。彭离骄悍,昏暮私与其奴亡命少年数十人行剽,杀人取财物以为好。所杀发觉者百余人,国皆知之,莫敢夜行。所杀者子上书告言,有司请诛,武帝弗忍,废为庶人,徙上庸,国除,为大河郡。

山阳哀王定立九年薨。亡子,国除。

济阴哀王不识立一年薨。亡子,国除。

孝王支子四王,皆绝于身。

梁平王襄,母曰陈太后。共王母曰李太后。李太后,亲平王之大母也。而平王之后曰任后,任后甚有宠于襄。

初,孝王有罍尊,直千金,戒后世善宝之,毋得以与人。任后闻而欲得之。李太后曰:"先王有命,毋得以尊与人。他物虽百巨万,犹自恣。"任后绝欲得之。王襄直使人

开府取尊赐任后,又王及母陈太后事李太后多不顺。有汉使者来,李太后欲自言,王使谒者中郎胡等遮止,闭门。李太后与争门,措指,太后啼呼,不得见汉使者。李太后亦私与食官长及郎尹霸等奸乱,王与任后以此使人风止李太后。李太后亦已,后病薨。病时,任后未尝请疾;薨,又不侍丧。

元朔中,睢阳人犴反,人辱其父,而与睢阳太守客俱出同车。犴反杀其仇车上,亡去。睢阳太守怒,以让梁二千石。二千石以下求反急,执反亲戚。反知国阴事,乃上变告梁王与大母争尊状。时相以下具知之,欲以伤梁长吏,书闻。天子下吏验问,有之。公卿治,奏以为不孝,请诛王及太后。天子曰:"首恶失道,任后也。朕置相吏不逮,无以辅王,故陷不谊,不忍致法。"削梁王五县,夺王太后汤沐成阳邑,枭任后首于市,中郎胡等皆伏诛,梁余尚有八城。

襄立四十年薨,子顷王无伤嗣。十一年薨,子敬王定国嗣。四十年薨,子夷王遂嗣。六年薨,子荒王嘉嗣。十五年薨,子立嗣。

鸿嘉中,太傅辅奏:"立一日至十一犯法,臣下愁苦,莫敢亲近,不可谏止。愿令王,非耕、祠,法驾毋得出宫,尽出马置外苑,收兵杖藏私府,毋得以金钱财物假赐人。"事下丞相、御史,请许。奏可。后数复驱伤郎,夜私出宫。傅相连奏,坐削或千户或五百户,如是者数焉。

荒王女弟园子为立舅任宝妻,宝兄子昭为立后。数过宝饮食,报宝曰:"我好翁主,欲得之。"宝曰:"翁主,姑也,法重。"立曰:"何能为!"遂与园子奸。

积数岁,永始中,相禹奏立对外家怨望,有恶言。有司案验,因发淫乱事,奏立禽兽行,请诛。太中大夫谷永上疏曰:"臣闻'礼,天子外屏,不欲见外'。是故帝王之意,不窥人闺门之私,听闻中冓之言。《春秋》为亲者讳。《诗》云'戚戚兄弟,莫远具尔'。今梁王年少,颇有狂病,始以恶言按验,既亡事实,而发闺门之私,非本章所指。王辞又不服,狠强劲立,傅致难明之事,独以偏辞成罪断狱,亡益于治道。污蔑宗室,以内乱之恶布宣扬于天下,非所以为公族隐讳,增朝廷之荣华,昭圣德之风化也。臣愚以为王少,而父同产长,年齿不伦,梁国之富,足以厚聘美女,招致妖丽;父同产亦有耻辱之心。案事者乃验问恶言,何故狠自发舒?以三者揆之,殆非人情,疑有所迫切,过误失言,文吏踏寻,不得转移。萌牙之时,加意忽治,上也。既已案验举宪,宜及王辞不服,诏廷尉选上德通理之吏,更审考清问,著不然之效,定失误之法,而反命于下吏,以广公族附疏之德,为宗室刷污乱之耻,甚得治亲之谊。"天子由是寝而不治。

居数岁,元延中,立复以公事怨相掾及睢阳丞,使奴杀之,杀奴以灭口。凡杀三人,伤五人,手驱郎吏二十余人。上书不拜奏。谋篡死罪囚。有司请诛,上不忍,削立五县。

哀帝建平中,立复杀人。天子遣廷尉赏、大鸿胪由持节即讯。至,移书傅、相、中尉曰:"王背策戒,悖暴妄行,连犯大辟,毒流吏民。比比蒙恩,不伏重诛,不思改过,复贼杀人。幸得蒙恩,丞相长史、大鸿胪丞即问。王阳病抵谰,

置辞骄嫚，不首主令，与背畔亡异。丞相、御史请ius王玺绶，送陈留狱。明诏加恩，复遣廷尉、大鸿胪杂问。今王当受诏置辞，恐复不首实对。《书》曰：'至于再三，有不用，我降尔命。'傅、相、中尉皆以辅正为职，'虎兕出于匣，龟玉毁于匮中，是谁之过也？'书到，明以谊晓王。敢复怀诈，罪过益深。傅、相以下，不能辅导，有正法。"

立惶恐，免冠对曰："立少失父母，孤弱处深宫中，独与宦者婢妾居，渐渍小国之俗，加以质性下愚，有不可移之姿。往者傅、相亦不纯以仁谊辅翼立，大臣皆尚苛刻，刺求微密。逸臣在其间，左右弄口，积使上下不和，更相眄伺。宫殿之里，毛氂过失，亡不暴陈。当伏重诛，以视海内，数蒙圣恩，得见贳赦。今立自知贼杀中郎曹将，冬月迫促，贪生畏死，即诈僵仆阳病，侥幸得逾于须臾。谨以实对，伏须重诛。"时冬月尽，其春大赦，不治。

元始中，立坐与平帝外家中山卫氏交通，新都侯王莽奏废立为庶人，徙汉中。立自杀。二十七年，国除。后二岁，莽白太皇太后立孝王玄孙之曾孙沛郡卒史音为梁王，奉孝王后。莽篡，国绝。

赞曰：梁孝王虽以爱亲故王膏腴之地，然会汉家隆盛，百姓殷富，故能殖其货财，广其宫室车服。然亦僭矣。怙亲亡厌，牛祸告罚，卒用忧死，悲夫！

卷四十八　　贾谊传第十八

贾谊，洛阳人也，年十八，以能诵诗书属文称于郡中。河南守吴公闻其秀材，召置门下，甚幸爱。文帝初立，闻河南守吴公治平为天下第一，故与李斯同邑，而尝学事焉，征以为廷尉。廷尉乃言谊年少，颇通诸家之书。文帝召以为博士。

是时，谊年二十余，最为少。每诏令议下，诸老先生未能言，谊尽为之对，人人各如其意所出。诸生于是以为能。文帝说之，超迁，岁中至太中大夫。

谊以为汉兴二十余年，天下和洽，宜当改正朔，易服色制度，定官名，兴礼乐。乃草具其仪法，色上黄，数用五，为官名悉更，奏之。文帝谦让未皇也。然诸法令所更定，及列侯就国，其说皆谊发之。于是天子议以谊任公卿之位。绛、灌、东阳侯、冯敬之属尽害之，乃毁谊曰："洛阳之人年少初学，专欲擅权，纷乱诸事。"于是天子后亦疏之，不用其议，以谊为长沙王太傅。

谊既以適去，意不自得，及渡湘水，为赋以吊屈原。屈原，楚贤臣也，被谗放逐，作《离骚赋》，其终篇曰："已矣！国亡人，莫我知也。"遂自投江而死。谊追伤之，因以自谕。其辞曰：

恭承嘉惠兮，俟罪长沙。仄闻屈原兮，自湛汨罗。造托湘流兮，敬吊先生。遭世罔极兮，乃陨厥身。乌乎哀哉兮，逢时不祥！鸾凤伏窜兮，鸱鸮翱翔。阘茸尊显兮，谗谀得志；贤圣逆曳兮，方正倒植。谓随、夷混兮，谓跖、蹻廉；莫邪为钝兮，铅刀为铦。于嗟默默，生之亡故兮！斡弃周鼎，宝康瓠兮。腾驾罢牛，骖蹇驴兮；骥垂两耳，服盐车兮。章父荐屦，渐不可久兮；嗟苦先生，独离此咎兮！

讯曰：已矣！国其莫吾知兮，子独壹郁其谁语？凤缥缥其高逝兮，夫固自引而远去。袭九渊之神龙兮，沕渊潜以自珍；偭蝯獭以隐处兮，夫岂从虾与蛭蟥？所贵圣之神德兮，远浊世而自臧。使麒麟可系而羁兮，岂云异夫犬羊？般纷纷其离此邮兮，亦夫子之故也！历九州而相其君兮，何必怀此都也？凤皇翔于千仞兮，览德辉而下之；见细德之险征兮，遥增击而去之。彼寻常之污渎兮，岂容吞舟之鱼！横江湖之鱣鲸兮，固将制于蝼蚁。

谊为长沙傅三年，有服飞入谊舍，止于坐隅。服似鸮，不祥鸟也。谊既以適居长沙，长沙卑湿，谊自伤悼，以为寿不得长，乃为赋以自广。其辞曰：

单阏之岁，四月孟夏，庚子日斜，服集余舍，止于坐隅，貌甚闲暇。异物来崒，私怪其故，发书占之，谶言其度。曰"野鸟入室，主人将去。"问于子服："余去何之？吉乎告我，凶言其灾。淹速之度，语余其期。"

服乃太息，举首奋翼，口不能言，请对以意。万物变化，固亡休息。斡流而迁，或推而还。形气转续，变化而嬗。沕穆亡间，胡可胜言！祸兮福所倚，福兮祸所伏；忧喜聚门，吉凶同域。彼吴强大，夫差以败；粤栖会稽，勾践伯世。斯游遂成，卒被五刑，傅说胥靡，乃相武丁。夫祸之与福，何异纠纆！命不可说，孰知其极？水激则旱，矢激则远。万物回薄，震荡相转。云蒸雨降，纠错相纷。大钧播物，坱圠无垠。天不可与虑，道不可与谋。迟速有命，乌识其时？

且夫天地为炉，造化为工；阳阳为炭，万物为铜。合散消息，安有常则？千变万化，未始有极。忽然为人，何足控揣；化为异物，又何足患！小智自私，贱彼贵我；达人大观，物亡不可。贪夫徇财，列士徇名；夸者死权，品庶每生。怵迫之徒，或趋西东；大人不曲，意变齐同。愚士系俗，僒若囚拘；至人遗物，独与道俱。众人惑惑，好恶积意；真人恬漠，独与道息。释智遗形，超然自丧；寥廓忽荒，与道翱翔。乘流则逝，得坎则止；纵躯委命，不私与己。其生兮若浮，其死兮若休。澹乎若深渊之靓，泛乎若不系之舟。不以生故自保，养空而浮。德人无累，知命不忧。细故蒂芥，何足以疑！

后岁余，文帝思谊，征之。至，入见，上方受釐，坐宣室。上因感鬼神事，而问鬼神之本。谊具道所以然之故。至夜半，文帝前席。既罢，曰："吾久不见贾生，自以为过之，今不及也。"乃拜谊为梁怀王太傅。怀王，上少子，爱，而好书，故令谊傅之，数问以得失。

是时，匈奴强，侵边。天下初定，制度疏阔。诸侯王僭拟，地过古制，淮南、济北王皆为逆诛。谊数上疏陈政事，多所欲匡建，其大略曰：

臣窃惟事势，可为痛哭者一，可为流涕者二，可为长太息者六,若其它背理而伤道者,难遍以疏举。进言者皆曰天下已安已治矣,臣独以为未也。曰安且治者,非愚则谀,皆非事实知治乱之体者也。夫抱火厝之积薪之下而寝其上,火未及燃,因谓之安,方今之势,何以异此!本末舛逆,首尾衡决,国制抢攘,非甚有纪,胡可谓治!陛下何不壹令臣得孰数之于前,因陈治安之策,试详择焉!

夫射猎之娱,与安危之机孰急?使为治,劳智虑,苦身体,乏钟鼓之乐,勿为可也。乐与今同,而加之诸侯轨道,兵革不动,民保首领,匈奴宾服,四荒乡风,百姓素朴,狱讼衰息,大数既得,则天下顺治,海内之气清和咸理,生为明帝,没为明神,名誉之美,垂于无穷。《礼》祖有功而宗有德,使顾成之庙称为太宗,上配太祖,与汉亡极。建久安之势,成长治之业,以承祖庙,以奉六亲,至孝也;以幸天下,以育群生,至仁也;立经陈纪,轻重同得,后可以为万世法程,虽有愚幼不肖之嗣,犹得蒙业而安,至明也。以陛下之明达,因使少知治体者得佐下风,致此非难也。其具可素陈于前,愿幸无忽。臣谨稽之天地,验之往古,按之当今之务,日夜念此至孰也,虽使禹、舜复生,为陛下计,亡以易此。

夫树国固必相疑之势,下数被其殃,上数爽其忧,甚非所以安上而全下也。今或亲弟谋为东帝,亲兄之子西乡而击,今吴又见告矣。天子春秋鼎盛,行义未过,德泽有加焉,犹尚如是,况莫大诸侯,权力且十此者乎!

然而天下少安,何也?大国之王幼弱未壮,汉之所置傅、相方握其事。数年之后,诸侯之王大抵皆冠,血气方刚,汉之傅、相称病而赐罢,彼自丞、尉以上偏置私人,如此,有异淮南、济北之为邪!此时而欲为治安,虽尧、舜不治。

黄帝曰:"日中必熭,操刀必割。"今令此道顺而全安,甚易,不肯早为,已乃堕骨肉之属而抗刭之,岂有异秦之季世乎!夫以天子之位,乘今之时,因天之助,尚惮以危为安,以乱为治,假设陛下居齐桓之处,将不合诸侯而匡天下乎?臣又知陛下有所必不能矣。假设天下如曩时,淮阴侯尚王楚,黥布王淮南,彭越王梁,韩信王韩,张敖王赵,贯高为相,卢绾王燕,陈豨在代,令此六七公者皆亡恙,当是时而陛下即天子位,能自安乎?臣有以知陛下之不能也。天下淆乱,高皇帝与诸公并起,非有仄室之势以豫席之也。诸公幸者,乃为中涓,其次廑得舍人,材之不逮至远也。高皇帝以明圣威武即天子位,割膏腴之地以王诸公,多者百余城,少者乃三四十县,德至渥也,然其后十年之间,反者九起。陛下之与诸公,非亲角材而臣之也,又非身封王之也,自高皇帝不能以是一岁为安,故臣知陛下之不能也。然尚有可诿者,曰疏,臣请试言其亲者。假令悼惠王王齐,元王王楚,中子王赵,幽王王淮阳,共王王梁,灵王王燕,厉王王淮南,六七贵人皆亡恙,当是时陛下即位,能为治乎?臣又知陛下之不能

也。若此诸王,虽名为臣,实皆有布衣昆弟之心,虑亡不帝制而天子自为者。擅爵人,赦死罪,甚者或戴黄屋,汉法令非行也。虽行不轨如厉王者,令之不肯听,召之安可致乎!幸而来至,法安可得加!动一亲戚,天下圜视而起,陛下之臣虽有悍如冯敬者,适启其口,匕首已陷其匈矣。陛下虽贤,谁与领此?故疏者必危,亲者必乱,已然之效也。其异姓负强而动者,汉已幸胜之矣,又不易其所以然。同姓袭是迹而动,既有征矣,其势尽又复然。殃祸之变,未知所移,明帝处之尚不能以安,后世将如之何!

屠牛坦一朝解十二牛,而芒刃不顿者,所排击剥割,皆众理解也。至于髋髀之所,非斤则斧。夫仁义恩厚,人主之芒刃也;权势法制,人主之斤斧也。今诸侯王皆众髋髀也,释斤斧之用,而欲婴以芒刃,臣以为不缺则折。胡不用之淮南、济北?势不可也。

臣窃迹前事,大抵强者先反。淮阴王楚最强,则最先反;韩信倚胡,则又反;贯高因赵资,则又反;陈豨兵精,则又反;彭越用梁,则又反;黥布用淮南,则又反;卢绾最弱,最后反。长沙乃在二万五千户耳,功少而最完,势疏而最忠,非独性异人也,亦形势然也。曩令樊、郦、绛、灌据数十城而王,今虽以残亡可也;令信、越之伦列为彻侯而居,虽至今存可也。然则天下之大计可知已。欲诸王之皆忠附,则莫若令如长沙王;欲臣子之勿菹醢,则莫若令如樊、郦等;欲天下之治安,莫若众建诸侯而少其力。力少则易使以义,国小则亡邪心。令海内之势如身之使臂,臂之使指,莫不制从,诸侯之君不敢有异心,辐凑并进而归命天子,虽在细民,且知其安,故天下咸知陛下之明。割地定制,令齐、赵、楚各为若干国,使悼惠王、幽王、元王之子孙毕以次各受祖之分地,地尽而止,及燕、梁它国皆然。其分地众而子孙少者,建以为国,空而置之,须其子孙生者,举使君之。诸侯之地其削颇入汉者,为徙其侯国及封其子孙也,所以数偿之;一寸之地,一人之众,天子亡所利焉,诚以定治而已,故天下咸知陛下之廉。地制一定,宗室子孙莫虑不王,下无倍畔之心,上无诛伐之志,故天下咸知陛下之仁。法立而不犯,令行而不逆,贯高、利几之谋不生,柴奇、开章之计不萌,细民乡善,大臣致顺,故天下咸知陛下之义。卧赤子天下之上而安,植遗腹,朝委裘,而天下不乱,当时大治,后世诵圣。一动而五业附,陛下谁惮而久不为此?

天下之势方病大瘇。一胫之大几如要,一指之大几如股,平居不可屈信,一二指搐,身虑亡聊。失今不治,必为锢疾,后虽有扁鹊,不能为已。病非徒瘇也,又苦跖盭。元王之子,帝从弟也;今之王者,从弟之子也。惠王,亲兄子也;今之王者,兄子之子也。亲者或亡分地以安天下,疏者或制大权以逼天子,臣故曰非徒病瘇也,又苦跖盭。可痛哭者,此病是也。

天下之势方倒县。凡天子者,天下之首,何也?上也。蛮夷者,天下之足,何也?下也。今匈奴嫚侮侵掠,

至不敬也,为天下患,至亡已也,而汉岁致金絮采缯以奉之。夷狄征令,是主上之操也;天子共贡,是臣下之礼也。足反居上,首顾居下,倒县如此,莫之能解,犹为国有人乎?非亶倒县而已,又类辟,且病痱。夫辟者一面病,痱者一方痛。今西边北边之郡,虽有长爵不轻得复,五尺以上不轻得息,斥候望烽燧不得卧,将吏被介胄而睡,臣故曰一方病矣。医能治之,而上不使,可为流涕者此也。

陛下何忍以帝皇之号为戎人诸侯,势既卑辱,而祸不息,长此安穷!进谋者率以为是,固不可解也,亡具甚矣。臣窃料匈奴之众不过汉一大县,以天下之大困于一县之众,甚为执事者羞之。陛下何不试以臣为属国之官以主匈奴?行臣之计,请必系单于之颈而制其命,伏中行说而笞其背,举匈奴之众唯上之令。今不猎猛敌而猎田彘,不搏反寇而搏畜菟,玩细娱而不图大患,非所以为安也。德可远施,威可远加,而直数百里外威令不信,可为流涕者此也。

今民卖僮者,为之绣衣丝履偏诸缘,内之闲中,是古天子后服,所以庙而不宴者也,而庶人得以衣婢妾。白縠之表,薄纨之里,緁以偏诸,美者黼绣,是古天子之服,今富人大贾嘉会召客者以被墙。古者以奉一帝一后而节适,今庶人屋壁得为帝服,倡优下贱得为后饰,然而天下不屈者,殆未有也。且帝之身自衣皂绨,而富民墙屋被文绣;天子之后以缘其领,庶人孽妾缘其履;此臣所谓舛也。夫百人作之不能衣一人,欲天下亡寒,胡可得也? 一人耕之,十人聚而食之,欲天下亡饥,不可得也。饥寒切于民之肌肤,欲其亡为奸邪,不可得也。国已屈矣,盗贼直须时耳,然而献计者曰"毋动",为大耳。夫俗至大不敬也,至亡等也,至冒上也,进计者犹曰"毋为",可为长太息者此也。

商君遗礼义,弃仁恩,并心于进取,行之二岁,秦俗日败。故秦人家富子壮则出分,家贫子壮则出赘。借父耰锄,虑有德色;母取箕帚,立而谇语。抱哺其子,与公并倨;妇姑不相说,则反唇而相稽。其慈子耆利,不同禽兽者亡几耳。然并心而赴时,犹曰蹶六国,兼天下。功成求得矣,终不知反廉愧之节,仁义之厚。信并兼之法,遂进取之业,天下大败;众掩寡,智欺愚,勇威怯,壮陵衰,其乱至矣。是以大贤起之,威震海内,德从天下。曩之为秦者,今转而为汉矣。然其遗风余俗,犹尚未改。今世以侈靡相竞,而上亡制度,弃礼谊,捐廉耻,日甚,可谓月异而岁不同矣。逐利不耳,虑非顾行也,今其甚者杀父兄矣。盗者剟寝户之帘,搴两庙之器,白昼大都之中剽吏而夺之金。矫伪者出几十万石粟,赋六百余万钱,乘传而行郡国,此其亡行义之尤至者也。而大臣特以簿书不报,期会之间,以为大故。至于俗流失,世坏败,因恬而不知怪,虑不动于耳目,以为是适然耳。夫移风易俗,使天下回心而乡道,类非俗吏之所能为也。俗吏之所务,在于刀笔筐箧,而不知大体。陛下又不自忧,窃为陛下

惜之。

夫立君臣,等上下,使父子有礼,六亲有纪,此非天之所为,人之所设也。夫人之所设,不为不立,不植则僵,不修则坏。《管子》曰:"礼义廉耻,是谓四维;四维不张,国乃灭亡。"使管子愚人也则可,管子而少知治体,则是岂可不为寒心哉!秦灭四维而不张,故君臣乖乱,六亲殃戮,奸人并起,万民离叛,凡十三岁,而社稷为虚。今四维犹未备也,故奸人几幸,而众心疑惑。岂如今定经制,令君君臣臣,上下有差,父子六亲各得其宜,奸人亡所几幸,而群臣众信,上不疑惑!此业一定,世世常安,而后有所持循矣。若夫经制不定,是犹度江河亡维楫,中流而遇风波,船必覆矣。可为长叹息者此也。

夏为天子,十有余世,而殷受之。殷为天子,二十余世,而周受之。周为天子,三十余世,而秦受之。秦为天子,二世而亡。人性不甚相远也,何三代之君有道之长,而秦无道之暴也?其故可知也。古之王者,太子乃生,固举以礼,使士负之,有司齐肃端冕,见之南郊,见于天也。过阙则下,过庙则趋,孝子之道也。故自为赤子而教固已行矣。昔者成王幼在襁抱之中,召公为太保,周公为太傅,太公为太师。保,保其身体;傅,傅之德义;师,道之教训:此三公之职也。于是为置三少,皆上大夫也,曰少保、少傅、少师,是与太子宴者也。故乃孩提有识,三公、三少固明孝仁礼义以道习之,逐去邪人,不使见恶行。于是皆选天下之端士孝悌博闻有道术者以卫翼之,使与太子居处出入。故太子乃生而见正事,闻正言,行正道,左右前后皆正人也。夫习与正人居之,不能毋正,犹生长于齐不能不齐言也;习与不正人居之,不能毋不正,犹生长于楚之地不能不楚言也。故择其所耆,必先受业,乃得尝之;择其所乐,必先有习,乃得为之。孔子曰:"少成若天性,习惯如自然。"及太子少长,知妃色,则入于学。学者,所学之官也。《学礼》曰:"帝入东学,上亲而贵仁,则亲疏有序而恩相及矣;帝入南学,上齿而贵信,则长幼有差而民不诬矣;帝入西学,上贤而贵德,则圣智在位而功不遗矣;帝入北学,上贵而尊爵,则贵贱有等而下不逾矣;帝入太学,承师问道,退习而考于太傅,太傅罚其不则而匡其不及,则德智长而治道得矣。此五学者既成于上,则百姓黎民化辑于下矣。"及太子既冠成人,免于保傅之严,则有记过之史,彻膳之宰,进善之旌,诽谤之木,敢谏之鼓。瞽史诵诗,工诵箴谏,大夫进谋,士传民语。习与智长,故切而不愧;化与心成,故中道若性。三代之礼:春朝朝日,秋暮夕月,所以明有敬也;春秋入学,坐国老,执酱而亲馈之,所以明有孝也;行以鸾和,步中《采齐》,趣中《肆夏》,所以明有度也;其于禽兽,见其生不食其死,闻其声不食其肉,故远庖厨,所以长恩,且明有仁也。

夫三代之所以长久者,以其辅翼太子有此具也。及秦而不然。其俗固非贵辞让也,所上者告讦也;固

非贵礼义也，所上者刑罚也。使赵高傅胡亥而教之狱，所习者非斩劓人，则夷人之三族也。故胡亥今日即位而明日射人，忠谏者谓之诽谤，深计者谓之妖言，其视杀人若艾草菅然。岂惟胡亥之性恶哉？彼其所以道之者非其理故也。

鄙谚曰："不习为吏，视已成事。"又曰："前车覆，后车诫。"夫三代之所以长久者，其已事可知也；然而不能从者，是不法圣智也。秦世之所以亟绝者，其辙迹可见也；然而不避，是后车又将覆也。夫存亡之变，治乱之机，其要在是矣。天下之命，县于太子；太子之善，在于早谕教与选左右。夫心未滥而先谕教，则化易成也；开于道术智谊之指，则教之力也。若其服习积贯，则左右而已。夫胡、粤之人，生而同声，耆欲不异，及其长而成俗，累数译而不能相通，行者有虽死而不相为者，则教习然也。臣故曰选左右早谕教最急。夫教得而左右正，则太子正矣，太子正而天下定矣。《书》曰："一人有庆，兆民赖之。"此时务也。

凡人之智，能见已然，不能见将然。夫礼者禁于将然之前，而法者禁于已然之后，是故法之所用易见，而礼之所为生难知也。若夫庆赏以劝善，刑罚以惩恶，先王执此之政，坚如金石，行此之令，信如四时，据此之公，无私如天地耳，岂顾不用哉？然而曰礼云礼云者，贵绝恶于未萌，而起教于微眇，使民日迁善远罪而不自知也。孔子曰："听讼，吾犹人也，必也使毋讼乎！"为人主计者，莫如先审取舍；取舍之极定于内，而安危之萌应于外矣。安者非一日而安也，危者非一日而危也，皆以积渐然，不可不察也。人主之所积，在其取舍。以礼义治之者，积礼义；以刑罚治之者，积刑罚。刑罚积而民怨背，礼义积而民和亲。故世主欲民之善同，而所以使民善者或异。或道之以德教，或驱之以法令。道之以德教者，德教洽而民气乐；驱之以法令者，法令极而民风哀。哀乐之感，祸福之应也。秦王之欲尊宗庙而安子孙，与汤、武同，然而汤、武广大其德行，六七百岁而弗失，秦王治天下，十余岁则大败。此亡它故矣，汤、武之定取舍审而秦王之定取舍不审矣。夫天下，大器也。今人之置器，置诸安处则安，置诸危处则危。天下之情与器亡以异，在天子之所置之。汤、武置天下于仁义礼乐，而德泽洽，禽兽草木广裕，德被蛮貊四夷，累子孙数十世，此天下所共闻也。秦王置天下于法令刑罚，德泽亡一有，而怨毒盈于世，下憎恶之如仇雠，祸几及身，子孙诛绝，此天下之所共见也。是非其明效大验邪！人之言曰："听言之道，必以其事观之，则言者莫敢妄言。"今或言礼谊之不如法令，教化之不如刑罚，人主胡不引殷、周、秦事以观之也？

人主之尊譬如堂，群臣如陛，众庶如地。故陛九级上，廉远地，则堂高；陛亡级，廉近地，则堂卑。高者难攀，卑者易陵，理势然也。故古者圣王制为等列，内有公卿、大夫、士，外有公、侯、伯、子、男，然后有官师小吏，延及庶人，等级分明，而天子加焉，故其尊不可

及也。里谚曰："欲投鼠而忌器。"此善谕也。鼠近于器，尚惮不投，恐伤其器，况于贵臣之近主乎！廉耻节礼以治君子，故有赐死而亡戮辱。是以黥、劓之罪不及大夫，以其离主上不远也。礼不敢齿君之路马，蹴其刍者有罚；见君之几杖则起，遭君之乘车则下，入正门则趋；君之宠臣虽或有过，刑戮之罪不加其身者，尊君之故也。此所以为主上豫远不敬也，所以体貌大臣而厉其节也。今自王侯三公之贵，皆天子之所改容而礼之也，古天子之所谓伯父、伯舅也，而令与众庶同黥、劓、髡、刖、笞傌、弃市之法，然则堂不亡陛乎！被戮辱者不泰迫乎？廉耻不行，大臣无乃握重权，大官而有徒隶亡耻之心乎？夫望夷之事，二世见当以重法者，投鼠而不忌器之习也。

臣闻之，履虽鲜不加于枕，冠虽敝不以苴履。夫尝已在贵宠之位，天子改容而体貌之矣，吏民尝俯伏以敬畏之矣，今而有过，帝令废之可也，退之可也，赐之死可也，灭之可也；若夫束缚之，系缲之，输之司寇，编之徒官，司寇小吏詈骂而榜笞之，殆非所以令众庶见也。夫卑贱者习知尊贵者之一旦吾亦可以加此也，非所以习天下也，非尊尊贵贵之化也。夫天子之所尝敬，众庶之所尝宠，死而死耳，贱人安宜得如此而顿辱之哉！

豫让事中行之君，智伯伐而灭之，移事智伯。及赵灭智伯，豫让衅面吞炭，必报襄子，五起而不中。人问豫子，豫子曰："中行众人畜我，我故众人事之；智伯国士遇我，我故国士报之。"故此一豫让也，反君事仇，行若狗彘，已而抗节致忠，行出乎列士，人主使然也。故主上遇其大臣如遇犬马，彼将犬马自为也；如遇官徒，彼将官徒自为也。顽顿亡耻，奊诟亡节，廉耻不立，且不自好，苟若而可，故见利则逝，见便则夺。主上有败，则因而挺之矣；主上有患，则吾苟免而已，立而观之耳；有便吾身者，则欺卖而利之耳。人主将何便于此？群下至众，而主上至少也，所托财器职业者粹于群下也。俱亡耻，俱苟妄，则主上最病。故古者礼不及庶人，刑不至大夫，所以厉宠臣之节也。古者大臣有坐不廉而废者，不谓不廉，曰"簠簋不饰"；坐污秽淫乱男女亡别者，不曰污秽，曰"帷薄不修"；坐罢软不胜任者，不谓罢软，曰"下官不职"。故贵大臣定有其罪矣，犹未斥然正以呼之也，尚迁就而为之讳也。故其在大谴大何之域者，闻谴何则白冠氂缨，盘水加剑，造请室而请罪耳，上不执缚系引而行也。其有中罪者，闻命而自弛，上不使人颈盭而加也。其有大罪者，闻命则北面再拜，跪而自裁，上不使捽抑而刑之也，曰："子大夫自有过耳！吾遇子有礼矣。"遇之有礼，故群臣自憙；婴以廉耻，故人矜节行。上设廉耻礼义以遇其臣，而臣不以节行报其上者，则非人类也。故化成俗定，则为人臣者主耳忘身，国耳忘家，公耳忘私，利不苟就，害不苟去，唯义所在。上之化也，故父兄之臣诚死宗庙，法度之臣诚死社稷，辅翼之臣诚死君上，守圉扞敌之臣诚死城郭封疆。故曰圣人有

金城者,比物此志也。彼且为我死,故吾得与之俱生;彼且为我亡,故吾得与之俱存;夫将为我危,故吾得与之皆安。顾行而忘利,守节而仗义,故可以托不御之权,可以寄六尺之孤。此厉廉耻行礼谊之所致也,主上何丧焉!此之不为,而顾彼之久行,故曰可为长叹息者此也。

是时,丞相绛侯周勃免就国,人有告勃谋反,逮系长安狱治,卒亡事,复爵邑,故贾谊以此讥上。上深纳其言,养臣下有节。是后大臣有罪,皆自杀,不受刑。至武帝时,稍复入狱,自宁成始。

初,文帝以代王入即位,后分代为两国,立皇子武为代王,参为太原王,小子胜则梁王矣。后又徙代王武为淮阳王,而太原王参为代王,尽得故地。居数年,梁王胜死,亡子。谊复上疏曰:

陛下即不定制,如今之势,不过一传再传,诸侯犹且人恣而不制,豪植而大强,汉法不得行矣。陛下所以为藩扞及皇太子之所恃者,唯淮阳、代二国耳。代北边匈奴,与强敌为邻,能自完则足矣。而淮阳之比大诸侯,廑如黑子之著面,适足以饵大国耳,不足以有所禁御。方今制在陛下,制国而令子适足以为饵,岂可谓工哉!人主之行异布衣。布衣者,饰小行,竞小廉,以自托于乡党,人主唯天下安社稷固不耳。高皇帝瓜分天下以王功臣,反者如蝟毛而起,以为不可,故蘮去不义诸侯而虚其国。择良日,立诸子洛阳上东门之外,毕以为王,而天下安。故大人者,不牵小行,以成大功。

今淮南地远者或数千里,越两诸侯,而县属于汉。其吏民徭役往来长安者,自悉而补,中道衣敝,钱用诸费称此,其苦属汉而欲得王至甚,遭逃而归诸侯者已不少矣。其势不可久。臣之愚计,愿举淮南地以益淮阳,而为梁王立后,割淮阳北边二三列城与东郡以益梁;不可者,可徙代王而都睢阳。梁起于新郪以北著之河,淮阳包陈以南揵之江,则大诸侯之有异心者,破胆而不敢谋。梁足以扞齐、赵,淮阳足以禁吴、楚,陛下高枕,终亡山东之忧矣,此二世之利也。当今恬然,适遇诸侯之皆少,数岁之后,陛下且见之矣。夫秦日夜苦心劳力以除六国之祸,今陛下力制天下,颐指如意,高拱以成六国之祸,难以言智。苟身亡事,畜乱宿祸,孰视而不定,万年之后,传之老母弱子,将使不宁,不可谓仁。臣闻圣主言问其臣而不自造事,故使人臣得毕其愚忠。唯陛下财幸!

文帝于是从谊计,乃徙淮阳王武为梁王,北界泰山,西至高阳,得大县四十余城;徙城阳王喜为淮南王,抚其民。

时又封淮南厉王四子皆为列侯。谊知上必将复王之也,上疏谏曰:"窃恐陛下接王淮南诸子,曾不与如臣者孰计之也。淮南王之悖逆亡道,天下孰不知其罪?陛下幸而赦迁之,自疾而死,天下孰以王死之不当?今奉尊罪人之子,适足以负谤于天下耳。此人少壮,岂能忘其父哉?自公胜所为父报仇者,大父与伯父、叔父也。白公为乱,非欲取国代主也,发愤快志,剡手以冲仇人之匈,固为俱靡而已。淮南虽小,黥布尝用之矣,汉存特幸耳。夫擅仇人足以危汉之资,于策不便。虽割而为四,四子一心也。予之众,积之财,此非有子胥、白公报于广都之中,即疑有剸诸、荆轲起于两柱之间,所谓假贼兵为虎翼者也。愿陛下少留计!"

梁王胜坠马死,谊自伤为傅无状,常哭泣,后岁余,亦死。贾生之死,年三十三矣。

后四岁,齐文王薨,亡子。文帝思贾生之言,乃分齐为六国,尽立悼惠王子六人为王;又迁淮南王喜于城阳,而分淮南为三国,尽立厉王三子于王之。后十年,文帝崩,景帝立;三年而吴、楚、赵与四齐王合从举兵,西乡京师,梁王扞之,卒破七国。至武帝时,淮南厉王子为王者两国亦反诛。

孝武初立,举贾生之孙二人至郡守。贾嘉最好学,世其家。

赞曰:刘向称"贾谊言三代与秦治乱之意,其论甚美,通达国体,虽古之伊、管未能远过也。使时见用,功化必盛。为庸臣所害,甚可悼痛。"追观孝文玄默躬行以移风俗,谊之所陈略施行矣。及欲改定制度,以汉为土德,色上黄,数用五,及欲试属国,施五饵三表以系单于,其术固以疏矣。谊亦天年早终,虽不至公卿,未为不遇也。凡所著述五十八篇,掇其切于世事者著于传云。

卷四十九　　爰盎晁错传第十九

爰盎字丝。其父楚人也,故为群盗,徙安陵。高后时,盎为吕禄舍人。孝文即位,盎兄哙任盎为郎中。

绛侯为丞相,朝罢趋出,意得甚。上礼之恭,常目送之。盎进曰:"丞相何如人也?"上曰:"社稷臣。"盎曰:"绛侯所谓功臣,非社稷臣。社稷臣主在与在,主亡与亡。方吕后时,诸吕用事,擅相王,刘氏不绝如带。是时绛侯为太尉,本兵柄,弗能正。吕后崩,大臣相与共诛诸吕,太尉主兵,适会其成功,所谓功臣,非社稷臣。丞相如有骄主色,陛下谦让,臣主失礼,窃为陛下弗取也。"后朝,上益庄,丞相益畏。已而绛侯望盎曰:"吾与汝兄善,今儿乃毁我!"盎遂不谢。及绛侯就国,人上书告以为反,征系请室,诸公莫敢为言,唯盎明绛侯无罪。绛侯得释,盎颇有力。绛侯乃大与盎结交。

淮南厉王朝,杀辟阳侯,居处骄甚。盎谏曰:"诸侯太骄必生患,可适削地。"上弗许。淮南王益横。谋反发觉,上征淮南王,迁之蜀,槛车传送。盎时为中郎将,谏曰:"陛下素骄之,弗稍禁,以至此,今又暴摧折之。淮南王为人刚,有如遇霜露行道死,陛下竟以天下大弗能容,有杀弟名,柰何?"上不听,遂行之。

淮南王至雍,病死。闻,上辍食,器甚哀。盎入,顿首请罪。上曰："以不用公言至此。"盎曰："上自宽,此往事,岂可悔哉!且陛下有高世行三,此不足以毁名。"上曰："吾高世三者何事?"盎曰："陛下居代时,太后尝病,三年,陛下不交睫解衣,汤药非陛下口所尝弗进。夫曾参以布衣犹难之,今陛下亲以王者修之,过曾参远矣。诸吕用事,大臣专制,然陛下从代乘六乘传,驰不测渊,虽贲、育之勇不及陛下。陛下至代邸,西乡让天子者三,南乡让天子者再。夫许由一让,陛下五以天下让,过许由四矣。且陛下迁淮南王,欲以苦其志,使改过,有司宿卫不谨,故病死。"于是上乃解,盎由此名重朝廷。

盎常引大体慷慨。宦者赵谈以数幸,常害盎,盎患之。盎兄子种为常侍骑,谏盎曰:"君众辱之,后虽恶君,上不复信。"于是上朝东宫,赵谈骖乘,盎伏车前曰:"臣闻天子所与共六尺舆者,皆天下豪英。今汉虽乏人,陛下独奈何与刀锯之余共载!"于是上笑,下赵谈。谈泣下车。

上从霸陵上,欲西驰下峻阪,盎揽辔。上曰:"将军怯邪?"盎言:"臣闻千金之子不垂堂,百金之子不骑衡,圣主不乘危,不徼幸。今陛下骋六飞,驰不测山,有如马惊车败,陛下纵自轻,奈高庙、太后何?"上乃止。

上幸上林,皇后、慎夫人从。其在禁中,常同坐。及坐,郎署长布席,盎引却慎夫人坐。慎夫人怒,不肯坐。上亦怒,起。盎因前说曰:"臣闻尊卑有序则上下和,今陛下既以立后,慎夫人乃妾,妾、主岂可以同坐哉!且陛下幸之,则厚赐之。陛下所以为慎夫人,适所以祸之也。独不见'人豕'乎?"于是上乃说,入语慎夫人。慎夫人赐盎金五十斤。

然盎亦以数直谏,不得久居中。调为陇西都尉,仁爱士卒,士卒皆争为死。迁齐相,徙为吴相。辞行,种谓盎曰:"吴王骄日久,国多奸,今丝欲刻治,彼不上书告君,则利剑刺君矣。南方卑湿,丝能日饮,亡何,说王毋反而已。如此幸得脱。"盎用种之计,吴王厚遇盎。

盎告归,道逢丞相申屠嘉,下车拜谒,丞相从车上谢。盎还,愧其吏,乃之丞相舍上谒,求见丞相。丞相良久乃见。因跪曰:"愿请间。"丞相曰:"使君所言公事,之曹与长史掾议之,吾且奏之;则私,吾不受私语。"盎即起说曰:"君为相,自度孰与陈平、绛侯?"丞相曰:"不如。"盎曰:"善,君自谓弗如。夫陈平、绛侯辅翼高帝,定天下,为将相,而诛诸吕,存刘氏;君为材官蹶张,迁为队帅,积功至淮阳守,非有奇计攻城野战之功。且陛下从代来,每朝,郎官者上书疏,未尝不止辇受。其言不可用,置之;言可采,未尝不称善。何也?欲以致天下贤英士大夫,日闻所不闻,以益圣。而君自闭箝天下之口,而日益愚。夫以圣主责愚相,君受祸不久矣。"丞相乃再拜曰:"嘉鄙人,乃不知,将军幸教。"引与入坐,为上客。

盎素不好晁错,错所居坐,盎辄避;盎所居坐,错亦避:两人未尝同堂语。及孝景即位,晁错为御史大夫,使吏案盎受吴王财物,抵罪,诏赦以为庶人。吴、楚反闻,错谓丞史曰:"爰盎多受吴王金钱,专为蔽匿,言不反。今果反,欲请治盎,宜知其计谋。"丞史曰:"事未发,治之有绝。今兵西向,治之何益!且盎不宜有谋。"错犹与未决。人有告盎,盎恐,夜见窦婴,为言吴所以反,愿至前,口对状。婴入

言,上乃召盎。盎入见,竟言吴所以反,独急斩错以谢吴,吴可罢。上拜盎为泰常,窦婴为大将军。两人素相善。是时,诸陵长安中贤大夫争附两人,车骑随者日数百乘。

及晁错已诛,盎以泰常使吴。吴王欲使盎,不肯。欲杀之,使一都尉以五百人围守盎军中。初,盎为吴相时,从史盗私盎侍儿。盎知之,弗泄,遇之如故。人有告从史,"君知女与侍者通",乃亡去。盎驱自追之,遂以侍者赐之,复为从史。及盎使吴见守,从史适在守盎校为司马,乃悉以其装赍买二石醇醪,会天寒,士卒饥渴,饮醉西南陬卒,卒皆卧。司马夜引盎起,曰:"君可以去矣,吴王期旦日斩君。"盎弗信,曰:"何为者?"司马曰:"臣故为君从史盗侍儿者也。"盎乃惊,谢曰:"公幸有亲,吾不足累公。"司马曰:"君弟去,臣亦且亡,辟吾亲,君何患!"乃以刀决帐,道从醉卒直出。司马与分背。盎解节旄怀之,杖步行七十里,明,见梁骑,驰去,遂归报。

吴、楚已破,上更以元王子平陆侯礼为楚王,以盎为楚相。尝上书,不用。盎病免家居,与闾里浮湛,相随行斗鸡走狗。洛阳剧孟尝过盎,盎善待之。安陵富人有谓盎曰:'吾闻剧孟博徒,将军何自通之?"盎曰:"剧孟虽博徒,然母死,客送丧车千余乘,此亦有过人者。且缓急人所有。夫一旦叩门,不以亲为解,不以在亡为辞,天下所望者,独季心、剧孟。今公阳从数骑,一旦有缓急,宁足恃乎!"遂骂富人,弗与通。诸公闻之,皆多盎。

盎虽居家,景帝时时使人问筹策。梁王欲求为嗣,盎进说,其后语塞。梁王以此怨盎,使人刺盎。刺者至关中,问盎,称之皆不容口。乃见盎曰:"臣受梁王金刺君,君长者,不忍刺君。然后刺者十余曹,备之!"盎心不乐,家多怪,乃之棓生所问占。还,梁刺客后曹果遮刺杀盎安陵郭门外。

晁错,颍川人也。学申、商刑名于轵张恢生所,与洛阳宋孟及刘带同师。以文学为太常掌故。

错为人峭直刻深。孝文时,天下亡治《尚书》者,独闻齐有伏生,故秦博士,治《尚书》,年九十余,老不可征。乃诏太常,使人受之。太常遣错受《尚书》伏生所,还,因上书称说。诏以为太子舍人,门大夫,迁博士。又上书言:"人主所以尊显功名扬于万世之后者,以知术数也。故人主知所以临制臣下而治其众,则群臣畏服矣;知所以听言受事,则不欺蔽矣;知所以安利万民,则海内必从矣;知所以忠孝事上,则臣子之行备矣:此四者,臣窃为皇太子急之。人臣之议或曰皇太子亡以知事为也,臣之愚,诚以为不然。窃观上世之君,不能奉其宗庙而劫杀于其臣者,皆不知术数者也。皇太子所读书多矣,而未深知术数者,不问书说也。夫多诵而不知其说,所谓劳苦而不为功。臣窃观皇太子材智高奇,驭射伎艺过人绝远,然于术数未有所守者,以陛下为心也。窃愿陛下幸择圣人之术可用今世者,以赐皇太子,因时使太子陈明于前。唯陛下裁察。"上善之,于是拜错为太子家令。以其辩得幸太子,太子家号曰"智囊"。

是时匈奴强,数寇边,上发兵以御之。错上言兵事,

曰：

臣闻汉兴以来，胡虏数入边地，小入则小利，大入则大利；高后时再入陇西，攻城屠邑，驱略畜产；其后复入陇西，杀吏卒，大寇盗。窃闻战胜之威，民气百倍；败兵之卒，没世不复。自高后以来，陇西三困于匈奴矣，民气破伤，亡有胜意。今兹陇西之吏，赖社稷之神灵，奉陛下之明诏，和辑士卒，底厉其节，起破伤之民以当乘胜之匈奴，用少击众，杀一王，败其众而大有利。非陇西之民有勇怯，乃将吏之制巧拙异也。故兵法曰："有必胜之将，无必胜之民。"由此观之，安边境，立功名，在于良将，不可不择也。

臣又闻用兵，临战合刃之急者三：一曰得地形，二曰卒服习，三曰器用利。兵法曰：丈五之沟，渐车之水，山林积石，经川丘阜，草木所在，此步兵之地也，车骑二不当一；土山丘陵，曼衍相属，平原广野，此车骑之地，步兵十不当一。平陵相远，川谷居间，仰高临下，此弓弩之地也，短兵百不当一。两陈相近，平地浅草，可前可后，此长戟之地也，剑楯三不当一。萑苇竹萧，草木蒙笼，枝叶茂接，此矛鋋之地也，长戟二不当一。曲道相伏，险厄相薄，此剑楯之地也，弓弩三不当一。士不选练，卒不服习，起居不精，动静不集，趋利弗及，避难不毕，前击后解，与金鼓之指相失，此不习勒卒之过也，百不当十。兵不完利，与空手同；甲不坚密，与袒裼同；弩不可以及远，与短兵同；射不能中，与亡矢同；中不能入，与亡镞同；此将不省兵之祸也，五不当一。故兵法曰：器械不利，以其卒予敌也；卒不可用，以其将予敌也；将不知兵，以其主予敌也；君不择将，以其国予敌也。四者，兵之至要也。

臣又闻小大异形，强弱异势，险易异备。夫卑身以事强，小国之形也；合小以攻大，敌国之形也；以蛮夷攻蛮夷，中国之形也。今匈奴地形、技艺与中国异。上下山阪，出入溪涧，中国之马弗与也；险道倾仄，且驰且射，中国之骑弗与也；风雨罢劳，饥渴不困，中国之人弗与也；此匈奴之长技也。若夫平原易地，轻车突骑，则匈奴之众挠乱也；劲弩长戟，射疏及远，则匈奴之弓弗能格也；坚甲利刃，长短相杂，游弩往来，什伍俱前，则匈奴之兵弗能当也；材官驺发，矢道同的，则匈奴之革笥木荐弗能支也；下马地斗，剑戟相接，去就相薄，则匈奴之足弗能给也；此中国之长技也。以此观之，匈奴之长技三，中国之长技五。陛下又兴数十万之众，以诛数万之匈奴，众寡之计，以一击十之术也。

虽然，兵，凶器；战，危事也。以大为小，以强为弱，在俛卬之间耳。夫以人之死争胜，跌而不振，则悔之亡及也。帝王之道，出于万全。今降胡义渠蛮夷之属来归谊者，其众数千，饮食长技与匈奴同，可赐之坚甲絮衣，劲弓利矢，益以边郡之良骑。令明将能知其习俗和辑其心者，以陛下之明约将之。即有险阻，以此当之；平地通道，则以轻车材官制之。两军相为表里，各用其长技，衡加之以众，此万全之术也。

传曰："狂夫之言，而明主择焉。"臣错愚陋，昧死上狂言，唯陛下财择。

文帝嘉之，乃赐错玺书宠答焉，曰："皇帝问太子家令：上书言兵体三章，闻之。书言'狂夫之言，而明主择焉'。今则不然。言者不狂，而择者不明，国之大患，故在于此。使夫不明择于不狂，是以万听而万不当也。"

错复言守边备塞、劝农力本，当世急务二事，曰：

臣闻秦时北攻胡貉，筑塞河上，南攻杨粤，置戍卒焉。其起兵而攻胡、粤者，非以卫边地而救民死也，贪戾而欲广大也，故功未立而天下乱。且夫起兵而不知其势，战则为人禽，屯则卒积死。夫胡貉之地，积阴之处也，木皮三寸，冰厚六尺，食肉而饮酪，其人密理，鸟兽毳毛，其性能寒。杨粤之地少阴多阳，其人疏理，鸟兽希毛，其性能暑。秦之戍卒不能其水土，戍者死于边，输者偾于道。秦民见行，如往弃市，因以谪发之，名曰"谪戍"。先发吏有谪及赘婿、贾人，后以尝有市籍者，又后以大父母、父母尝有市籍者，后入闾，取其左。发之不顺，行者深恐，有背畔之心。凡民守战至死而不降北者，以计为之也。故战胜守固则有拜爵之赏，攻城屠邑则得其财卤以富家室，故能使其众蒙矢石，赴汤火，视死如生。今秦之发卒也，有万死之害，而亡铢两之报，死事之后不得一算之复，天下明知祸烈及己也。陈胜行戍，至于大泽，为天下先倡，天下从之如流水者，秦以威劫而行之敌也。

胡人衣食之业不著于地，其势易以扰乱边境。何以明之？胡人食肉饮酪，衣皮毛，非有城郭田宅之归居，如飞鸟走兽于广野，美草甘水则止，草尽水竭则移。以是观之，往来转徙，时至时去，此胡人之生业，而中国之所以离南亩也。今使胡人数处转牧行猎于塞下，或当燕、代，或当上郡、北地、陇西，以候备塞之卒，卒少则入。陛下不救，则边民绝望而有降敌之心；救之，少发则不足，多发，远县才至，则胡又已去。聚而不罢，为费甚大；罢之，则胡复入。如此连年，则中国贫苦而民不安矣。

陛下幸忧边境，遣将吏发卒以治塞，甚大惠也。然令远方之卒守塞，一岁而更，不知胡人之能，不如选常居者，家室田作，且以备之。以便为之高城深堑，具蔺石，布渠答，复为一城其内，城间百五十步。要害之处，通川之道，调立城邑，毋下千家，为中周虎落。先为室屋，具田器，乃募罪人及免徒复作令居之；不足，募以丁奴婢赎罪及输奴婢欲以拜爵者；不足，乃募民之欲往者。皆赐高爵，复其家。予冬夏衣，廪食，能自给而止。郡县之民得买其爵，以自增至卿。其亡夫若妻者，县官买与之。人情非有匹敌，不能久安其处。塞下之民,禄利不厚,不可使久居危难之地。胡人入驱而能止其所驱者,以其半予之,县官为赎其民。如是,则邑里相救助,赴胡不避死。非以德上也,欲全亲戚而利其财也。此与东方之戍卒不习地势而心畏胡者,功相万也。以陛下之时,徙民实边,使远方无屯戍之事,塞下之民父子相保,亡系虏之患,利施后世,名称圣明,其与秦之行怨民,相去远矣。

上从其言,募民徙塞下。错复言:

陛下幸募民相徙以实塞下,使屯戍之事益省,输将之费益寡,甚大惠也。下吏诚能称厚惠,奉明法,存恤所徙之老弱,善遇其壮士,和辑其心而勿侵刻,使先至者安乐而不思故乡,则贫民相募而劝往矣。臣闻古之徙远方以实广虚也,相其阴阳之和,尝其水泉之味,审其土地之宜,观其草木之饶,然后营邑立城,制里割宅,通田作之道,正阡陌之界,先为筑室,家有一堂二内,门户之闭,置器物焉,民至有所居,作有所用,此民所以轻去故乡而劝之新邑也。为置医巫,以救疾病,以修祭祀,男女有昏,生死相恤,坟墓相从,种树畜长,室屋完安,此所以使民乐其处而有长居之心也。

臣又闻古之制边县以备敌也,使五家为伍,伍有长;十长一里,里有假士;四里一连,连有假五百;十连一邑,邑有假候:皆择其邑之贤材有护,习地形知民心者,居则习民于射法,出则教民于应敌。故卒伍成于内,则军正定于外。服习以成,勿令迁徙,幼则同游,长则共事。夜战声相知,则足以相救;昼战目相见,则足以相识;欢爱之心,足以相死。如此而劝以厚赏,威以重罚,则前死不还踵矣。所徙之民非壮有材力,但费衣粮,不可用也;虽有材力,不得良吏,犹亡功也。

陛下绝匈奴不与和亲,臣窃意其冬来南也,壹大治,则终身创矣。欲立威者,始于折胶,来而不能困,使得气去,后来易服也。愚臣亡识,唯陛下财察。

后诏有司举贤良文学士,错在选中。上亲策诏之,曰:

惟十有五年九月壬子,皇帝曰:"昔者大禹勤求贤士,施及方外,四极之内,舟车所至,人迹所及,靡不闻命,以辅其不逮;近者献其明,远者通厥聪,比善戮力,以翼天子。是以大禹能亡失德,夏以长楙。高皇帝亲除大害,去乱从,并建豪英,以为官师,为谏争,辅天子之阙,而翼戴汉宗也。赖天之灵,宗庙之福,方内以安,泽及四夷。今朕获执天子之正,以承宗庙之祀,朕既不德,又不敏,明弗能烛,而智不能治,此大夫之所著闻也。故诏有司、诸侯王、三公、九卿及主郡吏,各帅其志,以选贤良明于国家之大体,通于人事之终始,及能直言极谏者,各有人数,将以匡朕之不逮。二三大夫之行当此三道,朕甚嘉之,故登大夫于朝,亲谕朕志。大夫其上三道之要,及永惟朕之不德,吏之不平,政之不宣,民之不宁,四者之阙,悉陈其志,毋有所隐。上以荐先帝之宗庙,下以兴愚民之休利,著之于篇,朕亲览焉,观大夫所以佐朕,至与不至。书之,周之密之,重之闭之。兴自朕躬,大夫其正论,毋枉执事。乌乎,戒之!二三大夫其帅志毋怠!"

错对曰:

平阳侯臣窋、汝阴侯臣灶、颍阴侯臣何、廷尉臣宜昌、陇西太守臣昆邪所选贤良太子家令臣错昧死再拜言:臣窃闻古之贤主莫不求贤以为辅翼,故黄帝得力牧而为五帝先,大禹得咎繇而为三王祖,齐桓得管子而为五伯长。今陛下讲于大禹及高皇帝之建豪英也,退托于不明,以求贤良,让之至也。臣窃观上世之传,若高皇帝之建功业,陛下之德厚而得贤佐,皆有司之所览,刻于玉版,藏于金匮,历之春秋,纪之后世,为帝者祖宗,与天地相终。今臣窋等乃以臣错充赋,甚不称明诏求贤之意。臣错草茅臣,亡识知,昧死上愚对,曰:

诏策曰"明于国家大体",愚臣窃以古之五帝明之。臣闻五帝神圣,其臣莫能及,故自亲事,处于法官之中,明堂之上;动静上配天,下顺地,中得人。故众生之类亡不覆也,根著之徒亡不载也;烛以光明,亡偏异也;德上及飞鸟,下至水虫草木诸产,皆被其泽。然后阴阳调,四时节,日月光,风雨时,膏露降,五谷熟,祅孽灭,贼气息,民不疾疫,河出图,洛出书,神龙至,凤鸟翔,德泽满天下,灵光施四海。此谓配天地,治国大体之功也。

诏策曰"通于人事终始",愚臣窃以古之三王明之。臣闻三王臣主俱贤,故合谋相辅,计安天下,莫不本于人情。人情莫不欲寿,三王生而不伤也;人情莫不欲富,三王厚而不困也;人情莫不欲安,三王扶而不危也;人情莫不欲逸,三王节其力而不尽也。其为法令也,合于人情而后行之;其动众使民也,本于人事然后为之。取人以己,内恕及人。情之所恶,不以强人;情之所欲,不以禁民。是以天下乐其政,归其德,望之若父母,从之若流水;百姓和亲,国家安宁,名位不失,施及后世。此明于人情终始之功也。

诏策曰"直言极谏",愚臣窃以五伯之臣明之。臣闻五伯不及其臣,故属之以国,任之以事。五伯之佐之为人臣也,察身而不敢诬,奉法令不容私,尽心力不敢矜,遭患难不避死,见贤不居其上,受禄不过其量,不以亡能居尊显之位。自行若此,可谓方正之士矣。其立法也,非以苦民伤众而为之机陷也,以兴利除害,尊主安民而救暴乱也。其行赏也,非虚取民财妄予人也,以劝天下之忠孝而明其功也。故功多者赏厚,功少者赏薄。如此,敛民财以顾其功,而民不恨者,知与而安已也。其行罚也,非以忿怒妄诛而从暴心也,以禁天下不忠不孝而害国者也。故罪大者罚重,罪小者罚轻。如此,民虽伏罪至死而不怨者,知罪罚之至,自取之也。立法若此,可谓平正之吏矣。法之逆者,请而更之,不以伤民;主行之暴者,逆而复之,不以伤国。救主之失,补主之过,扬主之美,明主之功,使主内亡邪辟之行,外亡骞污之名。事君若此,可谓直言极谏之士矣。此五伯之所以德匡天下,威正诸侯,功业甚美,名声章明。举天下之贤主,五伯与焉,此身不及其臣而使得直言极谏补其不逮之功也。今陛下人民之众,威武之重,德惠之厚,令行禁止之势,万万于五伯,而赐愚臣策曰"匡朕之不逮",愚臣何足以识陛下之高明而奉承之!

诏策曰"吏之不平,政之不宣,民之不宁",愚臣窃以秦事明之。臣闻秦始并天下之时,其主不及三王,而臣不及其佐,然功力不迟者,何也?地形便,山川利,财用足,民利战。其所与并者六国,六国者,臣主皆不肖,谋不辑,民不用,故当此之时,秦最富强。夫国富强而邻国乱者,帝王之资也,故秦能兼六国,立为天子。当此之时,三王之功不能进焉。及其末涂之衰也,任不肖而信谗贼;宫室过度,嗜欲亡极,民力罢尽,赋敛不节,矜奋自贤,群臣恐谀,骄溢纵恣,不顾患祸,妄赏以随喜意,妄诛以快怒心,法令烦憯,刑罚暴酷,轻绝人命,身自射杀;天下寒心,莫安其处。奸邪之吏,乘其乱法,以成其威,狱官主断,生杀自恣。上下瓦解,各自为制。秦始乱之时,吏之所先侵者,贫人贱民也;至其中节,所侵者富人吏家也;及其末涂,所侵者宗室大臣也。是故亲疏皆危,外内咸怨,离散逋逃,人有走心。陈胜先倡,天下大溃,绝祀亡世,为异姓福。此吏不平,政不宣,民不宁之祸也。今陛下配天象地,覆露万民,绝秦之迹,除其乱法;躬亲本事,废去淫末;除苛解娆,宽大爱人,肉刑不用,罪人亡帑;非谤不治,铸钱者除,通关去塞,不孽诸侯;宾礼长老,爱恤少孤,罪人有期,后宫出嫁;尊赐孝悌,农民不租;明诏军师,爱士大夫;求进方正,废退奸邪;除去阴刑,害民者诛;忧劳百姓,列侯就都;亲耕节用,视民不奢。所为天下兴利除害,变法易故,以安海内者,大功数十,皆上世之所难乎,陛下行之,道纯德厚,元元之民幸矣。

诏策曰"永惟朕之不德",愚臣不足以当之。

诏策曰"悉陈其志,毋有所隐",愚臣窃以五帝之贤臣明之。臣闻五帝其臣莫能及,则自亲之;三王臣主俱贤,则共忧之;五伯不及其臣,则任使之。此所以神明不遗,而贤圣不废也,故各当其世而立功德焉。传曰"往者不可及,来者犹可待,能明其世者谓之天子",此之谓也。窃闻战不胜者易其地,民贫穷者变其业。今以陛下神明德厚,资财不下五帝,临制天下,今十有六年,民不益富,盗贼不衰,边境未安,其所以然,意者陛下未之躬亲,而待群臣也。今执事之臣皆天下之选已,然莫能望陛下清光,譬之犹五帝之佐也。陛下不自躬亲,而待不望清光之臣,臣窃恐神明之遗也。日损一日,岁亡一岁,日月益暮,盛德不及究于天下,以传万世,愚臣不自度量,窃为陛下惜之。昧死上狂惑草茅之愚,臣言惟陛下财择。

时,贾谊已死,对策者百余人,唯错为高第,由是迁中大夫。错又言宜削诸侯事,及法令可更定者,书凡三十篇。孝文虽不尽听,然奇其材。当是时,太子善错计策,爰盎诸大功臣多不好错。

景帝即位,以错为内史。错数请间言事,辄听,幸倾九卿,法令多所更定。丞相申屠嘉心弗便,力未有以伤。内史府居太上庙壖中,门东出,不便,错乃穿门南出,凿庙壖垣。丞相大怒,欲因此过为奏请诛错。错闻之,即请间为上言之。丞相奏事,因言错擅凿庙垣为门,请下廷尉诛。上曰:"此非庙垣,乃壖中垣,不致于法。"丞相谢。罢朝,因怒谓长史曰:"吾当先斩以闻,乃先请,固误。"丞相遂发病死。错以此愈贵。

迁为御史大夫,请诸侯之罪过,削其支郡。奏上,上令公卿、列侯、宗室杂议,莫敢难,独窦婴争之,由此与错有隙。错所更令三十章,诸侯讙哗。错父闻之,从颍川来,谓错曰:"上初即位,公为政用事,侵削诸侯,疏人骨肉,口让多怨,公何为也?"错曰:"固也。不如此,天子不尊,宗庙不安。"父曰:"刘氏安矣,而晁氏危,吾去公归矣!"遂饮药死,曰"吾不忍见祸逮身。"

后十余日,吴、楚七国俱反,以诛错为名。上与错议出军事,错欲令上自将兵,而身居守。会窦婴言爰盎,诏召入见,上方与错调兵食。上问盎曰:"君尝为吴相,知吴臣田禄伯为人乎?今吴、楚反,于公意何如?"对曰:"不足忧也,今破矣。"上曰:"吴王即山铸钱,煮海为盐,诱天下豪桀,白头举事,此其计不百全,岂发乎?何以言其无能为也?"盎对曰:"吴铜、盐之利则有之,安得豪桀而诱之!诚令吴得豪桀,亦且辅而为谊,不反矣。吴所诱,皆亡命铸钱奸人,故相诱以乱。"错曰:"盎策之善。"上问曰:"计安出?"盎对曰:"愿屏左右。"上屏人,独错在。盎曰:"臣所言,人臣不得知。"乃屏错。错趋避东箱,甚恨。上卒问盎,对曰:"吴、楚相遗书,言高皇帝王子弟各有分地,今贼臣晁错擅适诸侯,削夺之地,以故反名为西共诛错,复故地而罢。方今计,独有斩错,发使赦吴、楚七国,复其故地,则兵可毋血刃而俱罢。"于是上默然良久,曰:"顾诚何如,吾不爱一人谢天下。"盎曰:"愚计出此,唯上执计之。"乃拜盎为泰常,密装治行。

后十余日,丞相青翟、中尉嘉、廷尉欧劾奏错曰:"吴王反逆亡道,欲危宗庙,天下所当共诛。今御史大夫错议曰:'兵数百万,独属群臣,不可信,陛下不如自出临兵,使错居守。徐、僮之旁吴所未下者可以予吴。'错不称陛下德信,欲疏群臣百姓,又欲以城邑予吴,亡臣子礼,大逆无道。错当要斩,父母妻子同产无少长皆弃市。臣请论如法。"制曰:"可。"错殊不知。乃使中尉召错,绐载行市。错衣朝衣斩东市。

错已死,谒者仆射邓公为校尉,击吴、楚为将。还,上书言军事,见上。上问曰:"道军所来,闻晁错死,吴、楚罢不?"邓公曰:"吴为反数十岁矣,发怒削地,以诛错为名,其意不在错也。且臣恐天下之士箝口不敢复言矣。"上曰:"何哉?"邓公曰:"夫晁错患诸侯强大不可制,故请削之,以尊京师,万世之利也。计划始行,卒受大戮,内杜忠臣之口,外为诸侯报仇,臣窃为陛下不取也。"于是景帝喟然长息,曰:"公言善。吾亦恨之!"乃拜邓公为城阳中尉。

邓公,成固人也,多奇计。建元年中,上招贤良,公卿言邓先。邓先时免,起家为九卿。一年,复谢病免归。其子章,以修黄、老言显诸公间。

赞曰:"爰盎虽不好学,亦善傅会,仁心为质,引义慷慨。遭孝文初立,资适逢世。时已变易,及吴壹说,果于用辩,身亦不遂。晁错锐于为国远虑,而不见身害。其父睹之,经于沟渎,亡益救败。不如赵母指括,以全其宗。悲夫!错虽不终,世哀其忠。故论其施行之语著于篇。

卷五十　　张冯汲郑传第二十

张释之字季,南阳堵阳人也。与兄仲同居,以訾为骑郎,事文帝,十年不得调,亡所知名。释之曰:"久宦减仲之产,不遂。"欲免归。中郎将爰盎知其贤,惜其去,乃请徙释之补谒者。释之既朝毕,因前言便宜事。文帝曰:"卑之,毋甚高论,令今可行也。"于是释之言秦、汉之间事,秦所以失,汉所以兴者。文帝称善,拜释之为谒者仆射。

从行,上登虎圈,问上林尉禽兽簿,十余问,尉左右视,尽不能对。虎圈啬夫从旁代尉对上所问禽兽簿甚悉,欲以观其能口对向应亡穷者。文帝曰:"吏不当如此邪?尉亡赖!"诏释之拜啬夫为上林令。释之前曰:"陛下以绛侯周勃何如人也?"上曰:"长者。"又复问:"东阳侯张相如何如人也?"上复曰:"长者。"释之曰:"夫绛侯、东阳侯称为长者,此两人言事曾不能出口,岂效此啬夫喋喋利口捷给哉!且秦以任刀笔之吏,争以亟疾苛察相高,其敝徒文具,亡恻隐之实。以故不闻其过,陵夷至于二世,天下土崩。今陛下以啬夫口辩而超迁之,臣恐天下随风靡,争口辩,亡其实。且下之化上,疾于景向,举错不可不察也。"文帝曰:"善。"乃止,不拜啬夫。

就车,召释之骖乘,徐行,行问释之秦之敝。具以质言。至宫,上拜释之为公车令。

顷之,太子与梁王共车入朝,不下司马门,于是释之追止太子、梁王毋入殿门。遂劾不下公门不敬,奏之。薄太后闻之,文帝免冠谢曰:"教儿子不谨。"薄太后使使承诏赦太子、梁王,然后得入。文帝由是奇释之,拜为中大夫。

顷之,至中郎将。从行至霸陵,上居外临厕。时慎夫人从,上指视慎夫人新丰道,曰:"此走邯郸道也。"使慎夫人鼓瑟,上自倚瑟而歌,意凄怆悲怀,顾谓群臣曰:"嗟乎!以北山石为椁,用纻絮斮陈漆其间,岂可动哉!"左右皆曰:"善。"释之前曰:"使其中有可欲,虽锢南山犹有隙;使其中亡可欲,虽亡石椁,又何戚焉?"文帝称善。其后,拜释之为廷尉。

顷之,上行出中渭桥,有一人从桥下走,乘舆马惊。于是使骑捕之,属廷尉。释之治问。曰:"县人来,闻跸,匿桥下。久,以为行过,既出,见车骑,即走耳。"释之奏当:"此人犯跸,当罚金。"上怒曰:"此人亲惊吾马,马赖和柔,令

它马,固不败伤我乎?而廷尉乃当之罚金!"释之曰:"法者,天子所与天下公共也。今法如是,更重之,是法不信于民也。且方其时,上使使诛之则已。今已下廷尉,廷尉,天下之平也,壹倾,天下用法皆为之轻重,民安所错其手足?唯陛下察之。"上良久曰:"廷尉当是也。"

其后人有盗高庙座前玉环,得,文帝怒,下廷尉治。案盗宗庙服御物者为奏,当弃市。上大怒曰:"人亡道,乃盗先帝器!吾属廷尉者,欲致之族,而君以法奏之,非吾所以共承宗庙意也。"释之免冠顿首谢曰:"法如是足也。且罪等,然以逆顺为基。今盗宗庙器而族之,有如万分一,假令愚民取长陵一抔土,陛下且何以加其法乎?"文帝与太后言之,乃许廷尉当。是时,中尉条侯周亚夫与梁相山都侯王恬启见释之持议平,乃结为亲友。张廷尉由此天下称之。

文帝崩,景帝立,释之恐。称疾。欲免去,惧大诛至,欲见,则未知何如。用王生计,卒见谢,景帝不过也。

王生者,善为黄、老言,处士。尝召居廷中,公卿尽会立。王生老人,曰:"吾袜解。"顾谓释之:"为我结袜!"释之跪而结之,既已,人或让王生:"独奈何廷辱张廷尉如此?"王生曰:"吾老且贱,自度终亡益于张廷尉。廷尉方天下名臣,吾故聊使结袜,欲以重之。"诸公闻之,贤王生而重释之。

释之事景帝岁余,为淮南相,犹尚以前过也。年老病卒。其子挚,字长公,官至大夫,免。以不能取容当世,故终身不仕。

冯唐,祖父赵人也。父徙代。汉兴徙安陵。唐以孝著,为郎中署长,事文帝。帝辇过,问唐曰:"父老何自为郎?家安在?"具以实言。文帝曰:"吾居代时,吾尚食监高祛数为我言赵将李齐之贤,战于巨鹿下。吾每饮食,意未尝不在巨鹿也。父老知之乎?"唐对曰:"齐尚不如廉颇、李牧之为将也。"上曰:"何已?"唐曰:"臣大父在赵时,为官帅将,善李牧。臣父故为代相,善李齐。知其为人也。"上既闻廉颇、李牧为人,良说,乃拊髀曰:"嗟乎!吾独不得廉颇、李牧为将,岂忧匈奴哉!"唐曰:"主臣!陛下虽有廉颇、李牧,不能用也。"上怒,起入禁中。良久,召唐让曰:"公众辱我,独亡间处乎?"唐谢曰:"鄙人不知忌讳。"

当是时,匈奴新大入朝那,杀北地都尉卬。上以胡寇为意,乃卒复问唐曰:"公何以言吾不能用颇、牧也?"唐对曰:"臣闻上古王者遣将也,跪而推毂,曰:'阃以内寡人制之,阃以外将军制之;军功爵赏,皆决于外,归而奏之。'此非空言也。臣大父言李牧之为赵将居边,军市之租皆自用飨士,赏赐决于外,不从中复也。委任而责成功,故李牧乃得尽其知能,选车千三百乘,彀骑万三千匹,百金之士十万,是以北逐单于,破东胡,灭澹林,西抑强秦,南支韩、魏。当是时,赵几伯。后会赵王迁立,其母倡也,用郭开谗,而诛李牧,令颜聚代之。是以为秦所灭。今臣窃闻魏尚为云中守,军市租尽给士卒,出私养钱,五日壹杀牛,以飨宾客军吏舍人,是以匈奴远避,不近云中之塞,虏尝一入,尚帅车骑击之,所杀甚众。夫士卒尽家人子,起田中从军,安

知尺籍伍符？终日力战，斩首捕虏，上功莫府，一言不相应，文吏以法绳之。其赏不行，吏奉法必用。愚以为陛下法太明，赏太轻，罚太重。且云中守尚坐上功首虏差六级，陛下下之吏，削其爵，罚作之。由此言之，陛下虽得李牧，不能用也。臣诚愚，触忌讳，死罪！"文帝说。是日，令唐持节赦魏尚，复以为云中守，而拜唐为车骑都尉，主中尉及郡国车士。

十年，景帝立，以唐为楚相。武帝即位，求贤良，举唐。唐时年九十余，不能为官，乃以子遂为郎。遂字王孙，亦奇士。魏尚，槐里人也。

汲黯字长孺，濮阳人也。其先有宠于古之卫君也。至黯十世，世为卿大夫。以父任，孝景时为太子洗马，以严见惮。

武帝即位，黯为谒者。东粤相攻，上使黯往视之。至吴而还，报曰："粤人相攻，固其俗，不足以辱天子使者。"河内失火，烧千余家，上使黯往视之。还报曰："家人失火，屋比延烧，不足忧，臣过河内，河内贫人伤水旱万余家，或父子相食，臣谨以便宜，持节发河内仓粟以振贫民。请归节，伏矫制罪。"上贤而释之，迁为荥阳令。黯耻为令，称疾归田里。上闻，乃召为中大夫，以数切谏，不得久留内，迁为东海太守。

黯学黄、老言，治官民，好清静，择丞史任之，责大指而已，不细苛。黯多病，卧阁内不出。岁余，东海大治，称之。上闻，召为主爵都尉，列于九卿。治务在无为而已，引大体，不拘文法。

为人性倨，少礼，面折，不能容人之过。合己者善待之，不合者弗能忍见，士亦以此不附焉。然好游侠，任气节，行修洁。其谏，犯主之颜色。常慕傅伯、爰盎之为人。善灌夫、郑当时及宗正刘弃疾。亦以数直谏，不得久居位。

是时，太后弟武安侯田蚡为丞相，中二千石拜谒，蚡弗为礼。黯见蚡，未尝拜，揖之。上方招文学儒者，上曰吾欲云云，黯对曰："陛下内多欲而外施仁义，奈何欲效唐、虞之治乎！"上怒，变色而罢朝。公卿皆为黯惧。上退，谓人曰："甚矣，汲黯之戆也！"群臣或数黯，黯曰："天子置公卿辅弼之臣，宁令从谀承意，陷主于不谊乎？且已在其位，纵爱身，奈辱朝廷何！"

黯多病，病且满三月，上常赐告者数，终不愈。最后，严助为请告。上曰："汲黯何如人也？"曰："使黯任职居官，亡以愈人，然至其辅少主守成，虽自谓贲、育弗能夺也。"上曰："然。古有社稷之臣，至如汲黯，近之矣！"

大将军青侍中，上踞厕视之。丞相弘宴见，上或时不冠。至如见黯，不冠不见也。上尝坐武帐，黯前奏事，上不冠，望见黯，避帷中，使人可其奏。其见敬礼如此。

张汤以更定律令为廷尉，黯质责汤于上前曰："公为正卿，上不能褒先帝之功业，下不能化天下之邪心，安国富民，使囹圄空虚，何空取高皇帝约束纷更之为？而公以此无种矣！"黯时与汤论议，汤辩常在文深小苛，黯愤发，骂曰："天下谓刀笔吏不可为公卿，果然。必汤也，令天下重足而立，仄目而视矣！"

是时，汉方征匈奴，招怀四夷。黯务少事，间常言与胡和亲，毋起兵。上方乡儒术，尊公孙弘，及事益多，吏民巧。上分别文法，汤等数奏决谳以幸。而黯常毁儒，面触弘等徒怀诈饰智以阿人主取容，而刀笔之吏专深文巧诋，陷人于罔，以自为功。上愈益贵弘、汤，弘、汤心疾黯，虽上亦不说也，欲诛之以事。弘为丞相，乃言上曰："右内史界部中多贵人宗室，难治，非素重臣弗能任，请徙黯为右内史。"数岁，官事不废。

大将军青既益尊，姊为皇后，然黯与亢礼。或说黯曰："自天子欲令群臣下大将军，大将军尊贵，诚重，君不可以不拜。"黯曰："夫以大将军有揖客，反不重耶？"大将军闻，愈贤黯，数请问以朝廷所疑，遇黯加于平日。

淮南王谋反，惮黯，曰："黯好直谏，守节死义；至说公孙弘等，如发蒙耳。"

上既数征匈奴有功，黯言益不用。

始黯列为九卿矣，而公孙弘、张汤为小吏。及弘、汤稍贵，与黯同位，黯又非毁弘、汤。已而弘至丞相，封侯，汤御史大夫，黯时丞史皆与同列，或尊用过之。黯褊心，不能无少望，见上，言曰："陛下用群臣如积薪耳，后来者居上。"黯罢，上曰："人果不可以无学，观汲黯之言，日益甚矣。"

居无何，匈奴浑邪王帅众来降，汉发车二万乘。县官亡钱，从民贳马，民或匿马，马不具。上怒，欲斩长安令。黯曰："长安令亡罪，独斩臣黯，民乃肯出马。且匈奴畔其主而降汉，徐以县次传之，何至令天下骚动，罢中国，甘心夷狄之人乎！"上默然。后浑邪王至，贾人与市者，坐当死五百余人。黯入，请间，见高门，曰："夫匈奴攻当路塞，绝和亲，中国举兵诛之，死伤不可胜计，而费以巨万百数。臣愚以为陛下得胡人，皆以为奴婢，赐从军死者家；卤获，因与之，以谢天下，塞百姓之心。今纵不能，浑邪帅数万之众来，虚府库赏赐，发良民侍养，若奉骄子。愚民安知市买长安中而文吏绳以为阑出财物如边关乎？陛下纵不能得匈奴之赢以谢天下，又以微文杀无知者五百余人，臣窃为陛下弗取也。"上弗许，曰："吾久不闻汲黯之言，今又复妄发矣。"后数月，黯坐小法，会赦，免官。于是黯隐于田园者数年。

会更立五铢钱，民多盗铸钱者，楚地尤甚。上以为淮阳，楚地之郊也，召黯拜为淮阳太守。黯伏谢不受印绶，诏数强予，然后奉诏。召上殿，黯泣曰："臣自以为填沟壑，不复见陛下，不意陛下复收之。臣常有狗马之心，今病，力不能任郡事。臣愿为中郎，出入禁闼，补过拾遗，臣之愿也。"上曰："君薄淮阳邪？吾今召君矣。顾淮阳吏民不相得，吾徒得君重，卧而治之。"黯既辞，过大行李息，曰："黯弃逐居郡，不得与朝廷议矣。然御史大夫汤智足以距谏，诈足以饰非，非肯正为天下言，专阿主意。主意所不欲，因而毁之；主意所欲，因而誉之。好兴事，舞文法，内怀诈以御主心，外挟贼吏以为重。公列九卿不早言之何？公与之俱受其戮矣！"息畏汤，终不敢言。黯居郡如故治然，淮阳政清。

后张汤败，上闻黯与息言，抵息罪。令黯以诸侯相秩居淮阳。居淮阳十岁而卒。卒后，上以黯故，官其弟仁至九卿，子偃至诸侯相。黯姊子司马安亦少与黯为太子洗马。

安文深巧善宦,四至九卿,以河南太守卒。昆弟以安故,同时至二千石十人。濮阳段宏始事盖侯信,信任宏,官亦再至九卿。然卫人仕者皆严惮汲黯,出其下。

郑当时字庄,陈人也。其先郑君尝事项籍,籍死而属汉。高祖令诸故项籍臣名籍,郑君独不奉诏。诏尽拜名籍者为大夫,而逐郑君。郑君死孝文时。

当时以任侠自喜,脱张羽于厄,声闻梁、楚间。孝景时,为太子舍人。每五日洗沐,常置驿马长安诸郊,请谢宾客,夜以继日,至明旦,常恐不遍。当时好黄、老言,其慕长者,如恐不称。自见年少官薄,然其知友皆大父行,天下有名之士也。

武帝即位,当时稍迁为鲁中尉、济南太守、江都相,至九卿为右内史。以武安魏其时议,贬秩为詹事,迁为大司农。

当时为大吏,戒门下:"客至,亡贵贱亡留门者。"执宾主之礼,以其贵下人。性廉,又不治产,卬奉赐以给诸公。然其馈遗人,不过具器食。每朝,候上间说,未尝不言天下长者。其推毂士及官属丞史,诚有味其言也。常引以为贤于己。未尝名吏,与官属言,若恐伤之。闻人之善言,进之上,唯恐后。山东诸公以此翕然称郑庄。

使视决河,自请治行五日。上曰:"吾闻郑庄行,千里不赍粮,治行者何也?"然当时在朝,常趋和承意,不敢甚斥臧否。汉征匈奴,招四夷,天下费多,财用益屈。当时为大司农,任人宾客僦,入多逋负。司马安为淮阳太守,发其事,当时以此陷罪,赎为庶人。顷之,守长史。迁汝南太守,数岁,以官卒。昆弟以当时故,至二千石者六七人。

当时始与汲黯列为九卿,内行修。两人中废,宾客益落。当时死,家亡余财。

先是,下邽翟公为廷尉,宾客亦填门,及废,门外可设爵罗。后复为廷尉,客欲往,翟公大署其门,曰:"一死一生,乃知交情;一贫一富,乃知交态;一贵一贱,交情乃见。"

赞曰:张释之之守法,冯唐之论将,汲黯之正直,郑当时之推士,不如是,亦何以成名哉!扬子以为孝文亲诎帝尊以信亚夫之军,曷为不能用颇、牧?彼将有激云尔。

卷五十一　贾邹枚路传第二十一

贾山,颍川人也。祖父袪,故魏王时博士弟子也。山受学袪,所言涉猎书记,不能为醇儒。尝给事颍阴侯为骑。孝文时,言治乱之道,借秦为谕,名曰《至言》。其辞曰:

臣闻为人臣者,尽忠竭愚,以直谏主,不避死亡之诛者,臣山是也。臣不敢以久远谕,愿借秦以为谕,唯陛下少加意焉。

夫布衣韦带之士,修身于内,成名于外,而使后世不绝息。至秦则不然。贵为天子,富有天下,赋敛重数,百姓任罢,赭衣半道,群盗满山,使天下之人戴目而视,倾耳而听。一夫大呼,天下响应者,陈胜是也。秦非徒如此也,起咸阳而西至雍,离宫三百,钟鼓帷帐,不移而具。又为阿房之殿,殿高数十仞,东西五里,南北千步,从车罗骑,四马骛驰,旌旗不橈。为宫室之丽至于此,使其后世曾不得聚庐而托处焉。为驰道于天下,东穷燕、齐,南极吴、楚,江湖之上,濒海之观毕至。道广五十步,三丈而树,厚筑其外,隐以金椎,树以青松。为驰道之丽至于此,使其后世曾不得邪径而托足焉。死葬乎骊山,吏徒数十万人,旷日十年。下彻三泉合采金石,冶铜锢其内,桼涂其外,被以珠玉,饰以翡翠,中成观游,上成山林,为葬埋之侈至于此,使其后世曾不得蓬颗蔽冢而托葬焉。秦以熊罴之力,虎狼之心,蚕食诸侯,并吞海内,而不笃礼义,故天殃已加矣。臣昧死以闻,愿陛下少留意而详择其中。

臣闻忠臣之事君也,言切直则不用而身危,不切直则不可以明道,故切直之言,明主所欲急闻,忠臣之所以蒙死而竭知也。地之硗者,虽有善种,不能生焉;江皋河濒,虽有恶种,无夭猒大。昔者夏、商之季世,虽关龙逢、箕子、比干之贤,身死亡而道不用。文王之时,豪俊之士皆得竭其智,刍荛采薪之人皆得尽其力,此周之所以兴也。故地之美者善养禾,君之仁者善养士。雷霆之所击,无不摧折者;万钧之所压,无不糜灭者。今人主之威,非特雷霆也;势重,非特万钧也。开道而求谏,和颜色而受之,用其言而显其身,士犹恐惧而不敢自尽,又乃况于纵欲恣行暴虐,恶闻其过乎!震之以威,压之以重,则虽有尧、舜之智,孟贲之勇,岂有不摧折者哉?如此,则人主不得闻其过失矣;弗闻,则社稷危矣。古者圣王之制,史在前书过失,工诵箴谏,瞽诵诗谏,公卿比谏,士传言谏,庶人谤于道,商旅议于市,然后君得闻其过失也。闻其过失而改之,见义而从之,所以永有天下也。天子之尊,四海之内,其义莫不为臣。然而养三老于大学,亲执酱而馈,执爵而酳,祝饐在前,祝鲠在后,公卿奉杖,大夫进履,举贤以自夫进履,举贤以自辅弼,求修正之士使直谏。故以天子之尊,尊养三老,视孝也;立辅弼之臣者,恐骄也;置直谏之士者,恐不得闻其过也;学问至于刍荛者,求善无厌也;商人庶人诽谤己而改之,从善无不听也。

昔者,秦政力并万国,富有天下,破六国以为郡县,筑长城以为关塞。秦地之固,大小之势,轻重之权,其与一家之富,一夫之强,胡可胜计也!然而兵破于陈涉,地夺于刘氏者,何也?秦王贪狼暴虐,残贼天下,穷困万民,以适其欲也。昔者,周盖千八百国,以九州之民养千八百国之君,用民之力不过岁三日,什一而籍,君有余财,民有余力,而颂声作。秦皇帝以千八百国之民自养,力罢不能胜其役,财尽不能胜其求。一君之身耳,所以自养者驰骋弋猎之娱,天下弗能供也。劳罢者不得休息,饥寒者不得衣食,亡罪而死刑者无所告诉,人与之为怨,家与之为仇,故天下坏也。秦皇帝身在之时,天下已坏矣,而弗自知也。秦皇帝东巡狩,至会稽、琅邪,刻石著其功,自以为过尧、舜统;县石铸钟虡,筛土筑阿房之宫,自以为万世有天下也。古者圣王作谥,三四十世耳,虽尧、舜、禹、汤、文、武累世广德以为子孙基业,无过二三十世者也。秦皇帝曰死而以谥法,是父子名号有时相袭也,以一至万,则世世不相复也,故死而号曰始皇帝,其次曰二世皇帝者,欲以一至万也。秦皇帝计其功德,度其后嗣,世世无穷,然身死才数月耳,天下四面而攻之,宗庙灭绝矣。

秦皇帝居灭绝之中而不自知者何也?天下莫敢告也。其所以莫敢告者何也?亡养老之义,亡辅弼之臣,亡进谏之士,纵恣行诛,退诽谤之人,杀直谏之士,是以道谀偷合苟容,比其德则贤于尧、舜,课其功则贤于汤、武,天下已溃而莫之告也。诗曰:"匪言不能,胡此畏忌,听言则对,谮言则退。"此之谓也。又曰:"济济多士,文王以宁。"天下未尝亡士也,然而文王独言以宁者何也?文王好仁则仁兴,得士而敬之则士用,用之有礼义。故不致其爱敬,则不能尽其心;不能尽其心,则不能尽其力;不能尽其力,则不能成其功。故古之贤君于其臣也,尊其爵禄而亲之;疾则临视之亡数,死则往吊哭之,临其小敛大敛,已棺涂而后为之服锡衰麻绖,而三临其丧;未敛不饮酒食肉,未葬不举乐,当宗庙之祭而死,为之废乐。故古之君人者于其臣也,可谓尽礼矣;服法服,端容貌,正颜色,然后见之。故臣下莫敢不竭力尽死以报其上,功德立于后世,而令闻不忘也。

今陛下念思祖考,术追厥功,图所以昭光洪业休德,使天下举贤良方正之士,天下皆诉诉焉,曰将兴尧、舜之道,三王之功矣。天下之士莫不精白以承休德。今方正之士皆在朝廷矣,又选其贤使为常侍诸吏,与之驰驱射猎,一日再三出。臣恐朝廷之解弛,百官之堕于事也,诸侯闻之,又必息于政矣。

陛下即位,亲自勉以厚天下,损食膳,不听乐,减外徭卫卒,止岁贡;省厩马以赋县传,去诸苑以赋农夫,出帛十万余匹以振贫民;礼高年,九十者一子不事,八十者二算不事,赐天下男子爵,大臣皆至公卿;发御府金赐大臣宗族,亡不被泽者;赦罪人,怜其亡发,赐之巾,怜其衣赭书其背,父子兄弟相见也,而赐之衣。平狱缓刑,天下莫不说喜。是以元年膏雨降,五谷登,此天之所以相陛下也。刑轻于它时而犯法者寡,衣食多于前年而盗贼少,此天下之所以顺陛下也。臣闻山东吏布诏令,民虽老羸癃疾,扶杖而往听之,愿少须臾毋死,思见德化之成也。今功业方就,名闻方昭,四方乡风,今从豪俊之臣,方正之士,直与之日日猎射,击兔伐狐,以伤大业,绝天下之望,臣窃悼之。诗曰:"靡不有初,鲜克有终。"臣不胜大愿,愿少衰射猎,以夏岁二月,定明堂,造太学,修先王之道,

风行俗成,万世之基定,然后唯陛下所幸耳。

古者大臣不媟,故君子不常见其齐严之色、肃敬之容。大臣不得与宴游,方正修洁之士不得从射猎,使皆务其方以高其节,则群臣莫敢不正身修行,尽心以称大礼。如此,则陛下之道尊敬,功业施于四海,垂于万世子孙矣。诚不如此,则行日坏而荣日灭矣。夫士修之于家,而坏之于天子之廷,臣窃愍之。陛下与众臣宴游,与大臣方正朝廷论议。夫游不失乐,朝不失礼,议不失计,轨事之大者也。

其后,文帝除铸钱令,山复上书谏,以为变先帝法,非是。又讼淮南王无大罪,宜急令反国。又言柴唐子为不善,足以戒。章下诘责,对以为:"钱者,亡用器也,而可以易富贵。富贵者,人主之操柄也,令民为之,是与人主共操柄,不可长也。"其言多激切,善指事意,然终不加罚,所以广谏争之路也。其后复禁铸钱云。

邹阳,齐人也。汉兴,诸侯王皆自治民聘贤。吴王濞招致四方游士,阳与吴严忌、枚乘等俱仕吴,皆以文辩著名。久之,吴王以太子事怨望,称疾不朝,阴有邪谋,阳奏书谏。为其事尚隐,恶指斥言,故先引秦为谕,因道胡、越、齐、赵、淮南之难,然后乃致其意。其辞曰:

臣闻秦倚曲台之宫,悬衡天下,画地而不犯,兵加胡、越;至其晚节末路,张耳、陈胜连从兵之据,以叩函谷,咸阳遂危。何则?列郡不相亲,万室不相救也。今胡数涉北河之外,上覆飞鸟,下不见伏菟,斗城不休,救兵不止,死者相随,辇车相属,转粟流输,千里不绝。何则?强赵责于河间,六齐望于惠后,城阳顾于卢博,三淮南之心思坟墓。大王不忧,臣恐救兵之不专,胡马遂进窥于邯郸,越水长沙,还舟青阳。虽使梁并淮阳之兵,下淮东,越广陵,以遏越人之粮,汉亦折西河而下,北守漳水,以辅大国,胡亦益进,越亦益深。此臣之所为大王患也。

臣闻交龙襄首奋翼,则浮云出流,雾雨咸集。圣王底节修德,则游谈之士归义思名。今臣尽智毕议,易精极虑,则无国不可奸;饰固陋之心,则何王之门不可曳长裾乎?然臣所以历数王之朝,背淮千里而自致者,非恶臣国而乐吴民也,窃高下风之行,尤说大王之义。故愿大王之无忽,察听其志。

臣闻鸷鸟累百,不如一鹗。夫全赵之时,武力鼎士袨服丛台之下者一旦成市,而不能止幽王之湛患。淮南连山东之侠,死士盈朝,不能还厉王之西也。然而计议不得,虽诸、贲不能安其位,亦明矣。故愿大王审画而已。

始孝文皇帝据关入立,寒心销志,不明求衣。自立天子之后,使东牟朱虚东褒义父之后,深割婴儿王之。壤子王梁、代,益以淮阳。卒仆济北,囚弟于雍者,岂非象新垣平等哉!今天子新据先帝之遗业,左规山东,右制关中,变权易势,大臣难知。大王弗察,臣恐周鼎复起于汉,新垣过计于朝,则我吴遗嗣,不可期于世矣。高皇帝烧栈道,水章邯,兵不留行,收弊民之

倦,东驰函谷,西楚大破。水攻则章邯以亡其城,陆击则荆王以失其地,此皆国家之不几者也。愿大王孰察之。

吴王不内其言。

是时,景帝少弟梁孝王贵盛,亦待士。于是邹阳、枚乘、严忌知吴不可说,皆去之梁,从孝王游。

阳为人有智略,忼慨不苟合,介于羊胜、公孙诡之间。胜等疾阳,恶之孝王。孝王怒,下阳吏,将杀之。阳客游以谗见禽,恐死而负累,乃从狱中上书曰:

臣闻忠无不报,信不见疑,臣常以为然,徒虚语耳。昔荆轲慕燕丹之义,白虹贯日,太子畏之;卫先生为秦画长平之事,太白食昴,昭王疑之。夫精变天地而信不谕两主,岂不哀哉!今臣尽忠竭诚,毕议愿知,左右不明,卒从吏讯,为世所疑。是使荆轲、卫先生复起,而燕、秦不寤也。愿大王孰察之。

昔玉人献宝,楚王诛之;李斯竭忠,胡亥极刑。是以箕子阳狂,接舆避世,恐遭此患也。愿大王察玉人、李斯之意,而后楚王、胡亥之听,毋使臣为箕子、接舆所笑。臣闻比干剖心,子胥鸱夷,臣始不信,乃今知之。愿大王孰察,少加怜焉!

语曰:"有白头如新,倾盖如故。"何则?知与不知也。故樊於期逃秦之燕,借荆轲首以奉丹事;王奢去齐之魏,临城自刭以却齐而存魏。夫王奢、樊於期非新于齐、秦而故于燕、魏也,所以去二国死两君者,行合于志,慕义无穷也。是以苏秦不信于天下,为燕尾生;白圭战亡六城,为魏取中山。何则?诚有以相知也。苏秦相燕,人恶之燕王,燕王按剑而怒,食以駃騠;白圭显于中山,人恶之于魏文侯,文侯赐以夜光之璧。何则?两主二臣,剖心析肝相信,岂移于浮辞哉!

故女无美恶,入宫见妒;士无贤不肖,入朝见嫉。昔司马喜膑脚于宋,卒相中山;范雎拉胁折齿于魏,卒为应侯。此二人者,皆信必然之画,捐朋党之私,挟孤独之交,故不能自免于嫉妒之人也。是以申徒狄蹈雍之河,徐衍负石入海。不容于世,义不苟取比周于朝以移主上之心。故百里奚乞食于道路,缪公委之以政;甯戚饭牛车下,桓公任之以国。此二人者,岂素宦于朝,借誉于左右,然后二主用之哉?感于心,合于行,坚如胶漆,昆弟不能离,岂惑于众口哉?故偏听生奸,独任成乱。昔鲁听季孙之说逐孔子,宋任子冉之计囚墨翟。夫以孔、墨之辩,不能自免于谗谀,而二国以危。何则?众口铄金,积毁销骨也。秦用戎人由余而伯中国,齐用越人子臧而强威、宣。此二国岂系于俗,牵于世,系奇偏之浮辞哉?公听并观,垂明当世。故意合则胡、越为兄弟,由余、子臧是矣;不合则骨肉为仇敌,朱、象、管、蔡是矣。今人主诚能用齐、秦之明,后宋、鲁之听,则五伯不足侔,而三王易为也。

是以圣王觉寤,捐子之之心,而不说田常之贤,封比干之后,修孕妇之墓,故功业覆于天下。何则?欲善亡厌也。夫晋文亲其仇,强伯诸侯;齐桓用其仇,而

一匡天下。何则?慈仁殷勤,诚加于心,不可以虚辞借也。

至夫秦用商鞅之法,东弱韩、魏,立强天下,卒车裂之。越用大夫种之谋,禽劲吴而伯中国,遂诛其身。是以孙叔敖三去相而不悔,於陵子仲辞三公为人灌园。今人主诚能去骄傲之心,怀可报之意,披心腹,见情素,堕肝胆,施德厚,终与之穷达,无爱于士,则桀之犬可使吠尧,跖之客可使刺由,何况因万乘之权,假圣王之资乎!然则荆轲湛七族,要离燔妻子,岂足为大王道哉!

臣闻明月之珠,夜光之璧,以暗投人于道,众莫不按剑相眄者。何则?无因而至前也。蟠木根柢,轮囷离奇,而为万乘器者,以左右先为之容也。故无因而至前,虽出随珠和璧,祗怨结而不见德;有人先游,则枯木朽株,树功而不忘。今夫天下布衣穷居之士,身在贫羸,虽蒙尧、舜之术,挟伊、管之辩,怀龙逢、比干之意,而素无根柢之容,虽竭精神,欲开忠于当世之君,则人主必袭按剑相眄之迹矣。是使布衣之士不得为枯木朽株之资也。

是以圣王制世御俗,独化于陶钧之上,而不牵乎卑辞之语,不夺乎众多之口。故秦皇帝任中庶子蒙嘉之言,以信荆轲,而匕首窃发;周文王猎泾渭,载吕尚归,以王天下。秦信左右而亡,周用乌集而王。何则?以其能越挛拘之语,驰域外之议,独观乎昭旷之道也。今人主沉谄谀之辞,牵帷廧之制,使不羁之士与牛骥同皁,此鲍焦所以愤于世也。

臣闻盛饰入朝者不以私污义,底厉名号者不以利伤行。故里名胜母,曾子不入;邑号朝歌,墨子回车。今欲使天下寥廓之士笼于威重之权,胁于位势之贵,回面污行,以事谄谀之人,而求亲近于左右,则士有伏死堀穴岩薮之中耳,安有尽忠信而趋阙下者哉!

书奏孝王,孝王立出之,卒为上客。

初,胜、诡欲使王求为汉嗣,王又尝上书,愿赐容车之地径至长乐宫,自使梁国士众筑作甬道朝太后。爰盎等皆建以为不可。天子不许。梁王怒,令人刺杀盎。上疑梁杀之,使者冠盖相望责梁王。梁王始与胜、诡有谋,阳争以为不可,故见逐。枚先生、严夫子皆不敢谏。

及梁事败,胜、诡死,孝王恐诛,乃思阳言,深辞谢之,赍以千金,令求方略解罪于上者,阳素知齐人王先生,年八十余,多奇计,即往见,语以其事。王先生曰:"难哉!人主有私怨深怒,欲施必行之诛,诚难解也。以太后之尊,骨肉之亲,犹不能止,况臣下乎?昔秦始皇有伏怒于太后,群臣谏而死者以十数。得茅焦为廓大义,始皇非能说其言也,乃自强从之耳。茅焦亦靡脱死如毛氂耳,故事所以难者也。今子欲安之乎?"阳曰:"邹、鲁守经学,齐、楚多辩知,韩、魏时有奇节,吾将历问之。"王先生曰:"子行矣。还,过我而西。"

邹阳行月余,莫能为谋,还,过王先生,曰:"臣将西矣,为如何?"王先生曰:"吾先日欲献愚计,以为众不可盖,窃自薄陋不敢道。若子行,必往见王长君,士无过此

者矣。"邹阳发寤于心,曰:"敬诺。"辞去,不过梁,径至长安,因客见王长君。

长君者,王美人兄也,后封为盖侯。邹阳留数日,乘间而请曰:"臣非为长君无使令于前,故来侍也;愚戆窃不自料,愿有谒也。"长君跪曰:"幸甚。"阳曰:"窃闻长君弟得幸后宫,天下无有,而长君行迹多不循道理者。今爰盎事即穷竟,梁王恐诛。如此,则太后怫郁泣血,无所发怒,切齿侧目于贵臣矣。臣恐长君危于累卵,窃为足下忧之。"长君惧然曰:"将为之奈何?"阳曰:"长君诚能精为上言之,得毋竟爰事,长君必固自结于太后。太后厚德长君,入于骨髓,而长君之弟幸于两宫,金城之固也。又有存亡继绝之功,德布天下,名施无穷,愿长君深计之。昔者,舜之弟象日以杀舜为事,及舜立为天子,封之于有卑。夫仁人之于兄弟,无臧怒,无宿怨,厚亲爱而已,是以后世称之。鲁公子庆父使仆人杀子般,狱有所归,季友不探其情而诛焉;庆父亲杀闵公,季子缓追免贼,《春秋》以为亲亲之道也。鲁哀姜薨于夷,孔子曰'齐桓公法而不谲',以为过也。以是说天子,侥幸梁事不奏。"长君曰:"诺。"乘间入而言之。及韩安国亦见长公主,事果得不治。

初,吴王濞与七国谋反,及发,齐、济北两国城守不行。汉既破吴,齐王自杀,不得立嗣。济北王亦欲自杀,幸全其妻子。齐人公孙獟谓济北王曰:"臣请试为大王明说梁王,通意天子,说而不用,死未晚也。"公孙獟遂见梁王,曰:"夫济北之地,东接强齐,南牵吴、越,北胁燕、赵,此四分五裂之国,权不足以自守,劲不足以扞寇,又非有奇怪云以待难也,虽坠言于吴,非其正计也。昔者郑祭仲许宋人立公子突以活其君,非义也,《春秋》记之,以其以生易死,以存易亡也。乡使济北见情实,示不从之端,则吴必先历齐毕济北,招燕、赵而总之。如此,则山东之从结而无隙矣。今吴、楚之王练诸侯之兵,驱白徒之众,西与天子争衡,济北独底节坚守不下。使吴失与而无助,跬步独进,瓦解土崩,破败而不救者,未必非济北之力也。夫以区区之济北而与诸侯争强,是以羔犊之弱而扞虎狼之敌也。守职不桡,可谓诚一矣。功义如此,尚见疑于上,胁肩低首,累足抚衿,使有自悔不前之心,非社稷之利也。臣恐藩臣守职者疑之。臣窃料之,能历西山,径长乐,抵未央,攘袂而正议者,独大王耳。上有全亡之功,下有安百姓之名,德沦于骨髓,恩加于无穷,愿大王留意详惟之。"孝王大说,使人驰以闻。济北王得不坐,徙封于淄川。

枚乘字叔,淮阴人也,为吴王濞郎中。吴王之初怨望谋为逆也,乘奏书谏曰:

臣闻得全者全昌,失全者全亡。舜无立锥之地,以有天下;禹无十户之聚,以王诸侯。汤、武之土不过百里,上不绝三光之明,下不伤百姓之心者,有王术也。故父子之道,天性也;忠臣不避重诛以直谏,则事无遗策,功流万世。臣乘愿披心腹而效愚忠,唯大王少加意念恻怛之心于臣乘言。

夫以一缕之任系千钧之重,上县无极之高,下垂不测之渊,虽甚愚之人犹知哀其将绝也。马方骇鼓而惊之,系方绝又重镇之;系绝于天不可复结,队入深渊难以复出。其出不出,间不容发。能听忠臣之言,百举必脱。必若所欲为,危于累卵,难于上天;变所欲为,易于反掌,安于泰山。今欲极天命之寿,敝无穷之乐,究万乘之势,不出反掌之易,以居泰山之安,而欲乘累卵之危,走上天之难,此愚臣之所大惑也。

人性有畏其景而恶其迹者,却背而走,迹愈多,景愈疾,不知就阴而止,景灭迹绝。欲人勿闻,莫若勿言;欲人勿知,莫若勿为。欲汤之沧,一人炊之,百人扬之,无益也,不如绝薪止火而已。不绝之于彼,而救之于此,譬犹抱薪而救火也。养由基,楚之善射者也,去杨叶百步,百发百中。杨叶之大,加百中焉,可谓善射矣。然其所止,乃百步之内耳,比于臣乘,未知操弓持矢也。

福生有基,祸生有胎;纳其基,绝其胎,祸何自来?泰山之霤穿石,单极之绠断幹。水非石之钻,索非木之锯,渐靡使之然也。夫铢铢而称之,至石必差;寸寸而度之,至丈必过。石称丈量,径而寡失。夫十围之木,始生如蘖,足可搔而绝,手可擢而拔,据其未生,先其未形也。磨砻底厉,不见其损,有时而尽;种树畜养,不见其益,有时而大;积德累行,不知其善,有时而用;弃义背理,不知其恶,有时而亡。臣愿大王孰计而身行之,此百世不易之道也。

吴王不纳。乘等去而之梁,从孝王游。

景帝即位,御史大夫晁错为汉定制度,损削诸侯,吴王遂与六国谋反,举兵西乡,以诛错为名。汉闻之,斩错以谢诸侯。枚乘复说吴王曰:

昔者,秦西举胡戎之难,北备榆中之关,南距羌笮之塞,东当六国之从。六国乘信陵之籍,明苏秦之约,厉荆轲之威,并力一心以备秦。然秦卒禽六国,灭其社稷,而并天下,是何也?则地利不同,而民轻重不等也。今汉据全秦之地,兼六国之众,修戎狄之义,而南朝羌笮,此其与秦,地相什而民相百,大王之所明知也。今夫逸诶之臣为大王计者,不论骨肉之义,民之轻重,国之大小,以为吴祸,此臣所以为大王患也。

夫举吴兵以訾于汉,譬犹蝇蚋之附群牛,腐肉之齿利剑,锋接必无事矣。天子闻吴率失职诸侯,愿责先帝之遗约,今汉亲诛其三公,以谢前过,是大王之威加于天下,而功越于汤、武也。夫吴有诸侯之位,而实富于天子;有隐匿之名,而居过于中国。夫汉并二十四郡,十七诸侯,方输错出,运行数千里不绝于道,其珍怪不如东山之府。转粟西乡,陆行不绝,水行满河,不如海陵之仓。修治上林,杂以离宫,积聚玩好,圈守禽兽,不如长洲之苑。游曲台,临上路,不如朝夕之池。深壁高垒,副以关城,不如江淮之险。此臣之所为大王乐也。

今大王还兵疾归,尚得十半。不然,汉知吴之有吞天下之心也,赫然加怒,遣羽林黄头循江而下,袭大王之都;鲁东海绝吴之饷道;梁王饬车骑,习战射,积粟固守，以备荥阳，待吴之饥。大王虽欲反都，亦不得已。夫三淮南之计不负其约，齐王杀身以灭其迹，四国不得出兵其郡，赵囚邯郸，此不可掩，亦已明矣。大王已去千里之国，而制于十里之内矣。张、韩将北地，弓高宿左右，兵不得下壁，军不得大息，臣窃哀之。愿大王孰察焉。

吴王不用乘策，卒见禽灭。

汉既平七国，乘由是知名。景帝召拜乘为弘农都尉。乘久为大国上宾，与英俊并游，得其所好，不乐郡吏，以病去官。复游梁，梁客皆善属辞赋，乘尤高。孝王薨，乘归淮阴。

武帝自为太子闻乘名，及即位，乘年老，乃以安车蒲轮征乘，道死。诏问乘子，无能为文者，后乃得其孽子皋。

皋字少孺，乘在梁时，取皋母为小妻。乘之东归也，皋母不肯随乘，乘怒，分皋数千钱，留与母居。年十七，上书梁共王，得召为郎。三年，为王使，与冗从争，见逸恶遇罪，家室没入。皋亡至长安。会赦，上书北阙，自陈枚乘之子。上得大喜，召入见待诏，皋因赋殿中。诏使赋平乐馆，善之。拜为郎，使匈奴。皋不通经术，诙笑类俳倡，为赋颂，好嫚戏，以故得媟黩贵幸，比东方朔、郭舍人等，而不得比严助等得尊官。

武帝春秋二十九乃得皇子，群臣喜，故皋与东方朔作《皇太子生赋》及《立皇子禖祝》，受诏所为，皆不从故事，重皇子也。

初，卫皇后立，皋奏赋以戒终。皋为赋善于朔也。

从行至甘泉、雍、河东，东巡狩，封泰山，塞决河宣房，游观三辅离宫馆，临山泽，弋猎射驭狗马蹴鞠刻镂，上有所感，辄使赋之。为文疾，受诏辄成，故所赋者多。司马相如善为文而迟，故所作少而善于皋。皋赋辞中自言为赋不如相如，又言为赋乃俳，见视如倡，自悔类倡也。故其赋有诋娸东方朔，又自诋娸。其文骫骳，曲随其事，皆得其意，颇诙笑，不甚闲靡。凡可读者百二十篇，其尤嫚戏不可读者尚数十篇。

路温舒字长君，巨鹿东里人也。父为里监门。使温舒牧羊，温舒取泽中蒲，截以为牒，编用写书。稍习善，求为狱小吏，因学律令，转为狱史，县中疑事皆问焉。太守行县，见而异之，署决曹史。又受《春秋》，通大义。举孝廉，为山邑丞，坐法免，复为郡吏。

元凤中，廷尉光以治诏狱，请温舒署奏曹掾，守廷尉史。会昭帝崩，昌邑王贺废，宣帝初即位，温舒上书，言宜尚德缓刑。其辞曰：

臣闻齐有无知之祸，而桓公以兴；晋有骊姬之难，而文公用伯。近世赵王不终，诸吕作乱，而孝文为大宗。由是观之，祸乱之作，将以开圣人也。故桓、文扶微兴坏，尊文武之业，泽加百姓，功润诸侯，虽不及三王，天下归仁焉。文帝永思至德，以承天心，崇仁义，省刑罚，通关梁，一远近，敬贤如大宾，爱民如赤子，内恕情之所安，而施之于海内，是以囹圄空虚，天下太平。夫继变化之后，必有异旧之恩，此贤圣所以昭天命也。往者，昭帝即世而无嗣，大臣忧戚，焦心合谋，皆以昌邑尊亲，援而立之。然天不授命，淫乱其心，遂以自亡。深察祸变之故，乃皇天之所以开至圣也。故大将军受命武帝，股肱汉国，披肝胆，决大计，黜亡义，立有德，辅天而行，然后宗庙以安，天下咸宁。

臣闻《春秋》正即位，大一统而慎始也。陛下初登至尊，与天合符，宜改前世之失，正始受命之统，涤烦文，除民疾，存亡继绝，以应天意。

臣闻秦有十失，其一尚存，治狱之吏是也。秦之时，羞文学，好武勇，贱仁义之士，贵治狱之吏；正言者谓之诽谤，遏过者谓之妖言。故盛服先生不用于世，忠良切言皆郁于胸，誉谀之声日满于耳，虚美熏心，实祸蔽塞。此乃秦之所以亡天下也。方今天下赖陛下恩厚，亡金革之危，饥寒之患，父子夫妻戮力安家，然太平未洽者，狱乱之也。夫狱者，天下之大命也，死者不可复生，绝者不可复属。《书》曰："与其杀不辜，宁失不经。"今治狱吏则不然，上下相驱，以刻为明；深者获公名，平者多后患。故治狱之吏皆欲人死，非憎人也，自安之道在人之死。是以死人之血流离于市，被刑之徒比肩而立，大辟之计岁以万数，此仁圣之所以伤也。太平之未洽，凡以此也。夫人情安则乐生，痛则思死。棰楚之下，何求而不得？故囚人不胜痛，则饰辞以视之；吏治者利其然，则指道以明之；上奏畏却，则锻练而周内之。盖奏当之成，虽咎繇听之，犹以为死有余辜。何则？成练者众，文致之罪明也。是以狱吏专为深刻，残贼而亡极，偷为一切，不顾国患，此世之大贼也。故俗语曰："画地为狱，议不入；刻木为吏，期不对。"此皆疾吏之风，悲痛之辞也。故天下之患，莫深于狱；败法乱正，离亲塞道，莫甚乎治狱之吏。此所谓一尚存者也。

臣闻乌鸢之卵不毁，而后凤凰集；诽谤之罪不诛，而后良言进。故古人有言："山薮藏疾，川泽纳污，瑾瑜匿恶，国君含诟。"唯陛下除诽谤以招切言，开天下之口，广箴谏之路，扫亡秦之失，尊文、武之德，省法制，宽刑罚，以废治狱，则太平之风可兴于世，永履和乐，与天亡极，天下幸甚。

上善其言，迁广阳私府长。

内史举温舒文学高第，迁右扶风丞。时，诏书令公卿选可使匈奴者，温舒上书，愿给斯养，暴骨方外，以尽臣节。事下度辽将军范明友、太仆杜延年问状，罢归故官。久之，迁临淮太守，治有异迹，卒于官。

温舒从祖父受历数天文，以为汉厄三七之间，上封事以豫戒。成帝时，谷永亦言如此。及王莽篡位，欲章代汉之符，著其语焉。温舒子及孙皆至牧守大官。

赞曰：春秋鲁臧孙达以礼谏君，君子以为有后。贾山自下媚上，邹阳、枚乘游于危国，然卒免刑戮者，以其言正也。路温舒辞顺而意笃,遂为世家,宜哉!

卷五十二　窦田灌韩传第二十二

窦婴字王孙,孝文皇后从兄子也。父世观津人也。喜宾客。孝文时为吴相,病免。孝景即位,为詹事。

帝弟梁孝王,母窦太后爱之。孝王朝,因燕昆弟饮。是时,上未立太子,酒酣,上从容曰:"千秋万岁后传王。"太后欢。婴引卮酒进上曰:"天下者,高祖天下,父子相传,汉之约也,上何以得传梁王!"太后由此憎婴。婴亦薄其官,因病免。太后除婴门籍,不得朝请。

孝景三年,吴、楚反,上察宗室诸窦无如婴贤,召入见,固让谢,称病不足任。太后亦惭。于是上曰:"天下方有急,王孙宁可以让邪?"乃拜婴为大将军,赐金千斤。婴言爰盎、栾布诸名将贤士在家者进之。所赐金,陈廊庑下,军吏过,辄令财取为用,金无入家者。婴守荥阳,监齐、赵兵。七国破,封为魏其侯。游士宾客争归之。每朝议大事,条侯、魏其,列侯莫敢与亢礼。

四年,立栗太子,以婴为傅。七年,栗太子废,婴争弗能得,谢病,屏居蓝田南山下数月,诸窦宾客辩士说,莫能来。梁人高遂乃说婴曰:"能富贵将军者,上也;能亲将军者,太后也。今将军傅太子,太子废,争不能拔,又不能死,自引谢病,拥赵女屏闲处而不朝,只加怼自明,扬主之过。有如两宫奭将军,则妻子无类矣。"婴然之,乃起,朝请如故。

桃侯免相,窦太后数言魏其。景帝曰:"太后岂以臣有爱相魏其者?魏其沾沾自喜耳,多易,难以为相持重。"遂不用,用建陵侯卫绾为丞相。

田蚡,孝景王皇后同母弟也,生长陵。窦婴已为大将军,方盛,蚡为诸曹郎,未贵,往来侍酒婴所,跪起如子姓。及孝景晚节,蚡益贵幸,为中大夫。辩有口,学《盘盂》诸书,王皇后贤之。

孝景崩,武帝初即位,蚡以舅封为武安侯,弟胜为周阳侯。蚡新用事,卑下宾客,进名士家居者贵之,欲以倾诸将相。上所填抚,多蚡宾客计策。会丞相绾病免,上议置丞相、太尉。藉福说蚡曰:"魏其侯贵久矣,素天下士归之。今将军初兴,未如,即上以将军为相,必让魏其。魏其为相,将军必为太尉。太尉、相尊等耳,有让贤名。"蚡乃微言太后风上,于是乃以婴为丞相,蚡为太尉。藉福贺婴,因吊曰:"君侯资性喜善疾恶,方今善人誉君侯,故至丞相;然恶人众,亦且毁君侯。君侯能兼容,则幸久;不能,今以毁去矣。"婴不听。

婴、蚡俱好儒术,推毂赵绾为御史大夫,王臧为郎中令。迎鲁申公,欲设明堂,令列侯就国,除关,以礼为服制,以兴太平。举谪诸窦宗室无行者,除其属籍。诸外家为列侯,列侯多尚公主,皆不欲就国,以故毁日至窦太后。太后好黄、老言,而婴、蚡、赵绾等务隆推儒术,贬道家言,是以窦太后滋不说。

二年,御史大夫赵绾请毋奏事东宫。窦太后大怒,曰:"此欲复为新垣平邪!"乃罢逐赵绾、王臧,而免丞相婴、太尉蚡,以柏至侯许昌为丞相,武强侯庄青翟为御史大夫。婴、蚡以侯家居。蚡虽不任职,以王太后故亲幸,数言事,多效,士吏趋势利者皆去婴而归蚡。蚡日益横。

六年,窦太后崩,丞相昌、御史大夫青翟坐丧事不办,免。上以蚡为丞相,大司农韩安国为御史大夫。天下士郡诸侯愈益附蚡。

蚡为人貌侵,生贵甚。又以诸侯王多长,上初即位,富于春秋,蚡以肺附为相,非痛折节以礼屈之,天下不肃。当是时,丞相入奏事,语移日,所言皆听。荐人或起家至二千石,权移主上。上乃曰:"君除吏尽未?吾亦欲除吏。"尝请考工地益宅,上怒曰:"遂取武库!"是后乃退。召客饮,坐其兄盖侯北乡,自坐东乡,以为汉相尊,不可以兄故私桡。由此滋骄,治宅甲诸第,田园极膏腴,市买郡县器物相属于道。前堂罗钟鼓,立曲旃;后房妇女以百数。诸奏珍物狗马玩好,不可胜数。

而婴失窦太后,益疏不用,无势,诸公稍自引而怠骛,唯灌夫独否。故婴墨墨不得意,而厚遇夫也。

灌夫字仲孺,颍阴人也。父张孟,尝为颍阴侯灌婴舍人,得幸,因进之,至二千石,故蒙灌氏姓为灌孟。吴、楚反时,颍阴侯灌婴为将军,属太尉,请孟为校尉。夫以千人与父俱。孟年老,颍阴侯强请之,郁郁不得意,故战常陷坚,遂死吴军中。汉法,父子俱,有死事,得与丧归,夫不肯随丧归。奋曰:"愿取吴王若将军头以报父仇!"于是夫被甲持戟,募军中壮士所善愿从数十人。及出壁门,莫敢前。独两人及从奴十余骑驰入吴军,至戏下,所杀伤数十人。不得前,复还走汉壁,亡其奴,独与一骑归。夫身中大创十余,适有万金良药,故得无死。创少瘳,又复请将军曰:"吾益知吴壁曲折,请复往。"将军壮而义之,恐亡夫,乃言太尉,太尉召固止之。吴军破,夫以此名闻天下。

颍阴侯言夫,夫为郎中将。数岁,坐法去,家居长安中,诸公莫不称,由是复为代相。

武帝即位,以为淮阳天下郊,劲兵处,故徙夫为淮阳太守。入为太仆。二年,夫与长乐卫尉窦甫饮,轻重不得,夫醉,搏甫。甫,窦太后昆弟。上恐太后诛夫,徙夫为燕相。数岁,坐法免,家居长安。

夫为人刚直,使酒,不好面谀。贵戚诸势在己之右,欲必陵之;士在己左,愈贫贱,尤益礼敬,与钧。稠人广众,荐宠下辈。士亦以此多之。

夫不好文学,喜任侠,已然诺。诸所与交通,无非豪桀大猾。家累数千万,食客日数十百人。波池田园,宗族宾客为权利,横颍川。颍川儿歌之曰:"颍水清,灌氏宁;颍水浊,灌氏族。"

夫家居,卿相待中宾客益衰。及窦婴失势,亦欲倚夫引绳排根生平慕之后弃者。夫亦得婴通列侯宗室为名高。两人相为引重,其游如父子然,相得欢甚,无厌,恨相知之晚。

夫尝有服，过丞相蚡。蚡从容曰："吾欲与仲孺过魏其侯，会仲孺有服。"夫曰："将军乃肯幸临况魏其侯，夫安敢以服为解！请语魏其具，将军旦日蚤临。"蚡许诺。夫以语婴。婴与夫人益市牛酒，夜洒扫张具至旦。平明，令门下候司。至日中，蚡不来。婴谓夫曰："丞相岂忘之哉？"夫不怿，曰："夫以服请，不宜。"乃驾，自往迎蚡。蚡特前戏许夫，殊无意往。夫至门，蚡尚卧也。于是夫见，曰："将军昨日幸许过魏其，魏其夫妻治具，至今未敢尝食。"蚡悟，谢曰："吾醉，忘与仲孺言。"乃驾往。往又徐行，夫愈益怒。及饮酒酣，夫起舞属蚡，蚡不起。夫徙坐，语侵之。婴乃扶夫去，谢蚡，蚡卒饮至夜，极欢而去。

后蚡使藉福请婴城南田，婴大望曰："老仆虽弃，将军虽贵，宁可以势相夺乎！"不许。夫闻，怒骂福。福恶两人有隙，乃谩好谢蚡曰："魏其老且死，易忍，且待之。"已而蚡闻婴、夫实怒不予，亦怒曰："魏其子尝杀人，蚡活之。蚡事魏其无所不可，爱数顷田？且灌夫何与也？吾不敢复求田。"由此大怒。

元光四年春，蚡言灌夫家在颍川，横甚，民苦之。请案之。上曰："此丞相事，何请？"夫亦持蚡阴事，为奸利，受淮南王金与语言。宾客居间，遂已，俱解。

夏，蚡取燕王女为夫人，太后诏召列侯宗室皆往贺。婴过夫，欲与俱。夫谢曰："夫数以酒失过丞相，丞相今者又与夫有隙。"婴曰："事已解。"强与俱。酒酣，蚡起为寿，坐皆避席伏。已婴为寿，独故人避席，余半膝席。夫行酒，至蚡，蚡膝席曰："不能满觞。"夫怒，因嘻笑曰："将军贵人也，毕之！"时蚡不肯。行酒次至临汝侯灌贤，贤方与程不识耳语，又不避席。夫无所发怒，乃骂贤曰："平生毁程不识不直一钱，今日长者为寿，乃效女曹儿呫嗫耳语！"蚡谓夫曰："程、李俱东西宫卫尉，今众辱程将军，仲孺独不为李将军地乎？"夫曰："今日斩头穴匈，何知程、李！"坐乃起更衣，稍稍去。婴去，戏夫。夫出，蚡遂怒曰："此吾骄灌夫罪也。"乃令骑留夫，夫不得出。藉福起为谢，案夫项谢。夫愈怒，不肯顺。蚡乃戏骑缚夫置传舍，召长史曰："今日召宗室，有诏。"劾灌夫骂坐不敬，系居室。遂其前事，遣吏分曹逐捕诸灌氏支属，皆得弃市罪。婴愧，为资使宾客请，莫能解。蚡吏皆为耳目，诸灌氏皆亡匿，夫系，遂不得告言蚡阴事。

婴锐为救夫，婴夫人谏曰："灌将军得罪丞相，与太后家迕，宁可救邪？"婴曰："侯自我得之，自我捐之，无所恨。且终不令灌仲孺独死，婴独生。"乃匿其家，窃出上书。立召入，具告言灌夫醉饱事，不足诛。上然之，赐婴食，曰："东朝廷辩之。"

婴东朝，盛推夫善，言其醉饱得过，乃丞相以它事诬罪之。蚡盛毁夫所为横恣，罪逆不道。婴度无可奈何，因言蚡短。蚡曰："天下幸而安乐无事，蚡得为肺附，所好音乐、狗马、田宅，所爱倡优、巧匠之属，不如魏其、灌夫日夜招聚天下豪杰壮士与论议，腹诽而心谤，卬视天，俯画地，辟睨两宫间，幸天下有变，而欲有大功。臣乃不如魏其等所为。"上问朝臣："两人孰是？"御史大夫韩安国曰："魏其言灌夫父死事，身荷戟驰不测之吴军，身被数十创，名冠三军，此天下壮士，非有大恶，争杯酒，不足引它过以诛也。魏其言是。丞相亦言灌夫通奸猾，侵细民，家累巨万，横恣颍川，凌轹宗室，侵犯骨肉，此所谓'支大于干，胫大于股，不折必披'。丞相言亦是。唯明主裁之。"主爵都尉汲黯是魏其。内史郑当时是魏其，后不坚。余皆莫敢对。上怒内史曰："公平生数言魏其、武安长短，今日廷论，局趣效辕下驹，吾并斩若属矣！"即罢起入，上食太后。太后亦已使人候司，具以语太后。太后怒，不食，曰："我在也，而人皆藉吾弟，令我百岁后，皆鱼肉之乎！且帝宁能为石人邪！此特帝在，即录录，设百岁后，是属宁有可信者乎？"上谢曰："俱外家，故廷辨之。不然，此一狱吏所决耳。"是时，郎中令石建为上分别言两人。

蚡已罢朝，出止车门，召御史大夫安国载，怒曰："与长孺共一秃翁，何为首鼠两端？"安国良久谓蚡曰："君何不自喜！夫魏其毁君，君当免冠解印绶归，曰'臣以肺附幸得待罪，固非其任，魏其言皆是。'如此，上必多君有让，不废君。魏其必愧，杜门龁舌自杀。今人毁君，君亦毁之，譬如贾竖女子争言，何其无大体也！"蚡谢曰："争时急，不知出此。"

于是上使御史簿责婴所言灌夫颇不雠，劾系都司空。孝景时，婴尝受遗诏，曰"事有不便，以便宜论上"。及系，灌夫罪至族，事日急，诸公莫敢复明言于上。婴乃使昆弟子上书言之，幸得召见。书奏，案尚书，大行无遗诏。诏书独臧婴家，婴家丞封。乃劾婴矫先帝诏害，罪当弃市。五年十月，悉论灌夫支属。婴良久乃闻有劾，即阳病痱，不食欲死。或闻上无意杀婴，复食，治病，议定不死矣。乃有飞语为恶言闻上，故以十二月晦论弃市渭城。

春，蚡疾，一身尽痛，若有击者，呼服谢罪。上使视鬼者瞻之，曰："魏其侯与灌夫共守，笞欲杀之。"竟死。子恬嗣，元朔中有罪免。

后淮南王安谋反，觉。始安入朝时，蚡为太尉，迎安霸上，谓安曰："上未有太子，大王最贤，高祖孙，即宫车晏驾，非大王立，尚谁立哉？"淮南王大喜，厚遗金钱财物。上自婴、夫事时不直蚡，特为太后故。及闻淮南事，上曰："使武安侯在者，族矣。"

韩安国字长孺，梁成安人也，后徙睢阳。尝受《韩子》、杂说邹田生所。事梁孝王，为中大夫。吴、楚反时，孝王使安国及张羽为将，扞吴兵于东界。张羽力战，安国持重，以故吴不能过梁。吴、楚破，安国、张羽名由此显梁。

梁王以至亲故，得自置相、二千石，出入游戏，僭于天子。天子闻之，心不善。太后知帝弗善，乃怒梁使者，弗见，案责王所为。安国为梁使，见大长公主而泣曰："何梁王为人子之孝，为人臣之忠，而太后曾不省也？夫前日吴、楚、齐、赵七国反，自关以东皆合从西向，唯梁最亲，为限难。梁王念太后、帝在中，而诸侯扰乱，壹言泣数行而下，跪送臣等六人将兵击却吴、楚，吴、楚以故兵不敢西，而卒破亡，梁之力也。今太后以小苛礼责望梁王。梁王父兄皆帝王，而所见者大，故出称跸，入言警，车旗皆帝所赐，即以娱鄙小县，驱驰国中，欲夸诸侯，令天下知太后、帝爱之也。今梁使来,辄案责之,梁王恐,日夜涕泣思慕,不知所为。何梁王之忠孝而太后不恤也?"长公主具以告太后,太后喜曰:"为帝言之。"言之,帝心乃解,而免冠谢太后曰:"兄弟不能相教,乃为太后遗忧。"悉见梁使,厚赐之。其后,梁王益亲欢。太后、长公主更赐安国直千余金。由此显,结于汉。

其后,安国坐法抵罪,蒙狱吏田甲辱安国。安国曰:"死灰独不复然乎?"甲曰:"然即溺之。"居无几,梁内史缺,汉使使者拜安国为梁内史,起徒中为二千石。田甲亡。安国曰:"甲不就官,我灭而宗。"甲肉袒谢,安国笑曰:"公等足与治乎?"卒善遇之。

内史之缺也,王新得齐人公孙诡,说之,欲请为内史。窦太后闻,乃诏王以安国为内史。

公孙诡、羊胜说王求为帝太子及益地事,恐汉大臣不听,乃阴使人刺汉用事谋臣。及杀故吴相袁盎,景帝遂闻诡、胜等计划,乃遣使捕诡、胜,必得。汉使十辈至梁,相以下举国大索,月余弗得。安国闻诡、胜匿王所,乃入见王而泣曰:"主辱者臣死。大王无良臣,故纷纷至此。今胜、诡不得,请辞赐死。"王曰:"何至此?"安国泣数行下,曰:"大王自度于皇帝,孰与太上皇之与高帝及皇帝与临江王亲?"王曰:"弗如也。"安国曰:"夫太上皇、临江亲父子间,然高帝曰'提三尺取天下者朕也',故太上终不得制事,居于栎阳。临江,適长太子,以一言过,废王临江;用宫垣事,卒自杀中尉府。何者?治天下终不用私乱公。语曰:'虽有亲父,安知不为虎?虽有亲兄,安知不为狼?'今大王列在诸侯,讦邪臣浮说,犯上禁,桡明法。天子以太后故,不忍致法于大王。太后日夜涕泣,幸大王自改,大王终不觉寤。有如太后宫车即晏驾,大王尚谁攀乎?"语未卒,王泣数行而下,谢安国曰:"吾今出之。"即见诡、胜自杀。汉使还报,梁事皆得释,安国力也。景帝、太后益重安国。

孝王薨,共王即位,安国坐法失官,家居。武帝即位,武安侯田蚡为太尉,亲贵用事。安国以五百金遗蚡,蚡言安国太后,上素闻安国贤,即召以为北地都尉,迁为大司农。闽、东越相攻,遣安国、大行王恢将兵。未至越,越杀其王降,汉兵亦罢。其年,田蚡为丞相,安国为御史大夫。

匈奴来请和亲,上下其议。大行王恢,燕人,数为边吏,习故事,议曰:"汉与匈奴和亲,率不过数岁即背约。不如勿许,举兵击之。"安国曰:"千里而战,即兵不获利。今匈奴负戎马足,怀鸟兽心,迁徙鸟集,难得而制。得其地不足为广,有其众不足为强,自上古弗属。汉数千里争利,则人马罢,虏以全制其敝,势必危殆。臣故以为不如和亲。"群臣议多附安国,于是上许和亲。

明年,雁门马邑豪聂壹因大行王恢言:"匈奴初和亲,亲信边,可诱以利致之,伏兵袭击,必破之道也。"上乃召问公卿曰:"朕饰子女以配单于,币帛文锦,赂之甚厚。单于待命加嫚,侵盗无已,边竟数惊,朕甚闵之。今欲举兵攻之,何如?"

大行恢对曰:"陛下虽未言,臣固愿效之。臣闻全代之时,北有强胡之敌,内连中国之兵,然尚得养老长幼,种树以时,仓廪常实,匈奴不轻侵也。今以陛下之威,海内为

一,天下同任,又遣子弟乘边守塞,转粟辇输,以为之备,然匈奴侵盗不已者,无它,以不恐之故耳。臣窃以为击之便。"

御史大夫安国曰:"不然。臣闻高皇帝尝围于平城,匈奴至者投鞍高如城者数所。平城之饥,七日不食,天下歌之,及解围反位,而无忿怒之心。夫圣人以天下为度者也,不以己私怒伤天下之功,故乃遣刘敬奉金千斤,以结和亲,至今为五世利。孝文皇帝又尝壹拥天下之精兵聚之广武常谿,然终无尺寸之功,而天下黔首无不忧者。孝文寤于兵之不可宿,故复合和亲之约。此二圣之迹,足以为效矣。臣窃以为勿击便。"

恢曰:"不然。臣闻五帝不相袭礼,三王不相复乐,非故相反也,各因世宜也。且高帝身被坚执锐,蒙雾露,沐霜雪,行几十年,所以不报平城之怨者,非力不能,所以休天下之心也。今边竟数惊,士卒伤死,中国槥车相望,此仁人之所隐也。臣故曰'击之便'。"

安国曰:"不然。臣闻利不十者不易业,功不百者不变常,是以古之人君谋事必就祖,发政占古语,重作事也。且自三代之盛,夷狄不与正朔服色,非威不能制,强弗能服也,以为远方绝地不牧之民,不足烦中国也。且匈奴,轻疾悍亟之兵也,至如猋风,去如收电,畜牧为业,弧弓射猎,逐兽随草,居处无常,难得而制。今使边郡久废耕织,以支胡之常事,其势不相权也。臣故曰'勿击便'。"

恢曰:"不然。臣闻凤鸟乘于风,圣人因于时。昔秦缪公都雍,地方三百里,知时宜之变,攻取西戎,辟地千里,并国十四,陇西、北地是也。及后蒙恬为秦侵胡,辟数千里,以河为竟,累石为城,树榆为塞,匈奴不敢饮马于河,置烽燧然后敢牧马。夫匈奴独可以威服,不可以仁畜也。今以中国之盛,万倍之资,遣百分之一以攻匈奴,譬犹以强弩射且溃之痈也,必不留行矣。若是,则北发月氏可得而臣也。臣故曰'击之便'。"

安国曰:"不然。臣闻用兵者以饱待饥,正治以待其乱,定舍以待其劳。故接兵覆众,伐国堕城,常坐而役敌国,此圣人之兵也。且臣闻之,冲风之衰,不能起毛羽;强弩之末,力不能入鲁缟。夫盛之有衰,犹朝之必莫也。今将卷甲轻举,深入长驱,难以为功;从行则迫胁,衡行则中绝,疾则粮少,徐则后利,不至千里,人马乏食。兵法曰:'遗人获也。'意者有它缪巧可以禽之,则臣不知也;不然,则未见深入之利。臣故曰'勿击便'。"

恢曰:"不然。夫草木遭霜者,不可以风过;清水明镜,不可以形逃;通方之士,不可以文乱。今臣言击之者,固非发而深入也,将顺因单于之欲,诱而致之边,吾选枭骑壮士阴伏而处以为之备,审遮险阻以为其戒。吾势已定,或营其左,或营其右,或当其前,或绝其后,单于可禽,百全必取。"

上曰:"善。"乃从恢议。阴使聂壹为间,亡入匈奴,谓单于曰:"吾能斩马邑令丞,以城降,财物可尽得。"单于爱信,以为然而许之。聂壹乃诈斩死罪囚,县其头马邑城下,视单于使者为信,曰:"马邑长吏已死,可急来。"于是单于穿塞,将十万骑入武州塞。

当是时,汉伏兵车骑材官三十余万,匿马邑旁谷中。卫尉李广为骁骑将军,太仆公孙贺为轻车将军,大行王恢为将屯将军,太中大夫李息为材官将军。御史大夫安国为护军将军,诸将皆属。约单于入马邑纵兵。王恢、李息别从代主击辎重。于是单于入塞,未至马邑百余里,觉之,还去。语在《匈奴传》。塞下传言单于已去,汉兵追至塞,度弗及,王恢等皆罢兵。

上怒恢不出击单于辎重也,恢曰:"始约为入马邑城,兵与单于接,而臣击其辎重,可得利。今单于不至而还,臣以三万人众不敌,秖取辱。固知还而斩,然完陛下士三万人。"于是下恢廷尉,廷尉当恢逗桡,当斩。恢行千金丞相蚡,蚡不敢言上,而言于太后曰:"王恢首为马邑事,今不成而诛恢,是为匈奴报仇也。"上朝太后,太后以蚡言告上。上曰:"首为马邑事者恢,故发天下兵数十万,从其言,为此。且纵单于不可得,恢所部击,犹颇可得,以尉士大夫心。今不诛恢,无以谢天下。"于是恢闻,乃自杀。

安国为人多大略,知足以当世取舍,而出于忠厚。贪耆财利,然所推举皆廉士贤于己者。于梁举壶遂、臧固,至它,皆天下名士,士亦以此称慕之,唯天子以为国器。安国为御史大夫五年,丞相蚡薨。安国行丞相事,引堕车,蹇。上欲用安国为丞相,使使视,蹇甚,乃更以平棘侯薛泽为丞相。安国病免,数月,愈,复为中尉。岁余,徙为卫尉。而将军卫青等击匈奴,破龙城。明年,匈奴大入边。语在《青传》。

安国为材官将军,屯渔阳,捕生口虏,言匈奴远去。即上言方佃作时,请且罢屯。罢屯月余,匈奴大入上谷、渔阳,安国壁乃有七百余人,出与战,安国伤,入壁。匈奴虏略千余人及畜产去。上怒,使使责让安国。徙益东,屯右北平。是时,虏言当入东方。

安国始为御史大夫及护军,后稍下迁。新壮将军卫青等有功,益贵。安国既斥疏,将屯又失亡多,甚自愧,幸得罢归,乃益东徙,意忽忽不乐,数月,病呕血死。

壶遂与太史迁等定汉律历,官至詹事,其人深中笃行君子。上方倚欲以为相,会其病卒。

赞曰:窦婴、田蚡皆以外戚重,灌夫用一时决策,而各名显,并位卿相,大业定矣。然婴不知时变,夫亡术而不逊,蚡负贵而骄溢。凶德参会,待时而发,藉福区区其间,恶能救斯败哉!以韩安国之见器,临其挚而颠坠,陵夷以忧死,遇合有命,悲夫!若王恢为兵首而受其咎,岂命也乎?

卷五十三 景十三王传第二十三

孝景皇帝十四男。王皇后生孝武皇帝。栗姬生临江闵王荣、河间献王德、临江哀王阏。程姬生鲁共王馀、江都易王非、胶西于王端。贾夫人生赵敬肃王彭祖、中山靖王胜。唐姬生长沙定王发。王夫人生广川惠王越、胶东康王寄、清河哀王乘、常山宪王舜。

河间献王德以孝景前二年立,修学好古,实事求是。从民得善书,必为好写与之,留其真,加金帛赐以招之。由是四方道术之人不远千里,或有先祖旧书,多奉以奏献王者,故得书多,与汉朝等。是时,淮南王安亦好书,所招致率多浮辩。献王所得书皆古文先秦旧书,《周官》、《尚书》、《礼》、《礼记》、《孟子》、《老子》之属,皆经传说记,七十子之徒所论。其学举六艺,立《毛氏诗》、《左氏春秋》博士。修礼乐,被服儒术,造次必于儒者。山东诸儒多从而游。

武帝时,献王来朝,献雅乐,对三雍宫及诏策所问三十余事。其对推道术而言,得事之中,文约指明。

立二十六年薨。中尉常丽以闻,曰:"王身端行治,温仁恭俭,笃敬爱下,明知深察,惠于鳏寡。"大行令奏:"谥法曰'聪明睿智曰献',宜谥曰献王。"子共王不害嗣,四年薨。子刚王堪嗣,十二年薨。子顷王授嗣,十七年薨。子孝王庆嗣,四十三年薨。子元嗣。

元取故广陵厉王、厉王太子及中山怀王故姬廉等以为姬。甘露中,冀州刺史敞奏元,事下廷尉,逮召廉等。元迫胁凡七人,令自杀。有司奏请诛元,有诏"削二县,万一千户"。后元怒少史冯贵,留贵逾垣出,欲告元,元使人杀留贵母。有司奏元残贼不改,不可君国子民。废勿王,处汉中房陵。居数年,坐与妻若共乘朱轮车,怒若,又笞击,令自髡。汉中太守请治,病死。立十七年,国除。

绝五岁,成帝建始元年,复立元弟上郡库令良,是为河间惠王。良修献王之行,母太后薨,服丧如礼。哀帝下诏褒扬曰:"河间王良,丧太后三年,为宗室仪表,其益封万户。"二十七年薨。子尚嗣,王莽时绝。

临江哀王阏以孝景前二年立,三年薨。无子,国除为郡。

临江闵王荣以孝景前四年为皇太子,四岁废为临江王。三岁,坐侵庙壖地为宫,上征荣。荣行,祖于江陵北门,既上车,轴折车废。江陵父老流涕窃言曰:"吾王不反矣!"荣至,诣中尉府对簿。中尉郅都簿责讯王,王恐,自杀。葬蓝田,燕数万衔土置冢上。百姓怜之。

荣最长,亡子,国除。地入于汉,为南郡。

鲁恭王馀以孝景前二年立为淮阳王。吴、楚反破后,以孝景前三年徙王鲁。好治宫室、苑囿、狗马,季年好音,不喜辞。为人口吃难言。

二十八年薨。子安王光嗣,初好音乐舆马,晚节遴,唯恐不足于财。四十年薨。子孝王庆忌嗣,三十七年薨。子顷王劲嗣,二十八年薨。子文王晙嗣,十八年薨,亡子,国除。哀帝建平三年,复立顷王晙弟郚乡侯闵为王。王莽时绝。

恭王初好治宫室,坏孔子旧宅以广其宫,闻钟磬琴瑟之声,遂不敢复坏,于其壁中得古文经传。

江都易王非以孝景前二年立为汝南王。吴、楚反时，非年十五，有材气，上书自请击吴。景帝赐非将军印，击吴。吴已破，徙王江都，治故吴国，以军功赐天子旗。元光中，匈奴大入汉边，非上书愿击匈奴，上不许。非好气力，治宫馆，招四方豪桀，骄奢甚。二十七年薨，子建嗣。

建为太子时，邯郸人梁蚡持女欲献之易王，建闻其美，私呼之，因留不出。蚡宣言曰："子乃与其公争妻！"建使人杀蚡。蚡家上书，下廷尉考，会赦，不治。易王薨未葬，建居服舍，召易王所爱美人淖姬等凡十人与奸。建女弟徵臣为盖侯子妇，以易王丧来归，建复与奸。建异母弟定国为淮阳侯，易王最小子也，其母幸立之，具知建事，行钱使男子茶恬上书告建淫乱，不当为后。事下廷尉，廷尉治恬受人钱财为上书，论弃市。建罪不治。后数使使至长安迎徵臣，鲁恭王太后闻之，遗徵臣书曰："国中口语籍籍，慎无复至江都。"后建使谒者吉请问共太后，太后泣谓吉："归以吾言谓而王，王前事漫漫，今当自谨，独不闻燕、齐事乎？言吾为而王泣也！"吉归，致共太后语，建大怒，击吉，斥之。

建游章台宫，令四女子乘小船，建以足蹈覆其船，四人皆溺，二人死。后游雷波，天大风，建使郎二人乘小船入波中。船覆，两郎溺，攀船，乍见乍没。建临观大笑，令皆死。

宫人姬八子有过者，辄令裸立击鼓，或置树上，久者三十日乃得衣；或髡钳以铅杵舂，不中程，辄掠；或纵狼令啮杀之，建观而大笑；或闭不食，令饿死。凡杀不辜三十五人。建欲令人与禽兽交而生子，强令宫人裸而四据，与羝羊及狗交。专为淫虐，自知罪多，国中多欲告言者，建恐诛，心内不安，与其后成光共使越婢下神，祝诅上。与郎中令等语怨望："汉廷使者即复来覆我，我决不独死！"

建亦颇闻淮南、衡山阴谋，恐一日发，为所并，遂作兵器。号王后父胡应为将军。中大夫疾有材力，善骑射，号曰灵武君。作治黄屋盖，刻皇帝玺，铸将军、都尉金银印，作汉使节二十，绶千余，具置军官品员及拜爵封侯之赏，具天下之舆地及军陈图。遣人通越繇王闽侯，遗以锦帛奇珍，繇王闽侯亦遗建荃、葛、珠玑、犀甲、翠羽、蝯熊奇兽，数通使往来，约有急相助。及淮南事发，治党与，颇连及建，建使人多推金钱绝其狱。

后复谓近臣曰："我为王，诏狱岁至，生又无欢怡日，壮士不坐死，欲为人所不能为耳。"建时佩其父所赐将军印，载天子旗出。积数岁，事发觉，汉遣丞相长史与江都相杂案，索得兵器、玺、绶、节反具，有司请捕诛建。制曰："与列侯吏二千石博士议。"议皆曰："建失臣子道，积久，辄蒙不忍，遂谋反逆。所行无道，虽桀、纣恶不至于此。天诛所不赦，当以谋反法诛。"有诏宗正、廷尉即问建。建自杀，后成光等皆弃市。六年国除，地入于汉，为广陵郡。

绝百二十一年，平帝时新都侯王莽秉政，兴灭继绝，立建弟盱眙侯子宫为广陵王，奉易王后。莽篡，国绝。

胶西于王端，孝景前三年立。为人贼戾，又阴痿，一近妇人，病数月。有所爱幸少年，以为郎。郎与后宫乱，端禽灭之，及杀其子母。数犯法，汉公卿数请诛端，天子弗忍，而端所为滋甚。有司比再请，削其国，去太半。端心愠，遂为无訾省。府库坏漏，尽腐财物，以巨万计，终不得收徙。令吏毋得收租赋。端皆去卫，封其宫门，从一门出入。数变名姓，为布衣，之它国。

相二千石至者，奉汉法以治，端辄求其罪告之，亡罪者诈药杀之。所以设诈究变，强足以距谏，知足以饰非。相二千石从王治，则汉绳以法。故胶西小国，而所杀伤二千石甚众。

立四十七年薨，无子，国除。地入于汉，为胶西郡。

赵敬肃王彭祖以孝景前二年立为广川王。赵王遂反破后，徙王赵。彭祖为人巧佞，卑谄足共，而心刻深，好法律，持诡辩以中人。多内宠姬及子孙。相二千石欲奉汉法以治，则害于王家。是以每相二千石至，彭祖衣皂布单衣，自行迎除舍，多设疑事以诈动之，得二千石失言，中忌讳，辄书之。二千石欲治者，则以此迫劫；不听，乃上书告之，及污以奸利事。彭祖立六十余年，相二千石无能满二岁，辄以罪去，大者死，小者刑。以故二千石莫敢治，而赵王擅权。使使即县为贾人榷会，入多于国租税。以是赵王家多金钱，然后赐姬诸子，亦尽之矣。

彭祖不好治宫室祆祥，好为吏。上书愿督国中盗贼。常夜从走卒行徼邯郸中。诸使过客，以彭祖险陂，莫敢留邯郸。

久之，太子丹与其女弟及同产姊奸。江充告丹淫乱，又使人椎埋攻剽，为奸甚众。武帝遣使者发吏卒捕丹，下魏郡诏狱，治罪至死。彭祖上书冤讼丹，愿从国中勇敢击匈奴，赎丹罪，上不许。久之，竟赦出。后彭祖入朝，因帝姊平阳隆虑公主求复立丹为太子，上不许。

彭祖取江都易王宠姬，王建所奸淖姬者，甚爱之，生一男，号淖子。彭祖以征和元年薨，谥敬肃王。彭祖薨时，淖姬兄为汉宦者，上召问："淖子何如？"对曰："为人多欲。"上曰："多欲不宜君国子民。"问武始侯昌，曰："无咎无誉。"上曰："如是可矣。"遣使者立昌，是为顷王，十九年薨。子怀王尊嗣，五年薨。无子，绝二岁。宣帝立尊弟高，是为哀王，数月薨。子共王充嗣，五十六年薨。子隐嗣，王莽时绝。

初，武帝复以亲亲故，立敬肃王小子偃为平干王，是为顷王，十一年薨。子缪王元嗣，二十五年薨。大鸿胪禹奏："元前以刃贼杀奴婢，子男杀谒者，为刺史所举奏，罪名明白。病先令，令能与乐奴婢从死，迫胁自杀者凡十六人，暴虐不道。故《春秋》之义，诛君之子不宜立。元虽未伏诛，不宜立嗣。"奏可，国除。

中山靖王胜以孝景前三年立，武帝初即位，大臣惩吴、楚七国行事，议者多冤晁错之策，皆以诸侯连城数十，泰强，欲稍侵削，数奏暴其过恶。诸侯王自以骨肉至亲，先帝所以广封连城，犬牙相错者，为盘石宗也。今或无罪，为臣下所侵辱，有司吹毛求疵，笞服其臣，使证其君，多自以侵冤。

建元三年，代王登、长沙王发、中山王胜、济川王明来朝，天子置酒，胜闻乐声而泣。问其故，胜对曰：

　　臣闻悲者不可为累欷，思者不可为叹息。故高渐离击筑易水之上，荆轲为之低而不食；雍门子一微吟，孟尝君为之於邑。今臣心结日久，每闻幼眇之声，不知涕泣之横集也。

　　夫众煦漂山，聚蚊成雷，朋党执虎，十夫桡椎。是以文王拘于牖里，孔子厄于陈、蔡。此乃烝庶之风成，增积之生害也。臣身远与寡，莫为之先，众口铄金，积毁销骨，丛轻折轴，羽翮飞肉，纷惊逢罗，潸然出涕。

　　臣闻白日晒光，幽隐皆照；明月曜夜，蚊虻宵见。然云蒸列布，杳冥昼昏；尘埃布覆，昧不见泰山。何则？物有蔽之也。今臣雍阏不得闻，逸言之徒蜂生，道辽路远，曾莫为臣闻，臣窃自悲也。

　　臣闻社鼷不灌，屋鼠不熏。何则？所托者然也。臣虽薄也，得蒙肺附；位虽卑也，得为东藩，属又称兄。今群臣非有葭莩之亲，鸿毛之重，群居党议，朋友相为，使夫宗室摈却，骨肉冰释。斯伯奇所以流离，比干所以横分也。《诗》云"我心忧伤，怒焉如捣；假寐永叹，唯忧用老；心之忧矣，疢如疾首"，臣之谓也。

　　具以吏所侵闻。于是上乃厚诸侯之礼，省有司所奏诸侯事，加亲亲之恩焉。其后更用主父偃谋，令诸侯以私恩自裂地分其子弟，而汉为定制封号，辄别属汉郡。汉有厚恩，而诸侯地稍自分析弱小云。

　　胜为人乐酒好内，有子百二十余人。常与赵王彭祖相非曰："兄为王，专代吏治事。王者当日听音乐，御声色。"赵王亦曰："中山王但奢淫，不佐天子拊循百姓，何以称为藩臣！"

　　四十三年薨。子哀王昌嗣，一年薨。子康王昆侈嗣，二十一年薨。子顷王辅嗣，四年薨。子宪王福嗣，十七年薨。子怀王循嗣，十五年薨，无子，绝四十五岁。成帝鸿嘉二年，复立宪王弟孙利乡侯子云客，是为广德夷王。三年薨，无子，绝十四岁。哀帝复立云客弟广汉为广平王。薨，无后。平帝元始二年，复立广川惠王曾孙伦为广德王，奉靖王后。王莽时绝。

　　长沙定王发，母唐姬，故程姬侍者。景帝召程姬，程姬有所避，不愿进，而饰侍者唐儿使夜进。上醉，不知，以为程姬而幸之，遂有身。已乃觉非程姬也。及生子，因名曰发。以孝景前二年立。以其母微无宠，故王卑湿贫国。二十八年薨。子戴王庸嗣，二十七年薨。子顷王鲋鮈嗣，十七年薨。子刺王建德嗣，宣帝时坐猎纵火燔民九十六家，杀二人，又以县官事怨内史，教人诬告以弃市罪，削八邑，罢中尉官。三十四年薨。子炀王旦嗣，二年薨。无子，绝岁余。元帝初元三年复立旦弟宗，是为孝王，五年薨。子鲁人嗣，王莽时绝。

　　广川惠王越以孝景中二年立，十三年薨。子缪王齐嗣，四十四年薨。初，齐有幸臣乘距，已而有罪，欲诛距。距

亡，齐因禽其宗族。距怨王，乃上书告齐与同产奸。是后，齐数告言汉公卿及幸臣所忠等，又告中尉蔡彭祖捕子明，骂曰："吾尽汝种矣！"有司案验，不如王言，劾齐诬罔，大不敬，请系治。齐恐，上书愿与广川勇士奋击匈奴，上许之，未发，病薨。有司请除国，奏可。

　　后数月，下诏曰："广川惠王于朕为兄，朕不忍绝其宗庙，其以惠王孙去为广川王。"去即缪王齐太子也，师受《易》、《论语》、《孝经》皆通，好文辞、方技、博弈、倡优。其殿门有成庆画，短衣大绔长剑，去好之，作七尺五寸剑，被服皆效焉。有幸姬王昭平、王地余，许以为后。去尝疾，姬阳成昭信侍视甚谨，更爱之。去与地余戏，得袖中刀，笞问状，服欲与昭平共杀昭信。笞问昭平，不服，以铁针针之，强服。乃会诸姬，去以剑自击地余，令昭信击昭平，皆死。昭信曰："两姬婢且泄口。"复绞杀从婢三人。后昭信病，梦见昭平等以状告去。去曰："虏乃复见畏我！独可燔烧耳。"掘出尸，皆烧为灰。

　　后去立昭信为后；幸姬陶望卿为修靡夫人，主缯帛；崔修成为明贞夫人，主永巷。昭信复谮望卿曰："与我无礼，衣服常鲜于我，尽取善缯丐诸宫人。"去曰："若数恶望卿，不能减我爱；设闻其淫，我亨之矣。"后昭信谓去曰："前画工画望卿舍，望卿袒裼傅粉其傍。又数出入南户窥郎吏，疑有奸。"去曰："善司之。"以故益不爱望卿。后与昭信等饮，诸姬皆侍，去为望卿作歌曰："背尊章，嫖以忽，谋屈奇，起自绝。行周流，自生患，谅非望，今谁怨！"使美人相和歌之。去曰："是中当有自知者。"昭信知去已怒，即诬言望卿历指郎吏卧处，具知其主名，又言郎中令锦被，疑有奸。去即与昭信从诸姬至望卿所，裸其身，更击之。令诸姬各持烧铁共灼望卿。望卿走，自投井死。昭信出之，椓杙其阴中，割其鼻唇，断其舌。谓去曰："前杀昭平，反来畏我，今欲靡烂望卿，使不能神。"与去共支解，置大镬中，取桃灰毒药并煮之，召诸姬皆临观，连日夜糜尽。复共杀其女弟都。

　　后去数召姬荣爱与饮，昭信复谮之，曰："荣姬视瞻意态不善，疑有私。"时爱为去刺方领绣，去取烧之。爱恐，自投井。出之未死，笞问爱，自诬与医奸。去缚系柱，烧刀灼溃两目，生割两股，销铅灌其口中。爱死，支解以棘埋之。诸幸于去者，昭信辄谮杀之，凡十四人，皆埋太后所居长寿宫中。宫人畏之，莫敢复往。

　　昭信欲擅爱，曰："王使明贞夫人主诸姬，淫乱难禁，请闭诸姬舍门，无令出敖。"使其大婢为仆射，主永巷，尽封闭诸舍，上籥于后，非大置酒召，不得见。去怜之，为作歌曰："愁莫愁，居无聊。心重结，意不舒。内茀郁，忧哀积。上不见天，生何益！日崔隤，时不再。愿弃躯，死无悔。"令昭信声鼓为节，以教诸姬歌之，歌罢辄归永巷，封门。独昭信兄子初为乘华夫人，得朝夕见。昭信与去从十余奴博饮游敖。

　　初，去年十四五，事师受《易》，师数谏正去，去益大，逐之。内史请以为掾，师数令内史禁切王家。去使奴杀师父子，不发觉。后去置酒，令倡俳裸戏坐中以为乐。相彊劾系倡，阑入殿门，奏状。事下考案，倡辞，本为王教修靡

夫人望卿弟都歌舞。使者召望卿、都,去对"皆淫乱自杀"。会赦不治。望卿前亨煮,即取他死人与都死并付其母。母曰："都是,望卿非也。"数号哭求死,昭信令奴杀之。奴得,辞服。本始三年,相内史奏状,具言赦前所犯。天子遣大鸿胪、丞相长史、御史丞、廷尉正杂治巨鹿诏狱,奏请逮捕去及后昭信。制曰："王后昭信、诸姬奴婢证者皆下狱。"辞服。有司复请诛王。制曰："与列侯、中二千石、二千石、博士议。"议者皆以为去悖虐,听后昭信逸言,燔烧亨煮,生割剥人,距师之谏,杀其父子。凡杀无辜十六人,至一家母子三人,逆节绝理。其十五人在赦前,大恶仍重,当伏显戮以示众。制曰："朕不忍致王于法,议其罚。"有司请废勿王,与妻子徙上庸。奏可,与汤沐邑百户。去道自杀,昭信弃市。

立二十二年,国除。后四岁,宣帝地节四年,复立去兄文,是为戴王。文素正直,数谏王去,故上立焉,二年薨。子海阳嗣,十五年,坐画屋为男女裸交接,置酒请诸父姊妹饮,令仰视画;又海阳女弟为人妻,而使与幸臣奸;又与从弟调等谋杀一家三人,已杀。甘露四年坐废,徙房陵,国除。后十五年,平帝元始二年,复立戴王弟襄隄侯子愈为广德王,奉惠王后,二年薨。子赤嗣,王莽时绝。

胶东康王寄以孝景中二年立,二十八年薨。淮南王谋反时,寄微闻其事,私作兵车镞矢,战守备,备淮南之起。及吏治淮南事,辞出之。寄于上最亲,意自伤,发病而死,不敢置后。于是上闻寄有长子贤,母无宠,少子庆,母爱幸,寄常欲立之,为非次,因有过,遂无所言。上怜之,立贤为胶东王,奉康王祀,而封庆为六安王,王故衡山地。胶东王贤立十五年薨,谥为哀王。子戴王通平嗣,二十四年薨。子顷王音嗣,五十四年薨。子共王授嗣,十四年薨。子殷嗣,王莽时绝。

六安共王庆立三十八年薨。子夷王禄嗣,十年薨。子缪王定嗣,二十二年薨。子顷王光嗣,二十七年薨。子育嗣,王莽时绝。

清河哀王乘以孝景中三年立,十二年薨。无子,国除。

常山宪王舜以孝景中五年立。舜,帝少子,骄淫,数犯禁,上常宽之。三十三年薨,子勃嗣为王。

初,宪王有不爱姬生长男棁,棁以母无宠故,亦不得幸于王。王后脩生太子勃。王内多,所幸姬生子平、子商,王后稀得幸。及宪王疾甚,诸幸姬常侍病,王后以妒媢不常在,辄归舍。医进药,太子勃不自尝药,又不宿留侍疾。及王薨,王后、太子乃至。宪王雅不以棁为子数,不分与财物。郎或说太子、王后,令分棁财,皆不听。太子代立,又不收恤棁。棁怨王后及太子。汉使者视宪王丧,棁自言宪王病时,王后、太子不侍,及薨,六日出舍,太子勃私奸、饮酒、博戏、击筑,与女子载驰,环城过市,入狱视囚。天子遣大行骞验问,逮诸证者,王又匿之。吏求捕,勃使人致击笞掠,擅出汉所疑囚。有司请诛勃及宪王后脩。上曰："脩素

无行,使棁陷之罪。勃无良师傅,不忍致诛。"有司请废勿王,徙王勃以家属处房陵,上许之。

勃王数月,废,国除。月余,天子为最亲,诏有司曰："常山宪王早夭,后妾不和,適孽诬争,陷于不谊以灭国,朕甚闵焉。其封宪王子平三万户,为真定王;子商三万户,为泗水王。"顷王平立二十五年薨。子烈王偃嗣,十八年薨。子孝王由嗣,二十二年薨。子安王雍嗣,二十六年薨。子共王普嗣,十五年薨。子阳嗣,王莽时绝。

泗水思王商立十二年薨。子哀王安世嗣,一年薨,无子。于是武帝怜泗水王绝,复立安世弟贺,是为戴王。立二十二年薨,有遗腹子煖,相内史不以闻。太后上书,昭帝闵之,抵相内史罪,立煖,是为勤王。立三十九年薨。子戾王骏嗣,三十一年薨。子靖嗣,王莽时绝。

赞曰:昔鲁哀公有言:"寡人生于深宫之中,长于妇人之手,未尝知忧,未尝知惧。"信哉斯言也!虽欲不危亡,不可得已。是故古人以宴安为鸩毒,亡德而富贵,谓之不幸。汉兴,至于孝平,诸侯王以百数,率多骄淫失道。何则?沉溺放恣之中,居势使然也。自凡人犹系于习俗,而况哀公之伦乎!夫唯大雅,卓尔不群,河间献王近之矣。

卷五十四　李广苏建传第二十四

李广,陇西成纪人也。其先曰李信,秦时为将,逐得燕太子丹者也。广世世受射。孝文十四年,匈奴大入萧关,而广以良家子从军击胡,用善射,杀首虏多,为郎,骑常侍。数从射猎,格杀猛兽,文帝曰:"惜广不逢时,令当高祖世,万户侯岂足道哉!"

景帝即位,为骑郎将。吴、楚反时,为骁骑都尉,从太尉亚夫战昌邑下,显名。以梁王授广将军印,故还,赏不行。为上谷太守,数与匈奴战。典属国公孙昆邪为上泣曰:"李广材气,天下亡双,自负其能,数与虏确,恐亡之。"上乃徙广为上郡太守。

匈奴侵上郡,上使中贵人从广勒习兵击匈奴。中贵人者数十骑从,见匈奴三人,与战。射伤中贵人,杀其骑且尽。中贵人走广,广曰:"是必射雕者也。"广乃从百骑往驰三人。三人亡马步行,行数十里。广令其骑张左右翼,而广身自射彼三人者,杀其二人,生得一人,果匈奴射雕者也。已缚之上山,望匈奴数千骑,见广,以为诱骑,惊,上山陈。广之百骑皆大恐,欲驰还走。广曰:"我去大军数十里,今如此走,匈奴追射,我立尽。今我留,匈奴必以我为大军之诱,不我击。"广令曰:"前!"未到匈奴陈二里所,止,令曰:"皆下马解鞍!"骑曰:"虏多如是,解鞍,即急,奈何?"广曰:"彼虏以我为走,今解鞍以示不去,用坚其意。"有白马将出护兵。广上马,与十余骑奔射杀白马将,而复还至其百骑中,解鞍,纵马卧。时会暮,胡兵终怪之,弗敢击。夜半,胡兵以为汉有伏军于傍欲夜取之,即引去。平旦,广乃归其大军。后徙为陇西、北地、雁门、云中太守。

武帝即位，左右言广名将也，由是入为未央卫尉，而程不识时亦为长乐卫尉。程不识故与广俱以边太守将屯。及出击胡，而广行无部曲行陈，就善水草顿舍，人人自便，不击刁斗自卫，莫府省文书，然亦远斥候，未尝遇害。程不识正部曲行伍营陈，击刁斗，吏治军簿至明，军不得自便。不识曰："李将军极简易，然虏卒犯之，无以禁；而其士亦佚乐，为之死。我军虽烦扰，虏亦不得犯我。"是时，汉边郡李广、程不识为名将，然匈奴畏广，士卒多乐从，而苦程不识。不识孝景时以数直谏为太中大夫，为人廉，谨于文法。

后汉诱单于以马邑城，使大军伏马邑傍，而广为骁骑将军，属护军将军。单于觉之，去，汉军皆无功。后四岁，广以卫尉为将军，出雁门击匈奴。匈奴兵多，破广军，生得广。单于素闻广贤，令曰："得李广必生致之。"胡骑得广，广时伤，置两马间，络而盛卧。行十余里，广阳死，睨其傍有一儿骑善马，暂腾而上胡儿马，因抱儿鞭马南驰数十里，得其余军。匈奴骑数百追之，广行取儿弓射杀追骑，以故得脱。于是至汉，汉下广吏。吏当广亡失多，为虏所生得，当斩，赎为庶人。

数岁，与故颍阴侯屏居蓝田南山中射猎。尝夜从一骑出，从人田间饮。还至亭，霸陵尉醉，呵止广，广骑曰："故李将军。"尉曰："今将军尚不得夜行，何故也！"宿广亭下。居无何，匈奴入辽西，杀太守，败韩将军。韩将军后徙居右北平，死。于是上乃召拜广为右北平太守。广请霸陵尉与俱，至军而斩之，上书自陈谢罪。上报曰："将军者，国之爪牙也。《司马法》曰：'登车不式，遭丧不服，振旅抚师，以征不服；率三军之心，同战士之力，故怒形则千里竦，威振则万物伏；是以名声暴于夷貉，威棱憺乎邻国。'夫报忿除害，捐残去杀，朕之所图于将军也；若乃免冠徒跣，稽颡请罪，岂朕之指哉！将军其率师东辕，弥节白檀，以临右北平盛秋。"广在郡，匈奴号曰"汉飞将军"，避之，数岁不入界。

广出猎，见草中石，以为虎而射之，中石没矢，视之，石也，他日射之，终不能入矣。广所居郡闻有虎，常自射之。及居右北平射虎，虎腾伤广，广亦射杀之。

石建卒，上召广代为郎中令。元朔六年，广复为将军，从大将军出定襄。诸将多中首虏为侯者，而广军无功。后三岁，广以郎中令将四千骑出右北平，博望侯张骞将万骑与广俱，异道。行数百里，匈奴左贤王将四万骑围广，广军士皆恐，广乃使其子敢往驰之。敢从数十骑直贯胡骑，出其左右而还，报广曰："胡虏易与耳。"军士乃安。为圜陈外乡，胡急击，矢下如雨。汉兵死者过半，汉矢且尽。广乃令持满毋发，而广身自以大黄射其裨将，杀数人，胡虏益解。会暮，吏士无人色，而广意气自如，益治军。军中服其勇也。明日，复力战，而博望侯军亦至，匈奴乃解去。汉军罢，弗能追。是时，广军几没，罢归。汉法，博望侯后期，当死，赎为庶人。广军自当，亡赏。

初，广与从弟李蔡俱为郎，事文帝。景帝时，蔡积功至二千石。武帝元朔中，为轻车将军，从大将军击右贤王，有功中率，封为乐安侯。元狩二年，代公孙弘为丞相。蔡为人在下中，名声出广下远甚，然广不得爵邑，官不过九卿。广之军吏及士卒或取封侯。广与望气王朔语云："自汉击匈奴，广未尝不在其中，而诸妄校尉已下，材能不及中，以军功取侯者数十人。广不为后人，然终无尺寸功以得封邑者，何也？岂吾相不当侯邪？"朔曰："将军自念，岂尝有恨者乎？"广曰："吾为陇西守，羌尝反，吾诱降者八百余人，诈而同日杀之，至今恨独此耳。"朔曰："祸莫大于杀已降，此乃将军所以不得侯者也。"

广历七郡太守，前后四十余年，得赏赐，辄分其戏下，饮食与士卒共之。家无余财，终不言生产事。为人长，爰臂，其善射亦天性，虽子孙他人学者莫能及。广呐口少言，与人居，则画地为军陈，射阔狭以饮。专以射为戏，将兵乏绝处见水，士卒不尽饮，不近水；不尽餐，不尝食。宽缓不苛，士以此爱乐为用。其射，见敌，非在数十步之内，度不中不发，发即应弦而倒。用此，其将数困辱，及射猛兽，亦数为所伤云。

元狩四年，大将军票骑将军大击匈奴，广数自请行。上以为老，不许；良久乃许之，以为前将军。大将军青出塞，捕虏知单于所居，乃自以精兵走之，而令广并于右将军军，出东道。东道少回远，大军行，水草少，其势不屯行。广辞曰："臣部为前将军，今大将军乃徙臣出东道，且臣结发而与匈奴战，乃今一得当单于，臣愿居前，先死单于。"大将军阴受上指，以为李广数奇，毋令当单于，恐不得所欲。是时，公孙敖新失侯，为中将军，大将军亦欲使敖与俱当单于，故徙广。广知之，固辞。大将军弗听，令长史封书与广之莫府，曰："急诣部，如书。"广不谢大将军而起行，意象愠怒而就部，引兵与右将军食其合军出东道。惑失道，后大将军。大将军与单于接战，单于遁走，弗能得而还。南绝幕，乃遇两将军。广已见大将军，还入军。大将军使长史持糒醪遗广，因问广、食其失道状，曰："青欲上书报天子失军曲折。"广未对。大将军长史急责广之莫府上簿。广曰："诸校尉亡罪，乃我自失道。吾今自上簿。"

至莫府，谓其麾下曰："广结发与匈奴大小七十余战，今幸从大将军出接单于兵，而大将军徙广部行回远，又迷失道，岂非天哉！且广年六十余，终不能复对刀笔之吏矣！"遂引刀自刭。百姓闻之，知与不知，老壮皆为垂泣。而右将军独下吏，当死，赎为庶人。

广三子，曰当户、椒、敢，皆为郎。上与韩嫣戏，嫣少不逊，当户击嫣，嫣走，于是上以为能。当户蚤死，乃拜椒为代郡太守，皆先广死。广死军中时，敢从票骑将军。广死明年，李蔡以丞相坐诏赐冢地阳陵当得二十亩，蔡盗取三顷，颇卖得四十余万，又盗取神道外堧地一亩葬其中，当下狱，自杀。敢以校尉从票骑将军击胡左贤王，力战，夺左贤王旗鼓，斩首多，赐爵关内侯，食邑二百户，代广为郎中令。顷之，怨大将军青之恨其父，乃击伤大将军，大将军匿讳之。居无何，敢从上雍，至甘泉宫猎，票骑将军去病怨敢伤青，射杀敢。去病时方贵幸，上为讳，云"鹿触杀之"。居岁余，去病死。

敢有女为太子中人，爱幸。敢男禹有宠于太子，然好利，亦有勇。尝与侍中贵人饮，侵陵之，莫敢应。后诉之上，上召禹，使刺虎，县下圈中，未至地，有诏引出之。禹从落中以剑斫绝絫,欲刺虎。上壮之,遂救止焉。而当户有遗腹子陵,将兵击胡,兵败,降匈奴。后人告禹谋欲亡从陵,下吏死。

陵字少卿,少为侍中建章监。善骑射,爱人,廉让下士,甚得名誉。武帝以为有广之风,使将八百骑,深入匈奴二千余里,过居延视地形,不见虏,还。拜为骑都尉,将勇敢五千人,教射酒泉、张掖以备胡。数年,汉遣贰师将军伐大宛,使陵将五校兵随后。行至塞,会贰师还。上赐陵书,陵留吏士,与轻骑五百出敦煌,至盐水,迎贰师还,复留屯张掖。

天汉二年,贰师将三万骑出酒泉,击右贤王于天山。召陵,欲使为贰师将辎重。陵召见武台,叩头自请曰:"臣所将屯边者,皆荆楚勇士奇材剑客也,力扼虎,射命中,愿得自当一队,到兰干山南以分单于兵,毋令专乡贰师军。"上曰:"将恶相属邪!吾发军多,毋骑予女。"陵对:"无所事骑,臣愿以少击众,步兵五千人涉单于庭。"上壮而许之,因诏强弩都尉路博德将兵半道迎陵军。博德故伏波将军,亦羞为陵后距,奏言:"方秋匈奴马肥,未可与战,臣愿留陵至春,俱将酒泉、张掖骑各五千人并击东西浚稽,可必禽也。"书奏,上怒,疑陵悔不欲出而教博德上书,乃诏博德:"吾欲予李陵骑,云'欲以少击众'。今虏入西河,其引兵走西河,遮钩营之道。"诏陵:"以九月发,出遮虏鄣,至东浚稽山南龙勒水上,徘徊观虏,即亡所见,从浞野侯赵破奴故道抵受降城休士,因骑置以闻。所与博德言者云何?具以书对。"陵于是将其步卒五千人出居延,北行三十日,至浚稽山止营,举图所过山川地形,使麾下骑陈步乐还以闻。步乐召见,道陵将率得士死力,上甚说,拜步乐为郎。

陵至浚稽山,与单于相直,骑可三万围陵军。军居两山间,以大车为营。陵引士出营外为陈,前行持戟盾,后行持弓弩,令曰:"闻鼓声而纵,闻金声而止。"虏见汉军少,直前就营。陵搏战攻之,千弩俱发,应弦而倒。虏还走上山,汉军追击,杀数千人。单于大惊,召左右地兵八万余骑攻陵。陵且战且引,南行数日,抵山谷中。连战,士卒中矢伤,三创者载辇,两创者将车,一创者持兵战。陵曰:"吾士气少衰而鼓不起者,何也?军中岂有女子乎?"始军出时,关东群盗妻子徙边者随军为卒妻妇,大匿车中。陵搜得,皆剑斩之。明日复战,斩首三千余级。引兵东南,循故龙城道行,四五日,抵大泽葭苇中,虏从上风纵火,陵亦令军中纵火以自救。南行至山下,单于在南山上,使其子将骑击陵。陵军步斗树木间,复杀数千人,因发连弩射单于,单于下走。是日捕得虏,言:"单于曰:'此汉精兵,击之不能下,日夜引吾南近塞,得毋有伏兵乎?'诸当户君长皆言:'单于自将数万骑击汉数千人不能灭,后无以复使边臣,令汉益轻匈奴。'复力战山谷间,尚四五十里得平地,不能破,乃还。"

是时,陵军益急,匈奴骑多,战一日数十合,复伤杀虏二千余人。虏不利,欲去,会陵军候管敢为校尉所辱,亡降匈奴,具言"陵军无后救,射矢且尽,独将军麾下及成安侯校各八百人为前行,以黄与白为帜,当使精骑射之即破矣。"成安侯者,颍川人,父韩千秋,故济南相,奋击南越战死,武帝封子延年为侯,以校尉随陵。单于得敢大喜,使骑并攻汉军,疾呼曰:"李陵、韩延年趣降!"遂遮道急攻陵。陵居谷中,虏在山上,四面射,矢如雨下。汉军南行,未至鞮汗山,一日五十万矢皆尽,即弃车去。士尚三千余人,徒斩车辐而持之,军吏持尺刀,抵山入峡谷。单于遮其后,乘隅下垒石,士卒多死,不得行。昏后,陵便衣独步出营,止左右:"毋随我,丈夫一取单于耳!"良久,陵还,大息曰:"兵败,死矣!"军吏或曰:"将军威震匈奴,天命不遂,后求道径还归,如浞野侯为虏所得,后亡还,天子客遇之,况于将军乎!"陵曰:"公止!吾不死,非壮士也。"于是尽斩旌旗,及珍宝埋地中,陵叹曰:"复得数十矢,足以脱矣。今无兵复战,天明坐受缚矣!各鸟兽散,犹有得脱归报天子者。"令军士人持二升糒,一半冰,期至遮虏鄣者相待。夜半时,击鼓起士,鼓不鸣。陵与韩延年俱上马,壮士从者十余人。虏骑数千追之,韩延年战死。陵曰:"无面目报陛下!"遂降。军人分散,脱至塞者四百余人。

陵败处去塞百余里,边塞以闻。上欲陵死战,召陵母及妇,使相者视之,无死丧色。后闻陵降,上怒甚,责问陈步乐,步乐自杀。群臣皆罪陵,上以问太史令司马迁,迁盛言:"陵事亲孝,与士信,常奋不顾身以殉国家之急。其素所畜积也,有国士之风。今举事一不幸,全躯保妻子之臣随而媒蘖其短,诚可痛也!且陵提步卒不满五千,深輮戎马之地,抑数万之师,虏救死扶伤不暇,悉举引弓之民共攻围之。转斗千里,矢尽道穷,士张空拳,冒白刃,北首争死敌,得人之死力,虽古名将不过也。身虽陷败,然其所摧败亦足暴于天下。彼之不死,宜欲得当以报汉也。"

初,上遣贰师大军出,财令陵为助兵,及陵与单于相值,而贰师功少。上以迁诬罔,欲沮贰师,为陵游说,下迁腐刑。久之,上悔陵无救,曰:"陵当发出塞,乃诏强弩都尉令迎军。坐预诏之,得令老将生奸诈。"乃遣使劳赐陵余得脱者。

陵在匈奴岁余,上遣因杅将军公孙敖将兵深入匈奴迎陵。敖军无功还,曰:"捕得生口,言李陵教单于为兵以备汉军,故臣无所得。"上闻,于是族陵家,母弟妻子皆伏诛。陇西士大夫以李氏为愧。其后,汉遣使使匈奴,陵谓使者曰:"吾为汉将步卒五千人横行匈奴,以亡救而败,何负于汉而诛吾家?"使者曰:"汉闻李少卿教匈奴为兵。"陵曰:"乃李绪,非我也。"李绪本汉塞外都尉,居奚侯城,匈奴攻之,绪降,而单于客遇绪,常坐陵上。陵痛其家以李绪而诛,使人刺杀绪。大阏氏欲杀陵,单于匿之北方,大阏氏死乃还。

单于壮陵,以女妻之,立为右校王,卫律为丁灵王,皆贵用事。卫律者,父本长水胡人。律生长汉,善协律都尉李延年,延年荐言律使匈奴。使还,会延年家收,律惧并诛,亡还降匈奴。匈奴爱之,常在单于左右。陵居外,有大事,乃入议。

昭帝立,大将军霍光、左将军上官桀辅政,素与陵善,遣陵故人陇西任立政等三人俱至匈奴招陵。立政等至,单于置酒赐汉使者,李陵、卫律皆侍坐。立政等见陵,未得私语,即目视陵,而数数自循其刀环,握其足,阴谕之,言可还归汉也。后陵、律持牛酒劳汉使,博饮,两人皆胡服椎结。立政大言曰:"汉已大赦,中国安乐,主上富于春秋,霍子孟、上官少叔用事。"以此言微动之。陵墨不应,孰视而自循其发,答曰:"吾已胡服矣!"有顷,律起更衣,立政曰:"咄,少卿良苦!霍子孟、上官少叔谢女。"陵曰:"霍与上官无恙乎?"立政曰:"请少卿来归故乡,毋忧富贵。"陵字立政曰:"少公,归易耳,恐再辱,奈何!"语未卒,卫律还,颇闻余语。曰:"李少卿贤者,不独居一国。范蠡遍游天下,由余去戎入秦,今何语之亲也!"因罢去。立政随谓陵曰:"亦有意乎?"陵曰:"丈夫不能再辱。"

陵在匈奴二十余年,元平元年病死

苏建,杜陵人也。以校尉从大将军青击匈奴,封平陵侯。以将军筑朔方。后以卫尉为游击将军,从大将军出朔方。后一岁,以右将军再从大将军出定襄,亡翕侯,失军当斩,赎为庶人。其后为代郡太守,卒官。有三子:嘉为奉车都尉,贤为骑都尉,中子武最知名。

武字子卿,少以父任,兄弟并为郎,稍迁至移中厩监。时汉连伐胡,数通使相窥观,匈奴留汉使郭吉、路充国等,前后十余辈。匈奴使来,汉亦留之以相当。天汉元年,且鞮侯单于初立,恐汉袭之,乃曰:"汉天子我丈人行也。"尽归汉使路充国等。武帝嘉其义,乃遣武以中郎将使持节送匈奴使留在汉者,因厚赂单于,答其善意。武与副中郎将张胜及假吏常惠等募士斥候百余人俱。既至匈奴,置币遗单于。单于益骄,非汉所望也。

方欲发使送武等,会缑王与长水虞常等谋反匈奴中。缑王者,昆邪王姊子也,与昆邪王俱降汉,后随浞野侯没胡中。及卫律所将降者,阴相与谋劫单于母阏氏归汉。会武等至匈奴,虞常在汉时素与副张胜相知,私候胜曰:"闻汉天子甚怨卫律,常能为汉伏弩射杀之。吾母与弟在汉,幸蒙其赏赐。"张胜许之,以货物与常。后月余,单于出猎,独阏氏子弟在。虞常等七十余人欲发,其一人夜亡,告之。单于子弟发兵与战。缑王等皆死,虞常生得。

单于使卫律治其事。张胜闻之,恐前语发,以状语武。武曰:"事如此,此必及我。见犯乃死,重负国。"欲自杀,胜、惠共止之。虞常果引张胜。单于怒,召诸贵人议,欲杀汉使者。左伊秩訾曰:"即谋单于,何以复加?宜皆降之。"单于使卫律召武受辞,武谓惠等:"屈节辱命,虽生,何面目以归汉!"引佩刀自刺。卫律惊,自抱持武,驰召医。凿地为坎,置煴火,覆武其上,蹈其背以出血。武气绝半日,复息。惠等哭,舆归营。单于壮其节,朝夕遣人候问武,而收系张胜。

武益愈,单于使使晓武。会论虞常,欲因此时降武。剑斩虞常已,律曰:"汉使张胜谋杀单于近臣,当死,单于募降者赦罪。"举剑欲击之,胜请降。律谓武曰:"副有罪,当相坐。"武曰:"本无谋,又非亲属,何谓相坐?"复举剑拟之,武不动。律曰:"苏君,律前负汉归匈奴,幸蒙大恩,赐

号称王,拥众数万,马畜弥山,富贵如此。苏君今日降,明日复然,空以身膏草野,谁复知之!"武不应。律曰:"君因我降,与君为兄弟,今不听吾计,后虽欲复见我,尚可得乎?"武骂律曰:"女为人臣子,不顾恩义,畔主背亲,为降虏于蛮夷,何以女为见?且单于信女,使决人死生,不平心持正,反欲斗两主,观祸败。南越杀汉使者,屠为九郡;宛王杀汉使者,头县北阙;朝鲜杀汉使者,即时诛灭。独匈奴未耳。若知我不降明,欲令两国相攻,匈奴之祸从我始矣。"

律知武终不可胁,白单于。单于愈益欲降之,乃幽武置大窖中,绝不饮食。天雨雪,武卧啮雪与旃毛并咽之,数日不死。匈奴以为神,乃徙武北海上无人处,使牧羝,羝乳乃得归。别其官属常惠等,各置他所。

武既至海上,廪食不至,掘野鼠去草实而食之。杖汉节牧羊,卧起操持,节旄尽落。积五、六年,单于弟於靬王弋射海上。武能网纺缴,檠弓弩,於靬王爱之,给其衣食。三岁余,王病,赐武马畜、服匿、穹庐。王死后,人众徙去。其冬,丁令盗武牛羊,武复穷厄。

初,武与李陵俱为侍中,武使匈奴明年,陵降,不敢求武。久之,单于使陵至海上,为武置酒设乐,因谓武曰:"单于闻陵与子卿素厚,故使陵来说足下,虚心欲相待。终不得归汉,空自苦亡人之地,信义安所见乎?前长君为奉车,从至雍棫阳宫,扶辇下除,触柱折辕,劾大不敬,伏剑自刎,赐钱二百万以葬。孺卿从祠河东后土,宦骑与黄门驸马争船,推堕驸马河中溺死,宦骑亡,诏使孺卿逐捕不得,惶恐饮药而死。来时,大夫人已不幸,陵送葬至阳陵。子卿妇年少,闻已更嫁矣。独有女弟二人,两女一男,今复十余年,存亡不可知。人生如朝露,何久自苦如此!陵始降时,忽忽如狂,自痛负汉,加以老母系保宫,子卿不欲降,何以过陵?且陛下春秋高,法令亡常,大臣亡罪夷灭者数十家,安危不可知,子卿尚复谁为乎?愿听陵计,勿复有云。"武曰:"武父子亡功德,皆为陛下所成就,位列将,爵通侯,兄弟亲近,常愿肝脑涂地。今得杀身自效,虽蒙斧钺汤镬,诚甘乐之。臣事君,犹子事父也,子为父死亡所恨。愿勿复再言。"陵与武饮数日,复曰:"子卿壹听陵言。"武曰:"自分已死久矣!王必欲降武,请毕今日之欢,效死于前!"陵见其至诚,喟然叹曰:"嗟乎,义士!陵与卫律之罪上通于天。"因泣下沾衿,与武决去。

陵恶自赐武,使其妻赐武牛羊数十头,后陵复至北海上,语武:"区脱捕得云中生口,言太守以下吏民皆白服,曰上崩。"武闻之,南乡号哭,欧血,旦夕临。

数月,昭帝即位。数年,匈奴与汉和亲。汉求武等,匈奴诡言武死。后汉使复至匈奴,常惠请其守者与俱,得夜见汉使,具自陈道。教使者谓单于,言天子射上林中,得雁,足有系帛书,言武等在荒泽中。使者大喜,如惠语以让单于。单于视左右而惊,谢汉使曰:"武等实在。"于是李陵置酒贺武曰:"今足下还归,扬名于匈奴,功显于汉室,虽古竹帛所载,丹青所画,何以过子卿!陵虽驽怯,令汉且贳陵罪,全其老母,使得奋大辱之积志,庶几乎曹柯之盟,此陵宿昔之所不忘也。收族陵家,为世大戮,陵尚复何顾

乎！已矣！令子卿知吾心耳。异域之人，壹别长绝！"陵起舞，歌曰："径万里兮度沙幕，为君将兮奋匈奴。路穷绝兮矢刃摧，士众灭兮名已隤。老母已死，虽欲报恩将安归！"陵泣下数行，因与武决。单于召会武官属，前以降及物故，凡随武还者九人。

武以始元六年春至京师。诏武奉一太牢谒武帝园庙，拜为典属国，秩中二千石，赐钱二百万，公田二顷，宅一区。常惠、徐圣、赵终根皆拜为中郎，赐帛各二百匹。其余六人老归家，赐钱人十万，复终身。常惠后至右将军，封列侯，自有传。武留匈奴凡十九岁，始以强壮出，及还，须发尽白。

武来归明年，上官桀子安与桑弘羊及燕王、盖主谋反。武子男元与安有谋，坐死。

初，桀、安与大将军霍光争权，数疏光过失予燕王，令上书告之。又言苏武使匈奴二十年不降，还乃为典属国，大将军长史无功劳，为搜粟都尉，光专权自恣。及燕王等反诛，穷治党与，武素与桀、弘羊有旧，数为燕王所讼，子又在谋中，廷尉奏请逮捕武。霍光寝其奏，免武官。

数年，昭帝崩，武以故二千石与计谋立宣帝，赐爵关内侯，食邑三百户。久之，卫将军张安世荐武明习故事，奉使不辱命，先帝以为遗言。宣帝即时召武待诏宦者署，数进见，复为右曹典属国。以武著节老臣，命朝朔望，号称祭酒，甚优宠之。

武所得赏赐，尽以施予昆弟故人，家不余财。皇后父平恩侯、帝舅平昌侯、乐昌侯、车骑将军韩增、丞相魏相、御史大夫丙吉皆敬重武。武年老，子前坐事死，上闵之，问左右："武在匈奴久，岂有子乎？"武因平恩侯自白："前发匈奴时，胡妇适产一子通国，有声问来，愿因使者致金帛赎之。"上许焉。后通国随使者至，上以为郎。又以武弟子为右曹。武年八十余，神爵二年病卒。

甘露三年，单于始入朝。上思股肱之美，乃图画其人于麒麟阁，法其形貌，署其官爵、姓名。唯霍光不名，曰大司马大将军博陆侯姓霍氏，次曰卫将军富平侯张安世，次曰车骑将军龙额侯韩增，次曰后将军营平侯赵充国，次曰丞相高平侯魏相，次曰丞相博阳侯丙吉，次曰御史大夫建平侯杜延年，次曰宗正阳城侯刘德，次曰少府梁丘贺，次曰太子太傅萧望之，次曰典属国苏武。皆有功德，知名当世，是以表而扬之，明著中兴辅佐，列于方叔、召虎、仲山甫焉。凡十一人，皆有传。自丞相黄霸、廷尉于定国、大司农朱邑、京兆尹张敞、右扶风尹翁归及儒者夏侯胜等，皆以善终，著名宣帝之世，然不得列于名臣之图，以此知其选矣。

赞曰：李将军恂恂如鄙人，口不能出辞，及死之日，天下知与不知皆为流涕，彼其中心诚信于士大夫也。谚曰："桃李不言，下自成蹊。"此言虽小，可以喻大。然三代之将，道家所忌，自广至陵，遂亡其宗，哀哉！孔子称"志士仁人，有杀身以成仁，无求生以害仁"，"使于四方，不辱君命"，苏武有之矣。

卷五十五
卫青霍去病传第二十五

卫青字仲卿。其父郑季，河东平阳人也，以县吏给事侯家。平阳侯曹寿尚武帝姊阳信长公主。季与主家僮卫媪通，生青。青有同母兄卫长君及姊子夫，子夫自平阳公主家得幸武帝，故青冒姓为卫氏。卫媪长女君孺，次女少儿，次女则子夫。子夫男弟步广，皆冒卫氏。

青为侯家人，当时归其父，父使牧羊。民母之子皆奴畜之，不以为兄弟数。青尝从人至甘泉居室，有一钳徒相青曰："贵人也，官至封侯。"青笑曰："人奴之生，得无笞骂即足矣，安得封侯事乎！"

青壮，为侯家骑，从平阳主。建元二年春，青姊子夫得入宫幸上。皇后，大长公主女也，无子，妒。大长公主闻卫子夫幸，有身，妒之，乃使人捕青。青时给事建章，未知名。大长公主执囚青，欲杀之。其友骑郎公孙敖与壮士往篡之，故得不死。上闻，乃召青为建章监，侍中。及母昆弟贵，赏赐数日间累千金。君孺为太仆公孙贺妻，少儿故与陈掌通，上召贵掌。公孙敖由此益贵。子夫为夫人。青为太中大夫。

元光六年，拜为车骑将军，击匈奴，出上谷；公孙贺为轻车将军，出云中；太中大夫公孙敖为骑将军，出代郡；卫尉李广为骁骑将军，出雁门：军各万骑。青至笼城，斩首虏数百。骑将军敖亡七千骑，卫尉广为虏所得，得脱归，皆当斩，赎为庶人。贺亦无功。唯青赐爵关内侯。是后匈奴仍侵犯边。语在《匈奴传》。

元朔元年春，卫夫人有男，立为皇后。其秋，青复将三万骑出雁门，李息出代郡。青斩首虏数千。明年，青复出云中，西至高阙，遂至于陇西，捕首虏数千，畜百余万，走白羊、楼烦王。遂取河南地为朔方郡。以三千八百户封青为长平侯。青校尉苏建为平陵侯，张次公为岸头侯。使建筑朔方城。上曰："匈奴逆天理，乱人伦，暴长虐老，以盗窃为务，行诈诸蛮夷，造谋籍兵，数为边害，故兴师遣将，以征厥罪。《诗》不云乎？'薄伐猃允，至于太原'；'出车彭彭，城彼朔方'。今车骑将军青度西河至高阙，获首二千三百级，车辎畜产毕收为卤，已封为列侯，遂西定河南地，案榆谿旧塞，绝梓领，梁北河，讨蒲泥，破符离，斩轻锐之卒，捕伏听者三千一十七级。执讯获丑，驱马牛羊百有余万，全甲兵而还，益封青三千八百户。"其后匈奴比岁入代郡、雁门、定襄、上郡、朔方，所杀略甚众。语在《匈奴传》。

元朔五年春，令青将三万骑出高阙，卫尉苏建为游击将军，左内史李沮为强弩将军，太仆公孙贺为骑将军，代相李蔡为轻车将军，皆领属车骑将军，俱出朔方。大行李息、岸头侯张次公为将军，俱出右北平。匈奴右贤王当青等兵，以为汉兵不能至此，饮醉，汉兵夜至，围右贤王。右贤王惊，夜逃，独与其爱妾一人骑数百驰，溃围北去。汉轻骑校尉郭成等追数百里，弗得，得右贤裨王十余人，众男女万五千余人，畜数十万，于是引兵而还。至塞，天子使使者持大将军印，即军中拜青为大将军，诸将皆以兵属，立号而归。上曰："大将军青躬率戎士，师大捷，获匈奴王十有余人，益封青八千七百户。"而封青子伉为宜春侯，子不疑为阴安侯，子登为发干侯。青固谢曰："臣幸得待罪行间，赖陛下神灵，军大捷，皆诸校力战之功也。陛下幸已益封臣青，臣青子在褓褓中，未有勤劳，上幸裂地封为三侯，非臣待罪行间所以劝士力战之意也。伉等三人何敢受封！"上曰："我非忘诸校功也，今固且图之。"乃诏御史曰："护军都尉公孙敖三从大将军击匈奴，常护军傅校获王，封敖为合骑侯。都尉韩说从大军出窳浑，至匈奴右贤王庭，为麾下搏战获王，封说为龙颔侯。骑将军贺从大将军获王，封贺为南窌侯。轻车将军李蔡再从大将军获王，封蔡为乐安侯。校尉李朔、赵不虞、公孙戎奴各三从大将军获王，封朔为陟轵侯，不虞为随成侯，戎奴为从平侯。将军李沮、李息及校尉豆如意、中郎将绾皆有功，赐爵关内侯。沮、息、如意食邑各三百户。"其秋，匈奴入代，杀都尉。

明年春，大将军青出定襄，合骑侯敖为中将军，太仆贺为左将军，翕侯赵信为前将军，卫尉苏建为右将军，郎中令李广为后将军，左内史李沮为强弩将军，咸属大将军，斩首数千级而还。月余，悉复出定襄，斩首虏万余人。苏建、赵信并军三千余骑，独逢单于兵，与战一日余，汉兵且尽。信故胡人，降为翕侯，见急，匈奴诱之，遂将其余骑可八百奔降单于。苏建尽亡其军，独以身得亡去，自归青。青问其罪正闳、长史安、议郎周霸等："建当云何？"霸曰："自大将军出，未尝斩裨将，今建弃军，可斩，以明将军之威。"闳、安曰："不然。兵法'小敌之坚，大敌之禽也。'今建以数千当单于数万，力战一日余，士皆不敢有二心。自归而斩之，是示后无反意也。不当斩。"青曰："青幸得以肺附待罪行间，不患无威，而霸说我以明威，甚失臣意。且使臣职虽当斩将，以臣之尊宠而不敢自擅专诛于境外，其归天子，天子自裁之，于以风为人臣不敢专权，不亦可乎？"军吏皆曰"善"。遂囚建行在所。

是岁也，霍去病始侯。

霍去病，大将军青姊少儿子也。其父霍仲孺先与少儿通，生去病。及卫皇后尊，少儿更为詹事陈掌妻。去病以皇后姊子，年十八为侍中。善骑射，再从大将军。大将军受诏，予壮士，为票姚校尉，与轻勇骑八百直弃大将军数百里赴利，斩捕首虏过当。于是上曰："票姚校尉去病斩首捕虏二千二十八级，得相国、当户，斩单于大父行籍若侯产，捕季父罗姑比，再冠军，以二千五百户封去病为冠军侯。上谷太守郝贤四从大将军，捕首虏千三百级，封贤为终利侯。骑士孟已有功，赐爵关内侯，邑二百户。"

是岁失两将军，亡翕侯，功不多，故青不益封。苏建至，上弗诛，赎为庶人。青赐千金。是时王夫人方幸于上，甯乘说青曰："将军所以功未甚多，身食万户，三子皆为侯者，以皇后故也。今王夫人幸而宗族未富贵，愿将军奉所赐千金为王夫人亲寿。"青以五百金为王夫人亲寿。上闻，问青，青以实对。上乃拜甯乘为东海都尉。

校尉张骞从大将军，以尝使大夏，留匈奴中久，道军知善水草处，军得以无饥渴，因前使绝国功，封骞为博望侯。

去病侯三岁，元狩二年春为票骑将军，将万骑出陇西，有功。上曰："票骑将军率戎士逾乌盩，讨遫濮，涉狐奴，历五王国，辎重人众慑詟者弗取，几获单于子。转战六日，过焉支山千有余里，合短兵，鏖皋兰下，杀折兰王，斩卢侯王，锐悍者诛，全甲获丑，执浑邪王子及相国、都尉，捷首虏八千九百六十级，收休屠祭天金人，师率减什七，益封去病二千二百户。"

其夏，去病与合骑侯敖俱出北地，异道。博望侯张骞、郎中令李广俱出右北平，异道。广将四千骑先至，骞将万骑后。匈奴左贤王将数万骑围广，广与战二日，死者过半，所杀亦过当。骞至，匈奴引兵去。骞坐行留，当斩，赎为庶人。而去病出北地，遂深入，合骑侯失道，不相得。去病至祁连山，捕首虏甚多。上曰："票骑将军涉钧耆，济居延，遂臻小月氏，攻祁连山，扬武乎觻得，得单于单桓、酋涂王，及相国、都尉以众降下者二千五百人，可谓能舍服知成而止矣。捷首虏三万二百，获五王，王母、单于阏氏、王子五十九人，相国、将军、当户、都尉六十三人，师大率减什三，益封去病五千四百户。赐校尉从至小月氏之爵为左庶长。鹰击司马破奴再从票骑将军斩遫濮王，捕稽且王，右千骑将得王、王母各一人，王子以下四十一人，捕虏三千三百三十人，前行捕虏千四百人，封破奴为从票侯。校尉高不识从票骑将军捕呼于耆王王子以下十一人，捕虏千七百六十八人，封不识为宜冠侯。校尉仆多有功，封为煇渠侯。"合骑侯敖坐行留不与票骑将军会，当斩，赎为庶人。诸宿将所将士马兵亦不如去病，去病所将常选，然亦敢深入，常与壮骑先其大军，军亦有天幸，未尝困绝也。然而诸宿将常留落不耦。由此去病日以亲贵，比大将军。

其后，单于怒浑邪王居西方数为汉所破，亡数万人，以票骑之兵也，欲召诛浑邪王。浑邪王与休屠王等谋欲降汉，使人先要道边。是时，大行李息将城河上，得浑邪王使，即驰传以闻。上恐其以诈降而袭边，乃令去病将兵往迎之。去病既渡河，与浑邪众相望。浑邪裨王将见汉军而多欲不降者，颇遁去。去病乃驰入，得与浑邪王相见，斩其欲亡者八千人，遂独遣浑邪王乘传先诣行在所，尽将其众渡河，降者数万人，号称十万。

既至长安，天子所以赏赐数十巨万。封浑邪王万户，为漯阴侯。封其裨王呼毒尼为下摩侯，雁疵为煇渠侯，禽黎为河綦侯，大当户调虽为常乐侯。于是上嘉去病之功，曰："票骑将军去病率师征匈奴，西域王浑邪王及厥众萌咸奔于率，以军粮接食，并将控弦万有余人，诛獟悍，捷首虏八千余级，降异国之王三十二。战士不离伤，十万之众毕怀集服。仍兴之劳，爰及河塞，庶几亡患，以千七百户益封票骑将军。减陇西、北地、上郡戍卒之半，以宽天下徭役。"乃分处降者于边五郡故塞外，而皆在河南，因其故俗为属国。其明年，匈奴入右北平、定襄，杀略汉千余人。

其明年，上与诸将议曰："翕侯赵信为单于画计，常以为汉兵不能度幕轻留，今大发卒，其势必得所欲。"是岁元狩四年也。春，上令大将军青、票骑将军去病各五万骑，步兵转者踵军数十万，而敢力战深入之士皆属去病。去病始为出定襄，当单于。捕虏，虏言单于东，乃更令去病出代郡，令青出定襄。郎中令李广为前将军，太仆公孙贺为左将军，主爵赵食其为右将军，平阳侯襄为后将军，皆属大将军。赵信为单于谋曰："汉兵即度幕，人马罢，匈奴可坐收虏耳。"乃悉远北其辎重，皆以精兵待幕北。而适直青军出塞千余里，见单于兵陈而待，于是青令武刚车自环为营，而纵五千骑往当匈奴，匈奴亦纵万骑。会日且入，而大风起，沙砾击面，两军不相见，汉益纵左右翼绕单于。单于视汉兵多，而士马尚强，战而匈奴不利，薄莫，单于遂乘六骡，壮骑可数百，直冒汉围西北驰去。昏，汉匈奴相纷拏，杀伤大当。汉军左校捕虏，言单于未昏而去，汉军因发轻骑夜追之，青因随其后。匈奴兵亦散走。会明，行二百余里，不得单于，颇捕斩首虏万余级，遂至窴颜山赵信城，得匈奴积粟食军。军留一日而还，悉烧其城余粟以归。

青之与单于会也，而前将军广、右将军食其军别从东道，或失道。大将军引还，过幕南，乃相逢。青欲使使归报，令长史簿责广，广自杀。食其赎为庶人。青军入塞，凡斩首虏万九千级。

是时，匈奴众失单于十余日，右谷蠡王自立为单于。单于后得其众，右王乃去单于之号。

去病骑兵车重与大将军军等，而亡裨将。悉以李敢等为大校，当裨将，出代、右北平二千余里，直左方兵，所斩捕功已多于青。

既皆还，上曰："票骑将军去病率师躬将所获荤允之士，约轻赍，绝大幕，涉获单于章渠，以诛北车耆，转击左大将双，获旗鼓，历度难侯，济弓卢，获屯头王、韩王等三人，将军、相国、当户、都尉八十三人，封狼居胥山，禅于姑衍，登临翰海，执讯获丑七万有四百四十三级，师率减什二，取食于敌，卓行殊远而粮不绝。以五千八百户益封票骑将军。右北平太守路博德属票骑将军，会兴城，不失期，从至梼余山，斩首捕虏二千八百级，封博德为邳离侯。北地都尉卫山从票骑将军获王，封山为义阳侯。故归义侯因淳王复陆支、楼㚟王伊即靬皆从票骑将军有功，封复陆支为杜侯，伊即靬为众利侯。从票侯破奴、昌武侯安稽从票骑有功，益封各三百户。渔阳太守解、校尉敢皆获鼓旗，赐爵关内侯，解食邑三百户，敢二百户。校尉自为爵左庶长。"军吏卒为官，赏赐甚多。而青不得益封，吏卒无封者。唯西河太守常惠、云中太守遂成受赏，遂成秩诸侯相，赐食邑二百户，黄金百斤，惠爵关内侯。

两军之出塞，塞阅官及私马凡十四万匹，而后入塞者不满三万匹。乃置大司马位，大将军、票骑将军皆为大司马。定令，令票骑将军秩禄与大将军等。自是后，青日衰而去病日益贵。青故人门下多去事去病，辄得官爵，唯独任安不肯去。

去病为人少言不泄，有气敢往。上尝欲教之吴、孙兵法，对曰："顾方略何如耳，不至学古兵法。"上为治第，令视之，对曰："匈奴不灭，无以家为也。"由此上益重爱之。然少而侍中，贵不省士。其从军，上为遣太官赍数十乘，既还，重车余弃粱肉，而士有饥者。其在塞外，卒乏粮，或不

能自振，而去病尚穿域蹋鞠也，事多此类。青仁，喜士退让，以和柔自媚于上，然于天下未有称也。

去病自四年军后三岁，元狩六年薨。上悼之，发属国玄甲，军陈自长安至茂陵，为冢象祁连山。谥之并武与广地曰景桓侯。子嬗嗣。嬗字子侯，上爱之，幸其壮而将之。为奉车都尉，从封泰山而薨。无子，国除。

自去病死后，青长子宜春侯伉坐法失侯。后五岁，伉弟二人阴安侯不疑、发干侯登，皆坐酎金失侯。后二岁，冠军侯国绝。后四年，元封五年，青薨，谥曰烈侯。子伉嗣，六年坐法免。

自青围单于后十四岁而卒，竟不复击匈奴者，以汉马少，又方南诛两越，东伐朝鲜，击羌、西南夷，以故久不伐胡。

初，青既尊贵，而平阳侯曹寿有恶疾就国，长公主问："列侯谁贤者？"左右皆言大将军。主笑曰："此出吾家，常骑从我，奈何？"左右曰："于今尊贵无比。"于是长公主风白皇后，皇后言之，上乃诏青尚平阳主，与主合葬，起冢象卢山云。

最大将军青凡七出击匈奴，斩捕首虏五万余级。一与单于战，收河南地，置朔方郡。再益封，凡万六千三百户；封三子为侯，侯千三百户，并之二万二百户。其裨将及校尉侯者九人，为特将者十五人，李广、张骞、公孙贺、李蔡、曹襄、韩说、苏建皆自有传。

李息，郁郅人也，事景帝。至武帝立八岁，为材官将军，军马邑；后六岁，为将军，出代；后三岁，为将军，从大将军出朔方：皆无功。凡三为将军，其后常为大行。

公孙敖，义渠人，以郎事景帝。至武帝立十二岁，为骑将军，出代，亡卒七千人，当斩，赎为庶人。后五岁，以校尉从大将军，封合骑侯。后一岁，以中将军从大将军再出定襄，无功。后二岁，以将军出北地，后票骑失期，当斩，赎为庶人。后二岁，以校尉从大将军，无功。后十四岁，以因杅将军筑受降城。七岁，复以因杅将军再出击匈奴，至余吾，亡士多，下吏，当斩，诈死，亡居民间五、六岁。后觉，复系。坐妻为巫蛊，族。凡四为将军。

李沮，云中人，事景帝。武帝立十七岁，以左内史为强弩将军。后一岁，复为强弩将军。

张次公，河东人，以校尉从大将军，封岸头侯。其后太后崩，为将军，军北军。后一岁，复从大将军。凡再为将军，后坐法失侯。

赵信，以匈奴相国降，为侯。武帝立十八年，为前将军，与匈奴战，败，降匈奴。

赵食其，祋祤人。武帝立十八年，以主爵都尉从大将军，斩首六百六十级。元狩三年，赐爵关内侯，黄金百斤。

明年,为右将军,从大将军出定襄,迷失道,当斩,赎为庶人。

郭昌,云中人,以校尉从大将军。元封四年,以太中大夫为拔胡将军,屯朔方。还击昆明,无功,夺印。

荀彘,太原广武人,以御见,侍中,用校尉数从大将军。元封三年,为左将军击朝鲜,无功,坐捕楼船将军诛。

最票骑将军去病凡六出击匈奴,其四出以将军,斩首虏十一万余级。浑邪王以众降数万,开河西酒泉之地,西方益少胡寇。四益封,凡万七千七百户。其校尉吏有功侯者六人,为将军者二人。

路博德,西河平州人,以右北平太守从票骑将军,封邳离侯。票骑死后,博德以卫尉为伏波将军,伐破南越,益封。其后坐法失侯。为强弩都尉,屯居延,卒。

赵破奴,太原人。尝亡入匈奴,已而归汉,为票骑将军司马。出北地,封从票侯,坐酎金失侯。后一岁,为匈河将军,攻胡至匈河水,无功。后一岁,击虏楼兰王,后为浞野侯。后六岁,以浚稽将军将二万骑击匈奴左王。左王与战,兵八万骑围破奴,破奴为虏所得,遂没其军。居匈奴中十岁,复与其太子安国亡入汉。后坐巫蛊,族。

自卫氏兴,大将军青首封,其后支属五人为侯。凡二十四岁而五侯皆夺国。征和中,戾太子败,卫氏遂灭。而霍去病弟光贵盛,自有传。

赞曰:苏建尝说责:"大将军至尊重,而天下之贤士大夫无称焉,愿将军观古名将所招选者,勉之哉!"青谢曰:"自魏其、武安之厚宾客,天子常切齿。彼亲待士大夫,招贤黜不肖者,人主之柄也。人臣奉法遵职而已,何与招士!"票骑亦方此意,为将如此。

卷五十六　　董仲舒传第二十六

董仲舒,广川人也。少治《春秋》,孝景时为博士。下帷讲诵,弟子传以久次相授业,或莫见其面。盖三年不窥园,其精如此。进退容止,非礼不行,学士皆师尊之。

武帝即位,举贤良文学士前后百数,而仲舒以贤良对策焉。

制曰:朕获承至尊休德,传之亡穷,而施之罔极,任大而守重,是以夙夜不皇康宁,永惟万事之统,犹惧有阙。故广延四方之豪俊,郡国诸侯公选贤良修洁博习之士,欲闻大道之要,至论之极。今子大夫褎然为举首,朕甚嘉之。子大夫其精心致思,朕垂听而问焉。

盖闻五帝三王之道,改制作乐而天下洽和,百王同之。当虞氏之乐莫盛于《韶》,于周莫盛于《勺》。圣王已没,钟鼓管弦之声未衰,而大道微缺,陵夷至乎桀、纣之行,王道大坏矣。夫五百年之间,守文之君,当涂之士,欲则先王之法以戴翼其世者甚众,然犹不能反,日以仆灭,至后王而后止,岂其所持操或悖谬而失其统与?固天降命不可复反,必推之于大衰而后息与?乌乎!凡所为屑屑,夙兴夜寐,务法上古者,又将无补与?三代受命,其符安在?灾异之变,何缘而起?性命之情,或夭或寿,或仁或鄙,习闻其号,未烛厥理。伊欲风流而令行,刑轻而奸改,百姓和乐,政事宣昭,何修何饬而膏露降,百谷登,德润四海,泽臻草木,三光全,寒暑平,受天之祜,享鬼神之灵,德泽洋溢,施乎方外,延及群生?

子大夫明先圣之业,习俗化之变,终始之序,讲闻高谊之日久矣,其明以谕朕。科别其条,勿猥勿并,取之于术,慎其所出。乃其不正不直,不忠不极,枉于执事,书之不泄,兴于朕躬,毋悼后害。子大夫其尽心,靡有所隐,朕将亲览焉。

仲舒对曰:

陛下发德音,下明诏,求天命与情性,皆非愚臣之所能及也。臣谨案《春秋》之中,视前世已行之事,以观天人相与之际,甚可畏也。国家将有失道之败,而天乃先出灾害以谴告之,不知自省,又出怪异以警惧之,尚不知变,而伤败乃至。以此见天心之仁爱人君而欲止其乱也。自非大亡道之世者,天尽欲扶持而全安之,事在强勉而已矣。强勉学问,则闻见博而知益明;强勉行道,则德日起而大有功:此皆可使还至而有效者也。《诗》曰"夙夜匪解",《书》云"茂哉茂哉!"皆强勉之谓也。

道者,所由适于治之路也,仁义礼乐皆其具也。故圣王已没,而子孙长久安宁数百岁,此皆礼乐教化之功也。王者未作乐之时,乃用先王之乐宜于世者,而以深入教化于民。教化之情不得,雅颂之乐不成,故王者功成作乐,乐其德也。乐者,所以变民风,化民俗也;其变民也易,其化人也著。故声发于和而本于情,接于肌肤,臧于骨髓。故王道虽微缺,而管弦之声未衰也。夫虞氏之不为政久矣,然而乐颂遗风犹有存者,是以孔子在齐而闻《韶》也。夫人君莫不欲安存而恶危亡,然而政乱国危者甚众,所任者非其人,而所由者非其道,是以政日以仆灭也。夫周道衰于幽、厉,非道亡也,幽、厉不由也。至于宣王,思昔先王之德,兴滞补弊,明文、武之功业,周道粲然复兴,诗人美之而作,上天祐之,为生贤佐,后世称诵,至今不绝。此夙夜不解行善之所致也。孔子曰"人能弘道,非道弘人"也。故治乱废兴在于己,非天降命不可得反,其所操持悖谬失其统也。

臣闻天之所大奉使之王者,必有非人力所能致而自至者,此受命之符也。天下之人同心归之,若归父母,故天瑞应诚而至。《书》曰"白鱼入于王舟,有火复于王屋,流为乌",此盖受命之符也。周公曰"复哉复哉",孔子曰"德不孤,必有邻",皆积善累德之效也。及至后世,淫佚衰微,不能统理群生,诸侯背畔,残贼良民以争壤土,废德教而任刑罚。刑罚不中,则生邪气;邪气积于下,怨恶畜于上。上下不和,则阴阳缪盭而妖孽生矣。此灾异所缘而起也。

臣闻命者天之令也,性者生之质也,情者人之欲也。或夭或寿,或仁或鄙,陶冶而成之,不能粹美,有治乱之所生,故不齐也。孔子曰:"君子之德风,小人之德草,草上之风必偃。"故尧、舜行德则民仁寿,桀、纣行暴则民鄙夭。夫上之化下,下之从上,犹泥之在钧,唯甄者之所为;犹金之在熔,唯冶者之所铸。"绥之斯俫,动之斯和",此之谓也。

臣谨案《春秋》之文,求王道之端,得之于正。正次王,王次春。春者,天之所为也;正者,王之所为也。其意曰:上承天之所为,而下以正其所为,正王道之端云尔。然则王者欲有所为,宜求其端于天。天道之大者在阴阳。阳为德,阴为刑;刑主杀而德主生。是故阳常居大夏,而以生育养长为事;阴常居大冬,而积于空虚不用之处。以此见天之任德不任刑也。天使阳出布施于上而主岁功,使阴入伏于下而时出佐阳;阳不得阴之助,亦不能独成岁。终阳以成岁为名,此天意也。王者承天意以从事,故任德教而不任刑。刑者不可任以治世,犹阴之不可任以成岁也。为政而任刑,不顺于天,故先王莫之肯为也。今废先王德教之官,而独任执法之吏治民,毋乃任刑之意与!孔子曰:"不教而诛谓之虐。"虐政用于下,而欲德教之被四海,故难成也。

臣谨案《春秋》谓一元之意,一者万物之所从始也,元者辞之所谓大也。谓一为元者,视大始而欲正本也。《春秋》深探其本,而反自贵者始。故为人君者,正心以正朝廷,正朝廷以正百官,正百官以正万民,正万民以正四方。四方正,远近莫敢不壹于正,而亡有邪气奸其间者。是以阴阳调而风雨时,群生和而万民殖,五谷孰而草木茂,天地之间被润泽而大丰美,四海之内闻盛德而皆徕臣,诸福之物,可致之祥,莫不毕至,而王道终矣。

孔子曰:"凤鸟不至,河不出图,吾已矣夫!"自悲可致此物,而身卑贱不得致也。今陛下贵为天子,富有四海,居得致之位,操可致之势,又有能致之资,行高而恩厚,知明而意美,爱民而好士,可谓谊主矣。然而天地未应而美祥莫至者,何也?凡以教化不立而万民不正也。夫万民之从利也,如水之走下,不以教化堤防之,不能止也。是故教化立而奸邪皆止者,其堤防完也;教化废而奸邪并出,刑罚不能胜者,其堤防坏也。古之王者明于此,是故南面而治天下,莫不以教化为大务。立太学以教于国,设庠序以化于邑,渐民以仁,摩民以谊,节民以礼,故其刑罚甚轻而禁不犯者,教化行而习俗美也。

圣王之继乱世也,扫除其迹而悉去之,复修教化而崇起之。教化已明,习俗已成,子孙循之,行五六百岁尚未败也。至周之末世,大为亡道,以失天下。秦继其后,独不能改,又益甚之,重禁文学,不得挟书,弃捐礼谊而恶闻之,其心欲尽灭先王之道,而专为自恣苟简之治,故立为天子十四岁而国破亡矣。自古以来,未尝有以乱济乱,大败天下之民如秦者也。其遗毒余烈,至今未灭,使习俗薄恶,人民嚣顽,抵冒殊扞,孰烂如此之甚者也。孔子曰:"腐朽之木不可雕也,粪土之墙不可圬也。"今汉继秦之后,如朽木、粪墙矣,虽欲善治之,亡可奈何。法出而奸生,令下而诈起,如以汤止沸,抱薪救火,愈甚亡益也。窃譬之琴瑟不调,甚者必解而更张之,乃可鼓也;为政而不行,甚者必变而更化之,乃可理也。当更张而不更张,虽有良工不能善调也;当更化而不更化,虽有大贤不能善治也。故汉得天下以来,常欲善治而至今不可善治者,失之于当更化而不更化也。古人有言曰:"临渊羡鱼,不如退而结网。"今临政而愿治七十余岁矣,不如退而更化;更化则可善治,善治则灾害日去,福禄日来。《诗》云:"宜民宜人,受禄于天。"为政而宜于民者,固当受禄于天。夫仁、谊、礼、知、信五常之道,王者所当修饬也;五者修饬,故受天之祐,而享鬼神之灵,德施于方外,延及群生也。

天子览其对而异焉,乃复册之曰:

制曰:盖闻虞舜之时,游于岩郎之上,垂拱无为,而天下太平。周文王至于日昃不暇食,而宇内亦治。夫帝王之道,岂不同条共贯与?何逸劳之殊也?

盖俭者不造玄黄旌旗之饰。及至周室,设两观,乘大路,朱干玉戚,八佾陈于庭,而颂声兴。夫帝王之道岂异指哉?或曰良玉不瑑,又曰非文无以辅德,二端异焉。

殷人执五刑以督奸,伤肌肤以惩恶。成、康不式,四十余年天下不犯,囹圄空虚。秦国用之,死者甚众,刑者相望,耗矣哀哉!

乌乎!朕夙寤晨兴,惟前帝王之宪,永思所以奉至尊,章洪业,皆在力本任贤。今朕亲耕藉田以为农先,劝孝弟,崇有德,使者冠盖相望,问勤劳,恤孤独,尽思极神,功烈休德未始云获也。今阴阳错缪,氛气充塞,群生寡遂,黎民未济,廉耻贸乱,贤不肖浑殽,未得其真,故详延特起之士,庶几乎!今子大夫待诏百有余人,或道世务而未济,稽诸上古之不同,考之于今而难行,毋乃牵于文系而不得骋与?将所由异术,所闻殊方与?各悉对,著于篇,毋讳有司。明其指略,切磋究之,以称朕意。

仲舒对曰:

臣闻尧受命,以天下为忧,而未以位为乐也,故诛逐乱臣,务求贤圣,是以得舜、禹、稷、卨、咎繇。众圣辅德,贤能佐职,教化大行,天下和洽,万民皆安仁乐谊,各得其宜,动作应礼,从容中道。故孔子曰:"如有王者，必世而后仁"，此之谓也。尧在位七十载，乃逊于位以禅虞舜。尧崩，天下不归尧子丹朱而归舜。舜知不可辟，乃即天子之位，以禹为相，因尧之辅佐，继其统业，是以垂拱无为而天下治。孔子曰"《韶》尽美矣，又尽善矣"，此之谓也。至于殷纣，逆天暴物，杀戮贤知，残贼百姓。伯夷、太公皆当世贤者，隐处而不为臣。守职之人皆奔走逃亡，入于河海。天下秏乱，万民不安，故天下去殷而从周。文王顺天理物，师用贤圣，是以闳夭、大颠、散宜生等亦聚于朝廷。爰施兆民，天下归之，故太公起海滨而即三公也。当此之时，纣尚在上，尊卑昏乱，百姓散亡，故文王悼痛而欲安之，是以日昃而不暇食也。孔子作《春秋》，先正王而系万事，见素王之文焉。由此观之，帝王之条贯同，然而劳逸异者，所遇之时异也。孔子曰"《武》尽美矣，未尽善也"，此之谓也。

臣闻制度文采玄黄之饰，所以明尊卑，异贵贱，而劝有德也。故《春秋》受命所先制者，改正朔，易服色，所以应天也。然则宫室旌旗之制，有法而然者也。故孔子曰："奢则不逊，俭则固。"俭非圣人之中制也。臣闻良玉不瑑，资质润美，不待刻瑑，此亡异于达巷党人不学而自知也。然则常玉不瑑，不成文章；君子不学，不成其德。

臣闻圣王之治天下也，少则习之学，长则材诸位，爵禄以养其德，刑罚以威其恶，故民晓于礼谊而耻犯其上。武王行大谊，平残贼，周公作礼乐以文之，至于成康之隆，囹圄空虚四十余年。此亦教化之渐而仁谊之流，非独伤肌肤之效也。至秦则不然。师申、商之法，行韩非之说，憎帝王之道，以贪狼为俗，非有文德以教训于下也。诛名而不察实，为善者不必免，而犯恶者未必刑也。是以百官皆饰虚辞而不顾实，外有事君之礼，内有背上之心，造伪饰诈，趣利亡耻；又好用憯酷之吏，赋敛亡度，竭民财力，百姓散亡，不得从耕织之业，群盗并起。是以刑者甚众，死者相望，而奸不息，俗化使然也。故孔子曰"导之以政，齐之以刑，民免而无耻"，此之谓也。

今陛下并有天下，海内莫不率服，广览兼听，极群下之知，尽天下之美，至德昭然，施于方外。夜郎、康居，殊方万里，说德归谊，此太平之致也。然而功不加于百姓者，殆王心未加焉。曾子曰："尊其所闻，则高明矣；行其所知，则光大矣。高明光大，不在于它，在乎加之意而已。"愿陛下因用所闻，设诚于内而致行之，则三王何异哉！

陛下亲耕籍田以为农先，凤瘟晨兴，忧劳万民，思惟往古，而务以求贤，此亦尧、舜之用心也，然而未云获者，士素不厉也。夫不素养士而欲求贤，譬犹不瑑玉而求文采也。故养士之大者，莫大乎太学；太学者，贤士之所关也，教化之本原也。今以一郡一国之众，对亡应书者，是王道往往而绝也。臣愿陛下兴太学，置明师，以养天下之士，数考问以尽其材，则英俊宜可得矣。今之郡守、县令，民之师帅，所使承流而宣

化也；故师帅不贤，则主德不宣，恩泽不流。今吏既亡教训于下，或不承用主上之法，暴虐百姓，与奸为市，贫穷孤弱，冤苦失职，甚不称陛下之意。是以阴阳错缪，氛气充塞，群生寡遂，黎民未济，皆长吏不明，使至于此也。

夫长吏多出于郎中、中郎，吏二千石子弟选郎吏，又以富訾，未必贤也。且古所谓功者，以任官称职为差，非谓积日累久也。故小材虽累日，不离于小官；贤材虽未久，不害为辅佐。是以有司竭力尽知，务治其业而以赴功。今则不然。累日以取贵，积久以致官，是以廉耻贸乱，贤不肖浑殽，未得其真。臣愚以为使诸列侯、郡守、二千石各择其吏民之贤者，岁贡各二人以给宿卫，且以观大臣之能；所贡贤者有赏，所贡不肖者有罚。夫如是，诸侯、吏二千石皆尽心于求贤，天下之士可得而官使也。遍得天下之贤人，则三王之盛易为，而尧、舜之名可及也。毋以日月为功，实试贤能为上，量材而授官，录德而定位，则廉耻殊路，贤不肖异处矣。陛下加惠，宽臣之罪，令勿牵制于文，使得切磋究之，臣敢不尽愚！

于是天子复册之。

制曰：盖闻"善言天者必有征于人，善言古者必有验于今"。故朕垂问乎天人之应，上嘉唐、虞，下悼桀、纣，浸微浸灭浸明浸昌之道，虚心以改。今子大夫明于阴阳所以造化，习于先圣之道业，然而文采未极，岂惑乎当世之务哉？条贯靡竟，统纪未终，意朕之不明与？听若眩与？夫三王之教所祖不同，而皆有失，或谓久而不易者道也，意岂异哉？今子大夫既已著大道之极，陈治乱之端矣，其悉之究之，熟之复之。《诗》不云乎，"嗟尔君子，毋常安息，神之听之，介尔景福。"朕将亲览焉，子大夫其茂明之。

仲舒复对曰：

臣闻《论语》曰："有始有卒者，其唯圣人虖！"今陛下幸加惠，留听于承学之臣，复下明册，以切其意，而究尽圣德，非愚臣之所能具也。前所上对，条贯靡竟，统纪不终，辞不别白，指不分明，此臣浅陋之罪也。

册曰："善言天者必有征于人，善言古者必有验于今。"臣闻天者群物之祖也，故遍覆包函而无所殊，建日月风雨以和之，经阴阳寒暑以成之。故圣人法天而立道，亦溥爱而亡私，布德施仁以厚之，设谊立礼以导之。春者天之所以生也，仁者君之所以爱也；夏者天之所以长也，德者君之所以养也；霜者天之所以杀也，刑者君之所以罚也。由此言之，天人之征，古今之道也。孔子作《春秋》，上揆之天道，下质诸人情，参之于古，考之于今。故《春秋》之所讥，灾害之所加也；《春秋》之所恶，怪异之所施也。书邦家之过，兼灾异之变，以此见人之所为，其美恶之极，乃与天地流通而往来相应，此亦言天之一端也。古者修教训之官，

务以德善化民,民已大化之后,天下常亡一人之狱矣。今世废而不修,亡以化民,民以故弃行谊而死财利,是以犯法而罪多,一岁之狱以万千数。以此见古之不可不用也,故《春秋》变古则讥之。天令之谓命,命非圣人不行;质朴之谓性,性非教化不成;人欲之谓情,情非度制不节。是故王者上谨于承天意,以顺命也;下务明教化民,以成性也;正法度之宜,别上下之序,以防欲也。修此三者,而大本举矣。人受命于天,固超然异于群生,入有父子兄弟之亲,出有君臣上下之谊,会聚相遇,则有耆老长幼之施,粲然有文以相接,欢然有恩以相爱,此人之所以贵也。生五谷以食之,桑麻以衣之,六畜以养之,服牛乘马,圈豹槛虎,是其得天之灵,贵于物也。故孔子曰:"天地之性人为贵。"明于天性,知自贵于物;知自贵于物,然后知仁谊;知仁谊,然后重礼节;重礼节,然后安处善;安处善,然后乐循理;乐循理,然后谓之君子。故孔子曰:"不知命,亡以为君子",此之谓也。

册曰:"上嘉唐、虞,下悼桀、纣,浸微浸灭浸明浸昌之道,虚心以改。"臣闻众少成多,积小致巨,故圣人莫不以晻致明,以微致显。是以尧发于诸侯,舜兴乎深山,非一日而显也,盖有渐以致之矣。言出于已,不可塞也;行发于身,不可掩也。言行,治之大者,君子之所以动天地也。故尽小者大,慎微者著。《诗》云:"惟此文王,小心翼翼。"故尧兢兢日行其道,而舜业业日致其孝,善积而名显,德章而身尊,以其浸明浸昌之道也。积善在身,犹长日加益,而人不知也;积恶在身,犹火之销膏,而人不见也。非明乎情性察乎流俗者,孰能知之? 此唐、虞之所以得令名,而桀、纣之可为悼惧者也。夫善恶之相从,如景乡之应形声也。故桀、纣暴谩,逸贼并进,贤知隐伏,恶日显,国日乱,晏然自以如日在天,终陵夷而大坏。夫暴逆不仁者,非一日而亡也,亦以渐至,故桀、纣虽亡道,然犹享国十余年,此其浸微浸灭之道也。

册曰:"三王之教所祖不同,而皆有失,或谓久而不易者道也,意岂异哉?"臣闻夫乐而不乱复而不厌者谓之道;道者万世亡弊,弊者道之失也。先王之道必有偏而不起之处,故政有眊而不行,举其偏者以补其弊而已矣。三王之道所祖不同,非其相反,将以救溢扶衰,所遭之变然也。故孔子曰:"亡为而治者,其舜乎!"改正朔,易服色,以顺天命而已;其余尽循尧道,何更为哉!故王者有改制之名,亡变道之实。然夏上忠,殷上敬,周上文者,所继之救,当用此也。孔子曰:"殷因于夏礼,所损益可知也;周因于殷礼,所损益可知也;其或继周者,虽百世可知也。"此言百王之用,以此三者矣。夏因于虞,而独不言所损益者,其道如一而所上同也。道之大原出于天,天不变,道亦不变,是以禹继舜,舜继尧,三圣相受而守一道,亡救弊之政也,故不言其所损益也。繇是观之,继治世者其道同,继乱世者其道变。今汉继大乱之后,若宜少损周之文致,用夏之忠者。

陛下有明德嘉道,愍世欲之靡薄,悼王道之不昭,故举贤良方正之士,论议考问,将欲兴仁谊之休德,明帝王之法制,建太平之道也。臣愚不肖,述所闻,诵所学,道师之言,廑能勿失耳。若乃论政事之得失,察天下之息耗,此大臣辅佐之职,三公九卿之任,非臣仲舒所能及也。然而臣窃有怪者。夫古之天下亦今之天下,今之天下亦古之天下,共是天下,古以大治,上下和睦,习俗美盛,不令而行,不禁而止,吏亡奸邪,民亡盗贼,囹圄空虚,德润草木,泽被四海,凤皇来集,麒麟来游,以古准今,壹何不相逮之远也!安所缪盭而陵夷若是?意者有所失于古之道与?有所诡于天之理与?试迹之于古,返之于天,党可得见乎?

夫天亦有所分予,予之齿者去其角,傅其翼者两其足,是所受大者不得取小也。古之所予禄者,不食于力,不动于末,是亦受大者不得取小,与天同意者也。夫已受大,又取小,天不能足,而况人乎!此民之所以嚣嚣苦不足也。身宠而载高位,家温而食厚禄,因乘富贵之资力,以与民争利于下,民安能如之哉!是故众其奴婢,多其牛羊,广其田宅,博其产业,畜其积委,务此而亡已,以迫蹴民,民日削月朘,浸以大穷。富者奢侈羡溢,贫者穷急愁苦;穷急愁苦而上不救,则民不乐生;民不乐生,尚不避死,安能避罪!此刑罚之所以蕃而奸邪不可胜者也。故受禄之家,食禄而已,不与民争业,然后利可均布,而民可家足。此上天之理,而亦太古之道,天子之所宜法以为制,大夫之所当循以为行也。故公仪子相鲁,之其家见织帛,怒而出其妻,食于舍而茹葵,愠而拔其葵,曰:"吾已食禄,又夺园夫红女利乎!"古之贤人君子在列位者皆如是,是故下高其行而从其教,民化其廉而不贪鄙。及至周室之衰,其卿大夫缓于谊而急于利,亡推让之风而有争田之讼。故诗人疾而刺之,曰:"节彼南山,惟石岩岩,赫赫师尹,民具尔瞻。"尔好谊,则民乡仁而俗善;尔好利,则民好邪而俗败。由是观之,天子大夫者,下民之所视效,远方之所四面而内望也。近者视而放之,远者望而效之,岂可以居贤人之位而为庶人行哉! 夫皇皇求财利常恐乏匮者,庶人之意也;皇皇求仁义常恐不能化民者,大夫之意也。《易》曰:"负且乘,致寇至。"乘车者君子之位也,负担者小人之事也,此言居君子之位而为庶人之行者,其患祸必至也。若居君子之位,当君子之行,则舍公仪休之相鲁,亡可为者矣。

《春秋》大一统者,天地之常经,古今之通谊也。今师异道,人异论,百家殊方,指意不同,是以上亡以持一统;法制数变,下不知所守。臣愚以为诸不在六艺之科孔子之术者,皆绝其道,勿使并进。邪辟之说灭息,然后统纪可一而法度可明,民知所从矣。

对既毕,天子以仲舒为江都相,事易王。易王,帝兄,素骄,好勇。仲舒以礼谊匡正,王敬重焉。久之,王问仲舒曰:"粤王句践与大夫泄庸、种、蠡谋伐吴,遂灭之。孔子称殷有三仁,寡人亦以为粤有三仁。桓公决疑于管仲,寡人决疑于君。"仲舒对曰:"臣愚不足以奉大对。闻昔者鲁君问柳下惠:'吾欲伐齐,何如?'柳下惠曰:'不可。'归而有忧色,曰:'吾闻伐国不问仁人,此言何为至于我哉!'徒见问耳,且犹羞之,况设诈以伐吴乎?由此言之,粤本无一仁。夫仁人者,正其谊不谋其利,明其道不计其功。是以仲尼之门,五尺之童羞称五伯,为其先诈力而后仁谊也。苟为诈而已,故不足称于大君子之门也。五伯比于他诸侯为贤,其比三王,犹武夫之与美玉也。"王曰:"善。"

仲舒治国,以《春秋》灾异之变推阴阳所以错行,故求雨,闭诸阳,纵诸阴,其止雨反是;行之一国,未尝不得所欲。中废为中大夫。先是辽东高庙、长陵高园殿灾,仲舒居家推说其意,草稿未上,主父偃候仲舒,私见,嫉之,窃其书而奏焉。上召视诸儒,仲舒弟子吕步舒不知其师书,以为大愚。于是下仲舒吏,当死,诏赦之,仲舒遂不敢复言灾异。

仲舒为人廉直。是时方外攘四夷,公孙弘治《春秋》不如仲舒,而弘希世用事,位至公卿。仲舒以弘为从谀,弘嫉之。胶西王亦上兄也,尤纵恣,数害吏二千石。弘乃言于上曰:"独董仲舒可使相胶西王。"胶西王闻仲舒大儒,善待之。仲舒恐久获罪,病免。凡相两国,辄事骄王,正身以率下,数上疏谏争,教令国中,所居而治。及去位归居,终不问家产业,以修学著书为事。

仲舒在家,朝廷如有大议,使使者及廷尉张汤就其家而问之,其对皆有明法。自武帝初立,魏其、武安侯为相而隆儒矣。及仲舒对册,推明孔氏,抑黜百家。立学校之官,州郡举茂材孝廉,皆自仲舒发之。年老,以寿终于家。家徙茂陵,子及孙皆以学至大官。

仲舒所著,皆明经术之意,及上疏条教,凡百二十三篇。而说《春秋》事得失,《闻举》、《玉杯》、《蕃露》、《清明》、《竹林》之属,复数十篇,十余万言,皆传于后世。掇其切当世施朝廷者著于篇。

赞曰:刘向称:"董仲舒有王佐之材,虽伊、吕亡以加,管、晏之属,伯者之佐,殆不及也。"至向子歆以为:"伊、吕乃圣人之耦,王者不得则不兴。故颜渊死,孔子曰'噫!天丧余。'唯此一人为能当之,自宰我、子赣、子夏不与焉。"仲舒遭汉承秦灭学之后,《六经》离析,下帷发愤,潜心大业,令后学者有所统壹,为群儒首。然考其师友渊源所渐,犹未及乎游、夏,而曰管、晏弗及,伊、吕不加,过矣。"至向曾孙龚,笃论君子也,以歆之言为然。

卷五十七上
司马相如传第二十七上

司马相如字长卿,蜀郡成都人也。少时好读书,学击剑,名犬子。相如既学,慕蔺相如之为人也,更名相如。以訾为郎,事孝景帝,为武骑常侍,非其好也。会景帝不好辞赋,是时梁孝王来朝,从游说之士齐人邹阳、淮阴枚乘、吴严忌夫子之徒,相如见而说之,因病免,客游梁,得与诸侯游士居,数岁,乃著《子虚之赋》。

会梁孝王薨,相如归,而家贫无以自业。素与临邛令王吉相善,吉曰:"长卿久宦游,不遂而困,来过我。"于是相如往舍都亭。临邛令缪为恭敬,日往朝相如。相如初尚见之,后称病,使从者谢吉,吉愈益谨肃。

临邛多富人,卓王孙僮客八百人,程郑亦数百人,乃相谓曰:"令有贵客,为具召之。并召令。"令既至,卓氏客以百数,至日中请司马长卿,长卿谢病不能临。临邛令不敢尝食,身自迎相如,相如为不得已而强往,一坐尽倾。酒酣,临邛令前奏琴曰:"窃闻长卿好之,愿以自娱。"相如辞谢,为鼓一再行。是时,卓王孙有女文君新寡,好音,故相如缪与令相重而以琴心挑之。相如时从车骑,雍容闲雅,甚都。及饮卓氏弄琴,文君窃从户窥,心说而好之,恐不得当也。既罢,相如乃令侍人重赐文君侍者通殷勤。文君夜亡奔相如,相如与驰归成都。家徒四壁立。卓王孙大怒曰:"女不材,我不忍杀,一钱不分也!"人或谓王孙,王孙终不听。文君久之不乐,谓长卿曰:"弟俱如临邛,从昆弟假贷,犹足以为生,何至自苦如此!"相如与俱之临邛,尽卖车骑,买酒舍,乃令文君当卢。相如身自著犊鼻裈,与庸保杂作,涤器于市中。卓王孙耻之,为杜门不出。昆弟诸公更谓王孙:"有一男两女,所不足者非财也。今文君既失身于司马长卿,长卿故倦游,虽贫,其人材足依也。且又令客,奈何相辱如此!"卓王孙不得已,分与文君僮百人,钱百万,及其嫁时衣被财物。文君乃与相如归成都,买田宅,为富人。

居久之,蜀人杨得意为狗监,侍上。上读《子虚赋》而善之,曰:"朕独不得与此人同时哉!"得意曰:"臣邑人司马相如自言为此赋。"上惊,乃召问相如。相如曰:"有是。然此诸侯之事,未足观,请为天子游猎之赋。"上令尚书给笔札,相如以"子虚",虚言也,为楚称;"乌有先生"者,乌有此事也,为齐难;"亡是公"者,亡是人也,欲明天子之义。故虚借此三人为辞,以推天子诸侯之苑囿。其卒章归于节俭,因以风谏。奏之天子,天子大说。其辞曰:

楚使子虚使于齐,齐王悉发车骑与使者出田。田罢,子虚过姹乌有先生,亡是公存焉。坐定,乌有先生问曰:"今日田乐乎?"子虚曰:"乐。""获多乎?"曰:"少。""然则何乐?"对曰:"仆乐王之欲夸仆以车骑之众,而仆对以云梦之事也。"曰:"可得闻乎?"

子虚曰:"可。王驾车千乘,选徒万骑,田于海滨。列卒满泽,罘罔弥山。掩菟辚鹿,射麇格麟,骛于盐浦,割鲜染轮。射中获多,矜而自功,顾谓仆曰:'楚亦有平原广泽游猎之地饶乐若此者乎?楚王之猎孰与寡人?'仆下车对曰:'臣,楚国之鄙人也,幸得宿卫十有余年,时从出游,游于后园,览于有无,然犹未能遍睹也。又乌足以言其外泽乎?'齐王曰:'虽然,略以子之所闻见言之。'

"仆对曰:'唯唯。臣闻楚有七泽,尝见其一,未睹其余也。臣之所见,盖特其小小者耳,名曰云梦。云梦者,方九百里,其中有山焉。其山则盘纡茀郁,隆崇律崒;岑崟参差,日月蔽亏;交错纠纷,上干青云;罢池陂陁,下属江河。其土则丹青赭垩,雌黄白坿,锡碧金银,众色炫耀,照烂龙鳞。其石则赤玉玫瑰,琳珉昆吾,瑊玏玄厉,碝石武夫。其东则有蕙圃,衡兰芷若,穹穷昌蒲,江离蘪芜,诸柘巴苴。其南则有平原广泽,登降陁靡,案衍坛曼,缘以大江,限以巫山。其高燥则生葳析苞荔,薛莎青薠。其埤湿则生藏莨蒹葭,东蘠雕胡,莲藕觚卢,奄闾轩芋。众物居之,不可胜图。其西则有涌泉清池,激水推移,外发芙蓉菱华,内隐巨石白沙。其中则有神龟蛟鼍,瑇瑁鳖鼋。其北则有阴林巨树,楩柟豫章,桂椒木兰,蘗离朱杨,樝梨梬栗,橘柚芬芳。其上则有宛雏孔鸾,腾远射干。其下则有白虎玄豹,蟃蜒貙犴。

"于是乎乃使剸诸之伦,手格此兽。楚王乃驾驯驳之驷,乘雕玉之舆,靡鱼须之桡旃,曳明月之珠旗,建干将之雄戟,左乌号之雕弓,右夏服之劲箭,阳子骖乘,纤阿为御,案节未舒,即陵狡兽,蹴蛩蛩,轔距虚,轶野马,轊騊駼;乘遗风,射游骐,倏眒倩浰,雷动炎至,星流电击,弓不虚发,中必决眦,洞胸达掖,绝乎心系,获若雨兽,揜草蔽地。于是楚王乃弭节徘徊,翱翔容与,览乎阴林,观壮士之暴怒,与猛兽之恐惧,徼郤受诎,殚睹众物之变态。

"于是郑女曼姬,被阿锡,揄纻缟,杂纤罗,垂雾縠,襞积褰绉,郁桡谿谷,衯衯裶裶,扬衪戍削,蜚纤垂髾;扶舆猗靡,翕呷萃蔡,下摩兰蕙,上拂羽盖;错翡翠之葳甤,缪绕玉绥;眇眇忽忽,若神之仿佛。

"于是乃群相与獠于蕙圃,媻姗勃窣,上金堤,揜翡翠,射鵔鸃,微矰出,纤缴施,弋白鹄,连驾鹅,双鸧下,玄鹤加。怠而后游于清池,浮文鹢,扬旌栧,张翠帷,建羽盖。罔瑇瑁,钓紫贝,扢金鼓,吹鸣籁,榜人歌,声流喝,水虫骇,波鸿沸,涌泉起,奔扬会,礧石相击,琅琅礚礚,若雷霆之声,闻乎数百里外。

"将息獠者,击灵鼓,起烽燧,车案行,骑就队,缅乎淫淫,般乎裔裔。于是楚王乃登阳云之台,泊乎无为,憺乎自持,勺药之和具而后御之。不若大王终日驰骋,曾不下舆,脟割轮焠,自以为娱。臣窃观之,齐殆不如。'于是王无以应仆也。"

乌有先生曰:"是何言之过也!足下不远千里,来贶齐国,王悉境内之士,备车骑之众,与使者出田,乃欲戮力致获,以娱左右也,何名为夸哉!问楚地之有无者,愿闻大国之风烈,先生之余论也。今足下不称楚王之德厚,而盛推云梦以为骄,奢言淫乐而显侈靡,窃为足下不取也。必若所言,固非楚国之美也。有而言之,是章君之恶也;无而言之,是害足下之信也。章君恶,伤私义,二者无一可,而先生行之,必且轻于齐而累于楚矣。且齐东陼巨海,南有琅邪,观乎成山,射乎之罘,浮勃澥,游孟诸,邪与肃慎为邻,右以汤谷为界。秋田乎青丘,仿偟乎海外,吞若云梦者八九,其于匈中曾不蒂芥。若乃俶傥瑰玮,异方殊类,珍

怪鸟兽,万端鳞崪,充仞其中者,不可胜记,禹不能名,卨不能计。然在诸侯之位,不敢言游戏之乐,苑囿之大;先生又见客,是以王辞不复,何为无以应哉!"

亡是公听然而笑曰:"楚则失矣,而齐亦未为得也。夫使诸侯纳贡者,非为财币,所以述职也;封疆画界者,非为守御,所以禁淫也。今齐列为东蕃,而外私肃慎,捐国隃限,越海而田,其于义固未可也。且二君之论,不务明君臣之义,正诸侯之礼,徒事争于游戏之乐,苑囿之大,欲以奢侈相胜,荒淫相越,此不可以扬名发誉,而适足以贬君自损也。

"且夫齐、楚之事又乌足道乎!君未睹夫巨丽也,独不闻天子之上林乎?左苍梧,右西极,丹水更其南,紫渊径其北。终始霸、产,出入泾、渭、酆、镐、潦、潏,纡余委蛇,经营其内。荡荡乎八川分流,相背异态,东西南北,驰骛往来,出乎椒丘之阙,行乎州淤之浦,径乎桂林之中,过乎泱莽之野,汩乎混流,顺阿而下,赴隘狭之口,触穹石,激堆埼,沸乎暴怒,汹涌澎湃,滭弗宓汩,逼侧泌㴸,横流逆折,转腾潎洌,滂濞沆溉,穹隆云桡,宛潬胶盭,逾波趋浥,莅莅下濑,批岩冲拥,奔扬滞沛,临坻注壑,瀺灂霣坠,沈沈隐隐,砰磅訇磕,潏潏淈淈,湁潗鼎沸,驰波跳沫,汩㶁漂疾,悠远长怀。寂漻无声,肆乎永归。然后灏溔潢漾,安翔徐徊,翯乎滈滈,东注大湖,衍溢陂池。于是蛟龙赤螭,䱜鳙渐离,鰅鳙鳑魠,禺禺魼鳎,揵鳍掉尾,振鳞奋翼,潜处乎深岩。鱼鳖欢声,万物众伙。明月珠子,的砾江靡,蜀石黄硬,水玉磊砢,磷磷烂烂,采色澔汗,丛积乎其中。鸿鹔鹄鸨,鴐鹅属玉,交精旋目,烦鹜庸渠,箴疵䴔卢,群浮乎其上。泛淫泛滥,随风澹淡,与波摇荡,奄薄水陼,唼喋菁藻,咀嚼菱藕。

"于是乎崇山矗矗,龍嵸崔巍,深林巨木,崭岩参差。九嵕嶻嶭,南山峨峨,岩陁甗锜,摧崣崛崎,振溪通谷,蹇产沟渎,谽呀豁閜,阜陵别隝,崴磈嵔廆,丘虚堀礨,隐辚郁䃌,登降施靡,陂池貏豸。沇溶淫鬻,散涣夷陆,亭皋千里,靡不被筑。掩以绿蕙,被以江离,糅以蘪芜,杂以留夷。布结缕,攒戾莎,揭车衡兰,稿本射干,茈姜蘘荷,葴持若荪,鲜支黄砾,蒋芧青薠,布濩闳泽,延曼太原,离靡广衍,应风披靡,吐芳扬烈,郁郁菲菲,众香发越,肸蚃布写,晻薆咇咈。

"于是乎周览泛观,缤纷轧芴,芒芒恍忽,视之无端,察之无涯。日出东沼,入乎西陂。其南则隆冬生长,涌水跃波;其兽则庸旄貘嫠,沈牛麈麋,赤首圜题,穷奇象犀。其北则盛夏含冻裂地,涉冰揭河;其兽则麒麟角端,騊駼橐驼,蛩蛩驒騱,駃騠驴骡。

"于是乎离宫别馆,弥山跨谷,高廊四注,重坐曲阁,华榱璧珰,辇道䌰属,步檐周流,长途中宿。夷嵏筑堂,累台增成,岩突洞房。俯杳眇而无见,仰攀橑而扪天,奔星更于闺闼,宛虹拖于楯轩。青龙蚴蟉于东箱,象舆婉僤于西清,灵圉燕于闲馆,偓佺之伦暴于南荣,醴泉涌于清室,通川过于中庭。磐石裖崖,嵚岩倚倾,嵯峨磼嶫,刻削峥嵘,玫瑰碧琳,珊瑚丛生,珉

玉旁唐,玢豳文磷,赤瑕驳荦,杂臿其间,朝采琬琰,和氏出焉。

"于是乎卢橘夏孰,黄甘橙楱,枇杷橪柿,亭柰厚朴,梬枣杨梅,樱桃蒲陶,隐夫薁棣,荅遝离支,罗乎后宫,列乎北园,虵丘陵,下平原,扬翠叶,扤紫茎,发红华,垂朱荣,煌煌扈扈,照曜巨野。沙棠栎槠,华枫枰栌,留落胥邪,仁频并闾,欃檀木兰,豫章女贞,长千仞,大连抱,夸条直畅,实叶俊茂,攒立丛倚,连卷櫩佹,崔错癹骫,坑衡閜砢,垂条扶疏,落英幡䍿,纷溶箾蔘,猗柅从风,藰莅卉歙,盖象金石之声,管籥之音。柴池茈虒,旋还乎后宫,杂袭累辑,被山缘谷,循阪下隰,视之无端,究之亡穷。

"于是乎玄猨素雌,蜼玃飞蠝,蛭蜩蠼蝚,螹胡縠蛫,栖息乎其间。长啸哀鸣,翩幡互经,夭蟜枝格,偃蹇杪颠,逾绝梁,腾殊榛,捷垂条,掉希间,牢落陆离,爛漫远迁。

"若此者数百千处,娱游往来,宫宿馆舍,庖厨不徙,后宫不移,百官备具。

"于是乎背秋涉冬,天子校猎。乘镂象,六玉虬,拖蜺旌,靡云旗,前皮轩,后道游;孙叔奉辔,卫公参乘,扈从横行,出乎四校之中。鼓严簿,纵猎者,江河为阹,泰山为橹,车骑雷起,殷天动地,先后陆离,离散别追。淫淫裔裔,缘陵流泽,云布雨施。生貔豹,搏豺狼,手熊罴,足野羊,蒙鶡苏,绔白虎,被斑文,跨野马,陵三嵏之危,下碛历之坻,径峻赴险,越壑厉水。推蜚廉,弄解豸,格虾蛤,铤猛氏,羂要袅,射封豕。箭不苟害,解脰陷脑,弓不虚发,应声而倒。

"于是乘舆弭节徘徊,翱翔往来,睨部曲之进退,览将帅之变态。然后侵淫促节,倏夐远去,流离轻禽,蹴履狡兽,轊白鹿,捷狡兔,轶赤电,遗光耀,追怪物,出宇宙,弯蕃弱,满白羽,射游枭,栎蜚遽。择肉而后发,先中而命处,弦矢分,艺殪仆。

"然后扬节而上浮,陵惊风,历骇猋,乘虚亡,与神俱,蔺玄鹤,乱昆鸡,遒孔鸾,促鵕䴊,拂翳鸟,捎凤凰,捷鹓鶵,掩焦明。

"道尽涂殚,回车而还。消摇乎襄羊,降集乎北紘,率乎直指,揗乎反乡,蹷石关,历封峦,过鳷鹊,望露寒,下堂梨,息宜春,西驰宣曲,濯鹢牛首,登龙台,掩细柳,观士大夫之勤略,钧猎者之所得获。徒车之所閵轹,骑之所蹂若,人之所蹈藉,与其穷极倦却,惊惮詟伏,不被创刃而死者,它它藉藉,填坑满谷,掩平弥泽。

"于是乎游戏懈怠,置酒乎颢天之台,张乐乎胶葛之寓,撞千石之钟,立万石之虡,建翠华之旗,树灵鼍之鼓,奏陶唐氏之舞,听葛天氏之歌,千人倡,万人和,山陵为之震动,川谷为之荡波。巴、俞、宋、蔡,淮南《干遮》,文成颠歌,族居递奏,金鼓迭起,铿鎗闛鞈,洞心骇耳。荆、吴、郑、卫之声,《韶》、《濩》、《武》、《象》之乐,阴淫案衍之音,鄢、郢缤纷,《激楚》、《结风》,俳优侏儒,狄鞮之倡,所以娱耳目乐心意者,丽靡烂漫于前,靡曼美色于后。

"若夫青琴、虙妃之徒,绝殊离俗,妖冶闲都,靓庄刻饰,便嬛绰约,柔桡嫚嫚,妩媚纤弱,曳独茧之褕袣,眇阎易以恤削,便姗嫳屑,与世殊服,芬芳沤郁,酷烈淑郁,皓齿粲烂,宜笑的皪,长眉连娟,微睇绵藐,色授魂予,心愉于侧。

"于是酒中乐酣,天子芒然而思,似若有亡,曰:'嗟乎,此大奢侈!朕以览听余闲,无事弃日,顺天道以杀伐,时休息于此,恐后世靡丽,遂往而不返,非所以为继嗣创业垂统也。'于是乎乃解酒罢猎,而命有司曰:"地可垦辟,悉为农郊,以赡氓隶,隤墙填堑,使山泽之民得至焉。实陂池而勿禁,虚宫馆而勿仞。发仓廪以救贫穷,补不足,恤鳏寡,存孤独。出德号,省刑罚,改制度,易服色,革正朔,与天下为始。'

"于是历吉日以斋戒,袭朝服,乘法驾,建华旗,鸣玉鸾,游于六艺之囿,驰骛乎仁义之涂,览观《春秋》之林,射《貍首》,兼《驺虞》,弋玄鹤,舞干戚,戴云罕,揜群雅,悲《伐檀》,乐乐胥,修容乎《礼》园,翱翔乎《书》圃,述《易》道,放怪兽,登明堂,坐清庙,恣群臣,奏得失,四海之内,靡不受获。于斯之时,天下大说,乡风而听,随流而化,㴠然兴道而迁义,刑错而不用,德隆于三皇,功羡于五帝。若此,故猎乃可喜也。

"若夫终日驰骋,劳神苦形,罢车马之用,抏士卒之精,费府库之财,而无德厚之恩,务在独乐,不顾众庶,忘国家之政,贪雉菟之获,则仁者不由也。从此观之,齐、楚之事,岂不哀哉!地方不过千里,而囿居九百,是草木不得垦辟,而民无所食也。夫以诸侯之细,而乐万乘之所侈,仆恐百姓被其尤也。"

于是二子愀然改容,超若自失,逡巡避席,曰:"鄙人固陋,不知忌讳,乃今日见教,谨受命矣。"

赋奏,天子以为郎。亡是公言上林广大,山谷水泉万物,及子虚言云梦所有甚众,侈靡多过其实,且非义理所止,故删取其要,归正道而论之。

卷五十七下
司马相如传第二十七下

相如为郎数岁,会唐蒙使略通夜郎,僰中,发巴、蜀吏卒千人,郡又多为发转漕万余人,用军兴法诛其渠率。巴、蜀民大惊恐。上闻之,乃遣相如责唐蒙等,因谕告巴、蜀民以非上意。檄曰:

告巴、蜀太守:蛮夷自擅,不讨之日久矣,时侵犯边境,劳士大夫。陛下即位,存抚天下,集安中国,然后兴师出兵,北征匈奴,单于怖骇,交臂受事,屈膝请和。康居西域,重译纳贡,稽首来享。移师东指,闽越相诛;右吊番禺,太子入朝。南夷之君,西僰之长,常效贡职,不敢惰怠,延颈举踵,喁喁然,皆乡风慕义,欲为臣妾,道里辽远,山川阻深,不能自致。夫不顺者已诛,而为善者未赏,故遣中郎将往宾之,发巴、蜀之士各五百人以奉币,卫使者不然,靡有兵革之事,战斗之患。今闻其乃发军兴制,惊惧子弟,忧患长老,郡又擅为转粟运输,皆非陛下之意也。当行者或亡逃自贼杀,说非人臣之节也。

夫边郡之士,闻烽举燧燔,皆摄弓而驰,荷兵而走,流汗相属,惟恐居后,触白刃,冒流矢,议不反顾,计不旋踵,人怀怒心,如报私仇。彼岂乐死恶生,非编列之民,而与巴、蜀异主哉?计深虑远,急国家之难,而乐尽人臣之道也。故有剖符之封,析圭而爵,位为通侯,居列东第。终则遗显号于后世,传土地于子孙,事行甚忠敬,居位甚安佚,名声施于无穷,功烈著而不灭。是以贤人君子,肝脑涂中原,膏液润野草而不辞也。今奉币使至南夷,即自贼杀,或亡逃抵诛,身死无名,谥为至愚,耻及父母,为天下笑。人之度量相越,岂不远哉!然此非独行者之罪也,父兄之教不先,子弟之率不谨,寡廉鲜耻,而俗不长厚也。其被刑戮,不亦宜乎!

陛下患使者有司之若彼,悼不肖愚民之如此,故遣信使,晓谕百姓以发卒之事,因数之以不忠死亡之罪,让三老孝弟以不教诲之过。方今田时,重烦百姓,已亲见近县,恐远所谿谷山泽之民不遍闻,檄到,亟下县道,咸谕陛下意,毋忽!

相如还报。唐蒙已略通夜郎,因通西南夷道,发巴、蜀、广汉卒,作者数万人。治道二岁,道不成,士卒多物故,费以亿万计。蜀民及汉用事者多言其不便。是时邛、筰之君长闻南夷与汉通,得赏赐多,多欲愿为内臣妾,请吏,比南夷。上问相如,相如曰:"邛、筰、冉、駹者近蜀,道易通,异时尝通为郡县矣,至汉兴而罢。今诚复通,为置县,愈于南夷。"上以为然,乃拜相如为中郎将,建节往使。副使者王然于、壶充国、吕越人,驰四乘之传,因巴、蜀吏币物以赂西南夷。至蜀,太守以下郊迎,县令负弩矢先驱,蜀人以为宠。于是卓王孙、临邛诸公皆因门下献牛、酒以交欢。卓王孙喟然而叹,自以得使女尚司马长卿晚,乃厚分与其女财,与男等。相如使略定西南夷,邛、筰、冉、駹、斯榆之君皆请为臣妾,除边关,边关益斥,西至沫、若水,南至牂柯为徼,通灵山道,桥孙水,以通邛、筰。还报,天子大说。

相如使时,蜀长老多言通西南夷之不为用,大臣亦以为然。相如欲谏,业已建之,不敢,乃著书,借蜀父老为辞,而已诘难之,以风天子,且因宣其使指,令百姓皆知天子意。其辞曰:

汉兴七十有八载,德茂存乎六世,威武纷云,湛恩汪濊,群生沾濡,洋溢乎方外。于是乃命使西征,随流而攘,风之所被,罔不披靡。因朝冉从駹,定筰存邛,略斯榆,举苞蒲,结轨还辕,东乡将报,至于蜀都。

耆老大夫搢绅先生之徒二十有七人,俨然造焉。辞毕,进曰:"盖闻天子之于夷狄也,其义羁縻勿绝而已。今罢三郡之士,通夜郎之涂,三年于兹,而功不竟,士卒劳倦,万民不赡;今又接之以西夷,百姓力屈,恐不能卒业,此亦使者之累也,窃为左右患之。且

夫邛、筰、西僰之与中国并也,历年兹多,不可记已。仁者不以德来,强者不以力并,意者殆不可乎!今割齐民以附夷狄,弊所恃以事无用,鄙人固陋,不识所谓。"

使者曰:"乌谓此乎?必若所云,则是蜀不变服而巴不化俗也,仆尚恶闻若说。然斯事体大,固非观者之所覼也。余之行急,其详不可得闻已。请为大夫粗陈其略:

"盖世必有非常之人,然后有非常之事;有非常之事,然后有非常之功。非常者,固常人之所异也。故曰非常之元,黎民惧焉;及臻厥成,天下晏如也。

"昔者,洪水沸出,泛滥衍溢,民人升降移徙,崎岖而不安。夏后氏戚之,乃堙洪原,决江疏河,洒沈澹灾,东归之于海,而天下永宁。当斯之勤,岂惟民哉?心烦于虑,而身亲其劳,躬胝胼胝无胈,肤不生毛,故休烈显乎无穷,声称浃乎于兹。

"且夫贤君之践位也,岂特委琐握踚,拘文牵俗,循诵习传,当世取说云尔哉!必将崇论闳议,创业垂统,为万世规。故驰骛乎兼容并包,而勤思乎参天贰地。且《诗》不云乎:'普天之下,莫非王土;率土之滨,莫非王臣。'是以六合之内,八方之外,浸淫衍溢,怀生之物有不浸润于泽者,贤君耻之。今封疆之内,冠带之伦,咸获嘉祉,靡有阙遗矣。而夷狄殊俗之国,辽绝异党之域,舟车不通,人迹罕至,政教未加,流风犹微,内之则犯义侵礼于边境,外之则邪行横作,放杀其上,君臣易位,尊卑失序,父兄不辜,幼孤为奴虏,系累号泣。内乡而怨,曰:'盖闻中国有至仁焉,德洋恩普,物靡不得其所,今独曷为遗己!'举踵思慕,若枯旱之望雨,盭夫为之垂涕,况乎上圣,又乌能已?故北出师以讨强胡,南驰使以诮劲越。四面风德,二方之君鳞集仰流,愿得受号者以亿计。故乃关沫、若,徼牂柯,镂灵山,梁孙原,创道德之涂,垂仁义之统,将博恩广施,远抚长驾,使疏逖不闭,曶爽暗昧得耀乎光明,以偃甲兵于此,而息讨伐于彼。遐迩一体,中外禔福,不亦康乎?夫拯民于沈溺,奉至尊之休德,反衰世之陵夷,继周氏之绝业,天子之急务也。百姓虽劳,又恶可以已哉?

"且夫王者固未有不始于忧勤,而终于佚乐者也。然则受命之符合在于此。方将增太山之封,加梁父之事,鸣和鸾,扬乐颂,上咸五,下登三。观者未睹指,听者未闻音,犹焦朋已翔乎寥廓,而罗者犹视乎薮泽,悲夫!"

于是诸大夫茫然丧其所怀来,失厥所以进,喟然并称曰:"允哉汉德,此鄙人之所愿闻也。百姓虽劳,请以身先之。"敞罔靡徙,迁延而辞避。

其后人有上书言相如使时受金,失官。居岁余,复召为郎。

相如口吃而善著书。常有消渴病。与卓氏婚,饶于财。故其仕宦,未尝肯与公卿国家之事,常称疾闲居,不慕官

爵。尝从上至长杨猎。是时天子方好自击熊豕,驰逐野兽,相如因上疏谏。其辞曰:

臣闻物有同类而殊能者,故力称乌获,捷言庆忌,勇期贲、育。臣之愚,窃以为人诚有之,兽亦宜然。今陛下好陵阻险,射猛兽,卒然遇逸材之兽,骇不存之地,犯属车之清尘,舆不及还辕,人不暇施巧,虽有乌获、逢蒙之技不能用,枯木朽株尽为难矣。是胡越起于毂下,而羌夷接轸也,岂不殆哉!虽万全而无患,然本非天子之所宜近也。

且夫清道而后行,中路而驰,犹时有衔橜之变。况乎涉丰草,骋丘虚,前有利兽之乐,而内无存变之意。其为害也不亦难矣!夫轻万乘之重不以为安,乐出万有一危之涂以为娱,臣窃为陛下不取。

盖明者远见于未萌,而知者避危于无形,祸固多藏于隐微而发于人之所忽者也。故鄙谚曰:"家累千金,坐不垂堂。"此言虽小,可以谕大。臣愿陛下留意幸察。

上善之。还过宜春宫,相如奏赋以哀二世行失。其辞曰:

登陂陁之长阪兮,坌入曾宫之嵯峨。临曲江之陼州兮,望南山之参差。岩岩深山之谾谾兮,通谷豁乎谷谺。汩淢靸以永逝兮,注平皋之广衍。观众树之蓊薆兮,览竹林之榛榛。东驰土山兮,北揭石濑。弭节容与兮,历吊二世。持身不谨兮,亡国失势;信谗不寤兮,宗庙灭绝。乌乎!操行之不得,墓芜秽而不修兮,魂亡归而不食。

相如拜为孝文园令。上既美子虚之事,相如见上好仙,因曰:"上林之事未足美也,尚有靡者。臣尝为《大人赋》,未就,请具而奏之。"相如以为列仙之儒居山泽间,形容甚臞,此非帝王之仙意也,乃遂奏《大人赋》。其辞曰:

世有大人兮,在乎中州。宅弥万里兮,曾不足以少留。悲世俗之迫隘兮,揭轻举而远游。乘绛幡之素蜺兮,载云气而上浮。建格泽之修竿兮,总光耀之采旄。垂旬始以为㠾兮,曳彗星而为髾。掉指桥以偃蹇兮,又猗抳以招摇。揽欃枪以为旌兮,靡屈虹而为绸。红杳眇以玄湣兮,猋风涌而云浮。驾应龙象舆之蠖略委丽兮,骖赤螭青虬之蚴蟉宛蜒。低卬夭蟜裾以骄骜兮,诎折隆穷蠖以连卷。沛艾赳螑仡以怡㠯兮,放散畔岸骧以孱颜。跮踱辌辖容以骶丽兮,蜩蟉偃寋怵槸以梁倚。纠蓼叫奡踏以艐路兮,蔑蒙踊跃腾而狂趡。莅飒卉歙熛至电过兮,焕然雾除,霍然云消。

邪绝少阳而登太阴兮,与真人乎相求。互折窈窕以右转兮,横厉飞泉以正东。悉征灵圉而选之兮,部署众神于摇光。使五帝先导兮,反大壹而从陵阳。左玄冥而右黔雷兮,前长离而后矞皇。厮征伯侨而役羡门兮,诏岐伯使尚方。祝融警而跸御兮,清气氛而后行。屯余车而万乘兮,綷云盖而树华旗。使句芒其将行兮,吾欲往乎南娭。

历唐尧于崇山兮,过虞舜于九疑。纷湛湛其差错兮,杂遝胶辀以方驰。骚扰冲苁其纷挐兮,滂濞泱轧丽以林离。攒罗列聚丛以茏茸兮,衍曼流烂痑以陆离。径入雷室之砰磷郁律兮,洞出鬼谷之堀礨威魁。遍览八纮而观四海兮,朅度九江越五河。经营炎火而浮弱水兮,杭绝浮渚涉流沙。奄息葱极泛滥水嬉兮,使灵娲鼓琴而舞冯夷。时若曖曖将混浊兮,召屏翳诛风伯,刑雨师。西望昆仑之轧沕荒忽兮,直径驰乎三危。排阊阖而入帝宫兮,载玉女而与之归。登阆风而遥集兮,亢鸟腾而壹止。低徊阴山翔以纡曲兮,吾乃今日睹西王母。暠然白首戴胜而穴处兮,亦幸有三足乌为之使。必长生若此而不死兮,虽济万世不足以喜。

回车却来兮,绝道不周,会食幽都,呼吸沆瀣兮餐朝霞。咀噍芝英兮叽琼华。僸侵寻而高纵兮,纷鸿溶而上厉。贯列缺之倒景兮,涉丰隆之滂濞。骋游道而修降兮,骛遗雾而远逝。迫区中之隘陕兮,舒节出乎北垠。遗屯骑于玄阙兮,轶先驱于寒门。下峥嵘而无地兮,上嵺廓而无天。视眩泯而亡见兮,听敞怳而亡闻。乘虚亡而上遐兮,超无友而独存。

相如既奏《大人赋》,天子大说,飘飘有陵云气游天地之间意。

相如既病免,家居茂陵。天子曰:"司马相如病甚,可往从悉取其书,若后之矣。"使所忠往,而相如已死,家无遗书。问其妻,对曰:"长卿未尝有书也。时时著书,人又取去。长卿未死时,为一卷书,曰有使来求书,奏之。"其遗札书言封禅事,所忠奏焉,天子异之。其辞曰:

伊上古之初肇,自颢穹生民。历选列辟,以迄乎秦。率迩者踵武,听遽者风声。纷纶威蕤,堙灭而不称者,不可胜数也。继《昭》、《夏》,崇号谥,略可道者七十有二君。罔若淑而不昌,畴逆失而能存?

轩辕之前,遐哉邈乎,其详不可得闻已。五三《六经》载籍之传,维见可观也。《书》曰:"元首明哉!股肱良哉!"因斯以谈,君莫盛于尧,臣莫贤于后稷。后稷创业于唐,公刘发迹于西戎,文王改制,爰周郅隆,大行越成,而后陵迟衰微,千载亡声,岂不善始终哉!然无异端,慎所由于前,谨遗教于后耳。故轨迹夷易,易遵也;湛恩庞洪,易丰也;宪度著明,易则也;垂统理顺,易继也。是以业隆于襁褓而崇冠乎二后。揆厥所元,终都攸卒,未有殊尤绝迹可考于今者也。然犹蹑梁甫,登大山,建显号,施尊名。大汉之德,逢涌原泉,沕潏曼羡,旁魄四塞,云布雾散,上畅九垓,下溯八埏。怀生之类,霑濡浸润,协气横流,武节猋逝,迩狭游原,迥阔泳末,首恶郁没,阍昧昭晰,昆虫闿怿,回首面内。然后囿驺虞之珍群,徼麋鹿之怪兽,导一茎六穗于庖,牺双觡共抵之兽,获周余放龟于岐,招翠黄乘龙于沼。鬼神接灵圉,宾于闲馆。奇物谲诡,俶傥穷变。钦哉,符瑞臻兹,犹以为薄,不敢道封禅。盖周跃鱼陨杭,休之以燎。微夫斯之为符也,以登介丘,不亦恧乎!进攘之道,何其爽与?

于是大司马进曰:"陛下仁育群生,义征不譓,诸夏乐贡,百蛮执贽,德牟往初,功无与二,休烈浃洽,符瑞众变,期应绍至,不特创见。意者太山、梁父设坛场望幸,盖号以况荣,上帝垂恩储祉,将以庆成,陛下谦让而弗发也。挚三神之欢,缺王道之仪,群臣恶焉。或谓且天为质闇,示珍符固不可辞;若然辞之,是泰山靡记而梁父罔几也。亦各并时而荣,咸济厥也而屈,说者尚何称于后,而云七十二君哉?夫修德以锡符,奉符以行事,不为进越也。故圣王弗替,而修礼地祇,谒款天神,勒功中岳,以章至尊,舒盛德,发号荣,受厚福,以浸黎民。皇皇哉斯事,天下之壮观,王者之卒业,不可贬也。愿陛下全之。而后因杂缙绅先生之略术,使获耀日月之末光绝炎,以展采错事。犹兼正列其义,被饰厥文,作《春秋》一艺。将袭旧六为七,攄之无穷,俾万世得激清流,扬微波,蜚英声,腾茂实。前圣之所以永保鸿名而常为称首者用此。宜命掌故悉奏其仪而览焉。"

于是天子沛然改容,曰:"俞乎,朕其试哉!"乃迁思回虑,总公卿之议,询封禅之事,诗大泽之博,广符瑞之富。遂作颂曰:

自我天覆,云之油油,甘露时雨,厥壤可游。
滋液渗漉,何生不育!嘉谷六穗,我穑曷蓄?
匪唯雨之,又润泽之;匪唯偏我,泛布护之;
万物熙熙,怀而慕之。名山显位,望君之来。君兮君兮,侯不迈哉!

殷殷之兽,乐我君圃;白质黑章,其仪可喜;
旼旼穆穆,君子之态。盖闻其声,今视其来。厥涂靡从,天瑞之征。兹尔于舜,虞氏以兴。

濯濯之麟,游彼灵畤。孟冬十月,君徂郊祀。
驰我君舆,帝用享祉。三代之前,盖未尝有。

宛宛黄龙,兴德而升;采色玄耀,炳炳辉煌。
正阳显见,觉寤黎烝。于传载之,云受命所乘。

厥之有章,不必谆谆。依类托寓,谕以封峦。

披艺观之,天人之际已交,上下相发允答。圣王之事,兢兢翼翼。故曰于兴必虑衰,安必思危。是以汤、武至尊严,不失肃祇,舜在假典,顾省厥遗:此之谓也。

相如既卒五岁,上始祭后土。八年而遂礼中岳,封于太山,至梁甫,禅肃然。

相如它所著,若《遗平陵侯书》、《与五公子相难》、《草木书篇》,不采,采其尤著公卿者云。

赞曰:司马迁称"《春秋》推见至隐,《易本》隐以之显,《大雅》言王公大人,而德逮黎庶,《小雅》讥小己之得失,其流及上。所言虽殊,其合德一也。相如虽多虚辞滥说,然要其归引之于节俭,此亦《诗》之风谏何异?"扬雄以为靡丽之赋,劝百而讽一,犹骋郑、卫之声,曲终而奏雅,不已戏乎!

卷五十八
公孙弘卜式兒宽传第二十八

公孙弘,菑川薛人也。少时为狱吏,有罪,免。家贫,牧豕海上。年四十余,乃学《春秋》杂说。

武帝初即位,招贤良文学士,是时,弘年六十,以贤良征为博士。使匈奴,还报,不合意,上怒,以为不能,弘乃移病免归。

元光五年,复征贤良文学,菑川国复推上弘。弘谢曰:"前已尝西,用不能罢,愿更选。"国人固推弘,弘至太常。上策诏诸儒:

制曰:盖闻上古至治,画衣冠,异章服,而民不犯;阴阳和,五谷登,六畜蕃,甘露降,风雨时,嘉禾兴,朱草生,山不童,泽不涸;麟凤在郊薮,龟龙游于沼,河洛出图书;父不丧子,兄不哭弟;北发渠搜,南抚交阯,舟车所至,人迹所及,跂行喙息,咸得其宜。朕甚嘉之,今何道而臻乎此?子大夫修先圣之术,明君臣之义,讲论洽闻,有声乎当世,敢问子大夫:天人之道,何所本始?吉凶之效,安所其焉?禹、汤水旱,厥咎何由?仁、义、礼、知四者之宜,当安设施?属统垂业,物鬼变化,天命之符,废兴何如?天文、地理、人事之纪,子大夫习焉。其悉意正议,详具其对,著之于篇,朕将亲览焉,靡有所隐。

弘对曰:

臣闻上古尧、舜之时,不贵爵赏而民劝善,不重刑罚而民不犯,躬率以正而遇民信也;末世贵爵厚赏而民不劝,深刑重罚而奸不止,其上不正,遇民不信也。夫厚赏重刑未足以劝善而禁非,必信而已矣。是故因能任官,则分职治;去无用之言,则事情得;不作无用之器,即赋敛省;不夺民时,不妨民力,则百姓富;有德者进,无德者退,则朝廷尊;有功者上,无功者下,则群臣逡;罚当罪,则奸邪止;赏当贤,则臣下劝;凡此八者,治民之本也。故民者,业之即不争,理得则不怨,有礼则不暴,爱之则亲上,此有天下之急者也。故法不远义,由民服而不离;和不远礼,则民亲而不暴。故法之所罚,义之所去也;和之所赏,礼之所取也。礼义者,民之所服也,而赏罚顺之,则民不犯禁矣,故画衣冠,异章服,而民不犯者,此道素行也。

臣闻之,气同则从,声比则应。今人主和德于上,百姓和合于下,故心和则气和,气和则形和,形和则声和,声和则天地之和应矣。故阴阳和,风雨时,甘露降,五谷登,六畜蕃,嘉禾兴,朱草生,山不童,泽不涸,此和之至也。故形和则无疾,无疾则不夭,故父不丧子,兄不哭弟。德配天地,明并日月,则麟凤至,龟龙在郊,河出图,洛出书,远方之君莫不说义,奉币而来朝。此和之极也。

臣闻之,仁者爱也,义者宜也,礼者所履也,智者术之原也。致利除害,兼爱无私,谓之仁;明是非,立可否,谓之义;进退有度,尊卑有分,谓之礼;擅杀生之柄,通壅塞之涂,权轻重之数,论得失之道,使远近情伪必见于上,谓之术:凡此四者,治之本,道之用也,皆当设施,不可废也。得其要,则天下安乐,法设而不用;不得其术,则主蔽于上,官乱于下。此事之情,属统垂业之本也。

臣闻尧遭鸿水,使禹治之,未闻禹有水也。若汤之旱,则桀之余烈也。桀、纣行恶,受天之罚;禹、汤积德,以王天下。因此观之,天德无私亲,顺之和起,逆之害生。此天文、地理、人事之纪。臣弘愚戆,不足以奉大对。

时对者百余人,太常奏弘第居下。策奏,天子擢弘对为第一。召入见,容貌甚丽,拜为博士,待诏金马门。

弘复上疏曰:"陛下有先圣之位而无先圣之名,有先圣之名而无先圣之吏,是以势同而治异。先世之吏正,故其民笃;今世之吏邪,故其民薄。政弊而不行,令倦而不听。夫使邪吏行弊政,用倦令治薄民,民不可得而化,此治之所以异也。臣闻周公旦治天下,期年而变,三年而化,五年而定。唯陛下之所志。"书奏,天子以册书答曰:"问:弘称周公之治,弘之材自视孰与周公贤?"弘对曰:"愚臣浅薄,安敢比材于周公!虽然,愚心晓然见治道之可以然也。夫虎豹马牛,禽兽之不可制者也,及其教驯服习之,至可奉持驾服,唯人之从。臣闻揉曲木者不累日,销金石者不累月,夫人之于利害好恶,岂比禽兽木石之类哉?期年而变,臣弘尚窃迟之。"上异其言。

时方通西南夷,巴、蜀苦之,诏使弘视焉。还奏事,盛毁西南夷无所用,上不听。每朝会议,开陈其端,使人主自择,不肯面折庭争。于是上察其行慎厚,辩论有余,习文法吏事,缘饰以儒术,上说之,一岁中至左内史。

弘奏事,有所不可,不肯庭辩。常与主爵都尉汲黯请间,黯先发之,弘推其后,上常说,所言皆听,以此日益亲贵。尝与公卿约议,至上前,皆背其约以顺上指。汲黯庭诘弘曰:"齐人多诈而无情,始与臣等建此议,今皆背之,不忠。"上问弘,弘谢曰:"夫知臣者以臣为忠,不知臣者以臣为不忠。"上然弘言。左右幸臣每毁弘,上益厚遇之。

弘为人谈笑多闻,常称以为人主病不广大,人臣病不俭节。养后母孝谨,后母卒,服丧三年。

为内史数年,迁御史大夫。时又东置苍海,北筑朔方之郡。弘数谏,以为罢弊中国以奉无用之地,愿罢之。于是上乃使朱买臣等难置朔方之便。发十策,弘不得一。弘乃谢曰:"山东鄙人,不知其便若是,愿罢西南夷、苍海,专奉朔方。"上乃许之。

汲黯曰:"弘位在三公,奉禄甚多,然为布被,此诈也。"上问弘,弘谢曰:"有之。夫九卿与臣善者无过黯,然今日庭诘弘,诚中弘之病。夫以三公为布被,诚饰诈欲以钓名。且臣闻管仲相齐,有三归,侈拟于君,桓公以霸,亦上僭于君。晏婴相景公,食不重肉,妾不衣丝,齐国亦治,亦下比于民。今臣弘位为御史大夫,为布被,自九卿以下至于小吏无差,诚如黯言。且无黯,陛下安闻此言?"上以为有让,愈益贤之。

元朔中,代薛泽为丞相。先是,汉常以列侯为丞相,唯弘无爵,上于是下诏曰:"朕嘉先圣之道,开广门路,宣招四方之士,盖古者任贤而序位,量能以授官,劳大者厥禄厚,德盛者获爵尊,故武功以显重,而文德以行褒。其以高成之平津乡户六百五十封丞相弘为平津侯。"其后以为故事,至丞相封,自弘始也。

时上方兴功业,娄举贤良。弘自见为举首,起徒步,数年至宰相封侯,于是起客馆,开东阁以延贤人,与参谋议。弘身食一肉,脱粟饭,故人宾客仰衣食,奉禄皆以给之,家无所余。然其性意忌,外宽内深。诸常与弘有隙,无近远,虽阳与善,后竟报其过。杀主父偃,徙董仲舒胶西,皆弘力也。

后淮南、衡山谋反,治党与方急,弘病甚,自以为无功而封侯,居宰相位,宜佐明主填抚国家,使人由臣子之道。今诸侯有畔逆之计,此大臣奉职不称也。恐病死无以塞责,乃上书曰:"臣闻天下通道五,所以行之者三。君臣、父子、夫妇、长幼、朋友之交,五者天下之通道也;仁、知、勇三者,所以行之也。故曰'好问近乎知,力行近乎仁,知耻近乎勇,知此三者,知所以自治;知所以自治,然后知所以治人。'未有不能自治而能治人者也。陛下躬孝弟,监三王,建周道,兼文武,招徕四方之士,任贤序位,量能授官,将以厉百姓劝贤材也。今臣愚驽,无汗马之劳,陛下过意擢臣弘卒伍之中,封为列侯,致位三公。臣弘行能不足以称,加有负薪之疾,恐先狗马填沟壑,终无以报德塞责。愿归侯,乞骸骨,避贤者路。"上报曰:"古者赏有功,褒有德,守成上文,遭遇右武,未有易此者也。朕夙夜庶几,获承至尊,惧不能宁,惟所与共为治者,君宜知之。盖君子善善及后世,若兹行,常在朕躬。君不幸罹霜露之疾,何恙不已,乃上书归侯,乞骸骨,是章朕之不德也。今事少闲,君其存精神,止念虑,辅助医药以自持。"因赐告牛、酒、杂帛。居数月,有瘳,视事。

凡为丞相御史六岁,年八十,终丞相位。其后李蔡、严青翟、赵周、石庆、公孙贺、刘屈氂继踵为丞相。自蔡至庆,丞相府客馆丘虚而已,至贺、屈氂时坏以为马厩车库奴婢室矣。唯庆以惇谨,复终相位,其余尽伏诛云。

弘子度嗣侯,为山阳太守十余岁,诏征巨野令史成诣公车,度留不遣,坐论为城旦。

元始中,修功臣后,下诏曰:"汉兴以来,股肱在位,身行俭约,轻财重义,未有著公孙弘者也。位在宰相封侯,而为布被脱粟之饭,奉禄以给故人宾客,无有所余,可谓减于制度,而率下笃俗者也,与内富厚而外为诡服以钓虚誉者殊科。夫表德章义,所以率世厉俗,圣王之制也。其赐弘后子孙之次见为适者,爵关内侯,食邑三百户。"

卜式,河南人也。以田畜为事。有少弟,弟壮,式脱身出,独取畜羊百余,田宅财物尽与弟。式入山牧,十余年,羊致千余头,买田宅。而弟尽破其产,式辄复分与弟者数矣。

时汉方事匈奴,式上书,愿输家财半助边。上使使问式:"欲为官乎?"式曰:"自小牧羊,不习仕宦,不愿也。"使者曰:"家岂有冤,欲言事乎?"式曰:"臣生与人亡所争,邑人贫者贷之,不善者教之,所居,人皆从式,式何故见冤!"使者曰:"苟,子何欲?"式曰:"天子诛匈奴,愚以为贤者宜死节,有财者宜输之,如此而匈奴可灭也。"使者以闻。上以语丞相弘。弘曰:"此非人情。不轨之臣不可以为化而乱法,愿陛下勿许。"上不报,数岁乃罢式。式归,复田牧。

岁余,会浑邪等降,县官费众,仓府空,贫民大徙,皆卬给县官,无以尽赡。式复持钱二十万与河南太守,以给徙民。河南上富人助贫民者,上识式姓名,曰:"是固前欲输其家半财助边。"乃赐式外繇四百人,式又尽复与官。是时,富豪皆争匿财,唯式尤欲助费。上于是以式终长者,乃召拜式为中郎,赐爵左庶长,田十顷,布告天下,尊显以风百姓。

初,式不愿为郎,上曰:"吾有羊在上林中,欲令子牧之。"式既为郎,布衣草蹻而牧羊。岁余,羊肥息。上过其羊所,善之。式曰:"非独羊也,治民亦犹是矣。以时起居,恶者辄去,毋令败群。"上奇其言,欲试使治民。拜式缑氏令,缑氏便之;迁成皋令,将漕最。上以式朴忠,拜为齐王太傅,转为相。

会吕嘉反,式上书曰:"臣闻主愧臣死。群臣宜尽死节,其驽下者宜出财以佐军,如是则强国不犯之道也。臣愿与子男及临菑习弩博昌习船者请行死之,以尽臣节。"上贤之,下诏曰:"朕闻报德以德,报怨以直。今天下不幸有事,郡县诸侯未有奋繇直道者也。齐相雅行躬耕,随牧畜番,辄分昆弟,更造,不为利惑。日者北边有兴,上书助官。往年西河岁恶,率齐人入粟。今又首奋,虽未战,可谓义形于内矣。其赐式爵关内侯,黄金四十斤,田十顷,布告天下,使明知之。"

元鼎中,征式代石庆为御史大夫。式既在位,言郡国不便盐铁而船有算,可罢。上由是不说式。明年当封禅,式又不习文章,贬秩为太子太傅,以儿宽代之。式以寿终。

儿宽,千乘人也。治《尚书》,事欧阳生。以郡国选诣博士,受业孔安国。贫无资用,尝为弟子都养。时行赁作,带经而锄,休息辄读诵,其精如此。以射策为掌故,功次,补廷尉文学卒史。

宽为人温良,有廉知自将,善属文,然懦于武,口弗能发明也。时张汤为廷尉,廷尉府尽用文史法律之吏,而宽以儒生在其间,见谓不习事,不署曹,除为从史,之北地视畜数年。还至府,上畜簿,会廷尉时有疑奏,已再见却矣,掾史莫知所为。宽为言其意,掾史因使宽为奏。奏成,读之皆服,以白廷尉汤。汤大惊,召宽与语,乃奇其材,以为掾。上宽所作奏,即时得可。异日,汤见上。问曰:"前奏非俗吏所及,谁为之者?"汤言儿宽。上曰:"吾固闻之久矣。"汤由是乡学,以宽为奏谳掾,以古法义决疑狱,甚重之。及汤为御史大夫,以宽为掾,举侍御史。见上,语经学,上说之,从问《尚书》一篇。擢为中大夫,迁左内史。

宽既治民,劝农业,缓刑罚,理狱讼,卑体下士,务在于得人心;择用仁厚士,推情与下,不求名声,吏民大信爱之。宽表奏开六辅渠,定水令以广溉田。收租税,时裁阔狭,与民相假贷,以故租多不入。后有军发,左内史以负租课殿,当免。民闻当免,皆恐失之,大家牛车,小家担负,输租繦属不绝,课更以最。上由此愈奇宽。

及议欲放古巡狩封禅之事,诸儒对者五十余人,未能有所定。先是,司马相如病死,有遗书,颂功德,言符瑞,足以封泰山。上奇其书,以问宽,宽对曰:"陛下躬发圣德,统楫群元,宗祀天地,荐礼百神,精意所乡,征兆必报,天地并应,符瑞昭明。其封泰山,禅梁父,昭姓考瑞,帝王之盛节也。然享荐之义,不著于经,以为封禅告成,合祛于天地神祇,祇戒精专以接神明。总百官之职,各称事宜而为之节文。唯圣主所由,制定其当,非群臣之所能列。今将举大事,优游数年,使群臣得人自尽,终莫能成。唯天子建中和之极,兼总条贯,金声而玉振之,以顺成天庆,垂万世之基。"上然之,乃自制仪,采儒术以文焉。

既成,将用事,拜宽为御史大夫,从东封泰山,还登明堂。宽上寿曰:"臣闻三代改制,属象相因。间者圣统废绝,陛下发愤,合指天地,祖立明堂辟雍,宗祀泰一,六律五声,幽赞圣意,神乐四合,各有方象,以丞嘉祀,为万世则,天下幸甚。将建大元本瑞,登告岱宗,发祉闿门,以候景至。癸亥宗祀,日宣重光;上元甲子,肃邕永享。光辉充塞,天文粲然,见象日昭,报降符应。臣宽奉觞再拜,上千万岁寿。"制曰:"敬举君之觞。"

后太史令司马迁等言:"历纪坏废,汉兴未改正朔,宜可正。"上乃诏宽与迁等共定汉《太初历》。语在《律历志》。

初,梁相褚大通《五经》,为博士,时宽为弟子。及御史大夫缺,征褚大,大自以为得御史大夫。至洛阳,闻兒宽为之,褚大笑。及至,与宽议封禅于上前,大不能及,退而服曰:"上诚知人。"宽为御史大夫,以称意任职,故久无有所匡谏于上,官属易之。居位九岁,以官卒。

赞曰:公孙弘、卜式、儿宽皆以鸿渐之翼困于燕爵,远迹羊豕之间,非遇其时,焉能致此位乎?是时,汉兴六十余载,海内艾安,府库充实,而四夷未宾,制度多阙。上方欲用文武,求之如弗及,始以蒲轮迎枚生,见主父而叹息。群士慕向,异人并出。卜式拔于刍牧,弘羊擢于贾竖,卫青奋于奴仆,日䃅出于降虏,斯亦曩时版筑饭牛之朋已。汉之得人,于兹为盛,儒雅则公孙弘、董仲舒、儿宽,笃行则石建、石庆,质直则汲黯、卜式,推贤则韩安国、郑当时,定令则赵禹、张汤,文章则司马迁、相如,滑稽则东方朔、枚皋,应对则严助、朱买臣,历数则唐都、洛下闳,协律则李延年,运筹则桑弘羊,奉使则张骞、苏武,将率则卫青、霍去病,受遗则霍光、金日䃅,其余不可胜纪。是以兴造功业,制度遗文,后世莫及。孝宣承统,纂修洪业,亦讲论六艺,招选茂异,而萧望之、梁丘贺、夏侯胜、韦玄成、严彭祖、尹更始以儒术进,刘向、王褒以文章显,将相则张安世、赵充国、魏相、丙吉、于定国、杜延年,治民则黄霸、王成、龚遂、郑弘、召信臣、韩延寿、尹翁归、赵广汉、严延年、张敞之属,皆有功迹见述于世。参其名臣,亦其次也。

卷五十九　　张汤传第二十九

张汤,杜陵人也。父为长安丞,出,汤为儿守舍。还,鼠盗肉,父怒,笞汤。汤掘熏得鼠及余肉,劾鼠掠治,传爰书,讯鞫论报,并取鼠与肉,具狱磔堂下。父见之,视文辞如老狱吏,大惊,遂使书狱。

父死后,汤为长安吏。周阳侯为诸卿时,尝系长安,汤倾身事之。及出为侯,大与汤交,遍见贵人。汤给事内史,为宁成掾,以汤为无害,言大府,调茂陵尉,治方中。

武安侯为丞相,征汤为吏。荐补侍御史。治陈皇后巫蛊狱,深竟党与,上以为能,迁太中大夫。与赵禹共定诸律令,务在深文,拘守职之吏。已而禹至少府,汤为廷尉,两人交驩,兄事禹。禹志在奉公孤立,而汤舞知以御人。始为小吏,干没,与长安富贾田甲、鱼翁叔之属交私。及列九卿,收接天下名士大夫,已心内虽不合,然阳浮道与之。

是时,上方乡文学,汤决大狱,欲傅古义,乃请博士弟子治《尚书》、《春秋》,补廷尉史,平亭疑法。奏谳疑,必奏先为上分别其原,上所是,受而著谳法廷尉挈令,扬主之明。奏事即谴,汤摧谢,乡上意所便,必引正监掾史贤者,曰:"固为臣议,如上责臣,臣弗用,愚抵此。"罪常释。间即奏事,上善之,曰:"臣非知不为此奏,乃监、掾、史某所为。"其欲荐吏,扬人之善、解人之过如此。所治即上意所欲罪,予监吏深刻者;即上意所欲释者,予监吏轻平者。所治即豪,必舞文巧诋;即下户羸弱,时口言"虽文致法,上裁察"。于是往往释汤所言。汤至于大吏,内行修,交通宾客饮食,于故人子弟为吏及贫昆弟,调护之尤厚,其造请诸公,不避寒暑。是以汤虽文深意忌不平,然得此声誉。而深刻吏多为爪牙用者,依于文学之士。丞相弘数称其美。

及治淮南、衡山、江都反狱,皆穷根本。严助、伍被,上欲释之,汤争曰:"伍被本造反谋,而助亲幸出入禁闼腹心之臣,乃交私诸侯,如此弗诛,后不可治。"上可论之。其治狱所巧排大臣自以为功,多此类。由是益尊任,迁御史大夫。

会浑邪等降汉,大兴兵伐匈奴,山东水旱,贫民流徙,皆卬给县官,县官空虚。汤承上指,请造白金及五铢钱,笼天下盐铁,排富商大贾,出告缗令,锄豪强并兼之家,舞文巧诋以辅法。汤每朝奏事,语国家用,日旰,天子忘食。丞相取充位,天下事皆决汤。百姓不安其生,骚动,县官所兴未获其利,奸吏并侵渔,于是痛绳以罪。自公卿以下至于庶人咸指汤。汤尝病,上自至舍视,其隆贵如此。

匈奴求和亲,群臣议前,博士狄山曰:"和亲便。"上问其便,山曰:"兵,凶器,未易数动。高帝欲伐匈奴,大困平城,乃遂结和亲。孝惠、高后时,天下安乐,及文帝欲事匈奴,北边萧然苦兵。孝景时,吴、楚七国反,景帝往来东宫间,天下寒心数月。吴、楚已破,竟景帝不言兵,天下富实。今自陛下兴兵击匈奴,中国以空虚,边大困贫。由是观之,不如和亲。"上问汤,汤曰:"此愚儒无知。"狄山曰:"臣固愚忠,若御史大夫汤,乃诈忠。汤之治淮南、江都,以深文痛诋诸侯,别疏骨肉,使藩臣不自安,臣固知汤之诈忠。"于是上作色曰:"吾使生居一郡,能无使虏入盗乎?"山曰:"不能。"曰:"居一县?"曰:"不能。"复曰:"居一鄣间?"山自度辩穷且下吏,曰:"能。"乃遣山乘鄣。至月余,匈奴斩山头而去。是后群臣震詟。

汤客田甲虽贾人,有贤操,始汤为小吏,与钱通,及为大吏,而甲所以责汤行义,有烈士之风。

汤为御史大夫七岁,败。

河东人李文,故尝与汤有隙,已而为御史中丞,荐数从中文事有可以伤汤者,不能为地。汤有所爱史鲁谒居,知汤弗平,使人上飞变告文奸事,事下汤,汤治论杀文,而汤心知谒居为之。上问:"变事从迹安起?"汤阳惊曰:"此殆文故人怨之。"谒居病卧闾里主人,汤自往视病,为谒居摩足。赵国以冶铸为业,王数讼铁官事,汤常排抑王。赵王求汤阴事。谒居尝案赵王,赵王怨之,并上书告:"汤大臣也,史谒居有病,汤至为摩足,疑与为大奸。"事下廷尉。谒居病死,事连其弟,弟系导官。汤亦治它囚导官。见谒居弟,欲阴为之,而阳不省。谒居弟不知而怨汤,使人上书,告汤与谒居谋,共变李文。事下减宣。宣尝与汤有隙,及得此事,穷竟其事,未奏。会人有盗发孝文园瘗钱,丞相青翟朝,与汤约俱谢,至前,汤念独丞相以四时行园,当谢,汤无与也,不谢。丞相谢,上使御史案其事。汤欲致其文丞相见知,丞相患之。三长史皆害汤,欲陷之。

始,长史朱买臣素怨汤,语在其传。王朝,齐人,以术至右内史。边通学短长,刚暴人也,官至济南相。故皆居汤右,已而失官,守长史,诎体于汤。汤数行丞相事,知此三长史素贵,常陵折之。故三长史合谋曰:"始汤约与君谢,已而卖君;今欲劾君以宗庙事,此欲代君耳。吾知汤阴事。"使吏捕案汤左田信等,曰汤且欲为请奏,信辄先知之,居物致富,与汤分之,及它奸事。事辞颇闻。上问汤曰:"吾所为,贾人辄知,益居其物,是类有以吾谋告之者。"汤不谢,又阳惊曰:"固宜有。"减宣亦奏谒居事。上以汤怀诈面欺,使使八辈簿责汤。汤具自道无此,不服。于是上使赵禹责汤。禹至,让汤曰:"君何不知分也!君所治,夷灭者几何人矣!今人言君皆有状,天子重致君狱,欲令君自为计,何多以对为?"汤乃为书谢曰:"汤无尺寸之功,起刀笔吏,陛下幸位三公,无以塞责。然谋陷汤者,三长史也。"遂自杀。

汤死,家产直不过五百金,皆所得奉赐,无它赢。昆弟诸子欲厚葬汤,汤母曰:"汤为天子大臣,被恶言而死,何厚葬为!"载以牛车,有棺而无椁。上闻之,曰:"非此母不生此子。"乃尽按诛三长史。丞相青翟自杀。出田信。上惜汤,复稍进其子安世。

安世字子孺,少以父任为郎。用善书给事尚书,精力于职,休沐未尝出。上行幸河东,尝亡书三箧,诏问莫能知,唯安世识之,具作其事。后购求得书,以相校无所遗失。上奇其材,擢为尚书令,迁光禄大夫。

昭帝即位,大将军霍光秉正,以安世笃行,光亲重之。

会左将军上官桀父子及御史大夫桑弘羊皆与燕王、盖主谋反诛,光以朝无旧臣,白用安世为右将军光禄勋,以自副焉。久之,天子下诏曰:"右将军光禄勋安世辅政宿卫,肃敬不怠,十有三年,咸以康宁。夫亲亲任贤,唐、虞之道也,其封安世为富平侯。"

明年,昭帝崩,未葬,大将军光白太后,徙安世为车骑将军,与共征立昌邑王。王行淫乱,光复与安世谋废王,尊立宣帝。帝初即位,褒赏大臣,下诏曰:"夫褒有德,赏有功,古今之通义也。车骑将军光禄勋富平侯安世,宿卫忠正,宣德明恩,勤劳国家,守职秉义,以安宗庙,其益封万六百户,功次大将军光。"安世子千秋、延寿、彭祖,皆中郎将侍中。

大将军光薨后数月,御史大夫魏相上封事曰:"圣王褒有德以怀万方,显有功以劝百寮,是以朝廷尊荣,天下乡风。国家承祖宗之业,制诸侯之重,新失大将军,宜宣章盛德以示天下,显明功臣以填藩国。毋空大位,以塞争权,所以安社稷绝未萌也。车骑将军安世事孝武皇帝三十余年,忠信谨厚,勤劳政事,夙夜不怠,与大将军定策,天下受其福,国家重臣也,宜尊其位,以为大将军,毋令领光禄勋事,使专精神,忧念天下,思惟得失。安世子延寿重厚,可以为光禄勋,领宿卫臣。"上亦欲用之。安世闻指,惧不敢当,请间求见,免冠顿首曰:"老臣耳妄闻,言之为先事,不言情不达,诚自量不足以居大位,继大将军后。唯天子财哀,以全老臣之命。"上笑曰:"君言泰谦。君而不可,尚谁可者!"安世深辞弗能得。后数日,竟拜为大司马车骑将军,领尚书事。数月,罢车骑将军屯兵,更为卫将军,两宫卫尉、城门、北军兵属焉。

时,霍光子禹为右将军,上亦以禹为大司马,罢其右将军屯兵,以虚尊加之,而实夺其众。后岁余,禹谋反,夷宗族,安世素小心畏忌,已内忧矣。其女孙敬为霍氏外属妇,当相坐,安世瘦惧,形于颜色。上怪而怜之,以问左右,乃赦敬,以慰其意。安世寝恐。职典枢机,以谨慎周密自著,外内无间。每定大政,已决,辄移病出;闻有诏令,乃惊,使吏之丞相府问焉。自朝廷大臣莫知其与议也。

尝有所荐,其人来谢,安世大恨,以为举贤达能,岂有私谢邪?绝勿复为通。有郎功高不调,自言,安世应曰:"君之功高,明主所知。人臣执事,何长短而自言乎!"绝不许。已而郎果迁。莫府长史迁,辞去之官,安世问以过失。长史曰:"将军为明主股肱,而士无所进,论者以为讥。"安世曰:"明主在上,贤不肖较然,臣下自修而已,何知士而荐之?"其欲匿名迹远权势如此。

为光禄勋,郎有醉小便殿上,主事白行法,安世曰:"何以知其不反水浆邪?如何以小过成罪!"郎淫官婢,婢兄自言,安世曰:"奴以恚怒,诬污衣冠。"告署适奴。其隐人过失,皆此类也。

安世自见父子尊显,怀不自安,为子延寿求出补吏,上以为北地太守。岁余,上闵安世年老,复征延寿为左曹太仆。

初,安世兄贺幸于卫太子,太子败,宾客皆诛,安世为贺上书,得下蚕室。后为掖庭令,而宣帝以皇曾孙收养掖庭。贺内伤太子无辜,而曾孙孤幼,所以视养抚循,恩甚密焉。及曾孙壮大,贺教书,令受《诗》,为取许妃,以家财聘之。曾孙数有征怪,语在《宣纪》。贺闻知,为安世道之,称其材美。安世辄绝止,以为少主在上,不宜称述曾孙。及宣帝即位,而贺已死。上谓安世曰:"掖庭令平生称我,将军止之,是也。"上追思贺恩,欲封其冢为恩德侯,置守冢二百家。贺有一子蚤死,无子,子安世小男彭祖。彭祖又小与上同席研书,指欲封之,先赐爵关内侯。故安世深辞贺封,又求损守冢户数。稍减至三十户。上曰:"吾自为掖庭令,非为将军也。"安世乃止,不敢复言。遂下诏曰:"其为故掖庭令张贺置守冢三十家。"上自处置其里,居冢西斗鸡翁舍南,上少时所尝游处也。明年,复下诏曰:"朕微眇时,故掖庭令张贺辅道朕躬,修文学经术,恩惠卓异,厥功茂焉。《诗》云:'无言不仇,无德不报。'其封贺弟子侍中关内侯彭祖为阳都侯,赐贺谥曰阳都哀侯。"时,贺有孤孙霸,年七岁,拜为散骑、中郎将,赐爵关内侯,食邑三百户。安世以父子封侯,在位大盛,乃辞禄。诏都内别臧张氏无名钱以百万数。

安世尊为公侯,食邑万户,然身衣弋绨,夫人自纺绩,家童七百人,皆有手技作事,内治产业,累积纤微,是以能殖其货,富于大将军光。天子甚尊惮大将军,然内亲安世,心密于光焉。

元康四年春,安世病,上疏归侯,乞骸骨。天子报曰:"将军年老被病,朕甚闵之。虽不能视事,折冲万里,君先帝大臣,明于治乱,朕所不及,得数问焉,何感而上书归卫将军富平侯印?薄朕忘故,非所望也!愿将军强餐食,近医药,专精神,以辅天年。"安世复强起视事,至秋薨。天子赠印绶,送以轻车介士,谥曰敬侯。赐茔杜东,将作穿复土,起冢祠堂。子延寿嗣。

延寿已历位九卿,既嗣侯,国在陈留,别邑在魏郡,租入岁千余万。延寿自以身无功德,何以能久堪先人大国,数上书让减户邑,又因弟阳都侯彭祖口陈至诚。天子以为有让,乃徙封平原,并一国,户口如故,而租税减半。薨,谥曰爱侯。子勃嗣,为散骑、谏大夫。

元帝初即位,诏列侯举茂材,勃举太官献丞陈汤。汤有罪,勃坐削户二百,会薨,故赐谥曰缪侯。后汤立功西域,世以勃为知人。子临嗣。

临亦谦俭,每登阁殿,常叹曰:"桑、霍为我戒,岂不厚哉!"且死,分施宗族故旧,薄葬不起坟。临尚敬武公主。薨,子放嗣。

鸿嘉中,上欲遵武帝故事,与近臣游宴,放以公主子开敏得幸。放取皇后弟平恩侯许嘉女,上为放供张,赐甲第,充以乘舆服饰,号为天子取妇,皇后嫁女。大官私官并供其第,两宫使者冠盖不绝,赏赐以千万数。放为侍中、中郎将,监平乐屯兵,置莫府,仪比将军。与上卧起,宠爱殊绝,常从为微行出游,北至甘泉,南至长杨、五柞,斗鸡走马长安中,积数年。

是时,上诸舅皆害其宠,白太后。太后以上春秋富,动作不节,甚以过放。时数有灾异,议者归咎放等。于是丞相宣、御史大夫方进奏："放骄蹇纵恣，奢淫不制。前侍御史修等四人奉使至放家逐名捕贼，时放见在，奴从者闭门设兵弩射吏，距使者不肯内。知男子李游君欲献女，使乐府音监景武强求不得，使奴康等之其家，贼伤三人。又以县官事怨乐府游徼莽，而使大奴骏等四十余人群党盛兵弩，白昼入乐府攻射官寺，缚束长吏子弟，斫破器物，宫中皆奔走伏匿。莽自髡钳，衣赭衣，及守令史调等皆徒跣叩头谢放，放乃止。奴从者支属并乘权势为暴虐，至求吏妻不得，杀其夫，或患一人，妄杀其亲属，辄亡入放第，不得，幸得勿治。放行轻薄，连犯大恶，有感动阴阳之咎，为臣不忠首，罪名虽显，前蒙恩。骄逸悖理，与背畔无异，臣子之恶，莫大于是，不宜宿卫在位。臣请免放归国，以销众邪之萌，厌海内之心。"

上不得已，左迁放为北地都尉。数月，复征入侍中。太后以放为言，出放为天水属国都尉。永始、元延间，比年日蚀，故久不还放，玺书劳问不绝。居岁余，征放归第视母公主疾。数月，主有瘳，出放为河东都尉。上虽爱放，然上迫太后，下用大臣，故常涕泣而遣之。后复征放为侍中光禄大夫，秩中二千石。岁余，丞相方进复奏放，上不得已，免放，赐钱五百万，遣就国。数月，成帝崩，放思慕哭泣而死。

初，安世长子千秋与霍光子禹俱为中郎将，将兵随度辽将军范明友击乌桓。还，谒大将军光，问千秋战斗方略，山川形势，千秋口对兵事，画地成图，无所忘失。光复问禹，禹不能记，曰："皆有文书。"光由是贤千秋，以禹为不材，叹曰："霍氏世衰，张氏兴矣！"及禹诛灭，而安世子孙相继，自宣、元以来为侍中、中常侍、诸曹散骑、列校尉者凡十余人。功臣之世，唯有金氏、张氏，亲近宠贵，比于外戚。

放子纯嗣侯，恭俭自修，明习汉家制度故事，有敬侯遗风。王莽时不失爵，建武中历位至大司空，更封富平之别乡为武始侯。

张汤本居杜陵，安世武、昭、宣世辄随陵，凡三徙，复还杜陵。

赞曰：冯商称张汤之先与留侯同祖，而司马迁不言，故阙焉。汉兴以来，侯者百数，保国持宠，未有若富平者也。汤虽酷烈，及身蒙咎，其推贤扬善，固宜有后。安世履道，满而不溢。贺之阴德，亦有助云。

卷六十　　杜周传第三十

杜周，南阳杜衍人也。义纵为南阳太守，以周为爪牙，荐之张汤，为廷尉史。使案边失亡，所论杀甚多。奏事中意，任用，与减宣更为中丞者十余岁。

周少言重迟，而内深次骨。宣为左内史，周为廷尉，其治大抵放张汤，而善候司。上所欲挤者，因而陷之；上所欲释者，久系待问而微见其冤状。客有谓周曰："君为天下决平，不循三尺法，专以人主意指为狱，狱者固如是乎？"周曰："三尺安出哉？前主所是著为律，后主所是疏为令；当时为是，何古之法乎！"

至周为廷尉，诏狱亦益多矣。二千石系者新故相因，不减百余人。郡吏大府举之廷尉，一岁至千余章。章大者连逮证案数百，小者数十人，远者数千里，近者数百里。会狱，吏因责如章告劾，不服，以掠笞定之。于是闻有逮证，皆亡匿。狱久者至更数赦十余岁而相告言，大氐尽诋以不道，以上廷尉及中都官，诏狱逮至六七万人，吏所增加十有余万。

周中废，后为执金吾，逐捕桑弘羊、卫皇后昆弟子刻深，上以为尽力无私，迁为御史大夫。

始周为廷史，有一马，及久任事，列三公，而两子夹河为郡守，家訾累巨万矣。治皆酷暴，唯少子延年行宽厚云。

延年字幼公，亦明法律。昭帝初立，大将军霍光秉政，以延年三公子，吏材有余，补军司空。始元四年，益州蛮夷反，延年以校尉将南阳士击益州，还，为谏大夫。左将军上官桀父子与盖主、燕王谋为逆乱，假稻田使者燕仓知其谋，以告大司农杨敞。敞惶惧，移病，以语延年。延年以闻，桀等伏辜。延年封为建平侯。

延年本大将军霍光吏，首发大奸，有忠节，由是擢为太仆、右曹、给事中。光持刑罚严，延年辅之以宽。治燕王狱时，御史大夫桑弘羊子迁亡，过父故吏侯史吴。后迁捕得，伏法。会赦，侯史吴自出系狱，廷尉王平与少府徐仁杂治反事，皆以为桑迁坐父谋反而侯史吴藏之，非匿反者，乃匿为随者也。即以赦令除吴罪。后侍御史治实，以桑迁通经术，知父谋反而不谏争，与反者身无异；侯史吴故三百石吏，首匿迁，不与庶人匿随从者等，吴不得赦。奏请复治，劾廷尉、少府纵反者。少府徐仁即丞相车千秋女婿也，故千秋数为侯史吴言。恐光不听，千秋即召中二千石、博士会公车门，议问吴法。议者知大将军指，皆执吴为不道。明日，千秋封上众议，光于是以千秋擅召中二千石以下，外内异言，遂下廷尉平、少府仁狱。朝廷皆恐丞相坐之。延年乃奏记光争，以为"吏纵罪人，有常法，今更诋吴为不道，恐于法深。又丞相素无所守持，而好言于下，尽其素行也。至擅召中二千石，甚无状。延年愚，以为丞相久故，及先帝用事，非有大故，不可弃也。间者民颇言狱深，吏为峻诋，今丞相所议，又狱事也，如是以及丞相，恐不合众心。群下讙哗，庶人私议，流言四布，延年窃重将军失此名于天下也！"光以廷尉、少府弄法轻重，皆论弃市，而不以及丞相，终与相竟。延年论议持平，合和朝廷，皆此类也。

见国家承武帝奢侈师旅之后，数为大将军光言："年岁比不登，流民未尽还，宜修孝文时政，示以俭约宽和，顺天心，说民意，年岁宜应。"光纳其言，举贤良，议罢酒榷、盐、铁，皆自延年发之。吏民上书言便宜，有异，辄下延年平处复奏。言可官试者，至为县令，或丞相、御史除用，满岁以状闻，或抵其罪法，常与两府及廷尉分章。

昭帝末，寝疾，征天下名医，延年典领方药。帝崩，昌邑王即位，废，大将军光、车骑将军张安世与大臣议所立。时，宣帝养于掖廷，号皇曾孙，与延年中子佗相爱善，延年知曾孙德美，劝光、安世立焉。宣帝即位，褒赏大臣，延年以定策安宗庙，益户二千三百，与始封所食邑凡四千三百户。诏有司论定策功：大司马大将军光功德过太尉绛侯周勃；车骑将军安世、丞相杨敞功比丞相陈平；前将军韩增、御史大夫蔡谊功比颍阴侯灌婴；太仆杜延年功比朱虚侯刘章；后将军赵充国、大司农田延年、少府史乐成功比典客刘揭，皆封侯益土。

延年为人安和，备于诸事，久典朝政，上任信之，出即奉驾，入给事中，居九卿位十余年，赏赐赂遗，赀数千万。

霍光薨后，子禹与宗族谋反，诛。上以延年霍氏旧人，欲退之，而丞相魏相奏延年素贵用事，官职多奸。遣吏考察，但得苑马多死，官奴婢乏衣食，延年坐免官，削户二千。后数月，复召拜为北地太守。延年以故九卿外为边吏，治郡不进，上以玺书让延年。延年乃选用良吏，捕击豪强，郡中清静。居岁余，上使谒者赐延年玺书，黄金二十斤，徙为西河太守，治甚有名。五凤中，征入为御史大夫。延年居父官府，不敢当旧位，坐卧皆易其处。是时，四夷和，海内平，延年视事三岁，以老病乞骸骨，天子优之，使光禄大夫持节赐延年黄金百斤、牛酒，加致医药，延年遂称病笃。赐安车驷马，罢就第。后数月薨，谥曰敬侯，子缓嗣。

缓少为郎，本始中以校尉从蒲类将军击匈奴，还为谏大夫，迁上谷都尉，雁门太守。父延年薨，征视丧事，拜为太常，治诸陵县，每冬月封具狱日，常去酒省食，官属称其有恩。元帝初即位，谷贵民流，永光中西羌反，缓辄上书入钱、谷以助用，前后数百万。

缓六弟，五人至大官，少弟熊历五郡二千石、三州牧刺史，有能名，唯中弟钦官不至而最知名。

钦字子夏，少好经书，家富而目偏盲，故不好为吏。茂陵杜邺与钦同姓字，俱以材能称京师，故衣冠谓钦为"盲杜子夏"以相别。钦恶以疾见诋，乃为小冠，高广财二寸，由是京师更谓钦为"小冠杜子夏"，而邺为"大冠杜子夏"云。

时，帝舅大将军王凤以外戚辅政，求贤知自助。凤父顷侯禁与钦兄缓相善，故凤深知钦能，奏请钦为大将军军武库令。职闲无事，钦所好也。

钦为人深博有谋。自上为太子时，以好色闻，及即位。皇太后诏采良家女。钦因是说大将军凤曰："礼壹娶九女，所以极阳数，广嗣重祖也；必乡举壮窕，不问华色，所以助德理内也；娣侄虽缺不复补，所以养寿塞争也。故后妃有贞淑之行，则胤嗣有贤圣之君；制度有威仪之节，则人君有寿考之福。废而不由，则女德不厌；女德不厌，则寿命不究于高年。《书》云'或四三年'，言失欲之生害也。男子五十，好色未衰；妇人四十，容貌改前。以改前之容侍于未衰之年，而不以礼为制，则其原不可救而后徕异态；后徕异态，则正后自疑而支庶有间适之心。是以晋献被纳谗之谤，申生蒙无罪之辜。今圣主富于春秋，未有适嗣，方乡术入学，未亲后妃之议。将军辅政，宜因始初之隆，建九女之制，详择有行义之家，求淑女之质，毋必有色声音技能，为万世大法。夫少，戒之在色，《小卞》之作，可为寒心。唯将军常以为忧。"

凤白之太后，太后以为故事无有。钦复重言："《诗》云'殷监不远，在夏后氏之世'。刺戒者至迫近，而省听者常怠忽，可不慎哉！前言九女，略陈其祸福，甚可悼惧，窃恐将军不深留意。后妃之制，夭寿治乱存亡之端也。迹三代之季世，览宗、宣之飨国，察近属之符验，祸败曷常不由女德？是以佩玉晏鸣，《关雎》叹之，知好色之伐性短年，离制度之生无厌，天下将蒙化，陵夷而成俗也。故咏淑女，几以配上，忠孝之笃，仁厚之作也。夫君亲寿尊，国家治安，诚臣子至愿，所当勉之也。《易》曰：'正其本，万物理。'凡事论有疑未可立行者，求之往古则典刑无，考之来今则吉凶同，卒摇易之则民心惑，若是者诚难施也。今九女之制，合于往古，无害于今，不逆于民心，七易行也，行之至有福也。将军辅政而不蚤定，非天下之所望也。唯将军信臣子之愿，念《关雎》之思，逮委政之隆，及始初清明，为汉家建无穷之基，诚难以忽，不可以遴。"凤不能自立法度，循故事而已。会皇太后女弟司马君力与钦兄子私通，事上闻，钦惭惧，乞骸骨去。

后有日蚀、地震之变，诏举贤良方正能直言士，合阳侯梁放举钦。钦上对曰："陛下畏天命，悼变异，延见公卿，举直言之士，将以求天心，迹得失也。臣钦愚戆，经术浅薄，不足以奉大对。臣闻日蚀、地震，阳微阴盛也。臣者，君之阴也；子者，父之阴也；妻者，夫之阴也；夷狄者，中国之阴也。《春秋》日蚀三十六，地震五，或夷狄侵中国，或政权在臣下，或妇乘夫，或臣子背君父，事虽不同，其类一也。臣窃观人事以考变异，则本朝大臣无不良安之人，外戚亲属无乖剌之心，关东诸侯无强大之国，三垂蛮夷无逆理之节；殆为后宫。何以言之？日以戊申蚀，时加未。戊未，土也。土者，中宫之部也。其夜地震未央宫殿中，此必适妾将有争宠相害而为患者，唯陛下深戒之。变感以类相应，人事失于下，变象见于上。能应之以德，则异咎消亡；不能应之以善，则祸败至。高宗遭雊雉之戒，饬已正事，享百年之寿，殷道复兴，要在所以应之。应之非诚不立，非信不行。宋景公，小国之诸侯耳，有不忍移祸之诚，出人君之言三，荧惑为之退舍。以陛下圣明，内推至诚，深思天变，何应而不感？何摇而不动？孔子曰：'仁远乎哉！'唯陛下正后妾，抑女宠，防奢泰，去佚游，躬节俭，亲万事，数御安车，由辇道，亲二宫之飨膳，致晨昏之定省。如此，即尧、舜不足与比隆，咎异何足消灭！如不留听于庶事，不论材而授位，殚天下之财以奉淫侈，匮万姓之力以从耳目，近谄谀之人而远公方，信逸贼之臣以诛忠良，贤俊失在岩穴，大臣怨于不以，虽无变异，社稷之忧也。天下至大，万事至众，祖业至重，诚不可以佚豫为，不可以奢泰持也。唯陛下忍无益之欲，以全众庶之命。臣钦愚戆，言不足采。"

其夏，上尽召直言之士诣白虎殿对策，策曰："天地之道何贵？王者之法何如？《六经》之义何上？人之行何先？取人之术何以？当世之治何务？各以经对。"

钦对曰："臣闻天道贵信，地道贵贞；不信不贞，万物不生。生,天地之所贵也。王者承天地之所生,理而成之,昆虫草木靡不得其所。王者法天地,非仁无以广施,非义无以正身;克己就义,恕以及人,《六经》之所上也。不孝,则事君不忠,莅官不敬,战陈无勇,朋友不信。孔子曰:'孝无终始,而患不及者,未之有也。'孝,人行之所先也。观本行于乡党,考功能于官职,达观其所举,富观其所予,穷观其所不为,乏观其所不取,近观其所为主,远观其所主。孔子曰:'视其所以,观其所由,察其所安,人焉廋哉?'取人之术也。殷因于夏尚质,周因于殷尚文,今汉家承周、秦之敝,宜抑文尚质,废奢长俭,表实去伪。孔子曰:'恶紫之夺朱',当世治之所务也。臣窃有所忧,言之则拂心逆指,不言则渐日长,为祸不细,然小臣不敢废道而求从,违忠而耦意。臣闻玩色无厌,必生好憎之心;好憎之心生,则爱宠偏于一人;爱宠偏于一人,则继嗣之路不广,而嫉妒之心兴矣。如此,则匹妇之说,不可胜也。唯陛下纯德普施,无欲是从,此则众庶咸说,继嗣日广,而海内长安。万事之是非何足备言!"

钦以前事病,赐帛罢,后为议郎,复以病免。

征诣大将军莫府,国家政谋,凤常与钦虑之。数称达名士王骏、韦安世、王延世等,救解冯野王、王尊、胡常之罪过,及继功臣绝世,填抚四夷,当世善政,多出于钦者。见凤专政泰重,戒之曰:"昔周公身有至圣之德,属有叔父之亲,而成王有独见之明,无信谗之听,然管、蔡流言而周公惧。穰侯,昭王之舅也,权重于秦,威震邻敌,有旦莫偃伏之爱,心不介然有间,然范睢起徒步,由异国,无雅信,开一朝之说,而穰侯就封。及近者武安侯之见退,三事之迹,相去各数百岁,若合符节,甚不可不察。愿将军由周公之谦惧,损穰侯之威,放武安之欲,毋使范睢之徒得间其说。"

顷之,复日蚀,京兆尹王章上封事求见,果言凤专权蔽主之过,宜废勿用,以应天变。于是天子感悟,召见章,与议,欲退凤。凤甚忧惧,钦令凤上疏谢罪,乞骸骨,文指甚哀。太后涕泣为不食。上少而亲倚凤,亦不忍废,复起凤就位。凤心惭,称病笃,欲遂退。钦复说之曰:"将军深悼辅政十年,变异不已,故乞骸骨,归咎于身,刻己自责,至诚动众,愚知莫不感伤。虽然,是无属之臣,执进退之分,絜其去就之节者耳,非主上所以待将军,非将军所以报主上也。昔周公虽老,犹在京师,明不离成周,示不忘王室也。仲山父异姓之臣,无亲于宣,就封于齐,犹叹息永怀,宿夜徘徊,不忍远去,况将军之于主上,主上之与将军哉!夫欲天下治安变异之意,莫有将军,主上照然知之,故攀援不遣,《书》称'公毋困我!'唯将军不为四国流言自疑于成王,以固至忠。"凤复起视事。上令尚书劾奏京兆尹章,章死诏狱。语在《元后传》。

章既死,众庶冤之,以讥朝廷。钦欲救其过,复说凤曰:"京兆尹章所坐事密。吏民见章素好言事,以为不坐官职,疑其以日蚀见对有所言也。假令章内有所犯,虽陷正法,事不暴扬,自京师不晓,况于远方。恐天下不知章实有罪,而以为坐言事。如是,塞争引之原,损宽明之德。钦愚以为宜因章事举直言极谏,并见郎从官展尽其意,加于往前,以明示四方,使天下咸知主上圣明,不以言罪下也。若此,则流言消释,疑惑著明。"凤白行其策。钦之补过将美,皆此类也。

优游不仕,以寿终,钦子及昆弟支属至二千石者且十人。钦兄缓前免太常,以列侯奉朝请,成帝时乃薨,子业嗣。

业有材能,以列侯选,复为太常。数言得失,不事权贵,与丞相翟方进、卫尉定陵侯淳于长不平。后业坐法免官,复为函谷关都尉。会定陵侯长有罪,当就国,长舅红阳侯立与业书曰:"诚哀老姊垂白,随无状子出关,愿勿复用前事相侵。"定陵侯既出关,伏罪复安,下洛阳狱。丞相史搜得红阳侯书,奏业听请,不敬,坐免就国。

其春,丞相方进薨,业上书言:"方进本与长深结厚,更相称荐,长陷大恶,独得不坐,苟欲障塞前过,不为陛下广持平例,又无恐惧之心,反因时信其邪辞,报睚眦怨。故事,大逆朋友坐免官,无归故郡者,今坐长者归故郡,已深一等;红阳侯立坐子受长货赂故就国耳,非大逆也,而方进复奏立党友后将军朱博、巨鹿太守孙宏、故少府陈咸,皆免官,归咸故郡。刑罚无平,在方进之笔端,众庶莫不疑惑,皆言孙宏不与红阳侯相爱。宏前为中丞时,方进为御史大夫,举掾隆可侍御史,宏奏隆前奉使欺谩,不宜执法近侍,方进以此怨宏。又方进在京兆尹时,陈咸为少府,在九卿高弟,陛下所自知也。方进素与司直师丹相善,临御史大夫缺,使丹奏咸为奸利,请案验,卒不能有所得,而方进果自得御史大夫。为丞相,即时诋欺,奏免咸,复因红阳侯事归咸故郡。众人皆言国家假方进权太甚。案师丹行能无异,及光禄勋许商被病残人,皆但以附从方进,尝获尊官。丹前亲荐邑子丞相史能使巫下神,为国求福,几获大利。幸赖陛下至明,遣使者毛莫如先考验,卒得其奸,皆坐死。假令丹知而白之,此诬罔罪也,不知而白之,是背经术惑左道也;二者皆在大辟,重于朱博、孙宏、陈咸所坐。方进终不举白,专作威福,阿党所厚,排挤英俊,托公报私,横厉无所畏忌,欲以熏轑天下。天下莫不望风而靡,自尚书近臣皆结舌杜口,骨肉亲属莫不股栗。威权泰盛而不忠信,非所以安国家也。今闻方进卒病死,不以尉安天下,反复赏赐厚葬,唯陛下深思往事,以戒来今。"

会成帝崩,哀帝即位,业复上书言:"王氏世权日久,朝无骨鲠之臣,宗室诸侯微弱,与系囚无异,自佐史以上至于大吏皆爪臣之党。曲阳侯根前为三公辅政,知赵昭仪杀皇子,不辄白奏,反与赵氏比周,恣意妄行,潜诉故许后,被加以非罪,诛破诸许族,败元帝外家。内嫉妒同产兄姊红阳侯立及淳于氏,皆老被放弃。新喋血京师,威权可畏。高阳侯薛宣有不养母之名,安昌侯张禹为人之雄,惑乱朝廷,使先帝负谤于海内,尤不可不慎。陛下初即位,谦让未皇,孤独特立,莫可据仗,权臣易世,意若探汤。宜蚤以义割恩,安百姓心。窃见朱博忠信勇猛,材略不世出,诚国家雄俊之宝臣也,宜征博置左右,以填天下。此人在朝,则陛下可高枕而卧矣。昔诸吕欲危刘氏,赖有高祖遗臣周勃、陈平尚存,不者,几为奸臣笑。"

业又言宜为恭王立庙京师,以章孝道。时,高昌侯董宏亦言宜尊帝母定陶王丁后为帝太后。大司空师丹等劾宏误朝不道,坐免为庶人,业复上书讼宏。前后所言皆合指施行,朱博果见拔用。业由是征,复为太常。岁余,左迁上党都尉。会司隶奏业为太常选举不实,业坐免官,复就国。

哀帝崩,王莽秉政,诸前议立庙尊号者皆免,徙合浦。业以前罢黜,故见阔略,忧恐,发病死。业成帝初尚帝妹颎邑公主,主无子,薨,业家上书求还京师与主合葬,不许,而赐谥曰荒侯,传子至孙绝。初,杜周武帝时徙茂陵,至延年徙杜陵云。

赞曰:张汤、杜周并起文墨小吏,致位三公,列于酷吏。而俱有良子,德器自过,爵位尊显,继世立朝,相与提衡,至于建武,杜氏爵乃独绝,迹其福祚,元功儒林之后莫能及也。自谓唐杜苗裔,岂其然乎?及钦浮沉当世,好谋而成,以建始之初深陈女戒,终如其言,庶几乎《关雎》之见微。非夫浮华博习之徒所能规也。业因势而抵隙,称朱博,毁师丹,爱憎之议可不畏哉!

卷六十一
张骞李广利传第三十一

张骞,汉中人也,建元中为郎。时,匈奴降者言匈奴破月氏王,以其头为饮器,月氏遁而怨匈奴,无与共击之。汉方欲事灭胡,闻此言,欲通使,道必更匈奴中,乃募能使者。骞以郎应募,使月氏,与堂邑氏奴甘父俱出陇西。径匈奴,匈奴得之,传诣单于。单于曰:"月氏在吾北,汉何以得往使?吾欲使越,汉肯听我乎?"留骞十余岁,予妻,有子,然骞持汉节不失。

居匈奴西,骞因与其属亡乡月氏,西走数十日,至大宛。大宛闻汉之饶财,欲通不得,见骞,喜,问欲何之。骞曰:"为汉使月氏而为匈奴所闭道,今亡,唯王使人道送我。诚得至,反汉,汉之赂遗王财物不可胜言。"大宛以为然,遣骞,为发译道,抵康居。康居传致大月氏。大月氏王已为胡所杀,立其夫人为王。既臣大夏而君之,地肥饶,少寇,志安乐。又自以远远汉,殊无报胡之心。骞从月氏至大夏,竟不能得月氏要领。

留岁余,还,并南山,欲从羌中归,复为匈奴所得。留岁余,单于死,国内乱,骞与胡妻及堂邑父俱亡归汉。拜骞太中大夫,堂邑父为奉使君。

骞为人强力,宽大信人,蛮夷爱之。堂邑父胡人,善射,穷急射禽兽给食。初,骞行时百余人,去十三岁,唯二人得还。

骞身所至者,大宛、大月氏、大夏、康居,而传闻其旁大国五六,具为天子言其地形所有,语皆在《西域传》。

骞曰:"臣在大夏时,见邛竹杖、蜀布,问:'安得此?'大夏国人曰:'吾贾人往市之身毒国。身毒国在大夏东南可数千里。其俗土著,与大夏同,而卑湿暑热。其民乘象以战。其国临大水焉。'以骞度之,大夏去汉万二千里,居西南。今身毒又居大夏东南数千里,有蜀物,此其去蜀不远矣。今使大夏,从羌中,险,羌人恶之;少北,则为匈奴所得;从蜀,宜径,又无寇。"天子既闻大宛及大夏、安息之属皆大国,多奇物,土著,颇与中国同俗,而兵弱,贵汉财物;其北则大月氏、康居之属,兵强,可以赂遗设利朝也。诚得而以义属之,则广地万里,重九译,致殊俗,威德遍于四海。天子欣欣以骞言为然。乃令因蜀犍为发间使,四道并出:出駹,出筰,出徙、邛,出僰,皆各行一二千里。其北方闭氐、筰,南方闭巂、昆明。昆明之属无君长,善寇盗,辄杀略汉使,终莫得通。然闻其西可千余里,有乘象国,名滇越,而蜀贾间出物者或至焉,于是汉以求大夏道始通滇国。初,汉欲通西南夷,费多,罢之。及骞言可以通大夏,乃复事西南夷。

骞以校尉从大将军击匈奴。知水草处,军得以不乏,乃封骞为博望侯。是岁,元朔六年也。后二年,骞为卫尉,与李广俱出右北平击匈奴。匈奴围李将军,军失亡多,而骞后期当斩,赎为庶人。是岁,骠骑将军破匈奴西边,杀数万人,至祁连山。其秋,浑邪王率众降汉,而金城、河西并南山至盐泽,空无匈奴,匈奴时有候者到,而希矣。后二年,汉击走单于于幕北。

天子数问骞大夏之属。骞既失侯,因曰:"臣居匈奴中,闻乌孙王号昆莫。昆莫父难兜靡本与大月氏俱在祁连、敦煌间,小国也。大月氏攻杀难兜靡,夺其地,人民走匈奴。子昆莫新生,傅父布就翎侯抱亡置草中,为求食,还,见狼乳之,又乌衔肉翔其旁,以为神,遂归匈奴,单于爱养之。及壮,以其父民众与昆莫,使将兵,数有功。时,月氏已为匈奴所破,西击塞王。塞王南走远徙,月氏居其地。昆莫既健,自请单于报父怨,遂西攻破大月氏。大月氏复西走,徙大夏地。昆莫略其众,因留居,兵稍强,会单于死,不肯复朝事匈奴。匈奴遣兵击之,不胜,益以为神而远之。今单于新困于汉,而昆莫地空。蛮夷恋故地,又贪汉物,诚以此时厚赂乌孙,招以东居故地,汉遣公主为夫人,结昆弟,其势宜听,则是断匈奴右臂也。既连乌孙,自其西大夏之属皆可招来而为外臣。"天子以为然,拜骞为中郎将,将三百人,马各二匹,牛、羊以万数,赍金币帛直数千巨万,多持节副使,道可便遣之旁国。骞既至乌孙,致赐谕指,未能得其决。语在《西域传》。骞即分遣副使使大宛、康居、月氏、大夏。乌孙发译道送骞,与乌孙使数十人,马数十匹,报谢,因令窥汉,知其广大。

骞还,拜为大行。岁余,骞卒。后岁余,其所遣副使通大夏之属者皆颇与其俱来,于是西北国始通于汉矣。然骞凿空,诸后使往往皆称博望侯,以为质于外国,外国由是信之。其后,乌孙竟与汉结婚。

初,天子发书《易》,曰"神马当从西北来"。得乌孙马好,名曰"天马"。及得宛汗血马,益壮,更名乌孙马曰"西极马",宛马曰"天马"云。而汉始筑令居以西,初置酒泉郡,以通西北国。因益发使抵安息、奄蔡、黎轩、条支、身毒国。而天子好宛马,使者相望于道,一辈大者数百,少者百余人,所赍操,大放博望侯时。其后益习而衰少焉。汉率一岁中使者多者十余,少者五六辈,远者八九岁,近者数岁而反。

是时,汉既灭越,蜀所通西南夷皆震,请吏。置牂柯、越巂、益州、沈黎、文山郡,欲地接以前通大夏。乃遣使岁十余辈,出此初郡,皆复闭昆明,为所杀,夺币物。于是汉发兵击昆明,斩首数万。后复遣使,竟不得通。语在《西南夷传》。

自骞开外国道以尊贵,其吏士争上书言外国奇怪利害,求使。天子为其绝远,非人所乐,听其言,予节,募吏民无问所从来,为具备人众遣之,以广其道。来还不能无侵盗币物,及使失指,天子为其习之,辄复按致重罪,以激怒令赎,复求使。使端无穷,而轻犯法。其吏卒亦辄复盛推外国所有,言大者予节,言小者为副,故妄言无行之徒皆争相效。其使皆私县官赍物,欲贱市以私其利。外国亦厌汉使人人有言轻重,度汉兵远,不能至,而禁其食物,以苦汉使。汉使之绝,责怨,至相攻击。楼兰、姑师小国,当空道,攻劫汉使王恢等尤甚。而匈奴奇兵又时时遮击之。使者争言外国利害,皆有城邑,兵弱易击。于是天子遣从票侯破奴将属国骑及郡兵数万以击胡,胡皆去。明年,击破姑师,虏楼兰王。酒泉列亭障至玉门矣。

而大宛诸国发使随汉使来,观汉广大,以大鸟卵及犛靬眩人献于汉,天子大说。而汉使穷河源,其山多玉石,采来,天子案古图书,名河所出山曰昆仑云。

是时,上方数巡狩海上,乃悉从外国客,大都多人则过之,散财帛赏赐,厚具饶给之,以览视汉富厚焉。大角氐,出奇戏诸怪物,多聚观者,行赏赐,酒池肉林,令外国客遍观各仓库府臧之积,欲以见汉广大,倾骇之。及加其眩者之工,而角氐奇戏岁增变,其益兴,自此始。而外国使更来更去。大宛以西皆自恃远,尚骄恣,未可诎以礼羁縻而使也。

汉使往既多,其少从率进孰于天子,言大宛有善马在贰师城,匿不肯示汉使。天子既好宛马,闻之甘心,使壮士车令等持千金及金马以请宛王贰师城善马。宛国饶汉物,相与谋曰:"汉去我远,而盐水中数有败,出其北有胡寇,出其南乏水草,又且往往而绝邑,乏食者多。汉使数百人为辈来,常乏食,死者过半,是安能致大军乎?且贰师马,宛宝马也。"遂不肯予汉使。汉使怒,妄言,椎金马而去。宛中贵人怒曰:"汉使至轻我!"遣汉使去,令其东边郁成王遮攻,杀汉使,取其财物。天子大怒。诸尝使宛姚定汉等言:"宛兵弱,诚以汉兵不过三千人,强弩射之,即破宛矣。"天子以尝使浞野侯攻楼兰,以七百骑先至,虏其王,以定汉等言为然,而欲侯宠姬李氏,乃以李广利为将军,伐宛。

骞孙猛,字子游,有俊才。元帝时为光禄大夫,使匈奴,给事中,为石显所谮,自杀。

李广利,女弟李夫人有宠于上,产昌邑哀王。太初元年,以广利为贰师将军,发属国六千骑及郡国恶少年数万人以往,期至贰师城取善马,故号"贰师将军"。故浩侯王

恢使道军。既西过盐水,当道小国各坚城守,不肯给食,攻之不能下。下者得食,不下者数日则去。比至郁成,士财有数千,皆饥罢。攻郁成城,郁成距之,所杀伤甚众。贰师将军与左右计:"至郁成尚不能举,况至其王都乎?"引而还。往来二岁,至敦煌,士不过什一二。使使上书言:"道远,多乏食,且士卒不患战而患饥。人少,不足以拔宛。愿且罢兵,益发而复往。"天子闻之,大怒,使使遮玉门关,曰:"军有敢入,斩之。"贰师恐,因留屯敦煌。

其夏,汉亡浞野之兵二万余于匈奴,公卿议者皆愿罢宛军,专力攻胡。天子业出兵诛宛,宛小国而不能下,则大夏之属渐轻汉,而宛善马绝不来,乌孙、轮台易苦汉使,为外国笑。乃案言伐宛尤不便者邓光等。赦囚徒扞寇盗,发恶少年及边骑,岁余而出敦煌六万人。负私从者不与。牛十万,马三万匹,驴、橐驼以万数赍粮,兵弩甚设。天下骚动,转相奉伐宛,五十余校尉。宛城中无井,汲城外流水,于是遣水工徙其城下水空以穴其城。益发戍甲卒十八万酒泉、张掖北,置居延、休屠以卫酒泉。而发天下七科适,及载糒给贰师,转车人徒相连属至敦煌。而拜习马者二人为执驱马校尉,备破宛择取其善马云。

于是贰师后复行,兵多,所至小国莫不迎,出食给军。至轮台,轮台不下,攻数日,屠之。自此而西,平行至宛城,兵到者三万。宛兵迎击汉兵,汉兵射败之,宛兵走入保其城。贰师欲攻郁成城,恐留行而令宛益生诈,乃先至宛,决其水原,移之,则宛固已忧困。围其城,攻之四十余日。其外城坏,虏宛贵人勇将煎靡。宛大恐,走入中城,相与谋曰:"汉所为攻宛,以王毋寡。"宛贵人谋曰:"王毋寡匿善马,杀汉使。今杀王而出善马,汉兵宜解。即不,乃力战而死,未晚也。"宛贵人皆以为然,共杀王。持其头,遣人使贰师,约曰:"汉无攻我,我尽出善马,恣所取,而给汉军食。即不听我,我尽杀善马,康居之救又且至。至,我居内,康居居外,与汉军战。孰计之,何从?"是时,康居候视汉兵尚盛,不敢进。贰师闻宛城中新得汉人知穿井,而其内食尚多。计以为来诛首恶者毋寡,毋寡头已至,如此不许,则坚守,而康居候汉兵罢来救宛,破汉军必矣。军吏皆以为然,许宛之约。宛乃出其马,令汉自择之,而多出食食汉军。汉军取其善马数十匹,中马以下牝牡三千余匹,而立宛贵人之故时遇汉善者名昧蔡为宛王,与盟而罢兵。终不得入中城,罢而引归。

初,贰师起敦煌西,为人多,道上国不能食,分为数军,从南北道。校尉王申生、故鸿胪壶充国等千余人别至郁成,城守不肯给食。申生去大军二百里,负而轻之,攻郁成急。郁成窥知申生军少,晨用三千人攻杀申生等,数人脱亡,走贰师。贰师令搜粟都尉上官桀往攻破郁成,郁成降。其王亡走康居,桀追至康居。康居闻汉已破宛,出郁成王与桀,桀令四骑士缚守诣大将军。四人相谓:"郁成,汉所毒,今生将,卒失大事。"欲杀,莫适先击。上邽骑士赵弟拔剑击斩郁成王。桀等遂追及大将军。

初,贰师后行,天子使告乌孙大发兵击宛。乌孙发二千骑往,持两端,不肯前。贰师将军之东,诸所过小国闻宛破,皆使其子弟从入贡献,见天子,因为质焉。军还,入

玉门者万余人，马千余匹。后行，非乏食，战死不甚多，而将吏贪，不爱卒，侵牟之，以此物故者众。天子为万里征伐，不录其过，乃下诏曰："匈奴为害久矣，今虽徙幕北，与旁国谋共要绝大月氏使，遮杀中郎将江，故雁门守攘。危须以西及大宛皆合约杀期门车令、中郎将朝及身毒国使，隔东西道。贰师将军广利征讨厥罪，伐胜大宛。赖天之灵，从泝河山，涉流沙，通西海，山雪不积，士大夫径度，获王首虏，珍怪之物毕陈于阙。其封广利为海西侯，食邑八千户。"又封斩郁成王者赵弟为新畤侯；军正赵始成功最多，为光禄大夫；上官桀敢深入，为少府；李哆有计谋，为上党太守。军官吏为九卿者三人，诸侯相、郡守、二千石百余人，千石以下千余人。奋行者官过其望，以谪过行者皆黜其劳。士卒赐直四万钱。伐宛再反，凡四岁而得罢焉。

后十一岁，征和三年，贰师复将七万骑出五原，击匈奴，度郅居水。兵败，降匈奴，为单于所杀。语在《匈奴传》。

赞曰："《禹本记》言河出昆仑，昆仑高二千五百里余，日月所相避隐为光明也。自张骞使大夏之后，穷河原，恶睹所谓昆仑者乎？故言九州山川，《尚书》近之矣。至《禹本记》、《山经》所有，放哉！"

卷六十二　　司马迁传第三十二

昔在颛顼，命南正重司天，火正黎司地。唐、虞之际，绍重、黎之后，使复典之，至于夏、商，故重、黎氏世序天地。其在周，程伯休甫其后也。当宣王时，官失其守而为司马氏。司马氏世典周史。惠、襄之间，司马氏适晋。晋中军随会奔魏，而司马氏入少梁。

自司马氏去周适晋，分散，或在卫，或在赵，或在秦。其在卫者，相中山。在赵者，以传剑论显，蒯聩其后也。在秦者错，与张仪争论，于是惠王使错将兵伐蜀，遂拔，因而守之。错孙靳，事武安君白起。而少梁更名夏阳。靳与武安君坑赵长平军，还而与之俱赐死杜邮，葬于华池。靳孙昌，为秦王铁官。当始皇之时，蒯聩玄孙卬为武信君将而徇朝歌。诸侯之相王，王卬于殷。汉之伐楚，卬归汉，以其地为河内郡。昌生毋怿，毋怿为汉市长。毋怿生喜，喜为五大夫，卒，皆葬高门。喜生谈，谈为太史公。

太史公学天官于唐都，受《易》于杨何，习道论于黄子。太史公仕于建元、元封之间，愍学者之不达其意而师悖，乃论六家之要指曰：

《易大传》曰："天下一致而百虑，同归而殊涂。"夫阴阳、儒、墨、名、法、道德，此务为治者也。直所从言之异路，有省不省耳。尝窃观阴阳之术，大详而众忌讳，使人拘而多畏，然其叙四时之大顺，不可失也。儒者博而寡要，劳而少功，是以其事难尽从，然其叙君臣、父子之礼，列夫妇、长幼之别，不可易也。墨者俭而难遵，是以其事不可遍循，然其强本节用，不可

也。法家严而少恩，然其正君臣上下之分，不可改也。名家使人俭而善失真，然其正名实，不可不察也。道家使人精神专一，动合无形，澹足万物。其为术也，因阴阳之大顺，采儒、墨之善，撮名、法之要，与时迁徙，应物变化，立俗施事，无所不宜，指约而易操，事少而功多。儒者则不然，以为人主天下之仪表也，君唱臣和，主先臣随。如此，则主劳而臣佚。至于大道之要，去健羡，黜聪明，释此而任术。夫神大用则竭，形大劳则敝；神形蚤衰，欲与天地长久，非所闻也。

夫阴阳，四时、八位、十二度、二十四节各有教令，曰"顺之者昌，逆之者亡"，未必然也，故曰"使人拘而多畏"。夫春生、夏长、秋收、冬藏，此天道之大经也，弗顺，则无以为天下纪纲。故曰"四时之大顺，不可失也"。

夫儒者，以六艺为法，六艺经传以千万数，累世不能通其学，当年不能究其礼。故曰"博而寡要，劳而少功"。若夫列君臣、父子之礼，序夫妇、长幼之别，虽百家弗能易也。

墨者亦上尧、舜，言其德行，曰："堂高三尺，土阶三等，茅茨不剪，采椽不斫；饭土簋，啜土刑，粝粱之食，藜藿之羹；夏日葛衣，冬日鹿裘。"其送死，桐棺三寸，举音不尽其哀。教丧礼，必以此为万民率。故天下共若此，则尊卑无别也。夫世异时移，事业不必同，故曰"俭而难遵"也。要曰"强本节用"，则人给家足之道也。此墨子之所长，虽百家不能废也。

法家不别亲疏，不殊贵贱，一断于法，则亲亲尊尊之恩绝矣。可以行一时之计，而不可长用也，故曰"严而少恩"。若尊主卑臣，明分职不得相逾越，虽百家不能改也。

名家苛察缴绕，使人不得反其意，剸决于名，时失人情，故曰"使人俭而善失真"。若夫控名责实，参伍不失，此不可不察也。

道家无为，又曰无不为，其实易行，其辞难知。其术以虚无为本，以因循为用。无成势，无常形，故能究万物之情。不为物先后，故能为万物主。有法无法，因时为业；有度无度，因物兴舍。故曰"圣人不巧，时变是守"。虚者，道之常也；因者，君之纲也。群臣并至，使各自明也。其实中其声者谓之端，实不中其声者谓之款。款言不听，奸乃不生，贤不肖自分，白黑乃形。在所欲用耳，何事不成！乃合大道，混混冥冥。光耀天下，复反无名。凡人所生者神也，所托者形也。神大用则竭，形大劳则敝，形神离则死。死者不可复生，离者不可复合，故圣人重之。由此观之，神者生之本，形者生之具。不先定其神形，而曰"我有以治天下"，何由哉？

太史公既掌天官，不治民。有子曰迁。

迁生龙门，耕牧河山之阳。年十岁则诵古文。二十而南游江、淮，上会稽，探禹穴，窥九疑，浮沉、湘。北涉汶、泗，讲业齐鲁之都，观夫子遗风，乡射邹峄；厄困蕃、薛、彭城，过梁、楚以归。于是迁仕为郎中，奉使西征巴、蜀以南，

略邛、笮、昆明，还报命。

　　是岁，天子始建汉家之封，而太史公留滞周南，不得与从事，发愤且卒。而子迁适反，见父于河、洛之间。太史公执迁手而泣曰："予先，周室之太史也。自上世尝显功名虞、夏，典天官事。后世中衰，绝于予乎？汝复为太史，则续吾祖矣。今天子接千岁之统，封泰山，而予不得从行，是命也夫！命也夫！予死，尔必为太史；为太史，毋忘吾所欲论著矣。且夫孝，始于事亲，中于事君，终于立身；扬名于后世，以显父母，此孝之大也。夫天下称周公，言其能论歌文、武之德，宣周、召之风，达大王、王季思虑，爰及公刘，以尊后稷也。幽、厉之后，王道缺，礼乐衰，孔子修旧起废，论《诗》、《书》，作《春秋》，则学者至今则之。自获麟以来四百有余岁，而诸侯相兼，史记放绝。今汉兴，海内一统，明主贤君，忠臣义士，予为太史而不论载，废天下之文，予甚惧焉，尔其念哉！"迁俯首流涕曰："小子不敏，请悉论先人所次旧闻，不敢阙。"卒三岁，而迁为太史令，䌷史记石室金匮之书。五年而当太初元年，十一月甲子朔旦冬至，天历始改，建于明堂，诸神受记。

　　太史公曰："先人有言：'自周公卒五百岁而有孔子，孔子至于今五百岁，有能绍而明之，正《易传》，继《春秋》，本《诗》、《书》、《礼》、《乐》之际。'意在斯乎！意在斯乎！小子何敢让焉！"

　　上大夫壶遂曰："昔孔子为何作《春秋》哉？"太史公曰："余闻之董生：'周道废，孔子为鲁司寇，诸侯害之，大夫壅之。孔子知时之不用，道之不行也，是非二百四十二年之中，以为天下仪表，贬诸侯，讨大夫，以达王事而已矣。'子曰：'我欲载之空言，不如见之于行事之深切著明也。'《春秋》上明三王之道，下辨人事之经纪，别嫌疑，明是非，定犹与，善善恶恶，贤贤贱不肖，存亡国，继绝世，补弊起废，王道之大者也。《易》著天地、阴阳、四时、五行，故长于变；《礼》纲纪人伦，故长于行；《书》记先王之事，故长于政；《诗》记山川、溪谷、禽兽、草木、牝牡、雌雄，故长于风；《乐》乐所以立，故长于和；《春秋》文成数万，其指数千。万物之散聚皆在《春秋》。《春秋》辩是非，故长于治人。是故《礼》以节人，《乐》以发和，《书》以道事，《诗》以达意，《易》以道化，《春秋》以道义。拨乱世反之正，莫近于《春秋》。《春秋》之中，弑君三十六，亡国五十二，诸侯奔走不得保社稷者不可胜数。察其所以，皆失其本已。故《易》曰'差以豪厘，谬以千里'。故'臣弑君，子弑父，非一朝一夕之故，其渐久矣'。有国者不可以不知《春秋》，前有谗而不见，后有贼而不知。为人臣者不可以不知《春秋》，守经事而不知其宜，遭变事而不知其权。为人君父而不通于《春秋》之义者，必蒙首恶之名。为人臣子不通于《春秋》之义者，必陷篡弑诛死之罪。其实皆以善为之，而不知其义，被之空言不敢辞。夫不通礼义之指，至于君不君，臣不臣，父不父，子不子。夫君不君则犯，臣不臣则诛，父不父则无道，子不子则不孝：此四行者，天下之大过也。以天下大过予之，受而不敢辞。故《春秋》者，礼义之大宗也。夫礼禁未然之前，法施已然之后；法之所为用者易见，而礼之所为禁者难知。"

　　壶遂曰："孔子之时，上无明君，下不得任用，故作《春秋》，垂空文以断礼义，当一王之法。今夫子上遇明天子，下得守职，万事既具，咸各序其宜，夫子所论，欲以何明？"太史公曰："唯唯，否否，不然。余闻之先人曰：'虙戏至纯厚，作《易》八卦。尧、舜之盛，《尚书》载之，礼乐作焉。汤、武之隆，诗人歌之。《春秋》采善贬恶，推三代之德，褒周室，非独刺讥而已也。'汉兴已来，至明天子，获符瑞，封禅，改正朔，易服色，受命于穆清，泽流罔极，海外殊俗，重译款塞，请来献见者，不可胜道。臣下百官，力诵圣德，犹不能宣尽其意。且士贤能矣，而不用，有国者耻也；主上明圣，德不布闻，有司之过也。且余掌其官，废明圣盛德不载，灭功臣、贤大夫之业不述，堕先人所言，罪莫大焉。余所谓述故事，整齐其世传，非所谓作也，而君比之《春秋》，谬矣。"

　　于是论次其文。十年而遭李陵之祸，幽于累绁。乃喟然而叹曰："是余之罪夫！身亏不用矣。"退而深惟曰："夫《诗》、《书》隐约者，欲遂其志之思也。"卒述陶唐以来，至于麟止，自黄帝始。

　　《五帝本纪》第一，《夏本纪》第二，《殷本纪》第三，《周本纪》第四，《秦本纪》第五，《始皇本纪》第六，《项羽本纪》第七，《高祖本纪》第八，《吕后本纪》第九，《孝文本纪》第十，《孝景本纪》第十一，《今上本纪》第十二。《三代世表》第一，《十二诸侯年表》第二，《六国年表》第三，《秦楚之际月表》第四，《汉诸侯年表》第五，《高祖功臣年表》第六，《惠景间功臣年表》第七，《建元以来侯者年表》第八，《王子侯者年表》第九，《汉兴以来将相名臣年表》第十。《礼书》第一，《乐书》第二，《律书》第三，《历书》第四，《天官书》第五，《封禅书》第六，《河渠书》第七，《平准书》第八。《吴太伯世家》第一，《齐太公世家》第二，《鲁周公世家》第三，《燕召公世家》第四，《管蔡世家》第五，《陈杞世家》第六，《卫康叔世家》第七，《宋微子世家》第八，《晋世家》第九，《楚世家》第十，《越世家》第十一，《郑世家》第十二，《赵世家》第十三，《魏世家》第十四，《韩世家》第十五，《田完世家》第十六，《孔子世家》第十七，《陈涉世家》第十八，《外戚世家》第十九，《楚元王世家》第二十，《荆燕王世家》第二十一，《齐悼惠王世家》第二十二，《萧相国世家》第二十三，《曹相国世家》第二十四，《留侯世家》第二十五，《陈丞相家》第二十六，《绛侯世家》第二十七，《梁孝王世家》第二十八，《五宗世家》第二十九，《三王世家》第三十。《伯夷列传》第一，《管晏列传》第二，《老子韩非列传》第三，《司马穰苴列传》第四，《孙子吴起列传》第五，《伍子胥列传》第六，《仲尼弟子列传》第七，《商君列传》第八，《苏秦列传》第九，《张仪列传》第十，《樗里甘茂列传》第十一，《穰侯列传》第十二，《白起王翦列传》第十三，《孟子荀卿列传》第十四，《平原虞卿列传》第十五，《孟尝君列传》第十六，《魏公子列传》第十七，《春申君列传》第十八，《范雎蔡泽列传》第十九，《乐毅列传》第二十，《廉颇蔺相如列传》第二十一，《田单列传》第二十二，《鲁仲连列传》第二十三，《屈原贾生列传》第二十四，《吕不韦列传》第二十五，《刺客列传》第二十六，《李斯列传》第二十七，《蒙恬列传》第二十八、《张耳陈馀列传》第二十九、《魏豹彭越列传》第三十、《黥布列传》第三十一、《淮阴侯韩信列传》第三十二、《韩王信卢绾列传》第三十三、《田儋列传》第三十四、《樊郦滕灌列传》第三十五、《张丞相仓列传》第三十六、《郦生陆贾列传》第三十七、《傅靳蒯成侯列传》第三十八、《刘敬叔孙通列传》第三十九、《季布栾布列传》第四十、《爰盎朝错列传》第四十一、《张释之冯唐列传》第四十二、《万石张叔列传》第四十三、《田叔列传》第四十四、《扁鹊仓公列传》第四十五、《吴王濞列传》第四十六、《魏其武安列传》第四十七、《韩长孺列传》第四十八、《李将军列传》第四十九、《卫将军骠骑列传》第五十、《平津主父列传》第五十一、《匈奴列传》第五十二、《南越列传》第五十三、《闽越列传》第五十四、《朝鲜列传》第五十五、《西南夷列传》第五十六、《司马相如列传》第五十七、《淮南衡山列传》第五十八、《循吏列传》第五十九、《汲郑列传》第六十、《儒林列传》第六十一、《酷吏列传》第六十二、《大宛列传》第六十三、《游侠列传》第六十四、《佞幸列传》第六十五、《滑稽列传》第六十六、《日者列传》第六十七、《龟策列传》第六十八、《货殖列传》第六十九。

惟汉继五帝末流,接三代绝业。周道既废,秦拨去古文,焚灭《诗》、《书》,故明堂、石室、金匮、玉版图籍散乱。汉兴,萧何次律令,韩信申军法,张苍为章程,叔孙通定礼仪,则文学彬彬稍进,《诗》、《书》往往间出。自曹参荐盖公言黄、老,而贾谊、朝错明申、韩,公孙弘以儒显,百年之间,天下遗文古事靡不毕集。太史公仍父子相继纂其职,曰:"于戏!余维先人尝掌斯事,显于唐、虞;至于周,复典之。故司马氏世主天官,至于余乎,钦念哉!"网罗天下放失旧闻,王迹所兴,原始察终,见盛观衰,论考之行事,略三代,录秦、汉,上记轩辕,下至于兹,著十二本纪;既科条之矣,并时异世,年差不明,作十表;礼乐损益,律历改易,兵权、山川、鬼神,天人之际,承敝通变,作八书;二十八宿环北辰,三十辐共一毂,运行无穷,辅弼股肱之臣配焉,忠信行道以奉主上,作三十世家;扶义俶傥,不令己失时,立功名于天下,作七十列传:凡百三十篇,五十二万六千五百字,为《太史公书》。序略,以拾遗补艺,成一家言,协"六经"异传,齐百家杂语,臧之名山,副在京师,以俟后圣君子。第七十,迁之自叙云尔。而十篇缺,有录无书。

迁既被刑之后,为中书令,尊宠任职。故人益州刺史任安予迁书,责以古贤臣之义。迁报之曰:

少卿足下:曩者辱赐书,教以慎于接物,推贤进士为务。意气勤勤恳恳,若望仆不相师用,而流俗人之言。仆非敢如是也。虽罢驽,亦尝侧闻长者遗风矣。顾自以为身残处秽,动而见尤,欲益反损,是以抑郁而无谁语。谚曰:"谁为为之,孰令听之?"盖钟子期死,伯牙终身不复鼓琴。何则?士为知己用,女为说己容。若仆大质已亏缺,虽材怀随、和,行若由、夷,终不可以为荣,适足以发笑而自点耳。

书辞宜答,会东从上来,又迫贱事,相见日浅,卒卒无须臾之间得竭指意。今少卿抱不测之罪,涉旬月,迫季冬,仆又薄从上上雍,恐卒然不可讳。是仆终已不得舒愤懑以晓左右,则长逝者魂魄私恨无穷。请略陈固陋。阙然不报,幸勿过。

仆闻之:修身者,智之府也;爱施者,仁之端也;取予者,义之符也;耻辱者,勇之决也;立名者,行之极也:士有此五者,然后可以托于世,列于君子之林矣。故祸莫憯于欲利,悲莫痛于伤心,行莫丑于辱先,而诟莫大于宫刑。刑余之人,无所比数,非一世也,所从来远矣!昔卫灵公与雍渠载,孔子适陈;商鞅因景监见,赵良寒心;同子参乘,爰丝变色:自古而耻之。夫中材之人,事关于宦竖,莫不伤气,况慷慨之士乎!如今朝虽乏人,奈何令刀锯之余荐天下豪隽哉!仆赖先人绪业,得待罪辇毂下,二十余年矣。所以自惟:上之,不能纳忠效信,有奇策材力之誉,自结明主;次之,又不能拾遗补阙,招贤进能,显岩穴之士;外之,不能备行伍,攻城野战,有斩将搴旗之功;下之,不能累日积劳,取尊官厚禄,以为宗族交游光宠。四者无一遂,苟合取容,无所短长之效,可见于此矣。乡者,仆亦尝厕下大夫之列,陪外廷末议。不以此时引维纲,尽思虑,今已亏形为扫除之隶,在闒茸之中,乃欲卬首信眉,论列是非,不亦轻朝廷,羞当世之士邪!嗟乎!嗟乎!如仆,尚何言哉!尚何言哉!

且事本末未易明也。仆少负不羁之才,长无乡曲之誉,主上幸以先人之故,使得奉薄技,出入周卫之中。仆以为戴盆何以望天,故绝宾客之知,忘室家之业,日夜思竭其不肖之材力,务壹心营职,以求亲媚于主上。而事乃有大谬不然者。夫仆与李陵俱居门下,素非相善也,趣舍异路,未尝衔杯酒接殷勤之欢。然仆观其为人自奇士,事亲孝,与士信,临财廉,取予义,分别有让,恭俭下人,常思奋不顾身以徇国家之急。其素所畜积也,仆以为有国士之风。夫人臣出万死不顾一生之计,赴公家之难,斯已奇矣。今举事壹不当,而全躯保妻子之臣随而媒孽其短,仆诚私心痛之!且李陵提步卒不满五千,深践戎马之地,足历王庭,垂饵虎口,横挑强胡,卬亿万之师,与单于连战十余日,所杀过当。虏救死扶伤不给,旃裘之君长咸震怖,乃悉征左右贤王,举引弓之民,一国共攻而围之。转斗千里,矢尽道穷,救兵不至,士卒死伤如积。然李陵一呼劳军,士无不起,躬流涕,沬血饮泣,张空弮,冒白刃,北首争死敌。陵未没时,使有来报,汉公卿王侯皆奉觞上寿。后数日,陵败书闻,主上为之食不甘味,听朝不怡。大臣忧惧,不知所出。仆窃不自料其卑贱,见主上惨凄怛悼,诚欲效其款款之愚。以为李陵素与士大夫绝甘分少,能得人之死力,虽古名将不过也。身虽陷败,彼观其意,且欲得其当而报汉。事已无可奈何,其所摧败,功亦足以暴于天下。仆怀欲陈之,而未有路,适会召问,即以此指推言陵功,欲以广主上之意,塞睚眦之辞。未能尽明,明主不深晓,以为仆沮贰师,而为李陵游说,遂下于理。拳拳之忠,终不能自列。因为诬上,卒从吏议。家贫,财赂不足以自赎,交游莫救,左右亲近不为一言。身非木石,独与法吏为伍,深幽图圄之中,谁可告诉者!此正少卿所亲见,仆行事岂不然邪?李陵既生降,隤其家声,而仆又茸以蚕室,重为天下观笑。悲夫!悲夫!

事未易一二为俗人言也。仆之先人,非有剖符丹书之功,文史、星历,近乎卜祝之间,固主上所戏弄,倡优畜之,流俗之所轻也。假令仆伏法受诛,若九牛亡一毛,与蝼蚁何异!而世又不与能死节者比,特以为智穷罪极,不能自免,卒就死耳。何也?素所自树立使然。人固有一死,死有重于泰山,或轻于鸿毛,用之所趋异也。太上不辱先,其次不辱身,其次不辱理色,其次不辱辞令,其次诎体受辱,其次易服受辱,其次关木索被箠楚受辱,其次剔毛发婴金铁受辱,其次毁肌肤断支体受辱,最下腐刑,极矣。传曰"刑不上大夫",此言士节不可不厉也。猛虎处深山,百兽震恐,及其在阱槛之中,摇尾而求食,积威约之渐也。故士有画地为牢势不入,削木为吏议不对,定计于鲜也。今交手足,受木索,暴肌肤,受榜箠,幽于圜墙之中,当此之时,见狱吏则头枪地,视徒隶则心惕息。何者?积威约之势也。及已至此,言不辱者,所谓强颜耳,曷足贵乎!且西伯,伯也,拘牖里;李斯,相也,具五刑;淮阴,王也,受械于陈;彭越、张敖,南乡称孤,系狱具罪;绛侯诛诸吕,权倾五伯,囚于请室;魏其,大将也,衣赭,关三木;季布为朱家钳奴;灌夫受辱居室:此人皆身至王侯将相,声闻邻国,及罪至罔加,不能引决自财。在尘埃之中,古今一体,安在其不辱也!由此言之,勇怯,势也;强弱,形也。审矣,曷足怪乎!且人不能蚤自财绳墨之外,已稍陵夷至于鞭箠之间,乃欲引节,斯不亦远乎!古人所以重施刑于大夫者,殆为此也。夫人情莫不贪生恶死,念亲戚,顾妻子,至激于义理者不然,乃有不得已也。今仆不幸,蚤失二亲,无兄弟之亲,独身孤立,少卿视仆于妻子何如哉?且勇者不必死节,怯夫慕义,何处不勉焉!仆虽怯耎欲苟活,亦颇识去就之分矣,何至自湛溺累绁之辱哉!且夫臧获婢妾犹能引决,况若仆之不得已乎!所以隐忍苟活,函粪土之中而不辞者,恨私心有所不尽,鄙没世而文采不表于后也。

古者富贵而名摩灭,不可胜记,唯俶傥非常之人称焉。盖西伯拘而演《周易》;仲尼厄而作《春秋》;屈原放逐,乃赋《离骚》;左丘失明,厥有《国语》;孙子膑脚,《兵法》修列;不韦迁蜀,世传《吕览》;韩非囚秦,《说难》、《孤愤》。《诗》三百篇,大氐贤圣发愤之所为作也。此人皆意有所郁结,不得通其道,故述往事,思来者。及如左丘明无目,孙子断足,终不可用,退论书策以舒其愤,思垂空文以自见。仆窃不逊,近自托于无能之辞,网罗天下放失旧闻,考之行事,稽其成败兴坏之理,凡百三十篇,亦欲以究天人之际,通古今之变,成一家之言。草创未就,适会此祸,惜其不成,是以就极刑而无愠色。仆诚已著此书,藏之名山,传之其人,通邑大都,则仆偿前辱之责,虽万被戮,岂有悔哉!然此可为智者道,难为俗人言也。

且负下未易居,下流多谤议。仆以口语遇遭此祸,重为乡党戮笑,污辱先人,亦何面目复上父母之丘墓乎?虽累百世,垢弥甚耳!是以肠一日而九回,居则忽忽若有所亡,出则不知所如往。每念斯耻,汗未尝不发背沾衣也。身直为闺阁之臣,宁得自引深臧于岩穴邪!故且从俗浮湛,与时俯仰,以通其狂惑。今少卿乃教以推贤进士,无乃与仆之私指谬乎?今虽欲自雕琢,曼辞以自解,无益,于俗不信,只取辱耳。要之死日,然后是非乃定。书不能尽意,故略陈固陋。

迁既死后,其书稍出。宣帝时,迁外孙平通侯杨恽祖述其书,遂宣布焉。王莽时,求封迁后,为史通子。

赞曰:自古书契之作而有史官,其载籍博矣。至孔氏篡之,上断唐尧,下讫秦缪。唐、虞以前,虽有遗文,其语不经,故言黄帝、颛顼之事未可明也。及孔子因鲁史记而作《春秋》,而左丘明论辑其本事以为之传,又篡异同为《国语》。又有《世本》,录黄帝以来至春秋时帝王、公、侯、卿、大夫祖世所出。春秋之后,七国并争,秦兼诸侯,有《战国策》。汉兴伐秦定天下,有《楚汉春秋》。故司马迁据《左氏》、《国语》,采《世本》、《战国策》,述《楚汉春秋》,接其后事,讫于天汉。其言秦、汉,详矣。至于采经摭传,分散数家之事,甚多疏略,或有抵梧。亦其涉猎者广博,贯穿经传,驰骋古今,上下数千载间,斯以勤矣。又,其是非颇缪于圣人,论大道则先黄、老而后六经,序游侠则退处士而进奸雄,述货殖则崇势利而羞贱贫,此其所蔽也。然自刘向、扬雄博极群书,皆称迁有良史之材,服其善序事理,辨而不华,质而不俚,其文直,其事核,不虚美,不隐恶,故谓之实录。乌呼!以迁之博物洽闻,而不能以知自全,既陷极刑,幽而发愤,书亦信矣。迹其所以自伤悼,《小雅》巷伯之伦。夫唯《大雅》"既明且哲,能保其身",难矣哉!

卷六十三

武五子传第三十三

孝武皇帝八男。卫皇后生戾太子,赵婕妤生孝昭帝,王夫人生齐怀王闳,李姬生燕刺王旦、广陵厉王胥,李夫人生昌邑哀王髆。

戾太子据,元狩元年立为皇太子,年七岁矣。初,上年二十九乃得太子,甚喜,为立禖,使东方朔、枚皋作禖祝。少壮,诏受《公羊春秋》,又从瑕丘江公受《穀梁》。及冠就宫,上为立博望苑,使通宾客,从其所好,故多以异端进者。元鼎四年,纳史良娣,产子男进,号曰史皇孙。

武帝末,卫后宠衰,江充用事。充与太子及卫氏有隙,恐上晏驾后为太子所诛,会巫蛊事起,充因此为奸。是时,上春秋高,意多所恶,以为左右皆为蛊道祝诅,穷治其事。丞相公孙贺父子,阳石、诸邑公主,及皇后弟子长平侯卫优皆坐诛。语在《公孙贺》、《江充传》。

充典治巫蛊，既知上意，白言宫中有蛊气，入宫至省中，坏御座掘地。上使按道侯韩说、御史章赣、黄门苏文等助充。充遂至太子宫掘蛊，得桐木人。时上疾，辟暑甘泉宫，独皇后、太子在。太子召问少傅石德，德惧为师傅并诛，因谓太子曰："前丞相父子、两公主及卫氏皆坐此，今巫与使者掘地得征验，不知巫置之邪，将实有也，无以自明，可矫以节收捕充等系狱，穷治其奸诈。且上疾在甘泉，皇后及家吏请问皆不报，上存亡未可知，而奸臣如此，太子将不念秦扶苏事耶？"太子急，然德言。

征和二年七月壬午，乃使客为使者收捕充等。按道侯说疑使者有诈，不肯受诏，客格杀说。御史章赣被创突亡，自归甘泉。太子使舍人无且持节夜入未央宫殿长秋门，因长御倚华具白皇后，发中厩车载射士，出武库兵，发长乐宫卫，告令百官曰江充反。乃斩充以徇，炙胡巫上林中。遂部宾客为将率，与丞相刘屈氂等战。长安中扰乱，言太子反，以故众不附。太子兵败，亡，不得。

上怒甚，群下忧惧，不知所出。壶关三老茂上书曰："臣闻父者犹天，母者犹地，子犹万物也。故天平地安，阴阳和调，物乃茂成；父慈母爱，室家之中子乃孝顺。阴阳不和，则万物夭伤；父子不和，则室家丧亡。故父不父则子不子，君不君则臣不臣，虽有粟，吾岂得而食诸！昔者虞舜，孝之至也，而不中于瞽叟；孝己被谤，伯奇放流，骨肉至亲，父子相疑。何者？积毁之所生也。由是观之，子无不孝，而父不察。今皇太子为汉適嗣，承万世之业，体祖宗之重，亲则皇帝之宗子也。江充，布衣之人，闾阎之隶臣耳，陛下显而用之，衔至尊之命以迫蹴皇太子，造饰奸诈，群邪错谬，是以亲戚之路隔塞而不通。太子进则不得上见，退则困于乱臣，独冤结而亡告，不忍忿忿之心，起而杀充，恐惧逋逃，子盗父兵以救难自免耳，臣窃以为无邪心。《诗》曰：'营营青蝇，止于藩，恺悌君子，无信谗言；谗言罔极，交乱四国。'往者江充谗杀赵太子，天下莫不闻，其罪固宜。陛下不省察，深过太子，发盛怒，举大兵而求之，三公自将，智者不敢言，辩士不敢说，臣窃痛之。臣闻子胥尽忠而忘其号，比干尽仁而遗其身，忠臣竭诚不顾鈇钺之诛以陈其愚，志在匡君安社稷也。《诗》云：'取彼谮人，投畀豺虎。'唯陛下宽心慰意，少察所亲，毋患太子之非，亟罢甲兵，无令太子久亡。臣不胜惓惓，出一旦之命，待罪建章阙下。"书奏，天子感寤。

太子之亡也，东至湖，臧匿泉鸠里。主人家贫，常卖屦以给太子。太子有故人在湖，闻其富赡，使人呼之而发觉。吏围捕太子，太子自度不得脱，即入室距户自经。山阳男子张富昌为卒，足蹋开户，新安令史李寿趋抱解太子，主人公遂格斗死，皇孙二人皆并遇害。上既伤太子，乃下诏曰："盖行疑赏，所以申信也。其封李寿为邘侯，张富昌为题侯。"

久之，巫蛊事多不信。上知太子惶恐无他意，而车千秋复讼太子冤，上遂擢千秋为丞相，而族灭江充家，焚苏文于横桥上，及泉鸠里加兵刃于太子者，初为北地太守，后族。上怜太子无辜，乃作思子宫，为归来望思之台于湖，天下闻而悲之。

初，太子有三男一女，女者平舆侯嗣子尚焉。及太子败，皆同时遇害。卫后、史良娣葬长安城南。史皇孙、皇孙妃王夫人及皇女孙葬广明。皇孙二人随太子者，与太子并葬湖。

太子有遗孙一人，史皇孙子，王夫人男，年十八即尊位，是为孝宣帝。帝初即位，下诏曰："故皇太子在湖，未有号谥，岁时祠，其议谥，置园邑。"有司奏请：《礼》'为人后者，为之子也'，故降其父母不得祭，尊祖之义也。陛下为孝昭帝后，承祖宗之祀，制礼不逾闲。谨行视孝昭帝所为故皇太子起位在湖，史良娣冢在博望苑北，亲史皇孙位在广明郭北。谥法曰："谥者，行之迹也'，愚以为宜谥曰悼，母曰悼后，比诸侯王园，置奉邑三百家。故皇太子谥曰戾，置奉邑二百家。史良娣曰戾夫人，置守冢三十家。园置长丞，周卫奉守如法。"以湖阌乡邪里聚为戾园，长安白亭东为戾后园，广明成乡为悼园。皆改葬焉。

后八岁，有司复言："《礼》'父为士，子为天子，祭以天子'。悼园宜称尊号曰皇考，立庙，因园为寝，以时荐享焉。益奉园民满千六百家，以为奉明县。尊戾夫人曰戾后，置园奉邑，及益戾园各满三百家。"

齐怀王闳与燕王旦、广陵王胥同日立，皆赐策，各以国土风俗申戒焉，曰："惟元狩六年四月乙巳，皇帝使御史大夫汤庙立子闳为齐王，曰：'乌呼！小子闳，受兹青社。朕承天序，惟稽古，建尔国家，封于东土，世为汉藩辅。乌呼！念哉，共朕之诏。惟命不于常，人之好德，克明显光；义之不图，俾君子怠。悉尔心，允执其中，天禄永终；厥有愆不臧，乃凶于乃国，而害于尔躬。乌呼！保国乂民，可不敬与！王其戒之！'"闳母王夫人有宠，闳尤爱幸，立八年，薨，无子，国除。

燕刺王旦赐策曰："呜呼！小子旦，受兹玄社，建尔国家，封于北土，世为汉藩辅。呜呼！荤粥氏虐老兽心，以奸巧边氓。朕命将率，徂征厥罪。万夫长、千夫长，三十有二帅，降旗奔师。荤粥徙域，北州以绥。悉尔心，毋作怨，毋作棐德，毋乃废备。非教士不得从征。王其戒之！"

旦壮大就国，为人辩略，博学经书、杂说，好星历、数术、倡优、射猎之事，招致游士。及卫太子败，齐怀王又薨，旦自以次第当立，上书求入宿卫。上怒，下其使狱。后坐臧匿亡命，削良乡、安次、文安三县。武帝由是恶旦，后遂立少子为太子。

帝崩，太子立，是为孝昭帝，赐诸侯王玺书。旦得书，不肯哭，曰："玺书封小。京师疑有变。"遣幸臣寿西长、孙纵之、王孺等之长安，以问礼仪为名。王孺见执金吾广意，问："帝崩所病？立者谁子？年几岁？"广意言："待诏五柞宫，宫中谨言帝崩，诸将军共立太子为帝，年八九岁，葬时不出临。"归以报王。王曰："上弃群臣，无语言，盖主又不得见，甚可怪也。"复遣中大夫至京师上言："窃见孝武皇帝躬圣道，孝宗庙，慈爱骨肉，和集兆民，德配天地，明并日月，威武洋溢，远方执宝而朝，增郡数十，斥地且倍，封泰山,禅梁父,巡狩天下,远方珍物陈于太庙,德甚休盛,请立庙郡国。"奏报闻。时大将军霍光秉政,褒赐燕王钱三千万,益封万三千户。旦怒曰:"我当为帝,何赐也!"遂与宗室中山哀王子刘长、齐孝王孙刘泽等结谋,诈言以武帝时受诏,得职吏事,修武备,备非常。

长于是为旦命令群臣曰:"寡人赖先帝休德,获奉北藩,亲受明诏,职吏事,领库兵,饬武备,任重职大,夙夜兢兢,子大夫将何以规佐寡人?且燕国虽小,成周之建国也,上自召公,下及昭、襄,于今千载,岂可谓无贤哉?寡人束带听朝三十余年,曾无闻焉。其者寡人之不及与?意亦子大夫之思有所不至乎?其咎安在?方今寡人欲捬邪防非,章闻扬和,抚慰百姓,移风易俗,厥路何由?子大夫其各悉心以对,寡人将察焉。"

群臣皆免冠谢。郎中成轸谓旦曰:"大王失职,独可起而索,不可坐而得也。大王一起,国中虽女子皆奋臂随大王。"旦曰:"前高后时,伪立子弘为皇帝,诸侯交手事之八年。吕太后崩,大臣诛诸吕,迎立文帝,天下乃知非孝惠子也。我亲武帝长子,反不得立,上书请立庙,又不听。立者疑非刘氏。"

即与刘泽谋为奸书,言少帝非武帝子,大臣所共立,天下宜共伐之。使人传行郡国,以摇动百姓。泽谋归发兵临淄,与燕王俱起。旦遂招来郡国奸人,赋敛铜铁作甲兵,数阅其车骑材官卒,建旌旗鼓车,旄头先驱,郎中侍从者著貂羽,黄金附蝉,皆号侍中。且从相、中尉以下,勒车骑,发民会围,大猎文安县,以讲士马,须期日。郎中韩义等数谏旦,旦杀义等凡十五人。会缾侯刘成知泽等谋,告之青州刺史隽不疑,不疑收捕泽以闻。天子遣大鸿胪丞治,连引燕王。有诏勿治,而刘泽等伏诛。益封缾侯。

久之,旦姊鄂邑盖长公主、左将军上官桀父子与霍光争权有隙,皆知旦怨光,即私与燕交通。旦遣孙纵之等前后十余辈,多赍金宝走马,赂遗盖主。上官桀及御史大夫桑弘羊等皆与交通,数记疏光过失与旦,令上书告之。桀欲从中下其章。旦闻之,喜,上疏曰:"昔秦据南面之位,制一世之命,威服四夷,轻弱骨肉,显重异族,废道任刑,无恩宗室。其后尉佗入南夷,陈涉呼楚泽,近狎作乱,内外俱发,赵氏无炊火焉。高皇帝览踪迹,观得失,见秦建本非是,故改其路,规土连城,布王子孙,是以支叶扶疏,异姓不得间也。今陛下承明继成,委任公卿,群臣连与成朋,非毁宗室,朕受之诉,日骋于廷,恶吏废法立威,主恩不及下究。臣闻武帝使中郎将苏武使匈奴,见留二十年不降,还乃为典属国。今大将军长史敞无劳,为搜粟都尉。又将军都郎羽林,道上移跸,太官先置。臣旦愿归符玺,入宿卫,察奸臣之变。"

是时,昭帝年十四,觉其有诈,遂亲信霍光,而疏上官桀等。桀等因谋共杀光,废帝,迎立燕王为天子。旦置驿书,往来相报,许立桀为王,外连郡国豪杰以千数。且以语相平,平曰:"大王前与刘泽结谋,事未成而发觉者,以刘泽素夸,好侵陵也。平闻左将军素轻易,车骑将军少而骄,臣恐其如刘泽时不能成,又恐既成,反大王也。"旦曰:"前日一男子诣阙,自谓故太子,长安中民趣乡之,正谴不可

止,大将军恐,出兵陈之,以自备耳。我帝长子,天下所信,何忧见反?"后谓群臣:"盖主报言,独患大将军与右将军王莽。今右将军物故,丞相病,幸事必成,征不久。"令群臣皆装。

是时天雨,虹下属宫中饮井水,井水竭。厕中豕群出,坏大官灶。乌鹊斗死。鼠舞殿端门中。殿上户自闭,不可开。天火烧城门。大风坏宫城楼,折拔树木。流星下堕。后姬以下皆恐。王惊病,使人祠葭水、台水。王客吕广等知星,为王言"当有兵围城,期在九月、十月,汉当有大臣戮死者"。语具在《五行志》。

王愈忧恐,谓广等曰:"谋事不成,妖祥数见,兵气且至,奈何?"会盖主舍人父燕仓知其谋,告之,由是发觉。丞相赐玺书,部中二千石逐捕孙纵之及左将军桀等,皆伏诛。旦闻之,召相平曰:"事败,遂发兵乎?"平曰:"左将军已死,百姓皆知之,不可发也。"王忧懑,置酒万载宫,会宾客、群臣、妃妾坐饮。王自歌曰:"归空城兮,狗不吠,鸡不鸣,横术何广广兮,固知国中之无人!"华容夫人起舞曰:"发纷纷兮寘渠,骨籍籍兮亡居。母求死子兮,妻求死夫。裴回两渠间兮,君子独安居!"坐者皆泣。

有赦令到,王读之,曰:"嗟乎!独赦吏民,不赦我。"因迎后姬诸夫人之明光殿,王曰:"老虏曹为事当族!"欲自杀。左右曰:"党得削国,幸不死。"后姬夫人共啼泣止王。会天子使使者赐燕王玺书:"昔高皇帝王天下,建立子弟以藩屏社稷。先日诸吕阴谋大逆,刘氏不绝若发,赖绛侯等诛讨贼乱,尊立孝文,以安宗庙,非以中外有人,表里相应故邪?樊、郦、曹、灌,携剑推锋,从高皇帝垦灾除害,耘锄海内,当此之时,头如蓬葆,勤苦至矣,然其赏不过封侯。今宗室子孙曾不暴衣露冠之劳,裂地而王之,分财而赐之,父死子继,兄终弟及。今王骨肉至亲,敌吾一体,乃与他姓异族谋害社稷,亲其所疏,疏其所亲,有逆悖之心,无忠爱之义。如使古人有知,当何面目复奉齐酎见高祖之庙乎!"

旦得书,以符玺属医工长,谢相二千石:"奉事不谨,死矣。"即以绶自绞。后夫人随旦自杀者二十余人。天子加恩,赦王太子建为庶人,赐旦谥曰刺王。旦立三十八年而诛,国除。

后六年,宣帝即位,封旦两子,庆为新昌侯,贤为安定侯。又立故太子建,是为广阳顷王,二十九年薨。子穆王舜嗣,二十一年薨。子思王璜嗣,二十年薨。于嘉嗣。王莽时,皆废汉藩王为家人,嘉独以献符命封扶美侯,赐姓王氏。

广陵厉王胥赐策曰:"呜呼!小子胥,受兹赤社,建尔国家,封于南土,世为汉藩辅。古人有言曰:'大江之南,五湖之间,其人轻心。扬州保强,三代要服,不及以正。'呜呼!悉尔心,祇祇兢兢,乃惠乃顺,毋桐好逸,毋迩宵人,惟法惟则!《书》云'臣不作福,不作威',靡有后羞。王其戒之!"

胥壮大,好倡乐逸游,力扛鼎,空手搏熊彘猛兽。动作无法度,故终不得为汉嗣。

昭帝初立,益封胥万三千户,元凤中入朝,复益万户,

赐钱二千万，黄金二千斤，安车驷马宝剑。及宣帝即位，封胥四子圣、曾、宝、昌皆为列侯，又立胥小子弘为高密王。所以褒赏甚厚。

始，昭帝时，胥见上年少无子，有觊欲心。而楚地巫鬼，胥迎女巫李女须，使下神祝诅。女须泣曰："孝武帝下我。"左右皆伏。言"吾必令胥为天子"。胥多赐女须钱，使祷巫山。会昭帝崩，胥曰："女须良巫也！"杀牛塞祷。及昌邑王征，复使巫祝诅之。后王废，胥浸信女须等，数赐予钱物。宣帝即位，胥曰："太子孙何以反得立？"复令女须祝诅如前。又胥女为楚王延寿后弟妇，数相馈遗，通私书。后延寿坐谋反诛，辞连及胥。有诏勿治，赐胥黄金前后五千斤，它器物甚众。胥又闻汉立太子，谓姬南等曰："我终不得立矣。"乃止不诅。后胥子南利侯宝坐杀人夺爵，还归广陵，与胥姬左修奸。事发觉，系狱，弃市。相胜之奏夺王射陂草田以赋贫民，奏可。胥复使巫祝诅如前。

胥宫园中枣树生十余茎，茎正赤，叶白如素。池水变赤，鱼死。有鼠昼立舞王后廷中。胥谓姬南等曰："枣水鱼鼠之怪甚可恶也。"居数月，祝诅事发觉，有司按验，胥惶恐，药杀巫及宫人二十余人以绝口。公卿请诛胥，天子遣廷尉、大鸿胪即讯。胥谢曰："罪死有余，诚皆有之。事久远，请归思念具对。"胥既见使者还，置酒显阳殿，召太子霸及子女董訾、胡生夜饮，使所幸八子郭昭君、家人子赵左君等鼓瑟歌舞。王自歌曰："欲久生兮无终，长不乐兮安穷！奉天期兮不得须臾，千里马兮驻待路。黄泉下兮幽深，人生要死，何为苦心！何用为乐心所喜，出入无惊为乐亟。蒿里召兮郭门阅，死不得取代庸，自身逝。"左右悉更涕泣奏酒，至鸡鸣时罢。胥谓太子霸曰："上遇我厚，今负之甚。我死，骸骨当暴。幸而得葬，薄之，无厚也。"即以绶自绞死。及八子郭昭君等二人皆自杀。天子加恩，赦王诸子皆为庶人，赐谥曰厉王。立六十四年而诛，国除。

后七年，元帝复立胥太子霸，是为孝王，十三年薨。子共王意嗣，三年薨。子哀王护嗣，十六年薨，无子，绝。后六年，成帝复立孝王子守，是为靖王，立二十年薨。子宏嗣，王莽时绝。

初，高密哀王弘本始元年以广陵王胥少子立，九年薨。子顷王章嗣，三十三年薨。子怀王宽嗣，十一年薨。子慎嗣，王莽时绝。

昌邑哀王髆，天汉四年立，十一年薨，子贺嗣。立十三年，昭帝崩，无嗣，大将军霍光征王贺典丧。玺书曰："制诏昌邑王：使行大鸿胪事少府乐成、宗正德、光禄大夫吉、中郎将利汉征王，乘七乘传诣长安邸。"夜漏未尽一刻，以火发书。其日中，贺发，晡时至定陶，行百三十五里，侍从者马死相望于道。郎中令龚遂谏王，令还郎谒者五十余人。贺到济阳，求长鸣鸡，道买积竹杖。过弘农，使大奴善以衣车载女子。至湖，使者以让相安乐。安乐告遂，遂入问贺，贺曰："无有。"遂曰："即无有，何爱一善以毁行义！请收属吏，以湔洒大王。"即捽善，属卫士长行法。

贺到霸上，大鸿胪郊迎，骑奉乘舆车。王使仆寿成御，郎中令遂参乘。且至广明东都门，遂曰："礼，奔丧望见国都哭。此长安东郭门也。"贺曰："我嗌痛，不能哭。"城门，遂复言，贺曰："城门与郭门等耳。"且至未央宫东阙，遂曰："昌邑帐在是阙外驰道北，未至帐所，有南北行道，马足未至数步，大王宜下车，乡阙西面伏，哭尽哀止。"王曰："诺。"到，哭如仪。

王受皇帝玺绶，袭尊号。即位二十七日，行淫乱。大将军光与群臣议，白孝昭皇后，废贺归故国，赐汤沐邑二千户，故王家财物皆与贺。及哀王女四人各赐汤沐邑千户。语在《霍光传》。国除，为山阳郡。

初，贺在国时，数有怪。尝见白犬，高三尺，无头，其颈以下似人，而冠方山冠。后见熊，左右皆莫见。又大鸟飞集宫中。王知，恶之，辄以问郎中令遂。遂以言其故，语在《五行志》。王卬天叹曰："不祥何为数来！"遂叩头曰："臣不敢隐忠，数言危亡之戒，大王不说。夫国之存亡，岂在臣言哉？愿王内自揆度。大王诵《诗》三百五篇，人事浃，王道备，王之所行中《诗》一篇何等也？大王位为诸侯王，行污于庶人，以存难，以亡易，宜深察之。"后又血污王坐席，王问遂，遂叫然号曰："宫空不久，妖祥数至。血者，阴忧象也。宜畏慎自省。"贺终不改节。居无何，征。既即位，后王梦青蝇之矢积西阶东，可五六石，以屋版瓦覆，发视之，青蝇矢也。以问遂，遂叩曰："陛下之《诗》不云乎？'营营青蝇，至于藩；恺悌君子，毋信谗言。'陛下左侧谗人众多，如是青蝇恶矣。宜进先帝大臣子孙亲近以为左右。如不忍昌邑故人，信用谗谀，必有凶咎。愿诡祸为福，皆放逐之。臣当先逐矣。"贺不用其言，卒至于废。

大将军光更尊立武帝曾孙，是为孝宣帝。即位，心内忌贺，元康二年遣使者赐山阳太守张敞玺书曰："制诏山阳太守：其谨备盗贼，察往来过客。毋下所赐书！"敞于是条奏贺居处，著其废亡之效，曰："臣敞地节三年五月视事，故昌邑王居故宫，奴婢在中者百八十三人，闭大门，开小门，廉吏一人为领钱物市买，朝内食物，它不得出入。督盗一人别主徼循，察往来者。以王家钱取卒，迵宫清中备盗贼。臣敞数遣吏行察。四年九月中，臣敞入视居处状，故王年二十六七，为人青黑色，小目，鼻末锐卑，少须眉，身体长大，疾痿，行步不便。衣短衣大袴，冠惠文冠，佩玉环，簪笔持牍趋谒。臣敞与坐语中庭，阅妻子奴婢。臣敞欲动观其意，即以恶鸟感之，曰：'昌邑多枭。'故王应曰：'然。前贺西至长安，殊无枭。复来，东至济阳，乃复闻枭声。'臣敞阅至子女持蓼，故王跪曰：'持蓼母，严长孙女也。'臣敞故知执金吾严延年字长孙，女罗紨，前为故王妻。察故王衣服言语跪起，清狂不惠。妻十六人，子二十二人，其十一人男，十一人女。昧死奏名籍及奴婢财物簿。臣敞前言言：'昌邑哀工歌舞者张修等十人，无子，又非姬，但良人，无官名，王薨当罢归。太博豹等擅留，以为哀王园中人，所不当得为，请罢归。'故王闻之："中人守园，疾者当勿治，相杀伤者当勿法，欲令亟死，太守奈何而欲罢之？'其天资喜由乱亡，终不见仁义如此。后丞相御史以臣敞书闻，奏可。皆以遣。"上由此知贺不足忌。

其明年春，乃下诏曰："盖闻象有罪，舜封之，骨肉之亲，析而不殊。其封故昌邑王贺为海昏侯，食邑四千户。"

侍中卫尉金安上上书言："贺,天之所弃,陛下至仁,复封为列侯。贺嚚顽放废之人,不宜得奉宗庙朝聘之礼。"奏可。贺就国豫章。

数年,扬州刺史柯奏贺与故太守卒史孙万世交通,万世问贺:"前见废时,何不坚守毋出宫,斩大将军,而听人夺玺绶乎?"贺曰:"然。失之。"万世又以贺且王豫章,不久为列侯。贺曰:"且然,非所宜言。"有司案验,请逮捕。制曰:"削户三千。"后薨。

豫章太守廖奏言:"舜封象于有鼻,死不为置后,以为暴乱之人不宜为太祖。海昏侯贺死,上当为后者子充国;充国死,复上弟奉亲;奉亲复死,是天绝之也。陛下圣仁,于贺甚厚,虽舜于象无以加也。宜以礼绝贺,以奉天意。愿下有司议。"议皆以为不宜为立嗣,国除。

元帝即位,复封贺子代宗为海昏侯,传子至孙,今见为侯。

赞曰:巫蛊之祸,岂不哀哉!此不唯一江充之辜,亦有天时,非人力所致焉。建元六年,蚩尤之旗见,其长竟天。后遂命将出征,略取河南,建置朔方。其春,戾太子生。自是之后,师行三十年,兵所诛屠夷灭死者不可胜数。及巫蛊事起,京师流血,僵尸数万,太子父子皆败。故太子生长于兵,与之终始,何独一蘷臣哉!秦始皇即位三十九年,内平六国,外攘四夷,死人如乱麻,暴骨长城之下,头卢相属于道,不一日而无兵。由是山东之难兴,四方溃而逆秦。秦将吏外畔,贼臣内发,乱作萧墙,祸成二世。故曰"兵犹火也,弗戢必自焚",信矣。是以仓颉作书,"止""戈"为"武"。圣人以武禁暴整乱,止息兵戈,非以为残而兴纵之也。《易》曰:"天之所助者顺也,人之所助者信也;君子履信思顺,自天祐之,吉无不利也。"故车千秋指明蛊情,章太子之冤。千秋材知未必能过人也,以其销恶运,遏乱原,因衰激极,道迎善气,传得天人之祐助也。

卷六十四上　严朱吾丘主父徐严终王贾传第三十四上

严助,会稽吴人,严夫子子也,或言族家子也。郡举贤良,对策百余人,武帝善助对,由是独擢助为中大夫。后得朱买臣、吾丘寿王、司马相如、主父偃、徐乐、严安、东方朔、枚皋、胶仓、终军、严葱奇等,并在左右。是时,征伐四夷,开置边郡,军旅数发,内改制度,朝廷多事,娄举贤良文学之士。公孙弘起徒步,数年至丞相,开东阁,延贤人与谋议,朝觐奏事,因言国家便宜。上令助等大臣辩论,中外相应以义理之文,大臣数诎。其尤亲幸者,东方朔、枚皋、严助、吾丘寿王、司马相如。相如常称疾避事。朔、皋不根持论,上颇徘优畜之。唯助与寿王见任用,而助最先进。

建元三年,闽越举兵围东瓯,东瓯告急于汉。时,武帝年未二十,以问太尉田蚡。蚡以为越人相攻击,其常事,又数反覆,不足烦中国往救也,自秦时弃不属。于是助诘蚡曰:"特患力不能救,德不能覆,诚能,何故弃之?且秦举咸阳而弃之,何但越也!今小国以穷困来告急,天子不振,尚安所诉,又何以子万国乎?"上曰:"太尉不足与计。吾新即位,不欲出虎符发兵郡国。"乃遣助以节发兵会稽。会稽守欲距法,不为发。助乃斩一司马,谕意指,遂发兵浮海救东瓯。未至,闽越引兵罢。

后三岁,闽越复兴兵击南越。南越守天子约,不敢擅发兵,而上书以闻。上多其义,大为发兴,遣两将军将兵诛闽越。淮南王安上书谏曰:

陛下临天下,布德施惠,缓刑罚,薄赋敛,哀鳏寡,恤孤独,养耆老,振匮乏,盛德上隆,和泽下洽,近者亲附,远者怀德,天下摄然,人安其生,自以没身不见兵革。今闻有司举将以诛越,臣安窃为陛下重之。越,方外之地,劗发文身之民也。不可以冠带之国法度理也。自三代之盛,胡越不与受正朔,非强弗能服,威弗能制也,以为不居之地,不牧之民,不足以烦中国也。故古者封内甸服,封外侯服,侯卫宾服,蛮夷要服,戎狄荒服,远近势异也。自汉初定已来七十二年,吴越人相攻击者不可胜数,然天子未尝举兵而入其地也。

臣闻越非有城郭邑里也,处溪谷之间,篁竹之中,习于水斗,便于用舟,地深昧而多水险,中国之人不知其势阻而入其地,虽百不当其一。得其地,不可郡县也;攻之,不可暴取也。以地图察其山川要塞,相去不过寸数,而间独数百千里,阻险林丛弗能尽著。视之若易,行之甚难。天下赖宗庙之灵,方内大宁,戴白之老不见兵革,民得夫妇相守,父子相保,陛下之德也。越人名为藩臣,贡酎之奉,不输大内,一卒之用不给上事。自相攻击而陛下发兵救之,是反以中国而劳蛮夷也。且越人愚戆轻薄,负约反复,其不用天子之法度,非一日之积也。一不奉诏,举兵诛之,臣恐后兵革无时得息也。

间者,数年岁比不登,民待卖爵赘子以接衣食,赖陛下德泽振救之,得毋转死沟壑。四年不登,五年复蝗,民生未复。今发兵行数千里,资衣粮,入越地,舆轿而逾领,拖舟而入水,行数百千里,夹以深林丛竹,水道上下击石,林中多蝮蛇猛兽,夏月暑时,呕泄霍乱之病相随属也,曾未施兵接刃,死伤者必众矣。前时南海王反,陛下先臣使将军间忌将兵击之,以其军降,处之上淦。后复反,会天暑多雨,楼船卒水居击棹,未战而疾死者过半。亲老涕泣,孤子啼号,破家散业,迎尸千里之外,裹骸骨而归。悲哀之气数年不息,长老至今以为记。曾未入其地而祸已至此矣。

臣闻军旅之后,必有凶年,言民之各以其愁苦之气,薄阴阳之和,感天地之精,而灾气为之生也。陛下德配天地,明象日月,恩至禽兽,泽及草木,一人有饥寒不终其天年而死者,为之凄怆于心。今方内无狗吠之警,而使陛下甲卒死亡,暴露中原,沾渍山谷,边境之民为之早闭晏开,朝不及夕,臣安窃为陛下重之。

不习南方地形者,多以越为人众兵强,能难边城。淮南全国之时，多为边吏，臣窃闻之，与中国异。限以高山，人迹所绝，车道不通，天地所以隔外内也。其入中国必下领水，领水之山峭峻，漂石破舟，不可以大船载食粮下也。越人欲为变，必先田徐干界中，积食粮，乃入伐材治船。边城守候诚谨，越人有入伐材者，辄收捕，焚其积聚，虽百越，奈边城何！且越人绵力薄材，不能陆战，又无车骑弓弩之用，然而不可入者，以保地险，而中国之人不能米水土也。臣闻越甲卒不下数十万，所以入之，五倍乃足，挽车奉饷者，不在其中。南方暑湿，近夏瘅热，暴露水居，蝮蛇蠚生，疾疠多作，兵未血刃而病死者什二三，虽举越国而虏之，不足以偿所亡。

臣闻道路言，闽越王弟甲弒而杀之，甲以诛死，其民未有所属。陛下若欲来内，处之中国，使重臣临存，施德垂赏以招致之，此必携幼扶老以归圣德。若陛下无所用之，则继其绝世，存其亡国，建其王侯，以为畜越，此必委质为藩臣，世共贡职。陛下以方寸之印，丈二之组，填抚方外，不劳一卒，不顿一戟，而威德并行。今以兵入其地，此必震恐，以有司欲屠灭之也，必雉兔逃入山林险阻。背而去之，则复相群聚；留而守之，历岁经年，则士卒罢倦，食粮乏绝，男子不得耕稼树种，妇人不得纺绩织纴，丁壮从军，老弱转饷，居者无食，行者无粮。民苦兵事，亡逃者必众，随而诛之，不可胜尽，盗贼必起。

臣闻长老言，秦之时尝使尉屠睢击越，又使监禄凿渠通道。越人逃入深山林丛，不可得攻。留军屯守空地，旷日引久，士卒劳倦，越出击之。秦兵大破，乃发适戍以备之。当此之时，外内骚动，百姓靡敝，行者不还，往者莫反，皆不聊生，亡逃相从，群为盗贼，于是山东之难始兴。此老子所谓"师之所处，荆棘生之"者也。兵者凶事，一方有急，四面皆从。臣恐变故之生，奸邪之作，由此始也。《周易》曰："高宗伐鬼方，三年而克之。"鬼方，小蛮夷；高宗，殷之盛天子也。以盛天子伐小蛮夷，三年而后克，言用兵之不可重也。

臣闻天子之兵有征而无战，言莫敢校也。如使越人蒙徼幸以逆执事之颜行，厮舆之卒有一不备而归者，虽得越王之首，臣犹窃为大汉羞之。陛下以四海为境，九州为家，八薮为囿，江汉为池，生民之属皆为臣妾。人徒之众足以奉千官之共，租税之收足以给乘舆之御。玩心神明，秉执圣道，负黼依，冯玉几，南面而听断，号令天下，四海之内莫不向应。陛下垂德惠以覆露之，使元元之民安生乐业，则泽被万世，传之子孙，施之无穷。天下之安犹泰山而四维之也，夷狄之地何足以为一日之闲，而烦汗马之劳乎！《诗》云"王犹允塞，徐方既来"，言王道甚大，而远方怀之也。臣闻之，农夫劳而君子养焉，愚者言而智者择焉。臣安幸得为陛下守藩，以身为障蔽，人臣之任也。边境有警，爱身之死而不毕其愚，非忠臣也。臣安窃恐将吏之以十万之师为一使之任也！

是时，汉兵遂出，未逾领，适会闽越王弟馀善杀王以降。汉兵罢。上嘉淮南之意，美将卒之功，乃令严助谕意风指于南越。南越王顿首曰："天子乃幸兴兵诛闽越，死无以报！"即遣太子随助入侍。

助还，又谕淮南曰："皇帝问淮南王：使中大夫玉上书言事，闻之。朕奉先帝之休德，夙兴夜寐，明不能烛，重以不德，是以比年凶灾害众。夫以眇眇之身，托于王侯之上，内有饥寒之民，南夷相攘，使边骚然不安，朕甚惧焉。今王深惟重虑，明太平以弼朕失，称三代至盛，际天接地，人迹所及，咸尽宾服，藐然甚惭。嘉王之意，靡有所终，使中大夫助谕朕意，告王越事。"

助谕意曰："今者大王以发屯临越事上书，陛下故臣助告王其事。王居远，事薄遽，不与王同其计。朝有阙政，遗王之忧，陛下甚恨之。夫兵固凶器，明主之所重出也，然自五帝、三王禁暴止乱，非兵，未之闻也。汉为天下宗，操杀生之柄，以制海内之命，危者望安，乱者叩治。今闽越王狠戾不仁，杀其骨肉，离其亲戚，所为甚多不义，又数举兵侵陵百越，并兼邻国，以为暴强，阴计奇策，入燔寻阳楼船，欲招会稽之地，以践句践之迹。今者，边又言闽王率两国击南越。陛下为万民安危久远之计，使人谕告之曰：'天下安宁，各继世抚民，禁毋敢相并。'有司疑其以虎狼之心，贪据百越之利，或于逆顺，不奉明诏，则会稽、豫章必有长患。且天子诛而不伐，焉有劳百姓苦士卒乎？故遣两将屯于境上，震威武，扬声乡。屯曾未会，天诱其衷，闽王陨命，辄遣使者罢屯，毋后农时。南越王甚被惠泽，蒙休德，愿革心易行，身与使者入谢。有狗马之病，不能胜服，故遣太子婴齐入侍；病有瘳，愿伏北阙，望大廷，以报盛德。闽王以八月举兵于冶南，士卒罢倦，三王之众相与攻之，因其弱弟馀善以成其诛，至今国空虚，遣使者上符节，请所立，不敢自立，以待天子之明诏。此一举，不挫一兵之锋，不用一卒之死，而闽王伏辜，南越被泽，威震暴王，义存危国，此则陛下深计远虑之所出也。事效见前，故使臣助来谕王意。"

于是王谢曰："虽汤伐桀，文王伐崇，诚不过此。臣安妄以愚意狂言，陛下不忍加诛，使使者临诏臣安以所不闻，诚不胜厚幸！"助由是与淮南王相结而还。上大说。

助侍燕从容，上问助居乡里时，助对曰："家贫，为友婿富人所寿。"上问所欲，对愿为会稽太守。于是拜为会稽太守。数年，不闻问。赐书曰："制诏会稽太守：君厌承明之庐，劳侍从之事，怀故土，出为郡吏。会稽东接于海，南近诸越，北枕大江。间者，阔焉久不闻问，具以《春秋》对，毋以苏秦从横。"助恐，上书谢称："《春秋》天王出居于郑，不能事母，故绝之。臣事君，犹子事父母也，臣助当伏诛。陛下不忍加诛，愿奉三年计最。"诏许，因留侍中。有奇异，辄使为文，及作赋颂数十篇。

后淮南王来朝，厚赂遗助，交私论议。及淮南王反，事与助相连，上薄其罪，欲勿诛。廷尉张汤争，以为助出入禁门，腹心之臣，而外与诸侯交私如此，不诛，后不可治。助竟弃市。

朱买臣字翁子，吴人也。家贫，好读书，不治产业，常艾薪樵，卖以给食，担束薪，行且诵书。其妻亦负戴相随，数止买臣毋歌呕道中。买臣愈益疾歌，妻羞之，求去。买臣笑曰："我年五十当富贵，今已四十余矣。女苦日久，待我富贵报女功。"妻恚怒曰："如公等，终饿死沟中耳，何能富贵！"买臣不能留，即听去。其后，买臣独行歌道中，负薪墓间。故妻与夫家俱上冢，见买臣饥寒，呼饭饮之。

后数岁，买臣随上计吏为卒，将重车至长安，诣阙上书，书久不报。待诏公车，粮用乏，上计吏卒更乞丐之。会邑子严助贵幸，荐买臣，召见，说《春秋》，言《楚词》，帝甚说之，拜买臣为中大夫，与严助俱侍中。是时，方筑朔方，公孙弘谏，以为罢敝中国。上使买臣难诎弘，语在《弘传》。后买臣坐事免，久之，召待诏。

是时，东越数反复，买臣因言："故东越王居保泉山，一人守险，千人不得上。今闻东越王更徙处南行，去泉山五百里，居大泽中。今发兵浮海，直指泉山，陈舟列兵，席卷南行，可破灭也。"上拜买臣会稽太守。上谓买臣曰："富贵不归故乡，如衣绣夜行，今子何如？"买臣顿首辞谢。诏买臣到郡，治楼船，备粮食、水战具，须诏书到，军与俱进。

初，买臣免，待诏，常从会稽守邸者寄居饭食。拜为太守，买臣衣故衣，怀其印绶，步归郡邸。直上计时，会稽吏方相与群饮，不视买臣。买臣入室中，守邸与共食，食且饱，少见其绶。守邸怪之，前引其绶，视其印，会稽太守章也。守邸惊，出语上计掾吏。皆醉，大呼曰："妄诞耳！"守邸曰："试来视之。"其故人素轻买臣者入内视之，还走，疾呼曰："实然！"坐中惊骇，白守丞，相推排陈列中庭拜谒。买臣徐出户。有顷，长安厩吏乘驷马车来迎，买臣遂乘传去。会稽闻太守且至，发民除道，县吏并送迎，车百余乘。入吴界，见其故妻、妻夫治道。买臣驻车，呼令后车载其夫妻，到太守舍，置园中，给食之。居一月，妻自经死，买臣乞其夫钱，令葬。悉召见故人与饮食诸尝有恩者，皆报复焉。

居岁余，买臣受诏将兵，与横海将军韩说等俱击破东越，有功。征入为主爵都尉，列于九卿。

数年，坐法免官，复为丞相长史。张汤为御史大夫。始，买臣与严助俱侍中，贵用事，汤尚为小吏，趋走买臣等前。后汤以廷尉治淮南狱，排陷严助，买臣怨汤。及买臣为长史，汤数行丞相事，知买臣素贵，故陵折之。买臣见汤，坐床上弗为礼。买臣深怨，常欲死之。后遂告汤阴事，汤自杀，上亦诛买臣。买臣子山拊官至郡守，右扶风。

吾丘寿王字子赣，赵人也。年少，以善格五召待诏。诏使从中大夫董仲舒受《春秋》，高才通明。迁侍中中郎，坐法免。上书谢罪，愿养马黄门，上不许。后愿守塞扞寇难，复不许。久之，上疏愿击匈奴，诏问状，寿王对良善，复召为郎。

稍迁，会东郡盗贼起，拜为东郡都尉。上以寿王为都尉，不复置太守。是时，军旅数发，年岁不熟，多盗贼。诏赐寿王玺书曰："子在朕前之时，知略辐凑，以为天下少双，海内寡二。及至连十余城之守，任四千石之重，职事并废，盗贼从横，甚不称在前时，何也？"寿王谢罪，因言其状。

后征入为光禄大夫侍中。丞相公孙弘奏言："民不得挟弓弩。十贼彍弩，百吏不敢前，盗贼不辄伏辜，免脱者众，害寡而利多，此盗贼所以蕃也。禁民不得挟弓弩，则盗贼执短兵，短兵接则众者胜。以众吏捕寡贼，其势必得。盗贼有害无利，则莫犯法，刑错之道也。臣愚以为禁民毋得挟弓弩便。"下其议，寿王对曰：

臣闻古者作五兵，非以相害，以禁讨邪也。安居则以制猛兽而备非常，有事则以设守卫而施行阵。及至周室衰微，上无明王，诸侯力政，强侵弱，众暴寡，海内抏敝，巧诈并生。是以知者陷愚，勇者威怯，苟以得胜为务，不顾义理。故机变械饰，所以相贼害之具不可胜数。于是秦兼天下，废王道，立私议，灭《诗》、《书》而首法令，去仁恩而任刑戮，堕名城，杀豪桀，销甲兵，折锋刃。其后，民以耰锄箠梃相挞击，犯法滋众，盗贼不胜，至于赭衣塞路，群盗满山，卒以乱亡。故圣王务教化而省禁防，知其不足恃也。

今陛下昭明德，建太平，举俊才，兴学官，三公有司或由穷巷，起白屋，裂地而封，宇内日化，方外乡风，然而盗贼犹有者，郡国二千石之罪，非挟弓弩之过也。《礼》曰男子生，桑弧蓬矢以举之，明示有事也。孔子曰："吾何执，执射乎？"大射之礼，自天子降及庶人，三代之道也。《诗》云"大侯既抗，弓矢斯张，射夫既同，献尔发功"，言贵中也。愚闻圣王合射以明教矣，未闻弓矢之为禁也。且所为禁者，为盗贼之以攻夺也。攻夺之罪死，然而不止者，大奸之重诛固不避也。臣恐邪人挟之而吏不能止，良民以自备而抵法禁，是擅贼威而夺民救也。窃以为无益于禁奸，而废先王之典，使学者不得习行其礼，大不便。

书奏，上以难丞相弘。弘诎服焉。

及汾阴得宝鼎，武帝嘉之，荐见宗庙，臧于甘泉宫。群臣皆上寿贺曰："陛下得周鼎。"寿王独曰非周鼎。上闻之，召而问之，曰："今朕得周鼎，群臣皆以为然，寿王独以为非，何也？有说则可，无说则死。"寿王对曰："臣安敢无说！臣闻周德始乎后稷，长于公刘，大于大王，成于文、武，显于周公，德泽上昭，天下漏泉，无所不通。上天报应，鼎为周出，故名曰周鼎。今汉自高祖继周，亦昭德显行，布恩施惠，六合和同。至于陛下，恢廓祖业，功德愈盛，天瑞并至，珍祥毕见。昔秦始皇亲出鼎于彭城而不能得，天祚有德而宝鼎自出，此天之所以与汉，乃汉宝也，非周宝也。"上曰："善。"群臣皆称万岁。是日，赐寿王黄金十斤。后坐事诛。

主父偃，齐国临菑人也。学长短从横术，晚乃学《易》、《春秋》、百家之言。游齐诸子间，诸儒生相与排摈，不容于齐。家贫，假贷无所得，北游燕、赵、中山，皆莫能厚，客甚困。以诸侯莫足游者，元光元年，乃西入关见卫将军。卫将军数言上，上不省。资用乏，留久，诸侯宾客多厌之，乃上书阙下。朝奏，暮召入见。所言九事，其八事为律令，一事谏伐匈奴，曰：

臣闻明主不恶切谏以博观，忠臣不避重诛以直谏，是故事无遗策而功流万世。今臣不敢隐忠避死，以效愚计，愿陛下幸赦而少察之。

《司马法》曰："国虽大，好战必亡；天下虽平，忘战必危。"天下既平，天子大恺，春蒐秋狝，诸侯春振旅，秋治兵，所以不忘战也。且怒者逆德也，兵者凶器也，争者末节也。古之人君一怒必伏尸流血，故圣王重行之。夫务战胜，穷武事，未有不悔者也。

昔秦皇帝任战胜之威，蚕食天下，并吞战国，海内为一，功齐三代。务胜不休，欲攻匈奴，李斯谏曰："不可。夫匈奴无城郭之居，委积之守，迁徙鸟举，难得而制。轻兵深入，粮食必绝；运粮以行，重不及事。得其地，不足以为利；得其民，不可调而守也。胜必弃之，非民父母。靡敝中国，甘心匈奴，非完计也。"秦皇帝不听，遂使蒙恬将兵而攻胡，却地千里，以河为境。地固泽卤，不生五谷，然后发天下丁男以守北河。暴兵露师十有余年，死者不可胜数，终不能逾河而北。是岂人众之不足，兵革之不备哉？其势不可也。又使天下飞刍挽粟，起于黄、腄、琅邪负海之郡，转输北河，率三十钟而致一石。男子疾耕不足于粮饷，女子纺绩不足于帷幕。百姓靡敝，孤寡老弱不能相养，道死者相望，盖天下始畔也。

及至高皇帝定天下，略地于边，闻匈奴聚代谷之外而欲击之。御史成谏曰："不可。夫匈奴，兽聚而鸟散，从之如搏景，今以陛下盛德攻匈奴，臣窃危之。"高帝不听，遂至代谷，果有平城之围。高帝悔之，乃使刘敬往结和亲，然后天下亡干戈之事。

故兵法曰："兴师十万，日费千金。"秦常积众数十万人，虽有覆军杀将，系虏单于，适足以结怨深仇，不足以偿天下之费。夫匈奴行盗侵驱，所以为业，天性固然。上自虞、夏、殷、周，固不程督，禽兽畜之，不比为人。夫不上观虞、夏、殷、周之统，而下循近世之失，此臣之所以大恐，百姓所疾苦也。且夫兵久则变生，事苦则虑易。使边境之民靡敝愁苦，将吏相疑而外市，故尉佗、章邯得成其私，而秦政不行，权分二子，此得失之效也。故《周书》曰："安危在出令，存亡在所用。"愿陛下执计之而加察焉。

是时，徐乐、严安亦俱上书言世务。书奏，上召见三人，谓曰："公皆安在？何相见之晚也！"乃拜偃、乐、安皆为郎中。偃数上疏言事，迁谒者、中郎、中大夫。岁中四迁。

偃说上曰："古者诸侯地不过百里，强弱之形易制。今诸侯或连城数十，地方千里，缓则骄奢易为淫乱，急则阻其强而合从以逆京师。今以法割削，则逆节萌起，前日朝错是也。今诸侯子弟或十数，而適嗣代立，余虽骨肉，无尺地之封，则仁孝之道不宣。愿陛下令诸侯得推恩分子弟，以地侯之。彼人人喜得所愿，上以德施，实分其国。必稍自销弱矣。"于是上从其计。又说上曰："茂陵初立，天下豪桀兼并之家，乱众民，皆可徙茂陵，内实京师，外销奸猾，此所谓不诛而害除。"上又从之。

尊立卫皇后及发燕王定国阴事，偃有功焉。大臣皆畏其口，赂遗累千金。或说偃曰："大横！"偃曰："臣结发游学四十余年，身不得遂，亲不以为子，昆弟不收，宾客弃我，我厄日久矣。丈夫生不五鼎食，死则五鼎亨耳！吾日暮，故倒行逆施之。"

偃盛言朔方地肥饶，外阻河，蒙恬城以逐匈奴，内省转输戍漕，广中国，灭胡之本也。上览其说，下公卿议，皆言不便。公孙弘曰："秦时尝发三十万众筑北河，终不可就，已而弃之。"朱买臣难诎弘，遂置朔方，本偃计也。

元朔中，偃言齐王内有淫失之行，上拜偃为齐相。至齐，遍召昆弟宾客，散五百金予之，数曰："始吾贫时，昆弟不我衣食，宾客不我内门。今吾相齐，诸君迎我或千里。吾与诸君绝矣，毋复入偃之门！"乃使人以王与姊奸事动王。王以为终不得脱，恐效燕王论死，乃自杀。

偃始为布衣时，尝游燕、赵，及其贵，发燕事。赵王恐其为国患，欲上书言其阴事，为居中，不敢发。及其为齐相，出关，即使人上书，告偃受诸侯金，以故诸侯子多以得封者。及齐王以自杀闻，上大怒，以为偃劫其王令自杀，乃征下吏治。偃服受诸侯之金，实不劫齐王令自杀。上欲勿诛。公孙弘争曰："齐王自杀无后，国除为郡，入汉，偃本首恶，非诛偃无以谢天下。"乃遂族偃。

偃方贵幸时，客以千数，及族死，无一人视，独孔车收葬焉。上闻之，以车为长者。

徐乐，燕无终人也。上书曰：

臣闻天下之患，在于土崩，不在瓦解，古今一也。何谓土崩？秦之末世是也。陈涉无千乘之尊、尺土之地，身非王公大人名族之后，无乡曲之誉，非有孔、曾、墨子之贤，陶朱、猗顿之富也。然起穷巷，奋棘矜，偏袒大呼，天下从风，此其故何也？由民困而主不恤，下怨而上不知，俗已乱而政不修，此三者陈涉之所以为资也。此之谓土崩。故曰天下之患在乎土崩。何谓瓦解？吴、楚、齐、赵之兵是也。七国谋为大逆，号皆称万乘之君，带甲数十万，威足以严其境内，财足以劝其士民，然不能西攘尺寸之地，而身为禽于中原者，此其故何也？非权轻于匹夫而兵弱于陈涉。当是之时，先帝之德未衰，而安土乐俗之民众，故诸侯无竟外之助。此之谓瓦解。故曰天下之患不在瓦解。

由此观之，天下诚有土崩之势，虽布衣穷处之士或首难而危海内，陈涉是也，况三晋之君或存乎？天下虽未治也，诚能无土崩之势，虽有强国劲兵，不得还踵而身为禽，吴、楚是也，况群臣、百姓，能为乱乎？此二体者，安危之明要，贤主之所留意而深察也。

间者，关东五谷数不登，年岁未复，民多穷困，重之以边境之事，推数循理而观之，民宜有不安其处者矣。不安故易动，易动者，土崩之势也。故贤主独观万化之原，明于安危之机，修之庙堂之上，而销未形之患。其要，期使天下无土崩之势而已矣。故虽有强国劲兵，陛下逐走兽，射飞鸟，弘游燕之囿，淫从恣之观，极驰骋之乐，自若。金石丝竹之声不绝于耳，帷幄之私，俳优侏儒之笑不乏于前，而天下无宿忧。名何必夏、子，俗何必成、康！虽然，臣窃以为陛下天然之质，宽仁之资，而诚以下为务，则禹、汤之名不难侔，而成、康之俗未必不复兴也。此二体者立,然后处尊安之实,扬广誉于当世,亲天下而服四夷,余恩遗德为数世隆,南面背依摄袂而揖王公,此陛下之所服也。臣闻图王不成,其敝足以安。安则陛下何求而不得,何威而不成,奚征而不服哉?

卷六十四下　严朱吾丘主父徐严终王贾传第三十四下

严安者,临菑人也。以故丞相史上书,曰:

臣闻《邹子》曰:"政教文质者,所以云救也,当时则用,过则舍之,有易则易之,故守一而不变者,未睹治之至也。"今天下人民用财侈靡,车马衣裘宫室皆竞修饰,调五声使有节族,杂五色使有文章,重五味方丈于前,以观欲天下。彼民之情,见美则愿之,是教民以侈也。侈而无节,则不可赡,民离本而徼末矣。末不可徒得,故搢绅者不惮为诈,带剑者夸杀人以矫夺,而世不知愧,故奸轨浸长。夫佳丽珍怪固顺于耳目,故养失而泰,乐失而淫,礼失而采,教失而伪。伪、采、淫、泰,非所以范民之道也。是以天下人民逐利无已,犯法者众。臣愿为民制度以防其淫,使贫富不相耀以和其心。心既和平,其性恬安。恬安不营,则盗贼销;盗贼销,则刑罚少;刑罚少,则阴阳和,四时正,风雨时,草木畅茂,五谷蕃孰,六畜遂字,民不夭厉,和之至也。

臣闻周有天下,其治三百余岁,成、康其隆也,刑错四十余年而不用。及其衰,亦三百余年,故五伯更起。伯者,常佐天子兴利除害,诛暴禁邪,匡正海内,以尊天子。五伯既没,贤圣莫续,天子孤弱,号令不行。诸侯恣行,强陵弱,众暴寡,田常篡齐,六卿分晋,并为战国,此民之始苦也。于是强国务攻,弱国修守,合从连衡,驰车毂击,介胄生虮虱,民无所告诉。

及至秦王,蚕食天下,并吞战国,称号皇帝,一海内之政,坏诸侯之城。销其兵,铸以为钟虡,示不复用。元元黎民得免于战国,逢明天子,人人自以为更生。乡使秦缓刑罚,薄赋敛,省徭役,贵仁义,贱权利,上笃厚,下佞巧,变风易俗,化于海内,则世世必安矣。秦不行是风,循其故俗,为知巧权利者进,笃厚忠正者退,法严令苛,谄谀者众,日闻其美,意广心逸。欲威海外,使蒙恬将兵以北攻强胡,辟地进境,戍于北河,飞刍挽粟以随其后。又使尉屠睢将楼船之士攻越,使监禄凿渠运粮,深入越地,越人遁逃。旷日持久,粮食乏绝,越人击之,秦兵大败。秦乃使尉佗将卒以戍越。当是时,秦祸北构于胡,南挂于越,宿兵于无用之地,进而不得退。行十余年,丁男被甲,丁女转输,苦不聊生,自经于道树,死者相望。及秦皇帝崩,天下大畔。陈胜、吴广举陈,武臣、张耳举赵,项梁举吴,田儋举齐,景驹举郢,周市举魏,韩广举燕,穷山

通谷,豪士并起,不可胜载也。然本皆非公侯之后,非长官之吏,无尺寸之势,起闾巷,杖棘矜,应时而动,不谋而俱起,不约而同会,壤长地进,至乎伯王,时教使然也。秦贵为天子,富有天下,灭世绝祀,穷兵之祸也。故周失之弱,秦失之强,不变之患也。

今徇南夷,朝夜郎,降羌僰,略薉州,建城邑,深入匈奴,燔其龙城,议者美之。此人臣之利也,非天下之长策也。今中国无狗吠之警,而外累于远方之备,靡敝国家,非所以子民也。行无穷之欲,甘心快意,结怨于匈奴,非所以安边也。祸挐而不解,兵休而复起,近者愁苦,远者惊骇,非所以持久也。今天下锻甲摩剑,矫箭控弦,转输军粮,未见休时,此天下所共忧也。夫兵久而变起,事烦而虑生。今外郡之地或几千里,列城数十,形束壤制,带胁诸侯,非宗室之利也。上观齐、晋所以亡,公室卑削,六卿大盛也;下览秦之所以灭,刑严文刻,欲大无穷也。今郡守之权非特六卿之重也,地几千里非特闾巷之资也。甲兵器械非特棘矜之用也。以逢万世之变,则不可胜讳也。

后以安为骑马令。

终军字子云,济南人也。少好学,以辩博能属文闻于郡中。年十八,选为博士弟子。至府受遣,太守闻其有异材,召见军。甚奇之,与交结。军揖太守而去,至长安上书言事。武帝异其文,拜军为谒者给事中。

从上幸雍祠五畤,获白麟,一角而五蹄。时又得奇木,其枝旁出,辄复合于木上。上异此二物,博谋群臣。军上对曰:

臣闻《诗》颂君德,《乐》舞后功,异经而同指,明盛德之所隆也。南越窜屏葭苇,与鸟鱼群,正朔不及其俗。有司临境,而东瓯内附,闽王伏辜,南越赖救。北胡随畜荐居,禽兽行,虎狼心,上古未能摄。大将军秉钺,单于奔幕,票骑抗旌,昆邪右衽。是泽南洽而威北畅也。若罚不阿近,举不遗远,设官俟贤,县赏待功,能者进以保禄,罢者退而劳力,刑于宇内矣。履众美而不足,怀圣明而不专,建三宫之文质,章厥职之所宜,封禅之君无闻焉。

夫天命初定,万事草创,及臻六合同风,九州共贯,必待明圣润色,祖业传于无穷。故周至成王,然后制定,而休征之应见。陛下盛日月之光,垂圣思于勒成,专神明之敬,奉燔瘗于郊宫,献享之精交神,积和之气塞明,而异兽来获,宜矣。昔武王中流未济,白鱼入于王舟,俯取以燎,群公咸曰"休哉!"今郊祀未见于神祇,而获兽以馈,此天之所以示飨,而上通之符合也。宜因昭时令日,改定告元,苴白茅于江、淮,发嘉号于营丘,以应缉熙,使著事者有纪焉。

盖六鹢退飞,逆也;白鱼登舟,顺也。夫明暗之征,上乱飞鸟,下动渊鱼,各以类推。今野兽并角,明同本也;众支内附,示无外也。若此之应,殆将有解编发、削左衽、袭冠带、要衣裳而蒙化者焉。斯拱而俟之耳!

对奏，上甚异之，由是改元为元狩。后数月，越地及匈奴名王有率众来降者，时皆以军言为中。

元鼎中，博士徐偃使行风俗。偃矫制，使胶东、鲁国鼓铸盐铁。还，奏事，徙为太常丞。御史大夫张汤劾偃矫制大害，法至死。偃以为《春秋》之义，大夫出疆，有可以安社稷，存万民，专之可也。汤以致其法，不能诎其义。有诏下军问状，军诘偃曰："古者诸侯国异俗分，百里不通，时有聘会之事，安危之势，呼吸成变，故有不受辞造命专己之宜；今天下为一，万里同风，故《春秋》'王者无外'。偃巡封域之中，称以出疆何也？且盐铁，郡有余臧，正二国废，国家不足以为利害，而以安社稷存万民为辞，何也？"又诘偃："胶东南近琅邪，北接北海，鲁国西枕泰山，东有东海，受其盐铁。偃度四郡口数、田地，率其用器食盐，不足以并给二郡邪？将势宜有余，而吏不能也？何以言之？偃矫制而鼓铸者，欲以春耕种赡民器也。今鲁国之鼓，当先具其备，至秋乃能举火。此言与实反者非？偃已前三奏，无诏，不惟所为不许，而直矫作威福，以从民望，干名采誉，此明圣所加诛也。'枉尺直寻'，孟子称其不可；今所犯罪重，所就者小，偃自予必死而为之邪？将幸诛不加，欲以采名也？"偃穷诎，服罪当死。军奏："偃矫制专行，非奉使体，请下御史征偃即罪。"奏可。上善其诘，有诏示御史大夫。

初，军从济南当诣博士，步入关，关吏予军繻。军问："以此何为？"吏曰："为复传，还当以合符。"军曰："大丈夫西游，终不复传还。"弃繻而去。军为谒者，使行郡国，建节东出关，关吏识之，曰："此使者乃前弃繻生也。"军行郡国，所见便宜以闻。还奏事，上甚说。

当发使匈奴，军自请曰："军无横草之功，得列宿卫，食禄五年。边境时有风尘之警，臣宜被坚执锐，当矢石，启前行。驽下不习金革之事，今闻将遣匈奴使者，臣愿尽精厉气，奉佐明使，画吉凶于单于之前。臣年少材下，孤于外官，不足以亢一方之任，窃不胜愤懑。"诏问画吉凶之状，上奇军对，擢为谏大夫。

南越与汉和亲，乃遣军使南越，说其王，欲令入朝，比内诸侯。军自请："愿受长缨，必羁南越王而致之阙下。"军遂往说越王，越王听许，请举国内属。天子大说，赐南越大臣印绶，一用汉法，以新改其俗，令使者留填抚之。越相吕嘉不欲内属，发兵攻杀其王及汉使者，皆死。语在《南越传》。军死时年二十余，故世谓之"终童"。

王褒字子渊，蜀人也。宣帝时修武帝故事，讲论六艺群书，博尽奇异之好，征能为《楚辞》九江被公，召见诵读，益召高材刘向、张子侨、华龙、柳褒等待诏金马门。神爵、五凤之间，天下殷富，数有嘉应。上颇作歌诗，欲兴协律之事，丞相魏相奏言知音善鼓雅琴者渤海赵定、梁国龚德，皆召见待诏。于是益州刺史王襄欲宣风化于众庶，闻王褒有俊材，请与相见，使褒作《中和》、《乐职》、《宣布》诗，选好事者令依《鹿鸣》之声习而歌之。时，汜乡侯何武为僮子，选在歌中。久之，武等学长安，歌太学下，转而上闻。宣帝召见武等观之，皆赐帛，谓曰："此盛德之事，吾何足以当之！"

褒既为刺史作颂，又作其传，益州刺史因奏褒有轶材。上乃征褒。既至，诏褒为圣主得贤臣颂其意。褒对曰：

夫荷旃被毳者，难与道纯绵之丽密；羹藜含糗者，不足与论太牢之滋味。今臣辟在西蜀，生于穷巷之中，长于蓬茨之下，无有游观广览之知，顾有至愚极陋之累，不足以塞厚望，应明指。虽然，敢不略陈愚而抒情素！

记曰：共惟《春秋》法五始之要，在乎审己正统而已。夫贤者，国家之器用也。所任贤，则趋舍省而功施普；器用利，则用力少而就效众。故工人之用钝器也，劳筋苦骨，终日矻矻。及至巧冶铸干将之朴，清水焠其锋，越砥敛其咢，水断蛟龙，陆剸犀革，忽若彗泛画涂。如此，则使离娄督绳，公输削墨，虽崇台五增，延袤百丈，而不溷者，工用相得也。庸人之御驽马，亦伤吻敝策而不进于行，匈喘肤汗，人极马倦。及至驾啮膝，骖乘旦，王良执靶，韩哀附舆，纵驰骋骛，忽如景靡，过都越国，蹶如历块。追奔电，逐遗风，周流八极，万里一息。何其辽哉？人马相得也。故服缔绤之凉者，不苦盛暑之郁燠；袭貂狐之暖者，不忧至寒之凄怆。何则？有其具者易其备。贤人君子，亦圣王之所以易海内也。是以呕喻受之，开宽裕之路，以延天下英俊也。夫竭知附贤者，必建仁策；索人求士者，必树伯迹。昔周公躬吐捉之劳，故有圄空之隆；齐桓设庭燎之礼，故有匡合之功。由此观之，君人者勤于求贤而逸于得人。

人臣亦然。昔贤者之未遭遇也，图事揆策则君不用其谋，陈见悃诚则上不然其信，进仕不得施效，斥逐又非其愆。是故伊尹勤于鼎俎，太公困于鼓刀，百里自鬻，宁子饭牛，离此患也。及其遇明君遭圣主也，运筹合上意，谏净即见听，进退得关其忠，任职得行其术，去卑辱奥渫而升本朝，离疏释蹻而享膏粱，剖符锡壤而光祖考，传之子孙，以资说士。故世必有圣知之君，而后有贤明之臣。故虎啸而风冽，龙兴而致云，蟋蟀俟秋吟，蜉蝣出以阴。《易》曰："飞龙在天，利见大人。"《诗》曰："思皇多士，生此王国。"故世平主圣，俊艾将自至，若尧、舜、禹、汤、文、武之君，获稷、契、皋陶、伊尹、吕望，明明在朝，穆穆列布，聚精会神，相得益章。虽伯牙操递钟，逢门子弯乌号，犹未足以喻其意也。

故圣主必待贤臣而弘功业，俊士亦俟明主以显其德。上下俱欲，雠然交欣，千载一合，论说无疑，翼乎如鸿毛过顺风，沛乎若巨鱼纵大壑。其得意若此，则胡禁不止，曷令不行？化溢四表，横被无穷，遐夷贡献，万祥毕溱。是以圣王不遍窥望而视已明，不单顷耳而听已聪；恩从祥风翱，德与和气游，太平之责塞，优游之望得；遵游自然之势，恬淡无为之场，休征自至，寿考无疆，雍容垂拱，永永万年，何必偃卬诎信若彭祖，呴嘘呼吸如侨、松，眇然绝俗离世哉！《诗》云"济济多士，文王以宁"，盖信乎其以宁也！

是时，上颇好神仙，故褒对及之。

上令褒与张子侨等并待诏，数从褒等放猎，所幸宫馆，辄为歌颂，第其高下，以差赐帛。议者多以为淫靡不急，上曰："'不有博弈者乎，为之犹贤乎已！'辞赋大者与古诗同义，小者辩丽可喜。辟如女工有绮縠，音乐有郑、卫，今世俗犹皆以此虞说耳目，辞赋比之，尚有仁义风谕，鸟兽草木多闻之观，贤于倡优博弈远矣。"顷之，擢褒为谏大夫。

其后太子体不安，苦忽忽善忘，不乐。诏使褒等皆之太子宫虞侍太子，朝夕诵读奇文及所自造者。疾平复，乃归。太子喜褒所为《甘泉》及《洞箫颂》，令后宫贵人左右皆诵读之。

后方士言益州有金马碧鸡之宝，可祭祀致也，宣帝使褒往祀焉。褒于道病死，上闵惜之。

贾捐之字君房，贾谊之曾孙也。元帝初即位，上疏言得失，召待诏金马门。

初，武帝征南越，元封元年立儋耳、珠厓郡，皆在南方海中洲居，广袤可千里，合十六县，户二万三千余。其民暴恶，自以阻绝，数犯吏禁，吏亦酷之，率数年一反，杀吏，汉辄发兵击定之。自初为郡至昭帝始元元年，二十余年间，凡六反叛。至其五年，罢儋耳郡并属珠厓。至宣帝神爵三年，珠厓三县复反。反后七年，甘露元年，九县反，辄发兵击定之。元帝初元元年，珠厓又反，发兵击之。诸县更叛，连年不定。上与有司议大发军，捐之建议，以为不当击。上使侍中、驸马都尉、乐昌侯王商诘问捐之曰："珠厓内属为郡久矣，今背畔逆节，而云不当击，长蛮夷之乱，亏先帝功德，经义何以处之？"捐之对曰：

臣幸得遭明盛之朝，蒙危言之策，无忌讳之患，敢昧死竭卷卷。

臣闻尧、舜，圣之盛也，禹入圣域而不优，故孔子称尧曰"大哉"，《韶》曰"尽善"，禹曰"无间"。以三圣之德，地方不过数千里，西被流沙，东渐于海，朔南暨声教，迄于四海，欲与声教则治之，不欲与者不强治也。故君臣歌德，含气之物各得其宜。武丁、成王，殷、周大仁也，然地东不过江、黄，西不过氐、羌，南不过蛮荆，北不过朔方。是以颂声并作，视听之类咸乐其生，越裳氏重九译而献，此非兵革之所能致。及其衰也，南征不还，齐桓救其难，孔子定其文。以至乎秦，兴兵远攻，贪外虚内，务欲广地，不虑其害。然地南不过闽越，北不过太原，而天下溃畔，祸卒在于二世之末，《长城之歌》至今未绝。

赖圣汉初兴，为百姓请命，平定天下。至孝文皇帝，闵中国未安，偃武行文，则断狱数百，民赋四十，丁男三年而一事。时有献千里马者，诏曰："鸾旗在前，属车在后，吉行日五十里，师行三十里，朕乘千里之马，独先安之？"于是还马，与道里费，而下诏曰："朕不受献也，其令四方毋求来献。"当此之时，逸游之乐绝，奇丽之赂塞，郑、卫之倡微矣。夫后宫盛色则贤者隐处，佞人用事则诤臣杜口，而文帝不行，故谥为孝文，庙称太宗。至孝武皇帝元狩六年，太仓之粟红腐而不可食，都内之钱贯朽而不可校。乃探平城之事，录冒顿以来数为边害，籍兵厉马，因富民以攘服之。西连诸国至于安息，东过碣石以玄菟、乐浪为郡，北却匈奴万里，更起营塞，制南海以为八郡，则天下断狱万数，民赋数百，造盐、铁、酒榷之利以佐用度，犹不能足。当此之时，寇贼并起，军旅数发，父战死于前，子斗伤于后，女子乘亭障，孤儿号于道，老母寡妇饮泣巷哭，遥设虚祭，想魂乎万里之外。淮南王盗写虎符，阴聘名士，关东公孙勇等诈为使者，是皆廓地泰大，征伐不休之故也。

今天下独于关东，关东大者独有齐、楚，民众久困，连年流离，离其城郭，相枕席于道路。人情莫亲父母，莫乐夫妇，至嫁妻卖子，法不能禁，义不能止，此社稷之忧也。今陛下不忍悁悁之忿，欲驱士众挤之大海之中，快心幽冥之地，非所以救助饥馑，保全元元也。《诗》云"蠢尔蛮荆，大邦为仇"，言圣人起则后服，中国衰则先畔，动为国家难，自古而患之久矣，何况乃复其南方万里之蛮乎！骆越之人父子同川而浴，相习以鼻饮，与禽兽无异，本不足郡县置也。专专独居一海之中，雾露气湿，多毒草虫蛇水土之害，人未见虏，战士自死。又非独珠厓有珠犀玳瑁也，弃之不足惜，不击不损威。其民譬犹鱼鳖，何足贪也！

臣窃以往者羌军言之，暴师曾未一年，兵出不逾千里，费四十余万万，大司农钱尽，乃以少府禁钱续之。夫一隅为不善，费尚如此，况于劳师远攻，亡士毋功乎！求之往古则不合，施之当今不便。臣愚以为非冠带之国，《禹贡》所及，《春秋》所治，皆可且无以为。愿遂弃珠厓，专用恤关东为忧。

对奏，上以问丞相御史，御史大夫陈万年以为当击；丞相于定国以为："前日兴兵击之连年，护军都尉、校尉及丞凡十一人，还者二人，卒士及转输死者万人以上，费用三万万余，尚未能尽降。今关东困乏，民难摇动，捐之议是。"上乃从之。遂下诏曰："珠厓虏杀吏民，背畔为逆，今廷议者或言可击，或言可守，或欲弃之，其指各殊。朕日夜惟思议者之言，羞威不行，则欲诛之；狐疑辟难，则守屯田；通于时变，则忧万民。夫万民之饥饿，与远蛮之不讨，危孰大焉？且宗庙之祭，凶年不备，况乎辟不嫌之辱哉！今关东大困，仓库空虚，无以相赡，又以动兵，非特劳民，凶年随之。其罢珠厓郡。民有慕义欲内属，便处之；不欲，勿强。"珠厓由是罢。

捐之数召见，言多纳用。时，中书令石显用事，捐之数短显，以故不得官，后稀复见。而长安令杨兴新以材能得幸，与捐之相善。捐之欲得召见，谓兴曰："京兆尹缺，使我得见，言君兰，京兆尹可立得。"兴曰："县官尝言兴愈薛大夫，我易助也。君房下笔，言语妙天下，使君房为尚书令，胜五鹿充宗远甚。"捐之曰："令我得代充宗，君兰为京兆，京兆，郡国首，尚书，百官本，天下真大治，士则不隔矣。捐之前言平恩侯可为将军,期思侯并可为诸曹,皆如言;又荐谒者满宣,立为冀州刺史。言中谒者不宜受事,宦者不宜入宗庙,立止。相荐之信,不当如是乎!"兴曰:"我复见,言君房也。"捐之复短石显。兴曰:"显鼎贵,上信用之。今欲进,弟从我计,且与合意,即得入矣。"

捐之即与兴共为荐显奏,曰:"窃见石显本山东名族,有礼义之家也。持正六年,未尝有过,明习于事,敏而疾见,出公门,入私门。宜赐爵关内侯,引其兄弟以为诸曹。"又共为荐兴奏,曰:"窃见长安令兴,幸得以知名数召见。兴事父母有曾氏之孝,事师有颜、闵之材,荣名闻于四方。明诏举茂材,列侯以为首。为长安令,吏民敬乡,道路皆称能。观其下笔属文,则董仲舒;进谈动辞,则东方生;置之争臣,则汲直;用之介胄,则冠军侯;施之治民,则赵广汉;抱公绝私,则尹翁归。兴兼此六人而有之,守道坚固,执义不回,临大节而不可夺,国之良臣也,可试守京兆尹。"

石显闻知,白之上。乃下兴、捐之狱,令皇后父阳平侯禁与显共杂治,奏"兴、捐之怀诈伪,以上语相风,更相荐誉,欲得大位,漏泄省中语,罔上不道。《书》曰:'谗说殄行,震惊朕师。'《王制》:'顺非而泽,不听而诛。'请论如法。"

捐之竟坐弃市。兴减死罪一等,髡钳为城旦。成帝时,至部刺史。

赞曰:《诗》称"戎狄是膺,荆舒是惩",久矣其为诸夏患也。汉兴,征伐胡越,于是为盛。究观淮南、捐之、主父、严安之义,深切著明,故备论其语。世称公孙弘排主父、张扬陷严助,石显谮捐之,察其行迹,主父求欲鼎亨而得族,严、贾出入禁门招权利,死皆其所也,亦何排陷之恨哉!

卷六十五　　东方朔传第三十五

东方朔字曼倩,平原厌次人也。武帝初即位,征天下举方正贤良文学材力之士,待以不次之位,四方士多上书言得失,自衒鬻者以千数,其不足采者辄报闻罢。朔初来,上书曰:"臣朔少失父母,长养兄嫂。年十三学书,三冬文史足用。十五学击剑。十六学《诗》、《书》,诵二十二万言。十九学孙、吴兵法,战阵之具,钲鼓之教,亦诵二十二万言。凡臣朔固已诵四十四万言。又常服子路之言。臣朔年二十二,长九尺三寸,目若悬珠,齿若编贝,勇若孟贲,捷若庆忌,廉若鲍叔,信若尾生。若此,可以为天子大臣矣。臣朔昧死再拜以闻。"

朔文辞不逊,高自称誉,上伟之,令待诏公车,奉禄薄,未得省见。

久之,朔绐骑朱儒,曰:"上以若曹无益于县官,耕田力作固不及人,临众处官不能治民,从军击虏不任兵事,无益于国用,徒索衣食,今欲尽杀若曹。"朱儒大恐,啼泣。朔教曰:"上即过,叩头请罪。"居有顷,闻上过,朱儒皆号泣顿首。上问:"何为?"对曰:"东方朔言上欲尽诛臣等。"上知朔多端,召问朔:"何恐朱儒为?"对曰:"臣朔生亦言,死亦言。朱儒长三尺余,奉一囊粟,钱二百四十。臣朔长九尺余,亦奉一囊粟,钱二百四十。朱儒饱欲死,臣朔饥欲死。臣言可用,幸异其礼;不可用,罢之,无令但索长安米。"上大笑,因使待诏金马门,稍得亲近。

上尝使诸数家射覆,置守宫盂下,身之,皆不能中。朔自赞曰:"臣尝受《易》,请射之。"乃别蓍布卦而对曰:"臣以为龙又无角,谓之为蛇又有足,跂跂脉脉善缘壁,是非守宫即蜥蜴。"上曰:"善。"赐帛十匹。复使射他物,连中,辄赐帛。

时,有幸倡郭舍人,滑稽不穷,常侍左右,曰:"朔狂,幸中耳,非至数也。臣愿令朔复射,朔中之,臣榜百,不能中,臣赐帛。"乃覆树上寄生,令朔射之。朔曰:"是窭薮也。"舍人曰:"果知朔不能中也。"朔曰:"生肉为脍,干肉为脯;著树为寄生,盆下为窭薮。"上令倡临榜舍人,舍人不胜痛,呼謈。朔笑之曰:"咄!口无毛,声謷謷,尻益高。"舍人恚曰:"朔擅诋欺天子从官,当弃市。"上问朔:"何故诋之?"对曰:"臣非敢诋之,乃与为隐耳。"上曰:"隐云何?"朔曰:"夫口无毛者,狗窦也;声謷謷者,鸟哺鷇也;尻益高者,鹤俯啄也。"舍人不服,因曰:"臣愿复问朔隐语,不知,亦当榜。"即妄为谐语曰:"令壶龃,老柏涂,伊优亚,狋吽牙。何谓也?"朔曰:"令者,命也。壶者,所以盛也。龃者,齿不正也。老者,人所敬也。柏者,鬼之廷也。涂者,渐洳径也。伊优亚者,辞未定也。狋吽牙者,两犬争也。"舍人所问,朔应声辄对,变诈锋出,莫能穷者,左右大惊。上以朔为常侍郎,遂得爱幸。

久之,伏日,诏赐从官肉。大官丞日晏不来,朔独拔剑割肉,谓其同官曰:"伏日当早归,请受赐。"即怀肉去。大官奏之。朔入,上曰:"昨赐肉,不待诏,以剑割肉而去之,何也?"朔免冠谢。上曰:"先生起,自责也!"朔再拜曰:"朔来!朔来!受赐不待诏,何无礼也!拔剑割肉,一何壮也!割之不多,又何廉也!归遗细君,又何仁也!"上笑曰:"使先生自责,乃反自誉!"复赐酒一石,肉百斤,归遗细君。

初,建元三年,微行始出,北至池阳,西至黄山,南猎长杨,东游宜春。微行常用饮酎已。八九月中,与侍中常侍武骑及待诏陇西北地良家子能骑射者期诸殿门,故有"期门"之号自此始。微行以夜漏下十刻乃出,常称平阳侯。旦明,入山下驰射鹿豕狐兔,手格熊罴,驰骛禾稼稻秔之地。民皆号呼骂詈,相聚会,自言鄂杜令。令往,欲谒平阳侯,诸骑欲击鞭之。令大怒,使吏呵止,猎者数骑见留,乃示乘舆物,久之乃得去。时夜出夕还,后赍五日粮,会朝长信宫,上大欢乐之。是后,南山下乃知微行数出也。然尚迫于太后,未敢远出,丞相御史知指,乃使右辅都尉徼循长杨以东,右内史发小民共待会所。后乃私置更衣,从宣曲以南十二所,中休更衣,投宿诸宫,长杨、五柞、倍阳、宣曲尤幸。于是上以为道远劳苦,又为百姓患,乃使太中大夫吾丘寿王与待诏能用算者二人,举籍阿城以南,盩厔以东,宜春以西,提封顷亩,及其贾直,欲除以为上林苑,属之南山。又诏中尉、左右内史表属县草田,欲以偿鄠杜之民。吾丘寿王奏事,上大说称善。时朔在傍,进谏曰:

臣闻谦逊静悫，天表之应，应之以福；骄溢靡丽，天表之应，应之以异。今陛下累郎台，恐其不高也；弋猎之处，恐其不广也。如天不为变，则三辅之地尽可以为苑，何必盩厔、鄠、杜乎！奢侈越制，天为之变，上林虽小，臣尚以为大也。

夫南山，天下之阻也，南有江、淮，北有河、渭，其地从汧、陇以东，商、洛以西，厥壤肥饶。汉兴，去三河之地，止霸、产以西，都泾、渭之南，此所谓天下陆海之地，秦之所以虏西戎兼山东者也。其山出玉石，金、银、铜、铁，豫章、檀、柘，异类之物，不可胜原，此百工所取给，万民所卬足也。又有粳稻、梨、栗、桑、麻、竹箭之饶，土宜姜芋，水多蛙鱼，贫者得以人给家足，无饥寒之忧。故酆、镐之间号为土膏，其贾亩一金。今规以为苑，绝陂池水泽之利，而取民膏腴之地，上乏国家之用，下夺农桑之业，弃成功，就败事，损耗五谷，是其不可一也。且盛荆棘之林，而长养麋鹿，广狐兔之苑，大虎狼之虚，又坏人冢墓，发人室庐，令幼弱怀土而思，耆老泣涕而悲，是其不可二也。斥而营之，垣而囿之，骑驰东西，车骛南北，又有深沟大渠，夫一日之乐不足以危无堤之舆，是其不可三也。故务苑囿之大，不恤农时，非所以强国富人也。

夫殷作九市之宫而诸侯畔，灵王起章华之台而楚民散，秦兴阿房之殿而天下乱。粪土愚臣，忘生触死，逆盛意，犯隆指，罪当万死，不胜大愿，愿陈《泰阶六符》，以观天变，不可不省。

是日因奏《泰阶》之事，上乃拜朔为太中大夫、给事中，赐黄金百斤。然遂起上林苑，如寿王所奏云。

久之，隆虑公主子昭平君尚帝女夷安公主，隆虑主病困，以金千斤、钱千万为昭平君豫赎死罪，上许之。隆虑主卒，昭平君日骄，醉杀主傅，狱系内官。以公主子，廷尉上请请论。左右人人为言："前又入赎，陛下许之。"上曰："吾弟老有是一子，死以属我。"于是为之垂涕叹息良久，曰："法令者，先帝所造也。用弟故而诬先帝之法，吾何面目入高庙乎！又下负万民。"乃可其奏，哀不能自止，左右尽悲。朔前上寿，曰："臣闻圣王为政，赏不避仇雠，诛不择骨肉。《书》曰：'不偏不党，王道荡荡。'此二者，五帝所重，三王所难也。陛下行之，是以四海之内元元之民各得其所，天下幸甚！臣朔奉觞，昧死再拜上万岁寿。"上乃起，入省中，夕时召让朔，曰："传曰'时然后言，人不厌其言'。今先生上寿，时乎？"朔免冠顿首曰："臣闻乐太盛则阳溢，哀太盛则阴损，阴阳变则心气动，心气动则精神散，精神散而邪气及。销忧者莫若酒，臣朔所以上寿者，明陛下正而不阿，因以止哀也。愚不知忌讳，当死。"先是，朔尝醉入殿中，小遗殿上，劾不敬。有诏免为庶人，待诏宦者署，因此对复为中郎，赐帛百匹。

初，帝姑馆陶公主号窦太主，堂邑侯陈午尚之。午死，主寡居，年五十余矣，近幸董偃。始偃与母以卖珠为事，偃年十三，随母出入主家。左右言其姣好，主召见，曰："吾为母养之。"因留第中，教书计相马御射，颇读传记。至年十八而冠，出则执辔，入则侍内。为人温柔爱人，以主故，诸公接之，名称城中，号曰董君。主因推令散财交士，令中府曰："董君所发，一日金满百斤，钱满百万，帛满千匹，乃白之。"安陵爰叔者，爰盎兄子也，与偃善，谓偃曰："足下私侍汉主，挟不测之罪，将欲安处乎？"偃惧曰："忧之久矣，不知所以。"爰叔曰："顾城庙远无宿宫，又有萩竹籍田，足下何不白主献长门园？此上所欲也。如是，上知计出于足下也，则安枕而卧，长无惨怛之忧。久之不然，上且请之，于足下何如？"偃顿首曰："敬奉教。"入言之主，主立奏书献之。上大说，更名窦太主园为长门宫。主大喜，使偃以黄金百斤为爰叔寿。

叔因是为董君画求见上之策，令主称疾不朝。上往临疾，问所欲，主辞谢曰："妾幸蒙陛下厚恩，先帝遗德，奉朝请之礼，备臣妾之仪，列为公主，赏赐邑入，隆天重地，死无以塞责。一日卒有不胜洒扫之职，先狗马填沟壑，窃有所恨，不胜大愿，愿陛下时忘万事，养精游神，从中掖庭回舆，枉路临妾山林，得献觞上寿，娱乐左右。如是而死，何恨之有！"上曰："主何忧？幸得愈。恐群臣从官多，大为主费。"上还，有顷，主疾愈，起谒，上以钱千万为主饮。后数日，上临山林，主自执宰敝膝，道入登阶就坐。坐未定，上曰："愿谒主人翁。"主乃下殿，去簪珥，徒跣顿首谢曰："妾无状，负陛下，身当伏诛。陛下不致之法，顿首死罪。"有诏谢。主簪履起，之东厢自引董君。董君绿帻傅韝，随主前，伏殿下。主乃赞："馆陶公主胞人臣偃昧死再拜谒。"因叩头谢，上为之起。有诏赐衣冠上。偃起，走就衣冠。主自奉食进觞。当是时，董君见尊不名，称为"主人翁"，饮大欢乐。主乃请赐将军、列侯、从官金钱杂缯各有数。于是董君贵宠，天下莫不闻。郡国狗马蹴鞠剑客辐凑董氏。常从游戏北宫，驰逐平乐，观鸡鞠之会，角狗马之足，上大欢乐之。于是上为窦太主置酒宣室，使谒者引内董君。

是时，朔陛戟殿下，辟戟而前曰："董偃有斩罪三，安得入乎？"上曰："何谓也？"朔曰："偃以人臣私侍公主，其罪一也。败男女之化，而乱婚姻之礼，伤王制，其罪二也。陛下富于春秋，方积思于《六经》，留神于王事，驰骛于唐、虞，折节于三代，偃不遵经劝学，反以靡丽为右，奢侈为务，尽狗马之乐，极耳目之欲，行邪枉之道，径淫辟之路，是乃国家之大贼，人主之大蜮。偃为淫首，其罪三也。昔伯姬燔而诸侯悼，奈何乎陛下？"上默然不应久之，曰："吾业以设饮，后自改。"朔曰："不可。夫宣室者，先帝之正处也，非法度之政不得入焉。故淫乱之渐，其变为篡，是以竖貂为淫而易牙作患，庆父死而鲁国全，管、蔡诛而周室安。"上曰："善。"有诏止，更置酒北宫，引董君从东司马门。东司马门更名东交门。赐朔黄金三十斤。董君之宠由是日衰，至年三十而终。后数岁，窦太主卒，与董君会葬于霸陵。是后，公主贵人多逾礼制，自董偃始。

时，天下侈靡趋末，百姓多离农亩。上从容问朔："吾欲化民，岂有道乎？"朔对曰："尧、舜、禹、汤、文、武、成、康上古之事，经历数千载，尚难言也，臣不敢陈。愿近述孝文皇帝之时，当世耆老皆闻见之。贵为天子，富有四海，身衣弋绨，足履革舄，以韦带剑，莞蒲为席，兵木无刃，衣缊无文,集上书囊以为殿帷;以道德为丽,以仁义为准。于是天下望风成俗,昭然化之。今陛下以城中为小,图起建章,左凤阙,右神明,号称千门万户;木土衣绮绣,狗马被缋罽;宫人簪瑇瑁,垂珠玑;设戏车,教驰逐,饰文采,丛珍怪;撞万石之钟,击雷霆之鼓,作俳优,舞郑女。上为淫侈如此,而欲使民独不奢侈失农,事之难者也。陛下诚能用臣朔之计,推甲乙之帐燔之于四通之衢,却走马示不复用,则尧、舜之隆宜可与比治矣。《易》曰:'正其本,万事理;失之毫厘,差以千里。'愿陛下留意察之。"

朔虽诙笑,然时观察颜色,直言切谏,上常用之。自公卿在位,朔皆敖弄,无所为屈。

上以朔口谐辞给,好作问之。尝问朔曰:"先生视朕何如主也?"朔对曰:"自唐、虞之隆,成、康之际,未足以谕当世。臣伏观陛下功德,陈五帝之上,在三王之右。非若此而已,诚得天下贤士,公卿在位咸得其人矣。譬若以周、邵为丞相,孔丘为御史大夫,太公为将军,毕公高拾遗于后,弁严子为卫尉,皋陶为大理,后稷为司农,伊尹为少府,子赣使外国,颜、闵为博士,子夏为太常,益为右扶风,季路为执金吾,契为鸿胪,龙逢为宗正,伯夷为京兆,管仲为冯翊,鲁般为将作,仲山甫为光禄,申伯为太仆,延陵季子为水衡,百里奚为典属国,柳下惠为大长秋,史鱼为司直,蘧伯玉为太傅,孔父为詹事,孙叔敖为诸侯相,子产为郡守,王庆忌为期门,夏育为鼎官,羿为旄头,宋万为式道候。"上乃大笑。

是时,朝廷多贤材,上复问朔:"方今公孙丞相、兒大夫、董仲舒、夏侯始昌、司马相如、吾丘寿王、主父偃、朱买臣、严助、汲黯、胶仓、终军、严安、徐乐、司马迁之伦,皆辩知闳达,溢于文辞,先生自视,何与比哉?"朔对曰:"臣观其舌齿牙,树颊胲,吐唇吻,擢项颐,结股脚,连脽尻,遗蛇其迹,行步偶旅,臣朔虽不肖,尚兼此数子者。"朔之进对澹辞,皆此类也。"

武帝既招英俊,程其器能,用之如不及。时方外事胡、越,内兴制度,国家多事,自公孙弘以下至司马迁,皆奉使方外,或为郡国守相至公卿,而朔尝至太中大夫,后常为郎,与枚皋、郭舍人俱在左右,诙啁而已。久之,朔上书陈农战强国之计,因自讼独不得大官,欲求试用。其言专商鞅、韩非之语也,指意放荡,颇复诙谐,辞数万言,终不见用。朔因著论,设客难己,用位卑以自慰谕。其辞曰:

客难东方朔曰:"苏秦、张仪一当万乘之主,而都卿相之位,泽及后世。今子大夫修先王之术,慕圣人之义,讽诵《诗》、《书》、百家之言,不可胜数,著于竹帛,唇腐齿落,服膺而不释,好学乐道之效,明白甚矣;自以智能海内无双,则可谓博闻辩智矣。然悉力尽忠以事圣帝,旷日持久,官不过侍郎,位不过执戟,意者尚有遗行邪?同胞之徒无所容居,其故何也?"

东方先生喟然长息,仰而应之曰:"是固非子之所能备也,彼一时也,此一时也,岂可同哉!夫苏秦、张仪之时,周室大坏,诸侯不朝,力政争权,相禽以兵,并为十二国,未有雌雄,得士者强,失士者亡,故谈说行焉。身处尊位,珍宝充内,外有廪仓,泽及后世,子孙长享。今则不然。圣帝流德,天下震慑,诸侯宾服,连四海之外以为带,安于覆盂,动犹运之掌,贤不肖何以异哉?遵天之道,顺地之理,物无不得其所;故绥之则安,动之则苦;尊之则为将,卑之则为虏;抗之则在青云之上,抑之则在深泉之下;用之则为虎,不用则为鼠;虽欲尽节效情,安知前后?夫天地之大,士民之众,竭精谈说,并进辐凑者不可胜数,悉力募之,困于衣食,或失门户。使苏秦、张仪与仆并生于今之世,曾不得掌故,安敢望常侍郎乎?故曰时异事异。

"虽然,安可以不务修身乎哉!《诗》云:'鼓钟于宫,声闻于外。''鹤鸣于九皋,声闻于天。'苟能修身,何患不荣!太公体行仁义,七十有二乃设用于文、武,得信厥说,封于齐,七百岁而不绝。此士所以日夜孳孳,敏行而不敢怠也。辟若鹡鸰,飞且鸣矣。传曰:'天不为人之恶寒而辍其冬,地不为人之恶险而辍其广,君子不为小人之匈匈而易其行。''天有常度,地有常形,君子有常行;君子道其常,小人计其功。'《诗》云:'礼义之不愆,何恤人之言?'故曰:'水至清则无鱼,人至察则无徒。冕而前旒,所以蔽明;黈纩充耳,所以塞聪。'明有所不见,聪有所不闻,举大德,赦小过,无求备于一人之义也。枉而直之,使自得之;优而柔之,使自求之;揆而度之,使自索之。盖圣人教化如此,欲自得之;自得之,则敏且广矣。

"今世之处士,魁然无徒,廓然独居,上观许由,下察接舆,计同范蠡,忠合子胥,天下和平,与义相扶,寡耦少徒,固其宜也。子何疑于我哉?若夫燕之用乐毅,秦之任李斯,郦食其之下齐,说行如流,曲从如环,所欲必得,功若丘山,海内定,国家安,是遇其时也,子又何怪之邪?语曰'以管窥天,以蠡测海,以莛撞钟',岂能通其条贯,考其文理,发其音声哉!由是观之,譬犹鼱鼩之袭狗,孤豚之咋虎,至则靡耳,何功之有?今以下愚而非处士,虽欲勿困,固不得已,此适足以明其不知权变而终惑于大道也。"

又设非有先生之论,其辞曰:

非有先生仕于吴,进不称往古以厉主意,退不能扬君美以显其功,默然无言者三年矣。吴王怪而问之,曰:"寡人获先人之功,寄于众贤之上,夙兴夜寐,未尝敢怠也。今先生率然高举,远集吴地,将以辅治寡人,诚窃嘉之,体不安席,食不甘味,目不视靡曼之色,耳不听钟鼓之音,虚心定志欲闻流议者三年于兹矣。今先生进无以辅治,退不扬主誉,窃不为先生取之也。盖怀能而不见,是不忠也;见而不行,主不明也。意者寡人殆不明乎?"非有先生伏而唯唯。吴王曰:"可以谈矣,寡人将竦意而览焉。"先生曰:"於戏!可乎哉?可乎哉?谈何容易!夫谈有悖于目、拂于耳、谬于心而便于身者;或有说于目、顺于耳、快于心而毁于行者,非有明王圣主,孰能听之?"吴王曰:"何为其然也?'中人已上可以语上也。'先生试言,寡人将听焉。"

先生对曰:"昔者关龙逢深谏于桀,而王子比干直言于纣,此二臣者,皆极虑尽忠,闵王泽不下流,而万民骚动,故直言其失,切谏其邪者,将以为君之荣,除主之祸也。今则不然,反以为诽谤君之行,无人臣之礼,果纷然伤于身,蒙不辜之名,戮及先人,为天下笑,故曰谈何容易! 是以辅弼之臣瓦解,而邪谄之人并进,遂及蜚廉、恶来革等。二人皆诈伪,巧言利口以进其身,阴奉雕琢刻镂之好以纳其心。务快耳目之欲,以苟容为度。遂往不戒,身没被戮,宗庙崩弛,国家为虚,放戮圣贤,亲近谗夫。《诗》不云乎?'谗人罔极,交乱四国',此之谓也。故卑身贱体,说色微辞,愉愉呴呴,终无益于主上之治,则志士仁人不忍为也。将俨然作矜严之色,深言直谏,上以拂主之邪,下以损百姓之害,则忤于邪主之心,历于衰世之法。故养寿命之士莫肯进也,遂居深山之间,积土为室,编蓬为户,弹琴其中,以咏先王之风,亦可以乐而忘死矣。是以伯夷、叔齐避周,饿于首阳之下,后世称其仁。如是,邪主之行固足畏也,故曰谈何容易!"

于是吴王惧然易容,捐荐去几,危坐而听。先生曰:"接舆避世,箕子被发阳狂,此二人者,皆避浊世以全其身者也。使遇明王圣主,得清燕之闲,宽和之色,发愤毕诚,图画安危,揆度得失,上以安主体,下以便万民,则五帝、三王之道可几而见也。故伊尹蒙耻辱、负鼎俎、和五味以干汤,太公钓于渭之阳以见文王。心合意同,谋无不成,计无不从,诚得其君也。深念远虑,引义以正其身,推恩以广其下,本仁祖义,褒有德,禄贤能,诛恶乱,总远方,一统类,美风俗,此帝王所由昌也。上不变天性,下不夺人伦,则天地和洽,远方怀之,故号圣王。臣子之职既加矣,于是裂地定封,爵为公侯,传国子孙,名显后世,民到于今称之,以遇汤与文王。太公、伊尹以如此,龙逢、比干独如彼,岂不哀哉! 故曰谈何容易!"

于是吴王穆然,俯而深惟,仰而泣下交颐,曰:"嗟乎! 余国之不亡也,绵绵连连,殆哉,世之不绝也!"于是正明堂之朝,齐君臣之位,举贤材,布德惠,施仁义,赏有功,躬节俭,减后宫之费,损车马之用;放郑声,远佞人,省庖厨,去侈靡,卑宫馆,坏苑囿,填池堑,以予贫民无产业者;开内藏,振贫穷,存耆老,恤孤独;薄赋敛,省刑辟。行此三年,海内晏然,天下大洽,阴阳和调,万物咸得其宜;国无灾害之变,民无饥寒之色,家给人足,畜积有余,囹圄空虚;凤凰来集,麒麟在郊,甘露既降,朱草萌牙;远方异俗之人乡风慕义,各奉其职而来朝贺。故治乱之道,存亡之端,若此易见,而君人者莫肯为也,臣愚窃以为过。故《诗》云:"王国克生,惟周之桢,济济多士,文王以宁。"此之谓也。

朔之文辞,此二篇最善。其余有《封泰山》、《责和氏璧》及《皇太子生禖》、《屏风》、《殿上柏柱》、《平乐观赋猎》,八言、七言上下,《从公孙弘借车》,凡刘向所录朔书具是矣。世所传他事皆非也。

赞曰:刘向言少时数问长老贤人通于事及朔时者,皆曰朔口谐倡辩,不能持论,喜为庸人诵说,故令后世多传闻者。而杨雄亦以为朔言不纯师,行不纯德,其流风遗书蔑如也。然朔名过实者,以其诙达多端,不名一行,应谐似优,不穷似智,正谏似直,秽德似隐。非夷、齐而是柳下惠,戒其子以上容:"首阳为拙,柱下为工;饱食安步,以仕易农;依隐玩世,诡时不逢"。其滑稽之雄乎! 朔之诙谐,逢占射覆,其事浮浅,行于众庶,童儿牧竖莫不眩耀。而后世好事者因取奇言怪语附着之朔,故详录焉。

卷六十六　公孙刘田王杨蔡陈郑传第三十六

公孙贺字子叔,北地义渠人也。贺祖父昆邪,景帝时为陇西守,以将军击吴、楚有功,封平曲侯,著书十余篇。

贺少为骑士,从军数有功。自武帝为太子时,贺为舍人,及武帝即位,迁至太仆。贺夫人君孺,卫皇后姊也,贺由是有宠。元光中为轻车将军,军马邑。后四岁,出云中。后五岁,以车骑将军从大将军青出,有功,封南窌侯。后再以左将军出定襄,无功,坐酎金,失侯。复以浮沮将军出五原二千余里,无功。后八岁,遂代石庆为丞相,封葛绎侯。时朝廷多事,督责大臣。自公孙弘后,丞相李蔡、严青翟、赵周三人比坐事死。石庆虽以谨得终,然数被谴。初,贺引拜为丞相,不受印绶,顿首涕泣,曰:"臣本边鄙,以鞍马骑射为官,材诚不任宰相。"上与左右见贺悲哀,感动下泣,曰:"扶起丞相。"贺不肯起,上乃起去,贺不得已拜。出,左右问其故,贺曰:"主上贤明,臣不足以称,恐负重责,从是殆矣。"

贺子敬声,代贺为太仆,父子并居公卿位。敬声以皇后姊子,骄奢不奉法,征和中擅为北军钱千九百万,发觉,下狱。是时,诏捕阳陵朱安世不能得,上求之急,贺自请逐捕安世以赎敬声罪。上许之。后果得安世。安世者,京师大侠也,闻贺欲以赎子,笑曰:"丞相祸及宗矣。南山之竹不足受我辞,斜谷之木不足为我械。"安世遂从狱中上书,告敬声与阳石公主私通,及使人巫祭祠上,且上甘泉当驰道埋偶人,祝诅有恶言。下有司案验贺,穷治所犯,遂父子死狱中,家族。

巫蛊之祸起自朱安世,成于江充,遂及公主、皇后、太子,皆败。语在《江充》、《戾园传》。

刘屈氂,武帝庶兄中山靖王子也,不知其始所以进。
征和二年春,制诏御史:"故丞相贺倚旧故乘高势而为邪,兴美田以利子弟宾客,不顾元元,无益边谷,货赂上流,朕忍之久矣。终不自革,乃以边为援,使内郡自省作车,又令耕者自转,以困农烦扰畜者,重马伤耗,武备衰减;下吏妄赋,百姓流亡,又诈为诏书,以奸传朱安世。狱已正于理。其以涿郡太守屈氂为左丞相,分丞相长史为两府,以待天下远方之选。夫亲亲任贤,周、唐之道也。以澎户二千二百封左丞相为澎侯。"

其秋,戾太子为江充所谮,杀充,发兵入丞相府,屈氂挺身逃,亡其印绶。是时,上避暑在甘泉宫,丞相长史乘疾置以闻。上问:"丞相何为?"对曰:"丞相秘之,未敢发兵。"上怒曰:"事籍籍如此,何谓秘也?丞相无周公之风矣。周公不诛管、蔡乎?"乃赐丞相玺书曰:"捕斩反者,自有赏罚。以牛车为橹,毋接短兵,多杀伤士众。坚闭城门,毋令反者得出。"

太子既诛充发兵,宣诏帝在甘泉病困,疑有变,奸臣欲作乱。上于是从甘泉来,幸城西建章宫,诏发三辅近县兵,部中二千石以下,丞相兼将。太子亦遣使者拆制赦长安中都官囚徒,发武库兵,命少傅石德及宾客张光等分将,使长安囚如侯持节发长水及宣曲胡骑,皆以装会。侍郎莽通使长安,因追捕如侯,告胡人曰:"节有诈,勿听也。"遂斩如侯,引骑入长安,又发辑濯士,以予大鸿胪商丘成。初,汉节纯赤,以太子持赤节,故更为黄旄加上以相别。太子召监北军使者任安发北军兵,安受节已,闭军门,不肯应太子。太子引兵去,驱四市人凡数万众,至长乐西阙下,逢丞相军,合战五日,死者数万人,血流入沟中。丞相附兵浸多,太子军败,南奔覆盎城门,得出。会夜司直田仁部闭城门,坐令太子得出,丞相欲斩仁。御史大夫暴胜之谓丞相曰:"司直,吏二千石,当先请,奈何擅斩之?"丞相释仁。上闻而大怒,下吏责问御史大夫曰:"司直纵反者,丞相斩之,法也,大夫何以擅止之?"胜之皇恐,自杀。及北军使者任安,坐受太子节,怀二心,司直田仁纵太子,皆要斩。上曰:"侍郎莽通获反将如侯,长安男子景建从通获少傅石德,可谓元功矣。鸿胪商丘成力战获反将张光。"其封通为重合侯,建为德侯,成为秺侯。"诸太子宾客,尝出入宫门,皆坐诛。其随太子发兵,以反法族。吏士劫略者,皆徙敦煌郡。以太子在外,始置屯兵长安诸城门。后二十余日,太子得于湖。语在《太子传》。

其明年,贰师将军李广利将兵出击匈奴,丞相为祖道,送至渭桥,与广利辞决。广利曰:"愿君侯早请昌邑王为太子。如立为帝,君侯长何忧乎?"屈氂许诺。昌邑王者,贰师将军女弟李夫人子也。贰师女为屈氂子妻,故共欲立焉。是时,治巫蛊狱急,内者令郭穰告丞相夫人以丞相数有谴,使巫祠社,祝诅主上,有恶言,及与贰师共祷祠,欲令昌邑王为帝。有司奏请案验,罪至大逆不道。有诏载屈氂厨车以徇,要斩东市,妻子枭首华阳街。贰师将军妻子亦收。贰师闻之,降匈奴,宗族遂灭。

车千秋本姓田氏,其先齐诸田徙长陵。千秋为高寝郎。会卫太子为江充所谮败,久之,千秋上急变讼太子冤,曰:"子弄父兵,罪当笞;天子之子过误杀人,当何罪哉!臣尝梦见一白头翁教臣言。"是时,上颇知太子惶恐无他意,乃大感寤,召见千秋。至前,千秋长八尺余,体貌甚丽,武帝见而说之,谓曰:"父子之间,人所难言也,公独明其不然。此高庙神灵使公教我,公当遂为吾辅佐。"立拜千秋为大鸿胪。数月,遂代刘屈氂为丞相,封富民侯。千秋无他材

能术学,又无伐阅功劳,特以一言寤意,旬月取宰相封侯,世未尝有也。后汉使者至匈奴,单于问曰:"闻汉新拜丞相,何有得之?"使者曰:"以上书言事故。"单于曰:"苟如是,汉置丞相,非用贤也。妄一男子上书即得之矣。"使者还,道单于语。武帝以为辱命,欲下之吏。良久,乃贳之。

然秋千为人敦厚有智,居位自称,逾于前后数公。初,千秋始视事,见上连年治太子狱,诛罚尤多,群下恐惧,思欲宽广上意,慰安众庶。乃与御史、中二千石共上寿颂德美,劝上施恩惠,缓刑罚,玩听音乐,养志和神,为天下自虞乐。上报曰:"朕之不德,自左丞相与贰师阴谋逆乱,巫蛊之祸流及士大夫。朕日一食者累月,乃何乐之听?痛士大夫常在心,既事不咎。虽然,巫蛊始发,诏丞相、御史督二千石求捕,廷尉治,未闻九卿、廷尉有所鞫也。曩者,江充先治甘泉宫人,转至未央椒房,以及敬声之畴、李禹之属谋入匈奴,有司无所发,今丞相亲掘兰台蛊验,所明知也。至今余巫颇脱不止,阴贼侵身,远近为蛊,朕愧之甚,何寿之有?敬不举君之觞!谨谢丞相、二千石各就馆。书曰:'毋偏毋党,王道荡荡。'毋有复言。"

后岁余,武帝疾,立皇子钩弋夫人男为太子,拜大将军霍光、车骑将军金日䃅、御史大夫桑弘羊及丞相千秋,并受遗诏,辅道少主。武帝崩,昭帝初即位,未任听政,政事一决大将军光。千秋居丞相位,谨厚有重德。每公卿朝会,光谓千秋曰:"始与君侯俱受先帝遗诏,今光治内,君侯治外,宜有以教督,使光毋负天下。"千秋曰:"唯将军留意,即天下幸甚。"终不肯有所言。光以此重之。每有吉祥嘉应,数褒赏丞相。讫昭帝世,国家少事,百姓稍益充实。始元六年,诏郡国举贤良文学士,问以民所疾苦,于是盐铁之议起焉。

千秋为相十二年,薨,谥曰定侯。初,千秋年老,上优之,朝见,得乘小车入宫殿中,故因号曰"车丞相"。子顺嗣侯,官至云中太守,宣帝时以虎牙将军击匈奴,坐盗增卤获自杀,国除。

桑弘羊为御史大夫八年,自以为国家兴榷管之利,伐其功,欲为子弟得官,怨望霍光,与上官桀等谋反,遂诛灭。

王䜣,济南人也。以郡县吏积功,稍迁为被阳令。武帝末,军旅数发,郡国盗贼群起,绣衣御史暴胜之使持斧逐捕盗贼,以军兴从事,诛二千石以下。胜之过被阳,欲斩䜣,䜣已解衣伏质,仰言曰:"使君专杀生之柄,威震郡国,今复斩一䜣,不足以增威,不如时有所宽,以明恩贷,令尽死力。"胜之壮其言,贳不诛,因与䜣相结厚。

胜之使还,荐䜣,征为右辅都尉,守右扶风。上数出幸安定、北地,过扶风,宫馆驰道修治,供张办。武帝嘉之,驻车,拜䜣为真,视事十余年。昭帝时为御史大夫,代车千秋为丞相,封宜春侯。明年薨,谥曰敬侯。

子谭嗣,以列侯与谋废昌邑王立宣帝,益封三百户。薨,子咸嗣。王莽妻即咸女,莽篡位,宜春氏以外戚宠。自䜣传国至玄孙,莽败,乃绝。

杨敞，华阴人也。给事大将军莫府，为军司马，霍光爱厚之，稍迁至大司农。元凤中，稻田使者燕苍知上官桀等反谋，以告敞。敞素谨畏事，不敢言，乃移病卧。以告谏大夫杜延年，延年以闻。苍、延年皆封，敞以九卿不辄言，故不得侯。后迁御史大夫，代王䜣为丞相，封安平侯。

明年，昭帝崩。昌邑王征即位，淫乱，大将军霍光与车骑将军张安世谋欲废王更立。议既定，使大司农田延年报敞。敞惊惧，不知所言，汗出洽背，徒唯唯而已。延年起至更衣，敞夫人遽从东箱谓敞曰："此国大事，今大将军议已定，使九卿来报君侯。君侯不疾应，与大将军同心，犹与无决，先事诛矣。"延年从更衣还，敞、夫人与延年参语许诺，请奉大将军教令，遂共废昌邑王，立宣帝。宣帝即位月余，敞薨，谥曰敬侯。子忠嗣，以敞居位定策安宗庙，益封三千五百户。

忠弟恽，字子幼，以忠任为郎，补常侍骑。恽母，司马迁女也。恽始读外祖《太史公记》，颇为《春秋》。以材能称。好交英俊诸儒，名显朝廷，擢为左曹。霍氏谋反，恽先闻知，因侍中金安上以闻，召见言状。霍氏伏诛，恽等五人皆封，恽为平通侯，迁中郎将。

郎官故事，令郎出钱市财用，给文书，乃得出，名曰"山郎"。移病尽一日，辄偿一沐，或至岁余不得沐。其豪富郎，日出游戏，或行钱得善部。货赂流行，传相放效。恽为中郎将，罢山郎，移长度大司农，以给财用。其疾病休谒洗沐，皆以法令从事。郎、谒者有罪过，辄奏免，荐举其高弟有行能者，至郡守、九卿。郎官化之，莫不自厉，绝请谒货赂之端，令行禁止，宫殿之内翕然同声。由是擢为诸吏光禄勋，亲近用事。

初，恽受父财五百万，及身封侯，皆以分宗族。后母无子，财亦数百万，死皆予恽，恽尽复分后母昆弟。再受訾千余万，皆以分施。其轻财好义如此。

恽居殿中，廉洁无私，郎官称公平。然恽伐其行治，又性刻害，好发人阴状，同位有忤己者，必欲害之，以其能高人。由是多怨于朝廷，与太仆戴长乐相失，卒以是败。

长乐者，宣帝在民间时与相知，及即位，拔擢亲近。长乐尝使行事肄宗庙，还谓掾史曰："我亲面见受诏，副帝肄，秺侯御。"人有上书告长乐非所宜言，事下廷尉。长乐疑恽教人告之，亦上书告恽罪：

"高昌侯车奔入北掖门，恽语富平侯张延寿曰：'闻前曾有奔车抵殿门，门关折，马死，而昭帝崩。今复如此，天时，非人力也。'左冯翊韩延寿有罪下狱，恽上书讼延寿。郎中丘常谓恽曰：'闻君侯讼韩冯翊，当得活不？'恽曰：'事何容易！胫胫者未必全也。我不能自保，真人所谓鼠不容穴衔窭数者也。'又中书谒者令宣持单于使者语，视诸将军、中朝二千石。恽曰：'冒顿单于得汉美食好物，谓之殠恶，单于不来明甚。'恽上观西阁上画人，指桀、纣画谓乐昌侯王武曰：'天子过此，一二问其过，可以得师矣。'画人有尧、舜、禹、汤，不称而举桀、纣。恽闻匈奴降者道单于见杀，恽曰：'得不肖君，大臣为画善计不用，自令身无处所。若秦时但任小臣，诛杀忠良，竟以灭亡；令亲

任大臣，即至今耳。古与今如一丘之貉。'恽妄引亡国以诽谤当世，无人臣礼。又语长乐曰：'正月以来，天阴不雨，此《春秋》所记，夏侯君所言。行必不至河东矣。'以主上为戏语，尤悖逆绝理。"

事下廷尉。廷尉定国考问，左验明白，奏：

"恽不服罪，而召户将尊，欲令戒饬富平侯延寿，曰：'太仆定有死罪数事，朝暮人也。恽幸与富平侯婚姻，今独三人坐语，侯言时不闻恽语，自与太仆相触也。'尊曰：'不可。'恽怒，持大刀，曰：'蒙富平侯力，得族罪！毋泄恽语，令太仆闻之乱余事。'恽幸得列九卿诸吏，宿卫近臣，上所信任，与闻政事，不竭忠爱，尽臣子义，而妄怨望，称引为妖恶言，大逆不道，请逮捕治。"

上不忍加诛，有诏皆免恽、长乐为庶人。

恽既失爵位，家居治产业，起室宅，以财自娱。岁余，其友人安定太守西河孙会宗，知略士也，与恽书谏戒之，为言大臣废退，当阖门惶惧，为可怜之意，不当治产业，通宾客，有称誉。恽宰相子，少显朝廷，一朝以暗昧语言见废，内怀不服，报会宗书曰：

"恽材朽行秽，文质无所底，幸赖先人余业得备宿卫，遭遇时变以获爵位，终非其任，卒与祸会。足下哀其愚，蒙赐书，教督以所不及，殷勤甚厚。然窃恨足下不深惟其终始，而猥随俗之毁誉也。言鄙陋之愚心，若逆指而文过，默而息乎，恐违孔氏'各言尔志'之义，故敢略陈其愚，唯君子察焉！

"恽家方隆盛时，乘朱轮者十人，位在列卿，爵为通侯，总领从官，与闻政事，曾不能以此时有所建明，以宣德化，又不能与群僚同心并力，陪辅朝廷之遗忘，已负窃位素餐之责久矣。怀禄贪势，不能自退，遭遇变故，横被口语，身幽北阙，妻子满狱。当此之时，自以夷灭不足以塞责，岂意得全首领，复奉先人之丘墓乎？伏惟圣主之恩，不可胜量。君子游道，乐以忘忧；小人全躯，说以忘罪。窃自思念，过已大矣，行已亏矣，长为农夫以没世矣。是故身率妻子，戮力耕桑，灌园治产，以给公上，不意当复用此为讥议也。

"夫人情所不能止者，圣人弗禁，故君父至尊亲，送其终也，有时而既。臣之得罪，已三年矣。田家作苦，岁时伏腊，亨羊炰羔，斗酒自劳。家本秦也，能为秦声。妇，赵女也，雅善鼓瑟。奴婢歌者数人，酒后耳热，仰天拊缶而呼乌乌。其诗曰：'田彼南山，芜秽不治，种一顷豆，落而为萁。人生行乐耳，须富贵何时！'是日也，拂衣而喜，奋袖低卬，顿足起舞，诚淫荒无度，不知其不可也。恽幸有余禄，方籴贱贩贵，逐什一之利，此贾竖之事，污辱之处，恽亲行之。下流之人，众毁所归，不寒而栗。虽雅知恽者，犹随风而靡，尚何称誉之有！董生不云乎？'明明求仁义，常恐不能化民者，卿大夫意也；明明求财利，常恐困乏者，庶人之事也。'故'道不同，不相为谋'。今子尚安得以卿大夫之制而责仆哉！

"夫西河魏土，文侯所兴，有段干木、田子方之遗

风,漂然皆有节概,知去就之分。顷者,足下离旧土,临安定,安定山谷之间,昆戎旧壤,子弟贪鄙,岂习俗之移人哉?于今乃睹子之志矣。方当盛汉之隆,愿勉旃,毋多谈。

又恽兄子安平侯谭为典属国,谓恽曰:"西河太守建平杜侯前以罪过出,今征为御史大夫。侯罪薄,又有功,且复用。"恽曰:"有功何益?县官不足为尽力。"恽素与盖宽饶、韩延寿善,谭即曰:"县官实然,盖司隶、韩冯翊皆尽力吏也,俱坐事诛。"会有日食变,驷马猥佐成上书告恽"骄奢不悔过,日食之咎,此人所致。"章下廷尉案验,得所予会宗书,宣帝见而恶之。廷尉当恽大逆无道,要斩。妻子徙酒泉郡。谭坐不谏正恽,与相应,有怨望语,免为庶人。召拜成为郎,诸在位与恽厚善者,未央卫尉韦玄成、京兆尹张敞及孙会宗等,皆免官。

蔡义,河内温人也。以明经给事大将军莫府。家贫,常步行,资礼不逮众门下,好事者相合为义买犁车,令乘之。数岁,迁补覆盎城门候。久之,诏求能为《韩诗》者,征义待诏,久不进见。义上疏曰:"臣山东草莱之人,行能亡所比,容貌不及众,然而不弃人伦者,窃以闻道于先师,自托于经术也。愿赐清闲之燕,得尽精思于前。"上召见义,说《诗》,甚说之,擢为光禄大夫、给事中,进授昭帝。数岁,拜为少府,迁御史大夫,代杨敞为丞相,封阳平侯。又以定策安宗庙益封,加赐黄金二百斤。
义为丞相时年八十余,短小无须眉,貌似老妪,行步俯偻,常两吏扶夹乃能行。时大将军光秉政,议者或言光置宰相不选贤,苟用可专制者。光闻之,谓侍中左右及官属曰:"以为人主师当为宰相,何谓云云?此语不可使天下闻也。"
义为相四岁,薨,谥曰节侯。无子,国除。

陈万年字幼公,沛郡相人也。为郡吏,察举,至县令,迁广陵太守,以高弟入为右扶风,迁太仆。
万年廉平,内行修,然善事人。赂遗外戚许、史,倾家自尽,尤事乐陵侯史高。丞相丙吉病,中二千石上谒问疾。遣家丞出谢,谢已皆去,万年独留,昏夜乃归。及吉病甚,上自临,问以大臣行能。吉荐于定国、杜延年及万年。万年竟代定国为御史大夫八岁,病卒。
子咸字子康,年十八,以万年任为郎。有异材,抗直,数言事,刺讥近臣,书数十上,迁为左曹。万年尝病,召咸教戒于床下,语至夜半,咸睡,头触屏风。万年大怒,欲杖之,曰:"乃公教戒汝,汝反睡,不听吾言,何也?"咸叩头谢曰:"具晓所言,大要教咸谄也。"万年乃不复言。
万年死后,元帝擢咸为御史中丞,总领州郡奏事,课第诸刺史,内执法殿中,公卿以下皆敬惮之。是时,中书令石显用事专权,咸颇言显短,显等恨之。时槐里令朱云残酷杀不辜,有司举奏,未下。咸素善云,云从刺候,教令上书自讼。于是石显微伺知之,白奏咸漏泄省中语,下狱掠

治,减死,髡为城旦,因废。

成帝初即位,大将军王凤以咸前指言石显,有忠直节,奏请咸补长史。迁冀州刺史,奉使称意,征为谏大夫。复出为楚内史,北海、东郡太守。坐为京兆尹王章所荐,章诛,咸免官。起家复为南阳太守。所居以杀伐立威,豪猾吏及大姓犯法,辄论输府,以律作司空,为地白木杵,春不中程,或私解脱钳钛,衣服不如法,辄加罪笞,督作剧,不胜痛,自绞死,岁数百千人,久者虫出腐烂,家不得收。其治放严延年,其廉不如。所居调发属县所出食物以自奉养,奢侈玉食。然操持掾史,郡中长吏皆令闭门自敛,不得逾法。公移敕书曰:"即各欲求索自快,是一郡百太守也,何得然哉!"下吏畏之,豪强执服,令行禁止,然亦以此见废。咸,三公子,少显名于朝廷,而薛宣、朱博、翟方进、孔光等仕宦绝在咸后,皆以廉俭先至公卿,而咸滞于郡守。

时,车骑将军王音辅政,信用陈汤。咸数赂遗汤,予书曰:"即蒙子公力,得入帝城,死不恨。"后竟征入为少府。少府多宝物,属官咸皆钩校,发其奸臧,没入辜榷财物。官属及诸中宫黄门、钩盾、掖庭官吏,举奏按论,畏咸,皆失气。为少府三岁,与翟方进有隙。方进为丞相,奏:"咸前为郡守,所在残酷,毒螫加于吏民。主守盗,受所监。而官媚邪臣陈汤以求荐举。苟得无耻,不宜处位。"咸坐免。顷之,红阳侯立举咸方正,为光禄大夫给事中,方进复奏免之。后数年,立有罪就国,方进奏归咸故郡,以忧死。

郑弘字稚卿,泰山刚人也。兄昌字次卿,亦好学,皆明经,通法律政事。次卿为太原、涿郡太守,弘为南阳太守,皆著治迹,条教法度,为后所述。次卿用刑罚深,不如弘平。迁淮阳相,以高第入为右扶风,京师称之。代韦玄成为御史大夫。六岁,坐与京房论议免,语在《房传》。

赞曰:所谓盐铁议者,起始元中,征文学贤良问以治乱,皆对愿罢郡国盐铁、酒榷均输,务本抑末,毋与天下争利,然后教化可兴。御史大夫弘羊以为此乃所以安边竟,制四夷,国家大业,不可废也。当时相诘难,颇有其议文。至宣帝时,汝南桓宽次公治《公羊春秋》,举为郎,至庐江太守丞,博通善属文,推衍盐铁之议,增广条目,极其论难,著数万言,亦欲以究治乱,成一家之法焉。其辞曰:"观公卿贤良文学之议,'异乎吾所闻'。闻汝南朱生言,当此之时,英俊并进,贤良茂陵唐生、文学鲁国万生之徒六十有余人咸聚阙庭,舒六艺之风,陈治平之原,知者赞其虑,仁者明其施,勇者见其断,辩者骋其辞,断断焉,行行焉,虽未详备,斯可略观矣。中山刘子推言王道,挢当世,反诸正,彬彬然弘博君子也。九江祝生奋史鱼之节,发愤懑,讥公卿,介然直而不挠,可谓不畏强圉矣。桑大夫据当世,合时变,上权利之略,虽非正法,巨儒宿学不能自解,博物通达之士也。然摄公卿之柄,不师古始,放于末利,处非其位,行非其道,果陨其性,以及厥宗。车丞相履伊、吕之列,当轴处中,括囊不言,容身而去,彼哉!彼哉!若夫丞相、御史两府之士,不能正议以辅宰相,成同类,长同行,阿意苟合,以说其上,'斗筲之徒,何足选也!'"

卷六十七
杨胡朱梅云传第三十七

杨王孙者，孝武时人也。学黄、老之术，家业千金，厚自奉养生，亡所不致。及病且终，先令其子，曰："吾欲裸葬，以反吾真，必亡易吾意。死则为布囊盛尸，入地七尺，既下，从足引脱其囊，以身亲土。"其子欲默而不从，重废父命；欲从之，心又不忍，乃往见王孙友人祁侯。

祁侯与王孙书曰："王孙苦疾，仆迫从上祠雍，未得诣前。愿存精神，省思虑，进医药，厚自持。窃闻王孙先令裸葬，令死者亡知则已，若其有知，是戮尸地下，将裸见先人，窃为王孙不取也。且《孝经》曰'为之棺椁衣衾'，是亦圣人之遗制，何必区区独守所闻？愿王孙察焉。"

王孙报曰："盖闻古之圣王，缘人情不忍其亲，故为制礼，今则越之，吾是以裸葬，将以矫世也。夫厚葬诚亡益于死者，而俗人竞以相高，靡财单币，腐之地下。或乃今日入而明日发，此真与暴骸于中野何异！且夫死者，终生之化，而物之归者也。归者得至，化者得变，是物各反其真也。反真冥冥，亡形亡声，乃合道情。夫饰外以华众，厚葬以隔真，使归者不得至，化者不得变，是使物各失其所也。且吾闻之，精神者天之有也，形骸者地之有也。精神离形，各归其真，故谓之鬼，鬼之为言归也。其尸块然独处，岂有知哉！裹以币帛，隔以棺椁，支体络束，口含玉石，欲化不得，郁为枯腊，千载之后，棺椁朽腐，乃得归土，就其真宅。由是言之，焉用久客！昔帝尧之葬也，窾木为椟，葛藟为缄，其穿下不乱泉，上不泄殠。故圣王生易尚，死易葬也。不加功于亡用，不损财于亡谓。今费财厚葬，留归隔至，死者不知，生者不得，是谓重惑。於戏！吾不为也。"

祁侯曰："善。"遂裸葬。

胡建字子孟，河东人也。孝武天汉中，守军正丞，贫亡车马，常步与走卒起居，所以慰荐走卒，甚得其心。时监军御史为奸，穿北军垒垣以为贾区，建欲诛之，乃约其走卒曰："我欲与公有所诛，吾言取之则取，斩之则斩。"于是当选士马日，监御史与护军诸校列坐堂皇上，建从走卒趋至堂皇下拜谒，因上堂皇，走卒皆上。建指监御史曰："取彼。"走卒前曳下堂皇。建曰："斩之。"遂斩御史。护军诸校皆愕惊，不知所以。建亦已有成奏在其怀中，遂上奏曰："臣闻军法，立武以威众，诛恶以禁邪。今监御史公穿军垣以求贾利，私买卖以与士市，不立刚毅之心，勇猛之节，亡以帅先士大夫，尤失理不公。用文吏议，不至重法。《黄帝李法》曰：'壁垒已定，穿窬不由路，是谓奸人，奸人者杀。'臣谨按军法曰：'正亡属将军，将军有罪以闻，二千石以下行法焉。'丞于用法疑，执事不诿上，臣谨以斩，昧死以闻。"制曰："《司马法》曰'国容不入军，军容不入国'，何文吏也？三王或誓于军中，欲民先成其虑也；或誓于军门之外，欲民先意以待事也；或将交刃而誓，致民志也。建又何疑焉？"建由是显名。

后为渭城令，治甚有声。值昭帝幼，皇后父上官将军安与帝姊盖主私夫丁外人相善。外人骄恣，怨故京兆尹樊福，使客射杀之。客臧公主庐，吏不敢捕。渭城令建将吏卒围捕。盖主闻之，与外人、上官将军多从奴客往，奔射追吏，吏散走。主使仆射劾渭城令游徼伤主家奴。建报亡它坐。盖主怒，使人上书告建侵辱长公主，射甲舍门。知吏贼伤奴，辟报故不穷审。大将军霍光寝其奏。后光病，上官氏代听事，下吏捕建。建自杀。吏民称冤，至今渭城立其祠。

朱云字游，鲁人也，徙平陵。少时通轻侠，借客报仇。长八尺余，容貌甚壮，以勇力闻。年四十，乃变节从博士白子友受《易》，又事前将军萧望之受《论语》，皆能传其业。好倜傥大节，当世以是高之。

元帝时，琅邪贡禹为御史大夫，而华阴守丞嘉上封事，言"治道在于得贤，御史之官，宰相之副，九卿之右，不可不选。平陵朱云，兼资文武，忠正有智略，可使以六百石秩试守御史大夫，以尽其能。"上乃下其事问公卿。太子少傅匡衡对，以为"大臣者，国家之股肱，万姓所瞻仰，明王所慎择也。传曰'下轻其上爵，贱人图柄臣，则国家摇动而民不静矣。今嘉从守丞而图大臣之位，欲以匹夫徒步之人而超九卿之右，非所以重国家而尊社稷也。自尧之用舜，文王于太公，犹试然后爵之，又况朱云者乎？云素好勇，数犯法亡命，受《易》颇有师道，其行义未有以异。今御史大夫禹洁白廉正，经术通明，有伯夷、史鱼之风，海内莫不闻知，而嘉猥称云，欲令以为御史大夫，妄相称举，疑有奸心，渐不可长，宜下有司案验以明好恶。"嘉竟坐之。

是时，少府五鹿充宗贵幸，为《梁丘易》。自宣帝时善梁丘氏说，元帝好之，欲考其异同，令充宗与诸《易》家论。充宗乘贵辩口，诸儒莫能与抗，皆称疾不敢会。有荐云者，召入，摄斋登堂，抗首而请，音动左右。既论难，连拄五鹿君，故诸儒为之语曰："五鹿岳岳，朱云折其角。"由是为博士。

迁杜陵令，坐故纵亡命，会赦，举方正，为槐里令。时中书令石显用事，与充宗为党，百僚畏之。唯御史中丞陈咸年少抗节，不附显等，而与云相结。云数上疏，言丞相韦玄成容身保位，亡能往来，而咸数毁石显。久之，有司考云，疑风吏杀人。群臣朝见，上问丞相以云治行。丞相玄成言云暴虐亡状。时，陈咸在前，闻之，以语云。云上书自讼，咸为定奏草，求下御史中丞。事下丞相，丞相部吏考立其杀人罪。云亡入长安，复与咸计议。丞相具发其事，奏："咸宿卫执法之臣，幸得进见，漏泄所闻，以私语云，为定奏草，欲令自下治，后知云亡命罪人，而与交通，云以故不得。"上于是下咸、云狱，减死为城旦。咸、云遂废锢，终元帝世。

至成帝时，丞相故安昌侯张禹以帝师位特进，甚尊重。云上书求见，公卿在前。云曰："今朝廷大臣上不能匡主，下亡以益民，皆尸位素餐，孔子所谓'鄙夫不可与事君'，'苟患失之，亡所不至'者也。臣愿赐尚方斩马剑，断佞臣一人以厉其余。"上问："谁也？"对曰："安昌侯张禹。"上大怒，曰："小臣居下讪上，廷辱师傅，罪死不赦。"御史将云下,云攀殿槛,槛折。云呼曰:"臣得下从龙逢、比干游于地下,足矣!未知圣朝何如耳?"御史遂将云去。于是左将军辛庆忌免冠解印绶,叩头殿下曰:"此臣素著狂直于世。使其言是,不可诛;其言非,固当容之。臣敢以死争。"庆忌叩头流血。上意解,然后得已。及后当治槛,上曰:"勿易!因而辑之,以旌直臣。"

云自是之后不复仕,常居鄠田,时出乘牛车从诸生,所过皆敬事焉。薛宣为丞相,云往见之。宣备宾主礼,因留云宿,从容谓云曰:"在田野亡事,且留我东阁,可以观四方奇士。"云曰:"小生乃欲相吏邪?"宣不敢复言。

其教授,择诸生,然后为弟子。九江严望及望兄子元,字仲,能传云学,皆为博士。望至泰山太守。

云年七十余,终于家。病不呼医饮药。遗言以身服敛,棺周于身,土周于椁,为丈五坟,葬平陵东郭外。

梅福字子真,九江寿春人也。少学长安,明《尚书》、《穀梁春秋》,为郡文学,补南昌尉。后去官归寿春,数因县道上言变事,求假轺传,诣行在所条对急政,辄报罢。

是时,成帝委任大将军王凤,凤专势擅朝,而京兆尹王章素忠直,讥刺凤,为凤所诛。王氏浸盛,灾异数见,群下莫敢正言。福复上书曰:

臣闻箕子佯狂于殷,而为周陈《洪范》;叔孙通遁秦归汉,制作仪品。夫叔孙先非不忠也,箕子非疏其家而畔亲也,不可为言也。昔高祖纳善若不及,从谏若转圜,听言不求其能,举功不考其素。陈平起于亡命而为谋主,韩信拔于行陈而建上将。故天下之士云合归汉,争进奇异,知者竭其策,愚者尽其虑,勇士极其节,怯夫勉其死。合天下之知,并天下之威,是以举秦如鸿毛,取楚若拾遗,此高祖所以亡敌于天下也。孝文皇帝起于代谷,非有周、召之师,伊、吕之佐也,循高祖之法,加以恭俭。当此之时,天下几平。由是言之,循高祖之法则治,不循则乱。何者?秦为亡道,削仲尼之迹,灭周公之轨,坏井田,除五等,礼废乐崩,王道不通,故欲行王道者莫能致其功也。孝武皇帝好忠谏,说至言,出爵不待廉茂,庆赐不须显功,是以天下布衣各厉志竭精以赴阙廷自衒鬻者不可胜数。汉家得贤,于此为盛。使孝武皇帝听用其计,升平可致。于是积尸暴骨,快心胡、越,故淮南王安缘间而起。所以计虑不成而谋议泄者,以众贤聚于本朝,故其大臣势陵不敢和从也。方今布衣乃窥国家之隙,见间而起者,蜀郡是也。及山阳亡徒苏令之群,蹈藉名都大郡,求党与、索随和,而亡逃匿之意。此皆轻量大臣,亡所畏忌,国家之权轻,故匹夫欲与上争衡也。

士者,国之重器;得士则重,失士则轻。《诗》云:"济济多士,文王以宁。"庙堂之议,非草茅所当言也。臣诚恐身涂野草,尸并卒伍,故数上书求见,辄报罢。臣闻齐桓之时有以九九见者,桓公不逆,欲以致大也。今臣所言非特九九也,陛下距臣者三矣,此天下士所以不至也。昔秦武王好力,任鄙叩关自鬻;缪公行伯,由余归德。今欲致天下之士,民有上书求见者,

辄使诣尚书问其所言,言可采取者,秩以升斗之禄,赐以一束之帛。若此,则天下之士发愤懑,吐忠言,嘉谋日闻于上,天下条贯,国家表里,烂然可睹矣。夫以四海之广,士民之数,能言之类至众多也。然其俊杰指世陈政,言成文章,质之先圣而不缪,施之当世合时务,若此者,亦亡几人。故爵禄束帛者,天下之底石,高祖所以厉世摩钝也。孔子曰:"工欲善其事,必先利其器。"至秦则不然,张诽谤之罔,以为汉驱除,倒持泰阿,授楚其柄,故诚能勿失其柄,天下虽有不顺,莫敢触其锋,此孝武皇帝所以辟地建功为汉世宗也。今不循伯者之道,乃欲以三代选举之法取当时之士,犹察伯乐之图,求骐骥于市,而不可得,亦已明矣。故高祖弃陈平之过而获其谋,晋文召天王,齐桓用其仇,有益于时,不顾逆顺,此所谓伯道者也,一色成体谓之醇,白黑杂合谓之驳。欲以承平之法治暴秦之绪,犹以乡饮酒之礼理军市也。

今陛下既不纳天之言,又加戮焉。夫戮鹊遭害,则仁鸟增逝;愚者蒙戮,则知士深退。间者愚民上疏,多触不急之法,或下廷尉,而死者众。自阳朔以来,天下以言为讳,朝廷尤甚,群臣皆承顺上指,莫有执正。何以明其然也?取民所上书,陛下之所善,试下之廷尉,廷尉必曰:"非所宜言,大不敬。"以此卜之,一矣。故京兆尹王章资质忠直,敢面引廷争,孝元皇帝擢之,以厉具臣而矫曲朝。及至陛下,戮及妻子。且恶恶止其身,王章非有反畔之辜,而殃及家。折直士之节,结谏臣之舌,群臣皆知其非,然不敢争,天下以言为戒,最国家之大患。愿陛下循高祖之轨,杜亡秦之路,数御《十月》之歌,留意《亡逸》之戒,除不急之法,下亡讳之诏,博览兼听,谋及疏贱,令深者不隐,远者不塞,所谓"辟四门,明四目"也。且不急之法,诽谤之微者也。"往者不可及,来者犹可追。"方今君命犯而主威夺,外戚之权日以益隆,陛下不见其形,愿察其景。建始以来,日食地震,以率言之,三倍春秋,水灾亡与比数。阴盛阳微,金铁为飞,此何景也!汉兴以来,社稷三危。吕、霍、上官皆母后之家也,亲亲之道,全之为右,当与之贤师良傅,教以忠孝之道。今乃尊宠其位,授以魁柄,使之骄逆,至于夷灭,此失亲亲之大者也。自霍光之贤,不能为子孙虑,故权臣易世则危。《书》曰:"毋若火,始庸庸。"势陵于君,权隆于主,然后防之,亦亡及已。

上遂不纳。

成帝久亡继嗣,福以为宜建三统,封孔子之世以为殷后,复上书曰:

臣闻"不在其位,不谋其政"。政者职也,位卑而言高者罪也。越职触罪,危言世患,虽伏质横分,臣之愿也。守职不言,没齿身全,死之日,尸未腐而名灭,虽有景公之位,伏厉千驷,臣不贪也。故愿一登文石之陛,涉赤墀之途,当户牖之法坐,尽平生之愚虑。亡益于时,有遗于世,此臣寝所以不安,食所以忘味也。愿陛下深省臣言。

臣闻存人所以自立也，壅人所以自塞也。善恶之报，各如其事。昔者秦灭二周，夷六国，隐士不显，逸民不举，绝三统，灭天道，是以身危子杀，厥孙不嗣，所谓壅人以自塞者也。故武王克殷，未下车，存五帝之后，封殷于宋，绍夏于杞，明著三统，示不独有也。是以姬姓半天下，迁庙之主，流出于户，所谓存人以自立者也。今成汤不祀，殷人亡后，陛下继嗣久微，殆为此也。《春秋经》曰："宋杀其大夫。"《榖梁传》曰："其不称名姓，以其在祖位，尊之也。"此言孔子故殷后也，虽不正统，封其子孙以为殷后，礼亦宜之。何者？诸侯夺适，圣庶夺适。传曰"贤者子孙宜有土"，而况圣人，又殷之后哉！昔成王以诸侯礼葬周公，而皇天动威，雷风著灾。今仲尼之庙不出阙里，孔氏子孙不免编户，以圣人而歆匹夫之祀，非皇天之意也。今陛下诚能据仲尼之素功，以封其子孙，则国家必获其福，又陛下之名与天亡极。何者？追圣人素功，封其子孙，未有法也，后圣必以为则。不灭之名，可不勉哉！福孤远，又讥切王氏，故终不见纳。

初，武帝时，始封周后姬嘉为周子南君，至元帝时，尊周子南君为周承休侯，位次诸侯王。使诸大夫博士求殷后，分散为十余姓，郡国往往得其大家，推求子孙，绝不能纪。时，匡衡议，以为"王者存二王后，所以尊其先王而通三统也。其犯诛绝之罪者绝，而更封他亲为始封君，上承其王者之始祖。《春秋》之义，诸侯不能守其社稷者绝。今宋国已不守其统而失国矣，则宜更立殷后为始封君，而上承汤统，非当继宋之绝侯也，宜明得殷后而已"。今之故宋，推求其嫡，久远不可得；虽得其嫡，嫡之先已绝，不当得立。《礼记》孔子曰：'丘，殷人也。'先师所共传，宜以孔子世为汤后。"上以其语不经，遂见寝。至成帝时，梅福复言宜封孔子后以奉汤祀。绥和元年，立二王后，推迹古文，以《左氏》、《榖梁》、《世本》、《礼记》相明，遂下诏封孔子世为殷绍嘉公。语在《成纪》。是时，福居家，常以读书养性为事。

至元始中，王莽专政，福一朝弃妻子，去九江，至今传以为仙。其后，人有见福于会稽者，变名姓，为吴市门卒云。

云敞字幼孺，平陵人也。师事同县吴章，章治《尚书经》为博士。平帝以中山王即帝位，年幼，莽秉政，自号安汉公。以平帝为成帝后，不得顾私亲，帝母及外家卫氏皆留中山，不得至京师。莽长子宇，非莽隔绝卫氏，恐帝长大后见怨。宇与吴章谋，夜以血涂莽门，若鬼神之戒，冀以惧莽。章欲因对其咎。事发觉，莽杀宇，诛灭卫氏，谋所连及，死者百余人。章坐要斩，磔尸东市门。初，章为当世名儒，教授尤盛，弟子千余人，莽以为恶人党，皆当禁锢，不得仕宦。门人尽更名他师。敞时为大司徒掾，自劾吴章弟子，收抱章尸归，棺敛葬之，京师称焉。车骑将军王舜高其志节，比之栾布，表奏以为掾，荐为中郎谏大夫。莽篡位，王舜为太师，复荐敞可辅职。以病免。唐林言敞可典郡，擢为鲁郡大尹。更始时，安车征敞为御史大夫，复病免，卒于家。

赞曰："昔仲尼称不得中行，则思狂狷。观杨王孙之志，贤于秦始皇远矣。世称朱云多过其实，故曰：'盖有不知而作之者，我亡是也。'胡建临敌敢断，武昭于外。斩伐奸隙，军旅不队。梅福之辞，合于《大雅》，虽无老成，尚有典刑；殷监不远，夏后所闻。遂从所好，全性市门。云敞之义，著于吴章，为仁由己，再入大府，清则濯缨，何远之有？

卷六十八
霍光金日磾传第三十八

霍光字子孟，票骑将军去病弟也。父中孺，河东平阳人也，以县吏给事平阳侯家，与侍者卫少儿私通而生去病。中孺吏毕归家，娶妇生光，因绝不相闻。久之，少儿女弟子夫得幸于武帝，立为皇后，去病以皇后姊子贵幸。既壮大，乃自知父为霍中孺，未及求问。会为票骑将军击匈奴，道出河东，河东太守郊迎，负弩矢先驱，至平阳传舍，遣吏迎霍中孺。中孺趋入拜谒，将军迎拜，因跪曰："去病不早自知为大人遗体也。"中孺扶服叩头，曰："老臣得托命将军，此天力也。"去病大为中孺买田宅、奴婢而去。还，复过焉，乃将光西至长安，时年十余岁，任光为郎，稍迁诸曹、侍中。去病死后，光为奉车都尉、光禄大夫，出则奉车，入侍左右，出入禁闼二十余年，小心谨慎，未尝有过，甚见亲信。

征和二年，卫太子为江充所败，而燕王旦、广陵王胥皆多过失。是时，上年老，宠姬钩弋赵婕伃有男，上心欲以为嗣，命大臣辅之。察群臣唯光任大重，可属社稷。上乃使黄门画者画周公负成王朝诸侯以赐光。后元二年春，上游五柞宫，病笃，光涕泣问曰："如有不讳，谁当嗣者？"上曰："君未谕前画意邪？立少子，君行周公之事。"光顿首让曰："臣不如金日磾。"日磾亦曰："臣外国人，不如光。"上以光为大司马大将军，日磾为车骑将军，及太仆上官桀为左将军，搜粟都尉桑弘羊为御史大夫，皆拜卧内床下，受遗诏辅少主。明日，武帝崩，太子袭尊号，是为孝昭皇帝。帝年八岁，政事一决于光。

先是，后元年，侍中仆射莽何罗与弟重合侯通谋为逆，时，光与金日磾、上官桀等共诛之，功未录。武帝病，封玺书曰："帝崩发书以从事。"遗诏封金日磾为秺侯，上官桀为安阳侯，光为博陆侯，皆以前捕反者功封。时，卫尉王莽子男忽侍中，扬语曰："帝崩，忽常在左右，安得遗诏封三子事！群儿自相贵耳。"光闻之，切让王莽，莽鸩杀忽。

光为人沉静详审，长财七尺三寸，白皙，疏眉目，美须髯。每出入下殿门，止进有常处，郎仆射窃识视之，不失尺寸，其资性端正如此。初辅幼主，政自己出，天下想闻其风采。殿中尝有怪，一夜群臣相惊，光召尚符玺郎，郎不肯授光。光欲夺之，郎按剑曰："臣头可得，玺不可得也！"光甚谊之。明日，诏增此郎秩二等。众庶莫不多光。

光与左将军桀结婚相亲，光长女为桀子安妻。有女年与帝相配，桀因帝姊鄂邑盖主内安女后宫为婕伃，数月立为皇后。父安为票骑将军,封桑乐侯。光时休沐出,桀辄入代光决事。桀父子既尊盛,而德长公主。公主内行不修,近幸河间丁外人。桀、安欲为外人求封,幸依国家故事以列侯尚公主者,光不许。又为外人求光禄大夫,欲令得召见,又不许。长主大以是怨光。而桀、安数为外人求官爵弗能得,亦惭。自先帝时,桀已为九卿,位在光右。及父子并为将军,有椒房中宫之重,皇后亲安女,光乃其外祖,面顾专制朝事,由是与光争权。

燕王旦自以昭帝兄,常怀怨望。及御史大夫桑弘羊建造酒榷、盐铁,为国兴利,伐其功,欲为子弟得官,亦怨恨光。于是盖主、上官桀、安及弘羊皆与燕王旦通谋,诈令人为燕王上书,言:"光出都肄郎羽林,道上称跸,太官先置。"又引苏武前使匈奴,拘留二十年不降,还乃为典属国,而大将军长史敞亡功为搜粟都尉。又擅调益莫府校尉。光专权自恣,疑有非常。臣旦愿归符玺,入宿卫,察奸臣变。"候司光出沐日奏之。桀欲从中下其事,桑弘羊当与诸大臣共执退光。书奏,帝不肯下。

明旦,光闻之,止画室中不入。上问:"大将军安在?"左将军桀对曰:"以燕王告其罪,故不敢入。"有诏召大将军。光入,免冠顿首谢,上曰:"将军冠。朕知是书诈也,将军亡罪。"光曰:"陛下何以知之?"上曰:"将军之广明,都郎属耳。调校尉以来未能十日,燕王何以得知之?且将军为非,不须校尉。"是时,帝年十四,尚书左右皆惊,而上书者果亡,捕之甚急。桀等惧,白上小事不足遂,上不听。

后桀党有潜光者,上辄怒曰:"大将军忠臣,先帝所属以辅朕身,敢有毁者坐之。"自是桀等不敢复言,乃谋令长公主置酒请光,伏兵格杀之,因废帝,迎立燕王为天子。事发觉,光尽诛桀、安、弘羊、外人宗族。燕王、盖主皆自杀。光威震海内。昭帝既冠,遂委任光,讫十三年,百姓充实,四夷宾服。

元平元年,昭帝崩,亡嗣。武帝六男独有广陵王胥在,群臣议所立,咸持广陵王。王本以行失道,先帝所不用。光内不自安。郎有上书言:"周太王废太伯立王季,文王舍伯邑考立武王,唯在所宜,虽废长立少可也。广陵王不可以承宗庙。"言合光意。光以其书视丞相敞等,擢郎为九江太守,即日承皇太后诏,遣行大鸿胪事少府乐成、宗正德、光禄大夫吉、中郎将利汉迎昌邑王贺。

贺者,武帝孙,昌邑哀王子也。既至,即位,行淫乱。光忧懑,独以问所亲故吏大司农田延年。延年曰:"将军为国柱石,审此人不可,何不建白太后,更选贤而立之?"光曰:"今欲如是,于古尝有此不?"延年曰:"伊尹相殷,废太甲以安宗庙,后世称其忠。将军若能行此,亦汉之伊尹也。"光乃引延年给事中,阴与车骑将军张安世图计,遂召丞相、御史、将军、列侯、中二千石、大夫、博士会议未央宫。光曰:"昌邑王行昏乱,恐危社稷,如何?"群臣皆惊鄂失色,莫敢发言,但唯唯而已。田延年前,离席按剑,曰:"先帝属将军以幼孤,寄将军以天下,以将军忠贤能安刘氏也。今群下鼎沸,社稷将倾,且汉之传谥常为孝者,以长有天下,令宗庙血食也。如令汉家绝祀,将军虽死,何面目见先帝于地下乎?今日之议,不得旋踵。群臣后应者,臣请剑

斩之。"光谢曰:"九卿责光是也。天下匈匈不安,光当受难。"于是议者皆叩头,曰:"万姓之命在于将军,唯大将军令。"

光即与群臣俱见白太后,具陈昌邑王不可以承宗庙状。皇太后乃车驾幸未央承明殿,诏诸禁门毋内昌邑群臣。王入朝太后还,乘辇欲归温室,中黄门宦者各持门扇,王入,门闭,昌邑群臣不得入。王曰:"何为?"大将军跪曰:"有皇太后诏,毋内昌邑群臣。"王曰:"徐之,何乃惊人如是!"光使尽驱出昌邑群臣,置金马门外。车骑将军安世将羽林骑收缚二百余人,皆送廷尉诏狱。令故昭帝侍中中臣侍守王。光敕左右:"谨宿卫,卒有物故自裁,令我负天下,有杀主名。"王尚未自知当废,谓左右:"我故群臣从官安得罪,而大将军尽系之乎?"顷之,有太后诏召王,王闻召,意恐,乃曰:"我安得罪而召我哉!"太后被珠襦,盛服坐武帐中,侍御数百人皆持兵,期门武士陛戟,陈列殿下。群臣以次上殿,召昌邑王伏前听诏。光与群臣连名奏王,尚书令读奏曰:

丞相臣敞、大司马大将军臣光、车骑将军臣安世、度辽将军臣明友、前将军臣增、后将军臣充国、御史大夫臣谊、宜春侯臣谭、当涂侯臣圣、随桃侯臣乐、杜侯臣屠耆堂、太仆臣延年、太常臣昌、大司农臣延年、宗正臣德、少府臣乐成、廷尉臣光、执金吾臣延寿、大鸿胪臣贤、左冯翊臣广明、右扶风臣德、长信少府臣嘉、典属国臣武、京辅都尉臣广汉、司隶校尉臣辟兵、诸吏文学光禄大夫臣迁、臣畸、臣吉、臣赐、臣管、臣胜、臣梁、臣长幸、臣夏侯胜、太中大夫臣德、臣卬昧死言皇太后陛下:臣敞等顿首死罪。天子所以永保宗庙总一海内者,以慈孝、礼谊、赏罚为本。孝昭皇帝早弃天下,亡嗣,臣敞等议,礼曰:"为人后者为之子也",昌邑王宜嗣后,遣宗正、大鸿胪、光禄大夫奉节使征昌邑王典丧。服斩缞,亡悲哀之心,废礼谊,居道上不素食,使从官略女子载衣车,内所居传舍。始至谒见,立为皇太子,常私买鸡豚以食。受皇帝信玺、行玺大行前,就次发玺不封。从官更持节,引内昌邑从官驺宰官奴二百余人,常与居禁闼内敖戏。自之符玺取节十六,朝暮临,令从官更持节从。为书曰:"皇帝问侍中君卿:使中御府令高昌奉黄金千斤,赐君卿取十妻。"大行在前殿,发乐府乐器,引内昌邑乐人,击鼓歌吹作俳倡。会下还,上前殿,击钟磬,召内泰壹宗庙乐人辇道牟首,鼓吹歌舞,悉奏众乐。发长安厨三太牢修养祠阁室中,祀已,与从官饮啖。驾法驾,皮轩鸾旗,驱驰北宫、桂宫,弄彘斗虎。召皇太后御小马车,使官奴骑乘,游戏掖庭中。与孝昭皇帝宫人蒙等淫乱,诏掖庭令敢泄言要斩。

太后曰:"止!为人臣子当悖乱如是邪!"王离席伏。尚书令复读曰:

取诸侯王、列侯、二千石绶及墨绶、黄绶以并佩昌邑郎官者免奴。变易节上黄旄以赤。发御府金钱、刀剑、玉器、采缯,赏赐所与游戏者。与从官官奴夜饮,湛沔于酒。诏太官上乘舆食如故。食监奏示释服

未可御故食，复诏太官趣具，无关食监。太官不敢具，即使从官出买鸡豚，诏殿门内，以为常。独夜设九宾温室，延见姊夫昌邑关内侯。祖宗庙祠未举，为玺书使使者持节，以三太牢祠昌邑哀王园庙，称嗣子皇帝。受玺以来二十七日，使者旁午，持节诏诸官署征发，凡一千一百二十七事。文学、光禄大夫夏侯胜等及侍中傅嘉数进谏以过失，使人簿责胜，缚嘉系狱。荒淫迷惑，失帝王礼谊，乱汉制度。臣敞等数进谏，不变更，日以益甚，恐危社稷，天下不安。

臣敞等谨与博士臣霸、臣隽舍、臣德、臣虞舍、臣射、臣仓议，皆曰："高皇帝建功业为汉太祖，孝文皇帝慈仁节俭为太宗，今陛下嗣孝昭皇帝后，行淫辟不轨。《诗》云：'籍曰未知，亦既抱子。'五辟之属，莫大不孝。周襄王不能事母，《春秋》曰'天王出居于郑'，由不孝出之，绝之于天下也。宗庙重于君，陛下未见命高庙，不可以承天序，奉祖宗庙，子万姓，当废。"臣请有司御史大夫臣谊、宗正臣德、太常臣昌与太祝以一太牢具，告祠高庙。臣敞等昧死以闻。

皇太后诏曰："可。"光令王起拜受诏，王曰："闻天子有争臣七人，虽无道不失天下。"光曰："皇太后诏废，安得天子！"乃即持其手，解脱其玺组，奉上太后，扶王下殿，出金马门，群臣随送。王西面拜，曰："愚戆不任汉事。"起就乘舆副车。大将军光送至昌邑邸，光谢曰："王行自绝于天，臣等驽怯，不能杀身报德。臣宁负王，不敢负社稷。愿王自爱，臣长不复见左右。"光涕泣而去。群臣奏言："古者废放之人屏于远方，不及以政，请徙王贺汉中房陵县。"太后诏归贺昌邑，赐汤沐邑二千户。昌邑群臣坐亡辅导之谊，陷王于恶，光悉诛杀二百余人。出死，号呼市中曰："当断不断，反受其乱。"

光坐庭中，会丞相以下议定所立。广陵王已前不用，及燕刺王反诛，其子不在议中。近亲唯有卫太子孙号皇曾孙在民间，咸称述焉。光遂复与丞相敞等上奏曰："《礼》曰：'人道亲亲故尊祖，尊祖故敬宗。'大宗亡嗣，择支子孙贤者为嗣。孝武皇帝曾孙病已，武帝时有诏掖庭养视，至今年十八，师受《诗》、《论语》、《孝经》，躬行节俭，慈仁爱人，可以嗣孝昭皇帝后，奉承祖宗庙，子万姓。臣昧死以闻。"皇太后诏曰："可。"光遣宗正刘德至曾孙家尚冠里，洗沐赐御衣，太仆以䩄猎车迎曾孙就斋宗正府，入未央宫见皇太后，封为阳武侯。已而光奉上皇帝玺绶，谒于高庙，是为孝宣皇帝。明年，下诏曰："夫襃有德，赏元功，古今通谊也。大司马、大将军光宿卫忠正，宣德明恩，守节秉谊，以安宗庙。其河北、东武阳益封光万七千户。"与故所食凡二万户。赏赐前后黄金七千斤，钱六千万，杂缯三万匹，奴婢百七十人，马二千匹，甲第一区。

自昭帝时，光子禹及兄孙云皆中郎将，云弟山奉车都尉、侍中，领胡、越兵。光两女婿为东西宫卫尉，昆弟诸婿外孙皆奉朝请，为诸曹大夫、骑都尉、给事中。党亲连体，根据于朝廷。光自后元秉持万机，及上即位，乃归政。上谦让不受，诸事皆先关白光，然后奏御天子。光每朝见，上虚己敛容，礼下之已甚。

光秉政前后二十年，地节二年春病笃，车驾自临问光病，上为之涕泣。光上书谢恩曰："愿分国邑三千户，以封兄孙奉车都尉山为列侯，奉兄票骑将军去病祀。"事下丞相、御史，即日拜光子禹为右将军。

光薨，上及皇太后亲临光丧。太中大夫任宣与侍御史五人持节护丧事。中二千石治莫府冢上。赐金钱、缯絮，绣被百领，衣五十箧，璧珠玑玉衣，梓宫、便房、黄肠题凑各一具，枞木外臧椁十五具。东园温明，皆如乘舆制度。载光尸柩以辒辌车，黄屋左纛，发材官轻车北军五校士军陈至茂陵，以送其葬。谥曰宣成侯。发三河卒穿复土，起冢祠堂，置园邑三百家，长丞奉守如旧法。

既葬，封山为乐平侯，以奉车都尉领尚书事。天子思光功德，下诏曰："故大司马、大将军、博陆侯宿卫孝武皇帝三十有余年，辅孝昭皇帝十有余年，遭大难，躬秉谊，率三公、九卿、大夫定万世册，以安社稷，天下蒸庶咸以康宁。功德茂盛，朕甚嘉之。复其后世，畴其爵邑，世世无有所与，功如萧相国。"明年夏，封太子外祖父昌成君许广汉为平恩侯。复下诏曰："宣成侯光宿卫忠正，勤劳国家，善善及后世，其封光兄孙中郎将云为冠阳侯。"

禹既嗣为博陆侯，太夫人显改光时所自造茔制而侈大起。起三出阙，筑神道，北临昭灵，南出承恩，盛饰祠室，辇阁通属永巷，而幽良人婢妾守之。广治第室，作乘舆辇，加画绣茵冯，黄金涂，韦絮荐轮，侍婢以五采丝挽显，游戏第中。初，光爱幸监奴冯子都，常与计事，及显寡居，与子都乱。而禹、山亦并缮治第宅，走马驰逐平乐馆。云当朝请，数称病私出，多从宾客，张围猎黄山苑中，使苍头奴上朝谒，莫敢谴者。而显及诸女，昼夜出入长信宫殿中，亡期度。

宣帝自在民间闻知霍氏尊盛日久，内不能善。光薨，上始躬亲朝政，御史大夫魏相给事中。显谓禹、云、山："女曹不务奉大将军余业，今大夫给事中，他人一间，女能复自救邪？"后两家奴争道，霍氏奴入御史府，欲蹋大夫门，御史为叩头谢，乃去。人以谓霍氏，显等始知忧。会魏大夫为丞相，数燕见言事。平恩侯与侍中金安上等径出入省中。时，霍山自若领尚书，上令吏民得奏封事，不关尚书，群臣进见独往来，于是霍氏甚恶之。

宣帝始立，立微时许妃为皇后。显爱小女成君，欲贵之，私使乳医淳于衍行毒药杀许后，因劝光内成君，代立为后，语在《外戚传》。始，许后暴崩，吏捕诸医，劾衍侍疾亡状不道，下狱。吏簿问急，显恐事败，即具以实语光。光大惊，欲自发举，不忍，犹与。会奏上，因署衍勿论。光薨后，语稍泄。于是上始闻之而未察，乃徙光女婿度辽将军、未央卫尉、平陵侯范明友为光禄勋，次婿诸吏中郎将、羽林监任胜出为安定太守。数月，复出光姊婿给事中光禄大夫张朔为蜀郡太守，群孙婿中郎将王汉为武威太守。顷之，复徙光长女婿长乐卫尉邓广汉为少府。更以禹为大司马，冠小冠，亡印绶，罢其右将军屯兵官属，特使禹官名与光俱大司马者。又收范明友度辽将军印绶，但为光禄勋。及光中女婿赵平为散骑、骑都尉、光禄大夫将屯兵，又收平骑都尉印绶。诸领胡越骑、羽林及两宫卫将屯兵，悉易以所亲信许、史子弟代之。

禹为大司马,称病。禹故长史任宣候问,禹曰:"我何病?县官非我家将军不得至是,今将军坟墓未干,尽外我家,反任许、史,夺我印绶,令人不省死。"宣见禹恨望深,乃谓曰:"大将军时何可复行!持国权柄,杀生在手中。廷尉李种、王平、左冯翊贾胜胡及车丞相女婿少府徐仁皆坐逆将军意下狱死。使乐成小家子得幸将军,至九卿封侯。百官以下但事冯子都、王子方等,视丞相亡如也。各自有时,今许、史自天子骨肉,贵正宜耳。大司马欲用是怨恨,愚以为不可。"禹默然。数日,起视事。

显及禹、山、云自见日侵削,数相对啼泣,自怨。山曰:"今丞相用事,县官信之,尽变易大将军时法令,以公田赋与贫民,发扬大将军过失。又诸儒生多窭人子,远客饥寒,喜亡说狂言,不避忌讳,大将军常仇之,今陛下好与诸儒生语,人人自使书对事,多言我家者。尝有上书言大将军时主弱臣强,专制擅权,今其子孙用事,昆弟益骄恣,恐危宗庙,灾异数见,尽为是也。其言绝痛,山屏不奏其书。后上书者益黠,尽奏封事,辄下中书令出取之,不关尚书,益不信人。"显曰:"丞相数言我家,独无罪乎?"山曰:"丞相廉正,安得罪?我家昆弟诸婿多不谨。又闻民间谨言霍氏毒杀许皇后,宁有是邪?"显恐急,即具以实告山、云、禹。山、云、禹惊曰:"如是,何不早告禹等!县官离散斥逐诸婿,用是故也。此大事,诛罚不小,奈何?"于是始有邪谋矣。

初,赵平客石夏善为天官,语平曰:"荧惑守御星,御星,太仆奉车都尉也。不黜则死。"平内忧山等。云舅李竟所善张赦见云家卒卒,谓竟曰:"今丞相与平恩侯用事,可令太夫人言太后,先诛此两人。移徙陛下,在太后耳。"长安男子张章告之,事下廷尉。执金吾捕张赦、石夏等,后有诏止勿捕。山等愈恐,相谓曰:"此县官重太后,故不竟也。然恶端已见,又有弑许后事,陛下虽宽仁,恐左右不听,久之犹发,发即族矣,不如先也。"遂令诸女各归报其夫,皆曰:"安所相避?"

会李竟坐与诸侯王交通,辞语及霍氏,有诏云、山不宜宿卫,免,就第。光诸女遇太后无礼,冯子都数犯法,上并以为让,山、禹等甚恐。显梦第中井水溢流庭下,灶居树上,又梦大将军谓显曰:"知捕儿不?亟下捕之。"第中鼠暴多,与人相触,以尾画地。鸮数鸣殿前树上。第门自坏。云尚冠里宅中门亦坏。巷端人共见有人居云屋上,砌瓦投地,就视,亡有,大怪之。禹梦车骑声正讙来捕禹,举家忧愁。山曰:"丞相擅减宗庙羔、菟、蛙,可以此罪也。"谋令太后为博平君置酒,召丞相、平恩侯以下,使范明友、邓广汉承太后制引斩之,因废天子而立禹。约定未发,云拜为玄菟太守,太中大夫任宣为代郡太守。山又坐写秘书,显为上书献城西第,入马千匹,以赎山罪。书报闻,会事发觉,云、山、明友自杀,显、禹、广汉等捕得。禹要斩,显及诸女昆弟皆弃市。唯独霍后废处昭台宫,与霍氏相连坐诛灭者数千家。

上乃下诏曰:"乃者东织室令史张赦使魏郡豪李竟报冠阳侯云谋为大逆,朕以大将军故,抑而不扬,冀其自新。今大司马博陆侯禹与母宣成侯夫人显及从昆弟子冠阳侯云、乐平侯山诸姊妹婿谋为大逆,欲诖误百姓。赖宗庙神灵,先发得,咸伏其辜,朕甚悼之。诸为霍氏所诖误,事在丙申前,未发觉在吏者,皆赦除之。男子张章先发觉,以语期门董忠,忠告左曹杨恽,恽告侍中金安上。恽召见对状,后章上书以闻。侍中史高与金安上建发其事,言无入霍氏禁闼,卒不得遂其谋,皆廱有功。封章为博成侯,忠高昌侯,恽平通侯,安上都成侯,高乐陵侯。"

初,霍氏奢侈,茂陵徐生曰:"霍氏必亡。夫奢则不逊,不逊必侮上。侮上者,逆道也。在人之右,众必害之。霍氏秉权日久,害之者多矣。天下害之,而又行逆道,不亡何待!"乃上疏言:"霍氏泰盛,陛下即爱厚之,宜以时抑制,无使至亡。"书三上,辄报闻。其后霍氏诛灭,而告霍氏者皆封。人为徐生上书曰:"臣闻客有过主人者,见其灶直突,傍有积薪,客谓主人,更为曲突,远徙其薪,不者且有火患。主人嘿然不应。俄而家果失火,邻里共救之,幸而得息。于是杀牛置酒,谢其邻人,灼烂者在于上行,余各以功次坐,而不录言曲突者。人谓主人曰:'乡使听客之言,不费牛、酒,终亡火患。今论功而请宾,曲突徙薪亡恩泽,焦头烂额为上客耶?'主人乃寤而请之。今茂陵徐福数上书言霍氏且有变,宜防绝之。乡使福说得行,则国亡裂土出爵之费,臣亡逆乱诛灭之败。往事既已,而福独不蒙其功,唯陛下察之,贵徙薪曲突之策,使居焦发灼烂之右。"上乃赐福帛十匹,后以为郎。

宣帝始立,谒见高庙,大将军光从骖乘,上内严惮,若有芒刺在背。后车骑将军张安世代光骖乘,天子从容肆体,甚安近焉。及光身死而宗族竟诛,故俗传之曰:"威震主者不畜,霍氏之祸萌于骖乘。"

至成帝时,为光置守冢百家,吏卒奉祠焉。元始二年,封光从父昆弟曾孙阳为博陆侯,千户。

金日磾字翁叔,本匈奴休屠王太子也。武帝元狩中,票骑将军霍去病将兵击匈奴右地,多斩首,虏获休屠王祭天金人。其夏,票骑复西过居延,攻祁连山,大克获。于是单于怨昆邪、休屠居西方之为汉所破,召其王欲诛之。昆邪、休屠恐,谋降汉。休屠王后悔,昆邪王杀之,并将众降汉。封昆邪王为列侯。日磾以父不降见杀,与母阏氏、弟伦俱没入官,输黄门养马,时年十四矣。

久之,武帝游宴见马,后宫满侧。日磾等数十人牵马过殿下,莫不窃视,至日磾独不敢。日磾长八尺二寸,容貌甚严,马又肥好,上异而问之,具以本状对。上奇焉,即日赐汤沐衣冠,拜为马监,迁侍中、驸马都尉、光禄大夫。日磾既亲近,未尝有过失,上甚信爱之,常赐累千金,出则骖乘,入侍左右。贵戚多窃怨,曰:"陛下妄得一胡儿,反贵重之!"上闻,愈厚焉。

日磾母教诲两子,甚有法度,上闻而嘉之。病死,诏图画于甘泉宫,署曰"休屠王阏氏"。日磾每见画常拜,乡之涕泣,然后乃去。日磾子二人皆爱,为帝弄儿,常在旁侧。弄儿或自后拥上项,日磾在前,见而目之。弄儿走且啼曰:"翁怒。"上谓日磾"何怒吾儿为?"其后弄儿壮大,不谨,自殿下与宫人戏,日䃅适见之,恶其淫乱,遂杀弄儿。弄儿即日䃅长子也。上闻之大怒,日䃅顿首谢,具言所以杀弄儿状。上甚哀,为之泣,已而心敬日䃅。

初,莽何罗与江充相善,及充败卫太子,何罗弟通用诛太子时力战得封。后上知太子冤,乃夷灭充宗族党与。何罗兄弟惧及,遂谋为逆。日䃅视其志意有非常,心疑之,阴独察其动静,与俱上下。何罗亦觉日䃅意,以故久不得发。是时,上行幸林光宫,日䃅小疾卧庐。何罗与通及小弟安成矫制夜出,共杀使者,发兵。明旦,上未起,何罗亡何从外入。日䃅奏厕心动,立入坐内户下。须臾,何罗袖白刃从东箱上,见日䃅,色变,走趋卧内欲入,行触宝瑟,僵。日䃅得抱何罗,因传曰:"莽何罗反!"上惊起,左右拔刃欲格之,上恐并中日䃅,止勿格。日䃅摔胡投何罗殿下,得禽缚之,穷治,皆伏辜。由是著忠孝节。

日䃅自在左右,目不忤视者数十年。赐出宫女,不敢近。上欲内其女后宫,不肯。其笃慎如此,上尤奇异之。及上病,属霍光以辅少主,光让日䃅。日䃅曰:"臣外国人,且使匈奴轻汉。"于是遂为光副。光以女妻日䃅嗣子赏。初,武帝遗诏以讨莽何罗功封日䃅为秺侯,日䃅以帝少不受封。辅政岁余,病困,大将军光白封日䃅,卧授印绶。一日,薨,赐葬具冢地,遂以轻车介士,军陈至茂陵,谥曰敬侯。

日䃅两子,赏、建,俱侍中,与昭帝略同年,共卧起。赏为奉车,建驸马都尉。及赏嗣侯,佩两绶。上谓霍将军曰:"金氏兄弟两人不可使俱两绶邪?"霍光对曰:"赏自嗣父为侯耳。"上笑曰:"侯不在我与将军乎?"光曰:"先帝之约,有功乃得封侯。"时年俱八九岁。宣帝即位,赏为太仆,霍氏有事萌牙,上书去妻。上亦自哀之,独得不坐。元帝时为光禄勋,薨,亡子,国除。元始中绝世,封建孙当为秺侯,奉日䃅后。

初,日䃅所将俱降弟伦,字少卿,为黄门郎,早卒。日䃅两子贵,及孙则衰矣。而伦后嗣遂盛,子安上始贵显封侯。

安上字子侯,少为侍中,惇笃有智,宣帝爱之。颇与发举楚王延寿反谋,赐爵关内侯,食邑三百户。后霍氏反,安上传禁门闼,无内霍氏亲属,封为都成侯,至建章卫尉。薨,赐冢茔杜陵,谥曰敬侯。四子,常、敞、岑、明。

岑、明皆为诸曹、中郎将,常光禄大夫。元帝为太子时,敞为中庶子,幸有宠,帝即位,为骑都尉光禄大夫、中郎将侍中。元帝崩,故事,近臣皆随陵为园郎,敞以世忠孝,太后诏留侍成帝,为奉车水衡都尉,至卫尉。敞为人正直,敢犯颜色,左右惮之,唯上亦难焉。病甚,上使使者问所欲,以弟岑为托。上召岑,拜为使主客。敞子涉本为左曹,上拜涉为侍中,使待幸绿车载送卫尉舍。须臾卒。敞三子,涉、参、饶。

涉明经俭节,诸儒称之。成帝时为侍中、骑都尉,领三辅胡越骑。哀帝即位,为奉车都尉,至长信少府。而参使匈奴,匈奴中郎将、越骑校尉、关内都尉,安定、东海太守。饶为越骑校尉。

涉两子,汤、融,皆侍中、诸曹、将、大夫。而涉之从父弟钦举明经,为太子门大夫,哀帝即位,为太中大夫给事中,钦从父弟迁为尚书令,兄弟用事。帝祖母傅太后崩,钦使护作,职办,擢为泰山、弘农太守,著威名。平帝即位,征为大司马司直、京兆尹。帝年幼,选置师友,大司徒孙光以明经高行为孔氏师,京兆尹金钦以家世忠孝为金氏友。徙光禄大夫、侍中,秩中二千石,封都成侯。

时,王莽新诛平帝外家卫氏,召明礼少府宗伯凤入说为人后之谊,白令公卿、将军、侍中、朝臣并听,欲以内厉平帝而外塞百姓之议。钦与族昆弟秺侯当俱封。初,当曾祖父日䃅传子节侯赏,而钦祖父安上传子夷侯常,皆亡子,国绝,故莽封钦、当奉其后。当母南即莽母功显君同产弟也。当上南大行为太夫人。钦因缘谓当:"诏书陈日䃅功,亡有赏语。当名为以孙继祖也。自当为父、祖父立庙。赏故国君,使大夫主其祭。"时,甄邯在旁,庭叱钦,因劾奏曰:"钦幸得以通经术,超擢侍帷幄,重蒙厚恩,封袭爵号,知圣朝以世有为人后之谊。前遭故定陶太后背本逆天,孝哀不获厥福,乃者吕宽、卫宝复造奸谋,至于反逆,咸伏厥辜。太皇太后惩艾悼惧,逆天之咎,非圣诬法,大乱之殃,诚欲奉承天心,遵明圣制,专一为后之谊,以安天下之命,数临正殿,延见群臣,讲习《礼经》。孙继祖者,谓亡正统持重者也。赏见嗣日䃅,后成为君,持大宗重,则《礼》所谓'尊祖故敬宗',大宗不可以绝者也。钦自知与当俱拜同谊,即数扬言殿省中,教当云云。当即如其言,则钦亦欲为父明立庙而不入夷侯常庙矣。进退异言,颇惑众心,乱国大纲,开祸乱原,诬祖不孝,罪莫大焉。尤非大臣所宜,大不敬。秺侯当上母南为太夫人,失礼不敬。莽白太后,下四辅、公卿、大夫、博士、议郎,皆曰:"钦宜以时即罪。"谒者召钦诣诏狱,钦自杀。邯以纲纪国体,亡所阿私,忠孝尤著,益封千户。更封长信少府涉子右曹汤为都成侯。汤受封日,不敢还归家,以明为人后之谊。益封之后,莽复用钦弟遵,封侯,历九卿位。

赞曰:霍光以结发内侍,起于阶闼之间,确然秉志,谊形于主。受襁褓之托,任汉室之寄,当庙堂,拥幼君,摧燕王,仆上官,因权制敌,以成其忠。处废置之际,临大节而不可夺,遂匡国家,安社稷。拥昭立宣,光为师保,虽周公、阿衡,何以加此!然光不学亡术,暗于大理,阴妻邪谋,立女为后,湛溺淫溢之欲,以增颠覆之祸,死财三年,宗族诛夷,哀哉!昔霍叔封于晋,晋即河东,光岂其苗裔乎!金日䃅夷狄亡国,羁虏汉庭,而以笃敬寤主,忠信自著,勒功上将,传国后嗣,世名忠孝,七世内侍,何其盛也!本以休屠作金人为祭天主,故因赐姓金氏云。

卷六十九
赵充国辛庆忌传第三十九

赵充国字翁孙,陇西上邽人也,后徙金城令居。始为骑士,以六郡良家子善骑射补羽林。为人沉勇有大略,少好将帅之节,而学兵法,通知四夷事。

武帝时，以假司马从贰师将军击匈奴，大为虏所围。汉军乏食数日，死伤者多，充国乃与壮士百余人溃围陷陈，贰师引兵随之，遂得解。身被二十余创，贰师奏状，诏征充国诣行在所。武帝亲见视其创，嗟叹之，拜为中郎，迁车骑将军长史。

昭帝时，武都氏人反，充国以大将军、护军都尉将兵击定之，迁中郎将，将屯上谷，还为水衡都尉。击匈奴，获西祁王，擢为后将军，兼水衡如故。

与大将军霍光定册尊立宣帝，封营平侯。本始中，为蒲类将军征匈奴，斩虏数百级，还为后将军、少府。匈奴大发十余万骑，南旁塞，至符奚庐山，欲入为寇。亡者题除渠堂降汉言之，遣充国将四万骑屯缘边九郡。单于闻之，引去。

是时，光禄大夫义渠安国使行诸羌，先零豪言愿时渡湟水北，逐民所不田处畜牧。安国以闻，充国劾安国奉使不敬。是后，羌人旁缘前言，抵冒渡湟水，郡县不能禁。元康三年，先零遂与诸羌种豪二百余人解仇交质盟诅。上闻之，以问充国，对曰："羌人所以易制者，以其种自有豪，数相攻击，势不一也。往三十余岁，西羌反时，亦解仇合约攻令居，与汉相距，五六年乃定。至征和五年，先零豪封煎等通使匈奴，匈奴使人至小月氏，传告诸羌曰：'汉贰师将军众十余万人降匈奴。羌人为汉事苦，张掖、酒泉本我地，地肥美，可共击居之。'以此观匈奴欲与羌合，非一世也。间者匈奴困于西方，闻乌桓来保塞，恐兵复从东方起，数使使尉黎、危须诸国，设以子女貂裘，欲沮解之。其计不合。疑匈奴更遣使至羌中，道从沙阴地，出盐泽，过长坑，入穷水塞，南抵属国，与先零相直。臣恐羌变未止此，且复结联他种，宜及未然为之备。"后月余，羌侯狼何果遣使至匈奴借兵，欲击鄯善、敦煌以绝汉道。充国以为："狼何，小月氏种，在阳关西南，势不能独造此计，疑匈奴使已至羌中，先零、罕、开乃解仇作约。到秋马肥，变必起矣。宜遣使者行边兵豫为备，敕视诸羌，毋令解仇，以发觉其谋。"于是两府复白遣义渠安国行视诸羌，分别善恶。安国至，召先零诸豪三十余人，以尤桀黠，皆斩之。纵兵击其种人，斩首千余级。于是诸降羌及归义羌侯杨玉等恐怒，亡所信乡，遂劫略小种，背畔犯塞，攻城邑，杀长吏。安国以骑都尉将骑三千屯备羌，至浩亹，为虏所击，失亡车重兵器甚众。安国引还，至令居，以闻。是岁，神爵元年春也。

时，充国年七十余，上老之，使御史大夫丙吉问谁可将者，充国对曰："亡逾于老臣者矣。"上遣问焉，曰："将军度羌虏何如，当用几人？"充国曰："百闻不如一见。兵难逾度，臣愿驰至金城，图上方略。然羌戎小夷，逆天背畔，灭亡不久，愿陛下以属老臣，勿以为忧。"上笑曰："诺。"

充国至金城，须兵满万骑，欲渡河，恐为虏所遮，即夜遣三校衔枚先渡，渡辄营陈，会明，毕，遂以次尽渡。虏数十百骑来，出入军傍。充国曰："吾士马新倦，不可驰逐。此皆骁骑难制，又恐其为诱兵也。击虏以殄灭为期，小利不足贪。"令军勿击。遣骑候四望狭中，亡虏。夜引兵上至落都，召诸校司马，谓曰："吾知羌虏不能为兵矣。使虏发数千人守杜四望狭中，兵岂得入哉！"充国常以远斥候为

务，行必为战备，止必坚营壁，尤能持重，爱士卒，先计而后战。遂西至西部都尉府，日飨军士，士皆欲为用。虏数挑战，充国坚守。捕得生口，言羌豪相责曰："语汝亡反，今天子遣赵将军来，年八九十矣，善为兵。今请欲一斗而死，可得邪！"

充国子右曹中郎将卬，将期门佽飞、羽林孤儿、胡越骑为支兵，至令居，虏并出绝转道，卬以闻。有诏将八校尉与骁骑都尉、金城太守合疏捕山间虏，通转道津渡。

初，罕、开豪靡当儿使弟雕库来告都尉曰先零欲反，后数日果反。雕库种人颇在先零中，都尉即留雕库为质。充国以为亡罪，乃遣归告种豪："大兵诛有罪者，明白自别，毋取并灭。天子告诸羌人，犯法者能相捕斩，除罪。斩大豪有罪者一人，赐钱四十万，中豪十五万，下豪二万，大男三千，女子及老小千钱，又以其所捕妻子财物尽与之。"充国计欲以威信招降罕、开及劫略者，解散虏谋，徼极乃击之。

时，上已发三辅、太常徒弛刑，三河、颍川、沛郡、淮阳、汝南材官，金城、陇西、天水、安定、北地、上郡骑士、羌骑，与武威、张掖、酒泉太守各屯其郡者，合六万人矣。酒泉太守辛武贤奏言："郡兵皆屯备南山，北边空虚，势不可久。或曰至秋冬乃进兵，此虏在竟外之册。今虏朝夕为寇，土地寒苦，汉马不能冬，屯兵在武威、张掖、酒泉万骑以上，皆多羸瘦。可益马食，以七月上旬赍三十日粮，分兵并出张掖、酒泉合击罕、开在鲜水上者。虏以畜产为命，今皆离散，兵即分出，虽不能尽诛，虏夺其畜产，虏其妻子，复引兵还，冬复击之，大兵仍出，虏必震坏。"

天子下其书充国，令与校尉以下吏士知羌事者博议。充国及长史董通年以为："武贤欲轻引万骑，分为两道出张掖，回远千里。以一马自佗负三十日食，为米二斛四斗，麦八斛，又有衣装兵器，难以追逐。勤劳而至，虏必商军进退，稍引去，逐水草，入山林。随而深入，虏即据前险，守后厄，以绝粮道，必有伤危之忧，为夷狄笑，千载不可复。而武贤以为可夺其畜产，虏其妻子，此殆空言，非至计也。又武威县、张掖日勒皆当北塞，有通谷水草。臣恐匈奴与羌有谋，且欲大入，幸能要杜张掖、酒泉以绝西域，其郡兵尤不可发。先零首为畔逆，它种劫略。故臣愚册，欲捐罕、开暗昧之过，隐而勿章，先行先零之诛以震动之，宜悔过反善，因赦其罪，选择良吏知其俗者捃循和辑，此全师保胜安边之册。"天子下其书。公卿议者咸以为先零兵盛，而负罕、开之助，不先破罕、开，则先零未可图也。

上乃拜侍中乐成侯许延寿为强弩将军，即拜酒泉太守武贤为破羌将军，赐玺书嘉纳其册。以书敕让充国曰：

皇帝问后将军，甚苦暴露。将军计欲至正月乃击罕羌，羌人当获麦，已远其妻子，精兵万人欲为酒泉、敦煌寇。边兵少，民守保不得田作。今张掖以东粟石百余，刍藁束数十。转输并起，百姓烦扰。将军将万余之众，不早及秋共水草之利争其畜食，欲至冬，虏皆当畜食，多藏匿山中依险阻，将军士寒，手足皲瘃，宁有利哉？将军不念中国之费，欲以岁数而胜微，将军谁不乐此者！

今诏破羌将军武贤将兵六千一百人,敦煌太守快将二千人,长水校尉富昌、酒泉候奉世将婼、月氏兵四千人,亡虑万二千人。赍三十日食,以七月二十二日击䍐羌,入鲜水北句廉上,去酒泉八百里,去将军可千二百里。将军其引兵便道西并进,虽不相及,使虏闻东方北方兵并来,分散其心意,离其党与,虽不能殄灭,当有瓦解者。已诏中郎将卬将胡越佽飞射士、步兵二校,益将军兵。

今五星出东方,中国大利,蛮夷大败。太白出高,用兵深入敢战者吉,弗敢战者凶。将军急装,因天时,诛不义,万下必全,勿复有疑。

充国既得让,以为将任兵在外,便宜有守,以安国家。乃上书谢罪,因陈兵利害,曰:

臣窃见骑都尉安国前幸赐书,择羌人可使使䍐、谕告以大军当至,汉不诛䍐,以解其谋。恩泽甚厚,非臣下所能及。臣独私美陛下盛德至计亡已,故遣开豪雕库宣天子至德,䍐、开之属皆闻知明诏。今先零羌杨玉将骑四千及煎巩骑五千,阻石山木,候便为寇,䍐羌未有所犯。乃置先零,先击䍐,释有罪,诛亡辜,起一难,就两害,诚非陛下本计也。

臣闻兵法“攻不足者守有余”,又曰“善战者致人,不致于人”。今䍐羌欲敦煌、酒泉寇,饬兵马,练战士,以须其至,坐得致敌之术,以逸击劳,取胜之道也。今恐二郡兵少不足以守,而发之行攻,释致虏之术而从为虏所致之道,臣愚以为不便。先零羌虏欲为背畔,故与䍐、开解仇结约,然其私心不能亡恐汉兵至而䍐、开背之也。臣愚以为其计常欲先赴䍐、开之急,以坚其约,先击䍐羌,先零必助之。今虏马肥,粮食方饶,击之恐不能伤害,适使先零得施德于䍐羌,坚其约,合其党。虏交坚党合,精兵二万余人,迫胁诸小种,附著者稍众,莫须之属不轻得离也。如是,虏兵寖多,诛之用力数倍,臣恐国家忧累由十年数,不二三岁而已。

臣得蒙天子厚恩,父子俱为显列。臣位至上卿,爵为列侯,犬马之齿七十六,为明诏填沟壑,死骨不朽,亡所顾念。独思惟兵利害至熟悉也,于臣之计,先诛先零已,则䍐、开之属不烦兵而服矣。先零已诛而䍐、开不服,涉正月击之,得计之理,又其时也。以今进兵,诚不见其利,唯陛下裁察。

六月戊申奏,七月甲寅玺书报从充国计焉。

充国引兵至先零在所,虏久屯聚,解弛,望见大军,弃车重,欲渡湟水,道厄狭,充国徐行驱之。或曰逐利行迟,充国曰:“此穷寇不可迫也。缓之则走不顾,急之则还致死。”诸校皆曰:“善。”虏赴水溺死者数百,降及斩首五百余人,卤马、牛、羊十万余头,车四千余两。兵至䍐地,令军毋燔聚落刍牧田中。䍐羌闻之,喜曰:“汉果不击我矣!”豪靡忘使人来言:“愿得还复故地。”充国以闻,未报。靡忘来自归,充国赐饮食,遣还谕种人。护军以下皆争之,曰:“此反虏,不可擅遣。”充国曰:“诸君但欲便文自营,非为公家忠计也。”语未卒,玺书报,令靡忘以赎论。后䍐竟不烦兵而下。

其秋,充国病,上赐书曰:“制诏后将军:闻苦脚胫、寒泄,将军年老加疾,一朝之变不可讳,朕甚忧之。今诏破羌将军诣屯所,为将军副,急因天时大利,吏士锐气,以十二月击先零羌。即疾剧,留屯毋行,独遣破羌、强弩将军。”时,羌降者万余人矣。充国度其必坏,欲罢骑兵屯田,以待其敝。作奏未上,会得进兵玺书,中郎将卬惧,使客谏充国曰:“诚令兵出,破军杀将以倾国家,将军守之可也。即利与病,又何争?一旦不合上意,遣绣衣来责将军,将军之身不能自保,何国家之安?”充国叹曰:“是何言之不忠也!本用吾言,羌虏得至是邪?往者举可先行羌者,吾举辛武贤,丞相御史复白遣义渠安国,竟沮败羌。金城、湟中谷斛八钱,吾谓耿中丞,籴二百万斛谷,羌人不敢动矣。耿中丞请籴百万斛,乃得四十万斛耳。义渠再使,且费其半。失此二册,羌人故敢为逆。失之毫厘,差以千里,是既然矣。今兵久不决,四夷卒有动摇,相因而起,虽有知者不能善其后,羌独足忧邪!吾固以死守之,明主可为忠言。”遂上屯田奏曰:

臣闻兵者,所以明德除害也,故举得于外,则福生于内,不可不慎。臣所将吏士马牛食,月用粮谷十九万九千六百三十斛,盐千六百九十三斛,茭藁二十五万二百八十六石。难久不解,徭役不息。又恐它夷卒有不虞之变,相因并起,为明主忧,诚非素定庙胜之册。且羌虏易以计破,难用兵碎也,故臣愚以为击之不便。

计度临羌东至浩亹,羌虏故田及公田,民所未垦,可二千顷以上,其间邮亭多坏败者。臣前部士入山,伐材木大小六万余枚,皆在水次。愿罢骑兵,留弛刑应募,及淮阳、汝南步兵与吏士私从者,合凡万二百八十一人,用谷月二万七千三百六十三斛,盐三百八斛,分屯要害处。冰解漕下,缮乡亭,浚沟渠,治湟狭以西道桥七十所,令可至鲜水左右。田事出,赋人二十亩。至四月草生,发郡骑及属国胡骑伉健各千,倅马什二,就草,为田者游兵。以充入金城郡,益积畜,省大费。今大司农所转谷至者,足支万人一岁食。谨上田处及器用簿,唯陛下裁许。

上报曰:“皇帝问后将军,言欲罢骑兵万人留田,即如将军之计,虏当何时伏诛,兵当何时得决?孰计其便,复奏。”充国上状曰:

臣闻帝王之兵,以全取胜,是以贵谋而贱战。战而百胜,非善之善者也,故先为不可胜以待敌之可胜。蛮夷习俗虽殊于礼义之国,然其欲避害就利,爱亲戚,畏死亡,一也。今虏亡其美地荐草,愁于寄托远遁,骨肉心离,人有畔志,而明主般师罢兵,万人留田,顺天时,因地利,以待可胜之虏,虽未即伏辜,兵决可期月而望。羌虏瓦解,前后降者万七百余人,及受言去者凡七十辈,此坐支解羌虏之具也。

臣谨条不出兵留田便宜十二事。步兵九校,吏士万人,留屯以为武备,因田致谷,威德并行,一也。又因排折羌虏,令不得归肥饶之地,贫破其众,以成羌房相畔之渐,二也。居民得并田作,不失农业,三也。军马一月之食,度支田士一岁,罢骑兵以省大费,四也。至春省甲士卒,循河湟漕谷至临羌,以示羌房,扬威武,传世折冲之具,五也。以闲暇时下所伐材,缮治邮亭,充入金城,六也。兵出,乘危徼幸,不出,令反畔之房窜于风寒之地,离霜露疾疫瘃堕之患,坐得必胜之道,七也。亡经阻远追死伤之害,八也。内不损威武之重,外不令房得乘间之势,九也。又亡惊动河南大开、小开使生它变之忧,十也。治湟狭中道桥,令可至鲜水,以制西域,信威千里,从枕席上过师,十一也。大费既省,徭役豫息,以戒不虞,十二也。留屯田得十二便,出兵失十二利,臣充国材下,犬马齿衰,不识长册,唯明诏博详公卿议臣采择。

上复赐报曰:"皇帝问后将军,言十二便,闻之。房虽未伏诛,兵决可期月而望,期月而望者,谓今冬邪?谓何时也?将军独不计虏闻兵颇罢,且丁壮相聚,攻扰田者及道上屯兵,复杀略人民,将何以止之?又大开、小开前言曰:'我告汉军先零所在,兵不往击,久留,得亡效五年时不分别人而并击我?'其意常恐。今兵不出,得亡变生,与先零为一?将军孰计复奏。"充国奏曰:

臣闻兵以计为本,故多算胜少算。先零羌精兵今余不过七八千人,失地远客,分散饥冻。罕、开、莫须又颇暴略其羸弱畜产,畔还者不绝,皆闻天子明令相捕斩之赏。臣愚以为房破坏可日月冀,远在来春,故曰兵决可期月而望。窃见北边自敦煌至辽东万一千五百余里,乘塞列隧有吏卒数千人,房数大众攻之而不能害。今留步士万人屯田,地势平易,多高山远望之便,部曲相保,为堑垒木樵,校联不绝,便兵弩,饬斗具。烽火辛通,势及并力,以逸待劳,兵之利者也。臣愚以为屯田内有亡费之利,外有守御之备。骑兵虽罢,房见万人留田为必禽之具,其土崩归德,宜不久矣。从今尽三月,房马羸瘦,必不敢捐其妻子于他种中,远涉河山而来为寇。又见屯田之士精兵万人,终不敢复将其累重还归故地。是臣之愚计,所以度房且必瓦解其处,不战而自破之册也。至于房小寇盗,时杀人民,其原未可卒禁。臣闻战不必胜,不苟接刃;攻不必取,不苟劳众。诚令兵出,虽不能灭先零,亶能令房绝不为小寇,则出兵可也。即今同是而释坐胜之道,从乘危之势,往终不见利,空内自罢敝,贬重而自损,非所以视蛮夷也。又大兵一出,还不可复留,湟中亦未可空,如是,徭役复发也。且匈奴不可不备,乌桓不可不忧。今久转运烦费,倾我不虞之用以澹一隅,臣愚以为不便。校尉临众幸得承威德,奉厚币,拊循众羌,谕以明诏,宜皆乡风,虽其前辞尝曰"得亡效五年",宜亡它心,不足以故出兵。臣窃自惟念,奉诏出塞,引军远击,穷天子之精兵,散车甲于山野,虽亡尺寸之功,愈得避慊之便,而亡后咎余责,此人臣不忠之利,非明主社稷之福也。臣幸得奋精兵,讨不义,久留天诛。罪当万死。陛下宽仁,未忍加诛,令臣数得孰计。愚臣伏计孰甚,不敢避斧钺之诛,昧死陈愚,唯陛下省察。

充国奏每上,辄下公卿议臣。初是充国计者什三,中什五,最后什八。有诏诘前言不便者,皆顿首服。丞相魏相曰:"臣愚不习兵事利害,后将军数画军册,其言常是,臣任其计可用也。"上于是报充国曰:"皇帝问后将军,上书言羌房可胜之道,今听将军,将军计善。其上留屯田及当罢者人马数。将军强食,慎兵事,自爱!"上以破羌、强弩将军数言当击,又用充国屯田处离散,恐房犯之,于是两从其计,诏两将军与中郎将卬出击。强弩出,降四千余人,破羌斩首二千级,中郎将卬斩首降者亦二千余级,而充国所降复得五千余人。诏罢兵,独充国留屯田。

明年五月,充国奏言:"羌本可五万人军,凡斩首七千六百级,降者三万一千二百人,溺河湟饥饿死者五六千人,定计遗脱与煎巩、黄羝俱亡者不过四千人。羌靡忘等自诡必得,请罢屯兵。"奏可,充国振旅而还。

所善浩星赐迎说充国,曰:"众人皆以破羌、强弩出击,多斩首获降,房以破坏。然有识者以为房势穷困,兵虽不出,必自服矣。将军即见,宜归功于二将军出击,非愚臣所及。如此,将军计未失也。"充国曰:"吾年老矣,爵位已极,岂嫌伐一时事以欺明主哉!兵势,国之大事,当为后法。老臣不以余命一为陛下明言兵之利害,卒死,谁当复言之者?"卒以其意对。上然其计,罢遣辛武贤归酒泉太守官,充国复为后将军卫尉。

其秋,羌若零、离留、且种、儿库共斩先零大豪犹非、杨玉首,及诸豪弟泽、阳雕、良儿、靡忘皆帅煎巩、黄羝之属四千余人降汉。封若零、弟泽二人为帅众王,离留、且种二人为侯,儿库为君,阳雕为言兵侯,良儿为君,靡忘为献牛君。初置金城属国以处降羌。

诏举可护羌校尉者,时充国病,四府举辛武贤小弟汤。充国遽起奏:"汤使酒,不可典蛮夷。不如汤兄临众。"时,汤已拜受节,有诏更用临众。后临众病免,五府复举汤,汤数醉酗羌人,羌人反畔,卒如充国之言。

初,破羌将军武贤在军中时与中郎将卬宴语,卬道:"车骑将军张安世始尝不快上,上欲诛之,卬家将军以为安世本持橐簪笔事孝武帝数十年,见谓忠谨,宜全度之。安世用是得免。"及充国还言兵事,武贤罢归故官,深恨,上书告卬泄省中语。卬坐禁止而入至充国莫府司马中乱屯兵,下吏,自杀。

充国乞骸骨,赐安车驷马、黄金六十斤,罢就第。朝庭每有四夷大议,常与参兵谋,问筹策焉。年八十六,甘露二年薨,谥曰壮侯。传子至孙钦,钦尚敬武公主。主亡子,主教钦良人习诈有身,名它人子。钦薨,子岑嗣侯,习为太夫人。岑父母求钱财亡已,忿恨相告。岑坐非子免,国除。元始中,修功臣后,复封充国曾孙伋为营平侯。

初,充国以功德与霍光等列,画未央宫。成帝时,西羌尝有警,上思将帅之臣,追美充国,乃召黄门郎杨雄即充国图画而颂之,曰:

明灵惟宣,戎有先零。先零昌狂,侵权西疆。汉命虎臣,惟后将军,整我六师,是讨是震。既临其域,谕以威德,有守矜功,谓之弗克。请奋其旅,于罕之羌，天子命我，从之鲜阳。营平守节，屡奏封章，料敌制胜，威谋靡亢。遂克西戎，还师于京，鬼方宾服，罔有不庭。昔周之宣，有方有虎，诗人歌功，乃列于《雅》。在汉中兴，充国作武，赳赳桓桓。亦绍厥后。

充国为后将军，徙杜陵。辛武贤自羌军还后七年，复为破羌将军，征乌孙至敦煌，后不出，征未到，病卒。子庆忌至大官。

辛庆忌字子真，少以父任为右校丞，随长罗侯常惠屯田乌孙赤谷城，与歙侯战，陷陈却敌。惠奏其功，拜为侍郎，迁校尉，将吏士屯焉耆国。还为谒者，尚未知名。元帝初，补金城长史，举茂材，迁郎中、车骑将，朝廷多重之者，转为校尉，迁张掖太守，徙酒泉，所在著名。

成帝初，征为光禄大夫，迁左曹中郎将，至执金吾。始武贤与赵充国有隙，后充国家杀辛氏，至庆忌为执金吾，坐子杀赵氏，左迁酒泉太守。岁余，大将军王凤荐庆忌"前在两郡著功迹，征入，历位朝廷，莫不信乡。质行正直，仁勇得众心，通于兵事，明略威重，任国柱石。父破羌将军武贤显名前世，有威西夷。臣凤不宜久处庆忌之右。"乃复征为光禄大夫、执金吾。数年，坐小法左迁云中太守，复征为光禄勋。

时，数有灾异，丞相司直何武上封事曰："虞有宫之奇，晋献不寐；卫青在位，淮南寝谋。故贤人立朝，折冲厌难，胜于亡形。《司马法》曰：'天下虽安，忘战必危'。夫将不豫设，则亡以应卒；士不素厉，则难使死敌。是以先帝建列将之官，近戚主内，异姓距外，故奸轨不得萌动而破灭，诚万世之长册也。光禄勋庆忌行义修正，柔毅敦厚，谋虑深远。前在边郡，数破敌获虏，外夷莫不闻，乃者大异并见，未有其应。加以兵革久寝，《春秋》大灾未至而豫御之，庆忌宜在爪牙官以备不虞。"其后拜为右将军、诸吏、散骑、给事中，岁余徙为左将军。

庆忌居处恭俭，食饮被服尤节约，然性好舆马，号为鲜明，唯是为奢。为国虎臣，遭世承平，匈奴、西域亲附，敬其威信，年老卒官。长子通为护羌校尉，中子遵函谷关都尉，少子茂水衡都尉出为郡守，皆有将帅之风。宗族支属至二千石者十余人。

元始中，安汉公王莽秉政，见庆忌本大将军凤所成，三子皆能，欲亲厚之。是时，莽方立威柄，用甄丰、甄邯以自助，丰、邯新贵，威震朝廷。水衡都尉茂自见名臣子孙，兄弟并列，不甚诎事两甄。时平帝幼，外家卫氏不得在京师，而护羌校尉通长子次兄素与帝从舅卫子伯相善，两人俱游侠，宾客甚盛。及吕宽事起，莽诛卫氏。两甄构言诸辛阴与卫子伯为心腹，有背恩不说安汉公之谋。于是司直陈崇举奏其宗亲陇西辛兴等侵陵百姓，威行州郡。莽遂按通父子、遵、茂兄弟及南郡太守辛伯等，皆诛杀之。辛氏由是废。庆忌本狄道人，为将军，徙昌陵。昌陵罢，留长安。

赞曰："秦、汉已来，山东出相，山西出将。秦时将军白起，郿人；王翦，频阳人。汉兴，郁郅王围、甘延寿，义渠公孙贺、傅介子，成纪李广、李蔡，杜陵苏建、苏武，上邽上官

桀、赵充国，襄武廉褒，狄道辛武贤、庆忌，皆以勇武显闻。苏、辛父子著节，此其可称列者也，其余不可胜数。何则？山西天水、陇西、安定、北地处势迫近羌胡，民俗修习战备，高上勇力鞍马骑射。故《秦诗》曰："王于兴师，修我甲兵，与子皆行。"其风声气俗自古而然，今之歌谣慷慨，风流犹存耳。

卷七十　傅常郑甘陈段传第四十

傅介子，北地人也，以从军为官。先是，龟兹、楼兰皆尝杀汉使者，语在《西域传》。至元凤中，介子以骏马监求使大宛，因诏令责楼兰、龟兹国。

介子至楼兰，责其王教匈奴遮杀汉使："大兵方至，王苟不教匈奴，匈奴使至诸国，何为不言？"王谢服，言："匈奴使属过，当至乌孙，道过龟兹。"介子至龟兹，复责其王，王亦服罪。介子从大宛还到龟兹，龟兹言："匈奴使从乌孙还，在此。"介子因率其吏士共诛斩匈奴使者。还奏事，诏拜介子为中郎，迁平乐监。

介子谓大将军霍光曰："楼兰、龟兹数反复而不诛，无所惩艾。介子过龟兹时，其王近就人，易得也，愿往刺之，以威示诸国。"大将军曰："龟兹道远，且验之于楼兰。"于是白遣之。

介子与士卒俱赍金币，扬言以赐外国为名。至楼兰，楼兰王意不亲介子，介子阳引去，至其西界，使译谓曰："汉使者持黄金、锦绣行赐诸国，王不来受，我去之西国矣。"即出金币以示译。译还报王，王贪汉物，来见使者。介子与坐饮，陈物示之。饮酒皆醉，介子谓王曰："天子使我私报王。"王起随介子入帐中，屏语，壮士二人从后刺之，刃交胸，立死。其贵人左右皆散走。介子告谕以："王负汉罪，天子遣我来诛王，当更立前太子质在汉者。汉兵方至，毋敢动，动，灭国矣！"遂持王首还指阙，公卿将军议者咸嘉其功。上乃下诏曰："楼兰王安归尝为匈奴间，候遮汉使者，发兵杀略卫司马安乐、光禄大夫忠、期门郎遂成等三辈，及安息、大宛使，盗取节印、献物，甚逆天理。平乐监傅介子持节使诛斩楼兰王安归首，县之北阙，以直报怨，不烦师众。其封介子为义阳侯，食邑七百户。士刺王者皆补侍郎。"

介子薨，子敞有罪不得嗣，国除。元始中，继功臣世，复封介子曾孙长为义阳侯，王莽败，乃绝。

常惠，太原人也。少时家贫，自奋应募，随栘中监苏武使匈奴，并见拘留十余年，昭帝时乃还。汉嘉其勤劳，拜为光禄大夫。

是时，乌孙公主上书言："匈奴发骑田车师，车师与匈奴为一，共侵乌孙，唯天子救之！"汉养士马，议欲击匈奴。会昭帝崩，宣帝初即位，本始二年，遣惠使乌孙。公主及昆弥皆遣使，因惠言："匈奴连发大兵击乌孙，取车延、恶师地，收其人民去，使使胁求公主，欲隔绝汉。昆弥愿发国半

精兵，自给人马五万骑，尽力击匈奴。唯天子出兵以救公主、昆弥！"于是汉大发十五万骑，五将军分道出，语在《匈奴传》。

以惠为校尉，持节护乌孙兵。昆弥自将翕侯以下五万余骑，从西方入至右谷蠡庭，获单于父行及嫂居次，名王骑将以下三万九千人，得马、牛、驴、骡、橐佗五万余匹，羊六十余万头，乌孙皆自取卤获。惠从吏卒十余人随昆弥还，未至乌孙，乌孙人盗惠印绶节。惠还，自以当诛。时，汉五将皆无功，天子以惠奉使克获，遂封惠为长罗侯。复遣惠持金币还赐乌孙贵人有功者，惠因奏请龟兹国尝杀校尉赖丹，未伏诛，请便道击之，宣帝不许。大将军霍光风惠以便宜从事。惠与吏士五百人俱至乌孙，还过，发西国兵二万人，令副使发龟兹东国二万人，乌孙兵七千人，从三面攻龟兹，兵未合，先遣人责其王以前杀汉使状。王谢曰："乃我先王时为贵人姑翼所误耳，我无罪。"惠曰："即如此，缚姑翼来，吾置王。"王执姑翼诣惠，惠斩之而还。

后代苏武为典属国，明习外国事，勤劳数有功。甘露中，后将军赵充国薨，天子遂以惠为右将军，典属国如故。宣帝崩，惠事元帝，三岁薨，谥曰壮武侯。传国至曾孙，建武中乃绝。

郑吉，会稽人也，以卒伍从军，数出西域，由是为郎。吉为人强执，习外国事。自张骞通西域，李广利征伐之后，初置校尉，屯田渠黎。至宣帝时，吉以侍郎田渠黎，积谷，因发诸国兵攻破车师，迁卫司马，使护鄯善以西南道。

神爵中，匈奴乘乱，日逐王先贤掸欲降汉，使人与吉相闻。吉发渠黎、龟兹诸国五万人迎日逐王，口万二千人、小王将十二人随吉至河曲，颇有亡者，吉追斩之，遂将诣京师。汉封日逐王为归德侯。

吉既破车师，降日逐，威震西域，遂并护车师以西北道，故号都护。都护之置自吉始焉。

上嘉其功效，乃下诏曰："都护西域骑都尉郑吉，拊循外蛮，宣明威信，迎匈奴单于从兄日逐王众，击破车师兜訾城，功效茂著。其封吉为安远侯，食邑千户。"吉于是中西域而立莫府，治乌垒城，镇抚诸国，诛伐怀集之。汉之号令班西域矣，始自张骞而成于郑吉。语在《西域传》。

吉薨，谥曰缪侯。子光嗣，薨，无子，国除。元始中，录功臣不以罪绝者，封吉曾孙永为安远侯。

甘延寿字君况，北地郁郅人也。少以良家子善骑射为羽林，投石拔距绝于等伦，尝超逾羽林亭楼，由是迁为郎。试弁，为期门，以材力爱幸。稍迁至辽东太守，免官。车骑将军许嘉荐延寿为郎中、谏大夫，使西域都护、骑都尉，与副校尉陈汤共诛斩郅支单于，封义成侯。薨，谥曰壮侯。传国至曾孙，王莽败，乃绝。

陈汤字子公，山阳瑕丘人也。少好书，博达善属文。家贫丐贷无节，不为州里所称。西至长安求官，得太官献食丞。数岁，富平侯张勃与汤交，高其能。初元二年，元帝诏列侯举茂材，勃举汤。汤待迁，父死不奔丧，司隶奏汤无循行，勃选举故不以实，坐削户二百，会薨，因赐谥曰缪侯。汤下狱论。后复以荐为郎，数求使外国。久之，迁西域副校尉，与甘延寿俱出。

先是，宣帝时匈奴乖乱，五单于争立，呼韩邪单于与郅支单于俱遣子入侍，汉两受之。后呼韩邪单于身入称臣朝见，郅支以为呼韩邪破弱降汉，不能自还，即西收右地。会汉发兵送呼韩邪单于，郅支由是遂西破呼偈、坚昆、丁令，兼三国而都之。怨汉拥护呼韩邪而不助己，困辱汉使者江乃始等。初元四年，遣使奉献，因求侍子，愿为内附。汉议遣卫司马谷吉送之。御史大夫贡禹、博士匡衡以为《春秋》之义"许夷狄者不壹而足"，今郅支单于乡化未醇，所在绝远，宜令使者送其子至塞而还。吉上书言："中国与夷狄有羁縻不绝之义，今既养全其子十年，德泽甚厚，空绝而不送，近从塞还，示弃捐不畜，使无乡从之心，弃前恩，立后怨，不便。议者见前江乃始无应敌之数，知勇俱困，以知耻辱，即豫为臣忧。臣幸得建强汉之节，承明圣之诏，宣谕厚恩，不宜敢桀。若怀禽兽，加无道于臣，则单于长婴大罪，必遁逃远舍，不敢近边。没一使以安百姓，国之计，臣之愿也。愿送至庭。"上以示朝者，禹复争，以为吉往必为国取悔生事，不可许。右将军冯奉世以为可遣，上许焉。既至，郅支单于怒，竟杀吉等。自知负汉，又闻呼韩邪益强，遂西奔康居。康居王以女妻郅支，郅支亦以女为康居王。康居甚尊敬郅支，欲倚其威以胁诸国。郅支数借兵击乌孙，深入至赤谷城，杀略民人，驱畜产，乌孙不敢追，西边空虚，不居者且千里。郅支单于自以大国，威名尊重，又乘胜骄，不为康居王礼，怒杀康居王女及贵人、人民数百，或支解投都赖水中。发民作城，日作五百人，二岁乃已。又遣使责阖苏、大宛诸国岁遗，不敢不予。汉遣使三辈至康居求吉等死，郅支困辱使者，不肯奉诏，而因都护上书言："居困厄，愿归计强汉，遣子入侍。"其骄嫚如此。

建昭三年，汤与延寿出西域。汤为人沉勇有大虑，多策谋，喜奇功，每过城邑山川，常登望。既领外国，与延寿谋曰："夷狄畏服大种，其天性也。西域本属匈奴，今郅支单于威名远闻，侵陵乌孙、大宛，常为康居画计，欲降服之。如得此二国，北击伊列，西取安息，南排月氏、山离乌弋，数年之间，城郭诸国危矣。且其人剽悍，好战伐，数取胜，久畜之，必为西域患。郅支单于虽所在绝远，蛮夷无金城强弩之守，如发屯田吏士，驱从乌孙众兵，直指其城下，彼亡则无所之，守则不足自保，千载之功可一朝而成也。"延寿亦以为然，欲奏请之，汤曰："国家与公卿议，大策非凡所见，事必不从。"延寿犹与不听。会其久病，汤独矫制发城郭诸国兵、车师戊己校尉屯田吏士。延寿闻之，惊起，欲止焉。汤怒，按剑叱延寿曰："大众已集会，竖子欲沮众邪？"延寿遂从之，部勒行陈，益置扬威、白虎、合骑之校，汉兵、胡兵合四万余人，延寿、汤上疏自劾奏矫制，陈言兵状。

即日引军分行，别为六校，其三校从南道逾葱岭径大宛，其三校都护自将，发温宿国，从北道入赤谷，过乌孙，涉康居界，至阗池西。而康居副王抱阗将数千骑，寇赤谷城东，杀略大昆弥千余人，驱畜产甚多，从后与汉军相及，颇寇盗后重。汤纵胡兵击之，杀四百六十人，得其所略民四百七十人，还付大昆弥，其马、牛、羊以给军食。又捕得抱阗贵人伊奴毒。

入康居东界，令军不得为寇。间呼其贵人屠墨见之，谕以威信，与饮盟遣去。径引行，未至单于城可六十里，止营。复捕得康居贵人贝色子男开牟以为导。贝色子即屠墨母之弟，皆怨单于，由是具知郅支情。

明日引行，未至城三十里，止营。单于遣使问："汉兵何以来？"应曰："单于上书言居困厄，愿归计强汉，身入朝见。天子哀闵单于弃大国，屈意康居，故使都护将军来迎单于妻子，恐左右惊动，故未敢至城下。"使数往来相答报。延寿、汤因让之："我为单于远来，而至今无名王大人见将军受事者，何单于忽大计，失客主之礼也！兵来道远，人畜罢极，食度且尽，恐无以自还，愿单于与大臣审计策。"

明日，前至郅支城都赖水上，离城三里，止营傅陈。望见单于城上立五采幡织，数百人披甲乘城，又出百余骑往来驰城下，步兵百余人夹门鱼鳞陈，讲习用兵。城上人更招汉军曰"斗来！"百余骑驰赴营，营皆张弩持满指之，骑引却。颇遣吏士射城门骑步兵，骑步兵皆入。延寿、汤令军闻鼓音皆薄城下，四面围城，各有所守，穿堑，塞门户，卤楯为前，戟弩为后，卬射城中楼上人，楼上人下走。土城外有重木城，从木城中射，颇杀伤外人。外人发薪烧木城。夜，数百骑欲出外，迎射杀之。

初，单于闻汉兵至，欲去，疑康居怨己，为汉内应，又闻乌孙诸国兵皆发，自以无所之。郅支已出，复还，曰："不如坚守。汉兵远来，不能久攻。"单于乃被甲在楼上，诸阏氏夫人数十皆以弓射外人。外人射中单于鼻，诸夫人颇死。单于下骑，传战大内。夜过半，木城穿，中人却入土城，乘城呼。时，康居兵万余骑分为十余处，四面环城，亦与相应和。夜，数奔营，不利，辄却。平明，四面火起，吏士喜，大呼乘之，钲鼓声动地。康居兵引却。汉兵四面推卤楯，并入土城中。单于男女百余人走入大内。汉兵纵火，吏士争入，单于被创死。军候假丞杜勋斩单于首，得汉使节二及谷吉等所赍帛书。诸卤获以畀得者。凡斩阏氏、太子、名王以下千五百一十八级，生虏百四十五人，降虏千余人，赋予城郭诸国所发十五王。

于是延寿、汤上疏曰："臣闻天下之大义，当混为一，昔有唐、虞，今有强汉。匈奴呼韩邪单于已称北藩，唯郅支单于叛逆，未伏其辜，大夏之西，以为强汉不能臣也。郅支单于惨毒行于民，大恶通于天。臣延寿、臣汤将义兵，行天诛，赖陛下神灵，阴阳并应，天气精明，陷陈克敌，斩郅支首及名王以下。宜县头槀街蛮夷邸间，以示万里，明犯强汉者，虽远必诛。"事下有司。丞相匡衡、御史大夫繁延寿以为："郅支及名王首更历诸国，蛮夷莫不闻知。《月令》春'掩骼埋胔'之时，宜勿县。"车骑将军许嘉、右将军王商以为："春秋夹谷之会，优施笑君，孔子诛之，方盛夏，首足异门而出。宜县十日乃埋。"有诏将军议是。

初，中书令石显尝以姊妻延寿，延寿不取。及丞相、御史亦恶其矫制，皆不与汤。汤素贪，所卤获财物入塞多不

法。司隶校尉移书道上，系吏士按验之。汤上疏言："臣与吏士共诛郅支单于，幸得禽灭，万里振旅，宜有使者迎劳道路。今司隶反逆收系按验，是为郅支报仇也！"上立出吏士，令县道具酒食以过军。既至，论功，石显、匡衡以为："延寿、汤擅兴师矫制，幸得不诛，如复加爵土，则后奉使者争欲乘危徼幸，生事于蛮夷，为国招难，渐不可开。"元帝内嘉延寿、汤功，而重违衡、显之议，议久不决。

故宗正刘向上疏曰："郅支单于囚杀使者吏士以百数，事暴扬外国，伤威毁重，群臣皆闵焉。陛下赫然欲诛之，意未尝有忘。西域都护延寿、副校尉汤承圣指，倚神灵，总百蛮之君，揽城郭之兵，出百死，入绝域，遂蹈康居，屠五重城，搴歙侯之旗，斩郅支之首，县旌万里之外，扬威昆山之西，扫谷吉之耻，立昭明之功，万夷慑伏，莫不惧震。呼韩邪单于见郅支已诛，且喜且惧，乡风驰义，稽首来宾，愿守北藩，累世称臣。立千载之功，建万世之安，群臣之勋莫大焉。昔周大夫方叔、吉甫为宣王诛猃狁而百蛮从，其《诗》曰："啴啴焞焞，如霆如雷，显允方叔，征伐猃狁，蛮荆来威。'《易》曰：'有嘉折首，获匪其丑。'言美诛首恶之人，而诸不顺者皆来从也。今延寿、汤所诛震，虽《易》之折首，《诗》之雷霆不能及也。论大功者不录小过，举大美者不疵细瑕。《司马法》曰'军赏不逾月'，欲489速得为善之利也。盖急武功，重用人也。吉甫之归，周厚赐之，其《诗》曰：'吉甫燕喜，既多受祉，来归自镐，我行永久。'千里之镐犹以为远，况万里之外，其勤至矣！延寿、汤既未获受祉之报，反屈捐命之功，久挫于刀笔之前，非所以劝有功厉戎士也。昔齐桓公前有尊周之功，后有灭项之罪，君子以功覆过而为之讳行事。贰师将军李广利捐五万之师，靡亿万之费，经四年之劳，而廑获骏马三十匹，虽斩宛王毋鼓之首，犹不足以复费，其私罪恶甚多。孝武以为万里征伐，不录其过，遂封拜两侯、三卿、二千石百有余人。今康居国强于大宛，郅支之号重于宛王，杀使者罪甚于留马，而延寿、汤不烦汉士，不费斗粮，比于贰师，功德百之。且常惠随欲击之乌孙，郑吉迎自来之日逐，犹皆裂土受爵。故言威武勤劳则大于方叔、吉甫，列功覆过则优于齐桓、贰师，近事之功则高于安远、长罗，而大功未著，小恶数布，臣窃痛之！宜以时解县通籍，除过勿治，尊宠爵位，以劝有功。"

于是天子下诏曰："匈奴郅支单于背畔礼义，留杀汉使者、吏士，甚逆道理，朕岂忘之哉！所以优游而不征者，重动师众，劳将帅，故隐忍而未有云也。今延寿、汤睹便宜，乘时利，结城郭诸国，擅兴师矫制而征之。赖天地宗庙之灵，讨诛郅支单于，斩获其首，及阏氏、贵人、名王以下千数。虽逾义干法，内不烦一夫之役，不开府库之臧，因敌之粮以赡军用，立功万里之外，威震百蛮，名显四海。为国除残，兵革之原息，边竟得以安。然犹不免死亡之患，罪当在于奉宪，朕甚闵之！其赦延寿、汤罪，勿治。"诏公卿议封焉。议者皆以为宜如军法捕斩单于令。匡衡、石显以为"郅支本亡逃失国，窃号绝域，非真单于。"元帝取安远侯郑吉故事，封千户，衡、显复争。乃封延寿为义成侯，赐汤爵关内侯，食邑各三百户，加赐黄金百斤。告上帝、宗庙，大赦天

下。拜延寿为长水校尉,汤为射声校尉。

延寿迁城门校尉、护军都尉,薨于官。成帝初即位,丞相衡复奏:"汤以吏二千石奉使,专命蛮夷中,不正身以先下,而盗所收康居财物,戒官属曰绝域事不复校。虽在赦前,不宜处位。"汤坐免。

后汤上书言康居王侍子非王子也。按验,实王子也。汤下狱当死。太中大夫谷永上疏讼汤曰:"臣闻楚有子玉得臣,文公为之仄席而坐,赵有廉颇、马服,强秦不敢窥兵井陉;近汉有郅都、魏尚,匈奴不敢南乡沙幕。由是言之,战克之将,国之爪牙,不可不重也。盖'君子闻鼓鼙之声,则思将率之臣'。窃见内关侯陈汤,前使副西域都护,忿郅支之无道,闵王诛之不加,策虑愊忆,义勇奋发,卒兴师奔逝,横厉乌孙,逾集都赖,屠三重城,斩郅支首,报十年之捕诛,雪边吏之宿耻,威震百蛮,武畅西海,汉元以来,征伐方外之将,未尝有也。今汤坐言事非是,幽囚久系,历时不决,执宪之吏欲致之大辟。昔白起为秦将,南拔郢都,北坑赵括,以纤介之过,赐死杜邮,秦民怜之,莫不陨涕。今汤亲秉钺,席卷喋血万里之外,荐功祖庙,告类上帝,介胄之士靡不慕义。以言事为罪,无赫赫之恶。《周书》曰:'记人之功,忘人之过,宜为君者也。'夫犬马有劳于人,尚加帷盖之报,况国之功臣者哉!窃恐陛下忽于鼙鼓之声,不察《周书》之意,而忘帷盖之施,庸臣遇汤,卒从吏议,使百姓介然有秦民之恨,非所以厉死难之臣也。"书奏,天子出汤,夺爵为士伍。

后数岁,西域都护段会宗为乌孙兵所围,驿骑上书,愿发城郭敦煌兵以自救。丞相王商、大将军王凤及百僚议数日不决。凤言:"汤多筹策,习外国事,可问。"上召汤见宣室。汤击郅支时中寒病,两臂不诎申。汤入见,有诏毋拜,示以会宗奏。汤辞谢,曰:"将相九卿皆贤材通明,小臣罢癃,不足以策大事。"上曰:"国家有急,君其毋让。"对曰:"臣以为此必无可忧也。"上曰:"何以言之?"汤曰:"夫胡兵五而当汉兵一,何者?兵刃朴钝,弓弩不利。今闻颇得汉巧,然犹三而当一。又兵法曰'客倍而主人半然后敌',今围会宗者人众不足以胜会宗,唯陛下勿忧!且兵轻行五十里,重行三十里,今会宗欲发城郭敦煌,历时乃至,所谓报仇之兵,非救急之用也!"上曰:"奈何?其解可必乎?度何时解?"汤知乌孙瓦合,不能久攻,故事不过数日。因对曰:"已解矣!"诎指计其日,曰:"不出五日,当有吉语闻。"居四日,军书到,言已解。大将军凤以为从事中郎,莫府事一决于汤。汤明法令,善因事为势,纳说多从。常受人金钱作章奏,卒以此败。

初,汤与将作大匠解万年相善。自元帝时,渭陵不复徙民起邑。成帝起初陵,数年后,乐霸陵曲亭南,更营之。万年与汤议,以为:"武帝时工杨光以所作数可意,自致将作大匠,及大司农、中丞耿寿昌造杜陵赐爵关内侯,将作大匠乘马延年以劳苦秩中二千石;今作初陵而营起邑居,成大功,万年亦当蒙重赏。子公妻家在长安,儿子生长长安,不乐东方,宜求徙,可得赐田宅,俱善。"汤心利之,即上封事言:"初陵,京师之地,最为肥美,可立一县。天下民不徙诸陵三十余岁矣,关东富人益众,多规良田,役使贫民,可徙初陵,以强京师,衰弱诸侯,又使中家以下得均贫富。汤愿与妻子家属徙初陵,为天下先。"于是天子从其计,果起昌陵邑,后徙内郡国民。万年自诡三年可成,后卒不就,群臣多言其不便者。下有司议,皆曰:"昌陵因卑为高,积土为山,度便房犹在平地上,客土之中不保幽冥之灵,浅外不固,卒徒工庸以巨万数,至然脂火夜作,取土东山,且与谷同贾。作治数年,天下遍被其劳,国家罢敝,府臧空虚,下至众庶,熬熬苦之。故陵因天性,据真土,处势高敞,旁近祖考,前又已有十年功绪,宜还复故陵,勿徙民。"上乃下诏罢昌陵,语在《成纪》。丞相、御史请废昌陵邑中室,奏未下,人以问汤:"第宅不彻,得毋复发徙?"汤曰:"县官且顺听群臣言,犹且复发徙之也。"时,成都侯商新为大司马卫将军辅政,素不善汤。商闻此语,白汤惑众,下狱治,按验诸所犯。汤前为骑都尉王莽上书言:"父早死,独不封,母明君共养皇太后,尤劳苦,宜封。"竟为新都侯。后皇太后同母弟苟参为水衡都尉,死,子伋为侍中,妻欲为伋求封,汤受其金五十斤,许为求比上奏。弘农太守张匡坐臧百万以上,狡猾不道,有诏即讯,恐下狱,使人报汤。汤为讼罪,得逾冬月,许谢钱二百万,皆此类也。事在赦前。后东莱郡黑龙冬出,人以问汤,汤曰:"是所谓玄门开。微行数出,出入不时,故龙以非时出也。"又言当发徙,传相语者十余人。丞相御史奏:"汤惑众不道,妄称诈归异于上,非所宜言,大不敬。"廷尉增寿议,以为:"不道无正法,以所犯剧易为罪,臣下承用失其中,故移狱廷尉,无比者先以闻,所以正刑罚,重人命也。明主哀悯百姓,下制书罢昌陵勿徙吏民,已申布。汤妄以意相谓且复发徙,虽颇惊动,所流行者少,百姓不为变,不可谓惑众。汤称诈,虚设不然之事,非所宜言,大不敬也。"制曰:"廷尉增寿当是。汤前有讨郅支单于功,其免汤为庶人,徙边。"又曰:"故将作大匠万年佞邪不忠,妄为巧诈,多赋敛,烦徭役,兴卒暴之作,卒徒蒙幸,死者连属,毒流众庶,海内怨望。虽蒙赦令,不宜居京师。"于是汤与万年俱徙敦煌。久之,敦煌太守奏:"汤前亲诛郅支单于,威行外国,不宜近边塞。"诏徙安定。

议郎耿育上书言便宜,因冤讼汤曰:"延寿、汤为圣扬钩深致远之威,雪国家累年之耻,讨绝域不羁之君,系万里难制之虏,岂有比哉!先帝嘉之,仍下明诏,宣著其功,改年垂历,传之无穷。应是,南郡献白虎,边陲无警备。会先帝寝疾,然犹垂意不忘,数使尚书责问丞相,趣立其功。独丞相匡衡排而不予,封延寿、汤数百户,此功臣战士所以失望也。孝成皇帝承建业之基,乘征伐之威,兵革不动,国家无事,而大臣倾邪,谗佞在朝,曾不深惟本末之难,以防未然之戒,欲专主威,排妒有功,使汤块然被冤拘囚,不能自明,卒以无罪,老弃敦煌,正当西域通道,令威名折冲之臣旋踵及身,复为郅支遗虏所笑,诚可悲也!至今奉使外蛮者,未尝不陈郅支之诛以扬汉国之盛。夫援人之功以惧敌,弃人之身以快谗,岂不痛哉!且安不忘危,必虑衰,今国家素无文帝累年节俭富饶之畜,又无武帝荐延枭俊禽敌之臣,独有一陈汤耳!假使异世不及陛下,尚望国家追寻其功,封表其墓,以劝后进也。汤幸得身当圣世，功曾未久，反听邪臣鞭逐斥远，使亡逃分窜，死无处所。远览之士，莫不计度，以为汤功累世不可及，而汤过人情所有，汤尚如此，虽复破绝筋骨，暴露形骸，犹复制于唇舌，为嫉妒之臣所系顿耳，此臣所以为国家尤戚戚也。"书奏，天子还汤，卒于长安。

死后数年，王莽为安汉公秉政，既内德汤旧恩，又欲谄皇太后，以讨郅支功尊元帝庙称高宗。以汤、延寿前功大赏薄，及候丞杜勋不赏，及益封延寿孙迁千六百户，追谥汤曰破胡壮侯，封汤子冯为破胡侯，勋为讨狄侯。

段会宗字子松，天水上邽人也。竟宁中，以杜陵令五府举为西域都护、骑都尉、光禄大夫。西域敬其威信。三岁，更尽还，拜为沛郡太守。以单于当朝，徙为雁门太守。数年，坐法免。西域诸国上书愿得会宗，阳朔中复为都护。

会宗为人好大节，矜功名，与谷永相善。谷永闵其老复远出，予书戒曰："足下以柔远之令德，复典都护之重职，甚休甚休！若子之材，可优游都城而取卿相，何必勒功昆山之仄，总领百蛮，怀柔殊俗？子之所长，愚无以喻。虽然，朋友以言赠行，敢不略意。方今汉德隆盛，远人宾服，傅、郑、甘、陈之功没齿不可复见，愿吾子因循旧贯，毋求奇功，终更亟还，亦足以复雁门之踦，万里之外以身为本。愿详思愚言。"

会宗既出，诸国遣子弟郊迎。小昆弥安日前为会宗所立，德之，欲往谒，诸翖侯止不听，遂至龟兹谒。城郭甚亲附。康居太子保苏匿率众万余人欲降，会宗奏状，汉遣卫司马逢迎。会宗发戊已校尉兵随司马受降。司马畏其众，欲令降者皆自缚，保苏匿怨望，举众亡去。会宗更尽还，以擅发戊已校尉之兵乏兴，有诏赎论。拜为金城太守，以病免。

岁余，小昆弥为国民所杀，诸翖侯大乱，征会宗为左曹中郎将、光禄大夫，使安辑乌孙，立小昆弥兄末振将，定其国而还。

明年，末振将杀大昆弥，会病死，汉恨诛不加。元延中，复遣会宗发戊已校尉诸国兵，即诛末振将太子番丘。会宗恐大兵入乌孙，惊番丘，亡逃不可得，即留所发兵垫娄地，选精兵三十弩，径至昆弥所在，召番丘，责以："末振将骨肉相杀，杀汉公主子孙，未伏诛而死，使者受诏诛番丘。"即手剑击杀番丘。官属以下惊恐，驰归。小昆弥乌犁靡者，末振将兄子也，勒兵数千骑围会宗，会宗为言来诛之意："今围守杀我，如取汉牛一毛耳。宛王郅支头县槀街，乌孙所知也。"昆弥以下服，曰："末振将负汉，诛其子可也，独不可告我，令饮食之邪？"会宗曰："豫告昆弥，逃匿之，为大罪。即饮食以付我，伤骨肉恩，故不先告。"昆弥以下号泣罢去。会宗还奏事，公卿议会宗权得便宜，以轻兵深入乌孙，即诛番丘。宣明国威，宜加重赏。天子赐会宗爵关内侯，黄金百斤。是时，小昆弥季父卑爰疐拥众欲害昆弥，汉复遣会宗使安辑，与都护孙建并力。明年，会宗病死乌孙中，年七十五矣，城郭诸国为发丧立祠焉。

赞曰："自元狩之际，张骞始通西域，至于地节，郑吉建都护之号，讫王莽世，凡十八人，皆以勇略选，然其有功迹者具此。廉褒以恩信称，郭舜以廉平著，孙建用威重显，其余无称焉。陈汤傥卷，不自收敛，卒用困穷，议者闵之，故备列云。

卷七十一
隽疏于薛平彭传第四十一

隽不疑字曼倩，勃海人也。治《春秋》，为郡文学，进退必以礼，名闻州郡。

武帝末，郡国盗贼群起，暴胜之为直指使者，衣绣衣，持斧，逐捕盗贼，督课郡国，东至海，以军兴诛不从命者，威振州郡。胜之素闻不疑贤，至勃海，遣吏请与相见。不疑冠进贤冠，带櫑具剑，佩环玦，褒衣博带，盛服至门上谒。门下欲使解剑，不疑曰："剑者，君子武备，所以卫身，不可解。请退。"吏白胜之。胜之开阁延请，望见不疑容貌尊严，衣冠甚伟，胜之躧履起迎。登堂坐定，不疑据地曰："窃伏海濒，闻暴公子威名旧矣，今乃承颜接辞。凡为吏，太刚则折，太柔则废，威行施之以恩，然后树功扬名，永终天禄。"胜之知不疑非庸人，敬纳其戒，深接以礼意，问当世所施行。门下诸从事皆州郡选吏，侧听不疑，莫不惊骇。至昏夜，罢去。胜之遂表荐不疑，征诣公车，拜为青州刺史。

久之，武帝崩，昭帝即位，而齐孝王孙刘泽交结郡国豪桀谋反，欲先杀青州刺史。不疑发觉，收捕，皆伏其辜。擢为京兆尹，赐钱百万。京师吏民敬其威信。每行县录囚徒还，其母辄问不疑："有所平反，活几何人？"即不疑多有所平反，母喜笑，为饮食言语异于他时；或亡所出，母怒，为之不食。故不疑为吏，严而不残。

始元五年，有一男子乘黄犊车，建黄旐，衣黄襜褕，著黄冒，诣北阙，自谓卫太子。公车以闻，诏使公卿、将军、中二千石杂识视。长安中吏民聚观者数万人。右将军勒兵阙下，以备非常。丞相、御史、中二千石至者并莫敢发言。京兆尹不疑后到，叱从吏收缚。或曰："是非未可知，且安之。"不疑曰："诸君何患于卫太子！昔蒯聩违命出奔，辄距而不纳，《春秋》是之。卫太子得罪先帝，亡不即死，今来自诣，此罪人也。"遂送诏狱。

天子与大将军霍光闻而嘉之，曰："公卿大臣当用经术明于大谊。"由是名声重于朝廷，在位者皆自以不及也。大将军光欲以女妻之，不疑固辞，不肯当。久之，以病免，终于家。京师纪之。后赵广汉为京兆尹，言："我禁奸止邪，行于吏民，至于朝廷事，不及不疑远甚。"廷尉验治何人，竟得奸诈。本夏阳人，姓成名方遂，居湖，以卜筮为事。有故太子舍人尝从方遂卜，谓曰："子状貌甚似卫太子。"方遂心利其言，凡得以富贵，即诈自称诣阙。廷尉逮召乡里识知者张宗禄等，方遂坐诬罔不道，要斩东市。一云姓张名延年。

疏广字仲翁，东海兰陵人也。少好学，明《春秋》，家居教授，学者自远方至。征为博士、太中大夫。地节三年，立皇太子，选丙吉为太博，广为少傅。数月，吉迁御史大夫，广徙为太傅。

广兄子受字公子，亦以贤良举为太子家令。受好礼恭谨，敏而有辞。宣帝幸太子宫，受迎谒应对，及置酒宴，奉觞上寿，辞礼闲雅，上甚欢说。顷之，拜受为少傅。

太子外祖父特进平恩侯许伯以为太子少，白使其弟中郎将舜监护太子家。上以问广，广对曰："太子国储副君，师友必于天下英俊，不宜独亲外家许氏。且太子自有太傅、少傅，官属已备，今复使舜护太子家，视陋，非所以广太子德于天下也。"上善其言，以语丞相魏相，相免冠谢曰："此非臣等所能及。"广由是见器重，数受赏赐。太子每朝，因进见，太傅在前，少傅在后。父子并为师傅，朝廷以为荣。

在位五岁，皇太子年十二，通《论语》、《孝经》。广谓受曰："吾闻'知足不辱，知止不殆'，'功遂身退，天之道'也。今仕官至二千石，宦成名立，如此不去，惧有后悔，岂如父子相随出关，归老故乡，以寿命终，不亦善乎？"受叩头曰："从大人议。"即日父子俱移病。满三月赐告，广遂称笃，上疏乞骸骨。上以其年笃老，皆许之，加赐黄金二十斤，皇太子赠以五十斤。公卿大夫故人邑子设祖道，供张东都门外，送者车数百两，辞决而去。及道路观者皆曰："贤哉二大夫！"或叹息为之下泣。

广既归乡里，日令家共具设酒食，请族人故旧宾客，与相娱乐。数问其家金余尚有几所，趣卖以共具。居岁余，广子孙窃谓其昆弟老人广所爱信者曰："子孙几及君时颇立产业基址，今日饮食费且尽，宜从丈人所，劝说君买田宅。"老人即以闲暇时为广言此计，广曰："吾岂老悖不念子孙哉？顾自有旧田庐，令子孙勤力其中，足以共衣食，与凡人齐。今复增益之以为赢余，但教子孙怠惰耳。贤而多财，则损其志；愚而多财，则益其过。且夫富者，众人之怨也；吾既亡以教化子孙，不欲益其过而生怨。又此金者，圣主所以惠养老臣也，故乐与乡党宗族共飨其赐，以尽吾余日，不亦可乎！"于是族人说服。皆以寿终。

于定国字曼倩，东海郯人也。其父于公为县狱史、郡决曹，决狱平，罗文法者于公所决皆不恨。郡中为之生立祠，号曰于公祠。

东海有孝妇，少寡，亡子，养姑甚谨，姑欲嫁之，终不肯。姑谓邻人曰："孝妇事我勤苦，哀其亡子守寡。我老，久累丁壮，奈何？"其后姑自经死，姑女告吏："妇杀我母。"吏捕孝妇，孝妇辞不杀姑。吏验治，孝妇自诬服。具狱上府，于公以为此妇养姑十余年，以孝闻，必不杀也。太守不听，于公争之，弗能得，乃抱其具狱，哭于府上，因辞疾去。太守竟论杀孝妇。郡中枯旱三年。后太守至，卜筮其故，于公曰："孝妇不当死，前太守强断之，咎党在是乎？"于是太守杀牛自祭孝妇冢，因表其墓，天立大雨，岁孰。郡中以此大敬重于公。

定国少学法于父，父死，后定国亦为狱史、郡决曹，补廷尉史，以选与御史中丞从事治反者狱，以材高举侍御史，迁御史中丞。会昭帝崩，昌邑王征即位，行淫乱，定国上书谏。后王废，宣帝立，大将军光领尚书事，条奏群臣谏昌邑王者皆超迁。定国由是为光禄大夫，平尚书事，甚见任用。数年，迁水衡都尉，超为廷尉。

定国乃迎师学《春秋》，身执经，北面备弟子礼。为人谦恭，尤重经术士，虽卑贱徒步往过，定国皆与钧礼，恩敬甚备，学士咸称焉。其决疑平法，务在哀鳏寡，罪疑从轻，加审慎之心。朝廷称之曰："张释之为廷尉，天下无冤民；于定国为廷尉，民自以不冤。"定国食酒至数石不乱，冬月请治谳，饮酒益精明。为廷尉十八岁，迁御史大夫。甘露中，代黄霸为丞相，封西平侯。三年，宣帝崩，元帝立，以定国任职旧臣，敬重之。时陈万年为御史大夫，与定国并位八年，议论无所拂。后贡禹代为御史大夫，数处驳议，定国明习政事，率常丞相议可。然上始即位，关东连年被灾害，民流入关，言事者归咎于大臣。上于是数以朝日引见丞相、御史，入受诏，条责以职事，曰："恶吏负贼，妄意良民，至亡辜死。或盗贼发，吏不亟追而反系亡家，后不敢复告，以故寖广。民多冤结，州郡不理，连上书者交于阙廷。二千石选举不实，是以在位多不任职。民田有灾害，吏不肯除，收趣其租，以故重困。关东流民饥寒疾疫，已诏吏转漕，虚仓廪开府臧相振救，赐寒者衣，至春犹恐不赡。今丞相、御史将欲何施以塞此咎？悉意条状，陈朕过失。"定国上书谢罪。

永光元年，春霜夏寒，日青亡光，上复以诏条责曰："郎有从东方来者，言民父子相弃。丞相、御史案事之吏匿不言邪？将从东方来者加增之也？何以错缪至是？欲知其实。方今年岁未可预知也，即有水旱，其忧不细。公卿有可以防其未然，救其已然者不？各以诚对，毋有所讳。"定国惶恐，上书自劾，归侯印。乞骸骨。上报曰："君相朕躬，不敢息息，万方之事，大录于君。能毋过者，其唯圣人。方今承周、秦之敝，俗化陵夷，民寡礼谊，阴阳不调，灾咎之发，不为一端而作，自圣人推类以记，不敢专也，况于非圣者乎！日夜惟思所以，未能尽明。经曰：'万方有罪，罪在朕躬。'君虽任职，何必专焉？其勉察郡国守相群牧，非其人者毋令久贼民。永执纲纪，务悉聪明，强食慎疾。"定国遂称笃，固辞。上乃赐安车驷马、黄金六十斤，罢就第。数岁，七十余薨，谥曰安侯。

子永嗣。少时，耆酒多过失，年且三十，乃折节修行，以父任为侍中中郎将、长水校尉。定国死，居丧如礼，孝行闻。由是以列侯为散骑、光禄勋，至御史大夫。尚馆陶公主施。施者，宣帝长女，成帝姑也，贤有行，永以选尚焉。上方欲相之，会永薨。子恬嗣。恬不肖，薄于行。

始，定国父于公，其闾门坏，父老方共治之。于公谓曰："少高大闾门，令容驷马高盖车。我治狱多阴德，未尝有所冤，子孙必有兴者。"至定国为丞相，永为御史大夫，封侯传世云。

薛广德字长卿，沛郡相人也。以《鲁诗》教授楚国，龚胜、舍师事焉。萧望之为御史大夫，除广德为属，数与论议，器之，荐广德经行宜充本朝。为博士，论石渠，迁谏大夫，代贡禹为长信少府、御史大夫。

广德为人温雅有酝藉。及为三公,直言谏争。始拜旬日间,上幸甘泉,郊泰畤,礼毕,因留射猎。广德上书曰:"窃见关东困极,人民流离。陛下亡擅亡秦之钟,听郑、卫之乐,臣诚悼之。今士卒暴露,从官劳倦,愿陛下亟反宫,思与百姓同忧乐,天下幸甚。"上即日还。其秋,上酎祭宗庙,出便门,欲御楼船,广德当乘舆车,免冠顿首曰:"宜从桥。"诏曰:"大夫冠。"广德曰:"陛下不听臣,臣自刎,以血污车轮,陛下不得入庙矣!"上不说。先驱光禄大夫张猛进曰:"臣闻主圣臣直。乘船危,就桥安,圣主不乘危。御史大夫言可听。"上曰:"晓人不当如是邪!"乃从桥。

后月余,以岁恶民流,与丞相定国、大司马车骑将军史高俱乞骸骨,皆赐安车驷马、黄金六十斤,罢。广德为御史大夫,凡十月免。东归沛,太守迎之界上。沛以为荣,县其安车传子孙。

平当字子思,祖父以訾百万,自下邑徙平陵。当少为大行治礼丞,功次补大鸿胪文学,察廉为顺阳长、栒邑令,以明经为博士,公卿荐当议论通明,给事中。每有灾异,当辄傅经术,言得失。文雅虽不能及萧望之、匡衡,然指意略同。

自元帝时,韦玄成为丞相,奏罢太上皇寝庙园,当上书言:"臣闻孔子曰:'如有王者,必世而后仁。'三十年之间,道德和洽,制礼兴乐,灾害不生,祸乱不作。今圣汉受命而王,继体承业二百余年,孜孜不息,政令清矣。然风俗未和,阴阳未调,灾害数见,意者大本有不立与?何德化休征不应之久也!祸福不虚,必有因而至者焉。宜深迹其道而务修其本。昔者帝尧南面而治,先'克明俊德,以亲九族',而化及万国。《孝经》曰:'天地之性人为贵,人之行莫大于孝,孝莫大于严父,严父莫大于配天,则周公其人也。'夫孝子善述人之志,周公既成文、武之业而制作礼乐,修严父配天之事,知文王不欲以子临父,故推而序之,上极于后稷而以配天。此圣人之德,亡以加于孝也。高皇帝圣德受命,有天下,尊太上皇,犹周文、武之追王太王、王季也。此汉之始祖,后嗣所宜尊奉以广盛德,孝之至也。《书》云:'正稽古建功立事,可以永年,传于亡穷。'"上纳其言,下诏复太上皇寝庙园。

顷之,使行流民幽州,举奏刺史二千石劳来有意者,言勃海盐池可且勿禁,以救民急。所过见称,奉使者十一人为最,迁丞相司直。坐法,左迁朔方刺史,复征入为太中大夫给事中,累迁长信少府、大鸿胪、光禄勋。

先是,太后姊子卫尉淳于长白言昌陵不可成,下有司议。当以为作治连年,可遂就。上既罢昌陵,以长首建忠策,复下公卿议封长。当又以为长虽有善言,不应封爵之科。坐前议不正,左迁钜鹿太守,后上遂封长。当以经明《禹贡》,使行河,为骑都尉,领河堤。

哀帝即位,征当为光禄大夫、诸吏、散骑,复为光禄勋、御史大夫,至丞相。以冬月,赐爵关内侯。明年春,上使使者召,欲封当。当病笃,不应召。室家或谓当:"不可强起受侯印为子孙耶?"当曰:"吾居大位,已负素餐之责矣,起受侯印,还卧而死,死有余罪。不起者,所以为子孙也。"

遂上书乞骸骨。上报曰:"朕选于众,以君为相,视事日寡,辅政未久,阴阳不调,冬无大雪,旱气为灾,朕之不德,何必君罪?君何疑而上书乞骸骨,归关内侯爵邑?使尚书令谭赐君养牛一,上尊酒十石。君其勉致医药以自持。"后月余,卒。子晏以明经历位大司徒,封防乡侯。汉兴,唯韦、平父子至宰相。

彭宣字子佩,淮阳阳夏人也。治《易》,事张禹,举为博士,迁东平太傅。禹以帝师见尊信,荐宣经明有威重,可任政事,由是入为右扶风,迁廷尉,以王国人出为太原太守。数年,复入为大司农、光禄勋、右将军。哀帝即位,徙为左将军。岁余,上欲令丁、傅处爪牙官,乃策宣曰:"有司数奏言诸侯国人不得宿卫,将军不宜典兵马,处大位。朕唯将军任汉将之重,而子又前取淮阳王女,婚姻不绝,非国之制。使光禄大夫曼赐将军黄金五十斤、安车驷马,其上左将军印绶,以关内侯归家。"

宣罢数岁,谏大夫鲍宣数荐宣。会元寿元年正月朔日蚀,鲍宣复言,上乃召宣为光禄大夫,迁御史大夫,转为大司空,封长平侯。

会哀帝崩,新都侯王莽为大司马,秉政专权。宣上书言:"三公鼎足承君,一足不任,则覆乱美实。臣资性浅薄,年齿老眊,数伏疾病,昏乱遗忘,愿上大司空、长平侯印绶,乞骸骨归乡里,俟置沟壑。"莽白太后,策宣曰:"惟君视事日寡,功绩未效,迫于老眊昏乱,非所以辅国家、绥海内也。使光禄勋丰册诏君,其上大司空印绶,便就国。"莽恨宣求退,故不赐黄金、安车驷马。宣居国数年,薨,谥曰顷侯。传子至孙,王莽败,乃绝。

赞曰:"隽不疑学以从政,临事不惑,遂立名迹,终始可述。疏广行止足之计,免辱殆之累,亦其次也。于定国父子哀鳏哲狱,为任职臣。薛广德保县车之荣,平当逡遁有耻,彭宣见险而止,异乎"苟患失之"者矣。

卷七十二
王贡两龚鲍传第四十二

昔武王伐纣,迁九鼎于洛邑,伯夷、叔齐耻之,饿死于首阳,不食其禄,周犹称盛德焉。然孔子称此二人,以为"不降其志,不辱其身"也。而《孟子》亦云:"闻伯夷之风者,贪夫廉,懦夫有立志";"奋乎百世之上,百世之下莫不兴起,非贤人而能若是乎!"

汉兴有园公、绮里季、夏黄公、甪里先生,此四人者,当秦之世,避而入商洛深山,以待天下之定也。自高祖闻而召之,不至。其后吕后用留侯计,使皇太子卑辞束帛致礼,安车迎而致之。四人既至,从太子见,高祖客而敬焉,太子得以为重,遂用自安。语在《留侯传》。

其后谷口有郑子真,蜀有严君平,皆修身自保,非其服弗服,非其食弗食。成帝时,元舅大将军王凤以礼聘子真,子真遂不诎而终。君平卜筮于成都市,以为:"卜筮者贱业，而可以惠众人。有邪恶非正之问，则依蓍龟为言利害。与人子言依于孝，与人弟言依于顺，与人臣言依于忠，各因势导之以善，从吾言者，已过半矣。"裁日阅数人，得百钱足自养，则闭肆下帘而授《老子》。博览亡不通，依老子、严周之指著书十余万言。杨雄少时从游学，以而仕京师显名，数为朝廷在位贤者称君平德。杜陵李强素善雄，久之为益州牧，喜谓雄曰："吾真得严君平矣。"雄曰："君备礼以待之，彼人可见而不可得诎也。"强心以为不然。及至蜀，致礼与相见，卒不敢言以为从事，乃叹曰："杨子云诚知人！"君平年九十余，遂以其业终，蜀人爱敬，至今称焉。及雄著书言当世士，称此二人。其论曰："或问：君子疾没世而名不称，盍势诸名卿可几？曰：君子德名为几。梁、齐、楚、赵之君非不富且贵也，**恶乎成其名**！谷口郑子真不诎其志，耕于岩石之下，名震于京师，岂其卿？岂其卿？楚两龚之洁，其清矣乎！蜀严湛冥，不作苟见，不治苟得，久幽而不改其操，虽随、和何以加诸？举兹以旃，不亦宝乎！"

自园公、绮里季、夏黄公、甪里先生、郑子真、严君平皆未尝仕，然其风声足以激贪厉俗，近古之逸民也。若王吉、贡禹、两龚之属，皆以礼让进退云。

王吉字子阳，琅邪皋虞人也。少好学明经，以郡吏举孝廉为郎，补若卢右丞，迁云阳令。举贤良为昌邑中尉，而王好游猎，驱驰国中，动作亡节，吉上疏谏，曰：

臣闻古者师日行三十里，吉行五十里，《诗》云："匪风发兮，匪车揭兮，顾瞻周道，中心怛兮。"说曰：是非古之风也，发发者，是非古之车也，揭揭者。盖伤之也。今者大王幸方与，曾不半日而驰二百里，百姓颇废耕桑，治道牵马，臣愚以为民不可数变。昔召公述职，当民事时，舍于棠下而听断焉。是时，人皆得其所，后世思其仁恩，至乎不伐甘棠，《甘棠》之诗是也。

大王不好书术而乐逸游，冯式撙衔，驰骋不止，口倦乎叱咤，手苦于筞辔，身劳乎车舆；朝则冒雾露，昼则被尘埃，夏则为大署之所暴炙，冬则为风寒之所惈薄。数以亟脆之玉体犯勤劳之烦毒，非所以全寿命之宗也，又非所以进仁义之隆也。

夫广夏之下，细旃之上，明师居前，劝诵在后，上论唐、虞之际，下及殷、周之盛，考仁圣之风，习治国之道，欣欣焉发愤忘食，日新厥德，其乐岂徒衔橛之间哉！休则俯仰诎信以利形，进退步趋以实下，吸新吐故以练臧，专意积精以适神，于以养生，岂不长哉！大王诚留意如此，则心有尧、舜之志，体有乔、松之寿，美声广誉登而上闻，则福禄其臻而社稷安矣。

皇帝仁圣，至今思慕未息，于宫馆囿池弋猎之乐未有所幸，大王宜夙夜念此，以承圣意。诸侯骨肉，莫亲大王，大王于属则子也，于位则臣也，一身而二任之责加焉，恩爱行义纤介有不具者，于以上闻，非徒广国之福也。臣吉愚戆，愿大王察之。

王贺虽不遵道，然犹知敬礼吉，乃下令曰："寡人造行不能无惰，中尉甚忠，数辅吾过。使谒者千秋赐中尉牛肉五百斤，酒五石，脯五束。"其后复放从自若。吉輒谏争，甚

得辅弼之义，虽不治民，国中莫不敬重焉。

久之，昭帝崩，亡嗣，大将军霍光秉政，遣大鸿胪、宗正迎昌邑王。吉即奏书戒王曰："臣闻高宗谅暗，三年不言。今大王以丧事征，宜日夜哭泣悲哀而已，慎毋有所发。且何独丧事，凡南面之君何言哉？天不言，四时行焉，百物生焉，愿大王察之。大将军仁爱勇智，忠信之德天下莫不闻，事孝武皇帝二十余年未尝有过。先帝弃群臣，属以天下，寄幼孤焉，大将军抱持幼君褓裸之中，布政施教，海内晏然，虽周公、伊尹亡以加也。今帝崩，亡嗣，大将军惟思可以奉宗庙者，攀援而立大王，其仁厚岂有量哉！臣愿大王事之敬之，政事一听之，大王垂拱南面而已。愿留意，常以为念。"

王既到，即位二十余日以行淫乱废。昌邑群臣坐在国时不举奏王罪过，令汉朝不闻知，又不能辅道，陷王大恶，皆下狱诛。唯吉与郎中令龚遂以忠直数谏正得减死，髡为城旦。起家复为益州刺史，病去官，复征为博士、谏大夫。

是时，宣帝颇修武帝故事，宫室车服盛于昭帝。时外戚许、史、王氏贵宠，而上易亲政事，任用能吏。吉上疏言得失，曰：

陛下躬圣质，总万方，帝王图籍日陈于前，惟思世务，将兴太平。诏书每下，民欣然若更生。臣伏而思之，可谓至恩，未可谓本务也。

欲治之主不世出，公卿幸得遭遇其时，言听谏从，然未有建万世之长策，举明主于三代之隆者也。其务在于期会簿书，断狱听讼而已，此非太平之基地。

臣闻圣王宣德流化，必自近始。朝廷不备，难以言治；左右不正，难以化远。民者，弱而不可胜，愚而不可欺也。圣主独行于深宫，得则天下称诵之，失则天下咸言之。行发于近，必见于远，故谨选左右，审择所使。左右所以正身也，所使所以宣德也。《诗》云："济济多士，文王以宁。"此其本也。

《春秋》所以大一统者，六合同风，九州共贯也。今俗吏所以牧民者，非有礼义科指可世世通行者也，独设刑法以守之。其欲治者，不知所由，以意穿凿，各取一切，权谲自在，故一变之后不可复修也。是以百里不同风，千里不同俗，户异政，人殊服，诈伪萌生，刑罚亡极，质朴日销，恩爱寝薄。孔子曰"安上治民，莫善于礼"，非空言也。王者未制礼之时，引先王礼宜于今者而用之。臣愿陛下承天心，发大业，与公卿大臣延及儒生，述旧礼，明王制，驱一世之民济之仁寿之域，则俗何以不若成、康，寿何以不若高宗？窃见当世趋务不合于道者，谨条奏，唯陛下财择焉。

吉意以为："夫妇，人伦大纲，夭寿之萌也。世俗嫁娶太早，未知为人父母之道而有子，是以教化不明而民多夭。聘妻送女亡节，则贫人不及，故不举子。又汉家列侯尚公主，诸侯则国人承翁主，使男事女，夫诎于妇，逆阴阳之位，故多女乱。古者衣服车马贵贱有章，以褒有德而别尊卑，今上下僭差，人人自制，是以贪财诛利，不畏死亡。周之所以能致治，刑措而不用者，以其禁邪于冥冥，绝恶于

未萌也。"又言："舜、汤不用三公九卿之世而举皋陶、伊尹，不仁者远。今使俗吏得任子弟，率多骄骜，不通古今，至于积功治人，亡益于民，此《伐檀》所为作也。宜明选求贤，除任子之令。外家及故人可厚以财，不宜居位。去角抵，减乐府，省尚方，明视天下以俭。古者工不造雕琢，商不通侈靡，非工商之独贤，政教使之然也。民见俭则归本，本立而末成。"其指如此，上以其言迂阔，不甚宠异也。吉遂谢病归琅邪。

始吉少时学问，居长安。东家有大枣树垂吉庭中，吉妇取枣以啖吉。吉后知之，乃去妇。东家闻而欲伐其树，邻里共止之，因请吉令还妇。里中为之语曰："东家有树，王阳妇去；东家枣完，去妇复还。"其厉志如此。

吉与贡禹为友，世称"王阳在位，贡公弹冠"，言其取舍同也。元帝初即位，遣使者征贡禹与吉。吉年老，道病卒，上悼之，复遣使者吊祠云。

初，吉兼通《五经》，能为驺氏《春秋》，以《诗》、《论语》教授，好梁丘贺说《易》，令子骏受焉。骏以孝廉为郎。左曹陈咸荐骏贤父子，经明行修，宜显以厉俗。光禄勋匡衡亦举骏有专对材。迁谏大夫，使责淮阳宪王。迁赵内史。吉坐昌邑王被刑后，戒子孙毋为王国吏，故骏道病，免官归。起家复为幽州刺史，迁司隶校尉，奏免丞相匡衡，迁少府。八岁，成帝欲大用之，出骏为京兆尹，试以政事。先是，京兆有赵广汉、张敞、王尊、王章，至骏皆有能名，故京师称曰："前有赵、张，后有三王。"而薛宣从左冯翊代骏为少府，会御史大夫缺，谷永奏言："圣王不以名誉加于实效。考绩用人之法，薛宣政事已试。"上然其议。宣为少府月余，遂超御史大夫，至丞相，骏乃代宣为御史大夫，并居位。六岁病卒，翟方进代骏为大夫。数月，薛宣免，遂代为丞相。众人以骏恨不得封侯。骏为少府时，妻死，因不复娶，或问之，骏曰："德非曾参，子非华、元，亦何敢娶？"

骏子崇以父任为郎，历刺史、郡守，治有能名。建平三年，以河南太守征入为御史大夫数月。是时，成帝舅安成恭侯夫人放寡居，共养长信宫，坐祝诅下狱，崇奏封事，为放言。放外家解氏与崇为婚，哀帝以崇为不忠诚，策诏崇曰："朕与君有累世之美，故逾列次。在位以来，忠诚匡国未闻所由，反怀诈谖之辞，欲以攀救旧姻之家，大逆之辜，举错专恣，不遵法度，亡以示百僚。"左迁为大司农，后徙卫尉、左将军。平帝即位，王莽秉政，大司空彭宣乞骸骨，罢，崇代为大司空，封扶平侯。岁余，崇复谢病乞骸骨，皆避王莽，莽遣就国。岁余，为傅婢所毒，薨，国除。

自吉至崇，世名清廉，然材器名称稍不能及父，而禄位弥隆。皆好车马衣服，其自奉养极为鲜明，而亡金银锦绣之物。及迁徙去处，所载不过囊衣，不畜积余财。去位家居，亦布衣疏食。天下服其廉而怪其奢，故俗传"王阳能作黄金"。

贡禹字少翁，琅邪人也。以明经洁行著闻，征为博士、凉州刺史，病去官。复举贤良为河南令。岁余，以职事为府官所责，免冠谢。禹曰："冠一免，安复可冠也！"遂去官。

元帝初即位，征禹为谏大夫，数虚己问以政事。是时，年岁不登，郡国多困，禹奏言：

古者宫室有制，宫女不过九人，秣马不过八匹；墙涂而不雕，木摩而不刻，车舆器物皆不文画，苑囿不过数十里，与民共之；任贤使能，什一而税，亡它赋敛徭戍之役，使民岁不过三日，千里之内自给，千里之外各置贡职而已。故天下家给人足，颂声并作。

至高祖、孝文、孝景皇帝，循古节俭，宫女不过十余，厩马百余匹。孝文皇帝衣绨履革，器亡雕文金银之饰。后世争为奢侈，转转益甚，臣下亦相放效，衣服履裤刀剑乱于主上，主上时临朝入庙，众人不能别异，甚非其宜。然非自知奢僭也，犹鲁昭公曰："吾何僭矣？"

今大夫僭诸侯，诸侯僭天子，天子过天道，其日久矣。承衰救乱，矫复古化，在于陛下。臣愚以为尽如太古难，宜少放古以自节焉。《论语》曰："君子乐节礼乐。"方今宫室已定，亡可奈何矣，其余尽可减损。故时齐三服官输物不过十笥，方今齐三服官作工各数千人，一岁费数巨万。蜀广汉主金银器，岁各用五百万。三工官官费五千万，东西织室亦然。厩马食粟将万匹。臣禹尝从之东宫，见赐杯案，尽文画金银饰，非当所以赐食臣下也。东宫之费亦不可胜计。天下之民所为大饥饿死者，是也。今民大饥而死，死又不葬，为犬猪食。人至相食，而厩马食粟，苦其大肥，气盛怒至，乃日步作之。王者受命于天，为民父母，固当若此乎！天不见邪？武帝时又多取好女至数千人，以填宫。及弃天下，昭帝幼弱，霍光专事，不知礼正，妄多藏金钱财物，鸟、兽、鱼、鳖、牛、马、虎、豹生禽，凡百九十物，尽瘞藏之，又皆以后宫女置于园陵，大失礼，逆天心，又未必称武帝意也。昭帝晏驾，光复行之。至孝宣皇帝时，陛下恶有所言，群臣亦随故事，甚可痛也！故使天下承化，取女皆大过度，诸侯妻妾或至数百人，豪富吏民畜歌者至数十人，是以内多怨女，外多旷夫。及众庶葬埋，皆虚地上以实地下。其过自上生，皆在大臣循故事之罪也。

唯陛下深察古道，从其俭者，大减损乘舆服御器物，三分去二。子产多少有命，审察后宫，择其贤者留二十人，余悉归之。及诸陵园女亡子者，宜悉遣。独杜陵宫人数百，诚可哀怜也。厩马可亡过数十匹。独舍长安城南苑地以为田猎之囿，自城西南至山西至鄠皆复其田，以与贫民。方今天下饥馑，可亡大自损减以救之，称天意乎？天生圣人，盖为万民，非独使自娱乐而已也。故《诗》曰："天难谌斯，不易惟王"；"上帝临女，毋贰尔心"。"当仁不让"，独可以圣心参诸天地，揆之往古，不可与臣下议也。若其阿意顺指，随君上下，臣禹不胜拳拳，不敢不尽愚心。

天子纳善其忠，乃下诏令太仆减食谷马，水衡减食肉兽，省宜春下苑以与贫民，又罢角抵诸戏及齐三服官。迁禹为光禄大夫。顷之，禹上书曰："臣禹年老贫穷，家訾不满万钱，妻子糠豆不赡，袍褐不完。有田百三十亩，陛下过意征臣，臣卖田百亩以供车马。至，拜为谏大夫，秩八百石,俸钱月九千二百。廪食太官,又蒙赏赐四时杂缯、绵絮、衣服、酒肉诸果物,德厚甚深。疾病侍医临治,赖陛下神灵,不死而活。又拜为光禄大夫,秩二千石,俸钱月万二千。禄赐愈多,家日以益富,身日以益尊,诚非草茅愚臣所当蒙也。伏自念终亡以报厚德,日夜惭愧而已。臣禹犬马之齿八十一,血气衰竭,耳目不聪明,非复能有补益,所谓素餐尸禄洿朝之臣也。自痛去家三千里,凡有一子,年十二,非有在家为臣具棺椁者也。诚恐一旦蹎仆气竭,不复自还,洿席荐于宫室,骸骨弃捐,孤魂不归。不胜私愿,愿乞骸骨,及身生归乡里,死亡所恨。"

天子报曰:"朕以生有伯夷之廉,史鱼之直,守经据古,不阿当世,孳孳于民,俗之所寡,故亲近生,几参国政。今未得久闻生之奇论也,而云欲退,意岂有所恨与?将在位者与生殊乎?往者尝令金敞语生,欲及生时禄生之子,既已谕矣,今复云子少。夫以王命辨护生家,虽百子何以加?传曰亡怀土,何必思故乡!生其强饭慎疾以自辅。"后月余,以禹为长信少府。会御史大夫陈万年卒,禹代为御史大夫,列于三公。

自禹在位,数言得失,书数十上。禹以为古民亡赋算口钱,起武帝征伐四夷,重赋于民,民产子三岁则出口钱,故民重困,至于生子辄杀,甚可悲痛。宜令儿七岁去齿乃出口钱,年二十乃算。

又言古者不以金钱为币,专意于农,故一夫不耕,必有受其饥者。今汉家铸钱,及诸铁官皆置吏卒徒,攻山取铜铁,一岁功十万人已上,中农食七人,是七十万人常受其饥也。凿地数百丈,销阴气之精,地臧空虚,不能含气出云,斩伐林木亡有时禁,水旱之灾未必不由此也。自五铢钱起已来七十余年,民坐盗铸钱被刑者众,富人积钱满室,犹亡厌足。民心动摇,商贾求利,东西南北各用智巧,好衣美食,岁有十二之利,而不出租税。农夫父子暴露中野,不避寒暑,捽草杷土,手足胼胝,已奉谷租,又出稿税,乡部私求,不可胜供。故民弃本逐末,耕者不能半。贫民虽赐之田,犹贱卖以贾,穷则起为盗贼。何者?末利深而惑于钱也。是以奸邪不可禁,其原皆起于钱也。疾其末者绝其本,宜罢采珠玉金银铸钱之官,亡复以为币。市井勿得贩卖,除其租铢之律,租税禄赐皆以布帛及谷。使百姓一归于农,复古道便。

又言诸离宫及长乐宫卫可减其太半,以宽徭役。又诸官奴婢十万余人戏游亡事,税良民以给之,岁费五六巨万,宜免为庶人,廪食,令代关东戍卒,乘北边亭塞候望。又欲令近臣自诸曹、侍中以上,家亡得私贩卖,与民争利,犯者辄免官削爵,不得仕宦。禹又言:

孝文皇帝时,贵廉洁,贱贪污,贾人、赘婿及吏坐赃者皆禁锢不得为吏,赏善罚恶,不阿亲戚,罪白者伏其诛,疑者以与民,亡赎罪之法,故令行禁止,海内大化,天下断狱四百,与刑错亡异。武帝始临天下,尊贤用士,辟地广境数千里,自见功大威行,遂从耆欲,用度不足,乃行一切之变,使犯法者赎罪,入谷者补吏,是以天下奢侈,官乱民贫,盗贼并起,亡命者众。郡国恐伏其诛,则择便巧史书习于计簿能欺上府者,

以为右职;奸轨不胜,则取勇猛能操切百姓者,以苛暴威服下者,使居大位。故亡义而有财者显于世,欺谩而善书者尊于朝,悖逆而勇猛者贵于官。故俗皆曰:"何以孝弟为?财多而光荣。何以礼义为?史书而仕宦。何以谨慎为?勇猛而临官。"故黥劓而髡钳者犹复攘臂为政于世,行虽犬彘,家富势足,目指气使,是为贤耳。故谓居官而置富者为雄桀,处奸而得利者为壮士,兄劝其弟,父勉其子,俗之坏败,乃至于是!察其所以然者,皆以犯法得赎罪,求士不得真贤,相、守崇财利,诛不行之所致也。

今欲兴至治,致太平,宜除赎罪之法。相、守选举不以实,及有臧者,辄行其诛,亡但免官,则争尽力为善,贵孝弟,贱贾人,进真贤,举实廉,而天下治矣。孔子,匹夫之人耳。以乐道正身不解之故,四海之内,天下之君,微孔子之言亡所折中。况乎以汉地之广,陛下之德,处南面之尊,秉万乘之权,因天地之助,其于变世易俗,调和阴阳,陶冶万物,化正天下,易于决流抑队。自成、康以来,几且千岁,欲为治者甚众,然而太平不复兴者,何也?以其舍法度而任私意,奢侈行而仁义废也。

陛下诚深念高祖之苦,醇法太宗之治,正己以先下,选贤以自辅,开进忠正,致诛奸臣,远放谄佞,放出园陵之女,罢倡乐,绝郑声,去甲乙之帐,退伪薄之物,修节俭之化,驱天下之民皆归于农,如此不解,则三王可侔,五帝可及。唯陛下留意省察,天下幸甚。

天子下其议,令民产子七岁乃出口钱,自此始。又罢上林宫馆希幸御者,及省建章、甘泉宫卫卒,减诸侯王庙卫卒,省其半。余虽未尽从,然嘉其质直之意。禹又奏欲罢郡国庙,定汉宗庙迭毁之礼,皆未施行。

为御史大夫数月卒,天子赐钱百万,以其子为郎,官至东郡都尉。禹卒后,上追思其议,竟下诏罢郡国庙,定迭毁之礼,然通儒或非之,语在《韦玄成传》。

两龚皆楚人也,胜字君宾,舍字君倩。二人相友,并著名节,故世谓之楚两龚。少皆好学明经,胜为郡吏,舍不仕。

久之,楚王入朝,闻舍高名,聘舍为常侍,不得已随王,归国固辞,愿卒学,复至长安。而胜为郡吏,三举孝廉,以王国人不得宿卫补吏,再为尉,一为丞,胜辄至官乃去。州举茂才,为重泉令,病去官。大司空何武、执金吾阎崇荐胜,哀帝自为定陶王固已闻其名,征为谏大夫。引见,胜荐龚舍及亢父甯寿、济阴侯嘉,有诏皆征。胜曰:"窃见国家征医巫,常为驾,征贤者宜驾。"上曰:"大夫乘私车来邪?"胜曰:"唯唯。"有诏为驾,龚舍、侯嘉至,皆为谏大夫。甯寿称疾不至。

胜居谏官,数上书求见,言百姓贫,盗贼多,吏不良,风俗薄,灾异数见,不可不忧。制度泰奢,刑罚泰深,赋敛泰重,宜以俭约先下。其言祖述王吉、贡禹之意。为大夫二岁余,迁丞相司直,徙光禄大夫,守右扶风。数月,上知胜非拨烦吏,乃复还胜光禄大夫、诸吏给事中。胜言董贤乱

制度，由是逆上指。

　　后岁余，丞相王嘉上书荐故廷尉梁相等，尚书劾奏嘉"言事恣意，迷国罔上，不道。"下将军中朝议，左将军公孙禄、司隶鲍宣、光禄大夫孔光等十四人皆以为嘉应迷国不道法。胜独书议曰："嘉资性邪僻，所举多贪残吏。位列三公，阴阳不和，诸事并废，咎皆由嘉，迷国不疑，今举相等，过微薄。"日暮议者罢。明旦复会，左将军禄问胜："君议亡所据，今奏当上，宜何从？"胜曰："将军以胜议不可者，通劾之。"博士夏侯常见胜应禄不和，起至胜前谓曰："宜如奏所言。"胜以手推常曰："去！"

　　后数日，复会议可复孝惠、孝景庙不，议者皆以宜复。胜曰："当如礼。"常复谓胜："礼有变。"胜疾言曰："去！是时之变。"常恚，谓胜曰："我视君何若，君欲小与众异，外以采名，君乃申徒狄属耳！"先是，常又为胜道高陵有子杀母者，胜白之，尚书问："谁受？"对曰："受夏侯常。"尚书使胜问常，常连恨胜，即应曰："闻之白衣，戒君勿言也。奏事不详，妄作触罪。"胜穷，亡以对尚书，即自劾奏与常争言，洿辱朝廷。事下御史中丞，召诘问，劾奏"胜吏二千石，常位大夫，皆幸得给事中，与论议，不崇礼义，而居公门下相非恨，疾言辩讼，惰谩亡状，皆不敬。"制曰："贬秩各一等。"胜谢罪，乞骸骨。上乃复加赏赐，以子博为侍郎，出胜为渤海太守。胜谢病不任之官，积六月免归。

　　上复征为光禄大夫，胜常称疾卧，数使子上书乞骸骨，会哀帝崩。

　　初，琅邪邴汉亦以清行征用，至京兆尹，后为太中大夫。王莽秉政，胜与汉俱乞骸骨。自昭帝时，涿郡韩福以德行征至京师，赐策书束帛遣归。诏曰："朕闵劳以官职之事，其务修孝弟以教乡里。行道舍传舍，县次具酒肉，食从者及马。长吏以时存问，常以岁八月赐羊一头，酒二斛。不幸死者，赐複衾一，祠以中牢。"于是王莽依故事，白遣胜、汉。策曰："惟元始二年六月庚寅，光禄大夫、太中大夫耆艾二人以老病罢。太皇太后使谒者仆射策诏之曰：盖闻古者有司年至则致仕，所以恭让而不尽其力也。今大夫年至矣，朕愍以官职之事烦大夫，其上子若孙若同产、同产子一人。大夫其修身守道，以终高年。赐帛及行道舍宿，岁时羊酒衣衾，皆如韩福故事。所上子男皆除为郎。"于是胜、汉遂归老于乡里。汉兄子曼容亦养志自修，为官不肯过六百石，辄自免去，其名过出于汉。

　　初，龚舍以龚胜荐，征为谏大夫，病免。复征为博士，又病去。顷之，哀帝遣使者即楚拜舍为太山太守。舍家居在武原，使者至县请舍，欲令至廷拜授印绶。舍曰："王者以天下为家，何必县官？"遂于家受诏，便道之官。既至数月，上书乞骸骨。上征舍，至京兆东湖界，固称病笃。天子使使者收印绶，拜舍为光禄大夫。数赐告，舍终不肯起，乃遣归。

　　舍亦通《五经》，以《鲁诗》教授。舍、胜既归乡里，郡二千石长吏初到官皆至其家，如师弟子之礼。舍年六十八，王莽居摄中卒。

　　莽既篡国，遣五威将帅行天下风俗，将帅亲奉羊、酒存问胜。明年，莽遣使者即拜胜为讲学祭酒，胜称疾不应征。后二年，莽复遣使者奉玺书，太子师友祭酒印绶，安车驷马迎胜，即拜，秩上卿，先赐六月禄直以办装，使者与郡太守、县长吏、三老官属、行义诸生千人以上入胜里致诏。使者欲令胜起迎，久立门外，胜称病笃，为床室中户西南牖下，东首加朝服拖绅。使者入户，西行南面立，致诏付玺书，迁延再拜奉印绶，内安车驷马，进谓胜曰："圣朝未尝忘君，制作未定，待君为政，思闻所欲施行，以安海内。"胜对曰："素愚，加以年老被病，命在朝夕，随使君上道，必死道路，无益万分。"使者要说，至以印绶就加胜身，胜辄推不受。使者即上言："方盛夏暑热，胜病少气，可须秋凉乃发。"有诏许。使者五日一与太守俱问起居，为胜两子及门人高晖等言："朝廷虚心待君以茅土之封，虽疾病，宜动移至传舍，示有行意，必为子孙遗大业。"晖等白使者语，胜自知不见听，即谓晖等："吾受汉家厚恩，亡以报，今年老矣，旦暮入地，谊岂以一身事二姓，下见故主哉？"胜因敕以棺敛丧事："衣周于身，棺周于衣。勿随俗动吾冢，种柏，作祠堂。"语毕，遂不复开口饮食，积十四日死，死时七十九矣。使者、太守临敛，赐複衾祭祠如法。门人衰绖治丧者百数。有老父来吊，哭甚哀，既而曰："嗟乎！薰以香自烧，膏以明自销。龚生竟夭天年，非吾徒也。"遂趋而出，莫知其谁。胜居彭城廉里，后世刻石表其里门。

　　鲍宣字子都，渤海高城人也。好学，明经，为县乡啬夫，守束州丞。后为都尉、太守、功曹，举孝廉为郎，病去官，复为州从事。大司马卫将军王商辟宣，荐为议郎，后以病去。哀帝初，大司空何武除宣为西曹掾，甚敬重焉，荐宣为谏大夫，迁豫州牧。岁余，丞相司直郭钦奏"宣举错烦苛，代二千石署吏听讼，所察过诏条。行部乘传去法驾，驾一马，舍宿乡亭，为众所非。"宣坐免。归家数月，复征为谏大夫。

　　宣每居位，常上书谏争，其言少文多实。是时，帝祖母傅太后欲与成帝母俱称尊号，封爵亲属，丞相孔光、大司空师丹、何武、大司马傅喜始执正议，失傅太后指，皆免官。丁、傅子弟并进，董贤贵幸，宣以谏大夫从其后，上书谏曰：

　　窃见孝成皇帝时，外亲持权，人人牵引所私以充塞朝廷，妨贤人路，浊乱天下，奢泰亡度，穷困百姓，是以日蚀且十，彗星四起。危亡之征，陛下所亲见也，今奈何反复剧于前乎？朝臣亡有大儒骨鲠，白首耆艾，魁垒之士，论议通古今，喟然动众心，忧国如饥渴者，臣未见也。敦外亲小童及幸臣董贤等在公门省户下，陛下欲与此共承天地，安海内，甚难。今世俗谓不智者为能，谓智者为不能。昔尧放四罪而天下服，今除一吏而众皆惑；古刑人尚服，今赏人反惑。请寄为奸，群小日进。国家空虚，用度不足。民流亡，去城郭，盗贼并起，吏为残贼，岁增于前。

　　凡民有七亡：阴阳不和，水旱为灾，一亡也；县官重责更赋租税，二亡也；贪吏并公，受取不已，三亡也；豪强大姓蚕食亡厌，四亡也；苛吏徭役，失农桑时，五亡也；部落鼓鸣，男女遮列，六亡也；盗贼劫略，取民财物,七亡也。七亡尚可,又有七死:酷吏殴杀,一死也;治狱深刻,二死也;冤陷亡辜,三死也;盗贼横发,四死也;怨仇相残,五死也;岁恶饥饿,六死也;时气疾疫,七死也。民有七亡而无一得,欲望国安,诚难;民有七死而无一生,欲望刑措,诚难。此非公卿、守、相贪残成化之所致邪?群臣幸得居尊官,食重禄,岂有肯加恻隐于细民,助陛下流教化者邪?志但在营私家,称宾客,为奸利而已。以苟容曲从为贤,以拱默尸禄为智,谓如臣宣等为愚。陛下擢臣岩穴,诚冀有益毫毛,岂徒欲使臣美食大官,重高门之地哉!

天下乃皇天之天下也,陛下上为皇天子,下为黎庶父母,为天牧养元元,视之当如一,合《尸鸠》之诗。今贫民菜食不厌,衣又穿空,父子夫妇不能相保,诚可为酸鼻。陛下不救,将安所归命乎?奈何独私养外亲与幸臣董贤,多赏赐以大万数,使奴从宾客浆酒霍肉,苍头庐儿皆用致富!非天意也。及汝昌侯傅商亡功而封。夫官爵非陛下之官爵,乃天下之官爵也。陛下取非其官,官非其人,而望天说民服,岂不难哉!

方阳侯孙宠、宜陵侯息夫躬辩足以移众,强可用独立,奸人之雄,或世尤剧者也,宜以时罢退。及外亲幼童未通经术者,皆宜令休就师傅。急征故大司马傅喜使领外亲。故大司空何武、师丹、故丞相孔光、故左将军彭宣,经皆更博士,位皆历三公,智谋威信,可与建教化,图安危。龚胜为司直,郡国皆慎选举,三辅委输官不敢为奸,可大委任也。陛下前以小不忍退武等,海内失望。陛下尚能容亡功德者甚众,曾不能忍武等邪!治天下者当用天下之心为心,不得自专快意而已也。上之皇天见谴,下之黎庶怨恨,次有谏争之臣,陛下苟欲自薄而厚恶臣,天下犹不听也。臣虽愚戆,独不知多受禄赐,美食太官,广田宅,厚妻子,不与恶人结仇怨以安身邪?诚迫大义,官以谏争为职,不敢不竭愚。惟陛下少留神明,览《五经》之文,原圣人之至意,深思天地之戒。臣宣呐钝于辞,不胜惓惓,尽死节而已。

上以宣名儒,优容之。

是时,郡国地震,民讹言行筹,明年正月朔日蚀,上乃征孔光,免孙宠、息夫躬,罢待中诸曹黄门郎数十人。宣复上书言:

陛下父事天,母事地,子养黎民,即位已来,父亏明,母震动,子讹言相惊恐。今日蚀于三始,诚可畏惧。小民正月朔日尚恐毁败器物,何况于日亏乎!陛下深内自责,避正殿,举直言,求过失,罢退外亲及旁仄素餐之人,征拜孔光为光禄大夫,发觉孔宠、息夫躬过恶,免官遣就国,众庶歙然,莫不说喜。天人同心,人心说则天意解矣。乃二月丙戌,白虹虹日,连阴不雨,此天有忧结未解,民有怨望未塞者也。

侍中、驸马都尉董贤本无葭莩之亲,但以令色谀言自进,赏赐亡度,竭尽府藏,并合三第尚以为小,复坏暴室。贤父子坐使天子使者将作治第,行夜吏卒皆得赏赐。上冢有会,辄太官为供。海内贡献当养一君,今反尽之贤家,岂天意与民意邪!天不可久负,厚之如此,反所以害之也。诚欲哀贤,宜为谢过天地,解仇海内,免遣就国,收乘舆器物,还之县官。如此,可以父子终其性命;不者,海内之所仇,未有得久安者也。

孙宠、息夫躬不宜居国,可皆免以视天下。复征何武、师丹、彭宣、傅喜,旷然使民易视,以应天心,建立大政,以兴太平之端。

高门去省户数十步,求见出入,二年未省,欲使海濒仄陋自通,远矣!愿赐数刻之间,极竭毛、罢之思,退入三泉,死亡所恨。

上感大异,纳宣言,征何武、彭宣,旬月皆复为三公。拜宣为司隶。时,哀帝改司隶校尉但为司隶,官比司直。

丞相孔光四时行园陵,官属以令行驰道中,宣出逐之,使吏钩止丞相掾史,没入其车马,摧辱宰相。事下御史,中丞侍御史至司隶官,欲捕从事,闭门不肯内。宣坐距闭使者,亡人臣礼,大不敬,不道,下廷尉狱。博士弟子济南王咸举幡太学下,曰:"欲救鲍司隶者会此下。"诸生会者千余人。朝日,遮丞相孔光自言,丞相车不得行,又守阙上书。上遂抵宣罪减死一等,髡钳。宣既被刑,乃徙之上党,以为其地宜田牧,又少豪俊,易长雄,遂家于长子。

平帝即位,王莽秉政,阴有篡国之心,乃风州郡以罪法案诛诸豪桀,及汉忠直臣不附己者,宣及何武等皆死。时,名捕陇西辛兴,兴与宣女婿许绀俱过宣,一饭去,宣不知情,坐系狱,自杀。

自成帝至王莽时,清名之士,琅邪又有纪逡王思,齐则薛方子容,太原则郇越臣仲、郇相稚宾、沛郡则唐林子高、唐尊伯高,皆以明经饬行显名于世。

纪逡、两唐皆仕王莽,封侯贵重,历公卿位。唐林数上疏谏正,有忠直节。唐尊衣敝履空,以瓦器饮食,又以历遗公卿,被虚伪名。

郇越、相,同族昆弟也,并举州郡孝廉、茂材,数病,去官。越散其先人訾千余万,以分施九族州里,志节尤高。相王莽时征为太子四友,病死,莽太子遣使祝以衣衾,其子攀棺不听,曰:"死父遗言,师友之送勿有所受,今于皇太子得托友config,故不受也。"京师称之。

薛方尝为郡掾祭酒,尝征不至,及莽以安车迎方,方因使者辞谢曰:"尧、舜在上,下有巢由,今明主方隆唐、虞之德,小臣欲守箕山之节也。"使者以闻,莽说其言,不强致。方居家以经教授,喜属文,著诗赋数十篇。

始𬜬鹿郭钦,哀帝时为丞相司直,奏免豫州牧鲍宣、京兆尹薛修等,又奏董贤,左迁卢奴令,平帝时迁南郡太守。而杜陵蒋诩元卿为兖州刺史,亦以廉直为名。王莽居摄,钦、诩皆以病免官,归乡里,卧不出户,卒于家。

齐栗融客卿、北海禽庆子夏、苏章游卿、山阳曹竟期皆儒生,去官不仕于莽。莽死,汉更始征竟以为丞相,封侯,欲视致贤人,销寇贼。竟不受侯爵。会赤眉入长安,欲降竟,竟手剑格死。

世祖即位,征薛方,道病卒。两龚、鲍宣子孙皆见褒表,至大官。

赞曰：《易》称"君子之道，或出或处，或默或语"，言其各得道之一节，譬诸草木，区以别矣。故曰山林之士往而不能反，朝廷之士入而不能出，二者各有所短。春秋列国卿大夫及至汉兴将相名臣，怀禄耽宠以失身者多矣！是故清节之士于是为贵。然大率多能自治而不能治人。王、贡之材，优于龚、鲍。守死善道，胜实蹈焉。贞而不谅，薛方近之。郭钦、蒋诩好遁不污，绝纪、唐矣！

卷七十三　　韦贤传第四十三

韦贤字长孺，鲁国邹人也。其先韦孟，家本彭城，为楚元王傅，傅子夷王及孙王戊。戊荒淫不遵道，孟作诗风谏。后遂去位，徙家于邹，又作一篇。其谏诗曰：

　　肃肃我祖，国自豕韦，黼衣朱绂，四牡龙旂。彤弓斯征，抚宁遐荒，总齐群邦，以翼大商，迭披大彭，勋绩惟光。至于有周，历世会同。王赧听谮，实绝我邦。我邦既绝，厥政斯逸，赏罚之行，非由王室。庶尹群后，靡扶靡卫，五服崩离，宗周以队。我祖斯微，迁于彭城，在予小子，勤唉厥生，厄此嫚秦，耒耜以耕。悠悠嫚秦，上天不宁，乃眷南顾，授汉于京。

　　于赫有汉，四方是征，靡适不怀，万国逌平。乃命厥弟，建侯于楚，俾我小臣，惟傅是辅。兢兢元王，恭俭净一，惠此黎民，纳彼辅弼。飨国渐世，垂烈于后，乃及夷王，克奉厥绪。咨命不永，唯王统祀。左右陪臣，此惟皇士。

　　如何我王，不思守保，不惟履冰，以继祖考！邦事是废，逸游是娱，犬马繇繇，是放是驱。务彼鸟兽，忽此稼苗，烝民以匮，我王以愉。所弘非德，所亲非俊，唯囿是恢，唯谀是信。喻喻谄夫，谔谔黄发，如何我王，曾不是察！既藐下臣，追欲从逸，嫚彼显祖，轻兹削黜。

　　嗟嗟我王，汉之睦亲，曾不夙夜，以休令闻！穆穆天子，临尔下土，明明群司，执宪靡顾。正遐由近，殆其怙兹，嗟嗟我王，曷不此思。

　　非思非鉴，嗣其罔则，弥弥其失，岌岌其国。致冰匪霜，致队靡嫚，瞻惟我王，昔靡不练。兴国救颠，孰违悔过，追思黄发，秦缪以霸。岁月其徂，年其逮者，于昔君子，庶显于后。我王如何，曾不斯览！黄发不近，胡不时监！

其在邹诗曰：

　　微微小子，既耇且陋，岂不牵位，穆我王朝。王朝肃清，唯俊之庭，顾瞻余躬，惧秽此征。

　　我之退征，请于天子，天子我恤，矜我发齿。赫赫天子，明哲且仁，悬车之义，以洎小臣。嗟我小子，岂不怀土？庶我王瘉，越迁于鲁。

　　既去祢祖，惟怀惟顾，祁祁我徒，戴负盈路。爰戾于邹，剪茅作堂，我徒我环，筑室于墙。

　　我既匽逝，心存我旧，梦我渍上，立于王朝。其梦如何？梦争王室。其争如何？梦王我弼。寤其外邦，叹其喟然，念我祖考，泣涕其涟。微微老夫，咨既迁绝，洋洋仲尼，视我遗烈。济济邹鲁，礼义唯恭，诵习弘歌，于异他邦。我虽鄙耇，心其好而，我徒佩尔，乐亦在而。

孟卒于邹。或曰其子孙好事，述先人之志而作是诗也。

自孟至贤五世。贤为人质朴少欲，笃志于学，兼通《礼》、《尚书》，以《诗》教授，号称邹鲁大儒。征为博士，给事中，进授昭帝《诗》，稍迁光禄大夫、詹事，至大鸿胪。昭帝崩，无嗣，大将军霍光与公卿共尊立孝宣帝。帝初即位，贤以与谋议，安宗庙，赐爵关内侯，食邑。徙为长信少府。以先帝师，甚见尊重。本始三年，代蔡义为丞相，封扶阳侯，食邑七百户。时，贤七十余，为相五岁，地节三年，以老病乞骸骨，赐黄金百斤，罢归，加赐第一区。丞相致仕自贤始。年八十二薨，谥曰节侯。

贤四子：长子方山为高寝令，早终；次子弘，至东海太守；次子舜，留鲁守坟墓；少子玄成，复以明经历位至丞相。故邹鲁谚曰："遗子黄金满籯，不如一经。"

玄成字少翁，以父任为郎，常侍骑。少好学，修父业，尤谦逊下士。出遇知识步行，辄下从者，与载送之，以为常。其接人，贫贱者益加敬，由是名誉日广。以明经擢为谏大夫，迁大河都尉。

初，玄成兄弘为太常丞，职奉宗庙，典诸陵邑，烦剧多罪过。父贤以弘当为嗣，故敕令自免。弘怀谦，不去官。及贤病笃，弘竟坐宗庙事系狱，罪未决。室家问贤当为后者，贤恚恨不肯言。于是贤门下生博士义倩等与宗家计议，共矫贤令，使家丞上书言大行，以大河都尉玄成为后。贤薨，玄成在官闻丧，又言当为嗣，玄成深知其非贤雅意，即阳为病狂，卧便利，妄笑语昏乱。征至长安，既葬，当袭爵，以病狂不应召。大鸿胪奏状，章下丞相、御史案验。玄成素有名声，士大夫多疑其欲让爵辟兄者。案事丞相史乃与玄成书曰："古之辞让，必有文义可观，故能垂荣于后。今子独坏容貌，蒙耻辱，为狂痴，光耀暗而不宣。微哉！子之所托名也。仆素愚陋，过为宰相执事，愿少闻风声。不然，恐子伤高而仆为小人也。"玄成友人侍郎章亦上疏言："圣王贵以礼让为国，宜优养玄成，勿枉其志，使得自安衡门之下。"而丞相、御史遂以玄成实不病，劾奏之。有诏勿劾，引拜。玄成不得已受爵。宣帝高其节，以玄成为河南太守。兄弘太山都尉，迁东海太守。

数岁，玄成征为未央卫尉，迁太常。坐与故平通侯杨恽厚善，恽诛，党友皆免官。后以列侯侍祀孝惠庙，当晨入庙，天雨淖，不驾驷马车而骑至庙下。有司劾奏，等辈数人皆削爵为关内侯。玄成自伤贬黜父爵，叹曰："吾何面目以奉祭祀！"作诗自劾责，曰：

　　赫矣我祖，侯于豕韦，赐命建伯，有殷以绥。厥绩既昭，车服有常，朝宗周邑，四牡翔翔。德之令显，庆流于裔，宗周至汉，群后历世。

肃肃楚傅,辅翼元、夷,厥驷有庸,惟慎惟祗。嗣王孔佚,越仟于邹,五世圹僚,至我节侯。

惟我节侯,显德遐闻,左右昭、宣,五品以训。既奇致位,惟懿惟纯,厥赐祁祁,百金洎馆。国彼扶阳,在京之东,惟帝是留,政谋是从。绎绎六辔,是列是理,威仪济济,朝享天子。天子穆穆,是宗是师,四方遐尔,观国之辉。

茅土之继,在我俊兄,惟我俊兄,是让是形。于休厥德,于赫有声,致我小子,越留于京。惟我小子,不肃会同,惰彼车服,黜此附庸。

赫赫显爵,自我队之;微微附庸,自我招之。谁能忍愧,寄之我颜;谁将遐征,从之夷蛮。于赫三事,匪俊匪作,于蔑小子,终焉其度。谁谓华高,企其齐而;谁谓德难,厉其庶而。嗟我小子,于贰其尤,队彼令声,申此择辞。四方群后,我监我视,威仪车服,唯肃是履!

初,宣帝宠姬张婕妤男淮阳宪王好政事,通法律,上奇其才,有意欲以为嗣,然用太子起于细微,又早失母,故不忍也。久之,上欲感风宪王,辅以礼让之臣,乃召拜玄成为淮阳中尉。是时,王未就国,玄成受诏,与太子太傅萧望之及《五经》诸儒杂论同异于石渠阁,条奏其对。及元帝即位,以玄成为少府,迁太子太傅,至御史大夫。永光中,代于定国为丞相。贬黜十年之间,遂继父相位,封侯故国,荣当世焉。玄成复作诗,自著复玷缺之艰难,因以戒示子孙,曰:

于肃君子,既令厥德,仪服此恭,棣棣其则。咨余小子,既德靡逮,曾是车服,荒嫚以队。

明明天子,俊德烈烈,不遂我遗,恤我九列。我既兹恤,惟夙惟夜,畏忌是申,供事靡惰。天子我监,登我三事,顾我伤队,爵复我旧。我既此登,望我旧阶,先后兹度,涟涟孔怀。司直御事,我熙我盛;群公百僚,我嘉我庆。于异卿士,非同我心,三事惟艰,莫我肯矜。赫赫三事,力最此毕,非我所度,退其罔日。昔我之队,畏不此居,今我度兹,戚戚其惧。

嗟我后人,命其靡常,靖享尔位,瞻仰靡荒。慎尔会同,戒尔车服,无惰尔仪,以保尔域。尔无我视,不慎不整;我之此复,惟禄之幸。於戏后人,惟肃惟栗。无忝显祖,以蕃汉室!

玄成为相七年,守正持重不及父贤,而文采过之。建昭三年薨,谥曰共侯。初,贤以昭帝时徙平陵,玄成别徙杜陵,病且死,因使者自白曰:"不胜父子恩,愿乞骸骨,归葬父墓。"上许焉。

子顷侯宽嗣。薨,子僖侯育嗣。薨,子节侯沈嗣。自贤传国至玄孙乃绝。玄成兄高寝令方山子安世历郡守、大鸿胪、长乐卫尉,朝廷称有宰相之器,会其病终。而东海太守弘子赏亦明《诗》。哀帝为定陶王时,赏为太傅。哀帝即位,赏以旧恩为大司马车骑将军,列为三公,赐爵关内侯,食邑千户,亦年八十余,以寿终。宗族至吏二千石者十余人。

初,高祖时,令诸侯王都皆立太上皇庙。至惠帝尊高帝为太祖庙,景帝尊孝文庙为太宗庙,行所尝幸郡国各立太祖、太宗庙。至宣帝本始二年,复尊孝武庙为世宗庙,行所巡狩亦立焉。凡祖宗庙在郡国六十八,合百六十七所。而京师自高祖下至宣帝,与太上皇、悼皇考各自居陵旁立庙,并为百七十六。又园中各有寝、便殿,日祭于寝,月祭于庙,时祭于便殿。寝,日四上食;庙,岁二十五祠;便殿,岁四祠。又月一游衣冠。而昭灵后、武哀王、昭哀后、孝文太后、孝昭太后、卫思后、戾太子、戾后各有寝园,与诸帝合,凡三十所。一岁祠,上食二万四千四百五十五,用卫士四万五千一百二十九人,祝宰乐人万二千一百四十七人,养牺牲卒不在数中。

至元帝时,贡禹奏言:"古者天子七庙,今孝惠、孝景庙皆亲尽,宜毁。及郡国庙不应古礼,宜正定。"天子是其议,未及施行而禹卒。光永四年,乃下诏先议罢郡国庙,曰:"朕闻明王之御世也,遭时为法,因事制宜。往者天下初定,远方未宾,因尝所亲以立宗庙,盖建威销萌,一民之至权也。今赖天地之灵,宗庙之福,四方同轨,蛮貊贡职,久遵而不定,令疏远卑贱共承尊祀,殆非皇天祖宗之意,朕甚惧焉。传不云乎?'吾不与祭,如不祭。'其与将军、列侯、中二千石、二千石、诸大夫、博士、议郎议。"丞相玄成、御史大夫郑弘、太子太傅严彭祖、少府欧阳地馀、谏大夫尹更始等七十人皆曰:"臣闻祭,非自外至者也,由中出,生于心也。故唯圣人为能飨帝,孝子为能飨亲。立庙京师之居,躬亲承事,四海之内各以其职来助祭,尊亲之大义,五帝、三王所共,不易之道也。《诗》云:'有来雍雍,至止肃肃,相维辟公,天子穆穆。'《春秋》之义,父不祭于支庶之宅,君不祭于臣仆之家,王不祭于下土诸侯。臣等愚以为宗庙在郡国,宜无修,臣请勿复修。"奏可。因罢昭灵后、武哀王、昭哀后、卫思后、戾太子、戾后园,皆不奉祠,裁置吏卒守焉。

罢郡国庙后月余,复下诏曰:"盖闻明王制礼,立亲庙四,祖宗之庙,万世不毁,所以明尊祖敬宗,著亲亲也。朕获承祖宗之重,惟大礼未备,战栗恐惧,不敢自专,其与将军、列侯、中二千石、二千石、诸大夫、博士议。"玄成等四十四人奏议曰:《礼》,王者始受命,诸侯始封之君,皆为太祖。以下,五庙而迭毁,毁庙之主臧乎太祖,五年而再殷祭,言一祫一禘也。祫祭者,毁庙与未毁庙之主皆合食于太祖,父为昭,子为穆,孙复为昭,古之正礼也。《祭义》曰:'王者禘其祖自出,以其祖配之,而立四庙。'言始受命而王,祭天以其祖配,而不为立庙,亲尽也。立亲庙四,亲亲也。亲尽而迭毁,亲疏之杀,示有终也。周之所以七庙者,以后稷始封,文王、武王受命而王,是以三庙不毁,与亲庙四而七。非有后稷始封,文、武受命之功者,皆当亲尽而毁。成王成二圣之业,制礼作乐,功德茂盛,庙犹不世,以行为谥而已。《礼》,庙在大门之内,不敢远亲也。臣愚以为高帝受命定天下,宜为帝者太祖之庙,世世不毁,承后属尽者宜毁。今宗庙异处,昭穆不序,宜入就太祖庙而序昭穆如礼。太上皇、孝惠、孝文、孝景庙皆亲尽宜毁,皇考庙亲未尽,如故。"大司马车骑将军许嘉等二十九人以为,孝文皇帝除诽谤,去肉刑,躬节俭,不受献,罪人不帑,不私其利,出美人,重绝人类,宾赐长老,收恤孤独,德厚侔天地,利泽施四海,宜为帝者太宗之庙。廷尉忠以为,孝武皇帝改正朔,易服色,攘四夷,宜为世宗之庙。谏大夫尹更始等十八人以为,皇考庙上序于昭穆,非正礼,宜毁。于是上重其事,依违者一年,乃下诏曰:"盖闻王者祖有功而宗有德,尊尊之大义也;存亲庙四,亲亲之至恩也。高皇帝为天下诛暴除乱,受命而帝,功莫大焉。孝文皇帝国为代王,诸吕作乱,海内摇动,然群臣黎庶靡不一意,北面而归心,犹谦辞固让而后即位,削乱秦之迹,兴三代之风,是以百姓晏然,咸获嘉福,德莫盛焉。高皇帝为汉太祖,孝文皇帝为太宗,世世承祀,传之无穷,朕甚乐之。孝宣皇帝为孝昭皇帝后,于义一体。孝景皇帝庙及皇考庙皆亲尽,其正礼仪。"玄成等奏曰:"祖宗之庙世世不毁,继祖以下,五庙而迭毁。今高皇帝为太祖,孝文皇帝为太宗,孝景皇帝为昭,孝武皇帝为穆,孝昭皇帝与孝宣皇帝俱为昭。皇考庙亲未尽。太上、孝惠皇帝皆亲尽,宜毁。太上庙主宜瘗园,孝惠皇帝为穆,主迁于太祖庙,寝园皆无复修。"奏可。

议者又以为《清庙》之诗言交神之礼无不清静,今衣冠出游,有车骑之众,风雨之气,非所谓清静也。"祭不欲数,数则渎,渎则不敬。"宜复古礼,四时祭于庙,诸寝园日月间祀皆可勿复修。上亦不改也。明年,玄成复言:"古者制礼,别尊卑贵贱,国君之母非適不得配食,则荐于寝,身没而已。陛下躬至孝,承天心,建祖宗,定迭毁,序昭穆,大礼既定,孝文太后、孝昭太后寝祠园宜如礼勿复修。"奏可。后岁余,玄成薨,匡衡为丞相。上寝疾,梦祖宗谴罢郡国庙,上少弟楚孝王亦梦焉。上诏问衡,议欲复之,衡深言不可。上疾久不平,衡惶恐,祷高祖、孝文、孝武庙曰:"嗣曾孙皇帝恭承洪业,夙夜不敢康宁,思育休烈,以章祖宗之盛功。故动作接神,必因古圣之经。往者有司以为前因所幸而立庙,将以系海内之心,非为尊祖严亲也。今赖宗庙之灵,六合之内莫不附亲,庙宜一居京师,天子亲奉,郡国庙可止毋修。皇帝祗肃旧礼,尊重神明,即告于祖宗而不敢失。今皇帝有疾不豫,乃梦祖宗见戒立庙,楚王梦亦有其序。皇帝悼惧,即诏臣衡复修立。谨案上世帝王承祖祢之大礼,皆不敢不自亲。郡国吏卑贱,不可使独承。又祭祀之义以民为本,间者岁数不登,百姓匮乏,郡国庙无以修立。《礼》,凶年则杀事不举,以祖祢之意为不乐,是以不敢复。如诚非礼义之中,违祖宗之心,咎尽在臣衡,当受其殃,大被其疾,队在沟渎之中。皇帝至孝肃慎,宜蒙祐福。唯高皇帝、孝文皇帝、孝武皇帝省察,右飨皇帝之孝,并赐皇帝眉寿亡疆,令所疾日瘳,平复反常,永保宗庙,天下幸甚!"又告谢毁庙曰:"往者大臣以为,在昔帝王承祖宗之休典,取象天地,天序五行,人亲五属,天子奉天,故率其意而尊其制。是以禘尝之序,靡有过五。受命之君躬接于天,万世不堕。继烈以下,五庙而迁,上陈太祖,间岁而祫,其道应天,故福禄永终。太上皇非受命而属尽,义则当迁。又以为孝莫大于严父,故父之所尊子不敢不承,父之所异子不敢同。礼,公子不得为母信,为后则于子祭,于孙止,尊祖严父之义也。寝日四上食,园庙间祠,皆可亡修。皇帝思慕悼惧,未敢尽从。惟念高皇帝圣德茂盛,受命溥将,钦若稽古,承顺天心,子孙本支,陈锡亡疆。诚以为迁

庙合祭,久长之策,高皇帝之意,乃敢不听?即以今日迁太上、孝惠庙,孝文太后、孝昭太后寝,将以昭祖宗之德,顺天人之序,定无穷之业。今皇帝未受兹福,乃有不能共职之疾。皇帝愿复修承祀,臣衡等咸以为礼不得。如不合高皇帝、孝惠皇帝、孝文皇帝、孝武皇帝、孝昭皇帝、孝宣皇帝、太上皇、孝文太后、孝昭太后之意,罪尽在臣衡等,当受其咎。今皇帝尚未平,诏中朝臣具复毁庙之文。臣衡中朝臣咸复以为天子之祀义有所断,礼有所承,违统背制,不可以奉先祖,皇天不祐,鬼神不飨。《六艺》所载皆言不当,无所依缘,以作其文。事如失指,罪乃在臣衡,当深受其殃。皇帝宜厚蒙祉福,嘉气日兴,疾病平复,永保宗庙,与天亡极,群生百神,有所归心。"诸庙皆同文。

久之,上疾连年,遂尽复诸所罢寝庙园,皆修祀如故。初,上定迭毁礼,独尊孝文庙为太宗,而孝武庙亲未尽,故未毁。上于是乃复申明之,曰:"孝宣皇帝尊孝武庙曰世宗,损益之礼,不敢有与焉。他皆如旧制。"唯郡国庙遂废云。

元帝崩,衡奏言:"前以上体不平,故复诸所罢祠,卒不蒙福。案卫思后、戾太子、戾后园,亲未尽。孝惠、孝景庙亲尽,宜毁。及太上皇、孝文、孝昭太后、昭灵后、昭哀后、武哀王祠,请悉罢,勿奉。"奏可。初,高后时患臣下妄非议先帝宗庙寝园官,故定著令,敢有擅议者弃市。至元帝改制,蠲除此令。成帝时以无继嗣,河平元年复复太上皇寝庙园,世世奉祠。昭灵后、武哀王、昭哀后并食于太上寝庙如故,又复擅议宗庙之命。

成帝崩,哀帝即位。丞相孔光、大司空何武奏言:"永光五年制书,高皇帝为汉太祖,孝文皇帝为太宗。建昭五年制书,孝武皇帝为世宗。损益之礼,不敢有与。臣愚以为迭毁之次,当以时定,非令所为擅议宗庙之意也。臣请与群臣杂议。"奏可。于是,光禄勋彭宣、詹事满昌、博士左咸等五十三人皆以为继祖宗以下,五庙而迭毁,后虽有贤君,犹不得与祖宗并列。子孙虽欲褒大显扬而立之,鬼神不飨也。孝武皇帝虽有功烈,亲尽宜毁。

太仆王舜、中垒校尉刘歆议曰:

臣闻周室既衰,四夷并侵,猃狁最强,于今匈奴是也。至宣王南而伐之,诗人美而颂之曰"薄伐猃狁,至于太原",又曰"啴啴推推,如霆如雷,显允方叔,征伐猃狁,荆蛮来威",故称中兴。及至幽王,犬戎来伐,杀幽王,取宗器。自是之后,南夷与北夷交侵,中国不绝如线。《春秋》纪齐桓南伐楚,北伐山戎,孔子曰:"微管仲,吾其被发左衽矣。"是故弃桓之过而录其功,以为伯首。及汉兴,冒顿始强,破东胡,禽月氏,并其土地,地广兵强,为中国害。南越尉佗总百粤,自称帝。故中国虽平,犹有四夷之患,且无宁岁。一方有急,三面救之,是天下皆动而被其害也。孝文皇帝厚以货赂,与结和亲,犹侵暴无已。甚者,兴师十余万众,近屯京师及四边,岁发屯备虏,其为患久矣,非一世之渐也。诸侯郡守连匈奴及百粤以为逆者非一人也。匈奴所杀郡守、都尉,略取人民,不可胜数。孝武皇帝愍中国罢劳无安宁之时,乃遣大将军、骠骑、伏

波、楼船之属，南灭百粤，起七郡；北攘匈奴，降昆邪十万之众，置五属国，起朔方，以夺其肥饶之地；东伐朝鲜，起玄菟、乐浪，以断匈奴之左臂；西伐大宛，并三十六国，结乌孙，起敦煌、酒泉、张掖，以隔婼羌，裂匈奴之右肩。单于孤特，远遁于幕北。四垂无事，斥地远境，起十余郡。功业既定，乃封丞相为富民侯，以大安天下，富实百姓，其规模可见。又招集天下贤俊，与协心同谋，兴制度，改正朔，易服色，立天地之祠，建封禅，殊官号，存周后，定诸侯之制，永无逆争之心，至今累世赖之。单于守藩，百蛮服从。万世之基也，中兴之功未有高焉者也。高帝建大业，为太祖；孝文皇帝德至厚也，为文太宗，孝武皇帝功至著也，为武世宗，此孝宣帝所以发德音也。

《礼记·王制》及《春秋·穀梁传》，天子七庙，诸侯五，大夫三，士二。天子七日而殡，七月而葬；诸侯五日而殡，五月而葬。此丧事尊卑之序也，与庙数相应。其文曰："天子三昭三穆，与太祖之庙而七；诸侯二昭二穆，与太祖之庙而五。"故德厚者流光，德薄者流卑。《春秋左氏传》曰："名位不同，礼亦异数。"自上以下，降杀以两，礼也。七者，其正法数，可常数者也。宗不在此数中。宗，变也，苟有功德则宗之，不可预为设数。故于殷，太甲为太宗，大戊曰中宗，武丁曰高宗。周公为《毋逸》之戒，举殷三宗以劝成王。由是言之，宗无数也，然则所以劝帝之功德博矣。以七庙言之，孝武皇帝未宜毁；以所宗言之，则不可谓无功德。《礼记》祀典曰："夫圣王之制祀也，功施于民则祀之，以劳定国则祀之，能救大灾则祀之。"窃观孝武皇帝，功德皆兼而有焉。凡在于异姓，犹将特祀之，况于先祖？或说天子五庙无见文，又说中宗、高宗者，宗其道而毁其庙。名与实异，非尊德贵功之意也。《诗》云："蔽芾甘棠，勿剪勿伐，邵伯所茇。"思其人犹爱其树，况宗其道而毁其庙乎？迭毁之礼自有常法，无殊功异德，固以亲疏相推也。至祖宗之序，多少之数，经传无明文，至尊至重，难以疑文虚说定也。孝宣皇帝举公卿之议，用众儒之谋，既以为世宗之庙，建之万世，宣布天下。臣愚以为孝武皇帝功烈如彼，孝宣皇帝崇立之如此，不宜毁。"上览其议而从之。制曰："太仆舜、中垒校尉歆议可。"

歆又以为："礼，去事有杀，故《春秋外传》曰：'日祭，月祀，时享，岁贡，终王。'祖祢则日祭，曾高则月祀，二祧则时享，坛墠则岁贡，大禘则终王。德盛而游广，亲亲之杀也；弥远则弥尊，故禘为重矣。孙居王父之处，正昭穆，则孙常与祖相代，此迁庙之杀也。圣人于其祖，出于情矣，礼无所不顺，故无毁庙。自贡禹建迭毁之议，惠、景及太上寝园废而为虚，失礼意矣。"

至平帝元始中，大司马王莽奏："本始元年丞相义等议，谥孝宣皇帝亲曰悼园，置邑三百家，至元康元年，丞相相等奏，父为士，子为天子，祭以天子，悼园宜称尊号曰'皇考'，立庙，益故奉园民满千六百家，以为县。臣愚以为皇考庙本不当立，累世奉之，非是。又孝文太后南陵、孝昭太后云陵园，虽前以礼不复修，陵名未正。谨与大司徒晏等百四十七人议，皆曰孝宣皇帝以兄孙继统为孝昭皇帝后，以数，故孝元世以孝景皇帝及皇考庙亲未尽，不毁。此两统贰父，违于礼制。案义奏亲谥曰'悼'，裁置奉邑，皆应经义。相奏悼园称'皇考'，立庙，益民为县，违离祖统，乖缪本义。父为士，子为天子，祭以天子者，乃谓若虞舜、夏禹、殷汤、周文、汉之高祖受命而王者也，非谓继祖统为后者也。臣请皇高祖考庙奉明园毁勿修，罢南陵、云陵为县。"奏可。

司徒掾班彪曰：汉承亡秦绝学之后，祖宗之制因时施宜。自元、成后学者蕃滋，贡禹毁宗庙，匡衡改郊光，何武定三公，后皆数复，故纷纷不定。何者？礼文缺微，古今异制，各为一家，未易可偏定也。考观诸儒之议，刘歆博而笃矣。

卷七十四　魏相丙吉传第四十四

魏相字弱翁，济阴定陶人也，徙平陵。少学《易》，为郡卒史，举贤良，以对策高第，为茂陵令。顷之，御史大夫桑弘羊客诈称御史止传，丞不以时谒，客怒缚丞。相疑其有奸，收捕，案致其罪，论弃卒市，茂陵大治。

后迁河南太守，禁止奸邪，豪强畏服。会丞相车千秋死，先是千秋子为洛阳武库令，自见失父，而相治郡严，恐久获罪，乃自免去。相使掾追呼之，遂不肯还。相独恨曰："大将军闻此令去官，必以为我用丞相死不能遇其子。使当世贵人非我，殆矣！"武库令西至长安，大将军霍光果以责过相曰："幼主新立，以为函谷京师之固，武库精兵所聚，故以丞相弟为关都尉，子为武库令。今河南太守不深惟国家大策，苟见丞相不在而斥逐其子，何浅薄也！"后人有告相贱杀不辜，事下有司。河南卒戍中都官者二三千人，遮大将军，自言愿复留作一年以赎太守罪。河南老弱万余人守关欲入上书，关吏以闻。大将军用武库令事，遂下相廷尉狱。久系逾冬，会赦出。复有诏守茂陵令，迁扬州刺史。考案郡国守相，多所贬退。相与丙吉相善，时吉为光禄大夫，与相书曰："朝廷已深知弱翁治行，方且大用矣。愿少慎事自重，臧器于身。"相心善其言，为霁威严。居部二岁，征为谏大夫，复为河南太守。

数年，宣王即位，征相入为大司农，迁御史大夫。四岁，大将军霍光薨，上思其功德，以其子禹为右将军，兄乐平侯山复领尚书事。相因平恩侯许伯奏封事，言："《春秋》讥世卿，恶宋三世为大夫，及鲁季孙之专权，皆危乱国家。自后元以来，禄去王室，政由冢宰。今光死，子复为大将军，兄子秉枢机，昆弟诸婿据权势，在兵官。光夫人显及诸女皆通籍长信宫，或夜诏门出入，骄奢放纵，恐寖不制。宜有以损夺其权，破散阴谋，以固万世之基，全功臣之世。"又故事诸上书者皆为二封，署其一曰副，领尚书者先发副封，所言不善，屏去不奏。相复因许伯白，去副封以防雍蔽。宣帝善之,诏相给事中,皆从其议。霍氏杀许后之谋始得上闻。乃罢其三侯,令就第,亲属皆出补吏。于是韦贤以老病免,相遂代为丞相,封高平侯,食邑八百户。及霍氏怨相,又惮之,谋矫太后诏,先召斩丞相,然后废天子。事发觉,伏诛。宣帝始亲万机,厉精为治,练群臣,核名实,而相总领众职,甚称上意。

元康中,匈奴遣兵击汉屯田车师者,不能下。上与后将军赵充国等议,欲因匈奴衰弱,出兵击其右地,使不敢复扰西域。相上书谏曰:"臣闻之,救乱诛暴,谓之义兵,兵义者王;敌加于己,不得已而起者,谓之应兵,兵应者胜;争恨小故,不忍愤怒者,谓之忿兵,兵忿者败;利人土地货宝者,谓之贪兵,兵贪者破;恃国家之大,矜民人之众,欲见威于敌者,谓之骄兵,兵骄者灭:此五者,非但人事,乃天道也。间者匈奴尝有善意,所得汉民辄奉归之,未有犯于边境,虽争屯田车师,不足致意中。今闻诸将军欲兴兵入其地,臣愚不知此兵何名者也。今边郡困乏,父子共犬羊之裘,食草莱之实,常恐不能自存,难以动兵。'军旅之后,必有凶年',言民以其愁苦之气,伤阴阳之和也。出兵虽胜,犹有后忧,恐灾害之变因此以生。今郡国守相多不实选,风俗尤薄,水旱不时。案今年计,子弟杀父兄、妻杀夫者,凡二百二十二人,臣愚以为此非小变也。今左右不忧此,乃欲发兵报纤介之忿于远夷,殆孔子所谓'吾恐季孙之忧不在颛臾而在萧墙之内'也,愿陛下与平昌侯、乐昌侯、平恩侯及有识者详议乃可。"上从相言而止。

相明《易经》,有师法,好观汉故事及便宜章奏,以为古今异制,方今务在奉行故事而已。数条汉兴已来国家便宜行事,及贤臣贾谊、朝错、董仲舒等所言,奏请施行之,曰:"臣闻明主在上,贤辅在下,则君安虞而民和睦。臣相幸得备位,不能奉明法,广教化,理四方,以宣圣德。民多背本趋末,或有饥寒之色,为陛下之忧,臣相罪当万死。臣相知能浅薄,不明国家大体,时用之宜,惟民终始,未得所由。窃伏观先帝圣德仁恩之厚,勤劳天下,垂意黎庶,忧水旱之灾,为民贫穷发仓廪,赈乏餧,遣谏大夫博士巡行天下,察风俗,举贤良,平冤狱,冠盖交适;省诸用,宽租赋,弛山泽波地,禁秣马酤酒贮积,所以周急继困,慰安元元,便利百姓之道甚备。臣相不能悉陈,昧死奏故事诏书凡二十三事。臣谨案王法必本于农而务积聚,量入制用以备凶灾,亡六年之畜,尚谓之急。元鼎二年,平原、勃海、太山、东郡溥被灾害,民饿死于道路。二千石不豫忧其难,使至于此,赖明诏振救,乃得蒙更生。今岁不登,谷暴腾踊,临秋收敛犹有乏者,至春ъ甚,亡以相恤。西羌未平,师旅在外,兵革相乘,臣窃寒心,宜早图其备。唯陛下留神元元,帅由先帝盛德以抚海内。"上施行其策。

又数表采《易阴阳》及《明堂月令》奏之,曰:

臣相幸得备员,奉职不修,不能宣广教化。阴阳未和,灾害未息,咎在臣等。臣闻《易》曰:"天地以顺动,故日月不过,四时不忒;圣王以顺动,故刑罚清而民服。"天地变化,必由阴阳,阴阳之分,以日为纪。日冬夏至,则八风之序立,万物之性成,各有常职,不得相干。东方之神太昊,乘'震'执规司春;南方之神炎帝,乘'离'执衡司夏;西方之神少昊,乘'兑'执矩司秋;北方之神颛顼,乘'坎'执权司冬;中央之神黄帝,乘'坤'、'艮'执绳司下土。兹五帝所司,各有时也。东方之卦不可以治西方,南方之卦不可以治北方。春兴'兑'治则饥,秋兴'震'治则华,冬兴'离'治则泄,夏兴'坎'治则雹。明王谨于尊天,慎于养人,故立羲和之官以乘四时,节授民事。君动静以道,奉顺阴阳,则日月光明,风雨时节,寒暑调和。三者得叙,则灾害不生,五谷熟,丝麻遂,草木茂,鸟兽蕃,民不夭疾,衣食有余。若是,则君尊民说,上下亡怨,政教不违,礼让可兴。夫风雨不时,则伤农桑;农桑伤,则民饥寒;饥寒在身,则亡廉耻,寇贼奸宄所由生也。臣愚以为阴阳者,王事之本,群生之命,自古贤圣未有不由者也。天子之义,必纯取法天地,而观于先圣。高皇帝所述书《天子所服第八》曰:"大谒者臣章受诏长乐宫,曰:'令群臣议天子所服,以安治天下。'相国臣何、御史大夫臣昌谨与将军臣陵、太子太傅臣通等议:'春夏秋冬天子所服,当法天地之数,中得人和。故自天子王侯有土之君,下及兆民,能法天地,顺四时,以治国家,身亡祸殃,年寿永究,是奉宗庙安天下之大礼也。臣请法之。中谒者赵尧举春,李舜举夏,兒汤举秋,贡禹举冬,四人各职一时。'大谒者襄章奏,制曰:'可。'孝文皇帝时,以二月施恩惠于天下,赐孝弟力田及罢军卒,祠死事者,颇非时节。御史大夫朝错时为太子家令,奏言其状。臣相伏念陛下恩泽甚厚,然而灾气未息,窃恐诏令有未合当时者也。愿陛下选明经通知阴阳者四人,各主一时,时至明言所职,以和阴阳,天下幸甚!

相数陈便宜,上纳用焉。

相敕掾史案事郡国及休告从家还至府,辄白四方异闻,或有逆贼风雨灾变,郡不上,相辄奏言之。时,丙吉为御史大夫,同心辅政,上皆重之。相为人严毅,不如吉宽。视事九岁,神爵三年薨,谥曰宪侯。子弘嗣,甘露中有罪削爵为关内侯。

丙吉字少卿,鲁国人也。治律令,为鲁狱史。积功劳,稍迁至廷尉右监。坐法失官,归为州从事。武帝末,巫蛊事起,吉以故廷尉监征,诏治巫蛊郡邸狱。时,宣帝生数月,以皇曾孙坐卫太子事系,吉见而怜之。又心知太子亡事实,重哀曾孙无辜,吉择谨厚女徒,令保养曾孙,置闲燥处。吉治巫蛊事,连岁不决。后元二年,武帝疾,往来长杨、五柞宫,望气者言长安狱中有天子气,于是上遣使者分条中都官诏狱系者,亡轻重一切皆杀之。内谒者令郭穰夜到郡邸狱,吉闭门拒使者不纳,曰:"皇曾孙在。他人亡辜死者犹不可,况亲曾孙乎!"相守至天明不得入,穰还以闻,因劾奏吉。武帝亦寤,曰:"天使之也。"因赦天下。郡邸狱系者独赖吉得生,恩及四海矣。曾孙病,几不全者数焉,吉数敕保养乳母加致医药,视遇甚有恩惠,以私财物给其衣食。

后吉为车骑将军军市令,迁大将军长史,霍光甚重之，入为光禄大夫给事中。昭帝崩，无嗣，大将军光遣吉迎昌邑王贺。贺即位，以行淫乱废，光与车骑将军张安世诸大臣议所立，未定。吉奏记光曰："将军事孝武皇帝，受襁褓之属，任天下之寄，孝昭皇帝早崩亡嗣，海内忧惧，欲亟闻嗣主，发丧之日以大谊立后，所立非其人，复以大谊废之，天下莫不服焉。方今社稷宗庙群生之命在将军之一举。窃伏听于众庶，察其所言，诸侯宗室在位列者，未有所闻于民间也。而遗诏所养武帝曾孙名病已在掖庭外家者，吉前使居郡邸时见其幼少，至今十八九矣，通经术，有美材，行安而节和。愿将军详大议，参以蓍龟，岂宜褒显，先使入侍，令天下昭然知之，然后决定大策，天下幸甚！"光览其议，遂尊立皇曾孙，遣宗正刘德与吉迎曾孙于掖庭。宣帝初即位，赐吉爵关内侯。

吉为人深厚，不伐善。自曾孙遭遇，吉绝口不道前恩，故朝廷莫能明其功也。地节三年，立皇太子，吉为太子太傅，数月，迁御史大夫。及霍氏诛，上躬亲政，省尚书事。是时，掖庭宫婢则令民夫上书，自陈尝有阿保之功。章下掖庭令考问，则辞引使者丙吉知状。掖庭令将则诣御史府以视吉。吉识，谓则曰："汝尝坐养皇曾孙不谨督笞，汝安得有功？独渭城胡组、淮阳郭徵卿有恩耳。"分别奏组等共养劳苦状。诏吉求组、徵卿，已死，有子孙，皆受厚赏。诏免则为庶人，赐钱十万。上亲见问，然后知吉有旧恩，而终不言。上大贤之，制诏丞相："朕微眇时，御史大夫吉与朕有旧恩，厥德茂焉。《诗》不云乎？'亡德不报'。其封吉为博阳侯，邑千三百户。"临当封，吉疾病，上将使人加绅而封之，及其生存也。上忧吉疾不起，太子太傅夏侯胜曰："此未死也。臣闻有阴德者，必飨其乐以及子孙。今吉未获报而疾甚，非其死疾也。"后病果愈。吉上书固辞，自陈不宜以空名受赏。上报曰："朕之封君，非空名也，而君上书归侯印，是显朕之不德也。方今天下少事，君其专精神，省思虑，近医药，以自持。"后五岁，代魏相为丞相。

吉本起狱法小吏，后学《诗》、《礼》，皆通大义。及居相位，上宽大，好礼让。掾史有罪臧，不称职，辄予长休告，终无所案验。客或谓吉曰："君侯为汉相，奸吏成其私，然无所惩艾。"吉曰："夫以三公之府有案吏之名，吾窃陋焉。"后人代吉，因以为故事，公府不案吏，自吉始。

于官属掾史，务掩过扬善。吉驭吏耆酒，数逋荡，尝从吉出，醉欧丞相车上。西曹主吏白欲斥之，吉曰："以醉饱之失去士，使此人将复何所容？西曹地忍之，此不过污丞相车茵耳。"遂不去也。此驭吏边郡人，习知边塞发奔命警备事，尝出，适见驿骑持赤白囊，边郡发奔命书驰来至。驭吏因随驿骑至公车刺取，知虏入云中、代郡，遽归府见吉白状，因曰："恐虏所入边郡，二千石长吏有老病不任兵马者，宜可豫视。"吉善其言，召东曹案边长吏，琐科条其人。未已，诏召丞相、御史，问以虏所入郡吏，吉具对。御史大夫卒遽不能详知，以得谴让。而吉见谓忧边思职，驭吏力也。吉乃叹曰："士亡不可容，能各有所长。向使丞相不先闻驭吏言，何见劳勉之有？"掾史由是益贤吉。

吉又尝出，逢清道群斗者，死伤横道，吉过之不问，掾史独怪之。吉前行，逢人逐牛，牛喘吐舌，吉止驻，使骑吏问："逐牛行几里矣？"掾史独谓丞相前后失问，或以讥吉，吉曰："民斗相杀伤，长安令、京兆尹职所当禁备逐捕，岁竟丞相课其殿最，奏行赏罚而已。宰相不亲小事，非所当于道路问也。方春少阳用事，未可大热，恐牛近行，用暑故喘，此时气失节，恐有所伤害也。三公典调和阴阳，职当忧，是以问之。"掾史乃服，以吉知大体。

五凤三年春，吉病笃。上自临问吉，曰："君即有不讳，谁可以自代者？"吉辞谢曰："群臣行能，明主所和，愚臣无所能识。"上固问，吉顿首曰："西河太守杜延年明于法度，晓国家故事，前为九卿十余年，今在郡治有能名。廷尉于定国执宪详平，天下自以不冤。太仆陈万年事后母孝，惇厚备于行止。此三人能皆在臣右，唯上察之。"上以吉言皆是而许焉。及吉薨，御史大夫黄霸为丞相，征西河太守杜延年为御史大夫，会其年老，乞骸骨，病免。以廷尉于定国代为御史大夫。黄霸薨，而定国为丞相，太仆陈万年代定国为御史大夫，居位皆称职，上称吉为知人。

吉薨，谥曰定侯。子显嗣，甘露中有罪削爵为关内侯，官至卫尉、太仆。始显少为诸曹，尝从祠高庙，至夕牲日，乃使出取斋衣。丞相吉大怒，谓其夫人曰："宗庙至重，而显不敬慎，亡吾爵者必显也。"夫人为言，然后乃已。吉中子禹为水衡都尉，少子高为中垒校尉。

元帝时，长安士伍尊上书言："臣少时为郡邸小吏，窃见孝宣皇帝以皇曾孙在郡邸狱。是时，治狱使者丙吉见皇曾孙遭离无辜，吉仁心感动，涕泣凄恻，选择复作胡组养视皇孙，吉常从。臣尊日再侍卧庭上。后遭条狱之诏，吉扦拒大难，不避严刑峻法。既遭大赦，吉谨守丞谁如，皇孙不当在官，使谁如移书京兆尹，遣与胡组俱送京兆尹，不受，复还。及组日满当去，皇孙思慕，吉以私钱顾组，令留与郭徵卿并养数月，乃遣组去。后少内啬夫白吉曰：'食皇孙亡诏令。'时，吉得食米肉，月月以给皇孙。吉即时病，辄使臣尊朝夕请问皇孙，视省席蓐燥湿。候伺组、徵卿，不得令晨夜去皇孙敖荡，数奏甘毳食物。所以拥全神灵，成育圣躬，功德已亡量矣。时岂豫知天下之福，而徼其报哉！诚其仁恩内结于心也。虽介之推割肌以存君，不足以比。孝宣皇帝时，臣上书言状，幸得下吉，吉谦让不敢自伐，删去臣辞，专归美于组、徵卿。组、徵卿皆以受田宅赐钱，吉封为博阳侯，臣尊不得比组、徵卿。臣年老居贫，死在旦暮，欲终不言，恐使有功不著。吉子显坐微文夺爵为关内侯，臣愚以为宜复其爵邑，以报先人功德。"先是，显为太仆十余年，与官属大为奸利，臧千余万，司隶校尉昌案劾，罪至不道，奏请逮捕。上曰："故丞相吉有旧恩，朕不忍绝。"免显官，夺邑四百户。后复以为城门校尉。显卒，子昌嗣爵关内侯。

成帝时，修废功，以吉旧恩尤重，鸿嘉元年制诏丞相御史："盖闻褒功德，继绝统，所以重宗庙，广贤圣之路也。故博阳侯吉以旧恩有功封，今其祀绝，朕甚怜之。夫善善及子孙，古今之通谊也，其封吉孙中郎将、关内侯昌为博阳侯，奉吉后。"国绝三十二岁复续云。昌传子至孙，王莽时乃绝。

赞曰："古之制名，必由象类，远取诸物，近取诸身。故经谓君为元首，臣为股肱，明其一体，相待而成也。是故君臣相配，古今常道，自然之势也。近观汉相，高祖开基，萧、曹为冠，孝宣中兴，丙、魏有声。是时，黜陟有序，众职修理，公卿多称其位，海内兴于礼让。览其行事，岂虚乎哉！

卷七十五
眭两夏侯京翼李传第四十五

眭弘字孟，鲁国蕃人也。少时好侠，斗鸡走马，长乃变节，从嬴公受《春秋》。以明经为议郎，至符节令。

孝昭元凤三年正月，泰山、莱芜山南匈匈有数千人声，民视之，有大石自立，高丈五尺，大四十八围，入地深八尺，三石为足。石立后有白乌数千下集其旁。是时，昌邑有枯社木卧复生，又上林苑中大柳树断枯卧地，亦自立生，有虫食树叶成文字，曰："公孙病已立"。孟推《春秋》之意，以为"石、柳，皆阴类，下民之象；泰山者，岱宗之岳，王者易姓告代之处。今大石自立，僵柳复起，非人力所为，此当有从匹夫为天子者。枯社木复生，故废之家公孙氏当复兴者也。"孟意亦不知其所在，即说曰："先师董仲舒有言，虽有继体守文之君，不害圣人之受命。汉家尧后，有传国之运。汉帝宜谁差天下，求索贤人，禅以帝位，而退自封百里，如殷、周二王后，以承顺天命。"孟使友人内官长赐上此书。时，昭帝幼，大将军霍光秉政，恶之，下其书廷尉。奏赐、孟妄设袄言惑众，大逆不道。皆伏诛。后五年，孝宣帝兴于民间，即位，征孟子为郎。

夏侯始昌，鲁人也。通《五经》，以《齐诗》、《尚书》教授。自董仲舒、韩婴死后，武帝得始昌，甚重之。始昌明于阴阳，先言柏梁台灾日，至期日果灾。时，昌邑王以少子爱，上为选师，始昌为太傅。年老，以寿终。族子胜亦以儒显名。

夏侯胜字长公。初，鲁共王分鲁西宁乡以封子节侯，别属大河，大河后更名东平，故胜为东平人。胜少孤，好学，从始昌受《尚书》及《洪范五行传》，说灾异。后事简卿，又从欧阳氏问。为学精孰，所问非一师也。善说礼服。征为博士、光禄大夫。会昭帝崩，昌邑王嗣立，数出。胜当乘舆前谏曰："天久阴而不雨，臣下有谋上者，陛下出欲何之？"王怒，谓胜为妖言，缚以属吏。吏白大将军霍光，光不举法。是时，光与车骑将军张安世谋欲废昌邑王。光让安世以为泄语，安世实不言。乃召问胜，胜对言："在《洪范传》曰'皇之不极，厥罚常阴，时则下人有伐上者'，恶察察言，故云臣下有谋。"光、安世大惊，以此益重经术士。后十余日，光卒与安世白太后，废昌邑王，尊立宣帝。光以为群臣奏事东宫，太后省政，宜知经术，白令胜用《尚书》授太后。迁长信少府，赐爵关内侯，以与谋废立，定策安宗庙，益千户。

宣帝初即位，欲褒先帝，诏丞相御史曰："朕以眇身，蒙遗德，承圣业，奉宗庙，夙夜惟念。孝武皇帝躬仁谊，厉威武，北征匈奴，单于远遁，南平氐羌、昆明、瓯骆两越，东定薉、貉、朝鲜，廓地斥境，立郡县，百蛮率服，款塞自至，珍贡陈于宗庙；协音律，造乐歌，荐上帝，封太山，立明堂，改正朔，易服色；明开圣绪，尊贤显功，兴灭继绝，褒周之后，备天地之礼，广道术之路。上天报况，符瑞并应，宝鼎出，白麟获，海效巨鱼，神人并见，山称万岁。功德茂盛，不能尽宣，而庙乐未称，朕甚悼焉。其与列侯、二千石、博士议。"于是群臣大议廷中，皆曰："宜如诏书。"长信少府胜独曰："武帝虽有攘四夷广土斥境之功，然多杀士众，竭民财力，奢泰亡度，天下虚耗，百姓流离，物故者半。蝗虫大起，赤地数千里，或人民相食，畜积至今未复。亡德泽于民，不宜为立庙乐。"公卿共难胜曰："此诏书也。"胜曰："诏书不可用也。人臣之谊，宜直言正论，非苟阿意顺指。议已出口，虽死不悔。"于是丞相义，御史大夫广明劾奏胜非议诏书，毁先帝，不道，及丞相长史黄霸阿纵胜，不举劾，俱下狱。有司遂请尊孝武帝庙为世宗庙，奏《盛德》、《文始》、《五行》之舞，天下世世献纳，以明盛德。武帝巡狩所幸郡国凡四十九，皆立庙，如高祖、太宗焉。

胜、霸既久系，霸欲从胜受经，胜辞以罪死。霸曰：'朝闻道，夕死可矣'。"胜贤其言，遂授之。系再更冬，讲论不息。

至四年夏，关东四十九郡同日地动，或山崩，坏城郭室屋，杀六千余人。上乃素服，避正殿，遣使者吊问吏民，赐死者棺钱。下诏曰："盖灾异者，天地之戒也。朕承洪业，托士民之上，未能和群生。乃者地震北海、琅琊，坏祖宗庙，朕甚惧焉。其与列侯、中二千石博问术士，有以应变，补朕之阙，毋有所讳。"因大赦。胜出为谏大夫，给事中，霸为扬州刺史。

胜为人质朴守正，简易亡威仪。见时谓上为君，误相字于前，上亦以是亲信之。尝见，出道上语，上闻而让胜，胜曰："陛下所言善，臣故扬之。尧言布于天下，至今见诵。臣以为可传，故传耳。"朝廷每有大议，上知胜素直，谓曰："先生通正言，无怨前事。"

胜复为长信少府，迁太子太傅。受诏撰《尚书》、《论语说》，赐黄金百斤。年九十卒官，赐冢茔，葬平陵。太后赐钱二百万，为胜素服五日，以报师傅之恩，儒者以为荣。

始，胜每讲授，常谓诸生曰："士病不明经术，经术苟明，其取青紫如俯拾地芥耳。学经不明，不如归耕。"

胜从父子建字长卿，自师事胜及欧阳高，左右采获，又从《五经》诸儒问与《尚书》相出入者，牵引以次章句，具文饰说。胜非之曰："建所谓章句小儒，破碎大道。"建亦非胜为学疏略，难以应敌。建卒自专门名经，为议郎、博士，至太子少傅。胜子兼为左曹太中大夫，孙尧至长信少府、司农、鸿胪，曾孙蕃郡守、州牧、长乐少府。胜同产弟子赏为梁内史，梁内史子定国为豫章太守。而建子千秋亦为少府、太子太傅。

京房字君明，东郡顿丘人也。治《易》，事梁人焦延寿。

延寿字赣。赣贫贱,以好学得幸梁王,王共其资用,令极意学。既成,为郡史,察举补小黄令。以候司先知奸邪,盗贼不得发。爱养吏民,化行县中。举最当迁,三老官属上书愿留赣,有诏许增秩留,卒于小黄。赣常曰:"得我道以亡身者,必京生也。"其说长于灾变,分六十四卦,更直日用事,以风雨寒温为候;各有占验。房用之尤精。好钟律,知音声。初元四年以孝廉为郎。

永光、建昭间,西羌反,日蚀,又久青亡光,阴雾不精。房数上疏,先言其将然,近数月,远一岁,所言屡中,天子说之。数召见问,房对曰:"古帝王以功举贤,则万化成,瑞应著,末世以毁誉取人,故功业废而致灾异。宜令百官各试其功,灾异可息。"诏使房作其事,房奏考功课吏法。上令公卿朝臣与房会议温室,皆以房言烦碎,令上下相司,不可许。上意乡之。时,部刺史奏事京师,上召见诸刺史,令房晓以课事,刺史复以为不可行。唯御史大夫郑弘、光禄大夫周堪初言不可,后善之。

是时,中书令石显专权,显友人五鹿充宗为尚书令,与房同经,论议相非。二人用事,房尝宴见,问上曰:"幽、厉之君何以危?所任者何人也?"上曰:"君不明,而所任者巧佞。"房曰:"知其巧佞而用之邪,将以为贤也?"上曰:"贤之。"房曰:"然则今何以知其不贤也?"上曰:"以其时乱而君危知之。"房曰:"若是,任贤必治,任不肖必乱,必然之道也。幽、厉何不觉寤而更求贤,曷为卒任不肖以至于是?"上曰:"临乱之君各贤其臣,令皆觉寤,天下安得危亡之君?"房曰:"齐桓公、秦二世亦尝闻此君而非笑之,然则任竖刁、赵高,政治日乱,盗贼满山,何以不幽、厉卜之而觉寤乎?"上曰:"唯有道者能以往知来耳。"房因免冠顿首,曰:"《春秋》纪二百四十二年灾异,以视万世之君。今陛下即位已来,日月失明,星辰逆行,山崩泉涌,地震石陨,夏寒冬雷,春凋秋荣,陨霜不杀,水旱螟虫,民人饥疫,盗贼不禁,刑人满市,《春秋》所记灾异尽备。陛下视今为治邪,乱邪?"上曰:"亦极乱耳。尚何道!"房曰:"今所任用者谁与?"上曰:"然幸其愈于彼,又以为不在此人也。"房曰:"夫前世之君亦皆然矣。臣恐后之视今,犹今之视前也。"上良久乃曰:"今为乱者谁哉?"房曰:"明主宜自知之。"上曰:"不知也,如知,何故用之?"房曰:"上最所信任,与图事帷幄之中进退天下之士者是矣。"房指谓石显,上亦知之,谓房曰:"已谕。"

房罢出,后上令房上弟子晓知考功课吏事者,欲试用之。房上中郎任良、姚平,"愿以为刺史,试考功法,臣得通籍殿中,为奏事,以防雍塞。"石显、五鹿充宗皆疾房,欲远之,建言宜试以房为郡守。元帝于是以房为魏郡太守,秩八百石,居得以考功法治郡。房自请,愿无属刺史,得除用它郡人,自第吏千石已下,岁竟乘传奏事。天子许焉。

房自知数以论议为大臣所非,内与石显、五鹿充宗有隙,不欲远离左右,及为太守,忧惧。房以建昭二年二月朔拜,上封事曰:"辛酉以来,蒙气衰去,太阳精明,臣独欣然,以为陛下有所定也。然少阴倍力而乘消息。臣疑陛下虽行此道,犹不得如意,臣窃悼惧。守阳平侯凤欲见未得,至己卯,臣拜为太守,此言上虽明下犹胜之效也。臣出之后,恐必为用事所蔽,身死而功不成,故愿岁尽乘传奏事,蒙哀见许。乃辛巳,蒙气复乘卦,太阳侵色,此上大夫覆阳而上意疑也。己卯、庚辰之间,必有欲隔绝臣令不得乘传奏事者。"

房未发,上令阳平侯凤承制诏房,止无乘传奏事。房意愈恐,去至新丰,因邮上封事曰:"臣前以六月中言《遁卦》不效,法曰:'道人始去,寒,涌水为灾。'至其七月,涌水出。臣弟子姚平谓臣曰:'房可谓知道,未可谓信道也。房言灾异,未尝不中,今涌水已出,道人当逐死,尚复何言?'臣曰:'陛下至仁,于臣尤厚,虽言而死,臣犹言也。'平又曰:'房可谓小忠,未可谓大忠也。昔秦时赵高用事,有正先者,非刺高而死,高威自此成,故秦之乱,正先趣之。'今臣得出守郡,自诡效功,恐未效而死。惟陛下毋使臣塞涌水之异,当正先之死,为姚平所笑。"

房至陕,复上封事曰:"乃丙戌小雨,丁亥蒙气去,然少阴并力而乘消息,戊子益甚,到五十分,蒙气复起。此陛下欲正消息,杂卦之党并力而争,消息之气不胜。强弱安危之机不可不察。己丑夜,有还风,尽辛卯,太阳复侵色,至癸巳,日月相薄,此邪阴同力而太阳为之疑也。臣前白九年不改,必有星亡之异。臣愿出任良试考功,臣得居内,星亡之异可去。议者知如此于身不利,臣不可蔽,故云使弟子不若试师。臣为刺史又当奏事,故复云为刺史恐太守不与同心,不若以为太守,此其所以隔绝臣也。陛下不违其言而遂听,此乃蒙气所以不解,太阳亡色者也。臣去朝稍远,太阳侵色益甚,唯陛下毋难还臣而易逆天意。邪说虽安于人,天气必变,故人可欺,天不可欺也,愿陛下察焉。"房去月余,竟征下狱。

初,淮阳宪王舅张博从房受学,以女妻房。房与相亲,每朝见,辄为博道其语,以为上意欲用房议,而群臣恶害己,故为众所排。博曰:"淮阳王上亲弟,敏达好政,欲为国忠。今欲令王上书求入朝,得佐助房。"房曰:"得无不可?"博曰:"前楚王朝荐士,何为不可?"房曰:"中书令石显、尚书令五鹿君相与合同,巧佞之人也,事县官十余年;及丞相韦侯,皆久亡补于民,可谓亡功矣。此尤不欲行功者也。淮阳王即朝见,劝上行考功,事善;不然,但言丞相、中书令任事久而不治,可休丞相,以御史大夫郑弘代之,迁中书令置他官,以钩盾令徐立代之,如此,房考功事得施行矣。"博具从房记诸所说灾异事,因令房为淮阳王作求朝奏草,皆持束与淮阳王。石显微司具知之,以房亲近,未敢言。及房出守郡,显告房与张博通谋,非谤政治,归恶天子,诖误诸侯王,语在《宪王传》。初,房见道幽、厉事,出为御史大夫郑弘言之。房、博皆弃市,弘坐免为庶人。房本姓李,推律自定为京氏,死时年四十一。

翼奉字少君,东海下邳人也。治《齐诗》,与萧望之、匡衡同师。三人经术皆明,衡为后进,望之施之政事,而奉惇学不仕,好律历阴阳之占。元帝初即位,诸儒荐之,征待诏宦者署,数言事宴见,天子敬焉。

时,平昌侯王临以宣帝外属侍中,称诏欲从奉学其术。奉不肯与言,而上封事曰:"臣闻之于师,治道要务,在知下之邪正。人诚乡正，虽愚为用；若乃怀邪，知益为害。知下之术，在于六情十二律而已。北方之情，好也；好行贪狼，申子主之。东方之情，怒也；怒行阴贼，亥卯主之。贪狼必待阴贼而后动，阴贼必待贪狼而后用，二阴并行，是以王者忌子卯也。《礼经》避之，《春秋》讳焉。南方之情，恶也；恶行廉贞，寅午主之。西方之情，喜也；喜行宽大，巳酉主之。二阳并行，是以王者吉午酉也。《诗》曰："吉日庚午。'上方之情，乐也；乐行奸邪，辰未主之。下方之情，哀也；哀行公正，戌丑主之。辰未属阴，戌丑属阳，万物各以其类应。今陛下明圣虚静以待物至，万事虽众，何闻而不谕，岂况乎执十二律而御六情！于以知下参实，亦甚优矣，万不失一，自然之道也。乃正月癸未日加申，有暴风从西南来。未主奸邪，申主贪狼，风以大阴下抵建前，是人主左右邪臣之气也。平昌侯比三来见臣，皆以正辰加邪时。辰为客，时为主人。以律知人情，王者之秘道也，愚臣诚不敢以语邪人。"

上以奉为中郎，召问奉："来者以善日邪时，孰与邪日善时？"奉对曰："师法用辰不用日。辰为客，时为主人。见于明主，侍者为主人。辰正时邪，见者正，侍者邪；辰邪时正，见者邪，侍者正。忠正之见，侍者虽邪，辰时俱正；大邪之见，侍者虽正，辰时俱邪。即以自知侍者之邪，而时邪辰正，见者反邪；即以自知侍者之正，而时正辰邪，见者反正。辰为常事，时为一行。辰疏而时精，其效同功，必参五观之，然后可知。故曰：'察其所由，省其进退，参之六合五行，则可以见人性，知人情。难用外察，从中甚明，故诗之为学，情性而已。五性不相害，六情更兴废。观性以历，观情以律，明主所宜独用，难与二人共也。故曰：'显诸仁，臧诸用。'露之则不神，独行则自然矣，唯奉能用之，学者莫能行。"

是岁，关东大水，郡国十一饥，疫尤甚。上乃下诏江海陂湖园池属少府者以假贫民，勿租税；损大官膳，减乐府员，省苑马，诸宫馆稀御幸者勿缮治；太仆、少府减食谷马，水衡省食肉兽。明年二月戊午，地震。其夏，齐地人相食。七月己酉，地复震。上曰："盖闻贤圣在位，阴阳和，风雨时，日月光，星辰静，黎庶康宁，考终厥命。今朕共承天地，托于公侯之上，明不能烛，德不能绥，灾异并臻，连年不息。乃二月戊午，地大震于陇西郡，毁落太上皇庙殿壁木饰，坏败豲道县城郭官寺及民室屋，厌杀人众，山崩地裂，水泉涌出。一年地再动，天惟降灾，震惊朕躬。治有大亏，咎至于此。夙夜兢兢，不通大变，深怀郁悼，未知有序。比年不登，元元困乏，不胜饥寒，以陷刑辟，朕甚闵焉，憯怛于心。已诏吏虚仓廪，开府臧，振救贫民，群司其茂思天地之戒，有可蠲除减省以便万姓者，各条奏。悉意陈朕过失，靡有所讳。"因赦天下，举直言极谏之士。奉奏封事曰：

臣闻人之于师曰，天地设位，悬日月，布星辰，分阴阳，定四时，列五行，以视圣人，名之曰道。圣人见道，然后知王治之象，故画州土，建君臣，立律历，陈成败，以视贤者，名之曰经。贤者见经，然后知人道之务，则《诗》、《书》、《易》、《春秋》、《礼》、《乐》是也。《易》有阴阳，《诗》有五际，《春秋》有灾异，皆列终始，推得失，考天心，以言王道之安危。至秦乃不说，伤之以法，是以大道不通，至于灭亡。今陛下明圣，深怀要道，烛临万方，布德流惠，靡有阙遗。罢省不急之用，振救困贫，赋医药，赐棺钱，恩泽甚厚。又举直言，求过失，盛德纯备，天下幸甚。

臣奉窃学《齐诗》，闻五际之要《十月之交》篇，知日蚀、地震之效昭然可明，犹巢居知风，穴处知雨，亦不足多，适所习耳。臣闻人气内逆，则感动天地；天变见于星气日蚀，地变见于奇物震动。所以然者，阳用其精，阴用其形，犹人之有五脏六体，五脏象天，六体象地。故脏病则气色发于面，体病则欠申动于貌。今年太阴建于甲戌，律以庚寅初用事，历以甲午从春。历中甲庚，历得参阳，性中仁义，情得公正贞廉，百年之精岁也。正以精岁，本首王位，日临中时接律而地大震，其后连月久阴，虽有大令，犹不能复，阴气盛矣。古者朝廷必有同姓以明亲亲，必有异姓以明贤贤，此圣王之所以大通天下也。同姓亲而易进，异姓疏而难通，故同姓一，异姓五，乃为平均。今左右亡同姓，独以舅后之家为亲，异姓之臣又疏。二后之党满朝，非特处位，势尤奢僭过度，吕、霍、上官足以卜之，甚非爱人之道，又非后嗣之长策也。阴气之盛，不亦宜乎！

臣又闻未央、建章、甘泉宫才人各以百数，皆不得天性。若杜陵园，其已御见者，臣子不敢有言，虽然，太皇太后之事也。及诸侯王园，与其后宫，宜为设员，出其过制者，此损阴气应天救邪之道也。今异至不应，灾将随之。其法大水，极阴生阳，反为大旱，甚则有火灾，春秋宋伯姬是矣。唯陛下财察。

明年夏四月乙未，孝武园白鹤馆灾。奉自以为中，上疏曰："臣前上五际地震之效，曰极阴生阳，恐有火灾。不合明听，未见省答，臣窃内不自信。今白鹤馆以四月乙未，时加于卯，月宿亢灾，与前地震同法。臣奉乃深知道之可信也。不胜拳拳，愿复赐间，卒其终始。"

上复延问以得失。奉以为祭天地于云阳汾阴，及诸寝庙不以亲疏迭毁，皆烦费，违古制。又宫室苑囿，奢泰难供，以故民困国虚，亡累年之畜。所由来久，不改其本，难以末正，乃上疏曰：

臣闻昔者盘庚改邑以兴殷道，圣人美之。窃闻汉德隆盛，在于孝文皇帝躬行节俭，外省繇役。其时木有甘泉、建章及上林中诸离宫馆也。未央宫又无高门、武台、麒麟、凤皇、白虎、玉堂、金华之殿，独有前殿、曲台、渐台、宣室、温室、承明耳。孝文欲作一台，度用百金，重民之财，废而不为，其积土基，至今犹存，又下遗诏，不起山坟。故其时天下大和，百姓洽足，德流后嗣。

如令处于当今，因此制度，必不能成功名。天道有常，王道亡常，亡常者所以应有常也。必有非常之主，然后能立非常之功。臣愿陛下徙都于成周，左据成皋，右阻黾池，前乡崧高，后介大河，建荥阳，扶河东，南北千里以为关，而入敖仓；地方百里者八九，足以自娱；东厌诸侯之权，西远羌胡之难，陛下共已亡为，按成周之居，兼盘庚之德，万岁之后，长为高宗。汉家郊北兆寝庙祭祀之礼多不应古，臣奉诚难尽居而改作，故愿陛下迁都正本。众制皆定，亡复缮治宫馆不急之费，岁可余一年之畜。

臣闻三代之祖积德以王，然皆不过数百年而绝。周至成王，有上贤之材，因文、武之业，以周、召为辅，有司各敬其事，在位莫非其人。天下甫二世耳，然周公犹作诗、书深戒成王，以恐失天下。《书》则曰："王毋若殷王纣。"其《诗》则曰："殷之未丧师，克配上帝；宜监于殷，骏命不易。"今汉初取天下，起于丰沛，以兵征伐，德化未洽，后世奢侈，国家之费当数代之用，非直费财，又乃费士。孝武之世，暴骨四夷，不可胜数。有天下虽未久，至于陛下八世九主矣。虽有成王之明，然亡周、召之佐。今东方连年饥馑，加之以疾疫，百姓菜色，或至相食。地比震动，天气混浊，日光侵夺。由此言之，执国政者岂可以不怀怵惕而戒万分之一乎！故臣愿陛下因天变而御都，所谓与天下更始者也。天道终而复始，穷则反本，故能延长而亡穷也。今汉道未终，陛下本而始之，于以永世延祚，不亦优乎！如因丙子之孟夏，顺太阴以东行，到后七年之明岁，必有五年之余蓄，然后大行考室之礼，虽周之隆盛，亡以加此。唯陛下留神，详察万世之策。

书奏，天子异其意，答曰："问奉：今园庙有七，云东徙，状何如？"奉对曰："昔成王徙洛，殷庚迁殷，其所避就，皆陛下所明知也。非有圣明，不能一变天下之道。臣奉愚戆狂惑，唯陛下裁赦。"

其后，贡禹亦言当定迭毁礼，上遂从之。及匡衡为丞相，奏徙南北郊，其议皆自奉发之。

奉以中郎为博士、谏大夫，年老以寿终。子及孙，皆以学在儒官。

李寻字子长，平陵人也。治《尚书》，与张孺、郑宽中同师。宽中等守师法教授，寻独好《洪范》灾异，又学天文月令阴阳。事丞相翟方进，方进亦善为星历，除寻为吏，数为翟侯言事。帝舅曲阳侯王根为大司马票骑将军，厚遇寻。是时多灾异，根辅政，数虚己问寻。寻见汉家有中衰厄会之象，其意以为且有洪水为灾，乃说根曰：

《书》云"天聪明"，盖言紫宫极枢，通位帝纪，太微四门，广开大道，五经六纬，尊术显士，翼张舒布，烛临四海，少微处士，为比为辅，故次帝廷，女宫在后。圣人承天，贤贤易色，取法于此。天官上相上将，皆专面正朝，忧责甚重，要在得人。得人之效，成败之机，不可不勉也。昔秦穆公说谀谄之言，任仡仡之勇，身受大辱，社稷几亡。悔过自责，思惟黄发，任用百里奚，卒伯西域，德列王道。二者祸福如此，可不慎哉！

夫士者，国家之大宝，功名之本也。将军一门九侯，二十朱轮，汉兴以来，臣子贵盛，未尝至此。夫物盛必衰，自然之理，唯有贤友强辅，庶几可以保身命，全子孙，安国家。

《书》曰"历象日月星辰"，此言仰视天文，俯察地理，观日月消息，候星辰行伍，揆山川变动，参人民谣俗，以制法度，考祸福。举错悖逆，咎败将至，征兆为之先见。明君恐惧修正，侧身博问，转祸为福；不可救者，即蓄备以待之，故社稷亡忧。

窃见往者赤黄四塞，地气大发，动土竭民，天下扰乱之征也。彗星争明，庶雄为桀，大寇之引也。此二者已颇效矣。城中讹言大水，奔走上城，朝廷惊骇，女孽入宫，此独未效。间者重以水泉涌溢，旁宫阙仍出。月、太白入东井，犯积水，缺天渊。日数湛于极阳之色。羽气乘宫，起风积云。又错以山崩地动，河不用其道。盛冬雷电，潜龙为孽。继以陨星流彗，维、填上见，日蚀有背乡。此亦高下易居，洪水之征也。不忧不改，洪水乃欲荡涤，流篲乃欲扫除；改之，则有年亡期。故属者颇有变改，小贬邪猾，日月光精，时雨气应，此皇天右汉亡已也，何况致大改之！

宜急博求幽隐，拔擢天士，任以大职。诸阘茸佞谄，抱虚求进，及用残贼酷虐闻者，若此之徒，皆嫉善憎忠，坏天文，败地理，涌跃邪阴，湛溺太阳，为主结怨于民，宜以是废退，不当得居位。诚必行之，凶灾销灭，子孙之福不旋日而至。政治感阴阳，犹铁炭之低卬，见效可信者也。及诸蓄水连泉，务通利之。修旧堤防，省池泽税，以助损邪阴之盛。案行事，考变易，讹言之效，未尝不至。请征韩放，挼周敞、王望可与图之。

根于是荐寻。哀帝初即位，召寻待诏黄门，使侍中卫尉傅喜问寻曰："间者水出地动，日月失度，星辰乱行，灾异仍重，极言毋有所讳。"寻对曰：

陛下圣德，尊天敬地，畏命重民，悼惧变异，不忘疏贱之臣，幸使重臣临问，愚臣不足以奉明诏。窃见陛下新即位，开大明，除忌讳，博延名士，麇不并进。臣寻位卑术浅，过随众贤待诏，食太官，衣御府，久污玉堂之署。比得召见，亡以自效。复特见延问至诚，自以逢不世出之命，愿竭愚心，不敢有所避，庶几万分有一可采。唯弃须臾之间，宿留誓言，考之文理，稽《五经》，揆之圣意，以参天心。夫变异之来，各应象而至，臣谨条陈所闻。

《易》曰："县象著明，莫大乎日月。"夫日者，众阳之长，辉光所烛，万里同暴，人君之表也。故日将旦，清风发，群阴伏，君以临朝，不牵于色。日初出，炎以阳，君登朝，佞不行，忠直进，不蔽障。日中辉光，君德盛明，大臣奉公。日将入，专以一，君就房，有常节。君不修道，则日失其度，暗昧亡光。各有云为：其于东方作，日初出时，阴云邪气起者，法为牵于女谒，有所畏难；日出后，为近臣乱政；日中，为大臣欺诬；日且入，为妻妾役使所营。间者日尤不精，光明侵夺失色，邪气珥蜺数作。本起于晨，相连至昏，其日出后至日中间差愈。小臣不知内事，窃以日视陛下志操，衰于始初多矣。其咎恐有以守正直言而得罪者，伤嗣害世，不可不慎也。唯陛下执乾刚之德，强志守度，毋听女谒邪臣之态。诸保阿乳母甘言悲辞之托,断而勿听。勉强大谊,绝小不忍,良有不得已,可赐以货财,不可私以官位,诚皇天之禁也。日失其光,则星辰放流。阳不能制阴,阴桀得作。间者太白正昼经天。宜隆德克躬,以执不轨。

臣闻月者,众阴之长,销息见伏,百里为品,千里立表,万里连纪,妃、后、大臣、诸侯之象也。朔晦正终始,弦为绳墨,望成君德,春夏南,秋冬北。间者,月数以春夏与日同道,过轩辕上后受气,入太微帝廷扬光辉,犯上将近臣,列星皆失色,厌厌如灭,此为母后与政乱朝,阴阳俱伤,两不相便。外臣不知朝事,窃信天文即如此,近臣已不足杖矣。屋大柱小,可为寒心。唯陛下亲求贤士,无强所恶,以崇社稷,尊强本朝。

臣闻五星者,五行之精,五帝司命,应王者号令为之节度。岁星主岁事,为统首,号令所纪,今失度而盛,此君指意欲有所为,未得其节也。又填星不避岁星者,后帝共政,相留于奎、娄,当以义断之。荧惑往来亡常,周历两宫,作态低卬,入天门,上明堂,贯尾乱宫。太白发越犯库,兵寇之应也。贯黄龙,入帝庭,当门而出,随荧惑入天门,至房而分,欲与荧惑为患,不敢当明堂之精。此陛下神灵,故祸乱不成也。荧惑厥弛,佞巧依势,微言毁誉,进类蔽善。太白出端门,臣有不臣者。火入室,金上堂,不以时解,其忧凶。填、岁相守,又主内乱。宜察萧墙之内,毋忽亲疏之微,诛放佞人,防绝萌牙,以荡涤浊渫,消散积恶,毋使得成祸乱。辰星主正四时,当效于四仲;四时失序,则辰星作异。今出于岁首之孟,天所以谴告陛下也。政急则出早,政缓则出晚,政绝不行则伏不见而为彗茀。四孟皆出,为易王命;四季皆出,星家所讳。今幸独出寅孟之月,盖皇天所以笃右陛下也,宜深自改。

治国故不可以戚戚,欲速则不达。经曰:"三载考绩,三考黜陟。"加以号令不顺四时,既往不咎,来事之师也。间者春三月治大狱,时贼阴立逆,恐岁小收;季夏举兵法,时寒气应,恐后有霜雹之灾;秋月行封爵,其月土湿奥,恐后有雷电之变。夫以喜怒赏罚,而不顾时禁,虽有尧、舜之心,犹不能致和。善言天者,必有效于人。设上农夫而欲冬田,肉袒深耕,汗出种之,然犹不生者,非人心不至,天时不得也。《易》曰:"时止则止,时行则行,动静不失其时,其道光明。"《书》曰:"敬授民时。"故古之王者,尊天地,重阴阳,敬四时,严月令。顺之以善政,则和气可立致,犹枹鼓之相应也。今朝廷忽于时月之令,诸侍中、尚书近臣宜皆令通知月令之意,设群下请事;若陛下出令有谬于时者,当知争之,以顺时气。

臣闻五行以水为本,其星玄武婺女,天地所纪,终始所生。水为准平,王道公正修明,则百川理,落脉通;偏党失纲,则踊溢为败。《书》云"水曰润下",阴动而卑,不失其道。天下有道,则河出图,洛出书,故河、洛决溢,所为最大。今汝、颍畎浍皆川水漂踊,与雨水并为民害,此《诗》所谓"烨烨震电,不宁不令,百川沸腾"者也。其咎在于皇甫卿士之属。唯陛下留意诗人之言,少抑外亲大臣。

臣闻地道柔静,阴之常义也。地有上、中、下:其上位震,应妃后不顺;中位应大臣作乱;下位应庶民离畔。震或于其国,国君之咎也。四方中央连国历州俱动者,其异最大。间者关东地数震,五星作异,亦未大逆,宜务崇阳抑阴,以救其咎;固志建威,闭绝私路,拔进英隽,退不任职,以安本朝。夫本强则精神折冲,本弱则招殃致凶,为邪谋所陵。闻往者淮南王作谋之时,其所难者,独有汲黯,以为公孙弘等不足言也。弘,汉之名相,于今亡比,而尚见轻,何况亡弘之属乎?故曰朝廷亡人,则为贼乱所轻,其道自然也。天下未闻陛下有奇策固守之臣也。语曰:何以知朝廷之衰?人人自贤,不务于通人,故世陵夷。

马不伏历,不可以趋道;士不素养,不可以重国。《诗》曰"济济多士,文王以宁",孔子曰"十室之邑,必有忠信",非虚言也。陛下秉四海之众,曾亡柱干之固守闻于四境,殆开之不广,取之不明,劝之不笃。传曰:"土之美者善养禾,君之明者善养士。"中人皆可使为君子。诏书进贤良,赦小过,无求备,以博聚英隽。如近世贡禹,以言事忠切蒙尊荣,当此之时,士厉身立名者多。禹死之后,日日以衰。及京兆尹王章坐言事诛灭,智者结舌,邪伪并兴,外戚专命,君臣隔塞,至绝继嗣,女宫作乱。此行事之败,诚可畏而悲也。

本在积任母后之家,非一日之渐,往者不可及,来者犹可追也。先帝大圣,深见天意昭然,使陛下奉承天统,欲矫正之也。宜少抑外亲,选练左右,举有德行道术通明之士充备天官,然后可以辅圣德,保帝位,承大宗。下至郎吏从官,行能亡以异,又不通一艺,及博士无文雅者,宜皆使就南亩,以视天下,明朝廷皆贤材君子,于以重朝尊君,灭凶致安,此其本也。臣自知所言害身,不辟死亡之诛,唯财留神,反复愚臣之言。

是时哀帝初立,成帝外家王氏未甚抑黜,而帝外家丁、傅新贵,祖母傅太后尤骄恣,欲称尊号。丞相孔光、大司空师丹执政谏争,久之,上不得已,遂免光、丹而尊傅太后。语在《丹传》。上虽不从寻言,然采其语,每有非常,辄问寻。寻对屡中,迁黄门侍郎。以寻言且有水灾,故拜寻为骑都尉,使护河堤。

初,成帝时,齐人甘忠可诈造《天官历》、《包元太平经》十二卷,以言"汉家逢天地之大终,当更受命于天,天帝使真人赤精子,下教我此道。"忠可以教重平夏贺良、容丘丁广世、东郡郭昌等,中垒校尉刘向奏忠可假鬼神罔上惑众,下狱治服,未断病死。贺良等坐挟学忠可书以不敬论,后贺良等复私以相教。哀帝初立,司隶校尉解光亦以明经通灾异得幸,白贺良等所挟忠可书。事下奉车都尉刘歆,歆以为不合《五经》,不可施行。而李寻亦好之。光曰:"前歆父向奏忠可下狱,歆安肯通此道?"时,郭昌为长安令,劝寻宜助贺良等。寻遂白贺良等皆待诏黄门,数召见,陈说:"汉历中衰,当更受命。成帝不应天命,故绝嗣。今陛下久疾,变异屡数,天所以谴告人也。宜急改元易号,乃得延年益寿,皇子生,灾异息矣。得道不得行,咎殃且亡,不有洪水将出,灾火且起,涤荡民人。"

哀帝久寝疾,几其有益,遂从贺良等议。于是诏制丞相御史:"盖闻《尚书》'五曰考终命',言大运一终,更纪天元人元,考文正理,推历定纪,数如甲子也。朕以眇身入继太祖,承皇天,总百僚,子元元,未有应天心之效。即位出入三年,灾变数降,日月失度,星辰错谬,高下贸易,大异连仍,盗贼并起。朕甚惧焉,战战兢兢,唯恐陵夷。惟汉兴至今二百载,历纪开元,皇天降非材之右,汉国再获受命之符,朕之不德,曷敢不通夫受天之元命,必与天下自新。其大赦天下,以建平二年为太初元年,号曰陈圣刘太平皇帝。漏刻以百二十为度。布告天下,使明知之。"

后月余,上疾自若。贺良等复欲妄变政事,大臣争以为不可许。贺良等奏言大臣皆不知天命,宜退丞相御史,以解光、李寻辅政。上以其言亡验,遂下贺良等吏,而下诏曰:"朕获保宗庙,为政不德,变异屡仍,恐惧战栗,未知其由。待诏贺良等建言改元易号,增益漏刻,可以永安国家。朕信道不笃,过听其言,几以百姓获福。卒无嘉应,久旱为灾。以问贺良等,对当复改制度,皆背经谊,违圣制,不合时宜。夫过而不改,是为过矣,六月甲子诏书,非赦令也,皆蠲除之。贺良等反道惑众,奸态当穷究。"皆下狱,光禄勋平当、光禄大夫毛莫如与御史中丞、廷尉杂治,当贺良等执左道,乱朝政,倾覆国家,诬罔主上,不道。贺良等皆伏诛。寻及解光减死一等,徙敦煌郡。

赞曰:幽赞神明,通合天人之道者,莫著乎《易》、《春秋》。然子赣犹云"夫子之文章可得而闻,夫子之言性与天道不可得而闻"已矣。汉兴,推阴阳言灾异者,孝武时有董仲舒、夏侯始昌;昭、宣则眭孟、夏侯胜;元、成则京房、翼奉、刘向、谷永;哀、平则李寻、田终术。此其纳说时君著明者也。察其所言,仿佛一端,假经设谊,依托象类,或不免乎"亿则屡中"。仲舒下吏,夏侯囚执,眭孟诛戮,李寻流放,此学者之大戒也。京房区区,不量浅深,危言刺讥,构怨强臣,罪辜不旋踵,亦不密以失身,悲夫!

卷七十六
赵尹韩张两王传第四十六

赵广汉字子都,涿郡蠡吾人也,故属河间。少为郡吏、州从事,以廉洁通敏下士为名。举茂材,平准令。察廉为阳翟令。以治行尤异,迁京辅都尉,守京兆尹。会昭帝崩,而新丰杜建为京兆掾,护作平陵方上。建素豪侠,宾客为奸利,广汉闻之,先风告。建不改,于是收案致法。中贵人豪长者为请无不至,终无所听。宗族宾客谋欲篡取,广汉尽知其计议主名起居,使吏告曰:"若计如此,且并灭家。"令数吏将建弃市,莫敢近者。京师称之。

是时,昌邑王征即位,行淫乱,大将军霍光与群臣共废王,尊立宣帝。广汉以与议定策,赐爵关内侯。迁颖川太守。郡大姓原、褚宗族横恣,宾客犯为盗贼,前二千石莫能禽制。广汉既至数月,诛原、褚首恶,郡中震栗。

先是,颖川豪杰大姓相与为婚姻,吏俗朋党。广汉患之,厉使其中可用者受记,出有案问,既得罪名,行法罚之,广汉故漏泄其语,令相怨咎。又教吏为缿筩,及得投书,削其主名,而托以为豪桀大姓子弟所言。其后强宗大族家家结为仇雠,奸党散落,风俗大改。吏民相告讦,广汉得以为耳目,盗贼以故不发,发又辄得。一切治理,威名流闻,及匈奴降者言匈奴中皆闻广汉。

本始二年,汉发五将军击匈奴,征广汉以太守将兵,属蒲类将军赵充国。从军还,复用守京兆尹,满岁为真。

广汉为二千石,以和颜接士,其尉荐待遇吏,殷勤甚备。事推功善,归之于下,曰:"其掾卿所为,非二千石所及。"行之发于至诚。吏见者皆输写心腹,无所隐匿,咸愿为用,僵仆无所避。广汉聪明,皆知其能之所宜,尽力与否。其或负者,辄先闻知,风谕不改,乃收捕之,无所逃,按之罪立具,即时伏辜。

广汉为人强力,天性精于吏职。见吏民,或夜不寝至旦。尤善为钩距,以得事情。钩距者,设欲知马贾,则先问狗,已问羊,又问牛,然后及马,参伍其贾,以类相准,则知马之贵贱不失实矣。唯广汉至精能行之,他人效者莫能及。郡中盗贼,闾里轻侠,其根株窟穴所在,及吏受取请求铢两之奸,皆知之。长安少年数人会穷里空舍谋共劫人,坐语未讫,广汉使吏捕治具服。富人苏回为郎,二人劫之。有顷,广汉将吏到家,自立庭下,使长安丞龚奢叩堂户晓贼,曰:"京兆尹赵君谢两卿,无得杀质,此宿卫臣也。释质,束手,得善相遇,幸逢赦令,或时解脱。"二人惊愕,又素闻广汉名,即开户出,下堂叩头,广汉跪谢曰:"幸全活郎,甚厚!"送狱,敕吏谨遇,给酒肉。至冬当出死,豫为调棺,给敛葬具,告语之,皆曰:"死无所恨!"

广汉尝记召湖都亭长,湖都亭长西至界上,界上亭长戏曰:"至府,为我多谢问赵君。"亭长既至,广汉与语,问事毕,谓曰:"界上亭长寄声谢我,何以不为致问?"亭长叩头服实有之。广汉因曰:"还为吾谢界上亭长,勉思职事,有以自效,京兆不忘卿厚意。"其发奸摘伏如神,皆此类也。

广汉奏请,令长安游徼狱吏秩百石,其后百石吏皆差自重,不敢枉法妄系留人。京兆政清,吏民称之不容口。长老传以为自汉兴以来治京兆者莫能及。左冯翊、右扶风皆治长安中,犯法者从迹喜过京兆界。广汉叹曰:"乱吾治者,常二辅也!诚令广汉得兼治之,直差易耳。"

初,大将军霍光秉政,广汉事光。及光薨后,广汉心知微指,发长安吏自将,与俱至光子博陆侯禹第,直突入其门,搜索私屠酤,椎破卢器,斧斩其门关而去。时,光女为皇后,闻之,对帝涕泣。帝心善之,以召问广汉。广汉由是侵犯贵戚大臣。所居好用世吏子孙新进年少者,专厉强壮锋气,见事风生,无所回避,率多果敢之计,莫为持难。广汉终以此败。

初,广汉客私酤酒长安市,丞相吏逐去。客疑男子苏贤言之，以语广汉。广汉使长安丞按贤，尉史禹故劾贤为骑士屯霸上，不诣屯所，乏军兴。贤父上书讼罪，告广汉，事下有司复治。禹坐要斩，请逮捕广汉。有诏即讯，辞服，会赦，贬秩一等。广汉疑其邑子荣畜教令，后以他法论杀畜。人上书言之，事下丞相御史，案验甚急。广汉使所亲信长安人为丞相府贼卒，令微司丞相门内不法事。地节三年七月中，丞相傅婢有过，自绞死。广汉闻之，疑丞相夫人妒杀之府舍。而丞相奉斋酎入庙祠，广汉得此，使中郎赵奉寿风晓丞相，欲以胁之，毋令穷正己事。丞相不听，按验愈急。广汉欲告之。先问太史知星气者，言今年当有戮死大臣，广汉即上书告丞相罪。制曰："下京兆尹治。"广汉知事迫切，遂自将吏卒突入丞相府，召其夫人跪庭下受辞，收奴婢十余人去，责以杀婢事。丞相魏相上书自陈："妻实不杀婢。广汉数犯罪法不伏辜，以诈巧迫胁臣相，幸臣相宽不奏。愿下明使者治广汉所枉臣相家事。"事下廷尉治，实丞相自以过谴笞傅婢，出至外弟乃死，不如广汉言。司直萧望之劾奏："广汉摧辱大臣，欲以劫持奉公，逆节伤化，不道。"宣帝恶之，下广汉廷尉狱，又坐贼杀不辜，鞠狱故不以实，擅斥除骑士乏军兴数罪。天子可其奏。吏民守阙号泣者数万人，或言："臣生无益县官，愿代赵京兆死，使得牧养小民。"广汉竟坐要斩。

广汉虽坐法诛，为京兆尹廉明，威制豪强，小民得职。百姓追思，歌之至今。

尹翁归字子兄，河东平阳人也，徙杜陵。翁归少孤，与季父居。为狱小吏，晓习文法。喜击剑，人莫能当。是时，大将军霍光秉政，诸霍在平阳，奴客持刀兵入市斗变，吏不能禁，及翁归为市吏，莫敢犯者。公廉不受馈，百贾畏之。

后去吏居家。会田延年为河东太守，行县至平阳，悉召故吏五六十人，延年亲临见，令有文者东，有武者西。阅数十人，次到翁归，独伏不肯起，对曰："翁归文武兼备，唯所施设。"功曹以为此吏倨敖不逊，延年曰："何伤？"遂召上辞问，甚奇其对，除补卒史，便从归府。案事发奸，穷竟事情，延年大重之，自以能不及翁归，徙署督邮。河东二十八县，分为两部，闳孺部汾北，翁归部汾南。所举应法，得其罪辜，属县长吏虽中伤，莫有怨者。举廉为缑氏尉，历守郡中，所居治理，迁补都内令，举廉为弘农都尉。

征拜东海太守，过辞廷尉于定国。定国家在东海，欲属托邑子两人，令坐后堂待见。定国与翁归语终日，不敢见其邑子。既去，定国乃谓邑子曰："此贤将，汝不任事也，又不可干以私。"

翁归治东海明察，郡中吏民贤不肖，及奸邪罪名尽知之。县县各有记籍。自听其政，有急名则少缓之；吏民小解，辄披籍。县县收取黠吏豪民，案致其罪，高至于死。收取人必于秋冬课吏大会中，及出行县，不以无事时。其有所取也，以一警百，吏民皆服，恐惧改行自新。东海大豪郯许仲孙为奸猾，乱吏治，郡中苦之。二千石欲捕者，辄以力势变诈自解，终莫能制。翁归至，论弃仲孙市，一郡怖栗，莫敢犯禁。东海大治。

以高第入守右扶风，满岁为真。选用廉平疾奸吏以为右职，接待以礼，好恶与同之；其负翁归，罚亦必行。治如在东海故迹，奸邪罪名亦县县有名籍。盗贼发其比伍中，翁归辄召其县长吏，晓告以奸黠主名，教使用类推迹盗贼所过抵，类常如翁归言，无有遗脱。缓于小弱，急于豪强。豪强有论罪，输掌畜官，使斫莝，责以员程，不得取代。不中程，辄笞督，极者至以铁自刭而死。京师畏其威严，扶风大治，盗贼课常为三辅最。

翁归为政虽任刑，其在公卿之间清洁自守，语不及私，然温良谦退，不以行能骄人，甚得名誉于朝廷。视事数岁，元康四年病卒。家无余财，天子贤之，制诏御史："朕夙兴夜寐，以求贤为右，不异亲疏近远，务在安民而已。扶风翁归廉平乡正，治民异等，早夭不遂，不得终其功业，朕甚怜之。其赐翁归子黄金百斤，以奉其祭祠。"

翁归三子皆为郡守。少子岑历位九卿，至后将军。而闳孺亦至广陵相，有治名。由是世称田延年为知人。

韩延寿字长公，燕人也，徙杜陵。少为郡文学。父义为燕郎中。刺王之谋逆也，义谏而死，燕人闵之。是时，昭帝富于春秋，大将军霍光持政，征郡国贤良、文学，问以得失。时魏相以文学对策，以为"赏罚所以劝善禁恶，政之本也。日者燕王为无道，韩义出身强谏，为王所杀。义无比干之亲而蹈比干之节，宜显赏其子，以示天下，明为人臣之义。"光纳其言，因擢延寿为谏大夫，迁淮阳太守。治甚有名，徙颍川。

颍川多豪强，难治，国家常为选良二千石。先是，赵广汉为太守，患其俗多朋党，故构会吏民，令相告讦，一切以为聪明，颍川由是以为俗，民多怨仇。延寿欲更改之，教以礼让，恐百姓不从，乃历召郡中长老为乡里所信向者数十人，设酒具食，亲与相对，接以礼意，人人问以谣俗，民所疾苦，为陈和睦亲爱、销除怨咎之路。长老皆以为便，可施行，因与议定嫁娶、丧祭仪品，略依古礼，不得过法。延寿于是令文学校官诸生皮弁执俎豆，为吏民行丧嫁娶礼。百姓遵用其教，卖偶车马下里伪物者，弃之市道。数年，徙为东郡太守，黄霸代延寿居颍川，霸因其迹而大治。

延寿为吏，上礼义，好古教化，所至必聘其贤士，以礼待用，广谋议，纳谏争；举行丧让财，表孝弟有行；修治学官，春秋乡射，陈钟鼓管弦，盛升降揖让，及都试讲武，设斧钺旌旗，习射御之事。治城郭，收赋租，先明布告其日，以期会为大事，吏民敬畏趋乡之。又置正、五长，相率以孝弟，不得舍奸人。闾里仟佰有非常，吏辄闻知，奸人莫敢入界。其始若烦，后吏无追捕之苦，民无棰楚之忧，皆便安之。接待下吏，恩施甚厚而约誓明。或欺负之者，延寿痛自刻责："岂其负之，何以至此？"吏闻者自伤悔，其县尉至自刺死。及门下掾自到，人救不殊，因喑不能言。延寿闻之，对掾史涕泣，遣吏医治视，厚复其家。

延寿尝出，临上车，骑吏一人后至，敕功曹议罚白。还至府门，门卒当车，愿有所言。延寿止车问之，卒曰："《孝经》曰：'资于事父以事君，而敬同，故母取其爱，而君取其敬，兼之者父也。'今旦明府早驾，久驻未出，骑吏父来至府门,不敢入。骑吏闻之,趋走出谒,适会明府登车。以敬父而见罚,得毋亏大化乎?"延年举手舆中曰:"微子,太守不自知过。"归舍,召见门卒。卒本诸生,闻延寿贤,无因自达,故代卒,延寿遂待用之。其纳善听谏,皆此类也。在东郡三岁,令行禁止,断狱大减,为天下最。

入守左冯翊,满岁称职为真。岁余,不肯出行县。丞掾数白:"宜循行郡中,览观民俗,考长吏治迹。"延寿曰:"县皆有贤令长,督由分明善恶于外,行县恐无所益,重为烦扰。"丞掾皆以为方春月,可一出劝耕桑。延寿不得已,行县至高陵,民有昆弟相与讼田自言,延寿大伤之,曰:"幸得备位,为郡表率,不能宣明教化,至令民有骨肉争讼,既伤风化,重使贤长吏、啬夫、三老、孝弟受其耻,咎在冯翊,当先退。"是日,移病不听事,因入卧传舍,闭阁思过。一县莫知所为,令丞、啬夫、三老亦皆自系待罪。于是讼者宗族传相责让,此两昆弟深自悔,皆自髡肉袒谢,愿以田相移,终死不敢复争。延寿大喜,开阁延见,内酒肉与相对饮食,厉勉以意告乡部,有以表劝悔过从善之民。延寿乃起听事,劳谢令丞以下,引见尉荐。郡中歙然,莫不传相敕厉,不敢犯。延寿恩信周遍二十四县,莫复以辞讼自言者。推其至诚,吏民不忍欺绐。

延寿代萧望之为左冯翊,而望之迁御史大夫。侍谒者福为望之道延寿在东郡时放散官钱千余万。望之与丞相丙吉议,吉以为更大赦,不须考。会御史当问东郡,望之因令并问。延寿闻知,即部吏案校望之在冯翊时廪牺官钱放散百余万。廪牺吏掠治急,自引与望之为奸。延寿劾奏,移殿门禁止望之。望之自奏:"职在总领天下,闻事不敢不问,而为延寿所拘持。"上由是不直延寿,各令穷竟所考。望之卒无事实,而望之遣御史案东郡,具得其事。延寿在东郡时,试骑士,治饰兵车,画龙虎朱爵。延年衣黄纨方领,驾四马,傅总,建幢棨,植羽葆,鼓车歌车,功曹引车,皆驾四马,载棨戟。五骑为伍,分左右部,军假司马、千人持幢旁毂。歌者先居射室,望见延寿车,嗷咿楚歌。延寿坐射室,骑吏持戟夹陛列位,骑士从者带弓鞬罗后。令骑士兵车四面营陈,被甲鞮鍪居马上,抱弩负籣。又使骑士戏车弄马盗骖。延寿又取官铜物,侯月蚀铸作刀剑钩镡,放效尚方事。又取官钱帛,私假徭使吏。及治饰车甲三百万以上。

于是望之劾奏延寿上僭不道,又自陈:"前为延寿所奏,今复举延寿罪,众ة皆以臣怀不正之心,侵冤延寿。愿下丞相、中二千石、博士议其罪。"事下公卿,皆以延寿前既无状,后复诬诉典法大臣,欲以解罪,狡猾不道。天子恶之,延寿竟坐弃市。吏民数千人送至渭城,老小扶持车毂,争奏酒炙。延寿不忍距逆,人人为饮,计饮酒石余。使掾史分谢送者:"远苦吏民,延寿死无所恨。"百姓莫不流涕。

延寿三子皆为郎吏。且死,属其子勿为吏,以已为戒。子皆以父言去官不仕。至孙威,乃复为吏至将军。威亦多恩信,能拊众,得士死力。威又坐奢僭诛,延寿之风类也。

张敞字子高,本河东平阳人也。祖父孺为上谷太守,徙茂陵。敞父福事孝武帝,官至光禄大夫。敞后随宣帝徙杜陵。敞本以乡有秩补太守卒史,察廉为甘泉仓长,稍迁太仆丞,杜延年甚奇之。会昌邑王征即位,动作不由法度,敞上书谏曰:"孝昭皇帝早崩无嗣,大臣忧惧,选贤圣承宗庙,东迎之日,唯恐属车之行迟。今天子以盛年初即位,天下莫不拭目倾耳,观化听风。国辅大臣未褒,而昌邑小辇先迁,此过之大者也。"后十余日王贺废,敞以切谏显名,擢为豫州刺史。以数上事有忠言,宣帝征敞为太中大夫,与于定国并平尚书事。以正违忤大将军霍光,而使主兵车出军省减用度,复出为函谷关都尉。宣帝初即位,废王贺在昌邑,上心惮之,徙敞为山阳太守。

久之,大将军霍光薨,宣帝始亲政事,封光兄孙山、云皆为列侯,以光子禹为大司马。顷之,山、云以过归第,霍氏诸婿亲属颇出补吏。敞闻之,上封事曰:"臣闻公子季友有功于鲁,大夫赵衰有功于晋,大夫田完有功于齐,皆畴其庸,延及子孙,终后田氏篡齐,赵氏分晋,季氏专鲁。故仲尼作《春秋》,迹盛衰,讥世卿最甚。乃者大将军决大计,安宗庙,定天下,功亦不细矣。夫周公七年耳,而大将军二十岁,海内之命,断于掌握。方其隆时,感动天地,侵迫阴阳,月朓日蚀,昼冥宵光,地大震裂,火生地中,天文失度,祆祥变怪,不可胜记,皆阴类盛长,臣下专制之所生也。朝臣宜有明言,曰陛下褒宠故大将军以报功德足矣。间者辅臣专政,贵戚太盛,君臣之分不明,请罢霍氏三侯皆就弟。及卫将军张安世,宜赐几杖归休,时存问召见,以列侯为天子师。明诏以恩不听,群臣以义固争而后许,天下必以陛下为不忘功德,而朝臣为知礼,霍氏世世无所患苦。今朝廷不闻直声,而令明诏自亲其文,非策之得者也。今两侯以出,人情不相远,以臣心度之,大司马及其枝属必有畏惧之心。夫近臣自危,非完计也,臣敞愿于广朝白发其端,直守远郡,其路无由。夫心之精微口不能言也,言之微眇书不能文也,故伊尹五就桀,五就汤,萧相国荐淮阴累岁乃得通,况乎千里之外,因书文谕事指哉!唯陛下省察。"上甚善其计,然不征也。

久之,勃海、胶东盗贼并起,敞上书自请治之,曰:"臣闻忠孝之道,退家则尽心于亲,进宦则竭力于君。夫小国中君犹有奋不顾身之臣,况于明天子乎!今陛下游意于太平,劳精于政事,亹亹不舍昼夜。群臣有司宜各竭力致身。山阳郡户九万三千,口五十万以上,讫计盗贼未得者七十七人,它课诸事亦略如此。臣敞愚驽,既无以佐思虑,久处闲郡,身逸乐而忘国事,非忠孝之节也。伏闻胶东、勃海左右郡岁数不登,盗贼并起,至攻官寺,篡囚徒,搜市朝,劫列侯。吏失纲纪,奸轨不禁。臣敞不敢爱身避死,唯明诏之所处,愿尽力摧挫其暴虐,存抚其孤弱。事即有业,所至郡条奏其所由发废及所以兴之状。"书奏,天子征敞,拜胶东相,赐黄金三十斤。敞辞之官,自请治剧郡非赏罚无以劝善惩恶,吏追捕有功效者,愿得一功比三辅尤异。天子许之。

敞到胶东,明设购赏,开群盗令相捕斩除罪。吏追捕有功,上名尚书调补县令者数十人。由是盗贼解散,传相捕斩。吏民歙然,国中遂平。

居顷之,王太后数出游猎,敞奏书谏曰:"臣闻秦王好淫声,叶阳后为不听郑、卫之乐;楚严好田猎,樊姬为不食鸟兽之肉。口非恶旨甘,耳非憎丝竹也,所以抑心意,绝耆欲者,将以率二君而全宗祀也。礼,君母出门则乘辎軿,下堂则从傅母,进退则鸣玉佩,内饰则结绸缪。此言尊贵所以自敛制,不从恣之义也。今太后资质淑美,慈爱宽仁,诸侯莫不闻,而少以田猎纵欲为名,于以上闻,亦未宜也。唯观览于往古,全行乎来今,令后姬得有所法则,下臣有所称诵,臣敞幸甚!"书奏,太后止不复出。

是时,颍川太守黄霸以治行第一入守京兆尹。霸视事数月,不称,罢归颍川。于是制诏御史:"其以胶东相敞守京兆尹。"自赵广汉诛后,比更守尹,如霸等数人,皆不称职。京师寖废,长安市偷盗尤多,百贾苦之。上以问敞,敞以为可禁。敞既视事,求问长安父老,偷盗酋长数人,居皆温厚,出从童骑,闾里以为长者。敞皆召见责问,因贳其罪,把其宿负,令致诸偷以自赎。偷长曰:"今一旦召诣府,恐诸偷惊骇,愿一切受署。"敞皆以为吏,遣归休。置酒,小偷悉来贺,且饮醉,偷长以赭污其衣裾。吏坐里间阅出者,污赭辄收缚之,一日捕得数百人。穷治所犯,或一人百余发,尽行法罚。由是桴鼓稀鸣,市无偷盗,天子嘉之。

敞为人敏疾,赏罚分明,见恶辄取,时时越法纵舍,有足大者。其治京兆,略循赵广汉之迹。方略耳目,发伏禁奸,不如广汉,然敞本治《春秋》,以经术自辅,其政颇杂儒雅,往往表贤显善,不醇用诛罚,以此能自全,竟免于刑戮。

京兆典京师,长安中浩穰,于三辅尤为剧。郡国二千石以高弟入守,及为真,久者不过二三年,近者数月一岁,辄毁伤失名,以罪过罢。唯广汉及敞为久任职。敞为京兆,朝廷每有大议,引古今,处便宜,公卿皆服,天子数从之。然敞无威仪,时罢朝会,过走马章台街,使御吏驱,自以便面拊马。又为妇画眉,长安中传张京兆眉怃。有司以奏敞。上问之,对曰:"臣闻闺房之内,夫妇之私,有过于画眉者。"上爱其能,弗备责也。然终不得大位。

敞与萧望之、于定国相善。始敞与定国俱以谏昌邑王超迁。定国为大夫平尚书事,敞出为刺史,时望之为大行丞。后望之先至御史大夫,定国后至丞相,敞终不过郡守。为京兆九岁,坐与光禄勋杨恽厚善,后恽坐大逆诛,公卿奏恽党友,不宜处位,等比皆免,而敞奏独寝不下。敞使贼捕掾絮舜有所案验。舜以敞劾奏当免,不肯为敞竟事,私归其家。人或谏舜,舜曰:"吾为是公尽力多矣,今五日京兆耳,安能复案事?"敞闻舜语,即部吏收舜系狱。是时,冬月未尽数日,案事吏昼夜验治舜,竟致其死事。舜当出死,敞使主簿持教告舜曰:"五日京兆竟何如?冬月已尽,延命乎?"乃弃舜市。会立春,行冤狱使者出,舜家载尸,并编敞教,自言使者。使者奏敞贼杀不辜。天子薄其罪,欲令敞得自便利,即先下敞前坐杨恽不宜处位奏,免为庶人。敞免奏既下,诣阙上印绶,便从阙下亡命。

数月,京师吏民解弛,桴鼓数起,而冀州部中有大贼。天子思敞功效,使使者即家在所召敞。敞身被重劾,及使者至,妻子家室皆泣惶惧,而敞独笑曰:"吾身亡命为民,郡吏当就捕,今使者来,此天子欲用我也。"即装随使者诣

公车上书曰:"臣前幸得备位列卿,待罪京兆,坐杀贼捕掾絮舜。舜本臣敞素所厚吏,数蒙恩贷,以臣有章劾当免,受记考事,便归卧家,谓臣'五日京兆',背恩忘义,伤化薄俗。臣窃以舜无状,枉法以诛之。臣敞贼杀无辜,鞠狱故不直,虽伏明法,死无所恨。"天子引见敞,拜为冀州刺史。敞起亡命,复奉使典州。既到部,而广川王国群辈不道,贼连发,不得。敞以耳目发起贼主名区处,诛其渠帅。广川王姬昆弟及王同族宗室刘调等通行为之囊橐,吏逐捕穷窘,踪迹皆入王宫。敞自将郡国吏,车数百辆,围守王宫,搜索调等,果得之殿屋重轑中。敞傅吏皆捕格断头,县其头王宫门外,因劾奏广川王。天子不忍致法,削其户。敞居部岁余,冀州盗贼禁止。守太原太守,满岁为真,太原郡清。

顷之,宣帝崩。元帝初即位,待诏郑朋荐敞先帝名臣,宜傅辅皇太子。上以问前将军萧望之,望之以为敞能吏,任治烦乱,材轻,非师傅之器。天子使使者征敞,欲以为左冯翊。会病卒。敞所诛杀太原吏,吏家怨敞,随至杜陵刺杀敞中子璜。敞三子官皆至都尉。

初,敞为京兆尹,而敞弟武拜为梁相。是时,梁王骄贵,民多豪强,号为难治。敞问武:"欲何以治梁?"武敬惮兄,谦不肯言。敞使吏送至关,戒吏自问武。武应曰:"驭黠马者利其衔策,梁国大都,吏民凋敝,且当以柱后惠文弹治之耳。"秦时狱法吏冠柱后惠文,武意欲以刑法治梁。吏还道之,敞笑曰:"审如掾言,武必辨治梁矣。"武既到官,其治有迹,亦能吏也。

敞孙竦,王莽时至郡守,封侯,博学文雅过于敞,然政事不及也。竦死,敞无后。

王尊字子赣,涿郡高阳人也。少孤,归诸父,使牧羊泽中。尊窃学问,能史书。年十三,求为狱小吏。数岁,给事太守府,问诏书行事,尊无不对。太守奇之,除补书佐,署守属监狱。久之,尊称病去,事师郡文学官,治《尚书》、《论语》,略通大义。复召署守属治狱,为郡决曹史。数岁,以令举幽州刺史从事。而太守察尊廉,补辽西盐官长。数上书言便宜事,事下丞相御史。

初元中,举直言,迁虢令,转守槐里,兼行美阳令事。春正月,美阳女子告假子不孝,曰:"儿常以我为妻,妒笞我。"尊闻之,遣吏收捕验问,辞服。尊曰:"律无妻母之法,圣人所不忍书,此经所谓造狱者也。"尊于是出坐廷上,取不孝子悬磔著树,使骑吏五人张弓射杀之,吏民惊骇。

后上行幸雍,过虢,尊供张如法而办。以高弟擢为安定太守。到官,出教告属县曰:"令长丞尉奉法守城,为民父母,抑强扶弱,宣恩广泽,甚劳苦矣。太守以今日至府,愿诸君卿勉力正身以率下。故行贪鄙,能变更者与为治。明慎所职,毋以身试法。"又出教敕掾功曹"各自底厉,助太守为治。其不中用,趣自避退,毋久妨贤,夫羽翮不修,则不可以致千里;闱内不理,无以整外。府丞悉署吏行能,分别白之。贤为上,毋以富。贾人百万,不足与计事。昔孔子治鲁,七日诛少正卯,今太守视事已一月矣,五官掾张辅怀虎狼之心,贪污不轨,一郡之钱尽入辅家,然适足以葬矣。今将辅送狱,直符史诣阁下,从太守受其事。丞戒之

戒之！相随入狱矣！"辅系狱数日死，尽得其狡猾不道，百万奸臧。威震郡中，盗贼分散，入傍郡界。豪强多诛伤伏辜者。坐残贼免。

起家，复为护羌将军转校尉，护送军粮委输。而羌人反，绝转道，兵数万围尊。尊以千余骑奔突羌贼。功未列上，坐擅离部署，会赦，免归家。

涿郡太守徐明荐尊不宜久在闾巷，上以尊为郿令，迁益州刺史。先是，琅邪王阳为益州刺史，行部至邛崃九折阪，叹曰："奉先人遗体，奈何数乘此险！"后以病去。及尊为刺史，至其阪，问吏曰："此非王阳所畏道邪？"吏对曰："是。"尊叱其驭曰："驱之！王阳为孝子，王尊为忠臣。"尊居部二岁，怀来徼外，蛮夷归附其威信。博士郑宽中使行风俗，举奏尊治状，迁为东平相。

是时，东平王以至亲骄奢不奉法度，傅相连坐。及尊视事，奉玺书至庭中，王未及出受诏，尊持玺书归舍，食已乃还。致诏后，谒见王，太傅在前说《相鼠》之诗。尊曰："毋持布鼓过雷门！"王怒，起入后宫。尊亦直趋出就舍。先是，王数私出，驱驰国中，与后姬家交通。尊到官，召敕厩长："大王当从官属，鸣和鸾乃出，自今有令驾小车，叩头争之，言相教不得。"后尊朝王，王复延请登堂。尊谓王曰："尊来为相，人皆吊尊也，以尊不容朝廷，故见使相王耳。天下皆言王勇，顾但负贵，安能勇？如尊乃勇耳。"王变色视尊，意欲格杀之，即好谓尊曰："愿观相君佩刀。"尊举袂，顾谓傍侍郎："前引佩刀视王，王欲诬相拔刀向王邪？"王情得，又雅闻尊高名，大为尊屈，酌酒具食，相对极欢。太后徽史奏尊："为相倨慢不臣，王血气未定，不能忍。愚诚恐母子俱死。今妾不得使王复见尊。陛下不留意，妾愿先自杀，不忍见王之失义也。"尊竟坐免为庶人。大将军王凤奏请尊补军中司马，擢为司隶校尉。

初，中书谒者令石显贵幸，专权为奸邪。丞相匡衡、御史大夫张谭皆阿附畏事显，不敢言。久之，元帝崩，成帝初即位，显徙为中太仆，不复典权。衡、谭乃奏显旧恶，博免显等。尊于是劾奏："丞相衡、御史大夫谭位三公，典五常九德，以总方略、一统类、广教化、美风俗为职。知中书谒者令显等专权擅势，大作威福，纵恣不制，无所畏忌，为海内患害，不以时白奏行罚，而诃谀曲从，附下罔上，怀邪迷国，无大臣辅政之义也，皆不道，在赦令前。赦后，衡、谭举奏显，不自陈不忠之罪，而反扬著先帝任用倾覆之徒，妄言百官畏之，甚于主上。卑君尊臣，非所宜称，失大臣体。又正月行幸曲台，临飨罢卫士，衡与中二千石大鸿胪赏等会坐殿门下，衡南乡，赏等西乡。衡更为赏布东乡席，起立延赏坐，私语如食顷。衡知行临，百官共职，万众会聚，而设不正之席，使下坐上，相比为小惠于公门之下，动不中礼，乱朝廷爵秩之位。衡又使官大奴入殿中，问行起居，还言：'漏上十四刻行。'临到，衡安坐，不变色改容。无怵惕肃敬之心，骄慢不谨，皆不敬。"有诏勿治。于是衡惭惧，免冠谢罪，上丞相、侯印绶。天子以新即位，重伤大臣，乃下御史丞问状。劾奏尊："妄底欺非谤赦前事，猥历奏大臣，无正法，饰成小过，以涂污宰相，摧辱公卿，轻薄国家，奉使不敬。"有诏左迁尊为高陵令，数月，以病免。

会南山群盗傰宗等数百人为吏民害，拜故弘农太守傅刚为校尉，将迹射士千人逐捕，岁余不能禽。或说大将军凤："贼数百人在毂下，发军击之不能得，难以视四夷。独选贤京兆尹乃可。"于是凤荐尊，征为谏大夫，守京辅都尉，行京兆尹事。旬月间盗贼清。迁光禄大夫，守京兆尹，后为真，凡三岁。坐遇使者无礼。司隶遣假佐放奉诏书白尊发吏捕人，放谓尊："诏书所捕宜密。"尊曰："治所公正，京兆善漏泄人事。"放曰："所捕宜今发吏。"尊又曰："诏书无京兆文，不当发吏。"及长安系者三月间千人以上。尊出行县，男子郭赐自言尊："许仲家十余人共杀赐赐兄家，公归舍。"吏不敢捕。尊行县还，上奏曰："强不陵弱，各得其所，宽大之政行，和平之气通。"御史大夫中奏尊暴虐不改，外为大言，倨嫚姗上，威信日废，不宜备位九卿。尊坐免，吏民多称惜之。

湖三老公乘兴等上书讼尊治京兆功效日著："往者南山盗贼阻山横行，剽劫良民，杀奉法吏，道路不通，城门至以警戒。步兵校尉使逐捕，暴师露众，旷日烦费，不能禽制。二卿坐黜，群盗浸强，吏气伤沮，流闻四方，为国家忧。当此之时，有能折申，不爱金爵重赏。关内侯宽中使问所征故司隶校尉王尊捕群盗方略，拜为谏大夫，守京辅都尉，行京兆尹事。尊尽节劳心，夙夜思职，卑体下士，厉奔北之吏，起沮伤之气，二旬之间，大党震坏，渠率效首。贼乱蠲除，民反农业，拊循贫弱，锄耘豪强。长安宿豪大猾东市贾万、城西萬章、剪张禁、酒赵放、杜陵杨章等皆通邪结党，挟养奸轨，上干王法，下乱吏治，并兼役使，侵渔小民，为百姓豺狼。更数二千石，二十年莫能禽讨，尊以正法案诛，皆伏其辜。奸邪销释，吏民说服。尊拔剧整乱，诛暴禁邪，皆前所稀有，名将所不及。虽拜为真，未有殊绝褒赏加于尊身。今御史大夫奏尊'伤害阴阳，为国家忧，无承用诏书之意，靖言庸违，象龚滔天'。原其所以，出御史丞杨辅，故为尊书佐，素行阴贼，恶口不信，好以刀笔陷人于法。辅常醉过尊大奴利家，利家捽搏其颊，兄子闳拔刀欲到。辅以故深怨疾毒，欲伤害尊。疑辅内怀怨恨，外依公事，建画为此议，傅致奏文，浸润加诬，以复私怨。昔白起为秦将，东破韩、魏，南拔郢都，应侯谮之，赐死杜邮；吴起为魏守西河，而秦、韩不敢犯，谗人间焉，斥逐奔楚。秦听浸润以诛良将，魏信谗言以逐贤守，此皆偏听不聪，失人之患也。臣等窃痛伤尊修身洁己，砥节首公，刺讥不惮将相，诛恶不避豪强，诛不制之贼，解国家之忧，功著职修，威信不废，诚国家爪牙之吏，折冲之臣，今一旦无辜制于仇人之手，伤于诋欺之文，上不得以功除罪，下不得蒙棘木之听，独掩怨仇之偏奏，被共工之大恶，无所陈冤訢罪。尊以京师废乱，群盗并兴，选贤征用，起家为卿，贼乱既除，豪猾伏辜，即以佞巧废黜。一尊之身，三期之间，乍贤乍佞，岂不甚哉！孔子曰：'爱之欲其生，恶之欲其死，是惑也。''浸润之谮不行焉，可谓明矣。'愿下公卿、大夫、博士、议郎，定尊素行。夫人臣而伤害阴阳，死诛之罪也；靖言庸违，放殛之刑也。审如御史章，尊乃当伏观阙之诛，放于无人之域，不得苟免。及任举尊者，当获选举之辜，不可但已。即不如章，饰文深诋以诉无罪，亦宜有诛，以惩谗贼之口,绝诈欺之路。唯明主参详,使白黑分别。"书奏,天子复以尊为徐州刺史,迁东郡太守。

久之,河水盛溢,泛浸瓠子金堤,老弱奔走,恐水大决为害。尊躬率吏民,投沉白马,祀水神河伯。尊亲执圭璧,使巫策祝,请以身填金堤,因止宿,庐居堤上。吏民数千万人争叩头救止尊,尊终不肯去。及水盛堤坏,吏民皆奔走,唯一主簿泣在尊旁,立不动。而水波稍却回改。吏民嘉壮尊之勇节,白马三老朱英等奏其状。下有司考,皆如言。于是制诏御史:"东郡河水盛长,毁坏金堤,未决三尺,百姓惶恐奔走。太守身当水冲,履咫尺之难,不避危殆,以安众心,吏民复还就作,水不为灾,朕甚嘉之。秩尊中二千石,加赐黄金二十斤。"

数岁,卒官,吏民纪之。尊子伯亦为京兆尹,坐奭弱不胜任免。

王章字仲卿,泰山巨平人也。少以文学为官,稍迁至谏大夫,在朝廷名敢直言。元帝初,擢为左曹中郎将,与御史中丞陈咸相善,共毁中书令石显,为显所陷,咸减死髡,章免官。成帝立,征章为谏大夫,迁司隶校尉,大臣贵戚敬惮之。王尊免后,代者不称职,章以选为京兆尹。时,帝舅大将军王凤辅政,章虽为凤所举,非凤专权,不亲附凤。会日有蚀之,章奏封事,召见,言凤不可任用,宜更选忠贤。上初纳受章言,后不忍退凤。章由是见疑,遂为凤所陷,罪至大逆。语在《元后传》。

初,章为诸生学长安,独与妻居。章疾病,无被,卧牛衣中,与妻决,涕泣。其妻呵怒之曰:"仲卿!京师尊贵在朝廷人谁逾仲卿者?今疾病困厄,不自激卬,乃反涕泣,何鄙也!"

后章仕宦历位,及为京兆,欲上封事,妻又止之曰:"人当知足,独不念牛衣中涕泣时耶?"章曰:"非女子所知也。"书遂上,果下廷尉狱,妻子皆收系。章小女年可十二,夜起号哭曰:"平生狱上呼囚,数常至九,今八而止。我君素刚,先死者必君。"明日问之,章果死。妻子皆徙合浦。

大将军凤薨后,弟成都侯商复为大将军辅政,白上还章妻子故郡。其家属皆完具,采珠致产数百万,时,萧育为泰山太守,皆令赎还故田宅。

章为京兆二岁,死不以其罪,众庶冤纪之,号为三王。王骏自有传,骏即王阳子也。

赞曰:自孝武置左冯翊、右扶风、京兆尹,而吏民为之语曰:"前有赵、张,后有三王。"然刘向独序赵广汉、尹翁归、韩延寿、冯商传王尊、扬雄亦如之。广汉聪明,下不能欺,延寿厉善,所居移风,然皆讦上不信,以失身堕功。翁归抱公洁己,为近世表。张敞衎衎,履忠进言,缘饰儒雅,刑罚必行,纵赦有度,条教可观,然被轻惰之名。王尊文武自将,所在必发,谲诡不经,好为大言。王章刚直守节,不量轻重,以陷刑戮,妻子流迁,哀哉!

卷七十七 盖诸葛刘郑孙贯将何传第四十七

盖宽饶字次公,魏郡人也。明经为郡文学,以孝廉为郎。举方正,对策高第,迁谏大夫,行郎中户将事。劾奏卫将军张安世子侍中阳都侯彭祖不下殿门,并连及安世居位无补。彭祖时实下门,宽饶坐举奏大臣非是,左迁为卫司马。

先是时,卫司马在部,见卫尉拜谒,常为卫官繇使市买。宽饶视事,案旧令,遂揖官属以下行卫者。卫尉私使宽饶出,宽饶以令诣官府门上谒辞。尚书责问卫尉,由是卫官不复私使侯、司马。侯、司马不拜,出先置卫,辄上奏辞,自此正焉。

宽饶初拜为司马,未出殿门,断其禅衣,令短离地,冠大冠,带长剑,躬案行士卒庐室,视其饮食居处,有疾病者身自抚循问,加致医药,遇之甚有恩。及岁尽交代,上临飨罢卫卒,卫卒数千人皆叩头自请,愿复留共更一年,以报宽饶厚德。宣帝嘉之,以宽饶为太中大夫,使行风俗,多所称举贬黜,奉使称意。擢为司隶校尉,刺举无所回避,小大辄举,所劾奏众多,廷尉处其法,半用半不用,公卿贵戚及郡国吏繇使至长安,皆恐惧莫敢犯禁,京师为清。

平恩侯许伯入第,丞相、御史、将军、中二千石皆贺,宽饶不行。许伯请之,乃往,从西阶上,东乡特坐,许伯自酌曰:"盖君后至。"宽饶曰:"无多酌我,我乃酒狂。"丞相魏侯笑曰:"次公醒而狂,何必酒也?"坐者皆属目卑下之。酒酣乐作,长信少府檀长卿起舞,为沐猴与狗斗,坐皆大笑。宽饶不说,卬视屋而叹曰:"美哉!然富贵无常,忽则易人,此如传舍,所阅多矣。唯谨慎为得久,君侯可不戒哉!"因起趋出,劾奏长信少府以列卿而沐猴舞,失礼不敬。上欲罪少府,许伯为谢,良久,上乃解。

宽饶为人刚直高节,志在奉公。家贫,奉钱月数千,半以给吏民为耳目言事者。身为司隶,子常步行自戍北边,公廉如此。然深刻喜陷害人,在位及贵戚人与为怨,又好言事刺讥,奸犯上意。上以其儒者,优容之,然亦不得迁。同列后进或至九卿,宽饶自以行清能高,有益于国,而为凡庸所越,愈失意不快,数上疏谏争。太子庶子王生高宽饶节,而非其如此,予书曰:"明主知君洁白公正,不畏强御,故命君以司察之位,擅君以奉使之权,尊官厚禄已施于君矣。君宜夙夜惟思当世之务,奉法宣化,忧劳天下,虽日有益,月有功,犹未足以称职而报恩也。自古之治,三王之术各有制度。今君不务循职而已,乃欲以太古久远之事匡拂天子,数进不用难听之语以摩切左右,非所以扬令名全寿命者也。方今用事之人皆明习法令,言足以饰君之辞,文足以成君之过,君不惟蘧氏之高踪,而慕子胥之末行,用不訾之躯,临不测之险,窃为君痛之。夫君子直而不挺,曲而不诎。《大雅》云:'既明且哲,以保其身。'狂夫之言,圣人择焉。唯裁省览。"宽饶不纳其言。

是时,上方用刑法,信任中书宦官,宽饶奏封事曰:"方今圣道寖废,儒术不行,以刑余为周、召,以法律为《诗》、《书》。"又引《韩氏易传》言:"五帝官天下,三王家天下,家以传子,官以传贤,若四时之运,功成者去,不得其人则不居其位。"书奏,上以宽饶怨谤终不改,下其书中二千石。时,执金吾议,以为宽饶指意欲求禅,大逆不道。谏大夫郑昌愍伤宽饶忠直忧国,以言事不当意而为文吏所诋挫,上书颂宽饶曰:"臣闻山有猛兽,藜藿为之不采;国有忠臣,奸邪为之不起。司隶校尉宽饶居不求安,食不求饱,进有忧国之心,退有死节之义,上无许、史之属,下无金、张之托,职在司察,直道而行,多仇少与,上书陈国事,有司劾以大辟,臣幸得从大夫之后,官以谏为名,不敢不言。"上不听,遂下宽饶吏。宽饶引佩刀自刭北阙下,众莫不怜之。

诸葛丰字少季,琅邪人也。以明经为郡文学,名特立刚直。贡禹为御史大夫,除丰为属,举侍御史。元帝擢为司隶校尉,刺举无所避,京师为之语曰:"间何阔,逢诸葛。"上嘉其节,加丰秩光禄大夫。

时,侍中许章以外属贵幸,奢淫不奉法度,宾客犯事,与章相连。丰案劾章,欲奏其事,适逢许侍中私出,丰驻车举节诏章曰:"下!"欲收之。章迫窘,驰车去,丰追之。许侍中因得入宫门,自归上,丰亦上奏,于是收丰节。司隶去节自丰始。

丰上书谢曰:"臣丰驽怯,文不足以劝善,武不足以执邪。陛下不量臣能否,拜为司隶校尉,未有以自效,复秩臣为光禄大夫,官尊责重,非臣所当处也。又迫年岁衰暮,常恐卒填沟渠,无以报厚德,使论议士讥臣无补,长获素餐之名。故常愿捐一旦之命,不待时而断奸臣之首,悬于都市,编书其罪,使四方明知为恶之罚,然后却就斧钺之诛,诚臣所甘心也。夫以布衣之士,尚犹有刎颈之交,今以四海之大,曾无伏节死谊之臣,率尽苟合取容,阿党相为,念私门之利,忘国家之政。邪秽浊混之气上感于天,是以灾变数见,百姓困乏。此臣下不忠之效也,臣诚耻之亡已。凡人情莫不欲安存而恶危亡,然忠臣直士不避患害者,诚为君也。今陛下天覆地载,物无不容,使尚书令尧赐臣丰书曰:'夫司隶者刺举不法,善善恶恶,非得专之也。免处中和,顺经术意。'恩深德厚,臣丰顿首幸甚。臣窃不胜愤懑,愿赐清宴,唯陛下裁幸。"上不许。

是后,所言益不用,丰复上书言:"臣闻伯奇孝而弃于亲,子胥忠而诛于君,隐公慈而杀于弟,叔武弟而杀于兄。夫以四子之行,屈平之材,然犹不能自显而被刑戮,岂不足以观哉!使臣杀身以安国,蒙诛以显君,臣诚愿之。独恐未有云补,而为众邪所排,令谗夫得遂,正直之路壅塞,忠臣沮心,智士杜口,此愚臣之所惧也。"

丰以春夏系治人,在位多言其短。上徙丰为城门校尉,丰上书告光禄勋周堪、光禄大夫张猛。上不直丰,乃制诏御史:"城门校尉丰,前与光禄勋堪、光禄大夫猛在朝之时,数称言堪、猛之美。丰前为司隶校尉,不顺四时,修法度,专作苛暴,以获虚威,朕不忍下吏,以为城门校尉。不

内省诸己,而反怨堪、猛,以求报举,告案无证之辞,暴扬难验之罪,毁誉恣意,不顾前言,不信之大者也。朕怜丰之耆老,不忍加刑,其免为庶人。"终于家。

刘辅,河间宗室人也。举孝廉,为襄贲令。上书言得失,召见,上美其材,擢为谏大夫。会成帝欲立赵倢伃为皇后,先下诏封倢伃父临为列侯。辅上书言:"臣闻天之所与必先赐以符瑞,天之所违必先降以灾变;此神明之征应,自然之占验也。昔武王、周公承顺天地,以飨鱼乌之瑞,然犹君臣祗惧,动色相戒,况于季世,不蒙继嗣之福,屡受怒威之异者乎!虽凤夜自责,改过易行,畏天命,念祖业,妙选有德之世,考卜窈窕之女,以承宗庙,顺神祗心,塞天下望,子孙之祥犹恐晚暮,今乃触情纵欲,倾于卑贱之女,欲以母天下,不畏于天,不愧于人,惑莫大焉,里语曰:'腐木不可以为柱,卑人不可以为主。'天人之所不予,必有祸而无福,市道皆共知之,朝廷莫肯一言,臣窃伤心。自念得以同姓拔擢,尸禄不忠,污辱谏争之官,不敢不尽死,唯陛下深察。"书奏,上使侍御史收缚辅,系掖庭秘狱,群臣莫知其故。

于是中朝左将军辛庆忌、右将军廉褒、光禄勋师丹、太中大夫谷永俱上书曰:"臣闻明王垂宽容之听,崇谏争之官,广开忠直之路,不罪狂狷之言,然后百僚在位,竭忠尽谋,不惧后患,朝廷无谄谀之士,元首无失道之愆。窃见谏大夫刘辅,前以县令求见,擢为谏大夫,此其言必有卓诡切至,当圣心者,故得拔至于此。旬日之间,收下秘狱,臣等愚,以为辅幸得托公族之亲,在谏臣之列,新从下土来,未知朝廷体,独触忌讳,不足深过。小罪宜隐忍而已,如有大恶,宜暴治理官,与众共之。昔赵简子杀其大夫鸣犊,孔子临河而还。今天心未豫,灾异屡降,水旱迭臻,方当隆宽广问,褒直尽下之时也。而行惨急之诛于谏争之臣,震惊群下,失忠直心。假令辅不坐直言,所坐不著,天下不可户晓。同姓近臣本以言显,其于治亲养忠之义诚不宜幽囚于掖庭狱。公卿以下见陛下进用辅亟,而折伤之暴,人有惧心,精锐销耎,莫敢尽节正言,非所以昭有虞之听,广德美之风也。臣等窃深伤之。唯陛下留神省察。"

上乃徙系辅共工狱,减死罪一等,论为鬼薪。终于家。

郑崇字子游,本高密大族,世与王家相嫁娶。祖父以訾徙平陵。父宾明法令,为御史,事贡公,名公直。崇少为郡文学史,至丞相大车属。弟立与高武侯傅喜同门学,相友善。喜为大司马,荐崇,哀帝擢为尚书仆射。数求见谏争,上初纳用之。每见曳革履,上笑曰:"我识郑尚书履声。"

久之,上欲封祖母傅太后从弟商,崇谏曰:"孝成皇帝封亲舅五侯,天为赤黄昼昏,日中有黑气。今祖母从昆弟二人已侯。孔乡侯,皇后父;高武侯以三公封,尚有因缘。今无故欲复封商,坏乱制度,逆天人心,非傅氏之福也。臣闻师曰:'逆阳者厥极弱,逆阴者厥极凶短折,犯人者有乱亡之患,犯神者有疾夭之祸,'故周公著戒曰:'惟王不知艰难,唯耽乐是从,时亦罔有克寿,'故衰世之君夭折蚤

没,此皆犯阴之害也。臣愿以身命当国咎。"崇因持诏书案起。傅太后大怒曰:"何有为天子乃反为一臣所专制邪!"上遂下诏曰:"朕幼而孤,皇太太后躬自养育,免于襁褓,教道以礼,至于成人,惠泽茂焉。'欲报之德。昊天罔极。'前追号皇太太后父为崇祖侯,惟念德报未殊,朕甚恶焉。侍中光禄大夫商,皇太太后父同产子,小自保大,恩义最亲。其封商为汝昌侯,为崇祖侯后,更号崇祖侯为汝昌哀侯。"

崇又以董贤贵宠过度谏,由是重得罪。数以职事见责,发疾颈痈,欲乞骸骨,不敢。尚书令赵昌佞谄,素害崇,知其见疏,因奏崇与宗族通,疑有奸,请治。上责崇曰:"君门如市人,何以欲禁切主上?"崇对曰:"臣门如市,臣心如水,愿得考覆。"上怒,下崇狱,穷治,死狱中。

孙宝字子严,颍川鄢陵人也。以明经为郡吏。御史大夫张忠辟宝为属,欲令授子经,更为除舍,设储偫。宝自劾去,忠固还之,心内不平。后署宝主簿,宝徙入舍,祭灶请比邻。忠阴察,怪之,使所亲问宝:"前大夫为君设除大舍,子自劾去者,欲为高节也。今两府高士俗不为主簿,子既为之,徙舍甚说,何前后不相副也?"宝曰:"高士不为主簿,而大夫君以宝为可,一府莫言非,士安得独自高?前日君男欲学文,而移宝自近。礼有来学,义无往教;道不可诎,身诎何伤?且不遭者可无不为,况主簿乎!"忠闻之,甚惭,上书荐宝经明质直,宜备近臣。为议郎,迁谏大夫。

鸿嘉中,广汉群盗起,选为益州刺史。广汉太守扈商者,大司马车骑将军王音姊子,软弱不任职。宝到部,亲入山谷,谕告群盗,非本造意。渠率皆得悔过自出,遣归田里。自劾矫制,奏商为乱首,《春秋》之义,诛首恶而已。商亦奏宝所纵或有渠率当坐者。商征下狱,宝坐失死罪免。益州吏民多陈宝功效,言为车骑将军所排。上复拜宝为冀州刺史,迁丞相司直。

时,帝舅红阳侯立使客因南郡太守李尚占垦草田数百顷,颇有民所假少府陂泽,略皆开发,上书愿以入县官。有诏郡平田予直,钱有贵一万万以上。宝闻之,遣丞相史按验,发其奸,劾奏立、尚怀奸罔上,狡猾不道。尚下狱死。立虽不坐,后兄大司马卫将军商薨,次当代商,上度立不用,其弟曲阳侯根为大司马票骑将军。会益州蛮夷犯法,巴、蜀颇不安,上以宝著名西州,拜为广汉太守,秩中二千石,赐黄金三十斤。蛮夷安辑,吏民称之。

征为京兆尹。故吏侯文以刚直不苟合,常称疾不肯仕,宝以恩礼请文,欲为布衣友,日设酒食,妻子相对。文求受署为掾,进见如宾礼。数月,以立秋日署文东部督邮。入见,敕曰:"今日鹰隼始击,当顺天气取奸恶,以成严霜之诛,掾部渠有其人乎?"文卬曰:"无其人不敢空受职。"宝曰:"谁也?"文曰:"霸陵杜稚季。"宝曰:"其次?"文曰:"豺狼横道,不宜复问狐狸。"宝默然。稚季大侠,与卫尉淳于长、大鸿胪萧育等皆厚善。宝前失车骑将军,与红阳侯有隙,自恐见危,时淳于长方贵幸,友宝。宝亦欲附之,始视事而长以稚季托宝,故宝穷,无以复应文。文怪宝气索,知其有故,因曰:"明府素著威名,今下敢取稚季,当且

阖阁,勿有所问。如此竟岁,吏民未敢诬明府也。即度稚季而谴它事,众口謹哗,终身自堕。"宝曰:"受教。"稚季耳目长,闻知之,杜门不通水火,穿舍后墙为小户,但持锄自治园,因文所厚自陈如此。文曰:"我与稚季幸同土壤,素无睚眦,顾受将命,分当相直。诚能自改,严将不治前事,即不更心,但更门户,适塞祸耳。"稚季遂不敢犯法,宝亦竟岁无所谴。明年,稚季病死。宝为京兆尹三岁,京师称之。会淳于长败,宝与萧育等皆坐免官。文复去吏,死于家。稚季子杜苍,字君敖,名出稚季右,在游侠中。

哀帝即位,征宝为谏大夫,迁司隶。初,傅太后与中山孝王母冯太后俱事元帝,有隙,傅太后使有司考冯太后,令自杀,众庶冤之。宝奏请覆治,傅太后大怒,曰:"帝置司隶,主使察我。冯氏反事明白,故欲擿觖以扬我恶。我当坐之。"上乃顺指下宝狱。尚书仆射唐林争之,上以林朋党比周,左迁敦煌鱼泽障候。大司马傅喜、光禄大夫龚胜固争,上为言太后,出宝复官。

顷之,郑崇下狱,宝上书曰:"臣闻疏不图亲,外不虑内。臣幸得衔命奉使,职在刺举,不敢避贵幸之势,以塞视听之明。按尚书令昌奏仆射崇,下狱复治,榜掠将死,卒无一辞,道路称冤。疑昌与崇内有纤介,浸润相陷,自禁门内枢机近臣,蒙受冤谮,亏损国家,为谤不小。臣请治昌,以解众心。"书奏,天子不说,以宝名臣不忍诛,乃制诏丞相、大司空:"司隶宝奏故尚书仆射崇冤,请狱治尚书令昌。案崇近臣,罪恶暴著,而宝怀邪,附下罔上,以春月作诋欺,遂其奸心,盖国家之贼也。传不云乎?'恶利口之覆国家。'其免宝为庶人。"

哀帝崩,王莽白王太后征宝以为光禄大夫,与王舜等俱迎中山王。平帝立,宝为大司农。会越巂郡上黄龙游江中,太师孔光、大司徒马宫等咸称莽功德比周公,宜告祠宗庙。宝曰:"周公上圣,召公大贤。尚犹有不相说,著于经典,两不相损。今风雨未时,百姓不足,每有一事,群臣同声,得无非其美者。"时,大臣皆失色,侍中奉车都尉甄邯即时承制罢议者。会宝遣吏迎母,母道病,留弟家,独遣妻子。司直陈崇以奏宝,事下三公即讯。宝对曰:"年七十悖眊,恩衰共养,营妻子,如章。"宝坐免,终于家。建武中,录旧德臣,以宝孙伉为诸长。

贯将隆字君房,东海兰陵人也。大司马车骑将军王音内领尚书,外典兵马,踵故选置从事中郎与参谋议,奏请隆为从事中郎,迁谏大夫。成帝末,隆奏封事言:"古者选诸侯入为公卿,以褒功德,宜征定陶王使在国邸,以填万方。"其后上竟立定陶王为太子,隆迁冀州牧、颍川太守。哀帝即位,以高第入为京兆尹,迁执金吾。

时,侍中董贤方贵,上使中黄门发武库兵,前后十辈,送董贤及上乳母王阿舍。隆奏言:"武库兵器,天下公用,国家武备,缮治造作,皆度大司农钱。大司农钱自乘舆不以给共养,共养劳赐,一出少府。盖不以本臧给末用,不以民力共浮费,别公私,示正路也。古者诸侯方伯得专征伐,乃赐斧钺。汉家边吏,职在距寇,亦赐武库兵,皆任其事然后蒙之。《春秋》之谊,家不臧甲,所以抑臣威,损私力也。

今贤等便僻弄臣,私恩微妾,而以天下公用给其私门,契国威器共其家备。民力分于弄臣,武兵设于微妾,建立非宜,以广骄僭,非所以示四方也。孔子曰:'奚取于三家之堂!'臣请收还武库。"上不说。

顷之,傅太后使谒者买诸官婢,贱取之,复取执金吾官婢八人。隆奏言贾贱,请更平直。上于是制诏丞相、御史大夫:"交让之礼兴,则虞、芮之讼息。隆位九卿,既无以匡朝廷之不逮,而反奏请与永信宫争贵贱之贾,程奏显言,众莫不闻。举错不由谊理,争求之名自此始,无以示百僚,伤化失俗。"以隆前有安国之言,左迁为沛郡都尉,迁南郡太守。

王莽少时,慕与隆交,隆不甚附。哀帝崩,莽秉政,使大司徒孔光奏隆前为冀州牧治中山冯太后狱冤陷无辜,不宜处位在中土。本中谒者令史立、侍御史丁玄自典考之,但与隆连名奏事。史立时为中太仆,丁玄泰山太守,及尚书令赵昌谮郑崇者为河内太守,皆免官,徙合浦。

何并字子廉,祖父以吏二千石自平舆徙平陵。并为郡吏,至大司空掾,事何武。武高其志节,举能治剧,为长陵令,道不拾遗。

初,邛成太后外家王氏贵,而侍中王林卿通轻侠,倾京师。后坐法免。宾客愈盛,归长陵上冢,因留饮连日。并恐其犯法,自造门上谒,谓林卿曰:"冢间单外,君宜以时归。"林卿曰:"诺。"先是,林卿杀婢婿埋冢舍,并具知之,以非己时,又见其新免,故不发举,欲无令留界中而已,即且遣吏奉谒传送。林卿素骄,惭于宾客,并度其为变,储兵马以待之。林卿既去,北度泾桥,令骑奴还至寺门,拔刀剥其建鼓。并自从吏兵追林卿。行数十里,林卿迫窘,乃令奴冠其冠被其襜褕自代,乘车从童骑,身变服从间径驰去。会日暮追及,收缚冠奴,奴曰:"我非侍中,奴耳。"并心自知已失林卿,乃曰:"王君困,自称奴,得脱死邪?"叱吏断头持还,县所剥鼓置都亭下,署曰:"故侍中王林卿坐杀人埋冢舍,使奴剥寺门鼓。"吏民惊骇。林卿因亡命,众庶谨哗,以为实死。成帝太后以邛成太后爱林卿故,闻之涕泣,为言哀帝。哀帝问状而善之,迁并陇西太守。

徙颍川太守,代陵阳严诩。诩本以孝行为官,谓掾史为师友,有过辄闭阁自责,终不大言。郡中乱,王莽遣使征诩。官属数百人为设祖道,诩据地哭,掾史曰:"明府吉征,不宜若此。"诩曰:"吾哀颍川士,身岂有忧哉!我以柔弱征,必选刚猛代。代到,将有僵仆者,故相吊耳。"诩至,拜为美俗使者。是时,颍川钟元为尚书令,领廷尉,用事有权。弟威为郡掾,臧千金。并为太守,过辞钟廷尉,廷尉免冠为弟请一等之罪,愿蚤就鬓钳。并曰:"罪在弟身与君律,不在太守。"元惧,驰遣人呼弟。阳翟轻侠赵季、李款多畜宾客,以气力渔食闾里,至奸人妇女,持吏长短,从横郡中,闻并且至,皆亡去。并下车求勇猛晓文法吏且十人,使文吏治三人狱,武吏往捕之,各有所部。敕曰:"三人非负太守,乃负王法,不得不治。钟威所犯多在赦前,驱使入函谷关,勿令污民间;不入关,乃收之。赵、李桀恶,虽远去,当得其头,以谢百姓。"钟威负兄,止洛阳,吏格杀

之。亦得赵、李它郡,持头还,并皆县头及其具狱于市。郡中清静,表善好士,见纪颍川,名次黄霸。性清廉,妻子不至官舍。数年,卒。疾病,召丞掾作先令书,曰:"告子恢,吾生素餐日久,死虽当得法赙,勿受。葬为小椁,棺容下棺。"恢如父言。王莽擢恢为关都尉。建武中以并孙为郎。

赞曰:盖宽饶为司臣,正色立于朝,虽《诗》所谓"国之司直"无以加也。若采王生之言以终其身,斯近古之贤臣矣。诸葛、刘、郑皆云狂瞽,有异志焉。孔子曰:"吾未见刚者。"以数子之名迹,**然贯将污于冀州**,孙宝桡于定陵,况俗人乎!何并之节,亚尹翁归云。

卷七十八　　萧望之传第四十八

萧望之字长倩,东海兰陵人也,徙杜陵。家世以田为业,至望之,好学,治《齐诗》,事同县后仓且十年。以令诣太常受业,复事同学博士白奇,又从夏侯胜问《论语》、《礼服》。京师诸儒称述焉。

是时,大将军霍光秉政,长史丙吉荐儒生王仲翁与望之等数人,皆见拒。先是,左将军上官桀与盖主谋杀光,光既诛桀等,后出入自备。吏民当见者,露索去刀兵,两吏挟持。望之独不肯听,自引出阁曰:"不愿见。"吏牵持匈匈。光闻之,告吏勿持。望之既至前,说光曰:"将军以功德辅幼主,将以流大化,致于洽平,是以天下之士延颈企踵,争愿自效,以辅高明。今士见者皆先露索挟持,恐非周公相成王躬吐握之礼,致白屋之意。"于是光独不除用望之,而仲翁等皆补大将军史。三岁间,仲翁至光禄大夫给事中,望之以射策甲科为郎,署小苑东门候。仲翁出入从仓头庐儿,下车趋门,传呼甚宠,顾谓望之曰:"不肯录录,反抱关为?"望之曰:"各从其志。"

后数年,坐弟犯法,不得宿卫,免归为郡吏。及御史大夫魏相除望之为属,察廉为大行治礼丞。

时,大将军光薨,子禹复为大司马,兄子山领尚书,亲属皆宿卫内侍。地节三年夏,京师雨雹,望之因是上疏,愿赐清闲之宴,口陈灾异之意。宣帝自在民间闻望之名,曰:"此东海萧生邪?下少府宋畸问状,无有所讳。"望之对,以为:"《春秋》昭公三年大雨雹,是时季氏专权,卒逐昭公。乡使鲁君察于天变,宜亡此害。今陛下以圣德居位,思政求贤,尧、舜之用心也。然而善祥未臻,阴阳不和,是大臣任政,一姓擅势之所致也。附枝大者贼本心,私家盛者公室危。唯明主躬万机,选同姓,举贤材,以为腹心,与参政谋,令公卿大臣朝见奏事,明陈其职,以考功能。如是,则庶事理,公道立,奸邪塞,私权废矣。"对奏,天子拜望之为谒者,时,上初即位,思进贤良,多上书言便宜,辄下望之问状,高者请丞相御史,次者中二千石试事,满岁以状闻,下者报闻,或罢归田里,所白处奏皆可。累迁谏大夫,丞相司直,岁中三迁,官至二千石。其后霍氏竟谋反诛,望之寖益任用。

是时，选博士、谏大夫通政事者补郡国守、相，以望之为平原太守。望之雅意在本朝，远为郡守，内不自得，乃上疏曰："陛下哀愍百姓，恐德化之不究，悉出谏官以补郡吏，所谓忧其末而忘其本者也。朝无争臣则不知过，国无达士则不闻善。愿陛下选明经术，温故知新，通于几微谋虑之士以为内臣，与参政事。诸侯闻之，则知国家纳谏忧政，亡有阙遗。若此不急，成、康之道其庶几乎！外郡不治，岂足忧哉？"书闻，征入守少府。宣帝察望之经明持重，论议有余，材任宰相，欲详试其政事，复以为左冯翊。望之从少府出为左迁，恐有不合意，即移病。上闻之，使侍中、成都侯金安上谕旨曰："所用皆更治民以考功。君前为平原太守日浅，故复试之于三辅，非有所闻也。"望之即视事。

是岁，西羌反，汉遣后将军征之。京兆尹张敞上书言："国兵在外，军以夏发，陇西以北，安定以西，吏民并给转输，田事颇废，素无余积，虽羌虏以破，来春民食必乏。穷辟之处，买亡所得，县官谷度不足以振之。愿令诸有罪，非盗受财杀人及犯法不得赦者，皆以差入谷此八郡赎罪。务益致谷以豫备百姓之急。"事下有司，望之与少府李强议，以为："民函阴阳之气，有好义欲利之心，在教化之所助。尧在上，不能去民欲利之心，而能令其欲利不胜其好义也；虽桀在上，不能去民好义之心，而能令其好义不胜其欲利也。故尧、桀之分，在于义利而已，道民不可不慎也。今欲令民量粟以赎罪，如此则富者得生，贫者独死，是贫富异刑而法不一也。人情，贫穷，父兄囚执，闻出财得以生活，为人子弟者将不顾亡之患，败乱之行，以赴财利，求救亲戚。一人得生，十人以丧，如此，伯夷之行坏，公绰之名灭。政教一倾，虽有周、召之佐，恐不能复。古者臧于民，不足则取，有余则予。《诗》曰：'爰及矜人，哀此鳏寡。'上惠下也。又曰'雨我公田，遂及我私'，下急上也。今有西边之役，民失作业，虽户赋口敛以赡其困乏，古之通义，百姓莫以为非。以死救生，恐未可也。陛下布德施教，教化既成，尧、舜亡以加也。今议开利路以伤既成之化，臣窃痛之。"

于是天子复下其议两府，丞相、御史以难问张敞。敞曰："少府左冯翊所言，常人之所守耳。昔先帝征四夷，兵行三十余年，百姓犹不加赋，而军用给。今羌虏一隅小夷，跳梁于山谷间，汉但令罪人出财减罪以诛之，其名贤于烦扰良民横兴赋敛也。又诸盗及杀人犯不道者，百姓所疾苦也，皆不得赎，首匿、见知纵、所不当得为之属，议者或颇言其法可蠲除，今因此令赎，其便明甚，何化之所乱也？《甫刑》之罚，小过赦，薄罪赎，有金选之品，所从来久矣，何贼之所生？敞备皂衣二十余年，尝闻罪人赎矣，未闻盗贼起也。窃怜凉州被寇，方秋饶时，民尚有饥乏，病死于道路，况至来春将大困乎！不早虑所以振救之策，而引常经以难，恐后为重责。常人可与守经，未可与权也。敞幸得备列卿，以辅两府为职，不敢不尽愚。"

望之、强复对曰："先帝圣德，贤良在位，作宪垂法，为无穷之规，永惟边竟之不赡，故《金布令甲》曰'边郡数被兵，离饥寒，夭绝天年，父子相失，令天下共给其费'，固为军旅卒暴之事也。闻天汉四年，常使死罪人入五十万钱减

死罪一等，豪强吏民请夺假贷，至为盗贼以赎罪。其后奸邪横暴，群盗并起，至攻城邑，杀郡守，充满山谷，吏不能禁，明诏遣绣衣使者以兴兵击之，诛者过半，然后衰止。愚以为此使死罪赎之败也，故曰不便。"时，丞相魏相、御史大夫丙吉亦以为羌虏且破，转输略足相给，遂不施敞议。望之为左冯翊三年，京师称之，迁大鸿胪。

先是，乌孙昆弥翁归靡因长罗侯常惠上书，愿以汉外孙元贵靡为嗣，得复尚少主，结婚内附，畔去匈奴。诏下公卿议，望之以为乌孙绝域，信其美言，万里结婚，非长策也。天子不听。神爵二年，遣长罗侯惠送公主配元贵靡。未出塞，翁归靡死，其兄子狂王背约自立。惠从塞下上书，愿留少主敦煌郡。惠至乌孙，责以负约，因立元贵靡，还迎少主。诏下公卿议，望之复以为："不可。乌孙持两端，亡坚约，其效可见。前少主在乌孙四十余年，恩爱不亲密，边境未以安，此已事之验也。今少主以元贵靡不得立而还，信无负于四夷，此中国之大福也。少主不止，徭役将兴，其原起此。"天子从其议，征少主还。后乌孙虽分国两立，以元贵靡为大昆弥，汉遂不复与结婚。

三年，代丙吉为御史大夫。五凤中匈奴大乱，议者多曰匈奴为害日久，可因其坏乱举兵灭之。诏遣中朝大司马车骑将军韩增，诸吏富平侯张延寿、光禄勋杨恽、太仆戴长乐问望之计策。望之对曰："《春秋》晋士匄帅师侵齐，闻齐侯卒，引师而还，君子大其不伐丧，以为恩足以服孝子，谊足以动诸侯。前单于慕化乡善称弟，遣使请求和亲，海内欣然，夷狄莫不闻。未终奉约，不幸为贼臣所杀，今而伐之，是乘乱而幸灾也，彼必奔走远遁。不以义动兵，恐劳而无功。宜遣使者吊问，辅其微弱，救其灾患，四夷闻之，咸贵中国之仁义。如遂蒙恩得复其位，必称臣服从，此德之盛也。"上从其议，后竟遣兵护辅呼韩邪单于定其国。

是时，大司农、中丞耿寿昌奏设常平仓，上善之，望之非寿昌。丞相丙吉年老，上重焉，望之又奏言："百姓或乏困，盗贼未止，二千石多材下不任职。三公非其人，则三光为之不明，今首岁日月少光，咎在臣等。"上以望之意轻丞相，乃下侍中建章卫尉金安上、光禄勋杨恽、御史中丞王忠，并诘问望之。望之免冠置对，天子由是不说。

后丞相司直繁延寿奏："侍中谒者良使承制诏望之，望之再拜已。良与望之言，望之不起，因故下手，而谓御史曰'良礼不备'。故事丞相病，明日御史大夫辄问病；朝奏事会庭中，差居丞相后，丞相谢，大夫少进，揖。今丞相数病，望之不问病；会庭中，与丞相钧礼。时议事不合意，望之曰：'侯年宁能父我邪！'知御史有令不得擅使，望之多使守史自给车马，之杜陵护视家事。少史冠法冠，为妻先引，又使卖买，私所附益凡十万三千。案望之大臣，通术经，居九卿之右，本朝所仰，至不奉法自修，踞慢不逊攘，受所监臧二百五十以上，请逮捕系治。"上于是策望之曰："有司奏君责使者礼，遇丞相亡礼，廉声不闻，敖慢不逊，亡以扶政，帅先百僚。君不深思，陷于兹秽，朕不忍致君于理，使光禄勋恽策诏，左迁君为太子太傅，授印。其上故印使者，便道之官。君其秉道明孝，正直是与，帅意亡愆，靡有后言。"

望之既左迁,而黄霸代为御史大夫。数月间,丙吉薨,霸为丞相。霸薨,于定国复代焉。望之遂见废,不得相。为太傅,以《论语》、《礼服》授皇太子。

初,匈奴呼韩邪单于来朝,诏公卿议其仪,丞相霸、御史大夫定国议曰:"圣王之制,施德行礼,先京师而后诸夏,先诸夏而后夷狄。《诗》云:'率礼不越,遂视既发,相土烈烈,海外有截。'陛下圣德充塞天地,光被四表,匈奴单于乡风慕化,奉珍朝贺,自古未之有也。其礼仪宜如诸侯王,位次在下。"望之以为:"单于非正朔所加,故称敌国,宜待以不臣之礼,位在诸侯王上。外夷稽首称藩,中国让而不臣,此则羁縻之谊,谦亨之福也。《书》曰'戎狄荒服',言其来服,荒忽亡常。如使匈奴后嗣卒有鸟窜鼠伏,阙如朝享,不为畔臣。信让行乎蛮貉,福祚流于亡穷,万世之长策也。"天子采之,下诏曰:"盖闻五帝、三王教化所不施,不及以政。今匈奴单于称北藩,朝正朔,朕之不逮,德不能弘覆。其以客礼待之,令单于位在诸侯王上,赞谒称臣而不名。"

及宣帝寝疾,选大臣可属者,引外属侍中乐陵侯史高、太子太傅望之、少傅周堪至禁中,拜高为大司马车骑将军,望之为前将军光禄勋,堪为光禄大夫,皆受遗诏辅政,领尚书事。宣帝崩,太子袭尊号,是为孝元帝。望之、堪本以师傅见尊重,上即位,数宴见,言治乱,陈王事。望之选白宗室明经达学散骑谏大夫刘更生给事中,与侍中金敞并拾遗左右。四人同心谋议,劝道上以古制,多所欲匡正,上甚乡纳之。

初,宣帝不甚从儒术,任用法律,而中书宦官用事。中书令弘恭、石显久典枢机,明习文法,亦与车骑将军高为表里,论议常独持故事,不从望之等。恭、显又时倾仄见诎。望之以为中书政本,宜以贤明之选,自武帝游宴后庭,故用宦者,非国旧制,又违古不近刑人之义,白欲更置士人,由是大与高、恭、显忤。上初即位,谦让重改作,议久不定,出刘更生为宗正。

望之、堪数荐名儒茂才以备谏官。会稽郑朋阴欲附望之,上疏言车骑将军高遣客为奸利郡国,及言许、史子弟罪过。章视周堪,堪白令朋待诏金马门。朋奏记望之曰:"将军体周、召之德,秉公绰之质,有卞庄之威。至乎耳顺之年,履折冲之位,号至将军,诚士之高致也。窟穴黎庶莫不欢喜,咸曰将军其人也。今将军规模云若管、晏而休,遂行日仄至周、召乃留乎?若管、晏而休,则下走将归延陵之皋,修农圃之畴,畜鸡种黍,俟见二子,没齿而已矣。如将军昭然度行,积思塞邪枉之险蹊,宣中庸之常政,兴周、召之遗业,亲日仄之兼听,则下走其庶几愿竭区区,底厉锋锷,奉万分之一。"望之见纳朋,接待以意。朋数称述望之,短车骑将军,言许、史过失。

后朋行倾邪,望之绝不与通。朋与大司农史李宫俱待诏,堪独白宫为黄门郎。朋,楚士,怨恨,更求入许、史,推所言许、史事曰:"皆周堪、刘更生教我,我关东人,何以知此?"于是侍中许章白见朋。朋出扬言曰:"我见,言前将军小过五,大罪一。中书令在旁,知我言状。"望之闻之,以问弘恭、石显。显、恭恐望之自讼,下之吏,即挟朋及待诏

华龙。龙者,宣帝时与张子蟜等待诏,以行污秽不进,欲入堪等,堪等不纳,故与朋相结。恭、显令二人告望之等谋欲罢车骑将军疏退许、史状,候望之出休日,令朋、龙上之。事下弘恭问状,望之对曰:"外戚在位多奢淫,欲以匡正国家,非为邪也。"恭、显奏:"望之、堪、更生朋党相称举,数谮诉大臣,毁离亲戚,欲以专擅权势,为臣不忠,诬上不道,请谒者召致廷尉。"时上初即位,不省'谒者召致廷尉'为下狱也。可其奏,后上召堪、更生,曰系狱。上大惊曰:"非但廷尉问邪?"以责恭、显,皆叩头谢。上曰:"令出视事。"恭、显因使高言:"上新即位,未以德化闻于天下,而先验师傅,既下九卿大夫狱,宜因决免。"于是制诏丞相御史:"前将军望之傅朕八年,亡它罪过,今事久远,识忘难明。其赦望之罪,收前将军光禄勋印绶,及堪、更生皆免为庶人。"而朋为黄门郎。

后数月,制诏御史:"国之将兴,尊师而重傅。故前将军望之傅朕八年,道以经术,厥功茂焉。其赐望之爵关内侯,食邑六百户,给事中,朝朔望,坐次将军。"天子方倚欲以为丞相,会望之子散骑中郎伋上书讼望之前事,事下有司,复奏:"望之前所坐明白,无谮诉者,而教子上书,称引亡辜《诗》,失大臣体,不敬,请逮捕。"弘恭、石显等知望之素高节,不诎辱,建白:"望之前为将军辅政,欲排退许、史,专权擅朝。幸得不坐,复赐爵邑,与闻政事,不悔过服罪,深怀怨望,教子上书,归非于上,自以托师傅,怀终不坐。非颇诎望之于牢狱,塞其怏怏心,则圣朝亡以施恩厚。"上曰:"萧太傅素刚,安肯就吏?"显曰:"人命至重,望之所坐,语言薄罪,必亡所忧。"上乃可其奏。

显等封以付谒者,敕令召望之手付,因令太常急发执金吾车骑驰围其第。使者至,召望之。望之欲自杀,其夫人止之,以为非天子意。望之以问门下生朱云。云者好节士,劝望之自裁。于是望之仰天叹曰:"吾尝备位将相,年逾六十矣,老入牢狱,苟求生活,不亦鄙乎!"字谓云曰:"游,趣和药来,无久留我死!"竟饮鸩自杀。天子闻之惊,拊手曰:"曩固疑其不就牢狱,果然杀吾贤傅!"是时,太官方上昼食,上乃却食,为之涕泣,哀恸左右。于是召显等责问以议不详。皆免冠谢,良久然后已。

望之有罪死,有司请绝其爵邑。有诏加恩,长子伋嗣为关内侯。天子追念望之不忘,每岁时遣使者祠祭望之冢,终元帝世。望之八子,至大官者育、咸、由。

育字次君,少以父任为太子庶子。元帝即位,为郎,病免,后为御史。大将军王凤以育名父子,著材能,除为功曹,迁谒者,使匈奴副校尉。后为茂陵令,会课,育第六。而漆令郭舜殿,见责问,育为之请,扶风怒曰:"君课第六,裁自脱,何暇欲为左右言?"及罢出,传召茂陵令诣后曹,当以职事对。育径出曹,书佐随牵育,育案佩刀曰:"萧育杜陵男子,何诣曹也!"遂趋出,欲去官。明旦,诏召入,拜为司隶校尉。育过扶风府门,官属掾史数百人拜谒车下。后坐失大将军指免官。复为中郎将使匈奴。历冀州、青州两郡刺史,长水校尉,泰山太守,入守大鸿胪。以鄠名贼梁子政阻山为害,久不伏辜,育为右扶风数月,尽诛子政等。坐

与定陵侯淳于长厚善免官。

哀帝时，南郡江中多盗贼，拜育为南郡太守。上以育耆旧名臣，乃以三公使车载育入殿中受策，曰："南郡，盗贼群辈为害，朕甚忧之。以太守威信素著，故委南郡太守之官，其于为民除害，安元元而已，亡拘于小文。"加赐黄金二十斤。育至南郡，盗贼静。病去官，起家复为光禄大夫执金吾，以寿终于官。

育为人严猛尚威，居官数免，稀迁。少与陈咸、朱博为友，著闻当世。往者有王阳、贡公，故长安语曰"萧、朱结绶，王、贡弹冠"，言其相荐达也。始育与陈咸俱以公卿子显名，咸最先进，年十八，为左曹，二十余，御史中丞。时，朱博尚为杜陵亭长，为咸、育所攀援，入王氏。后遂并历刺史、郡守相，及为九卿，而博先至将军上卿，历位多于咸、育，遂至丞相。育与博后有隙，不能终，故世以交为难。

咸字仲，为丞相史，举茂材，好畤令，迁淮阳、泗水内史，张掖、弘农、河东太守。所居有迹。数增秩赐金。后免官，复为越骑校尉、护军都尉、中郎将，使匈奴，至大司农，终官。

由字子骄，为丞相西曹卫将军掾，迁谒者，使匈奴副校尉。后举贤良，为定陶令，迁太原都尉，安定太守。治郡有声，多称荐者。初，哀帝为定陶王时，由为定陶令，失王指，顷之，制书免由为庶人。哀帝崩，为复土校尉，京辅左辅都尉，迁江夏太守。平江贼成重等有功，增秩为陈留太守。元始中，作明堂辟雍，大朝诸侯，征由为大鸿胪，会病，不及宾赞，还归故官，病免。复为中散大夫，终官。家至吏二千石者六七人。

赞曰：萧望之历位将相，籍师傅之恩，可谓亲昵间也。及至谋泄隙开，谗邪构之，卒为便嬖宦竖所图，哀哉！不然，望之堂堂，折而不挠，身为儒宗，有辅佐之能，近古社稷臣也。

卷七十九　　冯奉世传第四十九

冯奉世字子明，上党潞人也，徙杜陵。其先冯停，为韩上党守。奉攻上党，绝太行道，韩不能守，冯亭乃入上党城守于赵。赵封冯亭为华阳君，与赵将括距秦，战死于长平。宗族由是分散，或留潞，或在赵。在赵者为官帅将，官帅将子为代相。及秦灭六国，而冯亭之后冯毋择、冯去疾、冯劫皆为秦将相焉。

汉兴，文帝时冯唐显名，即代相子也。至武帝末，奉世以良家子选为郎。昭帝时，以功次补武安长。失官，年三十余矣，乃学《春秋》涉大义，读兵法明习，前将军韩增奏以为军司空令。本始中，从军击匈奴。军罢，复为郎。

先是时，汉数出使西域，多辱命不称，或贪污，为外国所苦。是时，乌孙大有击匈奴之功，而西域诸国新辑，汉方善遇，欲以安之，选可使外国者，前将军增举奉世以卫侯使持节送大宛诸国客。至伊修城，都尉宋将言莎车与旁国共攻杀汉所置莎车王万年，并杀汉使者奚充国。时，匈奴又发兵攻车师城，不能下而去。莎车遣使扬言北道诸国已属匈奴矣，于是攻劫南道，与歃盟畔汉，从鄯善以西皆绝不通。都护郑吉、校尉司马意皆在北道诸国间。奉世与其副严昌计，以为不亟击之则莎车日强，其势难制，必危西域。遂以节谕告诸国王，因发其兵，南北道合万五千人进击莎车，攻拔其城。莎车王自杀，传其首诣长安。诸国悉平，威振西域。奉世乃罢兵以闻。宣帝召见韩增，曰："贺将军所举得其人。"奉世遂西至大宛。大宛闻其斩莎车王，敬之异于它使。得其名马象龙而还。上甚说，下议封奉世。丞相、将军皆曰："《春秋》之义，大夫出疆，有可以安国家，则专之可也。奉世功效尤著，宜加爵土之赏。"少府萧望之独以奉世奉使有指，而擅矫制违命，发诸国兵，虽有功效，不可以为后法。即封奉世，开后奉使者利，以奉世为比，争逐发兵，要功万里之外，为国家生事于夷狄。渐不可长，奉世不宜受封。上善望之议，以奉世为光禄大夫、水衡都尉。

元帝即位，为执金吾。上郡属国归义降胡万余人反去。初，昭帝末，西河属国胡伊酋若王亦将众数千人畔，奉世辄持节将兵追击。右将军典属国常惠薨，奉世代为右将军典属国，加诸吏之号。数岁，为光禄勋。

永光二年秋，陇西羌乡姐旁种反，诏召丞相韦玄成、御史大夫郑弘、大司马车骑将军王接、左将军许嘉、右将军奉世入议。是时，岁比不登，京师谷石二百余，边郡四百，关东五百。四方饥馑，朝廷方以为忧，而遭羌变。玄成等漠然莫有对者。奉世曰："羌虏近在境内背畔，不以时诛，亡以威制远蛮。臣愿帅师讨之。"上问用兵之数，对曰："臣闻善用兵者，役不再兴，粮不三载，故师不久暴而天诛亟决，往者数不料敌，而师至于折伤；再三发轫，则旷日烦费，威武亏矣。今反房无虑三万人，法当倍用六万人。然羌戎弓矛之兵耳，器不犀利，可用四万人，一月足以决。"丞相、御史、两将军皆以为民方收敛时，未可多发；万人屯守之，且足。奉世曰："不可。天下被饥馑，士马羸耗，守战之备久废不简，夷狄皆有轻边吏之心，而羌首难。今以万人分屯数处，虏见兵少，必不畏惧，战则挫兵病师，守则百姓不救。如此，怯弱之形见，羌人乘利，诸种并和，相扇而起，臣恐中国之役不得止于四万，非财币所能解也。故少发师而旷日，与一举而疾决，利害相万也。"固争之，不能得。有诏益二千人。

于是遣奉世将万二千人骑，以将屯为名，典属国任立、护军都尉韩昌为偏裨，到陇西，分屯三处。典属国为右军，屯白石；护军都尉为前军，屯临洮；奉世为中军，屯首阳西极上。前军到降同阪，先遣校尉在前与羌争地利，又别遣校尉救民于广阳谷。羌虏盛多，皆为所破，杀两校尉。奉世具上地形部众多少之计，愿益三万六千人乃足以决事。书奏，天子大为发兵六万余人，拜太常弋阳侯任千秋为奋武将军以助焉。奉世上言："愿得其众，不须烦大将。"因陈转输之费。

上于是以玺书劳奉世，且让之，曰："皇帝问将兵右将军,甚苦暴露。羌虏侵边境,杀吏民,甚逆天道,故遣将军帅士大夫行天诛。以将军材质之美,奋精兵,诛不轨,百下百全之道也。今乃有畔敌之名,大为中国羞。以昔不闲习之故邪?以恩厚未洽,信约不明也?朕甚怪之。上书言羌虏依深山,多径道,不得不多分部遮要害,须得后发营士,足以决事,部署已定,势不可复置大将,闻之。前为将军兵少,不足自守,故发近所骑,日夜诣,非为击也。今发三辅、河东、弘农越骑、迹射、佽飞、彀者、羽林孤儿及呼速累、嗕种,方急遣。且兵,凶器也,必有成败者,患策不豫定,料敌不审也,故复遣奋武将军。兵法曰大将军出必有偏裨,所以扬威武,参计策,将军又何疑焉?夫爱吏士,得众心,举而无悔,禽敌必全,将军之职也。若乃转输之费,则有司存,将军勿忧。须奋武将军兵到,合击羌虏。"

十月,兵毕至陇西。十一月,并进。羌虏大破,斩首数千级,余皆走出塞。兵未决闻,汉发募士万人,拜定襄太守韩安国为建威将军。未进,闻羌破,还。上曰:"羌虏破散创艾,亡逃出塞,其罢吏士,颇留屯田,备要害处。"

明年二月,奉世还京师,更为左将军,光禄勋如故。其后录功拜爵,下诏曰:"羌虏桀黠,贼害吏民,攻陇西府寺,燔烧置亭,绝道桥,甚逆天道。左将军光禄勋奉世前将兵征讨,斩捕首虏八千余级,卤马、牛、羊以万数。赐奉世爵关内侯,食邑五百户,黄金六十斤。"裨将、校尉三十余人,皆拜。

后岁余,奉世病卒。居爪牙官前后十年,为折冲宿将,功名次赵充国。

奋武将军任千秋者,其父宫,昭帝时以丞相征事捕斩反者左将军上官桀,封侯,宣帝时为太常,薨。千秋嗣后,复为太常。成帝时,乐昌侯王商代奉世为左将军,而千秋为右将军,后亦为左将军。子孙传国,至王莽乃绝云。

奉世死后二年,西域都护甘延寿以诛郅支单于封为列侯。时,丞相匡衡亦用延寿矫制生事,据萧望之前议,以为不当封,而议者咸美其功,上从众而侯之。于是杜钦上疏,追讼奉世前功曰:"前莎车王杀汉使者,约诸国背畔。左将军奉世以卫侯便宜发兵诛莎车王,策定城郭,功施边境。议者以奉世奉使有指,《春秋》之义亡遂事,汉家之法有矫制,故不得侯。今匈奴郅支单于杀汉使者,亡保康居,都护延寿发城郭屯田吏士四万余人以诛斩之,封为列侯。臣愚以为比罪则郅支薄,量敌则莎车众,用师则奉世寡,计胜则奉世为功于边竟安,虑败则延寿为祸于国家深。其违命而擅生事同,延寿割地封,而奉世独不录。臣闻功同赏异则劳臣疑,罪钧刑殊则百姓惑;疑生无常,惑生不知所从;亡常则节趋不立,不知所从则百姓无所措手足。奉世图难忘死,信命殊俗,威功白著,为世使表,独抑厌而不扬,非圣主所以塞疑厉节之意也。愿下有司议。"上以先帝时事,不复录。

奉世有子男九人,女四人。长女媛以选充后宫,为元帝昭仪,产中山孝王。元帝崩,媛为中山太后,随王就国。奉世长子谭,太常举孝廉为郎,功次补天水司马。奉世击西羌,谭为校尉,随父从军有功,未拜病死。谭弟野王、逡、立、参至大官。

野王字君卿,受业博士,通《诗》。少以父任为太子中庶子。年十八,上书愿试守长安令。宣帝奇其志,问丞相魏相,相以为不可许。后以功次补当阳长,迁为栎阳令,徙夏阳令。元帝时,迁陇西太守,以治行高,入为左冯翊。岁余,而池阳令并行贪污,轻野王外戚年少,治行不改。野王部督邮掾栒栩赵都案验,得其主守盗十金罪,收捕。并不首吏,都格杀。并家上书陈冤,事下廷尉。都诣吏自杀以明野王,京师称其威信,迁为大鸿胪。

数年,御史大夫李延寿病卒,在位多举野王。上使尚书选第中二千石,而野王行能第一。上曰:"吾用野王为三公,后世必谓我私后宫亲属,以野王为比。"乃下诏曰:"刚强坚固,确然亡欲,大鸿胪野王是也。心辨善辞,可使四方,少府五鹿充宗是也。廉洁节俭,太子少傅张谭是也。"其以少傅为御史大夫。"上由下第而用谭,越次避嫌不用野王,以昭仪兄故也。野王乃叹曰:"人皆以女宠贵,我兄弟独以贱!"野王虽不为三公,甚见器重,有名当世。

成帝立,有司奏野王王舅,不宜备九卿。以秩出为上郡太守,加赐黄金百斤。朔方刺史萧育奏封事,荐言:"野王行能高妙,内足与图身,外足以虑化。窃惜野王怀国之宝,而不得陪朝廷与朝者并。野王前以王舅出,以贤复入,明国家乐进贤也。"上自为太子时闻知野王。会其病免,复以故二千石使行河堤,因拜为琅邪太守。是时,成帝长舅阳平侯王凤为大司马大将军,辅政八九年矣。时数有灾异,京兆尹王章讥凤专权不可任用,荐野王代凤。上初纳其言,而后诛章,语在《元后传》。于是野王惧不自安,遂病,满三月赐告,与妻子归杜陵就医药。大将军凤风御史中丞劾奏野王赐告养病而私自便,持虎符出界归家,奉诏不敬。杜钦时在大将军莫府,钦素高野王父子行能,奏记于凤,为野王言曰:"窃见令曰,吏二千石告,过长安谒,不分别予赐。今有司以为予告得归,赐告不得,是一律两科,失省刑之意。夫三最予告,令也;病满三月赐告,诏恩也。令告则得,诏恩不得,失轻重之差。又二千石病赐告得归有故事,不得去郡亡著令。传曰:'赏疑从予,所以广恩劝功也;罚疑从去,所以慎刑,阙难知也。'今释令与故事而假不敬之法,甚违阙疑从去之意。即以二千石守千里之地,任兵马之重,不宜去郡,将以制刑为后法者,则野王之罪,在未制令前也。刑赏大信,不可不慎。"凤不听,竟免野王。郡国二千石病赐告不得归家,自此始。

初,野王嗣父爵为关内侯,免归。数年,年老,终于家。子座嗣爵,至孙坐中山太后事绝。

逡字子产,通《易》,太常察孝廉为郎,补谒者。建昭中,选为复土校尉。光禄勋于永举茂材,为美阳令。功次迁长乐屯卫司马,清河都尉,陇西太守。治行廉平,年四十余卒。为都尉时,言河堤方略,在《沟洫志》。

立字圣卿,通《春秋》。以父任为郎,稍迁诸曹。竟宁中,以王舅出为五原属国都尉。数年,迁五原太守,徙西河、上郡。立居职公廉,治行略与野王相似,而多知有恩贷,好为条教。吏民嘉美野王、立相代为太守,歌之曰:"大冯君,小冯君,兄弟继踵相因循,聪明贤知惠吏民,政如鲁、卫德化钧,周公、康叔犹二君。"后迁为东海太守,下湿病痹。天子闻之,徙立为太原太守。更历五郡,所居有迹。年老卒官。

参字叔平,学通《尚书》。少为黄门郎给事中,宿卫十余年。参为人矜严,好修容仪,进退恂恂,甚可观也。参,昭仪少弟,行又敕备,以严见惮,终不得亲近侍帷幄。竟宁中,以王舅出补渭陵食官令。以数病徙为寝中郎,有诏勿事。阳朔中,中山王来朝,参擢为上河农都尉。病免官,复为渭陵寝中郎。永始中,超迁代郡太守。以边郡道远,徙为安定太守。数岁,病免,复为谏大夫,使领护左冯翊都水。绥和中,立定陶王为皇太子,以中山王见废,故封王舅参为宜乡侯,以慰王意。参之国,上书愿至中山见王、太后。行未到而王薨。王病时,上奏愿贬参爵以关内侯食邑留长安。上怜之,下诏曰:"中山孝王短命早薨,愿以舅宜乡侯参为关内侯,归家,朕甚愍之。其还参京师,以列侯奉朝请。"五侯皆敬惮之。丞相翟方进亦甚重焉,数谓参:"物禁太甚。君侯以王舅见废,不得在公卿位,今五侯至尊贵也,与之并列,宜少逊节卑体,视有所宗。而君侯盛修容貌以威严加之。此非所以下五侯而自益者也。"参性好礼仪,终不改其恒操。

顷之,哀帝即位,帝祖母傅太后用事,追怨参姊中山太后,陷以祝诅大逆之罪,语在《外戚传》。参以同产当相坐,谒者承制召参诣廷尉,参自杀。且死,仰天叹曰:"参父子兄弟皆至大位,身至封侯,今被恶名而死,姊弟不敢自惜,伤无以见先人于地下!"死者十七人,众莫不怜之。宗族徙归故郡。

赞曰:《诗》称"抑抑威仪,惟德之隅。"宜乡侯参鞠躬履方,择地而行,可谓淑人君子,然卒死于非罪,不能自免,哀哉!逸邪交乱,贞良被害,自古而然。故伯奇放流,孟子宫刑,申生雉经,屈原赴湘,《小弁》之诗作,《离骚》之辞兴。经曰:"心之忧矣,涕既陨之。"冯参姊弟,亦云悲矣!

卷八十　　宣元六王传第五十

孝宣皇帝五男。许皇后生孝元帝,张婕妤生淮阳宪王钦,卫婕妤生楚孝王嚣,公孙婕妤生东平思王宇,戎婕妤生中山哀王竟。

淮阳宪王钦,元康三年立,母张婕妤有宠于宣帝。霍皇后废后,上欲立张婕妤为后。久之,惩艾霍氏欲害皇太子,乃更选后宫无子而谨慎者,乃立长陵王婕妤为后,令母养太子。后无宠,希御见,唯张婕妤最幸。而宪王壮大,好经书法律,聪达有材,帝甚爱之。太子宽仁,喜儒术,上数嗟叹宪王,曰:"真我子也!"常有意欲立张婕妤与宪王,

然用太子起于微细,上少依倚许氏,及即位而许后以杀死,太子蚤失母,故弗忍也。久之,上以故丞相韦贤子玄成阳狂让侯兄,经明行高,称于朝廷,乃召拜玄成为淮阳中尉,欲感谕宪王,辅以推让之臣,由是太子遂安。宣帝崩,元帝即位,乃遣宪王之国。

时,张婕妤子已卒,宪王有外祖母,舅张博兄弟三人岁至淮阳见亲,辄受王赐。后王上书,请徙外家张氏于国。博上书,愿留守坟墓,独不徙。王恨之。后博至淮阳,王赐之少。博言:"负责数百万,愿王为偿。"王不许,博辞去,令弟光恐云王遇大人益解,博欲上书为大人乞骸骨去。王乃遣人持黄金五十斤送博。博喜,还书谢,为诡语盛称誉王,因言:"当今朝廷无贤臣,灾变数见,足以寒心。万姓咸归望于大王,大王奈何恬然不求入朝见,辅助主上乎?"使弟光数说王宜听博计,令于京师说用事贵人为王求朝。王不纳其言。

后光欲至长安,辞王,复言"愿尽力与博共为王求朝。王即日至长安,可因平阳侯。"光得王欲求朝语,驰使人语博。博知王意动,复遗王书曰:"博幸得肺腑,数进愚策,未见省察。北游燕、赵,欲循行郡国求幽隐之士,闻齐有驷先生者,善为《司马兵法》,大将之材也,博得谒见,承间进问五帝、三王究竟要道,卓尔非世俗之所知。今边境不安,天下骚动,微此人其莫能安也。又闻北海之濒有贤人焉,累世不可逮,然难致也。得此二人而荐之,功亦不细矣。博愿驰西以此赴助汉急,无财币以通显之。赵王使谒者持牛、酒,黄金三十斤劳博,博不受;复使人愿納女,聘金二百斤,博未许。会得光书云大王已遣光西,与博并力求朝。博自以弃捐,不意大王还意反义,结以朱颜,愿悉身报德。朝事何足言!大王诚赐咳唾,使得尽死,汤禹所以成大功也。驷先生蓄积道术,书无不有,愿知大王所好,请得辄上。"王得书喜说,报博书曰:"子高乃幸左顾存恤,发心恻隐,显至诚,纳以嘉谋,语以至事,虽不敏,敢不谕意!今遣有司为子高偿责二百万。"

是时,博女婿京房以明《易》《阴阳》得幸于上,数召见言事。自谓为石显、五鹿充宗所排,谋不得用,数为博道之。博常欲诳耀淮阳王,即具记房诸所说灾异及召见密语,持予淮阳王以为信验,诈言:"已见中书令石君求朝,许以金五百斤。贤圣制事,盖虑功而不计费。昔禹治鸿水,百姓罢劳,成功既立,万世赖之。今闻陛下春秋未满四十,发齿堕落,太子幼弱,佞人用事,阴阳不调,百姓疾疫饥馑死者且半,鸿水之害殆不过此。大王绪欲救世,将比功德,何可以忽?博已与大儒知道者为大王为便宜奏,陈安危,指灾异,大王朝见,先口陈其意而后奏,上必大悦,事成功立,大王即有周、邵之名,邪臣散亡,公卿变节,功德亡比,而梁、赵之宠必出大王,外家亦将富贵,何复望大王之金钱?"王喜说,报博书曰:"乃者诏下,止诸侯朝者,寡人憪然不知所出。子高素有颜、冉之资,臧武之智,子贡之辩,卞庄子之勇,兼此四者,世之所鲜。既开端绪,愿卒成之。求朝,义事也,奈何行金钱乎!"博报曰:"已许石君,须以成事。"王以金五百斤予博。

会房出为郡守,离左右,显具得此事告之。房漏泄省

中语,博兄弟诖误诸侯王,诽谤政治,狡猾不道,皆下狱。有司奏请逮捕钦,上不忍致法,遣谏大夫王骏赐钦玺书曰:"皇帝问淮阳王。有司奏王,王舅张博数遗王书,非毁政治,谤仙天子,褒举诸侯,称引周、汤,以谄惑王,所言尤恶,悖逆无道。王不举奏而多与金钱,报以好言,罪至不赦,朕恻焉不忍闻,为王伤之。推原厥本,不祥自博,惟王之心,匪同于凶。已诏有司勿治王事,遣谏大夫骏申谕朕意。《诗》不云乎?'靖恭尔位,正直是与'。王其勉之!"

骏谕指曰:"礼为诸侯制相朝聘之义,盖以考礼一德,尊事天子也。且王不学《诗》乎?《诗》云:'俾侯于鲁,为周室辅'。今王舅博数遗王书,所言悖逆。王幸受诏策,通经术,知诸侯名誉不当出竟。天子普覆,德布于朝,而恬有罪言,多予金钱,与相报应,不忠莫大焉。故事,诸侯王获斥京师,罪恶轻重,纵不伏诛,必蒙迁削贬黜之罪,未有但已者也。今圣主赦王之罪,又怜王失计忘本,为博所惑,加赐玺书,使谏大夫申谕至意,殷勤之恩,岂有量哉!博等所犯恶大,群下之所共攻,王法之所不赦也。自今以来,王毋复以博等累心,务与众弃之。《春秋》之义,大能变改。《易》曰'借用白茅,无咎',言臣子之道,改过自新,洁己以承上,然后免于咎也。王其留意慎戒,惟思所以悔过易行,塞重责,称厚恩者。如此,则长有富贵,社稷安矣。"

于是淮阳王钦免冠稽首谢曰:"奉藩无状,过恶暴列,陛下不忍致法,加大恩,遣使者申谕道术守藩之义。伏念博罪恶尤深,当伏重诛。臣钦愿悉心自新,奉承诏策,顿首死罪。"

京房及博兄弟三人皆弃市,妻子徙边。

至成帝即位,以淮阳王属为叔父,敬宠之,异于它国。王上书自陈舅张博时事,颇为石显等所侵,因为博家属徙者求还。丞相、御史复劾钦:"前与博相遗私书,指意非诸侯王所宜,蒙恩勿治,事在赦前。不悔过而复称引,自以为直,失藩臣礼,不敬。"上加恩,许王还徙者。

三十六年薨。子文王玄嗣,二十六年薨。子缤嗣,王莽时绝。

楚孝王嚣,甘露二年立为定陶王,三年徙楚,成帝河平中入朝,时被疾,天子闵之,下诏曰:"盖闻'天地之性人为贵,人之行莫大于孝'。楚王嚣素行孝顺仁慈,之国以来二十余年,纤介之过未尝闻,朕甚嘉之。今乃遭命,离于恶疾,夫子所痛,曰:'蔑之、命矣夫!斯人也而有斯疾也!'朕甚闵焉。夫行纯茂而不显异,则有国者将何勖哉?《书》不云乎?'用德章厥善'。今王朝正月,诏与子男一人俱,其以广戚县户四千三百封其子勋为广戚侯。"明年,嚣薨。子怀王文嗣,一年薨,无子,绝。明年,成帝复立文弟平陆侯衍,是为思王。二十一年薨,子纡嗣,王莽时绝。

初,成帝时又立纡弟景为定陶王。广戚侯勋薨,谥曰炀侯,子显嗣。平帝崩,无子,王莽立显子婴为孺子,奉平帝后。莽篡位,以婴为定安公。汉既诛莽,更始时婴在长安,平陵方望等颇知天文,以为更始必败,婴本统当立者也,共起兵将婴至临泾,立为天子。更始遣丞相李松击破杀婴云。

东平思王宇,甘露二年立。元帝即位,就国。壮大,通奸犯法,上以至亲贳弗罪,傅相连坐。

久之,事太后,内不相得,太后上书言之,求守杜陵园。上于是遣太中大夫张子蟜奉玺书敕谕之,曰:"皇帝问东平王。盖闻亲亲之恩莫重于孝,尊尊之义莫大于忠,故诸侯在位不骄以致孝道,制节谨度以翼天子,然后富贵不离于身,而社稷可保。今闻王自修有阙,本朝不和,流言纷纷,谤自内兴,朕甚憎焉,为王惧之。《诗》不云乎?'毋念尔祖,述修厥德,永言配命,自求多福'。朕惟王之春秋方刚,忽于道德,意有所移,忠言未纳,故临遣太中大夫子蟜谕王朕意。孔子曰:'过而不改,是谓过矣。'王其深惟熟思之,无违朕意。"

又特以玺书赐王太后,曰:"皇帝使诸吏宦者令承问东平王太后。朕有闻,王太后少加意焉。夫福善之门莫美于和睦,患咎之首莫大于内离。今东平王出襁褓之中而托于南面之位,加以年齿方刚,涉学日寡,骜忽臣下,不自它于太后,以是之间,能无失礼义者,其唯圣人乎!传曰:'父为子隐,直在其中矣。'王太后明察此意,不可不详。闺门之内,母子之间,同气异息。骨肉之恩,岂可忽哉!岂可忽哉!昔周公戒伯禽曰:'故旧无大故,则不可弃也,毋求备于一人。'夫以故旧之恩,犹忍小恶,而况此乎!已遣使者谕王,王既悔过服罪,太后宽忍以贳之。后宜不敢。王太后强餐,止思念,慎疾自爱。"

宇惭惧,因使者顿首谢死罪,愿洒心自改。诏书又敕傅相曰:"夫人之性皆有五常,及其少长,耳目牵于耆欲,故五常销而邪心作,情乱其性,利胜其义,而不失厥家者,未之有也。今王富于春秋,气力勇武,获师傅之教浅,加以少所闻见,自今以来,非《五经》之正术,敢以游猎非礼道王者,辄以名闻。"

宇立二十年,元帝崩。宇谓中谒者信等曰:"汉大臣议天子少弱,未能治天下,以为我知文法,建欲使我辅佐天子。我见尚书晨夜极苦,使我为之,不能也。今暑热,县官年少,持服恐无处所,我危得之!"比至下,宇凡三哭,饮酒食肉,妻妾不离侧。又姬朐臑故亲幸,后疏远,数叹息呼天。宇闻,斥朐臑为家人子,扫除永巷,数笞击之。朐臑私疏宇过失,数令家告之。宇觉知,绞杀朐臑。有司奏请逮捕,有诏削樊、亢父二县。后三岁,天子诏有司曰:"盖闻仁以亲亲,古之道也。前东平王有阙,有司请废,朕不忍。又请削,朕不敢专。惟王之至亲,未尝忘于心。今闻王改行自新,尊修经术,亲近仁人,非法之求,不以奸吏,朕甚嘉焉。传不云乎?朝过夕改,君子与之。其复前所削县如故。"

后年来朝,上疏求者诸子及《太史公书》,上以问大将军王凤,对曰:"臣闻诸侯朝聘,考文章,正法度,非礼不言。今东平王幸得来朝,不思制节谨度,以防危失,而求诸书,非朝聘之义也。诸子书或反经术,非圣人;或明鬼神,信物怪;《太史公书》有战国纵横权谲之谋,汉兴之初谋臣奇策,天官灾异,地形厄塞:皆不宜在诸侯王。不可予。不许之辞宜曰:'《五经》圣人所制,万事靡不毕载。王审乐道,傅相皆儒者,旦夕讲诵,足以正身虞意。夫小辩破义,小道不通,致远恐泥,皆不足以留意。诸益于经术者,不爱于王。"对奏,天子如凤言,遂不与。

立三十三年薨,子炀王云嗣。哀帝时,无盐危山土自起覆草,如驰道状,又瓠山石转立。云及后谒自之石所祭,治石象瓠山立石,束倍草,并祠之。建平三年,息夫躬、孙宠等共因幸臣董贤告之。是时,哀帝被疾,多所恶,事下有司,逮王、后谒下狱验治,言使巫傅恭、婢合欢等祠祭诅祝上,为云求为天子。云又与知灾异者高尚等指星宿,言上疾必不愈,云当得天下。石立,宣帝起之表也。有司请诛王,有诏废徙房陵。云自杀,谒弃市。立十七年,国除。

元始元年,王莽欲反哀帝政,白太皇太后,立云太子开明为东平王,又立思王孙成都为中山王。开明立三年,薨,无子。复立开明兄严乡侯信子匡为东平王,奉开明后。王莽居摄,东郡太守翟义与严乡侯信谋举兵诛莽,立信为天子,兵败,皆为莽所灭。

中山哀王竟,初元二年立为清河王。三年,徙中山,以幼少未之国。建昭四年,薨邸,葬杜陵,无子,绝。太后归居外家戎氏。

孝元皇帝三男。王皇后生孝成帝,傅昭仪生定陶共王康,冯昭仪生中山孝王兴。

定陶共王康,永光三年立为济阳王。八年,徙为山阳王。八年,徙定陶。王少而爱,长多材艺,习知音声,上奇器之。母昭仪又幸,几代皇后太子。语在《元后》及《史丹传》。成帝即位,缘先帝意,厚遇异于它王。十九年薨,子欣嗣。十五年,成帝无子,征入为皇太子,上以太子奉大宗后,不得顾私亲,乃立楚思王子景为定陶王,奉共王后。成帝崩,太子即位,是为孝哀帝。即位二年,追尊共王为共皇,置寝庙京师,序昭穆,仪如孝元帝。徙定陶王景为信都王云。

中山孝王兴,建昭二年,立为信都王。十四年,徙中山。成帝之议立太子也,御史大夫孔光以为《尚书》有殷及王,兄终弟及,中山王元帝之子,宜为后。成帝以中山王不材,又兄弟,不得相入庙。外家王氏与赵昭仪皆欲用哀帝为太子,故遂立焉。上乃封孝王舅冯参为宜乡侯,而益封孝王万户,以尉其意。三十年,薨,子衎嗣。七年,哀帝崩,无子,征中山王衎入即位,是为平帝。太皇太后以帝为成帝后,故立东平思王孙桃乡顷侯子成都为中山王,奉孝王后。王莽时绝。

赞曰:孝元之后,遍于天下,然而世绝于孙,岂非天哉!淮阳宪王于时诸侯为聪察矣,张博诱之,几陷无道。《诗》云"贪人败类",古今一也。

卷八十一　匡张孔马传第五十一

匡衡字稚圭,东海承人也。父世农夫,至衡好学,家贫,庸作以供资用,尤精力过绝人。诸儒为之语曰:"无说《诗》,匡鼎来;匡说《诗》,解人颐。"

衡射策甲科,以不应令除为太常掌故,调补平原文学。学者多上书荐衡经明,当世少双,令为文学就官京师;后进皆欲从衡平原,衡不宜在远方。事下太子太傅萧望之、少府梁丘贺问,衡对《诗》诸大义,其对深美。望之奏衡经学精习,说有师道,可观览。宣帝不甚用儒,遣衡归官。而皇太子见衡对,私善之。

会宣帝崩,元帝初即位,乐陵侯史高以外属为大司马车骑将军,领尚书事,前将军萧望之为副。望之名儒,有师傅旧恩,天子任之,多所贡荐。高充位而已,与望之有隙。长安令杨兴说高曰:"将军以亲戚辅政,贵重于天下无二,然众庶论议令问休誉不专在将军者何也?彼诚有所闻也。以将军之莫府,海内莫不卬望,而所举不过私门宾客,乳母子弟,人情忽不自知,然一夫窃议,语流天下。夫富贵在身而列士不誉,是有狐白之裘而反衣之也。古人病其若此,故卑体劳心,以求贤为务。传曰:以贤难得之故因日事不待贤,以食难得之故而曰饱不待食,或之甚者也。平原文学匡衡材智有余,经学绝伦,但以无阶朝廷,故随牒在远方。将军诚召置莫府,学士歙然归仁,与参事议,观其所有,贡之朝廷,必为国器,以此显示众庶,名流于世。"高然其言,辟衡为议曹史,荐衡于上,上以为郎中,迁博士,给事中。

是时,有日蚀、地震之变,上问以政治得失,衡上疏曰:

臣闻五帝不同礼,三王各异教,民俗殊务,所遇之时异也。陛下躬圣德,开太平之路,闵愚吏民触法抵禁,比年大赦,使百姓得行自新,天下幸甚。臣窃见大赦之后,奸邪不为衰止,今日大赦,明日犯法,相随入狱,此殆导之未得其务也。盖保民者,"陈之以德义","示之以好恶",观其失而制其宜,故劝之而和,绥之而安。今天下俗贪财贱义,好声色,上侈靡,廉耻之节薄,淫辟之意纵,纲纪失序,疏者逾内,亲戚之恩薄,婚姻之党隆,苟合侥幸,以身设利。不改其原,虽岁赦之,刑犹难使错而不用也。

臣愚以为宜一旷然大变其俗。孔子曰:"能以礼让为国乎,何有?"朝廷者,天下之桢干也。公卿大夫相与循礼恭让,则民不争;好仁乐施,则下不暴;上义高节,则民兴行;宽柔和惠,则众相爱。四者,明王之所以不严而成化也。何者?朝有变色之言,则下有争斗之患;上有自专之士,则下有不让之人;上有克胜之佐,则下有伤害之心;上有好利之臣,则下有盗窃之民:此其本也。今俗吏之治,皆不本礼让,而上克暴,或忮害好陷人于罪,贪财而慕势,故犯法者众,奸邪不止,虽严刑峻法,犹不为变。此非其天性,有由然也。

臣窃考《国风》之诗,《周南》、《召南》被贤圣之化深,故笃于行而廉于色。郑伯好勇,而国人暴虎;秦穆贵信,而士多从死;陈夫人好巫,而民淫祀;晋侯好俭,而民畜聚;太王躬仁,邠国贵恕。由此观之,治天下者审所上而已。今之伪薄忮害,不让极矣。臣闻教化之流,非家至而人说之也。贤者在位,能者布职,朝廷崇礼,百僚敬让,道德之行,由内及外,自近者始,然后民知所法,迁善日进而不自知。是以百姓安,阴阳和,神灵应,而嘉祥见。《诗》曰:"商邑翼翼,四方之极;寿考且宁,以保我后生。"此成汤所以建至治,保子孙,化异俗而怀鬼方也。今长安天子之都,亲承圣化,然其习俗无以异于远方,郡国来者无所法则,或见侈靡而放效之。此教化之原本,风俗之枢机,宜先正者也。

臣闻天人之际,精祲有以相荡,善恶有以相推,事作乎下者象动乎上,阴阳之理各应其感,阴变则静者动,阳蔽则明者暗,水旱之灾随类而至。今关东连年饥馑,百姓乏困,或至相食,此皆生于赋敛多,民所共者大,而吏安集之不称之效也。陛下祇畏天戒,哀闵元元,大自减损,省甘泉、建章宫卫,罢珠崖,偃武行文,将欲度唐、虞之隆,绝殷、周之衰也。诸见罢珠崖诏书者,莫不欣欣,人自以将见太平也。宜遂减宫室之度,省靡丽之饰,考制度,修外内,近忠正,远巧佞,放郑、卫,进《雅》、《颂》,举异材,开直言,任温良之人,退刻薄之吏,显洁白之士,昭无欲之路,览《六艺》之意,察上世之务,明自然之道,博和睦之化,以崇至仁,匡失俗,易民视,令海内昭然咸见本朝之所贵,道德弘于京师,淑问扬乎疆外,然后大化可成,礼让可兴也。

上说其言,迁衡为光禄大夫、太子少傅。时,上好儒术文辞,颇改宣帝之政,言事者多进见,人人自以为得上意。又傅昭仪及子定陶王爱幸,宠于皇后、太子。衡复上疏曰:

臣闻治乱安危之机,在乎审所用心。盖受命之王务在创业垂统传之无穷,继体之君心存于承宣先王之德而褒大其功。昔者成王之嗣位,思述文、武之道以养其心,休烈盛美皆归之二后而不敢专其名,是以上天歆享,鬼神佑焉。其《诗》曰:"念我皇祖,陟降廷止。"言成王常思祖考之业,而鬼神佑助其治也。

陛下圣德天覆,子爱海内,然阴阳未和,奸邪未禁者,殆论议者未丕扬先帝之盛功,争言制度不可用也,务变更之,所更或不可行,而复复之,是以群下更相是非,吏民无所信。臣窃恨国家释乐成之业,而虚为此纷纷也。愿陛下详览统业之事,留神于遵制扬功,以定群下之心。《大雅》曰:"无念尔祖,聿修厥德。"孔子著之《孝经》首章,盖至德之本也。传曰:"审好恶,理情性,而王道毕矣。"能尽其性,然后能尽人物之性;能尽人物之性,可以赞天地之化。治性之道,必审己之所有余而强其所不足。盖聪明疏通者戒于大察,寡闻少见者戒于雍蔽,勇猛刚强者戒于大暴,仁爱温良者戒于无断,湛静安舒者戒于后时,广必浩大者戒于遗忘。必审己之所当戒,而齐之以义,然后中和之化应,而巧伪之徒不敢比周而望进。唯陛下戒所以崇圣德。

臣又闻室家之道修,则天下之理得,故《诗》始《国风》,《礼》本《冠》、《婚》。始乎《国风》,原情性而明人伦也;本乎《冠》、《婚》,正基兆而防未然也。福之兴莫不本乎室家,道之衰莫不始乎阃内。故圣王必慎妃后之际,别适长之位。礼之于内也。卑不逾尊,新不先故,所以统人情而理阴气也。其尊适而卑庶也,适子冠乎阼,礼之用醴,众子不得与列,所以贵正体而明嫌疑也。非虚加其礼文而已,乃中心与之殊异,故礼探其情而见之外也。圣人动静游燕,所亲物得其序;得其序,则海内自修,百姓从化。如当亲者疏,当尊者卑,则佞巧之奸因时而动,以乱国家。故圣人慎防其端,禁于未然,不以私恩害公义。陛下圣德纯备,莫不修正,则天下无为而治。《诗》云:"于以四方,克定厥家。"传曰:"正家而天下定矣。"

衡为少博数年,数上疏陈便宜,及朝廷有政议,傅经以对,言多法义。上以为任公卿,由是为光禄勋、御史大夫。建昭三年,代韦玄成为丞相,封乐安侯,食邑六百户。

元帝崩,成帝即位,衡上疏戒妃匹,劝经学威仪之则,曰:

陛下秉至孝,哀伤思慕不绝于心,未有游虞弋射之宴,诚隆于慎终追远,无穷已也。窃愿陛下虽圣性得之,犹复加圣心焉。《诗》云"茕茕在疚",言成王丧毕思慕,意气未能平也,盖所以就文、武之业,崇大化之本也。

臣又闻之师曰:"妃匹之际,生民之始,万福之原。"婚姻之礼正,然后品物遂而天命全。孔子论《诗》以《关雎》为始,言太上者民之父母,后夫人之行不侔乎天地,则无以奉神灵之统而理万物之宜。故《诗》曰:"窈窕淑女,君子好仇。"言能致其贞淑,不贰其操,情欲之感无介乎容仪,宴私之意不形乎动静,夫然后可以配至尊而为宗庙主。此纲纪之首,王教之端也。自上世已来,三代兴废,未有不由此者也。愿陛下详览得失盛衰之效以定大基,采有德,戒声色,近严敬,远技能。

窃见圣德纯茂,专精《诗》、《书》,好乐无厌。臣衡材驽,无以辅相善义,宣扬德音。臣闻《六经》者,圣人所以统天地之心,著善恶之归,明吉凶之分,通人道之正,使不悖于其本性者也。故审《六艺》之指,则天人之理可得而和,草木昆虫可得而育,此永永不易之道也。及《论语》、《孝经》,圣人言行之要,宜究其意。

臣闻圣王之自为动静周旋,奉天承亲,临朝享臣,物有节文,以章人伦。盖钦翼祗栗,事天之容也;温恭敬逊,承亲之礼也;正躬严恪,临众之仪也;嘉惠和说,飨下之颜也。举错动作,物遵其仪,故形为仁义,动为法则。孔子曰:"德义可尊,容止可观,进退可度,以临其民,是以其民畏而爱之,则而象之。"《大雅》云:"敬慎威仪,惟民之则。"诸侯正月朝觐天子,天子惟道德,昭穆穆以视之,又观以礼乐,飨醴乃归。故万国莫不获赐祉福,蒙化而成俗。今正月初幸路寝,临朝贺,置酒以飨万方,传曰"君子慎始",愿陛下留神动静之节,使群下得望盛德休光,以立基桢,天下幸甚!

上敬纳其言。顷之,衡复奏正南北郊,罢诸淫祀,语在《郊祀志》。

初,元帝时,中书令石显用事,自前相韦玄成及衡皆畏显,不敢失其意。至成帝初即位,衡乃与御史大夫甄谭共奏显,追条其旧恶,并及党与。于是司隶校尉王尊劾奏:"衡、谭居大臣位,知显等专权势,作威福,为海内患害,不以时白奏行罚,而阿谀曲从,附下罔上,无大臣辅政之义。既奏显等,不自陈不忠之罪,而反扬著先帝任用倾覆之徒,罪至不道。"有诏勿劾。衡惭惧,上疏谢罪,因称病乞骸骨,上丞相乐安侯印绶。上报曰:"君以道德修明,位有三公,先帝委政,遂及朕躬。君遵修法度,勤劳公家,朕嘉与君同心合意,庶几有成。今司隶校尉尊妄诋欺,加非于君,朕甚闵焉。方下有司问状,君何疑而上书归侯乞骸骨,是章朕之未烛也。传不云乎?'礼义不愆,何恤人之言!'君其察焉。专精神,近医药,强食自爱。"因赐上尊酒、养牛。衡起视事。上以新即位,褒优大臣,然群下多是王尊者。衡嘿嘿不自安,每有水旱,风雨不时,连乞骸骨让位。上辄以诏书慰抚,不许。

久之,衡子昌为越骑校尉,醉杀人,系诏狱。越骑官属与昌弟且谋篡昌。事发觉,衡免冠徒跣待罪,天子使谒者诏衡冠履。而有司奏衡专地盗土,衡竟坐免。

初,衡封僮之乐安乡,乡本田堤封三千一百顷,南以闽佰为界。初元元年,郡图误以闽佰为平陵佰。积十余岁,衡封临淮郡,遂封真平陵佰以为界,多四百顷。至建始元年,郡乃定国界,上计簿,更定图,言丞相府。衡谓所亲吏赵殷曰:"主簿陆赐故居奏曹,习事晓知国界,署集曹掾。"明年治计时,衡问殷国界事:"曹欲奈何?"殷曰:"赐以为举计,令郡实之。恐郡不肯从实,可令家丞上书。"衡曰:"顾当得不耳,何至上书?"亦不告曹使举也,听曹为之。后赐与属明举计曰:"案故图,乐安乡南以平陵佰为界,不从故而以闽佰为界,解何?"郡即复以四百顷付乐安国。衡遣从史之僮,收取所还田租谷千余石入衡家。司隶校尉骏、少府忠行廷尉事劾奏"衡监临盗所主守直十金以上。《春秋》之义,诸侯不得专地,所以一统尊法制也。衡位三公,辅国政,领计簿,知郡实,正国界,计簿已定而背法制,专地盗土以自益,及赐、明阿承衡意,猥举郡计,乱减县界,附下罔上,擅以地附益大臣,皆不道。"于是上可其奏,勿治,丞相免为庶人,终于家。

子咸亦明经,历位九卿。家世多为博士者。

张禹字子文,河内轵人也。至禹父徙家莲勺。禹为儿,数随家至市,喜观于卜相者前。久之,颇晓其别蓍布卦意,时从旁言。卜者爱之。又奇其面貌,谓禹父:"是儿多知,可令学经。"及禹壮,至长安学,从沛郡施雠受《易》,琅邪王阳、胶东庸生问《论语》,既皆明习,有徒众,举为郡文学。甘露中,诸儒荐禹,有诏太子太傅萧望之问。禹对《易》及《论语》大义,望之善焉,奏禹经学精习,有师法,可试事。奏寝,罢归故官。久之,试为博士。初元中,立皇太子,而博士郑宽中以《尚书》授太子,荐言禹善《论语》。诏令禹授太子《论语》,由是迁光禄大夫。数岁,出为东平内史。

元帝崩,成帝即位,征禹、宽中,皆以师赐爵关内侯,宽中食邑八百户,禹六百户。拜为诸吏光禄大夫,秩中二千石,给事中,领尚书事。是时,帝舅阳平侯王凤为大将军,辅政专权。而上富于春秋,谦让,方乡经学,敬重师傅。而禹与凤并领尚书,内不自安,数病。上书乞骸骨,欲退避凤。上报曰:"朕以幼年执政,万机惧失其中,君以道德为师,故委国政。君何疑而数乞骸骨,忽忘雅素,欲避流言?朕无闻焉。君其固心致思,总秉诸事,推以挚挚,无违朕意。"加赐黄金百斤、养牛、上尊酒,太官致餐,侍医视疾,使者临问。禹惶恐,复起视事,河平四年代王商为丞相,封安昌侯。

为相六岁,鸿嘉元年以老病乞骸骨,上加优再三,乃听许。赐安车驷马,黄金百斤,罢就第,以列侯朝朔望,位特进,见礼如丞相,置从事史五人,益封四百户。天子数加赏赐,前后数千万。

禹为人谨厚,内殖货财,家以田为业。及富贵,多买田至四百顷,皆泾、渭溉灌,极膏腴上贾。它财物称是。禹性习知音声,内奢淫,身居大第,后堂理丝竹管弦。

禹成就弟子尤著者,淮阳彭宣至大司空,沛郡戴崇至少府九卿。宣为人恭俭有法度,而崇恺弟多智,二人异行。禹心亲爱崇,敬宣而疏之。崇每候禹,常责师宜置酒设乐与弟子相娱。禹将崇入后堂饮食,妇女相对,优人管弦铿锵极乐,昏夜乃罢。而宣之来也,禹见之于便坐,讲论经义,日晏赐食,不过一肉卮酒相对。宣未尝得至后堂。及两人皆闻知,各自得也。

禹年老,自治冢茔,起祠室,好平陵肥牛亭部处地,又近延陵,奏请求之,上以赐禹,诏令平陵徙亭它所。曲阳侯根闻而争之:"此地当平陵寝庙衣冠所出游道,禹为师傅,不遵谦让,至求衣冠所游之道,又徙坏旧亭,重非所宜。孔子称'赐爱其羊,我爱其礼',宜更易禹它地。"根虽为舅,上敬重之不如禹,根言虽切,犹不见从,卒以肥牛亭地赐禹。根由是害禹宠,数毁恶之。天子愈益敬厚禹。禹每病,辄以起居闻,车驾自临问之。上亲拜禹床下,禹顿首谢恩,因归诚,言:"老臣有四男一女,爱女甚于男,远嫁为张掖太守萧咸妻,不胜父子私情,思与相近。"上即时徙咸为弘农太守。又禹小子未有官,上临侯禹,禹数视其小子,上即禹床下拜为黄门郎,给事中。

禹虽家居,以特进为天子师,国家每有大政,必与定议。永始、元延之间,日蚀、地震尤数,吏民多上书言灾异之应,讥切王氏专政所致。上惧变异数见,意颇然之,未有以明见,乃车驾至禹弟,辟左右,亲问禹以天变,因用吏民所言王氏事示禹。禹自见年老,子孙弱,又与曲阳侯不平,恐为所怨。禹则谓上曰:"春秋二百四十二年间,日蚀三十余,地震五,或为诸侯相杀,或夷狄侵中国,灾变之异深远难见,故圣人罕言命,不语怪神。性与天道,自子赣之属不得闻,何况浅见鄙儒之所言!陛下宜修政事以善应之,与下同其福喜,此经义意也。新学小生,乱道误人,宜无信用,以经术断之。"上雅信爱禹,由此不疑王氏。后曲阳侯根及诸王子弟闻禹音,皆喜说,遂亲就禹。禹见时有变异,若上体不安,择日洁斋露蓍,正衣冠立筮,得吉卦则献其占,如有不吉,禹为感动有忧色。

成帝崩,禹及事哀帝,建平二年薨,谥曰节侯。禹四子,长子宏嗣侯,官至太常,列于九卿。三弟皆为校尉、散骑、诸曹。

初,禹为师,以上难数对己问经,为《论语章句》献之。始,鲁扶卿及夏侯胜、王阳、萧望之、韦玄成皆说《论语》,篇第或异。禹先事王阳,后从庸生,采获所安,最后出而尊贵。诸儒为之语曰:"欲为《论》,念张文。"由是学者多从张氏,余家寖微。

孔光字子夏,孔子十四世之孙也。孔子生伯鱼鲤,鲤生子思伋,伋生子上帛,帛生子家求,求生子真箕,箕生子高穿。穿生顺,顺为魏相。顺生鲋,鲋为陈涉博士,死陈下。鲋弟子襄为孝惠博士、长沙太傅。襄生忠,忠生武及安国,武生延年。延年生霸,字次儒。霸生光焉。安国、延年皆以治《尚书》为武帝博士。安国至临淮太守。霸亦治《尚书》,事太傅夏侯胜,昭帝末年为博士,宣帝时为太中大夫,以选授皇太子经,迁詹事、高密相。是时,诸侯王相在郡守上。

元帝即位,征霸,以师赐爵关内侯,食邑八百户,号褒成君,给事中,加赐黄金二百斤,第一区,徙名数于长安。霸为人谦退,不好权势,常称爵位泰过,何德以堪之!上欲致霸相位,自御史大夫贡禹卒,及薛广德免,辄欲拜霸。霸让位,自陈至三,上深知其至诚,乃弗用。以是敬之,赏赐甚厚。及霸薨,上素服临吊者再,至赐东园秘器、钱、帛,策赠以列侯礼,谥曰烈君。

霸四子,长子福嗣关内侯。次子捷、捷弟喜皆列校尉、诸曹。光,最少子也,经学尤明,年未二十,举为议郎。光禄勋匡衡举光方正,为谏大夫。坐议有不合,左迁虹长,自免归教授。成帝初即位,举为博士,数使录冤狱,行风俗,振赡流民,奉使称旨,由是知名。是时,博士选三科,高为尚书,次为刺史,其不通政事,以久次补诸侯太傅。光以高第为尚书,观故事品式,数岁明习汉制及法令。上甚信任之,转为仆射、尚书令。有诏光周密谨慎,未尝有过,加诸吏官,以子男放为侍郎,给事黄门。数年,迁诸吏光禄大夫,秩中二千石,给事中,赐黄金百斤,领尚书事。后为光禄勋,复领尚书,诸吏给事中如故。凡典枢机十余年,守法度,修故事。上有所问,据经法以心所安而对,不希指苟合;如或不从,不敢强谏争,以是久而安。时有所言,辄削草稿,以为章主之过,以奸忠直,人臣大罪也。有所荐举,唯恐其人之闻知。沐日归休,兄弟妻子燕语,终不及朝省政事。或问光:"温室省中树皆何木也?"光嘿不应,更答以他语,其不泄如是。光,帝师傅子,少以经行自著,进官蚤

成。不结党友,养游说,有求于人。既性自守,亦其势然也。徙光禄勋为御史大夫。

绥和中,上即位二十五年,无继嗣,至亲有同产弟中山孝王及同产弟子定陶王在。定陶王好学多材,于帝行。而王祖母傅太后阴为王求汉嗣,私事赵皇后、昭仪及帝舅大司马骠骑将军王根,故皆劝上。上于是召丞相翟方进、御史大夫光、右将军廉褒、后将军朱博,皆引入禁中,议中山、定陶王谁宜为嗣者。方进、根以为:"定陶王帝弟之子,《礼》曰'昆弟之子犹子也','为其后者为之子也',定陶王宜为嗣。"褒、博皆如方进、根议。光独以为礼立嗣以亲,中山王先帝之子,帝亲弟也,以《尚书·盘庚》殷之及王为比,中山王宜为嗣。上以《礼》兄弟不相入庙,又皇后、昭仪欲立定陶王,故遂立为太子。光以议不中意,左迁廷尉。

光久典尚书,练法令,号称详平。时定陵侯淳于长坐大逆诛,长小妻乃始等六人皆以长事未发觉时弃去,或更嫁。及长事发,丞相方进、大司空武议,以为:"令,犯法者各以法时律令论之,明有所讫也。长犯大逆时,乃始等为长妻,已有当坐之罪,与身犯法无异。后乃弃去,于法无以解。请论。"光议以为:"大逆无道,父母妻子同产无少长皆弃市,欲惩后犯法者也。夫妇之道,有义则合,无义则离。长未自知当坐大逆之法,而弃去乃始等,或更嫁,义已绝,而欲以为长妻论杀之,名不正,不当坐。"有诏光议是。

是岁,右将军褒、后将军博坐定陵、红阳侯皆免为庶人。以光为左将军,居右将军官职,执金吾王咸为右将军,居后将军官职。罢右将军官。数月,丞相方进薨,召左将军光,当拜,已刻侯印书赞,上暴崩,即其夜于大行前拜受丞相、博山侯印绶。

哀帝初即位,躬行俭约,省减诸用,政事由己出,朝廷翕然,望至治焉。褒赏大臣,益封光千户。时,成帝母太皇太后自居长乐宫,而帝祖母定陶傅太后在国邸,有诏问丞相、大司空:"定陶共王太后宜当何居?"光素闻傅太后为人刚暴,长于权谋,自帝在襁褓而养长教道至于成人,帝之立又有力。光心恐傅太后与政事,不欲令与帝旦夕相近,即议以为定陶太后宜改筑宫。大司空何武曰:"可居北宫。"上从武言。北宫有紫房复道通未央宫,傅太后果从复道朝夕至帝所,求欲称尊号,贵宠其亲属,使上不得直道行。顷之,太后从弟子傅迁在左右尤倾邪,上免官遣归郡。傅太后怒,上不得已复留迁。光与大司空师丹奏言:"诏书'侍中、驸马都尉迁巧佞无义,漏泄不忠,国之贼也,免归故郡。'复有诏止。天下疑惑,无所取信,亏损圣德,诚不小愆。陛下以变异连见,避正殿,见群臣,思求其故,至今未有所改。臣请归正故郡,以销奸党,应天戒。"卒不得遣,复为侍中。胁于傅太后,皆此类也。

又傅太后欲与成帝母俱称尊号,群下多顺指,言母以子贵,宜立尊号以厚孝道。唯师丹与光持不可。上重违大臣正议,又内迫傅太后,猗违者连岁。丹以罪免,而朱博代为大司空。光自先帝时议继嗣有持异之隙矣,又重忤傅太后指,由是傅氏在位者与朱博为表里,共毁谮光。后数月

遂策免光曰:"丞相者,朕之股肱,所与共承宗庙,统理海内,辅朕之不逮以治天下也。朕既不明,灾异仍重,日月无光,山崩河决,五星失行,是章朕之不德而股肱之不良也。君前为御史大夫,辅翼先帝,出入八年,卒无忠言嘉谋;今相朕,出入三年,忧国之风复无闻焉。阴阳错谬,岁比不登,天下空虚,百姓饥馑,父子分散,流离道路,以十万数。而百官群职旷废,奸轨放纵,盗贼并起,或攻官寺,杀长吏。数以问君,君无怵惕忧惧之意,对毋能为。是以群卿大夫咸怀怨莫以为意,咎由君焉。君秉社稷之重,总百僚之任,上无以匡朕之阙,下不能绥安百姓。《书》不云乎?'毋旷庶官,天工人其代之。'於虖!君其上丞相博山侯印绶,罢归。"

光退间里,杜门自守。而朱博代为丞相,数月,坐承傅太后指妄奏事自杀。平当代为丞相,数月薨。王嘉复为丞相,数谏争忤指。旬岁间阅三相,议者皆以为不及光。上由是思之。

会元寿元年正月朔日有蚀之,后十余日傅太后崩。是月征光诣公车,问日蚀事。光对曰:"臣闻日者,众阳之宗,人君之表,至尊之象。君德衰微,阴道盛强,侵蔽阳明,则日蚀应之。《书》曰'羞用五事','建用皇极。'如貌、言、视、听、思失,大中之道不立,则咎征荐臻,六极屡降。皇之不极,是为大中不立,其传曰'时则有日月乱行',谓朓、侧匿,甚则薄蚀是也。又曰'六沴之作',岁之朝曰三朝,其应至重。乃正月辛丑朔日有蚀之,变见三朝之会。上天聪明,苟无其事,变不虚生。《书》曰'惟先假王正厥事',言异变之来,起事有不正也。臣闻师曰,天左与王者,故灾异数见,以谴告之,欲其改更。若不畏惧,有以塞除,而轻忽简诬,则凶罚加焉,其至可必。《诗》曰:'敬之敬之,天惟显思,命不易哉!'又曰:'畏天之威,于时保之。'皆谓不惧者凶,惧之则吉也。陛下圣德聪明,兢兢业业,承顺天戒,敬畏变异,勤心虚己,延见群臣,思求其故,然后敕躬自约;总正万事,放远谗说之党,授纳断断之介,退去贪残之徒,进用贤良之吏,平刑罚,薄赋敛,恩泽加于百姓,诚为政之大本,应变之至务也。天下幸甚。《书》曰'天既付命正厥德',言正德以顺天也。又曰'天棐谌辞',言有诚道,天辅之也。明承顺天道在于崇德博施,加精至诚,孳孳而已。俗之祈禳小数,终无益于应天塞异,销祸兴福,较然甚明,无可疑惑。"

书奏,上说,赐光束帛,拜为光禄大夫,秩中二千石,给事中,位次丞相。诏光举可尚书令者封上,光谢曰:"臣以朽材,前比历位典大职,卒无尺寸之效,幸免罪诛,全保首领,今复拔擢,备内朝臣,与闻政事。臣光智谋浅短,犬马齿载,诚恐一旦颠仆,无以报称。窃见国家故事,尚书以久次转迁,非有踔绝之能,不相逾越。尚书仆射敞,公正勤职,通敏于事,可尚书令。谨封上。"敞以举故,为东平太守。敞姓成公,东海人也。

光为大夫月余,丞相嘉下狱死,御史大夫贾延免。光复为御史大夫,二月为丞相,复故国博山侯。上乃知光前免非其罪,以过近臣毁短光者,复免傅嘉,曰:"前为侍中,毁谮仁贤,诬诉大臣,令俊艾者久失其位。嘉倾覆巧伪,挟奸以罔上,崇党以蔽朝,伤善以肆意。《诗》不云乎?'逸人罔极,交乱四国。'其免嘉为庶人,归故郡。"

明年,定三公官,光更为大司徒。会哀帝崩,太皇太后以新都侯王莽为大司马,征立中山王,是为平帝。帝年幼,太后称制,委政于莽。初,哀帝罢黜王氏,故太后与莽怨丁、傅、董贤之党。莽以光为旧相名儒,天下所信,太后敬之,备礼事光。所欲搏击,辄为草,以太后指风光令上之,睚眦莫不诛伤。莽权日盛,光忧惧不知所出,上书乞骸骨。莽白太后:"帝幼少,宜置师傅。"徙光为帝太傅,位四辅,给事中,领宿卫供养,行内署门户,省服御食物。明年,徙为太师,而莽为太傅。光常称疾,不敢与莽并。有诏朔望朝,领城门兵。莽又风群臣奏莽功德,称宰衡,位在诸侯王上,百官统焉。光愈恐,固称疾辞位。太后诏曰:"太师光,圣人之后,先师之子,德行纯淑,道术通明,居四辅职,辅道于帝。今年耆有疾,俊艾大臣,惟国之重,其犹不可以阙焉。《书》曰'无遗耆老',国之将兴,尊师而重傅。其令太师毋朝,十日一赐餐。赐太师灵寿杖,黄门令为太师省中坐置几,太师入省中用杖,赐餐十七物,然后归老于第,官属按职如故。"

光凡为御史大夫、丞相各再,一为大司徒、太傅、太师,历三世,居公辅位前后十七年。自为尚书,止不教授,后为卿,时会门下大生讲问疑难,举大义云。其弟子多成就为博士、大夫者,见师居大位,几得其助力,光终无所荐举,至或怨之。其公如此。

光年七十,元始五年薨。莽白太后,使九卿策赠以太师、博山侯印绶,赐乘舆、秘器、金钱、杂帛。少府供张,谏大夫持节与谒者二人使护丧事,博士护行礼。太后亦遣中谒者持节视丧。公卿百官会吊送葬。载以乘舆辒辌及副各一乘,羽林孤儿诸生合四百人挽送。车万余辆,道路皆举音以过丧。将作穿复土,可甲卒五百人,起坟如大将军王凤制度。谥曰简烈侯。

初,光以丞相封,后益封,凡食邑万一千户。疾甚,上书让还七千户,及还所赐一第。

子放嗣。莽篡位后,以光兄子永为大司马,封侯。昆弟子至卿大夫四五人。始光父霸以初元元年为关内侯食邑。霸上书求奉孔子祭祀,元帝下诏曰:"其令师褒成君关内侯霸以所食邑八百户祀孔子焉。"故霸还长子福名数于鲁,奉夫子祀。霸薨,子福嗣。福薨,子房嗣。房薨,子莽嗣。元始元年,封周公、孔子后为列侯,食邑各二千户。莽更封为褒成侯,后避王莽,更名均。

马宫字游卿,东海戚人也。治《春秋》严氏,以射策甲科为郎,迁楚长史,免官。后为丞相史司直。师丹荐宫行能高洁,迁廷尉平,青州刺史,汝南、九江太守,所在见称。征为詹事,光禄勋,右将军,代孔光为大司徒,封扶德侯。光为太师薨,宫复代光为太师,兼司徒官。

初,宫哀帝时与丞相、御史杂议帝祖母傅太后谥,及元始中,王莽发傅太后陵徙归定陶,以民葬之,追诛前议者。宫为莽所厚,独不及,内惭惧,上书谢罪乞骸骨。莽以太皇太后诏赐宫策曰：

太师、大司徒、扶德侯上书言："前以光禄勋议故定陶共王母谥，曰'妇人以夫爵尊为号，谥宜曰孝元傅皇后，称渭陵东园。'臣知妾不得体君，卑不得敌尊，而希指雷同，诡经辟说，以惑误上。为臣不忠，当伏斧钺之诛，幸蒙洒心自新，又令得保首领。伏自惟念，入称四辅，出备三公，爵为列侯，诚无颜复望阙廷，无心复居官府，无宜复食国邑。愿上太师、大司徒、扶德侯印绶，避贤者路。"下君章有司，皆以为四辅之职为国维纲，三公之任鼎足承君，不有鲜明固守，无以居位。如君言至诚可听，惟君之恶在洒心前，不敢文过，朕甚多之，不夺君之爵邑，以著'自古皆有死'之义。其上太师、大司徒印绶使者，以侯就第。

王莽篡位，以宫为太子师，卒官。

本姓马矢，宫仕学，称马氏云。

赞曰："自孝武兴学，公孙弘以儒相，其后蔡义、韦贤、玄成、匡衡、张禹、翟方进、孔光、平当、马宫及当子晏咸以儒宗居宰相位，服儒衣冠，传先王语，其酝藉可也，然皆持禄保位，被阿谀之讥。彼以古人之迹见绳，乌能胜其任乎！

卷八十二
王商史丹傅喜传第五十二

王商字子威，涿郡蠡吾人也，徙杜陵。商父武、武兄无故，皆以宣帝舅封。无故为平昌侯，武为乐昌侯。语在《外戚传》。

商少为太子中庶子，以肃敬敦厚称。父薨，商嗣为侯，推财以分异母诸弟，身无所受，居丧哀戚。于是大臣荐商行可以厉群臣，义足以厚风俗，宜备近臣。由是擢为诸曹、侍中、中郎将。元帝时，至右将军、光禄大夫。是时，定陶共王爱幸，几代太子。商为外戚重臣辅政，拥佑太子，颇有力焉。

元帝崩，成帝即位，甚敬重商，徙为左将军。而帝元舅大司马大将军王凤专权，行多骄僭。商论议不能平凤，凤知之，亦疏商。建始三年秋，京师民无故相惊，言大水至，百姓奔走相蹂躏，老弱号呼，长安中大乱。天子亲御前殿，召公卿议。大将军凤以为太后与上及后宫可御船，令吏民上长安城以避水。群臣皆从凤议。左将军商独曰："自古无道之国，水犹不冒城郭。今政治和平，世无兵革，上下相安，何因当有大水一日暴至？此必讹言也，不宜令上城，重惊百姓。"上乃止。有顷，长安中稍定，问之，果讹言。上于是美壮商之固守，数称其议。而凤大惭，自恨失言。

明年，商代匡衡为丞相，益封千户，天子甚尊任之。为人多质有威重，长八尺余，身体鸿大，容貌甚过绝人。河平四年，单于来朝，引见白虎殿。丞相商坐未央廷中，单于前，拜谒商。商起，离席与言，单于仰视商貌，大畏之，迁延却退。天子闻而叹曰："此真汉相矣！"

初，大将军凤连昏杨肜为琅邪太守，其郡有灾害十四，已上。商部属按问，凤以晓商曰："灾异天事，非人力所为。肜素善吏，宜以为后。"商不听，竟奏免肜，奏果寝不下，凤重以是怨商，阴求其短，使人上书言商闺门内事。天子以为暗昧之过，不足以伤大臣，凤固争，下其事司隶。

先是，皇太后尝诏问商女，欲以备后宫。时女病，商意亦难之，以病对，不入。及商以闺门事见考，自知为凤所中，惶怖，更欲内女为援，乃因新幸李婕妤家白见其女。

会日有蚀之，太中大夫蜀郡张匡，其人佞巧，上书愿对近臣陈日蚀咎。下朝者左将军丹等问匡，对曰："窃见丞相商作威作福，从外制中，取必于上，性残贼不仁，遣票轻吏微求人罪，欲以立威，天下患苦之。前频阳耿定上书言商与父傅通，及女弟淫乱，奴杀其私夫，疑商教使。章下有司，商私怨怼。商子俊欲上书告商，俊妻左将军丹女，持书以示丹，丹恶其父子乖迕。为女求去。商不尽忠纳善以辅至德，知圣主崇孝，远别不亲，后庭之事皆受命皇太后，太后前闻商有女，欲以备后宫，商言有固疾，后有耿定事，更诡道因李贵人家内女。执左道以乱政，诬罔悖大臣节，故应是日日蚀。《周书》曰：'以左道事君者诛。'《易》曰：'日中见昧，则折其右肱。'往者丞相周勃再建大功，及孝文时纤介怨恨，而日为之蚀，于是退勃使就国，卒无怵惕忧。今商无尺寸之功，而有三世之宠，身位三公，宗族为列侯，吏二千石、侍中诸曹，给事禁门内，连昏诸侯王，权宠至盛。审有内乱杀人怨怼之端，宜穷竟考问。臣闻秦丞相吕不韦见王无子，意欲有秦国，即求好女以为妻，阴知其有身而献 之王，产始皇帝。及楚相春申君亦见王无子，心利楚国，即献有身妻而产怀王。自汉兴几遭吕、霍之患，今商有不仁之性，乃因怨以内女，其奸谋未可测度。前孝景世七国反，将军周亚夫以为即得洛阳剧孟，关东非汉之有。今商宗族权势，合赀巨万计，私奴以千数，非特剧孟匹夫之徒也。且失道之至，亲戚畔之，闺门内乱，父子相讦，而欲使之宣明圣化，调和海内，岂不谬哉！商视事五年，官职陵夷而大恶著于百姓，甚亏损盛德，有鼎折足之凶。臣愚以为圣主富于春秋，即位以来，未有惩奸之威，加以继嗣未立，大异并见，尤宜诛讨不忠，以遏未然。行之一人，则海内震动，百奸之路塞矣。"

于是左将军丹等奏：商位三公，爵列侯，亲受诏策为天下师，不遵法度以翼国家，而回辟下媚以进其私，执左道以乱政，为臣不忠，罔上不道，《甫刑》之辟，皆以上戮，罪名明白。臣请诏谒者召商诣若卢诏狱。"上素重商，知言多险，制曰"勿治"。凤固争之，于是制诏御史："盖丞相以德辅翼国家，典领百寮，协和万国，为职任莫重焉。今乐昌侯商为丞相，出入五年，未闻忠言嘉谋，而有不忠执左道之辜，陷于大辟。前商女弟内行不修，奴贼杀人，疑商教使，为商重臣，故抑而不穷。今或言商不以自悔而反怨怼，朕甚伤之。惟商与先帝有外亲，未忍致于理。其赦商罪，使者收丞相印绶。

商免相三日，发病呕血薨，谥曰戾侯。而商子弟亲属为驸马都尉、侍中、中常侍、诸曹大夫郎吏者，皆出补吏，莫得留给事宿卫者。有司奏商罪过未决，请除国邑。有诏长子安嗣爵为乐昌侯，至长乐卫尉、光禄勋。

商死后，连年日蚀、地震，直臣京兆尹王章上封事召见，讼商忠直无罪，言凤专权蔽主。凤竟以法诛章，语在《元后传》。至元始中，王莽为安汉公，诛不附己者，乐昌侯安见被以罪，自杀，国除。

史丹字君仲，鲁国人也，徙杜陵。祖父恭有女弟，武帝时为卫太子良娣，产悼皇考。皇考者，孝宣帝父也。宣帝微时依倚史氏。语在《史良娣传》。及宣帝即尊位，恭已死，三子，高、曾、玄。曾、玄皆以外属旧恩封；曾为将陵侯，玄平台侯。高侍中贵幸，以发举反者大司马霍禹功封乐陵侯。宣帝疾病，拜高为大司马、车骑将军，领尚书事。帝崩，太子袭尊号，是为孝元帝。高辅政五年，乞骸骨，赐安车驷马、黄金，罢就第。薨，谥曰安侯。

自元帝为太子时，丹以父高任为中庶子，侍从十余年。元帝即位，为驸马都尉侍中，出常骖乘，甚有宠。上以丹旧臣，皇考外属，亲信之，诏丹护太子家。是时，傅昭仪子定陶共王有材艺，子母俱爱幸，而太子颇有酒色之失，母王皇后无宠。

建昭之间，元帝被疾，不亲政事，留好音乐。或置鼙鼓殿下，天子自临轩槛上，隤铜丸以擿鼓，声中严鼓之节。后宫及左右习知音者莫能为，而定陶王亦能之，上数称其材。丹进曰："凡所谓材者，敏而好学，温故知新，皇太子是也。若乃器人于丝竹鼙鼓之间，则是陈惠、李微高于匡衡，可相国也。"于是上嘿然而笑。其后，中山哀王薨，太子前吊。哀王者，帝之少弟，与太子游学相长大。上望见太子，感念哀王，悲不能自止。太子既至前，不哀。上大恨曰："安有人不慈仁而可奉宗庙为民父母者乎！"上以责谓丹。丹免冠谢上曰："臣诚见陛下哀痛中山王，至以感损。向者太子当进见，臣窃戒属毋涕泣，感伤陛下。罪乃在臣，当死。"上以为然，意乃解。丹之辅相，皆此类也。

竟宁元年，上寝疾，傅昭仪及定陶王常在左右，而皇后、太子希得进见。上疾稍侵，意忽忽不平，数问尚书以景帝时立胶东王故事。是时，太子长舅阳平侯王凤为卫尉、侍中，与皇后太子皆忧，不知所出。丹以亲密臣得侍视疾，候上间独寝时，丹直入卧内，顿首伏青蒲上，涕泣言曰："皇太子以适长立，积十余年，名号系于百姓，天下莫不归心臣子。见定陶王雅素爱幸，今者道路流言，为国生意，以为太子有动摇之议。审若此，公卿以下必以死争，不奉诏。臣愿先赐死以示群臣！"天子素仁，不忍见丹涕泣，言又切至，上意大感，喟然太息曰："吾日困劣，而太子、两王幼少，意中恋恋，亦何不念乎！然无有此议。且皇后谨慎，先帝又爱太子。吾岂可违指！驸马都尉安所受此语？"丹即却，顿首曰："愚臣妄闻，罪当死！"上因纳，谓丹曰："吾病寖加，恐不能自还。善辅道太子，毋违我意！"丹噱唏而起。太子由是遂为嗣矣。

元帝竟崩，成帝初即位，擢丹为长乐卫尉，迁右将军，赐爵关内侯，食邑三百户，给事中，后徙左将军、光禄大夫。鸿嘉元年，上遂下诏曰："夫褒有德，赏元功，古今通义也。左将军丹往时导朕以忠正，秉义醇一，旧德茂焉。其封丹为武阳侯，国东海郯之武强聚，户千一百。"

丹为人足知，恺弟爱人，貌若傥荡不备，然心甚谨密，故尤得信于上。丹兄嗣父爵为侯，让不受分。丹尽得父财，身又食大国邑，重以旧恩，数见褒赏。赏赐累千金，僮奴以百数，后房妻妾数十人，内奢淫，好饮酒，极滋味声色之乐。为将军前后十六年，永始中病乞骸骨，上赐策曰："左将军寝病不衰，愿归治疾，朕愍以官职之事久留将军，使躬不瘳。使光禄勋赐将军黄金五十斤，安车驷马，其上将军印绶。宜专精神，务近医药，以辅不衰。"

丹归第数月薨，谥曰顷侯。有子男女二十人，九男皆以丹任并为侍中、诸曹，亲近在左右。史氏凡四侯，至卿、大夫、二千石者十余人，皆讫王莽乃绝，唯将陵侯曾无子，绝于身云。

傅喜字稚游，河内温人也，哀帝祖母定陶傅太后从父弟。少好学问，有志行。哀帝立为太子，成帝选喜为太子庶子。哀帝初即位，以喜为卫尉，迁右将军。是时，王莽为大司马，乞骸骨，避帝外家。上既听莽退，众庶归望于喜。喜从弟孔乡侯晏亲与喜等，而女为皇后，又帝舅阳安侯丁明，皆亲以外属封。喜执谦称疾。傅太后始与政事，喜数谏之，由是傅太后不欲令喜辅政。上于是用左将军师丹代王莽为大司马，赐喜黄金百斤，上将军印绶，以光禄大夫养病。

大司空何武、尚书令唐林皆上书言："喜行义修洁，忠诚忧国，内辅之臣也，今以寝病，一旦遣归，众庶失望，皆曰傅氏贤子，以论议不合于定陶太后故退，百寮莫不为国恨之。忠臣社稷之卫，鲁以季友治乱，楚以子玉轻重，魏以无忌折冲，项以范增存亡。故楚跨有南土，带甲百万，邻国不以为难，子玉为将，则文公侧席而坐，及其死也，君臣相庆。百万之众，不如一贤，故秦行千金以间廉颇，汉散万金以疏亚父。喜立于朝，陛下之光辉，傅氏之废兴也。"上亦自重之。明年正月，乃徙师丹为大司空，而拜喜为大司马，封高武侯。

丁、傅骄奢，皆嫉喜之恭俭。又傅太后欲求称尊号，与成帝母齐尊，喜与丞相孔光、大司空师丹共执正议。傅太后大怒，上不得已，先免师丹以感动喜，喜终不顺。后数月，遂策免喜曰："君辅政出入三年，未有昭然匡朕之逮。而本朝大臣遂其奸心，咎由君焉。其上大司马印绶，就第。"傅太后又自诏丞相、御史曰："高武侯喜无功而封，内怀不忠，附下罔上，与故大司空丹同心背畔，放命圮族，亏损德化，罪恶虽在赦前，不宜奉朝请，其遣就国。"后又欲夺喜侯，上亦不听。

喜在国三岁余，哀帝崩，平帝即位，王莽用事，免傅氏官爵归故郡，晏将妻子徙合浦。莽白太后下诏曰："高武侯喜姿性端悫，论议忠直，虽与故定陶太后有属，终不顺指从邪，介然守节，以故斥逐就国。传不云乎？'岁寒然后知松柏之后凋也'。其还喜长安，以故高安侯莫府赐喜，位特进，奉朝请。"喜虽外见褒赏，孤立忧惧，后复遣就国，以寿终。莽赐谥曰贞侯。子嗣，莽败乃绝。

赞曰：自宣、元、成、哀外戚兴者，许、史、三王、丁、傅之家，皆重侯累将，穷贵极富，见其位矣，未见其人也。阳平之王多有材能,好事慕名,其势尤盛,旷贵最久。然至于莽,亦以覆国。王商有刚毅节,废黜以忧死,非其罪也。史丹父子相继,高以重厚,位至三公。丹之辅道副主,掩恶扬美,傅会善意,虽宿儒达士无以加焉。及其历房闼,入卧内,推至诚,犯颜色,动痛万乘,转移大谋,卒成太子,安母后之位。"无言不雠,"终获忠贞之报。傅喜守节不倾,亦蒙后凋之赏。哀、平际会,祸福速哉!

卷八十三　薛宣朱博传第五十三

　　薛宣字赣君,东海郯人也。少为廷尉书佐、都船狱史。后以大司农斗食属察廉,补不其丞。琅邪太守赵贡行县,见宣,甚说其能。从宣历行属县,还至府,令妻子与相见,戒曰:"赣君至丞相,我两子亦中丞相史。"察宣廉,迁乐浪都尉丞。幽州刺史举茂材,为宛句令。大将军王凤闻其能,荐宣为长安令,治果有名,以明习文法诏补御史中丞。

　　是时,成帝初即位,宣为中丞,执法殿中,外总部刺史,上疏曰:"陛下至德仁厚,哀闵元元,躬有日昃之劳,而亡佚豫之乐,允执圣道,刑罚惟中,然而嘉气尚凝,阴阳不和,是臣下未称,而圣化独有不洽者也。臣窃伏思其一端,殆吏多苛政,政教烦碎,大率咎在部刺史,或不循守条职,举错各以其意,多与郡县事,至开私门,听谗佞,以求吏民过失,谴呵及细微,责义不量力。郡县相迫促,亦内相刻,流至众庶。是故乡党阙于嘉宾之欢,九族忘其亲亲之恩,饮食周急之厚弥衰,送往劳来之礼不行。夫人道不通,则阴阳否隔,和气不兴,未必不由此也。《诗》云:'民之失德,乾餱以愆。'鄙语曰:'苛政不亲,烦苦伤恩。'方刺史奏事时,宜明申敕,使昭然知本朝之要务。臣愚不知治道,唯明主察焉。"上嘉纳之。

　　宣数言政事便宜,举奏部刺史郡国二千石,所贬退称进,白黑分明,由是知名。出为临淮太守,政教大行。会陈留郡有大贼废乱,上徙宣为陈留太守,盗贼禁止,吏民敬其威信。入守左冯翊,满岁称职为真。

　　始高陵令杨湛、栎阳令谢游皆贪猾不逊,持郡短长,前二千石数案不能竟。及宣视事,诣府谒,宣设酒饭与相对,接待甚备。已而阴求其罪臧,具得所受取。宣察湛有改节敬宣之效,乃手自牒书,条其奸臧,封与湛曰:"吏民条言君如牒,或议以为疑于主守盗。冯翊敬重君,又念十金法重,不忍相暴章。故密以手书相晓,欲君自图进退,可复伸眉于后。即无其事,复封还记,得为君分明之。"湛自知罪臧皆应记,而宣辞语温润,无伤害意。湛即时解印绶付吏,为记谢宣,终无怨言。而栎阳令游自以大儒有名,轻宣。宣独移书显,责之曰:"告栎阳令:吏民言令治行烦苛,适罚作使千人以上,贼取钱财数十万,给为非法;卖买听任富吏,贾数不可知。证验以明白,欲遣吏考案,恐负举者,耻辱儒士,故使掾平镌令。孔子曰:'陈力就列,不能者止。'令详思之,方调守。"游得檄,亦解印绶去。

　　又频阳县北当上郡、西河,为数郡凑,多盗贼。其令平

陵薛恭本县孝者,功次稍迁,未尝治民,职不办。而粟邑县小,辟在山中,民谨朴易治。令巨鹿尹赏久郡用事吏,为楼烦长,举茂材,迁在粟。宣即以令奏赏与恭换县。二人视事数月,而两县皆治。宣因移书劳勉之曰:"昔孟公绰优于赵魏而不宜滕薛,故或以德显,或以功举,'君子之道,焉可诬也!'属县各有贤君,冯翊垂拱蒙成。愿勉所职,卒功业。"

　　宣得郡中吏民罪名,辄召告其县长吏,使自行罚。晓曰:"府所以不自发举者,不欲代县治,夺贤令长名也。"长吏莫不喜惧,免冠谢宣归恩受戒者。

　　宣为吏赏罚明,用法平而必行,所居皆有条教可纪,多仁恕爱利。池阳令举廉吏狱掾王立,府未及召,闻立受囚家钱。宣责让县,县案验狱掾,乃其妻独受系者钱万六千,受之再宿,狱掾实不知。掾惭恐自杀。宣闻之,移书池阳曰:"县所举廉吏狱掾王立,家私受赇,而立不知,杀身以自明。立诚廉士,甚可闵惜!其以府决曹掾书立之枢,以显其魂。府掾史素与立相知者,皆予送葬。"

　　及日至休吏,贼曹掾张扶独不肯休,坐曹治事。宣出教曰:"盖礼贵和,人道尚通。日至,吏以令休,所由来久。曹虽有公职事,家亦望私恩意。掾宜从众,归对妻子,设酒肴,请邻里,一笑相乐,斯亦可矣!"扶惭愧。官属善之。

　　宣为人好威仪,进止雍容,甚可观也。性密静有思,思省吏职,求其便安。下至财用笔研,皆为设方略,利用而省费。吏民称之,郡中清静。迁为少府,共张职办。

　　月余,御史大夫于永卒,谷永上疏曰:

　　帝王之德莫大于知人,知人则百僚任职,开工不旷。故皋陶曰:"知人则哲,能官人。"御史大夫内承本朝之风化,外佐丞相统理天下,任重职大,非庸材所能堪。今当选于群卿,以充其缺。得其人则万姓欣喜,百僚说服;不得其人则大职堕敦,王功不兴。虞帝之明,在兹一举,可不致详!窃见少府宣,材茂行洁,达于从政,前为御史中丞,执宪毂下,不吐刚茹柔,举错时当;出守临淮、陈留,二郡称治;为左冯翊,崇教养善,威德并行,众职修理,奸轨绝息,辞讼者历年不至丞相府,赦后余盗贼什分三辅之一。功效卓尔,自左内史初置以来未尝有也。孔子曰:"如有所誉,其有所试。"宣考绩功课,简在两府,不敢过称以奸欺诬之罪。臣闻贤材莫大于治人,宣已有效。其法律任廷尉有余,经术文雅足以谋王体,断国论;身兼数器,有"退食自公"之节。宣无私党游说之助,臣恐陛下忽于《羔羊》之诗,舍公实之臣,任华虚之誉,是用越职,陈宣行能,唯陛下留神考察。

　　上然之,遂以宣为御史大夫。

　　数月,代张禹为丞相,封高阳侯,食邑千户。宣除赵贡两子为史。贡者,赵广汉之兄子也,为吏亦有能名。宣为相,府辞讼例不满万钱不为移书,后皆遵用薛侯故事。然官属讥其烦碎无大体,不称贤也。时天子好儒雅,宣经术又浅,上亦轻焉。

　　久之,广汉郡盗贼群起,丞相、御史遣掾史逐捕不能克。上乃拜河东都尉赵护为广汉太守,以军法从事。数月,

斩其渠帅郑躬，降者数千人，乃平。会邛成太后崩，丧事仓卒，吏赋敛以趋办。其后上闻之，以过丞相御史，遂册免宣曰："君为丞相，出入六年，忠孝之行，率先百僚，朕无闻焉。朕既不明，变异数见，岁比不登，仓廪空虚，百姓饥馑，流离道路，疾疫死者以万数，人至相食，盗贼并兴，群职旷废，是朕之不德而股肱不良也。乃者广汉群盗横恣，残贼吏民，朕恻然伤之，数以问君，君对辄不如其实。西州隔绝，几不为郡。三辅赋敛无度，酷吏并缘为奸，侵扰百姓，诏君案验，复无欲得事实之意。九卿以下，咸承风指，同时陷于谩欺之辜，咎由君焉！有司法君领职解嫚，开谩欺之路，伤薄风化，无以帅示四方。不忍致君于理，其上丞相、高阳侯印绶，罢归。"

初，宣为丞相，而翟方进为司直。宣知方进名儒，有宰相器，深结厚焉。后方进竟代为丞相，思宣旧恩，宣免后二岁，荐宣明习文法，练国制度，前所坐过薄，可复进用。上征宣，复爵高阳侯，加宠特进，位次师安昌侯，给事中，视尚书事。宣复尊重。任政数年，后坐善定陵侯淳于长罢就第。

初，宣有两弟，明、修，明至南阳太守；修历郡守、京兆尹、少府，善交接，得州里之称。后母常从修居官。宣为丞相时，修为临菑令，宣迎后母，修不遣。后母病死，修去官持服。宣谓修三年服少能行之者，兄弟相驳不可，修遂竟服，由是兄弟不和。

久之，哀帝初即位，博士申咸给事中，亦东海人也，毁宣不供养行丧服，薄于骨肉，前以不忠孝免，不宜复列封侯在朝省。宣子况为右曹侍郎，数闻其语，赇客杨明，欲令创咸面目，使不居位。会司隶缺，况恐咸为之。遂令明遮斫咸宫门外，断鼻唇，身八创。

事下有司，御史中丞众等奏："况朝臣，父故宰相，再封列侯，不相敕丞化，而骨肉相疑，疑咸受修言以谤毁宣。咸所言皆宣行迹，众人所共见，公家所宜闻。况知咸给事中，恐为司隶举奏宣，而公令明等迫切宫阙，要遮创戮近臣于大道人众中，欲以隔塞聪明，杜绝论议之端。桀黠无所畏忌，万众讙哗，流闻四方，不与凡民忿怒争斗者同。臣闻敬近臣，为近主也。礼，下公门，式路马，君畜产且犹敬之。《春秋》之义，意恶功遂，不免于诛，上浸之源不可长也。况首为恶，明手伤，功意俱恶，皆大不敬。明当以重论，及况皆弃市。"廷尉直以为："律曰'斗以刃伤人，完为城旦，其贼加罪一等，与谋者同罪。'诏书无以诋欺成罪。传曰：'遇人不以义而见疻者，与痏人之罪钧，恶不直也。'咸厚善修，而数称宣恶，流闻不谊，不可谓直。况以故伤咸，计谋已定，后闻置司隶，因前谋而趣明，非以恐咸为司隶故造谋也。本争私变，虽于掖门外伤咸道中，与凡民争斗无异，杀人者死，伤人者刑，古今之通道，三代所不易也。孔子曰：'必也正名。'名不正，则至于刑罚不中；刑罚不中，而民无所错手足。今以况为首恶，明手伤为大不敬，公私无差。《春秋》之义，原心定罪。原况以父见谤发忿怒，无它大恶。加诋欺，辑小以成大辟，陷死刑，违明诏，恐非法意，不可施行。圣王不以怒增刑。明当以贼伤人不直，况与谋者皆爵减完为城旦。"上以问公卿议臣。丞相孔光、大司

空师丹以中丞议是，自将军以下至博士、议郎皆是廷尉。况竟减罪一等，徙敦煌。宣坐免为庶人，归故郡，卒于家。

宣子惠亦至二千石。始惠为彭城令，宣从临淮迁至陈留，过其县，桥梁、邮亭不修。宣心知惠不能，留彭城数日，案行舍中，处置什器，观视园菜，终不问惠以吏事。惠自知治县不称宣意，遣门下掾送宣至陈留，令掾进见，自从其所问宣不教戒惠吏职之意。宣笑曰："吏道以法令为师，可问而知。及能与不能，自有资材，何可学也？"众人传称，以宣言为然。

初，宣后妻为侯时，妻死，而敬武长公主寡居，上令宣尚焉。及宣免归故郡，公主留京师。后宣卒，主上书愿还宣葬延陵，奏可。况私从敦煌归长安，会赦，因留与主私乱。哀帝外家丁、傅贵，主附事之。而疏王氏。元始中，莽自尊为安汉公，主又出言非莽。而况与吕宽相善，及宽事觉时，莽并治况，发扬其罪，使使者以太皇太后诏赐主药。主怒曰："刘氏孤弱，王氏擅朝，排挤宗室，且嫂何与取妹披抉其闺门而杀之？"使者迫守主，遂饮药死。况枭首于市。白太后云主暴病薨。太后欲临其丧，莽固争，乃止。

朱博字子元，杜陵人也。家贫，少时给事县为亭长，好客少年，捕搏敢行。稍迁为功曹，伉侠好交，随从士大夫，不避风雨。是时，前将军望之子萧育、御史大夫万年子陈咸以公卿子著材知名，博皆友之矣。时诸陵县属太常，博以太常掾察廉，补安陵丞。后去官入京兆，历曹史列掾，出为督邮书掾，所部职办，郡中称之。

而陈咸为御史中丞，坐漏泄省中语下狱。博去吏，间步至廷尉中，候伺咸事。咸掠治困笃，博诈得为医入狱，得见咸，具知其所坐罪。博出狱，又变姓名，为咸验治数百，卒免咸死罪。咸得论出，而博以此显名，为郡功曹。

久之，成帝即位，大将军王凤秉政，奏请陈咸为长史。咸荐萧育、朱博除莫府属，凤甚奇之，举博栎阳令，徙云阳、平陵二县，以高弟入为长安令。京师治理，迁冀州刺史。

博本武吏，不更文法，及为刺史行部，吏民数百人遮道自言，官寺尽满。从事白请且留此县录见诸自言者，事毕乃发，欲以观试博。博心知之，告外趣驾。既白驾办，博出就车见白言者，使从事明敕告吏民："欲言县丞尉者，刺史不察黄绶，各自诣郡。欲言二千石墨绶长吏者，使者行部还，诣治所。其民为吏所冤，及言盗贼辞讼事，各使属其部从事。"博驻车决遣，四五百人皆罢去，如神。吏民大惊，不意博应事变乃至于此。后博徐问，果老从事教民聚会。博杀此吏，州郡畏博威严。徙为并州刺史、护漕都尉，迁琅邪太守。

齐郡舒缓养名，博新视事，右曹掾史皆移病卧。博问其故，对言："惶恐！故事二千石新到，辄遣吏存问致意，乃敢起就职。"博奋髯抵几曰："观齐儿欲以此为俗邪！"乃召见曹史书佐及县大吏，选视其可用者，出教置之。皆斥罢诸病吏，白巾走出府门。郡中大惊。顷之，门下掾赣遂者老大儒，教授数百人，拜起舒迟。博出教主簿："赣老生不习吏礼，主簿且教拜起，闲习乃止。"又敕功曹："官属多褒衣

大祒,不中节度,自今掾史衣皆令去地三寸。"博尤不爱诸生,所至郡辄罢去议曹,曰:"岂可复置谋曹邪!"文学儒吏时有奏记称说云云,博见谓曰:"如太守汉吏,奉三尺律令以从事耳,亡奈生所言圣人道何也!且持此道归,尧、舜君出,为陈说之。"其折逆人如此。视事数年,大改其俗,掾史礼节如楚、赵吏。

博治郡,常令属县各用其豪桀以为大吏,文武从宜。县有剧贼及它非常,博辄移书以诡责之。其尽力有效,必加厚赏;怀诈不称,诛罚辄行。以是豪强慑服。姑幕县有群辈八人报仇廷中,皆不得。长吏自系书言府,贼曹掾自白请至姑幕。事留不出。功曹诸掾即皆自白,复不出。于是府丞诣阁,博乃见丞掾曰:"以为县自有长吏,府未尝与也,丞掾谓府当与之邪?"阁下书佐入,博口占檄文曰:"府告姑幕令丞:言贼发不得,有书。檄到,令丞就职,游徼王卿力有余,如律令!"王卿得敕惶怖,亲属失色,昼夜驰鹜,十余日间捕得五人。博复书曰:"王卿忧公甚效!檄到,赍伐阅诣府。部掾以下亦可用,渐尽其余矣。"其操持下,皆此类也。

以高弟入守左冯翊,满岁为真。其治左冯翊,文理聪明殊不及薛宣,而多武谲,网络张设,少爱利,敢诛杀。然亦纵舍,时有大贷,下吏以此为尽力。

长陵大姓尚方禁少时尝盗人妻,见斫,创著其颊。府功曹受赂,白除禁调守尉。博闻知,以它事召见,视其面,果有瘢。博辟左右问禁:"是何等创也?"禁自知情得,叩头服状。博笑曰:"丈夫固时有是。冯翊欲洒卿耻,拭拔用禁,能自效不?"禁且喜且惧,对曰:"必死!"博因敕禁:"毋得泄语,有便宜,辄记言。"因亲信之以为耳目。禁晨夜发起部中盗贼及它伏奸,有功效。博擢禁连守县令。久之,召见功曹,闭阁数责以禁等事,与笔札使自记,"积受取一钱以上,无得有所匿。欺谩半言,断头矣!"功曹惶怖,具自疏奸臧,大小不敢隐。博知其对以实,乃令就席,受敕自改而已。投刀使削所记,遣出就职。功曹后常战栗,不敢蹉跌,博遂成就之。

迁为大司农。岁余,坐小法,左迁犍为太守。先是,南蛮若儿数为寇盗,博厚结其昆弟,使为反间,袭杀之,郡中清。

徙为山阳太守,病免官。复征为光禄大夫,迁廷尉,职典决疑,当谳平天下狱。博恐为官属所诬,视事,召见正监典法掾史,谓曰:"廷尉本起于武吏,不通法律,幸有众贤,亦何忧!然廷尉治郡断狱以来且二十年,亦独耳剽日久,三尺律令,人事出其中。掾史试与正监共撰前世决事吏议难知者数十事,持以问廷尉,得为诸君覆意之。"正监以博苟强,意未必能然,即共条白焉。博皆召掾史,并坐而问,为平处其轻重,十中八九。官属咸服博之疏略,材过人也。每迁徙易官,所到辄出奇谲如此,以明示下为不可欺者。

久之,迁后将军,与红阳侯立相善。立有罪就国,有司奏立党友,博坐免。后岁余,哀帝即位,以博名臣,召见,起家复为光禄大夫,迁京兆尹,数月超为大司空。

初,汉兴袭秦官,置丞相、御史大夫、太尉。至武帝罢太尉,始置大司马以冠将军之号,非有印绶官属也。及成帝时,何武为九卿,建言:"古者民朴事约,国之辅佐必得贤圣,然犹则天三光,备三公官,各有分职。今末俗之弊,政事烦多,宰相之材不能及古,而丞相独兼三公之事,所以久废而不治也。宜建三公官,定卿大夫之任,分职授政,以考功效。"其后上以问师安昌侯张禹,禹以为然。时曲阳侯王根为大司马票骑将军,而何武为御史大夫。于是上赐曲阳侯根大司马印绶,置官属,罢票骑将军官,以御史大夫何武为大司空,封列侯,皆增奉如承相,以备三公官焉。议者多以为古今异制,汉自天子之号下至佐史皆不同于古,而独改三公,职事难分明,无益于治乱。是时,御史府吏舍百余区井水皆竭;又其府中列柏树,常有野乌数千栖宿其上,晨去暮来,号曰"朝夕乌",乌去不来者数月,长老异之。后二岁余,朱博为大司空,奏言:"帝王之道不必相袭,各由时务。高皇帝以圣德受命,建立鸿业,置御史大夫,位次丞相,典正法度,以职相参,总领百官,上下相监临,历载二百年,天下安宁。今更为大司空,与丞相同位,未获嘉祐。故事,选郡国守相高第为中二千石,选中二千石为御史大夫,任职者为丞相,位次有序,所以尊圣德,重国相也。今中二千石未更御史大夫而为丞相,权轻,非所以重国政也。臣愚以为大司空官可罢,复置御史大夫,遵奉旧制。臣愿尽力,以御史大夫为百僚率。"哀帝从之,乃更拜博为御史大夫。会大司马喜免,以阳安侯丁明为大司马卫将军,置官属,大司马冠号如故事。后四岁,哀帝遂改丞相为大司徒,复置大司空、大司马焉。

初,何武为大司空,又与丞相方进共奏言:"古选诸侯贤者以为州伯,《书》曰'咨十有二牧',所以广聪明,烛幽隐也。今部刺史居牧伯之位,秉一州之统,选第大吏,所荐位高至九卿,所恶立退,任重职大。《春秋》之义,用贵治贱,不以卑临尊。刺史位下大夫,而临二千石,轻重不相准,失位次之序。臣请罢刺史,更置州牧,以应古制。"奏可。及博奏复御史大夫官,又奏言:"汉家至德溥大,字内万里,立置郡县。部刺史奉使典州,督察郡国,吏民安宁。故事,居部九岁举为守相,其有异材功效著者辄登擢,秩卑而赏厚,咸劝功乐进。前丞相方进奏罢刺史,更置州牧,秩真二千石,位次九卿。九卿缺,以高第补,其中材则苟自守而已,恐功效陵夷,奸轨不禁。臣请罢州牧,置刺史如故。"奏可。

博为人廉俭,不好酒色游宴。自微贱至富贵,食不重味,案上不过三杯,夜寝早起,妻希见其面。有一女,无男。然好乐士大夫,为郡守九卿,宾客满门,欲仕宦者荐举之,欲报仇怨者解剑以带之。其趋事待士如是,博以此自立,然终用败。

初,哀帝祖母定陶太后欲求称尊号,太后从弟高武侯傅喜为大司马,与丞相孔光、大司空师丹共持正议。孔乡侯傅晏亦太后从弟,谄谀欲顺指,会博新征用为京兆尹,与交结,谋成尊号,以广孝道。由是师丹先免,博代为大司空,数燕见奏封事,言:"丞相光志在自守,不能忧国;大司马喜至尊至亲,阿党大臣,无益政治。"上遂罢喜遣就国,免光为庶人,以博代光为丞相,封阳乡侯,食邑二千户。博上书让曰:"故事封丞相不满千户,而独臣过制,诚惭惧,愿还千户。"上许焉。傅太后怨傅喜不已,使孔乡侯晏风丞相,令奏免喜侯。博受诏,与御史大夫赵玄议,玄言:"事已前决,得无不宜?"博曰:"已许孔乡侯有指。匹夫相要,尚相得死,何况至尊?博唯有死耳!"玄即许可。博恶独斥奏喜,以故大司空氾乡侯何武前亦坐免就国,事与喜相似,即并奏:"喜、武前在位,皆无益于治,虽已退免,爵土之封非所当得也。请皆免为庶人。"上知傅太后素常怨喜,疑博、玄承指,即召玄诣尚书问状。玄辞服,有诏左将军彭宣与中朝者杂问。宣等劾奏:"博宰相,玄上卿,晏以外亲封位特进,股肱大臣,上所信任,不思竭诚奉公,务广恩化,为百寮先,皆知喜、武前已蒙恩诏决,事更三赦,博执左道,亏损上恩,以结信贵戚,背君乡臣,倾乱政治,奸人之雄,附下罔上,为臣不忠不道;玄知博所言非法,枉义附从,大不敬;晏与博议免喜,失礼不敬。臣请诏谒者召博、玄、晏诣廷尉诏狱。"

制曰:"将军、中二千石、二千石、诸大夫、博士、议郎议。"右将军蟜望等四十四人以为:"如宣等言,可许。"谏大夫龚胜等十四人以为:"《春秋》之义,奸以事君,常刑不舍。鲁大夫叔孙侨如欲颛公室,谮其族兄季孙行父于晋,晋执囚行父以乱鲁国,《春秋》重而书之。今晏放命圮族,干乱朝政,要大臣以罔上,本造计谋,职为乱阶,宜与博、玄同罪,罪皆不道。"上减玄死罪三等,削晏户四分之一,假谒者节召丞相诣廷尉诏狱。博自杀,国除。

初,博以御史为丞相,封阳乡侯,玄以少府为御史大夫,并拜于前殿,延登受策,有音如钟声。语在《五行志》。

赞曰:薛宣、朱博皆起佐史,历位以登宰相。宣所在而治,为世吏师,及居大位,以苛察失名,器诚有极也。博驰骋进取,不思道德,已亡可言,又见孝成之世委任大臣,假借用权。世主已更,好恶异前,复附丁、傅称顺孔乡。事发见诘,遂陷诬罔,辞穷情得,仰药饮鸩。孔子曰:"久矣哉,由之行诈也!"博亦然哉!

卷八十四　　翟方进传第五十四

翟方进字子威,汝南上蔡人也。家世微贱,至方进父翟公,好学,为郡文学。方进年十二三,失父孤学,给事太守府为小史,号迟顿不及事,数为掾史所詈辱。方进自伤,乃从汝南蔡父相问已能所宜。蔡父大奇其形貌,谓曰:"小史有封侯骨,当以经术进,努力为诸生学问。"方进既厌为小史,闻蔡父言,心喜,因病归家,辞其后母,欲西至京师受经。母怜其幼,随之长安,织屦以给。方进读经博士,受《春秋》。积十余年,经学明习,徒众日广,诸儒称之。以射策甲科为郎。二三岁,举明经,迁议郎。

是时,宿儒有清河胡常,与方进同经。常为先进,名誉出方进下,心害其能,论议不右方进。方进知之,候伺常大都授时,遣门下诸生至常所问大义疑难,因记其说。如是者久之,常知方进之宗让己,内不自得,其后居士大夫之间未尝不称述方进,遂相亲友。

河平中,方进转为博士。数年,迁朔方刺史,居官不烦苛,所察应条辄举,甚有威名。再三奏事,迁为丞相司直。从上甘泉,行驰道中,司隶校尉陈庆劾奏方进,没入车马。既至甘泉宫,会殿中,庆与廷尉范延寿语,时庆有章劾,自道:"行事以赎论,今尚书持我事来,当于此决。前我为尚书时,尝有所奏事,忽忘之,留月余。"方进于是举劾庆曰:"案庆奉使刺举大臣,故为尚书,知机事周密一统,明主躬亲不解。庆有罪未伏诛,无恐惧心,豫自设不坐之比。又暴扬尚书事,言迟疾无所在,亏损圣德之聪明,奉诏不谨,皆不敬,臣谨以劾。"庆坐免官。

会北地浩商为义渠长所捕,亡,长取其母,与犀猪连系都亭下。商兄弟会宾客,自称司隶掾、长安县尉,杀义渠长妻子六人,亡。丞相、御史请遣掾史与司隶校尉、部刺史并力逐捕,察无状者,奏可。司隶校尉涓勋奏曰:"《春秋》之义,王人微者序乎诸侯之上,尊王命也。臣幸得奉使,以督察公卿以下为职,今丞相宣请遣掾史,以宰士督察天子奉使命大夫,甚悖逆顺之理。宣本不师受经术,因事以立奸威,案浩商所犯,一家之祸耳,而宣欲专权作威,乃害于国,不可之大者。愿下中朝特进列侯、将军以下,正国法度。"议者以为,丞相掾不宜移书督趣司隶。会浩商捕得伏诛,家属徙合浦。

故事,司隶校尉位在司直下,初除,谒两府,其有所会,居中二千石前,与司直并迎丞相、御史。初,方进新视事,而涓勋亦初拜为司隶,不肯谒丞相、御史大夫,后朝会相见,礼节又倨。方进阴察之,勋私过光禄勋辛庆忌,又出逢帝舅成都侯商道路,下车立,颔过,乃就车。于是方进举奏其状,因曰:"臣闻国家之兴,尊尊而敬长,爵位上下之礼,王道纲纪。《春秋》之义,尊上公谓之宰,海内无不统焉。丞相进见圣主,御坐为起,在舆为下。群臣宜皆承顺圣化,以视四方。勋吏二千石,幸得奉使,不遵礼仪,轻谩宰相,贱易上卿,而又讪节失度,邪诌无常,色厉内荏。堕国体,乱朝廷之序,不宜处位。臣请下丞相免勋。"

时,太中大夫平当给事中奏言:"方进国之司直,不自敕正以先群下,前亲犯令行驰道中,司隶庆平心举劾,方进不自责悔而内挟私恨,伺记庆之从容语言,以诋欺成罪。后丞相宣以一不道贼,请遣掾督趣司隶校尉,司隶校尉勋自奏暴于朝廷,今方进复举奏勋。议者以为方进不以道德辅正丞相,苟阿助大臣,欲必胜立威,宜抑绝其原。勋素行公直,奸人所恶,可少宽假,使遂其功名。"上以方进所举应科,不得用逆诈废正法,遂贬勋为昌陵令。方进旬岁间免两司隶,朝廷由是惮之。丞相宣甚器焉,常诫掾史:"谨事司直,翟君必在相位,不久。"

是时,起昌陵,营作陵邑,贵戚近臣子弟宾客多辜榷为奸利者,方进部掾史复案,发大奸赃数千万。上以为任公卿,欲试以治民,徙方进为京兆尹,搏击豪强,京师畏之。时,胡常为青州刺史,闻之,与方进书曰:"窃闻政令甚明,为京兆能,则恐有所不宜。"方进心知所谓,其后少弛威严。

居官三岁,永始二年迁御史大夫。数月,会丞相薛宣坐广汉盗贼群起及太皇太后丧时三辅吏并征发为奸,免为庶人。方进亦坐为京兆尹时奉丧事烦扰百姓,左迁执金吾。二十余日,丞相官缺,群臣多举方进,上亦器其能,遂擢方进为丞相,封高陵侯,食邑千户。身既富贵,而后母尚在,方进内行修饰,供养甚笃。及后母终,既葬三十六日,除服起视事,以为身备汉相,不敢逾国家之制。为相公洁,请托不行郡国。持法刻深,举奏牧守九卿,峻文深诋,中伤者尤多。如陈咸、朱博、萧育、逢信、孙闳之属,皆京师世家,以材能少历牧守列卿,知名当世,而方进特立后起,十余年间至宰相,据法以弹咸等,皆罢退之。

初,咸最先进,自元帝初为御史中丞显名朝廷矣。成帝初即位,擢为部刺史,历楚国、北海、东郡太守。阳朔中,京兆尹王章讥切大臣,而荐琅邪太守冯野王可代大将军王凤辅政,东郡太守陈咸可御史大夫。是时,方进甫从博士为刺史云。后方进为京兆尹,咸从南阳太守入为少府,与方进厚善。先是,逢信已从高第郡守历京兆、太仆为卫尉矣,官簿皆在方进之右。及御史大夫缺,三人皆名卿,俱在选中,而方进得之。会丞相宣有事与方进相连,上使五二千石杂问丞相、御史,咸诘责方进,冀得其处,方进心恨。初,大将军凤奏除陈汤为中郎,与从事。凤薨后,从弟车骑将军音代凤辅政,亦厚汤。逢信、陈咸皆与汤善,汤数称之于凤、音所。久之,音薨,凤弟成都侯商复为大司马卫将军,辅政。商素憎陈汤,白其罪过,下有司案验,遂免汤,徙敦煌。时,方进新为丞相,陈咸内惧不安,乃令小冠杜子夏往观其意,微自解说。子夏既过方进,揣知其指,不敢发言。居亡何,方进奏咸与逢信:"邪枉贪污,营私多欲。皆知陈汤奸佞倾覆,利口不轨,而亲交赂遗,以求荐举。后为少府,数馈遗汤。信、咸幸得备九卿,不思尽忠正身,内自知行辟亡功效,而官媚邪臣,欲以徼幸,苟得亡耻。孔子曰:'鄙夫可与事君也与哉!'咸、信之谓也。过恶暴见,不宜处位,臣请免以示天下。"奏可。

后二岁余,诏举方正直言之士,红阳侯立举咸对策,拜为光禄大夫给事中。方进复奏:"咸前为九卿,坐为贪邪免,自知罪恶暴陈,依托红阳侯立徼幸,有司莫敢举奏。冒浊苟容,不顾耻辱,不当蒙方正举,备内朝臣。"并劾红阳侯立选举故不以实。有诏免咸,勿令立。

后数年,皇太后姊子侍中卫尉定陵侯淳于长有罪,上以太后故,免官勿治罪。有司奏请遣长就国,长以金钱与立,立上封事为长求留曰:"陛下既托文以皇太后故,诚不可更有它计。"后长阴事发,遂下狱。方进劾立:"怀奸邪,乱朝政,欲倾误要主上,狡猾不道,请下狱。"上曰:"红阳侯,朕之舅,不忍致法,遣就国。"于是方进复奏立党友曰:"立素行积为不善,众人所共知。邪臣自结,附托为党,庶几立与政事,欲获其利。今立斥逐就国,所交结尤著者,不宜备大臣,为郡守。案后将军朱博、巨鹿太守孙闳、故光禄大夫陈咸与立交通厚善,相与为腹心,有背公死党之信,欲相攀援,死而后已;皆内有不仁之性,而外有俊材,过绝人伦,勇猛果敢,处事不疑,所居毁伤残贼酷虐,苛刻惨毒以立威,而亡纤介爱利之风。天下所共知,愚者犹惑。孔子曰:'人而不仁如礼何!人而不仁如乐何!'言不仁之人,亡所施用;不仁而多材,国之患也。此三人皆内怀奸猾,国之所患,而深相与结,信于贵戚奸臣,此国家大忧,大臣所宜没身而争也。昔季孙行父有言曰:'见有善于君者爱之,若孝子之养父母也;见不善者诛之,若鹰鹯之逐鸟爵也。'翅翼虽伤,不避也。贵戚强党之众诚难犯,犯之,众敌并怨,善恶相冒。臣幸得备宰相,不敢不尽死。请免博、闳、咸归故郡,以销奸雄之党,绝群邪之望。"奏可。咸既废锢,复徙故郡,以忧发疾而死。

方进知能有余,兼通文法吏事,以儒雅缘饰法律,号为通明相,天子甚器重之,奏事亡不当意,内求人主微指以固其位。初,定陵侯淳于长虽外戚,然以能谋议为九卿,新用事,方进独与长交,称荐之。及长坐大逆诛,诸所厚善皆坐长免,上以方进大臣,又素重之,为隐讳。方进内惭,上疏谢罪乞骸骨。上报曰:"定陵侯长已伏其辜,君虽交通,传不云乎?'朝过夕改,君子与之',君何疑焉?其专心一意毋怠,近医药以自持。"方进乃起视事,条奏长所厚善京兆尹孙宝、右扶风萧育,刺史二千石以上免二十余人,其见任如此。

方进虽受《谷梁》,然好《左氏传》、天文星历,其《左氏》则国师刘歆,星历则长安令田终术师也。厚李寻,以为议曹。为相九岁,绥和二年春荧惑守心,寻奏记言:"应变之权,君侯所自明。往者数白,三光垂象,变动见端,山川水泉,反理视患,民人讹谣,斥事感名。三者既效,可为寒心。今提扬眉,矢贯中,狼奋角,弓且张,金匮库,土逆度,辅湛没,火守舍,万岁之期,近慎朝暮。上无恻怛济世之功,下无推让避贤之效,欲当大位,为具臣以全身,难矣!大责日加,安得但保斥逐之戮?阖府三百余人,唯君侯择其中,与尽节转凶。"

方进忧之,不知所出。会郎贲丽善为星,言大臣宜当之。上乃召见方进。还归,未及引决,上遂赐册曰:"皇帝问丞相:君有孔子之虑,孟贲之勇,朕嘉与君同心一意,庶几有成。惟君登位,于今十年,灾害并臻,民被饥饿,加以疾疫溺死,关门牡开,失国守备,盗贼党辈。吏民残贼,殴杀良民,断狱岁岁多前。上书言事,交错道路,怀奸朋党,相为隐蔽,皆亡忠虑,群下凶凶,更相嫉妒,其咎安在?观君之治,无欲辅朕富民便安元元之念。间者郡国谷虽颇孰,百姓不足者尚众,前去城郭,未能尽还,夙夜未尝忘焉,朕惟往时之用,与今一也,百僚用度各有数。君不量多少,一听群下言,用度不足,奏请一切增赋,税城郭堧及园田,过更,算马牛羊,增益盐铁,变更无常。朕既不明,随奏许可,后议者以为不便,制诏下君,君云卖酒醪。后请止,未尽月复奏议令卖酒醪。朕诚怪君,何持容容之计,无忠固意,将何以辅朕帅道群下?而欲久蒙显尊之位,岂不难哉!传曰:'高而不危,所以长守贵也;欲退君位,尚未忍。君其孰念详计,塞绝奸原,忧国如家,务便百姓以辅朕。朕既已改,君其自思,强食慎职。使尚书令赐君上尊酒十石,养牛一,君审处焉。"

方进即日自杀。上秘之,遣九卿册赠以丞相、高陵侯印绶,赐乘舆秘器,少府供张,柱槛皆衣素。天子亲临吊者数至，礼赐异于它相故事。谥曰恭侯。长子宣嗣。

宣字太伯，亦明经笃行，君子人也。及方进在，为关都尉、南郡太守。

少子曰义。义字文仲，少以父任为郎，稍迁诸曹，年二十出为南阳都尉。宛令刘立与曲阳侯为婚，又素著名州郡，轻义年少。义行太守事，行县至宛，丞相史在传舍。立持酒肴谒丞相史，对饮未讫，会义往，外吏白都尉方至，立语言自若。须臾义至，内谒径入，立乃走下。义既还，大怒，阳以他事召立至，以主守盗十金，贼杀不辜，部掾夏恢等收缚立，传送邓狱。恢亦以宛大县，恐见篡夺，白义可因随后行县送邓。义曰："欲令都尉自送，则如勿收邪？'载环宛市乃送，吏民不敢动，威震南阳。

立家轻骑驰从武关入语南阳侯，曲阳侯白成帝，帝以问丞相。方进遣吏敕义出宛令。宛令已出，吏还白状。方进曰："小儿未知为吏也，其意以为入狱当辄死矣。"

后义坐法免，起家而为弘农太守，迁河内太守、青州牧。所居著名，有父风烈。徙为东郡太守。

数岁，平帝崩，王莽居摄，义心恶之，乃谓姊子上蔡陈丰曰："新都侯摄天子位，号令天下，故择宗室幼稚者以为孺子，依托周公辅成王之义，且以观望，必代汉家，其渐可见。方今宗室衰弱，外无强蕃，天下倾首服从，莫能亢捍国难。吾幸备宰相子，身守大郡，父子受汉厚恩，义当为国讨贼，以安社稷。欲举兵西诛不当摄者，选宗室子孙辅而立之。设令时命不成，死国埋名，犹可以不惭于先帝。今欲发之，乃肯从我乎？"丰年十八，勇壮，许诺。

义遂与东郡都尉刘宇、严乡侯刘信、信弟武平侯刘璜结谋。及东郡王孙庆素有勇略，以明兵法，征在京师，义乃诈移书以重罪传速庆。于是以九月都试日斩观令，因勒其车骑材官士，募郡中勇敢，部署将帅。严乡侯信者，东平王云子也。云诛死，信兄开明嗣为王，薨，无子，而信子匡复立为王，故义举兵并东平，立信为天子。义自号大司马柱天大将军，以东平王傅苏隆为丞相，中尉皋丹为御史大夫，移檄郡国，言莽鸩杀孝平皇帝，矫摄尊号，今天子已立，共行天罚。郡国皆震，比至山阳，众十余万。

莽闻之，大惧，乃拜其党亲轻车将军成武侯孙建为奋武将军，光禄勋成都侯王邑为虎牙将军，明义侯王骏为强弩将军，春王城门校尉王况为震威将军，宗伯忠孝侯刘宏为奋冲将军，中少府建威侯王昌为中坚将军，中郎将震羌侯窦兄为奋威将军，凡七人，自择除关西人为校尉军吏，将关东甲卒，发奔命以击义焉。复以太仆武让为积弩将军屯函谷关，将作大匠蒙乡侯逯并为横野将军屯武关，羲和红休侯刘歆为扬武将军屯宛，太保后丞丞阳侯甄邯为大将军屯霸上，常乡侯王恽为车骑将军屯平乐馆，骑都尉王晏为建威将军屯城北，城门校尉赵恢为城门将军，皆勒兵自备。

莽日抱孺子会群臣而称曰："昔成王幼，周公摄政，而管、蔡挟禄父以畔，今翟义亦挟刘信而作乱。自古大圣犹惧此，况臣莽之斗筲！"群臣皆曰："不遭此变，不章圣德。"

莽于是依《周书》作《大诰》，曰：

惟居摄二年十月甲子，摄皇帝若曰：大诰道诸侯王、三公、列侯于汝卿、大夫、元士御事。不吊，天降丧于赵、傅、丁、董。洪惟我幼冲孺子，当承继嗣无疆大历服事，予未遭其明哲能道民于安，况其能往知天命！熙！我念孺子，若涉渊水，予惟往求朕所济度，奔走以傅近奉承高皇帝所受命，予岂敢自比于前人乎！天降威明，用宁帝室，遗我居摄宝龟。太皇太后以丹石之符，乃绍天明意，诏予即命居摄践祚，如周公故事。

反虏故东郡太守翟义擅兴师动众，曰"有大难于西土，西土人亦不靖。"于是动严乡侯信，诞敢犯祖乱宗之序。天降威遗我宝龟，固知我国有此灾，使民不安，是天反复右我汉国也。粤其闻日，宗室之俊有四百人，民献仪九万夫，予敬以终于此谋继嗣图功。我有大事，休，予卜并吉，故我出大将告郡太守、诸侯相、令、长曰："予得吉卜，予惟以汝于伐东郡严乡逋播臣。"尔国君或者无不反曰："难大，民亦不静，亦惟在帝宫诸侯宗室，于小子族父，敬不可征。"帝不违卜，故予为冲人长思厥难曰："呜呼！义、信所犯，诚动鳏寡，哀哉！"予遭天役遗，大解难于予身，以为孺子，不身自恤。

予义彼国君泉陵侯上书以："成王幼弱，周公践天子位以治天下，六年，朝诸侯于明堂，制礼乐，班度量，而天下大服。太皇太后承顺天心，成居摄之义。皇太子为孝平皇帝子，年在襁褓，宜以为子，知为人子道，令皇太后得加慈母恩。畜养成就，加元服，然后复子明辟。"

熙！为我孺子之故，予惟赵、傅、丁、董之乱，遏绝继嗣，变剥适、庶，危乱汉朝，以成三厄，队极厥命。呜呼！害其可不旅力同心戒之哉！予不敢僭上帝命。天休于安帝室，兴我汉国，惟卜用克绥受兹命。今天其相民，况亦惟卜用！

太皇太后肇有元城沙鹿之右，阴精女主圣明之祥，配元生成，以兴我天下之符，遂获西王母之应，神灵之征，以佑我帝室，以安我大宗，以绍我后嗣，以继我汉功。厥害适统不宗元绪者，辟不违亲，辜不避戚。夫岂不爱？亦唯帝室。是以广立王侯，并建曾玄，俾屏我京师，绥抚宇内；博征儒生，讲道十廷，论序乖缪，制礼作乐，同律度量，混一风俗；正天地之位，昭郊宗之礼，定五畤庙祧，咸秩亡文；建灵台，立明堂，设辟雍，张太学，尊中宗、高宗之号。昔我高宗崇德建武，克绥西域，以受白虎威胜之瑞，天地判合，乾、坤序德。太皇太后临政，有龟、龙、麟、凤之应，五德嘉符，相因而备。河图、洛书远自昆仑，出于重野。古谶著言，肆今享实。此乃皇天上帝所以安我帝室，俾我成就洪烈也。呜呼！天明威辅汉始而大大矣。尔有惟旧人泉陵侯之言，尔不克远省，尔岂知太皇太后若此勤哉！

天毖劳我成功所，予不敢不极卒安皇帝之所图事。肆予告我诸侯王公、列侯、卿、大夫、元士御事：天辅诚辞，天其累我以民，予害敢不于祖宗安人图功所终？天亦惟劳我民，若有疾，予害敢不于祖宗所受休辅？予闻孝子善继人之意，忠臣善成人之事。予思若考作室，厥子堂而构之；厥父菑，厥子播而获之。予害敢不于身抚祖宗之所受大命？若祖宗乃有效汤、武伐厥子，民长其劝弗救。呜呼肆哉！诸侯王公、列侯、卿、大夫、元士御事，其勉助国道明！亦惟宗室之俊，民之表仪，迪知上帝命。粤天辅诚，尔不得易定！况今天降定于汉国，惟大艰人翟义、刘信大逆，欲相伐于厥室，岂亦知命之不易乎？予永念曰天惟丧翟义、刘信，若啬夫，予害敢不终予亩？天惟休于祖宗，予害其极卜，害敢不于从？率宁人有旨疆土，况予卜并吉！故予大以尔东征，命不僭差，卜陈惟若此。

乃遣大夫桓谭等班行谕告当反位孺子之意。还，封谭为明告里附城。

诸将东至陈留菑，与义会战，破之，斩刘璜首。莽大喜，复下诏曰：

太皇太后遭家不造，国统三绝，绝辄复续，恩莫厚焉，信莫立焉。孝平皇帝短命蚤崩，幼嗣孺冲，诏予居摄。予承明诏，奉社稷之任，持大宗之重，养六尺之托，受天下之寄，战战兢兢，不敢安息。伏念太皇太后惟经艺分析，王道离散，汉家制作之业独未成就，故博征儒士，大兴典制，备物致用，立功成器，以为天下利。王道粲然，基业既著，千载之废，百世之遗，于今乃成，道德庶几于唐、虞，功烈比齐于殷、周。今翟义、刘信等谋反大逆，流言惑众，欲以篡位，贼害我孺子，罪深于管、蔡，恶甚于禽兽。信父故东平王云，不孝不谨，亲毒杀其父思王，名曰巨鼠，后云竟坐大逆诛死。义父故承相方进，险诐阴贼，兄宣静言令色，外巧内嫉，所杀乡邑汝南者数十人。今积恶二家，迷惑相得，此时命当殄，天所灭也。义始发兵，上书言宇、信等与东平相辅谋反，执捕械系，欲以威民，先自相被以反逆大恶，转相捕械，此其破殄之明证也。已捕斩断信二子谷乡侯章、德广侯鲔，义母练、兄宣、亲属二十四人皆磔暴于长安都市四通之衢。当其斩时，观者重叠，天气和清，可谓当矣。命遣大将军共行皇天之罚，讨海内之雠，功效著焉，予甚嘉之。《司马法》不云乎？"赏不逾时"。欲民速睹为善之利也。今先封车骑都尉孙贤等五十五人皆为列侯，户邑之数则下。遣使者持黄金印、赤韨继、朱轮车，即军中拜授。

因大赦天下。于是史士精锐遂攻围义于圉城，破之，义与刘信弃军庸亡。至固始界中捕得义，尸磔陈都市。卒不得信。

初，三辅闻翟义起，自茂陵以西至汧二十三县盗贼并发，赵明、霍鸿等自称将军，攻烧官寺，杀右辅都尉及槐令，劫略吏民，众十余万，火见未央宫前殿。莽昼夜抱孺子祷宗庙。复拜卫尉王级为虎贲将军，大鸿胪望乡侯阎迁为折冲将军，与甄邯、王晏西击赵明等。正月，虎牙将军王邑等自关东还，便引兵西。强弩将军王骏以无功免，扬武将军刘歆归故官。复以邑弟侍中王奇为扬武将军，城门将军赵恢为强弩将军，中郎将李棽为厌难将军，复将兵西。二月，明等殄灭，诸县悉平，还师振旅。莽乃置酒白虎殿，劳飨将帅，大封拜。先是，益州蛮夷及金城塞外羌反畔，时州郡击破之。莽乃并录，以小大为差，封侯、伯、子、男凡三百九十五人，曰："皆以奋怒，东指西击，羌寇蛮盗，反房逆贼，不得旋踵，应时殄灭，天下咸服"之功封云。莽于是自谓大得天人之助，至其年十二月，遂即真矣。

初，义所收宛令刘立闻义举兵，上书愿备军吏为国讨贼，内报私怨。莽擢立为陈留太守，封明德侯。

始，义兄宣居长安，先义未发，家数有怪，夜闻哭声，听之不知所在。宣教授诸生满堂，有狗从外入，啮其中庭群雁数十，比惊救之，已皆断头。狗走出门，求不知处。宣大恶之，谓后母曰："东郡太守文仲素傲傥，今数有恶怪，恐有妄为而大祸至也。大夫人可归，为弃去宣家者以避害。"母不肯去，后数月败。

莽尽坏义第宅，污池之。发父方进及先祖冢在汝南者，烧其棺柩，夷灭三族，诛及种嗣，至皆同坑，以棘五毒并葬之。而下诏曰："盖闻古者伐不敬，取其鲸鲵筑武军，封以为大戮，于是乎有京观以惩淫慝。乃者反房刘信、翟义悖逆作乱于东，而芒竹群盗赵明、霍鸿造逆西土，遣武将征讨，咸伏其辜。惟信、义等始发自濮阳，结奸无盐，殄灭于圉。赵明依阻槐里环堤，霍鸿负倚蠡屋芒竹，咸用破碎，亡有余类。其取反房逆贼之鲸鲵，聚之通路之旁，濮阳、无盐、圉、槐里、蠡屋凡五所，各方六丈，高六尺，筑为武军，封以为大戮，荐树之棘。建表木，高丈六尺。书曰'反房逆贼鲸鲵'，在所长吏常以秋循行，勿令坏败，以惩淫慝焉。"

初，汝南旧有鸿隙大陂，郡以为饶，成帝时，关东数水，陂溢为害。方进为相，与御史大夫孔光共遣掾行视，以为决去陂水，其地肥美，省堤防费而无水忧，遂奏罢之。及翟氏灭，乡里归恶，言方进请陂下良田不得而奏罢陂云。王莽时常枯旱，郡中追怨方进，童谣曰："坏陂谁？翟子威。饭我豆食羹芋魁。反乎覆，陂当复，谁云者？两黄鹄。"

司徒掾班彪曰："丞相方进以孤童携老母，羁旅入京师，身为儒宗，致位宰相，盛矣。当莽之起，盖乘天威，虽有贲、育，奚益于敌？义不量力，怀忠愤发，以陨其宗，悲夫！"

卷八十五　谷永杜邺传第五十五

谷永字子云，长安人也。父吉，为卫司马，使送郅支单于侍子，为郅支所杀，语在《陈汤传》。永少为长安小史，后博学经书。建昭中，御史大夫繁延寿闻其有茂材，除补属，举为太常丞，数上疏言得失。

建始三年冬，日食、地震同日俱发，诏举方正直言极谏之士，太常阳城侯刘庆忌举永待诏公车。对曰：

陛下秉至圣之纯德，惧天地之戒异，饬身修政，纳问公卿，又下明诏，帅举直言，燕见紬绎，以求咎愆，使臣等得造明朝，承圣问。臣材朽学浅，不通政事。窃闻明王即位，正五事，建大中，以承天心，则庶征序于下，日月理于上；如人君淫溺后宫，般乐游田，五事失于躬，大中之道不立，则咎征降而六极至。凡灾异之发，各象过失，以类告人。乃十二月朔戊申，日食婺女之分，地震萧墙之内，二者同日俱发，以丁宁陛下，厥咎不远，宜厚求诸身。意岂陛下志在闺门，未恤政事，不慎举错，娄失中与？内宠大盛，女不遵道，嫉妒专上，妨继嗣与？古之王者废五事之中，失夫妇之纪，妻妾得意，谒行于内，势行于外，至覆倾国家，或乱阴阳。昔褒姒用国，宗周以丧，阎妻骄扇，日以不臧。此其效也。经曰："皇极，皇建其有极。"传曰："皇之不极，是谓不建，时则有日月乱行。"

陛下践至尊之祚为天下主，奉帝王之职以统群生，方内之治乱，在陛下所执。诚留意于正身，勉强于力行，损燕私之闲以劳天下，放去淫溺之乐，罢归倡优之笑，绝却不享之义，慎节游田之虞，起居有常，循礼而动，躬亲政事，致行无倦，安服若性。经曰："继自今嗣王，其毋淫于酒，毋逸于游田，惟正之共。"未有身治正而臣下邪者也。

夫妻之际，王事纲纪，安危之机，圣王所致慎也。昔舜饬正二女，以崇至德；楚庄忍绝丹姬，以成伯功；幽王惑于褒姒，周德降亡；鲁桓胁于齐女，社稷以倾。诚修后宫之政，明尊卑之序，贵者不得嫉妒专宠，以绝骄嫚之端，抑褒、阎之乱，贱者咸得秩进，各得厥职，以广继嗣之统，息《白华》之怨，后宫亲属，饶之以财，勿与政事，以远皇父之类，损妻党之权，未有闺门治而天下乱者也。

治远自近始，习善在左右。昔龙管纳言，而帝命惟允；四辅既备，成王靡有过事。诚敕正左右齐栗之臣，戴金貂之饰，执常伯之职者，皆使学先王之道，知君臣之义，济济谨乎，无敖戏骄恣之过，则左右肃艾，群僚仰法，化流四方。经曰："亦惟先正克左右。"未有左右正而百官枉者也。

治天下者尊贤考功则治，简贤违功则乱。诚审思治人之术，欢乐得贤之福，论材选士，必试于职，明度量以程能，考功实以定德，无用比周之虚誉，毋听寖润之谮诉，则抱功修职之吏无蔽伤之忧，比周邪伪之徒不得即工，小人日消，俊艾日隆。经曰："三载考绩，三考黜陟幽明。"又曰："九德咸事，俊艾在官。"未有功赏得于前众贤布于官而不治者也。

尧遭洪水之灾，天下分绝为十二州，制远之道微而无乖畔之难者，德厚恩深，无怨于下也。秦居平土，一夫大呼而海内崩析者，刑罚深酷，吏行残贼也。夫违天害德，为上取怨于下，莫甚乎残贼之吏。诚放退残贼酷暴之吏锢废勿用，益选温良上德之士以亲万姓，平刑释冤以理民命，务省徭役，毋夺民时，薄收赋税，毋殚民财，使天下黎元咸安家乐业，不苦逾时之役，不患苛暴之政，不疾酷烈之吏，虽有唐尧之大灾，

民无离上之心。经曰："怀保小人，惠于鳏寡。"未有德厚吏良而民畔者也。

臣闻灾异，皇天所以谴告人君过失，犹严父之明诫。畏惧敬改，则祸销福降；忽然简易，则咎罚不除。经曰："飨用五福，畏用六极。"传曰："六沴作见，若不共御，六罚既侵，六极其下。"今三年之间，灾异锋起，小大毕具，所行不享上帝，上帝不豫，炳然甚著。不求之身，无所改正，疏举广谋，又不用其言，是循不享之迹，无谢过之实也，天责愈深。此五者，王事之纲纪，南面之急务，唯陛下留神。

对奏，天子异焉，特召见永。

其夏，皆令诸方正对策，语在《杜钦传》。永对毕，因曰："臣前幸得条对灾异之效，祸乱所极，言关于圣聪。书陈于前，陛下委弃不纳，而更使方正对策，背可惧之大异，问不急之常论，废承天之至言，角无用之虚文，欲末杀灾异，满谰诬天，是故皇天勃然发怒，甲己之间暴风三溱，拔树折木，此天至明不可欺之效也。"上特复问永，永对曰："日食、地辱，皇后、贵妾专宠所致。"语在《五行志》。

是时，上初即位，谦让委政元舅大将军王凤，议者多归咎焉。永知凤方见柄用，阴欲自托，乃复曰：

方今四夷宾服，皆为臣妾，北无薰粥冒顿之患，南无赵佗、吕嘉之难，三垂晏然，靡有兵革之警。诸侯大者乃食数县，汉吏制其权柄，不得有为，亡吴、楚、燕、梁之势。百官盘互，亲疏相错，骨肉大臣有申伯之忠，洞洞属属，小心畏忌，无重合、安阳、博陆之乱。三者无毛发之辜，不可归咎诸舅。此欲以政事过差丞相父子、中尚书宦官，槛塞大异，皆謷说欺天者也。窃恐陛下舍昭昭之白过，忽天地之明戒，听暗昧之謷说，归咎乎无辜，倚异乎政事，重失天心，不可之大者也。

陛下即位，委任遵旧，未有过政。元年正月，白气较然起乎东方，至其四月，黄浊四塞，覆冒京师，申以大水，著以震蚀。各有占应，相为表里，百官庶事无所归倚，陛下独不怪与？白气起东方，贱人将兴之表也；黄浊冒京师，王道微绝之应也。夫贱人当起而京师道微，二己丑。陛下诚深察愚臣之言，致惧天地之异，长思宗庙之计，改往反过，抗湛溺之意，解偏驳之爱，奋乾刚之威，平天覆之施，使列妾得人人更进，犹尚未足也，急复益纳宜子妇人，毋择好丑，毋避尝字，毋论年齿。推法言之，陛下得继嗣于微贱之间，乃反为福。得继嗣而已，母非有贱也。后宫女史使令有直意者，广求于微贱之间，以遇天所开右，慰释皇太后之忧愠，解谢上帝之谴怒，则继嗣蕃滋，灾异讫息。陛下则不深察愚臣之言，忽于天地之戒，咎根不除，水雨之灾、山石之异，将发不久；发则灾异已极，天变成形，臣虽欲捐身关策，不及事已。

疏贱之臣，至敢直陈天意，斥讥帷幄之私，欲间离贵后、盛妾，自知忤心逆耳，必不免于汤镬之诛。此天保右汉家，使臣敢直言也。三上封事，然后得召；待诏一旬，然后得见。夫由疏贱纳至忠，甚苦；由至尊闻天意，甚难。语不可露，愿具书所言，因侍中奏陛下，

以示腹心大臣。腹心大臣以为非天意，臣当伏妄言之诛；即以为诚天意也，奈何忘国家大本，背天意而从欲！唯陛下省察熟念，厚为宗庙计。

时，对者数十人，永与杜钦为上第焉。上皆以其书示后宫。后上尝赐许皇后书，采永言以责之，语在《外戚传》。

永既阴为大将军凤说矣，能实最高，由是擢为光禄大夫。永奏书谢凤曰："永斗筲之材，质薄学朽，无一日之雅，左右之介，将军说其狂言，擢之皂衣之吏，厕之争臣之末，不听浸润之谮，不食肤受之诉，虽齐桓、晋文用士笃密，察父哲兄覆育子弟，诚无以加！昔豫子吞炭坏形以奉见异，齐客陨首公门以报恩施，知氏、孟尝犹有死士，何况将军之门！"凤遂厚之。

数年，出为安定太守。时，上诸舅皆修经书，任政事。平阿侯谭年次当继大将军凤辅政，尤与永善。阳朔中，凤薨。凤病困，荐从弟御史大夫音以自代。上从之，以音为大司马车骑将军，领尚书事，而平阿侯谭位特进，领城门兵。永闻之，与谭书曰："君侯躬周、召之德，执管、晏之操，敬贤下士，乐善不倦，宜在上将久矣，以大将军在，故抑郁于家，不得舒愤。今大将军不幸薨殁，累亲疏，序材能，宜在君侯。拜吏之日，京师士大夫怅然失望。此皆永等愚劣，不能褒扬万分。属闻以特进领城门兵，是则车骑将军秉政雍容于内，而至戚贤舅执管籥于外也。愚窃不为君侯喜。宜深辞职，自陈浅薄不足以固城门之守，收太伯之让，保谦谦之路，阖门高枕，为知者首。愿君侯博览者参之，小子为君侯安此。"谭得其书大感，遂辞让不受领城门职。由是谭、音相与不平。

永远为郡吏，恐为音所危，病满三月免。音奏请永补营军司马，永数谢罪自陈，得转为长史。

音用从舅越亲辅政，威权损于凤时。永复说音曰："将军履上将之位，食膏腴之都，任周、召之职，拥天下之枢，可谓富贵之极，人臣无二，天下之责四面至矣，将何以居之？宜夙夜孳孳，执伊尹之强德，以守职匡上，诛恶不避亲爱，举善不避仇雠，以章至公，立信四方。笃行三者，乃可以长堪重任，久享盛宠。太白出西方六十日，法当参天，今已过期，尚在桑榆之间，质弱而行迟，形小而光微。荧惑角怒明大，逆行守尾。其逆，常也；守尾，变也。意岂将军忘湛渐之义，委曲从顺，所执不强，不广用士，尚有好恶之忌，荡荡之德未纯，方与将相大臣乖离之萌也？何故始袭司马之号，俄而金火并有此变？上天至明，不虚见异，唯将军畏之慎，深思其故，改求其路，以享天意。"音犹不平，荐永为护苑使者。

音薨，成都侯商代为大司马卫将军，永乃迁为凉州刺史。奏事京师讫，当之部，时有黑龙见东莱，上使尚书问永，受所欲言。永对曰：

臣闻王天下有国家者，患在上有危亡之事，而危亡之言不得上闻；如使危亡之言辄上闻，则商、周不易姓而迭兴，三正不变改而更用。夏、商之将亡也，行道之人皆知之，晏然自以若天有日莫能危，是故恶日广而不自知，大命倾而不寤。《易》曰："危者有其安者也，亡者保其存者也。"陛下诚垂宽明之听，无忌讳之

诛，使刍荛之臣得尽所闻于前，不惧于后患，直言之路开，则四方众贤不远千里，辐凑陈忠，群臣之上愿，社稷之长福也。

汉家行夏正，夏正色黑，黑龙，同姓之象也。龙阳德，由小之大，故为王者瑞应。未知同姓有见本朝无继嗣之庆，多危殆之隙，欲因扰乱举兵而起者邪？将动心冀为后者，残贼不仁，若广陵、昌邑之类？臣愚不能处也。元年九月黑龙见，其晦，日有食之。今年二月己未夜星陨，乙酉，日有食之。六月之间，大异四发，二而同月，三代之末，春秋之乱，未尝有也。臣闻三代所以陨社稷丧宗庙者，皆以妇人与群恶沉湎于酒。《书》曰："乃用妇人之言，自绝于天"；"四方之逋逃多罪，是宗是长，是信是使"。《诗》云："燎之方阳，宁或灭之？赫赫宗周，褒姒灭之！"《易》曰："濡其首，有孚失是。"秦所以二世十六年而亡者，养生泰奢，奉终泰厚。二者陛下兼而有之，臣请略陈其效。

《易》曰："在中馈，无攸遂"，言妇人不得以事也。《诗》曰："懿厥哲妇，为枭为鸱"；"匪降自天，生自妇人"。建始、河平之际，许、班之贵，顷动前朝，熏灼四方，赏赐无量，空虚内臧，女宠至极，不可上矣；今之后起，天所不飨，什倍于前。废先帝法度，听用其言，官秩不当，纵释王诛，骄其亲属，假之威权，从横乱政，刺举之吏，莫敢奉宪。又以掖庭狱大为乱阱，榜棰瘠于炮格，绝灭人命，主为赵、李报德复怨，反除白罪，建治正吏，多系无辜，掠立迫恐，至为人起责，分利受谢。生入死出者，不可胜数。是以日食再既，以昭其辜。

王者必先自绝，然后天绝之。陛下弃万乘之至贵，乐家人之贱事，厌高美之尊号，好匹夫之卑字，崇聚骠轻无义小人以为私客，数离深宫之固，挺身晨夜，与群小相随，乌集杂会，饮醉吏民之家，乱服共坐，流湎媟嫚，混淆无别，闵免遁乐，昼夜在路。典门户奉宿卫之臣执干戈而守空宫，公卿百僚不知陛下所在，积数年矣。

王者以民为基，民以财为本，财竭则下畔，下畔则上亡。是以明王爱养基本，不敢穷极，使民如承大祭。今陛下轻夺民财，不爱民力，听邪臣之计，去高敞初陵，损十年功绪，改作昌陵。反天地之性，因下为高，积土为山，发徒起邑，并治宫馆，大兴繇役，重增赋敛，征发如雨，役百乾溪，费疑骊山，靡敝天下，五年不成而后反故。又广盰营表，发人冢墓，断截骸骨，暴扬尸柩。百姓财竭力尽，愁恨感天，灾异屡降，饥馑仍臻。流散冗食，馁死于道，以百万数。公家无一年之畜，百姓无旬日之储，上下俱匮，无以相救。《诗》云："殷监不远，在夏后之世。"愿陛下追观夏、商、周、秦所以失之，以镜考己行。有不合者，臣当伏妄言之诛。

汉兴九世，百九十余载，继体之主七，皆承天顺道，遵先祖法度，或以中兴，或以治安。至于陛下，独违道纵欲，轻身妄行，当盛壮之隆，无继嗣之福，有危亡之忧，积失君道，不合天意，亦已多矣。为人后嗣，

守人功业,如此,岂不负哉!方今社稷宗庙祸福安危之机在于陛下,陛下诚肯发明圣之德,昭然远寤,畏此上天之威怒,深惧危亡之征兆,荡涤邪辟之恶志,厉精致政,专心反道,绝群小之私客,免不正之诏除,悉罢北宫私奴车马惰出之具,克己复礼,毋贰微行出饮之过,以防迫切之祸,深惟日食再既之意,抑损椒房玉堂之盛宠,毋听后宫之请谒,除掖庭之乱狱,出炮格之陷阱,诛戮邪佞之臣及左右执左道以事上者以塞天下之望,且寝初陵之作,止诸缮治宫室,阙更减赋,尽休力役,存恤振救困乏之人以弭远方,厉崇忠直,放退残贼,无使素餐之吏久尸厚禄,以次贯行,固执无违,夙夜孳孳,屡省无怠,旧愆毕改,新德既章,纤介之邪不复载心,则赫赫大异庶几可销,天命去就庶几可复,社稷宗庙庶几可保。唯陛下留神反复,熟省臣言。臣幸得备边部之吏,不知本朝失得,瞀言触忌讳,罪当万死。

成帝性宽而好文辞,又久无继嗣,数为微行,多近幸小臣,赵、李从微贱专宠,皆皇太后与诸舅夙夜所常忧。至亲难数言,故推永等使因天变而切谏,劝上纳用之。永自知有内应,展意无所依违,每言事辄见答礼。至上此对,上大怒。卫将军商密擿永令发去。上使侍御史收永,敕过交道厩者勿追,御史不及永,还,上意亦解,自悔。明年,征永为太中大夫,迁光禄大夫给事中。

元延元年,为北地太守。时,灾异尤数,永当之官,上使卫尉淳于长受永所欲言。永对曰:

臣永幸得以愚朽之材为太中大夫,备拾遗之臣,从朝者之后,进不能尽思纳忠辅宣圣德,退无被坚执锐讨不义之功,猥蒙厚恩,仍迁至北地太守。绝命陨首,身膏野草,不足以报塞万分。陛下圣德宽仁,不遗易忘之臣,垂周文之听,下及刍荛之愚,有诏使卫尉受臣永所欲言。臣闻事君之义,有言责者尽其忠,有官守者修其职。臣永幸得免于言责之辜,有官守之任,当毕力遵职,养绥百姓而已,不宜复关得失之辞。忠臣之于上,志在过厚,是故远不违君,死不忘国。昔史鱼既没,余忠未讫,委柩后寝,以尸达诚;汲黯身外思内,发愤舒忧,遗言李息。经曰:"虽尔身在外,乃心无不在王室。"臣永幸得给事中出入三年,虽执干戈守边垂,思慕之心常存于省闼,是以敢越郡吏之职,陈累年之忧。

臣闻天生蒸民,不能相治,为立王者以统理之,方制海内非为天子,列土封疆非为诸侯,皆以为民也。垂三统,列三正,去无道,开有德,不私一姓,明天下乃天下之天下,非一人之天下也。王者躬行道德,承顺天地,博爱仁恕,恩及行苇,籍税取民不过常法,宫室车服不逾制度,事节财足,黎庶和睦,则卦气理效,五征时序,百姓寿考,庶草蕃滋,符瑞并降,以昭保右。失道妄行,逆天暴物,穷奢极欲,湛湎荒淫,妇言是从,诛逐仁贤,离逖骨肉,群小用事,峻刑重赋,百姓愁怨,则卦气悖乱,咎征著邮,上天震怒,灾异屡降,日月薄食,五星失行,山崩川溃,水泉踊出,妖孽

并见,茀星耀光,饥馑荐臻,百姓短折,万物夭伤。终不改寤,恶洽变备,不复遣告,更命有德。《诗》云:"乃眷西顾,此惟与宅。"

夫去恶夺弱,迁命贤圣,天地之常经,百王之所同也。加以功德有厚薄,期质有修短,时世有中季,天道有盛衰。陛下承八世之功业,当阳数之标季,涉三七之节纪,遭《无妄》之卦运,直百六之灾厄。三难异科,杂焉同会。建始元年以来二十载间,群灾大异,交错锋起,多于《春秋》所书。八世著记,久不塞除,重以今年正月己亥朔日有食之,三朝之会,四月丁酉四方众星白昼流陨,七月辛未彗星横天。乘三难之际会,畜众多之灾异,因之以饥馑,接之以不赡。彗星,极异也,土精所生,流陨之应出于饥变之后,兵乱作矣,厥期不久,隆德积善,惧不克济。内则为深宫后庭将有骄臣悍妾醉酒狂悖卒起之败,北宫苑囿街巷之中臣妾之家幽冥之处征舒、崔杼之乱;外则为诸夏下土将有樊并、苏令、陈胜、项梁奋臂之祸。内乱朝暮,日戒诸夏,举兵以火角为期。安危之分界,宗庙之至忧,臣永所以破胆寒心,豫言之累年。下有其萌,然后变见于上,可不致慎!

祸起细微,奸生所易。愿陛下正君臣之义,无复与群小媟黩燕饮;中黄门后庭素骄慢不谨尝以醉酒失臣礼者,悉出勿留。勤三纲之严,修后宫之政,抑远骄妒之宠,崇近婉顺之行,加惠失志之人,怀柔怨恨之心。保至尊之重,秉帝王之威,朝觐法出而后驾,陈兵清道而后行,无复轻身独出,饮食臣妾之家。三者既除,内乱之路塞矣。

诸夏举兵,萌在民饥馑而吏不恤,兴于百姓困而赋敛重,发于下怨离而上不知。《易》曰:"屯其膏,小贞吉,大贞凶。"传曰:"饥而不损兹谓泰,厥灾水,厥咎亡。"《诔辞》曰:"关动牡飞,辟为无道,臣为非,厥咎乱臣谋篡。"王者遭衰难之世,有饥馑之灾,不损用而大自润,故凶;百姓困贫无以求ств,愁悲怨恨,故水;城关守国之固,固将去焉,故牡飞。往年郡国二十一伤于水灾,禾黍不入。今年蚕麦咸恶。百川沸腾,江河溢决,大水泛滥郡国十五有余。比年丧稼,时过无宿麦。百姓失业流散,群辈守关。大异较炳如彼,水灾浩浩,黎庶穷困如此,宜损常税小自润之时,而有司奏请加赋,甚缪经义,逆于民心,布怨趋祸之道也。牡飞之状,殆为此发。古者谷不登亏膳,灾娄至损服,凶年不墐涂,明王之制也。《诗》云:"凡民有丧,扶服救之。"《论语》曰:"百姓不足,君孰与足?"臣愿陛下勿许加赋之奏,益减大官、导官、中御府、均官、掌畜、廪牺用度,止尚方、织室、京师郡国工服官发输造作,以助大司农。流恩广施,振赡困乏,开关梁,内流民,恣所欲之,以救其急。立春,遣使者循行风俗,宣布圣德,存恤孤寡,问民所苦,劳二千石,敕劝耕桑,毋夺农时,以慰绥元元之心,防塞大奸之隙,诸夏之乱,庶几可息。

臣闻上主可与为善而不可与为恶,下主可与为

恶而不可与为善。陛下天然之性，疏通聪敏，上主之姿也。少省愚臣之言，感寤三难，深畏大异，定心为善，捐忘邪志，毋贰旧怨，厉精致政，至诚应天，则积异塞于上，祸乱伏于下，何忧患之有？窃恐陛下公志未专，私好颇存，尚爱群小，不肯为耳！

对奏，天子甚感其言。

永于经书，泛为疏达，与杜钦、杜邺略等，不能浩浃如刘向父子及扬雄也。其于天官、《京氏易》最密，故善言灾异，前后所上四十余事，略相反复，专攻上身与后宫而已。党于王氏，上亦知之，不甚亲信也。

永所居任职，为北地太守岁余，卫将军商薨，曲阳侯根为票骑将军，荐永，征入为大司农。岁余，永病，三月，有司奏请免。故事，公卿病，辄赐告，至永独即时免。数月，卒于家。本保并，以尉氏樊并反，更名永云。

杜邺字子夏，本魏郡繁阳人也。祖父及父积功劳皆至郡守，武帝时徙茂陵。邺少孤，其母张敞女。邺壮，从敞子吉学问，得其家书。以孝廉为郎。

与车骑将军王音善。平阿侯谭不受城门职，后薨，上闵悔之，乃复令谭弟成都侯商位特进，领城门兵，得举吏如将军府。邺见音前与平阿有隙，即说音曰："邺闻人情，恩深者其养谨，爱至者其求详。夫戚而不见殊，孰能无怨？此《棠棣》、《角弓》之诗所为作也。昔秦伯有千乘之国，而不能容其母弟，《春秋》亦书而讥焉。周、召则不然，忠以相辅，义以相匡，同己之亲，等己之尊，不以圣德独兼国宠，又不为长专受荣任，分职于陕，并为弼疑。故内无感恨之隙，外无侵侮之羞，俱享天祐，两荷高名者，盖以此也。窃见成都侯以特进领城门兵，复有诏得举吏如五府，此明诏所欲宠也。将军宜承顺圣意，加异往时，每事凡议，必与之，指为诚发，出于将军，则孰敢不说谕？昔文侯寤大雁之献而父子益亲，陈平共一饭之馔而将相加欢，所接虽在楹阶俎豆之间，其于为国折冲厌难，岂不远哉！窃慕唐、陆子之义，所白奥内，唯深察焉。"音甚嘉其言，由是与成都侯商亲密，二人皆重邺。后以病去郎。商为大司马卫将军，除邺主簿，以为腹心，举侍御史。哀帝即位，迁为凉州刺史。邺居职宽舒，少威严，数年以病免。

是时，帝祖母定陶傅太后称皇太太后，帝母丁姬称帝太后，而皇后即傅太后从弟子也。傅氏侯者三人，丁氏侯者二人。又封傅太后同母弟子郑业为阳信侯。傅太后尤与政专权。元寿元年正月朔，上以皇后父孔乡侯傅晏为大司马卫将军，而帝舅阳安侯丁明为大司马票骑将军。临拜，日食，诏举方正直言。扶阳侯韦育举邺方正，邺对曰：

臣闻禽息忧国，碎首不恨，卞和献宝，则足愿之。臣幸得奉直言之诏，无二者之危，敢不极陈！臣闻阳尊阴卑，卑者随尊，尊者兼卑，天之道也。是以男虽贱，各为其家阳；女虽贵，犹为其国阴。故礼明三从之义，虽有文母之德，必系于子。《春秋》不书纪侯之母，阴义杀也。昔郑伯随姜氏之欲，终有叔段篡国之祸；周襄王内迫惠后之难，而遭郑之危。汉兴，吕太后权私亲属，又外孙为孝惠后，是时继嗣不明，凡事

多暗，昼昏冬雷之变，不可胜载。窃见陛下行不偏之政，每事约俭，非礼不动，诚欲正身与天下更始也。然嘉瑞未应，而日食、地震，民讹言行筹，传相惊恐。案《春秋》灾异，以指象为言语，故在于得一类而达之也。日食，明阳为阴所临，《坤卦》乘《离》，《明夷》之象也。《坤》以法地，为土为母，以安静为德。震，不阴之效也。占象甚明，臣敢不直言其事！

昔曾子问从令之义，孔子曰："是何言与！"善闵子骞守礼不苟，从亲所行，无非理者，故无可间也。前大司马新都侯莽退伏弟家，以诏策决，复遣就国。高昌侯宏去薛自绝，犹受封土。制书侍中、驸马都尉迁不忠巧佞，免归故郡，间未旬月，则有诏还，大臣奏正其罪，卒不得遣，而反兼官奉使，显宠过故。及阳信侯业，皆缘私君国，非功义所止。诸外家昆弟无贤不肖，并侍帷幄，布在列位，或典兵卫，或将军屯，宠意并于一家，积贵之势，世所稀见所稀闻也。至乃并置大司马、将军之官。皇甫虽盛，三桓虽隆，鲁为作三军，无以甚此。当拜之日，暗然日食。不在前后，临事而发者，明陛下谦逊无专，承指非一，所言辄听，所欲辄随，有罪恶者不坐辜罚，无功能者毕受官爵，流渐积猥，正尤在是，欲令昭昭以觉圣朝。昔诗人所刺，《春秋》所讥，指象如此，殆不在它。由后视前，忿邑非之，逮身所行，不自镜见，则以为可，计之过者。疏贱独偏见，疑内亦有此类。天变不空，保右世主如此之至，奈何不应！

臣闻野鸡著怪，高宗深动；大风暴过，成王悒然。愿陛下加致精诚，思承始初，事稽诸古，以厌下心，则黎庶群生无不说喜，上帝百神收还威怒，祯祥福禄何嫌不报！

邺未拜，病卒。邺言民讹言行筹，及谷永言王者买私田，彗星陨石牡飞之占，语在《五行志》。

初，邺从张吉学，吉子竦又幼孤，从邺学问，亦著于世，尤长小学。邺子林，清静好古，亦有雅材，建武中历位列卿，至大司空。其正文字过于邺、竦，故世言小学者由杜公。

赞曰：孝成之世，委政外家，诸舅持权，重于丁、傅在孝哀时。故杜邺敢讥丁、傅，而钦、永不敢言王氏，其势然也。及钦欲揠损凤权，而邺附会音、商。永陈三七之戒，斯为忠焉，至其引申伯以阿凤，隙平阿于车骑，指金、火以求合，可谓谅不足而谈有余者。孔子称"友多闻"，三人近之矣。

卷八十六
何武王嘉师丹传第五十六

何武字君公，蜀郡郫县人也。宣帝时，天下和平，四夷宾服，神爵、五凤之间屡蒙瑞应。而益州刺史王襄使辩士王褒颂汉德，作《中和》、《乐职》、《宣布》诗三篇。武年十四

五,与成都杨覆众等共习歌之。是时,宣帝循武帝故事,求通达茂异士,召见武等于宣室。上曰:"此盛德之事,吾何足以当之哉!"以褒为待诏,武等赐帛罢。

武诣博士受业,治《易》。以射策甲科为郎,与翟方进交志相友。光禄勋举四行,迁为鄠令,坐法免归。

武兄弟五人,皆为郡吏,郡县敬惮之。武弟显家有市籍,租常不入,县数负其课。市啬夫求商捕辱显家,显怒,欲以吏事中商。武曰:"以吾家租赋徭役不为众先,奉公吏不亦宜乎!"武卒白太守,召商为卒吏,州里闻之皆服焉。

久之,太仆王音举武贤良方正,征对策,拜为谏大夫,迁扬州刺史。所举奏二千石长吏必先露章,服罪者为亏除,免之而已;不服,极法奏之,抵罪或至死。

九江太守戴圣,《礼经》号小戴者也,行治多不法,前刺史以其大儒,优容之。及武为刺史,行部录囚徒,有所举以属郡。圣曰:"后进生何知,乃欲乱人治!"皆无所决。武使从事廉得其罪,圣惧,自免。后为博士,毁武于朝廷。武闻之,终不扬其恶。而圣子宾客为群盗,得,系庐江,圣自以子必死。武平心决之,卒得不死。自是后,圣惭服。武每奏事至京师,圣未尝不造门谢恩。

武为刺史,二千石有罪,应时举奏,其余贤与不肖敬之如一,是以郡国各重其守相,州中清平。行部必先即学官见诸生,试其诵论,问以得失,然后入传舍,出记问垦田顷亩、五谷美恶,已乃见二千石,以为常。

初,武为郡吏时,事太守何寿。寿知武有宰相器,以其同姓故厚之。后寿为大司农,其兄子为庐江长史。时,武奏事在邸,寿兄子适在长安,寿为具召武弟显及故人杨覆众等,酒酣,见其兄子,曰:"此子扬州长史,材能驽下,未尝省见。"显等甚惭,退以谓武,武曰:"刺史古之方伯,上所委任,一州表率也,职在进善退恶。吏治行有茂异,民有隐逸,乃当召见,不可有所私问。"显、覆众强之,不得已召见,赐卮酒。岁中,庐江太守举之。其守法见惮如此。

为刺史五岁,入为丞相司直,丞相薛宣敬重之。出为清河太守,数岁,坐郡中被灾害什四以上免。久之,大司马曲阳侯王根荐武,征为谏大夫。迁兖州刺史,入为司隶校尉,徙京兆尹。二岁,坐举方正所举者召见槃辟雅拜,有司以为诡众虚伪。武坐左迁楚内史,迁沛郡太守,复入为廷尉。绥和元年,御史大夫孔光左迁廷尉,武为御史大夫。成帝欲修辟雍,通三公官,即改御史大夫为大司空,武更为大司空,封汜乡侯,食邑千户。汜乡在琅邪不其,哀帝初即位,襃赏大臣,更以南阳犨之博望乡为汜乡侯国,增邑千户。

武为人仁厚,好进士,奖称人之善。为楚内史厚两龚,在沛郡厚两唐,及为公卿,荐之朝廷。此人显于世者,何侯力也,世以此多焉。然疾朋党,问文吏必于儒者,问儒者必以文吏,以相参检。欲除吏,先为科例以防请托。其所居亦无赫赫名,去后常见思。

及为御史大夫司空,与丞相方进共奏言:"往者诸侯王断狱治政,内史典狱事,相总纲纪辅王,中尉备盗贼。今王不断狱与政,中尉官罢,职并内史,郡国守相委任,所以一统信,安百姓也。今内史位卑而权重,威职相逾,不统尊者,难以为治。臣请相如太守,内史如都尉,以顺尊卑之序,平轻重之权。"制曰:"可。"以内史为中尉。初,武为九卿时,奏言宜置三公官,又与方进共奏罢刺史,更置州牧,后皆复复故,语在《朱博传》。唯内史事施行。

多所举奏,号为烦碎,不称贤公。功名略比薛宣,其材不及也,而经术正直过之。武后母在郡,遣吏归迎。会成帝崩,吏恐道路有盗贼,后母留止,左右或讥武事亲不笃,哀帝亦欲改易大臣,遂策免武曰:"君举错烦苛,不合众心,孝声不闻,恶名流行,无以率示四方。其上大司空印绶,罢归就国。"后五岁,谏大夫鲍宣数称冤之,天子感丞相王嘉之对,而高安侯董贤亦荐武,武由是复征为御史大夫。月余,徙为前将军。

先是,新都侯王莽就国,数年,上以太皇太后故征莽还京师。莽从弟成都侯王邑为侍中,矫称太皇太后指白哀帝,为莽求特进给事中。哀帝复请之,事发觉。太后为谢,上以太后故不忍诛之,左迁邑为西河属国都尉,削千户。后有诏举大常,莽私从武求举,武不敢举。后数月,哀帝崩,太后即日引莽入,收大司马董贤印绶,诏有司举可大司马者。莽故大司马,辞位辟丁、傅,众庶称以为贤,又太后近亲,自大司徒孔光以下举朝皆举莽。武为前将军,素与左将军公孙禄相善,二人独谋,以为往时孝惠、孝昭少主之世,外戚吕、霍、上官持权,几危社稷,今孝成、孝哀比世无嗣,方当选立亲近辅幼主,不宜令异姓大臣持权,亲疏相错,为国计便。于是武举公孙禄可大司马,而禄亦举武。太后竟自用莽为大司马。莽风有司劾奏武、公孙禄互相称举,皆免。

武就国后,莽寖盛,为宰衡,阴诛不附己者。元始三年,吕宽等事起。时,大司空甄丰承莽风指,遣使者乘传案治党与,连引诸所欲诛,上党鲍宣,南阳彭伟、杜公子,郡国豪桀坐死者数百人。武在见诬中,大理正槛车征武,武自杀。众人多冤武者,莽欲厌众意,令武子况嗣为侯,谥武曰刺侯。莽篡位,免况为庶人。

王嘉字公仲,平陵人也。以明经射策甲科为郎,坐户殿门失阑免。光禄勋于永除为掾,察廉为南陵丞,复察廉为长陵尉。鸿嘉中,举敦朴能直言,召见宣室,对政事得失,超迁太中大夫。出为九江、河南太守,治甚有声。征入为大鸿胪,徙京兆尹,迁御史大夫。建平三年代平当为丞相,封新甫侯,加食邑一千一百户。

嘉为人刚直严毅有威重,上甚敬之。哀帝初立,欲匡成帝之政,多所变动,嘉上疏曰:

臣闻圣王之功在于得人。孔子曰:"材难,不其然与!""故继世立诸侯,象贤也。"虽不能尽贤,天子为择臣,立命卿以辅之。居是国也,累世尊重,然后士民之众附焉,是以教化行而治功立。今之郡守重于古诸侯,往者致选贤材,贤材难得,拔擢可用者,或起于囚徒。昔魏尚坐事系,文帝感冯唐之言,遣使持节赦其罪,拜为云中太守,匈奴忌之。武帝擢韩安国于徒中,拜为梁内史,骨肉以安。张敞为京兆尹,有罪当免,黠吏知而犯敞,敞收杀之,其家自冤,使者覆狱,劾敞贼杀人,上逮捕不下,会免,亡命数十日,宣帝征敞拜为冀州刺史,卒获其用。前世非私此三人,贪其材器有益于公家也。

　　孝文时,吏居官者或长子孙,以官为氏,仓氏、库氏则仓库吏之后也。其二千石长吏亦安官乐职,然后上下相望,莫有苟且之意。其后稍稍变易,公卿以下传相促急,又数改更政事,司隶、部刺史察过悉劾,发扬阴私,吏或居官数月而退,送故迎新,交错道路。中材苟容求全,下材怀危内顾,一切营私者多。二千石益轻贱,吏民慢易之。或持其微过,增加成罪,言于刺史、司隶,或至上书章下;众庶知其易危,小失意则有离畔之心。前山阳亡徒苏令等从横,吏士临难,莫肯伏节死义,以守相威权素夺也。孝成皇帝悔之,下诏书,二千石不为纵,遣使者赐金,尉厚其意,诚以为国家有急,取办于二千石,二千石尊重难危,乃能使下。

　　孝宣皇帝爱其良民吏,有章劾,事留中,会赦一解。故事,尚书希下章,为烦扰百姓,证验系治,或死狱中,章文必有"敢告之"字又下。唯陛下留神于择贤,记善忘过,容忍臣子,勿责以备,二千石、部刺史、三辅县令有材任职者,人情不能不有过差,宜可阔略,令尽力者有所劝。此方今急务,国家之利也。前苏令发,欲遣大夫使逐问状,时见大夫无可使者,召盩厔令尹逢拜为谏大夫遣之。今诸大夫有材能者甚少,宜豫畜养可成就者,则士赴难不爱其死;临事仓卒乃求,非所以明朝廷也。

嘉因荐儒者公孙光、满昌及能吏萧咸、薛修等,皆故二千石有名称。天子纳而用之。

会息夫躬、孙宠等因中常侍宋弘上书告东平王云祝诅,又与后舅伍宏谋弑上为逆,云等伏诛,躬、宠擢为吏二千石。是时,侍中董贤爱幸于上,上欲侯之而未有所缘,傅嘉劝上因东平事以封贤。上于是定躬、宠告东平本章,掇去宋弘,更言因董贤以闻,欲以其功侯之,皆先赐爵关内侯。顷之,欲封贤等,上心惮嘉,乃先使皇后父孔乡侯傅晏持诏书视丞相御史。于是嘉与御史大夫贾延上封事言:"窃见董贤等三人始赐爵,众庶匈匈,咸曰贾贵,其余并蒙恩,至今流言未解。陛下仁恩于贤等不已,宜暴贤等本奏语言,延问公卿、大夫、博士、议郎,考合古今,明正其义,然后万加爵土;不然,恐大失众心,海内引领而议。暴其事,必有言当封者,在陛下所从;天下虽不说,咎有所分,不独在陛下。前定陵侯淳于长初封,其事亦议。大司农谷永以长当封,众人归咎于永,先帝不独蒙其讥。臣嘉、臣延材驽不称,死有余责。知顺指不逆,可得容身须臾,所以不敢者,思报厚恩也。"上感其言,止,数月,遂下诏封贤等,因以切责公卿曰:"朕居位以来,寝疾未瘳,反逆之谋相连不绝,贼乱之臣近侍帷幄。前东平王云与后谒祝诅朕,使侍医伍宏等内侍案脉,几危社稷,殆莫甚焉!昔楚有子玉得臣,晋文为之侧席而坐;近事,汲黯折淮南之谋。今云等至有图弑天子逆乱之谋者,是公卿股肱莫能悉心务聪明以销厌未萌之故。赖宗庙之灵,侍中、驸马都尉贤等发觉以闻,咸伏厥辜。《书》不云乎?'用德章厥善。'其封贤为

高安侯、南阳太守宠为方阳侯、左曹光禄大夫躬为宜陵侯。"

后数月,日食,举直言,嘉复奏封事曰:

　　臣闻咎繇戒帝舜曰:"亡敖佚欲有国,兢兢业业,一日二日万机。"箕子戒武王曰:"臣无有作威作福,亡有玉食;臣之有作威作福玉食,害于而家,凶于而国,人用侧颇辟,民用僭忒。"言如此则逆尊卑之序,乱阴阳之统,而害及王者,其国极危。国人倾仄不正,民用僭差不一,此君不由法度,上下失序之败也。武王躬履此道,隆至成、康。自是以后,纵心恣欲,法度陵迟,至于臣弑君,子弑父。父子至亲,失礼患生,何况异姓之臣?孔子曰:"道千乘之国,敬事而信,节用而爱人,使民以时。"孝文皇帝备行此道,海内蒙恩,为汉太宗。孝宣皇帝赏罚信明,施与有节,记人之功,忽于小过,以致治平。孝元皇帝奉承大业,温恭少欲,都内钱四十万万,水衡钱二十五万万,少府钱十八万万。尝幸上林,后宫冯贵人从临兽圈,猛兽惊出,贵人前当之,元帝嘉美其义,赐钱五万。掖庭见亲,有加赏赐,属其人勿众谢。示平恶偏,重失人心,赏赐节约。是时,外戚赏千万者少耳,故少府水衡见钱多也。虽遭初元、永光凶年饥馑,加有西羌之变,外奉师旅,内振贫民,终无倾危之忧,以府臧内充实也。孝成皇帝时,谏臣多言燕出之害,及女宠专爱,耽于酒色,损德伤年,其言甚切,然终不怨怒也。宠臣淳于长、张放、史育;育数贬退,家资不满千万;放斥逐就国;长榜死于狱。不以私爱害公义,故虽多内讥,朝廷安平,传业陛下。

　　陛下在国之时,好《诗》、《书》,上俭节,征来所过道上称诵德美,此天下所以回心也。初即位,易帷帐,去锦绣,乘舆席缘绨缯而已。共皇寝庙比比当作,忧闵元元,惟用度不足,以义割恩,辄且止息,今始作治。而驸马都尉董贤亦起官寺上林中,又为贤治大第,开门乡北阙,引王渠灌园池,使者护作,赏赐吏卒,甚于治宗庙。贤母病,长安厨给祠具,道中过者皆饮食。为贤治器,器成,奏御乃行,或物好,特赐其工,自贡献宗庙三宫,犹不至此。贤家有宾婚及见亲,诸官并共,赐及仓头奴婢,人十万钱。使者护视,发取市物,百贾震动,道路讙哗,群臣惶惑。诏书罢苑,而以赐贤二千余顷,均田之制从此堕坏。奢僭放纵,变乱阴阳,灾异众多,百姓讹言,持筹相惊,被发徒跣而走,乘马者驰,天惑其意,不能自止。或以为筹者策失之戒也。陛下素仁智慎事,今何有此大讥。

　　孔子曰:"危而不持,颠而不扶,则将安用彼相矣!"臣嘉幸得备位,窃内悲伤不能通愚忠之信;身死有益于国,不敢自惜。唯陛下慎己之所独乡,察众人之所共疑。往者宠臣邓通、韩嫣骄贵失度,逸豫无厌,小人不胜情欲,卒陷罪辜。乱国亡躯,不终其禄,所谓爱之适足以害之者也。宜深览前世,以节贤宠,全安其命。

于是上寖不说,而愈爱贤,不能自胜。

会祖母傅太后薨，上因托傅太后遗诏，令成帝母王太后下丞相、御史，益封贤二千户，及赐孔乡侯、汝昌侯、阳新侯国。嘉封还诏书，因奏封事谏上及太后曰："臣闻爵禄土地，天之有也。《书》云：'天命有德，五服五章哉！'王者代天爵人，尤宜慎之。裂地而封，不得其宜，则众庶不服，感动阴阳，其害疾自深。今圣体久不平，此臣嘉所内惧也。高安侯贤，佞幸之臣，陛下倾爵位以贵之，单货财以富之，损至尊以宠之，主威已黜，府藏已竭，唯恐不足。财皆民力所为，孝文皇帝欲起露台，重百金之费，克己不作。今贤散公赋以施私惠，一家至受千金，往古以来贵臣未尝有此，流闻四方，皆同怨之。里谚曰：'千人所指，无病而死。'臣常为之寒心。今太皇太后以永信太后遗诏，诏丞相、御史益封贤，赐三侯国，臣嘉窃惑。山崩地动，日食于三朝，皆阴侵阳之戒也。前贤已再封，晏、商再易邑，业缘私横求，恩已过厚，求索自恣，不知厌足，甚伤尊尊之义，不可以示天下，为害痛矣！臣骄侵罔，阴阳失节，气感相动，害及身体。陛下寝疾久不平，继嗣未立，宜思正万事，顺天人之心，以求福祐，奈何轻身肆意，不念高祖之勤苦垂立制度欲传之于无穷哉！《孝经》曰：'天子有争臣七人，虽无道，不失其天下。'臣谨封上诏书，不敢露见，非爱死而不自法，恐天下闻之，故不敢自劾。愚戆数犯忌讳，唯陛下省察。"

初，廷尉梁相与丞相长史、御史中丞及五二千石杂治东平王云狱，时冬月未尽二旬，而相心疑云冤，狱有饰辞，奏欲传之长安，更下公卿复治。尚书令鞫谭、仆射宗伯凤以为可许。天子以相等皆见上体不平，外内顾望，操持两心，幸云逾冬，无讨贼疾恶主雠之意，制诏免相等皆为庶人。后数月大赦，嘉奏封事荐相等明习治狱，"相计谋深沉，谭颇知雅文，凤经明行修，圣王有计功除过，臣窃为朝廷惜此三人。"书奏，上不能平。后二十余日，嘉封还益董贤户事，上乃发怒，召嘉诣尚书，责问以："相等前坐在位不尽忠诚，外附诸侯，操持两心，背人臣之义，今所称相等材美，足以相计除罪。君以道德，位在三公，以总方略一统万类分明善恶为职，知相等罪恶陈列，著闻天下，时辄以自劾，今又称誉相等，云为朝廷惜之。大臣举错，恣心自在，迷国罔上，近由君始，将谓远者何！对状。"嘉免冠谢罪。

事下将军中朝者。光禄大夫孔光、左将军公孙禄、右将军王安、光禄勋马宫、光禄大夫龚胜劾嘉迷国罔上不道，请与廷尉杂治。胜独以为嘉备宰相，诸事并废，咎由嘉生；嘉坐荐相等，微薄，以应迷国罔上不道，恐不可以示天下。遂可光等奏。

光等请谒者召嘉诣廷尉诏狱，制曰："票骑将军、御史大夫、中二千石、二千石、诸大夫、博士、议郎议"；卫尉云等五十人以为："如光等言可许。"议郎龚等以为："嘉言事前后相违，无所执守，不任宰相之职，宜夺爵土，免为庶人。"永信少府猛等十人以为："圣王断狱，必先原心定罪，探意立情，故死者不抱恨而入地，生者不衔怨而受罪。明主躬圣德，重大臣刑辟，广延有司议，欲使海内咸服。嘉罪名虽应法，圣王之于大臣，在舆则下，御坐则起，疾病视之

无数，死则临吊之，废宗庙之祭，进之以礼，退之以义，诔之以行。案嘉本以相等为罪，罪恶虽著，大臣括发关械、裸躬就笞，非所以重国褒宗庙也。今春月寒气错缪，霜露虽降，宜示天下以宽和。臣等不知大义，唯陛下察焉。"有诏假谒者节，召丞相诣廷尉诏狱。

使者既到府，掾史涕泣，共和药进嘉，嘉不肯服。主簿曰："将相不对理陈冤，相踵以为故事，君侯宜引决。"使者危坐府门上。主簿复前进药，嘉引药杯以击地，谓官属曰："丞相幸得备位三公，奉职负国，当伏刑都市以示万众。丞相岂儿女子邪，何谓咀药而死！"嘉遂装出，见使者再拜受诏，乘吏小车，去盖不冠，随使者诣廷尉。廷尉收嘉丞相、新甫侯印绶，缚嘉载致都船诏狱。

上闻嘉生自诣吏，大怒，使将军以下与五二千石杂治。吏诘问嘉，嘉对曰："案事者思得实。窃见相等前治东平王狱，不以云为不当死，欲关公卿示重慎；置驿马传囚，势不得逾冬月，诚不见其外内顾望阿附为云验。复幸得蒙大赦，相等皆良善吏，臣窃为国惜贤，不私此三人。"狱吏曰："苟如此，则君何以为罪犹当？有以负国，不空入狱矣。"吏稍侵辱嘉，嘉喟然卬天叹曰："幸得充备宰相，不能进贤、退不肖，以是负国，死有余责。"吏问贤、不肖主名，嘉曰："贤，故丞相孔光、故大司空何武，不能进；恶，高安侯董贤父子，佞邪乱朝，而不能退。罪当死，死无所恨。"嘉系狱二十余日，不食，欧血而死。帝舅大司马票骑将军丁明素重嘉而怜之，上遂免明，以董贤代之，语在《贤传》。

嘉为相三年诛，国除。死后上览其对而思嘉言，复以孔光代嘉为丞相，征用何武为御史大夫。元始四年，诏书追录忠臣，封嘉子崇为新甫侯，追谥嘉为忠侯。

师丹字仲公，琅邪东武人也。治《诗》，事匡衡。举孝廉为郎。元帝末，为博士，免。建始中，州举茂才，复补博士，出为东平王太傅。丞相方进、御史大夫孔光举丹论议深博、廉正守道，征入为光禄大夫、丞相司直。数月，复以光禄大夫给事中，由是为少府、光禄勋、侍中，甚见尊重。成帝末年，立定陶王为皇太子，以丹为太子太傅。哀帝即位，为左将军，赐爵关内侯，食邑，领尚书事，遂代王莽为大司马，封高乐侯。月余，徙为大司空。

丹少在国，见成帝委政外家，王氏僭盛，常内邑邑。即位，多欲有所匡正。封拜丁、傅，夺王氏权。丹自以师傅居三公位，得信于上，上书言："古者谅闇不言，听于冢宰，三年无改于父之道。前大行尸柩在堂，而官爵臣等以及亲属，赫然皆贵宠。封舅为阳安侯，皇后尊号未定，豫封父为孔乡侯。出侍中王邑、射声校尉王邯等。诏书比下，变动政事，卒暴无渐。臣纵不能明陈大义，复曾不能牢让爵位，相随空受封侯，增益陛下之过。间者郡国多地动，水出流杀人民，日月不明，五星失行，此皆举错失中，号令不定，法度失理，阴阳混浊之应也。臣伏惟人情无子，年虽六七十，犹博取而广求。孝成皇帝深见天命，烛知至德，以壮年克己，立陛下为嗣。先帝暴弃天下而陛下继体，四海安宁，百姓不惧，此先帝圣德当合天人之功也。臣闻天威不违颜咫尺，愿陛下深思先帝所以建立陛下之意。且克己躬行以观

群下之从化。天下者,陛下之家也,肺附何患不富贵,不宜仓卒。先帝不量臣愚,以为太傅,陛下以臣托师傅,故亡功德而备鼎足,封大国,加赐黄金,位为三公,职在左右,不能尽忠补过,而令庶人窃议,灾异数见,此臣之大罪也。臣不敢言乞骸骨归于海濒,恐嫌于伪。诚惭负重责,义不得不尽死。"书数十上,多切直之言。

初,哀帝即位,成帝母称太皇太后,成帝赵皇后称皇太后,而上祖母傅太后与母丁后皆在国邸,自以定陶共王为称。高昌侯董宏上书言:"秦庄襄王母本夏氏,而为华阳夫人所子,及即位后,俱称太后。宜立定陶共王后为皇太后。"事下有司,时丹以左将军与大司马王莽共劾奏宏:"知皇太后至尊之号,天下一统,而称引亡秦以为比喻,诖误圣朝,非所宜言,大不道。"上新立,谦让,纳用莽、丹言,免宏为庶人。傅太后大怒,要上欲必称尊号,上于是追尊定陶共王为共皇,尊傅太后为共皇太后,丁后为共皇后。郎中令泠褒、黄门郎段犹等复奏言:"定陶共皇太后、共皇后皆不宜复引定陶藩国之名以冠大号,车马衣服宜皆称皇之意,置吏二千石以下各供厥职,又宜为共皇立庙京师。"上复下其议,有司皆以为宜如褒、犹言。丹议独曰:"圣王制礼取法于天地,故尊卑之礼明则人伦之序正,人伦之序正则乾坤得其位而阴阳顺其节,人主与万民俱蒙祐福。尊卑者,所以正天地之位,不可乱也。今定陶共皇太后、共皇后以定陶共为号者,母从子、妻从夫之义也。欲立官置吏,车服与太皇太后并,非所以明尊卑亡二上之义也。定陶共皇号谥已前定,义不得复改。《礼》:'父为士,子为天子,祭以天子,其尸服以士服'。子亡爵父之义,尊父母也。为人后者为之子,故为所后服斩衰三年,而降其父母期,明尊本祖而重正统也。孝成皇帝圣恩深远,故为共王立后,奉承祭祀,今共皇长为一国太祖,万世不毁,恩义已备。陛下既继体先帝,持重大宗,承宗庙天地社稷之祀,义不得复奉定陶共皇祭入其庙。今欲立庙于京师,而使臣下祭,是无主也。又亲尽当毁,空去一国太祖不堕之祀,而就无主当毁不正之礼,非所以尊厚共皇也。"丹由是浸不合上意。

会有上书言古者以龟贝为货,今以钱易之,民以故贫,宜可改币。上以问丹,丹对言可改。章下有司议,皆以为行钱以来久,难卒变易。丹老人,忘其前语,后从公卿议。又丹使吏书奏,吏私写其草,丁、傅子弟闻之,使人上书告丹上封事行道人遍持其书。上以问将军中朝臣,皆对曰:"忠臣不显谏,大臣奏事不宜漏泄,令吏民传写流闻四方。'臣不密则失身',宜下廷尉治。"事下廷尉,廷尉劾丹大不敬。事未决,给事中博士申咸、炔钦上书,言"丹经行无比,自近世大臣能若丹者少。发愤懑,奏封事,不及深思远虑,使主簿书,漏泄之过不在丹。以此贬黜,恐不厌众心。"尚书劾咸、钦:"幸得以儒官选擢备腹心,上所折中定疑,知丹社稷重臣,议républ处罚,国之所慎,咸、钦初傅经义以为当治,事以暴列,乃复上书妄称誉丹,前后相违,不敬。"上贬咸、钦秩各二等。遂策免丹曰:"夫三公者,朕之腹心也,辅善相过,匡率百僚,和合天下者也。朕既不明,委政于公,间者阴阳不调,寒暑失常,变异屡臻,山崩地

震,河决泉涌,流杀人民,百姓流连,无所归心,司空之职尤废焉。君在位出入三年,未闻忠言嘉谋,而反有朋党相进不公之名。乃者以挺力田议改币章示君,君内为朕建可改不疑;以君之言博考朝臣,君乃希众雷同,外以为不便,令观听者归非于朕。朕隐忍不宣,为君愈愆。朕疾夫比周之徒虚伪坏化浸以成俗,故屡以书饬君;几君省过求己,而反不受,退有后言。及君奏封事,传于道路,布闻朝市,言事者以为大臣不忠,幸陷重辟,获虚采名,谤讥訩訩,流于四方。腹心如此,谓疏者何?殆谬于二人同心之利焉,将何以率示群下,附亲远方?朕惟君位尊任重,虑不周密,怀谖迷国,进退违命,反复异言,甚为君耻之,非所以共承天地,永保国家之意。以君尝托傅位,未忍考于理,已诏有司赦君勿治。其上大司空高乐侯印绶,罢归。"

尚书令唐林上疏曰:"窃见免大司空丹策书,泰深痛切,君子作文,为贤者讳。丹经为世儒宗,德为国黄耇,亲傅圣躬,位在三公,所坐者微,海内未见其大过,事既已往,免爵大重,京师识者咸以为宜复丹邑爵,使奉朝请,四方所瞻仰也。惟陛下财览众心,有以尉复师傅之臣。"上从林言,下诏赐丹爵关内侯,食邑三百户。

丹既免数月,上用朱博议,尊傅太后为皇太太后,丁后为帝太后,与太皇太后及皇后同尊,又为共皇立庙京师,仪如孝元皇帝。博迁为丞相,复与御史大夫赵玄奏言:"前高昌侯宏首建尊号之议,而为丹所劾奏,免为庶人。时天下衰粗,委政于丹。丹不深惟褒广尊亲之义而妄称说,抑贬尊号,亏损孝道,不忠莫大焉。陛下圣仁,昭然定号,宏以忠孝复封高昌侯。丹恶逆暴著,虽蒙赦令,不宜有爵邑,请免为庶人。"奏可。丹于是废归乡里者数年。

平帝即位,新都侯王莽白太皇太后发掘傅太后、丁太后冢,夺其玺绶,更以民葬之,定陶隳废共皇庙。诸造议泠褒、段犹等皆徙合浦,复免高昌侯宏为庶人。征丹诣公车,赐爵关内侯,食故邑。数月,太皇太后诏大司徒、大司空曰:"夫褒有德,赏元功,先圣之制,百王不易之道也。故定陶太后造称僭号,甚悖义理。关内侯师丹端诚于国,不顾患难,执忠节,据圣法,分明尊卑之制,确然有柱石之固,临大节而不可夺,可谓社稷之臣矣。有司条奏邪臣建定称号者已放退,而丹功赏未加,殆缪乎先赏后罚之义,非所以章有德报厥功也。其以厚丘之中乡户二千一百封丹为义阳侯。"月余薨,谥曰节侯。子业嗣,王莽败乃绝。

赞曰:何武之举,王嘉之争,师丹之议,考其祸福,乃效于后。当王莽之作,外内咸服,董贤之爱,疑于亲戚,武、嘉区区,以一蒉障江河,用没其身。丹与董宏更受赏罚,哀哉!故曰"依世则废道,违俗则危殆",此古人所以难受爵位者也。

卷八十七上 扬雄传第五十七上

扬雄字子云,蜀郡成都人也。其先出自有周伯侨者,

以支庶初食采于晋之扬,因氏焉,不知伯侨周何别也。扬在河、汾之间,周衰而扬氏或称侯,号曰扬侯。会晋六卿争权,韩、魏、赵兴而范中行、知伯弊。当是时,逼扬侯,扬侯逃于楚巫山,因家焉。楚汉之兴也,扬氏溯江上,处巴江州。而扬季官至庐江太守。汉元鼎间避仇复溯江上,处岷山之阳曰郫,有田一廛,有宅一区,世世以农桑为业。自季至雄,五世而传一子,故雄亡它扬于蜀。

雄少而好学,不为章句,训诂通而已,博览无所不见。为人简易佚荡,口吃不能剧谈,默而好深湛之思,清静亡为,少耆欲,不汲汲于富贵,不戚戚于贫贱,不修廉隅以徼名当世。家产不过十金,乏无儋石之储,晏如也。自有大度:非圣哲之书不好也;非其意,虽富贵不事也。顾尝好辞赋。

先是时,蜀有司马相如,作赋甚弘丽温雅,雄心壮之,每作赋,常拟之以为式。又怪屈原文过相如,至不容,作《离骚》,自投江而死,悲其文,读之未尝不流涕也。以为君子得时则大行,得不时则龙蛇,遇不遇命也,何必湛身哉!乃作书,往往摭《离骚》文而反之,自岷山投诸江流以吊屈原,名曰《反离骚》;又旁《离骚》作重一篇,名曰《广骚》;又旁《惜诵》以下至《怀沙》一卷,名曰《畔牢愁》。《畔牢愁》、《广骚》文多,不载,独载《反离骚》,其辞曰:

有周氏之蝉嫣兮,或鼻祖于汾隅,灵宗初谍伯侨兮,流于末之扬侯。淑周楚之丰烈兮,超既离乎皇波,因江潭而泋托兮,钦吊楚之湘累。

惟天轨之不辟兮,何纯洁而离纷!纷累以其涴涊兮,暗累以其缤纷。

汉十世之阳朔兮,招摇纪于周正,正皇天之清则兮,度后土之方贞。图累承彼洪族兮,又览累之昌辞,带钩矩而佩衡兮,履欃枪以为綦。素初贮厥丽服兮,何文肆而质䩦!资娵、娃之珍髢兮,鬻九戎而索赖。

凤皇翔于蓬陼兮,岂驾鹅之能捷!骋骅骝以曲艰兮,驴骡连蹇而齐足。枳棘之榛榛兮,蝯狖拟而不敢下,灵修既信椒、兰之唵佞兮,吾累忽焉而不蚤睹?

衿芰茄之绿衣兮,被夫容之朱裳,芳酷烈而莫闻兮,不如襞而幽之离房。闺中容竞淖约兮,相态以丽佳,知众嫭之嫉妒兮,何必扬累之蛾眉?

懿神龙之渊潜,俟庆云而将举,亡春风之被离兮,孰焉知龙之所处?愍吾累之众芬兮,扬烨烨之芳苓,遭季夏之凝霜兮,庆夭悴而丧荣。

横江、湘以南泋兮,云走乎彼苍吾,驰江潭之泛溢兮,将折衷乎重华。舒中情之烦或兮,恐重华之不累与,陵阳侯之素波兮,岂吾累之独见许?

精琼靡与秋菊兮,将以延夭天年;临汨罗而自陨兮,恐日薄于西山。解扶桑之总辔兮,纵令之遂奔驰,鸾皇腾而不属兮,岂独飞廉与云师!

卷薜芷与若蕙兮,临湘渊而投之;棍申椒与菌桂兮,赴江湖而沤之。费椒稍以要神兮,又勤索彼琼茅,违灵氛而不从兮,反湛身于江皋!

累既攀夫傅说兮,奚不信而遂行?徒恐鹈䳌之将鸣兮,顾先百草为不芳!

初累弃彼虙妃兮,更思瑶台之逸女,抨雄鸩以作媒兮,何百离而曾不一耦!乘云蜺之旖柅兮,望昆仑以樛流,览四荒而顾怀兮,奚必云女彼高丘?

既亡鸾车之幽蔼兮,驾八龙之委蛇?临江濒而掩涕兮,何有《九招》与《九歌》?夫圣哲之遭兮,固时命之所有;虽增欷以于邑兮,吾恐灵修之不累改。昔仲尼之去鲁兮,斐斐迟迟而周迈,终回复于旧都兮,何必湘渊与涛濑!混渔父之铺歠兮,洁沐浴之振衣,弃由、聃之所珍兮,蹠彭咸之所遗!

孝成帝时,客有荐雄文似相如者,上方郊祠甘泉泰畤、汾阴后土,以求继嗣,召雄待诏承明之庭。正月,从上甘泉,还奏《甘泉赋》以风。其辞曰:

惟汉十世,将郊上玄,定泰畤,雍神休,尊明号,同符三皇,录功五帝,恤胤锡羡,拓迹开统。于是乃命群僚,历吉日,协灵辰,星陈而天行。诏招摇与泰阴兮,伏钩陈使当兮,属堪舆以壁垒兮,梢夔、魖而抶獝狂。八神奔而警跸兮,振殿辚而军装,蚩尤之伦带干将而秉玉戚兮,飞蒙茸而走陆梁。齐总总撙撙,其相胶葛兮,森骇云讯,奋以方攘兮,骈罗列布,鳞以杂沓兮,柴虒参差,鱼颔而鸟睎;翕赫曶霍,雾集蒙合兮,半散照烂,粲以成章。

于是乘舆乃登夫凤皇兮翳华芝,驷苍螭兮六素虬,蠖略蕤绥,漓乎幓缅。帅尔阴闭,霅然阳开,腾清霄而轶浮景兮,夫何旟旐郅偈之旖柅也!流星旄以电烛兮,咸翠盖而鸾旗。敦万骑于中营兮,方玉车之千乘。声驷隐以陆离兮,轻先疾雷而驱遗风。陵高衍之嵱嵷兮,超纡谲之清澄。登椽栾而杠天门兮,驰阊阖而入凌兢。

是时未臻夫甘泉也,乃望通天之绎绎。下阴潜以惨廪兮,上洪纷而相错,直嶢嶢以造天兮,厥高庆而不可乎疆度。平原唐其坛曼兮,列新雉于林薄;攒并闾与茇苦兮,纷被丽其亡鄂。崇丘陵之駊騀乎,深沟嵌岩而为谷;往往离宫般以相烛兮,封峦石关施靡乎延属。

于是大夏云谲波诡,摧崔而成观,仰挢首以高视兮,目冥眴而亡见。正浏滥以弘惝兮,指东西之漫漫,徒回回以徨徨兮,魂固眇眇而昏乱。据轸轩而周流兮,忽軮轧而亡垠。翠玉树之青葱兮,璧马犀之瞵瑠。金人仡仡其承钟虡兮,嵌岩岩其龙鳞,扬光曜之燎烛兮,乘景炎之炘炘,配帝居之县圃兮,象泰壹之威神。洪台掘其独出兮,撠北极之嶟嶟,列宿乃施于上荣兮,日月才经于柍桭,雷郁律而岩突兮,电倐忽于墙藩。鬼魅不能自还兮,半仆途而下颠。历倒景而绝飞梁兮,浮蔑蠓而撇天。

左欃枪右玄冥兮,前熛阙后应门,阴西海与幽都兮,涌醴汨以生川。蛟龙连蜷于东厓兮,白虎敦圉乎昆仑。览樛流于高光兮,溶方皇于西清。前殿崔巍兮,和氏珑玲,炕浮柱之飞榱兮,神莫莫而扶倾,阅阆阆其寥廓兮,似紫宫之峥嵘。骈交错而曼衍兮,㟪崾隗乎其相婴。乘云阁而上下兮,纷蒙笼以捃成。曳红采之流离兮,飏翠气之宛延。袭琁室与倾宫兮,若登高妙远,肃乎临渊。

回猋肆其砀骇兮,披桂椒,郁栘杨。香芬茀以穹隆兮,击薄栌而将荣。芳酷烈以捃根兮,声驲隐而历钟,排玉户而飏金铺,发兰蕙与芎䓖。惟䍨骦其拂汩兮,稍暗暗而靓深。阴阳清浊穆羽相和兮,若夔、牙之调琴。㲉、倕弃其剞劂兮,王尔投其钩绳。虽方征侨与偓佺兮,犹仿佛其若梦。

于是事变物化,目骇耳回,盖天子穆然珍台闲馆琁题玉英蜩蝼濩之中,惟夫所以澄心清魂,储精垂思,感动天地,逆厘三神者。乃搜逑索偶皋、伊之徒,冠伦魁能,函甘棠之惠,挟东征之意,相与齐乎阳灵之宫。廱薜荔而为席兮,折琼枝以为芳,噏清云之流瑕兮,饮若木之露英,集乎礼神之囿,登乎颂祇之堂。建光耀之长旓兮,昭华覆之威威,攀琁玑而下视兮,行游目乎三危,陈众车于东坑兮,肆玉钦而下驰,漂龙渊而还九垠兮,窥地底而上回。风㶇㶇而扶辖兮,鸾凤纷其御蕤,梁弱水之濎濙兮,蹈不周之逶蛇,想西王母欣然而上寿兮,屏玉女而却虙妃。玉女无所眺其清庐兮,虙妃曾不得施其蛾眉。方揽道德之精刚兮,俾神明与之为资。

于是钦紫宗祈,燎熏皇天,招繇泰壹。举洪颐,树灵旗。橾蒸焜上,配藜四施,东烛仓海,西耀流沙,北炳幽都,南炀丹厓。玄瓒觩㪨,秬鬯泔淡,肸向丰融,懿懿芬芬。炎感黄龙兮,熛讹硕麟,选巫咸兮叫帝阍,开天庭兮延群神。傱暗蔼兮降清坛,瑞穰穰兮委如山。

于是事毕功弘,回车而归,度三峦兮偈棠梨。天閴决兮地垠开,八荒协兮万国谐。登长平兮雷鼓礚,天声起兮勇士厉,云飞扬兮雨滂沛,于胥德兮丽万世。

乱曰:崇崇圜丘,隆隐天兮,登降峛崺,单埢垣兮。增宫嶙嵯,駢嵯峨兮,岭嶒崚峋,洞亡厓兮。上天之縡,杳旭卉兮,圣皇穆穆,信厥对兮。俅祇郊禋,神所依兮,徘徊招摇,灵迟迟兮。辉光眩耀,隆厥福兮,子子孙孙,长亡极兮。

甘泉本因秦离宫,既奢泰,而武帝复增通天、高光、迎风。宫外近则洪厓、旁皇、储胥、弩阹,远则石关、封峦、枝鹊、露寒、棠梨、师得,游观屈奇瑰玮,非木摩而不雕,墙涂而不画,周宣所考,殷庚所迁,夏卑宫室,唐、虞棌椽三等之制也。且为其已久矣,非成帝所造,欲谏则非时,欲默则不能已,故遂推而隆之,乃上比于帝室紫宫,若曰此非人力之所为,党鬼神可也。又是时赵昭仪方大幸,每上甘泉,常法从,在属车间豹尾中。故雄聊盛言车骑之众,参丽之驾,非所以感动天地,逆厘三神。又言"屏玉女,却虙妃",以微戒齐肃之事。赋成,奏之,天子异焉。

其三月,将祭后土,上乃帅群臣横大河,凑汾阴。既祭,行游介山,回安邑,顾龙门,览盐池,登历观,陟西岳以望八荒,迹殷、周之虚,眇然以思唐、虞之风。雄以为临川羡鱼不如归而结网,还,上《河东赋》以劝,其辞曰:

伊年暮春,将瘗后土,礼灵祇,谒汾阴于东郊,因兹以勒崇垂鸿,发祥隤祉,钦若神明者,盛哉铄乎,越不可载已!于是命群臣,齐法服,整灵舆,乃抚翠凤之驾,六先景之乘,掉奔星之流旃,覆天狼之威弧。张耀日之玄旄,扬左纛,被云梢。奋电鞭,骖雷辎,鸣洪钟,建五旗。羲和司日,颜伦奉舆,风发飙拂,神腾鬼趡;千乘霆乱,万骑屈桥,嘻嘻旭旭,天地稠㟼。籖丘跳峦,涌渭跃泾。秦神下讋,跖魂负㳿;河灵矍踢,掌华蹈衰。遂臻阴宫,穆穆肃肃,蹲蹲如也。

灵祇既乡,五位时叙,絪缊玄黄,将绍厥后。于是灵舆安步,周流容与,以览乎介山。嗟文公而愍推兮,勤大禹于龙门,洒沈灾于豁渫兮,播九河于东濒。登历观而遥望兮,聊浮游以经营。乐往昔之遗风兮,喜虞氏之所耕。瞰帝唐之嵩高兮,眽隆周之大宁。汩低回而不能去兮,行睨陔下与彭城。秽南巢之坎坷兮,易幽岐之夷平。乘翠龙而超河兮,陟西岳之峣崝。云霏霏而来迎兮,泽渗漓而下降,郁萧条其幽蔼兮,滃泛沛以丰隆。叱风伯于南北兮,呵雨师于西东,参天地而独立兮,廓荡荡其亡双。

遵逝乎归来,以函夏之大汉兮,彼曾何足与比功?建《乾》、《坤》之贞兆兮,将悉总之以群龙。丽钩芒与骖蓐收兮,服玄冥及祝融。敦众神使式道兮,奋《六经》以摅颂。喻于穆之缉熙兮,过《清庙》之雍雍,轶五帝之遐迹兮,蹑三皇之高踪。既发轫于平盈兮,谁谓路远而不能从?

其十二羽猎,雄从。以为昔在二帝、三王,宫馆、台榭、沼池、苑囿、林麓、薮泽,财足以奉郊庙、御宾客、充庖厨而已,不夺百姓膏腴谷土桑柘之地。女有余布,男有余粟,国家殷富,上下交足,故甘露零其庭。醴泉流其唐,凤皇巢其树,黄龙游其沼,麒麟臻其囿,神爵栖其林。昔者禹任益虞而上下和,草木茂;成汤好田而天下用足;文王囿百里,民以为尚小,齐宣王囿四十里,民以为大:裕民之与夺民也。武帝广开上林,南至宜春、鼎胡、御宿、昆吾,旁南山而西,至长杨、五柞,北绕黄山,濒渭而东,周袤数百里,穿昆明池象滇河,营建章、凤阙、神明、馺娑、渐台、泰液象海水,周流方丈、瀛洲、蓬莱。游观侈靡,穷妙极丽。虽颇割其三垂以赡齐民,然至羽猎、田车、戎马、器械、储偫、禁御所营,尚泰奢丽夸诩,非尧、舜、成汤、文王三驱之意也。又恐后世复修前好,不折中以泉台,故聊因《校猎赋》以风,其辞曰:

或称戏、农,岂或帝王之弥文哉?论者云否,各亦并时而得宜,奚必同条而共贯?则泰山之封,乌得七十而有二仪?是以创业垂统者俱不见其爽,遐迹五三孰知其是非?遂作颂曰:丽哉神圣,处于玄宫,富既与地乎侔訾,贵正与天乎比崇。齐桓曾不足使扶毂,楚严未足以为骖乘,狭三王之厄薜,峤高举而大兴;历五帝之寥廓,涉三皇之登闳;建道德以为师,友仁义与为朋。

于是玄冬季月,天地隆烈,万物权舆于内,徂落于外,帝将惟田于灵之囿,开北垠,受不周之制,以终始颛顼、玄冥之统。乃诏虞人典泽,东延昆邻,西驰阊阖。储积共偫。戍卒夹道。斩丛棘,夷野草,御自汧、渭,经营酆、镐,章皇周流,出入日月,天与地杳。尔乃虎路三嵏以为司马,围经百里而为殿门。外则正南极海,邪界虞渊,鸿蒙沆茫,碣以崇山。营合围会,然后先置乎白杨之南,昆明灵沼之东。贲、育之伦,蒙盾负羽,杖镆邪而罗者以万计,其余荷垂天之毕,张竟野之罘,靡日月之朱竿,曳彗星之飞旗,青云为纷,红蜺为缳,属之乎昆仑之虚,涣若天星之罗,浩如涛水之波,淫淫与与,前后要遮。欐枪为闉,明月为候,荧惑司命,天弧发射,鲜扁陆离,骈衍佖路。徽车轻武,鸿絧缅猎,殷殷轸轸,被陵缘阪,穷冥极远者,相与迾乎高原之上;羽骑营营,旷分殊事,缤纷往来,轠轳不绝,若光若灭者,布乎青林之下。

于是天子乃以阳晁始出乎玄宫,撞鸿钟,建九旒,六白虎,载灵舆,蚩尤并毂,蒙公先驱。立历天之旂,曳捎星之旃,辟历列缺,吐火施鞭。萃似允溶,淋离廓落,戏八镇而开关;飞廉、云师,吸嚊潚率,鳞罗布列,攒以龙翰。秋秋跄跄,入西园,切神光,望平乐,径竹林,蹂蕙圃,践兰唐。举烽烈火,辔者施披,方驰千驷,校骑万师。虓虎之陈,从横胶輵,猋泣雷厉,骁骑骈磕,汹汹旭旭,天动地岋。羡漫半散,萧条数千里外。

若夫壮士慷慨,殊乡别趣,东西南北,骋耆奔欲。拖苍豨,跋犀犝,蹶浮麋。斮巨狿,搏玄猨,腾空虚,距连卷。踔夭蟜,娭涧门,莫莫纷纷,山谷为之风飚,林丛为之生尘。及至获夷之徒,蹶松柏,掌疾梨;猎蒙茏,轔轻飞;履般首,带修蛇,钩赤豹,挈象犀;跐峦坑,超唐陂。车骑云会,登降暗漓,泰华为旈,熊耳为缀。木仆山还,漫若天外,储与乎大溥,聊浪乎宇内。

于是天清日晏,逢蒙列眥,羿氏控弦,皇车幽辖,光纯天地,望舒弥辔,翼乎徐至于上兰。移围徙陈,浸淫蹴部,曲队坚重,各按行伍。壁垒天旋,神扶电击,逢之则碎,近之则破,鸟不及飞,兽不得过,军惊师骇,刮野扫地。及至罕车飞扬,武骑聿皇,蹈飞豹,绢嗥阳;追天宝,出一方;应驲声,击流光。野尽山穷,囊括其雌雄,沈沈容容,遥嚎乎纮中。三军芒然,穷冘阏与,亶观夫票禽之绁隃,犀兕之抵触,熊罴之挐攫,虎豹之凌遽,徒角抢题注,蹷棘䓪怖,魂亡魄失,触辐关脰。妄发期中,进退履获,创淫轮夷,丘累陵聚。

于是禽殚中衰,相与集于靖冥之馆,以临珍池。灌以岐梁,溢以江河,东瞰目尽,西畅亡崖,随珠和氏,焯烁其陂。玉石嶜岑,眩耀青荧,汉女水潜,怪物暗冥,不可殚形。玄鸾孔雀,翡翠垂荣,王雎关关,鸿雁嘤嘤,群娭乎其中,噍噍昆鸣,凫鹥振鹭,上下砰磅,声若雷霆。乃使文身之伎,水格鳞虫,凌坚冰,犯严渊,探岩排碕,薄索蛟螭,蹈獖獭,据鼋鼍,抾灵蠵。入洞穴,出苍梧,乘巨鳞,骑京鱼。浮彭蠡,目有虞,方椎夜光之流离,剖明月之珠胎,鞭洛水之虙妃,饷屈原与彭胥。

于兹乎鸿生巨儒,俄轩冕,杂衣裳,修唐典,匡《雅》、《颂》,揖让于前。昭光振耀,蠁曶如神,仁声惠于北狄,武义动于南邻。是以旃裘之王,胡貉之长,移珍来享,抗手称臣。前入围口,后陈卢山。群公常伯杨朱、墨翟之徒喟然称曰:"崇哉乎德,虽有唐、虞、大夏、成周之隆,何以侈兹!太古之衁东岳,禅梁基,舍此世也,其谁与哉?"

上犹谦让而未俞也,方将上猎三灵之流,下决醴泉之滋,发黄龙之穴,窥凤皇之巢,临麒麟之囿,幸神雀之林;奢云梦,侈孟诸,非章华,是灵台,罕祖离宫而辍观游,土事不饰,木功不雕,承民乎农桑,劝之以弗追,侪男女使莫违;恐贫穷者不遍被泽溢之饶,开禁苑,散公储,创道德之囿,弘仁惠之虞,驰弋乎神明之囿,览观乎群臣之有亡;放雉菟,收罝罘,糜鹿刍荛与百姓共之,盖所以臻兹也。于是醇洪鬯之德,丰茂世之规,加劳三皇,勋勤五帝,不亦至乎!乃祗庄雍穆之徒,立君臣之节,崇贤圣之业,未皇苑囿之丽,游猎之靡也,因回轸还衡,背阿房,反未央。

卷八十七下　扬雄传第五十七下

明年,上将大夸胡人以多禽兽,秋,命右扶风发民入南山,西自褒斜,东至弘农,南驱汉中,张罗罔罝罦,捕熊罴、豪猪、虎豹、狖玃、狐菟、麋鹿,载以槛车,输长杨射熊馆。以罔为周阹,纵禽兽其中,令胡人手搏之,自取其获,上亲临观焉。是时,农民不得收敛。雄从至射熊馆,还,上《长杨赋》,聊因笔墨之成文章,故借翰林以为主人,子墨为客卿以风。其辞曰:

子墨客卿问于翰林主人曰:"盖闻圣主之养民也,仁沾而恩洽,动不为身。今年猎长杨,先命右扶风,左太华而右褒斜,椓嶻嶭而为弋,纡南山以为罝,罗千乘于林莽,列万骑于山隅,帅军踤阹,锡戎获胡。扼熊罴,拖豪猪,木雍枪累,以为储胥,此天下之穷览极观也。虽然,亦颇扰于农民。三旬有余,其廑至矣,而功不图,恐不识者,外之则以为娱乐之游,内之则不以为干豆之事,岂为民乎哉!且人君以玄默为神,淡泊为德,今乐远出以露威灵,数摇动以罢车甲,本非人主之急务也,蒙窃或焉。"

翰林主人曰:"吁,谓之兹邪!若客,所谓知其一未睹其二,见其外不识其内者也。仆尝倦谈,不能一二其详,请略举凡,而客自览其切焉。"

客曰:"唯,唯。"

主人曰:"昔有强秦,封豕其士,窫窳其民,凿齿之徒相与摩牙而争之,豪俊麋沸云扰,群黎为之不康。于是上帝眷顾高祖,高祖奉命,顺斗极,运天关,横巨海,票昆仑,提剑而叱之,所麾城摲邑,下将降旗,一日之战,不可殚记。当此之勤,头蓬不暇疏,饥不及餐,辊鏊生虮虱,介胄被沾汗,以为万姓请命乎皇天。乃展民之所诎,振民之所乏,规亿载,恢帝业,七年之间而天下密如也。

"逮至圣文,随风乘流,方垂意于至宁,躬服节俭,绨衣不敝,革鞜不穿,大厦不居,木器无文。于是后宫贱玳瑁而疏珠玑,却翡翠之饰,除雕瑑之巧,恶丽靡而不近,斥芬芳而不御,抑止丝竹晏衍之乐,憎闻郑、卫幼眇之声,是以玉衡正而太阶平也。

"其后熏鬻作虐,东夷横畔,羌戎睚眦,闽越相乱,遐萌为之不安,中国蒙被其难。于是圣武勃怒,爰整其旅,乃命票、卫,汾沄沸渭,云合电发,飘腾波流,机骇蜂轶,疾如奔星,击如震霆,砰轒辒,破穹庐,脑沙幕,髓余吾。遂猎乎王延。驱橐它,烧熐蠡,分梨单于,磔裂属国,夷坑谷,拔卤莽,刊山石。蹂尸舆厮,系累老弱,充牣撎耆,金镞淫夷者数十万人,皆稽颡树颔,扶服蛾伏,二十余年矣,尚不敢惕息。夫天兵四临,幽都先加,回戈邪指,南越相夷,靡节西征,羌僰东驰。是以遐方疏俗殊邻绝党之域,自上仁所不化,茂德所不绥,莫不跂足抗手,请献厥珍,使海内淡然,永亡边城之灾,金革之患。

"今朝廷纯仁,遵道显义,并包书林,圣风云靡;英华沉浮,洋溢八区,晋天所覆,莫不沾濡;士有不谈王道者则樵夫笑之。故意者以为事罔隆而不杀,物靡盛而不亏,故平不肆险,安不忘危。乃时以有年出兵,整舆竦戎,振师五柞,习马长杨,简力狡兽,校武票禽。乃萃然登南山,瞰乌弋,西厌月<sup>蹶,东震日域。又恐后世迷于一时之事,常以此取国家之大务,淫荒田猎,陵夷而不御也,是以车不安轫,日未靡旃,从者仿佛,骪属而还;亦所以奉太宗之烈,遵文、武之度,复三王之田,反五帝之虞,使农不辍耰,工不下机,婚姻以时,男女莫违;出恺弟,行简易,矜劬劳,休力役;见百年,存孤弱,帅与之,同苦乐。然后陈钟鼓之乐,鸣韶磬之和,建碣磍之虡,拮隔鸣球,掉八列之舞;酌允铄,肴乐胥,听庙中之雍雍,受神人之福祐;歌投颂,吹丝雅。其勤若此,故真神之所劳也。方врде候元符,以禅梁甫之基,增泰山之高,延光于将来,比荣乎往号,岂徒欲淫览浮观,驰骋秔稻之地,周流梨栗之林,蹂践刍荛,夸诩众庶,盛狖玃之收,多麋鹿之获哉!且盲不见咫尺,而离娄烛千里之隅;客徒爱胡人之获我禽兽,曾不知我亦已获其王侯。"

言未卒,墨客降席再拜稽首曰:"大哉体乎!允非小子之所能及也。乃今日发矇,廓然已昭矣!"

哀帝时,丁、傅、董贤用事,诸附离之者或起家至二千石。时,雄方草《太玄》,有以自守,泊如也。或嘲雄以玄尚白,而雄解之,号曰《解嘲》。其辞曰:

客嘲扬子曰:"吾闻上世之士,人纲人纪,不生则已,生则上尊人君,下荣父母。析人之圭,儋人之爵,怀人之符,分人之禄,纡青拖紫,朱丹其毂。今子幸得遭明盛之世,处不讳之朝,与群贤同行,历金门上玉堂有日矣,曾不能画一奇,出一策,上说人主,下谈公卿。目如耀星,舌如电光,一从一衡,论者莫当,顾而作《太玄》五千文,支叶扶疏,独说十余万言,深者入黄泉,高者出苍天,大者含元气,纤者入无伦,然而位不过侍郎,擢才给事黄门。意者玄得毋尚白乎?何为官之拓落也?"

扬子笑而应之曰:"客徒欲朱丹吾毂,不知一跌将赤吾之族也!往者周罔解结,群鹿争逸,离为十二,合为六七,四分五剖,并为战国。士无常君,国亡定臣,得士者富,失士者贫,矫翼厉翮,恣意所存,故士或自盛以橐,或凿坏以遁。是故驺衍以颉颃而取世资,孟轲虽连蹇,犹为万乘师。

"今大汉左东海,右渠搜,前番禺,后陶涂。东南一尉,西北一候。徽以纠墨,制以质铁,散以礼乐,风以《诗》、《书》,旷以岁月,结以倚庐。天下之士,雷动云合,鱼鳞杂袭,咸营于八区,家家自以为稷、契,人人自以为咎繇,戴继垂缨而谈者皆拟于阿衡,五尺童子羞比晏婴与夷吾,当涂者入青云,失路者委沟渠,旦握权则为卿相,夕失势则为匹夫;譬若江湖之雀,勃解之鸟,乘雁集不为之多,双凫飞不为之少。昔三仁去而殷虚,二老归而周炽,子胥死而吴亡,种、蠡存而粤伯,五羖入而秦喜,乐毅出而燕惧,范雎以折摺而危穰侯,蔡泽虽噤吟而笑唐举。故当其有事也,非萧、曹、子房、平、勃、樊、霍则不能安;当其亡事也,章句之徒相与坐而守之,亦亡所患。故世乱,则圣哲驰骛而不足;世治,则庸夫高枕而有余。

"夫上世之士,或解缚而相,或释褐而傅;或倚夷门而笑,或横江潭而渔;或七十说而不遇,或立谈间而封侯;或枉千乘于陋巷,或拥篲彗而先驱。是以士颇得信其舌而奋其笔,室隙蹈瑕而无所诎也。当今县令不请士,郡守不迎师,群卿不揖客,将相不俯眉;言奇者见疑,行殊者得辟,是以欲谈者宛舌而固声,欲行者拟足而投迹。乡使上世之士处乎今,策非甲科,行非孝廉,举非方正,独可抗疏,时道是非,高得待诏,下触闻罢,又安得青紫?

"且吾闻之,炎炎者灭,隆隆者绝;观雷观火,为盈为实,天收其声,地藏其热。高明之家,鬼瞰其室。攫挐者亡,默默者存;位极者宗危,自守者身全。是故知玄知默,守道之极;爰清爰静,游神之廷,惟寂惟寞,守德之宅。世异事变,人道不殊,彼我易时,未知何知。今子乃以鸱枭而笑凤皇,执蝘蜓而嘲龟龙,不亦病乎!子徒笑我玄之尚白,吾亦笑子之病甚,不遭臾跗、扁鹊,悲夫!"

客曰:"然则靡《玄》无所成名乎?范、蔡以下何必《玄》哉?"

扬子曰:"范雎,魏之亡命也。折胁拉髂,免于徽索,翕肩蹈背,扶服入橐,激卬万乘之主,界泾阳抵穰侯而代之,当也。蔡泽,山东之匹夫也,顉颐折頞,涕唾流沫,西揖强秦之相,扼其咽,炕其气,附其背而夺其位,时也。天下已定,金革已平,都于洛阳,娄敬委辂脱挽,掉三寸之舌,建不拔之策,举中国徙之长安,适也。五帝垂典，三王传礼，百世不易，叔孙通起于枹鼓之间，解甲投戈，遂作君臣之仪，得也。《甫刑》靡敝，秦法酷烈，圣汉权制，而萧何造律，宜也。故有造萧何律于唐、虞之世，则悖矣；有作叔孙通仪于夏、殷之时，则惑矣；有建娄敬之策于成周之世，则缪矣；有谈范、蔡之说于金、张、许、史之间，则狂矣。夫萧规曹随，留侯画策，陈平出奇，功若泰山，向若呿唫，唯其人之赡知哉，亦会其时之可为也。故为可为于可为之时，则从；为不可为于不可为之时，则凶。夫蔺先生收功于章台，四皓采荣于南山，公孙创业于金马，票骑发迹于祁连，司马长卿窃訾于卓氏，东方朔割炙于细君。仆诚不能与此数公者并，故默然独守吾《太玄》。"

雄以为赋者，将以风也，必推类而言，极丽靡之辞，闳侈巨衍，竞于使人不能加也，既乃归之于正，然览者已过矣。往时武帝好神仙，相如上《大人赋》，欲以风，帝反缥缥有陵云之志。由是言之，赋劝而不止，明矣。又颇似俳优淳于髡、优孟之徒，非法度所存，贤人君子诗赋之正也，于是辍不复为。而大潭思浑天，参摹而四分之，极于八十一。旁则三摹九据，极之七百二十九赞，亦自然之道也。故观《易》者，见其卦而名之；观《玄》者，数其画而定之。《玄》首四重者，非卦也，数也。其用自天元推一昼一夜阴阳数度律历之纪，九九大运，与天终始。故《玄》三方、九州、二十七部、八十一家、二百四十三表、七百二十九赞，分为三卷，曰一二三，与《泰初历》相应，亦有颛顼之历焉。撰之以三策，关之以休咎，絣之以象类，播之以人事，文之以五行，拟之以道德仁义礼知。无主无名，要合《五经》，苟非其事，文不虚生。为其泰曼漶而不可知，故有《首》、《冲》、《错》、《测》、《摛》、《莹》、《数》、《文》、《掜》、《图》、《告》十一篇，皆以解剥《玄》体，离散其文，章句尚不存焉。《玄》文多，故不著；观之者难知，学之者难成。客有难《玄》大深，众人之不好也，雄解之，号曰《解难》。其辞曰：

客难扬子曰："凡著书者，为众人之所好也，美味期乎合口，工声调于比耳。今吾子乃抗辞幽说，闳意眇指，独驰骋于有亡之际，而陶冶大炉，旁薄群生，历览者兹年矣，而殊不寤。亶费精神于此，而烦学者于彼，譬画者画于无形，弦者放于无声，殆不可乎？"

扬子曰："俞。若夫闳言崇议，幽微之涂，盖难与览者同也。昔人有观象于天，视度于地，察法于人者，天丽且弥，地普而深，昔人之辞，乃玉乃金。彼岂好为艰难哉？势不得已也。独不见夫翠虯绛螭之将登乎天，必耸身于仓梧之渊；不阶浮云，翼疾风，虚举而上升，则不能撠胶葛，腾九闳。日月之经不千里，则不能烛六合，耀八纮。泰山之高不嶕峣，则不能浡滃云而散歊烝。是以宓牺氏之作《易》也，绵络天地，经以八卦，文王附六爻，孔子错其象而象其辞，然后发天地之臧，定万物之基。《典》、《谟》之篇，《雅》、《颂》之声，不温纯深润，则不足以扬鸿烈而章缉熙。盖胥靡为宰，寂寞为尸；大味必淡，大音必希；大语叫叫，大道低回。是以声之眇者不可同于众人之耳，形之美者不可棍于世俗之目，辞之衍者不可齐于庸人之听。今夫

弦者，高张急徽，追趋逐耆，则坐者不期而附矣；试为之施《咸池》，揄《六茎》，发《箫韶》，咏《九成》，则莫有和也。是故钟期死，伯牙绝弦破琴而不肯与众鼓；獿人亡，则匠石辍斤而不敢妄斲。师旷之调钟，俟知音者之在后也；孔子作《春秋》，几君子之前睹也。老聃有遗言，贵知我者希，此非其操与！"

雄见诸子各以其知舛驰，大氏诋訾圣人，即为怪迂。析辩诡辞，以挠世事，虽小辩，终破大道而或众，使溺于所闻而不自知其非也。及太史公记六国，历楚、汉，讫麟止，不与圣人同，是非颇谬于经。故人时有问雄者，常用法应之，撰以为十三卷，象《论语》，号曰《法言》。《法言》文多不著，独著其目：

天降生民，倥侗颛蒙，恣于情性，聪明不开，训诸理。撰《学行》第一。

降周迄孔，成于王道，终后诞章乖离，诸子图微。撰《吾子》第二。

事有本真，陈施于亿，动不克咸，本诸身。撰《修身》第三。

芒芒天道，在昔圣考，过则失中，不及则不至，不可奸罔。撰《问道》第四。

神心忽恍，经纬万方，事系诸道德仁谊礼。撰《问神》第五。

明哲煌煌，旁烛亡疆，逊于不虞，以保天命。撰《问明》第六。

假言周于天地，赞于神明，幽弘横广，绝于迩言。撰《寡见》第七。

圣人聪明渊懿，继天测灵，冠于群伦，经诸范。撰《五百》第八。

立政鼓众，动化天下，莫上于中和，中和之发，在于哲民情。撰《先知》第九。

仲尼以来，国君、将相、卿士、名臣参差不齐，一概诸圣。撰《重黎》第十。

仲尼之后，讫于汉道，德行颜、闵，股肱萧、曹，爰及名将尊卑之条，称述品藻。撰《渊骞》第十一。

君子纯终领闻，蠢迪检押，旁开圣则。撰《君子》第十二。

孝莫大于宁亲，宁亲莫大于宁神，宁神莫人于四表之欢心。撰《孝至》第十三。

赞曰：雄之自序云尔。初，雄年四十余，自蜀来至游京师，大司马车骑将军王音奇其文雅，召以为门下史，荐雄待诏，岁余，奏《羽猎赋》，除为郎，给事黄门，与王莽、刘歆并。哀帝之初，又与董贤同官。当成、哀、平间，莽、贤皆为三公，权倾人主，所荐莫不拔擢，而雄三世不徙官。及莽篡位，谈说之士用符命称功德获封爵者甚众，雄复不侯，以耆老久次转为大夫，恬于势利乃如是。实好古而乐道，其意欲求文章成名于后世，以为经莫大于《易》，故作《太玄》；传莫大于《论语》，作《法言》；史篇莫善于《仓颉》，作《训纂》；箴莫善于《虞箴》，作《州箴》；赋莫深于《离骚》，反而广之；辞莫丽于相如，作四赋；皆斟酌其本，相与放依

而驰骋云。用心于内,不求于外,于时人皆曶之;唯刘歆及范逡敬焉,而桓谭以为绝伦。

王莽时,刘歆、甄丰皆为上公,莽既以符命自立,即位之后,欲绝其原以神前事,而丰子寻、歆子棻复献之。莽诛丰父子,投棻四裔,辞所连及,便收不请。时,雄校书天禄阁上,治狱使者来,欲收雄,雄恐不能自免,乃从阁上自投下,几死。莽闻之曰:"雄素不与事,何故在此?"间请问其故,乃刘棻尝从雄学作奇字,雄不知情,有诏勿问。然京师为之语曰:"惟寂寞,自投阁;爱清静,作符命。"

雄以病免,复召为大夫。家素贫,耆酒,人希至其门。时有好事者载酒肴从游学,而巨鹿侯芭常从雄居,受其《太玄》、《法言》焉。刘歆亦尝观之,谓雄曰:"空自苦!今学者有禄利,然尚不能明《易》,又如《玄》何?吾恐后人用覆酱瓿也。"雄笑而不应。年七十一,天凤五年卒,侯芭为起坟,丧之三年。

时,大司空王邑、纳言严尤闻雄死,谓桓谭曰:"子常称扬雄书,岂能传于后世乎?"谭曰:"必传。顾君与谭不及见也。凡人贱近而贵远,亲见扬子云禄位容貌不能动人,故轻其书。昔老聃著虚无之言两篇,薄仁义,非礼学,然后世好之者尚以为过于《五经》,自汉文、景之君及司马迁皆有是言。今扬子之书文义至深,而论不诡于圣人,若使遭遇时君,更阅贤知,为所称善,则必度越诸子矣。"诸儒或讥以雄非圣人而作经,犹春秋吴楚之君僭号称王,盖诛绝之罪也。自雄之没至今四十余年,其《法言》大行,而《玄》终不显,然篇籍具存。

卷八十八　　儒林传第五十八

古之儒者,博学乎《六艺》之文。《六艺》者,王教之典籍,先圣所以明天道,正人伦,致至治之成法也。周道既衰,坏于幽、厉,礼乐征伐自诸侯出,陵夷二百余年而孔子兴,以圣德遭季世,知言之不用而道不行,乃叹曰:"凤鸟不至,河不出图,吾已矣夫!""文王既没,文不在兹乎?"于是应聘诸侯,以答礼行谊。西入周,南至楚,畏匡厄陈,奸七十余君。适齐闻《韶》,三月不知肉味;自卫反鲁,然后乐正,《雅》、《颂》各得其所。究观古今之篇籍,乃称曰:"大哉,尧之为君也!唯天为大,唯尧则之。巍巍乎其有成功也,焕乎其有文章!"又曰:"周监于二代,郁郁乎文哉!吾从周。"于是叙《书》则断《尧典》,称乐则法《韶舞》,论《诗》则首《周南》。缀周之礼,因鲁《春秋》,举十二公行事,绳之以文、武之道,成一王法,至获麟而止。盖晚而好《易》,读之韦编三绝,而为之传。皆因近圣之事,以立先王之教,故曰:"述而不作,信而好古";下学而上达,知我者其天乎!"

仲尼既没,七十子之徒散游诸侯,大者为卿相师傅,小者友教士大夫,或隐而不见。故子张居陈,澹台子羽居楚,子夏居西河,子贡终于齐。如田子方、段干木、吴起、禽滑氂之属,皆受业于子夏之伦,为王者师。是时,独魏文侯好学。天下并争于战国,儒术既黜焉,然齐鲁之间学者犹弗废,至于威、宣之际,孟子、孙卿之列咸遵夫子之业而润色之,以学显于当世。

及至秦始皇兼天下,燔《诗》、《书》,杀术士,六学从此缺矣。陈涉之王也,鲁诸儒持孔氏礼器往归之,于是孔甲为涉博士,卒与俱死。陈涉起匹夫,驱适戍以立号,不满岁而灭亡,其事至微浅,然而揩绅先生负礼器往委质为臣者何也?以秦禁其业,积怨而发愤于陈王也。

及高皇帝诛项籍,引兵围鲁,鲁中诸儒尚讲诵习礼,弦歌之音不绝,岂非圣人遗化好学之国哉?于是诸儒始得修其经学,讲习大射乡饮之礼。叔孙通作汉礼仪,因为奉常,诸弟子共定者,咸为选首,然后喟然兴于学。然尚有干戈,平定四海,亦未皇庠序之事也。孝惠、高后时,公卿皆武力功臣。孝文时颇登用,然孝文本好刑名之言。及至孝景,不任儒,窦太后又好黄、老术,故诸博士具官待问,未有进者。

汉兴,言《易》自淄川田生;言《书》自济南伏生;言《诗》,于鲁则申培公,于齐则辕固生,燕则韩太傅;言《礼》,则鲁高堂生;言《春秋》,于齐则胡母生,于赵则董仲舒。及窦太后崩,武安君田蚡为丞相,黜黄老、刑名百家之言,延文学儒者以百数,而公孙弘以治《春秋》为丞相,封侯,天下学士靡然乡风矣。

弘为学官,悼道之郁滞,乃请曰:"丞相、御史言:制曰'盖闻导民以礼,风之以乐。婚姻者,居室之大伦也。今礼废乐崩,朕甚愍焉,故详延天下方闻之士,咸登诸朝。其令礼官劝学,讲议洽闻,举遗兴礼,以为天下先。太常议,予博士弟子,崇乡里之化,以厉贤材焉。'谨与太常臧、博士平等议,曰:闻三代之道,乡里有教,夏曰校,殷曰庠,周曰序。其劝善也,显之朝廷;其惩恶也,加之刑罚。故教化之行也,建首善自京师始,由内及外。今陛下昭至德,开大明,配天地,本人伦,劝学兴礼,崇化厉贤,以风四方,太平之原也。古者政教未洽,不备其礼,请因旧官而兴焉。为博士官置弟子五十人,复其身。太常择民年十八以上、仪状端正者,补博士弟子。郡国县官有好文学、敬长上、肃政教、顺乡里,出入不悖,所闻,令、相、长、丞上属所二千石,二千石谨察可者,常与计偕,诣太常,得受业如弟子,一岁皆辄课,能通一艺以上,补文学掌故缺;其高第可以为郎中,太常籍奏。即有秀才异等,辄以名闻。其不事学若下材,及不能通一艺,辄罢之,而请诸能称者。臣谨案诏书律令下者,明天人分际,通古今之谊,文章尔雅,训辞深厚,恩施甚美。小吏浅闻,弗能究宣,亡以明布谕下。以治礼掌故以文学礼义为官,迁留滞。请选择其秩比二百石以上及吏百石通一艺以上补左右内史、大行卒史,比百石以下补郡太守卒史,皆各二人,边郡一人。先用诵多者,不足,择掌故以补中二千石属,文学掌故补郡属,备员。请著功令。它如律令。"

制曰:"可。"自此以来,公卿大夫士吏彬彬多文学之士矣。

昭帝时举贤良文学,增博士弟子员满百人,宣帝末增倍之。元帝好儒,能通一经者皆复。数年,以用度不足,更为设员千人,郡国置《五经》百石卒史。成帝末,或言孔子布衣养徒三千人,今天子太学弟子少,于是增弟子员三千人。岁余,复如故。平帝时王莽秉政,增元士之子得受业如弟子,勿以为员,岁课甲科四十人为郎中,乙科二十人为太子舍人,丙科四十人补文学掌故云。

自鲁商瞿子木受《易》孔子,以授鲁桥庇子庸。子庸授江东馯臂子弓。子弓授燕周丑子家。子家授东武孙虞子乘。子乘授齐田何子装。及秦禁学,《易》为筮卜之书,独不禁,故传受者不绝也。汉兴,田何以齐徙杜陵,号杜田生,授东武王同子中,洛阳周王孙、丁宽、齐服生,皆著《易传》数篇。同授淄川杨何,字叔元,元光中征为太中大夫。齐即墨成,至城阳相。广川孟但,为太子门大夫。鲁周霸、莒衡胡、临淄主父偃,皆以《易》至大官。要言《易》者本之田何。

丁宽字子襄,梁人也。初,梁项生从田何受《易》,时宽为项生从者,读《易》精敏,材过项生,遂事何。学成,何谢宽。宽东归,何谓门人曰:"《易》以东矣。"宽至洛阳,复从周王孙受古义,号《周氏传》。景帝时,宽为梁孝王将军距吴、楚,号丁将军,作《易说》三万言,训故举大谊而已,今《小章句》是也。宽授同郡砀田王孙。王孙授施雠、孟喜、梁丘贺。由是《易》有施、孟、梁丘之学。

施雠字长卿,沛人也。沛与砀相近,雠为童子,从田王孙受《易》。后雠徙长陵,田王孙为博士,复从卒业,与孟喜、梁丘贺并为门人。谦让,常称学废,不教授。及梁丘贺为少府,事多,乃遣子临分将门人张禹等从雠问。雠自匿不肯见,贺固请,不得已乃授临等。于是贺荐雠:"结发事师数十年,贺不能及。"诏拜雠为博士。甘露中与《五经》诸儒杂论同异于石渠阁。雠授张禹、琅邪鲁伯。伯为会稽太守,禹至丞相。禹授淮阳彭宣、沛戴崇子平。崇为九卿,宣大司空。禹、宣皆有传。鲁伯授太山毛莫如少路、琅邪邴丹曼容,著清名。莫如至常山太守。此其知名者也。由是施家有张、彭之学。

孟喜字长卿,东海兰陵人也。父号孟卿,善为《礼》、《春秋》,授后苍、疏广。世所传《后氏礼》、《疏氏春秋》,皆出孟卿。孟卿以《礼经》多,《春秋》烦杂,乃使喜从田王孙受《易》。喜好自称誉,得《易》家候阴阳灾变书,诈言师田生且死时枕喜膝,独传喜,诸儒以此耀之。同门梁丘贺疏通证明之。曰:"田生绝于施雠手中,时喜归东海,安得此事?"又蜀人赵宾好小数书,后为《易》,饰《易》文,以为"箕子明夷,阴阳气亡箕子;箕子者,万物方荄兹也"。宾持论巧慧,《易》家不能难,皆曰:"非古法也"。云受孟喜,喜为名之。后宾死,莫能持其说。喜因不肯仞,以此不见信。喜举孝廉为郎,曲台署长,病免,为丞相掾。博士缺,众人荐喜。上闻喜改师法,遂不用喜。喜授同郡白光少子、沛翟牧子兄,皆为博士。由是有翟、孟、白之学。

梁丘贺字长翁,琅邪诸人也。以能心计,为武骑。从太中大夫京房受《易》。房者,淄川杨何弟子也。房出为齐郡

太守,贺更事田王孙。宣帝时,闻京房为《易》明,求其门人,得贺。贺时为都司空令,坐事,论免为庶人。待诏黄门数入说教侍中,以召贺。贺入说,上善之,以贺为郎。会八月饮酎,行祠孝昭庙,先驱旄头剑挺堕地,首垂泥中,刃乡乘舆车,马惊。于是召贺筮之,有兵谋,不吉。上还,使有司侍祠。是时,霍氏外孙代郡太守任宣坐谋反诛,宣子章为公车丞,亡在渭城界中,夜玄服入庙,居郎间,执戟立庙门,待上至,欲为逆。发觉,伏诛。故事,上常夜入庙,其后待明而入,自此始也。贺以筮有应,由是近幸,为太中大夫,给事中,至少府。为人小心周密,上信重之。年老终官。传子临,亦入说,为黄门郎。甘露中,奉使问诸儒于石渠。临学精孰,专行京房法。琅邪王吉通《五经》,闻临说,善之。时,宣帝选高材郎十人从临讲,吉乃使其子郎中骏上疏从临受《易》。临代五鹿充宗君孟为少府,骏御史大夫,自有传。充宗授平陵士孙张仲方、沛邓彭祖子夏、齐衡咸长宾。张为博士,至扬州牧,光禄大夫给事中,家世传业。彭祖,真定太傅。咸,王莽讲学大夫。由是梁丘有士孙、邓、衡之学。

京房受《易》梁人焦延寿。延寿云尝从孟喜问《易》。会喜死,房以为延寿《易》即孟氏学。翟牧、白生不肯,皆曰非也。至成帝时,刘向校书,考《易》说,以为诸《易》家说皆祖田何、杨叔元、丁将军,大谊略同,唯京氏为异,党焦延寿独得隐士之说,托之孟氏,不相与同。房以明灾异得幸,为石显所谮诛,自有传。房授东海殷嘉、河东姚平、河南乘弘,皆为郎、博士。由是《易》有京氏之学。

费直字长翁,东莱人也。治《易》为郎,至单父令。长于卦筮,亡章句,徒以《彖》、《象》、《系辞》十篇文言解说上下经。琅邪王璜平中能传之。璜又传古文《尚书》。

高相,沛人也。治《易》与费公同时,其学亦亡章句,专说阴阳灾异,自言出于丁将军。传至相,相授子康及兰陵贯将永。康以明《易》为郎,永至豫章都尉。及王莽居摄,东郡太守翟谊谋举兵诛莽,事未发,康候知东郡有兵,私语门人,门人上书言之。后数月,翟谊兵起,莽召问,对"受师高康"。莽恶之,以为惑众,斩康。由是《易》有高氏学。高、费皆未尝立于学官。

伏生,济南人也,故为秦博士。孝文时,求能治《尚书》者,天下亡有,闻伏生治之,欲召。时伏生年九十余,老不能行,于是诏太常,使掌故朝错往受之。秦时禁《书》,伏生壁藏之,其后大兵起,流亡。汉定,伏生求其《书》,亡数十篇,独得二十九篇,即以教于齐、鲁之间。齐学者由此颇能言《尚书》,山东大师亡不涉《尚书》以教。伏生教济南张生及欧阳生。张生为博士,而伏生孙以治《尚书》征,弗能明定。是后鲁周霸、洛阳贾嘉颇能言《尚书》云。

欧阳生字和伯,千乘人也。事伏生,授倪宽。宽又受业孔安国,至御史大夫,自有传。宽有俊材,初见武帝,语经

学。上曰:"吾始以《尚书》为朴学,弗好,及闻宽说,可观。"乃从宽问一篇。欧阳、大小夏侯氏学皆出于宽。宽授欧阳生子,世世相传,至曾孙高子阳,为博士。高孙地馀长宾以太子中庶子授太子,后为博士,论石渠。元帝即位,地馀侍中,贵幸,至少府。戒其子曰:"我死,官属即送汝财物,慎毋受。汝九卿儒者子孙,以廉洁著,可以自成。"及地馀死,少府官属共送数百万,其子不受。天子闻而嘉之,赐钱百万。地馀少子政为王莽讲学大夫。由是《尚书》世有欧阳氏学。

林尊字长宾,济南人也。事欧阳高,为博士,论石渠。后至少府、太子太傅,授平陵平当、梁陈翁生。当至丞相,自有传。翁生信都太傅,家世传业。由是欧阳有平、陈之学。翁生授琅邪殷崇、楚国龚胜。崇为博士,胜右扶风,自有传。而平当授九江朱普公文、上党鲍宣。普为博士,宣司隶校尉,自有传。徒众尤盛,知名者也。

夏侯胜,其先夏侯都尉,从济南张生受《尚书》,以传族子始昌。始昌传胜,胜又事同郡简卿。简卿者,倪宽门人。胜传从兄子建,建又事欧阳高。胜至长信少府,建太子太傅,自有传。由是《尚书》有大小夏侯之学。

周堪字少卿,齐人也。与孔霸俱事大夏侯胜。霸为博士。堪译官令,论于石渠,经为最高,后为太子少傅,而孔霸以太中大夫授太子。及元帝即位,堪为光禄大夫,与萧望之并领尚书事,为石显等所谮,皆免官。望之自杀,上愍之,乃擢堪为光禄勋,语在《刘向传》。堪授牟卿及长安许商长伯。牟卿为博士。霸以帝师赐爵号褒成君,传子光,亦事牟卿,至丞相,自有传。由是大夏侯有孔、许之学。商善为算,著《五行论历》,四至九卿,号其门人沛唐林子高为德行,平陵吴章伟君为言语,重泉王吉少音为政事,齐炔钦幼卿为文学。王莽时,林、吉为九卿,自表上师冢,大夫、博士、郎吏为许氏学者,各从门人,会车数百辆,儒者荣之。钦、章皆为博士,徒众尤盛。章为王莽所诛。

张山拊字长宾,平陵人也。事小夏侯建,为博士,论石渠,至少府。授同县李寻、郑宽中少君、山阳张无故子儒、信都秦恭延君、陈留假仓子骄。无故善修章句,为广陵太傅,守小夏侯说文。恭增师法至百万言,为城阳内史。仓以谒者论石渠,至胶东相。寻善说灾异,为骑都尉,自有传。宽中有俊材,以博士授太子,成帝即位,赐爵关内侯,食邑八百户,迁光禄大夫,领尚书事,甚尊重。会疾卒,谷永上疏曰:"臣闻圣王尊师傅,褒贤俊,显有功,生则致其爵禄,死则异其礼谥。昔周公薨,成王葬以变礼,而当天心。公叔文子卒,卫侯加以美谥,著为后法。近事,大司空朱邑、右扶风翁归德茂夭年,孝宣皇帝愍册厚赐,赞命之臣靡不激扬。关内侯郑宽中有颜子之美质,包商、偃之文学,严然总《五经》之眇论,立师傅之显位,入则乡唐、虞之闳道,王法纳乎圣听,出则参冢宰之重职,功列施乎政事,退食自公,私门不开,散赐九族,田亩不益,德配周、召,忠合《羔羊》,未得登司徒,有家臣,卒然早终,尤可悼痛!臣愚以为宜加其葬礼,赐之令谥,以章尊师褒贤显功之德。"上吊赠宽中甚厚。由是小夏侯有郑、张、秦、假、李氏之学。宽中授东郡赵玄,无故授沛唐尊,恭授鲁冯宾。宾为博士,尊王莽太傅,玄

哀帝御史大夫,至大官,知名者也。

孔氏有古文《尚书》,孔安国以今文字读之,因以起其家逸《书》,得十余篇,盖《尚书》兹多于是矣。遭巫蛊,未立于学官。安国为谏大夫,授都尉朝,而司马迁亦从安国问故。迁书载《尧典》、《禹贡》、《洪范》、《微子》、《金縢》诸篇,多古文说。都尉朝授胶东庸生。庸生授清河胡常少子,以明《穀梁春秋》为博士、部刺史,又传《左氏》。常授虢徐敖。敖为右扶风掾,又传《毛诗》,授王璜、平陵涂恽子真。子真授河南桑钦君长。王莽时,诸学皆立。刘歆为国师,璜、恽等皆贵显。世所传《百两篇》者,出东莱张霸,分析合二十九篇以为数十,又采《左氏传》、《书叙》为作首尾,凡百二篇。篇或数简,文意浅陋。成帝时求其古文者,霸以能为《百两》征,以中书校之,非是。霸辞受父,父又弟子尉氏樊并。时,太中大夫平当、侍御史周敞劝上存之。后樊并谋反,乃黜其书。

申公,鲁人也。少与楚元王交俱事齐人浮丘伯受《诗》。汉兴,高祖过鲁,申公以弟子从师入见于鲁南宫。吕太后时,浮丘伯在长安,楚元王遣子郢与申公俱卒学。元王薨,郢嗣立为楚王,令申公傅太子戊。戊不好学,病申公。及戊立为王,胥靡申公。申公愧之,归鲁退居家教,终身不出门。复谢宾客,独王命召之乃往。弟子自远方至受业者千余人,申公独以《诗经》为训故以教,亡传,疑者则阙弗传。兰陵王臧既从受《诗》,已通,事景帝为太子少傅,免去。武帝初即位,臧乃上书宿卫,累迁,一岁至郎中令。及代赵绾亦尝受《诗》申公,为御史大夫。绾、臧请立明堂以朝诸侯,不能就其事,乃言师申公。于是上使使束帛加璧,安车以蒲裹轮,驾驷迎申公,弟子二人乘轺传从。至,见上,上问治乱之事。申公时已八十余,老,对曰:"为治者不在多言,顾力行何如耳。"是时,上方好文辞,见申公对,默然。然已招致,即以为太中大夫,舍鲁邸,议明堂事。太皇窦太后喜《老子》言,不说儒术,得绾、臧之过,以让上曰:"此欲复为新垣平也!"上因废明堂事,下绾、臧吏,皆自杀。申公亦病免归,数年卒。弟子为博士十余人,孔安国至临淮太守,周霸胶西内史,夏宽城阳内史,砀鲁赐东海太守,兰陵缪生长沙内史,徐偃胶西中尉,邹人阙门庆忌胶东内史,其治官民皆有廉节称。其学官弟子行虽不备,而至于大夫、郎、掌故以百数。申公卒以《诗》、《春秋》授,而瑕丘江公尽能传之,徒众最盛。及鲁许生、免中徐公,皆守学教授。韦贤治《诗》,事大江公及许生,又治《礼》,至丞相。传子玄成,以淮阳中尉论石渠,后亦至丞相。玄成及兄子赏以《诗》授哀帝,至大司马车骑将军,自有传。由是《鲁诗》有韦氏学。

王式字翁思,东平新桃人也。事免中徐公及许生。式为昌邑王师。昭帝崩,昌邑王嗣立,以行淫乱废,昌邑群臣皆下狱诛,唯中尉王吉、郎中令龚遂以数谏减死论。式系狱当死,治事使者责问曰:"师何以亡谏书?"式对曰:"臣以《诗》三百五篇朝夕授王,至于忠臣孝子之篇,未尝不为王反复诵之也;至于危亡失道之君,未尝不流涕为王深陈之也。臣以三百五篇谏,是以亡谏书。"使者以闻,亦得减死论,归家不教授。山阳张长安幼君先事式,后东平唐长宾、沛褚少孙亦来事式,问经数篇,式谢曰:"闻之于师具是矣,自润色之。"不肯复授。唐生、褚生应博士弟子选,诣博士,抠衣登堂,颂礼甚严,试诵说,有法,疑者丘盖不言。诸博士惊问:"何师?"对曰:"事式。"皆素闻其贤,共荐式。诏除下为博士。式征来,衣博士衣而不冠,曰:"刑余之人,何宜复充礼官?"既至,止舍中,会诸大夫、博士,共持酒肉劳式,皆注意高仰之,博士江公世为《鲁诗》宗,至江公著《孝经说》,心嫉式,谓歌吹诸生曰:"歌《骊驹》。"式曰:"闻之于师:客歌《骊驹》,主人歌《客毋庸归》。今日诸君为主人,日尚早,未可也。"江翁曰:"经何以言之?"式曰:"在《曲礼》。"江翁曰:"何狗曲也!"式耻之,阳醉逿地。式客罢,让诸生曰:"我本不欲来,诸生强劝我,竟为竖子所辱!"遂谢病免归,终于家。张生、唐生、褚生皆为博士。张生论石渠,至淮阳中尉。唐生楚太傅。由是《鲁诗》有张、唐、褚氏之学。张生兄子游卿为谏大夫,以《诗》授元帝。其门人琅邪王扶为泗水中尉,授陈留许晏为博士。由是张家有许氏学。初,薛广德亦事王式,以博士论石渠,授龚舍。广德至御史大夫,舍泰山太守,皆有传。

辕固,齐人也。以治《诗》孝景时为博士,与黄生争论于上前。黄生曰:"汤、武非受命,乃杀也。"固曰:"不然。夫桀、纣荒乱,天下之心皆归汤、武,汤、武因天下之心而诛桀、纣,桀、纣之民弗为使而归汤、武,汤、武不得已而立,非受命为何?"黄生曰:"'冠虽敝必加于首,履虽新必贯于足。'何者?上下之分也。今桀、纣虽失道,然君上也;汤、武虽圣,臣下也。夫主有失行,臣不正言匡过以尊天子,反因过而诛之,代立南面,非杀而何?"固曰:"必若云,是高皇帝代秦即天子之位,非邪?"于是上曰:"食肉毋食马肝,未为不知味也;言学者毋言汤、武受命,不为愚。"遂罢。窦太后好《老子》书,召问固。固曰:"此家人言耳。"太后怒曰:"安得司空城旦书乎!"乃使固入圈击彘。上知太后怒,而固直言无罪,乃假固利兵。下,固刺彘正中其心,彘应手而倒。太后默然,亡以复罪。后上以固廉直,拜为清河太傅,疾免。武帝初即位,复以贤良征。诸儒多嫉毁曰固老,罢归之。时,固已九十余矣。公孙弘亦征,仄目而事固。固曰:"公孙子,务正学以言,无曲学以阿世!"诸齐以《诗》显贵,皆固之弟子也。昌邑太傅夏侯始昌最明,自有传。

后苍字近君,东海郯人也。事夏侯始昌。始昌通《五经》,苍亦通《诗》、《礼》,为博士,至少府,授翼奉、萧望之、匡衡。奉为谏大夫,望之前将军,衡丞相,皆有传。衡授琅邪师丹、伏理斿君、颍川满昌君都。君都为詹事,理高密太傅,家世传业。丹大司空,自有传。由是《齐诗》有翼、匡、师、伏之学。满昌授九江张邯、琅邪皮容,皆至大官,徒众尤盛。

韩婴,燕人也。孝文时为博士,景帝时至常山太傅。婴推诗人之意,而作内、外《传》数万言,其语颇与齐、鲁间殊,然归一也。淮南贲生受之。燕、赵间言《诗》者由韩生。韩生亦以《易》授人,推《易》意而为之传。燕、赵间好《诗》,故其《易》微,唯韩氏自传。武帝时,婴尝与董仲舒论于上前,其人精悍,处事分明,仲舒不能难也。后其孙商为博士。孝宣时,涿郡韩生其后也,以《易》征,待诏殿中,曰:"所受《易》即先太傅所传也。尝受《韩诗》,不如韩氏《易》深,太傅故专传之。"司隶校尉盖宽饶本受《易》于孟喜,见涿韩生说《易》而好之,即更从受焉。

赵子,河内人也。事燕韩生,授同郡蔡谊。谊至丞相,自有传。谊授同郡食子公与王吉。吉为昌邑王中尉,自有传。食生为博士,授泰山栗丰。吉授淄川长孙顺。顺为博士,丰部刺史。由是《韩诗》有王、食、长孙之学。丰授山阳张就,顺授东海发福,皆至大官,徒众尤盛。

毛公,赵人也。治《诗》,为河间献王博士,授同国贯长卿。长卿授解延年。延年为阿武令,授徐敖。敖授九江陈侠,为王莽讲学大夫。由是言《毛诗》者,本之徐敖。

汉兴,鲁高堂生传《士礼》十七篇,而鲁徐生善为颂。孝文时,徐生以颂为礼官大夫,传子至孙延、襄。襄,其资性善为颂,不能通经;延颇能,未善也。襄亦以颂为大夫,至广陵内史。延及徐氏弟子公户满意、桓生、单次皆为礼官大夫。而瑕丘萧奋以《礼》至淮阳太守。诸言《礼》为颂者由徐氏。

孟卿,东海人也。事萧奋,以授后仓、鲁闾丘卿。仓说《礼》数万言,号曰《后氏曲台记》,授沛闻人通汉子方、梁戴德延君、戴圣次君、沛庆普孝公。孝公为东平太傅。德号大戴,为信都太傅;圣号小戴,以博士论石渠,至九江太守。由是《礼》有大戴、小戴、庆氏之学。通汉以太子舍人论石渠,至中山中尉。普授鲁夏侯敬,又传族子咸,为豫章太守。大戴授琅邪徐良斿卿,为博士、州牧、郡守,家世传业。小戴授梁人桥仁季卿、杨荣子孙。仁为大鸿胪,家世传业,荣琅邪太守。由是大戴有徐氏,小戴有桥、杨氏之学。

胡母生字子都,齐人也。治《公羊春秋》,为景帝博士。与董仲舒同业,仲舒著书称其德。年老,归教于齐,齐之言《春秋》者宗事之,公孙弘亦颇受焉。而董生为江都相,自有传。弟子遂之者,兰陵褚大、东平嬴公、广川段仲、温吕步舒。大至梁相,步舒丞相长史,唯嬴公守学不失师法,为昭谏大夫,授东海孟卿、鲁眭孟。孟为符节令,坐说灾异诛,自有传。

严彭祖字公子,东海下邳人也。与颜安乐俱事眭孟。

孟弟子百余人,唯彭祖、安乐为明,质问疑谊,各持所见。孟曰:"《春秋》之意,在二子矣!"孟死,彭祖、安乐各专门教授。由是《公羊春秋》有颜、严之学。彭祖为宣帝博士,至河南、东郡太守。以高第入为左冯翊,迁太子太傅,廉直不事权贵。或说曰:"天时不胜人事,君以不修小礼曲意,亡贵人左右之助,经谊虽高,不至宰相。愿少自勉强!"彭祖曰:"凡通经术,固当修行先王之道。何可委曲从俗,苟求富贵乎!"彭祖竟以太傅官终。授琅邪王中,为元帝少府,家世传业。中授同郡公孙文、东门云。云为荆州刺史,文东平太傅,徒众尤盛。云坐为江贼拜辱命,下狱诛。

颜安乐字公孙,鲁国薛人,眭孟姊子也。家贫,为学精力,官至齐郡太守丞,后为仇家所杀。安乐授淮阳泠丰次君、淄川任公。公为少府,丰淄川太守。由是颜家有泠、任之学。始贡禹事嬴公,成于眭孟,至御史大夫,疏广事孟卿,至太子太傅,皆自有传。广授琅邪管路,路为御史中丞。禹授颖川堂溪惠,惠授泰山冥都,都为丞相史。都与路又事颜安乐,故颜氏复有管、冥之学。路授孙宝,为大司农,自有传。丰授马宫、琅邪左咸。咸为郡守九卿,徒众尤盛。宫至大司徒,自有传。

瑕丘江公,受《谷梁春秋》及《诗》于鲁申公,传子至孙为博士。武帝时,江公与董仲舒并。仲舒通《五经》,能持论,善属文。江公呐于口,上使与仲舒议,不如仲舒。而丞相公孙弘本为《公羊》学,比辑其议,卒用董生。于是上因尊《公羊》家,诏太子受《公羊春秋》,由是《公羊》大兴。太子既通,复私问《谷梁》而善之。其后浸微,唯鲁荣广王孙、皓星公二人受焉。广尽能传其《诗》、《春秋》,高材捷敏,与《公羊》大师眭孟等论,数困之,故好学者颇复受《谷梁》。沛蔡千秋少君、梁周庆幼君、丁姓子孙皆从广受。千秋又事皓星公,为学最笃。宣帝即位,闻卫太子好《谷梁春秋》,以问丞相韦贤、长信少府夏侯胜及侍中乐陵侯史高,皆鲁人也,言谷梁子本鲁学,公羊氏乃齐学也,宜兴《谷梁》。时千秋为郎,召见,与《公羊》家并说,上善《谷梁》说,擢千秋为谏大夫给事中,后有过,左迁平陵令。复求能为《谷梁》者,莫及千秋。上愍其学且绝,乃以千秋为郎中户将,选郎十人从受。汝南尹更始翁君本自事千秋,能说矣,会千秋病死,征江公孙为博士。刘向以故谏大夫通达待诏,受《谷梁》,欲令助之。江博士复死,乃征周庆、丁姓待诏保宫,使卒授十人。自元康中始讲,至甘露元年,积十余岁,皆明习。乃召《五经》名儒太子太傅萧望之等大议殿中,平《公羊》、《谷梁》同异,各以经处是非。时,《公羊》博士严彭祖、侍郎申挽、伊推、宋显,《谷梁》议郎尹更始、待诏刘向、周庆、丁姓并论。《公羊》家多不见从,愿请内侍郎许广,使者亦并内《谷梁》家中郎王亥,各五人,议三十余事。望之等十一人各以经谊对,多从《谷梁》。由是《谷梁》之学大盛。庆、姓皆为博士。姓至中山太傅,授楚申章昌曼君,为博士,至长沙太傅,徒众尤盛。尹更始为谏大夫、长乐户将,又受《左氏传》,取其变理合者以为章句,传子咸及翟方进、琅邪房凤。咸至大司农,方进丞相,自有传。

房凤字子元,不其人也。以射策乙科为太史掌故。太常举方正,为县令都尉,失官。大司马票骑将军王根奏除补长史,荐凤明经通达,擢为光禄大夫,迁五官中郎将。时,光禄勋王龚以外属内卿,与奉车都尉刘歆共校书,三人皆侍中。歆白《左氏春秋》可立,哀帝纳之,以问诸儒,皆不对。歆于是数见丞相孔光,为言《左氏》以求助,光卒不肯。唯凤、龚许歆,遂共移书责让太常博士,语在《歆传》。大司空师丹奏歆非毁先帝所立,上于是出龚等补吏:龚为弘农;歆河内,凤九江太守,至青州牧。始,江博士授胡常,常授梁萧秉君房,王莽时为讲学大夫。由是《谷梁春秋》有尹、胡、申章、房氏之学。

汉兴,北平侯张苍及梁太傅贾谊、京兆尹张敞、太中大夫刘公子皆修《春秋左氏传》。谊为《左氏传》训故,授赵人贯公,为河间献王博士,子长卿为荡阴令,授清河张禹长子。禹与萧望之同时为御史,数为望之言《左氏》,望之善之,上书数以称说。后望之为太子太傅,荐禹于宣帝,征禹待诏,未及问,会疾死。授尹更始,更始传子咸及翟方进、胡常。常授黎阳贾护季君,哀帝时待诏为郎,授苍梧陈钦子佚,以《左氏》授王莽,至将军。而刘歆从尹咸及翟方进受。由是言《左氏》者本之贾护、刘歆。

赞曰:自武帝立《五经》博士,开弟子员,设科射策,劝以官禄,讫于元始,百有余年,传业者寖盛,支叶蕃滋,一经说至百余万言,大师众至千余人,盖禄利之路然也。初,《书》唯有欧阳,《礼》后,《易》杨,《春秋》公羊而已。至孝宣世,复立《大小夏侯尚书》、《大小戴礼》、《施》、《孟》、《梁丘易》、《谷梁春秋》。至元帝世,复立《京氏易》,平帝时,又立《左氏春秋》、《毛诗》、逸《礼》、古文《尚书》,所以罔罗遗失,兼而存之,是在其中矣。

卷八十九　　循吏传第五十九

汉兴之初,反秦之敝,与民休息,凡事简易,禁罔疏阔,而相国萧、曹以宽厚清静为天下帅,民作"画一"之歌。孝惠垂拱,高后女主,不出房闼,而天下晏然,民务稼穑,衣食滋殖。至于文、景,遂移风易俗。是时,循吏如河南守吴公、蜀守文翁之属,皆谨身帅先,居以廉平,不至于严,而民从化。

孝武之世,外攘四夷,内改法度,民用凋敝,奸轨不禁。时少能以化治称者,惟江都相董仲舒、内史公孙弘、兒宽,居官可纪。三人皆儒者,通于世务,明习文法,以经术润饰吏事,天子器之。仲舒数谢病去,弘、宽至三公。

孝昭幼冲,霍光秉政,承承侈师旅之后,海内虚耗,光因循守职,无所改作。至于始元、元凤之间,匈奴乡化,百姓益富,举贤良文学,问民所疾苦,于是罢酒榷而议盐铁矣。

及至孝宣,由仄陋而登至尊,兴于闾阎,知民事之艰难。自霍光薨后始躬万机,厉精为治,五日一听事,自丞相已下各奉职而进。及拜刺史守相,辄亲见问,观其所由,退而考察所行以质其言,有名实不相应,必知其所以然。常称曰:"庶民所以安其田里而亡叹息愁恨之心者,政平讼理也。与我共此者,其唯良二千石乎!"以为太守,吏民之本也。数变易则下不安。民知其将久,不可欺罔,乃服从其教化。故二千石有治理效,辄以玺书勉厉,增秩赐金,或爵至关内侯,公卿缺则选诸所表以次用之。是故汉世良吏,于是为盛,称中兴焉。若赵广汉、韩延寿、尹翁归、严延年、张敞之属,皆称其位,然任刑罚,或抵罪诛。王成、黄霸、朱邑、龚遂、郑弘、召信臣等,所居民富,所去见思,生有荣号,死见奉祀,此廪廪庶几德让君子之遗风矣。

　　文翁,庐江舒人也。少好学,通《春秋》,以郡县吏察举。景帝末,为蜀郡守,仁爱好教化。见蜀地辟陋有蛮夷风,文翁欲诱进之,乃选郡县小吏开敏有材者张叔等十余人亲自饬厉,遣诣京师,受业博士,或学律令。减省少府用度,买刀布蜀物,赍计吏以遗博士。数岁,蜀生皆成就还归,文翁以为右职,用次察举,官有至郡守刺史者。

　　又修起学官于成都市中,招下县子弟以为学官弟子,为除更徭,高者以补郡县吏,次为孝弟力田。常选学官僮子,使在便坐受事。每出行县,益从学官诸生明经饬行者与俱,使传教令,出入闺阁。县邑吏民见而荣之,数年,争欲为学官弟子,富人至出钱以求之。由是大化,蜀地学于京师者比齐鲁焉。至武帝时,乃令天下郡国皆立学官,自文翁为之始云。

　　文翁终于蜀,吏民为立祠堂,岁时祭祀不绝。至今巴蜀好文雅,文翁之化也。

　　王成,不知何郡人也。为胶东相,治甚有声。宣帝最先褒之,地节三年下诏曰:"盖闻有功不赏,有罪不诛,虽唐、虞不能以化天下。今胶东相成,劳来不息,流民自占八万余口,治有异等之效。其赐成爵关内侯,秩中二千石。"未及征用,会病卒官。后诏使丞相、御史问郡国上计长吏守丞以政令得失,或对言前胶东相成伪自增加,以蒙显赏,是后俗吏多为虚名云。

　　黄霸字次公,淮阳阳夏人也,以豪杰役使徙云陵。霸少学律令,喜为吏,武帝末以待诏入钱赏官,补侍郎谒者,坐同产有罪劾免。后复入谷沈黎郡,补左冯翊二百石卒史。冯翊以霸入财为官,不署右职,使领郡钱谷计。簿书正,以廉称,察补河东均输长,复察廉为河南太守丞。霸为人明察内敏,又习文法,然温良有让,足知,善御众。为丞,处议当于法,合人心,太守甚任之,吏民爱敬焉。

　　自武帝末,用法深。昭帝立,幼,大将军霍光秉政,大臣争权,上官桀等与燕王谋作乱,光既诛之,遂遵武帝法度,以刑罚痛绳群下,由是俗吏上严酷以为能,而霸独用宽和为名。

　　会宣帝即位,在民间时知百姓苦吏急也,闻霸持法平,召以为廷尉正,数决疑狱,庭中称平。守丞相长史,坐公卿大议廷中知长信少府夏侯胜非议诏书大不敬,霸阿从不举劾,皆下廷尉,系狱当死。霸因从胜受《尚书》狱中,再逾冬,积三岁乃出,语在《胜传》。胜出,复为谏大夫,令左冯翊宋畸举霸贤良。胜又口荐霸于上,上擢霸为扬州刺史。三岁,宣帝下诏曰:"制诏御史:其以贤良高第扬州刺史霸为颍川太守,秩比二千石,居官赐车盖,特高一丈,别驾主簿车。缇油屏泥于轼前,以章有德。"

　　时,上垂意于治,数下恩泽诏书,吏不奉宣。太守霸为选择良吏,分部宣布诏令,令民咸知上意,使邮亭乡官皆畜鸡豚,以赡鳏寡贫穷者。然后为条教,置父老师帅伍长,班行之于民间,劝以为善防奸之意,及务耕桑,节用殖财,种树畜养,去食谷马。米盐靡密,初若烦碎,然霸精力能推行之。吏民见者,语次寻绎,问它阴伏,以相参考。尝欲有所司察,择长年廉吏遣行,属令周密。吏出,不敢舍邮亭,食于道旁,乌攫其肉。民有欲诣府口言事者适见之,霸与语,道此。后日吏还谒霸,霸见迎劳之,曰:"甚苦!食于道旁乃为乌所盗肉。"吏大惊,以霸具知其起居,所问豪氂不敢有所隐。鳏寡孤独有死无以葬者,乡部书言,霸具为区处,某所大木可以为棺,某亭猪子可以祭,吏往皆如言。其识事聪明如此,吏民不知所出,咸称神明。奸人去入它郡,盗贼日少。

　　霸力行教化而后诛罚,务在成就全安长吏。许丞老,病聋,督邮白欲逐之,霸曰:"许丞廉吏,虽老,尚能拜起送迎,正颇重听,何伤?且善助之,毋失贤者意。"或问其故,霸曰:"数易长吏,送故迎新之费及奸吏缘绝簿书盗财物,公私费耗甚多,皆当出于民,所易新吏又未必贤,或不如其故,徒相益为乱。凡治道,去其泰甚者耳。"

　　霸以外宽内明得吏民心,户口岁增,治为天下第一。征守京兆尹,秩二千石。坐发民治驰道不先以闻,又发骑士诣北军马不适士,劾乏军兴,连贬秩。有诏归颍川太守官,以八百石居治如其前。前后八年,郡中愈治。是时,凤皇神爵数集郡国,颍川尤多。天子以霸治行终长者,下诏称扬曰:"颍川太守霸,宣布诏令,百姓向化,孝子弟弟贞妇顺孙日以众多,田者让畔,道不拾遗,养视鳏寡,赡助贫穷,狱或八年亡重罪囚,吏民向于教化,兴于行谊,可谓贤人君子矣。《书》不云乎?'股肱良哉!'其赐爵关内侯,黄金百斤,秩中二千石。"而颍川孝弟有行义民、三老、力田,皆以差赐爵及帛。后数月,征霸为太子太傅,迁御史大夫。

　　五凤三年,代丙吉为丞相,封建成侯,食邑六百户。霸材长于治民,及为丞相,总纲纪号令,风采不及丙、魏、于定国,功名损于治郡。时,京兆尹张敞舍鶡雀飞集丞相府,霸以为神雀,议欲以闻。敞奏霸曰:"窃见丞相请与中二千石博士杂问郡国上计长吏、守丞为民兴利除害、成大化条其对,有耕者让畔,男女异路,道不拾遗,及举孝子弟弟贞妇者为一辈,先上殿,举而不知其人数者次之,不为条教者在后叩头谢。丞相虽口不言,而心欲其为之也。长吏、守丞对时,臣敞舍有鶡雀止丞相府屋上,丞相以下见者数百人。边吏多知鶡雀者,问之,皆阳不知。丞相图议上奏曰:'臣问上计长吏、守丞以兴化条,皇天报下神雀。'后知从臣敞舍来,乃止。郡国吏窃笑丞相仁厚有知略,微信奇怪也。昔汲黯为淮阳守,辞去之官,谓大行李息曰:'御史大夫张汤怀诈阿意,以倾朝廷,公不早白,与俱受戮矣。'息畏汤,终不敢言。后汤诛败,上闻黯与息语,乃抵息罪而秩黯诸侯相,取其思竭忠也。臣敞非敢毁丞相也,诚恐群臣莫白,而长吏、守丞畏丞相指,归舍法令,各为私教,务相增加,浇淳散朴,并行伪貌,有名亡实,倾摇解怠,甚者为妖。假令京师先行让畔异路,道不拾遗,其实亡益廉贪贞淫之行,而以伪先天下,固未可也;即诸侯先行之,伪声轶于京师,非细事也。汉家承敝通变,造起律令,所以劝善禁奸,条贯详备,不可复加。宜令贵臣明饬长吏、守丞,归告二千石,举三老、孝弟、力田、孝廉、廉吏务得其人,郡事皆以义法令捡式,毋得擅为条教,敢挟诈伪以奸名誉者,必先受戮,以正明好恶。"天子嘉纳敞言,召上计吏,使侍中饬如敞指意。霸甚惭。

又乐陵侯史高以外属旧恩侍中贵重,霸荐高可太尉。天子使尚书召问霸"太尉官罢久矣,丞相兼之,所以偃武兴文也。如国家不虞,边境有事,左右之臣皆将率也。夫宣明教化,通达幽隐,使狱无冤刑,邑无盗贼,君之职也。将相之官,朕之任焉。侍中乐陵侯高帷幄近臣,朕之所自亲,君何越职而举之?"尚书令受丞相对,霸免冠谢罪,数日乃决。自是后不敢复有所请。然自汉兴,言治民吏,以霸为首。

为丞相五岁,甘露三年薨,谥曰定侯。霸死后,乐陵侯高竟为大司马,霸子思侯赏嗣,为关都尉。薨,子忠侯辅嗣,至卫尉九卿。薨,子忠嗣侯,讫王莽乃绝。子孙为吏二千石者五六人。

始,霸少为阳夏游徼,与善相人者共载出,见一妇人,相者言:"此妇人当富贵,不然,相书不可用也。"霸推问之,乃其乡里巫家女也。霸即娶为妻,与之终身。为丞相后,徙杜陵。

朱邑字仲卿,庐江舒人也。少时为舒桐乡啬夫,廉平不苛,以爱利为行,未尝笞辱人,存问耆老孤寡,遇之有恩,所部吏爱敬焉。迁补太守卒史,举贤良为大司农丞,迁北海太守,以治行第一入为大司农。为人淳厚,笃于故旧,然性公正,不可交以私。天子器之,朝廷敬焉。

是时,张敞为胶东相,与邑书曰:"明主游心太古,广延茂士,此诚忠臣谒思之时也。直敞远守剧郡,驭于绳墨,匈臆约结,固亡奇也。虽有,亦安所施?足下以清明之德,掌周稷之业,犹饥者甘糟糠,穰岁余粱肉。何则?有亡之势异也。昔陈平虽贤,须魏倩而后进;韩信虽奇,赖萧公而后信。故事各达其时之英俊,若必伊尹、吕望而后荐之,则此人不因足下而进矣。"邑感敞言,贡荐贤士大夫,多得其助者。身为列卿,居处俭节,禄赐以共九族乡党,家亡余财。

神爵元年卒。天子闵惜,下诏称扬曰:"大司农邑,廉洁守节,退食自公,亡强外之交,束修之馈,可谓淑人君子,遭离凶灾,朕甚闵之。其赐邑子黄金百斤,以奉其祭祀。"

初,邑病且死,属其子曰:"我故为桐乡吏,其民爱我,必葬我桐乡。后世子孙奉尝我,不如桐乡民。"及死,其子葬之桐乡西郭外,民果共为邑起冢立祠,岁时祠祭,至今不绝。

龚遂字少卿,山阳南平阳人也。以明经为官,至昌邑郎中令,事王贺。贺动作多不正,遂为人忠厚,刚毅有大节,内谏争于王,外责傅相,引经义,陈祸福,至于涕泣,蹇蹇亡已。面刺王过,王至掩耳起走,曰:"郎中令善愧人。"及国中皆畏惮焉。王尝久与驺奴宰人游戏饮食,赏赐亡度。遂入见王,涕泣膝行,左右侍御皆出涕。王曰:"郎中令何为哭?"遂曰:"臣痛社稷危也!愿赐清闲竭愚。"王辟左右,遂曰:"大王知胶西王所以为无道亡乎?"王曰:"不知也。"曰:"臣闻胶西王有谀臣侯得,王所为拟于桀、纣也,得以为尧、舜也。王说其谄谀,尝与寝处,唯得所言,以至于是。今大王亲近群小,渐渍邪恶所习,存亡之机,不可不慎也。臣请选郎通经术有行义者与王起居,坐则诵《诗》、《书》,立则习礼容,宜有益。"王许之。遂乃选郎中张安等十人侍王。居数日,王皆逐去安等。久之,宫中数有妖怪,王以问遂,遂以为有大忧,宫室将空,语在《昌邑王传》。会昭帝崩,亡子,昌邑王贺嗣立,官属皆征入。王相安乐迁长乐卫尉,遂见安乐,流涕谓曰:"王立为天子,日益骄溢,谏之不复听,今哀痛未尽,日与近臣饮食作乐,斗虎豹,召皮轩,车九流,驱驰东西,所为悖道。古制宽,大臣有隐退,今去不得,阳狂恐知,身死为世戮,奈何?君,陛下故相。宜极谏争。"王即位二十七日,卒以淫乱废。昌邑群臣坐陷王于恶不道,皆诛,死者二百余人,唯遂与中尉王阳以数谏争得减死,髡为城旦。

宣帝即位,久之,渤海左右郡岁饥,盗贼并起,二千石不能禽制。上选能治者,丞相、御史举遂可用,上以为渤海太守。时,遂年七十余,召见,形貌短小,宣帝望见,不副所闻,心内轻焉,谓遂曰:"渤海废乱,朕甚忧之。君欲何以息其盗贼,以称朕意?"遂对曰:"海濒遐远,不沾圣化,其民困于饥寒而吏不恤,故使陛下赤子盗弄陛下之兵于潢池中耳。今欲使臣胜之邪,将安之也?"上闻遂对,甚说,答曰:"选用贤良,固欲安之也。"遂曰:"臣闻治乱民犹治乱绳,不可急也;唯缓之,然后可治。臣愿丞相、御史且无拘臣以文法,得一切便宜从事。"上许焉,加赐黄金,赠遣乘传。至渤海界,郡闻新太守至,发兵以迎,遂皆遣还,移书敕属县悉罢逐捕盗贼吏。诸持锄钩田器者皆为良民,吏毋得问,持兵者乃为盗贼。遂单车独行至府,郡中翕然,盗贼亦皆罢。渤海又多劫略相随,闻遂教令,即时解散,弃其弓弩而持钩锄。盗贼于是悉平,民安土乐业。遂乃开仓廪假贫民,选用良吏,尉安牧养焉。

遂见齐俗奢侈,好末技,不田作,乃躬率以俭约,劝民务农桑,令口种一树榆,百本薤、五十本葱、一畦韭,家二母彘、五鸡。民有带持刀剑者,使卖剑买牛,卖刀买犊,曰:"何为带牛佩犊!"春夏不得不趋田亩,秋冬课收敛,益蓄果实菱芡。劳来循行,郡中皆有蓄积,吏民皆富实。狱讼止息。

数年,上遣使者征遂,议曹王生愿从。功曹以为王生素耆酒,亡节度,不可使。遂不忍逆,从至京师。王生日饮酒，不视太守。会遂引入宫，王生醉，从后呼，曰："明府且止，愿有所白。"遂还问其故，王生曰："天子即问君何以治渤海，君不可有所陈对，宜曰'皆圣主之德，非小臣之力也'。"遂受其言。既至前，上果问以治状，遂对如王生言。天子说其有让，笑曰："君安得长者之言而称之？"遂因前曰："臣非知此，乃臣议曹教戒臣也。"上以遂年老不任公卿，拜为水衡都尉，议曹王生为水衡丞，以褒显遂云。水衡典上林禁苑，共张宫馆，为宗庙取牲，官职亲近，上甚重之，以官寿卒。

召信臣字翁卿，九江寿春人也。以明经甲科为郎，出补穀阳长。举高第，迁上蔡长。其治视民如子，所居见称述。超为零陵太守，病归。复征为谏大夫，迁南阳太守，其治如上蔡。

信臣为人勤为有方略，好为民兴利，务在富之。躬劝耕农，出入阡陌，止舍离乡亭，稀有安居时。行视郡中水泉，开通沟渎，起水门提阏凡数十处，以广溉灌，岁岁增加，多至三万顷。民得其利，蓄积有余。信臣为民作均水约束，刻石立于田畔，以防分争。禁止嫁娶送终奢靡，务出于俭约。府县吏家子弟好游敖，不以田作为事，辄斥罢之，甚者案其不法，以视好恶。其化大行，郡中莫不耕稼力田，百姓归之，户口增倍，盗贼狱讼衰止。吏民亲爱信臣，号之曰召父。荆州刺史奏信臣为百姓兴利，郡以殷富，赐黄金四十斤。迁河南太守，治行常为第一，复数增秩赐金。

竟宁中，征为少府，列于九卿，奏请上林诸离宫馆稀幸御者，勿复缮治共张，又奏省乐府黄门倡优诸戏，及宫馆兵弩什器减过泰半。太官园种冬生葱韭菜茹，覆以屋庑，昼夜蕴火，待温气乃生。信臣以为此皆不时之物，有伤于人，不宜以奉供养，及它非法食物，悉奏罢，省费岁数千万。信臣年老以官卒。

元始四年，诏书祀百辟卿士有益于民者，蜀郡以文翁，九江以召父应诏书。岁时郡二千石率官属行礼，奉祠信臣冢，而南阳亦为立祠。

卷九十　　酷吏传第六十

孔子曰："导之以政，齐之以刑，民免而无耻；导之以德，齐之以礼，有耻且格。"老氏称："上德不德，是以有德；下德不失德，是以无德。法令滋章，盗贼多有。"信哉是言也！法令者，治之具，而非制治清浊之原也。昔天下之罔尝密矣，然奸轨愈起，其极也，上下相遁，至于不振。当是之时，吏治若救火扬沸，非武健严酷，恶能胜其任而愉快乎？言道德者，溺于职矣。故曰："听讼吾犹人也，必也使无讼乎！""士闻道大笑之。"非虚言也。

汉兴，破觚而为圜，斲雕而为朴，号为罔漏吞舟之鱼。而吏治蒸蒸，不至于奸，黎民艾安。由是观之，在彼不在此。高后时，酷吏独有侯封，刻轹宗室，侵辱功臣。吕氏已败，遂夷侯封之家。孝景时，晁错以刻深颇用术辅其资，而七国之乱发怒于错，错卒被戮。其后有郅都、甯成之伦。

郅都，河东大阳人也。以郎事文帝。景帝时为中郎将，敢直谏，面折大臣于朝。尝从入上林，贾姬在厕，野彘入厕，上目都，都不行。上欲自持兵救贾姬，都伏上前曰："亡一姬复一姬进，天下所少宁姬等邪？陛下纵自轻，奈宗庙太后何？"上还，彘亦不伤贾姬。太后闻之，赐都金百斤，上亦赐金百斤，由此重都。

济南瞷氏宗人三百余家，豪猾，二千石莫能制，于是景帝拜都为济南守。至则诛瞷氏首恶，余皆股栗。居岁余，郡中不拾遗，旁十余郡守畏都如大府。

都为人，勇有气，公廉，不发私书，问遗无所受，请寄无所听。常称曰："已背亲而出，身固当奉职死节官下，终不顾妻子矣。"

都迁为中尉，丞相条侯至贵居也，而都揖丞相。是时，民朴，畏罪自重，而都独先严酷，致行法不避贵戚，列侯宗室见都侧目而视，号曰"苍鹰"。

临江王征诣中尉府对簿，临江王欲得刀笔为书谢上，而都禁吏弗与。魏其侯使人间于临江王。临江王既得，为书谢上，因自杀。窦太后闻之，怒，以危法中都，都免归家。景帝乃使使即拜都为雁门太守，便道之官，得以便宜从事。匈奴素闻郅都节，举边为引兵去，竟郅都死不近雁门。匈奴至为偶人象都，令骑驰射，莫能中，其见惮如此。匈奴患之。乃中都以汉法。景帝曰："都忠臣。"欲释之。窦太后曰："临江王独非忠臣乎？"于是斩都也。

甯成，南阳穰人也。以郎谒者事景帝。好气，为小吏，必陵其长吏；为人上，操下急如束湿。猾贼任威。稍迁至济南都尉，而郅都为守。始前数都尉步入府，因吏谒守如县令，其畏都如此。及成往，直凌都出其上。都素闻其声，善遇，与结欢。久之，都死，后长安左右宗室多犯法，上召成为中尉。其治效郅都，其廉弗如，然宗室豪杰人皆惴恐。

武帝即位，徙为内史。外戚多毁成之短，抵罪髡钳。是时九卿死即死，少被刑，而成刑极，自以为不复收，乃解脱，诈刻传出关归家。称曰："仕不至二千石，贾不至千万，安可比人乎！"乃贳贷陂田千余顷，假贫民，役使数千家。数年，会赦，致产数千万，为任侠，持吏长短，出从数十骑。其使民，威重于郡守。

周阳由，其父赵兼以淮南王舅侯周阳，故因氏焉。由以宗家任为郎，事文帝。景帝时，由为郡守。武帝即位，吏治尚修谨，然由居二千石中最为暴酷骄恣。所爱者，挠法活之；所憎者，曲法灭之。所居郡，必夷其豪。为守，视都尉如令；为都尉，陵太守，夺之治。汲黯为忮，司马安之文恶，俱在二千石列，同车未尝敢均茵冯。后由为河东都尉，与其守胜屠公争权，相告言，胜屠公当抵罪，义不受刑，自杀，而由弃市。

自甯成、周阳由之后，事益多，民巧法，大抵吏治类多成、由等矣。

赵禹，斄人也。以佐史补中都官，用廉为令史，事太尉周亚夫。亚夫为丞相,禹为丞相史,府中皆称其廉平。然亚夫弗任,曰:"极知禹无害,然文深,不可以居大府。"武帝时,禹以刀笔吏积劳,迁为御史。上以为能,至中大夫。与张汤论定律令,作见知,吏传相监司以法,尽自此始。

禹为人廉倨,为吏以来,舍无食客。公卿相造请,禹终不行报谢,务在绝知友宾客之请,孤立行一意而已。见法辄取,亦不复案求官属阴罪。尝中废,已为廷尉。始条侯以禹贼深,及禹为少府九卿,酷急。至晚节,事益多。吏务为严峻,而禹治加缓,名为平。王温舒等后起,治峻禹。禹以老,徙为燕相。数岁,悖乱有罪,免归。后十余年,以寿卒于家。

义纵,河东人也。少年时尝为张次公俱攻剽,为群盗。纵有姊,以医幸王太后。太后问:"有子、兄弟为官者乎?"姊曰:"有弟无行,不可。"太后乃告上,上拜义姁弟纵为中郎,补上党郡中令。治敢往,少温籍,县无逋事,举第一。迁为长陵及长安令,直法行治,不避贵戚。以捕按太后外孙修成子中,上以为能,迁为河内都尉。至则族灭其豪穰氏之属,河内道不拾遗。而张次公亦为郎,以勇悍从军,敢深入,有功,封为岸头侯。

宁成家居,上欲以为郡守。御史大夫弘曰:"臣居山东为小吏时,宁成为济南都尉,其治如狼牧羊,成不可令治民。"上乃拜成为关都尉。岁余,关吏税肆郡国出入关者,号曰:"宁见乳虎,无直宁成之怒。"其暴如此。义纵自河内迁为南阳太守,闻宁成家居南阳,及至关,宁成侧行送迎,然纵气盛,弗为礼。至郡,遂案宁氏,破碎其家。成坐有罪,及孔、暴之属皆奔亡,南阳吏民重足一迹。而平氏朱强、杜衍杜周为纵爪牙之吏,任用,迁为廷尉史。

军数出定襄,定襄吏民乱败,于是徙纵为定襄太守。纵至,掩定襄狱中重罪二百余人,及宾客昆弟私入相视者亦二百余人。纵一切捕鞠,曰:"为死罪解脱。"是日皆报杀四百余人。郡中不寒而栗,猾民佐吏为治。

是时,赵禹、张汤为九卿矣,然其治尚宽,辅法而行,纵以鹰击毛挚为治。后会更五铢钱白金起,民为奸,京师尤甚,乃以纵为右内史,王温舒中尉。温舒至恶,所为弗先言纵,纵必以气陵之,败坏其功。其治,所诛杀甚多,然取为小治,奸益不胜,直指始出矣。吏之治以斩杀缚束为务,阎奉以恶用矣。纵廉,其治效郅都。上幸鼎湖,病久,已而卒起幸甘泉,道不治。上怒曰:"纵以我为不行此道乎?"衔之。至冬,杨可方受告缗,纵以为此乱民,部吏捕其为可使者。天子闻,使杜式治,以为废格沮事,弃纵市。后一岁,张汤亦死。

王温舒,阳陵人也。少时椎埋为奸。已而试县亭长,数废。数为吏,以治狱至廷史。事张汤,迁为御史,督盗贼,杀伤甚多。稍迁至广平都尉,择郡中豪敢往吏十余人为爪牙,皆把其阴重罪,而纵使督盗贼,快其意所欲得。此人虽有百罪,弗法;即有避回,夷之,亦灭宗。以故齐赵之盗不敢近广平,广平声为道不拾遗。上闻,迁为河内太守。

素居广平时,皆知河内豪奸之家。及往,以九月至,令郡具私马五十匹,为驿自河内至长安,部吏如居广平时方略,捕郡中豪猾,相连坐千余家。上书请,大者至族,小者乃死,家尽没入偿臧。奏行不过二日,得可,事论报,至流血十余里。河内皆怪其奏,以为神速。尽十二月,郡中无犬吠之盗。其颇不得,失之旁郡,追求,会春,温舒顿足叹曰:"嗟乎,令冬月益展一月,卒吾事矣!"其好杀行威不爱人如此。

上闻之,以为能,迁为中尉。其治复放河内,徙请召猜祸吏与从事,河内则杨皆、麻戊,关中扬赣、成信等。义纵为内史,惮之,未敢恣治。及纵死,张汤败后,徙为廷尉。而尹齐为中尉坐法抵罪,温舒复为中尉。为人少文,居它惛惛不辨,至于中尉则心开。素习关中俗,知豪恶吏,豪恶吏尽复为用。吏苛察淫恶少年,投缿购告言奸,置伯落长以收司奸。温舒多诌,善事有势者;即无势,视之如奴。有势家,虽有奸如山,弗犯;无势,虽贵戚,必侵辱。舞文巧,请下户之猾,以动大豪。其治中尉如此。奸猾穷治,大氐尽靡烂狱中,行论无出者。其爪牙吏虎而冠。于是中尉部中猾以下皆伏,有势者为游声誉,称治。数岁,其吏多以权贵富。

温舒击东越还,议有不中意,坐以法免。是时,上方欲作通天台而未有人,温舒请复中尉脱卒,得数万人作。上说,拜为少府。徙右内史,治如其故,奸邪少禁。坐法失官,复为右辅,行中尉,如故操。

岁余,会宛军发,诏征豪吏。温舒匿其吏华成,及人有变告温舒受员骑钱,它奸利事,罪至族,自杀。其时,两弟及两婚家亦各自坐它罪而族。光禄勋徐自为曰:"悲夫!夫古有三族,而王温舒罪至同时而五族乎!"温舒死,家累千金。

尹齐,东郡茌平人也。以刀笔吏稍迁至御史。事张汤,汤数称以为廉。武帝使督盗贼,斩伐不避贵势。迁关都尉,声甚于宁成。上以为能,拜为中尉。吏民益凋敝,轻齐木讷少文,豪恶吏伏匿而善吏不能为治,以故事多废,抵罪。后复为淮阳都尉。王温舒败后数年,病死,家直不满五十金。所诛灭淮阳甚多,及死,仇家欲烧其尸,妻亡去,归葬。

杨仆,宜阳人也。以千夫为吏。河南守举为御史,使督盗贼关东,治放尹齐,以敢击行。稍迁至主爵都尉,上以为能。南越反,拜为楼船将军,有功,封将梁侯。东越反,上复使将,为其伐前劳,以书敕责之曰:"将军之功,独有先破石门、寻狭,非有斩将搴旗之实也,乌足以骄人哉!即破番禺,捕降者以为虏,掘死人以为获,是一过也。建德、吕嘉逆罪不容于天下,将军拥精兵不穷追,超然以东越为援,是二过也。士卒暴露连岁,为朝会不置酒,将军不念其勤劳,而造佞巧,请乘传行塞,因用归家,怀银黄,垂三组,夸乡里,是三过也。失期内顾,以道恶为解,失army尊之序,是四过也。欲请蜀刀,问君贾几何,对曰率数百,武库日出兵而阳不知,挟伪干君,是五过也。受诏不至兰池宫,明日又不对。假令将军之吏问之不对,令之不从,其罪何如?推此心以在外,江海之间可得信乎!今东越深入,将军能率众以掩过不?"仆惶恐,对曰:"愿尽死赎罪!"与王温舒俱破东越。后复与左将军荀彘俱击朝鲜,为彘所缚,语在《朝鲜传》。还,免为庶人,病死。

咸宣,杨人也。以佐史给事河东守。卫将军青使买马河东,见宣无害,言上,征为厩丞。官事办,稍迁为御史及中丞,使治主父偃及淮南反狱,所以微文深诋杀者甚众,称为敢决疑。数废数起,为御史及中丞者几二十岁。王温舒为中尉,而宣为左内史。其治米盐,事小大皆关其手,自部署县名曹宝物,官吏令丞弗得擅摇,痛以重法绳之。居官数年,一切为小治辩,然独宣以小至大,能自行之,难以为经。中废为右扶风,坐怒其吏成信,信亡藏上林中,宣使郿令将吏卒,阑入上林中蚕室门攻亭格杀信,射中苑门,宣下吏,为大逆当族,自杀。而杜周任用。

是时,郡守尉、诸侯相、二千石欲为治者,大抵尽效王温舒等,而吏民益轻犯法,盗贼滋起。南阳有梅免、百政,楚有段中、杜少,齐有徐勃,燕、赵之间有坚卢、范主之属。大群至数千人,擅自号,攻城邑,取库兵,释死罪,缚辱郡守、都尉,杀二千石,为檄告县趋具食;小群以百数,掠卤乡里者不可称数。于是上始使御史中丞、丞相长史使督之,犹弗能禁,乃使光禄大夫范昆、诸部都尉及故九卿张德等衣绣衣,持节、虎符,发兵以兴击,斩首大部或至万余级。及以法诛通行饮食,坐相连郡,甚者数千人。数岁,乃颇得其渠率。散卒失亡,复聚党阻山川,往往而群,无可奈何。于是作沈命法,曰:"群盗起不发觉,发觉而弗捕满品者,二千石以下至小吏主者皆死。"其后小吏畏诛,虽有盗弗敢发,恐不能得,坐课累府,府亦使不言。故盗贼寖多,上下相为匿,以避文法焉。

田广明字子公,郑人也。以郎为天水司马。功次迁河南都尉,以杀伐为治。郡国盗贼并起,迁广明为淮阳太守。岁余,故城父令公孙勇与客胡倩等谋反,倩诈称光禄大夫,从车骑数十,言使督盗贼,止陈留传舍,太守谒见,欲收取之。广明觉知,发兵皆捕斩焉。而公孙勇衣绣衣,乘驷马车至圉,圉使小史侍之,亦知其非是,守尉魏不害与厩啬夫江德、尉史苏昌共收捕之。上封不害为当涂侯,德潦阳侯,昌蒲侯。初,四人俱拜于前,小史窃念:武帝问:"言何?"对曰:"为侯者得东归不?"上曰:"女欲不?贵矣。女乡名为何?"对曰:"名遗乡。"上曰:"用遗汝矣。"于是赐小史爵关内侯,食遗乡六百户。上以广明连禽大奸,征入为大鸿胪,擢广明兄云中代为淮阳太守。昭帝时,广明将兵击益州,还,赐爵关内侯,徙卫尉。后出为左冯翊,治有能名。宣帝初立,代蔡义为御史大夫,以前为冯翊与议定策,封昌水侯。岁余,以祁连将军将兵击匈奴,出塞至受降城。受降都尉前死,丧柩在堂,广明召其寡妻与奸。既出不至质,引军空还。下太守杜延年簿责,广明自杀阙下,国除。兄云中为淮阳守,亦敢诛杀,吏民守阙告之,竟坐弃市。

田延年字子宾,先齐诸田也,徙阳陵。延年以材略给事大将军莫府,霍光重之,迁为长史。出为河东太守,选拔尹翁归等以为爪牙,诛锄豪强,奸邪不敢发。以选入大司农。会昭帝崩,昌邑王嗣立,淫乱,霍将军忧懑,与公卿议废之,莫敢发言。延年按剑,廷叱群臣,即日议决,语在《光传》。宣帝即位,延年以决疑定策封阳成侯。

先是,茂陵富人焦氏、贾氏以数千万阴积贮炭苇诸下里物。昭帝大行时,方上事暴起,用度未办,延年奏言:"商贾或豫收方上不祥器物,冀其疾用,欲以求利,非民臣所当为。请没入县官。"奏可。富人亡财者皆怨,出钱求延年罪。初,大司农取民牛车三万两为僦,载沙便桥下,送致方上,车直千钱,延年上簿诈增僦直车二千,凡六千万,盗取其半。焦、贾两家告其事,下丞相府。丞相议奏延年"主守盗三千万,不道"。霍将军召问延年,欲为道地,延年抵曰:"本出将军之门,蒙此爵位,无有是事。"光曰:"即无事,当穷竟。"御史大夫田广明谓太仆杜延年:"《春秋》之义,以功覆过"当废昌邑王时,非田子宾之言大事不成。今县官出三千万自乞之何哉?愿以愚言白大将军。"延年言之大将军,大将军曰:"诚然,实勇士也! 当发大议时,震动朝廷。"光因举手自抚心曰:"使我至今病悸! 谢田大夫晓大司农,通往就狱,得公议之。"田大夫使人语延年,延年曰:"幸县官宽我耳,何面目入牢狱,使众人指笑我,卒徒唾吾背乎!"即闭阁独居齐舍,偏袒持刀东西步。数日,使者召延年诣廷尉。闻鼓声,自刎死,国除。

严延年字次卿,东海下邳人也。其父为丞相掾,延年少学法律丞相府,归为郡吏。以选除补御史掾,举侍御史。是时,大将军霍光废昌邑王,尊立宣帝。宣帝初即位,延年劾奏光"擅废立,无人臣礼,不道"。奏虽寝,然朝廷肃焉敬惮。延年后复劾大司农田延年持兵干属车,大司农自讼不干属车。事下御史中丞,谴责延年何以不移书宫殿门禁止大司农,而令得出入宫。于是复劾延年阑内罪人,法至死。延年亡命。会赦出,丞相、御史府征书同日到,延年以御史书先至,诣御史府,复为掾。宣帝识之,拜为平陵令,坐杀不辜,去官。后为丞相掾,复擢好畤令。神爵中,西羌反,强弩将军许延寿请延年为长史,从军败西羌,还为涿郡太守。

时,郡比得不能太守,涿人毕野白等由是废乱。大姓西高氏、东高氏,自郡吏以下皆畏避之,莫敢与牾,咸曰:"宁负二千石,无负豪大家。"宾客放为盗贼,发,辄入高氏,吏不敢追。浸浸日多,道路张弓拔刃,然后敢行,其乱如此。延年至,遣掾蠡吾赵绣按高氏得其死罪。绣见延年新将,心内惧,即为两劾,欲先白其轻者,观延年意怒,乃出其重劾。延年已知其如此矣。赵掾至,果白其轻者,延年索怀中,得重劾,即收送狱。夜入,晨将至市论杀之,先所按者死,吏皆股弁。更遣吏公乎两高,穷责其奸,诛杀各数十人。郡中震恐,道不拾遗。

三岁,迁河南太守,赐黄金二十斤。豪强胁息,野无行盗,威震旁郡。其治务在摧折豪强,扶助贫弱。贫弱虽陷法,曲文以出之;其豪杰侵小民者,以文内之。众人所谓当死者,一朝出之;所谓当生者,诡杀之。吏民莫能测其意深浅,战栗不敢犯禁。按其狱,皆文致不可得反。

延年为人短小精悍,敏捷于事,虽子贡、冉有通艺于政事,不能绝也。吏忠尽节者,厚遇之如骨肉,皆亲乡之,出身不顾,以是治下无隐情。然疾恶泰甚,中伤者多,尤巧为狱文,善史书,所欲诛杀,奏成于手,中主簿亲近吏不得闻知。奏可论死,奄忽如神。冬月,传属县囚,会论府上,流血数里,河南号曰:"屠伯"。令行禁止,郡中正清。

是时,张敞为京兆尹,素与延年善。敞治虽严,然尚颇有纵舍,闻延年用刑刻急,乃以书谕之曰:"昔韩卢之取菟也,上观下获,不甚多杀。愿次卿少缓诛罚,思行此术。"延年报曰:"河南天下喉咽,二周余毙,莠盛苗秽,何可不锄也?"自矜伐其能,终不衰止。时,黄霸在颍川以宽恕为治,郡中亦平,屡蒙丰年,凤皇下,上贤奏,下诏称扬其行,加金爵之赏。延年素轻霸为人,及比郡为守,褒赏反在已前,心内不服。河南界中又有蝗虫,府丞义出行蝗,还见延年,延年曰:"此蝗岂凤皇食邪?"又义道司农中丞耿寿昌为常平仓,利百姓,延年曰:"丞相御史不知为也,当避位去。寿昌安得权此?"后左冯翊缺,上欲征延年,符已发,为其名酷复止。延年疑少府梁丘贺易之,心恨。会琅邪太守以视事久病,满三月免,延年自知见废,谓丞曰:"此人尚能去官,我反不能去邪?"又延年察狱史廉,有赃不入身,延年坐选举不实贬秩,笑曰:"后敢复有举人者矣!"丞义年老颇悖,素畏延年,恐见中伤。延年本尝与义俱为丞相史,实亲厚之,无意毁伤也,馈遗之甚厚。义愈益恐,自筮得死卦,忽忽不乐,取告至长安,上书言延年罪名十事。已拜奏,因饮药自杀,以明不欺。事下御史丞按验,有此数事,以结延年,坐怨望非谤政治不道弃市。

初,延年母从东海来,欲从延年腊,到洛阳,适见报囚。母大惊,便止都亭,不肯入府。延年出至都亭谒母,母闭阁不见。延年免冠顿首阁下,良久,母乃见之,因数责延年:"幸得备郡守,专治千里,不闻仁爱教化,有以全安愚民,顾乘刑罚多刑杀人,欲以立威,岂为民父母意哉!"延年服罪,重顿首谢,自因为母御,归府舍。母毕正腊,谓延年:"天道神明,人不可独杀。我不意当老见壮子被刑戮也!行矣!去女东归,扫除墓地耳。"遂去。归郡,见昆弟宗人,复为言之。后岁余,果败。东海莫不贤知其母。延年兄弟五人皆有吏材,至大官,东海号曰:"万石严妪"。次弟彭祖,至太子太傅,在《儒林传》。

尹赏字子心,巨鹿杨氏人也。以郡吏察廉为楼烦长。举茂材、粟邑令。左冯翊薛宣奏赏能治剧,徙为频阳令,坐残贼免。后以御史举为郑令。

永始、元延间,上怠于政,贵戚骄恣,红阳长仲兄弟交通轻侠,臧匿亡命。而北地大豪浩商等报怨,杀义渠长妻子六人,往来长安中。丞相、御史遣掾求逐党与,诏书召捕,久之乃得。长安中奸猾浸多,闾里少年群辈杀吏,受赇报仇,相与探丸为弹,得赤丸者斫武吏,得黑丸者斫文吏,白者主治丧;城中薄暮尘起,剽劫行者,死伤横道,枹鼓不绝。赏以三辅高第选守长安令,得一切便宜从事。赏至,修治长安狱,穿地方深各数丈,致令辟为郭,以大石覆其口,名为"虎穴"。乃部户曹掾史,与乡吏、亭长、里正、父老、伍人,杂举长安中轻薄少年恶子,无市籍商贩作务,而鲜衣凶服被铠扞持刀兵者,悉籍记之,得数百人。赏一朝会长安吏,车数百辆,分行收捕,皆劾以为通行饮食群盗。赏亲阅,见十置一,其余尽以次内虎穴中,百人为辈,覆以大石。数日一发视,皆相枕藉死,便舆出,瘗寺门桓东。楬著其姓名,百日后,乃令死者家各自发取其尸。亲属号哭,道路皆歔欷。长安中歌之曰:"安所求子死?桓东少年场。生时谅不谨,枯骨后何葬?"赏所置皆其魁宿,或故吏善家子失计随轻黠愿自改者,财数十百人,皆贳其罪,诡令立功以自赎。尽力有效者,因亲用之为爪牙,追捕甚精,甘耆奸恶,甚于凡吏。赏视事数月,盗贼止,郡国亡命散走,各归其处,不敢窥长安。

江湖中多盗贼,以赏为江夏太守,捕格江贼及所诛吏民甚多,坐残贼免。南山群盗起,以赏为右辅都尉,迁执金吾,督大奸猾。三辅吏民甚畏之。

数年卒官。疾病且死,戒其诸子曰:"丈夫为吏,正坐残贼免,追思其功效,则复进用矣。一坐软弱不胜任免,终身废弃无有赦时,其羞辱甚于贪污坐臧。慎毋然!"赏四子皆至郡守,长子立为京兆尹,皆尚威严,有治办名。

赞曰:自郅都以下皆以酷烈为声,然都抗直,引是非,争大体。张汤以知阿邑人主,与俱上下,时辩当否,国家赖其便。赵禹据法守正。杜周从谀,以少言为重。张汤死后,罔密事丛,以浸耗废,九卿奉职,救过不给,何暇论绳墨之外乎!自是以至哀、平,酷吏众多,然莫足数,此其知名见纪者也。其廉者足以为仪表,其污者方略教道,一切禁奸,亦质有文武焉。虽酷,称其位矣。汤、周子孙贵盛,故别传。

卷九十一　　货殖传第六十一

昔先王之制,自天子、公、侯、卿、大夫、士至于皂隶、抱关、击柝者,其爵禄、奉养、宫室、车服、棺椁、祭祀、死生之制各有差品,小不得僭大,贱不得逾贵。夫然,故上下序而民志定。于是辩其土地、川泽、丘陵、衍沃、原隰之宜,教民种树畜养;五谷六畜及至鱼鳖、鸟兽、雚蒲、材干、器械之资,所以养生送终之具,靡不皆育。育之以时,而用之有节。草木未落,斧斤不入于山林;豺獭未祭,罝网不布于野泽;鹰隼未击,矰弋不施于徯隧。既顺时而取物,犹山不茬蘖,泽不伐夭,蠏鱼麛卵,咸有常禁。所以顺时宣气,蕃阜庶物,蓄足功用,如此之备也。然后四民因其土宜,各任智力,夙兴夜寐,以治其业,相与通功易事,交利而俱赡,非有征发期会,而远近咸足。故《易》曰:"后以财成辅相天地之宜,以左右民","备物致用,立成器以为天下利,莫大乎圣人",此之谓也。《管子》云古之四民不得杂处。士相与言仁谊于闲宴,工相与议技巧于官府,商相与语财利于市井,农相与谋稼穑于田野,朝夕从事,不见异物而迁焉。故其父兄之教不肃而成,子弟之学不劳而能,各安其居而乐其业,甘其食而美其服,虽见奇丽纷华,非其所习,辟犹戎翟之与于越，不相入矣。是以欲寡而事节，财足而不争。于是在民上者，道之以德，齐之以礼，故民有耻而且敬，贵谊而贱利。此三代之所以直道而行，不严而治之大略也。

及周室衰，礼法堕，诸侯刻桷丹楹，大夫山节藻棁，八佾舞于庭，《雍》彻于堂。其流至乎士庶人，莫不离制而弃本，稼穑之民少，商旅之民多，谷不足而货有余。

陵夷至乎桓、文之后，礼谊大坏，上下相冒，国异政，家殊俗，嗜欲不制，僭差亡极。于是商通难得之货，工作亡用之器，士设反道之行，以追时好而取世资。伪民背实而要名，奸夫犯害而求利，篡弑取国者为王公，圉夺成家者为雄桀。礼谊不足以拘君子，刑戮不足以威小人。富者木土被文锦，犬马余肉粟，而贫者裋褐不完，含菽饮水。其为编户齐民，同列而以财力相君，虽为仆虏，犹亡愠色。故夫饰变诈为奸轨者，自足乎一世之间；守道循理者，不免于饥寒之患。其教自上兴，由法度之无限也。故列其行事，以传世变云。

昔粤王勾践困于会稽之上，乃用范蠡、计然。计然曰："知斗则修备，时用则知物，二者形则万货之情可得见矣。故旱则资舟，水则资车，物之理也。"推此类而修之，十年国富，厚赂战士，遂报强吴，刷会稽之耻。范蠡叹曰："计然之策，十用其五而得意。既以施国，吾欲施之家。"乃乘扁舟，浮江湖，变名姓，适齐为鸱夷子皮，之陶为朱公。以为陶天下之中，诸侯四通，货物所交易也，乃治产积居，与时逐而不责于人。故善治产者，能择人而任时。十九年之间三致千金，再散分与贫友昆弟。后年衰老，听子孙修业而息之，遂至巨万。故言富者称陶朱。

子赣既学于仲尼，退而仕卫，发贮鬻财曹、鲁之间。七十子之徒，赐最为饶，而颜渊箪食瓢饮，在于陋巷。子赣结驷连骑，束帛之币聘享诸侯，所至，国君无不分庭与之抗礼。然孔子贤颜渊而讥子赣，曰："回也其庶乎，屡空。赐不受命，而货殖焉，意则屡中。"

白圭，周人也。当魏文侯时，李克务尽地力，而白圭乐观时变，故人弃我取，人取我予。能薄饮食，忍嗜欲，节衣服，与用事僮仆同苦乐，趋时若猛兽挚鸟之发。故曰："吾治生犹伊尹、吕尚之谋，孙、吴用兵，商鞅行法是也。故智不足与权变，勇不足以决断，仁不能以取予，强不能以有守，虽欲学吾术，终不告也。"盖天下言治生者祖白圭。

猗顿用盬盐起，邯郸郭纵以铸冶成业，与王者埒富。

乌氏嬴畜牧，及众，斥卖，求奇缯物，间献戎王。戎王十倍其偿，予畜，畜至用谷量牛马。秦始皇令嬴比封君，以时与列臣朝请。

巴寡妇清，其先得丹穴，而擅其利数世，家亦不訾。清寡妇能守其业，用财自卫，人不敢犯。始皇以为贞妇而客之，为筑女怀清台。

秦汉之制，列侯封君食租税，岁率户二百。千户之君则二十万，朝觐聘享出其中。庶民农工商贾，率亦岁万息二千，百万之家即二十万，而更徭租赋出其中，衣食好美矣。故曰陆地牧马二百蹄，牛千蹄角，千足羊，泽中千足彘，水居千石鱼波，山居千章之萩。安邑千树枣；燕、秦千树栗；蜀、汉、江陵千树橘；淮北荥南河济之间千树萩；陈、夏千亩漆；齐、鲁千亩桑麻；渭川千亩竹；及名国万家之城，带郭千亩亩钟之田，若千亩卮茜，千畦姜韭：此其人皆与千户侯等。

谚曰："以贫求富，农不如工，工不如商，刺绣文不如倚市门。"此言末业，贫者之资也。通邑大都酤一岁千酿，醯酱千瓨，浆千儋，屠牛、羊、彘千皮，谷籴千钟，薪稾千车，舩长千丈，木千章，竹竿万个，轺车百乘，牛车千两；木器漆者千枚，铜器千钧，素木铁器若卮茜千石，马蹄噭千，牛千足，羊、彘千双，童手指千，筋角丹沙千斤，其帛絮细布千钧，文采千匹，荅布皮革千石，漆千大斗，蘖曲盐豉千合，鲐鮆千斤，鲰鲍千钧，枣栗千石者三之，狐貂裘千皮，羔羊裘千石，旃席千具，它果采千种，子贷金钱千贯，节驵侩，贪贾三之、廉贾五之，亦比千乘之家，此其大率也。

蜀卓氏之先，赵人也，用铁冶富。秦破赵，迁卓氏之蜀，夫妻推辇行。诸迁虏少有余财，争与吏，求近处，处葭萌。唯卓氏曰："此地狭薄。吾闻岷山之下沃野，下有踆鸱，至死不饥。民工作布，易贾。"乃求远迁。致之临邛，大喜，即铁山鼓铸，运筹算，贾滇、蜀民，富至童八百人，田池射猎之乐拟于人君。

程郑，山东迁虏也，亦冶铸，贾魋结民，富埒卓氏。

程、卓既衰，至成、哀间，成都罗裒訾至巨万。初，裒贾京师，随身数十百万，为平陵石氏持钱。其人强力。石氏訾次如、苴，亲信，厚资遣之，令往来巴、蜀，数年间致千余万。裒举其半赂遗曲阳、定陵侯，依其权力，赊贷郡国，人莫敢负。擅盐井之利，期年所得自倍，遂殖其货。

宛孔氏之先，梁人也，用铁冶为业。秦灭魏，迁孔氏南阳，大鼓铸，规陂田，连骑游诸侯，因通商贾之利，有游闲公子之名。然其赢得过当，愈于纤啬，家致数千金，故南阳行贾尽法孔氏之雍容。

鲁人俗俭啬，而丙氏尤甚，以铁冶起，富至巨万。然家自父兄子弟约，俯有拾，仰有取，贳贷行贾遍郡国。邹、鲁以其故，多去文学而趋利。

齐俗贱奴虏，而刀间独爱贵之。桀黠奴，人之所患，唯刀间收取，使之逐鱼盐商贾之利，或连车骑交守相，然愈益任之，终得其力，起数千万。故曰："宁爵无刀"，言能使豪奴自饶，而尽其力也。刀间既衰，至成、哀间，临淄姓伟訾五千万。

周人既纤而师史尤甚，转毂百数，贾郡国，无所不至。洛阳街居在齐、秦、楚、赵之中，富家相矜以久贾，过邑不入门。设用此等，故师史能致七千万。

师史既衰，至成、哀、王莽时，洛阳张长叔、薛子仲訾亦十千万。莽皆以为纳言士，欲法武帝，然不能得其利。

宣曲任氏，其先为督道仓吏。秦之败也，豪桀争取金玉，任氏独窖仓粟。楚、汉相距荥阳，民不得耕种，米石至万，而豪桀金玉尽归任氏，任氏以此起富。富人奢侈，而任氏折节为力田畜。人争取贱贾，任氏独取贵善，富者数世。然任公家约，非田畜所生不衣食，公事不毕则不得饮酒食肉。以此为闾里率，故富而主上重之。

塞之斥也，唯桥桃以致马千匹，牛倍之，羊万，粟以万钟计。

吴、楚兵之起,长安中列侯封君行从军旅,赍贷子钱家,子钱家以为关东成败未决,莫肯予。唯毋盐氏出捐千金贷,其息十之。三月,吴、楚平。一岁之中,则毋盐氏息十倍,用此富关中。

关中富商大贾,大氐尽诸田,田墙、田兰。韦家栗氏、安陵杜氏亦巨万。前富者既衰,自元、成讫王莽,京师富人杜陵樊嘉,茂陵挚网,平陵如氏、苴氏,长安丹王君房,豉樊少翁、王孙大卿,为天下高訾。樊嘉五千万,其余皆巨万矣。王孙卿以财养士,与雄桀交,王莽以为京司市师,汉司东市令也。

此其章章尤著者也。其余郡国富民兼业专利,以货赂自行,取重于乡里者,不可胜数。故秦杨以田农而甲一州,翁伯以贩脂而倾县邑,张氏以卖酱而踰侈,质氏以洒削而鼎食,浊氏以胃脯而连骑,张里以马医而击钟,皆越法矣。然常循守事业,积累赢利,渐有所起。至于蜀卓,宛孔,齐之刀间,公擅山川铜铁鱼盐市井之入,运其筹策,上争王者之利,下锢齐民之业,皆陷不轨奢僭之恶。又况掘冢搏掩,犯奸成富,曲叔、稽发、雍乐成之徒,犹复齿列,伤化败俗,大乱之道也。

卷九十二　　游侠传第六十二

古者天子建国,诸侯立家,自卿、大夫以至于庶人,各有等差,是以民服事其上,而下无觊觎。孔子曰:"天下有道,政不在大夫。"百官有司奉法承令,以修所职,失职有诛,侵官有罚。夫然,故上下相顺,而庶事理焉。

周室既微,礼乐征伐自诸侯出。桓、文之后,大夫世权,陪臣执命。陵夷至于战国,合从连衡,力政争强。由是列国公子,魏有信陵、赵有平原、齐有孟尝、楚有春申,皆借王公之势,竞为游侠,鸡鸣狗盗,无不宾礼。而赵相虞卿弃国捐君,以周穷交魏齐之厄;信陵无忌窃符矫命,戮将专师,以赴平原之急:皆以取重诸侯,显名天下,扼腕而游谈者,以四豪为称首。于是背公死党之议成,守职奉上之义废矣。

及至汉兴,禁网疏阔,未之匡改也。是故代相陈豨从车千乘,而吴濞、淮南皆招宾客以千数。外戚大臣魏其、武安之属竞逐于京师,布衣游侠剧孟、郭解之徒驰骛于闾阎,权行州域,力折公侯。众庶荣其名迹,觊而慕之。虽其陷于刑辟,自与杀身成名,若季路、仇牧,死而不悔也。故曾子曰:"上失其道,民散久矣。"非明王在上,视之以好恶,齐之以礼法,民曷由知禁而反正乎!

古之正法:五伯,三王之罪人也;而六国,五伯之罪人也。夫四豪者,又六国之罪人也。况于郭解之伦,以匹夫之细,窃杀生之权,其罪已不容于诛矣。观其温良泛爱,振穷周急,谦退不伐,亦皆有绝异之姿。惜乎不入于道德,苟放纵于末流,杀身亡宗,非不幸也。

自魏其、武安、淮南之后,天子切齿,卫、霍改节。然郡国豪桀处处各有,京师亲戚冠盖相望,亦古今常道,莫足言者。唯成帝时,外家王氏宾客为盛,而楼护为帅。及王莽时,诸公之间陈遵为雄,闾里之侠原涉为魁。

朱家,鲁人,高祖同时也。鲁人皆以儒教,而朱家用侠闻。所臧活豪士以百数,其余庸人不可胜言。然终不伐其能,饮其德,诸所尝施,唯恐见之。振人不赡,先从贫贱始。家亡余财,衣不兼采,食不重味,乘不过驹牛。专趋人之急,甚于己私。既阴脱季布之厄,及布尊贵,终身不见。自关以东,莫不延颈愿交。

楚田仲以侠闻,父事朱家,自以为行弗及也。田仲死后,有剧孟。

剧孟者,洛阳人也。周人以商贾为资,剧孟以侠显。吴、楚反时,条侯为太尉,乘传东,将至河南,得剧孟,喜曰:"吴、楚举大事而不求剧孟,吾知其无能为已。"天下骚动,大将军得之若一敌国云。剧孟行大类朱家,而好博,多少年之戏。然孟母死,自远方送丧盖千乘。及孟死,家无十金之财。而符离王孟,亦以侠称江、淮之间。是时,济南瞯氏、陈周肤亦以豪闻。景帝闻之,使使尽诛此属。其后,代诸白、梁韩毋辟、阳翟薛况、陕寒孺,纷纷复出焉。

郭解,河内轵人也,温善相人许负外孙也。解父任侠,孝文时诛死。解为人静悍,不饮酒。少时阴贼感概,不快意,所杀甚众。以躯借友报仇,臧命作奸剽攻,休乃铸钱掘冢,不可胜数。适有天幸,窘急常得脱,若遇赦。

及解年长,更折节为俭,以德报怨,厚施而薄望。然其自喜为侠益甚。既已振人之命,不矜其功,其阴贼著于心本发于睚眦如故云。而少年慕其行,亦辄为报仇,不使知也。

解姊子负解之势,与人饮,使之酹,非其任,强灌之。人怒,刺杀解姊子,亡去。解姊怒曰:"以翁伯时人杀吾子,贼不得!"弃其尸道旁,弗葬,欲以辱解。解使人微知贼处。贼窘自归,具以实告解。解曰:"公杀之当,吾儿不直。"遂去其贼,罪其姊子,收而葬之。诸公闻之,皆多解之义,益附焉。

解出,人皆避,有一人独箕踞视之。解问其姓名,客欲杀之。解曰:"居邑屋不见敬,是吾德不修也,彼何罪!"乃阴请尉史曰:"是人吾所重,至践更时脱之。"每至直更,数过,吏弗求。怪之,问其故,解使脱之。箕踞者乃肉袒谢罪。少年闻之,愈益慕解之行。

洛阳人有相仇者,邑中贤豪居间以十数,终不听。客乃见解。解夜见仇家,仇家曲听。解谓仇家:"吾闻洛阳诸公在间,多不听。今子幸而听解,解奈何从它县夺人邑贤大夫权乎!"乃夜去,不使人知,曰:"且毋庸,待我去,令洛阳豪居间乃听。"

解为人短小,恭俭,出未尝有骑,不敢乘车入其县庭。之旁郡国,为人请求事,事可出,出之;不可者,各令厌其意,然后乃敢尝酒食。诸公以此严重之,争为用。邑中少年及旁近县豪夜半过门,常十余车,请得解客舍养之。

及徙豪茂陵也,解贫,不中訾。吏恐,不敢不徙。卫将军为言："郭解家贫，不中徙。"上曰："解布衣，权至使将军，此其家不贫！"解徙，诸公送者出千余万。轵人杨季主子为县掾，隔之，解兄子断杨掾头。解入关，关中贤豪知与不知，闻声争交欢。邑人又杀杨季主，季主家上书人又杀阙下。上闻，乃下吏捕解。解亡，置其母家室夏阳，身至临晋。临晋籍少翁素不知解，因出关。籍少翁已出解，解传太原，所过辄告主人处。吏逐迹至籍少翁，少翁自杀，口绝。久之得解，穷治所犯为，而解所杀，皆在赦前。

轵有儒生侍使者坐，客誉郭解，生曰："解专以奸犯公法，何谓贤？"解客闻之，杀此生，断舌。吏以责解，解实不知杀者，杀者亦竟莫知为谁。吏奏解无罪。御史大夫公孙弘议曰："解布衣为任侠行权，以睚眦杀人，解不知，此罪甚于解知杀之。当大逆无道。"遂族解。

自是之后，侠者极众，而无足数者。然关中长安樊中子，槐里赵王孙，长陵高公子，西河郭翁中，太原鲁翁孺，临淮兒长卿，东阳陈君孺，虽为侠而恂恂有退让君子之风。至若北道姚氏，西道诸杜，南道仇景，东道赵佗羽公子，南阳赵调之徒，盗跖而居民间者耳，曷足道哉！此乃乡者朱家所羞也。

萬章字子夏，长安人也。长安炽盛，街闾各有豪侠，章在城西柳市，号曰"城西萬子夏。"为京兆尹门下督，从至殿中，侍中诸侯贵人争欲揖章，莫与京兆尹言者。章逡循甚惧。其后京兆不复从也。

与中书令石显相善，亦得显权力，门车常接毂。至成帝初，石显坐专权擅势免官，徙归故郡。显赀巨万，当去，留床席器物数百万直，欲以与章，章不受。宾客或问其故，章叹曰："吾以布衣见哀于石君，石君家破，不能有以安也，而受其财物，此为石氏之祸，萬氏反当以为福邪！"诸公以是服而称之。

河平中，王尊为京兆尹，捕击豪侠，杀章及箭张回、酒市赵君都、贾子光，皆长安名豪，报仇怨养刺客者也。

楼护字君卿，齐人。父世医也，护少随父为医长安，出入贵戚家。护诵医经、本草、方术数十万言，长者咸爱重之，共谓曰："以君卿之材，何不宦学乎？"由是辞其父，学经传，为京兆吏数年，甚得名誉。

是时，王氏方盛，宾客满门，五侯兄弟争名，其客各有所厚，不得左右，唯护尽入其门，咸得其欢心。结士大夫，无所不倾，其交长者，尤见亲而敬，众人是服。为人短小精辩，论议常依名节，听之者皆竦。与谷永俱为五侯上客，长安号曰："谷子云笔札，楼君卿唇舌"，言其见信用也。母死，送葬者致车二三千两，间里歌之曰："五侯治丧楼君卿。"

久之，平阿侯举护方正，为谏大夫，使郡国。护假贷，多持币帛，过齐，上书求上先人冢，因会宗族故人，各以亲疏与束帛，一日数百金之费。使还，奏事称意，擢为天水太守。数岁免，家长安中。时成都侯商为大司马卫将军，罢朝，欲候护，其主簿谏："将军至尊，不宜入闾巷。"商不听，遂往至护家。家狭小，官属立车下，久住移时，天欲雨，主簿谓西曹诸掾曰："不肯强谏，反雨立闾巷！"商还，或白主

簿语，商恨，以他职事去主簿，终身废锢。

后护复以荐为广汉太守。元始中，王莽为安汉公，专政，莽长子宇与妻兄吕宽谋以血涂莽第门，欲俱莽令归政。发觉，莽大怒，杀宇，而吕宽亡。宽父素与护相知，宽至广汉过护，不以事实语也。到数日，名捕宽诏书至，护执宽。莽大喜，征护入为前辉光，封息乡侯，列于九卿。

莽居摄，槐里大贼赵朋、霍鸿等群起，延入前辉光界，护坐免为庶人。其居位，爵禄赂遗所得亦缘手尽。既退居里巷，时五侯皆已死，年老失势，宾客益衰。至王莽篡位，以旧恩召见护，封为楼旧里附城。而成都侯商子邑为大司空，贵重，商故人皆敬事邑，唯护自安如旧节，邑亦父事之，不敢有阙。时请召宾客，邑居樽下，称"贱子上寿"。坐者百数，皆离席伏，护独东乡正坐，字谓邑曰："公子贵如何！"

初，护有故人吕公，无子，归护。护身与吕公、妻与吕妪同食。及护家居，妻子颇厌吕公。护闻之，流涕责其妻子曰："吕公以故旧穷老托身于我，义所当奉。"遂养吕公终身。护卒，子嗣其爵。

陈遵字孟公，杜陵人也。祖父遂，字长子，宣帝微时与有故，相随博弈，数负进。及宣帝即位，用遂，稍迁至太原太守，乃赐遂玺书曰："制诏太原太守：官尊禄厚，可以偿博进矣。妻君宁时在旁，知状。"遂于是辞谢，因曰："事在元平元年赦令前。"其见厚如此。元帝时，征遂为京兆尹，至廷尉。

遵少孤，与张竦伯松俱为京兆史。竦博学通达，以廉俭自守，而遵放纵不拘，操行虽异，然相亲友，哀帝之末俱著名字，为后进冠。并入公府，公府掾史率皆羸车小马，不上鲜明，而遵独极舆马衣服之好，门外车骑交错。又日出醉归，曹事数废。西曹以故事适之，侍曹辄诣寺舍白遵曰："陈卿今日以某事适。"遵曰："满百乃相闻。"故事，有百适者斥，满百，西曹白请斥。大司徒马宫大儒优士，又重遵，谓西曹："此人大度士，奈何以小文责之？"乃举遵能治三辅剧县，补郁夷令。久之，与扶风相失，自免去。

槐里大贼赵朋、霍鸿等起，遵为校尉，击朋、鸿有功，封嘉威侯。居长安中，列侯近臣贵戚皆贵重之。牧守当之官，及郡国豪桀至京师者，莫不相因到遵门。

遵嗜酒，每大饮，宾客满堂，辄关门，取客车辖投井中，虽有急，终不得去。尝有部刺史奏事，过遵，值其方饮，刺史大穷，候遵沾醉时，突入见遵母，叩头自白当对尚书有期会状，母乃令从后阁出去。遵大率常醉，然事亦不废。

长八尺余，长头大鼻，容貌甚伟。略涉传记，赡于文辞。性善书，与人尺牍，主皆藏去以为荣。请求不敢逆，所到，衣冠怀之，唯恐在后。时列侯有与遵同姓字者，每至人门，曰陈孟公，坐中莫不震动，既至而非，因号其人曰陈惊坐云。

王莽素奇遵材，在位多称誉者，由是起为河南太守。既至官，当遣从史西，召善书吏十人于前，治私书谢京师故人。遵冯几，口占书吏，且省官事，书数百封，亲疏各有意，河南大惊。数月免。

初，遵为河南太守，而弟级为荆州牧，当之官，俱过长安富人故淮阳王外家左氏饮食作乐。后司直陈崇闻之，劾奏："遵兄弟幸得蒙恩超等历位，遵爵列侯，备郡守，级州牧奉使，皆以举直察枉宣扬圣化为职，不正身自慎。始遵初除，乘藩车入闾巷，过寡妇左阿君置酒歌谑，遵起舞跳梁，顿仆坐上，暮因留宿，为侍婢扶卧。遵知饮酒饫宴有节，礼不入寡妇之门，而湛酒混肴，乱男女之别，轻辱爵位，羞污印韨，恶不可忍闻。臣请皆免。"遵既免，归长安，宾客愈盛，饮食自若。

久之，复为九江及河内都尉，凡三为二千石。而张竦亦至丹阳太守，封淑德侯。后俱免官，以列侯归长安。竦居贫，无宾客，时时好事者从之质疑问事，论道经书而已。而遵昼夜呼号，车骑满门，酒肉相属。

先是，黄门郎扬雄作《酒箴》以讽谏成帝，其文为酒客难法度士，譬之于物，曰："子犹瓶矣。观瓶之居，居井之眉，处高临深，动常近危。酒醪不入口，臧水满怀，不得左右，牵于纆徽。一旦靧礙，为瓽所䪴，身提黄泉，骨肉为泥。自用如此，不如鸱夷。鸱夷滑稽，腹如大壶，尽日盛酒，人复借酤。常为国器，托于属车，出入两宫，经营公家。由是言之，酒何过乎！"遵大喜之，常谓张竦："吾与尔犹是矣。足下讽诵经书，苦身自约，不敢差跌，而我放意自恣，浮湛俗间，官爵功名，不减于子，而差独乐，顾不优邪！"竦曰："人各有性，长短自裁。子欲为我亦不能，吾而效子亦败矣。虽然，学我者易持，效子者难将，吾常道也。"

及王莽败，二人俱客于池阳，竦为贼兵所杀。更始至长安，大臣荐遵为大司马护军，与归德侯刘飒俱使匈奴。单于欲胁诎遵，遵陈利害，为言曲直，单于大奇之，遣还。会更始败，遵留朔方，为贼所败，时醉见杀。

原涉字巨先。祖父武帝时以豪桀自阳翟徙茂陵。涉父哀帝时为南阳太守。天下殷富，大郡二千石死官，赋敛送葬皆千万以上，妻子通共受之，以定产业。时又少行三年丧者。及涉父死，让还南阳赗送，行丧冢庐三年，由是显名京师。礼毕，扶风谒请为议曹，衣冠慕之辐辏。为大司徒史丹举能治剧，为谷口令，时年二十余。谷口闻其名，不言而治。

先是，涉季父为茂陵秦氏所杀，涉居谷口半岁所，自劾去官，欲报仇。谷口豪桀为杀秦氏，亡命岁余，逢赦出。郡国诸豪及长安、五陵诸为气节者皆归慕之。涉遂倾身与相待，人无贤不肖阗门，在所闾里尽满客。或讥涉曰："子本吏二千石之世，结发自修，以行丧推财礼让为名，正复雠取仇，犹不失仁义，何故遂自放纵，为轻侠之徒乎？"涉应曰："子独不见家人寡妇邪？始自约敕之时，意乃慕宋伯姬及陈孝妇，不幸一为盗贼所污，遂行淫失，知其非礼，然不能自还。吾犹此矣！"

涉自以为前让南阳赗送，身得其名，而令先人坟墓俭约，非孝也。乃大治起冢舍，周阁重门。初，武帝时，京兆尹曹氏葬茂陵，民谓其道为京兆阡，涉慕之，乃买地开道，立表署曰南阳阡，人不肯从，谓之原氏阡。费用皆仰富人长者，然身衣服车马才具，妻子内困。专以振施贫穷赴人之急为务。人尝置酒请涉，涉入里门，客有道涉所知母病避疾在里宅者。涉即往候，叩门。家哭，涉因入吊，问以丧事。家无所有，涉曰："但洁扫除沐浴，待涉。"还至主人，对宾客叹息曰："人亲卧地不收，涉何心乡此！愿撤去酒肴。"宾客争问所当得，涉乃侧席而坐，削牍为疏，具记衣被棺木，下至饭含之物，分付诸客。诸客奔走市买，至日昳皆会。涉亲阅视已，谓主人："愿受赐矣。"既共饮食，涉独不饱，乃载棺物，从宾客往至丧家，为棺敛劳俫毕葬。其周急待人如此。后人有毁涉者曰："奸人之雄也"，丧家子即时刺杀言者。

宾客多犯法，罪过数上闻。王莽数收系欲杀，辄复赦出之。涉惧，求为卿府掾史，欲以避客。文母太后丧时，守复土校尉。已为中郎，后免官。涉欲上冢，不欲会宾客，密独与故人期会。涉单车驱上茂陵，投暮，入其里宅，因自匿不见人。遣奴至市买肉，奴乘涉气与屠争言，斫伤屠者，亡。是时，茂陵守令尹公新视事，涉未谒也，闻之大怒。知涉名豪，欲以示众厉俗，遣两吏胁守涉。至日中，奴不出，吏欲便杀涉去。涉迫窘不知所为。会涉所与期上冢者车数十乘到，皆诸豪也，共说尹公。尹公不听，诸豪则曰："原巨先奴犯法不得，使肉袒自缚，箭贯耳，诣廷门谢罪，于君威亦足矣。"尹公许之。涉如言谢，复服遣去。

初，涉与新丰富人祁太伯为友，太伯同母弟王游公素嫉涉，时为县门下掾，说尹公曰："君以守令辱原涉如是，一旦真令至，君复单车归为府吏，涉刺客如云，杀人皆不知主名，可为寒心。涉治冢舍，奢僭逾制，罪恶著暴，主上知之。今为君计，莫若堕坏涉冢舍，条奏其旧恶，君必得真令。如此，涉亦不敢怨矣。"尹公如其计，莽果以为真令。涉由此怨王游公，选宾客，遣长子初从车二十乘劫王游公家。游公母即祁太伯母也，诸客见之皆拜，传曰："无惊祁夫人"。遂杀游公父及子，断两头去。

涉性略似郭解，外温仁谦逊，而内隐好杀。睚眦于尘中，触死者甚多。王莽末，东方兵起，诸王子弟多荐涉能得士死，可用。莽乃召见，责以罪恶，赦贳，拜镇戎大尹。涉至官无几，长安败，郡县诸假号起兵攻杀二千石长吏以应汉。诸假号素闻涉名，争问原尹何在，拜谒之。时莽州牧使者依附涉者皆得活。传送致涉长安，更始西屏将军申徒建请涉与相见，大重之。故茂陵令尹公坏涉冢舍者为建主簿，涉本不怨也。涉从建所出，尹公故遮拜涉，谓曰："易世矣，宜勿复相怨！"涉曰："尹君，何一鱼肉涉也！"涉用是怒，使客刺杀主簿。

涉欲亡去，申徒建内恨耻之，阳言"吾欲与原巨先共镇三辅，岂以一吏易之哉！"宾客通言，令涉自系狱谢，建许之。宾客车数十乘共送涉至狱。建遣兵道徼取涉于车上，送车分散驰，遂斩涉，悬之长安市。

自哀、平间，郡国处处有豪桀，然莫足数。其名闻州郡者，霸陵杜君敖、池阳韩幼孺、马领绣君宾、西河漕中叔，皆有谦退之风。王莽居摄，诛锄豪侠，名捕漕中叔，不能得。素善强弩将军孙建，莽疑建藏匿，泛以问建。建曰："臣名善之，诛臣足以塞责。"莽性果贼，无所容忍，然重建，不竟问，遂不得也。中叔子少游，复以侠闻于世云。

卷九十三　　佞幸传第六十三

汉兴，佞幸宠臣，高祖时则有籍孺，孝惠有闳孺。此两人非有材能，但以婉媚贵幸，与上卧起，公卿皆因关说。故孝惠时，郎侍中皆冠鵔鸃，贝带，傅脂粉，化闳、籍之属也。两人徙家安陵。其后宠臣，孝文时士人则邓通，宦者则赵谈、北宫伯子；孝武时士人则韩嫣，宦者则李延年；孝元时宦者则弘恭、石显；孝成时士人则张放、淳于长；孝哀时则有董贤。孝景、昭、宣时皆无宠臣。景帝唯有郎中令周仁。昭帝时，驸马都尉秺侯金赏嗣父车骑将军日䃅爵为侯，二人之宠取过庸，不笃。宣帝时侍中中郎将张彭祖少与帝微时同席研书，及帝即尊位，彭祖以旧恩封阳都侯，出常参乘，号为爱幸。其人谨敕，无所亏损，为其小妻所毒薨，国除。

邓通，蜀郡南安人也，以濯船为黄头郎。文帝尝梦欲上天，不能，有一黄头郎推上天，顾见其衣尻带后穿。觉而之渐台，以梦中阴目求推者郎，见邓通，其衣后穿，梦中所见也。召问其名姓，姓邓，名通。邓犹登也，文帝甚说，尊幸之，日日异。通亦愿谨，不好外交，虽赐洗沐，不欲出。于是文帝赏赐通巨万以十数，官至上大夫。

文帝时间如通家游戏，然通无他技能，不能有所荐达，独自谨身以媚上而已，上使察相人者相通，曰："当贫饿死。"上曰："能富通者在我，何说贫？"于是赐通蜀严道铜山，得自铸钱。邓氏钱布天下，其富如此。

文帝尝病痈，邓通常为上嗽吮之。上不乐，从容问曰："天下谁最爱我者乎？"通曰："宜莫若太子。"太子入问疾，上使太子齰痈。太子齰痈而色难之。已而闻通尝为上齰之，太子惭，由是心恨通。

及文帝崩，景帝立，邓通免，家居。居无何，人有告通盗出徼外铸钱，下吏验问，颇没入，遂竟案，尽没入之，通家尚负责数巨万。长公主赐邓通，吏辄随没入，一簪不得著身。于是长公主乃令假衣食。竟不得名一钱，寄死人家。

赵谈者，以星气幸，北宫伯子长者爱人，故亲近，然皆不比邓通。

韩嫣字王孙，弓高侯穨当之孙也。武帝为胶东王时，嫣与上学书相爱。及上为太子，愈益亲嫣。嫣善骑射，聪慧。上即位，欲事伐胡，而嫣先习兵，以故益尊贵，官至上大夫，赏赐拟邓通。

始时，嫣常与上共卧起。江都王入朝，从上猎上林中。天子车驾跸道未行，先使嫣乘副车，从数十百骑驰视兽。江都王望见，以为天子，辟从者，伏谒道旁。嫣驱不见。既过，江都王怒，为皇太后泣，请归国入宿卫，比韩嫣。太后由此衔嫣。

嫣侍，出入永巷不禁，以奸闻皇太后。太后怒，使使赐嫣死。上为谢，终不能得，嫣遂死。

嫣弟说，亦爱幸，以军功封案道侯，巫蛊时为戾太子所杀。子增封龙雒侯、大司马、车骑将军，自有传。

李延年，中山人，身及父母兄弟皆故倡也。延年坐法腐刑，给事狗监中。女弟得幸于上，号李夫人，列《外戚传》。延年善歌，为新变声。是时，上方兴天地诸祠，欲造乐，令司马相如等作诗颂。延年辄承意弦歌所造诗，为之新声曲。而李夫人产昌邑王，延年由是贵为协律都尉，佩二千石印绶，而与上卧起，其爱幸埒韩嫣。久之，延年弟季与中人乱，出入骄恣。及李夫人卒后，其爱弛，上遂诛延年兄弟宗族。

是后，宠臣大氐外戚之家也。卫青、霍去病皆爱幸，然亦以功能自进。

石显字君房，济南人；弘恭，沛人也。皆少坐法腐刑，为中黄门，以选为中尚书。宣帝时任中书官，恭明习法令故事，善为请奏，能称其职。恭为令，显为仆射。元帝即位数年，恭死，显代为中书令。

是时，元帝被疾，不亲政事，方隆好于音乐，以显久典事，中人无外党，精专可信任，遂委以政。事无大小，因显白决。贵幸倾朝，百僚皆敬事显。显为人巧慧习事，能探得人主微指，内深贼，持诡辩以中伤人，忤恨睚眦，辄被以危法。初元中，前将军萧望之及光禄大夫周堪、宗正刘更生皆给事中。望之领尚书事，知显专权邪辟，建白以为："尚书百官之本，国家枢机，宜以通明公正处之。武帝游宴后庭，故用宦者，非古制也。宜罢中书宦官，应古不近刑人。"元帝不听，由是大与显忤。后皆害焉，望之自杀，堪、更生废锢，不得复进用，语在《望之传》。后太中大夫张猛、魏郡太守京房、御史中丞陈咸、待诏贾捐之皆尝奏封事，或召见，言显短。显求索其罪，房、捐之弃市，猛自杀于公车，咸抵罪，髡为城旦。及郑令苏建得显私书奏之，后以它事论死。自是公卿以下畏显，重足一迹。

显与中书仆射牢梁、少府五鹿充宗结为党友，诸附倚者皆得宠位，民歌之曰："牢邪石邪，五鹿客邪！印何累累，绶若若邪！"言其兼官据势也。

显见左将军冯奉世父子为公卿著名，女又为昭仪在内，显心欲附之，荐言昭仪兄谒者逡修敕宜任侍帷幄。天子召见，欲以为侍中，逡请间言事。上闻逡言显专权，天子大怒，罢逡归郎官。其后御史大夫缺，群臣皆举逡兄大鸿胪野王行能第一，天子以问显，显曰："九卿无出野王者。然野王亲昭仪兄，臣恐后世必以陛下度越众贤，私后宫亲以为三公。"上曰："善，吾不见是。"乃下诏嘉美野王，废而不用，语在《野王传》。

显内自知擅权事柄在掌握，恐天子一旦纳人左右耳目，有以间己，乃时归诚，取一信以为验。显尝使至诸官有所征发，显先自白，恐后漏尽宫门闭，请使诏吏开门。上许之。显故投夜还，称诏开门入。后果有上书告显专命矫诏开宫门，天子闻之，笑以其书示显。显因泣曰："陛下过私小臣，属任以事，群下无不嫉妒欲陷害臣者，事类如此非一,唯独明主知之。愚臣微贱,诚不能以一躯称快万众,任天下之怨,臣愿归枢机职,受后宫扫除之役,死无所恨。唯陛下哀怜财幸,以此全活小臣。"天子以为然而怜之,数劳勉显,加厚赏赐,赏赐及赂遗訾一万万。

初,显闻众人匈匈,言己杀前将军萧望之。望之当世名儒,显恐天下学士姗己,病之。是时,明经著节士琅邪贡禹为谏大夫,显使人致意,深自结纳。显因荐禹天子,历位九卿,至御史大夫,礼事之甚备。议者于是称显,以为不妒谮望之矣。显之设变诈以自解免取信人主者,皆此类也。

元帝晚节寝疾,定陶恭王爱幸,显拥祐太子颇有力。元帝崩,成帝初即位,迁显为长信中太仆,秩中二千石。显失倚,离权数月,丞相御史条奏显旧恶,及其党牢梁、陈顺皆免官。显与妻子徙归故郡,忧满不食,道病死。诸所交结,以显为官,皆废罢。少府五鹿充宗左迁玄菟太守,御史中丞伊嘉为雁门都尉。长安谣曰:"伊徙雁,鹿徙菟,去牢与陈实无贾。"

淳于长字子鸿,魏郡元城人也。少以太后姊子为黄门郎,未进幸。会大将军王凤病,长侍病,晨夜扶丞左右,甚有甥舅之恩。凤且终,以长属托太后及帝。帝嘉长义,拜为列校尉诸曹,迁水衡都尉侍中,至卫尉九卿。

久之,赵飞燕贵幸,上欲立以为皇后,太后以其所出微,难之。长主往来通语东宫。岁余,赵皇后得立,上甚德之,乃追显长前功,下诏曰:"前将作大匠解万年奏请营作昌陵,罢弊海内,侍中卫尉长数白宜止徙家反故处,朕以长言下公卿,议者皆合长计。首建至策,民以康宁。其赐长爵关内侯。"后遂封为定陵侯,大见信用,贵倾公卿。外交诸侯牧守,赂遗赏赐亦累巨万。多畜妻妾,淫于声色,不奉法度。

初,许皇后坐执左道废处长定宫,而后姊嫣为龙额思侯夫人,寡居。长与嫣私通,因取为小妻。许后因嫣赂遗长,欲求复为倢伃。长受许后金钱乘舆服御物前后千余万,诈许为白上,立以为左皇后。嫣每入长定宫,辄与嫣书,戏侮许后,嫚易无不言。交通书记,赂遗连年。是时,帝舅曲阳侯王根为大司马票骑将军,辅政数岁,久病,数乞骸骨。长以外亲居九卿位,次第当代根。根兄子新都侯王莽心害长宠,私闻长取嫣,受长定宫赂遗。莽侍曲阳侯疾,因言:"长见将军久病,意喜,自以当代辅政,至对衣冠议语署置。"具言其罪过。根怒曰:"即如是,何不白也?"莽曰:"未知将军意,故未敢言。"根曰:"趣白东宫。"莽求见太后,具言长骄佚,欲代曲阳侯,对莽母上车,私与长定贵人姊通,受取其衣物。太后亦怒曰:"儿至如此!往白之帝!"莽白上,上乃免长官,遣就国。

初,长为侍中,奉两宫使,亲密。红阳侯立独不得为大司马辅政,立自疑为长毁谮,常怨毒长。上知之。及长当就国也,立嗣子融从长请车骑,长以珍宝因融重遗立,立因为长言。于是天子疑焉,下有司案验。吏捕融,立令融自杀以灭口,上愈疑其有大奸,遂逮长系洛阳诏狱穷治。长具服戏侮长定宫,谋立左皇后,罪至大逆,死狱中。妻子当坐者徙合浦,母若归故郡。红阳侯立就国。将军、卿、大夫、郡守坐长免罢者数十人。莽遂代根为大司马。久之,还长母及子酺于长安。后酺有罪,莽复杀之,徙其家属归故郡。

始,长以外亲亲近,其爱幸不及富平侯张放。放常与上卧起,俱为微行出入。

董贤字圣卿,云阳人也。父恭,为御史,任贤为太子舍人。哀帝立,贤随太子官为郎。二岁余,贤传漏在殿下,为人美丽自喜,哀帝望见,说其仪貌,识而问之,曰:"是舍人董贤邪?"因引上与语,拜为黄门郎,由是始幸。问及其父为云中侯,即日征为霸陵令,迁光禄大夫。贤宠爱日甚,为驸马都尉侍中,出则参乘,入御左右,旬月间赏赐累巨万,贵震朝廷。常与上卧起。尝昼寝,偏藉上袖,上欲起,贤未觉,不欲动贤,乃断袖而起。其恩爱至此。贤亦性柔和便辟,善为媚以自固。每赐洗沐,不肯出,常留中视医药。上以贤难归,诏令贤妻得通引籍殿中,止贤庐,若吏妻子居官寺舍。又召贤女弟以为昭仪,位次皇后,更名其舍为椒风,以配椒房云。昭仪及贤与妻旦夕上下,并侍左右。赏赐昭仪及贤妻亦各千万数。迁贤父为少府,赐爵关内侯,食邑,复徙为卫尉。又以贤妻父为将作大匠,弟为执金吾。诏将作大匠为贤起大第北阙下,重殿洞门,木土之功穷极巧,柱槛衣以绨锦。下至贤家僮仆皆受上赐,及武库禁兵,上方珍宝。其选物上弟尽在董氏,而乘舆所服乃其副也。及至东园秘器,珠襦玉柙,豫以赐贤,无不备具。又令将作为贤起冢茔义陵旁,内为便房,刚柏题凑,外为徼道,周垣数里,门阙罘罳甚盛。

上欲侯贤而未有缘。会待诏孙宠、息夫躬等告东平王云后谒祠祀祝诅,下有司治,皆伏其辜。上于是令躬、宠为因贤告东平事者,乃以其功下诏封贤为高安侯,躬宜陵侯,宠方阳侯,食邑各千户。顷之,复益封贤二千户。丞相王嘉内疑东平事冤,甚恶躬等,数谏争,以贤为乱国制度,嘉竟坐言事下狱死。

上初即位,祖母傅太后、母丁太后皆在,两家先贵。傅太后从弟喜先为大司马辅政,数谏,失太后指,免官。上舅丁明代为大司马,亦任职,颇害贤宠,及丞相王嘉死,明怜之。上寝重贤,欲极其位,而恨明如此,遂册免明曰:"前东平王云贪欲上位,祠祭祝诅,云后舅伍宏以医待诏,与校秘书郎杨闳结谋反逆,祸甚迫切。赖宗庙神灵,董贤等以闻,咸伏其辜。将军从弟侍中奉车都尉吴、族父左曹屯骑校尉宣皆知宏及栩丹诸侯王后亲,而宣除用丹为御属,吴与宏交通厚善,数称荐宏。宏以附吴得兴其恶心,因医技进,几危社稷,朕以恭皇后故,不忍有云。将军位尊任重,既不能明威立义,折消未萌,又不深疾云、宏之恶,而怀非君上,阿为宣、吴,反痛恨云等扬言为群下所冤,又亲见言伍宏善医,死可惜也,贤等获封极幸。嫉妒忠良,非毁有功,於戏伤哉!盖'君亲无将,将而诛之'。是以季友鸩叔牙,《春秋》贤之;赵盾不讨贼,谓之弑君。朕闵将军陷于重刑,故以书饬。将军遂非不改,复与丞相嘉相比,令嘉有依,得以罔上。有司致法将军请狱治,朕惟噬肤之恩未忍,其上票骑将军印绶,罢归第举。"遂以贤代明为大司马卫将军。册曰:"朕承天序,惟稽古建尔于公,以为汉辅。往悉尔心,统辟元戎,折冲绥远,匡正庶事,允执其中。天下之众,受制于朕,以将为命,以兵为威,可不慎与!"

是时,贤年二十二,虽为三公,常给事中,领尚书,百官因贤奏事。以父恭不宜在卿位,徙为光禄大夫,秩中二千石。弟宽信代贤为驸马都尉。董氏亲属皆侍中诸曹奉朝请,宠在丁、傅之右矣。

明年,匈奴单于来朝,宴见,群臣在前。单于怪贤年少,以问译,上令译报曰:"大司马年少,以大贤居位。"单于乃起拜,贺汉得贤臣。

初,丞相孔光为御史大夫,时贤父恭为御史,事光。及贤为大司马,与光并为三公,上故令贤私过光。光雅恭谨,知上欲尊宠贤,及闻贤当来也,光警戒衣冠出门待,望见贤车乃却入。贤至中门,光入阁,既下车,乃出拜谒,送迎甚谨,不敢以宾客均敌之礼。贤归,上闻之喜,立拜光两兄子为谏大夫、常侍。贤由是权与人主侔矣。

是时,成帝外家王氏衰废,唯平阿侯谭子去疾,哀帝为太子时为庶子得幸,及即位,为侍中、骑都尉。上以王氏亡在位者,遂用旧恩以近去疾,复进其弟闳为中常侍,闳妻父萧咸,前将军望之子也,久为郡守,病免,为中郎将。兄弟并列,贤父恭慕之,欲与结婚姻。闳为贤弟驸马都尉宽信求咸女为妇,咸惶恐不敢当,私谓闳曰:"董公为大司马,册文言'允执其中',此乃尧禅舜之文,非三公故事,长老见者,莫不心惧。此岂家人子所能堪邪!"闳性有知略,闻咸言,心亦悟,乃还报恭,深达咸自谦薄之意。恭叹曰:"我家何用负天下,而为人所畏如是!"意不说。后上置酒麒麟殿,贤父子亲属宴饮,王闳兄弟侍中、中常侍皆在侧。上有酒所,从容视贤笑,曰"吾欲法尧禅舜,何如?"闳进曰:"天下乃高皇帝天下,非陛下之有也。陛下承宗庙,当传子孙于亡穷。统业至重,天子亡戏言!"上默然不说,左右皆恐。于是遣闳出,后不得复侍宴。

贤第新成,功坚,其外大门无故自坏,贤心恶之。后数月,哀帝崩。太皇太后召大司马贤,引见东厢,问以丧事调度。贤内忧,不能对,免冠谢。太后曰:"新都侯莽前以大司马奉送先帝大行,晓习故事,吾令莽佐君。"贤顿首幸甚。太后遣使者召莽。既至,以太后指使尚书劾奏贤帝病不亲医药,禁止贤不得入宫殿司马中。贤不知所为,诣阙免冠徒跣谢。莽使谒者以太后诏即阙下册贤曰:"间者以来,阴阳不调,灾害并臻,元元蒙辜。夫三公,鼎足之辅也,高安侯贤未更事理,为大司马不合众心,非所以折冲绥远也。其收大司马印绶,罢归第。"即日贤与妻皆自杀,家惶恐夜葬。莽疑其诈死,有司奏请发贤棺,至狱诊视。莽复风大司徒光奏:"贤质性巧佞,翼奸以获封侯,父子专朝,兄弟并宠,多受赏赐,治第宅,造冢圹,放效无极,不异王制,费以万万计,国家为空虚。父子骄蹇,至不为使者礼,受赐不拜,罪恶暴著。贤自杀伏辜,死后父恭等不悔过,乃复以沙画棺四时之色,左苍龙,右白虎,上著金银日月,玉衣珠璧以棺,至尊无以加。恭等幸得免于诛,不宜在中土。臣请收没入财物县官。诸以贤为官者皆免。"父恭、弟宽信与家属徙合浦,母别归故郡巨鹿。长安中小民讙哗,乡其第哭,几获盗之。县官斥卖董氏财凡四十三万万。贤既见发,裸诊

其尸,因埋狱中。

贤所厚吏沛朱诩自劾去大司马府,买棺衣收贤尸葬之。王莽闻之而大怒,以它罪击杀诩。诩子浮建武中贵显,至大司马、司空,封侯。而王闳王莽时为牧守,所居见纪,莽败乃去官。世祖下诏曰:"武王克殷,表商容之间,闳修善谨敕,兵起,吏民独不争其头首。今以闳子补吏。"至墨绶卒官,萧咸外孙云。

赞曰:柔曼之倾意,非独女德,盖亦有男色焉。观籍、闳、邓、韩之徒非一,而董贤之宠尤盛,父子并为公卿,可谓贵重人臣无二矣。然进不由道,位过其任,莫能有终,所谓爱之适足以害之者也。汉世衰于元、成,坏于哀、平。哀、平之际,国多衅矣。主疾无嗣,弄臣为辅,鼎足不强,栋干微挠。一朝帝崩,奸臣擅命,董贤缢死,丁、傅流放,辜及母后,夺位幽废,咎在亲便嬖,所任非仁贤。故仲尼著"损者三友",王者不私人以官,殆为此也。

卷九十四上　匈奴传第六十四上

匈奴,其先夏后氏之苗裔,曰淳维。唐、虞以上有山戎、猃允、薰粥,居于北边,随草畜牧而转移。其畜之所多则马、牛、羊,其奇畜则橐佗、驴、骡、駃騠、𫘧𫘨、𫘛騱。逐水草迁徙,无城郭常居耕田之业,然亦各有分地。无文书,以言语为约束。儿能骑羊,引弓射鸟鼠,少长则射狐兔,肉食。士力能弯弓,尽为甲骑。其俗,宽则随畜田猎禽兽为生业,急则人习战攻以侵伐,其天性也。其长兵则弓矢,短兵则刀鋋。利则进,不利则退,不羞遁走。苟利所在,不知礼义。自君王以下咸食畜肉,衣其皮革,被旃裘。壮者食肥美,老者饮食其余。贵壮健,贱老弱。父死,妻其后母;兄弟死,皆取其妻妻之。其俗有名不讳而无字。

夏道衰,而公刘失其稷官,变于西戎,邑于豳。其后三百有余岁,戎狄攻太王亶父,亶父亡走于岐下,豳人悉从亶父而邑焉,作周。其后百有余岁,周西伯昌伐畎夷。后十有余年,武王伐纣而营洛邑,复居于酆鄗,放逐戎夷泾、洛之北,以时入贡,名曰荒服。其后二百有余年,周道衰,而周穆王伐畎戎,得四白狼、四白鹿以归。自是之后,荒服不至。于是作《吕刑》之辟。至穆王之孙懿王时,王室遂衰,戎狄交侵,暴虐中国。中国被其苦,诗人始作,疾而歌之,曰:"靡室靡家,猃允之故";"岂不日戒,猃允孔棘"。至懿王曾孙宣王,兴师命将以征伐之,诗人美大其功,曰:"薄伐猃允,至于太原";"出车彭彭"、"城彼朔方"。是时四夷宾服,称为中兴。

至于幽王,用宠姬褒姒之故,与申侯有隙。申侯怒而与畎戎共攻杀幽王于丽山之下,遂取周之地,卤获而居于泾、渭之间,侵暴中国。秦襄公救周,于是周平王去酆鄗而东徙于洛邑。当时秦襄公伐戎至郊,始列为诸侯。后六十有五年,而山戎越燕而伐齐,齐釐公与战于齐郊。后四十四年,而山戎伐燕。燕告急齐,齐桓公北伐山戎,山戎走。

后二十余年，而戎翟至洛邑，伐周襄王，襄王出奔于郑之汜邑。初，襄王欲伐郑，故取翟女為后，與翟共伐郑。已而黜翟后，翟后怨，而襄王继母曰惠后，有子带，欲立之，于是惠后与翟后、子带为内应，开攻翟，戎翟以故得入，破逐襄王，而立子带为王。于是戎翟或居于陆浑，东至于卫，侵盗尤甚。周襄王既居外四年，乃使使告急于晋。晋文公初立，欲修霸业，乃兴师伐戎翟，诛子带，迎内襄王于洛邑。

当是时，秦晋为强国。晋文公攘戎翟，居于西河圁、洛之间，号曰赤翟、白翟。而秦穆公得由余，西戎八国服于秦。故陇以西有绵诸、绲戎、狄豲之戎，在岐、梁、泾、漆之北有义渠、大荔、乌氏、朐衍之戎，而晋北有林胡、楼烦之戎，燕北有东胡、山戎。各分散溪谷，自有君长，往往而聚者百有余戎，然莫能相一。

自是之后百有余年，晋悼公使魏绛和戎翟，戎翟朝晋。后百有余年，赵襄子逾句注而破之，并代以临胡貉。后与韩、魏共灭知伯，分晋地而有之，则赵有代、句注以北，而魏有西河、上郡，以与戎界边。其后，义渠之戎筑城郭以自守，而秦稍蚕食之，至于惠王，遂拔义渠二十五城。惠王伐魏，魏尽入西河及上郡于秦。秦昭王时，义渠戎王与宣太后乱，有二子。宣太后诈而杀义渠戎王于甘泉，遂起兵伐灭义渠。于是秦有陇西、北地、上郡，筑长城以距胡。而赵武灵王亦变俗胡服，习骑射，北破林胡、楼烦，自代并阴山下至高阙为塞，而置云中、雁门、代郡。其后燕有贤将秦开，为质于胡，胡甚信之。归而袭破东胡，东胡却千余里。与荆轲刺秦王秦舞阳者，开之孙也。燕亦筑长城，自造阳至襄平，置上谷、渔阳、右北平、辽西、辽东郡以距胡。当是时，冠带战国七，而三国边于匈奴。其后赵将李牧时，匈奴不敢入赵边。后秦灭六国，而始皇帝使蒙恬将数十万之众北击胡，悉收河南地，因河为塞，筑四十四县城临河，徙适戍以充之。而通直道，自九原至云阳，因边山险，堑溪谷，可缮者缮之，起临洮至辽东万余里。又度河据阳山北假中。

当是时，东胡强而月氏盛。匈奴单于曰头曼，头曼不胜秦，北徙。十有余年而蒙恬死，诸侯畔秦，中国扰乱，诸秦所徙适边者皆复去，于是匈奴得宽，复稍度河南与中国界于故塞。

单于有太子，名曰冒顿。后有爱阏氏，生少子，头曼欲废冒顿而立少子，乃使冒顿质于月氏。冒顿既质而头曼急击月氏。月氏欲杀冒顿，冒顿盗其善马，骑亡归。头曼以为壮，令将万骑。冒顿乃作鸣镝，习勒其骑射，令曰："鸣镝所射而不悉射者斩。"行猎兽，有不射鸣镝所射辄斩之。已而，冒顿以鸣镝自射善马，左右或莫敢射，冒顿立斩之。居顷之，复以鸣镝自射其爱妻，左右或颇恐，不敢射，复斩之。顷之，冒顿出猎，以鸣镝射单于善马，左右皆射之。于是冒顿知其左右可用，从其父单于头曼猎，以鸣镝射头曼，其左右皆随鸣镝而射杀头曼，尽诛其后母与弟及大臣不听从者。于是冒顿自立为单于。

冒顿既立，时东胡强，闻冒顿杀父自立，乃使使谓冒顿曰："欲得头曼时千里马。"冒顿问群臣，群臣皆曰："此匈奴宝马也，勿予。"冒顿曰："奈何与人邻国爱一马乎？"遂与之。顷之，东胡以为冒顿畏之，使使谓冒顿曰："欲得单于一阏氏。"冒顿复问左右，左右皆怒曰："东胡无道，乃求阏氏！请击之。"冒顿曰："奈何与人邻国爱一女子乎？"遂取所爱阏氏予东胡。东胡王愈骄，西侵。与匈奴中间有弃地莫居千余里，各居其边为瓯脱。东胡使使谓冒顿曰："匈奴所与我界瓯脱外弃地，匈奴不能至也，吾欲有之。"冒顿问群臣，或曰："此弃地，予之。"于是冒顿大怒，曰："地者国之本也，奈何予人！"诸言予者，皆斩之。冒顿上马，令国中有后者斩，遂东袭击东胡。东胡初轻冒顿，不为备。及冒顿以兵至，大破灭东胡王，虏其民众、畜产。既归，西击走月氏，南并楼烦、白羊河南王，悉复收秦所使蒙恬所夺匈奴地者，与汉关故河南塞，至朝那、肤施，遂侵燕、代。是时，汉方与项羽相距，中国罢于兵革，以故冒顿得自强，控弦之士三十余万。

自淳维以至头曼千有余岁，时大时小，别散分离，尚矣，其世传不可得而次。然至冒顿，而匈奴最强大，尽服从北夷，而南与诸夏为敌国，其世姓官号可得而记云。

单于姓挛鞮氏，其国称之曰"撑犁孤涂单于"。匈奴谓天为"撑犁"，谓子为"孤涂"，单于者，广大之貌也，言其象天单于然也。置左右贤王、左右谷蠡、左右大将、左右大都尉、左右大当户、左右骨都侯。匈奴谓贤曰"屠耆"，故尝以太子为左屠耆王。自左右贤王以下至当户，大者万余骑，小者数千，凡二十四长，立号曰："万骑"。其大臣皆世官。呼衍氏、兰氏，其后有须卜氏，此三姓，其贵种也。诸左王将居东方，直上谷以东，接秽貉、朝鲜；右王将居西方，直上郡以西，接氐、羌；而单于庭直代、云中。各有分地，逐水草移徙。而左右贤王、左右谷蠡最大国，左右骨都侯辅政。诸二十四长，亦各自置千长、百长、什长、裨小王、相、都尉、当户、且渠之属。

岁正月，诸长小会单于庭，祠。五月，大会龙城，祭其先、天地、鬼神。秋，马肥，大会蹛林，课校人畜计。其法，拔刃尺者死，坐盗者没入其家；有罪，小者轧，大者死。狱久者不满十日，一国之囚不过数人。而单于朝出营，拜日之始生，夕拜月。其坐，长左而北向。日上戊己。其送死，有棺椁、金银、衣裳，而无封树丧服；近幸臣妾从死者，多至数十百人。举事常随月，盛壮以攻战，月亏则退兵。其攻战，斩首虏赐一卮酒，而所得卤获因以予之，得人以为奴婢。故其战，人人自为趋利，善为诱兵以包敌。故其逐利，如鸟之集；其困败，瓦解云散矣。战而扶舆死者，尽得死者家财。

后北服浑窳、屈射、丁零、隔昆、新犁之国。于是匈奴贵人大臣皆服，以冒顿为贤。

是时，汉初定，徙韩王信于代，都马邑。匈奴大攻围马邑，韩信降匈奴。匈奴得信，因引兵南逾句注，攻太原，至晋阳下。高帝自将兵往击之。会冬大寒雨雪，卒之堕指者十二三，于是冒顿阳败走，诱汉兵。汉兵逐击冒顿，冒顿匿其精兵，见其羸弱，于是汉悉兵，多步兵，三十二万，北逐之。高帝先至平城，步兵未尽到，冒顿纵精兵三十余万骑围高帝于白登，七日汉兵中外不得相救饷。匈奴骑，其西方尽白，东方尽駹，北方尽骊，南方尽骍马。高帝乃使使间厚遗阏氏,阏氏乃谓冒顿曰:"两主不相困。今得汉地,单于终非能居之。且汉主有神,单于察之。"冒顿与韩信将王黄、赵利期,而兵久不来,疑其与汉有谋,亦取阏氏之言,乃开围一角。于是高皇帝令士皆持满傅矢外乡,从解角直出,得与大军合,而冒顿遂引兵去。汉亦引兵罢,使刘敬结和亲之约。

是后,韩信为匈奴将,及赵利、王黄等数背约,侵盗代、雁门、云中。居无几何,陈豨反,与韩信合谋击代。汉使樊哙往击之,复收代、雁门、云中郡县,不出塞。是时,匈奴以汉将数率众往降,故冒顿常往来侵盗代地。于是高祖患之,乃使刘敬奉宗室女翁主为单于阏氏,岁奉匈奴絮缯酒食物各有数,约为兄弟以和亲,冒顿乃少止。后燕王卢绾复反,率其党且万人降匈奴,往来苦上谷以东,终高祖世。

孝惠、高后时,冒顿浸骄,乃为书,使使遗高后曰:"孤偾之君,生于沮泽之中,长于平野牛马之域,数至边境,愿游中国。陛下独立,孤偾独居。两主不乐,无以自虞,愿以所有,易其所无。"高后大怒,召丞相平及樊哙、季布等,议斩其使者,发兵而击之。樊哙曰:"臣愿得十万众,横行匈奴中。"问季布,布曰:"哙可斩也!前陈豨反于代,汉兵三十二万,哙为上将军,时匈奴围高帝于平城,哙不能解围。天下歌之曰:'平城之下亦诚苦,七日不食,不能彀弩。'今歌吟之声未绝,伤痍者甫起,而哙欲摇动天下,妄言以十万众横行,是面谩也。且夷狄譬如禽兽,得其善言不足喜,恶言不足怒也。"高后曰:"善。"令大谒者张泽报书曰:"单于不忘弊邑,赐之以书,弊邑恐惧。退而自图,年老气衰,发齿堕落,行步失度,单于过听,不足以自污。弊邑无罪,宜在见赦。窃有御车二乘,马二驷,以奉常驾。"冒顿得书,复使使来谢曰:"未尝闻中国礼义,陛下幸而赦之。"因献马,遂和亲。

至孝文即位,复修和亲。其三年夏,匈奴右贤王入居河南地为寇,于是文帝下诏曰:"汉与匈奴约为昆弟,无侵害边境,所以输遗匈奴甚厚。今右贤王离其国,将众居河南地,非常故。往来入塞,捕杀吏卒,驱侵上郡保塞蛮夷,令不得居其故。陵轹边吏,入盗,甚骜无道,非约也。其发边吏车骑八万诣高奴,遣丞相灌婴将击右贤王。"右贤王走出塞,文帝幸太原。是时,济北王反,文帝归,罢丞相击胡之兵。

其明年,单于遗汉书曰:"天所立匈奴大单于敬问皇帝无恙。前时皇帝言和亲事,称书意合欢。汉边吏侵侮右贤王,右贤王不请,听后义卢侯难支等计,与汉吏相恨,绝二主之约,离昆弟之亲。皇帝让书再至,发使以书报,不来,汉使不至。汉以其故不和,邻国不附。今以少吏之败约,故罚右贤王,使至西方求月氏击之。以天之福,吏卒良,马力强,以灭夷月氏,尽斩杀降下定之。楼兰、乌孙、呼揭及其旁二十六国皆已为匈奴。诸引弓之民并为一家,北州以定。愿寝兵休士养马,除前事,复故约,以安边民,以应古始,使少者得成其长,老者得安其处,世世平乐。未得皇帝之志,故使郎中系雩浅奉书请,献橐佗一、骑马二、驾二驷。皇帝即不欲匈奴近塞,则诏吏民远舍。使者至,即遣之。"六月中,来至新望之地。书至,汉议击与和亲孰便,

公卿皆曰:"单于新破月氏,乘胜,不可击也。且得匈奴地,泽卤非可居也,和亲甚便。"汉许之。

孝文前六年,遗匈奴书曰:"皇帝敬问匈奴大单于无恙。使系雩浅遗朕书,云'愿寝兵休士,除前事,复故约,以安边民,世世平乐',朕甚嘉之。此古圣王之志也。汉与匈奴约为兄弟,所以遗单于甚厚。背约离兄弟之亲者,常在匈奴。然右贤王事已在赦前,勿深诛。单于若称书意,明告诸吏,使无负约,有信,敬如单于书。使者言单于自将并国有功,甚苦兵事。服绣袷绮衣、长襦、锦袍各一,比疏一,黄金饬具带一,黄金犀毗一,绣十匹,锦二十匹,赤绨、绿缯各四十匹,使中大夫意、谒者令肩遗单于。"

后顷之,冒顿死,子稽粥立,号曰老上单于。

老上稽粥单于初立,文帝复遣宗人女翁主为单于阏氏,使宦者燕人中行说傅翁主。说不欲行,汉强使之。说曰:"必我也,为汉患者"。中行说既至,因降单于,单于爱幸之。

初,单于好汉缯絮食物,中行说曰:"匈奴人众不能当汉之一郡,然所以强之者,以衣食异,无仰于汉。今单于变俗好汉物,汉物不过什二,则匈奴尽归于汉矣。其得汉絮缯,以驰草棘中,衣裤皆裂弊,以视不如旃裘坚善也;得汉食物皆去之,以视不如重酪之便美也。"于是说教单于左右疏记,以计识其人众畜牧。

汉遗单于书,以尺一牍,辞曰"皇帝敬问匈奴大单于无恙",所以遗物及言语云云。中行说令单于以尺二寸牍,及印封皆令广长大,倨骜其辞曰"天地所生、日月所置匈奴大单于,敬问汉皇帝恙",所以遗物言语亦云云。

汉使或言匈奴俗贱老,中行说穷汉使曰:"而汉俗屯戍从军当发者,其亲岂不自夺温厚肥美赍送饮食行者乎?"汉使曰:"然"。说曰:"匈奴明以攻战为事,老弱不能斗,故以其肥美饮食壮健以自卫,如此父子各得相保,何以言匈奴轻老也?"汉使曰:"匈奴父子同穹庐卧。父死,妻其后母;兄弟死,尽妻其妻。无冠带之节、阙庭之礼。"中行说曰:"匈奴之俗,食畜肉,饮其汁,衣其皮;畜食草饮水,随时转移。故其急则人习骑射,宽则人乐无事。约束径,易行;君臣简,可久。一国之政犹一体也。父兄死,则妻其妻,恶种姓之失也。故匈奴虽乱,必立宗种。今中国虽阳不取其父兄之妻,亲属益疏则相杀,至到易姓,皆从此类也。且礼义之敝,上下交怨,而室屋之极,生力屈焉。夫力耕桑以求衣食,筑城郭以自备,故其民急则不习战攻,缓则罢于作业。嗟土室之人,顾无喋喋占占,冠固何当!"自是之后,汉使欲辩论者,中行说辄曰:"汉使毋多言,顾汉所输匈奴缯絮米糵,令其量中,必善美而已,何以言为乎?且所给备善则已,不务备善而苦恶,则候秋孰,以骑驰蹂乃稼穑也。"日夜教单于候利害处。

孝文十四年,匈奴单于十四万骑入朝那萧关,杀北地都尉卭,虏人民畜产甚多,遂到彭阳。使骑兵入烧回中宫,候骑至雍甘泉。于是文帝以中尉周舍、郎中令张武为将军,发车千乘,十万骑,军长安旁以备胡寇。而拜昌侯卢卿为上郡将军,甯侯魏遬为北地将军,隆虑侯周灶为陇西将军,东阳侯张相如为大将军,成侯董赤为将军,大发车骑

往击胡。单于留塞内月余，汉逐出塞即还，不能有所杀。匈奴日以骄，岁入边，杀略人民甚众，云中、辽东最甚，郡万余人。汉甚患之。乃使使遗匈奴书，单于亦使当户报谢，复言和亲事。

孝文后二年，使使遗匈奴书曰："皇帝敬问匈奴大单于无恙。使当户且渠雕渠难、郎中韩辽遗朕马二匹，已至，敬受。先帝制，长城以北引弓之国受令单于，长城以内冠带之室朕亦制之，使万民耕织，射猎衣食，父子毋离，臣主相安，俱无暴虐。今闻渫恶民贪降其趋，背义绝约，忘万民之命，离两主之欢，然其事已在前矣。书云'二国已和亲，两主欢说，寝兵休卒养马，世世昌乐，翕然更始'，朕甚嘉之。圣者日新，改作更始，使老者得息，幼者得长，各保其首领，而终其天年。朕与单于俱由此道，顺天恤民，世世相传，施之无穷，天下莫不咸便。汉与匈奴邻敌之国，匈奴处北地，寒，杀气早降，故诏吏遗单于秣糵金帛绵絮它物岁有数。今天下大安，万民熙熙，独朕与单于为之父母。朕追念前事，薄物细故，谋臣计失，皆不以足离昆弟之欢。朕闻天不颇覆，地不偏载。朕与单于皆捐细故，俱蹈大道，堕坏前恶，以图长久，使两国之民若一家子。元元万民，下及鱼鳖，上及飞鸟，跂行喙息蠕动之类，莫不就安利，避危殆。故来者不止，天之道也。俱去前事，朕释逃虏民，单于毋言章尼等。朕闻古之帝王，约分明而不食言。单于留志，天下大安，和亲之后，汉过不先。单于其察之。"

单于既约和亲，于是制诏御史："匈奴大单于遗朕书，和亲已定，亡人不足以益众广地，匈奴无入塞，汉无出塞，犯今约者杀之，可以久亲，后无咎，俱便。朕已许。其布告天下，使明知之。"

后四年，老上单于死，子军臣单于立，而中行说复事之。汉复与匈奴和亲。

军臣单于立岁余，匈奴复绝和亲，大入上郡、云中各三万骑，所杀略甚众。于是汉三将军军屯北地，代屯句注，赵屯飞狐口，缘边亦各坚守以备胡寇。又置三将军，军长安西细柳、渭北棘门、霸上以备胡。胡骑入代句注边，烽火通于甘泉、长安。数月，汉兵至边，匈奴亦远塞，汉兵亦罢。后岁余，文帝崩，景帝立，而赵王遂乃阴使于匈奴。吴、楚反，欲与赵合谋入边。汉围破赵，匈奴亦止。自是后，景帝复与匈奴和亲，通关市，给遗单于，遣翁主如故约。终景帝世，时时小入盗边，无大寇。

武帝即位，明和亲约束，厚遇关市，饶给之。匈奴自单于以下皆亲汉，往来长城下。

汉使马邑人聂翁壹间阑出物与匈奴交易，阳为卖马邑城以诱单于。单于信之，而贪马邑财物，乃以十万骑入武州塞。汉伏兵三十余万马邑旁，御史大夫韩安国为护军将军，护四将军以伏单于。单于既入汉塞，未至马邑百余里，见畜布野而无人牧者，怪之，乃攻亭。时雁门尉史行徼，见寇，保此亭，单于得，欲刺之。尉史知汉谋，乃下，具告单于。单于大惊，曰："吾固疑之。"乃引兵还。出曰："吾得尉史，天也。"以尉史为天王。汉兵约单于入马邑而纵，单于不至，以故无所得。将军王恢部出代击胡辎重，闻单于还，兵多，不敢出。汉以恢本建造兵谋而不进，诛恢。自

是后，匈奴绝和亲，攻当路塞，往往入盗于边，不可胜数。然匈奴贪，尚乐关市，嗜汉财物，汉亦通关市不绝以中之。

自马邑军后五岁之秋，汉使四将各万骑击胡关市下。将军卫青出上谷，至龙城，得胡首虏七百人。公孙贺出云中，无所得。公孙敖出代郡，为胡所败七千。李广出雁门，为胡所败，匈奴生得广，广道亡归。汉囚敖、广，敖、广赎为庶人。其冬，匈奴数千人盗边，渔阳尤甚。汉使将军韩安国屯渔阳备胡。其明年秋，匈奴二万骑入汉，杀辽西太守，略二千余人。又败渔阳太守军千余人，围将军安国。安国时千余骑亦且尽，会燕救之，至，匈奴乃去，又入雁门杀略千余人。于是汉使将军卫青将三万骑出雁门，李息出代郡，击胡，得首虏数千。其明年，卫青复出云中以西至陇西，击胡之楼烦、白羊王于河南，得首虏数千，羊百余万。于是汉遂取河南地，筑朔方，复缮故秦时蒙恬所为塞，因河而为固。汉亦弃上谷之斗辟县造阳地以予胡。是岁，元朔二年也。

其后冬，军臣单于死，其弟左谷蠡王伊稚斜自立为单于，攻败军臣单于太子於单。於单亡降汉，汉封於单为陟安侯，数月死。

伊稚斜单于既立，其夏，匈奴数万骑入代郡，杀太守共友，略千余人。秋，又入雁门，杀略千余人。其明年，又入代郡、定襄、上郡，各三万骑，杀略数千人。匈奴右贤王怨汉夺之河南地而筑朔方，数寇盗边，及入河南，侵扰朔方，杀略吏民甚众。

其明年春，汉遣卫青将六将军十余万人出朔方高阙。右贤王以为汉兵不能至，饮酒醉。汉兵出塞六七百里，夜围右贤王。右贤王大惊，脱身逃走，精骑往往随后去。汉将军得右贤王人众男女万五千人，裨小王十余人。其秋，匈奴万骑入代郡，杀都尉朱央，略千余人。

其明年春，汉复遣大将军卫青将六将军，十余万骑，仍再出定襄数百里击匈奴，得首虏前后万九千余级，而汉亦亡两将军，三千余骑。右将军建得以身脱，而前将军翕侯赵信兵不利，降匈奴。赵信者，故胡小王，降汉，汉封为翕侯，以前将军与右将军并军，介独遇单于兵，故尽没。单于既得翕侯，以为自次王，用其姊妻之，与谋汉。信教单于益北绝幕，以诱罢汉兵，徼极而取之，毋近塞。单于从之。其明年，胡数万骑入上谷，杀数百人。

明年春，汉使票骑将军去病将万骑出陇西，过焉耆山千余里，得胡首虏八千余级，得休屠王祭天金人。其夏，票骑将军复与合骑侯数万骑出陇西、北地二千里，过居延，攻祁连山，得胡首虏三万余级，裨小王以下十余人。是时，匈奴亦来入代郡、雁门，杀略数百人。汉使博望侯及李将军广出右北平，击匈奴左贤王。左贤王围李广，广军四千人死者过半，杀虏亦过当。会博望侯军救至，李将军得脱，尽亡其军。合骑侯后票骑将军期，及博望侯皆当死，赎为庶人。

其秋，单于怒昆邪王、休屠王居西方为汉所杀虏数万人，欲召诛之。昆邪、休屠王恐，谋降汉，汉使票骑将军迎之。昆邪王杀休屠王，并将其众降汉，凡四万余人，号十万。于是汉已得昆邪，则陇西、北地、河西益少胡寇，徙关

东贫民处所夺匈奴河南地新秦中以实之，而减北地以西戍卒半。明年春，匈奴入右北平、定襄各数万骑，杀略千余人。

其明年春，汉谋以为"翕侯信为单于计，居幕北，以为汉兵不能至"。乃粟马，发十万骑，私负从马凡十四万匹，粮重不与焉。令大将军青、票骑将军去病中分军，大将军出定襄，票骑将军出代，咸约绝幕击匈奴。单于闻之，远其辎重，以精兵待于幕北。与汉大将军接战一日，会暮，大风起，汉兵纵左右翼围单于。单于自度战不能与汉兵，遂独与壮骑数百溃汉围西北遁走。汉兵夜追之不得，行捕斩首虏凡万九千级，北至窴颜山赵信城而还。

单于之走，其兵往往与汉军相乱而随单于。单于久不与其大众相得，右谷蠡王以为单于死，乃自立为单于。真单于复得其众。右谷蠡乃去号，复其故位。

票骑之出代二千余里，与左王接战，汉兵得胡首虏凡七万余人，左王将皆遁走。票骑封于狼居胥山，禅姑衍，临翰海而还。

是后，匈奴远遁，而幕南无王庭。汉度河自朔方以西至令居，往往通渠置田官，吏卒五六万人，稍蚕食，地接匈奴以北。

初，汉两将大出围单于，所杀虏八九万，而汉士物故者亦万数，汉马死者十余万匹。匈奴虽病，远去，而汉马亦少，无以复往。单于用赵信计，遣使好辞请和亲。天子下其议，或言和亲，或言遂臣之。丞相长史任敞曰："匈奴新困，宜使为外臣，朝请于边。"汉使敞使于单于。单于闻敞计，大怒，留之不遣。先是汉亦有所降匈奴使者，单于亦辄留汉使相当。汉方复收士马，会票骑将军去病死，于是汉久不北击胡。

数岁，伊稚斜单于立十三年死，子乌维立为单于。是岁，元鼎三年也。乌维单于立，而汉武帝始出巡狩郡县。其后汉方南诛两越，不击匈奴，匈奴亦不入边。

乌维立三年，汉已灭两越，遣故太仆公孙贺将万五千骑出九原二千余里，至浮苴井，从票侯赵破奴万余骑出令居数千里，至匈奴河水，皆不见匈奴一人而还。

是时，天子巡边，亲至朔方，勒兵十八万骑以见武节，而使郭吉风告单于。既至匈奴，匈奴主客问所使，郭吉卑体好言曰："吾见单于而口言。"单于见吉，吉曰："南越王头已悬于汉北阙下。今单于即能前与汉战，天子自将兵待边；即不能，亟南面而臣于汉。何但远走，亡匿于幕北寒苦无水草之地为?"语卒，单于大怒，立斩主客见者，而留郭吉不归，迁辱之北海上。而单于终不肯为寇于汉边，休养士马，习射猎，数使使好辞甘言求和亲。

汉使王乌等窥匈奴。匈奴法，汉使不去节，不以墨黥其面，不得入穹庐。王乌，北地人，习胡俗，去其节，黥面入庐。单于爱之，阳许曰："吾为遣其太子入质于汉，以求和亲。"

汉使杨信使于匈奴。是时，汉东拔濊貉、朝鲜以为郡，而西置酒泉郡以隔绝胡与羌通之路。又西通月氏、大夏，以翁主妻乌孙王，以分匈奴西方之援国。又北益广田至眩雷为塞，而匈奴终不敢以为言。是岁，翕侯信死，汉用事者

以匈奴已弱，可臣从也。杨信为人刚直屈强，素非贵臣也，单于不亲。欲召入，不肯去节，乃坐穹庐外见杨信。杨信说单于曰："即欲和亲，以单于太子为质于汉。"单于曰："非故约。故约，汉常遣翁主，给缯絮、食物有品，以和亲，而匈奴亦不复扰边。今乃欲反古，令吾太子为质，无几矣。"匈奴俗，见汉使非中贵人，其儒生，以为欲说，折其辞辩；少年，以为欲刺，折其气。每汉兵入匈奴，匈奴辄报偿。汉留匈奴使，匈奴亦留汉使，必得当乃止。

杨信既归，汉使王乌等如匈奴。匈奴复谄以甘言，欲多得汉财物，绐王乌曰："吾欲入汉见天子，面相结为兄弟。"王乌归报汉，汉为单于筑邸于长安。匈奴曰："非得汉贵人使，吾不与诚语。"匈奴使其贵人至汉，病，服药欲愈之，不幸而死。汉使路充国佩二千石印绶，使送其丧，厚币直数千金。单于以为汉杀吾贵使者，乃留路充国不归。诸所言者，单于特空绐王乌，殊无意入汉、遣太子来质。于是匈奴数使奇兵侵犯汉边，汉乃拜郭昌为拔胡将军，及浞野侯屯朔方以东，备胡。

乌维单于立十岁死，子詹师庐立，年少，号为儿单于。是岁，元封六年也。自是后，单于益西北，左方兵直云中，右方兵直酒泉、敦煌。

儿单于立，汉使两使，一人吊单于，一人吊右贤王，欲以乖其国。使者入匈奴，匈奴悉将致单于。单于怒而悉留汉使。汉使留匈奴者前后十余辈，而匈奴使来汉，亦辄留之相当。

是岁，汉使贰师将军西伐大宛，而令因杅将军筑受降城。其冬，匈奴大雨雪，畜多饥寒死，而单于年少，好杀伐，国中多不安。左大都尉欲杀单于，使人间告汉曰："我欲杀单于降汉，汉远，汉即来兵近我，我即发。"初汉闻此言，故筑受降城，犹以为远。

其明年春，汉使浞野侯破奴将二万骑出朔方北二千余里，期至浚稽山而还。浞野侯既至期，左大都尉欲发而觉，单于诛之，发兵击浞野侯。浞野侯行捕首虏数千人。还，未至受降城四百里，匈奴八万骑围之。浞野侯夜出自求水，匈奴生得浞野侯，因急击其军。军吏畏亡将而诛，莫相劝而归，军遂没于匈奴。单于大喜，遂遣兵攻受降城，不能下，乃侵入边而去。明年，单于欲自攻受降城，未到，病死。

儿单于立三岁而死。子少，匈奴乃立其季父乌维单于弟右贤王呴黎湖为单于。是岁，太初三年也。

呴黎湖单于立，汉使光禄勋徐自为出五原塞数百里，远者千里，筑城障列亭至卢朐，而使游击将军韩说、长平侯卫伉屯其旁，使强弩都尉路博德筑居延泽上。

其秋，匈奴大入云中、定襄、五原、朔方，杀略数千人，败数二千石而去，行坏光禄所筑亭障。又使右贤王入酒泉、张掖，略数千人。会任文击救，尽复失其所得而去。闻贰师将军破大宛，斩其王还，单于欲遮之，不敢，其冬病死。

呴黎湖单于立一岁死，其弟左大都尉且鞮侯立为单于。

汉既诛大宛，威震外国，天子意欲遂困胡，乃下诏曰：

"高皇帝遗朕平城之忧,高后时单于书绝悖逆。昔齐襄公复九世之雠,《春秋》大之。"是岁,太初四年也。

且鞮侯单于初立,恐汉袭之,尽归汉使之不降者路充国等于汉。单于乃自谓:"我儿子,安敢望汉天子!汉天子,我丈人行。"汉遣中郎将苏武厚币赂遗单于,单于益骄,礼甚倨,非汉所望也。明年,浞野侯破奴得亡五归汉。

其明年,汉使贰师将军将三万骑出酒泉,击右贤王于天山,得首虏万余级而还。匈奴大围贰师,几不得脱。汉兵物故什六七。汉又使因杅将军出西河,与强弩都尉会涿邪山,亡所得。使骑都尉李陵将步兵五千人出居延北千余里,与单于会,合战,陵所杀伤万余人,兵食尽,欲归,单于围陵,陵降匈奴,其兵得脱归汉者四百人。单于乃贵陵,以其女妻之。

后二岁,汉使贰师将军六万骑、步兵七万,出朔方;强弩都尉路博德将万余人,与贰师会;游击将军说步兵三万人,出五原;因杅将军敖骑万,步兵三万人,出雁门。匈奴闻,悉远其累重于余吾水北,而单于以十万待水南,与贰师接战。贰师解而引归,与单于连斗十余日,游击亡所得。因杅与左贤王战,不利,引归。

明年,且鞮侯单于死,立五年,长子左贤王立为狐鹿姑单于。是岁,太始元年也。

初,且鞮侯两子,长为左贤王,次为左大将,病且死,言立左贤王。左贤王未至,贵人以为有病,更立左大将为单于。左贤王闻之,不敢进。左大将使人召左贤王而让位焉。左贤王辞以病,左大将不听,谓曰:"即不幸死,传之于我。"左贤王许之,遂立为狐鹿姑单于。

狐鹿姑单于立,以左大将为左贤王,数年病死,其子先贤掸不得代,更以为日逐王。日逐王者,贱于左贤王。单于自以其子为左贤王。单于既立六年,而匈奴入上谷、五原,杀略吏民。其年,匈奴复入五原、酒泉,杀两部都尉。于是汉遣贰师将军七万人出五原,御史大夫商丘成将三万余人出西河,重合侯莽通将四万骑出酒泉千余里。单于闻汉兵大出,悉遣其辎重,徙赵信城北邸郅居水。左贤王驱其人民度余吾水六七百里,居兜衔山。单于自将精兵左安侯度姑且水。

御史大夫军至追邪径,无所见,还。匈奴使大将与李陵将三万余骑追汉军,至浚稽山合,转战九日,汉兵陷陈却敌,杀伤虏甚众。至浦奴水,虏不利,还去。

重合侯军至天山,匈奴使大将偃渠与左右呼知王将二万余骑要汉兵,见汉兵强,引去。重合侯无所得失。是时,汉恐车师兵遮重合侯,乃遣闿陵侯将兵别围车师,尽得其民众而还。

贰师将军将出塞,匈奴使右大都尉与卫律将五千骑要击汉军于夫羊句山狭。贰师遣属国胡骑二千与战,虏兵坏散,死伤者数百人。汉军乘胜追北,至范夫人城,匈奴奔走,莫敢距敌。会贰师妻子坐巫蛊收,闻之忧惧。其掾胡亚夫亦避罪从军,说贰师曰:"夫人室家皆在吏,若还不称意,适与狱会,郅居以北可复得见乎?"贰师由是狐疑,欲深入要功,遂北至郅居水上。虏已去,贰师遣护军将二万骑度郅居之水。一日,逢左贤王左大将,将二万骑与汉军合战一日,汉军杀左大将,虏死伤甚众。军长史与决眭都尉煇渠侯谋曰:"将军怀异心,欲危众求功,恐必败。"谋共执贰师。贰师闻之,斩长史,引兵还至速邪乌燕然山。单于知汉军劳倦,自将五万骑遮击贰师,相杀伤甚众。夜堑汉军前,深数尺,从后急击之,军大乱败,贰师降。单于素知其汉大将贵臣,以女妻之,尊宠在卫律上。

其明年,单于遣使遗汉书云:"南有大汉,北有强胡。胡者,天之骄子也,不为小礼以自烦。今欲与汉闿大关,取汉女为妻,岁给遗我蘖酒万石,稷米五千斛,杂缯万匹,它如故约,则边不相盗矣。"汉遣使者报送其使,单于使左右难汉使者,曰:"汉,礼义国也。贰师道前太子发兵反,何也?"使者曰:"然。乃丞相私与太子争斗,太子发兵欲诛丞相,丞相诬之,故诛丞相。此子弄父兵,罪当笞,小过耳。孰与冒顿单于身杀其父代立,常妻后母,禽兽行也!"单于留使者,三岁乃得还。

贰师在匈奴岁余,卫律害其宠,会母阏氏病,律饬胡巫言先单于怒:"胡故时祠兵,常言得贰师以社,今何故不用?"于是收贰师,贰师骂曰:"我死必灭匈奴!"遂屠贰师以祠。会连雨雪数月,畜产死,人民疫病,谷稼不熟,单于怒,为贰师立祠室。

自贰师没后,汉新失大将军士卒数万人,不复出兵。三岁,武帝崩。前此者,汉兵深入穷追二十余年,匈奴孕重惰殰,罢极苦之。自单于以下常有欲和亲计。

后三年,单于欲求和亲,会病死。初,单于有异母弟为左大都尉,贤,国人乡之,母阏氏恐单于不立子而立左大都尉也,乃私使杀之。左大都尉同母兄怨,遂不肯复会单于庭。又单于病且死,谓诸贵人:"我子少,不能治国,立弟右谷蠡王。"及单于死,卫律等与颛渠阏氏谋,匿单于死,诈矫单于令,与贵人饮盟,更立子左谷蠡王为壶衍鞮单于。是岁,始元二年也。

壶衍鞮单于既立,风谓汉使者,言欲和亲。左贤王、右谷蠡王以不得立怨望,率其众欲南归汉。恐不能自致,即胁卢屠王,欲与西降乌孙,谋击匈奴。卢屠王告之,单于使人验问,右谷蠡王不服,反以其罪罪卢屠王,国人皆冤之。于是二王去居其所,未尝肯会龙城。

后二年秋,匈奴入代,杀都尉。单于年少初立,母阏氏不正,国内乖离,常恐汉兵袭之。于是卫律为单于谋:"穿井筑城,治楼以藏谷,与秦人守之。汉兵至,无奈我何。"即穿井数百,伐材数千。或曰匈奴人不能守城,是遗汉粮也,卫律于是止,乃更谋归汉使不降者苏武、马宏等。马宏者,前副光禄大夫王忠使西国,为匈奴所遮,忠战死,马宏生得,亦不肯降。故匈奴归此二人,欲以通善意。是时,单于立三岁矣。

明年,匈奴发左右部二万骑,为四队,并入边为寇。汉兵追之,斩首获虏九千人,生得瓯脱王,汉无所失亡。匈奴见瓯脱王在汉,恐以为道击之,即西北远去,不敢南逐水草,发人民屯瓯脱。明年,复遣九千骑屯受降城以备汉,北桥余吾,令可度,以备奔走。是时,卫律已死。卫律在时,常言和亲之利,匈奴不信,及死后,兵数困,国益贫。单于弟左谷蠡王思卫律言,欲和亲而恐汉不听,故不肯先言,常使左右风汉使者。然其侵盗益希,遇汉使愈厚,欲以渐致和亲,汉亦羁縻之。其后,左谷蠡王死。明年,单于使犁汙王窥边,言酒泉、张掖兵益弱,出兵试击,冀可复得其地。时汉先得降者,闻其计,天子诏边警备。后无几,右贤王、犁汙王四千骑分三队,入日勒、屋兰、番和。张掖太守、属国都尉发兵击,大破之,得脱者数百人。属国千长义渠王骑士射杀犁汙王,赐黄金二百斤,马二百匹,因封为犁汙王。属国都尉郭忠封成安侯。自是后,匈奴不敢入张掖。

其明年,匈奴三千余骑入五原,略杀数千人,后数万骑南旁塞猎,行攻塞外亭障,略取吏民去。是时,汉边郡烽火候望精明,匈奴为边寇者少利,希复犯塞。汉复得匈奴降者,言乌桓尝发先单于冢,匈奴怨之,方发二万骑击乌桓。大将军霍光欲发兵邀之,以问护军都尉赵充国。充国以为:"乌桓间数犯塞,今匈奴击之,于汉便。又匈奴希寇盗,北边幸无事。蛮夷自相攻击,而发兵要之,招寇生事,非计也。"光更问中郎将范明友,明友言可击。于是拜明友为度辽将军,将二万骑出辽东。匈奴闻汉兵至,引去。初,光诫明友:"兵不空出,即后匈奴,遂击乌桓。"乌桓时新中匈奴兵,明友既后匈奴,因乘乌桓敝,击之,斩首六千余级,获三王首,还,封为平陵侯。

匈奴由是恐,不能出兵。即使使之乌孙,求欲得汉公主。击乌孙,取车延、恶师地。乌孙公主上书,下公卿议救,未决。昭帝崩,宣帝即位,乌孙昆弥复上书言:"连为匈奴所侵削,昆弥愿发国半精兵人马五万匹,尽力击匈奴,唯天子出兵,哀救公主!"本始二年,汉大发关东轻锐士,选郡国吏三百石伉健习骑射者,皆从军。遣御史大夫田广明为祁连将军,四万余骑,出西河;度辽将军范明友三万余骑,出张掖;前将军韩增三万余骑,出云中;后将军赵充国为蒲类将军,三万余骑出,酒泉;云中太守田顺为虎牙将军,三万余骑,出五原;凡五将军,兵十余万骑,出塞各二千余里。及校尉常惠使护发兵乌孙西域,昆弥自将翕侯以下五万余骑从西方入,与五将军兵凡二十余万众。匈奴闻汉兵大出,老弱奔走,驱畜产远遁逃,是以五将少所得。

度辽将军出塞千二百余里,至蒲离候水,斩首捕虏七百余级,卤获马、牛、羊万余。前将军出塞千二百余里,至乌员,斩首捕虏,至候山百余级,卤马、牛、羊二千余。蒲类将军兵当与乌孙合击匈奴蒲类泽,乌孙先期至而去,汉兵不与相及。蒲类将军出塞千八百余里,西去候山,斩首捕虏,得单于使者蒲阴王以下三百余级,卤马、牛、羊七千余。闻虏已引去,皆不至期还。天子薄其过,宽而不罪。祁连将军出塞十六百里,至鸡秩山,斩首捕虏十九级,获牛、马、羊百余。逢使匈奴还者冉弘等,言鸡秩山西有虏众,祁连即戒弘,使言无虏,欲还兵。御史属公孙益寿谏,以为不可,祁连不听,遂引兵还。虎牙将军出塞八百余里,至丹余吾水上,即止兵不进,斩首捕虏千九百余级,卤马、牛、羊七万余,引兵还。上以虎牙将军不至期,诈增卤获,而祁连知虏在前,逗留不进,皆下吏自杀。擢公孙益寿为侍御史。校尉常惠与乌孙兵至右谷蠡庭,获单于父行及嫂、居次、名王、犁汙都尉、千长、将以下三万九千余级,虏马、牛、羊、驴、骡、橐驼七十余万。汉封惠为长罗侯。然匈奴民

众死伤而去者,及畜产远移死亡不可胜数。于是匈奴遂衰耗,怨乌孙。

其冬,单于自将万骑击乌孙,颇得老弱,欲还。会天大雨雪,一日深丈余,人民畜产冻死,还者不能什一。于是丁令乘弱攻其北,乌桓入其东,乌孙击其西。凡三国所杀数万级,马数万匹,牛、羊甚众。又重以饿死,人民死者什三,畜产什五,匈奴大虚弱,诸国羁属者皆瓦解,攻盗不能理。其后汉出三千余骑,为三道,并入匈奴,捕虏得数千人还。匈奴终不敢取当,兹欲乡和亲,而边境少事矣。

壶衍鞮单于立十七年死,弟左贤王立,为虚闾权渠单于。是岁,地节二年也。

虚闾权渠单于立,以右大将女为大阏氏,而黜前单于所幸颛渠阏氏。颛渠阏氏父左大且渠怨望。是时,匈奴不能为边寇,于是汉罢外城,以休百姓。单于闻之喜,召贵人谋,欲与汉和亲。左大且渠心害其事,曰:"前汉使来,兵随其后,今亦效汉发兵,先使使者入。"乃自请与呼卢訾王各将万骑南旁塞猎,相逢俱入。行未到,会三骑亡降汉,言匈奴欲为寇。于是天子诏发边骑屯要害处,使大将军军监治众等四人将五千骑,分三队,出塞各数百里,捕得虏各数十人而还。时匈奴亡其三骑,不敢入,即引去。是岁也,匈奴饥,人民畜产死十六七。又发两屯各万骑以备汉。其秋,匈奴前所得西嗕居左地者,其君长以下数千人皆驱畜产行,与瓯脱战,所战杀伤甚众,遂南降汉。

其明年,西域城郭共击匈奴,取车师国,得其王及人众而去。单于复以车师王昆弟兜莫为车师王,收其余民东徙,不敢居故地。而汉益遣屯士分田车师地以实之。其明年,匈奴怒诸国共击车师,遣左右大将各万余骑屯田右地,欲以侵迫乌孙西域。后二岁,匈奴遣左右奥鞬各六千骑,与左大将再击汉之田车师城者,不能下。其明年,丁令比三岁入盗匈奴,杀略人民数千,驱马畜去。匈奴遣万余骑往击之,无所得。其明年,单于将十万余骑旁塞猎,欲入边寇。未至,会其民题除渠堂亡降汉言状,汉以为言兵鹿奚卢侯,而遣后将军赵充国将兵四万余骑屯缘边九郡备虏。月余,单于病欧血,因不敢入,还去,即罢兵。乃使题王都犁胡次等入汉,请和亲,未报,会单于死。是岁,神爵二年也。

虚闾权渠单于立九年死。自始立而黜颛渠阏氏,颛渠阏氏即与右贤王私通。右贤王会龙城而去,颛渠阏氏语以单于病甚,且勿远。后数日,单于死。郝宿王刑未央使人召诸王。未至,颛渠阏氏与其弟左大且渠都隆奇谋,立右贤王屠耆堂为握衍朐鞮单于。握衍朐鞮单于者,代父为右贤王,乌维单于耳孙也。

握衍朐鞮单于立,复修和亲,遣弟伊酋若王胜之入汉献见。单于初立,凶恶,尽杀虚闾权渠时用事贵人刑未央等,而任用颛渠阏氏弟都隆奇,又尽免虚闾权渠子弟近亲,而自以其子弟代之。虚闾权渠单于子稽侯狦既不得立,亡归妻父乌禅幕。乌禅幕者,本乌孙、康居间小国,数见侵暴,率其众数千人降匈奴,狐鹿姑单于以其弟子日逐王姊妻之,使长其众,居右地。日逐王先贤掸,其父左贤王当为单于,让狐鹿姑单于,狐鹿姑单于许立之。国人以故

颇言日逐王当为单于。日逐王素与握衍朐鞮单于有隙,即率其众数万骑归汉。汉封日逐王为归德侯。单于更立其从兄薄胥堂为日逐王。

明年,单于又杀先贤掸两弟。乌禅幕请之,不听,心恚。其后左奥鞬王死,单于自立其小子为奥鞬王,留庭。奥鞬贵人共立故奥鞬王子为王,与俱东徙。单于遣右丞相将万骑往击之,失亡数千人,不胜。时单于已立二岁,暴虐杀伐,国中不附。及太子、左贤王数谮左地贵人,左地贵人皆怨。其明年,乌桓击匈奴东边姑夕王,颇得人民,单于怒。姑夕王恐,即与乌禅幕及左地贵人共立稽侯狦为呼韩邪单于,发左地兵四五万人,西击握衍朐鞮单于,至姑且水北。未战,握衍朐鞮单于兵败走,使人报其弟右贤王曰:"匈奴共攻我,若肯发兵助我乎?"右贤王曰:"若不爱人,杀昆弟诸贵人。各自死若处,无来污我。"握衍朐鞮单于恚,自杀。左大且渠都隆奇亡之右贤王所,其民众尽降呼韩邪单于。是岁,神爵四年也。握衍朐鞮单于立三年而败。

卷九十四下　匈奴传第六十四下

呼韩邪单于归庭数月,罢兵使各归故地,乃收其兄呼屠吾斯在民间者立为左谷蠡王,使人告右贤贵人,欲令杀右贤王。其冬,都隆奇与右贤王共立日逐王薄胥堂为屠耆单于,发兵数万人东袭呼韩邪单于。呼韩邪单于兵败走,屠耆单于还,以其长子都涂吾西为左谷蠡王,少子姑瞀楼头为右谷蠡王,留居单于庭。

明年秋,屠耆单于使日逐王先贤掸兄右奥鞬王为乌藉都尉各二万骑,屯东方以备呼韩邪单于。是时,西方呼揭王来与唯犁当户谋,共谮右贤王,言欲自立为乌藉单于。屠耆单于杀右贤王父子,后知其冤,复杀唯犁当户。于是呼揭王恐,遂畔去,自立为呼揭单于。右奥鞬王闻之,即自立为车犁单于。乌藉都尉亦自立为乌藉单于。凡五单于。屠耆单于自将兵东击车犁单于,使都隆奇击乌藉。乌藉、车犁皆败,西北走,与呼揭单于兵合为四万人。乌藉、呼揭皆去单于号,共并力尊辅车犁单于。屠耆单于闻之,使左大将、都尉将四万骑分屯东方,以备呼韩邪单于,自将四万骑西击车犁单于。车犁单于败,西北走,屠耆单于即引西南,留闟敦地。

其明年,呼韩邪单于遣其弟右谷蠡王等西袭屠耆单于屯兵,杀略万余人。屠耆单于闻之,即自将六万骑击呼韩邪单于,行千里,未至奏姑地,逢呼韩邪单于兵可四万人,合战。屠耆单于兵败,自杀。都隆奇与屠耆少子右谷蠡王姑瞀楼头亡归汉,车犁单于东降呼韩邪单于。呼韩邪单于左大将乌厉屈与父呼速累乌厉温敦皆见匈奴乱,率其众数万人南降汉。封乌厉屈为新城侯,乌厉温敦为义阳侯。是时,李陵子复立乌藉都尉为单于,呼韩邪单于捕斩之,遂复都单于庭,然众裁数万人。屠耆单于从弟休旬王将所主五六百骑,击杀左大且渠,并其兵,至右地,自立为闰振单于,在西边。其后,呼韩邪单于兄左贤王呼屠吾斯亦自立为郅支骨都侯单于,在东边。其后二年,闰振单于率其众东击郅支单于。郅支单于与战,杀之,并其兵,遂进攻呼韩邪。呼韩邪破,其兵走,郅支都单于庭。

呼韩邪之败也,左伊秩訾王为呼韩邪计,劝令称臣入朝事汉,从汉求助,如此匈奴乃定。呼韩邪议问诸大臣,皆曰:"不可。匈奴之俗,本上气力而下服役,以马上战斗为国,故有威名于百蛮。战死,壮士所有也。今兄弟争国,不在兄则在弟,虽死犹有威名,子孙常长诸国。汉虽强,犹不能兼并匈奴,奈何乱先古之制,臣事于汉,卑辱先单于,为诸国所笑!虽如是而安,何以复长百蛮!"左伊秩訾曰:"不然。强弱有时,今汉方盛,乌孙城郭诸国皆为臣妾。自且鞮侯单于以来,匈奴日削,不能取复,虽屈强于此,未尝一日安也。今事汉则安存,不事则危亡,计何以过此!"诸大人相难久之。呼韩邪从其计,引众南近塞,遣子右贤王铢娄渠堂入侍。郅支单于亦遣子右大将驹于利受入侍。是岁,甘露元年也。

明年,呼韩邪单于款五原塞,愿朝三年正月。汉遣车骑都尉韩昌迎,发过所七郡郡二千骑,为陈道上。单于正月朝天子于甘泉宫,汉宠以殊礼,位在诸侯王上,赞谒称臣而不名。赐以冠带衣裳、黄金玺戾绶、玉具剑、佩刀、弓一张、矢四发、棨戟十、安车一乘、鞍勒一具、马十五匹、黄金二十斤、钱二十万、衣被七十七袭、锦绣骑縠杂帛八千匹、絮六千斤。礼毕,使使者道单于先行,宿长平。上自甘泉宿池阳宫。上登长平,诏单于毋谒,其左右当户之群臣皆得列观,及诸蛮夷君长王侯数万,咸迎于渭桥下,夹道陈。上登渭桥,咸称万岁。单于就邸,留月余,遣归国。单于自请愿留居光禄塞下,有急保汉受降城。汉遣长乐卫尉高昌侯董忠、车骑都尉韩昌将骑万六千,又发边郡士马以千数,送单于出朔方鸡鹿塞。诏忠等留卫单于,助诛不服,又转边谷米糒。前后三万四千斛,给赡其食。是岁,郅支单于亦遣使奉献,汉遇之甚厚。

明年,两单于俱遣使朝献,汉待呼韩邪使有加。明年,呼韩邪单于复入朝,礼赐如初,加衣百一十袭,锦帛九千匹,絮八千斤。以有屯兵,故不复发骑为送。

始,郅支单于以为呼韩邪降汉,兵弱不能自还,即引其众西,欲攻定右地。又屠耆单于小弟本侍呼韩邪,亦亡之右地,收两兄余兵得数千人,自立为伊利目单于,道逢郅支,合战,郅支杀之,并其兵五万余人。闻汉出兵谷助呼韩邪,即遂留居右地。自度力不能定匈奴,乃益西近乌孙,欲与并力,遣使见小昆弥乌就屠。乌就屠见呼韩邪为汉所拥,郅支亡虏,欲攻之以称汉,乃杀郅支使,持头送都护在所,发八千骑迎郅支。郅支见乌孙兵多,其使又不反,勒兵逢击乌孙,破之。因北击乌揭,乌揭降。发其兵西破坚昆,北降丁令,并三国。数遣兵击乌孙,常胜之。坚昆东去单于庭七千里,南去车师五千里,郅支留都之。

元帝初即位,呼韩邪单于复上书,言民众困乏。汉诏云中、五原郡转谷二万斛以给焉。郅支单于自以道远,又怨汉拥护呼韩邪,遣使上书求侍子。汉遣谷吉送之,郅支杀吉。汉不知吉音问,而匈奴降者言闻瓯脱皆杀之。呼韩邪单于使来,汉辄薄责之甚急。明年,汉遣车骑都尉韩昌、光禄大夫张猛送呼韩邪单于侍子,求问吉等,因赦其罪,勿令自疑。昌、猛见单于民众益盛,塞下禽兽尽,单于足以自卫,不畏郅支。闻其大臣多劝单于北归者,恐北去后难约束,昌、猛即与为盟约曰:"自今以来,汉与匈奴合为一家,世世毋得相诈相攻。有窃盗者,相报,行其诛,偿其物;有寇,发兵相助。汉与匈奴敢先背约者,受天不祥。令其世世子孙尽如盟。"昌、猛与单于及大臣俱登匈奴诺水东山,刑白马,单于以径路刀金留犁挠酒,以老上单于所破月氏王头为饮器者共饮血盟。昌、猛还奏事,公卿议者以为:"单于保塞为藩,虽欲北去,犹不能为危害。昌、猛擅以汉国世世子孙与夷狄诅盟,令单于得以恶言上告于天,羞国家,伤威重,不可得行。宜遣使往告祠天,与解盟。昌、猛奉使无状,罪至不道。"上薄其过,有诏昌、猛以赎论,勿解盟。其后呼韩邪竟北归庭,人众稍稍归之,国中遂定。郅支既杀使者,自知负汉,又闻呼韩邪益强,恐见袭击,欲远去。会康居王数为乌孙所困,与诸翕侯计,以为匈奴大国,乌孙素服属之,今郅支单于困厄在外,可迎置东边,使合兵取乌孙以立之,长无匈奴忧矣。即使使至坚昆通语郅支。郅支素恐,又怨乌孙,闻康居计,大说,遂与相结,引兵而西。康居亦遣贵人,橐它驴马数千匹,迎郅支。郅支人众中寒道死,余财三千人到康居。其后,都护甘延寿与副陈汤发兵即康居诛斩郅支,语在《延寿、汤传》。

郅支既诛,呼韩邪单于且喜且惧,上书言曰:"常愿谒见天子,诚以郅支在西方,恐其与乌孙俱来击臣,以故未得至汉。今郅支已伏诛,愿入朝见。"竟宁元年,单于复入朝,礼赐如初,加衣服锦帛絮,皆倍于黄龙时。单于自言愿婿汉氏以自亲。元帝以后宫良家子王墙字昭君赐单于。单于欢喜,上书愿保塞上谷以西至敦煌,传之无穷,请罢边备塞吏卒,以休天子人民。天子令下有司议,议者皆以为便。郎中侯应习边事,以为不可许。上问状,应曰:

周、秦以来,匈奴暴桀,寇侵边境,汉兴,尤被其害。臣闻北边塞至辽东,外有阴山,东西千余里,草木茂盛,多禽兽,本冒顿单于依阻其中,治作弓矢,来出为寇,是其苑囿也。至孝武世,出师征伐,斥夺此地,攘之幕北。建塞徼,起亭隧,筑外城,设屯戍以守之,然后边境得用少安。幕北地平,少草木,多大沙,匈奴来寇,少所蔽隐,从塞以南,径深山谷,往来差难。边长老言匈奴失阴山之后,过之未尝不哭也。如罢备塞戍卒,示夷狄之大利,不可一也。今圣德广被,天覆匈奴,匈奴得蒙全活之恩,稽首来臣。夫夷狄之情,困则卑顺,强则骄逆,天性然也。前以罢外城,省亭隧,今裁足以候望通烽火而已。古者安不忘危,不可复罢,二也。中国有礼义之教、刑罚之诛,愚民犹尚犯禁,又况单于,能必其众不犯约哉!三也。自中国尚建关梁以制诸侯,所以绝臣下之觊欲也。设塞徼,置屯戍,非独为匈奴而已,亦为诸属国降民,本故匈奴之人,恐其思旧逃亡,四也。近西羌保塞,与汉人交通,吏民贪利,侵盗其畜产、妻子,以此怨恨,起而背畔,世世不绝。今罢乘塞,则生嫚易分争之渐,五也。往者从军多没不还者,子孙贫困,一旦亡出,从其亲戚,六也。又边人奴婢愁苦,欲亡者多,曰:"闻匈奴中乐,无奈候望急何!"然时有亡出塞者,七也。盗贼桀黠,群辈犯法,如其窘急,亡走北出,则不可制,八也。起塞以来百有余年,非皆以土垣也,或因山岩石,木柴僵落,溪谷水门,稍稍平之,卒徒筑治,功费久远,不可胜计。臣恐议者不深虑其终始,欲以一切省繇戍,十年之外,百岁之内,卒有它变,障塞破坏,亭隧灭绝,当更发屯缮治,累世之功不可卒复,九也。如罢戍卒,省候望,单于自以保塞守御,必深德汉,请求无已。小失其意,则不可测。开夷狄之隙,亏中国之固,十也。非所以永持至安,威制百蛮之长策也。

对奏,天子有诏:"勿议罢边塞事。"使车骑将军口谕单于曰:"单于上书愿罢北边吏士屯戍,子孙世世保塞。单于乡慕礼义,所以为民计者甚厚,此长久之策也,朕甚嘉之。中国四方皆有关梁障塞,非独以备塞外也,亦以防中国奸邪放纵,出为寇害,故明法度以专众心也。敬谕单于之意,朕无疑焉。为单于怪其不罢,故使大司马车骑将军嘉晓单于。"单于谢曰:"愚不知大计,天子幸使大臣告语,甚厚!"

初,左伊秩訾为呼韩邪画计归汉,竟以安定。其后或谗伊秩訾自伐其功,常鞅鞅,呼韩邪疑之。左伊秩訾惧诛,将其众千余人降汉,汉以为关内侯,食邑三百户,令佩其王印绶。及竟宁中,呼韩邪来朝,与伊秩訾相见,谢曰:"王为我计甚厚,令匈奴至今安宁,王之力也,德岂可忘!我失王意,使王去不复顾留,皆我过也。今欲白天子,请王归庭。"伊秩訾曰:"单于赖天命,自归于汉,得以安宁,单于神灵,天子之祐也,我安得力!既已降汉,又复归匈奴,是两心也。愿为单于侍使于汉,不敢听命。"单于固请不能得而归。

王昭君号宁胡阏氏,生一男伊屠智牙师,为右日逐王。呼韩邪立二十八年,建始二年死。始,呼韩邪嬖左伊秩訾兄呼衍王女二人。长女颛渠阏氏,生二子,长曰且莫车,次曰囊知牙斯。少女为大阏氏,生四子,长曰雕陶莫皋,次曰且糜胥,皆长于且莫车,少子咸、乐二人,皆小于囊知牙斯。又它阏氏子十余人。颛渠阏氏贵,且莫车爱。呼韩邪病且死,欲立且莫车,其母颛渠阏氏曰:"匈奴乱十余年,不绝如发,赖蒙汉力,故得复安。今平定未久,人民创艾战斗,且莫车年少,百姓未附,恐复危国。我与大阏氏一家共子,不如立雕陶莫皋。"大阏氏曰:"且莫车虽少,大臣共持国事,今舍贵立贱,后世必乱。"单于卒从颛渠阏氏计,立雕陶莫皋,约令传国与弟。呼韩邪死,雕陶莫皋立,为复株累若鞮单于。

复株累若鞮单于立,遣子右致卢儿王醯谐屠奴侯入侍,以且糜胥为左贤王,且莫车为左谷蠡王,囊知牙斯为右贤王。复株累单于复妻王昭君,生二女,长女云为须卜居次,小女为当于居次。

河平元年,单于遣右皋林王伊邪莫演等奉献朝正月。既罢,遣使者送至蒲反。伊邪莫演言:"欲降,即不受我,我自杀,终不敢还归。"使者以闻,下公卿议。议者或言宜如故事,受其降。光禄大夫谷永、议郎杜钦以为:"汉兴,匈奴数为边害,故设金爵之赏以待降者。今单于诎体称臣,列为北藩,遣使朝贺,无有二心,汉家接之,宜异于往时。今既享单于聘贡之质,而更受其逋逃之臣,是贪一夫之得而失一国之心,拥有罪之臣而绝慕义之君也。假令单于初立,欲委身中国,未知利害,私使伊邪莫演诈降以卜吉凶,受之亏德沮善,令单于自疏,不亲边吏;或者设为反间,欲因而生隙,受之适合其策,使得归曲而直责。此诚边境安危之原,师旅动静之首,不可不详也。不如勿受,以昭日月之信,抑诈谖之谋,怀附亲之心,便。"对奏,天子从之。遣中郎将王舜往问降状。伊邪莫演曰:"我病狂妄言耳。"遣去。归到,官位如故,不肯令见汉使。

明年,单于上书愿朝河平四年正月,遂入朝,加赐锦绣缯帛二万匹,絮二万斤,它如竟宁时。

复株累单于立十岁,鸿嘉元年死。弟且糜胥立,为搜谐若鞮单于。

搜谐单于立,遣子左祝都韩王朐留斯侯入侍,以且莫车为左贤王。搜谐单于立八岁,元延元年,为朝二年发行,未入塞,病死。弟且莫车立,为车牙若鞮单于。

车牙单于立,遣子右於涂仇掸王乌夷当入侍,以囊知牙斯为左贤王。车牙单于立四岁,绥和元年死。弟囊知牙斯立,为乌珠留若鞮单于。

乌珠留单于立,以第二阏氏子乐为左贤王,以第五阏氏子舆为右贤王,遣子右股奴王乌鞮牙斯入侍。汉遣中郎将夏侯藩、副校尉韩容使匈奴。时帝舅大司马票骑将军王根领尚书事,或说根曰:"匈奴有斗入汉地,直张掖郡,生奇材木,箭竿就羽,如得之,于边甚饶,国家有广地之实,将军显功。垂于无穷。"根为上言其利,上直欲从单于求之,为有不得,伤命损威。根即但以上指晓藩,令从藩所说而求之。藩至匈奴,以语次说单于曰:"窃见匈奴斗入汉地,直张掖郡。汉三都尉居塞上,士卒数百人寒苦,候望久劳。单于宜上书献此地,直断阏之,省两都尉士卒数百人,以复天子厚恩,其报必大。"单于曰:"此天子诏语邪,将从使者所求也?"藩曰:"诏指也,然藩亦为单于画善计耳。"单于曰:"孝宣、孝元皇帝哀怜父呼韩邪单于,从长城以北匈奴有之。此温偶駼王所居地也,未晓其形状所生,请遣使问之。"藩、容归汉。后复使匈奴,至则求地。单于曰:"父兄传五世,汉不求此地,至知独求,何也?已问温偶駼王,匈奴西边诸侯作穹庐及车,皆仰此山材木,且先父地,不敢失也。"藩还,迁为太原太守。单于遣使上书,以藩求地状闻。诏报单于曰:"藩擅称诏从单于求地,法当死,更大赦二,今徙藩为济南太守,不令当匈奴。"明年,侍子死,归葬。复遣子左於驺仇掸王稽留昆入侍。

至哀帝建平二年,乌孙庶子卑援疐翕侯人众入匈奴西界,寇盗牛畜,颇杀其民。单于闻之,遣左大当户乌夷泠将五千骑击乌孙,杀数百人,略千余人,驱牛畜去。卑援疐恐,遣子趋逯为质匈奴。单于受,以状闻。汉遣中郎将丁野林、副校尉公乘音使匈奴,责让单于,告令还归卑援疐质子。单于受诏,遣归。

建平四年,单于上书愿朝五年。时哀帝被疾,或言匈奴从上游来厌人,自黄龙、竟宁时,单于朝中国辄有大故。

上由是难之,以问公卿,亦以为虚费府帑,可且勿许。单于使辞去,未发,黄门郎扬雄上书谏曰:

臣闻《六经》之治,贵于未乱;兵家之胜,贵于未战。二者皆微,然而大事之本,不可不察也。今单于上书求朝,国家不许而辞之,臣愚以为汉与匈奴从此隙矣。本北地之狄,五帝所不能臣,三王所不能制,其不可使隙甚明。臣不敢远称,请引秦以来明之。

以秦始皇之强,蒙恬之威,带甲四十余万,然不敢窥西河,乃筑长城以界之。会汉初兴,以高祖之威灵,三十万众困于平城,士或七日不食。时奇谲之士石画之臣甚众,卒其所以脱者,世莫得而言也。又高皇后尝忿匈奴,群臣庭议,樊哙请以十万众横行匈奴中,季布曰:"哙可斩也,妄阿顺指!"于是大臣权书遗之,然后匈奴之结解,中国之忧平。及孝文时,匈奴侵暴北边,候骑至雍甘泉,京师大骇,发三将军屯细柳、棘门、霸上以备之,数月乃罢。孝武即位,设马邑之权,欲诱匈奴,使韩安国将三十万众徼于便地,匈奴觉之而去,徒费劳师,一虏不可得见,况单于之面乎!其后深惟社稷之计,规恢万载之策,乃大兴师数十万,使卫青、霍去病操兵,前后十余年。于是浮西河,绝大幕,破寘颜,袭王庭,穷极其地,追奔逐北,封狼居胥山,禅于姑衍,以临翰海,虏名王贵人以百数。自是之后,匈奴震怖,益求和亲,然而未肯称臣也。

且夫前世岂乐倾无量之费,役无罪之人,快心于狼望之北哉?以为不一劳者不久佚,不暂费者不永宁,是以忍百万之师以摧饿虎之喙,运府库之财填卢山之壑而不悔也。至本始之初,匈奴有桀心,欲掠乌孙,侵公主,乃发五将之师十五万骑猎其南,而长罗侯以乌孙五万骑震其西,皆至质而还。时鲜有所获,徒奋扬威武,明汉兵若雷风耳。虽空行空反,尚诛两将军。故北狄不服,中国未得高枕安寝也。逮至元康、神爵之间,大化神明,鸿恩溥洽,而匈奴内乱,五单于争立,日逐、呼韩邪携国归化,扶伏称臣,然尚羁縻之,计不专制。自此之后,欲朝者不距,不欲者不强。何者?外国天性忿鸷,形容魁健,负力怙气,难化以善,易隶以恶,其强难诎,其和难得。故未服之时,劳师远攻,倾国殚货,伏尸流血,破坚拔敌,如彼之难也;既服之后,慰荐抚循,交接赂遗,威仪俯仰,如此之备也。往时尝屠大宛之城,蹈乌桓之垒,探姑缯之壁,籍荡姐之场,艾朝鲜之旃,拔两越之旗,近不过旬月之役,远不离二时之劳,固已犁其庭,扫其闾,郡县而置之,云彻席卷,后无余灾。唯北狄为不然,真中国之坚敌也。三垂比之悬矣,前世重之兹甚,未易可轻也。

今单于归义,怀款诚之心,欲离其庭,陈见于前,此乃上世之遗策,神灵之所想望,国家虽费,不得已者也。奈何距以来厌之辞,疏以无日之期,消往昔之恩,开将来之隙!夫款而隙之,使有恨心,负前言,缘往辞,归怨于汉,因以自绝,终无北面之心,威之不可,谕之不能,焉得不为大忧乎!夫明者视于无形,聪者听于无声,诚先于未然,即蒙恬、樊哙不复施,棘门、细柳不复备,马邑之策安所设,卫、霍之功何得用,五将之威安所震?不然,一有隙之后,虽智者劳心于内,辩者鳌击于外,犹不若未然之时也。且往者图西域,制车师,置城郭都护三十六国,费岁以大万计者,岂为康居、乌孙能逾白龙堆而寇西边哉?乃以制匈奴也。夫百年劳之,一日失之,费十而爱一,臣窃为国不安也。唯陛下少留意于未乱未战,以遏边萌之祸。

书奏,天子寤焉,召还匈奴使者,更报单于书而许之。赐雄帛五十匹,黄金十斤。单于未发,会病,复遣使愿朝明年。故事,单于朝,从名王以下及从者二百余人。单于又上书言:"蒙天子神灵,人民盛壮,愿从五百人入朝,以明天子盛德。"上皆许之。

元寿二年,单于来朝,上以大岁厌胜所在,舍之上林苑蒲陶宫。告之以加敬于单于,单于知之。加赐衣三百七十袭,锦绣缯帛三万匹,絮三万斤,它如河平时。既罢,遣中郎将韩况送单于。单于出塞,到休屯井,北度车田卢水,道里回远。况等乏食,单于乃给其粮,失期不还五十余日。

初,上遣稽留昆随单于去,到国,复遣稽留昆同母兄右大且方与妇入侍。还归,复遣且方同母兄左日逐王都与妇入侍。是时,汉平帝幼,太皇太后称制,新都侯王莽秉政,欲说太后以威德之盛异于前,乃风单于令遣王昭君女须卜居次云入侍太后,所以赏赐之甚厚。

会西域车师后王姑句、去胡来王唐兜皆怨恨都护校尉,将妻子人民亡降匈奴,语在《西域传》。单于受置左谷蠡地,遣使上书言状曰:"臣谨已受。"诏遣中郎将韩隆、王昌,副校尉甄阜,侍中谒者帛敞、长水校尉王歙使匈奴,告单于曰:"西域内属,不当得受,今遣之。"单于曰:"孝宣、孝元皇帝哀怜,为作约束,自长城以南天子有之,长城以北单于有之。有犯塞,辄以状闻;有降者,不得受。臣知父呼韩邪单于蒙无量之恩,死遗言曰:'有从中国来降者,勿受,辄送至塞,以报天子厚恩。'此外国也,得受之。"使者曰:"匈奴骨肉相攻,国几绝,蒙中国大恩,危亡复续,妻子完安,累世相继,宜有以报厚恩。"单于叩头谢罪,执二虏还付使者。诏使中郎将王萌待西域恶都奴界上逆受。单于遣使送到国,因请其罪,使者以闻,有诏不听,会西域诸国王斩以示之。乃造设四条:中国人亡入匈奴者,乌孙亡降匈奴者,西域诸国佩中国印绶降匈奴者,乌桓降匈奴者,皆不得受。遣中郎将王骏、王昌,副校尉甄阜、王寻使匈奴,班四条与单于,杂函封,付单于,令奉行,因收故宣帝所为约束封函还。时,莽奏令中国不得有二名,因使使者以风单于,宜上书慕化,为一名,汉必加厚赏。单于从之,上书言:"幸得备藩臣,窃乐太平圣制,臣故名囊知牙斯,今谨更名曰知。"莽大说,白太后,遣使者答谕,厚赏赐焉。

汉既班四条,后护乌桓使者告乌桓民,毋得复与匈奴皮布税。匈奴以故事遣使者责乌桓税,匈奴人民妇女欲贾贩者皆随往焉。乌桓距曰:"奉天子诏条,不当予匈奴税。"匈奴使怒,收乌桓酋豪,缚倒悬之。酋豪昆弟怒,共杀匈奴使及其官属,收略妇女马牛。单于闻之,遣使发左贤王兵入乌桓责杀使者,因攻击之。乌桓分散,或走上山,或东保塞。匈奴颇杀人民,驱妇女弱小且千人去,置左地,告乌桓曰:"持马畜皮布来赎。"乌桓见略者亲属二千余人持财畜往赎,匈奴受,留不遣。

王莽之篡位也,建国元年,遣五威将王骏率甄阜、王飒、陈饶、帛敞、丁业六人,多赉金帛,重遗单于,谕晓以受命代汉状,因易单于故印。故印文曰:匈奴单于玺",莽更曰:新匈奴单于章"。将率既至,授单于印绶,诏令上故印绶。单于再拜受诏。译前,欲解取故印绶,单于举掖授之。左姑夕侯苏从旁谓单于曰:"未见新印文,宜且勿与。"单于止,不肯与。请使者坐穹庐,单于欲前为寿。五威将曰:"故印绶当以时上。"单于曰:"诺。"复举掖授译。苏复曰:"未见印文,且勿与。"单于曰:"印文何由变更!"遂解故印绶奉上,将率受。著新绶,不解视印,饮食至夜乃罢。右率陈饶谓诸将率曰:"乡者姑夕侯疑印文,几令单于不与人。如令视印,见其变改,必求故印,此非辞说所能距也。既得而复失之,辱命莫大焉。不如椎破故印,以绝祸根。"将率犹与,莫有应者。饶,燕士,果悍,即引斧椎坏之。明日,单于果遣右骨都侯当白将率曰:"汉赐单于印,言'玺',不言'章',又无'汉'字。诸王已下乃有'汉',言'章'。今即去'玺'加'新',与臣下无别。愿得故印。"将率示以故印,谓曰:"新室顺天制作,故印随将率所自为破坏。单于宜承天命,奉新室之制。"当还白,单于知已无可奈何,又多得赂遗,即遣弟右贤王舆奉马牛随将率入谢,因上书求故印。

将率还到左犁汙王咸所居地,见乌桓民多,以问咸。咸具言状,将率曰:"前封四条,不得受乌桓降者,亟还之。"咸曰:"请密与单于相闻,得语,归之。"单于使咸报曰:"当从塞内还之邪,从塞外还之邪?"将率不敢专决,以闻。诏报,从塞外还之。

单于始用夏侯藩求地有距汉语,后以求税乌桓不得。因寇略其人民,衅由是生,重以印文改易,故怨恨。乃遣右大且渠蒲呼卢訾等十余人将兵众万骑,以护送乌桓为名,勒兵朔方塞下。朔方太守以闻。

明年,西域车师后王须置离谋降匈奴,都护但钦诛斩之。置离兄狐兰支将人众二千余人,驱畜产,举国亡降匈奴,单于受之。狐兰支与匈奴共入寇,击车师,杀后成长,伤都护司马,复还入匈奴。

时,戊己校尉史陈良、终带,司马丞韩玄、右曲候任商等见西域颇背叛,闻匈奴欲大侵,恐并死,即谋劫略吏卒数百人,共杀戊己校尉刁护,遣人与匈奴南犁汙王南将军相闻。匈奴南将军二千骑入西域迎良等,良等尽胁略戊己校尉吏士男女二千余人入匈奴。玄、商留南将军所,良、带径至单于庭,人别置零吾水上田居。单于号良、带曰乌桓都将军,留居单于所,数呼与饮食。西域都护但钦上书言匈奴南将军右伊秩訾将人众寇击诸国。莽于是大分匈奴为十五单于,遣中郎将蔺苞、副校尉戴级将兵万骑,多赉珍宝至云中塞下,招诱呼韩邪单于诸子,欲以次拜之。使译出塞诱呼右犁汙王咸、咸子登、助三人,至则胁拜咸为孝单于,赐安车鼓车各一,黄金千斤,杂缯千匹,戏戟十；拜助为顺单于，赐黄金五百斤；传送助、登长安。莽封苞为宣威公，拜为虎牙将军；封级为扬威公，拜为虎贲将军。单于闻之，怒曰："先单于受汉宣帝恩，不可负也。今天子非宣帝子孙，何以得立？"遣左骨都侯、右伊秩訾王呼卢訾及左贤王乐将兵入云中益寿塞，大杀吏民。是岁，建国三年也。

是后，单于历告左右部都尉、诸边王，入塞寇盗，大辈万余，中辈数千，少者数百，杀雁门、朔方太守、都尉，略吏民畜产不可胜数，缘边虚耗。莽新即位，怙府库之富欲立威，乃拜十二部将率，发郡国勇士，武库精兵，各有所屯守，转委输于边。议满三十万众，赍三百日粮，同时十道并出，穷追匈奴，内之于丁令，因分其地，立呼韩邪十五子。

莽将严尤谏曰：

臣闻匈奴为害，所从来久矣，未闻上世有必征之者也。后世三家周、秦、汉征之，然皆未有得上策者也。周得中策，汉得下策，秦无策焉。当周宣王时，猃狁内侵，至于泾阳，命将征之，尽境而还。其视戎狄之侵，譬犹蚊虻之螫，驱之而已。故天下称明，是为中策。汉武帝选将练兵，约赍轻粮，深入远戍，虽有克获之功，胡辄报之，兵连祸结三十余年，中国罢耗，匈奴亦创艾，而天下称武，是为下策。秦始皇不忍小耻而轻民力，筑长城之固，延袤万里，转输之行，起于负海，疆境既完，中国内竭，以丧社稷，是为无策。今天下遭阳九之厄，比年饥馑，西北边犹甚。发三十万众，具三百日粮，东援海代，南取江淮，然后乃备。计其道里，一年尚未集合，兵先至者聚居暴露，师老械弊，势不可用，此一难也。边既空虚，不能奉军粮，内调郡国，不相及属，此二难也。计一人三百日食，用糒十八斛，非牛力不能胜；牛又当自赍食，加二十斛，重矣。胡地沙卤，多乏水草，以往事揆之，军出未满百日，牛必物故且尽，余粮尚多，人不能负，此三难也。胡地秋冬甚寒，春夏甚风，多赍釜鍑薪炭，重不可胜，食糒饮水，以历四时，师有疾疫之忧，是故前世伐胡，不过百日，非不欲久，势力不能，此四难也。辎重自随，则轻锐者少，不得疾行，虏徐遁逃，势不能及，幸而逢虏，又累辎重，如遇险阻，衔尾相随，虏要遮前后，危殆不测，此五难也。大用民力，功不可必立，臣伏忧之。今既发兵，宜纵先至者，令臣尤等深入霆击，且以创艾胡虏。

莽不听尤言，转兵谷如故，天下骚动。

咸既受莽孝单于之号，驰出塞归庭，具以见胁状白单于。单于更以于粟置支侯，匈奴贱官也。后助病死，莽以登代助为顺单于。

厌难将军陈钦、震狄将军王巡屯云中葛邪塞。是时，匈奴数为边寇，杀将率吏士，略人民，驱畜产去甚众。捕得虏生口验问，皆曰孝单于咸子角数为寇。两将以闻。四年，莽会诸蛮夷，斩咸子登于长安市。

初，北边自宣帝以来，数世不见烟火之警，人民炽盛，牛马布野。及莽挠乱匈奴，与之构难，边民死亡系获，又十二部兵久屯而不出，吏士罢弊，数年之间，北边虚空，野有暴骨矣。

乌珠留单于立二十一岁，建国五年死。匈奴用事大臣右骨都侯须卜当，即王昭君女伊墨居次云之婿也。云常欲与中国和亲，又素与咸厚善，见咸前后为莽所拜，故遂越舆而立咸为乌累若鞮单于。

乌累单于咸立，以弟舆为左谷蠡王。乌珠留单于子苏屠胡本为左贤王，以弟屠耆阏氏子卢浑为右贤王。乌珠留单于在时，左贤王数死，以为其号不祥，更易命左贤王曰："护于。"护于之尊最贵，次当为单于，故乌珠留单于授其长子以为护于，欲传以国。咸怨乌珠留单于贬贱己号，不欲传国，及立，贬护于为左屠耆王。云、当遂劝咸和亲。

天凤元年，云、当遣人之西河虎猛制虏塞下，告塞吏曰欲见和亲侯。和亲侯王歙者，王昭君兄子也。中部都尉以闻。莽遣歙、歙弟骑都尉展德侯飒使匈奴，贺单于初立，赐黄金衣被缯帛，绐言侍子登在，因购求陈良、终带等。单于尽收四人及手杀校尉刁护贼芝音妻子以下二十七人，皆械槛付使者，遣厨唯姑夕王富等四十人送歙、飒。莽作焚如之刑，烧杀陈良等，罢诸将率屯兵，但置游击都尉。单于贪莽赂遗，故外不失汉故事，然内利寇掠。又使还，知子登前死，怨恨，寇虏从左地入，不绝。使者问单于，辄曰："乌桓与匈奴无状黠民共为寇入塞，譬如中国有盗贼耳！咸初立持国，威信尚浅，尽力禁止，不敢有二心。"

天凤二年五月，莽复遣歙与五威将王咸率伏黯、丁业等六人，使送右厨唯姑夕王，因奉归前所斩侍子登及诸贵人从者丧，皆载以常车。至塞下，单于遣云、当子男大且渠奢等至塞迎。咸等至，多遗单于金珍，因谕说改其号，号匈奴曰"恭奴"，单于曰"善于"，赐印绶。封骨都侯当为后安公，当子男奢为后安侯。单于贪莽金币，故曲听之，然寇盗如故。咸、歙又以陈良等购金付云、当，令自差与之。十二月，还入塞，莽大喜，赐歙钱二百万，悉封黯等。

单于咸立五岁，天凤五年死，弟左贤王舆立，为呼都而尸道皋若鞮单于。匈奴谓孝曰"若鞮"。自呼韩邪后，与汉亲密，见汉谥帝为"孝"，慕之，故皆为"若鞮"。

呼都而尸单于舆既立，贪利赏赐，遣大且渠奢与云女弟当于居次子醯椟王俱奉献至长安。莽遣和亲侯歙与等俱至制虏塞下，与云、当会，因以兵迫胁，将至长安。云、当小男从塞下得脱，归匈奴。当至长安，莽拜为须卜单于，欲出大兵以辅立之。兵调度亦不合，而匈奴愈怒，并入北边，北边由是坏败。会当病死，莽以其庶女陆逯任妻后安公奢，所以尊宠之甚厚，终于欲出兵立之者。会汉兵诛莽，云、奢亦死。

更始二年冬，汉遣中郎将归德侯飒、大司马护军陈遵使匈奴，授单于汉旧制玺绶，王侯以下印绶，因送云、当余亲属贵人从者。单于舆骄，谓遵、飒曰："匈奴本与汉为兄弟，匈奴中乱，孝宣皇帝辅立呼韩邪单于，故称臣以尊汉。今汉亦大乱，为王莽所篡，匈奴亦出兵击莽，空其边境，令天下骚动思汉，莽卒以败而汉复兴，亦我力也，当复尊我！"遵与相胡距，单于终持此言。其明年夏，还。会赤眉入长安，更始败。

赞曰:《书》戒"蛮夷猾夏",《诗》称"戎狄是膺",《春秋》"有道守在四夷",久矣,夷狄之为患也!故自汉兴,忠言嘉谋之臣曷尝不运筹策相与争于庙堂之上乎?高祖时则刘敬,吕后时樊哙、季布,孝文时贾谊、朝错,孝武时王恢、韩安国、朱买臣、公孙弘、董仲舒,人持所见,各有同异,然总其要,归两科而已。缙绅之儒则守和亲,介胄之士则言征伐,皆偏见一时之利害,而未究匈奴之终始也。自汉兴以至于今,旷世历年,多于春秋,其与匈奴,有修文而和亲之矣,有用武而克伐之矣,有卑下而承事之矣,有威服而臣畜之矣,诎伸异变,强弱相反,是故其详可得而言也。

昔和亲之论,发于刘敬。是时,天下初定,新遭平城之难,故从其言,约结和亲,赂遗单于,冀以救安边境。孝惠、高后时遵而不违,匈奴寇盗不为衰止,而单于反以加骄倨。逮至孝文,与通关市,妻以汉女,增厚其赂,岁以千金,而匈奴数背约束,边境屡被其害。是以文帝中年,赫然发愤,遂躬戎服,亲御鞍马,从六郡良家材力之士,驰射上林,讲习战陈,聚天下精兵,军于广武,顾问冯唐,与论将帅,喟然叹息,思古名臣。此则和亲无益,已然之明效也。

仲舒亲见四世之事,犹复欲守旧文,颇增其约。以为:"义动君子,利动贪人。如匈奴者,非可以仁义说也,独可说以厚利,结之于天耳。故与之厚利以没其意,与盟于天以坚其约,质其爱子以累其心,匈奴虽欲展转,奈失重利何,奈欺上天何,奈杀爱子何!夫赋敛行赂不足以当三军之费,城郭之固无以异于贞士之约,而使边城守境之民父兄缓带,稚子咽哺,胡马不窥于长城,而羽檄不行于中国,不亦便于天下乎!"察仲舒之论,考诸行事,乃知其未合于当时,而有阙于后世也。当孝武时,虽征伐克获,而士马物故亦略相当;虽开河南之野,建朔方之郡,亦弃造阳之北九百余里。匈奴人民每来降汉,单于亦辄拘留汉使以相报复,其桀骜尚如斯,安肯以爱子而为质乎?此不合当时之言也。若不置质,空约和亲,是袭孝文既往之悔,而长匈奴无已之诈也。夫边城不选守境武略之臣,修障隧备塞之具,厉长戟劲弩之械,恃吾所以待寇备。而务赋敛于民,远行货赂,割剥百姓,以奉寇雠。信甘言,守空约,而几胡马之不窥,不已过乎!

至孝宣之世,承武帝奋击之威,直匈奴百年之运,因其坏乱几亡之厄,权时施宜,覆以威德,然后单于稽首臣服,遣子入侍,三世称藩,宾于汉庭。是时,边城晏闭,牛马布野,三世无犬吠之警,黎庶亡干戈之役。

后六十余载之间,遭王莽篡位,始开边隙,单于由是归怨自绝,莽遂斩其侍子,边境之祸构矣。故呼韩邪始朝于汉,汉议其仪,而萧望之曰:"戎狄荒服,言其来服荒忽无常,时至时去,宜待以客礼,让而不臣。如其后嗣遁逃窜伏,使于中国不为叛臣。"及孝元时,议罢守塞之备,侯应以为不可,可谓盛不忘衰,安必思危,远见识微之明矣。至单于咸弃其爱子,昧利不顾,侵掠所获,岁巨万计,而和亲赂遗,不过千金,安在其不弃质而失重利也?仲舒之言,漏于是矣。

夫规事建议,不图万世之固,而偷恃一时之事者,未可以经远也。若乃征伐之功,秦、汉行事,严尤论之当矣。故先王度土,中立封畿,分九州,列五服,物土贡,制外内,或修刑政,或昭文德,远近之势异也。是以《春秋》内诸夏而外夷狄,夷狄之人贪而好利,被发左衽,人面兽心,其与中国殊章服,异习俗,饮食不同,言语不通,辟居北垂寒露之野,逐草随畜,射猎为生,隔以山谷,雍以沙幕,天地所以绝外内也。是故圣王禽兽畜之,不与约誓,不就攻伐;约之则费赂而见欺,攻之则劳师而招寇。其地不可耕而食也,其民不可臣而畜也,是以外而不内,疏而不戚,政教不及其人,正朔不加其国;来则惩而御之,去则备而守之。其慕义而贡献,则接之以礼让,羁縻不绝,使曲在彼,盖圣王制御蛮夷之常道也。

卷九十五
西南夷两粤朝鲜传第六十五

南夷君长以十数,夜郎最大。其西,靡莫之属以十数,滇最大。自滇以北,君长以十数,邛都最大。此皆椎结,耕田,有邑聚。其外,西自桐师以东,北至叶榆,名为嶲、昆明,编发,随畜移徙,亡常处,亡君长,地方可数千里。自嶲以东北,君长以十数,徙、筰都最大。自筰以东北,君长以十数,冉駹最大。其俗,或土著,或移徙。在蜀之西。自駹以东北,君长以十数,白马最大,皆氐类也。此皆巴、蜀西南外蛮夷也。

始楚威王时,使将军庄蹻将兵循江上,略巴、黔中以西。庄蹻者,楚庄王苗裔也。蹻至滇池,方三百里,旁平地肥饶数千里,以兵威定属楚。欲归报,会秦击夺楚巴、黔中郡,道塞不通,因乃以其众王滇,变服,从其俗,以长之。秦时尝破,略通五尺道,诸此国颇置吏焉。十余岁,秦灭。及汉兴,皆弃此国而关蜀故徼。巴、蜀民或窃出商贾,取其筰马、僰僮、髦牛,以此巴、蜀殷富。

建元六年,大行王恢击东粤,东粤杀王郢以报。恢因兵威使番阳令唐蒙风晓南粤。南粤食蒙蜀枸酱,蒙问所从来,曰:"道西北牂柯江,江广数里,出番禺城下。"蒙归至长安,问蜀贾人,独蜀出枸酱,多持窃出市夜郎。夜郎者,临牂柯江,江广百余步,足以行船。南粤以财物役属夜郎,西至桐师,然亦不能臣使也。蒙乃上书说上曰:"南粤王黄屋左纛,地东西万余里,名为外臣,实一州主。今以长沙、豫章往,水道多绝,难行。窃闻夜郎所有精兵可得十万,浮船牂柯,出不意,此制粤一奇也。诚以汉之强,巴、蜀之饶,通夜郎道,为置吏,甚易。"上许之。乃拜蒙以郎中将,将千人,食重万余人,从巴苻关入,遂见夜郎侯多同。厚赐,谕以威德,约为置吏,使其子为令。夜郎旁小邑皆贪汉缯帛,以为汉道险,终不能有也,乃且听蒙约。还报,乃以为犍为郡。发巴、蜀卒治道,自僰道指牂柯江。蜀人司马相如亦言西夷邛、筰可置郡。使相如以郎中将往谕,皆如南夷,为置一都尉,十余县,属蜀。当是时,巴、蜀四郡通西南夷道,戴转相饷。数岁,道不通,士罢饿馁,离暑湿,死者甚众。西南夷又数反,发兵兴击,耗费亡功。上患之,使公孙弘往视问焉。还报,言其不便。及弘为御史大夫,时方筑朔方,据河逐胡,弘等因言西南夷为害,可且罢,专力事匈奴。上许之,罢西夷,独置南夷两县一都尉,稍令犍为自保就。

及元狩元年,博望侯张骞使大夏时,见蜀布、邛竹杖,问所从来,曰:"从东南身毒国,可数千里,得蜀贾人市。"或闻邛西可二千里有身毒国。骞因盛言大夏在汉西南,慕中国,患匈奴隔其道,诚通蜀,身毒国道便近,又亡害。于是天子乃令王然于、柏始昌、吕越人等十余辈间出西夷,指求身毒国。至滇,滇王当羌乃留为求道。四岁余,皆闭昆明,莫能通。滇王与汉使言:"汉孰与我大?"及夜郎侯亦然。各自以一州王,不知汉广大。使者还,因盛言滇大国,足事亲附。天子注意焉。

及至南粤反,上使驰义侯因犍为发南夷兵。且兰君恐远行,旁国虏其老弱,乃与其众反,杀使者及犍为太守。汉乃发巴、蜀罪人当击南粤者八校尉击之。会越已破,汉八校尉不下,中郎将郭昌、卫广引兵还,行诛隔滇道者且兰,斩首数万,遂平南夷为牂柯郡。夜郎侯始倚南粤,南粤已灭,还诛反者,夜郎遂入朝,上以为夜郎王。南粤破后,及汉诛且兰、邛君,并杀莋侯,冉駹皆震恐,请臣置吏,以邛都为粤嶲郡,莋都为沈黎郡,冉駹为文山郡,广汉西白马为武都郡。

使王然于以粤破及诛南夷兵威风谕滇王入朝。滇王者,其众数万人,其旁东北劳深、靡莫皆同姓相杖,未肯听。劳、莫数侵犯使者吏卒。元封二年,天子发巴、蜀兵击灭劳深、靡莫,以兵临滇。滇王始首善,以故弗诛。滇王离西夷,滇举国降,请置吏入朝,于是以为益州郡,赐滇王王印,复长其民。西南夷君长以百数,独夜郎、滇受王印。滇,小邑也,最宠焉。

后二十三岁,孝昭始元元年,益州廉头、姑缯民反,杀长吏。牂柯、谈指、同并等二十四邑,凡三万余人皆反。遣水衡都尉发蜀郡、犍为奔命万余人击牂柯,大破之。后三岁,姑缯、叶榆复反,遣水衡都尉吕辟胡将郡兵击之。辟胡不进,蛮夷遂杀益州太守,乘胜与辟胡战,士战及溺死者四千余人。明年,复遣军正王平与大鸿胪田广明等并进,大破益州,斩首捕虏五万余级,获畜产十余万。上曰:'钩町侯亡波率其邑君长人民击反者,斩首捕虏有功,其立亡波为钩町王。大鸿胪广明赐爵关内侯,食邑三百户。"后间岁,武都氐人反,遣执金吾马适建、龙颔侯韩增与大鸿胪广明将兵击之。

至成帝河平中,夜郎王兴与钩町王禹、漏卧侯俞更举兵相攻,牂柯太守请发兵诛兴等,议者以为道远不可击,乃遣太中大夫蜀郡张匡持节和解。兴等不从命,刻木象汉吏,立道旁射之。杜钦说大将军王凤曰:"太中大夫匡使和解蛮夷王侯,王侯受诏,已复相攻,轻易汉使,不惮国威,其效可见。恐议者选耎,复守和解,太守察动静有变,乃以闻。如此,则复旷一时,王侯得收猎其众,申固其谋,党助众多,各不胜忿,必相殄灭。自知罪成,狂犯守尉,远臧温暑毒草之地,虽有孙、吴将,贲、育士,若入水火,往必焦没,知勇亡所施。屯田守之,费不可胜量。宜因其罪恶未成,未疑汉家加诛,阴敕旁郡守尉练士马,大司农豫调谷积要害处,选任职太守往。以秋凉时入,诛其王侯尤不轨者。即以为不毛之地,亡用之民,圣王不以劳中国,宜罢郡,放弃其民,绝其王侯勿复通。如以先帝所立累世之功不可堕坏,亦宜因其萌牙,早断绝之,及已成形然后战师,则万姓被害。"

大将军凤于是荐金城司马陈立为牂柯太守。立者,临邛人,前为连然长,不韦令,蛮夷畏之。及至牂柯,谕告夜郎王兴,兴不从命,立请诛之。未报,乃从吏数十人出行县,至兴国且同亭,召兴。兴将数千人往至亭,从邑君数十人入见立。立数责,因断头。邑君曰:"将军诛亡状,为民除害,愿出晓士众。"以兴头示之,皆释兵降。钩町王禹、漏卧侯俞震恐,入粟千斛,牛、羊劳吏士。立还归郡,兴妻父翁指与兴子邪务收余兵,迫胁旁二十二邑反。至冬,立奏募诸夷与都尉长史分头攻翁指等。翁指据厄为垒,立使奇兵绝其饷道,纵反间以诱其众。都尉万年曰:"兵久不决,费不可共。"引兵独进,败走,趋立营。立怒,叱戏下令格之。都尉复还战,立引兵救之。时天大旱,立攻绝其水道。蛮夷共斩翁指,持首出降。立已平定西夷,征诣京师。会巴郡有盗贼,复以立为巴郡太守,秩中二千石居,赐爵左庶长。徙为天水太守,劝民农桑为天下最,赐金四十斤。入为左曹卫将军、护军都尉,卒官。

王莽篡位,改汉制,贬钩町王以为侯。王邯怨恨,牂柯大尹周钦诈杀邯。邯弟承攻杀钦,州郡击之,不能服。三边蛮夷愁扰尽反,复杀益州大尹程隆。莽遣平蛮将军冯茂发巴、蜀、犍为吏士,赋敛取足于民,以击益州。出入三年,疾疫死者什七,巴、蜀骚动。莽征茂还,诛之。更遣宁始将军廉丹与庸部牧史熊大发天水、陇西骑士,广汉、巴、蜀、犍为吏民十万人,转输者合二十万人,击之。始至,颇斩首数千,其后军粮前后不相及,士卒饥疫,三岁余死者数万。而粤嶲蛮夷任贵亦杀太守枚根,自立为邛谷王,会莽败汉兴,诛贵,复旧号云。

南粤王赵佗,真定人也。秦并天下,略定扬粤,置桂林、南海、象郡,以适徙民与粤杂处。十三岁,至二世时,南海尉任嚣病且死,召龙川令赵佗语曰:"闻陈胜等作乱,豪桀叛秦相立,南海辟远,恐盗兵侵此。吾欲兴兵绝新道,自备待诸侯变,会疾甚。且番禺负山险阻,南北东西数千里,颇有中国人相辅,此亦一州之主,可为国。郡中长吏亡足与谋者,故召公告之。"即被佗书,行南海尉事。嚣死,佗即移檄告横浦、阳山、湟溪关曰:"盗兵且至,急绝道聚兵自守。"因稍以法诛秦所置吏,以其党为守假。秦已灭,佗即击并桂林、象郡,自立为南粤武王。

高帝已定天下,为中国劳苦,故释佗不诛。十一年,遣陆贾立佗为南粤王,与剖符通使,使和辑百粤,毋为南边害,与长沙接境。

高后时,有司请禁粤关市铁器。佗曰:"高皇帝立我,通使物,今高后听谗臣,别异蛮夷,隔绝器物,此必长沙王计,欲倚中国,击灭南海并王之,自为功也。"于是佗乃自尊号为南武帝,发兵攻长沙边,败数县焉。高后遣将军隆虑侯灶击之,会暑湿,士卒大疫,兵不能逾领。岁余,高后崩，即罢兵。佗因此以兵威财物赂遗闽粤、西瓯骆，役属焉。东西万余里。乃乘黄屋左纛，称制，与中国侔。

文帝元年，初镇抚天下，使告诸侯四夷从代来即位意，谕盛德焉。乃为佗亲冢在真定置守邑，岁时奉祀。召其从昆弟，尊官厚赐宠之。召丞相平举可使粤者，平言陆贾先帝时使粤。上召贾为太中大夫，谒者一人为副使，赐佗书曰："皇帝谨问南粤王，甚苦心劳意。朕，高皇帝侧室之子，弃外奉北藩于代，道里辽远，雍蔽朴愚，未尝致书。高皇帝弃群臣，孝惠皇帝即世，高后自临事，不幸有疾，日进不衰，以故悖暴乎治。诸吕为变故乱法，不能独制，乃取它姓子为孝惠皇帝嗣。赖宗庙之灵，功臣之力，诛之已毕。朕以王侯吏不释之故，不得不立，今即位。乃者闻王遗将军隆虑侯书，求亲昆弟，请罢长沙两将军。朕以王书罢将军博阳侯，亲昆弟在真定者，已遣人存问，修治先人冢。前日闻王发兵于边，为寇灾不止。当其时，长沙苦之，南郡尤甚，虽王之国，庸独利乎！必多杀士卒，伤良将吏，寡人之妻，孤人之子，独人父母，得一亡十，朕不忍为也。朕欲定地犬牙相入者，以问吏，吏曰'高皇帝所以介长沙土也'，朕不得擅变焉。吏曰：'得王之地不足以为大，得王之财不足以为富，服领以南，王自治之'。虽然，王之号为帝。两帝并立，亡一乘之使以通其道，是争也；争而不让，仁者不为也。愿与王分弃前患，终今以来，通使如故。故使贾驰谕告王朕意，王亦受之，毋为寇灾矣。上褚五十衣，中褚三十衣，下褚二十衣，遗王。愿王听乐娱忧，存问邻国。"

陆贾至，南粤王恐，乃顿首谢，愿奉明诏，长为藩臣，奉贡职。于是下令国中曰："吾闻两雄不俱立，两贤不并世。汉皇帝贤天子。自今以来，去帝制黄屋左纛。"因为书称："蛮夷大长老夫臣佗昧死再拜上书皇帝陛下：老夫故粤吏也，高皇帝幸赐臣佗玺，以为南粤王，使为外臣，时内贡职。孝惠皇帝即位，义不忍绝，所以赐老夫者厚甚。高后自临用事，近细士，信谗臣，别异蛮夷，出令曰：'毋予蛮夷外粤金铁田器；马、牛、羊即予，予牡，毋与牝。'老夫处辟，马、牛、羊齿已长，自以祭祀不修，有死罪，使内史藩、中尉高、御史平凡三辈上书谢过，皆不反。又风闻老夫父母坟墓已坏削，兄弟宗族已诛论。吏相与议曰：'今内不得振于汉。外亡以自高异。'故更号为帝，自帝其国，非敢有害于天下也。高皇后闻之大怒，削去南粤之籍，使使不通。老夫窃疑长沙王谗臣，故敢发兵以伐其边。且南方卑湿，蛮夷中西有西瓯，其众半羸，南面称王；东有闽粤，其众数千人，亦称王；西北有长沙，其半蛮夷，亦称王。老夫故敢妄窃帝号，聊以自娱。老夫身定百邑之地，东西南北数千万里，带甲百万有余，然北面而臣事汉，何也？不敢背先人之故。老夫处粤四十九年，于今抱孙焉。然夙兴夜寐，寝不安席，食不甘味，目不视靡曼之色，耳不听钟鼓之音者，以不得事汉也。今陛下幸哀怜，复故号，通使汉如故，老夫死骨不腐，改号不敢为帝矣！谨北面因使者献白璧一双，翠鸟千，犀角十，紫贝五百，桂蠹一器，生翠四十双，孔雀二双。昧死再拜，以闻皇帝陛下。"

陆贾还报，文帝大说。遂至孝景时，称臣遣使入朝请。然其居国，窃如故号；其使天子，称王朝命如诸侯。

至武帝建元四年，，佗孙胡为南粤王。立三年，闽粤王郢兴兵南击边邑。粤使人上书曰："两粤俱为藩臣，毋擅兴兵相攻击。今东粤擅兴兵侵臣，臣不敢兴兵，唯天子诏之。"于是天子多南粤义，守职约，为兴师，遣两将军往讨闽粤。兵未逾领，闽粤王弟馀善杀郢以降，于是罢兵。

天子使严助往谕意，南粤王胡顿首曰："天子乃兴兵诛闽粤，死亡以报德！"遣太子婴齐入宿卫。谓助曰："国新被寇，使者行矣。胡方日夜装入见天子。"助去后，其大臣谏胡曰："汉兴兵诛郢，亦所以惊动南粤。且先王言事天子期毋失礼，要之不可以怵好语入见。入见则不得复归，亡国之势也。"于是胡称病，竟不入见。后十余岁，胡实病甚，太子婴齐请归。胡薨，谥曰文王。

婴齐嗣立，即臧其先武帝、文帝玺。婴齐在长安时，取邯郸摎氏女，生子兴。及即位，上书请立摎氏女为后，兴为嗣。汉数使使者风谕，婴齐犹尚乐擅杀生自恣，惧入见，要以用汉法，比内诸侯，固称病，遂不入见。遣子次公入宿卫。婴齐薨，谥曰明王。

太子兴嗣立，其母为太后。太后自未为婴齐妻时，曾与霸陵人安国少季通。及婴齐薨后，元鼎四年，汉使安国少季谕王、王太后入朝，令辩士谏大夫终军等宣其辞，勇士魏臣等辅其决，卫尉路博德将兵屯桂阳，待使者。王年少，太后中国人，安国少季往，复与私通，国人颇知之，多不附太后。太后恐乱起，亦欲倚汉威，劝王及幸臣求内属。即因使者上书，请比内诸侯，三岁一朝，除边关。于是天子许之，赐其丞相吕嘉银印，及内史、中尉、太傅印，余得自置。除其故黥、劓刑，用汉法。诸使者皆留填抚之。王、王太后饬治行装重赍，为入朝具。

相吕嘉年长矣，相三王，宗族官贵为长吏七十余人，男尽尚王女，女尽嫁王子弟宗室及苍梧秦王有连。其居国中甚重，粤人信之，多为耳目者，得众心愈于王。王之上书，数谏止王，王不听。有畔心，数称病不见汉使者。使者注意嘉，势未能诛。王、王太后亦恐嘉等先事发，欲介使者权，谋诛嘉等。置酒请使者，大臣皆侍坐饮。嘉弟为将，将卒居宫外。酒行，太后谓嘉："南粤内属，国之利，而相君苦不便者，何也？"以激怒使者。使者狐疑相杖，遂不敢发。嘉见耳目非是，即趋出。太后怒，欲铖嘉以矛，王止太后。嘉遂出，介弟兵就舍，称病，不肯见王及使者。乃阴谋作乱。王素亡意诛嘉，嘉知之，以故数月不发。太后独欲诛嘉等，力又不能。

天子闻之，罪使者怯亡决。又以为王、王太后已附汉，独吕嘉为乱，不足以兴兵，欲使庄参以二千人往。参曰："以好往，数人足；以武往，二千人亡足以为也。"辞不可，天子罢参兵。郏壮士故济北相韩千秋奋曰："以区区粤，又有王应，独相吕嘉为害，愿得勇士三百人，必斩嘉以报。"于是天子遣千秋与王太后弟摎乐将二千人往。入粤境，吕嘉乃遂反，下令国中曰："王年少。太后中国人，又与使者乱，专欲内属，尽持先王宝入献天子以自媚，多从人，行至长安，虏卖以为僮。取自脱一时利，亡顾赵氏社稷为万世虑之意。"乃与其弟将卒攻杀太后、王，尽杀汉使者。遣人告苍梧秦王及其诸郡县，立明王长男粤妻子术阳侯建德为王。而韩千秋兵之入也,破数小邑。其后粤直开道给食,未至番禺四十里,粤以兵击千秋等,灭之。使人函封汉使节置塞上,好为谩辞谢罪,发兵守要害处。于是天子曰:"韩千秋虽亡成功,亦军锋之冠。封其子延年为成安侯。摎乐,其姊为王太后,首愿属汉,封其子广德为龙侯。"乃赦天下,曰:"天子微弱,诸侯力政,讥臣不讨贼。吕嘉、建德等反,自立晏如,令粤人及江淮以南楼船十万师往讨之。"

元鼎五年秋,卫尉路博德为伏波将军,出桂阳,下湟水;主爵都尉杨仆为楼船将军,出豫章,下横浦;故归义粤侯二人为戈船、下濑将军,出零陵,或下离水,或抵苍梧;使驰义侯因巴、蜀辠人,发夜郎兵,下牂柯江;咸会番禺。

六年冬,楼船将军将精卒先陷寻狭,破石门,得粤船粟,因推而前,挫粤锋,以粤数万人待伏波将军。伏波将军将罪人,道远后期,与楼船会乃有千余人,遂俱进。楼船居前,至番禺,建德、嘉皆城守。楼船自择便处,居东南面,伏波居西北面。会暮,楼船攻败粤人,纵火烧城。粤素闻伏波,莫,不知其兵多少。伏波乃为营,遣使招降者,赐印绶,复纵令相招。楼船力攻烧敌,反驱而入伏波营中。迟旦,城中皆降伏波。吕嘉、建德以夜与其属数百人亡入海。伏波又问降者,知嘉所之,遣人追。故其校司马苏弘得建德,为海常侯;粤郎都稽得嘉,为临蔡侯。

苍梧王赵光与粤王同姓,闻汉兵至,降,为随桃侯。及粤揭阳令史定降汉,为安道侯。粤将毕取以军降,为膫侯。粤桂林监居翁谕告瓯骆四十余万口降,为湘城侯。戈船、下濑将军兵及驰义侯所发夜郎兵未下,南粤已平。遂以其地为儋耳、珠崖、南海、苍梧、郁林、合浦、交阯、九真、日南九郡。伏波将军益封。楼船将军以推锋陷坚为将梁侯。

自尉佗王凡五世,九十三岁而亡。

闽粤王无诸及粤东海王摇,其先皆粤王勾践之后也,姓驺氏。秦并天下,废为君长,以其地为闽中郡。及诸侯畔秦,无诸、摇率粤归番阳令吴芮,所谓番君者也,从诸侯灭秦。当是时,项羽主命,不王也,以故不佐楚。汉击项籍,无诸、摇帅粤人佐汉。汉五年,复立无诸为闽粤王,王闽中故地,都冶。孝惠三年,举高帝时粤功,曰闽君摇功多,其民便附,乃立摇为东海王,都东瓯,世号曰东瓯王。

后数世,孝景三年,吴王濞反,欲从闽粤,闽粤未肯行,独东瓯从。及吴破,东瓯受汉购,杀吴王丹徒,以故得不诛。

吴王子驹亡走闽粤,怨东瓯杀其父,常劝闽粤击东瓯。建元三年,闽粤发兵围东瓯,东瓯使人告急天子。天子问太尉田蚡,蚡对曰:"粤人相攻击,固其常,不足以烦中国往救也。"中大夫严助诘蚡,言当救。天子遣助发会稽郡兵浮海救之,语具在《助传》。汉兵未至,闽粤引兵去。东粤请举国徙中国,乃悉与众处江、淮之间。

六年,闽粤击南粤,南粤守天子约,不敢擅发兵,而以闻。上遣大行王恢出豫章,大司农韩安国出会稽,皆为将军。兵未逾领,闽粤王郢发兵距险。其弟馀善与宗族谋曰:"王以擅发兵,不请,故天子兵来诛。汉兵众强,即幸胜之,后来益多,灭国乃止。今杀王以谢天子,天子罢兵,固国完。不听乃力战,不胜即亡入海。"皆曰:"善。"即鈠杀王,使使奉其头致大行。大行曰:"所为来者,诛王。王头至,不战而殒,利莫大焉。"乃以便宜案兵告大司农军,而使使奉王头驰报天子。诏罢两将军兵,曰:"郢等首恶,独无诸孙繇君丑不与谋。"乃使郎中将立丑为粤繇王,奉闽粤祭祀。

馀善以杀郢,威行国中,民多属,窃自立为王,繇王不能制。上闻之,为馀善不足复兴师,曰:"馀善首诛郢,师得不劳。"因立馀善为东粤王,与繇王并处。

至元鼎五年,南粤反,馀善上书请以卒八千从楼船击吕嘉等。兵至揭阳,以海风波为解,不行,持两端,阴使南粤。及汉破番禺,楼船将军仆上书愿请引兵击东粤。上以士卒劳倦,不许。罢兵,令诸校留屯豫章梅领待命。

明年秋,馀善闻楼船请诛之,汉兵留境,且往,乃遂发兵距汉道,号将军驺力等为"吞汉将军",入白沙、武林、梅领,杀汉三校尉。是时,汉使大司农张成、故山州侯齿将屯,不敢击,却就便处,皆坐畏懦诛。馀善刻"武帝"玺自立,诈其民,为妄言。上遣横海将军韩说出句章,浮沉从东方往;楼船将军仆出武林,中尉王温舒出梅领,粤侯为戈船、下濑将军出如邪、白沙,元封元年冬,咸入东粤。东粤素发兵距险,使徇北将军守武林,败楼船军数校尉,杀长史。楼船军卒钱唐榬终古斩徇北将军,为语儿侯。自兵未往。

故粤衍侯吴阳前在汉,汉使归谕馀善,不听。及横海军至,阳以其邑七百人反,攻粤军于汉阳。及故粤建成侯敖与繇王居股谋,俱杀馀善,以其众降横海军。封居股为东成侯,万户;封敖为开陵侯;封阳为卯石侯,横海将军说为按道侯,横海校尉福为缭䕸侯。福者,城阳王子,故为海常侯,坐法失爵,从军亡功,以宗室故侯。及东粤将多军,汉兵至,弃军降,封为无锡侯。故瓯骆将左黄同斩西于王,封为下鄜侯。

于是天子曰"东粤狭多阻,闽粤悍,数反复",诏军吏皆将其民徙处江、淮之间。东粤地遂虚。

朝鲜王满,燕人。自始燕时,尝略属真番、朝鲜,为置吏筑障。秦灭燕,属辽东外徼。汉兴,为远难守,复修辽东故塞,至浿水为界,属燕。燕王卢绾反,入匈奴,满亡命,聚党千余人,椎结蛮夷服而东走出塞,渡浿水,居秦故空地上下障,稍役属真番、朝鲜蛮夷及故燕、齐亡在者王之,都王险。

会孝惠、高后天下初定,辽东太守即约满为外臣,保塞外蛮夷,毋使盗边;蛮夷君长欲入见天子,勿得禁止。以闻,上许之,以故满得以兵威财物侵降其旁小邑,真番、临屯皆来服属,方数千里。

传子至孙右渠,所诱汉亡人滋多,又未尝入见;真番、辰国欲上书见天子,又雍阏弗通。元封二年,汉使涉何谯谕右渠,终不肯奉诏。何去至界,临浿水,使驭刺杀送何者朝鲜裨王长,即渡水,驰入塞,遂归报天子曰"杀朝鲜将"。上为其名美,弗诘,拜何为辽东东部都尉。朝鲜怨何,发兵攻袭,杀何。

天子募罪人击朝鲜。其秋,遣楼船将军杨仆从齐浮勃海,兵五万,左将军荀彘出辽东,诛右渠。右渠发兵距险。左将军卒多率辽东士兵先纵,败散。多还走,坐法斩。楼船将齐兵七千人先至王险。右渠城守,窥知楼船军少,即出击楼船,楼船军败走。将军仆失其众,遁山中十余日,稍求收散卒,复聚。左将军击朝鲜浿水西军,未能破。

天子为两将未有利,乃使卫山因兵威往谕右渠。右渠见使者,顿首谢:"愿降,恐将诈杀臣;今见信节,请服降。"遣太子入谢,献马五千匹,及馈军粮。人众万余持兵,方度浿水,使者及左将军疑其为变,谓太子已服降,宜令人毋持兵。太子亦疑使者左将军诈之,遂不度浿水,复引归。山报,天子诛山。

左将军破浿水上军,乃前至城下,围其西北。楼船亦往会,居城南。右渠遂坚城守,数月未能下。

左将军素侍中,幸,将燕、代卒,悍,乘胜,军多骄。楼船将齐卒,入海已多败亡,其先与右渠战,困辱亡卒,卒皆恐,将心惭,其围右渠,常持和节。左将军急击之,朝鲜大臣乃阴间使人私约降楼船,往来言,尚未肯决。左将军数与楼船期战,楼船欲就其约,不会。左将军亦使人求间隙降下朝鲜,不肯,心附楼船。以故两将不相得。左将军心意楼船前有失军罪,今与朝鲜和善而又不降,疑其有反计,未敢发。天子曰:"将率不能前,乃使卫山谕降右渠,不能专决,与左将军相误,卒沮约。今两将围城又乖异,以故久不决。"使故济南太守公孙遂往正之,有便宜则以从事。遂至,左将军曰:"朝鲜当下久矣,不下者,楼船数期不会。"具以素所意告遂曰:"今如此不取,恐为大害,非独楼船,又且与朝鲜共灭吾军。"遂亦以为然,而以节召楼船将入左将军军计事,即令左将军戏下执缚楼船将军,并其军。以报,天子诛遂。

左将军已并两军,即急击朝鲜。朝鲜相路人、相韩陶、尼溪相参、将军王唊相与谋曰:"始欲降楼船,楼船今执,独左将军并将,战益急,恐不能与,王又不肯降。"陶、唊、路人皆亡降汉。路人道死。元封三年夏,尼溪相参乃使人杀朝鲜王右渠来降。王险城未下,故右渠之大臣成巳又反,复攻吏。左将军使右渠子长、降相路人子最,告谕其民,诛成巳。故遂定朝鲜为真番、临屯、乐浪、玄菟四郡。封参为澅清侯,陶为秋苴侯,唊为平州侯,长为几侯。最以父死颇有功,为涅阳侯。左将军征至,坐争功相嫉乖计,弃市。楼船将军亦坐兵至列口当待左将军,擅先纵,失亡多,当诛,赎为庶人。

赞曰:楚、粤之先,历世有土。及周之衰,楚地方五千里,而勾践亦以粤伯。秦灭诸侯,唯楚尚有滇王。汉诛西南夷,独滇受宠。及东粤灭国迁众,繇王居股等犹为万户侯。三方之开,皆自好事之臣。故西南夷发于唐蒙、司马相如,两粤起严助、朱买臣,朝鲜由涉何。遭世富盛,动能成功,然已勤矣。追观太宗填抚尉佗,岂古所谓"招携以礼,怀远以德"者哉!

卷九十六上　西域传第六十六上

西域以孝武时始通,本三十六国,其后稍分至五十余,皆在匈奴之西,乌孙之南。南北有大山,中央有河,东西六千余里,南北千余里。东则接汉,厄以玉门、阳关,西则限以葱岭。其南山,东出金城,与汉南山属焉。其河有两原:一出葱岭山,一出于阗。于阗在南山下,其河北流,与葱岭河合,东注蒲昌海。蒲昌海,一名盐泽者也,去玉门、阳关三百余里,广袤三四百里。其水亭居,冬夏不增减,皆以为潜行地下,南出于积石,为中国河云。

自玉门、阳关出西域有两道:从鄯善傍南山北,波河西行至莎车,为南道;南道西逾葱岭则出大月氏、安息。自车师前王廷随北山,波河西行至疏勒,为北道;北道西逾葱岭则出大宛、康居、奄蔡焉。

西域诸国大率土著,有城郭田畜,与匈奴、乌孙异俗,故皆役属匈奴。匈奴西边日逐王置僮仆都尉,使领西域,常居焉耆、危须、尉黎间,赋税诸国,取富给焉。

自周衰,戎狄错居泾渭之北。及秦始皇攘却戎狄,筑长城,界中国,然西不过临洮。

汉兴至于孝武,事征四夷,广威德,而张骞始开西域之迹。其后骠骑将军击破匈奴右地,降浑邪、休屠王,遂空其地,始筑令居以西,初置酒泉郡,后稍发徙民充实之,分置武威、张掖、敦煌,列四郡,据两关焉。自贰师将军伐大宛之后,西域震惧,多遣使来贡献。汉使西域者益得职。于是自敦煌西至盐泽,往往起亭,而轮台、渠犁皆有田卒数百人,置使者校尉领护,以给使外国者。

至宣帝时,遣卫司马使护鄯善以西数国。及破姑师,未尽殄,分以为车师前后王及山北六国。时汉独护南道,未能尽并北道也。然匈奴不自安矣。其后日逐王畔单于,将众来降,护鄯善以西使者郑吉迎之。既至汉,封日逐王为归德侯,吉为安远侯。是岁,神爵三年也。乃因使吉并护北道,故号曰都护。都护之起,自吉置矣。僮仆都尉由此罢,匈奴益弱,不得近西域。于是徙屯田,田于北胥鞬,披莎车之地,屯田校尉始属都护。都护督察乌孙、康居诸外国动静,有变以闻。可安辑,安辑之;可击,击之。都护治乌垒城,去阳关二千七百三十八里,与渠犁田官相近,土地肥饶,于西域为中,故都护治焉。

至元帝时,复置戊己校尉,屯田车师前王庭。是时,匈奴东蒲类王兹力支将人众千七百余人降都护,都护分车师后王之西为乌贪訾离地以处之。

自宣、元后,单于称藩臣,西域服从。其土地山川、王侯户数、道里远近,翔实矣。

出阳关,自近者始,曰婼羌。婼羌国王号去胡来王。去阳关千八百里,去长安六千三百里,辟在西南,不当孔道。户四百五十,口千七百五十,胜兵者五百人。西与且末接。随畜逐水草,不田作,仰鄯善、且末谷。山有铁,自作兵,兵有弓、矛、服刀、剑、甲。西北至鄯善,乃当道云。

鄯善国,本名楼兰,王治扞泥城,去阳关千六百里,去长安六千一百里。户千五百七十,口万四千一百,胜兵二千九百十二人。辅国侯、却胡侯、鄯善都尉、击车师都尉、左右且渠、击车师君各一人,译长二人。西北去都护治所千七百八十五里,至山国千三百六十五里,西北至车师千八百九十里。地沙卤,少田,寄田仰谷旁国。国出玉,多葭苇、柽柳、胡桐、白草。民随畜牧逐水草,有驴马,多橐它。能作兵,与婼羌同。

初,武帝感张骞之言,甘心欲通大宛诸国,使者相望于道,一岁中多至十余辈。楼兰、姑师当道,苦之,攻劫汉使王恢等,又数为匈奴耳目,令其兵遮汉使。汉使多言其国有城邑,兵弱易击。于是武帝遣从票侯赵破奴将属国骑及郡兵数万击姑师。王恢数为楼兰所苦,上令恢佐破奴将兵。破奴与轻骑七百人先至,虏楼兰王,遂破姑师,因暴兵威以动乌孙、大宛之属。还,封破奴为浞野侯,恢为浩侯。于是汉列亭障至玉门矣。

楼兰既降服贡献,匈奴闻,发兵击之。于是楼兰遣一子质匈奴,一子质汉。后贰师军击大宛,匈奴欲遮之,贰师兵盛不敢当,即遣骑因楼兰候汉使后过者,欲绝勿通。时汉军正任文将兵屯玉门关,为贰师后距,捕得生口,知状以闻。上诏文便道引兵捕楼兰王。将诣阙,簿责王,对曰:"小国在大国间,不两属无以自安。愿徙国入居汉地。"上直其言,遣归国,亦因使侯司匈奴。匈奴自是不甚亲信楼兰。

征和元年,楼兰王死,国人来请质子在汉者,欲立之。质子常坐汉法,下蚕室宫刑,故不遣。报曰:"侍子,天子爱之,不能遣。其更立其次当立者。"楼兰更立王,汉复责其质子,亦遣一子质匈奴。后王又死,匈奴先闻之,遣质子归,得立为王。汉遣使诏新王,令入朝,天子将加厚赏。楼兰王后妻,故继母也,谓王曰:"先王遣两子质汉皆不还,奈何欲往朝乎?"王用其计,谢使曰:"新立,国未定,愿待后年入见天子。"然楼兰国最在东垂,近汉,当白龙堆,乏水草,常主发导,负水儋粮,送迎汉使,又数为吏卒所寇,懲艾不便与汉通。后复为匈奴反间,数遮杀汉使。其弟尉屠耆降汉,具言状。

元凤四年,大将军霍光白遣平乐监傅介子往刺其王。介子轻将勇敢士,赍金币,扬言以赐外国为名。既至楼兰,诈其王欲赐之,王喜,与介子饮,醉,将其王屏语,壮士二人从后刺杀之,贵人左右皆散走。介子告谕以"王负汉罪,天子遣我诛王,当更立王弟尉屠耆在汉者。汉兵方至,毋敢动,自令灭国矣!"介子遂斩王尝归首,驰传诣阙,悬首北阙下。封介子为义阳侯。乃立尉屠耆为王,更名其国为鄯善,为刻印章,赐以宫女为夫人,备车骑辎重,丞相将军率百官送至横门外,祖而遣之。王自请天子曰:"身在汉久,今归,单弱,而前王有子在,恐为所杀。国中有伊循城,其地肥美,愿汉遣一将屯田积谷,令臣得依其威重。"于是汉遣司马一人,吏士四十人,田伊循以填抚之。其后更置都尉。伊循官置始此矣。

鄯善当汉道冲,西通且末七百二十里。自且末以往皆种五谷,土地草木,畜产作兵,略与汉同,有异乃记云。

且末国,王治且末城,去长安六千八百二十里。户二百三十,口千六百一十,胜兵三百二十人。辅国侯、左右将、译长各一人。西北至都护治所二千二百五十八里,北接尉犁,南至小宛可三日行。有蒲陶诸果。西通精绝二千里。

小宛国,王治扞零城,去长安七千二百一十里。户百五十,口千五十,胜兵二百人。辅国侯、左右都尉各一人。西北至都护治所二千五百五十八里,东与婼羌接,辟南不当道。

精绝国,王治精绝城,去长安八千八百二十里。户四百八十,口三千三百六十,胜兵五百人。精绝都尉、左右将、译长各一人。北至都护治所二千七百二十三里,南至戎卢国四日行,地厄狭,**西通扞弥四百六十里**。

戎卢国,王治卑品城,去长安八千三百里。户二百四十,口千六百一十,胜兵三百人。东北至都护治所二千八百五十八里,东与小宛、南与婼羌、西与渠勒接,辟南不当道。

扞弥国,王治扞弥城,去长安九千二百八十里。户三千三百四十,口二万四十,胜兵三千五百四十人。辅国侯、左右将、左右都尉、左右骑君各一人,译长二人。东北至都护治所三千五百五十三里,南与渠勒、东北与龟兹、西北与姑墨接,西通于阗三百九十里。今名宁弥。

渠勒国,王治鞬都城,去长安九千九百五十里。户三百一十,口二千一百七十,胜兵三百人。东北至都护治所三千八百五十二里,东与戎卢、西与婼羌、北与扞弥接。

于阗国,王治西城,去长安九千六百七十里。户三千三百,口万九千三百,胜兵二千四百人。辅国侯、左右将、左右骑君、东西城长、译长各一人。东北至都护治所三千九百四十七里,南与婼羌接,北与姑墨接。于阗之西,水皆西流,注西海;其东,水东流,注盐泽,河原出焉。多玉石。西通皮山三百八十里。

皮山国,王治皮山城,去长安万五十里。户五百,口三千五百,胜兵五百人。左右将、左右都尉、骑君、译长各一人。东北至都护治所四千二百九十二里,西南至乌秅国千三百四十里,南与天笃接,北至姑墨千四百五十里,西南当罽宾、乌弋山离道,西北通莎车三百八十里。

乌秅国,王治乌秅城,去长安九千九百五十里。户四百九十,口二千七百三十三,胜兵七百四十人。东北至都护治所四千八百九十二里,北与子合、蒲犁,西与难兜接。山居,田石间。有白草。累石为室。民接手饮。出小步马,有驴无牛。其西则有县度，去阳关五千八百八十八里，去都护治所五千二十里。县度者，石山也，溪谷不通，以绳索相引而度云。

西夜国，王号子合王，治呼犍谷，去长安万二百五十里。户三百五十，口四千，胜兵千人。东北到都护治所五千四十六里，东与皮山、西南与乌秅、北与莎车、西与蒲犁接。蒲犁及依耐、无雷国皆西夜类也。西夜与胡异，其种类羌氐行国，随畜逐水草往来。而子合土地出玉石。

蒲犁国，王治蒲犁谷，去长安九千五百五十里。户六百五十、口五千，胜兵二千人。东北至都护治所五千三百九十六里，东至莎车五百四十里，北至疏勒五百五十里，南与西夜子合接，西至无雷五百四十里。侯、都尉各一人。寄田莎车。种俗与子合同。

依耐国，王治去长安万一百五十里。户一百二十五，口六百七十，胜兵三百五十人。东北至都护治所二千七百三十里，至莎车五百四十里，至无雷五百四十里，北至疏勒六百五十里，南与子合接，俗相与同。少谷，寄田疏勒、莎车。

无雷国，王治卢城，去长安九千九百五十里。户千，口七千，胜兵三千人。东北至都护治所二千四百六十五里，南至蒲犁五百四十里，南与乌秅、北与捐毒、西与大月氏接。衣服类乌孙，俗与子合同。

难兜国，王治去长安万一百五十里。户五千，口三万一千，胜兵八千人。东北至都护治所二千八百五十里，西至无雷三百四十里，西南至罽宾三百三十里，南与婼羌、北与休循、西与大月氏接。种五谷、蒲陶诸果。有银、铜、铁，作兵与诸国同，属罽宾。

罽宾国，王治循鲜城，去长安万二千二百里。不属都护。户口胜兵多，大国也。东北至都护治所六千八百四十里，东至乌秅国二千二百五十里，东北至难兜国九日行，西北与大月氏、西南与乌弋山离接。

昔匈奴破大月氏，大月氏西君大夏，而塞王南君罽宾。塞种分散，往往为数国。自疏勒以西北，休循、捐毒之属，皆故塞种也。

罽宾地平，温和，有目宿、杂草、奇木、檀、櫰、梓、竹、漆。种五谷、蒲陶诸果，粪治园田。地下湿，生稻，冬食生菜。其民巧，雕文刻镂，治宫室，织罽，刺文绣，好酒食。有金、银、铜、锡，以为器。市列。以金银为钱，文为骑马，幕为人面。出封牛、水牛、象、大狗、沐猴、孔爵、珠玑、珊瑚、虎魄、璧流离。它畜与诸国同。

自武帝始通罽宾，自以绝远，汉兵不能至，其王乌头劳数剽杀汉使。乌头劳死，子代立，遣使奉献。汉使关都尉文忠送其使。王复欲害忠，忠觉之，乃与容屈王子阴末赴共合谋，攻罽宾，杀其王，立阴末赴为罽宾王，授印绶。后军候赵德使罽宾，与阴末赴相失，阴末赴锁琅当德，杀副已下七十余人，遣使者上书谢。孝元帝以绝域不录，放其使者于县度，绝而不通。

成帝时，复遣使献谢罪，汉欲遣使者报送其使，杜钦说大将军王凤曰："前罽宾王阴末赴本汉所立，后卒畔逆。夫德莫大于有国子民，罪莫大于执杀使者，所以不报恩，不惧诛者，自知绝远，兵不至也。有求则卑辞，无欲则骄嫚，终不可怀服。凡中国所以为通厚蛮夷，怃快其求者，为壤比而为寇也。今县度之厄，非罽宾所能越也。其乡慕，不足以安西域；虽不附，不能危城郭。前亲逆节，恶暴西域，故绝而不通；今悔过来，而无亲属贵人，奉献者皆行贾贱人，欲通货市买，以献为名，故烦使者送至县度，恐失实见欺。凡遣使送客者，欲为防护寇害也。起皮山南，更不属汉之国四五，斥候士百余人，五分夜击刀斗自守，尚时为所侵盗。驴畜负粮，须诸国禀食，得以自赡。国或贫小不能食，或桀黠不肯给，拥强汉之节，馁山谷之间，乞匄无所得，离一二旬则人畜弃捐旷野而不反。又历大头痛、小头痛之山，赤土、身热之阪，令人身热无色，头痛呕吐，驴畜尽然。又有三池、盘石阪，道狭者尺六七寸，长者径三十里。临峥嵘不测之深，行者骑步相持，绳索相引，二千余里乃到县度。畜队，未半坑谷尽糜碎；人堕，势不得相收视。险阻危害，不可胜言。圣王分九州，制五服，务盛内，不求外。今遣使者承至尊之命，送蛮夷之贾，劳吏士之众，涉危难之路，罢弊所恃以事无用，非久长计也。使者业已受节，可至皮山而还。"于是凤白从钦言。罽宾实利赏赐贾市，其使数年而一至云。

乌弋山离国，王去长安万二千二百里。不属都护。户口胜兵，大国也。东北至都护治所六十日行，东与罽宾、北与扑挑、西与犁靬、条支接。

行可百余日，乃至条支。国临西海，暑湿，田稻。有大鸟，卵如瓮。人众甚多，往往有小君长，安息役属之，以为外国。善眩。安息长老传闻条支有弱水、西王母，亦未尝见也。自条支乘水西行，可百余日，近日所入云。

乌弋地暑热莽平，其草木、畜产、五谷、果菜、食饮、宫室、市列、钱货、兵器、金珠之属皆与罽宾同，而有桃拔、师子、犀牛。俗重妄杀。其钱独文为人头，幕为骑马。以金银饰杖。绝远，汉使希至。自玉门、阳关出南道，历鄯善而南行，至乌弋山离，南道极矣。转北而东得安息。

安息国，王治番兜城，去长安万一千六百里。不属都护。北与康居、东与乌弋山离、西与条支接。土地风气，物类所有，民俗与乌弋、罽宾同。亦以银为钱，文独为王面，幕为夫人面。王死辄更铸钱。有大马爵。其属小大数百城，地方数千里，最大国也。临妫水，商贾车船行旁国。书革，旁行为书记。

武帝始遣使至安息，王令将将二万骑迎于东界。东界去王都数千里，行比至，过数十城，人民相属。因发使随汉使者来观汉地，以大鸟卵及犁靬眩人献于汉，天子大说。安息东则大月氏。

大月氏国,治监氏城,去长安万一千六百里。不属都护。户十万,口四十万,胜兵十万人。东至都护治所四千七百四十里,西至安息四十九日行,南与罽宾接。土地风气,物类所有,民俗钱货,与安息同。出一封橐驼。

大月氏本行国也,随畜移徙,与匈奴同俗。控弦十余万,故强轻匈奴。本居敦煌、祁连间,至冒顿单于攻破月氏,而老上单于杀月氏,以其头为饮器,月氏乃远去,过大宛,西击大夏而臣之,都妫水北为王庭。其余小众不能去者,保南山羌,号小月氏。

大夏本无大君长,城邑往往置小长,民弱畏战,故月氏徙来,皆臣畜之,共禀汉使者。有五翎侯:一曰休密翎侯,治和墨城,去都护二千八百四十一里,去阳关七千八百二里;二曰双靡翎侯,治双靡城,去都护三千七百四十一里,去阳关七千七百八十二里;三曰贵霜翎侯,治护澡城,去都护五千九百四十里,去阳关七千九百八十二里;四曰肸顿翎侯,治薄茅城,去都护五千九百六十二里,去阳关八千二百二里;五曰高附翎侯,治高附城,去都护六千四十一里,去阳关九千二百八十三里。凡五翎侯,皆属大月氏。

康居国,王冬治乐越匿地。到卑阗城。去长安万二千三百里。不属都护。至越匿地马行七日,至王夏所居蕃内九千一百四里。户十二万,口六十万,胜兵十二万人。东至都护治所五千五百五十里。与大月氏同俗。东羁事匈奴。

宣帝时,匈奴乖乱,五单于并争,汉拥立呼韩邪单于,而郅支单于怨望,杀汉使者,西阻康居。其后都护甘延寿、副校尉陈汤发戊己校尉西域诸国兵至康居,诛灭郅支单于,语在《甘延寿、陈汤传》。是岁,元帝建昭三年也。

至成帝时,康居遣子侍汉,贡献,然自以绝远,独骄嫚,不肯与诸国相望。都护郭舜数上言:"本匈奴盛时,非以兼有乌孙、康居故也;及其称臣妾,非以失二国也。汉虽皆受其质子,然三国内相输遗,交通如故,亦相候司,见便则发;合不能相亲信,离不能相臣役。以今言之,结配乌孙竟未有益,反为中国生事。然乌孙既结在前,今与匈奴俱称臣,义不可距。而康居骄黠,迄不肯拜使者。都护吏至其国,坐乌孙诸使下,王及贵人先饮食已,乃饮啖都护吏,故为无所省以夸旁国。以此度之,何故遣子入侍?其欲贾市为好,辞之诈也。匈奴百蛮大国,今事汉甚备,闻康居不拜,且使单于有自下之意,宜归其侍子,绝勿复使,以章汉家不通无礼之国。敦煌、酒泉小郡及南道八国,给使者往来人、马、驴、橐驼食,皆苦之。空罢耗所过,送迎骄黠绝远之国,非至计也。"汉以其新通,重致远人。终羁縻而未绝。

其康居西北可二千里,有奄蔡国。控弦者十余万人。与康居同俗。临大泽,无崖,盖北海云。

康居有小王五:一曰苏䪁王,治苏䪁城,去都护五千七百七十六里,去阳关八千二十五里;二曰附墨王,治附墨城,去都护五千七百六十七里,去阳关八千二十五里;三曰窳匿王,治窳匿城,去都护五千二百六十六里,去阳关七千五百二十五里;四曰罽王,治罽城,去都护六千二百九十六里,去阳关八千五百五十五里;五曰奥鞬王,治奥鞬城,去都护六千九百六里,去阳关八千三百五十五里。凡五王,属康居。

大宛国,王治贵山城,去长安万二千五百五十里。户六万,口三十万,胜兵六万人。副王、辅国王各一人。东至都护治所四千三十一里,北至康居卑阗城千五百一十里,西南至大月氏六百九十里。北与康居、南与大月氏接,土地风气物类民俗与大月氏、安息同。大宛左右以蒲陶为酒,富人藏酒至万余石,久者至数十岁不败。俗嗜酒,马嗜目宿。

宛别邑七十余城,多善马。马汗血,言其先天马子也。

张骞始为武帝言之,上遣使者持千金及金马,以请宛善马。宛王以汉绝远,大兵不能至,爱其宝马不肯与。汉使妄言,宛遂攻杀汉使,取其财物。于是天子遣贰师将军李广利将兵前后十余万人伐宛,连四年。宛人斩其王毋寡首,献马三千匹,汉军乃还,语在《张骞传》。贰师既斩宛王,更立贵人素遇汉善者名昧蔡为宛王。后岁余,宛贵人以为"昧蔡谄,使我国遇屠",相与共杀昧蔡,立毋寡弟蝉封为王,遣子入侍,质于汉,汉因使使赂赐镇抚之。又发使十余辈,抵宛西诸国求奇物,因风谕以伐宛之威。宛王蝉封与汉约,岁献天马二匹。汉使采蒲陶、目宿种归。天子以天马多,又外国使来众,益种蒲陶、目宿离宫馆旁,极望焉。

自宛以西至安息国,虽颇异言,然大同,自相晓知也。其人皆深目,多须髯。善贾市,争分铢。贵女子;女子所言,丈夫乃决正。其地无丝漆,不知铸铁器。及汉使亡卒降,教铸作它兵器。得汉黄白金,辄以为器,不用为币。

自乌孙以西至安息,近匈奴。匈奴尝困月氏,故匈奴使持单于一信到国,国传送食,不敢留苦。及至汉使,非出币物不得食,不市畜不得骑,所以然者,以远汉,而汉多财物,故必市乃得所欲。及呼韩邪单于朝汉,后咸尊汉矣。

桃槐国,王去长安万一千八十里。户七百,口五千,胜兵千人。

休循国,王治鸟飞谷,在葱岭西,去长安万二百一十里。户三百五十八,口千三十,胜兵四百八十人。东至都护治所三千一百二十一里,至捐毒衍敦谷二百六十里,西北至大宛国九百二十里,西至大月氏千六百一十里。民俗衣服类乌孙,因畜随水草,本故塞种也。

捐毒国,王治衍敦谷,去长安九千八百六十里。户三百八十,口千一百,胜兵五百人。东至都护治所二千八百六十一里。至疏勒。南与葱岭属,无人民。西上葱领,则休循也。西北至大宛千三十里,北与乌孙接。衣服类乌孙,随水草,依葱领,本塞种也。

莎车国,王治莎车城,去长安九千九百五十里。户二千三百三十九,口万六千三百七十三,胜兵三千四十九人。辅国侯、左右将、左右骑君、备西夜君各一人，都尉二人，译长四人。东北至都护治所四千七百四十六里，西至疏勒五百六十里，西南至蒲犁七百四十里。有铁山，出青玉。

宣帝时，乌孙公主小子万年，莎车王爱之。莎车王无子，死，死时万年在汉。莎车国人计欲自托于汉，又欲得乌孙心，即上书请万年为莎车王。汉许之，遣使者奚充国送万年。万年初立，暴恶，国人不说。莎车王弟呼屠徵杀万年，并杀汉使者，自立为王，约诸国背汉。会卫候冯奉世使送大宛客，即以便宜发诸国兵击杀之，更立它昆弟子为莎车王。还，拜奉世为光禄大夫。是岁，元康元年也。

疏勒国，王治疏勒城，去长安九千三百五十里。户千五百一十，口万八千六百四十七，胜兵二千人。疏勒侯、击胡侯、辅国侯、都尉，左右将、左右骑君、左右译长各一人。东至都护治所二千二百一十里，南至莎车五百六十里。有市列，西当大月氏、大宛、康居道也。

尉头国，王治尉头谷，去长安八千六百五十里。户三百，口二千三百，胜兵八百人。左右都尉各一人，左右骑君各一人。东至都护治所千四百一十一里，南与疏勒接，山道不通，西至捐毒千三百一十四里，径道马行二日。田畜随水草，衣服类乌孙。

卷九十六下　西域传第六十六下

乌孙国，大昆弥治赤谷城，去长安八千九百里。户十二万，口六十三万，胜兵十八万八千八百人。相，大禄，左右大将二人，侯三人，大将、都尉各一人，大监二人，大吏一人，舍中大吏二人，骑君一人。东至都护治所千七百二十一里，西至康居蕃内地五千里。地莽平。多雨，寒。山多松槽。不田作种树，随畜逐水草，与匈奴同俗。国多马，富人至四五千匹。民刚恶，贪狼无信，多寇盗，最为强国。故服匈奴，后盛大，取羁属，不肯往朝会。东与匈奴、西北与康居、西与大宛、南与城郭诸国相接。本塞地也，大月氏西破走塞王，塞王南越县度，大月氏居其地。后乌孙昆莫击破大月氏，大月氏徙西臣大夏，而乌孙昆莫居之，故乌孙民有塞种、大月氏种云。

始张骞言乌孙本与大月氏共在敦煌间，今乌孙虽强大，可厚赂招。令东居故地，妻以公主，与为昆弟，以制匈奴。语在《张骞传》。武帝即位，令骞赍金币往。昆莫见骞如单于礼，骞大惭，谓曰："天子致赐，王不拜，则还赐。"昆莫起拜，其它如故。

初，昆莫有十余子，中子大禄强，善将，将众万余骑别居。大禄兄太子，太子有子曰岑陬。太子早死，谓昆莫曰："必以岑陬为太子。"昆莫哀许之。大禄怒，乃收其昆弟，将众畔，谋攻岑陬。昆莫与岑陬万余骑，令别居，昆莫亦自有万余骑以自备。国分为三，大总羁属昆莫。骞既致赐，谕指

曰："乌孙能东居故地，则汉遣公主为夫人，结为昆弟，共距匈奴，不足破也。"乌孙远汉，未知其大小，又近匈奴，服属日久，其大臣皆不欲徙。昆莫年老国分，不能专制，乃发使送骞，因献马数十匹报谢。其使见汉人众富厚，归其国，其国后乃益重汉。

匈奴闻其与汉通，怒欲击之。又汉使乌孙，乃出其南，抵大宛、月氏，相属不绝。乌孙于是恐，使使献马，愿得尚汉公主，为昆弟。天子问群臣，议许，曰："必先内聘，然后遣女。"乌孙以马千匹聘。汉元封中，遣江都王建女细君为公主，以妻焉。赐乘舆服御物，为备官属宦官侍御数百人，赠送甚盛。乌孙昆莫以为右夫人。匈奴亦遣女妻昆莫，昆莫以为左夫人。

公主至其国，自治宫室居。岁时一再与昆莫会，置酒饮食，以币、帛赐王左右贵人。昆莫年老，语言不通，公主悲愁，自为作歌曰："吾家嫁我兮天一方，远托异国兮乌孙王。穹庐为室兮旃为墙，以肉为食兮酪为浆。居常土思兮心内伤，愿为黄鹄兮归故乡。"天子闻而怜之，间岁遣使者持帷帐锦绣给遗焉。

昆莫年老，欲使其孙岑陬尚公主。公主不听，上书言状，天子报曰："从其国俗，欲与乌孙共灭胡。"岑陬遂妻公主。昆莫死，岑陬代立。岑陬者，官号也，名军须靡。昆莫，王号也，名猎骄靡。后书"昆弥"云。岑陬尚江都公主，生一女少夫。公主死，汉复以楚王戊之孙解忧为公主，妻岑陬。岑陬胡妇子泥靡尚小，岑陬且死，以国与季父大禄子翁归靡，曰："泥靡大，以国归之。"

翁归靡既立，号肥王，复尚楚主解忧，生三男两女：长男曰元贵靡；次曰万年，为莎车王；次曰大乐，为左大将；长女弟史为龟兹王绛宾妻；小女素光为若呼翎侯妻。

昭帝时，公主上书，言："匈奴发骑田车师，车师与匈奴为一，共侵乌孙，唯天子幸救之！"汉养士马，议欲击匈奴。会昭帝崩，宣帝初即位，公主及昆弥皆遣使上书，言："匈奴复连发大兵侵击乌孙，取车延、恶师地，收人民去，使使谓乌孙趣持公主来，欲隔绝汉。昆弥愿发国半精兵，自给人马五万骑，尽力击匈奴。唯天子出兵以救公主、昆弥。"汉兵大发十五万骑，五将军分道并出。语在《匈奴传》。遣校尉常惠使持节护乌孙兵，昆弥自将翎侯以下五万骑从西方入，至右谷蠡王庭，获单于父行及嫂、居次，名王、犁汙都尉、千长、骑将以下四万级，马、牛、羊、驴、橐驼七十余万头，乌孙皆自取所虏获。还，封惠为长罗侯。是岁，本始三年也。汉遣惠持金币赐乌孙贵人有功者。

元康二年，乌孙昆弥因惠上书："愿以汉外孙元贵靡为嗣，得令复尚汉公主，结婚重亲，畔绝匈奴，原聘马、骡各千匹。"诏下公卿议，大鸿胪萧望之以为："乌孙绝域，变故难保，不可许。"上美乌孙新立大功，又重绝故业，遣使者至乌孙，先迎取聘。昆弥及太子、左右大将、都尉皆遣使，凡三百余人，入汉迎取少主。上乃以乌孙主解忧弟子相夫为公主，置官属侍御百余人，舍上林中，学乌孙言。天子自临平乐观，会匈奴使者、外国君长大角抵，设乐而遣之。使长罗侯光禄大夫惠为副，凡持节者四人，送少主至敦煌。未出塞，闻乌孙昆弥翁归靡死，乌孙贵人共从本约，

立岑陬子泥靡代为昆弥，号狂王。惠上书："愿留少主敦煌，惠驰至乌孙责让不立元贵靡为昆弥，还迎少主。"事下公卿，望之复以为："乌孙持两端，难约结。前公主在乌孙四十余年，恩爱不亲密，边竟未得安，此已事之验也。今少主以元贵靡不立而还，信无负于夷狄，中国之福也。少主不止，徭役将兴，其原起此。"天子从之，征还少主。

狂王复尚楚主解忧，生一男鸱靡，不与主和，又暴恶失众。汉使卫司马魏和意、副候任昌送侍子，公主言狂王为乌孙所患苦，易诛也。遂谋置酒会，罢，使士拔剑击之。剑旁下，狂王伤，上马驰去。其子细沈瘦会兵围和意、昌及公主于赤谷城。数月，都护郑吉发诸国兵救之，乃解去。汉遣中郎将张遵持医药治狂王，赐金二十斤，采缯。因收和意、昌系琐，从尉犂槛车至长安，斩之。车骑将军长史张翁留验公主与使者谋杀狂王状，主不服，叩头谢，张翁捽主头骂詈。主上书，翁还，坐死。副使季都别将医养视狂王，狂王从十余骑送之。都还，坐知狂王当诛，见便不发，下蚕室。

初，肥王翁归靡胡妇子乌就屠，狂王伤时惊，与诸翎侯俱去，居北山中，扬言母家匈奴兵来，故众归之。后遂袭杀狂王，自立为昆弥。汉遣破羌将军辛武贤将兵万五千人至敦煌，遣使者案行表，穿卑鞮侯井以西，欲通渠转谷，积居庐仓以讨之。

初，楚主侍者冯嫽能史书，习事，尝持汉节为公主使，行赏赐于城郭诸国，敬信之，号曰冯夫人。为乌孙右大将妻，右大将与乌就屠相爱，都护郑吉使冯夫人说乌就屠，以汉兵方出，必见灭，不如降。乌就屠恐，曰："愿得小号。"宣帝征冯夫人，自问状。遣谒者竺次、期门甘延寿为副，送冯夫人。冯夫人锦车持节，诏乌就屠诣长罗侯赤谷城，立元贵靡为大昆弥，乌就屠为小昆弥，皆赐印绶。破羌将军不出塞还。后乌就屠不尽归诸翎侯民众，汉复遣长罗侯惠将三校屯赤谷，因为分别其人民地界，大昆弥户六万余，小昆弥户四万余，然众心皆附小昆弥。

元贵靡、鸱靡皆病死，公主上书言年老土思，愿得归骸骨，葬汉地。天子闵而迎之，公主与乌孙男女三人俱来至京师。是岁，甘露三年也。时年且七十，赐以公主田宅、奴婢，奉养甚厚，朝见仪比公主。后二岁卒，三孙因留守坟墓云。

元贵靡子星靡代为大昆弥，弱，冯夫人上书，愿使乌孙镇抚星靡。汉遣之，卒百人送焉。都护韩宣奏，乌孙大吏、大禄、大监皆可以赐金印紫绶，以尊辅大昆弥，汉许之。后都护韩宣复奏，星靡怯弱，可免，更以季父乐大将代为昆弥，汉不许。后段会宗为都护，招还亡畔，安定之。

星靡死，子雌栗靡代。小昆弥乌就屠死，子拊离代立，为弟日贰所杀。汉使者立拊离子安日为小昆弥。日贰亡，阻康居。汉徙己校屯姑墨，欲候便讨之。安日使贵人姑莫匿等三人诈亡从日贰，刺杀之。都护廉褒赐姑莫匿等金人二十斤，缯三百匹。

后安日为降民所杀，汉立其弟末振将代。时大昆弥雌栗靡健，翎侯皆畏之，告民牧马畜无使入牧，国中大安和翁归靡时。小昆弥末振将恐为所并，使贵人乌日领诈降

刺杀雌栗靡。汉欲以兵讨之而未能，遣中郎将段会宗持金币与都护图方略，立雌栗靡季父公主伊秩靡为大昆弥。汉没入小昆弥侍子在京师者。久之，大昆弥翎侯难栖杀末振将，末振将兄安日子安犂靡代为小昆弥。汉恨不自诛末振将，复使会宗即斩其太子番丘。还，赐爵关内侯。是岁，元延二年也。

会宗以翎侯难栖杀末振将，虽不指为汉，合于讨贼，奏以为坚守都尉。责大禄、大吏、大监以雌栗靡见杀状，夺金印紫绶，更与铜墨云。末振将弟卑爰疐本共谋杀大昆弥，将众八万余口北附康居，谋欲借兵兼并两昆弥。两昆弥畏之，亲倚都护。

哀帝元寿二年，大昆弥伊秩靡与单于并入朝，汉以为荣。至元始中，卑爰疐杀乌日领以自效，汉封为归义侯。两昆弥皆弱，卑爰疐侵陵，都护孙建袭杀之。自乌孙分立两昆弥后，汉用忧劳，且无宁岁。

姑墨国，王治南城，去长安八千一百五十里。户三千五百，口二万四千五百，胜兵四千五百人。姑墨侯、辅国侯、都尉、左右将、左右骑侯各一人，译长二人。东至都护治所二千二十一里，南至于阗马行十五日，北与乌孙接。出铜、铁、雌黄。东通龟兹六百七十里。王莽时，姑墨王丞杀温宿王，并其国。

温宿国，王治温宿城，去长安八千三百五十里，户二千二百，口八千四百，胜兵千五百人。辅国侯、左右将、左右都尉、左右骑君、译长各二人。东至都护治所二千三百八十里，西至尉头三百里，北至乌孙赤谷六百一十里。土地物类所有与鄯善诸国同。东通姑墨二百七十里。

龟兹国，王治延城，去长安七千四百八十里。户六千九百七十，口八万一千三百一十七，胜兵二万一千七十六人。大都尉丞、辅国侯、安国侯、击胡侯、却胡都尉、击车师都尉、左右将、左右都尉、左右骑君、左右力辅君各一人，东西南北部千长各二人，却胡君三人，译长四人。南与精绝、东南与且末、西南与扞弥、北与乌孙、西与姑墨接。能铸冶，有铅。东至都护治所乌垒城三百五十里。

乌垒，户百一十，口千二百，胜兵三百人。城都尉、译长各一人。与都护同治。其南三百三十里至渠犁。

渠犁，城都尉一人，户百三十，口千四百八十，胜兵百五十人。东北与尉犁、东南与且末、南与精绝接。西有河，至龟兹五百八十里。

自武帝初通西域，置校尉，屯田渠犁。是时，军旅连出，师行三十二年，海内虚耗。征和中，贰师将军李广利以军降匈奴。上既悔远征伐，而搜粟都尉桑弘羊与丞相御史奏言："故轮台东捷枝、渠犁皆故国，地广，饶水草，有溉田五千顷以上，处温和，田美，可益通沟渠，种五谷，与中国同时熟。其旁国少锥刀，贵黄金采缯，可以易谷食，宜给足不乏。臣愚以为可遣屯田卒诣故轮台以东，置校尉三人分

护,各举图地形,通利沟渠,务使以时益种五谷。张掖、酒泉遣骑假司马为斥候,属校尉,事有便宜,因骑置以闻。田一岁,有积谷,募民壮健有累重敢徙者诣田所,就畜积为本业,益垦溉田,稍筑列亭,连城而西,以威西国,辅乌孙,为便。臣谨遣征事臣昌分部行边,严敕太守、都尉明烽火,选士马,谨烽候,蓄茭草。愿陛下遣使使西国,以安其意。臣昧死请。"

上乃下诏,深陈既往之悔,曰:

前有司奏,欲益民赋三十助边用,是重困老弱孤独也。而今又请遣卒田轮台。轮台西于车师千余里,前开陵侯击车师时,危须、尉犁、楼兰六国子弟在京师者皆先归,发畜食迎汉军,又自发兵,凡数万人,王各自将,共围车师,降其王。诸国兵便罢,力不能复至道上食汉军。汉军破城,食至多,然士自载不足以竟师,强者尽食畜产,羸者道死数千人。朕发酒泉驴、橐驼负食,出玉门迎军。吏卒起张掖,不甚远,然尚厮留甚众。曩者,朕之不明,以军候弘上书言"匈奴缚马前后足,置城下,驰言'秦人,我匄若马'"又汉使者久留不还,故兴遣贰师将军,欲以为使者威重也。古者卿大夫与谋,参以蓍龟,不吉不行。乃者以缚马书遍视丞相、御史、二千石、诸大夫、郎为文学者,乃至郡属国都尉成忠、赵破奴等,皆以"虏自缚其马,不祥甚哉!"或以为"欲以见强,夫不足者视人有余。"《易》之,卦得《大过》,爻在九五,匈奴困败。公车方士、太史治星望气,及太卜龟蓍,皆以为吉,匈奴必破,时不可再得也。又曰:"北伐行将,于䫂山必克。"卦诸将,贰师最吉。故朕亲贰发师下䫂山,诏之必毋深入。今计谋卦兆皆反缪。重合侯得房候者,言:"闻汉军当来,匈奴使巫埋羊牛所出诸道及水上以诅军。单于遗天子马裘,常使巫祝之。缚马者,诅军事也。"又卜"汉军一将不吉。"匈奴常言:"汉极大,然不能饥渴,失一狼,走千羊。"

乃者贰师败,军士死略离散,悲痛常在朕心。今请远田轮台,欲起亭隧,是扰劳天下,非所以优民也。今朕不忍闻。大鸿胪等又议,欲募囚徒送匈奴使者,明封侯之赏以报忿,五伯所弗能为也。且匈奴得汉降者,常提掖搜索,问以所闻。今边塞未正,阑出不禁,障候长吏使卒猎兽,以皮肉为利,卒苦而烽火乏,失亦上集不得,后降者来,若捕生口虏,乃知之。当今务在禁苛暴,止擅赋,力本农,修马复令,以补缺,毋乏武备而已。郡国二千石各上进畜马方略补边状,与计对。

由是不复出军。而封丞相车千秋为富民侯,以明休息,思富养民也。

初,贰师将军李广利击大宛,还过扞弥,扞弥遣太子赖丹为质于龟兹。广利责龟兹曰:"外国皆臣属于汉,龟兹何以得受扞弥质?"即将赖丹入至京师。昭帝乃用桑弘羊前议,以扞弥太子赖丹为校尉,将军田轮台,轮台与渠犁地皆相连也。龟兹贵人姑翼谓其王曰:"赖丹本臣属吾国,今佩汉印绶来,迫吾国而田,必为害。"王即杀赖丹,而上书谢汉,汉未能征。

宣帝时,长罗侯常惠使乌孙还,便宜发诸国兵,合五万人攻龟兹,责以前杀校尉赖丹。龟兹王谢曰:"乃我先王时为贵人姑翼所误,我无罪。"执姑翼诣惠,惠斩之。时乌孙公主遣女来至京师学鼓琴,汉遣侍郎乐奉送主女,过龟兹。龟兹前遣人至乌孙求公主女,未还。会女过龟兹,龟兹王留不遣,复使使报公主,主许之。后公主上书,愿令女比宗室入朝,而龟兹王绛宾亦爱其夫人,上书言得尚汉外孙为昆弟,愿与公主女俱入朝。元康元年,遂来朝贺。王及夫人皆赐印绶。夫人号弥公主,赐以车骑旗鼓,歌吹数十人,绮绣杂缯琦珍凡数千万。留且一年,厚赠送之。后数来朝贺,乐汉衣服制度,归其国,治宫室,作徼道周卫,出入传呼,撞钟鼓,如汉家仪。外国胡人皆曰:"驴非驴,马非马,若龟兹王,所谓骡也。"绛宾死,其子丞德自谓汉外孙,成、哀帝时往来尤数,汉遇之亦甚亲密。

东通尉犁六百五十里。

尉犁国,王治尉犁城,去长安六千七百五十里。户千二百,口九千六百,胜兵二千人。尉犁侯、安世侯、左右将、左右都尉、击胡君各一人,译长二人。西至都护治所三百里,南与鄯善、且末接。

危须国,王治危须城,去长安七千二百九十里。户七百,口四千九百,胜兵二千人。击胡侯、击胡都尉、左右将、左右都尉、左右骑君、击胡君、译长各一人。西至都护治所五百里,至焉耆百里。

焉耆国,王治员渠城,去长安七千三百里。户四千,口三万二千一百,胜兵六千人。击胡侯、却胡侯、辅国侯、左右将、左右都尉、击胡左右君、击车师君、归义车师君各一人,击胡都尉、击胡君各二人,译长三人。西南至都护治所四百里,南至尉犁百里,北与乌孙接。近海水多鱼。

乌贪訾离国,王治于娄谷,去长安万三百三十里。户四十一,口二百三十一,胜兵五十七人。辅国侯、左右都尉各一人。东与单桓、南与且弥、西与乌孙接。

卑陆国,王治天山东乾当国,去长安八千六百八十里。户二百二十七,口千三百八十七,胜兵四百二十二人。辅国侯、左右将、左右都尉、左右译长各一人。西南至都护治所千二百八十七里。

卑陆后国,王治番渠类谷,去长安八千七百一十里。户四百六十二,口千一百三十七,胜兵三百五十人。辅国侯、都尉、译长各一人,将二人。东与郁立师、北与匈奴、西与劫国、南与车师接。

郁立师国,王治内咄谷,去长安八千八百三十里。户百九十,口千四百四十五,胜兵三百三十一人。辅国侯、左右都尉、译长各一人。东与车师后城长、西与卑陆、北与匈奴接。

单桓国，王治单桓城，去长安八千八百七十里。户二十七，口百九十四，胜兵四十五人。辅国侯、将、左右都尉、译长各一人。

蒲类国，王治天山西疏榆谷，去长安八千三百六十里。户三百二十五，口二千三十二，胜兵七百九十九人。辅国侯、左右将、左右都尉各一人。西南至都护治所千三百八十七里。

蒲类后国，王去长安八千六百三十里。户百，口千七十，胜兵三百三十四人。辅国侯、将、左右都尉、译长各一人。

西且弥国，王治天山东于大谷，去长安八千六百七十里。户三百三十二，口千九百二十六，胜兵七百三十八人。西且弥侯、左右将、左右骑君各一人。西南至都护治所千四百八十七里。

东且弥国，王治天山东兑虚谷，去长安八千二百五十里。户百九十一，口千九百四十八，胜兵五百七十二人。东且弥侯、左右都尉各一人。西南至都护治所千五百八十七里。

劫国，王治天山东丹渠谷，去长安八千五百七十里。户九十九，口五百，胜兵百一十五人。辅国侯、都尉、译长各一人。西南至都护治所千四百八十七里。

狐胡国，王治车师柳谷，去长安八千二百里。户五十五，口二百六十四，胜兵四十五人。辅国侯、左右都尉各一人。西至都护治所千一百四十七里，至焉耆七百七十里。

山国，王去长安七千一百七十里。户四百五十，口五千，胜兵千人。辅国侯、左右将、左右都尉、译长各一人。西至尉犁二百四十里，西北至焉耆百六十里，西至危须二百六十里，东南与鄯善、且末接。山出铁，民山居，寄田籴谷于焉耆、危须。

车师前国，王治交河城。河水分流绕城下，故号交河。去长安八千一百五十里。户七百，口六千五十，胜兵千八百六十五人。辅国侯、安国侯、左右将、都尉、归汉都尉、车师君、通善君、乡善君各一人，译长二人。西南至都护治所千八百七里，至焉耆八百三十五里。

车师后国，王治务涂谷，去长安八千九百五十里。户五百九十五，口四千七百七十四，胜兵千八百九十人。击胡侯、左右将、左右都尉、道民君、译长各一人。西南至都护治所千二百三十七里。

车师都尉国，户四十，口三百三十三，胜兵八十四人。

车师后城长国，户百五十四，口九百六十，胜兵二百六十人。

武帝天汉二年，以匈奴降者介和王为开陵侯，将楼兰国兵始击车师，匈奴遣右贤王将数万骑救之，汉兵不利，引去。征和四年，遣重合侯马通将四万骑击匈奴，道过车师北，复遣开陵侯将楼兰、尉犁、危须凡六国兵别击车师，勿令得遮重合侯。诸国兵共围车师，车师王降服，臣属汉。

昭帝时，匈奴复使四千骑田车师。宣帝即位，遣五将将兵击匈奴，车师田者惊去，车师复通于汉。匈奴怒，召其太子军宿，欲以为质。军宿，焉耆外孙，不欲质匈奴，亡走焉耆。车师王更立子乌贵为太子。及乌贵立为王，与匈奴结婚姻，教匈奴遮汉道通乌孙者。

地节二年，汉遣侍郎郑吉、校尉司马熹将免刑罪人田渠犁，积谷，欲以攻车师。至秋收谷，吉、熹发城郭诸国万余人，自与所将田士千五百人共击车师，攻交河城，破之。王尚在其北石城中，未得，会军食尽，吉等且罢兵，归渠犁田。收秋毕，复发兵攻车师王于石城。王闻汉兵且至，北走匈奴求救，匈奴未为发兵。王来还，与贵人苏犹议欲降汉，恐不见信。苏犹教王击匈奴边国小蒲类，斩首，略其人民，以降吉。车师旁小金附国随汉军后盗车师，车师王复自请击破金附。

匈奴闻车师降汉，发兵攻车师，吉、熹引兵北逢之，匈奴不敢前。吉、熹即留一候与卒二十人留守王，吉等引兵归渠犁。车师王恐匈奴兵复至而见杀也，乃轻骑奔乌孙，吉即迎其妻子置渠犁。东奏事，至酒泉，有诏还田渠犁及车师，益积谷以安西国，侵匈奴。吉还，传送车师王妻子诣长安，赏赐甚厚，每朝会四夷，常尊显以示之。于是吉始使吏卒三百人别田车师。得降者言，单于大臣皆曰："车师地肥美，近匈奴，使汉得之，多田积谷，必害人国，不可不争也。"果遣骑来击田者，吉乃与校尉尽将渠犁田士千五百人往田，匈奴复益遣骑来，汉田卒少不能当，保车师城中。匈奴将即其城下谓吉曰："单于必争此地，不可田也。"围城数日乃解。后常数千骑往来守车师，吉上书言："车师去渠犁千余里，间以河山，北近匈奴，汉兵在渠犁者势不能相救，愿益田卒。"公卿议以为道远烦费，可且罢车师田者。诏遣长罗侯将张掖、酒泉骑出车师北千余里，扬威武车师旁。胡骑引去，吉乃得出，归渠犁，凡三校尉屯田。

车师王之走乌孙也，乌孙留不遣，遣使上书，愿留车师王，备国有急，可从西道以击匈奴。汉许之。于是汉召故车师太子军宿在焉耆者，立以为王，尽徙车师国民令居渠犁，遂以车师故地与匈奴。车师王得近汉田官，与匈奴绝，亦安乐亲汉。后汉使侍郎殷广德责乌孙，求车师王乌贵，将诣阙，赐第与其妻子居。是岁，元康四年也。其后置戊己校尉屯田，居车师故地。

元始中，车师后王国有新道，出五船北，通玉门关，往来差近，戊己校尉徐普欲开以省道里半，避白龙堆之厄。车师后王姑句以道当为挂置，心不便也。地又颇与匈奴南将军地接，普欲分明其界然后奏之，召姑句使证之，不肯，系之。姑句数以牛羊赇吏，求出不得。姑句家矛端生火，其妻股紫陬谓姑句曰："矛端生火，此兵气也，利以用兵。前车师前王为都护司马所杀,今久系必死,不如降匈奴。"即驰突出高昌壁,入匈奴。

又去胡来王唐兜,国比大种赤水羌,数相寇,不胜,告急都护。都护但钦不以时救助,唐兜困急,怨钦,东守玉门关。玉门关不内,即将妻子人民千余人亡降匈奴。匈奴受之,而遣使上书言状。是时,新都侯王莽秉政,遣中郎将王昌等使匈奴,告单于西域内属,不当得受。单于谢罪。执二王以付使者。莽使中郎王萌待西域恶都奴界上逢受。单于遣使送,因请其罪。使者以闻,莽不听,诏下会西域诸国王,陈军斩姑句、唐兜以示之。

至莽篡位,建国二年,以广新公甄丰为右伯,当出西域。车师后王须置离闻之,与其右将股鞮、左将尸泥支谋曰:"闻甄公为西域太伯,当出,故事给使者牛、羊、谷、刍茭,导译,前五威将过,所给使尚未能备。今太伯复出。国益贫,恐不能称。"欲亡入匈奴。戊己校尉刀护闻之,召置离验问,辞服,乃械致都护但钦在所埒娄城。置离人民知其不还,皆哭而送之。至,钦则斩置离。置离兄辅国侯狐兰支将置离众二千余人,驱畜产,举国亡降匈奴。

是时,莽易单于玺,单于恨怒,遂受狐兰支降,遣兵与共寇击车师,杀后城长,伤都护司马,及狐兰兵复还入匈奴。时戊己校尉刀护病,遣史陈良屯桓且谷备匈奴寇。史终带取粮食,司马丞韩玄领诸壁,右曲候任商领诸垒,相与谋曰:"西域诸国颇背叛,匈奴欲大侵,要死。可杀校尉,将人众降匈奴。"即将数千骑至校尉府,胁诸亭令燔积薪,分告诸壁曰:"匈奴十万骑来入,吏士皆持兵,后者斩!"得三四百人,去校尉府数里止,晨火然。校尉开门击鼓收吏士,良等随入,遂杀校尉刀护及子男四人、诸昆弟子男,独遗妇女小儿。止留戊己校尉城,遣人与匈奴南将军相闻,南将军以二千骑迎良等。良等尽胁略戊己校尉吏士男女二千余人入匈奴。单于以良、带为乌贲都尉。

后三岁,单于死,弟乌累单于咸立,复与莽和亲。莽遣使者多赍金币赂单于,购求陈良、终带等。单于尽收四人及手杀刀护者芝音妻子以下二十七人,皆械槛车付使者。到长安,莽皆烧杀之。其后莽复欺诈单于,和亲遂绝。匈奴大击北边,而西域亦瓦解。焉耆国近匈奴,先叛,杀都护但钦,莽不能讨。

天凤三年,乃遣五威将王骏、西域都护李崇将戊己校尉出西域,诸国皆郊迎,送兵谷,焉耆诈降而聚兵自备。骏等将莎车、龟兹兵七千余人,分为数部入焉耆,焉耆伏兵要遮骏。及姑墨、尉犁、危须国兵为反间,还共袭击骏等,皆杀之。唯戊己校尉郭钦别将兵,后至焉耆。焉耆兵未还,钦击杀其老弱,引兵还。莽封钦为剿胡子。李崇收余士,还保龟兹。数年莽死,崇遂没,西域因绝。

最凡国五十。自译长、城长、君、监、吏、大禄、百长、千长、都尉、且渠、当户、将、相至侯、王,皆佩汉印绶,凡三百七十六人。而康居、大月氏、安息、罽宾、乌弋之属,皆以绝远不在数中,其来贡献则相与报,不督录总领也。

赞曰:孝武之世,图制匈奴,患其兼从西国,结党南羌,乃表河西,列四郡,开玉门,通西域,以断匈奴右臂,隔绝南羌、月氏。单于失援,由是远遁,而幕南无王庭。

遭值文、景玄默,养民五世,天下殷富,财力有余,士马强盛。故能睹犀布、瑇瑁则建珠崖七郡,感枸酱、竹杖则开牂柯、越巂,闻天马、蒲陶则通大宛、安息。自是之后,明珠、文甲、通犀、翠羽之珍盈于后宫,蒲梢、龙文、鱼目、汗血之马充于黄门,巨象、师子、猛犬、大雀之群食于外囿。殊方异物,四面而至。于是广开上林,穿昆明池,营千门万户之宫,立神明通天之台,兴造甲乙之帐,落以随珠和璧,天子负黼依,袭翠被,冯玉几,而处其中。设酒池肉林以飨四夷之客,作《巴俞》都卢、海中《砀极》、漫衍鱼龙、角抵之戏以观视。及赂遗赠送,万里相奉,师旅之费,不可胜计。至于用度不足,乃榷酒酤,管盐铁,铸白金,造皮币,算至车船,租及六畜。民力屈,财用竭,因之以凶年,寇盗并起,道路不通,直指之使始出,衣绣杖斧,断斩于郡国,然后胜之。是以末年遂弃轮台之地,而下哀痛之诏,岂非仁圣之所悔哉!且通西域,近有龙堆,远则葱岭,身热、头痛、县度之厄。淮南、杜钦、扬雄之论,皆以为此天地所以界别区域,绝外内也。《书》曰"西戎即序",禹既就而序之,非上威服致其贡物也。

西域诸国,各有君长,兵众分弱,无所统一,虽属匈奴,不相亲附。匈奴能得其马畜旃罽,而不能统率与之进退。与汉隔绝,道里又远,得之不为益,弃之不为损。盛德在我,无取于彼。故自建武以来,西域思汉威德,咸乐内属。唯其小邑鄯善、车师,界迫匈奴,尚为所拘。而其大国莎车、于阗之属,数遣使置质于汉,愿请属都护。圣上远览古今,因时之宜,羁縻不绝,辞而未许。虽大禹之序西戎,周公之让白雉,太宗之却走马,义兼之矣,亦何以尚兹!

卷九十七上　外戚传第六十七上

自古受命帝王及继体守文之君,非独内德茂也,盖亦有外戚之助焉。夏之兴也以涂山,而桀之放也用末喜;殷之兴也以有娀及有㜪,而纣之灭也嬖妲己;周之兴也以姜嫄及太任、太姒,而幽王之禽也淫褒姒。故《易》基《乾》、《坤》,《诗》首《关雎》,《书》美厘降,《春秋》讥不亲迎。夫妇之际,人道之大伦也。礼之用,唯昏姻为兢兢。夫乐调而四时和,阴阳之变,万物之统也,可不慎与!人能弘道,末如命何。甚哉妃匹之爱,君不能得之臣,父不能得之子,况卑下乎!既欢合矣,或不能成子姓,成子姓矣,而不能要其终,岂非命也哉!孔子罕言命,盖难言之。非通幽明之变,恶能识乎性命!

汉兴,因秦之称号,帝母称皇太后,祖母称太皇太后,适称皇后,妾皆称夫人。又有美人、良人、八子、七子、长使、少使之号焉。至武帝制倢伃、娙娥、傛华、充依,各有爵位,而元帝加昭仪之号,凡十四等云。昭仪位视丞相,爵比诸侯王。倢伃视上卿,比列侯。娙娥视中二千石,比关内侯。傛华视真二千石,比大上造。美人视二千石,比少上造。八子视千石,比中更。充依视千石,比左更。七子视八百石,比右庶长。良人视八百石,比左庶长。长使视六百石,比五大夫。少使视四百石,比公乘。五官视三百石。顺常视二百石。无涓、共和、娱灵、保林、良使、夜者皆视百石。上家人子、中家人子视有秩斗食云。五官以下,葬司马门外。

高祖吕皇后,父吕公,单父人也,好相人。高祖微时,吕公见而异之,乃以女妻高祖,生惠帝、鲁元公主。高祖为汉王,元年封吕公为临泗侯,二年立孝惠为太子。

后汉王得定陶戚姬,爱幸,生赵隐王如意。太子为人仁弱,高祖以为不类己,常欲废之而立如意,"如意类我"。戚姬常从上之关东,日夜啼泣,欲立其子。吕后年长,常留守,希见,益疏。如意且立为赵王,留长安,几代太子者数。赖公卿大臣争之,及叔孙通谏,用留侯之策,得无易。

吕后为人刚毅,佐高帝定天下,兄二人皆为列将,从征伐。长兄泽为周吕侯,次兄释之为建成侯,逮高祖而侯者二三人。高祖四年,临泗侯吕公薨。

高祖崩,惠帝立,吕后为皇太后,乃令永巷囚戚夫人,髡钳衣赭衣,令舂。戚夫人舂且歌曰:"子为王,母为虏,终日舂薄暮,常与死为伍!相离三千里,当谁使告女?"太后闻之大怒,曰:"乃欲倚女子邪?"乃召赵王诛之。使者三反,赵相周昌不遣。太后召赵相,相征至长安。使人复召赵王,王来。惠帝慈仁,知太后怒,自迎赵王霸上,入宫,挟与起居饮食。数月,帝晨出射,赵王不能蚤起,太后伺其独居,使人持鸩饮之。迟帝还,赵王死。太后遂断戚夫人手足,去眼熏耳,饮瘖药,使居鞠域中,名曰"人彘"。居数月,乃召惠帝视"人彘"。帝视而问,知其戚夫人,乃大哭,因病,岁余不能起。使人请太后曰:"此非人所为。臣为太后子,终不能复治天下!"以此日饮为淫乐,不听政,七年而崩。

太后发丧,哭而泣不下。留侯子张辟强为侍中,年十五,谓丞相陈平曰:"太后独有帝,今哭而不悲,君知其解未?"陈平曰:"何解?"辟强曰:"帝无壮子,太后畏君等。今请拜吕台、吕产为将,将兵居南北军,及诸吕皆官,居中用事。如此则太后心安,君等幸脱祸矣!"丞相如辟强计请之,太后说,其哭乃哀。吕氏权由此起。乃立孝惠后宫子为帝,太后临朝称制。复杀高祖子赵幽王友、共王恢及燕王建子。遂立周吕侯子台为吕王,台弟产为梁王,建城侯释之子禄为赵王,台子通为燕王,又封诸吕凡六人皆为列侯,追尊父吕公为吕宣王,兄周吕侯为悼武王。

太后持天下八年,病犬祸而崩,语在《五行志》。病困,以赵王禄为上将军居北军,梁王产为相国居南军,戒产、禄曰:"高祖与大臣约,非刘氏王者,天下共击之。今王吕氏,大臣不平。我即崩,恐其为变,必据兵卫宫,慎毋送丧,为人所制。"太后崩,太尉周勃、丞相陈平、朱虚侯刘章等共诛产、禄,悉捕诸吕男女,无少长皆斩之。而迎立代王,是为孝文皇帝。

孝惠张皇后。宣平侯敖尚帝姊鲁元公主,有女。惠帝即位,吕太后欲为重亲,以公主女配帝为皇后。欲其生子,万方终无子,乃使阳为有身,取后宫美人子名之,杀其母,立所名子为太子。

惠帝崩,太子立为帝,四年,乃自知非皇后子,出言曰:"太后安能杀吾母而名我!我壮即为所为。"太后闻而患之,恐其作乱,乃幽之永巷,言帝病甚,左右莫得见。太后下诏废之,语在《高后纪》。遂幽死,更立恒山王弘为皇帝,而以吕禄女为皇后。欲连根固本牢甚,然而无益也。吕太后崩,大臣正之,卒灭吕氏。少帝恒山、淮南、济川王,皆以非孝惠子诛。独置孝惠皇后,废处北宫,孝文后元年薨,葬安陵,不起坟。

高祖薄姬,文帝母也。父吴人,秦时与故魏王宗女魏媪通,生薄姬。而薄姬父死山阴,因葬焉。及诸侯畔秦,魏豹立为王,而魏媪内其女于魏宫。许负相薄姬,当生天子。是时,项羽方与汉王相距荥阳,天下未有所定。豹初与汉击楚,及闻许负言,心喜,因背汉而中立,与楚连和。汉使曹参等虏魏王豹,以其国为郡,而薄姬输织室。豹已死,汉王入织室,见薄姬,有诏内后宫,岁余不得幸。

始姬少时,与管夫人、赵子儿相爱,约曰:"先贵毋相忘!"已而管夫人、赵子儿先幸汉王。汉王四年,坐河南成皋灵台,此两美人侍,相与笑薄姬初时约。汉王问其故,两人俱以实告。汉王心凄然怜薄姬,是日召,欲幸之。对曰:"昨暮梦龙据妾胸。"上曰:"是贵征也,吾与汝成之。"遂幸,有身。岁中生文帝,年八岁立为代王。自有子后,希见。高祖崩,诸幸姬戚夫人之属,吕后怒,皆幽之不得出宫。而薄姬以希见故,得出从子之代,为代太后。太后弟薄昭从如代。

代王立十七年,高后崩。大臣议立后,疾外家吕氏强暴,皆称薄氏仁善,故迎立代王为皇帝,尊太后为皇太后,封弟昭为轵侯。太后母亦前死,葬栎阳北。乃追尊太后父为灵文侯,会稽郡致园邑三百家,长丞以下使奉守寝庙,上食祠如法。栎阳亦置灵文夫人园,令如灵文侯园仪。太后蚤失父,其奉太后外家魏氏有力,乃召复魏氏,赏赐各以亲疏受之。薄氏侯者一人。

太后后文帝二岁,孝景前二年崩,葬南陵。用吕后不合葬长陵,故特自起陵,近文帝。

孝文窦皇后,景帝母也,吕太后时以良家子选入宫。太后出宫人以赐诸王各五人,窦姬与在行中。家在清河,愿如赵,近家,请其主遣宦者吏"必置我籍赵之伍中"。宦者忘之,误置籍代伍中。籍奏,诏可。当行,窦姬涕泣,怨其宦者,不欲往,相强乃肯行。至代,代王独幸窦姬,生女嫖。孝惠七年,生景帝。

代王王后生四男,先代王未入立为帝而王后卒,及代王为帝后,王后所生四男更病死。文帝立数月,公卿请立太子,而窦姬男最长,立为太子。窦姬为皇后,女为馆陶长公主。明年,封少子武为代王,后徙梁,是为梁孝王。

窦皇后亲蚤卒,葬观津。于是薄太后乃诏有司追封窦后父为安成侯,母曰安成夫人,令清河置园邑二百家,长丞奉守，比灵文园法。

窦后兄长君。弟广国字少君，年四五岁时，家贫，为人所略卖，其家不知处。传十余家至宜阳，为其主人入山作炭。暮卧岸下百余人，岸崩，尽压杀卧者，少君独脱不死。自卜，数日当为侯。从其家之长安，闻皇后新立，家在观津，姓窦氏。广国去时虽少，识其县名及姓，又尝与其姊采桑，堕，用为符信，上书自陈。皇后言帝，召见问之，具言其故，果是。复问其所识，曰："姊去我西时，与我决传舍中，匄沐沐我，已，饭我，乃去。"于是窦皇后持之而泣，侍御左右皆悲。乃厚赐之，家于长安。绛侯、灌将军等曰："吾属不死，命乃且县此两人。此两人所出微，不可不为择师傅，又复放吕氏大事也。"于是乃选长者之有节行者与居。窦长君、少君由此为退让君子，不敢以富贵骄人。

窦皇后疾，失明。文帝幸邯郸慎夫人、尹姬，皆无子。文帝崩，景帝立，皇后为皇太后，乃封广国为章武侯。长君先死，封其子彭祖为南皮侯。吴、楚反时，太后从昆弟子窦婴侠，喜士，为大将军，破吴、楚，封魏其侯。窦氏侯者凡三人。

窦太后好黄帝、老子言，景帝及诸窦不得不读《老子》尊其术。太后后景帝六岁，凡立五十一年，元光六年崩，合葬霸陵。遗诏尽以东宫金钱财物赐长公主嫖。至武帝时，魏其侯窦婴为丞相，后诛。

孝景薄皇后，孝文薄太后家女也。景帝为太子时，薄太后取以为太子妃。景帝立，立薄妃为皇后，无子无宠。立六年，薄太后崩，皇后废。废后四年薨，葬长安城东平望亭南。

孝景王皇后，武帝母也。父王仲，槐里人也。母臧儿，故燕王臧荼孙也，为仲妻，生男信与两女。而仲死，臧儿更嫁为长陵田氏妇，生蚡、胜。臧儿长女嫁为金王孙妇，生一女矣，而臧儿卜筮曰两女当贵，欲倚两女，夺金氏。金氏怒，不肯与决，乃内太子宫。太子幸爱之，生三女一男。男方在身时，王夫人梦日入其怀，以告太子，太子曰："此贵征也。"未生而文帝崩，景帝即位，王夫人生男。是时，薄皇后无子。后数岁，景帝立齐栗姬男为太子，而王夫人男为胶东王。

长公主嫖有女，欲与太子为妃，栗姬妒，而景帝诸美人皆因长公主见得贵幸，栗姬日怨怒，谢长主，不许。长主欲与王夫人，王夫人许之。会薄皇后废，长公主日谮栗姬短。景帝尝属诸姬子，曰："吾百岁后，善视之。"栗姬怒不肯应，言不逊，景帝心衔之而未发也。

长公主日誉王夫人男之美，帝亦自贤之。又耳曩者所梦日符，计未有所定。王夫人又阴使人趣大臣立栗姬为皇后。大行奏事，文曰："'子以母贵，母以子贵。'今太子母号宜为皇后。"帝怒曰："是乃所当言邪！"遂案诛大行，而废太子为临江王。栗姬愈恚，不得见，以忧死。卒立王夫人为皇后，男为太子。封皇后兄信为盖侯。

初，皇后始入太子家，后女弟儿姁亦复入，生四男。儿姁蚤卒，四子皆为王。皇后长女为平阳公主，次南宫公主，次隆虑公主。

皇后立九年，景帝崩。武帝即位，为皇太后，尊太后母臧儿为平原君，封田蚡为武安侯，胜为周阳侯。王氏、田氏侯者凡三人。盖侯信好酒，田蚡、胜贪，巧于文辞。蚡至丞相，追尊王仲为共侯，槐里起园邑二百家，长丞奉守。及平原君薨，从田氏葬长陵，亦置园邑如共侯法。

初，皇太后微时所为金王孙生女俗，在民间，盖讳之也。武帝始立，韩嫣白之。帝曰："何为不早言？"乃车驾自往迎。其家在长陵小市，直至其门，使左右入求之。家人惊恐，女逃匿。扶将出拜，帝下车立曰："大姊，何藏之深也？"载至长乐宫，与俱谒太后，太后垂涕，帝亦悲泣。帝奉酒，前为寿。钱千万，奴婢三百人，公田百顷，甲第，以赐姊。太后谢曰："为帝费。"因赐汤沐邑，号修成君。男女各一人，女嫁诸侯，男号修成子仲，以太后故，横于京师。太后凡立二十五年。后景帝十五岁，元朔三年崩，合葬阳陵。

孝武陈皇后，长公主嫖女也。曾祖父陈婴与项羽俱起，后归汉，为堂邑侯。传子至孙午，午尚长公主，生女。

初，武帝得立太子，长主有力，取主女为妃。及帝即位，立为皇后，擅宠骄贵，十余年而无子，闻卫子夫得幸，几死者数焉。上愈怒。后又挟妇人媚道，颇觉。元光五年，上遂穷治之，女子楚服等坐为皇后巫蛊祠祭祝诅，大逆无道，相连及诛者三百余人，楚服枭首于市。使有司赐皇后策曰："皇后失序，惑于巫祝，不可以承天命。其上玺绶，罢退居长门宫。"

明年，堂邑侯午薨，主男须嗣侯。主寡居，私近董偃。十余年，主薨。须坐淫乱，兄弟争财，当死，自杀，国除。后数年，废后乃薨，葬霸陵郎官亭东。

孝武卫皇后字子夫，生微也。其家号曰卫氏，出平阳侯邑。子夫为平阳主讴者。武帝即位，数年无子。平阳主求良家女十余人，饰置家。帝祓霸上，还过平阳主。主见所侍美人，帝不说。既饮，讴者进，帝独说子夫。帝起更衣，子夫侍尚衣轩中，得幸。还坐欢甚，赐平阳主金千斤。主因奏子夫送入宫。子夫上车，主拊其背曰："行矣！强饭勉之。即贵，愿无相忘！"入宫岁余，不复幸。武帝择宫人不中用者斥出之，子夫得见，涕泣请出。上怜之，复幸，遂有身，尊宠。召其兄卫长君、弟青侍中。而子夫生三女，元朔元年生男据，遂立为皇后。

先是，卫长君死，乃以青为将军，击匈奴有功，封长平侯。青三子在襁褓中，皆为列侯。及皇后姊子霍去病亦以军功为冠军侯，至大司马骠骑将军。青为大司马大将军。卫氏支属侯者五人。青还，尚平阳主。

皇后立七年，而男立为太子。后色衰，赵之王夫人、中山李夫人有宠，皆早卒。后有尹倢伃、钩弋夫人更幸。卫后立三十八年，遭巫蛊事起，江充为奸，太子惧不能自明，遂与皇后共诛充，发兵，兵败，太子亡走。诏遣宗正刘长乐、执金吾刘敢奉策收皇后玺绶，自杀。黄门苏文、姚定汉舆置公车令空舍，盛以小棺，瘗之城南桐柏。卫氏悉灭。宣帝立，乃改葬卫后，追谥曰思后，置园邑三百家，长丞周卫奉守焉。

孝武李夫人，本以倡进。初，夫人兄延年性知音，善歌舞，武帝爱之。每为新声变曲，闻者莫不感动。延年侍上起舞，歌曰："北方有佳人，绝世而独立，一顾倾人城，再顾倾人国。宁不知倾城与倾国，佳人难再得！"上叹息曰："善！世岂有此人乎？"平阳主因言延年有女弟，上乃召见之，实妙丽善舞。由是得幸，生一男，是为昌邑哀王。李夫人少而早卒，上怜闵焉，图画其形于甘泉宫。及卫思后废后四年，武帝崩，大将军霍光缘上雅意，以李夫人配食，追上尊号曰孝武皇后。

初，李夫人病笃，上自临候之，夫人蒙被谢曰："妾久寝病，形貌毁坏，不可以见帝。愿以王及兄弟为托。"上曰："夫人病甚，殆将不起，一见我属托王及兄弟，岂不快哉？"夫人曰："妇人貌不修饰，不见君父。妾不敢以燕媠见帝。"上曰："夫人弟一见我，将加赐千金，而予兄弟尊官。"夫人曰："尊官在帝，不在一见。"上复言欲必见之，夫人遂转乡歔欷而不复言。于是上不说而起。夫人姊妹让之曰："贵人独不可一见上属托兄弟邪？何为恨上如此？"夫人曰："所以不欲见帝者，乃欲以深托兄弟也。我以容貌之好，得以从微贱爱幸于上。夫以色事人者，色衰而爱弛，爱弛则恩绝。上所以挛挛顾念我者，乃平生容貌也。今见我毁坏，颜色非故，必畏恶吐弃我，意尚肯复追思闵录其兄弟哉！"及夫人卒，上以后礼葬焉。其后，上以夫人兄李广利为贰师将军，封海西侯，延年为协律都尉。

上思念李夫人不已，方士齐人少翁言能致其神。乃夜张灯烛，设帷帐，陈酒肉，而令上居他帐，遥望见好女如李夫人之貌，还幄坐而步。又不得就视，上愈益相思悲感，为作诗曰："是邪，非邪？立而望之，偏何姗姗其来迟！"令乐府诸音家弦歌之。上又自为作赋，以伤悼夫人，其辞曰：

美连娟以修嫮兮，命樔绝而不长，饰新宫以延贮兮，泯不归乎故乡。惨郁郁其芜秽兮，隐处幽而怀伤，释舆马于山椒兮，奄修夜之不阳。秋气憯以凄泪兮，桂枝落而销亡，神茕茕以遥思兮，精浮游而出畺。托沈阴以圹久兮，惜蕃华之未央，念穷极之不还兮，惟幼眇之相羊。函荾获以俟风兮，芳杂袭以弥章，的容与以猗靡兮，缥飘姚虖愈庄。燕淫衍而抚楯兮，连流视而娥扬，既激感而心逐兮，包红颜而弗明。欢接狎以离别兮，宵寤梦之芒芒，忽迁化而不反兮，魄放逸以飞扬。何灵魂之纷纷兮，哀裴回以踌躇，势路日以远兮，遂荒忽而辞去。超兮西征，屑兮不见。浸淫敞恍，寂兮无音，思若流波，怛兮在心。

乱曰："佳侠函光，陨朱荣兮，嫉妒阘茸，将安程兮！方时隆盛，年夭伤兮，弟子增欷，洿沬怅兮。悲愁于邑，喧不可止兮。向不虚应，亦云已兮，嬮妍太息，叹稚子兮，悯悷不言，倚所恃兮。仁者不誓，岂约亲兮？既往不来，申以信兮。去彼昭昭，就冥冥兮，既下新宫，不复故庭兮。乌呼哀哉，想魂灵兮！

其后李延年弟季坐奸乱后宫，广利降匈奴，家族灭矣。

孝武钩弋赵倢伃，昭帝母也，家在河间。武帝巡狩过河间，望气者言此有奇女，天子亟使使召之。既至，女两手皆拳，上自披之，手即时伸。由是得幸，号曰拳夫人。先是，其父坐法宫刑，为中黄门，死长安，葬雍门。

拳夫人进为倢伃，居钩弋宫。大有宠，太始三年生昭帝，号钩弋子。任身十四月乃生，上曰："闻昔尧十四月而生，今钩弋亦然。"乃命其所生门曰尧母门。后卫太子败，而燕王旦、广陵王胥多过失，宠姬王夫人男齐怀王、李夫人男昌邑哀王皆蚤薨，钩弋子年五六岁，壮大多知，上常言"类我"，又感其生与众异，甚奇爱之，心欲立焉，以其年稚母少，恐女主颛恣乱国家，犹与久之。

钩弋倢伃从幸甘泉，有过见谴，以忧死，因葬云阳。后上疾病，乃立钩弋子为皇太子。拜奉车都尉霍光为大司马大将军，辅少主。明日，帝崩。昭帝即位，追尊钩弋倢伃为皇太后，发卒二万人起云陵，邑三千户。追尊外祖赵父为顺成侯，诏右扶风置园邑二百家，长丞奉守如法。顺成侯有姊君姁，赐钱二百万，奴婢第宅以充实焉。诸昆弟各以亲疏受赏赐。赵氏无在位者，唯赵父追封。

孝昭上官皇后。祖父桀，陇西上邽人也。少时为羽林期门郎，从武帝上甘泉，天大风，车不得行，解盖授桀。桀奉盖，虽风常属车；雨下，盖辄御。上奇其材力，迁未央厩令。上尝体不安，及愈，见马，马多瘦，上大怒："令以我不复见马邪！"欲下吏，桀顿首曰："臣闻圣体不安，日夜忧惧，意诚不在马。"言未卒，泣数行下。上以为忠，由是亲近，为侍中，稍迁至太仆。武帝疾病，以霍光为大将军，太仆桀为左将军，皆受遗诏辅少主。以前捕斩反者莽通功，封桀为安阳侯。

初，桀子安取霍光女，结婚相亲，光每休沐出，桀常代光入决事。昭帝始立，年八岁，帝长姊鄂邑盖长公主居禁中，共养帝。盖主私近子客河间丁外人。上与大将军闻之，不绝主欢，有诏外人侍长主。长主内周阳氏女，令配耦帝。时上官安有女，即霍光外孙，安因光欲内之。光以为尚幼，不听。安素与丁外人善，说外人曰："闻长主内女，安子容貌端正，诚因长主时得入为后，以臣父子在朝而有椒房之重，成之在于足下，汉家故事常以列侯尚主，足下何忧不封侯乎？"外人喜，言于长主。长主以为然，诏召安女入为倢伃，安为骑都尉。月余，遂立为皇后，年甫六岁。

安以后父封桑乐侯，食邑千五百户，迁车骑将军，日以骄淫。受赐殿中，出对宾客言："与我婿饮，大乐！"见其服饰，使人归，欲自烧物。安醉则裸行内，与后母及父诸良人、侍御皆乱。子病死，仰而骂天。数守大将军光，为丁外人求侯，及桀欲妄官禄外人，光执正，皆不听。又桀妻父所幸充国为太医监，阑入殿中，下狱当死。冬月且尽，盖主为充国入马二十匹赎罪，乃得减死论。于是桀、安父子深怨光而重德盖主。知燕王旦帝兄，不得立，亦怨望，桀、安即记光过失令燕王，令上书告之，又为丁外人求侯。燕王大喜，上书称："子路丧姊，期而不除，孔子非之。子路曰：'由不幸寡兄弟，不忍除之。'故曰'观过知仁。'今臣与陛下独有长公主为姊,陛下幸使丁外人侍之,外人宜蒙爵号。"书奏,上以问光,光执不许。及告光罪过,上又疑之,愈亲光而疏桀、安。桀、安浸恚,遂结党与谋杀光,诱征燕王至而诛之,因废帝而立桀。或曰:"当如皇后何?"安曰:"逐麋之狗,当顾菟邪!且用皇后为尊,一旦人主意有所移,虽欲为家人亦不可得,此百世之一时也。"事发觉,燕王、盖主皆自杀。语在《霍光传》。

桀、安宗族既灭,皇后以年少不与谋,亦光外孙,故得不废。皇后母前死,葬茂陵郭东,追尊曰敬夫人,置园邑二百家,长丞奉守如法。皇后自使私奴婢守桀、安冢。

光欲皇后擅宠有子,帝时体不安,左右及医皆阿意,言宜禁内,虽宫人使令皆为穷裤,多其带,后宫莫有进者。

皇后立十岁而昭帝崩,后年十四五云。昌邑王贺征即位,尊皇后为皇太后。光与太后共废王贺,立孝宣帝。宣帝即位,为太皇太后。凡立四十七年,年五十二,建昭二年崩,合葬平陵。

卫太子史良娣,宣帝祖母也。太子有妃,有良娣,有孺子,妻、妾凡三等,子皆称皇孙。史良娣家本鲁国,有母贞君,兄恭。以元鼎四年入为良娣,生男进,号史皇孙。

武帝末,巫蛊事起,卫太子及良娣、史皇孙皆遭害。史皇孙有一男,号曰曾孙,时生数月,犹坐太子系狱,积五岁乃遭赦。治狱使者邴吉怜皇曾孙无所归,载以付史恭。母贞君年老,见孙孤,甚哀之,自养视焉。

后曾孙收养于掖庭,遂登至尊位,是为宣帝。而贞君及恭已死,恭三子皆以旧恩封。长子高为乐陵侯,曾为将陵侯,玄为平台侯,及高子丹以功德封武阳侯,侯者凡四人。高至大司马车骑将军,丹左将军,自有传。

史皇孙王夫人,宣帝母也,名翁须。太始中得幸于史皇孙。皇孙妻、妾无号位,皆称家人子。征和二年,生宣帝。帝生数月,卫太子、皇孙败,家人子皆坐诛,莫有收葬者,唯宣帝得全。即尊位后,追尊母王夫人谥曰悼后,祖母史良娣曰戾后,皆改葬,起园邑,长丞奉守。语在《戾太子传》。地节三年,求得外祖母王媪,媪男无故、无故弟武皆随使者诣阙。时乘黄牛车,故百姓谓之黄牛妪。

初,上即位,数遣使者求外家,久远,多似类而非是。既得王媪,令太中大夫任宣与丞相御史属杂考问乡里识知者,皆曰王妪。妪言名妾人,家本涿郡蠡吾平乡。年十四嫁为同乡王更得妻。更得死,嫁为广望王乃始妇,产子男无故、武,女翁须。翁须年八九岁时,寄居广望节侯子刘仲卿宅,仲卿谓乃始曰:"予我翁须,自养长之。"媪为翁须作缣单衣,送仲卿家。仲卿教翁须歌舞,往来归寒冬夏衣。居四五岁,翁须来言:"邯郸贾长儿求歌舞者,仲卿欲以我与之。"媪即与翁须逃走,之平乡。仲卿载乃始共求媪,媪惶急,将翁须归,曰:"儿居君家,非受一钱也,奈何欲予它人?"仲卿诈曰:"不也。"后数日,翁须乘长儿车马过门,呼曰:"我果行,当之柳宿。"媪与乃始之柳宿,见翁须相对涕泣,谓曰:"我欲与汝自言。"翁须曰:"母置之,何家不可以居?自言无益也。"媪与乃始还求钱用,随逐至中山卢奴,见翁须与歌舞等比五人同处,媪与翁须共宿。明日,乃始留视翁须,媪还求钱,欲随至邯郸。媪归,粲买未具,乃始来归曰:"翁须已去,我无钱用随也。"因绝至今,不闻其问。贾长儿妻贞及从者师遂辞:"往二十岁,太子舍人侯明从长安来求歌舞者,请翁须等五人。长儿使遂送至长安,皆入太子家。"及广望三老更始、刘仲卿妻王等四十五人辞,皆验。宣奏王媪悼后母明白,上皆召见,赐无故、武爵关内侯,旬月间,赏赐以巨万计。顷之,制诏御史赐外祖母号为博平君,以博平、蠡吾两县户万一千为汤沐邑。封舅无故为平昌侯,武为乐昌侯,食邑各六千户。

初,乃始以本始四年病死。后三岁,家乃富贵,追赐谥曰思成侯。诏涿郡治冢室,置园邑四百家,长丞奉守如法。岁余,博平君薨,谥曰思成夫人。诏徙思成侯合葬奉明顾成庙南,置园邑长丞,罢涿郡思成园。王氏侯者二人,无故子接为大司马车骑将军,而武子商至丞相,自有传。

孝宣许皇后,元帝母也。父广汉,昌邑人,少时为昌邑王郎。从武帝上甘泉,误取它郎鞍以被其马,发觉,吏劾从行而盗,当死,有诏募下蚕室。后为宦者丞。上官桀谋反时,广汉部索,其殿中庐有索长数尺可以缚人者数千枚,满一箧缄封,广汉索不得,它吏往得之。广汉坐论为鬼薪,输掖庭,后为暴室啬夫。时宣帝养于掖庭,号皇曾孙,与广汉同寺居。时掖庭令张贺,本卫太子家吏,及太子败,贺坐下刑,以旧恩视皇曾孙甚厚。及曾孙壮大,贺欲以女孙妻之。是时,昭帝始冠,长八尺二寸。贺弟安世为右将军,与霍将军同心辅政,闻贺称誉皇曾孙,欲妻以女,安世怒曰:"曾孙乃卫太子后也,幸得以庶人衣食县官,足矣,勿复言予女事。"于是贺止。时许广汉有女平君,年十四五,当为内者令欧侯氏子妇。临当入,欧侯氏子死。其母将行卜相,言当大贵,母独喜。贺闻许广汉有女,乃置酒请之,酒酣,为言:"曾孙体近,下人,乃关内侯,可妻也。"广汉许诺。明日,妪闻之,怒。广汉重令为介,遂与曾孙,一岁生元帝。数月,曾孙立为帝,平君为婕妤。是时,霍将军有小女,与皇太后有亲。公卿议更立皇后,皆心仪霍将军女,亦未有言。上乃诏求微时故剑,大臣知指,白立许婕妤为皇后。既立,霍光以后父广汉刑人不宜君国,岁余乃封为昌成君。

霍光夫人显欲贵其小女,道无从。明年,许皇后当娠,病。女医淳于衍者,霍氏所爱,尝入宫侍皇后疾。衍夫赏为掖庭户卫,谓衍:"可过辞霍夫人行,为我求安池监。"衍如言报显。显因生心,辟左右,字谓衍:"少夫幸报我以事,我亦欲报少夫,可乎?"衍曰:"夫人所言,何等不可者!"显曰:"将军素爱小女成君,欲奇贵之,愿以累少夫。"衍曰:"何谓邪?"显曰:"妇人免乳大故,十死一生。今皇后当免身,可因投毒药去也,成君即得为皇后矣。如蒙力事成,富贵与少夫共之。"衍曰:"药杂治,当先尝,安可?"显曰:"在少夫为之耳。将军领天下,谁敢言者?缓急相护,但恐少夫无意耳!"衍良久曰:"愿尽力。"即捣附子,赍入长定宫。皇后免身后,衍取附子并合大医大丸以饮皇后。有顷曰:"我头岑岑也,药中得无有毒?"对曰:"无有。"遂加烦懑,崩。衍出,过见显,相劳问,亦未敢重谢衍。后人有上书告诸医侍疾无状者,皆收系诏狱,劾不道。显恐急,即以状具语光,因曰:"既失计为之,无令吏急衍!"光惊鄂,默然不应。其后奏上,署衍勿论。

许后立三年而崩,谥曰恭哀皇后,葬杜南,是为杜陵南园。后五年,立皇太子,乃封太子外祖父昌成君广汉为平恩侯,位特进。后四年,复封广汉两弟,舜为博望侯,延寿为乐成侯。许氏侯者凡三人。广汉薨,谥曰戴侯,无子,绝。葬南园旁,置邑三百家,长丞奉守如法。宣帝以延寿为大司马车骑将军,辅政。元帝即位,复封延寿中子嘉为平恩侯,奉戴侯后,亦为大司马、车骑将军。

孝宣霍皇后,大司马、大将军、博陆侯光女也。母显,既使淳于衍阴杀许后,显因为成君衣补,治入宫具,劝光内之,果立为皇后。

初,许后起微贱,登至尊日浅,从官车服甚节俭,五日一朝皇太后于长乐宫,亲奉案上食,以妇道共养。及霍后立,亦修许后故事。而皇太后亲霍后之姊子,故常竦体,敬而礼之。皇后舆驾侍从甚盛,赏赐官属以千万计,与许后时县绝矣。上亦宠之,专房燕。立三岁而光薨。后一岁,上立许后男为太子,昌成君为平恩侯。显怒恚不食,呕血,曰:"此乃民间时子,安得立,即后有子,反为王邪!"复教皇后令毒太子。皇后数召太子赐食,保阿辄先尝之,后挟毒不得行。后杀许后事颇泄,显遂与诸婿昆弟谋反,发觉,皆诛灭。使有司赐皇后策曰:"皇后荧惑失道,怀不德,挟毒与母博陆宣成侯夫人显谋欲危太子,无人母之恩,不宜奉宗庙衣服,不可以承天命。呜呼伤哉!其退避宫,上玺绶有司。"霍后立五年,废处昭台宫。后十二岁,徙云林馆,乃自杀,葬昆吾亭东。

初,霍光及兄骠骑将军去病皆以功伐封侯居位,宣帝以光故,封去病孙山、山弟云皆为列侯,侯者前后四人。

孝宣王皇后。其先高祖时有功赐爵关内侯,自沛徙长陵,传爵至后父奉光。奉光少时好斗鸡,宣帝在民间数与奉光会,相识。奉光有女年十余岁,每当适人,所当适辄死,故久不行。及宣帝即位,召入后宫,稍进为婕妤。是时,馆陶王母华婕妤及淮阳宪王母张婕妤,楚孝王母卫婕妤皆爱幸。

霍皇后废后,上怜许太子蚤失母,几为霍氏所害,于是乃选后宫素谨慎而无子者,遂立王婕妤为皇后,令母养太子。自为后后,希见,无宠。封父奉光为邛成侯。立十六年,宣帝崩,元帝即位,为皇太后。封太后兄舜为安平侯。后二年,奉光薨,谥曰共侯,葬长门南,置园邑二百家,长丞奉守如法。元帝崩,成帝即位,为太皇太后。复爵太皇太后弟骏为关内侯,食邑千户。王氏列侯二人,关内侯一人。舜子章,章从弟咸,皆至左右将军。时成帝母亦姓王氏,故世号太皇太后为邛成太后。

邛成太后凡立四十九年,年七十余,永始元年崩,合葬杜陵,称东园。奉光孙勋坐法免。元始中,成帝太后下诏曰:"孝宣王皇后,朕之姑,深念奉质共修之义,恩结于心。惟邛成共侯国废祀绝,朕甚闵焉。其封共侯曾孙坚固为邛成侯。"至王莽乃绝。

卷九十七下　外戚传第六十七下

孝元王皇后,成帝母也。家凡十侯,五大司马,外戚莫盛焉。自有传。

孝成许皇后,大司马车骑将军平恩侯嘉女也。元帝悼伤母恭哀后居位日浅而遭霍氏之辜,故选嘉女以配皇太子。初入太子家,上令中常侍黄门亲近者侍送,还白太子欢说状,元帝喜谓左右:"酌酒贺我!"左右皆称万岁。久之,有一男,失之。及成帝即位,立许妃为皇后,复生一女,失之。

初,后父嘉自元帝时为大司马车骑将军辅政,已八九年矣。及成帝立,复以元舅阳平侯王凤为大司马、大将军,与嘉并。杜钦以为故事后父重于帝舅,乃说凤曰:"车骑将军至贵,将军宜尊之敬之,无失其意。盖轻细微眇之渐,必生乖忤之患,不可不慎。卫将军之日盛于盖侯,近世之事,语尚在于长老之耳,唯将军察焉。"久之,上欲专委任凤,乃策嘉曰:"将军家重身尊,不宜以吏职自累。赐黄金二百斤,以特进侯就朝位。"后岁余薨,谥曰恭侯。

后聪慧,善史书,自为妃至即位,常宠于上,后宫希得进见。皇太后及帝诸舅忧上无继嗣,时又数有灾异,刘向、谷永等皆陈其咎在于后宫。上然其言。于是省减椒房掖廷用度。皇后乃上疏曰:

妾夸布服粝食,加以幼稚愚惑,不明义理,幸得免离茅屋之下,备后宫扫除。蒙过误之宠,居非命所当托,污秽不修,旷职尸官,数逆至法,逾越制度,当伏放流之诛,不足以塞责。乃壬寅日大长秋受诏:"椒房仪法,御服舆驾,所发诸官署,及所造作,遗赐外家群臣妾,皆如竟宁以前故事。"妾伏自念,入椒房以来,遗赐外家未尝逾故事,每辄决上,可复问也,今诚时世异制,长短相补,不出汉制而已,纤微之间,未必可同,若竟宁前与黄龙前,岂相放哉?家吏不晓,今一受诏如此,且使妾摇手不得,今言无得发取诸官,殆谓未央宫不属妾,不宜独取也,言妾家府亦不当得,妾窃惑焉。幸得赐汤沐邑以自奉养,亦小发取其中,何害于谊而不可哉?又诏书言服御所造,皆如竟宁前,吏诚不能揆其意,即且令妾被服所为不得不如前,设妾欲作某屏风张于某所,曰故事无有,或不能得,则必绳妾以诏书矣。此二事诚不可行,唯陛下省察。

宜吏忮佷,必欲自胜,幸妾尚贵时,犹以不急事操人,况今日日益侵,又获此诏,其操约人,岂有所诉?陛下见妾在椒房,终不肯给妾纤微内邪?若不私府小取,将安所仰乎?旧故,中宫乃私夺左右之贱缯,及发乘舆贱缯,言为待诏补,已而贸易其中。左右多窃怨者,甚耻为之。又故事以特牛祠大父母,戴侯、敬侯皆得蒙恩以太牢祠，今当率如故事，唯陛下哀之！

今吏甫受诏读记，直豫言使后知之，非可复若私府有所取也，其萌牙所以约制妾者，恐失人理，今但损车驾，及毋若未央宫有所发，遗赐衣服如故事，则可矣。其余诚太迫急，奈何？妾薄命，端遇竟宁前，竟宁前于今世而比之，岂可邪？故时酒肉有所赐外家，辄上表乃决。又故杜陵梁美人岁时遗酒一石，肉百斤耳。妾甚少之，遗田八子诚不可若是。事率众多，不可胜以文陈。侯自见，索言之，唯陛下深察焉！

上于是采刘向、谷永之言以报曰：

皇帝问皇后，所言事闻之。夫日者众阳之宗，天光之贵，王者之象，人君之位也。夫以阴而侵阳，亏其正体，是非下陵上，妻乘夫，贱逾贵之变与？春秋二百四十二年，变异为众，莫若日蚀大。自汉兴，日蚀亦为吕、霍之属见。以今揆之，岂有此等之效与？诸侯拘迫汉制，牧相执持之也，又安获齐、赵七国之难？将相大臣怀诚秉忠，唯义是从，又恶有上官、博陆、宣成之谋？若乃徒步豪桀，非有陈胜、项梁之群也；匈奴、夷狄，非有冒顿、郅支之伦也。方外内乡，百蛮宾服，殊俗慕义，八州怀德，虽使其怀挟邪意，犹不足忧，又况其无乎？求于夷狄无有，求于臣下无有，微后宫也当，何以塞之？

日者，建始元年正月，白气出于营室。营室者，天子之后宫也。正月于《尚书》为皇极。皇极者，王气之极也。白者西方之气，其于春当废。今正于皇极之月，兴废气于后宫，视后妾无能怀任保全者，以著继嗣之微，贱人将起也。至其九月，流星如瓜，出于文昌，贯紫宫，尾委曲如龙，临于钩陈，此又章显前尤，著在内也。其后则有北宫井溢，南流逆理，数郡水出，流杀人民。后则讹言传相惊震，女童入殿，咸莫觉知。夫河者水阴，四渎之长，今乃大决，没漂陵邑，斯昭阴盛盈溢，违经绝纪之应也。乃昔之月，鼠巢于树，野鹊变色。五月庚子，鸟焚其巢太山之域。《易》曰：〝鸟焚其巢，旅人先笑后号咷。丧牛于易，凶。〞言王者处民上，如鸟之处巢也，不顾恤百姓，百姓畔而去之，若鸟之自焚也，虽先快意说笑，其后必号而无及也。百姓丧其君，若牛亡其毛也，故称凶。泰山，王者易姓告代之处，今正于岱宗之山，甚可惧也。三月癸未，大风自西摇祖宗寝庙，扬裂帷席，折拔树木，顿僵车辇，毁坏槛屋，灾及宗庙，足为寒心！四月己亥，日蚀东井，转旋且索，与既无异。已犹戊已，亥亥水也，明阴盛，咎在内，于戊已，亏君体，著绝世于皇极，显祸败及京都。于东井，变怪众备，末重益大，来数益甚。成形之祸月以迫切，不救之患日浸寖深，咎败灼灼若此，岂可以忽哉！

《书》云：〝高宗肜日，粤有雊雉。祖己曰：'惟先假王正厥事。'〞又曰：〝虽休勿休，惟敬五刑，以成三德。〞即饬椒房及掖庭耳。今皇后有所疑，便不便，其条刺，使大长秋来白之。吏拘于法，亦安足过？盖矫枉者过直，古今同之。且财币之省，特牛之祠，其于皇

后，所以扶助德美，为华宠也，咎根不除，灾变相袭，祖宗且不血食，何戴侯也！传不云乎？〝以约失之者鲜〞。审皇后欲从其奢与？朕亦当法孝武皇帝也，如此则甘泉、建章可复兴矣。世俗殊殊，时变日化，遭事制宜，因时而移，旧之非者，何可放焉！君子之道，乐因循而重改作。昔鲁人为长府，闵子骞曰：〝仍旧贯如之何？何必改作！〞盖恶之也。《诗》云：〝虽无老成人，尚有典刑，曾是莫听，大命以倾。〞孝文皇帝，朕之师也。皇太后，皇后成法也。假使太后在彼不如职，今见亲厚，又恶可以逾乎！皇后其刻心秉德，毋违先后之制度，力谊勉行，称顺妇道，减省群事，谦约为右。其孝东宫，毋阙朔望，推诚永究，爰何不臧！养名显行，以息众谨，垂则列妾，使有法焉。皇后深惟毋忽！

是时，大将军凤用事，威权尤盛。其后，比三年日蚀，言事者颇归咎于凤矣。而谷永等遂著之许氏，许氏自知为凤所不佑。久之，皇后宠亦益衰，而后宫多新爱。后姊平安刚侯夫人谒等为媚道祝诅后宫有身者王美人及凤等，事发觉，太后大怒，下吏考问，谒等诛死，许后坐废处昭台宫，亲属皆归故郡山阳，后弟子平恩侯旦就国。凡立十四年而废，在昭台岁余，还徙长定宫。

后九年，上怜许氏，下诏曰：〝盖闻仁不遗远，谊不忘亲。前平安刚侯夫人谒坐大逆罪，家属幸蒙赦令，归故郡。朕惟平恩戴侯，先帝外祖，魂神废弃，莫奉祭祀，念之未尝忘于心。其还平恩侯旦及亲属在山阳郡者。〞是岁，废后败。先是，废后姊嬷寡居，与定陵侯淳于长私通，因为之小妻。长绐之曰：〝我能白东宫，复立许后为左皇后。〞废后因嬷私赂遗长，数通书记相报谢。长书有悖谩，发觉，天子使廷尉孔光持节赐废后药，自杀，葬延陵交道厩西。

孝成班倢伃，帝初即位选入后宫。始为少使，蛾而大幸，为倢伃，居增成舍，再就馆，有男，数月失之。成帝游于后庭，尝欲与倢伃同辇载，倢伃辞曰：〝观古图画，贤圣之君皆有名臣在侧，三代末主乃有嬖女，今欲同辇，得无近似之乎？〞上善其言而止。太后闻之，喜曰：〝古有樊姬，今有班倢伃。〞倢伃诵《诗》及《窈窕》、《德象》、《女师》之篇。每进见上疏，依则古礼。

自鸿嘉后，上稍隆于内宠。倢伃进侍者李平，平得幸，立为倢伃。上曰：〝始卫皇后亦从微起。〞乃赐卫姓曰卫，所谓卫倢伃也。其后，赵飞燕姊弟亦从自微贱兴，逾越礼制，浸盛于前。班倢伃及许皇后皆失宠，稀复进见。鸿嘉三年，赵飞燕谮告许皇后、班倢伃挟媚道，祝诅后宫，詈及主上。许皇后坐废。考问班倢伃，倢伃对曰：〝妾闻'死生有命，富贵在天。'修正尚未蒙福，为邪欲以何望？使鬼神有知，不受不臣之诉；如其无知，诉之何益？故不为也。〞上善其对，怜悯之，赐黄金百斤。

赵氏姊弟骄妒，倢伃恐久见危，求共养太后长信宫，上许焉。倢伃退处东宫，作赋自伤悼，其辞曰：

承祖考之遗德兮，何性命之淑灵，登薄躯于宫阙兮，充下陈于后庭。蒙圣皇之渥惠兮，当日月之盛明，扬光烈之翕赫兮，奉隆宠于增成。既过幸于非位兮，

窃庶几乎嘉时,每瘝瘝而累息兮,申佩离以自思,陈女图以镜监兮,顾女史而问诗。悲晨妇之作戒兮,哀褒、阎之为邮;美皇、英之女虞兮,荣任、姒之母周。虽愚陋其靡及兮,敢金心而忘兹? 历年岁而悼惧兮,闵蕃华之不滋。痛阳禄与柘馆兮,仍襁褓而离灾,岂妾人之殃咎兮? 将天命之不可求。

白日忽已移光兮,遂暗莫而昧幽,犹被覆载之厚德兮,不废捐于罪邮。奉共养于东宫兮,托长信之末流,共洒扫于帷幄兮,永终死以为期。愿归骨于山足兮,依松柏之余休。

重曰:"潜玄宫兮幽以清,应门闭兮禁闼扃。华殿尘兮玉阶落,中庭萋兮绿草生。广室阴兮帷幄暗,房栊虚兮风泠泠。感帷裳兮发红罗,纷綷縩兮纨素声。神眇眇兮密靓处,君不御兮谁为荣? 俯视兮丹墀,思君兮履綦。仰视兮云屋,双涕兮横流。顾左右兮和颜,酌羽觞兮销忧。惟人生兮一世,忽一过兮若浮。已独享兮高明,处生民兮极休。勉虞精兮极乐,与福禄兮无期。《绿衣》兮《白华》,自古兮有之。"

至成帝崩,倢伃充奉园陵,薨,因葬园中。

孝成赵皇后,本长安宫人。初生时,父母不举,三日不死,乃收养之。及壮,属阳阿主家,学歌舞,号曰飞燕。成帝尝微行出,过阳阿主,作乐。上见飞燕而说之,召入宫,大幸。有女弟复召入,俱为倢伃,贵倾后宫。

许后之废也,上欲立赵倢伃。皇太后嫌其所出微甚,难之。太后姊子淳于长为侍中,数往来传语,得太后指,上立封赵倢伃父临为成阳侯。后月余,乃立倢伃为皇后。追以长前白罢昌陵功,封为定陵侯。

皇后既立,后宠少衰,而弟绝幸,为昭仪。居昭阳舍,其中庭彤朱,而殿上髹漆,切皆铜沓黄金涂,白玉阶,壁带往往为黄金釭,函蓝田璧,明珠、翠羽饰之,自后宫未尝有焉。姊弟专宠十余年,卒皆无子。

末年,定陶王来朝,王祖母傅太后私赂遗赵皇后、昭仪,定陶王竟为太子。

明年春,成帝崩。帝素强,无疾病。是时,楚思王衍、梁王立来朝,明旦当辞去,上宿供张白虎殿。又欲拜左将军孔光为丞相,已刻侯印书赞。昏夜平善,乡晨,傅袴袜欲起,因失衣,不能言,昼漏上十刻而崩。民间归罪赵昭仪,皇太后诏大司马莽、丞相大司空曰:"皇帝暴崩,群众谨哗怪之。掖庭令辅等在后庭左右,侍燕迫近,杂与御史、丞相、廷尉治问皇帝起居发病状。"赵昭仪自杀。

哀帝既立,尊赵皇后为皇太后,封太后弟侍中驸马都尉钦为新成侯。赵氏侯者凡二人。后数月,司隶解光奏言:

臣闻许美人及故中宫史曹宫皆御幸孝成皇帝,产子,子隐不见。

臣遣从事掾业、史望验问知状者掖庭狱丞籍武,故中黄门王舜、吴恭、靳严,官婢曹晓、道房、张弃,故赵昭仪御者子客、王偏、臧兼等,皆曰宫即晓子女,前属中宫,为学事史,通《诗》,授皇后。房与宫对食,元延元年中宫语房曰:"陛下幸宫。"后数月,晓入殿中,见宫腹大,问宫。宫曰:"御幸有身。"其十月中,宫乳掖庭牛官令舍,有婢六人,中黄门田客持诏记,盛绿绨方底,封御史中丞印,予武曰:"取牛官令舍妇人新产儿,婢六人,尽置暴室狱,毋问儿男女,谁儿也!"武迎置狱。宫曰:"善臧我儿胞,丞知是何等儿也!"后三日,客持诏记与武,问:"儿死未? 手书对牍背。"武即书对:"儿见在,未死。"有顷,客出曰:"上与昭仪大怒,奈何不杀?"武叩头啼曰:"不杀儿,自知当死;杀之,亦死!"即因客奏封事,曰:"陛下未有继嗣,子无贵贱,唯留意!"奏入,客复持诏记予武曰:"今夜漏上五刻,持儿与舜,会东交掖门。"武因问客:"陛下得武书,意何如?"曰:"瞳也。"武以儿付舜。舜受诏,内儿殿中,为择乳母,告"善养儿,且有赏。毋令漏泄!"舜择弃为乳母,时儿生八九日。后三日,客复持诏记,封如前予武,中有封小绿箧,记曰:"告武以箧中物书予狱中妇人,武自临饮之。"武发箧中有裹药二枚,赫蹄书,曰:"告伟能:努力饮此药,不可复入。女自知之!"伟能即宫。宫读书已,曰:"果也,欲姊弟擅天下! 我儿男也,额上有壮发,类孝元皇帝。今儿安在? 危杀之矣! 奈何令长信得闻之?"宫饮药死。后宫婢六人召入,出语武曰:"昭仪言'女无过。宁自杀邪,若外家也?'我曹言愿自杀。"即自缪死。武皆表奏状。弃所养儿十一日,宫长李南以诏书取儿去,不知所置。

许美人前在上林涿沐馆,数召入饰室中若舍,一岁再三召,留数月或半岁御幸。远延二年怀子,其十一月乳。诏使严持乳医及五种和药丸三,送美人所。后客子、偏、兼闻昭仪谓成帝曰:"常给我言从中宫来,即从中宫来,许美人儿何从生中? 许氏竟当复立邪!"怼,以手自捣,以头击壁户柱,从床上自投地,啼泣不肯食,曰:"今当安置我,欲归耳!"帝曰:"今故告之,反怒为! 殊不可晓也。"帝亦不食。昭仪曰:"陛下自知是,不食为何? 陛下常自言'约不负女',今美人有子,竟负约,谓何?"帝曰:"约以赵氏,故不立许氏。使天下无出赵氏上者,毋忧也!"后诏使严持绿囊书予许美人,告严曰:"美人当有以予女,受来,置饰室中帘南。"美人以苇箧一合盛所生儿,缄封,及绿囊报书予严。严持箧书,置饰室帘南去。帝与昭仪坐,使客子解箧缄。未已,帝使客子、偏、兼皆出,自闭户,独与昭仪在。须臾开户,呼客子、偏、兼,使缄封箧及绿绨方底,推置屏风东。恭受诏,持箧方底予武,皆封以御史中丞印,曰:"告武:箧中有死儿,埋屏处,勿令人知。"武穿狱楼垣下为坎,埋其中。

故长定许贵人及故成都、平阿侯家婢王业、任娺、公孙习前免为庶人,诏召入,属昭仪为私婢。成帝崩,未幸梓宫,仓卒悲哀之时,昭仪自知罪恶大,知业等故许氏、王氏婢,恐事泄,而以大婢羊子等赐予业等各且十人,以慰其意,属"无道我家过失"。

元延二年五月,故掖庭令吾丘遵谓武曰:"掖庭丞吏以下皆与昭仪合通,无可与语者,独欲与武有所言。我无子,武有子,是家轻族人,得无不敢乎? 掖庭中御幸生子者辄死，又饮药伤堕者无数，欲与武共言之大臣，票骑将军贪耆钱，不足计事，奈何令长信得闻之？"遵后病困，谓武："今我已死，前所语事，武不能独为也，慎语！"

皆在今年四月丙辰赦令前。臣谨案永光三年男子忠等发长陵傅夫人冢。事更大赦，孝元皇帝下诏曰："此朕不当所得赦也。"穷治，尽伏辜，天下以为当。鲁严公夫人杀世子，齐桓召而诛焉，《春秋》予之。赵昭仪倾乱圣朝，亲灭继嗣，家属当伏天诛。前平安刚侯夫人谒坐大逆，同产当坐，以蒙赦令，归故郡。今昭仪所犯尤悖逆，罪重于谒，而同产亲属皆在尊贵之位，迫近帷幄，群下寒心，非所以惩恶崇谊示四方也。请事穷竟，丞相以下议正法。

哀帝于是免新成侯赵钦、钦兄子成阳侯䜣，皆为庶人，将家属徙辽西郡。时议郎耿育上疏言：

臣闻继嗣失统，废适立庶，圣人法禁，古今至戒。然大伯见历知适，逡循固让，委身吴粤，权变所设，不计常法，致位王季，以崇圣嗣，卒有天下，子孙承业，七八百载，功冠三王，道德最备，是以尊号追及大王。故世必有非常之变，然后乃有非常之谋。孝成皇帝自知继嗣不以时立，念虽未有皇子，万岁之后未能持国，权柄之重，制于女主，女主骄盛则耆欲无极，少主幼弱则大臣不使，世无周公抱负之辅，恐危社稷，倾乱天下。知陛下有贤圣通明之德，仁孝子爱之恩，怀独见之明，内断于身，故废后宫就馆之渐，绝微嗣祸乱之根，乃欲致位陛下以安宗庙。愚臣既不能深援安危，定金匮之计，又不知推演圣德，述先帝之志，乃反覆校省内，暴露私燕，诬污先帝倾惑之过，成结宠妾妒媚之诛，甚失贤圣远见之明，逆负先帝忧国之意。

夫论大德不拘俗，立大功不合众，此乃孝成皇帝至思所以万万于众臣，陛下圣德盛茂所以符合于皇天也，岂当世庸庸斗筲之臣所能及哉！且褒广将顺君父之美，匡救销灭既往之过，古今通义也。事不当时固争，防祸于未然，各随指阿从，以求容媚，晏驾之后，尊号已定，万事已讫，乃探指不及之事，讦扬幽昧之过，此臣所深痛也！

愿下有司议，即如臣言，宜宣布天下，使咸晓知先帝圣意所起。不然，空使谤议上及山陵，下流后世，远布百蛮，近布海内，甚非先帝托后之意也。盖孝子善述父之志，善成人之事，唯陛下省察！

哀帝为太子，亦颇得赵太后力，遂不竟其事。傅太后恩赵太后，赵太后亦归心，故成帝母及王氏皆怨之。

哀帝崩，王莽白太后诏有司曰："前皇太后与昭仪俱侍帷幄，姊弟专宠锢寝，执贼乱之谋，残灭继嗣以危宗庙，悖天犯祖，无为天下母之义。"贬皇太后为孝成皇后，徙居北宫。"后月余，复下诏曰："皇后自知罪恶深大，朝请希阔，失妇道，无共养之礼，而有狼虎之毒，宗室所怨，海内之仇也，而尚在小君之位，诚非皇天之心。夫小不忍乱大谋，恩之所不能已者义之所割也，今废皇后为庶人，就其园。"是日自杀。凡立十六年而诛。先是，有童谣曰："燕燕尾涎涎，张公子，时相见。木门仓琅根，燕飞来，啄皇孙。皇孙死，燕啄矢。"成帝每微行出，常与张放俱，而称富平侯家，故曰张公子。仓琅根，宫门铜锾也。

孝元傅昭仪，哀帝祖母也。父河内温人，蚤卒，母更嫁为魏郡郑翁妻，生男恽。昭仪少为上官太后才人，自元帝为太子，得进幸。元帝即位，立为婕妤，甚有宠。为人有材略，善事人，下至宫人左右，饮酒酹地，皆祝延之。产一男一女，女为平都公主，男为定陶恭王。恭王有材艺，尤爱于上。元帝即重傅婕妤，及冯婕妤亦幸，生中山孝王，上欲殊之于后宫，以二人皆有子为王，上尚在，未得称太后，乃更号曰昭仪，赐以印绶，在婕妤上。昭其仪，尊之也。至成、哀时，赵昭仪、董昭仪皆无子，犹称焉。

元帝崩，傅昭仪随王归国，称定陶太后。后十年，恭王薨，子代为王。王母曰丁姬。傅太后躬自养视，既壮大，成帝无继嗣。时中山孝王在。元延四年，孝王及定陶王皆入朝。傅太后多以珍宝赂遗赵昭仪及帝舅票骑将军王根，阴为王求汉嗣。皆见上无子，欲豫自结为久长计，更称誉定陶王。上亦自器之，明年，遂征定陶王立为太子，语在《哀纪》。月余，天子立楚孝王孙景为定陶王，奉恭王后。太子议欲谢，少傅阎崇以为："《春秋》不以父命废王父命，为人后之礼不得顾私亲，不当谢。"太傅赵玄以为当谢，太子从之。诏问所以谢状，尚书劾奏玄，左迁少府，以光禄勋师丹为太傅。诏傅太后与太子母丁姬自居定陶国邸，下有司议皇太子得与傅太后、丁姬相见不，有司奏议不得相见。顷之，成帝母王太后欲令傅太后、丁姬十日一至太子家，成帝曰："太子丞正统，当共养陛下，不得复顾私亲。"王太后曰："太子小，而傅太后抱养之。今至太子家，以乳母恩耳，不足有所妨。"于是令傅太后得至太子家。丁姬以不小养太子，独不得。

成帝崩，哀帝即位。王太后诏令傅太后、丁姬十日一至未央宫。高昌侯董宏希指，上书言宜立丁姬为帝太后。师丹劾奏："宠怀邪误朝，不道。"上初即位，谦让，从师丹言止。后乃白令王太后下诏，尊定陶恭王为恭皇。哀帝因是曰："《春秋》'母以子贵'，尊傅太后为恭皇太后，丁姬为恭皇后，各置左右詹事，食邑如长信宫、中宫。追尊恭皇太后父为崇祖侯，恭皇后父为褒德侯。"后岁余，遂下诏曰："汉家之制，推亲亲以显尊尊，定陶恭皇之号不宜复称定陶。其尊恭皇太后为帝太太后，丁后为帝太后。"后又更号帝太太后为皇太太后，称永信宫，帝太后称中安宫，而成帝母太皇太后本称长信宫，成帝赵后为皇太后，并四太后，各置少府、太仆，秩皆中二千石。为恭皇立寝庙于京师，比宣帝父悼皇考制度，序昭穆于前殿。

傅太后父同产弟四人，曰子孟、中叔、子元、幼君。子孟子喜至大司马，封高武侯。中叔子晏亦大司马，封孔乡侯。幼君子商封汝昌侯，为太后父崇祖侯后，更号崇祖曰汝昌哀侯。太后同母弟郑恽前死，以恽子业为阳信侯，追尊恽为阳信节侯。郑氏、傅氏侯者凡六人，大司马二人，九卿二千石六人，侍中诸曹十余人。

傅太后既尊，后尤骄，与成帝母语，至谓之妪。与中山孝王母冯太后并事元帝,追怨之,陷以祝诅罪,令自杀。元寿元年崩,合葬渭陵,称孝元傅皇后云。

定陶丁姬,哀帝母也,《易》祖师丁将军之玄孙。家在山阳瑕丘,父至庐江太守。始,定陶恭王先为山阳王,而丁氏内其女为姬。王后姓张氏,其母郑礼,即傅太后同母弟也。太后以亲戚故,欲其有子,然终无有。唯丁姬河平四年生哀帝。丁姬为帝太后,两兄忠、明。明以帝舅封阳安侯。忠早死,封忠子满为平周侯。太后叔父宪、望。望为左将军,宪为太仆。明为大司马票骑将军,辅政。丁氏侯者凡二人,大司马一人,将军、九卿、二千石六人,侍中、诸曹亦十余人。丁、傅以一二年间暴兴尤盛。然哀帝不甚假以权势,权势不如王氏在成帝世也。

建平二年,丁太后崩。上曰:"《诗》云'谷则异室,死则同穴'。昔季武子成寝,杜氏之墓在西阶下,请合葬而许之。附葬之礼,自周兴焉。孝子事亡如事存,帝太后宜起陵恭皇之园。"遣大司马票骑将军明,东送葬于定陶,贵震山东。

哀帝崩,王莽秉政,使有司举奏丁、傅罪恶。莽以太皇太后诏皆免官爵,丁氏徙归故郡。莽奏贬傅太后号为定陶共王母,丁太后号曰丁姬。

元始五年,莽复言:"共王母、丁姬前不臣妾,至葬渭陵,冢高与元帝山齐,怀帝太后、皇太太后玺绶以葬,不应礼。礼有改葬,请发共王母及丁姬冢,取其玺绶消灭,徙共王母及丁姬归定陶,葬共王冢次,而葬丁姬复其故。"太后以为既已之事,不须复发。莽固争之,太后诏曰"因故棺为致椁作冢,祠以太牢。"谒者护既发傅太后冢,崩压杀数百人;开丁姬椁户,火出炎四五丈,吏卒以水沃灭乃得入,烧燔椁中器物。

莽复奏言:"前共王母生,僭居桂宫,皇天震怒,灾其正殿;丁姬死,葬逾制度,今火焚其椁。此天见变以告,当改如媵妾也。臣前奏请葬丁姬复故,非是。共王母及丁姬棺皆名梓宫,珠玉之衣非藩妾服,请更以木棺代,去珠玉衣,葬丁姬媵妾之次。"奏可。既开傅太后棺,臭闻数里。公卿在位皆阿莽指,入钱帛,遣子弟及诸生四夷,凡十余万人,操持作具,助将作掘平共王母、丁姬故冢,二旬间皆平。莽又周棘其处以为世戒云。时有群燕数千,衔土投丁姬穿中。丁、傅既败,孔乡侯晏将家属徙合浦,宗族皆归故郡。唯高武侯喜得全,自有传。

孝哀傅皇后,定陶太后从弟子也。哀帝为定陶王时,傅太后欲重亲,取以配王。王入为汉太子,傅氏女为妃。哀帝即位,成帝大行尚在前殿,而傅太后封傅妃父晏为孔乡侯,与帝舅阳安侯丁明同日俱封。时师丹谏,以为:"天下自王者所有,亲戚何患不富贵?而仓卒若是,其不久长矣!"晏封后月余,傅妃立为皇后。傅氏既盛,晏最尊重。哀帝崩,王莽白大皇太后下诏曰:"定陶共王太后与孔乡侯晏同心合谋,背恩忘本,专恣不轨,与至尊同称号,终没,至乃配食于左坐,悖逆无道。今令孝哀皇后退就桂宫。"后月余,复与孝成赵皇后俱废为庶人,就其园自杀。

孝元冯昭仪,平帝祖母也。元帝即位二年,以选入后宫。时父奉世为执金吾。昭仪始为长使,数月至美人,后五年就馆生男,拜为婕妤。时父奉世为右将军光禄勋,奉世长男野王为左冯翊,父子并居朝廷,议者以为器能当其位,非用女宠故也。而冯婕妤内宠与傅昭仪等。

建昭中,上幸虎圈斗兽,后宫皆坐。熊佚出圈,攀槛欲上殿。左右贵人傅昭仪等皆惊走,冯婕妤直前当熊而立,左右格杀熊。上问:"人情惊惧,何故前当熊?"婕妤对曰:"猛兽得人而止,妾恐熊至御坐,故以身当之。"元帝嗟叹,以此倍敬重焉。傅昭仪等皆惭。明年夏,冯婕妤男立为信都王,尊婕妤为昭仪。元帝崩,为信都太后,与王俱居储元宫。河平中,随王之国。后徙中山,是为孝王。

后征定陶王为太子,封中山王舅参为宜乡侯。参,冯太后少弟也。是岁,孝王薨,有一男,嗣为王,时未满岁,有眚病,太后自养视,数祷祠解。

哀帝即位,遣中郎谒者张由将医治中山小王。由素有狂易病,病发怒去,西归长安。尚书簿责擅去状,由恐,因诬言中山太后祝诅上及太后。太后即傅昭仪也,素常怨冯太后,因是遣御史丁玄案验,尽收御者官吏及冯氏昆弟在国者百余人,分系雒阳、魏郡、巨鹿。数十日无所得,更使中谒者令史立与丞相长史、大鸿胪丞杂治。立受傅太后指,几得封侯,治冯太后女弟习及寡弟妇君之,死者数十人。巫刘吾服祝诅。医徐遂成言习、君之曰:"武帝时医修氏刺治武帝得二千万耳,今愈上,不得封侯,不如杀上,令中山王代,可得封。"立等劾奏祝诅谋反,大逆。责问冯太后,无服辞。立曰:"熊之上殿何其勇,今何怯也!"太后还谓左右:"此乃中语,前世事,吏何用知之?是欲陷我效也!"乃饮药自杀。

先未死,有司请诛之,上不忍致法,废为庶人,徙云阳宫。既死,有司复奏:"太后死在未废前。"有诏以诸侯王太后仪葬之。宜乡侯参、君之、习夫及子当相坐者,或自杀,或伏法。参女弁为孝王后,有两女,有司奏免为庶人,与冯氏宗族徙归故郡。张由以先告赐爵关内侯,史立迁中太仆。

哀帝崩,大司徒孔光奏"由前诬告骨肉,陷人入大辟,为国家结怨于天下,以取秩迁,获爵邑,幸蒙赦令,请免为庶人,徙合浦"云。

中山卫姬,平帝母也。父子豪,中山卢奴人,官至卫尉。子豪女弟为宣帝婕妤,生楚孝王;长女又为元帝婕妤,生平阳公主。成帝时,中山孝王无子,上以卫氏吉祥,以子豪少女配孝王。元延四年,生平帝。

平帝年二岁,孝王薨,代为王。哀帝崩,无嗣。太皇太后与新都侯莽迎中山王立为帝。莽欲专国权,惩丁、傅行事,以帝为成帝后,母卫姬及外家不当得至京师。乃更立宗室桃乡侯子成都为中山王,奉孝王后,遣少傅左将军甄丰赐卫姬玺绶,即拜为中山孝王后,以苦陉县为汤沐邑。又赐帝舅卫宝、宝弟玄爵关内侯。赐帝三妹,谒臣号修义君,哉皮为承礼君,鬲子为尊德君,食邑各二千户。莽长子宇非莽隔绝卫氏，恐久后受祸，即私与卫宝通书记，教卫后上书谢恩，因陈丁、傅旧恶，几得至京师。莽白太皇太后诏有司曰："中山孝王后深分明为人后之义，务陈故定陶傅太后、丁姬悖天逆理，上僭位号，徙定陶王于信都，为共王立庙于京师，如天子制，不畏天命，侮圣人言，坏乱法度，居非其制，称非其号。是以皇天震怒，火烧其殿，六年之间大命不遂，祸殃仍重，竟令孝哀帝受其余灾，大失天心，夭命暴崩，又令共王祭祀绝废，精魂无所归依。朕惟孝王后深说经义，明镜圣法，惧古人之祸败，近事之咎殃，畏天命，奉圣言，是乃久保一国，长获天禄，而令孝王永享无疆之祀，福祥之大者也。朕甚嘉之。夫褒义赏善，圣王之制，其以中山故安户七千益中山后汤沐邑，加赐及中山王黄金各百斤，增傅相以下秩。"

卫后日夜啼泣，思见帝，而但益户邑。宇复教令上书求至京师。会事发觉，莽杀宇，尽诛卫氏支属。卫宝女为中山王后，免后，徙合浦。唯卫后在，王莽篡国，废为家人，后岁余卒，葬孝王旁。

孝平王皇后，安汉公太傅大司马莽女也。平帝即位，年九岁，成帝母太皇太后称制，而莽秉政。莽欲依霍光故事，以女配帝，太后意不欲也。莽设变诈，令女必入，以自重，事在《莽传》。太后不得已而许之，遣长乐少府夏侯藩、宗正刘宏、少府宗伯凤、尚书令平晏纳采、太师光、大司徒马宫、大司空甄丰、左将军孙建、执金吾尹赏、行太常事太中大夫刘歆及太卜、太史令以下四十九人赐皮弁素绩，以礼杂卜筮，太牢祠宗庙，待吉月日。明年春，遣大司徒宫、大司空丰、左将军建、右将军甄邯、光禄大夫歆奉乘舆法驾，迎皇后于安汉公第。宫、丰、歆授皇后玺绂，登车称警跸，便时上林延寿门，入未央宫前殿。群臣就位行礼，大赦天下。益封父安汉公地满百里，赐迎皇后及行礼者，自三公以下至驺宰执事乐人、未央宫、安汉公第者，皆增秩，赐金、帛各有差。皇后立三月，以礼见高庙。尊父安汉公号曰宰衡，位在诸侯王上。赐公夫人号曰功显君，食邑。封公子安为褒新侯，临为赏都侯。

后立岁余，平帝崩。莽立孝宣帝玄孙婴为孺子，莽摄帝位，尊皇后为皇太后。三年，莽既真，以婴为定安公，改皇太后号为定安公太后。太后时年十八矣，为人婉瘱有节操。自刘氏废，常称疾不朝会。莽敬惮伤哀，欲嫁之，乃更号为黄皇室主，令立国将军成新公孙建世子豫饰将医往问疾。后大怒，答鞭其旁侍御。因发病，不肯起，莽遂不复强也。及汉兵诛莽，燔烧未央宫，后曰："何面目以见汉家！"自投火中而死。

赞曰：《易》著吉凶而言谦盈之效，天地鬼神至于人道靡不同之。夫女宠之兴，由至微而体至尊，穷富贵而不以功，此固道家所畏，祸福之宗也。序自汉兴，终于孝平，外戚后庭色宠著闻二十有余人，然其保位全家者，唯文、景、武帝太后及邛成后四人而已。至如史良娣、王悼后、许恭哀后身皆夭折不幸，而家依托旧恩，不敢纵恣，是以能全。其余大者夷灭，小者放流，呜呼！鉴兹行事，变亦备矣。

卷九十八　　元后传第六十八

孝元皇后，王莽姑也。莽自谓黄帝之后，其《自本》曰：黄帝姓姚氏，八世生虞舜。舜起妫汭，以妫为姓。至周武王封舜后妫满于陈，是为胡公，十三世生完。完字敬仲，奔齐，齐桓公以为卿，姓田氏。十一世，田和有齐国，二世称王，至王建为秦所灭。项羽起，封建孙安为济北王。至汉兴，安失国，齐人谓之"王家"，因以为氏。

文、景间，安孙遂字伯纪，处东平陵，生贺，字翁孺。为武帝绣衣御史，逐捕魏郡群盗坚卢等党与，及吏畏懦逗留当坐者，翁孺皆纵不诛。它部御史暴胜之等奏杀二千石，诛千石以下，及通行饮食坐连及者，大部至斩万余人，语见《酷吏传》。翁孺以奉使不称免，叹曰："吾闻活千人者有封子孙，吾所活者万余人，后世其兴乎！"

翁孺既免，而与东平陵终氏为怨，乃徙魏郡元城委粟里，为三老，魏郡人德之。元城建公曰："昔春秋沙麓崩，晋史卜之，曰：'阴为阳雄，土火相乘，故有沙麓崩。后六百四十五年，宜有圣女兴。'其齐田乎！今王翁孺徙，正直其地，日月当之。元城郭东有五鹿之虚，即沙鹿地也。后八十年，当有贵女兴天下"云。

翁孺生禁，字稚君，少学法律长安，为廷尉史。本始三年，生女政君，即元后也。禁有大志，不修廉隅，好酒色，多取傍妻，凡有四女八男：长女君侠，次即元后政君，次君力，次君弟；长男凤孝卿，次曼元卿，谭子元，崇少子，商子夏，立子叔，根稚卿，逢时季卿。唯凤、崇与元后政君同母。母，適妻，魏郡李氏女也。后以妒去，更嫁为河内苟宾妻。

初，李亲任政君在身，梦月入其怀。及壮大，婉顺得妇人道。尝许嫁未行，所许者死。后东平王聘政君为姬，未入，王薨。禁独怪之，使卜数者相政君，"当大贵，不可言"。禁心以为然，乃教书，学鼓琴。五凤中，献政君，年十八矣，入掖庭为家人子。

岁余，会皇太子所爱幸司马良娣病，且死，谓太子曰："妾死非天命，乃诸娣妾良人更祝诅杀我。"太子怜之，且以为然。及司马良娣死，太子悲恚发病，忽忽不乐，因以过怒诸娣妾，莫得进见者。久之，宣帝闻太子恨过诸娣妾，欲顺适其意，乃令皇后择后宫家人子可以虞侍太子者，政君与在其中。及太子朝，皇后乃见政君等五人，微令旁长御问知太子所欲。太子殊无意于五人者，不得已于皇后，强应曰："此中一人可。"是时政君坐近太子，又独衣绛缘诸于，长御即以为是。皇后使侍中杜辅、掖庭令浊贤交送政君太子宫，见丙殿。得御幸，有身。先是者，太子后宫娣妾以十数，御幸久者七八年，莫有子，及王妃一幸而有身。甘露三年，生成帝于甲馆画堂，为世適皇孙。宣帝爱之，自名曰骜，字太孙，常置左右。

后三年，宣帝崩，太子即位，是为孝元帝。立太孙为太子，以母王妃为婕妤，封父禁为阳平侯。后三日，婕妤立为皇后，禁位特进，禁弟弘至长乐卫尉。永光二年，禁薨，谥曰顷侯。长子凤嗣侯，为卫尉侍中。皇后自有子后，希复进见。太子壮大，宽博恭慎，语在《成纪》。其后幸酒，乐燕乐，元帝不以为能。而傅昭仪有宠于上，生定陶共王。王多材艺，上甚爱之，坐则侧席，行则同辇，常有意欲废太子而立共王。时凤在位，与皇后、太子同心忧惧，赖侍中史丹拥右太子，语在《丹传》。上亦以皇后素谨慎，而太子先帝所常留意，故得不废。

元帝崩，太子立，是为孝成帝。尊皇后为皇太后，以凤为大司马大将军领尚书事，益封五千户。王氏之兴自凤始。又封太后同母弟崇为安成侯，食邑万户。凤庶弟谭等皆赐爵关内侯，食邑。

其夏，黄雾四塞终日。天子以问谏大夫杨兴、博士驷胜等，对皆以为："阴盛侵阳之气也。高祖之约也，非功臣不侯，今太后诸弟皆以无功为侯，非高祖之约，外戚未曾有也，故天为见异。"言事者多以为然。凤于是惧，上书辞谢曰："陛下即位，思慕谅阇，故诏臣凤典领尚书事，上无以明圣德，下无以益政治。今有荧星天地赤黄之异，咎在臣凤，当伏显戮，以谢天下。今谅阇已毕，大义皆举，宜躬亲万机，以承天心。"因乞骸骨辞职。上报曰："朕承先帝圣绪，涉道未深，不明事情，是以阴阳错缪，日月无光，赤黄之气，充塞天下。咎在朕躬，今大将军乃引过自予，欲上尚书事，归大将军印绶，罢大司马官，是明朕之不德也。朕委将军以事，诚欲庶几有成，显先祖之功德。将军其专心固意，辅朕之不逮，毋有所疑。"

后五年，诸吏散骑安成侯崇薨，谥曰共侯。有遗腹子奉世嗣侯，太后甚哀之。明年，河平二年，上悉封舅谭为平阿侯，商成都侯，立红阳侯，根曲阳侯，逢时高平侯。五人同日封，故世谓之"五侯"。太后同产唯룡早卒，余毕侯矣。太后母李亲，苟氏妻，生一男名参，寡居。顷侯禁在时，太后令禁还李亲。太后怜参，欲以田蚡为比而封之。上曰："封田氏，非正也。"以参为侍中水衡都尉。王氏子弟皆卿、大夫、侍中、诸曹，分据势官满朝廷。

大将军凤用事，上遂谦让无所专。左右常荐光禄大夫刘向少子歆通达有异材。上召见歆，诵读诗赋，甚说之，欲以为中常侍，召取衣冠。临当拜，左右皆曰："未晓大将军。"上曰："此小事，何须关大将军？"左右叩头争之。上于是语凤，凤以为不可，乃止。其见惮如此。

上即位数年，无继嗣，体常不平。定陶共王来朝，太后与上承先帝意，遇共王甚厚，赏赐十倍于它王，不以往事为纤介。共王之来朝也，天子留，不遣归国。上谓共王："我未有子，人命不讳，一朝有它，且不复相见。尔长留侍我矣！"其后，天子疾益有瘳，共王因留国邸，旦夕侍上，上甚亲重。大将军凤心不便共王在京师，会日蚀，凤因言："日蚀，阴盛之象，为非常异。定陶王虽亲，于礼当奉藩在国。今留侍京师，诡正非常，故天见戒。宜遣王之国。"上不得已于凤而许之。共王辞去，上与相对涕泣而决。

京兆尹王章素刚直敢言，以为凤建遣共王之国非是，乃奏封事言日蚀之咎矣。天子召见章，延问以事，章对曰："天道聪明，佑善而灾恶，以瑞异为符效。今陛下以未有继嗣，引近定陶王，所以承宗庙，重社稷，上顺天心，下安百姓。此正义善事，当有祥瑞，何故致灾异？灾异之发，为大臣专政者也。今闻大将军猥归日蚀之咎于定陶王，建遣之国，苟欲使天子孤立于上，专擅朝事以便其私，非忠臣也。且日蚀，阴侵阳，臣专君之咎，今政事大小皆自凤出，天子曾不一举手，凤不内省责，反归咎善人，推远定陶王。且凤诬罔不忠，非一事也。前丞相乐昌侯商本以先帝外属，内行笃，有威重，位历丞相，国家柱石臣也，其人守正，不肯诎节随凤委曲，卒用闺门之事为凤所罢，身以忧死，众庶冤之。又凤知其小妇弟张美人已尝适人，于礼不宜配御至尊，托以为宜子，内之后宫，苟以私其妻弟。闻张美人未尝任身就馆也。且羌胡尚杀首子以荡肠正世，况于天子而近已出之女也！此三者皆大事，陛下所见，足以知其余，及它所不见者。凤不可令久典事，宜退使就第，选忠贤以代之。"

自凤之白罢商后遣定陶王也，上不能平。及闻章言，天子感寤，纳之，谓章曰："微京兆尹直言，吾不闻社稷计！且唯贤知贤，君试为朕求可以自辅者。"于是章奏封事，荐中山孝王舅琅邪太守冯野王"先帝时历二卿，忠信质直，知谋有余。野王以王舅出，以贤复入，明圣主奖进贤也"。上自为太子时数闻野王先帝名卿，声誉出凤远甚，方倚欲以代凤。

初，章每召见，上辄辟左右。时太后从弟长乐卫尉弘子侍中音独侧听，具知章言，以语凤。凤闻之，称病出就第，上疏乞骸骨，谢上曰："臣材驽愚戆，得以外属兄弟七人封为列侯，宗族蒙恩，赏赐无量。辅政出入七年，国家委任臣凤，所言辄听，荐士常用。无一功善，阴阳不调，灾异数见，咎在臣凤奉职无状，此臣一当退也。《五经》传记，师所诵说，咸以日蚀之咎在于大臣非其人，《易》曰'折其右肱'，此臣二当退也。河平以来，臣久病连年，数出在外，旷职素餐，此臣三当退也。陛下以皇太后故不忍诛废，臣犹自知当远流放，又重自念，兄弟宗族所蒙不测，当杀身糜骨死辇毂下，不当以无益之故有离寝门之心，诚岁余以来，所苦加侵，日日益甚，不胜大愿，愿乞骸骨，归自治养，冀赖陛下神灵，未埋发齿，期月之间，幸得瘳愈，复望帷幄，不然，必置沟壑。臣以非材见私，天下知臣受恩深也；以病得全骸骨归，天下知臣被恩见哀，重巍巍也。进退于国为厚，万无纤介之议。唯陛下哀怜！"其辞指甚哀，太后闻之为垂涕，不御食。

上少而亲倚凤，弗忍废，乃报凤曰："朕秉事不明，政事多阙，故天变娄臻，咸在朕躬。将军乃深引过自予，欲乞骸骨而退，则朕将何向焉！《书》不云乎？'公毋困我'。务专精神，安心自持，期于瘳瘳，称朕意焉。"于是凤起视事。上使尚书劾奏章："知野王前以王舅不宜补吏，而私荐之，欲令在朝阿附诸侯；又知张美人体御至尊，而妄称引羌胡杀子荡肠，非所宜言。"遂下章吏。廷尉致其大逆罪，以为"比上夷狄，欲绝继嗣之端；背畔天子，私为定陶王"。章死狱中，妻子徙合浦。

自是公卿见凤，侧目而视，郡国守相、刺史皆出其门。又以侍中太仆音为御史大夫，列于三公。而五侯群弟，争为奢侈，赂遗珍宝，四面而至；后廷姬妾，各数十人，僮奴以千百数，罗钟磬，舞郑女，作倡优，狗马驰逐；大治第室，起土山渐台，洞门高廊阁道，连属弥望。百姓歌之曰："五侯初起，曲阳最怒，坏决高都，连竟外杜，土山渐台西白虎。"其奢僭如此。然皆通敏人事，好士养贤，倾财施予，以相高尚。

凤辅政凡十一岁。阳朔三年秋，凤疾，天子数自临问，亲执其手，涕泣曰："将军病，如有不可言，平阿侯谭次将军矣。"凤顿首泣曰："谭等虽与臣至亲，行皆奢僭，无以率导百姓，不如御史大夫音谨敕，臣敢以死保之。"及凤且死，上疏谢上，复固荐音自代，言谭等五人必不可用。天子然之。

初，谭倨，不肯事凤，而音敬凤，卑恭如子，故荐之。凤薨，天子临吊赠宠，送以轻车介士，军陈自长安至渭陵，谥曰敬成侯。子襄嗣侯，为卫尉。御史大夫音竟代凤为大司马车骑将军，而平阿侯谭位特进，领城门兵。谷永说谭，令让不受城门职，由是与音不平，语在《永传》。

音既以从舅越亲用事，小心亲职，岁余，上下诏曰："车骑将军音宿卫忠正，勤劳国家，前为御史大夫，以外亲宜典兵马，入为将军，不获宰相之封，朕甚慊焉！其封音为安阳侯，食邑与五侯等，俱三千户。"

初，成都侯商尝病，欲避暑，从上借明光宫。后又穿长安城，引内澧水注第中大陂以行船，立羽盖，张周帷，辑濯越歌。上幸商第，见穿城引水，意恨，内衔之，未言。后微行出，过曲阳侯第，又见园中土山渐台似类白虎殿。于是上怒，以让车骑将军音。商、根兄弟欲自劾，剸谢太后，上闻之大怒，乃使尚书责问司隶校尉、京兆尹："知成都侯商擅穿帝城，决引澧水，曲阳侯根骄奢僭上，赤墀青琐，红阳侯立父子臧匿奸猾亡命，宾客为群盗，司隶、京兆皆阿纵不举奏正法。"二人顿首省户下。又赐车骑将军音策书曰："外家何甘乐祸败，而欲自劾、剸，相戮辱于太后前，伤慈母之心，以危乱国！外家宗族强，上一身浸弱日久，今将一施之。君其召诸侯，令待府舍。"是日，诏尚书奏文帝时诛将军薄昭故事。车骑将军音藉槁请罪，商、立、根皆负斧质谢。上下忍诛，然后得已。

久之，平阿侯谭薨，谥曰安侯，子仁嗣侯。太后怜弟曼蚤死，独不封，曼寡妇渠供养东宫，子莽幼孤不及等比，常以为语。平阿侯谭、成都侯商及在位多称莽者。久之，上复下诏追封曼为新都哀侯，而子莽嗣爵为新都侯。后又封太后姊子淳于长为定陵侯。王氏亲属，侯者凡十人。

上悔废平阿侯谭不辅政而薨也，乃复进成都侯商以特进，领城门兵，置幕府，得举吏如将军。杜邺说车骑将军音令亲附商，语在《邺传》。王氏爵位日盛，唯音为修整，数谏正，有忠节，辅政八年，薨。吊赠如大将军，谥曰敬侯，子舜嗣侯，为太仆侍中。特进成都侯商代音为大司马卫将军，而红阳侯立位特进，领城门兵。商辅政四岁，病乞骸骨，天子悯之，更以为大将军，益封二千户。赐钱百万。商薨，吊赠如大将军故事，谥曰景成侯，子况嗣侯。红阳侯立次当辅政，有罪过，语在《孙宝传》。上乃废立，而用光禄勋曲阳侯根为大司马票骑将军，岁余益封千七百户。高平侯逢时无材能名称，是岁薨，谥曰戴侯，子买之嗣侯。

绥和元年，上即位二十余年无继嗣，而定陶共王已薨，子嗣立为王。王祖母定陶傅太后重赂遗票骑将军根，为王求汉嗣，根为言，上亦欲立之，遂征定陶王为太子。时根辅政五岁矣，乞骸骨，上乃益封根五千户，赐安车驷马，黄金五百斤，罢就第。

先是，定陵侯淳于长以外属能谋议，为卫尉侍中，在辅政之次。是岁，新都侯莽告长伏罪与红阳侯立相连，长下狱死，立就国，语在《长传》。故曲阳侯根荐莽以自代，上亦以为莽有忠直节，遂擢莽从侍中骑都尉光禄大夫为大司马。

岁余，成帝崩，哀帝即位。太后诏莽就第，避帝外家。哀帝初优莽，不听。莽上书固乞骸骨而退。上乃下诏曰："曲阳侯根前在位，建社稷策。侍中太仆安阳侯舜往时护太子家，导朕，忠诚专一，有旧恩。新都侯莽忧劳国家，执义坚固，庶几与为治，太皇太后诏休就第，朕甚闵焉。其益封根二千户，舜五百户，莽三百五十户。以莽为特进，朝朔望。"又还红阳侯立京师。哀帝少而闻知王氏骄盛，心不能善，以初立，故优之。

后月余，司隶校尉解光奏："曲阳侯根宗重身尊，三世据权，五将秉政，天下辐凑自效。根行贪邪，臧累巨万，纵横恣意，大治室第，第中起土山，立两市，殿上赤墀，户青琐；游观射猎，使奴从者被甲持弓弩，陈为步兵；止宿离宫，水衡共张，发民治道，百姓苦其役。内怀奸邪，欲管朝政，推亲近吏主簿张业以为尚书，蔽上壅下，内塞王路，外交藩臣，骄奢僭上，坏乱制度。案根骨肉至亲，社稷大臣，先帝弃天下，根不悲哀思慕，山陵未成，公聘取故掖庭女乐五官殷严、王飞君等，置酒歌舞，捐忘先帝厚恩，背臣子义。及根兄子成都侯况幸得以外亲继父为列侯侍中，不思报厚恩，亦聘取故掖庭贵人以为妻，皆无人臣礼，大不敬不道。"于是天子曰："先帝遇根、况父子，至厚也，今乃背忘恩义！"以根尝建社稷之策，遣就国。免况为庶人，归故郡。根及况父商所荐举为官者，皆罢。

后二岁，傅太后、帝母丁姬皆称尊号。有司奏："新都侯莽前为大司马，贬抑尊号之议，亏损孝道，及平阿侯仁臧匿赵昭仪亲属，皆就国。"天下多冤王氏。

谏大夫杨宣上封事言："孝成皇帝深惟宗庙之重，称述陛下至德以承天序，圣策深远，恩德至厚。惟念先帝之意，岂不欲以陛下自代，奉承东宫哉！太皇太后春秋七十，数更忧伤，敕令亲属引领以避丁、傅。行道之人为之陨涕，况于陛下，时登高远望，独不惭于延陵乎！"哀帝深感其言，复封商中子邑为成都侯。

元寿元年，日蚀。贤良对策多讼新都侯莽者，上于是征莽及平阿侯仁还京师侍太后。曲阳侯根薨，国除。

明年，哀帝崩，无子，太皇太后以莽为大司马，与共征立中山王奉哀帝后，是为平帝。帝年九岁，当年被疾，太后临朝，委政于莽，莽为威福。红阳侯立莽诸父，平阿侯仁素刚直，莽内惮之，令大臣以罪过奏遣立、仁就国。莽日诳耀太后，言辅政致太平，群臣奏请尊莽为安汉公。后遂遣使者迫守立、仁令自杀。赐立谥曰荒侯，子柱嗣，仁谥曰剌侯，子术嗣。是岁，元始三年也。

明年，莽风群臣奏立莽女为皇后。又奏尊莽为宰衡，莽母及两子皆封为列侯，语在《莽传》。

莽既外胁群臣，令称己功德，又内媚事旁侧长御以下，赂遗以千万数。白尊太后姊妹君侠为广恩君，君力为广惠君，君弟为广施君，皆食汤沐邑，日夜共誉莽。莽又知太后妇人厌居深宫中，莽欲虞乐以市其权，乃令太后四时车驾巡狩四郊，存见孤寡贞妇。春幸茧馆，率皇后、列侯夫人桑，遵霸水而祓除；夏游篽宿、鄠、杜之间；秋历东馆，望昆明，集黄山宫；冬飨饮飞羽，校猎上兰，登长平馆，临泾水而览焉。太后所至属县，辄施恩惠，赐民钱、帛、牛、酒，岁以为常。太后从容言曰："我始入太子家时，见于丙殿，至今五六十岁尚颇识之。"莽因曰："太子宫幸近，可一往游观，不足以为劳。"于是太后幸太子宫，甚说。太后旁弄儿病在外舍，莽自亲候之。其欲得太后意如此。

平帝崩，无子，莽征宣帝玄孙选最少者广戚侯子刘婴，年二岁，托以卜相为最吉。乃风公卿奏请立婴为孺子，令宰衡安汉公莽践祚居摄，如周公傅成王故事。太后不以为可，力不能禁，于是莽遂以摄皇帝，改元称制焉。俄而宗室安众侯刘崇及东郡太守翟义等恶之，更举兵欲诛莽。太后闻之，曰："人心不相远也。我虽妇人，亦知莽必以是自危，不可。"其后，莽遂以符命自立为真皇帝，先奉诸符瑞以白太后，太后大惊。

初，汉高祖入咸阳至霸上，秦王子婴降于轵道，奉上始皇玺。及高祖诛项籍，即天子位，因御服其玺，世世传受，号曰汉传国玺。以孺子未立，玺臧长乐宫。及莽即位，请玺，太后不肯授莽。莽使安阳侯舜谕指。舜素谨敕，太后雅爱信之。舜既见，太后知其为莽求玺，怒骂之曰："而属父子宗族蒙汉家力，富贵累世，既无以报，受人孤寄，乘便利时，夺取其国，不复顾恩义。人如此者，狗猪不食其余，天下岂有而兄弟邪！且若自以金匮符命为新皇帝，变更正朔服制，亦当自更作玺，传之万世，何用此亡国不详玺为，而欲求之？！我汉家老寡妇，旦暮且死，欲与此玺俱葬，终不可得！"太后因涕泣而言，旁侧长御以下皆垂涕。舜亦悲不能自止，良久乃仰谓太后："臣等已无可言者。莽必欲得传国玺，太后宁能终不与邪！"太后闻舜语切，恐莽欲胁之，乃出汉传国玺，投之地以授舜，曰："我老已死，如而兄弟，今族灭也！"舜既得传国玺，奏之，莽大说，乃为太后置酒未央宫渐台，大纵众乐。

莽又欲改太后汉家旧号，易其玺绶，恐不见听，而莽疏属王谏欲谄莽，上书言："皇天废去汉而命立新室，太皇太后不宜称尊号，当随汉废，以奉天命。"莽乃车驾至东宫，亲以其书白太后。太后曰："此言是也！"莽因曰："此悖德之臣也，罪当诛！"于是冠军张永献符命铜壁，文言"太皇太后当为新室文母太皇太后"。莽乃下诏曰："予视群公，咸曰'休哉！其文字非刻非画，厥性自然'。予伏念皇天命予为子，更命太皇太后为'新室文母太皇太后'，协于新、故交代之际，信于汉氏。哀帝之代，世传行诏筹，为西王母共具之祥，当为历代母，昭然著明。于祗畏天命，敢不钦承！谨以令月吉日，亲率群公诸侯卿士，奉上皇太后玺绂，以当顺天心，光于四海焉。"太后听许。莽于是鸩杀王谏，而封张永为贡符子。

初，莽为安汉公时，又谄太后，奏尊元帝庙为高宗，太后晏驾后当以礼配食云。及莽改号太后为新室文母，绝之于汉，不令得体元帝。堕坏孝元庙，更为文母太后起庙，独置孝元庙故殿以为文母篹食堂，既成，名曰长寿宫。以太后在，故未谓之庙。莽以太后好出游观，乃车驾置酒长寿宫，请太后。既至，见孝元庙废彻涂地，太后惊，泣曰："此汉家宗庙，皆有神灵，与何治而坏之！且使鬼神无知，又何用庙为！如令有知，我乃人之妃妾，岂宜辱帝之堂以陈馈食哉！"私谓左右曰："此人嫚神多矣，能久得祐乎！"饮酒不乐而罢。

自莽篡位后，知太后怨恨，求所以媚太后无不为，然愈不说。莽更汉家黑貂，著黄貂，又改汉正朔伏腊日。太后令其官属黑貂，至汉家正腊日，独与其左右相对饮酒食。

太后年八十四，建国五年二月癸丑崩。三月乙酉，合葬渭陵。莽诏大夫扬雄作诔曰："太阴之精，沙麓之灵，作合于汉，配元生成。"著其协于元城沙麓。太阴精者，谓梦月也。太后崩后十年，汉兵诛莽。

初，红阳侯立就国南阳，与诸刘结恩，立少子丹为中山太守。世祖初起，丹降为将军，战死。上闵之，封丹子泓为武桓侯，至今。

司徒掾班彪曰：三代以来，《春秋》所记，王公国君，与其失世，稀不以女宠。汉兴，后妃之家吕、霍、上官，几危国者数矣。及王莽之兴，由孝元后历汉四世为天下母，飨国六十余载，群弟世权，更持国柄，五将十侯，卒成新都。位号已移于天下，而元后卷卷犹握一玺，不欲以授莽，妇人之仁，悲夫！

卷九十九上　王莽传第六十九上

王莽字巨君，孝元皇后之弟子也。元后父及兄弟皆以元、成世封侯，居位辅政，家凡九侯、五大司马，语在《元后传》。唯莽父曼蚤死，不侯。莽群兄弟皆将军五侯子，乘时侈靡，以舆马声色佚游相高，莽独孤贫，因折节为恭俭。受《礼经》，师事沛郡陈参，勤身博学，被服如儒生。事母及寡嫂，养孤兄子，行甚敕备。又外交英俊，内事诸父，曲有礼意。阳朔中，世父大将军凤病，莽侍疾，亲尝药，乱首垢面，不解衣带连月。凤且死，以托太后及帝，拜为黄门郎，迁射声校尉。

久之，叔父成都侯商上书，愿分户邑以封莽，及长乐少府戴崇、侍中金涉、胡骑校尉箕闳、上谷都尉阳并、中郎陈汤，皆当世名士，咸为莽言，上由是贤莽。永始元年，封莽为新都侯，国南阳新野之都乡，千五百户。迁骑都尉、光禄大夫、侍中。宿卫谨敕，爵位益尊，节操愈谦。散舆马衣裘，振施宾客，家无所余。收赡名士，交结将相、卿、大夫甚众。故在位更推荐之，游者为之谈说，虚誉隆洽，倾其诸父矣。敢为激发之行，处之不惭恧。

莽兄永为诸曹，蚤死，有子光，莽使学博士门下。莽休沐出，振车骑，奉羊酒，劳遗其师，恩施下竟同学。诸生纵观，长老叹息。光年小于莽子宇，莽使同日内妇，宾客满堂。须臾，一人言太夫人苦某痛，当饮某药，比客罢者数起焉。尝私买侍婢，昆弟或颇闻知，莽因曰："后将军朱子元无子，莽闻此儿种宜子，为买之。"即日以婢奉朱子元。其匿情求名如此。

是时，太后姊子淳于长以材能为九卿，先进在莽右。莽阴求其罪过，因大司马曲阳侯根白之，长伏诛，莽以获忠直，语在《长传》。根因乞骸骨，荐莽自代，上遂擢为大司马。是岁，绥和元年也，年三十八矣。莽既拔出同列，继四父而辅政，欲令名誉过前人，遂克己不倦，聘诸贤良以为掾史，赏赐邑钱悉以享士，愈为俭约。母病，公卿列侯遣夫人问疾，莽妻迎之，衣不曳地，布蔽膝。见之者以为僮使，问知其夫人，皆惊。

辅政岁余，成帝崩，哀帝即位，尊皇太后为太皇太后。太后诏莽就第，避帝外家。莽上疏乞骸骨，哀帝遣尚书令诏莽曰："先帝委政于君而弃群臣，朕得奉宗庙，诚嘉与君同心合意。今君移病求退，以著朕之不能奉顺先帝之意，朕甚悲伤焉。已诏尚书待君奏事。"又遣丞相孔光、大司空何武、左将军师丹、卫尉傅喜白太后曰："皇帝闻太后诏，甚悲。大司马即不起，皇帝即不敢听政。"太后复令莽视事。

时哀帝祖母定陶傅太后、母丁姬在，高昌侯董宏上书言："《春秋》之义，母以子贵，丁姬宜上尊号。"莽与师丹共劾宏误朝不道，语在《丹传》。后日，未央宫置酒，内者令为傅太后张幄，坐于太皇太后坐旁。莽案行，责内者令曰："定陶太后藩妾，何以得与至尊并！"彻去，更设坐。傅太后闻之，大怒，不肯会，重怨恚莽。莽复乞骸骨，哀帝赐莽黄金五百斤，安车驷马，罢就第。公卿大夫多称之者，上乃加恩宠，置使家，中黄门十日一赐餐。下诏曰："新都侯莽忧劳国家，执义坚固，朕庶几与为治。太皇太后诏莽就第，朕甚闵焉。其以黄邮聚户三百五十益封莽，位特进，给事中，朝朔望见礼如三公。车驾乘绿车从。"后二岁，傅太后、丁姬皆称尊号，丞相朱博奏："莽前不广尊尊之义，抑贬尊号，亏损孝道，当伏显戮，幸蒙赦令，不宜有爵土，请免为庶人。"上曰："以莽与太皇太后有属，勿免，遣就国。"

莽杜门自守，其中子获杀奴，莽切责获，令自杀。在国三岁，吏上书冤讼莽者以百数。元寿元年，日食，贤良周护、宋崇等对策深颂莽功德，上于是征莽。

始莽就国，南阳太守以莽贵重，选门下掾宛孔休守新都相。休谒见莽，莽尽礼自纳，休亦闻其名，与相答。后莽疾，休候之，莽缘恩意，进其玉具宝剑，欲以为好。休不肯受，莽因曰："诚见君面有瘢，美玉可以灭瘢，欲献其珢耳。"即解其珢，休复辞让。莽曰："君嫌其贾邪？"遂椎碎之，自裹以进休，休乃受。及莽征去，欲见休，休称疾不见。

莽还京师岁余，哀帝崩，无子，而傅太后、丁太后皆先薨，太皇太后即日驾之未央宫收取玺绶，遣使者驰召莽。诏尚书，诸发兵符节，百官奏事，中黄门、期门兵皆属莽。莽白："大司马高安侯董贤年少，不合众心，收印绶。"贤即

日自杀。太后诏公卿举可大司马者，大司徒孔光、大司空彭宣举莽，前将军何武、后将军公孙禄互相举。太后拜莽为大司马，与议立嗣。安阳侯王舜，莽之从弟，其人修饬，太后所信爱也，莽白以舜为车骑将军，使迎中山王奉成帝后，是为孝平皇帝。帝年九岁，太后临朝称制，委政于莽。莽白赵氏前害皇子，傅氏骄僭，遂废孝成赵皇后、孝哀傅皇后，皆令自杀，语在《外戚传》。

莽以大司徒孔光名儒，相三主，太后所敬，天下信之，于是盛尊事光，引光女婿甄邯为侍中奉车都尉。诸哀帝外戚及大臣居位素所不说者，莽皆傅致其罪，为请奏，令邯持与光。光素畏慎，不敢不上之，莽白太后，辄可其奏。于是前将军何武、后将军公孙禄坐互相举免，丁、傅及董贤亲属皆免官爵，徙远方。红阳侯立，太后亲弟，虽不居位，莽以诸父内敬惮之，畏立从容言太后，令己不得肆意，乃复令光奏立旧恶："前知定陵侯淳于长犯大逆罪，多受其赂，为言误朝；后白以官婢杨寄私子为皇子，众言吕氏、少帝复出，纷纷为天下所疑，难以示来世，成褔褾之功。请遣立就国。"太后不听。莽曰："今汉家衰，比世无嗣，太后独代幼主统政，诚可畏惧，力用公正先天下，尚恐不从，今以私恩逆大臣议如此，群下倾邪，乱从此起！宜可且遣就国，安后复征召之。"太后不得已，遣立就国。莽之所以胁持上下，皆此类也。

于是附顺者拔擢，忤恨者诛灭。王舜、王邑为腹心，甄丰、甄邯主击断，平晏领机事，刘歆典文章，孙建为爪牙。丰子寻、歆子棻、涿郡崔发、南阳陈崇皆以材能幸于莽。莽色厉而言方，欲有所为，微见风采，党与承其指意而显奏之，莽稽首涕泣，固推让焉，上以惑太后，下用示信于众庶。

始，风益州令塞外蛮夷献白雉，元始元年正月，莽白太后下诏，以白雉荐宗庙。群臣因奏言太后："委任太司马莽定策安宗庙。故太司马霍光有安宗庙之功，益封三万户，畴其爵邑，比萧相国。莽宜如光故事。"太后问公卿曰："诚以大司马有大功当著之邪？将以骨肉故欲异之也？"于是群臣乃盛陈："莽功德致周成白雉之瑞，千载同符。圣王之法，臣有大功则生有美号，故周公及身在而托号于周。莽有定国安汉家之大功，宜赐号曰安汉公，益户，畴爵邑，上应古制，下准行事，以顺天心。"太后诏尚书具其事。

莽上书言："臣与孔光、王舜、甄丰、甄邯共定策，今愿独条光等功赏，寝置臣莽，勿随辈列。"甄邯白太后下诏曰："'无偏无党，王道荡荡。'属有亲者，义不得阿。君有安宗庙之功，不可以骨肉故蔽隐不扬。君其勿辞。"莽复上书让。太后诏谒者引莽待殿东箱，莽称疾不肯入。太后使尚书令徇诏之曰："君以选故而辞以疾，君任重，不可阙，以时亟起。"莽遂固辞。太后复使长信太仆闳承制召莽，莽固称疾。左右白太后，宜勿夺莽意，但条孔光等，莽乃肯起。太后下诏曰："太傅博山侯光宿卫四世，世为傅相，忠孝仁笃，行义显著，建议定策，益封万户，以光为太师，与四辅之政。车骑将军安阳侯舜积累仁孝，使迎中山王，折冲万里，功德茂著，益封万户，以舜为太保。左将军光禄勋丰宿卫三世，忠信仁笃，使迎中山王，辅导共养，以安宗庙，封

丰为广阳侯,食邑五千户,以丰为少傅。皆授四辅之职,畴其爵邑,各赐第一区。侍中奉车都尉邯宿卫勤劳,建议定策,封邯为承阳侯,食邑二千四百户。"四人既受赏,莽尚未起,群臣复上言:"莽虽克让,朝所宜章,以时加赏,明重元功,无使百僚元元失望。"太后乃下诏曰:"大司马新都侯莽三世为三公,典周公之职,建万世策,功德为忠臣宗,化流海内,远人慕义,越裳氏重译献白雉。其以召陵、新息二县户二万八千益封莽,复其后嗣,畴其爵邑,封功如萧相国。以莽为太傅,干四辅之事,号曰安汉公。以故萧相国甲第为安汉公第,定著于令,传之无穷。"

于是莽为惶恐,不得已而起受策。策曰:"汉危无嗣,而公定之;四辅之职,三公之任,而公干之;群僚众位,而公宰之:功德茂著,宗庙以安,盖白雉之瑞,周成象焉。故赐嘉号曰安汉公,辅翼于帝,期于致平,毋违朕意。"莽受太傅安汉公号,让还益封畴爵邑事,云愿须百姓家给,然后加赏。群公复争,太后诏曰:"公自期百姓家给,是以听之。其令公奉、舍人赏赐皆倍故。百姓家给人足,大司徒、大司空以闻。"莽复让不受,而建言宜立诸侯王后及高祖以来功臣子孙,大者封侯,或赐爵关内侯食邑,然后及诸在位,各有第序。上尊宗庙,增加礼乐;下惠士民鳏寡,恩泽之政无所不施。语在《平纪》。

莽既说众庶,又欲专断,知太后厌政,乃风公卿奏言:"往者,吏以功次迁至二千石,及州部所举茂材异等吏,率多不称,宜皆见安汉公。又太后不宜亲省小事。"令太后下诏曰:"皇帝幼年,朕且统政,比加元服。今众事烦碎,朕春秋高,精气不堪,殆非所以安躯体而育养皇帝者也。故选忠贤,立四辅,群下劝职,永以康宁。孔子曰:'巍巍乎,舜、禹之有天下而不与焉!'自今以来,惟封爵乃以闻。他事,安汉公、四辅平决。州牧、二千石及茂材吏初除奏事者,辄引入至近署对安汉公,考故官,问新职,以知其称否。"于是莽人人延问,致密恩意,厚加赠送,其不合指,显奏免之,权与人主侔矣。

莽欲以虚名说太后,白言:"新承前孝哀丁、傅奢侈之后,百姓未赡者多,太后宜且衣缯练,颇损膳,以视天下。"莽因上书,愿出钱百万,献田三十顷,付大司农助给贫民。于是公卿皆慕效焉。莽帅群臣奏言:"陛下春秋尊,久衣重练,减御膳,诚非所以辅精气,育皇帝,安宗庙也。臣莽数叩头省户下,白争未见许。今幸赖陛下德泽,间者风雨时,甘露降,神芝生,蓂荚、朱草、嘉禾,休征同时并至。臣莽等不胜大愿,愿陛下爱精神神,阔略思虑,遵帝王之常服,复太官之法膳,使臣子各得尽欢心,备共养。惟哀省察!"莽又令太后下诏曰:"盖闻母后之义,思不出乎门阃。国不蒙佑,皇帝年在襁褓,未任亲政,战战兢兢,惧于宗庙之不安。国家之大纲,微朕孰当统之?是以孔子见南子,周公居摄,盖权时也。勤身极思,忧劳未绥,故国奢则视之以俭,矫枉者过其正,而朕不身帅,将谓天下何!夙夜梦想,五谷丰熟,百姓家给,比皇帝加元服,委政而授焉。今诚未皇于轻靡而备味,庶几与百僚有成,其勖之哉!"每有水旱,莽辄素食,左右以白。太后遣使者诏莽曰:"闻公菜食,忧民深矣。今秋幸熟,公勤于职,以时食肉,爱身为国。"

莽念中国已平,唯四夷未有异,乃遣使者赍黄金、币、帛,重赂匈奴单于,使上书言:"闻中国讥二名,故名囊知牙斯今更名知,慕从圣制。"又遣王昭君女须卜居次入侍。所以诳耀媚事太后,下至旁侧长御,方故万端。

莽既尊重,欲以女配帝为皇后,以固其权,奏言:"皇帝即位三年,长秋宫未建,液廷媵未充。乃者,国家之难,本从亡嗣,配取不正。请考论《五经》,定取礼,正十二女之义,以广继嗣。博采二王后及周公、孔子世列侯在长安者適子女。"事下有司,上众女名,王氏女多在选中者。莽恐其与己女争,即上言:"身亡德,子材下,不宜与众女并采。"太后以为至诚,乃下诏曰:"王氏女,朕之外家,其勿采。"庶民、诸生、郎吏以上守阙上书者日千余人,公卿大夫或诣廷中,或伏省户上,咸言:"明诏圣德巍巍如彼,安汉公盛勋堂堂若此,今当立后,独奈何废公女?天下安所归命!愿得公女为天下母。"莽遣长安以下分部晓止公卿及诸生,而上书者愈甚。太后不得已,听公卿采莽女。莽复自白:"宜博选众女。"公卿争言:"不宜采诸女以贰正统。"莽白:"愿见女。"太后遣长乐少府、宗正、尚书令纳采见女,还奏言:"公女渐渍德化,有窈窕之容,宜承天序,奉祭祀。"有诏遣大司徒、大司空策告宗庙,杂加卜筮,皆曰:"兆遇金水王相,卦遇父母得位,所谓'康强'之占,'逢吉'之符。"信乡侯佟上言:"《春秋》,天子将娶于纪,则褒纪子称侯,安汉公国未称古制。"事下有司,皆曰:"古者天子封后父百里,尊而不臣,以重宗庙,孝之至也。佟言应礼,可许。请以新野田二万五千六百顷益封莽,满百里。"莽谢曰:"臣莽子女诚不足以配至尊,复听众议,益封臣莽。伏自惟念,得托肺腑,获爵土,如使子女诚能奉称圣德,臣莽国邑足以共朝贡,不须复加益地之宠。愿归所益。"太后许之。有司奏:"故事,聘皇后黄金二万斤,为钱二万万。"莽深辞让,受四千万,而以其三千三百万予十一媵家。群臣复言:"今皇后受聘,逾群妾亡几。"有诏,复益二千三百万,合为三千万。莽复以其千万分予九族贫者。

陈崇时为大司徒司直,与张敞孙竦相善。竦者博通士,为崇草奏,称莽功德,崇奏之,曰:

窃见安汉公自初束修,值世俗隆奢丽之时,蒙两宫厚骨肉之宠,被诸父赫赫之光,财饶势足,亡所啎意,然而折节行仁,克心履礼,拂世矫俗,确然特立,恶衣恶食,陋车驽马,妃匹无二,闺门之内,孝友之德,众莫不闻;清静乐道,温良下士,惠于故旧,笃于师友。孔子曰"未若贫而乐,富而好礼",公之谓矣。

及为侍中,故定陵侯淳于长有大逆罪,公不敢私,建白诛讨。周公诛管、蔡,季子鸩叔牙,公之谓矣。

是以孝成皇帝命公大司马,委以国统。孝哀即位,高昌侯董宏希指求美,造作二统,公手劾之,以定大纲。建白定陶太后不宜在乘舆幄坐,以明国体。《诗》曰"柔亦不茹,刚亦不吐,不侮鳏寡,不畏强圉",公之谓矣。

深执谦退,推诚让位。定陶太后欲立僭号,惮彼面刺幄坐之义,佞惑之雄,朱博之畴,惩此长、宏手劾之事,上下一心,逸贼交乱,诡辟制度,遂成篡号,斥逐仁贤，诛残戚属，而公被胥、原之诉，远去就国，朝政崩坏，纲纪废弛，危亡之祸，不隧如发。《诗》云"人之云亡，邦国殄瘁"公之谓矣。

当此之时，宫亡储主，董贤据重，加以傅氏有女之援，皆自知得罪天下。结仇中山，则必同忧，断金相翼，借假遗诏，频用赏诛，先除所悼，急引所附，遂诬往冤，更憯远属，事势张见，其不难矣！赖公立入，即时退贤，及其党亲。当此之时，公运独见之明，奋亡前之威，肝衡厉色，振扬武怒，乘其未坚，厌其未发，震起机动，敌人摧折，虽有贲、育不及持刺，虽有樗里不及回知，虽有鬼谷不及造次，是故董贤丧其魂魄，遂自绞杀。人不还踵，日不移晷，霍然四除，更为宁朝。非陛下莫引立公，非公莫克此祸。《诗》云"惟师尚父，时惟鹰扬，亮彼武王"，孔子曰"敏则有功"，公之谓矣。

于是公乃白内故泗水相丰、虌令邯，与大司徒光、车骑将军舜建定社稷，奉节东迎，皆以功德受封益土，为国名臣。《书》曰："知人则哲，"公之谓也。

公卿咸叹公德，同盛公勋，皆以周公为比，宜赐号安汉公，益封二县，公皆不受。传言申包胥不受存楚之报，晏平仲不受辅齐之封，孔子说"能以礼让为国乎何有？"公之谓也。

将为皇帝定立妃后，有司上名，公女为首，公深辞让，迫不得已然后受诏。父子之亲天性自然，欲其荣贵甚于为身，皇后之尊侔于天子，当时之会千载希有，然而公惟国家之统，捴大福之恩，事事谦退，动而固辞。《书》曰"舜让于德不嗣"，公之谓矣。

自公受策，以至于今，亹亹翼翼，日新其德，增修雅素以命下国，逡俭隆约以矫世俗，割财损家以帅群下，弥躬执平以逮公卿，教子尊学以隆国化。僮奴衣布，马不秣谷，食饮之用，不过凡庶。《诗》云"温温恭人，如集于木"，孔子曰"食无求饱，居无求安"，公之谓矣。

克身自约，籴食逮给，物物印市，日阕亡储。又上书归孝哀皇帝所益封邑，入钱献田，殚尽旧业，为众倡始。于是小大乡和，承风从化，外则王公列侯，内则帷幄侍御，禽然同时，各谒所有，或入金钱，或献田亩，以振贫穷，收赡不足者。昔令尹子文朝不及夕，鲁公仪子不茹园葵，公之谓矣。

开门延士，下及白屋，娄省朝政，综管众治，亲见牧守以下，考迹雅素，审白黑。《诗》云"夙夜匪解，以事一人"，《易》曰"终日乾乾，夕惕若厉"，公之谓矣。

比三世为三公，再奉送大行，秉冢宰职，填安国家，四海辐凑，靡不得所。《书》曰"纳于大麓，列风雷雨不迷"，公之谓矣。

此皆上世之所鲜，禹、稷之所难，而公包其终始，一以贯之，可谓备矣！是以三年之间，化行如神，嘉瑞叠累，岂非陛下知人之效，得贤之致哉！故非独君之受命也，臣之生亦不虚矣。是以伯禹锡玄圭，周公受郊祀，盖以达天之使，不敢擅天之功也。揆公德行，为天下纪；观公功勋，为万世基。基成而赏不配，纪立而褒不副，诚非所以厚国家，顺天心也。

高皇帝褒赏元功，相国萧何邑户既倍，又蒙殊礼，奏事不名，入殿不趋，封其亲属十有余人。乐善无厌，班赏亡遗，苟有一策，即必属之，是故公孙戎位在充郎，选由旄头，一明樊哙，封二千户。孝文皇帝褒赏绛侯，益封万户，赐黄金五千斤。孝武皇帝恤录军功，裂三万户以封卫青，青子三人，或在襁褓，皆为通侯。孝宣皇帝显著霍光，增户命畴，封者三人，延及兄孙。夫绛侯即因汉藩之固，杖朱虚之鲠，依诸将之递，据相扶之势，其事虽丑，要不能遂。霍光即席常任之重，乘大胜之威，未尝遭时不行，陷假离朝，朝之执事，亡非同类，割断历久，统政旷世，虽曰有功，所因亦易，然犹有计策不审过征之累。及至青、戎，摽末之功，一言之劳，然犹皆蒙青山之赏，课功绛、霍，造之与因也；比于青、戎，地之与天也。而公又有宰治之效，乃当上与伯禹、周公等盛齐隆，兼其褒赏，岂特与若云者同日而论哉？然曾不得蒙青等之厚，臣诚惑之！

臣闻功亡原者赏不限，德亡首者褒不检。是故成王之于周公也，度百里之限，越九锡之检，开七百里之宇，兼商、奄之民，赐以附庸殷民六族，大路大旂，封父之繁弱，夏后之璜，祝宗卜史，备物典策，官司彝器，白牡之牲，郊望之礼。王曰："叔父，建尔元子。"子父俱延拜而受之。可谓不检亡原者矣。非特止此，六子皆封。《诗》曰："亡言不仇，亡德不报。"报当如之，不如非报也。近观行事，高祖之约非刘氏不王，然而番君得王长沙，下诏称忠，定著于令，明有大信不拘于制也。春秋晋悼公用魏绛之策，诸夏服从。郑伯献乐，悼公于是以半赐之。绛深辞让，晋侯曰："微子，寡人不能济河。夫赏，国之典，不可废也。子其受之。"魏绛于是有金石之乐，《春秋》善之，取其臣竭忠以辞功，君知臣以遂赏也。今陛下既知公有周公功德，不行成王之褒赏，遂听公之固辞，不顾《春秋》之明义，则民臣何称，万世何述？诚非所以为国也。臣愚以为宜恢公国，令如周公，建立公子，令如伯禽，所赐之品，亦皆如之。诸子之封，皆如六子。即群下较然输忠，黎庶昭然感德。臣诚输忠，民诚感德，则于王事何有？唯陛下深惟祖宗之重，敬畏上天之戒，仪形虞、周之盛，敕尽伯禽之赐，无遴周公之报，令天法有设，后世有祖，天下幸甚！

太后以视群公，群公有议其事，会吕宽事起。

初，莽欲擅权，白太后："前哀帝立，背恩义，自贵外家丁、傅，挠乱国家，几危社稷。今帝以幼年复奉大宗，为成帝后，宜明一统之义，以戒前事，为后代法。"于是遣甄丰奉玺绶，即拜帝母卫姬为中山孝王后，赐帝舅卫宝、宝弟玄爵关内侯，皆留中山，不得至京师。莽子宇，非莽隔绝卫氏，恐帝长大后见怨。宇即私遣人与宝等通书，教令帝母上书求入。语在《卫后传》。莽不听。宇与师吴章及妇兄吕宽议其故，章以为莽不可谏，而好鬼神，可为变怪以惊惧之,章因推类说令归政于卫氏。宇即使宽夜持血洒莽第,门吏发觉之,莽执宇送狱,饮药死。宇妻焉怀子,系狱,须产子已,杀之。莽奏言:"宇为吕宽等所诖误,流言惑众,与管、蔡同罪,臣不敢隐,其诛。"甄邯等白太后下诏曰:"夫唐尧有丹朱,周文王有管、蔡,此皆上圣亡奈下愚子何,以其性不可移也。公居周公之位,辅成王之主,而行管、蔡之诛,不以亲亲害尊尊,朕甚嘉之。昔周公诛四国之后,大化乃成,至于刑错。公其专意翼国,期于致平。"莽因是诛灭卫氏,穷治吕宽之狱,连引郡国豪桀素非议已者,内及敬武公主、梁王立、红阳侯立、平阿侯仁,使者迫守,皆自杀。死者以百数,海内震焉。大司马护军褒奏言:"安汉公遭子宇陷于管、蔡之辜,子爱至重,为帝室故不敢顾私。惟宇遭罪,喟然愤发作书八篇,以戒子孙。宜班郡国,令学官以教授。"事下群公,请令天下吏能诵公戒者,以著官簿,比《孝经》。

四年春,郊祀高祖以配天,宗祀孝文皇帝以配上帝。四月丁未,莽女立为皇后,大赦天下。遣大司徒司直陈崇等八人分行天下,览观风俗。

太保舜等奏言:"《春秋》列功德之义,太上有立德,其次有立功,其次有立言,唯至德大贤然后能之。其在人臣,则生有大赏,终为宗臣,殷之伊尹,周之周公是也。"及民上书者八千余人,咸曰:"伊尹为阿衡,周公为太宰,周公享七子之封,有过上公之赏。宜如陈崇言。"章下有司,有司请"还前所益二县及典邮聚、新野田,采伊尹、周公称号,加公为宰衡,位上公。掾史秩六百石。三公言事,称'敢言之'。群吏毋得与公同名。出从期门二十人,羽林三十人,前后大车十乘。赐公太夫人号曰功显君,食邑二千户,黄金印赤韨。封公子男一人,安为褒新侯,临为赏都侯。加后聘三千七百万,合为一万万,以明大礼。"太后临前殿,亲封拜。安汉公拜前,二子拜后,如周公故事。莽稽首辞让,出奏封事,愿独受母号,还安、临印韨及号位户邑。事下太师光等,皆"赏未足以直功,谦约退让,公之常节,终不可听。"莽求见固让。太后下诏曰:"公每见,叩头流涕固辞,今移病,固当听其让,令视事邪?将当遂行其赏,遣归就第邪?"光等曰:"安、临亲受印韨,策号通天,其义昭昭。黄邮、召陵、新野之田为入尤多,皆止于公,公欲自损以成国化,宜可听许。治平之化当以时成,宰衡之官不可世也。纳征钱,乃以尊皇后,非为公也。功显君户,止身不传。褒新、赏都两国合三千户,甚少矣。忠臣之节,亦宜自屈,而信主上之义。宜遣大司徒、大司空持节承制,诏公亟入视事。诏尚书勿复受公之让奏。"奏可。

莽乃起视事,上书言:"臣以元寿二年六月戊午仓卒之夜,以新都侯引入未央宫;庚申拜为大司马,充三公位;元始元年正月丙辰拜为太傅,赐号安汉公,备四辅官;今年四月甲子复拜为宰衡,位上公。臣莽伏自惟,爵为新都侯,号为安汉公,官为宰衡、太傅、大司马,爵贵、号尊、官重,一身蒙大宠者五,诚非鄙臣所能堪。据元始三年,天下岁已复,官属宜皆置。《穀梁传》曰:'天子之宰,通于四海。'臣愚以为,宰衡官以正百僚平海内为职,而无印信,名实不副。臣莽无兼官之材,今圣朝既过误而用之,臣请御史刻宰衡印章曰:'宰衡太傅大司马印',成,授臣莽,上太傅与大司马之印。"太后诏曰:"可。 載如相国,朕亲临授焉。"莽乃复以所益纳征钱千万,遗与长乐长御奉共养者。太保舜奏言:"天下闻公不受千乘之土,辞万金之币,散财施于千万数,莫不乡化。蜀郡男子路建等辍讼惭怍而退,虽文王却虞,芮何以加!宜报告天下。"奏可。宰衡出,从大车前后各十乘,直事尚书郎、侍御史、谒者、中黄门、期门羽林。宰衡常持节,所止,谒者代持之。宰衡掾史秩六百石,三公称"敢言之"。

是岁,莽奏起明堂、辟雍、灵台,为学者筑舍万区,作市、常满仓,制度甚盛。立《乐经》,益博士员,经各五人。征天下通一艺教授十一人以上,及有逸《礼》、古《书》、《毛诗》、《周官》、《尔雅》、天文、图谶、钟律、月令、兵法、《史篇》文字,通知其意者,皆诣公车。网罗天下异能之士,至者前后千数,皆令记说廷中,将令正乖谬,壹异说云。群臣奏言:"昔周公奉继体之嗣,据上公之尊,然犹七年制度乃定。夫明堂、辟雍,堕废千载莫能兴,今安汉公起于第家,辅翼陛下,四年于兹,功德烂然。公以八月载生魄庚子奉使,朝用书临赋营筑,越若翊辛丑,诸生、庶民大和会,十万众并集,平作二旬,大功毕成。唐、虞发举,成周造业,诚亡以加。宰衡位宜在诸侯王上,赐以束帛加璧,大国乘车、安车各一,骊马二驷。"诏曰:"可。其议九锡之法。"

冬,大风吹长安城东门屋瓦且尽。

五年正月,祫祭明堂,诸侯王二十八人,列侯百二十人,宗室子九百余人,征助祭。礼毕,封孝宣曾孙信等三十六人为列侯,余皆益户赐爵,金、帛之赏各有数。是时,吏民以莽不受新野田而上书者前后四十八万七千五百七十二人,及诸侯、王公、列侯、宗室见者皆叩头言,宜亟加赏于安汉公。于是莽上书曰:"臣以外属,越次备位,未能奉称。伏念圣德纯茂,承天当古,制礼以治民,作乐以移风,四海奔走,百蛮可臻,辞去之日,莫不陨涕。非有款诚,岂可虚致?自诸侯王已下至于吏民,咸知臣莽上与陛下有葭莩之故,又得典职,每归功列德者,辄以臣莽为余言。臣见诸侯面言事于前者,未尝不流汗而惭愧也。虽性愚鄙,至诚自知,德薄位尊,力少任大,夙夜悼栗,常恐污辱圣朝。今天下治平,风俗齐同,百蛮率服,皆陛下圣德所自躬亲,太师光、太保舜等辅德佐治,群卿大夫莫不忠良,故能以五年之间至致此焉。臣莽实无奇策异谋,奉承太后圣诏,宣之于下,不能得什一;受群贤之筹画,而上以闻,不能得什伍。当被无益之辜;所以敢且保首领须臾者,诚上休陛下余光,而下依群公之故也。陛下不忍众言,辄下其章于议者。臣莽前欲立奏止,恐其遂不肯止。今大礼已行,助祭者毕辞,不胜至愿,愿诸章下议皆寝勿上,使臣莽得尽力毕制礼作乐事。事成,以传示天下,与海内平之。即有所闻非,则臣莽当被诖上误朝之罪;如无他谴,得全命赐骸骨归家,避贤者路,是臣之私愿也。惟陛下哀怜财幸!"

甄邯等白太后,诏曰:"可,惟公功德光于天下,是以诸侯、王公、列侯、宗室、诸生、吏民翕然同辞,连守阙庭,故下其章。诸侯、宗室辞去之日,复见前重陈,虽晓喻罢遣,犹不肯去。告以孟夏将行厥赏,莫不欢悦,称万岁而退。今公每见，辄流涕叩头言愿不受赏，赏即加不敢当位。方制作未定，事须公而决，故且听公。制作毕成，群公以闻。究于前议，其九锡礼仪亟奏。"

于是公卿大夫、博士、议郎、列侯张纯等九百二人皆曰："圣帝明王招贤劝能，德盛者位高，功大者赏厚。故宗臣有九命上公之尊，则有九锡登等之宠。今九族亲睦，百姓既章，万国和协，黎民时雍，圣瑞毕溱，太平已洽。帝者之盛莫隆于唐、虞，而陛下任之；忠臣茂功莫著于伊、周，而宰衡配之。所谓异时而兴，如合符者也。谨以《六艺》通义，经文所见，《周官》《礼记》宜于今者，为九命之锡。臣请命锡。"奏可。策曰：

惟元始五年五月庚寅，太皇太后临于前殿，延登，亲诏之曰："公进，虚听朕言。前公宿卫孝成皇帝十有六年，纳策尽忠，白诛故定陵侯淳于长，以弭乱发奸，登大司马，职在内辅。孝哀皇帝即位，骄妾窥欲，奸臣萌动，公手劾高昌侯董宏，改正故定陶共王母之僭坐。自是之后，朝臣论议，靡不据经。以病辞位，归于第家，为贼臣所陷。就国之后，孝哀皇帝觉寤，复还公长安，临病加剧，犹不忘公，复特进位。是夜仓卒，国无储主，奸臣充朝，危殆甚矣。朕惟定国之计莫宜于公，引纳于朝，即日罢退高安侯董贤，转漏之间，忠策辄建，纲纪咸张。绥和、元寿，再遭大行，万事毕举，祸乱不作。辅朕五年，人伦之本正，天地之位定。钦承神祇，经纬四时，复千载之废，矫百世之失，天下和会，大众方辑。《诗》之灵台，《书》之作雒，镐京之制，商邑之度，于今复兴。昭章先帝之元功，明著祖宗之令德，推显严父配天之义，修立郊禘宗祀之礼，以光大孝。是以四海雍雍，万国慕义，蛮夷殊俗，不召自至，渐化端冕，奉珍助祭。寻旧本道，遵术重古，动而有成，事得厥中，至德要道，通于神明，祖考嘉享。光耀显章，天符仍臻，元气大同。麟凤龟龙，众祥之瑞，七百有余。遂制礼作乐，有绥靖宗庙社稷之大勋。普天之下，惟公是赖，官在宰衡，位为上公。今加九命之锡，其以助祭，共文武之职，乃遂及厥祖。於戏，岂不休哉！

于是莽稽首再拜，受绿韍衮冕衣裳，瑒琫瑒珌，句履，鸾路乘马，龙旂九旒，皮弁素积，戎路乘马，彤弓矢、卢弓矢，左建朱钺，右建金戚，甲胄一具，秬鬯二卣，圭瓒二，九命青玉珪二，朱户纳陛。署宗官、祝官、卜官、史官，虎贲三百人，家令丞各一人，宗、祝、卜、史官皆置啬夫，佐安汉公。在中府外第，虎贲为门卫，当出入者傅籍。自四辅、三公有事府第，皆用传。以楚王邸为安汉公第，大缮治，通周卫。祖祢庙及寝皆为朱户纳陛。陈崇又奏："安汉公祠祖祢，出城门，城门校尉宜将骑士从，入有门卫，出有骑士，所以重国也。"奏可。

其秋，莽以皇后有子孙瑞，通子午道。子午道从杜陵直绝南山，径汉中。

风俗使者八人还，言天下风俗齐同，诈为郡国造歌谣，颂功德，凡三万言。莽奏定著令。又奏为市无二贾，官无狱讼，邑无盗贼，野无饥民，道不拾遗，男女异路之制，犯者象刑。刘歆、陈崇等十二人皆以治明堂，宣教化，封为列侯。

莽既致太平，北化匈奴，东致海外，南怀黄支，唯西方未有加。乃遣中郎将平宪等多持金币诱塞外羌，使献地，愿内属。宪等奏言："羌豪良愿等种，人口可万二千人，愿为内臣，献鲜水海、允谷盐池，平地美草皆予汉民，自居险阻处为藩蔽。问良愿降意，对曰：'太皇太后圣明，安汉公至仁，天下太平，五谷成熟，或禾长丈余，或一粟三米，或不种自生，或茧不蚕自成，甘露从天下，醴泉自地出，凤皇来仪，神爵降集。从四岁以来，羌人无所疾苦，故思乐内属。'宜以时处业，置属国领护。"事下莽，莽复奏曰："太后秉统数年，恩泽洋溢，和气四塞，绝域殊俗，靡不慕义。越裳氏重译献白雉，黄支自三万里贡生犀，东夷王度大海奉国珍，匈奴单于顺制作，去二名，今西域良愿等复举地为臣妾，昔唐尧横被四表，亦亡以加之。今谨案已有东海、南海、北海郡，未有西海郡，请受良愿等所献地为西海郡。臣又闻圣王序天文，定地理，因山川民俗以制州界。汉家地广二帝、三王，凡十二州，州名及界多不应经。《尧典》十有二州，后定为九州。汉家廓地辽远，州牧行部，远者三万余里，不可为九。谨以经义正十二州名分界，以应正始。"奏可。又增法五十条，犯者徙之西海。徙者以千万数，民始怨矣。

泉陵侯刘庆上书言："周成王幼少，称孺子，周公居摄。今帝富于春秋，宜令安汉公行天子事，如周公。"群臣皆曰："宜如庆言。"

冬，荧惑入月中。

平帝疾，莽作策，请命于泰畤，戴璧秉圭，愿以身代。藏策金縢，置于前殿，敕诸公勿敢言。十二月，平帝崩，大赦天下。莽征明礼者宗伯凤等与定天下吏六百石以上皆服丧三年。奏尊孝成庙曰统宗，孝平庙曰元宗。时元帝世绝，而宣帝曾孙有见王五人，列侯广戚侯显等四十八人，莽恶其长大，曰："兄弟不得相为后。"乃选玄孙中最幼广戚侯子婴，年二岁，托以为卜相最吉。

是月，前辉光谢嚣奏武功长孟通浚井得白石，上圆下方，有丹书著石，文曰"告安汉公莽为皇帝"。符命之起，自此始矣。莽使群公以白太后，太后曰："此诬罔天下，不可施行！"太保舜谓太后："事已如此，无可奈何，沮之力不能止。又莽非敢有它，但欲称摄以重其权，填服天下耳。"太后听许。舜等即共令太后下诏曰："盖闻天生众民，不能相治，为之立君以统理之。君年幼稚，必有寄托而居摄焉，然后能奉天施而成地化，群生茂育。《书》不云乎？'天工，人其代之。'朕以孝平皇帝幼年，且统国政，几加元服，委政而属之。今短命而崩，呜呼哀哉！已使有司征孝宣皇帝玄孙二十三人，差度宜者，以嗣孝平皇帝之后。玄孙年在襁褓，不得至德君子，孰能安之？安汉公莽辅政三世，比遭际会，安光汉室，遂同殊风，至于制作，与周公异世同符。今前辉光嚣、武功长通上言丹石之符，朕深思厥意，云'为皇帝'者，乃摄行皇帝之事也。夫有法成易，非圣人者亡法。其令安汉公居摄践祚，如周公故事，以武功县为安汉公采地，名曰汉光邑。具礼仪奏。"

于是群臣奏言："太后圣德昭然,深见天意,诏令安汉公居摄。臣闻周成王幼少,周道未成,成王不能共事天地,修文、武之烈。周公权而居摄,则周道成,王室安;不居摄,则恐周队失天命。《书》曰:'我嗣事子孙,大不克共上下,遏失前人光,在家不知命不易。天应棐谌,乃亡队命。'说曰:周公服天子之冕,南面而朝群臣,发号施令,常称王命。召公贤人,不知圣人之意,故不说也。《礼·明堂记》曰:'周公朝诸侯于明堂,天子负斧依南面而立。'谓'周公践天子位,六年朝诸侯,制礼作乐,而天下大服'也。召公不说。时武王崩,缞粗未除。由是言之,周公始摄则居天子之位,非乃六年而践阼也。《书》逸《嘉禾篇》曰:'周公奉鬯立于阼阶,延登,赞曰:'假王莅政,勤和天下。'此周公摄政,赞者所称。成王加元服,周公则致政。《书》曰:'朕复子明辟',周公常称王命,专行不报,故言我复子明君也。臣请安汉公居摄践祚,服天子韨冕,背斧依于户牖之间,南面朝群臣,听政事。车服出入警跸,民臣称臣妾,皆如天子之制。郊祀天地,宗祀明堂,共祀宗庙,享祭群神,赞曰'假皇帝',民臣谓之'摄皇帝',自称曰'予'。平决朝事,常以皇帝之诏称'制',以奉顺皇天之心,辅翼汉室,保安孝平皇帝之幼嗣,遂寄托之义,隆治平之化。其朝见太皇太后、帝皇后,皆复臣节,自施政教于其宫家国采,如诸侯礼仪故事。臣昧死请。"太后诏曰:"可。"明年,改元曰"居摄"。

居摄元年正月,莽祀上帝于南郊,迎春于东郊,行大射礼于明堂,养三老五更,成礼而去。置柱下五史,秩如御史,听政事,侍旁记疏言行。

三月己丑,立宣帝玄孙婴为皇太子,号曰孺子。以王舜为太傅左辅,甄丰为太阿右拂,甄邯为太保后承。又置四少,秩皆二千石。

四月,安众侯刘崇与相张绍谋曰:"安汉公莽专制朝政,必危刘氏。天下非之者,乃莫敢先举,此宗室耻也。吾帅宗族为先,海内必和。"绍等从者百余人,遂进攻宛,不得入而败。绍者,张竦之从兄也。竦与崇族父刘嘉诣阙自归,莽赦弗罪。竦因为嘉作奏曰:

建平、元寿之间,大统几绝,宗室几弃。赖蒙陛下圣德,扶服振救,遮扞匡卫,国命复延,宗室明目。临朝统政,发号施令,动以宗室为始,登用九族为先。并录支亲,建立王侯,南面之孤,计以百数。收复绝属,存亡续废,得比肩首,复为人者,嫔然成行,所以藩汉国,辅汉宗也。建辟雍,立明堂,班天法,流圣化,朝群后,昭文德,宗室诸侯,咸益土地。天下喁喁,引领而叹,颂声洋洋,满耳而入。国家所以服此美,膺此名,飨此福,受此荣者,岂非大皇太后日昃之思,陛下夕惕之念哉!何谓?乱则统其理,危则安其安,祸则引其福,绝则继其统,幼则代其任,晨夜屑屑,寒暑勤勤,无时休息,孳孳不已者,凡以为天下,厚刘氏也。

臣无愚智,民无男女,皆谕至意。而安众侯崇乃独怀悖惑之心,操畔逆之虑,兴兵动众,欲危宗庙,恶不忍闻,罪不容诛,诚臣子之仇,宗室之仇,国家之贼,天下之害也。是故亲属震落而告其罪,民人溃畔而弃其兵,进不跬步,退伏其殃。百岁之母,孩提之子,同时断斩,悬头竿杪,珠珥在耳,首饰犹存,为计若此,岂不悖哉!

臣闻古者畔逆之国,既以诛讨,则猪其宫室以为污池,纳垢浊焉,名曰凶虚,虽生菜茹,而人不食。四墙其社,覆上栈下,示不得通。辨社诸侯,出门见之,著以为戒。方今天下闻崇之反也,咸欲骞衣手剑而叱之。其先至者,则拂其颈,冲其匈,刃其躯,切其肌;后至者,欲拨其门,仆其墙,夷其屋,焚其器,应声涤地,则时成创。而宗室尤甚,言必切齿焉。何则?以其背畔恩义,而不知重德之所在也。宗室所居或远,嘉幸得先闻,不胜愤愤之愿,愿为宗室倡始,父子兄弟负笼荷锸,驰之南阳,猪崇宫室,令如古制。及崇社宜如亳社,以赐诸侯,用永监戒。愿下四辅公卿大夫议,以明好恶,视四方。

于是莽大说。公卿曰:"皆宜如嘉言。"莽白太后下诏曰:"惟嘉父子兄弟,虽与崇有属,不敢阿私,或见萌牙,相率告之,及其祸成,同共仇之,应合古制,忠孝著焉。其以杜衍户千封嘉为帅礼侯,嘉子七人皆赐,爵关内侯。"后又封竦为淑德侯。长安为之语曰:"欲求封,过张伯松;力战斗,不如巧为奏。"莽又封南阳吏民有功者百余人,污池刘崇室宅。后谋反者,皆污池云。

群臣复白:"刘崇等谋逆者,以莽权轻也。宜尊重以填海内。"五月甲辰,太后诏莽朝见太后称"假皇帝"。

冬十月丙辰朔,日有食之。

十二月,群臣奏请:"益安汉公宫及家吏,置率更令,庙、厩、厨长丞,中庶子,虎贲以下百余人,又置卫士三百人。安汉公庐为摄省,府为摄殿,第为摄宫。"奏可。

莽白太后下诏曰:"故太师光虽前薨,功效已列。太保舜、大司空丰、轻车将军邯、步兵将军建皆为诱进单于筹策,又典灵台、明堂、辟雍、四郊,定制度,开子午道,与宰衡同心说德,合意并力,功德茂著。封舜子匡同心侯,林为说德侯,光孙寿为合意侯,丰孙匡为并力侯。益邯、建各三千户。"

是岁,西羌庞恬、傅幡等怨莽夺其地作西海郡,反攻四海太守程永,永奔走。莽诛永,遣护羌校尉窦况击之。

二年春,窦况等击破西羌。

五月,更造货:错刀,一直五千;契刀,一直五百;大钱,一直五十,与五铢钱并行。民多盗铸者。禁列侯以下不得挟黄金,输御府受直,然卒不与直。

九月,东郡太守翟义都试,勒车骑,因发奔命,立严乡侯刘信为天子,移檄郡国,言莽"毒杀平帝,摄天子位,欲绝汉室,今共行天罚诛莽"。郡国疑惑,众十余万。莽惶惧不能食,昼夜抱孺子告祷郊庙,放《大诰》作策,遣谏大夫桓谭等班于天下,谕以摄位当反政孺子之意,遣王邑、孙建等八将军击义,分屯诸关,守厄塞。槐里男子赵明、霍鸿等起兵,以和翟义,相与谋曰:"诸将精兵悉东,京师空,可攻长安。"众稍多,至且十万人,莽恐,遣将军王奇、王级将兵拒之。以太保甄邯为大将军,受钺高庙,领天下兵,左杖节,右把钺,屯城外。王舜、甄丰昼夜循行殿中。

十二月,王邑等破翟义于圉。司威陈崇使监军上书言:"陛下奉天洪范,心合宝龟,膺受元命,豫知成败,咸应兆占,是谓配天。配天之主,虑则移气,言则动物,施则成化。臣崇伏读诏书下日,窃计其时,圣思始发,而反虏仍破;诏文始书,反虏大败;制书始下,反虏毕斩,众将未及齐其锋芒,臣崇未及尽其愚虑,而事已决矣。"莽大说。

三年春,地震。大赦天下。

王邑等还京师,西与王级等合明、鸿,皆破灭,语在《翟义传》。莽大置酒未央宫白虎殿,劳赐将帅。诏陈崇治校军功,第其高下。莽乃上奏曰:"明圣之世,国多贤人,故唐、虞之时,可比屋而封,至功成事就,则加赏焉。至于夏后涂山之会,执玉帛者万国,诸侯执玉,附庸执帛。周武王孟津之上,尚有八百诸侯。周公居摄,郊祀后稷以配天,宗祀文王于明堂以配上帝,是以四海之内各以其职来祭,盖诸侯千八百矣。《礼记·王制》千七百余国,是以孔子著《孝经》曰:'不敢遗小国之臣,而况于公、侯、伯、子、男乎?故得万国之欢心以事其先王。'此天子之孝也。秦为亡道,残灭诸侯以为郡县,欲擅天下之利,故二世而亡。高皇帝受命除残,考功施赏,建国数百,后稍衰微,其余仅存。太皇太后躬统大纲,广封功德以劝善,兴灭继绝以永世,是以大化流通,旦暮且成。遭羌寇害西海郡,反虏流言东郡,逆贼惑众西土,忠臣孝子莫不奋怒,所征殄灭,尽备厥辜,天下咸宁。今制礼作乐,实考周爵五等,地四等,有明文;殷爵三等,有其说,无其文。孔子曰:'周监于二代,郁郁乎文哉!吾从周。'孔请诸将帅当受爵邑者爵五等,地四等。"奏可。于是封者高为侯、伯,次为子、男,当赐爵关内侯者更名曰附城,凡数百人。击西海以"羌"为号,槐里以"武"为号,翟义以"虏"为号。

群臣复奏言:"太后修功录德,远者千载,近者当世,或以文封,或以武爵,深浅大小,靡不毕举。今摄皇帝背依践阼,宜异于宰国之时,制作虽未毕已,宜进二子爵皆为公。《春秋》'善善及子孙','贤者之后,宜有土地'。成王广封周公庶子六人,皆有茅土,及汉家名相大将萧、霍之属,咸及支庶。兄子光,可先封为列侯;诸孙,制度毕已,大司徒、大司空上名,如前诏书。"太后诏曰:"进摄皇帝子褒新侯安为新举公,赏都侯临为褒新公,封光为衍功侯。"是时,莽还归新都国,群臣复白以封莽孙宗为新都侯。莽既灭翟义,自谓威德日盛,获天人助,遂谋即真之事矣。

九月,莽母功显君死,意不在哀,令太后诏议其服。少阿、羲和刘歆与博士诸儒七十八人皆曰:"居摄之义,所以统立天功,兴崇帝道,成就法度,安辑海内也。昔殷成汤既没,而太子早夭,其子太甲幼少不明,伊尹放诸桐宫而居摄,以兴殷道。周武王既没,周道未成,成王幼少,周公屏成王而居摄,以成周道。是以殷有翼翼之化,周有刑错之功。今太皇太后比遭家之不造,委任安汉公宰尹群僚,衡平天下。遭孺子幼少,未能共上下,皇天降瑞,出丹石之符,是以太皇太后则天明命,诏安汉公居摄践阼,将以成圣汉之业,与唐、虞三代比隆也。摄皇帝遂开秘府,会群

儒,制礼作乐,卒定庶官,茂成天功。圣心周悉,发得周礼,以明因监,则天稽古,而损益焉,犹仲尼之闻《韶》,日月之不可阶,非圣哲之至,孰能若兹!纲纪咸张,成在一匮,此其所以保佑圣汉,安靖元元之效也。今功显君薨,《礼》'庶子为后,为其母缌。'传曰:'与尊者为体,不敢服其私亲也。'摄皇帝以圣德承皇天之命,受太后之诏居摄践阼,奉汉大宗之后,上有天地社稷之重,下有元元万机之忧,不得顾其私亲。故太皇太后建厥元孙,俾侯新都,为哀侯后。明摄皇帝与尊者为体,承宗庙之祭,奉共养太皇太后,不得服其私亲也。《周礼》曰'王为诸侯缌缞','弁而加环绖',同姓则麻,异姓则葛。摄皇帝当为功显君缌缞,弁而加麻环绖,如天子吊诸侯服,以应圣制。"莽遂行焉,凡一吊再会,而令新都侯宗为主,服丧三年云。

司威陈崇奏,衍功侯光私报执金吾窦况,令杀人,况为收系,致其法。莽大怒,切责光。光母曰:"女自视孰与长孙、中孙?"遂母子自杀,及况皆死。初,莽以事母、养嫂、抚兄子为名,及后悖虐,复以示公义焉。令光子嘉嗣爵为侯。

莽下书曰:"㠓密之义,讫于季冬,正月郊祀,八音当奏。王公卿士,乐凡几等?五声八音,条各云何?其与所部儒生各尽精思,悉陈其义。"

是岁,广饶侯刘京,车骑将军千人扈云、太保属臧鸿奏符命。京言齐郡新井,云言巴郡石牛,鸿言扶风雍石,莽皆迎受。十一月甲子,莽上奏太后曰:

陛下至圣,遭家不造,遇汉十二世三七之厄,承天威命,诏臣莽居摄,受孺子之托,任天下之寄。臣莽兢兢业业,惧于不称。宗室广饶侯刘京上书言:"七月中,齐郡临淄县昌兴亭长辛当一暮数梦,曰:'吾,天公使也。天公使我告亭长曰:摄皇帝当为真。即不信我,此亭中当有新井。'亭长晨起视亭中,诚有新井,入地且百尺。"十一月壬子,直建冬至,巴郡石牛,戊午,雍石文,皆到于未央宫之前殿。臣与太保安阳侯舜等视,天风起,尘冥,风止,得铜符帛图于石前,文曰:"天告帝符,献者封侯。承天命,用神令。"骑都尉崔发等视说。及前孝哀皇帝建平二年六月甲子下诏书,更为太初元将元年,案其本事,甘忠可、夏贺良谶书臧兰台。臣莽以为元将元年者,大将居摄改元之文也。于今信矣。《尚书·康诰》"王若曰:'孟侯,朕其弟,小子封。'"此周公居摄称王之文也。《春秋》隐公不言即位,摄也。此二经周公、孔子所定,盖为后法。孔子曰:"畏天命,畏大人,畏圣人之言。"臣莽敢不承用!臣请共事神祇宗庙,奏言太皇太后、孝平皇后,皆称假皇帝。其号令天下,天下奏言事,毋言"摄"。以居摄三年为初始元年,漏刻以百二十为度,用应天命。臣莽夙夜养育隆就孺子,令与周之成王比德,宣明太皇太后威德于万方,期于富而教之,孺子加元服,复子明辟,如周公故事。

奏可。众庶知其奉符命,指意群臣博议别奏,以视即真之渐矣。

期门郎张充等六人谋共劫莽,立楚王。发觉,诛死。

梓潼人哀章,学问长安,素无行,好为大言,见莽居

摄，即作铜匮，为两检，置其一曰"天帝行玺金匮图"，其一署曰"赤帝行玺某传予黄帝金策书'。某者，高皇帝名也。书言王莽为真天子，皇太后如天命。图书皆书莽大臣八人，又取令名王兴、王盛，章因自窜姓名，凡为十一人，皆署官爵，为辅佐。章闻齐井、石牛事下，即日昏时，衣黄衣，持匮至高庙，以付仆射。仆射以闻。戊辰，莽至高庙拜受金匮神嬗。御王冠，谒太后，还坐未央宫前殿，下书曰："予以不德，托于皇初祖考黄帝之后，皇始祖考虞帝之苗裔，而太皇太后之末属。皇天上帝隆显大佑，成命统序，符契图文，金匮策书，神明诏告，属以天下兆民。赤帝汉氏高皇帝之灵？承天命，传国金策之书，予甚祗畏，敢不钦受！以戊辰直定，御王冠，即真天子位，定有天下之号曰'新'。其改正朔，易服色，变牺牲，殊徽帜，异器制。以十二月朔癸酉为建国元年正月之朔，以鸡鸣为时。服色配德上黄，牺牲应正用白，使节之旄幡皆纯黄，其署曰'新使五威节'，以承皇天上帝威命也。"

卷九十九中　王莽传第六十九中

始建国元年正月朔，莽帅公侯卿士奉皇太后玺韨，上太皇太后，顺符命，去汉号焉。

初，莽妻宜春侯王氏女，立为皇后。本生四男：宇、获、安、临。二子前诛死，安颇荒忽，乃以临为皇太子，安为新嘉辟，封宇子六人：千为功隆公，寿为功明公，吉为功成公，宗为功崇公，世为功昭公，利为功著公。大赦天下。

莽乃策命孺子曰："咨尔婴，昔皇天右乃太祖，历世十二，享国二百一十载，历数在于予躬。《诗》不云乎？'侯服于周，天命靡常。'封尔为定安公，永为新室宾。於戏！敬天之休，往践乃位，毋废予命。"又曰："其以平原、安德、漯阴、鬲、重丘，凡户万，地方百里，为定安公国。立汉祖宗之庙于其国，与周后并，行其正朔、服色。世世以事其祖宗，永以命德茂功，享历代之祀焉。以孝平皇后为定安太后。"读策毕，莽亲执孺子手，流涕歔欷，曰："昔周公摄位，终得复子明辟，今予独迫皇天威命，不得如意！"哀叹良久。中傅将孺子下殿，北面而称臣。百僚陪位，莫不感动。

又按金匮，辅臣皆封拜。以太傅、左辅、骠骑将军安阳侯王舜为太师，封安新公；大司徒就德侯平晏为太傅，就新公；少阿、羲和、京兆尹、红休侯刘歆为国师，嘉新公；广汉梓潼哀章为国将，美新公；是为四辅，位上公。太保、后承承阳侯甄邯为大司马，承新公；丕进侯王寻为大司徒，章新公；步兵将军成都侯王邑为大司空，隆新公；是为三公。大阿、右拂、大司空、卫将军广阳侯甄丰为更始将军，广新公；京兆王兴为卫将军，奉新公；轻车将军成武侯孙建为立国将军，成新公；京兆王盛为前将军，崇新公；是为四将。凡十一公。王兴者，故城门令史。王盛者，卖饼。莽按符命求得此姓名十余人，两人容貌应卜相，径从布衣登用，以视神焉。余皆拜为郎。是日，封拜卿大夫、侍中、尚书官凡数百人。诸刘为郡守，皆徙为谏大夫。

改明光宫为定安馆，定安太后居之。以故大鸿胪府为定安公第，皆置门卫使者监领。敇阿乳母不得与语，常在四壁中，至于长大，不能名六畜。后莽以女孙宇子妻之。

莽策群司曰："岁星司肃，东岳太师典致时雨，青炜登平，考景以晷。荧惑司哲，南岳太傅典致时奥，赤炜颂平，考声以律。太白司艾，西岳国师典致时阳，白炜象平，考量以铨。辰星司谋，北岳国将典致时寒，玄炜和平，考星以漏。月刑元股左，司马典致武应，考方法矩，主司天文，钦若昊天，敬授民时，力来农事，以丰年谷。日德元肱右，司徒典致文瑞，考圜合规，主司人道，五教是辅，帅民承上，宣美风俗，五品乃训。斗平元心中，司空典致物图，考度以绳，主司地里，平治水土，掌名山川，众殖鸟兽，蕃茂草木。"各策命以其职，如典诰之文。

置大司马司允，大司徒司直，大司空司若，位皆孤卿。更名大司农曰羲和，后更为纳言，大理曰作士，太常曰秩宗，大鸿胪曰典乐，少府曰共工，水衡都尉曰予虞，与三公司卿凡九卿，分属三公。每一卿置大夫三人，一大夫置元士三人，凡二十七大夫，八十一元士，分主中都官诸职。更名光禄勋曰司中，太仆曰太御，卫尉曰太卫，执金吾曰奋武，中尉曰军正，又置大赘官，主乘舆服御物，后又典兵秩，位皆上卿，号曰六监。改郡太守曰大尹，都尉曰太尉，县令长曰宰，御史曰执法，公车司马曰王路四门，长乐宫曰常乐室，未央宫曰寿成室，前殿曰王路堂，长安曰常安。更名秩百石曰庶士，三百石曰下士，四百石曰中士，五百石曰命士，六百石曰元士，千石曰下大夫，比二千石曰中大夫，二千石曰上大夫，中二千石曰卿。车服黻冕，各有差品。又置司恭、司徒、司明、司聪、司中大夫及诵诗工、彻膳宰，以司过"策曰："予闻上圣欲昭厥德，罔不慎修厥身，用绥于远，是用建尔司于五事。毋隐尤，毋将虚，好恶不愆，立于厥中。於戏，勖哉！"令王路设进善之旌，非谤之木，敢谏之鼓。谏大夫四人常坐王路门受言事者。

封王氏齐缞之属为侯，大功为伯，小功为子，缌麻为男，其女皆为任。男以"睦"、女以"隆"为号焉，皆缓印韨。令诸侯立太夫人，夫人、世子，亦受印韨。

又曰："天无二日，土无二王，百王不易之道也。汉氏诸侯或称王，至于四夷亦如之，违于古典，缪于一统。其定诸侯王之号皆称公，及四夷僭号称王者皆更为侯。"

又曰："帝王之道，相因而通；盛德之祚，百世享祀。予惟黄帝、帝少昊，帝颛顼、帝喾、帝尧、帝舜、帝夏禹、皋陶、伊尹咸有圣德，假于皇天，功烈巍巍，光施于远。予甚嘉之，营求其后，将祚厥祀。"惟王氏，虞帝之后也，出自帝喾；刘氏，尧之后也，出自颛顼。于是封姚恂为初睦侯，奉黄帝后；梁护为修远伯，奉少昊后；皇孙功隆公千，奉帝喾后；刘歆为祁烈伯，奉颛顼后；国师刘歆子叠为伊休侯，奉尧后；妫昌为始睦侯，奉虞帝后；山遵为褒谋子，奉皋陶后；伊玄为褒衡子，奉伊尹后。汉后定安公刘婴，位为宾。周后卫公姬党，更封为章平公，亦为宾。殷后宋公孔弘，运转次移，更封为章昭侯，位为恪。夏后辽西姒丰，封为章功侯，亦为恪。四代古宗，宗祀于明堂，以配皇始祖考虞帝。周公后褒鲁子姬就，宣尼公后褒成子孔钧，已前定焉。

莽又曰："予前在摄时，建郊宫，定桃庙，立社稷，神祇报况，或光自上下复于下，流为乌，或黄气熏烝，昭耀章明，以著黄、虞之烈焉。自黄帝至于济南伯王，而祖世氏姓有五矣。黄帝二十五子，分赐厥姓十有二氏。虞帝之先，受姓曰姚，其在陶唐曰妫，在周曰陈，在齐曰田，在济南曰王。予伏念皇初祖考黄帝，皇始祖考虞帝，以宗祀于明堂，宜序于祖宗之亲庙。其立祖庙五，亲庙四，后夫人皆配食。郊祀黄帝以配天，黄后以配地。以新都侯东弟为大祃，岁时以祀。家之所尚，种祀天下。姚、妫、陈、田、王氏凡五姓者，皆黄、虞苗裔，予之同族也。《书》不云乎？'惇序九族'。其令天下上此五姓名籍于秩宗，皆以为宗室。世世复，无有所与。其元城王氏，勿令相嫁娶，以别族理亲焉。"封陈崇为统睦侯，奉胡王后；田丰为世睦侯，奉敬王后。天下牧守皆以前有翟义、赵明等领州郡，怀忠孝，封牧为男，守为附城。又封旧恩戴崇、金涉、箕闳、杨并等子皆为男。遣骑都尉嚣等分治黄帝园位于上都桥畤，虞帝于零陵九疑，胡王于淮阳陈，敬王于齐临淄，愍王于城阳莒，伯王于济南东平陵，孺王于魏郡元城，使者四时致祠。其庙当作者，以天下初定，且祫祭于明堂太庙。

以汉高庙为文祖庙。莽曰："予之皇始祖考虞帝受禅于唐，汉氏初祖唐帝，世有传国之象，予复亲受金策于汉高皇帝之灵。惟思褒厚前代，何有忘时？汉氏祖宗有七，以礼立庙于定安国。其园寝庙在京师者，勿罢，祠荐如故。予以秋九月亲入汉氏高、元、成、平之庙。诸刘更属籍京兆尹，勿解其复，各终厥身，州牧数存问，勿令有侵冤。"

又曰："予前在大麓，至于摄假，深惟汉氏三七之厄，赤德气尽，思索广求，所以辅刘延期之术，靡所不用，以故作金刀之利，几以济之。然自孔子作《春秋》以为后王法，至于哀之十四而一代毕，协之于今，亦哀之十四也。赤世计尽，终不可强济。皇天明威，黄德当兴，隆显大命，属予天下。今百姓咸言皇天革汉而立新，废刘而兴王。夫'刘'之为字'卯、金、刀'也，正月刚卯，金刀之利，皆不得行。博谋卿士，佥曰天人同应，昭然著明。其去刚卯莫以为佩，除刀钱勿以为利，承顺天心，快百姓意。"乃更作小钱，径六分，重一铢，文曰"小钱直一"，与前"大钱五十"者为二品，并行。欲防民盗铸，乃禁不得挟铜炭。

四月，徐乡侯刘快结党数千人起兵于其国。快兄殷，故汉胶东王，时改为扶崇公。快举兵攻即墨，殷闭城门，自系狱。吏民距快，快败走，至长广死。莽曰："昔予之祖济南愍王困十燕寇，自齐临淄出保于莒。宗人田单广设奇谋，获杀燕将，复立齐国。今即墨士大夫复同心殄灭反虏，予甚嘉其忠者，怜其无辜，其赦殷等，非快之妻子它亲属当坐者皆勿治。吊问死伤，赐亡者葬钱，人五万。殷知大命，深疾恶快，以故辄伏厥辜。其满殷国户万，地方百里。"又封符命臣十余人。

莽曰："古者，设庐井八家，一夫一妇田百亩，什一而税，则国给民富而颂声作。此唐、虞之道，三代所遵行也。秦为无道，厚赋税以自供奉，罢民力以极欲，坏圣制，废井田，是以兼并起，贪鄙生，强者规田以千数，弱者曾无立锥之居，又置奴婢之市，与牛马同兰，制于民臣，专断其命。奸虐之人因缘为利，至略卖人妻子，逆天心，悖人伦，缪于'天地之性人为贵'之义。《书》曰'予则奴戮女'，唯不用命者，然后被此辜矣。汉氏减轻田租，三十而税一，常有更赋，罢癃咸出，而豪民侵陵，分田劫假。厥名三十税一，实什税五也。父子夫妇终年耕芸，所得不足以自存。故富者犬马余菽粟，骄而为邪；贫者不厌糟糠，穷而为奸。俱陷于辜，刑用不错。予前在大麓，始令天下公田口井，时则有嘉禾之祥，遭反虏逆贼且止。今更名天下田曰'王田'，奴婢曰'私属'，皆不得卖买。其男口不盈八，而田过一井者，分余田予九族邻里乡党。故无田，今当受田者，如制度。敢有非井田圣制，无法惑众者，投诸四裔，以御魑魅，如皇始祖考虞帝故事。"

是时，百姓便安汉五铢钱，以莽钱大小两行难知，又数变改不信，皆私以五铢钱市买。讹言大钱当罢，莫肯挟。莽患之，复下书："诸挟五铢钱，言大钱当罢者，比非井田制，投四裔。"于是农商失业，食货俱废，民人至涕泣于市道。及坐卖买田宅、奴婢，铸钱，自诸侯、卿、大夫至于庶民，抵罪者不可胜数。

秋，遣五威将王奇等十二人班《符命》四十二篇于天下。德祥五事，符命二十五，福应十二，凡四十二篇。其德祥言文、宣之世黄龙见于成纪、新都，高祖考王伯墓门梓柱生枝叶之属。符命言井石、金匮之属。福应言雌鸡化为雄之属。其文尔雅依托，皆以作说，大归言莽当代汉有天下云。总而说之曰："帝王受命，必有德祥之符端，协成五命，申以福应，然后能立巍巍之功，传于子孙，永享无穷之祚。故新室之兴也，德祥发于汉三七九世之后。肇命于新都，受瑞于黄支，开王于武功，定命于子同，成命于巴宕，申福于十二应，天所以保祐新室者深矣，固矣！武功丹石出于汉氏平帝末年，火德销尽，土德当代，皇天眷然，去汉与新，以丹石始命于皇帝。皇帝谦让，以摄居之，未当天意，故其秋七月，天重以三能文马。皇帝复谦让，未即位，故三以铁契，四以石龟，五以虞符，六以文圭，七以玄印，八以茂陵石书，九以玄龙石，十以神井，十一以大神石，十二以铜符帛图。申命之瑞，寖以显著，至于十二，以昭告新皇帝。皇帝深惟上天之威不可不畏，故去摄号，犹尚称假，改元为初始，欲以承塞天命，克厌上帝之心。然非皇天所以郑重降符命之意，故是日天复决以龟书。又侍郎王盱见人衣白布单衣，赤缋方领，冠小冠，立于王路殿前，谓盱曰：'今日天同色，以天下人民属皇帝。'盱怪之，行十余步，人忽不见。至丙寅暮，汉氏高庙有金匮图策：'高帝承天命，以国传新皇帝。'明旦，宗伯忠孝侯刘宏以闻，乃召公卿议，未决，而大神石人谈曰：'趣新皇帝之高庙受命，毋留！'于是新皇帝立登车，之汉氏高庙受命。受命之日，丁卯也。丁，火，汉氏之德也。卯，刘姓所以为字也。明汉刘火德尽，而传于新室也。皇帝谦，既备固让，十二符应迫著，命不可辞，惧然祗畏，韦然闵汉氏之终不可济，亹亹在左右之不得从意，为之三夜不御寝，三日不御食。延问公侯卿大夫，佥曰：'宜奉如上天威命。'于是乃改元定号，海内更始。新室既定，神祇欢喜，申以福应，吉瑞累仍。《诗》曰：'宜民宜人，受禄于天；保右命之，自天申之。'此之谓也。"五威将奉《符命》,赍印绶,王侯以下及吏官名更者,外及匈奴、西域,徼外蛮夷,皆即授新室印绶,因收故汉印绶。赐吏爵人二级,民爵人一级,女子百户羊、酒,蛮夷币、帛各有差。大赦天下。

五威将乘《乾》文车,驾《坤》六马,背负鹫鸟之毛,服饰甚伟。每一将各置左右前后帅,凡五帅。衣冠车服驾马,各如其方面色数。将持节,称太一之使;帅持幢,称五帝之使。莽策命曰:"普天之下,迄于四表,靡所不至。"其东出者,至玄菟、乐浪、高句骊、夫馀;南出者,逾徼外,历益州,贬句町王为侯;西出者,至西域,尽改其王为侯;北出者,至匈奴庭,授单于印,改汉印文,去"玺"曰"章"。单于欲求故印,陈饶椎破之,语在《匈奴传》。单于大怒,而句町、西域后卒以此皆畔。饶还,拜为大将军,封威德子。

冬,雷,桐华。

置五威司命,中城四关将军。司命司上公以下,中城主十二城门。策命统睦侯陈崇曰:"咨尔崇。夫不用命者,乱之原也;大奸猾者,贼之本也;铸伪金钱者,妨宝货之道也;骄奢逾制者,凶害之端也;漏泄省中及尚书事者,'机事不密则害成'也;拜爵王庭,谢恩私门者,禄去公室,政从亡矣;凡此六条,国之纲纪。是用建尔作司命,'柔亦不茹,刚亦不吐,不侮鳏寡,不畏强圉',帝命帅由,统睦于朝。"命说符侯崔发曰:"'重门击柝,以待暴客。'女作五威中城将军,中德既成,天下说符。"命明威侯王级曰:"绕霤之固,南当荆楚。女作五威前关将军,振武卫,明威于前。"命尉睦侯王嘉曰:"羊头之阨,北当燕、赵。女作五威后关将军,壶口捶扼,尉睦于后。"命掌威侯王奇曰:"肴、黾之险,东当郑、卫。女作五威左关将军,函谷批难,掌威于左。"命怀羌子王福曰:"汧陇之阻,西当戎狄。女作五威右关将军,成固据守,怀羌于右。"

又遣谏大夫五十人分铸钱于郡国。

是岁,长安狂女子碧呼道中曰:"高皇帝大怒,趣归我国。不者,九月必杀汝!"莽收捕杀之。治者掌寇大夫陈咸自免去官。真定刘都等谋举兵,发觉,皆诛。真定、常山大雨雹。

二年二月,赦天下。

五威将帅七十二人还奏事,汉诸侯王为公者,悉上玺绶为民,无违命者。封将为子,帅为男。

初设六管之令。命县官酤酒,卖盐铁器,铸钱,诸采取名山大泽众物者税之。又令市官收贱卖贵。赊贷予民,收息百月三,牺和置酒士,郡一人,乘传督酒利,禁民不得挟弩铠,徙西海。

匈奴单于求故玺,莽不与,遂寇边郡,杀略吏民。十一月,立国将军建奏:"西域将钦上言,九月辛巳,戊己校尉史陈良、终带共贼杀校尉刁护,劫略吏士,自称废汉大将军,亡入匈奴。又今月癸酉,不知何一男子遮臣建车前,自称'汉氏刘子舆,成帝下妻子也。刘氏当复,趣空宫。'收系男子,即常安姓武字仲,皆逆天违命,大逆不道。请论仲及陈良等亲属当坐者。奏可。汉氏高皇帝比誓戒云,罢吏卒,为宾食,诚欲承天心,子孙也。其宗庙不当在常安城中,及诸刘为诸侯者当与汉俱废。陛下至仁,久未定。前故安众侯刘崇、徐乡侯刘快、陵乡侯刘曾、扶恩侯刘贵等更聚众谋反。今狂狡之虏或妄自称亡汉将军,或称成帝子子舆,至犯夷灭,连未止者,此圣恩不蚤绝其萌牙故也。臣愚以为汉高皇帝为新室宾,享食明堂。成帝,异姓之兄弟;平帝,婿也;皆不宜复入其庙。元帝与皇太后为体,圣恩所隆,礼亦宜之。臣请汉氏诸庙在京师者罢;诸刘为诸侯者,以户多少就五等之差;其为吏者皆罢,待除于家。上当天心,称高皇帝神灵,塞狂狡之萌。"莽曰:"可。嘉新公国师以符命为予四辅,明德侯刘龚、率礼侯刘嘉等凡三十二人皆知天命,或献天符,或贡昌言,或捕告反虏,厥功茂焉。诸刘与三十二人同宗共祖者勿罢,赐姓曰王。"唯国师以女配莽子,故不赐姓。改定安太后号曰"黄皇室主",绝之于汉也。

冬十二月,雷。

更名匈奴单于曰:"降奴服于。"莽曰:"降奴服于知威侮五行,背畔四条,侵犯西域,延及边垂,为元元害,罪当夷灭。命遣立国将军孙建等凡十二将,十道并出,共行皇天之威,罚于知之身。惟畔先祖故呼韩邪单于稽侯狦累世忠孝,保塞守徼,不忍一知之罪,灭稽侯狦之世,今分匈奴国土人民以为十五,立稽侯狦子孙十五人为单于。遣中郎将蔺苞、戴级驰之塞下,召拜当为单于者。诸匈奴人当坐虏知之法者,皆赦除之。"遣五威将军苗䜣、虎贲将军王况出五原,厌难将军陈钦、震狄将军王巡出云中,振武将军王嘉、平狄将军王萌出代郡,相威将军李棽、镇远将军李翁出西河,诛貉将军阳俊、讨秽将军严尤出渔阳,奋武将军王骏、定胡将军王晏出张掖,及偏裨以下百八十人。募天下囚徒、丁男、甲卒三十万人,转众郡委输五大夫衣袭、兵器、粮食,长吏送自负海江淮至北边,使者驰传督趣,以军兴法从事,天下骚动。先至者屯边郡,须毕具乃同时出。

莽以钱币讫不行,复下书曰:"民以食为命,以货为资,是以八政以食为首。宝货皆重则小用不给,皆轻则僦载烦费,轻重大小各有差品,则用便而民乐。"于是造宝货五品,语在《食货志》。百姓不从,但行小大钱二品而已。盗铸钱者不可禁,乃重其法,一家铸钱,五家坐之,没入为奴婢。吏民出入,持布钱以副符传,不持者,厨传勿舍,关津苛留。公卿皆持以入宫殿门,欲以重而行之。

是时,争为符命封侯,其不为者相戏曰:"独无天帝除书乎?"司命陈崇白莽曰:"此开奸臣作福之路而乱天命,宜绝其原。"莽亦厌之,遂使尚书大夫赵并验治,非五威将率所班,皆下狱。

初,甄丰、刘歆、王舜为莽腹心,倡导在位,褒扬功德;"安汉"、"宰衡"之号及封莽母、两子、兄子,皆丰等所共谋,而丰、舜、歆亦受其赐,并富贵矣,非复欲令莽居摄也。居摄之萌,出于泉陵侯刘庆、前煇光谢嚣、长安令田终术。莽羽翼已成,意欲称摄。丰等承顺其意,莽辄复封舜、歆两子及丰孙。丰等爵位已盛,心意既满,又实畏汉宗室、天下豪桀。而疏远欲进者,并作符命,莽遂据以即真,舜、歆内惧而已。丰素刚强,莽觉其不说,故徙大阿、右拂、大司空丰,托符命文,为更始将军,与卖饼儿王盛同列。丰父子默默。时子寻为侍中京兆大尹茂德侯,即作符命,言新室当分陕,立二伯,以丰为右伯。太傅平晏为左伯,如周、召故事。莽即从之,拜丰为右伯。当述职西出。未行,寻复作符命,言故汉氏平帝后黄皇室主为寻之妻。莽以诈立,心疑大臣怨谤,欲震威以惧下,因是发怒曰:"黄皇室主天下母,此何谓也!"收捕寻。寻亡,丰自杀。寻随方士入华山,岁余捕得,辞连国师公歆子侍中东通灵将、五司大夫隆威侯棻,棻弟右曹长水校尉伐虏侯泳,大司空邑弟左关将军掌威侯奇,及歆门人侍中骑都尉丁隆等,牵引公卿党亲列侯以下,死者数百人。寻手理有"天子"字,莽解其臂入视之,曰:"此一大子也,或曰一六子也。六者,戮也。明寻父子当戮死也。"乃流棻于幽州,放寻于三危,殛隆于羽山,皆驿车载其尸传致云。

莽为人侈口蹙䪼,露眼赤精,大声而嘶。长七尺五寸,好厚履高冠,以氂装衣,反膺高视,瞰临左右。是时,有用方技待诏黄门者,或问以莽形貌,待诏曰:"莽所谓鸱目虎吻豺狼之声者也,故能食人,亦当为人所食。"问者告之,莽诛灭待诏,而封告者。后常翳云母屏面,非亲近莫得见也。

是岁,以初睦侯姚恂为宁始将军。

三年,莽曰:"百官改更,职事分移,律令仪法,未及悉定,且因汉律令仪法以从事。令公卿、大夫、诸侯、二千石举吏民有德行通政事能言语明文学者各一人,诣王路四门。"

遣尚书大夫赵并使劳北边,还言五原北假石壤殖谷,异时常置田官。乃以并为田禾将军,发戍卒屯田北假,以助军粮。

是时,诸将在边,须大众集,吏士放纵,而内郡愁于征发,民弃城郭流亡为盗贼,并州、平州尤甚。莽令七公六卿号皆兼称将军,遣著武将军逯并等填名都,中郎将、绣衣执法各五十五人,分填缘边大郡,督大奸猾擅弄兵者,皆便为奸于外,挠乱州郡,货赂为市,侵渔百姓。莽下书曰:"房知罪当夷灭,故遣猛将分十二部,将同时出,一举而决绝之矣。内置司命军正,外设军监十有二人,诚欲以司为奉命,令军人咸正也。今则不然,各为权势,恐猲良民,妄封人颈,得钱者去。毒蠚并作,农民离散。司监若此,可谓称不?自今以来,敢犯此者,辄捕系,以名闻。"然犹放纵自若。

而蔺苞、戴级到塞下,招诱单于弟咸、咸子登入塞,胁拜咸为孝单于,赐黄金千斤,锦绣甚多,遣去;将登至长安,拜为顺单于,留邸。

太师王舜自莽篡位后病悸,浸剧,死。莽曰:"昔齐太公以淑德累世,为周氏太师,盖予之所监也。其以舜子延袭父爵,为安新公,延弟褒新侯匡为太师将军,永为新室辅。"

为太子置师友各四人,秩以大夫。以故大司徒马宫为师疑,故少府宗伯凤为傅丞,博士袁圣为阿辅,京兆尹王嘉为保拂,是为四师;故尚书令唐林为胥附,博士李充为

奔走,谏大夫赵襄为先后,中郎将廉丹为御侮,是为四友。又置师友祭酒及侍中、谏议、《六经》祭酒各一人,凡九祭酒,秩上卿。琅邪左咸为讲《春秋》、颍川满昌为讲《诗》、长安国由为讲《易》、平阳唐昌为讲《书》、沛郡陈咸为讲《礼》、崔发为讲《乐》祭酒。遣谒者持安车印绶,即拜楚国龚胜为太子师友祭酒,胜不应征,不食而死。

宁始将军姚恂免,侍中崇禄侯孔永为宁始将军。

是岁,池阳县有小人景,长尺余,或乘车马,或步行,操持万物,小大各相称,三日止。

濒河郡蝗生。河决魏郡,泛清河以东数郡。先是,莽恐河决为元城冢墓害。及决东去,元城不忧水,故遂不堤塞。

四年二月,赦天下。

夏,赤气出东南,竟天。

厌难将军陈钦言捕虏生口,虏犯边者皆孝单于咸子角所为。莽怒,斩其子登于长安,以视诸蛮夷。

大司马甄邯死,宁始将军孔永为大司马,侍中大赘侯辅为宁始将军。

莽每当出,辄先搜索城中,名曰"横搜"。是月,横搜五日。

莽至明堂,授诸侯茅土。下书曰:"予以不德,袭于圣祖,为万国主。思安黎元,在于建侯,分州正域,以美风俗。追监前代,爰纲爰纪。惟在《尧典》,十有二州,卫有五服。《诗》国十五,布遍九州。《殷颂》有'奄有九有'之言。《禹贡》之九州无并、幽,《周礼·司马》则无徐、梁。帝王相改,各有云为。或昭其事,或大其本,厥义著明,其务一矣。昔周二后受命,故有东都、西都之居。予之受命,盖亦如之。其以洛阳为新室东都,常安为新室西都。邦畿连体,各有采任。州从《禹贡》为九,爵从周氏有五。诸侯之员千有八百,附城之数亦如之,以俟有功。诸公一同,有众万户,土方百里。侯伯一国,众五千,土方七十里。子男一则,众户二千五百,土方五十里。附城大者食邑九成。众户九百,土方三十里。自九以下,降杀以两,至于一成。五差备具,合当一则。今已受茅土者,公十四人,侯九十三人,伯二十一人,子百七十一人,男四百九十七人,凡七百九十六人。附城千五百一十一人。九族之女为任者,八十三人。及汉氏女孙中山承礼君、遵德君、修义君更以为任。十有一公,九卿,十二大夫,二十四元士。定诸国邑采之处,使侍中讲礼大夫孔秉等与州部众郡晓知地埋图籍者,共校治于寿成朱鸟堂。予数与群公祭酒上卿亲听视,咸已通矣。夫褒德赏功,所以显仁贤也;九族和睦,所以褒亲亲也。予永惟匪解,思稽前人,将章黜陟,以明好恶,安元元焉。"以图簿未定,未授国邑,且今受奉都内,月钱数千。诸侯皆困乏,至有庸作者。

中郎区博谏莽曰:"井田虽圣王法,其废久矣。周道既衰,而民不从。秦知顺民之心,可以获大利也,故灭庐井而置阡陌,遂王诸夏,讫今海内未厌其敝。今欲违民心,追复千载绝迹,虽尧、舜复起,而无百年之渐,弗能行也。天下初定,万民新附,诚未可施行。"莽知民怨,乃下书曰:"诸名食王田,皆得卖之,勿拘以法,犯私买卖庶人者,且一切

勿治。"

初,五威将帅出,改句町王以为侯,王邯怨不附。莽讽牂柯大尹周歆诈杀邯。邯弟承起兵攻杀歆。先是,莽发高句骊兵,当伐胡,不欲行,郡强迫之,皆亡出塞,因犯法为寇。辽西大尹田谭追击之,为所杀。州郡归咎于高句骊侯驺。严尤奏言:"貉人犯法,不从驺起,正有它心,宜令州郡且尉安之。今猥被以大罪,恐其遂畔,夫馀之属必有和者。匈奴未克,夫馀、秽貉复起,此大忧也。"莽不尉安,秽貉遂反,诏尤击之。尤诱高句骊侯驺至而斩焉,传首长安。莽大说,下书曰:"乃者,命遣猛将,共行天罚,诛灭虏知,分为十二部,或断其右臂,或斩其左腋,或溃其胸腹,或绀其两胁。今年刑在东方,诛貉之部先纵焉。捕斩虏驺,平定东域,虏知殄灭,在于漏刻。此乃天地群神、社稷、宗庙佑助之福,公卿、大夫、士民同心将率虓虎之力也。予甚嘉之。其更名高句骊为下句骊,布告天下,令咸知焉。"于是貉人愈犯边,东北与西南夷皆乱云。

莽志方盛,以为四夷不足吞灭,专念稽古之事,复下书曰:"伏念予之皇始祖虞帝,受终文祖,在璇玑玉衡以齐七政,遂类于上帝,禋于六宗,望秩于山川,遍于群神,巡狩五岳,群后四朝,敷奏以言,明试以功。予之受命即真,到于建国五年,已五载矣。阳九之厄既度,百六之会已过。岁在寿星,填在明堂,仓龙癸酉,德在中宫。观晋掌岁,龟策告从,其以此年二月建寅之节东巡狩,具礼仪调度。"群公奏请募吏民人马布帛绵,又请内郡国十二买马,发帛四十五万匹,输常安,前后毋相须。至者过半,莽下书曰:"文母太后体不安,其且止待后。"

是岁,改十一公号,以"新"为"心",后又改"心"为"信"。

五年二月,文母皇太后崩,葬渭陵,与元帝合而沟绝之。立庙于长安,新室世世献祭。元帝配食,坐于床下。莽为太后服丧三年。

大司马孔永乞骸骨,赐安车驷马,以特进就朝位。同风侯逯并为大司马。

是时,长安民闻莽欲都洛阳,不肯缮治室宅,或颇彻之。莽曰:"玄龙石文曰'定帝德,国洛阳'。符命著明,敢不钦奉!以始建国八年,岁缠星纪,在洛阳安之都。其谨缮修常安之都,勿令坏败。敢有犯者,辄以名闻,请其罪。"

是岁,乌孙大小昆弥遣使贡献。大昆弥者,中国外孙也。其胡妇子为小昆弥,而乌孙归附之。莽见匈奴诸边并侵,意欲得乌孙心,乃遣使者引小昆弥使置大昆弥使上。保成师友祭酒满昌劾奏使者曰:"夷狄以中国有礼谊,故诎而服从。大昆弥,君也。今序臣使于君使之上,非所以有夷狄也。奉使大不敬!"莽怒,免昌官。

西域诸国以莽积失恩信,焉耆先畔,杀都护但钦。

十一月,彗星出,二十余日,不见。

是岁,以犯挟铜炭者多,除其法。

明年改元曰"天凤"。

天凤元年 正月,赦天下。

莽曰:"予以二月建寅之节行巡狩之礼,太官赍糒干肉,内者行张坐卧,所过毋得有所给。予之东巡,必躬载耒耜,每县则耕,以劝东作。予之南巡,必躬载秧,每县则薅,以劝南伪。予之西巡,必躬载銍,每县则获,以劝西成。予之北巡,必躬载拂,每县则粟,以劝盖藏。毕北巡狩之礼,即于土中居洛阳之都焉。敢有趋讙犯法,辄以军法从事。"群公奏言:"皇帝至孝,往年文母圣体不豫,躬亲供养,衣冠稀解。因遭弃群臣悲哀,颜色未复,饮食损少。今一岁四巡,道路万里,春秋尊,非糒干肉之所能堪。且无巡狩,须阕大服,以安圣体,臣等尽力养牧兆民,奉称明诏。"莽曰:"群公、群牧、群司、诸侯、庶尹愿尽力相帅养牧兆民,欲以称予,由此敬听,其勖之哉!毋食言焉。更以天凤七年,岁在大梁,仓龙庚辰,行巡狩之礼。厥明年,岁在实沈,仓龙辛巳,即土之中洛阳之都。"乃遣太傅平晏、大司空王邑之雒阳,营相宅兆,图起宗庙、社稷、郊兆云。

三月壬申晦,日有食之。大赦天下。策大司马逯并曰:"日食无光,干戈不戢,其上大司马印韨,就侯氏朝位。太傅平晏勿领尚书事,省侍中、诸曹兼者,以利苗男䜣为大司马。"莽即真,尤备大臣,抑夺下权,朝臣有言其过失者,辄披擿。孔仁、赵博、费兴等以敢击大臣,故见信任,择名官而居之。公卿入宫,吏有常数,太傅平晏从吏过例,掖门仆射苛问不逊,戊曹士收系仆射。莽大怒,使执法发车骑数百围太傅府,捕士,即时死。大司空士夜过奉常亭,亭长苛之,告以官名,亭长醉曰:"宁有符传邪?"士以马捶击亭长,亭长斩士,亡,郡县逐之。家上书,莽曰:"亭长奉公,勿逐。"大司空邑斥士以谢。国将哀章颇不清,莽为选置和叔,敕曰:"非但保国将闺门,当保亲属在西州者。"诸公皆轻贱,而章尤甚。

四月,陨霜,杀草木,海濒尤甚。六月,黄雾四塞。七月,大风拔树,飞北阙直城门屋瓦。雨雹,杀牛羊。

莽以《周官》、《王制》之文,置卒正、连率、大尹,职如太守;属令、属长,职如都尉。置州牧、部监二十五人,见礼如三公。监位上大夫,各主五郡。公氏作牧,侯氏卒正,伯氏连率,子氏属令,男氏属长,皆世其官,其无爵者为尹。分长安城旁六乡,置帅各一人。分三辅为六尉郡,河东、河内、弘农、河南、颍川、南阳为六队郡,置大夫,职如太守;属正,职如都尉。更名河南大尹曰保忠信卿。益河南属县满三十。置六郊州长各一人,人主五县。及它官名悉改。大郡至分为五。郡县以亭为名者三百六十,以应符命文也。缘边又置竟尉,以男为之。诸侯国闲田,为黜陟增减云。莽下书曰:"常安西都曰六乡,众县曰六尉。义阳东都曰六州,众县曰六队。粟米之内曰内郡,其外曰近郡。有障徼者曰边郡。合百二十有五郡。九州之内,县二千二百有三。公作甸服,是为惟城;诸在侯服,是为惟宁;在采、任诸侯,为惟翰;在宾服,是为惟屏;在揆文教,奋武卫,是为惟垣;在九州之外,是为惟藩;各以其方为称,总为万国焉。"其后,岁复变更,一郡至五易名,而还复其故。吏民不能纪,每下诏书,辄系其故名,曰:"制诏陈留大尹、太尉:其以益岁以南付新平。新平,故淮阳。以雍丘以东付陈定。陈定,故梁郡。以封丘以东付治亭。治亭,故东郡。以陈留以西付祈隧，祈隧，故荥阳、陈留已无复有郡矣。大尹、太尉，皆诣行在所。"其号令变易，皆此类也。

令天下小学，戊子代甲子为六旬首。冠以戊子为元日，昏以戊寅之旬为忌日。百姓多不从者。

匈奴单于知死，弟咸立为单于，求和亲。莽遣使者厚赂之，诈许还其侍子登，因购求陈良、终带等。单于即执良等付使者，槛车诣长安。莽燔烧良等于城北，令吏民会观之。

缘边大饥，人相食。谏大夫如普行边兵，还言："军士久屯塞苦，边郡无以相赡。今单于新和，宜因是罢兵。"校尉韩威进曰："以新室之威而吞胡虏，无异口中蚤虱。臣愿得勇敢之士五千人，不赍斗粮，饥食虏肉，渴饮其血，可以横行。"莽壮其言，以威为将军。然采普言，征还诸将在边者。免陈钦等十八人，又罢四关填都尉诸屯兵。会匈奴使还，单于知侍子登前诛死，发兵寇边，莽复发军屯。于是边民流入内郡，为人奴婢，乃禁吏民敢挟边民者弃市。

益州蛮夷杀大尹程隆逄，三边尽反。遣平蛮将军冯茂将兵击之。

宁始将军侯辅免，讲《易》祭酒戴参为宁始将军。

二年二月，置酒王路堂，公卿、大夫皆佐酒。大赦天下。

是时，日中见星。

大司马苗䜣左迁司命，以延德侯陈茂为大司马。

讹言黄龙堕死黄山宫中，百姓奔走往观者有万数。莽恶之，捕系问语所从起，不能得。

单于咸既和亲，求其子登尸，莽欲遣使送致，恐咸怨恨害使者，乃收前言当诛侍子者故将军陈钦，以他罪系狱。钦曰："是欲以我为说于匈奴也。"遂自杀。莽选儒生能专对者济南王咸为大使，五威将琅邪伏黯等为帅，使送登尸。敕令掘单于知墓，棘鞭其尸。又令匈奴却塞于漠北，责单于马万匹，牛三万头，羊十万头，及稍所略边民生口在者皆还之。莽好为大言如此。咸到单于庭，陈说威德，责单于背畔之罪，应敌从横，单于不能诎，遂致命而还之。入塞，咸病死，封其子为伯，伏黯等皆为子。

莽意以为制定则天下自平，故锐思于地里，制礼作乐，讲合《六经》之说。公卿旦入暮出，议论连年不决，不暇省狱讼冤结民之急务。县宰缺者，数年守兼，一切贪残日甚。中郎将、绣衣执法在郡国者，并乘权势，传相举奏。又十一公士分布劝农桑，班时令，案诸章，冠盖相望，交错道路，召会吏民，逮捕证左，郡县赋敛，递相赇取，白黑纷然，守阙告诉者多。莽自见前专权以得汉政，故务自揽众事，有司受成苟免。诸宝物名、帑藏、钱谷官，皆宦者领之；吏民上封事书，宦官左右开发，尚书不得知，其畏备臣下如此。又好变改制度，政令烦多，当奉行者，辄质问乃以从事，前后相乘，愦眊不渫。莽常御灯火至明，犹不能胜。尚书因是为奸寝事，上书待报者连年不得去，拘系郡县者逢赦而后出，卫卒不交代三岁矣。谷常贵，边兵二十余万人仰衣食，县官愁苦。五原、代郡尤被其毒，起为盗贼，数千人为辈，转入旁郡。莽遣捕盗将军孔仁将兵与郡县合击，

岁余乃定，边郡亦略将尽。

邯郸以北大雨雾，水出，深者数丈，流杀数千人。

立国将军孙建死，司命赵闳为立国将军。宁始将军戴参归故官，南城将军廉丹为宁始将军。

三年二月乙酉，地震，大雨雪，关东尤甚，深者一丈，竹柏或枯。大司空王邑上书言："视事八年，功业不效，司空之职尤独废顿，至乃有地震之变。愿乞骸骨。"莽曰："夫地有动有震，震者有害，动者不害。《春秋》记地震，《易·系》'坤'动，动静辟胁，万物生焉。灾异之变，各有云为。天地动威，以戒予躬，公何辜焉，而乞骸骨，非所以助予者也。"使诸吏散骑司禄大卫修宁男遵谕予意焉。

五月，莽下吏禄制度，曰："予遭阳九之厄，百六之会，国用不足，民人骚动，自公卿以下，一月之禄十缣布二匹，或帛一匹。予每念之，未尝不戚焉。今厄会已度，府帑虽未能充，略颇稍给，其以六月朔庚寅始，赋吏禄皆如制度。"四辅公、卿、大夫、士，下至舆僚，凡十五等。僚禄一岁六十六斛，稍以差增，上至四辅而为万斛云。莽又曰："普天之下，莫非王土；率土之宾，莫非王臣。'盖以天下养焉。《周礼》膳羞百有二十品，今诸侯各食同、国、则；辟、任、附城食其邑；公、卿、大夫、元士食其采。多少之差，咸有条品。岁丰穰则充其礼，有灾害则有所损，与百姓同忧喜也。其用上计时通计，天下幸无灾害者，太官膳羞备其品矣；即有灾害，以什率多少而损膳焉。东岳太师立国将军保东方三州一部二十五郡；南岳太傅前将军保南方二州一部二十五郡；西岳国师宁始将军保西方一州二部二十五郡；北岳国将卫将军保北方二州一部二十五郡；大司马保纳卿、言卿、仕卿、作卿、京尉、扶尉、兆队、右队、中部左洎前七部；大司徒保乐卿、典卿、宗卿、秩卿、翼尉、光尉、左队、前队、中部、右部、有五郡；大司空保予卿、虞卿、共卿、工卿、师尉、列尉、祈队、后队、中部洎后十郡；及六司、六卿，皆随所属之公保其灾害，亦以十率多少而损其禄。郎、从官、中都官吏食禄都内之委者，以太官膳羞备损而为节。诸侯、辟、任、附城、群吏亦各保其灾害。凡上下同心，劝进农业，安元元焉。"莽之制度烦碎如此，课计不可理，吏终不得禄，各因官职为奸，受取赇赂以自共给。

是月戊辰，长平馆西岸崩，邕泾水不流，毁而北行，遣大司空王邑行视，还奏状，群臣上寿，以为《河图》所谓"以土填水"，匈奴灭亡之祥也。乃遣并州牧宋弘、游击都尉任萌等将兵击匈奴，至边止屯。

七月辛酉，霸城门灾，民间所谓青门也。

戊子晦，日有食之。大赦天下。复令公卿、大夫、诸侯、二千石举四行各一人。大司马陈茂以日食免，武建伯严尤为大司马。

十月戊辰，王路朱鸟门鸣，昼夜不绝，崔发等曰："虞帝辟四门，通四聪。门鸣者，明当修先圣之礼，招四方之士也。"于是令群臣皆贺，所举四行从朱鸟门入而对策焉。

平蛮将军冯茂击句町，士卒疾疫，死者什六七，赋敛民财什取五，益州虚耗而不克，征还下狱死。更遣宁始将军廉丹与庸部牧史熊击句町，颇斩首，有胜。莽征丹、熊，

丹、熊愿益调度，必克乃还。复大赋敛，就都大尹冯英不肯给，上言"自越巂遂久仇牛、同亭邪豆之属反畔以来，积且十年，郡县距击不已。续用冯茂，苟施一切之政。僰道以南，山险高深，茂多驱众远居，费以亿计，吏士离毒气死者什七。今丹、熊惧于自诡期会，调发诸郡兵、谷，复訾民取其十四，空破梁州，功终不遂。宜罢兵屯田，明设购赏。"莽怒，免英官。后颇觉寤，曰："英亦未可厚非。"复以英为长沙连率。

翟义党王孙庆捕得，莽使太医、尚方与巧屠共刳剥之，量度五藏，以竹筳导其脉，知所终始，云可以治病。

是岁，遣大使五威将王骏、西域都护李崇将戊己校尉出西域，诸国皆郊迎贡献焉。诸国前杀都护但钦，骏欲袭之，命佐帅何封、戊己校尉郭钦别将。焉耆诈降，伏兵击骏等，皆死。钦、封后到，袭击老弱，从车师还入塞。莽拜钦为填外将军，封剿胡子，何封为集胡男。西域自此绝。

卷九十九下 王莽传第六十九下

四年五月，莽曰："保城师友祭酒唐林、故谏议祭酒琅邪纪逡，孝弟忠恕，敬上爱下，博通旧闻，德行醇备，至于黄发，靡有愆失。其封林为建德侯，逡为封德侯，位皆特进，见礼如三公。赐弟一区，钱三百万，授几杖焉。"

六月，更授诸侯茅土于明堂，曰："予制作地理，建封五等，考之经艺，合之传记，通于义理，论之思之，至于再三，自始建国之元以来九年于兹，乃今定矣。予亲设文石之平，陈菁茅四色之土，钦告于岱宗泰 社后土、先祖先妣，以班授之。各就厥国，养牧民人，用成功业。其在缘边，若江南，非诏所召，遣侍于帝城者，纳言掌货大夫且调都内故钱，予其禄，公岁八十万，侯、伯四十万，子、男二十万。"然复不能尽得。莽好空言，慕古法，多封爵人，性实遴啬，托以地理未定，故且先赋茅土，用慰喜封者。

是岁，复明六管之令。每一管下，为设科条防禁，犯者罪至死，吏民抵罪者浸众，又一切调上公以下诸有奴婢者，率一口出钱三千六百，天下愈愁，盗贼起。纳言冯常以六管谏，莽大怒，免常官。置执法左右刺奸。选用能吏侯霸等分督六尉、六队，如汉刺史，与三公士郡一人从事。

临淮瓜田仪等为盗贼，仪阻会稽长州，琅邪女子吕母亦起。初，吕母子为县吏，为宰所冤杀。母散家财，以酤酒买兵弩，阴厚贫穷少年，得百余人，遂攻海曲县，杀其宰以祭子墓。引兵入海，其众浸多，后皆万数。莽遣使者即赦盗贼，还言："盗贼解，辄复合。问其故，皆曰愁法禁烦苛，不得举手。力作所得，不足以给贡税。闭门自守，又坐邻伍铸钱挟铜，奸吏因以愁民。民穷，悉起为盗贼。"莽大怒，免之。其或顺指，言"民骄黠当诛"，及言"时运适然，且灭不久"，莽说，辄迁之。

是岁八月，莽亲之南郊，铸作威斗。威斗者，以五石铜为之，若北斗，长二尺五寸，欲以厌胜众兵。既成，令司命负之，莽出在前，入在御旁。铸斗日，大寒，百官人马有冻死者。

五年正月朔，北军南门灾。

以大司马司允费兴为荆州牧，见，问到部方略，兴对曰："荆、扬之民率依阻山泽，以渔采为业，间者，国张六管，税山泽，妨夺民之利，连年久旱，百姓饥穷，故为盗贼。兴到部，欲令明晓告盗贼归田里，假贷犁牛种食，阔其租赋，几可以解释安集。"莽怒，免兴官。

天下吏以不得奉禄，并为奸利，郡尹县宰家累千金。莽下诏曰："详考始建国二年胡虏猾夏以来，诸军吏及缘边大夫以上为奸利增产致富者，收其家所有财产五分之四，以助边急。"公府士驰传天下，考覆贪餮，开吏告其将，奴婢告其主，几以禁奸，奸愈甚。

皇孙功崇公宗坐自画容貌，被服天子衣冠，刻印三：一曰"维祉冠存己夏处南山臧薄冰"，二曰"肃圣宝继"，三曰"德封昌图"。又宗舅吕宽家前徙合浦，私与宗通，发觉按验，宗自杀。莽曰："宗属为皇孙，爵为上公，知宽等叛逆族类，而与交通；刻铜印三，文意甚害，不知厌足，窥欲非望。《春秋》之义，'君亲毋将，将而诛焉。'迷惑失道，自取此辜，乌呼哀哉！宗本名会宗，以制作去二名，今复名会宗。贬厥爵，改厥号，赐谥为功崇缪伯，以诸伯之礼葬于故同谷城郡。"宗姊妨为卫将军王兴夫人，祝诅姑，杀婢以绝口。事发觉，莽使中常侍蹱恽责问妨，并以责兴，皆自杀。事连及司命孔仁妻，亦自杀。仁见莽免冠谢，莽使尚书劾仁："乘'乾'车，驾'坤'马，左苍龙，右白虎，前朱雀，后玄武，右杖威节，左负威斗，号曰赤星，非以骄仁，乃以尊新室之威命也。仁擅免天文冠，大不敬。"有诏勿劾，更易新冠。其好怪如此。

以直道侯王涉为卫将军。涉者，曲阳侯根子也。根，成帝世为大司马，荐 莽自代，莽恩之，以为曲阳非令称，乃追谥根曰直道让公，涉嗣其爵。

是岁，赤眉力子都、樊崇等以饥馑相聚，起于琅邪，转抄掠，众皆万数。遣使者发郡国兵击之，不能克。

六年春，莽见盗贼多，乃令太史推三万六千岁历纪，六岁一改元，布天下。下书曰："《紫阁图》曰'太一、黄帝皆仙上天，张乐昆仑虔山之上。后世圣主得瑞者，当张乐秦终南山之上。'予之不敏，奉行未明，乃今谕矣。复以宁始将军为更始将军，以顺符命。《易》不云乎？'日新之谓盛德，生生之谓易。'予其飨哉！"欲以诳耀百姓，销解盗贼。众皆笑之。

初献《新乐》于明堂、太庙。群臣始冠麟韦之弁。或闻其乐声，曰："清厉而哀，非兴国之声也。"

是时，关东饥旱数年，力子都等党众浸多，更始将军廉丹击益州不能克，征还。更遣复位后大司马护军郭兴、庸部牧李晔击蛮夷若豆等，太傅牺叔士孙喜清洁江湖之盗贼。而匈奴寇边甚。莽乃大募天下丁男及死罪囚、吏民奴，名曰"猪突豨勇"，以为锐卒。一切税天下吏民，訾三十取一，缣帛皆输长安。令公卿以下至郡县黄绶皆保养军马，多少各以秩为差。又博募有奇技可以攻匈奴者，将待以不次之位。言便宜者以万数：或言能度水不用舟楫，连马接骑，济百万师；或言不持斗粮，服食药物，三军不饥；或言能飞，一日千里，可窥匈奴。莽辄试之，取大鸟翮为两翼，头与身皆著毛，通引环纽，飞数百步堕。莽知其不可用，苟欲获其名，皆拜为理军，赐以车马，待发。

初，匈奴右骨都侯须卜当，其妻王昭君女也，尝内附。莽遣昭君兄子和亲侯王歙诱呼当至塞下，胁将诣长安，强立以为须卜善于后安公。始欲诱迎当，大司马严尤谏曰："当在匈奴右部，兵不侵边，单于动静，辄语中国，此方面之大助也。于今迎当置长安橐街，一胡人耳，不如在匈奴有益。"莽不听。既得当，欲遣尤与廉丹击匈奴，皆赐姓徵氏，号二徵将军，当诛单于舆而立当代之。出车城西横厩，未发。尤素有智略，非莽攻伐西夷，数谏不从，著古名将乐毅、白起不用之意及言边事凡三篇，奏以风谏莽。及当出廷议，尤固言匈奴可且以后，先忧山东盗贼。莽大怒，乃策尤曰："视事四年，蛮夷猾夏不能遏绝，寇贼奸宄不能珍灭，不畏天威，不用诏命，貌佷自臧，持必不移，怀执异心，非沮军议。"未忍致于理，其上大司马武建伯印绂，归故郡。"以降符伯董忠为大司马。

翼平连率田况奏郡县訾民不实，莽复三十税一。以况忠言忧国，进爵为伯，赐钱二百万。从庶皆罢。青、徐民多弃乡里流亡，老弱死道路，壮者入贼中。凤夜连率韩博上言："有奇士，长丈，大十围，来至臣府，曰欲奋击胡虏。自谓巨毋霸，出于蓬莱东南，五城西北陷如海濒，轺车不能载，三马不能胜。即日以大车四马。建虎旗，载霸诣阙。霸卧则枕鼓，以铁箸食，此皇天所以辅新室也，愿陛下作大甲高车，贲、育之衣，遣大将一人与虎贲百人迎之于道。京师门户不容者，开高大之，以视百蛮，镇安天下。"博意欲以风莽。莽闻恶之，留霸在所新丰，更其姓曰巨母氏，谓因文母太后而霸王符也。征博下狱，以非所宜言，弃市。明年改元曰"地皇"，从三万六千岁历号也。

地皇元年正月乙未，赦天下。下书曰："方出军行师，敢有趋讙犯法者，辄论斩，毋须时，尽岁止。"于是春夏斩人都市，百姓震惧，道路以目。

二月壬申，日正黑。莽恶之，下书曰："乃者日中见昧，阴薄阳，黑气为变，百姓莫不惊怪。兆域大将军王匡遣吏考问上变事者，欲蔽上之明，是以适见于天，以正于理，塞大异焉。"莽见四方盗贼多，复欲厌之，又下书曰："予之皇初祖考黄帝定天下，将兵为上将军，建华盖，立斗献，内设大将，外置大司马五人，大将军二十五人，偏将军百二十五人，裨将军千二百五十人，校尉万二千五百人，司马三万七千五百人，候十一万二千五百人，当百二十二万五千人，士吏四十五万人，士千三百五十万人，应协于《易》'弧矢之利，以威天下'。予受符命之文，稽前人，将条备焉。"于是置前后左右中大司马之位，赐诸州牧号为大将军，郡卒正、连帅、大尹为偏将军，属令长裨将军，县宰为校尉。乘传使者经历郡国，日且十辈，仓无见谷以给，传车马不能足，赋取道中车马，取办于民。

七月，大风毁王路堂。复下书曰："乃壬午餔时，有列风雷雨发屋折木之变，予甚弁焉，予甚栗焉，予甚恐焉。伏念一旬，迷乃解矣。昔符命文立安为新迁王，临国洛阳，为统义阳王，是时予在摄假，谦不敢当，而以为公。其后金匮文至，议者皆曰：'临国洛阳为统，谓据土中为新室统也，宜为皇太子。'自此后，临久病，虽瘳不平，朝见挈茵舆行。见王路堂者，张于西厢及后阁更衣中，又以皇后被疾，临且去本就舍，妃妾在东永巷。壬午，烈风毁王路西厢及后阁更衣中室。昭宁堂池东南榆树大十围，东僵，击东阁，阁即东永巷之西垣也。皆破折瓦坏，发屋拔木，予甚惊焉。又候官奏月犯心前星，厥有占，予甚忧之。伏念《紫阁图》文，太一、黄帝皆得瑞以仙，后世褒主当登终南山。所谓新迁王者，乃太一新迁之后也。统义阳王乃用五统以礼义登阳上迁之后也。临有兄而称太子，名不正。宣尼公曰：'名不正，则言不顺，至于刑罚不中，民无错手足。'惟即位以来，阴阳未和，风雨不时，数遇枯旱蝗螟为灾，谷稼鲜耗，百姓苦饥，蛮夷猾夏，寇贼奸宄，人民正营，无所错手足。深惟厥咎，在名不正焉。其立安为新迁王，临为统义阳王，几以保全二子，子孙千亿，外攘四夷，内安中国焉。"

是月，杜陵便殿乘舆虎文衣废臧在室匣中者出，自树立外堂上，良久乃委地。吏卒见者以闻，莽恶之，下书曰："宝黄厮赤，其令郎从官皆衣绛。"

望气为数者多言有土功象，莽又见四方盗贼多，欲视为自安能建万世之基者，乃下书曰："予受命遭阳九之厄，百六之会，府帑空虚，百姓匮乏，宗庙未修，且袷祭于明堂太庙，凤夜永念，非敢宁息。深惟吉昌莫良于今年，予乃卜波水之北，郎池之南，惟玉食。予又卜金水之南，明堂之西，亦惟玉食。予将亲筑焉。"于是遂营长安城南，提封百顷。九月甲申，莽立载行视，亲举筑三下。司徒王寻，大司空王邑持节，及侍中中常侍执法杜林等数十人将作。崔发、张邯说莽曰："德盛者文缛，宜崇其制度，宣视海内，且令万世之后无以复加也。"莽乃博征天下工匠诸图画，以望法度算，乃吏民以义入钱、谷助作者，骆驿道路。坏彻城西苑中建章、承光、包阳、大台、储元宫及平乐、当路、阳禄馆，凡十余所，取其材瓦，以起九庙。是月，大雨六十余日。令民入米六百斛为郎，其郎吏增秩赐爵至附城。九庙：一曰黄帝太初祖庙，二曰帝虞始祖昭庙，三曰陈胡王统祖穆庙，四曰齐敬王世祖昭庙，五曰济北愍王王祖穆庙，凡五庙不堕云；六曰济南伯王尊祢昭庙，七曰元城孺王尊祢穆庙，八曰阳平顷王戚祢昭庙，九曰新都显王戚祢穆庙。殿皆重屋。太初祖庙东西南北各四十丈，高十七丈，余庙半之。为铜薄栌，饰以金银雕文，穷极百工之巧。带高增下，功费数百巨万，卒徒死者万数。

巨鹿男子马适求等谋举燕、赵兵以诛莽，大司空士王丹发觉以闻。莽遣三公大夫逮治党与，连及郡国豪杰数千人，皆诛死。封丹为辅国侯。

自莽为不顺时令，百姓怨恨，莽犹安之，又下书曰："惟设此一切之法以来，常安六乡巨邑之都，枹鼓稀鸣，盗贼衰少，百姓安土，岁以有年，此乃立权之力也。今胡虏未灭诛，蛮僰未绝焚，江湖海泽麻沸，盗贼未尽破珍，又^[?]宗庙社稷之大作，民众动摇。今复一切行此令，尽之，以全元元，救愚奸。"

是岁，罢大小钱，更行货布，长二寸五分，广一寸，直货钱二十五。货钱径一寸，重五铢，枚直一。两品并行。敢盗铸钱及偏行布货，伍人知不发举，皆没入为官奴婢。

太傅平晏死，以予虞唐尊为太傅。尊曰："国虚民贫，咎在奢泰。"乃身短衣小袖，乘牝马柴车，藉藁，瓦器，又以历遗公卿，出见男女不异路者，尊自下车，以象刑赭幡污染其衣。莽闻而说之，下诏申敕公卿思与厥齐。封尊为平化侯。

是时，南郡张霸、江夏羊牧、王匡等起云杜绿林，号曰"下江兵"，众皆万余人。武功中水乡民三舍垫为池。

二年正月，以州牧位三公，刺举怠解，更置牧监副，秩元士，冠法冠，行事如汉刺史。

是月，莽妻死，谥曰"孝睦皇后"，葬渭陵长寿园西，令永侍文母，名陵曰"亿年"。初莽妻以莽数杀其子，涕泣失明，莽令太子临居中养焉。莽妻旁侍者原碧，莽幸之。后临亦通焉，恐事泄，谋共杀莽。临妻愔，国师公女，能为星，语临宫中且有白衣会。临喜，以为所谋且成。后贬为统义阳王，出在外第，愈忧恐。会莽妻病困，临于书曰："上于子孙至严，前长孙、中孙年俱三十而死。今臣临复适三十，诚恐一旦不保中室，则不知死命所在！"莽候妻疾，见其书，大怒，疑临有恶意，不令得会丧。既葬，收原碧等考问，具服奸、谋杀状。莽欲秘之，使杀案事使者司命从事，埋狱中，家不知所在。赐临药，临不肯饮，自刺死。使侍中票骑将军同说侯林赐魂衣玺韨，策书曰："符命文立临为统义阳王。此言新室即位三万六千岁后，为临之后者乃当龙阳而起。前过听议者，以临为太子，有烈风之变，辄顺符命，立为统义阳王。在此之前，自此之后，不作信顺，弗蒙厥佑，夭年陨命，呜呼哀哉！迹行赐谥，谥曰'缪王'。"又诏国师公："临本不知星，事从愔起。"愔亦自杀。

是月，新迁王安病死。初，莽为侯就国时，幸侍者增秩、怀能、开明。怀能生男兴，增秩生男匡、女晔，开明生女捷，皆留新都国，以其不明故也。及安疾甚，莽自病无子，为安作奏，使上言："兴等母虽微贱，属犹皇子，不可以弃。"章视群公，皆曰："安友于兄弟，宜及春夏加封爵。"于是以王车遣使者迎兴等，封兴为功脩公，匡为功建公，晔为睦脩任，捷为睦逮任。孙公明公寿病死，旬月四丧焉。莽坏汉孝武、孝昭庙，分葬子孙其中。

魏成大尹李焉与卜者王况谋，况谓焉曰："新室即位以来，民田奴婢不得卖买，数改钱货，征发烦数，军旅骚动，四夷并侵，百姓怨恨，盗贼并起，汉家当复兴。君姓李，李者徵，徵，火也，当为汉辅。"因为焉作谶书，言："文帝发忿，居地下趣军，北告匈奴，南告越人。江中刘信，执敌报怨，复续古先，四年当发军。江湖有盗，自称樊王，姓为刘氏，万人成行，不受赦令，欲动秦、洛阳。十一年当相攻，太白扬光，岁星入东井，其号当行。"又言莽大臣吉凶，各有日期。会合十余万言。焉令吏写其书，吏亡告之。莽遣使者即捕焉，狱治皆死。

三辅盗贼麻起，乃置捕盗都尉官，令执法谒者追击长安中，建鸣鼓攻贼幡，而使者随其后。遣太师牺仲景尚、更始将军护军王党将兵击青、徐，国师和仲曹放助郭兴击句町。转天下谷、币诣西河、五原、朔方、渔阳，每一郡以百万数，欲以击匈奴。

秋，陨霜杀菽，关东大饥，蝗。

民犯铸钱，伍人相坐，没入为官奴婢。其男子槛车，儿女子步，以铁锁琅当其颈，传诣钟官，以十万数。到者易夫妇，愁苦死者什六七。孙喜、景尚、曹放等击贼不能克，军师放纵，百姓重困。

莽以王况谶言荆楚当兴，李氏为辅，欲厌之，乃拜侍中掌牧大夫李棽为大将军、扬州牧，赐名圣，使将兵奋击。

上谷储夏自请愿说瓜田仪，莽以为中郎，使出仪，仪文降，未出而死。莽求其尸葬之，为起冢、祠室，谥曰"瓜宁殇男"，几以招来其余，然无肯降者。

闰月丙辰，大赦天下，天下大服、民私服在诏书前亦释除。

郎阳成脩献符命，言继立民母，又曰："黄帝以百二十女致神仙。"莽于是遣中散大夫、谒者各四十五人分行天下，博采乡里所高有淑女者上名。

莽梦长乐宫铜人五枚立起，莽恶之，念铜人铭有"皇帝初兼天下"之文 即使尚方工镌灭所梦铜人膺文。又感汉高庙神灵，遣虎贲武士入高庙，拔剑四面击刺，斧坏户牖，桃汤赭鞭鞭洒屋壁，令轻车校尉居其中，又令中军北垒居高寝。

或言黄帝时建华盖以登仙，莽乃造华盖九重，高八丈一尺，金瑵羽葆，载以秘机四轮车，驾六马，力士三百人黄衣帻，车上人击鼓，挽者皆呼"登仙"。莽出，令在前。百官窃言："此似软车，非仙物也。"

是岁，南郡秦丰众且万人。平原女子迟昭平能说博经以八投，亦聚数千人在河阻中。莽召问群臣禽贼方略，皆曰："此天囚行尸，命在漏刻。"故左将军公孙禄征来与议，禄曰："太史令宗宣典星历，候气变，以凶为吉，乱天文，误朝廷。太傅平化侯饰虚伪以偷名位，'贼夫人之子'。国师嘉信公颠倒《五经》，毁师法，令学士疑惑。明学男张邯、地理侯孙阳造井田使民弃土业。牺和鲁匡设六管，以穷工商。说符侯崔发阿谀取容，令下情不上通。宜诛此数子以慰天下！"又言："匈奴不可攻，当与和亲。臣恐新室忧不在匈奴，而在封域之中也。"莽怒，使虎贲扶禄出。然颇采其言，左迁鲁匡为五原卒正，以百姓怨非故。六管非匡所独造，莽厌众意而出之。

初，四方皆以饥寒穷愁起为盗贼，稍稍群聚，常思岁熟得归乡里。众虽万数，宣称巨人、从事、三老、祭酒，不敢略有城邑，转掠求食，日阕而已。诸长吏牧守皆自乱斗中兵而死，贼非敢欲杀之也，而莽终不谕其故。是岁，大司马士按章豫州，为贼所获，贼送付县。士还，上书具言状。莽大怒，下狱以为诬罔。因下书责七公曰："夫吏者，理也。宣德明恩，以牧养民，仁之道也。抑强督奸，捕诛盗贼，义之节也。今则不然。盗发不辄得，至成群党，遮略乘传宰士。士得脱者，又妄自言：我责数贼'何故为是？'贼曰：'以贫穷故耳。'贼护出我。今俗人议者率多若此。惟贫困饥寒,犯法为非,大者群盗,小者偷穴,不过二科,今乃结谋连党以千百数,是逆乱之大者,岂饥寒之谓邪? 七公其严敕卿大夫、卒正、连率、庶尹,谨牧养善民,急捕殄盗贼。有不同心并力,疾恶黜贼,而妄曰饥寒所为,辄捕系,请其罪。"于是群下愈恐,莫敢言贼情者,亦不得擅发兵,贼由是遂不制。

唯翼平连率田况素果敢,发民年十八以上四万余人,授以库兵,与刻石为约。赤糜闻之,不敢入界。况自劾奏,莽让况曰:"未赐虎符而擅发兵,此弄兵也,厥罪乏兴。以况自诡必禽灭贼,故且勿治。"后况自请出界击贼,所向皆破。莽以玺书令况领青、徐二州牧事。况上言:"盗贼始发,其原甚微,非部吏、伍人所能禽也。咎在长吏不为意,县欺其郡,郡欺朝廷,实百言十,实千言百。朝廷忽略,不辄督责,遂至延曼连州,乃遣将率,多发使者,传相监趣。郡县力事上官,应塞诘对,共酒食,具资用,以救断斩,不给复忧盗贼治官事。将率又不能躬率吏士,战则为贼所破,吏气浸伤,徒费百姓。前幸蒙赦令,贼欲解散,或反遮击,恐入山谷转相告语,故郡县降贼,皆更惊骇,恐见诈灭,因饥馑易动,旬日之间更十余万人,此盗贼所以多之故也。今洛阳以东,米石二千。窃见诏书,欲遣太师、更始将军,二人爪牙重臣,多从人众,道上空竭,少则亡以威视远方。宜急选牧、尹以下,明其赏罚,收合离乡。小国无城郭者,徙其老弱置大城中,积藏谷食,并力固守。贼来攻城,则不能下,所过无食,势不得群聚。如此,招之必降,击之则灭。今空复多出将率,郡县苦之,反甚于贼。宜尽征还乘传诸使者,以休息郡县。委任臣况以二州盗贼,必平定之。"莽畏恶况,阴为发代,遣使者赐况玺书。使者至,见况,因令代监其兵。况随使者西,到,拜为师尉大夫。况去,齐地遂败。

三年正月,九庙盖构成,纳神主。莽谒见,大驾乘六马,以五采毛为龙文衣,著角,长三尺。华盖车,元戎十乘在前。因赐治庙者司徒、大司空钱各千万,侍中、中常侍以下皆封。封都匠仇延为邯淡里附城。

二月,霸桥灾,数千人以水沃救,不灭。莽恶之,下书曰:"夫三皇象春,五帝象夏,三王象秋,五伯象冬。皇王,德运也;伯者,继空续乏以成历数,故其道驳。惟常安御道多以所近为名。乃二月癸巳之夜,甲午之辰,火烧霸桥,从东方西行,至甲午夕,桥尽火灭。大司空行视考问,或云寒民舍桥下,疑以火自燎,为此灾也。其明日即乙未,立春之日也。予以神明圣祖黄虞遗统受命,至于地皇四年为十五年。正以三年终冬绝灭霸驳之桥,欲以兴成新室统一长存之道也。又戒此桥空东方之道。今东方岁荒民饥,道路不通,东岳太师亟科条,开东方诸仓,赈贷穷乏,以施仁道。其更名霸馆为长存馆,霸桥为长存桥。"

是月,赤眉杀太师牺仲景尚。关东人相食。

四月,遣太师王匡、更始将军廉丹东,祖都门外,天大雨,沾衣止。长老叹曰:"是为泣军!"莽曰:"惟阳九之厄,与害气会,究于去年。枯旱霜蝗,饥馑荐臻,百姓困乏,流离道路,于春尤甚,予甚悼之。今使东岳太师特进褒新侯开东方诸仓,赈贷穷乏。太师公所不过道,分遣大夫谒者

并开诸仓,以全元元。太师公因与廉丹大使五威司命位右大司马更始将军平均侯之兖州,填抚所掌,及青、徐故不轨盗贼未尽解散,后复屯聚者,皆清洁之,期于安兆黎矣。"太师、更始合将锐士十余万人,所过放纵。东方为之语曰:"宁逢赤眉,不逢太师!太师尚可,更始杀我!"卒如田况之言。

莽又多遣大夫谒者分教民煮草木为酪,酪不可食,重为烦费。莽下书曰:"惟民困乏,虽溥开诸仓以赈赡之,犹恐未足,其且开天下山泽之防,诸能采取山泽之物而顺月令者,其恣听之,勿令出税。至地皇三十年如故,是王光上戊之六年也。如令豪吏猾民辜而攫之,小民弗蒙,非予意也。《易》不云乎?'损上益下,民说无疆。'《书》云:'言之不从,是谓不艾。'咨乎群公,可不忧哉!"

是时,下江兵盛,新市朱鲔、平林陈牧等皆复聚众,攻击乡聚。莽遣司命大将军孔仁部豫州,纳言大将军严尤、秩宗大将军陈茂击荆州,各从吏士百余人,乘船从渭入河,至华阴乃出乘传,到部募士。尤谓茂曰:"遣将不与兵符,必请而后动,是犹绁韩卢而责之获也。"

夏,蝗从东方来,蜚蔽天,至长安,入未央宫,缘殿阁,莽发吏民设购赏捕之。莽以天下谷贵,欲厌之,为大仓,置卫交戟,名曰"政始掖门"。

流民入关者数十万人,乃置养赡官禀食之。使者监领,与小吏共盗其禀,饥死者十七八。先是,莽使中黄门王业领长安市买,贱取于民,民甚患之。业以省费为功,赐爵附城,莽闻城中饥馑,以问业。业曰:"皆流民也。"乃市所卖梁饣肉羹,持入视莽,曰:"居民食咸如此。"莽信之。

冬,无盐索卢恢等举兵反城。廉丹、王匡攻拔之,斩首万余级。莽遣中郎将奉玺书劳丹、匡,进爵为公,封吏士有功者十余人。

赤眉别校董宪等众数万人在梁郡,王匡欲进击之,廉丹以为新拔城罢弩,当且休士养威。匡不听,引兵独进,丹随之。合战成昌,兵败,匡走。丹使吏持其印韨符节付匡曰:"小儿可走,吾不可!"遂止,战死。校尉汝云、王隆等二十余人别斗,闻之,皆曰:"廉公已死,吾谁为生?"弛奔贼,皆战死。莽伤之,下书曰:"惟公多拥士精兵,众郡骏马仓谷帑藏得自调,忽于诏策,离其威节,骑马呵噪,为狂刃所害,乌呼哀哉!赐谥曰'果公'。"

国将哀章谓莽曰:"皇祖考黄帝之时,中黄直为将,破杀蚩尤。今臣居中黄直之位,愿平山东。"莽遣章驰东,与太师匡并力。又遣大将军阳浚守敖仓,司徒王寻将十余万屯洛阳填南宫,大司马董忠养士习射中军北垒,大司空王邑兼三公之职,司徒寻初发长安,宿霸昌厩,亡其黄钺。寻士房扬素狂直,乃哭曰:"此经所谓'丧其齐斧'者也!"自劾去。莽击杀扬。

四方盗贼往往数万人攻城邑,杀二千石以下。太师王匡等战数不利。莽知天下溃畔,事穷计迫,乃议遣风俗大夫司国宪等分行天下,除井田奴婢山泽六管之禁,即位以来诏令不便于民者皆收还之。待见未发,会世祖与兄齐武王伯升、宛人李通等帅舂陵子弟数千人,招致新市平林朱鲔、陈牧等合攻拔棘阳。是时,严尤、陈茂破下江兵,成丹、

王常等数千人别走,入南阳界。

十一月,有星孛于张,东南行,五日不见。莽数召问太史令宗宣,诸术数家皆缪对,言天文安善,群贼且灭。莽差以自安。

四年正月,汉兵得下江王常等以为助兵,击前队大夫甄阜、属正梁丘赐,皆斩之,杀其众数万人。初,京师闻青、徐贼众数十万人,讫无文号旌旗表识,咸怪异之。好事者窃言:"此岂如古三皇无文书号谥邪?"莽亦心怪,以问群臣,群臣莫对。唯严尤曰:"此不足怪也。自黄帝、汤、武行师,必待部曲旌旗号令,今此无有者,直饥寒群盗,犬羊相聚,不知为之耳。"莽大说,群臣尽服,及后汉兵刘伯升起,皆称将军,攻城略地,既杀甄阜,移书称说。莽闻之忧惧。

汉兵乘胜遂围宛城。初,世祖族兄圣公先在平林兵中。三月辛巳朔,平林、新市、下江兵将王常、朱鲔等共立圣公为帝,改年为更始元年,拜置百官。莽闻之愈恐。欲外视自安,乃染其须发,进所征天下淑女杜陵史氏女为皇后,聘黄金三万斤,车马、奴婢、杂帛、珍宝以巨万计。莽亲迎于前殿两阶间,成同牢之礼于上西堂。备和嫔、美御、和人三,位视公;嫔人九,视卿;美人二十七,视大夫;御人八十一,视元士;凡百二十人,皆佩印韨,执弓韣。封皇后父谌为和平侯,拜为宁始将军,谌子二人皆侍中。是日,大风发屋折木。群臣上寿曰:"乃庚子雨水洒道,辛丑清靓不尘,其夕谷风迅疾,从东北来。辛丑,《巽》之宫日也。《巽》为风为顺,后谊明,母道得,温和慈惠之化也。《易》曰:'受兹介福,于其王母。'《礼》曰:'承天之庆,万福无疆。'诸欲依废汉火刘,皆沃灌雪除,殄灭无余杂矣。百谷丰茂,庶草蕃殖,元元欢喜,兆民赖福,天下幸甚!"莽日与方士涿郡昭君等于后宫考验方术,纵淫乐焉。大赦天下,然犹曰:"故汉氏春陵侯群子刘伯升与其族人婚姻党与,妄流言惑众,悖畔天命,及手害更始将军廉丹、前队大夫甄阜、属正梁丘赐,及北狄胡房逆舆洎南僰房若豆、孟迁,不用此书。有能捕得此人者,皆封为上公,食邑万户,赐宝货五千万。"又诏:"太师王匡、国将哀章、司命孔仁、兖州牧寿良、卒正王闳、扬州牧李圣亟进所部州郡兵凡三十万众,迫措青、徐盗贼。纳言将军严尤、秩宗将军陈茂、车骑将军王巡、左队大夫王吴亟进所部州郡兵凡十万众,迫措前队丑房。明告以生活丹青之信,复迷惑不解散,皆并力合击,殄灭之矣!大司空隆新公,宗室戚属,前以虎牙将军东指则反房破坏,西击则逆贼麾碎,此乃新室威宝之臣也。如黠贼不解散,将遣大司空将百万之师征伐剿绝之矣!"遣七公干士隗嚣等七十二人分下赦令晓谕云。嚣等既出,因逃亡矣。

四月,世祖与王常等别攻颍川,下昆阳、郾、定陵。莽闻之愈恐,遣大司空王邑驰传至洛阳,与司徒王寻发众郡兵百万,号曰"虎牙五威兵",平定山东。得颛封爵,政决于邑,除用征诸明兵法六十三家术者,各持图书,受器械,备军吏。倾府库以遣邑,多赍珍宝猛兽,欲视饶富,用怖山东。邑至洛阳,州郡各选精兵,牧守自将,定会者四十二万人,余在道不绝,车甲士马之盛,自古出师未尝有也。

六月,邑与司徒寻发洛阳,欲至宛,道出颍川,过昆阳。昆阳时已降汉,汉兵守之。严尤、陈茂与二公会,二公纵兵围昆阳。严尤曰:"称尊号者在宛下,宜亟进。彼破,诸城自定矣。"邑曰:"百万之师,所过当灭,今屠此城,喋血而进,前歌后舞,顾不快邪!"遂围城数十重。城中请降,不许。严尤又曰:"'归师勿遏,围城为之阙',可如兵法,使得逸出,以怖宛下。"邑又不听,会世祖悉发郡、定陵兵数千人来救昆阳,寻、邑易之,自将万余人行陈,敕诸营皆按部毋得动,独迎,与汉兵战,不利。大军不敢擅相救,汉兵乘胜杀寻。昆阳中兵出并战,邑走,军乱。大风飞瓦,雨如注水,大众崩坏号呼,虎豹股栗,士卒奔走。各还归其郡。邑独与所将长安勇敢数千人还洛阳。关中闻之震恐,盗贼并起。

又闻汉兵言,莽鸩杀孝平帝。莽乃会公卿以下于王路堂,开所为平帝请命金縢之策,泣以视群臣。命明学男张邯称说其德及符命事,因曰:"《易》言'伏戎于莽,升其高陵,三岁不兴。''莽',皇帝之名。'升'谓刘伯升。'高陵'谓高陵侯子翟义也。言刘升、翟义为伏戎之兵于新皇帝世,犹殄灭不兴也。"群臣皆称万岁。又令东方槛车传送数人,言"刘伯升等皆行大戮"。民知其诈也。

先是,卫将军王涉素养道士西门君惠。君惠好天文谶记,为涉言:"星孛扫宫室,刘氏当复兴,国师公姓名是也。"涉信其言,以语大司马董忠,数俱至国师殿中庐道语星宿,国师不应。后涉特往,对歆涕泣言:"诚欲与公共安宗族,奈何不信涉也!"歆因为言天文人事,东方必成。涉曰:"新都哀侯小被病,功显君素耆酒,疑帝本非我家子也。董公主中军精兵,涉领宫卫,伊休侯主殿中,如同心合谋,共劫持帝,东降南阳天子,可以全宗族;不者,俱夷灭矣!"伊休侯者,歆长子也,为侍中五官中郎将,莽素爱之。歆怨莽杀其三子,又畏大祸至,遂与涉、忠谋,欲发。歆曰:"当待太白星出,乃可。"忠以司中大赘起武侯孙伋亦主兵,复与伋谋。伋归家,颜色变,不能食。妻怪问之,语其状。妻以告弟云阳陈邯,邯欲告之。七月,伋与邯俱告,莽遣使者分召忠等。时忠方讲兵都肆,护军王咸谓忠谋久不发,恐漏泄,不如遂斩使者,勒兵入。忠不听,遂与歆、涉会省户下。莽令䞨恽责问,皆服。中黄门各拔刃将忠等送庐,忠拔剑欲自刎,侍中王望传言大司马反,黄门持剑从格杀之。省中相惊传,勒兵至郎署,皆拔刃张弩。更始将军史谌行诸署,告郎吏曰:"大司马有狂病,发,已诛。"皆令弛兵。莽欲厌凶,使虎贲以斩马剑挫忠,盛以竹器,传曰"反虏出"。下书赦大司马官属吏士为忠所诖误,谋反未发觉者。收忠宗族,以醇醯毒药、尺白刃丛棘并一坎而埋之。刘歆、王涉皆自杀。莽以二人骨肉旧臣,恶其内溃,故隐其诛。伊休侯叠又以素谨,歆讫不告,但免侍中中郎将,更为中散大夫。后日殿中钩盾土山仙人掌旁有白头公青衣,郎吏者私谓之国师公。衍功侯喜素善卦,莽使筮之,曰:"忧兵火。"莽曰:"小儿安得此左道?是乃予之皇祖叔父侨欲来迎我也。"

莽军师外破,大臣内畔,左右亡所信,不能复远念郡国,欲呼邑与计议。崔发曰:"邑素小心,今失大众而征,恐其执节引决,宜有以大慰其意。"于是莽遣发驰传谕邑:

"我年老母适子,欲传邑以天下。敕亡得谢,见勿复道。"邑到,以为大司马。大长秋张邯为大司徒,崔发为大司空,司中寿容苗䜣为国师,同说侯林为卫将军。莽忧懑不能食,亶饮酒,啖鳆鱼。读军书倦,因凭几寐,不复就枕矣。性好时日小数。及事迫急,亶为厌胜。遣使坏渭陵、延陵园门罘罳,曰:"毋使民复思也。"又以墨洿色其周垣。号将至曰"岁宿",申水为"助将军",右庚"刻木校尉",前丙"耀金都尉",又曰:"执大斧,伐枯木;流大水,灭发火。"如此属不可胜记。

秋,太白星流入太微,烛地如月光。

成纪隗崔兄弟共劫大尹李育,以兄子隗嚣为大将军,攻杀雍州牧陈庆、安定卒正王旬,并其众,移书郡县,数莽罪恶万于桀、纣。

是月,析人邓晔、于匡起兵南乡百余人。时析宰将兵数千屯鄡亭,备武关。晔、匡谓宰曰:"刘帝已立,君何不知命也!"宰请降,尽得其众。晔自称辅汉左将军,匡右将军,拔析、丹水,攻武关,都尉朱萌降。进攻右队大夫宋纲,杀之,西拔湖。莽愈忧,不知所出。崔发言:"《周礼》及《春秋左氏》,国有大灾,则哭以厌之。故《易》称'先号啕而后笑'。宜呼嗟告天以求救。"莽自知败,乃率群臣至南郊,陈其符命本末,仰天曰:"皇天既命授臣莽,何不殄灭众贼?即令臣莽非是,愿下雷霆诛臣莽!"因搏心大哭,气尽,伏而叩头。又作告天策,自陈功劳,千余言。诸生小民会旦夕哭,为设飧粥,甚悲哀及能诵策文者除以为郎,至五千余人。蹻䦧将领之。

莽拜将军九人,皆以虎为号,号曰"九虎",将北军精兵数万人东,内其妻子宫中以为质。时省中黄金万斤者为一匮,尚有六十匮,黄门、钩盾、臧府、中尚方处处各有数匮。长乐御府、中御府及都内、平准帑藏钱、帛、珠玉财物甚众,莽愈爱之,赐九虎士人四千钱。众重怨,无斗意。九虎至华阴回溪,距隘,北从河南至山。于匡持数千弩,乘堆挑战。邓晔将二万余人从閺乡南出枣街、作姑,破其一部,北出九虎后击之。六虎败走。史熊、王况诣阙归死,莽使使责死者安在,皆自杀;其四虎亡。三虎郭钦、陈翚、成重收散卒,保京师仓。

邓晔开武关迎汉,丞相司直李松将二千余人至湖,与晔等共攻京师仓,未下。晔以弘农掾王宪为校尉,将数百人北渡渭,入左冯翊界,降城略地。李松遣偏将军韩臣等径西至新丰,与莽波水将军战,波水走。韩臣等追奔,遂至长门宫。王宪北至频阳,所过迎降。大姓栎阳申砀、下邽王大皆率众随宪,属县槐里严春、茂陵董喜、蓝田王孟、槐里汝臣、盩厔王扶、阳陵严本、杜陵屠门少之属,众皆数千人,假号称汉将。

时李松、邓晔以为,京师小小仓尚未可下,何况长安城!当须更始帝大兵到。即引军至华阴,治攻具。而长安旁兵四会城下,闻天水隗氏兵方到,皆争欲先入城,贪立大功卤掠之利。

莽遣使者分赦城中诸狱囚徒,皆授兵,杀豨饮其血,与誓曰:"有不为新室者,社鬼记之!"更始将军史谌将度渭桥,皆散走。谌空还。众兵发掘莽妻子父祖冢,烧其棺椁

及九庙、明堂、辟雍,火照城中。或谓莽曰:"城门卒,东方人,不可信。"莽更发越骑士为卫,门置六百人,各一校尉。

十月戊申朔,兵从宣平城门入,民间所谓都门也。张邯行城门,逢兵见杀。王邑、王林、王巡、蹻䦧等分将兵距击北阙下,汉兵贪莽封力战者七百余人。会日暮,官府邸第尽奔亡。二日己酉,城中少年朱弟、张鱼等恐见卤掠,趋讙并和,烧作室门,斧敬法闼,呼曰:"反虏王莽,何不出降?"火及掖廷承明,黄皇室主所居也。莽避火宣室前殿,火辄随之。宫人妇女啼呼曰:"当奈何!"时莽绀袀服,带玺韨,持虞帝匕首。天文郎桉栻于前,日时加莫,莽旋席随斗柄而坐,曰:"天生德于予,汉兵其如予何!"莽时不食,少气困矣。

三日庚戌,晨旦明,群臣扶掖莽,自前殿南下椒除,西出白虎门,和新公王揖奉车待门外,莽就车,之渐台,欲阻池水,犹抱持符命、威斗,公、卿、大夫、侍中、黄门郎从官尚千余人随之。王邑昼夜战,罢极,士死伤略尽,驰入宫,间关至渐台,见其子侍中睦解衣冠欲逃,邑叱之令还,父子共守莽。军人入殿中,呼曰:"反虏王莽安在?"有美人出房曰:"在渐台。"众兵追之,围数百重。台上亦弓弩与相射,稍稍落去。矢尽,无以复射,短兵接。王邑父子、蹻䦧、王巡战死,莽入室。下餔时,众兵上台,王揖、赵博、苗䜣、唐尊、王盛、中常侍王参等皆死台上。商人杜吴杀莽,取其绶。校尉东海公宾就,故大行治礼,见吴问绶主所在。曰:"室中西北陬间。"就识,斩莽首。军人分裂莽身,支节肌骨脔分,争相杀者数十人。公宾就持莽首诣王宪。宪自称汉大将军,城中兵数十万皆属焉,舍东宫,妻莽后宫,乘其车服。

六日癸丑,李松、邓晔入长安,将军赵萌、申屠建亦至,以王宪得玺绶不辄上,多挟宫女、建天子鼓旗,收斩之。传莽首诣更始,悬宛市,百姓共提击之,或切食其舌。

莽扬州牧李圣、司命孔仁兵败山东,圣格死,仁将其众降,已而叹曰:"吾闻食人人食者死其事。"拔剑自刺死。及曹部监杜普、陈定大尹沈意、九江连率贾萌皆守郡不降,为汉兵所诛。赏都大尹王钦及郭钦守京师仓,闻莽死,乃降,更始义之,皆封为侯。太师王匡、国将哀章降洛阳,传诣宛,斩之。严尤、陈茂败昆阳下,走至沛郡谯,自称汉将,召会吏民。尤为称说王莽篡位天时所亡、圣汉复兴状,茂伏而涕泣。闻故汉钟武侯刘圣聚众汝南称尊号,尤、茂降之。以尤为大司马,茂为丞相。十余日败,尤、茂并死。郡县皆举城降,天下悉归汉。

初,申屠建尝事崔发为《诗》,建至,发降之。后复称说,建令丞相刘赐斩发以徇。史谌、王延、王林、王吴、赵闳亦降,复见杀。初,诸假号兵人人望封侯。申屠建既斩王宪,又扬言三辅黠共杀其主。吏民惶恐,属县屯聚,建等不能下,驰白更始。

二年二月,更始到长安,下诏大赦,非王莽子,他皆除其罪,故王氏宗族得全。三辅悉平,更始都长安,居长乐宫。府藏完具,独未央宫烧攻莽三日,死则案堵复故。更始至,岁余政教不行,明年夏,赤眉樊崇等众数十万人入关,

立刘盆子,称尊号,攻更始,更始降之。赤眉遂烧长安宫室市里,害更始。民饥饿相食,死者数十万,长安为虚,城中无人行。宗庙园陵皆发掘,唯霸陵、杜陵完。六月,世祖即位,然后宗庙社稷复立,天下艾安。

赞曰:王莽始起外戚,折节力行,以要名誉,宗族称孝,师友归仁。及其居位辅政,成、哀之际,勤劳国家,直道而行,勋见称述。岂所谓"在家必闻,在国必闻","色取仁而行违"者邪?莽既不仁而有佞邪之材,又乘四父历世之权,遭汉中微,国统三绝,而太后寿考为之宗主,故得肆其奸慝,以成篡盗之祸。推是言之,亦天时,非人力之致矣。及其窃位南面,处非所据,颠覆之势险于桀、纣,而莽晏然自以黄、虞复出也。乃始恣睢,奋其威诈,滔天虐民,穷凶极恶,毒流诸夏,乱延蛮貉,犹未足逞其欲焉。是以四海之内,嚣然丧其乐生之心,中外愤怨,远近俱发,城池不守,支体分裂,遂令天下城邑为虚,丘垅发掘,害遍生民,辜及朽骨,自书传所载乱臣贼子无道之人,考其祸败,未有如莽之甚者也。昔秦燔《诗》、《书》以立私议,莽诵《六艺》以文奸言,同归殊途,俱用灭亡,皆炕龙绝气,非命之运,紫色蛙声,余分闰位,圣王之驱除云尔!

卷一百上　　叙传第七十上

班氏之先,与楚同姓,令尹子文之后也。子文初生,弃于瞢中,而虎乳之。楚人谓乳"穀",谓虎"於菟",故名穀於菟,字子文。楚人谓虎"班",其子以为号。秦之灭楚,迁晋、代之间,因氏焉。

始皇之末,班壹避地于楼烦,致马、牛、羊数千群。值汉初定,与民无禁,当孝惠、高后时,以财雄边,出入弋猎,旌旗鼓吹,年百余岁,以寿终,故北方多以"壹"为字者。

壹生孺。孺为任侠,州郡歌之。孺生长,官至上谷守。长生回,以茂材为长子令。回生况,举孝廉为郎,积功劳,至上河农都尉,大司农奏课连最,入为左曹越骑校尉。成帝之初,女为倢伃,致仕就第,资累千金,徙昌陵。昌陵后罢,大臣名家皆占数于长安。

况生三子:伯、斿、稚。伯少受《诗》于师丹。大将军王凤荐伯宜劝学,召见宴昵殿,容貌甚丽,诵说有法,拜为中常侍。时,上方乡学,郑宽中、张禹朝夕入说《尚书》、《论语》于金华殿中,诏伯受焉。既通大义,又讲异同于许商,迁奉车都尉。数年,金华之业绝,出与王、许子弟为群,在于绮襦纨绔之间,非其好也。

家本北边,志节慷慨,数求使匈奴。河平中,单于来朝,上使伯持节迎于塞下。会定襄大姓石、李群辈报怨,杀追捕吏,伯上状,因自请愿试守期月。上遣侍中中郎将王舜驰传代伯护单于,并奉玺书印绶,即拜伯为定襄太守。定襄闻伯素贵,年少,自请治剧,畏其下车作威,吏民竦息,伯至,请问耆老父祖故人有旧恩者,迎延满堂,日为供具,执子孙礼。郡中益弛。诸所宾礼皆名豪,怀恩醉酒,共

谏伯宜颇摄录盗贼,具言本谋亡匿处。伯曰:"是所望于父师矣。"乃召属县长吏,选精进掾史,分部收捕,及它隐伏,旬日尽得。郡中震栗,咸称神明。岁余,上征伯。伯上书愿过故郡上父祖冢。有诏,太守、都尉以下会。因召宗族,各以亲疏加恩施,散数百金,北州以为荣,长老纪焉。道病中风。既至,以侍中光禄大夫养病,赏赐甚厚,数年未起。

会许皇后废,班倢伃供养东宫,进侍者李平为倢伃,而赵飞燕为皇后,伯遂称笃。久之,上出过临候伯,伯惶恐,起视事。

自大将军薨后,富平、定陵侯张放、淳于长等始爱幸,出为微行,行则同舆执辔;入侍禁中,设宴饮之会,及赵、李诸侍中皆引满举白,谈笑大噱。时乘舆幄坐张画屏风,画纣醉踞妲已作长夜之乐,上以伯新起,数目礼之,因顾指画而问伯:"纣为无道,至于是乎?"伯对曰:"《书》云'乃用妇人之言',何有踞肆于朝?所谓众恶归之,不如是之甚者也。"上曰:"苟不若此,此图何戒?"伯曰:"'沉湎于酒',微子所以告去也;'式号式呼',《大雅》所以流连也。《诗》、《书》淫乱之戒,其原皆在于酒。"上乃喟然叹曰:"吾久不见班生,今日复闻谠言!"放等不怿,稍自引起更衣,因罢出。时,长信庭林表适使来,闻见之。

后上朝东宫,太后泣曰:"帝间颜色瘦黑,班侍中本大将军所举,宜宠异之,益求其比,以辅圣德,宜遣富平侯就国。"上曰:"诺。"车骑将军王音闻之,以风丞相御史奏富平侯罪过,上乃出放为边都尉。后复征入,太后与上曰:"前所道尚未效,富平侯反复来,其能默乎?"上谢曰:"请今奉诏。"是时,许商为少府,师丹为光禄大夫,上于是引商、丹入为光禄勋,伯迁水衡都尉,与两师并侍中,皆秩中二千石。每朝东宫,常从;及有大政,俱使谕指于公卿。上亦稍厌游宴,复修经书之业,太后甚悦。丞相方进复奏,富平侯竟就国。会伯病卒,年三十八,朝廷愍惜焉。

斿博学有俊材,左将军史丹举贤良方正,以对策为议郎,迁谏大夫、右曹中郎将,与刘向校秘书。每奏事,斿以选受诏进读群书。上器其能,赐以秘书之副。时书不布,自东平思王以叔父求《太史公》、诸子书,大将军白不许。语在《东平王传》。斿亦早卒,有子曰嗣,显名当世。

稚少为黄门郎中常侍,方直自守,成帝季年,立定陶王为太子,数遣中盾请问近臣,稚独不敢对。哀帝即位,出稚为西河属国都尉,迁广平相。

王莽少与稚兄弟同列友善,兄事斿而弟畜稚。斿之卒也,修缌麻,赙赠甚厚。平帝即位,太后临朝,莽秉政,方欲文致太平,使使者分行风俗,采颂声,而稚无所上。琅邪太守公孙闳言灾害于公府,大司空甄丰遣属驰至两郡讽吏民,而劾闳空造不祥,稚绝嘉应,嫉害圣政,皆不道,太后曰:"不宣德美,宜与言灾害者异罚。且后宫贤家,我所哀也。"闳独下狱诛。稚惧,上书陈恩谢罪,愿归印,入补延陵园郎,太后许焉。食故禄终身。由是班氏不显莽朝,亦不罹咎。

初,成帝性宽,进入直言,是以王音、翟方进等绳法举过,而刘向、杜邺、王章、朱云之徒肆意犯上,故自帝师安

昌侯，诸舅大将军兄弟公卿大夫、后宫外属史、许之家有贵宠者，莫不被文伤诋。唯谷永尝言："建始、河平之际，许、班之贵，倾动前朝，熏灼四方，赏赐无量，空虚内臧，女宠至极，不可尚矣；今之后起，天所不飨，什倍于前。"永指以驳讥赵、李，亦无间云。

稚生彪。彪字叔皮，幼与从兄嗣共游学，家有赐书，内足于财，好古之士自远方至，父党扬子云以下莫不造门。

嗣虽修儒学，然贵老、严之术。桓生欲借其书，嗣报曰："若夫严子者，绝圣弃智，修生保真，清虚淡泊，归之自然，独师友造化，而不为世俗所役者也。渔钓于一壑，则万物不奸其志，栖迟于一丘，则天下不易其乐。不绁圣人之罔，不嗅骄君之饵，荡然肆志，谈者不得而名焉，故可贵也。今吾子已贯仁谊之羁绊，系名声之韁锁，伏周、孔之轨躅，驰颜、闵之极挚，既系挛于世教矣，何用大道为自炫耀？昔有学步于邯郸者，曾未得其仿佛，又复失其故步，遂匍匐而归耳！恐似此类，故不进。"嗣之行已持论如此。

叔皮唯圣人之道然后尽心焉。年二十，遭王莽败，世祖即位于冀州。时隗嚣据垄拥众，招辑英俊，而公孙述称帝于蜀汉，天下云扰，大者连州郡，小者据县邑，嚣问彪曰："往者周亡，战国并争，天下分裂，数世然后乃定，其抑者从横之事复起于今乎？将承运迭兴在于一人也？愿先生论之。"对曰："周之废兴与汉异。昔周立爵五等，诸侯从政，本根既微，枝叶强大，故其末流有从横之事，其势然也。汉家承秦之制，并立郡县，主有专己之威，臣无百年之柄。至于成帝，假借外家，哀、平短祚，国嗣三绝，危自上起，伤不及下。故王氏之贵，倾擅朝廷，能窃号位，而不根于民。是以即真之后，天下莫不引领而叹，十余年间，外内骚扰，远近俱发，假号云合，咸称刘氏，不谋而同辞。方今雄桀带州城者，皆无七国世业之资。《诗》云：'皇矣上帝，临下有赫，鉴观四方，求民之莫。'今民皆讴吟思汉，乡仰刘氏，已可知矣。"嚣曰："先生言周、汉之势，可也，至于但见愚民习识刘氏姓号之故，而谓汉家复兴，疏矣！昔秦失其鹿，刘季逐而掎之，时民复知汉乎！"既感嚣言，又愍狂狡之不息，乃著《王命论》以救时难。其辞曰：

昔在帝尧之禅曰："咨尔舜，天之历数在尔躬。"舜亦以命禹。皋于稷、契，咸佐唐、虞，光济四海，奕世载德，至于汤、武，而有天下。虽其遭遇异时，禅代不同，至乎应天顺民，其揆一也。是故刘氏承尧之祚，氏族之世，著乎《春秋》。唐据火德，而汉绍之，始起沛泽，则神母夜号，以章赤帝之符。由是言之，帝王之祚，必有明圣显懿之德，丰功厚利积累之业，然后精诚通于神明，流泽加于生民，故能为鬼神所福飨，天下所归往，未见运世无本，功德不纪，而得屈起在此位者也。世俗见高祖兴于布衣，不达其故，以为适遭暴乱，得奋其剑，游说之士至比天下于逐鹿，幸捷而得之，不知神器有命，不可以智力求也。悲夫！此世所以多乱臣贼子者也。若然者，岂徒暗于天道哉？又不睹之于人事矣。

夫饿馑流隶，饥寒道路，思有短褐之袭，儋石之畜，所愿不过一金，然终于转死沟壑。何则？贫穷亦有

命也。况乎天子之贵，四海之富，神明之祚，可得而妄处哉？故虽遭罹厄会，窃其权柄，勇如信、布，强如梁、籍，成如王莽，然卒润镬伏质，亨醢分裂，又况么麿，尚不及数子，而欲暗奸天位者乎！是故穹蹇之乘不骋千里之途，燕雀之畴不奋六翮之用，粲柷之材不荷栋梁之任，斗筲之子不秉帝王之重。《易》曰"鼎折足，覆公餗"，不胜其任也。

当秦之末，豪桀共推陈婴而王之，婴母止之曰："自吾为子家妇，而世贫贱，卒富贵不祥，不如以兵属人，事成少受其利，不成祸有所归。"婴从其言，而陈氏以宁。王陵之母亦见项氏之必亡，而刘氏之将兴也。是时，陵为汉将，而母获于楚，有汉使来，陵母见之，谓曰："愿告吾子，汉王长者，必得天下，子谨事之，无有二心。"遂对汉使伏剑而死，以固勉陵。其后果定于汉，陵为宰相，封侯。夫以匹妇之明，犹能推事理之致，探祸福之机，而全宗祀于无穷，垂策书于春秋，而况大丈夫之事乎！是故穷达有命，吉凶由人，婴母知废，陵母知兴，审此四者，帝王之分决矣。

盖在高祖，其兴也有五：一曰帝尧之苗裔，二曰体貌多奇异，三曰神武有征应，四曰宽明而仁恕，五曰知人善任使。加之以信诚好谋，达于听受，见善如不及，用人如由己，从谏如顺流，趣时如响赴；当食吐哺，纳子房之策；拔足挥洗，揖郦生之说；寤戍卒之言，断怀土之情；高四皓之名，割肌肤之爱；举韩信于行陈，收陈平于亡命，英雄陈力，群策毕举；此高祖之大略，所以成帝业也。若乃灵瑞符应，又可略闻矣。初刘媪任高祖而梦与神遇，震电晦冥，有龙蛇之怪。及其长而多灵，有异于众，是以王、武感物而折券，吕公睹形而进女；秦皇东游以厌其气，吕后望云而知所处，始受命则白蛇分，西入关则五星聚。故淮阴、留侯谓之天授，非人力也。

历古今之得失，验行事之成败，稽帝王之世运，考五者之所谓，取舍不厌斯位，符瑞不同斯度，而苟昧于权利，越次妄据，外不量力，内不知命，则必丧保家之主，失天年之寿，遇折足之凶，伏铁钺之诛。英雄诚知觉寤，畏若祸戒，超然远览，渊然深识，收陵、婴之明分，绝信、布之觊觎，距逐鹿之瞽说，审神器之有授，毋贪不可几，为二母之所笑，则福祚流于子孙，天禄其永终矣。

知隗嚣终不寤，乃避地于河西。河西大将军窦融嘉其美德，访问焉。举茂材，为徐令，以病去官。后数应三公之召。仕不为禄，所如不合；学不为人，博而不俗；言不为华，述而不作。

有子曰固，弱冠而孤，作《幽通之赋》，以致命遂志。其辞曰：

系高顼之玄胄兮，氏中叶之炳灵，由凯风而蝉蜕兮，雄朔野以飏声。皇十纪而鸿渐兮，有羽仪于上京。巨滔天而泯夏兮，考遘愍以行谣，终保己而贻则兮，里上仁之所庐。懿前烈之纯淑兮，穷与达其必济，咨孤矇之眇眇兮，将圮绝而罔阶，岂余身之足殉兮？

世业之可怀。

靖潜处以永思兮,经日月而弥远,匪党人之敢拾兮,庶斯言之不玷。魂茕茕与神交兮,精诚发于宵寐,梦登山而迥眺兮,覿幽人之仿佛,揽葛藟而授余兮,眷峻谷曰勿隧。勋昕寤而仰思兮,心蒙蒙犹未察,黄神邈而靡质兮,仅遗讖以臆对。曰乘高而遡神兮,道遐通而不迷,葛绵绵于樛木兮,咏《南风》以为绥,盖惴惴之临深兮,乃《二雅》之所祗。既㡨尔以吉象兮,又申之以炯戒:盍孟晋以迨群兮?辰倏忽其不再。

承灵训其虚徐兮,伫盘桓而且俟,惟天地之无穷兮,鲜生民之晦兮。纷屯邅与蹇连兮,何艰多而知寡!上圣癙而后拔兮,岂群黎之所御!昔卫叔之御昆兮,昆为寇而丧予。管弯弧欲毙仇兮,仇作后而成已。变化故而相诡兮,執云豫其终始!雍造怨而先赏兮,丁由惠而被戮,桌取吊于攸吉兮,王膺庆于所感。畔回冗其若兹兮,北叟颇识其倚伏。单治里而外凋兮,张修襮内逼,聿中和为庶几兮,颜与冉又不得。溺招路以从己兮,谓孔氏犹未可,安㤖㤖而不能兮,卒陨身乎世祸。游圣门而靡救兮,顾覆醢其何补?固行行其必凶兮,免盗乱为赖道;形气发于根柢兮,柯叶汇而灵茂。恐网蜗之责景兮,庆未得其云已。

黎淳耀于高辛兮,𦬊强大于南汜,嬴取威于百仪兮,姜本支乎三止。既仁得其信然兮,卬天路而同轨。东邻虐而歼仁兮,王合位乎三五,戎女烈而丧孝兮,伯祖归于龙虎;发还师以成性兮,重醉行而自耦。《震》鳞漦于夏庭兮,匝三正而灭姬;《巽》羽化于宣宫兮,弥五辟而成灾。

道悠长而世短兮,覆冥默而不周,胥仍物而鬼諏兮,乃穷宙而达幽。妫巢姜于孺筮兮,旦算祀于挈龟。宣、曹兴败于下梦兮,鲁、卫名谥于铭谣。妣聆呱而刻石兮,许相理而鞠条。道混成而自然兮,术同原而分流。神先心以定命兮,命随行以消息。斡流迁其不济兮,故遭罹而嬴缩。三桀同于一体兮,虽移盈然不忒。洞参差其纷错兮,斯众兆之所惑。周、贾荡而贡愦兮,齐死生与祸福,抗爽言以矫情兮,信畏牺而忌服。

所贵圣人之至论兮,顺天性而断谊。物有欲而不居兮,亦有恶而不避,守孔约而不贰兮,乃辂德而无累。三仁殊而一致兮,夷、惠舛而齐声。木偃息以蕃魏兮,申重茧以存荆。纪焚躬以卫上兮,皓颐志而弗营,侯草木之区别兮,苟能实而必荣。要没世而不朽兮,乃先民之所程。

观天罔之纮覆兮,实棐谌而相顺,谟先圣之大猷兮,亦郐德而助信。虞《韶》美而仪凤兮,孔忘味于千载。素文信而底麟兮,汉宾祚于异代。精诚灵而感物兮,神动气而入微。养游睇而猿号兮,李虎发而石开。非精诚其焉通兮,苟无实其孰信!操末技犹必然兮,矧湛躬于道真!

登孔、颢而上下兮,纬群龙之所经,朝贞观而夕化兮,犹喧己而遗形,若胤彭而偕老兮,诉来哲以通情。

乱曰:天造草昧,立性命兮,复心弘道,惟贤圣兮。浑元运物,流不处兮,保身遗名,民之表兮。舍生取谊,亦道用兮,忧伤夭物,忝莫痛兮!昊尔太素,曷渝色兮?尚粤其几,沦神域兮!

永平中为郎,典校秘书,专笃志于博学,以著述为业。或讥以无功,又感东方朔、扬雄自喻以不遭苏、张、范、蔡之时,曾不折之以正道,明君子之所守,故聊复应焉。其辞曰:

宾戏主人曰:"盖闻圣人有一定之论,列士有不易之分,亦云名而已矣。故太上有立德,其次有立功。夫德不得后身而特盛,功不得背时而独章,是以圣哲之治,栖栖皇皇,孔席不暖,墨突不黔。由此言之,取舍者昔人之上务,著作者前列之余事耳。今吾子幸游帝王之世,躬带冕之服,浮英华,湛道德,矕龙虎之文,旧矣。卒不能据首尾,奋翼鳞,振拔洿涂,跨腾风云,使见之者景骇,闻者之响震。徒乐枕经籍书,纡体衡门,上无所蒂,下无所根。独撼意于宇宙之外,锐思于豪芒之内,潜神默记,恒以年岁。然而器不贾于当己,用不效于一世,虽驰辩如涛波,摛藻如春华,犹无益于殿最。意者,且运朝夕之策,定合会之计,使存有显号,亡有美谥,不亦优乎?"

主人攸尔而笑曰:"若宾之言,斯所谓见势利之华,暗道德之实,守突奥之荧烛,未仰天庭而睹白日也。曩者王涂芜秽,周失其御,侯伯方轨,战国横骛,于是七雄虓阚,分裂诸夏,龙战而虎争。游说之徒,风扬电激,并起而救之,其余焱飞景附,煜霅其间者,盖不可胜载。当此之时,搦朽摩钝,铅刀皆能一断,是故鲁连飞一矢而蹶千金,虞卿以顾眄而捐相印也。夫啾发投曲,感耳之声,合之律度,淫哇而不可听者,非《韶》、《夏》之乐也;因势合变,偶时之会,风移俗易,乖忤而不可通者,非君子之法也。及至从人合之,衡人散之,亡命漂说,羁旅骋辞,商鞅挟三术以钻孝公,李斯奋时务而要始皇,彼皆蹑风云之会,履颠沛之势,据徼乘邪以求一日之富贵,朝为荣华,夕而焦瘁,福不盈眦,祸溢于世,凶人且以自悔,况吉士而是赖乎!且功不可以虚成,名不可以伪立,韩设辩以徼君,吕行诈以贾国。《说难》既酋,其身乃囚;秦货既贵,厥宗亦隧。是故仲尼抗浮云之志,孟轲养浩然之气,彼岂乐为迂阔哉?道不可以贰也。方今大汉洒扫群秽,夷险芟荒,廓帝纮,恢皇纲,基隆于羲、农,规广于黄、唐;其君天下也,炎之如日,威之如神,函之如海,养之如春。是以六合之内,莫不同原共流,沐浴玄德,禀仰太和,枝附叶著,譬犹草木之殖山林,鸟鱼之毓川泽,得气者蕃滋,失时者苓落,参天地而施化,岂云人事之厚薄哉?今子处皇世而论战国,耀所闻而疑所觌,欲从旄敦而度乎泰山,怀沉滥而测深乎重渊,亦未至也。"

宾曰:"若夫鞅、斯之伦,衰周之凶人,既闻命矣。敢问上古之士,处身行道,辅世成名,可述于后者,默而已乎?"

主人曰："何为其然也！昔咎繇谟虞，箕子访周，言通帝王，谋合圣神；殷说梦发于傅岩，周望兆动于渭滨，齐宁激声于康衢，汉良受书于邳沂，皆俟命而神交，匪词言之所信，故能建必然之策，展无穷之勋也。近者陆子优由，《新语》以兴；董生下帷，发藻儒林，刘向司籍，辩章旧闻；扬雄覃思，《法言》、《大玄》：皆及时君之门闱，穷先圣之壸奥，婆娑乎术艺之场，休息乎篇籍之囿，以全其质而发其文，用纳乎圣听，列炳于后人，斯非其亚与！若乃夷抗行于首阳，惠降志于辱仕，颜耽乐于箪瓢，孔终篇于西狩，声盈塞于天渊，真吾徒之师表也。且吾闻之：一阴一阳，天地之方；乃文乃质，王道之纲；有同有异，圣哲之常。故曰："慎修所志，守尔天符，委命共己，味道之腴，神之听之，名其舍诸！宾又不闻和氏之璧韫于荆石，随侯之珠藏于蚌蛤乎？历世莫视，不知其将含景耀，吐英精，旷千载而流夜光也。应龙潜于潢污，鱼鼋媟之，不睹其能奋灵德，合风云，超忽荒，而踆颢苍也。故夫泥蟠而天飞者，应龙之神也；先贱而后贵者，和、随之珍也；时暗而久章者，君子之真也。若乃牙、旷清耳于管弦，离娄眇目于豪分，逢蒙绝技于弧矢，班输榷巧于斧斤，良乐轹能于相驭，乌获抗力于千钧，和、鹊发精于针石，研、桑心计于无垠。仆亦不任厕技于彼列，故密尔自娱于斯文。"

卷一百下　　叙传第七十下

固以为唐虞三代，《诗》、《书》所及，世有典籍，故虽尧舜之盛，必有典谟之篇，然后扬名于后世，冠德于百王，故曰："巍巍乎其有成功，焕乎其有文章也！"汉绍尧运，以建帝业，至于六世，史臣乃追述功德，私作本纪，编于百王之末，厕于秦、项之列。太初以后，阙而不录，故探篡前记，缀辑所闻，以述《汉书》，起元高祖，终于孝平、王莽之诛，十有二世，二百三十年，综其行事，旁贯《五经》，上下洽通，为春秋考纪、表、志、传，凡百篇。其叙曰：

皇矣汉祖，纂尧之绪，实天生德，聪明神武。秦人不纲，罔漏于楚，爰兹发迹，断蛇奋旅。神母告符，朱旗乃举，粤蹈秦郊，婴来稽首。革命创制，三章是纪，应天顺民，五星同晷。项氏畔换，黜我巴、汉，西土宅心，战士愤怨。乘衅而运，席卷三秦，割据河山，保此怀民。股肱萧、曹，社稷是经，爪牙信、布，腹心良、平，龚行天罚，赫赫明明。述《高纪》第一。

孝惠短世，高后称制，罔顾天显，吕宗以败。述《惠纪》第二、《高后纪》第三。

太宗穆穆，允恭玄默，化民以躬，帅下以德。农不供贡，罪不收孥，宫不新馆，陵不崇墓。我德如风，民应如草，国富刑清，登我汉道。述《文纪》第四。

孝景莅政，诸侯方命，克伐七国，王室以定。匪怠匪荒，务在农桑，著于甲令，民用宁康。述《景纪》第五。

世宗晔晔，思弘祖业，畴咨熙载，髦俊并作。厥作伊何？百蛮是攘，恢我疆宇，外博四荒。武功既抗，亦迪斯文，宪章六学，统一圣真。封禅郊祀，登秩百神，协律改正，飨兹永年。述《武纪》第六。

孝昭幼冲，冢宰惟忠。燕盖诪张，实睿实聪，罪人斯得，邦家和同。述《昭纪》第七。

中宗明明，寅用刑名，时举傅纳，听断惟精。柔远能迩，焊耀威灵，龙荒幕朔，莫不来庭。丕显祖烈，尚于有成。述《宣纪》第八。

孝元翼翼，高明柔克，宾礼故老，优由亮直。外割禁闱，内损御服，离宫不卫，山陵不邑。阉尹之疵，秽我明德。述《元纪》第九。

孝成煌煌，临朝有光，威仪之盛，如圭如璋。壸闱恣赵，朝政在王，炎炎燎火，亦允不阳。述《成纪》第十。

孝哀彬彬，克揽威神，雕落洪支，底剧鼎臣。婉娈董公，惟亮天功，《大过》之因，实榱实凶。述《哀纪》第十一。

孝平不造，新都作宰，不周不伊，丧我四海。述《平纪》第十二。

汉初受命，诸侯并政，制自项氏，十有八姓。述《异姓诸侯王表》第一。

太祖元勋，启立辅臣，支庶藩屏，侯王并尊。述《诸侯王表》第二。

侯王之祉，祚及宗子，公族蕃滋，支叶硕茂。述《王子侯表》第三。

受命之初，赞功剖符，奕世弘业，爵士乃昭。述《高惠高后孝文功臣侯表》第四。

景征吴、楚，武兴师旅，后昆承平，亦有绍土。述《景武昭宣元成哀功臣侯表》第五。

亡德不报，爰存二代，宰相外戚，昭觋见戒。述《外戚恩泽侯表》第六。

汉迪于秦，有革有因，触举僚职，并列其人。述《百官公卿表》第七。

篇章博举，通于上下，略差名号，九品之叙。述《古今人表》第八。

元元本本，数始于一，产气黄钟，造计秒忽。八音七始，五声六律，度量权衡，历算攸出。官失学微，六家分乖，彼一此一，庶研其几。述《律历志》第一。

上天下泽，春雷奋作，先王观象，爰制礼乐。厥后崩坏，郑、卫荒淫，风流民化，湎湎纷纷。略存大纲，以统旧文。述《礼乐志》第二。

雷电皆至，天威震耀，五刑之作，是则是效，威实辅德，刑亦助教。季世不详，背本争末，吴、孙狙诈，申、商酷烈。汉章九法，太宗改作，轻重之差，世有定籍。述《刑法志》第三。

厥初生民，食货惟先。割制庐井，定尔土田，什一供贡，下富上尊，商以足用，茂迁有无，货自龟贝，至此五铢。扬榷古今，监世盈虚。述《食货志》第四。

昔在上圣，昭事百神，类帝禋宗，望秩山川，明德惟馨，永世丰年。季末淫祀，营信巫史，大夫胪岱，侯伯僭畤，放诞之徒，缘间而起。瞻前顾后，正其终始。述《郊祀志》第五。

炫炫上天，县象著明，日月周辉，星辰垂精。百官立法，宫室混成，降应王政，景以烛形。三季之后，厥事放纷，举其占应，览故考新。述《天文志》第六。

《河图》命庖，《洛书》赐禹，八卦成列，九畴攸叙。世代实宝，光演文、武，《春秋》之占，咎征是举。告往知来，王事之表。述《五行志》第七。

《坤》作地势，高下九则，自昔黄、唐，经略万国，燮定东西，疆理南北。三代损益，降及秦、汉，革铲五等，制立郡县。略表山川，彰其剖判。述《地理志》第八。

夏乘四载，百川是导。唯河为艰，灾及后代。商竭周移，秦决南涯，自兹岠汉，北亡八支，文陨枣野，武作《瓠歌》，成有平年，后遂滂沱。爰及沟渠，利我国家。述《沟洫志》第九。

虙羲画卦，书契后作，虞夏商周，孔纂其业，纂《书》删《诗》，缀《礼》正《乐》，象系大《易》，因史立法。六学既登，遭世罔弘，群言纷乱，诸子相腾。秦人是灭，汉修其缺，刘向司籍，九流以别。爰著目录，略序洪烈。述《艺文志》第十。

上嫚下暴，惟盗是伐，胜、广嫖起，梁、籍扇烈。赫赫炎炎，遂焚咸阳，宰割诸夏，命立侯王，诛婴放怀，诈虐以亡。述《陈胜项籍传》第一。

张、陈之交，遊如父子，携手遁秦，附翼俱起。据国争权，还为豺虎，耳谋甘公，作汉藩辅。述《张耳陈馀传》第二。

三柿之起，本根既朽，枯杨生华，曷惟其旧！横虽雄材，伏于海鸥，沐浴尸乡，北面奉首，旅人慕殉，义过《黄鸟》。述《魏豹田儋韩信传》第三。

信惟饿隶，布实黥徒，越亦狗盗，芮尹江湖。云起龙襄，化为侯王，割有齐、楚，跨制淮、梁，绾自同闬，镇我北疆，德薄位尊，非胙惟殃。吴克忠信，胤嗣乃长。述《韩彭英卢吴传》第四。

贾厓从旅，为镇淮、楚。泽王琅邪，权激诸吕。濞之受吴，疆土逾矩，虽戒东南，终用齐斧。述《荆燕吴传》第五。

太上四子：伯兮早夭，仲氏王代，斿宅于楚。戊实淫骄，平陆乃绍。其在于京，奕世宗正，劬劳王室，用侯阳成。子政博学，三世成名。述《楚元王传》第六。

季氏之诎，辱身毁节，信于上将，议臣震栗。栾公哭梁，田叔殉赵，见危授命，谊动明主。布历燕、齐，叔亦相鲁，民思其政，或金或社。述《季布栾布田叔传》第七。

高祖八子，二帝六王。三赵不幸，淮厉自亡，燕灵绝嗣，齐悼特昌。掩有东土，自岱徂海，支庶分王，前后九子。六国诛殄，适齐亡祀。城阳、济北，后承我国。赳赳景王，匡汉社稷。述《高五王传》第八。

猗与元勋，包汉举信，镇守关中，足食成军，营都立宫，定制修文。平阳玄默，继而弗革，民用作歌，化我淳德。汉之宗臣，是谓相国。述《萧何曹参传》第九。

留侯袭秦，作汉腹心，图折武关，解厄鸿门。推齐销印，驱致越、信，招宾四老，惟宁嗣君。陈公扰攘，归汉乃安，毙范亡项，走狄擒韩，六奇既设，我罔艰难。安国廷争，致仕杜门。绛侯矫矫，诛吕尊文。亚夫守节，吴、楚有勋。述《张陈王周传》第十。

舞阳鼓刀，滕公厩驺，颍阴商贩，曲周庸夫，攀龙附凤，乘天衢。述《樊郦滕灌傅靳周传》第十一。

北平志古，司秦柱下，定汉章程，律度之绪。建平质直，犯上干色；广阿之虘，食厥旧德。故安执节，责通请错，謇謇帝臣，匪躬之故。述《张周赵任申屠传》第十二。

食其监门，长揖汉王，画袭陈留，进收敖仓，塞隘杜津，王基以张。贾作行人，百越来宾，从容风议，博我以文，敬由役夫，迁京定都，内强关中，外和匈奴。叔孙奉常，与时抑扬，税介免胄，礼义是创。或哲或谋，观国之光。述《郦陆朱娄叔孙传》第十三。

淮南僭狂，二子受殃。安辩而邪，赐顽以荒，敢行称乱，窘世荐亡。述《淮南衡山济北传》第十四。

蒯通一说，三雄是败，覆郦骄韩，田横颠沛。被之拘系，乃成患害。充、躬罔极，交乱弘大。述《蒯伍江息夫传》第十五。

万石温温，幼寤圣君，宜尔子孙，夭夭伸伸，庆社于齐，不言动民。卫、直、周、张，淑慎其身。述《万石卫直周张传》第十六。

孝文三王，代孝二梁，怀折亡嗣，孝乃尊光。内为母弟，外扞吴、楚，枯宠矜功，僭欲失所，思心既霿，牛祸告妖。帝庸亲亲，厥国五分，德不堪宠，四支不传。述《文三王传》第十七。

贾生矫矫，弱冠登朝。遭文睿圣，屡抗其疏，暴秦之戒，三代是据。建设藩屏，以强守圉，吴、楚合从，赖谊之虑。述《贾谊传》第十八。

子丝慷慨，激辞纳说，揽辔上席，显陈成败。错之琐材，智小谋大，祸如发机，先寇受害。述《爰盎朝错传》第十九。

释之典刑，国宪以平。冯公矫魏，增主之明。长孺刚直，义形于色，下折淮南，上正元服。庄之推贤，于兹为德。述《张冯汲郑传》第二十。

荣如辱如，有机有枢，自下摩上，惟德之隅。赖依忠正，君子采诸。述《贾邹枚路传》第二十一。

魏其翩翩，好节慕声，灌夫矜勇，武安骄盈，凶德相挻，祸败用成。安国壮趾，王恢兵首，彼若天命，此近人咎。述《窦田灌韩传》第二十二。

景十三王，承文之庆。鲁恭馆室，江都诊轻；赵敬险诐，中山淫荒；长沙寂漠，广川亡声；胶东不亮，常山骄盈。四国绝祀，河间贤明，礼乐是修，为汉宗英。述《景十三王传》第二十三。

李广恂恂，实获士心，控弦贯石，威动北邻，躬战七十，遂死于军。敢怨卫青，见讨去病，陵不引决，忝世灭姓。苏武信节，不诎王命。述《李广苏建传》第二十四。

长平桓桓，上将之元，薄伐猃允，恢我朔边，戎车七征，冲轈闲闲，合围单于，北登阗颜。票骑冠军，猋勇纷纭，长驱六举，电击雷震，饮马翰海，封狼居山，西规大河，列郡祁连。述《卫青霍去病传》第二十五。

抑抑仲舒，再相诸侯，身修国治，致仕县车，下帷覃思，论道属书，谠言访对，为世纯儒。述《董仲舒传》第二十六。

文艳用寡，子虚乌有，寓言淫丽，托风终始，多识博物，有可观采，蔚为辞宗，赋颂之首。述《司马相如传》第二十七。

平津斤斤，晚跻金门，既登爵位，禄赐颐贤，布衾疏食，用俭饬身。卜式耕牧，以求其志，忠朴明君，乃爵乃试。儿生亹亹，束发修学，偕列名臣，从政辅治。述《公孙弘卜式儿宽传》第二十八。

张汤遂达，用事任职，媚兹一人，日旰忘食，既成宠禄，亦罗咎慝。安世温良，塞渊其德，子孙遵业，全祚保国。述《张汤传》第二十九。

杜周治文，唯上浅深，明取世资，幸而免身。延年宽和，列于名臣。钦用材谋，有异厥伦。述《杜周传》第三十。

博望杖节，收功大夏，贰师秉钺，身衅胡社。致死为福，每生作祸。述《张骞李广利传》第三十一。

乌呼史迁，薰胥以刑！幽而发愤，乃思乃精，错综群言，古今是经，勒成一家，大略孔明。述《司马迁传》第三十二。

孝武六子，昭、齐亡嗣，燕刺谋逆，广陵祝诅。昌邑短命，昏贺失据，戾园不幸，宣承天序。述《武五子传》第三十三。

六世耽耽，其欲泆泆，文武方作，是庸四克。助、偃、淮南，数子之德，不忠其身，善谋于国，述《严朱吾丘主父徐严终王贾传》第三十四。

东方赡辞，诙谐倡优，讥苑扞偃，正谏举邮，怀肉污殿，弛张沉浮，。述《东方朔传》第三十五。

葛绎内宠，屈氂王子。千秋时发，宜春旧仕。敞、义依霍，庶几云已。弘惟政事，万年容己。咸睢厥海，孰为不子？述《公孙刘田杨王蔡陈郑传》第三十六。

王孙裸葬，建乃斩将。云廷讦禹，福逾刺凤，是谓狂狷，敞近其衷。述《杨胡朱梅云传》第三十七。

博陆堂堂，受遗武皇，拥毓孝昭，末命夸扬。遭家不造，立帝废王，权定社稷，配忠阿衡。怀禄耽宠，渐化不详，阴妻之逆，至子而亡。秺侯狄孥，虔恭忠信，奕世载德，驰于子孙，述《霍光金日䃅传》第三十八。

兵家之策，惟在不战。营平皤皤，立功立论，以不济可，上谕其信。武贤父子，虎臣之俊。述《赵充国辛庆忌传》第三十九。

义阳楼兰，长罗昆弥，安远日逐，义成郅支。陈汤诞节，救在三哲；会宗勤事，疆外之桀。述《傅常郑甘陈段传》第四十。

不疑肤敏，应变当理，辞霍不婚，逡遁致仕。疏克有终，散金娱老。定国之祚，于其仁考。广德、当、宣，近于知耻。述《隽疏于薛平彭传》第四十一。

四皓遁秦，古之逸民，不营不拔，严平、郑真。吉困于贺，涅而不缁；禹既黄发，以德来仕。舍惟正身，胜死善道；

郭钦、蒋诩，近遁之好。述《王贡两龚鲍传》第四十二。

扶阳济济，闻《诗》闻《礼》。玄成退让，仍世作相。汉之宗庙，叔孙是谟，革自孝元，诸儒变度。国之诞章，博载其路。述《韦贤传》第四十三。

高平师师，惟辟作威，图黜凶害，天子是毗。博阳不伐，含弘光大，天诱其衷，庆流苗裔。述《魏相丙吉传》第四十四。

占往知来，幽赞神明，苟非其人，道不虚行。学微术昧，或见仿佛，疑殆匪阙，违众迕世，浅为尤悔，深作敦害。述《眭两夏侯京翼李传》第四十五。

广汉尹京，克聪克明，延寿作翊，既和且平。秾能訏上，俱陷极刑。翁归承风，帝扬厥声。敞亦平平，文雅自赞；尊实赳赳，邦家之彦，章死非罪，士民所叹。述《赵尹韩张两王传》第四十六。

宽饶正色，国之司直。丰聚好刚，辅亦慕直。皆陷狂狷，不典不式。崇执言责，隆持官守。宝曲定陵，并有立志。述《盖诸葛刘郑贯将孙何传》第四十七。

长倩佶佶，觊霍不举，遇宣乃拔，傅元作辅，不图不虑，见踬石、许。述《萧望之传》第四十八。

子明光光，发迹西疆，列于御侮，厥子亦良。述《冯奉世传》第四十九。

宣之四子，淮阳聪敏，舅氏蓬蒢，几陷大理。楚孝恶疾，东平失轨，中山凶短，母归戎里。元之二王。孙后大宗，昭而不穆，大命更登。述《宣元六王传》第五十。

乐安袖袖，古之文学，民具尔瞻，困于二司。安倡货殖，朱云作娸，博山惇慎，受莽之疚。述《匡张孔马传》第五十一。

乐昌笃实，不桡不诎，遴闵既多，是用废黜。武阳殷勤，辅导副君，既忠且谋，飨兹旧勋。高武守正，因用济身。述《王商史丹傅喜传》第五十二。

高阳文法，扬乡式略，政事之材，道德惟薄，位过厥任，鲜终其禄。博之翰音，鼓妖先作。述《薛宣朱博传》第五十三。

高陵修儒，任刑养威，用合时宜，器周世资。义得其勇，如虎如貔，进不跐步，宗为鲸鲵。述《翟方进传》第五十四。

统微政缺，灾眚屡发。永陈厥咎，戒在三七。邺指丁、傅，略窥占术。述《谷永杜邺传》第五十五。

哀、平之恤，丁、傅、莽、贤。武、嘉戚之，乃丧厥身。高乐废黜，咸列贞臣。述《何武王嘉师丹传》第五十六。

渊哉若人！实好斯文。初拟相如，献赋黄门，辍而覃思，草《法》纂《玄》，斟酌《六经》，放《易》象《论》，潜于篇籍，以章厥身。述《扬雄传》第五十七。

犷犷亡秦，灭我圣文，汉存其业，六学析分。是综是理，是纲是纪，师徒弥散，著其终始。述《儒林传》第五十八。

谁毁谁誉，誉其有试。泯泯群黎，化成良吏，淑人君子，时同功异。没世遗爱，民有余思。述《循吏传》第五十九。

上替下陵，奸轨不胜，猛政横作，刑罚用兴。曾是强圉,捃克为雄,报虐以威,殃亦凶终。述《酷吏传》第六十。

四民食力,罔有兼业,大不淫侈,细不匮乏,盖均无贫,遵王之法。靡法靡度,民肆其诈,逼上并下,荒殖其货。侯服玉食,败俗伤化。述《货殖传》第六十一。

开国承家,有法有制,家不臧甲,国不专杀。矧乃齐民,作威作惠,如台不匡,礼法是谓!述《游侠传》第六十二。

彼何人斯,窃此富贵!营损高明,作戒后世。述《佞幸传》第六十三。

于惟帝典,戎夷猾夏;周宣攘之,亦列《风》、《雅》。宗幽既昏,淫于褒女,戎败我骊,遂亡酆鄗。大汉初定,匈奴强盛,围我平城,寇侵边境。至于孝武,爰赫斯怒,王师雷起,霆击朔野。宣承其末,乃施洪德,震我威灵,五世来服。王莽窃命,是倾是覆,备其变理,为世典式。述《匈奴传》第六十四。

西南外夷,种别域殊。南越尉佗,自王番禺。攸攸外寓,闽越、东瓯。爰洎朝鲜,燕之外区。汉兴柔远,与尔剖符。皆恃其岨,乍臣乍骄,孝武行师,诛灭海隅。述《西南夷两越朝鲜传》第六十五。

西戎即序,夏后是表。周穆观兵,荒服不旅。汉武劳神,图远甚勤。王师啴啴,致诛大宛。姑姑公主,乃女乌孙,使命乃通,条支之濒。昭、宣承业,都护是立,总督城郭,三十有六,修奉朝贡,各以其职。述《西域传》第六十六。

诡矣祸福,刑于外戚。高后首命,吕宗颠覆。薄姬坠魏,宗文产德。窦后违意,考盘于代。王氏仄微,世武作嗣。子夫既兴,扇而不终。钩弋忧伤,孝昭以登。上官幼尊,类祃厥宗。史娣、王悼,身遇不祥,及宣飨国,二族后光。恭哀产元,夭而不遂,邛成乘序,履尊三世。飞燕之妖,祸成厥妹。丁、傅僭恣,自求凶害。中山无辜,乃丧冯、卫。惠张、景薄,武陈、宣霍,成许、哀傅,平王之作,事虽歆羡,非天所度。怨咎若兹,如何不恪!述《外戚传》第六十七。

元后娠母,月精见表。遭成之逸,政自诸舅。阳平作威,诛加卿宰。成都煌煌,假我明光。曲阳歆歆,亦朱其堂。新都亢极,作乱以亡。述《元后传》第六十八。

咨尔贼臣,篡汉滔天,行骄夏癸,虐烈商辛。伪稽黄、虞,缪称典文,众怨神怒,恶复诛臻。百王之极,穷其奸昏。述《王莽传》第六十九。

凡《汉书》,叙帝皇,列官司,建侯王。准天地,统阴阳,阐元极,步三光。分州域,物土疆,穷人理,该万方。纬《六经》,缀道纲,总百氏,赞篇章。函雅故,通古今,正文字,惟学林。述《叙传》第七十。

后汉书

南朝·宋·范 晔等撰

品茶錄

南陳・宋・荻・胡華巖 撰

目录

帝后记

卷一上	光武帝纪第一上	1
卷一下	光武帝纪第一下	4
卷二	明帝纪第二	8
卷三	章帝纪第三	10
卷四	和殇帝纪第四	13
卷五	安帝纪第五	17
卷六	顺冲质帝纪第六	20
卷七	桓帝纪第七	24
卷八	灵帝纪第八	26
卷九	献帝纪第九	29
卷十上	后纪第十上	31
	光武郭皇后	32
	光烈阴皇后	32
	明德马皇后	32
	章德窦皇后	33
	和帝阴皇后	34
	和熹邓皇后	34
卷十下	后纪第十下	36
	安思阎皇后	36
	顺烈梁皇后	36
	孝崇匽皇后	37
	桓帝懿献梁皇后	37
	孝桓邓皇后	37
	桓思窦皇后	37
	孝仁董皇后	37
	孝灵宋皇后	38
	灵思何皇后	38
	献帝伏皇后	38
	献穆曹皇后	39

志

卷十一　志第一　律历上
　　　　律准　候气 …… 39

卷十二　志第二　律历中
　　　　贾逵论历　永元论历　延光论历　汉安论历　熹平论历　论月食 …… 43

卷十三　志第三　律历下
　　　　历法 …… 46

卷十四　志第四　礼仪上
　　　　合朔　立春　五供　上陵　冠　夕牲　耕
　　　　高禖　养老　先蚕　祓禊 …… 52

卷十五　志第五　礼仪中
　　　　立夏　请雨　拜皇太子　拜王公　桃印　黄郊
　　　　立秋　貙刘　案户　祠星　立冬　冬至　腊　大

傩　土牛　遣卫士　朝会 …… 53

卷十六　志第六　礼仪下
　　　　大丧　诸侯王列侯始封贵人公主薨 …… 54

卷十七　志第七　祭祀上
　　　　光武即位告天　郊　封禅 …… 55

卷十八　志第八　祭祀中
　　　　北郊　明堂　辟雍　灵台　迎气　增祀　六宗
　　　　老子 …… 57

卷十九　志第九　祭祀下
　　　　宗庙　社稷　灵星　先农　迎春 …… 57

卷二十　志第十　天文上
　　　　王莽三　光武十二 …… 59

卷二十一　志第十一　天文中
　　　　明十二　章五　和三十三　殇一　安四十六
　　　　顺二十三　质三 …… 60

卷二十二　志第十二　天文下
　　　　桓三十八　灵二十　献九　陨石 …… 62

卷二十三　志第十三　五行一
　　　　貌不恭　淫雨　服妖　鸡祸　青眚　屋自坏
　　　　讹言　旱　谣狼食人 …… 64

卷二十四　志第十四　五行二
　　　　灾火　草妖　羽虫孽　羊祸 …… 67

卷二十五　志第十五　五行三
　　　　大水　水变色　大寒　雹　冬雷　山鸣　鱼孽
　　　　蝗 …… 69

卷二十六　志第十六　五行四
　　　　地震　山崩　地陷　大风拔树　螟　牛疫 …… 70

卷二十七　志第十七　五行五
　　　　射妖　龙蛇孽　马祸　人疴　人化　死复生
　　　　疫　投蜺 …… 72

卷二十八　志第十八　五行六
　　　　日蚀　日抱　日赤无光　日黄珥　日中黑　虹
　　　　贯日　月蚀非其月 …… 73

卷二十九　志第十九　郡国一
　　　　司隶：河南　河内　河东　弘农　京兆　冯
　　　　翊　扶风 …… 75

卷三十　志第二十　郡国二
　　　　豫州：颍川　汝南　梁国　沛国　陈国　鲁
　　　　国 …… 76
　　　　冀州：魏郡　巨鹿　常山　中山　安平　河
　　　　间　清河　赵国　勃海 …… 77

卷三十一　志第二十一　郡国三
　　　　兖州：陈留　东郡　东平　任城　泰山　济

　　　　　北　山阳　济阴 …… 78
　　　　徐州：东海　琅邪　彭城　广陵　下邳
　　　　　 …… 78
卷三十二　志第二十二　郡国四
　　　　青州：济南　平原　乐安　北海　东莱　齐
　　　　　国 …… 79
　　　　荆州：南阳　南郡　江夏　零陵　桂阳　武
　　　　　陵　长沙 …… 79
　　　　扬州：九江　丹阳　庐江　会稽　吴郡　豫
　　　　　章 …… 79
卷三十三　志第二十三　郡国五
　　　　益州：汉中　巴郡　广汉　蜀郡　犍为　牂
　　　　　柯　越巂　益州　永昌　广汉属国　蜀郡属
　　　　　国　犍为属国 …… 80
　　　　凉州：陇西　汉阳　武都　金城　安定　北
　　　　　地　武威　张掖　酒泉　敦煌　张掖属国
　　　　　张掖居延属国 …… 80
　　　　并州：上党　太原　上郡　西河　五原　云
　　　　　中　定襄　雁门　朔方 …… 80
　　　　幽州：涿郡　广阳　代郡　上谷　渔阳　右
　　　　　北平　辽西　辽东　玄菟　乐浪　辽东属国
　　　　　 …… 80
　　　　交州：南海　苍梧　郁林　合浦　交趾　九
　　　　　真　日南 …… 80
卷三十四　志第二十四　百官一
　　　　太傅　太尉　司徒　司空　将军 …… 83
卷三十五　志第二十五　百官二
　　　　太常　光禄勋　卫尉　太仆　廷尉　大鸿胪
　　　　　 …… 84
卷三十六　志第二十六　百官三
　　　　宗正　大司农　少府 …… 85
卷三十七　志第二十七　百官四
　　　　执金吾　太子太傅　大长秋　太子少傅　将
　　　　作大匠　城门校尉　北军中候　司隶校尉
　　　　　 …… 87
卷三十八　志第二十八　百官五
　　　　州郡　县乡　亭里　匈奴中郎将　乌桓校尉
　　　　　护羌校尉　王国　宋卫国　列侯　关内侯　四
　　　　　夷国　百官奉 …… 88
卷三十九　志第二十九　舆服上
　　　　玉辂　乘舆　金根　安车　立车　耕车　戎车
　　　　　猎车　軿车　青盖车　绿车皂盖车　夫人安
　　　　　车　大驾　法驾　小驾　轻车　大使车　小使
　　　　　车　载车导从车车马饰 …… 90
卷四十　志第三十　舆服下
　　　　冕冠　长冠　委貌冠　皮弁冠　爵弁冠　通天冠
　　　　　远游冠　高山冠　进贤冠　法冠　武冠　建华冠
　　　　　方山冠　巧士冠　却非冠　却敌冠　樊哙冠　术
　　　　　氏冠　鹖冠　帻　佩　刀　印　黄赤绶　赤绶　绿
　　　　　绶　紫绶　青绶　黑绶　黄绶　青绀纶　后夫人

　　　　服 …… 91

列　传

卷四十一　刘玄刘盆子列传第一
　　　　刘玄 …… 94
　　　　刘盆子 …… 95
卷四十二　王刘张李彭卢列传第二
　　　　王昌 …… 97
　　　　刘永 …… 97
　　　　庞萌 …… 98
　　　　张步 …… 98
　　　　李宪 …… 99
　　　　彭宠 …… 99
　　　　卢芳 …… 99
卷四十三　隗嚣公孙述列传第三
　　　　隗嚣 …… 100
　　　　公孙述 …… 103
卷四十四　宗室四王三侯列传第四
　　　　齐武王縯 …… 104
　　　　　子北海靖王兴 …… 104
　　　　赵孝王良 …… 106
　　　　城阳恭王祉 …… 106
　　　　泗水王歙 …… 106
　　　　安成孝侯赐 …… 107
　　　　成武孝侯顺 …… 107
　　　　顺阳怀侯嘉 …… 107
卷四十五　李王邓来列传第五
　　　　李通 …… 107
　　　　王常 …… 108
　　　　邓晨 …… 109
　　　　来歙 …… 109
卷四十六　邓寇列传第六
　　　　邓禹 …… 111
　　　　　子训 …… 111
　　　　　孙骘 …… 111
　　　　寇恂 …… 114
　　　　　曾孙荣 …… 114
卷四十七　冯岑贾列传第七
　　　　冯异 …… 116
　　　　岑彭 …… 118
　　　　贾复 …… 119
卷四十八　吴盖陈臧列传第八
　　　　吴汉 …… 120
　　　　盖延 …… 122
　　　　陈俊 …… 122
　　　　臧宫 …… 123
卷四十九　耿弇列传第九
　　　　耿弇 …… 123
　　　　　弟国 …… 123

　　　　　　国子秉 …………………… 123
　　　　　　　秉弟夔 ………………… 123
　　　　　　国弟子恭 ……………… 123
卷五十　銚王祭列传第十
　　　　銚期 ………………………… 127
　　　　王霸 ………………………… 128
　　　　祭遵 ………………………… 128
　　　　　从弟肜 ……………………… 128
卷五十一　任李万邳刘耿列传第十一
　　　　任光 ………………………… 130
　　　　　子隗 ………………………… 130
　　　　李忠 ………………………… 130
　　　　万脩 ………………………… 131
　　　　邳肜 ………………………… 131
　　　　刘植 ………………………… 131
　　　　耿纯 ………………………… 131
卷五十二　朱景王杜马刘傅坚马列传第十二
　　　　朱祐 ………………………… 132
　　　　景丹 ………………………… 133
　　　　王梁 ………………………… 133
　　　　杜茂 ………………………… 133
　　　　马成 ………………………… 134
　　　　刘隆 ………………………… 134
　　　　傅俊 ………………………… 134
　　　　坚镡 ………………………… 134
　　　　马武 ………………………… 135
卷五十三　窦融列传第十三
　　　　窦融 ………………………… 136
　　　　　弟子固 ……………………… 136
　　　　　曾孙宪 ……………………… 136
　　　　　玄孙章 ……………………… 136
卷五十四　马援列传第十四
　　　　马援 ………………………… 140
　　　　　子廖 ………………………… 140
　　　　　子防 ………………………… 140
　　　　　兄子严 ……………………… 140
　　　　　族孙棱 ……………………… 140
卷五十五　卓鲁魏刘列传第十五
　　　　卓茂 ………………………… 145
　　　　鲁恭 ………………………… 145
　　　　　弟丕 ………………………… 145
　　　　魏霸 ………………………… 147
　　　　刘宽 ………………………… 147
卷五十六　伏侯宋蔡冯赵牟韦列传第十六
　　　　伏湛 ………………………… 148
　　　　　子隆 ………………………… 148
　　　　侯霸 ………………………… 149
　　　　宋弘 ………………………… 149
　　　　蔡茂 ………………………… 150
　　　　　郭贺 ………………………… 150
　　　　冯勤 ………………………… 150
　　　　赵憙 ………………………… 150
　　　　牟融 ………………………… 151
　　　　韦彪 ………………………… 151
　　　　　族子义 ……………………… 151
卷五十七　宣张王王杜郭吴承郑赵列传第十七
　　　　宣秉 ………………………… 152
　　　　张湛 ………………………… 152
　　　　王丹 ………………………… 152
　　　　王良 ………………………… 153
　　　　杜林 ………………………… 153
　　　　郭丹 ………………………… 154
　　　　吴良 ………………………… 154
　　　　承宫 ………………………… 154
　　　　郑均 ………………………… 154
　　　　赵典 ………………………… 155
卷五十八上　桓冯列传第十八上
　　　　桓谭 ………………………… 155
　　　　冯衍 ………………………… 156
卷五十八下　冯衍传第十八下
　　　　冯衍 ………………………… 158
卷五十九　申屠鲍郅列传第十九
　　　　申屠刚 ……………………… 160
　　　　鲍永 ………………………… 161
　　　　　子昱 ………………………… 161
　　　　郅恽 ………………………… 162
　　　　　子寿 ………………………… 162
卷六十上　苏杨列传第二十上
　　　　苏竟 ………………………… 163
　　　　杨厚 ………………………… 164
卷六十下　郎襄列传第二十下
　　　　郎顗 ………………………… 164
　　　　襄楷 ………………………… 167
卷六十一　郭杜孔张廉王苏羊贾陆列传第二十一
　　　　郭伋 ………………………… 169
　　　　杜诗 ………………………… 169
　　　　孔奋 ………………………… 170
　　　　张堪 ………………………… 170
　　　　廉范 ………………………… 170
　　　　王堂 ………………………… 171
　　　　苏章 ………………………… 171
　　　　　族孙不韦 …………………… 171
　　　　羊续 ………………………… 172
　　　　贾琮 ………………………… 172
　　　　陆康 ………………………… 172
卷六十二　樊阴列传第二十二
　　　　樊宏 ………………………… 173
　　　　　子倏 ………………………… 173
　　　　　族曾孙准 …………………… 173

	阴识 …………………… 174	
	弟兴 …………………… 174	
卷六十三	朱冯虞郑周列传第二十三	
	朱浮 …………………… 175	
	冯鲂 …………………… 177	
	虞延 …………………… 177	
	郑弘 …………………… 178	
	周章 …………………… 178	
卷六十四	梁统列传第二十四	
	梁统 …………………… 178	
	子松 …………………… 178	
	竦 …………………… 178	
	曾孙商 …………………… 178	
	玄孙冀 …………………… 178	
卷六十五	张曹郑列传第二十五	
	张纯 …………………… 182	
	子奋 …………………… 182	
	曹褒 …………………… 183	
	郑玄 …………………… 184	
卷六十六	郑范陈贾张列传第二十六	
	郑兴 …………………… 185	
	子众 …………………… 185	
	范升 …………………… 186	
	陈元 …………………… 187	
	贾逵 …………………… 187	
	张霸 …………………… 188	
	子楷 …………………… 188	
	楷子陵 …………………… 188	
	陵弟玄 …………………… 188	
卷六十七	桓荣丁鸿列传第二十七	
	桓荣 …………………… 189	
	子郁 …………………… 189	
	孙焉 …………………… 189	
	玄孙典 …………………… 189	
	曾孙鸾 …………………… 189	
	玄孙彬 …………………… 189	
	丁鸿 …………………… 191	
卷六十八	张法滕冯度杨列传第二十八	
	张宗 …………………… 192	
	法雄 …………………… 192	
	滕抚 …………………… 193	
	冯绲 …………………… 193	
	度尚 …………………… 193	
	杨璇 …………………… 194	
卷六十九	刘赵淳于江刘周赵列传第二十九	
	刘平 …………………… 195	
	王望 …………………… 195	
	王扶 …………………… 195	
	赵孝 …………………… 195	
	淳于恭 …………………… 196	

	江革 …………………… 196	
	刘般 …………………… 196	
	子恺 …………………… 196	
	周磐 …………………… 197	
	蔡顺 …………………… 197	
	赵咨 …………………… 197	
卷七十上	班彪列传第三十上	
	班彪 …………………… 198	
	子固 …………………… 198	
卷七十下	班彪列传第三十下	
	班固 …………………… 201	
卷七十一	第五钟离宋寒列传第三十一	
	第五伦 …………………… 204	
	曾孙种 …………………… 204	
	钟离意 …………………… 205	
	宋均 …………………… 206	
	族子意 …………………… 206	
	寒朗 …………………… 207	
卷七十二	光武十王列传第三十二	
	东海恭王强 …………………… 208	
	沛献王辅 …………………… 208	
	楚王英 …………………… 209	
	济南安王康 …………………… 209	
	东平宪王苍 …………………… 209	
	子任城孝王尚 …………………… 209	
	阜陵质王延 …………………… 211	
	广陵思王荆 …………………… 212	
	临淮怀公衡 …………………… 212	
	中山简王焉 …………………… 212	
	琅邪孝王京 …………………… 212	
卷七十三	朱乐何列传第三十三	
	朱晖 …………………… 213	
	孙穆 …………………… 213	
	乐恢 …………………… 215	
	何敞 …………………… 216	
卷七十四	邓张徐张胡列传第三十四	
	邓彪 …………………… 217	
	张禹 …………………… 217	
	徐防 …………………… 217	
	张敏 …………………… 218	
	胡广 …………………… 218	
卷七十五	袁张韩周列传第三十五	
	袁安 …………………… 219	
	子敞 …………………… 219	
	玄孙闳 …………………… 219	
	张酺 …………………… 221	
	韩棱 …………………… 222	
	周荣 …………………… 222	
	孙景 …………………… 222	
卷七十六	郭陈列传第三十六	

	郭躬 …… 223	
	弟子镇 …… 223	
	陈宠 …… 224	
	子忠 …… 224	
卷七十七	班梁列传第三十七	
	班超 …… 226	
	子勇 …… 226	
	梁慬 …… 229	
卷七十八	杨李翟应霍爰徐列传第三十八	
	杨终 …… 230	
	李法 …… 231	
	翟酺 …… 231	
	应奉 …… 232	
	霍谞 …… 233	
	爰延 …… 233	
	徐璆 …… 234	
卷七十九	王充王符仲长统列传第三十九	
	王充 …… 234	
	王符 …… 234	
	仲长统 …… 236	
卷 八 十	孝明八王列传第四十	
	千乘哀王建 …… 239	
	陈敬王羡 …… 239	
	彭城靖王恭 …… 240	
	乐成靖王党 …… 240	
	下邳惠王衍 …… 240	
	梁节王畅 …… 241	
	淮阳顷王昞 …… 241	
	济阴悼王长 …… 241	
卷八十一	李陈庞陈桥列传第四十一	
	李恂 …… 241	
	陈禅 …… 242	
	庞参 …… 242	
	陈龟 …… 243	
	桥玄 …… 243	
卷八十二	崔骃列传第四十二	
	崔骃 …… 244	
	子瑗 …… 244	
	孙寔 …… 244	
卷八十三	周黄徐姜申屠列传第四十三	
	周燮 …… 248	
	黄宪 …… 248	
	徐稚 …… 248	
	姜肱 …… 249	
	申屠蟠 …… 249	
卷八十四	杨震列传第四十四	
	杨震 …… 250	
	子秉 …… 250	
	孙赐 …… 250	
	曾孙彪 …… 250	

	玄孙脩 …… 250	
卷八十五	章帝八王传第四十五	
	千乘贞王伉 …… 254	
	平春悼王全 …… 254	
	清河孝王庆 …… 254	
	济北惠王寿 …… 255	
	河间孝王开 …… 256	
	城阳怀王淑 …… 256	
	广宗殇王万岁 …… 256	
	平原怀王胜 …… 256	
卷八十六	张王种陈列传第四十六	
	张皓 …… 256	
	子纲 …… 256	
	王龚 …… 257	
	种暠 …… 258	
	陈球 …… 259	
卷八十七	杜栾刘李刘谢列传第四十七	
	杜根 …… 260	
	栾巴 …… 260	
	刘陶 …… 260	
	李云 …… 262	
	刘瑜 …… 262	
	谢弼 …… 263	
卷八十八	虞傅盖臧列传第四十八	
	虞诩 …… 263	
	傅燮 …… 265	
	盖勋 …… 265	
	臧洪 …… 266	
卷八十九	张衡列传第四十九	
	张衡 …… 268	
卷九十上	马融列传第五十上	
	马融 …… 271	
卷九十下	蔡邕列传第五十下	
	蔡邕 …… 273	
卷九十一	左周黄列传第五十一	
	左雄 …… 277	
	周举 …… 279	
	黄琼 …… 280	
卷九十二	荀韩钟陈列传第五十二	
	荀淑 …… 282	
	子爽 …… 282	
	孙悦 …… 282	
	韩韶 …… 284	
	钟皓 …… 284	
	陈寔 …… 285	
卷九十三	李杜列传第五十三	
	李固 …… 286	
	子燮 …… 286	
	杜乔 …… 288	
卷九十四	吴延史卢赵列传第五十四	

吴祐 …… 289	卷一百三 刘虞公孙瓒陶谦列传第六十三
延笃 …… 289	刘虞 …… 320
史弼 …… 290	公孙瓒 …… 321
卢植 …… 291	陶谦 …… 322
赵岐 …… 292	卷一百四上 袁绍刘表列传第六十四上
卷九十五 皇甫张段列传第五十五	袁绍 …… 323
皇甫规 …… 292	卷一百四下 袁绍刘表列传第六十四下
张奂 …… 294	袁绍 …… 327
段颎 …… 295	子谭 …… 327
卷九十六 陈王列传第五十六	刘表 …… 328
陈蕃 …… 297	卷一百五 刘焉袁术吕布列传第六十五
王允 …… 299	刘焉 …… 329
卷九十七 党锢列传第五十七	袁术 …… 330
刘淑 …… 301	吕布 …… 331
李膺 …… 301	卷一百六 循吏列传第六十六
杜密 …… 302	卫飒 …… 333
刘祐 …… 302	任延 …… 333
魏朗 …… 302	王景 …… 334
夏馥 …… 302	秦彭 …… 334
宗慈 …… 303	王涣 …… 334
巴肃 …… 303	许荆 …… 335
范滂 …… 303	孟尝 …… 335
尹勋 …… 303	第五访 …… 335
蔡衍 …… 304	刘矩 …… 336
羊陟 …… 304	刘宠 …… 336
张俭 …… 304	仇览 …… 336
岑晊 …… 304	童恢 …… 336
陈翔 …… 304	卷一百七 酷吏列传第六十七
孔昱 …… 304	董宣 …… 337
苑康 …… 305	樊晔 …… 337
檀敷 …… 305	李章 …… 337
刘儒 …… 305	周纡 …… 338
贾彪 …… 305	黄昌 …… 338
何颙 …… 305	阳球 …… 338
卷九十八 郭符许列传第五十八	王吉 …… 339
郭太 …… 305	卷一百八 宦者列传第六十八
符融 …… 306	郑众 …… 340
许劭 …… 307	蔡伦 …… 340
卷九十九 窦何列传第五十九	孙程 …… 340
窦武 …… 307	曹腾 …… 341
何进 …… 308	单超 …… 341
卷一百 郑孔荀列传第六十	侯览 …… 342
郑太 …… 310	曹节 …… 342
孔融 …… 310	吕强 …… 343
荀彧 …… 312	张让 …… 344
卷一百一 皇甫嵩朱儁列传第六十一	卷一百九上 儒林列传第六十九上
皇甫嵩 …… 314	刘昆 …… 345
朱儁 …… 315	洼丹 …… 345
卷一百二 董卓列传第六十二	任安 …… 345
董卓 …… 316	杨政 …… 346

	张兴	346	王逸	355
	戴凭	346	崔琦	355
	孙期	346	边韶	356
	欧阳歙	346	卷一百十下 文苑列传第七十下	
	牟长	347	张升	356
	宋登	347	赵壹	356
	张驯	347	刘梁	357
	尹敏	347	边让	357
	周防	347	郦炎	358
	孔僖	347	侯瑾	359
	杨伦	348	高彪	359
卷一百九下 儒林列传第六十九下			张超	359
	高诩	348	祢衡	359
	包咸	348	卷一百十一 独行列传第七十一	
	魏应	349	谯玄	360
	伏恭	349	李业	360
	任末	349	刘茂	361
	景鸾	349	温序	361
	薛汉	349	彭脩	361
	杜抚	349	索卢放	361
	召驯	349	周嘉	362
	杨仁	349	范式	362
	赵晔	350	李善	362
	卫宏	350	王忳	362
	董钧	350	张武	363
	丁恭	350	陆续	363
	周泽	350	戴封	363
	钟兴	351	李充	363
	甄宇	351	缪肜	364
	楼望	351	陈重	364
	程曾	351	雷义	364
	张玄	351	范冉	364
	李育	351	戴就	365
	何休	351	赵苞	365
	服虔	351	向栩	365
	颍容	351	谅辅	365
	谢该	352	刘翊	365
	许慎	352	王烈	366
	蔡玄	352	卷一百十二上 方术列传第七十二上	
卷一百十上 文苑列传第七十上			任文公	366
	杜笃	352	郭宪	366
	王隆	354	许杨	367
	夏恭	354	高获	367
	傅毅	354	王乔	367
	黄香	354	谢夷吾	367
	刘毅	355	杨由	367
	李尤	355	李南	368
	苏顺	355	李郃	368
	刘珍	355	段翳	368
	葛龚	355	廖扶	368

折像	368
樊英	369

卷一百十二下　方术列传第七十二下

唐檀	369
公沙穆	369
许曼	370
赵彦	370
樊志张	370
单飏	370
韩说	370
董扶	370
郭玉	370
华佗	371
徐登	371
费长房	371
蓟子训	372
刘根	372
左慈	372
计子勋	372
上成公	373
解奴辜	373
甘始	373
王真	373
王和平	373

卷一百十三　逸民列传第七十三

野王二老	373
向长	373
逢萌	374
周党	374
王霸	374
严光	374
井丹	374
梁鸿	375
高凤	375
台佟	375
韩康	375
矫慎	376

戴良	376
法真	376
汉阴老父	376
陈留老父	376
庞公	376

卷一百十四　列女传第七十四

鲍宣妻	377
王霸妻	377
姜诗妻	377
周郁妻	377
曹世叔妻	377
乐羊子妻	379
陈文矩妻	379
孝女曹娥	379
许升妻	379
袁隗妻	379
庞淯母	379
刘长卿妻	379
皇甫规妻	380
阴瑜妻	380
盛道妻	380
孝女叔先雄	380
董祀妻	380

卷一百十五　东夷列传第七十五

东夷	381

卷一百十六　南蛮西南夷列传第七十六

南蛮	384
西南夷	387

卷一百十七　西羌传第七十七

西羌	389

卷一百十八　西域传第七十八

西域	396

卷一百十九　南匈奴列传第七十九

南匈奴	400

卷一百二十　乌桓鲜卑列传第八十

乌桓	406
鲜卑	407

后 汉 书

卷一上　　光武帝纪第一上

世祖光武皇帝讳秀,字文叔,南阳蔡阳人,高祖九世之孙也。出自景帝,生长沙定王发。发生舂陵节侯买,买生郁林太守外,外生钜鹿都尉回,回生南顿令钦,钦生光武。光武年九岁而孤,养于叔父良。身长七尺三寸,美须眉,大口,隆准,日角。性勤于稼穑,而兄伯升好侠养士,常非笑光武事田业,比之高祖兄仲。王莽天凤中,乃之长安。受《尚书》,略通大义。莽末,天下连岁灾蝗,寇盗锋起。地皇三年,南阳荒饥,诸家宾客多为小盗。光武避吏新野,因卖谷于宛。宛人李通等以图谶说光武云:"刘氏复起,李氏为辅。"光武初不敢当,然独念兄伯升素结轻客,必举大事,且王莽败亡已兆,天下方乱,遂与定谋。于是乃市兵弩。十月,与李通从弟轶等起于宛,时年二十八。十一月,有星孛于张。光武遂将宾客还舂陵。时伯升已会众起兵。初,诸家子弟恐惧,皆亡逃自匿,曰"伯升杀我"。及见光武绛衣大冠,皆惊,曰:"谨厚者亦复为之",乃稍自安。伯升于是招新市、平林兵,与其帅王凤、陈牧西击长聚。光武初骑牛,杀新野尉乃得马,进屠唐子乡,又杀湖阳尉。军中分财物不均,众恚恨,欲反攻诸刘。光武敛宗人所得物,悉以与之,众乃悦。进拔棘阳,与王莽前队大夫甄阜、属正梁丘赐战于小长安。汉军大败,还保棘阳。

更始元年正月甲子朔,汉军复与甄阜、梁丘赐战于沘水西,大破之,斩阜、赐。伯升又破王莽纳言将军严尤、秩宗将军陈茂于淯阳,进围宛城。二月辛巳,立刘圣公为天子,以伯升为大司徒,光武为太常偏将军。三月,光武别与诸将徇昆阳、定陵、郾,皆下之。多得牛马财物,谷数十万斛,转以馈宛下。莽闻阜、赐死,汉帝立,大惧。遣大司徒王寻、大司空王邑将兵百万,其甲士四十二万人。五月,到颍川,复与严尤、陈茂合。初,光武为舂陵侯家讼逋租于尤,尤见而奇之。及是时,城中出降尤者言光武不取财物,但会兵计策。尤笑曰:"是美须眉者邪,何为乃如是!"初,王莽征天下能为兵法者六十三家数百人,并以为军吏;选练武卫,招募猛士,旌旗辎重,千里不绝。时有长人巨无霸,长一丈,大十围,以为垒尉;又驱诸猛兽虎豹犀象之属,以助威武。自秦、汉出师之盛,未尝有也。光武将数千兵,徼之于阳关。诸将见寻、邑兵盛,反走,驰入昆阳,皆惶怖,忧念妻孥,欲散归诸城。光武议曰:"今兵谷既少,而外寇强大,并力御之,功庶可立;如欲分散,势无俱全。且宛城未拔,不能相救,昆阳即破,一日之间,诸部亦灭矣。今不同心胆共举功名,反欲守妻子财物邪?"诸将怒曰:"刘将军何敢如是!"光武笑而起。会候骑还,言大兵且至城北,军陈数百里,不见其后。诸将遽相谓曰:"更请刘将军计之。"光武复为图画成败。诸将忧迫,皆曰:"诺"。时城中唯有八九千人,光武乃使成国上公王凤、廷尉大将军王常留守,夜自与骠骑大将军宗佻、五威将军李轶等十三骑,出城南门,于外收兵。时莽军到城下者且十万,光武几不得出。既至郾、定陵,悉发诸营兵,而诸将贪惜财货,欲分留守之。光武曰:"今若破敌,珍珤万倍,大功可成;如为所败,首领无余,何财物之有!"众乃从。严尤说王邑曰:"昆阳城小而坚,今假号者在宛,亟进大兵,彼必奔走;宛败,昆阳自服。"邑曰:"吾昔以虎牙将军围翟义,坐不生得,以见责让。今将百万之众,遇城而不能下,何谓邪?"遂围之数十重,列营百数,云车十余丈,瞰临城中,旗帜蔽野,埃尘连天,钲鼓之声闻数百里。或为地道,冲輣橦城。积弩乱发,矢下如雨,城中负户而汲。王凤等乞降,不许。寻、邑自以为功在漏刻,意气甚逸。夜有流星坠营中,昼有云如坏山,当营而陨,不及地尺而散。吏士皆厌伏。六月己卯,光武遂与营部俱进,自将步骑千余,前去大军四五里而陈。寻、邑亦遣兵数千合战。光武奔之,斩首数十级。诸部喜曰:"刘将军平生见小敌怯,今见大敌勇,甚可怪也,且复居前。请助将军!"光武复进,寻、邑兵却,诸部共乘之,斩首数百千级。连胜,遂前。时伯升拔宛已三日,而光武尚未知,乃伪使持书报城中,云'宛下兵到',而阳堕其书。寻、邑得之,不意。诸将既经累捷,胆气益壮,无不一当百。光武乃与敢死者三千人,从城西水上冲其中坚,寻、邑阵乱,乘锐崩之,遂杀王寻。城中亦鼓噪而出,中外合势,震呼动天地。莽兵大溃,走者相腾践,奔殪百余里间。会大雷风,屋瓦皆飞,雨下如注,滍川盛溢。虎豹皆股战,士卒争赴,溺死者以万数,水为不流。王邑、严尤、陈茂轻骑乘死人度水逃去。尽获其军实辎重,车甲珍宝,不可胜筭,举之连月不尽,或燔烧其余。光武因复徇下颍阳。会伯升为更始所害,光武自父城驰诣宛谢。司徒官属迎吊光武,光武难交私语,深引过而已。未尝自伐昆阳之功,又不敢为伯升服丧,饮食言笑如平常。更始以是惭,拜光武为破虏大将军,封武信侯。九月庚戌,三辅豪桀共诛王莽,传首诣宛。更始将北都洛阳,以光武行司隶校尉,使前整修宫府。于是置僚属,作文移,从事司察,一如旧章。时三辅吏士东迎更始,见诸将过,皆冠帻,而服妇人衣,诸于绣镼,莫不笑之,或有畏而走者。及见司隶僚属,皆欢喜不自胜。老吏或垂涕曰:"不图今日复见汉官威仪。"由是识者皆属心焉。及更始至洛阳,乃遣光武以破虏将军行大司马事。十月,持节北度河,镇慰州郡。所到部县,辄见二千石、长吏、三老、官属,下至佐史,考察黜陟,如州牧行部事。辄平遣囚徒,除王莽苛政,复汉官名。吏人喜悦,争持牛酒迎劳。进至邯郸,故赵缪王子林说光武曰:"赤眉今在河东,但决水灌之,百万之众可使为鱼。"光武不答,去之真定。林于是乃诈以卜者王郎为成帝子子舆。十二月,立郎为天子,都邯郸,遂遣使者降下郡国。

二年正月,光武以王郎新盛,乃北徇蓟。王郎移檄购光武十万户,而故广阳王子刘接起兵蓟中以应郎,城内扰乱,转相惊恐,言邯郸使者方到,二千石以下皆出迎。于是光武趣驾南辕,晨夜不敢入城邑,舍食道傍,至饶阳,官属皆乏食。光武乃自称邯郸使者,入传舍。传吏方进食,从者饥,争夺之。传吏疑其伪,乃椎鼓数十通,绐言邯郸将军至,官属皆失色。光武升车欲驰,既而惧不免,徐还坐,曰:"请邯郸将军入。"久乃驾去。传中人遥语门者闭之。门长曰:"天下讵可知,而闭长者乎?"遂得南出。晨夜兼行,蒙犯霜雪,天时寒,面皆破裂。至呼沱河,无船,适遇冰合,得过,未毕数车而陷。进至下博城西,遑惑不知所之。有白衣老父在道旁指曰:"努力!信都郡为长安守,去此八十里。"光武即驰赴之。信都太守任光开门出迎。世祖因发旁县,得四千人,先击堂阳、贳县,皆降。王莽和成卒正邳彤亦举郡降。又昌城人刘植,宋子人耿纯,各率宗亲子弟,据其县邑,以奉光武,于是北降下曲阳,众稍合,乐附者至有数万人。复北击中山,拔卢奴。所过发奔命兵,移檄边部,共击邯郸,郡县还复响应。南击新市、真定、元氏、防子,皆下之,因入赵界。时王郎大将李育屯柏人,汉兵不知而进。前部偏将朱浮、邓禹为育所破,亡失辎重。光武在后闻之,收浮、禹散卒,与育战于郛门,大破之,尽得其所获。育还保城,攻之不下,于是引兵拔广阿。会上谷太守耿况、渔阳太守彭宠,各遣其将吴汉、寇恂等将突骑来助击王郎,更始亦遣尚书仆射谢躬讨郎,光武因大飨士卒,遂东围巨鹿。王郎守将王饶坚守,月余不下。郎遣将倪宏、刘奉率数万人救巨鹿,光武逆战于南䜌,斩首数千级。四月,进围邯郸,连战破之。五月甲辰,拔其城,诛王郎。收文书,得吏人与郎交关谤毁者数千章。光武不省,会诸将军烧之,曰:

"令反侧子自安。"更始遣侍御史持节立光武为萧王,悉令罢兵诣行在所。光武辞以河北未平,不就征。自是始贰于更始。是时长安政乱,四方背叛。梁王刘永擅命睢阳,公孙述称王巴蜀,李宪自立为淮南王,秦丰自号楚黎王,张步起琅邪,董宪起东海,延岑起汉中,田戎起夷陵,并置将帅 侵略郡县。又别号诸贼铜马、大肜、高湖、重连、铁胫、大抢、尤来、上江、青犊、五校、檀乡、五幡、五楼、富平、获索等,各领部曲,众合数百万人,所在寇掠。光武将击之,先遣吴汉北发十郡兵。幽州牧苗曾不从,汉遂斩曾而发其众。秋,光武击铜马于鄡,吴汉将突骑来会清阳。贼数挑战,光武坚营自守;有出卤掠者,辄击取之,绝其粮道。积月余日,贼食尽,夜遁去,追至馆陶,大破之。受降未尽,而高湖、重连从东南来,与铜马余众合,光武复与大战于蒲阳,悉破降之,封其渠帅为列侯。降者犹不自安,光武知其意,敕令各归营勒兵,乃自乘轻骑按行部陈。降者更相语曰:"萧王推赤心置人腹中,安得不投死乎!"由是皆服。悉将降人分配诸将,众遂数十万,故关西号光武为"铜马帝"。赤眉别帅与大肜、青犊十余万众在射犬,光武击之,大破之,众皆散走。使吴汉、岑彭袭杀谢躬于邺。青犊、赤眉贼入函谷关,攻更始。光武乃遣邓禹率六裨将引兵西,以乘更始、赤眉之乱。时更始使大司马朱鲔、舞阴王李轶等屯洛阳,光武亦令冯异守孟津以拒之。

建武元年春正月,平陵人方望立前孺子刘婴为天子,更始遣丞相李松会斩之。光武北击尤来、大抢、五幡于元氏。追至右北平,连破之。又战于顺水北,乘胜轻进,反为所败。贼追急,短兵接,光武自投高岸,遇突骑王丰,下马授光武。光武抚其肩而上,顾笑谓耿弇曰:"几为虏嗤。"弇频射却贼,得免。士卒死者数千人,散兵归保范阳。军中不见光武,或云已殁,诸将不知所为。吴汉曰:"卿曹努力!王兄子在南阳,何忧无主?"众恐惧,数日乃定。贼虽战胜,而素慑大威,客主不相知,夜遂引去。大军复进至安次,与战,破之,斩首三千余级。贼入渔阳,乃遣吴汉率耿弇、陈俊、马武等十二将军追战于潞东,及平谷,大破灭之。朱鲔遣讨难将军苏茂攻温,冯异、寇恂与战,大破之,斩其将贾强。于是诸将议上尊号。马武先进曰:"天下无主。如有圣人承敝而起,虽仲尼为相,孙子为将,犹恐无能为益。反水不收,后悔无及。大王虽执谦退,奈宗庙社稷何!宜且还蓟即尊位,乃议征伐。今此谁贼而驰骛击之乎?"光武惊曰:"何将军出是言?可斩也!"武曰:"诸将尽然。"光武使出晓之,乃引军还至蓟。夏四月,公孙述自称天子。光武从蓟还,过范阳,命收葬吏士。至中山,诸将复上奏曰:"汉遭王莽,宗庙废绝,豪杰愤怒,兆人涂炭。王与伯升首举义兵,更始因其资以据帝位,而不能奉承大统,败乱纲纪,盗贼日多,群生危蹙。大王初征昆阳,王莽自溃;后拔邯郸,北州弭定;参分天下而有其二,跨州据土,带甲百万。言武力则莫之敢抗。论文德则无所与辞。臣闻帝王不可以久旷,天命不可以谦拒,惟大王以社稷为计,万姓为心。"光武又不听。行到南平棘,诸将复固请之。光武曰:"寇贼未平,四面受敌,何遽欲正号位乎?诸将且出。"耿纯进曰:"天下士大夫捐亲戚,弃土壤,从大王于矢石之间者,其计固望其攀龙鳞,附凤翼,以成其所志耳。今功业即定,天人亦应,而大王留时逆众,不正号位,纯恐士大夫望绝计穷,则有去归之思,无为久自苦也。大众一散,难可复合。时不可留,众不可逆。纯言甚诚切,光武深感,曰:"吾将思之。"行至鄗,光武先在长安时同舍生强华自关中奉《赤伏符》,曰"刘秀发兵捕不道,四夷云集龙斗野,四七之际火为主"。群臣因复奏曰:"受命之符,人应为大,万里合信,不议同情,周之白鱼,曷足比焉?今上无天子,海内淆乱,符瑞之应,昭然著闻,宜答天神,以塞群望。"光武于是命有司设坛场于鄗南千秋亭五成陌。六月己未,即皇帝位。燔燎告天,禋于六宗,望于群神。其祝文曰:"皇天上帝,后土神祇,眷顾降命,属秀黎元,为人父母,秀不敢当。群下百辟,不谋同辞,咸曰:'王莽篡位,秀发愤兴兵,破王寻、王邑于昆阳,诛王郎,铜马于河北,平定天下,海内蒙恩。上当天地之心,下为元元所归。'谶记曰:'刘秀发兵捕不道,卯金修德为天子。'秀犹固辞,至于再,至于三。群下佥曰:'皇天大命,不可稽留。'敢不敬承。"于是建元为建武,大赦天下,改鄗为高邑。是月,赤眉立刘盆子为天子。甲子,前将军邓禹击更始定国公王匡于安邑,大破之,斩其将刘均。秋七月辛未,拜前将军邓禹为大司徒。丁丑,以野王令王梁为大司空。壬午,以大将军吴汉为大司马,偏将军景丹为骠骑大将军,大将军耿弇为建威大将军,偏将军盖延为虎牙大将军,偏将军朱祐为建义大将军,中坚将军杜茂为大将军。时宗室刘茂自号"厌新将军",率众降,封为中山王。己亥,幸怀。遣耿弇率强弩将军陈俊军五社津,备荥阳以东。使吴汉率朱祐及廷尉岑彭、执金吾贾复、扬化将军坚镡等十一将军围朱鲔于洛阳。八月壬子,祭社稷。癸丑,祠高祖、太宗、世宗于怀宫。进幸河阳。更始廪丘王田立降。九月,赤眉入长安,更始奔高陵。辛未,诏曰:"更始破败,弃城逃走,妻子裸袒,流冗道路。朕甚愍之。今封更始为淮阳王。吏人敢有贼害者,罪同大逆。"甲申,以前密令卓茂为太傅。辛卯,朱鲔举城降。冬十月癸丑,车驾入洛阳,幸南宫却非殿,遂定都焉。遣岑彭击荆州群贼。十一月甲午,幸怀。刘永自称天子。十二月丙戌,至自怀。赤眉杀更始,而隗嚣据陇右,卢芳起安定。破虏大将军叔寿击五校贼于曲梁,战殁。

二年春正月甲子朔,日有食之。大司马吴汉率九将军击檀乡贼于邺东,大破降之。庚辰,封功臣皆为列侯,大国四县,余各有差。下诏曰:"人情得足,苦于放纵,快须臾之欲,忘慎罚之义。惟诸将业远功大,诚欲传于无穷,宜如临深渊,如履薄冰,战战栗栗,日慎一日。其显效未酬,名籍未立者,大鸿胪趣上,朕将差而录之。"博士丁恭议曰:"古帝王封诸侯不过百里,故利以建侯,取法于雷,强干弱枝,所以为治也。今封诸侯四县,不合法制。"帝曰:"古之亡国,皆以无道,未尝闻功臣地多而灭亡者。"乃遣谒者即授印绶,策曰:"在上不骄,高而不危;制节谨度,满而不溢。敬之戒之。传尔子孙,长为汉藩。"壬午,更始复汉将军邓晔、辅汉将军于匡降,皆复爵位。壬子,起高庙,建社稷于洛阳,立郊兆于城南,始正火德,色尚赤。是月,赤眉焚西京宫室,发掘园陵,寇掠关中。大司徒邓禹入长安,遣府掾奉十一帝神主,纳于高庙。真定王杨、临邑侯让谋反,遣前将军耿纯诛之。二月己酉,幸修武。大司空王梁免。壬子,以太中大夫宋弘为大司空。遣骠骑大将军景丹率征虏将军祭遵等二将军击弘农贼,破之,因遣祭遵围蛮中贼张满。渔阳太守彭宠反,攻幽州牧朱浮于蓟。延岑自称武安王于汉中。辛卯,至自修武。三月乙未,大赦天下,诏曰:"顷狱多冤人,用刑深刻,朕甚愍之。孔子云:'刑罚不中,则民无所措手足。'其与中二千石、诸大夫、博士、议郎议省刑法。"遣执金吾贾复率二将军击更始郾王尹遵,破降之。骁骑将军刘植击密贼,战殁。遣虎牙大将军盖延等四将军伐刘永。夏四月,围永于睢阳。更始将苏茂杀淮阳太守潘蹇而附刘永。甲午,封叔父良为广阳王,兄子章为太原王,章弟兴为鲁王,舂陵侯嫡子祉为城阳王。五月庚辰,封更始元氏王歙为泗水王,故真定王杨子得为真定王,周后姬常为周承休公。癸未,诏曰:"民有嫁妻卖子欲归父母者,恣听之。敢拘执,论如律。"六月戊戌,立贵人郭氏为皇后,子强为皇太子,大赦天下。增郎、谒者、从官秩各一等。丙午,封宗室刘终为淄川王。秋八月,帝自将征五校。丙辰,幸内黄,大破五校于羛阳,降之。遣游击将军邓隆救朱浮,与彭宠战于潞,隆军败绩。盖延拔睢阳,刘永奔谯。破虏将军邓奉据淯阳反。九月壬戌,至自内黄。骠骑大将军景丹薨。延岑大破赤眉于杜陵。关中饥,民相食。冬十一月,以廷尉岑彭为征南大将军,率八将军讨邓奉于堵乡。铜马、青犊、尤来余贼共立孙登为天子于上郡。登将乐玄杀登,以其众五万余人降。遣偏将军冯异代邓禹伐赤眉。使太中大夫伏隆持节安辑青、徐二州,招张步降之。十二月戊午,诏曰:"惟宗室列侯为王莽所废,先灵无所依归,朕甚愍之。其并复故国。若侯身已殁,属所上其子孙见名尚书,封拜。"是岁,盖延等大破刘永于沛西。初,王莽末,天下旱蝗,黄金一斤易粟一斛;至是野谷旅生,麻未尤盛,野蚕成茧,被于山阜,人收其利焉。

三年春正月甲子,以偏将军冯异为征西大将军,杜茂为骠骑大将军。大司徒邓禹及冯异与赤眉战于回溪,禹、异败绩。征虏将军祭遵破蛮中,斩张满。辛巳,立皇考南顿君已上四庙。壬午,大赦天下。闰月乙巳,大司徒邓禹免。冯异与赤眉战于崤底,大破之,余众南向宜阳,帝自将征之。己亥,幸宜阳。甲辰,亲勒六军,大陈戎马,大司马吴汉精卒当前,中军次之,骁骑、武卫分陈左右。赤眉望见震怖,遣使乞降。丙午,赤眉君臣面缚,奉高皇帝玺绶,诏以属城门校尉。戊申,至自宜阳。己酉,诏曰:"群盗纵横,贼害元元,盆子窃尊号,乱惑天下。朕奋兵讨击,应时崩解,十余万众束手降服,先帝玺绶归之王府。斯皆祖宗之灵,士人之力,朕曷足以享斯哉!其择吉日祠高庙,赐天下长子当为父后者爵,人一级。"二月己未,祠高庙,受传国玺。刘永立董宪为海西王,张步为齐王。步杀光禄大夫伏隆而反。幸怀。遣吴汉率二将军击青犊于轵西,大破降之。三月壬寅,以大司徒司直伏湛为大司徒。彭宠陷蓟城,宠自立为燕王。帝自将征邓奉,幸堵阳。夏四月,大破邓奉于小长安,斩之。冯异与延岑战于上林,破之。吴汉率七将军与刘永将苏茂战于广乐,大破之。虎牙大将军盖延围刘永于睢阳。五月己酉，车驾还宫。乙卯晦，日有食之。六月壬戌，大赦天下。耿弇与延岑战于穰，大破之。秋七月，征南大将军岑彭率三将军伐秦丰，战于黎丘，大破之，获其将蔡宏。庚辰，诏曰："吏不满六百石，下至墨绶长、相，有罪先请。男子八十以上，十岁以下，及妇人从坐者，自非不道、诏所名捕，皆不得系。当验问者即就验。女徒雇山归家。盖延拔睢阳，获刘永，而苏茂、周建立永子纡为梁王。冬十月壬申，幸舂陵，祠园庙，因置酒旧宅，大会故人父老。十一月乙未，至自舂陵。涿郡太守张丰反。是岁，李宪自称天子。西州大将军隗嚣奉奏。建义大将军朱祐率祭遵与延岑战于东阳，斩其将张成。

四年春正月甲申，大赦天下。二月壬子，幸怀。壬申，至自怀。遣右将军邓禹率二将军与延岑战于武当，破之。夏四月丁巳，幸邺。己巳，进幸临平。遣大司马吴汉击五校贼于箕山，大破之。五月，进幸元氏。辛巳，进幸卢奴。遣征虏将军祭遵率四将军讨张丰于涿郡，斩丰。六月辛亥，车驾还宫。七月丁亥，幸谯。遣捕虏将军马武、偏将军王霸围刘纡于垂惠。董宪将贲休以兰陵城降，宪围之。虎牙大将军盖延率平狄将军庞萌救贲休，不克，兰陵为宪所陷。秋八月戊午，进幸寿春。太中大夫徐恽擅杀临淮太守刘度，恽坐诛。遣扬武将军马成率三将军伐李宪。九月，围宪于舒。冬十月甲寅，车驾还宫。太傅卓茂薨。十一月丙申，幸宛。遣建义大将军朱祐率二将军围秦丰于黎丘。十二月丙寅，进幸黎丘。是岁，征西大将军冯异与公孙述将程焉战于陈仓，破之。

五年春正月癸巳，车驾还宫。二月丙午，大赦天下。捕虏将军马武、偏将军王霸拔垂惠。乙丑，幸魏郡。壬申，封殷后孔安为殷绍嘉公。彭宠为其苍头所杀，渔阳平。大司马吴汉率建威大将军耿弇击富平、获索贼于平原，大破降之。复遣耿弇率二将军讨张步。三月癸未，徙广阳王良为赵王，始就国。平狄将军庞萌反，杀楚郡太守孙萌而东附董宪。遣征南大将军岑彭率二将军伐田戎于津乡，大破之。夏四月，旱，蝗。河西大将军窦融始遣使贡献。五月丙子，诏曰："久旱伤麦，秋种未下，朕甚忧之。将残吏未胜，狱多冤结，元元愁恨，感动天气乎？其令中都官、三辅、郡、国出系囚，罪非犯殊死一切勿案，见徒免为庶人。务进柔良，退贪酷，各正厥事焉。"六月，建义大将军朱祐拔黎丘，获秦丰；而庞萌、苏茂围桃城。帝时幸蒙，因自将征之。先理兵任城，乃进救桃城，大破萌等。秋七月丁丑，幸沛，祠高原庙。诏修复西京园陵。进幸湖陵，征董宪。又幸蕃，遂攻董宪于昌虑，大破之。八月己酉，进幸郯，留吴汉攻刘纡、董宪等，车驾转徇彭城、下邳。吴汉拔郯，获刘纡。汉进围董宪、庞萌于朐。冬十月，还，幸鲁，使大司空祠孔子。耿弇等与张步战于临淄，大破之。帝幸临淄，进幸剧。张步斩苏茂以降，齐地平。初，起太学。车驾还宫，幸太学，赐博士弟子各有差。十一月壬寅，大司徒伏湛免，尚书令侯霸为大司徒。十二月，卢芳自称天子于九原。西州大将军隗嚣遣子恂入侍。交阯牧邓让率七郡太守遣使奉贡。诏复济阳二年徭役。是岁，野谷渐少，田亩益广焉。

卷一下　　　光武帝纪第一下

六年春正月丙辰，改舂陵乡为章陵县。世世复徭役，比丰、沛，无有所豫。辛酉，诏曰："往岁水旱蝗虫为灾，谷价腾跃，人用困乏。朕惟百姓无以自赡，恻然愍之。其命郡国有谷者，给禀高年、鳏、寡、孤、独及笃癃、无家属贫不能自存者，如《律》。二千石勉加循抚，无令失职。"扬武将军马成等拔舒，获李宪。二月，大司马吴汉拔朐，获董宪、庞萌，山东悉平。诸将还京师，置酒赏赐。三月，公孙述遣将任满寇南郡。夏四月丙子，幸长安，始谒高庙，遂有事十一陵。遣虎牙大将军盖延等七将军从陇道伐公孙述。五月己未，至自长安。隗嚣反，盖延等因与嚣战于陇坻，诸将败绩。辛丑，诏曰："惟天水、陇西、安定、北地吏人为隗嚣所诖误者，又三辅遭难赤眉，有犯法不道者，自殊死以下，皆赦除之。"六月辛卯，诏曰："夫张官置吏，所以为人也。今百姓遭难，户口耗少，而县官吏职所置尚繁，其令司隶、州牧各实所部，省减吏员。县国不足置长吏可并合者，上大司徒、大司空二府。"于是条奏并省四百余县，吏职减损，十置其一。代郡太守刘兴击卢芳将贾览于高柳，战殁。初，乐浪人王调据郡不服。秋，遣乐浪太守王遵击之，郡吏杀调降。遣前将军李通率二将军，与公孙述战于西城，破之。夏，蝗。秋九月庚子，赦乐浪谋反大逆殊死已下。丙寅晦，日有食之。冬十月丁丑，诏曰："吾德薄不明，寇贼为害，强弱相陵，元元失所。诗云：'日月告凶，不用其行。'永念厥咎，内疚于心。其敕公卿举贤良、方正各一人；百僚并上封事，无有隐讳；有司修职，务遵法度。"十一月丁卯，诏王莽时吏人没入为奴婢不应旧法者，皆免为庶人。十二月壬辰，大司空宋弘免。癸巳，诏曰："顷者师旅未解，用度不足，故行什一之税。今军士屯田，粮储差积。其令郡国收见田租三十税一，如旧制。"隗嚣遣将行巡寇扶风，征西大将军冯异拒破之。是岁，初罢郡国都尉官。始遣列侯就国。匈奴遣使来献，使中郎将报命。

七年春正月丙申，诏中都官、三辅、郡、国出系囚，非犯殊死，皆一切勿案其罪。见徒免为庶人。耐罪亡命，吏以文除之。又诏曰："世以厚葬为德，薄终为鄙，至于富者奢僭，贫者单财，法令不能禁，礼义不能止，仓卒乃知其咎。其布告天下，令知忠臣、孝子、慈兄、悌弟薄葬送终之义。"二月辛巳，罢护漕都尉官。三月丁酉，诏曰："今国有众军，并多精勇，宜且罢轻车、骑士、材官、楼船士及军假吏，令还复民伍。"公孙述立隗嚣为朔宁王。癸亥晦，日有食之，避正殿，寝兵，不听事五日。诏曰："吾德薄致灾，谪见日月，战栗恐惧，夫何言哉！今方念怨，庶消厥咎。其令有司各修职任，奉遵法度，惠兹元元。百僚各上封事，无有所讳。其上书者，不得言圣。"夏四月壬午，诏曰："比阴阳错谬，日月薄食。百姓有过，在予一人，大赦天下。公、卿、司隶、州牧举贤良、方正各一人，遣诣公车，朕将览焉。"五月戊戌，前将军李通为大司空。甲寅，诏吏人遭饥乱及为青、徐贼所略为奴婢下妻,欲去留者,恣听之。敢拘制不还,以卖人法从事。是夏,连雨水。汉忠将军王常为横野大将军。八月丁亥,封前河间王邵为河间王。隗嚣寇安定,征西大将军冯异、征虏将军祭遵击却之。冬,卢芳所置朔方太守田飒、云中太守乔扈各举郡降。是岁,省长水、射声二校尉官。

八年春正月,中郎将来歙袭略阳,杀隗嚣守将而据其城。夏四月,司隶校尉傅抗下狱死。隗嚣攻来歙,不能下。闰月,帝自征嚣,河西大将军窦融率五郡太守与车驾会高平。陇右溃,隗嚣奔西城,遣大司马吴汉、征南大将军岑彭围之;进幸上邽,不降,命虎牙大将军盖延、建威大将军耿弇攻之。颍川盗贼寇没属县,河东守守兵亦叛,京师骚动。秋,大水。八月,帝自上邽晨夜东驰。九月乙卯,车驾还宫。庚申,帝自征颍川盗贼,皆降。安丘侯张步反归琅邪,琅邪太守陈俊讨获之。戊寅,至自颍川。冬十月丙午,幸怀。十一月乙丑,至自怀。公孙述遣兵救隗嚣,吴汉、盖延等还军长安。天水、陇西复反归嚣。十二月,高句丽王遣使奉贡。是岁大水。

九年春正月,隗嚣病死,其将王元、周宗复立嚣子纯为王。徙雁门吏人于太原。三月辛亥,初置青巾左校尉官。公孙述遣将田戎、任满据荆门。夏六月丙戌,幸缑氏,登轘辕。遣大司马吴汉率四将军击卢芳将贾览于高柳,战不利。秋八月,遣中郎将来歙监征西大将军冯异等五将军讨隗纯于天水。骠骑大将军杜茂与贾览战于繁畤,茂军败绩。是岁,省关都尉,复置护羌校尉官。

十年春正月,大司马吴汉率捕虏将军王霸等五将军击贾览于高柳,匈奴遣骑救览,诸将与战,却之。修理长安高庙。夏,征西大将军冯异破公孙述将赵匡于天水,斩之。征西大将军冯异薨。秋八月己亥,幸长安,祠高庙,遂有事十一陵。戊戌,进幸汧。隗嚣将高峻降。冬十月,中郎将来歙等大破隗纯于落门,其将王元奔蜀,纯与周宗降,陇右平。先零羌寇金城、陇西,来歙率诸将击羌于五溪,大破之。庚寅,车驾还宫。是岁,省定襄郡,徙其民于西河。泗水王歙薨。淄川王终薨。

十一年春二月己卯,诏曰:"天地之性人为贵。其杀奴婢,不得减罪。"三月己酉,幸南阳;还,幸章陵,祠园陵。城阳王祉薨。庚午,车驾还宫。闰月,征南大将军岑彭率三将军与公孙述将田戎、任满战于荆门,大破之,获任满。威虏将军冯骏围田戎于江州,岑彭遂率舟师伐公孙述,平巴郡。夏四月丁卯,省大司徒司直官。先零羌寇临洮。六月,中郎将来歙率扬武将军马成破公孙述将王元、环安于下辩。安遣间人刺杀中郎将来歙。帝将征公孙述。秋七月,次长安。八月,岑彭破公孙述将侯丹于黄石。辅威将军臧宫与公孙述将延岑战于沈水,大破之。王元降。至自长安。癸亥,诏曰:"敢灸灼奴婢,论如律,免所灸灼者为庶人。"冬十月壬午,诏除奴婢射伤人弃市律。公孙述遣间人刺杀征南大将军岑彭。马成平武都,因陇西太守马援击破先零羌,徙致天水、陇西、扶风。十二月,大司马吴汉率舟师伐公孙述。是岁,省朔方牧,并州牧。初断州牧自还奏事。

十二年春正月,大司马吴汉与公孙述将史兴战于武

阳,斩之。三月癸酉,诏陇、蜀民被略为奴婢自讼者,及狱官未报,一切免为庶人。夏,甘露降南行唐。六月,黄龙见东阿。秋七月,威虏将军冯骏拔江州,获田戎。九月,吴汉大破公孙述将谢丰于广都,斩之。辅威将军臧宫拔涪城,斩公孙恢。大司空李通罢。冬十一月戊寅,吴汉、臧宫与公孙述战于成都,大破之。述被创,夜死。辛巳,吴汉屠成都,夷述宗族及延岑等。十二月辛卯,扬武将军马成行大司空事。是岁,九真徼外蛮夷张游率种人内属,封为归汉里君。省金城郡属陇西。参狼羌寇武都,陇西太守马援讨降之。诏边吏力不足战守,修亭障,修烽燧。

十三年春正月庚申,大司徒侯霸薨。戊子,诏曰:"往年已敕郡国,异味不得有所献御,今犹未止,非徒有豫养导择之劳,至乃烦扰道上,疲费过所。其令太官勿复受。明敕下以远方口实所以荐宗庙,自如旧制。"二月,遣捕虏将军马武屯虖沱河以备匈奴。卢芳自五原亡入匈奴。丙辰,诏曰:"长沙王兴、真定王得、河间王邵、中山王茂,皆袭爵为王,不应经义。其以兴为临湘侯,得为真定侯,邵为乐成侯,茂为单父侯。"其宗室及绝国封侯者凡一百三十七人。丁巳,降赵王良为赵公,太原王章为齐公,鲁王兴为鲁公。庚午,以殷绍嘉公孔安为宋公,周承休公姬武为卫公。省并西京十三国:广平属巨鹿,真定属常山,河间属信都,城阳属琅邪,泗水属广陵,淄川属高密,胶东属北海,六安属庐江,广阳属上谷。三月辛未,沛郡太守韩歆为大司徒。丙子,行大司空马成罢。夏四月,大司马吴汉自蜀还京师,于是大飨将士,班劳策勋。功臣增邑更封,凡三百六十五人。其外戚恩泽封者四十五人。罢左右将军官。建威大将军耿弇罢。益州传送公孙述瞽师、郊庙乐器、葆车、舆辇,于是法物始备。时兵革既息,天下少事,文书调役,务从简寡,至乃十存一焉。甲寅,冀州牧窦融为大司空。五月,匈奴寇河东。秋七月,广汉徼外白马羌豪率种人内属。九月,日南徼外蛮夷献白雉、白兔。冬十二月甲寅,诏益州民自八年以来被略为奴婢者,皆一切免为庶人。或依托为人下妻,欲去者,恣听之。敢拘留者,比青、徐二州以略人法从事。复置金城郡。

十四年春正月,起南宫前殿。匈奴遣使奉献,使中郎将报命。夏四月辛巳,封孔子后志为褒成侯。越巂人任贵自称太守,遣使奉计。秋九月,平城人贾丹杀卢芳将尹由来降。是岁,会稽大疫。莎车国、鄯善国遣使奉献。十二月癸卯,诏益、凉二州奴婢,自八年以来自讼在所官,一切免为庶人,卖者无还直。

十五年春正月辛丑,大司徒韩歆免,自杀。丁未,有星孛于昴。汝南太守欧阳歙为大司徒。建义大将军朱祐罢。丁未,有星孛于营室。二月,徙雁门、代郡、上谷三郡民,置常山关、居庸关以东。初,巴蜀既平,大司马吴汉上书请封皇子。不许,重奏连岁。三月,乃诏群臣议。大司空融、固始侯通、胶东侯复、高密侯禹、太常登等奏议曰:"古者封建诸侯,以藩屏京师。周封八百,同姓姬并为建国,夹辅王室,尊事天子,享国永长,为后世法。故《诗》云:'大启尔

宇,为周室辅。'高祖圣德,光有天下,亦务亲亲,封立兄弟诸子,不违旧章。陛下德横天地,兴复宗统,褒德赏勋,亲睦九族,功臣宗室,咸蒙封爵,多受广地,或连属县。今皇子赖天,能胜衣趋拜,陛下恭谦克让,抑而未议,群臣百姓,莫不失望。宜因盛夏吉时,定号位,以广藩辅,明亲亲,尊宗庙,重社稷,应古合旧,厌塞众心。臣请大司空上舆地图,太常择吉日,具礼仪。"制曰:"可。"夏四月戊申,以太牢告祠宗庙。丁巳,使大司空融告庙,封皇子辅为右翊公,英为楚公,阳为东海公,康为济南公,苍为东平公,延为淮阳公,荆为山阳公,衡为临淮公,焉为左翊公,京为琅邪公。癸丑,追谥兄伯升为齐武公,兄仲为鲁哀公。六月庚午,复置屯骑、长水、射声三校尉官,改青巾左校尉为越骑校尉。诏下州郡检核垦田顷亩及户口年纪,又考实二千石长吏阿枉不平者。冬十一月甲戌,大司徒欧阳歙下狱死。十二月庚午,关内侯戴涉为大司徒。卢芳自匈奴入居高柳。是岁,骠骑大将军杜茂免。虎牙大将军盖延薨。

十六年春二月,交阯女子徵侧反,略有城邑。三月辛丑晦,日有蚀之。秋九月,河南尹张伋及诸郡守十余人,坐度田不实,皆下狱死。郡国大姓及兵长、群盗处处并起,攻劫在所,害杀长吏。郡县追讨,到则解散,去复屯结。青、徐、幽、冀四州尤甚。冬十月,遣使者下郡国,听群盗自相纠摘,五人共斩一人者,除其罪。吏虽逗留回避故纵者,皆勿问,听以禽讨为效。其牧守令长坐界内盗贼而不收捕者,又以畏慄捐城委守者,皆以为负,但取获贼多少为殿最,唯蔽匿者乃罪。于是更相追捕,贼并解散。徙其魁帅于它郡,赋田受禀,使安生业。自是牛马放牧,邑门不闭。卢芳遣使乞降。十二月甲辰,封芳为代王。初,王莽乱后,货币杂用布、帛、金、粟。是岁,始行五铢钱。

十七年春正月,赵公良薨。二月乙未晦,日有食之。夏四月乙卯,南巡狩,皇太子及右翊公辅、楚公英、东海公阳、济南公康、东平公苍从,幸颍川,进幸叶、章陵。五月乙卯,车驾还宫。六月癸巳,临淮公衡薨。秋七月,妖巫李广等群起据皖城,遣虎贲中郎将马援、骠骑将军段志讨之。九月,破皖城,斩李广等。冬十月辛巳,废皇后郭氏为中山太后,立贵人阴氏为皇后。进右翊公辅为中山王,食常山郡。其余九国公,皆即旧封进爵为王。甲申,幸章陵。修园庙,祠旧宅,观田庐,置酒作乐,赏赐。时宗室诸母因酣悦,相与语曰:"文叔少时谨信,与人不款曲,唯直柔耳。今乃能如此!"帝闻之,大笑曰:"吾理天下,亦欲以柔道行之。"乃悉为舂陵宗室起祠堂。有五凤皇见于颍川之郏县。十二月,至自章陵。是岁,莎车国遣使贡献。

十八年春二月,蜀郡守将史歆叛,遣大司马吴汉率二将军讨之,围成都。丙寅,西巡狩,幸长安。三月壬午,祠高庙,遂有事十一陵。历冯翊界,进幸蒲坂,祠后土。夏四月癸酉,车驾还宫。甲戌,诏曰:"今边郡盗谷五十斛,罪至于死,开残吏妄杀之路,其蠲除此法,同之内郡。"遣伏波将军马援率楼船将军段志等击交阯贼徵侧等。甲申,幸河内。戊子,至自河内。五月,旱。卢芳亡入匈奴。秋七月,吴汉拔成都,斩史歆等。壬戌,赦益州所部殊死已下。冬十月庚辰,幸宜城。还,祠章陵。十二月乙丑,车驾还宫。是岁,罢州牧,置刺史。

十九年春正月庚子,追尊孝宣皇帝曰中宗。始祠昭帝、元帝于太庙,成帝、哀帝、平帝于长安,舂陵节侯以下四世于章陵。妖巫单臣、傅镇等反,据原武,遣太中大夫臧宫围之。夏四月,拔原武,斩臣、镇等。伏波将军马援破交阯,斩徵侧等。因击破九真贼都阳等,降之。闰月戊申,进赵、齐、鲁三国公爵为王。六月戊申,诏曰:"《春秋》之义,立子以贵。东海王阳,皇后之子,宜承大统。皇太子强,崇执谦退,愿备藩国。父子之情,重久违之。其以强为东海王,立阳为皇太子,改名庄。"秋九月,南巡狩。壬申,幸南阳,进幸汝南南顿县舍,置酒会,赐吏人,复南顿田租岁。父老前叩头言:"皇考居此日久,陛下识知寺舍,每来辄加厚恩,愿赐复十年。"帝曰:"天下重器,常恐不任,日复一日,安敢远期十岁乎?"吏人又言:"陛下实惜之,何言谦也?"帝大笑,复增一岁。进幸淮阳、梁、沛。西南夷寇益州郡,遣武威将军刘尚讨之。越嶲太守任贵谋叛。十二月,刘尚袭贵,诛之。是岁,复置函谷关都尉。修西京宫室。

二十年春二月戊子,车驾还宫。夏四月庚辰,大司徒戴涉下狱死。大司空窦融免。五月辛亥,大司马吴汉薨。匈奴寇上党、天水,遂至扶风。六月庚寅,广汉太守蔡茂为大司徒,太仆朱浮为大司空。壬辰,左中郎将刘隆为骠骑将军,行大司马事。乙未,徙中山王辅为沛王。秋,东夷韩国人率众诣乐浪内附。冬十月,东巡狩。甲午,幸鲁,进幸东海、楚、沛国。十二月,匈奴寇天水。壬寅,车驾还宫。是岁,省五原郡,徙其吏人置河东。复济阳县傜役六岁。

二十一年春正月,武威将军刘尚破益州夷,平之。夏四月,安定属国胡叛,屯聚青山,遣将兵长史陈䜣讨平之。秋,鲜卑寇辽东,辽东太守祭肜大破之。冬十月,遣伏波将军马援出塞击乌桓,不克。匈奴寇上谷、中山。其冬,鄯善王、车师王等十六国皆遣子入侍奉献,愿请都护。帝以中国初定,未遑外事,乃还其侍子,厚加赏赐。

二十二年春闰月丙戌,幸长安,祠高庙,遂有事十一陵。二月己巳,至自长安。夏五月乙未晦,日有食之。秋七月,司隶校尉苏邺下狱死。九月戊辰,地震裂。制诏曰:"日者地震,南阳尤甚。夫地者,任物至重,静而不动者也。而今震裂,咎在君上。鬼神不顺无德,灾殃将及吏人,朕甚惧焉。其令南阳勿输今年田租刍稿。遣谒者案行,其死罪系囚在戊辰以前,减死罪一等。徒皆弛解钳,衣丝絮。赐郡中居人压死者棺钱,人三千。其口赋逋税而庐宅尤破坏者,勿收责。吏人死亡,或在坏垣毁全之下,而家羸弱不能收拾者,其以见钱谷取佣,为寻求之。"冬十月壬子,大司空朱浮免。癸丑,光禄勋杜林为大司空。是岁,齐王章薨。青州蝗。匈奴薁鞬日逐王比遣使诣渔阳请和亲,使中郎将李茂报命。乌桓击破匈奴,匈奴北徙,幕南地空。诏罢诸边郡亭候吏卒。

二十三年春正月,南郡蛮叛,遣武威将军刘尚讨破之,徙其种人于江夏。夏五月丁卯,大司徒蔡茂薨。秋八月丙戌,大司空杜林薨。九月辛未,陈留太守玉况为大司徒。冬十月丙申,太仆张纯为大司空。高句丽率种人诣乐浪内属。十二月,武陵蛮叛,寇掠郡县,遣刘尚讨之,战于沅水,尚军败没。是岁，匈奴薁鞬日逐王比率部曲遣使诣西河内附。

二十四年春正月乙亥，大赦天下。匈奴薁鞬日逐王比遣使款五原塞，求捍御北虏。秋七月，武陵蛮寇临沅，遣谒者李嵩、中山太守马成讨蛮，不克。于是伏波将军马援率四将军讨之。诏有司申明旧制阿附蕃王法。冬十月，匈奴薁鞬日逐王比自立为南单于，于是分为南、北匈奴。

二十五年春正月，辽东徼外貊人寇右北平、渔阳、上谷、太原，辽东太守祭肜招降之。乌桓大人来朝。南单于遣使诣阙贡献，奉蕃称臣；又遣其左贤王击破北匈奴，却地千余里。三月，南单于遣子入侍。戊申晦，日有食之。伏波将军马援等破武陵蛮于临沅。冬十月，叛蛮悉降。夫余王遣使奉献。是岁，乌桓大人率众内属，诣阙朝贡。

二十六年春正月，诏有司增百官奉。其千石已上，减于西京旧制；六百石已下，增于旧秩。初作寿陵。将作大匠窦融上言园陵广袤，无虑所用。帝曰："古者帝王之葬，皆陶人瓦器，木车茅马，使后世之人不知其处。太宗识终始之义，景帝能述遵孝道，遭天下反覆，而霸陵独完受其福，岂不美哉！今所制地不过二三顷，无为山陵，陂池裁令流水而已。"遣中郎将段郴授南单于玺绶，令入居云中，始置使匈奴中郎将，将兵卫护之。南单于遣子入侍，奉奏诣阙。于是云中、五原、朔方、北地、定襄、雁门、上谷、代八郡民归于本土。遣谒者分将施刑补理城郭。发遣边民在中国者，布还诸县，皆赐以装钱，转输给食。

二十七年夏四月戊午，大司徒玉况薨。五月丁丑，诏曰："昔契作司徒，禹作司空，皆无'大'名，其令二府去'大'。"又改大司马为太尉。骠骑大将军行大司马刘隆即日罢，以太仆赵憙为太尉，大司农冯勤为司徒。益州郡徼外蛮夷率种人内属。北匈奴遣使诣武威乞和亲。冬，鲁王兴、齐王石始就国。

二十八年春正月己巳，徙鲁王兴为北海王，以鲁国益东海。赐东海王强虎贲、旄头、钟虡之乐。夏六月丁卯，沛太后郭氏薨，因诏郡县捕王侯宾客，坐死者数千人。秋八月戊寅，东海王强、沛王辅、楚王英、济南王康、淮阳王延始就国。冬十月癸酉，诏死罪系囚皆一切募下蚕室，其女子宫。北匈奴遣使奉献，乞和亲。

二十九年春二月丁巳朔，日有食之。遣使者举冤狱，出系囚。庚申，赐天下男子爵，人二级；鳏、寡、孤、独、笃癃、贫不能自存者粟，人五斛。夏四月乙丑，诏令天下系囚自殊死已下及徒各减本罪一等，其余赎罪输作各有差。

三十年春正月，鲜卑大人内属，朝贺。二月，东巡狩。甲子，幸鲁，进幸济南。闰月癸丑，车驾还宫。有星孛于紫宫。夏四月戊子，徙左翊王焉为中山王。五月，大水。赐天下男子爵，人二级；鳏、寡、孤、独、笃癃、贫不能自存者粟，人五斛。秋七月丁酉，幸鲁国。复济阳县是年徭役。冬十一月丁酉，至自鲁。

三十一年夏五月，大水。戊辰，赐天下男子爵，人二级；鳏、寡、孤、独、笃癃、贫不能自存者粟，人六斛。癸酉晦，日有食之。是夏，蝗。秋九月甲辰，诏令死罪系囚皆一切募下蚕室，其女子宫。是岁，陈留雨谷，形如稗实。北匈奴遣使奉献。

中元元年春正月，东海王强、沛王辅、楚王英、济南王康、淮阳王延、赵王盱皆来朝。丁卯，东巡狩。二月己卯，幸鲁，进幸太山。北海王兴、齐王石朝于东岳。辛卯，柴望岱宗，登封太山；甲午，禅于梁父。三月戊辰，司空张纯薨。夏四月癸酉，车驾还宫。己卯，大赦天下。复嬴、博、梁父、奉高，勿出今年田租刍稿。改年为中元。行幸长安。戊子，祀长陵。五月乙丑，至自长安。六月辛卯，太仆冯鲂为司空。乙未，司徒冯勤薨。是夏，京师醴泉涌出，饮之者固疾皆愈，惟眇、蹇者不瘳。又有赤草生于水崖。郡国频上甘露。群臣奏言："地祇灵应而朱草萌生。孝宣帝每有嘉瑞，辄以改元，神爵、五凤、甘露、黄龙，列为年纪，盖以感致神祇，表彰德信。是以化致升平，称为中兴。今天下清宁，灵物仍降。陛下情存损挹，推而不居，岂可使祥符显庆，没而无闻？宜令太史撰集，以传来世。"帝不纳。常自谦无德，每郡国所上，辄抑而不当。故史官罕得记焉。秋，郡国三蝗。冬十月辛未，司隶校尉东莱李䜣为司徒。甲申，使司空告祠高庙曰："高皇帝与群臣约，非刘氏不王。吕太后贼害三赵，专王吕氏，赖社稷之灵，禄、产伏诛，天命几坠，危朝更安。吕太后不宜配食高庙，同桃至尊。薄太后母德慈仁，孝文皇帝贤明临国，子孙赖福，延祚至今。其上薄太后尊号曰高皇后，配食地祇。迁吕太后庙主于园，四时上祭。"十一月甲子晦，日有食之。是岁，初起明堂、灵台、辟雍，及北郊兆域。宣布图谶于天下。复济阳、南顿是年徭役。参狼羌寇武都，败郡兵，陇西太守刘盱遣军救之，及武都郡兵讨叛羌，皆破之。

二年春正月辛未，初立北郊，祀后土。东夷倭奴国王遣使奉献。二月戊戌，帝崩于南宫前殿，年六十二。遗诏曰："朕无益百姓，皆如孝文皇帝制度，务从约省。刺史、二千石长吏皆无离城郭，无遣吏及因邮奏。"初，帝在兵间久，厌武事，且知天下疲耗，思乐息肩。自陇、蜀平后，非儆急，未尝复言军旅。皇太子尝问攻战之事，帝曰："昔卫灵公问陈，孔子不对，此非尔所及。"每旦视朝，日仄乃罢。数引公卿、郎、将讲论经理，夜分乃寐。皇太子见帝勤劳不怠，承间谏曰："陛下有禹汤之明，而失黄老养性之福，愿颐爱精神，优游自宁。"帝曰："我自乐此，不为疲也。"虽身济大业，兢兢如不及，故能明慎政体，总揽权纲，量时度力，举无过事。退功臣而进文吏，戢弓矢而散马牛，虽道未方古，斯亦止戈之武焉。

论曰：皇考南顿君初为济阳令，以建平元年十二月甲子夜生光武于县舍，有赤光照室中。钦异焉，使卜者王长占之。长辟左右曰："此兆吉不可言。"是岁，县界有嘉禾生，一茎九穗，因名光武曰秀。明年，方士有夏贺良者，上言哀帝，云汉家历运中衰，当再受命。于是改号为太初元年，称"陈圣刘太平皇帝"，以厌胜之。及王莽篡位，忌恶刘氏，以钱文有金刀，故改为货泉。或以货泉字文为"白水真人"。后望气者苏伯阿为王莽使至南阳，遥望见春陵郭，唶曰："气佳哉！郁郁葱葱然。"及始起兵还春陵，远望舍南，火光赫然属天，有顷不见。初，道士西门君惠、李守等亦云刘秀当为天子。其王者受命,信有符乎?不然,何以能乘时龙而御天哉!

赞曰:炎正中微,大盗移国。九县飙回,三精雾塞。人厌淫诈,神思反德。光武诞命,灵贶自甄。沈几先物,深略纬文。寻、邑百万,貔虎为群。长毂雷野,高锋彗云。英威既振,新都自焚。虔刘庸、代,纷纭梁、赵。三河未澄,四关重扰。神旌乃顾,递行天讨。金汤失险,车书共道。灵庆既启,人谋咸赞。明明庙谟,赳赳雄断。於赫有命,系隆我汉。

卷二　　明帝纪第二

显宗孝明皇帝讳庄,光武第四子也。母阴皇后。帝生而丰下,十岁能通《春秋》,光武奇之。建武十五年封东海公,十七年进爵为王,十九年立为皇太子。师事博士桓荣,学通《尚书》。中元二年二月戊戌,即皇帝位,年三十。尊皇后曰皇太后。三月丁卯,葬光武皇帝于原陵。有司奏上尊庙曰世祖。夏四月丙辰,诏曰:"予末小子,奉承圣业,夙夜震畏,不敢荒宁。先帝受命中兴,德侔帝王,协和万邦,假于上下,怀柔百神,惠于鳏寡。朕承大运,继体守文,不知稼穑之艰难,惧有废失。圣恩遗戒,顾重天下,以元元为首。公卿百僚,将何以辅朕不逮?其赐天下男子爵,人二级;三老、孝悌、力田人三级;爵过公乘,得移与子若同产、同产子;及流人无名数欲自占者人一级;鳏、寡、孤、独、笃癃粟,人十斛。其施刑及郡国徒,在中元元年四月己卯赦前所犯而后捕系者,悉免其刑。又边人遭乱为内郡人妻,在己卯赦前,一切遣还边,恣其所乐。中二千石下至黄绶,贬秩赎论者,悉皆复秩还赎。方今上无天子,下无方伯,若涉渊水而无舟楫。夫万乘至重而壮者虑轻,实赖有德左右小子。高密侯禹元功之首,东平王苍宽博有谋,并可以受六尺之托,临大节而不挠。其以禹为太傅,苍为骠骑将军。太尉憙告谥南郊,司徒訢奉安梓宫,司空鲂将校复土。其封憙为节乡侯,訢为安乡侯,鲂为杨邑侯。"秋九月,烧当羌寇陇西,败郡兵于允街。赦陇西囚徒,减罪一等,勿收今年租调。又所发天水三千人,亦复是岁更赋。遣谒者张鸿讨叛羌于允吾,鸿军大败,战殁。冬十一月,遣中郎将窦固监捕虏将军马武等二将军讨烧当羌。十二月甲寅,诏曰:"方春戒节,人以耕桑。其敕有司务顺时气,使无烦扰。天下亡命殊死以下,听得赎论:死罪入缣二十匹,右趾至髡钳城旦舂十匹,完城旦舂至司寇作三匹。其未发觉,诏书到先自告者,半入赎。今选举不实,邪佞未去,权门请托,残吏放手,百姓愁怨,情无告诉。有司明奏罪名,并正举者。又郡县每因征发,轻为奸利,诡责羸弱,先急下贫。其务在均平,无令枉刻。"

永平元年春正月,帝率公卿已下朝于原陵,如元会仪。夏五月,太傅邓禹薨。戊寅,东海王强薨,遣司空冯鲂持节视丧事,赐升龙旄头、銮辂、龙旂。六月乙卯,葬东海恭王。秋七月,捕虏将军马武等与烧当羌战,大破之。募士卒戍陇右,赐钱人三万。八月戊子,徙山阳王荆为广陵王,

遣就国。是岁,辽东太守祭肜使鲜卑击赤山乌桓,大破之,斩其渠帅。越巂姑复夷叛,州郡讨平之。

二年春正月辛未,宗祀光武皇帝于明堂,帝及公卿列侯始服冠冕、衣裳、玉佩、絇屦以行事。礼毕,登灵台。使尚书令持节诏骠骑将军、三公曰:"今令月吉日,宗祀光武皇帝于明堂,以配五帝。礼备法物,乐和八音,咏祉福,舞功德,班时令,敕群后。事毕,升灵台,望元气,吹时律,观物变。群僚藩辅,宗室子孙,众郡奉计,百蛮贡职,乌桓、濊貊咸来助祭,单于侍子、骨都侯亦皆陪位。斯固圣祖功德之所致也。朕以暗陋,奉承大业,亲执圭璧,恭祀天地。仰惟先帝受命中兴,拨乱反正,以宁天下,封泰山,建明堂,立辟雍,起灵台,恢弘大道,被之八极;而胤子无成,康之质,群臣无吕、旦之谋,盥洗进爵,踧踖惟惭。素性顽鄙,临事益惧,故'君子坦荡荡,小人长戚戚'。其令天下自殊死已下,谋反大逆,皆赦除之。百僚师尹,其勉修厥职,顺行时令,敬若昊天,以绥兆人。"三月,临辟雍,初行大射礼。秋九月,沛王辅、楚王英、济南王康、淮阳王延、东海王政来朝。冬十月壬子,幸辟雍,初行养老礼。诏曰:"光武皇帝建三朝之礼,而未及临飨。眇眇小子,属当圣业。间暮春吉辰,初行大射;令月元日,复践辟雍。尊事三老,兄事五更,安车软轮,供绥执授。侯王设酱,公卿馔珍,朕亲袒割,执爵而酳。祝鲠在前,祝噎在后。升歌《鹿鸣》,下管《新宫》,八佾具修,万舞在庭。朕固薄德,何以克当?《易》陈负乘,《诗》刺彼己,永念惭疚,无忘厥心。三老李躬,年耆学明。五更桓荣,授朕《尚书》。《诗》曰:'无德不报,无言不酬。'其赐荣爵关内侯,食邑五千户。三老、五更皆以二千石禄养终厥身。其赐天下三老酒人一石,肉四十斤。有司其存耆耋,恤幼孤,惠鳏寡,称朕意焉。"中山王焉始就国。甲子,西巡狩,幸长安,祠高庙,遂有事于十一陵,历览馆邑,会郡县吏,劳赐作乐。十一月甲申,遣使者以中牢祠萧何、霍光。帝谒陵园,过式其墓。进幸河东,所过赐二千石、令长已下至于掾史,各有差。癸卯,车驾还宫。十二月,护羌校尉窦林下狱死。是岁,始迎气于五郊。少府阴就子丰杀其妻郦邑公主,就坐自杀。

三年春正月癸巳,诏曰:"朕奉郊祀,登灵台,见史官,正仪度。夫春者,岁之始也。始得其正,则三时有成。比者水旱不节,边人食寡,政失于上,人受其咎。有司其勉顺时气,劝督农桑,去其螟蜮,以及蚊贼,详刑慎罚,明察单辞,夙夜匪懈,以称朕意。"二月甲寅,太尉赵憙、司徒李訢免。丙辰,左冯翊郭丹为司徒。己未,南阳太守虞延为太尉。甲子,立贵人马氏为皇后,皇子炟为皇太子。赐天下男子爵,人二级;三老、孝悌、力田人三级;流人无名数欲占者人一级;鳏、寡、孤、独、笃癃,贫不能自存者粟,人五斛。夏四月辛酉,封皇子建为千乘王,羡为广平王。六月丁卯,有星孛于天船北。秋八月戊辰,改大乐为大予乐。壬申晦,日有食之。诏曰:"朕奉承祖业,无有善政。日月薄蚀,彗孛见天,水旱不节,稼穑不成,人无宿储,下生愁垫。虽夙夜勤思,而智能不逮。昔楚庄无灾,以致戒惧;鲁哀祸大,天不降谴。今之动变,倘尚可救。有司勉思厥职,以匡无德。古者卿士献诗,百工箴谏。其言事者,靡有所讳。"冬十月,

蒸祭光武庙，初奏《文始》、《五行》、《武德》之舞。甲子，车驾从皇太后幸章陵，观旧庐。十二月戊辰，至自章陵。是岁，起北宫及诸官府。京师及郡国七大水。

四年春二月辛亥，诏曰："朕亲耕藉田，以祈农事。京师冬无宿雪，春不燠沐，烦劳群司，积精祷求。而比得应雨，宿麦润泽。其赐公卿半奉。有司勉遵时政，务平刑罚。"秋九月戊寅，千乘王建薨。冬十月乙卯，司徒郭丹、司空冯鲂免。丙辰，河南尹范迁为司徒，太仆伏恭为司空。十二月，陵乡侯梁松下狱死。

五年春二月庚戌，骠骑将军东平王苍罢归藩；琅邪王京就国。冬十月，行幸鄴。与赵王栩会鄴。常山三老言于帝曰："上生于元氏，愿蒙优复。"诏曰："丰、沛、济阳，受命所由，加恩报德，适其宜也。今永平之政，百姓怨结，而吏人求复，令人愧笑。重逆此县之拳拳，其复元氏县田租更赋六岁，劳赐县掾史，及门阑走卒。"至自鄴。十一月，北匈奴寇五原；十二月，寇云中，南单于击却之。是岁，发遣边人在内郡者，赐装钱人二万。

六年春正月，沛王辅、楚王英、东平王苍、淮阳王延、琅邪王京、东海王政、赵王盱、北海王兴、齐王石来朝。二月，王雒山出宝鼎，庐江太守献之。夏四月甲子，诏曰："昔禹收九牧之金，铸鼎以象物，使人知神奸，不逢恶气。遭德则兴，迁于商、周；周德既衰，鼎乃沦亡。祥瑞之降，以应有德。方今政化多僻，何以致兹？《易》曰鼎象三公，岂公卿奉职得其理邪？太常其以祫祭之日，陈鼎于庙，以备器用。赐三公帛五十匹，九卿、二千石半之。先帝诏书，禁人上事言圣，而间者章奏颇多浮词，自今若有过称虚誉，尚书皆宜抑而不省，示不为谄子蚩也。"冬十月，行幸鲁，祠东海恭王陵；会沛王辅、楚王英、济南王康、东平王苍、淮阳王延、琅邪王京、东海王政。十二月还，幸阳城，遣使者祠中岳。壬午，车驾还宫。东平王苍、琅邪王京从驾来朝皇太后。

七年春正月癸卯，皇太后阴氏崩二月庚申，葬光烈皇后。秋八月戊辰，北海王兴薨。是岁，北匈奴遣使乞和亲。

八年春正月己卯，司徒范迁薨。三月辛卯，太尉虞延为司徒，卫尉赵憙行太尉事。遣越骑司马郑众报使北匈奴。初置度辽将军，屯五原曼柏。秋，郡国十四雨水。冬十月，北宫成。丙子，临辟雍，养三老、五更。礼毕，诏三公募郡国中都官死罪系囚，减罪一等，勿笞，诣度辽将军营，屯朔方、五原之边县；妻子自随，便占著边县；父母同产欲相代者，恣听之。其大逆无道殊死者，一切募下蚕室。亡命者令赎罪各有差。凡徙者，赐弓弩衣粮。壬寅晦，日有食之，既。诏曰："朕以无德，奉承大业，而下贻人怨，上动三光。日食之变，其灾尤大，《春秋》图谶所为至谴。永思厥咎，在予一人。群司勉修职事，极言无讳。"于是在位者皆上封事，各言得失。帝览章，深自引咎，乃以所上班示百官。诏曰："群僚所言，皆朕之过。人冤不能理，吏黠不能禁；而轻用人力，缮修宫宇，出入无节，喜怒过差。昔应门失守，《关雎》刺世；飞蓬随风，微子所叹。永览前戒，竦然兢惧。徒恐薄德，久而致怠耳。"北匈奴寇西河诸郡。

九年春三月辛丑，诏郡国死罪囚减罪，与妻子诣五原、朔方占著，所在死者皆赐妻父若男同产一人复终身；其妻无父兄独有母者，赐其母钱六万，又复其口算。夏四月甲辰，诏郡国以公田赐贫人各有差。令司隶校尉、部刺史岁上墨绶长吏视事三岁已上理状尤异者各一人，与计偕上。及尤不政理者，亦以闻。是岁，大有年。为四姓小侯开立学校，置《五经》师。

十年春二月，广陵王荆有罪，自杀，国除。夏四月戊子，诏曰："昔岁五谷登衍，今兹蚕麦善收，其大赦天下。方盛夏长养之时，荡涤宿恶，以报农功。百姓勉务桑稼，以备灾害。吏敬厥职，无令愆堕。"闰月甲午，南巡狩，幸南阳，祠章陵。日北至，又祠旧宅。礼毕，召校官弟子作雅乐，奏《鹿鸣》，帝自御埙篪和之，以娱嘉宾。还，幸南顿，劳飨三老、官属。冬十一月，征淮阳王延会平舆，征沛王辅会睢阳。十二月甲午，车驾还宫。

十一年春正月，沛王辅、楚王英、济南王康、东平王苍、淮阳王延、中山王焉、琅邪王京、东海王政来朝。秋七月，司隶校尉郭霸下狱死。是岁，漅湖出黄金，庐江太守以献。时麒麟、白雉、醴泉、嘉禾所在出焉。

十二年春正月，益州徼外夷哀牢王相率内属，于是置永昌郡，罢益州西部都尉。夏四月，遣将作谒者王吴修汴渠，自荥阳至于千乘海口。五月丙辰，赐天下男子爵，人二级、三老、孝悌、力田人三级，流民无名数欲占者人一级；鳏、寡、孤、独、笃癃、贫无家属不能自存者粟，人三斛。诏曰："昔曾、闵奉亲，竭欢致养，仲尼葬子，有棺无椁。丧贵致哀，礼存宁俭。今百姓送终之制，竞为奢靡。生者无担石之储，而财力尽于坟土。伏腊无糟糠，而牲牢兼于一奠。糜破积世之业，以供终朝之费，子孙饥寒，绝命于此，岂祖考之意哉！又车服制度，恣极耳目。田荒不耕，游食者众。有司其申明科禁，宜于今者，宣下郡国。"秋七月乙亥，司空伏恭罢。乙未，大司农牟融为司空。冬十月，司隶校尉王康下狱死。是岁，天下安平，人无徭役，岁比登稔，百姓殷富，粟斛三十，牛羊被野。

十三年春二月，帝耕于藉田。礼毕，赐观者食。三月，河南尹薛昭下狱死。夏四月，汴渠成。辛巳，行幸荥阳，巡行河渠。乙酉，诏曰："自汴渠决败，六十余岁，加顷年以来，雨水不时，汴流东侵，日月益甚，水门故处，皆在河中，渗漾广溢，莫测圻岸，荡荡极望，不知纲纪。今兖、豫之人，多被水患，乃云县官不先人急，好兴它役。又或以为河流入汴，幽、冀蒙利，故曰左堤强则右堤伤，左右俱强则下方伤，宜任水势所之，使人随高而处，公家息壅塞之费，百姓无陷溺之患。议者不同，南北异论，朕不知所从，久而不决。今既筑堤理渠，绝水立门，河、汴分流，复其旧迹，陶丘之北，渐就壤坟，故荐嘉玉洁牲，以礼河神。东过洛汭，叹禹之绩。今五土之宜，反其正色，滨渠下田，赋与贫人，无令豪右得固其利，庶继世宗《瓠子》之作。"因遂度河，登太行，进幸上党。壬寅，车驾还宫。冬十月壬辰晦，日有食之。三公免冠自劾。制曰："冠履勿劾。灾异屡见，咎在朕躬，忧惧遑遑，未知其方。将有司陈事，多所隐讳，使君上壅蔽，下有不畅乎？昔卫有忠臣，灵公得守其位。今何以和穆阴阳，消伏灾谴？刺史、太守详刑理冤，存恤鳏孤，勉思职焉。"十一月，楚王英谋反，废，国除，迁于泾县，所连及死徙者数十人。是岁,齐王石薨。

十四年春三月甲戌,司徒虞延免,自杀。夏四月丁巳,巨鹿太守南阳邢穆为司徒。前楚王英自杀。夏五月,封故广陵王荆子元寿为广陵侯。初作寿陵。

十五年春二月庚子,东巡狩。辛丑,幸偃师。诏亡命自殊死以下赎;死罪缣四十匹,右趾至髡钳城旦舂十匹,完城旦至司寇五匹;犯罪未发觉,诏书到日自告者,半入赎。征沛王辅会睢阳。进幸彭城。癸亥,帝耕于下邳。三月,征琅邪王京会良成,征东平王苍会阳都,又征广陵侯及其三弟会鲁。祠东海恭王陵。还,幸孔子宅,祠仲尼及七十二弟子。亲御讲堂,命皇太子、诸王说经。又幸东平。辛卯,进幸大梁,至定陶,祠定陶恭王陵。夏四月庚子,车驾还宫。改信都为乐成国,临淮为下邳国。封皇子恭为巨鹿王,党为乐成王,衍为下邳王,畅为汝南王,昞为常山王,长为济阴王。赐天下男子爵,人三级;郎、从官视事二十岁已上帛百匹,十岁已上二十匹,十岁已下十匹,官府吏五匹,书佐、小史三匹。令天下大酺五日。乙巳,大赦天下,其谋反大逆及诸不应宥者,皆赦除之。冬,车骑校猎上林苑。十二月,遣奉车都尉窦固、驸马都尉耿秉屯凉州。

十六年春二月,遣太仆祭肜出高阙,奉车都尉窦固出酒泉,驸马都尉耿秉出居延,骑都尉来苗出平城,伐北匈奴。窦固破呼衍王于天山,留兵屯伊吾卢城。耿秉、来苗、祭肜并无功而还。夏五月,淮阳王延谋反,发觉。癸丑,司徒邢穆、驸马都尉韩光坐事下狱死,所连及诛死者甚众。戊午晦,日有食之。六月丙寅,大司农西河王敏为司徒。秋七月,淮阳王延徙封阜陵王。九月丁卯,诏令郡国中都官死罪系囚减死罪一等,勿笞,诣军营,屯朔方、敦煌;妻子自随,父母同产欲求从者,恣听之;女子嫁为人妻,勿与俱。谋反大逆无道不用此书。是岁,北匈奴寇云中,云中太守廉范击破之。

十七年春正月,甘露降于甘陵。北海王睦薨。二月乙巳,司徒王敏薨。三月癸丑,汝南太守鲍昱为司徒。是岁,甘露仍降,树枝内附,芝草生殿前,神雀五色翔集京师。西南夷哀牢、儋耳、僬侥、槃木、白狼、动黏诸种,前后慕义贡献;西域诸国遣子入侍。夏五月戊子,公卿百官以帝威德怀远,祥物显应,乃为集朝堂,奉觞上寿。制曰:"天生神物,以应王者;远人慕化,实由有德。朕以虚薄,何以享斯?唯高祖、光武圣德所被,不敢有辞。其敬举觞,太常择吉日策告宗庙。其赐天下男子爵,人二级,三老、孝悌、力田人三级,流人无名数欲占者人一级;鳏、寡、孤、独、笃癃、贫不能自存者粟,人三斛;郎、从官视事十岁以上者,帛十匹。中二千石、二千石下至黄绶,贬秩奉赎,在去年以来皆还赎。"秋八月丙寅,令武威、张掖、酒泉、敦煌及张掖属国,系囚右趾已下任兵者,皆一切勿治其罪,诣军营。冬十一月,遣奉车都尉窦固、驸马都尉耿秉、骑都尉刘张出敦煌昆仑塞,击破白山虏于蒲类海上,遂入车师。初置西域都护、戊己校尉。是岁,改天水为汉阳郡。

十八年春三月丁亥,诏曰:"其令天下亡命,自殊死已下赎;死罪缣三十匹,右趾至髡钳城旦舂十匹,完城旦至司寇五匹,吏人犯罪未发觉,诏书到自告者,半入赎。"夏

四月己未,诏曰:"自春已来,时雨不降,宿麦伤旱,秋种未下,政失厥中,忧惧而已。其赐天下男子爵,人二级,及流民无名数欲占者人一级;鳏、寡、孤、独、笃癃、贫不能自存者粟,人三斛。理冤狱,录轻系。二千石分祷五岳四渎。郡界有名山大川能兴云致雨者,长吏各洁斋祷请,冀蒙嘉澍。"六月己未,有星孛于太微。焉耆、龟兹攻西域都护陈睦,悉没其众。北匈奴及车师后王围戊己校尉耿恭。秋八月壬子,帝崩于东宫前殿。年四十八。遗诏无起寝庙,藏主于光烈皇后更衣别室。帝初作寿陵,制令流水而已,石椁广一丈二尺,长二丈五尺,无得起坟。万年之后,埽地而祭,杅水脯糒而已。过百日,唯四时设奠,置吏卒数人供给洒埽,勿开修道。敢有所兴作者,以擅议宗庙法从事。帝遵奉建武制度,无敢违者。后宫之家,不得封侯与政。馆陶公主为子求郎,不许,而赐钱千万。谓群臣曰:"郎官上应列宿,出宰百里,有非其人,则民受其殃,是以难之。"故吏称其官,民安其业,远近肃服,户口滋殖焉。

论曰:明帝善刑理,法令分明。日晏坐朝,幽枉必达。内外无幸曲之私,在上无矜大之色。断狱得情,号居前代十二。故后之言事者,莫不先建武、永平之政。而钟离意、宋均之徒,常以察慧为言,夫岂弘人之度未优乎?

赞曰:显宗丕承,业业兢兢。危心恭德,政察奸胜。备章朝物,省薄坟陵。永怀废典,下身遵道。登台观云,临雍拜老。懋惟帝绩,增光文考。

卷 三　　　　　章帝纪第三

肃宗孝章皇帝讳炟,显宗第五子也。母贾贵人。永平三年,立为皇太子。少宽容,好儒术,显宗器重之。十八年八月壬子,即皇帝位,年十九。尊皇后曰皇太后。壬戌,葬孝明皇帝于显节陵。冬十月丁未,大赦天下。赐民爵,人二级,为父后及孝悌、力田人三级,脱无名数及流人欲占者人一级,爵过公乘得移与子若同产子;鳏、寡、孤、独、笃癃、贫不能自存者粟,人三斛。诏曰:"朕以眇身,托于王侯之上,统理万机,惧失厥中,兢兢业业,未知所济。深惟守文之主,必建师傅之官,《诗》不云乎:'不愆不忘,率由旧章。'行太尉事节乡侯熹三世在位,为国元老;司空融典职六年,勤劳不怠。其以熹为太傅,融为太尉,并录尚书事。'三事大夫,莫肯夙夜',《小雅》之所伤也。'予违汝弼,汝无面从',股肱之正义也。群后百僚勉思厥职,各贡忠诚,以辅不逮。申敕四方,称朕意焉。"十一月戊戌,蜀郡太守第五伦为司空。诏征西将军耿秉屯酒泉。遣酒泉太守段彭救戊己校尉耿恭。甲辰晦,日有食之。于是避正殿,寝兵,不听事五日。诏有司各上封事。十二月癸巳,有司奏言:"孝明皇帝圣德淳茂,劬劳日昊,身御浣衣,食无兼珍。泽臻四表,远人慕化,僬侥、儋耳,款塞自至。克伐鬼方,开道西域,威灵广被,无思不服。以烝庶为忧,不以天下为乐。备三雍之教,躬养老之礼。作登歌,正雅乐,博贯《六艺》,

不舍昼夜。聪明渊塞，著在图谶。至德所感，通于神明。功烈光于四海，仁风行于千载。而深执谦谦，自称不德，无起寝庙，埽地而祭，除日祀之法，省送终之礼，遂藏主于光烈皇后更衣别室。天下闻之，莫不凄怆。陛下至孝烝烝，奉顺圣德。臣愚以为更衣在中门之外，处所殊别，宜尊庙曰显宗，其四时禘祫，于光武之堂，间祀悉还更衣，共进《武德》之舞，如孝文皇帝祫祭高庙故事。"制曰："可。"是岁，牛疫。京师及三州大旱，诏勿收兖、豫、徐州田租、刍稿，其以见谷赈给贫人。

建初元年春正月，诏三州郡国："方春东作，恐人稍受禀，往来烦剧，或妨耕农。其各实核尤贫者，计所贷并与之。流人欲归本者，郡县其实禀之，令足还到，听过止官亭，无雇舍宿。长吏亲躬，无使贫弱遗脱，小吏豪右得容奸妄。诏书既下，勿得稽留，刺史明加督察尤无状者。"丙寅，诏曰："比年牛多疾疫，垦田减少，谷价颇贵，人以流亡。方春东作，宜及时务。二千石勉劝农桑，弘致劳来。群公庶尹，各推精诚，专急人事。罪非殊死，须立秋案验。有司明慎选举，进柔良，退贪猾，顺时令，理冤狱。'五教在宽'，帝《典》所美；'恺悌君子'，《大雅》所叹。布告天下，使明知朕意。"酒泉太守段彭讨击车师，大破之。罢戊己校尉官。二月，武陵澧中蛮叛。三月甲寅，山阳、东平地震。己巳，诏曰："朕以无德，奉承大业，夙夜栗栗，不敢荒宁。而灾异仍见，与政相应。朕既不明，涉道日寡；又选举乖实，俗吏伤人，官职耗乱，刑罚不中，可不忧与！昔仲弓季氏之家臣，子游武城之小宰，孔子犹诲以贤才，问以得人。明政无大小，以得人为本。夫乡举里选，必累功劳。今刺史、守相不明真伪，茂才、孝廉岁以百数，既非能显，而当授之政事，甚无谓也。每寻前世举人贡士，或起甽亩，不系阀阅。敷奏以言，则文章可采；明试以功，则政有异迹。文质彬彬，朕甚嘉之。其令太傅、三公、中二千石、二千石、郡国守相举贤良方正、能直言极谏之士各一人。"夏五月辛酉，初举孝廉、郎中宽博有谋，任典城者，以补长、相。秋七月辛亥，诏以上林池籞田赋与贫人。八月庚寅，有星孛于天市。九月，永昌哀牢夷叛。冬十月，武陵郡兵讨叛蛮，破降之。十一月，阜陵王延谋反，贬为阜陵侯。

二年春三月辛丑，诏曰："比年阴阳不调，饥馑屡臻。深惟先帝忧人之本，诏书曰'不伤财，不害人'，诚欲元元去末归本。而今贵戚近亲，奢纵无度，嫁娶送终，尤为僭侈。有司废典，莫肯举察。《春秋》之义，以贵理贱，今自三公，并宜明纠非法，宣振威风。朕在弱冠，未知稼穑之艰难，区区管窥，岂能照一隅哉！其科条制度所宜施行，在事者备为之禁，先京师而后诸夏。"甲辰，罢伊吾卢屯兵。永昌、越嶲、益州三郡民、夷讨哀牢，破平之。夏四月戊子，诏还坐楚、淮阳事徙者四百余家，令归本郡。癸巳，诏齐相省冰纨、方空縠、吹纶絮。六月，烧当羌叛，金城太守郝崇讨之，败绩，羌遂寇汉阳。秋八月，遣行车骑将军马防讨平之。十二月戊寅，有星孛于紫宫。

三年春正月己酉，宗祀明堂。礼毕，登灵台，望云物。大赦天下。三月癸巳，立贵人窦氏为皇后。赐爵，人二级，三老、孝悌、力田人三级，民无名数及流民欲占者人一级；鳏、寡、孤、独、笃癃、贫不能自存者粟，人五斛。夏四月己巳，罢常山呼沱石臼河漕。行车骑将军马防破烧当羌于临洮。闰月，西域假司马班超击姑墨，大破之。冬十二月丁酉，以马防为车骑将军。武陵溇中蛮叛。是岁，零陵献芝草。

四年春二月庚寅，太尉牟融薨。夏四月戊子，立皇子庆为皇太子。赐爵，人二级，三老、孝悌、力田人三级，民无名数及流人欲自占者人一级；鳏、寡、孤、独、笃癃、贫不能自存者粟，人五斛。己丑，徙巨鹿王恭为江陵王，汝南王畅为梁王，常山王昞为淮阳王。辛卯，封皇子伉为千乘王，全为平春王。五月丙辰，车骑将军马防罢。甲戌，司徒鲍昱为太尉，南阳太守桓虞为司徒。六月癸丑，皇太后马氏崩。秋七月壬戌，葬明德皇后。冬，牛大疫。十一月壬戌，诏曰："盖三代导人，教学为本。汉承暴秦，褒显儒术，建立《五经》，为置博士。其后学者精进，虽曰承师，亦别名家。孝宣皇帝以为去圣久远，学不厌博，故遂立《大》、《小夏侯尚书》，后又立《京氏易》。至建武中，复置《颜氏》《严氏春秋》，《大》、《小戴礼》博士。此皆所以扶进微学，尊广道艺也。中元元年诏书，《五经》章句烦多，议欲减省。至永平元年，长水校尉儵奏言，先帝大业，当以时施行。欲使诸儒共正经义，颇令学者得以自助。孔子曰：'学之不讲，是吾忧也。'又曰：'博学而笃志，切问而近思，仁在其中矣。'於戏，其勉之哉！"于是下太常，将、大夫、博士、议郎、郎官及诸生、诸儒会白虎观，讲议《五经》同异，使五官中郎将魏应承制问，侍中淳于恭奏，帝亲称制临决，如孝宣甘露石渠故事，作《白虎议奏》。是岁，甘露降泉陵、洮阳二县。

五年春二月庚辰朔，日有食之。诏曰："朕新离供养，愆咎众著，上天降异，大变随之。《诗》不云乎：'亦孔之丑。'又久旱伤夜，忧心惨切。公卿已下，其举直言极谏、能指朕过失者各一人，遣诣公车，将亲览问焉。其以岩穴为先，勿取浮华。"甲申，诏曰："《春秋》书'无麦苗'，重之也。去秋雨泽不适，今时复旱，如炎如焚。凶年无时，而为备未至。朕之不德，上累三光，震栗切切，痛心疾首。前代圣君，博思咨诹，虽降灾咎，辄有开匮反风之应。今予小子，徒惨惨而已。其令二千石理冤狱，录轻系；祷五岳四渎，及名山能兴云致雨者，冀蒙不崇朝遍雨天下之报。务加肃敬焉。"三月甲寅，诏曰："孔子曰：'刑罚不中，则人无所措手足。'今吏多不良，擅行喜怒，或案不以罪，迫胁无辜，致令自杀者，一岁且多于断狱，甚非为人父母之意也。有司其议纠举之。"荆、豫诸郡兵讨破武陵溇中叛蛮。夏五月辛亥，诏曰："朕思迟直士，侧席异闻。其先至者，各以发愤吐懑，略闻子大夫之志矣。皆欲置于左右，顾问省纳。建武诏书又曰，尧试臣以职，不直以言语笔札。今外官多旷，并可以补任。"戊辰，太傅赵熹薨。冬，始行月令迎气乐。是岁，零陵献芝草。有八黄龙见于泉陵。西域假司马班超击疏勒，破之。

六年春二月辛卯，琅邪王京薨。夏五月辛酉，赵王盱薨。六月丙辰，太尉鲍昱薨。辛未晦，日有食之。秋七月癸巳，以大司农邓彪为太尉。

七年春正月，沛王辅、济南王康、东平王苍、中山王焉、东海王政、琅邪王宇来朝。夏六月甲寅，废皇太子庆为清河王，立皇子肇为皇太子。己未，徙广平王羡为西平王。秋八月，饮酎高庙，禘祭光武皇帝、孝明皇帝。甲辰，诏曰："《书》云'祖考来假'，明哲之祀。予末小子，质又菲薄，仰惟先帝烝烝之情，前修禘祭，以尽孝敬。朕得识昭穆之序，寄远祖之思。今年大礼复举，加以先帝之坐，悲伤感怀。乐以迎来，哀以送往，虽祭亡如在，而空虚不知所裁，庶或飨之。岂亡克慎肃雍之臣，辟公之相，皆助朕之依依。今赐公钱四十万，卿半之，及百官执事各有差。"九月甲戌，幸偃师，东涉卷津，至河内。下诏曰："车驾行秋稼，观收获，因涉郡界。皆精骑轻行，无它辎重。不得辄修道桥，远离城郭，遣吏逢迎，刺探起居，出入前后，以为烦扰。动务省约，但患不能脱粟瓢饮耳。所过欲令贫弱有利，无违诏书。"遂览淇园。己酉，进幸邺，劳飨魏郡守令已下，至于三老、门阑、走卒，赐钱各有差。劳赐常山、赵国吏人，复元氏租赋三岁。辛卯，车驾还宫。诏天下系囚减死一等，勿笞，诣边戍；妻子自随，占著所在，父母同产欲相从者，恣听之；有不到者，皆以乏军兴论。及犯殊死，一切募下蚕室；其女子宫。系囚鬼薪、白粲已上，皆减本罪各一等，输司寇作。亡命赎：死罪入缣二十匹，右趾至髡钳城旦舂十匹，完城旦至司寇三匹，吏人有罪未发觉，诏书到自告者，半入赎。冬十月癸丑，西巡狩，幸长安。丙辰，祠高庙，遂有事十一陵。遣使者祠太上皇于万年，以中牢祠萧何、霍光。进幸槐里、岐山得铜器，形似酒樽，献之。又获白鹿。帝曰："上无明天子，下无贤方伯。'人之无良，相怨一方。'斯器亦曷为来哉？"又幸长平，御池阳宫，东至高陵，造舟于泾而还。每所到幸，辄会郡县吏人，劳赐作乐。十一月，诏劳赐河东守、令、掾以下。十二月丁亥，车驾还宫。是岁，京师及郡国螟。

八年春正月壬辰，东平王苍薨。三月辛卯，葬东平宪王，赐銮辂、龙旂。夏六月，北匈奴大人率众款塞来。冬十二月甲午，东巡狩，幸陈留、梁国、淮阳、颍阳。戊申，车驾还宫。诏曰："《五经》剖判，去圣弥远，章句遗辞，乖疑难正，恐先师微言将遂废绝，非所以重稽古，求道真也。其令群儒选高才生，受学《左氏》、《穀梁春秋》、《古文尚书》、《毛诗》，以扶微学，广异义焉。"是岁，京师及郡国螟。

元和元年春正月，中山王焉来朝。日南徼外蛮夷献生犀、白雉。闰月辛丑，济阴王长薨。二月甲戌，诏曰："王者八政，以食为本，故古者急耕稼之业，致耒耜之勤，节用储蓄，以备凶灾，是以岁虽不登而人无饥色。自牛疫已来，谷食连少，良由吏教未至，刺史、二千石不以为负。其令郡国募人无田欲徙它界就肥饶者，恣听之。到所在，赐给公田，为雇耕佣，赁种饷，贳与田器，勿收租五岁，除算三年。其后欲还本乡者，勿禁。"夏四月己卯，分东平国，封宪王苍子尚为任城王。六月辛酉，沛王辅薨。秋七月丁未，诏曰："律云'掠者唯得榜、笞、立'。又《令丙》，箠长短有数。自往者大狱已来，掠考多酷，钻钻之属，惨苦无极。念其痛毒，怛然动心。《书》曰'鞭作官刑'，岂云若此？宜及秋冬理狱，明为其禁。"八月甲子，太尉邓彪罢，大司农郑弘为太尉。癸酉，诏曰："朕道化不德，吏政失和，元元未谕，抵罪于下。寇贼争心不息，边野邑屋不修。永惟庶事，思稽厥衷，

与凡百君子，共弘斯道。中心悠悠，将何以寄？其改建初九年为元和元年。郡国中都官系囚减死一等。勿笞，诣边县；妻子自随，占著在所。其犯殊死，一切募下蚕室；其女子宫。系囚鬼薪、白粲以上，皆减本罪一等，输司寇作。亡命者赎，各有差。"丁酉，南巡狩，诏所经道上，郡县无得设储跱。命司空自将徒支柱桥梁。有遣使奉迎，探知起居，二千石当坐。其赐鳏、寡、孤、独、不能自存者，人五斛。九月乙未，东平王忠薨。辛丑，幸章陵，祠旧宅园庙，见宗室故人，赏赐各有差。冬十月己未，进幸江陵，诏庐江太守祠南岳，又诏长沙、零陵太守祠长沙定王、舂陵节侯、郁林府君。还，幸宛。十一月己丑，车驾还宫，赐从者各有差。十二月壬子，诏曰："《书》云：'父不慈，子不祗，兄不友，弟不恭，不相及也。'往者妖言大狱，所及广远，一人犯罪，禁至三属，莫得垂缨仕宦王朝。如有贤才而没齿无用，朕甚怜之，非所谓与之更始也。诸以前妖恶禁锢者，一皆蠲除之，以明弃咎之路，但不得在宿卫而已。"

二年春正月乙酉，诏曰："《令》云'人有产子者复，算三岁'。今诸怀妊者，赐胎养谷人三斛，复其夫，勿算一岁，著以为令。"又诏三公曰："方春生养，万物孳甲，宜助萌阳，以育时物。其令有司，罪非殊死且勿案验，及吏人条书相告不得听受，冀以息事宁人，敬奉天气。立秋如故。夫俗吏矫饰外貌，似是而非，揆之人事则悦耳，论之阴阳则伤化，朕甚魇之，甚苦之。安静之吏，悃愊无华，日计不足，月计有余。如襄城令刘方，吏人同声谓之不烦，虽未有它异，斯亦殆近之矣。间敕二千石各尚宽明，而今富奸行赂于下，贪吏枉法于上，使有罪不论而无过被刑，甚大逆也。夫以苛为察，以刻为明，以轻为德，以重为威，四者或兴，则下有怨心。吾诏书数下，冠盖接道，而吏不加理，人或失职，其咎安在？勉思旧令，称朕意焉。"二月甲寅，始用《四分历》。诏曰："今山川鬼神应典礼者，尚未咸秩。其议增修群祀，以祈丰年。"丙辰，东巡狩。己未，凤皇集肥城。乙丑，帝耕于定陶。诏曰："三老，尊年也。孝悌，淑行也。力田，勤劳也。国家甚休之。其赐帛人一匹，勉率农功。"使使者祠唐尧于成阳灵台。辛未，幸太山，柴告岱宗。有黄鹄三十从西南来，经祠坛上，东北过于宫屋，翱翔升降。进幸奉高。壬申，宗祀五帝于汶上明堂。癸酉，告祠二祖、四宗，大会外内群臣。丙子，诏曰："朕巡狩岱宗，柴望山川，告祀明堂，以章先勋。其二王之后，先圣之胤，东后蕃卫，伯父伯兄，仲叔季弟，幼子童孙，百僚从臣，宗室众子，要荒四裔，沙漠之北，葱领之西，冒耏之类，跋涉悬度，陵践阻绝，骏奔郊畤，咸来助祭。祖宗功德，延及朕躬。予一人空虚多疚，纂承尊明，盥洗享荐，惭愧祗栗。《诗》不云乎：'君子之祉，乱庶遄已。'历数既从，灵耀著明，亦欲与士大夫同心自新。其大赦天下。诸犯罪不当得赦者，皆除之。复博、奉高、赢，无出今年田租、刍稿。"戊寅，进幸济南。三月己丑，进幸鲁，祠东海恭王陵。庚寅，祠孔子于阙里，及七十二子，赐褒成侯及诸孔男女帛。壬辰，进幸东平，祠宪王陵。甲午，遣使者祠定陶太后、恭王陵。乙未，幸东阿，北登太行山，至天井关。夏四月乙巳，客星入紫宫。乙卯，车驾还宫。庚申，假于祖祢，告祠高庙。五月戊申，诏曰："乃者凤

皇、黄龙、鸾鸟比集七郡，或一郡再见，及白乌、神雀、甘露屡臻。祖宗旧事，或班恩施。其赐天下吏爵，人三级；高年、鳏、寡、孤、独帛，人一匹。《经》曰：'无侮鳏寡，惠此茕独。'加赐河南女子百户牛酒，令天下大酺五日。赐公卿已下钱帛各有差；及洛阳人当酺者布，户一匹，城外三户共一匹。赐博士员弟子见在太学者布，人三匹。令郡国上明经者，口十万以上五人，不满十万三人。"改庐江为六安国，江陵复为南郡。徙江陵王恭为六安王。秋七月庚子，诏曰："《春秋》于春每月书'王'者，重三正，慎三微也。律十二月立春，不以报囚。《月令》冬至之后，有顺阳助生之文，而无鞠狱断刑之政。朕咨访儒雅，稽之典籍，以为王者生杀，宜顺时气。其定律，无以十一月、十二月报囚。九月壬辰，诏："凤皇、黄龙所见亭部无出二年租赋。加赐男子爵，人二级；先见者帛二十匹，近者三匹，太守三十匹，令、长十五匹，丞、尉半之。《诗》云：'虽无德与汝，式歌且舞。'它如赐爵故事。"丙申，征济南王康、中山王焉会烝祭。冬十一月壬辰，日南至，初闭关梁。

三年春正月乙酉，诏曰："盖君人者，视民如父母，有憯怛之忧，有忠和之教，匍匐之救。其婴儿无父母亲属，及有子不能养食者，禀给如《律》。"丙申，北巡狩，济南王康、中山王焉、西平王羡、六安王恭、乐成王党、淮阳王昞、任城王尚、沛王定皆从。辛丑，帝耕于怀。二月壬寅，告常山、魏郡、清河、巨鹿、平原、东平郡太守、相曰："朕惟巡狩之制，以宣声教，考同遐迩，解释怨结也。今'四国无政，不用其良'，驾言出游，欲亲知其剧易。前祠园陵，遂望祀华、霍，东柴岱宗，为人祈福。今将礼常山，遂祖北土，历魏郡，经平原，升践堤防，询访耆老，咸曰'往者汴门未作，深者成渊，浅则泥涂'。追惟先帝勤人之德，厎绩远图，复禹弘业，圣迹滂流，至于海表。不克堂构，朕甚惭焉。《月令》，孟春善相丘陵土地所宜。今肥田尚多，未有垦辟。其悉以赋贫民，给与粮种，务尽地力，勿令游手。所过县邑，听半入今年田租，以劝农夫之劳。"乙丑，敕侍御史、司空曰："方春，所过无得有所伐杀。车可以引避，引避之；騑马可辍解，辍解之。《诗》云：'敦彼行苇，牛羊勿践履。'《礼》，人君伐一草木不时，谓之不孝。俗知顺人，莫知顺天。其明称朕意。"戊辰，进幸中山，遣使者祠北岳。出长城。癸酉，还幸元氏，祠光武、显宗于县舍正堂；明日又祠显宗于始生堂；皆奏乐。三月丙子，诏高邑令祠光武于即位坛。复元氏七年繇役。己卯，进幸赵。庚辰，祠房山于灵寿。辛卯，车驾还宫。赐从行者各有差。夏四月丙寅，太尉郑弘免，大司农宋由为太尉。五月丙子，司空第五伦罢，太仆袁安为司空。秋八月乙丑，幸安邑，观盐池。九月，至自安邑。冬十月，北海王基薨。烧当羌叛，寇陇西。是岁，西域长史班超击斩疏勒王。

章和元年春三月，护羌校尉傅育追击叛羌，战殁。夏四月丙子，令郡国中都官系囚减死一等，诣金城戍。六月戊辰，司徒桓虞免。癸卯，司空袁安为司徒，光禄勋任隗为司空。秋七月癸卯，齐王晃有罪，贬为芜湖侯。壬子，淮阳王昞薨。鲜卑击破北单于，斩之。烧当羌寇金城，护羌校尉刘盱讨之，斩其渠帅。壬戌，诏曰："朕闻明君之德，启迪

鸿化，缉熙康乂，光照六幽，讫惟人面，靡不率俾，仁风翔于海表，威霆行乎鬼区。然后敬恭明祀，膺五福之庆，获来仪之贶。朕以不德，受祖宗弘烈。乃者凤皇仍集，麒麟并臻，甘露宵降，嘉谷滋生，芝草之类，岁月不绝。朕夙夜祗畏上天，无以彰于先功。今改元和四年为章和元年。秋、令：是月养衰老，授几杖，行糜粥饮食。其赐高年二人共布帛各一匹，以为醴酪。死罪囚犯法在丙子赦前而后捕系者，皆减死，勿笞，诣金城戍。"八月癸酉，南巡狩。壬午，遣使者祠昭灵后于小黄园。甲申，征任城王尚会睢阳。戊子，幸梁。己丑，遣使祠沛高原庙，丰枌榆社。乙未，幸沛，祠献王陵，征会东海王政。乙未晦，日有食之。九月庚子，幸彭城，东海王政、沛王定、任城王尚皆从。辛亥，幸寿春。壬子，诏郡国中都官系囚减死罪一等，诣金城戍；犯殊死者，一切募下蚕室；其女子宫；系囚鬼薪、白粲已上，减罪一等，输司寇作。亡命者赎：死罪缣二十匹，右赵至髡钳城旦舂七匹，完城旦至司寇三匹；吏民犯罪未发觉，诏书到自告者，半入赎。复封阜陵侯延为阜陵王。己未，幸汝阴。冬十月丙子，车驾还宫。北匈奴屋兰储等率众降。是岁，西域长史班超击莎车，大破之。月氏国遣使献扶拔、师子。

二年春正月，济南王康、阜陵王延、中山王焉来朝。二月壬辰，帝崩于章德前殿，年三十三。遗诏无起寝庙，一如先帝法制。

论曰：魏文帝称"明帝察察，章帝长者"。章帝素知人厌明帝苛切，事从宽厚。感陈宠之义，除惨狱之科。深元元之爱，著胎养之令。奉承明德太后，尽心孝道。割裂名都，以崇建周亲。平徭简赋，而人赖其庆。又体之以忠恕，文之以礼乐。故乃蕃辅克谐，群后德让。谓之长者，不亦宜乎！在位十三年，郡国所上符瑞，合于图书者数百千所。乌呼懋哉！

赞曰：肃宗济济，天性恺悌。於穆后德，谅惟渊洒。左右艺文，斟酌律礼。思服帝道，弘此长懋。儒馆献歌，戎亭虚候。气调时豫，宪平人富。

卷 四　　　　和殇帝纪第四

孝和皇帝讳肇，肃宗第四子也。母梁贵人，为窦皇后所谮，忧卒，窦后养帝以为己子。建初七年，立为皇太子。章和二年二月壬辰，即皇帝位，年十岁。尊皇后曰皇太后，太后临朝。三月丁酉，改淮阳为陈国，楚郡为彭城国，西平并汝南郡，六安复为庐江郡。遗诏徙西平王羡为陈王，六安王恭为彭城王。癸卯，葬孝章皇帝于敬陵。庚戌，皇太后诏曰："先帝以明圣，奉承祖宗至德要道，天下清静，庶事咸宁。今皇帝以幼年，茕茕在疚，朕且佐助听政。外有大国贤王并为蕃屏，内有公卿大夫统理本朝，恭已受成，夫何忧哉！然守文之际，必有内辅以参听断。侍中宪，朕之元兄，行能兼备，忠孝尤笃，先帝所器，亲受遗诏，当以旧典辅斯职焉。宪固执谦让，节不可夺。今供养两宫，宿卫左

右，厥事已重，亦不可复劳以政事。故太尉邓彪，元功之族，三让弥高，海内归仁，为群贤首，先帝褒表，欲以崇化。今彪聪明康强，可谓老成黄耈矣。其以彪为太傅，赐爵关内侯，录尚书事，百官总己以听，朕庶几得专心内位。於戏！群公其勉率百僚，各修厥职，爱养元元，绥以中和，称朕意焉。"辛酉，有司上奏："孝章皇帝崇弘鸿业，德化普洽，垂意黎民，留念稼穑。文加殊俗，武畅方表，戒惟人面，无思不服。巍巍荡荡，莫与比隆。《周颂》曰：'於穆清庙，肃雍显相。'请上尊庙曰肃宗，共进《武德》之舞。"制曰："可。"癸亥，陈王羨、彭城王恭、乐成王党、下邳王衍、梁王畅始就国。夏四月丙子，谒高庙。丁丑，谒世祖庙。戊寅，诏曰："昔孝武皇帝致诛胡、越，故权收盐铁之利，以奉师旅之费。自中兴以来，匈奴未宾，永平末年，复修征伐。先帝即位，务休力役，然犹深思远虑，安不忘危，探观旧典，复收盐铁，欲以防备不虞，宁安边境。而吏多不良，动失其便，以违上意。先帝恨之，故遗戒郡国罢盐铁之禁，纵民煮铸，入税县官如故事。其申敕刺史、二千石，奉顺圣旨，勉弘德化，布告天下，使明知朕意。"五月，京师旱。诏长乐少府桓郁侍讲禁中。冬十月乙亥，以侍中窦宪为车骑将军，伐北匈奴。安息国遣使献师子、扶拔。

永元元年春三月甲辰，初令郎官诏除者得占丞、尉，以比秩为真。夏六月，车骑将军窦宪出鸡鹿塞，度辽将军邓鸿出稠阳塞，南单于出满夷谷，与北匈奴战于稽落山，大破之，追至私渠比鞮海。窦宪遂登燕然山，刻石勒功而还。北单于遣弟右温禺鞮王奉奏贡献。秋七月乙未，会稽山崩。闰月丙子，诏曰："匈奴背叛，为害久远。赖祖宗之灵，师克有捷，丑虏破碎，遂扫厥庭，役不再籍，万里清荡，非朕小子眇身所能克堪。有司其案以旧典，告类荐功，以章休烈。"九月庚申，以车骑将军窦宪为大将军，以中郎将刘尚为车骑将军。冬十月，令郡国弛刑输作军营。其徙出塞者，刑虽未竟，皆免归田里。庚子，阜陵王延薨。是岁，郡国九大水。

二年春正月丁丑，大赦天下。二月壬午，日有食之。己亥，复置西河、上郡属国都尉官。夏五月庚戌，分太山为济北国，分乐成、涿郡、勃海为河间国。丙辰，封皇弟寿为济北王，开为河间王，淑为城阳王，绍封故淮阳王昞子侧为常山王。赐公卿以下至佐史钱布各有差。己未，遣副校尉阎磐讨北匈奴，取伊吾卢地。丁卯，绍封故齐王晃子无忌为齐王，北海王睦子威为北海王。车师前后王并遣子入侍。月氏国遣兵攻西域长史班超，超击降之。六月辛卯，中山王焉薨。秋七月乙卯，大将军窦宪出屯凉州。九月，北匈奴遣使称臣。冬十月，遣行中郎将班固报命南单于。遣左谷蠡王师子出鸡鹿塞，击北匈奴于河云北，大破之。

三年春正月甲子，皇帝加元服，赐诸侯王、公、将军、特进、中二千石、列侯、宗室子孙在京师奉朝请者黄金，将、大夫、郎吏、从官帛。赐民爵及粟帛各有差，大酺五日。郡国中都官系囚死罪赎缣，至司寇及亡命，各有差。庚辰，赐京师民酺，布两户共一匹。二月，大将军窦宪遣左校尉耿夔出居延塞，围北单于于金微山，大破之，获其母阏氏。夏六月辛卯，尊皇太后母比阳公主为长公主。辛丑，阜陵

王种薨。冬十月癸未，行幸长安。诏曰："北狄破灭，名王仍降，西域诸国，纳质内附，岂非祖宗迪哲重光之鸿烈欤？寤寐叹息，想望旧京。其赐行所过二千石长吏已下及三老、官属钱帛，各有差；鳏、寡、孤、独、笃癃、贫不能自存者粟，人三斛。"十一月癸卯，祠高庙，遂有事十一陵。诏曰："高祖功臣，萧、曹为首，有传世不绝之义。曹相国后容城侯无嗣。朕望长陵东门，见二臣之垅，循其远节，每有感焉。忠义获宠，古今所同。可遣使者以中牢祠，大鸿胪求近亲宜为嗣者，须景风绍封，以章厥功。"十二月，复置西域都护、骑都尉、戊己校尉官。庚辰，至自长安。减弛刑徒从驾者刑五月。

四年春正月，北匈奴右谷蠡王於除鞬自立为单于，款塞乞降。遣大将军左校尉耿夔授玺绶。三月癸丑，司徒袁安薨。闰月丁丑，太常丁鸿为司徒。夏四月丙辰，大将军窦宪还至京师。六月戊戌朔，日有食之。丙辰，郡国十三地震。窦宪潜图弑逆。庚申，幸北宫。诏收捕宪党射声校尉郭璜，璜子侍中举，卫尉邓叠，叠弟步兵校尉磊，皆下狱死。使谒者仆射收宪大将军印绶，遣宪及弟笃、景就国，到皆自杀。是夏，旱，蝗。秋七月己丑，太尉宋由坐党宪自杀。八月辛亥，司空任隗薨。癸丑，大司农尹睦为太尉，录尚书事。丁巳，赐公卿以下至佐史钱谷各有差。冬十月己亥，宗正刘方为司空。十二月壬辰，诏："今年郡国秋稼为旱蝗所伤，其什四以上勿收田租、刍稿；有不满者，以实除之。"武陵零陵澧中蛮叛。烧当羌寇金城。

五年春正月乙亥，宗祀五帝于明堂，遂登灵台，望云物。大赦天下。戊子，千乘王伉薨。辛卯，封皇弟万岁为广宗王。二月戊戌，诏有司省减内厩及凉州诸苑马。自京师离宫果园上林广成囿悉以假贫民，恣采捕，不收其税。丁未，诏曰："去年秋麦入少，恐民食不足。其上尤贫不能自给者户口人数。往者郡国上贫民，以衣履釜鬵为赀，而豪右得其饶利。诏书实核，欲有以益之，而长吏不能躬亲，反更征召会聚，令失农作，愁扰百姓。若复有犯者，二千石先坐。"甲寅，太傅邓彪薨。戊午，陇西地震。三月戊子，诏曰："选举良才，为政之本。科别行能，必由乡曲。而郡国举吏，不加简择，故先帝明敕在所，令试之以职，乃得充选。又德行尤异，不须经职者，别署状上。而宣布以来，出入九年，二千石曾不承奉，恣心从好，司隶、刺史讫无纠察。今新蒙赦令，且复申敕，后有犯者，显明其罚。在位不以选举为忧，督察不以发觉为负，非独州郡也。是以庶官多非其人。下民被奸邪之伤，由法不行故也。"庚寅，遣使者分行贫民，举实流冗，开仓赈廪三十余郡。夏四月壬子，封阜陵王种兄鲂为阜陵王。六月丁酉，郡国三雨雹。秋九月辛酉，广宗王万岁薨，无子，国除。匈奴单于於除鞬叛，遣中郎将任尚讨灭之。壬午，令郡县劝民蓄蔬食以助五谷。其官有陂池，令得采取，勿收假税二岁。冬十月辛未，太尉尹睦薨。十一月乙丑，太仆张酺为太尉。是岁，武陵郡兵破叛蛮，降之。护羌校尉贯友讨烧当羌，羌乃退去。南单于安国叛，骨都侯喜斩之。

六年春正月，永昌徼外夷遣使译献犀牛、大象。己卯，司徒丁鸿薨。二月乙未，遣谒者分行禀贷三河、兖、冀、青

州贫民。许阳侯马光自杀。丁未，司空刘方为司徒，太常张奋为司空。三月庚寅，诏流民所过郡国皆实禀之，其有贩卖者勿出租税，又欲就贱还归者，复一岁田租、更赋。丙寅，诏曰："朕以眇末，承奉鸿烈。阴阳不和，水旱违度，济河之域，凶馑流亡，而未获忠言至谋，所以匡救之策。疢瘵永叹，用思孔疚。惟ސ言人不得于上，黎民不安于下，有司不念宽和，而竞为苛刻，覆案不急，以妨民事，甚非所以上当天心，下济元元也。思得忠良之士，以辅朕之不逮。其令三公、中二千石、二千石、内郡守相举贤良方正、能直言极谏之士各一人。昭岩穴，披幽隐，遣诣公车，朕将悉听焉。"帝乃亲临策问，选补郎吏。夏四月，蜀郡徼外羌率种人遣使内附。五月，城阳王淑薨，无子，国除。六月己酉，初令伏闭尽日。秋七月，京师旱。诏中都官徒各除半刑，谪其未竟，五月已下皆免遣。丁巳，幸洛阳寺，录囚徒，举冤狱。收洛阳令下狱抵罪，司隶校尉、河南尹皆左降。未及还宫而澍雨。西域都护班超大破焉耆、尉犁，斩其王。自是西域降服，纳质者五十余国。南单于安国从弟子逢侯率叛亡出塞。九月癸丑，以光禄勋邓鸿行车骑将军事，与越骑校尉冯柱、行度辽将军朱徽，使匈奴中郎将杜崇讨之。冬十一月，护乌桓校尉任尚率乌桓、鲜卑，大破逢侯，冯柱进兵追击，复破之。诏以勃海郡属冀州。武陵谝中蛮叛，郡兵讨平之。

七年春正月，行车骑将军邓鸿、度辽将军朱徽、中郎将杜崇皆下狱死。夏四月辛亥朔，日有食之。帝引见公卿问得失，令将、大夫、御史、谒者、博士、议郎、郎官会廷中，各言封事。诏曰："元首不明，化流无良，政失于民，谪见于天。深惟庶事，五教在宽，是以旧典因孝廉之举，以求其人。有司详选郎官宽博有谋才任典城者三十人。"既而悉以所选郎出补长、相。五月辛卯，改千乘国为乐安国。六月丙寅，沛王定薨。秋七月乙巳，易阳地裂。九月癸卯，京师地震。

八年春二月己丑，立贵人阴氏为皇后。赐天下男子爵，人二级，三老、孝悌、力田三级，民无名数及流民欲占者一级；鳏、寡、孤、独、笃癃、贫不能自存者粟，人五斛。夏四月癸亥，乐成王党薨。甲子，诏赈贷并州四郡贫民。五月，河内、陈留蝗。南匈奴右温禺犊王叛，为寇。秋七月，行度辽将军庞奋、越骑校尉冯柱追讨之，斩右温禺犊王。车师后王叛，击其前王。八月辛酉，饮酎。诏郡国中都官系囚减死一等，诣敦煌戍。其犯大逆，募下蚕室；其女子宫。自死罪已下，至亡命及入赎，各有差。九月，京师蝗。吏民言事者，多归责有司。诏曰："蝗虫之异，殆不虚生，万方有罪，在于一人，而言事者专咎自下，非助我者也。朕疢瘵悼栗，思373忧悴。昔楚严无灾而惧，成王出郊而反风。将何以匡朕不逮。以塞灾变？百僚师尹勉修厥职，刺史、二千石详刑辟，理冤虐，恤鳏寡，矜孤弱，思惟致灾兴蝗之咎。"庚子，复置广阳郡。冬十月乙丑，北海王威有罪自杀。十二月辛亥，陈王羡薨。丁巳，南宫宣室殿火。

九年春正月，永昌徼外蛮夷及掸国重译奉贡。三月庚辰，陇西地震。癸巳，济南王康薨。西域长史王林击车师后王，斩之。夏四月丁卯，封乐成王党子巡为乐成王。六月，

蝗、旱。戊辰，诏："今年秋稼为蝗虫所伤，皆勿收租、更、刍稿；若有所损失，以实除之，余当收租者亦半入。其山林饶利，陂池渔采，以赡元元，勿收假税。"秋七月，蝗虫飞过京师。八月，鲜卑寇肥如，辽东太守祭参下狱死。闰月辛巳，皇太后窦氏崩。丙申，葬章德皇后。烧当羌寇陇西，杀长吏，遣行征西将军刘尚、越骑校尉赵世等讨破之。九月庚申，司徒刘方策免，自杀。甲子，追尊皇妣梁贵人为皇太后。冬十月乙酉，改葬恭怀梁皇后于西陵。十一月癸卯，光禄勋河南吕盖为司徒。十二月丙寅，司空张奋罢。壬申，太仆韩棱为司空。己丑，复置若卢狱官。

十年春三月壬戌，诏曰："堤防沟渠，所以顺助地理，通利壅塞。今废慢懈弛，不以为负。刺史、二千石其随宜疏导，勿因缘妄发，以为烦扰，将显行其罚。"夏五月，京师大水。秋七月己巳，司空韩棱薨。八月丙子，太常太山巢堪为司空。九月庚戌，复置廪牺官。冬十月，五州雨水。十二月，烧当羌豪迷唐等率种人诣阙贡献。戊寅，梁王畅薨。

十一年春二月，遣使循行郡国，禀贷被灾害不能自存者，令得渔采山林池泽，不收假税。丙午，诏郡国中都官徒及笃癃老小女徒各除半刑，其未竟三月者，皆免归田里。夏四月丙寅，大赦天下。己巳，复置右校尉官。秋七月辛卯，诏曰："吏民逾僭，厚死伤生，是以旧令节之制度。顷者贵戚近亲，百僚师尹，莫肯率从，有司不举，怠放日甚。又商贾小民，或忘法禁，奇巧靡货，流积公行。其在位犯者，当先举正。市道小民，但且申明宪纲，勿因科令，加虐羸弱。"

十二年春二月，旄牛徼外白狼、貗薄夷率种人内属。诏贷被灾诸郡民种粮。赐下贫、鳏、寡、孤、独、不能自存者，及郡国流民，听入陂池渔采，以助蔬食。三月丙申，诏曰："比年不登，百姓虚匮。京师去冬无宿雪，今春无澍雨，黎民流离，困于道路。朕痛心疾首，靡知所济。'瞻仰昊天，何辜今人？'三公朕之腹心，而未获承天安民之策。数诏有司，务择良吏。今犹不改，竞为苛暴，侵愁小民，以求虚名，委任下吏，假势行邪。是以令下而奸生，禁至而诈起。巧法析律，饰文增辞，货行于言，罪成乎手，朕甚病焉。公卿不思助明好恶，将何以救其咎罚？咎罚既至，复令灾及小民。若上下同心，庶或有瘳。其赐天下男子爵，人二级，三老、孝悌、力田三级，民无名数及流民欲占者人一级；鳏、寡、孤、独、笃癃、贫不能自存者粟，人三斛。"壬子，赐博士员弟子在太学者布，人三匹。夏四月，日南象林蛮夷反，郡兵讨破之。闰月，赈贷敦煌、张掖、五原民下贫者谷。戊辰，秭归山崩。六月，舞阳大水，赐被水灾尤贫者谷，人三斛。秋七月辛亥朔，日有食之。九月戊午，太尉张酺免。丙寅，大司农张禹为太尉。冬十一月，西域蒙奇、兜勒二国遣使内附，赐其王金印紫绶。是岁，烧当羌复叛。

十三年春正月丁丑，帝幸东观，览书林，阅篇籍，博选术艺之士以充其官。二月，任城王尚薨。丙午，赈贷张掖、居延、朔方、日南贫民及孤、寡、羸弱不能自存者。秋八月，诏象林民失农桑业者，赈贷种粮，禀赐下贫谷食。己亥，北宫盛馔门阁火。护羌校尉周鲔击烧当羌，破之。荆州雨水。九月壬子，诏曰："荆州比岁不节，今兹淫水为害，余虽颇

登,而多不均浃,深惟四民农食之本,惨然怀矜。其令天下半入今年田租、刍稿;有宜以实除者,如故事。贫民假种食,皆勿收责。"冬十一月,安息国遣使献师子及条枝大爵。丙辰,诏曰:"幽、并、凉州户口率少,边役众剧,束脩良吏,进仕路狭。抚接夷狄,以人为本。其令缘边郡口十万以上岁举孝廉一人,不满十万二岁举一人,五万以下三岁举一人。"鲜卑寇右北平,遂入渔阳,渔阳太守击破之。戊辰,司徒吕盖罢。十二月丁丑,光禄勋鲁恭为司徒。辛卯,巫蛮叛,寇南郡。

十四年春二月乙卯,东海王政薨。缮修故西海郡,徙金城西部都尉以戍之。三月戊辰,临辟雍,飨射,大赦天下。夏四月,遣使者督荆州兵讨巫蛮,破降之。庚辰,赈贷张掖、居延、敦煌、五原、汉阳、会稽流民下贫谷,各有差。五月丁未,初置象林将兵长史官。六月辛卯,废皇后阴氏,后父特进纲自杀。秋七月甲寅,诏复象林县更赋、田租、刍稿二岁。壬子,常山王侧薨。是秋,三州雨水。冬十月甲申,诏:"兖、豫、荆州今年水雨淫过,多伤农功。其令被害什四以上皆半入田租、刍稿;其不满者,以实除之。"辛卯,立贵人邓氏为皇后。丁酉,司空巢堪罢。十一月癸卯,大司农徐防为司空。是岁,初复郡国上计补郎官。

十五年春闰月乙未,诏流民欲还归本而无粮食者,过所实禀之,疾病加致医药;其不欲还归者,勿强。二月,诏禀贷颍川、汝南、陈留、江夏、梁国、敦煌贫民。夏四月甲子晦,日有食之。五月戊寅,南阳大风。六月,诏令百姓鳏寡渔采陂池,勿收假税二岁。秋七月丙寅,济南王错薨。复置涿郡故安铁官。九月壬午,南巡狩,清河王庆、济北王寿、河间王开并从。赐所过二千石长吏以下、三老、官属及民百年者钱布,各有差。是秋,四州雨水。冬十月戊申,幸章陵,祠旧宅。癸丑,祠园庙,会宗室于旧庐,劳赐作乐。戊午,进幸云梦,临汉水而还。十一月甲申,车驾还宫,赐从臣及留者公卿以下钱布,各有差。十二月庚子,琅邪王宇薨。有司奏,以为夏至则微阴起,靡草死,可以决小事。是岁,初令郡国以日北至案薄刑。

十六年春正月己卯,诏贫民有田业而以匮乏不能自农者,贷种粮。二月己未,诏兖、豫、徐、冀四州比年雨多伤稼,禁沽酒。夏四月,遣三府掾分行四州,贫民无以耕者,为雇犁牛直。五月壬午,赵王商薨。秋七月,旱。戊午,诏曰:"今秋稼方穗而旱,云雨不沾,疑吏行惨刻,不宣恩泽,妄拘无罪,幽闭良善所致。其一切囚徒于法疑者勿决,以奉秋令。方察烦苛之吏,显明其罚。"辛酉,司徒鲁恭免。庚午,光禄勋张酺为司徒。辛巳,诏令天下皆半入今年田租、刍稿;其被灾害者,以实除之。贫民受假种粮及田租、刍稿,皆勿收责。八月己酉,司徒张酺薨。冬十月辛卯,司空徐防为司徒,大鸿胪陈宠为司空。十一月己丑,行幸缑氏,登百岯山,赐百官从臣布,各有差。北匈奴遣使称臣贡献。十二月,复置辽东西部都尉官。

元兴元年春正月戊午,引三署郎召见禁中,选除七十五人,补谒者、长、相。高句骊寇郡界。夏四月庚午,大赦天下,改元元兴。宗室以罪绝者,悉复属籍。五月癸酉,雍地裂。秋九月,辽东太守耿夔击貊人,破之。冬十二月辛未,

帝崩于章德前殿,年二十七。立皇子隆为皇太子。赐天下男子爵,人二级,三老、孝悌、力田人三级,民无名数及流民欲占者人一级。鳏、寡、孤、独、笃癃、贫不能自存者粟,人三斛。自窦宪诛后,帝躬亲万机。每有灾异,辄延问公卿,极言得失。前后符瑞八十一所,自称德薄,皆抑而不宣。旧南海献龙眼、荔支,十里一置,五里一候,奔腾阻险,死者继路。时临武长汝南唐羌,县接南海,乃上书陈状。帝下诏曰:"远国珍羞,本以荐奉宗庙。苟有伤害,岂爱民之本。其敕太官勿复受献。"由是遂省焉。

论曰:自中兴以后,逮于永元,虽颇有弛张,而俱存不扰,是以齐民岁增,辟土世广。偏师出塞,则漠北地空;都护西指,则通译四万。岂其道远三代,术长前世?将服叛去来,自有数也?

孝殇皇帝讳隆,和帝少子也。元兴元年十二月辛未夜,即皇帝位,时诞育百余日。尊皇后曰皇太后,太后临朝。北匈奴遣使称臣,诣敦煌奉献。

延平元年春正月辛卯,太尉张禹为太傅。司徒徐防为太尉,参录尚书事,百官总己以听。封皇兄胜为平原王。癸卯,光禄勋梁鲔为司徒。三月甲申,葬孝和皇帝于慎陵,尊庙曰穆宗。丙戌,清河王庆、济北王寿、河间王开、常山王章始就国。夏四月庚申,诏罢祀官不在祀典者。鲜卑寇渔阳,渔阳太守张显追击,战殁。丙寅,以虎贲中郎将邓骘为车骑将军。司空陈宠薨。五月辛卯,皇太后诏曰:"皇帝幼冲,承统鸿业,朕且权佐助听政,兢兢寅畏,不知所济。深惟至治之本,道化在前,刑罚在后。将稽中和,广施庆惠,与吏民更始。其大赦天下。自建武以来诸犯禁锢,诏书虽解,有司持重,多不奉行,其皆复为平民。"壬辰,河东垣山崩。六月丁未,太常尹勤为司空。郡国三十七雨水。己未,诏曰:"自夏以来,阴雨过节,暖气不效,将有厥咎。瘴痍忧惶,未知所由。昔夏后恶衣服,菲饮食,孔子曰'吾无间然'。今新遭大忧,且岁节未和,彻膳损服,庶有补焉。其减太官、导官、尚方、内署诸服御珍膳靡丽难成之物。"丁卯,诏司徒、大司农、长乐少府曰:"朕以无德,佐助统政,夙夜经营,惧失厥衷。思惟治道,由近及远,先内后外。自建武之初以至于今,八十余年,宫人岁增,房御弥广。又宗室坐事没入者,犹托名公族,甚可愍焉。今悉免遣,及掖庭宫人,皆为庶民,以抒幽隔郁滞之情。诸官府、郡国、王侯家奴婢姓刘及疲癃赢老,皆上其名,务令实悉。"秋七月庚寅,敕司隶校尉、部刺史曰:"夫天降寒戾,应政而至。间者郡国或有水灾,妨害秋稼。朝廷惟咎,忧惶悼惧。而郡国欲获丰穰虚饰之誉,遂覆蔽灾害,多张垦田,不揣流亡,竞增户口,掩匿盗贼,令奸恶无惩,署用非次,选举乖宜,贪苛惨毒,延及平民。刺史垂头塞耳,阿私下比,'不畏于天,不愧于人'。假贷之恩,不可数恃,自今以后,将纠其罚。二千石长吏其各实核所伤害,为除田租、刍稿。"八月辛亥,帝崩。癸丑,殡于崇德前殿。年二岁。

赞曰:孝和沈烈,率由前则。王赫自中,赐命强慝。抑没祥符,登显时德。殇世何早,平原弗克。

卷五　安帝纪第五

恭宗孝安皇帝讳祜,肃宗孙也。父清河孝王庆,母左姬。帝自在邸第,数有神光照室,又有赤蛇盘于床笫之间。年十岁,好学《史书》,和帝称之,数见禁中。

延平元年,庆始就国,邓太后特诏留帝清河邸。八月,殇帝崩,太后与兄车骑将军邓骘定策禁中。其夜,使骘持节,以王青盖车迎帝,斋于殿中。皇太后御崇德殿,百官皆吉服,群臣陪位,引拜帝为长安侯。皇太后诏曰:"先帝圣德淑茂,早弃天下。朕奉皇帝,夙夜瞻仰日月,冀望成就。岂意卒然颠沛,天年不遂,悲痛断心。朕惟平原王素被痼疾,念宗庙之重,思继嗣之统,唯长安侯祜质性忠孝,小心翼翼,能通《诗》、《论》,笃学乐古,仁惠爱下。年已十三,有成人之志。亲德系后,莫宜于祜。《礼》'昆弟之子犹己子';《春秋》之义,为人后者为之子,不以父命辞王父命。其以祜为孝和皇帝嗣,奉承祖宗,案礼仪奏。"又作策命曰:"惟延平元年秋八月癸丑,皇太后曰:咨长安侯祜:孝和皇帝懿德巍巍,光于四海;大行皇帝不永天年。朕惟侯孝章帝世嫡皇孙,谦恭慈顺,在孺而勤,宜奉郊庙,承统大业。今以侯嗣孝和皇帝后。其审君汉国,允执其中。'一人有庆,万民赖之。'皇帝其勉之哉!"读策毕,太尉奉上玺绶,即皇帝位,年十三。太后犹临朝。九月庚子,谒高庙。辛丑,谒光武庙。六州大水。己未,遣谒者分行虚实,举灾害;赈之绝。丙寅,葬孝殇皇帝于康陵。乙亥,陨石于陈留。西域诸国叛,攻都护任尚,遣副校尉梁慬救尚,击破之。冬十月,四州大水,雨雹。诏以宿麦不下,赈赐贫人。十二月甲子,清河王薨,使司空持节吊祭,车骑将军邓骘护丧事。乙酉,罢鱼龙曼延百戏。

永初元年春正月癸酉朔,大赦天下。蜀郡徼外羌内属。戊寅,分犍为南部为属国都尉。禀司隶、兖、豫、徐、冀、并州贫民。二月丙午,以广成游猎地及被灾郡国公田假与贫民。丁卯,分清河国封帝弟常保为广川王。庚午,司徒梁鲔薨。三月癸酉,日有食之。诏公卿内外众官、郡国守相,举贤良方正、有道术之士,明政术、达古今、能直言极谏者,各一人。己卯,永昌徼外僬侥种夷贡献内属。甲申,葬清河孝王,赠龙旗、虎贲。夏五月甲戌,长乐卫尉鲁恭为司徒。丁丑,诏封北海王睦孙寿光侯普为北海王。九真徼外夜郎蛮夷举土内属。六月戊申,爵皇太后母阴氏为新野君。丁巳,河东地陷。壬戌,罢西域都护。先零种羌叛,断陇道,大为寇掠,遣车骑将军邓骘、征西校尉任尚讨之。丁卯,赦除诸羌相连结谋叛逆者罪。秋九月庚午,诏三公明申旧令,禁奢侈,无作浮巧之物,殚财厚葬。是日,太尉徐防免。辛未,司空尹勤免。癸酉,调扬州五郡租米,赡给东郡、济阴、陈留、梁国、下邳、山阳。丁丑,诏曰:"自今长吏被考竟未报,自非父母丧无故辄去职者,剧县十岁、平县五岁以上,乃得次用。"壬午,诏太仆、少府减黄门鼓吹,以补羽林士;厩马非乘舆常所御者,皆减半食;诸所造作,非供宗庙园陵之用,皆且止。丙戌,诏死罪以下及亡命赎,各有差。庚寅,太傅张禹为太尉,太常周章为司空。冬十月,倭国遣使奉献。辛酉,新城山泉水大出。十一月丁亥,司空周章密谋废立,策免,自杀。戊子,敕司隶校尉、冀并二州刺史:"民讹言相惊,弃捐旧居,老弱相携,穷困道路。其各救所部长吏,躬亲晓喻。若欲归本郡,在所为封长檄;不欲,勿强。"十二月乙卯,颍川太守张敏为司空。是岁,郡国十八地震;四十一雨水,或山水暴至;二十八大风,雨雹。

二年春正月,禀河南、下邳、东莱、河内贫民。车骑将军邓骘为种羌所败于冀西。二月乙丑,遣光禄大夫樊准、吕仓分行冀兖二州,禀贷流民。夏四月甲寅,汉阳城中火,烧杀三千五百七十人。五月,旱。丙寅,皇太后幸洛阳寺及若卢狱,录囚徒,赐河南尹、廷尉、卿及官属以下各有差,即日降雨。六月,京师及郡国四十大水,大风,雨雹。秋七月戊辰,诏曰:"昔在帝王,承天理民,莫不据璇玑玉衡,以齐七政。朕以不德,遵奉大业,而阴阳差越,变异并见,万民饥流,羌貊叛戾,夙夜克心,忧心京京。间令公卿郡国举贤良方正,远求博选,开不讳之路,冀得至谋,以鉴不逮,而所对皆循尚浮言,无卓尔异闻。其百僚及郡国吏人,有道术明习灾异阴阳之度璇玑之数者,各使指变以闻。二千石长吏明以诏书,博衍幽隐,朕将亲览,待以不次,冀获嘉谋,以承天诫。"闰月辛丑,广川王常保薨,无子,国除。癸未,蜀郡徼外羌举土内属。九月庚子,诏王国官属墨绶下至郎、谒者,其经明任博士,居乡里有廉清孝顺之称,才任理人者,国相岁移名,与计偕上尚书,公府通调,令得外补。冬十月庚寅,禀济阴、山阳、玄菟贫民。征西校尉任尚与先零羌战于平襄,尚军败绩。十一月辛酉,拜邓骘为大将军,征还京师,留任尚屯陇右。先零羌滇零称天子于北地,遂寇三辅,东犯赵、魏,南入益州,杀汉中太守董炳。十二月辛卯,禀东郡、巨鹿、广阳、安定、定襄、沛国贫民。广汉塞外参狼羌降,分广汉北部为属国都尉。是岁,郡国十二地震。

三年春正月庚子,皇帝加元服。大赦天下。赐王、主、贵人、公、卿以下金帛各有差;男子为父后,及三老、孝悌、力田爵,人二级,流民欲占者人一级。遣骑都尉任仁讨先零羌,不利,羌遂破没临洮。高句骊遣使贡献。三月,京师大饥,民相食。壬辰,公卿诣阙谢。诏曰:"朕以幼冲,奉承鸿业,不能宣流风化,而感逆阴阳,至令百姓饥荒,更相啖食。永怀悼叹,若坠渊水。咎在朕躬,非群司之责,而过自贬引,重朝廷之不德。其务思变复,以助不逮。"癸巳,诏以鸿池假与贫民。壬寅,司徒鲁恭免。夏四月丙寅,大鸿胪九江夏勤为司徒。三公以国用不足,奏令吏人入钱谷,得为关内侯、虎贲羽林郎、五大夫、官府吏、缇骑、营士各有差。己巳,诏上林、广成苑可垦辟者,赋与贫民。甲申,清河王虎威薨。五月丙申,封乐安王宠子延平为清河王。丁酉,沛王正薨。癸丑,京师大风。六月,乌桓寇代郡、上谷、涿郡。秋七月,海贼张伯路等寇略缘海九郡,遣侍御史庞雄督州郡兵讨破之。庚子,诏长吏案行所在,皆令种宿麦蔬食,务尽地力,其贫者给种饷。九月,雁门乌桓及鲜卑叛,败五原郡兵于高渠谷。冬十月,南单于叛,围中郎将耿种于美稷。十一月,遣行车骑将军何熙讨之。十二月辛酉,郡国九地震。乙亥,有星孛于天苑。是岁,京师及郡国四十一雨水雹。并凉二州大饥,人相食。

四年春正月元日,会,彻乐,不陈充庭车。辛卯,诏以三辅比遭寇乱,人庶流冗,除三年逋租、过更、口算、刍稿;禀上郡贫民各有差。海贼张伯路复与勃海、平原剧贼刘文河、周文光等攻厌次,杀县令,遣御史中丞王宗督青州刺史法雄讨破之。度辽将军梁慬、辽东太守耿夔讨破南单于于属国故城。丙午,诏减百官及州郡县奉各有差。二月丁巳,禀九江贫民。南匈奴寇常山。乙丑,初置长安、雍二营都尉官。乙亥,诏自建初以来,诸袄言它过坐徙边者,各归本郡;其没入官为奴婢者,免为庶人。诏谒者刘珍及《五经》博士,校定东观《五经》、诸子、传记、百家艺术,整齐脱误,是正文字。三月,南单于降。先零羌寇褒中,汉中太守郑勤战殁,徙金城郡都襄武。戊子,杜陵园火,癸巳,郡国九地震。夏四月,六州蝗。丁丑,大赦天下。秋七月乙酉,三郡大水。己卯,骑都尉任仁下狱死。九月甲申,益州郡地震。冬十月甲戌,新野君阴氏薨,使司空持节赴丧事。大将军邓骘罢。

五年春正月庚辰朔,日有食之。丙戌,郡国十地震。己丑,太尉张禹免。甲申,光禄勋李脩为太尉。二月丁卯,诏省减郡国贡献太官口食。先零羌寇河东,遂至河内。三月,诏陇西徙襄武,安定徙美阳,北地徙池阳,上郡徙衙。夫余夷犯塞,杀伤吏人。闰月丁酉,赦凉州河西四郡。戊戌,诏曰:"朕以不德,奉郊庙,承大业,不能兴和降善,为人祈福。灾异蜂起,寇贼纵横,夷狄猾夏,戎事不息,百姓匮乏,疲于征发。重以蝗虫滋生,害及成麦,秋稼方收,甚可悼也。朕以不明,统理失中,亦未获忠良以毗阙政。传曰:'颠而不扶,危而不持,则将焉用彼相矣。'公卿大夫将何以匡救,济斯艰厄,承天诚哉?盖为政之本,莫若得人,褒贤显善,圣制所先。'济济多士,文王以宁。'思得忠良正直之臣,以辅不逮。其令三公、特进、侯、中二千石、二千石、郡守、诸侯相举贤良方正,有道术、达于政化、能直言极谏之士,各一人,及至孝与众卓异者,并诣公车,朕将亲览焉。"六月甲辰,乐成王巡薨。秋七月己巳,诏三公、特进、九卿、校尉,举列将子孙明晓战阵任将帅者。九月,汉阳人杜琦、王信叛,与先零诸种羌攻陷上邽城。十二月,汉阳太守赵博遣客刺杀杜琦。是岁,九州蝗,郡国八雨水。

六年春正月庚申,诏越巂置长利、高望、始昌三苑,又令益州郡置万岁苑,犍为置汉平苑。三月,十州蝗。夏四月乙丑,司空张敏罢。己卯,太常刘恺为司空。五月,旱。丙寅,诏令中二千石下至黄绶,一切复秩还赎,赐爵各有差。戊辰,皇太后幸洛阳寺,录囚徒,理冤狱。六月壬辰,豫章、员溪、原山崩。辛巳,大赦天下。遣侍御史唐喜讨汉阳贼王信,破斩之。冬十一月辛丑,护乌桓校尉吴祉下狱死。是岁,先零滇零死,子零昌复袭伪号。

七年春正月庚戌,皇太后率大臣命妇谒宗庙。二月丙午,郡国十八地震。夏四月乙未,平原王胜薨。丙申晦,日有食之。五月庚子,京师大雩。秋,护羌校尉侯霸、骑都尉马贤破先零羌。八月丙寅,京师大风,蝗虫飞过洛阳。诏赐民爵。郡国被蝗伤害十五以上,勿收今年田租;不满者,以实除之。九月,调零陵、桂阳、丹阳、豫章、会稽租米,赈给南阳、广陵、下邳、彭城、山阳、庐江、九江饥民;又调滨水县谷输敖仓。

元初元年春正月甲子,改元元初。赐民爵,人二级,孝悌、力田人三级,爵过公乘,得移与子若同产、同产子,民脱无名数及流民欲占者人一级。鳏、寡、孤、独、笃癃、贫不能自存者谷,人三斛,贞妇帛,人一匹。二月己卯,日南地坼。三月癸酉,日有食之。夏四月丁酉,大赦天下。京师及郡国五旱、蝗。诏三公、特进、列侯、中二千石、二千石、郡守举敦厚质直者,各一人。五月,先零羌寇雍城。六月丁巳,河东地陷。秋七月,蜀郡夷寇蚕陵,杀县令。九月乙丑,太尉李脩罢。先零羌寇武都、汉中,绝陇道。辛未,大司农山阳司马苞为太尉。冬十月戊子朔,日有食之。先零羌败凉州刺史皮阳于狄道。乙卯,诏除三辅三岁田租、更赋、口算。十一月。是岁,郡国十五地震。

二年春正月,诏禀三辅及并、凉六郡流冗贫人。蜀郡青衣道夷奉献内属。修理西门豹所分漳水为支渠,以溉民田。二月戊戌,遣中谒者收葬京师客死无家属及棺椁朽败者,皆为设祭,其有家属,尤贫无以葬者,赐钱人五千。辛酉,诏三辅、河内、河东、上党、赵国、太原各修理旧渠,通利水道,以溉公私田畴。三月癸亥,京师大风。先零羌寇益州,遣中郎将尹就讨之。夏四月丙午,立贵人阎氏为皇后。五月,京师旱,河南及郡国十九蝗。甲戌,诏曰:"朝廷不明,庶事失中。灾异不息,忧心悼惧。被蝗以来,七年于兹,而州郡隐匿,裁言顷亩。今群飞蔽天,为害广远,所言所见,宁相副邪?三司之职,内外是监,既不奏闻,又无举正。天灾至重,欺罔罪大。今方盛夏,且复假贷,以观厥后。其务消救灾眚,安辑黎元。"六月丙戌,太尉司马苞薨。洛阳新城地裂。秋七月辛巳,太仆太山马英为太尉。八月,辽东鲜卑围无虑县。九月,又攻夫犁营,杀县令。壬午晦,日有食之。冬十月,遣中郎将任尚屯三辅。诏郡国中都官系囚减死一等,勿笞,诣冯翊、扶风屯,妻子自随,占著所在;女子勿输。亡命死罪以下赎,各有差。其吏人聚为盗贼,有悔过者,除其罪。乙未,右扶风仲光、安定太守杜恢、京兆虎牙都尉耿溥与先零羌战于丁奚城,光等大败,并没。左冯翊司马钧下狱,自杀。十一月庚申,郡国十地震。十二月,武陵澧中蛮叛,州郡击破之。己酉,司徒夏勤罢。庚戌,司空刘恺为司徒,光禄勋袁敞为司空。

三年春正月甲戌,修理太原旧沟渠,溉灌官私田。东平陆上言木连理。苍梧、郁林、合浦蛮夷反叛。二月,遣侍御史任逴督州郡兵讨之。郡国十地震。三月辛亥,日有食之。丙辰,赦苍梧、郁林、合浦、南海吏人为贼所迫者。夏四月,京师旱。五月,武陵蛮复叛,州郡讨破之。癸酉,度辽将军邓遵率南匈奴击先零羌于灵州,破之。越巂徼外夷举种内属。六月,中郎将任尚遣兵击破先零羌于丁奚城。秋七月,武陵蛮复叛,州郡讨平之。緱氏地坼。九月辛巳,赵王宏薨。冬十一月,苍梧、郁林、合浦蛮夷降。丙戌,初听大臣、二千石、刺史行三年丧。癸卯,郡国九地震。十二月丁巳，任尚遣兵击破先零羌于北地。

四年春二月乙巳朔，日有食之。乙卯，大赦天下。壬戌，武库灾。夏四月戊申，司空袁敞薨，己巳，鲜卑寇辽西，辽西郡兵与乌桓击破之。五月丁丑，太常李郃为司空。六月戊辰，三郡雨雹。秋七月辛丑，陈王钧薨。京师及郡国十雨水。诏曰："今年秋稼茂好，垂可收获，而连雨未霁，惧必淹伤。夕惕惟忧，思念厥咎。夫霖雨者，人怨之所致。其武吏以威暴下，文吏妄行苛刻，乡吏因公生奸，为百姓所患苦者，有司显明其罚。又《月令》'仲秋养衰老，授几杖，行糜粥'。方今案比之时，郡县多不奉行。虽有糜粥，糠秕相半，长吏怠事，莫有躬亲，甚违诏书养老之意。其务崇仁恕，赈恤寡独，称朕意焉。"九月，护羌校尉任尚使客刺杀叛羌零昌。冬十一月己卯，彭城王恭薨。十二月，越巂夷寇遂久，杀县令。甲子，任尚与骑都尉马贤与先零羌战于富平上河，大破之。虔人羌率众降，陇右平。是岁，郡国十三地震。

五年春正月，越巂夷叛。二月壬戌，中山王宪薨。三月，京师及郡国五旱，诏禀遣旱贫人。夏六月，高句骊与秽貊寇玄菟。秋七月，越巂蛮夷与旄牛豪叛，杀长吏。丙子，诏曰："旧令制度，各有科品，欲令百姓务崇节约。遭永初之际，人离荒厄，朝廷躬自菲薄，去绝奢饰，食不兼味，衣无二彩。比年虽获丰穰，尚乏储积，而小人无虑，不图久长，嫁娶送终，纷华靡丽，至有走卒奴婢被绮縠，著珠玑。京师尚若斯，何以示四远？设张法禁，恳恻分明，而有司惰任，讫不奉行。秋节既立，鸷鸟将用，且复重申，以观后效。"八月丙申朔，日有食之。鲜卑寇代郡，杀长吏。冬十月，鲜卑寇上谷。十二月丁巳，中郎将任尚有罪，弃市。是岁，郡国十四地震。

六年春二月乙巳，京师及郡国四十二地震，或坼裂，水泉涌出。壬子，诏三府选掾属高第，能惠利牧养者各五人，光禄勋与中郎将选孝廉郎宽博有谋，清白行高者五十人，出补令、长、丞、尉。乙卯，诏曰："夫政，先京师，后诸夏，《月令》仲春'养幼小，存诸孤'，季春'赐贫穷，赈乏绝，省妇使，表贞女'，所以顺阳气，崇生长也。其赐民尤贫困、孤弱、单独谷，人三斛 贞妇有节义十斛；甄表门闾，旌显厥行。"三月庚辰，始立六宗，祀于洛城西北。夏四月，会稽大疫，遣光禄大夫将太医循行疾病，赐棺木，除田租、口赋。沛国、勃海大风，雨雹。五月，京师旱。六月丁丑，乐成王宾薨。丙戌，平原王得薨。秋七月，鲜卑寇马城，度辽将军邓遵率南单于击破之。九月癸巳，陈工竦薨。十二月戊午朔，日有食之，既。郡国八地震。是岁，永昌、益州蜀郡夷叛，与越巂夷杀长吏，燔城邑，益州刺史张乔讨破降之。

永宁元年春正月甲辰，任城王安薨。三月丁酉，济北王寿薨。车师后王叛，杀部司马。沈氐羌寇张掖。夏四月丙寅，立皇子保为皇太子，改元永宁，大赦天下。赐王、主、三公、列侯下至郎吏、从官金帛；又赐民爵及布粟各有差。己巳，绍封陈王羡子崇为陈王，济北王子苌为乐成王，河间王子翼为平原王。壬午，琅邪王寿薨。六月，沈氐种羌叛，寇张掖，护羌校尉马贤讨沈氐羌，破之。秋七月乙酉朔，日有食之。护羌校尉任尚免。癸酉，卫尉庐江陈褒为司空。自三月至是月，京师及郡国三十三大风，雨水。十二月，永昌徼外掸国遣使贡献。戊辰，司徒刘恺罢。辽西鲜卑降。癸酉，太常杨震为司徒。是岁，郡国二十三地震。夫馀王遣子诣阙贡献。烧当羌叛。

建光元年春正月，幽州刺史冯焕率二郡太守讨高句骊、秽貊，不克。二月癸亥，大赦天下。赐诸园贵人、王、主、公、卿以下钱布各有差。以公、卿、校尉、尚书子弟一人为郎、舍人。三月癸巳，皇太后邓氏崩。丙午，葬和熹皇后。丁未，乐安王宠薨。戊申，追尊皇考清河孝王曰孝德皇，皇妣左氏曰孝德皇后，祖妣宋贵人曰敬隐皇后。夏四月，秽貊复与鲜卑寇辽东，辽东太守蔡讽追击，战殁。丙辰，以广川并清河国。丁巳，尊孝德皇二妃耿氏为甘陵大贵人。甲子，乐成王苌有罪，废为临湖侯。己巳，令公、卿、特进、侯、中二千石、二千石、郡国守相，举有道之士各一人。赐鳏、寡、孤、独、贫不能自存者谷，人三斛。甲戌，辽东属国都尉庞奋，承伪玺书杀玄菟太守姚光。五月庚辰，特进邓骘及度辽将军邓遵，并以谮自杀。丙申，贬平原王翼为都乡侯。秋七月己卯，改元建光，大赦天下。壬寅，太尉马英薨。八月，护羌校尉马贤讨烧当羌于金城，不利。甲子，前司徒刘恺为太尉。鲜卑寇居庸关。九月，云中太守成严击之，战殁。鲜卑围乌桓校尉于马城，度辽将军耿夔救之。戊子，幸卫尉冯石府。是秋，京师及郡国二十九雨水。冬十一月己丑，郡国三十五地震，或坼裂。诏三公以下，各上封事陈得失。遣光禄大夫案行，赐死者钱，人二千。除今年田租。其被灾甚者，勿收口赋。鲜卑寇玄菟。庚子，复断大臣二千石以上服三年丧。癸卯，诏三公、特进、侯、卿、校尉，举武猛堪将帅者各五人。丙午，诏京师及郡国被水雨伤稼者，随顷亩减田租。甲子，初置渔阳营兵。冬十二月，高句骊、马韩、秽貊围玄菟城，夫馀王遣子与州郡并力讨破之。

延光元年春二月，夫馀王遣子将兵救玄菟，击高句骊、马韩、秽貊，破之 遂遣使贡献。三月丙午，改元延光。大赦天下。还徙者，复户邑属籍。赐民爵及三老、孝悌、力田，人二级；加赐鳏、寡、孤、独、笃癃、贫不能自存者粟，人三斛；贞妇帛，人二匹。夏四月癸未，京师郡国二十一雨雹。癸巳，司空陈褒免。五月庚戌，宗正彭城刘授为司空。己巳，改乐成国为安平，封河间王开子得为安平王。六月，郡国蝗。秋七月癸卯，京师及郡国十三地震。高句骊降。虔人羌叛，攻谷罗城，度辽将军耿夔讨破之。八月戊子，阳陵园寝火。辛卯，九真言黄龙见无功。己亥，诏二公、中二千石，举刺史、二千石、令、长、相，视事一岁以上至十岁，清白爱利，能救身率下，防奸理烦，有益于人者，无拘官簿。刺史举所部，郡国太守相举墨绶，隐亲悉心，勿取浮华。九月甲戌，郡国二十七地震。冬十月，鲜卑寇雁门、定襄。十一月，鲜卑寇太原。烧当羌豪降。十二月，九真徼外蛮夷贡献内属。是岁，京师及郡国二十七雨水，大风，杀人。诏赐压溺死者年七岁以上钱，人二千；其坏败庐舍、失亡谷食，粟，人三斛；又田被淹伤者，一切勿收田租；若一家皆被灾害而弱小存者，郡县为收敛之。虔人羌攻谷罗城，度辽将军耿夔讨破之。

二年春正月，旄牛夷叛，寇灵关，杀县令。益州刺史蜀郡西部都尉讨之。诏选三署郎及吏人能通《古文尚书》、《毛诗》、《穀梁春秋》各一人。丙辰，河东、颍川大风。夏六月壬午，郡国十一大风。九真言嘉禾生。丙申，北海王普薨。秋七月，丹阳山崩。八月庚午，初令三署郎通达经术任牧民者，视事三岁以上，皆得察举。九月，郡国五雨水。冬十月辛未，太尉刘恺罢。甲戌，司徒杨震为太尉，光禄勋东莱刘熹为司徒。十一月甲辰，校猎上林苑，鲜卑败南匈奴于曼柏。是岁，分郡西部为属国都尉。京师及郡国三地震。

三年春二月丙子，东巡狩。丁丑，告陈留太守，祠南顿君、光武皇帝于济阳，复济阳今年田租、刍稿。庚寅，遣使者祠唐尧于成阳。戊子，济南上言，凤皇集台县丞霍收舍树上。赐台民帛五十匹，丞二十匹，尉半之，吏卒人三匹。凤皇所过亭部，无出今年田租。赐男子爵，人二级。辛卯，幸太山，柴告岱宗。齐王无忌、北海王翼、乐安王延来朝。壬辰，宗祀五帝于汶上明堂。癸巳，告祀二祖、六宗，劳赐郡县，作乐。三月甲午，陈王崇薨。戊戌，祀孔子及七十二弟子于阙里，自鲁相、令、丞、尉及孔氏亲属、妇女、诸生悉会，赐褒成侯以下帛各有差。还，幸东平，至东郡，历魏郡、河内。壬戌，车驾还京师，幸太学。是日，太尉杨震免。夏四月乙丑，车驾入宫，假于祖祢。壬戌，沛国言甘露降丰县。戊辰，光禄勋冯石为太尉。五月，南匈奴左日逐王叛，使匈奴中郎将马翼讨破之。日南徼外蛮夷内属。六月，鲜卑寇玄菟。庚午，闻中山崩。辛未，扶风言白鹿见雍。辛巳，遣侍御史分行青冀二州灾害，督录盗贼。秋七月丁酉，初复右校、左校令丞官。日南徼外蛮豪帅诣阙贡献。冯翊言甘露降频阳、衙。颍川上言木连理。白鹿、麒麟见阳翟。鲜卑寇高柳。梁王坚薨。八月辛巳，大鸿胪耿宝为大将军。戊子，颍川上言麒麟一、白虎二见阳翟。九月丁酉，废皇太子保为济阴王。乙巳，诏郡国中都官死罪系囚减罪一等，诣敦煌、陇西及度辽营；其右趾以下及亡命者赎，各有差。辛亥，济南上言黄龙见历城。庚申晦，日有食之。冬十月，行幸长安。壬午，新丰上言凤皇集西界亭。丁亥，会三辅守、令、掾史于长安，作乐。闰月乙未，祠高庙，遂有事十一陵，历观上林、昆明池。遣使者祠太上皇于万年，以中牢祠萧何、曹参、霍光。十一月乙丑，至自长安。十二月乙未，琅邪言黄龙见诸县。是岁，京师及郡国二十三地震；三十六雨水，疾风，雨雹。

四年春正月壬午，东郡言黄龙二、麒麟一见濮阳。二月乙亥，下邳王衍薨。甲辰，南巡狩。三月戊午朔，日有食之。庚申，幸宛，帝不豫。辛酉，令大将军耿宝行太尉事。祠章陵园庙，告长沙、零陵太守，祠定王、节侯、郁林府君。乙丑，自宛还。丁卯，幸叶，帝崩于乘舆，年三十二。秘不敢宣，所在上食问起居如故。庚午，还宫。辛未夕，乃发丧。尊皇后为皇太后。太后临朝，以后兄大鸿胪阎显为车骑将军，定策禁中，立章帝孙济北惠王寿子北乡侯懿。甲戌，济南王香薨。乙酉，北乡侯即皇帝位。夏四月丁酉，太尉冯石为太傅，司徒刘熹为太尉，参录尚书事；前司空李郃为司徒。辛卯，大将军耿宝、中常侍樊丰、侍中谢恽、周广、乳母野王君王圣，坐相阿党，丰、恽、广下狱死，宝自杀，圣徙雁门。己酉，葬孝安皇帝于恭陵。庙曰恭宗。六月乙巳，大赦天下。诏先帝巡狩所幸，皆半入今年田租。秋七月，西域长史班勇击车师后王，斩之。丙午，东海王肃薨。冬十月丙午，越巂山崩。辛亥，少帝薨。是冬，京师大疫。

论曰：孝安虽称尊享御，而权归邓氏，至乃损彻膳服，克念政道。然令自房帷，威不逮远，始失根统，归成陵敝。遂复计金授官，移民逃寇，推咎自衡，以答天眚，既云哲妇，亦"惟家之索"矣。

赞曰：安德不升，秕我王度。降夺储嫡，开萌邪蠹。冯石承欢，杨公逢怒。彼日而微，遂祲天路。

卷　六　　　　顺冲质帝纪第六

孝顺皇帝讳保，安帝之子也。母李氏，为阎皇后所害。永宁元年，立为皇太子。延光三年，安帝乳母王圣、大长秋江京、中常侍樊丰谮太子乳母王男、厨监邴吉，杀之，太子数为叹息。王圣等惧有后祸，遂与丰、京共构陷太子，太子坐废为济阴王。明年三月，安帝崩，北乡侯立，济阴王以废黜，不得上殿亲临梓宫，悲号不食，内外群僚莫不哀之。及北乡侯薨，车骑将军阎显及江京，与中常侍刘安、陈达等白太后，秘不发丧，而更征立诸国王子，乃闭宫门，屯兵自守。十一月丁巳，京师及郡国十六地震。是夜，中黄门孙程等十九人共斩江京、刘安、陈达等，迎济阴王于德阳殿西钟下，即皇帝位，年十一。近臣尚书以下，从辇到南宫，登云台，召百官。尚书令刘光等奏言："孝安皇帝圣德明茂，早弃天下。陛下正统，当奉宗庙，而奸臣交构，遂令陛下龙潜蕃国，群僚远近莫不失望。天命有常，北乡不永，汉德盛明，福祚孔章。近臣建策，左右扶翼，内外同心，稽合神明。陛下践阼，奉遵鸿绪，为郊庙主，承续祖宗无穷之烈，上当天心，下厌民望。而即位仓卒，典章多缺，请条案礼仪，分别具奏。"制曰："可。"乃召公卿百僚，使虎贲、羽林士屯南、北宫诸门。阎显兄弟闻帝立，率兵入北宫，尚书郭镇与交锋刃，遂斩显卫尉景。戊午，遣使者入省，夺得玺绶，乃幸嘉德殿，遣侍御史持节收阎显及其弟城门校尉耀、执金吾晏，并下狱诛。己未，开门，罢屯兵。壬戌，诏司隶校尉："惟阎显、江京近亲当伏辜诛，其余务崇宽贷。"壬申，谒高庙。癸酉，谒光武庙。乙亥，诏益州刺史罢子午道，通褒斜路。己卯，葬少帝以诸王礼。司空刘授免。赐公卿以下钱谷各有差。十二月甲申，以少府河南陶敦为司空。令郡国守相视事未满岁者，一切得举孝廉吏。癸卯，尚书奏请下有司，收还延光三年九月丁酉以皇太子为济阴王诏书。奏可。京师大疫。辛亥，诏公卿、郡守、国相，举贤良方正、能直言极谏之士各一人。尚书令以下从辇幸南宫者，皆增秩赐布各有差。

永建元年春正月甲寅，诏曰："先帝圣德，享祚未永，早弃鸿烈。奸慝缘间，人庶怨讟，上干和气，疫疠为灾。朕奉承大业，未能宁济。盖至理之本，稽弘德惠，荡涤宿恶，与人更始。其大赦天下。赐男子爵，人二级，为父后、三老、孝悌、力田人三级，流民欲自占者一级，鳏、寡、孤、独、笃癃、贫不能自存者粟，人五斛；贞妇帛，人三匹。坐法当徙，勿徙；亡徒当传，勿传。宗室以罪绝，皆复属籍。其与阎显、江京等交通者，悉勿考。勉修厥职，以康我民。"辛未，皇太后阎氏崩。辛巳，太傅冯石、太尉刘熹、司徒李郃免。二月甲申，葬安思皇后。丙戌，太常桓焉为太傅；大鸿胪朱宠为太尉，参录尚书事；长乐少府九江朱伥为司徒。赐百官随辇宿卫及拜除者布各有差。陇西钟羌叛，护羌校尉马贤讨破之。夏五月丁丑，诏幽、并、凉州刺史，使各实二千石以下至黄绶，年老劣弱不任军事者，上名。严敕障塞，缮设屯备，立秋之后，简习戎马。六月己亥，封济南王错子显为济南王。秋七月庚午，卫尉来历为车骑将军。八月，鲜卑寇代郡，代郡太守李超战殁。九月辛亥，初令三公、尚书入奏事。冬十月辛巳，诏减死罪以下徙边；其亡命赎，各有差。丁亥，司空陶敦免。鲜卑犯边。庚寅，遣黎阳营兵出屯中山北界。告幽州刺史，其令缘边郡增置步兵，列屯塞下。调五营弩师，郡举五人，令教习战射。壬寅，廷尉张皓为司空。甲辰，诏以疫疠水潦，令人半输今年田租；伤害什四以上，勿收责；不满者，以实除之。十二月辛巳，赐王、主、贵人、公卿以下布各有差。

二年春正月戊申，乐安王鸿来朝。丁卯，常山王章薨。二月，鲜卑寇辽东、玄菟。甲辰，诏禀贷荆、豫、兖、冀四州流冗贫人，所在安业之；疾病致医药。护乌桓校尉耿晔率南单于击鲜卑，破之。三月，旱，遣使者录囚徒。疏勒国遣使奉献。夏六月乙酉，追尊谥皇妣李氏为恭愍皇后，葬于恭北陵。西域长史班勇、敦煌太守张朗讨焉耆、尉犁、危须三国，破之，并遣子贡献。秋七月甲戌朔，日有食之。壬午，太尉朱宠、司徒朱伥罢。庚子，太常刘光为太尉，录尚书事；光禄勋许敬为司徒。辛丑，下邳王成薨。

三年春正月丙子，京师地震，汉阳地陷裂。甲午，诏实核伤害者，赐年七岁以上钱，人二千，一家被害，郡县为收敛。乙未，诏勿收汉阳今年田租、口赋。夏四月癸卯，遣光禄大夫案行汉阳及河内、魏郡、陈留、东郡，禀贷贫人。六月，旱。遣使者录囚徒，理轻系。甲寅，济南王显薨。秋七月丁酉，茂陵园寝灾，帝缟素避正殿。辛亥，使太常王龚持节告祠陵庙。九月，鲜卑寇渔阳。冬十二月己亥，太傅桓焉免。是岁，车骑将军来历罢。

四年春正月丙寅，诏曰："朕托王公之上，涉道日寡，政失厥中，阴阳气隔，寇盗肆暴，庶狱弥繁，忧悴永叹，疢如疾首。《诗》云：'君子如祉，乱庶遄已。'三朝之会，朔旦立春，嘉与海内洗心自新。其赦天下。从甲寅赦令已来复秩属籍，三年正月已来还赎。其阎显、江京等所知识婚姻禁锢，一原除之。务崇宽和，敬顺时令，遵典去苛，以称朕意。"丙子，帝加元服。赐王、主、贵人、公卿以下金帛各有差。赐男子爵及流民欲占者人一级，为父后、三老、孝悌、力田人二级；鳏、寡、孤、独、笃癃、贫不能自存帛，人一匹。二月戊戌，诏以民入山凿石，发泄藏气，敕有司检察所当禁绝，如建武、永平故事。夏五月壬辰，诏曰："海内颇有灾异，朝廷修政，太官减膳，珍玩不御。而桂阳太守文砻，不惟竭忠，宣畅本朝，而远献大珠，以求幸媚，今封以还之。"

五州雨水。秋八月庚子，遣使实核死亡，收敛禀赐。丁巳，太尉刘光、司空张皓免。九月，复安定、北地、上郡归旧土。癸酉，大鸿胪庞参为太尉，录尚书事。太常王龚为司空。冬十一月庚辰，司徒许敬免。鲜卑寇朔方。十二月乙卯，宗正刘崎为司徒。是岁，分会稽为吴郡。拘弥国遣使贡献。

五年春正月，疏勒王遣侍子，及大宛、莎车王皆奉使贡献。夏四月，京师旱，辛巳，诏郡国贫人被灾者，勿收责今年过更。京师及郡国十二蝗。冬十月丙辰，诏郡国中都官死罪系囚皆减罪一等，诣北地、上郡、安定戍。乙亥，定远侯班始坐杀其妻阴城公主，腰斩，同产皆弃市。

六年春二月庚午，河间王开薨。三月辛亥，复伊吾屯田，复置伊吾司马一人。秋九月辛巳，缮起太学。护乌桓校尉耿晔遣兵击鲜卑，破之。丁酉，于阗王遣侍子贡献。冬十一月辛亥，诏曰："连年灾潦，冀部尤甚。比蠲除实伤，赡恤穷匮，而百姓犹有弃业，流亡不绝。疑郡县用心怠惰，恩泽不宣。《易》美'损上益下'，《书》称'安民则惠'。其令冀部勿收今年田租、刍稿。"十二月，日南徼外叶调国、掸国遣使贡献。壬申，客星出牵牛。于阗王遣侍子诣阙贡献。

阳嘉元年春正月乙巳，立皇后梁氏。赐爵，人二级，三老、孝悌、力田三级，爵过公乘，得移与子若同产、同产子，民无名数及流民欲占著者人一级；鳏、寡、孤、独、笃癃、贫不能自存者粟，人五斛。二月，海贼曾旌等寇会稽，杀句章、鄞、鄮三县长，攻会稽东部都尉。诏缘海县各屯兵戍。丁巳，皇后谒高庙、光武庙，诏禀甘陵贫人，大小口各有差。京师旱。庚申，敕郡国二千石各祷名山岳渎，遣大夫、谒者诣嵩高、首阳山，并祠河、洛，请雨。戊辰，雩。以冀部比年水潦，民食不赡，诏案行禀贷，劝农功，赈乏绝。甲戌，诏曰："政失厥和，阴阳隔并，冬鲜宿雪，春无澍雨。分祷祈请，靡神不举。深恐在所慢违'如在'之义，今遣侍中王辅等，持节分诣岱山、东海、荥阳、河、洛，尽心祈焉。"三月，扬州六郡妖贼章河等寇四十九县，杀伤长吏。庚寅，帝临辟雍飨射，大赦天下，改元阳嘉。诏宗室绝属籍者，一切复籍；禀冀州尤贫民，勿收今年更、租、口赋。夏五月戊寅，阜陵王恢薨。秋七月，史官始作候风地动铜仪。丙辰，以太学新成，试明经下第者补弟子，增甲、乙科员各十人。除郡国耆儒九十人补郎、舍人。九月，诏郡国中都官系囚减死罪一等，亡命者赎，各有差。鲜卑寇辽东。冬十一月甲申，望都、蒲阴狼杀女子九十七人，诏赐狼所杀者钱，人三千，辛卯，初令郡国举孝廉，限年四十以上，诸生通章句，文吏能笺奏，乃得应选；其有茂才异行，若颜渊、子奇，不拘年齿。十二月丁未，东平王敞薨。庚戌，复置玄菟郡屯田六部。闰月丁亥，令诸以诏除为郎，年四十以上课试如孝廉科者，得参廉选，岁举一人。戊子，客星出天苑。辛卯，诏曰："间者以来，吏政不勤，故灾眚屡臻，盗贼多有。退省所由，皆以选举不实，官非其人，是以天心未得，人情多怨。《书》歌股肱，《诗》刺三事。今刺史、二千石之选，归任三司。其简序先后，精核高下，岁月之次，文武之宜，务存开衷。"庚子，恭陵百丈庑灾。是岁，起西苑，修饰宫殿。

二年春二月甲申，诏以吴郡、会稽饥荒，贷人种粮。三月，使匈奴中郎将王稠率左骨都侯等击鲜卑，破之。辛酉，除京师耆儒年六十以上四十八人补郎、舍人及诸王国郎。夏四月,复置陇西南部都尉官。己亥,京师地震。五月庚子,诏曰:"朕以不德,统奉鸿业,无以奉顺乾坤,协序阴阳,灾眚屡见,咎征仍臻。地动之异,发自京师,矜矜祗畏,不知所裁,群公卿士将何以匡辅不逮,奉答戒异?异不空设,必有所应,其各悉心直言厥咎,靡有所讳。"戊午,司空王龚免。六月辛未,太常鲁国孔扶为司空。疏勒国献师子、封牛。丁丑,洛阳地陷。是月,旱。秋七月己未,太尉庞参免。八月己巳,大鸿胪沛国施延为太尉。鲜卑寇代郡。冬十月庚午,行礼辟雍,奏应钟,始复黄钟,作乐器随月律。

三年春二月己丑,诏以久旱,京师诸狱无轻重皆且勿考竟,须得澍雨。三月庚戌,益州盗贼劫质令长,杀列侯。夏四月丙寅,车师后部司马率后部王加特奴等掩击匈奴,大破之,获其季母。五月戊戌,制诏曰:"昔我太宗,丕显之德,假于上下,俭以恤民,政致康乂。朕秉事不明,政失厥道,天地谴怒,大变仍见。春夏连旱,寇贼弥繁,元元被害,朕甚愍之,嘉与海内洗心更始。其大赦天下,自殊死以下谋反大逆诸犯不当得赦者,皆赦除之。赐民年八十以上米,人一斛,肉二十斤,酒五斗;九十以上加赐帛,人二匹,絮三斤。"秋七月庚戌,钟羌寇陇西、汉阳。冬十月,护羌校尉马续击破之。十一月壬寅,司徒刘崎、司空孔扶免。乙巳,大司农南郡黄尚为司徒,光禄勋河东王卓为司空。丙午,武都塞上屯羌及外羌攻破屯官,驱略人畜。

四年春二月丙子,初听中官得以养子为后,世袭封爵。自去冬旱,至于是月。谒者马贤击钟羌,大破之。夏四月甲子,太尉施延免。戊寅,执金吾梁商为大将军,前太尉庞参为太尉。六月己未,梁王匡薨。秋七月己亥,济北王登薨。闰月丁亥朔,日有食之。冬十月,乌桓寇云中。十一月,围度辽将军耿晔于兰池,发诸郡兵救之,乌桓退走。十二月甲寅,京师地震。

永和元年春正月,夫馀王来朝。乙卯,诏曰:"朕秉政不明,灾眚屡臻。典籍所忌,震食为重。今日变方远,地摇京师,咎征不虚,必有所应。群公百僚其各上封事,指陈得失,靡有所讳。"己巳,宗祀明堂,登灵台,改元永和,大赦天下。秋七月,偃师蝗。冬十月丁亥,承福殿火,帝避御云台。十一月丙子,太尉庞参罢。十二月,象林蛮夷叛。乙巳,以前司空王龚为太尉。

二年春正月,武陵蛮叛,围充县,又寇夷道。二月,广汉属国都尉击破白马羌。武都太守李进击叛蛮,破之。三月辛亥,北海王翼薨。乙卯,司空王卓薨。丁丑,光禄勋冯翊郭虔为司空。夏四月丙申,京师地震。五月,日南叛蛮攻郡府。秋七月,九真、交阯二郡兵反。八月庚子,荧惑犯南斗。江夏盗贼杀邾长。冬十月甲申,行幸长安,所过鳏、寡、孤、独、贫不能自存者赐粟,人五斛。庚子、辛丑夹宫,会三辅郡守、都尉及官属,劳赐作乐。十一月丙午,祠高庙。丁未,遂有事十一陵。丁卯,京师地震。十二月乙亥,至自长安。

三年春二月乙亥,京师及金城、陇西地震,二郡山岸崩,地陷。戊子,太白犯荧惑。夏四月,九江贼蔡伯流寇郡界,及广陵,杀江都长。戊戌,遣光禄大夫案行金城、陇西,

赐压死者年七岁以上钱,人二千;一家皆被害,为收敛之。除今年田租,尤甚者勿收口赋。闰月,蔡伯流等率众诣徐州刺史应志降。己酉,京师地震。五月,吴郡丞羊珍反,攻郡府,太守王衡破斩之。六月辛丑,琅邪王遵薨。九真太守祝良、交阯刺史张乔慰诱日南叛蛮,降之,岭外平。秋七月丙戌,济北王多薨。八月己未,司徒黄尚免。九月己酉,光禄勋长沙刘寿为司徒。丙戌,令大将军、三公各举故刺史、二千石及见令、长、郎、谒者、四府掾属刚毅武猛有谋谟任将帅者各二人,特进、卿、校尉各一人。冬十月,烧当羌寇金城,护羌校尉马贤击破之,羌遂相招而叛。十二月戊戌朔,日有食之。

四年春正月庚辰,中常侍张逵、蘧政、杨定等有罪诛,连及弘农太守张凤、安平相杨晧,下狱死。三月乙亥,京师地震。夏四月癸卯,护羌校尉马贤讨烧当羌,大破之。戊午,大赦天下。赐民爵及粟帛各有差。五月戊辰,封故济北惠王寿子安为济北王。秋八月,太原郡旱,民庶流冗。癸丑,遣光禄大夫案行禀贷,除更赋。冬十月戊午,校猎上林苑,历函谷关而还。十一月丙寅,幸广成苑。

五年春二月戊申,京师地震。夏四月庚子,中山王弘薨。南匈奴左部句龙大人吾斯、车纽等叛,围美稷。五月,度辽将军马续讨吾斯、车纽,破之,使匈奴中郎将陈龟迫杀南单于。己丑晦,日有食之。且冻羌寇三辅,杀令长。丁丑,令死罪以下及亡命赎,各有差。九月,令扶风、汉阳筑陇道坞三百所,置屯兵。辛未,太尉王龚罢。且冻羌寇武都,烧陇关。壬午,太常桓焉为太尉。丁亥,徙西河郡居离石,上郡居夏阳,朔方居五原。句龙吾斯等东引乌桓,西收羌胡,寇上郡,立车纽为单于。冬十一月辛巳,遣使匈奴中郎将张耽击破之,车纽降。

六年春正月丙子,征西将军马贤与且冻羌战于射姑山,贤军败没,安定太守郭璜下狱死。诏贷王、侯国租一岁。闰月,巩唐羌寇陇西,遂及三辅。二月丁巳,有星孛于营室。三月,武威太守赵冲讨巩唐羌,破之。庚子,司空郭虔免。乙巳,河间王政薨。丙午,太仆赵戒为司空。夏五月庚子,齐王无忌薨。使匈奴中郎将张耽大破乌桓、羌胡于天山。巩唐羌寇北地。秋七月甲午,诏假民有赀者户钱一千。八月丙辰,大将军梁商薨;壬戌,河南尹梁冀为大将军。九月,诸种羌寇武威。辛亥晦,日有食之。冬十月癸丑,徙安定居扶风,北地居冯翊。十一月庚子,以执金吾张乔行车骑将军事,将兵屯三辅。

汉安元年春正月癸巳,宗祀明堂,大赦天下,改元汉安。二月丙辰,诏大将军、公、卿举贤良方正、能探赜索隐者各一人。秋七月,始置承华厩。八月,南匈奴左部大人句龙吾斯与薁鞬台耆等反叛。丁卯,遣侍中杜乔、光禄大夫周举,守光禄大夫郭遵、冯羡、栾巴、张纲、周栩、刘班等八人分行州郡,班宣风化,举实臧否。九月庚寅,广陵盗贼张婴等寇郡县。冬十月辛未,太尉桓焉、司徒刘寿免。甲戌,行车骑将军张乔罢。十一月壬午,司隶校尉赵峻为太尉,大司农胡广为司徒。癸卯,诏大将军、三公选武猛试用有效验任为将校者各一人。是岁,广陵贼张婴等诣太守张纲降。

二年春二月丙辰，鄯善国遣使贡献。夏四月庚戌，护羌校尉赵冲与汉阳太守张贡击烧何羌于参䜌，破之。六月乙丑，荧惑犯镇星。丙寅，立南匈奴守义王兜楼储为南单于。冬十月辛丑，令郡国中都官系囚殊死以下出缣赎，各有差；其不能入赎者，遣诣临羌县居作二岁。甲辰，减百官奉。丙午，禁沽酒，又贷王、侯国租一岁。闰月，赵冲击烧当羌于阿阳破之。十一月，使匈奴中郎将马寔遣人刺杀句龙吾斯。十二月，杨、徐盗贼攻烧城寺，杀略吏民。是岁，凉州地百八十震。

建康元年春正月辛丑，诏曰："陇西、汉阳、张掖、北地、武威、武都，自去年九月已来，地百八十震，山谷坼裂，坏败城寺，杀害民庶。夷狄叛逆，赋役重数，内外怨旷，惟咎叹息。其遣光禄大夫案行，宣畅恩泽，惠此下民，勿为烦扰。"三月庚子，沛王广薨。领护羌校尉卫琚追讨叛羌，破之。南郡、江夏盗贼寇掠城邑，州郡讨平之。夏四月，使匈奴中郎将马寔击南匈奴左部，破之。于是胡羌、乌桓悉诣寔降。辛巳，立皇子炳为皇太子，改元建康，大赦天下。赐人爵各有差。秋七月丙午，清河王延平薨。八月，杨、徐盗贼范容、周生等寇掠城邑，遣御史中丞冯赦督州郡兵讨之。庚午，帝崩于玉堂前殿，时年三十。遗诏无起寝庙，敛以故服，珠玉玩好皆不得下。

论曰：古之人君，离幽放而反国祚者有矣，莫不矫鉴前违，审识情伪，无忘在外之忧，故能中兴其业。观夫顺朝之政，殆不然乎？何其效僻之多与？

孝冲皇帝讳炳，顺帝之子也。母曰虞贵人。建康元年立为皇太子，其年八月庚午，即皇帝位，年二岁。尊皇后曰皇太后。太后临朝。丁丑，以太尉赵峻为太傅；大司农李固为太尉，参录尚书事。九月丙午，葬孝顺皇帝于宪陵，庙曰敬宗。是日，京师及太原、雁门地震，三郡水涌土裂。庚戌，诏三公、特进、侯、卿、校尉，举贤良方正、幽逸修道之士各一人，百僚皆上封事。己未，九江太守丘腾有罪，下狱死。杨州刺史尹耀、九江太守邓显讨贼范容等于历阳，军败，耀、显为贼所殁。冬十月，日南蛮夷攻烧城邑，交阯刺史夏方招诱降之。壬申，常山王仪薨。己卯，零陵太守刘康坐杀无辜，下狱死。十一月，九江盗贼徐凤、马勉等称"无上将军"，攻烧城邑。己酉，令郡国中都官系囚减死一等，徙边；谋反大逆，不用此令。十二月，九江贼黄虎等攻合肥。是岁，群盗发宪陵。护羌校尉赵冲追击叛羌于鹯阴河，战殁。

永熹元年春正月戊戌，帝崩于玉堂前殿，年二岁。清河王蒜征至京师。

孝质皇帝讳缵，肃宗玄孙。曾祖父千乘贞王伉，祖父乐安夷王宠，父勃海孝王鸿，母陈夫人。冲帝不豫，大将军梁冀征帝到洛阳都亭，及冲帝崩，皇太后与冀定策禁中，丙辰，使冀持节，以王青盖车迎帝入南宫。丁巳，封为建平侯，其日即皇帝位，年八岁。己未，葬孝冲皇帝于怀陵。广陵贼张婴等复反，攻杀堂邑、江都长。九江贼徐凤等攻杀曲阳、东城长。甲申，谒高庙。乙酉，谒光武庙。二月，豫章太守虞续坐赃，下狱死。乙酉，大赦天下。赐人爵及粟帛各有差。还王侯所削户邑。彭城王道薨。叛羌诣左冯翊梁并降。三月，九江贼马勉称"黄帝"。九江都尉滕抚讨马勉、范容、周生，大破斩之。夏四月壬申，雹。庚辰，济北王安薨。丹阳贼陆宫等围城，烧亭寺，丹阳太守江汉击破之。五月甲午，诏曰："朕以不德，托母天下，布政不明，每失厥中。自春涉夏，大旱炎赫，忧心京京，故得祷祈明祀，冀蒙润泽。前虽得雨，而宿麦颇伤；比日阴云，还复开霁。瘖瘇永叹，重怀惨结。将二千石、令长不崇宽和，暴刻之为乎？其令中都官系囚罪非殊死考未竟者，一切任出，以须立秋。郡国有名山大泽能兴云雨者，二千石长吏各絜齐请祷，谒诚尽礼。又兵役连年，死亡流离，或支骸不敛，或停棺莫收，朕甚愍焉。昔文王葬枯骨，人赖其德。今遣使者案行，若无家属及贫无资者，随宜赐恤，以慰孤魂。"是月，下邳人谢安应募击徐凤等，斩之。丙辰，诏曰："孝殇皇帝虽不永休祚，而即位逾年，君臣礼成。孝安皇帝承袭经业，而前世遂令恭陵在康陵之上，先后相逾，失其次序，非所以奉宗庙之重，垂无穷之制。昔定公追正顺祀，《春秋》善之。其令恭陵次康陵，宪陵次恭陵，以序亲秩，为万世法。"六月，鲜卑寇代郡。秋七月庚寅，阜陵王代薨。庐江盗贼攻寻阳，又攻盱台，滕抚遣司马王章击破之。九月庚戌，太傅赵峻薨。冬十一月己丑，南阳太守韩昭坐赃下狱死。丙午，中郎将滕抚击广陵贼张婴，破之。丁未，中郎将赵序坐畏懦弃市。历阳贼华孟自称"黑帝"，攻杀九江太守杨岑，滕抚率诸将击孟等，大破斩之。

本初元年春正月丙申，诏曰："昔尧命四子，以钦天道，《鸿范》九畴，休咎有象。夫瑞以和降，异因逆感，禁微应大，前圣所重。顷者，州郡轻慢宪防，竞逞残暴，造设科条，陷入无罪。或以喜怒驱逐长吏，恩阿所私，罚枉仇隙，至令守阙诉讼，前后不绝。送故迎新，人离其害，怨气伤和，以致灾眚。《书》云：'明德慎罚。'方春东作，育微敬始。其敕有司，罪非殊死，且勿案验，以崇在宽。"壬子，广陵太守王喜坐讨贼逗留，下狱死。二月庚辰，诏曰："九江、广陵二郡数离寇害，残夷最甚。生者失其资业，死者委尸原野。昔之为政，一物不得其所，若己为之，况我元元，婴此困毒。方春戒节，赈济乏厄，掩骼埋胔之时。其调比郡见谷，出稟穷弱，收葬枯骸，务加埋恤，以称朕意。"夏四月庚辰，令郡国举明经，年五十以上、七十以下诣太学。自大将军至六百石，皆遣子受业，岁满课试，以高第五人补郎中，次五人太子舍人。又千石、六百石、四府掾属、三署郎、四姓小侯先能通经者，各令随家法，其高第者上名牒，当以次赏进。五月庚寅，徙乐安王为勃海王。海水溢。戊申，使谒者案行，收葬乐安、北海人为水所漂没死者，又稟给贫羸。庚戌，太白犯荧惑。六月丁巳，大赦天下，赐民爵及粟帛各有差。闰月甲申，大将军梁冀潜行鸩弑，帝崩于玉堂前殿，年九岁。丁亥，太尉李固免。戊子，司徒胡广为太尉，司空赵戒为司徒，与梁冀参录尚书事。太仆袁汤为司空。

赞曰：孝顺初立，时髦允集。匪砥匪革，终沦嬖习，保阿传土，后家世及。冲夭未识，质弑以聪。陵折在运，天绪三终。

卷　七　　　　桓帝纪第七

孝桓皇帝讳志，肃宗曾孙也。祖父河间孝王开，父蠡吾侯翼，母匽氏。翼卒，帝袭爵为侯。本初元年，梁太后征帝到夏门亭，将妻以女弟。会质帝崩，太后遂与兄大将军冀定策禁中，闰月庚寅，使冀持节，以王青盖车迎帝入南宫，其日即皇帝位，时年十五。太后犹临朝政。秋七月乙卯，葬孝质皇帝于静陵。齐王喜薨。辛巳，谒高庙、光武庙。丙戌，诏曰："孝廉、廉吏皆当典城牧民，禁奸举善，兴化之本，恒必由之。诏书连下，分明恳恻，而在所玩习，遂至怠慢，选举乖错，害及元元。顷虽颇绳正，犹未惩改。方令淮夷未殄，军师屡出，百姓疲悴，困于征发。庶望群吏，惠我劳民，蠲涤贪秽，以祈休祥。其令秩满百石，十岁以上，有殊才异行，乃得参选。臧吏子孙，不得察举。杜绝邪伪请托之原，令廉白守道者得信其操。各明于所司，将观厥后。"九月戊戌，追尊皇祖河间孝王曰孝穆皇，夫人赵氏曰孝穆皇后，皇考蠡吾侯曰孝崇皇。冬十月甲午，尊皇母匽氏为孝崇博园贵人。

建和元年春正月辛亥朔，日有食之。诏三公、九卿、校尉各言得失。戊午，大赦天下。赐吏更劳一岁；男子爵，人二级，为父后及三老、孝悌、力田人三级；鳏、寡、孤、独、笃癃、贫不能自存者粟，人五斛；贞妇帛，人三匹。灾害所伤什四以上，勿收田租；其不满者，以实除之。二月，荆扬二州人多饿死，遣四府掾分行赈给。沛国言黄龙见谯。夏四月庚寅，京师地震。诏大将军、公、卿、校尉举贤良方正、能直言极谏者各一人。又命列侯、将、大夫、御史、谒者、千石、六百石、博士、议郎、郎官各上封事，指陈得失。又诏大将军、公、卿、郡、国举至孝笃行之士各一人。壬辰，诏州郡不得迫胁驱逐长吏。长吏臧满三十万而不纠举者，刺史、二千石以纵避为罪。若有擅相假印绶者，与杀人同弃市论。丙午，诏郡国系囚减死罪一等，勿笞。唯谋反大逆，不用此书。又诏曰："比起陵茔，弥历时岁，力役既广，徒隶尤勤。顷雨泽不沾，密云复散，倦劳在兹。其令徒作陵者减刑各六月。"是月，立阜陵王代兄勃遒亭侯便为阜陵王。郡国六地裂，水涌井溢。芝草生中黄藏府。六月，太尉胡广罢，大司农杜乔为太尉。秋七月，勃海王鸿薨，立帝弟蠡吾侯悝为勃海王。八月乙未，立皇后梁氏。九月丁卯，京师地震。太尉杜乔免。冬十月，司徒赵戒为太尉，司空袁汤为司徒，前太尉胡广为司空。十一月，济阴言有五色大鸟见于己氏。戊午，减天下死罪一等，戍边。清河刘文反，杀国相谢暠，欲立清河王蒜为天子；事觉伏诛。蒜坐贬为尉氏侯，徙桂阳，自杀。前太尉李固、杜乔皆下狱死。陈留盗贼李坚自称皇帝，伏诛。

二年春正月甲子，皇帝加元服。庚午，大赦天下。赐河间、勃海二王黄金各百斤，彭城诸国王各五十斤；公主、大将军、三公、特进、侯、中二千石、二千石、将、大夫、郎吏、从官、四姓及梁邓小侯、诸夫人以下帛，各有差。年八十以上赐米、酒、肉，九十以上加帛二匹，绵三斤。三月戊辰，帝从皇太后幸大将军梁冀府。白马羌寇广汉属国，杀长吏，益州刺史率板楯蛮讨破之。夏四月丙子，封帝弟硕为平原王，奉孝崇皇祀。尊孝崇皇夫人马氏为孝崇园贵人。嘉禾生大司农帑藏。五月癸丑，北宫掖廷中德阳殿及左掖门火，车驾移幸南宫。六月，改清河为甘陵，立安平王得子经侯理为甘陵王。秋七月，京师大水。河东言木连理。冬十月，长平陈景自号"黄帝子"，署置官属，又南顿管伯亦称"真人"，并图举兵，悉伏诛。

三年春三月甲申，彭城王定薨。夏四月丁卯晦，日有食之。五月乙亥，诏曰："盖闻天生蒸民，不能相理，为之立君，使司牧之。君道得于下，则休征著乎上；庶事失其序，则咎征见乎象。间者，日食毁缺，阳光晦暗，朕祗惧潜思，匪遑启处。传不云乎：'日食修德，月食修刑。'昔孝章帝愍前世禁徙，故建初之元，并蒙恩泽，流徙者使还故郡，没入者免为庶民。先皇德政，可不务乎！其自永建元年迄乎今岁，凡诸妖恶，支亲从坐，及吏民减死徙边者，悉归本郡；唯没入者不从此令。"六月庚子，诏大将军、三公、特进、侯，其与卿、校尉举贤良方正、能直言极谏之士各一人。乙卯，震宪陵寝屋。秋七月庚申，廉县雨肉。八月乙丑，有星孛于天市。京师大水。九月己卯，地震。庚寅，地又震。诏死罪以下及亡命者赎，各有差。郡国五山崩。冬十月，太尉赵戒免。司徒袁汤为太尉，大司农河内张歆为司徒。十一月甲申，诏曰："朕摄政失中，灾眚连仍，三光不明，阴阳错序。监寐寤叹，疢如疾首。今京师厮舍，死者相枕，郡县阡陌，处处有之，甚违周文掩胔之义。其有家属而贫无以葬者，给直，人三千，丧主布三匹；若无亲属，可于官壖地葬之，表识姓名，为设祠祭。又徙在作部，疾病致医药，死亡厚埋藏。民有不能自振及流移者，禀谷如科。州郡检察，务崇恩施，以康我民。"

和平元年春正月甲子，大赦天下，改元和平。乙丑，诏曰："曩者遭家不造，先帝早世。永惟大宗之重，深思嗣续之福，询谋台辅，稽之兆占。既建明哲，克定统业，天人协和，万国咸宁。元服已加，将即委付，而四方盗窃，颇有未静，故复延临政，以须安谧。幸赖股肱御侮之助，残丑消荡，民和年稔，普天率土，遐迩洽同。远览'复子明辟'之义，近慕先姑归授之法，及今令辰，皇帝称制。群公卿士，虔恭尔位，戮力一意，勉同断金。'展也大成'，则所望矣。"二月，扶风妖贼裴优自称皇帝，伏诛。甲寅，皇太后梁氏崩。三月，车驾徙幸北宫。甲午，葬顺烈皇后。夏五月庚辰，尊博园匽贵人曰孝崇皇后。秋七月，梓潼山崩。冬十一月辛巳，减天下死罪一等，徙边戍。

元嘉元年春正月，京师疾疫，使光禄大夫将医药案行。癸酉，大赦天下，改元元嘉。二月，九江、庐江大疫。甲午，河间王建薨。夏四月己丑，安平王得薨。京师旱。任城、梁国饥，民相食。司徒张歆罢，光禄勋吴雄为司徒。秋七月，武陵蛮叛。冬十月，司空胡广罢。十一月辛巳，京师地震。闰月庚午，任城王崇薨。太常黄琼为司空。

二年春正月，西域长史王敬为于寘国所杀。丙辰，京师地震。夏四月甲寅，孝崇皇后匽氏崩。庚午，常山王豹薨。五月辛卯，葬孝崇皇后于博陵。秋七月庚辰，日有食之。八月，济阴言黄龙见句阳，金城言黄龙见允街。冬十月乙亥，京师地震。十一月，司空黄琼免。十二月，特进赵戒为司空。右北平太守和旻坐臧，下狱死。

永兴元年春二月，张掖言白鹿见。三月丁亥，幸鸿池。夏五月丙申，大赦天下，改元永兴。丁酉，济南王广薨，无子，国除。秋七月，郡国三十二蝗。河水溢。百姓饥穷，流冗道路，至有数十万户，冀州尤甚。诏在所赈给乏绝，安慰居业。冬十月，太尉袁汤免，太常胡广为太尉。司徒吴雄罢，司空赵戒免；以太仆黄琼为司徒，光禄勋房植为司空。十一月丁丑，诏减天下死罪一等，徙边戍。是岁，武陵太守应奉招诱叛蛮，降之。

二年春正月甲午，大赦天下。二月辛丑，初听刺史、二千石行三年丧服。癸卯，京师地震，诏公、卿、校尉举贤良方正、能直言极谏者各一人。诏曰："比者星辰谬越，坤灵震动，灾异之降，必不空发。敕已修政，庶望有补。其舆服制度有逾侈长饰者，皆宜损省。郡县务存俭约，申明旧令，如永平故事"。六月，彭城泗水增长逆流。诏司隶校尉、部刺史曰："蝗灾为害，水变仍至，五谷不登，人无宿储。其令所伤郡国种芜菁以助人食"。京师蝗。东海朐山崩。九月丁卯朔，日有食之。诏曰："朝政失中，云汉作旱，川灵涌水，蝗螽孳蔓，残我百谷，太阳亏光，饥馑荐臻。其不被害郡县，当为饥馁者储。天下一家，趣不糜烂，则为国宝。其禁郡国不得卖酒，祠祀裁足"。太尉胡广免，司徒黄琼为太尉。闰月，光禄勋尹颂为司徒。减天下死罪一等，徙边戍。蜀郡李伯诈称宗室，当立为"太初皇帝"，伏诛。冬十一月甲辰，校猎上林苑，遂至函谷关，赐所过道傍年九十以上钱，各有差。太山、琅邪贼公孙举等反叛，杀长吏。

永寿元年春正月戊申，大赦天下，改元永寿。二月，司隶、冀州饥，人相食。敕州郡赈给贫弱。若王侯吏民有积谷者，一切貣十分之三，以助禀贷；其百姓吏民者，以见钱雇直。王侯须新租乃偿。夏四月，白乌见齐国。六月，洛水溢，坏鸿德苑。南阳大水。司空房植免，太常韩縯为司空。诏太山、琅邪遇贼者，勿收租、赋，复更、算三年。又诏被水死流失尸骸者，令郡县钩求收葬；及郡所唐突压溺物故，七岁以上赐钱，人二千。坏败庐舍，亡失谷食，尤贫者禀，人二斛。巴郡、益州郡山崩。秋七月，初置太山、琅邪都尉官。南匈奴左薁鞬台耆、且渠伯德等叛，寇美稷，安定属国都尉张奂讨除之。

二年春正月，初听中官得行三年服。二月甲申，东海王臻薨。三月，蜀郡属国夷叛。秋七月，鲜卑寇云中。太山贼公孙举等寇青、兖、徐三州，遣中郎将段颎讨之，破斩之。冬十一月。置太官右监丞官。十二月，京师地震。

三年春正月己未，大赦天下。夏四月，九真蛮夷叛，太守兒式讨之，战殁；遣九真都尉魏朗击破之。复屯据日南。闰月庚辰晦，日有食之。六月，初以小黄门为守宫令，置冗从右仆射官。京师蝗。秋七月，河东地裂。冬十一月，司徒尹颂薨。长沙蛮叛，寇益阳。司空韩縯为司徒，太常北海孙朗为司空。

延熹元年春三月己酉，初置鸿德苑令。夏五月己酉，大会公卿以下，赏赐各有差。甲戌晦，日有食之。京师蝗。六月戊寅，大赦天下，改元延熹。丙戌，分中山置博陵郡，以奉孝崇皇园陵。大雩。秋七月己巳，云阳地裂。甲子，太尉黄琼免，太常胡广为太尉。冬十月，校猎广成，遂幸上林苑。十二月，鲜卑寇边，使匈奴中郎将张奂率南单于击破之。

二年春二月，鲜卑寇雁门。己亥，阜陵王便薨。蜀郡夷寇蚕陵，杀县令。三月，复断刺史、二千石三年丧。夏，京师雨水。六月，鲜卑寇辽东。秋七月，初造显阳苑，置丞。丙午，皇后梁氏崩。乙丑，葬懿献皇后于懿陵。大将军梁冀谋为乱。八月丁丑，帝御前殿，诏司隶校尉张彪将兵围冀第，收大将军印绶，冀与妻皆自杀。卫尉梁淑、河南尹梁胤、屯骑校尉梁让、越骑校尉梁忠、长水校尉梁戟等，及中外宗亲数十人，皆伏诛。太尉胡广坐免。司徒韩縯、司空孙朗下狱。壬午，立皇后邓氏，追废懿陵为贵人冢。诏曰："梁冀奸暴，浊乱王室。孝质皇帝聪敏早茂，冀心怀忌畏，私行杀毒。永乐太后亲尊莫二，冀又遏绝，禁还京师，使朕离母子之爱，隔顾复之恩。祸害深大，罪衅日滋，赖宗庙之灵，及中常侍单超、徐璜、具瑗、左悺、唐衡、尚书令尹勋等激愤建策，内外协同，漏刻之间，桀逆枭夷。斯诚社稷之祐，臣下之力，宜班庆赏，以酬忠勋。其封超等五人为县侯，勋等七人为亭侯。"于是旧故恩私，多受封爵。大司农黄琼为太尉，光禄大夫中山祝恬为司徒，大鸿胪梁国盛允为司空。初置秘书监官。冬十月壬申，行幸长安。乙酉，幸未央宫。甲午，祠高庙。十一月庚子，遂有事十一陵。壬寅，中常侍单超为车骑将军。十二月己巳，至自长安，赐长安民粟人十斛，园陵人五斛，行所过县三斛。烧当等八种羌叛，寇陇右，护羌校尉段颎追击于罗亭，破之。天竺国来献。

三年春正月丙申，大赦天下。丙午，车骑将军单超薨。闰月，烧何羌叛，寇张掖，护羌校尉段颎追击于积石，大破之。白马令李云坐直谏，下狱死。夏四月，上郡言甘露降。五月甲戌，汉中山崩。六月辛丑，司徒祝恬薨。七月，司空盛允为司徒，太常虞放为司空。长沙蛮寇郡界。九月，太山、琅邪贼劳丙等复叛，寇掠百姓，遣御史中丞赵某持节督州郡讨之。丁亥，诏无事之官权绝奉，丰年如故。冬十一月，日南蛮贼率众诣郡降。勒姐羌围允街，段颎击破之。太山贼叔孙无忌攻杀都尉侯章。十二月，遣中郎将宗资讨破之。武陵蛮寇江陵，车骑将军冯绲讨，皆降散。荆州刺史度尚讨长沙蛮，平之。

四年春正月辛酉，南宫嘉德殿火。戊子，丙署火。大疫。二月壬辰，武库火。司徒盛允免，大司农种暠为司徒。三月，省冗从右仆射官。太尉黄琼免。夏四月，太常刘矩为太尉。甲寅，封河间王开子博为任城王。五月辛酉，有星孛于心。丁卯，原陵长寿门火。己卯，京师雨雹。六月，京兆、扶风及凉州地震。庚子，岱山及博尤来山并摧裂。己酉，大赦天下。司空虞放免，前太尉黄琼为司空。犍为属国夷寇抄百姓，益州刺史山昱击破之。零吾羌与先零诸种并叛，寇三辅。秋七月，京师雩。减公卿以下奉，贳王侯半租。占卖关内侯、虎贲、羽林、缇骑营士、五大夫钱各有差。九月，司空黄琼免，大鸿胪刘宠为司空。冬十月，天竺国来献。南阳黄武与襄城惠得、昆阳乐季讹言相署，皆伏诛。先零沈氐羌与诸种羌寇并凉二州，十一月，中郎将皇甫规击破之。十二月，夫馀王遣使来献。

五年春正月，省太官右监丞。壬午，南宫丙署火。三月，沈氐羌寇张掖、酒泉。壬午，济北王次薨。夏四月，长沙贼起，寇桂阳、苍梧。惊马逸象突入宫殿。乙丑，恭陵东阙火。戊辰，虎贲掖门火。己巳，太学西门自坏。五月，康陵园寝火。长沙、零陵贼起，攻桂阳、苍梧、南海、交阯，遣御史中丞盛脩督州郡讨之，不克。乙亥，京师地震。诏公、卿各上封事。甲申，中藏府承禄署火。秋七月己未，南宫承善闼火。乌吾羌寇汉阳、陇西、金城，诸郡兵讨破之。八月庚子，诏减虎贲、羽林住寺不任事者半奉，勿与冬衣；其公卿以下给冬衣之半。艾县贼焚烧长沙郡县，寇益阳，杀令。又零陵蛮亦叛，寇长沙。己卯，罢琅邪都尉官。冬十月，武陵蛮叛，寇江陵，南郡太守李肃坐奔北弃市；辛丑，以太常冯绲为车骑将军，讨之。假公卿以下奉。又换王侯租以助军粮，出濯龙中藏钱还之。十一月，冯绲大破叛蛮于武陵。京兆虎牙都尉宗谦坐臧，下狱死。滇那羌寇武威、张掖、酒泉。太尉刘矩免，太常杨秉为太尉。

六年春二月戊午，司徒种暠薨。三月戊戌，大赦天下。卫尉颍川许栩为司徒。夏四月辛亥，康陵东署火。五月，鲜卑寇辽东属国。秋七月甲申，平陵园寝火。桂阳盗贼李研等寇郡界。武陵蛮复叛，太守陈奉与战，大破降之。陇西太守孙羌讨滇那羌，破之。八月，车骑将军冯绲免。冬十月丙辰，校猎广成，遂幸函谷关、上林苑。十一月，司空刘宠免。南海贼寇郡界。十二月，卫尉周景为司空。

七年春正月庚寅，沛王荣薨。三月癸亥，陨石于鄠。夏四月丙寅，梁王成薨。五月己丑，京师雨雹。秋七月辛卯，赵王乾薨。野王山上有死龙。荆州刺史度尚击零陵、桂阳盗贼及蛮夷，大破平之。冬十月壬寅，南巡狩，庚申，幸章陵，祠旧宅，遂有事于园庙，赐守令以下各有差。戊辰，幸云梦，临汉水；还，幸新野，祠湖阳、新野公主、鲁哀王、寿张敬侯庙。护羌校尉段颎击当煎羌，破之。十二月辛丑，车驾还宫。

八年春正月，遣中常侍左悺之苦县，祠老子。勃海王悝谋反，降为廮陶王。丙申晦，日有食之。诏公、卿、校尉举贤良方正。二月己酉，南宫嘉德署黄龙见。千秋万岁殿火。太仆左称有罪自杀。癸亥，皇后邓氏废。河南尹邓万世、虎贲中郎将邓会下狱死。护羌校尉段颎击罕姐羌，破之。三月辛巳，大赦天下。夏四月丙寅，安陵园寝火。丁巳，坏郡国诸房祀。济阴、东郡、济北河水清。五月壬申，罢太山都尉官。丙戌，太尉杨秉薨。六月丙辰，缑氏地裂。桂阳胡兰、朱盖等复反，攻没郡县，转寇零陵，零陵太守陈球拒之；遣中郎将度尚、长沙太守抗徐等击兰、盖，大破斩之。苍梧太守张叙为贼所执，又桂阳太守任胤背敌畏懦，皆弃市。闰月甲午，南宫长秋和欢殿后钩楯、掖庭、朔平署火。六月，段颎击当煎羌于湟中，大破之。秋七月，太中大夫陈蕃为太尉。八月戊辰，初令郡国有田者亩敛税钱。九月丁未，京师地震。冬十月，司空周景免，太常刘茂为司空。辛巳，立贵人窦氏为皇后。勃海妖贼盖登等称"太上皇帝"，有玉印、珪、璧、铁券，相署置，皆伏诛。十一月壬子，德阳殿西

阁、黄门北寺火，延及广义、神虎门，烧杀人。使中常侍管霸之苦县，祠老子。

九年春正月辛卯朔，日有食之。诏公、卿、校尉、郡国举至孝。沛国戴异得黄金印，无文字，遂与广陵人龙尚等共祭井，作符书，称"太上皇"，伏诛。己酉，诏曰："比岁不登，民多饥穷，又有水旱疾疫之困。盗贼征발，青州尤甚。灾异日食，谴告累至。政乱在予，仍获咎征。其令大司农绝今岁调度征求，及前年所调未毕者，勿复收责。其灾旱盗贼之郡，勿收租，余郡悉半入。"三月癸巳，京师有火光转行，人相惊噪。司隶、豫州饥死者什四五，至有灭户者，遣三府掾赈禀之。陈留太守韦毅坐臧自杀。夏四月，济阴、东郡、济北、平原河水清。司徒许栩免。五月，太常胡广为司徒。六月，南匈奴及乌桓、鲜卑寇缘边九郡。秋七月，沈氐羌寇武威、张掖。诏举武猛，三公各二人，卿、校尉各一人。太尉陈蕃免。庚午，祠黄、老于濯龙宫。遣使匈奴中郎将张奂击南匈奴、乌桓、鲜卑。九月，光禄勋周景为太尉。南阳太守成瑨、太原太守刘质，并以谮弃市。司空刘茂免。大秦国王遣使奉献。冬十二月，洛城傍竹柏枯伤。光禄勋汝南宣酆为司空。南匈奴、乌桓率众诣张奂降。司隶校尉李膺等二百余人受诬为党人，并坐下狱，书名王府。

永康元年春正月，先零羌寇三辅，中郎将张奂破平之。当煎羌寇武威，护羌校尉段颎追击于鸾鸟，大破之。西羌悉平。夫馀王寇玄菟，太守公孙域与战，破之。夏四月，先零羌寇三辅。五月丙申，京师及上党地裂。庐江贼起，寇郡界。壬子晦，日有食之。诏公、卿、校尉举贤良方正。六月庚申，大赦天下，悉除党锢，改元永康。丙寅，阜陵王统薨。秋八月，魏郡言嘉禾生，甘露降。巴郡言黄龙见。六州大水，勃海海溢。诏州郡赐溺死者七岁以上钱，人二千；一家皆被害者，悉为收敛；其亡失谷食，禀人三斛。冬十月，先零羌寇三辅，使匈奴中郎将张奂击破之。十一月，西河言白菟见。十二月壬申，复廮陶王悝为勃海王。丁丑，帝崩于德阳前殿，年三十六。戊寅，尊皇后曰皇太后，太后临朝。是岁，复博陵、河间二郡，比丰、沛。

论曰：前史称桓帝好音乐，善琴笙。饰芳林而考濯龙之宫，设华盖以祠浮图、老子，斯将所谓"听于神"乎！及诛梁冀，奋威怒，天下犹企其休息。而五邪嬖虐，流衍四方。自非忠贤力争，屡折奸锋，虽愿依斟流彘，亦不可得已。

赞曰：桓自宗支，越跻天禄。政移五幸，刑淫三狱。倾宫虽积，皇身靡续。

卷八　　　　　灵帝纪第八

孝灵皇帝讳宏，肃宗玄孙也。曾祖河间孝王开，祖淑，父苌。世封解渎亭侯，帝袭侯爵。母董夫人。桓帝崩，无子，皇太后与父城门校尉窦武定策禁中，使守光禄大夫刘儵持节，将左右羽林至河间奉迎。

建宁元年春正月壬午，城门校尉窦武为大将军。己

亥，帝到夏门亭，使窦武持节，以王青盖车迎入殿中。庚子，即皇帝位，年十二，改元建宁。以前太尉陈蕃为太傅，与窦武及司徒胡广参录尚书事。使护羌校尉段颎讨先零羌。二月辛酉，葬孝桓皇帝于宣陵，庙曰威宗。庚午，谒高庙。辛未，谒世祖庙。大赦天下。赐民爵及帛各有差。段颎大破先零羌于逢义山。闰月甲午，追尊皇祖为孝元皇，夫人夏氏为孝元皇后，考为孝仁皇，夫人董氏为慎园贵人。夏四月戊辰，太尉周景薨。司空宣酆免，长乐卫尉王畅为司空。五月丁未朔，日有食之。诏公卿以下各上封事，及郡国守相举有道之士各一人；又故刺史、二千石清高有遗惠，为众所归者，皆诣公车。太中大夫刘矩为太尉。六月，京师雨水。秋七月，破羌将军段颎复破先零羌于泾阳。八月，司空王畅免，宗正刘宠为司空。九月辛亥，中常侍曹节矫诏诛太傅陈蕃、大将军窦武及尚书令尹勋、侍中刘瑜、屯骑校尉冯述，皆夷其族。皇太后迁于南宫。司徒胡广为太傅，录尚书事。司空刘宠为司徒，大鸿胪许栩为司空。冬十月甲辰晦，日有食之。令天下系囚罪未决入缣赎，各有差。十一月，太尉刘矩免，太仆沛国闻人袭为太尉。十二月，鲜卑及濊貊寇幽、并二州。

二年春正月丁丑，大赦天下。三月乙巳，尊慎园董贵人为孝仁皇后。夏四月癸巳，大风，雨雹。诏公卿以下各上封事。五月，太尉闻人袭罢，司空许栩免。六月，司徒刘宠为太尉，太常许训为司徒，太仆长沙刘嚣为司空。秋七月，破羌将军段颎大破先零羌于射虎塞外谷，东羌悉平。九月，江夏蛮叛，州郡讨平之。丹阳山越贼围太守陈夤，夤击破之。冬十月丁亥，中常侍侯览讽有司奏前司空虞放、太仆杜密、长乐少府李膺、司隶校尉朱㝢、颍川太守巴肃、沛相荀昱、河内太守魏朗、山阳太守翟超皆为钩党，下狱，死者百余人，妻子徙边，诸附从者锢及五属。制诏州郡大举钩党，于是天下豪桀及儒学行义者，一切结为党人。戊戌晦，日有食之。十一月，太尉刘宠免，太仆郭禧为太尉。鲜卑寇并州。是岁，长乐太仆曹节为车骑将军，百余日罢。

三年春正月，河内人妇食夫，河南人夫食妇。三月丙寅晦，日有食之。夏四月，太尉郭禧罢，太中大夫闻人袭为太尉。秋七月，司空刘嚣罢。八月，大鸿胪桥玄为司空。九月，执金吾董宠下狱死。冬，济南贼起，攻东平陵。郁林乌浒民相率内属。

四年春正月甲子，帝加元服，大赦天下。赐公卿以下各有差，唯党人不赦。二月癸卯，地震，海水溢，河水清。三月辛酉朔，日有食之。太尉闻人袭免，太仆李咸为太尉。诏公卿至六百石各上封事。大疫，使中谒者巡行致医药。司徒许训免，司空桥玄为司徒。夏四月，太常来艳为司空。五月，河东地裂，雨雹，山水暴出。秋七月，司空来艳免。癸丑，立贵人宋氏为皇后，司徒桥玄免。太常宗俱为司空，前司空许栩为司徒。冬，鲜卑寇并州。

熹平元年春三月壬戌，太傅胡广薨。夏五月己巳，大赦天下，改元熹平。长乐太仆侯览有罪，自杀。六月，京师雨水。癸巳，皇太后窦氏崩。秋七月甲寅，葬桓思皇后。宦官讽司隶校尉段颎捕系太学诸生千余人。冬十月，渤海王悝被诬谋反，丁亥，悝及妻子皆自杀。十一月，会稽人许生

自称"越王"，寇郡县，遣杨州刺史臧旻、丹阳太守陈寅讨破之。十二月，司徒许栩罢，大鸿胪袁隗为司徒。鲜卑寇并州。是岁，甘陵王恢薨。

二年春正月，大疫，使使者巡行致医药。丁丑，司空宗俱薨。二月壬午，大赦天下。以光禄勋杨赐为司空。三月，太尉李咸免。夏五月，以司隶校尉段颎为太尉。沛相师迁坐诬罔国王，下狱死。六月，北海地震，东莱、北海海水溢。秋七月，司空杨赐免，太常颍川唐珍为司空。冬十二月，日南徼外国重译贡献。太尉段颎罢。鲜卑寇幽、并二州。癸酉晦，日有食之。

三年春正月，夫馀国遣使贡献。二月己巳，大赦天下。太常陈耽为太尉。三月，中山王畅薨，无子，国除。夏六月，封河间王利子康为济南王，奉孝仁皇祀。秋，洛水溢。冬十月癸丑，令天下系囚罪未决，入缣赎。十一月，杨州刺史臧旻率丹阳太守陈寅，大破许生于会稽，斩之。任城王博薨。十二月，鲜卑寇北地，北地太守夏育追击破之。鲜卑又寇并州。司空唐珍罢，永乐少府许训为司空。

四年春三月，诏诸儒正《五经》文字，刻石立于太学门外。封河间王建子佗为任城王。夏四月，郡国七大水。五月丁卯，大赦天下。延陵园灾，遣使者持节告祠延陵。鲜卑寇幽州。六月，弘农、三辅螟。遗守宫令之盐监，穿渠为民兴利。令郡国遇灾者，减田租之半；其伤害十四以上，勿收责。冬十月丁巳，令天下系囚罪未决，入缣赎。拜冲帝母虞美人为宪园贵人，质帝母陈夫人为渤海孝王妃。改平准为中准，使宦者为令，列于内署。自是诸署悉以阉人为丞、令。

五年夏四月癸亥，大赦天下。益州郡夷叛，太守李颙讨平之。复崇高山名为嵩高山。大雩。使侍御史行诏狱亭部，理冤枉，原轻系，休囚徒。五月，太尉陈耽罢，司空许训为太尉。闰月，永昌太守曹鸾坐讼党人，弃市。诏党人门生故吏父兄子弟在位者，皆免官禁锢。六月壬戌，太常南阳刘逸为司空。秋七月，司空许训罢，光禄勋刘宽为太尉。冬十月壬午，御殿后槐树自拔倒竖。司徒袁隗罢。十一月丙戌，光禄大夫杨赐为司徒。十二月，甘陵王定薨。试太学生年六十以上百余人，除郎中、太子舍人至王家郎、郡国文学吏。是岁，鲜卑寇幽州。沛国言黄龙见谯。

六年春正月辛丑，大赦天下。二月，南宫平城门及武库东垣屋自坏。夏四月，大旱，七州蝗。鲜卑寇三边。市贾民为宣陵孝子者数十人，皆除太子舍人。秋七月，司空刘逸免，卫尉陈球为司空。八月，遣破鲜卑中郎将田晏出云中，使匈奴中郎将臧旻与南单于出雁门，护乌桓校尉夏育出高柳，并伐鲜卑，晏等大败。冬十月癸丑朔，日有食之。太尉刘宽免。帝临辟雍。辛丑，京师地震。辛亥，令天下系囚罪未决，入缣赎。十一月，司空陈球免。十二月甲寅，太常河南孟郁为太尉。庚辰，司徒杨赐免。太常陈耽为司空。鲜卑寇辽西。永安太仆王旻下狱死。

光和元年春正月，合浦、交阯乌浒蛮叛，招引九真、日南民攻没郡县。太尉孟郁罢。二月辛亥朔，日有食之。癸丑，光禄勋陈国袁滂为司徒。己未，地震。始置鸿都门学生。三月辛丑，大赦天下，改元光和。太常常山张颢为太

尉。夏四月丙辰,地震。侍中寺雌鸡化为雄。司空陈耽免,太常来艳为司空。五月壬午,有白衣人入德阳殿门,亡去不获。六月丁丑,有黑气堕所御温德殿庭中。秋七月壬子,青虹见御坐玉堂后殿庭中。八月,有星孛于天市。九月,太尉张颢罢,太常陈球为太尉。司空来艳薨。冬十月,屯骑校尉袁逢为司空。皇后宋氏废,后父执金吾酆下狱死。丙子晦,日有食之。十一月,太尉陈球免。十二月丁巳,光禄大夫桥玄为太尉。是岁,鲜卑寇酒泉。京师马生人。初开西邸卖官,自关内侯、虎贲、羽林,入钱各有差。私令左右卖公卿,公千万,卿五百万。

二年春,大疫,使常侍、中谒者巡行致医药。三月,司徒袁滂免,大鸿胪刘郃为司徒。乙丑,太尉桥玄罢,太中大夫段颎为太尉。京兆地震。司空袁逢罢,太常张济为司空。夏四月甲戌朔,日有食之。辛巳,中常侍王甫及太尉段颎并下狱死。丁酉,大赦天下,诸党人禁锢小功以下皆除之。东平王端薨。五月,卫尉刘宽为太尉。秋七月,使匈奴中郎将张脩有罪,下狱死。冬十月甲申,司徒刘郃、永乐少府陈球、卫尉阳球、步兵校尉刘纳谋诛宦者,事泄,皆下狱死。巴郡板楯蛮叛,遣御史中丞萧瑗督益州刺史讨之,不克。十二月,光禄勋杨赐为司徒。鲜卑寇幽、并二州。是岁,河间王利薨。洛阳女子生儿,两头四臂。

三年春正月癸酉,大赦天下。二月,公府驻驾庑自坏。三月,梁王元薨。夏四月,江夏蛮叛。六月,诏公卿举能通《古文尚书》、《毛诗》、《左氏》、《榖梁春秋》各一人,悉除议郎。秋,表是地震,涌水出。八月,令系囚罪未决,入缣赎,各有差。冬闰月,有星孛于狼、弧。鲜卑寇幽、并二州。十二月己巳,立贵人何氏为皇后。是岁,作罼圭、灵昆苑。

四年春正月,初置骐骥厩丞,领受郡国调马。豪右辜榷,马一匹至二百万。二月,郡国上芝英草。夏四月庚子,大赦天下。交阯刺史朱儁讨交阯、合浦乌浒蛮,破之。六月庚辰,雨雹。秋七月,河南言凤皇见新城,群鸟随之;赐新城令及三老、力田帛,各有差。九月庚寅朔,日有食之。太尉刘宽免,卫尉许馘为太尉。闰月辛酉,北宫东掖庭永巷署灾。司徒杨赐罢。冬十月,太常陈耽为司徒。鲜卑寇幽、并二州。是岁帝作列肆于后宫,使诸采女贩卖,更相盗窃争斗,帝著商估服,饮宴为乐,又于西园弄狗,著进贤冠,带绶。又驾四驴,帝躬自操辔,驱驰周旋,京师转相放效。

五年春正月辛未,大赦天下。二月,大疫。三月,司徒陈耽免。夏四月,旱。太常袁隗为司徒。五月庚申,永乐宫署灾。秋七月,有星孛于太微。巴郡板楯蛮诣太守曹谦降。癸酉,令系囚罪未决,入缣赎。八月,起四百尺观于阿亭道。冬十月,太尉许馘罢,太常杨赐为太尉。校猎上林苑,历函谷关,遂巡狩于广成苑。十二月,还,幸太学。

六年春正月,日南徼外国重译贡献。二月,复长陵县,比丰、沛。三月辛未,大赦天下。夏,大旱。秋,金城河水溢。五原山岸崩。始置圃囿署,以宦者为令。冬,东海、东莱、琅邪井中冰厚尺余。大有年。

中平元年春二月,巨鹿人张角自称"黄天",其部帅有三十六方,皆著黄巾,同日反叛。安平、甘陵人各执其王以应。三月戊申,以河南尹何进为大将军,将兵屯都亭。置八关都尉官。壬子,大赦天下党人,还诸徙者,唯张角不赦。诏公卿出马、弩,举列将子孙及吏民有明战阵之略者,诣公车。遣北中郎将卢植讨张角,左中郎将皇甫嵩、右中郎将朱儁讨颍川黄巾。庚子,南阳黄巾张曼成攻杀郡守褚贡。夏四月,太尉杨赐免,太仆弘农邓盛为太尉。司空张济罢,大司农张温为司空。朱儁为黄巾波才所败。侍中向栩、张钧坐言宦者,下狱死。汝南黄巾败太守赵谦于邵陵。广阳黄巾杀幽州刺史郭勋及太守刘卫。五月,皇甫嵩、朱儁复与波才等战于长社,大破之。六月,南阳太守秦颉击张曼成,斩之。交阯屯兵执刺史及合浦太守来达,自称"柱天将军",遣交阯刺史贾琮讨平之。皇甫嵩、朱儁大破汝南黄巾于西华。诏嵩讨东郡,朱儁讨南阳。卢植破黄巾,围张角于广宗。宦官诬奏植,抵罪。遣中郎将董卓攻张角,不克。洛阳女子生儿,两头共身。秋七月,巴郡妖巫张脩反,寇郡县。河南尹徐灌下狱死。八月,皇甫嵩与黄巾战于仓亭,获其帅。乙巳,诏皇甫嵩北讨张角。九月,安平王续有罪诛,国除。冬十月,皇甫嵩与黄巾贼战于广宗,获张角弟梁。角先死,乃戮其尸。以皇甫嵩为左车骑将军。十一月,皇甫嵩又破黄巾于下曲阳,斩张角弟宝。湟中义从胡北宫伯玉与先零羌叛,以金城人边章、韩遂为军帅,攻杀护羌校尉泠征、金城太守陈懿。癸巳,朱儁拔宛城,斩黄巾别帅孙夏。诏减太官珍羞,御食一肉,厩马非郊祭之用,悉出给军。十二月己巳,大赦天下,改元中平。是岁,下邳王意薨,无子,国除。郡国生异草,备龙蛇鸟兽之形。

二年春正月,大疫。琅邪王据薨。二月己酉,南宫大灾,火半月乃灭。癸亥,广阳门外屋自坏。税天下田,亩十钱。黑山贼张牛角等十馀辈并起,所在寇钞。司徒袁隗免。三月,廷尉崔烈为司徒。北宫伯玉等寇三辅,遣左车骑将军皇甫嵩讨之,不克。夏四月庚戌,大风,雨雹。五月,太尉邓盛罢,太仆河内张延为太尉。秋七月,三辅螟。左车骑将军皇甫嵩免。八月,以司空张温为车骑将军,讨北宫伯玉。九月,特进杨赐为司空。冬十月庚寅,司空杨赐薨,光禄大夫许相为司空。前司徒陈耽、谏议大夫刘陶坐直言,下狱死。十一月,张温破北宫伯玉于美阳,因遣荡寇将军周慎追击之,围榆中;又遣中郎将董卓讨先零羌。慎、卓并不克。鲜卑寇幽、并二州。是岁,造万金堂于西园。洛阳民生儿,两头四臂。

三年春二月,江夏兵赵慈反,杀南阳太守秦颉。庚戌,大赦天下。太尉张延罢。车骑将军张温为太尉,中常侍赵忠为车骑将军。复修玉堂殿,铸铜人四,黄钟四,及天禄、虾蟆,又铸四出文钱。五月壬辰晦,日有食之。六月,荆州刺史王敏讨赵慈,斩之。车骑将军赵忠罢。秋八月,怀陵上有雀万数,悲鸣,因斗相杀。冬十月,武陵蛮叛,寇郡界,郡兵讨破之。前太尉张延为宦人所谮,下狱死。十二月,鲜卑寇幽、并二州。

四年春正月己卯,大赦天下。二月,荥阳贼杀中牟令。己亥,南宫内殿罘罳自坏。三月,河南尹何苗讨荥阳贼,破之,拜苗为车骑将军。夏四月,凉州刺史耿鄙讨金城贼韩遂,鄙兵大败,遂寇汉阳,汉阳太守傅燮战没。扶风人马腾、汉阳人王国并叛,寇三辅。太尉张温免,司徒崔烈为太尉。五月，司空许相为司徒，光禄勋沛国丁宫为司空。六月，洛阳民生男，两头共身。渔阳人张纯与同郡张举举兵叛，攻杀右北平太守刘政、辽东太守杨终、护乌桓校尉公綦稠等。举自称天子，寇幽、冀二州。秋九月丁酉，令天下系囚罪未决，入缣赎。冬十月，零陵人观鹄自称"平天将军"，寇桂阳，长沙太守孙坚击斩之。十一月，太尉崔烈罢，大司农曹嵩为太尉。十二月，休屠各胡叛。是岁，卖关内侯，假金印紫绶，传世，入钱五百万。

五年春正月，休屠各胡寇西河，杀郡守邢纪。丁酉，大赦天下。二月，有星孛于紫宫。黄巾余贼郭太等起于西河白波谷，寇太原、河东。三月，休屠各胡攻杀并州刺史张懿，遂与南匈奴左部胡合，杀其单于。夏四月，汝南葛陂黄巾攻没郡县。太尉曹嵩罢。五月，永乐少府樊陵为太尉。六月丙寅，大风。太尉樊陵罢。益州黄巾马相攻杀刺史郤俭，自称天子，又寇巴郡，杀郡守赵部，益州从事贾龙击相，斩之。郡国七大水。秋七月，射声校尉马日䃅为太尉。八月，初置西园八校尉。司徒许相罢，司空丁宫为司徒，光禄勋南阳刘弘为司空。卫尉董重为骠骑将军。九月，南单于叛，与白波贼寇河东。遣中郎将孟益率骑都尉公孙瓒讨渔阳贼张纯等。冬十月，青、徐黄巾复起，寇郡县。甲子，帝自称"无上将军"，耀兵于平乐观。十一月，凉州贼王国围陈仓，右将军皇甫嵩救之。遣下军校尉鲍鸿讨葛陂黄巾，巴郡板楯蛮叛，遣上军别部司马赵瑾讨平之。公孙瓒与张纯战于石门，大破之。是岁，改刺史，新置牧。

六年春二月，左将军皇甫嵩大破王国于陈仓。三月，幽州牧刘虞购斩渔阳贼张纯。下军校尉鲍鸿下狱死。夏四月丙午朔，日有食之。太尉马日䃅免。幽州牧刘虞为太尉。丙辰，帝崩于南宫嘉德殿，年三十四。戊午，皇子辩即皇帝位，年十七。尊皇后曰皇太后，太后临朝。大赦天下，改元为光熹。封皇弟协为渤海王，后将军袁隗为太傅，与大将军何进参录尚书事。上军校尉蹇硕下狱死。五月辛巳，骠骑将军董重下狱死。六月辛亥，孝仁皇后董氏崩。辛酉，葬孝灵皇帝于文陵。雨水。秋七月，甘陵王忠薨。庚寅，孝仁皇后归葬河间慎陵。徙渤海王协为陈留王。司徒丁宫罢。八月戊辰，中常侍张让、段珪等杀大将军何进，于是虎贲中郎将袁术烧东西宫，攻诸宦者；庚午，张让、段珪等劫少帝及陈留王幸北宫德阳殿。何进部曲将吴匡与车骑将军何苗战于朱雀阙下，苗败，斩之。辛未，司隶校尉袁绍勒兵收伪司隶校尉樊陵、河南尹许相及诸阉人，无少长皆斩之。让、珪等复劫少帝、陈留王走小平津。尚书卢植追让、珪等，斩数人，其余投河而死。帝与陈留王协夜步逐荧光行数里，得民家露车，共乘之。辛未，还宫。大赦天下，改光熹为昭宁。并州牧董卓杀执金吾丁原，司空刘弘免，董卓自为司空。九月甲戌，董卓废帝为弘农王。自六月雨，至于是月。

论曰："秦本纪说赵高谲二世，指鹿为马，而赵忠、张让亦绐灵帝不得登高临观，故知亡敝者同其致矣。然则灵帝之为灵也优哉！

赞曰：灵帝负乘，委体宦孽。征亡备兆，《小雅》尽缺。麋鹿霜露，遂栖宫卫。

卷九　　献帝纪第九

孝献皇帝讳协，灵帝中子也。母王美人，为何皇后所害。中平六年四月，少帝即位，封帝为渤海王，徙封陈留王。九月甲戌，即皇帝位，年九岁。迁皇太后于永安宫。大赦天下。改昭宁为永汉。丙子，董卓杀皇太后何氏。初令侍中、给事黄门侍郎员各六人。赐公卿以下至黄门侍郎家一人为郎，以补宦官所领诸署，侍于殿上。乙酉，以太尉刘虞为大司马，董卓自为太尉，加钺钺、虎贲。丙戌，太中大夫杨彪为司空。甲午，豫州牧黄琬为司徒。遣使吊祠故太傅陈蕃、大将军窦武等。冬十月乙巳，葬灵思皇后。白波贼寇河东，董卓遣其将牛辅击之。十一月癸酉，董卓自为相国。十二月戊戌，司徒黄琬为太尉，司空杨彪为司徒，光禄勋荀爽为司空。省扶风都尉，置汉安都护。诏除光熹、昭宁、永汉三号，还复中平六年。

初平元年春正月，山东州郡起兵以讨董卓。辛亥，大赦天下。癸酉，董卓杀弘农王。白波贼寇东郡。二月乙亥，太尉黄琬、司徒杨彪免。庚辰，董卓杀城门校尉伍琼、督军校尉周珌。以光禄勋赵谦为太尉，太仆王允为司徒。丁亥，迁都长安。董卓驱徙京师百姓悉西入关，自留屯毕圭苑。壬辰，白虹贯日。三月乙巳，车驾入长安，幸未央宫。己酉，董卓焚洛阳宫庙及人家。戊午，董卓杀太傅袁隗、太仆袁基，夷其族。夏五月，司空荀爽薨。六月辛丑，光禄大夫种拂为司空。大鸿胪韩融、少府阴脩、执金吾胡母班、将作大匠吴脩、越骑校尉王瓌安集关东，后将军袁术、河内太守王匡各执而杀之，唯韩融获免。董卓坏五铢钱，更铸小钱。冬十一月庚戌，镇星、荧惑、太白合于尾。是岁，有司奏，和、安、顺、桓四帝无功德，不宜称宗，又恭怀、敬隐、恭愍三皇后并非正嫡，不合称后，皆请除尊号。制曰："可。"孙坚杀荆州刺史王睿，又杀南阳太守张咨。

二年春正月辛丑，大赦天下。二月丁丑，董卓自为太师。袁术遣将孙坚与董卓将胡轸战于阳人，轸军大败。董卓遂发掘洛阳诸帝陵。夏四月，董卓入长安。六月丙戌，地震。秋七月，司空种拂免，光禄大夫济南淳于嘉为司空。太尉赵谦罢，太常马日䃅为太尉。九月，蚩尤旗见于角、亢。冬十月壬戌，董卓杀卫尉张温。十一月，青州黄巾寇太山，太山太守应劭击破之。黄巾转寇渤海，公孙瓒与战于东光，复大破之。是岁，长沙有人死经月复活。

三年春正月丁丑，大赦天下。袁术遣将孙坚攻刘表于襄阳，坚战殁。袁绍及公孙瓒战于界桥，瓒军大败。夏四月辛巳，诛董卓，夷三族。司徒王允录尚书事，总朝政，遣使者张种抚慰山东。青州黄巾击杀兖州刺史刘岱于东平。东郡太守曹操大破黄巾于寿张，降之。五月丁酉，大赦天下。丁未，征西将军皇甫嵩为车骑将军。董卓部曲将李傕、郭汜、樊稠、张济等反，攻京师。六月戊午，陷长安城，太常种拂、太仆鲁旭、大鸿胪周奂、城门校尉崔烈、越骑校尉王颀并战殁，吏民死者万余人。李傕等并自为将军。己未，大赦天下。李傕杀司隶校尉黄琬,甲子,杀司徒王允,皆灭其族。丙子,前将军赵谦为司徒。秋七月庚子,太尉马日磾为太傅,录尚书事。八月,遣日磾及太仆赵岐,持节慰抚天下。车骑将军皇甫嵩为太尉。司徒赵谦罢。九月,李傕自为车骑将军,郭汜后将军,樊稠右将军,张济镇东将军。济出屯弘农。甲申,司空淳于嘉为司徒,光禄大夫杨彪为司空,并录尚书事。冬十二月,太尉皇甫嵩免。光禄大夫周忠为太尉,参录尚书事。

四年春正月甲寅朔,日有食之。丁卯,大赦天下。三月,袁术杀扬州刺史陈温,据淮南。长安宣平城门外屋自坏。夏五月癸酉,无云而雷。六月,扶风大风,雨雹。华山崩裂。太尉周忠免,太仆朱儁为太尉,录尚书事。下邳贼阙宣自称天子。雨水。遣侍御史裴茂讯诏狱,原轻系。六月辛丑,天狗西北行。九月甲午,试儒生四十余人,上第赐位郎中,次太子舍人,下第者罢之。诏曰:"孔子叹'学之不讲',不讲则所识日忘。今耆儒年逾六十,去离本土,营求粮资,不得专业。结童入学,白首空归,长委农野,永绝荣望,朕甚愍焉。其依科罢者,听为太子舍人。冬十月,太学行礼,车驾幸永福城门,临观其仪,赐博士以下各有差。辛丑,京师地震。有星孛于天市。司空杨彪免,太常赵温为司空。公孙瓒杀大司马刘虞。十二月辛丑,地震。司空赵温免。乙巳,卫尉张喜为司空。是岁,琅邪王容薨。

兴平元年春正月辛酉,大赦天下,改元兴平。甲子,帝加元服。二月壬午,追尊谥皇妣王氏为灵怀皇后,甲申,改葬于文昭陵。丁亥,帝耕于籍田。三月,韩遂、马腾与郭汜、樊稠战于长平观,遂、腾败绩,左中郎将刘范、前益州刺史种劭战殁。夏六月丙子,分凉州河西四郡为雍州。丁丑,地震,戊寅,又震。乙巳晦,日有食之,帝避正殿,寝兵,不听事五日。大蝗。秋七月壬子,太尉朱儁免。戊午,太常杨彪为太尉,录尚书事。三辅大旱,自四月至于是月。帝避正殿请雨,遣使者洗囚徒,原轻系。是时谷一斛五十万,豆麦一斛二十万,人相食啖,白骨委积。帝使侍御史侯汶出太仓米豆,为饥人作糜粥,经日而死者无降。帝疑赋恤有虚,乃亲于御坐前量试作糜,乃知非实,使侍中刘艾出让有司。于是尚书令以下皆诣省阁谢,奏收侯汶考实。诏曰:"未忍致汶于理,可杖五十。"自是之后,多得全济。八月,冯翊羌叛,寇属县,郭汜、樊稠击破之。九月,桑复生椹,人得以食。司徒淳于嘉罢。冬十月,长安市门自坏。以卫尉赵温为司徒,录尚书事。十二月,分安定、扶风为新平郡。是岁,扬州刺史刘繇与袁术将孙策战于曲阿,繇军败绩,孙策遂据江东。太傅马日磾薨于寿春。

二年春正月癸丑,大赦天下。二月乙亥,李傕杀樊稠而与郭汜相攻。三月丙寅,李傕胁帝幸其营,焚宫室。夏四月甲午,立贵人伏氏为皇后。丁酉,郭汜攻李傕,矢及御前。是日,李傕移帝幸北坞。大旱。五月壬午,李傕自为大司马。六月庚午,张济自陕来和傕、汜。秋七月甲子,车驾东归。郭汜自为车骑将军,杨定为后将军,杨奉为兴义将军,董承为安集将军,并侍送乘舆。张济为骠骑将军,还屯陕,八月甲辰,幸新丰。冬十月戊戌,郭汜使其将伍习夜烧所幸学舍,逼胁乘舆。杨定、杨奉与郭汜战,破之。壬寅,幸华阴,露次道南。是夜,有赤气贯紫宫。张济复反,与李傕、郭汜合。十一月庚午,李傕、郭汜等追乘舆,战于东涧,王师败绩。杀光禄勋邓泉、卫尉士孙瑞、廷尉宣璠、大长秋苗祀、步兵校尉魏桀、侍中朱展、射声校尉沮儁。壬申,幸曹阳,露次田中。杨奉、董承引白波帅胡才、李乐、韩暹及匈奴左贤王去卑,率师奉迎,与李傕等战,破之。十二月庚辰,车驾乃进。李傕等复来追战,王师大败,杀略宫人,少府田芬、大司农张义等皆战殁。进幸陕,夜度河,乙亥,幸安邑。是岁,袁绍遣将麹义与公孙瓒战于鲍丘,瓒军大败。

建安元年春正月癸酉,郊祀上帝于安邑,大赦天下,改元建安。二月,韩暹攻卫将军董承。夏六月乙未,幸闻喜。秋七月甲子,车驾至洛阳,幸故中常侍赵忠宅。丁丑,郊祀上帝,大赦天下。己卯,谒太庙。八月辛丑,幸南宫杨安殿。癸卯,安国将军张杨为大司马,韩暹为大将军,杨奉为车骑将军。是时,宫室烧尽,百官披荆棘,依墙壁间。州郡各拥强兵,而委输不至,群僚饥乏,尚书郎以下自出采稆,或饥死墙壁间,或为兵士所杀。辛亥,镇东将军曹操自领司隶校尉,录尚书事。曹操杀侍中台崇、尚书冯硕等。封卫将军董承为辅国将军,伏完等十三人为列侯,赠沮儁为弘农太守。庚申,迁都许。己巳,幸曹操营。九月,太尉杨彪、司空张喜罢。冬十一月丙戌,曹操自为司空,行车骑将军事,百官总己以听。

二年春,袁术自称天子。三月,袁绍自为大将军。夏五月,蝗。秋九月,汉水溢。是岁饥,江淮间民相食。袁术杀陈王宠。孙策遣使奉贡。

三年夏四月,遣谒者裴茂率中郎将段煨讨李傕,夷三族。吕布叛。冬十一月,盗杀大司马张杨。十二月癸酉,曹操击吕布于徐州,斩之。

四年春三月,袁绍攻公孙瓒于易京,获之。卫将军董承为车骑将军。夏六月,袁术死。是岁,初置尚书左右仆射。武陵女子死十四日复活。

五年春正月,车骑将军董承、偏将军王服、越骑校尉种辑受密诏诛曹操,事泄。壬午,曹操杀董承等,夷三族。秋七月,立皇子冯为南阳王。壬午,南阳王冯薨。九月庚午朔,日有食之。诏三公举至孝二人,九卿、校尉、郡国守相各一人。皆上封事,靡有所讳。曹操与袁绍战于官度,绍败走。冬十月辛亥,有星孛于大梁。东海王祗薨。是岁,孙策死,弟权袭其余业。

六年春二月丁卯朔,日有食之。

七年夏五月庚戌,袁绍薨。于寘国献驯象。是岁,越巂男子化为女子。

八年冬十月已巳,公卿初迎冬于北郊,总章始复备八佾舞。初置司直官,督中都官。

九年秋八月戊寅,曹操大破袁尚,平冀州,自领冀州牧。冬十月,有星孛于东井。十二月,赐三公已下金帛各有差。自是三年一赐,以为常制。

十年春正月,曹操破袁谭于青州,斩之。夏四月,黑山贼张燕率众降。秋九月,赐百官尤贫者金帛各有差。

十一年春正月,有星孛于北斗。三月,曹操破高干于并州,获之。秋七月,武威太守张猛杀雍州刺史邯郸商。是岁,立故琅邪王容子熙为琅邪王。齐、北海、阜陵、下邳、常山、甘陵、济北、平原八国皆除。

十二年秋八月,曹操大破乌桓于柳城,斩其蹋顿。冬十月辛卯,有星孛于鹑尾。乙巳,黄巾贼杀济南王赟。十一月,辽东太守公孙康杀袁尚、袁熙。

十三年春正月,司徒赵温免。夏六月,罢三公官,置丞相、御史大夫。癸巳,曹操自为丞相。秋七月,曹操南征刘表。八月丁未,光禄勋郗虑为御史大夫。壬子,曹操杀太中大夫孔融,夷其族。是月,刘表卒,少子琮立,琮以荆州降操。冬十月癸未朔,日有食之。曹操以舟师伐孙权,权将周瑜败之于乌林、赤壁。

十四年冬十月,荆州地震。

十五年春二月乙巳朔,日有食之。

十六年秋九月庚戌,曹操与韩遂、马超战于渭南,遂等大败,关西平。

是岁,赵王赦薨。

十七年夏五月癸未,诛卫尉马腾,夷三族。六月庚寅晦,日有食之。秋七月,洧水、颍水溢。螟。八月,马超破凉州,杀刺史韦康。九月庚戌,立皇子熙为济阴王,懿为山阳王,邈为济北王,敦为东海王。冬十二月,星孛于五诸侯。

十八年春正月庚寅,复《禹贡》九州。夏五月丙申,曹操自立为魏公,加九锡。大雨水。徙赵王珪为博陵王。是岁,岁星、镇星、荧惑俱入太微。彭城王和薨。

十九年,夏四月,旱。五月,雨水。刘备破刘璋,据益州。冬十月,曹操遣将夏侯渊讨宋建于枹罕,获之。十一月丁卯,曹操杀皇后伏氏,灭其族及二皇子。

二十年春正月甲子,立贵人曹氏为皇后。赐天下男子爵,人一级,孝悌、力田二级。赐诸王侯公卿以下谷各有差。秋七月,曹操破汉中,张鲁降。

二十一年夏四月甲午,曹操自进号魏王。五月己亥朔,日有食之。秋七月,匈奴南单于来朝。是岁,曹操杀琅邪王熙,国除。

二十二年夏六月,丞相军师华歆为御史大夫。冬,有星孛于东北。是岁大疫。

二十三年春正月甲子,少府耿纪、丞相司直韦晃起兵诛曹操,不克,夷三族。三月,有星孛于东方。

二十四年春二月壬子晦,日有食之。夏五月,刘备取汉中。秋七月庚子,刘备自称汉中王。八月,汉水溢。冬十一月,孙权取荆州。

二十五年春正月庚子,魏王曹操薨。子丕袭位。二月丁未朔,日有食之。三月,改元延康。冬十月乙卯,皇帝逊位,魏王丕称天子。奉帝为山阳公,邑一万户,位在诸侯王上,奏事不称臣,受诏不拜,以天子车服郊祀天地,宗庙、祖、腊皆如汉制,都山阳之浊鹿城。四皇子封王者,皆降为列侯。明年,刘备称帝于蜀,孙权亦自王于吴,于是天下遂三分矣。魏青龙二年三月庚寅,山阳公薨。自逊位至薨,十有四年,年五十四,谥孝献皇帝。八月壬申,以汉天子礼仪葬于禅陵,置园邑令丞。太子早卒,孙康立五十一年,晋太康六年薨。子瑾立四年,太康十年薨。子秋立二十年,永嘉中为胡贼所杀,国除。

论曰:传称鼎之为器,虽小而重,故神之所宝,不可夺移。至令负而趋者,此亦穷运之归乎!天厌汉德久矣,山阳其何诛焉!

赞曰:献生不辰,身播国屯。终我四百,永作虞宾。

卷十上　　　　　　后纪第十上

光武郭皇后　光烈阴皇后
明德马皇后　章德窦皇后
和帝阴皇后　和熹邓皇后

夏、殷以上,后妃之制,其文略矣。《周礼》王者立后,三夫人,九嫔,二十七世妇,八十一女御,以备内职焉。后正位宫闱,同体天王。夫人坐论妇礼,九嫔掌教四德,世妇主丧、祭、宾客,女御序于王之燕寝。颁官分务,各有典司。女史彤管,记功书过。居有保阿之训,动有环佩之响。进贤才以辅佐君子,哀窈窕而不淫其色。所以能述宣阴化,修成内则,闺房肃雍,险谒不行也。故康王晚朝,《关雎》作讽;宣后晏起,姜氏请愆。及周室东迁,礼序凋缺。诸侯僭纵,轨制无章。齐桓有如夫人者六人,晋献杂戎女为元妃,终于五子作乱,家嗣遽屯。爰逮战国,风宪逾薄,适情任欲,颠倒衣裳,以至破国亡身,不可胜数。斯固轻礼弛防,先色后德者也。秦并天下,多自骄大,宫备七国,爵列八品。汉兴,因循其号,而妇制莫厘。高祖帷薄不修,孝文衽席无辩。然而选纳尚简,饰玩少华。自武、元之后,世增淫费,至乃掖庭三千,增级十四。妖幸毁政之符,外姻乱邦之迹,前史载之详矣。

及光武中兴,斫雕为朴,六宫称号,唯皇后、贵人。贵人金印紫绶,奉不过粟数十斛。又置美人、宫人、采女三等,并无爵秩,岁时赏赐充给而已。汉法常因八月算人,遣中大夫与掖庭丞及相工,于洛阳乡中阅视良家童女,年十三以上,二十已下,姿色端丽,合法相者,载还后宫,择视可否,乃用登御。所以明慎聘纳,详求淑哲。明帝聿遵先旨,宫教颇修,登建嫔后,必先令德,内无出阃之言,权无私溺之授,可谓矫其敝矣。向使因设外戚之禁,编著《甲令》,改正后妃之制,贻厥方来,岂不休哉!虽御已有度,而防闲未笃,故孝章以下,渐用色授,恩隆好合,遂忘淄蠹。

自古虽主幼时艰,王家多衅,必委成冢宰,简求忠贤,未有专任妇人,断割重器。唯秦芈太后始摄政事,故穰侯权重于昭王,家富于嬴国。汉仍其谬,知患莫改。东京皇统屡绝,权归女主,外立者四帝,临朝者六后,莫不定策帷帟,委事父兄,贪孩童以久其政,抑明贤以专其威。任重道悠,利深祸速。身犯雾露于云台之上,家婴缧绁于圄犴之下。湮灭连踵,倾辀继路。而赴蹈不息,焦烂为期,终于陵夷大运,沦亡神宝。《诗》、《书》所叹,略同一揆。故考列行迹,以为《皇后本纪》。虽成败事异,而同居正号者,并列于篇。其以私恩追尊,非当时所奉者,则随它事附出。亲属别事,各依列传。其余无所见,则系之此纪,以缵西京《外戚》

云尔。

郭皇后纪

光武郭皇后讳圣通,真定槀人也。为郡著姓。父昌,让田宅财产数百万与异母弟,国人义之。仕郡功曹。娶真定恭王女,号郭主,生后及子况。昌早卒。郭主虽王家女,而好礼节俭,有母仪之德。更始二年春,光武击王郎,至真定,因纳后,有宠。及即位,以为贵人。

建武元年,生皇子强。帝数况小心谨慎,年始十六,拜黄门侍郎。二年,贵人立为皇后,强为皇太子,封况绵蛮侯。以后弟贵重,宾客辐凑。况恭谦下士,颇得声誉。十四年,迁城门校尉。其后,后以宠稍衰,数怀怨怼。十七年,遂废为中山王太后,进后中子右翊公辅为中山王,以常山郡益中山国。徙封况大国,为阳安侯。后从兄竟,以骑都尉从征伐有功,封为新郪侯,官至东海相。竟弟匡为发干侯,官至太中大夫。后叔父梁,早终,无子。其婿南阳陈茂,以恩泽封南緤侯。二十年,中山王辅复徙封沛王,后为沛太后。况迁大鸿胪。帝数幸其第,会公卿诸侯亲家饮燕,赏赐金钱缯帛,丰盛莫比,京师号况家为金穴。二十六年,后母郭主薨,帝临丧送葬,百官大会,遣使者迎昌丧柩,与主合葬,追赠昌阳安侯印绶,谥曰思侯。二十八年,后薨,葬于北芒。

帝怜郭氏,诏况子璜尚淯阳公主,除璜为郎。显宗即位,况与帝舅阴识、阴就并为特进,数受赏赐,恩宠俱渥。礼待阴、郭,每事必均。永平二年,况卒,赠赐甚厚,帝亲自临丧,谥曰节侯,子璜嗣。

元和三年,肃宗北巡狩,过真定,会诸郭,朝见上寿,引入倡饮甚欢。以太牢具上郭主冢,赐粟万斛,钱五十万。永元初,璜为长乐少府,子举为侍中,兼射声校尉。及大将军窦宪被诛,举以宪女婿谋逆,故父子俱下狱死,家属徙合浦,宗族为郎吏者,悉免官。新郪侯竟初为骑将,以征伐有功,拜东海相。永平中卒,子嵩嗣;嵩卒,追坐梁楚王英事,国废。建初二年,章帝绍封嵩子勤为伊亭侯,勤无子,国除。发干侯匡,官至太中大夫,建武三十年卒,子勋嗣;勋卒,子骏嗣,永平十三年,亦坐楚王英事,失国。建初三年,复封骏为观都侯,卒,无子,国除。郭氏侯者凡三人,皆绝国。

论曰:物之兴衰,情之起伏,理有固然矣。而崇替去来之甚者,必唯宠惑乎?当其接床第,承恩色,虽险情赘行,莫不德焉。及至移意爱,析嬿私,虽惠心妍状,愈献丑焉。爱升,则天下不足容其高,欢坠,故九服无所逃其命。斯诚志士之所沉溺,君人之所抑扬,未或违之者也。郭后以衰离见贬,恚怨成尤,而犹恩加别馆,增宠党戚。至乎东海逡巡,去就以礼,使后世不见隆薄进退之隙,不亦光于古乎!

阴皇后纪

光烈阴皇后讳丽华,南阳新野人也。初,光武适新野,闻后美,心悦之。后至长安,见执金吾车骑甚盛,因叹曰:"仕宦当作执金吾,娶妻当得阴丽华。"更始元年六月,遂纳后于宛当成里,时年十九,及光武为司隶校尉,方西之洛阳,令后归新野。及邓奉起兵,后兄识为之将,后随家属徙淯阳,止于奉舍。

光武即位,令侍中傅俊迎后,与胡阳、宁平主诸宫人俱到洛阳,以后为贵人。帝以后雅性宽仁,欲崇以尊位,后固辞,以郭氏有子,终不肯当,故遂立郭皇后。建武四年,从征彭宠,生显宗于元氏。九年,有盗劫杀后母邓氏及弟䜣,帝甚伤之,乃诏大司空曰:"吾微贱之时,娶于阴氏,因将兵征伐,遂各别离。幸得安全,俱脱虎口。以贵人有母仪之美,宜立为后,而固辞弗敢当,列于媵妾。朕嘉其义让,许封诸弟。未及爵土,而遭患逢祸,母子同命,愍伤于怀。《小雅》曰:'将恐将惧,惟予与汝。将安将乐,汝转弃予。'风人之戒,可不慎乎?其追爵谥贵人父陆为宣恩哀侯,弟䜣为宣义恭侯,以弟就嗣哀侯后。及尸柩在堂,使太中大夫拜授印绶,如在国列侯礼。魂而有灵,嘉其宠荣!"

十七年,废皇后郭氏而立贵人。制诏三公曰:"皇后怀执怨怼,数违教令,不能抚循它子,训长异室。宫闱之内,若见鹰鹯。既无《关雎》之德,而有吕、霍之风,岂可托以幼孤,恭承明祀。今遣大司徒涉、宗正吉持节,其上皇后玺绶。阴贵人乡里良家,归自微贱。'自我不见,于今三年。'宜奉宗庙,为天下母。主者详案旧典,时上尊号。异常之事,非国休福,不得上寿称庆。"后在位恭俭,少嗜玩,不喜笑谑。性仁孝,多矜慈,七岁失父,虽已数十年,言及未曾不流涕。帝见,常叹息。

显宗即位,尊后为皇太后。永平三年冬,帝从太后幸章陵,置酒旧宅,会阴、邓故人诸家子孙,并受赏赐。七年,崩,在位二十四年,年六十,合葬原陵。

明帝性孝爱,追慕无已。十七年正月,当谒原陵,夜梦先帝、太后如平生欢。既寤,悲不能寐,即案历,明旦日吉,遂率百官及故客上陵。其日,降甘露于陵树,帝令百官采取以荐。会毕,帝从席前伏御床,视太后镜奁中物,感动悲涕,令易脂泽装具。左右皆泣,莫能仰视焉。

马皇后纪

明德马皇后讳某,伏波将军援之小女也。少丧父母。兄客卿敏惠早夭,母蔺夫人悲伤发疾慌惚。后时年十岁,干理家事,敕制僮御,内外咨禀,事同成人,初,诸家莫知者,后闻之,咸叹异焉。后尝久疾,太夫人令筮之,筮者曰:"此女虽有患状而当大贵,兆不可言也。"后又呼相者使占诸女,见后,大惊曰:"我必为此女称臣。然贵而少子,若养它子者得力,乃当逾于所生。"

初,援征五溪蛮,卒于师,虎贲中郎将梁松、黄门侍郎窦固等共谮之,由是家益失执,又数为权贵所侵侮。后从兄严不胜忧愤,白太夫人绝窦氏婚,求进女掖庭。乃上书曰:"臣叔父援孤恩不报,而妻子特获恩全,戴仰陛下,为天为父。人情既得不死,便欲求福。窃闻太子、诸王妃匹未备,援有三女,大者十五,次者十四,小者十三,仪状发肤,上中以上。皆孝顺小心,婉静有礼。愿下相工,简其可否。

如有万一，援不朽于黄泉矣。又援姑姊妹并为成帝婕妤，葬于延陵。臣严幸得蒙恩更生，冀因缘先姑，当充后宫。"由是选入太子宫。时年十三。奉承阴后，傍接同列，礼则修备，上下安之。遂见宠异，常居后堂。

显宗即位，以后为贵人。时后前母姊女贾氏亦以选入，生肃宗。帝以后无子，命令养之。谓曰："人未必当自生子，但患爱养不至耳。"后于是尽心抚育，劳悴过于所生。肃宗亦孝性淳笃，恩性天至。母子慈爱，始终无纤介之间。后常以皇嗣未广，每怀忧叹，荐达左右，若恐不及。后宫有进见者，每加慰纳。若数所宠引，辄增隆遇。永平三年春，有司奏立长秋宫，帝未有所言。皇太后曰："马贵人德冠后宫，即其人也。"遂立为皇后。先是数日，梦有小飞虫无数赴著身，又入皮肤中而复飞出。既正位宫闱，愈自肃肃。身长七尺二寸，方口，美发。能诵《易》，好读《春秋》、《楚辞》，尤善《周官》、《董仲舒书》。常衣大练，裙不加缘。朔望诸姬主朝请，望见后袍衣疏粗，反以为绮縠，就视，乃笑。后辞曰："此缯特宜染色，故用之耳。"六宫莫不叹息。帝尝幸苑囿离宫，后辄以风邪露雾为戒，辞意款备，多见详挽。帝幸濯龙中，并召诸才人，下邳王已下皆在侧，请呼皇后。帝笑曰："是家志不好乐，虽来无欢。"是以游娱之事希尝从焉。

十五年，帝案地图，将封皇子，悉半诸国。后见而言曰："诸子裁食数县，于制不已俭乎？"帝曰："我子岂宜与先帝子等乎？岁给二千万足矣。"时楚狱连年不断，囚相证引，坐系者甚众。后虑其多滥，乘间言及，恻然。帝感悟之，夜起仿徨，为思所纳，卒多有所降宥。时诸将奏事及公卿较议难平者，帝数以试后。后辄分解趣理，各得其情。每于侍执之际，辄言及政事，多所毗补，而未尝以家私干。故宠敬日隆，始终无衰。

及帝崩，肃宗即位，尊后曰皇太后。诸贵人当徙居南宫，太后感析别之怀，各赐王赤绶，加安车驷马，白越三千端，杂帛二千匹，黄金十斤。自撰《显宗起居注》，削去兄防参医药事。帝请曰："黄门舅旦夕供养且一年，既无褒异，又不录勤劳，无乃过乎！"太后曰："吾不欲令后世闻先帝数亲后宫之家，故不著也。"

建初元年，帝欲封爵诸舅，太后不听。明年夏，大旱，言事者以为不封外戚之故，有司因此上奏，宜依旧典。太后诏曰："凡言事者皆欲媚朕以要福耳。昔王氏五侯同日俱封，其时黄雾四塞，不闻澍雨之应。又田蚡、窦婴，宠贵横恣，倾覆之祸，为世所传。故先帝防慎舅氏，不令在枢机之位。诸子之封，裁令半楚、淮阳诸国，常谓'我子不当与先帝子等'。今有司奈何欲以马氏比阴氏乎！吾为天下母，而身服大练，食不求甘，左右但着帛布，无香薰之饰者，欲身率下也。以为外亲见之，当伤心自敕，但笑言太后素好俭。前过濯龙门上，见外家问起居者，车如流水，马如游龙，仓头衣绿褠，领袖正白，顾视御者，不及远矣。故不加谴怒，但绝岁用而已，冀以默愧其心，而犹懈怠，无忧国忘家之虑。知臣莫若君，况亲属乎？吾可上负先帝之旨，下亏先人之德，重袭西京败亡之祸哉！"固不许。

帝省诏悲叹，复重请曰："汉兴，舅氏之封侯，犹皇子之为王也。太后诚存谦虚，奈何令臣独不加恩三舅乎？且

卫尉年尊，两校尉有大病，如令不讳，使臣长抱刻骨之恨。宜及吉时，不可稽留。"太后报曰："吾反覆念之，思令两善。岂徒欲获谦让之名，而使帝受不外施之嫌哉！昔窦太后欲封王皇后之兄，丞相条侯言受高祖约，无军功，非刘氏不侯。今马氏无功于国，岂得与阴、郭中兴之后等邪？常观富贵之家，禄位重叠，犹再实之木，其根必伤。且人所以愿封侯者，欲上奉祭祀，下求温饱耳。今祭祀则受四方之珍，衣食则蒙御府余资，斯岂不足，而必当得一县乎？吾计之孰矣，勿有疑也。夫至孝之行，安亲为上。今数遭变异，谷价数倍，忧惶昼夜，不安坐卧，而欲先营外封，违慈母之拳拳乎！吾素刚急，有匈中气，不可不顺也。若阴阳调和，边境清静，然后行子之志。吾但当含饴弄孙，不能复关政矣。"

时新平主家御者失火，延及北阁后殿。太后以为己过，起居不欢。时当谒原陵，自引守备不慎，惭见陵园，遂不行。初，太夫人葬，起坟微高，太后以为言，兄廖等即时减削。其外亲有谦素义行者，辄假借温言，赏以财位。如有纤介，则先见严恪之色，然后加谴。其美车服不轨法度者，便绝属籍，遣归田里。广平、巨鹿、乐成王车骑朴素，无金银之饰，帝以白太后，太后即赐钱各五百万。于是内外从化，被服如一，诸家惶恐，倍于永平时。乃置织室，蚕于濯龙中，数往观视，以为娱乐。常与帝旦夕言道政事，及教授诸小王，论议经书，述叙平生，雍和终日。

四年，天下丰稔，方垂无事，帝遂封三舅廖、防、光为列侯。并辞让，愿就关内侯。太后闻之，曰："圣人设教，各有其方，知人情性莫能齐也。吾少壮时，但慕竹帛，志不顾命。今虽已老，而复'戒之在得'，故日夜惕厉，思自降损。居不求安，食不念饱。冀乘此道，不负先帝。所以化导兄弟，共同斯志，欲令瞑目之日，无所复恨。何意老志复不从哉？万年之日长恨矣！"廖等不得已，受封爵而退位归第焉。

太后其年寝疾，不信巫祝小医，数敕绝祷祀。至六月，崩。在位二十三年，年四十余。合葬显节陵。

贾贵人，南阳人。建武末选入太子宫，中元二年生肃宗，而显宗以为贵人。帝既为太后所养，专以马氏为外家，故贵人不登极位，贾氏亲族无受宠荣者。及太后崩，乃策书加贵人王赤绶，安车一驷，永巷宫人二百，御府杂帛二万匹，大司农黄金千斤，钱二千万。诸史并阙后事，故不知所终。

窦皇后纪

章德窦皇后讳某，扶风平陵人，大司空融之曾孙也。祖穆，父勋，坐事死，事在《窦融传》。勋尚东海恭王强女沘阳公主，后其长女也。家既废坏，数呼相工问息耗，见后者皆言当大尊贵，非臣妾容貌。年六岁能书，亲家皆奇之。建初二年，后与女弟俱以选例入见长乐宫，进止有序，风容甚盛。肃宗先闻后有才色，数以讯诸姬傅。及见，雅以为美，马太后亦异焉，因入掖庭，见于北宫章德殿。后性敏

给,倾心承接,称誉日闻。明年,遂立为皇后,妹为贵人。七年,追爵谥后父勋为安成思侯。后宠幸殊特,专固后宫。

初,宋贵人生皇太子庆,梁贵人生和帝。后既无子,并疾忌之,数间于帝,渐致疏嫌。因诬宋贵人挟邪媚道,遂自杀,废庆为清河王,语在《庆传》。

梁贵人者,褒亲愍侯梁竦之女也。少失母,为伯母舞阴长公主所养。年十六,亦以建初二年与中姊俱选入掖庭为贵人。四年,生和帝。后养为己子。欲专名外家而忌梁氏。八年,乃作飞书以陷竦。竦坐诛,贵人姊妹以忧卒。自是宫房惵息,后爱日隆。

及帝崩,和帝即位,尊后为皇太后。皇太后临朝,尊母沘阳公主为长公主,益汤沐邑三千户。兄宪,弟笃、景,并显贵,擅威权,后遂密谋不轨。永元四年,发觉被诛。

九年,太后崩,未及葬,而梁贵人姊嬺上书陈贵人枉殁之状。太尉张酺、司徒刘方、司空张奋上奏,依光武黜吕太后故事,贬太后尊号,不宜合葬先帝。百官亦多上言者。帝手诏曰:"窦氏虽不遵法度,而太后常自减损。朕奉事十年,深惟大义,礼,臣子无贬尊上之文。恩不忍离,义不忍亏。案前世上官太后亦无降黜,其勿复议。"于是合葬敬陵。在位十八年。

帝以贵人酷殁,敛葬礼阙,乃改殡于承光宫,上尊谥曰恭怀皇后,追服丧制,百官缟素,与姊大贵人俱葬西陵,仪比敬园。

阴皇后纪

和帝阴皇后讳某,光烈皇后兄执金吾识之曾孙也。后少聪慧,善书艺。永元四年,选人掖庭,以先后近属,故得为贵人。有殊宠。八年,遂立为皇后。

自和熹邓后入宫,爱宠稍衰,数有恚恨。后外祖母邓朱出入宫掖。十四年夏,有言后与朱共挟巫蛊道,事发觉,帝遂使中常侍张慎与尚书陈褒于掖庭狱杂考案之。朱及二子奉、毅与后弟轶、辅、敞辞语相连及,以为祠祭祝诅,大逆无道。奉、毅、辅考死狱中。帝使司徒鲁恭持节赐后策,上玺绶,迁于桐宫,以忧死。立七年,葬临平亭部。父特进纲自杀,轶、敞及朱家属徙日南比景县,宗亲外内昆弟皆免官还田里。永初四年,邓太后诏赦阴氏诸徙者悉归故郡,还其资财五百余万。

邓皇后纪

和熹邓皇后讳绥,太傅禹之孙也。父训,护羌校尉;母阴氏,光烈皇后从弟女也。后年五岁,太傅夫人爱之,自为翦发。夫人年高目冥,误伤后额,忍痛不言。左右见者怪而问之,后曰:"非不痛也,夫人哀怜为断发,难伤老人意,故忍之耳。"六岁能《史》、《书》,十二通《诗》、《论语》。诸兄每读经传,辄下意难问。志在典籍,不问居家之事。母常非之,曰:"汝不习女工以供衣服,乃更务学,宁当举博士邪?"后重违母言,昼修妇业,暮诵经典,家人号曰:"诸生"。父训异之,事无大小,辄与详议。

永元四年,当以选入,会训卒,后昼夜号泣,终三年不食盐菜,憔悴毁容,亲人不识之。后尝梦扪天,荡荡正青,若有钟乳状,乃仰嗽饮之。以讯诸占梦,言尧梦攀天而上,汤梦及天而咂之,斯皆圣王之前占,吉不可言。又相者见后惊曰:"此成汤之法也。"家人窃喜而不敢宣。后叔父陔言:"常闻活千人者,子孙有封。兄训为谒者,使修石臼河,岁活数千人。天道可信,家必蒙福。"初,太傅禹叹曰:"吾将百万之众,未尝妄杀一人,其后世必有兴者。"

七年,后复与诸家子俱选入宫。后长七尺二寸,姿颜姝丽,绝异于众,左右皆惊。

八年冬,入掖庭为贵人,时年十六。恭肃小心,动有法度。承事阴后,夙夜战兢。接抚同列,常克己以下之,虽宫人隶役,皆加恩借。帝深嘉爱焉。及后有疾,特令后母兄弟入视医药,不限以日数。后言于帝曰:"宫禁至重,而使外舍久在内省,上令陛下有幸私之讥,下使贱妾获不知足之谤。上下交损,诚不愿也。"帝曰:"人皆以数入为荣,贵人反以为忧,深自抑损,诚难及也。"每有宴会,诸姬贵人竞自修整,簪珥光采,袿裳鲜明,而后独着素,装服无饰。其衣有与阴后同色者,即时解易。若并时进见,则不敢正坐离立,行则偻身自卑。帝每有所问,常逡巡后对,不敢先阴后言。帝知后劳心曲体,叹曰:"修德之劳,乃如是乎!"后阴后渐疏,每当御见,辄辞以疾。时帝数失皇子,后忧继嗣不广,恒垂涕叹息,数选进才人,以博帝意。

阴后见后德称日盛,不知所为,遂造祝诅,欲以为害。帝尝寝病危甚,阴后密言:"我得意,不令邓氏复有遗类!"后闻,乃对左右流涕言曰:"我竭诚尽心以事皇后,竟不为所祐,而获罪于天。妇人虽无从死之义,然周公身请武王之命,越姬心誓必死之分,上以报帝之恩,中以解宗族之祸,下不令阴氏有人豕之讥。"即欲饮药,宫人赵玉者固禁之,因诈言属有使来,上疾已愈。后信以为然,乃止。明日,帝果瘳。

十四年夏,阴后以巫蛊事废,后请救不能得,帝便属意焉。后愈称疾笃,深自闭绝,会有司奏建长秋宫,帝曰:"皇后之尊,与朕同体,承宗庙,母天下,岂易哉!唯邓贵人德冠后庭,乃可当之。"至冬,立为皇后。辞让者三,然后即位。手书表谢,深陈德薄,不足以充小君之选。是时,方国贡献,竞求珍丽之物。自后即位,悉令禁绝,岁时但供纸墨而已。帝每欲官爵邓氏,后辄哀请谦让,故兄骘终帝世不过虎贲中郎。

元兴元年,帝崩。长子平原王有疾,而诸皇子夭没,前后十数,后生者辄隐秘养于人间。殇帝生始百日,后乃迎立之。尊后为皇太后,太后临朝。和帝葬后,宫人并归园,太后赐周、冯贵人策曰:"朕与贵人托配后庭,共欢等列,十有余年。不获福祐,先帝早弃天下,孤心茕茕,靡所瞻仰,夙夜永怀,感怆发中。今当以旧典分归外园,惨结增叹,燕燕之诗,曷能喻焉?其赐贵人王青盖车,采饰辂,骖马各一驷,黄金三十斤,杂帛三千匹,白越四千端"。又赐冯贵人王赤绶,以未有头上步摇、环佩,加赐各一具。

是时新遭大忧,法禁未设。宫中亡大珠一箧,太后念,欲考问,必有不幸。乃亲阅宫人,观察颜色,即时首服。又和帝幸人吉成，御者共枉吉成以巫蛊事，遂下掖庭考讯，辞证明白。太后以先帝左右，待之有恩，平日尚无恶言，今反若此，不合人情，更自呼见实核，果御者所为。莫不叹服，以为圣明。常以鬼神难征，淫祀无福，乃诏有司罢诸祠官不合典礼者。又诏赦除建武以来诸犯妖恶，及马、窦家属所被禁锢者，皆复之为平人。减太官、导官、尚方、内者服御珍膳靡丽难成之物，自非供陵庙，稻粱米不得导择，朝夕一肉饭而已。旧太官汤官经用岁且二万万，太后敕止，日杀省珍费，自是裁数千万。及郡国所贡，皆减其过半。悉斥卖上林鹰犬。其蜀、汉釦器九带佩刀，并不复调。止画工三十九种。又御府、尚方、织室锦绣、冰纨、绮縠、金银、珠玉、犀象、玳瑁、雕镂玩弄之物，皆绝不作。离宫别馆储峙米糒薪炭，悉令省之。又诏诸园贵人，其宫人有宗室同族若羸老不任使者，令园监实核上名，自御北宫增喜观阅问之，恣其去留，即日免遣者五六百人。

及殇帝崩，太后定策立安帝，犹临朝政。以连遭大忧，百姓苦役，殇帝康陵方中秘藏，及诸工作，事事减约，十分居一。诏告司隶校尉、河南尹、南阳太守曰："每览前代外戚宾客，假借威权，轻薄谄调，至有浊乱奉公，为人患苦。咎在执法怠懈，不辄行其罚故也。今车骑将军骘等虽怀敬顺之志，而宗门广大，姻戚不少，宾客奸猾，多干禁宪。其明加检敕，勿相容护。"自是亲属犯罪，无所假贷。太后愍阴氏之罪废，赦其徙者归乡，敕还资财五百余万。

永初元年，爵号太夫人为新野君，万户供汤沐邑。

二年夏，京师旱，亲幸洛阳寺录冤狱。有因实不杀人而被考自诬，羸困舆见，畏吏不敢言，将去，举头若欲自诉。太后察视觉之，即呼还问状，具得枉实，即时收洛阳令下狱抵罪。行未还宫，澍雨大降。

三年秋，太后体不安，左右忧惶，祷请祝辞，愿得代命。太后闻之，即遣怒，切敕掖庭令以下，但使谢过祈福，不得妄生不祥之言。旧事，岁终当飨遣卫士，大傩逐疫。太后以阴阳不和，军旅数兴，诏飨会勿设戏作乐，减逐疫侲子之半，悉罢象橐驼之属。丰年复故。太后自入宫掖，从曹大家受经书，兼天文、算数。昼省王政，夜则诵读，而患史谬误，惧乖典章，乃博选诸儒刘珍等及博士、议郎、四府掾史五十余人，诣东观雠校传记。事毕奏御，赐葛布各有差。又诏中官近臣于东观受读经传，以教授宫人，左右习诵，朝夕济济。及新野君薨，太后自侍疾病，至乎终尽，忧哀毁损，事加于常。赠以长公主赤绶、东园秘器、玉衣绣衾，又赐布三万匹，钱三千万。骘等遂固让钱布不受。使司空持节护丧事，仪比东海恭王，谥曰敬君。太后谅闇既终，久旱，太后比三日幸洛阳，录囚徒，理出死罪三十六人，耐罪八十人，其余减罪死右趾已下至司寇。

七年正月，初入太庙，斋七日，赐公卿百僚各有差。庚戌，谒宗庙，率命妇群妾相礼仪，与皇帝交献亲荐，成礼而还。因下诏曰："凡供荐新味，多非其节，或郁养强孰，或穿掘萌牙，味无所至而夭折生长，岂所以顺时育物乎！传曰：'非其时不食。'自今当奉祠陵庙及给御者，皆须时乃上。"凡所省二十三种。

自太后临朝，水旱十载，四夷外侵，盗贼内起。每闻人饥，或达旦不寐，而躬自减彻，以救灾厄，故天下复平，岁还丰穰。

元初五年，平望侯刘毅以太后多德政，欲令早有注记，上书安帝曰："臣闻《易》载羲农而皇德著，《书》述唐虞而帝道崇，故虽圣明，必书功于竹帛，流音于管弦。伏惟皇太后膺大圣之姿，体乾坤之德，齐踪虞妃，比迹任、姒。孝悌慈仁，允恭节约，杜绝奢盈之源，防抑逸欲之兆。正位内朝，流化四海。及元兴、延平之际，国无储副，仰观乾象，参之人誉，援立陛下为天下主，永安汉室，绥静四海。又遭水潦，东州饥荒。垂恩元元，冠盖交路，菲薄衣食，躬率群下，损膳解骖，以赡黎苗。恻隐之恩，犹视赤子。克己引愆，显扬仄陋。崇晏晏之政，敷在宽之教。兴灭国，继绝世，录功臣，复宗室。追还徙人，蠲除禁锢。政非惠和，不图于心；制非旧典，不访于朝。弘德洋溢，充塞宇宙；洪泽丰沛，漫衍八方。华夏乐化，戎狄混并，丕功著于大汉，硕惠加于生人。巍巍之业，可闻而不可及；荡荡之勋，可诵而不可名。古之帝王，左右置史；汉之旧典，世有注记。夫道有夷崇，治有进退。若善政不述，细异辄书，是为尧汤负洪水大旱之责，而无咸熙假天之美；高宗成王有雊雉迅风之变，而无中兴康宁之功也。上考《诗》、《书》，有虞二妃，周室三母，修行佐德，思不逾阈。未有内遭家难，外遇灾害，览总大麓，经营天物，功德巍巍若兹者。宜令史官著《长乐宫注》、《圣德颂》，以敷宣景耀，勒勋金石，县之日月，摅之罔极，以崇陛下蒸蒸之孝。"帝从之。

六年，太后诏征和帝弟济北、河间王子男女年五岁以上四十余人，又邓氏近亲子孙三十余人，并为开邸第，教学经书，躬自监试。尚幼者，使置师保，朝夕入宫，抚循诏导，恩爱甚渥。乃诏从兄河南尹豹、越骑校尉康等曰："吾所以引纳群子，置之学官者，实以方今承百王之敝，时俗浅薄，巧伪滋生，《五经》衰缺，不有化导，将遂陵迟，故欲褒崇圣道，以匡失俗。传不云乎：'饱食终日，无所用心，难矣哉！'今末世贵戚食禄之家，温衣美饭，乘坚驱良，而面墙术学，不识臧否，斯故祸败所从来也。永平中，四姓小侯皆令入学，所以矫俗厉薄，反之忠孝。先公既以武功书之竹帛，兼以文德教化子孙，故能束修，不触罗网。诚令儿曹上述祖考休烈，下念诏书本意，则足矣。其勉之哉！"

康以太后久临朝政，心怀畏惧，托病不朝。太后使内人问之。时宫婢出入，多能有所毁誉，其耆宿者皆称中大人，所使者乃康家先婢，亦自通中大人。康闻，诟之曰："汝我家出，尔敢尔邪！"婢怒，还说康诈疾而言不逊。太后遂免康官，遣归国，绝属籍。

永宁二年二月，寝病渐笃，乃乘辇于前殿，见侍中、尚书，因北至太子新所缮宫。还，大赦天下，赐诸园贵人、王、主、群僚钱布各有差。诏曰："朕以无德，托身天下，而薄祐不天，早离大忧。延平之际，海内无主，元元厄运，危于累卵。勤勤苦心，不敢以万乘为乐，上欲不欺天愧先帝，下不违人负宿心，诚在济度百姓，以安刘氏。自谓感彻天地，当蒙福祚，而丧祸内外，伤痛不绝。顷以废病沈滞，久不得侍祠，自力上原陵，加咳逆唾血，遂至不解。存亡大分，无可奈何。公卿百官，其勉尽忠恪，以辅朝廷。"三月崩。在位二十年,年四十一。合葬顺陵。

论曰:邓后称制终身,号令自出,术谢前政之良,身阙明辟之义,至使嗣主侧目,敛衽于虚器,直生怀懑,悬书于象魏。借之仪者,殆其惑哉!然而建光之后,王柄有归,遂乃名贤戮辱,便孽党进,衰斁之来,兹焉有征。故知持权引谤,所幸者非己;焦心恤患,自强者唯国。是以班母一说,阖门辞事;爱侄微愆,髡剔谢罪。将杜根逢诛,未值其诚乎!但蹊田之牛,夺之已甚。

卷十下　　　　　后纪第十下

安思阎皇后　顺烈梁皇后
孝崇匽皇后　懿献梁皇后
孝桓邓皇后　桓思窦皇后
孝仁董皇后　孝灵宋皇后
灵思何皇后　献帝伏皇后
献穆曹皇后

阎皇后纪

安思阎皇后讳姬,河南荥阳人也。祖父章,永平中为尚书,以二妹为贵人。章精力晓旧典,久次,当迁为重职,显宗为后宫亲属,竟不用,出为步兵校尉。章生畅,畅生后。后有才色。元初元年,以选入掖庭,甚见宠爱,为贵人。二年,立为皇后。后专房妒忌,帝幸宫人李氏,生皇子保,遂鸩杀李氏。三年,以后父侍中畅为长水校尉,封北宜春侯,食邑五千户。四年,畅卒,谥曰文侯,子显嗣。

建光元年,邓太后崩,帝始亲政事。显及弟景、耀、晏并为卿校,典禁兵。延光元年,更封显长社县侯,食邑万三千五百户,追尊后母宗为荥阳君。显、景诸子年皆童龀,并为黄门侍郎。后宠既盛,而兄弟颇与朝权,后遂与大长秋江京、中常侍樊丰等共潜太子保,废为济阴王。

四年春,后从帝幸章陵,帝道疾,崩于叶县。后、显兄弟及江京、樊丰等谋曰:"今晏驾道次,济阴王在内,邂逅公卿立之,还为大害。"乃伪云帝疾甚,徙御卧车。行四日,驱驰还宫。明日,诈遣司徒刘熹诣郊庙社稷,告天请命。其夕,乃发丧。尊后曰皇太后。皇太后临朝,以显为车骑将军仪同三司。太后欲久专国政,贪立幼年,与显等定策禁中,迎济北惠王子北乡侯懿,立为皇帝。显忌大将军耿宝位尊权重,威行前朝,乃风有司奏宝及其党与中常侍樊丰、虎贲中郎将谢恽、恽弟侍中笃、笃弟大将军长史宓、侍中周广、阿母野王君王圣、圣女永、永婿黄门侍郎樊严等,更相阿党,互作威福,探刺禁省,更为唱和,皆大不道。丰、恽、广皆下狱死,家属徙比景;宓、严减死,髡钳;贬宝为则亭

侯,遣就国,自杀;王圣母子徙雁门。于是景为卫尉,耀城门校尉,晏执金吾,兄弟权要,威福自由。

少帝立二百余日而疾笃,显兄弟及江京等皆在左右。京引显屏语曰:"北乡侯病不解,国嗣宜时有定。前不用济阴王,今若立之,后必当怨,又何不早征诸王子,简所置乎?"显以为然。及少帝薨,京白太后,征济北、河间王子。未至,而中黄门孙程合谋杀江京等,立济阴王,是为顺帝。显、景、晏及党与皆伏诛,迁太后于离宫,家属徙比景。明年,太后崩。在位十二年,合葬恭陵。

帝母李氏瘗在洛阳城北,帝初不知,莫敢以闻。及太后崩,左右白之,帝感悟发哀,亲到瘗所,更以礼殡,上尊谥曰恭愍皇后,葬恭北陵,为策书金匮,藏于世祖庙。

梁皇后纪

顺烈梁皇后讳妠,大将军商之女,恭怀皇后弟之孙也。后生,有光景之祥。少善女工,好《史书》,九岁能诵《论语》,治《韩诗》,大义略举,常以列女图画置于左右,以自监戒。父商深异之,窃谓诸弟曰:"我先人全济河西,所活者不可胜数。虽大位不究,而积德必报。若庆流子孙者,倘兴此女乎?"

永建三年,与姑俱选入掖庭,时年十三。相工茅通见后,惊,再拜贺曰:"此所谓日角偃月,相之极贵,臣所未尝见也。"太史卜兆得寿房,又筮得《坤》之《比》,遂以为贵人。常特被引御,从容辞于帝曰:"夫阳以博施为德,阴以不专为义,螽斯则百,福之所由兴也。愿陛下思云雨之均泽,识贯鱼之次序,使小妾得免罪谤之累。"由是帝加敬焉。

阳嘉元年春,有司奏立长秋宫,以乘氏侯商先帝外戚,《春秋》之义,娶先大国,梁小贵人宜配天祚,正位坤极。帝从之,乃于寿安殿立贵人为皇后。后既少聪惠,深览前世得失,虽以德进,不敢有骄专之心,每日月见谪,辄降服求愆。

建康元年,帝崩。后无子,美人虞氏子炳立,是为冲帝。尊后为皇太后,太后临朝。冲帝寻崩,复立质帝,犹秉朝政。

时杨、徐剧贼寇扰州郡,西羌、鲜卑及日南蛮夷攻城暴掠,赋敛烦数,官民困竭。太后夙夜勤劳,推心杖贤,委任太尉李固等,拔用忠良,务崇节俭。其贪叨罪慝,多见诛废。分兵讨伐,群寇消夷。故海内肃然,宗庙以宁。而兄大将军冀鸩杀质帝,专权暴滥,忌害忠良,数以邪说疑误太后,遂立桓帝而诛李固。太后又溺于宦官,多所封宠,以此天下失望。

和平元年春,归政于帝,太后寝疾遂笃,乃御辇幸宣德殿,见宫省官属及诸梁兄弟。诏曰:"朕素有心下结气,从间以来,加以浮肿,逆害饮食,浸以沈困,比使内外劳心请祷。私自忖度,日夜虚劣,不能复与群公卿士共相终竟。援立圣嗣,恨不久育养,见其终始。今以皇帝、将军兄弟委付股肱,其各自勉焉。"后二日而崩。在位十九年,年四十五。合葬宪陵。

虞美人者，以良家子年十三选入掖庭，又生女舞阳长公主。自汉兴，母氏莫不尊宠。顺帝既未加美人爵号，而冲帝早夭，大将军梁冀秉政，忌恶佗族，故虞氏抑而不登，但称"大家"而已。

陈夫人者，家本魏郡，少以声伎入孝王宫，得幸，生质帝。亦以梁氏故，荣宠不及焉。

熹平四年，小黄门赵祐、议郎卑整上言："《春秋》之义，母以子贵。隆汉盛典，尊崇母氏，凡在外戚，莫不加宠。今冲帝母虞大家，质帝母陈夫人，皆诞生圣皇，而未有称号。夫臣子虽贱，尚有追赠之典，况二母见在，不蒙崇显之次，无以述遵先世，垂示后世也。"帝感其言，乃拜虞大家为宪陵贵人，陈夫人为渤海孝王妃，使中常侍持节授印绶，遣太常以三牲告宪陵、怀陵、静陵焉。

匽皇后纪

孝崇匽皇后讳明，为蠡吾侯翼媵妾，生桓帝。桓帝即位，明年，追尊翼为孝崇皇，陵曰博陵，以后为博园贵人。和平元年，梁太后崩，乃就博陵尊后为孝崇皇后。遣司徒持节奉策授玺绶，赍乘舆器服，备法物。宫曰永乐。置太仆、少府以下，皆如长乐宫故事。又置虎贲、羽林卫士，起宫室，分巨鹿九县为后汤沐邑。在位三年，元嘉二年崩。以帝弟平原王石为丧主，敛以东园画梓寿器、玉匣、饭含之具，礼仪制度比恭怀皇后。使司徒持节，大长秋奉吊祠，赗钱四千万，布四万匹，中谒者仆射典护丧事，侍御史护大驾卤簿。诏安平王豹、河间王建、勃海王悝，长社、益阳二长公主，与诸国侯三百里内者，及中二千石、二千石、令、长、相，皆会葬。将作大匠复土，缮庙，合葬博陵。

梁皇后纪

桓帝懿献梁皇后讳女莹，顺烈皇后之女弟也。帝初为蠡吾侯，梁太后征，欲与后为婚，未及嘉礼，会质帝崩，因以立帝。明年，有司奏太后曰："《春秋》迎王后于纪，在涂则称后。今大将军冀女弟，膺绍圣善。结婚之际，有命既集，宜备礼章，时进征币。请下三公、太常案礼仪。"奏可，于是悉依孝惠皇帝纳后故事，聘黄金二万斤，纳采雁璧乘马束帛，一如旧典。建和元年六月始入掖庭，八月立为皇后。

时太后秉政而梁冀专朝，故后独得宠幸，自下莫得进见。后藉姊兄荫势，恣极奢靡，宫幄雕丽，服御珍华，巧饰制度，兼倍前世。及皇太后崩，恩爱稍衰。后既无子，潜怀怨忌，每宫人孕育，鲜得全者。帝虽迫畏梁冀，不敢谴怒，然见御转稀。至延熹二年，后以忧恚崩，在位十三年，葬懿陵。其岁，诛梁冀，废懿陵为贵人冢焉。

邓皇后纪

桓帝邓皇后讳猛女，和熹皇后从兄子邓香之女也。母宣，初适香，生后。改嫁梁纪。纪者，大将军梁冀妻孙寿之舅也。后少孤，随母为居，因冒姓梁氏。冀妻见后貌美，永兴中进入掖庭，为采女，绝幸。明年，封兄邓演为南顿侯，位特进。演卒，子康嗣。及懿献后崩，梁冀诛，立后为皇后。帝恶梁氏，改姓为薄，封后母宣为长安君。四年，有司奏后本郎中邓香之女，不宜改易它姓，于是复为邓氏。追封赠香车骑将军安阳侯印绶，更封宣、康大县，宣为昆阳君，康为沘阳侯，赏赐巨万计。宣卒，赗赠葬礼，皆依后母旧仪。以康弟统袭封昆阳侯，位侍中，统从兄会袭安阳侯，为虎贲中郎将；又封统弟秉为淯阳侯。宗族皆列校、郎将。

帝多内幸，博采宫女至五六千人，及驱役从使，复兼倍于此。而后恃尊骄忌，与帝所幸郭贵人更相谮诉。八年，诏废后，送暴室，以忧死。立七年。葬于北邙。从父河南尹万世及会皆下狱死。统等亦系暴室，免官爵，归本郡，财物没入县官。

窦皇后纪

桓思窦皇后讳妙，章德皇后从祖弟之孙女也。父武。延熹八年，邓皇后废，后以选入掖庭为贵人。其冬，立为皇后，而御见甚稀，帝所宠唯采女田圣等。永康元年冬，帝寝疾，遂以圣等九女皆为贵人。及崩，无嗣，后为皇太后。太后临朝定策，立解渎亭侯宏，是为灵帝。太后素忌忍，积怒田圣等。桓帝梓宫尚在前殿，遂杀田圣。又欲尽诛诸贵人，中常侍管霸、苏康苦谏，乃止。时太后父大将军武谋诛宦官，而中常侍曹节等矫诏杀武，迁太后于南宫云台，家属徙比景。窦氏虽诛，帝犹以太后有援立之功，建宁四年十月朔，率群臣朝于南宫，亲馈上寿。黄门令董萌因此数为太后诉怨，帝深纳之，供养资奉有加于前。中常侍曹节、王甫疾萌附助太后，诬以谤讪永乐宫，萌坐下狱死。熹平元年，太后母卒于比景，太后感疾而崩。立七年。合葬宣陵。

董皇后纪

孝仁董皇后讳某，河间人。为解渎亭侯苌夫人，生灵帝。建宁元年，帝即位，追尊苌为孝仁皇，陵曰慎陵，以后为慎园贵人。及窦氏诛，明年，帝使中常侍迎贵人，并征贵人兄宠到京师，上尊号曰孝仁皇后，居南宫嘉德殿，宫称永乐。拜宠执金吾。后坐矫称永乐后属请，下狱死。及窦太后崩，始与朝政，使帝卖官求货，自纳金钱，盈满堂室。中平五年，以后兄子卫尉脩侯重为骠骑将军，领兵千余人。初，后自养皇子协，数劝帝立为太子，而何皇后恨之，议未及定而帝崩。何太后临朝，重与太后兄大将军进权执相害，后每欲参干政事，太后辄相禁塞。后忿恚詈言曰："汝今辀张，怙汝兄耶？当敕骠骑断何进头来。"何太后闻，以告进。进与三公及弟车骑将军苗等奏："孝仁皇后使故中常侍夏恽、永乐太仆封谞等交通州郡，辜较在所珍宝货赂，悉入西省。蕃后故事不得留京师，舆服有章，膳羞有品，请永乐后迁宫本国。"奏可。何进遂举兵围骠骑府，收重，重免官自杀。后忧怖，疾病暴崩，在位二十二年。民间归咎何氏。丧还河间,合葬慎陵。

宋皇后纪

灵帝宋皇后讳某,扶风平陵人也,肃宗宋贵人之从曾孙也。建宁三年,选入掖庭为贵人。明年,立为皇后。父酆,执金吾,封不其乡侯。后无宠而居正位,后宫幸姬众共谮毁。初,中常侍王甫枉诛勃海王悝及妃宋氏,妃即后之姑也。甫恐后怨之,乃与太中大夫程阿共构言皇后挟左道祝诅,帝信之。光和元年,遂策收玺绶。后自致暴室,以忧死。在位八年。父及兄弟并被诛。诸常侍、小黄门在省闼者,皆怜宋氏无辜,共合钱物,收葬废后及酆父子,归宋氏旧茔皋门亭。帝后梦见桓帝怒曰:"宋皇后有何罪过,而听用邪孽,使绝其命?勃海王悝既已自贬,又受诛毙。今宋氏及悝自诉于天,上帝震怒,罪在难救。"梦寤明察。帝既觉而恐,以事问于羽林左监许永曰:"此何祥,其可攘乎?"永对曰:"宋皇后亲与陛下共承宗庙,母临万国,历年已久,海内蒙化,过恶无闻。而虚听谗妒之说,以致无辜之罪,身婴极诛,祸及家族,天下臣妾,咸为怨痛。勃海王悝,桓帝母弟也。处国奉藩,未尝有过。陛下曾不证审,遂伏其辜。昔晋侯失刑,亦梦大厉被发属地。天道明察,鬼神难诬。宜并改葬,以安冤魂。反宋后之徙家,复勃海之先封,以消厥咎。"帝弗能用,寻亦崩焉。

何皇后纪

灵思何皇后讳某,南阳宛人。家本屠者,以选入掖庭。长七尺一寸。生皇子辩,养于史道人家,号曰史侯。拜后为贵人,甚有宠幸。性强忌,后宫莫不震慑。光和三年,立为皇后。明年,追号后父真为车骑将军、舞阳宣德侯,因封后母兴为舞阳君。时王美人妊娠,畏后,乃服药欲除之,而胎安不动,又数梦负日而行。四年,生皇子协,后遂鸩杀美人。帝大怒,欲废后,诸宦官固请得止。董太后自养协,号曰董侯。

王美人,赵国人也。祖父苞,五官中郎将。美人丰姿色,聪敏有才明,能书会计,以良家子应法相选入掖庭。帝怜协早失母,又思美人,作《追德赋》、《令仪颂》。

中平六年,帝崩,皇子辩即位,尊后为皇太后。太后临朝。后兄大将军进欲诛宦官,反为所害;舞阳君亦为乱兵所杀。并州牧董卓被征,将兵入洛阳,陵虐朝庭,遂废少帝为弘农王而立协,是为献帝。扶弘农王下殿,北面称臣。太后鲠涕,群臣含悲,莫敢言。董卓又议太后踧迫永乐宫,至令忧死,逆妇姑之礼,乃迁于永安宫,因进鸩,弑而崩。在位十年。董卓令帝出奉常亭举哀,公卿皆白衣会,不成丧也。合葬文昭陵。

初,太后新立,当谒二祖庙,欲斋,辄有变故,如此者数,竟不克。时有识之士心独怪之,后遂因何氏倾没汉祚焉。

明年,山东义兵大起,讨董卓之乱。卓又置弘农王于阁上,使郎中令李儒进鸩,曰:"服此药,可以辟恶。"王曰:"我无疾,是欲杀我耳。"不肯饮。强饮之,不得已,乃与妻唐姬及宫人饮宴别。酒行,王悲歌曰:"天道易兮我何艰,弃万乘兮退守蕃。逆臣见迫兮命不延,逝将去汝兮适幽玄!"因令唐姬起舞。姬抗袖而歌曰:"皇天崩兮后土颓,身为帝兮命夭摧。死生路异兮从此乖,奈我茕独兮心中哀!"因泣下呜咽,坐者皆歔欷。王谓姬曰:"卿王者妃,势不复为吏民妻。自爱,从此长辞。"遂饮药而死。时年十八。

唐姬,颍川人也。王薨,归乡里。父会稽太守瑁欲嫁之,姬誓不许。及李傕破长安,遣兵抄关东,略得姬。傕因欲妻之,固不听,而终不自名。尚书贾诩知之,以状白献帝。帝闻感怆,乃下诏迎姬,置园中,使侍中持节拜为弘农王妃。

初平元年二月,葬弘农王于故中常侍赵忠成圹中,谥曰怀王。帝求母王美人兄斌,斌将妻子诣长安,赐第宅田业,拜奉车都尉。

兴平元年,帝加元服。有司奏立长秋宫。诏曰:"朕禀受不弘,遭值祸乱,未能绍先,以光故典。皇母前薨,未卜宅兆,礼章有阙,中心如结。三岁之戚,盖不言吉,且须其后。"于是有司乃奏追尊王美人为灵怀皇后,改葬文昭陵,仪比敬、恭二陵,使光禄大夫持节行司空事奉玺绶,斌与河南尹骆业复土。斌还,迁执金吾,封都亭侯,食邑五百户。病卒,赠前将军印绶,谒者监护丧事。长子端袭爵。

伏皇后纪

献帝伏皇后讳寿,琅邪东武人,大司徒湛之八世孙也。父完,沈深有大度,袭爵不其侯,尚桓帝女阳安公主,为侍中。

初平元年,从大驾西迁长安,后时入掖庭为贵人。兴平二年,立为皇后,完迁执金吾。帝寻而东归,李傕、郭汜等追败乘舆于曹阳,帝乃潜夜度河走,六宫皆步行出营。后手持缣数匹,董承使符节令孙徽以刃胁夺之,杀傍侍者,血溅后衣。既至安邑,御服穿敝,唯以枣栗为粮。建安元年,拜完辅国将军,仪比三司。完以政在曹操,自嫌尊戚,乃上印绶,拜中散大夫,寻迁屯骑校尉。十四年卒,子典嗣。自帝都许,守位而已,宿卫兵侍,莫非曹氏党旧姻戚。议郎赵彦尝为帝陈言时策,曹操恶而杀之。其余内外,多见诛戮。操后以事入见殿中,帝不任其愤,因曰:"君若能相辅,则厚;不尔,幸垂恩相舍。"操失色,俯仰求出。旧仪,三公领兵朝见,令虎贲执刃挟之。操出,顾左右,汗流浃背,自后不敢复朝请。董承女为贵人,操诛承而求贵人杀之。帝以贵人有妊,累为请,不能得,后自是怀惧,乃与父书,言曹操残逼之状,令密图之。完不敢发。至十九年,事乃露泄。操追大怒,遂逼帝废后,假为策曰:"皇后寿,得由卑贱,登显尊极,自处椒房,二纪于兹。既无任、姒徽音之美,又乏谨身养己之福,而阴怀妒害,苞藏祸心,弗可以承天命,奉祖宗。今使御史大夫郗虑持节策诏,其上皇后玺绶,退避中宫,迁于它馆。呜呼伤哉!自寿取之,未致于理,为幸多焉。"又以尚书令华歆为郗虑副,勒兵入宫收后。闭户藏壁中,歆就牵后出。时帝在外殿,引虑于坐,后被发徒跣行泣过诀曰："不能复相活邪？"帝曰："我亦不知命在何时！"顾谓虑曰："郗公，天下宁有是邪？"遂将后下暴室，以幽崩。所生二皇子，皆鸩杀之。后在位二十年，兄弟及宗族死者百余人，母盈等十九人徙涿郡。

曹皇后纪

献穆曹皇后讳节，魏公曹操之中女也。建安十八年，操进三女宪、节、华为夫人，聘以束帛玄纁五万匹，小者待年于国。十九年，并拜为贵人。及伏皇后被弑，明年，立节为皇后。魏受禅，遣使求玺绶，后怒不与。如此数辈，后乃呼使者入，亲数让之，以玺抵轩下，因涕泣横流曰："天不祚尔！"左右皆莫能仰视。后在位七年。魏氏既立，以后为山阳公夫人。自后四十一年，魏景元元年薨，合葬禅陵，车服礼仪皆依汉制。

论曰：汉世皇后无谥，皆因帝谥以为称。虽吕氏专政，上官临制，亦无殊号。中兴，明帝始建光烈之称，其后并以德为配，至于贤愚优劣，混同一贯，故马、窦二后俱称德焉。其余唯帝之庶母及蕃王承统，以追尊之重，特为其号，如恭怀、孝崇之比是也。初平中，蔡邕始追正和熹之谥，其安思、顺烈以下，皆依而加焉。

赞曰：坤惟厚载，阴正乎内。《诗》美好逑，《易》称归妹。祁祁皇姬，言观贞淑。媚兹良哲，承我天禄。班政兰闱，宣礼椒屋。既云德升，亦曰幸进。身当隆极，族渐河润。视景争晖，方山并峻。乘刚乏阻，行地必顺。咎集骄满，福协贞信。庆延自己，祸成谁衅。

汉制，皇女皆封县公主，仪服同列侯。其尊崇者，加号长公主，仪服同蕃王。诸王女皆封乡、亭公主，仪服同乡、亭侯。肃宗唯特封东平宪王苍、琅邪孝王京女为县公主。其后安帝、桓帝妹亦封长公主，同之皇女。其皇女封公主者，所生之子袭母为列侯，皆传国于后。乡、亭之封，则不传袭。其职僚品秩，事在《百官志》。不足别载，故附于后纪末。

皇女义王，建武十五年封舞阳长公主，适陵乡侯太仆梁松。松坐诽谤诛。

皇女中礼，十五年封涅阳公主，适显亲侯大鸿胪窦固，肃宗尊为长公主。

皇女红夫，十五年封馆陶公主，适驸马都尉韩光。光坐与淮阳王延谋反诛。

皇女礼刘，十七年封淯阳公主，适阳安侯长乐少府郭璜。璜坐与窦宪谋反诛。

皇女绶，二十一年封郦邑公主，适新阳侯世子阴丰。丰害主，诛死。

世祖五女。

皇女姬，永平二年封获嘉长公主，适杨邑侯将作大匠冯柱。

皇女奴，三年封平阳公主，适大鸿胪冯顺。

皇女迎，三年封隆虑公主，适牟平侯耿袭。

皇女次，三年封平氏公主。

皇女致，三年封沁水公主，适高密侯邓乾。

皇女小姬，十二年封平皋公主，适昌安侯侍中邓蕃。

皇女仲，十七年封浚仪公主，适軑侯黄门侍郎王度。

皇女惠，十七年封武安公主，适征羌侯世子黄门侍郎来棱，安帝尊为长公主。

皇女臣，建初元年封鲁阳公主。

皇女小迎，元年封乐平公主。

皇女小民，元年封成安公主。

显宗十一女。

皇女男，建初四年封武德长公主。

皇女王，四年封平邑公主，适黄门侍郎冯由。

皇女吉，永元五年，封阴安公主。

肃宗三女。

皇女保，延平元年封修武长公主。

皇女成，元年封共邑公主。

皇女利，元年封临颍公主。适即墨侯侍中贾建。

皇女兴，元年封闻喜公主。

和帝四女。

皇女生，永和三年封舞阳长公主。

皇女成男，三年封冠军长公主。

皇女广，永和六年封汝阳长公主。

顺帝三女。

皇女华，延熹元年封阳安长公主，适不其侯辅国将军伏完。

皇女坚，七年封颍阴长公主。

皇女脩，九年封阳翟长公主。

桓帝三女。

皇女某，光和三年封万年公主。

灵帝一女。

卷十一　　志第一　　律历上

律准　候气

古之人论数也，曰"物生而后有象，象而后有滋，滋而后有数。"然则天地初形，人物既著，则算数之事生矣。记称大桡作甲子，隶首作数。二者既立，以比日表，以管万事。夫一、十、百、千、万，所用同也；律、度、量、衡、历，其别用也。故体有长短，检以度；物有多少，受以量；量有轻重，平以权衡；声有清浊，协以律吕；三光运行，纪以历数；然后幽隐之情，精微之变，可得而综也。

汉兴，北平侯张苍首治律历。孝武正乐，置协律之官。至元始中，博征通知钟律者，考其意义，羲和刘歆典领条奏，前史班固取以为志。而元帝时，郎中京房知五声之音，六律之数。上使太子太傅玄成、谏议大夫章，杂试问房于乐府。房对：“受学故小黄令焦延寿。六十律相生之法：以上生下，皆三生二，以下生上，皆三生四，阳下生阴，阴上生阳，终于中吕，而十二律毕矣。中吕上生执始，执始下生去灭，上下相生，终于南事，六十律毕矣。夫十二律之变至于六十，犹八卦之变至于六十四也。宓羲作《易》，纪阳气之初，以为律法。建日冬至之声，以黄钟为宫，太蔟为商，姑洗为角，林钟为徵，南吕为羽，应钟为变宫，蕤宾为变徵。此声气之元，五音之正也。故各统一日。其余以次运行，当日者各自为宫，而商徵以类从焉。《礼运篇》曰'五声、六律、十二管还相为宫'，此之谓也。以六十律分期之日，黄钟自冬至始，及冬至而复，阴阳寒燠风雨之占生焉。于以检摄群音，考其高下，苟非革木之声，则无不有所合。《虞书》曰'律和声'，此之谓也。"房又曰："竹声不可以度调，故作准以定数。准之状如瑟，长丈而十三弦，隐间九尺，以应黄钟之律九寸；中央一弦，下有画分寸，以为六十律清浊之节。"房言律详于歆所奏，其术施于史官，候部用之。文多不悉载。故总其本要，以续《前志》。

《律术》曰：阳以圆为形，其性动。阴以方为节，其性静。动者数三，静者数二。以阳生阴，倍之；以阴生阳，四之；皆三而一。阳生阴曰下生，阴生阳曰上生。上生不得过黄钟之浊，下生不得及黄钟之清。皆参天两地，圆盖方覆，六耦承奇之道也。黄钟，律吕之首，而生十二律者也。其相生也，皆三分而损益之。是故十二律之，得十七万七千一百四十七，是为黄钟之实。又以二乘而三约之，是为下生林钟之实。又以四乘而三约之，是为上生太蔟之实。推此上下，以定六十律之实。以九三之，得万九千六百八十三为法。于律为寸，于准为尺。不盈者十之，所得为分。又不盈十之，所得为小分。以其余正其强弱。

黄钟，十七万七千一百四十七。　　下生林钟。黄钟为宫，太蔟商，林钟徵。

一日。律，九寸。　准，九尺。

色育，十七万六千七百七十六。　　下生谦待。色育为宫，未知商，谦待徵。

六日。律，八寸九分小分八微强。准，八尺九寸万五千九百七十三。

执始，十七万四千七百六十二。　　下生去灭。执始为宫，时息商，去灭徵。

六日。律，八寸八分小分七大强。准，八尺八寸万五千五百一十六。

丙盛，十七万二千四百一十。　　下生安度。丙盛为宫，屈齐商，安度徵。

六日。律，八寸七分小分六微弱。准，八尺七寸万一千六百七十九。

分动，十七万八十九。　　下生归嘉。分动为宫，随期商，归嘉徵。

六日。律，八寸六分小分四强。准，八尺六寸八千一百五十二。

质末，十六万七千八百。　　下生否与。质末为宫，形晋商，否与徵。

六日。律，八寸五分小分二半强。准，八尺五寸四千九百四十五。

大吕，十六万五千八百八十八。　　下生夷则。大吕为宫，夹钟商，夷则徵。

八日。律，八寸四分小分三弱。准，八尺四寸五千五百八。

分否，十六万三千六百五十四。　　下生解形。分否为宫，开时商，解形徵。

八日。律，八寸三分小分一强。准，八尺三寸二千八百五十一。

凌阴，十六万一千四百五十二。　　下生去南。凌阴为宫，族嘉商，去南徵。

八日。律，八寸二分小分一弱。准，八尺二寸五百一十四。

少出，十五万九千二百八十。　　下生分积。少出为宫，争南商，分积徵。

六日。律，八寸小分九强。准，八尺万八千一百六十。

太蔟，十五万七千四百六十四。　　下生南吕。太蔟为宫，姑洗商，南吕徵。

一日。律，八寸。　准，八尺。

未知，十五万七千一百三十四。　　下生白吕。未知为宫，南授商，白吕徵。

六日。律，七寸九分小分八强。准，七尺九寸万六千三百八十三。

时息，十五万五千三百四十四。　　下生结躬。时息为宫，变虞商，结躬徵。

六日。律，七寸八分小分九少强。准，七尺八寸万八千一百六十六。

屈齐，十五万三千二百五十三。　　下生归期。屈齐为宫，路时商，归期徵。

六日。律，七寸七分小分九弱。准，七尺七寸万六千九百三十九。

随期，十五万一千一百九十。　　下生未卯。随期为宫，形始商，未卯徵。

六日。律，七寸六分小分八强。准，七尺六寸万五千九百九十二。

形晋，十四万九千一百五十六。　　下生夷汗。形晋为宫，依行商，夷汗徵。

六日。律，七寸五分小分八弱。准，七尺五寸三千三百三十五。

夹钟，十四万七千四百五十六。　　下生无射。夹钟为宫，中吕商，无射徵。

六日。律，七寸四分小分九强。准，七尺四寸万八千一十八。

开时，十四万五千四百七十。　　下生闭掩。开时为宫，南中商，闭掩徵。

八日。律，七寸三分小分九微强。准，七尺三寸万七千八百四十一。

族嘉，十四万三千五百一十三。　　下生邻齐。族嘉为宫，内负商，邻齐徵。

八日。律,七寸二分小分九微强。 准,七尺二寸万七千九百五十四。

争南,十四万一千五百八十二。 下生期保。 争南为宫,物应商,期保徵。

八日。律,七寸一分小分九强。 准,七尺一寸万八千三百二十七。

姑洗,十三万九千九百六十八。 下生应钟。 姑洗为宫,蕤宾商,应钟徵。

一日。律,七寸一分小分一微强。 准,七尺一寸二千一百八十七。

南授,十三万九千六百七十四。 下生分乌。 南授为宫,南事商,分乌徵。

六日。律,七寸小分九大强。 准,七尺万八千九百三十。

变虞,十三万八千八十四。 下生迟内。 变虞为宫,盛变商,迟内徵。

六日。律,七寸小分一半强。 准,七尺三千三十。

路时,十三万六千二百二十五。 下生未育。 路时为宫,离宫商,未育徵。

六日。律,六寸九分小分二微强。 准,六尺九寸四千一百二十三。

形始,十三万四千三百九十二。 下生迟时。 形始为宫,制时商,迟时徵。

五日。律,六寸八分小分三弱。 准,六尺八寸五千四百七十六。

依行,十三万二千五百八十二。 上生色育。 依行为宫,谦待商,色育徵。

七日。律,六寸七分小分三半强。 准,六尺七寸七千五十九。

中吕,十三万一千七十二。 上生执始。 中吕为宫,去灭商,执始徵。

八日。律,六寸六分小分六弱。 准,六尺六寸万一千六百四十二。

南中,十二万九千三百八。 上生丙盛。 南中为宫,安度商,丙盛徵。

七日。律,六寸五分小分七微弱。 准,六尺五寸万三千六百八十五。

内负,十二万七千五百六十七。 上生分动。 内负为宫,归嘉商,分动徵。

八日。律,六寸四分小分八微强。 准,六尺四寸万五千九百五十八。

物应,十二万五千八百五十。 上生质末。 物应为宫,否与商,质末徵。

七日。律,六寸三分小分九强。 准,六尺三寸万八千四百七十一。

蕤宾,十二万四千四百一十六。 上生大吕。 蕤宾为宫,夷则商,大吕徵。

一日。律,六寸三分小分二微强。 准,六尺三寸四千一百三十一。

南事,十二万四千一百五十四。 不生。 南事穷,无商、徵,不为宫。

七日。律,六寸三分小分一弱。 准,六尺三寸一千五百一十一。

盛变,十二万二千七百四十一。 上生分否。 盛变为宫,解形商,分否徵。

七日。律,六寸二分小分三半强。 准,六尺二寸七千六十四。

离宫,十二万一千八十九。 上生凌阴。 离宫为宫,去南商,凌阴徵。

七日。律,六寸一分小分五微强。 准,六尺一寸万二百二十七。

制时,十一万九千四百六十。 上生少出。 制时为宫,分积商,少出徵。

八日。律,六寸小分七弱。 准,六尺万三千六百二十。

林钟,十一万八千九十八。 上生太蔟。 林钟为宫,南吕商,太蔟徵。

一日。律,六寸。 准,六尺。

谦待,十一万七千八百五十一。 上生未知。 谦待为宫,白吕商,未知徵。

五日。律,五寸九分小分九弱。 准,五尺九寸万七千二百一十三。

去灭,十一万六千五百八。 上生时息。 去灭为宫,结躬商,时息徵。

七日。律,五寸九分小分二弱。 准,五尺九寸三千七百八十三。

安度,十一万四千九百四十。 上生屈齐。 安度为宫,归期商,屈齐徵。

六日。律,五寸八分小分四微弱。 准,五尺八寸七千七百八十六。

归嘉,十一万三千三百九十三。 上生随期。 归嘉为宫,未卯商,随期徵。

六日。律,五寸七分小分六微强。 准,五尺七寸万一千九百九十九。

否与,十一万一千八百六十七。 上生形晋。 否与为宫,夷汗商,形晋徵。

五日。律,五寸六分小分八强。 准,五尺六寸万六千四百二十二。

夷则,十一万五百九十二。 上生夹钟。 夷则为宫,无射商,夹钟徵。

八日。律,五寸六分小分二弱。 准,五尺六寸三千六百七十二。

解形,十万九千一百三。 上生开时。 解形为宫,闭掩商,开时徵。

八日。律,五寸五分小分四强。 准,五尺五寸八千四百六十五。

去南,十万七千六百三十五。 上生族嘉。 去南为宫,邻齐商,族嘉徵。

八日。律,五寸四分小分六大强。 准,五尺四寸万三千四百六十八。

分积,十万六千一百八十七。　　上生争南。　分积为宫,期保商,争南徵。

七日。律,五寸三分小分九半强。　准,五尺三寸万八千六百七十一。

南吕,十万四千九百七十六。　　上生姑洗。　南吕为宫,应钟商,姑洗徵。

一日。律,五寸三分小分三强。　准,五尺三寸六千五百六十一。

白吕,十万四千七百五十六。　　上生南授。　白吕为宫,分乌商,南授徵。

五日。律,五寸三分小分二强。　准,五尺三寸四千三百六十一。

结躬,十万三千五百六十三。　　上生变虞。　结躬为宫,迟内商,变虞徵。

六日。律,五寸二分小分六强。　准,五尺二寸万二千一百一十四。

归期,十万二千一百六十九。　　上生路时。　归期为宫,未育商,路时徵。

六日。律,五寸一分小分九微强。　准,五尺一寸万七千八百五十七。

未卯,十万七百九十四。　　上生形始。　未卯为宫,迟时商,形始徵。

六日。律,五寸一分小分二微强。　准,五尺一寸四千一百七。

夷汗,九万九千四百三十七。　　上生依行。　夷汗为宫,色育商,依行徵。

七日。律,五寸小分五强。　准,五尺万二百二十。

无射,九万八千三百四。　　上生中吕。　无射为宫,执始商,中吕徵。

八日。律,四寸九分小分九强。　准,四尺九寸万八千五百七十三。

闭掩,九万六千九百八十。　　上生南中。　闭掩为宫,丙盛商,南中徵。

八日。律,四寸九分小分三弱。　准,四尺九寸五千三百三十三。

邻齐,九万五千六百七十五。　　上生内负。　邻齐为宫,分动商,内负徵。

七日。律,四寸八分小分六微强。　准,四尺八寸万一千九百六十六。

期保,九万四千三百八十八。　　上生物应。　期保为宫,质末商,物应徵。

八日。律,四寸七分小分九半强。　准,四尺七寸万八千七百七十九。

应钟,九万三千三百一十二。　　上生蕤宾。　应钟为宫,大吕商,蕤宾徵。

一日。律,四寸七分小分四微强。　准,四尺七寸八千十九。

分乌,九万三千一百一十六。　　上生南事。　分乌穷次,无徵,不为宫。

七日。律,四寸七分小分三微强。　准,四尺七寸六千五十九。

迟内,九万二千五十六。　　上生盛变。　迟内为宫,分否商,盛变徵。

八日。律,四寸六分小分八弱。　准,四尺六寸万五千一百四十二。

未育,九万八百一十七。　　上生离宫。　未育为宫,凌阴商,离宫徵。

八日。律,四寸六分小分一少强。　准,四尺六寸二千七百五十二。

迟时,八万九千五百九十五。　　上生制时。　迟时为宫,少出商,制时徵。

六日。律,四寸五分小分五强。　准,四尺五寸万二百一十五。

截管为律,吹以考声,列以物气,道之本也。术家以其声微而体难知,其分数不明,故作准以代之。准之声,明畅易达,分寸又粗。然弦以缓急清浊,非管无以正也。均其中弦,令与黄钟相得,案画以求诸律,无不如数而应者矣。

音声精微,综之者解。元和元年,待诏候钟律殷彤上言:"官无晓六十律以准调音者。故待诏严崇具以准法教子男宣,宣通习。愿召宣补学官,主调乐器。"诏曰:"崇子学审晓律,别其族,协其声者,审试。不得依托父学,以声为聪。声微妙,独非莫知,独是莫晓。以律错吹,能知命十二律不失一,方为能传崇学耳。"太史丞弘试十二律,其二中,其四不中,其六不知何律,宣遂罢。自此律家莫能为准施弦,候部莫知复见。熹平六年,东观召典律者太子舍人张光等问准意。光等不知,归阅旧藏,乃得其器,形制如房书,犹不能定其弦缓急,音不可书以晓人,知之者欲教而无从,心达者体知而无师,故史官能辨清浊者遂绝。其可以相传者,唯大推常数及候气而已。

夫五音生于阴阳,分为十二律,转生六十,皆所以纪斗气,效物类也。天效以景,地效以响,即律也。阴阳和则景至,律气应则灰除。是故天子常以日冬夏至御前殿,合八能之士,陈八音,听乐均,度晷景,候钟律,权土炭,效阴阳。冬至阳气应,则乐均清,景长极,黄钟通,土炭轻而衡仰。夏至阴气应,则乐均浊,景短极,蕤宾通,土炭重而衡低。进退于先后五日之中,八能各以候状闻,太史封上。效则和,否则占。候气之法,为室三重,户闭,涂衅必周,密布缇缦。室中以木为案,每律各一,内庳外高,从其方位,加律其上,以葭莩灰抑其内端,案历而候之。气至者灰动。其为气所动者其灰散,人及风所动者其灰聚。殿中候,用玉律十二。惟二至乃候灵台,用竹律六十。候日如其历。

卷十二　　志第二　　律历中

贾逵论历　永元论历　延光论历

汉安论历　熹平论历　论月食

自太初元年始用《三统历》，施行百有余年，历称后天，朔先于历，朔或在晦，月或朔见。考其行，日有退无进，月有进无退。建武八年中，太仆朱浮、太中大夫许淑等数上书，言历朔不正，宜当改更。时分度觉差尚微，上以天下初定，未遑考正。至永平五年，官历署七月十六日月食。待诏杨岑见时月食多先历，即缩用算上为日，因上言"月当十五日食，官历不中"。诏书令岑普候，与官历课。起七月，尽十一月，弦望凡五，官历皆失，岑皆中。庚寅，诏书令岑署弦望月食官，复令待诏张盛、景防、鲍邺等以《四分法》与岑课。岁余，盛等所中多岑六事。十二年十一月丙子，诏书令盛、防代岑署弦望月食加时。《四分》之术，始颇施行。是时盛、防等未能分明历元，综校分度，故但用其弦望而已。

先是，九年，太史待诏董萌上言历不正，事下三公、太常知历者杂议，讫十年四月，无能分明据者。至元和二年，《太初》失天益远，日、月宿度相觉浸多，而候者皆知冬至之日日在斗二十一度，未至牵牛五度，而以为牵牛中星，后天四分日之三，晦朔弦望差天一日，宿差五度。章帝知其谬错，以问史官，虽知不合，而不能易，故召治历编䜣、李梵等综校其状。二月甲寅，遂下诏曰："朕闻古先圣王，先天而天不违，后天而奉天时。《河图》曰：'赤九会昌，十世以光，十一以兴。'又曰：'九名之世，帝行德，封刻政。'朕以不德，奉承大业，夙夜祗畏，不敢荒宁。予末小子，托在于数终，曷以续兴，崇弘祖宗，拯济元元？《尚书璇玑钤》曰：'述尧世，放唐文。'《帝命验》曰：'顺尧考德，题期立象。'且三、五步骤，伤劣殊轨，况乎顽陋，无以克堪，虽欲从之，末由也已。每见图书，中心恶焉。间者以来，政治不得，阴阳不和，灾异不息，疠疫之气，流伤于牛，农本不播。夫庶征休咎，五事之应，咸在朕躬，信有阙矣，将何以补之？《书》曰：'惟先假王正厥事。'又曰：'岁二月，东巡狩，至岱宗，柴，望秩于山川。遂觐东后，叶时月正日。'祖尧岱宗，同律度量，考在玑衡，以正历象，庶乎有益。《春秋保乾图》曰：'三百年斗历改宪。'史官用太初邓平术，有余分一，在三百年之域，行度转差，浸以谬错。璇玑不正，文象不稽。冬至之日日在斗二十一度，而历以为牵牛中星。先立春一日，则《四分》数之立春日也。以折狱断大刑，于气已迕；用气平和历时之义，盖亦远矣。今改行《四分》，以遵于尧，以顺孔圣奉天之文。冀百君子越有民，同心敬授，傥获咸熙，以明予祖之遗功。"于是《四分》施行。而䜣、梵犹以为元首十一月当先大，欲以合耦弦望，命有常日，而十九岁不得七闰，晦朔失实。行之未期，章帝复发圣思，考之经谶，使左中郎将贾逵问治历者卫承、李崇、太尉属梁鲔、司徒掾严勖、太子舍人徐震、巨鹿公乘苏统及䜣、梵等十人。以为月当先小，据《春秋经》书朔不书晦者，朔必有明晦，不朔必在其月也。即先大，则一月再朔，后月无朔，是明不可必。梵等以为当先大，无文正验，取欲谐耦十六日望，月朓昏，晦当灭而已。又晦与合同时，不得异日。又上知䜣、梵冗见，敕毋拘历已班，天元始起之月当小。定，后年历数遂正。永元中，复令史官以《九道法》候弦望，验无有差跌。逵集状，后之议者，用得折衷，故详录焉。

逵论曰："《太初历》冬至日在牵牛初者，牵牛中星也。古黄帝、夏、殷、周、鲁冬至日在建星，建星即今斗星也。《太初历》斗二十六度三百八十五分，牵牛八度。案行事史官注，冬、夏至日常不及《太初历》五度，冬至日在斗二十一度四分度之一。石氏《星经》曰：'黄道规牵牛初直斗二十度，去极二十五度。'于赤道，斗二十一度也。《四分法》与行事候注天度相应。《尚书考灵曜》'斗二十二度，无余分，冬至在牵牛所起。'又编䜣等据今日所在未至牵牛中星五度，于斗二十一度四分一，与《考灵曜》相近，即以明事。元和二年八月，诏书曰'石不可568'，令两候，上得算多者。太史令玄等候元和二年至永元元年，五岁中课日行及冬至斗二十一度四分一，合古历建星《考灵曜》日所起，其星间距度皆如石氏故事。他术以为冬至日在牵牛初者，自此遂黜也。"

逵论曰："以《太初历》考汉元尽太初元年日食二十三事，其十七得朔，四得晦，二得二日；新历七得朔，十四得晦，二得二日。以《太初历》考太初元年尽更始二年二十四事，十得晦；以新历十六得朔，七得二日，一得晦。以《太初历》考建武元年尽永元元年二十三事，五得朔，十八得晦；以新历十七得朔，三得晦，三得二日。又以新历上考《春秋》中有日朔者二十四事，失不中者二十三事。天道参差不齐，必有余，余又有长短，不可以等齐。治历者方以七十六岁断之，则余分消长，稍得一日。故《易》金火相革之卦《象》曰：'君子以治历明时。'又曰：'汤、武革命，顺乎天应乎人。'言圣人必历象日月星辰，明数不可贯数千万岁，其间必改更，先距求度数，取合日月星辰所在而已。故求度数，取合日月星辰，有异世之术。《太初历》不能下通于今，新历不能上得汉元。一家历法必在三百年之间。故谶文曰'三百年斗历改宪'。汉兴，当用《太初》而不改，下至太初元年百二岁乃改。故其前有先晦一日合朔，下至成、哀，以二日为朔，故合朔多在晦，此其明效也。"

逵论曰："臣前上傅安等用黄道度日月弦望多近。史官一以赤道度之，不与日月同，于今历弦望至差一日以上，辄奏以为变，至以为日却缩退行。于黄道，自得行度，不为变。愿请太史官日月宿簿及星度课，与待诏星象考校。奏可。臣谨案：前对言冬至日去极一百一十五度，夏至日去极六十七度，春秋分日去极九十一度。《洪范》'日月之行，则有冬夏'。《五纪论》'日月循黄道，南至牵牛，北至东井，率日日行一度，月行十三度十九分度七'也。今史官一以赤道为度,不与日月行同,其斗、牵牛、东井、舆鬼,赤道得十五,而黄道得十三度半;行东壁、奎、娄、轸、角、亢,赤道七度,黄道八度;或月行多而日月相去反少,谓之日却。案黄道值牵牛,出赤道南二十五度,其直东井、舆鬼,出赤道北二十五度。赤道者为中天,去极俱九十度,非日月道,而以遥准度日月,失其实行故也。以今太史官候注考元和二年九月已来月行牵牛、东井四十九事,无行十一度者;行娄、角三十七事,无行十五六度者,如安言。问典星待诏姚崇、井毕等十二人,皆曰"星图有规法,日月实从黄道,官无其器,不知施行"。案甘露二年大司农中丞耿寿昌奏,以图仪度日月行,考验天运状,日月行至牵牛、东井,日过一度,月行十五度,至娄、角,日行一度,月行十三度,赤道使然,此前世所共知也。如言黄道有验,合天,日无前却,弦望不差一日,比用赤道密近,宜施用。上中多臣校。"案逯论,永元四年也。至十五年七月甲辰,诏书造太史黄道铜仪,以角为十三度,亢十,氐十六,房五,心五,尾十八,箕十,斗二十四四分度之一,牵牛七,须女十一,虚十,危十六,营室十八,东壁十,奎十七,娄十二,胃十五,昴十二,毕十六,觜三,参八,东井三十,舆鬼四,柳十四,星七,张十七,翼十九,轸十八,凡三百六十五度四分度之一。冬至日在斗十九度四分度之一。史官以部日月行,参弦望,虽密近而不为注日。仪,黄道与度转运,难以候,是以少循其事。

逯论曰:"又今史官推合朔、弦、望、月食加时,率多不中,在于不知月行迟疾应。永平中,诏书令故太史待诏张隆以《四分法》署弦、望、月食加时。隆言能用《易》九、六、七、八交知月行多少。今案隆所署多失。臣使隆逆推前手所署,不应,或异日,不中天乃益远,至十余度。梵、统以史官候注考校,月行当有迟疾,不必在牵牛、东井、娄、角之间,又非所谓朒、侧匿,乃由月所行道有远近出入所生,率一月移故所疾处三度,九岁九道一复,凡九章,百七十一岁,复十一月合朔旦冬至,合《春秋》、《三统》九道终数,可以知合朔、弦、望、月食加时。据官注天度为分率,以其术法上考建武以来月食凡三十八事,差密近,有益,宜课试上。"

案史官旧有《九道术》,废而不修。熹平中,故治历郎梁国宗整上《九道》术,诏书下太史,以参旧术,相应。部太子舍人冯恂课校,恂亦复作《九道术》,增损其分,与整术并校,差为近。太史令颱上以恂术参弦、望。然而加时犹复先后天,远则十余度。

永元十四年,待诏太史霍融上言:"官漏刻率九日增减一刻,不与天相应,或时差至二刻半,不如夏历密。"诏书下太常,令史官与融以仪校天,课度远近。太史令舒、承、梵等对:"案官所施漏法《令甲》第六《常符漏品》,孝宣皇帝三年十二月乙酉下,建武十年二月壬午诏书施行。漏刻以日长短为数,率日南北二度四分而增减一刻。一气俱十五日,日去极各有多少。今官漏率九日移一刻,不随日进退。夏历漏刻随日南北为长短,密近于官漏,分明可施行。"其年十一月甲寅,诏曰:"告司徒、司空:漏所以节时

分,定昏明。昏明长短,起于日去极远近,日道周圜,不可以计率分,当据仪度,下参晷景。今官漏以计率分昏明,九日增减一刻,违失其实,至为疏数以耦法。太史待诏霍融上言,不与天相应。太常史官运仪下水,官漏失天者至三刻。以晷景为刻,少所违失,密近有验。今下晷景漏刻四十八箭,立成斧官府当用者,计吏到,班予四十八箭。"文多,故魁取二十四气日所在,并黄道去极,晷景、漏刻、昏明中星刻于下。

昔《太初历》之兴也,发谋于元封,启定于元凤,积三十年,是非乃审。及用《四分》,亦于建武,施于元和,讫于永元,七十余年,然后仪式备立,司候有准。天事幽微,若此其难也。中兴以来,图谶漏泄,而《考灵曜》、《命历序》皆有甲寅元。其所起在四分庚申元后百一十四岁,朔差却二日。学士修之于草泽,信向以为得正。及《太初历》以后天为疾,而修之者云"百四十四岁而太岁超一辰,百七十一岁当弃朔余六十三,中余千一百九十七,乃可常行。"自初元年至永平十一年,百七十一,当去分而不去,故令有疏阔。此二家常挟其术,庶几施行,每有讼者,百寮会议,群儒骋思,论之有方,益于多闻识之,故详录焉。

安帝延光二年,中谒者宣诵言当用甲寅元,河南梁丰言当复用《太初》。尚书郎张衡、周兴皆能历,数难诵、丰,或不对,或言失误。衡、兴参案仪注,考往校今,以为《九道法》最密。诏书下公卿详议。太尉恺等上侍中施延等议:"《太初》过天,日一度,弦望失正,月以晦见西方,食不天相应;元和改从《四分》,《四分》虽密于《太初》,复不正,皆不可用。甲寅元与天相应,合图谶,可施行。"博士黄广、大行令任金议,如《九道》。河南尹祉、太子舍人李泓等四十人议:"即用甲寅元,当除《元命苞》天地开辟获麟中百一十四岁,推闰月六直其日,或朔、晦、弦、望、二十四气宿度不相应者非一。用《九道》为朔,月有比三大二小,皆疏远。元和变历,以应《保乾图》'三百岁斗历改宪'之文。《四分历》本起图谶,最得其正,不宜易。"恺等八十四人议,宜从《太初》。尚书令忠上奏:"诸从《太初》者,皆无他效验,徒以世宗攘夷廓境,享国久长为辞。或云孝章改《四分》,灾异率甚,未有善应。臣伏惟圣王兴起,各异正朔,以通三统。汉祖受命,因秦之纪,十月为年首,闰常在岁后。不稽先代,违于帝典。太宗遵修,三阶以平,黄龙以至,刑狂以错,五是以备。哀平之际,同承《太初》,而妖孽累仍,祸祸非一。议者不以成数相参,考真求实,而泛采妄说,归福《太初》,致咎《四分》。《太初历》众贤所立,是非已定,永平不审,复革其弦望。《四分》有谬,不可施行。元和凤鸟不当应历而翔集。远嘉前造,则表其休;近讥后改,则隐其福。漏见曲论,未可为是。臣辄复重难衡、兴,以为五纪论推行度,当时比诸术为近,然犹未稽于古。及向子歆欲以合《春秋》,横断年数,损夏益周,考之表纪,差谬数百。两历相课,六千一百五十六岁,而《太初》多一日。冬至日直斗,而云在牵牛。迂阔不可复用,昭然如此。史官所共见,非衡、兴。前以为《九道》密近,今议者以为有阙,及甲寅元复多违失,皆未可取正。昔仲尼顺假马之名,以崇君之义。况

顺帝汉安二年，尚书侍郎边韶上言："世微于数亏，道盛于得常。数亏则物衰，得常则国昌。孝武皇帝据发圣思，因元封七年十一月甲子朔旦冬至，乃诏太史令司马迁、治历邓平等更建《太初》，改元易朔，行夏之正，《乾凿度》八十一分之四十三为日法。设清台之候，验六异，课效粗密，太初为最。其后刘歆研机极深，验之《春秋》，参以《易》道，以《河图帝览嬉》、《雒书乾曜度》推广《九道》，百七十一岁进退六十三分，百四十四岁一超次，与天相应，少有阙谬。从太初至永平十一年，百七十一岁，进退余分六十三，治历者不知处之。推得十二度弦望不效，挟废术者得窜其说。至元和二年，小终之数寖过，余分稍增，月不用晦朔而先见。孝章皇帝以《保乾图》'三百年斗历改宪'，就用《四分》。以太白复枢甲子为癸亥，引天从算，耦之目前。更以庚申为元，既无明文；托之于获麟之岁，又不与《感精符》单阏之岁同。史官相代，因成习疑，少能钩深致远；案弦望足以知之。"诏书下三公、百官杂议。太史令虞恭、治历宗诉等议："建历之本，必先立元，元正然后定日法，法定然后度周天以定分至。三者有程，则历可成也。《四分历》仲纪之元，起于孝文皇帝后元三年，岁在庚辰。上四十五岁，岁在乙未，则汉兴元年也。又上二百七十五岁，岁在庚申，则孔子获麟。二百七十六万岁，寻之上行，复得庚申。岁岁相承，从下寻上，其执不误。此《四分历》元明文图谶所著也。太初元年岁在丁丑，上极其元，当在庚戌，而曰丙子，言百四十四岁超一辰，凡九百九十三超，岁有空行八十二周有奇，乃得丙子。案岁所超，于天元十一月甲子朔旦冬至，日月俱超。日行一度，积三百六十五度四分度一而周天一匝，名曰岁。岁从一辰，日不得空周天，则岁无由超辰。案百七十一岁二蔀一章，小余六十三，自然之数也。夫数出于杪曶，以成毫氂，毫氂积累，以成分寸。两仪既定，日月始离。初行生分，积分成度。日行一度，一岁而周，故为术者，各生度法，或以九百四十，或以八十一。法有细粗，以生两科，其归一也。日法者，日之所行分也。日垂令明，行有常节，日法所该，通远无已，损益毫氂，差以千里。自此言之，数无缘得有亏弃之意也。今欲饬平之失，断法垂分，恐伤大道。以步日月行度，终数不同，四章更不得朔余一。虽言《九道》去课进退，恐不足以补其阙。且课历之法，晦朔变弦，以月食天验，昭著莫大焉。今以去六十三分之法为历，验章和元年以来日变二十事，月食二十八事，与《四分历》更失，定课相除，《四分》尚得多，而又便近。孝章皇帝历度审正，图仪暑漏，与天相应，不可复尚。《文曜钩》曰：'高辛受命，重黎说文。唐尧即位，羲和立浑。夏后制德，昆吾列神。成周改号，苌弘分官。'《运斗枢》曰：'常占有经，世史所明。'《洪范五纪论》曰：'民间亦有黄帝诸历，不如史官记之明也。'自古及今，圣帝明王，莫不取于羲和、常占之官，定精微于晷仪，正众疑，秘藏中书，改行《四分》之原。及光武皇帝数下诏书，草创其端，孝明皇帝课校其实，孝章皇帝宣行其法。君更三圣，年历数十，信而征之，举而行之。其元则上统开辟，其数则复古《四分》。宜如甲寅诏书故事。"奏可。

灵帝熹平四年，五官郎中冯光、沛相上计掾陈晃言："历元不正，故妖民叛寇益州，盗贼相续为害。历当用甲寅为元而用庚申，图纬无以庚申为元者。近秦所用代周之元。太史治历郎中郭香、刘固意造妄说，乞与本庚申元经纬明文，受虚欺重诛。"乙卯，诏书下三府，与儒林明道者详议，务得道真。以群臣会司徒府议。

议郎蔡邕议，以为：历数精微，去圣久远，得失更迭，术无常是。汉兴承秦，因用《颛顼》，元用乙卯。百有二岁，孝武皇帝始改正朔，历用《太初》，元用丁丑，行之百八十九岁。孝章皇帝改从《四分》，元用庚申。今光、晃各以庚申为非，甲寅为是。案历法，黄帝、颛顼、夏、殷、周、鲁，凡六家，各自有元。光、晃所据，则殷历元也。他元虽不明于图谶，各自一家之术，皆当有效于其当时。武帝始用《太初》丁丑之元，六家纷错，争讼是非。太史令张寿王挟甲寅元以非汉历，杂候清台，课在下第，卒以疏阔，连见劾奏，《太初》效验，无所漏失。是则虽非图谶之元，而有效于前者也。及用《四分》以来，考之行度，密于《太初》，是又新元有效于今者也。延光元年，中谒者亶诵亦非《四分》庚申，上言当用《命历序》甲寅元。公卿百寮参议正处，竟不施行。且三光之行，迟速进退，不必若一。术家以算追而求之，取合于当时而已。故有古今之术。今术之不能上通于古，亦犹古术之不能下通于今也。《元命苞》、《乾凿度》皆以为开辟至获麟二百七十六万岁，及《命历序》积获麟至汉，起庚午蔀之二十三岁，竟己酉、戊子及丁卯蔀六十九岁，合为二百七十五岁。汉元年岁在乙未，上至获麟则岁在庚申。推此以上，上极开辟，则元在庚申。谶虽无文，其数见存。而光、晃以为开辟至获麟二百七十五万九千八百八十六岁，获麟至汉六十一岁，转差少一百一十四岁。云当满足，则上违《乾凿度》、《元命苞》，中使获麟不得在哀公十四年，下不及《命历序》获麟至汉相去四蔀年数，与秦记谱注不相应。

当今历正月癸亥朔，光、晃以为乙丑朔。乙丑之与癸亥，无题勒款识可与众共别者，须以弦望晦朔光魄亏满可得而见者，考其符验。而光、晃历以《考灵曜》为本，二十八宿度数及冬至日所在，与今史官甘、石旧文错异，不可考校；以今浑天图仪检天文，亦不合于《考灵曜》。光、晃诚能自依其术，更造望仪，以追天度，远有验于图书，近有效于三光，可以易夺甘、石，穷服诸术者，实宜用之。难问光、晃，但言图谶，所言不服。元和二年二月甲寅制书曰：'朕闻古先圣王，先天而天不违，后天而奉天时。史官用太初邓平术，冬至之日，日在斗二十一度，而历以为牵牛中星，先立春一日，则四分数之立春也，以折狱断大刑，于气已迕，用望平和，盖亦远矣。今改行《四分》，以遵于尧，以顺孔圣奉天之文。'是始用《四分历》庚申元之诏也。深引《河》、《雒》图谶以为符验，非史官私意独所兴构。而光、晃以为香、固意造妄说，违反经文，谬之甚者。昔尧命羲和历象日月星辰，舜叶时月正日，汤、武革命，治历明时，可谓正矣，且犹遇水遭旱，戒以'蛮夷猾夏，寇贼奸宄'。而光、晃以为阴阳不和，奸臣盗贼，皆光之咎，诚非其理。元和二年乃用庚申，至今九十二岁，而光、晃言秦所用代周之元，不知从秦来，汉三易元，不常庚申。光、晃区区信用所学，亦妄虚无造欺语之愆。至于改朔易元，往者寿王之术已课不效，宣诵之议不用，元和诏书文备义著，非群臣议者所能变易。

太尉耽、司徒隗、司空训以邕议劾光、晃不敬，正鬼薪法。诏书勿治罪。

《太初历》推月食多失。《四分》因《太初》法，以河平癸巳为元，施行五年。永元元年，天以七月后闰食，术以八月。其二年正月十二日，蒙公乘宗绀上书言："今月十六日月当食，而历以二月。"至期如绀言。太史令巡上绀有益官用，除待诏。甲辰，诏书以绀法署。施行五十六岁。至本初元年，天以十二月食，历以后年正月，于是始差。到熹平三年，二十九年之中，先历食者十六事。常山长史刘洪上作《七曜术》。甲辰诏属太史部郎中刘固、舍人冯恂等课效，复作《八术》，固等作《月食术》，并已相参。固术与《七曜术》同。月食所失，皆以岁在己未当食四月，恂术以三月，官历以五月。太史上课，到时施行中者。丁巳，诏书报可。

其四年，绀孙诚上书言："受绀法术，当复改，今年十二月当食，而官历以后年正月。"到期如言，拜诚为舍人。丙申，诏书听行诚法。

光和二年岁在己未，三月、五月皆阴，太史令修、部舍人张恂等推计行度，以为三月近，四月远。诚以四月。奏废诚术，施用恂术。其三年，诚兄整前后上书言："去年三月不食，当以四月。史官废诚正术，用恂不正术。"整所上正属太史，太史主者终不自言三月近，四月远。食当以见为正，无远近。诏书下太常："其详案注记，平议术之要，效验虚实。"太常就耽上选侍中韩说、博士蔡较、毂城门候刘洪、右郎中陈调于太常府，复校注记，平议难问。恂、诚各对。恂术以五千六百四十月有九百六十一食为法，而除成分，空加县法，推建武以来，俱得三百二十七食，其十五食错。案其官素注，天见食九十八，与两术相应。其错辟二千一百。诚术以百三十五月二十三食为法，乘除成月，从建康以上减四十一，建康以来减三十五，以其俱不食。恂术改易旧法，诚术中复减损，论其长短，无以相逾。各引书纬自证，文无义要，取追天而已。夫日月之术，日循黄道，月从九道。以赤道仪，日冬至去极俱一百一十五度。其入宿也，赤道在斗二十一，而黄道在斗十九。两仪相参，日月之行，曲直有差，以生进退。故月行井、牛、十四度以上；其在角、娄、十二度以上。皆不应率不行。以是言之，则术不差不改，不验不用。天道精微，度数难定，术法多端，历纪非一，未验无以知其是，未差无以知其失。失然后改之，是然后用之，此谓允执其中。今诚术未有差错之谬，恂术未有独中之异，以无验改未失，是以检将来为是者也。诚术百三十五月有二十三食，其文在书籍，学者所修，施行日久，官守其业，经纬日月，厚而未愆，信于天文，述而不作。恂久在候部，详心善意，能揆仪度，定立术数，推前校往，亦与见食相应。然协历正纪，钦若昊天，宜率旧章，如甲辰、丙申诏书，以见食为比。今宜施用诚术，弃放恂术，史官课

之，后有效验，乃行其法，以审术数，以顺改易。耽以说等议奏闻，诏书可。恂、整、诚各复上书，恂言不当施诚术，整言不当复恂术。为洪议所侵，事下永安台复实，皆不如恂、诚等言。劾奏谩欺。诏书报，恂、诚各以二月奉赎罪，整适作左校二月。遂用洪等，施行诚术。

光和二年，万年公乘王汉上《月食注》。自章和元年到今年凡九十三岁，合百九十六食；与官历河平元年月错，以己巳为元。事下太史令修，上言"汉所作注不与见食相应者二事，以同为异者二十九事。"尚书召毂城门候刘洪。敕曰："前郎中冯光、司徒掾陈晃各讼历，故议郎蔡邕共补续其志。今洪其诣修，与汉相参，推元课分，考校月食。审己巳元密近，有师法，洪便从汉受；不能，对。"洪上言："推汉己巳元，则《考灵曜》旃蒙之岁乙卯元也，与光、晃甲寅元相经纬。于以追天作历，校三光之步，今为疏阔。孔子纬一事见二端者，明历兴废，随天为节。甲寅历于孔子时效；己巳《颛顼》秦所施用，汉兴草创，因而不易，至元封中，迂阔不审，更用《太初》，应期三百改宪之节。甲寅、己巳谶虽有文，略其年数，是以学人各传所闻，至于课校，罔得厥正。夫甲寅天正正月甲子朔旦冬至，七曜之起，始于牛初。乙卯之元人正己巳朔旦立春，三光聚天庙五度。课两元端，闰余差百五十二分之三，朔三百四，中节之余二十九。以效信难聚，汉不解说，但言先人有书而已。以汉成注参官施行，术不同二十九事，不中见食二事。案汉习书，见己巳元，谓朝不闻，不知圣人独有兴废之义，史官有附天密术。甲寅、己巳，前后施行，效后格而已不用。河平疏阔，史官已废之，而汉以去事分争，殆非其意。虽有师法，与无同。课又不近密。其说蔀数，术家所共知，无所采取。"遣汉归乡里。

卷十三　　志第三　　律历下

历　法

昔者圣人之作历也，观璇玑之运，三光之行，道之发敛，景之长短，斗纲所建，青龙所躔，参伍以变，错综其数，而制术焉。

天之动也，一昼一夜而运过周，星从天而西，日违天而东。日之所行与运周，在天成度，在历成日。居以列宿，终于四七，受以甲乙，终于六旬。日月相推，日舒月速，当其同所，谓之合朔。舒先速后，近一远三，谓之弦。相与为衡，分天之中，谓之望。以速及舒，光尽体伏，谓之晦。晦朔合离，斗建移辰，谓之月。日月之行，则有冬有夏；冬夏之间，则有春有秋。是故日行北陆谓之冬，西陆谓之春，南陆谓之夏，东陆谓之秋。日道发南，去极弥远，其景弥长，远长乃极，冬乃至焉。日道敛北，去极弥近，其景弥短，近短乃极，夏乃至焉。二至之中，道齐景正，春秋分焉。

日周于天，一寒一暑，四时备成，万物毕改，摄提迁

次,青龙移辰,谓之岁。岁首至也,月首朔也。至朔同日谓之章,同在日首谓之蔀,蔀终六旬谓之纪,岁朔又复谓之元。是故日以实之,月以闰之,时以分之,岁以周之,章以明之,蔀以部之,纪以记之,元以原之。然后虽有变化万殊,赢朒无方,莫不结系于此而禀正焉。

极建其中,道营于外,璇衡追日,以察发敛,光道生焉。孔壶为漏,浮箭为刻,下漏数刻,以考中星,昏明生焉。日有光道,月有九行,九行出入而交生焉。朔会望衡,邻于所交,亏薄生焉。月有晦朔,星有合见,月有弦望,星有留逆,其归一也,步术生焉。金、水承阳,先后日下,速则先日,迟而后留,留而后逆,逆与日违,违而后速,速与日竞,竞又先日,迟速顺逆,晨夕生焉。日、月、五纬各有终原,而七元生焉。见伏有日,留行有度,而率数生焉。参差齐之,多少均之,会终生焉。引而伸之,触而长之,探赜索隐,钩深致远,无幽辟潜伏,而不以其精者然。故阴阳有分,寒暑有节,天地贞观,日月贞明。

若夫祐术开业,淳耀天光,重黎其上也。承圣帝之命若昊天,典历象三辰,以授民事,立国定时,以成勋功,羲和其隆也。取象金火,革命创制,治历明时,应天顺民,汤、武其盛也。及王德之衰也,无道之君乱之于上,顽愚之史失之于下。夏后之时,羲和淫湎,废时乱日,胤夕征之。纣作淫虐,丧其甲子,武王诛之。夫能贞而明之者,其兴也勃焉;回而败之者,其亡也忽焉。巍巍乎若道天地之纲纪,帝王之壮事,是以圣人宝焉,君子勤之。

夫历有圣人之德六焉:以本气者尚其体,以综数者尚其文,以考类者尚其象,以作事者尚其时,以占往者尚其源,以知来者尚其流。大业载之,吉凶生焉,是以君子将有兴焉,咨焉而以从事,受命而莫之违也。若夫用天因地,揆时施教,颁诸明堂,以为民极者,莫大乎月令。帝王之大司备矣,天下之能事毕矣。过此而往,群忌苟禁,君子未之或知也。

斗之二十一度,去极至远也,日在焉而冬至,群物于是乎生。故律首黄钟,历始冬至,月先建子,时平夜半。当汉高皇帝受命四十有五岁,阳在上章,阴在执徐,冬十有一月甲子夜半朔旦冬至,日月闰积之数皆自此始,立元正朔,谓之《汉历》。又上两元,而月食五星之元,并发端焉。

历数之生也,乃立仪、表,以校日景。景长则日远,天度之端也。日发其端,周而为岁,然其景不复,四周千四百六十一日,而景复初,是则日行之终。以周除日,得三百六十五四分度之一,为岁之日数。日日行一度,亦为天度。察日月俱发度端,日行十九周,月行二百五十四周,复会于端,是则月行之终也。以日周除月周,得一岁周天之数。以日一周减之,余十二二十九分之七,则月行过周及日行之数也,为一岁之月。以除一岁日,为一月之数。月之余分积满其法,得一月,月成则其岁大。月四时推移,故置十二中以定月位。有朔而无中者为闰月。中之始曰节,与中为二十四气。以除一岁日,为一气之日数也。其分积而成日为没,并岁气之分,如法为一岁没。没分于终中,中终于冬至,冬至之分积如其法得一日,四岁而终。月分成闰,闰七而尽。其岁十九,名之曰章。章首分尽,四之俱终,名之曰蔀。以

一岁日乘之,为蔀之日数也。以甲子命之,二十而复其初,是以二十蔀为纪。纪岁青龙未终,三终岁后复青龙为元。

元法,四千五百六十。 纪法,千五百二十。 纪月,万八千八百。 蔀法,七十六。 蔀月,九百四十。 章法,十九。 章月,二百三十五。 周天,千四百六十一。 日法,四。 蔀日,二万七千七百五十九。没数,二十一。通法,四百八十七。没法,七,因为章闰。 日余,百六十八。 中法,三十二。 大周,三十四万三千三百三十五。 月周,千一十六。

月食数之生也,乃记月食之既者。率二十三食而复既,其月食百三十五,率之相除,得五月二十三之二十而一食。以除一岁之月,得岁有再食五百一十三分之五十五也。分终其法,因以与蔀相约,得四与二十七,互之,会二千五十二,二十与元会。

元会,四万一千四十。 蔀会,二千五十二。 岁数,五百一十三。 食数,千八十一。 月数,百三十五。 食法,二十三。

推入蔀术曰:以元法除去上元,其余以纪法除之,所得数从天纪,算外则所入纪也。不满纪法者,入纪年数也。以蔀法除之,所得数从甲子蔀起,算外,所入纪岁名命之,算上,即所求年太岁所在。

推月食所入蔀会年,以元会除去上元,其余以蔀会除之,所得以二十七乘之,满六十除去之,余以二十除所得数,从天纪,算外,所入纪,不满二十者,数从甲子蔀起,算外,所入蔀会也。其初不满蔀会者,入蔀会年数也,各以所入纪岁名命之,算上,即所求年太岁所在。

天纪岁名	地纪岁名	人纪岁名	蔀首
庚辰	庚子	庚申	甲子一
丙申	丙辰	丙子	癸卯二
壬子	壬申	壬辰	壬午三
戊辰	戊子	戊申	辛酉四
甲申	甲辰	甲子	庚子五
庚子	庚申	庚辰	己卯六
丙辰	丙子	丙申	戊午七
壬申	壬辰	壬子	丁酉八
戊子	戊申	戊辰	丙子九
甲辰	甲子	甲申	乙卯十
庚申	庚辰	庚子	甲午十一

丙子	丙申	丙辰	癸酉十二
壬辰	壬子	壬申	壬子十三
戊申	戊辰	戊子	辛卯十四
甲子	甲申	甲辰	庚午十五
庚辰	庚子	庚申	己酉十六
丙申	丙辰	丙子	戊子十七
壬子	壬申	壬辰	丁卯十八
戊辰	戊子	戊申	丙午十九
甲申	甲辰	甲子	乙酉二十

推天正术,置入蔀年减一,以章月乘之,满章法得一,名为积月,不满为闰余,十二以上,其岁有闰。

推天正朔日,置入蔀积月,以蔀日乘之,满蔀月得一,名为积日,不满为小余,积日以六十除去之,其余为大余,以所入蔀名命之,算尽之外,则前年天正十一月朔日也。小余四百四十一以上,其月大。求后月朔,加大余二十九,小余四百九十九,小余满蔀月得一,上加大余,命之如前。

一术,以大周乘年,周天乘闰余减之,余满蔀月,则天正朔日也。

推二十四气术曰:置入蔀年减一,以日余乘之,满中法得一,名曰大余,不满为小余,大余满六十除去之,其余以蔀名命之,算尽之外,则前年冬至之日也。

求次气,加大余十五,小余七,除命之如前,小寒日也。

推闰月所在,以闰余减章法,余以十二乘之,满章闰数得一,满四以上亦得一算之数,从前年十一月起,算尽之外,闰月也。或进退,以中气定之。

推弦、望日,因其月朔大小余之数皆加大余七,小余三百五十九四分三,小余满蔀月得一,加大余,大余命如法,得上弦。又加得望,次下弦,又后月朔。其弦、望小余二百六十以下,每以百刻乘之,满蔀月得一刻,不满其所近节气夜漏之半者,以算上为日。

推没灭术,置入蔀年减一,以没数乘之,满日法得一,名为积没,不尽为没余。以通法乘积没,满没法得一,名为大余,不尽为小余。大余满六十除去之,其余以蔀名命之,算尽之外,前年冬至前没日也。求后没,加大余六十九,小余四,小余满没法,从大余,命之如前,无分为灭。

一术,以十五乘冬至小余,以减通法,余满没法得一,则天正后没也。

推合朔所在度,置入蔀积日以蔀月乘之,满大周除去之,其余满蔀月得一,名为度积,不尽为余分。积度加斗二十一度,加二百三十五分,以宿次除之,不满宿,则日月合朔所在星度也。求后合朔,加度二十九,加分四百九十九,分满蔀月得一度,经斗除二百三十五分。

一术,以闰余乘周天,以减大周余,满蔀月得一,合以斗二十一度四分一,则天正合朔日月所在度。

推日所在度,置入蔀积日之数,以蔀法乘之,满蔀日除去之,其余满蔀法得一,为积度,不尽为余分。积度加斗二十一度,加十九分,以宿次除去之,则夜半日所在宿度也。

求次日,加一度。求次月,大加三十度,小加二十九度,经斗除十九分。

一术,以朔小余减合朔度分,即日夜半所在。其分二百三十五约之,十九乘之。推月所在度,置入蔀积日之数,以月周乘之,满蔀日除去之,其余满蔀法得一,为积度,不尽为余分。积度加斗二十一十九分,除如上法,则所求之日夜半月所在宿度也。

求次日,加十三度二十八分。求次月,大加三十五度六十一分,月小二十二度三十三分,分满法得一度,经斗除十九分。其冬下旬月在张、心署之,谓昼漏分后尽漏尽也。

一术,以蔀法除朔小余,所得以减日半度也。余以减分,即月夜半所在度也。

推日明所入度分术曰:置其月节气夜漏之数,以蔀法乘之,二百除之,得一分,即夜半到明所行分也。以增夜半日所在度分,为明所在度分也。

求昏日所入度,以夜半到明日所行分分减蔀法,其即夜半到昏所行分也。以加夜半所在度分,为昏日所在度也。

推月明所入度分术曰:置其节气夜漏之数,以月周乘之,以二百除之,为积分。积分满蔀法得一,以增夜半度,即月明所在度也。

求昏月所入度:以明朔分减月周,其余满蔀法得一度,加夜半,则昏月所在度也。

推弦、望日所入星度术曰:置合朔度分之数,加七三百五十九分四分之三,以宿次除之,即得上弦日所入宿度分也。

求望、下弦,加除如前法,小分满四从大分,大分满蔀月从度。

推弦、望月所入星度术曰:置月合朔度分之数,加度九十八,加分六百五十三半,以宿次除之,即上弦月所入宿度分也。

求望、下弦,加除如前分,满蔀月从度。

推月食术曰:置入蔀会年数,减一,以食数乘之,满岁数得一,名曰积食,不满为食余。以月数乘积食,满食法得一,名为积月,不满为月余分。积月以章月除去之,其余为入章月数。当先除入章闰,乃以十二除去之,不满者命以十一月,算尽之外,则前年十一月前食月也。求入章闰者,置入章月,以章闰乘之,满章月得一,则入章闰数也。余分满二百二十四以上至二百三十一,为食在闰月。闰或进退,以朔日定之。求后食,加五月二十分,满法得一月数,命之如法,其分尽食算上。

推月食朔日术曰：置食积月之数，以二十九乘之，为积日。又以四百九十九乘积月，满蔀月得一，以并积日，以六十除之，其余以所会蔀名命之，算尽之外，则前年天正前食月朔日也。

求食日，加大余十四，小余七百一十九半，小余满蔀月为大余，大余命如前，则食日也。

求后食朔及日，皆加大余二十七，小余六百一十五。其月余分不满二十者，又加大余二十九，小余四百九十九。其食小余者，当以漏刻课之，夜漏未尽，以算上为日。

一术，以岁数去上元，余以为积月，以百一十二乘之，满月数去之，余满食法得一，则天正后食。

推诸加时，以十二乘小余，先减如法之半，得一时，其余乃以法除之，所得算之数从夜半子起，算尽之外，则所加时也。

推诸上水漏刻：以百乘其小余，满其法得一刻；不满法什之，满法得一分。积刻先减所入节气夜漏之半，其余为昼上水之数。过昼漏去之，余为夜上水数。其刻不满夜漏半者，乃减之，余为昨夜未尽，其弦望其日。

五星数之生也，各记于日，与周天度相约而为率。以章法乘周率为月法，章月乘日率，如月法，为积月月余。以蔀之日乘积月，为朔大小余。乘为入月日余。以日法乘周率为日度法，以周率去日率，余以乘周天，如日度法，为积度度余。日率相约取之，得二千九百九十万一千六百二十一亿五十八万二千三百，而五星终，如蔀之数，与元通。

木，周率，四千三百二十七。日率，四千七百二十五。合积月，十三。月余，四万一千六百六。月法，八万二千二百一十三。大余，二十三。小余，八百四十七。虚分，九十三。入月日，十五。日余，万四千六百四十一。日度法，万七千三百八。积度，三十三。度余，万三百一十四。

火，周率，八百七十九。日率，千八百七十六。合积月，二十六。月余，六千六百三十四。月法，万六千七百一。大余，四十七。小余，七百五十四。虚分，一百八十六。入月日，十二。日余，千八百七十二。日度法，三千五百一十六。积度，四十九。度余，一百一十四。

土，周率，九千九十六。日率，九千四百一十五。合积月，十二。月余，十三万八千六百三十七。月法，十七万二千八百二十四。人余，五十四。小余，三百四十八。虚分，五百九十二。入月日，二十四。日余，二千一百六十三。日度法，三万六千三百八十四。积度，十二。度余，二万九千四百五十一。

金，周率，五千八百三十。日率，四千六百六十一。合积月，九。月余，九万八千四百五。月法，十一万七百七十。大余，二十五。小余，七百三十一。虚分，二百九。入月日，二十六。日余，二百八十一。日度法，二万三千三百二十。积度，二百九十二。度余，二百八十一。

水，周率，万一千九百八。日率，千八百八十九。合积月，一。月余，二十一万七千六百六十三。月法，二十二万六千二百五十二。大余，二十九。小余，四百九十九。虚分，四百四十一。入月日，二十八。日余，四万四千八百五。日度法，四万七千六百三十二。积度，五十七。度余，四万四千八百五。

推五星术，置上元以来，尽所求年，以周率乘之，满日率得一，名为积合；不尽名为合余。合余以周率除之，不得焉退岁；无所得，星合其年，得一合前年，二合前二年。金、水积合奇为晨，偶为夕。其不满周率者反减之，余为度分。

推星合月，以合积月乘积合为小积，又以月余乘积合，满其月法得一，从小积为积月，不尽为月余。积月满纪月去之，余为入纪月。每以章闰乘之，满章月得一为闰；不尽为闰余。以闰减入纪月，其余以十二去之，余为入岁月数，从天正十一月起，算外，合在所在之月也。其闰余满二百二十四以上至二百三十一星合闰月。闰或进退，以朔制之。

推朔日，以蔀日乘之入纪月，满蔀月得一为积日，不尽为小余。积日满六十去之，余为大余，命以甲子，算外，星合月朔日。

推入月日，以蔀日乘月余，以其月法乘朔小余，从之，以四千四百六十五约之，所得得满日度法得一，为入月日，不尽为月余。以朔命入月日，算外，星合日也。

推合度，以周天乘度分，满日度法得一为积度，不尽为度余。以斗二十一四分一命度，算外，星合所在度也。

一术，加退岁一，以减上元，满八十除去之，余以没数乘之，满日法得一，为大余，不尽为小余。以甲子命大余，则星合岁天正冬至日也。以周率乘小余，并度余，余满日度法从度，即至后星合日数也，命以冬至。求后合月，加合积月于入岁月，加月余于月余，满其月法得一，从入岁月。入岁月满十二去之，有闰计焉，余命如前，算外，后合月也。金、水加晨得夕，加夕得晨。

求朔日，以大小余加今所得，其月余得一月者，又加大余二十九，小余四百九十九，小余满蔀月得一，加大余，大余命如前。

求入月日，以入月日日余加今所得，余满日度法得一，从日。其前合月朔小余不满其虚分者，空加一日。日满月先去二十九，其后合月朔小余不满四百九十九，又减一日，其余命如前。

求合度，以积度度余加今所得，余满日度法得一从度，命如前，经斗除如周率矣。

木，晨伏，十六日七千三百二十分半，行二度万三千八百一十一分，在日后十三度有奇，而见东方。见顺，日行五十八分度之十一，五十八日行十一度。微迟，日行九分，五十八日行九度。留不行，二十五日。旋逆，日行七分度之一，八十四日退十二度。复留，二十五日。复顺，五十八日行九度，又五十八日行十一度，在日前十三度有奇，而夕伏西方。除伏逆，一见三百六十六日，行二十八度。伏复十六日七千三百二十分半，行二度万三千八百一十一分，而与日合。凡一终，三百九十八日有万四千六百四十一分，行星三十三度与万三百一十四分，通率日行四千七百二十五分之三百九十八。

火,晨伏,七十一日二千六百九十四分,行五十五度二千二百五十四分半,在日后十六度有奇,而见东方。见顺,日行二十三分度之十四,百八十四日行百一十二度。微迟,日行十二分,九十二日行四十八度。留不行,十一日。旋逆,日行六十二分度之十七,六十二日退十七度。复留,十一日。复顺,九十二日,行四十八度,又百八十四日行百一十二度,在日前十六度有奇,而夕伏西方。除伏逆,一见六百三十六日,行三百三度。伏复,七十一日二千六百九十四分,行五十五度二千二百五十四分半,而与日合。凡一终,七百七十九日有千八百七十二分,行星四百一十四度与九百九十三。通率日行千八百七十六分之九百九十七。

土,晨伏,十九日千八十一分半,行三度万四千七百二十五分半,在日后十五度有奇,而见东方。见顺,日行四十三分度之三,八十六日行六度。留不行,三十三日。旋逆,日行十七分度之一百二,日退六度。复留,三十三日。复顺,八十六日,行六度,在日前十五度有奇,而夕伏西方。除伏逆,一见三百四十日,行六度。伏复,十九日千八十一分半,行三度万四千七百二十五分半,与日合。凡一终,三百七十八日有二千一百六十三分,行星十二度与二万九千四百五十一分。通率日行九千四百一十五分之三百一十九。

金,晨伏,五日,退四度,在日后九度,而见东方。见逆,日行五分度之三,十日,退六度。留不行,八日,旋顺,日行四十六分度之三十三,四十六日行三十三度。而疾,日行一度九十一分度之十五,九十一日行百六度。益疾,日行一度二十二分,九十一日行百一十三度,在日后九度,而晨伏东方。除伏逆,一见二百四十六日,行二百四十六度。伏四十一日二百八十一分,行五十度二百八十一分,而与日合,一合二百九十二日二百八十一分,行星如之。

金,夕伏,四十一日二百八十一分,行五十度二百八十一分,在日前九度,而见西方。见顺,疾,日行一度九十一分度之二十二,九十一日行百一十三度。微迟,日行一度十五分,九十一日行百六度。而迟,日行四十六分度之三十三,四十六日行三十三度。留不行,八日。旋逆,日行五分度之三,十日退六度,在日前九度,而夕伏西方。除伏逆,一见二百四十六日,行二百四十六度,伏五日,退四度而复合。凡再合一终,五百八十四日有五百六十二分,行星如之。通率日行一度。

水,晨伏,九日,退七度,在日后十六度,而见东方。见逆,一日退一度。留不行,二日。旋顺,日行九分度之八,九日行八度。而疾,日行一度四分度之一,二十日行二十五度,在日后十六度,而晨伏东方。除伏逆,一见,三十二日,行三十二度,伏十六日四万四千八百五分,行三十二度四万四千八百五分,而与日合。一合五十七日有四万四千八百五分,行星如之。

水,夕伏,十六日四万四千八百五分,行三十二度四万四千八百五分,在日前十六度,而见西方。见顺,疾,日行一度四分度之一,二十日行二十五度。而迟,日行九分

度之八,九日行八度。留不行,二日。旋逆,一日退一度,在日前十六度,而夕伏西方。除伏逆,一见三十二日,行三十二度,伏九日,退七度而复合。凡再合一终,百一十五日有四万一千九百七十八分,行星如之。通率日行一度。

步术,以步法伏日度分,加星合日度余,命之如前,得星见日度也。行分母乘之,分如日度法而一,分不尽如半法以上,亦得一,而日加所行分,满其母得一度。逆顺母不同,以当行之母乘故分,如故母,如一也。留者承前,逆则减之,伏不书度。经斗除如行母,四分具一。其分有损益,前后相放。其以赤道命度,进加退减之。其步以黄道。

月　名

天正十一月	十二月	正月	二月	三月	四月	五月	六月
冬至	大寒	雨水	春分	谷雨	小满	夏至	大暑
七月	八月	九月	十月				
处暑	秋分	霜降	小雪				

斗二十六四分一退二　牛八　女十二进一　虚十进二
　危十七进二　室十六进三壁九进一
　北方九十八度四分一
奎十六娄十二退一胃十四退一昴十一退二
毕十六退三觜二参三参九退四
　西方八十度
井三十三退三鬼四柳十五星七进一
张十八进一翼十八进二轸十七进一
　南方百一十二度
角十二亢九退一氐十五退二房五退三
心五退三尾十八退三箕十一退三
　东方七十五度
右赤道度周天三百六十五度四分一
斗二十四四分一牛七女十一虚十
危十六室十八壁十
　北方九十六度四分一
奎十七娄十二胃十五昴十二
毕十六觜三参八
　西方八十三度
井三十鬼四柳十四星七
张十七翼十九轸十八
　南方百九度
角十三亢十氐十六房五
心五尾十八箕十
　东方七十七度
右黄道度三百六十五四分一

黄道去极,日景之生,据仪、表也。漏刻之生,以去极远近差乘节气之差。如远近而差一刻,以相增损。昏明之生,以天度乘昼漏,夜漏减之,二百而一,为定。以减天度,余为明;加定一为昏。其余四之,如法为少。二为半,三为太,不尽,三之,如法为强,余半法以上以成强。强三为少,少四为度,其强二为少弱也。又以日度余为少强,而各加焉。

二十四气
冬至

日所在斗二十一度八分退二　黄道去极百一十五度

暑景丈三尺　昼漏刻四十五　夜漏刻五十五

昏中星奎六弱　旦中星亢二少强退一

小寒

日所在女二度七分进一　黄道去极百一十三强

暑景丈二尺三寸　昼漏刻四十五八分　夜漏刻五十四二分

昏中星娄六半强退一　旦中星氐七少弱退二

大寒

日所在虚五度十四分进二　黄道去极百一十大弱

暑景丈一尺昼漏刻四十六八分　夜漏刻五十三八分

昏中星胃十一半强退一　旦中星心半退三

立春

日所在危十度二十一分进二　黄道去极百六少强

暑景九尺六寸　昼漏刻四十八六分　夜漏刻五十一四分

昏中星毕五少弱退三　旦中星尾七半弱退三

雨水

日所在室八度二十八分进三　黄道去极百一强

暑景七尺九寸五分　昼漏刻五十八　夜漏刻四十九二分

昏中星参六半弱退四　旦中星箕大弱退三

惊蛰

日所在壁八度三分进一　黄道去极九十五强

暑景六尺五寸　昼漏刻五十三三分　夜漏刻四十六七分

昏中星井十七少弱退三　旦中星斗少弱退二

春分

日所在奎十四度十分　黄道去极八十九强

暑景五尺二寸五分　昼漏刻五十五八分　夜漏刻四十四二分

昏中星鬼四　旦中星斗十一弱退二

清明

日所在胃一度十七分退一　黄道去极八十三少弱

暑景四尺一寸五分　昼漏刻五十八三分　夜漏刻四十一七分

昏中星星四大进一　旦中星斗二十一半退二

谷雨

日所在昴二度二十四分退二　黄道去极七十七大强

暑景三尺二寸　昼漏刻六十五分　夜漏刻三十九五分

昏中星张十七进一　旦中星牛六半

立夏

日所在毕六度三十一分退三　黄道去极七十三少弱

暑景二尺五寸二分　昼漏刻六十二四分　夜漏刻三十七六分

昏中星翼十七大进二　旦中星女十少进一

小满

日所在参四度六分退四　黄道去极六十九大弱

暑景尺九寸八分　昼漏刻六十三九分　夜漏刻三十六一分

昏中星角大弱　旦中星危大弱进二

芒种

日所在井十度十三分退三　黄道去极六十七少弱

暑景尺六寸八分　昼漏刻六十四九分　夜漏刻三十五一分

昏中星亢五大退一　旦中星危十四强进二

夏至

日所在井二十五度二十分退三　黄道去极六十七强

暑景尺五寸　昼漏刻六十五　夜漏刻三十五

昏中星氐十二少弱退二　旦中星室十二少弱进三

小暑

日所在柳三度二十七分　黄道去极六十七大强

暑景尺七寸　昼漏刻六十四七分　夜漏刻三十五三分

昏中星尾一大强退三　旦中星奎二大强

大暑

日所在星四度二分进一黄道去极七十

暑景二尺　昼漏刻六十三八分　夜漏刻三十六二分

昏中星尾十五半弱退三　旦中星娄三大退一

立秋

日所在张十二度九分进一　黄道去极七十三半强

暑景二尺五寸五分　昼漏刻六十二三分　夜漏刻三十七七分

昏中星箕九大强退三　旦中星胃九大弱退一

处暑

日所在翼九度十六分进二　黄道去极七十八半强

暑景三尺三寸三分　昼漏刻六十二分　夜漏刻三十九八分　昏中星斗十少退二　旦中星毕三大退三

白露

日所在轸六度二十三分进一　黄道去极八十四少强

暑景四尺三寸五分　昼漏刻五十七八分　夜漏刻四十二二分

昏中星斗二十一强退二　旦中星参五半弱退四

秋分

日所在角四度三十分　黄道去极九十半强

暑景五尺五寸　昼漏刻五十二二分　夜漏刻四十八分

昏中星牛五少　旦中星井十六少弱退三

寒露

日所在亢八度五分退一　黄道去极九十六大强

暑景六尺八寸五分　昼漏刻五十二六分　夜漏刻四十七四分

昏中星女七大进一　旦中星鬼三少强

霜降

日所在氐十四度十二分退二　黄道去极百二少强

暑景八尺四寸　昼漏刻五十三分　夜漏刻四十九七分

昏中星虚六大进二　旦中星星三大强进一

立冬

日所在尾四度十九分退三　黄道去极百七少强
暑景丈

昼漏刻四十八二分　夜漏刻五十一八分

昏中星危八强进二　　旦中星张十五大强进一
小雪

日所在箕一度二十六分退三　黄道去极百一十一弱
暑景丈一尺四寸　　昼漏刻四十六七分　夜漏刻五十三三分

昏中星室三半强进三　　旦中星翼十五大强进二
大雪

日所在斗六度一分退二　黄道去极百一十三强
暑景丈二尺五寸四分　　昼漏刻四十五五分　夜漏刻五十四五分

昏中星壁半强进一　　旦中星轸十五弱进一

中星以日所在为正，日行四岁乃终，置所求年二十四气小余四之，如法为少、大，余不尽，三之，如法为强、弱，以减节气昏明中星，而各定矣。强，正；弱，负也。其强弱相减，同名相去，异名从之。从强进少为弱，从弱退少而强。从上元太岁在庚辰以来，尽熹平三年，岁在甲寅，积九千四百五十五岁也。

论曰：《易》有太极，是生两仪。两仪之分尚矣，乃有皇牺。皇牺之有天下也，未有书计。历载弥久，暨于黄帝，班示文章，重黎记注，象应著名，始终相验，准度追元，乃立历数。天难谌斯，是以五、三迄于来今，各有改作，不通用。故黄帝造历，元起辛卯，而颛顼用乙卯，虞用戊午，夏用丙寅，殷用甲寅，周用丁巳，鲁用庚子。汉兴承秦，初用乙卯，至武帝元封，不与天合，乃会术士作《太初历》，元以丁丑。王莽之际，刘歆作《三统》，追《太初》前卅一元，得五星会庚戌之岁，以为上元。《太初历》到章帝元和，旋复疏阔，征能术者课校诸历，定朔稽元，追汉四十五年庚辰之岁，追朔一日，乃与天合，以为《四分历》元。加六百五元一纪，上得庚申。有近于纬，而岁不摄提，以辨历者得开其说，而其元鲜与纬同，同则或不得于天。然历之兴废，以疏密课，固不主于元。光和元年中，议郎蔡邕、郎中刘洪补续《律历志》，邕能著文，清浊钟律，洪能为算，述叙三光。今考论其业，义指博通，术数略举，是以集录为上下篇，放续《前志》，以备一家。

赞曰：象因物生，数本杪曶。律均前起，准调后发。该核衡璇，检会日月。

卷十四　　志第四　　礼仪上

合朔　立春　五供　上陵　冠
夕牲　耕　高禖　养老　先蚕　祓禊

夫威仪，所以与君臣，序六亲也。若君亡君之威，臣亡臣之仪，上替下陵，此谓大乱。大乱作，则群生受其殃，可不慎哉！故记施行威仪，以为《礼仪志》。

礼威仪，每月朔旦，太史上其月历，有司、侍郎、尚书见读其令，奉行其政。朔前后各二日，皆牵羊酒至社下以祭日。日有变，割羊以祠社，用救日变。执事者冠长冠，衣皂单衣，绛领袖缘中衣，绛裤袜，以行礼，如故事。

立春之日，夜漏未尽五刻，京师百官皆衣青衣，郡国县道官下至斗食令史皆服青帻，立青幡，施土牛耕人于门外，以示兆民，至立夏。唯武官不。立春之日，下宽大书曰："制诏三公：方春东作，敬始慎微，动作从之。罪非殊死，且勿案验，皆须麦秋。退贪残，进柔良，下当用者，如故事。"

正月上丁，祠南郊。礼毕，次北郊、明堂、高庙、世祖庙，谓之五供。五供毕，以次上陵。

西都旧有上陵。东都之仪，百官、四姓亲家妇女、公主、诸王大夫、外国朝者侍子、郡国计吏会陵。昼漏上水，大鸿胪设九宾，随立寝殿前。钟鸣，谒者治礼引客，群臣就位如仪。乘舆自东厢下，太常导出，西向拜，折旋升阼阶，拜神坐。退坐东厢，西向。侍中、尚书、陛者皆神坐后。公卿群臣谒神坐，太官上食，太常乐奏食举，舞《文始》、《五行》之舞。乐阕，群臣受赐食毕，郡国上计吏以次前，当神轩占其郡国谷价，民所疾苦，欲神知其动静。孝子事亲尽礼，敬爱之心也。周遍如礼。最后亲陵，遣计吏，赐之带佩。八月饮酎，上陵，礼亦如之。

凡斋，天地七日，宗庙、山川五日，小祠三日。斋日内有污染，解斋，副倅行礼。先斋一日，有污秽灾变，斋祀如仪。大丧，唯天郊越绋而斋，地以下皆百日后乃斋，如故事。

正月甲子若丙子为吉日，可加元服，仪从《冠礼》。乘舆初加缁布进贤，次爵弁，次武弁，次通天。冠讫，皆于高祖庙如礼谒。王公以下，初加进贤而已。

正月，天郊，夕牲。昼漏未尽十八刻初纳，夜漏未尽八刻初纳，进熟献，太祝送，旋，皆就燎位，宰祝举火燔柴，火然，天子再拜，兴，有司告事毕也。明堂、五郊、宗庙、太社稷、六宗夕牲，皆以昼漏未尽十四刻初纳，夜漏未尽七刻初纳，进熟献，送神，还，有司告事毕。六宗燔燎，火大然，有司告事毕。

正月始耕。昼漏上水初纳，执事告祠先农，已享。耕时，有司请行事，就耕位，天子、三公、九卿、诸侯、百官以次耕。力田种各耰讫，有司告事毕。是月令曰："郡国守相皆劝民始耕，如仪。诸行出入皆鸣钟，皆作乐。其有灾眚，有他故，若请雨、止雨，皆不鸣钟，不作乐。"

仲春之月，立高禖祠于城南，祀以特牲。

明帝永平二年三月，上始帅群臣躬养三老、五更于辟雍。行大射之礼。郡、县、道行乡饮酒于学校，皆祀圣师周公、孔子，牲以犬。于是七郊礼乐三雍之义备矣。养三老、五更之仪，先吉日，司徒上太傅若讲师故三公人名，用其德行年耆高者一人为老，次一人为更也。皆服都纻大袍单衣，皂缘领袖中衣，冠进贤，扶王杖。五更亦如之，不杖。皆斋于太学讲堂。其日，乘舆先到辟雍礼殿，御坐东厢，遣使者安车迎三老、五更。天子迎于门屏，交礼，道自阼阶，三老升自宾阶。至阶，天子揖如礼。三老升，东面，三公设几，九卿正履，天子亲袒割牲，执酱而馈，执爵而酳，祝鲠在前，祝饐在后。五更南面，公进供礼，亦如之。明日皆诣阙谢恩，以见礼遇大尊显故也。

是月，皇后帅公卿诸侯夫人蚕。祠先蚕，礼以少牢。

是月，上巳，官民皆絜于东流水上，曰洗濯祓除去宿垢疢为大絜。絜者，言阳气布畅，万物讫出，始絜之矣。

卷十五　　志第五　　礼仪中

立夏　请雨　拜皇太子　拜王公　桃印
黄郊　立秋　貙刘　案户　祠星　立冬
冬至　腊　大傩　土牛　遣卫士　朝会

立夏之日，夜漏未尽五刻，京都百官皆衣赤，至季夏衣黄，郊。其礼：祠特，祭灶。

自立春至立夏，尽立秋，郡国上雨泽。若少，郡县各扫除社稷；其旱也，公卿官长以次行雩礼求雨。闭诸阳，衣皂，兴土龙，立土人舞僮二佾，七日一变如故事。反拘朱索萦社，伐朱鼓。祷赛以少牢如礼。

拜皇太子之仪：百官会，位定，谒者引皇太子当御坐殿下，北面；司空当太子西北，东面立。读策书毕，中常侍持皇太子玺绶东向授太子。太子再拜，三稽首，谒者赞皇太子臣某，中谒者称制曰"可"。三公升阶上殿，贺寿万岁。因大赦天下，供赐礼毕，罢。

拜诸侯王公之仪：百官会，位定，谒者引光禄勋前。谒者引当拜者前，当坐伏殿下，光禄勋前，一拜，举手曰："制诏其以某为某。"读策书毕，谒者称臣某再拜。尚书郎以玺印绶付侍御史。侍御史前，东面立，授玺印绶。王公再拜顿首三。赞谒者曰："某王臣某新封，某公某初除，谢。"中谒者报谨谢。赞者立曰："谢皇帝为公兴。"重坐，受策者拜谢，起就位。供赐礼毕，罢。

仲夏之月，万物方盛。日夏至，阴气萌作，恐物不楙。其礼：以朱索连荤菜，弥牟朴盅钟。以桃印长六寸，方三寸，五色书文如法，以施门户。代以所尚为饰。夏后氏金行，作苇茭，言气交也。殷人水德，以螺首，慎其闭塞，使如螺也。周人木德，以桃为更，言气相更也。汉兼用之，故以五月五日，朱索五色印为门户饰，以难止恶气。日夏至，禁举大火，止炭鼓铸，消石冶皆绝止。至立秋，如故事。是日浚井改水，日冬至，钻燧改火云。

先立秋十八日，郊黄帝。是日夜漏未尽五刻，京都百官皆衣黄。至立秋，迎气于黄郊，乐奏黄钟之宫，歌《帝临》，冕而执干戚，舞《云翘》、《育命》，所以养时训也。

立秋之日，夜漏未尽五刻，京都百官皆衣白，施皂领缘中衣，迎气于白郊。礼毕，皆衣绛，至立冬。

立秋之日，白郊礼毕，始扬威武，斩牲于郊东门，以荐陵庙。其仪：乘舆御戎路，白马朱鬣，躬执弩射牲。牲以鹿麛。太宰令、谒者各一人，载以获车，驰送陵庙。于是乘舆还宫，遣使者赍束帛以赐武官。武官肄兵，习战阵之仪、斩牲之礼，名曰貙刘。兵、官皆肄孙、吴兵法六十四阵，名曰乘之。立春，遣使者赍束帛以赐文官。貙刘之礼：祠先虞，执事告先虞已，烹鲜时，有司告，乃逡巡射牲。获车毕，有司告事毕。

仲秋之月，县道皆案户比民。年始七十者，授之以王杖，餔之糜粥。八十九十，礼有加赐。王杖长九尺，端以鸠鸟为饰。鸠者，不噎之鸟也。欲老人不噎。是月也，祀老人星于国都南郊老人庙。

季秋之月，祠星于城南坛心星庙。

立冬之日，夜漏未尽五刻，京都百官皆衣皂，迎气于黑郊。礼毕，皆衣绛，至冬至绝事。

冬至前后，君子安身静体，百官绝事，不听政，择吉辰而后省事。绝事之日，夜漏未尽五刻，京都百官皆衣绛，至立春。诸王时变服，执事者先后其时皆一日。日冬至，夏至，阴阳暑景长短之极，微气之所生也。故使八能之士八人，或吹黄钟之律间竽；或撞黄钟之钟；或度暑景，权水轻重，水一升，冬重十三两；或击黄钟之磬；或鼓黄钟之瑟，轸间九尺，二十五弦，宫处于中，左右为商、徵、角、羽；或击黄钟之鼓。先之三日，太史谒之。至日，夏时四孟，冬则四仲，其气至焉。先气至五刻，太史令与八能之士即坐于端门左塾。大予具乐器，夏赤冬黑，列前殿之前西上，钟为端。守宫设席于器南，北面东上，正德席，鼓南西面，令晷仪东北。三刻，中黄门持兵，引太史令、八能之士入自端门，就位。二刻，侍中、尚书、御史、谒者皆陛。一刻，乘舆亲御临轩，安体静居以听之。太史令前，当轩霤北面跪。举手曰："八能之士各备，请行事。"制曰"可"。太史令稽首曰

"诺"。起立少退,顾令正德曰"可行事"。正德曰"诺"。皆旋复位。正德立,命八能士曰:"以次行事,间音以竽。"八能曰"诺"。五音各三十为阕。正德曰:"合五音律。"先唱,五音并作,二十五阕,皆音以竽。讫,正德曰:"八能士各言事。"八能士各书板言事。文曰:"臣某言,今月若干日甲乙日冬至,黄钟之音调,君道得,孝道褒。"商臣、角民、徵事、羽物,各一板。否则召太史令各板书,封以皂囊,送西陛,跪授尚书,施当轩,北面稽首,拜上封事。尚书授侍中常侍迎受,报闻。以小黄门幡麾节度。太史令前白礼毕。制曰"可"。太史令前稽首曰"诺"。太史令八能士诣太官受赐。陛者以次罢。日夏至礼亦如之。

季冬之月,星回岁终,阴阳以交,劳农大享腊。

先腊一日,大傩,谓之逐疫。其仪:选中黄门子弟年十岁以上,十二以下,百二十人为侲子。皆赤帻皂制,执大鼗。方相氏黄金四目,蒙熊皮,玄衣朱裳,执戈扬盾。十二兽有衣毛角。中黄门行之,冗从仆射将之,以逐恶鬼于禁中。夜漏上水,朝臣会,侍中、尚书、御史、谒者、虎贲、羽林郎将执事,皆赤帻陛卫。乘舆御前殿。黄门令奏曰:"侲子备,请逐疫。"于是中黄门倡,侲子和,曰:"甲作食䈭,胇胃食虎,雄伯食魅,腾简食不祥,揽诸食咎,伯奇食梦,强梁、祖明共食磔死寄生,委随食观,错断食巨,穷奇、腾根共食蛊。凡使十二神追恶凶,赫女躯,拉女干,节解女肉,抽女肺肠。女不急去,后者为粮!"因作方相与十二兽儛。嚾呼,周遍前后省三过,持炬火,送疫出端门;门外驺骑传炬出宫,司马阙门外五营骑士传火弃雒水中。百官官府各以木面兽能为傩人师讫,设桃梗、郁櫑、苇茭毕,执事陛者罢。苇戟、桃杖以赐公、卿、将军、特侯、诸侯云。

是月也,立土牛六头于国都郡县城外丑地,以送大寒。

飨遣故卫士仪:百官会,位定,谒者持节引故卫士入自端门。卫司马执幡钲护行。行定,侍御史持节慰劳,以诏恩问所疾苦,受其章奏所欲言。毕飨,赐作乐,观以角抵。乐阕罢遣,劝以农桑。

每岁首正月,为大朝受贺。其仪:夜漏未尽七刻,钟鸣,受贺。及贽,公、侯璧,中二千石、二千石羔,千石、六百石雁,四百石以下雉。百官贺正月。二千石以上上殿称万岁。举觞御坐前。司空奉羹,大司农奉饭,奏食举之乐。百官受赐宴飨,大作乐。其每朔,唯十月旦从故事者,高祖定秦之月,元年岁首也。

卷十六　　志第六　　礼仪下

大丧　诸侯王列侯始封贵人公主薨

不豫,太医令丞将医入,就进所宜药。尝药监、近臣中常侍、小黄门皆先尝药,过量十二。公卿朝臣问起居无间。太尉告请南郊,司徒、司空告请宗庙,告五岳、四渎、群祀,并祷求福。疾病,公卿复如礼。

登遐,皇后诏三公典丧事。百官皆衣白单衣,白帻不冠。闭城门、宫门。近臣中黄门持兵,虎贲、羽林、郎中署皆严宿卫,宫府各警,北军五校绕宫屯兵,黄门令、尚书、御史、谒者昼夜行陈。三公启手足色肤如礼。皇后、皇太子、皇子哭踊如礼。沐浴如礼。守宫令兼东园匠将女执事,黄绵、缇缯、金缕玉柙如故事。饭唅珠玉如礼。槃冰如礼。百官哭临殿下。是日夜,下竹使符告郡国二千石、诸侯王。竹使符到,皆伏哭尽哀。小敛如礼。东园匠、考工令奏东园秘器,表里洞赤,虡文画日、月、鸟、龟、龙、虎、连璧、偃月,牙桧梓宫如故事。大敛于两楹之间。五官、左右虎贲、羽林五将,各将所部,执虎贲戟,屯殿端门陛左右厢,中黄门持兵陛殿上。夜漏,群臣入。昼漏上水,大鸿胪设九宾,随立殿下。谒者引诸侯王立殿下,西面北上;宗室诸侯、四姓小侯在后,西面北上。治礼引三公就位,殿下北面;特进次中二千石;列侯次二千石;六百石、博士在后,群臣陪位者皆重行,西上。位定,大鸿胪言具,谒者以闻。皇后东向,贵人、公主、宗室妇女以次立后;皇太子、皇子在东,西向;皇子少退在南,北面:皆伏哭。大鸿胪传哭,群臣皆哭。三公升自阼阶,安梓宫内珪璋诸物,近臣佐如故事。嗣子哭踊如礼。东园匠、武士下钉衽,截去牙。太常上太牢奠,太官令奠、中黄门、尚食次奠,执事者如礼。太常、大鸿胪传哭如仪。

三公奏《尚书》、《顾命》,太子即日即天子位于柩前,请太子即皇帝位,皇后为皇太后。奏可。群臣皆出,吉服入会如仪。太尉升自阼阶。当柩御坐北面稽首,读策毕,以国玉玺绶东面跪授皇太子,即皇帝位。中黄门掌兵以玉具、随侯珠、斩蛇宝剑授太尉,告令群臣,群臣皆伏称万岁。或大赦天下。遣使者诏开城门、宫门,罢屯卫兵。群臣百官罢,入成丧服如礼。兵官戎。三公、太常如礼。

故事:百官五日一会临,故吏二千石、刺史、在京都国上计掾史皆五日一会。天下吏民发丧临三日。先葬二日,皆旦晡临。既葬,释服,无禁嫁娶、祠祀。佐史以下,布衣冠帻,经带无过三寸,临庭中。武吏布帻大冠。大司农出见钱谷,给六丈布直。以葬,大红十五日,小红十四日,纤七日,释服。部刺史、二千石、列侯在国者及关内侯、宗室长吏及因邮奉奏,诸侯王遣大夫一人奉奏,吊臣请驿马露布,奏可。

以木为重,高九尺,广容八历,裹以苇席。巾门、丧帐皆以篕。车皆去辅辖，疏布恶轮。走卒皆布褠帻。太仆驾四轮辀为宾车，大练为屋幎。中黄门、虎贲各二十人执绋。司空择土造穿。太史卜日。谒者二人，中谒者仆射、中谒者副将作，油缇帐以覆坑。方石治黄肠题凑便房如礼。

大驾，太仆御。方相氏黄金四目，蒙熊皮，玄衣朱裳，执戈扬楯，立乘四马先驱。旂之制，长三仞，十有二斿，曳地，画日、月、升龙，书旐曰"天子之柩"。谒者二人立乘六马为次。大驾甘泉卤簿，金根容车，兰台法驾。丧服大行载饰如金根车。皇帝从送如礼，太常上启奠。夜漏二十刻，太尉冠长冠，衣斋衣，乘高车，诣殿止车门外。使者到，南向立，太尉进伏拜受诏。太尉诣南郊。未尽九刻，大鸿胪设九宾随立，群臣入位，太尉行礼。执事皆冠长冠，衣斋衣。太祝令跪读谥策，太尉再拜稽首。治礼告事毕，太尉奉谥策，还诣殿端门。太常上祖奠，中黄门尚衣奉衣登容根车。东园武士载大行，司徒却行道立车前。治礼引太尉入就位，大行车西少南，东面奉谥策，太史令奉哀策立后。太常跪曰"进"，皇帝进。太尉读谥策，藏金匮。皇帝次科藏于庙。太史奉哀策苇箧诣陵。太尉前旋公位，再拜立。太常跪曰"哭"，大鸿胪传哭，十五举音，止哭。太常行遣奠皆如礼。

昼漏上水，请发。司徒、河南尹先引车转，太常跪曰："请拜送"。载车著白系参缪绋，长三十丈，大七寸为挽，六行，行五十人。公卿以下子弟凡三百人，皆素帻委貌冠，衣素裳。校尉三百人，皆赤帻不冠，绛科单衣，持幢幡。候司马丞为行首，皆衔枚。羽林孤儿、《巴俞》擢歌者六十人，为六列。铎司马八人，执铎先。大鸿胪设九宾，随立陵南羡门道东，北面；诸侯、王公、特进道西，北面东上；中二千石、二千石、列侯直九宾东，北面西上。皇帝白布幕素里，夹羡道东，西向如礼。容车幄坐羡道西，南向，车当坐，南向，中黄门尚衣奉衣就幄坐。车少前，太祝进醴献如礼。司徒跪曰"大驾请舍"，太史令自车南，北面读哀策，掌故在后，已哀哭。太常跪曰"哭"，大鸿胪传哭如仪。司徒跪曰"请就下位"，东园武士奉下车。司徒跪曰"请就下房"，都导东园武士奉车入房。司徒、太史令奉谥、哀策。

东园武士执事下明器。筲八盛，容三升；黍一，稷一，麦一，粱一，稻一，麻一，菽一，小豆一。瓮三，容三升，醯一，醢一，屑一，黍饴。载以木桁，覆以疏布。瓶二，容三升，醴一，酒一。载以木桁，覆以功布。瓦镫一。彤矢四、轩辀中，亦短卫。彤矢四，骨，短卫。彤弓一。甒八，牟八，豆八，笾八，形方酒壶八。槃匜一具。杖、几各一。盖一。钟十六，无虡。镈四，无虡。磬十六，无虡。壎一，箫四，笙一，篪一，柷一，敔一，瑟六，琴一，竽一，筑一，坎侯一。干、戈各一，笙一，甲一，胄一。挽车九乘，刍灵三十六匹。瓦灶二，瓦釜二，瓦甑一。瓦鼎十二，容五升。匏勺一，容一升。瓦案九。瓦大杯十六，容三升。瓦小杯二十，容二升。瓦饭槃十。瓦酒樽二，容五斗。匏勺二，容一升。

祭服衣送皆毕，东园匠曰"可哭"，在房中者皆哭。太常、大鸿胪请哭止哭如仪。司徒曰"百官事毕，臣请罢"，从入房者皆再拜，出，就位。太常导皇帝就赠位。司徒曰

"请进赠"，侍中奉持鸿洞。赠玉珪长尺四寸，荐以紫巾，广袤各三寸，缇里，赤缥周缘；赠币，玄三缥二，各长尺二寸，广充幅。皇帝进跪，临羡道房户，西向，手下赠，投鸿洞中，三。东园匠奉封入藏房中。太常跪曰"皇帝敬再拜，请哭"，大鸿胪传哭如仪。太常跪曰"赠事毕"，皇帝促就位。容根车游载容衣。司徒至便殿，并擎骑旨从容车玉帐下。司徒跪曰"请就幄"，导登。尚衣奉女，以次奉器衣物，藏于便殿。太祝进醴献。凡下，用漏十刻。礼毕，司空将校复土。

皇帝、皇后以下皆去粗服，服大红，还宫反庐，立主如礼。桑木主尺二寸，不书谥。虞礼毕，祔于庙，如礼。

先大驾日游冠衣于诸宫诸殿，群臣皆吉服从会如仪。皇帝近臣丧服如礼。醉大红，服小红，十一升都布练冠。醉小红，服纤。醉纤，服留黄，冠常冠。近臣及二千石以下皆服留黄冠。百官衣皂。每变服，从哭诣陵会如仪。祭以特牲，不进毛血首。司徒、光禄勋备三爵如礼。

太皇太后、皇太后崩，司空以特牲告谥于祖庙如仪。长乐太仆、少府、大长秋典丧事，三公奉制度，他皆如礼仪。

合葬：羡道开通，皇帝谒便房，太常导至羡道，去杖，中常侍受，至柩前，谒，伏哭止如仪。辞，太常导出，中常侍授杖，升车归宫。已下，反虞立主如礼。诸郊庙祭服皆下便房。五时朝服各一袭在陵寝，其余及宴服皆封以箧笥，藏宫殿后阁室。

诸侯王、列侯、始封贵人、公主薨，皆令赠印玺、玉柙银缕；大贵人、长公主铜缕。诸侯王、贵人、公主、公、将军、特进皆赐器，宫中二十四物。使者治丧，穿作，柏椁，百官会送，如故事。诸侯王、公主、贵人皆樟棺，洞朱，云气画。公、特进樟棺黑漆。中二千石以下坎侯漆。朝ក中二千石、将军，使者吊祭，郡国二千石、六百石以至黄绶，皆赐常车驿牛赠祭。宜自佐史以上达，大敛皆以朝服。君临吊若遣使者，主人免绖去杖望马首如礼。免绖去杖，不敢以威凶服当尊者。自王、主、贵人以下至佐史，送车骑导从吏卒，各如其官府。载饰以盖，龙首鱼尾，华布墙，缥上周，交络前后，云气画帷裳。中二千石以上有辅，左龙右虎，朱鸟玄武；公侯以上加倚鹿伏熊。千石以下，缩布盖墙，鱼龙首尾而已。二百石黄绶以下至于处士，皆以簟席为墙盖。其正妃、夫人、妻皆如之。诸侯王、傅、相、中尉、内史典丧事，大鸿胪奏谥，天子使者赠璧帛，载日命谥如礼。下陵，群臣醉粗服如仪，主人如礼。

赞曰：大礼虽简，鸿仪则容。天尊地卑，君庄臣恭。质文通变，哀敬交从。元序斯立，家邦乃隆。

卷十七　　志第七　　祭祀上

光武即位告天　郊　封禅

祭祀之道，自生民以来则有之矣。豺獭知祭祀，而况

人乎！故人知之至于念想，犹豺獭之自然也，顾古质略而后文饰耳。自古以来王公所为群祀，至于王莽，《汉书·郊祀志》既著矣，故今但列自中兴以来所修用者，以为《祭祀志》。

建武元年，光武即位于鄗，为坛营于鄗之阳。祭告天地，采用元始中郊祭故事。六宗群神皆从，未以祖配。天地共犊，余牲尚约。其文曰："皇天上帝，后土神祇，睠顾降命，属秀黎元，为民父母，秀不敢当。群下百僚，不谋同辞。咸曰王莽篡弑窃位，秀发愤兴义兵，破王邑百万众于昆阳，诛王郎、铜马、赤眉、青犊贼，平定天下，海内蒙恩，上当天心，下为元元所归。谶记曰：'刘秀发兵捕不道，卯金修德为天子。'秀犹固辞，至于再，至于三。群下曰：'皇天大命，不可稽留。'敢不敬承。"

二年正月，初制郊兆于雒阳城南七里，依鄗。采元始中故事。为圆坛八陛，中又为重坛，天地位其上，皆南乡，西上。其外坛上为五帝位。青帝位在甲寅之地，赤帝位在丙巳之地，黄帝位在丁未之地，白帝位在庚申之地，黑帝位在壬亥之地。其外为墙，重营皆紫，以像紫宫；有四通道，以为门。日月在中营内南道，日在东，月在西，北斗在北道之西，皆别位，不在群神列中。八陛，陛五十八醊，合四百六十四醊。五帝陛郭，帝七十二醊，合三百六十醊。中营四门，门五十四神，合二百一十六神。外营四门，门百八神，合四百三十二神。皆背营内乡。中营四门，门封神四，外营四门，门封神四，合三十二神。凡千五百一十四神。营即墙也。封，封土筑也。背中营神，五星也，及中官宿五官神及五岳之属也。背外营神，二十八宿外官星，雷公、先农、风伯、雨师、四海、四渎、名山、大川之属也。

至七年五月，诏三公曰："汉当郊尧。其与卿大夫、博士议。"时侍御史杜林上疏，以为：汉起不因缘尧，与殷周异宜，而旧制以高帝配。方军师在外，且可如元年岁祀故事。上从之。语在《林传》。

陇、蜀平后，乃增广郊祀，高帝配食，位在中坛上，西面北上。天、地、高帝、黄帝各用犊一头，青帝、赤帝共用犊一头，白帝、黑帝共用犊一头，凡用犊六头。日、月、北斗共用牛一头，四营群神共用牛四头，凡用牛五头。凡乐奏《青阳》、《朱明》、《西皓》、《玄冥》，及《云翘》、《育命》舞。中营四门，门用席十八枚，外营四门，门用席三十六枚，凡用席二百一十六枚，皆莞簟，率一席三神。日、月、北斗无陛郭醊。既送神，燎俎实于坛南巳地。

建武三十年二月，群臣上言：即位三十年，宜封禅泰山。诏书曰："即位三十年，百姓怨气满腹，吾谁欺，欺天乎？曾谓泰山不如林放，何事污七十二代之编录！桓公欲封，管仲非之。若郡县远遣吏上寿，盛称虚美，必髡，兼令屯田。"从此群臣不敢复言。三月，上幸鲁，过泰山，告太守以上过故，承诏祭山及梁父。时虎贲中郎将梁松等议："《记》曰'齐将有事泰山，先有事配林'，盖诸侯之礼也。河岳视公侯，王者祭焉。宜无即事之渐，不祭配林。"

三十二年正月，上斋，夜读《河图会昌符》，曰"赤刘之九，会命岱宗。不慎克用，何益于承。诚善用之，奸伪不萌。"感此文，乃诏松等复案索《河》、《雒》谶文言九世封禅事者。松等列奏，乃许焉。

初，孝武帝欲求神仙，以扶方者言黄帝由封禅而后仙，于是欲封禅。封禅不常，时人莫知。元封元年，上以方士言作封禅器，以示群儒，多言不合于古，于是罢诸儒不用。三月，上东上泰山，乃上石立之泰山颠。遂东巡海上，求仙人，无所见而还。四月，封泰山。恐所施用非是，乃秘其事，语在《汉书·郊祀志》。

上许梁松等奏，乃求元封时封禅故事，议封禅所施用。有司奏当用方石再累置坛中，皆方五尺，厚一尺，用玉牒书藏方石。牒厚五寸，长尺三寸，广五寸，有玉检。又用石检十枚，列于石傍，东西各三，南北各二，皆长三尺，广一尺，厚七寸。检中刻三处，深四寸，方五寸，有盖。检用金缕五周，以水银和金以为泥。玉玺一方寸二分，一枚方五寸。方石四角又有距石，皆再累。枚长一丈，厚一尺，广二尺，皆在圆坛上。其下用距石十八枚，皆高三尺，厚一尺，广二尺，如小碑，环坛立之，去坛三步。距石下皆有石跗，入地四尺。又用石碑，高九尺，广三尺五寸，厚尺二寸，立坛丙地，去坛三丈以上，以刻书。上以用石功难，又欲以二月封，故诏松欲因故封石空检，更加封而已。松上疏争之，以为"登封之礼，告功皇天，垂后无穷，以为万民也。承天之敬，尤宜章明。奉图书之瑞，尤宜显著。今因旧封，窜寄玉牒故石下，恐非重命之义。受命中兴，宜当特异，以明天意"。遂使泰山郡及鲁趣石工，宜取完青石，无必五色。时以印工不能刻玉牒，欲用丹漆书之；会求得能刻玉者，遂书。书秘刻方石中，命容玉牒。

二月，上至奉高，遣侍御史与兰台令史，将工先上山刻石。文曰："维建武三十有二年二月，皇帝东巡狩，至于岱宗，柴，望秩于山川，班于群神，遂觐东后。从臣太尉憙、行司徒事特进高密侯禹等。汉宾二王之后在位。孔子之后褒成侯，序在东后，蕃王十二，咸来助祭。《河图赤伏符》曰：'刘秀发兵捕不道，四夷云集龙斗野，四七之际火为主。'《河图会昌符》曰：'赤帝九世，巡省得中，治平则封，诚合帝道孔矩，则天文灵出，地祇瑞兴。帝刘之九，会命岱宗，诚善用之，奸伪不萌。赤汉德兴，九世会昌，巡岱皆当。天地扶九，崇经之常。汉大兴之，道在九世之王。封于泰山，刻石著纪，禅于梁父，退省考五。'《河图合古篇》曰：'帝刘之秀，九名之世，帝行德，封刻政。'《河图提刘予》曰：'九世之帝，方明圣，持衡拒，九州平，天下予。'《雒书甄曜度》曰：'赤三德，昌九世，会修符，合帝际，勉刻封。'《孝经钩命决》曰：'予谁行，赤刘用帝，三建孝，九会修，专兹竭行封岱、青。'《河》、《雒》命后，经谶所传。昔在帝尧，聪明密微，让与舜庶，后裔握机。王莽以舅后之家，三司鼎足冢宰之权势，依托周公、霍光辅幼归政之义，遂以篡叛，僭号自立。宗庙堕坏，社稷丧亡，不得血食，十有八年。杨、徐、青三州首乱，兵革横行，延及荆州，豪杰并兼，百里屯聚，往往僭号。北夷作寇，千里无烟，无鸡鸣狗吠之声。皇天瞻顾皇帝,以匹庶受命中兴,年二十八载兴兵,以次诛讨,十有余年,罪人斯得。黎庶得居尔田,安尔宅。书同文,车同轨,人同伦。舟舆所通,人迹所至,靡不贡职。建明堂,立辟雍,起灵台,设庠序。同律、度、量、衡。修五礼,五玉,三帛,二牲,一死,贽。吏各修职,复于旧典。在位三十有二年,年六十二。乾乾日昊,不敢荒宁,涉危历险,亲巡黎元,恭肃神祇,惠恤耆老,理庶遵古,聪允明恕。皇帝唯慎《河图》、《雒书》正文,是月辛卯,柴,登封泰山。甲午,禅于梁阴。以承灵瑞,以为兆民,永兹一宇,垂于后昆。百寮从臣,郡守师尹,咸蒙祉福,永永无极。秦相李斯燔《诗》《书》,乐崩礼坏。建武元年已前,文书散亡,旧典不具,不能明经文,以章句细微相况八十一卷,明者为验,又其十卷,皆不昭晰。子贡欲去告朔之饩羊,子曰:'赐也,尔爱其羊,我爱其礼。'后有圣人,正失误,刻石记。"二十二日辛卯晨,燎祭天于泰山下南方,群神皆从,用乐如南郊。诸王、王者后二公,孔子后褒成君,皆助祭位事也。事毕,将升封。或曰:"泰山虽已从食于柴祭,今亲升告功,宜有礼祭。"于是使谒者以一特牲于常祠泰山处,告祠泰山,如亲耕、貙刘、先祠、先农、先虞故事。至食时,御辇升山,日中后到山上更衣,早晡时即位于坛,北面。群臣以次陈后,西上,毕位升坛。尚书令奉玉牒检,皇帝以寸二分玺亲封之,讫,太常命人发坛上石,尚书令藏玉牒已,复石覆讫,尚书令以五寸印封石检。事毕,皇帝再拜,群臣称万岁。命人立所刻石碑,乃复道下。二十五日甲午,禅,祭地于梁阴,以高后配,山川群神从,如元始中北郊故事。

四月己卯,大赦天下,以建武三十二年为建武中元元年,复博、奉高、嬴勿出元年租、刍稿。以吉日刻玉牒书函藏金匮,玺印封之。乙酉,使太尉行事,以特牛告至高庙。太尉奉匮以告高庙,藏于庙室西壁石室高主室之下。

卷十八　　志第八　　祭祀中

北郊　明堂　辟雍　灵台
迎气　增祀　六宗　老子

是年初营北郊,明堂、辟雍、灵台未用事。迁吕太后于园。上薄太后尊号曰高皇后,当配地郊高庙。语在《光武纪》。

北郊在雒阳城北四里,为方坛四陛。三十三年正月辛未,郊。别祀地祇,位南面西上,高皇后配,西面北上,皆在坛上,地理群神从食,皆在坛下,如元始中故事。中岳在未,四岳各在其方孟辰之地,中营内。海在东;四渎河西、济北、淮东、江南;他山川各如其方,皆在外营内。四陛醊及中外营门封神如南郊。地祇、高后用犊各一头,五岳共牛一头,海、四渎共牛一头,群神共二头。奏乐亦如南郊。既送神,瘗俎实于坛北。

明帝即位,永平二年正月辛未,初祀五帝于明堂,光武帝配。五帝坐位堂上,各处其方。黄帝在未,皆如南郊之位。光武帝位在青帝之南少退,西面。牲各一犊,奏乐如南郊。卒事,遂升灵台,以望云物。

迎时气,五郊之兆。自永平中,以《礼谶》及《月令》有五郊迎气服色,因采元始中故事,兆五郊于雒阳四方。中兆在未,坛皆三尺,阶无等。立春之日,迎春于东郊,祭青帝句芒。车旗服饰皆青。歌《青阳》,八佾舞《云翘》之舞。及因赐文官太傅、司徒以下缣各有差。立夏之日,迎夏于南郊,祭赤帝祝融。车旗服饰皆赤。歌《朱明》,八佾舞《云翘》之舞。先立秋十八日,迎黄灵于中兆,祭黄帝后土。车旗服饰皆黄。歌《朱明》,八佾舞《云翘》、《育命》之舞。立秋之日,迎秋于西郊,祭白帝蓐收。车旗服饰皆白。歌《西皓》,八佾舞《育命》之舞。使谒者以一特牲先祭先虞于坛,有事,天子入囿射牲,以祭宗庙,名曰貙刘。语在《礼仪志》。立冬之日,迎冬于北郊,祭黑帝玄冥。车旗服饰皆黑。歌《玄冥》,八佾舞《育命》之舞。

章帝即位,元和二年正月,诏曰:"山川百神,应祀者未尽。其议增修群祀宜享祀者。"

二月,上东巡狩,将至泰山,道使使者奉一太牢祠帝尧于济阴成阳灵台。上至泰山,修光武山南坛兆。辛未,柴祭天地群神如故事。壬申,宗祀五帝于孝武所作汶上明堂,光武帝配,如雒阳明堂礼。癸酉,更告祀高祖、太宗、世宗、中宗、世祖、显宗于明堂,各一太牢。卒事,遂觐东后,飨赐王侯群臣。因行郡国,幸鲁,祠东海恭王,及孔子、七十二弟子。四月,还京都。庚申,告祠高庙、世祖,各一特牛。又为灵台十二门作诗,各以其月祀而奏之。和帝无所增改。

安帝即位,元初六年,以《尚书》欧阳家说,谓六宗者,在天地四方之中,为上下四方之宗。以元始中故事,谓六宗《易》六子之气日、月、雷公、风伯、山、泽者为非是。三月庚辰,初更立六宗,祀于雒阳西北戌亥之地,礼比太社也。延光三年,上东巡狩,至泰山,柴祭,及祠汶上明堂,如元和二年故事。顺帝即位,修奉常祀。

桓帝即位十八年,好神仙事。延熹八年,初使中常侍之陈国苦县祠老子。九年,亲祠老子于濯龙。文罽为坛,饰淳金釦器,设华盖之坐,用郊天乐也。

卷十九　　志第九　　祭祀下

宗庙　社稷　灵星　先农　迎春

光武帝建武二年正月,立高庙于雒阳。四时祫祀,高帝为太祖,文帝为太宗,武帝为世宗,如旧。余帝四时春以正月,夏以四月,秋以七月,冬以十月及腊,一岁五祀。三年正月,立亲庙雒阳,祀父南顿君以上至舂陵节侯。时寇贼未夷,方务征伐,祀仪未设。至十九年,盗贼讨除,戎事差息,于是五官中郎将张纯与太仆朱浮奏议:"礼,为人子事大宗,降其私亲。礼之设施,不授之与自得之异姿。当除今亲庙四。孝宣皇帝以孙为祖,为父立庙于奉明,曰皇考庙,独群臣侍祠。愿下有司议先帝四庙当代亲庙者及皇考庙事。"下公卿、博士、议郎。大司徒涉等议:"宜奉所代,立平帝、哀帝、成帝、元帝庙,代今亲庙。兄弟以下,使有司祠。宜为南顿君立皇考庙,祭上至舂陵节侯,群臣奉祠。"时议有异,不著。上可涉等议,诏曰:"以宗庙处所未定,且袷祭高庙。其成、哀、平且祠祭长安故高庙。其南阳舂陵岁时各且因故园庙祭祀。园庙去太守治所远者,在所令长行太守事侍祠。惟孝宣帝有功德,其上尊号曰中宗。"于是雒阳高庙四时加祭孝宣、孝元,凡五帝。其西庙成、哀、平三帝主,四时祭于故高庙。东庙京兆尹侍祠,冠衣车服如太常祠陵庙之礼。南顿君以上至节侯,皆就园庙。南顿君称皇考庙,巨鹿都尉称皇祖考庙,郁林太守称皇曾祖考庙,节侯称皇高祖考庙,在所郡县侍祠。

二十六年,有诏问张纯,禘袷之礼不施行几年。纯奏:"礼,三年一袷,五年一禘。毁庙之主,陈于太祖;未毁庙之主,皆合食太祖;五年再殷祭。旧制,三年一袷,毁庙主合食高庙,存庙主未尝合。元始五年,始行禘礼。父为昭,南向;子为穆,北向。父子不并坐,而孙从王父。禘之为言谛。谛谁昭穆,尊卑之义。以夏四月阳气在上,阴气在下,故正尊卑之义。袷以冬十月,五谷成熟,故骨肉合饮食。祖宗庙未定,且合祭。今宜以时定。"语在《纯传》。上难复立庙,遂以合祭高庙为常。后以三年冬袷五年夏禘之时,但就陈祭毁庙主而已,谓之殷。太祖东面,惠、文、武、元帝为昭,景、宣帝为穆。惠、景、昭三帝非殷祭时不祭。光武皇帝崩,明帝即位,以光武帝拨乱中兴,更为起庙,尊号曰世祖庙。以元帝于光武为穆,故虽非宗,不毁也。后遂为常。

明帝临终遗诏,遵俭无起寝庙,藏主于世祖庙更衣。孝章即位,不敢违,以更衣有小别,上尊号曰显宗庙,间祠于更衣,四时合祭于世祖庙。语在《章纪》。章帝临崩,遗诏无起寝庙,庙如先帝故事。和帝即位不敢违,上尊号曰肃宗。后帝承尊,皆藏主于世祖庙,积多无别,是后显宗但为陵寝之号。永元中,和帝追尊其母梁贵人曰恭怀皇后,陵曰西陵。以窦后配食章帝,恭怀皇后别就陵寝祭之。和帝崩,上尊号曰穆宗。殇帝生三百余日而崩,邓太后摄政,以尚婴孩,故不列于庙,就陵寝祭之而已。安帝以清河孝王子即位,建光元年,追尊其祖母宋贵人曰敬隐后,陵曰敬北陵。亦就陵寝祭,太常领如西陵。追尊父清河孝王曰孝德皇,母曰孝德后,清河嗣王奉祭而已。安帝以谗慝大臣,废太子,及崩,无上宗之奏。后人自建武以来无毁者,故遂常祭,因以其陵号称恭宗。顺帝即位,追尊其母李恭愍,陵曰恭北陵。就陵寝祭,如敬北陵。顺帝崩,上尊号曰敬宗。冲质帝皆小崩,梁太后摄政,以殇帝故事,就陵寝祭。凡祠庙讫,三公分祭也。桓帝以河间孝王孙蠡吾侯即位,亦追尊祖考,王国奉祀。语在《章和八王传》。帝崩,上尊号

曰威宗,无嗣。灵帝以河间孝王曾孙解犊侯即位,亦追尊祖考。语在《章和八王传》。灵帝时,京都四时所祭高庙五主,世祖庙七主,少帝三陵,追尊后三陵,凡牲用十八太牢,皆有副倅。故高庙三主亲毁之后,亦但殷祭之岁奉祠。灵帝崩,献帝即位。初平中,相国董卓、左中郎将蔡邕等以和帝以下,功德无殊,而有过差,不应为宗,及余非宗者追尊三后,皆奏毁之。四时所祭,高庙一祖二宗,及近帝四,凡七帝。

古不墓祭,汉诸陵皆有园寝,承秦所为也。说者以为古宗庙前制庙,后制寝,以象人之居前有朝,后有寝也。《月令》有"先荐寝庙",《诗》称"寝庙弈弈",言相通也。庙以藏主,以四时祭。寝有衣冠几杖象生之具,以荐新物。秦始出寝,起于墓侧,汉因而弗改,故陵上称寝殿,起居衣服象生人之具,古寝之意也。建武以来,关西诸陵以转久远,但四时特牲祠;帝每幸长安谒诸陵,乃太牢祠。自雒阳诸陵至灵帝,皆以晦望二十四气伏腊及四时祠。庙日上饭,太官送用物,园令、食监典省,其亲陵所宫人随鼓漏理被枕,具盥水,陈严具。

建武二年,立大社稷于雒阳,在宗庙之右,方坛,无屋,有墙门而已。二月八月及腊,一岁三祠,皆太牢具,使有司祠。《孝经援神契》曰:"社者,土地之主也。稷者,五谷之长也。"《礼记》及《国语》皆谓共工氏之子曰句龙,为后土官,能平九土,故祀以为社。烈山氏之子曰柱,能植百谷疏,自夏以上祀以为稷,至殷以柱久远,而尧时弃为稷,亦植百谷,故废柱,祀弃为稷。大司农郑玄说,古者官有大功,则配食其神。故句龙配食于社,弃配食于稷。郡县置社稷,太守、令、长侍祠,牲用羊豕。唯州所治有社无稷,以其使官。古者师行平有载社主,不载稷也。国家亦有五祀之祭,有司掌之,其礼简于社稷云。

汉兴八年,有言周兴而邑立后稷之祀,于是高帝令天下立灵星祠。言祠后稷而谓之灵星者,以后稷又配食星也。旧说,星谓天田星也。一曰,龙左角为天田官,主谷。祀用壬辰位祠之。壬为水,辰为龙,就其类也。牲用太牢,县邑令长侍祠。舞者用童男十六人。舞者象教田,初为芟除,次耕种、芸耨、驱爵及获刈、舂簸之形,象其功也。县邑常以乙未日祠先农于乙地,以丙戌日祠风伯于戌地,以己丑日祠雨师于丑地,用羊豕。立春之日,皆青幡帻,迎春于东郭外。令一童男冒青巾,衣青衣,先在东郭外野中。迎春至者,自野中出,则迎者拜之而还,弗祭。三时不迎。

论曰:臧文仲祀爰居,而孔子以为不知。《汉书·郊祀志》著自秦以来迄于王莽,典祀或有未修,而爰居之类众焉。世祖中兴,蠲除非常,修复旧祀,方之前事邈殊矣。尝闻儒言,三皇无文,结绳以治,自五帝始有书契。至于三王,俗化雕文,诈伪渐兴,始有印玺以检奸萌,然犹未有金玉银铜之器也。自上皇以来,封泰山者,至周七十二代。封者,谓封土为坛,柴祭告天,代兴成功也。《礼记》所谓"因

名山升中于天"者也。易姓则改封者，著一代之始，明不相袭也。继世之王巡狩，则修封以祭而已。自秦始皇、孝武帝封泰山，本由好仙信方士之言，造为石检印封之事也。所闻如此。虽诚天道难可度知，然其大较犹有本要。天道质诚，约而不费者也。故牲用犊，器用陶匏，殆将无事于检封之间，而乐难攻之石也。且唯封为改代，故曰岱宗。夏康、周宣，由废复兴，不闻改封。世祖欲因孝武故封，实继祖宗之道也。而梁松固争，以为必改。乃当夫既封之后，未有福，而松卒被诛死。虽罪出身，盖亦诬神之咎也。且帝王所以能大显于后者，实在其德加于民，不闻其在封矣。言天地者莫大于《易》，《易》无六宗在中之象。若信为天地四方所宗，是至大也。而比太社，又为失所，难以为诚矣！

赞曰：天地裡郊，宗庙享祀，咸秩无文，山川具止。淫乃国秦，典惟皇纪。肇自盛敬，孰崖厥始？

卷二十　　志第十　　天文上

王莽三　光武十二

《易》曰："天垂象，圣人则之。庖牺氏之王天下也，仰则观象于天，俯则观法于地。"观象于天，谓日月星辰。观法于地，谓水土州分。形成于下，象见于上。故曰天者北辰星，合元垂耀建帝形，运机授度张百精。三阶九列，二十七大夫，八十一元士，斗、衡、太微、摄提之属百二十官，二十八宿各布列，下应十二子。天地设位，星辰之象备矣。

三皇迈化，协神醇朴，谓五星如连珠，日月若合璧。化由自然，民不犯慝。至于书契之兴，五帝是作。轩辕始受《河图斗苞授》，规日月星辰之象，故星官之书自黄帝始。至高阳氏，使南正重司天，北正黎司地。唐、虞之时羲仲、和仲，夏有昆吾，汤则巫咸，周之史佚、苌弘，宋之子韦，楚之唐蔑，鲁之梓慎，郑之裨灶，魏石申夫，齐国甘公，皆掌天文之官。仰占俯视，以佐时政，步变摛像，通洞密至，采祸福之原，睹成败之势。秦燔《诗》、《书》，以愚百姓，六经典籍，残为灰炭，星官之书，全而不毁。故《秦史》书始皇之时，彗孛大角，大角以亡，有大星与小星斗于宫中，是其废亡之征。至汉兴，景、武之际，司马谈，谈子迁，以世黎氏之后，为太史令，迁著《史记》，作《天官书》。成帝时，中垒校尉刘向，广《洪范》灾条作五纪皇极之论，以参往行之事。孝明帝使班固叙《汉书》，而马续述《天文志》。今绍《汉书》作《天文志》，起王莽居摄元年，迄孝献帝建安二十五年，二百一十五载。言其时星辰之变，表象之应，以显天戒，明王事焉。

王莽地皇三年十一月，有星孛于张，东南行五日不见。孛星者，恶气所生，为乱兵，其所孛德。孛德者，乱之象，不明之表。又参然孛焉，兵之类也，故名之曰孛。孛之为言，犹有所伤害，有所妨蔽。或谓之彗星，所以除秽而布新也。张为周地。星孛于张，东南行即翼、轸之分。翼、轸为楚，是周、楚地将有兵乱。后一年正月，光武起兵舂陵，会下江、新市贼张卬、王常及更始之兵亦至，俱攻破南阳，斩莽前队大夫甄阜、属正梁丘赐等，杀其士众数万人。更始为天子，都雒阳，西入长安，败死。光武兴于河北，复都雒阳，居周地，除秽布新之象。

四年六月，汉兵起南阳，至昆阳。莽使司徒王寻、司空王邑将诸郡兵，号曰百万众，已至者四十二万人，能通兵法者六十三家，皆为将帅，持其图书器械。军出关东，牵从群象虎狼猛兽，放之道路，以示富强，用怖山东。至昆阳山，作营百余，围城数重，或为冲车以撞城，为云车高十丈以瞰城中，弩矢雨集，城中负户而汲。求降不听，请出不得。二公之兵自以必克，不恤军事，不协计虑。莽有覆败之变见焉。昼有云气如坏山，堕军上，军人皆厌，所谓营头之星也。占曰："营头之所堕，其下覆军，流血三千里。"是时光武将兵数千人赴救昆阳，奔击二公兵，并力猋发，号呼声动天地，虎豹惊怖败振。会天大风，飞屋瓦，雨如注水。二公兵乱败，自相贼，就死者数万人。竞赴潢水，死者委积，潢水为之不流。杀司徒王寻。军皆读走归本郡。王邑还长安，莽败，俱诛死。营头之变，覆军流血之应也。

四年秋，太白在太微中，烛地如月光。太白为兵，太微为天廷。太白赢而北入太微，是大兵将入天子廷也。是时莽遣二公之兵至昆阳，已为光武所破。莽又拜九人为将军，皆以虎为号。九虎将军至华阴，皆为汉将邓晔、李松所破。进攻京师，仓将军韩臣至长门。十月戊申，汉兵自宣平城门入。二日己酉，城中少年朱弟、张鱼等数千人起兵攻莽，烧作室门，斧敬法闼。商人杜吴杀莽渐台之上，校尉公宾就斩莽首。大兵蹈藉宫廷之中。仍以更始入长安，赤眉贼立刘盆子为天子，皆以大兵入宫廷，是其应也。

光武建武九年七月乙丑，金犯轩辕大星。十一月乙丑，金又犯轩辕。轩辕者，后宫之官，大星为皇后，金犯之为失势。是时郭后已失势见疏，后废为中山太后，阴贵人立为皇后。

十年三月癸卯，流星如月，从太微出，入北斗魁第六星，色白。旁有小星射者十余枚，灭则有声如雷，食顷止。流星为贵使，星大者使大，星小者使小。太微天子廷，北斗魁主杀。星从太微出，抵北斗魁，是天子大使将出，有所伐杀。十二月己亥，大流星如缶，出柳西南行入轸。且灭时，分为十余，如遗火状。须臾有声，隐隐如雷。柳为周，轸为秦、蜀。大流星出柳入轸者，是大使从周入蜀。是时光武帝使大司马吴汉发南阳卒三万人，乘船溯江而上，击蜀白帝公孙述。又命将军马武、刘尚、郭霸、岑彭、冯骏平武都、巴郡。十二年十月，汉进兵击述从弟卫尉永，遂至广都，杀述女婿史兴。威虏将军冯骏拔江州，斩述将田戎。吴汉又击述大司马谢丰，斩首五千余级。臧宫破涪，杀述弟大司空恢。十一月丁丑，汉护军将军高午刺述洞胸，其夜死。明日，汉入屠蜀城，诛述大将公孙晃、延岑等，所杀数万人，夷灭述妻宗族万余人以上。是大将出伐杀之应也。其小星射者，及如遗火分为十余，皆小将随从之象。有声如雷隐隐者，兵将怒之征也。

十二年正月己未，小星流百枚以上，或西北，或正北，或东北,二夜止。六月戊戌晨,小流星百枚以上,四面行。小星者,庶民之类。流行者,移徙之象也。或西北,或东北,或四面行,皆小民流移之征。是时西北讨公孙述,北征卢芳。匈奴助芳侵边,汉遣将军马武、骑都尉刘纳、阎兴军下曲阳、临平、呼沱,以备胡。匈奴入河东,中国未安,米谷荒贵,民或流散。后三年,吴汉、马武又徙雁门、代郡、上谷、关西县吏民六万余口,置常山关、居庸关以东,以避胡寇。是小民流移之应。

十五年正月丁未,彗星见旦,稍西北行入营室,犯离宫,三月乙未,至东壁灭,见四十九日。彗星为兵入除秽,昴为边兵,彗星出之为有兵至。十一月,定襄都尉阴承反,太守随诛之。卢芳从匈奴入居高柳,至十六年十月降,上玺绶。一曰,昴星为狱事。是时大司徒欧阳歙以事系狱,逾岁死。营室,天子之常宫;离宫,妃后之所居。彗星入营室,犯离宫,是除宫室也。是时郭皇后已疏,至十七年十月,遂废为中山太后,立阴贵人为皇后,除宫之象也。

三十年闰月甲午,水在东井二十度,生白气,东南指,炎长五尺,为彗,东北行,至紫宫西藩止,五月甲子不见,凡见三十一日。水常以夏至放于东井,闰月在四月,尚未当见而见,是赢而进也。东井为水衡,水出之为大水。是岁五月及明年,郡国大水,坏城郭,伤禾稼,杀人民。白气为丧,有炎作彗,彗所以除秽。紫宫,天子之宫,彗加其藩,除宫之象。后三年,光武帝崩。

三十一年七月戊午,火在舆鬼一度,入鬼中,出尸星南半度,十月己亥,犯轩辕大星。又七星间有客星,炎二尺所,西南行,至明年二月二十二日,在舆鬼东北六尺所灭,凡见百一十三日。荧惑为凶衰,舆鬼、尸星主死亡,荧惑入之为大丧。轩辕为后宫。七星,周地。客星居之为死丧。其后二年,光武崩。

中元二年八月丁巳,火犯太微西南角星,相去二寸。十月戊子,大流星从西南东北行,声如雷。火犯太微西南角星,为将相。后太尉赵憙、司徒李䜣坐事免官。大流星为使。中郎将窦固、扬虚侯马武、扬乡侯王赏将兵征西也。

卷二十一　志第十一　天文中

明十二　章五　和三十三　殇一
安四十六　顺二十三　质三

孝明永平元年四月丁酉,流星大如斗,起天市楼,西南行,光照地。流星为外兵,西南行为西南夷。是时益州发兵击姑复蛮夷太牟替灭陵,斩首传诣雒阳。

三年六月丁卯,彗星出天船北,长二尺所,稍北行至亢南,见三十五日去。天船为水,彗出之为大水。是岁伊、雒水溢,到津城门,坏伊桥;郡七县三十二皆大水。

四年八月辛酉,客星出梗河,西北指贯索,七十日去。梗河为胡兵。至五年十一月,北匈奴七千骑入五原塞,十二月又入云中,至原阳。贯索,贵人之牢。其十二月,陵乡侯梁松坐怨望悬飞书诽谤朝廷下狱死,妻子家属徙九真。

七年正月戊子,流星大如杯,从织女西行,光照地。织女,天之真女,流星出之,女主忧。其月癸卯,光烈皇后崩。

八年六月壬午,长星出柳、张三十七度,犯轩辕,刺天船,陵太微,气至上阶,凡见五十六日去。柳,周地。是岁多雨水,郡十四伤稼。

九年正月戊申,客星出牵牛,长八尺,历建星至房南灭,见至五十日。牵牛主吴、越,房、心为宋。后广陵王荆与沈凉、楚王英与颜忠各谋逆,事觉,皆自杀。广陵属吴,彭城古宋地。

十三年闰月丁亥,火犯舆鬼,为大丧,质星为大臣诛戮。其十二月,楚王英与颜忠等造作妖书谋反,事觉,英自杀,忠等皆伏诛。

十四年正月戊子,客星出昴,六十日,在轩辕右角稍灭。昴主边兵。后一年,汉遣奉车都尉显亲侯窦固、驸马都尉耿秉、骑都尉耿忠、开阳城门候秦彭、太仆祭肜,将兵击匈奴。一曰,轩辕右角为贵相,昴为狱事,客星守之为大狱。是时考楚事未讫,司徒虞延与楚王英党与黄初、公孙弘等交通,皆自杀,或下狱伏诛。

十五年十一月乙丑,太白入月中,为大将戮,人主亡,不出三年。后三年,孝明帝崩。

十六年正月丁丑,岁星犯房右骖,北第一星不见,辛巳乃见。房右骖为贵臣,岁星犯之为见诛。是岁司徒刑穆,坐与阜陵王延交通知逆谋自杀。四月癸未,太白犯毕。毕为边兵。后北匈奴寇边,入云中,至渔阳。使者高弘发三郡兵追讨,无所得。太仆祭肜坐不进下狱。

十八年六月己未,彗星出张,长三尺,转在郎将,南入太微,皆属张。张,周地,为东都。太微,天子廷。彗星犯之为兵丧。其八月壬子,孝明帝崩。

孝章建初元年,正月丁巳,太白在昴西一尺。八月庚寅,彗星出天市,长二尺所,稍行入牵牛三度,积四十日稍灭。太白在昴为边兵,彗星出天市为外军,牵牛为吴、越。是时蛮夷陈纵等及哀牢王类牢反,攻巂唐城。永昌太守王寻走奔楪榆,安夷长宋延为羌所杀。以武威太守傅育领护羌校尉,马防行车骑将军,征西羌。又阜陵王延与子男鲂谋反,大逆无道,得不诛,废为侯。

二年九月甲寅,流星过紫宫中,长数丈,散为三,灭。十二月戊寅,彗星出娄三度,长八九尺,稍入紫宫中,百日稍灭。流星过,入紫宫,皆大人忌。后四年六月癸丑,明德皇后崩。

元和二年四月丁巳,客星晨出东方,在胃八度,长三尺,历阁道入紫宫,留四十日灭。阁道、紫宫,天子之宫也。客星犯入留久为大丧。后四年,孝章皇帝崩。

孝和永元元年正月辛卯,有流星起参,长四丈,有光,色黄白。二月,流星起天棓,东北行三丈所灭,色青白。壬申,夜有流星起太微东蕃,长三丈。三月丙辰,流星起天津。壬戌,有流星起天将军,东北行。参为边兵,天棓为兵,太微天廷，天津为水，天将军为兵，流星起之皆为兵。其六月，汉遣车骑将军窦宪、执金吾耿秉，与度辽将军邓鸿出朔方，并进兵临私渠北鞮海，斩虏首万余级，获生口牛马羊百万头。日逐王等八十一部降，凡三十余万人。追单于至西海。是岁七月，又雨水漂人民，是其应也。

二年正月乙卯，金、木俱在奎，丙寅，水又在奎。奎主武库兵，三星会又为兵丧。辛未，水、金、木在娄，亦为兵，又为匿谋。二月丁酉，有流星大如桃，起紫宫东蕃，西北行五丈稍灭。四月丙辰，有流星大如瓜，起文昌东北，西南行至少微西灭。有顷音如雷声，已而金在轩辕大星东北二尺所。八月丁未，有流星如鸡子，起太微西，东南行四丈所消。十月癸未，有流星大如桃，起天津，西行六丈所消。十一月辛酉，有流星大如拳，起紫宫，西行到胃消。

三年九月丁卯，有流星大如鸡子，起紫宫，西南至北斗柄间消。紫宫天子宫，文昌、少微为贵臣，天津为水，北斗主杀。流星起，历紫宫、文昌、少微、天津，文昌为天子使，出有兵诛也。窦宪为大将军，宪弟笃、景等皆卿、校尉，**宪女弟婿郭举为侍中、射声校尉，与卫尉邓叠母元俱出入宫中，谋为不轨。至四年六月丙辰发觉，和帝幸北宫，诏执金吾、五校勒兵屯南、北宫，闭城门，捕举。举父长乐少府璜及叠，叠弟步兵校尉磊，母元，皆下狱诛。宪弟笃、景等皆自杀。金犯轩辕，女主失势。窦氏被诛，太后失势。**

五年四月癸巳，太白、荧惑、辰星俱在东井。七月壬午，岁星犯轩辕大星。九月，金在南斗魁中。火犯房北第一星。东井，秦地，为法。三星合，内外有兵，又为法令及水。金入斗口中，为大将军死。火犯房北第一星，为将相。其六年正月，司徒丁鸿薨。七月水，大漂杀人民，伤五谷。许侯马光有罪自杀。九月，行车骑将军事邓鸿、越骑校尉冯柱发左右羽林、北军五校士及八郡迹射、乌桓、鲜卑，合四万骑，与度辽将军朱征、护乌桓校尉任尚、中郎将杜崇征叛胡。十二月，车骑将军鸿坐追虏失利，下狱死；度辽将军征、中郎将崇皆抵罪。

七年正月丁未，有流星起天津，入紫宫中灭，色青黄，有光。二月癸酉，金、火俱在参。戊寅，金、火俱在东井。八月甲寅，水、土、金俱在轸。十一月甲戌，金、火俱在心。十二月己卯，有流星起文昌，入紫宫消。丙辰，火、金、水俱在斗。流星入紫宫，金、火在心，皆为大丧。三星合轸为白衣之会，金、火俱在参、东井，皆为外兵，有死将。三星俱在斗，有戮将，若有死相。八年四月乐成王党，七月乐成王宗皆薨。将兵长史吴棽坐事征下狱诛。十月，北海王威自杀。十二月，陈王羡薨。其九年闰月，皇太后窦氏崩。辽东鲜卑反，太守祭参不追虏，征下狱诛。九月，司徒刘方坐事免官，自杀。陇西羌反，遣执金吾刘尚行征西将军事，越骑校尉节乡侯赵世发北军五校、黎阳、雍营及边郡兵三万骑，征西羌。

十一年五月丙午，流星大如瓜，起氐，西南行，稍有光，白色。占曰："流星白，为有使客，大为大使，小亦小使。疾期疾，迟亦迟。大如瓜为近小，行稍有光为迟也。又正王日，边方有受王命者也。"明年二月，蜀郡旄牛徼外夷白狼楼薄种王唐缯等率种人口十七万归义内属，赐金印紫绶钱帛。

十二年十一月癸酉，夜有苍白气，长三丈，起天园，东北指军市，见积十日。占曰："兵起，十日期岁。"明年十一月，辽东鲜卑二千余骑寇右北平。

十三年十一月乙丑，轩辕第四星间有小客星，色青黄。轩辕为后宫，星出之，为失势。其十四年六月辛卯，阴皇后废。

十六年四月丁未，紫宫中生白气如粉絮。戊午，客星出紫宫西行至昂，五月壬申灭。七月庚午，水在舆鬼中。十月辛亥，流星起钩陈，北行三丈，有光，色黄。白气生紫宫中为丧。客星从紫宫西行至昂为赵。舆鬼为死丧。钩陈为皇后，流星出之为中使。后一年，元兴元年十二月，和帝崩，殇帝即位一年又崩，无嗣，邓太后遣使者迎清河孝王子即位，是为孝安皇帝，是其应也。清河，赵地也。

元兴元年二月庚辰，有流星起角、亢五丈所。四月辛亥，有流星起斗，东北行到须女。七月己巳，有流星起天市五丈所，光色赤。闰月辛亥，水、金俱在氐。流星起斗，东北行至须女。须女，燕地。天市为外军。水、金会为兵诛。其年，辽东貊人反，抄六县，发上谷、渔阳、右北平、辽西乌桓讨之。

孝殇帝延平元年正月丁酉，金、火在娄。金、火合为烁，为大人忧。是岁八月辛亥，孝殇帝崩。

孝安永初元年五月戊寅，荧惑逆行守心前星。八月戊申，客星在东井、弧星西南。心为天子明堂，荧惑逆行守之，为反臣。客星在东井，为大水。是时，安帝未临朝，邓太后摄政，邓骘为车骑将军，弟弘、悝、阊皆以校尉封侯，秉国势。司空周章意不平，与王尊、叔元茂等谋，欲闭宫门，捕将军兄弟，诛常侍郑众、蔡伦，劫刺尚书，废皇太后，封皇帝为远国王。事觉，章自杀。东井、弧皆秦地。是时羌反，断陇道，汉遣骘将左右羽林、北军五校及诸郡兵征之。是岁郡国四十一县三百一十五雨水。四渎溢，伤秋稼，坏城郭，杀人民，是其应也。

二年正月戊子，太白昼见。

三年正月庚戌，月犯心后星。己亥，太白入斗中。十二月，彗星起天菀南，东北指，长六七尺，色苍白。太白昼见，为强臣。是时邓氏方盛，月犯心后星，不利子。心为宋。五月丁酉，沛王正薨。太白入斗中，为贵相凶。天菀为外军，彗星出其南为外兵。是后使羌、氐讨贼李贵，又使乌桓击鲜卑，又使中郎将任尚、护羌校尉马贤击羌，皆降。

四年六月甲子，客星大如李，苍白，芒气长二尺，西南指上阶星。癸酉，太白入舆鬼。指上阶，为三公。后太尉张禹、司空张敏皆免官。太白入舆鬼，为将凶。后中郎将任尚坐赃千万，槛车征，弃市。

五年六月辛丑，太白昼见，经天。元初元年三月癸酉，荧惑入舆鬼。二年九月辛酉，荧惑入舆鬼中。三年三月，荧惑入舆鬼中。五月丙寅，太白入毕口。七月甲寅，岁星入舆鬼。闰月己未，太白犯太微左执法。十一月甲午，客星见西方，己亥在虚、危，南至胃、昂。四年正月丙戌，岁星留舆鬼中。乙未，太白昼见丙上。四月壬戌，太白入舆鬼中。己巳，辰星入舆鬼中。五月己卯，辰星犯岁星。六月丙申，荧惑入舆鬼中，戊戌，犯舆鬼大星。九月辛巳，太白入南斗口中。五年三月丙申，镇星犯东井钺星。五月庚午，辰星犯舆鬼质星。丙戌，太白犯钺星。六年四月癸丑，太白入舆鬼。六月丙戌，荧惑在舆鬼中。丁卯，镇星在舆鬼中。辛巳，太白犯左执法。自永初五年到永宁，十年之中，太白一昼见经天，再入舆鬼，一守毕，再犯左执法，入南斗，犯钺星。荧惑五入舆鬼。镇星一犯东井钺星，一入舆鬼。岁星、辰星再入舆鬼。凡五星入舆鬼中，皆为死丧。荧惑、太白甚犯钺、质星为诛戮。斗为贵将。执法为近臣。客星在虚、危为丧，为哭泣。昴、毕为边兵，又为狱事。至建光元年三月癸巳，邓太后崩；五月庚辰，太后兄车骑将军骘等七侯皆免官，自杀，是其应也。

延光二年八月己亥，荧惑出太微端门。三年二月辛未，太白犯昴。五月癸丑，太白入毕。九月壬寅，镇星犯左执法。四年，太白入舆鬼中。六月壬辰，太白出太微。九月甲子，太白入斗口中。十一月，客星见天市。荧惑出太微，为乱臣。太白犯昴、毕，为边兵，一曰大人当之。镇星犯左执法，有诛臣。太白入舆鬼中，为大丧。太白出太微，为中宫有兵；入斗口，为贵将相有诛者。客星见天市中，为贵丧。是时大将军耿宝、中常侍江京、樊丰、小黄门刘安与阿母王圣、圣子女永等并构谮太子保，并恶太子乳母男、厨监邴吉。三年九月丁酉，废太子为济阴王，以北乡侯懿代。杀男、吉，徙其父母妻子日南。四年三月丁卯，安帝巡狩，从南阳还，道寝疾，至叶崩，阎后与兄卫尉显、中常侍江京等共隐匿，不令群臣知上崩，遣司徒刘喜等分诣郊庙，告天请命，载入北宫。庚午夕发丧，尊阎氏为太后。北乡侯懿病甍，京等又不欲立保，白太后，更征诸王子择所立。中黄门孙程、王国、王康等十九人，共合谋诛显、京等，立保为天子，是为孝顺皇帝。皆奸人强臣狂乱王室，其于死亡诛戮，兵起宫中，是其应。

孝顺永建二年二月癸未，太白昼见三十九日。闰月乙酉，太白昼见东南维四十一日。八月乙巳，荧惑入舆鬼。太白昼见，为强臣。荧惑为凶。舆鬼为死丧。质星为诛戮。是时中常侍高梵、张防、将作大匠翟酺、尚书令高堂芝、仆射张敦、尚书尹就、郎姜述、杨凤等，及兖州刺史鲍就，使匈奴中郎将张国、金城太守张笃、敦煌太守张朗，相与交通，漏泄、就、述弃市，梵、防、酺、芝、敦、凤、就、国皆抵罪。又定远侯班始尚阴城公主坚得，斗争杀坚得，坐要斩马市，同产皆弃市。

六年四月，荧惑入太微中，犯左、右执法西北方六寸所。十月乙卯，太白昼见。十二月壬申，客星芒气长二尺余，西南指，色苍白，在牵牛六度。客星芒气白为兵。牵牛为吴、越。后一年，会稽海贼曾于等千余人烧句章，杀长吏，又杀鄞、鄮长，取官兵，拘杀吏民，攻东部都尉；扬州六郡逆贼章何等称将军，犯四十九县，大劫略吏民。

阳嘉元年闰月戊子，客星气白，广二尺，长五丈，起天苑西南。主马牛，为外军，色白为兵。是时，敦煌太守徐由使疏勒王盘等兵二万人入于寘界，虏掠斩首三百余级。乌桓校尉耿晔使乌桓亲汉都尉戎末瘣等出塞，抄鲜卑，斩首，获生口财物，鲜卑怨恨，抄辽东、代郡，杀伤吏民。是后，西戎、北狄为寇害，以马牛起兵，马牛亦死伤于兵中，至十余年乃息。

永和二年五月戊申，太白昼见。八月庚子，荧惑犯南斗。斗为吴。明年五月，吴郡太守行丞事羊珍与越兵弟叶、吏民吴铜等二百余人起兵反，杀吏民，烧官亭民舍，攻太守府。太守王衡距守，吏兵格杀珍等。又九江贼蔡伯流等数百人攻广陵、九江，烧城郭，杀江都长。

三年二月辛巳，太白昼见，戊子，在荧惑西南，光芒相犯。辛丑，有流星大如斗，从西北东行，长八九尺，色赤黄，有声隆隆如雷。三月壬子，太白昼见。六月丙午，太白昼见。八月乙卯，太白昼见。闰月甲寅，辰星入舆鬼。己酉，荧惑入太微。乙卯，太白昼见。太白者，将军之官，又为西州。昼见，阴盛，与君争明。荧惑与太白相犯，为兵丧。流星为使，声隆隆，怒之象也。辰星入舆鬼，为大臣有死者。荧惑入太微，乱臣在廷中。是时，大将军梁商父子秉势，故太白常昼见也。其四年正月，祀南郊，夕牲，中常侍张逵、蘧政、杨定、内者令石光、尚方令傅福等与中常侍曹腾、孟贲争权，白帝言腾、贲与商谋反，矫诏命收腾、贲，贲自解说，顺帝寤，解腾、贲缚。逵等自知事不从，各奔走，或自刺，解貂蝉投草中逃亡，皆得免。其六年，征西将军马贤击西羌于北地射姑山下，父子为羌所没杀，是其应也。

四年七月壬午，荧惑入南斗犯第三星。五年四月戊午，太白昼见。八月己酉，荧惑入太微。斗为贵相，为扬州，荧惑犯入之为兵丧。其六年，大将军商甍。九江、丹阳贼周生、马勉等起兵攻没郡县。梁氏又专权于天廷中。

六年二月丁巳，彗星见东方，长六七尺，色青白，西南指营室及坟墓星。丁丑，彗星在奎一度，长六尺，癸未昏见，西北历昴、毕，甲申，在东井，遂历舆鬼、柳、七星、张，光炎及三台，至轩辕中灭。营室者，天子常宫。坟墓主死。彗星起而在营室、坟墓，不出五年，天下有大丧。后四年，孝顺帝崩。昴为边兵，又为赵。羌周马父子后遂为寇。刘文劫清河相谢喜，欲立王蒜为天子，喜不听，杀喜，王闭门距文，官兵捕诛文，蒜以恶人所劫，废为尉氏侯，又徙为桓阳都乡侯，甍，国绝。历东井、舆鬼为秦，皆羌所攻抄。炎及三台，为三公。是时，太尉杜乔及故太尉李固为梁冀所陷入，坐文书死。及至注、张为周，灭于轩辕中为后宫。其后懿献后以忧死，梁氏被诛，是其应也。

汉安二年，正月己亥，太白昼见。五月丁亥，辰星犯舆鬼。六月乙丑，荧惑光芒犯镇星。七月甲申，太白昼见。辰星犯舆鬼为大丧。荧惑犯镇星为大人忌。明年八月，孝顺帝崩，孝冲明年正月又崩。

孝质本初元年，三月癸丑，荧惑入舆鬼，四月辛巳，太白入舆鬼，皆为大丧。五月庚戌，太白犯荧惑，为逆谋。闰月一日，孝质帝为梁冀所鸩，崩。

卷二十二　志第十二　天文下

桓三十八　灵二十　献九　陨石

孝桓建和元年八月壬寅，荧惑犯舆鬼质星。二年二月辛卯，荧惑行在舆鬼中。三年五月己丑，太白行入太微右掖门，留十五日，出端门。丙申，荧惑入东井。八月己亥，镇星犯舆鬼中南星。乙丑，彗星芒长五尺，见天市中，东南指，色黄白，九月戊辰不见。荧惑犯舆鬼为死丧，质星为戮臣，入太微为乱臣。镇星犯舆鬼为丧。彗星见天市中为贵人。至和平元年二月甲寅，梁太后崩，梁冀益骄乱矣。

元嘉元年二月戊子，太白昼见。永兴二年闰月丁酉，太白昼见。时上幸后宫采女邓猛，明年，封猛兄演为南顿侯。后四岁，梁皇后崩，梁冀被诛，猛立为皇后，恩宠甚盛。

永寿元年三月丙申，镇星逆行入太微中，七十四日去左掖门。七月己未，辰星入太微中，八十日去左掖门。八月己巳，荧惑入太微，二十一日出端门。太微，天子廷也。镇星为贵臣妃后，逆行为匿谋。辰星入太微为大水，一曰后宫有忧。是岁雒水溢至津门，南阳大水。荧惑留入太微中，又为乱臣。是时梁氏专政。九月己酉，昼有流星长二尺所，色黄白。癸巳，荧惑犯岁星，为奸臣谋，大将戮。

二年六月甲寅，辰星入太微，遂伏不见。辰星为水，为兵，为妃后。八月戊午，太白犯轩辕大星，为皇后。其三年四月戊寅，荧惑在东井口中，为大臣有诛者。其七月丁丑，太白犯心前星，为大臣。后二年七月，懿献皇后以忧死。大将军梁冀使大仓令秦宫刺议郎邴尊，又欲杀邓后母宣，事觉，桓帝收冀及妻寿襄城君印绶，皆自杀。诛诸梁及孙氏宗族，或徙边。是其应也。

延熹四年三月甲寅，荧惑犯舆鬼质星。五月辛酉，客星在营室，稍顺行，生芒长五尺所，至心一度，转为彗。荧惑犯舆鬼质星，大臣有戮死者。五年十月，南郡太守李肃坐蛮夷贼攻盗郡县，取财物一亿以上，入府取铜虎符，肃背敌走，不救城郭；又监黎阳谒者燕乔坐赃，重泉令彭良杀无辜，皆弃市。京兆虎牙都尉宋谦坐赃，下狱死。客星在营室至心作彗，为大丧。后四年，邓后以忧死。

六年十一月丁亥，太白昼见。是时邓后家贵盛。

七年七月戊辰，辰星犯岁星。八月庚戌，荧惑犯舆鬼质星。庚申，岁星犯轩辕大星。十月丙辰，太白犯房北星。丁卯，辰星犯太白。十二月乙丑，荧惑犯轩辕第二星。辰星犯岁星为兵。荧惑犯质星有戮臣。岁星犯轩辕为女主忧。太白犯房北星为后宫。其八年二月，太仆南乡侯左胜以罪赐死，胜弟中常侍卞蔡侯悝、北乡侯党皆自杀。癸亥，皇后邓氏坐执左道废，迁于桐宫死，宗亲侍中沘阳侯邓康、河南尹邓万、越骑校尉邓弼、虎贲中郎将安阳侯邓会、侍中监羽林左骑邓德、右骑邓寿、昆阳侯邓统、淯阳侯邓秉、议郎邓循皆系暴室，万、会死，康等免官。又荆州刺史芝、交阯刺史葛祗皆为贼所拘略，桂阳太守任胤背敌走，皆弃市，荧惑犯舆鬼质星之应也。

八年五月癸酉，太白犯舆鬼质星。壬午，荧惑入太微右执法。闰月己未，太白犯心前星。十月癸酉，岁星犯左执法。十一月戊午，岁星入太微，犯左执法。九年正月壬辰，岁星入太微中，五十八日出端门。六月壬戌，太白行入舆鬼。七月乙未，荧惑行舆鬼中，犯质星。九月辛亥，荧惑入太微西门，积五十八日。永康元年正月庚寅，荧惑逆行入太微东门，留太微中，百一日出端门。七月丙戌，太白昼见经天。太白犯心前星，太白犯舆鬼质星有戮臣。荧惑入太微为贼臣。太白犯心前星为兵丧。岁星入太微犯左执法，将相有诛者。岁星入守太微五十日，占为人主。太白、荧惑入舆鬼，皆为死丧，又犯质星为戮臣。荧惑留太微中百一日，占为人主。太白昼见经天为兵，忧在大人。其九年十一月，太原太守刘瓆、南阳太守成瑨皆坐杀无辜，荆州刺史李隗为贼所拘，尚书郎孟珝坐受金漏言，皆弃市。永康元年十二月丁丑，桓帝崩，太傅陈蕃、大将军窦武、尚书令尹勋、黄门令山冰等皆坐杀，太白犯心，荧惑留守太微之应也。

孝灵帝建宁元年六月，太白在西方，入太微，犯西蕃南头星。太微，天廷也。太白行其中，宫门当闭，大将被甲兵，大臣伏诛。其八月，太傅陈蕃、大将军窦武谋欲尽诛诸宦者；其九月辛亥，中常侍曹节、长乐五官史朱瑀觉之，矫制杀蕃、武等，家属徙日南比景。

熹平元年十月，荧惑入南斗中。占曰："荧惑所守为兵乱。"斗为吴。其十一月，会稽贼许昭聚众自称大将军，昭父生为越王，攻破郡县。

二年四月，有星出文昌，入紫宫，蛇行，有首尾无身，赤色，有光照垣墙。八月丙寅，太白犯心前星。辛未，白气如一匹练，冲北斗第四星。占曰："文昌为上将贵相。太白犯心前星，为大臣。"后六年，司徒刘郃为中常侍曹节所谮，下狱死。白气冲北斗为大战。明年冬，扬州刺史臧旻、丹阳太守陈寅，攻盗贼葚康，斩首数千级。

光和元年四月癸丑，流星犯轩辕第二星，东北行入北斗魁中。八月，彗星出亢北，入天市中，长数尺，稍长至五六丈，赤色，经历十余宿，八十余日，乃消于天苑中。流星为贵使，轩辕为内宫，北斗魁主杀。流星从轩辕出抵北斗魁，是天子大使将出，有伐杀也。至中平元年，黄巾贼起，上遣中郎将皇甫嵩、朱俊等征之，斩首十余万级。彗除天市，天帝将徙，帝将易都。至初平元年，献帝迁都长安。

三年冬，彗星出狼、弧，东行至于张乃去。张为周地，彗星犯之为兵乱。后四年，京都大发兵击黄巾贼。

五年四月，荧惑在太微中，守屏。七月，彗星出三台下，东行入太微，至太子、幸臣，二十余日而消。十月，岁星、荧惑、太白三合于虚，相去各五六寸，如连珠。占曰："荧惑在太微为乱臣。"是时中常侍赵忠、张让、郭胜、孙璋等，并为奸乱。彗星入太微，天下易主。至中平六年，宫车晏驾。岁星、荧惑、太白三合于虚为丧。虚，齐地。明年，琅邪王据薨。

光和中，国皇星东南角去地一二丈，如炬火状，十余日不见。占曰："国皇星为内乱，外内有兵丧。"其后黄巾贼张角烧州郡，朝廷遣将讨平，斩首十余万级。中平六年，宫车晏驾，大将军何进令司隶校尉袁绍私募兵千余人，阴跨雒阳城外，窃呼并州牧董卓使将兵至京都，共诛中官，对战南、北宫阙下，死者数千人，燔烧宫室，迁都西京。及司徒王允与将军吕布诛卓，卓部曲将郭汜、李傕旋兵攻长安，公卿百官吏民战死者且万人。天下之乱，皆自内发。

中平二年十月癸亥，客星出南门中，大如半筵，五色喜怒稍小，至后年六月消。占曰："为兵。"至六年，司隶校尉袁绍诛灭中官，大将军部曲将吴匡攻杀车骑将军何苗，死者数千人。

三年四月，荧惑逆行守心后星。十月戊午，月食心后星。占曰："为大丧。"后三年而灵帝崩。

五年二月，孛星出奎，逆行入紫宫，后三出，六十余日乃消。六月丁卯，客星如三升椀，出贯索，西南行入天市，至尾而消。占曰："彗除紫宫，天下易主。客星入天市，为贵人丧。"明年四月，宫车晏驾。中平中夏，流星赤如火，长三丈，起河鼓，入天市，抵触宦者星，色白，长二三丈，后尾再屈，食顷乃灭，状似枉矢。占曰："枉矢流发，其宫射，所谓矢当直而枉者，操矢者枉人也。"中平六年，大将军何进谋尽诛中官，中官觉，于省中杀进：俱两破灭，天下由此遂大坏乱。

六年八月丙寅，太白犯心前星，戊辰犯心中大星。其日未冥四刻，大将军何进于省中为诸黄门所杀。己巳，车骑将军何苗为进部曲将吴匡所杀。

孝献初平二年九月，蚩尤旗见，长十余丈，色白，出角、亢之南。占曰："蚩尤旗见，则王征伐四方。"其后丞相曹公征讨天下且三十年。

四年十月，孛星出两角间，东北行入天市中而灭。占曰："彗除天市，天帝将徙，帝将易都。"是时上在长安，后二年东迁，明年七月，至雒阳，其八月，曹公迎上都许。

建安五年十月辛亥，有星孛于大梁，冀州分也。时袁绍在冀州。其年十一月，绍军为曹公所破。七年夏，绍死，后曹公遂取冀州。

九年十一月，有星孛于东井舆鬼，入轩辕太微。十一年正月，星孛于北斗，首在斗中，尾贯紫宫，及北辰。占曰："彗星扫太微宫，人主易位。"其后魏文帝受禅。

十二年十月辛卯，有星孛于鹑尾。荆州分也，时荆州牧刘表据荆州，益州从事周群以为荆州牧将死而失土。明年秋，表卒，以小子琮自代。曹公将伐荆州，琮惧，举军诣公降。

十七年十二月，有星孛于五诸侯。周群以为西方专据土地者，皆将失土。是时益州牧刘璋据益州，汉中太守张鲁别据汉中，韩遂据凉州，宗建别据枹罕。明年冬，曹公遣偏将击凉州。十九年，获宗建；韩遂逃于羌中，病死。其年秋，璋失益州。二十年秋，曹公攻汉中，鲁降。

十八年秋，岁星、镇星、荧惑俱入太微，逆行留守帝坐百余日。占曰："岁星入太微，人主改。"

二十三年三月，孛星晨见东方二十余日，夕出西方，犯历五车、东井、五诸侯、文昌、轩辕、后妃、太微，锋炎指帝坐。占曰："除旧布新之象也。"

殇帝延平元年九月乙亥，陨石陈留四。《春秋》僖公十六年，陨石于宋五，传曰陨星也。董仲舒以为从高反下之象。或以为庶人惟星，陨，民困之象也。

桓帝延熹七年三月癸亥，陨石右扶风一，鄂又陨石二，皆有声如雷。

卷二十三　　志第十三　五行一

貌不恭　淫雨　服妖　鸡祸　青眚
屋自坏　讹言　旱　　谣　狼食人

《五行传》说及其占应，《汉书·五行志》录之详矣。故泰山太守应劭、给事中董巴、散骑常侍谯周并撰建武以来灾异。今合而论之，以续《前志》云。

《五行传》曰："田猎不宿，饮食不享，出入不节，夺民农时，及有奸谋，则木不曲直。"谓木失其性而为灾也。又曰："貌之不恭，是谓不肃。厥咎狂，厥罚恒雨，厥极恶。时则有服妖，时则有龟孽，时则有鸡祸，时则有下体生上之痾，时则有青眚、青祥，惟金沴木。"说云：气之相伤谓之沴。

建武元年，赤眉贼率樊崇、逄安等共立刘盆子为天子。然崇等视之如小儿，百事自由，初不恤录也。后正旦至，君臣欲共飨，既坐，酒食未下，群臣更起，乱不可整。时大司农杨音案剑怒曰："小儿戏尚不如此！"其后遂破坏，崇、安等皆诛死。唯音为关内侯，以寿终。

光武崩，山阳王荆哭不哀，作飞书与东海王，劝使作乱。明帝以荆同母弟，太后在，故隐之。后徙王广陵，荆遂坐复谋反自杀也。

章帝时，窦皇后兄宪以皇后甚幸于上，故人人莫不畏宪。宪于是强请夺沁水长公主田，公主畏宪，与之，宪乃贱顾之。后上幸公主田，觉之，问宪，宪又上言借之。上以故，但遣敕之，不治其罪。后章帝崩，窦太后摄政，宪秉机密，忠直之臣与宪忤者，宪多害之，其后宪兄弟遂皆被诛。

桓帝时，梁冀秉政，兄弟贵盛自恣，好驱驰过度，至于归家，犹驰驱入门，百姓号之曰"梁氏灭门驱驰"。后遂诛灭。

和帝永元十年，十三年，十四年，十五年，皆淫雨伤稼。

安帝元初四年秋，郡国十淫雨伤稼。

永宁元年，郡国三十三淫雨伤稼。

建光元年，京都及郡国二十九淫雨伤稼。是时羌反久未平，百姓屯戍不解，愁苦。

延光元年，郡国二十七淫雨伤稼。

二年，郡国五连雨伤稼。

顺帝永建四年，司隶、荆、豫、兖、冀部淫雨伤稼。

六年，冀州淫雨伤稼。

桓帝延熹二年夏，霖雨五十余日。是时，大将军梁冀秉政，谋害上所幸邓贵人母宣，冀又擅杀议郎邴尊。上欲诛冀，惧其持权日久，威势强盛，恐有逆命，害及吏民，密与近臣中常侍单超等图其方略。其年八月，冀卒伏罪诛灭。

灵帝建宁元年夏，霖雨六十余日。是时大将军窦武谋变废中官。其年九月，长乐五官史朱瑀等共与中常侍曹节起兵，先诛武，交兵阙下，败走，追斩武兄弟，死者数百人。

熹平元年夏，霖雨七十余日。是时中常侍曹节等，共诬白勃海王悝谋反，其十月诛悝。

中平六年夏，霖雨八十余日。是时灵帝新弃群臣，大行尚在梓宫，大将军何进与佐军校尉袁绍等共谋诛欲废中官。下文陵毕，中常侍张让等共杀进，兵战京都，死者数千。

更始诸将军过雒阳者数十辈，皆帻而衣妇人衣绣拥髻。时智者见之，以为服之不中，身之灾也，乃奔入边郡避之。是服妖也。其后更始遂为赤眉所杀。

桓帝元嘉中，京都妇女作愁眉、啼粧、堕马髻、折要步、龋齿笑。所谓愁眉者，细而曲折。啼粧者，薄拭目下，若啼处。堕马髻者，作一边。折要步者，足不在体下。龋齿笑者，若齿痛，乐不欣欣。始自大将军梁冀家所为，京都歙然，诸夏皆效之。此近服妖也。梁冀二世上将，婚媾王室，大作威福，将危社稷。天诫若曰：兵马将往收捕，妇女忧愁，踧眉啼泣，吏卒掣顿，折其要背，令髻倾邪，虽强语笑，无复气味也。到延熹二年，举宗诛夷。

延熹中，梁冀诛后，京都帻颜短耳长，短上长下。时中常侍单超、左悺、徐璜、具瑗、唐衡在帝左右，纵其奸慝。海内慍曰：一将军死，五将军出。家有数侯，子弟列布州郡，宾客杂袭腾骛，上短下长，与梁冀同占。到其八年，桓帝因日蚀之变，乃拜故司徒韩寅为司隶校尉，以次诛锄，京都正清。

延熹中，京都长者皆着木屐；妇女始嫁，至作漆画五采为系。此服妖也。到九年，党事始发，传黄门北寺，临时惶惑，不能信天任命，多有逃走不就考者，九族拘系，及所过历，长少妇女皆被桎梏，应木屐之象也。

灵帝建宁中，京都长者皆以苇方笥为粧具，下士尽然。时有识者窃言：苇方笥，郡国讞箧也；今珍用之，此天下人皆当有罪讞于理官也。到光和三年癸丑赦令诏书，吏民依党禁锢者赦除之，有不见文，他以类比疑者讞。于是诸ôu党郡皆讞廷尉，人名悉在方笥中。

灵帝好胡服、胡帐、胡床、胡坐、胡饭、胡箜篌、胡笛、胡舞，京都贵戚皆竞为之。此服妖也。其后董卓多拥胡兵，填塞街衢，虏掠宫掖，发掘园陵。

灵帝于宫中西园驾四白驴，躬自操辔，驱驰周旋，以为大乐。于是公卿贵戚转相放效，至乘辎軿以为骑从，互相侵夺，贾与马齐。案《易》曰："时乘六龙以御天。"行天者莫若龙，行地者莫如马。《诗》云："四牡骙骙，载是常服。""檀车煌煌，四牡彭彭。"夫驴乃服重致远，上下山谷，野人之所用耳，何有帝王君子而骖服之乎！迟钝之畜，而今贵之。天意若曰：国且大乱，贤愚倒植，凡执政者皆如驴也。其后董卓陵虐王室，多援边人以充本朝，胡夷异种，跨蹋中国。

熹平中，省内冠狗带绶，以为笑乐。有一狗突出，走入司徒府门，或见之者，莫不惊怪。京房《易传》曰："君不正，臣欲篡，厥妖狗冠出。"后灵帝宠用便嬖子弟，永乐宾客、鸿都群小，传相汲引，公卿牧守，比肩是也。又遣御史于西邸卖官，关内侯顾五百万者，赐与金紫，诣阙上书占令长，随县好丑，丰约有贾。强者贪如豺虎，弱者略不类物，实狗而冠者也。司徒古之丞相，壹统国政。天戒若曰：宰相多非其人，尸禄素餐，莫能据正持重，阿意曲从；今在位者皆如狗也，故狗走入其门。

灵帝数游戏于西园中，令后宫采女为客舍主人，身为商贾服。行至舍，采女下酒食，因共饮食以为戏乐。此服妖也。其后天下大乱。

献帝建安中，男子之衣，好为长躬而下甚短，女子好为长裙而上甚短。时益州从事莫嗣以为服妖，是阳无下而阴无上也，天下未欲平也。后还，遂大乱。

灵帝光和元年，南宫侍中寺雌鸡欲化雄，一身毛皆似雄，但头冠尚未变。诏以问议郎蔡邕。邕对曰："貌之不恭，则有鸡祸。宣帝黄龙元年，未央宫雌鸡化为雄，不鸣无距。是岁元帝初即位，立王皇后。至初元元年，丞相史家雌鸡化为雄，冠距鸣将。是岁后父禁为阳平侯，女立为皇后。至哀帝晏驾，后摄政，王莽以后兄子为大司马，由是为乱。臣窃推之，头，元首，人君之象；今鸡一身已变，未至于头，而上知之，是将有其事而不遂成之象也。若应之不精，政无所改，头冠或成，为患兹大。"是后张角作乱称黄巾，遂破坏。四方疲于赋役，多叛者。上不改政，遂至天下大乱。

桓帝永兴二年四月丙午，光禄勋吏舍壁下夜有青气，视之，得玉钩、玦各一。钩长七寸二分，玦周五寸四分，身中皆雕镂。此青祥也。玉，金类也。七寸二分，商数也。五寸四分，徵数也。商为臣，徵为事，盖为人臣引决事者不肃，将有祸也。是时梁冀秉政专恣，后四岁，梁氏诛灭也。

延熹五年，太学门无故自坏。襄楷以为太学前疑所居，其门自坏，文德将丧，教化废也。是后天下遂至丧乱。

永康元年十月壬戌，南宫平城门内屋自坏。金沴木，木动也。其十二月，宫车晏驾。

灵帝光和元年，南宫平城门内屋、武库屋及外东垣屋前后顿坏。蔡邕对曰："平城门，正阳之门，与宫连，郊祀法驾所由出，门之最尊者也。武库，禁兵所藏。东垣，库之外障。《易传》曰：'小人在位，上下咸悖，厥妖城门内崩。'《潜潭巴》曰：'宫瓦自堕，诸侯强陵主。'此皆小人显位乱法之咎也。"其后黄巾贼先起东方，库兵大动。皇后同父兄何进为大将军，同母弟苗为车骑将军，兄弟并贵盛，皆统兵在京都。其后进欲诛废中官，为中常侍张让、段珪等所杀，兵战宫中阙下，更相诛灭，天下兵大起。

三年二月，公府驻驾庑自坏，南北三十余间。

中平二年二月癸亥，广阳城门外上屋自坏也。

献帝初平二年三月，长安宣平城门外屋无故自坏。至三年夏，司徒王允使中郎将吕布杀太师董卓，夷三族。

兴平元年十月，长安市门无故自坏。至二年春，李傕、郭汜斗长安中，傕迫劫天子，移置傕坞，尽烧宫殿、城门、官府、民舍，放兵寇抄公卿以下。冬，天子东还雒阳，傕、汜追上到曹阳，虏掠乘舆辎重，杀光禄勋邓渊、廷尉宣璠、少府田邠等数十人。

《五行传》曰："好攻战，轻百姓，饰城郭，侵边境，则金不从革。"谓金失其性而为灾也。又曰："言之不从，是谓不乂。厥咎僭，厥罚恒阳，厥极忧。时则有诗妖，时则有介虫之孽，时则有犬祸，时则有口舌之痾，时则有白眚、白祥，惟木沴金。"介虫，刘歆传以为毛虫。乂，治也。

安帝永初元年十一月，民讹言相惊，司隶、并、冀州民人流移。时邓太后专政。妇人以顺为道，故《礼》"夫死从子"之命。今专主事，此不从而僭也。

世祖建武五年夏，旱。《京房传》曰："欲德不用，兹谓张，厥灾荒，其旱阴云不雨，变而赤因四阴。众出过时，兹谓广，其旱不生。上下皆蔽，兹谓隔，其旱天赤三月，时有雹杀飞禽。上缘求妃，兹谓僭，其旱三月大 温亡云。君高台府，兹谓犯，阴侵阳，其旱万物根死，有火灾。庶位逾节，兹谓僭，其旱泽物枯，为火所伤。"是时天下僭逆者未尽诛，军多过时。

章帝章和二年夏，旱。时章帝崩后，窦太后兄弟用事奢僭。

和帝永元六年秋，京都旱。时雒阳有冤囚，和帝幸雒阳寺，录囚徒，理冤囚，收令下狱抵罪。行未还宫，澍雨降。

安帝永初六年夏，旱。

七年夏，旱。

元初元年夏，旱。

二年夏，旱。

六年夏，旱。

顺帝永建三年夏，旱。

五年夏，旱。

阳嘉二年夏，旱。时李固对策，以为奢僭所致也。

冲帝永熹元年夏，旱。时冲帝幼崩，太尉李固劝太后兄梁冀立嗣帝，择年长有德者，天下赖之，则功名不朽。年幼未可知，如后不善，悔无所及。时太后及冀贪年幼，欲久自专，遂立质帝，八岁。此不用德。

桓帝元嘉元年夏，旱。是时梁冀秉政，妻子并受封，宠

逾节。

延熹元年六月，旱。

灵帝熹平五年夏，旱。

六年夏，旱。

光和五年夏，旱。

六年夏，旱。是时常侍、黄门僭作威福。

献帝兴平元年秋，长安旱。是时李傕、郭汜专权纵肆，

更始时，南阳有童谣曰："谐不谐，在赤眉。得不得，在河北。"是时更始在长安，世祖为大司马，平定河北。更始大臣并僭专权，故谣妖作也。后更始遂为赤眉所杀，是更始之不谐在赤眉也。世祖自河北兴。

世祖建武六年，蜀童谣曰："黄牛白腹，五铢当复。"是时公孙述僭号于蜀，时人窃言王莽称黄，述欲继之，故称白；五铢，汉家货，明当复也。述遂诛灭。王莽末，天水童谣曰："出吴门，望缇群。见一蹇人，言欲上天；令天可上，地上安得民！"时隗嚣初起兵于天水，后意稍广，欲为天子，遂破灭。嚣少病蹇。吴门，冀郭门名也。缇群，山名也。

顺帝之末，京都童谣曰："直如弦，死道边。曲如钩，反封侯。"案顺帝即世，孝质短祚，大将军梁冀贪树疏幼，以为己功，专国号令，以赡其私。太尉李固以为清河王雅性聪明，敦诗悦礼，加又属亲，立长则顺，置善则固。而冀建白太后，策免固，征蠡吾侯，遂即至尊。固是日幽毙于狱，暴尸道路，而太尉胡广封安乐乡侯、司徒赵戒厨亭侯、司空袁汤安国亭侯云。

桓帝之初，天下童谣曰："小麦青青大麦枯，谁当获者妇与姑。丈人何在西击胡，吏买马，君具车，请为诸君鼓咙胡。"案元嘉中凉州诸羌一时俱反，南入蜀、汉，东抄三辅，延及并、冀，大为民害。命将出众，每战常负，中国益发甲卒，麦多委弃，但有妇女获刈之也。吏买马，君具车者，言调发重及有秩者也。请为诸君鼓咙胡者，不敢公言，私咽语。

桓帝之初，京都童谣曰："城上乌，尾毕逋。公为吏，子为徒。一徒死，百乘车。车班班，入河间。河间姹女工数钱，以钱为室金为堂。石上慊慊舂黄粱。梁下有悬鼓，我欲击之丞卿怒。"案此皆谓为政贪也。城上乌，尾毕逋者，处高利独食，不与下共，谓人主多聚敛也。公为吏，子为徒者，言蛮夷将畔逆，父既为军吏，其子又为卒徒往击之也。一徒死，百乘车者，言前一人往讨胡既死矣，后又遣百乘车往。车班班，入河间者，言上将崩，乘舆班班入河间迎灵帝也。河间姹女工数钱，以钱为室金为堂者，灵帝既立，其母永乐太后好聚金以为堂也。石上慊慊舂黄粱者，言永乐虽积金钱，慊慊常苦不足，使人舂黄粱而食之也。梁下有悬鼓，我欲击之丞卿怒者，言永乐主教灵帝，使卖官受钱，所禄非其人，天下忠笃之士怨望，欲击悬鼓以求见，丞卿主鼓者，亦复诣顺，怒而止我也。

桓帝之初，京都童谣曰："游平卖印自有平，不辟豪贤及大姓。"案到延熹之末，邓皇后以谴自杀，乃以窦贵人代之，其父名武字游平，拜城门校尉。及太后摄政，为大将军，与太傅陈蕃合心戮力，惟德是建，印绶所加，咸得其

人,豪贤大姓,皆绝望矣。

桓帝之末,京都童谣曰:"茅田一顷中有井,四方纤纤不可整。嚼复嚼,今年尚可后年铙。"案《易》曰:"拔茅茹以其汇,征吉。"茅喻群贤也。井者,法也。于时中常侍管霸、苏康憎疾海内英哲,与长乐少府刘器、太常许咏、尚书柳分、寻穆、史佟、司隶唐珍等,代作唇齿。河内牢川诣阙上书:"汝、颍、南阳,上采虚誉,专作威福;甘陵有南北二部,三辅尤甚。"由是传考黄门北寺,始见废阁。茅田一顷者,言群贤众多也。中有井者,言虽厄穷,不失其法度也。四方纤纤不可整者,言奸慝大炽,不可整理。嚼复嚼者,京都饮酒相强之辞也。言食肉者鄙,不恤王政,徒耽宴饮歌呼而已也。今年尚可者,言但禁锢也。后年铙者,陈、窦被诛,天下大坏。

桓帝之末,京都童谣曰:"白盖小车何延延。河间来合谐,河间来合谐。"案解犊亭属饶阳河间县也。居无几何而桓帝崩,使者与解犊侯皆白盖车从河间来。延延,众貌也。是时御史刘倏建议立灵帝,以倏为侍中,中常侍侯览畏其亲近,必当间己,白拜倏泰山太守,因令司隶迫促杀之。朝廷少长,思其功效,乃拔用其弟郃,致位司徒,此为合谐也。

灵帝之末,京都童谣曰:"侯非侯,王非王,千乘万骑上北邙。"案到中平六年,史侯登蹑至尊,献帝未有爵号,为中常侍段珪等数十人所执,公卿百官皆随其后,到河上,乃得来还。此为非侯非王上北邙者也。

灵帝中平中,京都歌曰:"承乐世董逃,游四郭董逃,蒙天恩董逃,带金紫董逃,行谢恩董逃,整车骑董逃,垂欲发董逃,与中辞董逃,出西门董逃,瞻宫殿董逃,望京城董逃,日夜绝董逃,心摧伤董逃。"案"董"谓董卓,言虽跋扈,纵其残暴,终归逃窜,至于灭族也。

献帝践祚之初,京都童谣曰:"千里草,何青青。十日卜,不得生。"案千里草为董,十日卜为卓。凡别字之体,皆从上起,左右离合,无有从下发端也。今二字如此者,天意若曰:卓自下摩上,以臣陵君也。青青者,暴盛之貌也。不得生者,亦旋破亡。

建安初,荆州童谣曰:"八九年间始欲衰,至十三年无孑遗。"言自中兴以来,荆州无破乱,及刘表为牧,民又丰乐,至此逮八九年。当始衰者,谓刘表妻当死,诸将并零落也。十三年无孑遗者,言十三年表又当死,民当移诣冀州也。

顺帝阳嘉元年十月中,望都蒲阴狼杀童儿九十七人。时李固对策,引京房《易传》曰:"君将无道,害将及人,去之深山以全身,厥妖狼食人。"陛下觉寤,比求隐滞,故狼灾息。

灵帝建宁中,群狼数十头入晋阳南城门啮人。

卷二十四　　志第十四　五行二

灾火　草妖　羽虫孽　羊祸

《五行传》曰:"弃法律,逐功臣,杀太子,以妾为妻,则火不炎上。"谓火失其性而为灾也。又曰:"视之不明,是谓不悊。厥咎舒,厥罚常燠,厥极疾。时则有草妖,时则有蠃虫之孽,时则有羊祸,时则有赤眚、赤祥,惟水沴火。"蠃虫,刘歆传以为羽虫。

建武中,渔阳太守彭宠被征。书至,明日潞县火,灾起城中,飞出城外,燔千余家,杀人。京房《易传》曰:"上不俭,下不节,盛火数起,燔宫室。"儒说火以明为德而主礼。时宠与幽州牧朱浮有隙,疑浮见浸谮,故意狐疑,其妻劝无应征,遂反叛攻浮,卒诛灭。

和帝永元八年十二月丁巳,南宫宣室殿火。是时和帝幸北宫,窦太后在南宫。明年,窦太后崩。

十三年八月己亥,北宫盛馔门阁火。是时和帝幸邓贵人,阴后宠衰怨恨,上有欲废之意。明年,会得阴后挟伪道事,遂废迁于桐宫,以忧死,立邓贵人为皇后。

十五年六月辛酉,汉中城固南城门灾。此孝和皇帝将绝世之象也。其后二年,宫车晏驾,殇帝及平原王皆早夭折,和帝世绝。

安帝永初二年四月甲寅,汉阳阿阳城中火灾,烧杀三千五百七十人。先是和帝崩,有皇子二人,皇子胜长,邓皇后贪殇帝少,欲自养长立之。延平元年,殇帝崩。胜有厥疾不笃,群臣咸欲立之,太后以前既不立胜,遂更立清河王子,是为安帝。司空周章等心不厌服,谋欲诛邓氏,废太后、安帝,而更立胜。元年十一月,事觉,章等被诛。其后凉州叛羌为害太甚,凉州诸郡寄治冯翊、扶风界。及太后崩,邓氏被诛。

四年三月戊子,杜陵园火。

元初四年二月壬戌,武库火。是时羌叛,大为寇害,发天下兵以攻御之,积十余年未已,天下厌苦兵役。

延光元年八月戊子,阳陵园寝殿火。凡火发亡先陵,此太子将废之象也。若曰:不当废太子以自萌,如火不当害先陵之寝也。明年,上以谗言废皇太子为济阴王。后二年,宫车晏驾。中黄门孙程等十九人起兵殿省,诛贼臣,立济阴王。

四年秋七月乙丑,渔阳城门楼灾。

顺帝永建三年七月丁酉,茂陵园寝灾。

阳嘉元年,恭陵庑灾,及东西莫府火。太尉李固以为奢僭所致。陵之初造,祸及枯骨,规广治之尤饰。又上欲更造宫室,益台观,故火起莫府,烧材木。

永和元年十月丁未,承福殿火。先是爵号阿母宋娥为山阳君;后父梁商本国侯,又多益商封;商长子冀当继商爵,以商生在,复更封冀为襄邑侯;追号后母为开封君;皆过差非礼。

汉安元年三月甲午,雒阳刘汉等百九十七家为火所烧,后四年,宫车比三晏驾,建和元年君位乃定。

桓帝建和二年五月癸丑,北宫掖庭中德阳殿火,及左掖门。先是梁太后兄冀挟奸柱,以故太尉李固、杜乔正直,恐害其事,令人诬奏固、乔而诛灭之。是后梁太后崩,而梁氏诛灭。

延熹四年正月辛酉,南宫嘉德殿火。戊子,丙署火。二月壬辰,武库火。五月丁卯,原陵长寿门火。先是亳后因贱人得幸,号贵人,为后。上以后母宣为长安君,封其兄弟,爱宠隆崇,又多封无功者。去年春,白马令李云坐直谏死。至此彗除心、尾,火连作。

五年正月壬午,南宫丙署火。四月乙丑,恭北陵东阙火。戊辰,虎贲掖门火。五月,康陵园寝火。甲申,中藏府承禄署火。七月己未,南宫承善闼内火。

六年四月辛亥,康陵东署火。七月甲申,平陵园寝火。

八年二月己酉,南宫嘉德署、黄龙、千秋万岁殿皆火。四月甲寅,安陵园寝火。闰月,南宫长秋、和欢殿后钩眉、掖庭朔平署各火。十一月壬子,德阳前殿西阁及黄门北寺火,杀人。

九年三月癸巳,京都夜有火光转行,民相惊噪。

灵帝熹平四年五月,延陵园灾。

光和四年闰月辛酉,北宫东掖庭永巷署灾。

五年五月庚申,德阳前殿西北入门内永乐太后宫署火。

中平二年二月己酉,南宫云台灾。庚戌,乐成门灾,延及北阙,度道西烧嘉德、和欢殿。案云台之灾自上起,榱题数百,同时并然,若就旦华镫,其日烧尽,延及白虎、威兴门、尚书、符节、兰台。夫云台者,乃周家之所造也,图书、术籍、珍玩、宝怪皆所藏在也。京房《易传》曰:"君不思道,厥妖火烧宫。"是时黄巾作慝,变乱天常,七州二十八郡同时俱发,命将出众,虽颇有所禽,然宛、广宗、曲阳尚未破坏,役起负海,杼柚空悬,百姓死伤已过半矣。而灵帝曾不克已复礼,虐侈滋甚,尺一雨布,驷骑电激,官非其人,政以贿成,内嬖鸿都,并受封爵。京都为之语曰:"今兹诸侯岁也。"天戒若曰:放贤赏淫,何以旧典为? 故焚其台门秘府也。其后三年,灵帝暴崩,续以董卓之乱,火三日不绝,京都为丘墟矣。

献帝初平元年八月,霸桥灾。其后三年,董卓见杀。

庶征之恒燠,《汉书》以冬温应之。中兴以来,亦有冬温,而记不录云。

安帝元初三年,有瓜异本共生,八瓜同蒂,时以为嘉瓜。或以为瓜者外延,离本而实,女子外属之象也。是时阎皇后初立,后阎后与外亲耿宝等共谮太子,废为济阴王,更外迎济北王子犊立之,草妖也。

桓帝延熹九年,雒阳城局竹柏叶有伤者。占曰:"天子凶。"

灵帝熹平三年,右校别作中有两樗树,皆高四尺许,其一株宿夕暴长,长丈余,大一围,作胡人状,头目鬓须发备具。京房《易传》曰:"王德衰,下人将起,则有木生人状。"

五年十月壬午,御所居殿后槐树,皆六七围,自拔,倒竖根在上。

中平元年夏,东郡、陈留济阳、长垣,济阴冤句、离狐县界,有草生,其茎靡累肿大如手指,状似鸠雀龙蛇鸟兽之形,五色各如其状,毛羽头目足翅皆具。近草妖也。是岁黄巾贼始起。皇后兄何进,异父兄朱苗,皆为将军,领兵。后苗封济阳侯,进、苗遂秉威权,持国柄,汉遂微弱,自此始焉。

中平中,长安城西北六七里空树中,有人面生鬓。

献帝兴平元年九月,桑复生椹,可食。

安帝延光三年二月戊子,有五色大鸟集济南台,十月,又集新丰,时以为凤皇。或以为凤皇阴阳之应,故非明主,则隐不见。凡五色大鸟似凤者,多羽虫之孽。是时安帝信中常侍樊丰、江京、阿母王圣及外属耿宝等谗言,免太尉杨震,废太子为济阴王,不悟之异也。章帝末,号凤皇百四十九见。时直臣何敞以为羽孽似凤,翱翔殿屋,不察也。记者以为其后章帝崩,以为验。案宣帝、明帝时,五色鸟群翔殿屋,贾逵以为胡降征也。帝多善政,虽有过,不及至衰缺,末年胡降二十万口,是其验也。帝之时,羌胡外叛,逸愆内兴,羽孽之时也。《乐叶图征》说五凤皆五色,为瑞者一,为孽者四。

桓帝元嘉元年十一月,五色大鸟见济阴己氏。时以为凤皇。此时政治衰缺,梁冀秉政阿枉,上幸亳后,皆羽孽时也。

灵帝光和四年秋,五色大鸟见于新城,众鸟随之,时以为凤皇。时灵帝不恤政事,常侍、黄门专权,羽孽之时也。众鸟之性,见非常斑驳,好聚观之,至于小爵希见枭者,虢见犹聚。

中平三年八月中,怀陵上有万余爵,先极悲鸣,已因乱斗相杀,皆断头,悬著树枝枳棘。到六年,灵帝崩,大将军何进以内宠外婴,积恶日久,欲悉纠黜,以隆更始冗政,而太后持疑,事久不决。进从中出,于省内见杀,因是有司荡涤虔刘,后禄而尊厚者无余矣。夫陵者,高大之象也。天戒若曰:诸怀爵禄而尊厚者,还自相害至灭亡也。

桓帝建和三年秋七月,北地廉雨肉似羊肋,或大如手。近赤祥也。是时梁太后摄政,兄梁冀专权,枉诛汉良臣故太尉李固、杜乔,天下冤之。其后梁氏诛灭。

卷二十五　　志第十五　五行三

大水　水变色　大寒　雹
冬雷　山鸣　鱼孽　蝗

《五行传》曰："简宗庙，不祷祠，废祭祀，逆天时，则水不润下。"谓水失其性而为灾也。又曰："听之不聪，是谓不谋。厥咎急，厥罚恒寒，厥极贫。时则有鼓妖，时则有鱼孽，时则有豕祸，时则有耳痾，时则有黑眚、黑祥，惟火沴水。"鱼孽，刘歆传以为介虫之孽，谓蝗属也。

和帝永元元年七月，郡国九大水，伤稼。京房《易传》曰："颛事有知，诛罚绝理，厥灾水。其水也，雨人，陨霜，大风，天黄。饥而不损，兹谓泰，厥水水杀人。辟遏有德，兹谓狂，厥水水流杀人，已水则地生虫。归狱不解，兹谓追非，厥水寒杀人。追诛不解，兹谓不理，厥水五谷不收。大败不解，兹谓皆阴，厥水流入国邑，陨霜杀谷。"是时和帝幼，窦太后摄政，其兄窦宪干事，及宪诸弟皆贵显，并作威虐，尝所怨恨，辄任客杀之。其后窦氏诛灭。

十二年六月，颍川大水，伤稼。是时和帝幸邓贵人，阴有欲废阴后之意，阴后亦怀恚怨。一曰，先是恭怀皇后葬礼有阙，窦太后崩后，乃改殡梁后，葬西陵，征舅三人皆为列侯，位特进，赏赐累千金。

殇帝延平元年五月，郡国三十七大水，伤稼。董仲舒曰："水者，阴气盛也。"是时帝在襁抱，邓太后专政。

安帝永初元年冬十月辛酉，河南新城山水虣出，突坏民田，坏处泉水出，深三丈。是时司空周章等以邓太后不立皇太子胜而立清河王子，故谋欲废置。十一月，事觉，章等伏诛。是年郡国四十一水出，漂没民人。《谶》曰："水者，纯阴之精也。阴气盛洋溢者，小人专制擅权，妒疾贤者，依公结私，侵乘君子，小人席胜，失怀得志，故涌水为灾。"

二年，大水。
三年，大水。
四年，大水。
五年，大水。
六年，河东池水变色，皆赤如血。是时邓太后犹专政。
延光三年，大水，流杀民人，伤苗稼。是时安帝信江京、樊丰及阿母王圣等谮言，免太尉杨震，废皇太子。
质帝本初元年五月，海水溢乐安、北海，溺杀人物。是时帝幼，梁太后专政。
桓帝建和二年七月，京师大水。去年冬，梁冀枉杀故太尉李固、杜乔。
三年八月，京都大水。是时梁太后犹专政。
永兴元年秋，河水溢，漂害人物。
二年六月，彭城泗水增长，逆流。
永寿元年六月，雒水溢至津阳城门，漂流人物。是时梁皇后兄冀秉政，疾害忠直，威权震主。后遂诛灭。

延熹八年四月，济北河水清。九年四月，济阴、东郡、济北、平原河水清。襄楷上言："河者诸侯之象，清者阳明之征，岂独诸侯有规京都计邪？"其明年，宫车晏驾，征解犊亭侯为汉嗣，即尊位，是为孝灵皇帝。

永康元年八月，六州大水，勃海海溢，没杀人。是时桓帝奢侈淫祀，其十一月崩，无嗣。

灵帝建宁四年二月，河水清。五月，山水大出，漂坏庐舍五百余家。

熹平二年六月，东莱、北海海水溢出，漂没人物。
三年秋，雒水出。
四年夏，郡国三水，伤害秋稼。
光和六年秋，金城河溢，水出二十余里。
中平五年，郡国六水大出。
献帝建安二年九月，汉水流，害民人。是时天下大乱。
十八年六月，大水。
二十四年八月，汉水溢流，害民人。

庶征之恒寒。

灵帝光和六年冬，大寒，北海、东莱、琅邪井中冰厚尺余。

献帝初平四年六月，寒风如冬时。

和帝永元五年六月，郡国三雨雹，大如鸡子。是时和帝用酷吏周纡为司隶校尉，刑诛深刻。

安帝永初元年，雨雹。二年，雨雹，大如鸡子。三年，雨雹，大如雁子，伤稼。刘向以为雹，阴胁阳也。是时邓太后以阴专阳政。

元初四年六月戊辰，郡国三雨雹，大如杆杯及鸡子，杀六畜。

延光元年四月，郡国二十一雨雹，大如鸡子，伤稼。是时安帝信谗，无辜死者多。

三年，雨雹，大如鸡子。

桓帝延熹四年五月己卯，京都雨雹，大如鸡子。是时桓帝诛杀过差，又宠小人。

七年五月己丑，京都雨雹。是时皇后邓氏僭侈，骄恣专幸。明年废，以忧死，其家皆诛。

灵帝建宁二年四月，雨雹。
四年五月，河东雨雹。
光和四年六月，雨雹，大如鸡子。是时常侍、黄门用权。
中平二年四月庚戌，雨雹，伤稼。
献帝初平四年六月，右扶风雹如斗。

和帝元兴元年冬十一月壬午，郡国四冬雷。是时皇子数不遂，皆隐之民间。是岁，宫车晏驾，殇帝生百余日，立以为君；帝兄有疾，封为平原王，卒，皆夭无嗣。

殇帝延平元年九月乙亥，陈留雷，有石陨地四。
安帝永初六年十月丙戌，郡六冬雷。
七年十月戊子，郡国三冬雷。

元初元年十月癸巳，郡国三冬雷。
三年十月辛亥，汝南、乐浪冬雷。
四年十月辛酉，郡国五冬雷。
六年十月丙子，郡国五冬雷。
永宁元年十月，郡国七冬雷。
建光元年十月，郡国七冬雷。
延光四年，郡国十九冬雷。是时太后摄政，上无所与。太后既崩，阿母王圣及皇后兄阎显兄弟更秉威权，上遂不亲万机，从容宽仁任臣下。
桓帝建和三年六月乙卯，雷震宪陵寝屋。先是梁太后听兄冀枉杀李固、杜乔。
灵帝熹平六年冬十月，东莱大雷。
中平四年十二月晦，雨水，大雷电，雹。
献帝初平三年五月丙申，无云而雷。

四年五月癸酉，无云而雷。
建安七八年中，长沙醴陵县有大山常大鸣如牛响声，积数年。后豫章贼攻没醴陵县，杀略吏民。

灵帝熹平二年，东莱海出大鱼二枚，长八九丈，高二丈余。明年，中山王畅、任城王博并薨。

和帝永元四年，蝗。
八年五月，河内、陈留蝗。九月，京都蝗。九年，蝗从夏至秋。先是西羌数反，遣诸军将北军五校征之。
安帝永初四年夏，蝗。是时西羌寇乱，军众征距，连十余年。
五年夏，九州蝗。
六年三月，去蝗处复蝗子生。
七年夏，蝗。
元初元年夏，郡国五蝗。
二年夏，郡国二十蝗。
延光元年六月，郡国蝗。
顺帝永建五年，郡国十二蝗。是时鲜卑寇朔方，用众征之。
永和元年秋七月，偃师蝗。去年冬，乌桓寇沙南，用众征之。
桓帝永兴元年七月，郡国三十二蝗。是时梁冀秉政无谋宪，苟贪权作虐。
二年六月，京都蝗。
永寿三年六月，京都蝗。
延熹元年五月，京都蝗。
灵帝熹平六年夏，七州蝗。先是鲜卑前后三十余犯塞，是岁护乌桓校尉夏育、彼鲜卑中郎将田晏、使匈奴中郎将臧旻将南单于以下，三道并出讨鲜卑。大司农经用不足，殴敛郡国，以给军粮。三将无功，还者少半。
光和元年诏策问曰："连年蝗虫至冬踊，其咎焉在？"蔡邕对曰："臣闻《易传》曰：'大作不时，天降灾，厥咎蝗虫来。'《河图秘征篇》曰：'帝贪则政暴而吏酷，酷则诛深必杀，主蝗虫。'蝗虫，贪苛之所致也。"是时百官迁徙，皆私

上礼西园以为府。
献帝兴平元年夏，大蝗。是时天下大乱。
建安二年五月，蝗。

卷二十六　　志第十六　五行四

地震　山崩　地陷
大风拔树　螟　牛疫

《五行传》曰："治宫室，饰台榭，内淫乱，犯亲戚，侮父兄，则稼穑不成。"谓土失其性而为灾也。又曰："思心不容，是谓不圣。厥咎霿，厥罚恒风，厥极凶短折。时则有脂夜之妖，时则有华孽，时则有牛祸，时则有心腹之疴，时则有黄眚、黄祥，惟金、水、木、火沴土。"华孽，刘歆传为蠃虫之孽，谓螟属也。

世祖建武二十二年九月，郡国四十二地震，南阳尤甚，地裂压杀人。其后武溪蛮夷反，为寇害，至南郡，发荆州诸郡兵，遣武威将军刘尚击之，为夷所围，复发兵赴之，尚遂为所没。
章帝建初元年三月甲寅，山阳、东平地震。
和帝永元四年六月丙辰，郡国十三地震。《春秋·汉含孳》曰："女主盛，臣制命，则地动坼，畔震起，山崩沦。"是时窦太后摄政，兄窦宪专权，将以是受祸也。后五日，诏收宪印绶，兄弟就国，逼迫皆自杀。
五年二月戊午，陇西地震。儒说民安土者也，将大动，行大震。九月，匈奴单于於除鞬叛，遣使发边郡兵讨之。
七年九月癸卯，京都地震。儒说奄官无阳施，犹妇人也。是时和帝与中常侍郑众谋夺窦氏权，德之，因任用之，及幸常侍蔡伦，二人始并用权。
九年三月庚辰，陇西地震。闰月，塞外羌犯塞，杀略吏民，使征西将军刘尚击之。
安帝永初元年，郡国十八地震。李固曰："地者阴也，法当安静。今乃越阴之职，专阳之政，故应以震动。"是时邓太后摄政专事，讫建光中，太后崩，安帝乃得制政，于是阴类并胜，西羌乱夏，连十余年。
二年，郡国十二地震。
三年十二月辛酉，郡国九地震。
四年三月癸巳，郡国四地震。
五年正月丙戌，郡国十地震。
七年正月壬寅，二月丙午，郡国十八地震。
元初元年，郡国十五地震。
二年十一月庚申，郡国十地震。
三年二月，郡国十地震。十一月癸卯，郡国九地震。
四年，郡国十三地震。
五年，郡国十四地震。
六年二月乙巳，京都、郡国四十二地震，或地圻裂，涌水，坏败城郭、民室屋，压人。冬，郡国八地震。

永宁元年，郡国二十三地震。

建光元年九月己丑，郡国三十五地震，或地坼裂，坏城郭室屋，压杀人。是时安帝不能明察，信宫人及阿母圣等谮言，破坏邓太后家，于是专听信圣及宦者，中常侍江京、樊丰等皆得用权。

延光元年七月癸卯，京都、郡国十三地震，九月戊申，郡国二十七地震。

二年，京都、郡国三十二地震。

三年，京都、郡国二十三地震。是时以谗免太尉杨震，废太子。

四年十一月丁巳，京都、郡国十六地震。时安帝既崩，阎太后摄政，兄弟阎显等并用事，遂斥安帝子，更征诸国王子，未至，中黄门遂诛显兄弟。

顺帝永建三年正月丙子，京都、汉阳地震。汉阳屋坏杀人，地坼涌水出。是时顺帝阿母宋娥及中常侍张昉等用权。

阳嘉二年四月己亥，京都地震。是时爵号宋娥为山阳君。

四年十二月甲寅，京都地震。

永和二年四月丙申，京都地震。是时宋娥构奸诬罔，五月事觉，收印绶，归田里。十一月丁卯，京都地震。是时太尉王龚以中常侍张昉等专弄国权，欲奏诛之，时龚宗亲有以杨震行事谏之止云。

三年二月乙亥，京都、金城、陇西地震裂，城郭、室屋多坏，压杀人。闰月己酉，京都地震。十月，西羌二千余骑入金城塞，为凉州害。

四年三月乙亥，京都地震。

五年二月戊申，京都地震。

建康元年正月，凉州部郡六，地震。从去年九月以来至四月，凡百八十地震，山谷坼裂，坏败城寺，伤害人物。三月，护羌校尉赵冲为叛胡所杀。九月丙午，京都地震。是时顺帝崩，梁太后摄政，欲以顺帝作陵，制度奢广，多坏吏民冢。尚书栾巴谏事，太后怒，癸卯，诏书收巴下狱，欲杀之。丙午地震，于是太后乃出巴，免为庶人。

桓帝建和元年四月庚寅，京都地震。九月丁卯，京都地震。是时梁太后摄政，兄冀持权。至和平元年，太后崩，然冀犹秉政专事，至延熹二年，乃诛灭。

三年九月己卯，地震，庚寅又震。

元嘉元年十一月辛巳，京都地震。

二年正月丙辰，京都地震。十月乙亥，京都地震。

永兴二年二月癸卯，京都地震。

永寿二年十二月，京都地震。

延熹四年，京都、右扶风、凉州地震。

五年五月乙亥，京都地震。是时桓帝与中常侍单超等谋诛除梁冀，听之，并使用事专权。又邓皇后本小人，性行无恒，苟有颜色，立以为后，后卒坐执左道废，以忧死。

八年九月丁未，京都地震。

灵帝建宁四年二月癸卯，地震。是时中常侍曹节、王甫等皆专权。

熹平二年六月，地震。

六年十月辛丑，地震。

光和元年二月辛未，地震。四月丙辰，地震。灵帝时宦者专恣。

二年三月，京兆地震。

三年自秋至明年春，酒泉表氏地八十余动，涌水出，城中官寺民舍皆顿，县易处，更筑城郭。

献帝初平二年六月丙戌，地震。

兴平元年六月丁丑，地震。

和帝永元元年七月，会稽南山崩。会稽，南方大名山也。京房《易传》曰："山崩，阴乘阳，弱胜强也。"刘向以为山阳，君也；水阴，民也；君道崩坏，百姓失所也。刘歆以为崩犹弛也。是时窦太后摄政，兄窦宪专权。

七年七月，赵国易阳地裂。京房《易传》曰："地裂者，臣下分离，不肯相从也。"是时南单于众乖离，汉军追讨。

十二年夏，闰四月戊辰，南郡秭归山高四百丈，崩填溪，杀百余人。明年冬，巫蛮夷反，遣使募荆州吏民万余人击之。

元兴元年五月癸酉，右扶风雍地裂。是后西羌大寇凉州。

殇帝延平元年五月壬辰，河东垣山崩。是时邓太后专政。秋八月，殇帝崩。

安帝永初元年六月丁巳，河东杨地陷，东西百四十步，南北百二十步，深三丈五尺。

六年六月壬辰，豫章员溪原山崩，各六十三所。

元初元年三月己卯，日南地坼，长百八十二里。其后三年正月，苍梧、郁林、合浦盗贼群起，劫略吏民。

二年六月，河南雒阳新城地裂。

延光二年七月，丹阳山崩四十七所。

三年六月庚午，巴郡阆中山崩。

四年十月丙午，蜀郡越嶲山崩，杀四百余人。丙午，天子会日也。是时阎太后摄政。其十一月，中黄门孙程等杀江京，立顺帝，诛阎后兄弟，明年，阎后崩。

顺帝阳嘉二年六月丁丑，雒阳宣德亭地坼，长八十五丈，近郊地。时李固对策，以为"阴类专恣，将有分离之象，所以附郊城者，是上帝示象以诫陛下也"。是时宋娥及中常侍各用权分争，后中常侍张逵、蘧政与大将军梁商争权，为商作飞语，欲陷之。

桓帝建和元年四月，郡国六地裂，水涌出，井溢，坏寺屋，杀人。时梁太后摄政，兄冀枉杀李固、杜乔。

三年，郡国五山崩。

和平元年七月，广汉梓潼山崩。

永兴二年六月，东海朐山崩。冬十二月，泰山、琅邪盗贼群起。

永寿三年七月，河东地裂，时梁皇后兄冀秉政，桓帝欲自由，内患之。

延熹元年七月乙巳，左冯翊云阳地裂。

三年五月甲戌，汉中山崩。是时上宠恣中常侍单超等。

四年六月庚子，泰山、博尤来山判解。

八年六月丙辰,缑氏地裂。

永康元年五月丙午,雒阳高平永寿亭、上党泫氏地各裂。是时朝臣患中常侍王甫等专恣。冬,桓帝崩。明年,窦氏等欲诛常侍、黄门,不果,更为所诛。

灵帝建宁四年五月,河东地裂十二处,裂合长十里百七十步,广者三十余步,深不见底。

和帝永元五年五月戊寅,南阳大风,拔树木。

安帝永初元年,大风拔树。是时邓太后摄政,以清河王子年少,号精耳,故立之,是为安帝。不立皇太子胜,以为安帝贤,必当德邓氏也。后安帝亲谗,废免邓氏,令郡县迫切,死者八九人,家至破坏。此为毂霜也,是后西羌亦大乱凉州十有余年。

二年六月,京都及郡国四十大风拔树。

三年五月癸酉,京都大风,拔南郊道梓树九十六枚。

七年八月丙寅,京都大风拔树。

元初二年二月癸亥,京都大风拔树。

六年夏四月,沛国、勃海大风,拔树三万余枚。

延光二年三月丙申,河东、颍川大风拔树。六月壬午,郡国十一大风拔树。是时安帝亲谗,曲直不分。

三年,京都及郡国三十六大风拔树。

灵帝建宁二年四月癸巳,京都大风雨雹,拔郊道树十围已上百余枚。其后晨迎气黄郊,道于雒水西桥,逢暴风雨,道卤簿车或发盖,百官沾濡,还不至郊,使有司行礼。迎气西郊,亦壹如此。

中平五年六月丙寅,大风拔树。

献帝初平四年六月,右扶风大风,发屋拔木。

中兴以来,脂夜之妖无录者。

章帝七八年间,郡县大螟伤稼,语在《鲁恭传》,而纪不录也。是时章帝用窦皇后谗,害宋、梁二贵人,废皇太子。

灵帝熹平四年六月,弘农、三辅螟虫为害。是时灵帝用中常侍曹节等谗言,禁锢海内清英之士,谓之党人。

中平二年七月,三辅螟虫为害。

明帝永平十八年,牛疫死。是岁遣窦固等征西域,置都护、戊己校尉。固等适还而西域叛,杀都护陈睦、戊己校尉关宠。于是大怒,欲复发兵讨,会秋明帝崩,是思心不容也。

章帝建初四年冬,京都牛大疫。是时窦皇后以宋贵人子为太子,宠幸,令人求伺贵人过隙,以谗毁之。章帝不知窦太后不善,厥咎霜也。或曰,是年六月马太后崩,土功非时兴故也。

卷二十七　　志第十七　五行五

射妖　龙蛇孽　马祸　人疴
人化　死复生　疫　投蜺

《五行传》曰:"皇之不极,是谓不建。厥咎眊,厥罚恒阴,厥极弱。时则有射妖,时则有龙蛇之孽,时则有马祸,时则有下人伐上之疴,时则有日月乱行,星辰逆行。"皇,君也。极,中也。眊,不明也。说云:此沴天也。不言沴天者,至尊之辞也。《春秋》"王师败绩",以自败为文。

恒阴,中兴以来无录者。

灵帝光和中,雒阳男子夜龙以弓箭射北阙,吏收考问,辞"居贫负责,无所聊生,因买弓箭以射"。近射妖也。其后车骑将军何苗,与兄大将军进部兵还相猜疑,对相攻击,战于阙下。苗死兵败,杀数千人,雒阳宫室内人烧尽。

安帝延光三年,济南言黄龙见历城,琅邪言黄龙见诸。是时安帝听谗,免太尉杨震,震自杀。又帝独有一子,以为太子,信谗废之。是皇不中,故有龙孽,是时多用佞媚,故以为瑞应。明年正月,东郡又言黄龙二见濮阳。

桓帝延熹七年六月壬子,河内野王山上有龙死,长可数十丈。襄楷以为夫龙者为帝王瑞,《易》论大人。天凤中,黄山宫有死龙,汉兵诛莽而世祖复兴,此易代之征也。至建安二十五年,魏文帝代汉。

永康元年八月,巴郡言黄龙见。时吏傅坚以郡欲上言,内白事以为走卒戏语,不可。太守不听。尝见坚语云:"时民以天热,欲就池浴,见池水浊,因戏相恐'此中有黄龙',语遂行人间。闻郡,欲以为美,故言。"时史以书帝纪。桓帝时政治衰缺,而在所多言瑞应,皆此类也。又先儒言:瑞兴非时,则为妖孽,而民讹言生龙语,皆龙孽也。

熹平元年四月甲午,青蛇见御坐上。是时灵帝委任宦者,王室微弱。

更始二年二月,发雒阳,欲入长安,司直李松奉引,车奔,触北宫铁柱门,三马皆死。马祸也。时更始失道,将亡。

桓帝延熹五年四月,惊马与逸象突入宫殿。近马祸也。是时桓帝政衰缺。

灵帝光和元年,司徒长史冯巡马生人。京房《易传》曰:"上亡天子,诸侯相伐,厥妖马生人。"后冯巡迁甘陵相,黄巾初起,为所残杀,而国家亦四面受敌。其后关东州郡各举义兵,卒相攻伐,天子西移,王政隔塞。其占与京房同。

光和中，雒阳水西桥民马逸走，遂啮杀人。是时公卿大臣及左右数有被诛者。

安帝永初元年十一月戊子，民转相惊走，弃什物，去庐舍。

灵帝建宁三年春，河内妇食夫，河南夫食妇。

熹平二年六月，雒阳民讹言虎贲寺东壁中有黄人，形容须眉良是，观者数万，省内悉出，道路断绝。到中平元年二月，张角兄弟起兵冀州，自号黄天，三十六方，四面出和，将帅星布，吏士外属，因其疲餧，牵而胜之。

光和元年五月壬午，何人白衣欲入德阳门，辞"我梁伯夏，教我上殿为天子"。中黄门桓贤等呼门吏仆射，欲收缚何人，吏未到，须臾还走，求索不得，不知姓名。时蔡邕以成帝时男子王褒绛衣入宫，上前殿非常室，曰"天帝令我居此"，后王莽篡位。今此与成帝时相似而有异，被服不同，又未入云龙门而觉，称梁伯夏，皆轻于言。以往况今，将有狂狡之人，欲为王氏之谋，其事不成。其后张角称黄天作乱，竟破坏。

二年，雒阳上西门外女子生儿，两头，异肩共胸，俱前向，以为不祥，堕地弃之。自此之后，朝廷霿乱，政在私门，上下无别，二头之象。后董卓戮太后，被以不孝之名，放废天子，后复害之。汉元以来，祸莫逾此。

四年，魏郡男子张博送铁卢诣太官，博上书室殿山居屋后宫禁，落屋讙呼。上收缚考问，辞"忽不自觉知"。

中平元年六月壬申，雒阳男子刘仓居上西门外，妻生男，两头共身。

灵帝时，江夏黄氏之母，浴而化为鼋，入于深渊，其后时出见。初浴簪一银钗，及见，犹在其首。

献帝初平中，长沙有人姓桓氏，死，棺敛月余，其母闻棺中声，发之，遂生。占曰："至阴为阳，下人为上。"其后曹公由庶士起。

建安四年二月，武陵充县女子李娥，年六十余，物故，以其家杉木槥敛，瘗于城外数里上，已十四日，有行闻其家中有声，便语其家。家往视闻声，便发出，遂活。

七年，越巂有男化为女子。时周群上言，哀帝时亦有此异，将有易代之事。至二十五年，献帝封于山阳。

建安中，女子生男，两头共身。

安帝元初六年夏四月，会稽大疫。
延光四年冬，京都大疫。
桓帝元嘉元年正月，京都大疫。二月，九江、庐江又疫。
延熹四年正月，大疫。

灵帝建宁四年三月，大疫。
熹平二年正月，大疫。
光和二年春，大疫。
五年二月，大疫。
中平二年正月，大疫。
献帝建安二十二年，大疫。

灵帝光和元年六月丁丑，有黑气堕北宫温明殿东庭中，黑如车盖，起奋迅，身五色，有头，体长十余丈，形貌似龙。上问蔡邕，对曰："所谓天投蜺者也。不见足尾，不得称龙。《易传》曰：'蜺之比无德，以色亲也。'《潜潭巴》曰：'虹出，后妃阴胁王者。'又曰：'五色迭至，照于宫殿，有兵革之事。'《演孔图》曰：'天子外苦兵，威内夺，臣无忠，则天投蜺。'变不空生，占不空言。"先是立皇后何氏，皇后每斋，当谒祖庙，辄有变异不得谒。中平元年，黄巾贼张角等立三十六方，起兵烧郡国，山东七州处处应角。遣兵外讨角等，内使皇后二兄为大将统兵。其年，宫车宴驾，皇后摄政，二兄秉权。谴让帝母永乐后，令自杀。阴呼并州牧董卓欲共诛中官，中官逆杀大将军进，兵相攻讨，京都战者塞道。皇太后母子遂为太尉卓等所废黜，皆死。天下之败，兵先兴于宫省，外延海内，二三十岁，其殃祸起自何氏。

卷二十八　　志第十八　五行六

日蚀　日抱　日赤无光　日黄珥
日中黑　虹贯日　月蚀非其月

光武帝建武二年正月甲子朔，日有蚀之。在危八度。《日蚀说》曰："日者，太阳之精，人君之象。君道有亏，为阴所乘，故蚀。蚀者，阳不克也。"其候杂说，《汉书·五行志》著之必矣。儒说诸侯专权，则其应多在日所宿之国。诸象附从，则多为王者事。人君改修其德，则咎害除。是时世祖初兴，天下贼乱未除。虚、危，齐也。贼张步拥兵据齐，上遣伏隆谕步，许降，旋复叛称王，至五年中乃破。

三年五月乙卯晦，日有蚀之，在柳十四度。柳，河南也。时世祖在雒阳，赤眉降贼樊崇谋作乱，其七月发觉，皆伏诛。

六年九月丙寅晦，日有蚀之。史官不见，郡以闻。在尾八度。

七年三月癸亥晦，日有蚀之，在毕五度。毕为边兵。秋，隗嚣反，侵安定。冬，卢芳所置朔方、云中太守各举郡降。

十六年三月辛丑晦，日有蚀之，在昴七度。昴为狱事。

时诸郡太守坐度田不实,世祖怒,杀十余人,然后深悔之。

十七年二月乙未晦,日有蚀之,在胃九度。胃为廪仓。时诸郡新坐租之后,天下忧怖,以谷为言,故示象。或曰:胃,供养之官也。其十月,废郭皇后,诏曰"不可以奉供养"。

二十二年五月乙未晦,日有蚀之,在柳七度,京都宿也。柳为上仓,祭祀谷也。近舆鬼,舆鬼为宗庙。十九年中,有司奏请立近帝四庙以祭之,有诏"庙处所未定,且就高庙袷祭之"。至此三年,遂不立庙。有简堕心,奉祖宗之道有阙,故示象也。

二十五年三月戊申晦,日有蚀之,在毕十五度。毕为边兵。其冬十月,以武溪蛮夷为寇害,伏波将军马援将兵击之。

二十九年二月丁巳朔,日有蚀之,在东壁五度。东壁为文章,一名娵訾之口。先是皇子诸王各招来文章谈说之士,去年中,有人上奏:"诸王所招待者,或真伪杂,受刑罚者子孙,宜可分别。"于是上怒,诏捕诸王客,皆被以苛法,死者甚多。世祖不早为明设刑禁,一时治之过差,故天示象。世祖于是改悔,遣使悉理侵枉也。

三十一年五月癸酉晦,日有蚀之,在柳五度,京都宿也。自二十一年示象至此十年,后二年,宫车晏驾。

中元元年十一月甲子晦,日有蚀之,在斗二十度。斗为庙,主爵禄,儒说十一月甲子,时王日也,又为星纪,主爵禄,其占重。

明帝永平三年八月壬申晦,日有蚀之,在氐二度。氐为宿宫。是时明帝作北宫。

八年十月壬寅晦,日有蚀之,既,在斗十一度。斗,吴也。广陵于天文属吴。后二年,广陵王荆坐谋反自杀。

十三年十月甲辰晦,日有蚀之,在尾十七度。

十六年五月戊午晦,日有蚀之,在柳十五度。儒说五月戊午,犹十一月甲子也,又宿在京都,其占重。后二岁,宫车晏驾。

十八年十一月甲辰晦,日有蚀之,在斗二十一度。是时明帝既崩,马太后制爵禄,故阳不胜。

章帝建初五年二月庚辰朔,日有蚀之,在东壁八度。例在前建武二十九年。是时群臣争经,多相非毁者。

六年六月辛未晦,日有蚀之,在翼六度。翼主远客。冬,东平王苍等来朝,明年正月,苍薨。

章和元年八月乙未晦,日有蚀之。史官不见,佗官以闻。日在氐四度。

和帝永元二年二月壬午,日有蚀之。史官不见,涿郡以闻。日在奎八度。

四年六月戊戌朔,日有蚀之,在七星二度,主衣裳。又曰行近轩辕,在左角,为太后族。是月十九日,上免太后兄弟窦宪等官,遣就国,选严能相,于国蹙迫自杀。

七年四月辛亥朔,日有蚀之,在觜觿,为葆旅,主收敛。儒说葆旅宫中之象,收敛贪妒之象。是岁邓贵人始入。明年三月,阴皇后立,邓贵人有宠,阴后妒忌之,后遂坐废。一曰是将入参,参、伐为斩刈。明年七月,越骑校尉冯柱捕斩匈奴温禺犊王乌居战。

十二年秋七月辛亥朔,日有蚀之,在翼八度,荆州宿也。明年冬,南郡蛮夷反为寇。

十五年四月甲子晦,日有蚀之,在东井二十二度。东井,主酒食之宿也。妇人之职,无非无仪,酒食是议。去年冬,邓皇后立,有丈夫之性,与知外事,故天示象。是年水,雨伤稼。

安帝永初元年三月二日癸酉,日有蚀之,在胃二度。胃主廪仓。是时邓太后专政,去年大水伤稼,仓廪为虚。

五年正月庚辰朔,日有蚀之,在虚八度。正月,王者统事之正日也。虚,空名也。是时邓太后摄政,安帝不得行事,俱不得其正,若王者位虚,故于正月阳不克,示象也。于是阴预乘阳,故夷狄并为寇害,西边诸郡皆为虚空。

七年四月丙申晦,日有蚀之,在东井一度。

元初元年十月戊子朔,日有蚀之,在尾十度。尾为后宫,继嗣之宫也。是时上甚幸阎贵人,将立,故示不善,将为继嗣祸也。明年四月,遂立为后。后遂与江京、耿宝等共谮太子废之。

二年九月壬午晦,日有蚀之,在心四度。心为王者,明久失位也。

三年三月二日辛亥,日有蚀之,在娄五度。史官不见,辽东以闻。

四年二月乙巳朔,日有蚀之,在奎九度。史官不见,七郡以闻。奎主武库兵。其月十八日壬戌,武库火,烧兵器也。

五年八月丙申朔,日有蚀之,在翼十八度。史官不见,张掖以闻。

六年十二月戊午朔,日有蚀之,几尽,地如昏状。在须女十一度,女主恶之。后二岁三月,邓太后崩。

永宁元年七月乙酉朔,日有蚀之,在张十五度。史官不见,酒泉以闻。

延光三年九月庚申晦,日有食之,在氐十五度。氐为宿宫,官,中宫也。时上听中常侍江京、樊丰及阿母王圣等谗言,废皇太子。

四年三月戊午朔,日有蚀之,在胃十二度。陇西、酒泉、朔方各以状上,史官不觉。

顺帝永建二年七月甲戌朔,日有蚀之,在翼九度。

阳嘉四年闰月丁亥朔,日有蚀之,在角五度。史官不见,零陵以闻。

永和三年十二月戊戌朔,日有蚀之,在须女十一度。史官不见,会稽以闻。明年,中常侍张逵等谋谮皇后父梁商欲作乱,推考,遂等伏诛也。

五年五月己丑晦,日有蚀之,在东井三十三度。东井,三辅宿。又近舆鬼,舆鬼为宗庙。其秋,西羌为寇,至三辅陵园。

六年九月辛亥晦,日有蚀之,在尾十一度。尾主后宫,继嗣之宫也。以为继嗣不兴之象。

桓帝建和元年正月辛亥朔,日有蚀之,在营室三度。史官不见,郡国以闻。是时梁太后摄政。

三年四月丁卯晦,日有蚀之,在东井二十三度。例在永元十五年。东井主法,梁太后又听兄冀枉杀公卿,犯天法也。明年,太后崩。

元嘉二年七月二日庚辰,日有蚀之,在翼四度。史官不见,广陵以闻。翼主倡乐。时上好乐过。

永兴二年九月丁卯朔,日有蚀之,在角五度。角,郑宿也。十一月,泰山盗贼群起,劫杀长吏。泰山于天文属郑。

永寿三年闰月庚辰晦,日有蚀之,在七星二度。史官不见,郡国以闻。例在永元四年。后二岁,梁皇后崩,冀兄弟被诛。

延熹元年五月甲戌晦,日有蚀之,在柳七度,京都宿也。

八年正月丙申晦,日有蚀之,在营室十三度。营室之中,女主象也。其二月癸亥,邓皇后坐酖,上送暴室,令自杀,家属被诛。吕太后崩时亦然。

九年正月辛卯晦,日有蚀之,在营室三度。史官不见,郡国以闻。谷永以为三朝尊者恶之。其明年,宫车晏驾。

永康元年五月壬子晦,日有蚀之,在舆鬼一度。儒说壬子淳水日,而阳不克,将有水害。其八月,六州大水,勃海海溢。

灵帝建宁元年五月丁未朔,日有蚀之。冬十月甲辰晦,日有蚀之。

二年十月戊戌晦,日有蚀之。右扶风以闻。

三年三月丙寅晦,日有蚀之。梁相以闻。

四年三月辛酉朔,日有蚀之。

熹平二年十二月癸酉晦,日有蚀之,在虚二度。是时中常侍曹节、王甫等专权。

六年十月癸丑朔,日有蚀之。赵相以闻。

光和元年二月辛亥朔,日有蚀之。十月丙子晦,日有蚀之,在箕四度。箕为后宫口舌。是月,上听谗废宋皇后。

二年四月甲戌朔,日有蚀之。

四年九月庚寅朔,日有蚀之,在角六度。

中平三年五月壬辰晦,日有蚀之。

六年四月丙午朔,日有蚀之。其月癸辰,宫车晏驾。

献帝初平四年正月甲寅朔,日有蚀之。是时李傕、郭汜专政。

兴平元年六月乙巳晦,日有蚀之。

建安五年九月庚午朔,日有蚀之。

六年二月丁卯朔,日有蚀之。

十三年十月癸未朔,日有蚀之,在尾十二度。

十五年二月乙巳朔,日有蚀之。

十七年六月庚寅晦,日有蚀之。

二十一年五月己亥朔,日有蚀之。

二十四年二月壬子晦,日有蚀之。

凡汉中兴十二世,百九十六年,日蚀七十二,朔三十二,晦三十七,月二日三。

光武建武七年四月丙寅,日有晕抱,白虹贯晕,在毕八度。毕为边兵。秋,隗嚣反,侵安定。

灵帝时,日数出东方,正赤如血,无光,高二丈余乃有景。且入西方,去地二丈,亦如之。其占曰:事天不谨,则日月赤。是时月出入去地二三丈,皆赤如血者数矣。

光和四年二月己巳,黄气抱日,黄白珥在其表。

中平四年三月丙申,黑气大如瓜,在日中。

五年正月,日色赤黄,中有黑气如飞鹊,数月乃销。

六年二月乙未,白虹贯日。

献帝初平元年二月壬辰,白虹贯日。

桓帝永寿三年十二月壬戌,月蚀非其月。

延熹八年正月辛巳,月蚀非其月。

赞曰:皇极惟建,五事克端。罚咎入沴,逆乱浸干。火下水腾,木弱金酸。妖岂或妄,气炎以观。

卷二十九　志第十九　郡国一

司隶：河南　河内　河东　弘农　京兆　冯翊　扶风

《汉书·地理志》记天下郡县本末,及山川奇异,风俗所由,至矣。今但录中兴以来郡县改异,及《春秋》、二史会同征伐地名,以为《郡国志》。凡《前志》有县名,今所不载者,皆世祖所并省也。前无今有者,后所置也。凡县名先书者,郡所治也。

河南尹(秦三川郡,高帝更名。世祖都雒阳,建武十五年改曰河南尹。)二十一城,永和五年户二十万八千四百八十六,口百一万八百二十七。　雒阳周时号成周。有狄泉,在城中。有唐聚。有上程聚。有士乡聚。有褚氏聚。有荣锜涧。有前亭。有圉乡。有大解城。　河南周公时所城雒邑也,春秋时谓之王城。东城门名鼎门,北城门名乾祭。又有甘城,有蒯乡。　梁故国,伯翳后。有霍阳山。有注城。 荥阳有鸿沟水。有广武城。有虢亭，虢叔国。有陇城。有薄亭。有敖亭。有荥泽。 卷有长城，经阳武到密。有垣雍城，或曰古衡雍。有扈城亭。 原武 阳武 中牟有圃田泽。有清口水。有管城。有曲遇聚。有蔡亭。 开封 苑陵有栗林。有制泽。有琐侯亭。 平阴 谷城 瀍水出。有函谷关。 缑氏有鄥聚。有轘辕关。巩有寻谷水。有东訾聚，今名訾城。有坎埳聚。有黄亭。有湟水。有明溪泉。 成皋有旃然水。有瓶丘聚。有漫水。有汜水。 京 密有大騩山。有梅山。有陉山。 新城有高都城。有广成聚。有郏聚，古郏氏，今名蛮中。 匽师有尸乡，春秋时曰尸氏。 新郑《诗》郑国，祝融墟。 平

河内郡(高帝置。雒阳北百二十里。)十八城，户十五万九千七百七十，口八十万一千五百五十八。 怀有隰城。 河阳有湛城。 轵有原乡。有湨梁。 波有缔城。 沁水 野王有太行山。有射犬聚。有邘城。 温苏子所都。济水出，王莽时大旱，遂枯绝。 州 平皋有邢丘，故邢国，周公子所封。有李城。 山阳邑。有雍城。有蔡城。 武德 获嘉侯国。 修武故南阳，秦始皇更名。有南阳城，阳樊、攒茅田。有小修武聚。有隤城。 共本国。淇水出。有汜亭。 汲 朝歌纣所都居，南有牧野，北有邶国，南有宁乡。 荡阴有羑里城。 林虑故隆虑，殇帝改。有铁。

河东郡(秦置，雒阳西北五百里。)二十城，户九万三千五百四十三，口五十七万八千三。 安邑有铁，有盐池。 杨有高梁亭。 平阳侯国。有铁。尧都此。 临汾有董亭。 汾阴有介山。 蒲坂有雷首山。有沙丘亭。 大阳有吴山，上有虞城，有下阳城，有茅津，有颠軨坂。 解有桑泉城。有臼城。有解城。有瑕城。 皮氏有耿乡。有铁。有冀亭。 闻喜邑，本曲沃。有董池陂，古董泽。有稷山亭。有涑水。有洮水。 绛邑。 翼。 永安故彘，阳嘉二年更名。有霍大山。 河北《诗》魏国。有韩亭。 猗氏垣有王屋山，沇水出。有壶丘亭。有邵亭。 襄陵 北屈有壶口山。有采桑津。 蒲子 濩泽侯国。有析城山。 端氏。

弘农郡(武帝置。其二县，建武十五年属。雒阳西南四百五十里。)九城，户四万六千八百一十五，口十九万九千一百一十三。 弘农故秦函谷关，烛水出。有枯枞山。有桃丘聚，故桃林。有务乡。有曹阳亭。 陕本虢仲国。有焦城。有陕陌。 黾池榖水出。有二崤。 新安涧水出。 宜阳 陆浑西有虢略地。 卢氏有熊耳山，伊水、清水出。 湖故属京兆。有阌乡。 华阴故属京兆。有太华山。

京兆尹(秦内史，武帝改。其四县，建武十五年属。雒阳西九百五十里。)十城，户五万三千二百九十九，口二十八万五千五百七十四。 长安高帝所都。镐在上林苑中。

有细柳聚。有兰池。有曲邮。有杜邮。 霸陵有枳道亭。有长门亭。 杜陵鄠在西南。 郑 新丰有骊山，东有鸿门亭及戏亭。有撤城。 蓝田出美玉。 长陵故属冯翊。 商故属弘农。 上雒侯国。有冢领山，雒水出。故属弘农。有菟和山。有苍野聚。 阳陵故属冯翊。

左冯翊(秦属内史，武帝分，改名。雒阳西六百八十里。)十三城，户三万七千九十，口十四万五千一百九十五。 高陵 池阳 云阳 祋栩永元九年复。 频阳 万年 莲勺 重泉 临晋本大荔。有河水祠。有芮乡。有王城。 郃阳永平二年复。 夏阳有梁山、龙门山。 衙 粟邑永平九年复。

右扶风(秦属内史，武帝分，改名。)十五城，户万七千三百五十二，口九万三千九十一。 槐里周曰犬丘，高帝改。 安陵 平陵 茂陵 鄠丰水出。有甘亭。 郿有邰亭。 武功永平八年复。有太一山，本终南。垂山，本敦物。有斜谷。 陈仓 汧有吴岳山，本名汧，汧水出。有回城，名回中。 渝麋侯国。 雍有铁。 栒邑有豳乡。 美阳有岐山，有周城。 漆有漆水。有铁。 杜阳永和二年复。

右(上)司隶校尉部，郡七，县、邑、侯国百六。

卷三十　　志第二十　郡国二

豫州：颍川　汝南　梁国　沛国　　陈国　鲁国
冀州：魏郡　巨鹿　常山　中山　　安平　河间　清河　赵国　勃海

颍川郡(秦置。雒阳东南五百里。)十七城，户二十六万三千四百四十，口百四十三万六千五百一十三。 阳翟禹所都。有钧台。有高氏亭。有雍氏城。襄有养阴里。 襄城有西不羹。有氾城。有汾丘。有鱼齿山。 昆阳有湛水。 定陵有东不羹。 舞阳邑 郾 临颍 颍阳 颍阴有狐宗乡，或曰古狐人亭。有岸亭。 许 新汲 鄢陵春秋时曰鄢。 长社有长葛城。有向乡。有蜀城，有蜀津。 阳城有嵩高山，洧水、颍水出。有铁。有负黍聚。 父城有应乡。 轮氏建初四年置。

汝南郡(高帝置。雒阳东南六百五十里。)三十七城，户四十万四千四百四十八，口二百一十万七百八十八。 平舆有沈亭，故国，姬姓。 新阳侯国。 西平有铁。有柏

亭,故柏国。　上蔡本蔡国。　南顿本顿国。　汝阴本胡国。　汝阳　新息侯国。北宜春　濦强侯国。　灈阳　期思有蒋乡,故蒋国。　阳安有道亭,故。　项　西华　细阳　安城侯国。有武城亭。　吴房有棠溪亭。鲖阳侯国。　慎阳　慎　新蔡有大吕亭。　安阳侯国。有江亭,故,嬴姓。　富波侯国,永元中复。　宜禄永元中复。朗陵侯国。弋阳侯国。有黄亭,故黄国。嬴姓。召陵有陉亭。有安陵乡。征羌侯国。有安陵亭。　思善侯国。宋公国,周名郪丘,汉改为新郪,章帝建初四年徙宋公于此。有繁阳亭。　褒信侯国。有赖亭,故国。原鹿侯国。定颍侯国。　固始侯国。故寝也,光武中兴更名。有寝丘。山桑侯国,故属沛。有下城父聚。有垂惠聚。城父故属沛,春秋时曰夷。有章华台。

梁国(秦砀郡,高帝改。其三县,元和元年属。雒阳东南八百五十里。)九城,户八万三千三百,口四十三万一千二百八十三。　下邑　睢阳本宋国阏伯墟。有卢门亭。有鱼门。有阳梁聚。虞有空桐地,有桐地,有桐亭。有纶城,少康邑。砀山出文石。　蒙有蒙泽。　穀熟有新城。有邳亭。鄢故属陈留。　宁陵故属陈留。有葛乡,故葛伯国。薄故属山阳,汤所都。

沛国(秦泗水郡,高帝改。雒阳东南千二百里。)二十一城,户二十万四百九十五,口二十五万一千三百九十三。　相　萧本国。沛有泗水亭。丰西有大泽,高祖斩白蛇于此。有枌榆亭。　鄼有鄼聚。　穀阳　谯刺史治。　洨有垓下聚。　蕲有大泽乡,陈涉起此。　铚　郸建平　临睢故芑,光武更名。　竹邑侯国,故竹。　公丘本滕国。　龙亢　向本国。符离　虹　太丘　杼秋故属梁国,有澶渊聚。

陈国(高帝置为淮阳,章和二年改。雒阳东南七百里。)九城,户十一万二千六百五十三,口百五十四万七千五百七十二。　陈　阳夏有固陵聚。宁平　苦春秋时曰相。有赖乡。柘　新平　扶乐　武平　长平故属汝南。有辰亭。有赭丘城。

鲁国(秦薛郡,高后改。本属徐州,光武改属豫州。)六城,户七万八千四百四十七,口四十一万一千五百九十。鲁国,古奄国。有大庭氏库。有铁。有阙里,孔子所居。有牛首亭。有五父衢。　驺本邾国。　蕃有南梁水。　薛本国,六国时曰徐州。下有盗泉。有郳乡城。　汶阳

　　右(上)豫州刺史部,郡、国六,县、邑、公、侯国九十九。

魏郡(高帝置。雒阳东北七百里。)十五城,户十二万九千三百一十,口六十九万五千六百六。　邺有故大河。有滏水。有汙水,有汙城。有平阳城。有武城。有九侯城。繁阳　内黄清河水出。有羛阳聚。有黄泽。魏　元城五鹿墟,故沙鹿,有沙亭。　黎阳　阴安邑。　馆陶　清渊

平恩　沙侯国。　斥丘有葛。　武安有铁。　曲梁侯国,故属广平。有鸡泽。　梁期

巨鹿郡(秦置。建武十三年省广平国,以其县属。雒阳北千一百里。)十五城,户十万九千五百一十七,口六十万二千九十六。　廮陶有薄落亭。巨鹿故大鹿,有大陆泽。杨氏　鄡　下曲阳有鼓聚,故翟鼓子国。有昔阳亭。任　南和　广平　斥章　广宗　曲周　列人　广年　平乡　南䜌

常山国(高帝置。建武十三年省真定国,以其县属。)十三城,户九万七千五百,口六十三万一千一百八十四。元氏　高邑故鄗,光武更名。刺史治。有千秋亭、五成陌,光武即位于此矣。　都乡侯国。有铁。　南行唐有石臼谷。　房子赞皇山,济水所出。　平棘有塞。　栾城九门　灵寿卫水出。蒲吾　井陉　真定　上艾故属太原。

中山国(高祖置。雒阳北一千四百里。)十三城,户九万七千四百一十二,口六十五万八千一百九十五。　卢奴北平有铁,　毋极　新市有鲜虞亭,故国,子姓。　望都唐有中人亭,有左人乡。　安国　安意本安险,章帝更名。　汉昌本苦陉,章帝更名。　蠡吾侯国,故属涿。　上曲阳故属常山。恒山在西北。　蒲阴本曲逆,章帝更名。有阳城。　广昌故属代郡。

安平国(故信都,高帝置。明帝名乐成,延光元年改。雒阳北二千里。)十三城,户九万一千四百四十,口六十五万五千一百一十八。　信都有绛水、呼沱河。　阜城故昌城。　南宫　扶柳　下博　武邑　观津　经西有漳水,津名薄落津。　堂阳故属巨鹿。　武遂故属河间。　饶阳故名饶,属涿。有无蒌亭。　安平故属涿。南深泽故属涿。

河间国(文帝置,世祖省信都,和帝永元二年复故。雒阳北二千五百里。)十一城,户九万三千七百五十四,口六十三万四千四百二十一。　乐成　弓高　易故属涿。武垣故属涿。　中水故属涿。　鄚故属涿。　高阳故属涿。有葛城。　文安故属勃海。　束州故属勃海。　成平故属勃海。　东平舒故属勃海。

清河国(高帝置。桓帝建和二年改为甘陵。雒阳北千二百八十里。)七城,户十二万三千九百六十四,口七十六万四百一十八。　甘陵故厝,安帝更名。　贝丘　东武城鄃　灵和帝永元九年复。　绎幕　广川故属信都。有棘津城。

赵国(秦邯郸郡,高帝改名。雒阳北一千里。)五城,户三万二千七百一十九,口十八万八千三百八十一。　邯郸有丛台。　易阳　襄国本邢国,秦为信都,项羽更名。有檀台。有苏人亭。　柏人　中丘

勃海郡(高帝置。雒阳北千六百里。)八城,户十三万二千三百八十九,口百一十万六千五百。　南皮　高城侯国。　重合侯国。　浮阳侯国。　东光　章武　阳信延光

元年复。　修故属信都。

右(上)冀州刺史部,郡、国九,县、邑、侯国百。

卷三十一　志第二十一　郡国三

兖州:陈留　东郡　东平　任城　泰山　济北　山阳　济阴

徐州:东海　琅邪　彭城　广陵　下邳

陈留郡(武帝置。雒阳东五百三十里。)十七城,户十七万七千五百二十九,口八十六万九千四百三十三。　陈留有鸣雁亭。　浚仪本大梁。　尉氏　雍丘本杞国。襄邑有滑亭。有承匡城。　外黄有葵丘聚,齐桓公会此。城中有曲棘里。有繁阳城。　小黄　东昏　济阳　平丘有临济亭,田儋死此。有匡。有黄池亭。　封丘有桐牢亭,或曰古虫牢。　酸枣　长垣侯国。有匡城。有蒲城。有祭城。　己吾有大棘乡。有首乡。　考城故菑,章帝更名。故属梁。　圉故属淮阳。有高阳亭。　扶沟故属淮阳。

东郡(秦置。去雒阳八百余里。)十五城,户十三万六千八十八,口六十万三千三百九十三。濮阳古昆吾国,春秋时曰濮。有咸城,或曰古咸国。有清丘。有鉏城。　燕本南燕国。有雍乡。有胙城,古胙国。有平阳亭。有瓦亭。有桃城。　白马有韦乡。　顿丘　东阿有清亭。　东武阳漯水出。　范有秦亭。　临邑有泲庙。　博平　聊城有夷仪聚。有聂城。　发干　乐平侯国。故清,章帝更名。　阳平侯国。有莘亭。有冈成城。　卫公国。本观故国,姚姓,光武更名。有河牧城。有竿城。　穀城春秋时小穀。有㵒下聚。

东平国(故梁,景帝分为济东国,宣帝改。雒阳东九百七十五里。)七城,户七万九千一十二,口四十四万八千二百七十。　无盐本宿国,任姓。有章城。　东平陆六国时曰平陆。有阚亭。有堂阳亭。　富成　章　寿张春秋曰良,汉曰寿良,光武改曰寿张。有堂聚,故聚属东郡。　须昌故属东郡。有致密城,古中都。有阳穀城。　宁阳故属泰山。

任城国(章帝元和元年,分东平为任城。雒阳东千一百里。)三城,户三万六千四百四十二,口十九万四千一百五十六。　任城本任国。有桃聚。　亢父　樊

泰山郡(高帝置。雒阳东千四百里。)十二城,户八千九百二十九,口四十三万七千三百一十七。　奉高有明堂,武帝造。　博有泰山庙。岱山在西北。有龟山。有龙乡城。　梁甫侯国。有菟裘聚。巨平侯国。有亭禅山。有阳关亭。　嬴有铁。　山茌侯国。　莱芜有原山,淄水出。盖沂水出。　南武阳侯国。有颛臾城。　南城故属东海。有东阳城。　费侯国,故属东海。有祊亭。有台亭。　牟故国。

济北国(和帝永元二年,分泰山置。雒阳东千一百五十里。)五城,户四万五千六百八十九。口二十三万五千八百九十七。　卢有平阴城。有防门。有光里。有景兹山。有敖山。有清亭。有长城至东海。　蛇丘有遂乡。有下讙亭。有铸乡城。　成本国。　茌平本属东郡。　刚。

山阳郡(故梁,景帝分置。雒阳东八百一十里。)十城,户十万九千八百九十八,口六十万六千九十一。　昌邑刺史治。有梁丘城。有甲父亭。　东缗春秋时曰缗。　巨野有大野泽。　高平侯国。故橐,章帝更名。有茅乡城。湖陆故湖陵,章帝更名。　南平阳侯国。有漆亭。有闾丘亭。　方与有武唐亭,鲁侯观鱼台。有泥母亭,或曰古甯母。　瑕丘　金乡　防东

济阴郡(故梁,景帝分置。雒阳东八百里。)十一城,户十三万三千七百一十五,口六十五万七千五百五十四。定陶本曹国,古陶,尧所居。有三鬷亭。　冤句有煮枣城。成阳有尧冢、灵台。有雷泽。乘氏侯国。有泗水。有鹿城乡。　句阳有垂亭。　鄄城　离狐故属东郡。　廪丘故属东郡。有高鱼城。有运城。　单父侯国,故属山阳。成武故属山阳。有郜城。　己氏故属梁。

右(上)兖州刺史部,郡、国八,县、邑、公、侯国八十。

东海郡(高帝置。雒阳东千五百里。)十三城,户十四万八千七百八十四,口七十万六千四百一十六。　郯本国,刺史治。　兰陵有次室亭。　戚　朐有铁。有伊卢乡。襄贲　昌虑有蓝乡。　承　阴平　利城　合乡　祝其有羽山。春秋时曰祝其,夹谷地。　厚丘　赣榆本属琅邪,建初五年复。

琅邪国(秦置。建武中省城阳国,以其县属。雒阳东一千五百里。)十三城,户二万八百四,口五十七万九百六十七。　开阳故属东海,建初五年属。　东武　琅邪　东莞有郓亭。有邳乡。有公来山,或曰古浮来。　西海　诸　莒本国,故属城阳。有铁。有峥嵘谷。　东安故属城阳。阳都故属城阳。有牟台。　临沂故属东海。有丛亭。　即丘侯国,故属东海,春秋曰祝丘。　缯侯国,故属东海。有概亭。　姑幕

彭城国(高祖置为楚,章帝改。雒阳东千二百二十里。)八城,户八万六千一百七十,口四十九万三千二十七。　彭城有铁。　武原　傅阳有柤水。　吕　留　梧　菑丘　广戚故属沛。

广陵郡(景帝置为江都,武帝更名。建武中省泗水国,

以其县属。雒阳东一千六百四十里。)十一城,户八万三千九百七,口四十一万百九十。　广陵有东陵亭。　江都有江水祠。　高邮　平安　凌故属泗水。　东阳故属临淮。有长洲泽,吴王濞太仓在此。　射阳故属临淮。　盐渎故属临淮。　舆侯国,故属临淮。　堂邑故属临淮。有铁。春秋时曰堂。　海西故属东海。

下邳国(武帝置为临淮郡,永平十五年更为下邳国。雒阳东千四百里。)十七城,户十三万六千三百八十九,口六十一万一千八十三。　下邳本属东海。葛峄山,本峄阳山。有铁。　徐本国。有楼亭,或曰古蓑林。　僮侯国。睢陵　下相　淮阴　淮浦　盱台　高山　潘旄　淮陵取虑有蒲姑陂。　东成　曲阳侯国,故属东海。　司吾侯国,故属东海。　良城故属东海。春秋时曰良。　夏丘故属沛。

右(上)徐州刺史部,郡、国五,县、邑、侯国六十二。

卷三十二　志第二十二　郡国四

青州: 济南　平原　乐安　北海　东莱　齐国

荆州: 南阳　南郡　江夏　零陵　桂阳　武陵　长沙

扬州: 九江　丹阳　庐江　会稽　吴郡　豫章

济南国(故齐,文帝分。雒阳东千八百里。)十城,户七万八千五百四十四,口四十五万三千三百八。　东平陵有铁。有谭城。有天山。　著　於陵　台　菅有赖亭。　土鼓　梁邹　邹平　东朝阳　历城有铁。有巨里聚。

平原郡(高帝置。雒阳北一千三百里。)九城,户十五万五千五百八十八,口百万二千六百五十八。　平原　高唐湿水出。　般　鬲侯国。夏时有鬲君,灭浞立少康。祝阿春秋时曰祝柯。有野井亭。　乐陵　湿阴　安德侯国。　厌次本富平,明帝更名。

乐安国(高帝西平昌置,为千乘,永元七年更名。雒阳东千五百二十里。)九城,户七万四千四百,口四十二万四千七十五。　临济本狄,安帝更名。　千乘　高苑　乐安博昌有薄姑城。有贝中聚。有时水。　蓼城侯国。　利故属齐。　益侯国,故属北海。　寿光故属北海。有灌亭。

北海国(景帝置。建武十三年省菑川、高密、胶东三国,以其县属。)十八城,户十五万八千六百四十二,口八十五万三千六百四。　剧有纪亭,古纪国。　营陵　平寿有斟城。有寒亭,古寒国,浞封此。　都昌　安丘有渠丘亭。　淳于永元九年复。有密乡。　平昌侯国,故琅邪。有娄乡。　朱虚侯国,故属琅邪,永初元年属。　东安平故属菑川。六国时曰安平。有㮚亭。　高密侯国。　昌安侯国,安帝复。　夷安侯国,安帝复。　胶东侯国。　即墨侯国。有棠乡。　壮武安帝复。　下密安帝复。　挺　观阳

东莱郡(高帝置。雒阳东三千一百二十八里。)十三城,户十万四千二百九十七,口四十八万四千三百九十三。　黄　牟平　惤侯国。　曲成侯国　掖侯国。有过乡。　当利侯国。　东牟侯国。　昌阳　卢乡　长广故属琅邪。　黔陬侯国,故属琅邪。有介亭。　葛卢有尤涉亭。　不其侯国,故属琅邪。

齐国(秦置。雒阳东八百里。)六城,户六万四千四百一十五,口四十九万一千七百六十五。　临菑本齐,刺史治。　西安有棘里亭。有蘧里,古渠丘。　昌国　临朐有三亭,古邾邑。　广　般阳故属济南。

右(上)青州刺史部,郡、国六,县六十五。

南阳郡(秦置。雒阳南七百里。)三十七城,户五十二万八千五百五十一,口二百四十三万九千六百一十八。　宛本申伯国。有南就聚。有瓜里津。有夕阳聚。有东武亭。　冠军邑。　叶有长山,曰方城。有卷城。　新野有东乡,故新都。有黄邮聚。　章陵故春陵,世祖更名。有上唐乡。西鄂　雉　鲁阳有鲁山。有牛兰累亭。　犨　堵阳　博望　舞阴邑。　比阳　复阳侯国。有杏聚。　平氏桐柏大复山,淮水出。有宜秋聚。　棘阳有蓝乡。有黄淳聚。湖阳邑。　随西有断蛇丘。　育阳邑。有小长安。有东阳聚。　涅阳　阴　鄧　邓有鄾聚。　山都侯国。　郦侯国。穰　朝阳　蔡侯国。　安众侯国。　筑阳侯国。有涉都乡。　武当有和成聚。　顺阳侯国,故博山。有须聚。成都　襄乡　南乡　丹水故属弘农。有章密乡。有三户亭。　析故属弘农,故楚白羽邑。有武关,在县西。有丰乡城。

南郡(秦置。雒阳南一千五百里。)十七城,户十六万二千五百七十,口七十四万七千六百四。　江陵有津乡。巫西有白帝城。　秭归本国。　中庐侯国。　编有蓝口聚。　当阳　华容侯国。云梦泽在南。　襄阳有阿头山。邔侯国,有梨丘城。　宜城侯国。　鄀侯国,永平元年复。　临沮侯国。有荆山。　枝江侯国。本罗国。有丹阳聚。　夷道　夷陵有荆门,虎牙山。　州陵　佷山故属武陵。

江夏郡(高帝置。雒阳南千五百里。)十四城,户五万八千四百三十四,口二十六万五千四百六十四。　西陵西阳　轪侯国。　鄳　竟陵侯国。有郧乡。有章山,本内方。　云杜　沙羡　邾　下雉　蕲春侯国。　鄂　平春侯

国。 南新市侯国。 安陆

零陵郡(武帝置。雒阳南三千三百里。)十三城,户二十一万二千二百八十四,口百万一千五百七十八。 泉陵 零陵朔山,湘水出。 营道南有九疑山。 营浦 泠道 洮阳 都梁有路山。 夫夷侯国故属长沙。 始安侯国。 重安侯国,故钟武,永建三年更名。 湘乡 昭阳侯国 烝阳侯国,故属长沙。

桂阳郡(高帝置。上领山。在雒阳南三千九百里。)十一城,户十三万五千二十九,口五十万一千四百三。 郴有客岭山。 便 耒阳有铁。 阴山 南平 临武 桂阳 含洭 浈阳有苍领山。 曲江 汉宁永和元年置。

武陵郡(秦昭王置,名黔中郡,高帝五年更名。雒阳南二千一百里。)十二城,户四万六千六百七十二,口二十五万九百一十三。 临沅 汉寿故索,阳嘉三年更名,刺史治。 孱陵 零阳 充 沅陵先有壶头山。 辰阳 酉阳 迁陵 镡成 沅南建武二十六年置。 作唐

长沙郡(秦置。雒阳南二千八百里。)十三城,户二十五万五千八百五十四,口百五万九千三百七十二。 临湘 攸 茶陵 安城 酃 湘南侯国。 衡山在东南。 连道 昭陵 益阳 下隽 罗 醴陵 容陵

右(上)荆州刺史部,郡七、县、邑、侯国百一十七。

九江郡(秦置。雒阳东一千五百里。)十四城,户八万九千四百三十六,口四十三万二千四百二十六。 阴陵 寿春 浚遒 成德 西曲阳 合肥侯国。 历阳侯国,刺史治。 当涂有马丘聚,徐凤反于此。 全椒 锺离侯国。 阜陵 下蔡故属沛。 平阿故属沛。有涂山。 义成故属沛。

丹阳郡(秦鄣郡,武帝更名。雒阳东二千一百六十里。建安十三年,孙权分新都郡。)十六城,户十三万六千五百一十八,口六十三万五百四十五。 宛陵 溧阳 丹阳故鄣。 於潜 泾 歙 陵阳 芜湖中江在西。 秣陵南有牛渚。 湖熟侯国。 句容 江乘 春穀 石城

庐江郡(文帝分淮南置。建武十三年省六安国,以其县属。雒阳东一千七百里。)十四城,户十万一千三百九十二,口四十二万四千六百八十三。 舒有桐乡。 雩娄侯国。 寻阳南有九江,东合为大江。 潜 临湖侯国。 龙舒侯国。 襄安 皖有铁。 居巢侯国。 六安国。 蓼侯国。 安丰有大别山。 阳泉侯国。 安风侯国。

会稽郡(秦置。本治吴,立郡吴,乃移山阴。雒阳东三千八百里。)十四城,户十二万三千九十,口四十八万一千一百九十六。 山阴会稽山在南,上有禹冢。有浙江。 鄮 乌伤 诸暨 余暨 太末 上虞 剡 余姚 句章 鄞 章安故冶,闽越地,光武更名。 永宁永和三年以章安县东瓯乡为县。 东部侯国。

吴郡(顺帝分会稽置。雒阳东三千二百里。)十三城,户十六万四千一百六十四,口七十万七百八十二。 吴本国。震泽在西,后名具区泽。 海盐 乌程 余杭 毗陵季札所居。北江在北。 丹徒 曲阿 由拳 安 富春 阳羡邑。 无锡侯国。 娄

豫章郡(高帝置。雒阳南二千七百里。)二十一城,户四十万六千四百九十六,口百六十六万八千九百六。 南昌 建城 新淦 宜春 庐陵 赣有豫章水。 雩都 南野有台领山。 南城 鄱阳有鄱水、黄金采。 历陵有傅易山。 余汗 鄡阳 彭泽彭蠡泽在西。 柴桑 艾 海昏侯国。 平都侯国,故安平。 石阳 临汝永元八年置。 建昌永元十六年分海昏置。

右(上)扬州刺史部,郡六、县、邑、侯国九十二。

卷三十三 志第二十三 郡国五

益州：汉中 巴郡 广汉 蜀郡 犍为 牂牁 越巂 益州 永昌 广汉属国 蜀郡属国 犍为属国

凉州：陇西 汉阳 武都 金城 安定 北地 武威 张掖 酒泉 敦煌 张掖属国 张掖居延属国

并州：上党 太原 上郡 西河 五原 云中 定襄 雁门 朔方

幽州：涿郡 广阳 代郡 上谷 渔阳 右北平 辽西 辽东 玄菟 乐浪 辽东属国

交州：南海 苍梧 郁林 合浦 交趾 九真 日南

汉中郡(秦置。雒阳西九百九十里。)九城,户五万七千三百四十四,口二十六万七千四百二。 南郑 成固妘墟在西北。 西城 褒中 沔阳有铁。 安阳锡有锡,春秋时曰锡穴。 上庸本庸国。 房陵

巴郡(秦置。雒阳西三千七百里。)十四城,户三十一万六百九十一,口百八万六千四十九。 江州 宕渠有铁。 朐忍 阆中 鱼复扞水有扞关。 临江 枳 涪陵出丹。 垫江 安汉 平都 充国永元二年分阆中置。 宣汉 汉昌永元中置。

广汉郡(高帝置。雒阳西三千里。)十一城,户十三万九千八百六十五,口五十万九千四百三十八。 雒刺史治。 新都 绵竹 什邡 涪 梓潼 白水 葭萌 郪 广汉有沈水。 德阳

蜀郡（秦置。雒阳西三千一百里。）十一城，户三十万四百五十二，口百三十五万四百七十六。 成都 郫 江原 繁 广都 临邛有铁。 湔氐道岷山在西徼外 汶江道 八陵 广柔 绵虒道

犍为郡（武帝置。雒阳西三千二百七十里。刘璋分立江阳郡。）九城，户十三万七千七百一十三，口四十一万一千三百七十八。 武阳有彭亡聚。 资中 牛鞞 南安有鱼涪津。 僰道 江阳 符节 南广 汉安

牂牁郡（武帝置。雒阳西五千七百里。）十六城，户三万一千五百二十三，口二十六万七千二百五十三。 故且兰 平夷 鳖 毋敛 谈指出丹。 夜郎出雄黄、雌黄。 同并 谈稿 漏江 毋单 宛温 镡封 漏卧 句町 进乘 西随

越巂郡（武帝置。雒阳西四千八百里。）十四城，户十三万一百二十，口六十二万三千四百一十八。 邛都南山出铜。 遂久 灵关道 台登出铁。 青蛉有禺同山，俗谓有金马碧鸡。 卑水 三缝 会无出铁 定莋 阐 苏示 大莋 莋秦 姑复

益州郡（武帝置。故滇王国。雒阳西五千六百里。诸葛亮表有耽文山、泽山、司弥瘗山、娄山、辟龙山，此等并皆未详所在县。）十七城，户二万九千三十六，口十一万八百二。 滇池出铁。有池泽。北有黑水祠。 胜休 俞元裝山出铜。 律高石室山出锡。监町山出银、铅。 贲古采山出铜、锡。羊山出银、铅。 毋椽 建伶 谷昌 牧靡 味 昆泽 同濑 同劳 双柏出银 连然 梇栋 秦臧

永昌郡（明帝永平十二年分益州置。雒阳西七千二百六十里。）八城，户二十三万一千八百九十七，口百八十九万七千三百四十四。 不韦出铁。 嶲唐 比苏 楪榆 邪龙 云南 哀牢永平中置，故牢王国。 博南永平中置。南界出金。

广汉属国（故北部都尉，属广汉郡，安帝时以为属国都尉，别领三城。）户三万七千一百一十，口二十万五千六百五十二。 阴平道 甸氐道 刚氐道

蜀郡属国（故属西部都尉，延光元年以为属国都尉，别领四城。）户十一万一千五百六十八，口四十七万五千六百二十九。 汉嘉故青衣，阳嘉二年改。有蒙山。 严道有邛僰九折坂者，邛邮置。 徙 旄牛

犍为属国（故郡南部都尉，永初元年以为属国都尉，别领二城。）户七千九百三十八，口三万七千一百八十七。 朱提山出银、铜。 汉阳

　右（上）益州刺史部，郡、国十二，县、道一百一十八。

陇西郡（秦置。雒阳西二千二百二十里。）十一城，户五千六百二十八，口二万九千六百三十七。 狄道 安故 氐道养水出此。 首阳有鸟鼠同穴山，渭水出。 大夏 襄武有五鸡聚。 临洮有西顷山。 枹罕故属金城。 白石故属金城。 鄣 河关故属金城。积石山在西南，河水出。

汉阳郡（武帝置，为天水，永平十七年更名。在雒阳西二千里。）十三城。户二万七千四百二十三，口十三万一百三十八。 冀有朱圉山。有缇群山。有雒门聚。 望恒 阿阳 略阳有街泉亭。 勇士 成纪 陇刺史治。有大坂名陇坻。 獂氐聚有秦亭。 獂道 兰干 平襄 显亲 上邽故属陇西。 西故属陇西。有嶓冢山，西汉水。

武都郡（武帝置。雒阳西一千九百六十里。）七城，户二万一百二，口八万一千七百二十八。 下辨 武都道 上禄 故道 河池 沮河水出东狼谷。 羌道

金城郡（昭帝置。雒阳西二千八百里。）十城，户三千八百五十八，口万八千九百四十七。 允吾 浩亹 令居 枝阳 金城 榆中 临羌有昆仑山。 破羌 安夷 允街

安定郡（武帝置。雒阳西千七百里。）八城，户六千九十四，口二万九千六十。 临泾 高平有第一城。 朝那 乌枝有瓦亭，出薄落谷。 三水 阴盘 彭阳 鹑觚故属北地。

北地郡（秦置。雒阳西千一百里。）六城，户三千一百二十二，口万八千六百三十七。 富平 泥阳有五柞亭 弋居有铁。 廉 参䜌故属安定。 灵州

武威郡（故匈奴休屠王地，武帝置，雒阳西三千五百里。）十四城，户万四十二，口三万四千二百二十六。 姑臧 张掖 武威 休屠 揟次 鸾鸟 朴劓 媪围 宣威 仓松 鹯阴故属安定。租厉故属安定。显美故属张掖。 左骑千人官

张掖郡（故匈奴昆邪王地，武帝置。雒阳西四千二百里。献帝分置西郡。）八城，户六千五百五十二，口二万六千四十。 觻得 昭武 删丹弱水出。氐池 屋兰 日勒 骊靬 番和

酒泉郡（武帝置。雒阳西四千七百里。）九城，户万二千七百六。 福禄 表氏 乐涫 玉门 会水 沙头 安弥故曰绥弥。 乾齐 延寿

敦煌郡（武帝置。雒阳西五千里。）六城，户七百四十八，口二万九千一百七十。 敦煌古瓜州，出美瓜。 冥安 效榖 拼泉 广至 龙勒有玉门关。

张掖属国（武帝置属国都尉，以主蛮夷降者。安帝时，别领五城。）户四千六百五十六，口六千九百五十二。 候官 左骑 千人 司马官 千人官

张掖居延属国（故郡都尉，安帝别领一城。）户一千五百六十，口四千七百三十二。 居延有居延泽，古流沙。

右(上)凉州刺史部,郡十二,县、道、候官九十八。

上党郡(秦置。雒阳北千五百里。)十三城,户二万六千二百二十二,口十二万七千四百三。 长子 屯留绛水出。 铜鞮 沾 涅有阏与聚。 襄垣 壶关有黎亭,故黎国。 泫氏有长平亭。 高都 潞本国。 猗氏 阳阿侯国。 穀远

太原郡(秦置。)十六城,户三万九百二,口二十万一百二十四。 晋阳本唐国。有龙山,晋水所出。刺史治。 界休有界山,有绵上聚。有千亩聚。 榆次有凿壶。 中都 于离 兹氏 狼孟 邬 孟 平陶 京陵春秋时九京。 阳曲 大陵有铁。 祁 虑虒 阳邑有箕城。

上郡(秦置)十城,户五千一百六十九,口二万八千五百九十九。 肤施 白土 漆垣 奢延 雕阴 桢林 定阳 高奴 龟兹属国 候官

西河郡(武帝置。雒阳北千二百里也。)十三城,户五千六百九十八,口二万八百三十八。 离石 平定 美稷 乐街 中阳 皋狼 平周 平陆 益兰 圜阴 蔺 圜阳 广衍

五原郡(秦置为九原,武帝更名。)十城,户四千六百六十七,口二万二千九百五十七。九原 五原 临沃 文国 河阴 武都 宜梁 曼柏 成宜 西安阳北有阴山。

云中郡(秦。)十一城,户五千三百五十一,口二万六千四百三十。 云中 咸阳 箕陵 沙陵 沙南 北舆 武泉 原阳 定襄故属定襄。 成乐故属定襄。 武进故属定襄。

定襄郡(高帝置)五城,户三千一百五十三,口万三千五百七十一。 善无故属雁门。 桐过 武成 骆 中陵故属雁门。

雁门郡(秦置。雒阳北千五百里。)十四城,户三万一千八百六十二,口二十四万九千。 阴馆 繁畤 楼烦 武州 汪陶 剧阳 崞 平城 埒 马邑 卤城故属代郡。 广武故属太原。有夏屋山。 原平故属太原。 强阴

朔方郡(武帝置。)六城,户千九百八十七,口七千八百四十三。 临戎 三封 朔方 沃野 广牧 大城故属西河。

右(上)并州刺史部,郡九,县、邑、侯国九十八。

涿郡(高帝置。雒阳东北千八百里。)七城,户十万二千二百一十八,口六十三万三千七百五十四。 涿 逎侯国。 故安易水出,濡水出。 范阳侯国。 良乡 北新城有汾水门。 方城故属广阳。有临乡。有督亢亭。

广阳郡(高帝置,为燕国,昭帝更名为郡。世祖省并上谷,永元八年复。) 五城,户四万四千五百五十,口二十八万六百。 蓟本燕国。刺史治。 广阳 昌平故属上谷。 军都故属上谷。 安次故属勃海。

代郡(秦置。雒阳东北二千五百里。)十一城,户二万一百二十三,口十二万六千一百八十八。 高柳 桑干道人 当城 马城 班氏 狋氏 北平邑永元八年复。 东安阳 平舒 代

上谷郡(秦置。雒阳东北三千二百里。)八城,户三千五十二,口五万一千二百四。 沮阳 潘永元十一年复。 宁 广宁 居庸 雊瞀 涿鹿 下落

渔阳郡(秦置。雒阳东北二千里。)九城,户六万八千四百五十六,口四十三万五千七百四十。 渔阳有铁。 狐奴 潞 雍奴 泉州有铁。 平谷 安乐 傂奚 犷平

右北平郡(秦置。雒阳东北二千三百里。)四城,户九千一百七十,口五万三千四百七十五。 土垠 徐无 俊靡 无终

辽西郡(秦置。雒阳东北三千三百里。)五城,户万四千一百五十,口八万一千七百一十四。 阳乐 海阳 令支有孤竹城。 肥如 临渝

辽东郡(秦置。雒阳东北三千六百里。)十一城,户六万四千一百五十八,口八万一千七百一十四。 襄平 新昌 无虑 望平 候城 安市 平郭有铁。 西安平 汶 番汗 沓氏

玄菟郡(武帝置。雒阳东北四千里。)六城,户一千五百九十四,口四万三千一百六十三。 高句骊辽山,辽水出。 西盖马 上殷台 高显故属辽东。 候城故属辽东。 辽阳故属辽东。

乐浪郡(武帝置。雒阳东北五千里。)十八城,户六万一千四百九十二,口二十五万七千五十。 朝鲜 诎邯 浿水 含资 占蝉 遂城 增地 带方 驷望 海冥 列口 长岑 屯有 昭明 镂方 提奚 浑弥 乐都

辽东属国(故邯乡,西部都尉,安帝时以为属国都尉,别领六城。雒阳东北三千二百六十里。)昌辽故天辽,属辽西。 宾徒故属辽西。 徒河故属辽西。 无虑有医无虑山。 险渎 房

右(上)幽州刺史部,郡、国十一,县、邑、侯国九十。

南海郡(武帝置。雒阳南七千一百里。)七城,户七万一千四百七十七,口二十五万二百八十二。 番禺 博罗 中宿 龙川 四会 揭阳 增城有劳领山。

苍梧郡(武帝置。雒阳南六千四百一十里。)十一城,户十一万一千三百九十五,口四十六万六千九百七十五。 广信 谢沐 高要 封阳 临贺 端溪 冯乘 富川

荔浦 猛陵 鄣平

郁林郡（秦桂林郡，武帝更名。雒阳南六千五百里。）十一城。布山 安广 阿林 广郁 中溜 桂林 潭中 临尘 定周 增食 领方

合浦郡（武帝置。雒阳南九千一百九十一里。）五城，户二万三千一百二十一，口八万六千六百一十七。 合浦 徐闻 高凉 临元 朱崖

交趾郡（武帝置，即安阳王国。雒阳南万一千里。）十二城。 龙编 羸䣊 安定 苟漏 麓泠 曲阳 北带 稽徐 西于 朱䌛 封溪建武十九年置。 望海建武十九年置。

九真郡（武帝置。雒阳南万一千五百八十里。）五城，户四万六千五百一十三，口二十万九千八百九十四。 胥浦 居风 咸欢 无功 无编

日南郡（秦象郡，武帝更名。雒阳南万三千四百里。）五城，户万八千二百六十三，口十万六千六百七十六。 西卷 朱吾 卢容 象林 比景

右（上）交州刺史部，郡七，县五十六。

《汉书·地理志》承秦三十六郡，县邑数百，后稍分析，至于孝平，凡郡、国百三，县、邑、道、侯国千五百八十七。世祖中兴，惟官多役烦，乃命并合，省郡、国十，县、邑、道、侯国四百余所。至明帝置郡一，章帝置郡、国二，和帝置三，安帝又命属国别领比郡者六，又所省县渐复分置，至于孝顺，凡郡、国百五，县、邑、道、侯国千一百八十，民户九百六十九万八千六百三十，口四千九百一十五万二百二十。

赞曰：众安后载，政洽区分；侯罢守列，民无常君。称号迁隔，封割纠纷；略存减益，多证前闻。

卷三十四 志第二十四 百官一

太傅 太尉 司徒 司空 将军

汉之初兴，承继大乱，兵不及戢，法度草创，略依秦制，后嗣因循。至景帝，感吴楚之难，始抑损诸侯王。及至武帝，多所改作，然而奢广，民用匮乏。世祖中兴，务从节约，并官省职，费减亿计，所以补复残缺，及身未改，而四海从风，中国安乐者也。昔周公作《周官》，分职著明，法度相持，王室虽微，犹能久存。今其遗书，所以观周室牧民之德既至，又其有益来事之范，殆未有所穷也。故新汲令王隆作《小学汉官篇》，诸文倜说，较略不究。唯班固著《百官公卿表》，记汉承秦置官本末，讫于王莽，差有条贯。然皆孝武奢广之事，又职分未悉。世祖节约之制，宜为常宪，故依其官簿，粗注职分，以为《百官志》。凡置官之本，及中兴所省，无因复见者，既在《汉书百官表》，不复悉载。

太傅，上公一人。本注曰：掌以善导，无常职。世祖以卓茂为太傅，薨，因省。其后每帝初即位，辄置太傅录尚书事，薨，辄省。

太尉，公一人。本注曰：掌四方兵事功课，岁尽即奏其殿最而行赏罚。凡郊祀之事，掌亚献；大丧则告谥南郊。凡国有大造大疑，则与司徒、司空通而论之。国有过事，则与二公通谏争之。世祖即位，为大司马。建武二十七年，改为太尉。长史一人，千石。本注曰：署诸曹事。掾史属二十四人。本注曰：《汉旧注》东西曹掾比四百石，余掾比三百石，属比二百石，故曰公府掾，比古元士三命者也。或曰：汉初掾史辟，皆上言之，故有秩比命士。其所不言，则为百石属。其后皆自辟除，故通为百石云。西曹主府史署用。东曹主二千石长吏迁除及军吏。户曹主民户、祠祀、农桑。奏曹主奏议事。辞曹主辞讼事。法曹主邮驿科程事。尉曹主卒徒转运事。贼曹主盗贼事。决曹主罪法事。兵曹主兵事。金曹主货币、盐、铁事。仓曹主仓谷事。黄阁主簿录省众事。令史及御属二十三人。本注曰：《汉旧注》公令史百石，自中兴以后，注不说石数。御属主为公御。阁下令史主阁下威仪事。记室令史主上章表报书记。门令史主府门。其余令史，各典曹文书。

司徒，公一人。本注曰：掌人民事。凡教民孝悌、逊顺、谦俭，养生送死之事，则议其制，建其度。凡四方民事功课，岁尽则奏其殿最而行赏罚。凡郊祀之事，掌省牲视濯，大丧则掌奉安梓宫。凡国有大疑大事，与太尉同。世祖即位，为大司徒，建武二十七年，去"大"。长史一人，千石。掾属三十一人。令史及御属三十六人。本注曰：世祖即位，以武帝故事，置司直，居丞相府，助督录诸州，建武十八年省也。

司空，公一人。本注曰：掌水土事。凡营城起邑、浚沟洫、修坟防之事，则议其利，建其功。凡四方水功课，岁尽则奏其殿最而行赏罚。凡郊祀之事，掌扫除乐器，大丧则掌将校复土。凡国有大造大疑，谏争，与太尉同。世祖即位，为大司空，建武二十七年，去"大"。属长史一人，千石。掾属二十九人。令史及御属四十二人。

将军，不常置。本注曰：掌征伐背叛。比公者四：第一大将军，次骠骑将军，次车骑将军，次卫将军。又有前、后、左、右将军。

初，武帝以卫青数征伐有功，以为大将军，欲尊宠之。以古尊官唯有三公。皆将军始自秦、晋，以为卿号，故置大司马官号以冠之。其后霍光、王凤等皆然。成帝绥和元年，赐大司马印绶，罢将军官。世祖中兴，吴汉以大将军为大

司马,景丹为骠骑大将军,位在公下,及前、后、左、右杂号将军众多,皆主征伐,事讫皆罢。明帝初即位,以弟东平王苍有贤才,以为骠骑将军;以王故,位在公上,数年后罢。章帝即位,西羌反,故以舅马防行车骑将军征之,还后罢。和帝即位,以舅窦宪为车骑将军,征匈奴,位在公下;还复有功,迁大将军,位在公上;复征西羌,还免官,罢。安帝即位,西羌寇乱,复以舅邓骘为车骑将军征之,还迁大将军,位如宪,数年复罢。自安帝政治衰缺,始以嫡舅耿宝为大将军,常在京都。顺帝即位,又以皇后父、兄、弟相继为大将军,如三公焉。

长史、司马皆一人,千石。本注曰:司马主兵,如太尉。从事中郎二人,六百石。本注曰:职参谋议。掾属二十九人。令史及御属三十一人。本注曰:此皆府员职也。又赐官骑三十人,及鼓吹。

其领军皆有部曲,大将军营五部,部校尉一人,比二千石;军司马一人,比千石。部下有曲,曲有军候一人,比六百石。曲下有屯,屯长一人,比二百石。其不置校尉部,但军司马一人。又有军假司马、假候,皆为副贰。其别营领属为别部司马,其兵多少各随时宜。门有门候。其余将军,置以征伐,无员职,亦有部曲、司马、军候以领兵。其职吏部集各一人,总知营事。兵曹掾史主兵事器械。禀假掾史主禀假禁司。又置外刺、刺奸,主罪法。

明帝初置度辽将军,以卫南单于众新降有二心者,后数有不安,遂为常守。

卷三十五 志第二十五 百官二

太常　光禄勋　卫尉
太仆　廷尉　大鸿胪

太常,卿一人,中二千石。本注曰:掌礼仪祭祀。每祭祀,先奏其礼仪。及行事,常赞天子。每选试博士,奏其能否。大射、养老、大丧,皆奏其礼仪。每月前晦,察行陵庙。丞一人,比千石。本注曰:掌凡行礼及祭礼小事,总署曹事。其署曹掾史,随事为员,诸卿皆然。

太史令一人,六百石。本注曰:掌天时、星历。凡岁将终,奏新年历。凡国祭祀、丧、娶之事,掌奏良日及时节禁忌。凡国有瑞应、灾异,掌记之。丞一人。明堂及灵台丞一人,二百石。本注曰:二丞,掌守明堂、灵台。灵台掌候日月星气,皆属太史。

博士祭酒一人,六百石。本仆射,中兴转为祭酒。博士十四人,比六百石。本注曰:《易》四,施、孟、梁丘、京氏。《尚书》三,欧阳、大小夏侯氏。《诗》三,鲁、齐、韩氏。《礼》二,大小戴氏。《春秋》二,《公羊》严、颜氏。掌教弟子。国有疑事,掌承问对。本四百石,宣帝增秩。

太祝令一人,六百石。本注曰:凡国祭祀,掌读祝,及迎送神。丞一人。本注曰:掌祝小神事。

太宰令一人,六百石。本注曰:掌宰工鼎俎馔具之物。凡国祭祀,掌陈馔具。丞一人。

大予乐令一人,六百石。本注曰:掌伎乐。凡国祭祀,掌请奏乐,及大飨用乐,掌其陈序。丞一人。

高庙令一人,六百石,本注曰:守庙,掌案行扫除。无丞。

世祖庙令一人,六百石。本注曰:如高庙。

先帝陵,每陵园令各一人,六百石。本注曰:掌守陵园,案行扫除。丞及校长各一人。本注曰:校长,主兵戎盗贼事。

先帝陵,每陵食官令各一人,六百石。本注曰:掌望晦时节祭祀。

右属太常。本注曰:有祠祀令一人,后转属少府。有太卜令,六百石,后省并太史。中兴以来,省前凡十官。

光禄勋,卿一人,中二千石。本注曰:掌宿卫宫殿门户,典谒署郎更直执戟,宿卫门户,考其德行而进退之。郊祀之事,掌三献。丞一人,比千石。

五官中郎将一人,比二千石。本注曰:主五官郎。五官中郎,比六百石。本注曰:无员。五官侍郎,比四百石。本注曰:无员。五官郎中,比三百石。本注曰:无员。凡郎官皆主更直执戟,宿卫诸殿门,出充车骑。唯议郎不在直中。

左中郎将,比二千石。本注曰:主左署郎。中郎,比六百石。侍郎,比四百石。郎中,比三百石。本注曰:皆无员。

右中郎将,比二千石。本注曰:主右署郎。中郎,比六百石。侍郎,比四百石。郎中,比三百石。本注曰:皆无员。

虎贲中郎将,比二千石。本注曰:主虎贲宿卫。左右仆射、左右陛长各一人,比六百石。本注曰:仆射,主虎贲郎习射。陛长,主直虎贲,朝会在殿中。虎贲中郎,比六百石。虎贲侍郎,比四百石。虎贲郎中,比三百石。节从虎贲,比二百石。本注曰:皆无员。掌宿卫侍从。自节从虎贲久者转迁,才能差高至中郎。

羽林中郎将,比二千石。本注曰:主羽林郎。羽林郎,比三百石。本注曰:无员。掌宿卫侍从。常选汉阳、陇西、安定、北地、上郡、西河凡六郡良家补。本武帝以便马从猎,还宿殿陛岩下室中,故号岩郎。

羽林左监一人,六百石。本注曰:主羽林左骑。丞一人。

羽林右监一人,六百石。本注曰:主羽林右骑。丞一人。

奉车都尉,比二千石。本注曰:无员。掌御乘舆车。

驸马都尉，比二千石。本注曰：无员。掌驸马。

骑都尉，比二千石。本注曰：无员。本监羽林骑。

光禄大夫，比二千石。本注曰：无员。凡大夫、议郎皆掌顾问应对，无常事，唯诏命所使。凡诸国嗣之丧，则光禄大夫掌吊。

太中大夫，千石。本注曰：无员。

中散大夫，六百石。本注曰：无员。

谏议大夫，六百石。本注曰：无员。

议郎，六百石。本注曰：无员。

谒者仆射一人，比千石。本注曰：为谒者台率，主谒者，天子出，奉引。古重习武，有主射以督录之，故曰仆射。

常侍谒者五人，比六百石。本注曰：主殿上时节威仪。谒者三十人。其给事谒者，四百石。其灌谒者郎中，比三百石。本注曰：掌宾赞受事，及上章报问。将、大夫以下之丧，掌使吊。本员七十人，中兴但三十人。初为灌谒者，满岁为给事谒者。

右（上）属光禄勋。本注曰：职属光禄者，自五官将至羽林右监，凡七署。自奉车都尉至谒者，以文属焉。旧有左右曹，秩以二千石，上殿中，主受尚书奏事，平省之。世祖省，使小黄门郎受事。车驾出，给黄门郎兼。有请室令，车驾出，在前请所幸，徼车迎白，示重慎。中兴但以郎兼，事讫罢，又省车、户、骑凡三将，及羽林令。

卫尉，卿一人，中二千石。本注曰：掌宫门卫士，宫中徼循事。丞一人，比千石。

公车司马令一人，六百石。本注曰：掌宫南阙门，凡吏民上章，四方贡献，及征诣公车者。丞、尉各一人。本注曰：丞选晓讳，掌知非法。尉主阙门兵禁，戒非常。

南宫卫士令一人，六百石。本注曰：掌南宫卫士。丞一人。

北宫卫士令一人，六百石。本注曰：掌北宫卫士。丞一人。

左右都候各一人，六百石。本注曰：主剑戟士，徼循宫，及天子有所收考。丞各一人。

宫掖门，每门司马一人，比千石。本注曰：南宫南屯司马，主平城门；宫门苍龙司马，主东门；玄武司马，主玄武门；北屯司马，主北门；北宫朱爵司马，主南掖门；东明司马，主东门；朔平司马，主北门；凡七门。凡居宫中者，皆有口籍于门之所属。宫名两字，为铁印文符，案省符乃内之。若外人以事当入，本官长史为封棨传；其有官位，出入令御者言其官。

右（上）属卫尉。本注曰：中兴省旅贲令，卫士一人丞。

太仆，卿一人，中二千石。本注曰：掌车马。天子每出，奏驾上卤簿用；大驾则执驭。丞一人，比千石。

考工令一人，六百石。本注曰：主作兵器弓弩刀铠之属，成则传执金吾入武库，及主织绶诸杂工。左右丞各一人。

车府令一人，六百石。本注曰：主乘舆诸车。丞一人。

未央厩令一人，六百石。本注曰：主乘舆及厩中诸马。长乐厩丞一人。

右（上）属太仆。本注曰：旧有六厩，皆六百石令，中兴省约，但置一厩。后置左骏令、厩，别主乘舆御马，后或并省。又有牧师苑，皆令官，主养马，分在河西六郡界中，中兴皆省，唯汉阳有流马苑，但以羽林郎监领。

廷尉，卿一人，中二千石。本注曰：掌平狱，奏当所应。凡郡国谳疑罪，皆处当以报。正、左监各一人。左平一人，六百石。本注曰：掌平决诏狱。

右属廷尉。本注曰：孝武帝以下，置中都官狱二十六所，各令长名世祖中兴皆省，唯廷尉及雒阳有诏狱。

大鸿胪，卿一人，中二千石。本注曰：掌诸侯及四方归义蛮夷。其郊庙行礼，赞导，请行事，既可，以命群司。诸王入朝，当郊迎，典其礼仪。及群国上计，匡四方来，亦属焉。皇子拜王，赞授印绶。及拜诸侯、诸侯嗣子及四方夷狄封者。台下鸿胪召拜之。王薨则使吊之，及拜王嗣。丞一人，比千石。

大行令一人，六百石。本注曰：主诸郎。丞一人。治礼郎四十七人。

右（上）属大鸿胪。本注曰：承秦有典属国，别主四方夷狄朝贡侍子，成帝时省并大鸿胪。

中兴省驿官、别火二令、丞，及郡邸长、丞，但令郎治郡邸。

卷三十六 志第二十六 百官三

宗正 大司农 少府

宗正，卿一人，中二千石。本注曰：掌序录王国嫡庶之次，及诸宗室亲属远近，郡国岁因计上宗室名籍。若有犯法当髡以上，先上诸宗正，宗正以闻，乃报决。丞一人，比千石。

诸公主，每主家令一人，六百石。丞一人，三百石。本注曰：其余属吏增减无常。

右（上）属宗正。本注曰：中兴省都司空令、丞。

大司农，卿一人，中二千石。本注曰：掌诸钱谷金帛诸货币。郡国四时上月旦见钱谷簿，其逋未毕，各具别之。边郡诸官请调度者，皆为报给，损多益寡，取相给足。丞一人，比千石。部丞一人，六百石。本注曰：部丞主帑藏。

太仓令一人，六百石。本注曰：主受郡国传漕谷。丞一人。

平准令一人，六百石。本注曰：掌知物贾，主练染，作采色。丞一人。

导官令一人，六百石。本注曰：主春御米，及作干糒。导，择也。丞一人。

右（上）属大司农。本注曰：郡国盐官、铁官本属司农，中兴皆属郡县。又有廪牺令，六百石，掌祭祀牺牲雁鹜之属。及雒阳市长、荥阳敖仓官，中兴皆属河南尹。余均输等皆省。

少府，卿一人，中二千石。本注曰：掌中服御诸物，衣服宝货珍膳之属。丞一人，比千石。

太医令一人，六百石。本注曰：掌诸医。药丞、方丞各一人。本注曰：药丞主药。方丞主药方。

太官令一人，六百石。本注曰：掌御饮食。左丞、甘丞、汤官丞、果丞各一人。本注曰：左丞主饮食。甘丞主膳具。汤官丞主酒。果丞主果。

守宫令一人，六百石。本注曰：主御纸笔墨，及尚书财用诸物及封泥。丞一人。

上林苑令一人，六百石。本注曰：主苑中禽兽。颇有民居，皆主之。捕得其兽送太官。丞、尉各一人。

侍中，比二千石。本注曰：无员。掌侍左右，赞导众事，顾问应对。法驾出，则多识者一人参乘，余皆骑在乘舆车后。本有仆射一人，中兴转为祭酒，或置或否。

中常侍，千石。本注曰：宦者，无员。后增秩比二千石。掌侍左右，从入内宫，赞导内众事，顾问应对给事。

黄门侍郎，六百石。本注曰：无员。掌侍从左右，给事中，关通中外。及诸王朝见于殿上，引王就坐。

小黄门，六百石。本注曰：宦者，无员。掌侍左右，受尚书事。上在内宫，关通中外，及中宫已下众事。诸公主及王太妃等有疾苦，则使问之。

黄门令一人，六百石。本注曰：宦者。主省中诸宦者。丞、从丞各一人。本注曰：宦者。从丞主出入从。

黄门署长、画室署长、玉堂署长各一人。丙署长七人。皆四百石，黄绶。本注曰：宦者。各主中宫别处。

中黄门冗从仆射一人，六百石。本注曰：宦者。主中黄门冗从。居则宿卫，直守门户；出则骑从，夹乘舆车。

中黄门，比百石。本注曰：宦者，无员。后增比三百石。掌给事禁中。

掖庭令一人，六百石。本注曰：宦者。掌后宫贵人采女事。左右丞、暴室丞各一人。本注曰：宦者。暴室丞主中妇人疾病者，就此室治；其皇后、贵人有罪，亦就此室。

永巷令一人，六百石。本注曰：典官婢侍使。丞一人。本注曰：宦者。

御府令一人，六百石。本注曰：宦者。典官婢作中衣服及补浣之属。丞、织室丞各一人。本注曰：宦者。

祠祀令一人，六百石。本注曰：典中诸小祠祀。丞一人。本注曰：宦者。

钩盾令一人，六百石。本注曰：宦者。典诸近池苑囿游观之处。丞、永安丞各一人，三百石。本注曰：宦者。永安，北宫东北别小宫名，有园观。苑中丞、果丞、鸿池丞、南园丞各一人，二百石。本注曰：苑中丞主苑中离宫。果丞主果园。鸿池，池名，在雒阳东二十里。南园在雒水南。濯龙监、直里监各一人，四百石。本注曰：濯龙亦园名，近北宫。直里亦园名也，在雒阳城西南角。

中藏府令一人，六百石。本注曰：掌中币帛金银诸货物。丞一人。

内者令一人，六百石。本注曰：掌宫中布张诸亵物。左右丞各一人。

尚方令一人，六百石。本注曰：掌上手工作御刀剑诸好器物。丞一人。

尚书令一人，千石。本注曰：承秦所置，武帝用宦者，更为中书谒者令，成帝用士人，复故。掌凡选署及奏下尚书曹文书众事。

尚书仆射一人，六百石。本注曰：署尚书事，令不在则奏下众事。

尚书六人，六百石。本注曰：成帝初置尚书四人，分为四曹：常侍曹尚书主公卿事；二千石曹尚书主郡国二千石事；民曹尚书主凡吏上书事；客曹尚书主外国夷狄事。世祖承遵，后分二千石曹，又分客曹为南主客曹、北主客曹，凡六曹。左右丞各一人，四百石。本注曰：掌录文书期会。左丞主吏民章报及骑伯史。右丞假署印绶，及纸笔墨诸财用库藏。侍郎三十六人，四百石。本注曰：一曹有六人，主作文书起草。令史十八人，二百石。本注曰：曹有三，主书。后增剧曹三人，合二十一人。

符节令一人，六百石。本注曰：为符节台率，主符节事。凡遣使掌授节。尚符玺郎中四人。本注曰：旧二人在中，主玺及虎符、竹符之半者。符节令史，二百石。本注曰：掌书。

御史中丞一人，千石。本注曰：御史大夫之丞也。旧别监御史在殿中，密举非法。及御史大夫转为司空，因别留中，为御史台率，后又属少府。治书侍御史二人，六百石。本注曰：掌选明法律者为之。凡天下诸谳疑事，掌以法律当其是非。侍御史十五人，六百石。本注曰：掌察举非法，受公卿群吏奏事，有违失举劾之。凡郊庙之祠及大朝会、大封拜，则二人监威仪，有违失则劾奏。

兰台令史，六百石。本注曰：掌奏及印工文书。

右（上）属少府。本注曰：职属少府者，自太医、上林凡四官。自侍中至御史，皆以文属焉。承秦，凡山泽陂池之税，名曰禁钱，属少府。世祖改属司农，考工转属太仆，都水属郡国。孝武帝初置水衡都尉，秩比二千石，别主上林苑有离宫燕休之处，世祖省之，并其职于少府。每立秋貙刘之日，辄暂置水衡都尉，事讫乃罢。少府本六丞，省五。又省汤官、织室令，置丞。又省上林十池监，胞人长丞，宦者、昆台、佽飞三令，二十一丞。又省水衡属官令、长、丞、尉二十余人。章和以下，中官稍广，加尝药、太官、御者、钩盾、尚方、考工、别作监，皆六百石，宦者为之，转为兼副，或省，故录本官。

卷三十七 志第二十七 百官四

执金吾　太子太傅　大长秋
太子少傅　将作大匠
城门校尉　北军中候　司隶校尉

执金吾一人，中二千石。本注曰：掌宫外戒司非常水火之事。月三绕行宫外，及主兵器。吾犹御也。丞一人，比千石。缇骑二百人。本注曰：无秩，比吏食奉。

武库令一人，六百石。本注曰：主兵器。丞一人。

　　右(上)属执金吾。本注曰：本有式道、左右中候三人，六百石。车驾出，掌在前清道，还持麾至宫门，宫门乃开。中兴但一人，又不常置，每出，以郎兼式道候，事已罢，不复属执金吾。又省中垒、寺互、都船令、丞、尉及左右京辅都尉。

太子太傅一人，中二千石。本注曰：职掌辅导太子。礼如师，不领官属。

大长秋一人，二千石。本注曰：承秦将行，宦者。景帝更为大长秋，或用士人。中兴常用宦者，职掌奉宣中宫命。凡给赐宗亲，及宗亲当谒见者关通之，中宫出则从。丞一人，六百石。本注曰：宦者。

中宫仆一人，千石。本注曰：宦者。主驭。本注曰：太仆，秩二千石，中兴省"太"，减秩千石，以属长秋。

中宫谒者令一人，六百石。本注曰：宦者。中宫谒者三人，四百石。本注曰：宦者。主报中章。

中宫尚书五人，六百石。本注曰：宦者。主中文书。

中宫私府令一人，六百石。本注曰：宦者。主中藏币帛诸物，裁衣被补浣者皆主之。丞一人。本注曰：宦者。

中宫永巷令一人，六百石。本注曰：宦者。主宫人。丞一人。本注曰：宦者。

中宫黄门冗从仆射一人，六百石。本注曰：宦者。主中黄门冗从。

中宫署令一人，六百石。本注曰：宦者。主中宫请署天子数。女骑六人，丞、复道丞各一人。本注曰：宦者。复道丞主中阁道。

中宫药长一人，四百石。本注曰：宦者。

　　右(上)属大长秋。本注曰：承秦，有詹事一人，位在长秋上，亦宦者，主中诸官。成帝省之，以其职并长秋。是后皇后当法驾出，则中谒、中宫者职吏权兼詹事奉引，讫罢。宦者诛后，尚书选兼职吏一人奉引云。其中长信、长乐宫者，置少府一人，职如长秋，及余吏皆以宫名为号，员数秩次如中宫。本注曰：帝祖母称长信宫，故有长信少府，长乐少府，位在长秋上，及职吏皆宦者，秩次如中宫。长乐又有卫尉，仆为太仆，皆二千石，在少府上。其崩则省，不常置。

太子少傅，二千石。本注曰：亦以辅导为职，悉主太子官属。

太子率更令一人，千石。本注曰：主庶子、舍人更直，职似光禄。

太子庶子，四百石。本注曰：无员，如三署中郎。

太子舍人，二百石。本注曰：无员，更直宿卫，如三署郎中。

太子家令一人，千石。本注曰：主仓谷饮食，职似司农、少府。

太子仓令一人，六百石。本注曰：主仓谷。

太子食官令一人，六百石。本注曰：主饮食。

太子仆一人，千石。本注曰：主车马，职如太仆。

太子厩长一人，四百石。本注曰：主车马。

太子门大夫，六百石。本注曰：《旧注》云职比郎将。旧有左右户将，别主左右户直郎，建武以来省之。

太子中庶子，六百石。本注曰：员五人，职如侍中。

太子洗马，比六百石。本注曰：《旧注》云员十六人，职如谒者。太子出，则当直者在前导威仪。

太子中盾一人，四百石。本注曰：主周卫徼循。

太子卫率一人，四百石。本注口：主门卫士。

　　右(上)属太子少傅。本注曰：凡初即位，未有太子，官属皆罢，唯舍人不省，领属少府。

将作大匠一人，二千石。本注曰：承秦，曰将作少府，景帝改为将作大匠。掌修作宗庙、路寝、宫室、陵园木土之功，并树桐梓之类列于道侧。丞一人，六百石。

左校令一人，六百石。本注曰：掌左工徒。丞一人。

右校令一人，六百石。本注曰：掌右工徒。丞一人。

　　右(上)属将作大匠。

城门校尉一人，比二千石。本注曰：掌雒阳城门十二所。

司马一人，千石。本注曰：主兵。城门每门候一人，六百石。本注曰：雒阳城十二门，其正南一门曰平城门，北宫门，属卫尉。其余上西门，雍门，广阳门，津门，小苑门，开阳门，耗门，中东门，上东门，榖门，夏门，凡十二门。
　　右(上)属城门校尉。
　　北军中候一人，六百石。本注曰：掌监五营。
　　屯骑校尉一人，比二千石。本注曰：掌宿卫兵。司马一人，千石。
　　越骑校尉一人，比二千石。本注曰：掌宿卫兵。司马一人，千石。
　　步兵校尉一人，比二千石。本注曰：掌宿卫兵。司马一人，千石。
　　长水校尉一人，比二千石。本注曰：掌宿卫兵。司马、胡骑司马各一人，千石。本注曰：掌宿卫，主乌桓骑。
　　射声校尉一人，比二千石。本注曰：掌宿卫兵。司马一人，千石。
　　右(上)属北军中候。本注曰：旧有中垒校尉，领北军营垒之事。有胡骑、虎贲校尉，皆武帝置。中兴省中垒，但置中候，以监五营。胡骑并长水。虎贲主轻车，并射声。
　　凡中二千石，丞比千石。真二千石，丞、长史六百石。比二千石，丞比六百石。令、相千石，丞、尉四百石；其六百石，丞、尉三百石。长、相四百石及三百石，丞、尉皆二百石。诸侯、公主家丞，秩皆比百石。诸边郡塞尉、诸陵校尉长，皆二百石。有常例者不署秩。
　　司隶校尉一人，比二千石。本注曰：孝武帝初置，持节，掌察举百官以下，及京师近郡犯法者。元帝去节，成帝省，建武中复置，并领一州。从事史十二人。本注曰：都官从事，主察举百官犯法者。功曹从事，主州选署及众事。别驾从事，校尉行部则奉引，录众事。簿曹从事，主财谷簿书。其有军事，则置兵曹从事，主兵事。其余部郡国从事，每郡国各一人，主督促文书，察举非法，皆州自辟除，故通为百石云。假佐二十五人。本注曰：主簿录阁下事，省文书。门亭长主州正。门功曹书佐主选用。《孝经》师主监试经。《月令》师主时节祠祀。律令师主平法律。簿曹书佐主簿书。其余都官书佐及每郡国，各有典郡书佐一人，各主一郡文书，以郡吏补，岁满一更。司隶所部郡七。
　　河南尹一人，主京都，特奉朝请。其京兆尹、左冯翊、右扶风三人，汉初都长安，皆秩中二千石，谓之三辅。中兴都雒阳，更以河南郡为尹，以三辅陵庙所在，不改其号，但减其秩。其余弘农、河内、河东三郡。其置尹，冯翊、扶风及太守丞奉之本位，在《地理志》。

卷三十八 志第二十八 百官五

　　州郡　县乡　亭里　匈奴中郎将　乌桓校尉　护羌校尉
　　王国　宋卫国　列侯　关内侯　四夷国　百官奉

　　外十二州，每州刺史一人，六百石。本注曰：秦有监御史，监诸郡，汉兴省之，但遣丞相史分刺诸州，无常官。孝武帝初置刺史十三人，秩六百石。成帝更为牧，秩二千石。建武十八年，复为刺史，十二人各主一州，其一州属司隶校尉。诸州常以八月巡行所部郡国，录囚徒，考殿最。初岁尽诣京都奏事，中兴但因计吏。
　　皆有从事史、假佐。本注曰：员职略与司隶同，无都官从事，其功曹从事为治中从事。
　　豫州部郡国六，冀州部九，兖州部八，徐州部五，青州部六，荆州部七，扬州部六，益州部十二，凉州部十二，并州部九，幽州部十一，交州部七，凡九十八。其二十七王国相，其七十一郡太守。其属国都尉。属国，分郡离远县置之，如郡差小，置本郡名。世祖并省郡县四百余所，后世稍复增之。
　　凡州所监都为京都，置尹一人，二千石，丞一人。每郡置太守一人，二千石，丞一人。郡当边戍者，丞为长史。王国之相亦如之。每属国置都尉一人，比二千石，丞一人。本注曰：凡郡国皆掌治民，进贤劝功，决讼检奸。常以春行所主县，劝民农桑，振救乏绝。秋冬遣无害吏案讯诸囚，平其罪法，论课殿最。岁尽遣吏上计。并举孝廉，郡口二十万举一人。尉一人，典兵禁，备盗贼，景帝更名都尉。武帝又置三辅都尉各一人，讥出入，边郡置农都尉，主屯田殖谷。又置属国都尉，主蛮夷降者。中兴建武六年，省诸郡都尉，并职太守，无都试之役。省关都尉，唯边郡往往置都尉及属国都尉，稍有分县，治民比郡。安帝以羌犯法，三辅有陵园之守，乃复置右扶风都尉，京兆虎牙都尉。皆置诸曹掾史。本注曰：诸曹略如公府曹，无东西曹。有功曹史，主选署功劳。有五官掾，署功曹及诸曹事。其监属县，有五部督邮，曹掾一人。正门有亭长一人。主记室史，主录记书，催期会。无令史。阁下及诸曹各有书佐，干主文书。
　　属官，每县、邑、道，大者置令一人，千石；其次置长，四百石；小者置长，三百石；侯国之相，秩次亦如之。本注曰：皆掌治民，显善劝义，禁奸罚恶，理讼平贼，恤民时务，秋冬集课，上计于所属郡国。
　　凡县主蛮夷曰道。公主所食汤沐曰邑。县万户以上为令,不满为长。侯国为相。皆秦制也。丞各一人。尉大县二人,小县一人。本注曰:丞署文书,典知仓狱。尉主盗贼。凡有贼发,主名不立,则推举行寻,案察奸究,以起端绪。各署诸曹掾史。本注曰:诸曹略如郡员,五官为廷掾,监乡五部,春夏为劝农掾,秋冬为制度掾。

乡置有秩、三老、游徼。本注曰:有秩,郡所署,秩百石,掌一乡人;其乡小者,县置啬夫一人。皆主知民善恶,为役先后,知民贫富,为赋多少,平其差品。三老掌教化。凡有孝子顺孙,贞女义妇,让财救患,及学士为民法式者,皆扁表其门,以兴善行。游徼掌徼循,禁司奸盗。又有乡佐,属乡,主民收赋税。

亭有亭长,以禁盗贼。本注曰:亭长,主求捕盗贼,承望都尉。

里有里魁,民有什伍,善恶以告。本注曰:里魁掌一里百家。什主十家,伍主五家,以相检察。民有善事恶事,以告监官。

边县有障塞尉。本注曰:掌禁备羌夷犯塞。其郡有盐官、铁官、工官、都水官者,随事广狭置令、长及丞,秩次皆如县、道,无分士,给均本吏。本注曰:凡郡县出盐多者置盐官,主盐税。出铁多者置铁官,主鼓铸。有工多者置工官,主工税物。有水池及鱼利多者置水官,主平水收渔税。在所诸县均差吏更给之,置吏随事,不具县员。

使匈奴中郎将一人,比二千石。本注曰:主护南单于。置从事二人,有事随事增之,掾随事为员。护羌、乌桓校尉所置亦然。

护乌桓校尉一人,比二千石。本注曰:主乌桓胡。

护羌校尉一人,比二千石。本注曰:主西羌。

皇子封王,其郡为国,每置傅一人,相一人,皆二千石。本注曰:傅主导王以善。礼如师,不臣也。相如太守。有长史,如郡丞。

汉初立诸王,因项羽所立诸王之制,地既广大,且至千里。又其官职傅为太傅,相为丞相,又有御史大夫及诸卿,皆秩二千石,百官皆如朝廷。国家唯为置丞相,其御史大夫以下皆自置之。至景帝时,吴、楚七国恃其国大,遂以作乱,几危汉室。及其诛灭,景帝惩之,遂令诸王不得治民,令内史主治民,改丞相曰相,省御史大夫、廷尉、少府、宗正、博士官。武帝改汉内史、中尉、郎中令之名,而王国如故,员职皆朝廷为署,不得自置。至成帝省内史治民,更令相治民,太傅但曰傅。

中尉一人,比二千石。本注曰:职如郡都尉,主盗贼。郎中令一人,仆一人,皆千石。本注曰:郎中令掌大夫、郎中宿卫,官如光禄勋。自省少府,职皆并焉。仆主车及驭,如太仆。本曰太仆,比二千石,武帝改,但曰仆,又皆减其秩。治书,比六百石。本注曰:治书本尚书更名。大夫,比六百石。本注曰:无员。掌奉王使至京都,奉璧贺正月,及使诸国。本皆持节,后去节。谒者,比四百石。本注曰:掌冠长冠。本员十六人,后减。礼乐长。本注曰:主乐人。卫士长。本注曰:主卫士。医工长。本注曰:主医药。永巷长。本注曰:宦者,主宫中婢使。祠祀长。本注曰:主祠祀。皆比四百石。郎中,二百石。本注曰:无员。

卫公、宋公。本注曰:建武二年,封周后姬常为周承休公;五年,封殷后孔安为殷绍嘉公。十三年,改常为卫公,安为宋公,以为汉宾,在三公上。

列侯,所食县为侯国。本注曰:承秦爵二十等,为彻侯,金印紫绶,以赏有功。功大者食县,小者食乡、亭,得臣其所食吏民。后避武帝讳,为列侯。武帝元朔二年,令诸王得推恩分众子土,国家为封,亦为列侯。旧列侯奉朝请在长安者,位次三公。中兴以来,唯以功德赐位特进者,次车骑将军;赐位朝侯,次五校尉;赐位侍祠侯,次大夫。其余以肺附及公主子孙奉坟墓于京都者,亦随时见会,位在博士、议郎下。

诸王封者受茅土,归以立社稷,礼也。列土、特进、朝侯贺正月执璧云。

每国置相一人,其秩各如本县。本注曰:主治民,如令、长,不臣也。但纳租于侯,以户数为限。其家臣,置家丞、庶子各一人。本注曰:主侍侯,使理家事。列侯旧有行人、洗马、门大夫,凡五官。中兴以来,食邑千户已上置家丞、庶子各一人,不满千户不置家丞,又悉省行人、洗马、门大夫。

关内侯,承秦赐爵十九等,为关内侯,无土,寄食在所县,民租多少,各有户数为限。

四夷国王,率众王,归义侯,邑君,邑长。皆有丞,比郡、县。

百官受奉例:大将军、三公奉,月三百五十斛。中二千石奉,月百八十斛。二千石奉,月百二十斛。比二千石奉,月百斛。千石奉,月八十斛。六百石奉,月七十斛。比六百石奉,月五十斛。四百石奉,月四十五斛。比四百石奉,月四十斛。三百石奉,月四十斛。比三百石奉,月三十七斛。二百石奉,月三十斛。比二百石奉,月二十七斛。一百石奉,月十六斛。斗食奉,月十一斛。佐史奉,月八斛。凡诸受奉,皆半钱半谷。

赞曰:帝道渊默,家帅修德。寡以御众,分职乃克。不置不监,无骄无忒。程是师徒,宁民康国。

卷三十九 志第二十九 舆服上

玉辂　乘舆　金根　安车　立车　耕车　戎车　猎车　轩车　青盖车　绿车　皂盖车　夫人安车　大驾　法驾　小驾　轻车　大使车　小使车　载车　导从车　车马饰

《书》曰："明试以功，车服以庸。"言昔者圣人兴天下之大利，除天下之大害，躬亲其事，身履其勤，忧之劳之，不避寒暑，使天下之民物，各得安其性命，无夭昏暴陵之灾。是以天下之民，敬而爱之，若亲父母；则而养之，若仰日月。夫爱之者欲其长久，不惮力役，相与起作宫室，上栋下宇，以雍覆之，欲其长久也；敬之者欲其尊严，不惮劳烦，相与起作舆轮旌旗章表，以尊严之，斯爱之至，敬之极也。苟心爱敬，虽报之至，情由未尽。或杀身为之，尽其情也；弈世以祀之，明其功也。是以流光与天地比长。后世圣人，知恤民之忧思深大者，必飨其乐，勤仁毓物使不夭折者，必受其福。故为之制礼以节之，使夫上仁继天统物，不伐其功，民物安逸，若道自然，莫知所谢。《老子》曰："圣人不仁，以百姓为刍狗。"此之谓也。夫礼服之兴也，以报功章德，尊仁尚贤。故礼尊尊贵贵，不得相逾，所以为礼也。非其人不得服其服，所以顺礼也。顺则上下有序，德薄者退，德盛者缛。故圣人处乎天子之位，服玉藻邃延，日月升龙，山车金饰乃，黄屋左纛，所以副其德，章其功也。贤仁佐圣，封国受民，黼黻文绣，降龙路车，所以显其仁，光其能也。及其季末，圣人不得其位。贤者隐伏，是以天子微弱，诸侯胁矣。于是相贵以等，相觏以货，相赂以利，天下之礼乱矣。至周夷王下堂而迎诸侯，此天子失礼，微弱之始也。自是诸侯宫县乐食，祭以白牡，击玉磬，朱干设锡，冕而儛《大武》。大夫台门旅树反坫，绣黼丹朱中衣，镂簋朱紘，此大夫之僭诸侯礼也。《诗》刺"彼己之子，不称其服"，伤其败化。《易》讥"负且乘，致寇至"，言小人乘君子器，盗思夺之矣。自是礼制大乱，兵革并作；上下无法，诸侯陪臣，山鼥藻棁。降及战国，奢僭益炽，削灭礼籍，盖恶有害己之语。竞修奇丽之服，饰以舆马，文罽玉缨，象镳金鞍，以相夸上。争锥刀之利，杀人若刈草然，其宗祀亦旋夷灭。荣利在己，虽死不悔。及秦并天下，揽上舆服，上选以供御，其次以锡百官。汉兴，文学既缺，时亦草创，承秦之制，后稍改定，参稽《六经》，近于雅正。孔子曰："其或继周者，行夏之正，乘殷之辂，服周之冕，乐则《韶舞》。"故撰《舆服》著之于篇，以观古今损益之义云。上古圣人，见转蓬始知为轮。轮行可载，因物知生，复为之舆。舆轮相乘，流运罔极，任重致远，天下获其利。后世圣人观于天，视斗周旋，魁方杓曲，以携龙、角为帝车，于是乃曲其輈，乘牛驾马，登险赴难，周览八极。故《易》《震》乘《乾》，谓之《大壮》，言器莫能有上之者也。自是以来，世加其饰。至奚仲为夏车正，建其斿旐，尊卑上下，各有等级。周室大备，官有六职，百工与居一焉。一器而群工致巧者，车最多，是故具物以时，六材皆良。舆方法地，盖圆象天；三十辐以象日月；盖弓二十八以象列星；龙旂九斿，七仞齐轸，以象大火；鸟旟七斿，五仞齐较，以象鹑火；熊旗六斿，五仞齐肩，以象参、伐；龟旐四斿，四仞齐首，以象营室；弧旌枉矢，以象弧也：此诸侯以下之所建者也。

天子五路，以玉为饰，锡樊缨十有再就，建太常，十有二斿，九仞曳地，日月升龙，象天明也。夷王以下，周室衰弱，诸侯大路。秦并天下，阅三代之礼，或曰殷瑞山车，金根之色。汉承秦制，御为乘舆，所谓孔子乘殷之路者也。

乘舆、金根、安车、立车，轮皆朱班重牙，贰毂两辖，金薄缪龙，为舆倚较，文虎伏轼，龙首衔轭，左右吉阳筩，鸾雀立衡，㮳文画輈，羽盖华蚤，建大旂，十有二斿，画日月升龙，驾六马，象镳镂钖金䥹方钑，插翟尾，朱兼樊缨，赤罽易茸，金就十有二，左纛以犛牛尾为之，在左骖马轭上，大如斗，是为德车。五时车，安、立亦皆以之。各如方色，马亦如之。白马者，朱其髦尾为朱鬣云。所御驾六，余皆驾四，后从为副车。

耕车，其饰皆如之。有三盖。一曰芝车，置耒耜之箙，上亲耕所乘也。

戎车，其饰皆如之，蕃以矛麾金鼓羽析幢翳，辎青甲驾之箙。

猎车，其饰皆如之。重辋缦轮，缪龙绕之。一曰阘猪车，亲校猎乘之。

太皇太后、皇太后法驾，皆御金根，加交络帐裳。非法驾，则乘紫罽轩车，云㮳文画輈，黄金涂五末、盖蚤。左右骖，驾三马。长公主赤罽轩车。

大贵人、贵人、公主、王妃、封君油画轩车。大贵人加节画輈。皆右骖而已。

皇太子、皇子皆安车，朱班轮，青盖，金华蚤，黑㮳文，画輈文輈，金涂五末。皇子为王，锡以乘之，故曰王青盖车。皇孙则绿车以从。皆左右骖，驾三。公、列侯安车，朱班轮，倚鹿较，伏熊轼，皂缯盖，黑輈，右骖。

中二千石、二千石皆皂盖，朱两轓。其千石、六百石，朱左轓。轓长六尺，下屈广八寸，上业广尺二寸，九文，十二初，后谦二寸，若月初生，示不敢自满也。景帝中元五年，始诏六百石以上施车轓，得铜五末，軛有吉阳筩。中二千石以上皂盖，三百石以上皂布盖，千石以上皂缯覆盖，二百石以下白布盖，皆有四维杠衣。贾人不得乘马车。除吏赤画杠，其余皆青云。

公、列侯、中二千石、二千石夫人，会朝若蚕，各乘其夫之安车，右騑，加交络帷裳，皆皂。非公会，不得乘朝车，得乘漆布辑軿车，铜五末。

乘舆大驾，公卿奉引，太仆御，大将军参乘。属车八十一乘，备千乘万骑。西都行祠天郊，甘泉备之。官有其注，名曰甘泉卤簿。东都唯大行乃大驾。大驾，太仆校驾；法驾，黄门令校驾。

乘舆法驾，公卿不在卤簿中。河南尹、执金吾、雒阳令奉引，奉车郎御，侍中参乘。属车三十六乘。前驱有九斿云罕、凤皇闟戟、皮轩鸾旗，皆大夫载。鸾旗者，编羽旄，列系橦旁。民或谓之鸡翘，非也。后有金钲黄钺，黄门鼓车。古者诸侯贰车九乘。秦灭九国，兼其车服，故大驾属车八十一乘，法驾半之。属车皆皂盖赤里，朱轓，戈矛弩箙，尚书、御史所载。最后一车悬豹尾，豹尾以前比省中。行祠天郊以法驾，祠地、明堂省什三，祠宗庙尤省，谓之小驾。每出，太仆奉驾上卤簿，中常侍、小黄门副；尚书主者，郎令史副；侍御史，兰台令史副。皆执注，以督整车骑，谓之护驾。春秋上陵，尤省于小驾，直事尚书一人从，其余令以下，皆先行后罢。

轻车，古之战车也。洞朱轮舆，不巾不盖，建矛戟幢麾，雠辀驾服。藏在武库。大驾、法驾出，射声校尉、司马吏士载，以次属车，在卤簿中。诸车有矛戟，其饰幡斿旗帜皆五采，制度从《周礼》。吴孙《兵法》云："有巾有盖，谓之武刚车。"武刚车者，为先驱。又为属车轻车，为后殿焉。

大使车，立乘，驾驷，赤帷。持节者，重导从：贼曹车、斧车、督车、功曹车皆两；大车，伍伯璅弩十二人；辟车四人；从车四乘。无节，单导从，减半。小使车，不立乘，有騑，赤屏泥油，重绛帷。导无斧车。近小使车，兰舆赤毂，白盖赤帷。从驺骑四十人。此谓追捕考案，有所敕取者之所乘也。

诸使车皆朱班轮，四辐，赤衡轭。其送葬，白堊已下，洒车而后还。公、卿、中二千石、二千石，郊庙、明堂、祠陵，法出，皆大车，立乘，驾驷。他出，乘安车。

大行载车，其饰如金根车，加施组连璧交络四角，金龙首衔璧，垂五采，析羽流苏前后，云气画帷裳，橦文画曲轓，长悬车等。太仆御，驾六白骆马。布施马者，淳白骆马也，以黑药灼其身为虎文。既下，马斥卖，车藏城北秘宫，皆不得入城门。当用，太仆考工乃内饰治，礼吉凶不相干也。

公卿以下至县三百石长导从，置门下五吏：贼曹、督盗贼、功曹，皆带剑，三车导；主簿、主记，两车为从。县令

以上，加导斧车。公乘安车，则前后并马立乘。长安、雒阳令及王国都县加前后兵车。亭长，设右騑，驾两。璅弩车前伍伯，公八人，中二千石、二千石、六百石皆四人，自四百石以下至二百石皆二人。黄绶，武官伍伯，文官辟车。铃下、侍阁、门兰、部署、街里走卒，皆有程品，多少随所典领。驿马三十里一置，卒皆赤帻绛韝云。

古者军出，师旅皆从；秦省其卒，取其师旅之名焉。公以下至二千石，骑吏四人，千石以下至三百石，县长二人，皆带剑，持棨戟为前列，犍弓韣九鞬。诸侯王法驾，官属傅相以下，皆备卤簿，似京都官骑，张弓带韣，遮迾出入称促。列侯，家丞、庶子导从。若会耕祠，主县假给辟车鲜明卒，备其威仪。导从事毕，皆罢所假。

诸车之文：乘舆，倚龙伏虎，橦文画辀，龙首鸾衡，重牙班轮，升龙飞軨。皇太子、诸侯王，倚虎伏鹿，橦文画辀辖，吉阳筩，朱班轮，鹿文飞軨，旆旗九斿降龙。公、列侯，倚鹿伏熊。黑轓，朱班轮，鹿文飞軨，九斿降龙。卿，朱两轓，五斿降龙。二千石以下各从科品。诸轓车以上，軛皆有吉阳筩。

诸马之文：案乘舆，金镂方釳，插翟象镳，龙画总，洙升龙，赤扇汗，青两翅，燕尾。驸马，左右赤珥流苏，飞鸟节，赤膺兼。皇太子或亦如之。王、公、列侯，镂钖文髦，朱镳朱鹿，朱文，绛扇汗，青翅燕尾。卿以下有騑者，缇扇汗，青翅尾，当卢文髦，上下皆通。中二千石以上及使者，乃有騑驾云。

卷四十　志第三十　舆服下

冕冠　长冠　委貌冠　皮弁冠
爵弁冠　通天冠　远游冠
高山冠　进贤冠　法冠　武冠
建华冠　方山冠　巧士冠
却非冠　却敌冠　樊哙冠　术氏冠　鹖冠　帻　佩　刀　印
黄赤绶　赤绶　绿绶　紫绶
青绶　黑绶　黄绶　青绀纶
后夫人服

上古穴居而野处，衣毛而冒皮，未有制度。后世圣人易之以丝麻，观翚翟之文，荣华之色，乃染帛以效之，始作五采，成以为服。见鸟兽有冠角颔胡之制，遂作冠冕缨

蕤,以为首饰。凡十二章。故《易》曰:"庖牺氏之王天下也,仰观象于天,俯观法于地,观鸟兽之文,与地之宜,近取诸身,远取诸物,于是始作八卦,以通神明之德,以类万物之情。"黄帝尧舜垂衣裳而天下治,盖取诸乾巛。乾巛有文,故上衣玄,下裳黄。日月星辰,山龙华虫,作缋宗彝,藻火粉米,黼黻絺绣,以五采章施于五色作服。天子备章,公自山以下,侯伯自华虫以下,子男自藻火以下,卿大夫自粉米以下。至周而变之,以三辰为旂旗。王祭上帝,则大裘而冕;公侯卿大夫之服用九章以下。秦以战国即天子位,灭去礼学,郊祀之服皆以袀玄。汉承秦故。至世祖践阼,都于土中,始修三雍,正兆七郊。显宗遂就大业,初服旒冕,衣裳文章,赤舄绚履,以祠天地,养三老五更于三雍,于时致治平矣。天子、三公、九卿、特进侯、侍祠侯,祀天地明堂,皆冠旒冕,衣裳玄上纁下。乘舆备文,日月星辰十二章,三公、诸侯用山龙九章,九卿以下用华虫七章,皆备五采,大佩,赤舄绚履,以承大祭。百官执事者,冠长冠,皆祗服。五岳、四渎、山川、宗庙、社稷诸沾秩祠,皆袀玄长冠,五郊各如方色云。百官不执事,各服常冠袀玄以从。

冕冠,垂旒,前后邃延,玉藻,孝明皇帝永平二年,初诏有司采《周官》、《礼记》、《尚书·皋陶篇》,乘舆服从欧阳氏说,公卿以下从大小夏侯氏说。冕皆广七寸,长尺二寸,前圆后方,朱绿里,玄上,前垂四寸,后垂三寸,系白玉珠为十二旒,以其绶采色为组缨。三公诸侯七旒,青玉为珠;卿大夫五旒,黑玉为珠。皆有前无后,各以其绶采色为组缨,旁垂黈纩。郊天地,宗祀,明堂,则冠之。衣裳玉佩备章采,乘舆刺绣,公侯九卿以下皆织成,陈留襄邑献之云。

长冠,一曰斋冠,高七寸,广三寸,促漆纚为之,制如板,以竹为里。初,高祖微时,以竹皮为之,谓之刘氏冠,楚冠制也。民谓之鹊尾冠,非也。祀宗庙诸祀则冠之。皆服袀玄,绛缘领袖为中衣,绛绔袜,示其赤心奉神也。五郊,衣帻绔袜各如其色。此冠高祖所造,故以为祭服,尊敬之至也。

委貌冠、皮弁冠同制,长七寸,高四寸,制如覆杯,前高广,后卑锐,所谓夏之毋追,殷之章甫者也。委貌以皂绢为之,皮弁以鹿皮为之。行大射礼于辟雍,公卿诸侯大夫行礼者,冠委貌,衣玄端素裳。执事者冠皮弁,衣缁麻衣,皂领袖,下素裳,所谓皮弁素积者也。

爵弁,一名冕。广八寸,长尺二寸,如爵形,前小后大,缯其上似爵头色,有收持笄,所谓夏收殷冔者也。祠天地五郊明堂,《云翘舞》乐人服之。《礼》曰:"朱干玉戚,冕而舞《大夏》。"此之谓也。

通天冠,高九寸,正竖,顶少邪却,乃直下为铁卷梁,前有山,展筒为述,乘舆所常服。服衣,深衣制,有袍,随五时色。袍者,或曰周公抱成王宴居,故施袍。《礼记》"孔子

衣逢掖之衣。"缝掖其袖,合而缝大之,近今袍者也。今下至贱更小史,皆通制袍,单衣,皂缘领袖中衣,为朝服云。

远游冠,制如通天,有展筒横之于前,无山述,诸王所服也。

高山冠,一曰侧注。制如通天,顶不邪却,直竖,无山述展筒,中外官、谒者、仆射所服。太傅胡广说曰:"高山冠,盖齐王冠也。秦灭齐,以其君冠赐近臣谒者服之。"

进贤冠,古缁布冠也,文儒者之服也。前高七寸,后高三寸,长八寸。公侯三梁,中二千石以下至博士两梁,自博士以下至小史私学弟子,皆一梁。宗室刘氏亦两梁冠,示加服也。

法冠,一曰柱后,高五寸,以纚为展筒,铁柱卷,执法者服之,侍御史、廷尉正监平也。或谓之獬豸冠。獬豸神羊,能别曲直,楚王尝获之,故以为冠。胡广说曰:"《春秋左氏传》有南冠而絷者,则楚冠也。秦灭楚,以其君服赐执法近臣御史服之。"

武冠,一曰武弁大冠,诸武官冠之。侍中、中常侍加黄金珰,附蝉为文,貂尾为饰,谓之"赵惠文冠"。胡广说曰:"赵武灵王效胡服,以金珰饰首,前插貂尾,为贵职。秦灭赵,以其君冠赐近臣。"建武时,匈奴内属,世祖赐南单于衣服,以中常侍惠文冠,中黄门童子佩刀云。

建华冠,以铁为柱卷,贯大铜珠九枚,制似缕鹿。记曰:"知天者冠述,知地者履绚。"《春秋左传》:"郑子臧好鹬冠。"前圆,以为此则是也。天地、五郊、明堂,《育命舞》乐人服之。

方山冠,似进贤,以五采縠为之。祠宗庙,《大予》、《八佾》、《四时》、《五行》乐人服之,冠衣各如其行方之色而舞焉。

巧士冠,前高七寸,要后相通,直竖。不常服,唯郊天,黄门从官四人冠之,在卤簿中,次乘舆车前,以备宦者四星云。

却非冠,制似长冠,下促。宫殿门吏仆射服之。负赤幡,青翅燕尾,诸仆射幡皆如之。

却敌冠,前高四寸,通长四寸,后高三寸,制似进贤,卫士服之。

樊哙冠,汉将樊哙造次所冠,以入项羽军。广九寸,高七寸,前后出各四寸,制似冕。司马殿门大难卫士服之。或曰,樊哙常持铁楯,闻项羽有意杀汉王,哙裂裳以裹楯,之入军门,立汉王旁,视项羽。

术氏冠,前圆,吴制,差池逦迤四重。赵武灵王好服之。今不施用,官有其图注。

诸冠皆有缨蕤,执事及武吏皆缩缨,垂五寸。

武冠,俗谓之大冠,环缨无蕤,以青系为绲,加双鹖尾,竖左右,为鹖冠云。五官、左右虎贲、羽林、五中郎将、羽林左右监皆冠鹖冠,纱縠单衣。虎贲将虎文绔,白虎文

剑佩刀。虎贲武骑皆鹖冠，虎文单衣。襄邑岁献织成虎文云。鹖者，勇雉也，其斗对一死乃止，故赵武灵王以表武士，秦施之焉。

安帝立皇太子，太子谒高祖庙、世祖庙，门大夫从，冠两梁进贤；洗马冠高山。罢庙，侍御史任方奏请非乘从时，皆冠一梁，不宜以为常服。事下有司。尚书陈忠奏："门大夫职如谏大夫，洗马职如谒者，故皆服其服，先帝之旧也。方言可寝。"奏可。谒者，古者一名洗马。

古者有冠无帻，其戴也，加首有颏，所以安物。故《诗》曰"有颏者弁"，此之谓也。三代之世，法制滋彰，下至《战国》，文武并用。秦雄诸侯，乃加其武将首饰为绛袙，以表贵贱，其后稍稍作颜题。汉兴，续其颜，却摞之，施巾连题，却覆之，今丧帻是其制也。名之曰帻，帻者，赜也，头首严赜也。至孝文乃高颜题，续之为耳，崇其巾为屋，合后施收，上下群臣贵贱皆服之。文者长耳，武者短耳，称其冠也。尚书帻收，方三寸，名曰纳言，示以忠正，显近职也。迎气五郊，各如其色，从章服也。皂衣群吏春服青帻，立夏乃止，助微顺气，尊其方也。武吏常赤帻，成其威也。未冠童子帻无屋，示未成人也。入学小童帻也句卷屋者，示尚幼少，未远冒也。丧帻却摞，反本礼也。升数如冠，与冠偕也。期丧起耳有收，素帻亦如之，礼轻重有制，变除从渐，文也。

古者君臣佩玉，尊卑有度；上有韨，贵贱有殊。佩，所以章德，服之衷也。韨，所以执事，礼之共也。故礼有其度，威仪之制，三代同之。五霸迭兴，战兵不息，佩非战器，韨非兵旗，于是解去韨佩，留其系璲，以为章表。故《诗》曰"鞙鞙佩璲"，此之谓也。韨佩既废，秦乃以采组连结于璲，光明章表，转相结受，故谓之绶。汉承秦制，用而弗改，故加之以双印佩刀之饰。至孝明皇帝，乃为大佩，冲牙双瑀璜，皆以白玉。乘舆落以白珠，公卿诸侯以采丝，其玉视冕旒，为祭服云。

佩刀，乘舆黄金通身貂错，半鲛鱼鳞，金漆错，雌黄室，五色罽隐室华。诸侯王黄金错，环挟半鲛，黑室。公卿百官皆纯黑，不半鲛。小黄门雌黄室，中黄门朱室，童子皆虎爪文，虎贲黄室虎文，其将白虎文，皆以白珠鲛为镖口之饰。乘舆者，加翡翠山，纡婴其侧。

佩双印，长寸二分，方六分。乘舆、诸侯王、公、列侯以白玉，中二千石以下至四百石皆以黑犀，二百石以至私学弟子皆以象牙。上合丝，乘舆以縢贯白珠，赤罽蕤，诸侯王以下以綟丝蕤，縢綟各如其印质。刻书文曰："正月刚卯既决，灵殳四方，赤青白黄，四色是当。帝令祝融，以教夔龙，庶疫刚瘅，莫我敢当。疾日严卯，帝令夔化，慎尔周伏，化兹兕殳。既正既直，既觚既方，庶疫刚瘅，莫我敢当。"凡六十六字。

乘舆黄赤绶，四采，黄赤缥绀，淳黄圭，长二丈九尺九寸，五百首。

诸侯王赤绶，四采，赤黄缥绀，淳赤圭，长二丈一尺，三百首。

太皇太后、皇太后，其绶皆与乘舆同，皇后亦如之。

长公主、天子贵人与诸侯王同绶者，加特也。

诸国贵人、相国皆绿绶，三采，绿紫绀，淳绿圭，长二丈一尺，二百四十首。

公、侯、将军紫绶，二采，紫白，淳紫圭，长丈七尺，百八十首。公主封君服紫绶。

九卿、中二千石、二千石青绶，三采，青白红，淳青圭，长丈七尺，百二十首。自青绶以上，䌟皆长三尺二寸，与绶同采而首半之。䌟者，古佩璲也。佩绶相迎受，故曰䌟。紫绶以上，䌟绶之间得施玉环镳云。

千石、六百石黑绶，三采，青赤绀，淳青圭，长丈六尺，八十首。四百石、三百石长同。

四百石、三百石、二百石黄绶，一采，淳黄圭，长丈五尺，六十首。自黑绶以下，䌟绶皆长三尺，与绶同采而首半之。

百石青绀绶，一采，宛转缪织圭，长丈二尺。

凡先合单纺为一系，四系为一扶，五扶为一首，五首成一文，文采淳为一圭。首多者系细，少者系粗，皆广尺六寸。

太皇太后、皇太后入庙服，绀上皂下，蚕，青上缥下，皆深衣制，隐领袖缘以绦。翦氂菌，簪珥。珥，耳珰垂珠也。簪以玳瑁为擿，长一尺，端为华胜，上为凤皇爵，以翡翠为毛羽，下有白珠，垂黄金镊，左右一横簪之，以安菌结。诸簪珥皆同制，其擿有等级焉。

皇后谒庙服，绀上皂下，蚕，青上缥下，皆深衣制，隐领袖缘以绦。假结，步摇，簪珥。步摇以黄金为山题，贯白珠为桂枝相缪，一爵九华，熊、虎、赤罴、天鹿、辟邪、南山丰大特六兽，《诗》所谓"副笄六珈"者。诸爵兽皆以翡翠为毛羽。金题，白珠珰绕，以翡翠为华云。

贵人助蚕服，纯缥上下，深衣制。大手结，墨玳瑁，又加簪珥。长公主见会衣服，加步摇，公主大手结，皆有簪珥，衣服同制。自公主封君以上皆带绶，以采组为绲带，各如其绶色。黄金辟邪，首为带镳，饰以白珠。

公、卿、列侯、中二千石、二千石夫人，绀缯菌，黄金龙首衔白珠，鱼须擿，长一尺，为簪珥。入庙佐祭者皂绢上下，助蚕者缥绢上下，皆深衣制，缘。自二千石夫人以上至皇后，皆以蚕衣为朝服。

公主、贵人、妃以上，嫁娶得服锦绮罗縠缯，采十二色，重缘袍。特进、列侯以上锦缯，采十二色。六百石以上重练，采九色，禁丹紫绀。三百石以上五色采，青绛黄红绿。二百石以上四采，青黄红绿。贾人，缃缥而已。公、列侯以下皆单缘襈，制文绣为祭服。自皇后以下，皆不得服诸古丽圭糁闱缘加上之服。建武、永平禁绝之，建初、永元又复中重，于是世莫能有制其裁者，乃遂绝矣。

凡冠衣诸服，疏冕、长冠、委貌、皮弁、爵弁、建华、方山、巧士，衣裳文绣，赤舄，服绚履，大佩，皆为祭服，其余悉为常用朝服。唯长冠，诸王国谒者以为常朝服云。宗庙以下，祠祀皆冠长冠，皂缯袍单衣，绛缘领袖中衣，绛绔袜，五郊各从其色焉。

赞曰：车辂各庸，旌旂异局。冠服致美，佩纷玺玉。敬敬报情，尊尊下欲。孰夸华文，匪豪丽缛。

卷四十一　刘玄刘盆子列传第一

刘玄传

刘玄字圣公，光武族兄也。弟为人所杀，圣公结客欲报之。客犯法，圣公避吏于平林。吏系圣公父子张。圣公诈死，使人持丧归舂陵，吏乃出子张，圣公因自逃匿。王莽末，南方饥馑，人庶群入野泽，掘凫茈而食之，更相侵夺。新市人王匡、王凤为平理诤讼，遂推为渠帅，众数百人。于是诸亡命马武、王常、成丹等往从之；共攻离乡聚，藏于绿林中，数月间至七八千人。地皇二年，荆州牧某发奔命二万人攻之，匡等率师迎击于云杜，大破牧军，杀数千人，尽获辎重，遂攻拔竟陵。转击云杜、安陆，多略妇女，还入绿林中，至有五万余口，州郡不能制。三年，大疾疫，死者且半，乃各分散引去。王常、成丹西入南郡，号下江兵；王匡、王凤、马武及其支党朱鲔、张卬等北入南阳，号新市兵：皆自称将军。七月，匡等进攻随，未能下。平林人陈牧、廖湛复聚众千余人，号平林兵，以应之。圣公因往从牧等，为其军安集掾。是时光武及兄伯升亦起舂陵，与诸部合兵而进。四年正月，破王莽前队大夫甄阜、属正梁丘赐，斩之，号圣公为更始将军。众虽多而无所统一，诸将遂共议立更始为天子。二月辛巳，设坛场于淯水上沙中，陈兵大会。更始即帝位，南面立，朝群臣。素懦弱，羞愧流汗，举手不能言。于是大赦天下，建元曰更始元年。悉拜置诸将，以族父良为国三老，王匡为定国上公，王凤成国上公，朱鲔大司马，伯升大司徒，陈牧大司空，余皆九卿、将军。五月，伯升拔宛。六月，更始入都宛城，尽封宗室及诸将，为列侯者百余人。

更始忌伯升威名，遂诛之，以光禄勋刘赐为大司徒。前钟武侯刘望起兵，略有汝南。时王莽纳言将军严尤、秩宗将军陈茂既败于昆阳，往归之。八月，望遂自立为天子，以尤为大司马，茂为丞相。王莽使太师王匡、国将哀章守洛阳。更始遣定国上公王匡攻洛阳，西屏大将军申屠建、丞相司直李松攻武关，三辅震动。是时海内豪桀翕然响应，皆杀其牧守，自称将军，用汉年号，以待诏命，旬月之间，遍于天下。长安中起兵攻未央宫。九月，东海人公宾就斩王莽于渐台，收玺绶，传首诣宛。更始时在便坐黄堂，取视之，喜曰："莽不如是，当与霍光等。"宠姬韩夫人笑曰："若不如是，帝焉得之乎？"更始悦，乃悬莽首于宛城市。是月，拔洛阳，生缚王匡、哀章，至，皆斩之。十月，使奋威大将军刘信击杀刘望于汝南，并诛严尤、陈茂。更始遂北都洛阳，以刘赐为丞相。申屠建、李松自长安传送乘舆服御，又遣中黄门从官奉迎迁都。二年二月，更始自洛阳而西。初发，李松奉引，马惊奔，触北宫铁柱门，三马皆死。

初，王莽败，唯未央宫被焚而已，其余宫馆一无所毁。宫女数千，备列后庭，自钟鼓、帷帐、舆辇、器服、太仓、武库、官府、市里，不改于旧。更始既至，居长乐宫，升前殿，郎吏以次列庭中。更始羞怍，俯首刮席不敢视。诸将后至者，更始问房掠低几何，左右侍官皆宫省久吏，各惊相视。

李松与棘阳人赵萌说更始，宜悉王诸功臣。朱鲔争之，以为高祖约，非刘氏不王。更始乃先封宗室太常将军刘祉为定陶王，刘赐为宛王，刘庆为燕王，刘歆为元氏王，大将军刘嘉为汉中王，刘信为汝阴王。后遂立王匡为比阳王，王凤为宜城王，朱鲔为胶东王，卫尉大将军张卬为淮阳王，廷尉大将军王常为邓王，执金吾大将军廖湛为穰王，申屠建为平氏王，尚书胡殷为随王，柱天大将军李通为西平王，五威中郎将李轶为舞阴王，水衡大将军成丹为襄邑王，大司空陈牧为阴平王，骠骑大将军宋佻为颍阴王，尹尊为郾王。唯朱鲔辞曰："臣非刘宗，不敢干典。"遂让不受。乃徙鲔为左大司马，刘赐为前大司马，使与李轶、李通、王常等镇抚关东。以李松为丞相，赵萌为右大司马，共秉内任。更始纳赵萌女为夫人，有宠，遂委政于萌，日夜与妇人饮宴后庭。群臣欲言事，辄醉不能见，时不得已，乃令侍中坐帷内与语。诸将识非更始声，出皆怨曰："成败未可知，遽自纵放若此！"韩夫人尤嗜酒，每侍饮，见常侍奏事，辄怒曰："帝方对我饮，正用此时持事来乎！"起，抵破书案。赵萌专权，威福自己。郎吏有说萌放纵者，更始怒，拔剑击之。自是无复敢言。萌私忿侍中，引下斩之，更始救请，不从。时李轶、朱鲔擅命山东，王匡、张卬横暴三辅。其所授官爵者，皆群小贾竖，或有膳夫庖人，多著绣面衣、锦裤、襜褕，诸于，骂詈道中。长安为之语曰："灶下养，中郎将。烂羊胃，骑都尉。烂羊头，关内侯。"

军师将军豫章李淑上书谏曰："方今贼寇始诛，王化未行，百官有司宜慎其任。夫三公上应台宿，九卿下括河海，故天工人其代之。陛下定业，虽因下江、平林之执，斯盖临时济用，不可施之既安。宜厘改制度，更延英俊，因才授爵，以匡王国。今公卿大位莫非戎陈，尚书显官皆出庸伍,资亭长、贼捕之用,而当辅佐纲维之任。唯名与器,圣人所重。今以所重加非其人,望其毗益万分,兴化致理,譬犹缘木求鱼,升山采珠。海内望此,有以窥度汉祚。臣非有憎疾以求进也。但为陛下惜此举厝。败材伤锦,所宜至虑。惟割损既往谬妄之失,思隆周文济济之美。"更始怒,系淑诏狱。自是关中离心,四方怨叛。诸将出征,各自专置牧守,州郡交错,不知所从。十二月,赤眉西入关。

三年正月,平陵人方望立前孺子刘婴为天子。初,望见更始政乱,度其必败,谓安陵人弓林等曰:"前定安公婴,平帝之嗣,虽王莽篡夺,而尝为汉主。今皆云刘氏真人,当更受命,欲共定大功,何如?"林等然之,乃于长安求得婴,将至临泾立之。聚党数千人,望为丞相,林为大司马。更始遣李松与讨难将军苏茂等击破,皆斩之。又使苏茂拒赤眉于弘农,茂军败,死者千余人。三月,遣李松会朱鲔与赤眉战于蓩乡,松等大败,弃军走,死者三万余人。

时王匡、张卬守河东,为邓禹所破,还奔长安。卬与诸将议曰:"赤眉近在郑、华阴间,旦暮且至。今独有长安,见灭不久,不如勒兵掠城中以自富,转攻所在,东归南阳,收宛王等兵。事若不集,复入湖池中为盗耳。"申屠建、廖湛等皆以为然,共入说更始。更始怒不应,莫敢复言。及赤眉立刘盆子,更始使王匡、陈牧、成丹、赵萌屯新丰,李松军掫,以拒之。

张卬、廖湛、胡殷、申屠建等与御史大夫隗嚣合谋,欲以立秋日貙膢时共劫更始,俱成前计。侍中刘能卿知其谋,以告更始。更始托病不出,召张卬等。卬等皆入,将悉诛之,唯隗嚣不至。更始狐疑,使卬等四人且待于外庐。卬、湛、殷疑有变,遂突出,独申屠建在,更始斩之。卬与湛、殷遂勒兵掠东西市。昏时,烧门入,战于宫中,更始大败。明旦,将妻子车骑百余,东奔赵萌于新丰。更始复疑王匡、陈牧、成丹与张卬等同谋,乃并召之。牧、丹先至,即斩之。王匡惧,将兵入长安,与张卬等合。李松还从更始,与赵萌共攻匡、卬于城内。连战月余,匡等败走,更始徙居长信宫。赤眉至高陵,匡等迎降之,遂共连兵而进。更始守城,使李松出战,败,死者二千余人,赤眉生得松。时松弟汎为城门校尉,赤眉使使谓之曰:"开城门,活汝兄。"汎即开门,九月,赤眉入城。更始单骑走,从厨城门出。诸妇女从后连呼曰:"陛下,当下谢城!"更始即下拜,复上马去。

初,侍中刘恭以赤眉立其弟盆子,自系诏狱;闻更始败,乃出,步从至高陵,止传舍。右辅都尉严本恐失更始为赤眉所诛,将兵在外,号为屯卫而实囚之。赤眉下书曰:"圣公降者,封长沙王。过二十日,勿受。"更始遣刘恭请降,赤眉使其将谢禄往受。十月,更始遂随禄肉袒诣长乐宫,上玺绶于盆子。赤眉坐更始,置庭中,将杀之。刘恭、谢禄为请,不能得,遂引更始出。刘恭追呼曰:"臣诚力极,请得先死。"拔剑欲自刎,赤眉帅樊崇等遽共救止之,乃赦更始,封为畏威侯。刘恭复为固请,竟得封长沙王。更始常依谢禄居,刘恭亦拥护之。

三辅苦赤眉暴虐,皆怜更始,而张卬等以为虑,谓禄曰:"今诸营长多欲篡圣公者。一旦失之,合兵攻公,自灭之道也。"于是禄使从兵与更始共牧马于郊下,因令缢杀之。刘恭夜往收藏其尸。光武闻而伤焉,诏大司徒邓禹葬之于霸陵。有三子:求、歆、鲤。明年夏,求兄弟与母东诣洛阳,帝封求为襄邑侯,奉更始祀;歆为榖孰侯,鲤为寿光侯。求后徙封成阳侯。求卒,子巡嗣,复徙封濩泽侯。巡卒,子姚嗣。

论曰:周武王观兵孟津,退而还师,以为纣未可伐,斯时有未至者也。汉起,驱轻黠乌合之众,不当天下万分之一,而旌旗之所拂及,书文之所通被,莫不折戈顿颡,争受职命。非唯汉人余思,固亦几运之会也。夫为权首,鲜或不及。陈、项且犹未兴,况庸庸者乎!

刘盆子传

刘盆子者,太山式人,城阳景王章之后也。祖父宪,元帝时封为式侯,父萌嗣。王莽篡位,国除,因为式人焉。

天凤元年,琅邪海曲有吕母者,子为县吏,犯小罪,宰论杀之。吕母怨宰,密聚客,规以报仇。母家素丰,赀产数百万,乃益酿醇酒,买刀剑衣服。少年来酤者,皆赊与之,视其乏者,辄假衣裳,不问多少。数年,财用稍尽,少年欲相与偿之。吕母垂泣曰:"所以厚诸君者,非欲求利,徒以县宰不道,枉杀吾子,欲为报怨耳。诸君宁肯哀之乎!"少年壮其意,又素受恩,皆许诺。其中勇士自号猛虎,遂相聚得数十百人,因与吕母入海中,招合亡命,众至数千。吕母自称将军,引兵还攻破海曲,执县宰。诸吏叩头为宰请。母曰:"吾子犯小罪,不当死,而为宰所杀。杀人当死,又何请乎?"遂斩之,以其首祭子冢,复还海中。后数岁,琅邪人樊崇起兵于莒,众百余人,转入太山,自号三老。时青、徐大饥,寇贼蜂起,群盗以崇勇猛,皆附之,一岁间至万余人。崇同郡人逄安,东海人徐宣、谢禄、杨音,各起兵,合数万人,复引从崇。共还攻莒,不能下,转掠至姑幕,因击王莽探汤侯田况,大破之,杀万余人,遂北入青州,所过虏掠。还至太山,留屯南城。初,崇等以困穷为寇,无攻城徇地之计。众既浸盛,乃相与约:杀人者死,伤人者偿创。以言辞为约束,无文书、旌旗、部曲、号令。其中最尊者号三老,次从事,次卒史。泛相称曰巨人。王莽遣平均公廉丹、太师王匡击之。崇等欲战,恐其众与莽兵乱,乃皆朱其眉以相识别,由是号曰赤眉。赤眉遂大破丹、匡军,杀万余人,追至无盐,廉丹战死,王匡走。崇又引其兵十余万,复还围莒,数月。或说崇曰:"莒,父母之国,奈何攻之?"乃解去。

时吕母病死,其众分入赤眉、青犊、铜马中。赤眉遂寇东海,与王莽沂平大尹战,败,死者数千人,乃引去,掠楚、沛、汝南、颍川,还入陈留,攻拔鲁城,转至濮阳。

会更始都洛阳,遣使降崇。崇等闻汉室复兴,即留其兵,自将渠帅二十余人,随使者至洛阳降更始,皆封为列侯。崇等既未有国邑,而留众稍有离叛,乃遂亡归其营,将兵入颍川,分其众为二部,崇与逢安为一部,徐宣、谢禄、杨音为一部。崇、安攻拔长社,南击宛,斩县令;而宣、禄等亦拔archy翟,引之梁,击杀河南太守。赤眉众虽数战胜,而疲敝厌兵,皆日夜愁泣,思欲东归。崇等计议,虑众东向必散,不如西攻长安。更始二年冬,崇、安自武关,宣等从陆浑关,两道俱入。三年正月,俱至弘农,与更始诸将连战克胜,众遂大集。乃分万人为一营,凡三十营,营置三老、从事各一人。进至华阴。军中常有齐巫鼓舞祠城阳景王,以求福助。巫狂言景王大怒,曰:"当为县官,何故为贼?"有笑巫者辄病,军中惊动。时方望弟阳怨更始杀其兄,乃逆说崇等曰:"更始荒乱,政令不行,故使将军得至于此。今将军拥百万之众,西向帝城,而无称号,名为群贼,不可以久。不如立宗室,挟义诛伐。以此号令,谁敢不服?"崇等以为然,而巫言益甚。前及郑,乃相与议曰:"今迫近长安,而鬼神如此,当求刘氏共尊立之。"六月,遂立盆子为帝,自号建世元年。

初,赤眉过式,掠盆子及二兄恭、茂,皆在军中,恭少习《尚书》,略通大义,及随崇等降更始,即封为式侯。以明经数言事,拜侍中,从更始在长安。盆子与茂留军中,属右校卒史刘侠卿,主刍牧牛,号曰牛吏。及诸将欲立帝,求军中景王后者,得七十余人,唯盆子与茂及前西安侯刘孝最为近属。崇等议曰:"闻古天子将兵称上将军。"乃书札为符曰"上将军",又以两空札置笥中,遂于郑北设坛场,祠城阳景王。诸三老、从事皆大会陛下,列盆子等三人居中立,以年次探札。盆子最幼,后探得符,诸将乃皆称臣拜。盆子时年十五,被发徒跣,敝衣赭汗,见众拜,恐畏欲啼。茂谓曰:"善藏符。"盆子即啮折弃之,复还依侠卿。侠卿为制绛单衣、半头赤帻、直綦履,乘轩车大马,赤屏泥,绛襜络,而犹从牧儿遨。

崇虽起勇力而为众所宗,然不知书数。徐宣故县狱吏,能通《易经》。遂共推宣为丞相,崇御史大夫,逢安左大司马,谢禄右大司马,自杨音以下皆为列卿。军及高陵,与更始叛将张卬等连和,遂攻东都门,入长安城,更始来降。

盆子居长乐宫,诸将日会论功,争言讙呼,拔剑击柱,不能相一。三辅郡县营长遣使贡献,兵士辄剽夺之。又数虏暴吏民,百姓保壁,由是皆复固守。至腊日,崇等乃设乐大会,盆子坐正殿,中黄门持兵在后,公卿皆列坐殿上。酒未行,其中一人出刀笔书谒欲贺,其余不知书者起请之,各各屯聚,更相背向。大司农杨音按剑骂曰:"诸卿皆老佣也!

今日设君臣之礼,反更淆乱,儿戏尚不如此,皆可格杀!"更相辩斗,而兵众遂各逾宫斩关,入掠酒肉,互相杀伤。卫尉诸葛稚闻之,勒兵入,格杀百余人,乃定。盆子惶恐,日夜啼泣,独与中黄门共卧起,唯得上观阁而不闻外事。

时掖庭中宫女犹有数百千人,自更始败后,幽闭殿内,掘庭中芦菔根,捕池鱼而食,死者因相埋于宫中。有故祠甘泉乐人,尚共击鼓歌舞,衣服鲜明,见盆子叩头言饥。盆子使中黄门禀之米,人数斗。后盆子去,皆饿死不出。

刘恭见赤眉乱,知其必败,自恐兄弟俱祸,密教盆子归玺绶,习为辞让之言。建武二年正月朔,崇等大会,刘恭先曰:"诸君共立恭弟为帝,德诚深厚。立且一年,肴乱日甚,诚不足以相成。恐死而无所益,愿得退为庶人,更求贤知,唯诸君省察。"崇等谢曰:"此皆崇等罪也。"恭复固请。或曰:"此宁式侯事邪!"恭惶恐起去。盆子乃下床解玺绶,叩头曰:"今设置县官而为贼如故。吏人贡献,辄见剽劫,流闻四方,莫不怨恨,不复信向。此皆立非其人所致,愿乞骸骨,避贤圣,必欲杀盆子以塞责者,无所离死。诚冀诸君肯哀怜之耳!"因涕泣嘘唏。崇等及会者数百人,莫不哀怜之,乃皆避席顿首曰:"臣无状,负陛下。请自今已后,不敢复放纵。"因共抱持盆子,带以玺绶。盆子号呼不得已。即罢出,各闭营自守,三辅翕然,称天子聪明。百姓争还长安,市里且满。后二十余日,赤眉贪财物,复出大掠,城中粮食尽,遂收载珍宝,因大纵火烧宫室,引兵而西。过祠南郊,车甲兵马最为猛盛,众号百万。盆子乘王车,驾三马,从数百骑,乃自南山转掠城邑,与更始将军严春战于郿,破春,杀之,遂入安定、北地。至阳城、番须中,逢大雪,坑谷皆满,士多冻死,乃复还,发掘诸陵,取其宝货,遂污辱吕后尸。凡贼所发,有玉匣殓者率皆如生,故赤眉得多行淫秽。大司徒邓禹时在长安,遣兵击之于郁夷,反为所败,禹乃出之云阳。九月,赤眉复入长安,止桂宫。

时汉中贼延岑出散关,屯杜陵,逢安将十余万人击之。邓禹以逢安精兵在外,唯盆子与赢弱居城中,乃自往攻之。会谢禄救至,夜战槁街中,禹兵败走。延岑及更始将军李宝合兵数万人,与逢安战于杜陵。岑等大败,死者万余人,宝乃降安,而延岑收散卒走。宝乃密使人谓岑曰:"子努力还战,吾当于内反之,表里合势,可大破也。"岑即还挑战,安等空营击之,宝从后悉拔赤眉旌帜,更立己幡旗。安等战疲还营,见旗帜皆白,大惊乱走,自投川谷,死者十余万,逢安与数千人脱归长安。时三辅大饥,人相食,城郭皆空,白骨蔽野,遗人往往聚为营保,各坚守不下。赤眉虏掠无所得,十二月,乃引而东归,众尚二十余万,随道复散。

光武乃遣破奸将军侯进等屯新安,建威大将军耿弇等屯宜阳,分为二道,以要其还路。敕诸将曰:"贼若东走,可引宜阳兵会新安;贼若南走,可引新安兵会宜阳。"明年正月，邓禹自河北度，击赤眉于湖，禹复败走，赤眉遂出关南向。征西大将军冯异破之于崤底。帝闻，乃自将幸宜阳，盛兵以邀其走路。赤眉忽遇大军，惊震不知所为，乃遣刘恭乞降，曰："盆子将百万众降，陛下何以待之？"帝曰："待汝以不死耳。"樊崇乃将盆子及丞相徐宣以下三十余人肉袒降。上所得传国玺绶，更始七尺宝剑及玉璧各一。积兵甲宜阳城西，与熊耳山齐。帝令县厨赐食，众积困馁，十余万人皆得饱饫。明旦，大陈兵马临洛水，令盆子君臣列而观之。谓盆子曰："自知当死不？"对曰："罪当应死，犹幸上怜赦之耳。"帝笑曰："儿大黠，宗室无蚩者。"又谓崇等曰："得无悔降乎？朕今遣卿归营勒兵，鸣鼓相攻，决其胜负，不欲强相服也。"徐宣等叩头曰："臣等出长安东都门，君臣计议，归命圣德。百姓可与乐成，难与图始，故不告众耳。今日得降，犹去虎口归慈母，诚欢诚喜，无所恨也。"帝曰："卿所谓铁中铮铮，佣中佼佼者也。"又曰："诸卿大为无道，所过皆夷灭老弱，溺社稷，污井灶。然犹有三善：攻破城邑，周遍天下，本故妻妇无所改易，是一善也；立君能用宗室，是二善也；余贼立君，迫急皆持其首降，自以为功，诸卿独完全以付朕，是三善也。"乃令各与妻子居洛阳，赐宅人一区，田二顷。其夏，樊崇、逢安谋反，诛死。杨音在长安时，遇赵王良有恩，赐爵关内侯，与徐宣俱归乡里，卒于家。刘恭为更始报杀谢禄，自系狱，赦不诛。帝怜盆子，赏赐甚厚，以为赵王郎中。后病失明，赐荥阳均输官地，以为列肆，使食其税终身。

赞曰：圣公靡闻，假我风云。始顺归历，终然崩分。赤眉阻乱，盆子探符。虽盗皇器，乃食均输。

卷四十二
王刘张李彭卢列传第二

王昌传

王昌一名郎，赵国邯郸人也。素为卜相工，明星历，常以为河北有天子气。时赵缪王子林好奇数，任侠于赵、魏间，多通豪猾，而郎与之亲善。初，王莽篡位，长安中或自称成帝子子舆者，莽杀之。郎缘是诈称真子舆，云"母故成帝讴者，尝下殿卒僵，须臾有黄气从上下，半日乃解，遂妊身就馆。赵后欲害之，伪易他人子，以故得全。子舆年十二，识命者郎中李曼卿，与俱至蜀；十七，到丹阳，二十，还长安。展转中山，来往燕、赵，以须天时。"林等愈动疑惑，乃与赵国大豪李育、张参等通谋，规共立郎。会人间传赤眉将度河，林等因此宣言赤眉当至，立刘子舆以观众心，百姓多信之。

更始元年十二月，林等遂率车骑数百，晨入邯郸城，止于王宫，立郎为天子。林为丞相，李育为大司马，张参为大将军。分遣将帅，徇下幽、冀。移檄州郡曰："制诏部刺史、郡太守：朕，孝成皇帝子子舆者也。昔遭赵氏之祸，因以王莽篡杀，赖知命者将护朕躬，解形河滨，削迹赵、魏。王莽窃位，获罪于天，天命佑汉，故使东郡太守翟义、严乡侯刘信，拥兵征讨，出入胡、汉。普天率土，知朕隐在人间。南岳诸刘，为其先驱。朕仰观天文，乃兴于斯，以今月壬辰即位赵宫。休气熏蒸，应时获雨。盖闻为国，子之袭父，古今不易。刘圣公未知朕，故且持帝号。诸兴义兵，咸以助朕，皆当裂土享祚子孙。已诏圣公及翟太守，亟与功臣诣行在所。疑刺史、二千石皆圣公所置，未睹朕之沈滞，或不识去就，强者负力，弱者惶惑。今元元创痍，已过半矣，朕甚悼焉，故遣使者班下诏书。"郎以百姓思汉，既多言翟义不死，故诈称之，以从人望。于是赵国以北，辽东以西，皆从风而靡。

明年，光武自蓟得郎檄，南走信都，发兵徇旁县，遂攻柏人，不下。议者以为守柏人不如定巨鹿，光武乃引兵东北围巨鹿。郎太守王饶据城，数十日连攻不克。耿纯说曰："久守王饶，士众疲敝，不如及大兵精锐，进攻邯郸。若王郎已诛，王饶不战自服矣。"光武善其计，乃留将军邓满守巨鹿，而进军邯郸，屯其郭北门。

郎数出战不利，乃使其谏议大夫杜威持节请降。威雅称郎实成帝遗体。光武曰："设使成帝复生，天下不可得，况诈子舆乎！"威请求万户侯。光武曰："顾得全身可矣。"威曰："邯郸虽鄙，并力固守，尚旷日月，终不君臣相率，但全身而已。"遂辞而去。因急攻之，二十余日，郎少傅李立为反间，开门内汉兵，遂拔邯郸。郎夜亡走，道死，追斩之。

刘永传

刘永者，梁郡睢阳人，梁孝王八世孙也。传国至父立。元始中，立与平帝外家卫氏交通，为王莽所诛。

更始即位，永先诣洛阳，绍封为梁王，都睢阳。永闻更始政乱，遂据国起兵，以弟防为辅国大将军，防弟少公御史大夫，封鲁王。遂招诸豪杰沛人周建等，并署为将帅，攻下济阴、山阳、沛、楚、淮阳、汝南，凡得二十八城。又遣使拜西防贼帅山阳佼强为横行将军。是时东海人董宪起兵据其郡，而张步亦定齐地。永遣使拜宪翼汉大将军，步辅汉大将军，与共连兵，遂专据东方，及更始败，永自称天子。

建武二年夏，光武遣虎牙大将军盖延等伐永。初，陈留人苏茂为更始讨难将军，与朱鲔等守洛阳。鲔既降汉，茂亦归命,光武因使茂与盖延俱攻永,军中不相能,茂遂反,杀淮阳太守,掠得数县,据广乐而臣于永。永以茂为大司马、淮阳王。盖延遂围睢阳,数月,拔之,永将家属走虞。虞人反,杀其母及妻子,永与麾下数十人奔谯。苏茂、佼强、周建合军救永,为盖延所败,茂奔还广乐,强、建从永走保湖陵。三年春,永遣使立张步为齐王,董宪为海西王。于是遣大司马吴汉等围苏茂于广乐,周建率众救茂,茂、建战败,弃城复还湖陵,而睢阳人反城迎永。吴汉与盖延等合军围之,城中食尽,永与茂、建走酂。诸将追急,永将庆吾斩永首降,封吾为列侯。苏茂、周建奔垂惠,共立永子纡为梁王。佼强还保西防。

四年秋,遣捕虏将军马武、骑都尉王霸围纡、建于垂惠,苏茂将五校兵救之,纡、建亦出兵与武等战,不克,而建兄子诵反,闭城门拒之。建、茂、纡等皆走,建于道死,茂奔下邳与董宪合,纡奔佼强。五年,遣骠骑大将军杜茂攻佼强于西防,强与刘纡奔董宪。时平狄将军庞萌反叛,遂袭破盖延,引兵与董宪连和。自号东平王,屯桃乡之北。

庞萌传

庞萌,山阳人。初亡命在下江兵中。更始立,以为冀州牧,将兵属尚书令谢躬,共破王郎。及躬败,萌乃归降。光武即位,以为侍中。萌为人逊顺,甚见信爱。帝尝称曰:"可以托六尺之孤,寄百里之命者,庞萌是也。"拜为平狄将军,与盖延共击董宪。时诏书独下延而不及萌,萌以为延谮己,自疑,遂反。帝闻之,大怒,乃自将讨萌。与诸将书曰:"吾常以庞萌社稷之臣,将军得无笑其言乎?老贼当族。其各厉兵马,会睢阳!"宪闻帝自讨庞萌,乃与刘纡、苏茂、佼强去下邳,还兰陵,使茂、强助萌,合兵三万,急围桃城。

帝时幸蒙,闻之,乃留辎重,自将轻骑三千,步卒数万,晨夜驰赴,师次任城,去桃乡六十里。旦日,诸将请进,贼亦勒兵挑战,帝不听,乃休士养锐,以挫其锋。城中闻车驾至,众心益固。时吴汉等在东郡,驰使召之。萌等乃悉兵攻城,二十余日,众疲困而不能下。及吴汉与诸将到,乃率众军进桃城,而帝亲自搏战,大破之。萌、茂、强夜弃辎重逃奔,董宪乃与刘纡悉其兵数万人屯昌虑,自将锐卒拒新阳。帝先遣吴汉击破之,宪走还昌虑。汉进守之,宪恐,乃招诱五校余贼步骑数千人屯建阳,去昌虑三十里。

帝至蕃,去宪所百余里,诸将请进,帝不听,知五校乏食当退,敕各坚壁以待其敝。顷之,五校粮尽,果引去。帝乃亲临,四面攻宪,三日,复大破之,众皆奔散。遣吴汉追击之,佼强将其众降,苏茂奔张步,宪及庞萌走入缯山。数日,吏士闻宪尚在,复往往相聚,得数百骑,迎宪入郯城。吴汉等复攻拔郯,宪与庞萌走保朐。刘纡不知所归,军士

高扈斩其首降,梁地悉平。

吴汉进围朐。明年,城中谷尽,宪、萌潜出,袭取赣榆,琅邪太守陈俊攻之,宪、萌走泽中。会吴汉下朐城,进尽获其妻子。宪乃流涕谢其将士曰:"妻子皆已得矣。嗟乎,久苦诸卿。"乃将数十骑夜去,欲从间道归降,而吴汉校尉韩湛追斩宪于方与,方与人黔陵亦斩萌,皆传首洛阳。封韩湛为列侯,黔陵关内侯。

张步传

张步字文公,琅邪不其人也。汉兵之起,步亦聚众数千,转攻傍县,下数城,自为五威将军,遂据本郡。

更始遣魏郡王闳为琅邪太守,步拒之,不得进。闳为檄,晓喻吏人降,得赣榆等六县,收兵数千人,与步战,不胜。时梁王刘永自以更始所立,贪步强盛,承制拜步辅汉大将军、忠节侯,督青、徐二州,使征不从命者。步贪其爵号,遂受之。乃理兵于剧,以弟弘为卫将军,弘弟蓝玄武大将军,蓝弟寿高密太守。遣将徇太山、东莱、城阳、胶东、北海、济南、齐诸郡,皆下之。步拓地寖广,兵甲日盛。王闳惧其众散,乃诣步相见,欲诱以义方。步大陈兵引闳,怒曰:"步有何过,君前见攻之甚乎!"闳按剑曰:"太守奉朝命,而文公拥兵相距,闳攻贼耳,何谓甚邪!"步嘿然,良久,离席跪谢,乃陈乐献酒,待以上宾之礼,令闳关掌郡事。

建武三年,光武遣光禄大夫伏隆持节使齐,拜步为东莱太守。刘永闻隆至剧,乃驰遣立步为齐王,步即杀隆而受永命。是时帝方北忧渔阳,南事梁、楚,故步得专集齐地,据郡十二。及刘永死,步等欲立永子纡为天子,自为定汉公,置百官。王闳谏曰:"梁王以奉本朝之故,是以山东颇能归之。今尊立其子,将疑众心。且齐人多诈,宜且详之。"步乃止。

五年,步闻帝将攻之,以其费邑为济南王,屯历下。冬,建威大将军耿弇破斩费邑,进拔临淄。步以弇兵少远客,可一举而取,乃悉将其众攻弇于临淄。步兵大败,还奔剧。帝自幸剧。步退保平寿,苏茂将万余人来救之。茂让步曰:"以南阳兵精,延岑善战,而耿弇走之。大王奈何就攻其营?既呼茂,不能待邪?"步曰:"负负,无可言者。"帝乃遣使告步、茂,能相斩降者,封为列侯。步遂斩茂,使奉其首降。步三弟各自系所在狱,皆赦之。封步为安丘侯,后与家属居洛阳。王闳亦诣剧降。

八年夏,步将妻子逃奔临淮,与弟弘、蓝欲招其故众,乘船入海,琅邪太守陈俊追击斩之。

王闳者,王莽叔父平阿侯谭之子也,哀帝时为中常侍。时幸臣董贤为大司马,宠爱贵盛,闳屡谏,忤旨。哀帝临崩,以玺绶付贤曰:"无妄以与人。"时国无嗣主,内外惶

惧,闳白元后,请夺之;即带剑至宣德后闼,举手叱贤曰:"宫车晏驾,国嗣未立,公受恩深重,当俯伏号泣,何事久持玺绶以待祸至邪!"贤知闳必死,不敢拒之,乃跪授玺绶。闳持上太后,朝廷壮之。及王莽篡位,憯忌闳,乃出为东郡太守。闳惧诛,常系药手内。莽败,汉兵起,闳独完全东郡三十余万户,归降更始。

李宪传

李宪者,颍川许昌人也。王莽时为庐江属令。莽末,江贼王州公等起众十余万,攻掠郡县,莽以宪为偏将军、庐江连率,击破州公。莽败,宪据郡自守。更始元年,自称淮南王。

建武三年,遂自立为天子,置公卿百官,拥九城,众十余万。

四年秋,光武幸寿春,遣扬武将军马成等击宪,围舒。至六年正月,拔之。宪亡走,其军士帛意追斩宪而降,宪妻子皆伏诛。封帛意渔浦侯。后宪余党淳于临等犹聚众数千人,屯灊山,攻杀安风令,杨州牧欧阳歙遣兵不能克,帝议欲讨之。庐江人陈众为从事,白歙请得喻降临;于是乘单车,驾白马,往说而降之,灊山人共生为立祠,号"白马陈从事"云。

彭宠传

彭宠字伯通,南阳宛人也。父宏,哀帝时为渔阳太守,伟容貌,能饮饭,有威于边。王莽居摄,诛不附己者,宏与何武、鲍宣并遇害。宠少为郡吏,地皇中,为大司空士,从王邑东拒汉军。到洛阳,闻同产弟在汉兵中,惧诛,即与乡人吴汉亡至渔阳,抵父时吏。更始立,使谒者韩鸿持节徇北州,承制得专拜二千石已下。鸿至蓟,以宠、汉并乡间故人,相见欢甚,即拜宠偏将军,行渔阳太守事,汉安乐令。及光武镇慰河北,至蓟,以书招宠。宠具牛酒,将上谒。会王郎诈立,传檄燕、赵,遣将徇渔阳、上谷,急发其兵,北州众多疑惑,欲从之。吴汉说宠从光武,语在《汉传》。会上谷太守耿况亦使功曹寇恂诣宠,结谋共归光武。宠乃发步骑三千人,以吴汉行长史,及都尉严宣、护军盖延、狐奴令王梁,与上谷军合而南,及光武于广阿。光武承制封宠建忠侯,赐号大将军。遂围邯郸,宠转粮食,前后不绝。及王郎死,光武追铜马,北至蓟。宠上谒,自负其功,意望甚高,光武接之不能满,以此怀不平。光武知之,以问幽州牧朱浮,浮对曰:"前吴汉北发兵时,大王遗宠以所服剑,又倚以为北道主人。宠谓至当迎阁握手,交欢并坐。今既不然,所以失望。"浮因曰:"王莽为宰衡时,甄丰旦夕入谋议,时人语曰:'夜半客,甄长伯。'及莽篡位后,丰意不平,卒以诛

死。"光武大笑,以为不至于此。及即位,吴汉、王梁,宠之所遣,并为三公,而宠独无所加,愈怏怏不得志。叹曰:"我功当为王;但尔者,陛下忘我邪?"是时北州破散,而渔阳差完,有旧盐铁官,宠转以贸谷,积珍宝,益富强。朱浮与宠不相能,浮数谮构之。

建武二年春,诏征宠,宠意浮卖己,上疏愿与浮俱征,又与吴汉、盖延等书,盛言浮枉状,固求同征。帝不许,益以自疑。而其妻素刚,不堪抑屈,固劝无受召。宠又与常所亲信吏计议,皆怀怨于浮,莫有劝行者。帝遣宠从弟子后兰卿喻之,宠因留子后兰卿,遂发兵反,拜署将帅,自将二万余人攻朱浮于蓟,分兵徇广阳、上谷、右北平。又自以与耿况俱有重功,而恩赏并薄,数遣使要诱况。况不受,辄斩其使。秋,帝使游击将军邓隆救蓟。隆军潞南,浮军雍奴,遣吏奏状。帝读檄,怒谓使吏曰:"营相去百里,其势岂可得相及? 比若还,北军必败矣。"宠果盛兵拒隆,又别发轻骑三千袭其后,大破隆军。浮远,遂不能救,引而去。

明年春,宠遂拔右北平、上谷数县。遣使以美女缯彩赂遗匈奴,要结和亲。单于使左南将军七八千骑,往来为游兵以助宠。又南结张步及富平获索诸豪杰,皆与交质连衡。遂攻拔蓟城,自立为燕王。其妻数恶梦,又多见怪变,卜筮及望气者皆言兵当从中起。宠疑子后兰卿质汉归,故不信之,使将兵居外,无亲于中。

五年春,宠斋,独在便室。苍头子密等三人因宠卧寐,共缚著床,告外吏云:"大王斋禁,皆使吏休。"伪称宠命教,收缚奴婢,各置一处,又以宠命呼其妻。妻入,大惊。宠急呼曰:"趣为诸将军办装。"于是两奴将妻入取宝物,留一奴守宠。宠谓守奴曰:"若小儿,我素爱也,今为子密所迫耳。解我缚,当以女珠妻汝,家中财物皆与若。"小奴意欲解之,视户外,见子密听其语,遂不敢解。于是收金玉衣物,至宠所装之,被马六匹,使妻缝两缣囊。昏夜后,解宠手,令作记告城门将军云:"今遣子密等至子后兰卿所,速开门出,勿稽留之。"书成,即斩宠及妻头,置囊中,便持记驰出城,因以诣阙。封为不义侯。明旦,阁门不开。官属逾墙而入,见宠尸,惊怖。其尚书韩立等共立宠子午为主,以子后兰卿为将军。国师韩利斩午首,诣征虏将军祭遵降。夷其宗族。

卢芳传

卢芳字君期,安定三水人也,居左谷中。王莽时,天下咸思汉德。芳由是诈自称武帝曾孙刘文伯。曾祖母匈奴谷蠡浑邪王之姊为武帝皇后,生三子。遭江充之乱,太子诛,皇后坐死,中子次卿亡之长陵,小子回卿逃于左谷。霍将军立次卿,迎回卿。回卿不出,因居左谷,生子孙卿,孙卿

生文伯。常以是言诳惑安定间。王莽末，乃与三水属国羌胡起兵。更始至长安，征芳为骑都尉，使镇抚安定以西。更始败，三水豪杰共计议，以芳刘氏子孙，宜承宗庙，乃共立芳为上将军、西平王，使使与西羌、匈奴结和亲。单于曰："匈奴本与汉约为兄弟。后匈奴中衰，呼韩邪单于归汉，汉为发兵拥护，世世称臣。今汉亦中绝，刘氏来归我，亦当立之，令尊事我。"乃使句林王将数千骑迎芳，芳与兄禽、弟程俱入匈奴。单于遂立芳为汉帝。以程为中郎将，将胡骑还入安定。初，五原人李兴、随昱，朔方人田飒，代郡人石鲔，闵堪，各起兵自称将军。

建武四年，单于遣无楼且渠王入五原塞，与李兴等和亲，告兴欲令芳还汉地为帝。

五年，李兴、闵堪引兵至单于庭迎芳，与俱入塞，都九原县。掠有五原、朔方、云中、定襄、雁门五郡，并置守令，与胡通兵，侵苦北边。

六年，芳将军贾览将胡骑击杀代郡太守刘兴。芳后以事诛其五原太守李兴兄弟，而其朔方太守田飒、云中太守桥扈恐惧，叛芳，举郡降，光武令领职如故。后大司马吴汉、骠骑大将军杜茂数击芳，并不克。十二年，芳与贾览共攻云中，久不下，其将随昱留守九原，欲胁芳降。芳知羽翼外附，心膂内离，遂弃辎重，与十余骑亡入匈奴，其众尽归随昱。昱乃随使者程恂诣阙。拜昱为五原太守，封镌胡侯，昱弟宪武进侯。

十六年，芳复入居高柳，与闵堪兄林使使请降。乃立芳为代王，堪为代相，林为代太傅，赐缯二万匹，因使和集匈奴。芳上疏谢曰："臣芳过托先帝遗体，弃在边陲。社稷遭王莽废绝，以是子孙之忧，所宜共诛，故遂西连羌戎，北怀匈奴，单于不忘旧德，权立救助。是时兵革并起，往往而在。臣非敢有所贪觊，期于奉承宗庙，兴立社稷，是以久僭号位，十有余年，罪宜万死。陛下圣德高明，躬率众贤，海内宾服，惠及殊俗。以肺附之故，赦臣芳罪，加以仁恩，封为代王，使备北藩。无以报塞重责。冀必欲和辑匈奴，不敢遗余力，负恩贷。谨奉天子玉玺，思望阙庭。"诏报芳朝明年正月。其冬，芳入朝，南及昌平，有诏止，令更朝明岁。芳自道还，忧恐，乃复背叛，遂反，与闵堪、闵林相攻连月。匈奴遣数百骑迎芳及妻子出塞。芳留匈奴中十余年，病死。初，安定属国胡为芳为寇，及芳败，胡人还乡里，积苦县官徭役。其中有驳马少伯者，素刚壮；二十一年，遂率种人反叛，与匈奴连和，屯聚青山，乃遣将兵长史陈䜣，率三千骑击之，少伯乃降。徙于冀县。

论曰：传称"盛德必百世祀"，孔子曰"宽则得众"。夫能得众心，则百世不忘矣。观更始之际，刘氏之遗恩余烈，英雄岂能抗之哉！然则知高祖、孝文之宽仁，结于人心深矣。周人之思邵公，爱其甘棠，又况其子孙哉！刘氏之再受

命，盖以此乎！若数子者，岂有国之远图哉！因时扰攘，苟恣纵而已耳，然犹以附假宗室，能掘强岁月之间。观其智略，固无足以惮汉祖，发其英灵者也。

赞曰：天地闭革，野战群龙。昌、芳谮诈，梁、齐连锋。宠负强地，宪紫深江。实惟非律，代委神邦。

卷四十三　隗嚣公孙述列传第三

隗嚣传

隗嚣字季孟，天水成纪人也。少仕州郡。王莽国师刘歆引嚣为士。歆死，嚣归乡里。季父崔，素豪侠，能得众，闻更始立而莽兵连败，于是乃与兄义及上邽人杨广、冀人周宗谋起兵应汉。嚣止之曰："夫兵，凶事也。宗族何辜！"崔不听，遂聚众数千人，攻平襄，杀莽镇戎大尹。崔、广等以为举事宜立主以一众心，咸谓嚣素有名，好经书，遂共推为上将军。嚣辞让不得已，曰："诸父众贤不量小子。必能用嚣言者，乃敢从命。"众皆曰"诺"。嚣既立，遣使聘请平陵人方望，以为军师。望至，说嚣曰："足下欲承天顺民，辅汉而起，今立者乃在南阳，王莽尚据长安，虽欲以汉为名，其实无所受命，将何以见信于众乎？宜急立高庙，称臣奉祠，所谓'神道设教'，求助人神者也。且礼有损益，质文无常。削地开兆，茅茨土阶，以致其肃敬。虽未备物，神明其舍诸。"嚣从其言，遂立庙邑东，祀高祖、太宗、世宗。嚣等皆称臣执事，史奉璧而告。祝毕，有司穿坎于庭，牵马操刀，奉盘错锭，遂割牲而盟。曰："凡我同盟三十一将，十有六姓，允承天道，兴辅刘宗。如怀奸虑，明神殛之。高祖、文皇、武皇，俾坠厥命，厥宗受兵，族类灭亡。"有司奉血锭进，护军举手揖诸将军曰："锭不濡血，歃不入口，是欺神明也，厥罚如盟。"既而蘸血加书。一如古礼。事毕，移檄告郡国曰：

汉复元年七月己酉朔。己巳，上将军隗嚣、白虎将军隗崔、左将军隗义、右将军杨广、明威将军王遵、云旗将军周宗等，告州牧、部监、郡卒正、连率、大尹、尹、尉队大夫、属正、属令：故新都侯王莽，慢侮天地，悖道逆理，鸩杀孝平皇帝，篡夺其位。矫托天命，伪作符书，欺惑众庶，震怒上帝。反戾饰文，以为祥瑞。戏弄神祇，歌颂祸殃。楚、越之竹，不足以书其恶。天下昭然，所共闻见。今略举大端，以喻吏民。

盖天为父，地为母，祸福之应，各以事降。莽明知之，而冥昧触冒，不顾大忌，诡乱天术，援引史传。昔秦始皇毁坏谥法，以一二数欲至万世，而莽下三万六

千岁之历,言身当尽此度。循亡秦之轨,推无穷之数。是其逆天之大罪也。分裂郡国,断截地络。田为王田,卖买不得。规锢山泽,夺民本业。造起九庙,穷极土作。发冢河东,攻劫丘垄。此其逆地之大罪也。尊任残贼,信用奸佞,诛戮忠正,覆按口语,赤车奔驰,法冠晨夜,冤系无辜,妄族众庶。行炮烙之刑,除顺时之法,灌以醇醨,裂以五毒。政令日变,官名月易,货币岁改,吏民昏乱,不知所从,商旅穷窘,号泣市道。设为六管,增重赋敛,刻剥百姓,厚自奉养,苞苴流行,财入公辅,上下贪贿,莫相检考。民坐挟铜炭,没入钟官,徒隶殷积,数十万人,工匠饥死,长安皆臭。既乱诸夏,狂心益悖,北攻强胡,南扰劲越,西侵羌戎,东摘濊貊。使四境之外,并入为害。缘边之郡,江海之濒,涤地无类。故攻战之所败,苛法之所陷,饥馑之所夭,疾疫之所及,以万万计。其死者则露尸不掩,生者则奔亡流散,幼孤妇女,流离系虏。此其逆人之大罪也。

是故上帝哀矜,降罚于莽,妻子颠殒,还自诛刘。大臣反据,亡形已成。大司马董忠,国师刘歆,卫将军王涉,皆结谋内溃。司命孔仁,纳言严尤,秩宗陈茂,举众外降。今山东之兵二百余万,已平齐、楚,下蜀、汉,定宛、洛,据敖仓,守函谷,威命四布,宣风中岳。兴灭继绝,封定万国,遵高祖之旧制,修孝文之遗德。有不从命,武军平之。驰使四夷,复其爵号。然后还师振旅,櫜弓卧鼓。申命百姓,各安其所,庶无负子之责。

嚣乃勒兵十万,击杀雍州牧陈庆。将攻安定。安定大尹王向,莽从弟平阿侯谭之子也,威风独能行其邦内,属县皆无叛者。嚣乃移书于向,喻以天命,反覆诲示,终不从。于是进兵虏之,以徇百姓,然后行戮,安定悉降。而长安中亦起兵诛王莽。嚣遂分遣诸将徇陇西、武都、金城、武威、张掖、酒泉、敦煌,皆下之。

更始二年,遣使征嚣及崔、义等。嚣将行,方望以为更始未可知,固止之,嚣不听。望以书辞谢而去,曰:"足下将建伊、吕之业,弘不世之功,而大事草创,英雄未集。以望异域之人,瑕瑜未露,欲先崇郭隗,想望乐毅,故钦承大旨,顺风不让。将军以至德尊贤,广其谋虑,动有功,发中权,基业已定,大勋方缉。今俊乂并会,羽翮比肩,望无耆耉之德,而猥托宾客之上,诚自愧也。虽怀介然之节,欲絜去就之分,诚终不背其本,贰其志也。何则?范蠡收责句践,乘偏舟于五湖;咎犯谢罪文公,亦逡巡于河上。夫以二子之贤,勒铭两国,犹削迹归愆,请命乞身,望之无劳,盖其宜也。望闻乌氏有龙池之山,微径南通,与汉相属,其傍时有奇人,聊及闲暇,广求其真。愿将军勉之。"嚣等遂至长安,更始以为右将军,崔、义皆即旧号。其冬,崔、义谋欲叛归,嚣惧并祸,即以事告之,崔、义诛死。更始感嚣忠,以为御史大夫。

明年夏,赤眉入关,三辅扰乱。流闻光武即位河北,嚣即说更始归政于光武叔父国三老良,更始不听。诸将欲劫更始东归,嚣亦与通谋。事发觉,更始使使者召嚣,嚣称疾不入,因会客王遵、周宗等勒兵自守。更始使执金吾邓晔将兵围嚣,嚣闭门拒守;至昏时,遂溃围,与数十骑夜斩平城门关,亡归天水。复招聚其众,据故地,自称西州上将军。及更始败,三辅耆老士大夫皆奔归嚣。嚣素谦恭爱士,倾身引接为布衣交。以前王莽平河大尹长安谷恭为掌野大夫,平陵范逡为师友,赵秉、苏衡、郑兴为祭酒,申屠刚、杜林为持书,杨广、王遵、周宗及平襄人行巡、阿阳人王捷、长陵人王元为大将军,杜陵、金丹之属为宾客。由此名震西州,闻于山东。

建武二年,大司徒邓禹西击赤眉,屯云阳。禹裨将冯愔引兵叛禹,西向天水,嚣逆击,破之于高平,尽获辎重。于是禹承制遣使持节命嚣为西州大将军,得专制凉州、朔方事。及赤眉去长安,欲西上陇,嚣遣将军杨广迎击,破之,又追败于乌氏、泾阳间。嚣既有功汉,又受邓禹爵,署其腹心,议者多劝通使京师。

三年,嚣乃上书诣阙。光武素闻其风声,报以殊礼,言称字,用敌国之仪,所以慰藉之良厚。时陈仓人吕鲔拥众数万,与公孙述通,寇三辅。嚣复遣兵佐征西大将军冯异击之,走鲔,遣使上状。帝报以手书曰:"慕乐德义,思相结纳。昔文王三分,犹服事殷。但驽马铅刀,不可强扶,数蒙伯乐一顾之价,而苍蝇之飞,不过数步,即托骥尾,得以绝群。隔于盗贼,声问不数。将军操执款款,扶倾救危,南距公孙之兵,北御羌胡之乱,是以冯异西征,得以数千百人踯躅三辅。微将军之助,则咸阳已为他人禽矣。今关东寇贼,往往屯聚,志务广远,多所不暇,未能观兵成都,与子阳角力。如令子阳到汉中、三辅,愿因将军兵马,鼓旗相当。倘肯如言,蒙天之福,即智士计功割地之秋也。管仲曰:'生我者父母,成我者鲍子。'自今以后,手书相闻,勿用傍人解构之言。"自是恩礼愈笃。

其后公孙述数出兵汉中,遣使以大司空扶安王印绶授嚣。嚣自以与述敌国,耻为所臣,乃斩其使,出兵击之,连破述军,以故蜀兵不复北出。时关中将帅数上书,言蜀可击之状,帝以示嚣,因使讨蜀,以效其信。嚣乃遣长史上书,盛言三辅单弱,刘文伯在边,未宜谋蜀。帝知嚣欲持两端,不愿天下统一,于是稍黜其礼,正君臣之仪。初,嚣与来歙、马援相善,故帝数使歙、援奉使往来,劝令入朝,许以重爵。嚣不欲东,连遣使深持谦辞,言无功德,须四方平定,退伏闾里。

五年,复遣来歙说嚣遣子入侍,嚣闻刘永、彭宠皆已破灭,乃遣长子恂随歙诣阙。以为胡骑校尉,封镌羌侯。而嚣将王元、王捷常以为天下成败未可知,不愿专心内事。元遂说嚣曰:"昔更始西都,四方响应,天下喁喁,谓之太平。一旦败坏,大王几无所厝。今南有子阳,北有文伯,江湖海岱,王公十数,而欲牵儒生之说,弃千乘之基,羁旅危国,以求万全,此循覆车之轨,计之不可者也。今天水完富,士马最强,北收西河、上郡,东收三辅之地,案秦旧迹,表里河山。元请以一丸泥为大王东封函谷关,此万世一时也。若计不及此,且畜养士马,据隘自守,旷日持久,以待四方之变,图王不成,其弊犹足以霸。要之,鱼不可脱于渊,神龙失埶,即还与蚯蚓同。"嚣心然元计,虽遣子入质,犹负其险厄,欲专方面,于是游士长者,稍稍去之。

六年,关东悉平。帝积苦兵间,以子阳内侍,公孙述远据边垂,乃谓诸将曰:"且当置此两子于度外耳。"因数腾书陇、蜀,告示祸福。嚣宾客、掾史多文学生,每所上事,当世士大夫皆讽诵之,故帝有所辞答,尤加意焉。嚣复遣使周游诣阙,先到冯异营,游为仇家所杀。帝遣卫尉铫期持珍宝缯帛赐嚣,斯至郑被盗,亡失财物,帝常称嚣长者,务欲招之,闻而叹曰:"吾与隗嚣事欲不谐,使来见杀,得赐道亡。"会公孙述遣兵寇南郡,乃诏嚣当从天水伐蜀,因此欲溃其心腹。嚣复上言:"白水险阻,栈阁绝败。"又多设支阂。帝知其终不为用,亟欲讨之。遂西幸长安,遣建威大将军耿弇等七将军从陇道伐蜀,先使来歙奉玺书喻旨。嚣疑惧,即勒兵,使王元据陇坻,伐木塞道,谋欲杀歙。歙得亡归。诸将与嚣战,大败,各引退。嚣因使王元、行巡侵三辅,征西大将军冯异、征虏将军祭遵等击破之。嚣乃上疏谢曰:"吏人闻大兵卒至,惊恐自救,臣嚣不能禁止。兵有大利,不敢废臣之节,亲自追还。昔虞舜事父,大杖则走,小杖则受。臣虽不敏,敢忘斯义。今臣之事,在于本朝,赐死则死,加刑则刑。如遂蒙恩,更得洗心,死骨不朽。"有司以嚣言慢,请诛其子恂。帝不忍,复使来歙至汧,赐嚣书曰:"昔柴将军与韩信书云:'陛下宽仁,诸侯虽有亡叛而后归,辄复位号,不诛也。'以嚣文吏,晓义理,故复赐书。深言则似不逊,略言则事不决。今若束手,复遣恂弟归阙庭者,则爵禄获全,有浩大之福矣。吾年垂四十,在兵中十岁,厌浮语虚辞。即不欲,勿报。"嚣知帝审其诈,遂遣使称臣于公孙述。

明年,述以嚣为朔宁王,遣兵往来,为之援埶。秋,嚣将步骑三万侵安定,至阴槃,冯异率诸将拒之。嚣又令别将下陇,攻祭遵于汧,兵并无利,乃引还。帝因令来歙以书招王遵,遵乃与家属东诣京师,拜为太中大夫,封向义侯。遵字子春,霸陵人也。父为上郡太守。遵少豪侠,有才辩,虽与嚣举兵,而常有归汉意。曾于天水私于来歙曰:"吾所以戮力不避矢石者,岂要爵位哉!徒以人思旧主,先君蒙汉厚恩,思效万分耳。"又数劝嚣遣子入侍,前后辞谏切甚,嚣不从,故去焉。

八年春,来歙从山道袭得略阳城。嚣出不意,惧更有大兵,乃使王元拒陇坻,行巡守番须口,王孟塞鸡头道,牛邯军瓦亭,嚣自悉其大众围来歙。公孙述亦遣其将李育、田弇助嚣攻略阳,连月不下。帝乃率诸将西征之,数道上陇,使王遵持节监大司马吴汉等屯于长安。遵知嚣必败灭,而与牛邯旧故,知其有归义意,以书喻之曰:"遵与隗王歃盟为汉,自经历虎口,践履死地,已十数矣。于时周洛以西无所统壹,故为王策,欲东收关中,北取上郡,进以奉天人之用,退以惩外夷之乱。数年之间,冀圣汉复存,当挈河陇奉旧都以归本朝。生民以来,臣人之埶,未有便于此时者也。而王之将吏,群居穴处之徒,人人抵掌,欲为不善之计。遵与孺卿日夜所争,害几及身者,岂一事哉!前计抑绝,后策不从,所以吟啸扼腕,垂涕登车。幸蒙封拜,得延论议,每及西州之事,未尝敢忘孺卿之言。今车驾大众,已在道路,吴、耿骁将,云集四境,而孺卿以奔离之卒,拒要厄,当军冲,视其形埶何如哉?夫智者睹危思变,贤者泥而不滓,是以功名终申,策画复得。故夷吾束缚而相齐,黥布杖剑以归汉,去愚就义,功名并著。今孺卿当成败之际,遇严兵之锋,可为怖栗。宜断之心胸,参之有识。"邯得书,沈吟十余日,乃谢士众,归命洛阳,拜为太中大夫。于是嚣大将十三人,属县十六,众十余万,皆降。王元入蜀求救,嚣将妻子奔西城,从杨广,而田弇、李育保上邽。诏告嚣曰:"若束手自诣,父子相见,保无佗也。高皇帝云:'横来,大者王,小者侯。'若遂欲为黥布者,亦自任也。"嚣终不降。于是诛其子恂,使吴汉与征南大将军岑彭围西城,耿弇与虎牙大将军盖延围上邽。车驾东归。月余,杨广死,嚣穷困。其大将王捷别在戎丘,登城呼汉军曰:"为隗王城守者,皆必死无二心!愿诸军亟罢,请自杀以明之。"遂自刎颈死。数月,王元、行巡、周宗将蜀救兵五千余人,乘高卒至,鼓噪大呼曰:"百万之众方至!"汉军大惊,未及成阵,元等决围,殊死战,遂得入城,迎嚣归冀。会吴汉等食尽退去,于是安定、北地、天水、陇西复反为嚣。

九年春,嚣病且饿,出城餐糗糒,恚愤而死。王元、周宗立嚣少子纯为王。明年,来歙、耿弇、盖延等攻破落门,周宗、行巡、苟宇、赵恢等将纯降。宗、恢及诸隗分徙京师以东,纯与巡、宇徙弘农。唯王元留为蜀将。及辅威将军臧宫破延岑,元举众诣宫降。

元字惠孟,初拜上蔡令,迁东平相,坐垦田不实,下狱死。

牛邯字孺卿,狄道人。有勇力才气,雄于边垂。及降,大司徒司直杜林、太中大夫马援并荐之,以为护羌校尉,与来歙平陇右。

十八年,纯与宾客数十骑亡入胡,至武威,捕得,诛之。

论曰："隗嚣援旗纠族，假制明神，迹夫创图首事，有以识其风矣。终于孤立一隅，介于大国，陇坻虽隘，非有百二之埶，区区两郡，以御堂堂之锋，至使穷庙策，竭征徭，身殁众解，然后定之。则知其道有足怀者，所以栖有四方之杰，士至投死绝亢而不悔者矣。夫功全则誉显，业谢则衅生，回成丧而为其议者，或未闻焉。若嚣命会符运，敌非天力，虽坐论西伯，岂多嗤乎？

公孙述传

公孙述字子阳，扶风茂陵人也。哀帝时，以父任为郎。后父仁为河南都尉，而述补清水长。仁以述年少，遣门下掾随之官。月余，掾辞归，白仁曰："述非待教者也。"后太守以其能，使兼摄五县，政事修理，奸盗不发，郡中谓有鬼神。王莽天凤中，为导江卒正，居临邛，复有能名。及更始立，豪杰各起其县以应汉，南阳人宗成自称"虎牙将军"，入略汉中；又商人王岑亦起兵于雒县，自称"定汉将军"，杀王莽庸部牧以应成，众合数万人。述闻之，遣使迎成等。成等至成都，虏掠暴横。述意恶之，召县中豪杰谓曰："天下同苦新室，思刘氏久矣，故闻汉将军到，驰迎道路。今百姓无辜而妇子系获，室屋烧燔，此寇贼，非义兵也。吾欲保郡自守，以待真主。诸卿欲并力者即留，不欲者便去。"豪杰皆叩头曰："愿效死。"述于是使人诈称汉使者自东方来，假述辅汉将军、蜀郡太守兼益州牧印绶。乃选精兵千余人，西击成等。比至成都，众数千人，遂攻成，大破之。成将垣副杀成，以其众降。

二年秋，更始遣柱功侯李宝、益州刺史张忠，将兵万余人徇蜀、汉。述恃其地险众附，有自立志，乃使其弟恢于绵竹击宝、忠，大破走之。由是威震益部。功曹李熊说述曰："方今四海波荡，匹夫横议。将军割据千里，地什汤武，若奋威德以投天隙，霸王之业成矣。宜改名号，以镇百姓。"述曰："吾亦虑之，公言起我意。"于是自立为蜀王，都成都。蜀地肥饶，兵力精强，远方士庶多往归之，邛、笮君长皆来贡献。李熊复说述曰："今山东饥馑，人庶相食；兵所屠灭，城邑丘墟。蜀地沃野千里，土壤膏腴，果实所生，无谷而饱。女工之业，覆衣天下。名材竹干，器械之饶，不可胜用。又有鱼盐铜银之利，浮水转漕之便。北据汉中，杜襃、斜之险；东守巴郡，拒扞关之口；地方数千里，战士不下百万。见利则出兵而略地，无利则坚守而力农。东下汉水以窥秦地，南顺江流以震荆、杨。所谓用天因地，成功之资。今君王之声，闻于天下，而名号未定，志士狐疑，宜即大位，使远人有所依归。"述曰："帝王有命，吾何足以当？"熊曰："天命无常，百姓与能。能者当之，王何疑焉！"述梦有人语之曰："八厶子系，十二为期。"觉，谓其妻曰："虽贵而祚短，若何？"妻对曰："朝闻道，夕死尚可，况十二乎！"会有龙出其府殿中，夜有光耀，述以为符瑞。因刻其掌，文曰"公孙帝"。

建武元年四月，遂自立为天子，号成家。色尚白。建元曰龙兴元年。以李熊为大司徒，以其弟光为大司马，恢为大司空。改益州为司隶校尉，蜀郡为成都尹。越巂任贵亦杀王莽大尹而据郡降。述遂使将军侯丹开白水关，北守南郑，将军任满从阆中下江州，东据扞关。于是尽有益州之地。自更始败后，光武方事山东，未遑西伐。关中豪杰吕鲔等往往拥众以万数，莫知所属，多往归述，皆拜为将军，遂大作营垒，陈车骑，肄习战射，会聚兵甲数十万人，积粮汉中，筑宫南郑。又造十层赤楼帛兰船。多刻天下牧守印章，备置公卿百官。使将军李育、程乌将数万众出陈仓，与吕鲔徇三辅。

三年，征西将军冯异击鲔、育于陈仓，大败之。鲔、育奔汉中。

五年，延岑、田戎为汉兵所败，皆亡入蜀。

岑字叔牙，南阳人。始起据汉中，又拥兵关西，所在破散，走至南阳，略有数县。戎，汝南人。初起兵夷陵，转寇郡县，众数万人。岑、戎并与秦丰合，丰俱以女妻之。及丰败，故二人皆降于述。述以岑为大司马，封汝宁王，戎翼江王。

六年，述遣戎与将军任满出江关，下临沮、夷陵间，招其故众，因欲取荆州诸郡，竟不能克。是时，述废铜钱，置铁官钱，百姓货币不行。蜀中童谣言："黄牛白腹，五铢当复。"好事者窃言王莽称"黄"，述自号"白"，五铢钱，汉货也，言天下当并还刘氏。述亦好为符命鬼神瑞应之事，妄引谶记。以为孔子作《春秋》，为赤制而断十二公，明汉至平帝十二代，历数尽也，一姓不得再受命。又引《录运法》曰："废昌帝，立公孙。"《括地象》曰："帝轩辕受命，公孙氏握。"《援神契》曰："西太守，乙卯金。"谓西方太守而乙绝卯金也。五德之运，黄承赤而白继黄，金据西方为白德，而代王氏，得其正序，又自言手文有奇，及得龙兴之瑞。数移书中国，冀以感动众心。帝患之，乃与述书曰："图谶言'公孙'，即宣帝也。代汉者当涂高，君岂高之身邪？乃复以掌文为瑞，王莽何足效乎！君非吾贼臣乱子，仓卒时人皆欲为君事耳，何足数也。君日月已逝，妻子弱小，当早为定计，可以无忧。天下神器，不可力争，宜留三思。"署曰"公孙皇帝"。述不答。

明年，隗嚣称臣于述。述骑都尉平陵人荆邯见东方将平，兵且西向，说述曰："兵者，帝王之大器，古来所不能废也。昔秦失其守，豪杰并起，汉祖无前人之迹，立锥之地，起于行阵之中，躬自奋击，兵破身困者数矣。然军败复合，创愈复战。何则？前死而成功，逾于却就于灭亡也。隗嚣遭遇运会，割有雍州，兵强士附，威加山东。遇更始政乱，复失天下，众庶引领，四方瓦解。嚣不及此时推危乘胜，以争天命，而退欲为西伯之事，尊师章句，宾友处士，偃武息戈,卑辞事汉,喟然自以文王复出也。令汉帝释关陇之忧,专精东伐,四分天下而有其三;**使西州豪杰咸居心于山东,发间使,招携贰,则五分而有其四**;若举兵天水,必至沮溃,天水既定,则九分而有其八。陛下以梁州之地,内奉万乘,外给三军,百姓愁困,不堪上命,将有王氏自溃之变。臣之愚计,以为宜及天下之望未绝,豪杰尚可招诱,急以此时发国内精兵,令田戎据江陵,临江南之会,倚巫山之固,筑垒坚守,传檄吴、楚,长沙以南必随风而靡。令延岑出汉中,定三辅,天水、陇西拱手自服。如此,海内震摇,冀有大利。"述以问群臣。博士吴柱曰:"昔武王伐殷,先观兵孟津,八百诸侯不期同辞,然犹还师以待天命。未闻无左右之助,而欲出师千里之外,以广封疆者也。"邯曰:"今东帝无尺土之柄,驱乌合之众,跨马陷敌,所向辄平。不亟乘时与之分功,而坐谈武王之说,是效隗嚣欲为西伯也。"述然邯言,欲悉发北军屯兵及山东客兵,使延岑、田戎分出两道,与汉中诸将合兵并埶。蜀人及其弟光以为不宜空国千里之外,决成败于一举,固争之,述乃止。延岑、田戎亦数请兵立功,终疑不听。述性苛细,察于小事。敢诛杀而不见大体,好改易郡县官名。然少为郎,习汉家制度,出入法驾,銮旗旄骑,陈置陛戟,然后辇出房闼。又立其两子为王,食犍为、广汉各数县。群臣多谏,以为成败未可知,戎士暴露,而遽王皇子,示无大志,伤战士心。述不听。唯公孙氏得任事,由此大臣皆怨。

八年,帝使诸将攻隗嚣,述遣李育将万余人救嚣。嚣败,并没其军,蜀地闻之恐动。述惧,欲安众心。成都郭外有秦时旧仓,述改名白帝仓,自王莽以来常空。述即诈使人言白帝仓出谷如山陵,百姓空市里往观之。述乃大会群臣,问曰:"白帝仓竟出谷乎?"皆对言"无"。述曰:"讹言不可信,道隗王破者复如此矣。"俄而嚣将王元降,述以为将军。明年,使元与领军环安拒河池,又遣田戎及大司徒任满、南郡太守程泛将兵下江关,破威虏将军冯骏等,拔巫及夷陵、夷道,因据荆门。

十一年,征南大将军岑彭攻之,满等大败,述将王政斩满首降于彭。田戎走保江州。城邑皆开门降,彭遂长驱至武阳。帝乃与述书,陈言祸福,以明丹青之信。述省书叹息,以示所亲太常常少、光禄勋张隆。隆、少皆劝降。述曰:"废兴命也。岂有降天子哉!"左右莫敢复言。中郎将来歙急攻王元、环安,安使刺客杀歙。述复令刺杀岑彭。

十二年,述弟恢及子婿史兴并为大司马吴汉、辅威将军臧宫所破,战死。自是将帅恐惧,日夜离叛,述虽诛灭其家,犹不能禁。帝必欲降之,乃下诏喻述曰:"往年诏书比下,开示恩信,勿以来歙、岑彭受害自疑。今以时自诣,则家族完全;若迷惑不喻,委肉虎口,痛哉奈何!将帅疲倦,吏士思归,不乐久相屯守,诏书手记,不可数得,朕不食言。"述终无降意。九月,吴汉又破斩其大司徒谢丰、执金吾袁吉,汉兵遂守成都。述谓延岑曰:"事当奈何?"岑曰:"男儿当死中求生,可坐穷乎!财物易聚耳,不宜有爱。"述乃悉散金帛,募敢死士五千余人,以配岑于市桥,伪建旗帜,鸣鼓挑战,而潜遣奇兵出吴汉军后,袭击破汉。汉堕水,缘马尾得出。十一月,臧宫军至咸门。述视占书,云"虏死城下",大喜,谓汉等当之。乃自将数万人攻汉,使延岑拒宫。大战,岑三合三胜。自旦及日中,军士不得食,并疲,汉因令壮士突之,述兵大乱,被刺洞胸,堕马。左右舆入城。述以兵属延岑,其夜死。明旦,岑降吴汉。乃夷述妻子,尽灭公孙氏,并族延岑。遂放兵大掠,焚述宫室。帝闻之怒,以谴汉。又让汉副将刘尚曰:"城降三日,吏人从服,孩儿老母,口以万数,一旦放兵纵火,闻之可为酸鼻!尚宗室子孙,尝更吏职,何忍行此?仰视天,俯视地,观放麑啜羹,二者孰仁!良失斩将吊人之义也!"初,常少、张隆劝述降,不从,并以忧死。帝下诏追赠少为太常,隆为光禄勋,以礼改葬之。其忠节志义之士,并蒙旌显。程乌、李育以有才干,皆擢用之。于是西土咸悦,莫不归心焉。

论曰:昔赵佗自王番禺,公孙亦窃帝蜀汉,推其无他功能,而至于后亡者,将以地边处远,非王化之所先乎?述虽为汉吏,无所冯资,徒以文俗自意,遂能集其计计。道未足而意有余,不能因隙立功,以会时变,方乃坐饰曲幅,以高深自安,昔吴起所以惭魏侯也。及其谢臣属,审废兴之命,与夫泥首衔玉者异日谈也。

赞曰:公孙习吏,隗王得士。汉命已还,二隅方跱。天数有违,江山难恃。

卷四十四

宗室四王三侯列传第四
齐武王縯传 子北海靖王兴

齐武王縯字伯升,光武之长兄也。性刚毅,慷慨有大节。自王莽篡汉,常愤愤,怀复社稷之虑,不事家人居业,倾身破产,交结天下雄俊。莽末,盗贼群起,南方尤甚。伯升召诸豪杰计议曰:"王莽暴虐,百姓分崩。今枯旱连年,兵革并起。此亦天亡之时,复高祖之业,定万世之秋也。"众皆然之。于是分遣亲客,使邓晨起新野,光武与李通、李轶起于宛。伯升自发舂陵子弟,合七八千人,部署宾客,自称柱天都部。使宗室刘嘉往诱新市、平林兵王匡、陈牧等,合军而进,屠长聚及唐子乡,杀湖阳尉,进拔棘阳,因欲攻宛。至小长安,与王莽前队大夫甄阜、属正梁丘赐战。时天密雾,汉军大败,姊元弟仲皆遇害,宗从死者数十人。伯升复收会兵众,还保棘阳。阜、赐乘胜,留辎重于蓝乡,引精兵十万南渡黄淳水，临沘水，阻两川间为营，绝后桥，示无还心。新市、平林见汉兵数败，阜、赐军大至，各欲解去，伯升甚患。会下江兵五千余人至宜秋，乃往为说合从之埶，下江从之。语在《王常传》。伯升于是大飨军士，设盟约。休卒三日，分为六部，潜师夜起，袭取蓝乡，尽获其辎重。明旦，汉军自西南攻甄阜，下江兵自东南攻梁丘赐。至食时，赐阵溃，阜军望见散走，汉兵急追之，却迫黄淳水，斩首溺死者二万余人，遂斩阜、赐。王莽纳言将军严尤、秩宗将军陈茂闻阜、赐军败，引欲据宛。伯升乃陈茂誓众，焚积聚，破釜甑，鼓行而前，与尤、茂遇育阳下，战，大破之，斩首三千余级。尤、茂弃军走，伯升遂进围宛，自号柱天大将军。王莽素闻其名，大震惧，购伯升邑五万户，黄金十万斤，位上公。使长安中官署及天下乡亭皆画伯升像于埻，且起射之。自阜、赐死后，百姓日有降者，众至十余万。诸将会议立刘氏以从人望，豪杰咸归于伯升。而新市、平林将帅乐放纵，惮伯升威明而贪圣公懦弱，先共定策立之，然后使骑召伯升，示其议。伯升曰："诸将军幸欲尊立宗室，其德甚厚。然愚鄙之见，窃有未同。今赤眉起青、徐，众数十万，闻南阳立宗室，恐赤眉复有所立，如此，必将内争。今王莽未灭，而宗室相攻，是疑天下而自损权，非所以破莽也。且首兵唱号，鲜有能遂，陈胜、项籍，即其事也。舂陵去宛三百里耳，未足为功。遽自尊立，为天下准的，使后人得承吾敝，非计之善者也。今且称王以令。若赤眉所立者贤，相率而往从之；若无所立，破莽降赤眉，然后举尊号，亦未晚也。愿各详思之。"诸将多曰："善。"将军张卬拔剑击地曰："疑事无功。今日之议，不得有二。"众皆从之。

圣公既即位，拜伯升为大司徒，封汉信侯。由是豪杰失望，多不服。平林后部攻新野，不能下。新野宰登城言曰："得司徒刘公一信，愿先下。"及伯升军至，即开城门降。五月，伯升拔宛。六月，光武破王寻、王邑。自是兄弟威名益甚。更始君臣不自安，遂共谋诛伯升，乃大会诸将，以成其计。更始取伯升宝剑视之，绣衣御史申屠建随献玉玦，更始竟不能发。及罢会，伯升舅樊宏谓伯升曰："昔鸿门之会，范增举玦以示项羽。今建此意，得无不善乎？"伯升笑而不应。初，李轶谄事更始贵将，光武深疑之，常以戒伯升曰："此人不可复信。"又不受。伯升部将宗人刘稷，数陷阵溃围，勇冠三军。时李兵击鲁阳，闻更始立，怒曰："本起兵图大事者，伯升兄弟也，今更始何为者邪？"更始君臣闻而心忌之，以稷为抗威将军，稷不肯拜。更始乃与诸将陈兵数千人，先收稷，将诛之，伯升固争。李轶、朱鲔因劝更始并执伯升，即日害之。

有二子，建武二年，立长子章为太原王，兴为鲁王。十一年，徙章为齐王。十五年，追谥伯升为齐武王。章少孤，光武感伯升功业不就，抚育恩爱甚笃，以其少贵，欲令亲吏事，故使试守平阴令，迁梁郡太守。立二十一年薨，谥曰哀王。子炀王石嗣。建武二十七年，石始就国。三十年，封石弟张为下博侯。永平十四年，封石二子为乡侯。石立二十四年薨，子侐嗣。下博侯张以善论议，十六年，与奉车都尉窦固等并出击匈奴，后进者多害其能，数被谮诉。建初中卒，肃宗下诏褒扬之，复封张子它人奉其祀。侐及弟利侯刚与母太姬宗更相诬告。章和元年，有司奏请免侐、刚爵为庶人，徙丹阳。帝不忍，下诏曰："朕闻人君正屏，有所不听。宗尊为小君，宫卫周备，出有辒辌之饰，入有牖户之固，殆不至如谮者之言。侐、刚愍乎至行，浊乎大伦，《甫刑》三千，莫大不孝。朕不忍置之于理，其贬侐爵为芜湖侯，削刚户三千。於戏！小子不勖大道，控于法理，以堕宗绪。其遣谒者收侐及太姬玺绶。"侐立十七年而降爵。侐卒，子无忌嗣。帝以伯升创大业，而后嗣罪废，心常愍之。时北海亦绝无后。及崩，遗诏令复二国。永元二年，乃复封无忌为齐王，是为惠王。立五十二年薨，子顷王喜嗣。立五年薨，子承嗣。建安十一年，国除。

论曰：大丈夫之鼓动拔起，其志致盖远矣。若夫齐武王之破家厚士，岂游侠下客之为哉！其虑将存乎配天之绝业，而痛明堂之不祀也。及其发举大谋，在仓卒扰攘之中，使信先成于敌人，赦岑彭以显义，若此足以见其度矣。志高虑远，祸发所怨。呜呼！古人以蜂虿为戒，盖畏此也。《诗》云："敬之敬之，命不易哉！"

北海靖王兴，建武二年封为鲁王，嗣光武兄仲。初，南顿君娶同郡樊重女，字娴都。娴都性婉顺，自为童女，不正容服不出于房，宗族敬焉。生三男三女：长男伯升，次仲，次光武；长女黄，次元，次伯姬。皇姚以初起兵时病卒，宗人樊巨公收敛焉。

建武二年，封黄为湖阳长公主，伯姬为宁平长公主。元与仲俱殁于小长安，追爵元为新野长公主。十五年，追谥仲为鲁哀王。兴其岁试守缑氏令。为人有明略，善听讼，甚得名称。迁弘农太守，亦有善政，视事四年，上疏乞骸骨，征还京师，奉朝请。二十七年，始就国。明年，以鲁国益东海，故徙兴为北海王。三十年，封兴子复为临邑侯。中元二年，又封兴二子为县侯。显宗器重兴，每有异政，辄乘驿问焉。立三十九年薨，子敬王睦嗣。

睦少好学，博通书传，光武爱之，数被延纳。显宗之在东宫，尤见幸待，入侍讽诵，出则执辔。中兴初，禁网尚阔，而睦性谦恭好士，千里交结，自名儒宿德，莫不造门，由是声价益广。永平中，法宪颇峻，睦乃谢绝宾客，放心音乐。然性好读书，常为爱玩。岁终，遣中大夫奉璧朝贺，召而谓之曰："朝廷设问寡人，大夫将何辞以对？"使者曰："大王忠孝慈仁，敬贤乐士。臣虽蝼蚁，敢不以实？"睦曰："吁，子危我哉！此乃孤幼时进趣之行也。大夫其对以孤袭爵以来，志意衰惰，声色是娱，犬马是好。"使者受命而行。其能屈申若此。

初，靖王薨，悉推财产与诸弟，虽王车服珍宝非列侯制，皆以为分，然后随以金帛赎之。睦能属文，作《春秋旨义》、《终始论》及赋颂数十篇。又善《史书》，当世以为楷则。及寝病，帝驿马令作草书尺牍十首。立十年薨，子哀王基嗣。

永平十八年，封基二弟为县侯，二弟为乡侯。建初二年，又封基弟毅为平望侯。基立十四年薨。无子，肃宗怜之，不除其国。

永元二年，和帝封睦庶子斟乡侯威为北海王，奉睦后。立七年，威以非睦子，又坐诽谤，槛车征诣廷尉，道自杀。

永初元年，邓太后复封睦孙寿光侯普为北海王，是为顷王。延光二年，复封睦少子为亭侯。普立十七年薨，子恭王翼嗣；立十四年薨，子康王嗣。无后，建安十一年，国除。

初，临邑侯复好学，能文章。永平中，每有讲学事，辄令复典掌焉。与班固、贾逵共述汉史，傅毅等皆宗事之。复子骍駼及从兄平望侯毅，并有才学。永宁中，邓太后召毅及骍駼入东观，与谒者仆射刘珍著中兴以下名臣列士传。骍駼又自造赋、颂、书、论凡四篇。

赵孝王良传

赵孝王良字次伯，光武之叔父也。平帝时举孝廉，为萧令。光武兄弟少孤，良抚循甚笃。及光武起兵，以事告，良大怒，曰："汝与伯升志操不同，今家欲危亡，而反共谋如是！"既而不得已，从军至小长安，汉兵大败，良妻及二子皆被害。更始立，以良为国三老，从入关。更始败，良闻光武即位，乃亡奔洛阳。建武二年，封良为广阳王。五年，徙为赵王，始就国。十三年，降为赵公。频岁来朝。十七年，薨于京师。凡立十六年。子节王栩嗣。建武三十年，封栩二子为乡侯。建初二年，复封栩十子为亭侯。栩立四十年薨，子顷王商嗣。永元三年，封商三弟为亭侯。元年，封商四子为亭侯。商立二十三年薨，子靖王宏嗣。立十二年薨，子惠王乾嗣。元初五年，封乾二弟为亭侯。是岁，赵相奏乾居父丧，私娉小妻，又白衣出司马门，坐削中丘县。时郎中南阳程坚素有志行，拜为乾傅。坚辅以礼义，乾改悔前过。坚列上，复所削县。本初元年，封乾一子为亭侯。乾立四十八年薨，子怀王豫嗣。豫薨，子献王赦嗣。赦薨，子珪嗣，建安十八年徙封博陵王。立九年，魏初以为崇德侯。

城阳恭王祉传

城阳恭王祉字巨伯，光武族兄、春陵康侯敞之子也。

敞曾祖父节侯买，以长沙定王子封于零道之春陵乡，为春陵侯。买卒，子戴侯熊渠嗣。熊渠卒，子考侯仁嗣。仁以春陵地埶下湿，山林毒气，上书求减邑内徙。元帝初元四年，徙封南阳之白水乡，犹以春陵为国名，遂与从弟巨鹿都尉回及宗族往家焉。仁卒，子敞嗣。敞谦俭好义，尽推父时金宝财产与昆弟，荆州刺史上其义行，拜庐江都尉。岁余，会族兄安众侯刘崇起兵，王莽畏恶刘氏，征敞至长安，免归国。

先是平帝时，敞与崇俱朝京师，助祭明堂。崇见莽将危汉室，私谓敞曰："安汉公擅国权，群臣莫不回从，社稷倾覆至矣。太后春秋高，天子幼弱，高皇帝所以分封子弟，盖为此也。"敞心然之。及崇事败，敞惧，欲结援树党，乃为祉娶高陵侯翟宣女为妻。会宣弟义起兵欲攻莽，南阳捕杀宣女，祉坐系狱。敞因上书谢罪，愿率子敞宗族为士卒先。莽新居摄，欲慰安宗室，故不被刑诛。及莽篡立，刘氏为侯者皆降称子，食孤卿禄，后皆夺爵。及敞卒，祉遂特见废，又不得官为吏。祉以故侯嫡子，行淳厚，宗室皆敬之。及光武起兵，祉兄弟相率从军，前队大夫甄阜尽收其家属系宛狱。及汉兵败小长安，祉挺身还保棘阳，甄阜尽杀其母弟妻子。更始立，以祉为太常将军，绍封春陵侯。从西入关，封为定陶王。别将击破刘婴于临泾。及更始降于赤眉，祉乃间行亡奔洛阳。是时宗室唯祉先至，光武见之欢甚。建武二年，封为城阳王，赐乘舆、御物、车马、衣服。追谥敞为康侯。十一年，祉疾病，上城阳王玺绶，愿以列侯奉先人祭祀。帝自临其疾。祉薨，年四十三，谥曰恭王，竟不之国，葬于洛阳北芒。

十三年，封祉嫡子平为蔡阳侯，以奉祉祀；平弟坚为高乡侯。

初，建武二年，以皇祖、皇考墓为昌陵，置陵令守视；后改为章陵，因以春陵为章陵县。十八年，立考侯、康侯庙，比园陵，置啬夫。诏零陵郡奉祠节侯、戴侯庙，以四时及腊岁五祠焉。置啬夫、佐吏各一人。

平后坐与诸王交通，国除。永平五年，显宗更封平为竟陵侯。平卒，子真嗣。真卒，子禹嗣。禹卒，子嘉嗣。

泗水王歙传

泗水王歙字经孙，光武族父也。歙子终，与光武少相亲爱。汉兵起，始及唐子，终诱杀湖阳尉。更始立，歙从入关，封为元氏王，终为侍中。更始败，歙、终东奔洛阳，建武二年，立歙为泗水王，终为淄川王。十年，歙薨，封小子燀为堂溪侯，奉歙后。终居丧思慕，哭泣二十余日，亦薨。长子柱为邔侯，以奉终祀，又封终子凤曲阳侯。歙从父弟茂，年十八，汉兵之起，茂自号刘先职，亦聚众京、密间，称厌新将军。攻下颍川、汝南，众十余万人。光武既至河内，茂率众降，封为中山王。十三年，宗室为王者皆降为侯，更封茂为穰侯。茂弟匡，亦与汉兵俱起，建武二年，封宜春侯。为人谦逊，永平中为宗正。子浮嗣，封朝阳侯。浮弟尚，永元中为征西将军。浮传国至孙护，无子，封绝。延光中，护从兄瓖与安帝乳母王圣女伯荣私通，遂取伯荣为妻，得绍护封为朝阳侯，位侍中。及王圣败，贬爵为亭侯。

安成孝侯赐传

安成孝侯赐字子琴，光武族兄也。祖父利，苍梧太守。赐少孤。兄显报怨杀人，吏捕显杀之。赐与显子信卖田宅，同抛财产，结客报吏，皆亡命逃伏，遭赦归。会伯升起兵，乃随从攻击诸县。更始既立，以赐为光禄勋，封广汉侯。及伯升被害，代为大司徒，将兵讨汝南。未及平，更始又以信为奋威大将军，代赐击汝南，赐与更始俱到洛阳。更始欲令亲近大将徇河北，未知所使。赐言诸家子独有文叔可用，大司马朱鲔等以为不可，更始狐疑，赐深劝之，乃拜光武行大司马，持节过河。是日以赐为丞相，令先入关，修宗庙宫室。还迎更始都长安，封赐为宛王，拜前大司马，使持节镇抚东关。二年春，赐就国于宛，典将六部兵。后赤眉破更始，赐所领六部亦稍散畔，乃去宛保育阳。闻光武即位，乃西之武关，迎更始妻子将诣洛阳。帝嘉赐忠，建武二年，封为慎侯。十三年，更增户邑，定封为安成侯，奉朝请。以赐有恩信，故亲厚之，数蒙宴私，时幸其第，恩赐特异。赐辄赈以故旧，无有遗积。帝为营冢堂，起祠庙，置吏卒，如舂陵孝侯。二十八年卒，子闵嗣。三十年，帝复封闵弟嵩为白牛侯。坐楚事，辞语相连，国除。闵卒，子商嗣，徙封为白牛侯。商卒，子昌嗣。初，信为更始讨平汝南，因封为汝阴王。信遂将兵平定江南，据豫章。光武即位，桂阳太守张隆击破之，信乃诣洛阳降，以为汝阴侯。永平十三年，亦坐楚事国除。

成武孝侯顺传

成武孝侯顺字平仲，光武族兄也。父庆，舂陵侯敞同产弟。顺与光武同里闬，少相厚。更始即位，以庆为燕王，顺为虎牙将军。会更始降赤眉，庆为乱兵所杀，顺乃间行诣光武，拜为南阳太守。建武二年，封成武侯，邑户最大，租入倍宗室诸家。八年，使击破六安贼，因拜为六安太守。数年，帝欲征之。吏人上书请留。十一年卒，帝使使者迎丧，亲自临吊。子遵嗣，坐与诸王交通，降为端氏侯。遵卒，子弇嗣。弇卒，无嗣，国除。永平十年，显宗幸章陵，追念旧恩，封顺弟子三人为乡侯。初，顺叔父弘娶于樊氏，皇姊之从妹也。生二子，敏、国。与母随更始在长安。建武二年，诣洛阳，光武封敏为甘里侯，国为弋阳侯。敏通经有行，

永平初，官至越骑校尉。弘弟梁，以侠气闻，更始元年，起兵豫章，欲徇江东，自号"就汉大将军"，暴病卒。

顺阳怀侯嘉传

顺阳怀侯嘉字孝孙，光武族兄也。父宪，舂陵侯敞同产弟。嘉少孤，性仁厚，南顿君养视如子，后与伯升俱学长安，习《尚书》、《春秋》。及义兵起，嘉随更始征伐。汉军之败小长安也，嘉妻子遇害。更始即位，以为偏将军，及攻破宛，封兴德侯，迁大将军，击延岑于冠军，降之。更始既都长安，以嘉为汉中王、扶威大将军，持节就国，都于南郑，众数十万。建武二年，延岑复反，攻汉中，围南郑，嘉兵败走。岑遂定汉中，进兵武都，为更始柱功侯李宝所破。岑走天水，公孙述遣将侯丹取南郑。嘉收散卒，得数万人，以宝为相，从武都南击侯丹，不利，还军河池、下辨。复与延岑连战，岑引北入散关，至陈仓，嘉追击破之。更始邓王廖湛将赤眉十八万攻嘉，嘉与战于谷口，大破之。嘉手杀湛，遂到云阳就谷。李宝等闻邓禹西征，拥兵自守，劝嘉且观成败。光武闻之，告禹曰："孝孙素谨善，少且亲爱，当是长安轻薄儿误之耳。"禹即宣帝旨，嘉乃因来歙诣禹于云阳。三年，到洛阳，从征伐，拜为千乘太守。六年，病，上书乞骸骨，征诣京师。十三年，封为顺阳侯。秋，复封嘉子廙为黄李侯。十五年，嘉卒。子参嗣，有罪，削为南乡侯。永平中，参为城门校尉。参卒，子循嗣。循卒，子章嗣。

赞曰：齐武沈雄，义戈乘风。仓卒匪图，亡我天工。城阳早协，赵孝晚同。泗水三侯，或恩或功。

卷四十五　　李王邓来列传第五

李通传

李通字次元，南阳宛人也。世以货殖著姓。父守，身长九尺，容貌绝异，为人严毅，居家如官廷。初事刘歆，好星历谶记，为王莽宗卿师。通亦为五威将军从事，出补巫丞，有能名。莽末，百姓愁怨，通素闻守说谶云"刘氏复兴，李氏为辅"，私常怀之。且居家富逸，为闾里雄，以此不乐为吏，乃自免归。及下江、新市兵起，南阳骚动，通从弟轶，亦素好事，乃共计议曰："今四方扰乱，新室且亡，汉当更兴。南阳宗室，独刘伯升兄弟泛爱容众，可与谋大事。"通笑曰："吾意也。"会光武避吏在宛，通闻之，即遣轶往迎光武。光武初以通士君子相慕也，故往答之。及相见，共语移

日,握手极欢。通因具言谶文事,光武初殊不意,未敢当之。时守在长安,光武乃微观通曰:"即如此,当如宗卿师何?"通曰:"已自有度矣。"因复备言其计。光武既深知通意,乃遂相约结,定谋议,期以材官都试骑士日,欲劫前队大夫及属正,因以号令大众。乃使光武与轶归舂陵,举兵以相应。遣从兄子季之长安,以事报守。季于道病死,守密知之,欲亡归。素与邑人黄显相善,时显为中郎将,闻之,谓守曰:"今关门禁严,君状貌非凡,将以此安之?不如诣阙自归。事既未然,脱可免祸。"守从其计,即上书归死,章未及报,留阙下。会事发觉,通得亡走,莽闻之,乃系守于狱。而黄显为请曰:"守闻子无状,不敢逃亡,守义自信,归命宫阙。臣显愿质守俱东,晓说其子。如遂悖逆,令守北向刎首,以谢大恩。"莽然其言。会前队复上通起兵之状,莽怒,欲杀守,显争之,遂并被诛,及守家在长安者尽杀之。南阳亦诛通弟、门宗六十四人,皆焚尸宛市。时汉兵亦已大合,通与光武、李轶相遇棘阳,遂共破前队,杀甄阜、梁丘赐。

更始立,以通为柱国大将军、辅汉侯。从至长安,更拜为大将军,封西平王;轶为舞阴王;通从弟松为丞相。更始使通持节还镇荆州,通因娶光武女弟伯姬,是为宁平公主。光武即位,征通为卫尉。建武二年,封固始侯,拜大司农。帝每征讨四方,常令通居守京师,镇抚百姓,修宫室,起学官。五年春,代王梁为前将军。六年夏,领破奸将军侯进、捕虏将军王霸等十营击汉中贼。公孙述遣兵赴救,通等与战于西城,破之,还屯田顺阳。

时天下略定,通思欲避荣宠,以病上书乞身。诏下公卿群臣议。大司徒侯霸等曰:"王莽篡汉,倾乱天下,通怀伊、吕、萧、曹之谋,建造大策,扶助神灵,辅成圣德。破家为国,忘身奉主,有扶危存亡之义。功德最高,海内所闻。通以天下平定,谦让辟位。夫安不忘危,宜令通居职疗疾。欲就诸侯,不可听。"于是诏通勉致医药,以时视事。其夏,引拜为大司空。通布衣唱义,助成大业,重以宁平公主故,特见亲重。然性谦恭,常欲避权埶。素有消疾,自为宰相,谢病不视事,连年乞骸骨,帝每优宠之。令以公位归第养疾,通复固辞。积二岁,乃听上大司空印绶,以特进奉朝请。有司奏请封诸皇子,帝感通首创大谋,即日封通少子雄为召陵侯。每幸南阳,常遣使者以太牢祠通父冢。十八年卒,谥曰恭侯。帝及皇后亲临吊,送葬。子音嗣。音卒,子定嗣。定卒,子黄嗣。黄卒,子寿嗣。李轶后为朱鲔所杀。更始之败,李松战死,唯通能以功名终。永平中,显宗幸宛,诏诸李随安众宗室会见,并受赏赐,恩宠笃焉。

论曰:子曰"富与贵是人之所欲,不以其道得之,不处也"。李通岂知夫所欲而未识以道之乎!夫天道性命,圣人难言之,况乃亿测微隐,猖狂无妄之福,污灭亲宗,以觖一

切之功哉!昔蒙毂负书,不徇楚难;即墨用齐,义雪燕耻。彼之趣舍所立,其殆与通异乎!

王常传

王常字颜卿,颍川舞阳人也。王莽末,为弟报仇,亡命江夏。久之,与王凤、王匡等起兵云杜绿林中,聚众数万人,以常为偏裨,攻傍县。后与成丹、张卬别入南郡蓝口,号下江兵。王莽遣严尤、陈茂击破之。常与丹、卬收散卒入蒌溪,劫略钟、龙间,众复振。引军与荆州牧战于上唐,大破之,遂北至宜秋。

是时,汉兵与新市、平林众俱败于小长安,各欲解去。伯升闻下江军在宜秋,即与光武及李通俱造常壁,曰:"愿见下江一贤将,议大事。"成丹、张卬共推遣常。伯升见常,说以合从之利。常大悟,曰:"王莽篡弑,残虐天下,百姓思汉,故豪杰并起。今刘氏复兴,即真主也。诚思出身为用,辅成大功。"伯升曰:"如事成,岂敢独飨之哉!"遂与常深相结而去。常还,具为丹、卬言之。丹、卬负其众,皆曰:"大丈夫既起,当各自为主,何故受人制乎?"常心独归汉,乃稍晓说其将帅曰:"往者成、哀衰微无嗣,故王莽得承间篡位。既有天下,而政令苛酷,积失百姓之心。民之讴吟思汉,非一日也,故使吾属因此得起。夫民所怨者,天所去也;民所思者,天所与也。举大事必当下顺民心,上合天意,功乃可成。若负强恃勇,触情恣欲,虽得天下,必复失之。以秦、项之埶,尚至夷覆,况今布衣相聚草泽?以此言之,灭亡之道也。今南阳诸刘举宗起兵,观其来议事者,皆有深计大虑,王公之才,与之并合,必成大功,此天所以祐吾属也。"下江诸将虽屈强少识,然素敬常,乃皆谢曰:"无王将军,吾属几陷于不义。愿敬受教。"即引兵与汉军及新市、平林合。于是诸部齐心同力,锐气益壮,遂俱进,破杀甄阜、梁丘赐。及诸将议立宗室,唯常与南阳士大夫同意欲立伯升,而朱鲔、张卬等不听。及更始立,以常为廷尉、大将军,封知命侯。别徇汝南、沛郡,还入昆阳,与光武共击破王寻、王邑。更始西都长安,以常行南阳太守事,令专命诛赏,封为邓王,食八县,赐姓刘氏。常性恭俭,遵法度,南方称之。

更始败,建武二年夏,常将妻子诣洛阳,肉袒自归。光武见常甚欢,劳之曰:"王廷尉良苦,每念往时,共更艰厄,何日忘之。莫往莫来,岂违平生之言乎?"常顿首谢曰:"臣蒙大命,得以鞭策托身陛下。始遇宜秋,后会昆阳,幸赖灵武,辄成断金。更始不量愚臣,任以南州。赤眉之难,丧心失望,以为天下复失纲纪。闻陛下即位河北,心开目明,今得见阙庭,死无遗恨。"帝笑曰:"吾与廷尉戏耳。吾见廷尉,不忧南方矣。"乃召公卿将军以下大会,具为群臣言:"常以匹夫兴义兵,明于知天命,故更始封为知命侯。与吾

相遇兵中，尤相厚善。"特加赏赐，拜为左曹，封山桑侯。

后帝于大会中指常谓群臣曰："此家率下江诸将辅翼汉室，心如金石，真忠臣也。"是日迁常为汉忠将军，遣南击邓奉、董䜣，令诸将皆属焉，又诏常北击河间、渔阳，诸屯聚。五年秋，攻拔湖陵，又与帝会任城，因从破苏茂、庞萌。进攻下邳，常部当城门战，一日数合，贼反走入城，常追迫之，城上射矢雨下，帝从百余骑自城南高处望，常战力甚，驰遣中黄门诏使引还，贼遂降。又别率骑都尉王霸共平沛郡贼。六年春，征还洛阳，令夫人迎常于舞阳，归家上冢。西屯长安，拒隗嚣。七年，使使者持玺书即拜常为横野大将军，位次与诸将绝席。常别击破隗嚣将高峻于朝那。嚣遣将过乌氏，常要击破之。转降保塞羌诸营壁，皆平之。九年，击内黄贼，破降之。后北屯故安，拒卢芳。十二年，薨于屯所，谥曰节侯。子广嗣。三十年，徙封石城侯。永平十四年，坐与楚事相连，国除。

邓晨传

邓晨字伟卿，南阳新野人也。世吏二千石。父宏，豫章都尉。晨初娶光武元妹。王莽末，光武尝与兄伯升及晨之宛，与穰人蔡少公等宴语。少公颇学图谶，言刘秀当为天子。或曰："是国师公刘秀乎？"光武戏曰："何用知非仆邪？"坐者皆大笑，晨心独喜。及光武与家属避吏新野，舍晨庐，甚相亲爱。晨因谓光武曰："王莽悖暴，盛夏斩人，此天亡之时也。往时会宛，独当应邪？"光武笑不答。

及汉兵起，晨将宾客会棘阳。汉兵败小长安，诸将多亡家属，光武单马遁走，遇女弟伯姬，与共骑而奔。前行复见元，趣令上马。元以手挥曰："行矣，不能相救，无为两没也。"会追兵至，元及三女皆遇害。汉兵退保棘阳，而新野宰乃污晨宅，焚其冢墓。宗族皆恚怒，曰："家自富足，何故随妇家人入汤镬中？"晨终无恨色。

更始立，以晨为偏将军。与光武略地颍川，俱夜出昆阳城，击破王寻、王邑。又别徇阳翟以东，至京、密，皆下之。更始北都洛阳，以晨为常山太守。会王郎反，光武自蓟走信都，晨亦间行会于巨鹿下，自请从击邯郸。光武曰："伟卿以一身从我，不如以一郡为我北道主人。"乃遣晨归郡。光武追铜马、高胡群贼于冀州，晨发积射士千人，又遣委输给军不绝。光武即位，封晨房子侯。帝又感悼姊殁于乱兵，追封适元为新野节义长公主，立庙于县西。封晨长子泛为吴房侯，以奉公主之祀。

建武三年，征晨还京师，数宴见，说故旧平生为欢。晨从容谓帝曰："仆竟办之。"帝大笑。从幸章陵，拜光禄大夫，使持节监执金吾贾复等击平邵陵、新息贼。四年，从幸寿春，留镇九江。晨好乐郡职，由是复拜为中山太守，吏民称之，常为冀州高第。十三年，更封南䜌侯。入奉朝请，复为汝南太守。十八年，行幸章陵，征晨行廷尉事。从至新野，置酒酣宴，赏赐数百千万，复遣归郡。晨兴鸿郤陂数千顷田，汝土皆以殷，鱼稻之饶，流衍它郡。明年，定封西华侯，复征奉朝请。二十五年卒，诏遣中谒者备公主官属礼仪，招迎新野主魂，与晨合葬于北芒。乘舆与中宫亲临丧送葬。谥曰惠侯。小子棠嗣，后徙封武当。棠卒，子固嗣。固卒，子国嗣。国卒，子福嗣，永建元年卒，无子，国除。

来歙传

来歙字君叔，南阳新野人也。六世祖汉，有才力，武帝世，以光禄大夫副楼船将军杨仆，击破南越、朝鲜。父仲，哀帝时为谏大夫，娶光武祖姑，生歙。光武甚亲敬之，数共往来长安。汉兵起，王莽以歙刘氏外属，乃收系之，宾客共篡夺，得免。更始即位，以歙为吏，从入关。数言事不用，以病去。歙女弟为汉中王刘嘉妻，嘉遣人迎歙，因南之汉中。更始败，歙劝嘉归光武，遂与嘉俱东诣洛阳。帝见歙，大欢，即解衣以衣之，拜为太中大夫。是时方以陇、蜀为忧，独谓歙曰："今西州未附，子阳称帝，道里阻远，诸将方务关东，思西州方略，未知所任，其谋若何？"歙因自请曰："臣尝与隗嚣相遇长安。其人始起，以汉为名。今陛下圣德隆兴，臣愿得奉威命。开以丹青之信，嚣必束手自归，则述自亡之势，不足图也。"帝然之。建武三年，歙始使隗嚣。五年，复持节送马援，因奉玺书于嚣。既还，复往说嚣，嚣遂遣子恂随歙入质，拜歙为中郎将。时山东略定，帝谋西收嚣兵，与俱伐蜀，复使歙喻旨。嚣将王元说嚣，多设疑故，久犹豫不决。歙素刚毅，遂发愤质责嚣曰："国家以君知臧否，晓废兴，故以手书畅意。足下推忠诚，遣伯春委质，是臣主之交信也。今反欲用佞惑之言，为族灭之计，叛主负子，违背忠信乎？吉凶之决，在于今日。"欲前刺嚣，嚣起入，部勒兵，将杀歙，歙徐杖节就车而去。嚣愈怒，王元劝嚣杀歙，使牛邯将兵围守之。嚣将王遵谏曰："愚闻为国者慎器与名，为家者畏怨重祸。俱慎名器，则下服其命；轻用怨祸，则家受其殃。今将军遣子质汉，内怀它志，名器逆矣；外人有议欲谋汉使，轻怨祸矣。古者列国兵交，使在其间，所以重兵贵和而不任战也，何况承王命籍重质而犯之哉？君叔虽单车远使，而陛下之外兄也。害之无损于汉，而随以族灭。昔宋执楚使，遂有析骸易子之祸。小国犹不可辱，况于万乘之主，重以伯春之命哉！"歙为人有信义，言行不违，及往来游说，皆可案覆，西州士大夫皆信重之，多为其言，故得免而东归。

八年春，歙与征房将军祭遵袭略阳，遵道病还，分遣精兵随歙，合二千余人，伐山开道，从番须、回中径至略阳，斩嚣守将金梁，因保其城。嚣大惊曰："何其神也！"乃悉兵数万人围略阳，斩山筑堤，激水灌城。歙与将士固死坚守,矢尽,乃发屋断木以为兵,器尽锐攻之,自春至秋,其士卒疲弊。帝乃大发关东兵,自将上陇,嚣众溃走,围解。于是置酒高会,劳赐歙,班坐绝席,在诸将之右,赐歙妻缣千匹。诏使留屯长安,悉监护诸将。歙因上书曰:"公孙述以陇西、天水为藩蔽,故得延命假息。今二郡平荡,则述智计穷矣。宜益选兵马,储积资粮。昔赵之将帅多贾人,高帝悬之以重赏。今西州新破,兵人疲馑,若招以财谷,则其众可集。臣知国家所给非一,用度不足,然有不得已也。"帝然之。于是大转粮运,诏歙率征西大将军冯异、建威大将军耿弇、虎牙大将军盖延、扬武将军马成、武威将军刘尚入天水,击破公孙述将田弇、赵匡。明年,攻拔落门,隗嚣支党周宗、赵恢及天水属县皆降。

初王莽世,羌虏多背叛,而隗嚣招怀其酋豪,遂得为用。及嚣亡后,五溪、先零诸种数为寇掠,皆营堑自守,州郡不能讨。歙乃大修攻具,率盖延、刘尚及太中大夫马援等进击羌于金城,大破之,斩首虏数千人,获牛羊万余头,谷数十万斛。又击破襄武贼傅栗卿等。陇西虽平,而人饥,流者相望。歙乃倾仓廪,转运诸县,以赈赡之,于是陇right遂安,而凉州流通焉。

十一年,歙与盖延、马成进攻公孙述将王元、环安于河池、下辨,陷之,乘胜遂进。蜀人大惧,使刺客刺歙,未殊,驰召盖延。延见歙,因伏悲哀,不能仰视。歙叱延曰:"虎牙何敢然!今使者中刺客,无以报国,故呼巨卿,欲相属以军事,而反效儿女子涕泣乎!刃虽在身,不能勒兵斩公邪!"延收泪强起,受所诫。歙自书表曰:"臣夜人定后,为何人所贼伤,中臣要害。臣不敢自惜,诚恨奉职不称,以为朝廷羞。夫理国以得贤为本,太中大夫段襄,骨鲠可任,愿陛下裁察。又臣兄弟不肖,终恐被罪,陛下哀怜,数赐教督。"投笔抽刃而绝。帝闻大惊,省书揽涕,乃赐策曰:"中郎将来歙,攻战连年,平定羌、陇,忧国忘家,忠孝彰著。遭命遇害,呜呼哀哉!"使太中大夫赠歙中郎将、征羌侯印绶,谥曰节侯,谒者护丧事。丧还洛阳,乘舆缟素临吊送葬。以歙有平羌、陇之功,故改汝南之当乡县为征羌国焉。子褒嗣。十三年,帝嘉歙忠节,复封歙弟由为宜西侯。褒子棱,尚显宗女武安公主。棱早殁,褒卒,以棱子历为嗣。

论曰:世称来君叔天下信士。夫专使乎二国之间,岂厌诈谋哉?而能独以信称者,良其诚心在乎使两义俱安,而己不私其功也。

历字伯珍,少袭爵,以公主子,永元中,为侍中,监羽林右骑。永初三年,迁射声校尉。永宁元年,代冯石为执金吾。延光元年,尊历母为长公主。二年,迁历太仆。明年,中常侍樊丰与大将军耿宝、侍中周广、谢恽等共逸陷太尉杨震,震遂自杀。历谓侍御史虞诩曰:"耿宝托元舅之亲,荣宠过厚,不念报国恩,而倾侧奸臣,诬奏杨公,伤害忠

良,其天祸亦将至矣。"遂绝周广、谢恽,不与交通。时皇太子惊病不安,避幸安帝乳母野王君王圣舍。太子乳母王男、厨监邴吉等以为圣舍新缮修,犯土禁,不可久御。圣及其女永与大长秋江京及中常侍樊丰、王男、邴吉等互相非,圣、永遂诬潜男、吉,皆幽囚死,家属徙比景。太子思男等,数为叹息。京、丰俱有后害,妄造虚无,构谗太子及东宫官属。帝怒,召公卿以下会议废立。耿宝等承旨,皆以为太子当废。历与太常桓焉、廷尉张皓议曰:"经说,年未满十五,过恶不在其身。且男、吉之谋,皇太子容有不知,宜选忠良保傅,辅以礼义。废置事重,此诚圣恩所宜宿留。"帝不从,是日遂废太子为济阴王。时监太子家小黄门籍建、中傅高梵等皆以无罪徙朔方。历乃要结光禄勋祋讽、宗正刘玮,将作大匠薛皓,侍中闾丘弘、陈光、赵代、施延,太中大夫朱伥、第五颉,中散大夫曹成,谏议大夫李尤,符节令张敬,持书侍御史龚调,羽林右监孔显,城门司马徐崇,卫尉守丞乐闱,长乐、未央厩丞郑安世等十余人,俱诣鸿都门证太子无过。龚调据法律明之,以为男、吉犯罪,皇太子不当坐。帝与左右患之,乃使中常侍奉诏胁群臣曰:"父子一体,天性自然。以义割恩,为天下也。历、讽等不识大典,而与群小共为讙哗,外见忠直而内希后福,饰邪违义,岂事君之礼?朝廷广开言事之路,故且一切假贷;若怀迷不反,当显明刑书。"谏者莫不失色。薛皓先顿首曰:"固宜如明诏。"历怫然,廷诘皓曰:"属通谏何言,而今复背之?大臣乘朝车,处国事,固复辗转若此乎!"乃各稍自引起,历独守阙,连日不肯去。帝大怒,乃免历兄弟官,削国租,黜公主不得会见。历遂杜门不与亲戚通,时人为之震栗。及帝崩,阎太后起历为将作大匠。

顺帝即位,朝廷咸称社稷臣,于是迁为卫尉。祋讽、刘玮、闾丘弘等先卒,皆拜其子为郎;朱伥、施延、陈光、赵代等并为公卿,任职;征王男、邴吉家属还京师,厚加赏赐;籍建、高梵等悉蒙显擢。永建元年,拜历车骑将军,弟祉为步兵校尉,超为黄门侍郎。三年,母长公主薨,历称病归第;服阕,复为大鸿胪。阳嘉二年,卒官。子定嗣。定尚安帝妹平氏长公主,顺帝时,为虎贲中郎将。定卒,子虎嗣,桓帝时,为屯骑校尉。弟艳,字季德,少好学下士,开馆养徒,少历显位,灵帝时,再迁司空。

赞曰:李、邓豪赡,舍家从谶。少公虽孚,宗卿未验。王常知命,功惟帝念。款款君叔,斯言无玷。方献三捷,永坠一剑。

卷四十六　　邓寇列传第六

邓禹传 子训 孙骘

邓禹字仲华，南阳新野人也。年十三，能诵诗，受业长安。时光武亦游学京师，禹年虽幼，而见光武知非常人，遂相亲附。数年归家。乃汉兵起，更始立，豪杰多荐举禹，禹不肯从。及闻光武安集河北，即杖策北渡，追及于邺。光武见之甚欢，谓曰："我得专封拜，生远来，宁欲仕乎？"禹曰："不愿也。"光武曰："即如是，何欲为？"禹曰："但愿明公威德加于四海，禹得效其尺寸，垂功名于竹帛耳。"光武笑，因留宿闲语。禹进说曰："更始虽都关西，今山东未安，赤眉、青犊之属，动以万数，三辅假号，往往群聚。更始既未有所挫，而不自听断，诸将皆庸人屈起，志在财币，争用威力，朝夕自快而已，非有忠良明智，深虑远图，欲尊主安民者也。四方分崩离析，形埶可见。明公虽建藩辅之功，犹恐无所成立。于今之计，莫如延揽英雄，务悦民心，立高祖之业，救万民之命。以公而虑天下，不足定也。"光武大悦，因令左右呼禹曰邓将军。常宿止于中，与定计议。及王郎起兵，光武自蓟至信都，使禹发奔命，得数千人，令自将之，别攻拔乐阳。从至广阿，光武舍城楼上，披舆地图，指示禹曰："天下郡国如是，今始乃得其一。子前言以吾虑天下不足定，何也？"禹曰："方今海内淆乱，人思明君，犹赤子之慕慈母。古之兴者，在德薄厚，不以大小。"光武悦。时任使诸将，多访于禹，禹每有所举者，皆当其才，光武以为知人。使别将骑，与盖延等击铜马于清阳。延等先至，战不利，还保城，为贼所围。禹遂进与战，破之，生获其大将。从光武追贼至蒲阳，连大克获，北州略定。及赤眉西入关，更始使定国上公王匡、襄邑王成丹、抗威将军刘均及诸将，分据河东、弘农以拒之。赤眉众大集，王匡等莫能当。光武筹赤眉必破长安，欲乘衅并关中，而方自事山东，未知所寄，以禹沈深有大度，故授以西讨之略。乃拜为前将军持节，中分麾下精兵二万人，遣西入关，令自选偏裨以下可与俱者。于是以韩歆为军师，李文、李春、程虑为祭酒，冯愔为积弩将军，樊崇为骁骑将军，宗歆为车骑将军，邓寻为建威将军，耿䜣为赤眉将军，左于为军师将军，引而西。

建武元年正月，禹自箕关将入河东，河东都尉守关不开，禹攻十日，破之，获辎重千余乘。进围安邑，数月未能下。更始大将军樊参数万人，度大阳欲攻禹，禹遣诸将逆击于解南，大破之，斩参首。于是王匡、成丹、刘均等合军十余万，复共击禹，禹军不利，樊崇战死。会日暮，战罢，军师韩歆及诸将见兵埶已摧，皆劝禹夜去，禹不听。明日癸亥，匡等以六甲穷日不出，禹因得更理兵勒众。明旦，匡悉军出攻禹，禹令军中无得妄动。既至营下，因传发诸将鼓而并进，大破之。匡等皆奔军亡走，禹率轻骑急追，获刘均及河东太守杨宝、持节中郎将弭强，皆斩之。收得节六，印绶五百，兵器不可胜数，遂定河东。承制拜李文为河东太守，悉更置属县令长以镇抚之。是月，光武即位于鄗，使使者持节拜禹为大司徒。策曰："制诏前将军禹：深执忠孝，与朕谋谟帷幄，决胜千里。孔子曰：'自吾有回，门人日亲。'斩将破军，平定山西，功效尤著。百姓不亲，五品不训，汝作司徒，敬敷五教，五教在宽。今遣奉车都尉授印绶，封为酂侯，食邑万户。敬之哉！"禹时年二十四。遂渡汾阴河，入夏阳。更始中郎将左辅都尉公乘歙，引其众十万，与左冯翊兵共拒禹于衙，禹复破走之，而赤眉遂入长安。是时三辅连覆败，赤眉所过残贼，百姓不知所归。闻禹乘胜独克而师行有纪，皆望风相携负以迎军，降者日以千数，众号百万。禹所止辄停车住节，以劳来之，父老童稚，垂发戴白，满其车下，莫不感悦，于是名震关西。帝嘉之，数赐书褒美。诸将豪杰皆劝禹径攻长安。禹曰："不然。今吾众虽多，能战者少，前无可仰之积，后无转馈之资。赤眉新拔长安，财富充实，锋锐未可当也。夫盗贼群居，无终日之计，财谷虽多，变故万端，宁能坚守者乎？上郡、北地、安定三郡，土广人稀，饶谷多畜，吾且休兵北道，就粮养士，以观其弊，乃可图也。"于是引军北至栒邑。禹所到，击破赤眉别将诸营保，郡邑皆开门归附。西河太守宗育遣子奉檄降，禹遣诣京师。帝以关中未定，而禹久不进兵，下敕曰："司徒，尧也；亡贼，桀也。长安吏人，遑遑无所依归。宜以时进讨，镇慰西京，系百姓之心。"禹犹执前意，乃分遣将军别攻上郡诸县，更征兵引谷，归至大要。遣冯愔、宗歆守栒邑。二人争权相攻，愔遂杀歆，因反击禹，禹遣使以闻。帝问使人："愔所亲爱为谁"，对曰："护军黄防。"帝度愔、防不能久和，埶必相忤，因报禹曰："缚冯愔者，必黄防也。"乃遣尚书宗广持节降之。后月余，防果执愔，将其众归罪。更始诸将王匡、胡殷等皆诣广降，与共东归。至安邑，道欲亡，广悉斩之。愔至洛阳，赦不诛。

二年春，遣使者更封禹为梁侯，食四县。时赤眉西走扶风，禹乃南至长安，军昆明池，大飨士卒。率诸将斋戒，择吉日，修礼谒祠高庙，收十一帝神主，遣使奉诣洛阳，因循行园陵，为置吏士奉守焉。禹引兵与延岑战于蓝田，不克，复就谷云阳。汉中王刘嘉诣禹降。嘉相李宝倨慢无礼，禹斩之。宝弟收宝部曲击禹，杀将军耿䜣。自冯愔反后，禹威稍损，又乏食，归附者离散。而赤眉复还入长安，禹与战，败走，至高陵，军士饥饿，皆食枣菜。帝乃征禹还，敕曰："赤眉无谷，自当来东，吾折捶笞之，非诸将忧也。无得复妄进兵。"禹惭于受任而功不遂，数以饥卒徼战，辄不利。三年春，与车骑将军邓弘击赤眉，遂为所败，众皆死散。事在《冯异传》。独与二十四骑还诣宜阳，谢上大司徒、梁侯印绶。有诏归侯印绶。数月，拜右将军。延岑自败于东阳，遂与秦丰合。四年春，复寇顺阳间。遣禹护复汉将军邓晔，辅汉将军于匡，击破岑于邓；追至武当，复破之。岑奔汉中，余党悉降。

十三年，天下平定，诸功臣皆增户邑，定封禹为高密侯，食高密、昌安、夷安、淳于四县。帝以禹功高，封弟宽为明亲侯。其后左右将军官罢，以特进奉朝请。禹内文明，笃行淳备，事母至孝。天下既定，常欲远名埶。有子十三人，各使守一蓺。修整闺门，教养子孙，皆可以为后世法。资用国邑，不修产利。帝益重之。中元元年，复行司徒事。从东巡狩，封岱宗。显宗即位，以禹先帝元功，拜为太傅，进见东向，甚见尊宠。居岁馀，寝疾。帝数自临问，以子男二人为郎。永平元年，年五十七薨，谥曰元侯。

帝分禹封为三国：长子震为高密侯，袭为昌安侯，珍为夷安侯。禹少子鸿，好筹策。永平中，以为小侯。引入与议边事，帝以为能，拜将兵长史，率五营士屯雁门。肃宗时，为度辽将军。永元中，与大将军窦宪俱出击匈奴，有功，征行车骑将军。出塞追畔胡逢侯，坐逗留，下狱死。高密侯震卒，子乾嗣。乾尚显宗女沁水公主。永元十四年，阴皇后巫蛊事发，乾从兄奉以后舅被诛，乾从坐，国除。元兴元年，和帝复封乾本国，拜侍中。乾卒，子成嗣。成卒，子褒嗣。褒尚安帝妹舞阴长公主，桓帝时为少府。褒卒，长子某嗣。少子昌袭母爵为舞阴侯，拜黄门侍郎。昌安侯袭嗣子藩，亦尚显宗女平皋长公主，和帝时为侍中。

夷安侯珍子康，少有操行。兄良袭封，无后，永初六年，绍封康为夷安侯。时绍封者皆食故国半租，康以皇太后戚属，独三分食二，以侍祠侯为越骑校尉。康以太后久临朝政，宗门盛满，数上书长乐宫谏争，宜崇公室，自损私权，言甚切至。太后不从。康心怀畏惧，永宁元年，遂谢病不朝。太后使内侍者问之。时宫人出入，多能有所毁誉，其中耆宿皆称中大人。所使者乃康家先婢，亦自通中大人。康闻，诟之曰："汝我家出，亦敢尔邪！"婢怨恚，还说康诈疾而言不逊。太后大怒，遂免康官，遣归国，绝属籍。及从兄骘诛，安帝征康为侍中。顺帝立，为太仆，有方正称，名重朝廷。以病免，加位特进。阳嘉三年卒，谥曰义侯。

论曰：夫变通之世，君臣相择，斯最作事谋始之几也。邓公赢粮徒步，触纷乱而赴光武，可谓识所从会矣。于是中分麾下之军，以临山西之隙，至使关河响动，怀赴如归。功虽不遂，而道亦弘矣！及其威损枸邑，兵散宜阳，褫龙章于终朝，就侯服以卒岁，荣悴交而下无二色，进退用而上无猜情，使君臣之美，后世莫窥其间，不亦君子之致乎！

训字平叔，禹第六子也。少有大志，不好文学，禹常非之。显宗即位，初以为郎中。训乐施下士，士大夫多归之。永平中，理虖沱、石臼河，从都虑至羊肠仓，欲令通漕。太原吏人苦役，连年无成，转运所经三百八十九隘，前后没溺死者不可胜算。建初三年，拜训谒者，使监领其事。训考量隐括，知大功难立，具以上言。肃宗从之，遂罢其役，更用驴辇，岁省费亿万计，全活徒士数千人。会上谷太守任兴欲诛赤沙乌桓，乌桓怨恨谋反，诏训将黎阳营兵屯狐奴，以防其变。训抚接边民，为幽部所归。六年，迁护乌桓校尉，黎阳故人多携将老幼，乐随训边边。鲜卑闻其威恩，皆不敢南近塞下。八年，舞阴公主子梁扈有罪，训坐私与扈通书，征免归闾里。

元和三年，卢水胡反畔，以训为谒者，乘传到武威，拜张掖太守。

章和二年，护羌校尉张纡诱诛烧当种羌吾等，由是诸羌大怒，谋欲报怨，朝廷忧之。公卿举训代纡为校尉。诸羌激忿，遂相与解仇结婚，交质盟诅，众四万余人，期冰合渡河攻训。先是小月氏胡分居塞内，胜兵者二三千骑，皆勇健富强，每与羌战，常以少制多。虽首施两端，汉亦时收其用。时迷吾子迷唐，别与武威种羌合兵万骑，来至塞下，未敢攻训，先欲胁月氏胡。训拥卫稽故，令不得战。议者咸以羌胡相攻，县官之利，以夷伐夷，不宜禁护。训曰："不然。今张纡失信，众羌大动，经常屯兵，不下二万，转运之费，空竭府帑，凉州吏人，命悬丝发。原诸胡所以难得意者，皆恩信不厚耳。今因其追急，以德怀之，庶能有用。"遂令开城及所居园门，悉驱群胡妻子内之，严兵守卫。羌掠无所得，又不敢逼诸胡，因即解去。由是湟中诸胡皆言"汉家常欲斗我曹，今邓使君待我以恩信，开门内我妻子，乃得父母。"咸欢喜叩头曰："唯使君所命。"训遂抚养其中少年勇者数百人，以为义从。羌胡俗耻病死，每病临困，辄以刀自刺。训闻有困疾者，辄拘持缚束，不与兵刃，使医药疗之，愈者非一，小大莫不感悦。于是赏赂诸羌种，使相招诱。迷唐伯父号吾乃将其母及种人八百户，自塞外来降。训因发湟中秦、胡、羌兵四千人，出塞掩击迷唐于写谷，斩首虏六百余人，得马牛羊万余头。迷唐乃去大、小榆，居颇岩谷，众悉破散。其春，复欲归故地就田业，训乃发湟中六千人，令长史任尚将之，缝革为船，置于箄上以渡河，掩击迷唐庐落大豪，多所斩获。复追逐奔北，会尚等夜为羌所攻，于是义从胡并力破之，斩首前后一千八百余级，获生口二千人，马牛羊三万余头，一种殆尽。迷唐遂收其余部，远徙庐落，西行千余里，诸附落小种皆背畔之。烧当豪帅东号稽颡归死，余皆款塞纳质。于是绥接归附，威信大行。遂罢屯兵，各令归郡。唯置弛刑徒二千余人，分以屯田，为贫人耕种，修理城郭坞壁而已。永元二年，大将军窦宪将兵镇武威，宪以训晓羌胡方略，上求俱行。训初厚于马氏，不为诸窦所亲，及宪诛，故不离其祸。

训虽宽中容众，而于闺门甚严，兄弟莫不敬惮，诸子进见，未尝赐席接以温色。四年冬，病卒官，时年五十三。吏人羌胡爱惜，旦夕临者日数千人。戎俗父母死，耻悲泣，皆骑马歌呼。至闻训卒，莫不吼号，或以刀自割，又刺杀其犬马牛羊，曰"邓使君已死，我曹亦俱死耳。"前乌桓吏士皆奔走道路，至空城郭。吏执不听，以状白校尉徐傿。傿叹息曰："此义也。"乃释之。遂家家为训立祠，每有疾病，辄此请祷求福。

元兴元年，和帝以训皇后之父，使谒者持节至训墓，赐策追封，谥曰平寿敬侯。中宫自临，百官大会。训五子：骘，京，悝，弘，阊。

骘字昭伯，少辟大将军窦宪府。及女弟为贵人，骘兄弟皆除郎中。及贵人立，是为和熹皇后。骘三迁虎贲中郎将，京、悝、弘、阊皆黄门侍郎。京卒于官。延平元年，拜骘车骑将军，仪同三司。仪同三司始自骘也。悝虎贲中郎将，弘、阊皆侍中。殇帝崩，太后与骘等定策立安帝，悝迁城门校尉，弘虎贲中郎将。自和帝崩后，骘兄弟常居禁中。骘谦逊不欲久在内，连求还第。岁余，太后乃许之。

永初元年，封骘上蔡侯，悝叶侯，弘西平侯，阊西华侯，食邑各万户。骘以定策功，增邑三千户。骘等辞让不获，遂逃避使者，间关诣阙，上疏自陈曰："臣兄弟污秽，无分可采，过以外戚，遭值明时，托日月之末光，被云雨之渥泽，并统列位，光昭当世。不能宣赞风美，补助清化，诚惭诚惧，无以处心。陛下躬天然之姿，体仁圣之德，遭国不造，仍离大忧，开日月之明，运独断之虑，援立皇统，奉承大宗。圣策定于神心，休烈垂于不朽，本非臣等所能万一，而猥推嘉美，并享大封，伏闻诏书，惊惶惭怖。追观前世倾覆之诫，退自惟念，不寒而栗。臣等虽无逮及远见之虑，犹有庶几戒惧之情。常母子兄弟，内相敕厉，冀以端悫畏慎，一心奉戴，上全天恩，下完性命。刻骨定分，有死无二。终不敢横受爵土，以增罪累。惶窘征营，昧死陈乞。"太后不听。骘频上疏，至于五六，乃许之。其夏，凉部畔羌摇荡西州，朝廷忧之。于是诏骘将左右羽林、北军五校士及诸部兵击之，车驾幸平乐观饯送。骘西屯汉阳，使征西校尉任尚、从事中郎司马钧与羌战，大败。时以转输疲弊，百姓苦役，冬，征骘班师。朝廷以太后故，遣五官中郎将迎拜骘为大将军。军到河南，使大鸿胪亲迎，中常侍赍牛酒郊劳，王、主以下候望于道。既至，大会群臣，赐束帛乘马，宠灵显赫，光震都鄙。时遭元二之灾，人士荒饥，死者相望，盗贼群起，四夷侵畔。骘等崇节俭，罢力役，推进天下贤士何熙、祋讽、羊浸、李郃、陶敦等列于朝廷，辟杨震、朱宠、陈禅置之幕府，故天下复安。

四年，母新野君寝病，骘兄弟并上书求还侍养。太后以阊最少，孝行尤著，特听之，赐安车驷马。及新野君薨，骘等复乞身行服，章连上，太后许之。骘等既还里第，并居冢次。阊至孝履立，有闻当时。及服阕，诏喻骘还辅朝政，更授前封。骘等叩头固让，乃止，于是并奉朝请，位次在三公下，特进、侯上。其有大议，乃诣朝堂，与公卿参谋。

元初二年，弘卒。太后服齐衰，帝丝麻，并宿幸其第。弘少治《欧阳尚书》，授帝禁中，诸儒多归附之。初疾病，遗言悉以常服，不得用锦衣玉匣。有司奏赠弘骠骑将军，位特进，封西平侯。太后追思弘意，不加赠位衣服，但赐钱千万，布万匹，骘等复辞不受。诏大鸿胪持节，即弘殡封子广德为西平侯。将葬，有司复奏发五营轻车骑士，礼仪如霍光故事，太后皆不听，但白盖双骑，门生挽送。后以帝师之重，分西平之都乡封广德弟甫德为都乡侯。四年，又封京子黄门侍郎珍为阳安侯，邑三千五百户。五年，悝、阊相继并卒，皆遗言薄葬，不受爵赠，太后并从之。乃封悝子广宗为叶侯，阊子忠为西华侯。自祖父禹教训子孙，皆遵法度，深戒窦氏，检敕宗族，阖门静居。骘子侍中凤，尝与尚书郎张龛书，属郎中马融宜在台阁。又中郎将任尚尝遗凤马，后尚坐断盗军粮，槛车征诣廷尉，凤惧事泄，先自首于骘。骘畏太后，遂髡妻及凤以谢，天下称之。

建光元年，太后崩，未及大敛，帝复申前命，封骘为上蔡侯，位特进。帝少号聪敏，及长多不德，而乳母王圣见太后久不归政，虑有废置，常与中黄门李闰候伺左右。及太后崩，宫人先有受罚者，怀怨恚，因诬告悝、弘、阊先从尚书邓访取废帝故事，谋立平原王得。帝闻，追怒，令有司奏悝等大逆无道，遂废西平侯广德、叶侯广宗、西华侯忠、阳安侯珍、都乡侯甫德皆为庶人。骘以不与谋，但免特进，遣就国。宗族皆免官归故郡，没入骘等赀财田宅，徙邓访及家属于远郡。郡县逼迫，广宗及忠皆自杀。又徙封骘为罗侯，骘与子凤并不食而死。骘从弟河南尹豹、度辽将军舞阳侯遵、将作大匠畅皆自杀，唯广德兄弟以母阎后戚属得留京师。大司农朱宠痛骘无罪遇祸，乃肉袒舆榇，上疏追讼骘曰："伏惟和熹皇后圣善之德，为汉文母。兄弟忠孝，同心忧国，宗庙有主，王室是赖。功成身退，让国逊位，历世外戚，无与为比。当享积善履谦之祐，而横为宫人单辞所陷。利口倾险，反乱国家，罪无申证，狱不讯鞠，遂令骘等罹此酷滥。一门七人，并不以命，尸骸流离，怨魂不反，逆天感人，率土云气。宜收还冢次，宠树遗孤，奉承血祀，以谢亡魂。"宠知其言切，自致廷尉，诏免官归田里。众庶多为骘称枉，帝意颇悟，乃谴让州郡，还葬洛阳北芒旧茔。公卿皆会丧，莫不悲伤之。诏遣使者祠以中牢，诸从昆弟皆归京师。及顺帝即位，追感太后恩训，愍骘无辜，乃诏宗正复故大将军邓骘宗亲内外，朝见皆如故事。除骘兄弟子及门从十二人悉为郎中，擢朱宠为太尉，录尚书事。

宠字仲威，京兆人，初辟骘府，稍迁颍川太守，治理有声。及拜太尉，封安乡侯，甚加优礼。广德早卒，甫德更召征为开封令。学传父业。丧母，遂不仕。闻妻耿氏有节操，痛邓氏诛废，子忠早卒，乃养河南尹豹子嗣为闻后。耿氏教之书学，遂以通博称。永寿中，与伏无忌、延笃著书东观，官至屯骑校尉。禹曾孙香之女为桓帝后，帝又绍封度辽将军遵子万世为南乡侯，拜河南尹。及后废，万世下狱死，其余宗亲皆复归故郡。邓氏自中兴后，累世宠贵，凡侯者二十九人，公二人，大将军以下十三人，中二千石十四人，列校二十二人，州牧、郡守四十八人，其余侍中、将、大夫、郎、谒者不可胜数，东京莫与为比。

论曰：汉世外戚，自东、西京十有余族，非徒豪横盈极，自取灾故，必于贻衅后主，以至颠败者，其数有可言焉。何则？恩非己结，而权已先之；情疏礼重，而枉性图之；来宠方授，地既害之；隙开执谢，谗亦胜之。悲哉！骘、悝兄弟，委远时柄，忠劳王室，而终莫之免，斯乐生所以泣而辞燕也！

寇恂传 曾孙荣

寇恂字子翼，上谷昌平人也，世为著姓。恂初为郡功曹，太守耿况甚重之。王莽败，更始立，使使者徇郡国，曰"先降者复爵位"。恂从耿况迎使者于界上，况上印绶，使者纳之，一宿无还意。恂勒兵入见使者，就请之。使者不与，曰："天王使者，功曹欲胁之邪！"恂曰："非敢胁使君，窃伤计之不详也。今天下初定，国信未宣，使君建节衔命，以临四方，郡国莫不延颈倾耳，望风归命。今始至上谷而先堕大信，沮向化之心，生离畔之隙，将复何以号令它郡乎？且耿府君在上谷，久为吏人所亲，今易之，得贤则造次未安，不贤则祗更生乱。为使君计，莫若复之以安百姓。"使者不应，恂叱左右以使者命召况。况至，恂进取印绶带况。使者不得已，乃承制诏之，况受而归。及王郎起，遣将徇上谷，急况发兵，恂与门下掾闵业共说况曰："邯郸拔起，难可信向。昔王莽时，所难独有刘伯升耳。今闻大司马刘公，伯升母弟，尊贤下士，士多归之，可攀附也。"况曰："邯郸方盛，力不能独拒，如何？"恂对曰："今上谷完实，控弦万骑，举大郡之资，可以详择去就。恂请东约渔阳，齐心合众，邯郸不足图也。"况然之，乃遣恂到渔阳，结谋彭宠。恂还，至昌平，袭击邯郸使者，杀之，夺其军，遂与况子弇等俱南及光武于广阿。拜恂为偏将军，号承义侯，从破群贼。数与邓禹谋议，禹奇之，因奉牛酒共交欢。光武南定河内，而更始大司马朱鲔等盛兵据洛阳。又并州未安，光武难其守，问于邓禹曰："诸将谁可使守河内者？"禹曰："昔高祖任萧何于关中，无复西顾之忧，所以得专精山东，终成大业。今河内带河为固，户口殷实，北通上党，南迫洛阳。寇恂文武备足，有牧人御众之才，非此子莫可使也。"

乃拜恂河内太守，行大将军事。光武谓恂曰："河内完富，吾将因是而起。昔高祖留萧何镇关中，吾今委公以河内，坚守转运，给足军粮，率厉士马，防遏它兵，勿令北度而已。"光武于是复北征燕、代。恂移书属县，讲兵肄射，伐淇园之竹，为矢百余万，养马二千匹，收租四百万斛，转以给军。朱鲔闻光武北而河内孤，使讨难将军苏茂、副将贾强将兵三万余人，度巩河攻温。檄书至，恂即勒军驰出，并移告属县，发兵会于温下。军吏皆谏曰："今洛阳兵度河，前后不绝。宜待众军毕集，乃可出也。"恂曰："温，郡之藩蔽，失温则郡不可守。"遂驰赴之。旦日合战，而偏将军冯异遣救及诸县兵适至，士马四集，幡旗蔽野。恂乃令士卒乘城鼓噪，大呼言曰："刘公兵到！"苏茂军闻之，阵动，恂因奔击，大破之，追至洛阳，遂斩贾强。茂兵自投河死者数千，生获万余人。恂与冯异过河而还。自是洛阳震恐，城门昼闭。时光武传闻朱鲔破河内，有顷恂檄至，大喜曰："吾知寇子翼可任也！"诸将军贺，因上尊号，于是即位。时军食急乏，恂以辇车骊驾转输，前后不绝，尚书斗以禀百官。帝数策书劳问恂，同门生茂陵董崇说恂曰："上新即位，四方未定，而君侯以此时据大郡，内得人心，外破苏茂，威震邻敌，功名发闻，此逸人侧目怨祸之时也。昔萧何守关中，悟鲍生之言而高祖悦。今君所将，皆宗族昆弟也，无乃当以前人为镜戒。"恂然其言，称疾不视事。帝将攻洛阳，先至河内，恂求从军。帝曰："河内未可离也。"数固请，不听，乃遣兄子寇张、姊子谷崇将突骑愿为军锋。帝善之，皆以为偏将军。

建武二年，恂坐系考上书者免。是时颍川人严终、赵敦聚众万余，与密人贾期连兵为寇。恂免数月，复拜颍川太守，与破奸将军侯进俱击之。数月，斩期首，郡中悉平定。封恂雍奴侯，邑万户。执金吾贾复在汝南，部将杀人于颍川，恂捕得系狱。时尚草创，军营犯法，率多相容，恂乃戮之于市。复以为耻，叹。还过颍川，谓左右曰："吾与寇恂并列将帅，而今为其所陷，大丈夫岂有怀侵怨而不决之者乎？今见恂，必手剑之！"恂知其谋，不欲与相见。谷崇曰："崇，将也，得带剑侍侧。卒有变，足以相当。"恂曰："不然。昔蔺相如不畏秦王而屈于廉颇者，为国也。区区之赵，尚有此义，吾安可以忘之乎？"乃敕属县盛供具，储酒醴，执金吾军入界，一人皆兼二人之馔。恂乃出迎于道，称疾而还。贾复勒兵欲追之，而吏士皆醉，遂过去。恂遣谷崇以状闻，帝乃征恂。恂至引见，时复先在坐，欲起相避。帝曰："天下未定，两虎安得私斗？今日朕分之。"于是并坐极欢，遂共车同出，结友而去。

恂归颍川。三年，遣使者即拜恂为汝南太守，又使骠骑将军杜茂将兵助恂讨盗贼。盗贼清静，郡中无事。恂素好学，乃修乡校，教生徒，聘能为《左氏春秋》者，亲受学焉。七年，代朱浮为执金吾。明年，从车驾击隗嚣，而颍川盗贼群起,帝乃引军还,谓恂曰:"颍川迫近京师,当以时定。惟念独卿能平之耳,从九卿复出,以忧国可也。"恂对曰:"颍川剽轻,闻陛下远逾阻险,有事陇、蜀,故狡狡乘间相诖误耳。如闻乘舆南向,贼必惶怖归死。臣愿执锐前驱。"即日车驾南征,恂从至颍川,盗贼悉降,而竟不拜郡。百姓遮道曰:"愿从陛下复借寇君一年。"乃留恂长社,镇抚吏人,受纳余降。

初,隗嚣将安定高峻,拥兵万人,据高平第一,帝使待诏马援招降峻,由是河西道开。中郎将来歙承制拜峻通路将军,封关内侯,后属大司马吴汉,共围嚣于冀。及汉军退,峻亡归故营,复助嚣拒陇坻。及嚣死,峻据高平,畏诛坚守。建威大将军耿弇率太中大夫窦士、武威太守梁统等围之,一岁不拔。十年,帝入关,将自征之,恂时从驾,谏曰:"长安道里居中,应接近便,安定、陇西必怀震惧,此从容一处可以制四方也。今士马疲倦,方履险阻,非万乘之固,前年颍川,可为至戒。"帝不从。进军及汧,峻犹不下,帝议遣使降之,乃谓恂曰:"卿前止吾此举,今为吾行也。若峻不即降,引耿弇等五营击之。"恂奉玺书至第一,峻遣军师皇甫文出谒,辞礼不屈。恂怒,将诛文。诸将谏曰:"高峻精兵万人,率多强弩,西遮陇道,连年不下。今欲降之而反戮其使,无乃不可乎?"恂不应,遂斩之。遣其副归告峻曰:"军师无礼,已戮之矣。欲降,急降;不欲,固守。"峻惶恐,即日开城门降。诸将皆贺,因曰:"敢问杀其使而降其城,何也?"恂曰:"皇甫文,峻之腹心,其所取计者也。今来,辞意不屈,必无降心。全之则文得其计,杀之则峻亡其胆,是以降耳。"诸将皆曰:"非所及也。"遂传峻还洛阳。恂经明行修,名重朝廷,所得秩奉,厚施朋友、故人及从吏士。常曰:"吾因士大夫以致此,其可独享之乎!"时人归其长者,以为有宰相器。

十二年卒,谥曰威侯。子损嗣。恂同产弟及兄子、姊子以军功封列侯者凡八人,终其身,不传于后。初所与谋闵业者,恂数为帝言其忠,赐爵关内侯,官至辽西太守。

十三年,复封恂庶兄寿为洨侯。后徙封损柳侯。损卒,子釐嗣,徙封商乡侯。釐卒,子袭嗣。恂女孙为大将军邓骘夫人,由是寇氏得志于永初间。恂曾孙荣。

论曰:传称"喜怒以类者鲜矣"。夫喜而不比,怒而思难者,其唯君子乎!子曰:"伯夷、叔齐,不念旧恶,怨是用希。"于寇公而见之矣。

荣少知名,桓帝时为侍中。性矜絜自贵,于人少所与,以此见害于权宠。而从兄子尚帝妹益阳长公主,帝又聘其从孙女为后宫,左右益恶之。延熹中,遂陷以罪辟,与宗族免归故郡。吏承望风旨,持之浸急,荣恐不免,奔阙自讼。未至,刺史张敬追劾荣以擅去边,有诏捕之。荣逃窜数年,会赦令,不得除,积穷困,乃自亡命中上书曰:

臣闻天地之于万物也好生,帝王之于万人也慈爱。陛下统天理物,为万国覆,作人父母,先慈爱,后威武,先宽容,后刑辟,自生齿以上,咸蒙德泽。而臣兄弟独以无辜为专权之臣所见批扺,青蝇之人所共构会。以臣婚姻王室,谓臣将抚其背,夺其位,退其身,受其执。于是遂作飞章以被干臣,欲使坠万仞之坑,践必死之地,令陛下忽慈母之仁,发投杼之怒。尚书背绳墨,案空劾,不复质确其过,置于严棘之下,便奏正臣罪。司隶校尉冯羡佞邪承旨,废于王命,驱逐臣等,不得旋踵。臣奔走还郡,没齿无怨。臣诚恐卒为豺狼横见噬食,故冒死欲诣阙,披肝胆,布腹心。刺史张敬好为诌谀,张设机网,复令陛下兴雷电之怒。司隶校尉应奉、河南尹何豹、洛阳令袁腾并驱争先,若赴仇敌,罚及死没,髡剔坟墓,但未掘圹出尸,剖棺露骸耳。昔文王葬枯骨,公刘敦行苇,世称其仁。今残酷容媚之吏,无折中处平之心,不顾无辜之害,而兴虚诬之诽,欲使严勘必加滥罚。是以不敢触冒天威,而自窜山林,以俟陛下发神圣之听,启独睹之明,拒逸慝之谤,绝邪巧之言,救可济之人,援没溺之命。不意滞怒不为春夏息,淹恚不为顺时急,遂驰使邮驿,布告远近,严文剋剥,痛于霜雪,张罗海内,设置万里,逐臣者穷人迹,追臣者极车轨,虽楚购伍员,汉求季布,无以过也。

臣遇罚以来,三赦再赎,无验之罪,足以蠲除。而陛下疾臣愈深,有司咎臣甫力,止则见埽灭,行则为亡虏,苟生则为穷人,极死则为冤鬼,天广而无以自覆,地厚而无以自载,蹈陆土而有沉沦之忧,远岩墙而有镇压之患。精诚足以感于陛下,而哲天未肯悟也。如臣犯元恶大憝,足以陈于原野,备刀锯,陛下当班布臣之所坐,以解众论之疑。臣思入国门,坐于肺石之上,使三槐九棘平臣之罪。而闻阃阁九重,陷阱步设、举趾触罘罝,动行纟罗网,无缘至万乘之前,永无见信之期矣。国君不可雠匹夫,雠之则一国尽惧。臣奔走以来,三离寒暑,阴阳易位,当暖反寒,春常凄风,夏降霜雹,又连年大风,折拔树木。风为号令,春夏布德,议狱缓死之时。愿陛下思帝尧五教在宽之德,企成汤避远逸夫之诫,以宁风旱,以弭灾兵。臣闻勇者不逃死,智者不重困,固不为明朝惜垂尽之命,愿赴湘、沅之波,从屈原之悲,沈江湖之流,吊子胥之哀。臣功臣苗绪,生长王国,惧独含恨以葬江鱼之腹,无以自别于世,不胜狐死首丘之情,营魂识路之怀。犯冒王怒,触突帝禁,伏于两观,陈诉毒痛,然后登金镬,入沸汤,糜烂于炽爨之下,九死而未悔。

悲夫,久生亦复何聊!盖忠臣杀身以解君怒,孝子殒命以宁亲怨,故大舜不避涂廪浚井之难,申生不辞姬氏逸邪之谤。臣敢忘斯议，不自毙以解明朝之忿哉！乞以身塞重责。愿陛下丐兄弟死命，使臣一门颇有遗类，以崇陛下宽饶之惠。先死陈情，临章涕泣，泣血涟如。

帝省章愈怒，遂诛荣。寇氏由是衰废。

赞曰：元侯渊谟，乃作司徒。明启帝略，肇定秦都。勋成智隐，静其如愚。子翼守温，萧公是埒。系兵转食，以集鸿烈。诛文屈贾，有刚有折。

卷四十七　　冯岑贾列传第七

冯异传

冯异字公孙，颍川父城人也。好读书，通《左氏春秋》、《孙子兵法》。汉兵起，异以郡掾监五县，与父城长苗萌共城守，为王莽拒汉。光武略地颍川，攻父城不下，屯兵巾车乡。异间出行属县，为汉兵所执。时异从兄孝及同郡丁綝、吕晏，并从光武，因共荐异，得召见。异曰："异一夫之用，不足为强弱。有老母在城中，愿归据五城，以效功报德。"光武曰："善。"异归，谓苗萌曰："今诸将皆壮士屈起，多暴横，独有刘将军所到不虏掠。观其言语举止，非庸人也，可以归身。"苗萌曰："死生同命，敬从子计。"光武南还宛，更始诸将攻父城者前后十余辈，异坚守不下；及光武为司隶校尉，道经父城，异等即开门奉牛酒迎。光武署异为主簿，苗萌为从事。异因荐邑子铫期、叔寿、段建、左隆等，光武皆以为掾史，从至洛阳。更始数欲遣光武徇河北，诸将皆以为不可。是时左丞相曹竟子诩为尚书，父子用事，异劝光武厚结纳之。及度河北，诩有力焉。自伯升之败，光武不敢显其悲戚，每独居，辄不御酒肉，枕席有涕泣处。异独叩头宽譬哀情。光武止之曰："卿勿妄言。"异复因间进说曰："天下同苦王氏，思汉久矣。今更始诸将从横暴虐，所至虏掠，百姓失望，无所依戴。今公专命方面，施行恩德，夫有桀纣之乱，乃见汤武之功；人久饥渴，易为充饱。宜急分遣官属，徇行郡县，理冤结，布惠泽。"光武纳之。至邯郸，遣异与铫期乘传抚循属县，录囚徒，存鳏寡，亡命自诣者除其罪，阴条二千石长吏同心及不附者上之。及王郎起，光武自蓟东南驰，晨夜草舍，至饶阳无蒌亭。时天寒烈，众皆饥疲，异上豆粥。明旦，光武谓诸将曰："昨得公孙豆粥，饥寒俱解。"及至南宫，遇大风雨，光武引车入道傍空舍，异抱薪，邓禹爇火，光武对灶燎衣。异进麦饭菟肩。因复度虖沱河至信都，使异别收河间兵。还，拜偏将军。从破王郎，封应侯。

异为人谦退不伐，行与诸将相逢，辄引车避道。进止皆有表识，军中号为整齐。每所止舍，诸将并坐论功，异常独屏树下，军中号曰"大树将军"。及破邯郸，乃更部分诸将，各有配隶。军士皆言愿属大树将军，光武以此多之。别击破铁胫于北平，又降匈奴于林阊顿王，因从平河北。

时更始遣舞阴王李轶、廪丘王田立、大司马朱鲔、白虎公陈侨将兵号三十万，与河南太守武勃共守洛阳。光武将北徇燕、赵，以魏郡、河内独不逢兵，而城邑完，仓廪实，乃拜寇恂为河内太守，异为孟津将军，统二郡军河上，与恂合执，以拒朱鲔等。异乃遗李轶书曰："愚闻明镜所以照形，往事所以知今。昔微子去殷而入周，项伯畔楚而归汉，周勃迎代王而黜少帝，霍光尊孝宣而废昌邑。彼皆畏天知命，睹存亡之符，见废兴之事，故能成功于一时，垂业于万世也。苟令长安尚可扶助，延期岁月，疏不间亲，远不逾近，季文岂能居一隅哉？今长安坏乱，赤眉临郊，王侯构难，大臣乖离，纲纪已绝，四方分崩，异姓并起，是故萧王跋涉霜雪，经营河北。方今英俊云集，百姓风靡，虽邠岐慕周，不足以喻。季文诚能觉悟成败，亟定大计，论功古人，转祸为福，在此时矣。如猛将长驱，严兵围城，虽有悔恨，亦无及已。"初，轶与光武首结谋约，加相亲爱，及更始立，反共陷伯升。虽知长安已危，欲降又不自安。乃报异书曰："轶本与萧王首谋造汉，结死生之约，同荣枯之计。今轶守洛阳，将军镇孟津，俱据机轴，千载一会，思成断金。唯深达萧王，愿进愚策，以佐国安人。"轶自通书之后，不复与异争锋，故异因此得北攻天井关，拔上党两城，又南下河南成皋已东十三县，及诸屯聚，皆平之，降者十余万。武勃将万余人攻诸畔者，异引军度河，与勃战于士乡下，大破斩勃，获首五千余级，轶又闭门不救。异见其信效，具以奏闻。光武故宣露轶书，令朱鲔知之。鲔怒，遂使人刺杀轶。由是城中乖离，多有降者。鲔乃遣讨难将军苏茂将数万人攻温，鲔自将数万人攻平阴以缀异。异遣校尉护军将兵，与寇恂合击茂，破之。异因度河击鲔，鲔走；异追至洛阳，环城一匝而归。移檄上状，诸将皆入贺，并劝光武即帝位。光武乃召异诣鄗，问四方动静。异曰："三王反畔，更始败亡，天下无主，宗庙之忧，在于大王。宜从众议，上为社稷，下为百姓。"光武曰："我昨夜梦乘赤龙上天，觉悟，心中动悸。"异因下席再拜贺曰："此天命发于精神。心中动悸，大王重慎之性也。"异遂与诸将定议上尊号。

建武二年春，定封阳夏侯。引击阳翟贼严终、赵根，破之。诏异归家上冢，使太中大夫赍牛酒，令二百里内太守、都尉已下及宗族会焉。时赤眉、延岑暴乱三辅，郡县大姓各拥兵众，大司徒邓禹不能定，乃遣异代禹讨之。车驾送至河南，赐以乘舆七尺具剑。敕异曰："三辅遭王莽、更始之乱，重以赤眉、延岑之酷，元元涂炭，无所依诉。今之征伐,非必略地屠城,要在平定安集之耳。诸将非不健斗,然好虏掠。卿本能御吏士,念自修敕,无为郡县所苦。"异顿首受命,引而西,所至皆布威信。弘农群盗称将军者十余辈,皆率众降异。异与赤眉遇于华阴,相拒六十余日,战数十合,降其将刘始、王宣等五千余人。三年春,遣使者即拜异为征西大将军。会邓禹率车骑将军邓弘等引归,与异相遇,禹、弘要异共攻赤眉。异曰:"异与贼相拒且数十日,虽屡获雄将,余众尚多,可稍以恩信倾诱,难卒用兵破也。上今使诸将屯黾池要其东,而异击其西,一举取之,此万成计也。"禹、弘不从。弘遂大战移日,赤眉阳败,弃辎重走。车皆载土,以豆覆其上,兵士饥,争取之。赤眉引还击弘。弘军溃乱。异与禹合兵救之,赤眉小却。异以士卒饥倦,可且休,禹不听,复战,大为所败,死伤者三千余人。禹得脱归宜阳。异弃马步走上回溪阪,与麾下数人归营。复坚壁,收其散卒,招集诸营保数万人,与贼约期会战。使壮士变服与赤眉同,伏于道侧。旦日,赤眉使万人攻异前部,异裁出兵以救之。贼见执弱,遂悉众攻异,异乃纵兵大战。日昃,贼气衰,伏兵卒起,衣服相乱,赤眉不复识别,众遂惊溃。追击,大破于崤底,降男女八万人。余众尚十余万,东走宜阳降。玺书劳异曰:"赤眉破平,士吏劳苦,始虽垂翅回溪,终能奋翼黾池,可谓失之东隅,收之桑榆。方论功赏,以答大勋。"

时赤眉虽降,众寇犹盛:延岑据蓝田,王歆据下邽,芳丹据新丰,蒋震据霸陵,张邯据长安,公孙守据长陵,杨周据谷口,吕鲔据陈仓,角闳据汧,骆延据盩厔,任良据鄠、汝章据槐里,各称将军,拥兵多者万余,少者数千人,转相攻击。异且战且行,屯军上林苑中。延岑既破赤眉,自称武安王,拜置牧守,欲据关中,引张邯、任良共攻异。异击破之,斩首千余级,诸营保守附者皆来降归异。岑走攻析,异遣复汉将军邓晔、辅汉将军于匡要击岑,大破之,降其将苏臣等八千余人。岑遂自武关走南阳。时百姓饥饿,人相食,黄金一斤易豆五升。道路断隔,委输不至,军士悉以果实为粮。诏拜南阳赵匡为右扶风,将兵助异,并送缣谷,军中皆称万岁。异兵食渐盛,乃稍诛击豪杰不从令者,褒赏降附有功劳者,悉遣其渠帅诣京师,散其众归本业。威行关中。唯吕鲔、张邯、蒋震遣使降蜀,其余悉平。

明年,公孙述遣将程焉,将数万人就吕鲔出屯陈仓。异与赵匡迎击,大破之,焉退走汉川。异追战于箕谷,复破之,还击破吕鲔,营保降者甚众。其后蜀复数遣将间出,异辄摧挫。怀来百姓,申理枉结,出入三岁,上林成都。异自以久在外,不自安,上书思慕阙廷,愿亲帷幄,帝不许。后人有章言异专制关中,斩长安令,威权至重,百姓归心,号为"咸阳王"。帝使以章示异。异惶惧,上书谢曰:"臣本诸生,遭遇受命之会,充备行伍,过蒙恩私,位大将,爵通侯,受任方面,以立微功,皆自国家谋虑,愚臣无所能及。

臣伏自思惟:以诏敕战攻,每辄如意;时以私心断决,未尝不有悔。国家独见之明,久而益远,乃知'性与天道,不可得而闻也'。当兵革始起,扰攘之时,豪杰竞逐,迷惑千数。臣以遭遇,托身圣明,在倾危混淆之中,尚不敢过差,而况天下平定,上尊下卑,而臣爵位所蒙,巍巍不测乎?诚冀以谨敕,遂自终始。见所示臣章,战栗怖惧。伏念明主知臣愚性,固敢因缘自陈。"诏报曰:"将军之于国家,义为君臣,恩犹父子。何嫌何疑,而有惧意?"

六年春,异朝京师。引见,帝谓公卿曰:"是我起兵时主簿也。为吾披荆棘,定关中。"既罢,使中黄门赐以珍宝、衣服、钱帛。诏曰:"仓卒无蒌亭豆粥,虖沱河麦饭,厚意久不报。"异稽首谢曰:"臣闻管仲谓桓公曰:'愿君无忘射钩,臣无忘槛车。'齐国赖之。臣今亦愿国家无忘河北之难,小臣不敢忘巾车之恩。"后数引宴见,定议图蜀,留十余日,令异妻子随异还西。夏,遣诸将上陇,为隗嚣所败,乃诏异军枸邑。未及至,隗嚣乘胜使其将王元、行巡将二万余人下陇,因分遣巡取枸邑。异即驰兵,欲先据之。诸将皆曰:"虏兵盛而新乘胜,不可与争。宜止军便地,徐思方略。"异曰:"虏兵临境,忸忕小利,遂欲深入。若得枸邑,三辅动摇,是吾忧也。夫'攻者不足,守者有余'。今先据城,以逸待劳,非所以争也。"潜往闭城,偃旗鼓。行巡不知,驰赴之。异乘其不意,卒击鼓建旗而出。巡军惊扰奔走,追击数十里,大破之。祭遵亦破王元于汧。于是北地诸豪长耿定等,悉畔隗嚣降。异上书言状,不敢自伐。诸将或欲分其功,帝患之。乃下玺书曰:"制诏大司马,虎牙、建威、汉忠、捕虏、武威将军:虏兵猥下,三辅惊恐。枸邑危亡,在于旦夕。北地营保,按兵观望。今偏城获全,虏兵挫折,使耿定之属,复念君臣之义。征西功若丘山,犹自以为不足。孟之反奔而殿,亦何异哉?今遣太中大夫赐征西吏士死伤者医药、棺敛,大司马已下亲吊死问疾,以崇谦让。"于是使异进军义渠,并领北地太守事。青山胡率万余人降异。异又击卢芳将贾览、匈奴奥鞬日逐王,破之。上郡、安定皆降,异复领安定太守事。九年春,祭遵卒,诏异守征虏将军,并将其营。及隗嚣死,其将王元、周宗等复立嚣子纯,犹总兵据冀,公孙述遣将赵匡等救之,帝复令异行天水太守事。攻匡等且一年,皆斩之。诸将共攻冀,不能拔,欲且还休兵,异固持不动,常为众军锋。

明年夏,与诸将攻落门,未拔,病发,薨于军,谥曰节侯。长子彰嗣。明年,帝思异功,复封彰弟诩为析乡侯。十三年,更封彰东缗侯,食三县。永平中,徙封平乡侯。彰卒,子普嗣,有罪,国除。

永初六年,安帝下诏曰:"夫仁不遗亲,义不忘劳,兴灭继绝,善善及子孙,古之典也。昔我光武受命中兴,恢弘圣绪,横被四表,昭假上下,光耀万世,祉祚流衍,垂于罔极。予末小子,夙夜永思,追惟勋烈,披图案籍,建武元功二十八将,佐命虎臣,谶记有征。盖萧、曹绍封,传继于今;况此未远,而或至乏祀,朕甚愍之。其条二十八将无嗣绝世,若犯罪绝国,其子孙应当统后者,分别署状上。将及景风,章叙旧德,显兹遗功焉。"于是绍封普子晨为平乡侯。明年,二十八将绝国者,皆绍封焉。

岑彭传

岑彭字君然,南阳棘阳人也。王莽时,守本县长。汉兵起,攻拔棘阳,彭将家属奔前队大夫甄阜。阜怒彭不能固守,拘彭母妻,令效功自补。彭为宾客战斗甚力。及甄阜死,彭被创,亡归宛,与前队贰严说共城守。汉兵攻之数月,城中粮尽,人相食,彭乃与说举城降。诸将欲诛之,大司徒伯升曰:"彭,郡之大吏,执心坚守,是其节也。今举大事,当表义士,不如封之,以劝其后。"更始乃封彭为归德侯,令属伯升。及伯升遇害,彭复为大司马朱鲔校尉,从鲔击王莽扬州牧李圣,杀之,定淮阳城。鲔荐彭为淮阳都尉。更始遣立威王张卬与将军徭伟镇淮阳。伟反,击走卬。彭引兵攻伟,破之。迁颍川太守。会春陵刘茂起兵。略下颍川,彭不得之官,乃与麾下数百人从河内太守邑人韩歆。会光武徇河内,歆议欲城守,彭止不听。既而光武至怀,歆迫急迎降。光武知其谋,大怒,收歆置鼓下,将斩之,召见彭,彭因进说曰:"今赤眉入关,更始危殆,权臣放纵,矫称诏制,道路阻塞,四方蜂起,群雄竞逐,百姓无所归命。窃闻大王平河北,开王业,此诚皇天祐汉,士人之福也。彭幸蒙司徒公所见全济,未有报德,旋被祸难,永恨于心。今复遭遇,愿出身自效。"光武深接纳之。彭因言韩歆南阳大人,可以为用。乃贳歆,以为邓禹军师。更始大将军吕植将兵屯淇园,彭说降之,于是拜彭为刺奸大将军,使督察众营,授以常所持节,从平河北。光武即位,拜彭廷尉,归德侯如故,行大将军事。与大司马吴汉,大司空王梁,建义大将军朱祐,右将军万脩,执金吾贾复,骁骑将军刘植,扬化将军坚镡,积射将军侯进,偏将军冯异、祭遵、王霸等,围洛阳数月。朱鲔等坚守不肯下。帝以彭尝为鲔校尉,令往说之。鲔在城上,彭在城下,相劳苦欢语如平生。彭因曰:"彭往者得执鞭侍从,蒙荐举拔擢,常思有以报恩。今赤眉已得长安,更始为三王所反,皇帝受命,平定燕、赵,尽有幽、冀之地,百姓归心,贤俊云集,亲率大兵,来攻洛阳。天下之事,逝其去矣。公虽婴城固守,将何待乎?"鲔曰:"大司徒被害时,鲔与其谋,又谏更始无遣萧王北伐,诚自知罪深。"彭还,具言于帝。帝曰:"夫建大事者,不忌小怨。鲔今若降,官爵可保,况诛罚乎?河水在此,吾不食言。"彭复往告鲔,鲔从城上下索曰:"必信,可乘此上。"彭趣索欲上。鲔见其诚,即许降。后五日,鲔乃轻骑诣彭。顾敕诸部将曰:"坚守待我。我若不还,诸君径将大兵上辕辕,归郦

王。"乃面缚,与彭俱诣河阳。帝即解其缚,召见之,复令彭夜送鲔归城。明旦,悉其众出降,拜鲔为平狄将军,封扶沟侯。鲔,淮阳人,后为少府,传封累代。

建武二年,使彭击荆州,下犨、叶等十余城。是时南方尤乱。南郡人秦丰据黎丘,自称楚黎王,略有十二县;董䜣起堵乡;许邯起杏;又更始诸将各拥兵据南阳诸城。帝遣吴汉伐之,汉军所过多侵暴。时破房将军邓奉谒归新野,怒吴汉掠其乡里,遂反,击破汉军,获其辎重,屯据淯阳,与诸贼合从。秋,彭破杏,降许邯,迁征南大将军。复遣朱祐、贾复及建威大将军耿弇、汉忠将军王常、武威将军郭守、越骑将军刘宏、偏将军刘嘉、耿植等,与彭并力讨邓奉。先击堵乡,而奉将万余人救董䜣。䜣、奉皆南阳精兵,彭等攻之,连月不克。三年夏,帝自将南征,至叶,董䜣别将将数千人遮道,车骑不可得前。彭奔击,大破之。帝至堵阳,邓奉夜逃归淯阳,董䜣降。彭复与耿弇、贾复及积弩将军傅俊、骑都尉臧宫等从追邓奉于小长安。帝率诸将亲战,大破之。奉迫急,乃降。帝怜彭旧功臣,且衅起吴汉,欲全宥之。彭与耿弇谏曰:"邓奉背恩反逆,暴师经年,致贾复伤痍,朱祐见获。陛下既至,不知悔善。而亲在行阵,兵败乃降。若不诛奉,无以惩恶。"于是斩之。奉者,西华侯邓晨之兄子也。车驾引还,令彭率傅俊、臧宫、刘宏等三万余人南击秦丰,拔黄邮,丰与其大将蔡宏拒彭等于邓,数月不得进。帝怪以让彭,彭惧,于是夜勒兵马,申令军中,使明旦西击山都。乃缓所获房,令得逃亡,归以告丰,丰即悉其军西邀彭。彭乃潜兵度沔水,击其将张杨于阿头山,大破之。从川谷间伐木开道,直袭黎丘,击破诸屯兵。丰闻大惊,驰归救之。彭与诸将依东山为营,丰与蔡宏夜攻彭,彭豫为之备,出兵逆击,丰败走,追斩蔡宏。更封彭为舞阴侯。秦丰相赵京举宜城降,拜为成汉将军,与彭共围丰于黎丘,时田戎拥众夷陵,闻秦丰被围,惧大兵至,欲降。而妻兄辛臣谏戎曰:"今四方豪杰各据郡国,洛阳地如掌耳,不如按甲以观其变。"戎曰:"以秦王之强,犹为征南所围,岂况吾邪?降计决矣。"四年春,戎乃留辛臣守夷陵,自将兵沿江溯沔止黎丘,刻期日当降,而辛臣于后盗戎珍宝,从间道先降于彭,而以书招戎。戎疑必卖己,遂不敢降,而反与秦丰合。彭出兵攻戎,数月,大破之,其大将伍公诣彭降,戎亡归夷陵。帝幸黎丘劳军,封署吏士有功者百余人。彭攻秦丰三岁,斩首九万余级,丰余兵裁千人,城中食且尽。帝以丰转弱,令朱祐代彭守之,使彭与傅俊南击田戎,大破之,遂拔夷陵,追至秭归。戎与数十骑亡入蜀,尽获其妻子士众数万人。彭以将伐蜀汉,而夹川谷少,水险难漕运,留威虏将军冯骏军江州,都尉田鸿军夷陵,领军李玄军夷道,自引兵还屯津乡,当荆州要会,喻告诸蛮夷,降者奏封其君长。初,彭与交阯牧邓让厚善,与让书陈国家威德,又遣偏将军屈充移檄江南,班行诏命。于是

让与江夏太守侯登、武陵太守王堂、长沙相韩福、桂阳太守张隆、零陵太守田翕、苍梧太守杜穆、交阯太守锡光等，相率遣使贡献，悉封为列侯。或遣子将兵助彭征伐。于是江南之珍始流通焉。

六年冬，征彭诣京师，数召宴见，厚加赏赐。复南还津乡，有诏过家上冢，大长秋以朔望问太夫人起居。八年，彭引兵从车驾破天水，与吴汉围隗嚣于西城。时公孙述将李育将兵救嚣，守上邽，帝留盖延、耿弇围之，而车驾东归。敕彭书曰："两城若下，便可将兵南击蜀虏。人苦不知足，既平陇，复望蜀。每一发兵，头须为白。"彭遂壅谷水灌西城，城未没丈余，嚣将行巡、周宗将蜀救兵到，嚣得出还冀。汉军食尽，烧辎重，引兵下陇，延、弇亦相随而退。嚣出兵尾击诸营，彭殿为后拒，故诸将能全师东归。彭还津乡。

九年，公孙述遣其将任满、田戎、程泛，将数万人乘枋箄下江关，击破冯骏及田鸿、李玄等。遂拔夷道、夷陵，据荆门、虎牙。横江水起浮桥、斗楼，立攒柱绝水道，结营山上，以拒汉兵。彭数攻之，不利，于是装直进楼船、冒突露桡数千艘。

十一年春，彭与吴汉及诛虏将军刘隆、辅威将军臧宫、骁骑将军刘歆，发南阳、武陵、南郡兵，又发桂阳、零陵、长沙委输棹卒，凡六万余人，骑五千匹，皆会荆门。吴汉以三郡棹卒多费粮谷，欲罢之。彭以蜀兵盛，不可遣，上书言状。帝报彭曰："大司马习用步骑，不晓水战，荆门之事，一由征南公为重而已。"彭乃令军中募攻浮桥，先登者上赏。于是偏将军鲁奇应募而前。时天风狂急，奇船逆流而上，直冲浮桥，而攒柱钩不得去，奇等乘势殊死战，因飞炬焚之，风怒火盛，桥楼崩烧。彭复悉军顺风并进，所向无前。蜀兵大乱，溺死者数千人。斩任满，生获程泛，而田戎亡保江州。彭上刘隆为南郡太守，自率臧宫、刘歆长驱入江关，令军中无得虏掠。所过，百姓皆奉牛酒迎劳。彭见诸耆老，为言大汉哀愍巴蜀久见虏役，故兴师远伐，以讨有罪，为人除害。让不受其牛酒。百姓皆大喜悦，争开门降。诏彭守益州牧，所下郡，辄行太守事。彭到江州，以田戎食多，难卒拔，留冯骏守之，自引兵乘利直指垫江，攻破平曲，收其米数十万石。公孙述使其将延岑、吕鲔、王元及其弟恢悉兵拒广汉及资中，又遣将侯丹率二万余人拒黄石。彭乃多张疑兵，使护军杨翕与臧宫拒延岑等，自分兵浮江下还江州，溯都江而上，袭击侯丹，大破之。因晨夜倍道兼行二千余里，径拔武阳。使精骑驰广都，去成都数十里，势若风雨，所至皆奔散。初，述闻汉兵在平曲，故遣大兵逆之。及彭至武阳，绕出延岑军后，蜀地震骇。述大惊，以杖击地曰："是何神也！"彭所营地名彭亡，闻而恶之，欲徙，会日暮，蜀刺客诈为亡奴降，夜刺杀彭。彭首破荆门，长驱武阳，持军整齐，秋豪无犯。邛縠王任贵闻彭威信，数千里遣使迎降。会彭已薨，帝尽以任贵所献赐彭妻子，谥曰壮

侯。蜀人怜之，为立庙武阳，岁时祠焉。

子遵嗣，徙封细阳侯。十三年，帝思彭功，复封遵弟淮为榖阳侯。遵永平中为屯骑校尉。遵卒，子伉嗣。伉卒，子杞嗣，元初三年，坐事失国。建光元年，安帝复封杞细阳侯，顺帝时为光禄勋。杞卒，子熙嗣，尚安帝妹涅阳长公主。少为侍中、虎贲中郎将，朝廷多称其能。迁魏郡太守，招聘隐逸，与参政事，无为而化。视事二年，舆人歌之曰："我有枳棘，岑君伐之。我有蟊贼，岑君遏之。狗吠不惊，足下生氂。含哺鼓腹，焉知凶灾？我喜我生，独丁斯时。美矣岑君，於戏休兹！"熙卒，子福嗣，为黄门侍郎。

贾复传

贾复字君文，南阳冠军人也。少好学，习《尚书》。事舞阴李生，李生奇之，谓门人曰："贾君之容貌志气如此，而勤于学，将相之器也。"王莽末，为县掾，迎盐河东，会遇盗贼，等比十余人皆放散其盐，复独完以还县，县中称其信。时下江、新市兵起，复亦聚众数百人于羽山，自号将军。更始立，乃将其众归汉中王刘嘉，以为校尉。复见更始政乱，诸将纵horizontal，乃说嘉曰："臣闻图尧舜之事而不能至者，汤武是也；图汤武之事而不能至者，桓文是也；图桓文之事而不能至者，六国是也。定六国之规，欲安之而不能至者，亡六国是也。今汉室中兴，大王以亲戚为藩辅，天下未定而安守所保，所保得无不可保乎？"嘉曰："卿言大，非吾任也。大司马刘公在河北，必能相施，第持我书往。"复遂辞嘉，受书北度河，及光武于柏人，因邓禹得召见。光武奇之，禹亦称有将帅节，于是署复破虏将军督盗贼。复马羸，光武解左骖以赐之。官属以复后来而好陵折等辈，调补鄗尉，光武曰："贾督有折冲千里之威，方任以职，勿得擅除。"光武至信都，以复为偏将军。及拔邯郸，迁都护将军。从击青犊于射犬，大战至日中，贼阵坚不却。光武传召复曰："吏士皆饥，可且朝饭。"复曰："先破之，然后食耳。"于是被羽先登，所向皆靡，贼乃败走。诸将咸服其勇。又北与五校战于真定，大破之。复伤创甚。光武大惊曰："我所以不令贾复别将者，为其轻敌也。果然，失吾名将。闻其妇有孕，生女邪，我子娶之，生男邪，我女嫁之，不令其忧妻子也。"复病寻愈，追及光武于蓟，相见甚欢，大飨士卒，令复居前，击邺贼，破之。

光武即位，拜为执金吾，封冠军侯。先度河攻朱鲔于洛阳，与白虎公陈侨战，连破降之。建武二年，益封穰、朝阳二县。更始郾王尹尊及诸大将在南方未降者尚多，帝召诸将议兵事，未有言，沉吟久之，乃以檄叩地曰："郾最强，宛为次，谁当击之？"复率然对曰："臣请击郾。"帝笑曰："执金吾击郾，吾复何忧！大司马当击宛。"遂遣复与骑都尉阴识、骁骑将军刘植南度五社津击郾，连破之。月余，尹

尊降，尽定其地。引东击更始淮阳太守暴汜，汜降，属县悉定。其秋，南击召陵、新息，平定之。明年春，迁左将军，别击赤眉于新城、渑池间，连破之。与帝会宜阳，降赤眉。复从征伐，未尝丧败，数与诸将溃围解急，身被十二创。帝以复敢深入，希令远征，而壮其勇节，常自从之，故复少方面之勋。诸将每论功自伐，复未尝有言。帝辄曰："贾君之功，我自知之。"

十三年，定封胶东侯，食郁秩、壮武、下密、即墨、梃、观阳，凡六县，复知帝欲偃干戈，修文德，不欲功臣拥众京师，乃与高密侯邓禹并剽甲兵，敦儒学。帝深然之，遂罢左右将军。复以列侯就第，加位特进。复为人刚毅方直，多大节。既还私第，阖门养威重。朱祐等荐复宜为宰相，帝方以吏事责三公，故功臣并不用。是时列侯唯高密、固始、胶东三侯与公卿参议国家大事，恩遇甚厚。三十一年卒，谥曰刚侯。子忠嗣，忠卒，子敏嗣。建初元年，坐诬告母杀人，国除。肃宗更封复小子邝为胶东侯，邝弟宗为即墨侯，各一县。邝卒，子育嗣。育卒，子长嗣。

宗字武孺，少有操行，多智略。初拜郎中，稍迁，建初中为朔方太守。旧内郡徙人在边者，率多贫弱，为居人所仆役，不得为吏。宗擢用其任职者，与边吏参选，转相监司，以擿发其奸，或以功次补长吏，故各愿尽死。匈奴畏之，不敢入塞。征为长水校尉。宗兼通儒术，每宴见，常使与少府丁鸿等论议于前。章和二年卒，朝廷愍惜焉。子参嗣。参卒，子建嗣。元初元年，尚和帝女临颍长公主。主兼食颍阴、许，合三县，数万户。时邓太后临朝，光宠最盛，以建为侍中，顺帝时为光禄勋。

论曰：中兴将帅立功名者众矣，唯岑彭、冯异建方面之号，自函谷以西，方城以南，两将之功，实为大焉。若冯、贾之不伐，岑公之义信，乃足以感三军而怀敌人，故能克成远业，终全其庆也。昔高祖忌柏人之名，违之以全福；征南恶彭亡之地，留之以生灾。岂几虑自有明惑，将期数使之然乎？

赞曰：阳夏师克，实在和德。胶东盐吏，征南宛贼。奇锋震敌，远图谋国。

卷四十八　吴盖陈臧列传第八

吴汉传

吴汉字子颜，南阳宛人也。家贫，给事县为亭长。王莽末，以宾客犯法，乃亡命至渔阳。资用乏，以贩马自业，往来燕、蓟间，所至皆交结豪杰。更始立，使使者韩鸿徇河北。或谓鸿曰："吴子颜，奇士也，可与计事。"鸿召见汉，甚悦之，遂承制拜为安乐令。会王郎起，北州扰惑。汉素闻光武长者，独欲归心。乃说太守彭宠曰："渔阳、上谷突骑，天下所闻也。君何不合二郡精锐，附刘公击邯郸，此一时之功也。"宠以为然，而官属皆欲附王郎，宠不能夺。汉乃辞出，止外亭，念所以谲众，未知所出。望见道中有一人似儒生者，汉使人召之，为具食，问以所闻。生因言刘公所过，为郡县所归；邯郸举尊号者，实非刘氏。汉大喜，即诈为光武书，移檄渔阳，使生赍以诣宠，令具以所闻说之，汉复随后入。宠甚然之。于是遣汉将兵与上谷诸将并军而南，所至击斩王郎将帅。及光武于广阿，拜汉为偏将军。既拔邯郸，赐号建策侯。

汉为人质厚少文，造次不能以辞自达。邓禹及诸将多知之。数相荐举，及得召见，遂见亲信，常居门下。光武将发幽州兵，夜召邓禹，问可使行者。禹曰："间数与吴汉言，其人勇鸷有智谋，诸将鲜能及者。"即拜汉大将军，持节北发十郡突骑。更始幽州牧苗曾闻之，阴勒兵，敕诸郡不肯应调。汉乃将二十骑先驰至无终。曾以汉无备，出迎于路，汉即劫兵骑，收曾斩之，而夺其军。北州震骇，城邑莫不望风弭从。遂悉发其兵，引而南，与光武会清阳。诸将望见汉还，士马甚盛，皆曰："是宁肯分兵与人邪？"及汉至莫府，上兵簿，诸将人人多请之。光武曰："属者恐不与人，今所请又何多也？"诸将皆惭。

初，更始遣尚书令谢躬率六将军攻王郎，不能下。会光武至，共定邯郸，而躬裨将虏掠不相承禀，光武深忌之。虽俱在邯郸，遂分城而处，然每有以慰安之。躬勤于职事，光武常称曰"谢尚书真吏也"，故不自疑。躬既而率其兵数万，还屯于邺。时光武南击青犊，谓躬曰："我追贼于射犬，必破之。尤来在山阳者，势必当惊走。若以君威力，击此散虏，必成禽也。"躬曰："善。"及青犊破，而尤来果北走隆虑山，躬乃留大将军刘庆、魏郡太守陈康守邺，自率诸将军击之。穷寇死战，其锋不可当，躬遂大败，死者数千人。光武因躬在外，乃使汉与岑彭袭其城。汉先令辩士说陈康曰："盖闻上智不处危以侥幸，中智能因危以为功，下愚安于危以自亡。危亡之至，在人所由，不可不察。今京师败乱，四方云扰，公所闻也。萧王兵强士附，河北归命，公所见也。谢躬内背萧王，外失众心，公所知也。公今据孤危之城，待灭亡之祸，义无所立，节无所成。不若开门内军，转祸为福，免下愚之败，收中智之功，此计之至者也。"康然之。于是康收刘庆及躬妻子，开门内汉等。及躬从隆虑归邺，不知康已反之，乃与数百骑轻入城。汉伏兵收之，手击杀躬，其众悉降。躬字子张，南阳人。初，其妻知光武不平之，常戒躬曰："君与刘公积不相能，而信其虚谈，不为之备，终受制矣。"躬不纳，故及于难。光武北击群贼，汉常将突骑五千为军锋,数先登陷阵。及河北平,汉与诸将奉图书,上尊号。光武即位,拜为大司马,更封舞阳侯。

建武二年春,汉率大司空王梁,建义大将军朱祐,大将军杜茂,执金吾贾复,扬化将军坚镡,偏将军王霸,骑都尉刘隆、马武、阴识,共击檀乡贼于邺东漳水上,大破之,降者十余万人。帝使使者玺书定封汉为广平侯,食广平、斥漳、曲周、广年,凡四县。复率诸将击邺西山贼黎伯卿等,及河内修武,悉破诸屯聚。车驾亲幸抚劳。复遣汉进兵南阳,击宛、涅阳、郦、穰、新野诸城,皆下之。引兵南,与秦丰战黄邮水上,破之。又与偏将军冯异击昌城五楼贼张文等,又攻铜马、五幡于新安,皆破之。

明年春,率建威大将军耿弇、虎牙大将军盖延,击青犊于轵西,大破降之。又率骠骑大将军杜茂、强弩将军陈俊等,围苏茂于广乐。刘永将周建别招聚收集得十余万人,救广乐。汉将轻骑迎与之战,不利,堕马伤膝,还营,建等遂连兵入城。诸将谓汉曰:"大敌在前而公伤卧,众心惧矣。"汉乃勃然裹创而起,椎牛飨士,令军中曰:"贼众虽多,皆劫掠群盗,'胜不相让,败不相救',非有仗节死义者也。今日封侯之秋,诸君勉之!"于是军士激怒,人倍其气。旦日,建、茂出兵围汉。汉选四部精兵黄头吴河等,及乌桓突骑三千余人,齐鼓而进。建军大溃,反还奔城。汉长驱追击,争门并入,大破之,茂、建突走。汉留杜茂、陈俊等守广乐,自将兵助盖延围刘永于睢阳。永既死,二城皆降。

明年,又率陈俊及前将军王梁,击破五校贼于临平,追至东郡箕山,大破之。北击清河长直及平原五里贼,皆平之。时厹县五姓共逐守长,据城而反。诸将争欲攻之,汉不听,曰:"使厹反者,皆守长罪也。敢轻冒进兵者斩。"乃移檄告郡,使收守长,而使人谢城中。五姓大喜,即相率归降。诸将乃服,曰:"不战而下城,非众所及也。"冬,汉率建威大将军耿弇、汉忠将军王常等,击富平、获索二贼于平原。明年春,贼率五万余人夜攻汉营,军中惊乱,汉坚卧不动,有顷乃定。即夜发精兵出营突击,大破其众。因追讨余党,遂至无盐,进击勃海,皆平之。又从征董宪,围朐城。明年春,拔朐,斩宪。事已见《刘永传》。东方悉定,振旅还京师。会隗嚣畔,夏,复遣汉西屯长安。八年,从车驾上陇,遂围隗嚣于西城。帝敕汉曰:"诸郡甲卒但坐费粮食,若有逃亡,则沮败众心,宜悉罢之。"汉等贪并力攻嚣,遂不能遣,粮食日少,吏士疲役,逃亡者多,及公孙述救至,汉遂退败。

十一年春,率征南大将军岑彭等伐公孙述。及彭破荆门,长驱入江关,汉留夷陵,装露桡船,将南阳兵及驰刑募士三万人溯江而上。会岑彭为刺客所杀,汉并将其军。十二年春,与公孙述将魏党、公孙永战于鱼涪津,大破之,遂围武阳。述遣子婿史兴将五千人救之。汉迎击兴,尽殄其众,因入犍为界。诸县皆城守。汉乃进军攻广都,拔之。遣

轻骑烧成都市桥,武阳以东诸小城皆降。帝戒汉曰:"成都十余万众,不可轻也。但坚据广都,待其来攻,勿与争锋,若不敢来,公转营迫之,须其力疲,乃可击也。"汉乘利,遂自将步骑二万余人进逼成都,去城十余里,阻江北为营,作浮桥,使副将武威将军刘尚将万余人屯于江南,相去二十余里,帝闻大惊,让汉曰:"比敕公千条万端,何意临事勃乱!既轻敌深入,又与尚别营,事有缓急,不复相及。贼若出兵缀公,以大众攻尚。尚破,公即败矣。幸无它者,急引兵还广都。"诏书未到,述果使其谢丰袁吉将众十许万,分为二十余营,并出攻汉。使别将将万余人劫刘尚,令不得相救。汉与大战一日,兵败,走入壁,丰围之。汉乃召诸将厉之曰:"吾共诸君逾越险阻,转战千里,所在斩获,遂深入敌地,至其城下。而今与刘尚二处受围,埶既不接,其祸难量。欲潜师就尚于江南,并兵御之。若能同心一力,人自为战,大功可立;如其不然,败必无余。成败之机,在此一举。"诸将皆曰"诺"。于是飨士秣马,闭营三日不出,乃多树幡旗,使烟火不绝,夜衔枚引兵与刘尚合军。丰等不觉,明日,乃分兵拒江北,自将攻江南。汉悉兵迎战,自旦至晡,遂大破之,斩谢丰、袁吉,获甲首五千余级。于是引还广都,留刘尚拒述,具以状上,而深自谴责。帝报曰:"公还广都,甚得其宜,述必不敢略尚而击公也。若先攻尚,公从广都五十里悉步骑赴之,适当值其危困,破之必矣。"自是汉与述战于广都、成都之间,八战八克,遂军于其郭中。述自将数万人出城大战,汉使护军高午、唐邯将数万锐卒击之。述兵败走,高午奔陈刺述,杀之。事已见《述传》。旦日城降,斩述首传送洛阳。明年正月,汉振旅浮江而下。至宛,诏令过家上冢,赐谷二万斛。

十五年,复率扬武将军马成、捕虏将军马武北击匈奴,徙雁门、代郡、上谷吏人六万余口,置居庸、常山关以东。

十八年,蜀郡守将史歆反于成都,自称大司马,攻太守张穆,穆逾城走广都,歆遂移檄郡县,而宕渠杨伟、朐䏰徐容等,起兵各数千人以应之。帝以歆昔为岑彭护军,晓习兵事,故遣汉率刘尚及太中大夫臧宫将万余人讨之。汉入武都,乃发广汉、巴、蜀三郡兵围成都,百余日城破,诛歆等。汉乃乘桴沿江下巴郡,杨伟、徐容等惶恐解散,汉诛其渠帅二百余人,徙其党与数百家于南郡、长沙而还。汉性强力,每从征伐,帝未安,恒侧足而立。诸将见战阵不利,或多惶惧,失其常度。汉意气自若,方整厉器械,激扬士吏。帝时遣人观大司马何为,还言方修战攻之具,乃叹曰:"吴公差强人意,隐若一敌国矣!"每当出师,朝受诏,夕即引道,初无办严之日。故能常任职,以功名终。及在朝廷,斤斤谨质,形于体貌。汉尝出征,妻子在后买田业。汉还,让之曰:"军师在外,吏士不足,何多买田宅乎!"遂尽以分与昆弟外家。

二十年,汉病笃。车驾亲临,问所欲言。对曰:"臣愚无所知识,唯愿陛下慎无赦而已。"及薨,有诏悼愍,赐谥曰忠侯。发北军五校、轻车、介士送葬,如大将军霍光故事。子哀侯成嗣,为奴所杀。二十八年,分汉封为三国:成子旦为濯阳侯,以奉汉嗣;旦弟盱为筑阳侯,成弟国为新蔡侯。旦卒,无子,国除。建初八年,徙封盱为平春侯,以奉汉后。盱卒,子胜嗣。初,汉兄尉为将军,从征战死,封尉子彤为安阳侯。帝以汉功大,复封弟翕为褒亲侯。吴氏侯者凡五国。初,渔阳都尉严宣,与汉俱会光武于广阿,光武以为偏将军,封建信侯。

论曰:吴汉自建武世,常居上公之位,终始倚爱之亲,谅由质简而强力也。子曰"刚毅木讷近仁",斯岂汉之方乎!昔陈平智有余以见疑,周勃质朴忠而见信。夫仁义不足以相怀,则智者以有余为疑,而朴者以不足取信矣。

盖延传

盖延字巨卿,渔阳要阳人也。身长八尺,弯弓三百斤。边俗尚勇力,而延以气闻。历郡列掾、州从事,所在职办。彭宠为太守,召延署营尉,行护军。及王郎起,延与吴汉同谋归光武。延至广阿,拜偏将军,号建功侯,从平河北。光武即位,以延为虎牙将军。

建武二年,更封安平侯。遣南击敖仓,转攻酸枣、封丘,皆拔。其夏,督驸马都尉马武、骑都尉刘隆、护军都尉马成、偏将军王霸等南伐刘永,先攻拔襄邑,进取麻乡,遂围永于睢阳。数月,尽收野麦,夜梯其城入。永惊惧,引兵走出东门,延追击,大破之。永弃军走谯,延进攻,拔薛,斩其鲁郡太守,而彭城、扶阳、杼秋、萧皆降。又破永沛郡太守,斩之。永将苏茂、佼强、周建等三万余人救永,共攻延。延与战于沛西,大破之。永军乱,遁没溺死者太半。永弃城走湖陵,苏茂奔广乐。延遂定沛、楚、临淮,修高祖庙,置啬夫、祝宰、乐人。

三年,睢阳复反城迎刘永,延复率诸将围之百日,收其野谷。永乏食,突走。延追击,尽得辎重。永为其将所杀,永弟防举城降。

四年春,延又击苏茂、周建于蕲,进与董宪战留下,皆破之。因率平狄将军庞萌攻西防,拔之。复追败周建、苏茂于彭城,茂、建亡奔董宪,董宪将贲休举兰陵城降。宪闻之,自郯围休。时延及庞萌在楚,请往救之。帝敕曰:"可直往捣郯,则兰陵必自解。"延等以贲休城危,遂先赴之。宪逆战而阳败,延等逐退,因拔围入城。明日,宪大出兵合围,延等惧,遽出突走,因往攻郯。帝让之曰:"间欲先赴郯者,以其不意故耳。今既奔走,贼计已立,围岂可解乎!"延等至郯,果不能克,而董宪遂拔兰陵,杀贲休。延等往来要

击宪别将于彭城、郯、邳之间,战或日数合,颇有克获。帝以延轻敌深入,数以书诫之。及庞萌反,攻杀楚郡太守,引军袭败延。延走,北度泗水,破舟楫,坏津梁,仅而得免。帝自将而东,征延与大司马吴汉、汉忠将军王常、前将军王梁、捕虏将军马武、讨虏将军王霸等会任城,讨庞萌于桃乡,又并从董宪于昌虑,皆破平之。六年春,遣屯长安。九年,隗嚣死,延西击街泉、略阳、清水诸屯聚,皆定。

十一年,与中郎将来歙攻河池,未克,以病引还,拜为左冯翊,将军如故。十三年,增封定食万户。十五年,薨于位。子扶嗣。扶卒,子侧嗣。永平十三年,坐与舅王平谋反,伏诛,国除。永初七年,邓太后绍封延曾孙恢为芦亭侯。恢卒,子遂嗣。

陈俊传

陈俊字子昭,南阳西鄂人也。少为郡吏。更始立,以宗室刘嘉为太常将军,俊为长史。光武徇河北,嘉遣书荐俊,光武以为安集掾。从击铜马于清阳,进至蒲阳,拜强弩将军。与五校战于安次,俊下马,手接短兵,所向必破,追奔二十余里,斩其渠帅而还。光武望而叹曰:"战将尽如是,岂有忧哉!"五校引退入渔阳,所过虏掠。俊言于光武曰:"宜令轻骑出贼前,使百姓各自坚壁,以绝其食,可不战而殄也。"光武然之,遣俊将轻骑驰出贼前。视人保壁坚完者,敕令固守;放散在野者,因掠取之。贼至无所得,遂散败。及军还,光武谓俊曰:"困此虏者,将军策也。"及即位,封俊为列侯。

建武二年春,攻匡贼,下四县,更封新处侯。引击顿丘,降三城。其秋,大司马吴汉承制拜俊为强弩大将军,别击金门、白马贼于河内,皆破之。四年,转徇汝阳及项,又拔南武阳。是时太山豪杰多拥众与张步连兵,吴汉言于帝曰:"非陈俊莫能定此郡。"于是拜俊太山太守,行大将军事。张步闻之,遣其将击俊,战于嬴下,俊大破之,追至济南,收得印绶九十余,稍攻下诸县,遂定太山。五年,与建威大将军耿弇共破张步。事在《弇传》。时琅邪未平,乃徙俊为琅邪太守,领将军如故。齐地素闻俊名,入界,盗贼皆解散。俊将兵击董宪于赣榆,进破朐贼孙阳,平之。八年,张步畔,还琅邪,俊追讨,斩之。帝美其功,诏俊得专征青、徐。俊抚贫弱,表有义,检制军吏,不得与郡县相干,百姓歌之。数上书自请,愿奋击陇、蜀。诏报曰:"东州新平,大将军之功也。负海猾夏,盗贼之处,国家以为重忧,且勉镇抚之。"

十三年,增邑。定封祝阿侯。明年,征奉朝请。二十三年卒。子浮嗣,徙封蕲春侯。浮卒,子专诸嗣。专诸卒,子笃嗣。

臧宫传

臧宫字君翁，颍川郏人也。少为县亭长、游徼，后率宾客入下江兵中为校尉，因从光武征战，诸将多称其勇。光武察宫勤力少言，甚亲纳之。及至河北，以为偏将军，从破群贼，数陷阵却敌。光武即位，以为侍中、骑都尉。建武二年，封成安侯。明年，将突骑与征虏将军祭遵击更始将左防、韦颜于涅阳、郦，悉降之。五年，将兵徇江夏，击代乡、钟武、竹里，皆下之。帝使太中大夫持节拜宫为辅威将军。七年，更封期思侯。击梁郡、济阴，皆平之。

十一年，将兵至中卢，屯骆越。是时公孙述将田戎、任满与征南大将军岑彭相拒于荆门，彭等战数不利，越人谋畔从蜀。宫兵少，力不能制。会属县送委输车数百乘至，宫夜使锯断城门限，令车声回转出入至旦，越人候伺者闻车声不绝，而门限断，相告以汉兵大至。其渠帅乃奉牛酒以劳军营。宫陈兵大会，击牛酾酒，飨赐慰纳之，越人由是遂安。宫与岑彭等破荆门，别至垂鹊山，通道至秭归，至江州。岑彭下巴郡，使宫将降卒五万，从涪水上平曲。公孙述将延岑盛兵于沈水，时宫众多食少，转输不至，而降者皆欲散畔，郡邑复更保聚，观望成败。宫欲引还，恐为所反。会帝遣谒者将兵诣岑彭，有马七百匹，宫矫制取以自益，晨夜进兵，多张旗帜，登山鼓噪，右步左骑，挟船而引，呼声动山谷。岑不意汉军卒至，登山望之，大震恐。宫因从击，大破之。斩首溺死者万余人，水为之浊流。延岑奔成都，其众悉降，尽获其兵马珍宝。自是乘胜追北，降者以十万数。军至平阳乡，蜀将王元举众降。进拔绵竹，破涪城，斩公孙述弟恢，复攻拔繁、郫。前后收得节五，印绶千八百。是时大司马吴汉亦乘胜选营逼成都。宫连屠大城，兵马旌旗甚盛，乃乘兵入小雒郭门，历成都城下，至吴汉营，饮酒高会。汉见之甚欢，谓宫曰："将军向者经房城下，震扬威灵，风行电照。然穷寇难量，还营愿从它道矣。"宫不从，复路而归，贼亦不敢近之。进军咸门，与吴汉并灭公孙述。帝以蜀地新定，拜宫为广汉太守。十三年，增邑，更封酂侯。十五年，征还京师，以列侯奉朝请，定封朗陵侯。十八年，拜太中大夫。

十九年，妖巫维氾弟子单臣、傅镇等，复妖言相聚，入原武城，劫吏人，自称将军。于是遣宫将北军及黎阳营数千人围之。贼谷食多，数攻不下，士卒死伤。帝召公卿诸侯王问方略，皆曰"宜重其购赏"。时显宗为东海王，独对曰："妖巫相劫，执无久立，其中必有悔欲亡者。但外围急，不得走耳。宜小挺缓，令得逃亡，逃亡则一亭长足以禽矣。"帝然之，即敕宫彻围缓贼，贼众分散，遂斩臣、镇等。宫还，迁城门校尉，复转左中郎将。击武溪贼，至江陵，降之。宫以谨信质朴，故常见任用。后匈奴饥疫，自相分争，帝以问宫，宫曰："愿得五千骑以立功。"帝笑曰："常胜之家，难与虑敌，吾方自思之。"二十七年，宫乃与杨虚侯马武上书曰："匈奴贪利，无有礼信，穷则稽首，安则侵盗，缘边被其毒痛，内国忧其抵突。虏今人畜疫死，旱蝗赤地，疫困之力，不当中国一郡。万里死命，悬在陛下。福不再来，时或易失，岂宜固守文德而堕武事乎？今命将临塞，厚悬购赏，喻告高句骊、乌桓、鲜卑攻其左，发河西四郡、天水、陇西羌胡击其右。如此，北虏之灭，不过数年。臣恐陛下仁恩不忍，谋臣狐疑，令万世刻石之功不立于圣世。"诏报曰："《黄石公记》曰，'柔能制刚，弱能制强'。柔者德也，刚者贼也，弱者仁之助也，强者怨之归也。故曰有德之君，以所乐乐人；无德之君，以所乐乐身。乐人者其乐长，乐身者不久而亡。舍近谋远者，劳而无功；舍远谋近者，逸而有终。逸政多忠臣，劳政多乱人。故曰务广地者荒，务广德者强。有其有者安，贪人有者残。残灭之政，虽成必败。今国无善政，灾变不息，百姓惊惶，人不自保，而复欲远事边外乎？孔子曰：'吾恐季孙之忧，不在颛臾。'且北狄尚强，而屯田警备传闻之事，恒多失实。诚能举天下之半以灭大寇，岂非至愿；苟非其时，不如息人。"自是诸将莫敢复言兵事者。宫永平元年卒，谥曰愍侯。子信嗣。信卒，子震嗣。震卒，子松嗣。元初四年，与母别居，国除。永宁元年，邓太后绍封松弟由为朗陵侯。

论曰：中兴之业，诚艰难也。然敌无秦、项之强，人资附汉之思，虽怀玺纡绂，跨陵州县，殊名诡号，千队为群，尚未足以为功上烈也。至于山西既定，威临天下，戎羯丧其精胆，群帅贾其余壮，斯诚雄心尚武之几，先志玩兵之日。臧宫、马武之徒，抚鸣剑而抵掌，志驰于伊吾之北矣。光武审《黄石》存包桑，闭玉门以谢西域之质，卑辞币以礼匈奴之使，其意防盖已弘深。岂其颠沛平城之围，忍伤黥王之陈乎？

赞曰：吴公鸷强，实为龙骧。电埽群孽，风行巴、梁。虎牙猛力，功立睢阳。宫、俊休休，是亦鹰扬。

卷四十九　　耿弇列传第九

耿弇传 弟国　国子秉　秉弟夔　国弟子恭

耿弇字伯昭，扶风茂陵人也。其先武帝时，以吏二千石自巨鹿徙焉。父况，字侠游，以明经为郎，与王莽从弟伋共学《老子》于安丘先生，后为朔调连率。弇少好学，习父业。常见郡尉试骑士，建旗鼓，肄驰射，由是好将帅之事。

及王莽败，更始立，诸将略地者，前后多擅威权，辄改易守、令。况自以莽之所置，怀不自安。时弇年二十一，乃辞况奉奏诣更始，因赍贡献，以求自固之宜。及至宋子，会王郎诈称成帝子子舆，起兵邯郸，弇从吏孙仓、卫包于道共谋曰："刘子舆成帝正统，舍此不归，远行安之？"弇按剑曰："子舆弊贼，卒为降虏耳。我至长安，与国家陈渔阳、上谷兵马之用，还出太原、代郡，反覆数十日，归发突骑以辚乌合之众，如摧枯折腐耳。观公等不识去就，族灭不久也。"仓、包不从，遂亡降王郎。弇道闻光武在卢奴，乃驰北上谒，光武留署门下吏。弇因说护军朱祐，求归发兵，以定邯郸。光武笑曰："小儿曹乃有大意哉！"因数召见加恩慰。弇因从光武北至蓟。闻邯郸兵方到，光武将欲南归，召官属计议。弇曰："今兵从南来，不可南行。渔阳太守彭宠，公之邑人；上谷太守，即弇父也。发此两郡，控弦万骑，邯郸不足虑也。"光武官属腹心皆不肯，曰："死尚南首，奈何北行入囊中？"光武指弇曰："是我北道主人也。"会蓟中乱，光武遂南驰，官属各分散。弇走昌平就况，因说况使寇恂东约彭宠，各发突骑二千匹，步兵千人。弇与景丹、寇恂及渔阳兵合军而南，所过击斩王郎大将、九卿、校尉以下四百余级，得印绶百二十五，节二，斩首三万级，定涿郡、中山、巨鹿、清河、河间凡二十二县，遂及光武于广阿。是时光武方攻王郎，传言二郡兵为邯郸来，众皆恐。既而悉诣营上谒。光武见弇等，说，曰："当与渔阳、上谷士大夫共此大功。"乃皆以为偏将军，使还领其兵。加况大将军、兴义侯，得置偏裨。弇等遂从拔邯郸。时更始征代郡太守赵永，而况劝永不应召，令诣于光武。光武遣永复郡。永北还，而代令张晔据城反畔，乃招迎匈奴、乌桓以为援助。光武以弇弟舒为复胡将军，使击晔，破之。永乃得复郡。时五校贼二十余万北寇上谷，况与舒连击破之。贼皆退走。更始见光武威声日盛，君臣疑虑，乃遣使立光武为萧王，令罢兵与诸将有功者还长安；遣苗曾为幽州牧，韦顺为上谷太守，蔡充为渔阳太守，并北之部。时光武居邯郸宫，昼卧温明殿。弇入造床下请间，因说曰："今更始失政，君臣淫乱，诸将擅命于畿内，贵戚纵横于都内。天子之命，不出城门，所在牧守，辄自迁易，百姓不知所从，士人莫敢自安。房掠财物，劫掠妇女，怀金玉者，至不生归。元元叩心，更思莽朝。又铜马、赤眉之属数十辈，辈数十百万，圣公不能办也。其败不久。公首事南阳，破百万之军；今定河北，据天府之地。以义征伐，号号响应，天下可传檄而定。天下至重，不可令它姓得之。闻使者从西方来，欲罢兵，不可从也。今吏士死亡者多，弇愿归幽州，益发精兵，以集大计。"光武大说，乃拜弇为大将军，与吴汉北发幽州十郡兵。弇到上谷，收韦顺、蔡充斩之；汉亦诛苗曾。于是悉发幽州兵，引而南，从光武击破铜马、高湖、赤眉、青犊，又追尤来、大枪、五幡于元氏，弇常将精骑为军锋，辄破走之。光武乘胜战顺水上，虏危急，殊死战。时军士疲弊，遂大败奔还，壁范阳，数日乃振，贼亦退去，从追至容城、小广阳、安次，连战破之。光武还蓟，复遣弇与吴汉、景丹、盖延、朱祐、邳彤、耿纯、刘植、岑彭、祭遵、坚镡、王霸、陈俊、马武十三将军，追贼至潞东，及平谷，再战，斩首万三千余级，遂穷追于右北平无终、土垠之间，至俊靡而还。贼散入辽西、辽东，或为乌桓、貊人所抄击，略尽。

光武即位，拜弇为建威大将军。与骠骑大将军景丹、强弩将军陈俊攻厌新贼于敖仓，皆降之。建武二年，更封好畤侯，食好畤、美阳二县。三年，延岑自武关出攻南阳，下数城。穰人杜弘率其众以从岑。弇与岑等战于穰，大破之，斩首三千余级，生获其将士五千余人，得印绶三百。杜弘降，岑与数болн遁走东阳。弇从幸舂陵，因见自请北收上谷兵未发者，定彭宠于渔阳，取张丰于涿郡，还收富平、获索，东攻张步，以平齐地。帝壮其意，乃许之。四年，诏弇进攻渔阳。弇以父据上谷，本与彭宠同功，又兄弟无在京师者，自疑，不敢独进，上书求诣洛阳。诏报曰："将军出身举宗为国，所向陷敌，功效尤著，何嫌何疑，而欲求征？且与王常共屯涿郡，勉思方略。"况闻弇求征，亦不自安，遣舒弟国入侍。帝善之，进封况为隃麋侯。乃命弇与建义大将军朱祐、汉忠将军王常等击望都、故安西山贼十余营，皆破之。时征虏将军祭遵屯良乡，骁骑将军刘喜屯阳乡，以拒彭宠。宠遣弟纯将匈奴二千余骑，宠自引兵数万，分为两道以击遵、喜。胡骑经军都，舒袭破其众，斩匈奴两王，宠乃退走。况复与舒攻宠，取军都。五年，宠死，天子嘉况功，使光禄大夫持节迎况，赐甲第，奉朝请。封舒为牟平侯。遣弇与吴汉击富平、获索贼于平原，大破之，降者四万余人。因诏弇进讨张步。弇悉收集降卒，结部曲，置将吏，率骑都尉刘歆、太山太守陈俊引兵而东，从朝阳桥济河以度。张步闻之，乃使其大将军费邑军历下，又分兵屯祝阿，别于太山钟城列营数十以待弇。弇度河先击祝阿，自旦攻城，日未中而拔之，故开围一角，令其众得奔归钟城。钟城人闻祝阿已溃，大恐惧，遂空壁亡去。费邑分遣弟敢守巨里。弇进兵先胁巨里，使多伐树木，扬言以填塞坑堑。数日，有降者言邑闻弇欲攻巨里，谋来救之。弇乃严令军中趣修攻具，宣敕诸部，后三日当悉力攻巨里城。阴缓生口，令得亡归。归者以弇期告邑，邑至日果将精兵三万余人来救之。弇喜，谓诸将曰："吾所以修攻具者，欲诱致邑耳。今来，适其所求也。"即分三千人守巨里，自行精兵上冈阪，乘高合战，大破之，临阵斩邑。既而收首级以示巨里城中，城中凶惧，费敢悉众亡归张步。弇复收其积聚，纵兵击诸未下者，平四十余营，遂定济南。

时张步都剧，使其弟蓝将精兵二万守西安，诸郡太守合万余人守临淄，相去四十里。弇进军画中，居二城之间。弇视西安城小而坚，且蓝兵又精，临淄名虽大而实易攻，乃敕诸校会，后五日攻西安。蓝闻之，晨夜儆守。至期夜半，弇敕诸将皆蓐食，会明至临淄城。护军荀梁等争之，以为宜速攻西安。弇曰："不然。西安闻吾欲攻之，日夜为备；临淄出不意而至，必惊扰，吾攻之一日必拔。拔临淄即西安孤，张蓝与步隔绝，必复亡去，所谓击一而得二者也。若先攻西安，不卒下，顿兵坚城，死伤必多。纵能拔之，蓝引军还奔临淄，并兵合势，观人虚实，吾深入敌地，后无转输，旬日之间，不战而困。诸君之言，未见其宜。"遂攻临淄，半日拔之，入据其城。张蓝闻之大惧，遂将其众亡归剧。弇乃令军中无得妄掠剧下，须张步至乃取之，以激怒步。步闻大笑曰："以尤来、大肜十余万众，吾皆即其营而破之。今大耿兵少于彼，又皆疲劳，何足惧乎！"乃与三弟蓝、弘、寿及故大肜渠帅重异等兵号二十万，至临淄大城东，将攻弇。弇先出淄水上，与重异遇，突骑欲纵，弇恐挫其锋，令步不敢进，故示弱以盛其气，乃引归小城，陈兵于内。步气盛，直攻弇营。与刘歆等合战，弇升王宫坏台望之，视歆等锋交，乃自引精兵以横突步阵于东城下，大破之。飞矢中弇股，以佩刀截之，左右无知者。至暮罢。弇明旦复勒兵出。是时帝在鲁，闻弇为步所攻，自往救之，未至。陈俊谓弇曰："剧虏兵盛，可且闭营休士，以须上来。"弇曰："乘舆且到，臣子当击牛醑酒以待百官，反欲以贼虏遗君父邪？"乃出兵大战，自旦及昏，复大破之，杀伤无数，城中沟堑皆满。弇知步困将退，豫置左右翼为伏以待之。人定时，步果引去，伏兵起纵击，追至巨昧水上，八九十里僵尸相属，收得辎重二千余两。步还剧，兄弟各分兵散去。后数日，车驾至临淄自劳军。群臣大会。帝谓弇曰："昔韩信破历下以开基，今将军攻祝阿以发迹，此皆齐之西界，功足相方。而韩信袭击已降，将军独拔勍敌，其功乃难于信。又田横亨郦生，及田横降，高帝诏卫尉不听为仇。张步前亦杀伏隆，若步来归命，吾当诏大司徒释其怨，又事尤相类也。将军前在南阳建此大策，常以为落落难合，有志者事竟成也！"弇因复追步，步奔平寿，乃肉袒负斧锧归于军门。弇传步诣行在所，而勒兵入据其城。树十二郡旗鼓，令步兵各以郡人诣旗下，众尚十余万，辎重七千余两，皆罢遣归乡里。弇复引兵至城阳，降五校余党，齐地悉平。振旅还京师。

六年，西拒隗嚣，屯兵于漆。八年，从上陇。明年，与中郎将来歙分部徇安定、北地诸豪保，皆下之。弇凡所平郡四十六，屠城三百，未尝挫折。

十二年，况疾病，乘舆数自临幸。复以国弟广、举并为中郎将。弇兄弟六人皆垂青紫，省侍医药，当代以为荣。及况卒，谥烈侯，少子霸袭况爵。

十三年，增弇户邑，上大将军印绶，罢，以列侯奉朝请。每有四方异议，辄召入问筹策。年五十六，永平元年卒，谥曰愍侯。子忠嗣。忠以骑都尉击匈奴于天山，有功。忠卒，子冯嗣。冯卒，子良嗣，一名无禁。延光中，尚安帝妹濮阳长公主，位至侍中。良卒，子协嗣。喻麋侯霸卒，子文金嗣。文金卒，子喜嗣。喜卒，子显嗣，为羽林左监。显卒，子援嗣。尚桓帝妹长社公主，为河东太守。后曹操诛耿氏，唯援孙弘存焉。牟平侯舒卒，子袭嗣。尚显宗女隆虑公主。袭卒，子宝嗣。

宝女弟为清河孝王妃。及安帝立，尊孝王，母为孝德皇后，以妃为甘园大贵人。帝以宝元舅之重，使监羽林左骑，位至大将军。而附事内宠，与中常侍樊丰、帝乳母王圣等谮废皇太子为济阴王，及排陷太尉杨震，议者怨之。宝弟子承袭公主爵为林虑侯，位至侍中。安帝崩，阎太后以宝为阿附嬖幸，共为不道，策免宝及承，皆贬爵为亭侯，遣就国。宝于道自杀，国除。大贵人数为耿氏请，阳嘉三年，顺帝遂绍封宝子箕牟平侯，为侍中。以恒为阳亭侯，承为羽林中郎将。其后贵人薨，大将军梁冀从承求贵人珍玩，不能得，冀怒，风有司奏夺其封。承惶恐，遂亡匿于穰。数年，冀推迹得之，乃并族其家十余人。

论曰：淮阴廷论项王，审料成埶，则知高祖之庙胜矣。耿弇决策河北，定计南阳，亦见光武之业成矣。然弇自克拔全齐，而无复尺寸之功。夫岂不怀？将时之度数，不足以相容乎？三世为将，道家所忌，而耿氏累叶以功名自终。将其用兵欲以杀止杀乎？何其独能隆也！

国字叔虑，建武四年初入侍，光武拜为黄门侍郎，应对左右，帝以为能，迁射声校尉。七年，射声官罢，拜驸马都尉。父况卒，国于次当嗣，上疏以先侯爱少子霸，固自陈让，有诏许焉。后历顿丘、阳翟、上蔡令，所在吏人称之。征为五官中郎将。是时乌桓、鲜卑屡寇边境，国素有筹策，数言边事，帝器之。及匈奴薁鞬日逐王比自立为呼韩邪单于，款塞称藩，愿扞御北虏。事下公卿。议者皆以为天下初定，中国空虚，夷狄情伪难知，不可许。国独曰："臣以为宜如孝宣故事受之，令东扞鲜卑，北拒匈奴，率厉四夷，完复边郡，使塞下无晏开之警，万世安宁之策也。"帝从其议，遂立比为南单于。由是乌桓、鲜卑保塞自守，北虏远遁，中国少事。二十七年，代冯勤为大司农。又上言宜置度辽将军，左右校尉。屯五原以防逃亡。永平元年卒官。显宗追思国言，后遂置度辽将军，左右校尉，如其议焉。国二子：秉、夔。

秉字伯初，有伟体，腰带八围。博通书记，能说《司马兵法》，尤好将帅之略。以父任为郎，数上言兵事。常以中国虚费，边陲不宁，其患专在匈奴。以战去战，盛王之道。显宗既有志北伐，阴然其言。永平中，召诣省闼，问前后所上便宜方略，拜谒者仆射，遂见亲幸。每公卿会议，常引秉上殿，访以边事，多简帝心。

十五年，拜驸马都尉。十六年，以骑都尉秦彭为副，与奉车都尉窦固等俱伐北匈奴。虏皆奔走，不战而还。

十七年夏，诏秉与固合兵万四千骑，复出白山击车师。车师有后王、前王，前王即后王之子，其廷相去五百余里。固以后王道远，山谷深，士卒寒苦，欲攻前王。秉议先赴后王，以为并力根本，则前王自服。固计未决。秉奋身而起曰："请行前。"乃上马，引兵北入，众军不得止，遂进。并纵兵抄掠，斩首数千级，收马牛十余万头。后王安得震怖，从数百骑出迎秉。而固司马苏安欲全功归固，即驰谓安得曰："汉贵将独有奉车都尉，天子姊婿，爵为通侯，当先降之。"安得乃还，更令其诸将迎秉。秉大怒，被甲上马，麾其精骑径造固壁。言曰："车师王降，讫今不至，请往枭其首。"固大惊曰："且止，将败事！"秉厉声曰："受降如受敌。"遂驰赴之。安得惶恐，走出门，脱帽抱马足降。秉将以诣固。其前王亦归命，遂定车师而还。明年秋，肃宗即位，拜秉征西将军。遣案行凉州边境，劳赐保塞羌胡，进屯酒泉，救戊己校尉。

建初元年，拜度辽将军。视事七年，匈奴怀其恩信。征为执金吾，甚见亲重。帝每巡郡国及幸宫观，秉常领禁兵宿卫左右。除三子为郎。章和二年，复拜征西将军，副车骑将军窦宪击北匈奴，大破之。事并见《宪传》。封秉美阳侯，食邑三千户。秉性勇壮而简易于事，军行常自被甲在前，休止不结营部，然远斥候，明要誓，有警，军阵立成，士卒皆乐为死。永元二年，代桓虞为光禄勋。明年夏卒，时年五十余。赐以朱棺、玉衣，将作大匠穿冢，假鼓吹，五营骑士三百余人送葬。谥曰桓侯。匈奴闻秉卒，举国号哭，或至梨面流血。长子冲嗣。及窦宪败，以秉窦氏党，国除。冲官至汉阳太守。

曾孙纪，少有美名，辟公府，曹操甚敬异之，稍迁少府。纪以操将篡汉，建安二十三年，与太医令吉平、丞相司直韦晃谋起兵诛操，不克，夷三族。于时衣冠盛门坐纪罹祸灭者众矣。

夔字定公。少有气决。永元初，为车骑将军窦宪假司马，北击匈奴，转车都尉。三年，宪复出河西，以夔为大将军左校尉。将精骑八百，出居延塞，直奔北单于廷，于金微山斩阏氏、名王已下五千余级，单于与数骑脱亡，尽获其匈奴珍宝财畜，去塞五千余里而还，自汉出师所未尝至也。乃封夔粟邑侯。会北单于弟右鹿蠡王於除鞬自立为单于，众八部二万余人，来居蒲类海上，遣使款塞。以夔为中郎将，持节卫护之。及窦宪败，夔亦免官夺爵土。后复为长水校尉，拜五原太守，迁辽东太守。元兴元年，貊人寇郡界，夔追击，斩其渠帅。永初三年，南单于檀反畔，使夔率鲜卑及诸郡兵屯雁门，与车骑将军何熙共击之。熙推夔为先锋，而遣其司马耿溥、刘祉将二千人与夔俱进。到属国

故城，单于遣薁鞬日逐王三千余人遮汉兵。夔自击其左，令鲜卑攻其右，虏遂败走，追斩千余级，杀其名王六人，获穹庐车重千余两，马畜生口甚众。鲜卑马多羸病，遂畔出塞。夔不能独进，以不穷追，左转云中太守，后迁度辽将军事。夔勇而有气，数侵陵使匈奴中郎将郑戬。元初元年，坐征下狱，以减死论，笞二百。建光中，复拜度辽将军。时鲜卑攻杀云中太守成严，围乌桓校尉徐常于马城。夔与幽州刺史庞参救之，追虏出塞而还。后坐法免，卒于家。

恭字伯宗，国弟广之子也。少孤。慷慨多大略，有将帅才。永平十七年冬，骑都尉刘张出击车师，请恭为司马，与奉车都尉窦固及从弟驸马都尉秉破降之。始置西域都护、戊己校尉，乃以恭为戊己校尉，屯后王部金蒲城，谒者关宠为戊己校尉，屯前王柳中城，屯各置数百人。恭至部，移檄乌孙，示汉威德，大昆弥已下皆欢喜，遣使献名马，及奉宣帝时所赐公主博具，愿遣子入侍。恭乃发使赍金帛，迎其侍子。

明年三月，北单于遣左鹿蠡王二万骑击车师。恭遣司马将兵三百人救之，道逢匈奴骑多，皆为所殁。匈奴遂破杀后王安得，而攻金蒲城。恭乘城搏战，以毒药傅矢。传语匈奴曰："汉家箭神，其中疮者必有异。"因发强弩射之。虏中矢者，视创皆沸，遂大惊。会天暴风雨，随雨击之，杀伤甚众。匈奴震怖，相谓曰："汉兵神，真可畏也！"遂解去。恭以疏勒城傍有涧水可固，五月，乃引兵据之。七月，匈奴复来攻恭，恭募先登数千人直驰之。胡骑散走，匈奴遂于城下拥绝涧水。恭于城中穿井十五丈不得水，吏士渴乏，笮马粪汁而饮之。恭仰叹曰："闻昔贰师将军拔佩刀刺山，飞泉涌出；今汉德神明，岂有穷哉。"乃整衣服向井再拜，为吏士祷。有顷，水泉奔出，众皆称万岁。乃令吏士扬水以示虏。虏出不意，以为神明，遂引去。时焉耆、龟兹攻殁都护陈睦，北虏亦围关宠于柳中。会显宗崩，救兵不至，车师复畔，与匈奴共攻恭。恭厉士众击走之。后王夫人先世汉人，常私以虏情告恭，又给以粮饷。数月，食尽穷困，乃煮铠弩，食其筋革。恭与士推诚同死生，故皆无二心，而稍稍死亡，余数十人。单于知恭已困，欲必降之。复遣使招恭："若降者，当封为白屋王，妻以女子。"恭乃诱其使上城，手击杀之，炙诸城上，虏官属望见，号哭而去。单于大怒，更益兵围恭，不能下。

初，关宠上书求救，时肃宗新即位，乃诏公卿会议。司空第五伦以为不宜救。司徒鲍昱议曰："今使人于危难之地，急而弃之，外则纵蛮夷之暴，内则伤死难之臣。诚令权时后无边事可也，匈奴如复犯塞为寇，陛下将何以使将？又二部兵人裁各数十，匈奴围之，历旬不下，是其寡弱尽力之效也。可令敦煌、酒泉太守各将精骑二千，多其幡帜，倍道兼行，以赴其急。匈奴疲极之兵，必不敢当，四十日

间,足还入塞。"帝然之。乃遣征西将军耿秉屯酒泉,行太守事;遣秦彭与谒者王蒙、皇甫援发张掖、酒泉、敦煌三郡及鄯善兵,合七千余人,建初元年正月,会柳中击车师,攻交河城,斩首三千八百级,获生口三千余人,驼驴马牛羊三万七千头。北虏惊走,车师复降。会关宠已殁,蒙等闻之,便欲引兵还。先是恭遣军吏范羌至敦煌迎兵士寒服,羌因随王蒙军俱出塞。羌固请迎恭,诸将不敢前,乃分兵二千人与羌,从山北迎恭,遇大雪丈余,军仅能至。城中夜闻兵马声,以为虏来,大惊。羌乃遥呼曰:"我范羌也。汉遣军迎校尉耳。"城中皆称万岁。开门,共相持涕泣。明日,遂相随俱归。虏兵追之,且战且行。吏士素饥困,发疏勒时尚有二十六人,随路死没,三月至玉门,唯余十三人。衣屦穿决,形容枯槁。中郎将郑众为恭已下洗沐易衣冠。上疏曰:"耿恭以单兵固守孤城,当匈奴之冲,对数万之众,连月逾年,心力困尽。凿山为井,煮弩为粮,出于万死无一生之望。前后杀伤丑虏数千百计,卒全忠勇,不为大汉耻。恭之节义,古今未有。宜蒙显爵,以厉将帅。"及恭至雒阳,鲍昱奏恭节过苏武,宜蒙爵赏。于是拜为骑都尉,以恭司马石脩为雒阳市丞,张封为雍营司马,军吏范羌为共丞,余九人皆补羽林。恭母先卒,及还,追行丧制,有诏使五官中郎将赍牛酒释服。

明年,迁长水校尉。其秋,金城、陇西羌反。恭上疏言方略,诏召入问状。乃遣恭将五校士三千人,副车骑将军马防讨西羌。恭屯枹罕,数与羌接战。明年秋,烧当羌降,防还京师,恭留击诸未服者,首虏千余人,获牛羊四万余头,勒姐、烧何羌等十三种数万人,皆诣恭降。初,恭出陇西,上言"故安丰侯窦融昔在西州,甚得羌胡腹心。今大鸿胪固,即其子孙。前击白山,功冠三军。宜奉大使,镇抚凉部。令车骑将军防屯军汉阳,以为威重"。由是大忤于防。及防还,监营谒者李谭承旨奏恭不忧军事,被诏怨望。坐征下狱,免官归本郡,卒于家。

子溥,为京兆虎牙都尉。元初二年,击畔羌于丁奚城,军败,遂殁。诏拜溥子宏、晔并为郎。

晔字季遇。顺帝初,为乌桓校尉。时鲜卑寇缘边,杀代郡太守。晔率乌桓及诸郡卒出塞讨击,大破之。鲜卑震怖,数万人诣辽东降。自后频出辄克获,威振北方。迁度辽将军。耿氏自中兴已后迄建安之末,大将军二人,将军九人,卿十三人,尚公主三人,列侯十九人,中郎将、护羌校尉及刺史、二千石数十百人,遂与汉兴衰云。

论曰:余初读《苏武传》,感其茹毛穷海,不为大汉羞;后览耿恭疏勒之事,喟然不觉涕之无从。嗟哉,义重于生,以至是乎!曹曹子抗质于柯盟,相如申威于河表,盖以决一旦之负,异乎百死之地也。以为二汉当疏高爵,宥十世。而苏君恩不及嗣,恭亦终填牢户。追诵龙蛇之章,以为叹息。

赞曰:好畤经武,能画能兵。往收燕卒,来集汉营。请间赵殿,酾酒齐城。况、舒率从,亦既有成。国图久策,分此凶狄。秉洽胡情,夔单虏迹。慊慊伯宗,枯泉飞液。

卷五十　　铫王祭列传第十

铫期传

铫期字次况,颍川郏人也。长八尺二寸,容貌绝异,矜严有威。父猛,为桂阳太守,卒,期服丧三年,乡里称之。光武略地颍川,闻期志义,召署贼曹掾,从徇蓟。时王郎檄书到蓟,蓟中起兵应郎。光武趣驾出,百姓聚观,喧呼满道,遮路不得行,期骑奋戟,瞋目大呼左右曰:"趣。"众皆披靡。及至城门,门已闭,攻之得出。行至信都,以期为裨将,与傅宽、吕晏俱属邓禹。徇傍县,又发房子兵。禹以期为能,独署偏将军。授兵二千人,宽、晏各数百人。还言其状,光武甚善之。使期别徇真定宋子,攻拔乐阳、槀、肥累。从击王郎将兒宏、刘奉于巨鹿下,期先登陷阵,手杀五十余人,被创中额,摄帻复战,遂大破之。王郎灭,拜期虎牙大将军。乃因间说光武曰:"河北之地,界接边塞,人习兵战,号为精勇。今更始失政,大统危殆,海内无所归往。明公据河山之固,拥精锐之众,以顺万人思汉之心,则天下谁敢不从?"光武笑曰:"卿欲遂前跋邪?"时铜马数十万众入清阳、博平,期与诸将迎击之,连战不利,期乃更背水而战,所杀伤甚多。会光武救至,遂大破之,追至馆陶,皆降之。从击青犊、赤眉于射犬,贼袭期辎重,期还击之,手杀伤数十人,身被三创,而战方力,遂破走之。

光武即位,封安成侯,食邑五千户。时檀乡、五楼贼入繁阳、内黄,又魏郡大姓数反覆,而更始将卓京谋欲相率反邺城。帝以期为魏郡太守,行大将军事。期发郡兵击卓京,破之,斩首六百余级。京亡入山,追斩其将校数十人,获京妻子。进击繁阳、内黄,复斩数百级,郡界清平。督盗贼李熊,邺中之豪,而熊弟陆谋欲反城迎檀乡。或以告期,期不应,告者三四,期乃召何熊。熊叩头首服,愿与老母俱就死。期曰:"为吏偿不若为贼乐者,可归与老母往就陆也。"使吏送出城。熊行求得陆,将诣邺城西门。陆不胜愧感,自杀以谢期。期嗟叹,以礼葬之,而还熊故职。于是郡中服其威信。

建武五年,行幸魏郡,以期为太中大夫。从还洛阳,又拜卫尉。期重于信义,自为将,有所降下,未尝虏掠。及在朝廷,忧国爱主,其有不得于心,必犯颜谏诤。帝尝轻与期门近出,期顿首车前曰:"臣闻古今之戒,变生不意,诚不愿陛下微行数出。"帝为之回舆而还。十年卒,帝亲临榇敛,赠以卫尉、安成侯印绶,谥曰忠侯。子丹嗣。复封丹弟统为建平侯。后徙封丹葛陵侯。丹卒,子舒嗣。舒卒,子羽嗣。羽卒,子蔡嗣。

王霸传

王霸字元伯,颍川颍阳人也。世好文法,父为郡决曹掾,霸亦少为狱吏。常慷慨不乐吏职,其父奇之,遣西学长安。汉兵起,光武过颍阳,霸率宾客上谒,曰:"将军兴义兵,窃不自知量,贪慕威德,愿充行伍。"光武曰:"梦想贤士,共成功业,岂有二哉!"遂从击破王寻、王邑于昆阳,还休乡里。及光武为司隶校尉,道过颍阳,霸请其父,愿从。父曰:"吾老矣,不任军旅,汝往,勉之!"霸从至洛阳。及光武为大司马,以霸为功曹令史,从度河北。宾客从霸者数十人,稍稍引去。光武谓霸曰:"颍川从我者皆逝,而子独留。努力!疾风知劲草。"

及王郎起,光武在蓟,郎移檄购光武。光武令霸至市中募人,将以击郎。市人皆大笑,举手邪揄之,霸惭愧而还。光武即南驰至下曲阳。传闻王郎兵在后,从者皆恐。及至虖沱河,候吏还白河水流澌,无船,不可济。官属大惧。光武令霸往视之。霸恐惊众,欲且前,阻水,还即诡曰:"冰坚可度。"官属皆喜。光武笑曰:"候吏果妄语也。"遂前。比至河,河冰亦合,乃令霸护度,未毕数骑而冰解。光武谓霸曰:"安吾众得济免者,卿之力也。"霸谢曰:"此明公至德,神灵之祐,虽武王白鱼之应,无以加此。"光武谓官属曰:"王霸权以济事,殆天瑞也。"以为军正,爵关内侯。既至信都,发兵攻拔邯郸。霸追斩王郎,得其玺绶。封王乡侯。从平河北,常与臧宫、傅俊共营,霸独善抚士卒,死者脱衣以敛之,伤者躬亲以养之。光武即位,以霸晓兵爱士,可独任,拜为偏将军。并将臧宫、傅俊兵,而以宫、俊为骑都尉。建武二年,更封富波侯。

四年秋,帝幸谯,使霸与捕虏将军马武东讨周建于垂惠。苏茂将五校兵四千余人救建,而先遣精骑遮击马武军粮,武往救之。建从城中出兵夹击武,武恃霸之援,战不甚力,为茂、建所败。武军奔过霸营。大呼求救。霸曰:"贼兵盛,出必两败,努力而已。"乃闭营坚壁。军吏皆争之。霸曰:"茂兵精锐,其众又多,吾吏士心恐,而捕虏与吾相恃,两军不一,此败道也。今闭营固守,示不相救,贼必乘胜轻进,捕虏无救,其战自倍。如此,茂众疲劳,吾承其弊,乃可克也。"茂、建果悉出攻武。合战良久,霸军中壮士路润等数十人断发请战。霸知士心锐,乃开营后,出精骑袭其背。茂、建前后受敌,惊乱败走,霸、武各归营。贼复聚众挑战,霸坚卧不出,方飨士作倡乐。茂雨射营中,中霸前酒樽,霸

安坐不动。军吏皆曰:"茂前日已破,今易击也。"霸曰:"不然。苏茂客兵远来,粮食不足,故数挑战,以僥一切之胜。今闭营休士,所谓不战而屈人之兵,善之善者也。"茂、建既不得战,乃引还营。其夜,建兄子诵反,闭城拒之,茂、建遁去,诵以城降。

五年春,帝使太中大夫持节拜霸为讨虏将军。六年,屯田新安。八年,屯田函谷关。击荥阳、中牟盗贼,皆平之。

九年,霸与吴汉及横野大将军王常、建义大将军朱祐、破奸将军侯进等五万余人,击卢芳将贾览、闵堪于高柳。匈奴遣骑助芳,汉军遇雨,战不利。吴汉还洛阳,令朱祐屯常山,王常屯涿郡,侯进屯渔阳。玺书拜霸上谷太守,领屯兵如故,捕击胡虏,无拘郡界。明年,霸复与吴汉等四将军六万人出高柳击贾览,诏霸与渔阳太守陈䜣将兵为诸军锋。匈奴左南将军数千骑救览,霸等连战于平城下,破之,追出塞,斩首数百级。霸及诸将还入雁门,与骠骑大将军杜茂会攻卢芳将尹由于崞、繁畤,不克。

十三年,增邑户,更封向侯。是时,卢芳与匈奴、乌桓连兵,寇盗尤数,缘边愁苦。诏霸将弛刑徒六千余人,与杜茂治飞狐道,堆石布土,筑起亭障,自代至平城三百余里。凡与匈奴、乌桓大小数十百战,颇识边事,数上书言宜与匈奴结和亲,又陈委输可从温水漕,以省陆转输之劳,事皆施行。后南单于、乌桓降服,北边无事。霸在上谷二十余岁。三十年,定封淮陵侯。永平二年,以病免,后数月卒。

子符嗣,徙封轵侯。符卒,子度嗣。度尚显宗女浚仪长公主,为黄门郎。度卒,子歆嗣。

祭遵传 从弟彤

祭遵字弟孙,颍川颍阳人也。少好经书。家富给,而遵恭俭,恶衣服。丧母,负土起坟。尝为部吏所侵,结客杀之。初,县中以其柔也,既而皆惮焉。

及光武破王寻等,还过颍阳,遵以县吏数进见,光武爱其容仪,署为门下史。从征河北,为军市令。舍中儿犯法,遵格杀之。光武怒,命收遵。时主簿陈副谏曰:"明公常欲众军整齐,今遵奉法不避,是教令所行也。"光武乃贳之,以为刺奸将军。谓诸将曰:"当备祭遵!吾舍中儿犯法尚杀之,必不私诸卿也。"寻拜为偏将军,从平河北,以功封列侯。

建武二年春,拜征虏将军。定封颍阳侯。与骠骑大将军景丹、建义大将军朱祐、汉忠将军王常、骑都尉王梁、臧宫等入箕关,南击弘农、厌新、柏华蛮中贼。弩中遵口,洞出流血,众见遵伤,稍引退,遵呼叱止之,士卒战皆自倍,遂大破之。时新城蛮中山贼张满,屯结险阨为人害,诏遵攻之。遵绝其粮道,满数挑战,遵坚壁不出。而厌新、柏华余贼复与满合,遂攻得霍阳聚,遵乃分兵击破降之。明年

春，张满饥困，城拔，生获之。初，满祭祀天地，自云当王，既执，叹曰："谶文误我！"乃斩之，夷其妻子。遵引兵南击邓奉弟终于杜衍，破之。时涿郡太守张丰执使者举兵反，自称无上大将军，与彭宠连兵。四年，遵与朱祐及建威大将军耿弇、骁骑将军刘喜俱击之。遵兵先至，急攻丰，丰功曹孟厷执丰降。初，丰好方术，有道士言丰当为天子，以五彩囊裹石系丰肘，云石中有玉玺。丰信之，遂反。既执当斩，犹曰："肘石有玉玺。"遵为椎破之，丰乃知被诈，仰天叹曰："当死无所恨！"诸将皆引还，遵受诏留屯良乡拒彭宠。因遣护军傅玄袭击宠将李豪于潞，大破之，斩首千余级。相拒岁余，数挫其锋，党与多降者。及宠死，遵进定其地。

六年春，诏遵与建威大将军耿弇、虎牙大将军盖延、汉忠将军王常、捕虏将军马武、骁骑将军刘歆、武威将军刘尚等从天水伐公孙述。师次长安，时车驾亦至，而隗嚣不欲汉兵上陇，辞说解故。帝召诸将议。皆曰："可且延嚣日月之期，益封其将帅，以消散之。"遵曰："嚣挟奸久矣。今若按甲引时，则使其诈谋益深，而蜀警增备，固不如遂进。"帝从之，乃遣遵为前行。隗嚣使其将王元拒陇坻，遵进击，破之，追至新关。及诸将到，与嚣战，并败，引退下陇。乃诏遵军汧，耿弇军漆，征西大将军冯异军栒邑，大司马吴汉等还屯长安。自是后遵数挫隗嚣。事已见《冯异传》。

八年秋，复从车驾上陇。及嚣破，帝东归过汧，幸遵营，劳飨士卒，作黄门武乐，良夜乃罢。时遵有疾，诏赐重茵，覆以御盖。复令进屯陇下。及公孙述遣兵救嚣，吴汉、耿弇等悉奔还。遵独留不却。九年春，卒于军。遵为人廉约小心，克己奉公，赏赐辄尽与士卒，家无私财，身衣韦绔，布被，夫人裳不加缘，帝以是重焉。及卒，愍悼之尤甚。遵丧至河南县，诏遣百官先会丧所，车驾素服临之，望哭哀恸。还幸城门，过其车骑，涕泣不能已。丧礼成，复亲祠以太牢，如宣帝临霍光故事。诏大长秋、谒者、河南尹护丧事，大司农给费。博士范升上疏，追称遵曰："臣闻先王崇政，尊美屏恶。昔高祖大圣，深见远虑，班爵割地，与下分功，著录勋臣，颂其德美。生则宠以殊礼，奏事不名，入门不趋。死则畴其爵邑，世无绝嗣，丹书铁券，传于无穷。斯诚大汉厚下安人长久之德，所以累世十余，历载数百，废而复兴，绝而复续者也。陛下以至德受命，先明汉道，褒序辅佐，封赏功臣，同符祖宗。征虏将军颍阳侯遵，不幸早薨。陛下仁恩，为之感伤，远迎河南，恻怛之恸，形于圣躬，丧事用度，仰给县官，重赐妻子，不可胜数。送死有以生，厚亡有以过存，矫俗厉化，卓如日月。古者臣疾君视，臣卒君吊，君之厚者也。陵迟已来久矣。及至陛下，复兴斯礼，群下感动，莫不自励。臣窃见遵修行积善，竭忠于国，北平渔阳，西拒陇、蜀，先登坻上，深取略阳。众兵既退，独守冲难。制御士心，不越法度。所在吏人，不知有军。清名

闻于海内，廉白著于当世。所得赏赐，辄尽与吏士，身无奇衣，家无私财。同产兄午以遵无子，娶妾送之，遵乃使人逆而不受，自以身任于国，不敢图生虑继嗣之计。临死遗诫牛车载丧，薄葬洛阳。问以家事，终无所言。任重道远，死而后已。遵为将军，取士皆用儒术，对酒设乐，必雅歌投壶。又建为孔子立后，奏置《五经》大夫。虽在军旅，不忘俎豆，可谓好礼悦乐，守死善道者也。礼，生有爵，死有谥，爵以殊尊卑，谥以明善恶。臣愚以为宜因遵薨，论叙众功，详案《谥法》，以礼成之。显章国家笃古之制，为后嗣法。"帝乃下升章以示公卿。至葬，车驾复临，赠以将军、侯印绶，朱轮容车，介士军阵送葬，谥曰成侯。既葬，车驾复临其坟，存见夫人室家。其后会朝，帝每叹曰："安得忧国奉公之臣如祭征虏者乎！"遵之见识若此。无子，国除，兄午，官至酒泉太守。从弟肜。

肜字次孙，早孤，以至孝见称。遇天下乱，野无烟火，而独在冢侧。每贼过，见其尚幼而有志节，皆奇而哀之。光武初以遵故，拜肜为黄门侍郎，常在左右。及遵卒无子，帝追伤之，以肜为偃师长，令近遵坟墓，四时奉祠之。肜有权略，视事五岁，县无盗贼，课为第一，迁襄贲令。时天下郡国尚未悉平，襄贲盗贼白日公行。肜至，诛破奸猾，殄其支党。数年，襄贲政清。玺书勉励，增秩一等，赐缣百匹。当是时，匈奴、鲜卑及赤山乌桓连和强盛，数入塞杀略吏人。朝廷以为忧，益增缘边兵，郡有数千人，又遣诸将分屯障塞。帝以肜为能，建武十七年，拜辽东太守。至则励兵马，广斥候。肜有勇力，能贯三百斤弓。虏每犯塞，常为士卒前锋，数破走之。二十一年秋，鲜卑万余骑寇辽东，肜率数千人迎击之，自被甲陷阵，虏大奔，投水死者过半，遂穷追出塞，虏急，皆弃兵裸身散走，斩首三千余级，获马数千匹。自是后鲜卑震怖，畏肜不敢复窥塞。肜以三虏连和，卒为边害。二十五年，乃使招呼鲜卑，示以财利。其大都护偏何遣使奉献，愿得归化，肜慰纳赏赐，稍复亲附。其异种满离、高句骊之属，遂骆驿款塞，上貂裘好马，帝辄倍其赏赐。其后偏何邑落诸豪并归义，愿自效。肜曰："审欲立功，当归击匈奴，斩送头首乃信耳。"偏何等皆仰天指心曰："必自效！"即击匈奴左伊秩訾部，斩首二千余级，持头诣郡。其后岁岁相攻，辄送首级受赏赐。自是匈奴衰弱，边无寇警，鲜卑、乌桓并入朝贡。

肜为人质厚重毅，体貌绝众。抚夷狄以恩信，皆畏而爱之，故得其死力。初，赤山乌桓数犯上谷，为边害，诏书设购赏，切责州郡，不能禁。肜乃率励偏何，遣往讨之。永平元年，偏何击破赤山，斩其魁帅，持首诣肜，塞外震詟。肜之威声，畅于北方，西自武威，东尽玄菟及乐浪，胡夷皆来内附，野无风尘。乃悉罢缘边屯兵。

十二年，征为太仆。肜在辽东几三十年，衣无兼副。显

宗既嘉其功，又美肜清约，拜日，赐钱百万，马三匹，衣被刀剑下至居室什物，大小无不悉备。帝每见肜，常叹息以为可属以重任。后从东巡狩，过鲁，坐孔子讲堂，顾指子路室谓左右曰："此太仆之室。太仆，吾之御侮也。"

十六年，使肜以太仆将万余骑与南单于左贤王信伐北匈奴，期至涿邪山。信初有嫌于肜，行出高阙塞九百余里，得小山，乃妄言以为涿邪山。肜到不见虏而还，坐逗留畏愞下狱免。肜性沈毅内重，自恨见诈无功，出狱数日，欧血死。临终谓其子曰："吾蒙国厚恩，奉使不称，微绩不立，身死诚惭恨。义不可以无功受赏，死后，若悉簿上所得赐物，身自诣兵屯，效死前行，以副吾心。"既卒，其子逢上疏具陈遗言。帝雅重肜，方更任用，闻之大惊，召问逢疾状，嗟叹者良久焉。乌桓、鲜卑追思肜无已，每朝贺京师，常过冢拜谒，仰天号泣乃去。辽东吏人为立祠，四时奉祭焉。肜既葬，子参遂追奉车都尉窦固，从军击车师有功，稍迁辽东太守。永元中，鲜卑入郡界，参坐沮败，下狱死。肜子孙多为边吏者，皆有名称。

论曰：祭肜武节刚方，动用安重，虽条侯、穰苴之伦，不能过也。且临守偏海，政移犷俗，徼人请符以立信，胡貊数级于郊下，至乃卧鼓边亭，灭烽幽障者将三十年。古所谓"必世而后仁"，岂不然哉！而一眚之故，以致感愤，惜哉，畏法之敝也！

赞曰：期启燕门，霸冰滹河。祭遵好礼，临戎雅歌。肜抗辽左，边廷怀和。

卷五十一
任李万邳刘耿列传第十一

任光传 子隗

任光字伯卿，南阳宛人也。少忠厚，为乡里所爱。初为乡啬夫，郡县吏。汉兵至宛，军人见光冠服鲜明，令解衣，将杀而夺之。会光禄勋刘赐适至，视光容貌长者，乃救全之。光因率党与从赐，为安集掾，拜偏将军，与世祖破王寻、王邑。更始至洛阳，以光为信都太守。及王郎起，郡国皆降之，光独不肯，遂与都尉李忠、令万脩、功曹阮况、五官掾郭唐等同心固守。廷掾持王郎檄诣府白光，光斩之于市，以徇百姓，发精兵四千人城守。更始二年春，世祖自蓟还，狼狈不知所向，传闻信都独为汉拒邯郸，即驰赴之。光等孤城独守，恐不能全，闻世祖至，大喜，吏民皆称万岁，即时开门，与李忠、万脩率官属迎谒。世祖入传舍，谓光曰："伯卿，今执力虚弱，欲俱入城头子路、力子都兵中，何

如邪？"光曰："不可。"世祖曰："卿兵少，如何？"光曰："可募发奔命，出攻傍县，若不降者，恣听掠之。人贪财物，则兵可招而致也。"世祖从之。拜光为左大将军，封武成侯，留南阳宗广领信都太守事，使光将兵从。光乃多作檄文曰："大司马刘公将城头子路、力子都兵百万众从东方来，击诸反虏。"遣骑驰至巨鹿界中。吏民得檄，传相告语。世祖遂与光等投暮入堂阳界，使骑各持炬火，弥满泽中，光炎烛天地，举城莫不震惊惶怖，其夜即降。旬日之间，兵众大盛，因攻城邑，遂屠邯郸，乃遣光归郡。

城头子路者，东平人，姓爰，名曾，字子路，与肥城刘诩起兵卢城头，故号其兵为"城头子路"。曾自称"都从事"，诩称"校三老"，寇掠河、济间，众至二十余万。更始立，曾遣使降，拜曾东莱郡太守，诩济南太守，皆行大将军事。是岁，曾为其将所杀，众推诩为主，更始封诩助国侯，令罢兵归本郡。

力子都者，东海人也。起兵乡里，抄击徐、兖界，众有六七万。更始立，遣使降，拜子都徐州牧。为其部曲所杀，余党复相聚，与诸贼会于檀乡。因号为檀乡。檀乡渠帅董次仲始起茌平，遂渡河入魏郡清河，与五校合，众十余万。建武元年，世祖入洛阳，遣大司马吴汉等击檀乡。明年春，大破降之。是岁，更封光阿陵侯，食邑万户。五年，征诣京师，奉朝请。其冬卒。子隗嗣。后阮况为南阳太守，郭唐为河南尹，皆有能名。

隗字仲和，少好黄老，清静寡欲，所得奉秩，常以赈恤宗族，收养孤寡。显宗闻之，擢奉朝请，迁羽林左监、虎贲中郎将，又迁长水校尉。肃宗即位，雅相敬爱，数称其行，以为将作大匠。将作大匠自建武以来常谒者兼之，至隗乃置真焉。建初五年，迁太仆。八年，代窦固为光禄勋，所历皆有称。章和元年，拜司空。隗义行内修，不求名誉，而以沈正见重于世。和帝即位，大将军窦宪秉权，专作威福，内外朝臣莫不震慑。时宪击匈奴，国用劳费，隗奏议征宪还，前后十上。独与司徒袁安同心毕力，持重处正，鲠言直议，无所回隐，语在《袁安传》。永元四年薨，子屯嗣。帝追思隗忠，擢屯为步兵校尉，徙封西阳侯。屯卒，子胜嗣。胜卒，子世嗣，徙封北乡侯。

李忠传

李忠字仲都，东莱黄人也。父为高密都尉。忠元始中以父任为郎，署中数十人，而忠独以好礼修整称。王莽时为新博属长，郡中咸敬信之。更始立，使使者行郡国，即拜忠都尉官。忠遂与任光同奉世祖，以为右大将军，封武固侯。时世祖自解所佩绶以带忠，因从攻下属县。至苦陉，世祖会诸将，问所得财物，唯忠独无所掠。世祖曰："我欲特

赐李忠,诸卿得无望乎?"即以所乘大骊马及绣被衣物赐之。进围巨鹿,未下,王郎遣将攻信都,信都大姓马宠等开城内之,收太守宗广及忠母妻,而令亲属招呼忠。时宠弟从忠为校尉,忠即时召见,责数以背恩反城,因格杀之。诸将皆惊曰:"家属在人手中,杀其弟,何猛也!"忠曰:"若纵贼不诛,则二心也。"世祖闻而美之,谓忠曰:"今吾兵已成矣,将军可归救老母妻子,宜自募吏民能得家属者,赐钱千万,来从我取。"忠曰:"蒙明公大恩,思得效命,诚不敢内顾宗亲。"世祖乃使任光将兵救信都,光兵于道散降王郎,无功而还。会更始遣将攻破信都,忠家属得全。世祖因使忠还,行太守事,收郡中大姓附邯郸者,诛杀数百人。及任光归郡,忠乃还复为都尉。建武二年,更封中水侯,食邑三千户。其年,征拜五官中郎将,从平庞萌、董宪等。

六年,迁丹阳太守。是时海内新定,南方海滨江淮,多拥兵据土。忠到郡,招怀降附,其不服者悉诛之,旬月皆平。忠以丹阳越俗不好学,嫁娶礼仪,衰于中国,乃为起学校,习礼容,春秋乡饮,选用明经,郡中向慕之。垦田增多,三岁间流民占著者五万余口。十四年,三公奏课为天下第一,迁豫章太守。病去官,征诣京师。十九年,卒。子威嗣。威卒,子纯嗣。永平九年,坐母杀纯叔父,国除。永初七年,邓太后复封纯琴亭侯。纯卒,子广嗣。

万脩传

万脩字君游,扶风茂陵人也。更始时,为信都令,与太守任光、都尉李忠共城守,迎世祖,拜为偏将军,封造义侯。及破邯郸,拜右将军。从平河北。建武二年,更封槐里侯。与扬化将军坚镡俱击南阳,未克而病,卒于军。子普嗣,徙封泫氏侯。普卒,子亲嗣,徙封扶柳侯。亲卒,无子,国除。永初七年,邓太后绍封脩曾孙丰为曲平亭侯。丰卒,子炽嗣。永建元年,炽卒,无子,国除。延熹二年,桓绍封脩玄孙恭为门德亭侯。

邳肜传

邳肜字伟君,信都人也。父吉,为辽西太守。肜初为王莽和成卒正。世祖徇河北,至下曲阳,肜举城降,复以为太守,留止数日。世祖北至蓟,会王郎兵起,使其将徇地,所到县莫不奉迎,唯和成、信都坚守不下。肜闻世祖从蓟还,失军,欲至信都,乃先使五官掾张万、督邮尹绥,选精骑二千余匹,缘路迎世祖军。肜寻与世祖会信都。世祖虽得二郡之助,而兵众未合,议者多言可因信都兵自送,西还长安。肜廷对曰:"议者之言皆非也。吏民歌吟思汉久矣,故更始举尊号而天下向应,三辅清宫除道以迎之。一夫荷戟大呼,则千里之将无不捐城遁逃,房伏请降。自上古以来,

亦未有感物动民其如此者也。又卜者王郎,假名因埶,驱集乌合之众,遂震燕、赵之地;况明公奋二郡之兵,扬向应之威,以攻则何城不克,以战则何军不服!今释此而归,岂徒空失河北,必使惊动三辅,堕损威重,非计之得者也。若明公无复征伐之意,则虽信都之兵犹难会也。何者?明公既西,则邯郸城民不肯捐父母,背城主,而千里送公,其离散亡逃必矣。"世祖善其言而止。即日拜肜为后大将军,和成太守如故,使将兵居前,比至堂阳,堂阳已反属王郎,肜使张万、尹绥先晓譬吏民,世祖夜至,即开门出迎。引兵击破白奢贼于中山。自此常从战攻。信都复反为王郎。郎所置信都王捕系肜父弟及妻子,使以手书呼肜曰:"降者封爵,不降族灭。"肜涕泣报曰:"事君者不得顾家。肜亲属所以至今得安于信都者,刘公之恩也。公方争国事,肜不得复念私也。"会更始所遣将攻拔信都,郎兵败走,肜家属得免。及拔邯郸,封武义侯。建武元年,更封灵寿侯,行大司空事。帝入洛阳,拜肜太常,月余日转少府,是年免。复为左曹侍中,常从征伐。六年,就国。

肜卒,子汤嗣,九年,徙封乐陵侯。十九年,汤卒,子某嗣;无子,国除。元初元年,邓太后绍封肜孙音为平亭侯。音卒,子柴嗣。初,张万、尹绥与肜俱迎世祖,皆拜偏将军,亦从征伐。万封重平侯,绥封平台侯。

论曰:凡言成事者,以功著易显;谋几初者,以理隐难昭。斯固原情比迹,所宜推察者也。若乃议者欲因二郡之众,建入关之策,委成业,临不测,而世主未悟,谋夫景同,邳肜之廷对,其为几乎!语曰"一言可以兴邦",斯近之矣。

刘植传

刘植字伯先,巨鹿昌城人也。王郎起,植与弟喜、从兄歆率宗族宾客,聚兵数千人据昌城。闻世祖从蓟还,乃开门迎世祖,以植为骁骑将军,喜、歆偏将军,皆为列侯。时真定王刘扬起兵以附王郎,众十余万,世祖遣植说扬,扬乃降。世祖因留真定,纳郭后,后即扬之甥也,故以此结之。乃与扬及诸将置酒郭氏漆里舍,扬击筑为欢,因得进兵拔邯郸,从平河北。建武二年,更封植为昌城侯。讨密县贼,战殁。子向嗣。帝使喜代将植营,复为骁骑将军,封观津侯。喜卒,复以歆为骁骑将军,封浮阳侯。喜、歆从征伐,皆传国于后。向徙封东武阳侯,卒,子述嗣,永平十五年,坐与楚王英谋反,国除。

耿纯传

耿纯字伯山,巨鹿宋子人也。父艾,为王莽济平尹。纯学于长安,因除为纳言士。王莽败,更始立,使舞阴王李轶

降诸郡国,纯父艾降,还为济南太守。时李轶兄弟用事,专制方面,宾客游说者甚众。纯连求谒不得通,久之乃得见,因说轶曰:"大王以龙虎之姿,遭风云之时,奋迅拔起,期月之间兄弟称王,而德信不闻于士民,功劳未施于百姓,宠禄暴兴,此智者之所忌也。兢兢自危,犹惧不终,而况沛然自足,可以成功者乎?"轶奇之,且以其巨鹿大姓,乃承制拜为骑都尉,授以节,令安集赵、魏。会世祖度河至邯郸,纯即谒见,世祖深接之。纯退,见官属将兵法度不与它将同,遂求自结纳,献马及缣帛数百匹。世祖北至中山,留纯邯郸。会王郎反,世祖自蓟东南驰,纯与从昆弟䜣、宿、植共率宗族宾客二千余人,老病者皆载木自随,奉迎于育。拜纯为前将军,封耿乡侯,䜣、宿、植皆偏将军,使与纯居前,降宋子,从攻下曲阳及中山。是时郡国多降邯郸者,纯恐宗家怀异心,乃使䜣、宿归烧其庐舍。世祖问纯故,对曰:"窃见明公单车临河北,非有府藏之蓄,重赏甘饵,可以聚人者也,徒以恩德怀之,是故士众乐附。今邯郸自立,北州疑惑,纯虽举族归命,老弱在行,犹恐宗人宾客半有不同心者。故焚烧屋室,绝其反顾之望。"世祖叹息。及至鄗,世祖止传舍,鄗大姓苏公反城开门内王郎将李恽。纯先觉知,将兵逆与恽战,大破斩之。从平邯郸,又破铜马。时赤眉、青犊、上江、大肜、铁胫、五幡十余万众并在射犬,世祖引兵将击之。纯军在前,去众营数里,贼忽夜攻纯,雨射营中,士多死伤。纯勒部曲,坚守不动。选敢死二千人,俱持强弩,各傅三矢,使衔枚间行,绕出贼后,齐声呼噪,强弩并发,贼众惊走,追击,遂破之。驰骑白世祖。世祖明旦与诸将俱至营,劳纯曰:"昨夜困乎?"纯曰:"赖明公威德,幸而获全。"世祖曰:"大兵不可夜动,故不相救耳。军营进退无常,卿宗族不可悉居军中。"乃以纯族人耿伋为蒲吾长,悉令将亲属居焉。

世祖即位,封纯高阳侯。击刘永于济阴,下定陶。初,纯从攻王郎,堕马折肩,时疾发,乃还诣怀宫,帝问"卿兄弟谁可使者",纯举从弟植,于是使植将纯营,纯犹以前将军从。时真定王刘扬复造作谶记云:"赤九之后,瘿扬为主。"扬病瘿,欲以惑众,与绵曼贼交通。建武二年春,遣骑都尉陈副、游击将军邓隆征扬,扬闭城门,不内副等。乃复遣纯持节,行赦令于幽、冀,所过并使劳慰王侯。密敕纯曰:"刘扬若见,因而收之。"纯从吏士百余骑与副、隆会元氏,俱至真定,止传舍。扬称病不谒,以纯真定宗室之出,遣使与纯书,欲相见。纯报曰:"奉使见王侯牧守,不得先诣,如欲面会,宜出传舍。"时扬弟临邑侯让及从兄细各拥兵万余人,扬自恃众强而纯意安静,即从官属诣之,兄弟并将轻兵在门外。扬入见纯,纯接以礼敬,因延请其兄弟,皆入,乃闭阁悉诛之,因勒兵而出。真定震怖,无敢动者,帝怜扬、让谋未发,并封其子,复故国。纯还京师,因自请曰:"臣本吏家子孙,幸遭大汉复兴,圣帝受命,备位列将,

爵为通侯。天下略定,臣无所用志,愿试治一郡,尽力自效。"帝笑曰:"卿既治武,复欲修文邪?"乃拜纯为东郡太守。时东郡未平,纯视事数月,盗贼清宁。四年,诏纯将兵击更始东平太守范荆,荆降。进击太山济南及平原贼,皆平之。居东郡四岁,时发干长有罪,纯案奏,围守之,奏未下,长自杀。纯坐免,以列侯奉朝请。从击董宪。道过东郡,百姓老小数千随车驾涕泣,云"愿复得耿君"。帝谓公卿曰:"纯年少被甲胄为军吏耳,治郡乃能见思若是乎?"

六年,定封为东光侯。纯辞就国,帝曰:"文帝谓周勃'丞相吾所重,君为我率诸侯就国',今亦然也。"纯受诏而去。至邺,赐谷万斛。到国,吊死问病,民爱敬之。八年,东郡、济阴盗贼群起,遣大司空李通、横野大将军王常击之。帝以纯威信著于卫地,遣使拜太中大夫,使与大兵会东郡。东郡闻纯入界,盗贼九千余人皆诣纯降,大兵不战而还。玺书复以为东郡太守,吏民悦服。十三年,卒官,谥曰成侯。子阜嗣。

植后为辅威将军,封武邑侯。宿至代郡太守,封遂乡侯。䜣为赤眉将军,封著武侯,从邓禹西征,战死云阳。凡宗族封列侯者四人,关内侯者三人,为二千石者九人。

阜徙封莒乡侯,永平十四年,坐同族耿歙与楚人颜忠辞语相连,国除。建初二年,肃宗追思纯功,绍封阜子盱为高亭侯。盱卒,无嗣,帝复封盱弟腾。卒,子忠嗣。忠卒,孙绪嗣。

赞曰:任、邳识几,严城解扉。委佗还旅,二守焉依。纯、植义发,奉兵佐威。

卷五十二
朱景王杜马刘傅坚马列传第十二

朱祐传

朱祐字仲先,南阳宛人也。少孤,归外家复阳刘氏,往来舂陵,世祖与伯升皆亲爱之。伯升拜大司徒,以祐为护军。及世祖为大司马,讨河北,复以祐为护军,常见亲幸,舍止于中。祐侍宴,从容曰:"长安政乱,公有日角之相,此天命也。"世祖曰:"召刺奸收护军。"祐乃不敢复言。从征河北,常力战陷阵,以为偏将军,封安阳侯。世祖即位,拜为建义大将军。建武二年,更封堵阳侯。冬,与诸将击邓奉于淯阳,祐军败,为奉所获。明年,奉破,乃肉袒因祐降。帝复祐位而厚加慰赐。遣击新野、随,皆平之。延岑自败于

穰,遂与秦丰将张成合,祐率征虏将军祭遵与战于东阳,大破之,临阵斩成,延岑败走归丰。祐收得印绶九十七。进击黄邮,降之,赐祐黄金三十斤。四年,率破奸将军侯进、辅威将军耿植代征南大将军岑彭围秦丰于黎丘,破其将张康于蔡阳,斩之。帝自至黎丘,使御史中丞李由持玺书招丰,丰出恶言,不肯降。车驾引还,敕祐方略,祐尽力攻之。明年夏,城中穷困,丰乃将其母妻子九人肉袒降。祐槛车传丰送洛阳,斩之。大司马吴汉劾奏祐废诏受降,违将帅之任,帝不加罪。祐还,与骑都尉臧宫会击延岑余党阴、酂、筑阳三县贼,悉平之。祐为人质直,尚儒学。将率众,多受降,以克定城邑为本,不存首级之功。又禁制士卒不得虏掠百姓,军人乐放纵,多以此怨之。九年,屯南行唐拒匈奴。十三年,增邑,定封鬲侯,食邑七千三百户。

十五年,朝京师,上大将军印绶,因留奉朝请。祐奏古者人臣受封,不加王爵,可改诸王为公。帝即施行。又奏宜令三公并去"大"名,以法经典。后遂从其议。祐初学长安,帝往候之,祐不时相劳苦,而先升讲舍。后车驾幸其第,帝因笑曰:"主人得无舍我讲乎?"以有旧恩,数蒙赏赉。二十四年,卒。子商嗣。商卒,子演嗣,永元十四年,坐从兄伯为外孙阴皇后巫蛊事,免为庶人。永初七年,邓太后绍封演子冲为鬲侯。

景丹传

景丹字孙卿,冯翊栎阳人也。少学长安。王莽时举四科,丹以言语为固德侯相,有干事称,迁朔调连率副贰。更始立,遣使者徇上谷,丹与连率耿况降,复为上谷长史。王郎起,丹与况共谋拒之。况使丹与子弇及寇恂等将兵南归世祖,世祖引见丹等,笑曰:"邯郸将帅数言我发渔阳、上谷兵,吾聊应言然,何意二郡良为吾来!方与士大夫共此功名耳。"拜丹为偏将军,号奉义侯。从击王郎将兒宏等于南䜌,郎兵迎战,汉军退却,丹等纵突骑击,大破之,追奔十余里,死伤者从横。丹还,世祖谓曰:"吾闻突骑天下精兵,今乃见其战,乐可言邪?"遂从征河北。

世祖即位,以谶文用平狄将军孙咸行大司马,众咸不悦。诏举可为大司马者,群臣所推唯吴汉及丹。帝曰:"景将军北州大将,是其人也。然吴将军有建大策之勋,又诛苗幽州、谢尚书,其功大。旧制骠骑将军官与大司马相兼也。"乃以吴汉为大司马,而拜丹为骠骑大将军。

建武二年,定封丹栎阳侯。帝谓丹曰:"今关东故王国,虽数县,不过栎阳万户邑。夫'富贵不归故乡,如衣绣夜行',故以封卿耳。"丹顿首谢。秋,与吴汉、建威大将军耿弇、建义大将军朱祐、执金吾贾复、偏将军冯异、强弩将军陈俊、左曹王常、骑都尉臧宫等从击破五校于羛阳,降其众五万人。会陕贼苏况攻破弘农,生获郡守。丹时病,帝以其旧将,欲令强起领郡事,乃夜召入,谓曰:"贼迫近京师,但得将军威重,卧以镇之足矣。"丹不敢辞,乃力疾拜命,将营到郡,十余日薨。子尚嗣,徙封余吾侯。尚卒,子苞嗣。苞卒,子临嗣,无子,国绝。永初七年,邓太后绍封苞弟遽为监亭侯。

王梁传

王梁字君严,渔阳要阳人也。为郡吏,太守彭宠以梁守狐奴令,与盖延、吴汉俱将兵南及世祖于广阿,拜偏将军。既拔邯郸,赐爵关内侯。从平河北,拜野王令,与河内太守寇恂南拒洛阳,北守天井关,朱鲔等不敢出兵,世祖以为梁功。及即位,议选大司空,而《赤伏符》曰"王梁主卫作玄武",帝以野王卫之所徙,玄武水神之名,司空水土之官也,于是擢拜梁为大司空,封武强侯。

建武二年,与大司马吴汉等俱击檀乡,有诏军事一属大司马,而梁辄发野王兵,帝以其不奉诏敕,令止在所县,而梁复以便宜进军。帝以梁前后违命,大怒,遣尚书宗广持节军中斩梁。广不忍,乃槛车送京师。既至,赦之。月余,以为中郎将,行执金吾事。北守箕关,击赤眉别校,降之。三年春,转击五校,追至信都、赵国,破之,悉平诸屯聚。冬,遣使者持节拜梁前将军。四年春,击肥城、文阳,拔之。进与骠骑大将军杜茂击佼强、苏茂于楚、沛间,拔大梁、啮桑,而捕虏将军马武、偏将军王霸亦分道并进,岁余悉平之。五年,从救桃城,破庞萌等,梁战尤力,拜山阳太守,镇抚新附,将兵如故。数月征入,代欧阳歙为河南尹。梁穿渠引穀水注洛阳城下,东写巩川,及渠成而水不流。七年,有司劾奏之,梁惭惧,上书乞骸骨。乃下诏曰:"梁前将兵征伐,众人称贤,故擢典京师。建议开渠,为人兴利,旅力既愆,迄无成功,百姓怨讟,谈者谨哗。虽蒙宽宥,犹执谦退,'君子成人之美',其以梁为济南太守。"十三年,增邑,定封阜成侯。十四年,卒官。子禹嗣。禹卒,子坚石嗣。坚石追坐父禹及弟平与楚王英谋反,弃市,国除。

杜茂传

杜茂字诸公,南阳冠军人也。初归光武于河北,为中坚将军,常从征伐。世祖即位,拜大将军,封乐乡侯。北击五校于真定,进降广平。建武二年,更封苦陉侯。与中郎将王梁击五校贼于魏郡、清河、东郡,悉平诸营保,降其持大将三十余人,三郡清静,道路流通。明年,遣使持节拜茂为骠骑大将军,击沛郡,拔芒。时西防复反,迎佼强。五年春,茂率捕虏将军马武进攻西防,数月拔之,强奔董宪。东方既平,七年,诏茂引兵北屯田晋阳、广武,以备胡寇。九年,与雁门太守郭凉击卢芳将尹由于繁畤,芳将贾览率胡骑万余救之,茂战,军败,引入楼烦城,时卢芳据高柳,与匈奴连兵,数寇边民,帝患之。十二年,遣谒者段忠将众郡弛刑配茂,镇守北边,因发边卒筑亭候,修烽火,又发委输金帛缯絮供给军士,并赐边民,冠盖相望。茂亦建屯田,驴车转运。先是,雁门人贾丹、霍匡、解胜等为尹由所略,由以为将帅,与共守平城。丹等闻芳败,遂共杀由诣郭凉;凉上状,皆封为列侯,诏送委输金帛赐茂、凉军吏及平城降民。自是卢芳城邑稍稍来降,凉诛其豪右郇氏之属,镇抚羸弱,旬月间雁门且平,芳遂亡入匈奴。帝擢凉子为中郎,宿卫左右。

凉字公文,右北平人也。身长八尺,气力壮猛,虽武将,然通经书,多智略,尤晓边事,有名北方。初,幽州牧朱浮辟为兵曹掾,击彭宠有功,封广武侯。十三年,增茂邑,**更封脩侯**。十五年,坐断兵马禀繇,使军吏杀人,免官,削卢邑,定封参蘧乡侯。十九年,卒。子元嗣,永平十四年,坐与东平王等谋反,减死一等,国除。永初七年,邓太后绍封茂孙奉为安乐亭侯。

马成传

马成字君迁,南阳棘阳人也。少为县吏。世祖徇颍川,以成为安集掾,调守郏令。及世祖讨河北,成即弃官步负,追及于蒲阳,以成为期门,从征伐。世祖即位,再迁护军都尉。

建武四年,拜扬武将军,督诛虏将军刘隆、振威将军宋登、射声校尉王赏,发会稽、丹阳、九江、六安四郡兵击李宪,时帝幸寿春,设坛场,祖礼遣之。进围宪于舒,令诸军各深沟高垒。宪数挑战,成坚壁不出,守之岁余。至六年春,城中食尽,乃攻之,遂屠舒,斩李宪,追击其党与,尽平江淮地。

七年夏,封平舒侯。八年,从征破隗嚣,以成为天水太守,将军如故。冬。征还京师。九年,代来歙守中郎将,率武威将军刘尚等破河池,遂平武都。明年,大司空李通罢,以成行大司空事,居府如真,数月复拜扬武将军。

十四年,屯常山、中山以备北边,并领建义大将军朱祐营,又代骠骑大将军杜茂缮治障塞,自西河至渭桥,河上至安邑,太原至井陉,中山至邺,皆筑保壁,起烽燧,十里一候。在事五六年,帝以成勤劳,征还京师。边人多上书求请者,复遣成还屯。及南单于保塞,北方无事,拜为中山太守,上将军印绶,领屯兵如故。二十四年,南击武溪蛮贼,无功,上太守印绶。

二十七年,定封全椒侯,就国。三十二年卒。子卫嗣,卫卒,子香嗣,徙封棘陵侯。香卒,子丰嗣。丰卒,子玄嗣。玄卒,子邑嗣。邑卒,子丑嗣,桓帝时以罪失国。延熹二年,帝复封成玄孙昌为益阳亭侯。

刘隆传

刘隆字元伯,南阳安众侯宗室也。王莽居摄中,隆父礼与安众侯崇起兵诛莽,事泄,隆以年未七岁,故得免。及壮,学于长安,更始拜为骑都尉。谒归,迎妻子置洛阳。闻世祖在河内,即追及于射犬,以为骑都尉,与冯异共拒朱鲔、李轶等,轶遂杀隆妻子。建武二年,封亢父侯。四年,拜诛虏将军,讨李宪。宪平,遣隆屯田武当。

十一年,守南郡太守,岁余,上将军印绶。十三年,增邑,更封竟陵侯。是时,天下垦田多不以实,又户口年纪互有增减。十五年,诏下州郡检核其事,而刺史太守多不平均,或优饶豪右,侵刻羸弱,百姓嗟怨,遮道号呼。时诸郡各遣使奏事,帝见陈留吏牍上有书,视之,云"颍川、弘农可问,河南、南阳不可问"。帝诘吏由趣,吏不肯服,抵言于长寿街上得之。帝怒。时显宗为东海公,年十二,在幄后言曰:"吏受郡敕,当欲以垦田相方耳。"帝曰:"即如此,何故言河南、南阳不可问?"对曰:"河南帝城,多近臣,南阳帝乡,多近亲。田宅逾制,不可为准。"帝令虎贲将诘问吏,吏乃实首服,如显宗对。于是遣谒者考实,具知奸状。明年,隆坐征下狱,其畴辈十余人皆死。帝以隆功臣,特免为庶人。明年,复封为扶乐乡侯,以中郎将副伏波将军马援击交阯蛮夷徵侧等,隆别于禁溪口破之,获其帅徵贰,斩首千余级,降者二万余人。还,更封大国,为长平侯。及大司马吴汉薨,隆为骠骑将军,行大司马事。隆奉法自守,视事八岁,上将军印绶,罢,赐养牛,上樽酒十斛,以列侯奉朝请。三十年,定封慎侯。中元二年,卒,谥曰靖侯。子安嗣。

傅俊传

傅俊字子卫,颍川襄城人也。世祖徇襄城,俊以县亭长迎军,拜为校尉,襄城收其母弟宗族,皆灭之。从破王寻等,以为偏将军。别击京、密,破之,遣归颍川,收葬家属。及世祖讨河北,俊与宾客十余人北追,及于邯郸,上谒,世祖使将颍川兵,常从征伐。世祖即位,以俊为侍中。建武二年,封昆阳侯。三年,拜俊积弩将军,与征南大将军岑彭击破秦丰,因将兵徇江东,扬州悉定。七年,卒,谥曰威侯。子昌嗣,徙封芜湖侯。建初中,遭母忧,因上书,以国贫不愿之封,乞钱五十万,为关内侯。肃宗怒,贬为关内侯,竟不赐钱。永初七年,邓太后复封昌子铁为高置亭侯。

坚镡传

坚镡字子伋,颍川襄城人也。为郡县吏。世祖讨河北,或荐镡者,因得召见。以其吏能,署主簿。又拜偏将军,从平河北，别击破大枪于卢奴。世祖即位，拜镡扬化将军，封隐强侯。与诸将攻洛阳，而朱鲔别将守东城者为反间，私约镡晨开上东门。镡与建义大将军朱祐乘朝而入，与鲔大战武库下，杀伤甚众，至旦食乃罢，朱鲔由是遂降。又别击内黄，平之。建武二年，与右将军万脩徇南阳诸县，而堵乡人董䜣反宛城，获南阳太守刘驎。镡乃引军赴宛，选敢死士夜自登城，斩关而入，䜣遂弃城走还堵乡。邓奉复反新野，攻破吴汉。时万脩病卒，镡独孤绝，南拒邓奉，北当董䜣，一年间道路隔塞，粮馈不至，镡食蔬菜，与士卒共劳苦。每急，辄先当矢石，身被三创，以此能全其众。及帝征南阳，击破䜣、奉，以镡为左曹，常从征伐。六年，定封合肥侯。二十六年，卒。子鸿嗣。鸿卒，子浮嗣。浮卒，子雅嗣。

马武传

马武字子张，南阳湖阳人也。少时避仇，客居江夏。王莽末，竟陵、西阳三老起兵于郡界，武往从之，后入绿林中，遂与汉军合。更始立，以武为侍郎，与世祖破王寻等，拜为振威将军，与尚书令谢躬共攻王郎。及世祖拔邯郸，请躬及武等置酒高会，因欲以图躬，不克。既罢，独与武登丛台，从容谓武曰："吾得渔阳、上谷突骑，欲令将军将之，何如？"武曰："驽怯无方略。"世祖曰："将军久将，习兵，岂与我掾史同哉！"武由是归心。及谢躬诛死，武驰至射犬降，世祖见之甚悦，引置左右，每劳飨诸将，武辄起䑛酒于前，世祖以为欢。复使将其部曲至邺，武叩头辞以不愿，世祖愈美其意，因从击群贼。世祖击尤来、五幡等，败于慎水，武独殿，还陷阵，故贼不得迫。进至安次、小广阳，武常为军锋，力战无前，诸将皆引而随之，故遂破贼，穷追至平谷、浚靡而还。世祖即位，以武为侍中、骑都尉，封山都侯。建武四年，与虎牙将军盖延等讨刘永，武别击济阴，下成武、楚丘，拜捕虏将军。明年，庞萌反，攻桃城，武先与战，破之；会车驾至，萌遂败走。六年夏，与建威大将军耿弇西击隗嚣，汉军不利，引下陇。嚣追之，武选精骑还为后拒，身被甲持戟奔击，杀数千人，嚣兵乃退，诸军得还长安。

十三年，增邑，更封鄎侯。将兵北屯下曲阳，备匈奴。坐杀军吏，受诏将妻子就国。武径诣洛阳，上将军印绶，削户五百，定封为杨虚侯，因留奉朝请。帝后与功臣诸侯宴语，从容言曰："诸卿不遭际会，自度爵禄何所至乎？"高密侯邓禹先对曰："臣少尝学问，可郡文学博士。"帝曰："何言之谦乎？卿邓氏子，志行修整，何为不掾功曹？"余各以次对，至武，曰："臣以武勇，可守尉督盗贼。"帝笑曰："且勿为盗贼，自致亭长，斯可矣。"武为人嗜酒，阔达敢言，时醉在御前面折同列，言其短长，无所避忌。帝故纵之，以为

笑乐。帝虽制御功臣，而每能回容，宥其小失。远方贡珍甘，必先遍赐列侯，而太官无余。有功，辄增邑赏，不任以吏职，故皆保其福禄，终无诛谴者。

二十五年，武以中郎将将兵击武陵蛮夷，还，上印绶。显宗初，西羌寇陇右，覆军杀将，朝廷患之，复拜武捕虏将军，以中郎将王丰副，与监军使者窦固、右辅都尉陈䜣，将乌桓、黎阳营、三辅募士、凉州诸郡羌胡兵及弛刑，合四万人击之。到金城浩亹，与羌战；斩首六百级。又战于洛都谷，为羌所败，死者千余人。羌乃率众引出塞，武复追击到东、西邯，大破之，斩首四千六百级，获生口千六百人，余皆降散。武振旅还京师，增邑七百户，并前千八百户。永平四年，卒。子檀嗣，坐兄伯济与楚王英党颜忠谋反，国除。永初七年，邓太后绍封武孙震为漻亭侯。震卒，子侧嗣。

论曰：中兴二十八将，前世以为上应二十八宿，未之详也。然咸能感会风云，奋其智勇，称为佐命，亦各志能之士也。议者多非光武不以功臣任职，至使英姿茂绩，委而勿用。然原夫深图远算，固将有以焉尔。若乃王道既衰，降及霸德，犹能授受惟庸，勋贤皆序，如管、隰之迭升桓世，先、赵之同列文朝，可谓兼通矣。降自秦、汉，世资战力，至于翼扶王运，皆武人屈起，亦有鬻缯屠狗轻猾之徒，或崇以连城之赏，或任以阿衡之地，故执疑则隙生，力侔则乱起，萧、樊且犹缧绁，信、越终见葅戮，不其然乎！自兹以降，迄于孝武，宰辅五世，莫非公侯。遂使缙绅道塞，贤能蔽壅，朝有世及之私，下多抱关之怨。其怀道无闻，委身草莽者，亦何可胜言。故光武鉴前事之违，存矫枉之志，虽寇、邓之高勋，耿、贾之鸿烈，分土不过大县数四，所加特进、朝请而已。观其治平临政，课职责咎，将所谓"导之以政，齐之以刑"者乎！若格之功臣，其伤已甚。何者？直绳则亏丧恩旧，桡情则违废禁典，选德则功不必厚，举劳则人或未贤，参任则群心难塞，并列则其敝未远。不得不校其胜否，即以事相权。故高秩厚礼，允答元功，峻文深宪，责成吏职。建武之世，侯者百余，若夫数公者，则与参国议，分均休咎，其余并优以宽科，完其封禄，莫不终以功名延庆于后。昔留侯以为高祖悉用萧、曹故人，而郭伋亦讥南阳多显，郑兴又戒功臣专任。夫崇恩偏授，易启私溺之失，至公均被，必广招贤之路，意者不其然乎！

永平中，显宗追感前世功臣，乃图画二十八将于南宫云台，其外又有王常、李通、窦融、卓茂，合三十二人。故依其本第系之篇末，以志功臣之次云尔。

太傅高密侯邓禹　　中山太守全椒侯马成　　大司马广平侯吴汉　河南尹阜成侯王梁　左将军胶东侯贾复　　琅邪太守祝阿侯陈俊　建威大将军好畤侯耿弇　骠骑大将军参蘧侯杜茂　执金吾雍奴侯寇恂　积弩将军昆阳侯傅俊　征南大将军舞阳侯岑彭　　左

曹合肥侯坚镡　征西大将军阳夏侯冯异　上谷太守淮陵侯王霸　建义大将军鬲侯朱祐　信都太守阿陵侯任光　征虏将军颍阳侯祭遵　豫章太守中水侯李忠　骠骑大将军栎阳侯景丹　右将军槐里侯万脩　虎牙大将军安平侯盖延　太常灵寿侯邳彤　卫尉安成侯铫期　骁骑将军昌成侯刘植　东郡太守东光侯耿纯　横野大将军山桑侯王常　城门校尉朗陵侯臧宫　大司空固始侯李通　捕虏将军杨虚侯马武　大司空安丰侯窦融　骠骑将军慎侯刘隆　太傅宣德侯卓茂

赞曰：帝绩思文，庸功是存。有来群后，捷我戎轩。婉娈龙姿，俪景同翻。

卷五十三　　窦融列传第十三

窦融传 弟子固　曾孙宪　玄孙章

窦融字周公，扶风平陵人也。七世祖广国，孝文皇后之弟，封章武侯。融高祖父，宣帝时以吏二千石自常山徙焉。融早孤。王莽居摄中，为强弩将军司马，东击翟义，还攻槐里，以军功封建武男。女弟为大司空王邑小妻。家长安中，出入贵戚，连结闾里豪杰，以任侠为名；然事母兄，养弱弟，内修行义。王莽末，青、徐贼起，太师王匡请融为助军。与共东征。及汉兵起，融复从王邑败于昆阳下，归长安。汉兵长驱入关，王邑荐融，拜为波水将军。赐黄金千斤，引兵至新丰。莽败，融以军降更始大司马赵萌，萌以为校尉，甚重之，荐融为巨鹿太守。融见更始新立，东方尚扰，不欲出关，而高祖父尝为张掖太守，从祖父为护羌校尉，从弟亦为武威太守，累世在河西，知其土俗，独谓兄弟曰："天下安危未可知，河西殷富，带河为固，张掖属国精兵万骑。一旦缓急，杜绝河津，足以自守，此遗种处也。"兄弟皆然之。融于是日往守萌，辞让巨鹿，图出河西。萌为言更始，乃得为张掖属国都尉。融大喜，即将家属而西。既到，抚结雄杰，怀辑羌虏，甚得其欢心。河西翕然归之。

是时酒泉太守梁统、金城太守厍钧、张掖都尉史苞、酒泉都尉竺曾、敦煌都尉辛肜，并州郡英俊，融皆与为厚善。及更始败，融与梁统等计议曰："今天下扰乱，未知所归。河西斗绝在羌胡中，不同心勠力则不能自守，权钧力齐，复无以相率。当推一人为大将军，共全五郡，观时变动。"议既定，而各谦让，咸以融世任河西为吏，人所敬向，乃推融行河西五郡大将军事，是时武威太守马期、张掖太守任仲孤立无党，乃共移书告示之，二人即解印绶去。

于是以梁统为武威太守，史苞为张掖太守，竺曾为酒泉太守，辛肜为敦煌太守，厍钧为金城太守。融居属国，领都尉职如故，置从事监察五郡。河西民俗质朴，而融等为政亦宽和。上下相亲，晏然富殖。修兵马，习战射，明烽燧之警。羌胡犯塞，融辄自将与诸郡相救，皆如符要，每辄自破之。其后匈奴惩艾，稀复侵寇，而保塞羌胡皆震服亲附，安定、北地、上郡流人避凶饥者，归之不绝。融等遥闻光武即位，而心欲东向，以河西隔远，未能自通。时隗嚣先称建武年号，融等从受正朔，嚣皆假其将军印绶。嚣外顺人望，内怀异心，使辩士张玄游说河西曰："更始事业已成，寻复亡灭，此一姓不再兴之效。今即有所主，便相系属，一旦拘制，自令失柄，后有危殆，虽悔无及。今豪杰竞逐，雌雄未决，当各据其土宇，与陇、蜀合从，高可为六国，下不失尉佗。"融等于是召豪杰及诸太守计议，其中智者皆曰："汉承尧运，历数延长。今皇帝姓号见于图书，自前世博物道术之士谷子云、夏贺良等，建明汉有再受命之符，言之久矣，故刘子骏改易名字，冀应其占。及莽末，道士西门君惠言刘秀当为天子，遂谋立子骏。事觉被杀，出谓百姓观者曰：'刘秀真汝主也。'皆近事暴著，智者所共见也。除言天命，且以人事论之：今称帝者数人，而洛阳土地最广，甲兵最强，号令最明。观符命而察人事，它姓殆未能当也。"诸郡太守各有宾客，或同或异。融小心精详，遂决策东向。五年夏，遣长史刘钧奉书献马。

先是，帝闻河西完富，地接陇、蜀，常欲招之以逼嚣、述，亦发使遗融书，遇钧于道，即与俱还。帝见钧欢甚，礼飨毕，乃遣令还，赐融玺书曰："制诏行河西五郡大将军事、属国都尉：劳镇守边五郡，兵马精强，仓库有蓄，民庶殷富，外则折挫羌胡，内则百姓蒙福。威德流闻，虚心相望，道路隔塞，邑邑何已！长史所奉书献马悉至，深知厚意。今益州有公孙子阳，天水有隗将军，方蜀汉相攻，权在将军，举足左右，便有轻重。以此言之，欲相厚岂有量哉！诸事具长史所见，将军所知。王者迭兴，千载一会。欲遂立桓、文，辅微国，当勉卒功业；欲三分鼎足，连衡合从，亦宜以时定。天下未并，吾与尔绝域，非相吞之国。今之议者，必有任嚣效尉佗制七郡之计。王者有分土，无分民，自适己事而已。今以黄金二百斤赐将军，便宜辄言。"因授融为凉州牧。

玺书既至，河西咸惊，以为天子明见万里之外，纲罗张立之情。融即复遣钧上书曰："臣融窃伏自惟，幸得托先后末属，蒙恩为外戚，累世二千石。至臣之身，复备列位，假历将帅，守持一隅。以委质则易为辞，以纳忠则易为力。书不足以深达至诚，故遣刘钧口陈肝胆。自以底里上露，长无纤介。而玺书盛称蜀、汉二主，三分鼎足之权，任嚣、尉佗之谋，窃自痛伤。臣融虽无识，犹知利害之际，顺逆之分。岂可背真旧之主，事奸伪之人；废忠贞之节，为倾覆事;弃已成之基,求无冀之利。此三者虽问狂夫,犹知去就,而臣独何以用心!谨遣同产弟友诣阙,口陈区区。"友至高平,会嚣反叛,道绝,驰还,遣司马席封间行通书。帝复遣席封赐融、友书,所以尉藉之甚备。融既深知帝意,乃与隗嚣书责让之曰:"伏惟将军国富政修,士兵怀附。亲遇厄会之际,国家不利之时,守节不回,承事本朝,后遣伯春委身于国,无疑之诚,于斯有效。融等所以欣服高义,愿从役于将军者,良为此也。而忿悁之间,改节易图,君臣分争,上下接兵。委成功,造难就,去从义,为横谋,百年累之,一朝毁之,岂不惜乎!殆执事者贪功建谋,以至于此,融窃痛之!当今西州地埶局迫,人兵离散,易以辅人,难以自建。计若失路不反,闻道犹迷,不南合子阳,则北入文伯耳。夫负虚交而易强御,恃远救而轻近敌,未见其利也。融闻智者不危众以举事,仁者不违义以要功。今以小敌大,于众何如?弃子徼功,于义何如?且初事本朝,稽首北面,忠臣节也。及遣伯春,垂涕相送,慈父恩也。俄而背之,谓吏士何?忍而弃之,谓留子何?自兵起以来,转相攻击,城郭皆为丘墟,生人转于沟壑。今其存者,非锋刃之余,则流亡之孤。迄今伤痍之体未愈,哭泣之声尚闻。幸赖天运少还,而将军复重于难,是使积痾不得遂瘳,幼孤将复流离,其为悲痛,尤足愍伤,言之可为酸鼻!庸人且犹不忍,况仁者乎?融闻为忠甚易,得宜实难。忧人大过,以德取怨,知且以言获罪也。区区所献,唯将军省焉。"嚣不纳。融乃与五郡太守共砥厉兵马,上疏请师期。帝深嘉美之,乃赐融以外属图及太史公《五宗》、《外戚世家》、《魏其侯列传》。诏报曰:"每追念外属,孝景皇帝出自窦氏,定王、景帝之子,朕之所祖。昔魏其一言,继统以正,长君、少君尊奉师傅,修成淑德,施及子孙,此皇太后神灵,上天祐汉也。从天水来者写将军所让隗嚣书,痛入骨髓。畔臣见之,当股栗惭愧,忠臣则酸鼻流涕,义士则旷若发蒙,非忠孝恳诚,孰能如此?岂其德薄者所能克堪!嚣自知失河西之助,族祸将及,欲设间离之说,乱惑真心,转相解构,以成其奸。又京师百僚,不晓国家及将军本意,多能采取虚伪,夸诞妄谈,令忠孝失望,传言乖实。毁誉之来,皆不徒然,不可不思。今关东盗贼已定,大兵当悉西,将军其抗厉威武,以应期会。"融被诏,即与诸郡守将兵入金城。

初,更始时,先零羌封何诸种杀金城太守,居其郡,隗嚣使使赂遗封何,与共结盟,欲发其众。融等因军出,进击封何,大破之,斩首千余级,得牛马羊万头,谷数万斛,因并河扬威武,伺候车驾。时大兵未进,融乃引还。帝以融信效著明,益嘉之。诏右扶风修理融父坟茔,祠以太牢。数驰轻使,致遗四方珍羞。梁统乃使人刺杀张玄,遂与嚣绝,皆解所假将军印绶。七年夏,酒泉太守竺曾以弟报怨杀人而去郡,融承制拜曾为武锋将军,更以辛肜代之。秋,隗嚣发兵寇安定,帝将自西征之,先戒融期。会遇雨,道断,且

兵已退,乃止。融至姑臧,被诏罢归。融恐大兵遂久不出,乃上书曰:"隗嚣闻车驾当西,臣融东下,士众骚动,计且不战。嚣将高峻之属皆欲逢迎大军,后闻兵罢,峻等复疑。嚣扬言东方有变,西州豪杰遂复附从。嚣又引公孙述将,令守突门。臣融孤弱,介在其间,虽承威灵,宜速救助。国家当其前,臣融促其后,缓急迭用,首尾相资,嚣埶排迮,不得进退,此必破也。若兵不早进,久生持疑,则外长寇仇,内示困弱,复令逸邪得有因缘,臣窃忧之。惟陛下哀怜!"帝深美之。

八年夏,车驾西征隗嚣,融率五郡太守及羌虏小月氏等步骑数万,辎重五千余两,与大军会高平第一。融先遣从事问会见仪适,是时军旅代兴,诸将与三公交错道中,或背使者交私语。帝闻融先问礼仪,甚善之,以宣告百僚。乃置酒高会,引见融等,待以殊礼。拜弟友为奉车都尉,从弟士太中大夫。遂共进军。嚣众大溃,城邑皆降。帝高融功,下诏以安丰、阳泉、蓼、安风四县封融为安丰侯,弟友为显亲侯。遂以次封诸将帅:武锋将军竺曾为助义侯,武威太守梁统为成义侯,张掖太守史苞为褒义侯,金城太守厍钧为辅义侯,酒泉太守辛肜为扶义侯。封爵既毕,乘舆东归,悉遣融等西还所镇。融以兄弟并受爵位,久专方面,惧不自安,数上书求代。诏报曰:"吾与将军如左右手耳,数执谦退,何不晓人意?勉循士民,无擅离部曲。"及陇、蜀平,诏融与五郡太守奏事京师,官属宾客相随,驾乘千余两,马牛羊被野。融到,诣洛阳城门,上凉州牧、张掖属国都尉、安丰侯印绶,诏遣使者还侯印绶。引见,就诸侯位,赏赐恩宠,倾动京师。数月,拜为冀州牧。十余日,又迁大司空。融自以非旧臣,一旦入朝,在功臣之右,每召会进见,容貌辞气卑恭甚笃,帝以此愈亲厚之。融小心,久不自安,数辞让爵位,因侍中金迁口达至诚。又上疏曰:"臣融年五十三。有子年十五,质性顽钝。臣融朝夕教导以经艺,不得令观天文,见谶记。诚欲令恭肃畏事,恂恂循道,不愿其有才能,何况乃当传以连城广土,享故诸侯王国哉?"因复请间求见,帝不许。后朝罢,逡巡席后,帝知欲有让,遂使左右传出。它日会见,迎诏融曰:"日者知公欲让职还土,故命公暑热日自便。今相见,宜论它事,勿得复言。"融不敢重陈请。

二十年,大司徒戴涉坐所举人盗金下狱,帝以三公参职,不得已乃策免融。明年,加位特进。二十三年,代阴兴行卫尉事,特进如故,又兼领将作大匠。弟友为城门校尉,兄弟并典禁兵。融复乞骸骨,辄赐钱帛,太官致珍奇。及友卒,帝愍融年衰,遣中常侍、中谒者即其卧内强进酒食。融长子穆,尚内黄公主,代友为城门校尉。穆子勋,尚东海恭王强女沘阳公主,友子固,亦尚光武女涅阳公主。显宗即位,以融从兄子林为护羌校尉。窦氏一公,两侯,三公主,四二千石,相与并时。自祖及孙,官府邸第相望京邑,奴婢

以千数,于亲戚、功臣中莫与为比。

永平二年,林以罪诛,事在《西羌传》。帝由是数下诏切责融,戒以窦婴、田蚡祸败之事。融惶恐乞骸骨,诏令归第养病。岁余,听上卫尉印绶,赐养牛,上樽酒。融在宿卫十余年,年老,子孙纵诞,多不法。穆等遂交通轻薄,属托郡县,干乱政事。以封在安丰,欲令姻戚悉据故六安国,遂矫称阴太后诏,令六安侯刘盱去妇,因以女妻之。五年,盱妇家上书言状,帝大怒,乃尽免穆等官,诸窦为郎吏者皆将家属归故郡,独留融京师。穆等西至函谷关,有诏悉复追还。会融卒,时年七十八,谥曰戴侯,赗送甚厚。帝以穆不能修尚,而拥富赀,居大第,常令谒者一人监护其家。居数年,谒者奏穆父子自失执,数出怨望语。帝令将家属归本郡,唯勋以沘阳主婿留京师。穆坐赂遗小吏,郡捕系,与子宣俱死平陵狱,勋亦死洛阳狱。久之,诏还融夫人与小孙一人居洛阳家舍。

十四年,封勋弟嘉为安丰侯,食邑二千户,奉融后。和帝初,为少府。及勋子大将军宪被诛,免就国,嘉卒,子万全嗣。万全卒,子会宗嗣。万全弟子武,别有传。

论曰:窦融始以豪侠为名,拔起风尘之中,以投天隙。遂蝉蜕王侯之尊,终膺卿相之位,此则徼功趣执之士也。及其爵位崇满,至乃放远权宠,询询若似不能已者,又何智也!尝独详味此子之风度,虽经国之术无足多谈,而进退之礼良可言矣。

固字孟孙,少以尚公主为黄门侍郎。好览书传,喜兵法,贵显用事。中元元年,袭父友封显亲侯。显宗即位,迁中郎将,监羽林士。后坐从兄穆有罪,废于家十余年。时天下乂安,帝欲遵武帝故事,击匈奴,通西域,以固明习边事。十五年冬,拜为奉车都尉,以骑都尉耿忠为副,谒者仆射耿秉为驸马都尉,秦彭为副,皆置从事、司马,并出屯凉州。明年,固与忠率酒泉、敦煌、张掖甲卒及卢水羌胡万二千骑出酒泉塞,耿秉、秦彭率武威、陇西、天水募士及羌胡万骑出居延塞,又太仆祭肜、度辽将军吴棠将河东北地、西河羌胡及南单于兵万一千骑出高阙塞,骑都尉来苗、护乌桓校尉文穆将太原、雁门、代郡、上谷、渔阳、右北平、定襄郡兵及乌桓、鲜卑万一千骑出平城塞。固、忠至天山,击呼衍王,斩首千余级。呼衍王走,追至蒲类海。留吏士屯伊吾卢城。耿秉、秦彭绝漠六百余里,至三木楼山,来苗、文穆至匈奴河水上,虏皆奔走,无所获。祭肜、吴棠坐不至涿邪山,免为庶人。时诸将唯固有功,加位特进。明年,复出玉门击西域,诏耿秉及骑都尉刘张皆去符传以属固。固遂破白山,降车师,事已具《耿秉传》。固在边数年,羌胡服其恩信。

肃宗即位,以公主修敕慈爱,累世崇重,加号长公主,增邑三千户;征固代魏应为大鸿胪。帝以其晓习边事,每被访及。建初三年,追录前功,增邑一千三百户。七年,代马防为光禄勋。明年,复代马防为卫尉。固久历大位,甚见尊贵,赏赐租禄,赀累巨亿,而性谦俭,爱人好施,士以此称之。章和二年卒,谥曰文侯。子彪,至射声校尉,先固卒,无子,国除。

宪字伯度。父勋被诛,宪少孤。建初二年,女弟立为皇后,拜宪为郎,稍迁侍中、虎贲中郎将;弟笃,为黄门侍郎。兄弟亲幸,并侍宫省,赏赐累积,宠贵日盛,自王、主及阴、马诸家,莫不畏惮。宪恃宫掖声埶,遂以贱直请夺沁水公主园田,主逼畏,不敢计。后肃宗驾出过园,指以问宪,宪阴喝不得对。后发觉,帝大怒,召宪切责曰:"深思前过,夺主田园时,何用愈赵高指鹿为马乎?久念使人惊怖。昔永平中,常令阴党、阴博、邓叠三人更相纠察,故诸豪戚莫敢犯法者,而诏书切切,犹以舅氏田宅为言。今贵主尚见枉夺,何况小人哉!国家弃宪如孤雏腐鼠耳。"宪大震惧,皇后为毁服深谢,良久乃得解,使以田还主。虽不绳其罪,然亦不授以重任。

和帝即位,太后临朝,宪以侍中,内干机密,出宣诰命。肃宗遗诏以笃为虎贲中郎将,笃弟景、瓌并中常侍,于是兄弟皆在亲要之地。宪以前太尉邓彪有义让,先帝所敬,而仁厚委随,故尊崇之,以为太傅,令百官总己以听。其所施为,辄外令彪奏,内白太后,事无不从。又屯骑校尉桓郁,累世帝师,而性和退自守,故上书荐之,令授经禁中。所以内外协附,莫生异疑。宪性果急,睚眦之怨莫不报复。初,永平时,谒者韩纡尝考劾父勋狱,宪遂令客斩纡子,以首祭勋冢。齐殇王子都乡侯畅来吊国忧,畅素行邪僻,与步兵校尉邓叠亲属数往来京师,因叠母自通长乐宫,得幸太后,被诏召诣上东门。宪惧见幸,分宫省之权,遣客刺杀畅于屯卫之中,而归罪于畅弟利侯刚,乃使侍御史与青州刺史杂考刚等。后事发觉,太后怒,闭宪于内宫。宪惧诛,自求击匈奴以赎死。会南单于请兵北伐,乃拜宪车骑将军,金印紫绶,官属依司空,以执金吾耿秉为副,发北军五校、黎阳、雍营、缘边十二郡骑士,及羌胡兵出塞。明年,宪与秉各将四千骑及南匈奴左谷蠡王师子万骑出朔方鸡鹿塞,南单于屯屠河,将万余骑出满夷谷,度辽将军邓鸿及缘边义从羌胡八千骑,与左贤王安国万骑出稒阳塞,皆会涿邪山。宪分遣副校尉阎盘、司马耿夔、耿谭将左谷蠡王师子、右呼衍王须訾等,精骑万余,与北单于战于稽落山,大破之。虏众崩溃,单于遁走,追击诸部,遂临私渠比鞮海。斩名王已下万三千级,获生口马牛羊橐驼百余万头。于是温犊须、日逐、温吾、夫渠王柳鞮等八十一部率众降者,前后二十余万人。宪、秉遂登燕然山,去塞三千余里,刻石勒功,纪汉威德,令班固作铭曰:

惟永元元年秋七月,有汉元舅曰车骑将军窦宪,寅亮圣明，登翼王室，纳于大麓，惟清缉熙。乃与执金吾耿秉，述职巡御，理兵于朔方。鹰扬之校，螭虎之士，爰该六师，暨南单于、东乌桓、西戎氐羌侯王君长之群，骁骑三万。元戎轻武，长毂四分，云辎蔽路，万有三千余乘。勒以八阵，莅以威神，玄甲耀日，朱旗绛天。遂陵高阙，下鸡鹿，经碛卤，绝大漠，斩温禺以衅鼓，血尸逐以染锷。然后四校横徂，星流彗埽，萧条万里，野无遗寇。于是域灭区单，反旆而旋，考传验图，穷览其山川。遂逾涿邪，跨安侯，乘燕然，蹑冒顿之区落，焚老上之龙庭。上以摅高、文之宿愤，光祖宗之玄灵；下以安固后嗣，恢拓境宇，振大汉之天声。兹所谓一劳而久逸，暂费而永宁者也。乃遂封山刊石，昭铭上德。其辞曰：　　铄王师兮征荒裔，剿凶虐兮截海外，夐其邈兮亘地界，封神丘兮建隆嵑，熙帝载兮振万世。

宪乃班师而还。遣军司马吴汜、梁讽，奉金帛遗北单于，宣明国威，而兵随其后。时虏中乖乱，汜、讽所到，辄招降之，前后万余人。遂及单于于西海上，宣国威信，致以诏赐，单于稽首拜受。讽因说宜修呼韩邪故事，保国安人之福。单于喜悦，即将其众与讽俱还，到私渠海，闻汉军已入塞，乃遣弟右温禺鞮王奉贡入侍，随讽诣阙。宪以单于不自身到，奏还其侍弟。南单于于漠北遗宪古鼎，容五斗，其傍铭曰"仲山甫鼎，其万年子子孙孙永保用"，宪乃上之。诏使中郎将持节即五原拜宪大将军，封武阳侯，食邑二万户。宪固辞封，赐策许焉。旧大将军位在三公下，置官属依太尉。宪威权震朝庭，公卿希旨，奏宪位次太傅下，三公上；长史、司马秩中二千石，从事中郎二人六百石，自下各有增。振旅还京师。于是大开仓府，劳赐士吏，其所将诸郡二千石子弟从征者，悉除太子舍人。

是时笃为卫尉，景、瓌皆侍中、奉车、驸马都尉，四家竞修第宅，穷极工匠。明年，诏曰："大将军宪，前岁出征，克灭北狄，朝加封赏，固让不受。舅氏旧典，并蒙爵土。其封宪冠军侯，邑二万户；笃郾侯，景汝阳侯，瓌夏阳侯，各六千户。"宪独不受封，遂将兵出镇凉州，以侍中邓叠行征西将军事为副。北单于以汉还侍子，复遣车谐储王等款居延塞，欲入朝见，愿请大使。宪上遣大将军中护军班固行中郎将，与司马梁讽迎之。会北单于为南匈奴所破，被创遁走，固至私渠海而还。宪以北虏微弱，遂欲灭之。明年，复遣右校尉耿夔、司马任尚、赵博等将兵击北虏于金微山，大破之，克获甚众。北单于逃走，不知所在。

宪既平匈奴，威名大盛，以耿夔、任尚等为爪牙，邓叠、郭璜为心腹。班固、傅毅之徒，皆置幕府，以典文章。刺史、守令多出其门。尚书仆射郅寿、乐恢并以忤意，相继自杀。由是朝臣震慑，望风承旨。而笃进位特进，得举吏，见礼依三公。景为执金吾，瓌光禄勋，权贵显赫，倾动京都。

虽俱骄纵，而景为尤甚，奴客缇骑依倚形埶，侵陵小人，强夺财货，篡取罪人，妻略妇女。商贾闭塞，如避寇仇。有司畏懦，莫敢举奏。太后闻之，使谒者策免景官，以特进就朝位。瓌少好经书，节约自修，出为魏郡，迁颍川太守。窦氏父子兄弟并居列位，充满朝廷。叔父霸为城门校尉，霸弟褒将作大匠，褒弟嘉少府，其为侍中、将、大夫、郎吏十余人。宪既负重劳，陵肆滋甚。四年，封邓叠为穰侯。叠与其弟步兵校尉磊及母元，又宪女婿射声校尉郭举，举父长乐少府璜，皆相交结。元、举并出入禁中，举得幸太后，遂共图为杀害。帝阴知其谋，乃与近幸中常侍郑众定议诛之。以宪在外，虑其惧祸为乱，忍而未发。会宪及邓叠班师还京师，诏使大鸿胪持节郊迎，赐军吏各有差。宪等既至，帝乃幸北宫，诏执金吾、五校尉勒兵屯卫南、北宫，闭城门，收捕叠、磊、璜、举，皆下狱诛，家属徙合浦。遣谒者仆射收宪大将军印绶，更封为冠军侯。宪及笃、景、瓌皆遣就国。帝以太后故，不欲名诛宪，为选严能相督察之。宪、笃、景到国，皆迫令自杀，宗族、宾客以宪为官者皆免归本郡。瓌以素自修，不被逼迫。明年坐禀假贫人，徙封罗侯，不得臣吏人。初，窦后之谮梁氏，宪等豫有谋焉，永元十年，梁棠兄弟徙九真还，路由长沙，逼瓌令自杀。后和熹邓后临朝，永初三年，诏诸窦前归本郡者与安丰侯万全俱还京师。万全少子章。

论曰：卫青、霍去病资强汉之众，连年以事匈奴，国耗太半矣。而猾虏未之胜，后世犹传其良将，岂非以身名自终邪！窦宪率羌胡边杂之师，一举而空朔庭，至乃追奔稽落之表，饮马比鞮之曲，铭石负鼎，荐告清庙。列其功庸，兼茂于前多矣，而后世莫称者，章末衅以降其实也。是以下流，君子所甚恶焉。夫二三子得之不过房帷之间，非复搜扬仄陋，选举而登也。当青病奴仆之时，窦将军念咎之日，乃庸力之不暇，思鸣之无晨，何意裂膏腴，享崇号乎？东方朔称"用之则为虎，不用则为鼠"，信矣。以此言之，士有怀瑰琰以就煨尘者，亦何可支哉！

章字伯向。少好学，有文章，与马融、崔瑗同好，更相推荐。永初中，三辅遭羌寇，章避难东国，家于外黄。居贫，蓬户蔬食，躬勤孝养，然讲读不辍。太仆邓康闻其名，请欲与交，章不肯往，康以此益重焉。是时学者称东观为老氏臧室，道家蓬莱山，康遂荐章入东观为校书郎。顺帝初，章女年十二，能属文，以才貌选入掖庭，有宠，与梁皇后并为贵人。擢章为羽林郎将，迁屯骑校尉。章谦虚下士，收进时辈，甚得名誉。是时梁、窦并贵，各有宾客，多交构其间，章推心待之，故得免于患。贵人早卒，帝追思之无已，诏史官树碑颂德，章自为之辞。贵人殁后，帝礼待之无衰。永和五年，迁少府。汉安二年，转大鸿胪。建康元年，梁后称制，章自免,卒于家。中子唐,有俊才,官至虎贲中郎将。

赞曰:悃悃安丰,亦称才雄。提挈河右,奉图归忠。孟孙明边,伐北开西。宪实空漠,远兵金山。听笳龙庭,镂石燕然。虽则折鼎,王灵以宣。

卷五十四　　马援列传第十四

马援传 子廖　子防　兄子严　族孙棱

马援字文渊,扶风茂陵人也。其先赵奢为赵将,号曰马服君,子孙因为氏。武帝时,以吏二千石自邯郸徙焉。曾祖父通,以功封重合侯,坐兄何罗反,被诛,故援再世不显。援三兄况、余、员,并有才能,王莽时皆为二千石。援年十二而孤,少有大志,诸兄奇之。尝受《齐诗》,意不能守章句,乃辞况,欲就边郡田牧。况曰:"汝大才,当晚成。良工不示人以朴,且从所好。"会况卒,援行服期年,不离墓所;敬事寡嫂,不冠不入庐。后为郡督邮,送囚至司命府,因有重罪,援哀而纵之,遂亡命北地。遇赦,因留牧畜,宾客多归附者,遂役属数百家。转游陇汉间,常谓宾客曰:"丈夫为志,穷当益坚,老当益壮。"因处田牧,至有牛马羊数千头,谷数万斛。既而叹曰:"凡殖货财产,贵其能施赈也,否则守钱虏耳。"乃尽散以班昆弟故旧,身衣羊裘皮绔。王莽末,四方兵起,莽从弟卫将军林广招雄俊,乃辟援及同县原涉为掾,荐之于莽。莽以涉为镇戎大尹,援为新成大尹。及莽败,援兄员时为增山连率,与援俱去郡,复避地凉州。世祖即位,员先诣洛阳,帝遣员复郡,卒于官。援因留西州,隗嚣甚敬重之,以援为绥德将军,与决筹策。是时公孙述称帝于蜀,嚣使援往观之。援素与述同里闬,相善,以为既至当握手欢如平生,而述盛陈陛卫,以延援入,交拜礼毕,使出就馆,更为援制都布单衣、交让冠,会百官于宗庙中,立旧交之位。述鸾旗旄骑,警跸就车,磬折而入,礼飨官属甚盛,欲授援以封侯大将军位。宾客皆乐留,援晓之曰:"天下雄雌未定,公孙不吐哺走迎国士,与图成败,反修饰边幅,如偶人形。此子何足久稽天下士乎?"因辞归,谓嚣曰:"子阳井底蛙耳,而妄自尊大,不如专意东方。"

建武四年冬,嚣使援奉书洛阳。援至,引见于宣德殿。世祖迎笑谓援曰:"卿遨游二帝间,今见卿,使人大惭。"援顿首辞谢,因曰:"当今之世,非独君择臣也,臣亦择君矣。臣与公孙述同县,少相善。臣前至蜀,述陛戟而后进臣。臣今远来,陛下何知非刺客奸人,而简易若是?"帝复笑曰:"卿非刺客,顾说客耳。"援曰:"天下反覆,盗名字者不可胜数。今见陛下,恢廓大度,同符高祖,乃知帝王自有真也。"帝甚壮之。援从南幸黎丘,转至东海。及还,以为待诏,使太中大夫来歙持节送援西归陇右。隗嚣与援共卧起,问以东方流言及京师得失。援说嚣曰:"前到朝廷,上引见数十,每接宴语,自夕至旦,才明勇略,非人敌也。且开心见诚,无所隐伏,阔达多大节,略与高帝同。经学博览,政事文辩,前世无比。"嚣曰:"卿谓何如高帝?"援曰:"不如也。高帝无可无不可;今上好吏事,动如节度,又不喜饮酒。"嚣意不怿,曰:"如卿言,反复胜邪?"然雅信援,故遂遣长子恂入质。援因将家属随恂归洛阳。居数月而无它职任。援以三辅地旷土沃,而所将宾客猥多,乃上书求屯田上林苑中,帝许之。会隗嚣用王元计,意更狐疑,援数以书记责譬于嚣。嚣怨援背己,得书增怒,其后遂发兵拒汉。援乃上疏曰:"臣援自念归身圣朝,奉事陛下,本无公辅一言之荐,左右为容之助。臣不自陈,陛下何因闻之。夫居前不能令人轾,居后不能令人轩,与人怨不能为人患,臣所耻也。故敢触冒罪忌,昧死陈诚。臣与隗嚣,本实交友。初,嚣遣臣东,谓臣曰:'本欲为汉,愿足下往观之。于汝意可,即专心矣。'及臣还反,报以赤心,实欲导之于善,非敢谲以非义。而嚣自挟奸心,盗憎主人,怨毒之情遂归于臣。臣欲不言,则无以上闻。愿听诣行在所,极陈灭嚣之术,得空匈腹,申愚策,退就陇亩,死无所恨。"帝乃召援计事,援具言谋画。因使援将突骑五千,往来游说嚣将高峻、任禹之属,下及羌豪,为陈祸福,以离嚣支党。援又为书与嚣将杨广,使晓劝于嚣,曰:"春卿无恙。前别冀南,寂无音驿。援间还长安,因留上林。窃见四海已定,兆民同情,而季孟闭拒背畔,为天下表的。常惧海内切齿,思相屠裂,故遗书恋恋,以致恻隐之计。乃闻季孟归罪于援,而纳王游翁谄邪之说,自谓函谷以西,举足可定,以今而观,竟何如邪?援间至河内,过存伯春,见其奴吉从西方还,说伯春小弟仲舒望见吉,欲问伯春无它否,竟不能言,晓夕号泣,婉转尘中。又说其家悲愁之状,不可言也。夫怨仇可刺不可毁,援闻之,不自知泣下也。援素知季孟孝爱,曾、闵不过。夫孝于其亲,岂不慈于其子?可有子抱三木,而跳梁妄作,自同分羹之事乎?季孟平生自言所以拥兵众者,欲以保父母之国而完坟墓也,又言苟厚士大夫而已。而今所欲全者将破亡之,所欲完者将毁伤之,所欲厚者将反薄之。季孟尝折愧子阳而不受其爵,今更共陆陆,欲往附之,将难为颜乎?若复责以重质,当安从得子主给是哉!往时子阳独欲以王相待,而春卿拒之;今者归老,更欲低头与小儿曹共槽枥而食,并肩侧身于怨家之朝乎?男儿溺死何伤而拘游哉!今国家待春卿意深,宜使牛孺卿与诸耆老大人共说季孟,若计画不从,真可引领去矣。前披舆地图,见天下郡国百有六所,奈何欲以区区二邦以当诸夏百有四乎?春卿事季孟,外有君臣之义,内有朋友之道。言君臣邪,固当谏争；语朋友邪，应有切磋。岂有知其无成，而但菱腰昨舌，又手从族乎？及今成计，殊尚善也；过是，欲少味矣。且来君叔天下信士，朝廷重之，其意依依，常独为西州言。援商朝廷，尤欲立信于此。必不负约。援不得久留，愿急赐报。"广竟不答。

八年，帝自西征嚣，至漆，诸将多以王师之重，不宜远入险阻，计尤豫未决。会召援，夜至，帝大喜，引入，具以群议质之。援因说隗嚣将帅有土崩之埶，兵进有必破之状。又于帝前聚米为山谷，指画形埶，开示众军所从道径往来，分析曲折，昭然可晓。帝曰："虏在吾目中矣。"明旦，遂进军至第一，嚣众大溃。

九年，拜援为太中大夫，副来歙监诸将平凉州。自王莽末，西羌寇边，遂入居塞内，金城属县多为虏有。来歙奏言陇西侵残，非马援莫能定。十一年夏，玺书拜援陇西太守。援乃发步骑三千人，击破先零羌于临洮，斩首数百级，获马牛羊万余头。守塞诸羌八千余人诣援降。诸种有数万，屯聚寇抄，拒浩亹隘。援与扬武将军马成击之。羌因将其妻子辎重移阻于允吾谷，援乃潜行间道，掩赴其营。羌大惊坏，复远徙唐翼谷中，援复追讨之。羌引精兵聚北山上，援陈军向山，而分遣数百骑绕袭其后，乘夜放火，击鼓叫嚣，虏遂大溃，凡斩首千余级。援以兵少，不得穷追，收其谷粮畜产而还。援中矢贯胫，帝以玺书劳之，赐牛羊数千头，援尽班诸宾客。

是时，朝臣以金城破羌之西，涂远多寇，议欲弃之。援上言，破羌以西城多完牢，易可依固；其田土肥壤，灌溉流通。如令羌在湟中，则为害不休，不可弃也。帝然之。于是诏武威太守，令悉还金城客民。归者三千余口，使各反旧邑。援奏为置长吏，缮城郭，起坞候，开导水田，劝以耕牧，郡中乐业。又遣羌豪杨封譬说塞外羌，皆来和亲。又武都氐人背公孙述来降者，援皆上复其侯王君长，赐印绶，帝悉从之。乃罢马成军。

十三年，武都参狼羌与塞外诸种为寇，杀长吏。援将四千余人击之，至氐道县，羌在山上，援军据便地，夺其水草，不与战，羌遂穷困，豪帅数十万户亡出塞，诸种万余人悉降，于是陇右清静。援务开恩信，宽以待下，任吏以职，但总大体而已。宾客故人，日满其门。诸曹时白外事，援辄曰："此丞、掾之任，何足相烦。颇哀老子，使得遨游，若大姓侵小民，黠彘欲旅距，此乃太守事耳。"傍县尝有报仇者，吏民惊言羌反，百姓奔入城郭。狄道长诣门，请闭城发兵。援时与宾客饮，大笑曰："烧虏何敢复犯我。晓狄道长归守寺舍，良怖急者，可床下伏。"后稍定，郡中服之。视事六年，征入为虎贲中郎将。

初，援在陇西上书，言宜如旧铸五铢钱。事下三府，三府奏以为未可许，事遂寝。及援还，从公府求得前奏，难十余条，乃随牒解释，更具表言。帝从之，天下赖其便。援自

还京师，数被进见。为人明须发，眉目如画。闲于进对，尤善述前世行事。每言及三辅长者，下至闾里少年，皆可观听。自皇太子、诸王侍闻者，莫不属耳忘倦。又善兵策，帝常言"伏波论兵，与我意合"，每有所谋，未尝不用。初，卷人维汜，妖言称神，有弟子数百人，坐伏诛。后其弟子李广等宣言汜神化不死，以诳惑百姓。十七年，遂共聚会徒党，攻没皖城，杀皖侯刘闵，自称"南岳太师"。遣谒者张宗将兵数千人讨之，复为广所败。于是使援发诸郡兵，合万余人，击破广等，斩之。又交阯女子徵侧及女弟徵贰反，攻没其郡，九真、日南、合浦蛮夷皆应之，寇略岭外六十余城，侧自立为王。于是玺书拜援伏波将军，以扶乐侯刘隆为副，督楼船将军段志等南击交阯。军至合浦而志病卒，诏援并将其兵。遂缘海而进，随山刊道千余里。十八年春，军至浪泊上，与贼战，破之，斩首数千级，降者万余人。援追徵侧等至禁溪，数败之，贼遂散走。明年正月，斩徵侧、徵贰，传首洛阳。封援为新息侯，食邑三千户。援乃击牛酾酒，劳飨军士。从容谓官属曰："吾从弟少游常哀吾慷慨多大志，曰：'士生一世，但取衣食裁足，乘下泽车，御款段马，为郡掾吏，守坟墓，乡里称善人，斯可矣。致求盈余，但自苦耳。'当吾在浪泊、西里间，虏未灭之时，下潦上雾，毒气重蒸，仰视飞鸢跕跕堕水中，卧念少游平生时语，何可得也。今赖士大夫之力，被蒙大恩，猥先诸君纡佩金紫，且喜且惭。"吏士皆伏称万岁。

援将楼船大小二千余艘，战士二万余人，进击九真贼徵侧余党都羊等，自无功至居风，斩获五千余人，峤南悉平。援奏言西于县户有三万二千，远界去庭千余里，请分为封溪、望海二县，许之。援所过辄为郡县治城郭，穿渠灌溉，以利其民。条奏越律与汉律驳者十余事，与越人申明旧制以约束之，自后骆越奉行马将军故事。

二十年秋，振旅还京师，军吏经瘴疫死者十四五。赐援兵车一乘，朝见位次九卿。援好骑，善别名马，于交阯得骆越铜鼓，乃铸为马式，还上之。因表曰："夫行天莫如龙，行地莫如马。马者甲兵之本，国之大用。安宁则以别尊卑之序，有变则以济远近之难。昔有骐骥，一日千里，伯乐见之，昭然不惑。近世有西河子舆，亦明相法。子舆传西河仪长孺，长孺传茂陵丁君都，君都传成纪杨子阿，臣援尝师事子阿，受相马骨法。考之于行事，辄有验效。臣愚以为传闻不如亲见，视景不如察形。今欲形之于生马，则骨法难备具，又不可传之于后。孝武皇帝时，善相马者东门京铸作铜马法献之，有诏立马于鲁班门外，则更名鲁班门曰金马门。臣谨依仪氏羁，中帛氏口齿，谢氏唇髻，丁氏身中，备此数家骨相以为法。"马高三尺五寸，围四尺四寸。有诏置于宣德殿下，以为名马式焉。

初，援军还，将至，故人多迎劳之，平陵人孟冀，名有计谋，于坐贺援。援谓之曰："吾望子有善言，反同众人邪？

昔伏波将军路博德开置七郡,裁封数百户;今我微劳,猥飨大县,功薄赏厚,何以能长久乎?先生奚用相济?"冀曰:"愚不及。"援曰:"方今匈奴、乌桓尚扰北边,欲自请击之。男儿要当死于边野,以马革裹尸还葬耳。何能卧床上在儿女子手中邪?"冀曰:"谅为烈士,当如此矣。"还月余,会匈奴、乌桓寇扶风,援以三辅侵扰,园陵危逼,因请行,许之。自九月至京师,十二月复出屯襄国。诏百官祖道。援谓黄门郎梁松、窦固曰:"凡人为贵,当使可贱,如卿等欲不可复贱,居高坚自持,勉思鄙言。"松后果以贵满致灾,固亦几不免。明年秋,援乃将三千骑出高柳,行雁门、代郡、上谷障塞。乌桓候者见汉军至,虏遂散去,援无所得而还。

援尝有疾,梁松来候之,独拜床下,援不答。松去后,诸子问曰:"梁伯孙帝婿,贵重朝廷,公卿已下莫不惮之,大人奈何独不为礼?"援曰:"我乃松父友也。虽贵,何得失其序乎?"松由是恨之。二十四年,武威将军刘尚击武陵五溪蛮夷,深入,军没,援因复请行。时年六十二,帝愍其老。未许之。援自请曰:"臣尚能被甲上马。"帝令试之。援据鞍顾眄,以示可用。帝笑曰:"瞿铄哉是翁也!"遂遣援率中郎将马武、耿舒、刘匡、孙永等,将十二郡募士及弛刑四万余人征五溪。援夜与送者诀,谓友人谒者杜愔曰:"吾受厚恩,年迫余日索,常恐不得死国事。今获所愿,甘心瞑目,但畏长者家儿或在左右,或与从事,殊难得调,介介独恶是耳。"明年春,军至临乡,遇贼攻县,援迎击,破之,斩获二千余人,皆散走入竹林中。

初,军次下隽,有两道可入,从壶头则路近而水险,从充则涂夷而运远,帝初以为疑。及军至,耿舒欲从充道,援以为弃日费粮,不如进壶头,搤其喉咽,充贼自破。以事上之,帝从援策。三月,进营壶头。贼乘高守隘,水疾,船不得上。会暑甚,士卒多疫死。援亦中病,遂困,乃穿岸为室,以避炎气。贼每升险鼓噪,援辄曳足以观之,左右哀其壮意,莫不为之流涕。耿舒与兄好畤侯弇书曰:"前舒上书当先击充,粮虽难运而兵马得用,军人数万争欲先奋。今壶头竟不得进,大众怫郁行死,诚可痛惜。前到临乡,贼无故自致,若夜击之,即可殄灭。伏波类西域贾胡,到一处辄止,以是失利。今果疾疫,皆如舒言。"弇得书,奏之。帝乃使虎贲中郎将梁松乘驿责问援,因代监军。会援病卒,松宿怀不平,遂因事陷之。帝大怒,追收援新息侯印绶。初,兄子严、敦并喜讥议,而通轻侠客。援前在交阯,还书诫之曰:"吾欲汝曹闻人过失,如闻父母之名,耳可得闻,口不可得言也。好论议人长短,妄是非正法,此吾所大恶也,宁死不愿闻子孙有此行也。汝曹知吾恶之甚矣,所以复言者,施衿结褵,申父母之戒,欲使汝曹不忘之耳。龙伯高敦厚周慎,口无择言,谦约节俭,廉公有威,吾爱之重之,愿汝曹效之。杜季良豪侠好义,忧人之忧,乐人之乐,清浊无所失,父丧致客,数郡毕至,吾爱之重之,不愿汝曹效也。效

伯高不得,犹为谨敕之士,所谓刻鹄不成尚类鹜者也。效季良不得,陷为天下轻薄子,所谓画虎不成反类狗者也。讫今季良尚未可知,郡将下车辄切齿,州郡以为言,吾常为寒心,是以不愿子孙效也。"季良名保,京兆人,时为越骑司马。保仇人上书,讼保"为行浮薄,乱群惑众,伏波将军万里还书以诫兄子,而梁松、窦固以之交结,将扇其轻伪,败乱诸夏"。书奏,帝召责松、固,以讼书及援诫示之,松、固叩头流血,而得不罪。诏免保官。伯高名述,亦京兆人,为山都长,由此擢拜零陵太守。初,援在交阯,常饵薏苡实,用能轻身省欲,以胜瘴气。南方薏苡实大,援欲以为种。军还,载之一车。时人以为南土珍怪,权贵皆望之。援时方有宠,故莫以闻。及卒后,有上书谮之者,以为前所载还,皆明珠文犀。马武与於陵侯侯昱等皆以章言其状,帝益怒。援妻孥惶惧,不敢以丧还旧茔,裁买城西数亩地槁葬而已。宾客故人莫敢吊会。严与援妻子草索相连,诣阙请罪。帝乃出松书以示之,方知所坐,上书诉冤,前后六上,辞甚哀切,然后得葬。

又前云阳令同郡朱勃诣阙上书曰:

臣闻王德圣政,不忘人之功,采其一美,不求备于众。故高祖赦蒯通而以王礼葬田横,大臣旷然,咸不自疑。夫大将在外,谗言在内,微过辄记,大功不计,诚为国之所慎也。故章邯畏口而奔楚,燕将据聊而不下。岂其甘心末规哉,悼巧言之伤类也。

窃见故伏波将军新息侯马援,拔自西州,钦慕圣义,间关险难,触冒万死,孤立群贵之间,傍无一言之佐,驰深渊,入虎口,岂顾计哉!宁自知当要七郡之使,徼封侯之福邪?八年,车驾西讨隗嚣,国计狐疑,众营未集,援建宜进之策,卒破西州。及吴汉下陇,冀路断隔,唯独狄道为国坚守,士民饥困,寄命漏刻。援奉诏西使,镇慰边众,乃招集豪杰,晓诱羌戎,谋如涌泉,势如转规。遂救倒县之急,存几亡之城,兵全师进,因粮敌人,陇、冀略平。而独守空郡,兵动有功,师进辄克。铢锄先零,缘入山谷,猛怒力战,飞矢贯胫。又出征交阯,土多瘴气,援与妻子生诀,无悔吝之心。遂斩灭徵侧,克平一州。间复南讨,立陷临乡,师已有业,未竟而死,吏士虽疫,援不独存。夫战或以久而立功,或以速而致败,深入未必为得,不进未必为非。人情岂乐久屯绝地,不生归哉!惟援得事朝廷二十二年,北出塞漠,南度江海,触冒害气,僵死军事,名灭爵绝,国土不传。海内不知其过,众庶未闻其毁,卒遇三夫之言,横被诬罔之谗,家属杜门,葬不归墓,怨隙并兴,宗亲怖栗。死者不能自列,生者莫为之讼,臣窃伤之。

夫明主敪于用赏,约于用刑。高祖尝与陈平金四万斤以间楚军,不问出入所为,岂复疑以钱谷间

哉？夫操孔父之忠而不能自免于谗，此邹阳之所悲也。《诗》云："取彼谗人，投畀豺虎。豺虎不食，投畀有北。有北不受，投畀有昊。"此言欲令上天而平其恶。惟陛下留思竖儒之言，无使功臣怀恨黄泉。臣闻《春秋》之义，罪以功除；圣王之祀，臣有五义。若援，所谓以死勤事者也。愿下公卿平援功罪，宜绝宜续，以厌海内之望。臣年已六十，常伏田里，窃感栾布哭彭越之义，冒陈悲愤，战栗阙庭。

书奏，报，归田里。

勃字叔阳，年十二能诵《诗》、《书》。常候援兄况。勃衣方领，能矩步，辞言娴雅，援裁知书，见之自失。况知其意，乃自酌酒慰援曰："朱勃小器速成，智尽此耳，卒当从汝禀学，勿畏也。"朱勃未二十，右扶风请试守渭城宰，及援为将军，封侯，而勃位不过县令。援后虽贵，常待以旧恩而卑侮之，勃愈身自亲，及援遇谗，唯勃能终焉。肃宗即位，追赐勃子谷二千斛。

初，援兄子婿王磐子石，王莽从兄平阿侯仁之子也。莽败，磐拥富赀居故国，为人尚气节而爱士好施，有名江淮间。后游京师，与卫尉阴兴、大司空朱浮、齐王章共相友善。援谓姊子曹训曰："王氏，废姓也。子石当屏居自守，而反游京师长者，用气自行，多所陵折，其败必也。"后岁余，磐果与司隶校尉苏邺、丁鸿事相连，坐死洛阳狱。而磐子肃复出入北宫及王侯邸第。援谓司马吕种曰："建武之元，名为天下重开。自今以往，海内日当安耳。但忧国家诸子并壮，而旧防未立，若多通宾客，则大狱起矣。卿曹戒慎之！"及郭后薨，有上书者，以为肃等受诛之家，客因事生乱，虑致贯高、任章之变。帝怒，乃下郡县收捕诸王宾客，更相牵引，死者以千数。吕种亦豫其祸，临命叹曰："马将军诚神人也！"

永平初，援女立为皇后。显宗图画建武中名臣、列将于云台，以椒房故，独不及援。东平王苍观图，言于帝曰："何故不画伏波将军像？"帝笑而不言。至十七年，援夫人卒，乃更修封树，起祠堂。

建初三年，肃宗使五官中郎将持节追策，谥援曰忠成侯。四子：廖，防，光，客卿。客卿幼而岐嶷，年六岁，能应接诸公，专对宾客。尝有死罪亡命者过，客卿逃匿，不令人知。外若讷而内沈敏。援甚奇之，以为将相器，故以客卿字焉。援卒后，客卿亦夭没。

论曰："马援腾声三辅，遨游二帝，及定节立谋，以干时主，将怀负鼎之愿，盖为千载之遇焉。然其戒人之祸，智矣，而不能自免于谗隙。岂功名之际，理固然乎？夫利不在身，以之谋事则智，虑不私己，以之断义必厉。诚能回观物之智而为反身之察，若施之于人则能恕，自鉴其情亦明矣。"

廖字敬平，少以父任为郎。明德皇后既立，拜廖为羽林左监、虎贲中郎将。显宗崩，受遗诏典掌门禁，遂代赵熹为卫尉，肃宗甚尊重之。时皇太后躬履节俭，事从简约，廖虑美业难终，上疏长乐宫以劝成德政，曰："臣案前世诏令，以百姓不足，起于世尚奢靡，故元帝罢服官，成帝御浣衣，哀帝去乐府。然而侈费不息，至于衰乱者，百姓从行不从言也。夫改政移风，必有其本。传曰：'吴王好剑客，百姓多创瘢；楚王好细腰，宫中多饿死。'长安语曰：'城中好高髻，四方高一尺；城中好广眉，四方且半额；城中好大袖，四方全匹帛。'斯言如戏，有切事实。前下制度未几，后稍不行。虽或吏不奉法，良由慢起京师。今陛下躬服厚缯，斥去华饰，素简所安，发自圣性。此诚上合天心，下顺民望，浩大之福，莫尚于此。陛下既已得之自然，犹宜加以勉勖，法太宗之隆德，戒成、哀之不终。《易》曰：'不恒其德，或承之羞。'诚令斯事一竟，则四海诵德，声薰天地，神明可通，金石可勒，况于行仁心乎，况于行令乎！愿置章坐侧，以当瞽人夜诵之音。"太后深纳之。朝廷大议，辄以询访。廖性质诚畏慎，不爱权埶声名，尽心纳忠，不屑毁誉。有司连据旧典，奏封廖等，累让不得已，建初四年，遂受封为顺阳侯，以特进就第。每有赏赐，辄辞让不敢当，京师以是称之。子豫，为步兵校尉。太后崩后，马氏失执，廖性宽缓，不能教勒子孙，豫遂投书怨诽。又防、光奢侈，好树党与。八年，有司奏免豫，遣廖、防、光就封。豫随廖归国，考击物故。后诏还廖京师。永元四年，卒。和帝以廖先帝之舅，厚加赗赙，使者吊祭，王主会丧，谥曰哀侯。子遵嗣，徙封程乡侯。遵卒，无子，国除。元初三年，邓太后绍封廖孙度为颍阳侯。

防字江平，永平十二年，与弟光俱为黄门侍郎。肃宗即位，拜防中郎将，稍迁城门校尉。

建初二年，金城、陇西保塞羌皆反，拜防行车骑将军事，以长水校尉耿恭副，将北军五校兵及诸郡积射士三万人击之。军到冀，而羌豪布桥等围南部都尉于临洮。防欲救之，临洮道险，车骑不得为驾，防乃别使两司马将数百骑，分为前后军，去临洮十余里为大营，多树幡帜，扬言大兵旦当进。羌候见之，驰还言汉兵盛不可当。明旦遂鼓噪而前，羌房惊走，因追击破之，斩首虏四千余人，遂解临洮围。防开以恩信，烧当种皆降，唯布桥等二万余人在临洮西南望曲谷。十二月，羌又败耿恭司马及陇西长史于和罗谷，死者数百人。明年春，防遣司马夏骏将五千人从大道向其前，潜遣司马马彭将五千人从间道冲其心腹，又令将兵长史李调等将四千人绕其西，三道俱击，复破之，斩获千余人，得牛羊十余万头。羌遁走，夏骏追之，反为所败。防乃引兵与战于索西，又破之。布桥迫急，将种人万余降。诏征防还，拜车骑将军，城门校尉如故。防贵宠最盛，与九卿绝席。光自越骑校尉迁执金吾。四年，封防颍阳侯，光为许侯，兄弟二人各六千户。防以显宗寝疾，入参医药，又平定西羌，增邑千三百五十户。屡上表让位，俱以特进就第。皇太后崩，明年，拜防光禄勋，光为卫尉。防数言政事，多见采用。是冬始施行十二月迎气乐，防所上也。子巨，为常从小侯。六年正月，以巨当冠，特拜为黄门侍郎，肃宗亲御章台下殿，陈鼎俎，自临冠之。明年，防复以病乞骸骨，诏赐故中山王田庐，以特进就第。防兄弟贵盛，奴婢各千人已上，资产巨亿，皆买京师膏腴美田，又大起第观，连阁临道，弥亘街路，多聚声乐，曲度比诸郊庙。宾客奔凑，四方毕至，京兆杜笃之徒数百人，常为食客，居门下。刺史、守、令多出其家。岁时赈给乡闾，故人莫不周洽。防又多牧马畜，赋敛羌胡。帝不喜之，数加谴敕，所以禁遏甚备，由是权热稍损，宾客亦衰。八年，因兄子豫怨谤事，有司奏防、光兄弟奢侈逾僭，浊乱圣化，悉免就国。临上路，诏曰："舅氏一门，俱就国封，四时陵庙无助祭先后者，朕甚伤之。其令许侯思愆田庐，有司勿复请，以慰朕《渭阳》之情。"光为人小心周密，丧母过哀，帝以是特亲爱之，乃复位特进。子康，黄门侍郎。永元二年，光为太仆，康为侍中。及窦宪诛，光坐与厚善，复免就封。后宪奴诬光与宪逆，自杀，家属归本郡。本郡复杀康，而防及廖子遵皆坐徙封丹阳。防为翟乡侯，租岁限三百万，不得臣吏民。防后以江南下湿，上书乞归本郡，和帝听之。十三年，卒。子巨嗣，后为长水校尉。永初七年，邓太后诏诸马子孙还京师，随四时见会如故事，复绍封光子朗为合乡侯。

严字威卿。父余，王莽时为扬州牧。严少孤，而好击剑，习骑射。后乃白援，从平原杨太伯讲学，专心坟典，能通《春秋左氏》，因览百家群言，遂交结英贤，京师大人咸器异之。仕郡督邮，援常与计议，委以家事。弟敦，字孺卿，亦知名。援卒后，严乃与敦俱归安陵，居巨下，三辅称其义行，号曰"巨下二卿"。

明德皇后既立，严乃闭门自守，犹复虑致讥嫌，遂更徙北地，断绝宾客。永平十五年，皇后敕使移居洛阳。显宗召见，严进对闲雅，意甚异之，有诏留仁寿闼，与校书郎杜抚、班固等杂定《建武注记》。常与宗室近亲临邑侯刘复等论议政事，甚见宠幸。后拜将军长史，将北军五校士、羽林禁兵三千人，屯西河美稷，卫护南单于，听置司马、从事。牧守谒敬，同之将军，敕严过武库，祭蚩尤，帝亲御阿阁，观其士众，时人荣之。

肃宗即位，征拜侍御史中丞，除子鲔为郎，令劝学省中，其冬，有日食之灾，严上封事曰："臣闻日者众阳之长，食者阴侵之征。《书》曰：'无旷庶官，天工人其代之。'言王者代天官人也。故考绩黜陟，以明褒贬。无功不黜，则阴盛陵阳。臣伏见方今刺史太守专州典郡，不务奉事尽心为国，而司察偏阿，取与自己，同则举为尤异，异则中以刑法，不即垂头塞耳，采求财赂。今益州刺史朱酺、杨州刺史倪说，凉州刺史尹业等，每行考事，辄有物故，又选举不实，曾无贬坐，是使臣下得作威福也。故事，州郡所举上奏，司直察能否以惩虚实。今宜加防检，式遵前制。旧丞相、御史亲治职事，唯丙吉以年老优游，不案吏罪，于是宰府习为常俗，更共罔养，以崇虚名。或未晓其职，便复迁徙，诚非建官赋禄之意。宜敕正百司，各责以事，州郡所举，必得其人。若不如言，裁以法令。传曰：'上德以宽服民，其次莫如猛。故火烈则人望而畏之，水懦则人狎而玩之。为政者宽以济猛，猛以济宽。'如此，绥御有体，灾眚消矣。"书奏，帝纳其言而免酺等官。

建初元年，迁五官中郎将，除三子为郎。严数荐达贤能，申解冤结，多见纳用。复以五官中郎将行长乐卫尉事。二年，拜陈留太守。严当之职，乃言于帝曰："昔显亲侯窦固误先帝出兵西域，置伊吾卢屯，烦费无益。又窦勋受诛，其家不宜亲近京师。"是时勋女为皇后，窦氏方宠，时有侧听严言者，以告窦宪兄弟，由是失权贵心。严下车，明赏罚，发奸慝，郡界清静。时京师讹言贼从东方来，百姓奔走，转相惊动，诸郡遑急，各以状闻。严察其虚妄，独不为备。诏书敕问，使驿系道，严固执无贼，后卒如言。典郡四年，坐与宗正刘轶、少府丁鸿等更相属托，征拜太中大夫；十余日，迁将作大匠。七年，复坐事免。既为窦氏所忌，遂不复在位。及帝崩，窦太后临朝，严乃退居自守，训教子孙。永元十年，卒于家，时年八十二。弟敦，官至虎贲中郎将。严七子，唯续、融知名。续字季则，七岁能通《论语》，十三明《尚书》，十六治《诗》，博观群籍，善《九章算术》。顺帝时，为护羌校尉，迁度辽将军，所在有威恩称。融自有传。

棱字伯威，援之族孙也。少孤，依从兄毅共居业，恩犹同产。毅卒无子，棱心丧三年。建初中，仕郡功曹，举孝廉。及马氏废，肃宗以棱行义，征拜谒者。章和元年，迁广陵太守。时谷贵民饥，奏罢盐官，以利百姓，赈贫赢，薄赋税，兴复陂湖，溉田二万余顷，吏民刻石颂之。永元二年，转汉阳太守，有威严称。大将军窦宪西屯武威，棱多奉军费，侵赋百姓，宪诛，坐抵罪。后数年，江湖多剧贼，以棱为丹阳太守。棱发兵掩击，皆禽灭之。转会稽太守，治亦有声。转河内太守。永初中，坐事抵罪，卒于家。

赞曰：伏波好功，爰自冀、陇。南静骆越，西屠烧种。徂年已流，壮情方勇。明德既升，家祚以兴。廖乏三趣，防遂骄陵。

卷五十五　卓鲁魏刘列传第十五

卓茂传

卓茂字子康,南阳宛人也。父祖皆至郡守。茂,元帝时学于长安,事博士江生;习《诗》、《礼》及历算,究极师法,称为通儒。性宽仁恭爱。乡党故旧,虽行能与茂不同,而皆爱慕欣欣焉。初辟丞相府史,事孔光,光称为长者。时尝出行,有人认其马。茂问曰:"子亡马几何时?"对曰:"月余日矣。"茂有马数年,心知其谬,嘿解与之,挽车而去,顾曰:"若非公马,幸至丞相府归我。"他日,马主别得亡者,乃诣府送马,叩头谢之。茂性不好争如此。后以儒术举为侍郎,给事黄门,迁密令。劳心谆谆,视人如子,举善而教,口无恶言,吏人亲爱而不忍欺之。人尝有言部亭长受其米肉遗者,茂辟左右问之曰:"亭长为从汝求乎?为汝有事嘱之而受乎?将平居自以恩意遗之乎?"人曰:"往遗之耳。"茂曰:"遗之而受,何故言邪?"人曰:"窃闻贤明之君,使人不畏吏,吏不取人。今我畏吏,是以遗之,吏既卒受,故来言耳。"茂曰:"汝为敝人矣。凡人所以贵于禽兽者,以有仁爱,知相敬事也。今邻里长老尚致馈遗,此乃人道所以相亲,况吏与民乎?吏顾不当乘威力强请求耳。凡人之生,群居杂处,故有经纪礼义以相交接。汝独不欲修之,宁能高飞远走,不在人间邪?亭长素善吏,岁时遗之,礼也。"人曰:"苟如此,律何故禁之?"茂笑曰:"律设大法,礼顺人情。今我以礼教汝,汝必无怨恶;以律治汝,何所措其手足乎?一门之内,小者可论,大者可杀也。且归念之!"于是人纳其训,吏怀其恩。初,茂到县,有所废置,吏人笑之,邻城闻者皆蚩其不能。河南郡为置守令,茂不为嫌,理事自若。数年,教化大行,道不拾遗。平帝时,天下大蝗,河南二十余县皆被其灾,独不入密县界。督邮言之,太守不信,自出案行,见乃服焉。是时王莽秉政,置大司农六部丞,劝课农桑,迁茂为京部丞,密人老少皆涕泣随送。及莽居摄,以病免归郡,常为门下掾祭酒,不肯作职吏。

更始立,以茂为侍中祭酒,从至长安,知更始政乱,以年老乞骸骨归。时光武初即位,先访求茂,茂诣河阳谒见。乃下诏曰:"前密令卓茂,束身自修,执节淳固,诚能为人所不能为。夫名冠天下,当受天下重赏,故武王诛纣,封比干之墓,表商容之闾。今以茂为太傅,封褒德侯,食邑二千户,赐几杖车马,衣一袭,絮五百斤。"复以茂长子戎为太中大夫,次子崇为中郎,给事黄门。建武四年,薨,赐棺椁冢地,车驾素服亲临送葬。子崇嗣,徙封泛乡侯,官至大司农。崇卒,子棽嗣。棽卒,子诉嗣。诉卒,子隆嗣。永元十五年,隆卒,无子,国除。

初,茂与同县孔休、陈留蔡勋、安众刘宣、楚国龚胜、上党鲍宣六人同志,不仕王莽时,并名重当时。休字子泉,哀帝初,守新都令。后王莽秉权,休去官归家。及莽篡位,遣使赍玄纁、束帛,请为国师,遂欧血托病,杜门自绝。光武即位,求休、勋子孙,赐谷以旌显之。刘宣字子高,安众侯崇之从弟,知王莽当篡,乃变名姓,抱经书隐避林薮。建武初乃出,光武以宣袭封安众侯。擢龚胜子赐为上谷太守。胜、鲍宣事在《前书》。勋事在玄孙邕传。

论曰:"建武之初,雄豪方扰,虓呼者连响,婴城者相望,斯固倥偬不暇给之日。卓茂断断小宰,无它庸能,时已七十余矣;而首加聘命,优辞重礼,其与周、燕之君表闾立馆何异哉?于是蕴愤归道之宾,越关阻,捐宗族,以排金门者众矣。夫厚性宽中近于仁,犯而不校邻于恕,率斯道也,怨悔曷其至乎!

鲁恭传 弟丕

鲁恭字仲康,扶风平陵人也。其先出于鲁顷公,为楚所灭,迁于下邑,因氏焉。世吏二千石,哀平间,自鲁而徙。祖父匡,王莽时,为羲和,有权数,号曰"智囊"。父某,建武初,为武陵太守,卒官。时恭年十二,弟丕七岁,昼夜号踊不绝声,郡中赙赠无所受,乃归服丧,礼过成人,乡里奇之。十五,与母及丕俱居太学,习《鲁诗》,闭户讲诵,绝人间事,兄弟俱为诸儒所称,学士争归之。太尉赵憙慕其志,每岁时遣子问以酒粮,皆辞不受。恭怜丕小,欲先就其名,托疾不仕。郡数以礼请,谢不肯应,母强遣之,恭不得已而西,因留新丰教授。建初初,丕举方正,恭始为郡吏。太傅赵憙闻而辟之。肃宗集诸儒于白虎观,恭特以经明得召,与其议。

憙复举恭直言,待诏公车,拜中牟令。恭专以德化为理,不任刑罚。讼人许伯等争田,累守令不能决,恭为平理曲直,皆退而自责,辍耕相让。亭长从人借牛而不肯还之,牛主讼于恭。恭召亭长,敕令归牛者再三,犹不从。恭叹曰:"是教化不行也。"欲解印绶去。掾史泣涕共留之,亭长乃惭悔,还牛,诣狱受罪,恭贳不问。于是吏人信服。建初七年,郡国螟伤稼,犬牙缘界,不入中牟。河南尹袁安闻之,疑其不实,使仁恕掾肥亲往廉之。恭随行阡陌,俱坐桑下,有雉过,止其傍。傍有童儿,亲曰:"儿何不捕之?"儿言"雉方将雏"。亲瞿然而起,与恭诀曰:"所以来者,欲察君之政迹耳。今虫不犯境,此一异也;化及鸟兽,此二异也;竖子有仁心,此三异也。久留,徒扰贤者耳。"还府,具以状白安。是岁,嘉禾生恭便坐廷中,安因上书言状,帝异之。

会诏百官举贤良方正,恭荐中牟名士王方,帝即征方诣公车,礼之与公卿所举同,方致位侍中。恭在事三年,州举尤异,会遭母丧去官,吏人思之。后拜侍御史。和帝初立,议遣车骑将军窦宪与征西将军耿秉击匈奴,恭上疏谏曰:

> 陛下亲劳圣思,日昃不食,忧在军役,诚欲以安定北垂,为人除患,定万世之计也。臣伏独思之,未见其便。社稷之计,万人之命,在于一举。数年以来,秋稼不熟,人食不足,仓库空虚,国无蓄积。会新遭大忧,人怀恐惧。陛下躬大圣之德,履至孝之行,尽谅阴三年,听于冢宰。百姓阙然,三时不闻警跸之音,莫不怀思皇皇,若有求而不得。今乃以盛春之月,兴发军役,扰动天下,以事戎狄,诚非所以垂恩中国,改元正时,由内及外也。万民者,天之所生。天爱其所生,犹父母爱其子。一物有不得其所者,则天气为之舛错,况于人乎?故爱人者必有天报。昔太王重人命而去邠,故获上天之祐。夫戎狄者,四方之异气也。蹲夷踞肆,与鸟兽无别。若杂居中国,则错乱天气,污辱善人,是以圣王之制,羁縻不绝而已。今边境无事,宜当修仁行义,尚于无为,令家给人足,安业乐产。夫人道父于下,则阴阳和于上,祥风时雨,覆被远方,夷狄重译而至矣。《易》曰:"有孚盈缶,终来有它吉。"言甘雨满我之缶,诚来有我而吉已。夫以德胜人者昌,以力胜人者亡。今匈奴为鲜卑所杀,远臧于史侯河西,去塞数千里,而欲乘其虚耗,利其微弱,是非义之所出也。前太仆祭肜远出塞外,卒不见一胡而兵已困矣。白山之难,不绝如缍,都护陷没,士卒死者如积,迄今被其辜毒。孤寡哀思之心未弭,仁者念之,以为累息,奈何复欲袭其迹,不顾患难乎?今始征发,而大司农调度不足,使者在道,分部趣督,上下相迫,民间之急亦已甚矣。三辅、并、凉少雨,麦根枯焦,牛死日甚,此其不合天心之效也。群僚百姓,咸曰不可,陛下独奈何以一人之计,弃万人之命,不恤其言乎?上观天心,下察人志,足以知事之得失。臣恐中国不为中国,岂徒匈奴而已哉!惟陛下留圣恩,休罢士卒,以顺天心。

书奏,不从。每政事有益于人,恭辄言其便,无所隐讳。其后拜为《鲁诗》博士,由是家法学者日盛。迁侍中,数召宴见,问以得失,赏赐恩礼宠异焉。迁乐安相。是时东州多盗贼,群辈攻劫,诸郡患之。恭到,重购赏,开恩信,其渠帅张汉等率支党降,恭上以汉补博昌尉,其余遂自相捕击,尽破平之,州郡以安。

永元九年,征拜议郎。八月,饮酎,斋会章台,诏使小黄门特引恭前。其夜拜侍中,敕使陪乘,劳问甚渥。冬,迁光禄勋,选举清平,京师贵戚莫能枉其正。十三年,代吕盖为司徒。十五年,从巡狩南阳,除子抚为郎中,赐驸马从驾。时弟丕亦为侍中。兄弟父子并列朝廷。后坐事策免。殇帝即位,以恭为长乐卫尉。永初元年,复代梁鲔为司徒。初,和帝末,下令麦秋得案验薄刑,而州郡好以苛察为政,因此遂盛夏断狱。恭上疏谏曰:

> 臣伏见诏书,敬若昊天,忧念万民,为崇和气,罪非殊死,且勿案验。进柔良,退贪残,奉时令。所以助仁德,顺昊天,致和气,利黎民者也。旧制至立秋乃行薄刑,自永元十五年以来,改用孟夏,而刺史、太守不深惟忧民息事之原,进良退残之化,因以盛夏征召农人,拘对考验,连滞无已。司隶典司京师,四方是则,而近于春月分行诸部,托言劳来贫人,而无隐恻之实,烦扰郡县,廉考非急,逮捕一人,罪延十数,上逆时气,下伤农业。案《易》五月《姤》用事。经曰:"后以施令诰四方。"言君以夏至之日,施命令止四方行者,所以助微阴也。行者尚止之,况于速召考掠,夺其时哉!比年水旱伤稼,人饥流冗。今始夏,百谷权舆,阳气胎养之时。自三月以来,阴寒不暖,物当化变而不被和气。《月令》:"孟夏断薄刑,出轻系。行秋令则苦雨数来,五谷不熟。"又曰:"仲夏挺重囚,益其食。行秋令则草木零落,人伤于疫。"夫断薄刑者,谓其轻罪已正,不欲久系,故时断之也。臣愚以为今孟夏之制,可从此令,其决狱案考,皆以立秋为断,以顺时节,育成万物,则天地以和,刑罚以清矣。

初,肃宗时,断狱皆以冬至之前,自后论者互多驳异。邓太后诏公卿以下会议,恭议奏曰:

> 夫阴阳之气,相扶而行,发动用事,各有时节。若不当其时,则物随而伤。王者虽质文不同,而兹道无变,四时之政,行之若一。《月令》,周世所造,而所据皆夏之时也,其变者唯正朔、服色、牺牲、徽号、器械而已。故曰:"殷因于夏礼,周因于殷礼,所损益可知也。"《易》曰:"潜龙勿用。"言十一月、十二月阳气潜藏,未得用事。虽煦嘘万物,养其根荄,而犹盛阴在上,地冻水冰,阳气否隔,闭而成冬。故曰:"履霜坚冰,阴始凝也。驯致其道,至坚冰也。"言五月微阴始起,至十一月坚冰至也。
>
> 夫王者之作,因时为法。孝章皇帝深惟古人之道,助三正之微,定律著令,冀承天心,顺物性命,以致时雍。然从变改以来,年岁不熟,谷价常贵,人不宁安。小吏不与国同心者,率入十一月得死罪贼,不问曲直,便即格杀,虽有疑罪,不复谳正。一夫呼嗟,王道为亏,况于众乎,《易》十一月"君子以议狱缓死"。可令疑罪使详其法,大辟之科,尽冬月乃断。其立春在十二月中者,勿以报囚如故事。

后卒施行。

恭再在公位,选辟高第,至列卿郡守者数十人。而其耆旧大姓，或不蒙荐举，至有怨望者。恭闻之，曰："学之不讲，是吾忧也。诸生不有乡举者乎？"终无所言。恭性谦退，奏议依经，潜有补益，然终不自显，故不以刚直为称。三年，以老病策罢。六年，年八十一，卒于家。以两子为郎。长子谦，为陇西太守，有名绩。谦子旭，官至太仆，从献帝西入关，与司徒王允同谋共诛董卓。及李傕入长安，旭与允俱遇害。

丕字叔陵，性沈深好学，孳孳不倦，遂杜绝交游，不答候问之礼。士友常以此短之，而丕欣然自得。遂兼通《五经》，以《鲁诗》《尚书》教授，为当世名儒。后归郡，为督邮、功曹，所事之将，无不师友待之。建初元年，肃宗诏举贤良方正，大司农刘宽举丕。时对策者百有余人，唯丕在高第，除为议郎，迁新野令。视事期年，州课第一，擢拜青州刺史。务在表贤明，慎刑罚。七年，坐事下狱司寇论。

元和元年征，再迁，拜赵相。门生就学者常百余人，关东号之曰"《五经》复兴鲁叔陵"。赵王商尝欲避疾，便时移住学官，丕止不听。王乃上疏自言，诏书下丕。丕奏曰："臣闻《礼》，诸侯薨于路寝，大夫卒于嫡室，死生有命，未有逃避之典也。学官传五帝之道，修先王礼乐教化之处，王欲废塞以广游宴，事不可听。"诏从丕言，王以此惮之。其后帝巡狩之赵，特被引见，难问经传，厚加赏赐。在职六年，嘉瑞屡降，吏人重之。

永元二年，迁东郡太守。丕在二郡，为人修通溉灌，百姓殷富。数荐达幽隐名士。明年，拜陈留太守。视事三期，后坐禀贫人不实，征司寇论。十一年复征，再迁中散大夫。时侍中贾逵荐丕道蓺深明，宜见任用。和帝因朝会，召见诸儒，丕与侍中贾逵、尚书令黄香等相难数事，帝善丕说，罢朝，特赐冠帻履袜衣一袭。丕因上疏曰："臣以愚顽，显备大位，犬马气衰，猥得进见，论难于前，无所甄明，衣服之赐，诚为优过。臣闻说经者，传先师之言，非从己出，不得相让；相让则道不明，若规矩权衡之不可枉也。难者必明其据，说者务立其义，浮华无用之言不陈于前，故精思不劳而道术愈章。法异者，各令自说师法，博观其义。览诗人之旨意，察《雅》《颂》之终始，明舜、禹、皋陶之相戒，显周公、箕子之所陈，观乎人文，化成天下。陛下既广纳謇謇以开四聪，无令刍荛以言得罪；既显岩穴以求仁贤，无使幽远独有遗failed。"十三年，迁为侍中，免。永初二年，诏公卿举儒术笃学者，大将军邓骘举丕，再迁，复为侍中、左中郎将，再为三老。五年，年七十五，卒于官。

魏霸传

魏霸字乔卿，济阴句阳人也。世有礼义。霸少丧亲，兄弟同居，州里慕其雍和。建初中，举孝廉，八迁，和帝时为巨鹿太守。以简朴宽恕为政。掾史有过，霸先诲其失，不改者乃罢之。吏或相毁诉，霸辄称它吏之长，终不及人短，言者怀惭，谮讼遂息。永元十六年，征拜将作大匠。明年，和帝崩，典作顺陵。时盛冬冻冻，中使督促，数罚县吏以厉霸。霸抚循而已，初不切责，而反劳之曰："今诸卿被辱，大匠过也。"吏皆怀恩，力作倍功。

延平元年，代尹勤为太常。明年，以病致仕，为光禄大夫，永初五年，拜长乐卫尉，以病乞身，复为光禄大夫，卒于官。

刘宽传

刘宽字文饶，弘农华阴人也。父崎，顺帝时为司徒。宽尝行，有人失牛者，乃就宽车中认之。宽无所言，下驾步归。有顷，认者得牛而送还，叩头谢曰："惭负长者，随所刑罪。"宽曰："物有相类，事容脱误，幸劳见归，何为谢之？"州里服其不校。桓帝时，大将军辟，五迁司徒长史。时京师地震，特见询问。再迁，出为东海相。延熹八年，征拜尚书令，迁南阳太守。典历三郡，温仁多恕，虽在仓卒，未尝疾言遽色。常以为"齐之以刑，民免而无耻"。吏人有过，但用蒲鞭罚之，示辱而已，终不加苦。事有功善，推之自下。灾异或见，引躬克责。每行县止息亭传，辄引学官祭酒及处士诸生执经讲。见父老慰以农里之言，少年勉以孝悌之训。人感德兴行，日有所化。灵帝初，征拜太中大夫，侍讲华光殿。迁侍中，赐衣一袭。转屯骑校尉，迁宗正，转光禄勋。熹平五年，代许训为太尉。灵帝颇好学蓺，每引见宽，常令讲经。宽尝于坐被酒睡伏。帝问："太尉醉邪？"宽仰对曰："臣不敢醉，但任重责大，忧心如醉。"帝重其言。宽简略嗜酒，不好盥浴，京师以为谚。尝坐客，遣苍头市酒，迂久，大醉而还。客不堪之，骂曰："畜产。"宽须臾遣人视奴，疑必自杀。顾左右曰："此人也，骂言畜产，辱孰甚焉！故吾惧其死也。"夫人欲试宽令恚，伺当朝会，装严已讫，使侍婢奉肉羹，翻污朝衣。婢遽收之，宽神色不异，乃徐言曰："羹烂汝手？"其性度如此。海内称为长者。后以日食策免。拜卫尉。光和二年，复代段颎为太尉。在职三年，以日变免。又拜永乐少府，迁光禄勋。以先策黄巾逆谋，以事上闻，封逯乡侯六百户。中平二年卒，时年六十六。赠车骑将军印绶，位特进，谥曰昭烈侯。子松嗣，官至宗正。

赞曰：卓、鲁款款，情悫德满。仁感昆虫，爱及胎卵。宽、霸临政，亦称优缓。

卷五十六
伏侯宋蔡冯赵牟韦列传第十六

伏湛传子隆

伏湛字惠公，琅邪东武人也。九世祖胜，字子贱，所谓济南伏生者也。湛高祖父孺，武帝时，客授东武，因家焉。父理，为当世名儒，以《诗》授成帝，为高密太傅，别自名学。湛性孝友，少传父业，教授数百人。成帝时，以父任为博士弟子。五迁，至王莽时为绣衣执法，使督大奸，迁后队属正。更始立，以为平原太守。时仓卒兵起，天下惊扰，而湛独晏然，教授不废。谓妻子曰："夫一谷不登，国君彻膳；今民皆饥，奈何独饱？"乃共食粗粝，悉分奉禄以赈乡里，来客者百余家。时门下督素有气力，谋欲为湛起兵，湛恶其惑众，即收斩之，徇首城郭，以示百姓，于是吏人信向，郡内以安。平原一境，湛所全也。

光武即位，知湛名儒旧臣，欲令干任内职，征拜尚书，使典定旧制。时大司徒邓禹西征关中，帝以湛才任宰相，拜为司直，行大司徒事。车驾每出征伐，常留镇守，总摄群司。建武三年，遂代邓禹为大司徒，封阳都侯。时彭宠反于渔阳，帝欲自征之，湛上疏谏曰："臣闻文王受命而征伐五国，必先询之同姓，然后谋于群臣，加占蓍龟，以定行事，故谋则成，卜则吉，战则胜。其《诗》曰：'帝谓文王，询尔仇方，同尔弟兄，以尔钩援，与尔临冲，以伐崇墉。'崇国城守，先退后伐，所以重人命，俟时而动，故参分天下而有其二。陛下承大乱之极，受命而帝，兴明祖宗，出入四年，而灭檀乡，制五校，降铜马，破赤眉，诛邓奉之属，不为无功。今京师空匮，资用不足，未能服近而事边外；且渔阳之地，逼接北狄，黠虏困迫，必求其助。又今所过县邑，尤为困乏。种麦之家，多在城郭，闻官兵将至，当已收之矣。大军远涉二千余里，士马罢劳，转粮艰难。今兖、豫、青、冀，中国之都，而寇贼从横，未及从化。渔阳以东，本备边塞，地接外虏，贡税微薄。安平之时，尚资内郡，况今荒耗，岂足先图？而陛下舍近务远，弃易求难，四方疑怪，百姓恐惧，诚臣之所惑也。复愿远览文王重兵博谋，近思征伐前后之宜，顾问有司，使极愚诚，采其所长，择之圣虑，以中土为忧念。"帝览其奏，竟不亲征。时贼徐异卿等万余人据富平，连攻之不下，唯云"愿降司徒伏公"。帝知湛为青、徐所信向，遣到平原，异卿等即日归降，护送洛阳。湛虽在仓卒，造次必于文德，以为礼乐政化之首，颠沛犹不可违。是岁象行乡饮酒礼，遂施行之。其冬，车驾征张步，留湛居守。时蒸祭高庙，而河南尹、司隶校尉于庙中争论，湛不举

奏，坐策免。六年，徙封不其侯，邑三千六百户，遣就国。后南阳太守杜诗上疏荐湛曰："臣闻唐、虞以股肱康，文王以多士宁，是故《诗》称'济济'，《书》曰'良哉'。臣诗窃见故大司徒阳都侯伏湛，自行束修，讫无毁玷，笃信好学，守死善道，经为人师，行为仪表。前在河内朝歌及居平原，吏人畏爱，则而象之。遭时反覆，不离兵凶，秉节持重，有不可夺之志。陛下深知其能，显以宰相之重，众贤百姓，仰望德义。微过斥退，久不复用，有识所惜，儒士痛心，臣窃伤之。湛容貌堂堂，国之光晖；智略谋虑，朝之渊薮。髻发厉志，白首不衰。实足以先后王室，名足以光示远人。古者选擢诸侯以为公卿，是故四方回首，仰望京师，柱石之臣，宜居辅弼，出入禁门，补缺拾遗。臣诗愚戆，不足以知宰相之才，窃怀区区，敢不自竭。臣前为侍御史，上封事，言湛公廉下，好恶分明，累世儒学，素持名信，经明行修，通达国政，尤宜近侍，纳言左右，旧制九州五尚书，令一郡二人，可以湛代。颇为执事所非。但臣诗蒙恩深渥，所言诚有益于国，虽死无恨，故复越职触冒以闻。"

十三年夏，征，敕尚书择拜吏日，未及就位，因宴见中暑，病卒。赐秘器，帝亲吊祠，遣使者送丧修冢。二子：隆、翕。翕嗣爵，卒，子光嗣。光卒，子晨嗣。晨үу博爱，好学尤笃，以女孙为顺帝贵人，奉朝请，位特进。卒，子无忌嗣，亦传家学，博物多识，顺帝时，为侍中屯骑校尉。永和元年，诏无忌与议郎黄景校定中书《五经》、诸子百家、艺术。元嘉中，桓帝复诏无忌与黄景、崔寔等共撰《汉记》。又自采集古今，删著事要，号曰《伏侯注》。无忌卒，子质嗣，官至大司农。质卒，子完嗣，尚桓帝女阳安长公主。女为孝献皇后。曹操杀后，诛伏氏，国除。初，自伏生已后，世传经学，清静无竞，故东州号为"伏不斗"云。

隆字伯文，少以节操立名，仕郡督邮。建武二年，诣怀宫，光武甚亲接之。时张步兄弟各拥强兵，据有齐地，拜隆为太中大夫，持节使青、徐二州，招降郡国。隆移檄告曰："乃者，猾臣王莽，杀帝盗位。宗室兴兵，除乱诛莽，故群下推立圣公，以主宗庙。而任用贼臣，杀戮贤良，三王作乱，盗贼从横，忤逆天心，卒为赤眉所害。皇天祐汉，圣哲应期，陛下神武奋发，以少制众。故寻、邑以百万之军，溃散于昆阳，王郎以全赵之师，土崩于邯郸，大肜、高胡望旗消靡，铁胫、五校莫不摧破。梁王刘永，幸以宗室属籍，爵为侯王，不知厌足，自求祸弃，遂封爵牧守，造为诈逆。今虎牙大将军屯营十万，已拔睢阳，刘永奔进，家已族矣。此诸君所闻也。不先自图，后悔何及？"青、徐群盗得此惶怖，获索贼右师郎等六校即时皆降。张步遣使随隆，诣阙上书，献鰒鱼。其冬，拜隆光禄大夫，复使于步，并与新除青州牧守及都尉俱东，诏隆辄拜令长以下。隆招怀绥缉，多来降附。帝嘉其功，比之郦生。即拜步为东莱太守，而刘永亦复

遣使立步为齐王。步贪受王爵,尤豫未决。隆晓譬曰:"高祖与天下约,非刘氏不王,今可得为十万户侯耳。"步欲留隆与共守二州,隆不听,求得反命,步遂执隆而受永封。隆遣间使上书曰:"臣隆奉使无状,受执凶逆,虽在困厄,授命不顾。又吏人知步反畔,心不附之,愿以时进兵,无以臣隆为念。臣隆得生到阙廷,受诛有司,此其大愿;若令没身寇手,以父母昆弟累陛下。陛下与皇后、太子永享万国,与天无极。"帝得隆奏,召父湛流涕以示之曰:"隆可谓有苏武之节。恨不且许而遽求还也!"其后步遂杀之,时人莫不怜哀焉。五年,张步平,车驾幸北海,诏隆中弟咸收隆丧,赐给棺敛,太中大夫护送丧事,诏告琅邪作冢,以子瑗为郎中。

侯霸传

侯霸字君房,河南密人也。族父渊,以宦者有才辩,任职元帝时,佐石显等领中书,号曰大常侍。成帝时,任霸为太子舍人。霸矜严有威容,家累千金,不事产业。笃志好学,师事九江太守房元,治《穀梁春秋》,为元都讲。王莽初,五威司命陈崇举霸德行,迁随宰。县界旷远,滨带江湖,而亡命者多为寇盗。霸到,即案诛豪猾,分捕山贼,县中清静。再迁为执法刺奸,纠案埶位者,无所疑惮。后为淮平大尹,政理有能名。及王莽之败,霸保固自守,卒全一郡。更始元年,遣使征霸,百姓老弱相携号哭,遮使者车,或当道而卧。皆曰:"愿乞侯君复留期年。"民至乃戒乳妇勿得举子,侯君当去,必不能全。使者虑霸就征,临淮必乱,不敢授玺书,具以状闻。会更始败,道路不通。建武四年,光武征霸与车驾会寿春,拜尚书令。时无故典,朝廷又少旧臣,霸明习故事,收录遗文,条奏前世善政法度有益于时者,皆施行之。每春下宽大之诏,奉四时之令,皆霸所建也。明年,代伏湛为大司徒,封关内侯。在位明察正守,奉公不回。十三年,霸薨,帝深伤惜之,亲自临吊。下诏曰:"惟霸积善清絜。视事九年。汉家旧制,丞相拜日,封为列侯。朕以军师暴露,功臣未封,缘忠臣之义,不欲相逾,未及爵命,奄然而终。呜呼哀哉!"于是追封谥霸则乡哀侯,食邑二千六百户。子昱嗣。临淮吏人共为立祠,四时祭焉。以沛郡太守韩歆代霸为大司徒。

歆字翁君,南阳人,以从攻伐有功,封扶阳侯。好直言,无隐讳,帝每不能容。尝因朝会,闻帝读隗嚣、公孙述相与书。歆曰:"亡国之君皆有才,桀纣亦有才。"帝大怒,以为激发。歆又证岁将饥凶,指天画地,言甚刚切,坐免归田里。帝犹不释,复遣使宣诏责之。司隶校尉鲍永固请不能得,歆及子婴竟自杀。歆素有重名,死非其罪,众多不厌。帝乃追赐钱谷,以成礼葬之。后引乘欧阳歙、清河戴涉相代为大司徒,坐事下狱死,自是大臣难居相任。其后河内蔡茂,京兆玉况,魏郡冯勤,皆得鼐位。况字文伯,性聪敏,为陈留太守,以德行化人,迁司徒,四年薨。昱后徙封於陵侯,永平中兼太仆。昱卒,子建嗣。建卒,子昌嗣。

宋弘传

宋弘字仲子,京兆长安人也。父尚,成帝时至少府;哀帝立,以不附董贤,违忤抵罪。弘少而温顺,哀平间作侍中,王莽时为共工。赤眉入长安,遣使征弘,逼迫不得已。行至渭桥,自投于水,家人救得出,因佯死获免。

光武即位,征拜太中大夫。建武二年,代王梁为大司空,封枸邑侯。所得租奉分赡九族,家无资产,以清行致称。徙封宣平侯。帝尝问弘通博之士,弘乃荐沛国桓谭才学洽闻,几能及杨雄、刘向父子。于是召谭拜议郎、给事中。帝每宴,辄令鼓琴,好其繁声。弘闻之不悦,悔于荐举,伺谭内出,正朝服坐府上,遣吏召之。谭至,不与席而让之曰:"吾所以荐子者,欲令辅国家以道德也。而今数进郑声以乱《雅》《颂》,非忠正者也。能自改邪?将令相举以法乎?"谭顿首辞谢,良久乃遣之。后大会群臣,帝使谭鼓琴。谭见弘,失其常度。帝怪而问之。弘乃离席免冠谢曰:"臣所以荐桓谭者,望能以忠正导主,而令朝廷耽悦郑声,臣之罪也。"帝改容谢,使反服,其后遂不复令谭给事中。弘推进贤士冯翊桓梁三十余人,或相及为公卿者。弘当宴见,御坐新屏风,图画列女,帝数顾视之。弘正容言曰:"未见好德如好色者。"帝即为彻之。笑谓弘曰:"闻义则服,可乎?"对曰:"陛下进德,臣不胜其喜。"时帝姊湖阳公主新寡,帝与共论朝臣,微观其意。主曰:"宋公威容德器,群臣莫及。"帝曰:"方且图之。"后弘被引见,帝令主坐屏风后,因谓弘曰:"谚言贵易交,富易妻,人情乎?"弘曰:"臣闻贫贱之知不可忘,糟糠之妻不下堂。"帝顾谓主曰:"事不谐矣。"弘在位五年,坐考上党太守无所据,免归第。数年卒,无子,国除。弘弟嵩,以刚强孝烈著名,官到河南尹。嵩子由,元和间为太尉,坐阿党窦宪,策免归本郡,自杀。由二子:汉、登。登在《儒林传》。

汉字仲和,以经行著名,举茂才,四迁西河太守。永建元年,为东平相、度辽将军,立名节,以威恩著称。迁太仆,上病自乞,拜太中大夫,卒。策曰:"太中大夫宋汉,清修雪白,正直无邪。前在方外,仍统军实,怀柔异类,莫匪嘉绩,戎车载戢,边人用宁,予录乃勋,引登九列。因病退让,守约弥坚,将授三事,未克而终。朝廷愍悼,悝其怆然。《诗》不云乎:'肇敏戎功,用锡尔祉。'其令将相大夫会葬,加赐钱十万,及其在殡,以全素丝羔羊之洁焉。"

子则,字元矩,为郾陵令,亦有名迹。拔同郡韦著、扶风法真,称为知人。则子年十岁,与苍头共弩射,苍头弦断矢激,误中之,即死。奴叩头就诛,则察而怨之。颍川荀爽深以为美,时人亦服焉。

论曰:中兴以后,居台相总权衡多矣,其能以任职取名者,岂非先远业后小数哉?故惠公造次,急于乡射之礼;君房入朝,先奏宽大之令。夫器博者无近用,道长者其功远,盖志士仁人所为根心者也。君子以之得,固贵矣;以之失,亦得矣。宋弘止繁声,戒淫色,其有《关雎》之风乎!

蔡茂传 郭贺附

蔡茂字子礼,河内怀人也。哀平间以儒学显,征试博士,对策陈灾异,以高等擢拜议郎,迁侍中。遇王莽居摄,以病自免,不仕莽朝。会天下扰乱,茂与窦融善,因避难归之。融欲以为张掖太守,固辞不就;每所饷给,计口取足而已。后与融俱征,复拜议郎,再迁广汉太守,有政绩称。时阴氏宾客在郡界多犯吏禁。茂辄纠案,无所回避。会洛阳令董宣举纠湖阳公主,帝始怒收宣,既而赦之。茂喜宣刚正,欲令朝廷禁制贵戚,乃上书曰:"臣闻兴化致教,必由进善,康国宁人,莫大理恶。陛下圣德系兴,再隆大命,即位以来,四海晏然。诚宜夙兴夜寐,虽休勿休。然顷者贵戚椒房之家,数因恩势,干犯吏禁,杀人不死,伤人不论。臣恐绳墨弃而不用,斧斤废而不举。近湖阳公主奴杀人西市,而与主共舆,出入宫省,逋罪积日,冤魂不报。洛阳令董宣,直道不顾,干主讨奸。陛下不先澄审,召欲加笞。当宣受怒之初,京师侧耳;及其蒙宥,天下拭目。今者,外戚骄逸,宾客放滥,宜敕有司案理奸罪,使执平之吏永申其用,以厌远近不缉之情。"光武纳之。建武二十年,代戴涉为司徒,在职清俭匪懈。二十三年薨于位,时年七十二。赐东园梓棺,赙赠甚厚。茂初在广汉,梦坐大殿,极上有三穗禾,茂跳取之,得其中穗,辄复失之。以问主簿郭贺,贺离席庆曰:"大殿者,宫府之形象也。极而有禾,人臣之上禄也。取中穗,是中台之位也。于字禾失为秩,虽曰失之,乃所以得禄秩也。衮职有阙,君其补之。"旬月而茂征焉,乃辟贺为掾。

贺字乔卿,雒人。祖父坚伯,父游君,并修清节,不仕王莽。贺能明法,累官,建武中为尚书令,在职六年,晓习故事,多所匡益。拜荆州刺史,引见赏赐,恩宠隆异,及到官,有殊政。百姓便之,歌曰:"厥德仁明郭乔卿,忠正朝廷上下平。"显宗巡狩至南阳,特见嗟叹,赐以三公之服,黼黻冕旒。敕行部去襜帷,使百姓见其容服,以章有德。每所经过,吏人指以相示,莫不荣之。永平四年,征拜河南尹,以清静称。在官三年卒。诏书愍惜,赐车一乘,钱四十万。

冯勤传

冯勤字伟伯,魏郡繁阳人也。曾祖父扬,宣帝时为弘农太守。有八子,皆为二千石,赵魏间荣之,号曰"万石君"焉。兄弟形皆伟壮。唯勤祖父偃,长不满七尺,常自耻短陋,恐子孙之似也,乃为子优娶长妻。偃生勤,长八尺三寸。八岁善计。初为太守铫期功曹,有高能称。期常从光武征伐,政事一以委勤。勤同县冯巡等举兵应光武,谋未成而为豪右焦廉等所反,勤乃率将老母兄弟及宗亲归期,期悉以为腹心,荐于光武。初未被用,后乃除为郎中,给事尚书。以图议军粮,在事精勤,遂见亲识。每引进,帝辄顾谓左右曰:"佳乎吏也!"由是使典诸侯封事。勤差量功次轻重,国土远近,地执丰薄,不相逾越,莫不厌服焉。自是封爵之制,非勤不定。帝益以为能,尚书众事,皆令总录之。司徒侯霸荐前梁令阎杨。杨素有讥议,帝常嫌之,既见霸奏,疑其有奸,大怒,赐霸玺书曰:"崇山、幽都何可偶,黄钺一下无处所。欲以身试法邪?将杀身以成仁邪?"使勤奉策至司徒府。勤还,陈braced本意,申释事理,帝意稍解,拜勤尚书仆射。职事十五年,以勤劳赐爵关内侯。迁尚书令,拜大司农,三岁迁司徒。先是三公多见罪退,帝贤勤,欲令以善自终,乃因宴见从容戒之曰:"朱浮上不忠于君,下陵轹同列,竟以中伤至今,死生吉凶未可知,岂不惜哉!人臣放逐受诛,虽复追加赏赐赠祭,不足以偿不訾之身。忠臣孝子,览照前世,以为镜诫。能尽忠于国,事君无二,则爵赏光乎当世,功名列于不朽,可不勉哉!"勤愈恭约尽忠,号称任职。

勤母年八十,每会见,诏敕勿ား,令御者扶上殿,顾谓诸王主曰:"使勤贵宠者,此母也。"其见亲重如此。中元元年,薨,帝悼惜之,使者吊祠,赐东园秘器,赗赠有加。勤七子。长子宗嗣,为张掖属国都尉。中子顺,尚平阳长公主,终于大鸿胪。建初八年,以顺中子奋袭主爵为平阳侯,薨,无子。永元七年,诏书复封奋兄羽林右监劲为平阳侯,奉公主之祀。奋弟由,黄门侍郎;尚平安公主。劲薨,子卯嗣。卯延光中为侍中,薨,子留嗣。

赵熹传

赵熹字伯阳,南阳宛人也。少有节操。从兄为人所杀,无子,熹年十五,常思报之。乃挟兵结客,后遂往复仇。而仇家皆疾病,无相距者。熹以因疾报杀,非仁者心,且释之而去。顾谓仇曰:"尔曹若健,远相避也。"仇皆卧自搏。后病愈,悉自缚诣熹,熹不与相见,后竟杀之。更始即位,舞阴大姓李氏拥城不下,更始遣柱天将军李宝降之,不肯,云"闻宛之赵氏有孤孙熹,信义著名,愿得降之。"更始乃征熹,熹年未二十,既引见,更始笑曰:"茧栗犊,岂能负重致远乎?"即除为郎中,行偏将军事,使诣舞阴,而李氏遂降。熹因进入颍川,击诸不下者,历汝南界,还宛。更始大悦,谓熹曰:"卿名家驹,努力勉之。"会王莽遣王寻、王邑将兵出关,更始乃拜憙为五威偏将军,使助诸将拒寻、邑于昆阳。光武破寻、邑,憙被创,有战劳,还拜中郎将,封勇功侯。更始败,憙为赤眉兵所围,迫急,乃逾屋亡走,与所友善韩仲伯等数十人,携小弱,越山阻,径出武关。仲伯以妇色美,虑有强暴者,而己受其害,欲弃之于道。憙责怒不听,因以泥涂仲伯妇面,载以鹿车,身自推之。每道逢贼,或欲逼略,憙辄言其病状,以此得免。既入丹水,遇更始亲属,皆裸跣涂炭,饥困不能前。憙见之悲感,所装缣帛资粮,悉以与之,将护归乡里。时邓奉反于南阳,憙素与奉善,数遗书切责之,而谗者因言憙与奉合谋,帝以为疑。及奉败,帝得憙书,乃惊曰:"赵憙真长者也。"即征憙,引见,赐鞍马,待诏公车。时江南未宾,道路不通,以憙守简阳侯相。憙不肯受兵,单车驰之简阳。吏民不欲内憙,憙乃告譬,呼城中大人,示以国家威信,其帅即开门面缚自归,由是诸营壁悉降。荆州牧奏憙才任理剧,诏以为平林侯相。攻击群贼,安集已降者,县邑平定。后拜怀令。大姓李子春先为琅邪相,豪猾并兼,为人所患。憙下车,闻其二孙杀人事未发觉,即穷诘其奸,收考子春,二孙自杀。京师为请者数十,终不听。时赵王良疾病将终,车驾亲临王,问所欲言。王曰:"素与李子春厚,今犯罪,怀令赵憙欲杀之,愿乞其命。"帝曰:"吏奉法,律不可枉也,更道它所欲。"王无复言。既薨,帝追感赵王,乃贳出子春。其年,迁憙平原太守。时平原多盗贼,憙与诸郡讨捕,斩其渠帅,余党当坐者数千人。憙上言"恶恶止其身,可一切徙京师近郡。"帝从之,乃悉移置颍川、陈留。于是擢举义行,诛锄奸恶。后青州大蝗,侵入平原界辄死,岁屡有年,百姓歌之。

二十六年,帝延集内戚宴会,欢甚。诸夫人各各前言"赵憙笃义多恩,往遭赤眉出长安,皆为憙所济活"。帝甚嘉之,后征憙入为太仆,引见谓曰:"卿非但为英雄所保也,妇人亦怀卿之恩。"厚加赏赐。二十七年,拜太尉,赐爵关内侯。时南单于称臣,乌桓、鲜卑并来入朝,帝令憙典边事,思为久长规。憙上复缘边诸郡,幽并二州由是而定。三十年,憙上言宜封禅,正三雍之礼。中元元年,从封泰山。及帝崩,憙受遗诏,典丧礼。是时藩王皆在京师,自王莽篡乱,旧典不存,皇太子与东海王等杂止同席,宪章无序。憙乃正色,横剑殿阶,扶下诸王,以明尊卑。时藩国官属出入宫省,与百僚无别,憙乃表奏谒者将护,分止它县,诸王并令就邸,唯朝晡入临。整礼仪,严门卫,内外肃然。

永平元年,封节乡侯。三年春,坐考中山相薛修事不实免。其冬,代窦融为卫尉。八年,代虞延行太尉事,居府如真。后遭母忧,上疏乞身行丧礼,显宗不许,遣使者为释服,赏赐恩宠甚渥。憙内典宿卫,外干宰职,正身立朝,未尝懈惰。及帝崩,复典丧事,再奉大行,礼事修举。肃宗即位,进为太傅,录尚书事。擢诸子为郎吏者七人。长子代,给事黄门。建初五年,憙疾病,帝亲幸视。及薨,车驾往临吊。时年八十四。谥曰正侯。子代嗣,官至越骑校尉。永元中,副行征西将军刘尚征羌,坐事下狱,疾病物故。和帝怜之,赐秘器钱布,赠越骑校尉、节乡侯印绶。子直嗣,官至步兵校尉。直卒,子淑嗣,无子,国除。

牟融传

牟融字子优,北海安丘人也。少博学,以《大夏侯尚书》教授,门徒数百人,名称州里。以司徒茂才为丰令,视事三年,县无狱讼,为州郡最。司徒范迁荐融忠正公方,经行纯备,宜在本朝,并上其理状。永平五年,入代鲍昱为司隶校尉,多所举正,百僚敬惮之。八年,代包咸为大鸿胪。十一年,代鲑阳鸿为大司农。是时显宗勤万机,公卿数朝会,每辄延谋政事,判折狱讼。融经明才高,善论议,朝廷皆服其能;帝数嗟叹,以为足堪宰相。明年,代伏恭为司空,举动方重,甚得大臣节。肃宗即位,以融先朝名臣,代赵憙为太尉,与憙参录尚书事。

建初四年薨,车驾亲临其丧。时融长子麟归乡里,帝以其余子幼弱,敕太尉掾史教其威仪进止,赠赗恩宠笃密焉。又赐冢茔地于显节陵下,除麟为郎。

韦彪传 族子义

韦彪字孟达,扶风平陵人也。高祖贤,宣帝时为丞相。祖赏,哀帝时为大司马。彪孝行纯至,父母卒,哀毁三年,不出庐寝。服竟,羸瘠骨立异形,医疗数年乃起。好学洽闻,雅称儒宗。建武末,举孝廉,除郎中,以病免,复归教授。安贫乐道,恬于进趣,三辅诸儒莫不慕仰之。显宗闻彪名,永平六年,召拜谒者,赐以车马衣服,三迁魏郡太守。肃宗即位,以病免。征为左中郎将、长乐卫尉,数陈政术,每归宽厚。比上疏乞骸骨,拜为奉车都尉,秩中二千石,赏赐恩宠,侔于亲戚。建初七年,车驾西巡狩,以彪行太常从,数召入,问以三辅旧事,礼仪风俗。彪因建言:"今西巡旧都,宜追录高祖、中宗功臣,褒显先勋,纪其子孙。"帝纳之。行至长安,乃制诏京兆尹、右扶风求萧何、霍光后。时光无苗裔,唯封何末孙熊为鄼侯。建初二年已封曹参后曹湛为平阳侯,故不复及焉。乃厚赐彪钱珍羞食物,使归平陵上冢。还,拜大鸿胪。是时陈事者,多言郡国贡举率非功次,故守职益懈而吏事浸疏,咎在州郡。有诏下公卿朝臣议。彪上议曰:"伏惟明诏,忧劳百姓,垂恩选举,务得其人。夫国以简贤为务,贤以孝行为首。孔子曰:'事亲孝故忠可移于君,是以求忠臣必于孝子之门。'夫人才行少能相兼,是以孟公绰优于赵、魏老,不可以为滕、薛大夫。忠孝之人,持心近厚;锻炼之吏,持心近薄。三代之所以直道而行者,在其所以磨之故也。士宜以才行为先,不可纯以阀阅。然其要归,在于选二千石。二千石贤,则贡举皆得其人矣。"帝深纳之。彪以世承二帝吏化之后,多以苛刻为能,又置官选职,不必以才,因盛夏多寒,上疏谏曰:"臣闻政化之本,必顺阴阳。伏见立夏以来,当暑而寒,殆以刑罚刻急,郡国不奉时令之所致也。农人急于务而苛吏夺其时,赋发充常调而贪吏割其财,此其巨患也。夫欲急人所务,当先除其所患。天下枢要,在于尚书,尚书之选,岂可不重?而间者多从郎官超升此位,虽晓习文法,长于应对,然察察小慧,类无大能。宜简尝历州宰素有名者,虽进退舒迟,时有不逮,然端心向公,奉职周密。宜鉴啬夫捷急之对,深思绛侯木讷之功也。往时楚狱大起,故置令史以助郎职,而类多小人,好为奸利。今者务简,可皆停省。又谏议之职,应用公直之士,通才謇正,有补益于朝者。今或从征试辈为大夫。又御史外迁,动据州郡。并宜清选其任,责以言绩。其二千石视事虽久,而为吏民所便安者,宜增秩重赏,勿妄迁徙。惟留圣心。"书奏,帝纳之。

元和二年春,东巡狩,以彪行司徒事从行。还,以病乞身,帝遣小黄门、太医问病,赐以食物。彪遂称困笃。章和二年夏,使谒者策诏曰:"彪以将相之裔,勤身饬行,出自州里,在位历载。中被笃疾,连上求退。君年在耆艾,不可复以加增,恐职事烦碎,重有损焉。其上大鸿胪印绶。其遣太子舍人诣中臧府,赐钱二十万。"永元元年,卒,诏尚书:"故大鸿胪韦彪,在位无悠,方欲录用,奄忽而卒。其赐钱二十万,布百匹,谷三千斛。"彪清俭好施,禄赐分与宗族,家无余财。著书十二篇,号曰《韦卿子》。族子义。义字季节。高祖父玄成,元帝时为丞相。初,彪独徙扶风,故义犹为京兆杜陵人焉。

兄顺,字叔文,平舆令。有高名。次兄豹,字季明。数辟公府,辄以事去。司徒刘恺复辟之,谓曰:"卿以轻好去就,爵位不跻。今岁垂尽,当选御史,意在相荐,子其宿留乎?"豹曰:"犬马齿衰,旅力已劣,仰慕崇恩,故未能自割。且眩瞀滞疾,不堪久待,选荐之私,非所敢当。"遂跣而起。恺追之,径去不顾。安帝西巡,征拜议郎。义少与二兄齐名,初仕州郡。太傅桓焉辟举理剧,为广都长。甘陵、陈二县令,政甚有绩,官曹无事,牢狱空虚。数上书顺帝,陈宜依古典,考功黜陟,征集名儒,大定其制。又讥切左右,贬刺窦氏。言既无感,而久抑不迁,以兄顺丧去官。比辟公府,不就。广都为生立庙。及卒,三县吏民为义举哀,若丧考妣。

豹子著,字休明。少以经行知名,不应州郡之命。大将军梁冀辟,不就。延熹二年,桓帝公车备礼征,至霸陵,称病归,乃入云阳山,采药不反。有司举奏加罪,帝特原之。复诏京兆尹重以礼敦劝,著遂不就征。灵帝即位,中常侍曹节以陈蕃、窦氏既诛,海内多怨,欲借宠时贤以为名,白帝就家拜著东海相。诏书逼切,不得已,解巾之郡。政任威

刑,为受罚者所奏,坐论输左校。又后妻骄恣乱政,以之失名,竟归,为奸人所害,隐者耻之。

赞曰:湛、霸奋庸,维宁两邦。淮人孺慕,徐寇要降。弘实体远,仁不忘本。意政多迹,彪明理损。牟公简帝,身终上衮。

卷五十七　宣张王王杜郭吴承郑赵列传第十七

宣秉传

宣秉字巨公,冯翊云阳人也。少修高节,显名三辅。哀、平际,见王氏据权专政,侵削宗室,有逆乱萌,遂隐遁深山,州郡连召,常称疾不仕。王莽为宰衡,辟命不应。及莽篡位,又遣使者征之,秉固称疾病。更始即位,征为侍中。建武元年,拜御史中丞。光武特诏御史中丞与司隶校尉、尚书令会同并专席而坐,故京师号曰"三独坐"。明年,迁司隶校尉。务举大纲,简略苛细,百僚敬之。秉性节约,常服布被,蔬食瓦器。帝尝幸其府舍,见而叹曰:"楚国二龚,不如云阳宣巨公。"即赐布帛帐帷什物。四年,拜大司徒司直。所得禄奉,辄以收养亲族。其孤弱者,分与田地,自无担石之储。六年,卒于官,帝敏惜之,除子彪为郎。

张湛传

张湛字子孝,扶风平陵人也。矜严好礼,动止有则,居处幽室,必自修整。虽遇妻子,若严君焉。及在乡党,详言正色,三辅以为仪表。人或谓湛伪诈。湛闻而笑曰:"我诚诈也。人皆诈恶,我独诈善,不亦可乎?"成哀间,为二千石。王莽时,历太守、都尉。建武初,为左冯翊。在郡修典礼,设条教,政化大行。后告归平陵,望寺门而步。主簿进曰:"明府位尊德重,不宜自轻。"湛曰:"《礼》,下公门,轼辂马。孔子于乡党,恂恂如也。父母之国,所宜尽礼,何谓轻哉?"五年,拜左禄勋。光武临朝,或有惰容,湛辄陈谏其失。常乘白马,帝每见湛,辄言:"白马生且复谏矣。"七年,以病乞身,拜光禄大夫,代王丹为太子太傅。及郭后废,因称疾不朝,拜太中大夫,居中东门候舍,故时人号曰中东门君。帝数存问赏赐。后大司徒戴涉被诛,帝强起湛以代之。湛至朝堂,遗失溲便,因自陈疾笃,不能复任朝事,遂罢之。后数年,卒于家。

王丹传

王丹字仲回,京兆下邽人也。哀、平时,仕州郡。王莽

时,连征不至。家累千金,隐居养志,好施周急。每岁农时,辄载酒肴于田间,候勤者而劳之。其惰懒者,耻不致丹,皆兼功自厉。邑聚相率,以致殷富。其轻黠游荡废业为患者,辄晓其父兄,使黜责之。没者则赙给,亲自将护。其有遭丧忧者,辄待丹为办,乡邻以为常。行之十余年,其化大洽,风俗以笃。丹资性方洁,疾恶强豪。时河南太守同郡陈遵,关西之大侠也。其友人丧亲,遵为护丧事,赙助甚丰。丹乃怀缣一匹,陈之于主人前,曰:"如丹此缣,出自机杼。"遵闻而有惭色。自以知名,欲结交于丹,丹拒而不许。会前将军邓禹西征关中,军粮乏,丹率宗族上麦二千斛。禹表丹领左冯翊,称疾不视事,免归。后征为太子少傅。时大司徒侯霸欲与交友,及丹被征,遣子昱候于道。昱迎拜车下,丹下答之。昱曰:"家公欲与君结交,何为见拜?"丹曰:"君房有是言,丹未之许也。"丹子有同门生丧亲,家在中山,白丹欲往奔慰。结侣将行,丹怒而挞之,令寄缣以祠焉。或问其故。丹曰:"交道之难,未易言也。世称管、鲍,次则王、贡。张、陈凶其终,萧、朱隙其末,故知全之者鲜矣。"时人服其言。客初有荐士于丹者,因选举之,而后所举者陷罪,丹坐以免。客惭惧欲自绝,而丹终无所言。寻复征为太子太傅,乃呼客谓曰:"子之自绝,何量丹之薄也?"不为设食以罚之,相待如旧。其后逊位,卒于家。

王良传

王良字仲子,东海兰陵人也。少好学,习《小夏侯尚书》。王莽时,寝病不仕,教授诸生千余人。建武二年,大司马吴汉辟,不应。三年,征拜谏议大夫,数有忠言,以礼进止,朝廷敬之。迁沛郡太守。至蕲县,称病不之府,官属皆随就之,良遂上疾笃,乞骸骨,征拜太中大夫。六年,代宣秉为大司徒司直。在位恭俭,妻子不入官舍,布被瓦器。时司徒史鲍恢以事到东海,过候其家,而良妻布裙曳柴,从田中归。恢告曰:"我司徒史也,故来受书,欲见夫人。"妻曰:"妾是也。苦掾,无书。"恢乃下拜,叹息而还,闻者莫不嘉之。后以病归。一岁复征,至荥阳,疾笃不任进道,乃过其友人。友人不肯见,曰:"不有忠言奇谋取大位,何其往来屑屑不惮烦也?"遂拒之。良惭,自后连征,辄称病。诏以玄纁聘之,遂不应。后光武幸兰陵,遣使者问良所苦疾,不能言对。诏复其子孙邑中繇役,卒于家。

论曰:夫利仁者或借仁以从利,体义者不期体以合义。季文子妾不衣帛,鲁人以为美谈。公孙弘身服布被,汲黯讥其多诈。事实未殊而誉毁别议。何也?将体之与利之异乎?宣秉、王良处位优重,而秉甘疏薄,良妻荷薪,可谓行过乎俭。然当世容其清,人君高其节,岂非临之以诚哉!语曰:"同言而信,则信在言前,同令而行,则诚在令外。"不其然乎!张湛不屑矜伪之消,斯不伪矣。王丹难于交执

之道,斯知交矣。

杜林传

杜林字伯山,扶风茂陵人也。父邺,成哀间为凉州刺史。林少好学沈深,家既多书,又外氏张竦父子喜文采,林从竦受学,博洽多闻,时称通儒。初为郡吏。王莽败,盗贼起,林与弟成及同郡范逡、孟冀等,将细弱俱客河西。道逢贼数千人,遂掠取财装,裸夺衣服,拔刃向林等将欲杀之。冀仰曰:"愿一言而死。将军知天神乎?赤眉兵众百万,所向无前,而残贼不道,卒至破败。今将军以数千之众,欲规霸王之事,不行仁恩而反遵覆车,不畏天乎?"贼遂释之,俱免于难。隗嚣素闻林志节,深相敬待,以为持书平。后因疾告去,辞还禄食。嚣复欲令强起,遂称笃。嚣意虽相望,且欲优容之,乃出令曰:"杜伯山天子所不能臣,诸侯所不能友,盖伯夷、叔齐耻食周粟。今且从师友之位,须道开通,使顺所志。"林虽拘于嚣,而终不屈节。建武六年,弟成物故,嚣乃听林持丧东归。既遣而悔,追令刺客杨贤于陇坻遮杀之。贤见林身推鹿车,载致弟丧,乃叹曰:"当今之世,谁能行义?我虽小人,何忍杀义士!"因亡去。光武闻林已还三辅,乃征拜侍御史,引见,问以经书故旧及西州事,甚悦之,赐车马衣被。群寮知林以名德用,甚尊惮之。京师士大夫,咸推其博洽。河南郑兴、东海卫宏等,皆长于古学。兴尝师事刘歆,林既遇之,欣然言曰:"林得兴等固谐矣,使宏得林,且有以益之。"及宏见林,暗然而服。济南徐巡,始师事宏,后皆更受林学。林前于西州得漆书《古文尚书》一卷,常宝爱之,虽遭艰困,握持不离身。出以示宏等曰:"林流离兵乱,常恐斯经将绝。何意东海卫子、济南徐生复能传之,是道竟不坠于地也。古文虽不合时务,然愿诸生无悔所学。"宏、巡益重之,于是古文遂行。

明年,大议郊祀制,多以为周郊后稷,汉当祀尧。诏复下公卿议,议者佥同,帝亦然之。林独以为周室之兴,祚由后稷,汉业特起,功不缘尧。祖宗故事,所宜因循。定从林议。后代王良为大司徒司直。林荐同郡范逡、赵秉、申屠刚及陇西牛邯等,皆被擢用,士多归之。十一年,司直官罢,以林代郭宪为光禄勋。内奉宿卫,外总三署,周密敬慎,选举称平。郎有好学者,辄见诱进,朝夕满堂。十四年,群臣上言:"古者肉刑严重,则人畏法令;今宪律轻薄,故奸轨不胜。宜增科禁,以防其源。"诏下公卿。林奏曰:"夫人情挫辱,则义节之风损;法防繁多,则苟免之行兴。孔子曰:'导之以政,齐之以刑,民免而无耻。导之以德,齐之以礼,有耻且格。'古之明王,深识远虑,动居其厚,不务多辟,周之五刑,不过三千。大汉初兴,详览失得,故破矩为圆,斫雕为朴,蠲除苛政,更立疏网,海内欢欣,人怀宽德。及至其后,渐以滋章,吹毛索疵,诋欺无限。果桃菜茹之馈,集

以成臧，小事无妨于义，以为大戮，故国无廉士，家无完行。至于法不能禁，令不能止，上下相遁，为敝弥深。臣愚以为宜如旧制，不合翻移。"帝从之。后皇太子强求乞自退，封东海王，故重选官属，以林为王傅。从驾南巡狩。时诸王傅数被引命，或多交游，不得应诏；唯林守慎，有召必至。余人虽不见谴，而林特受赏赐，又辞不敢受，帝益重之。

明年，代丁恭为少府。二十二年，复为光禄勋。顷之，代朱浮为大司空。博雅多通，称为任职相。明年薨，帝亲自临丧送葬，除子乔为郎。诏曰："公侯子孙，必复其始，贤者之后，宜宰城邑。其以乔为丹水长。"

论曰：夫威强以自御，力损则身危。饰诈以图己，诈穷则道屈。而忠信笃敬，蛮貊行焉者，诚以德之感物厚矣。故赵孟怀忠，匹夫成其仁；杜林行义，烈士假其命。《易》曰"人之所助者信"，有不诬矣。

郭丹传

郭丹字少卿，南阳穰人也。父稚，成帝时为庐江太守，有清名。丹七岁而孤，小心孝顺，后母哀怜之，为鬻衣装，买产业。后从师长安，买符入函谷关，乃慨然叹曰："丹不乘使者车，终不出关。"既至京师，常为都讲，诸儒咸敬重之。大司马严尤请丹，辞病不就。王莽又征之，遂与诸生逃于北地。更始二年，三公举丹贤能，征为谏议大夫，持节使归南阳，安集受降。丹自去家十有二年，果乘高车出关，如其志焉。更始败，诸将悉归光武，并获封爵。丹独保平氏不下，为更始发丧，衰绖尽哀。建武二年，遂潜逃去，敝衣间行，涉历险阻，求谒更始妻子，奉还节传，因归乡里。太守杜诗请为功曹，丹荐乡人长者自代而去。诗乃叹曰："昔明王兴化，卿士让位，今功曹推贤，可谓至德。敕以丹事编署黄堂，以为后法。"十三年，大司马吴汉辟举高第，再迁并州牧，有清平称，转使匈奴中郎将，迁左冯翊。永平三年，代李䜣为司徒。在朝廉直公正，与侯霸、杜林、张湛、郭伋齐名相善。明年，坐考陇西太守邓融事无所据，策免。五年，卒于家，时年八十七。以河南尹范迁有清行，代为司徒。

迁字子庐，沛国人，初为渔阳太守，以智略安边，匈奴不敢入界。及在公辅，有宅数亩，田不过一顷，复推与兄子。其妻尝谓曰："君有四子而无立锥之地，可余奉禄，以为后世业。"迁曰："吾备位大臣而蓄财求利，何以示后世！"在位四年薨，家无担石焉。后显宗因朝会问群臣郭丹家今何如。宗正刘匡对曰："昔孙叔敖相楚，马不秣粟，妻不衣帛，子孙竟蒙寝丘之封。丹出典州郡，入为三公，而家无遗产，子孙困匮。"帝乃下南阳访求其嗣。长子宇，官至常山太守。少子济，赵相。

吴良传

吴良字大仪，齐国临淄人也。初为郡吏，岁旦与掾史入贺，门下掾王望举觞上寿，谄称太守功德。良于下坐勃然进曰："望佞邪之人，欺谄无状，愿勿受其觞。"太守敛容而止。宴罢，转良为功曹；耻以言受进，终不肯谒。时骠骑将军东平王苍闻而辟之，署为西曹。苍甚相敬爱；上疏荐良曰："臣闻为国所重，必在得人；报恩之义，莫大荐士。窃见臣府西曹掾齐国吴良，资质敦固，公方廉恪，躬俭安贫，白首一节；又治《尚书》，学通师法，经任博士，行中表仪。宜备宿卫，以辅圣政。臣苍荣宠绝矣，忧责深大，私慕公叔同升之义，惧于臧文窃位之罪，敢秉愚瞽，犯冒严禁。"显宗以示公卿曰："前以事见良，须发皓然，衣冠甚伟。夫荐贤助国，宰相之职，萧何举韩信，设坛而拜，不复考试。今以良为议郎。"永平中，车驾近出，而信阳侯阴就干突禁卫，车府令徐匡钩就车，收御者送狱。诏书谴匡，匡乃自系。良上言曰："信阳侯就倚恃外戚，干犯乘舆，无人臣礼，为大不敬。匡执法守正，反下于理，臣恐圣化由是而弛。"帝虽赦匡，犹左转良为即丘长。后迁司徒长史。每处大议，辄据经典，不希旨偶俗，以徼时誉。后坐事免。复拜议郎，卒于官。

承宫传

承宫字少子，琅邪姑幕人也。少孤，年八岁为人牧豕。乡里徐子盛者，以《春秋经》授诸生数百人。宫过息庐下，乐其业，因就听经，遂请留门下，为诸生拾薪。执苦数年，勤学不倦。经典既明，乃归家教授。遭天下丧乱，遂将诸生避地汉中，后与妻子之蒙阴山，肆力耕种。禾黍将熟，人有认者，宫不与计，推之而去，由是显名。三府更辟，皆不应。永平中，征诣公车。车驾临辟雍，召宫拜博士，迁左中郎将。数纳忠言，陈政，论议切悫，朝臣惮其节，名播匈奴。时北单于遣使求得见宫，显宗敕自整饰，宫对曰："夷狄眩名，非识实者也。臣状丑，不可以示远，宜选有威容者。"帝乃以大鸿胪魏应代之。十七年，拜侍中祭酒。建初元年，卒，肃宗褒叹，赐冢地。妻上书乞归葬乡里，复赐钱三十万。

郑均传

郑均字仲虞，东平任城人也。少好黄老书。兄为县吏，颇受礼遗，均数谏止，不听。即脱身为佣，岁余，得钱帛，归以与兄。曰："物尽可复得，为吏坐臧，终身捐弃。"兄感其言，遂为廉洁。均好义笃实，养寡嫂孤儿，恩礼敦至。常称病家庭，不应州郡辟召。郡将欲必致之，使县令谙将诣门。既至，卒不能屈。均于是客于濮阳。建初三年，司徒鲍昱辟之，后举直言，并不诣。六年，公车特征，再迁尚书，数纳忠言，肃宗敬重之。后以病乞骸骨，拜议郎，告归，因称病笃，帝赐以衣冠。元和元年，诏告庐江太守、东平相曰："议郎郑均，束修安贫，恭俭节整，前在机密，以病致仕，守善贞固，黄发不怠。又前安邑令毛义，躬履逊让，比征辞病，淳洁之风，东州称仁。《书》不云乎：'章厥有常，吉哉！'其赐均、义谷各千斛，常以八月长吏问存，赐羊酒，显兹异行。"明年，帝东巡过任城，乃幸均舍，敕赐尚书禄以终其身，故时人号为"白衣尚书"。永元中，卒于家。

赵典传

赵典字仲经，蜀郡成都人也。父戒，为太尉，桓帝立，以定策封厨亭侯。典少笃行隐约，博学经书，弟子自远方至。建初中，四府表荐，征拜议郎，侍讲禁内，再迁为侍中。时帝欲广开鸿池，典谏曰："鸿池泛溉，已且百顷，犹复增而深之，非所以崇唐虞之约已，遵孝文之爱人也。"帝纳其言而止。父卒，袭封。出为弘农太守，转右扶风。公事去官，征拜城门校尉，转将作大匠，迁少府，又转大鸿胪。时恩泽诸侯以无劳受封，群臣不悦而莫敢谏，典独奏言："夫无功而赏，劳者不劝，上忝下辱，乱象干度。且高祖之誓，非功臣不封。宜一切削免爵土，以存旧典。"帝不从，顷之，转太仆，迁太常。朝廷每有灾异疑议，辄咨问之。典据经正对，无所曲折。每得赏赐，辄分与诸生之贫者。后以谏争违旨，免官就国。会帝崩，时禁藩国诸侯不得奔吊，典慨然曰："身从衣褐之中，致位上列。且乌乌反哺报德，况于士邪！"遂解印绶符策付县，而驰到京师。州郡及大鸿胪并执处其罪，而公卿百寮嘉典之义，表请以租自赎，诏书许之。再迁长乐少府、卫尉。公卿复表典笃学博闻，宜备国师。会病卒，使者吊祠。窦太后复遣使兼赠印绶，谥曰献侯。

典兄子谦，谦弟温，相继为三公。谦字彦信，初平元年，代黄琬为太尉。献帝迁都长安，以谦行车骑将军，为前置。明年病罢。复为司隶校尉。车师王侍子为董卓所爱，数犯法，谦收杀之。卓大怒，杀都官从事，而素敬惮谦，故不加罪。转为前将军，遣击白波贼，有功，封郿侯。李傕杀司徒王允，复代允为司徒，数月病免，拜尚书令。是年卒，谥曰忠侯。

温字子柔，初为京兆丞，叹曰："大丈夫当雄飞，安能雌伏！"遂弃官去。遭岁大饥，散家粮以赈穷饿，所活万余人。献帝西迁都，为侍中，同舆辇至长安，封江南亭侯，代杨彪为司空，免，顷之，复为司徒，录尚书事。时李傕与郭汜相攻，傕遂虏掠禁省，劫帝幸北坞，外内隔绝。傕素疑温不与己同，乃内温于坞中，又欲移乘舆及黄白城。温与傕书曰："公前托为董公报仇，然实屠陷王城，杀戮大臣，天下不可家见而户说也。今与郭汜争睚眦之隙，以成千钧之仇，人在涂炭，各不聊生。曾不改悟，遂成祸乱。朝廷仍下明诏，欲令和解。上命不行，威泽日损。而复欲移转乘舆，更幸非所，此诚老夫所不达也。于《易》，一为过，再为涉，三而弗改，灭其顶，凶。不如共和解，引军还屯，上安万乘，下全人民，岂不幸甚。"傕大怒，欲遣人杀温。李傕从弟应，温故掾也，谏之数日，乃获免。温从车驾都许。建安十三年，以辟司空曹操子丕为掾，操怒，奏温辟臣子弟，选举不实，免官。是岁卒，年七十二。

赞曰："宣、郑、二王，奉身清方。杜林据古，张湛矜庄。典以义黜，宫由德扬。大仪鹄发，见表宪王。少卿志仕，终乘高箱。

卷五十八上　桓冯列传第十八上

桓谭传

桓谭字君山，沛国相人也。父成帝时为太乐令。谭以父任为郎，因好音律，善鼓琴。博学多通，遍习《五经》，皆诂训大义，不为章句。能文章，尤好古学，数从刘歆、杨雄辩析疑异。性嗜倡乐，简易不修威仪，而憙非毁俗儒，由是多见排抵。哀平间，位不过郎。傅皇后父孔乡侯晏深善于谭。是时高安侯董贤宠幸，女弟为昭仪，皇后日已疏，晏嘿嘿不得意。谭进说曰："昔武帝欲立卫子夫，阴求陈皇后之过，而陈后终废，子夫竟立。今董贤至爱而女弟尤幸，殆将有子夫之变，可不忧哉！"晏惊动，曰："然，为之奈何？"谭曰："刑罚不能加无罪，邪枉不能胜正人。夫士以才智要君，女以媚道求主。皇后年少，希更艰难，或驱使医巫，外求方技，此不可不备。又君侯以后父重而多通宾客，必借以重埶，贻致讥议。不如谢遣门徒，务执谦悫，此修己正家避祸之道也。"晏曰："善"。遂罢遣常客，入白皇后，如谭所戒。后贤果风太医令真钦，使求傅氏罪过，遂逮后弟侍中喜，诏狱无所得，乃解。故傅氏终全于哀帝之时。及董贤为大司马，闻谭名，欲与之交。谭先奏书于贤，说以辅国保身之术，贤不能用，遂不与通。当王莽居摄篡弑之际，天下之士，莫不竞褒称德美，作符命以求容媚，谭独自守，默然无言。莽时为掌乐大夫，更始立，召拜太中大夫。世祖即位，征待诏，上书言事失旨，不用。后大司空宋弘荐谭，拜议郎给事中，因上疏陈时政所宜，曰：

臣闻国之废兴，在于政事；政事得失，由乎辅佐。

辅佐贤明,则俊士充朝,而理合世务;辅佐不明,则论失时宜,而举多过事。夫有国之君,俱欲兴化建善,然而政道未理者,其所谓贤者异也。昔楚庄王问孙叔敖曰:"寡人未得所以为国是也。"叔敖曰:"国之有是,众所恶也,恐王不能定也。"王曰:"不定独在君,亦在臣乎?"对曰:"君骄士,曰士非我无从富贵;士骄君,曰君非士无从安存。人君或至失国而不悟,士或至饥寒而不进。君臣不合,则国是无从定矣。"庄王曰:"善。愿相国与诸大夫共定国是也。"盖善政者,视俗而施教,察失而立防,威德更兴,文武迭用,然后政调于时,而躁人可定。昔董仲舒言"理国譬若琴瑟,其不调者则解而更张"。夫更张难行,而拂众者亡,是故贾谊以才逐,而晁错以智死。世虽有殊能而终莫敢谈者,惧于前事也。且设法禁者,非能尽塞天下之奸,皆合众人之所欲也。大抵取便国利事多者,则可矣。夫张官置吏,以理万人,悬赏设罚,以别善恶。恶人诛伤,则善人蒙福矣。今人相杀伤,虽已伏法,而私结怨仇,子孙相报,后忿深前。至于灭户殄业,而俗称豪健,故虽有怯弱,犹勉而行之,此为听人自理而无复法禁者也。今宜申明旧令,若已伏官诛而私相伤杀者,虽一身逃亡,皆徙家属于边,其相伤者,加常二等,不得雇山赎罪。如此,则仇怨自解,盗贼息矣。

夫理国之道,举本业而抑末利,是以先帝禁人二业,锢商贾不得宦为吏,此所以抑并兼长廉耻也。今富商大贾,多放钱货,中家子弟,为之保役,趋走与臣仆等勤,收税与封君比入,是以众人慕效,不耕而食,至乃多通侈靡,以淫耳目。今可令诸商贾自相纠告,若非身力所得,皆以臧畀告者。如此,则专役一己,不敢以货与人,事寡力弱,必归功田亩。田亩修,则谷入多而地力尽矣。又见法令决事,轻重不齐,或一事殊法,同罪异论,奸吏得因缘为市,所欲活则出生议,所欲陷则与死比,是为刑开二门也。今可令通义理明习法律者,校定科比,一其法度,班下郡国,蠲除故条。如此,天下知方,而狱无怨滥矣。

书奏,不省。是时帝方信谶,多以决定嫌疑。又酬赏少薄,天下不时安定。谭复上疏曰:

臣前献瞽言,未蒙诏报,不胜愤懑,冒死复陈。愚夫策谋,有益于政道者,以合人心而得事理也。凡人情忽于见事而贵于异闻,观先王之所记述,咸以仁义正道为本,非有奇怪虚诞之事。盖天道性命,圣人所难言也。自子贡以下,不得而闻,况后世浅儒,能通之乎!今诸巧慧小才伎数之人,增益图书,矫称谶记,以欺惑贪邪,诖误人主,焉可不抑远之哉!臣谭伏闻陛下穷折方士黄白之术,甚为明矣;而乃欲听纳谶记,又何误也!其事虽有时合,譬犹卜数只偶之类。陛下宜垂明听,发圣意,屏群小之曲说,述《五经》之正义,略雷同之俗语,详通人之雅谋。

又臣闻安平则尊道术之士,有难则贵介胄之臣。今圣朝兴复祖统,为人臣主,而四方盗贼未尽归伏者,此权谋未得也。臣谭伏观陛下用兵,诸所降下,既无重赏以相恩诱,或至虏掠夺其财物。是以兵长渠率,各生狐疑,党辈连结,岁月不解。古人有言曰:"天下皆知取之为取,而莫知与之为取。"陛下诚能轻爵重赏,与士共之,则何招而不至,何说而不释,何向而不开,何征而不克!如此,则能以狭为广,以迟为速,亡者复存,失者复得矣。

帝省奏,愈不悦。其后有诏会议灵台所处,帝谓谭曰:"吾欲以谶决之,何如?"谭默然良久,曰:"臣不读谶。"帝问其故,谭复极言谶之非经。帝大怒曰:"桓谭非圣无法,将下斩之。"谭叩头流血,良久乃得解。出为六安郡丞,意忽忽不乐,道病卒,时年七十余。初,谭著书言当世行事二十九篇,号曰《新论》,上书献之,世祖善焉。《琴道》一篇未成,肃宗使班固续成之。所著赋、诔、书、奏,凡二十六篇。元和中,肃宗行东巡狩,至沛,使使者祠谭冢,乡里以为荣。

冯衍传

冯衍字敬通,京兆杜陵人也。祖野王,元帝时为大鸿胪。衍幼有奇才,年九岁,能诵《诗》,至二十而博通群书。王莽时,诸公多荐举之者,衍辞不肯仕。时天下兵起,莽遣更始将军廉丹讨伐山东。丹辟衍为掾,与俱至定陶。莽追诏丹曰:"仓廪尽矣,府库空矣,可以怒矣,可以战矣。将军受国重任,不捐身于中野,无以报恩塞责。"丹惶恐,夜召衍,以书示之。衍因说丹曰:"衍闻顺而成者,道之所大也;逆而功者,权之所贵也。是故期于有成,不问所由;论于大体,不守小节。昔逢丑父伏轼而使其君取饮,称于诸侯;郑祭仲立突而出忽,终得复位,美于《春秋》。盖以死易生,以存易亡,君子之道也。诡于众意,宁国存身,贤智之虑也。故《易》曰'穷则变,变则通,通则久,是以自天祐之,吉无不利'。若夫知其不可而必行之,破军残众,无补于主,身死之日,负义于时,智者不为,勇者不行。且衍闻之,得时无怠。张良以五世相韩,椎秦始皇博浪之中,勇冠乎贲、育,名高乎太山。将军之先,为汉信臣。新室之兴,英俊不附。今海内溃乱,人怀汉德,甚于诗人思召公也。爱其甘棠,而况子孙乎?人所歌舞,天必从之。方今为将军计,莫若屯据大郡,镇抚吏士,砥厉其节,百里之内,牛酒日赐,纳雄桀之士,询忠智之谋,要将来之心,待从横之变,兴社稷之利,除万人之害,则福禄流于无穷,功烈著于不灭。何与军覆于中原,身膏于草野,功败名丧,耻及先祖哉?圣人转祸而为福,智士因败而为功,愿明公深计而无与俗同。"丹不能从。进及睢阳,复说丹曰:"盖闻明者见于无形,智者虑于未萌,况其昭哲者乎?凡患生于所忽,祸发于细微,败不可悔,时不可失。公孙鞅曰:'有高人之行,负非于世;有独见之虑,见赘于人。'故信庸庸之论,破金石之策,袭当世之操,失高明之德。夫决不智之君也,疑者事之贼也。时不重至,公勿再计。"丹不听,遂进及无盐,与赤眉战死。衍乃亡命河东。更始二年,遣尚书仆射鲍永行大将军事,安集北方。衍因以计说永曰:

衍闻明君不恶切愨之言,以测幽冥之论;忠臣不顾争引之患,以达万机之变。是故君臣两兴,功名兼立,铭勒金石,令闻不忘。今衍幸逢宽明之日,将值危言之时,岂敢拱默避罪,而不竭其诚哉!伏念天下离王莽之害久矣。始自东郡之师,继以西海之役,巴、蜀没于南夷,缘边破于北狄,远征万里,暴兵累年,祸挐未解,兵连不息,刑法弥深,赋敛愈重。众强之党,横击于外,百僚之臣,贪残于内,元元无聊,饥寒并臻,父子流亡,夫妇离散,庐落丘墟,田畴芜秽,疾疫大兴,灾异蜂起。于是江湖之上,海岱之滨,风腾波涌,更相駾藉,四垂之人,肝脑涂地,死亡之数,不啻太半,殃咎之毒,痛入骨髓,匹夫僮妇,咸怀怨怒。皇帝以圣德灵威,龙兴凤举,率宛、叶之众,将散乱之兵,啑血昆阳,长驱武关,破百万之陈,摧九虎之军,雷震四海,席卷天下,攘除祸乱,诛灭无道,一期之间,海内大定。继高祖之休烈,修文武之绝业,社稷复存,炎精更辉,德冠往初,功无与二。天下自以去亡新,就圣汉,当蒙其福而赖其愿。树恩布德,易以周洽,其犹顺惊风而飞鸿毛也。然而诸将虏掠,逆伦绝理,杀人父子,妻人妇女,燔其室屋,略其财产,饥者毛食,寒者裸跣,冤结失望,无所归命。今大将军以明淑之德,秉大使之权,统三军之政,存抚并州之人,惠爱之诚,加乎百姓,高世之声,闻乎群士,故其延颈企踵而望者,非特一人也。且大将军之事,岂得珪璧其行,束修其心而已哉?将定国家之大业,成天地之元功也。昔周宣中兴之主,齐桓霸强之君耳,犹有申伯、召虎、夷吾、吉甫攘其螫贼,安其疆宇。况乎万里之汉,明帝复兴,而大将军为之梁栋,此诚不可以忽也。

且衍闻之,兵久则力屈,人愁则变生。今邯郸之贼未灭,真定之际复扰,而大将军所部不过百里,守城不休,战军不息,兵革云翔,百姓震骇,奈何自息,不为深忧?夫并州之地,东带名关,北逼强胡,年谷独孰,人庶多资,斯四战之地,攻守之场也。如其不虞,何以待之?故曰"德不素积,人不为用。备不豫具,难以应卒"。今生人之命,悬于将军,将军所杖,必须良才,宜改易非任,更选贤能。夫十室之邑,必有忠信。

审得其人,以承大将军之明,虽则山泽之人,无不感德,思乐为用矣。然后简精锐之卒,发屯守之士,三军既整,甲兵已具,相其土地之饶,观其水泉之利,制屯田之术,习战射之教,则威风远畅,人安其业矣。若镇太原,抚上党,收百姓之欢心,树名贤之良佐,天下无变,则足以显声誉,一朝有事,则可以建大功。惟大将军开日月之明,发深渊之虑,监《六经》之论,观孙吴之策,省群议之是非,详众士之白黑,以超《周南》之迹,垂《甘棠》之风,令夫功烈施于千载,富贵传于无穷。伊、望之策,何以加兹!

永既素重衍,为且受使得自置偏裨,乃以衍为立汉将军,领狼孟长,屯太原,与上党太守田邑等缮甲养士,扞卫并土。及世祖即位,遣宗正刘延攻天井关,与田邑连战十余合,延不得进。邑迎母弟妻子,为延所获。后邑闻更始败,乃遣使诣洛阳献璧马,即拜为上党太守。因遣使者招永、衍,永、衍等疑不肯降,而忿邑背前约,衍乃遗邑书曰:

盖闻晋文立出奔而子犯宣其忠,赵武逢难而程婴明其贤,二子之义当矣。今三王背畔,赤眉危国,天下蚁动,社稷颠陨,是忠臣立功之日,志士驰马之秋也。伯玉擢选剖符,专宰大郡。夫上党之地,有四塞之固,东带三关,西为国蔽,奈何举之以资强敌,开天下之匈,假仇雠之刃?岂不哀哉!

衍闻之,委质为臣,无有二心,挈瓶之智,守不假器。是以晏婴临盟,拟以曲戟,不易其辞;谢息守郕,胁以晋、鲁,不丧其邑。由是言之,内无钩颈之祸,外无桃莱之利,而被畔人之声,蒙降城之耻,窃为左右羞之。且郪庶其窃邑畔君,以要大利,曰贱而必书,莒牟夷以土地求食,而名不灭。是以大丈夫动则思礼,行则思义,未有背此而身名能全者也。为伯玉深计,莫若与鲍尚书同情毕力,显忠贞之节,立超世之功。如以尊亲系累之故,能捐位投命,归之尚书,大义既全,敌人纾怨,上不损剖符之责,下足救老幼之命,申眉高谈,无愧天下。若乃贪上党之权,惜全邦之实,衍恐伯玉必怀前赵之忧,上党复有前年之祸。昔晏平仲纳延陵之诲,终免栾高之难,孙林父违穆子之戒,故陷终身之恶。以为伯玉闻此至言,必若刺心,自非婴城而坚守,则策马而不顾也。圣人转祸而为福,智士因败以成胜,愿自强于时,无与俗同。

邑报书曰:

仆虽驽怯,亦欲为人者也,岂苟贪生而畏死哉!曲戟在颈,不易其心,诚也志也。间者,老母诸弟见执于军,而邑安然不顾者,岂非重其节乎?若使人居天地,寿如金石,要长生而避死可也。今百龄之期,未有能至,老壮之间,相去几何。诚使故朝尚在,忠义可立,虽老亲受戮,妻儿横分,邑之愿也。间者,上党黠

卷五十八下　　冯衍传第十八下

冯衍传

建武末，上疏自陈曰：

臣伏念高祖之略而陈平之谋，毁之则疏，誉之则亲。以文帝之明而魏尚之忠，绳之以法则为罪，施之以德则为功。逮至晚世，董仲舒言道德，见妒于公孙弘，李广奋节于匈奴，见排于卫青，此忠臣之常所为流涕也。臣衍自惟微贱之臣，上无无知之荐，下无冯唐之说，乏董生之才，寡李广之埶，而欲免谗口，济怨嫌，岂不难哉！

臣衍之先祖，以忠贞之故，成私门之祸。而臣衍复遭扰攘之时，值兵革之际，不敢回行求时之利，事君无倾邪之谋，将帅无虏掠之心。卫尉阴兴，敬慎周密，内自修敕，外远嫌疑，故敢与交通。兴知臣之贫，数欲本业之。臣自惟无三益之才，不敢处三损之地，固让而不受之。昔在更始，太原执货财之柄，居苍卒之间，据位食禄二十余年，而财产岁狭，居处日贫，家无布帛之积，出无舆马之饰。于今遭清明之时，饬躬力行之秋，而怨仇丛兴，讥议横世。盖富贵易为善，贫贱难为工也。疏远坰亩之臣，无望高阙之下，惶恐自陈，以救罪尤。

书奏，犹以前过不用。衍不得志，退而作赋，又自论曰：

冯子以为夫人之德，不碌碌如玉，落落如石。风兴云蒸，一龙一蛇，与道翱翔，与时变化，夫岂守一节哉？用之则行，舍之则藏，进退无主，屈申无常。故曰："有法无法，因时为业，有度无度，与物趣舍。"常务道德之实，而不求当世之名，阔略杪小之礼，荡佚人间之事。正身直行，恬然肆志。顾尝好俶傥之策，时莫能听用其谋，喟然长叹，自伤不遭。久栖迟于小官，不得舒其所怀。抑心折节，意凄情悲。夫伐冰之家，不利鸡豚之息；委积之臣，不操市井之利。况历位食禄二十余年，而财产益狭，居处益贫。惟夫君子之仕，行其道也。虑时务者不能兴大德，为身求者不能成其功。去而归家，复羁旅于州郡，身愈据职，家弥穷困，卒离饥寒之灾，有丧元子之祸。先将军葬渭陵，哀帝之崩也，营之以为园。于是以新丰之东，鸿门之上，寿安之中，地埶高敞，四通广大，南望郦山，北属泾渭，东瞰河华，龙门之阳，三晋之路，西顾酆鄗，周秦之丘，宫观之墟，通视千里，览见旧都，遂定茔焉。退而幽居，盖

贼，大众围城，义兵两辈，入据井陉。邑亲溃敌围，拒击宗正，自试智勇，非不能当。诚知故朝为兵所害，新帝司徒已定三辅，陇西、北地从风响应。其事昭昭，日月经天，河海带地，不足以比。死生有命，富贵在天。天下存亡，诚云命也。邑虽没身，能如命何？夫人道之本，有恩有义，义有所宜，恩有所施。君臣大义，母子至恩。今故主已亡，义其谁为；老母拘执，恩所当留。而厉以贪权，诱以策马，抑其利心，必其不顾，何其愚乎！邑年三十，历位卿士，性少嗜欲，情厌事为。况今位尊身危，财多命殆，鄙人知之，何疑君子？君长、敬通揭节垂组，自相署立。盖仲由使门人为臣，孔子讥其欺天。君长据位两州，加以一郡，而河东畔国，兵不入彘，上党见围，不窥大谷，宗正临境，莫之能援。兵威屈辱。国权日损，三王背畔，赤眉害主，未见兼行倍道之赴，昔墨翟累茧救宋，申包胥重胝存楚，卫女驰归唁兄之志。主亡一岁，莫知定所，虚冀妄言，苟肆鄙塞。未能事生，安能事死？未知为臣，焉知为主？岂厌为臣子，思为君父乎！欲摇太山而荡北海，事败身危，要思邑言。

衍不从。或讦言更始随赤眉在北，永、衍信之，故屯兵界休，方移书上党，云皇帝在雍，以惑百姓。永遣弟升及子婿张舒诱降涅城，舒家在上党，邑悉系之。又书劝永降，永不答，自是与邑有隙。邑字伯玉，冯翊人也，后为渔阳太守。永、衍审知更始已殁，乃共罢兵，幅巾降于河内。帝怨衍等不时至，永以立功得赎罪，遂任用之，而衍独见黜。永谓衍曰："昔高祖赏季布之罪，诛丁固之功。今遭明主，亦何忧哉！"衍曰："记有之，人有挑其邻人之妻者，挑其长者，长者詈之，挑其少者，少者报之，后其夫死而取其长者。或谓之曰：'夫非骂尔者邪？'曰：'在人欲其报我，在我欲其骂人也。'夫天命难知，人道易守，守道之臣，何患死亡？"顷之，帝以衍为曲阳令，诛斩剧贼郭胜等，降五千余人，论功当封，以谗毁，故赏不行。

建武六年日食，衍上书陈八事：其一曰显文德，二曰褒武烈，三曰修旧功，四曰招俊杰，五曰明好恶，六曰简法令，七曰差秩禄，八曰抚边境。书奏，帝将召见。初，衍为狼孟长，以罪推陷大姓令狐略，是时略为司空长史，谮之于尚书令王护、尚书周生丰曰："衍所以求见者，欲毁君也。"护等惧之，即共排间，衍遂不得入。后卫尉阴兴、新阳侯阴就以外戚贵显，深敬重衍，衍遂与之交结，由是为诸王所聘请，寻为司隶从事。帝恶西京外戚宾客，故皆以法绳之，大者抵死徙，其余至贬黜。衍由此得罪，尝自诣狱，有诏赦不问。西归故郡，闭门自保，不敢复与亲故通。

忠臣过故墟而歔欷,孝子入旧室而哀叹。每念祖考,著盛德于前,垂鸿烈于后,遭时之祸,坟墓芜秽,春秋蒸尝,昭穆无列。年衰岁暮,悼无成功,将西田牧肥饶之野,殖生产,修孝道,营宗庙,广祭祀。然后阖门讲习道德,观览乎孔老之论,庶几乎松乔之福。上陇阪,陟高冈,游精宇宙,流目八纮。历观九州山川之体,追览上古得失之风,愍道陵迟,伤德分崩。夫睹其终必原其始,故存其人而咏其道。疆理九野,经营五山,眇然有思陵云之意。乃作赋自厉,命其篇曰《显志》。显志者,言光明风化之情,昭章玄妙之思也。其辞曰:

　　开岁发春兮,百卉含英。甲子之朝兮,汨吾西征。发轫新丰兮,裴回镐京。陵飞廉而太息兮,登平阳而怀伤。悲时俗之险厄兮,哀好恶之无常。弃衡石而意量兮,随风波而飞扬。纷纶流于权利兮,亲雷同而妒异。独耿介而慕古兮,岂时人之所熹?沮先圣之成论兮,懑名贤之高风。忽道德之珍丽兮,务富贵之乐耽。遵大路而裵回兮,履孔德之窈冥。固众夫之所眩兮,孰能观于无形?行劲直以离尤兮,羌前人之所有;内自省而不惭兮,遂定志而弗改。欣吾党之唐虞兮,愍吾生之愁勤。聊发愤而扬情兮,将以荡夫忧心。往者不可攀援兮,来者不可与期,病没世之不称兮,愿横逝而无由。陟雍畤而消摇兮,超略阳而不反。念人生之不再兮,悲六亲之日远。陟九嵕而临崄塉兮,听泾渭之波声。顾鸿门而歔欷兮,哀吾孤之早零。何天命之不纯兮,信吾罪之所生;伤诚善之无辜兮,赍此恨而入冥。嗟我思之不远兮,岂败事之可悔。虽九死而不眠兮,恐余殃之有再。泪汍澜而雨集兮,气滂浡而云披。心怫郁而纡结兮,意沉抑而内悲。瞰太行之嵯峨兮,观壶口之峥嵘。悼丘墓之芜秽兮,恨昭穆之不荣。岁忽忽而日迈兮,寿冉冉其不与;耻功业之无成兮,赴原野而穷处。昔伊尹之干汤兮,七十说而乃信;皋陶钓于雷泽兮,赖虞舜而后亲。无二士之遭遇兮,抱忠贞而莫达;率妻子而耕耘兮,委厥美而不伐。韩卢抑而不纵兮,骐骥絆而不试;独慷慨而远览兮,非庸庸之所识。卑卫赐之阜货兮,高颜回之所慕;重祖考之洪烈兮,故收功于此路。循四时之代谢兮,分五土之刑德;相林麓之所产兮,尝水泉之所殖。修神农之本业兮,采轩辕之奇策;追周弃之遗教兮,轶范蠡之绝迹。陟陇山以逾望兮,眇然览于八荒,风波飘其并兴兮,情惆怅而增伤。览河华之沃野兮,望秦晋之故国。愤冯亭之不遂兮,愠去疾之遭惑。流山岳而周览兮,徇碣石与洞庭。浮江河而入海兮,溯淮济而上征。瞻燕齐之旧居兮,历宋楚之名都。哀群后之不祀兮,痛列国之为墟。驰中藩而升降兮,路纡轸而多艰;讲圣哲之通论兮,心愊忆而纷纭。惟天路之同轨兮,或帝王之异政;尧舜焕其荡荡兮,禹承平而革命。并日夜而幽思兮,终悁憛而洞疑。高阳憗其超远兮,世孰可以论兹?讯夏启于甘泽兮,伤帝典之始倾;颂成康之载德兮,咏《南风》之歌声。思唐虞之晏晏兮,揖稷契与为朋。苗裔纷其条畅兮,至汤武而勃兴。昔三后之纯粹兮,每季世而穷祸;吊夏桀于南巢兮,哭殷纣于牧野。诏伊尹于亳郊兮,享吕望于酆洲。功与日月齐光兮,名与三王争流。杨朱号乎衢路兮,墨子泣乎白丝;知渐染之易性兮,怨造作之弗思。美《关雎》之识微兮,愍王道之将崩;拔周唐之盛德兮,捃桓文之谲功。忿战国之遭祸兮,憎权臣之擅强;黜楚子于南郢兮,执赵武于湨梁。善忠信之救时兮,恶诈谋之妄作;聘申叔于陈蔡兮,禽荀息于虞虢。诛犨鉏之介圣兮,讨臧仓之愬知;嬿子反于彭城兮,爵管仲于夷仪。疾兵革之浸滋兮,苦攻伐之萌生;沈孙武于五湖兮,斩白起于长平。恶丛巧之乱世兮,毒从横之败俗;流苏秦于洹水兮,幽张仪于鬼谷。澄德化之陵迟兮,烈刑罚之峭峻;燔商鞅之法术兮,烧韩非之说论。诮始皇之跋扈兮,投李斯于四裔;灭先王之法则兮,祸浸淫而弘大。援前圣以制中兮,矫二主之骄奢。俨女齐于绛台兮,缯椒举于章华。摘道德之光耀兮,匡衰世之眇风;褒宋襄于泓谷兮,表季札于延陵。撫仁智之英华兮,激乱国之末流。观郑侨于溱洧兮,访晏婴于营丘。日瞳瞳其将暮兮,独於邑而烦惑;夫何九州之博大兮,迷不知路之南北。驷素虬而驰骋兮,乘翠云而相伴;就伯夷而折中兮,得务光而愈明。款子高于中野兮,遇伯成而定虑。钦真人之德美兮,淹踌躇而弗去。意斟愖而不澹兮,俟回风而容与,求善卷之所存兮,遇许由于负黍。轫吾车于箕阳兮,秣吾马于颍浒。闻至言而晓领兮,还吾反乎故宇。览天地之幽奥兮,统万物之维纲。究阴阳之变化兮,昭五德之精光。跃青龙于沧海兮,豢白虎于金山;凿岩石而为室兮,托高阳以养仙。神雀翔于鸿崖兮,玄武潜于婴冥;伏朱楼而四望兮,采三秀之华英。纂前修之夸节兮,曜往昔之光勋;披绮季之丽服兮,扬屈原之灵芬。高吾冠之岌岌兮,长吾佩之洋洋;饮六醴之清液兮,食五芝之茂英。揵六枳而为篱兮,筑蕙若而为室;播兰芷于中廷兮,列杜衡于外术。攒射干杂蘼芜兮,构木兰与新夷。光鹿扈其炀耀兮,纷郁郁而畅美。华芳晔其发越兮,时恍惚而莫贵;非惜身之坎轲兮,怜众美之憔悴。游精神于大宅兮,抗玄妙之常操;处清静以养志兮,实吾心之所乐。山峨峨而造天兮,林冥冥而畅茂。鸾回翔索其群兮,鹿哀鸣而求其友。诵古今以散思兮,览圣贤以自镇。嘉孔丘之知命兮,大老聃之贵玄;德与道其孰宝兮?名与身其孰亲?陟山谷而闲处兮,守寂寞而存神。夫庄周之钓鱼兮,辞卿相之显位;於陵子灌园兮,似至人之仿佛。盖隐约而得道兮,羌穷悟而入术。离尘垢之窈冥兮,配乔、松之妙节。惟吾志之所庶兮,固与俗其不同;既俶傥而高引兮,愿观其从容。

显宗即位,又多短衍以文过其实,遂废于家。衍娶北地任氏女为妻,悍忌,不得畜媵妾,儿女常自操井臼,老竟逐之,遂坎壈于时。然有大志,不戚戚于贱贫。居常慷慨叹曰:"衍少事名贤,经历显位,怀金垂紫;揭节奉使,不求苟得,常有凌云之志。三公之贵,千金之富,不得其愿,不概于怀。贫而不衰,贱而不恨,年虽疲曳,犹庶几名贤之风。修道德于幽冥之路,以终身名,为后世法。"居贫年老,卒于家。所著赋、诔、铭、说、《问交》、《德诰》、《慎情》、书记说、自序、官录说、策五十篇,肃宗甚重其文。子豹。

豹字仲文,年十二,母为父所出。后母恶之,尝因豹夜寐,欲行毒害,豹逃走得免。敬事愈谨,而母疾之益深,时人称其孝。长好儒学,以《诗》、《春秋》教丽山下。乡里为之语曰:"道德彬彬冯仲文。"举孝廉,拜尚书郎,忠勤不懈。每奏事未报,常俯伏省阁,或从昏至明。肃宗闻而嘉之,使黄门持被覆豹,敕令勿惊,由是数加赏赐。是时方平西域,以豹有才谋,拜为河西副校尉。和帝初,数言边事,奏置戊己校尉,城郭诸国复率旧职,迁武威太守,视事二年,河西称之,复征入为尚书。永元十四年,卒于官。

论曰:夫贵者负势而骄人,才士负能而遗行,其大略然也。二子不其然乎!冯衍之引挑妻之譬,得矣。夫纳妻皆知取贤己者,而取士则不能。何也?岂非反妒情易,而恕义情难。光武虽得之于鲍永,犹失之于冯衍。夫然,义直所以见屈于既往,守节故亦弥阻于来情。呜呼!

赞曰:谭非谶术,衍晚委质。道不相谋,诡时同失。体兼上才,荣微下秩。

卷五十九 申屠鲍郅列传第十九

申屠刚传

申屠刚字巨卿,扶风茂陵人也。七世祖嘉,文帝时为丞相。刚质性方直,常慕史鱼、汲黯之为人。仕郡功曹。平帝时,王莽专政,朝多猜忌,遂隔绝帝外家冯卫二族,不得交宦,刚常疾之。及举贤良方正,因对策曰:

臣闻王事失则神祇怨怒,奸邪乱正,故阴阳谬错。此天所以谴告王者,欲令失道之君,旷然觉悟,怀邪之臣,惧然自刻者也。今朝廷不考功校德,而虚纳毁誉,数下诏书,张设重法,抑断诽谤,禁割论议,罪之重者,乃至腰斩。伤忠臣之情,挫直士之锐,殆乖建进善之旌,县敢谏之鼓,辟四门之路,明四目之义也。

臣闻成王幼少,周公摄政,听言下贤,均权布宠,无旧无新,唯仁是亲,动顺天地,举措不失。然近则召公不悦,远则四国流言。夫子母之性,天道至亲。今圣主幼少,始免褓襁,即位以来,至亲分离,外戚杜隔,恩不得通。且汉家之制,虽任英贤,犹援姻戚。亲疏相错,杜塞间隙,诚所以安宗庙,重社稷也。今冯、卫无罪,久废不录,或处穷僻,不若民庶,诚非慈爱忠孝承上之意。夫为人后者,自有正义,至尊至卑,其势不嫌,是以人无贤愚,莫不为怨,奸臣贼子,以之为便,不讳之变,诚难其虑。今之保傅,非古之周公。周公至圣,犹尚有累,何况事失其衷,不合天心者哉?昔周公先遣伯禽守封于鲁,以义割恩,宠不加后,故配天郊祀,三十余世。霍光秉政,辅翼少主,修善进士,名以忠直,而尊崇其宗党,摧抑外戚,结贵据权,至坚至固,终没之后,受祸灭门。方今师傅皆以伊、周之位,据贤保之任,以此思化,则何不至?不思其危,则祸何不到?损益之际,孔父攸叹,持满之戒,老氏所慎。盖功冠天下者不安,威震人主者不全。今承衰乱之后,继重敝之世,公家屈竭,赋敛重数,苛吏夺其时,贪夫侵其财,百姓困乏,疾疫夭命。盗贼群辈,且以万数,军行众止,窃号自立,攻犯京师,燔烧县邑,至乃讹言积弩入宫,宿卫惊惧。自汉兴以来,诚未有也。国家微弱,奸谋不禁,六极之效,危于累卵。王者承天顺地,典爵主刑,不敢以天官私其宗,不敢以天罚轻其亲。陛下宜遂圣明之德,昭然觉悟,远述帝王之迹,近遵孝文之业,差五品之属,纳至亲之序,亟遣使者征中山太后,置之别宫,令时朝见。又召冯卫二族,裁与冗职,使得执戟,亲奉宿卫,以防未然之符,以抑患祸之端。上安社稷,下全保傅,内和亲戚,外绝邪谋。

书奏,莽令元后下诏曰:"刚所言僻经妄说,违背大义。其罢归田里。"后莽篡位,刚遂避地河西,转入巴蜀,往来二十许年。及隗嚣据陇右,欲背汉而附公孙述。刚说之曰:"愚闻人所归者天所与也,人所畔者天所去也。伏念本朝躬圣德,举义兵,龚行天罚,所当必推,诚天之所福,非人力也。将军本无尺土,孤立一隅,宜推诚奉顺,与朝并力,上应天心,下酬人望,为国立功,可以永年。嫌疑之事,圣人所绝。以将军之威重,远在千里,动作举措,可不慎与?今玺书数到,委国归信,欲与将军共同吉凶。布衣相与,尚有没身不负然诺之信,况于万乘者哉!今何畏何利,久疑如是?卒有非常之变,上负忠孝,下愧当世。夫未至豫言,固常为虚,及其已至,又无所及,是以忠言至谏,希得为用。

诚愿反覆愚老之言。"嚣不纳,遂畔从述。

建武七年,诏书征刚。刚将归,与嚣书曰:"愚闻专己者孤,拒谏者塞,孤塞之政,亡国之风也。虽有明圣之姿,犹屈己从众,故虑无遗策,举无过事。夫圣人不以独见为明,而以万物为心。顺人者昌,逆人者亡,此古今之所共也。将军以布衣为乡里所推,廊庙之计,既不豫定,动军发众,又不深料。今东方政教日睦,百姓平安,而西州发兵,人人怀忧,骚动惶惧,莫敢正言,群众疑惑,人怀顾望。非徒无精锐之心,其患无所不至。夫物穷则变生,事急则计易,其埶然也。夫离道德,逆人情,而能有国有家者,古今未有也。将军素以忠孝显闻,是以士大夫不远千里,慕乐德义。今苟欲决意侥幸,此何如哉?夫天所祐者顺,人所助者信。如未蒙祐助,令小人受涂地之祸,毁坏终身之德,败乱君臣之节,污伤父子之恩,众贤破胆,可不慎哉!"嚣不纳。刚到,拜侍御史,迁尚书令。光武尝欲出游,刚以陇蜀未平,不宜宴安逸豫。谏不见听,遂以头轫乘舆轮,帝遂为止。时内外群官,多帝自选举,加以法理严察,职事过苦,尚书近臣,至乃捶扑牵曳于前,群臣莫敢正言。刚每辄极谏,又数言皇太子宜early就东宫,简任贤保,以成其德,帝并不纳。以数切谏失旨,数年,出为平阴令。复征拜太中大夫,以病去官,卒于家。

鲍永传子昱

鲍永字君长,上党屯留人也。父宣,哀帝时任司隶校尉,为王莽所杀。永少有志操,习欧阳《尚书》。事后母至孝,妻尝于母前叱狗,而永即去之。初为郡功曹。莽以宣不附己,欲灭其子孙。都尉路平承望风旨,规欲害永。太守苟谏拥护,召以为吏,常置府中。永因数为谏陈兴复汉室,剪灭篡逆之策。谏每戒永曰:"君长几事不密,祸倚人门。"永感其言。及谏卒,自送丧归扶风。路平遂收永弟升。太守赵兴到,闻乃叹曰:"我受汉茅土,不能立节,而鲍宣死之,岂可害其子也!"敕县出升,复署永功曹。时有矫称侍中止传舍者,兴欲谒之。永疑其诈,谏不听而出,兴遂驾往,永乃拔佩刀截马当匈,乃止。后数日,莽诏书果下捕矫称者,永由是知名。举秀才,不应。更始二年征,再迁尚书仆射,行大将军事,持节将兵,安集河东、并州、朔部,得自置偏裨,辄行军法。永至河东,因击青犊,大破之,更始封为中阳侯。永虽为将率,而车服敝素,为道路所识。时赤眉害更始,三辅道绝。光武即位,遣谏议大夫储大伯,持节征永诣行在所。永疑不从,乃收系大伯,遣使驰至长安。既知更始已亡,乃发丧,出大伯等,封上将军列侯印绶,悉罢兵,但幅巾与诸将及同心客百余人诣河内。帝见永,问曰:"卿众所在?"永离席叩头曰:"臣事更始,不能令全,诚惭以其众幸富贵,故悉罢之。"帝曰:"卿言大!"而意不悦。时攻怀未拔,帝谓永曰:"我攻怀三日而兵不下,关东畏服卿,可且将故人自往城下譬之。"即拜永谏议大夫。至怀,乃说更始河内太守,于是开城而降。帝大喜,赐永洛阳商里宅,固辞不受。时董宪裨将屯兵于鲁,侵害百姓,乃拜永为鲁郡太守。永到,击讨,大破之,降者数千人。唯别帅彭丰、虞休、皮常等各千余人,称"将军",不肯下。顷之,孔子阙里无故荆棘自除,从讲堂至于里门。永异之,谓府丞及鲁令曰:"方今危急而阙里自开,斯岂夫子欲令太守行礼,助吾诛无道邪?"乃会人众,修乡射之礼,请丰等共会观视,欲因此禽之。丰等亦欲图永,乃持牛酒劳飨,而潜挟兵器。永觉之,手格杀丰等,禽破党与。帝嘉其略,封为关内侯,迁扬州牧。时南土尚多寇暴,永以吏人疲伤之后,乃缓其衔辔,示诛强横而镇抚其余,百姓安之。会遭母忧,去官,悉以财产与孤弟子。

建武十一年,征为司隶校尉。帝叔父赵王良尊戚贵重,永以事劾良大不敬,由是朝廷肃然,莫不戒慎。乃辟扶风鲍恢为都官从事,恢亦抗直不避强御。帝常曰:"贵戚且宜敛手,以避二鲍。"其见惮如此。永行县到霸陵,路经更始墓,引车入陌,从事谏止之。永曰:"亲北面事人,宁有过墓不拜!虽以获罪,司隶所不避也。"遂下拜,哭尽哀而去。西至扶风,椎牛上苟谏冢。帝闻之,意不平,问公卿曰:"奉使如此何如?"太中大夫张湛对曰:"仁者行之宗,忠者义之主也。仁不遗旧,忠不忘君,行之高者也。"帝意乃释。后大司徒韩歆坐事,永固请之不得,以此忤帝意,出为东海相。坐度田事不实,被征,诸郡守多下狱。永至成皋,诏书逆拜为兖州牧,便道之官。视事三年,病卒。子昱。

论曰:鲍永守义于故主,斯可以事新主矣。耻以其众受宠,斯可以受大宠矣。若乃言之者虽诚,而闻之未譬,岂苟进之悦,易以情纳,持正之忤,难以理求乎?诚能释利以循道,居方以从义,君子之概也。

昱字文泉。少传父学,客授于东平。建武初,太行山中有剧贼,太守戴涉闻昱鲍永子,有智略,乃就谒,请署守高都长。昱应之,遂讨击群贼,诛其渠帅,道路开通,由是知名。后为沘阳长,政化仁爱,境内清净。荆州刺史表上之,再迁,中元元年,拜司隶校尉。诏昱诣尚书,使封胡降檄。光武遣小黄门问昱有所怪不? 对曰:"臣闻故事通官文书不著姓,又当司徒露布,怪使司隶下书而著姓也。"帝报曰:"吾故欲令天下知忠臣之子复为司隶也。"昱在职,奉法守正,有父风。永平五年,坐救火迟,免。后拜汝南太守。郡多陂池,岁岁决坏,年费常三千余万。昱乃上作方梁石洫,水常饶足,溉田倍多,人以殷富。

十七年,代王敏为司徒,赐钱帛什器帷帐,除子得为郎。建初元年,大旱,谷贵。肃宗召昱问曰:"旱既太甚,将何以消复灾眚?"对曰:"臣闻圣人理国,三年有成。今陛下始践天位,刑政未著,如有失得,何能致异?但臣前在汝南,典理楚事,系者千余人,恐未能尽当其罪。先帝诏言,大狱一起,冤者过半。又诸徙者骨肉离分,孤魂不祀。一人呼嗟,王政为亏。宜一切还诸徙家属,蠲除禁锢,兴灭继绝,死生获所。如此,和气可致。"帝纳其言。四年,代牟融为太尉。六年,薨,年七十余。

子德,修志节,有名称,累官为南阳太守。时岁多荒灾,唯南阳丰穰,吏人爱悦,号为神父。时郡学久废,德乃修起横舍,备俎豆黼冕,行礼奏乐。又尊飨国老,宴会诸儒。百姓观者,莫不劝服。在职九年,征拜大司农,卒于官。

子昂,字叔雅,有孝义节行。初,德被病数年,昂俯伏左右,衣不缓带;及处丧,毁瘠三年,抱负乃行;服阕,遂潜于墓次,不关时务。举孝廉,辟公府,连征不至,卒于家。

郅恽传 子寿

郅恽字君章,汝南西平人也。年十二失母,居丧过礼。及长,理《韩诗》、《严氏春秋》,明天文历数。王莽时,寇贼群发,恽乃仰占玄象,叹谓友人曰:"方今镇、岁、荧惑并在汉分翼、轸之域,去而复来,汉必再受命,福归有德。如有顺天发策者,必成大功。"时东队大夫逯并素好士,恽说之曰:"当今上天垂象,智者以昌,愚者以亡。昔伊尹自鬻辅商,立功全人。恽窃不逊,敢希伊尹之踪,应天人之变。明府傥不疑逆,俾成天德。"并奇之,使署为吏。恽不谒,曰:"昔文王拔吕尚于渭滨,高宗礼傅说于岩筑,桓公取管仲于射钩,故能立弘烈,就元勋。未闻师相仲父,而可为吏位也。非窥天者不可与图远。君不授骥以重任,骥亦俯首裹足而去耳。"遂不受署。西至长安,乃上书王莽曰:"臣闻天地重其人,惜其物,故运机衡,垂日月,含元包一,甄陶品类,显表纪世,图录豫设。汉历久长,孔为赤制,不使愚惑,残人乱时。智者顺以成德,愚者逆以取害,神器有命,不可虚获。上天垂戒,欲悟陛下,令就臣位,转祸为福。刘氏享天永命,陛下顺节盛衰,取之以天,还之以天,可谓知命矣。若不早图,是不免于窃位也。且尧舜不以天显自与,故禅天下,陛下何贪非天显以自累也?天为陛下严父,臣为陛下孝子。父教不敢废,臣谏不可拒,惟陛下留神。"莽大怒,即收系诏狱,劾以大逆。犹以恽据经谶,难即害之,使黄门近臣胁恽,令自告狂病恍惚,不觉所言。恽乃瞋目詈曰:"所陈皆天文圣意,非狂人所能造。"遂系须冬,会赦得出,乃与同郡郑敬南遁苍梧。

建武三年,又至庐江,因遇积弩将军傅俊东徇扬州。俊素闻恽名,乃礼请之,上为将兵长史,授以军政。恽乃誓众曰:"无掩人不备,穷人于厄,不得断人支体,裸人形骸,放淫妇女。"俊军士犹发冢陈尸,掠夺百姓。恽谏俊曰:"昔文王不忍露白骨,武王不以天下易一人之命,故能获天地之应,克商如林之旅。将军如何不师法文王,而犯逆天地之禁,多伤人害物,虐及枯尸,取罪神明?今不谢天改政,无以全命。愿将军亲率士卒,收伤葬死,哭所残暴,以明非将军本意也。"从之,百姓悦服,所向皆下。

七年,俊还京师,而上论之。恽耻以军功取位,遂辞归乡里。县令卑身崇礼,请以为门下掾。恽友人董子张者,父先为乡人所害。及子张病,将终,恽往候之。子张垂殁,视恽,歔欷不能言。恽曰:'吾知子不悲天命,而痛仇不复也。子在,吾忧而不手;子亡,吾手而不忧也。"子张但目击而已。恽即起,将客遮仇人,取其头以示子张。子张见而气绝。恽因而诣县,以状自首。令应之迟,恽曰:"为友报仇,吏之私也。奉法不阿,君之义也。亏君以生,非臣节也。"趋出就狱。令跣而追恽,不及,遂自至狱,令拔刃自向以要恽曰:"子不从我出,敢以死明心。"恽得此乃出,因病去。久之,太守欧阳歙请为功曹。汝南旧俗,十月飨会,百里内县皆赍牛酒到府宴饮。时临飨礼讫,歙教曰:"西部督邮繇延,天资忠贞,禀性公方,摧破奸凶,不严而理。今与众儒共论延功,显之于朝。太守敬嘉厥休,牛酒养德。"主簿读教,户曹引延受赐。恽于下坐愀然前曰:"司正举觥,以君之罪,告谢于天。案延资性贪邪,外方内员,朋党构奸,罔上害人,所在荒乱,怨慝并作。明府以恶为善,股肱以直从曲,此既无君,又复无臣,恽敢再拜奉觥。"歙色惭动,不知所言。门下掾郑敬进曰:"君明臣直,功曹言切,明府德也,可无受觥哉?"歙意少解,曰:"实歙罪也,敬奉觥。"恽乃免冠谢曰:"昔虞舜辅尧,四罪咸服,谗言弗庸,孔任不行,故能作股肱,帝用有歌。恽不忠,孔任是昭,豺虎从政,既陷谤诽,又露所言,罪莫重焉。请收恽、延,以明好恶。"歙曰:"是重吾过也。"遂不宴而罢。恽归府,称病,延亦自退。郑敬素与恽厚,见其言忤歙,乃相招去,曰:"子廷争繇延,君犹不纳。延命虽去,其势必还。直心无讳,诚三代之道。然道不同者不相为谋,吾不能忍见子有不容君之危,盍去之乎!"恽曰:"孟轲以强其君之所不能为忠,量其君之所不能为贼。恽业已强之矣。障君于朝,既有其直,而不死职,罪也。延退而恽又去,不可。"敬乃独隐于弋阳山中。居数月,歙果复召延,恽于是乃去,从敬止。渔钓自娱,留数十日。恽志在从政,既乃喟然而叹,谓敬曰:"天生俊士,以为人也。鸟兽不可与同群,子从我为伊吕乎?将为巢许,而父老尧舜乎?"敬曰:"吾足矣。初从生步重华于南野,谓来为松子,今幸得全躯树类,还奉坟墓,尽学问道,虽不从政,施之有政,是亦为政也。吾年耄矣,安得从子?子勉正性命,勿劳神以害生。"恽于是告别而去。敬字次都,清志高世,光武征不到。恽遂客居江夏教授,郡举孝廉,为上东城门候。帝尝出猎,车驾夜还,恽拒关不开。帝令从者面于门间。恽曰:"火明辽远。"遂不受诏。帝回从东中门入。明日,恽上书谏曰:"昔文王不敢槃于游田,以万人惟忧。而陛下远猎山林,夜以继昼,其如社稷宗庙何?暴虎冯河,未至之戒,诚小臣所窃忧也。"书奏,赐布百匹,贬东中门候为参封尉。后令恽授皇太子《韩诗》,侍讲殿中。及郭皇后废,恽乃言于帝曰:"臣闻夫妇之好,父不能得之于子,况臣能得之于君乎?是臣所不敢言。虽然,愿陛下念其可否之计,无令天下有议社稷而已。"帝曰:"恽善恕已量主,知我必不有所左右而轻天下也。"后既废,而太子意不自安,恽乃说太子曰:"久处疑位,上违孝道,下近危殆。昔高宗明君,吉甫贤臣,及有纤介,放逐孝子。《春秋》之义,母以子贵。太子宜因左右及诸皇子引愆退身,奉养母氏,以明圣教,不背所生。"太子从之,帝竟听许。恽再迁长沙太守。先是长沙有孝子古初,遭父丧未葬,邻人失火,初匍匐柩上,以身扞火,火为之灭。恽甄异之,以为首举。后坐事左转芒长,又免归,避地教授,著书八篇。以病卒。子寿。

寿字伯考,善文章,以廉能称,举孝廉,稍迁冀州刺史。时冀部诸郡多封诸王,宾客放纵,类不检节,寿案察之,无所容贷。乃使部从事专住王国,又徙督邮舍王宫外,动静失得,即时骑驿言上奏王罪及劾傅相,于是藩国畏惧,并为遵节。视事三年,冀土肃清。三迁尚书令。朝廷每有疑议,常独进见。肃宗奇其智策,擢为京兆尹。郡多强豪,奸暴不禁。三辅素闻寿在冀州,皆怀震竦,各相检敕,莫敢干犯。寿虽威严,而推诚下吏,皆愿效死,莫有欺者。以公事免。复征为尚书仆射。是时大将窦宪以外戚之宠,威倾天下。宪尝使门生赍书诣寿,有所请托,寿即送诏狱。前后上书陈宪骄恣,引王莽以诫国家。是时宪征匈奴,海内供其役费,而宪及其弟笃、景并起第宅,骄奢非法,百姓苦之。寿以府藏空虚,军旅未休,遂因朝会讥刺宪等,厉音正色,辞旨甚切。宪怒,陷寿以买公田诽谤,下吏当诛。侍御史何敞上疏理之曰:"臣闻圣王辟四门,开四聪,延直言之路,下不讳之诏,立敢谏之旗,听歌谣于路,争臣七人,以自鉴照,考知政理,违失人心,辄改更之,故天人并应,传福无穷。臣伏见尚书仆射郅寿坐于台上,与诸尚书论击匈奴,言议过差,及上书请买公田,遂系狱考劾大不敬。臣愚以为寿机密近臣,匡救为职。若怀默不言,其罪当诛。今寿违众正议,以安宗庙,岂其私邪?又台阁平事,分争可否,虽唐虞之隆,三代之盛,犹谓谔谔以昌,不以诽谤为罪。请买公田,人情细过,可裁隐忍。寿若被诛,臣恐天下以为国家横罪忠直,贼伤和气,忤逆阴阳。臣所以敢犯严威,不避夷灭,触死瞽言,非为寿也。忠臣尽节,以死为归。臣虽不知寿,度其甘心安之。诚不欲圣朝行诽谤之诛,以伤晏晏之化,杜塞忠直,垂讥无穷。臣敞谬豫机密,言所不宜,罪名明白,当填牢狱,先寿僵仆,万死有余。"书奏,寿得减死,论徙合浦。未行,自杀,家属得归乡里。

赞曰:鲍永沉吟,晚乃归正。志达全全,先号后庆。申屠对策,郅恽上书。有道虽直,无道不愚。

卷六十上　　苏杨列传第二十上

苏竟传

苏竟字伯况,扶风平陵人也。平帝世,竟以明《易》为博士讲《书》祭酒。善图纬,能通百家之言。王莽时,与刘歆等共典校书,拜代郡中尉。时匈奴扰乱,北边多罹其祸,竟终完辑一郡。光武即位,就拜代郡太守,使固塞以拒匈奴。建武五年冬,卢芳略得北边诸郡,帝使偏将军随弟屯代郡。竟病笃,以兵属弟,诣京师谢罪。拜侍中,数月,以病免。初,延岑护军邓仲况拥兵据南阳阴县为寇,而刘歆兄子龚为其谋主。竟时在南阳,与龚书晓之曰:

君执事无恙。走昔以摩研编削之才,与国师公从事出入,校定秘书,窃自依依,末由自远。盖闻君子愍同类而伤不遇。人无智愚,莫不先避害然后求利,先定志然后求名。昔智果见智伯穷兵必亡,故变名远逝,陈平知项王为天所弃,故归心高祖,皆智之至也。闻君前权时屈节,北面延牙,乃后觉悟,栖迟养德。先世数子,又何以加。君处阴中,土多贤士,若以须臾之间,研考异同,揆之图书,测之人事,则得失利害,可陈于目,何自负畔乱之困,不移守恶之名乎?与君子之道,何其反也?世之俗儒末学,醒醉不分,而稽论当世,疑误视听。或谓天下迭兴,未知谁是,称兵据土,可图非冀。或曰圣王未启,宜观时变,倚强附大,顾望自守。二者之论,岂其然乎?夫孔丘秘经,为汉赤制,玄包幽室,文隐事明。且火德承尧,虽昧必亮,承积世之祚,握无穷之符,王氏虽乘间偷篡,而终婴大戮,支分体解,宗氏屠灭,非其效欤?皇天所以眷顾踟蹰,忧汉子孙者也。论者若不本之于天,参之于圣,狠以《师旷杂事》轻自眩惑,说士作书,乱夫大道,焉可信哉?

诸儒或曰:今五星失晷,天时谬错,辰星久而不效,太白出入过度,荧惑进退见态,填星绕带天街,岁星不舍氐、房。以为诸如此占,归之国家。盖灾不徒设,皆应之分野,各有所主。夫房、心即宋之分,东海是也。尾为燕分,渔阳是也。东海董宪迷惑未降,渔阳彭宠逆乱拥兵,王赫斯怒,命将并征,故荧惑应此,宪、宠受殃。太白、辰星自亡新之末,失行算度,以至于今,或守东井,或没羽林,或裴回藩屏,或踯躅帝宫,或经天反明,或潜臧久沈,或衰微暗昧,或煌煌北南,或盈缩成钩,或偃蹇不禁,皆大运荡除之祥,圣帝应符之兆也。贼臣乱子,往往错互,指麾妄说,传相坏误。由此论之,天文安得遵度哉!乃者,五月甲申,天有白虹,自子加午,广可十丈,长可万丈,正临倚弥。倚弥即黎丘,秦丰之都也。是时月入于毕。毕为天网,主网罗无道之君,故武王将伐纣,上祭于毕,求助天也。夫仲夏甲申为八魁。八魁,上帝开塞之将也,主退恶攘逆。流星状似蚩尤旗,或曰营头,或曰天枪,出奎而西北行,至延牙营上,散为数百而灭。奎为毒螫,主库兵。此二变,郡中及延牙士众所共见也。是故延牙遂之武当,托言发兵,实避其殃。今年《比卦》部岁,《坤》主立冬,《坎》主冬至,水性灭火,南方之兵受岁祸也。德在中宫,刑在木,木胜土,刑制德,今年兵事毕已,中国安宁之效也。五七之家三十五姓,彭、秦、延氏不得豫焉。如何怪惑,依而恃之?《葛累》之诗,"求福不回",其若是乎!图谶之占,众变之验,皆君所明。善恶之分,去就之决,不可不察。无忽鄙言!

夫周公之善康叔,以不从管蔡之乱也;景帝之悦济北,以不从吴濞之畔也。自更始以来,孤恩背逆,归义向善,臧否粲然,可不察欤!良医不能救无命,强梁不能与天争,故天之所坏,人不得支。宜密与太守刘君共谋降议。仲尼栖栖,墨子遑遑,忧人之甚也。屠羊救楚,非要爵禄;茅焦干秦,岂求报利?尽忠博爱之诚,愤满不能已耳。

又与仲况书谏之,文多不载,于是仲况与龚遂降。

龚字孟公,长安人,善论议,扶风马援、班彪并器重之。竟终不伐其功,潜乐道术,作《记诲篇》及文章传于世。年七十,卒于家。

杨厚传

杨厚字仲桓,广汉新都人也。祖父春卿,善图谶学,为公孙述将。汉兵平蜀,春卿自杀,临命戒子统曰:"吾绨帙中,有先祖所传秘记,为汉家用,尔其修之。"统感父遗言,服阕,辞家从犍为周循学习先法,又就同郡郑伯山受《河洛书》及天文推步之术。建初中为彭城令,一州大旱,统推阴阳消伏,县界蒙泽。太守宗湛使统为郡求雨,亦即降澍。自是朝廷灾异,多以访之。统作《家法章句》及《内谶》二卷解说,位至光禄大夫,为国三老。年九十,卒。统生厚。厚母初与前妻子博不相安。厚年九岁,思令和亲,乃托疾不言不食。母知其旨,惧然改意,恩养加笃。博后至光禄大夫。厚少学统业,精力思述。初,安帝永初三年,太白入斗,洛阳大水。时统为侍中,厚随在京师。朝廷以问统,统对年老耳目不明,子厚晓读图书,粗识其意。邓太后使中常侍承问之,厚对以为"诸王子多在京师,容有非常,宜亟发

遣各还本国。"太后从之,星寻灭不见。又克水退期日,皆如所言。除为中郎。太后特引见,问以图谶,厚对不合,免归。复习业犍为,不应州郡、三公之命,方正、有道、公车特征皆不就。

永建二年,顺帝特征,诏告郡县督促发遣。厚不得已,行到长安,以病自上,因陈汉三百五十年之厄,宜蠲法改宪之道,及消伏灾异,凡五事。制书褒述,有诏太医致药,太官赐羊酒。及至,拜议郎,三迁为侍中,特蒙引见,访以时政。四年,厚上言"今夏必盛寒,当有疾疫蝗虫之害"。是岁,果六州大蝗,疫气流行。后又连上"西北二方有兵气,宜备边寇"。车驾临当西巡,感厚言而止。至阳嘉三年,西羌寇陇右,明年,乌桓围度辽将军耿晔。永和元年,复上"京师应有水患,又当火灾。三公有免者,蛮夷当反畔"。是夏,洛阳暴水,杀千余人。至冬,承福殿灾,太尉庞参免;荆、交二州蛮夷贼杀长吏,寇城郭。又言"阴臣、近戚、妃党当受祸"。明年,宋阿母与宦者褒信侯李元等遘奸废退。后二年,中常侍张逵等复坐诬罔大将军梁商专恣,悉伏诛。每有灾异,厚辄上消救之法,而阉宦专政,言不得信。时大将军梁冀威权倾朝,遣弟侍中不疑以车马、珍玩致遗于厚,欲与相见。厚不答,固称病求退。帝许之,赐车马钱帛归家。修黄老,教授门生,上名录者三千余人。太尉李固数荐言之。本初元年,梁太后诏备古礼以聘厚,遂辞疾不就。建和三年,太后复诏征之,经四年不至。年八十二,卒于家。策书吊祭。乡人谥曰文父。门人为立庙,郡文学掾史春秋飨射常祠之。

卷六十下　　郎襄列传第二十下

郎颛传

郎颛字雅光,北海安丘人也。父宗,字仲绥,学《京氏易》,善风角、星算、六日七分,能望气占候吉凶,常卖卜自奉。安帝征之,对策为诸儒表,后拜吴令。时卒有暴风,宗占知京师当有大火,记识时日,遣人参候,果如其言。诸公闻而表上,以博士征之。宗耻以占验见知,闻征书到,夜悬印绶于县廷而遁去,遂终身不仕。颛少传父业,兼明经典,隐居海畔,延致学徒常数百人。昼研精义,夜占象度,勤心锐思,朝夕无倦。州郡辟召,举有道、方正,不就。顺帝时,灾异屡见,阳嘉二年正月,公车征,颛乃诣阙拜章曰:

臣闻天垂妖象,地见灾符,所以谴告人主,责躬修德,使正机平衡,流化兴政也。《易内传》曰:"凡灾异所生,各以其政。变之则除,消之亦除。"伏惟陛下

躬日昃之听,温三省之勤,思过念咎,务消祇悔。方今时俗奢佚,浅恩薄义。夫救奢必于俭约,拯薄无若敦厚,安上理人,莫善于礼。修礼遵约,盖惟上兴,革文变薄,事不在下。故《周南》之德,《关雎》政本。本立道生,风行草从,澄其源者流清,混其本者末浊。天地之道,其犹鼓籥,以虚为德,自近及远者也。伏见往年以来,园陵数灾,炎光炽猛,惊动神灵。《易天人应》曰:"君子不思遵利,兹谓无泽,厥灾孽火烧其宫。"又曰:"君高台府,犯阴侵阳,厥灾火。"又曰:"上不俭,下不节,炎火并作烧君室。"自顷缮理西苑,修复太学,宫殿官府,多所构饰。昔盘庚迁殷,去奢即俭,夏后卑室,尽力致美。又鲁人为长府,闵子骞曰:"仍旧贯,何必改作。"臣愚以为诸所缮修,事可省减,禀恤贫人,赈赡孤寡,此天之意也,人之庆也,仁之本也,俭之要也。焉有应天养人,为仁为俭,而不降福者哉?

土者地祇,阴性澄静,宜以施化之时,敬而勿扰。窃见正月以来,阴暗连日。《易内传》曰:"久阴不雨,乱气也,《蒙》之《比》也。蒙者,君臣上下相冒乱也。"又曰:"欲德不用,厥异常阴。"夫贤者化之本,云者雨之具也。得贤而不用,犹久阴而不雨。又顷前数日,寒过其节,冰既解释,还复凝合。夫寒往则暑来,暑往则寒来,此言日月相推,寒暑相避,以成物也。今立春之后,火卦用事,当温而寒,违反时节,由功赏不至,而刑罚必加也。宜须立秋,顺气行罚。

臣伏案《飞候》,参察众政,以为立夏之后,当有震裂涌水之害。又比荧惑失度,盈缩往来,涉历舆鬼,环绕轩辕,火精南方,夏之政也。政有失礼,不从夏令,则荧惑失行。正月三日至乎九日,三公卦也。三公上应台阶,下同元首。政失其道,则寒阴反节。"节彼南山",咏自《周诗》;"股肱良哉",著于《虞典》。而今之在位,竞托高虚,纳累钟之奉,忘天下之忧,栖迟偃仰,寝疾自逸,被策文,得赐钱,即复起矣。何疾之易而愈之速?以此消伏灾眚,兴致升平,其可得乎?今选举牧守,委任三府。长吏不良,既咎州郡,州郡有失,岂得不归责举者?而陛下崇之弥优,自下慢事愈甚,所谓大网疏,小网数。三公非臣之仇,臣非狂夫之作,所以发愤忘食,恳恳不已者,诚念朝廷欲致兴平,非不能面饰也。

臣生长草野,不晓禁忌,披露肝胆,书不择言。伏锧鼎镬,死不敢恨。谨诣阙奉章,伏待重诛。
书奏,帝复使对尚书。颢对曰:

臣闻明王圣主好闻其过,忠臣孝子言无隐情。臣备生人伦视听之类,而禀性愚戆,不识忌讳,故出死忘命,恳恳重言。诚欲陛下修乾坤之德,开日月之明,披图籍,案经典,览帝王之务,识先后之政。如有阙遗,退而自改。本文武之业,拟尧舜之道,攘灾延庆,号令天下。此诚臣颢区区之愿,夙夜梦寤,尽心所计。谨条序前章,畅其旨趣,条便宜七事,具如状对:

一事:陵园至重,圣神攸冯,而灾火炎赫,迫近寝殿,魂而有灵,犹将惊动。寻宫殿官府,近始永平,岁时未积,便更修造。又西苑之设,禽畜是处,离房别观,本不常居,而皆务精土木,营建无已,消功单财,巨亿为计。《易内传》曰:"人君奢侈,多饰宫室,其时旱,其灾火。"是故鲁僖遭旱,修政自救,下钟鼓之县,休缮治之官,虽则不宁,而时雨自降。由此言之,天之应人,敏于影响。今月十七日戊午,征日也,日加申,风从寅来,丑时而止。丑、寅、申皆征也,不有火灾,必当为旱。愿陛下校计缮修之费,永念百姓之劳,罢将作之官,减雕文之饰,损庖厨之馔,退宴私之乐。《易中孚传》曰:"阳感天,不旋日。"如是,则景云降集,眚沴息矣。

二事:去年已来,《兑卦》用事,类多不效。《易传》曰:"有貌无实,佞人也;有实无貌,道人也。"寒温为实,清浊为貌。今三公皆以色足恭,外厉内荏,以虚事上,无佐国之实,故清浊效而寒温不效也,是以阴寒侵犯消息。占曰:"日ршеη则有妖风,日蒙则有地裂。"如是三年,则致日食,阴侵其阳,渐积所致。立春前后温气应节者,诏令宽也。其后复寒者,无宽之实也。夫十室之邑,必有忠信,率土之人,岂无贞贤,未闻朝廷有所赏拔,非所以求善赞务,弘济元元。宜采纳良臣,以助圣化。

三事:臣闻天道不远,三五复反。今年少阳之岁,法当乘起,恐后年已往,将遂惊动,涉历天门,灾成戊已。今春当旱,夏必有水,臣以六日七分候之可知。夫灾眚之来,缘类而应。行有玷缺,则气逆于天,精感变出,以戒人君。王者之义,时有不登,则损滋彻膳。数年以来,谷收稍减,家贫户馑,岁不如昔。百姓不足,君谁与足?水旱之灾,虽尚未至,然君子远览,防微虑萌。《老子》曰:"人之饥也,以其上食税之多也。"故孝文皇帝绨袍革舄,木器无文,约身薄赋,时致升平。今陛下圣德中兴,宜遵前典,惟节惟约,天下幸甚。《易》曰:"天道无亲,常与善人。"是故高宗以享福,宋景以延年。

四事:臣窃见皇子未立,储宫无主,仰观天文,太子不明。荧惑以去年春分后十六日在娄五度,推步《三统》,荧惑今当在翼九度,今反在柳三度,则不及五十余度。去年八月二十四日戊辰,荧惑历舆鬼东入轩辕,出后星北,东去四度,北旋复还。轩辕者,后宫也。荧惑者,至阳之精也,天之使也,而出入轩辕,绕还往来。《易》曰:"天垂象,见吉凶。"其意昭然可见矣。礼，天子一娶九女，嫡媵毕具。今宫人侍御，动以千计，或生而幽隔，人道不通，郁积之气，上感皇天，故遣荧惑入轩辕，理人伦，垂象见异，以悟主上。昔武王下车，出倾宫之女，表商容之间，以理人伦，以表贤德，故天授以圣子，成王是也。今陛下多积宫人，以违天意，故皇胤多夭，嗣体莫寄。《诗》云："敬天之怒，不敢戏豫。"方今之福，莫若广嗣，广嗣之术，可不深思？宜简出宫女，恣其姻嫁，则天自降福，子孙千亿。惟陛下丁宁再三，留神于此。左右贵幸，亦宜惟臣之言，以悟陛下。盖善言古者合于今，善言天者合于人。愿访问百僚，有违臣言者，臣当受苟言之罪。

五事：臣窃见去年闰十月十七日己丑夜，有白气从西方天苑趋左足，入玉井，数日乃灭。《春秋》曰："有星孛于大辰。大辰者何？大火也。大火为大辰，罚又为大辰，北极亦为大辰。"所以孛一宿而连三宿者，言北辰王者之宫也。凡中宫无节，政教乱逆，威武衰微，则此三星以应之也。罚者白虎，其宿主兵，其国赵、魏，变见西方，亦应三辅。凡金气为变，发在秋节。臣恐立秋以后，赵、魏、关西将有羌寇畔戾之患。宜豫宣告诸郡，使敬授人时，轻徭役，薄赋敛，勿妄缮起，坚仓狱，备守卫，回选贤能，以镇抚之。金精之变，责归上司。宜以五月丙午，遣太尉服干戚，建井旌，书玉板之策，引白气之异，于西郊责躬求愆，谢咎皇天，消灭妖气。盖以火胜金，转祸为福也。

六事：臣窃见今月十四日乙卯巳时，白虹贯日。凡日傍气色白而纯者名为虹。贯日中者，侵太阳也。见于春者，政变常也。方今中官外司，各各考事，其所考者，或非急务。又恭陵火灾，主名未立，多所收捕，备经考毒。寻火为天戒，以悟人君，可顺而不可违，可敬而不可慢。陛下宜恭己内省，以备后灾。凡诸考案，并须立秋。又《易传》曰："公能其事，序贤进士，后必有喜。"反之，则白虹贯日。以甲乙见者，则谴在中台。自司徒居位，阴阳多谬，久无虚己进贤之策，天下兴议，异人同咨。且立春以来，金气再见，金能胜木，必有兵气，宜黜司徒以应天意。陛下不早攘之，将负臣言，遗患百姓。

七事：臣伏惟汉兴以来三百三十九岁。于《诗三基》，高祖起亥仲二年，今在戌仲十年。《诗汜历枢》曰："卯酉为革政，午亥为革命，神在天门，出入候听。"言神在戌亥，司候帝王兴衰得失，厥善则昌，厥恶则亡。于《易雄雌秘历》，今值困乏。凡九二困者，众小人欲共困害君子也。《经》曰："困而不失其所，其唯君子乎！"唯独贤圣之君，遭困遇险，能致命遂志，不去其道。陛下乃遂潜龙养德，幽隐屈厄，即位之元，紫宫惊动，历运之会，时气已应。然犹恐妖祥未尽，君子思患而豫防之。臣以为戌仲已竟，来年入季，文帝改法，除肉刑之罪，至今适三百载。宜因斯际，大蠲法令，官名称号，舆服器械，事有所更，变大为小，去奢就俭，机衡之政，除烦为简。改元更始，招求幽隐，举方正，征有道，博采异谋，开不讳之路。臣陈引际会，恐犯忌讳，书不尽言，未敢究畅。

台诘颉曰："对云'白虹贯日，政变常也'。朝廷率由旧章，何所变易而言变常？又言'当大蠲法令，革易官号'。或云变常以致灾，或改旧以除异，何也？又阳嘉初建，复欲改元，据何经典？其以实对。"颉对曰：

方春东作，布德之元，阳气开发，养导万物。王者因天视听，奉顺时气，宜务崇温柔，遵其行令。而今立春之后，考事不息，秋冬之政，行乎春夏，故白虹春见，掩蔽日曜。凡邪气乘阳，则虹蜺在日，斯皆臣下执事刻急所致，殆非朝廷优宽之本。此其变常之咎也。又今选举皆归三司，非有周召之才，而当则哲之重，每有选用，辄参之掾属，公府门巷，宾客填集，送去迎来，财货无已。其当迁者，竞相荐谒，各遣子弟，充塞道路，开长奸门，兴致浮伪，非所谓率由旧章。尚书职在机衡，宫禁严密，私曲之意，羌不得通，偏党之恩，或无所用。选举之任，不如还在机密。臣诚愚戆，不知折中，斯固远近之论，当今之宜。又孔子曰："汉三百载，斗历改宪。"三百四岁为一德，五德千五百二十岁，五行更用。王者随天，譬犹自春徂夏，改青服绛者也。自文帝省刑，适三百年，而轻微之禁，渐已殷积。王者之法，譬犹江河，当使易避而难犯也。故《易》曰："易则易知，简则易从，易简而天下之理得矣。"今去奢即俭，以先天下，改易名号，随事称谓。《易》曰："君子之道，或出或处，同归殊涂，一致百虑。"是知变常而善，可以除灾，变常而恶，必致于异，今年仲竟，来年入季，仲终季始，历运变改，故可改元，所以顺天道也。臣颉愚蔽，不足以答圣问。

颉又上书荐黄琼、李固，并陈消灾之术曰：

臣前对七事，要政急务，宜于今者，所当施用。诚知愚浅，不合圣听，人贱言废，当受诛罚，征营惶怖，靡知厝身。

臣闻剞舟剡楫，将欲济江海也；聘贤选佐，将以安天下也。昔唐尧在上，群龙为用，文武创德，周召作辅，是以能建天地之功，增日月之耀者。《诗》云："赫赫王命，仲山甫将之。邦国若否，仲山甫明之。宣王是赖，以致雍熙。陛下践祚以来，勤心庶政，而三九之位，未见其人，是以灾害屡臻，四国未宁。臣考之国典，验之闻见，莫不以得贤为功，失士为败。且贤者出处，翔而后集，爵以德进，则其情不苟，然后使君子耻贫贱而乐富贵矣。若有德不报，有言不酬，来无所乐，进无所趋,则皆怀归薮泽,修其故志矣。夫求贤者,上以承天,下以为人。不用之,则逆天统,违人望。逆天统则灾眚降,违人望则化不行。灾眚降则下吁嗟,化不行则君道亏。四始之缺,五际之厄,其咎由此。岂可不刚健笃实,矜矜栗栗,以守天功盛德大业乎?

臣伏见光禄大夫江夏黄琼,耽道乐术,清亮自然,被褐怀宝,含味经籍,又果于从政,明达变复。朝廷前加优宠,宾于上位。琼入朝日浅,谋谟未就,因以丧病,致命遂志。《老子》曰:"大音希声,大器晚成。"善人为国,三年乃立。天下莫不嘉朝廷有此良人,而复怪其不时还任。陛下宜加隆崇之恩,极养贤之礼,征反京师,以慰天下。又处士汉中李固,年四十,通游夏之艺,履颜闵之仁。洁白之节,情同皦日,忠贞之操,好是正直,卓冠古人,当世莫及。元精所生,王之佐臣,天之生固,必为圣汉,宜蒙特征,以示四方。夫有出伦之才,不应限以官次。昔颜子十八,天下归仁;子奇稚齿,化阿有声。若还琼征固,任以时政,伊尹、傅说,不足为比,则可垂景光,致休祥矣。臣颙明不知人,伏听众言,百姓所归,臧否共叹。愿泛问百僚,核其名行,有一不合,则臣为欺国。惟留圣神,不以人废言。谨复条便宜四事,附奏于左:

一事:孔子作《春秋》,书"正月"者,敬岁之始也。王者则天之象,因时之序,宜开发德号,爵贤命士,流宽大之泽,垂仁厚之德,顺助元气,含养庶类。如此,则天文昭烂,星辰显列,五纬循轨,四时和睦。不则太阳不光,天地混浊,时气错逆,霾雾蔽日。自立春以来,累经旬朔,未见仁德有所施布,但闻罪罚考掠之声。夫天之应人,疾于影响,而自从入岁,常有蒙气,月不舒光,日不宣曜。日者太阳,以象人君。政变于下,日应于天。清浊之占,随政抑扬。天之见异,事无虚作。岂独陛下倦于万机,帷幄之政有所阙欤?何天戒之数见也!臣愿陛下发扬乾刚,援引贤能,勤求机衡之寄,以获断金之利。臣之所陈,辄以太阳为先者,明其不可久暗,急当改正。其异虽微,其事甚重。臣言虽约,其旨甚广。惟陛下乃眷臣章,深留明思。

二事:孔子曰:"雷之始发《大壮》始,君弱臣强从《解》起。"今月九日至十四日,《大壮》用事,消息之卦也。于此六日之中,雷当发声,发声则岁气和,王道兴也。《易》曰:"雷出地奋,豫,先王以作乐崇德,殷荐之上帝。"雷者,所以开发萌牙,辟阴除害。万物须雷而解,资雨而润。故《经》曰:"雷以动之,雨以润之。"王者崇宽大,顺春令,则雷应节,不则发动于冬,当震反潜。故《易传》曰:"当雷不雷,太阳弱也。"今蒙气不除,日月变色,则其效也。天网恢恢,疏而不失,随时进退,应政得失。大人者,与天地合其德,与日月合其明,璇玑动作,与天相应。雷者号令,其德生养。号令殆废,当生而杀,则雷反作,其时无岁。陛下若欲除灾昭祉,顺天致和,宜察臣下尤酷害者,亟加斥黜,以安黎元,则太皓悦和,雷声乃发。

三事:去年十月二十日癸亥,太白与岁星合于房、心。太白在北,岁星在南,相离数寸,光芒交接。房、心者,天帝明堂布政之宫。《孝经钩命决》曰:"岁星守心年谷丰。"《尚书洪范记》曰:"月行中道,移节应期,德厚受福,重华留之。"重华者,谓岁星在心也。今太白从之,交合明堂,金木相贼,而反同合,此以阴陵阳,臣下专权之异也。房、心东方,其国主宋。《石氏经》曰:"岁星出左有年,出右无年。"今金木俱东,岁星在南,是为出右,恐年谷不成,宋人饥也。陛下宜审详明堂布政之务,然后妖异可消,五纬顺序矣。

四事:《易传》曰:"阳无德则旱,阴僭阳亦旱。"阳无德者,人君恩泽不施于人也。阴僭阳者,禄去公室,臣下专权也。自冬涉春,讫无嘉泽,数有西风,反逆时节。朝廷劳心,广为祷祈,荐祭山川,暴龙移市。臣闻皇天感物,不为伪动,灾变应人,要在责己。若令雨可请降,水可攘止,则岁无隔并,太平可待。然而灾害不息者,患不在此也。立春以来,未见朝廷赏录有功,表显有德,存问孤寡,赈恤贫弱,而但见洛阳都官奔车东西,收系纤介,牢狱充盈。臣闻恭陵火处,比有光曜,明此天灾,非人之咎。丁丑大风,掩蔽天地。风者号令,天之威怒,皆所以感悟人君忠厚之戒。又连月**无雨,将害宿麦**。若一谷不登,则饥者十三四矣。陛下诚宜广被恩泽,贷赡元元。昔尧遭九年之水,人有十载之蓄者,简税防灾,为其方也。愿陛下早宣德泽,以应天功,若臣言不用,朝政不改者,立夏之后乃有澍雨,于今之际未可望也。若政变于朝而天不雨,则臣为诬上,愚不知量,分当鼎镬。

书奏,特诏拜郎中,辞病不就,即去归家。至四月京师地震,遂陷。其夏大旱。秋,鲜卑入马邑城,破代郡兵。明年,西羌寇陇右。皆略如颙言。后复公车征,不行。

同县孙礼者,积恶凶暴,好游侠,与其同里人常慕颙名德,欲与亲善。颙不顾,以此结怨,遂为礼所杀。

襄楷传

襄楷字公矩,平原隰阴人也。好学博古,善天文阴阳之术。桓帝时,宦官专朝,政刑暴滥,又比失皇子,灾异尤数。延熹九年,楷自家诣阙上疏曰:

臣闻皇天不言,以文象设教。尧舜虽圣,必历象日月星辰,察五纬所在,故能享百年之寿,为万世之法。臣窃见去岁五月,荧惑入太微,犯帝坐,出端门,不轨常道。其闰月庚辰,太白入房,犯心小星,震动中耀。中耀,天王也,傍小星者,天王子也。夫太微天廷,五帝之坐,而金火罚星扬光其中,于占,天子凶;又俱入房、心,法无继嗣。今年岁星久守太微,逆行西至掖门,还切执法。岁为木精,好生恶杀,而淹留不去者,咎在仁德不修,诛罚太酷。前七年十二月,荧惑与岁星俱入轩辕,逆行四十余日,而邓皇后诛。其冬大寒,杀鸟兽,害鱼鳖,城傍竹柏之叶有伤枯者。臣闻于师曰:"柏伤竹枯,不出三年,天子当之。"今洛阳城中人夜无故叫呼,云有火光,人声正喧,于占亦与竹柏枯同。自春夏以来,连有霜雹及大雨雷,而臣作威作福,刑罚急刻之所感也。太原太守刘瓆、南阳太守成瑨,志除奸邪,其所诛翦,皆合人望,而陛下受阉竖之谮,乃远加考逮。三公上书乞哀瓆等,不见采察,而严被谴让。忧国之臣,将遂杜口矣。

臣闻杀无罪,诛贤者,祸及三世。自陛下即位以来,频行诛伐,梁、寇、孙、邓,并见族灭,其从坐者,又非其数。李云上书,明主所不当讳,杜众乞死,谅以感悟圣朝,曾无赦宥,而并被残戮,天下之人,咸知其冤。汉兴以来,未有拒谏诛贤,用刑太深如今者也。永平旧典,诸当重论皆须冬狱,先请后刑,所以重人命也。顷数十岁以来,州郡玩习,又欲避请谳之烦,辄托疾病,多死牢狱。长吏杀生自己,死者多非其罪,魂神冤结,无所归诉,淫厉疾疫,自此而起。昔文王一妻,诞致十子,今宫女数千,未闻庆育。宜修德省刑,以广《螽斯》之祚。

又七年六月十三日,河内野王山上有龙死,长可数十丈。扶风有星陨为石,声闻三郡。夫龙形状不一,小大无常,故《周易》况之大人,帝王以为符瑞。或闻河内龙死,讳以为蛇。夫龙能变化,蛇亦有神,皆不当死。昔秦之将衰,华山神操璧以授郑客,曰:"今年祖龙死。"始皇逃之,死于沙丘。王莽天凤二年,讹言黄山宫有死龙之异,后汉诛莽,光武复兴。虚言犹然,况于实邪?夫星辰丽天,犹万国之附王者也。下将畔上,故星亦畔天。石者安类,坠者失势。春秋五石陨宋,其后襄公为楚所执。秦之亡也,石陨东郡。今陨扶风,与先帝园陵相近,不有大丧,必有畔逆。

案春秋以来及古帝王,未有河清及学门自坏者也。臣以为河者,诸侯位也,清者属阳,浊者属阴。河当浊而反清者,阴欲为阳,诸侯欲为帝也。太学,天子教化之宫,其门无故自坏者,言文德将丧,教化废也。京房《易传》曰:"河水清,天下平。"今天垂异,地吐妖,人厉疫,三者并时而有河清,犹春秋麟不当见而见,孔子书之以为异也。

臣前上琅邪宫崇受干吉神书,不合明听。臣闻布谷鸣于孟夏,蟋蟀吟于始秋,物有微而志信,人有贱而言忠。臣虽至贱,诚愿赐清闲,极尽所言。

书奏不省。十余日,复上书曰:

臣伏见太白北入数日,复出东方,其占当有大兵,中国弱,四夷强。臣又推步,荧惑当出而潜,必有阴谋。皆由狱多冤结,忠臣被戮。德星所以久守执法,亦为此也。陛下宜承天意,理察冤狱,为刘瓆、成瑨亏除罪辟,追录李云、杜众等子孙。夫天子事天不孝,则日食星斗。比年日食于正朔,三光不明,五纬错戾。前者宫崇所献神书,专以奉天地顺五行为本,亦有兴国广嗣之术。其文易晓,参同经典,而顺帝不行,故国胤不兴,孝冲、孝质频世短祚。

臣又闻之,得主所好,自非正道,神为生虐。故周衰,诸侯以力征相尚,于是夏育、申休、宋万、彭生、任鄙之徒生于其时。殷纣好色,妲己是出。叶公好龙,真龙游廷。今黄门常侍,天刑之人,陛下爱待,兼倍常宠,继嗣未兆,岂不为此?天官宦者星不在紫宫而在天市,明当给使主市里也。今乃反处常伯之位,实非天意。

又闻宫中立黄老、浮屠之祠。此道清虚,贵尚无为,好生恶杀,省欲去奢。今陛下嗜欲不去,杀罚过理,既乖其道,岂获其祚哉!或言老子入夷狄为浮屠。浮屠不三宿桑下,不欲久生恩爱,精之至也。天神遗以好女,浮屠曰:"此但革囊盛血。"遂不眄之。其守一如此,乃能成道。今陛下淫女艳妇,极天下之丽,甘肥饮美,单天下之味,奈何欲如黄老乎?

书上,即召诣尚书问状。楷曰:"臣闻古者本无宦官,武帝末,春秋高,数游后宫,始置之耳。后稍见任,至于顺帝,遂益繁炽。今陛下爵之,十倍于前。至今无继嗣者,岂独好之而使之然乎?"尚书上其对,诏下有司处正。尚书承旨奏曰:"其宦者之官,非近世所置。汉初张泽为大谒者,佐绛侯诛诸吕;孝文使赵谈参乘,而子孙昌盛。楷不正辞理,指陈要务,而析言破律,违背经艺,假借星宿,伪托神灵,造合私意,诬上罔事。请下司隶,正楷罪法,收送洛阳狱。"帝以楷言虽激切,然皆天文恒象之数,故不诛,犹司寇论刑。初,顺帝时,琅邪宫崇诣阙,上其师干吉于曲阳泉水上所得神书百七十卷,皆缥白素朱介青首朱目,号《太平清领书》。其言以阴阳五行为家,而多巫觋杂语。有司奏崇所上妖妄不经,乃收藏之。后张角颇有其书焉。及灵帝即位,以楷书为然。太傅陈蕃举方正,不就。乡里宗之,每太守至,辄致礼请。中平中,与荀爽、郑玄俱以博士征,不至,卒于家。

论曰:古人有云:"善言天者,必有验于人。"而张衡亦云:"天文历数,阴阳占候,今所宜急也。"郎颛、襄楷能仰瞻俯察，参诸人事，祸福吉凶既应，引之教义亦明。此盖道术所以有补于时，后人所当取鉴者也。然而其敝好巫，故君子不以专心焉。

赞曰：仲桓术深，蒲车屡寻。苏竟飞书，清我旧阴。襄、郎灾戒，实由政淫。

卷六十一　郭杜孔张廉王苏羊贾陆列传第二十一

郭伋传

郭伋字细侯，扶风茂陵人也。高祖父解，武帝时以任侠闻。父梵，为蜀郡太守。伋少有志行，哀平间辟大司空府，三迁为渔阳都尉。王莽时为上谷大尹，迁并州牧。更始新立，三辅连被兵寇，百姓震骇，强宗右姓，各拥众保营，莫肯先附，更始素闻伋名，征拜左冯翊，使镇抚百姓。世祖即位，拜雍州牧，再转为尚书令，数纳忠谏争。

建武四年，出为中山太守。明年，彭宠灭，转为渔阳太守。渔阳既离王莽之乱，重以彭宠之败，民多猾恶，寇贼充斥。伋到，示以信赏，纠戮渠帅，盗贼销散。时匈奴数抄郡界，边境苦之。伋整勒士马，设攻守之略，匈奴畏惮远迹，不敢复入塞，民得安业。在职五岁，户口增倍。后颍川盗贼群起，九年，征拜颍川太守。召见辞谒，帝劳之曰："贤能太守，去帝城不远，河润九里，冀京师并蒙福也。君虽精于追捕，而山道险厄，自当一士耳，深宜慎之。"伋到郡，招怀山贼阳夏赵宏、襄城召吴等数百人，皆束手诣伋降，悉遣归附农。因自劾专命，帝美其策，不以咎之。后宏、吴等党与闻伋威信，远自江南，或从幽、冀，不期俱降，骆驿不绝。

十一年，省朔方刺史属并州。帝以卢芳据北土，乃调伋为并州牧。过京师谢恩，帝即引见，并召皇太子诸王宴语终日，赏赐车马衣服什物。伋因自言选补众职，当简天下贤俊，不宜专用南阳人。帝纳之。伋前在并州，素结恩德，及后入界，所到县邑，老幼相携，逢迎道路。所过问民疾苦，聘求耆德雄俊，设几杖之礼，朝夕与参政事。始至行部，到西河美稷，有童儿数百，各骑竹马，道次迎拜。伋问"儿曹何自远来"。对曰："闻使君到，喜，故来奉迎。"伋辞谢之。及事讫，诸儿复送至郭外，问"使君何日当还"。伋谓别驾从事，计日告之。行部既还，先期一日，伋为违信于诸儿，遂止于野亭，须期乃入。是时朝廷多举伋可为大司空，帝以并部尚有卢芳之儆，且匈奴未安，欲使久于其事，故不召。伋知卢芳夙贼，难卒以力制，常严烽候，明购赏，以离寇心。芳

将隋昱遂谋胁芳降伋，芳乃亡入匈奴。伋以老病上书乞骸骨。二十二年，征为太中大夫，赐宅一区，及帷帐钱谷，以充其家，伋辄散与宗亲九族，无所遗余。明年卒，时年八十六。帝亲临吊，赐冢茔地。

杜诗传

杜诗字君公，河内汲人也。少有才能，仕郡功曹，有公平称。更始时，辟大司马府。建武元年，岁中三迁为侍御史，安集洛阳。时将军萧广放纵兵士，暴横民间，百姓惶扰，诗敕晓不改，遂格杀广，还以状闻。世祖召见，赐以棨戟，复使之河东，诛降逆贼杨异等。诗到大阳，闻贼规欲北度，乃与长史急焚其船，部勒郡兵，将突骑趁击，斩异等，贼遂蕲灭。拜成皋令，视事三岁，举政尤异。再迁为沛郡都尉，转汝南都尉，所在称治。七年，迁南阳太守。性节俭而政治清平，以诛暴立威，善于计略，省爱民役。造作水排，铸为农器，用力少，见功多，百姓便之。又修治陂池，广拓土田，郡内比室殷足。时人方于召信臣，故南阳为之语曰："前有召父，后有杜母。"诗自以无劳，不安久居大郡，求欲降避功臣，乃上疏曰：

陛下亮成天工，克济大业，偃兵修文，群帅反旅，海内合和，万世蒙福，天下幸甚。唯匈奴未譬圣德，威侮二垂，陵虐中国，边民虚耗，不能自守，臣恐武猛之将虽勤，亦未得解甲櫜弓也。夫勤而不息亦怨，劳而不休亦怨，怨恨之师，难复责功。臣伏睹将帅之情，功臣之望，冀一休足于内郡，然后即戎出命，不敢有恨。臣愚以为"师克在和不在众"，陛下虽垂念北边，亦当颇泄用之。昔汤武善御众，故无忿鸷之师。陛下起兵十有三年，将帅和睦，士卒凫藻。今若使公卿郡守出于军垒，则将帅自厉；士卒之复，比于宿卫，则戎士自百。何者？天下已安，各重性命，大臣以下，咸怀乐土，不惟其功而厉其用，无以劝也。陛下诚宜虚缺数郡，以俟振旅之臣，重复厚赏，加于久役之士。如此，缘边屯戍之师，竞而忘死，乘城拒塞之吏，不辞其劳，则烽火精明，守战坚固。圣王之政，必因人心。今猥用愚薄，塞功臣之望，诚非其宜。

臣诗伏自惟忖，本以史吏一介之才，遭陛下创制大业，贤俊在外，空乏之间，超受大恩，牧养不称，奉职无效，久窃禄位，令功臣怀愠，诚惶诚恐。八年，上书乞避功德，陛下殊恩，未许放退。臣诗蒙恩尤深，义不敢苟冒虚请，诚不胜至愿，愿退大郡，受小职。及臣齿壮，力能经营剧事，如使臣诗必有补益，复受大位，虽析珪授爵，所不辞也。惟陛下哀矜！

帝惜其能，遂不许之。诗雅好推贤，数进知名士清河刘统及鲁阳长董崇等。初，禁网尚简，但以玺书发兵，未有

虎符之信。诗上疏曰："臣闻兵者国之凶器,圣人所慎。旧制发兵,皆以虎符,其余征调,竹使而已。符第合会,取为大信,所以明著国命,敛持威重也。间者发兵,但用玺书,或以诏令,如有奸人诈伪,无由知觉。愚以为军旅尚兴,贼虏未殄,征兵郡国,宜有重慎,可立虎符,以绝奸端。昔魏之公子,威倾邻国,犹假虎符,以解赵围,若无如姬之仇,则其功不显。事有烦而不可省,费而不得已,盖谓此也。"书奏,从之。诗身虽在外,尽心朝廷,谠言善策,随事献纳。视事七年,政化大行。十四年,坐遣客为弟报仇,被征,会病卒。司隶校尉鲍永上书言诗贫困无田宅,丧无所归。诏使治丧郡邸,赙绢千匹。

孔奋传

孔奋字君鱼,扶风茂陵人也。曾祖霸,元帝时为侍中。奋少从刘歆受《春秋左氏传》,歆称之,谓门人曰:"吾已从君鱼受道矣。"遭王莽乱,奋与老母幼弟避兵河西。建武五年,河西大将军窦融请奋署议曹掾,守姑臧长。八年,赐爵关内侯。时天下扰乱,唯河西独安,而姑臧称为富邑,通货羌胡,市日四合,每居县者,不盈数月辄致丰积。奋在职四年,财产无所增。事母孝谨,虽为俭约,奉养极求珍膳。躬率妻子,同甘菜茹。时天下未定,士多不修节操。而奋力行清洁,为众人所笑。或以为身处脂膏,不能以自润,徒益苦辛耳。奋既立节,治贵仁平,太守梁统深相敬待,不以官属礼之,常迎于大门,引入见母。陇蜀既平,河西守令咸被征召,财货连毂,弥竟山泽。唯奋无资,单车就路。姑臧吏民及羌胡更相谓曰:"孔君清廉仁贤,举县蒙恩,如何今去,不共报德!"遂相赋敛牛马器物千万以上,追送数百里。奋谢之而已,一无所受。既至京师,除武都郡丞。时陇西余贼隗茂等夜攻府舍,残杀郡守,贼畏兵追急,乃执其妻子,欲以为质。奋年已五十,唯有一子,终不顾望,遂穷力讨之。吏民感义,莫不倍曲命焉。郡多氐人,便习山谷,其大豪齐钟留者,为群氐所信向。奋乃率厉钟留等令要遮抄击,共为表里。贼窘惧逼急,乃推奋妻子以置军前。冀当退却,而击之愈厉,遂禽灭茂等,奋妻子亦为所杀。世祖下诏褒美,拜为武都太守。奋自为府丞,已见敬重,及拜太守,举郡莫不改操。为政明断,甄善疾非,见有美德,爱之如亲,其无行者,忿之若仇,郡中称为清平。弟奇,游学洛阳。奋以奇经明当仕,上病去官,守约乡闾,卒于家。奇博通经典,作《春秋左氏删》。奋晚有子嘉,官至城门校尉,作《左氏说》云。

张堪传

张堪字君游,南阳宛人也,为郡族姓。堪早孤,让先父余财数百万与兄子。年十六,受业长安,志美行厉,诸儒号曰"圣童"。世祖微时,见堪志操,常嘉焉。及即位,中郎将来歙荐堪,召拜郎中,三迁为谒者。使送委输缣帛,并领骑七千匹,诣大司马吴汉伐公孙述,在道追拜蜀郡太守。时汉军余七日粮,阴具船欲遁去。堪闻之,驰往见汉,说述必败,不宜退师之策。汉从之,乃示弱挑敌,述果自出,战死城下。成都既拔,堪先入据其城,检阅库藏,收其珍宝,悉条列上言,秋毫无私。慰抚吏民,蜀人大悦。在郡二年,征拜骑都尉,后领骠骑将军杜茂营,击破匈奴于高柳,拜渔阳太守。捕击奸猾,赏罚必信,吏民皆乐为用。匈奴尝以万骑入渔阳,堪率数千骑奔击,大破之,郡界以静。乃于狐奴开稻田八千余顷,劝民耕种,以致殷富。百姓歌曰:"桑无附枝,麦穗两岐。张君为政,乐不可支。"视事八年,匈奴不敢犯塞。帝尝召见诸郡计吏,问其风土及前后守令能否。蜀郡计掾樊显进曰:"渔阳太守张堪昔在蜀,其仁以惠下,威能讨奸。前公孙述破时,珍宝山积,卷握之物,足富十世,而堪去职之日,乘折辕车,布被囊而已。"帝闻,良久叹息,拜显为鱼复长。方征堪,会病卒,帝深悼惜之,下诏褒扬,赐帛百匹。

廉范传

廉范字叔度,京兆杜陵人,赵将廉颇之后也。汉兴,以廉氏豪宗,自苦陉徙焉。世为边郡守,或陇西襄武,故因仕焉,曾祖父褒,成哀间为右将军,祖父丹,王莽时为大司马庸部牧,皆有名前世。范父遭丧乱,客死于蜀汉,范遂流寓西州。西州平,归乡里。年十五,辞母西迎父丧。蜀郡太守张穆,丹之故吏,乃重资送范,范无所受,与客步负丧归葭萌。载船触石破没,范抱持棺柩,遂俱沉溺。众伤其义,钩求得之,疗救仅免于死。穆闻,复驰遣使持前资物追范,范又固辞。归葬既竟,诣京师受业,事博士薛汉。京兆、陇西二郡更请召,皆不应。永平初,陇西太守邓融备礼谒范为功曹,会融为州所举案,范知事遣难解,欲以权相济,乃托病求去,融不达其意,大恨之。范于是东至洛阳,变名姓,求代廷尉狱卒。居无几,融果征下狱,范遂得卫侍左右,尽心勤劳。融怪其貌类范而殊不意,乃谓曰:"卿何似我故功曹邪?"范诃之曰:"君困厄瞀乱邪!"语遂绝。融系出困病,范随而养视,及死,竟不言,身自将车送丧至南阳,葬毕乃去。

后辟公府,会薛汉坐楚王事诛,故人门生莫敢视,范独往收敛之。吏以闻,显宗大怒,召范入,诘责曰:"薛汉与楚王同谋,交乱天下,范公府掾,不与朝廷同心,而反收敛罪人,何也?"范叩头曰:"臣无状愚戆,以为汉等皆已伏诛,不胜师资之情,罪当万坐。"帝怒稍解,问范曰:"卿廉颇后邪?与右将军褒、大司马丹有亲属乎?"范对曰:"褒,臣之曾祖；丹，臣之祖也。"帝曰："怪卿志胆敢尔！"因贳之。由是显名。举茂才，数月，再迁为云中太守。会匈奴大入塞，烽火日通。故事，虏入过五千人，移书傍郡。吏欲传檄求救，范不听，自率士卒拒之。虏众盛而范兵不敌。会日暮，令军士各交缚两炬，三头热火，营中星列。虏遥望火多，谓汉兵救至，大惊。待旦将退，范乃令军中蓐食，晨往赴之，斩首数百级，虏自相轥藉，死者千余人，由此不敢复向云中。后频历武威、武都二郡太守，随俗化导，各得治宜。建初中，迁蜀郡太守，其俗尚文辩，好相持短长，范每厉以淳厚，不受偷薄之说。成都民物丰盛，邑宇逼侧，旧制禁民夜作，以防火灾，而更相隐蔽，烧者日属。范乃毁削先令，但严使储水而已。百姓为便，乃歌之曰："廉叔度，来何暮？不禁火，民安作。平生无襦今五绔。"在蜀数年，坐法免归乡里。范世在边，广田地，积财粟，悉以赈宗族朋友。

肃宗崩，范奔赴敬陵。时庐江郡掾严麟奉章吊国，俱会于路。麟乘小车，涂深马死，不能自进。范见而愍然，命从骑下马与之，不告而去。麟事毕，不知马所归，乃缘踪访之。或谓麟曰："故蜀郡太守廉叔度，好周人穷急，今奔国丧，独当是耳。"麟亦素闻范名，以为然，即牵马造门，谢而归之。世伏其好义，然依倚大将军窦宪，以此为讥。卒于家。初，范与洛阳庆鸿为刎颈交，时人称曰："前有管鲍，后有庆廉。"鸿慷慨有义节，位至琅邪、会稽二郡太守，所在有异迹。

论曰：张堪、廉范皆以气侠立名，观其振危急，赴险厄，有足壮者。堪之临财，范之忘施，亦可以信意而感物矣。若夫高祖之召栾布，明帝之引廉范，加怒以发其志，就戮更延其宠，闻义能徙，诚君道所尚，然情理之枢，亦有开塞之感焉。

王堂传

王堂字敬伯，广汉郪人也。初举光禄茂才，迁穀城令，治有名迹。永初中，西羌寇巴郡，为民患，诏书遣中郎将尹就攻讨，连年不克。三府举堂治剧，拜巴郡太守。堂驰兵赴贼，斩虏千余级，巴、庸清静，吏民生为立祠。刺史张乔表其治能，迁右扶风。安帝西巡，阿母王圣、中常侍江京等并请属于堂，堂不为用。掾史固谏之，堂曰："吾蒙国恩，岂可为权宠阿意，以死守之！"即日遣家属归，闭阁上病。果有诬奏堂者，会帝崩，京等悉诛，堂以守正见称。永建二年，征入为将作大匠。四年，坐公事左转议郎。复拜鲁相，政存简一，至数年无辞讼。迁汝南太守，搜才礼士，不苟自专，乃教掾史曰："古人劳于求贤，逸于任使，故能化清于上，事缉于下。其宪章朝右，简核才职，委功曹陈蕃。匡政理务，拾遗补阙，任主簿应嗣。庶循名责实，察言观效焉。"自是委诚求当，不复自有辞教，郡内称治。时大将军梁商及尚书令袁汤，以求属不行，并恨之。后庐江贼进入弋阳界，堂勒兵追讨，即便奔散，而商、汤犹因此风州奏堂在任无警，免归家。年八十六卒。遗令薄敛，瓦棺以葬。子稚，清行不仕。曾孙商，益州牧刘焉以为蜀郡太守，有治声。

苏章传 族孙不韦

苏章字孺文，扶风平陵人也。八世祖建，武帝时为右将军。祖父纯，字桓公，有高名，性强切而持毁誉，士友咸惮之，至乃相谓曰："见苏桓公，患其教责人，不见，又思之。"三辅号为"大人"。永平中，为奉车都尉窦固军，出击北匈奴，车师有功，封中陵乡侯，官至南阳太守。章少博学，能属文。安帝时，举贤良方正，对策高第，为议郎。数陈得失，其言甚直。出为武原令，时岁饥，辄开仓廪，活三千余户。顺帝时，迁冀州刺史。故人为清河太守，章行部案其奸臧。乃请太守，为设酒肴，陈平生之好甚欢。太守喜曰："人皆有一天，我独有二天。"章曰："今夕苏孺文与故人饮者，私恩也；明日冀州刺史案事者，公法也。"遂举正其罪。州境知章无私，望风畏肃。换为并州刺史，以摧折权豪，忤旨，坐免。隐身乡里，不交当世。后征为河南尹，不就。时天下日敝，民多悲苦，论者举章有干国才，朝廷不能复用，卒于家。兄曾孙不韦。

不韦字公先。父谦，初为郡督邮。时魏郡李暠为美阳令，与中常侍具瑗交通，贪暴为民患，前后监司畏其执援，莫敢纠问。及谦至，部案得其臧，论输左校。谦累迁至金城太守，去郡归乡里。汉法，免罢守令，自非诏征，不得妄到京师。而谦后私至洛阳，时暠为司隶校尉，收谦诘掠，死狱中，暠又因刑其尸，以报昔怨。不韦时年十八，征诣公车，会谦见杀，不韦载丧归乡里，瘗而不葬，仰天叹曰："伍子胥独何人也！"乃藏母于武都山中，遂变名姓，尽以家财募剑客，邀暠于诸陵间，不克。会暠迁大司农，时右校刍廥在寺北垣下，不韦与亲从兄弟潜入廥中，夜则凿地，昼则逃伏。如此经月，遂得傍达暠之寝室，出其床下。值暠在厕，因杀其妾并及小儿，留书而去。暠大惊惧，乃布棘于室，以板籍地，一夕九徙，虽家人莫知其处。每出，辄剑戟随身，壮士自卫。不韦知暠有备，乃日夜飞驰，径到魏郡，掘其父阜冢，断取阜头，以祭父坟，又标之于市曰"李君迁父头"。暠匿不敢言，而自上退位，归乡里，私掩塞冢椁。捕求不韦，历岁不能得，愤恚感伤，发病欧血死。不韦后遇赦还家，乃始改葬，行丧。士大夫多讥其发掘冢墓，归罪枯骨，不合古义，唯任城何休方之伍员。太原郭林宗闻而论之曰："子胥虽云逃命，而见用强吴，凭阖庐之威，因轻悍之众，雪怨旧郢，曾不终朝，而但鞭墓戮尸，以舒其愤，竟无手刃后主之报。岂如苏子单特孑立，靡因靡资，强仇豪援，据位九卿，城阙天阻,宫府幽绝,埃尘所不能过,雾露所不能沾。不韦毁身憔虑,出于百死,冒触严禁,陷族祸门,虽不获逞,为报已深。况复分骸断首,以毒生者,使嵩怀忿结,不得其命,犹假手神灵以毙之也。力唯匹夫,功隆千乘,比之于员,不以优乎?"议者于是贵之。后太傅陈蕃辟,不应,为郡五官掾。初,弘农张奂睦于苏氏,而武威段颎与嵩素善,后奂颎有隙。及颎为司隶,以礼辟不韦,不韦惧之,称病不诣。颎既积愤于奂,因发怒,乃追咎不韦前报嵩事,以为嵩表治谦事,被报见诛,君命天也,而不韦仇之。又令长安男子告不韦多将宾客夺舅财物,遂使从事张贤等就家杀之。乃先以鸩与贤父曰:"若贤不得不韦,便可饮此。"贤到扶风,郡守使不韦奉谒迎贤,即时收执,并其一门六十余人尽诛灭之,诸苏以是衰破。及段颎为阳球所诛,天下以为苏氏之报焉。

羊续传

羊续字兴祖,太山平阳人也。其先七世二千石卿校。祖父侵,安帝时司隶校尉。父儒,桓帝时为太常。续以忠臣子孙拜郎中,去官后,辟大将军窦武府。及武败,坐党事,禁锢十余年,幽居守静。及党禁解,复辟太尉府,四迁为庐江太守。后扬州黄巾贼攻舒,焚烧城郭。续发县中男子二十以上,皆持兵勒陈,其小弱者,悉使负水灌火,会集数万人,并执力战,大破之,郡界平。后安风贼戴风等作乱,续复击破之,斩首三千余级,生获渠帅,其余党辈原为平民,赋与佃器,使就农业。

中平三年,江夏兵赵慈反叛,杀南阳太守秦颉,攻没六县,拜续为南阳太守。当入郡界,乃羸服间行,侍童子一人,观历县邑,采问风谣,然后乃进。其令长贪絜,吏民良猾,悉逆知其状,郡内惊竦,莫不震慑。乃发兵与荆州刺史王敏共击慈,斩之,获首五千余级。属县余贼并诣续降,续为上言,宥其枝附。贼既清平,乃班宣政令,候民病利,百姓欢服。时权豪之家多尚奢丽,续深疾之,常敝衣薄食,车马羸败。府丞尝献其生鱼,续受而悬于庭;丞后又进之,续乃出前所悬者以杜其意。续妻后与子秘俱往郡舍,续闭门不内妻,自将秘行,其资藏唯有布衾、敝祗裯、盐、麦数斛而已,顾敕秘曰:"吾自奉若此,何以资尔母乎?"使与母俱归。六年,灵帝欲以续为太尉。时拜三公者,皆输东园礼钱千万,令中使督之,名为"左骖"。其所之往,辄迎致礼敬,厚加赠赂。续乃坐使人于单席,举缊袍以示之,曰:"臣之所资,唯斯而已。"左骖白之,帝不悦,以此故不登公位。而征为太常,未及行,会病卒,时年四十八。遗言薄敛,不受赗遗。旧典,二千石卒官赙百万,府丞焦俭遵续先意,一无所受。诏书褒美,敕太山太守以府赙钱赐续家云。

贾琮传

贾琮字孟坚,东郡聊城人也。举孝廉,再迁为京令,有政理迹。旧交阯土多珍产,明玑、翠羽、犀、象、瑇瑁、异香、美木之属,莫不自出。前后刺史率多无清行,上承权贵,下积私赂,财计盈给,辄复求见迁代,故吏民怨叛。中平元年,交阯屯兵反,执刺史及合浦太守,自称"柱天将军"。灵帝特敕三府精选能吏,有司举琮为交阯刺史。琮到部,讯其反状,咸言赋敛过重,百姓莫不空单,京师遥远,告冤无所,民不聊生,故聚为盗贼。琮即移书告示,各使安其资业,招抚荒散,蠲复徭役,诛斩渠帅为大害者,简选良吏试守诸县,岁间荡定,百姓以安。巷路为之歌曰:"贾父来晚,使我先反;今见清平,吏不敢饭。"在事三年,为十三州最,征拜议郎。时黄巾新破,兵凶之后,郡县重敛,因缘生奸。诏书沙汰刺史、二千石,更选清能吏,乃以琮为冀州刺史。旧典,传车骖驾,垂赤帷裳,迎于州界。及琮之部,升车言曰:"刺史当远视广听,纠察美恶,何有反垂帷裳以自掩塞乎?"乃命御者褰之。百城闻风,自然竦震。其诸臧过者,望风解印绶去,唯癭陶长济阴董昭、观津长梁国黄就当官待琮,于是州界翕然。

灵帝崩,大将军何进表琮为度辽将军,卒于官。

陆康传

陆康字季宁,吴郡吴人也。祖父续,在《独行传》。父褒,有志操,连征不至。康少仕郡,以义烈称,刺史臧旻举为茂才,除高成令。县在边垂,旧制,令户一人具弓弩以备不虞,不得行来。长吏新到,辄发民缮修城郭。康至,皆罢遣,百姓大悦。以恩信为治,寇盗亦息,州郡表上其状。光和元年,迁武陵太守,转守桂阳、乐安二郡,所在称之。时灵帝欲铸铜人,而国用不足,乃诏调民田,亩敛十钱。而比水旱伤稼,百姓贫苦。康上疏谏曰:"臣闻先王治世,贵在爱民。省徭轻赋,以宁天下,除烦就约,以崇简易,故万姓从化,灵物应德。末世衰主,穷奢极侈,造作无端,兴制非一,劳割自下,以从苟欲,故黎民吁嗟,阴阳感动。陛下圣德承天,当隆盛化,而卒被诏书,亩敛田钱,铸作铜人,伏读惆怅,悼心失图。夫十一而税,周谓之彻。彻者通也,言其法度可通万世而行也。故鲁宣税亩,而蝝灾自生,哀公增赋,而孔子非之。岂有聚夺民物,以营无用之铜人,捐捐圣戒,自蹈亡王之法哉!传曰:'君举必书,书而不法,后世何述焉?'陛下宜留神省察,改敝从善,以塞兆民怨恨之望。"书奏,内幸因此谮康援引亡国,以譬圣明,大不敬,槛车征诣廷尉。侍御史刘岱典考其事,岱为表陈解释,免归田里。复征拜议郎。会庐江贼黄穰等与江夏蛮连结十余万人,攻没四县,拜康庐江太守。康申明赏罚,击破穰等,余党悉降。帝嘉其功,拜康孙尚为郎中。献帝即位,天下大乱,康蒙险遣孝廉计吏奉贡朝廷,诏书策劳,加忠义将军,秩中二千石。时袁术屯兵寿春,部曲饥饿,遣使求委输兵甲。康以其叛逆,闭门不通,内修战备,将以御之。术大怒,遣其将孙策攻康,围城数重。康固守,吏士有先受休假者,皆逾伏还赴,暮夜缘城而入。受敌二年,城陷。月余,发病卒,年七十。宗族百余人,遭离饥厄,死者将半。朝廷愍其守节,拜子隽为郎中。少子绩,仕吴为郁林太守,博学善政,见称当时。幼年曾谒袁术,怀橘堕地者也,有名称。

赞曰:伋牧朔藩,信立童昏。诗守南楚,民作谣言。奋驰单乘,堪驾毁辕。范得其朋,堂任良肱。二苏劲烈,羊、贾廉能。季宁拒策,城隕冲鞱。

卷六十二　　樊阴列传第二十二

樊宏传子儵　族曾孙准

樊宏字靡卿,南阳湖阳人也,世祖之舅。其先周仲山甫,封于樊,因而氏焉,为乡里著姓。父重,字君云,世善农稼,好货殖。重性温厚,有法度,三世共财,子孙朝夕礼敬,常若公家。其营理产业,物无所弃,课役童隶,各得其宜,故能上下戮力,财利岁倍,至乃开广田土三百余顷。其所起庐舍,皆有重堂高阁,陂渠灌注。又池鱼牧畜,有求必给。尝欲作器物,先种梓漆,时人嗤之,然积以岁月,皆得其用,向之笑者咸求假焉。赀至巨万,而赈赡宗族,恩加乡间。外孙何氏兄弟争财,重耻之,以田二顷解其忿讼。县中称美,推为三老。年八十余终。其素所假贷人间数百万,遗令焚削文契。责家闻者皆惭,争往偿之,诸子从敕,竟不肯受。宏少有志行。王莽末,义兵起,刘伯升与族兄赐俱将兵攻湖阳,城守不下。赐女弟为宏妻,湖阳由是收系宏妻子,令出譬伯升,宏因留不反。湖阳军帅欲杀其妻子,长吏以下共相谓曰:"樊重子父,礼义恩德行于乡里,虽有罪,且当在后。"会汉兵日盛,湖阳惶急,未敢杀之,遂得免脱。更始立,欲以宏为将,宏叩头辞曰:"书生不习兵事。"竟得免归,与宗家亲属作营堑自守,老弱归之者千余家。时赤眉贼掠唐子乡,多所残杀,欲前攻宏营,宏遣人持牛酒米谷劳遗赤眉。赤眉长老先闻宏仁厚,皆称曰:"樊君素善,且今见待如此,何心攻之。"引兵而去,遂免寇难。世祖即位,拜光禄大夫,位特进,次三公。建武五年,封长罗侯。十三年,封弟丹为射阳侯,兄子寻玄乡侯,族兄忠更父侯。十五年,定封宏寿张侯。十八年,帝南祠章陵,过湖阳,祠重墓,追爵谥为寿张敬侯,立庙于湖阳。车驾每南巡,常幸其墓,赏赐大会。宏为人谦柔畏慎,不求苟进。常戒其子曰:"富贵盈溢,未有能终者。吾非不喜荣势也,天道恶满而好谦,前世贵戚皆明戒也。保身全己,岂不乐哉!"每当朝会,辄迎期先到,俯伏待事,时至乃起。帝闻之,常敕驺骑临朝乃告,勿令豫到。宏所上便宜及言得失,辄手自书写,毁削草本。公朝访逮,不敢众对。宗族染其化,未尝犯法。帝甚重之,及病困,车驾临视,留宿,问其所欲言。宏顿首自陈:"无功享食大国,诚恐子孙不能保全厚恩,令臣魂神惭负黄泉,愿还寿张,食小乡亭。"帝悲伤其言,而竟不许。二十七年,卒。遗敕薄葬,一无所用,以为棺柩一臧,不宜复见,如有腐败,伤孝子之心,使与夫人同坟异臧。帝善其令,以书示百官,因曰:"今不顺寿张侯意,无以彰其德。且吾万岁之后,欲以为式。"赗钱千万,布万匹,谥为恭侯,赠以印绶,车驾亲送葬。子儵嗣。帝悼宏不已,复封少子茂为平望侯。樊氏侯者凡五国。明年,赐儵弟鲔及从昆弟七人合钱五千万。

论曰:昔楚顷襄王问阳陵君曰:"君子之富何如?"对曰:"假人不德不责,食人不使不役,亲戚爱之,众人善之。"若乃樊重之折契止讼,其庶几君子之富乎!分地以用天道,实廪以崇礼节,取诸理化,则亦可以施于政也。与夫爱而畏者,何殊间哉!

儵字长鱼,谨约有父风。事后母至孝,及母卒,哀思过礼,毁病不自支,世祖常遣中黄门朝暮送饘粥。服阕,就侍中丁恭受《公羊严氏春秋》。建武中,禁网尚阔,诸王既长,各招引宾客,以儵外戚,争遣致之,而儵清静自保,无所交结。及沛王辅事发,贵戚子弟多见收捕,儵以不豫得免。帝崩,儵为复土校尉。

永平元年,拜长水校尉,与公卿杂定郊祠礼仪,以谶记正《五经》异说。北海周泽、琅邪承宫并海内大儒,儵皆以为师友而致之于朝。上言郡国举孝廉,率取年少能报恩者,耆宿大贤多见废弃,宜敕郡国简用县俊。又议刑辟宜须秋月,以顺时气。显宗并从之。二年,以寿张国益东平王,徙封儵燕侯。其后广陵王荆有罪,帝以至亲悼伤之,诏儵与羽林监南阳任隗杂理其狱。事竟,奏请诛荆。引见宣明殿,帝怒曰:"诸卿以我弟故,欲诛之,即我子,卿等敢尔邪!"儵仰而对曰:"天下高帝天下,非陛下之天下也。《春秋》之义,'君亲无将,将而诛焉'。是以周公诛弟,季友鸩兄,经传大之。臣等以荆属托母弟,陛下留圣心,加恻隐,故敢请耳。如令陛下子,臣等专诛而已。"帝叹息良久。儵益以此知名。其后弟鲔为子赏求楚王英女敬乡公主,儵闻而止之,曰:"建武时,吾家并受荣宠,一宗五侯。时特进一言,女可以配王,男可以尚主,但以贵宠过盛,即为祸患,故不为也。且尔一子,奈何弃之于楚乎?"鲔不从。十年,儵卒,赗赠甚厚,谥曰哀侯。帝遣小黄门张音问所遗言。先是河南县亡失官钱,典负者坐死及罪徙者甚众,遂委责于人,以偿其耗。乡部吏因此为奸,儵常疾之。又野王岁献甘醪、膏饧,每辄扰人,吏以为利。儵并欲奏罢之,疾病未及得上。音归,具以闻,帝览之而悲叹,敕二郡并令从之。长子汜嗣,以次子郴、梵为郎。其后楚事发觉,帝追念儵谨恪,又闻其止鲔婚事,故其诸子得不坐焉。

梵字文高,为郎二十余年,三署服其重慎。悉推财物二千余万与孤兄子,官至大鸿胪。汜卒,子时嗣。时卒,子建嗣。建卒,无子,国绝。永宁元年,邓太后复封建弟盼。盼卒,子尚嗣。

初,儵删定《公羊严氏春秋》章句,世号"樊侯学",教授门徒前后三千余人。弟子颍川李修,九江夏勤,皆为三公。勤字伯宗,为京、宛二县令,零陵岩守,所在有理能称。安帝时,位至司徒。

准字幼陵,宏之族曾孙也。父瑞,好黄老言,清静少欲。准少厉志行,修儒术,以先父产业数百万让孤兄子。永元十五年,和帝幸南阳,准为郡功曹,召见,帝器之,拜郎中,从车驾还宫,特补尚书郎。邓太后临朝,儒学陵替,准乃上疏曰:

臣闻贾谊有言:"人君不可以不学。"故虽大舜圣德,孳孳为善,成王贤主,崇明师傅。及光武皇帝受命中兴,群雄崩扰,旌旗乱野,东西诛战,不遑启处,然犹投戈讲艺,息马论道。至孝明皇帝,兼天地之姿,用日月之明,庶政万机,无不简心,而垂情古典,游意经艺,每飨射礼毕,正坐自讲,诸儒并听,四方欣欣。虽阙里之化,囊塾之事,诚不足言。又多征名儒,以充礼官,如沛国赵孝、琅邪承宫等,或安车结驷,告归乡里,或丰衣博带,从见宗庙。其余以经术见优者,布在廊庙。故朝多蟠蟠之良,华首之老。每宴会,则论难衍衍,共求政化。详览群言,响如振玉。朝者进而思政,罢者退而备问。小大随化,雍雍可嘉。期门羽林介胄之士,悉通《孝经》。博士议郎,一人开门,徒众百数。化自圣躬,流及蛮荒,匈奴遣伊秩訾王大车且渠来,入就学。八方肃清,上下无事。是以议者每称盛时,咸言永平。今学者盖少,远方尤甚。博士倚席不讲,儒者竞论浮丽,忘謇謇之忠,习䛄訑之辞。文吏则去法律而学诋欺,锐锥刀之锋,断刑辟之重,德陋俗薄,以致奇刻。昔孝文窦后性好黄老,而清静之化流景武之间。臣愚以为宜下明诏,博求幽隐,发扬岩穴,宠进儒雅,有如孝、宫者,征诣公车,以俟圣上讲习之期。公卿各举明经及旧儒子孙,进其爵位,使缵其业。复召

郡国书佐,使读律令。如此,则延颈者日有所见,倾耳者月有所闻。伏愿陛下推述先帝进业之道。

太后深纳其言,是后屡举方正、敦朴、仁贤之士。准再迁御史中丞。永初之初,连年水旱灾异,郡国多被饥困,准上疏曰:

臣闻传曰:"饥而不损兹曰太,厥灾水。"《春秋谷梁传》曰:"五谷不登,谓之大侵。大侵之礼,百官备而不制,群神祷而不祠。"由是言之,调和阴阳,实在俭节。朝廷虽劳心元元,事从省约,而在职之吏,尚未奉承。夫建化致理,由近及远,故《诗》曰:"京师翼翼,四方是则。"今可先令太官、尚方、考功、上林池篽诸官,实减无事之物,五府调省中都官吏京师作者。如此,则化及四方,人劳省息。

伏见被灾之郡,百姓凋残,恐非赈给所能胜赡,虽有其名,终无其实。可依征和元年故事,遣使持节慰安。尤困乏者,徙置荆、扬孰郡,既省转运之费,且令百姓各安其所。今虽有西屯之役,宜先东州之急。如遣使者与二千石随事消息,悉留富人守其旧土,转尤贫者过所衣食,诚父母之计也。愿以臣言下公卿平议。

太后从之,悉以公田赋与贫人。即擢准与议郎吕仓并守光禄大夫,准使冀州,仓使兖州。准到部,开仓廪食,慰安生业,流人咸得苏息。还,拜巨鹿太守。时饥荒之余,人庶流进,家户日尽,准课督农桑,广施方略。期年间,谷粟丰贱数十倍。而赵、魏之郊数为羌所抄暴。准外御寇虏,内抚百姓,郡境以安。

五年,转河内太守。时羌复屡入郡界,准辄将兵讨逐,修理坞壁,威名大行。视事三年,以疾征,三转为尚书令,明习故事,遂见任用。元初三年,代周畅为光禄勋。五年,卒于官。

阴识传 弟兴

阴识字次伯,南阳新野人也,光烈皇后之前母兄也。其先出自管仲,管仲七世孙修,自齐适楚,为阴大夫,因而氏焉。秦汉之际,始家新野。及刘伯升起义兵,识时游学长安,闻之,委业而归,率子弟、宗族、宾客千余人往诣伯升。伯升乃以识为校尉。更始元年,迁偏将军,从攻宛,别降新野、淯阳、杜衍、冠军、湖阳。二年,更始封识阴德侯,行大将军事。

建武元年,光武遣使迎阴贵人于新野,并征识。识随贵人至,以为骑都尉,更封阴乡侯。二年,以征伐军功增封,识叩头让曰:"天下初定,将帅有功者众,臣托属掖廷,仍加爵邑,不可以示天下。"帝甚美之,以为关都尉,镇函谷。迁侍中,以母忧辞归。十五年,定封原鹿侯。及显宗立

为皇太子，以识守执金吾，辅导东宫。帝每巡郡国，识常留镇守京师，委以禁兵。入虽极言正议，及与宾客语，未尝及国事。帝敬重之，常指识以敕戒贵戚，激厉左右焉。识所用掾史皆简贤者，如虞延、傅宽、薛愔等，多至公卿校尉。显宗即位，拜为执金吾，位特进。永平二年，卒，赠以本官印绶，谥曰贞侯。子躬嗣。躬卒，子璜嗣。永初七年，为奴所杀，无子，国绝。永宁元年，邓太后以璜弟淑绍封。淑卒，子鲔嗣。躬弟子纲女为和帝皇后，封纲吴房侯，位特进，三子轶、辅、敞，皆黄门侍郎。后坐巫蛊事废，纲自杀，辅下狱死，轶、敞徙日南。识弟兴。

兴字君陵，光烈皇后母弟也，为人有膂力。建武二年，为黄门侍郎，守期门仆射，典将武骑，从征伐，平定郡国。兴每从出入，常操持小盖，障翳风雨，躬履涂泥，率先期门。光武所幸之处，辄先入清宫，甚见亲信。虽好施接宾，然门无侠客。与同郡张宗、上谷鲜于襃不相好，知其有用，犹称所长而达之；友人张汜、杜禽与兴厚善，以为华而不实，但私之以财，终不为言：是以世称其忠平。第宅苟完，裁蔽风雨。

九年，迁侍中，赐爵关内侯。帝后召兴，欲封之，置印绶于前，兴固让曰："臣未有先登陷阵之功，而一家数人并蒙爵土，令天下觖望，诚为盈溢。臣蒙陛下、贵人恩泽至厚，富贵已极，不可复加，至诚不愿。"帝嘉兴之让，不夺其志。贵人问其故，兴曰："贵人不读书记邪？'亢龙有悔。'夫外戚家苦不知谦退，嫁女欲配侯王，取妇眄睐公主，愚心实不安也。富贵有极，人当知足，夸奢益为观听所讥。"贵人感其言，深自降挹，卒不为宗亲求位。十九年，拜卫尉，亦辅导皇太子。明年夏，帝风眩疾甚，后以兴领侍中，受顾命于云台广室。会疾瘳，召见兴，欲以代吴汉为大司马。兴叩头流涕，固让曰："臣不敢惜身，诚亏损圣德，不可苟冒。"至诚发中，感动左右，帝遂听之。

二十三年，卒，时年三十九。兴素与从兄嵩不相能，然敬其威重。兴疾病，帝亲临，问以政事及群臣能不。兴顿首曰："臣愚不足以知之。然伏见议郎席广、谒者阴嵩，并经行明深，逾于公卿。"兴没后，帝思其言，遂擢广为光禄勋，嵩为中郎将，监羽林十余年，以谨敕见幸。显宗即位，拜长乐卫尉，迁执金吾。

永平元年诏曰："故侍中卫尉关内侯兴，典领禁兵，从平天下，当以军功显受封爵，又诸舅比例，应蒙恩泽，兴皆固让，安车里巷。辅导朕躬，有周昌之直，在家仁孝，有曾、闵之行，不幸早卒，朕甚伤之。贤者子孙，宜加优异。其以汝南之鮦阳封兴子庆为鮦阳侯，庆弟博为濦强侯。"博弟员、丹并为郎，庆推田宅财物悉与员、丹。帝以庆让，擢为黄门侍郎。庆卒，子琴嗣。建初五年，兴夫人卒，肃宗使五官中郎将持节即墓赐策，追谥兴曰翼侯。琴卒，子万全嗣。万全卒，子桂嗣。兴弟嗣，嗣父封宣恩侯，后改封为新阳侯。就善谈论，朝臣莫及，然性刚傲，不得众誉。显宗即位，以就为少府，位特进。就子丰尚郦邑公主。公主娇妒，丰亦猖急。永平二年，遂杀主，被诛，父母当坐，皆自杀，国除。帝以舅氏故，不极其刑。

阴氏侯者凡四人。初，阴氏世奉管仲之祀，谓为"相君"。宣帝时，阴子方者，至孝有仁恩，腊日晨炊而灶神形见，子方再拜受庆。家有黄羊，因以祀之。自是已后，暴至巨富，田有七百余顷，舆马仆隶，比于邦君。子方常言"我子孙必将强大"，至识三世而遂繁昌，故后常以腊日祀灶，而荐黄羊焉。

赞曰：权族好倾，后门多毁。樊氏世笃，阴亦戒侈。恂恂苗胤，传龟袭紫。

卷六十三
朱冯虞郑周列传第二十三

朱浮传

朱浮字叔元，沛国萧人也。初从光武为大司马主簿，迁偏将军，从破邯郸。光武遣吴汉诛更始幽州牧苗曾，乃拜浮为大将军幽州牧，守蓟城，遂讨定北边。建武二年，封舞阳侯，食三县。浮年少有才能，颇欲厉风迹，收士心，辟召州中名宿涿郡王岑之属，以为从事，及王莽时故吏二千石，皆引置幕府，乃多发诸郡仓谷，禀赡其妻子。渔阳太守彭宠以为天下未定，师旅方起，不宜多置官属，以损军实，不从其令。浮性矜急自多，颇有不平，因以峻文诋之；宠亦狠强，兼负其功，嫌怨转积。浮密奏宠遣吏迎妻而不迎其母，又受货赇，杀害友人，多聚兵谷，意计难量。宠既积怨，闻之，遂大怒，而举兵攻浮。浮以书质责之曰：

盖闻知者顺时而谋，愚者逆理而动，常窃悲京城太叔以不知足而无贤辅，卒自弃于郑也。伯通以名字典郡，有佐命之功，临人亲职，爱惜仓库，而浮秉征伐之任，欲权时救急，二者皆为国耳。即疑浮相谮，何不诣阙自陈，而为族灭之计乎？朝廷之于伯通，恩亦厚矣，委以大郡，任以威武，事有柱石之寄，情同子孙之亲。匹夫媵母尚能致命一餐，岂有身带三绶，职典大邦，而不顾恩义，生心外畔者乎！伯通与吏人语，何以为颜？行步拜起，何以为容？坐卧念之，何以为心？引镜窥影，何施眉目？举措建功，何以为人？惜乎弃休令之嘉名，造枭鸱之逆谋，捐传世之庆祚，招破败之重灾，高论尧舜之道，不忍桀纣之性，生为世笑，死为愚鬼,不亦哀乎!

　　伯通与耿侠游俱起佐命,同被国恩。侠游谦让,屡有降挹之言;而伯通自伐,以为功高天下。往时辽东有豕,生子白头,异而献之,行至河东,见群豕皆白,怀惭而还。若以子之功论于朝廷,则为辽东豕也。今乃愚妄,自比六国。六国之时,其势各盛,廓土数千里,胜兵将百万,故能据国相持,多历年世。今天下几里,列郡几城,奈何以区区渔阳而结怨天子?此犹河滨之人捧土以塞孟津,多见其不知量也!

　　方今天下适定,海内愿安,士无贤不肖,皆乐立名于世。而伯通独中风狂走,自捐盛时,内听骄妇之失计,外信逸邪之诪言,长为群后恶法,永为功臣鉴戒,岂不误哉!定海内者无私仇,勿以前事自误,愿留意顾老母幼弟。凡举事无为亲厚者所痛,而为见仇者所快。

　　宠得书愈怒,攻浮转急。明年,涿郡太守张丰亦举兵反。时二郡畔戾,北州忧恐,浮以为天子必自将兵讨之,而但遣游击将军邓隆助浮。浮怀惧,以为帝怠于敌,不能救之,乃上疏曰:"昔楚宋列国,俱为诸侯,庄王以宋执其使,遂有投袂之师。魏公子顾朋友之要,触宣强秦之锋。夫楚魏非有分职匡正之大义也,庄王但为争强而发愤,公子以一言而立信耳。今彭宠反畔,张丰逆节,以为陛下必弃捐它事,以时灭之。既历时月,寂寞无音。从围城而不救,放逆虏而不讨,臣诚惑之。昔高祖圣武,天下既定,犹身自征伐,未尝宁居。陛下虽兴大业,海内未集,而独逸豫,不顾北垂,百姓遑遑,无所系心,三河、冀州,曷足以传后哉!今秋稼已孰,复为渔阳所掠。张丰狂悖,奸党日增,连年拒守,吏士疲劳,甲胄生虮虱,弓弩不得弛,上下燋心,相望救护,仰希陛下生活之恩。"诏报曰:"往年赤眉跋扈长安,吾策其无谷必东,果来归降。今度此反房,势无久全,其中必有内相斩者。今军资未充,故须后麦耳。"浮城中粮尽,人相食。会上谷太守耿况遣骑来救浮,浮乃得遁走。南至良乡,其兵长反遮之,浮恐不得脱,乃下马刺杀其妻,仅以身免,城降于宠。尚书令侯霸奏浮败乱幽州,构成宠罪,徒劳军师,不能死节,罪当伏诛。帝不忍,以浮代贾复为执金吾,徙封父城侯。后丰、宠并自败。

　　帝以二千石长吏多不胜任,时有纤微之过者,必见斥罢,交易纷扰,百姓不宁。六年,有日食之异,浮因上疏曰:"臣闻日者众阳之所宗,君上之位也。凡居官治民,据郡典县,皆为阳上,为尊为长。若阳上不明,尊长不足,则干动三光,垂risks王者。五典纪国家之政,《鸿范》别灾异之文,皆宣明天道,以征来事者也。陛下哀愍海内新离祸毒,保宥生人,使得苏息。而今牧人之吏,多未称职,小违理实,辄见斥罢,岂不粲然黑白分明哉!然以尧舜之盛,犹加三考,大汉之兴,亦累功效,吏皆积久,养老于官,至名子孙,

因为氏姓。当时吏职,何能悉理;论议之徒,岂不喧哗。盖以为天地之功不可仓卒,艰难之业当累日也。而间者守宰数见换易,迎新相代,疲劳道路。寻其视事日浅,未足昭见其职,既加严切,人不自保,各相顾望,无自安之心。有司或因睚眦以骋私怨,苟求长短,求媚上意。二千石及长吏迫于举劾,惧于刺讥,故争饰诈伪,以希虚誉。斯皆群阳骚动,日月失行之应。夫物暴长者必夭折,功卒成者必亟坏,如摧长久之业,而造速成之功,非陛下之福也。天下非一时之用也,海内非一旦之功也。愿陛下游意于经年之外,望化于一世之后。天下幸甚。"帝下其议,群臣多同于浮,自是牧守易代颇简。

　　旧制,州牧奏二千石长吏不任位者,事皆先下三公。三公遣掾史案验,然后黜退。帝时用明察,不复委任三府,而权归刺举之吏。浮复上疏曰:"陛下清明履约,率礼无违,自宗室诸王、外家后亲,皆奉遵绳墨,无党执之名。至或乘牛车,齐于编人。斯固法令整齐,下无作威者也。求之于事,宜以和平,而灾异犹见者,而岂徒然?天道信诚,不可不察。窃见陛下疾往者上威不行,下专国命,即位以来,不用旧典,信刺举之官,黜鼎辅之任,至于有所劾奏,便加退免,覆案不关三府,罪谴不蒙澄察。陛下以使者为腹心,而使者以从事为耳目,是为尚书之平,决于百石之吏,故群下苛刻,各自为能。兼以私情容长,憎爱在职,皆竞张空虚,以要时利,故有罪者心不厌服,无咎者坐被空文,不可经盛衰,贻后王也。夫事积久则吏自重,吏安则人自静。传曰:'五年再闰,天道乃备。'夫以天地之灵,犹五载以成其化,况人道哉!臣浮愚戆,不胜惓惓,愿陛下留心千里之任,省察偏言之奏。"

　　七年,转太仆。浮又以国学既兴,宜广博士之选,乃上书曰:"夫太学者,礼义之宫,教化所由兴也。陛下尊敬先圣,垂意古典,宫室未饰,干戈未休,而先建太学,进立横舍,比日车驾亲临观飨,将以弘时雍之化,显勉进之功也。寻博士之官,为天下宗师,使孔圣之言传而不绝。旧事,策试博士,必广求详选,爱自畿夏,延及四方。是以博举明经,唯贤是登,学者精励,远近同慕。伏闻诏书更试五人,唯取见在洛阳城者。臣恐自今以往,将有所失。求之密迩,容或未尽,而四方之学,无所劝乐。凡策试之本,贵得其真,非有期会,不及远方也。又诸所征试,皆私自发遣,非有伤费烦扰于事也。语曰:'中国失礼,求之于野。'臣浮幸得与讲图谶,故敢越职。"帝然之。

　　二十年,代窦融为大司空。二十二年,坐卖弄国恩免。二十五年,徙封新息侯。帝以浮陵轹同列,每衔之,惜其功能,不忍加罪。永平中,有人单辞告浮事者,显宗大怒,赐浮死。**长水校尉樊鯈**言于帝曰:"唐尧大圣,兆人获所,优游四凶之狱,厌服海内之心,使天下咸知,然后殛罚。浮事虽昭明,而未达人听,宜下廷尉,章著其事。"帝亦悔之。

论曰：吴起与田文论功，文不及者三，朱买臣难公孙弘十策，弘不得其一，终之田文相魏，公孙幸汉，诚知宰相自有体也。故曾子曰："君子所贵乎道者三，笾豆之事则有司存。"而光武、明帝好叹吏事，亦以课核三公，其人或失而其礼稍薄，至有诛斥诘辱之累。任职责过，一至于此，追感贾生之论，不亦笃乎！朱浮讥讽苛察欲速之弊，然矣，焉得长者之言哉！

冯鲂传

冯鲂字孝孙，南阳湖阳人也。其先魏之支别，食菜冯城，因以氏焉。秦灭魏，迁于湖阳，为郡族姓。王莽末，四方溃畔，鲂乃聚宾客，招豪杰，作营堑，以待所归。是时湖阳大姓虞都尉反城称兵，先与同县申屠季有仇，而杀其兄，谋灭季族。季亡归鲂，鲂将季欲还其营，道逢都尉从弟长卿来，欲执季。鲂叱长卿曰："我与季虽无素故，士穷相归，要当以死任之，卿为何言？"遂与俱归。季谢曰："蒙恩得全，死无以为报，有牛马财物，愿悉献之。"鲂作色曰："吾老亲弱弟皆在贼城中，今日相与，尚无所顾，何云财物乎？"季惭不敢复言。鲂自是为县邑所敬信，故能据营自固。时天下未定，而四方之士拥兵矫称者甚众，唯鲂自守兼有方略。光武闻而嘉之，建武三年，征诣行在所，见于云台，拜虞令。为政敢杀伐，以威信称。迁郏令。后车驾西征隗嚣，颍川盗贼群起，郏贼延褒等众三千余人，攻围县舍，鲂率吏士七十许人，力战连日，弩矢尽，城陷，鲂乃遁去。帝闻郡国反，即驰赴颍川，鲂诣行在所。帝案行斗处，知鲂力战，乃嘉之曰："此健令也。所当讨击，勿拘州郡。"褒等闻帝至，皆自髡剔，负锧锧，将其众请罪。帝且赦之，使鲂转降诸聚落，县中平定，诏乃悉以褒等还鲂诛之。鲂责让以行军法，皆叩头曰："今日受诛，死无所恨。"鲂曰："汝知悔过伏罪，今一切相赦，听各反农桑，为令作耳目。"皆称万岁。是时每有盗贼，并为褒等所发，无敢动者，县界清静。

十三年，迁魏郡太守。二十七年，以高第入代赵憙为太仆。中元元年，从东封岱宗，行卫尉事。还，代张纯为司空，赐爵关内侯。二年，帝崩，使鲂持节起原陵，更封杨邑乡侯，食三百五十户。永平四年，坐为陇西太守邓融，听任奸吏，策免，削国土。六年，显宗幸鲁，复行卫尉事。七年，代阴嵩为执金吾。

鲂性矜严公正，在位数进忠言，多见纳用。十四年，诏复爵土。明年，东巡郡国，留鲂宿卫南宫。建初三年，以老病乞身，肃宗许之。其冬为五更，诏鲂朝贺，就列侯位。元和二年，卒，时年八十六。子柱嗣。尚显宗女获嘉长公主，少为侍中，以恭肃谦约称，位至将作大匠。柱卒，子定嗣，官至羽林中郎将。定卒，无子，国除。定弟石，袭母公主封获嘉侯，亦为侍中，稍迁卫尉。能取悦当世，为安帝所宠。帝尝幸其府，留饮十许日，赐驳犀具剑、佩刀、紫艾绶、玉玦各一，拜子世为黄门侍郎，世弟二人皆郎中。自永初兵荒，王侯租秩多不充，于是特诏以它县租税足石，令如旧限，岁入谷三万斛，钱四万。迁光禄勋，遂代杨震为太尉。及北乡侯立，迁太傅，与太尉东莱刘喜参录尚书事。顺帝既立，石与喜皆以阿党阎显、江京等策免，复为卫尉。卒，子代嗣。代卒，弟承嗣，为步兵校尉。石弟珧，和帝时诏封杨邑侯，亦以石宠，官至城门校尉。卒，子肃嗣，为黄门侍郎。

虞延传

虞延字子大，陈留东昏人也。延初生，其上有物若一匹练，遂上升天，占者以为吉。及长，长八尺六寸，要带十围，力能扛鼎。少为户牖亭长。时王莽贵人魏氏宾客放从，延率吏卒突入其家捕之，以此见怨，故位不升。性敦朴，不拘小节，又无乡曲之誉。王莽末，天下大乱，延常婴甲胄，拥卫亲族，扞御抄盗，赖其全者甚众。延从女弟年在孩乳，其母不能活之，弃于沟中，延闻其号声，哀而收之，养至成人。建武初，仕执金吾府，除细阳令。每至岁时伏腊，辄休遣徒系，各使归家，并感其恩德，应期而还。有囚于家被病，自载诣狱，既至而死，延率掾史，殡于门外，百姓感悦之。后去官还乡里，太守富宗闻延名，召署功曹。宗性奢靡，车服器物，多不中节。延谏曰："昔晏婴辅齐，鹿裘不完，季文子相鲁，妾不衣帛，以约失之者鲜矣。"宗不悦，延即辞退。居有顷，宗果以侈从被诛，临当伏刑，揽涕而叹曰："恨不用功曹虞延之谏！"光武闻而奇之。二十年东巡，路过小黄，高帝母昭灵后园陵在焉，时延为部督邮，诏呼引见，问园陵之事。延进止从容，占拜可观，其陵树株蘖，皆谙其数，俎豆牺牲，颇晓其礼。帝善之，敕延从驾到鲁。还经封丘城门，门下小，不容羽盖，帝怒，使挞侍御史，延因下见引咎，以为罪在督邮。言辞激扬，有感帝意，乃制诏曰："以陈留督邮虞延故，贳御史罪。"延从送车驾西尽郡界，赐钱及剑带佩刀还郡，于是声名遂振。

二十三年，司徒玉况辟焉。时元正朝贺，帝望而识延，遣小黄门驰问之，即日召拜公车令。明年，迁洛阳令。是时阴氏有客马成者，常为奸盗，延收考之。阴氏屡请，获一书辄加箠二百。信阳侯阴就乃诉帝，谮延多所冤枉。帝乃临御道之馆，亲录囚徒。延陈其狱状可论者在东，无理者居西。成乃回欲趋东，延前执之，谓曰："尔人之巨蠹，久依城社，不畏熏烧，今考实未竟，宜当尽法！"成大呼称枉，陛戟郎以戟刺延，叱使置之。帝知延不私，谓成曰："汝犯王法，身自取之！"呵使速去。后数日伏诛。于是外戚敛手，莫敢干法。在县三年，迁南阳太守。

永平初,有新野功曹邓衍,以外戚小侯每豫朝会,而容姿趋步,有出于众,显宗目之,顾左右曰:"朕之仪貌,岂若此人!"特赐舆马衣服。延以衍虽有容仪而无实行,未尝加礼。帝既异之,乃诏衍令自称南阳功曹诣阙。既到,拜郎中,迁玄武司马。衍在职不服父丧,帝闻之,乃叹曰:"'知人则哲,惟帝难之。'信哉斯言!"衍惭而退,由是以延为明。

三年,征代赵憙为太尉;八年,代范迁为司徒。历位二府,十余年无异政绩。会楚王英谋反,阴氏欲中伤之,使人私以楚谋告延。延以英藩戚至亲,不然其言,又欲辟幽州从事公孙弘,以弘交通楚王而止,并不奏闻。及英事发觉,诏书切让,延遂自杀。家至清贫,子孙不免寒馁。

延从曾孙放,字子仲。少为太尉杨震门徒,及震被谮自杀,顺帝初,放诣阙追讼震罪,由是知名。桓帝时为尚书,以议诛大将军梁冀功封都亭侯,后为司空,坐水灾免。性疾恶宦官,遂为所陷,灵帝初,与长乐少府李膺等俱以党事诛。

郑弘传

郑弘字巨君,会稽山阴人也。从祖吉,宣帝时为西域都护。弘少为乡啬夫,太守第五伦行春,见而深奇之,召署督邮,举孝廉。弘师同郡河东太守焦贶。楚王英谋反发觉,以疏引贶。贶被收捕,疾病于道亡没,妻子闭系诏狱,掠考连年。诸生故人惧相连及,皆改变名姓,以逃其祸,弘独髡头负鈇锧,诣阙上章,为贶讼罪。显宗觉悟,即赦其家属,弘躬送贶丧及妻子还乡里,由是显名。拜为驺令,政有仁惠,民称苏息。迁淮阳太守。四迁,建初初,为尚书令。旧制,尚书郎限满补县长令史丞尉。弘奏以为台职虽尊,而酬赏甚薄,至于开选,多无乐者,请使郎补千石令,令史为长。帝从其议。弘前后所陈有补益王政者,皆著之南宫,以为故事。出为平原相,征拜侍中。建初八年,代郑众为大司农。旧交阯七郡贡献转运,皆从东冶泛海而至,风波艰阻,沉溺相系。弘奏开零陵、桂阳峤道,于是夷通,至今遂为常路。在职二年,所息省三亿万计。时岁天下遭旱,边方有警,人食不足,而帑藏殷积。弘又奏宜省贡献,减徭费,以利饥人。帝顺其议。

元和元年,代邓彪为太尉。时举将第五伦为司空,班次在下,每正朔朝见,弘曲躬而自卑。帝问知其故,遂听置云母屏风,分隔其间,由此以为故事。在位四年,奏尚书张林阿附侍中窦宪,而素行臧秽,又上洛阳令杨光,宪之宾客,在官贪残,并不宜处位。书奏,吏与光故旧,因以告之。光报宪,宪奏弘大臣漏泄密事。帝诘让弘,收上印绶。弘自诣廷尉,诏敕出之,因乞骸骨归,未许。病笃,上书陈谢,并言窦宪之短。帝省章,遣医占弘病,比至已卒。临殁悉还赐物,敕妻子褐巾布衣素棺殡殓,以还乡里。

周章传

周章字次叔,南阳随人也。初仕郡为功曹。时大将军窦宪免,封冠军侯就国。章从太守行春到冠军,太守犹欲谒之。章进谏曰:"今日公行春,岂可越俗私交。且宪椒房之亲,执倾王室,而退就藩国,祸福难量。明府剖符大臣,千里重任,举止进退,其可轻乎?"太守不听,遂便升车。章前拔佩刀绝马鞅,于是乃止。及宪被诛,公卿以下多以交关得罪,太守幸免,以此重章。举孝廉,六迁为五官中郎将。延平元年,为光禄勋。

永初元年,代魏霸为太常。其冬,代尹勤为司空。是时中常侍郑众、蔡伦等皆秉执豫政,章数进直言。初,和帝崩,邓太后以皇子胜有痼疾,不可承奉宗庙,贪殇帝孩抱,养为己子,故立之,以胜为平原王。及殇帝崩,群臣以胜疾非痼,意咸归之,太后以前既不立,恐后为怨,乃立和帝兄清河孝王子祐,是为安帝。章以众心不附,遂密谋闭宫门,诛车骑将军邓骘兄弟及郑众、蔡伦,劫尚书,废太后于南宫,封帝为远国王,而立平原王胜。事觉,策免,章自杀。家无余财,诸子易衣而出,并日而食。

论曰:孔子称"可与立,未可与权"。权也者,反常者也。将从反常之事,必资非常之会,使夫举无违妄,志行名全。周章身非负图之托,德乏万夫之望,主无绝天之釁,地有既安之埶,而创虑于难图,希功于理绝,不已悖乎!如令君器易以下议,即斗筲必能叩天业,狂夫竖臣亦自奋矣。孟轲有言曰:"有伊尹之心则可,无伊尹之心则篡矣。"於戏,方来之人戒之哉!

赞曰:朱定北州,激成宠尤。鲂用降虏,延感归囚。郑、窦怨偶,代相为仇。周章反道,小智大谋。

卷六十四　　梁统列传第二十四

梁统传　子松　竦　曾孙商　玄孙冀

梁统字仲宁,安定乌氏人,晋大夫梁益耳,即其先也。统高祖父子都,自河东迁居北地,子都子桥,以赀十万徙茂陵,至哀、平之末,归安定。统性刚毅而好法律。初仕州郡。更始二年,召补中郎将,使安集凉州,拜酒泉太守。会更始败,赤眉入长安,统与窦融及诸郡守起兵保境,谋共立帅。初以位次,咸共推统,统固辞曰:"昔陈婴不受王者,以有老母也。今统内有尊亲，又德薄能寡，诚不足以当之。"遂共推融为河西大将军，更以统为武威太守。为政严猛，威行邻郡。建武五年，统等各遣使随窦融长史刘钧诣阙奉贡，愿得诣行在所，诏加统宣德将军。八年夏，光武自征隗嚣，统与窦融等将兵会车驾。及嚣败，封统为成义侯，同产兄巡、从弟腾并为关内侯，拜腾酒泉典农都尉，悉遣还河西。十二年，统与融等俱诣京师，以列侯奉朝请，更封高山侯，拜太中大夫，除四子为郎。统在朝廷，数陈便宜。以为法令既轻，下奸不胜，宜重刑罚，以遵旧典，乃上疏曰：

　　臣窃见元哀二帝轻殊死之刑以一百二十三事，手杀人者减死一等，自是以后，著为常准，故人轻犯法，吏易杀人。

　　臣闻立君之道，仁义为主，仁者爱人，义者政理。爱人以除残为务，政理以去乱为心。刑罚在衷，无取于轻，是以五帝有流、殛、放、杀之诛，三王有大辟、刻肌之法。故孔子称"仁者必有勇"，又曰"理财正辞，禁民为非曰义"。高帝受命诛暴，平荡天下，约令定律，诚得其宜。文帝宽惠柔克，遭世康平，唯除省肉刑、相坐之法，它皆率由，无革旧章。武帝值中国隆盛，财力有余，征伐远方，军役数兴，豪桀犯禁，奸吏弄法，故重首匿之科，著知从之律，以破朋党，以惩隐匿。宣帝聪明正直，总御海内，臣下奉宪，无所失坠，因循先典，天下称理。至哀、平继体，而即位日浅，听断尚寡。丞相王嘉轻为穿凿，亏除先帝旧约成律，数年之间，百有余事，或不便于理，或不厌民心。谨表其尤害于体者傅奏于左。

　　伏惟陛下包元履德，权时拨乱，功逾文武，德侔高皇，诚不宜因循季末衰微之轨。回神明察，考量得失，宣诏有司，详择其善，定不易之典，施无穷之法，天下幸甚。

事下三公、廷尉，议者以为隆刑峻法，非明王急务，施行日久，岂一朝所厘。统今所定，不宜开可。

统复上言曰："有司以臣今所言，不可施行。寻臣之所奏，非曰严刑。窃谓高帝以后，至乎孝宣，其所施行，多合经传，宜比方今事，验之往古，聿遵前典，事无难改，不胜至愿。愿得召见，若对尚书近臣，口陈其要。"帝令尚书问状，统对曰：

　　闻圣帝明王，制立刑罚，故虽尧舜之盛，犹诛四凶。经曰："天讨有罪，五刑五庸哉。"又曰："爰制百姓于刑之衷。"孔子曰："刑罚不衷，则人无所厝手足。"衷之为言，不轻不重之谓也。《春秋》之诛，不避亲戚，所以防患救乱，全安众庶，岂无仁爱之恩？贵绝残贼之路也。自高祖之兴，至于孝宣，君明臣忠，谟谋深博，犹因循旧章，不轻改革，海内称理，断狱益少。至初元、建平，所减刑罚百有余条，而盗贼浸多，岁以万数。间者三辅从横，群辈并起，至燔烧茂陵，火见未央。其后陇西、北地、西河之贼，越州度郡，万里交结，攻取库兵，劫略吏人，诏书讨捕，连年不获。是时以天下无难，百姓安平，而狂狡之执，犹至于此，皆刑罚不衷，愚人易犯之所致也。由此观之，则刑轻之作，反生大患；惠加奸轨，而害及良善也。故臣统愿陛下采择贤臣孔光、师丹等议。

议上，遂寝不报。后出为九江太守，定封陵乡侯。统在郡亦有治迹，吏人畏爱之。卒于官。子松嗣。

松字伯孙，少为郎，尚光武女舞阴长公主，再迁虎贲中郎将。松博通经书，明习故事，与诸儒修明堂、辟雍、郊祀、封禅礼仪，常与论议，宠幸莫比。光武崩，受遗诏辅政。永平元年，迁太仆。松数为私书请托郡县，二年，发觉免官，遂怀怨望。四年冬，乃县飞书诽谤，下狱死，国除。子扈，后以恭怀皇后从兄，永元中，擢为黄门侍郎，历位卿、校尉。温恭谦让，亦敦《诗》、《书》。永初中，为长乐少府。松弟竦。

竦字叔敬，少习《孟氏易》，弱冠能教授。后坐兄松事，与弟恭俱徙九真。既祖南土，历江、湖、济沅、湘，感悼子胥、屈原以非辜沈身，乃作《悼骚赋》，系石而沈之。显宗后诏听还本郡。竦闭门自养，以经籍为娱，著书数篇，名曰《七序》。班固见而称曰："孔子著《春秋》而乱臣贼子惧，梁竦作《七序》而窃位素餐者惭。"性好施，不事产业。长嫂舞阴公主赡给诸梁，亲疏有序，特重敬竦，虽衣食器物，必有加异。竦悉分与亲族，自无所服。竦生长京师，不乐本土，自负其才，郁郁不得意。尝登高远望，叹息言曰："大丈夫居世，生当封侯，死当庙食。如其不然，闲居可以养志，《诗》《书》足以自娱，州郡之职，徒劳人耳。"后辟命交至，并无所就。有三男三女，肃宗纳其二女，皆为贵人。小贵人生和帝，窦皇后养以为子，而竦家私相庆。后诸窦闻之，恐梁氏得志，终为己害，建初八年，遂谮杀二贵人，而陷竦等以恶逆。诏使汉阳太守郑据传考窦罪，死狱中，家属复徙九真。辞语连及舞阴公主，坐徙新城，使者护守。宫省事密，莫有知和帝梁氏生者。

永元九年，窦太后崩，松子扈遣从兄禅奏记三府，以为汉家旧典，崇贵母氏，而梁贵人亲育圣躬，不蒙尊号，求得申议。太尉张酺引礼讯问事理，会后召见，因白禅奏记之状。帝感恸良久，曰："于君意若何？"酺对曰："《春秋》之义，母以子贵。汉兴以来，母氏莫不隆显，臣愚以为宜上尊号，追慰圣灵，存录诸舅，以明亲亲。"帝悲泣曰："非君孰为朕思之！"会贵人姊南阳樊调妻嫕上书自讼曰："妾同产女弟贵人，前充后宫，蒙先帝厚恩，得见宠幸。皇天授命，诞生圣明。而为窦宪兄弟所见谮诉,使妾父竦冤死牢狱,骸骨不掩。老母孤弟,远徙万里。独妾遗脱,逸伏草野,常恐没命,无由自达。今遭值陛下神圣之运,亲统万机,群物得所。宪兄弟奸恶,既伏辜诛,海内旷然,各获其宜。妾得苏息,拭目更视,乃敢昧死自陈所天。妾闻太宗即位,薄氏蒙荣,宣帝继统,史族复兴。妾门虽有薄、史之亲,独无外戚余恩,诚自悼伤。妾父既冤,不可复生,母氏年殊七十,及弟棠等,远在绝域,不知死生。愿乞收竦朽骨,使母弟得归本郡,则施过天地,存殁幸赖。"帝览章感悟,乃下中常侍、掖庭令验问之,嫕辞证明审,遂得引见,具陈其状。乃留嫕止宫中,连月乃出,赏赐衣被钱帛第宅奴婢,旬月之间,累资十万。嫕素有行操,帝益爱之,加号梁夫人,擢樊调为羽林左监。调,光禄大夫宏兄曾孙也。于是追尊恭怀皇后。其冬,制诏三公、大鸿胪曰:"夫孝莫大于尊尊亲亲,其义一也。《诗》云:'父兮生我,母兮鞠我,抚我畜我,长我育我,顾我复我,出入腹我。欲报之德,昊天罔极。'朕不敢兴事,览于前世,太宗、中宗,实有旧典,追命外祖,以笃亲亲。其追封谥皇太后父竦为褒亲愍侯,比灵文、顺成、恩成侯。魂而有灵,嘉斯宠荣,好爵显服,以慰母心。"遣中谒者与嫕及巚,备礼西迎竦丧,诣京师改殡,赐东园画棺、玉匣、衣衾,建茔于恭怀皇后陵傍。帝亲临送葬,百官毕会。征还竦妻子,封子棠为乐平侯,棠弟雍乘氏侯,雍弟翟单父侯,邑各五千户,位皆特进,赏赐第宅奴婢车马兵弩什物以巨万计,宠遇光于当世。诸梁内外以亲疏并补郎、谒者。棠官至大鸿胪,雍少府。棠卒,子安国嗣,延光中为侍中,有罪免官,诸梁为郎吏者皆坐免。

商字伯夏,雍之子也。少以外戚拜郎中,迁黄门侍郎。永建元年,袭父封乘氏侯。三年,顺帝选商女及妹入掖庭,迁侍中、屯骑校尉。阳嘉元年,女立为皇后,妹为贵人,加商位特进,更增国土,赐安车驷马,其岁拜执金吾。二年,封子冀为襄邑侯,商让不受。三年,以商为大将军,固称疾不起。四年,使太常桓焉奉策就第即拜,商乃诣阙受命。明年,夫人阴氏薨,追号开封君,赠印绶。商自以戚属居大位,每存谦柔,虚己进贤,辟汉阳巨览、上党陈龟为掾属,李固、周举为从事中郎。于是京师翕然,称为良辅,帝委重焉。每有饥馑,辄载租谷于城门,赈与贫馁,不宣己惠。检御门族,未曾以权盛干法。而性慎弱无威断,颇溺于内竖。以小黄门曹节等用事于中,遂遣子冀、不疑与为交友。然宦者忌商宠任,反欲陷之。永和四年,中常侍张逵、蘧政,内者令石光,尚方令傅福,冗从仆射杜永连谋,共谮商及中常侍曹腾、孟贲,云欲征诸王子,图议废立,请收商等案罪。帝曰:"大将军父子我所亲,腾、贲我所爱,必无是,但汝曹共妒之耳。"逵等知言不用,惧迫,遂出矫诏收缚腾、贲于省中。帝闻震怒,敕宦者李歙急呼腾、贲释之,收逵

等,悉伏诛。辞所连染及在位大臣,商惧多侵枉,乃上疏曰:"《春秋》之义,功在元帅,罪止首恶,故赏不僭溢,刑不淫滥,五帝、三王所以同致康乂也。窃闻考中常侍张逵等,辞语多所牵及。大狱一起,无辜者众,死囚久系,纤微成大,非所以顺迎和气,平政成化也。宜早讫竟,以止逮捕之烦。"帝乃纳之,罪止坐者。

六年秋,商病笃,敕子冀等曰:"吾以不德,享受多福。生无以辅益朝廷,死必耗费帑臧,衣衾饭唅玉匣珠贝之属,何益朽骨。百僚劳扰,纷华道路,只增尘垢,虽云礼制,亦有权时。方今边境不宁,盗贼未息,岂宜重为国损!气绝之后,载至冢舍,即时殡敛。敛以时服,皆以故衣,无更裁制。殡已开冢,冢开即葬。祭食如存,无用三牲。孝子善述父志,不宜违我言也。"及薨,帝亲临丧,诸子欲从其诲,朝廷不听,赐以东园朱寿器、银镂、黄肠、玉匣、什物二十八种,钱二百万,布三千匹。皇后钱五百万,布万匹。及葬,赠轻车介士,赐谥忠侯。中宫亲送,帝幸宣阳亭,瞻望车骑。子冀嗣。

冀字伯卓。为人鸢肩豺目,洞精矘眄,口吟舌言,裁能书计。少为贵戚,逸游自恣。性嗜酒,能挽满、弹棋、格五、六博、蹴鞠、意钱之戏,又好臂鹰走狗,骋马斗鸡。初为黄门侍郎,转侍中,虎贲中郎将,越骑、步兵校尉,执金吾。

永和元年,拜河南尹。冀居职暴恣,多非法,父商所亲客洛阳令吕放,颇与商言及冀之短,商以让冀,冀即遣人于道刺杀放。而恐商知之,乃推疑于放之怨仇,请以放弟禹为洛阳令,使捕之,尽灭其宗亲、宾客百余人。商薨未葬,顺帝乃拜冀为大将军,弟侍中不疑为河南尹。及帝崩,冲帝始在襁褓,太后临朝,诏冀与太傅赵峻、太尉李固参录尚书事。冀虽辞不肯当,而侈暴滋甚。冲帝又崩,冀立质帝。帝少而聪慧,知冀骄横,尝朝群臣,目冀曰:"此跋扈将军也。"冀闻,深恶之,遂令左右进鸩加煮饼,帝即日崩。复立桓帝,而枉害李固及前太尉杜乔,海内嗟惧,语在《李固传》。建和元年,益封冀万三千户,增大将军府举高第茂才,官属倍于三公。又封不疑为颍阳侯,不疑弟蒙西平侯,冀子胤襄邑侯,各万户。和平元年,重增封冀万户,并前所袭合三万户。弘农人宰宣素性佞邪,欲取媚于冀,乃上言大将军有周公之功,今既封诸子,则其妻宜为邑君。诏遂封冀妻孙寿为襄城君,兼食阳翟租,岁入五千万,加赐赤绂,比长公主。寿色美而善为妖态,作愁眉,啼妆,堕马髻,折腰步,龋齿笑,以为媚惑。冀亦改易舆服之制,作平上轪车,埤帻,狭冠,折上巾,拥身扇,狐尾单衣。寿性钳忌,能制御冀,冀甚宠惮之。

初,父商献美人友通期于顺帝,通期有微过,帝以归商,商不敢留而出嫁之,冀即遣客盗还通期。会商薨,冀行服,于城西私与之居。寿伺冀出,多从仓头,篡取通期归,

截发刮面,笞掠之,欲上书告其事。冀大恐,顿首请于寿母,寿亦不得已而止。冀犹复与私通,生子伯玉,匿不敢出。寿寻知之,使子胤诛灭友氏。冀虑害伯玉,常置复壁中。冀爱监奴秦宫,官至太仓令,得出入寿所。寿见宫,辄屏御者,托以言事,因与私焉。宫内外兼宠,威权大震,刺史、二千石皆谒辞之。

冀用寿言,多斥夺诸梁在位者,外以谦让,而实崇孙氏宗亲。冒名而为侍中、卿、校尉、郡守、长吏者十余人,皆贪叨凶淫,各遣私客籍属县富人,被以它罪,闭狱掠拷,使出钱自赎,赀物少者至于死徙。扶风人士孙奋居富而性吝,冀因以马乘遗之,从贷钱五千万,奋以三千万与之。冀大怒,乃告郡县,认奋母为其守臧婢,云盗白珠十斛、紫金千斤以叛,遂收考奋兄弟,死于狱中,悉没赀财亿七千余万。其四方调发,岁时贡献,皆先输上第于冀,乘舆乃其次焉。吏人赍货求官请罪者,道路相望。冀又遣客出塞,交通外国,广求异物。因行道路,发取伎女御者,而使人复乘执横暴,妻略妇女,殴击吏卒,所在怨毒。

冀乃大起第舍,而寿亦对街为宅,殚极土木,互相夸竞。堂寝皆有阴阳奥室,连房洞户。柱壁雕镂,加以铜漆;窗牖皆有绮疏青琐,图以云气仙灵。台阁周通,更相临望;飞梁石蹬,陵跨水道。金玉珠玑,异方珍怪,充积臧室。远致汗血名马。又广开园囿,采土筑山,十里九坂,以象二崤,深林绝涧,有若自然,奇禽驯兽,飞走其间。冀寿共乘辇车,张羽盖,饰以金银,游观第内,多从倡伎,鸣钟吹管,酣讴竟路。或连继日夜,以骋娱恣。客到门不得通,皆请谢门者,门者累千金。又多拓林苑,禁同王家,西至弘农,东界荥阳,南极鲁阳,北达河、淇,包含山薮,远带丘荒,周旋封域,殆将千里。又起菟苑于河南城西,经亘数十里,发属县卒徒,缮修楼观,数年乃成。移檄所在,调发生菟,刻其毛以为识,人有犯者,罪至刑死。尝有西域贾胡,不知禁忌,误杀一菟,转相告言,坐死者十余人。冀二弟尝私遣人出猎上党,冀闻而捕其宾客,一时杀三十余人,无生还者。冀又起别第于城西,以纳奸亡。或取良人,悉为奴婢,至数千人,名曰"自卖人"。

元嘉元年,帝以冀有援立之功,欲崇殊典,乃大会公卿,共议其礼。于是有司奏冀入朝不趋,剑履上殿,谒赞不名,礼仪比萧何;悉以定陶、成阳余户增封为四县,比邓禹;赏赐金钱、奴婢、彩帛、车马、衣服、甲第,比霍光;以殊元勋。每朝会,与三公绝席。十日一入,平尚书事。宣布天下,为万世法。冀犹以所奏礼薄,意不悦。专擅威柄,凶恣日积,机事大小,莫不咨决之。宫卫近侍,并所亲树,禁省起居,纤微必知。百官迁召,皆先到冀门笺檄谢恩,然后敢诣尚书。下邳人吴树为宛令,之官辞冀,冀宾客布在县界,以情托树。树对曰:"小人奸蠹,比屋可诛。明将军以椒房之重,处上将之位,宜崇贤善,以补朝阙。宛为大都,士之渊薮,自侍坐以来,未闻称一长者,而多托非人,诚非敢闻!"冀嘿然不悦。树到县,遂诛杀冀客为人害者数十人,由是深怨之。树后为荆州刺史,临去辞冀,冀为设酒,因鸩之,树出,死车上。又辽东太守侯猛,初拜不谒,冀托以它事,乃腰斩之。时郎中汝南袁著,年十九,见冀凶纵,不胜其愤,乃诣阙上书曰:"臣闻仲尼叹凤鸟不至,河不出图,自伤卑贱,不能致也。今陛下居得致之位,又有能致之资,而和气未应,贤愚失序者,执分权臣,上下壅隔之故也。夫四时之运,功成则退,高爵厚宠,鲜不致灾。今大将军位极功成,可为至戒,宜遵悬车之礼,高枕颐神。传曰:'木实繁者,披枝害心。'若不抑损权盛,将无以全其身矣。左右闻臣言,将侧目切齿,臣特以童蒙见拔,故敢忘忌讳。昔舜、禹相戒无若丹朱,周公戒成王无如殷王纣,愿除诽谤之罪,以开天下之口。"书得奏御,冀闻而密遣掩捕著。著乃变易姓名,后托病伪死,结蒲为人,市棺殡送。冀廉问知其诈,阴求得,笞杀之,隐蔽其事。学生桂阳刘常,当世名儒,素善于著,冀召补令史以辱之。时太原郝絜、胡武,皆危言高论,与著友善。先是絜等连名奏记三府,荐海内高士,而不诣冀,冀追怒之,又疑为著党,敕中官移檄捕前奏记者并杀之,遂诛武家,死者六十余人。絜初逃亡,知不得免,因舆榇奏书冀门。书入,仰药而死,家乃得全。及冀诛,有诏以礼祀著等。冀诸忍忌,皆此类也。不疑好经书,善待士,冀阴疾之,因中常侍白帝,转为光禄勋。又讽众人共荐其子胤为河南尹。胤一名胡狗,时年十六,容貌甚陋,不胜冠带,道路见者,莫不嗤笑焉。不疑自耻兄弟有隙,遂让位归第,与弟蒙闭门自守。冀不欲令与宾客交通,阴使人变服至门,记往来者。南郡太守马融、江夏太守田明,初除,过谒不疑,冀讽州郡以它事陷之,皆髡笞徙朔方。融自刺不殊,明遂死于路。

永兴二年,封不疑子马为颍阴侯,胤子桃为城父侯。冀一门前后七封侯,三皇后,六贵人,二大将军,夫人、女食邑称君者七人,尚公主者三人,其余卿、将、尹、校五十七人。在位二十余年,穷极满盛,威行内外,百僚侧目,莫敢违命,天子恭己而不得有所亲豫。帝既不平之。延熹元年,太史令陈授因小黄门徐璜,陈灾异日食之变,咎在大将军,冀闻之,讽洛阳令收考授,死于狱。帝由此发怒。初,掖庭人邓香妻宣生女猛,香卒,宣更适梁纪。梁纪者,冀妻寿之舅也。寿引进猛入掖庭,见幸,为贵人,冀因欲认猛为其女以自固,乃易猛姓为梁。时猛姊婿邴尊为议郎,冀恐尊沮败宣意,乃结刺客于偃城,刺杀尊,而又欲杀宣。宣家在延熹里,与中常侍袁赦相比。冀使刺客登赦屋,欲入宣家。赦觉之,鸣鼓会众以告宣。宣驰入以白帝,帝大怒,遂与中常侍单超、具瑗、唐衡、左悺、徐璜等五人成谋诛冀。语在《宦者传》。冀心疑超等,乃使中黄门张恽入省宿,以防其变。具瑗敕吏收恽,以辄从外入,欲图不轨。帝因是御前殿，召诸尚书入，发其事，使尚书令尹勋持节勒丞郎以下皆操兵守省阁，敛诸符节送省中。使黄门令具瑗将左右厩驺、虎贲、羽林、都候剑戟士，合千余人，与司隶校尉张彪共围冀第。使光禄勋袁盱持节收冀大将军印绶，徙封比景都乡侯。冀及妻寿即日皆自杀。悉收子河南尹胤、叔父屯骑校尉让，及亲从卫尉淑、越骑校尉忠、长水校尉戟等，诸梁及孙氏中外宗亲送诏狱，无长少皆弃市。不疑、蒙先卒。其它所连及公卿列校刺史二千石死者数十人，故吏宾客免黜者三百余人，朝廷为空，唯尹勋、袁盱及廷尉邯郸义在焉。是时事卒从中发，使者交驰，公卿失其度，官府市里鼎沸，数日乃定，百姓莫不称庆。收冀财货，县官斥卖，合三十余万万，以充王府，用减天下税租之半。散其苑囿，以业穷民。录诛冀功者，封尚书令尹勋以下数十人。

论曰：顺帝之世，梁商称为贤辅，岂以其地居亢满，而能以愿谨自终者乎？夫宰相运动枢极，感会天人，中于道则易以兴政，乖于务则难乎御物。商协回天之埶，属雕弱之期，而匡朝恤患，未闻上术，憔悴之音，载谣人口。虽舆粟盈门，何救阻饥之厄；永言终制，未解尸官之尤。况乃倾侧孽臣，传宠凶嗣，以至破家伤国，而岂徒然哉！

赞曰：河西佐汉，统亦定算。褒亲幽愤，升高累叹。商恨善柔，冀遂贪乱。

卷六十五 张曹郑列传第二十五

张纯传子奋

张纯字伯仁，京兆杜陵人也。高祖父安世，宣帝时为大司马卫将军，封富平侯。父放，为成帝侍中。纯少袭爵土，哀平间为侍中，王莽时至列卿。遭值篡伪，多亡爵土，纯以敦谨守约，保全前封。

建武初，先来诣阙，故得复国。五年，拜太中大夫，使将颍川突骑安集荆、徐、杨部，督委输，监诸将营。后又将兵屯田南阳，迁五官中郎将。有司奏，列侯非宗室不宜复国。光武曰："张纯宿卫十有余年，其勿废，更封武始侯，食富平之半。"纯在朝历世，明习故事。建武初，旧章多阙，每有疑议，辄以访纯，自郊庙婚冠丧纪礼仪，多所正定。帝甚重之，以纯兼虎贲中郎将，数被引见，一日或至数四。纯以宗庙未定，昭穆失序，十九年，乃与太仆朱浮共奏言："陛下兴于匹庶，荡涤天下，诛锄暴乱，兴继祖宗。窃以经义所纪，人事众心，虽实同创革，而名为中兴，宜奉先帝，恭承祭祀者也。元帝以来，宗庙奉祠高皇帝为受命祖，孝文皇帝为太宗，孝武皇帝为世宗，皆如旧制。又立亲庙四世，推南顿君以上尽于舂陵节侯。礼，为人后者则为之子，既事大宗，则降其私亲。今袷祭高庙，陈序昭穆，而舂陵四世，君臣并列，以卑厕尊，不合礼意。设不遭王莽，而国嗣无寄，推求宗室，以陛下继统者，安得复顾私亲，违礼制乎？昔高帝以自受命，不由太上，宣帝以孙后祖，不敢私亲，故为父立庙，独群臣侍祠。臣愚谓宜除今亲庙：以则二帝旧典，愿下有司博采其议。"诏下公卿，大司徒戴涉、大司空窦融议："宜以宣、元、成、哀、平五帝四世代今亲庙：宣、元皇帝尊为祖、父，可亲奉祠；成帝以下，有司行事，别为南顿君立皇考庙。其祭上至舂陵节侯，群臣奉祠，以明尊尊之敬，亲亲之恩。"帝从之。是时宗庙未备，自元帝以上，祭于洛阳高庙，成帝以下，祠于长安高庙，其南顿四世，随所在而祭焉。

明年，纯代朱浮为太仆。二十三年，代杜林为大司空。在位慕曹参之迹，务于无为，选辟掾史，皆知名大儒。明年，上穿阳渠，引洛水为漕，百姓得其利。

二十六年，诏纯曰："禘、袷之祭，不行已久矣。'三年不为礼，礼必坏，三年不为乐，乐必崩'。宜据经典，详为其制。"纯奏曰："《礼》，三年一袷，五年一禘。《春秋传》曰：'大袷者何？合祭也。毁庙及未毁庙之主皆登，合食乎太祖，五年而再殷。'汉旧制三年一袷，毁庙主合食高庙，存庙主未尝合祭。元始五年，诸王公列侯庙会，始为禘祭。又前十八年亲幸长安，亦行此礼。礼说三年一闰，天气小备；五年再闰，天气大备。故三年一袷，五年一禘。禘之为言谛，谛定昭穆尊卑之义也。禘祭以夏四月，夏者阳气在上，阴气在下，故正尊卑之义也。袷祭以冬十月，冬者五谷成熟，物备礼成，故合聚饮食也。斯典之废，于兹八年，谓可如礼施行，以时定议。"帝从之，自是禘、袷遂定。时南单于及乌桓来降，边境无事，百姓新去兵革，岁仍有年，家给人足。纯以圣王之建辟雍，所以崇尊礼义，既富而教者也。乃案七经谶、明堂图、河间《古辟雍记》、孝武太山明堂制度，及平帝时议，欲具奏之。未及上，会博士桓荣上言宜立辟雍、明堂，章下三公、太常，而纯议同荣。帝乃许之。

三十年，纯奏上宜封禅，曰："自古受命而帝，治世之隆，必有封禅，以告成功焉。《乐动声仪》曰：'以《雅》治人，《风》成于《颂》。'有周之盛，成康之间，郊配封禅，皆可见也。《书》曰：'岁二月，东巡狩，至于岱宗，柴'，则封禅之义也。臣伏见陛下受中兴之命，平海内之乱，修复祖宗，抚存万姓，天下旷然，咸蒙更生，恩德云行，惠泽雨施，黎元安宁，夷狄慕义。《诗》云：'受天之祜，四方来贺。'今摄提之岁，仓龙甲寅，德在东宫。宜及嘉时，遵唐帝之典，继孝武之业，以二月东巡狩，封于岱宗，明中兴，勒功勋，复祖统，报天神，禅梁父，祀地祇，传祚子孙，万世之基也。"中元元年，帝乃东巡岱宗，以纯视御史大夫从，并上元封旧仪及刻石文。三月，薨，谥曰节侯。子奋嗣。

奋字稚通。父纯，临终敕家丞曰："司空无功于时，猥蒙爵土，身死之后，勿议传国。"奋兄根，少被病，光武诏奋嗣纯爵，奋称纯遗敕，固不肯受。帝以奋违诏，敕收下狱，奋惶怖，乃袭封。永平四年，随例归国。奋少好学，节俭行义，常分损租奉，赡恤宗亲，虽至倾匮，而施与不息。十七年，儋耳降附，奋来朝上寿，引见宣平殿，应对合旨，显宗异其才，以为侍祠侯。建初元年，拜左中郎将，转五官中郎将，迁长水校尉。七年，为将作大匠，章和元年，免。永元元年，复拜城门校尉。四年，迁长乐卫尉。明年，代桓郁为太常。六年，代刘方为司空。时岁灾旱，祈雨不应，乃上表曰："比年不登，人用饥匮，今复久旱，秋稼未立，阳气垂尽，岁月迫促。夫国以民为本，民以谷为命，政之急务，忧之重者也。臣蒙恩尤深，受职过任，夙夜忧惧，章奏不能叙心，愿对中常侍疏奏。"即时引见，复口陈时政之宜。明日，和帝召太尉、司徒幸洛阳狱，录囚徒，收洛阳令陈歆，即大雨三日。

奋在位清白，无它异绩。九年，以病罢。在家上疏曰："圣人所美，政道至要，本在礼乐。《五经》同归，而礼乐之用尤急。孔子曰：'安上治民，莫善于礼，移风易俗，莫善于乐。'又曰：'揖让而化天下者，礼乐之谓也。'先王之道，礼乐可谓盛矣。孔子谓子夏：'礼以修外，乐以制内，丘已矣夫！'又曰：'礼乐不兴，则刑罚不中，刑罚不中，则民无所厝其手足。'臣以为汉当制作礼乐，是以先帝圣德，数下诏书，愍伤崩缺，而众儒不达，议多驳异。臣累世台辅，而大典未定，私窃惟忧，不忘寝食。臣犬马齿尽，诚冀先死见礼乐之定。"十三年，更召拜太常。复上疏曰："汉当改作礼乐，图书著明。王者化定制礼，功成作乐。谨条礼乐异议三事，愿下有司，以时考定。昔者孝武皇帝、光武皇帝封禅告成，而礼乐不定，事不相副。先帝已诏曹褒，今陛下但奉而成之，犹周公斟酌文武之道，非自为制，诚无所疑。久执谦谦，令大汉之业不以时成，非所以章显祖宗功德，建太平之基，为后世法。"帝虽善之，犹未施行。其冬，复以病罢。明年，卒于家。子甫嗣，官至津城门候。甫卒，子吉嗣。永初三年，吉卒，无子，国除。自昭帝封安世，至吉，传国八世，经历篡乱，二百年间未尝遣黜，封者莫与为比。

曹褒传

曹褒字叔通，鲁国薛人也。父充，持《庆氏礼》，建武中为博士，从巡狩岱宗，定封禅礼。还，受诏议立七郊、三雍、大射、养老礼仪。显宗即位，充上言："汉再受命，仍有封禅之事，而礼乐崩阙，不可为后嗣法。五帝不相沿乐，三王不相袭礼，大汉当自制礼，以示百世。"帝问："制礼乐云何？"充对曰："《河图括地象》曰：'有汉世礼乐文雅出。'《尚书璇玑钤》曰：'有帝汉出，德洽作乐，名予。'"帝善之，下诏曰："今且改大乐官曰太予乐，歌诗曲操，以俟君子。"拜充侍中。作章句辩难，于是遂有庆氏学。褒少笃志，有大度，结发传充业，博雅疏通，尤好礼事。常感朝廷制度未备，慕叔孙通为汉礼仪，昼夜研精，沈吟专思，寝则怀抱笔札，行则诵习文书，当其念至，忘所之适。初举孝廉，再迁圉令，以礼理人，以德化俗。时它郡盗徒五人来入圉界，吏捕得之，陈留太守马严闻之疾恶，风县杀之。褒敕吏曰："夫绝人命者，天亦绝之。皋陶不为盗制死刑，管仲遇盗而升诸公。今承旨而杀之，是逆天心，顺府意也，其罚重矣。如得全此人命而身坐之，吾所愿也。"遂不为杀。严奏褒奂弱，免官归郡，为功曹。征拜博士。会肃宗欲制定礼乐，元和二年下诏曰："《河图》称'赤九会昌，十世以光，十一以兴'。《尚书璇玑钤》：'述尧理世，平制礼乐，放唐之文。'予末小子，托于数终，曷以缵兴，崇弘祖宗，仁济元元？《帝命验》曰：'顺尧考德，题期立象。'且三五步骤，优劣殊轨，况予顽陋，无以克堪，虽欲从之，末由也已。每见图书，中心恧焉。"褒知帝旨欲有兴作，乃上疏曰："昔者圣人受命而王，莫不制礼作乐，以著功德。功成作乐，化定制礼，所以救世俗，致祯祥，为万姓获福于皇天者也。今皇天降祉，嘉瑞并臻，制作之符，甚于言语。宜定文制，著成汉礼，丕显祖宗盛德之美。"章下太常，太常巢堪以为一世大典，非褒所定，不可许。帝知群僚拘挛，难与图始，朝廷礼宪，宜时刊立，明年复下诏曰："朕以不德，膺祖宗弘烈。乃者鸾凤仍集，麟龙并臻，甘露宵降，嘉谷滋生，赤草之类，纪于史官。朕夙夜祗畏，上无以彰于先功，下无以克称灵物。汉遭秦余，礼坏乐崩，且因循故事，未可观省，有知其说者，各尽所能。"褒省诏，乃叹息谓诸生曰："昔奚斯颂鲁，考甫咏殷。夫人臣依义显君，竭忠彰主，行之美也。当仁不让，吾何辞哉！"遂复上疏，具陈礼乐之本，制改之意。拜褒侍中，从驾南巡，既还，以事下三公。未及奏，诏召玄武司马班固，问改定礼制之宜。固曰："京师诸儒，多能说礼，宜广招集，共议得失。"帝曰："谚言'作舍道边，二年不成'。会礼之家，名为聚讼，互生疑异，笔不得下。昔尧作《大章》，一夔足矣。"

章和元年正月，乃召褒诣嘉德门，令小黄门持班固所上叔孙通《汉仪》十二篇，敕褒曰："此制散略，多不合经，今宜依礼条正，使可施行。于南宫、东观尽心集作。"褒既受命，乃次序礼事，依准旧典，杂以《五经》谶记之文，撰次天子至于庶人冠婚吉凶终始制度，以为百五十篇，写以二尺四寸简。其年十二月奏上。帝以众论难一，故但纳之，不复令有司平奏。会帝崩，和帝即位，褒乃为作章句，帝遂以《新礼》二篇冠。擢褒监羽林左骑。

永元四年，迁射声校尉。后太尉张酺、尚书张敏等奏褒擅制《汉礼》，破乱圣术，宜加刑诛。帝虽寝其奏，而《汉礼》遂不行。褒在射声,营舍有停棺不葬者百余所,褒亲自履行,问其意故。吏对曰:"此等多是建武以来绝无后者,不得埋掩。"褒乃怆然,为买空地,悉葬其无主者,设祭以祀之。迁城门校尉、将作大匠。时有疾疫,褒巡行病徒,为致医药,经理馈粥,多蒙济活。七年,出为河内太守。时春夏大旱,粮谷踊贵。褒到,乃省吏并职,退去奸残,澍雨数降。其秋大熟,百姓给足,流冗皆还。后坐上灾害不实免。有顷征,再迁,复为侍中。褒博物识古,为儒者宗。十四年,卒官。作《通义》十二篇,演经杂论百二十篇,又传《礼记》四十九篇,教授诸生千余人,庆氏学遂行于世。

论曰:汉初天下创定,朝制无文,叔孙通颇采经礼,参酌秦法,虽适物观时,有救崩敝,然先王之容典盖多阙矣,是以贾谊、仲舒、王吉、刘向之徒,怀愤叹息所不能已也。资文、宣之远图明懿美,而终莫或用,故知自燕而观,有不尽矣。孝章永言前王,明发兴作,专命礼臣,撰定国宪,洋洋乎盛德之事焉。而业蜺天算,议黜异端,斯道竟复坠矣。夫三王不相袭礼,五帝不相沿乐,所以《咸》、《茎》异调,中都殊绝。况物运迁回,情数万化,制则不能随其流变,品度未足定其滋章,斯固世主所当损益者也。且乐非夔、襄,而新音代起,律谢皋、苏,而制令亟易,修补旧文,独何猜焉?礼云礼云,曷其然哉!

郑玄传

郑玄字康成,北海高密人也。八世祖崇,哀帝时尚书仆射。玄少为乡啬夫,得休归,常诣学官,不乐为吏,父数怒之,不能禁。遂造太学受业,师事京兆第五元先,始通《京氏易》、《公羊春秋》、《三统历》、《九章算术》。又从东郡张恭祖受《周官》、《礼记》、《左氏春秋》、《韩诗》、《古文尚书》。以山东无足问者,乃西入关,因涿郡卢植,事扶风马融。融门徒四百余人,升堂进者五十余生。融素骄贵,玄在门下,三年不得见,乃使高业弟子传授于玄。玄日夜寻诵,未尝怠倦。会融集诸生考论图纬,闻玄善算,乃召见于楼上,玄因从质诸疑义,问毕辞归。融喟然谓门人曰:"郑生今去,吾道东矣。"玄自游学,十余年乃归乡里。家贫,客耕东莱,学徒相随已数百千人。及党事起,乃与同郡孙嵩等四十余人俱被禁锢,遂隐修经业,杜门不出。时任城何休好《公羊》学,遂著《公羊墨守》、《左氏膏肓》、《穀梁废疾》;玄乃发《墨守》,针《膏肓》,起《废疾》。休见而叹曰:"康成入吾室,操吾矛,以伐我乎!"初,中兴之后,范升、陈元、李育、贾逵之徒争论古今学,后马融答北地太守刘瑰及玄答何休,义据通深,由是古学遂明。灵帝末,党禁解,大将军何进闻而辟之。州郡以进权戚,不敢违意,遂迫胁玄,不得已而诣之。进为设几杖,礼待甚优。玄不受朝服,而以幅巾见。一宿逃去。时年六十,弟子河内赵商等自远方至者数千。后将军袁隗表为侍中,以父丧不行。国相孔融敬于玄,屣履造门。告高密县为玄特立一乡,曰:"昔齐置'士乡',越有'君子军',皆异贤之意也。郑君好学,实怀明德。昔太史公、廷尉吴公、谒者仆射邓公,皆汉之名臣。又南山四皓有园公、夏黄公,潜光隐耀,世嘉其高,皆悉称公。然则公者仁德之正号,不必三事大夫也。今郑君乡宜曰'郑公乡'。昔东海于公仅有一节,犹或戒乡人侈其门闾,矧乃郑公之德,而无驷牡之路!可广开门衢,令容高车,号为'通德门'。"

董卓迁都长安,公卿举玄为赵相,道断不至。会黄巾寇青部,乃避地徐州,徐州牧陶谦接以师友之礼。建安元年,自徐州还高密,道遇黄巾贼数万人,见玄皆拜,相约不敢入县境。玄后尝疾笃,自虑,以书戒子益恩曰:"吾家旧贫,不为父母昆弟所容,去厮役之吏,游学周、秦之都,往来幽、并、兖、豫之域,获觐乎在位通人,处逸大儒,得意者咸从捧手,有所授焉。遂博稽《六艺》,粗览传记,时睹秘书纬术之奥。年过四十,乃归供养,假田播殖,以娱朝夕。遇阉尹擅埶,坐党禁锢,十有四年,而蒙赦令,举贤良方正有道,辟大将军三司府。公车再召,比牒并名,早为宰相。惟彼数公,懿德大雅,克堪王臣,故宜式序。吾自忖度,无任于此,但念述先圣之元意,思整百家之不齐,亦庶几以竭吾才,故闻命罔从。而黄巾为害,萍浮南北,复归邦乡。入此岁来,已七十矣。宿素衰落,仍有失误,案之礼典,便合传家。今我告尔以老,归尔以事,将闲居以安性,覃思以终业。自非拜国君之命,问族亲之忧,展敬坟墓,观省野物,胡尝扶杖出门乎!家事大小,汝一承之。咨尔茕茕一夫,曾无同生相依。其勖求君子之道,研钻勿替,敬慎威仪,以近有德。显誉成于僚友,德行立于己志。若致声称,亦有荣于所生,可不深念邪!可不深念邪!吾虽无绂冕之绪,颇有让爵之高。自乐以论赞之功,庶不遗后人之羞。末所愤愤者,徒以亡亲坟垄未成,所好群书率皆腐敝,不得于礼堂写定,传与其人。日西方暮,其可图乎!家今差多于昔,勤力务时,无恤饥寒。菲饮食,薄衣服,节夫二者,尚令吾寡恨。若忽忘不识,亦已焉哉!"时大将军袁绍总兵冀州,遣使要玄,大会宾客,玄最后至,乃延升上坐。身长八尺,饮酒一斛,秀眉明目,容仪温伟。绍客多豪俊,并有才说,见玄儒者,未以通人许之,竞设异端,百家互起。玄依方辩对,咸出问表,皆得所未闻,莫不嗟服。时汝南应劭亦归于绍,因自赞曰:"故太山太守应中远,北面称弟子何如?"玄笑曰:"仲尼之门考以四科,回、赐之徒不称官阀。"劭有惭色。绍乃举玄茂才,表为左中郎将,皆不就。公车征为大司农,给安车一乘,所过长吏送迎。玄乃以病自乞还家。

五年春,梦孔子告之曰:"起,起,今年岁在辰,来年岁在巳。"既寤,以谶合之,知命当终,有顷寝疾。时袁绍与曹操相拒于官度，令其子谭遣使逼玄随军。不得已，载病到元城县，疾笃不进，其年六月卒，年七十四。遗令薄葬。自郡守以下尝受业者，缞绖赴会千余人。门人相与撰玄答诸弟子问《五经》，依《论语》作《郑志》八篇。凡玄所注《周易》、《尚书》、《毛诗》、《仪礼》、《礼记》、《论语》、《孝经》、《尚书大传》、《中候》、《乾象历》，又著《天文七政论》、《鲁礼禘祫义》、《六艺论》、《毛诗谱》、《驳许慎五经异义》、《答临孝存周礼难》，凡百余万言。玄质于辞训，通人颇讥其繁。至于经传洽孰，称为纯儒，齐鲁间宗之。其门人山阳郗虑至御史大夫，东莱王基、清河崔琰著名于世。又乐安国渊、任嘏，时并童幼，玄称渊为国器，嘏有道德，其余亦多所鉴拔，皆如其言。玄唯有一子益恩，孔融在北海，举为孝廉；及融为黄巾所围，益恩赴难陨身。有遗腹子，玄以其手文似己，名之曰小同。

论曰：自秦焚《六经》，圣文埃灭。汉兴，诸儒颇修艺文；及东京，学者各名家。而守文之徒，滞固所禀，异端纷纭，互相诡激，遂令经有数家，家有数说，章句多者或乃百余万言，学徒劳而少功，后生疑而莫正。郑玄括囊大典，网罗众家，删裁繁诬，刊改漏失，自是学者略知所归。王父豫章君每考先儒经训，而长于玄，常以为仲尼之门不能过也。及传授生徒，并专以郑氏家法云。

赞曰：富平之绪，承家载世。伯仁先归，厘我国祭。玄定义乖，襃修礼缺。孔书遂明，汉章中辍。

卷六十六
郑范陈贾张列传第二十六

郑兴传子众

郑兴字少赣，河南开封人也。少学《公羊春秋》。晚善《左氏传》，遂积精深思，通达其旨，同学者皆师之。天凤中，将门人从刘歆讲正大义，歆美兴才，使撰条例、章句、传诂，及校《三统历》。

更始立，以司直李松行丞相事，先入长安，松以兴为长史，令还奉迎迁都。更始诸将皆山东人，咸劝留洛阳。兴说更始曰："陛下起自荆楚，权政未施，一朝建号，而山西雄桀争诛王莽，开关郊迎者，何也？此天下同苦王氏虐政，而思高祖之旧德也。今久不抚之，臣恐百姓离心，盗贼复起矣。《春秋》书'齐小白入齐'，不称侯，未朝庙故也。今议者欲先定赤眉而后入关，是不识其本而争其末，恐国家之守转在函谷，虽卧洛阳，庸得安枕乎？"更始曰："朕西决矣。"拜兴为谏议大夫，使安集关西及朔方、凉、益三州，还拜凉州刺史。会天水有反者，攻杀郡守，兴坐免。

时赤眉入关，东道不通，兴乃西归隗嚣。嚣虚心礼请，而兴耻为之屈，称疾不起。嚣矜己自饰，常以为西伯复作，乃与诸将议自立为王。兴闻而说嚣曰："《春秋传》云：'口不道忠信之言为嚚，耳不听五声之和为聋。'间者诸将集会，无乃不道忠信之言；大将军之听，无乃阿而不察乎？昔文王承积德之绪，加之以睿圣，三分天下，尚服事殷。及武王即位，八百诸侯不谋同会，皆曰'纣可伐矣'。武王以未知天命，还兵待时。高祖征伐累年，犹以沛公行师。今令德虽明，世无宗周之祚，威略虽振，未有高祖之功，而欲举未可之事，昭速祸患，无乃不可乎？惟将军察之。"嚣竟不称王。后遂广置职位，以自尊高。兴复止嚣曰："夫中郎将、太中大夫、使持节官皆王者之器，非人臣所当制也。孔子曰：'唯器与名，不可以假人。'不可以假人者，亦不可以假于人也。无益于实，有损于名，非尊上之意也。"嚣病之而止。

及嚣遣子恂入侍，将行，兴因恂求归葬父母，嚣不听而徙兴舍，益其秩礼。兴入见嚣曰："前遭赤眉之乱，以将军僚旧，故敢归身明德。幸蒙覆载之恩，复得全其性命。兴闻事亲之道，生事之以礼，死葬之以礼，祭之以礼，奉以周旋，弗敢失坠。今为父母未葬，请乞骸骨，若以增秩徙舍，中更停留，是以亲为饵，无礼甚矣。将军焉用之！"嚣曰："嚣将不足留故邪？"兴曰："将军据七郡之地，拥羌胡之众，以戴本朝，德莫厚焉，威莫重焉。居则为专命之使，入必为鼎足之臣。兴，从俗者也，不敢深居屏处，因将军求进，不患不达，因将军求入，何患不亲，此兴之计不逆将军者也。兴业为父母请，不可以已，愿留妻子独归葬，将军又何猜焉？"嚣曰："幸甚。"促为辨装，遂与与妻子俱东。时建武六年也。

侍御史杜林先与兴同寓陇右，乃荐之曰："窃见河南郑兴，执义坚固，敦悦《诗》《书》，好古博物，见疑不惑，有公孙侨、观射父之德，宜侍帷幄，典职机密。昔张仲在周，燕翼宣王，而诗人悦喜。惟陛下留听少察，以助万分。"乃征为太中大夫。明年三月晦，日食。兴因上疏曰：

《春秋》以天反时为灾，地反物为妖，人反德为乱，乱则妖灾生。往年以来，谪咎连见，意者执事颇有阙焉。案《春秋》'昭公十七年夏六月甲戌朔，日有食之'。传曰：'日过分而未至，三辰有灾，于是百官降物，君不举，避移时，乐奏鼓，祝用币，史用辞。'今孟夏，纯乾用事，阴气未作，其灾尤重。夫国无善政，则谪见日月，变咎之来，不可不慎，其要在因人之心，择人处位也。尧知鲧不可用而用之者，是屈己之明，因人之心也。齐桓反政而相管仲，晋文归国而任郤縠者，是不私其私，择人处位也。今公卿大夫多举渔阳太守郭伋可大司空者，而不以时定，道路流言，咸曰"朝廷欲用功臣"，功臣用则人位谬矣。愿陛下上师唐、虞，下览齐、晋，以成屈己从众之德，以济群臣让善之功。

夫日月交会，数应在朔，而顷年日食，每多在晦。先时而合，皆月行疾也。日君象而月臣象，君亢急则臣下促迫，故行疾也。今年正月繁霜，自尔以来，率多寒日，此亦急咎之罚。天于贤圣之君，犹慈父之于孝子也，丁宁申戒，欲其反政，故灾变仍见，此乃国之福也。今陛下高明而群臣惶促，宜留思柔克之政，垂意《洪范》之法，博采广谋，纳群下之策。

书奏，多有所纳。帝尝问兴郊祀事，曰："吾欲以谶断之，何如？"兴对曰："臣不为谶。"帝怒曰："卿之不为谶，非之邪？"兴惶恐曰："臣于书有所未学，而无所非也。"帝意乃解。兴数言政事，依经守义，文章温雅，然以不善谶故不能任。

九年，使监征南、积弩营于津乡，会征南将军岑彭为刺客所杀，兴领其营，遂与大司马吴汉俱击公孙述。述死，诏兴留屯成都。顷之，侍御史举奏兴奉使私买奴婢，坐左转莲勺令。是时丧乱之余，郡县残荒，兴方欲筑城郭，修礼教以化之，会以事免。兴好古学，尤明《左氏》、《周官》，长于历数，自杜林、桓谭、卫宏之属，莫不斟酌焉。世言《左氏》者多祖于兴，而贾逵自传其父业，故有郑、贾之学。兴去莲勺，后遂不复仕，客授阌乡，三公连辟不肯应，卒于家。子众。

众字仲师。年十二，从父受《左氏春秋》，精力于学，明《三统历》，作《春秋难记条例》兼通《易》、《诗》，知名于世。建武中，皇太子及山阳王荆，因虎贲中郎将梁松以缣帛聘请众，欲以通义，引籍出入殿中。众谓松曰："太子储君，无外交之义，汉有旧防，蕃王不宜私通宾客。"遂辞不受。松复风众以"长者意，不可逆"。众曰："犯禁触罪，不如守正而死。"太子及荆闻而奇之，亦不强也。及梁氏事败，宾客多坐之，唯众不染于辞。

永平初，辟司空府，以明经给事中，再迁越骑司马，复留给事中。是时北匈奴遣使求和亲。八年，显宗遣众持节使匈奴。众至北庭，虏欲令拜，众不为屈。单于大怒，围守闭之，不与水火，欲胁服众。众拔刀自誓，单于恐而止，乃更发使随众还京师。朝议复欲遣使报之，众上疏谏曰："臣伏闻北单于所以要致汉使者，欲以离南单于之众，坚三十六国之心也。又当扬汉和亲，夸示邻敌，令西域欲归化者局促狐疑，怀土之人绝望中国耳。汉使既到，便偃蹇自信。若复遣之，虏必自谓得谋，其群臣驳议者不敢复言。如是，南庭动摇，乌桓有离心矣。南单于久居汉地，具知形执，万分离析，旋为边害。今幸有度辽之众扬威北垂，虽勿报答，不敢为患。"帝不从，复遣众。众因上言："臣前奉使不为匈奴拜，单于怼恨，故遣兵围臣。今复衔命，必见陵折。臣诚

不忍持大汉节对毡裘独拜。如令匈奴遂能服臣，将有损大汉之强。"帝不听，众不得已，既行，在路连上书固争之。诏切责众，追还系廷尉，会赦归家。其后帝见匈奴来者，问众与单于争礼之状，皆言匈奴中传众意气壮勇，虽苏武不过。乃复召众为军司马，使与虎贲中郎将马廖击车师。至敦煌，拜为中郎将，使护西域。会匈奴胁车师，围戊己校尉，众发兵救之。迁武威太守，谨修边备，虏不敢犯。迁左冯翊，政有名迹。

建初六年，代邓彪为大司农。是时肃宗议复盐铁官，众谏以为不可。诏数切责，至被奏劾，众执之不移。帝不从。在位以清正称。其后受诏作《春秋删》十九篇。八年，卒官。

子安世，亦传家业，为长乐、未央厩令。延光中，安帝废太子为济阴王，安世与太常桓焉、太仆来历等共正议谏争。及顺帝立，安世已卒，追赐钱帛，除子亮为郎。众曾孙公业，自有传。

范升传

范升字辩卿，代郡人也。少孤，依外家居。九岁通《论语》、《孝经》，及长，习《梁丘易》、《老子》，教授后生。王莽大司空王邑辟升为议曹史。时莽频发兵役，征赋繁兴，升乃奏记邑曰："升闻子以人不闻于其父母为孝，臣以下不非其君上为忠。今众人咸称朝圣，皆曰公明。盖明者无不见，圣者无不闻。今天下之事，昭昭于日月，震震于雷霆，而朝云不见，公云不闻，则元元焉所呼天？公以为是而不言，则过小矣；知而从令，则过大矣。二者于公无可以免，宜乎天下归怨于公矣。朝以远者不服为至念，升以近者不悦为重忧。今动与时戾，事与道反，驰骛覆车之辙，探汤败事之后，后出益可怪，晚发愈可惧耳。方春岁首，而动发远役，藜藿不充，田荒不耕，谷价腾跃，斛至数千，吏人陷于汤火之中，非国家之人也。如此，则胡、貊守关，青、徐之寇在于帷帐矣。升有一言，可以解天下倒悬，免元元之急，不可书传，愿蒙引见，极陈所怀。"邑虽然其言，而竟不用。升称病乞身，邑不听，令乘传使上党。升遂与汉兵会，因留不还。

建武二年，光武征诣怀宫，拜议郎，迁博士，上疏让曰："臣与博士梁恭、山阳太守吕羌俱修《梁丘易》。二臣年并耆艾，经学深明，而臣不以时退，与恭并立，深知羌学，又不能达，惭负二老，无颜于世。诵而不行，知而不言，不可开口以为人师，愿推博士以避恭、羌。"帝不许，然由是重之，数诏引见，每有大议，辄见访问。时尚书令韩歆上疏，欲为《费氏易》、《左氏春秋》立博士，诏下其议。四年正月，朝公卿、大夫、博士，见于云台。帝曰："范博士可前平说。"升起对曰："《左氏》不祖孔子，而出于丘明，师徒相

传,又无其人,且非先帝所存,无因得立。"遂与韩歆及太中大夫许淑等互相辩难,日中乃罢。升退而奏曰:"臣闻主不稽古,无以承天;臣不述旧,无以奉君。陛下愍学微缺,劳心经艺,情存博闻,故异端竞进。近有司请置《京氏易》博士,群下执事,莫能据正。《京氏》既立,《费氏》怨望,《左氏春秋》复以比类,亦希置立。《京》、《费》已行,次复《高氏》,《春秋》之家,又有《骆》、《夹》。如令《左氏》、《费氏》得置博士,《高氏》、《骆》、《夹》、《五经》奇异,并复求立,各有所执,乖戾分争。从之则失道,不从则失人,将恐陛下必有厌倦之听。孔子曰:'博学约之,弗叛矣夫。'夫学而不约,必叛道也。颜渊曰:'博我以文,约我以礼。'孔子可谓知教,颜渊可谓善学矣。《老子》曰:'学道日损。'损犹约也。又曰:'绝学无忧。'绝末学也。今《费》、《左》二学,无有本师,而多反异,先帝前世,有疑于此,故《京氏》虽立,辄复见废。疑道不可由,疑事不可行。《诗》、《书》之作,其来已久。孔子尚周流游观,至于知命,自卫反鲁,乃正《雅》、《颂》。今陛下草创天下,纪纲未定,虽设学官,无有弟子,《诗》、《书》不讲,礼乐不修,奏立《左》、《费》,非政急务。孔子曰:'攻乎异端,斯害也已。'传曰:'闻疑传疑,闻信传信,而尧舜之道存。'愿陛下疑先帝之所疑,信先帝之所信,以示反本,明不专已。天下之事所以异者,以不一本也。《易》曰:'天下之动,贞夫一也。'又曰:'正其本,万事理。'《五经》之本自孔子始,谨奏《左氏》之失凡十四事。"时难者以太史公多引《左氏》,升又上太史公违戾《五经》,谬孔子言,及《左氏春秋》不可录三十一事。诏以下博士。后升为出妻所告,坐系,得出,还乡里。永平中,为聊城令,坐事免,卒于家。

陈元传

陈元字长孙,苍梧广信人也。父钦,习《左氏春秋》,事黎阳贾护,与刘歆同时而别自名家。王莽从钦受《左氏》学,以钦为厌难将军。元少传父业,为之训诂,锐精覃思,至不与乡里通。以父任为郎。

建武初,元与桓谭、杜林、郑兴俱为学者所宗。时议欲立《左氏传》博士,范升奏以为《左氏》浅末,不宜立。元闻之,乃诣阙上疏曰:

陛下拨乱反正,文武并用,深愍经艺谬杂,真伪错乱,每临朝日,辄延群臣讲论圣道。知丘明至贤,亲受孔子,而《公羊》、《穀梁》传闻于后世,故诏立《左氏》,博询可否,示不专已,尽之群下也。今论者沈溺所习,玩守旧闻,固执虚言传受之辞,以非亲见实事之道。《左氏》孤学少与,遂为异家之所覆冒。夫至音不合众听,故伯牙绝弦;至宝不同众好,故卞和泣血。仲尼圣德,而不容于世,况于竹帛余文,其为雷同者

所排,固其宜也。非陛下至明,孰能察之!

臣元窃见博士范升等所议奏《左氏春秋》不可立,及太史公违戾凡四十五事。案升等所言,前后相违,皆断截小文,媟黩微辞,以年数小差,掇为巨谬,遗脱纤微,指为大尤,抉瑕摘衅,掩其弘美,所谓"小辩破言,小言破道"者也。升等又曰:"先帝不以《左氏》为经,故不置博士,后主所宜因袭。"臣愚以为若先帝所行而后主必行者,则盘庚不当迁于殷,周公不当营洛邑,陛下不当都山东也。往者,孝武皇帝好《公羊》,卫太子好《穀梁》,有诏诏太子受《公羊》,不得受《穀梁》。孝宣皇帝在人间时,闻卫太子好《穀梁》,于是独学之。及即位,为石渠论而《穀梁氏》兴,至今与《公羊》并存。此先帝后帝各有所立,不必其相因也。孔子曰:纯,俭,吾从众;至于拜下,则违之。夫明者独见,不惑于朱紫,听者独闻,不谬于清浊,故离朱不为巧眩移目,师旷不为新声易耳。方今干戈少弭,戎事略戢,留思圣艺,眷顾儒雅,采孔子拜下之义,卒渊圣独见之旨,分明白黑,建立《左氏》,解释先圣之积结,洮汰学者之累惑,使基业垂于万世,后进无复狐疑,则天下幸甚。

臣元愚鄙,尝传师言。如得以褐衣召见,俯伏庭下,诵孔氏之正道,理丘明之宿冤;若辞不合经,事不稽古,退就重诛,虽死之日,生之年也。

书奏,下其议,范升复与元相辩难,凡十余上。帝卒立《左氏》学,太常选博士四人,元为第一。帝以元新忿争,乃用其次司隶从事李封,于是诸儒以《左氏》之立,论议讙哗,自公卿以下,数廷争之。会封病卒,《左氏》复废。元以才高著名,辟司空李通府。时大司农江冯上言,宜令司隶校尉督察三公。事下三府。元上疏曰:"臣闻师臣者帝,宾臣者霸。故武王以太公为师,齐桓以夷吾为仲父。孔子曰:'百官总已听于冢宰。'近则高帝优相国之礼,太宗假宰辅之权,及亡新王莽,遭汉中衰,专操国柄,以偷天下,况己自喻,不信群臣。夺公辅之任,损宰相之威,以刺举为明,徼讦为直。至乃陪仆告其君长,子弟变其父兄,罔密法峻,大臣无所措手足。然不能禁董忠之谋,身为世戮。故人君患在自骄,不患骄臣;失在任贤,不在任人。是以文王有日昃之劳,周公执吐握之恭,不闻其崇刺举,务督察也。方今四方尚扰,天下未一,百姓观听,咸张耳目。陛下宜修文武之圣典,袭祖宗之遗德,劳心下士,屈节待贤,诚不宜使有司察公辅之名。"帝从之,宣下其议。李通罢,元后复辟司徒欧阳歙府,数陈当世便事、郊庙之礼,帝不能用。以病去,年老,卒于家。子坚卿,有文章。

贾逵传

贾逵字景伯,扶风平陵人也。九世祖谊,文帝时为梁

王太傅。曾祖父光，为常山太守，宣帝时以吏二千石自洛阳徙焉。父徽，从刘歆受《左氏春秋》，兼习《国语》、《周官》，又受《古文尚书》于涂恽，学《毛诗》于谢曼卿，作《左氏条例》二十一篇。逵悉传父业，弱冠能诵《左氏传》及《五经》本文，以《大夏侯尚书》教授，虽为古学，兼通五家《穀梁》之说。自为儿童，常在太学，不通人间事。身长八尺二寸，诸儒为之语曰："问事不休贾长头。"性恺悌，多智思，俶傥有大节。尤明《左氏传》、《国语》，为之《解诂》五十一篇，永平中，上疏献之。显宗重其书，写藏秘馆。时有神雀集宫殿官府，冠羽有五采色，帝异之，以问临邑侯刘复，复不能对，荐逵博物多识，帝乃召见逵，问之。对曰："昔武王终父之业，鸑鷟在岐，宣帝威怀戎狄，神雀仍集，此胡降之征也。"帝敕兰台给笔札，使作《神雀颂》，拜为郎，与班固并校秘书，应对左右。

肃宗立，降意儒术，特好《古文尚书》、《左氏传》。建初元年，诏逵入讲北宫白虎观、南宫云台。帝善逵说，使发出《左氏传》大义长于二传者。逵于是具条奏之曰：

臣谨摘出《左氏》三十事尤著明者，斯皆君臣之正义，父子之纪纲。其余同《公羊》者什有七八，或文简小异，无害大体。至如祭仲、纪季、伍子胥、叔术之属，《左氏》义深于君父，《公羊》多任于权变，其相殊绝，固以甚远，而冤抑积久，莫肯分明。

臣以永平中上言《左氏》与图谶合者，先帝不遗刍荛，省纳臣言，写其传诂，藏之秘书。建平中，侍中刘歆欲立《左氏》，不先暴论大义，而轻移太常，恃其义长，诋挫诸儒，诸儒内怀不服，相与排之。孝哀皇帝重逆众心，故出歆为河内太安。从是攻击《左氏》，遂为仇雠。至光武皇帝，奋独见之明，兴立《左氏》、《穀梁》，会二家先师不晓图谶，故中道而废。凡所以存先王之道者，要在安上理民也。今《左氏》崇君父，卑臣子，强干弱枝，劝善戒恶，至明至切，至直至顺。且三代异物，损益随时，故先帝博观异家，各有所采。《易》有施、孟，复立梁丘，《尚书》欧阳，复有大小夏侯，今三传之异亦犹是也。又《五经》家皆无以证图谶明刘氏为尧后者，而《左氏》独有明文。《五经》家皆言颛顼代黄帝，而尧不得为火德。《左氏》以为少昊代黄帝，即图谶所谓帝宣也。如令尧不得为火，则汉不得为赤。其所发明，补益实多。

陛下通天然之明，建大圣之本，改元正历，垂万世则，是以麟凤百数，嘉瑞杂遝。犹朝夕恪勤，游情《六艺》，研机综微，靡不审核。若复留意废学，以广圣见，庶几无所遗失矣。

书奏，帝嘉之，赐布五百匹，衣一袭，令逵自选《公羊》严、颜诸生高才者二十人，教以《左氏》，与简纸经传各一通。逵母常有疾，帝欲加赐，以校书例多，特以钱二十万，使颍阳侯马防与之。谓防曰："贾逵母病，此子无人事于外，屡空则从孤竹之子于首阳山矣。"逵数为帝言《古文尚书》与经传《尔雅》诂训相应，诏令撰《欧阳》、《大、小夏侯》、《尚书古文》同异。逵集为三卷，帝善之。复令撰《齐》、《鲁》、《韩诗》与毛氏异同。并作《周官解故》。迁逵为卫士令。八年，乃诏诸儒各选高才生，受《左氏》、《穀梁春秋》、《古文尚书》、《毛诗》，由是四经遂行于世。皆拜逵所选弟子及门生为千乘王国郎，朝夕受业黄门署，学者皆欣欣羡慕焉。

和帝即位，永元三年，以逵为左中郎将。八年，复为侍中，领骑都尉。内备帷幄，兼领秘书近署，甚见信用。逵荐东莱司马均、陈国汝郁，帝即征之，并蒙优礼。均字少宾，安贫好学，隐居教授，不应辟命。信诚行乎州里，乡人有所计争，辄令祝少宾，不直者终无敢言。位至侍中，以老病乞身，帝赐以大夫禄，归乡里。郁字叔异，性仁孝，及亲殁，遂隐处山泽。后累迁为鲁相，以德教化，百姓称之，流人归者八九千户。逵所著经传义诂及论难百余万言，又作诗、颂、诔、书、连珠、酒令凡九篇，学者宗之，后世称为通儒。然不修小节，当世以此颇讥焉，故不至大官。永元十三年卒，时年七十二。朝廷愍惜，除两子为太子舍人。

论曰：郑、贾之学，行乎数百年中，遂为诸儒宗，亦徒有以焉尔。桓谭以不善谶流亡，郑兴以逊辞仅免，贾逵能附会文致，最差贵显。世主以此论学，悲矣哉！

张霸传 子楷　楷子陵　陵弟玄

张霸字伯饶，蜀郡成都人也。年数岁而知孝让，虽出入饮食，自然合礼，乡人号为"张曾子"。七岁通《春秋》，复欲进余经，父母曰："汝小未能也"，霸曰："我饶为之"，故字曰"饶"焉。后就长水校尉樊鯈受《严氏公羊春秋》，遂博览《五经》。诸生孙林、刘固、段著等慕之，各市宅其傍，以就学焉。举孝廉光禄主事，稍迁，永元中为会稽太守，表用郡人处士顾奉、公孙松等。奉后为颍川太守，松为司隶校尉，并有名称。其余有业行者，皆见擢用。郡中争厉志节，习经者以千数，道路但闻诵声。初，霸以樊鯈删《严氏春秋》犹多繁辞，乃减定为二十万言，更名《张氏学》。霸始到越，贼未解，郡界不宁，乃移书开购，明用信赏，贼遂束手归附，不烦士卒之力。童谣曰："弃我戟，捐我矛，盗贼尽，吏皆休。"视事三年，谓掾史曰："太守起自孤生，致位郡守。盖日中则移，月满则亏。老氏有言：'知足不辱。'"遂上病。后征，四迁为侍中。时皇后兄虎贲中郎将邓骘，当朝贵盛，闻霸名行，欲与为交，霸逡巡不答，众人笑其不识时务。后当为五更，会疾卒，年七十。遗敕诸子曰："昔延州使齐，子死嬴、博，因坎路侧，遂以葬焉。今蜀道阻远，不宜归茔，可止此葬，足藏发齿而已。务遵速朽，副我本心。人生一世，但当畏敬于人,若不善加己,直为受之。"诸子承命,葬于河南梁县,因遂家焉。将作大匠翟酺等与诸儒门人追录本行,谥曰宪文。中子楷。

楷字公超,通《严氏春秋》《古文尚书》,门徒常百人。宾客慕之,自父党凤儒,偕造门焉。车马填街,徒从无所止,黄门及贵戚之家,皆起舍巷次,以候过客往来之利。楷疾其如此,辄徙避之。家贫无以为业,常乘驴车至县卖药,足给食者,辄还乡里。司隶举茂才,除长陵令,不至官。隐居弘农山中,学者随之,所居成市,后华阴山南遂有公超市。五府连辟,举贤良方正,不就。

汉安元年,顺帝特下诏告河南尹曰:"故长陵令张楷行慕原宪,操拟夷、齐,轻贵乐贱,窜迹幽薮,高志确然,独拔群俗。前比征命,盘桓未至,将主者玩习于常,优贤不足,使其难进欤?郡时以礼发遣。"楷复告疾不到。性好道术,能作五里雾。时关西人裴优亦能为三里雾,自以不如楷,从学之,楷避不肯见。桓帝即位,优遂行雾作贼,事觉被考,引楷言从学术,楷坐系廷尉诏狱,积二年,恒讽诵经籍,作《尚书注》。后以事无验,见原还家。建和三年,下诏安车备礼聘之,辞以笃疾不行。年七十,终于家。子陵。

陵字处冲,官至尚书。元嘉中,岁首朝贺,大将军梁冀带剑入省,陵呵叱令出,敕羽林、虎贲夺冀剑。冀跪谢,陵不应,即劾奏冀,请廷尉论罪,有诏以一岁俸赎,而百僚肃然。初,冀弟不疑为河南尹,举陵孝廉。不疑疾陵之奏冀,因谓曰:"昔举君,适所以自罚也。"陵对曰:"明府不以陵不肖,误见擢序,今申公宪,以报私恩。"不疑有愧色。陵弟玄。

玄字处虚,沈深有才略,以时乱不仕。司空张温数以礼辟,不能致。中平二年,温以车骑将军出征凉州贼边章等,将行,玄自田庐被褐带索,要说温曰:"天下寇贼云起,岂以黄门常侍无道故乎?闻中贵人公卿已下当出祖道于平乐观,明公总天下威重,握六师之要,若于中坐酒酣,鸣金鼓,整行阵,召军正执有罪者诛之,引兵还屯都亭,以次罢除中官,解天下之倒悬,报海内之怨毒,然后显用隐逸忠正之士,则边章之徒宛转股掌之上矣。"温闻大震,不能对,良久谓玄曰:"处虚,非不悦子之言,顾吾不能行,如何!"玄乃叹曰:"事行则为福,不行则为贼。今与公长辞矣。"即仰药欲饮之。温前执其手曰:"子忠于我,我不能用,是吾罪也,子何为当然!且出口入耳之言,谁令知之!"玄遂去,隐居鲁阳山中。及董卓秉政,闻之,辟以为掾,举侍御史,不就。卓临之以兵,不得已强起,至轮氏,道病终。

赞曰:中世儒门,贾、郑名学。众驰一介,争礼毡幄。

升、元守经,义偏情较,霸贵知止,辞交戚里。公超善术,所舍成市。

卷六十七
桓荣丁鸿列传第二十七

桓荣传 子郁 孙焉 玄孙典 曾孙鸾 玄孙彬

桓荣字春卿,沛郡龙亢人也。少学长安,习《欧阳尚书》,事博士九江朱普。贫窭无资,常客佣以自给,精力不倦,十五年不窥家园。至王莽篡位乃归。会朱普卒,荣奔丧九江,负土成坟,因留教授,徒众数百人。莽败,天下乱。荣抱其经书与弟子逃匿山谷,虽常饥困而讲论不辍,后复客授江淮间。

建武十九年,年六十余,始辟大司徒府。时显宗始立为皇太子,选求明经,乃擢荣弟子豫章何汤为虎贲中郎将,以《尚书》授太子。世祖从容问汤本师为谁,汤对曰:"事沛国桓荣。"帝即召荣,令说《尚书》,甚善之。拜为议郎,赐钱十万,入使授太子。每朝会,辄令荣于公卿前敷奏经书。帝称善,曰"得生几晚!"会《欧阳》博士缺,帝欲用荣。荣叩头让曰:"臣经术浅薄,不如同门生郎中彭闳、扬州从事皋弘。"帝:"俞,往,女谐。"因拜荣为博士,引闳、弘为议郎。车驾幸太学,会诸博士论难于前,荣被服儒衣,温恭有蕴籍,辩明经义,每以礼让相厌,不以辞长胜人,儒者莫及,特加赏赐。又诏诸生雅吹击磬,尽日乃罢。后荣入会庭中,诏赐奇果,受者皆怀之,荣独举手捧之以拜。帝笑指之曰:"此真儒生也。"以是愈见敬厚,常令止宿太子宫。积五年,荣荐门下生九江胡宪侍讲,乃听得出,旦一入而已。荣尝寝病,太子朝夕遣中傅问病,赐以珍羞、帷帐、奴婢,谓曰:"如有不讳,无忧家室也。"后病愈,复入侍讲。

二十八年,大会百官,诏问谁可傅太子者,群臣承望上意,皆言太子舅执金吾原鹿侯阴识可。博士张佚正色曰:"今陛下立太子,为阴氏乎?为天下乎?即为阴氏,则阴侯可;为天下,则固宜用天下之贤才。"帝称善,曰:"欲置傅者,以辅太子也。今博士不难正朕,况太子乎?"即拜佚为太子太傅,而以荣为少傅,赐以辎车、乘马。荣大会诸生,陈其车马、印绶,曰:"今日所蒙,稽古之力也,可不勉哉!"荣以太子经学成毕,上疏谢曰:"臣幸得侍帷幄,执经连年,而智学浅短,无以补益万分。今皇太子以聪叡之姿,通明经义,观览古今,储君副主莫能专精博学若此者也。斯诚国家福祐,天下幸甚。臣师道已尽,皆在太子,谨使掾臣汜再拜归道。"太子报书曰:"庄以童蒙,学道九载,而典训不明,无所晓识。夫《五经》广大,圣言幽远,非天下之至精,岂能与于此!况以不才,敢承诲命。昔之先师谢弟子者有矣,上则通达经旨,分明章句,下则去家慕乡,求谢师门。今蒙下列,不敢有辞,愿君慎疾加餐,重爱玉体。"

三十年,拜为太常。荣初遭仓卒,与族人桓元卿同饥厄,而荣讲诵不息。元卿嗤荣曰:"但自苦气力,何时复施用乎?"荣笑不应。及为太常,元卿叹曰:"我农家子,岂意学之为利乃若是哉!"显宗即位,尊以师礼,甚见亲重,拜二子为郎。荣年逾八十,自以衰老,数上书乞身,辄加赏赐。乘舆尝幸太常府,令荣坐东面,设几杖,会百官骠骑将军东平王苍以下及荣门生数百人,天子亲自执业,每言辄曰"太师在是"。既罢,悉以太官供具赐太常家。其恩礼若此。

永平二年,三雍初成,拜荣为五更。每大射养老礼毕,帝辄引荣及弟子升堂,执经自为下说。乃封荣为关内侯,食邑五千户。荣每疾病,帝辄遣使者存问,太官、太医相望于道。及笃,上疏谢恩,让还爵土。帝幸其家问起居,入街下车,拥经而前,抚荣垂涕,赐以床茵、帷帐、刀剑、衣被,良久乃去。自是诸侯将军大夫问疾者,不敢复乘车到门,皆拜床下。荣卒,帝亲自变服,临丧送葬,赐冢茔于首山之阳。除兄子二人补四百石,都讲生八人补二百石,其余门徒多至公卿。子郁嗣。

论曰:张佚讦切阴侯,以取高位,危言犯众,义动明后,知其直有余也。若夫一言纳赏,志士为之怀耻;受爵不让,风人所以兴歌。而佚廷议戚援,自居全德,意者以廉不足乎?昔乐羊食子,有功见疑;西巴放麑,以罪作傅。盖推仁审伪,本乎工情。君人者能以此察,则真邪几于辨矣。

郁字仲恩,少以父任为郎。敦厚笃学,传父业,以《尚书》教授,门徒常数百人。荣卒,郁当袭爵,上书让于兄子汎,显宗不许,不得已受封,悉以租入与之。帝以郁先师子,有礼让,甚见亲厚,常居中论经书,问以政事,稍迁侍中。帝自制《五家要说章句》,令郁校定于宣明殿,以侍中监虎贲中郎将。

永平十五年,入授皇太子经,迁越骑校尉,诏敕太子、诸王各奉贺致礼。郁数进忠言,多见纳录。肃宗即位,郁以母忧乞身,诏听以侍中行服。建初二年,迁屯骑校尉。和帝即位,富于春秋,侍中窦宪以外戚之重,欲令少主颇涉经学,上疏皇太后曰:"《礼记》云:'天下之命,悬于天子;天子之善,成乎所习。习与智长,则切而不勤;化与心成,则中道若性。昔成王幼小,越在襁保,周公在前,史佚在后,太公在左,召公在右。中立听朝,四圣维之。是以虑无遗计,举无过事。'孝昭皇帝八岁即位,大臣辅政,亦选名儒韦贤、蔡义、夏侯胜等入授于前,平成圣德。近建初元年,张酺、魏应、召训亦讲禁中。臣伏惟皇帝陛下,躬天然之姿,宜渐教学,而独对左右小臣,未闻典义。昔五更桓荣,亲为帝师,子郁,结发敦尚,继传父业,故再以校尉入

授先帝,父子给事禁省,更历四世,今白首好礼,经行笃备。又宗正刘方,宗室之表,善为《诗经》,先帝所褒。宜令郁、方并入教授,以崇本朝,光示大化。"由是迁长乐少府,复入侍讲。顷之,转为侍中奉车都尉。永元四年,代丁鸿为太常。明年,病卒。

郁经授二帝,恩宠甚笃,赏赐前后数百千万,显于当世。门人杨震、朱宠,皆至三公。初,荣受朱普学章句四十万言,浮辞繁长,多过其实。及荣入授显宗,减为二十三万言。郁复删省定成十二万言。由是有《桓君大小太常章句》。子普嗣,传爵至曾孙。郁中子焉,能世传其家学。孙鸾、曾孙彬,并知名。

焉字叔元,少以父任为郎。明经笃行,有名称。永初元年,入授安帝,三迁为侍中步兵校尉。永宁中,顺帝立为皇太子,以焉为太子少傅。月余,迁太傅,以母忧自乞,听以大夫行丧。逾年,诏使者赐牛酒,夺服,即拜光禄大夫,迁太常。时废皇太子为济阴王,焉与太仆来历、廷尉张皓谏,不能得,事已具《来历传》。顺帝即位,拜太傅,与太尉朱宠并录尚书事。焉复入授经禁中,因宴见,建言宜引三公、尚书入省事,帝从之。以焉前廷议守正,封阳平侯,固让不受。视事三年,坐辟召禁锢者为吏免。复拜光禄大夫。阳嘉二年,代来历为大鸿胪,数日,迁为太常。永和五年,代王龚为太尉。汉安元年,以日食免。明年,卒于家。弟子传业者数百人,黄琼、杨赐最为显贵。焉孙典。

典字公雅,复传其家业,以《尚书》教授颍川,门徒数百人。举孝廉为郎。居无几,会国相王吉以罪被诛,故人亲戚莫敢至者。典独弃官收敛归葬,服丧三年,负土成坟,为立祠堂,尽礼而去。辟司徒袁隗府,举高第,拜侍御史。是时宦官秉权,典执政无所回避。常乘骢马,京师畏惮,为之语曰:"行行且止,避骢马御史。"及黄巾贼起荥阳,典奉使督军。贼破,还,以忤宦官赏不行。在御史七年不调,后出为郎。灵帝崩,大将军何进秉政,典与同谋议,三迁羽林中郎将。献帝即位,三公奏典前与何进谋诛阉宦,功虽不遂,忠义炳著。诏拜家一人为郎,赐钱二十万。从西入关,拜御史中丞,赐爵关内侯。车驾都许,迁光禄勋。建安六年,卒官。

鸾字始春,焉弟子也。少立操行,褞袍糟食,不求盈余。以世浊,州郡多非其人,耻不肯仕。年四十余,时太守向苗有名迹,乃举鸾孝廉,迁为胶东令。始到官而苗卒,鸾即去职奔丧,终三年然后归,淮汝之间高其义。后为巳吾、汲二县令,甚有名迹。诸公并荐,复征拜议郎。上陈五事:举贤才,审授用,黜佞幸,省苑囿,息役赋。书奏御,忤内竖,故不省。以病免。中平元年,年七十七,卒于家。子晔。

晔字文林,一名严,尤修志介。姑为司空杨赐夫人。初鸾卒,姑归宁赴哀,将至,止于传舍,整饰从者而后入,晔心非之。及姑劳问,终无所言,号哭而已。赐遣吏奉祠,因县发取祠具,晔拒不受。后每至京师,未尝舍宿杨氏。其贞伎若此。宾客从者,皆祗其志行,一餐不受于人。仕为郡功曹。后举孝廉、有道、方正、茂才,三公并辟,皆不应。初平中,天下乱,避地会稽,遂浮海客交阯,越人化其节,至闾里不争讼。为凶人所诬,遂死于合浦狱。

彬字彦林,焉之兄孙也。父麟,字元凤,早有才惠。桓帝初,为议郎,入侍讲禁中,以直道忤左右,出为许令,病免。会母终,麟不胜丧,未祥而卒,年四十一。所著碑、诔、赞、说、书,凡二十一篇。彬少与蔡邕齐名。初举孝廉,拜尚书郎。时中常侍曹节女婿冯方亦为郎,彬历志操,与左丞刘歆、右丞杜希同好交善,未尝与方共酒食之会,方深怨之,遂章言彬等为酒党。事下尚书令刘猛,猛雅善彬等,不举正其事,节大怒,劾奏猛,以为阿党,请收下诏狱,在朝者为之寒心,猛意气自若,旬日得出,免官禁锢。彬遂以废。光和元年,卒于家,年四十六。诸儒莫不伤之。所著《七说》及书凡三篇,蔡邕等共论序其志,金以为彬有过人者四:夙智早成,岐嶷也;学优文丽,至通也;仕不苟禄,绝高也;辞隆从窊,絜操也。乃共树碑而颂焉。

刘猛,琅邪人。桓帝时为宗正,直道不容,自免归家。灵帝即位,太傅陈蕃,大将军窦武辅政,复征用之。

论曰:伏氏自东西京相袭为名儒,以取爵位。中兴而桓氏尤盛,自荣至典,世宗其道,父子兄弟代作帝师,受其业者皆至卿相,显乎当世。子曰:"古之学者为己,今之学者为人。"为人者,凭誉以显物;为己者,因心以会道。桓荣之累世见宗,岂其为己乎!

丁鸿传

丁鸿字孝公,颍川定陵人也。父𬘩,字幼春,王莽末守颍阳尉。世祖略地颍阳,颍阳城守不下,𬘩说其宰,遂与俱降,世祖大喜,厚加赏劳,以𬘩为偏将军,因从征伐。𬘩将兵先度河,移檄郡国,攻营略地,下河南、陈留、颍川二十一县。

建武元年,拜河南太守。及封功臣,帝令各言所乐,诸将皆占丰邑美县,唯𬘩愿封本乡。或谓𬘩曰:"人皆欲县,子独求乡,何也?"𬘩曰:"昔孙叔敖敕其子,受封必求墝埆之地,今𬘩能薄功微,得乡亭厚矣。"帝从之,封定陵新安乡侯,食邑五千户,后徙封陵阳侯。鸿年十三,从桓荣受《欧阳尚书》,三年而明章句,善论难,为都讲,遂笃志精锐,布衣荷担,不远千里。

初,𬘩从世祖征伐,鸿独与弟盛居,怜盛幼小而共寒苦。及𬘩卒,鸿当袭封,上书让国于盛,不报。既葬,乃挂缞绖于冢庐而逃去,留书与盛曰:"鸿贪经书,不顾恩义,弱而随师,生不供养,死不饭唅,皇天先祖,并不祐助,身被大病,不任茅土。前上疾状,愿辞爵仲公,章寝不报,迫且当袭封。谨自放弃,逐求良医。如遂不瘳,永归沟壑。"鸿初与九江人鲍骏同事桓荣,甚相友善,及鸿亡封,与骏遇于东海,阳狂不识骏。骏乃止而让之曰:"昔伯夷、吴札乱世权行,故得申其志耳。《春秋》之义,不以家事废王事。今子以兄弟私恩而绝父不灭之基,可谓智乎?"鸿感悟,垂涕叹息,乃还就国,开门教授。鲍骏亦上书言鸿经学至行,显宗甚贤之。

永平十年诏征,鸿至即召见,说《文侯之命篇》,赐御衣及绶,禀食公车,与博士同礼。顷之,拜侍中。十三年,兼射声校尉。建初四年,徙封鲁阳乡侯。肃宗诏鸿与广平王羡及诸儒楼望、成封、桓郁、贾逵等,论定《五经》同异于北宫白虎观,使五官中郎将魏应主承制问难,侍中淳于恭奏上,帝亲称制临决。鸿以才高,论难最明,诸儒称之,帝数嗟美焉。时人叹曰:"殿中无双丁孝公。"数受赏赐,擢徙校书,遂代成封为少府。门下由是益盛,远方至者数千人。彭城刘恺、北海巴茂、九江朱佟皆至公卿。元和三年,徙封马亭乡侯。和帝即位,迁太常。永元四年,代袁安为司徒。是时窦太后临政,宪兄弟多擅威权。鸿因日食,上封事曰:

臣闻日者阳精,守实不亏,君之象也;月者阴精,盈毁有常,臣之表也。故日食者,臣乘君,阴陵阳;月满不亏,下骄盈也。昔周室衰季,皇甫之属专权于外,党类强盛,侵夺主埶,则日月薄食,故《诗》曰:"十月之交,朔月辛卯,日有食之,亦孔之丑。"《春秋》日食三十六,弑君三十二。变不空生,各以类应。夫威柄不以放下,利器不可假人。览观往古,近察汉兴,倾危之祸,靡不由之。是以三桓专鲁,田氏擅齐,六卿分晋;诸吕握权,统嗣几移;哀、平之末,庙不血食。故虽有周公之亲,而无其德,不得行其埶也。

今大将军虽欲敕身自约,不敢僭差,然而天下远近皆惶怖承旨,刺史二千石初除谒辞,求通待报,虽奉符玺,受台敕,不敢便去,久者至数十日。背王室,向私门,此乃上威损,下权盛也。人道悖于下,效验见于天,虽有隐谋,神照其情,垂象见戒,以告人君。间者月满先节,过望不亏,此臣骄溢背君,专功独行也。陛下未深觉悟,故天重见戒,诚宜畏惧,以防其祸。《诗》云:"敬天之怒,不敢戏豫。"若敕政责躬,杜渐防萌,则凶妖销灭,害除福凑矣。

夫坏崖破岩之水,源自涓涓;干云蔽日之木,起于葱青。禁微则易,救末者难,人莫不忽于微细,以致其大。恩不忍诲,义不忍割,去事之后,未然之明镜也。臣愚以为左官外附之臣,依托权门,倾覆诪谀,以求容媚者,宜行一切之诛。间者大将军再出,威振州郡,莫不赋敛吏人,遣使贡献。大将军虽云不受,而物不还主,部署之吏无所畏惮,纵行非法,不伏罪辜,故海内贪猾,竞为奸吏,小民呼嗟,怨气满腹。臣闻天不可以不刚,不刚则三光不明;王不可以不强,不强则宰牧从横。宜因大变,改政匡失,以塞天意。

书奏十余日,帝以鸿行太尉兼卫尉,屯南、北宫。于是收窦宪大将军印绶,宪及诸弟皆自杀。时大郡口五六十万举孝廉二人,小郡口二十万并有蛮夷者亦举二人,帝以为不均,下公卿会议。鸿与司空刘方上言:"凡口率之科,宜有阶品,蛮夷错杂,不得为数。自今郡国率二十万口岁举孝廉一人,四十万二人,六十万三人,八十万四人,百万五人,百二十万六人。不满二十万二岁一人,不满十万三岁一人。"帝从之。六年,鸿薨,赐赠有加常礼。子湛嗣。湛卒,子浮嗣。浮卒,子夏嗣。

论曰:孔子曰"太伯三以天下让,民无得而称焉"。孟子曰"闻伯夷之风者,贪夫廉,懦夫有立志"。若乃太伯以天下而违周,伯夷率絜情以去国,并未始有其让也。故太伯称至德,伯夷称贤人。后世闻其让而慕其风,徇其名而昧其致,所以激诡行生而取与妄矣。至夫邓彪、刘恺,让其弟以取义,使弟受非服而已厚其名,于义不亦薄乎!君子立言,非苟显其理,将以启天下之方悟者;立行,非独善其身,将以训天下之方动者。言行之所开塞,可无慎哉!原丁鸿之心,主于忠爱乎?何其终悟而从义也!异夫数子类乎徇名者焉。

赞曰:五更待问,应若鸣钟。庭列辒驾,堂修礼谷。穆穆帝则,拥经以从。丁鸿翼翼,让而不饰。高论白虎,深言日食。

卷六十八
张法滕冯度杨列传第二十八

张宗传

张宗字诸君,南阳鲁阳人也。王莽时,为县阳泉乡佐。会莽败,义兵起,宗乃率阳泉民三四百人起兵略地,西至长安,更始以宗为偏将军。宗见更始政乱,因将家属客安邑。及大司徒邓禹西征,定河东,宗诣禹自归。禹闻宗素多权谋,乃表为偏将军。禹军到栒邑,赤眉大众且至,禹以栒邑不足守,欲引师进就坚城,而众人多畏贼追,惮为后拒。禹乃书诸将名于竹简,署其前后,乱著筒中,令各探之。宗独不肯探,曰:"死生有命,张宗岂辞难就逸乎!"禹叹息谓曰:"将军有亲弱在营,奈何不顾?"宗曰:"愚闻一卒毕力,百人不当;万夫致死,可以横行。宗今拥兵数千,以承大威,何遽其必败乎!"遂留为后拒。诸营既引兵,宗方勒厉军士,坚垒壁,以死当之。禹到前县,议曰:"以张将军之众,当百万之师,犹以小雪投沸汤,虽欲戮力,其执不全也。"乃遣步骑二千人反还迎宗。宗引兵始发,而赤眉卒至,宗与战,却之,乃得归营,于是诸将服其勇。及还到长安,宗夜将锐士入城袭赤眉,中矛贯胛,又转攻诸营保,为流矢所激,皆几至于死。及邓禹征还,光武以宗为京辅都尉,将突骑与征西大将军冯异共击关中诸营保,破之,迁河南都尉。建武六年,都尉官省,拜太中大夫。八年,颍川桑中盗贼群起,宗将兵定之。后青、冀盗贼屯聚山泽,宗以谒者督诸郡兵讨平之。十六年,琅邪、北海盗贼复起,宗督二郡兵讨之,乃设方略,明购赏,皆悉破散。于是沛、楚、东海、临淮群贼惧其威武,相捕斩者数千人,青、徐震栗。后迁琅邪相,其政好严猛,敢杀伐。永平二年,卒于官。

法雄传

法雄字文强,扶风郿人也,齐襄王法章之后。秦灭齐,子孙不敢称田姓,故以法为氏。宣帝时,徙三辅,世为二千石。雄初仕郡功曹,辟太傅张禹府,举雄高第,除平氏长。善政事,好发擿奸伏,盗贼稀发,吏人畏爱之。南阳太守鲍得上其理状,迁宛陵令。

永初三年,海贼张伯路等三千余人,冠赤帻,服绛衣,自称"将军",寇滨海九郡,杀二千石令长。初,遣侍御史庞雄督州郡兵击之,伯路等乞降,寻复屯聚。明年,伯路复与平原刘文河等三百余人称"使者",攻厌次城,杀长吏,转入高唐,烧官寺,出系囚,渠帅皆称"将军",共朝谒伯路。伯路冠五梁冠,佩印绶,党众浸盛。乃遣御史中丞王宗持节发幽、冀诸郡兵,合数万人,乃征雄为青州刺史,与王宗并力讨之。连战破贼,斩首溺死者数百人,余皆奔走,收器械财物甚众。会赦诏到,贼犹以军甲未解,不敢归降。于是王宗召刺史太守共议,皆以为当遂击之。雄曰:"不然。兵,凶器;战,危事。勇不可恃,胜不可必。贼若乘船浮海,深入远岛,攻之未易也。及有赦令,可且罢兵,以慰诱其心,执必解散,然后图之,可不战而定也。"宗善其言,即罢兵。贼闻大喜,乃还所略人。而东莱郡兵独未解甲,贼复惊恐,遁走辽东,止海岛上。五年春,乏食,复抄东莱间,雄率郡兵击破之。贼逃还辽东,辽东人李久等共斩平之,于是州界清静。雄每行部,录囚徒,察颜色,多得情伪,长吏不奉法者皆解印绶去。在州四年,迁南郡太守,断狱省少,户口益增。郡滨带江沔,又有云梦薮泽,永初中,多虎狼之暴,前太守赏募张捕，反为所害者甚众。雄乃移书属县曰："凡虎狼之在山林，犹人之居城市。古者至化之世，猛兽不扰，皆由恩信宽泽，仁及飞走。太守虽不德，敢忘斯义。记到，其毁坏槛阱，不得妄捕山林。"是后虎害稍息，人以获安。在郡数岁，岁常丰稔，元初中，卒官。子真，在《逸人传》。

滕抚传

滕抚字叔辅，北海剧人也。初仕州郡，稍迁为涿令，有文武才用。太守以其能，委任郡职，兼领六县。风政修明，流爱于人，在事七年，道不拾遗。顺帝末，扬、徐盗贼群起，磐牙连岁。建康元年，九江范容、周生等相聚反乱，屯据历阳，为江淮巨患，遣御史中丞冯绲将兵督扬州刺史尹燿、九江太守邓显讨之。燿、显军败，为贼所杀。又阴陵人徐凤、马勉等复寇郡县，杀略吏人。凤衣绛衣，带黑绶，称"无上将军"，勉皮冠黄衣，带玉印，称"黄帝"，筑营于当涂山中。乃建年号，置百官，遣别帅黄虎攻没合肥。明年，广陵贼张婴等复聚众数千人反，据广陵。朝廷博求将帅，三公举抚有文武才，拜为九江都尉，与中郎将赵序助冯绲合州郡兵数万人共讨之。又广开赏募，钱、邑各有差。梁太后虑群贼屯结，诸将不能制，又议遣太尉李固。未及行，会抚等进击，大破之，斩马勉、范容、周生等千五百级，徐凤遂将余众攻烧东城县。下邳人谢安应募，率其宗亲设伏击凤，斩之，封安为平乡侯，邑三千户。拜抚中郎将，督扬徐二州事。抚复进击张婴，斩获千余人。赵序坐畏懦不进，诈增首级，征还弃市。又历阳贼华孟自称"黑帝"，攻九江，杀郡守。抚乘胜进击，破之，斩孟等三千八百级，虏获七百余人，牛马财物不可胜算。于是东南悉平，振旅而还。以抚为左冯翊，除一子为郎。抚所得赏赐，尽分于麾下。性方直，不交权执，宦官怀忿。及论功当封，太尉胡广时录尚书事，承旨奏黜抚，天下怨之。卒于家。

冯绲传

冯绲字鸿卿，巴郡宕渠人也，少学《春秋》、《司马兵法》。父焕，安帝时为幽州刺史，疾忌奸恶，数致其罪。时玄菟太守姚光亦失人和。建光元年，怨者乃诈作玺书谴责焕、光，赐以欧刀。又下辽东都尉庞奋使速行刑，奋即斩光收焕。焕欲自杀，绲疑诏文有异，止焕曰："大人在州，志欲去恶，实无它故，必是凶人妄诈，规肆奸毒。愿以事自上，甘罪无晚。"焕从其言，上书自讼，果诈者所为，征奋抵罪。会焕病死狱中，帝愍之，赐焕、光钱各十万，以子为郎中。绲由是知名。家富好施，赈赴穷急，为州里所归爱。初举孝廉，七迁为广汉属国都尉，征御史中丞。顺帝末，以绲持节督扬州诸郡军事，与中郎将滕抚击破群贼，迁陇西太守。后鲜卑寇边，以绲为辽东太守，晓喻降集，虏皆弭散。征拜京兆尹，转司隶校尉，所在立威刑。迁廷尉、太常。

时长沙蛮寇益阳，屯聚积久，至延熹五年，众转盛，而零陵蛮贼复反应之，合二万余人，攻烧城郭，杀伤长吏。又武陵蛮夷悉反，寇掠江陵间，荆州刺史刘度、南郡太守李肃并奔走，荆南皆没。于是拜绲为车骑将军，将兵十余万讨之，诏策绲曰："蛮夷猾夏，久不讨摄，各焚都城，蹈籍官人。州郡考吏，死职之臣，相逐奔窜，曾不反顾，可愧言也。将军素有威猛，是以擢授六师。前代陈汤、冯、傅之徒，以寡击众，郅支、夜郎、楼兰之戎，头悬都街，卫、霍北征，功列金石，是皆将军所究览也。今非将军，谁与修复前迹？进赴之宜，权时之策，将军一之，出郊之事，不复内御。已命有司祖于国门。《诗》不云乎：'进厥虎臣，阚如虓虎，敷敦淮濆，仍执丑虏。'将军其勉之！"

时天下饥馑，帑藏虚尽，每出征伐，常减公卿奉禄，假王侯租赋，前后所遣将帅，宦官辄陷以折耗军资，往往抵罪。绲性烈直，不行贿赂，惧为所中，乃上疏曰："埶得容奸，伯夷可疑；苟曰无猜，盗跖可信。故乐羊陈功，文侯示以谤书。愿请中常侍一人监军财费。"尚书朱穆奏绲以财自嫌，失大臣之节。有诏勿劾。绲军至长沙，贼闻，悉诣营道乞降。进击武陵蛮夷，斩首四千余级，受降十余万人，荆州平定。诏书赐钱一亿，固让不受。振旅还京师，推功于从事中郎应奉，荐以为司隶校尉，而上书乞骸骨，朝廷不许。监军使者张敞承宦官旨，奏绲将傅婢二人戎服自随，又辄于江陵刻石纪功，请下吏案理。尚书令黄儁奏议，以为罪无正法，不合致纠。会长沙贼复起，攻桂阳、武陵，绲以军还盗贼复发，策免。顷之，拜将作大匠，转河南尹。上言"旧典，中官子弟不得为牧人职"，帝不纳。复为廷尉。时山阳太守单迁以罪系狱，绲考致其死。迁，故车骑将军单超之弟，中官相党，遂共诽章诬绲，坐与司隶校尉李膺、大司农刘祐俱输左校。应奉上疏理绲等，得免。后拜屯骑校尉，复为廷尉，卒于官。绲弟允，清白有孝行，能理《尚书》，善推步之术。拜降虏校尉，终于家。

度尚传

度尚字博平，山阳湖陆人也。家贫，不修学行，不为乡里所推举。积困穷，乃为宦者同郡侯览视田，得为郡上计吏，拜郎中，除上虞长。为政严峻，明于发擿奸非，吏人谓之神明。迁文安令，遇时疾疫，谷贵人饥，尚开仓廪给，营救疾者，百姓蒙其济。时冀州刺史朱穆行部，见尚甚奇之。

延熹五年，长沙、零陵贼合七八千人，自称"将军"，入桂阳、苍梧、南海、交阯，交阯刺史及苍梧太守望风逃奔，二郡皆没。遣御史中丞盛修募兵讨之，不能克。豫章艾县人六百余人，应募而不得赏直，怨恚，遂反，焚烧长沙郡县,寇益阳,杀县令,众渐盛。又遣谒者马睦,督荆州刺史刘度击之,军败,睦、度奔走。桓帝诏公卿举任代刘度者,尚书朱穆举尚,自右校令擢为荆州刺史。尚躬率部曲,与同劳逸,广募杂种诸蛮夷,明设购赏,进击,大破之,降者数万人。桂阳宿贼渠帅卜阳、潘鸿等畏尚威烈,徙入山谷。尚穷追数百里,遂入南海,破其三屯,多获珍宝。而阳、鸿等党众犹盛,尚欲击之,而士卒骄富,莫有斗志。尚计缓之则不战,逼之必逃亡,乃宣言卜阳、潘鸿作贼十年,习于攻守,今兵寡少,未易可进,当须诸郡所发悉至,尔乃并力攻之。申令军中,恣听射猎。兵士喜悦,大小皆相与从禽。尚乃密使所亲客潜焚其营,珍积皆尽。猎者还来,莫不泣涕。尚人人慰劳,深自咎责,因曰:"卜阳等财宝足富数世,诸卿但不并力耳。所亡少少,何足介意!"众咸愤踊,尚敕令秣马蓐食,明旦,径赴贼屯。阳、鸿等自以深固,不复设备,吏士乘锐,遂大破平之。尚出兵三年,群寇悉定。七年,封右乡侯,迁桂阳太守。明年,征还京师。时荆州兵朱盖等,征戍役久,财赏不赡,忿恚,复作乱,与桂阳贼胡兰等三千余人复攻桂阳,焚烧郡县,太守任胤弃城走,贼众遂至数万。转攻零陵,太守陈球固守拒之。于是以尚为中郎将,将幽、冀、黎阳、乌桓步骑二万六千人救球,又与长沙太守抗徐等发诸郡兵,并执讨击,大破之,斩兰等首三千五百级,余贼走苍梧。诏赐尚钱百万,余人各有差。

时抗徐与尚俱为名将,数有功。徐字伯徐,丹阳人,乡邦称其胆智。初试守宣城长,悉移深林远薮椎髻鸟语之人置于县下,由是境内无复盗贼。后为中郎将宗资别部司马,击太山贼公孙举等,破平之,斩首三千余级,封乌程东乡侯五百户。迁太山都尉,寇盗望风奔亡。及在长沙,宿贼皆平。卒于官。桓帝下诏追增封徐五百户,并前千户。复以尚为荆州刺史。尚见胡兰余党南走苍梧,惧为己负,乃伪上言苍梧贼入荆州界,于是征交阯刺史张磐下廷尉。辞状未正,会赦见原。磐不肯出狱,方更牢持械节,狱吏谓磐曰:"天恩旷然而君不出,可乎?"磐因自列曰:"前长沙贼胡兰作难荆州,余党散入交阯。磐身婴甲胄,涉危履险,讨击凶患,斩殄渠帅,余烬鸟窜冒遁,还奔荆州。刺史度尚惧磐先言,怖畏罪戾,伏奏见诬。磐备位方伯,为国爪牙,而为尚所枉,受罪牢狱。夫事有虚实,法有是非,磐实不幸,赦无所除。如忍以苟免,永受侵辱之耻,生为恶吏,死为敝鬼。乞传尚诣廷尉,而对曲直,足明真伪。尚不征者,磐埋骨牢槛,终不虚出,望尘受枉。"廷尉以其状上,诏书征尚到廷尉,辞穷受罪,以先有功得原。磐字子石,丹阳人,以清白称,终于庐江太守。尚后为辽东太守,数月,鲜卑率兵攻尚,与战,破之,戎狄惮焉。年五十,延熹九年,卒于官。

杨璇传

杨璇字机平,会稽乌伤人也。高祖父茂,本河东人,从光武征伐,为威寇将军,封乌伤新阳乡侯。建武中就国,传封三世,有罪国除,因而家焉。父扶,交阯刺史,有理能名。兄乔,为尚书,容仪伟丽,数上言政事。桓帝爱其才貌,诏妻以公主。乔固辞不听,遂闭口不食,七日而死。

璇初举孝廉,稍迁,灵帝时为零陵太守。是时苍梧、桂阳猾贼相聚,攻郡县,贼众多而璇力弱,吏人忧恐。璇乃特制马车数十乘,以排囊盛石灰于车上,系布索于马尾,又为兵车,专彀弓弩,克期会战。乃令马车居前,顺风鼓灰,贼不得视,因以火烧布,布然马惊,奔突贼阵,因使后车弓弩乱发,钲鼓鸣震。群盗波骇破散,追逐伤斩无数,枭其渠帅,郡境以清。荆州刺史赵凯,诬奏璇实非身破贼,而妄有其功。璇与相章奏,凯有党助,遂槛车征璇。防禁严密,无由自讼,乃啮臂出血,书衣为章,具陈破贼形执,及言凯所诬状,潜令亲属诣阙通之。诏书原璇,拜议郎,凯反受诬人之罪。

璇三迁为渤海太守,所在有异政,以事免。后尚书令张温特表荐之,征拜尚书仆射。以病乞骸骨,卒于家。

论曰:安顺以后,风威稍薄,寇攘浸横,缘隙而生,剽人盗邑者不阕时月,假号皇王者盖以十数,或托验神道,或矫妄冕服。然其雄渠魁长,未有闻焉,犹至垒盈四郊,奔命首尾。若夫数将者,并宣力勤虑,以劳定功,而景风之赏未甄,肤受之言互及。以此而推,政道难乎以免。

赞曰:张宗祷禹,敢殿后拒。江、淮、海、岱,虔刘寇阻。其谁清之?雄、尚、绲、抚。璇能用谲,亦云振旅。

卷六十九
刘赵淳于江刘周赵列传第二十九

孔子曰:"夫孝莫大于严父,严父莫大于配天,则周公其人也。"子路曰:"伤哉贫也!生无以养,死无以葬。"子曰:"啜菽饮水,孝也。"夫钟鼓非乐云之本,而器不可去;三牲非致孝之主,而养不可废。存器而忘本,乐之遁也;调器以和声,乐之成也。崇养以伤行,孝之累也;修己以致禄,养之大也。故言能大养,则周公之祀,致四海之祭;言以义养,则仲由之菽,甘于东邻之牲。夫患水菽之薄,干禄以求养者,是以耻禄亲也。存诚以尽行,孝积而禄厚者,此能以义养也。

中兴,庐江毛义少节,家贫,以孝行称。南阳人张奉慕其名,往候之。坐定而府檄适至,以义守令,义奉檄而入,喜动颜色。奉者,志修士也,心贱之,自恨来,固辞而去。及义母死,去官行服。数辟公府,为县令,进退必以礼。后举贤良,公车征,遂不至。张奉叹曰:"贤者固不可测。往日之喜,乃为亲屈也。斯盖所谓'家贫亲老,不择官而仕'者也。"建初中,章帝下诏褒宠义,赐谷千斛,常以八月长吏问起居,加赐羊酒。寿终于家。

安帝时,汝南薛包孟尝,好学笃行,丧母,以至孝闻。及父娶后妻而憎包,分出之,包日夜号泣,不能去,至被欧杖。不得已,庐于舍外,旦入而洒扫,父怒,又逐之。乃庐于里门,昏晨不废。积岁余,父母惭而还之。后行六年服,丧过乎哀。既而弟子求分财异居,包不能止,乃中分其财。奴婢引其老者,曰:"与我共事久,若不能使也。"田庐取其荒顿者,曰:"吾少时所理,意所恋也。"器物取朽败者,曰:"我素所服食,身口所安也。"弟子数破其产,辄复赈给。建光中,公车特征,至,拜侍中。包性恬虚,称疾不起,以死自乞。有诏赐告归,加礼如毛义。年八十余,以寿终。若二子者,推至诚以为行,行信于心而感于人,以成名受禄致礼,斯可谓能以孝养也。若夫江革、刘般数公者之义行,犹斯志也。撰其行事著于篇。

刘平传 王望 王扶附

刘平字公子,楚郡彭城人也。本名旷,显宗后改为平。王莽时为郡吏,守菑丘长,政教大行。其后每属县有剧贼,辄令平守之,所至皆理,由是一郡称其能。

更始时,天下乱,平弟仲为贼所杀。其后贼复忽然而至,平扶侍其母,奔走逃难。仲遗腹女年一岁,平抱仲女而弃其子。母欲还取之,平不听,曰:"力不能两活,仲不可以绝类。"遂去不顾,与母俱匿野泽中。平朝出求食,逢饿贼,将烹之,平叩头曰:"今旦为老母求菜,老母待旷为命,愿得先归,食母毕,还就死。"因涕泣。贼见其至诚,哀而遣之。平还,既食母讫,因白曰:"属与贼期,义不可欺。"遂还诣贼。众皆大惊,相谓曰:"尝闻烈士,乃今见之。子去矣,吾不忍食子。"于是得全。

建武初,平狄将军庞萌反于彭城,攻败郡守孙萌。平时复为郡吏,冒白刃伏萌身上,被七创,困顿不知所为,号泣请曰:"愿以身代府君。"贼乃敛兵止,曰:"此义士也,勿杀。"遂解去。萌伤甚气绝,有顷苏,渴求饮。平倾其创血以饮之。后数日萌竟死,平乃裹创,扶送萌丧,至其本县。后举孝廉,拜济阴郡丞,太守刘育重之,任以郡职,上书荐平。会平遭父丧去官。服阕,拜全椒长。政有恩惠,百姓怀感,人或增赀就赋,或减年从役。刺史、太守行部,狱无系囚,人自以得所,不知所问,唯班诏而去。后以病免。

显宗初,尚书仆射钟离意上书荐平及琅邪王望、东莱王扶曰:"臣窃见琅邪王望、楚国刘旷、东莱王扶,皆年七十,执性恬淡,所居之处,邑里化之,修身行义,应在朝次。臣诚不足知人,窃慕推士进贤之义。"书奏,有诏征平等,特赐办装钱。至皆拜议郎,并数引见。平再迁侍中,永平三年,拜宗正,数荐达名士承宫、郇恁等。在位八年,以老病上疏乞骸骨,卒于家。

王望字慈卿,客授会稽,自议郎迁青州刺史,甚有威名。是时州郡灾旱,百姓穷荒,望行部,道见饥者,裸行草食,五百余人,恻然哀之,因以便宜出所在布粟,给其廪粮,为作褐衣。事毕上言,帝以望不先表请,章示百官,详议其罪。时公卿皆以为望之专命,法有常条。钟离意独曰:"昔华元、子反,楚、宋之良臣,不禀君命,擅平二国,《春秋》之义,以为美谈。今望怀义忘罪,当仁不让,若绳之以法,忽其本情,将乖圣朝爱育之旨。"帝嘉意议,赦而不罪。

王扶字子元,掖人也。少修节行,客居琅邪不其县,所止聚落化其德。国相张宗谒请,不应,欲强致之,遂杖策归乡里。连请,固病不起。太傅邓禹辟,不至。后拜议郎,会见,恂恂似不能言。然性沈正,不可干以非义,当世高之。永平中,临邑侯刘复著《汉德颂》,盛称扶为名臣云。

赵孝传

赵孝字长平,沛国蕲人也。父普,王莽时为田禾将军,任孝为郎。每告归,常白衣步担。尝从长安还,欲止邮亭。亭长先时闻孝当过,以有长者客,扫洒待之。孝既至,不自名,长不肯内,因问曰:"闻田禾将军子当从长安来,何时至乎?"孝曰:"寻到矣。"于是遂去。及天下乱,人相食。孝弟礼为饿贼所得,孝闻之,即自缚诣贼,曰:"礼久饿羸瘦,不如孝肥饱。"贼大惊,并放之,谓曰:"可且归,更持米糒来。"孝求不能得,复往报贼,愿就烹。众异之,遂不害。乡党服其义。州郡辟召,进退必以礼。举孝廉,不应。

永平中,辟太尉府,显宗素闻其行,诏拜谏议大夫,迁侍中,又迁长乐卫尉。复征弟礼为御史中丞。礼亦恭谦行己,类于孝。帝嘉其兄弟笃行,欲宠异之,诏礼十日一就卫尉府,太官送供具,令共相对尽欢。数年,礼卒,帝令孝从官属送丧归葬。后岁余,复以卫尉赐告归,卒于家。孝无子,拜礼两子为郎。时汝南有王琳巨尉者,年十余岁丧父母。因遇大乱,百姓奔逃,唯琳兄弟独守冢庐,号泣不绝。弟季,出遇赤眉,将为所哺,琳自缚,请先季死。贼矜而放遣,由是显名乡邑。后辟司徒府,荐士而退。琅邪魏谭少闲者,时亦为饥寇所获,等辈数十人皆束缚,以次当烹。贼见谭似谨厚,独令主爨,暮辄执爨。贼有夷长公,特哀念谭,密解其缚,语曰:"汝曹皆应就食,急从此去。"对曰:"谭为诸君爨,恒得遗余,余人皆茹草莱,不如食我。"长公义之,相晓赦遣,并得俱免。谭永平中为主家令。又齐国兒萌子明、梁郡车成子威二人,兄弟并见执于赤眉,将食之,萌、成叩头,乞以身代,贼亦哀而两释焉。

淳于恭传

淳于恭字孟孙,北海淳于人也。善说《老子》,清静不慕荣名。家有山田果树,人或侵盗,辄助为收采。又见偷刈禾者,恭念其愧,因伏草中,盗去乃起,里落化之。王莽末,岁饥兵起,恭兄崇将为盗所烹,恭请代,得与俱免。后崇卒,恭养孤幼,教诲学问,有不如法,辄反用杖自箠,以感悟之,儿惭而改过。初遭贼寇,百姓莫事农桑。恭常独力田耕,乡人止之,曰:"时方淆乱,死生未分,何空自苦为?"恭曰:"纵我不得,它人何伤。"垦耨不辍。后州郡连召,不应,遂幽居养志,潜于山泽。举动周旋,必由礼度。建武中,郡举孝廉,司空辟,皆不应,客隐琅邪黔陬山,遂数十年。建初元年,肃宗下诏美恭素行,告郡赐帛二十匹,遣诣公车,除为议郎。引见极日,访以政事,迁侍中骑都尉,礼待甚优。其所荐名贤,无不征用。进对陈政,皆本道德,帝与之言,未尝不称善。五年,病笃,使者数存问,卒于官。诏书褒叹,赐谷千斛,刻石表闾。除子孝为太子舍人。

江革传

江革字次翁,齐国临淄人也。少失父,独与母居。遭天下乱,盗贼并起,革负母逃难,备经阻险,常采拾以为养。数遇贼,或劫欲将去,革辄涕泣求哀,言有老母,辞气愿款,有足感动人者。贼以是不忍犯之,或乃指避兵之方,遂得俱全于难。革转客下邳,穷贫裸跣,行佣以供母,便身之物,莫不必给。建武末年,与母归乡里。每至岁时,县当案比,革以母老,不欲摇动,自在辕中挽车,不用牛马,由是乡里称之曰"江巨孝"。太守尝备礼召,革以母老不应。及母终,至性殆灭,尝寝伏冢庐,服竟,不忍除。郡守遣丞掾释服,因请以为吏。永平初,举孝廉为郎,补楚太仆。月余,自劾去。楚王英驰遣官属追之,遂不肯还。复使中傅赠送,辞不受。后数应三公命,辄去。

建初初,太尉牟融举贤良方正,再迁司空长史。肃宗甚崇礼之,迁五官中郎将。每朝会,帝常使虎贲扶侍,及进拜,恒目礼焉。时有疾不会,辄太官送醪膳,恩宠有殊。于是京师贵戚卫尉马廖、侍中窦宪慕其行,各奉书致礼,革无所报受。帝闻而益善之。后上书乞骸骨,转拜谏议大夫,赐告归,因谢病称笃。元和中,天子思其至行,制诏齐相曰:"谏议大夫江革,前以病归,今起居何如?夫孝,百行之冠,众善之始也。国家每惟志士,未尝不及革。县以见谷千斛赐'巨孝',常以八月长吏存问,致羊酒,以终厥身。如有不幸,祠以中牢。"由是"巨孝"之称,行于天下。及卒,诏复赐谷千斛。

刘般传 子恺

刘般字伯兴,宣帝之玄孙也。宣帝封子嚣于楚,是为孝王。孝王生思王衍,衍生王纡,纡生般。自嚣至般,积累仁义,世有名节,而纡尤慈笃。早失母,同产弟原乡侯平尚幼,纡亲自鞠养,常与共卧起饮食。及成人,未尝离左右。平病卒,纡哭泣欧血,数月亦殁。初,纡袭王封,因值王莽篡位,废为庶人,因家于彭城。般数岁而孤,独与母居。王莽败,天下乱,太夫人闻更始即位,乃将般俱奔长安。会更始败,复与般转侧兵革中,西行上陇,遂流至武威。般虽尚少,而笃志修行,讲诵不息。其母及诸舅,以为身寄绝域,死生未必,不宜苦精若此,数以晓般,般犹不改其业。

建武八年,隗嚣败,河西始通,般即将家属东至洛阳,修经学于师门。明年,光武下诏,封般为菑丘侯,奉孝王祀,使就国。后以国属楚王,徙封杼秋侯。十九年,行幸沛,诏问郡中诸侯行能。太守荐言般束修至行,为诸侯师。帝闻而嘉之,乃赐般绶,钱百万,缯二百匹。二十年,复与车驾会沛,因从还洛阳,赐谷什物,留为侍祠侯。

永平元年,以国属沛,徙封居巢侯,复随诸侯就国。数年,杨州刺史观恂荐般在国口无择言,行无怨恶,宜蒙旌显。显宗嘉之。十年,征般行执金吾事,从至南阳,还为朝侯。明年,兼屯骑校尉。时五校官显职闲,而府寺宽敞,舆服光丽,伎巧毕给,故多以宗室肺腑居之。每行幸郡国,般常将长水胡骑从。帝曾欲置常平仓,公卿议者多以为便。般对曰"常平仓外有利民之名,而内实侵刻百姓,豪右因缘为奸,小民不能得其平,置之不便"。帝乃止。是时下令禁民二业,又以郡国牛疫,通使区种增耕,而吏下检结,多失其实,百姓患之。般上言:"郡国以官禁二业,至有田者不得渔捕。今滨江湖郡率少蚕桑,民资渔采以助口实,且以冬春闲月,不妨农事。夫渔猎之利,为田除害,有助谷食,无关二业也。又郡国以牛疫、水旱,垦田多减,故诏敕区种,增进顷亩,以为民也。而吏举度田,欲令多前,至于不种之处,亦通为租。可申敕刺史、二千石,务令实核,其有增加,皆使与夺田同罪。"帝悉从之。肃宗即位,以为长乐少府。建初二年,迁宗正。般妻卒,厚加赗赠,及赐冢茔地于显节陵下。般在位数言政事。其收恤九族,行义尤著,时人称之。年六十,建初三年卒。子宪嗣。宪卒,子重嗣,宪兄恺。

恺字伯豫,以当袭般爵,让与弟宪,逃遁避封。久之,章和中,有司奏请绝恺国,肃宗美其义,特优假之,恺犹不出。积十余岁,至永元十年,有司复奏之,侍中贾逵因上书曰:"孔子称'能以礼让为国,于从政乎何有'。窃见居巢侯刘般嗣子恺,素行孝友,谦逊絜清,让封弟宪,潜身远迹。

有司不原乐善之心，而绳以循常之法，惧非长克让之风，成含弘之化。前世扶阳侯韦玄成，近有陵阳侯丁鸿、鄏侯邓彪，并以高行絜身辞爵，未闻贬削，而皆登三事。今恺景仰前修，有伯夷之节，宜蒙矜宥，全其先功，以增圣朝尚德之美。"和帝纳之，下诏曰："故居巢侯刘般嗣子恺，当袭般爵，而称父遗意，致国弟宪，遁亡七年，所守弥笃。盖王法崇善，成人之美。其听宪嗣爵。遭事之宜，后不得以为比。"乃征恺，拜为郎，稍迁侍中。恺之入朝，在位者莫不仰其风行。迁步兵校尉。十三年，迁宗正，免。复拜侍中，迁长水校尉。永初元年，代周章为太常。恺性笃古，贵处士，每有征举，必先岩穴。论议引正，辞气高雅。六年，代张敏为司空。元初二年，代夏勤为司徒。旧制，公卿、二千石、刺史不得行三年丧，由是内外众职并废丧礼。元初中，邓太后诏长吏以下不为亲行服者，不得典城选举。时有上言牧守宜同此制，诏下公卿，议者以为不便。恺独议曰："诏书所以为制服之科者，盖崇化厉俗，以弘孝道也。今刺史一州之表，二千石千里之师，职在辩章百姓，宣美风俗，尤宜尊重典礼，以身先之。而议者不寻其端，至于牧守则云不宜，是犹浊其源而望流清，曲其形而欲景直，不可得也。"太后从之。

时征西校尉任尚以奸利被征抵罪。尚曾副大将军邓骘，骘党护之，而太尉马英、司空李郃承望骘旨，不复先请，即独解尚槛锢，恺不肯与议。后尚书案其事，二府并受谴咎，朝廷以此称之。

视事五岁，永宁元年，称病上书致仕，有诏优许焉，加赐钱三十万，以千石禄归养，河南尹常以岁八月致羊酒。时安帝始亲政事，朝廷多称恺之德，帝乃遣问起居，厚加赏赐。会马英策罢，尚书陈忠上疏荐恺曰："臣闻三公上则台阶，下象山岳，股肱元首，鼎足居职，协和阴阳，调训五品，考功量才，以序庶僚，遭烈风不迷，遇迅雨不惑，位莫重焉。而今上司缺职，未议其人。臣窃差次诸卿，考合众议，咸称太常朱伥、少府荀迁。臣父宠，前忝司空，伥、迁并为掾属，具知其能。伥能说经书而用心褊狭，迁严毅刚直而薄于艺文。伏见前司徒刘恺，沈重渊懿，道德博备，克让爵土，致祚弱弟，躬浮云之志，兼浩然之气，频历二司，举动得礼。以疾致仕，侧身里巷，处约思纯，进退有度，百僚景式，海内归怀。往者孔光、师丹，近世邓彪、张酺，皆去宰相，复序上司。诚宜简练卓异，以厌众望。"书奏，诏引恺拜太尉。安帝初，清河相叔孙光坐臧抵罪，遂增锢二世，衅及其子。是时居延都尉范邠复犯臧罪，诏下三公、廷尉议。司徒杨震、司空陈褒、廷尉张皓议依光比。恺独以为"《春秋》之义，'善善及子孙，恶恶止其身'，所以进人于善也。《尚书》曰：'上刑挟轻，下刑挟重。'如今使臧吏禁锢子孙，以轻从重，惧及善人，非先王详刑之意也"。有诏："太尉议是。"

视事三年，以疾乞骸骨，久乃许之，下河南尹礼秩如前。岁余，卒于家。诏使者护丧事，赐东园秘器，钱五十万，布千匹。

少子茂，字叔盛，亦好礼让，历位出纳，桓帝时为司空。会司隶校尉李膺等抵罪，而南阳太守成瑨、太原太守刘瓆下狱当死，茂与太尉陈蕃、司徒刘矩共上书讼之。帝不悦，有司承旨劾奏三公，茂遂坐免。建宁中，复为太中大夫，卒于官。

周磐传 蔡顺附

周磐字坚伯，汝南安成人，征士燮之宗也。祖父业，建武初为天水太守。磐少游京师，学《古文尚书》、《洪范五行》、《左氏传》，好礼有行，非典谟不言，诸儒宗之。居贫养母，俭薄不充。尝诵《诗》至《汝坟》之卒章，慨然而叹，乃解韦带，就孝廉之举。和帝初，拜谒者，除任城长，迁阳夏、重合令，频历三城，皆有惠政。后思母，弃官还乡里。及母殁，哀至几于毁灭，服终，遂庐于冢侧。教授门徒常千人。公府三辟，皆以有道特征，磐语友人曰："昔方回、支父啬神养和，不以荣利滑其生术。吾亲以没矣，从物何为？"遂不应。建光元年，年七十三，岁朝会集诸生，讲论终日，因令其二子曰："吾日者梦见先师东里先生，与我讲于阴堂之奥。"既而长叹："岂吾齿之尽乎！若命终之日，桐棺足以周身，外椁足以周棺，敛形悬封，濯衣幅巾。编二尺四寸简，写《尧典》一篇，并刀笔各一，以置棺前，示不忘圣道。"其月望日，无病忽终，学者以为知命焉。

磐同郡蔡顺，字君仲，亦以至孝称。顺少孤，养母。尝出求薪，有客卒至，母望顺不还，乃噬其指，顺即心动，弃薪驰归，跪问其故。母曰："有急客来，吾噬指以悟汝耳。"母年九十，以寿终。未及得葬，里中灾，火将逼其舍，顺抱伏棺枢，号哭叫天，火遂越烧它室，顺独得免。太守韩崇召为东阁祭酒。母平生畏雷，自亡后，每有雷震，顺辄圜冢泣，曰："顺在此。"崇闻之，每雷辄为差车马到墓所。后太守鲍众举孝廉，顺不能远离坟墓，遂不就。年八十，终于家。

赵咨传

赵咨字文楚，东郡燕人也。父畅，为博士。咨少孤，有孝行，州郡召举孝廉，并不就。

延熹元年，大司农陈奇举咨至孝有道，仍迁博士。灵帝初，太傅陈蕃、大将军窦武为宦者所诛，咨乃谢病去。太尉杨赐特辟，使饰巾出入，请与讲议。举高第，累迁敦煌太守。以病免还，躬率子孙耕农为养。盗尝夜往劫之，咨恐母惊惧，乃先至门迎盗，因请为设食，谢曰："老母八十，疾病须养,居贫,朝夕无储,乞少置衣粮。"妻子物余,一无所请。盗皆惭叹,跪而辞曰:"所犯无状,干暴贤者。"言毕奔出,咨追以物与之,不及。由此益知名。征拜议郎,辞疾不到,诏书切让,州郡以礼发遣,前后再三,不得已应召。复拜东海相。之官,道经荥阳,令敦煌曹暠,咨之故孝廉也,迎路谒候,咨不为留。暠送至亭次,望尘不及,谓主簿曰:"赵君名重,今过界不见,必为天下笑!"即弃印绶,追至东海。谒咨毕,辞归家。其为时人所贵若此。咨在官清简,计日受奉,豪党畏其俭节。视事三年,以疾自乞,征拜议郎。抗疾京师,将终,告其故吏朱祇、萧建等,使薄敛素棺,籍以黄壤,欲令速朽,早归后土,不听子孙改之。乃遗书敕子胤曰:"夫含气之伦,有生必终,盖天地之常期,自然之至数。是以通人达士,鉴兹性命,以存亡晦明,死生为朝夕,故其生也不为娱,亡也不知戚。夫亡者,元气去体,贞魂游散,反素复始,归于无端。既已消仆,还合粪土。土为弃物,岂有性情,而欲制其厚薄,调其燥湿邪?但以生者之情,不忍见形之毁,乃有掩骼埋窆之制。《易》曰:'古之葬者,衣以薪,藏之中野,后世圣人易之以棺椁。'棺椁之造,自黄帝始。爰自陶唐,逮于虞、夏,犹尚简朴,或瓦或木,及至殷人而有加焉。周室因之,制兼二代。复重以墙翣之饰,表以旌铭之仪,招复含敛之礼,殡葬宅兆之期,棺椁周重之制,衣衾称袭之数,其事烦而害实,品物碎而难备。然而秩爵异级,贵贱殊等。自成、康以下,其典稍乖。至于战国,渐至颓陵,法度衰毁,上下僭杂。终使晋侯请隧,秦伯殉葬,陈大夫设参门之木,宋司马造石椁之奢。爰暨暴秦,违道废德,灭三代之制,兴淫邪之法,国赀糜于三泉,人力单于郦墓,玩好穷于粪土,伎巧费于窀穸。自生民以来,厚终之敝,未有若此者。虽有仲尼重明周礼,墨家勉以古道,犹不能御也。是以华夏之士,争相陵尚,违礼之本,事礼之末,务礼之华,弃礼之实,单家竭财,以相营赴。废事生而营终亡,替所养而为厚葬,岂云圣人制礼之意乎?记曰:'丧虽有礼,哀为主矣。'又曰:'丧与其易也宁戚。'今则不然,并棺合椁,以为孝恺,丰赀重襚,以昭恻隐,吾所不取也。昔舜葬苍梧,二妃不从。岂有匹配之会,守常之所乎?圣主明王,其犹若斯,况于品庶,礼所不及。古人时则即会,时乖则别,动静应礼,临事合宜。王孙裸葬,墨夷露骸,皆达于性理,贵于速变。梁伯鸾父没,卷席而葬,身亡不反其尸。彼数子岂薄至亲之恩,亡忠孝之道邪?况我鄙暗,不德不敏,薄意内昭,志有所慕,上同古人,下不为咎。果必行之,勿生疑异。恐尔等昔歔所见,耳讳所议,必欲改殡,以乖吾志,故远采古圣,近撰行事,以悟尔心。但欲制坎,令容棺椁,棺归即葬,平地无坟。勿卜时日,葬无设奠,勿留墓侧,无起封树,于戏小子,其勉之哉,吾蔑复有言矣!"朱祇、萧建送丧到家,子胤不忍父体与土并合,欲更改殡,祇、建譬以顾命,于是奉行,时称咨明达。

赞曰:公子、长平,临寇让生。淳于仁悌,"巨孝"以名。居巢好读,遂承家禄。伯豫逡巡,方迹孤竹,文楚薄终,丧朽惟速。周能感亲,畜神养福。

卷七十上　　班彪列传第三十上

自东都主人以下分为下卷

班彪传子固

班彪字叔皮,扶风安陵人也。祖况,成帝时为越骑校尉。父稚,哀帝时为广平太守。彪性沈重好古。年二十余,更始败,三辅大乱。时隗嚣拥众天水,彪乃避难从之。嚣问彪曰:"往者周亡,战国并争,天下分裂,数世然后定。意者从横之事复起于今乎?将承运迭兴,在于一人也?愿生试论之。"对曰:"周之废兴,与汉殊异。昔周爵五等,诸侯从政,本根既微,枝叶强大,故其末流有从横之事,势数然也。汉承秦制,改立郡县,主有专己之威,臣无百年之柄。至于成帝,假借外家,哀、平短祚,国嗣三绝,故王氏擅朝,因窃号位。危自上起,伤不及下,是以即真之后,天下莫不引领而叹。十余年间,中外搔扰,远近俱发,假号云合,咸称刘氏,不谋同辞。方今雄桀带州域者,皆无七国世业之资,而百姓讴吟,思仰汉德,已可知矣。"嚣曰:"生言周、汉之势可也;至于但见愚人习识刘氏姓号之故,而谓汉家复兴,疏矣。昔秦失其鹿,刘季逐而羁之,时人复知汉乎?"彪既疾嚣言,又伤时方艰,乃著《王命论》,以为汉德承尧,有灵命之符,王者兴祚,非诈力所致,欲以感之,而嚣终不寤,遂避地河西。河西大将军窦融以为从事,深敬待之,接以师友之道。彪乃为融画策事汉,总河西以拒隗嚣。及融征还京师,光武问曰:"所上章奏,谁与参之?"融对曰:"皆从事班彪所为。"帝雅闻彪才,因召入见,举司隶茂才,拜徐令,以病免。后数应三公之命,辄去。彪既才高而好述作,遂专心史籍之间。武帝时,司马迁著《史记》,自太初以后,阙而不录,后好事者颇或缀集时事,然多鄙俗,不足以踵继其书。彪乃继采前史遗事,傍贯异闻,作后传数十篇,因斟酌前史而讥正得失。其略论曰:

唐虞三代,《诗》《书》所及,世有史官,以司典籍,暨于诸侯,国自有史,故《孟子》曰"楚之《梼杌》,晋之《乘》,鲁之《春秋》,其事一也"。定哀之间,鲁君子左丘明论集其文,作《左氏传》三十篇,又撰异同,号曰《国语》,二十一篇,由是《乘》、《梼杌》之事遂暗,而《左氏》、《国语》独章。又有记录黄帝以来至春秋时帝王公侯卿大夫,号曰《世本》,一十五篇。春秋之后,七国并争,秦并诸侯,则有《战国策》三十三篇。汉兴定天下,太中大夫陆贾记录时功,作《楚汉春秋》九篇。孝武之世,太史令司马迁采《左氏》、《国语》,删《世本》、《战国策》,据楚、汉列国时事,上自黄帝,下讫获麟,作本纪、世家、列传、书、表凡百三十篇,而十篇缺焉。迁之所记,从汉元至武以绝,则其功也。至于采经摭传,分散百家之事,甚多疏略,不如其本,务欲以多闻广载为功,论议浅而不笃。其论术学,则崇黄老而薄《五经》;序货殖,则轻仁义而羞贫穷;道游侠,则贱守节而贵俗功:此其大敝伤道,所以遇极刑之咎也。然善述序事理,辩而不华,质而不野,文质相称,盖良史之才也。诚令迁依《五经》之法言,同圣人之是非,意亦庶几矣。

夫百家之书,犹可法也。若《左氏》、《国语》、《世本》、《战国策》、《楚汉春秋》、《太史公书》,今之所以知古,后之所由观前,圣人之耳目也。司马迁序帝王则曰本纪,公侯传国则曰世家,卿士特起则曰列传。又进项羽、陈涉而黜淮南、衡山,细意委曲,条例不经。若迁之著作,采获古今,贯穿经传,至广博也。一人之精,文重思烦,故其书刊落不尽,尚有盈辞,多不齐一。若序司马相如,举郡县,著其字,至萧、曹、陈平之属,及董仲舒并时之人,不记其字,或县而不郡者,盖不暇也。今此后篇,慎核其事,整齐其文,不为世家,唯纪、传而已。传曰:"杀史见极,平易正直,《春秋》之义也。"

彪复辟司徒玉况府。时东宫初建,诸王国并开,而官属未备,师保多阙。彪上言曰:

孔子称"性相近,习相远也"。贾谊以为"习与善人居,不能无为善,犹生长于齐,不能无齐言也。习与恶人居,不能无为恶,犹生长于楚,不能无楚言也"。是以圣人审所与居,而戒慎所习。昔成王之为孺子,出则周公、邵公、太史佚,入则大颠、闳夭、南宫括、散宜生,左右前后,礼无违者,故成王一日即位,天下旷然太平。是以《春秋》"爱子教以义方,不纳于邪。骄奢淫佚,所自邪也"。《诗》云:"诒厥孙谋,以宴翼子。"言武王之谋遗子孙也。

汉兴,太宗使晁错导太子以法术,贾谊教梁王以《诗》《书》。及至中宗,亦令刘向、王褒、萧望之、周堪之徒,以文章儒学保训东宫以下,莫不崇简其人,就成德器。今皇太子诸王,虽结发学问,修习礼乐,而傅相未值贤才,官属多阙旧典。宜博选名儒有威重明通政事者,以为太子太傅,东宫及诸王国,备置官属。又旧制,太子食汤沐十县,设周卫交戟,五日一朝,因坐东箱,省视膳食,其非朝日,使仆、中允旦旦请问而已,明不媟黩,广其敬也。

书奏,帝纳之。后察司徒廉为望都长,吏民爱之,建武三十年,年五十二,卒官。所著赋、论、书、记、奏事合九篇。二子:固,超。超别有传。

论曰:班彪以通儒上才,倾侧危乱之间,行不逾方,言不失正,仕不急进,贞不违人,敷文华以纬国典,守贱薄而无闷容。彼将以世运未弘,非所谓贱焉耻乎?何其守道恬淡之笃也!

固字孟坚。年九岁,能属文诵诗赋,及长,遂博贯载籍,九流百家之言,无不穷究。所学无常师,不为章句,举大义而已。性宽和容众,不以才能高人,诸儒以此慕之。永平初,东平王苍以至戚为骠骑将军辅政,开东阁,延英雄。时固始弱冠,奏记说苍曰:

将军以周、邵之德,立乎本朝,承休明之策,建威灵之号,昔在周公,今也将军,《诗》《书》所载,未有三此者也。传曰:"必有非常之人,然后有非常之事;有非常之事,然后有非常之功。"固幸得生于清明之世,豫在视听之末,私以蝼蚁,窃观国政,诚美将军拥千载之任,踬先圣之踪,体弘懿之姿,据高明之执,博贯庶事,服膺《六艺》,白黑简心,求善无猒,采择狂夫之言,不逆负薪之议。窃见幕府新开,广延群俊,四方之士,颠倒衣裳。将军宜详唐、殷之举,察伊、皋之荐,令远近无偏,幽隐必达,期于总览贤才,收集明智,为国得人,以宁本朝。则将军养志和神,优游庙堂,光名宣于当世,遗烈著于无穷。

窃见故司空掾桓梁,宿儒盛名,冠德州里,七十从心,行不逾矩,盖清庙之光晖,当世之俊彦也。京兆祭酒晋冯,结发修身,白首无违,好古乐道,玄默自守,古人之美行,时俗所莫及。扶风掾李育,经明行著,教授百人,客居杜陵,茅室土阶。京兆、扶风二郡更请,徒以家贫,数辞病去。温故知新,论议通明,廉清修洁,行能纯备,虽前世名儒,国家所器,韦、平、孔、翟,无以加焉。宜令考绩,以参万事。京兆督邮郭基,孝行著于州里,经学称于师门,政务之绩,有绝异之效。如得及明时,秉事下僚,进有羽翮奋翔之用,退有杞梁一介之死。凉州从事王雍,躬卞严之节,文之以术艺,凉州冠盖,未有宜先雍者也,古者周公一举则三方怨,曰"奚为而后已"。宜及府开,以慰远方。弘农功曹史殷肃,达学洽闻,才能绝伦,诵《诗》三百,奉使专对。此六子者,皆有殊行绝才,德隆当世。如蒙征纳,以辅高明,此山梁之秋,夫子所为叹也。昔卞和献宝,以离断趾,灵均纳忠,终于沈身,而和氏之璧,千载垂光,屈子之篇,万世归善。愿将军隆照微之明,信日昃之听,少屈威神,咨嗟下问,令尘埃之中,永无荆山、汨罗之恨。

苍纳之。父彪卒，归乡里。固以彪所续前史未详，乃潜精研思，欲就其业。既而有人上书显宗，告固私改作国史者，有诏下郡，收固系京兆狱，尽取其家书。先是扶风人苏朗伪言图谶事，下狱死。固弟超恐固为郡所核考，不能自明，乃驰诣阙上书，得召见，具言固所著意，而郡亦上其书。显宗甚奇之，召诣校书部，除兰台令史，与前睢阳令陈宗、长陵令尹敏、司隶从事孟异共成《世祖本纪》。迁为郎，典校秘书。固又撰功臣、平林、新市、公孙述事，作列传、载记二十八篇，奏之。帝乃复使终成前所著书。固以为汉绍尧运，以建帝业，至于六世，史臣乃追述功德，私作本纪，编于百王之末，厕于秦、项之列，太初以后，阙而不录，故探撰前记，缀集所闻，以为《汉书》。起元高祖，终于孝平王莽之诛，十有二世，二百三十年，综其行事，傍贯《五经》，上下洽通，为《春秋》考纪、表、志、传凡百篇。固自永平中始受诏，潜精积思二十余年，至建初中乃成。当世甚重其书，学者莫不讽诵焉。自为郎后，遂见亲近。时京师修起宫室，浚缮城隍，而关中耆老犹望朝廷西顾。固感前世相如、寿王、东方之徒，造构文辞，终以讽劝，乃上《两都赋》，盛称洛邑制度之美，以折西宾淫侈之论。其辞曰：

有西都宾问于东都主人曰："盖闻皇汉之初经营也，尝有意乎都河洛矣。辍而弗康，实用西迁，作我上都。主人闻其故而睹其制乎？"主人曰："未也。愿宾摅怀旧之蓄念，发思古之幽情，博我以皇道，弘我以汉京。"宾曰："唯唯。"

汉之西都，在于雍州，实曰长安。左据函谷、二崤之阻，表以太华、终南之山。右界褒斜、陇首之险，带以洪河、泾、渭之川。华实之毛，则九州之上腴焉；防御之阻，则天下之奥区焉。是故横被六合，三成帝畿，周以龙兴，秦以虎视。及至大汉受命而都之也，仰寤东井之精，俯协《河图》之灵，奉春建策，留侯演成，天人合应，以发皇明，乃眷西顾，实惟作京。于是睎秦领，䁻北阜，挟酆灞，据龙首。图皇基于亿载，度宏规而大起，肇自高而终平，世增饰以崇丽，历十二之延祚，故穷奢而极侈。建金城其万雉，呀周池而成渊，披三条之广路，立十二之通门。内则街衢洞达，闾阎且千，九市开场，货别隧分，人不得顾，车不得旋，阗城溢郭，旁流百廛，红尘四合，烟云相连。于是既庶且富，娱乐无疆，都人士女，殊异乎五方，游士拟于公侯，列肆侈于姬、姜。乡曲豪俊游侠之雄，节慕原、尝，名亚春、陵，连交合众，骋骛乎其中。

若乃观其四郊，浮游近县，则南望杜、霸，北眺五陵，名都对郭，邑居相承，英俊之域，黻冕所兴，冠盖如云，七相五公。与乎州郡之豪桀，五都之货殖，三选七迁，充奉陵邑，盖以强干弱枝，隆上都而观万国。封

畿之内，厥土千里，逴荦诸夏，兼其所有。其阳则崇山隐天，幽林穹谷，陆海珍藏，蓝田美玉，商、洛缘其隈，鄠、杜滨其足，源泉灌注，陂池交属，竹林果园，芳草甘木，郊野之富，号曰近蜀。其阴则冠以九嵕，陪以甘泉，乃有灵宫起乎其中。秦、汉之所极观，渊、云之所颂叹，于是乎存焉。下有郑、白之沃，衣食之源，堤封五万，疆场绮分，沟塍刻镂，原隰龙鳞，决渠降雨，荷舌成云，五谷垂颖，桑麻敷棻。东郊则有通沟大漕，溃渭洞河，泛舟山东，控引淮、湖，与海通波。西郊则有上囿禁苑，林麓薮泽，陂池连乎蜀、汉，缭以周墙，四百余里，离宫别馆，三十六所，神池灵沼，往往而在。其中乃有九真之麟，大宛之马，黄支之犀，条枝之鸟，逾昆仑，越巨海，殊方异类，至三万里。

其宫室也，体象乎天地，经纬乎阴阳，据坤灵之正位，放太、紫之圆方。树中天之华阙，丰冠山之朱堂，因瑰材而究奇，抗应龙之虹梁，列棼橑以布翼，荷栋桴而高骧。雕玉瑱以居楹，裁金璧以饰珰，发五色之渥采，光焰朗以景彰。于是左城右平，重轩三阶，闺房周通，门闼洞开，列钟虡于中庭，立金人于端闱，仍增崖而衡阈，临峻路而启扉。徇以离殿别寝，承以崇台闲馆。焕若列星，紫宫是环。清凉宣温，神仙长年，金华玉堂，白虎麒麟，区宇若兹，不可殚论。增槃业峨，登降炤烂，殊形诡制，每各异观，乘茵步辇，唯所息宴。后宫则有掖庭椒房，后妃之室，合欢增成，安处常宁，茝若椒风，披香发越，兰林蕙草，鸳鸾飞翔之列。昭阳特盛，隆乎孝成，屋不呈材，墙不露形，裛以藻绣，络以纶连，随侯明月，错落其间，金釭衔璧，是为列钱，翡翠火齐，流耀含英，悬黎垂棘，夜光在焉。于是玄墀扣切，玉阶彤庭，硗碱采致，琳珉青荧，珊瑚碧树，周阿而生。红罗飒䍀，绮组缤纷，精曜华烛，俯仰如神。后宫之号，十有四位，窈窕繁华，更盛迭贵，处乎斯列者，盖以百数。左右廷中，朝堂百僚之位，萧曹魏邴，谋谟乎其上。佐命则垂统，辅翼则成化，流大汉之恺悌，荡亡秦之毒螫。故令斯人扬乐和之声，作画一之歌，功德著于祖宗，膏泽洽于黎庶。又有天禄石渠，典籍之府，命夫谆诲故老，名儒师傅，讲论乎《六艺》，稽合乎同异。又有承明金马，著作之庭，大雅宏达，于兹为群，元元本本，周见洽闻，启发篇章，校理秘文。周以钩陈之位，卫以严更之署，总礼官之甲科，群百郡之廉孝。虎贲赘衣，阍尹阍寺，陛戟百重，各有攸司。周庐千列，徼道绮错。輂路经营，修涂飞阁。自未央而连桂宫，北弥明光而緪长乐，陵墱道而超西墉，混建章而外属，设璧门之凤阙，上柢棱而栖金雀。内则别风之嶕峣，眇丽巧而竦擢，张千门而立万户，顺阴阳以开阖。尔乃正殿崔巍，层构厥高，临乎

未央，经骀荡而出馺娑，洞枍诣与天梁，上反宇以盖戴，激日景而纳光。神明郁其特起，遂偃蹇而上跻，轶云雨于太半，虹霓回带于棼楣，虽轻迅与僄狡，犹愕眙而不敢阶。攀井干而未半，目眴转而意迷，舍棂槛而却倚，若颠坠而复稽，魂恍恍以失度，巡回涂而下低。既怼惧于登望，降周流以彷徨，步甬道以萦纡，又杳窱而不见阳。排飞闼而上出，若游目于天表，似无依而洋洋。前唐中而后太液，揽沧海之汤汤，扬波涛于碣石，激神岳之将将，滥瀛洲与方壶，蓬莱起乎中央。于是灵草冬荣，神木丛生，岩峻崔崒，金石峥嵘。抗仙掌以承露，擢双立之金茎，轶埃壒之混浊，鲜颢气之清英。骋文成之丕诞，驰五利之所刑，庶松乔之群类，时游从乎斯庭，实列仙之攸馆，匪吾人之所宁。

尔乃盛娱游之壮观，奋大武乎上囿，因兹以威戎夸狄，耀威而讲事。命荆州使起鸟，诏梁野而驱兽，毛群内阗，飞羽上覆，接翼侧足，集禁林而屯聚。水衡虞人，理其营表，种别群分，部曲有署。罘罔连纮，笼山络野，列卒周匝，星罗云布。于是乘舆备法驾，帅群臣，披飞廉，入苑门。遂绕酆镐，历上兰，六师发逐，百兽骇殚，震震爚爚，雷奔电激，草木涂地，山渊反覆，蹂躏其十二三，乃拗怒而少息。尔乃期门佽飞，列刃钻鍭，要趹追踪，鸟惊触丝，兽骇值锋，机不虚掎，弦不再控，矢无单杀，中必叠双，飑飑纷纷，矰缴相缠，风毛雨血，洒野蔽天。平原赤，勇士厉，猿狖失木，豺狼慑窜。尔乃移师趋险，并蹈潜秽，穷虎奔突，狂兕触蹙。许少施巧，秦成力折，掎僄狡，扼猛噬，脱角挫脰，徒搏独杀，挟师豹，拖熊螭，顿犀犛，曳豪黑，超迥壑，越峻崖，蹙巉岩，巨石隤，松柏仆，丛林摧，草木无余，禽兽殄夷。于是天子乃登属玉之馆，历长杨之榭，览山川之体埶，观三军之杀获，原野萧条，目极四裔，禽相镇厌，兽相枕藉。然后收禽会众，论功赐胙，陈轻骑以行炰，腾酒车而斟酌，割鲜野食，举燧命爵。飨赐毕，劳逸齐，大辂鸣鸾，容与裴回，集乎豫章之宇，临乎昆明之池。左牵牛而右织女，似云汉之无崖，茂树荫蔚，芳草被堤，兰茝发色，晔晔猗猗，若摛锦布绣，烛耀乎其陂。玄鹤白鹭，黄鹄鸧鹂，鸧鸹鸨鶂，凫鹥鸿雁，朝发河海，夕宿江汉，沈浮往来，云集雾散。于是后宫乘辇路，登龙舟，张凤盖，建华旗，祛黼帷，镜清流，靡微风，澹淡浮。櫂女讴，鼓吹震，声激越，营厉天，鸟群翔，鱼窥渊。招白闲，下双鹄，揄文竿，出比目。抚鸿幢，御矰缴，方舟并骛，俯仰极乐。遂风举云摇，浮游普览，前乘秦岭，后越九嶷，东薄河华，西涉岐雍，宫馆所历，百有余区，行所朝夕，储不改供。礼上下而接山川，究休祐之所用，采游童之欢谣，第从臣之嘉颂。于斯之时，都都相望，邑邑相属，国藉十世之基，家承百年之业，士食旧德之名氏，农服先畴之畎亩，商修族世之所鬻，工用高曾之规矩，粲乎隐隐，各得其所。

若臣者，徒观迹乎旧墟，闻之乎故老，什分而未得其一端，故不能遍举也。

卷七十下　　班彪列传第三十下

班固传

主人喟然而叹曰：痛乎风俗之移人也！子实秦人，矜夸馆室，保界河山，信识昭襄而知始皇矣，恶睹大汉之云为乎？夫大汉之开原也，奋布衣以登皇极，繇数期而创万世，盖六籍所不能谈，前圣靡得而言焉。当此之时，功有横而当天，讨有逆而顺人，故娄敬度埶而献其说，萧公权宜以拓其制。时岂泰而安之哉？计不得以已也。吾子曾不是睹，顾耀后嗣之末造，不亦暗乎？今将语子以建武之理，永平之事，监乎太清，以变子之或志。

往者王莽作逆，汉祚中缺，天人致诛，六合相灭。于时之乱，生民几亡，鬼神泯绝，壑无完柩，郛罔遗室，原野厌人之肉，川谷流人之血，秦、项之灾犹不克半，书契已来未之或纪也。故下民号而上愬，上帝怀而降鉴，致命于圣皇。于是圣皇乃握乾符，阐坤珍，披皇图，稽帝文，赫尔发愤，应若兴云，霆发昆阳，凭怒雷震。遂超大河，跨北岳，立号高邑，建都洛洛。绍百王之荒屯，因造化之荡涤，体元立制，继天而作。系唐统，接汉绪，茂育群生，恢复疆宇，勋兼乎在昔，事勤乎三五。岂特方轨并迹，纷纶后辟，理近古之所务，蹈一圣之险易云尔哉？且夫建武之元，天地革命，四海之内，更造夫妇，肇有父子，君臣初建，人伦实始，斯乃庖牺氏之所以基皇德也。分州土，立市朝，作舟车，造器械，斯轩辕氏之所以开帝功也。龚行天罚，应天顺人，斯乃汤武之所以昭王业也。迁都改邑，有殷宗中兴之则焉；即土之中，有周成隆平之制焉。不阶尺土一人之柄，同符乎高祖。克己复礼，以奉终始，允恭乎孝文。宪章稽古，封岱勒成，仪炳乎世宗。案《六经》而校德，眇古昔而论功，仁圣之事既该，帝王之道备矣。

至于永平之际，重熙而累洽，盛三雍之上仪，修衮龙之法服，敷洪藻，信景铄，扬世庙，正雅乐。人神之和允洽，君臣之序既肃。乃动大路，遵皇衢，省方巡狩,穷览万国之有无,考声教之所被,散皇明以烛幽。然后增周旧,修洛邑,翩翩巍巍,显显翼翼,光汉京于诸夏,总八方而为之极。是以皇城之内,宫室光明,阙庭神丽,奢不可逾,俭不能侈。外则因原野以作苑,顺流泉而为沼,发蘋藻以潜鱼,丰圃草以毓兽,制同乎梁驺,义合乎灵囿。若乃顺时节而蒐狩,简车徒以讲武,则必临之以《王制》,考之以《风》《雅》。历《驺虞》,览《驷驖》,嘉《车攻》,采《吉日》,礼官正仪,乘舆乃出。于是发鲸鱼,铿华钟,登玉辂,乘时龙,凤盖飒洒,和鸾玲珑,天官景从,寝威盛容。山灵护野,属御方神,雨师泛洒,风伯清尘,千乘雷起,万骑纷纭,元戎竟野。戈铤彗云,羽旄扫霓,旌旗拂天。焱焱炎炎,扬光飞文,吐焰生风,吹野燎山,日月为之夺明,丘陵为之摇震。遂集乎中囿,陈师案屯,骈部曲,列校队,勒三军,誓将帅。然后举烽伐鼓,以命三驱,轻车霆发,骁骑电骛,游基发射,范氏施御,弦不失禽,弅不诡遇,飞者未及翔,走者未及去。指顾倏忽,获车已实,乐不极般,杀不尽物,马踠余足,士怒未泄,先驱复路,属车案节。于是荐三牺,效五牲,礼神祇,怀百灵,觐明堂,临辟雍,扬缉熙,宣皇风,登灵台,考休征。俯仰乎乾坤,参象乎圣躬,目中夏而布德,瞰四裔而抗棱。西荡河源,东澹海涘,北动幽崖,南趯朱垠。殊方别区,界绝而不邻,自孝武所不能征,孝宣所不能臣,莫不陆詟水栗,奔走而来宾。遂绥哀牢,开永昌,春王三朝,会同汉京。是日也,天子受四海之图籍,膺万国之贡珍,内抚诸夏,外接百蛮。乃盛礼乐供帐,置乎云龙之庭,陈百僚而赞群后,究皇仪而展帝容。于是庭实千品,旨酒万钟,列金罍,班玉觞,嘉珍御,大牢飨。尔乃食举《雍》彻,太师奏乐,陈金石,布丝竹,钟鼓铿锵,管弦晔煜。抗五声,极六律,歌九功,舞八佾,《韶武》备,太古毕。四夷间奏,德广所及,《僸》《佅》《兜离》,罔不具集。万乐备,百礼暨,皇欢浃,群臣醉,降烟煴,调元气,然后撞钟告罢,百僚遂退。

于是圣上睹万方之欢娱,久沐浴乎膏泽,惧其侈心之将萌,而急于东作也,乃申旧章,下明诏,命有司,班宪度,昭节俭,示大素。去后宫之丽饰,损乘舆之服御,除工商之淫业,兴农桑之上务。遂令海内弃末而反本,背伪而归真,女修织纴,男务耕耘,器用陶匏,服尚素玄,耻纤靡而不服,贱奇丽而不珍,捐金于山,沈珠于渊。于是百姓涤瑕荡秽而镜至清,形神寂漠,耳目不营,嗜欲之原灭,廉正之心生,莫不优游而自得,玉润而金声。是以四海之内,学校如林,庠序盈门,献酬交错,俎豆莘莘,下舞上歌,蹈德咏仁。登降饫宴之礼既毕,因相与嗟叹玄德,谠言弘说,咸含和

而吐气,颂曰"盛哉乎斯世"!

今论者但知诵虞夏之《书》,咏殷周之《诗》,讲羲文之《易》,论孔氏之《春秋》,罕能精古今之清浊,究汉德之所由。唯子颇识旧典,又徒驰骋乎末流。温故知新已难,而知德者鲜矣!且夫辟界西戎,险阻四塞,修其防御,孰与处乎土中,平夷洞达,万方辐凑?秦领九嵕,泾渭之川,曷若四渎五岳,带河溯洛,图书之渊?建章甘泉,馆御列仙,孰与灵台明堂,统和天人?太液昆明,鸟兽之囿,曷若辟雍海流,道德之富?游侠逾侈,犯义侵礼,孰与同履法度,翼翼济济也?子徒习秦阿房之造天,而不知京洛之有制也;识函谷之可关,而不知王者之无外也。

主人之辞未终,西都宾矍然失容,逡巡降阶,慄然意下,捧手欲辞。主人曰:"复位,今将喻子五篇之诗。"宾既卒业,乃称曰:"美哉乎此诗!义正乎杨雄,事实乎相如,非唯主人之好学,盖乃遭遇乎斯时也。小子狂简,不知所裁,既闻正道,请终身诵之。"其诗曰:

《明堂诗》:于昭明堂,明堂孔阳,圣皇宗祀,穆穆煌煌。上帝宴飨,五位时序,谁其配之,世祖光武。普天率土,各以其职,猗与缉熙,允怀多福。

《辟雍诗》:乃流辟雍,辟雍汤汤;圣皇莅止,造舟为梁。皤皤国老,乃父乃兄;抑抑威仪,孝友光明。于赫太上,示我汉行;鸿化惟神,永观厥成。

《灵台诗》:乃经灵台,灵台既崇;帝勤时登,爰考休征。三光宣精,五行布序;习习祥风,祁祁甘雨。百谷溱溱,庶卉蕃芜;屡惟丰年,于皇乐胥。

《宝鼎诗》:岳修贡兮川效珍,吐金景兮歊浮云。宝鼎见兮色纷缊,焕其炳兮被龙文。登祖庙兮享圣神,昭灵德兮弥亿年。

《白雉诗》:启灵篇兮披瑞图,获白雉兮效素乌。发皓羽兮奋翘英,容絜朗兮于淳精。章皇德兮侔周成,永延长兮膺天庆。

及肃宗雅好文章,固愈得幸,数入读书禁中,或连日继夜。每行巡狩,辄献上赋颂,朝廷有大议,使难问公卿,辩论于前,赏赐恩宠甚渥。固自以二世才术,位不过郎,感东方朔、杨雄自论,以不遭苏、张、范、蔡之时,作《宾戏》以自通焉。后迁玄武司马。天子会诸儒讲论《五经》,作《白虎通德论》,令固撰集其事。

时北单于遣使贡献,求欲和亲,诏问群僚。议者或以为"匈奴变诈之国,无内向之心,徒以畏汉威灵,逼惮南房,故希望报命,以安其离叛。今若遣使,恐失南房亲附之欢,而成北狄猜诈之计,不可"。固议曰:"窃自惟思,汉兴已来,旷世历年,兵缠夷狄,尤事匈奴。绥御之方,其涂不一,或修文以和之,或用武以征之,或卑下以就之,或臣服而致之。虽屈申无常,所因时异,然未有拒绝弃放,不与交

接者也。故自建武之世,复修旧典,数出重使,前后相继,至于其末,始乃暂绝。永平八年,复议通之。而廷争连日,异同纷回,多执其难,少言其易。先帝圣德远览,瞻前顾后,遂复出使,事同前世。以此而推,未有一世阙而不修者也。今乌桓就阙,稽首译官,康居、月氏,自远而至,匈奴离析,名王来降,三方归服,不以兵威,此诚国家通于神明自然之征也。臣愚以为宜依故事,复遣使者,上可继五凤、甘露致远人之会,下不失建武、永平羁縻之义。虏使再来,然后一往,既明中国主在忠信,且知圣朝礼义有常,岂可逆诈示猜,孤其善意乎?绝之未知其利,通之不闻其害。设后北虏稍强,能为风尘,方复求为交通,将何所及?不若因今施惠,为策近长。"固又作《典引篇》,述叙汉德。以为相如《封禅》,靡而不典,杨雄《美新》,典而不实,盖自谓得其致焉。其辞曰:

太极之原,两仪始分,烟烟煴煴,有沈而奥,有浮而清。沈浮交错,庶类混成。肇命人主,五德初始,同于草昧,玄混之中。逾绳越契,寂寥而亡诏者,《系》不得而缀也。厥有氏号,绍天阐绎者,莫不开元于大昊皇初之首,上哉夐乎,其书犹可得而修也。亚斯之世,通变神化,函光而未曜。

若夫上稽乾则,降承龙翼,而炳诸《典谟》,以冠德卓踪者,莫崇乎陶唐。陶唐舍胤而禅有虞,虞亦命夏后,稷契熙载,越成汤武。股肱既周,天乃归功元首,将授汉刘。俾其承三季之荒末,值亢龙之灾孽,悬象暗而恒文乖,彝伦斁而旧章缺。故先命玄圣,使缀学立制,宏亮洪业,表相祖宗,赞扬迪哲,备哉灿烂,真神明之式也。虽前圣皋、夔、衡、旦密勿之辅,比兹褊矣。是以高、光二圣,辰居其域,时至气动,乃龙见渊跃。拊翼而未举,则威灵纷纭,海内云蒸,雷动电熛,胡鲭莽分,不苞其诛。然后钦若上下,恭揖群后,正位度宗,有于德不台渊穆之让,靡号师矢敦奋扬之容。盖以膺当天之正统,受克让之归运,蓄炎上之烈精,蕴孔佐之弘陈云尔。

洋洋乎若德,帝者之上仪,诰誓所不及已。铺观二代洪纤之度,其赜可探也。并开迹于一匮,同受侯甸之所服,奕世勤民,以伯夏统牧。乘其命赐彤弧黄戚之威,用讨韦、顾、黎、崇之不格。至乎三五华夏,京迁镐亳,遂自北面,虎离其师,革灭天邑。是故义士伟而不敢,《武》称未尽,《护》有惭德,不其然与?然犹於穆猗那,翕纯皦绎,以崇严祖考,殷荐宗祀配帝,发祥流庆,对越天地者,乌奕乎千载。岂不克自神明哉!诞略有常,审言行于篇籍,光藻朗而不渝耳。

剖夫赫赫圣汉,巍巍唐基,溯测其源,乃先孕虞育夏,甄殷陶周,然后宣二祖之重光,袭四宗之绩熙。神灵日烛,光被六幽,仁风翔乎海表,威灵行乎鬼区,慝亡迥而不泯,微胡琐而不颐。故夫显定三才昭登之绩,匪尧不兴,铺闻遗策在下之训,匪汉不弘。厥道至乎经纬乾坤,出入三光,外运混元,内浸豪芒,性类循理,品物咸亨,其已久矣。

盛哉!皇家帝世,德臣列辟,功君百王,荣镜宇宙,尊无与抗。乃始虔巩劳谦,兢兢业业,贬成抑定,不敢论制作。至令迁正黜色宾监之事焕扬宇内,而礼官儒林屯朋笃论之士而不传祖宗之仿佛,虽云优慎,无乃葸欤!于是三事岳牧之僚,金尔而进曰:陛下仰监唐典,中述祖则,俯蹈宗轨。躬奉天经,惇睦辩章之化洽。巡靖黎蒸,怀保鳏寡之惠浃。燔瘗县沈,肃祗群神之礼备。是以来仪集羽族于观魏,肉角驯毛宗于外囿,扰缁文皓质于郊,升黄晖采鳞于沼,甘露宵零于丰草,三足轩翥于茂树。若乃嘉谷灵草,奇兽神禽,应图合谍,穷祥极瑞者,朝夕坰牧,日月邦畿,卓荦乎方州,羡溢乎要荒。昔姬有素雉、朱乌、玄秬、黄秠之事耳,君臣动色,左右相趋,济济翼翼,峨峨如也。盖用昭明寅畏,承聿怀之福。亦以宠灵文武,贻燕后昆,覆以懿铄,岂其为身而有颛辞也?若然受之,宜亦勤恁旅力,以充厥道,启恭馆之金縢,御东序之秘宝,以流其占。

夫图书亮章,天哲也;孔猷先命,圣孚也;体行德本,正性也;逢吉丁辰,景命也。顺命以创制,定性以和神,答三灵之繁祉,展放december之明文,兹事体大而允,寤寐次于圣心。瞻前顾后,岂蔑清庙惮敕天乎?伊考自邃古,乃降戾爱兹,作者七十有四人,有不俾而假素,罔光度而遗章,今其如台而独阙也!

是时圣上固已垂精游神,包举艺文,屡访群儒,谕咨故老,与之乎斟酌道德之渊源,肴核仁义之林薮,以望元符之臻焉。既成群后之谠辞,又悉经五繇之硕虑矣。将绁万嗣,扬洪晖,奋景炎,扇遗风,播芳烈,久而愈新,用而不竭,汪汪乎丕天之大律,其畴能亘之哉?唐哉皇哉,皇哉唐哉!

固后以母丧去官。永元初,大将军窦宪出征匈奴,以固为中护军,与参议。北单于闻汉军出,遣使款居延塞,欲修呼韩邪故事,朝见天子,请大使。宪上遣固行中郎将事,将数百骑与虏使俱出居延塞迎之。会南匈奴掩破北庭,固至私渠海,闻虏中乱,引还。及窦宪败,固先坐免官。固不教学诸子,诸子多不遵法度,吏人苦之。初,洛阳令种兢尝行,固奴干其车骑,吏椎呼之,奴醉骂,兢大怒,畏宪不敢发,心衔之。及窦氏宾客皆逮考,兢因此捕系固,遂死狱中。时年六十一。诏以谴责兢,抵主者吏罪。固所著《典引》、《宾戏》、《应讥》、诗、赋、铭、诔、颂、书、文、记、论、议、六言,在者凡四十一篇。

论曰：司马迁、班固父子，其言史官载籍之作，大义粲然著矣。议者咸称二子有良史之才。迁文直而事核，固文赡而事详。若固之序事，不激诡，不抑抗，赡而不秽，详而有体，使读之者亹亹而不猒，信哉其能成名也。彪、固讥迁，以为是非颇谬于圣人。然其论议常排死节，否正直，而不叙杀身成仁之为美，则轻仁义，贱守节愈矣。固伤迁博物洽闻，不能以智免极刑；然亦身陷大戮，智之而不能守之。呜呼，古人所以致论于目睫也！

赞曰：二班怀文，裁成帝坟。比良迁、董，兼丽卿、云。彪识皇命，固迷世纷。

卷七十一
第五钟离宋寒列传第三十一

第五伦曾孙种

第五伦字伯鱼，京兆长陵人也。其先齐诸田，诸田徙园陵者多，故以次第为氏。伦少介然有义行。王莽末，盗贼起，宗族闾里争往附之。伦乃依险固筑营壁，有贼，辄奋厉其众，引强持满以拒之，铜马、赤眉之属前后数十辈，皆不能下。伦始以营长诣郡尹鲜于褒，褒见而异之，署为吏。后褒坐事左转高唐令，临去，握伦臂诀曰："恨相知晚。"伦后为乡啬夫，平徭赋，理怨结，得人欢心。自以为久宦不达，遂将家属客河东，变名姓，自称王伯齐，载盐往来太原、上党，所过辄为粪除而去，陌上号为道士，亲友故人莫知其处。

数年，鲜于褒荐之于京兆尹阎兴，兴即召伦为主簿。时长安铸钱多奸巧，乃署伦为督铸钱掾，领长安市。伦平铨衡，正斗斛，市无阿枉，百姓悦服。每读诏书，常叹息曰："此圣主也，一见决矣。"等辈笑之曰："尔说将尚不下，安能动万乘乎？"伦曰："未遇知己，道不同故耳。"

建武二十七年，举孝廉，补淮阳国医工长，随王之国。光武召见，甚异之。二十九年，从王朝京师，随官属得会见，帝问以政事，伦因此酬对政道，帝大悦。明日，复特召入，与语至夕。帝戏谓伦曰："闻卿为吏笞妇公，不过从兄饭，宁有之邪？"伦对曰："臣三娶妻皆无父。少遭饥乱，实不敢妄过人食。"帝大笑。伦出，有诏以为扶夷长，未到官，追拜会稽太守。虽为二千石，躬自斩刍养马，妻执炊爨。受俸裁留一月粮，余皆贱贸与民之贫羸者。会稽俗多淫祀，好卜筮。民常以牛祭神，百姓财产以之困匮，其自食牛肉而不以荐祠者，发病且死先为牛鸣，前后郡将莫敢禁。伦到官，移书属县，晓告百姓。其巫祝有依托鬼神诈怖愚民，皆案论之。有妄屠牛者，吏辄行罚。民初颇恐惧，或祝诅妄言，伦案之愈急，后遂断绝，百姓以安。永平五年，坐法征，老小攀车，啼呼相随，日裁行数里，不得前。伦乃伪止亭舍，阴乘船去。众知，复追之。及诣廷尉，吏民上书守阙者千余人。是时显宗方案梁松事，亦多为松讼者。帝患之，诏公车诸为梁氏及会稽太守上书者勿复受。会帝幸廷尉录囚徒，得免归田里。身自耕种，不交通人物。数岁，拜为宕渠令，显拔乡佐玄贺，贺后为九江、沛二郡守，以清洁称，所在化行，终于大司农。

伦在职四年，迁蜀郡太守。蜀地肥饶，人吏富实，掾史家赀多至千万，皆鲜车怒马，以财货自达。伦悉简其丰赡者遣还之，更选孤贫志行之人以处曹任，于是争赇抑绝，文职修理。所举吏多至九卿、二千石，时以为知人。视事七岁，肃宗初立，擢自远郡，代牟融为司空。帝以明德太后故，尊崇舅氏马廖，兄弟并居职任。廖等倾身交结，冠盖之士争赴趣之。伦以后族过盛，欲令朝廷抑损其权，上疏曰："臣闻忠不隐讳，直不避害。不胜愚狷，昧死自表。《书》曰：'臣无作威作福，其害于而家，凶于而国。'传曰：'大夫无境外之交，束脩之馈。'近代光烈皇后，虽友爱天至，而卒使阴就归国，徙废阴兴宾客；其后梁、窦之家，互有非法，明帝即位，竟多诛之。自是洛中无复权戚，书记请托一皆断绝。又譬诸外戚曰：'苦身待士，不如为国，戴盆望天，事不两施。'臣常刻著五藏，书诸绅带。而今之议者，复以马氏为言。窃闻卫尉廖以布三千匹，城门校尉防以钱三百万，私赡三辅衣冠，知与不知，莫不毕给。又闻腊日亦遗其在洛中者钱各五千，越骑校尉光，腊用羊三百头，米四百斛，肉五千斤。臣愚以为不应经义，惶恐不敢以不闻。陛下情欲厚之，亦宜所以安之。臣今言此，诚欲上忠陛下，下全后家，裁蒙省察。"及马防为车骑将军，当出征西羌，伦又上疏曰："臣愚以为贵戚可封侯以富之，不当职事以任之。何者？绳以法则伤恩，私以亲则违宪。伏闻马防今当西征，臣以太后恩仁，陛下至孝，恐卒有纤介，难以意爱。闻防请杜笃为从事中郎，多赐财帛。笃为乡里所废，客居美阳，女弟为马氏妻，恃此交通，在所县令苦其不法，收系论之。今来防所，议者咸致疑怪，况乃以为从事，将恐议及朝廷。今宜为选贤能以辅助之，不可复令防自请人，有损事望。苟有所怀，敢不自闻。"并不见省用。

伦虽峭直，然常疾俗吏苛刻。及为三公，值帝长者，屡有善政，乃上疏褒称盛美，因以劝成风德，曰："陛下即位，躬天然之德，体晏晏之姿，以宽弘临下，出入四年，前岁诛刺史、二千石贪残者六人。斯皆明圣所鉴，非群下所及。然诏书每下宽和而政急不解，务存节俭而奢侈不止者，咎在俗敝，群下不称故也。光武承王莽之余，颇以严猛为政，后代因之，遂成风化。郡国所举，类多辨职俗吏，殊未有宽博之选以应上求者也。陈留令刘豫，冠军令驷协，并以刻薄之恣，临人宰邑，专念掠杀，务为严苦，吏民愁怨，莫不疾之。而今之议者反以为能，违天心，失经义，诚不可不慎也。非徒应坐豫、协，亦当宜谴举者。务进仁贤以任时政，不过数人，则风俗自化矣。臣尝读书记，知秦以酷急亡国，又目见王莽亦以苛法自灭，故勤勤恳恳，实在于此。又闻诸王主贵戚，骄奢逾制，京师尚然，何以示远？故曰：'其身不正，虽令不从。'以身教者从，以言教者讼。夫阴阳和岁乃丰，君臣同心化乃成也。其刺史、太守以下，拜除京师及道出洛阳者，宜皆召见，可因博问四方，兼以观察其人。诸上书言事有不合者，可但报归田里，不宜过加喜怒，以明在宽。臣愚不足采。"及诸马得罪归国，而窦氏始贵，伦复上疏曰："臣得以空虚之质，当辅弼之任。素性驽怯，位尊爵重，拘迫大义，思自策厉，虽遭百死，不敢择地，又况亲遇危言之世哉！今承百王之敝，人尚文巧，咸趋邪路，莫能守正。伏见虎贲中郎将窦宪，椒房之亲，典司禁兵，出入省闼，年盛志美，卑谦乐善，此诚其好士交结之方。然诸出入贵戚者，类多瑕衅禁锢之人，尤少守约安贫之节，士大夫无志之徒更相贩卖，云集其门。众煦飘山，聚蚊成雷，盖骄佚所从生也。三辅论议者，至云以贵戚废锢，当复以贵戚浣濯之，犹解酲当以酒也。彼险趣埶之徒，诚不可亲近。臣愚愿陛下中宫严敕宪等闭门自守，无妄交通士大夫，防其未萌，虑于无形，令宪永保福禄，君臣交欢，无纤介之隙。此臣之至所愿也。"

伦奉公尽节，言事无所依违。诸子或时谏止，辄叱遣之，吏人奏记及便宜者，亦并封上，其无私若此。性质悫，少文采，在位以贞白称，时人方之前朝贡禹。然少蕴藉，不修威仪，亦以此见轻。或问伦曰："公有私乎？"对曰："昔人有与吾千里马者，吾虽不受，每三公有所选举，心不能忘，而亦终不用也。吾兄子常病，一夜十往，退而安寝；吾子有疾，虽不省视而竟夕不眠。若是者，岂可谓无私乎？"连以老病上疏乞身。元和三年，赐策罢，以二千石奉终其身，加赐钱五十万，公宅一区。后数年卒，时年八十余，诏赐秘器、衣衾、钱布。

少子颉嗣，历桂阳、庐江、南阳太守，所在见称。顺帝之为太子废也，颉为太中大夫，与太仆来历等共守阙固争。帝即位，擢为将作大匠，卒官。伦曾孙种。

论曰：第五伦峭核为方，非夫恺悌之士，省其奏议，惇惇归诸宽厚，将惩苛切之敝使其然乎？昔人以弦韦为佩，盖犹此矣。然而君子侅不僭上，俭不逼下，岂尊临千里而与牧圉等庸乎？讵非矫激，则未可以中和言也。

种字兴先，少厉志style，为吏，冠名州郡。永寿中，以司徒掾清诏使冀州，廉察灾害，举奏刺史、二千石以下，所刑免甚众，弃官奔走者数十人。还，以奉使称职，拜高密侯相。是时徐兖二州盗贼群辈，高密在二州之郊，种乃大储粮蓄，勤厉吏士，贼闻皆惮，桴鼓不鸣，流民归者，岁中至数千家。以能换为卫相。迁兖州刺史。中常侍单超兄子匡为济阴太守，负执贪放，种欲收举，未知所使。会闻从事卫羽素抗厉，乃召羽具告之。谓曰："闻公不畏强御，今欲相委以重事，若何？"对曰："愿庶几于一割。"羽出，遂驰至定陶，闭门收匡宾客亲吏四十余人，六七日中，纠发其赃五六千万。种即奏匡，并以劾超。匡窘迫，遣刺客刺羽，羽觉其奸，乃收系客，具得情状。州内震栗，朝廷嗟叹之。

是时太山贼叔孙无忌等暴横一境，州郡不能讨。羽说种曰："中国安宁，忘战日久，而太山险阻，寇猾不制。今虽有精兵，难以赴敌，羽请往譬降之。"种敬诺。羽乃往，备说祸福，无忌即帅其党与三千余人降。单超积怀忿恨，遂以事陷种，竟坐徙朔方。超外孙董援为朔方太守，蓄怒以待之。初，种为卫相，以门下掾孙斌贤，善遇之。及当徙斥，斌具闻超谋，乃谓其友人同县闻子直及高密甄子然曰："盖盗憎其主，从来旧矣。第五使君当投裔土，而单超外属为彼郡守。夫危者易仆，可为寒心。吾今方追使君，庶免其难。若奉使君以还，将以付子。"二人曰："子其行矣，是吾心也。"于是斌将侠客晨夜追种，及之于太原，遮险格杀送吏，因下马与种，斌自步从。一日一夜行四百余里，遂得脱归。种匿于闻、甄氏数年，徐州从事臧旻上书讼之曰："臣闻士有忍死之辱，必有就事之计，故季布屈节于朱家，管仲错行于召忽。此二臣可以死而不死者，非爱身于须臾，贪命于苟活，隐其智力，顾其权略，庶幸逢时有所为耳。卒遭高帝之成业，齐桓之兴伯，遗其亡逃之行，赦其射钩之仇，拔于囚房之中，信其佐国之谋，勋效传于百世，君臣载于篇籍。假令二主纪过于纤介，则此二臣同死于犬马，沈名于沟壑，当何由得申其补过之功，建其奇奥之术乎？伏见故兖州刺史第五种，杰然自建，在乡曲无苞苴之嫌，步朝堂无择言之阙，天性疾恶，公方不曲，故论者说清高以种为上，序直士以种为首。《春秋》之义，选人所长，弃其所短，录其小善，除其大过。种所坐以盗贼公负，筋力未就，罪至征徙，非有大恶。昔虞舜事亲，大杖则走。故种逃亡，苟全性命，冀有朱家之路，以显季布之会。愿陛下无遗须臾之恩，令种有持忠入地之恨。"会赦出，卒于家。

钟离意传

钟离意字子阿，会稽山阴人也。少为郡督邮。时部县亭长有受人酒礼者，府下记案考之。意封还记，入言于太守曰："《春秋》先内后外，《诗》云'刑于寡妻，以御于家邦'，明政化之本，由近及远。今宜先清府内，且阔略远县细微之愆。"太守甚贤之，遂任以县事。建武十四年，会稽大疫，死者万数，意独身自隐亲，经给医药，所部多蒙全济。举孝廉，再迁，辟大司徒侯霸府。诏部送徒诣河内，时冬寒，徒病不能行。路过弘农，意辄移属县使作徒衣，县不得已与之，而上书言状，意亦具以闻。光武得奏，以视霸，曰："君所使掾何乃仁于用心？诚良吏也！"意遂于道解徒桎梏，恣所欲过，与克期俱至，无或违者。还，以病免。后除瑕丘令。吏有檀建者，盗窃县内，意屏人问状，建叩头服罪，不忍加刑，遣令长休。建父闻之，为建设酒，谓曰："吾闻无道之君以刃残人，有道之君以义行诛。子罪，命也。"遂令建进药而死。二十五年，迁堂邑令。县人防广为父报仇，系狱，其母病死，广哭泣不食。意怜伤之，乃听广归家，使得殡敛。丞掾皆争，意曰："罪自我归，义不累下。"遂遣之。广敛母讫，果还入狱。意密以状闻，广竟得以减死论。

显宗即位，征为尚书。时交阯太守张恢，坐臧千金，征还伏法，以资物簿入大司农，诏班赐群臣。意得珠玑，悉以委地而不拜赐。帝怪而问其故。对曰："臣闻孔子忍渴于盗泉之水，曾参回车于胜母之间，恶其名也。此臧秽之宝，诚不敢拜。"帝嗟叹曰："清乎尚书之言！"乃更以库钱三十万赐意。转为尚书仆射。车驾数幸广成苑，意以为从禽废政，常当车陈谏般乐游田之事，天子即时还宫。永平三年夏旱，而大起北宫，意诣阙免冠上疏曰："伏见陛下以天时小旱，忧念元元，降避正殿，躬自克责，而比日密云，遂无大润，岂政有未得应天心者邪？昔成汤遭旱，以六事自责曰：'政不节邪？使人疾邪？宫室荣邪？女谒盛邪？苞苴行邪？谗夫昌邪？'窃见北宫大作，人失农时，此所谓宫室荣也。自古非苦宫室小狭，但患人不安宁。宜且罢止，以应天心。臣意以匹夫之才，无有行能，久食重禄，擢备近臣，比受厚赐，喜惧相并，不胜愚戆征营，罪当万死。"帝策诏报曰："汤引六事，咎在一人。其冠履，勿谢。比上天降旱，密云数会，朕戚然惭惧，思获嘉应，故分布祷请，窥候风云，北祈明堂，南设雩场。今又敕大匠止作诸宫，减省不急，庶消灾谴。"诏因谢公卿百僚，遂应时澍雨焉。

时诏赐降胡子缣，尚书案事，误以十为百。帝见司农上簿，大怒，召郎将笞之。意因入叩头曰："过误之失，常人所容。若以懈慢为愆，则臣位大，罪重，郎位小，罪轻，笞皆在臣，臣当先坐。"乃解衣就格。帝意解，使复冠而贳郎。

帝性褊察，好以耳目隐发为明，故公卿大臣数被诋毁，近臣尚书以下至见提拽。尝以事怒郎药崧，以杖撞之。崧走入床下，帝怒甚，疾言曰："郎出，郎出！"崧曰："天子穆穆，诸侯煌煌。未闻人君自起撞郎。"帝赦之。朝廷莫不悚栗，争为严切，以辟诛责；唯意独数谏争，数封还诏书，臣下过失辄救解之。会连有变异，意复上疏曰："伏惟陛下躬行孝道，修明经术，郊祀天地，畏敬鬼神，忧恤黎元，劳心不怠。而天气未和，日月不明，水泉涌溢，寒暑违节者，咎在群臣不能宣化理职，而以苛刻为俗。吏杀良人，继踵不绝。百官无相亲之心，吏人无雍雍之志。至于骨肉相残，毒害弥深，感逆和气，以致灾。百姓可以德胜，难以力服。先王要道，民用和睦，故能致天下和平，灾害不生，祸

乱不作。《鹿鸣》之诗必言宴乐者，以人神之心洽，然后天气和也。愿陛下垂圣德，揆万机，诏有司，慎人命，缓刑罚，顺时气，以调阴阳，垂之无极。"帝虽不能用，然知其至诚，亦以此故不得久留，出为鲁相。后德阳殿成，百官大会。帝思意言，谓公卿曰："钟离尚书若在，此殿不立。"意视事五年，以爱利为化，人多殷富。以久病卒官。遗言上书陈升平之世，难以急化，宜少宽假。帝感伤其意，下诏嗟叹，赐钱二十万。

药崧者，河内人，天性朴忠。家贫为郎，常独直台上，无被，枕杫，食糟糠。帝每夜入台，辄见崧，问其故，甚嘉之，自此诏太官赐尚书以下朝夕餐，给帷被皁袍，及侍史二人。崧官至南阳太守。

宋均传 族子意

宋均字叔庠，南阳安众人也。父伯，建武初为五官中郎将。均以父任为郎，时年十五，好经书，每休沐日，辄受业博士，通《诗》《礼》，善论难。至二十余，调补辰阳长。其俗少学者而信巫鬼，均为立学校，禁绝淫祀，人皆安之。以祖母丧去官，客授颍川。后为谒者。会武陵蛮反，围武威将军刘尚，诏使均乘传发江夏奔命三千人往救之。既至而尚已没。会伏波将军马援至，诏因令均监军，与诸将俱进，贼拒隘不得前。及马援卒于师，军士多温湿疾病，死者太半。均虑军遂不反，乃与诸将议曰："今道远士病，不可以战，欲权承制降之何如？"诸将皆伏地莫敢应。均曰："夫忠臣出竟，有可以安国家，专之可也。"乃矫制调伏波司马吕种守沅陵长，命种奉诏书入虏营，告以恩信，因勒兵随其后。蛮夷震怖，即共斩其大帅而降，于是入贼营，散其众，遣归本郡，为置长吏而还。均未至，先自劾矫制之罪。光武嘉其功，迎赐以金帛，令过家上冢。其后每有四方异议，数访问焉。

迁上蔡令。时府下记，禁人丧葬不得侈长。均曰："夫送终逾制，失之轻者。今有不义之民，尚未循化，而遽罚过礼，非政之先。"竟不肯施行。迁九江太守。郡多虎暴，数为民患，常募设槛阱而犹多伤害。均到，下记属县曰："夫虎豹在山，鼋鼍在水，各有所托。且江淮之有猛兽，犹北土之有鸡豚也。今为民害，咎在残吏，而劳勤张捕，非忧恤之本也。其务退奸贪，思进忠善，可一去槛阱，除削课制。"其后传言虎相与东游度江。中元元年，山阳、楚、沛多蝗，其飞至九江界者，辄东西散去，由是名称远近。浚遒县有唐、后二山，民共祠之，众巫遂取百姓男女以为公妪，岁岁改易，既而不敢嫁娶，前后守令莫敢禁。均乃下书曰："自今以后，为山娶者皆娶巫家，勿扰良民。"于是遂绝。

永平元年，迁东海相，在郡五年，坐法免官，客授颍川。而东海吏民思均恩化，为之作歌，诣阙乞还者数千人。

显宗以其能，七年，征拜尚书令。每有驳议，多合上旨。均尝删蠲疑事，帝以为有奸，大怒，收郎缚格之。诸尚书惶恐，皆叩头谢罪。均顾厉色曰："盖忠臣执义，无有二心。若畏威失正，均虽死，不易志。"小黄门在傍，入具以闻。帝善其不挠，即令贳郎，迁均司隶校尉。数月，出为河内太守，政化大行。均尝寝病，百姓耆老为祷请，旦夕问起居，其为民爱若此。以疾上书乞免，诏除子条为太子舍人。均自扶舆诣阙谢恩，帝使中黄门慰问，因留养疾。司徒缺，帝以均才任宰相，召入视其疾，令两驺扶之。均拜谢曰："天罚有罪，所苦浸笃，不复奉望帷幄！"因流涕而辞。帝甚伤之，召条扶侍均出，赐钱三十万。均性宽和，不喜文法，常以为吏能弘厚，虽贪污放纵，犹无所害；至于苛察之人，身或廉法，而巧黠刻削，毒加百姓，灾害流亡所由而作。及在尚书，恒欲叩头争之，以时方严切，故遂不敢陈。帝后闻其言而追悲之。建初元年，卒于家。族子意。

意字伯志。父京，以《大夏侯尚书》教授，至辽东太守。意少传父业，显宗时举孝廉，以召对合旨，擢拜阿阳侯相。建初中，征为尚书。肃宗性宽仁，而亲亲之恩笃，故叔父济南、中山二王每数入朝，特加恩宠，及诸昆弟并留京师，不遣就国。意以为人臣有节，不宜逾礼过恩，乃上疏谏曰："陛下至孝烝烝，恩爱隆深，以济南王康、中山王焉先帝昆弟，特蒙礼successed宠，圣情恋恋，不忍远离，比年朝见，久留京师，崇以叔父之尊，同之家人之礼，车入殿门，即席不拜，分甘损膳，赏赐优渥。昔周公怀圣人之德，有致太平之功，然则王曰叔父，加以锡币。今康、焉幸以文庶享食大国，陛下即位，蠲除前过，还所削黜，衍食它县，男女少长，并受爵邑，恩宠逾制，礼敬过度。《春秋》之义，诸父昆弟无所不臣，所以尊尊卑卑，强干弱枝者也。陛下德业隆盛，当为万世典法，不宜以私恩损上下之序，失君臣之正。又西平王羡等六王，皆妻子成家，官属备具，当早就蕃国，为子孙基阯。而室第相望，久磐京邑，婚姻之盛，过于本朝，仆马之众，充塞城郭，骄奢僭拟，宠禄隆过。今诸国之封，并皆膏腴，风气平调，道路夷近，朝聘有期，行来不难。宜割情不忍，以义断恩，发遣康、焉各归蕃国，令羡等速就便时，以塞众望。"帝纳之。

章和二年，鲜卑击破北匈奴，而南单于乘此请兵北伐，因欲还归旧庭。时窦太后临朝，议欲从之。意上疏曰："夫戎狄之隔远中国，幽处北极，界以沙漠，简贱礼义，无有上下，强者为雄，弱即屈服。自汉兴以来，征伐数矣，其所克获，曾不补害。光武皇帝躬服金革之难，深昭天地之明，故因其来降，羁縻畜养，边人得生，劳役休息，于兹四十余年矣。今鲜卑奉顺，斩获万数，中国坐享大功，而百姓不知其劳，汉兴功烈，于斯为盛。所以然者，夷虏相攻，无损汉兵者也。臣察鲜卑侵伐匈奴，正是利其抄掠，及归功

圣朝，实由贪得重赏。今若听南虏还都北庭，则不得不禁制鲜卑。鲜卑外失暴掠之愿，内无功劳之赏，豺狼贪婪，必为边患。今北虏西遁，请求和亲，宜因其归附，以为外扞，巍巍之业，无以过此。若引兵费赋，以顺南虏，则坐失上略，去安即危矣。诚不可许。"会南单于竟不北徙。迁司隶校尉。永元初，大将军窦宪兄弟贵盛，步兵校尉邓叠，河南尹王调、故蜀郡太守廉范等群党，出入宪门，负势放纵。意随违举奏，无所回避，由是与窦氏有隙。二年，病卒。孙俊，灵帝时为司空。

寒朗传

寒朗字伯奇，鲁国薛人也。生三日，遭天下乱，弃之荆棘；数日兵解，母往视，犹尚气息，遂收养之。及长，好经学，博通书传，以《尚书》教授。举孝廉。

永平中，以谒者守侍御史，与三府掾属共考案楚狱颜忠、王平等，辞连及隧乡侯耿建、朗陵侯臧信、护泽侯邓鲤、曲成侯刘建。建等辞未尝与忠、平相见。是时显宗怒甚，吏皆惶恐，诸所连及，率一切陷入，无敢以情恕者。朗心伤其冤，试以建等物色独问忠、平，而二人错愕不能对。朗知其诈，乃上言建等无奸，专为忠、平所诬，疑天下无辜类多如此。帝乃召朗入，问曰："建等即如是，忠、平何故引之？"朗对曰："忠、平自知所犯不道，故多有虚引，冀以自明。"帝曰："即如是，四侯无事，何不早奏，狱竟而久系至今邪？"朗对曰："臣虽考之无事，然恐海内别有发其奸者，故未敢时上。"帝怒骂曰："吏持两端，促提下。"左右方引去，朗曰："愿一言而死。小臣不敢欺，欲助国耳。"帝问曰："谁与共为章？"对曰："臣自知当必族灭，不敢多污染人，诚冀陛下一觉悟而已。臣见考囚在事者，咸共言妖恶大故，臣子所宜同疾，今出之不如入之，可无后责。是以考一连十，考十连百。又公卿朝会，陛下问以得失，皆长跪言，旧制大罪祸及九族，陛下大恩，裁止于身，天下幸甚。及其归舍，口虽不言，而仰屋窃叹，莫不知其多冤，无敢忤陛下者。臣今所陈，诚死无悔。"帝意解，诏遣朗出。后二日，车驾自幸洛阳狱录囚徒，理出千余人。后平、忠死狱中，朗乃自系。会赦，免官。复举孝廉。

建初中，肃宗大会群臣，朗前谢恩，诏以朗纳忠先帝，拜为易长。岁余，迁济阳令，以母丧去官，百姓追思之。章和元年，上行东巡狩，过济阳，三老吏人上书陈朗前政治状。帝至梁，召见朗，诏三府为辟首，由是辟司徒府。永元中，再迁清河太守，坐法免。永初三年，太尉张禹荐朗为博士，征诣公车，会卒，时年八十四。

论曰：左丘明有言："仁人之言，其利博哉！"晏子一言，齐侯省刑。若钟离意之就格请过，寒朗之廷争冤狱，笃

矣乎,仁者之情也!夫正直本于忠诚则不诡,本于谏争则绞切。彼二子之所本得乎天,故言信而志行也。

赞曰:伯鱼、子阿,矫急去苛。临官以洁,匡帝以奢。宋均达政,禁此妖祟。禽虫畏德,子民请病。意明尊尊,割恩蕃屏。惵惵楚黎,寒君为命。

卷七十二
光武十王列传第三十二

光武十王

光武皇帝十一子:郭皇后生东海恭王强、沛献王辅、济南安王康、阜陵质王延、中山简王焉,许美人生楚王英,光烈皇后生显宗、东平宪王苍、广陵思王荆、临淮怀公衡、琅邪孝王京。

东海恭王强传

东海恭王强。建武二年,立母郭氏为皇后,强为皇太子。十七年而郭后废,强常戚戚不自安,数因左右及诸王陈其恳诚,愿备蕃国。光武不忍,迟回者数岁,乃许焉。十九年,封为东海王,二十八年,就国。帝以强废不以过,去就有礼,故优以大封,兼食鲁郡,合二十九县。赐虎贲旄头,宫殿设钟虡之悬,拟于乘舆。强临之国,数上书让还东海,又因皇太子固辞。帝不许,深嘉叹之,以强章宣示公卿。初,鲁恭王好宫室,起灵光殿,甚壮丽,是时犹存,故诏强都鲁。中元元年入朝,从封岱山,因留京师。明年春,帝崩。冬,归国。

永平元年,强病,显宗遣中常侍钩盾令将太医乘驿视疾,诏沛王辅、济南王康、淮阳王延诣鲁。及薨,临命上疏谢曰:"臣蒙恩得备蕃辅,特受二国,宫室礼乐,事事殊异,巍巍无量,讫无报称。而自修不谨,连年被疾,为朝廷忧念。皇太后、陛下哀怜臣愚,感动发中,数遣使者太医令丞方伎道术,络绎不绝。臣伏惟厚恩,不知所言。臣内自省视,气力羸劣,日夜浸困,终不复望见阙庭,奉承帷幄,孤负重恩,衔恨黄泉。身既夭命孤弱,复为皇太后、陛下忧虑,诚悲诚惭。息政,小人也,猥当袭臣后,必非所以全利之也。诚愿还东海郡。天恩愍哀,以臣无男之故,处臣三女小国侯,此臣宿昔常计。今天下新罹大忧,惟陛下加供养皇太后,数进御餐。臣强困劣,言不能尽意。愿并谢诸王,不意永不复相见也。"天子览书悲恸,从太后出幸津门亭发哀。使司空持节护丧事,大鸿胪副,宗正、将作大匠视丧事,赠以殊礼,升龙、旄头、鸾辂、龙旂、虎贲百人。诏楚王

英、赵王栩、北海王兴、馆陶公主、比阳公主及京师亲戚四姓夫人、小侯皆会葬。帝追惟强执谦俭,不欲厚葬以违其意,于是特诏中常侍杜岑及东海傅相曰:"王恭谦好礼,以德自终,遣送之物,务从约省,衣足敛形,茅车瓦器,物减于制,以彰王卓尔独行之志。将作大匠留起陵庙。"强立十八年,年三十四。子靖王政嗣。

政淫欲薄行。后中山简王薨,政诣中山会葬,私取简王姬徐妃,又盗迎掖庭出女。豫州刺史、鲁相奏请诛政,有诏削薛县。立四十四年薨,子顷王肃嗣。

永元十六年,封肃弟二十一人皆为列侯。肃性谦俭,循恭王法度。永初中,以西羌未平,上钱二千万。元初中,复上缣万匹,以助国费,邓太后下诏褒纳焉。立二十三年薨,子孝王臻嗣。

永建二年,封臻二弟敏、俭为乡侯。臻及弟蒸乡侯俭并有笃行,母卒,皆吐血毁眦。至服练红,兄弟追念初丧父,幼小,哀礼有阙,因复重行丧制。臻性敦厚有恩,常分租秩赈给诸父昆弟。国相籍褒具以状闻,顺帝美之,制诏大将军、三公、大鸿胪曰:"东海王臻以近蕃之尊,少袭王爵,膺受多福,未知艰难,而能克己率礼,孝敬自然,事亲尽爱,送终竭哀,降仪从士,寝苫三年。和睦兄弟,恤养孤弱,至孝纯备,仁义兼弘,朕甚嘉焉。夫劝善厉俗,为国所先。曩者东平孝王敞兄弟行孝,丧母如礼,有增户之封。《诗》云:'永世克孝,念兹皇祖。'今增臻封五千户,俭五百户,光启土宇,以酬厥德。"立三十一年薨,子懿王祗嗣。

初平四年,遣子琬至长安奉章,献帝封琬汶阳侯,拜为平原相。祗立四十四年薨,子羡嗣。二十年,魏受禅,以为崇德侯。

沛献王辅传

沛献王辅,建武十五年封右翊公。十七年,郭后废为中山太后,故徙辅为中山王,并食常山郡。二十年,复徙封沛王。时禁网尚疏,诸王皆在京师,竞修名誉,争礼四方宾客。寿光侯刘鲤,更始子也,得幸于辅。鲤怨刘盆子害其父,因辅结客,报杀盆子兄故式侯恭,辅坐系诏狱,三日乃得出。自是后,诸王宾客多坐刑罚,各循法度。二十八年,就国。中元二年,封辅子宝为沛侯。永平元年,封宝弟嘉为僮侯。辅矜严有法度,好经书,善说《京氏易》、《孝经》、《论语》传及图谶,作《五经论》,时号之曰《沛王通论》。在国谨节,终始如一,称为贤王。显宗敬重,数加赏赐。立四十六年薨,子釐王定嗣。

元和二年,封定弟十二人为乡侯。定立十一年薨,子节王正嗣。

元兴元年,封正弟二人为县侯。正立十四年薨,子孝王广嗣。有固疾。

安帝诏广祖母周领王家事。周明正有法礼,汉安中薨,顺帝下诏曰:"沛王祖母太夫人周,秉心淑慎,导王以仁,使光禄大夫赠以妃印绶。"广立三十五年薨,子幽王荣嗣。立二十年薨,子孝王琮嗣。薨,子恭王曜嗣。薨,子契嗣;魏受禅,以为崇德侯。

楚王英传

楚王英,以建武十五年封为楚公,十七年进爵为王,二十八年就国。母许氏无宠,故英国最贫小。三十年,以临淮之取虑、须昌二县益楚国。自显宗为太子时,英常独归附太子,太子特亲爱之。及即位,数受赏赐。永平元年,特封英舅子许昌为龙舒侯。英少时好游侠,交通宾客,晚节更喜黄老,学为浮屠斋戒祭祀。八年,诏令天下死罪皆入缣赎。英遣郎中令奉黄缣白纨三十匹诣国相曰:"托在蕃辅,过恶累积,欢喜大恩,奉送缣帛,以赎愆罪。"国相以闻。诏报曰:"楚王诵黄老之微言,尚浮屠之仁祠,洁斋三月,与神为誓,何嫌何疑,当有悔吝?其还赎,以助伊蒲塞桑门之盛馔。"因以班示诸国中傅。英后遂大交通方士,作金龟玉鹤,刻文字以为符瑞。

十三年,男子燕广告英与渔阳王平、颜忠等造作图书,有逆谋,事下案验。有司奏英招聚奸猾,造作图谶,擅相官秩,置诸侯王公将军二千石,大逆不道,请诛之。帝以亲亲不忍,乃废英,徙丹阳泾县,赐汤沐邑五百户。遣大鸿胪持节护送,使伎人奴婢工技鼓吹悉从,得乘辎軿,持兵弩,行道射猎,极意自娱。男女为侯主者,食邑如故。楚太后勿上玺绶,留住楚宫。

明年,英至丹阳,自杀。立三十三年,国除。诏遣光禄大夫持节吊祠,赠赗如法,加赐列侯印绶,以诸侯礼葬于泾。遣中黄门占护其妻子。悉出楚官属无辞语者。制诏许太后曰:"国家始闻楚事,幸其不然。既知审实,怀用悼灼,庶欲全王身,令保卒天年,而王不念顾太后,竟不自免。此天命也。无可奈何!太后其保养幼弱,勉强饮食。诸许愿王富贵,人情也。已诏有司,出其有谋者,令安田宅。"于是封燕广为折奸侯。楚狱遂至累年,其辞语相连,自京师亲戚诸侯州郡豪桀及考案吏,阿附相陷,坐死徙者以千数。

十五年,帝幸彭城,见许太后及英妻子于内殿,悲泣,感动左右。建初二年,肃宗封英子种楚侯,五弟皆为列侯,并不得置相臣吏人。元和三年,许太后薨,复遣光禄大夫持节吊祠,因留护丧事,赙钱五百万。又遣谒者备王官属迎英丧,改葬彭城,加王赤绶羽盖华藻,如嗣王仪,追爵,谥曰楚厉侯。章和元年,帝幸彭城,见英夫人及六子,厚加赠赐。

种后徙封六侯。卒,子度嗣。度卒,子拘嗣,传国于后。

济南安王康传

济南安王康,建武十五年封济南公,十七年进爵为王,二十八年就国。三十年,以平原之祝阿、安德、朝阳、平昌、隰阴、重丘六县益济南国。中元二年,封康子德为东武城侯。康在国不循法度,交通宾客。其后,人上书告康招来州郡奸猾渔阳颜忠、刘子产等,又多遗其缯帛,案图书,谋议不轨。事下考,有司举奏之,显宗以亲亲故,不忍穷竟其事,但削祝阿、隰阴、东朝阳、安德、西平昌五县。

建初八年,肃宗复还所削地,康遂多殖财货,大修宫室,奴婢至千四百人,厩马千二百匹,私田八百顷,奢侈恣欲,游观无节。永元初,国傅何敞上疏谏康曰:"盖闻诸侯之义,制节谨度,然后能保其社稷,和其民人。大王以骨肉之亲,享食茅土,当施张政令,明其典法,出入进止,宜有期度,舆马台隶,应为科品。而今奴婢厩马皆有千余,增无用之口,以自蚕食。宫婢闭隔,失其天性,惑乱和气,又多起内第,触犯防禁,费以巨万,而功犹未半。夫文繁者质荒,木胜者人亡,皆非所以奉礼承上,传福无穷者也。故楚作章华以凶,吴兴姑苏而灭,景公千驷,民无称焉。今数游诸第,晨夜无节,又非所以远防未然,临深履薄之法也。愿大王修恭俭,遵古制,省奴婢之口,减乘马之数,斥私田之富,节游观之宴,以礼起居,则敞乃敢安心自保。惟大王深虑愚言。"康素敬重敞,虽无所嫌忤,然终不能改。立五十九年薨,子简王错嗣。

错为太子时,爱康鼓吹妓女宋闰,使医张尊招之不得,错怒,自以剑刺杀尊。国相举奏,有诏勿案。永元十一年,封错弟七人为列侯。错立六年薨,子孝王香嗣。

永初二年,封香弟四人为列侯。香笃行,好经书。初,叔父笃有罪不得封,西平昌侯昱坐法失侯,香乃上书分爵土封笃子丸、昱子嵩,皆为列侯。香立二十年薨,无子,国绝。

永建元年,顺帝立错子阜阳侯显为嗣,是为釐王。立三年薨,子悼王广嗣。永建五年,封广弟文为乐城亭侯。广立二十五年,永兴元年薨,无子,国除。

东平宪王苍传 子任城孝王尚

东平宪王苍,建武十五年封东平公,十七年进爵为王。苍少好经书,雅有智思,为人美须髯,要带八围,显宗甚爱重之。及即位,拜为骠骑将军,置长史掾史员四十人,位在三公上。

永平元年,封苍子二人为县侯。二年,以东郡之寿张、须昌,山阳之南平阳、橐、湖陵五县益东平国。是时中兴三十余年,四方无虞,苍以天下化平,宜修礼乐,乃与公卿共议定南北郊冠冕车服制度,及光武庙登歌八佾舞数,语在《礼乐》、《舆服志》。帝每巡狩,苍常留镇,侍卫皇太后。

四年春,车驾近出,观览城第,寻闻当遂校猎河内,苍即上书谏曰:"臣闻时令,盛春农事,不聚众兴功。传曰'田猎不宿,食饮不享,出入不节,则木不曲直。'此失春令者也。臣知车驾今出,事从约省,所过吏人讽诵《甘棠》之德。虽然,动不以礼,非所以示四方也。惟陛下因行田野,循视稼穑,消摇仿佯,弭节而旋。至秋冬,乃振威灵,整法驾,备周卫,设羽旄。《诗》云:'抑抑威仪,惟德之隅。'臣不胜愤懑,伏自手书,乞诣行在所,极陈至诚。"帝览奏,即还宫。

苍在朝数载,多所隆益,而自以至亲辅政,声望日重,意不自安,上疏归职曰:"臣苍疲驽,特以陛下慈恩覆护,在家备教导之仁,升朝蒙爵命之首,制书褒美,班之四海,举负薪之才,升君子之器。凡匹夫一介,尚不忘箪食之惠,况臣居宰相之位,同气之亲哉!宜当暴骸膏野,为百僚先,而愚顽之质,加以固病,诚羞负乘,辱污辅将之位,将被诗人'三百赤绂'之刺。今方域晏然,要荒无儆,将遵上德无为之时也。文官犹可并省,武职尤不宜建。昔象封有鼻,不任以政,诚由爱深,不忍扬其过恶。前事之不忘,来事之师也。自汉兴以来,宗室子弟无得在公卿位者。惟陛下审览虞帝优养母弟,遵承旧典,终卒厚恩。乞上骠骑将军印绶,退就蕃国,愿蒙哀怜。"帝优诏不听。其后数陈乞,辞甚恳切。五年,乃许还国,而不听上将军印绶,以骠骑长史为东平太傅,掾为中大夫,令史为王家郎。加赐钱五千万,布十万匹。

六年冬,帝幸鲁,征苍从还京师。明年,皇太后崩。既葬,苍乃归国,特赐宫人奴婢五百人,布二十五万匹,及珍宝服御器物。十一年,苍与诸王朝京师。月余,还国,帝临送归宫,凄然怀思,乃遣使手诏国中傅曰:"辞别之后,独坐不乐,因就车归,伏轼而吟,瞻望永怀,实劳我心,诵及《采菽》,以增叹息。日者问东平王处家何等最乐,王言为善最乐,其言甚大,副是要腹矣。今送列侯印十九枚,诸王子年五岁以上能趋拜者,皆令带之。"十五年春,行幸东平,赐苍钱千五百万,布四万匹。帝以所作《光武本纪》示苍,苍因上《光武受命中兴颂》。帝甚善之,以其文典雅,特令校书郎贾逵为之训诂。

肃宗即位,尊重恩礼逾于前世,诸王莫与为比。建初元年,地震,苍上便宜,其事留中。帝报书曰:"丙寅所上便宜三事,朕亲自览读,反覆数周,心开目明,旷然发蒙。间吏人奏事,亦有此言,但明智浅短,或谓倿是,复虑为非。何者?灾异之降,缘政而见。今改元之后,年饥人流,此朕之不德感应所致。又冬春旱甚,所434尤广,虽内用克责,而不知所定。得王深策,快然意解。《诗》不云乎:'未见君子,忧心忡忡;既见君子,我心则降。'思惟嘉谋,以次奉行,冀蒙福应。彰报至德,特赐王钱五百万。"

后帝欲为原陵、显节陵起县邑,苍闻之,遽上疏谏曰:"伏闻当为二陵起立郭邑,臣前颇谓道路之言,疑不审实,近令从官古霸问涅阳主疾,使还,乃知诏书已下。窃见光武皇帝躬履俭约之行,深睹始终之分,勤勤恳恳,以葬制为言。故营建陵地,具称古典,诏曰'无为山陵,陂池裁令流水而已'。孝明皇帝大孝无违,奉承贯行。至于自所营创,尤为俭省,谦德之美,于斯为盛。臣愚以园邑之兴,始自强秦。古者丘陇且不欲其著明,岂况筑郭邑,建都郛哉!上违先帝圣心,下造无益之功,虚费国用,动摇百姓,非所以致和气,祈丰年也。又以吉凶俗数言之,亦不欲无故缮修丘墓,有所兴起。考之古法则不合,稽之时宜则违人,求之吉凶复未见其福。陛下履有虞之至性,追祖祢之深思,然惧左右过议,以累圣心。臣愚诚伤二帝纯德之美,不畅于无穷也。惟蒙哀览。"帝从而止。自是朝廷每有疑政,辄驿使谘问,苍悉心以对,皆见纳用。

三年,帝飨卫士于南宫,因从皇太后周行掖庭池阁,乃阅阴太后旧时器服,怆然动容,乃命旨五时衣各一袭,及常所御衣合五十箧,余悉分布诸王主及子孙在京师者各有差。特赐苍及琅邪王京书曰:"中大夫奉使,亲闻动静,嘉之何已!岁月骛过,山陵浸远,孤心凄怆,如何如何!间飨卫士于南宫,因阅视旧时衣物,闻于师曰:'其物存,其人亡,不言哀而哀自至。'信矣。惟王孝友之德,亦岂不然!今送光烈皇后假紒帛巾各一,及衣一箧,可时奉瞻,以慰《凯风》寒泉之思,又欲令后生子孙得见先后衣服之制。今鲁国孔氏,尚有仲尼车舆冠履,明德盛者光灵远也。其光武皇帝器服,中元二年已赋诸国,故不复送。并遗宛马一匹,血从前髆上小孔中出。常闻武帝歌天马,沾赤汗,今亲见其然也。顷反虏尚屯,将帅在外,忧念迁迁,未有闲宁。愿王宝精神,加供养,苦言至戒,望之如渴。"

六年冬,苍上疏求朝。明年正月,帝许之。特赐装钱千五百万,其余诸王各千万。帝以苍冒涉寒露,遣谒者赐貂裘,及太官食物珍果,使大鸿胪窦固持节郊迎。帝乃亲自循行邸第,豫设帷床,其钱帛器物无不充备。下诏曰:"《礼》云伯父归宁乃国,《诗》云叔父建尔元子,敬之至也。昔萧相国加以不名,优忠贤也。况兼亲尊者乎!其沛、济南、东平、中山四王,赞皆勿名。"苍既至,升殿乃拜,天子亲答之。其后诸王入宫,辄以辇迎,至省阁乃下。苍以受恩过礼,情不自宁,上疏辞曰:"臣闻贵有常尊,贱有等威,卑高列序,上下以理。陛下至德广施,慈爱骨肉,既赐奉朝请,咫尺天仪,而亲屈至尊,降礼下臣,每赐宴见,辄兴席改容,中宫亲拜,事过典故。臣惶怖战栗,诚不自安,每会见,踧踖无所措置。此非所以章示群下,安臣子也。"帝省奏叹息,愈褒贵焉。旧典,诸王女皆封乡主,乃独封苍五女为县公主。三月,大鸿胪奏遣诸王归国,帝特留苍,赐以秘书、列仙图、道术秘方。至八月饮酎毕，有司复奏遣苍，乃许之。手诏赐苍曰："骨肉天性，诚不以远近为亲疏，然数见颜色，情重昔时。念王久劳，思得还休，欲署大鸿胪奏，不忍下笔，顾授小黄门，中心恋恋，恻然不能言。"于是车驾祖送，流涕而诀。复赐乘舆服御，珍宝舆马，钱布以亿万计。苍还国，疾病，帝驰遣名医，小黄门侍疾，使者冠盖不绝于道。又置驿马千里，传问起居。明年正月薨，诏告中傅，封上苍自建武以来章奏及所作书、记、赋、颂、七言、别字、歌诗，并集览焉。遣大鸿胪持节，五官中郎将副监丧，及将作使者凡六人，令四姓小侯诸国王主悉会诣东平奔丧，赐钱前后一亿，布九万匹。及葬，策曰："惟建初八年三月己卯，皇帝曰：咨王丕显，勤劳王室，亲受策命，昭于前世。出作蕃辅，克慎明德，率礼不越，傅闻在下。昊天不吊，不报上仁，俾屏余一人，夙夜茕茕，靡所有终。今诏有司加赐鸾辂乘马，龙旂九旒，虎贲百人，奉送王行。匪我宪王，其孰宜之！魂而有灵，保兹宠荣。呜呼哀哉！"立四十五年，子怀王忠嗣。

明年，帝乃分东平国封忠弟尚为任城王，余五人为列侯。忠立一年薨，子孝王敞嗣。

元和三年，行东巡守，幸东平宫，帝追感念苍，谓其诸子曰："思其人，至其乡，其处在，其人亡。"因泣下沾襟，遂幸苍陵，为陈虎贲、鸾辂、龙旂，以章显之，祠以太牢，亲拜祠坐，哭泣尽哀，赐御剑于陵前。初，苍归国，骠骑时吏丁牧、周栩以苍敬贤下士，不忍去之，遂为王家大夫，数十年事祖及孙。帝闻，皆引见于前，既愍其淹滞，且欲扬苍德美，即皆擢拜议郎。牧至齐相，栩上蔡令。永元十年，封苍孙梁为矜阳亭侯，敞弟六人为列侯。敞丧母至孝，国相陈珍上其行状。永宁元年，邓太后增邑五千户，又封苍孙二人为亭侯。敞立四十八年薨，子顷王端嗣。立四十七年薨，子凯嗣；立四十一年，魏受禅，以为崇德侯。

论曰：孔子称"贫而无谄，富而无骄，未若贫而乐，富而好礼者也。"若东平宪王，可谓好礼者也。若其辞至戚，去母后，岂欲苟立名行而忘亲遗义哉！盖位疑则隙生，累近则丧大，斯盖明哲之所以叹息。呜呼！远隙以全忠，释累以成孝，夫岂宪王之志哉！东海恭王逊而知废，"为吴太伯，不亦可乎"！

任城孝王尚，元和元年封，食任城、亢父、樊三县。立十八年薨，子贞王安嗣。

永元十四年，封母弟福为桃乡侯。永初四年，封福弟亢为当涂乡侯。安性轻易贪吝，数微服出入，游观国中，取官属车马刀剑，下至卫士米肉，皆不与直。元初六年，国相行弘奏请废之。安帝不忍，以一岁租五分之一赎罪。安立十九年薨，子节王崇嗣。

顺帝时，羌虏数反，崇辄上钱帛佐边费。及帝崩，复上钱三百万助山陵用度，朝廷嘉而不受。立三十一年薨，无子，国绝。

延熹四年，桓帝立河间孝王子参户亭侯博为任城王，以奉其祀。博有孝行，丧母服制如礼，增封三千户。立十三年薨，无子，国绝。

熹平四年，灵帝复立河间贞王建子新昌侯佗为任城王，奉孝王后。立四十六年，魏受禅，以为崇德侯。

阜陵质王延传

阜陵质王延，建武十五年封淮阳公，十七年进爵为王，二十八年就国。三十年，以汝南之长平、西华、新阳、扶乐四县益淮阳国。延性骄奢而遇下严烈。永平中，有上书告延与姬兄谢弇及姊馆陶主婿驸马都尉韩光招奸猾，作图谶，祠祭祝诅。事下案验，光、弇被杀，辞所连及，死徙者甚众。有司奏请诛延，显宗以延罪薄于楚王英，故特加恩，徙为阜陵王，食二县。延既徙封，数怀怨望。建初中，复有告延与子男鲂造逆谋者，有司奏请槛车征诣廷尉诏狱。肃宗下诏曰："王前犯大逆，罪恶尤深，有同周之管、蔡，汉之淮南。经有正义，律有明刑。先帝不忍亲亲之恩，枉屈大法，为王受怨，群下莫不惑焉。今王曾莫悔悟，怙心不移，逆谋内溃，自子鲂发，诚非本朝之所乐闻，朕恻然伤心，不忍致王于理，今贬爵为阜陵侯，食一县。获斯辜者，侯自取焉。於戏诫哉！"赦鲂等罪勿验，使谒者一人监护延国，不得与吏人通。

章和元年，行幸九江，赐延书与车驾会寿春。帝见延及妻子，愍然伤之，乃下诏曰："昔周之爵封千有八百，而姬姓居半者，所以桢干王室也。朕南巡，望淮、海，意在阜陵，遂与侯相见。侯志意衰落，形体非故，瞻省怀感，以喜以悲。今复侯为阜陵王，增封四县，并前为五县。"以阜陵下湿，徙都寿春，加赐钱千万，布万匹，安车一乘，夫人诸子赏赐各有差。明年入朝。立五十一年薨，子殇王冲嗣。

永元二年，下诏尽削除前班下延事。

冲立二年薨，无嗣。和帝复立冲兄鲂，是为顷王。

永元八年，封鲂弟十二人为乡、亭侯。鲂立三十年薨，子怀王恢嗣。

延光三年，封恢兄弟五人为乡、亭侯。恢立十年薨，子节王代嗣。

阳嘉二年，封代兄便亲为勃涿亭侯。代立十四年薨，无子，国绝。

建和元年，桓帝立勃涿亭侯便亲为恢嗣，是为恭王。立十三年薨，子孝王统嗣。立八年薨，子王赦立；建安中薨，无子，国除。

广陵思王荆传

广陵思王荆，建武十五年封山阳公，十七年进爵为王。荆性刻急隐害，有才能而喜文法。光武崩，大行在前殿，荆哭不哀，而作飞书，封以方底，令苍头诈称东海王强舅大鸿胪郭况书与强曰："君王无罪，猥被斥废，而兄弟至有束缚入牢狱者。太后失职，别守北宫，及至年老，远斥居边，海内深痛，观者鼻酸。及太后尸柩在堂，洛阳吏以次捕斩宾客，至有一家三尸伏堂者，痛甚矣！今天下有丧，弓弩张设甚备，间梁松敕虎贲史曰：'吏以便宜见非，勿有所拘，封侯难再得也。'郎官窃悲之，为王寒心累息。今天下争欲思刻贼王以求功，宁有量邪！若归并二国之众，可聚百万，君王为之主，鼓行无前，功易于太山破鸡子，轻于四马载鸿毛，此汤、武兵也。今年轩辕星有白气，星家及喜事者，皆云白气者丧，轩辕女主之位。又太白前出西方，至午兵当起。又太子星色黑，至辰日辄变赤。夫黑为病，赤为兵，王努力卒事。高祖起亭长，陛下兴白水，何况于王陛下长子，故副主哉！上以求天下事必举，下以雪除沈没之耻，报死母之仇。精诚所加，金石为开。当为秋霜，无为槛羊。虽欲为槛羊，又可得乎！窃见诸相工言王贵，天子法也。人主崩亡，间阎之伍尚为盗贼，欲有所望，何况王邪！夫受命之君，天之所立，不可谋也。今新帝人之所置，强者为右。愿君王为高祖，陛下所志，无为扶苏，将闻叫呼天也。"强得书惶怖，即执其使，封书上之。显宗以荆母弟，秘其事，遣荆出止河南宫。时西羌反，荆不得志，冀天下因羌惊动有变，私迎能为星者与谋议。帝闻之，乃徙封荆广陵王，遣之国。其后荆复呼相工谓曰："我貌类先帝。先帝三十得天下，我今亦三十，可起兵未？"相者诣吏告之，荆惶恐，自系狱。帝复加恩，不考极其事，下诏不得臣属吏人，唯食租如故，使相、中尉谨宿卫之。荆犹不改。其后使巫祭祀祝诅，有司举奏，请诛之，荆自杀。立二十九年死。帝怜伤之，赐谥曰思王。

十四年，封荆子元寿为广陵侯，服王玺绶，食荆故国六县；又封元寿弟三人为乡侯。明年，帝东巡狩，征元寿兄弟会东平宫，班赐御服器物，又取皇子舆马，悉以与之。建初七年，肃宗诏元寿兄弟与诸王俱朝京师。元寿卒，子商嗣。商卒，子条嗣，传国于后。

临淮怀公衡传

临淮怀公衡，建武十五年立，未及进爵为王而薨，无子，国除。

中山简王焉传

中山简王焉，建武十五年封左翊公，十七年进爵为王。焉以郭太后少子故，独留京师。三十年，徙封中山王。永平二年冬，诸王来会辟雍，事毕归藩，诏焉与俱就国，从以虎贲官骑。焉上疏辞让，显宗报曰："凡诸侯出境，必备左右，故夹谷之会，司马以从。今五国各官骑百人，称娖前行，皆北军胡骑，便兵善射，弓不空发，中必决眦。夫有文事必有武备，所以重蕃职也。王其勿辞。"帝以焉郭太后偏爱，特加恩宠，独得往来京师。十五年，焉姬韩序有过，焉缢杀之，国相举奏，坐削安险县。元和中，肃宗复以安险还中山。立五十二年，永元二年薨。

自中兴至和帝时，皇子始封薨者，皆赙钱三千万，布三万匹；嗣王薨，赙钱千万、布万匹。是时窦太后临朝，窦宪兄弟擅权，太后及宪等，东海出也，故睦于焉而重于礼，加赙钱一亿。诏济南、东海二王皆会。大为修冢茔，开神道，平夷吏人冢墓以千数，作者万余人。发常山、巨鹿、涿郡柏黄肠杂木，三郡不能备，复调余州郡工徒及送致者数千人。凡征发摇动六州十八郡，制度余国莫及。子夷王宪嗣。

永元四年，封宪弟十一人为列侯。宪立二十二年薨，子孝王弘嗣。

永宁元年，封弘二弟为亭侯。弘立二十八年薨，子穆王畅嗣。

永和六年，封畅弟荆为南乡侯。畅立三十四年薨，子节王稚嗣。无子，国除。

琅邪孝王京传

琅邪孝王京，建武十五年封琅邪公，十七年进爵为王。京性恭孝，好经学，显宗尤爱幸，赏赐恩宠殊异，莫与为比。永平二年，以太山之盖、南武阳、华，东莱之昌阳、卢乡、东牟六县益琅邪。五年，乃就国。光烈皇后崩，帝悉以太后遗金宝财物赐京。京都莒，好修宫室，穷极伎巧，殿馆壁带皆饰以金银。数上诗赋颂德，帝嘉美，下之史官。京国中有城阳景王祠，吏人奉祠。神数下言宫中多不便利，京上书愿徙宫开阳，以华、盖、南武阳、厚丘、赣榆五县易东海之开阳、临沂，肃宗许之。立三十一年薨，葬东海即丘广平亭，有诏割亭属开阳。子夷王宇嗣。

建初七年，封宇弟十三人为列侯。元和元年，封孝王孙二人为列侯。宇立二十年薨，子恭王寿嗣。

永初元年，封寿弟八人为列侯。立十七年薨，子贞王尊嗣。

延光二年，封尊弟四人为乡侯。尊立十八年薨，子安王据嗣。

　　永和五年，封据弟三人为乡侯。据立四十七年薨，子顺王容嗣。

　　初平元年，遣弟逸至长安奉章贡献，帝以逸为九江太守，封阳都侯。容立八年薨，国绝。

　　初，逸至长安，盛称东郡太守曹操忠诚于帝，操以此德于逸。建安十一年，复立容子熙为王。在位十一年，坐谋欲过江，被诛，国除。

　　赞曰：光武十子，胙土分王。沛献尊节，楚英流放。延既怨诅，荆亦觎望。济南阴谋，琅邪骄宕。中山、临淮，无闻夭丧。东平好善，辞中委相。谦谦恭王，实惟三让。

卷七十三　朱乐何列传第三十三

朱晖传 孙穆

　　朱晖字文季，南阳宛人也。家世衣冠。晖早孤，有气决。年十三，王莽败，天下乱，与外氏家属从田间奔入宛城。道遇群贼，白刃劫诸妇女，略夺衣物。昆弟宾客皆惶迫，伏地莫敢动。晖拔剑前曰："财物皆可取耳，诸母衣不可得。今日朱晖死日也！"贼见其小，壮其志，笑曰："童子内刃。"遂舍之而去。初，光武与晖父岑俱学长安，有旧故。及即位，求问岑，时已卒，乃召晖拜为郎。晖寻以病去，卒业于太学。性矜严，进止必以礼，诸儒称其高。

　　永平初，显宗舅新阳侯阴就慕晖贤，自往候之，晖避不见。复遣家丞致礼，晖遂闭门不受。就闻，叹曰："志士也，勿夺其节。"后为郡吏，太守阮况尝欲市晖婢，晖不从。及况卒，晖乃厚赠送其家。人或讥焉，晖曰："前阮府君有求于我，所以不敢闻命，诚恐以财货污君，今而相送，明吾非有爱也。"骠骑将军东平王苍闻而辟之，甚礼敬焉。正月朔旦，苍当入贺。故事，少府给璧。是时阴就为府卿，贵骄，吏傲不奉法。苍坐朝堂，漏且尽，而求璧不可得，顾谓掾属曰："若之何？"晖望见少府主簿持璧，即往给之曰："我数闻璧而未尝见，试请观之。"主簿以授晖，晖顾召令史奉之。主簿大惊，遽以白就。就曰："朱掾义士，勿复求。"更以它璧朝。苍既罢，召晖谓曰："属者掾自视孰与蔺相如？"帝闻壮之。及当幸长安，欲严宿卫，故以晖为卫士令。再迁临淮太守。晖好节概，有所拔用，皆厉行士。其诸报怨，以义犯率，皆为求其理，多得生济。其义之囚，即时僵仆。吏人畏爱，为之歌曰："强直自遂，南阳朱季。吏畏其威，人怀其惠。"数年，坐法免。晖刚于为吏，见忌于上，所在多被

劾。自去临淮，屏居野泽，布衣蔬食，不与邑里通，乡党讥其介。建初中，南阳大饥，米石千余，晖尽散其家资，以分宗里故旧之贫羸者，乡族皆归焉。初，晖同县张堪素有名称，尝于太学见晖，甚重之，接以友道，乃把晖臂曰："欲以妻子托朱生。"晖以堪先达，举手未敢对，自后不复相见。堪卒，晖闻其妻子贫困，乃自往候视，厚赈赡之。晖少子颉怪而问曰："大人不与堪为友，平生未曾相闻，子孙窃怪之。"晖曰："堪尝有知己之言，吾以信于心也。"晖又与同郡陈揖交善，揖早卒，有遗腹子友，晖常哀之。及司徒桓虞为南阳太守，召晖子骈为吏，晖辞骈而荐友。虞叹息，遂召之。其义烈若此。

　　元和中，肃宗巡狩，告南阳太守问晖起居，召拜为尚书仆射。岁中迁太山太守，晖上疏乞留中，诏许之。因上便宜，陈密事，深见嘉纳。诏报曰："补公家之阙，不累清白之素，斯善美之士也。俗吏苟合，阿意面从，进无謇謇之志，却无退思之念，患之甚久。惟今所言，适我愿也。生其勉之！"

　　是时谷贵。县官经用不足，朝廷忧之。尚书张林上言："谷所以贵，由钱贱故也。可尽封钱，一取布帛为租，以通天下之用。又盐，食之急者，虽贵，人不得不须，官可自鬻。又宜因交阯、益州上计吏往来，市珍宝，收采其利，武帝时所谓均输者也。"于是诏诸尚书通议。晖奏据林言不可施行，事遂寝。后陈事者复重述林前议，以为于国诚便。帝然之，有诏施行。晖复独奏曰："王制，天子不言有无，诸侯不言多少，食禄之家不与百姓争利。今均输之法与贾贩无异，盐利归官，则下人穷怨，布帛为租，则吏多奸盗，诚非明主所当宜行。"帝卒以林等言为然，得晖重议，因发怒，切责诸尚书。晖等皆自系狱。三日，诏敕出之。曰："国家乐闻驳议，黄发无愆，诏书过耳，何故自系？"晖因称病笃，不肯复署议。尚书令以下惶怖，谓晖曰："今临得谴让，奈何称病，其祸不细！"晖曰："行年八十，蒙恩得在机密，当以死报。若心知不可而顺旨雷同，负臣子之义。今耳目无所闻见，伏待死命。"遂闭口不复言。诸尚书不知所为，乃共劾奏晖。帝意解，寝其事，后数日，诏使直事郎问晖起居，太医视疾，太官赐食。晖乃起谢，复赐钱十万，布百匹，衣十领。

　　后迁为尚书令，以老病乞身，拜骑都尉，赐钱二十万。和帝即位，窦宪北征匈奴，晖复上疏谏。顷之，病卒。

　　子颉，修儒术，安帝时至陈相。颉子穆。

　　穆字公叔。年五岁，便有孝称。父母有病，辄不饮食，差乃复常。及壮耽学，锐意讲诵，或时思至，不自知亡失衣冠，颠队阬岸。其父常以为专愚，几不知数马足。穆愈更精笃。初举孝廉。顺帝末，江淮盗贼群起，州郡不能禁。或说大将军梁冀曰："朱公叔兼资文武。海内奇士，若以为谋

主，贼不足平也。"冀亦素闻穆名，乃辟之，使典兵事，甚见亲任。及桓帝即位，顺烈太后临朝，穆以冀埶地亲重，望有以扶持王室，因推灾异，奏记以劝戒冀曰："穆伏念明年丁亥之岁，刑德合于乾位，《易》经龙战之会。其文曰：'龙战于野，其道穷也。'谓阳道将胜而阴道负也。今年九月天气郁冒，五位四候连失正气，此互相明也。夫善道属阳，恶道属阴，若修正守阳，摧折恶类，则福从之矣。穆每事不逮，所好唯学，传受于师，时有可试。愿将军少察愚言，申纳诸儒，而亲其忠正，绝其姑息，专心公朝，割除私欲，广求贤能，斥远佞恶。夫人君不可不学，当以天地顺道渐渍其心。宜为皇帝选置师傅及侍讲者，得小心忠笃敦礼之士，将军与之俱入，参劝讲授，师贤法古，此犹倚南山坐平原也，谁能倾之！今年夏，月晕房星，明年当有小厄。宜急诛奸臣为天下所怨毒者，以塞灾咎。议郎、大夫之位，本以式序儒术高行之士，今多非其人，九卿之中，亦有乖其任者，惟将军察焉。"又荐种暠、栾巴等。而明年严鲔谋立清河王蒜，又黄龙二见沛国。冀无术学，遂以穆"龙战"之言为应，于是请暠为从事中郎，荐巴为议郎，举穆高第，为侍御史。

时同郡赵康叔盛者，隐于武当山，清静不仕，以经传教授。穆时年五十，乃奉书称弟子。及康殁，丧之如师。其尊德重道，为当时所服。常感时浇薄，慕尚敦笃，乃作《崇厚论》。其辞曰：

夫俗之薄也，有自来矣。故仲尼叹曰："大道之行也，而丘不与焉。"盖伤之也。夫道者，以天下为一，在彼犹在己也。故行违于道则愧生于心，非畏义也；事违于理则负结于意，非惮礼也。故率性而行谓之道，得其天性谓之德。德性失然后贵仁义，是以仁义起而道德迁，礼法兴而淳朴散。故道德以仁义为薄，淳朴以礼法为贼也。夫中世之所敦，已为上世之所薄，况又薄于此乎！

故夫天不崇大则覆帱不广，地不深厚则载物不博，人不敦庞则道数不远。昔在仲尼不失旧于原壤，楚严不忍章于绝缨。由此观之，圣贤之德敦矣。老氏之经曰："大丈夫处其厚不处其薄，居其实不居其华，故去彼取此。"夫时有薄而厚施，行有失而惠用。故覆人之过者，敦之道也；救人之失者，厚之行也。往者，马援深昭此道，可以为德，诫其兄子曰："吾欲汝曹闻人之过如闻父母之名，耳可得闻，口不得言。"斯言要矣。远则圣贤履之上世，近则丙吉、张子孺行之汉廷。故能振英声于百世，播不灭之遗风，不亦美哉！

然而时俗或异，风化不敦，而尚相诽谤，谓之臧否。记短则兼折其长，贬恶则并伐其善。悠悠者皆是，其可称乎！凡此之类，岂徒乖于君子之道哉，将有危身累家之祸也。悲夫！行之者不知忧其然，故害兴而莫及也。斯既然矣，又有异焉。人皆见之而不能自

迁。何则？务进者趋前而不顾后，荣贵者矜己而不待人，智不接愚，富不赈贫，贞士孤而不恤，贤者厄而不存。故田蚡以尊显致安国之金，淳于以贵执引方进之言。夫以韩、翟之操，为汉之名宰，然犹不能振一贫贤，荐一孤士，又况其下者乎！此禽息、史鱼所以专名于前，而莫继于后者也。故时敦俗美，则小人守正，利不能诱也；时否俗薄，虽君子为邪，义不能止也。何则？先进者既往而不反，后来者复习俗而追之，是以虚华盛而忠信微，刻薄稠而纯笃稀。斯盖《谷风》有"弃予"之叹，《伐木》有"鸟鸣"之悲矣！

嗟乎！世士诚躬师孔圣之崇则。嘉楚严之美行，希李老之雅诲，思马援之所尚，鄙二宰之失度，美韩棱之抗正，贵丙、张之弘裕，贱时俗之诽谤，则道丰绩盛，名显身荣，载不刊之德，播不灭之声。然后知薄者之不足，厚者之有余也。彼与草木俱朽，此与金石相倾，岂得同年而语，并日而谈哉？

穆又著《绝交论》，亦矫时之作。

梁冀骄暴不悛，朝野嗟毒，穆以故吏，惧其衅积招祸，复奏记谏曰："古之明君，必有辅德之臣，规谏之官，下至器物，铭书成败，以防遗失。故君有正道，臣有正路，从之如升堂，违之如赴壑。今明将军地有申伯之尊，位为群公之首，一日行善，天下归仁，终朝为恶，四海倾覆。顷者，官人俱匮，加以水虫为害。京师诸官费用增多，诏书发调或至十倍。各言官无见财，皆当出民，搒掠割剥，强令充足。公赋既重，私敛又深。牧守长吏，多非德选，贪聚无厌，遇人如虏，或绝命于箠楚之下，或自贼于迫切之求。又掠夺百姓，皆托之尊府。遂令将军结怨天下，吏人酸毒，道路叹嗟。昔秦政烦苛，百姓土崩，陈胜奋臂一呼，天下鼎沸，而面谀之臣，犹言安耳。讳恶不悛，卒至亡灭。昔永和之末，纲纪少弛，颇失人望。四五岁耳，而财空户散，下有离心。马免之徒乘敝而起，荆扬之间几成大患。幸赖顺烈皇后初政清静，内外同力，仅乃订定。今百姓戚戚，因于永和，内非仁爱之心可得容忍，外非守国之计所宜久安也。夫将相大臣，均体元首，共舆而驰，同舟而济，舆倾舟覆，患实共之。岂可以去明即昧，履危自安，主孤时困，而莫之恤乎！宜时易宰守非其人者，减省第宅园池之费，拒绝郡国诸所奉送。内以自明，外解人惑，使挟奸之吏无所依托，司察之臣得尽耳目。宪度既张，远迩清壹，则将军身尊事显，德耀无穷。天道明察，无言不信，惟垂省览。"冀不纳，而纵放日滋，遂复赂遗左右，交通宦者，任其子弟、宾客以为州郡要职。穆又奏记极谏，冀终不悟。报书云："如此，仆亦无一可邪？"穆言虽切，然亦不甚罪也。

永兴元年，河溢，漂害人庶数十万户，百姓荒馑，流移道路。冀州盗贼尤多，故擢穆为冀州刺史。州人有宦者三人为中常侍，并以檄谒穆，穆疾之，辞不相见。冀部令长闻

穆济河，解印绶去者四十余人。及到，奏劾诸郡，至有自杀者。以威略权宜，尽诛贼渠帅。举劾权贵，或乃死狱中。有宦者赵忠丧父，归葬安平，僭为玙璠、玉匣、偶人。穆闻之，下郡案验。吏畏其严明，遂发墓剖棺，陈尸出之，而收其家属。帝闻大怒，征穆诣廷尉，输作左校。太学书生刘陶等数千人诣阙上书讼穆曰："伏见施刑徒朱穆，处公忧国，拜州之日，志清奸恶。诚以常侍贵宠，父兄子弟布在州郡，竞为虎狼，噬食小人，故穆张理天网，补缀漏目，罗取残祸，以塞天意。由是内官咸共恚疾，谤讟烦兴，谗隙仍作，极其刑谪，输作左校。天下有识，皆以穆同勤禹、稷而被共、鲧之戾，若死者有知，则唐帝怒于崇山，重华忿于苍墓矣。当今中官近习，窃持国柄，手握王爵，口含天宪，运赏则使饿隶富于季孙，呼噏则令伊、颜化为桀、跖。而穆独亢然不顾身害。非恶荣而好辱，恶生而好死也，徒感王纲之不摄，惧天网之久失，故竭心忧怀，为上深计。臣愿黥首系趾，代穆校作。"帝览其奏，乃赦之。

穆居家数年，在朝诸公多有相推荐者，于是征拜尚书。穆既深疾宦官，及在台阁，且夕共事，志欲除之。乃上疏曰："案汉故事，中常侍参选士人。建武以后，乃悉用宦者，自延平以来，浸益贵盛，假貂珰之饰，处常伯之任，天朝政事，一更其手，权倾海内，宠贵无极，子弟亲戚，并荷荣任，故放滥骄溢，莫能禁御。凶狡无行之徒，媚以求官，恃执怙宠之辈，渔食百姓，穷破天下，空竭小人。愚臣以为可悉罢省，遵复往初，率由旧章，更选海内清淳之士，明达国体者，以补其处。即陛下可为尧舜之君，众僚皆为稷契之臣，兆庶黎萌蒙被圣化矣。"帝不纳。后穆因进见，口复陈曰："臣闻汉家旧典，置侍中、中常侍各一人，省尚书事，黄门侍郎一人，传发书奏，皆用姓族。自和熹太后以女主称制，不接公卿，乃以阉人为常侍，小黄门通命两宫。自此以来，权倾人主，穷困天下。宜皆罢遣，博选耆儒宿德，与参政事。"帝怒，不应。穆伏不肯起。左右传出，良久乃趋而去。自此中官数因事称诏诋毁之。穆素刚，不得意，居无几，愤懑发疽。延熹六年，卒，时年六十四，禄仕数十年，蔬食布衣，家无余财。公卿共表穆立节忠清，虔恭机密，守死善道，宜蒙旌宠。策诏褒述，追赠益州太守。所著论、策、奏、教、书、诗、记、嘲，凡二十篇。穆前在冀州，所辟用皆清德长者，多至公卿、州郡。子野，少有名节，仕至河南尹。初，穆父卒，穆与诸儒考依古义，谥曰贞宣先生。及穆卒，蔡邕复与门人共述其体行，谥为文忠先生。

论曰：朱穆见比周伤义，偏党毁俗，志抑朋游之私，遂著《绝交》之论。蔡邕以为穆贞而孤，又作《正交》而广其致焉。盖孔子称"上交不谄，下交不黩"，又曰"晏平仲善与人交"，子夏之门人亦问交于子张。故《易》明"断金"之义，《诗》载"宴朋"之谣。若夫文会辅仁，直谅多闻之友，时济其益，纻衣倾盖，弹冠结绶之夫，遂隆其好，斯固交者之方焉。至乃田、窦、卫、霍之游客，廉颇、翟公之门宾，进由执合，退因衰异。又诸、荆卿之感激，侯生、豫子之投身，情为恩使，命缘义轻。皆以利害移心，怀德成节，非夫交照之本，未可语失得之原也。穆徒以友分少全，因绝同志之求，党侠生嫌，而忘得朋之义。蔡氏贞孤之言，其为然也！古之善交者详矣。汉兴称王阳、贡禹、陈遵、张竦，中世有廉范、庆鸿、陈重、雷义云。

乐恢传

乐恢字伯奇，京兆长陵人也。父亲，为县吏，得罪于令，收将杀之。恢年十一，常俯伏寺门，昼夜号泣。令闻而矜之，即解出亲。恢长好经学，事博士焦永。永为河东太守，恢随之官，闭庐精诵，不交人物。后永以事被考，诸弟子皆以通关被系，恢独嶷然不污于法，遂笃志为名儒。性廉直介立，行不合已者，虽贵不与交。信阳侯阴就数致礼请恢，恢绝不答。后仕本郡吏，太守坐法诛，故人莫敢往，恢独奔丧行服，坐以抵罪。归，复为功曹，选举不阿，请托无所容。同郡杨政数众毁恢，后举政子为孝廉，由是乡里归之。辟司空牟融府，会蜀郡太守第五伦代融为司空，恢以与伦同郡，不肯留，荐颍川杜安而退。诸公多其行，连辟之，遂皆不应。

后征拜议郎。会车骑将军窦宪出征匈奴，恢数上书谏争，朝廷称其忠。入为尚书仆射。是时河南尹王调、洛阳令李阜与窦宪厚善，纵舍自由。恢劾奏调、阜，并及司隶校尉。诸所刺举，无所回避，贵戚恶之。宪弟夏阳侯瓌欲往候恢，恢谢不与通。宪兄弟放纵，而忿其不附己。妻每谏恢曰："昔人有容身避害，何必以言取怨？"恢叹曰："吾何忍素餐立人之朝乎！"遂上疏谏曰："臣闻百王之失，皆由权移于下。大臣持国，常以执盛为咎。伏念先帝，圣德未永，早弃万国。陛下富于春秋，纂承大业，诸舅不宜干正王室，以示天下之私。经曰：'天地乖互，众物夭伤。君臣失序，万人受殃。'政失不救，其极不测。方今之宜，上以义自割，下以谦自引。四舅可长保爵土之荣，皇太后永无惭负宗庙之忧，诚策之上者也。"书奏不省。时窦太后临朝，和帝未亲万机，恢以意不得行，乃称疾乞骸骨。诏赐钱，太医视疾。恢荐任城郭均、成阳高凤，而遂称笃。拜骑都尉，上书辞谢曰："仍受厚恩，无以报效。夫政在大夫，孔子所疾；世卿持权，《春秋》以戒。圣人恳恻，不虚言也。近世外戚富贵，必有骄溢之败。今陛下思慕山陵，未遑政事，诸舅宠盛，权行四方。若不能自损，诛罚必加。臣寿命垂尽，临死竭愚，惟蒙留神。"诏听上印绶，乃归乡里。窦宪因是风厉州郡迫胁，恢遂饮药死。弟子缞绖挽者数百人，庶众痛伤之。后窦氏诛，帝始亲事，恢门生何融等上书陈恢忠节，除子己为郎中。

何敞传

何敞字文高,扶风平陵人也。其先家于汝阴。六世祖比干,学《尚书》于晁错,武帝时为廷尉正,与张汤同时。汤持法深而比干务仁恕,数与汤争,虽不能尽得,然所济活者以千数。后迁丹阳都尉,因徙居平陵。敞父宠,建武中为千乘都尉,以病免,遂隐居不仕。敞性公正。自以趣舍不合时务,每请召,常称疾不应。元和中,辟太尉宋由府,由待以殊礼。敞论议高,常引大体,多所匡正。司徒袁安亦深敬重之。是时京师及四方累有奇异鸟兽草木,言事者以为祥瑞。敞通经传,能为天官,意甚恶之。乃言于二公曰:"夫瑞应依德而至,灾异缘政而生。故鹳鹆来巢,昭公有乾侯之厄;西狩获麟,孔子有两楹之殡。海鸟避风,臧文祀之,君子讥焉。今异鸟翔于殿屋,怪草生于庭际,不可不察。"由、安愀然不敢答。居无何而肃宗崩。

时窦氏专政,外戚奢侈,赏赐过制,仓帑为虚。敞奏记由曰:"敞闻事君之义,进思尽忠,退思补过。历观世主时臣,无不各欲为化,垂之无穷,然而平和之政万无一者,盖以圣主贤臣不能相遭故也。今国家秉聪明之弘道,明公履晏晏之纯德,君臣相合,天下翕然,治平之化,有望于今。孔子曰:'如有用我者,三年有成。'今明公视事,出入再期,宜当克己,以酬四海之心。《礼》,一谷不升,则损服彻膳。天下不足,若己使然。而比年水旱,人不收获,凉州缘边,家被凶害,男子疲于战阵,妻女劳于转运,老幼孤寡,叹息相依,又中州内郡,公私屈竭,此实损膳节用之时。国恩覆载,赏赉过度,但闻腊赐,自郎官以上,公卿王侯以下,至于空竭帑藏,损耗国资。寻公家之用,皆百姓之力。明君赐赉,宜有品制,忠臣受赏,亦应有度,是以夏禹玄圭,周公束帛。今明公位尊任重,责深负大,上当匡正纲纪,下当济安元元,岂但空空无违而已哉!宜先正己以率群下,还所得赐,因陈得失,奏王侯就国,除苑囿之禁,节省浮费,赈恤穷孤,则恩泽下畅,黎庶悦豫,上天聪明,必有立应。使百姓歌诵,史官纪德,岂但子文逃禄,公仪退食之比哉!"由不能用。

时齐殇王子都乡侯畅奔吊国忧,上书未报,侍中窦宪遂令人刺杀畅于城门屯卫之中,而主名不立。敞又说由曰:"刘畅宗室肺府,茅土藩臣,来吊大忧,上书须报,亲在武卫,致此残酷。奉宪之吏,莫适讨捕,踪迹不显,主名不立。敞备数股肱,职典贼曹,故欲亲至发所,以纠其变,而二府以为故事三公不与贼盗。昔陈平生于征战之世,犹知宰相之分,云'外镇四夷,内抚诸侯,使卿大夫各得其宜'。今二府执事不深惟大义,惑于所闻,公纵奸慝,莫以为咎。惟明公运独见之明,昭然勿疑,敞不胜所见,请独奏案。"由乃许焉。二府闻敞行,皆遣主者随之,于是推举具得事

实,京师称其正。以高第拜侍御史。时遂以窦宪为车骑将军,大发军击匈奴,而诏使者为宪弟笃、景并起邸第,兴造劳役,百姓愁苦。敞上疏谏曰:"臣闻匈奴之为桀逆久矣。平城之围,嫚书之耻,此二辱者,臣子所为捐躯而必死,高祖、吕后忍怨还忿,舍而不诛。伏惟皇太后秉文母之操,陛下履晏晏之姿,匈奴无逆节之罪,汉朝无可惭之耻,而盛春东作,兴动大役,元元怨恨,咸怀不悦。而猥复为卫尉笃、奉车都尉景缮修馆第,弥街绝里。臣虽斗筲之人,诚窃怀怪,以为笃、景亲近贵臣,当为百僚表仪。今众军在道,朝廷焦唇,百姓愁苦,县官无用,而遽起大第,崇饰玩好,非所以垂令德,示无穷也。宜且罢工匠,专忧北边,恤人之困。"书奏不省。

后拜为尚书,复上封事曰:"夫忠臣忧世,犯主严颜,讥刺贵臣,至以杀身灭家而犹为之者,何邪?君臣义重,有不得已也。臣伏见往事,国之危乱,家之将凶,皆有所由,较然易知。昔郑武姜之幸叔段,卫庄公之宠州吁,爱而不教,终至凶戾。由是观之,爱子若此,犹饥而食之以毒,适所以害之也。伏见大将军宪,始遭大忧,公卿比奏,欲令典干国事。宪深执谦退,固辞盛位,恳恳勤勤,言之深至,天下闻之,莫不悦喜。今逾年无几,大礼未终,卒然中改,兄弟专朝。宪秉三军之重,笃、景总宫卫之权,而虐用百姓,奢侈僭逼,诛戮无罪,肆心自快。今者论议汹汹,咸谓叔段、州吁复生于汉。臣观公卿怀持两端,不肯极言者,以为宪等若有匪懈之志,则已受吉甫褒申伯之功,如宪等陷于罪辜,则自取陈平、周勃顺吕后之权,终不以宪等吉凶为忧也。臣敞区区,诚欲计策两安,绝其绵绵,塞其涓涓,上不欲令皇太后损文母之号,陛下有誓泉之讥,下使宪等得长保其福祐。然臧获之谋,上安主父,下存主母,犹不免于严怒。臣伏惟景祖蒙恩,至臣八世,复以愚陋,旬年之间,历显位,备机近,每念厚德,忽然忘生。虽知言必灭死,而冒死自尽者,诚不忍目见其祸而怀默苟全。驸马都尉瓌,虽在弱冠,有不隐之忠,比请退身,愿抑家权。可与参谋,听顺其意,诚宗庙至计,窦氏之福。"敞数切谏,言诸窦罪过,宪等深怨之。时济南王康尊贵骄甚,宪乃白出敞为济南太傅。敞至国,辅康以道义,数引法度谏正之,康敬礼焉。岁余,迁汝南太守。敞疾文俗吏以苛刻求当时名誉,故在职以宽和为政。立春日,常召督邮还府,分遣儒术大吏案行属县,显孝悌有义行者。及举冤狱,以《春秋》义断之。是以郡中无怨声,百姓化其恩礼。其出居者,皆归养其父母,追行丧服,推财相让者二百许人。置立礼官,不任文吏。又修理鲖阳旧渠,百姓赖其利,垦田增三万余顷。吏人共刻石,颂敞功德。及窦氏败,有司奏敞子与夏阳侯瓌厚善,坐免官。永元十二年复征,三迁五官中郎将。常忿疾中常侍蔡伦,伦深憾之。元兴元年,敞以祠庙严肃,微疾不斋,后邓皇后上太傅禹冢,敞起随百官会,伦因奏敞诈病,

坐抵罪。卒于家。

论曰：永元之际，天子幼弱，太后临朝，窦氏凭盛威之权，将有吕、霍之变。幸汉德未衰，大臣方忠，袁、任二公正色立朝，乐、何之徒抗议柱下，故能挟幼主之断，剿奸回之道。不然，国家危矣。夫窦氏之间，唯何敞可以免，而特以子失交之故废黜，不显大位。惜乎，过矣哉！

赞曰：朱生受寄，诚不愆义。公叔辟梁，允纳明刺。绝交面朋，崇厚浮伪。恢举谤己，敞非祥瑞。永言国逼，甘心强诐。

卷七十四
邓张徐张胡列传第三十四

邓彪传

邓彪字智伯，南阳新野人，太傅禹之宗也。父邯，中兴初以功封鄳侯，仕至勃海太守。彪少励志，修孝行。父卒，让国于异母弟荆凤，显宗高其节，下诏许焉。后仕州郡，辟公府，五迁桂阳太守。永平十七年，征入为太仆。数年，丧后母，辞疾乞身，诏以光禄大夫行服。服竟，拜奉车都尉，迁大司农。数月，代鲍昱为太尉。彪在位清白，为百僚式。视事四年，以疾乞骸骨。元和元年，赐策罢，赠钱三十万，在所以二千石奉终其身。又诏太常四时察宗庙之胙，河南尹遣丞存问，常以八月旦奉羊、酒。和帝即位，以彪为太傅，录尚书事，赐爵关内侯。永元初，窦氏专权骄纵，朝廷多有谏争，而彪在位修身而已，不能有所匡正。又尝奏免御史中丞周纡，纡前失窦氏旨，故颇以此致讥，然当时宗其礼让。及窦氏诛，以老病上还枢机职，诏赐养牛酒而许焉。五年春，薨于位，天子亲临吊临。

张禹传

张禹字伯达，赵国襄国人也。祖父况族姊为皇祖考夫人，数往来南顿，见光武。光武为大司马，过邯郸，况为郡史，谒见光武。光武大喜，曰："乃今得我大舅乎！"因与俱北，到邑，以为元氏令。迁涿郡太守。后为常山关长。会赤眉攻关城，况战殁。父歆，初以报仇逃亡，后仕为淮阳相，终于汲令。禹性笃厚节俭。父卒，汲吏人赙送前后数百万，悉无所受。又以田宅推与伯父，身自寄止。

永平八年，举孝廉，稍迁。建初中，拜杨州刺史。当过江行部，中土人皆以江有子胥之神，难于济涉。禹将度，吏固请不听。禹厉言曰："子胥如有灵，知吾志在理察枉讼，岂危我哉？"遂鼓楫而过。历行郡邑，深幽之处莫不毕到，亲录囚徒，多所明举。吏民希见使者，人怀喜悦，怨德美恶，莫不自归焉。

元和二年，转兖州刺史，亦有清平称。三年，迁下邳相。徐县北界有蒲阳坡，傍多良田，而堙废莫修。禹为开水门，通引灌溉，遂成孰田数百顷。劝率吏民，假与种粮，亲自勉劳，遂大收谷实。邻郡贫者归之千余户，室庐相属，其下成市。后岁至垦千余顷，民用温给。功曹史戴闰，故太尉掾也，权动郡内。有小谴，禹令自致徐狱，然后正其法。自长史以下，莫不震肃。

永元六年，入为大司农，拜太尉，和帝甚礼之。十五年，南巡祠园庙，禹以太尉兼卫尉留守。闻车驾当进幸江陵，以为不宜冒险远，驿马上谏。诏报曰："祠谒既讫，当南礼大江，会得君奏，临汉回舆而旋。"及行还，禹特蒙赏赐。

延平元年，迁为太傅，录尚书事。邓太后以殇帝初育，欲令重臣居禁内，乃诏禹舍宫中，给帷帐床褥，太官朝夕进食，五日一归府。每朝见，特赞，与三公绝席，禹上言："方谅暗密静之时，不宜依常有事于苑囿。其广成、上林空地，宜且以假贫民。"太后从之。及安帝即位，数上疾乞身。诏遣小黄门问疾，赐牛一头，酒十斛，劝令就第。其钱布、刀剑、衣物，前后累至。

永初元年，以定策功封安乡侯，食邑千二百户，与太尉徐防、司空尹勤同日俱封。其秋，以寇贼水雨策免防、勤，而禹不自安，上书乞骸骨，更拜太尉。四年，新野君病，皇太后车驾幸其第。禹与司徒鲁勤、司空张敏俱上表言："新野君不安，车驾连日宿止，臣等诚窃惶惧。臣闻王者动设先置，止则交戟，清道而后行，清室而后御，离宫不宿，所以重宿卫也。陛下体烝烝之至孝，亲省方药，恩情发中，久处单外，百官露止，议者所不安。宜且还宫，上为宗庙社稷，下为万国子民。"比三上，固争，乃还宫。后连岁灾荒，府藏虚空，禹上疏求入三岁租税，以助郡国禀假。诏许之。五年，以阴阳不和策免。七年，卒于家。使者吊祭。除小子曜为郎中。长子盛嗣。

徐防传

徐防字谒卿，沛国铚人也。祖父宣，为讲学大夫，以《易》教授王莽。父宪，亦传宣业。防少习父祖学，永平中，举孝廉，除为郎。防体貌矜严，占对可观，显宗异之，特补尚书郎。职典枢机，周密畏慎，奉事二帝，未尝有过。和帝时，稍迁司隶校尉，出为魏郡太守。永元十年，迁少府、大司农。防勤晓政事，所在有迹。十四年，拜司空。防以《五经》久远，圣意难明，宜为章句，以悟后学。上疏曰："臣闻《诗》《书》《礼》《乐》，定自孔子；发明章句，始于子夏。其后诸家分析，各有异说。汉承乱秦，经典废绝，本文略存，或无章句。收拾缺遗,建立明经,博征儒术,开置太学。孔圣既远,微旨将绝,故立博士十有四家,设甲乙之科,以勉劝学者,所以示人好恶,改敝就善者也。伏见太学试博士弟子,皆以意说,不修家法,私相容隐,开生奸路。每有策试,辄兴诤讼,论议纷错,互相是非。孔子称'述而不作',又曰'吾犹及史之阙文',疾史有所不知而不肯阙也。今不依章句,妄生穿凿,以遵师为非义,意说为得理,轻侮道术,浸以成俗,诚非诏书实选本意。改薄从忠,三代常道,专精务本,儒学所先。臣以为博士及甲乙策试,宜从其家章句,开五十难以试之。解释多者为上第,引文明者为高说。若不依先师,义有相伐,皆正以为非。《五经》各取上第六人,《论语》不宜射策。虽所失或久,差可矫革。"诏书下公卿,皆从防言。

十六年,拜为司徒。延平元年,迁太尉,与太傅张禹参录尚书事,数受赏赐,甚见优宠。安帝即位,以定策封龙乡侯。食邑千一百户。其年以灾异寇贼策免,就国。凡三公以灾异策免,始自防也。防卒,子衡当嗣,让封于其弟崇。数岁,不得已,乃出就爵云。

张敏传

张敏字伯达,河间鄚人也。建初二年,举孝廉,四迁,五年,为尚书。建初中,有人侮辱人父者,而其子杀之,肃宗贳其死刑而降宥之,自后因以为比。是时遂定其议,以为《轻侮法》。敏驳议曰:"夫《轻侮》之法,先帝一切之恩,不有成科班之律令也。夫死生之决,宜从上下,犹天之四时,有生有杀。若开相容恕,著为定法者,则是故设奸萌,生长罪隙。孔子曰:'民可使由之,不可使知之。'《春秋》之义,子不报仇,非子也。而法令不为之减者,以相杀之路不可开故也。今托义者得减,妄杀者有差,使执宪之吏得设巧诈,非所以导'在丑不争'之义。又《轻侮》之比,浸以繁滋,至有四五百科,转相顾望,弥复增甚,难以垂之万载。臣闻师言:'救文莫如质。'故高帝去烦苛之法,为三章之约。建初诏书,有改于古者,可下三公、廷尉蠲除其敝。"议寝不省。敏复上疏曰:"臣敏蒙恩,特见拔擢,愚心所不晓,迷意所不解,诚不敢苟随众议。臣伏见孔子垂经典,皋陶造法律,原其本意,皆欲禁民为非也。未晓《轻侮》之法将以何禁?必不能使不相轻侮,而更开相杀之路,执宪之吏复容其奸枉。议者或曰:'平法以先论生。'臣愚以为天地之性,唯人为贵,杀人者死,三代通制。今欲趣生,反开杀路,一人不死,天下受敝。记曰:'利一害百,人去城郭。'夫春生秋杀,天道之常。春一物枯即为灾,秋一物华即为异。王者承天地,顺四时,法圣人,从经律。愿陛下留意下民,考寻利害,广令平议,天下幸甚。"和帝从之。

九年,拜司隶校尉。视事二岁,迁汝南太守。清约不烦,用刑平正,有理能名。坐事免。延平元年,拜议郎,再迁颍川太守。永初元年,征拜司空,在位奉法而已。视事三岁,以病乞身,不听。六年春,行大射礼,陪位顿仆,乃策罢之。因病笃,卒于家。

胡广传

胡广字伯始,南郡华容人也。六世祖刚,清高有志节。平帝时,大司徒马宫辟之。值王莽居摄,刚解其衣冠,悬府门而去,遂亡命交阯,隐于屠肆之间。后莽败,乃归乡里。父贡,交阯都尉。广少孤贫,亲执家苦。长大,随辈入郡为散吏。太守法雄之子真,从家来省其父。真颇知人,会岁终应举,雄敕真助其求才。雄因大会诸吏,真自于庸间密占察之,乃指广以白雄,遂察孝廉。既到京师,试以章奏,安帝以广为天下第一。旬月拜尚书郎,五迁尚书仆射。顺帝欲立皇后,而贵人有宠者四人,莫知所建,议欲探筹,以神定选。广与尚书郭虔、史敞上疏谏曰:"窃见诏书以立后大,谦不自专,欲假之筹策,决疑灵神。篇籍所记,祖宗典故,未尝有也。恃神任筮,既不必当贤;就值其人,犹非德选。夫岐嶷形于自然,俔天必有异表。宜参良家,简求有德,德同以年,年钧以貌,稽之典经,断之圣虑。政令犹汗,往而不反。诏文一下,形之四方。臣职在拾遗,忧深责重,是以焦心,冒昧陈闻。"帝从之,以梁贵人良家子,定立为皇后。

时尚书令左雄议改察举之制,限年四十以上,儒者试经学,文吏试章奏。广复与敞、虔上书驳之,曰:"臣闻君以兼览博照为德,臣以献可替否为忠。《书》载稽疑,谋及卿士;《诗》美先人,询于刍荛。国有大政,必议之于前训,谘之于故老,是以虑无失策,举无过事。窃见尚书令左雄议郡举孝廉,皆限年四十以上,诸生试章句,文吏试笺奏。明诏既许,复令臣等得与相参。窃惟王命之重,载在篇典,当令悬于日月,固于金石,遗则百王,施之万世。《诗》云:'天难谌斯,不易惟王。'可不慎与!盖选举因才,无拘定制。六奇之策,不出经学;郑、阿之政,非必章奏。甘、奇显用,年乖强仕;终、贾扬声,亦在弱冠。汉承周、秦,兼览殷、夏,祖德师经,参杂霸轨,圣主贤臣,世以致理,贡举之制,莫或回革。今以一臣之言,划戾旧章,便利未明,众心不猒。矫枉变常,政之所重,而不访台司,不谋卿士。若事下之后,议者剥异,异之则朝失其便,同之则王言已行。臣愚以为可宣下百官,参其同异,然后览择胜否,详采厥衷。敢以瞽言,冒干天禁,惟陛下纳焉。"帝不从。

时陈留郡缺职,尚书史敞等荐广。曰:"臣闻德以旌贤,爵以建事,'明试以功',《典》《谟》所美,'五服五章',天秩所作,是以臣竭其忠,君丰其宠,举不失德,下忘其死。窃见尚书仆射胡广,体真履规,谦虚温雅,博物洽闻,探赜穷理,《六经》典奥,旧章宪式,无所不览。柔而不犯,文而有礼,忠贞之性,忧公如家。不矜其能,不伐其劳,翼翼周慎,行靡玷漏。密勿夙夜,十有余年,心不外顾,志不苟进。臣等窃以为广在尚书,勋劳日久,后母年老,既蒙简照,宜试职千里,匡宁方国。陈留近郡,今太守任缺。广才略深茂,堪能拨烦,愿以参选,纪纲颓俗,使束修守善,有所劝仰。"广典机事十年,出为济阴太守,以举吏不实免。复为汝南太守,入拜大司农。汉安元年,迁司徒。质帝崩,代李固为太尉,录尚书事。以定策立桓帝,封育阳安乐乡侯。以病逊位。又拜司空,告老致仕。寻以特进征拜太常,迁太尉,以日食免。复为太常,拜太尉。

延熹二年,大将军梁冀诛,广与司徒韩縯、司空孙郎坐不卫宫,皆减死一等,夺爵土,免为庶人。后拜太中大夫、太常。九年,复拜司徒。

灵帝立,与太傅陈蕃参录尚书事,复封故国。以病自乞。会蕃被诛,代为太傅,总录如故。时年已八十,而心力克壮。继母在堂,朝夕瞻省,傍无几杖,言不称老。及母卒,居丧尽哀,率礼无愆。性温柔谨素,常迫言恭色。达练事体,明解朝章。虽无謇直之风,屡有补阙之益。故京师谚曰:"万事不理问伯始,天下中庸有胡公。"及共李固定策,大议不全,又与中常侍丁肃婚姻,以此讥毁于时。

自在公台三十余年,历事六帝,礼任甚优,每逊位辞病,及免退田里,未尝满岁,辄复升进。凡一履司空,再作司徒,三登太尉,又为太傅。其所辟命,皆天下名士。与故吏陈蕃、李咸并为三司。蕃等每朝会,辄称疾避广,时人荣之。年八十二,熹平元年薨。使五官中郎将持节奉策赠太傅、安乐乡侯印绶,给东园梓器,谒者护丧事,赐冢茔于原陵,谥文恭侯,拜家一人为郎中。故吏自公、卿、大夫、博士、议郎以下数百人,皆縗绖殡位,自终及葬。汉兴以来,人臣之盛,未尝有也。初,杨雄依《虞箴》作《十二州二十五官箴》,其九箴亡阙,后涿郡崔骃及子瑗又临邑侯刘騊駼增补十六篇,广复继作四篇,文甚典美。乃悉撰次首目,为之解释,名曰《百官箴》,凡四十八篇。其余所著诗、赋、铭、颂、箴、吊及诸解诂,凡二十二篇。

熹平六年,灵帝思感旧德,乃图画广及太尉黄琼于省内,诏议郎蔡邕为其颂云。

论曰:爵任之于人重矣,全丧之于生大矣。怀禄以图存者,仕子之恒情;审能而就列者,出身之常体。夫纡于物则非己,直于志则犯俗,辞其艰则乖义,徇其节则失身。统之,方轨易因,险涂难御。故昔人明慎于所受之分,迟于歧路之间也。如令志行无牵于物,临生不先其存,后世何贬焉?古人以宴安为戒,岂数公之谓乎?

赞曰:邓、张作傅,无咎无誉。敏正疑律,防议章句。胡公庸庸,饰情恭貌。朝章虽理,据正或桡。

卷七十五
袁张韩周列传第三十五

袁安传 子敞 玄孙闳

袁安字邵公,汝南汝阳人也。祖父良,习《孟氏易》,平帝时举明经,为太子舍人。建武初,至成武令。安少传良学。为人严重有威,见敬于州里。初为县功曹,奉檄诣从事,从事因安致书于令。安曰:"公事自有邮驿,私请则非功曹所持。"辞不肯受,从事惧然而止。后举孝廉,除阴平长、任城令,所在吏人畏而爱之。

永平十三年,楚王英谋为逆,事下郡覆考。明年,三府举安能理剧,拜楚郡太守。是时英辞所连及系者数千人,显宗怒甚,吏案之急,迫痛自诬,死者甚众。安到郡,不入府,先往案狱,理其无明验者,条上出之。府丞掾史皆叩头争,以为阿附反虏,法与同罪,不可。安曰:"如有不合,太守自当坐之,不以相及也。"遂分别具奏。帝感悟,即报许,得出者四百余家。岁余,征为河南尹。政号严明,然未曾以臧罪鞠人。常称曰:"凡学仕者,高则望宰相,下则希牧守。锢人于圣世,尹所不忍为也。"闻之者皆感激自励。在职十年,京师肃然,名重朝廷。建初八年,迁太仆。

元和二年,武威太守孟云上书:"北虏既已和亲,而南部复往抄掠,北单于谓汉欺之,谋欲犯边。宜还其生口,以安慰之。"诏百官议朝堂。公卿皆言夷狄谲诈,求欲无厌,既得生口,当复妄自夸大,不可许之。安独曰:"北虏遣使奉献和亲,有得边生口者,辄以归汉,此明其畏威,而非先违约也。云以大臣典边,不宜负信于戎狄,还之足示中国优贷,而使边人得安,诚便。"司徒桓虞改议从安。太尉郑弘、司空第五伦皆恨之。弘因大言激励虞曰:"诸言当还生口者,皆为不忠。"虞廷叱之,伦及大鸿胪韦彪各作色变容,司隶校尉举奏,安等皆上印绶谢。肃宗诏报曰:"久议沈滞,各有所志。盖事以议从,策由众定,闬闬衎衎,得礼之容,寝嘿抑心,更非朝廷之福。君何尤而深谢?其各冠履。"帝竟从安议。明年,代第五伦为司空。章和元年,代桓虞为司徒。

和帝即位,窦太后临朝,后兄车骑将军宪北击匈奴,安与太尉宋由、司空任隗及九卿诣朝堂上书谏,以为匈奴不犯边塞,而无故劳师远涉,损费国用,徼功万里,非社稷之计。书连上辄寝。宋由惧,遂不敢复署议,而诸卿稍自引止。唯安独与任隗守正不移,至免冠朝堂固争者十上。太后不听,众皆为之危惧,安正色自若。窦宪既出,而弟卫尉笃、执金吾景各专威权,公于京师使客遮道夺人财物。景又擅使乘驿施檄缘边诸郡，发突骑及善骑射有才力者，渔阳、雁门、上谷三郡各遣吏将送诣景第。有司畏惮，莫敢言者。安乃劾景擅发边兵，惊惑吏人，二千石不待符信而辄承景檄，当伏显诛。又奏司隶校尉、河南尹阿附贵戚，无尽节之义，请免官案罪。并寝不报。宪、景等日益横，尽树其亲党宾客于名都大郡，皆赋敛吏人，更相赂遗，其余州郡，亦复望风从之。安与任隗举奏诸二千石，又它所连及贬秩免官者四十余人，窦氏大恨。但安、隗素行高，亦未有以害之。

时窦宪复出屯武威。明年，北单于为耿夔所破，遁走乌孙，塞北地空，余部不知所属。宪日矜己功，欲结恩北虏，乃上立降者左鹿蠡王阿佟为北单于，置中郎将领护，如南单于故事。事下公卿议，太尉宋由、太常丁鸿、光禄勋耿秉等十人议可许。安与任隗奏，以为"光武招怀南虏，非谓可永安内地，正以权时之算，可得扞御北狄故也。今朔漠既定，宜令南单于反其北庭，并领降众，无缘复更立阿佟，以增国费"。宗正刘方、大司农尹睦同安议。事奏，未以时定。安惧宪计遂行，乃独上封事曰："臣闻功有难图，不可豫见；事有易断，较然不疑。伏惟光武皇帝本所以立南单于者，欲安南定北之策也，恩德甚备，故匈奴遂分，边境无患。孝明皇帝奉承先意，不敢失坠，赫然命将，爰伐塞北。至乎章和之初，降者十万余人，议者欲置之滨塞，东至辽东，太尉宋由、光禄勋耿秉皆以为失南单于心，不可，先帝从之。陛下奉承洪业，大开疆宇，大将军远师讨伐，席卷北庭，此诚宣明祖宗，崇立弘勋者也。宜审其终，以成厥初。伏念南单于屯，先父举众归德，自蒙恩以来，四十余年。三帝积累，以遗陛下。陛下深宜遵述先志，成就其业。况屯首唱大谋，空尽北虏，辍而弗图，更立新降，以一朝之计，违三世之规，失信于所养，建立于无功。由、秉实知旧议，而欲背弃先恩。夫言行君子之枢机，赏罚理国之纲纪。《论语》曰：'言忠信，行笃敬，虽蛮貊行焉。'今若失信于一屯，则百蛮不敢保誓矣。又乌桓、鲜卑新杀北单于，凡人之情，咸畏仇雠，今立其弟，则二房怀怨。兵、食可废，信不可去。且汉故事，供给南单于费直岁一亿九十余万，西域岁七千四百八十万。今北庭弥远，其费过倍，是乃空尽天下，而非建策之要也。"诏下其议。安又与宪更相难折。宪险急负执，言辞骄讦，至诋毁安，称光武诛韩歆、戴涉故事，安终不移。宪竟立匈奴降者右鹿蠡王於除鞬为单于，后遂反叛，卒如安策。安以天子幼弱，外戚擅权，每朝会进见，及与公卿言国家事，未尝不噫呜流涕。自天子及大臣皆恃赖之。四年春，薨，朝廷痛惜焉。后数月，窦氏败，帝始亲万机，追思前议者邪正之节，乃除安子赏为郎。策免宋由，以尹睦为太尉，刘方为司空。睦，河南人，薨于位。方，平原人，后坐事免归，自杀。初，安父没，母使安访求葬地，道逢三书生，问安何之，安为言其故，生乃指一处，云"葬此地，当世为上公"。须臾不见，安异之。于是遂葬其所占

之地，故累世隆盛焉。安子京、敞最知名。

京字仲誉。习《孟氏易》，作《难记》三十万言。初拜郎中，稍迁侍中，出为蜀郡太守。

子彭，字伯楚。少传父业，历广汉、南阳太守。顺帝初，为光禄勋。行至清，为吏粗袍粝食，终于议郎。尚书胡广等追表其有清絜之美，比前朝贡禹、第五伦。未蒙显赠，当时皆嗟叹之。

彭弟汤，字仲河，少传家学，诸儒称其节，多历显位。桓帝初为司空，以豫议定策封安国亭侯，食邑五百户。累迁司徒、太尉，以灾异策免。卒，谥曰康矣。

汤长子成，左中郎将。早卒，次子逢嗣。

逢字周阳，以累世三公子，宽厚笃信，著称于时。灵帝立，逢以太仆豫议，增封三百户。后为司空，卒于执金吾。朝廷以逢尝为三老，特优礼之，赐以珠画特诏秘器，饭含珠玉二十六品，使五官中郎将持节奉策，赠以车骑将军印绶，加号特进，谥曰宣文侯。子基嗣，位至太仆。

逢弟隗，少历显官，先逢为三公。时中常侍袁赦，隗之宗也，用事于中。以逢、隗世宰相家，推崇以为外援。故袁氏贵宠于世，富奢甚，不与它公族同。献帝初，隗为太傅。

成子绍，逢子术，自有传。董卓忿绍、术背己，遂诛隗及术兄基等男女二十余人。

敞字叔平，少传《易经》教授，以父任为太子舍人。和帝时，历位将军、大夫、侍中，出为东郡太守，征拜太仆、光禄勋。元初三年，代司恺为司空。明年，坐子与尚书郎张俊交通，漏泄省中语，策免。敞廉劲不阿权贵，失邓氏旨，遂自杀。

张俊者，郡郡人，有才能，与兄竟并为尚书郎，年少励锋气。郎朱济、丁盛立行不修，俊欲举奏之，二人闻，恐，因郎陈重、雷义往请俊，俊不听，因共私赂侍史，使求俊短，得其私书与敞子，遂封上之，皆下狱，当死。俊自狱中占狱吏上书自讼，书奏而俊狱已报。廷尉将出穀门，临行刑，邓太后诏驰骑以减死论。俊假名上书谢曰："臣孤恩负义，自陷重刑，情断意讫，无所复望。廷尉鞫遣，欧刀在前，棺絮在后，魂魄飞扬，形容已枯。陛下圣泽，以臣尝在省密，识臣状貌，伤臣眉目，留心曲虑，特加遍覆。丧车复还，白骨更肉，披棺发椁，起见白日。天地父母能生臣俊，不能使臣俊当死复生。陛下德过天地，恩重父母，诚非臣俊破碎骸骨，举宗腐烂，所报万一。臣俊徒也，不得上书。不胜去死就生，惊喜踊跃，触冒拜章。"当时皆哀其文。朝廷由此薄敞罪而隐其死，以三公礼葬之，复其官。子盱。盱后至光禄勋。时大将军梁冀擅朝，内外莫不阿附，唯盱与廷尉邯郸义正身自守。及桓帝诛冀，使盱持节收其印绶，事已具《梁冀传》。

闳字夏甫，彭之孙也。少励操行，苦身修节。父贺，为彭城相。闳往省谒，变名姓，徒行无旅。既至府门，连日吏不为通，会阿母出，见闳惊，入白夫人，乃密呼见。既而辞去，贺遣车送之，闳称眩疾不肯乘，反，郡界无知者。及贺卒郡，闳兄弟迎丧，不受赗赠，缞绖扶柩，冒犯寒露，体貌枯毁，手足血流，见者莫不伤之。服阕，累征聘举召，皆不应。居处仄陋，以耕学为业。从父逢、隗并贵盛，数馈之，无所受。闳见时方险乱，而家门富盛，常对兄弟叹曰："吾先公福祚，后世不能以德守之，而竞为骄奢，与乱世争权，此即晋之三郤矣。"延熹末，党事将作，闳遂散发绝世，欲投迹深林。以母老不宜远遁，乃筑土室，四周于庭，不为户，自牖纳饮食而已。旦于室中东向拜母。母思闳，时往就视，母去，便自掩闭，兄弟妻子莫得见也。及母殁，不为制服设位，时莫能名，或以为狂生。潜身十八年，黄巾贼起，攻没郡县，百姓惊散，闳诵经不移。贼相约语不入其闾，乡人就闳避难，皆得全免。年五十七，卒于土室。二弟忠、弘，节操皆亚于闳。

忠字正甫，与同郡范滂为友，俱证党事得释，语在《滂传》。初平中，为沛相，乘苇车到官，以清亮称。及天下大乱，忠弃官客会稽上虞。一见太守王朗徒从整饰，心嫌之，遂称病自绝。后孙策破会稽，忠等浮海南投交阯。献帝都许，征为卫尉，未到，卒。

弘字邵甫，耻其门族贵埶，乃变姓名，徒步师门，不应征辟，终于家。

忠子秘，为郡门下议生。黄巾起，秘从太守赵谦击之，军败，秘与功曹封观等七人以身扞刃，皆死于阵，谦以得免。诏秘等门闾号曰"七贤"。封观者，有志节，当举孝廉，以兄名位未显，耻先受之，遂称风疾，喑不能言。火起观屋，徐出避之，忍而不告。后数年，兄得举，观乃称损而仕郡焉。

论曰：陈平多阴谋，而知其后必废。邴吉有阴德，夏侯胜识其当封及子孙。终陈掌不侯，而邴昌绍国，虽有不类，未可致诘，其大致归然矣。袁公窦氏之间，乃情帝室，引义雅正，可谓王臣之烈。及其理楚狱，未尝鞫人十臧罪，其仁心足以覃乎后昆。子孙之盛，不亦宜乎？

张酺传

张酺字孟侯，汝南细阳人，赵王张敖之后也。敖子寿，封细阳之池阳乡，后废，因家焉。酺少从祖父充受《尚书》，能传其业。又事太常桓荣。勤力不息，聚徒以百数。永平九年，显宗为四姓小侯开学于南宫，置《五经》师。酺以《尚书》教授，数讲于御前。以论难当意，除为郎，赐车马衣裳，遂令入授皇太子。酺为人质直，守经义，每侍讲间隙，数有匡正之辞，以严见惮。及肃宗即位，擢酺为侍中、虎贲中郎将。数月，出为东郡太守。酺自以尝经亲近，未悟见出，意不自得，上疏辞曰："臣愚以经术给事左右，少不更职，不晓文法，猥当剖符典郡，班政千里，必有负恩辱位之咎。臣窃私自分，殊不虑出城阙，冀蒙留恩，托备冗官，群僚所不安，耳目所闻见，不敢避丑。"诏报曰："经云：'身虽在外，乃心不离王室。'典城临民，益所以报效也。好丑必上，不在远近。今赐装钱三十万，其亟之官。"酺虽儒者，而性刚断。下车擢用义勇，搏击豪强。长吏有杀盗徒者，酺辄案之，以为令长受臧，犹不至死，盗徒皆饥寒佣保，何足穷其法乎！郡吏王青者，祖父翁，与前太守翟义起兵攻王莽，及义败，余众悉降，翁独守节力战，莽遂燔烧之。父隆，建武初为都尉功曹，青为小史。与父俱从都尉行县，道遇贼，隆以身卫都尉，遂死于难；青亦被矢贯咽，音声流喝。前郡守以青身有金夷，竟不能举。酺见之，叹息曰："岂有一门忠义而爵赏不及乎？"遂擢用极右曹，乃上疏荐青三世死节，宜蒙显异。奏下三公，由此为司空所辟。自酺出后，帝每见诸王师傅，常言："张酺前入侍讲，屡有谏正，间间恻恻，出于诚心，可谓有史鱼之风矣。"元和二年，东巡狩，幸东郡，引酺及门生并郡县掾史并会庭中。帝先备弟子之仪，使酺讲《尚书》一篇，然后修君臣之礼。赏赐殊特，莫不沾洽。

酺视事十五年，和帝初，迁魏郡太守。郡人郑据时为司隶校尉，奏免执金吾窦景。景后复位，遣掾夏猛私谢酺曰："郑据小人，为所侵冤。闻其儿为吏，放纵狼藉。取是曹子一人，足以惊百。"酺大怒，即收猛系狱，檄言执金吾府，疑猛与据不平，矫称卿意，以报私仇。会有赦罪令，猛乃得出。顷之，征入为河南尹。窦景家人复击伤市卒，吏捕得之，景怒，遣缇骑侯海等五百人欧伤市丞。酺部吏杨章等穷究，正海罪，徙朔方。景忿怨，乃移书辟章等六人为执金吾吏，欲因报之。章等惶恐，入白酺，愿自引臧罪，以辞景命。酺即上言其状。窦太后诏报："自今执金吾辟吏，皆勿遣。"及窦氏败，酺乃上疏曰："臣实愚蠢，不及大体，以为窦氏虽伏厥辜，而罪刑未著，后世不见其事，但闻其诛，非所以垂示国典，贻之将来。宜下理官，与天下平之。方宪等宠贵，群臣阿附唯恐不及，皆言宪受顾命之托，怀伊、吕之忠，至乃复比邓夫人于文母。今严威既行，皆言当死，不复顾其前后，考折厥衷。臣伏见夏阳侯瑰，每存忠善，前与臣言，常有尽节之心，检敕宾客，未尝犯法。臣闻王政骨肉之刑，用三宥之义，过厚不过薄。今议者为瑰选严能相，恐其迫切，必不完免，宜裁加贷宥，以崇厚德。"和帝感酺言，徙瑰封，就国而已。

永元五年，迁酺为太仆。数月，代尹睦为太尉。数上疏以疾乞身，荐魏郡太守徐防自代。帝不许，使中黄门问病，加以珍羞，赐钱三十万。酺遂称笃。时子蕃以郎侍讲，帝因令小黄门敕蕃曰："阴阳不和，万人失所，朝廷望公思惟得失，与国同心，而托病自絜，求去重任，谁当与吾同忧责者？非有望于断金也。司徒固疾，司空年老，公其伛偻，勿露所敕。"酺惶恐诣阙谢，还复视事。酺虽在公位，而父常居田里，酺每有迁职，辄一诣京师。尝来候酺，适会岁节，公卿罢朝，俱诣酺府奉酒上寿，极欢卒日，众人皆庆羡之。及父卒，既葬，诏遣使赍牛酒以释服。后以事与司隶校尉晏称会于朝堂，酺从容谓称曰："三府辟吏，多非其人。"称归，即奏令三府各实其掾史。酺本以私言，不意称奏之，甚怀恨。会复共谢阙下，酺因责让于称。称辞语不顺，酺怒，遂廷叱之，称乃劾奏酺有怨言。天子以酺先帝师，有诏公卿、博士、朝臣会议。司徒吕盖奏酺位居三司，知公门有仪，不屏气鞠躬以须诏命，反作色大言，怨让使臣，不可以示四远。于是策免。酺归里舍，谢遣诸生，闭门不通宾客。左中郎将何敞及言事者多讼酺忠，帝亦雅重之。十六年，复拜为光禄勋。数月，代鲁恭为司徒。月余薨。乘舆缟素临吊，赐冢茔地，赙赠恩宠异于它相。酺病临危，敕其子曰："显节陵埽地露祭，欲率天下以俭。吾为三公，既不能宣扬王化，令吏人从制，岂可不务节约乎？其无起祠堂，可作槁盖庑，施祭其下而已。"

曾孙济，好儒学，光和中为司空，病罢。及卒，灵帝以旧恩赠车骑将军、关内侯印绶。其年，追济侍讲有劳，封子根为蔡阳乡侯。

济弟喜，初平中为司空。

韩棱传

韩棱字伯师，颍川舞阳人，弓高侯颓当之后也。世为乡里著姓。父寻，建武中为陇西太守。棱四岁而孤，养母弟以孝友称。及壮，推先父余财数百万与从昆弟，乡里益高之。初为郡功曹，太守葛兴中风，病不能听政，棱阴代兴视事，出入二年，令无违者。兴子尝发教欲署吏，棱拒执不从，因令怨者章之。事下案验，吏以棱掩蔽兴病，专典郡职，遂致禁锢。显宗知其忠，后诏特原之。由是征辟，五迁为尚书令，与仆射郅寿、尚书陈宠，同时俱以才能称。肃宗尝赐诸尚书剑，唯此三人特以宝剑，自手署其名曰："韩棱楚龙渊，郅寿蜀汉文，陈宠济南椎成。"时论者为之说：以棱渊深有谋，故得龙渊，寿明达有文章，故得汉文。宠敦朴，善不见外，故得椎成。

和帝即位，侍中窦宪使人刺杀齐殇王子都乡侯畅于上东门，有司畏宪，咸委疑于畅兄弟。诏遣侍御史之齐案其事。棱上疏以为贼在京师，不宜舍近问远，恐为奸臣所笑。窦太后怒，以切责棱，棱固执其议。及事发，果如所言。宪惶恐，白太后求出击北匈奴以赎罪。棱复上疏谏，太后

不从。及宪有功，还为大将军，威震天下，复出屯武威。会帝西祠园陵，诏宪与车驾会长安。及宪至，尚书以下议欲拜之，伏称万岁。棱正色曰："夫上交不诌，下交不黩，礼无人臣称万岁之制。"议者皆惭而止。尚书左丞王龙私奏记上牛酒于宪，棱举奏龙，论为城旦。棱在朝数荐举良吏应顺、吕章、周纡等，皆有名当时。及窦氏败，棱典案其事，深竟党与，数月不休沐。帝以为忧国忘家，赐布三百匹。迁南阳太守，特听棱得过家上冢，乡里以为荣。棱发擿奸盗，郡中震栗，政号严平。数岁，征入为太仆。九年冬，代张奋为司空。明年薨。

子辅，安帝时至赵相。

棱孙演，顺帝时为丹阳太守，政有能名。桓帝时为司徒。大将军梁冀被诛，演坐阿党抵罪，以减死论，遣归本郡。后复征拜司隶校尉。

周荣传 孙景

周荣字平孙，庐江舒人也。肃宗时，举明经，辟司徒袁安府。安数与论议，甚器之。及安举奏窦景及与窦宪争立北单于事，皆荣所具草。窦氏客太尉掾徐齮深恶之，胁荣曰："子为袁公腹心之谋，排奏窦氏，窦氏悍士刺客满城中，谨备之矣！"荣曰："荣江淮孤生，蒙先帝大恩，以历宰二城。今复得备宰士，纵为窦氏所害，诚所甘心。"故常敕妻子，若卒遇飞祸，无得殡敛，冀以区区腐身觉悟朝廷。及窦氏败，荣由此显名。自郾令擢为尚书令。出为颍川太守，坐法，当下狱，和帝思荣忠节，左转共令。岁余，复以为山阳太守。所历郡县，皆见称纪。以老病乞身，卒于家，诏特赐钱二十万，除子男兴为郎中。兴少有名誉，永宁中，尚书陈忠上疏荐兴曰："臣伏惟古者帝王有所号令，言必弘雅，辞必温丽，垂于后世，列于典经。故仲尼嘉唐虞之文章，从周室之郁郁。臣窃见光禄郎周兴，孝友之行，著于闺门，清厉之志，闻于州里。蕴椟古今，博物多闻，《三坟》之篇，《五典》之策，无所不览。属文著辞，有可观采。尚书出纳帝命，为王喉舌。臣等既愚暗，而诸郎多文俗吏，鲜有雅才，每为诏文，宣示内外，转相求请，或以不能而专已自由，辞多鄙固。兴抱奇怀能，随辈栖迟，诚可叹惜。"诏乃拜兴为尚书郎。卒。兴子景。

景字仲飨。辟大将军梁冀府，稍迁豫州刺史、河内太守。好贤爱士，其拔才荐善，常恐不及。每至岁时，延请举吏入上后堂，与共宴会，如此数四，乃遣之。赠送什物，无不充备。既而选其父兄子弟，事相优异。尝称曰："臣子同贯，若之何不厚！"先是司徒韩演在河内，志在无私，举吏当行，一辞而已，恩亦不及其家。曰："我举若可矣，岂可令遍积一门！"故当时论者议此二人。景后征入为将作大匠。

及梁冀诛，景以故吏免官禁锢。朝廷以景素著忠正，顷之，复引拜尚书令。迁太仆、卫尉。六年，代刘宠为司空。是时宦官任人及子弟充塞列位。景初视事，与太尉杨秉举奏诸奸猾，自将军牧守以下，免者五十余人。遂连及中常侍防东侯览、东武阳侯具瑗，皆坐黜。朝廷莫不称之。视事二年，以地震策免。岁余，复代陈蕃为太尉。建宁元年薨。以豫议定策立灵帝，追封安阳乡侯。

长子崇嗣，至甘陵相。

中子忠，少历列位，累迁大司农。忠子晖，前为洛阳令，去官归。兄弟好宾客，雄江淮间，出入从车常百余乘。及帝崩，晖闻京师不安，来候忠，董卓闻而恶之，使兵劫杀其兄弟。忠后代皇甫嵩为太尉，录尚书事，以灾异免。复为卫尉，从献帝东归洛阳。

赞曰：袁公持重，诚单所奉。惟德不忘，延世承宠。孟侯经博，侍言帝嵚。棱、荣事君，志同鹦雀。

卷七十六　　郭陈列传第三十六

郭躬传 弟子镇

郭躬字仲孙，颍川阳翟人也。家世衣冠。父弘，习《小杜律》。太守寇恂以弘为决曹掾，断狱至三十年，用法平。诸为弘所决者，退无怨情，郡内比之东海于公。年九十五卒。躬少传父业，讲授徒众常数百人。后为郡吏，辟公府。永平中，奉车都尉窦固出击匈奴，骑都尉秦彭为副。彭在别屯而辄以法斩人，固奏彭专擅，请诛之。显宗乃引公卿朝臣平其罪科。躬以明法律，召入议。议者皆然固奏，躬独曰："于法，彭得斩之。"帝曰："军征，校尉一统于督。彭既无斧钺，可得专杀人乎？"躬对曰："一统于督者，谓在部曲也。今彭专军别将，有异于此。兵事呼吸，不容先关督帅。且汉制棨戟即为斧钺，于法不合罪。"帝从躬议。又有兄弟共杀人者，而罪未有所归。帝以兄不训弟，故报兄重而减弟死。中常侍孙章宣诏，误言两报重，尚书奏章矫制，罪当腰斩。帝复召躬问之，躬对"章应罚金"。帝曰："章矫诏杀人，何谓罚金？"躬曰："法令有故、误，章传命之谬，于事为误，误者其文则轻。"帝曰："章与囚同县，疑其故也。"躬曰："'周道如砥，其直如矢。''君子不逆诈。'君王法天，刑不可以委曲生意。"帝曰："善。"迁躬廷尉正，坐法免。后三迁，元和三年，拜为廷尉。躬家世掌法，务在宽平，及典理官，决狱断刑，多依矜恕，乃条诸重文可从轻者四十一事奏之，事皆施行，著于令。章和元年，赦天下系囚在四月丙

子以前减死罪一等，勿笞，诣金城，而文不及亡命未发觉者。躬上封事曰："圣恩所以减死罪使戍边者，重人命也。今死罪亡命无虑万人，又自赦以来，捕得甚众，而诏令不及，皆当重论。伏惟天恩莫不荡宥，死罪已下并蒙更生，而亡命捕得独不沾泽。臣以为赦前犯死罪而系在赦后者，可皆勿笞诣金城，以全人命，有益于边。"肃宗善之，即下诏赦焉。躬奏谳法科，多所全生。永元六年，卒官。中子晊，亦明法律，至南阳太守，政有名迹。弟子镇。

镇字桓钟，少修家业。辟太尉府，再迁，延光中为尚书。及中黄门孙程诛中常侍江京等而立济阴王，镇率羽林士击杀卫尉阎景，以成大功，事在《宦者传》。再迁尚书令。太傅、三公奏镇冒犯白刃，手剑贼臣，奸党殄灭，宗庙以宁，功比刘章，宜显爵土，以励忠贞。乃封镇为定颍侯，食邑二千户。拜河南尹，转廷尉，免。永建四年，卒于家。诏赐冢茔地。

长子贺当嗣爵，让与小弟时而逃去。积数年，诏大鸿胪下州郡追之，贺不得已，乃出受封。累迁，复至廷尉。及贺卒，顺帝追思镇功，下诏赐镇谥曰昭武侯，贺曰成侯。

贺弟祯，亦以能法律至廷尉。

镇弟子禧，少明习家业，兼好儒学，有名誉，延熹中亦为廷尉。建宁二年，代刘宠为太尉。禧子鸿，至司隶校尉，封城安乡侯。

郭氏自弘后，数世皆传法律，子孙至公者一人，廷尉七人，侯者三人，刺史、二千石、侍中、中郎将者二十余人，侍御史、正、监、平者甚众。

顺帝时，廷尉河南吴雄季高，以明法律，断狱平，起自孤宦，致位司徒。雄少时家贫，丧母，营人所不封土者，择葬其中。丧事趣办，不问时日，巫皆言当族灭，而雄不顾。及子䜣孙恭，三世廷尉，为法名家。初，肃宗时，司隶校尉下邳赵兴亦不恤讳忌，每入官舍，辄更缮修馆宇，移穿改筑，故犯妖禁，而家人爵禄，益用丰炽，官至颍川太守。子峤，太傅，以才器称。孙安世，鲁相。三叶皆为司隶，时称其盛。

桓帝时，汝南有陈伯敬者，行必矩步，坐必端膝，呵叱狗马，终不言死，目有所见，不食其肉，行路闻凶，便解驾留止，还触归忌，则寄宿乡亭。年老寝滞，不过举孝廉。后坐女婿亡吏，太守邵夔怒而杀之。时人罔忌禁者，多谈以证焉。

论曰：曾子云："上失其道，民散久矣。如得其情，则哀矜而勿喜。"夫不喜于得情则恕心用，恕心用则可寄枉直矣。夫贤人君子断狱，其必主于此乎？郭躬起自佐史，小大之狱必察焉。原其平刑审断，庶于勿喜者乎？若乃推己以议物，舍状以贪情，法家之能庆延于世，盖由此也！

陈宠传 子忠

陈宠字昭公，沛国浚人也。曾祖父咸，成哀间以律令为尚书。平帝时，王莽辅政，多改汉制，咸心非之。及莽因吕宽事诛不附己者何武、鲍宣等，咸乃叹曰："《易》称'君子见几而作，不俟终日'，吾可以逝矣！"即乞骸骨去职。及莽篡位，召咸以为掌寇大夫，谢病不肯应。时三子参、丰、钦皆在位，乃悉令解官，父子相与归乡里，闭门不出入，犹用汉家祖腊。人问其故，咸曰："我先人岂知王氏腊乎？"其后莽复征咸，遂称病笃。于是乃收敛其家律令书文，皆壁藏之。咸性仁恕，常戒子孙曰："为人议法，当依于轻，虽有百金之利，慎无与人重比。"

建武初，钦子躬为廷尉左监，早卒。

躬生宠，明习家业，少为州郡吏，辟司徒鲍昱府。是时三府掾属专尚交游，以不肯视事为高。宠常非之，独勤心物务，数为昱陈当世便宜。昱高其能，转为辞曹，掌天下狱讼。其所平决，无不厌服众心。时司徒辞讼，久者数十年，事类混错，易为轻重，不良吏得生因缘。宠为昱撰《辞讼比》七卷，决事科条，皆以事类相从。昱奏上之，其后公府奉以为法。

三迁，肃宗初，为尚书。是时承永平故事，吏政尚严切，尚书决事率近于重。宠以帝新即位，宜改前世苛俗。乃上疏曰："臣闻先王之政，赏不僭，刑不滥，与其得已，宁僭不滥。故唐尧著典，'眚灾肆赦'；周公作戒，'勿误庶狱'；伯夷之典，'惟敬五刑，以成三德'。由此言之，圣贤之政，以刑罚为首。往者断狱严明，所以威惩奸慝，奸慝既平，必宜济之以宽。陛下即位，率由此义，数诏群僚，弘崇晏晏。而有司执事，未悉奉承，典刑用法，犹尚深刻。断狱者急于篣格酷烈之痛，执宪者烦于诋欺放滥之文，或因公行私，逞纵威福。夫为政犹张琴瑟，大弦急者小弦绝。故子贡非臧孙之猛法，而美郑乔之仁政。《诗》云：'不刚不柔，布政优优。'方今圣德充塞，假于上下，宜隆先王之道，荡涤烦苛之法。轻薄箠楚，以济群生；全广至德，以奉天心。"帝敬纳宠言，每事务于宽厚。其后遂诏有司，绝钻钻诸惨酷之科，解妖恶之禁，除文致之请谳五十余事，定著于令。是后人俗和平，屡有嘉瑞。

汉旧事断狱报重，常尽三冬之月，是时帝始改用冬初十月而已。元和二年，旱，长水校尉贾宗等上言，以为断狱不尽三冬。故阴气微弱，阳气发泄，招致灾旱，事在于此。帝以其言下公卿议，宠奏曰："夫冬至之节，阳气始萌。故十一月有兰、射干、芸、荔之应。《时令》曰：'诸生荡，安形体。'天以为正，周以为春。十二月阳气上通，雉雊鸡乳，地以为正，殷以为春。十三月阳气已至，天地已交，万物皆出，蛰虫始振，人以为正，夏以为春。三微成著，以通三统。周以天元，殷以地元，夏以人元。若以此时行刑，则殷、周岁首皆当流血，不合人心，不稽天意。《月令》曰：'孟冬之月，趣狱刑，无留罪。'明大刑毕在立冬也。又：'仲冬之月，身欲宁，事欲静。'若以降威怒，不可谓宁；若以行大刑，不可谓静。议者咸曰：'旱之所由，咎在改律。'臣以为殷、周断狱不以三微，而化致康平，无有灾害。自元和以前，皆用三冬，而水旱之异，往往为患。由此言之，灾害自为它应，不以改律。秦为虐政，四时行刑，圣汉初兴，改从简易。萧何草律，季秋论囚，俱避立春之月，而不计天地之正，二王之春，实颇有违。陛下探幽析微，允执其中，革百载之失，建永年之功，上有迎承之敬，下有奉微之惠，稽《春秋》之文，当《月令》之意，圣功美业，不宜中疑。"书奏，帝纳之，遂不复改。

宠性周密，常称人臣之义，苦不畏慎。自在枢机，谢遣门人，拒绝知友，唯在公家而已。朝廷器之。

皇后弟侍中窦宪，荐真定令张林为尚书。帝以问宠，宠对"林虽有才能，而素行贪浊"，宪以此深恨宠。林卒被用，而以赃污抵罪。及帝崩，宪等秉权，常衔宠，乃白太后，令典丧事，欲因过中之。黄门侍郎鲍德素敬宠，说宪弟夏阳侯瑰曰：'陈宠奉事先帝，深见纳任，故久留台阁，赏赐有殊。今不蒙忠能之赏，而计几微之故，诚伤辅政容贷之德。"瑰亦好士，深然之，故得出为太山太守。后转广汉太守。西州豪右并兼，吏多奸贪，诉讼日百数。宠到，显用良吏王涣、镡显等，以为腹心，讼者日减，郡中清肃。先是雒县城南，每阴雨，常有哭声闻于府中，积数十年。宠闻而疑其故，使吏案行。还言："世衰乱时，此下多死亡者，而骸骨不得葬，傥在于是？"宠怆然矜叹，即敕县尽收敛葬之。自是哭声遂绝。及窦宪为大将军征匈奴，公卿以下及郡国无不遣吏子弟奉献遗者，而宠与中山相汝南张郴、东平相应顺守正不阿。后和帝闻之，擢宠为大司农，郴太仆，顺左冯翊。

永元六年，宠代郭躬为廷尉，性仁矜。及为理官，数议疑狱，常亲自为奏，每附经典，务从宽恕，帝辄从之，济活者甚众。其深文刻敝，于此少衰。宠又钩校律令条法，溢于《甫刑》者除之。曰："臣闻礼经三百，威仪三千，故《甫刑》大辟二百，五刑之属三千。礼之所去，刑之所取，失礼则入刑，相为表里者也。今律令死刑六百一十，耐罪千六百九十八，赎罪以下二千六百八十一，溢于《甫刑》者千九百八十九，其四百一十大辟，千五百耐罪，七十九赎罪。《春秋保乾图》曰：'王者三百年一蠲法。'汉兴以来，三百二年，宪令稍增，科条无限。又律有三家，其说各异。宜令三公、廷尉平定律令，应经合义者，可使大辟二百，而耐罪、赎罪二千八百，并为三千，悉删除其余令，与礼相应，以易万人视听，以致刑措之美，传之无穷。"未及施行，会坐诏狱吏与囚交通抵罪，诏特免刑，拜为尚书。迁大鸿胪。宠历二郡三卿,所在有迹,见称当时。十六年,代徐防为司空。宠虽传法律,而兼通经书,奏议温粹,号为任职相。在位三年薨。以太常南阳尹勤代为司空。

勤字叔梁,笃性好学,屏居人外,荆棘生门,时人重其节。后以定策立安帝,封福亭侯,五百户。永初元年,以雨水伤稼,策免就国。病卒,无子,国除。

宠子忠。

忠字伯始,永初中辟司徒府,三迁廷尉正,以才能有声称。司徒刘恺举忠明习法律,宜备机密,于是擢拜尚书,使居三公曹。忠自以世典刑法,用心务在宽详。初,父宠在廷尉,上除汉法溢于《甫刑》者,未施行,及宠免后遂寝。而苛法稍繁,人不堪之。忠略依宠意,奏上二十三条,为《决事比》,以省请谳之敝。又上除蚕室刑;解臧吏三世禁锢;狂易杀人,得减重论,母子兄弟相代死,听,赦所代者。事皆施行。及邓太后崩,安帝始亲朝事。忠以为临政之初,宜征聘贤才,以宣助风化,数上荐隐逸及直道之士冯良、周燮、杜根、成翊世之徒。于是公车礼聘良、燮等。后连有灾异,诏举有道,公卿百僚各上封事。忠以诏书既开谏争,虑言事者必多激切,或致不能容,乃上疏豫通广帝意。曰:"臣闻仁君广山薮之大,纳切直之谋,忠臣尽謇谔之节,不畏逆耳之害。是以高祖舍周昌桀纣之譬,孝文嘉爰盎人豕之讥,武帝纳东方朔宣室之正,元帝容薛广德自刎之切。昔晋平公问于叔向曰:'国家之患孰为大?'对曰:'大臣重禄不极谏,小臣畏罪不敢言,下情不上通,此患之大者。'公曰:'善。'于是下令曰:'吾欲进善,有谒而不通者,罪至死。'今明诏崇高宗之德,推宋景之诚,引咎克躬,谘访群吏。言事者见杜根、成翊世等新蒙表录,显列二台,必承风响应,争为切直。若嘉谋异策,宜辄纳用。如其管穴,妄有讥刺,虽苦口逆耳,不得事实,且优游宽容,以示圣朝无讳之美。若有道之士,对问高者,宜垂省览,特迁一等,以广直言之路。"书御,有诏拜有道高第士沛国施延为侍中,延后位至太尉。常侍江京、李闰等皆为列侯,共秉权任。帝又爱信阿母王圣,封为野王君。忠内怀惧愦而未敢陈谏,乃作《搢绅先生论》以讽,文多故不载。

自帝即位以后,频遭元二之厄,百姓流亡,盗贼并起,郡县更相饰匿,莫肯纠发。忠独以为忧,上疏曰:"臣闻轻者重之端,小者大之源,故堤溃蚁孔,气泄针芒。是以明者慎微,智者识几。《书》曰:'小不可不杀。'《诗》云:'无纵诡随,以谨无良。'盖所以崇本绝末,钩深之虑也。臣窃见元年以来,盗贼连发,攻亭劫掠,多所伤杀。夫穿窬不禁,则致强盗;强盗不断,则为攻盗;攻盗成群,必生大奸。故亡逃之科,宪令所急,至于通行饮食,罪致大辟。而顷者以来,莫以为忧。州郡督录急慢,长吏防御不肃,皆欲采获虚名,讳以盗贼为负。虽有发觉,不务清澄。至有逞威滥怒,无辜僵仆。或有局踏比伍,转相赋敛。或随吏追赴,周章道路。是以盗发之家,不敢申告,邻舍比里,共相压迮,或出私财,以偿所亡。其大章著不可掩者,乃肯发露。陵迟之渐,遂且成俗。寇攘诛咎,皆由于此。前年勃海张伯路,可为至戒。覆车之轨,其迹不远。盖失之末流,求之本源。宜纠增旧科,以防来事。自今强盗为上官若它郡县所纠觉,一发,部吏皆正法,尉贬秩一等,令长三月奉赎罪;二发,尉免官,令长贬秩一等;三发以上,令长免官。便可撰立科条,处为诏文,切敕刺史,严加纠问。冀以猛济宽,惊惧奸慝。顷季夏大暑,而消息不协,寒气错时,水涌为变。天之降异,必有其故。所举有道之士,可策问国典所务,王事过差,令处暖气不效之意。庶有谠言,以承天诫。"

元初三年有诏,大臣得行三年丧,服阕还职。忠因此上言:"孝宣皇帝旧令,人从军屯及给事县官者,大父母死未满三月,皆勿徭,令得葬送。请依此制。"太后从之。至建光中,尚书令祝讽、尚书孟布等奏,以为"孝文皇帝定约礼之制,光武皇帝绝告宁之典,贻则万世,诚不可改。宜复建武故事"。忠上疏曰:"臣闻之《孝经》,始于爱亲,终于哀戚。上自天子,下至庶人,尊卑贵贱,其义一也。夫父母于子,同气异息,一体而分,三年乃免于怀抱。先圣缘人情而著其节,制服二十五月,是以《春秋》臣有大丧,君三年不呼其门,闵子虽要绖服事,以赴公难,退而致位,以究私恩,故称'君使之非也,臣行之礼也'。周室陵迟,礼制不序,《蓼莪》之人作诗自伤曰:'瓶之罄矣,惟罍之耻。'言己不得终竟子道者,亦上之耻也。高祖受命,萧何创制,大臣有宁告之科,合于致忧之义。建武之初,新承大乱,凡诸国政,多趣简易,大臣既不得告宁,而群司营禄念私,鲜循三年之丧,以报顾复之恩者。礼义之方,实为雕损。大汉之兴,虽承衰敝,而先王之制,稍已施行。故藉田之耕,起于孝文;孝廉之贡,发于孝武;郊祀之礼,定于元、成;三雍之序,备于显宗;大臣终丧,成乎陛下。圣功美业,靡以尚兹。孟子有言:'老吾老以及人之老,幼吾幼以及人之幼,天下可运于掌。'臣愿陛下登高北望,以甘陵之思,揆度臣子之心,则海内咸得其所。"宦竖不便之,竟寝忠奏而从讽、布议,遂著于令。忠以久次,转为仆射。时帝数遣黄门常侍及中使伯荣往来甘陵,而伯荣负宠骄蹇,所经郡国莫不迎为礼谒。又霖雨积时,河水涌溢,百姓骚动。忠上疏曰:"臣闻位非其人,则庶事不叙;庶事不叙,则政有得失;政有得失,则感动阴阳,妖变为应。陛下每引灾自厚,不责臣司,臣司狃恩,莫以为负。故天心未得,隔并屡臻,青、冀之域淫雨漏河,徐、岱之滨海水盆溢,兖、豫蝗蟓滋生,荆、杨稻收俭薄,并凉二州羌戎叛戾。加以百姓不足,府帑虚匮,自西徂东,杼柚将空。臣闻《洪范》五事,一曰貌,貌以恭,恭作肃,貌伤则狂,而致常雨。春秋大水,皆为君上威仪不穆,临莅不严,臣下轻慢,贵幸擅权,阴气盛强,阳不能禁,故为淫雨。陛下以不得亲奉孝德皇园庙,比遣中使致敬甘陵,朱轩軿马,相望道路,可谓孝至矣。然臣窃闻使者所过,威权翕赫,震动郡县,王侯二千石至为伯荣独拜车下,仪体上僭,侔于人主。长吏惶怖遣责,或邪谄自媚,发人修道,缮理亭传,多设储跱,征役无度,老弱相随,动有万计,赂遗仆从,人数百匹,顿踣呼嗟,莫不叩心。河间托叔父之属,清河有陵庙之尊,及剖符大臣,皆猥为伯荣屈节车下。陛下不问,必以陛下欲其然也。伯荣之威重于陛下,陛下之柄在于臣妾。水灾之发,必起于此。昔韩嫣托副车之乘,受驰视之使;江都误为一拜,而嫣受欧刀之诛。臣愿明主严天元之尊,正乾刚之位,职事巨细,皆任贤能,不宜复令女使干错万机。重察左右,得无石显泄漏之奸;尚书纳言,得无赵昌谮崇之诈;公卿大臣,得无朱博阿傅之援;外属近戚,得无王凤害商之谋。若国政一由帝命,王事每决于己,则下不得逼上,臣不得干君,常雨大水必当霁止,四方众异不能为害。"书奏不省。

时三府任轻,机事专委尚书,而灾眚变咎,辄切免公台。忠以为非国旧体,上疏谏曰:"臣闻'君使臣以礼,臣事君以忠'。故三公称曰冢宰,王者待以殊敬,在舆为下,御坐为起,入则参对而议政事,出则监察而董是非。汉典旧事,丞相所请,靡有不听。今之三公,虽当其名而无其实,选举诛赏,一由尚书,尚书见任,重于三公,陵迟以来,其渐久矣。臣忠心常独不安,是故临事战惧,不敢穴见有所兴造,又不敢希意同僚,以谬平典,而谤訾日闻,罪足万死。近以地震策免司空陈褒,今者灾异,复欲切让三公。昔孝成皇帝以妖星守心,移咎丞相,使贾丽纳说方进,方进自引,卒不蒙上天之福,徒乖宋景之诚。故知是非之分,较然有归矣。又尚书决事,多违故典,罪法无例,诋欺为先,文惨言丑,有乖章宪。宜责求其意,割而后听。上顺国典,下防威福,置方员于规矩,审轻重于衡石,诚国家之典,万世之法也。"忠意常在褒崇大臣,待下以礼。其九卿有疾,使者临问,加赐钱布,皆忠所建奏。顷之,迁尚书令。延光三年,拜司隶校尉。纠正中官外戚宾客,近幸惮之,不欲忠在内。明年,出为江夏太守,复留拜尚书令,会疾卒。初,太尉张禹、司徒徐防欲与忠父宠共奏追封和熹邓后父护羌校尉邓训,宠以先世无奏请故事,争之连日不能夺,乃从二府议。及训追加封谥,禹、防复约宠俱遣子奉礼于虎贲中郎将邓骘,宠不从,骘心不平,故忠不得志于邓氏。及骘等败,众庶多怨之,而忠数上疏陷成其恶,遂诋劾大司农朱宠。顺帝之为太子废也,诸名臣来历、祝讽等守阙固争,时忠为尚书令,与诸尚书复共劾奏之。及帝立,司隶校尉虞诩追奏忠等罪过,当世以此讥焉。

论曰:陈公居理官则议狱缓死,相幼主则正不僭宠,可谓有宰相之器矣。忠能承风,亦庶乎明慎用刑而不留狱。然其听狂易杀人,开父子兄弟得相代死,斯大谬矣。是则不善人多幸,而善人常代其祸,进退无所措也。

赞曰:陈、郭主刑,人赖其平。宠矜枯骴,躬断以情。忠用详密,损益有程。施于孙子,且公且卿。

卷七十七　　班梁列传第三十七

班超传子勇

班超字仲升,扶风平陵人,徐令彪之少子也。为人有大志,不修细节。然内孝谨,居家常执勤苦,不耻劳辱。有口辩,而涉猎书传。永平五年,兄固被召诣校书郎,超与母随至洛阳。家贫,常为官佣书以供养。久劳苦,尝辍业投笔叹曰:"大丈夫无它志略,犹当效傅介子、张骞立功异域,以取封侯,安能久事笔砚间乎?"左右皆笑之。超曰:"小子安知壮士志哉!"其后行诣相者,曰:"祭酒,布衣诸生耳,而当封侯万里之外。"超问其状。相者指曰:"生燕颔虎颈,飞而食肉,此万里侯相也。"久之,显宗问固"卿弟安在",固对"为官写书,受直以养老母"。帝乃除超为兰台令史。后坐事免官。

十六年,奉车都尉窦固出击匈奴,以超为假司马,将兵别击伊吾,战于蒲类海,多斩首虏而还。固以为能,遣与从事郭恂俱使西域。超到鄯善,鄯善王广奉超礼敬甚备,后忽更疏懈。超谓其官属曰:"宁觉广礼意薄乎?此必有北虏使来,狐疑未知所从故也。明者睹未萌,况已著邪。"乃召侍胡诈之曰:"匈奴使来数日,今安在乎?"侍胡惶恐,具服其状。超乃闭侍胡,悉会其吏士三十六人,与共饮,酒酣,因激怒曰:"卿曹与我俱在绝域,欲立大功,以求富贵。今虏使到裁数日,而王广礼敬即废;如令鄯善收吾属送匈奴,骸骨长为豺狼食矣。为之奈何?"官属皆曰:"今在危亡之地,死生从司马。"超曰:"不入虎穴,不得虎子。当今之计,独有因夜以火攻虏,使彼不知我多少,必大震怖,可殄尽也。灭此虏,则鄯善破胆,功成事立矣。"众曰:"当与从事议之。"超怒曰:"吉凶决于今日。从事文俗吏,闻此必恐而谋泄,死无所名,非壮士也!"众曰:"善。"初夜,遂将吏士往奔虏营。会天大风,超令十人持鼓藏虏舍后,约曰:"见火然,皆当鸣鼓大呼。"余人悉持兵弩夹门而伏。超乃顺风纵火,前后鼓噪。虏众惊乱,超手格杀三人,吏兵斩其使及从士三十余级,余众百许人悉烧死。明日乃还告郭恂,恂大惊,既而色动。超知其意,举手曰:"掾虽不行,班超何心独擅之乎?"恂乃悦。超于是召鄯善王广,以虏使首示之,一国震怖。超晓告抚慰,遂纳子为质。还奏于窦固,固大喜，具上超功效，并求更选使使西域。帝壮超节，诏固曰："吏如班超，何故不遣而更选乎？今以超为军司马，令遂前功。"超复受使，固欲益其兵，超曰："愿将本所从三十余人足矣。如有不虞，多益为累。"是时莎王广德新攻破莎车，遂雄张南道，而匈奴遣使监护其国。超既西，先至于窴。广德礼意甚疏。且其俗信巫。巫言："神怒何故欲向汉？汉使有騧马，急求取以祠我。"广德乃遣使就超请马。超密知其状，报许之，而令巫自来取马。有顷，巫至，超即斩其首以送广德，因辞让之。广德素闻超在鄯善诛灭虏使，大惶恐，即攻杀匈奴使者而降超。超重赐其王以下，因镇抚焉。时龟兹王建为匈奴所立，倚恃虏威，据有北道，攻破疏勒，杀其王，而立龟兹人兜题为疏勒王。明年春，超从间道至疏勒。去兜题所居槃橐城九十里，逆遣吏田虑先往降之。敕虑曰："兜题本非疏勒种，国人必不用命。若不即降，便可执之。"虑既到，兜题见虑轻弱，殊无降意。虑因其无备，遂前劫缚兜题。左右出其不意，皆惊惧奔走。虑驰报超，超即赴之，悉召疏勒将吏，说以龟兹无道之状，因立其故王兄子忠为王，国人大悦。忠及官属皆请杀兜题，超不听，欲示以威信，释而遣之。疏勒由是与龟兹结怨。

十八年，帝崩，焉耆以中国大丧，遂攻没都护陈睦。超孤立无援，而龟兹、姑墨数发兵攻疏勒。超守槃橐城，与忠为首尾，士吏单少，拒守岁余。肃宗初即位，以陈睦新没，恐超单危不能自立，下诏征超。超发还，疏勒举国忧恐。其都尉黎弇曰："汉使弃我，我必复为龟兹所灭耳。诚不忍见汉使去。"因以刀自刭。超还至于窴，王侯以下皆号泣曰："依汉使如父母，诚不可去。"互抱超马脚，不得行。超恐于窴终不听其东，又欲遂本志，乃更还疏勒。疏勒两城自超去后，复降龟兹，而与尉头连兵。超捕斩反者，击破尉头，杀六百余人，疏勒复安。

建初三年，超率疏勒、康居、于窴、拘弥兵一万人攻姑墨石城，破之，斩首七百级。超欲因此叵平诸国，乃上疏请兵。曰："臣窃见先帝欲开西域，故北击匈奴，西使外国，鄯善、于窴即时向化。今拘弥、莎车、疏勒、月氏、乌孙、康居复愿归附，欲共并力破灭龟兹，平通汉道。若得龟兹，则西域未服者百分之一耳。臣伏自惟念，卒伍小吏，实愿从谷吉效命绝域，庶几张骞弃身旷野。昔魏绛列国大夫，尚能和辑诸戎，况臣奉大汉之威，而无铅刀一割之用乎？前世议者皆曰取三十六国，号为断匈奴右臂。今西域诸国，自日之所入，莫不向化，大小欣欣，贡奉不绝，唯焉耆、龟兹独未服从。臣前与官属三十六人奉使绝域，备遭艰厄。自孤守疏勒，于今五载，胡夷情数，臣颇识之。问其城郭小大，皆言'倚汉与依天等'。以是效之，则葱领可通，葱领通则龟兹可伐。今宜拜龟兹侍子白霸为其国王，以步骑数百送之，与诸国连兵，岁月之间，龟兹可禽。以夷狄攻夷狄，计之善者也。臣见莎车、疏勒田地肥广，草牧饶衍，不比敦煌、鄯善间也，兵可不费中国而粮食自足。且姑墨、温宿二王，特为龟兹所置，既非其种，更相厌苦，其势必有降反。若二国来降，则龟兹自破。愿下臣章，参考行事。诚有万分，死复何恨。臣超区区，特蒙神灵，窃冀未便僵仆，目见西域平定，陛下举万年之觞，荐勋祖庙，布大喜于天下。"书奏，帝知其功可成，议欲给兵。平陵人徐干素与超同志，上疏愿奋身佐超。五年，遂以干为假司马，将弛刑及义从千人就超。

先是莎车以为汉兵不出，遂降于龟兹，而疏勒都尉番辰亦复反叛。会徐干适至，超遂与干击番辰，大破之，斩首千余级，多获生口。超既破番辰，欲进攻龟兹。以乌孙兵强，宜因其力，乃上言："乌孙大国，控弦十万，故武帝妻以公主，至孝宣皇帝，卒得其用。今可遣使招慰，与共合力。"帝纳之。八年，拜超为将兵长史，假鼓吹幢麾。以徐干为军司马，别遣卫候李邑护送乌孙使者，赐大小昆弥以下锦帛。李邑始到于窴，而值龟兹攻疏勒，恐惧不敢前，因上书陈西域之功不可成，又盛毁超拥爱妻，抱爱子，安乐外国，无内顾心。超闻之，叹曰："身非曾参而有三至之谗，恐见疑于当时矣。"遂去其妻。帝知超忠，乃切责邑曰："纵超拥爱妻，抱爱子，思归之士千余人，何能尽与超同心乎？"令邑诣超受节度。诏超："若邑任在外者，便留与从事。"超即遣邑将乌孙侍子还京师。徐干谓超曰："邑前亲毁君，欲败西域，今何不缘诏书留之，更遣它吏送侍子乎？"超曰："是何言之陋也！以邑毁超，故遣之。内省不疚，何恤人言！快意留之，非忠臣也。"

明年，复遣假司马和恭等四人将兵八百诣超，超因发疏勒、于窴兵击莎车。莎车阴通使疏勒王忠，啖以重利，忠遂反从之，西保乌即城。超乃更立其府丞成大为疏勒王，悉发其不反者以攻忠。积半岁，而康居遣精兵救之，超不能下。是时月氏新与康居婚，相亲，超乃使使多赍锦帛遗月氏王，令晓示康居王，康居王乃罢兵，执忠以归其国，乌即城遂降于超。

后三年，忠说康居王借兵，还据损中，密与龟兹谋，遣使诈降于超。超内知其奸而外伪许之。忠大喜，即从轻骑诣超。超密勒兵待之，为供张设乐。酒行，乃叱吏缚忠斩之。因击破其众，杀七百余人，南道于是遂通。

明年，超发于窴诸国兵二万五千人，复击莎车。而龟兹王遣左将军发温宿、姑墨、尉头合五万人救之。超召将校及于窴王议曰："今兵少不敌，其计莫若各散去。于窴从是而东，长史亦于此西归，可须夜鼓声而发。"阴缓所得生口。龟兹王闻之大喜，自以万骑于西界遮超，温宿王将八千骑于东界徼于窴。超知二虏已出，密召诸部勒兵，鸡鸣驰赴莎车营，胡大惊乱奔走，追斩五千余级，大获其马畜财物。莎车遂降，龟兹等因各退散，自是威震西域。初，月氏尝助汉击车师有功，是岁贡奉珍宝、符拔、师子，因求汉公主。超拒还其使,由是怨恨。永元二年,月氏遣其副王谢将兵七万攻超。超众少,皆大恐。超譬军士曰:"月氏兵虽多,然数千里逾葱领来,非有运输,何足忧邪?但当收谷坚守,彼饥穷自降,不过数十日决矣。"谢遂前攻超,不下,又钞掠无所得。超度其粮将尽,必从龟兹求救,乃遣兵数百于东界要之。谢果遣骑赍金银珠玉以赂龟兹。超伏兵遮击,尽杀之,持其使首以示谢。谢大惊,即遣使请罪,愿得生归。超纵遣之。月氏由是大震,岁奉贡献。

明年,龟兹、姑墨、温宿皆降,乃以超为都护,徐干为长史。拜白霸为龟兹王,遣司马姚光送之。超与光共胁龟兹废其王尤利多而立白霸,使光将尤利多还诣京师。超居龟兹它乾城,徐干屯疏勒。西域唯焉耆、危须、尉犁以前没都护,怀二心,其余悉定。

六年秋,超遂发龟兹、鄯善等八国兵合七万人,及吏士贾客千四百人讨焉耆。兵到尉犁界,而遣晓说焉耆、尉犁、危须曰:"都护来者,欲镇抚三国。即欲改过向善,宜遣大人来迎,当赏赐王侯已下,事毕即还。今赐王彩五百匹。"焉耆王广遣其左将北鞬支奉牛酒迎超。超诘鞬支曰:"汝虽匈奴侍子,而今秉国之权。都护自来,王不以时迎,皆汝罪也。"或谓超可便杀之。超曰:"非汝所及。此人权重于王,今未入其国而杀之,遂令自疑,设备守险,岂得到其城下哉!"于是赐而遣之。广乃与大人迎超于尉犁,奉献珍物。焉耆国有苇桥之险,广乃绝桥,不欲令汉军入国。超更从它道厉度。七月晦,到焉耆,去城二十里,营大泽中。广出不意,大恐,乃欲悉驱其人共入山保。焉耆左候元孟先尝质京师,密遣使以事告超,超即斩之,示不信用。乃期大会诸国王,因扬声重加赏赐,于是焉耆王广、尉犁王泛及北鞬支等三十人相率诣超。其国相腹久等十七人惧诛,皆亡入海,而危须王亦不至。坐定,超怒诘广曰:"危须王何故不到?腹久等所缘逃亡?"遂叱吏士收广、泛等于陈睦故城斩之,传首京师。因纵兵抄掠,斩首五千余级,获生口万五千人,马畜牛羊三十余万头,更立元孟为焉耆王。超留焉耆半岁,慰抚之。于是西域五十余国悉皆纳质内属焉。

明年,下诏曰:"往者匈奴独擅西域,寇盗河西,永平之末,城门昼闭。先帝深愍边氓婴罗寇害,乃命将帅击右地,破白山,临蒲类,取车师,城郭诸国震慑响应,遂开西域,置都护。而焉耆王舜、舜子忠独谋悖逆,恃其险隘,覆没都护,并及吏士。先帝重元元之命,悼兵役之兴,故使军司马班超安集于寘以西。超遂逾葱领,迄县度,出入二十二年,莫不宾从。改立其王,而绥其人。不动中国,不烦戎士,得远夷之和,同异俗之心,而致天诛,蠲宿耻,以报将士之仇。《司马法》曰:'赏不逾月,欲人速睹为善之利也。'其封超为定远侯,邑千户。"超自以久在绝域,年老思土。十二年,上疏曰:"臣闻太公封齐,五世葬周,狐死首丘,代

马依风。夫周齐同在中土千里之间,况于远处绝域,小臣能无依风首丘之思哉?蛮夷之俗,畏壮侮老。臣超犬马齿歼,常恐年衰,奄忽僵仆,孤魂弃捐。昔苏武留匈奴中尚十九年,今臣幸得奉节带金银护西域,如自以寿终屯部,诚无所恨,然恐后世或名臣为没西域。臣不敢望到酒泉郡,但愿生入玉门关。臣老病衰困,冒死瞽言,谨遣子勇随献物入塞。及臣生在,令勇目见中土。"而超妹同郡曹寿妻昭亦上书请超曰:

妾同产兄西域都护定远侯超,幸得以微功特蒙重赏,爵列通侯,位二千石。天恩殊绝,诚非小臣所当被蒙。超之始出,志捐躯命,冀立微功,以自陈效。会陈睦之变,道路隔绝,超以一身转侧绝域,晓譬诸国,因其兵众,每有攻战,辄为先登,身被金夷,不避死亡。赖蒙陛下神灵,且得延命沙漠,至今积三十年。骨肉生离,不复相识。所与相随时人士众,皆已物故。超年最长,今且七十。衰老被病,头发无黑,两手不仁,耳目不聪明,扶杖乃能行。虽欲竭尽其力,以报塞天恩,迫于岁暮,犬马齿索。蛮夷之性,悖逆侮老,而超旦暮入地,久不见代,恐开奸宄之源,生逆乱之心。而卿大夫咸怀一切,莫肯远虑。如有卒暴,超之气力不能从心,便为上损国家累世之功,下弃忠臣竭力之用,诚可痛也。故超万里归诚,自陈苦急,延颈逾望,三年于今,未蒙省录。

妾窃闻古者十五受兵,六十还之,亦有休息不任职也。缘陛下以至孝理天下,得万国之欢心,不遗小国之臣,况超得备侯伯之位,故敢触死为求哀,丐超余年。一得生还,复见阙庭,使国永无劳远之虑,西域无仓卒之忧,超得长蒙文王葬骨之恩,子方哀老之惠。《诗》云:"民亦劳止,汔可小康,惠此中国,以绥四方。"超有书与妾生诀,恐不复相见。妾诚伤超以壮年竭忠孝于沙漠,疲老则便捐死于旷野,诚可哀怜。如不蒙救护,超后有一旦之变,冀幸超家得蒙赵母、卫姬先请之贷。妾愚戆不知大义,触犯忌讳。

书奏,帝感其言,乃征超还。

超在西域三十一年。十四年八月至洛阳,拜为射声校尉。超素有胸胁疾,既至,病遂加。帝遣中黄门问疾,赐医药。其年九月卒,年七十一。朝廷愍惜焉,使者吊祭,赠赙甚厚。子雄嗣。

初,超被征,以戊己校尉任尚为都护,与超交代。尚谓超曰:"君侯在外国三十余年,而小人猥承君后,任重虑浅,宜有以诲之。"超曰:"年老失智,任君数当大位,岂班超所能及哉!必不得已,愿进愚言。塞外吏士,本非孝子顺孙,皆以罪过徙补屯。而蛮夷怀鸟兽之心,难养易败。今君性严急,水清无大鱼,察政不得下和。宜荡佚简易,宽小过,总大纲而已。"超去后,尚私谓所亲曰:"我以班君当有

奇策，今所言平平耳。"尚至数年，而西域反乱，以罪被征，如超所戒。有三子。长子雄，累迁屯骑校尉。会叛羌寇三辅，诏雄将五营兵屯长安，就拜京兆尹。雄卒，子䜣嗣，尚清河孝王女阴城公主。主顺帝之姑，贵骄淫乱，与嬖人居帷中，而召䜣入，使伏床下。䜣积怒，永建五年，遂拔刃杀主。帝大怒，腰斩䜣，同产皆弃市。超少子勇。

勇字宜僚，少有父风。永初元年，西域反叛，以勇为军司马。与兄雄俱出敦煌，迎都护及西域甲卒而还。因罢都护。后西域绝无汉吏十余年。

元初六年，敦煌太守曹宗遣长史索班将千余人屯伊吾，车师前王及鄯善王皆来降班。后数月，北单于与车师后部遂共攻没班，进击走前王，略有北道。鄯善王急，求救于曹宗，宗因此请出兵五千人击匈奴，报索班之耻，因复取西域。邓太后召勇诣朝堂会议。先是公卿多以为宜闭玉门关，遂弃西域。勇上议曰："昔孝武皇帝患匈奴强盛，兼总百蛮，以逼障塞。于是开通西域，离其党与，论者以为夺匈奴府藏，断其右臂。遭王莽篡盗，征求无厌，胡夷忿毒，遂以背叛。光武中兴，未遑外事，故匈奴负强，驱率诸国。及至永平，再攻敦煌，河西诸郡，城门昼闭。孝明皇帝深惟庙策，乃命虎臣，出征西域，故匈奴远遁，边境得安。及至永元，莫不内属。会间者羌乱，西域复绝，北虏遂遣责诸国，备其逋租，高其价直，严以期会。鄯善、车师皆怀愤怨，思乐事汉，其路无从。前所以时有叛者，皆由牧养失宜，还为其害故也。今曹宗徒耻于前负，欲报雪匈奴，而不寻出兵故事，未度当时之宜也。夫要功荒外，万无一成，若兵连祸结，悔无及已。况今府藏未充，师无后继，是示弱于远夷，暴短于海内，臣愚以为不可许也。旧敦煌郡有营兵三百人，今宜复之，复置护西域副校尉，居于敦煌，如永元故事。又宜遣西域长史将五百人屯楼兰，西当焉耆、龟兹径路，南强鄯善、于寘心胆，北扞匈奴，东近敦煌。如此诚便。"尚书问勇曰："今立副校尉，何以为便？又置长史屯楼兰，利害云何？"勇对曰："昔永平之末，始通西域，初遣中郎将居敦煌，后置副校尉于车师，既为胡虏节度，又禁汉人不得有所侵扰。故外夷归心，匈奴畏威。今鄯善王尤还，汉人外孙，若匈奴得志，则尤还必死。此等虽同鸟兽，亦知避害。若出屯楼兰，足以招附其心，愚以为便。"长乐卫尉镡显、廷尉綦母参、司隶校尉崔据难曰："朝廷前所以弃西域者，以其无益于中国而费难供也。今车师已属匈奴，鄯善不可保信，一旦反覆，班将能保北虏不为边害乎？"勇对曰："今中国置州牧者，以禁郡县奸猾盗贼也。若州牧能保盗贼不起者，臣亦愿以要斩保匈奴之不为边害也。今通西域则虏势必弱，虏势弱则为患微矣。孰与归其府藏，续其断臂哉！今置校尉以扞抚西域，设长史以招怀诸国，若弃而不立，则西域望绝。望绝之后，屈就北虏，缘边之郡将受

困害，恐河西城门必复有昼闭之儆矣。今不廓开朝廷之德，而拘屯戍之费，若北虏遂炽，岂安边久长之策哉！"太尉属毛轸难曰："今若置校尉，则西域骆驿遣使，求索无厌，与之则费难供，不与则失其心。一旦为匈奴所迫，当复求救，则为役大矣。"勇对曰："今以西域归匈奴，而使其恩德大汉，不为抄盗则可矣。如其不然，则因西域租入之饶，兵马之众，以扰动缘边，是为富仇雠之财，增暴夷之埶也。置校尉者，宣威布德，以系诸国内向之心，以疑匈奴觊觎之情，而无财费耗国之虑也。且西域之人无它求索，其来入者，不过禀食而已。今若拒绝，埶归北属，夷虏并力以寇并、凉，则中国之费不止千亿。置之诚便。"于是从勇议，复敦煌郡营兵三百人，置西域副校尉居敦煌。虽复羁縻西域，然亦未能出屯。其后匈奴果数与车师共入寇抄，河西大被其害。

延光二年夏，复以勇为西域长史，将兵五百人出屯柳中。明年正月，勇至楼兰，以鄯善归附，特加三绶。而龟兹王白英犹自疑未下，勇开以恩信，白英乃率姑墨、温宿自缚诣勇降。勇因发其兵步骑万余人到车师前王庭，击走匈奴伊蠡王于伊和谷，收得前部五千余人，于是前部始复开通。还，屯田柳中。

四年秋，勇发敦煌、张掖、酒泉六千骑及鄯善、疏勒、车师前部兵击后部王军就，大破之。首虏八千余人，马畜五万余头。捕得军就及匈奴持节使者，将至索班没处斩之，以报其耻，传首京师。永建元年，更立后部故王子加特奴为王。勇又使别校诛斩车且弥王，亦更立其种人为王，于是车师六国悉平。其冬，勇发诸国兵击匈奴呼衍王，呼衍王亡走，其众二万余人皆降。捕得单于从兄，勇使加特奴手斩之，以结车师匈奴之隙。北单于自将万余骑入后部，至金且谷，勇使假司马曹俊驰救之。单于引去，俊追斩其贵人骨都侯，于是呼衍王遂徙居枯梧河上。是后车师无复虏迹，城郭皆安。唯焉耆王元孟未降。

二年，勇上请攻元孟，于是遣敦煌太守张朗将河西四郡兵三千人配勇。因发诸国兵四万余人，分骑为两道击之。勇从南道，朗从北道，约期俱至焉耆。而朗先有罪，欲徼功自赎，遂先期至爵离关，遣司马将兵前战，首虏二千余人。元孟惧诛，逆遣使乞降，张朗径入焉耆受降而还。元孟竟不肯面缚，唯遣子诣阙贡献。朗遂得免诛。勇以后期，征下狱，免。后卒于家。

梁慬传

梁慬字伯威，北地弋居人也。父讽，历州宰。永元元年，车骑将军窦宪出征匈奴，除讽为军司马，令先赍金帛使北单于，宣国威德，其归附者万余人。后坐失宪意，髡输武威，武威太守承旨杀之。窦氏既灭，和帝知其为宪所诬，

征懂，除为郎中。懂有勇气，常慷慨好功名。初为车骑将军邓鸿司马，再迁，延平元年拜西域副校尉。懂行至河西，会西域诸国反叛，攻都护任尚于疏勒。尚上书求救，诏懂将河西四郡羌胡五千骑驰赴之，懂未至而尚已得解。会征尚还，以骑都尉段禧为都护，西域长史赵博为骑都尉。禧、博守它乾城。它乾城小，懂以为不可固，乃谲说龟兹王白霸，欲入共保其城，白霸许之。吏人固谏，白霸不听。懂既入，遣将急迎禧、博，合军八九千人。龟兹吏人并叛其王，而与温宿、姑墨数万兵反，共围城。懂等出战，大破之。连兵数月，胡众败走，乘胜追击，凡斩首万余级，获生口数千人，骆驼畜产数万头，龟兹乃定。而道路尚隔，檄书不通。岁余，朝廷忧之。公卿议者以为西域阻远，数有背叛，吏士屯田，其费无已。永初元年，遂罢都护，遣骑都尉王弘发关中兵迎懂、禧、博及伊吾卢、柳中屯田吏士。

二年春，还至敦煌。会众羌反叛，朝延大发兵西击之，逆诏懂留为诸军援。懂至张掖日勒。羌诸种万余人攻亭候，杀略吏人。懂进兵击，大破之，乘胜追至昭武，虏遂散走，其能脱者十二三。及至姑臧，羌大豪三百余人诣懂降，并慰譬遣还故地，河西四郡复安。懂受诏当屯金城，闻羌转寇三辅，迫近园陵，即引兵赴击之，转战武功美阳关。懂临阵被创，不顾，连破走之，尽还得所掠生口，获马畜财物甚众，羌遂奔散。朝廷嘉之，数玺书劳勉，委以西方事，令为诸军节度。

三年冬，南单于与乌桓大人俱反。以大司农何熙行车骑将军事，中郎将庞雄为副，将羽林五校营士，及发缘边十郡兵二万余人，又辽东太守耿夔率将鲜卑种众共击之，诏懂行度辽将军事。庞雄与耿夔共击匈奴奥鞬日逐王，破之。单于乃自将围中郎将耿种于美稷，连战数月，攻之转急，种移檄求救。明年正月，懂将八千余人驰往赴之，至属国故城，与匈奴左将军、乌桓大人战，破斩其渠帅，杀三千余人，虏其妻子，获财物甚众。单于复自将七八千骑迎攻，围懂。懂被甲奔击，所向皆破，虏遂引还虎泽。三月，何熙军到五原曼柏，暴疾，不能进，遣庞雄与懂及耿种步骑万六千人攻虎泽。连营稍前，单于惶怖，遣左奥鞬日逐王诣懂乞降，懂乃大陈兵受之。单于脱帽徒跣，面缚稽颡，纳质。会熙卒于师，即拜懂度辽将军。庞雄还为大鸿胪。雄，巴郡人，有勇略，称为名将。

明年，安定、北地、上郡皆被羌寇，谷贵人流，不能自立。诏懂发边兵迎三郡太守，使为吏人徙扶风界。懂即遣南单于兄子优孤涂奴将兵迎。既还，懂以涂奴接其家属有劳，辄授以羌侯印绶，坐专擅，征下狱，抵罪。明年，校书郎马融上书讼懂与护羌校尉庞参，有诏原刑。语在《庞参传》。会叛羌寇三辅，关中盗贼起，拜懂谒者，将兵击之。至湖县，病卒。

何熙字孟孙，陈国人。少有大志。永元中，为谒者。身长八尺五寸，善为威容，赞拜殿中，音动左右。和帝伟之，擢为御史中丞，历司隶校尉、大司农。及在军临殁，遗言薄葬。三子：临，瑾，皋。临、瑾并有政能。皋俊才早没。临子衡，为尚书，以正直称，坐讼李膺等下狱，免官，废于家。

论曰：时政平则文德用，而武略之士无所奋其力能。故汉世有发愤张胆，争膏身于夷狄以要功名，多矣。祭肜、耿秉启匈奴之权，班超、梁懂夺西域之略，卒能成功立名，享受爵位，荐功祖庙，勒勋于后，亦一时之志士也。

赞曰：定远慷慨，专功西遐。坦步葱、雪，咫尺龙沙。懂亦抗愤，勇乃负荷。

卷七十八
杨李翟应霍爰徐列传第三十八

杨终传

杨终字子山，蜀郡成都人也。年十三，为郡小吏，太守奇其才，遣诣京师受业，习《春秋》。显宗时，征诣兰台，拜校书郎。

建初元年，大旱谷贵，终以为广陵、楚、淮阳、济南之狱，徙者万数，又远屯绝域，吏民怨旷，乃上疏曰："臣闻'善善及子孙，恶恶止其身'，百王常典，不易之道也。秦政酷烈，违忤天心，一人有罪，延及三族。高祖平乱，约法三章。太宗至仁，除去收孥。万姓廓然，蒙被更生，泽及昆虫，功垂万世。陛下圣明，德被四表。今以比年久旱，灾疫未息，躬自菲薄，广访失得，三代之隆，无以加焉。臣窃桉《春秋》水旱之变，皆应暴急，惠不下流。自永平以来，仍连大狱，有司穷考，转相牵引，掠考冤滥，家属徙边。加以北征匈奴，西开三十六国，频年服役，转输烦费。又远屯伊吾、楼兰、车师、戊己，民怀土思，怨结边域。传曰：'安土重居，谓之众庶。'昔殷人近迁洛邑，且犹怨望，何况去中土之肥饶，寄不毛之荒极乎？且南方暑湿，障毒互生。愁困之民，足以感动天地，移变阴阳矣。陛下留念省察，以济元元。"书奏，肃宗下其章。司空第五伦亦同终议。太尉牟融、司徒鲍昱、校书郎班固等难伦，以施行既久，孝子无改父之道，先帝所建，不宜回异。终复上书曰："秦筑长城，功役繁兴，胡亥不革，卒亡四海。故孝元弃珠崖之郡，光武绝西域之国，不以介鳞易我衣裳。鲁文公毁泉台，《春秋》讥之曰'先祖为之而已毁之，不如勿居而已'，以其无妨害于民也。襄公作三军，昭公舍之，君子大其复古，以为不舍则有害于民也。今伊吾之役，楼兰之屯，久而未还，非天意也。"帝从之，听还徙者，悉罢边屯。终又言："宣帝博征群儒，论定《五经》于石渠阁。方今天下少事，学者得成其业，而章句之徒，破坏大体。宜如石渠故事，永为后世则。"于是诏诸儒于白虎观论考同异焉。会终坐事系狱，博士赵博、校书郎班固、贾逵等，以终深晓《春秋》，学多异闻，表请之，终又上书自讼，即日贳出，乃得与于白虎观焉。后受诏删《太史公书》为十余万言。

时太后兄卫尉马廖，谨笃自守，不训诸子。终与廖交善，以书戒之曰："终闻尧舜之民，可比屋而封；桀纣之民，可比屋而诛。何者？尧舜为之堤防，桀纣示之骄奢故也。《诗》曰：'皎皎练丝，在所染之。'上智下愚，谓之不移；中庸之流，要在教化。《春秋》杀太子母弟，直称君甚恶之者，坐失教也。《礼》制，人君之子年八岁，为置少傅。教之书计，以开其明。十五置太傅，教之经典，以道其志。汉兴，诸侯王不力教诲，多触禁忌，故有亡国之祸，而乏嘉善之称。今君位地尊重，海内所望，岂可不临深履薄，以为至戒！黄门郎年幼，血气方盛，既无长君退让之风，而要结轻狡无行之客，纵不能诲，视成任性，鉴念前世，可为寒心。君侯诚宜以临深履薄为戒。"廖不纳。子豫后坐县书诽谤，廖以就国。终兄凤为郡吏，太守廉范为州所考，遣凤候统，终为范游说，坐徙北地。帝东巡狩，凤皇黄龙并集，终赞颂嘉瑞，上述祖宗鸿业，凡十五章，奏上，诏贳还故郡。著《春秋外传》十二篇，改定章句十五万言。永元十二年，征拜郎中，以病卒。

李法传

李法字伯度，汉中南郑人也。博通群书，性刚而有节。和帝永元九年，应贤良方正对策，除博士，迁侍中、光禄大夫。岁余，上疏以为朝政苛碎，违永平、建初故事；宦官权重，椒房宠盛；又讥史官记事不实，后世有识，寻功计德，必不明信。坐失旨，下有司，免为庶人。还乡里，杜门自守，故人儒生时有候之者，言谈之次，问其不合上意之由，法未尝应对。友人固问之，法曰："鄙夫可与事君乎哉？苟患失之，无所不至。孟子有言：'夫仁者如射，正己而后发。发而不中，不怨胜己者，反诸身而已矣。'"在家八年，征拜议郎、谏议大夫，正言极辞，无改于旧。出为汝南太守，政有声迹。后归乡里，卒于家。

翟酺传

翟酺字子超，广汉雒人也。四世传《诗》。酺好《老子》，尤善图纬、天文、历算。以报舅仇，当徙日南，亡于长安，为卜相工，后牧羊凉州。遇赦还。仕郡，征拜议郎，迁侍中。时尚书有缺，诏将大夫六百石以上试对政事、天文、道术，以高第者补之。酺自恃能高，而忌故太史令孙懿，恐其先用，乃往候懿。既坐，言无所及，唯涕泣流连。懿怪而问之，酺曰："图书有汉贼孙登，将以才智为中官所害。观君表相，似应当之。酺受恩接，凄怆肯之祸耳！"懿忧惧，移病不试。由是酺对第一，拜尚书。时安帝始亲政事，追感祖母宋贵人，悉封其家。又元舅耿宝及皇后兄弟阎显等并用威权。酺上疏谏曰：

臣闻微子佯狂而去殷，叔孙通背秦而归汉，彼非自疏其君，时不可也。臣荷殊绝之恩，蒙值不讳之政，岂敢雷同受宠，而以戴天履地。伏惟陛下应天履祚，历值中兴，当建太平之功，而未闻致化之道。盖远者难明，请以近事征之。昔窦、邓之宠，倾动四方，兼官重绂，盈金积货，至使议弄神器，改更社稷。岂不以执尊威广，以致斯患乎？及其破坏，头颡堕地，愿为孤豚，岂可得哉！夫爱贵无渐失必暴，受爵非道殃必疾。今外戚宠幸，功均造化，汉元以来，未有等比。陛下诚仁恩周洽，以亲九族。然禄去公室，政移私门，覆车重寻，宁无摧折。而朝臣在位，莫肯正议，禽禽訾訾，更相佐附。臣恐威权外假，归之良难，虎翼一奋，卒不可制。故孔子曰"吐珠于泽，谁能不含"；老子称"国之利器，不可以示人"。此最安危之极戒，社稷之深计也。

夫俭德之恭，政存约省。故文帝爱百金于露台，饰帷帐于皂囊。或有讥其侈者，上曰："朕为天下守财耳，岂得妄用之哉！"至仓谷腐而不可食，钱贯朽而不可校。今自初政已来，日月未久，费用赏赐已不可算。敛天下之财，积无功之家，帑藏单尽，民物凋伤，卒有不虞，复当重赋百姓，怨叛既生，危乱可待也。昔成王之政，周公在前，邵公在后，毕公在左，史佚在右，四子挟而维之。目见正容，耳闻正言，一日即位，天下旷然，言其法度素定也。今陛下有成王之尊而无数子之佐，虽欲崇雍熙，致太平，其可得乎？自去年已来，灾谴频数，地坼天崩，高岸为谷。修身恐惧，则转祸为福；轻慢天戒，则其害弥深。愿陛下亲自劳恤，研精致思，勉求忠贞之臣，诛远佞谄之党，损玉堂之盛，尊天爵之重，割情欲之欢，罢宴私之好，帝王图籍，陈列左右，心存亡国所以失之，鉴观兴王所以得之，庶灾害可息，丰年可招矣。

书奏不省，而外戚宠臣咸恶之。

延光三年，出为酒泉太守。叛羌千余骑徙敦煌来抄郡界，酺赴击，斩首九百级，羌众几尽，威名大震。迁京兆尹。顺帝即位，拜光禄大夫，迁将作大匠。损省经用，岁息四五千万。屡因灾异，多所匡正。由是权贵共诬酺及尚书令高堂芝等交通属托，坐减死归家。复被章云酺前与河南张楷等谋反，逮诣廷尉。及杜真等上书讼之，事得明释。卒于家。著《援神》、《钩命解诂》十二篇。

初，酺之为大匠，上言："孝文皇帝始置一经博士，武帝大合天下之书，而孝宣论《六经》于石渠，学者滋盛，弟子万数。光武初兴，愍其荒废，起太学博士舍、内外讲堂，诸生横巷，为海内所集。明帝时辟雍始成，欲毁太学，太尉赵憙以为太学、辟雍皆宜兼有，故并传至今。而顷者颓废，至为园采刍牧之处。宜更修缮，诱进后学。"帝从之。酺免后，遂起太学，更开拓房室，学者为酺立碑铭于学云。

应奉传

应奉字世叔，汝南南顿人也。曾祖父顺，字华仲，和帝时为河南尹、将作大匠，公廉约己，明达政事。生十子，皆有才学。中子叠，江夏太守。叠生郴，武陵太守。郴生奉。奉少聪明，自为童儿及长，凡所经履，莫不暗记。读书五行并下。为郡决曹史，行部四十二县，录囚徒数百千人。及还，太守备问之，奉口说罪系姓名，坐状轻重，无所遗脱，时人奇之。著《汉书后序》，多所述载。大将军梁冀举茂才。先是，武陵蛮詹山等四千余人反叛，执县令，屯结连年。诏下公卿议，四府举奉才堪为帅。永兴元年，拜武陵太守。到官慰纳，山等皆悉降散。于是兴学校，举侧陋，政称变俗。坐公事免。

延熹中，武陵蛮复寇乱荆州，车骑将军冯绲以奉有威恩，为蛮夷所服，上请与俱征。拜从事中郎。奉勤设方略，贼破军罢，绲推功于奉，荐为司隶校尉。纠举奸违，不避豪戚，以严厉为名。及邓皇后败，而田贵人见幸，桓帝有建立之议，奉以田氏微贱，不宜超登后位，上书谏曰："臣闻周纳狄女，襄王出居于郑；汉立飞燕，成帝胤嗣泯绝。母后之重，兴废所因。宜思《关雎》之所求，远五禁之所忌。"帝纳其言，竟立窦皇后。及党事起，奉乃慨然以疾自退。追愍屈原，因以自伤，著《感骚》三十篇，数万言。诸公多荐举，会病卒。子劭。

劭字仲远，少笃学，博览多闻。灵帝时举孝廉，辟车骑将军何苗掾。

中平二年，汉阳贼边章、韩遂与羌胡为寇，东侵三辅，时遣车骑将军皇甫嵩西讨之。嵩请发乌桓三千人。北军中候邹靖上言："乌桓众弱，宜开募鲜卑。"事下四府，大将军掾韩卓议，以为"乌桓兵寡，而与鲜卑世为仇敌，若乌桓被发，则鲜卑必袭其家。乌桓闻之，当复弃军还救。非唯无益于实，乃更沮三军之情。邹靖居近边塞，究其态诈。若令靖募鲜卑轻骑五千，必有破敌之效"。劭驳之曰："鲜卑隔在漠北，犬羊为群，无君长之帅，庐落之居，而天性贪暴，不拘信义，故数犯障塞，且无宁岁。唯至互市，乃来靡服。苟欲中国珍货，非为畏威怀德。计ését事足，旋踵为害。是以朝家外御而不内，盖为此也。往者匈奴反叛，度辽将军马续、乌桓校尉王元发鲜卑五千余骑，又武威太守赵冲亦率鲜卑征讨叛羌。斩获丑房，既不足言，而鲜卑越溢，多为不法。裁以军令，则忿戾作乱，制御小缓，则陆掠残害。劫居人，抄商旅，啖人牛羊，略人兵马。得赏既多，不肯去，复欲以物买铁。边将不听，便取缣帛聚欲烧之。边将恐怖，畏其反叛，辞谢抚顺，无敢拒违。今狄冠未殄，而羌为巨害，如或致悔，其可追乎！臣愚以为可募陇西羌胡守善不叛者，简其精勇，多其牢赏。太守李参沉静有谋，必能奖厉得其死力。当思渐消之略，不可仓卒望也。"韩卓复与劭相难反覆。于是诏百官大会朝堂，皆从劭议。

三年，举高第，再迁，六年，拜太山太守。初平二年，黄巾三十万众入郡界。劭纠率文武连与贼战，前后斩首数千级，获生口老弱万余人，辎重二千两，贼皆退却，郡内以安。兴平元年，前太尉曹嵩及子德从琅邪入太山，劭遣兵迎之，未到，而徐州牧陶谦素怨嵩子操数击之，乃使轻骑追嵩、德，并杀之于郡界。劭畏操诛，弃郡奔冀州牧袁绍。初，安帝时河间人尹次，颍川人史玉皆坐杀人当死，次兄初及玉母军并诣官曹求代其命，因缢而物故。尚书陈忠以罪疑从轻，议活次、玉。劭后追驳之，据正典刑，有可存者。其议曰：

《尚书》称"天秩有礼，五服五章哉。天讨有罪，五刑五用哉"。而孙卿亦云"凡制刑之本，将以禁暴恶，且惩其末也。凡爵列、官秩、赏庆、刑威，皆以类相从，使当其实也"。若德不副位，能不称官，赏不酬功，刑不应罪，不祥莫大焉。杀人者死，伤人者刑，此百王之定制，有法之成科。高祖入关，虽尚约法，然杀人者死，亦无宽降。夫时化则刑重，时乱则刑轻。《书》曰"刑罚时轻时重"，此之谓也。

今次、玉公以清时释其私憾，阻兵安忍，僵尸道路。朝恩在宽，幸至冬狱，而初、军愚狷，妄自投毙。昔召忽亲死子纠之难，而孔子曰"经于沟渎，人莫之知"。朝氏之父非错刻峻，遂能自陨其命，班固亦云"不如赵母指括以全其宗"。传曰"仆妾感慨而致死者，非能义勇，顾无虑耳"。夫刑罚威狱，以类天之震耀杀戮也；温慈和惠，以效天之生殖长育也。是故春一草枯则为灾，秋一木华亦为异。今杀无罪之初、军，而活当死之次、玉，其为枯华，不亦然乎？陈忠不详制刑之本，而信一时之仁，遂广引八议求生之端。夫亲故贤能功贵勤宾，岂有次、玉当罪之科哉？若乃小大以情，原心定罪，此为求生，非谓代死可以生也。败法乱政，悔其可追。

劭凡为驳议三十篇，皆此类也。又删定律令为《汉仪》，建安元年乃奏之。曰："夫国之大事，莫尚载籍。载籍也者，决嫌疑，明是非，赏刑之宜，允获厥中，俾后之人永为监焉。故胶西相董仲舒老病致仕，朝廷每有政议，数遣廷尉张汤亲至陋巷,问其得失。于是作《春秋决狱》二百三十二事,动以经对,言之详矣。逆臣董卓,荡覆王室,典宪焚燎,靡有孑遗,开辟以来,莫或兹酷。今大驾东迈,巡省许都,拔出险难,其命惟新。臣累世受恩,荣祚丰衍,窃不自揆,贪少云补,辄撰具《律本章句》、《尚书旧事》、《廷尉板令》、《决事比例》、《司徒都目》、《五曹诏书》及《春秋断狱》凡二百五十篇。蠲去复重,为之节文。又集驳议三十篇,以类相从,凡八十二事。其见《汉书》二十五,《汉记》四,皆删叙润色,以全本体。其二十六,博采古今瑰玮之士,文章焕炳,德义可观。其二十七,臣所创造。岂繄自谓必合道衷,心焉愤昌,聊以藉手。昔郑人以乾鼠为璞,鬻之于周;宋愚夫亦宝燕石,缇缊十重。夫睹之者掩口卢胡而笑,斯文之族,无乃类旃。《左氏》实云虽有姬姜丝麻,不弃憔悴菅蒯,盖所以代匮也。是用敢露顽才,厕于明哲之末。虽未足纲纪国体,宣洽时雍,庶几观察,增阐圣听。惟因万机之余暇,游省省览焉。"献帝善之。

二年,诏拜劭为袁绍军谋校尉。时始迁都于许,旧章埋没,书记罕存。劭慨然叹息,乃缀集所闻,著《汉官礼仪故事》,凡朝廷制度,百官典式,多劭所立。初,父奉为司隶时,并下诸官府郡国,各上前人像赞,劭乃连缀其名,录为《状人纪》。又论当时行事,著《中汉辑序》。撰《风俗通》,以辩物类名号,释时俗嫌疑。文虽不典,后世服其洽闻。凡所著述百三十六篇。又集解《汉书》,皆传于时。后卒于邺。

弟子玚、璩,并以文才称。

中兴初,有应妪者,生四子而寡。见神光照社,试探之,乃得黄金。自是诸子宦学,并有才名,至玚七世通显。

霍谞传

霍谞字叔智,魏郡邺人也。少为诸生,明经。有人诬谞舅宋光于大将军梁商者,以为妄刊章文,坐系洛阳诏狱,掠考困极。谞时年十五,奏记于商曰:

将军天覆厚恩,愍舅光冤结,前者温教许为平议,虽未下吏断决其事,已蒙神明顾省之听。皇天后土,实闻德音。窃独踊跃,私自庆幸。谞闻《春秋》之义,原情定过,赦事诛意,故许止虽弑君而不罪,赵盾以纵贼而见书。此仲尼所以垂王法,汉世所宜遵前修也。传曰:"人心不同,譬若其面。"斯盖谓大小窊隆丑美之形,至于鼻目众窍毛发之状,未有不然者也。情之异者,刚柔舒急倨敬之间。至于趋利避害,畏死乐生,亦复均也。谞与光骨肉,义有相隐,言其冤滥,未必可谅,且以人情平论其理。光衣冠子孙,径路平易,位极州郡,日望征辟,亦无瑕秽纤介之累,无故刊定诏书,欲以何名?就有所疑,当求其便安,岂有触冒死祸,以解细微?譬犹疗饥于附子,止渴于鸩毒,未入肠

胃,已绝咽喉,岂可为哉!昔东海孝妇见枉不辜,幽灵感革,天应枯旱。光之所坐,情既可原,守阙连年,而终不见理。呼嗟紫宫之门,泣血两观之下,伤和致灾,为害滋甚。凡事更赦令,不应复案。夫以罪刑明白,尚蒙天恩,岂有冤谤无征,反不得理?是为刑宥正罪,戮加诬侵也。不偏不党,其若是乎?明将军德盛位尊,人臣无二,言行动天地,举厝移阴阳,诚能留神,沛然晓察,必有于公高门之福,和气立应,天下幸甚。

商高谞才志,即为奏原光罪,由是显名。

仕郡,举孝廉,稍迁金城太守。性明达笃厚,能以恩信化诱殊俗,甚为羌胡所敬服。遭母忧,自上归行丧。服阕,公车征,再迁北海相,入为尚书仆射。是时大将军梁冀贵戚秉权,自公卿以下莫敢违忤。谞与尚书令尹勋数奏其事,又因陛见陈闻罪失。及冀诛后,桓帝嘉其忠节,封邺都亭侯。前后固让,不许。出为河南尹,迁司隶校尉,转少府、廷尉,卒官。

子雋,安定太守。

爰延传

爰延字季平,陈留外黄人也。清苦好学,能通经教授。性质悫,少言辞。县令陇西牛述好士知人,乃礼请延为廷掾,范丹为功曹,濮阳潜为主簿,常共言谈而已。后令史昭以为乡啬夫,仁化大行,人但闻啬夫,不知郡县。在事二年,州府礼请,不就。桓帝时征博士,太尉杨秉等举贤良方正,再迁为侍中。

帝游上林苑,从容问延曰:"朕何如主也?"对曰:"陛下为汉中主。"帝曰:"何以言之?"对曰:"尚书令陈蕃任事则化,中常侍黄门豫政则乱,是以知陛下可与为善,可与为非。"帝曰:"昔朱云廷折栏槛,今侍中面称朕违,敬闻阙矣。"拜五官中郎将,转长水校尉,迁魏郡太守,征为大鸿胪。帝以延儒生,常特宴见。时太史令上言客星经帝坐,帝密以问延。延因上封事曰:"臣闻天子尊无为上,故天以为子,位临臣庶,威重四海。动静以礼,则星辰顺序;意有邪僻,则昃度错逆。陛下以河南尹邓万有龙潜之旧,封为通侯,恩重公卿,惠丰宗室。加顷引见,与之对博,上下媟黩,有亏尊严。臣闻之,帝左右者,所以咨政德也,故周公戒成王曰'其朋其朋',言慎所与也。昔宋闵公与强臣共博,列妇人于侧,积此无礼,以致大灾。武帝与幸臣李延年、韩嫣同卧起,尊爵重赐,情俗无厌,遂生骄淫之心,行不义之事,卒延年被戮,嫣伏其辜。夫爱之则不觉其过,恶之则不知其善,所以事多放滥,物情生怨。故王者赏人必酬其功,爵人必甄其德。善人同处,则日闻嘉训;恶人从游,则日生邪情。孔子曰:'益者三友,损者三友。'邪臣惑君,乱妾危主,以非所言则悦于耳,以非所行则玩于目,故

令人君不能远之。仲尼曰：'唯女子与小人为难养，近之则不逊，远之则怨。'盖圣人之明戒也！昔光武皇帝与严光俱寝，上天之异，其夕即见。夫以光武之圣德，严光之高贤，君臣合道，尚降此变，岂况陛下今所亲幸，以贱为贵，以卑为尊哉？惟陛下远逸谀之人，纳謇謇之士，除左右之权，寝宦官之敌。使积善日熙，佞恶消殄，则乾灾可除。"帝省其奏。因以病自上，乞骸骨还家。灵帝复特征，不行，病卒。

子骥，白马令，亦称善士。

徐璆传

徐璆字孟玉，广陵海西人也。父淑，度辽将军，有名于边。璆少博学，辟公府，举高第。稍迁荆州刺史。时董太后姊子张忠为南阳太守，因执放滥，赃罪数亿。璆临当之部，太后遣中常侍以忠属璆。璆对曰："臣身为国，不敢闻命。"太后怒，遽征忠为司隶校尉，以相威临。璆到州，举奏忠赃余一亿，使冠军县上簿诣大司农，以彰暴其事。又奏五郡太守及属县有赃污者，悉征案罪，威风大行。中平元年，与中郎将朱儁击黄巾贼于宛，破之。张忠怨璆，与诸阉官构造无端，璆遂以罪征。有破贼功，得免官归家。后再征，迁汝南太守，转东海相，所在化行。

献帝迁许，以廷尉征，当诣京师，道为袁术所劫，授璆以上公之位。璆乃叹曰："龚胜、鲍宣，独何人哉？守之必死！"术不敢逼。术死军破，璆得其盗国玺，及还许，上之，并送前所假汝南、东海二郡印绶。司徒赵温谓璆曰："君遭大难，犹存此邪？"璆曰："昔苏武困于匈奴，不坠七尺之节，况此方寸印乎？"后拜太常，使持节拜曹操为丞相。操以相让璆，璆不敢当。卒于官。

论曰：孙懿以高明见忌，而受欺于阴计；翟酺资谲数取通，而终之以謇谏。岂性智自有周偏，先后之要殊度乎？应氏七世才闻，而奉、劭采章为盛。及撰著篇籍，甄纪异知，虽云小道，亦有可观者焉。延、璆应对辩正，而不犯陵上之尤，斯固辞之不可以已也。

赞曰：杨终李法，华阳有闻。二应克聪，亦表汝渍。翟酺诈懿，霍谞请舅。延能评帝，璆亦忤后。

卷七十九
王充王符仲长统列传第三十九

王充传

王充字仲任，会稽上虞人也，其先自魏郡元城徙焉。充少孤，乡里称孝。后到京师，受业太学，师事扶风班彪。好博览而不守章句。家贫无书，常游洛阳市肆，阅所卖书，一见辄能诵忆，遂博通众流百家之言。后归乡里，屏居教授。仕郡为功曹，以数谏争不合去。充好论说，始若诡异，终有理实。以为俗儒守文，多失其真，乃闭门潜思，绝庆吊之礼，户牖墙壁各置刀笔。著《论衡》八十五篇，二十余万言，释物类同异，正时俗嫌疑。刺史董勤辟为从事，转治中，自免还家。友人同郡谢夷吾上书荐充才学，肃宗特诏公车征，病不行。年渐七十，志力衰耗，乃造《养性书》十六篇，裁节嗜欲，颐神自守。永元中，病卒于家。

王符传

王符字节信，安定临泾人也。少好学，有志操，与马融、窦章、张衡、崔瑗等友善。安定俗鄙庶孽，而符无外家，为乡人所贱。自和、安之后，世务游宦，当涂者更相荐引，而符独耿介不同于俗，以此遂不得升进。志意蕴愤，乃隐居著书三十余篇，以讥当时失得，不欲章显其名，故号曰《潜夫论》。其指讦时短，讨谪物情，足以观见当时风政，著其五篇云尔。

《贵忠篇》曰：

夫帝王之所尊敬者天也，皇天之所爱育者人也。今人臣受君之重位，牧天之所爱，焉可以不安而利之，养而济之哉？是以君子任职则思利人，达上则思进贤，故居上而下不怨，在前而后不恨也。《书》称"天工人其代之"。王者法天而建官，故明主不敢以私授，忠臣不敢以虚受。窃人之财犹谓之盗，况偷天官以私己乎！以罪犯人，必加诛罚，况乃犯天，得无咎乎？夫五代之臣，以道事君，泽及草木，仁被率土，是以福祚流衍，本支百世。季世之臣，以谄媚主，不思顺天，专杖杀伐。白起、蒙恬，秦以为功，天以为贼；息夫、董贤，主以为忠，天以为盗。《易》曰："德薄而位尊，智小而谋大，鲜不及矣。"是故德不称，其祸必酷；能不称，其殃必大。夫窃位之人，天夺其鉴。虽有明察之资，仁义之志，一旦富贵，则背亲损旧，丧其本心，疏骨肉而亲便辟，薄知友而厚犬马，宁见朽贯千万，而不忍贷人一钱，情知积粟腐仓，而不忍贷人一斗，骨肉怨望于家，细人谤讟于道。前人以败，后争袭之，诚可伤也。

历观前政贵人之用心也，与婴儿子何异哉？婴儿有常病，贵臣则有常祸，父母有常失，人君有常过。婴儿常病，伤于饱也；贵臣常祸，伤于宠也。哺乳多则生疳病，富贵盛而致骄疾。爱子而贼之，骄臣而灭之者，非一也。极其罚者，乃有仆死深牢，衔刀都市，岂非无功于天，有害于人者乎？夫鸟以山为卑而增巢其上，鱼以泉为浅而穿穴其中，卒所以得者饵也。贵戚愿其宅吉而制为令名，欲其门坚而造作铁枢，卒其所以败者，非苦禁忌少而门枢朽也，常苦崇财货而行骄僭耳。

不上顺天心，下育人物，而欲任其私智，窃弄君威，反戾天地，欺诬神明。居累卵之危，而图太山之安；为朝露之行，而思传世之功。岂不惑哉！岂不惑哉！

《浮侈篇》曰：

王者以四海为家，兆人为子。一夫不耕，天下受其饥；一妇不织，天下受其寒。今举俗舍本农，趋商贾，牛马车舆，填塞道路，游手为巧，充盈都邑，务本者少，浮食者众。"商邑翼翼，四方是极。"今察洛阳，资末业者什于农夫，虚伪游手什于末业。是则一夫耕，百人食之，一妇桑，百人衣之，以一奉百，孰能供之！天下百郡千县，市邑万数，类皆如此。本末不足相供，则民安得不饥寒？饥寒并至，则民安能无奸轨？奸轨繁多，则吏安能无严酷？严酷数加，则下安能无愁怨？愁怨者多，则咎征并臻。下民无聊，而上天降灾，则国危矣。

夫贫生于富，弱生于强，乱生于化，危生于安。是故明主之养民，忧之劳之，教之诲之，慎微防萌，以断其邪。故《易》美节以制度，不伤财，不害民。《七月》之诗，大小教之，终而复始。由此观之，人固不可恣也。今人奢衣服，侈饮食，事口舌而习调欺。或谋奸合任为业，或以游博持掩为事。丁夫不扶犁锄，而怀丸挟弹，携手上山遨游，或好取土作丸卖之，外不足御寇盗，内不足禁鼠雀。或作泥车瓦狗诸戏弄之具，以巧诈小儿，此皆无益也。《诗》刺"不绩其麻，市也婆娑"。又妇人不修中馈，休其蚕织，而起学巫祝，鼓舞事神，以欺诬细民，荧惑百姓妻女。羸弱疾病之家，怀忧愤愦，易为恐惧。至使奔走便时，去离正宅，崎岖路侧，风寒所伤，奸人所利，盗贼所中。或增祸重祟，至于死亡，而不知巫所欺误，反恨事神之晚，此妖妄之甚者也。或刻画好缯，以书祝辟；或虚饰巧言，希致福祚；或糜折金彩，令广分寸；或断截众缕，绕带手腕；或裁切绮縠，缝纭成幡。皆单费百缣，用功千倍，破牢为伪，以易就难，坐食嘉谷，消损白日。夫山林不能给野火，江海不能实漏卮，皆所宜禁也。

昔孝文皇帝躬衣弋绨，革舃韦带。而今京师贵戚，衣服饮食，车舆庐第，奢过王制，固亦甚矣。且其徒御仆妾，皆服文组彩牒，锦绣绮纨，葛子升越，筒中女布。犀象珠玉，虎魄玳瑁，石山隐饰，金银错镂，穷极丽靡，转相夸咤。其嫁娶者，车軿数里，缇帷竟道，骑奴侍童，夹毂并引。富者竞欲相过，贫者耻其不

逮，一餐之所费，破终身之业。古者必有命然后乃得衣缯丝而乘车马，今虽不能复古，宜令细民略用孝文之制。

古之葬者，厚衣之以薪，葬之中野，不封不树，丧期无数。后世圣人易之以棺椁，桐木为棺，葛采为缄，下不及泉，上不泄臭。中世以后，转用楸梓槐柏杙樟之属，各因方土，裁用胶漆，使其坚足恃，其用足任，如此而已。今者京师贵戚，必欲江南檽梓豫章之木。边远下土，亦竞相放效。夫檽梓豫章，所出殊远，伐之高山，引之穷谷，入海乘淮，逆河溯洛，工匠雕刻，连累日月，会众而后动，多牛而后致，重且千斤，功将万夫，而东至乐浪，西达敦煌，费力伤农于万里之地。古者墓而不坟，中世坟而不崇。仲尼丧母，冢高四尺，遇雨而崩，弟子请修之，夫子泣曰："古不修墓。"及鲤也死，有棺无椁。文帝葬芷阳，明帝葬洛南，皆不藏珠宝，不起山陵，墓虽卑而德最高。今京师贵戚，郡县豪家，生不极养，死乃崇丧。或至金缕玉匣，檽梓楩楠，多埋珍宝偶人车马，造起大冢，广种松柏，庐舍祠堂，务崇华侈。案鄐毕之陵，南城之冢，周公非不忠，曾子非不孝，以为褒君爱父，不在于聚财，扬名显亲，无取于车马。昔晋灵公多赋以雕墙，《春秋》以为不君；华元、乐举厚葬文公，君子以为不臣。况于群司士庶，乃可僭侈主上，过天道乎？

《实贡篇》曰：

国以贤兴，以谄衰；君以忠安，以佞危。此古今之常论，而时所共知也。然衰国危君，继踵不绝者，岂时无忠信正直之士哉，诚苦其道不得行耳。夫十步之间，必有茂草；十室之邑，必有忠信。是故乱殷有三仁，小卫多君子。今以大汉之广土，士民之繁庶，朝廷之清明，上下之修正，而官无善吏，位无良臣。此岂时之无贤，谅由取之乖实。夫志道者少与，逐俗者多畴，是以朋党用私，背实趋华。其贡士者，不复依其质干，准其才行，但虚造声誉，妄生羽毛。略计所举，岁且二百。览察其状，则德侔颜、冉，详核厥能，则鲜及中人，皆总务升官，自相推达。夫士者贵其用也，不必求备。故四友虽美，能不相兼；三仁齐致，事不一节。高祖佐命，出自亡秦；光武得士，亦资暴莽。况太平之时，而云无士乎！

夫明君之诏也若声，忠臣之和也如响。长短大小，清浊疾徐，必相应也。且攻玉以石，洗金以盐，濯锦以鱼，浣布以灰。夫物固有以贱理贵，以丑化好者矣。智者弃短取长，以致其功。今使贡士必核以实，其有小疵，勿强衣饰，出处默语，各因其方，则萧、曹、周、韩之伦，何足不致，吴、邓、梁、窦之属，企踵可待。孔子曰："未之思也，夫何远之有？"

《爱日篇》曰：

国之所以为国者，以有民也。民之所以为民者，以有谷也。谷之所以丰殖者，以有民功也。功之所以能建者，以日力也。化国之日舒以长，故其民闲暇而力有余；乱国之日促以短，故其民困务而力不足。舒长者，非谓羲和安行，乃君明民静而力有余也。促短者，非谓分度损减，乃上暗下乱，力不足也。孔子称"既庶则富之，既富乃教之"。是故礼义生于富足，盗窃起于贫穷，富足生于宽暇，贫穷起于无日。圣人深知力者民之本，国之基也，故务省徭役，使之爱日。是以尧敕羲和，钦若昊天，敬授民时。明帝时，公车以反支日不受章奏，帝闻而怪曰："民废农桑，远来诣阙，而复拘以禁忌，岂为政之意乎！"于是遂蠲其制。今冤民仰希申诉，而令长以神自畜，百姓废农桑而趋府廷者，相续道路，非朝餔不得通，非意气不得见。或连日累月，更相瞻视；或转请邻里，馈粮应对。岁功既亏，天下岂无受其饥者乎？孔子曰："听讼吾犹人也。"从此言之，中才以上，足议曲直，乡亭部吏，亦有任决断者，而类多枉曲，盖有故焉。夫理直则恃正而不桡，事曲则谄意以行赇。不桡故无恩于吏，行赇故见私于法。若事有反覆，吏应坐之，吏以应坐之故，不得不枉之于庭。以羸民之少党，而与豪吏对讼，其执得无屈乎？县承吏言，故与之同。若事有反覆，县亦应坐之，县以应坐之故，而排之于郡。以一民之轻，而与一县为讼，其理岂得申乎？事有反覆，郡亦坐之，郡以共坐之故，而排之于州。以一民之轻，与一郡为讼，其事岂获胜乎？既不肯理，故乃远诣公府。公府复不能察，而当延以日月。贫弱者无以旷旬，强富者可盈千日。理讼若此，何枉之能理乎？正士怀怨结而不见信，猾吏崇奸轨而不被坐，此小民所以易侵苦，而天下所以多困穷也。

且除上天感痛致灾，但以人功见事言之。自三府州郡，至于乡县典司之吏，辞讼之民，官事相连，更相检对者，日可有十万人。一人有事，二人经营，是为日三十万人废其业也。以中农率之，则是岁三百万人受其饥者也。然则盗贼何从而销，太平何由而作乎？《诗》云："莫肯念乱，谁无父母。"百姓不足，君谁与足？可无思哉！可无思哉！

《述赦篇》曰：

凡疗病者，必知脉之虚实，气之所结，然后为之方，故疾可愈而寿可长也。为国者，必先知民之所苦，祸之所起，然后为之禁，故奸可塞而国可安也。今日贼良民之甚者，莫大于数赦赎。赦赎数，则恶人昌而善人伤矣。何以明之哉？夫谨敕之人，身不蹈非，又不为吏正直，不避强御，而奸猾之党横加诬言者，皆知赦之不久故也。善人君子，被侵怨而能至阙庭自明者，万无数人；数人之中得省问者，百不过一；既对尚书而空遣去者，复什六七矣。其轻薄奸轨，既陷罪法，怨毒之家冀其辜戮，以解畜愤，而反一概悉蒙赦释，令恶人高会而夸咤，老盗服臧而过门，孝子见仇而不得讨，遭盗者睹物而不敢取，痛莫甚焉！

夫养稂莠者伤禾稼，惠奸轨者贼良民。《书》曰："文王作罚，刑兹无赦。"先王之制刑法也，非好伤人肌肤，断人寿命也；贵威奸惩恶，除人害也。故经称"天命有德，五服五章哉，天讨有罪，五刑五用哉"；《诗》刺"彼宜有罪，汝反脱之"。古者唯始受命之君，承大乱之极，寇贼奸轨，难为法禁，故不得不有一赦，与之更新，颐育万民，以成大化。非以养奸活罪，放纵天贼也。夫性恶之民，民之豺狼，虽得放宥之泽，终无改悔之心。且脱重梏，夕还囹圄，严明令尹，不能使其断绝。何也？凡敢为大奸者，才必有过于众，而能自媚于上者。多散诞谀得之财，奉以谄谀之辞，以转相驱，非有第五公之廉直，孰不为顾哉？论者多曰："久不赦则奸轨炽而吏不制，宜数肆眚以解散之。"此未昭政乱之本源，不察祸福之所生也。

后度辽将军皇甫规解官归安定，乡人有以货得雁门太守者，亦去职还家，书刺谒规。规卧不迎，既入而问："卿前在郡食雁美乎？"有顷，又白王符在门。规素闻符名，乃惊遽而起，衣不及带，屣履出迎，援符手而还，与同坐，极欢。时人为之语曰："徒见二千石，不如一缝掖。"言书生道义之为贵也。符竟不仕，终于家。

仲长统传

仲长统字公理，山阳高平人也。少好学，博涉书记，赡于文辞。年二十余，游学青、徐、并、冀之间，与交友者多异之。并州刺史高干，袁绍甥也。素贵有名，招致四方游士，士多归附。统过干，干善待遇，访以当时之事。统谓干曰："君有雄志而无雄才，好士而不能择人，所以为君深戒也。"干雅自多，不纳其言，统遂去之。无几，干以并州叛，卒至于败。并冀之士皆以是异统。统性俶傥，敢直言，不矜小节，默语无常，时人或谓之狂生。每州郡命召，辄称疾不就。常以为凡游帝王者，欲以立身扬名耳。而名不常存，人生易灭，优游偃仰，可以自娱。欲卜居清旷，以乐其志，论之曰："使居有良田广宅，背山临流，沟池环匝，竹木周布，场圃筑前，果园树后。舟车足以代步涉之艰，使令足以息四体之役。养亲有兼珍之膳，妻孥无苦身之劳。良朋萃止，则陈酒肴以娱之；嘉时吉日，则烹羔豚以奉之。蹰躇畦苑，游戏平林，濯清水，追凉风，钓游鲤，弋高鸿。讽于舞雩之下，咏归高堂之上。安神闺房，思老氏之玄虚；呼吸精和，求至人之仿佛。与达者数子，论道讲书，俯仰二仪，错综人物。弹《南风》之雅操，发清商之妙曲。消摇一世之上，睥睨天地之间。不受当时之责，永保性命之期。如是，则可以陵霄汉，出宇宙之外矣。岂羡夫入帝王之门哉！"又作诗二篇，以见其志。辞曰：

　　飞鸟遗迹，蝉蜕亡壳。腾蛇弃鳞，神龙丧角。至人能变，达士拔俗。

　　乘云无辔，骋风无足。垂露成帏，张霄成幄。沉灚当餐，九阳代烛。

　　恒星艳珠，朝霞润玉。六合之内，恣心所欲。人事可遗，何为局促？

　　大道虽夷，见几者寡。任意无非，适物无可。古来绕绕，委曲如琐。

　　百虑何为，至要在我。寄愁天上，埋忧地下。叛散《五经》，灭弃《风》《雅》。

　　百家杂碎，请用从火。抗志山西，游心海左。元气为舟，微风为舵。敖翔太清，纵意容冶。

尚书令荀彧闻统名，奇之，举为尚书郎。后参丞相曹操军事。每论说古今及时俗行事，恒发愤叹息。因著论名曰《昌言》，凡三十四篇，十余万言。

献帝逊位之岁，统卒，时年四十一。友人东海缪袭常称统才章足继西京董、贾、刘、杨。今简撮其书有益政者，略载之云。

《理乱篇》曰：

　　豪杰之当天命者，未始有天下之分者也。无天下之分，故战争者竞起焉。于斯之时，并伪假天威，矫据方国，拥甲兵与我角才智，程勇力与我竞雌雄，不知去就，疑误天下，盖不可数也。角知者皆穷，角力者皆负，形不堪复优，势不足复校，乃始羁首系颈，就我之衔绁耳。夫或曾为我之尊长矣，或曾与我为等侪矣，或曾臣虏我矣，或曾执囚我矣。彼之蔚蔚，皆匈詟腹詛，幸我之不成，而以奋其前志，讵肯用此为终死之分邪？

　　及继体之时，民心定矣。普天之下，赖我而得生育，由我而得富贵，安居乐业，长养子孙，天下晏然，皆归心于我矣。豪杰之心既绝，士民之志已定，贵有常家，尊在一人。当此之时，虽下愚之才居之，犹能使恩同天地，威侔鬼神。暴风疾霆，不足以方其怒；阳春时雨，不足以喻其泽；周、孔数千，无所复角其圣；贲、育百万，无所复奋其勇矣。

　　彼后嗣之愚主，见天下莫敢与之违，自谓若天地之不可亡也，乃奔其私嗜，骋其邪欲，君臣宣淫，上下同恶。目极角抵之观，耳穷郑卫之声。入则耽于妇人，出则驰于田猎。荒废庶政，弃亡人物，澶漫弥流，无所底极。信任亲爱者，尽佞谄容悦之人也；宠贵隆丰者，尽后妃姬妾之家也。使饿狼守庖厨，饥虎牧牢豚，遂至熬天下之脂膏，斫生人之骨髓。怨毒无聊，祸乱并起，中国扰攘，四夷侵叛，土崩瓦解，一朝而去。昔之为我哺乳之子孙者，今尽是我饮血之寇仇也。至于运徙势去，犹不觉悟者，岂非富贵生不仁，沈溺致愚疾邪？存亡以之迭代，政乱从此周复，天道常然之大数也。

　　又政之为理者，取一切而已，非能斟酌贤愚之分，以开盛衰之数也。曰不如古，弥以远甚，岂不然邪？汉兴以来，相与同为编户齐民，而以财力相君长者，世无数焉。而清洁之士，徒自苦于茨棘之间，无所益损于风俗也。豪人之室，连栋数百，膏田满野，奴婢千群，徒附万计。船车贾贩，周于四方；废居积贮，满于都城。琦赂宝货，巨室不能容；马牛羊豕，山谷不能受。妖童美妾，填乎绮室；倡讴伎乐，列乎深堂。宾客待见而不敢去，车骑交错而不敢进。三牲之肉，臭而不可食；清醇之酎，败而不可饮。睇盼则人从其目之所视，喜怒则人随其心之所虑。此皆公侯之广乐，君长之厚实也。苟能运智诈者，则得之焉；苟能得之者，人不以为罪焉。源发而横流，路开而四通矣。求士之舍荣乐而居穷苦，弃放逸而赴束缚，夫谁肯为之者邪！夫乱世长而化世短。乱世则小人贵宠，君子困贱。当君子困贱之时，局高天，蹐厚地，犹恐有镇厌之祸也。逮至清世，则复入于矫枉过正之检。老者耄矣，不能及宽饶之俗；少者方壮，将复困于衰乱之时。是使奸人擅无穷之福利，而善士挂不赦之罪辜。苟目能辩色，耳能辩声，口能辩味，体能辩寒温者，将皆以修洁为讳恶，设智巧以避之焉，况肯有安而乐之者邪？斯下世人主一切之愆也。

　　昔春秋之时，周氏之乱世也。逮乎战国，则又甚矣。秦政乘并兼之执，放虎狼之心，屠裂天下，吞食生人，暴虐不已，以招楚汉用兵之苦，甚于战国之时也。汉二百年而遭干莽之乱，计其残夷灭亡之数，又复倍乎秦、项矣。以及今日，名都空而不居，百里绝而无民者，不可胜数。此则又甚于亡新之时也。悲夫！不及五百年，大难三起，中间之乱，尚不数焉。变而弥猜，下而加酷，推此以往，可及于尽矣。嗟乎！不知来世圣人救此之道，将何用也？又不知天若穷此之数，欲何至邪？

《损益篇》曰：

　　作有利于时，制有便于物者，可为也。事有乖于数，法有玩于时者，可改也。故行于古有其迹，用于今无其功者，不可不变。变而不如前，易而多所败者，亦不可不复也。汉之初兴，分王子弟，委之以士民之命，假之以杀生之权。于是骄逸自恣，志意无厌。鱼肉百姓，以盈其欲；报蒸骨血，以快其情。上有篡叛不轨之奸，下有暴乱残贼之害。虽藉亲属之恩，盖源流形执使之然也。降爵削土，稍稍割夺，卒至于坐食奉禄而已。然其污秽之行，淫昏之罪，犹尚多焉。故浅其根本，轻其恩义，犹尚假一日之尊，收士民之用。况专之于国，擅之于嗣，岂可鞭笞叱咤，而使唯我所为者乎？时政凋敝，风俗移易，纯朴已去，智惠已来。出于礼制之防，放于嗜欲之域久矣，固不可授之以柄，假之以资者也。是故收其奕世之权，校其从横之执，善者早登，否者早去，故下土无壅滞之士，国朝无专贵之人。此变之善，可遂行者也。

井田之变，豪人货殖，馆舍布于州郡，田亩连于方国。身无半通青纶之命，而窃三辰龙章之服；不为编户一伍之长，而有千室名邑之役。荣乐过于封君，执力侔于守令。财赂自营，犯法不坐。刺客死士，为之投命。至使弱力少智之子，被穿帷败，寄死不敛，冤枉穷困，不敢自理。虽亦由网禁疏阔，盖分田无限使之然也。今欲张太平之纪纲，立至化之基趾，齐民财之丰寡，正风俗之奢俭，非井田实莫由也。此变有所败，而宜复者也。

肉刑之废，轻重无品，下死则得髡钳，下髡钳则得鞭笞。死者不可复生，而笞者无伤于人。髡笞不足以惩中罪，安得不至于死哉！夫鸡狗之攘窃，男女之淫奔，酒醴之赂遗，谬误之伤害，皆非值于死者也。杀之则甚重，髡之则甚轻。不制中刑以称其罪，则法令安得不参差，杀生安得不过谬乎？今患刑轻之不足以惩恶，则假赃货以成罪，托疾病以讳杀。科条无所准，名实不相应，恐非帝王之通法，圣人之良制也。或曰：过刑恶人，可也；过刑善人，岂可复哉？曰：若前政以来，未曾枉害善人者，则有罪不死也，是为忍于杀人，而不忍于刑人也。今令五刑有品，轻重有数，科条有序，名实有正，非杀人逆乱鸟兽之行甚重者，皆勿杀。嗣周氏之秘典，续吕侯之祥刑，此又宜复之善者也。

《易》曰："阳一君二臣，君子之道也；阴二君一臣，小人之道也。"然则寡者，为人上者也；众者，为人下者也。一伍之长，才足以长一伍者也；一国之君，才足以君一国者也；天下之王，才足以王天下者也。愚役于智，犹枝之附干，此理天下之常法也。制国以分人，立政以分事，人远则难缓，事总则难了。今远州之县，或相去数百千里，虽多山陵洿泽，犹有可居人种谷者焉。当更制其境界，使远者不过二百里。明版籍以相数阅，审什伍以相连持，限夫田以断并兼，定五刑以救死亡，益君长以兴政理，急农桑以丰委积，去末作以一本业，敦教学以移情性，表德行以厉风俗，核才艺以叙官宜，简精悍以习师田，修武器以存守

战，严禁令以防僭差，信赏罚以验惩劝，纠游戏以杜奸邪，察苛刻以绝烦暴。审此十六者以为政务，操之有常，课之有限，安宁勿懈堕，有事不迫遽，圣人复起，不能易也。

向者，天下户过千万，除其老弱，但户一丁壮，则千万人也。遗漏既多，又蛮夷戎狄居汉地者尚不在焉。丁壮十人之中，必有堪为其什伍之长，推什长已上，则百万人也。又十取之，则佐史之才已上十万人也。又十取之，则可使在政理之位者万人也。以筋力用者谓之人，人求丁壮；以才智用者谓之士，士贵耆老。充此制以用天下之人，犹将有储，何嫌乎不足也？故物有不求，未有无物之岁也；士有不用，未有少士之世也。夫如此，然后可以用天性，究人理，兴顿废，属断绝，网罗遗漏，拱枑天人矣。

或曰：善为政者，欲除烦去苛，并官省职，为之以无为，事之以无事，何子言之云云也？曰：若是，三代不足慕，圣人未可师也。君子用法制而至于化，小人用法制而至于乱。均是一法制也，或以之化，或以之乱，行之不同也。苟使豺狼牧羊豚，盗跖主征税，国家昏乱，吏人放肆，则恶复论损益之间哉！夫人待君子然后化理，国待蓄积乃无忧患。君子非自农桑以求衣食者也，蓄积非横赋敛以取优饶者也。奉禄诚厚，则割剥贸易之罪乃可绝也；蓄积诚多，则兵寇水旱之灾不足苦也。故由其道而得之，民不以为奢；由其道而取之，民不以为劳。天灾流行，开仓库以禀贷，不亦仁乎？衣食有余，损靡丽以散施，不亦义乎？彼君子居位为士民之长，固宜重肉累帛，朱轮驷马。今反谓薄屋者为高，藿食者为清，既失天地之性，又开虚伪之名，使小智居大位，庶绩不咸熙，未必不由此也。得拘挛而失才能，非立功之实也。以廉举而以贪去，非士君子之志也。夫选用必取善士。善士富者少而贫者多，禄不足以供养，安能不少营私门乎？从而罪之，是设机置阱以待天下之君子也。

盗贼凶荒，九州代作，饥馑暴至，军旅卒发，横税弱人，割夺吏禄，所恃者寡，所取者猥，万里悬乏，首尾不救，徭役并起，农桑失业，兆民呼嗟于昊天，贫穷转死于沟壑矣。今通肥饶之率，计稼穑之入，令亩收三斛，斛取一斗，未为甚多。一岁之间，则有数年之储，虽兴非法之役，恣奢侈之欲，广爱幸之赐，犹未能尽也。不循古法，规为轻税，及至一方有警，一面被灾，未逮三年，校计骞短，坐视战士之疏食，立望饿殍之满道，如之何为君行此政也？二十税一，名之曰貊，况三十税一乎？夫薄吏禄以丰军用，缘于秦征诸侯，续于四夷，汉承其业，遂不改更，危国乱家，此之由也。今田无常主，民无常居，吏食日禀，班禄未定。可

为法制，画一定科，租税十一，更赋如旧。今者土广民稀，中地未垦；虽然，犹当限以大家，勿令过制。其地有草者，尽曰官田，力堪农事，乃听受之。若听其自取，后必为奸也。

《法诫篇》曰：

《周礼》六典，冢宰贰王而理天下。春秋之时，诸侯明德者，皆一卿为政。爰及战国，亦皆然也。秦兼天下，则置丞相，而贰之以御史大夫。自高帝逮于孝成，因而不改，多终其身。汉之隆盛，是惟在焉。夫任一人则政专，任数人则相倚。政专则和谐，相倚则违戾。和谐则太平之所兴也，违戾则荒乱之所起也。光武皇帝愠数世之失权，忿强臣之窃命，矫枉过直，政不任下，虽置三公，事归台阁。自此以来，三公之职，备员而已；然政有不理，犹加谴责。而权移外戚之家，宠被近习之竖，亲其党类，用其私人，内充京师，外布列郡，颠倒贤愚，贸易选举，疲驽守境，贪残牧民，挠扰百姓，忿怒四夷，招致乖叛，乱离斯瘼。怨气并作，阴阳失和，三光亏缺，怪异数至，虫螟食稼，水旱为灾，此皆戚宦之臣所致然也。反以策让三公，至于死免，乃足以叫呼苍天，号咷泣血者也。又中世之选三公也，务于清悫谨慎，循常习故者。是妇女之检柙，乡曲之常人耳，恶足以居斯位邪？执既如彼，选又如此，而欲望三公勋立于国家，绩加于生民，不亦远乎？昔文帝之于邓通，可谓至爱，而犹展申徒嘉之志。夫见任如此，则何患于左右小臣哉？至如近臣，外戚宦竖请托不行，意气不满，立能陷人于不测之祸，恶可得弹正者哉！曩者任之重而责之轻，今者任之轻而责之重。昔贾谊感绛侯之困辱，因陈大臣廉耻之分，开引自裁之端。自此以来，遂以成俗。继世之主，生而见之，习其所常，曾莫之悟。呜呼，可悲夫！左手据天下之图，右手刎其喉，愚者犹知难之，况明哲君子哉！光武夺三公之重，至今而加甚，不假后党以权，数世而不行，盖亲疏之执异也。母后之党，左右之人，有此至亲之执，故其贵任万世。常然之败，无世而无之，莫之斯鉴，亦可痛矣。未若置丞相自总之。若委三公，则宜分任责成。夫使为政者，不当与之婚姻；婚姻者，不当使之为政也。如此，在位病人，举用失贤，百姓不安，争讼不息，天地多变，人物多妖，然后可以分此罪矣。

或曰：政在一人，权甚重也。曰：人实难得，何重之嫌？昔者霍禹、窦宪、邓骘、梁冀之徒，藉外戚之权，管国家之柄；及其伏诛，以一言之诏，诘朝而决，何重之畏乎？今夫国家漏神明于媟近，输权重于妇党，算十世而为之者八九焉。不此之罪而彼之疑，何其诡邪！

论曰：百家之言政者尚矣。大略归乎宁固根柢，革易时敝也。夫遭运无恒，意见偏杂，故是非之论，纷然相乖。尝试妄论之，以为世非胥、庭，人乖毂饮，化迹万肇，情故萌生。虽周物之智，不能研其推变；山川之奥，未足况其纡险。则应俗适事，难以常条。如使用审大道，则殊涂同会；才爽其分，则一豪以乖。何以言之？若夫玄圣御世，则天同极，施舍之道，宜无殊典。而损益异运，文朴递行。用明居晦，回沉于曩时；兴戈陈俎，参差于上世。及至戴黄屋，服绨衣，丰薄不齐，而致化则一；亦有宥公族，黥国储，宽惨巨隔，而防非必同。此其分波而共源，百虑而一致者也。若乃偏情矫用，则枉直必详。故葛屦履霜，敝由崇俭；楚楚衣服，戒在穷赊。疏禁厚下，以尾大陵弱，敛威峻罚，以苛薄分崩。斯《曹》、《魏》之刺，所以明乎国风；周、秦末轨，所以彰乎微灭。故用舍之端，兴败资焉。是以繁简唯时，宽猛相济。刑书镂鼎，事有可详；三章在令，取贵能约。太叔致猛政之褒，国子流遗爱之涕，宣孟改冬日之和，平阳循画一之法。斯实弛张之弘致，可以征其统乎！数子之言当世失得皆究矣，然多谬通方之训，好申一隅之说。贵清静者，以席上为腐议，束名实者，以柱下为诞辞。或推前王之风，可行于当年；有引救敝之规，宜流于长世。稽之笃论，将为敝矣。如以舟无推陆之分，瑟非常调之音，不限局以疑远，不拘玄以妨素，则化枢各管其极，理略可得而言与？

赞曰：管视好偏，群言难一。救朴虽文，矫迟必疾。举端自理，滞隅则失。详观时蠹，成昭政术。

卷八十　　孝明八王列传第四十

孝明皇帝九子：贾贵人生章帝；阴贵人生梁节王畅；余七王本书不载母氏。

千乘哀王建传

千乘哀王建，永平三年封。明年薨。年少无子，国除。

陈敬王羡传

陈敬王羡，永平三年封广平王。建初三年，有司奏遣羡与巨鹿王恭、乐成王党俱就国，肃宗性笃爱，不忍与诸王乖离，遂皆留京师。明年，案舆地图，令诸国户口皆等，租入岁各八千万。羡博涉经书，有威严，与诸儒讲论于白虎殿。七年，帝以广平在北，多有边费，乃徙羡为西平王，分汝南八县为国。及帝崩，遗诏徙封为陈王，食淮阳郡，其年就国。立三十七年薨，子思王钧嗣。

钧立，多不法，遂行天子大射礼。性隐贼，喜文法，国相二千石不与相得者，辄阴中之。憎怨敬王夫人李仪等，永元十一年，遂使客隗久杀仪家属。吏捕得久，系长平狱。钧欲断绝辞语，复使结客篡杀久。事发觉，有司举奏，钧坐削西华、项、新阳三县。十二年，封钧六弟为列侯。后钧取掖庭出女李娆为小妻，复坐削圉、宜禄、扶沟三县。永初七年，封敬王孙安国为耕亭侯。钧立二十一年薨，子怀王竦嗣。立二年薨，无子，国绝。

永宁元年，立敬王子安寿亭侯崇为陈王，是为顷王。立五年薨，子孝王承嗣。承薨，子愍王宠嗣。

熹平二年，国相师迁追奏前相魏愔与宠共祭天神，希幸非冀，罪至不道。有司奏遣使者案验。是时新诛勃海王悝，灵帝不忍复加法，诏槛车传送愔，迁诣北寺诏狱，使中常侍王酺与尚书令、侍御史杂考。愔辞与王共祭黄老君，求长生福而已。无它冀幸。酺等奏愔职在匡正，而所为不端，迁诬告其王，罔以不道，皆诛死。有诏赦宠不案。宠善弩射，十发十中，中皆同处。中平中，黄巾贼起，郡县皆弃城走，宠有强弩数千张，出军都亭。国人素闻王善射，不敢反叛，故陈独得完，百姓归之者众十余万人。及献帝初，义兵起，宠率众屯阳夏，自称辅汉大将军。国相会稽骆俊素有威恩，时天下饥荒，邻郡人多归就之，俊倾资赈赡，并得全活。后袁术求粮于陈而俊拒绝之，术怒恚，遣客诈杀俊及宠，陈由是破败。是时诸国无复租禄，而数见虏夺，并日而食，转死沟壑者甚众。夫人姬妾多为丹陵兵乌桓所略云。

彭城靖王恭传

彭城靖王恭，永平九年赐号灵寿王。十五年，封为巨鹿王。建初三年，徙封江陵王，改南郡为国。元和二年，三公上言江陵在京师正南，不可以封，乃徙为六安王，以庐江郡为国。肃宗崩，遗诏徙封彭城王，食楚郡，其年就国。恭敦厚威重，举动有节度，吏人敬爱之。永初六年，封恭子阿奴为竹邑侯。

元初三年，恭以事怒子酺，酺自杀。国相赵牧以状上，因诬奏恭祠祀恶言，大逆不道。有司奏请诛之。恭上书自讼。朝廷以其素著行义，令考实，无征，牧坐下狱，会赦免死。恭立四十六年薨，子考王道嗣。

元初五年，封道弟三人为乡侯，恭孙顺为东安亭侯。道立二十八年薨，子顷王定嗣。

本初元年，封定兄弟九人皆为亭侯。定立四年薨，子孝王和嗣。

和性至孝，太夫人薨，行丧陵次，毁瘠过礼。傅相以闻。桓帝诏使奉牛酒迎王还宫。和敬贤乐施，国中爱之。初平中，天下大乱，和为贼昌豨所攻，避奔东阿，后得还国。

立六十四年薨，孙祗嗣。立七年，魏受禅，以为崇德侯。

乐成靖王党传

乐成靖王党，永平九年赐号重熹王，十五年封乐成王。党聪惠，善《史书》，喜正文字。与肃宗同年，尤相亲爱。建初四年，以清河之游、观津，勃海之东光、成平，涿郡之中水、饶阳、安平、南深泽八县益乐成国。及帝崩，其年就国。党急刻不遵法度。旧禁宫人出嫁，不得适诸国。有故掖庭技人哀置，嫁为男子章初妻，党召哀置入宫与通，初欲上书告之，党恐惧，乃密赂哀置姊焦使杀初。事发觉，党乃缢杀内侍三人，以绝口语。又取故中山简王傅婢李羽生为小妻。永元七年，国相举奏之。和帝诏削东光、鄡二县。立二十五年薨，子哀王崇嗣。立二月薨，无子，国绝。

明年，和帝立崇兄脩侯巡为乐成王，是为蓼王。立十五年薨，子隐王宾嗣。立八年薨，无子，国绝。

明年，复立济北惠王子苌为乐成王后。苌到国数月，骄淫不法，衍过累积，冀州刺史与国相举奏苌罪至不道。安帝诏曰："苌有覤其面，而放逸其心。知陵庙至重，承继有礼，不惟致敬之节，肃穆之慎，乃敢擅损牺牲，不备荐芬。慢易大姬，不震厥教。出入颠覆，风淫于家，娉取人妻，馈遗婢妾。殴击吏人，专己凶暴。愆罪莫大，甚可耻也。朕览八辟之议，不忍致之于理。其贬苌爵为临湖侯。朕无'则哲'之明，致简统失序，罔以尉承大姬，增怀永叹。"

延光元年，以河间孝王子得嗣靖王后。以乐成比废绝，故改国曰安平，是为安平孝王。立三十年薨，子续立。

中平元年，黄巾贼起，为所劫质，囚于广宗。贼平复国。其年秋，坐不道被诛。立三十四年，国除。

下邳惠王衍传

下邳惠王衍，永平十五年封。衍有容貌，肃宗即位，常在左右。建初初冠，诏赐衍师傅已下官属金帛各有差。四年，以临淮郡及九江之钟离、当涂、东城、历阳、全椒合十七县益下邳国。帝崩，其年就国。衍后病荒忽，而太子卬有罪废，诸姬争欲立子为嗣，连上书相告言。和帝怜之，使彭城靖王恭至下邳正其嫡庶，立子成为太子。衍立五十四年薨，子贞王成嗣。

永建元年，封成兄二人及惠王孙二人皆为列侯。成立二年薨，子愍王意嗣。

阳嘉元年，封意弟八人为乡、亭侯。中平元年，意遭黄巾，弃国走。贼平复国，数月薨。立五十七年，年九十。子哀王宜嗣，数月薨，无子，建安十一年国除。

梁节王畅传

梁节王畅，永平十五年封为汝南王。母阴贵人有宠，畅尤被爱幸，国土租入倍于诸国。肃宗立，缘先帝之意，赏赐恩宠甚笃。建初二年，封畅舅阴棠为西陵侯。四年，徙为梁王，以陈留之郾、宁陵、济阴之薄、单父、己氏、成武，凡六县，益梁国。帝崩，其年就国。畅性聪惠，然少贵骄，颇不遵法度。归国后，数有恶梦，从官卞忌自言能使六丁，善占梦，畅数使卜筮。又畅乳母王礼等，因此自言能见鬼神事，遂共占气，祠祭求福。忌等谄媚，云神言王当为天子。畅心喜，与相应答。永元五年，豫州刺史梁相举奏畅不道，考讯，辞不服。有司请征畅诣廷尉诏狱，和帝不许。有司重奏除畅国，徙九真，帝不忍，但削成武、单父二县。畅惭惧，上疏辞谢曰："臣天性狂愚，生在深宫，长养傅母之手，信惑左右之言。及至归国，不知防禁。从官侍史利臣财物，荧惑臣畅。臣畅无所昭见，与相然诺，不自知陷死罪，以至考案。肌栗心悸，自悔无所复及。自谓当即时伏显诛，魂魄去身，分归黄泉。不意陛下圣德，枉法曲平，不听有司，横贷赦臣。战栗连月，未敢自安。上念以负先帝而令陛下为臣收污天下，诚无气以息，筋骨不相连。臣畅知大贷不可再得，自誓束身约妻子，不敢复出入失绳墨，不敢复有所横费。租入有余，乞裁食睢阳、谷孰、虞、蒙、宁陵五县，还余所食四县。臣畅小妻三十七人，其无子者愿还本家。自选择谨敕奴婢二百人，其余所受虎贲、官骑及诸工技、鼓吹、仓头、奴婢、兵弩、厩马皆上还本署。臣畅以骨肉近亲，乱圣化，污清流，既得生活，诚无心面目以凶恶复居大宫，食大国，张官属，藏什物。愿陛下加大恩，开臣自悔之门，假臣小善之路，令天下知臣蒙恩，得去死就生，颇能自悔。臣以公卿所奏臣罪恶诏书常置于前，昼夜诵读。臣小人，贪见明时，不能即时自引，惟陛下哀臣，令得喘息漏刻。若不听许，臣实无颜以久生，下入黄泉，无以见先帝。此诚臣至心。臣欲多还所受，恐天恩不听许，节量所留，于臣畅饶足。"诏报曰："朕惟王至亲之属，淳淑之美，傅相不良，不能防邪，至令有司纷纷有言。今王深思悔过，端自克责，朕恻然伤之。志匪由王，咎在彼小子。一日克己复礼，天下归仁。王其安心静意，茂率休德。《易》不云乎：'一谦而四益。小有言，终吉。'强食自爱。"畅固让，章数上，卒不许。立二十七年薨，子恭王坚嗣。

永元十六年，封坚弟二人为乡、亭侯。坚立二十六年薨，子怀王匡嗣。

永建二年，封匡弟七人为乡、亭侯。匡立十一年薨，无子，顺帝封匡弟孝阳亭侯成为梁王，是为夷王。立二十九年薨，子敬王元嗣。立十六年薨，子弥嗣。立四十年，魏受禅，以为崇德侯。

淮阳顷王昞传

淮阳顷王昞，永平十五年封常山王，建初四年，徙为淮阳王，以汝南之新安、西华益淮阳国。立十六年薨，未及立嗣。

永元二年，和帝立昞小子侧复为常山王，奉昞后，是为殇王。立十三年薨，父子皆未之国，并葬京师。侧无子，其月立兄防子侯章为常山王。和帝怜章早孤，数加赏赐。延平元年就国。立二十五年薨，是为靖王。子顷王仪嗣。

永建二年，封仪兄二人为亭侯。仪立十七年薨，子节王豹嗣。

元嘉元年，封豹兄四人为亭侯。

豹立八年薨，子嵩嗣。三十二年，遭黄巾贼，弃国走，建安十一年国除。

济阴悼王长传

济阴悼王长，永平十五年封。建初四年，以东郡之离狐、陈留之长垣益济阴国。立十三年，薨于京师，无子，国除。

论曰：晏子称"夫人生厚而用利，于是乎正德以幅之，谓之幅利"。言人情须节以正其德，亦由布帛须幅以成其度焉。明帝封诸子，租岁不过二千万，马后为言而不得也。贤哉！岂徒俭约而已乎！知骄贵之无厌，嗜欲之难极也，故东京诸侯鲜有至于祸败者也。

赞曰：孝明传胤，维城八国。陈敬严重，彭城厚德。下邳婴痫，梁节邪惑。三藩夙龄，党惟荒忒。

卷八十一
李陈庞陈桥列传第四十一

李恂传

李恂字叔英，安定临泾人也。少习《韩诗》，教授诸生常数百人。太守颍川李鸿请署功曹，未及到，而州辟为从事。会鸿卒，恂不应州命，而送鸿丧还乡里。既葬，留起冢坟，持丧三年。辟司徒桓虞府。后拜侍御史，持节使幽州，宣布恩泽，慰抚北狄，所过皆图写山川、屯田、聚落百余卷，悉封奏上，肃宗嘉之。拜兖州刺史。以清约率下，常席羊皮，服布被。迁张掖太守，有威重名。时大将军窦宪将兵屯武威，天下州郡远近莫不修礼遗，恂奉公不阿，为宪所奏免。后复征拜谒者，使持节领西域副校尉。西域殷富，多珍宝，诸国侍子及督使贾胡数遗恂奴婢、宛马、金银、香罽之属，一无所受。北匈奴数断西域车师、伊吾，陇沙以西使命不得通，恂设购赏，遂斩房帅，县首军门。自是道路夷清，威恩并行。迁武威太守。后坐事免，步归乡里，潜居山泽，结草为庐，独与诸生织席自给。会西羌反畔，恂到田舍，为所执获。羌素闻其名，放遣之。恂因诣洛阳谢。时岁荒，司空张敏、司徒鲁恭等各遣子馈粮，悉无所受。徙居新安关下，拾橡实以自资。年九十六卒。

陈禅传

陈禅字纪山，巴郡安汉人也。仕郡功曹，举善黜恶，为邦内所畏。察孝廉，州辟治中从事。时刺史为人所上受纳臧赂，禅当传考，无它所赍，但持丧敛之具而已。及至，笞掠无算，五毒毕加，禅神意自若，辞对无变，事遂散释。车骑将军邓骘闻其名而辟焉，举茂才。时汉中蛮夷反畔，以禅为汉中太守。夷贼素闻其名声，即时降服。迁左冯翊，入拜谏议大夫。

永宁元年，西南夷掸国王献乐及幻人，能吐火，自支解，易牛马头。明年元会，作之于庭，安帝与群臣共观，大奇之。禅独离席举手大言曰："昔齐鲁为夹谷之会，齐作侏儒之乐，仲尼诛之。又曰：'放郑声，远佞人。'帝王之庭，不宜设夷狄之技。"尚书陈忠劾奏禅曰："古者合欢之乐舞于堂，四夷之乐陈于门，故《诗》云'以《雅》以《南》，《韎任朱离》'。今掸国越流沙，逾县度，万里贡献，非郑卫之声，佞人之比，而禅廷讪朝政，请劾禅下狱。"有诏勿收，左转为玄菟候城障尉，诏"敢不之官，上妻子从者名"。禅既行，朝廷多讼之。会北匈奴入辽东，追拜禅辽东太守。胡惮其威强，退还数百里。禅不加兵，但使吏卒往晓慰之，单于随使还郡。禅于学行礼，为说道义以感化之。单于怀服，遗以胡中珍货而去。及邓骘诛废，禅以故吏免。复为车骑将军阎显长史。顺帝即位，迁司隶校尉。明年，卒于官。

子澄，有清名，官至汉中太守。

禅曾孙宝，亦刚壮有禅风，为州别驾从事，显名州里。

庞参传

庞参字仲达，河南缑氏人也。初仕郡，未知名，河南尹庞奋见而奇之，举为孝廉，拜左校令。坐法输作若卢。

永初元年，凉州先零种羌反畔，遣车骑将军邓骘讨之。参于徒中使其子俊上书曰："方今西州流民扰动，而征发不绝，水潦不休，地力不复。重之以大军，疲之以远戍，农功消于转运，资财竭于征发。田畴不得垦辟，禾稼不得收入，搏手困穷，无望来秋。百姓力屈，不复堪命。臣愚以为万里运粮，远就羌戎，不若总兵养众，以待其疲。车骑将军骘宜且振旅，留征西校尉任尚使督凉州士民，转居三辅。休徭役以助其时，止烦赋以益其财，令男得耕种，女得织纴，然后畜精锐，乘懈沮，出其不意，攻其不备，则边人之仇报，奔北之耻雪矣。"书奏，会御史中丞樊准上疏荐参曰："臣闻鸷鸟累百，不如一鹗。昔孝文皇帝中悟冯唐之言，而赦魏尚之罪，使为边守，匈奴不敢南向。夫以一臣之身，折方面之难者，选用得也。臣伏见故左校令河南庞参，勇谋不测，卓尔奇伟，高才武略，有魏尚之风。前坐微法，输作经时。今羌戎为患，大军西屯，臣以为如参之人，宜在行伍。惟明诏采前世之举，观魏尚之功，免赦参刑，以为军锋，必有成效，宜助国威。"邓太后纳其言，即擢参于徒中，召拜谒者，使西督三辅诸军屯，而征邓骘还。

四年，羌寇转盛，兵费日广，且连年不登，谷石万余。参奏记于邓骘曰："比年羌寇特困陇右，供徭赋役为损日滋，官负人责数十亿万。今复募发百姓，调取谷帛，衔卖什物，以应吏求。外伤羌虏，内困征赋。遂乃千里转粮，远给武都西郡。涂路倾阻，难劳百端，疾行则抄暴为害，迟进则谷食稍损，运粮散于旷野，牛马死于山泽。县官不足，辄贷于民。民已穷矣，将从谁求？名救金城，而实困三辅。三辅既困，还复为金城之祸矣。参前数言宜弃西域，乃为西州士大夫所笑。今苟贪不毛之地，营恤不使之民，暴军伊吾之野，以虞三族之外，果破凉州，祸乱至今。夫拓境不宁，无益于强；多田不耕，何救饥敝！故善为国者，务怀其内，不求外利；务富其民，不贪广土。三辅山原旷远，民庶稀疏，故县丘城，可居者多。今宜徙边郡不能自存者，入居诸陵，田戍故县。孤城绝郡，以权徙之；转运远费，聚而近之；徭役烦数，休而息之。此善之善者也。"骘及公卿以国用不足，欲从参议，众多不同，乃止。拜参为汉阳太守。郡人任棠者，有奇节，隐居教授。参到，先候之。棠不与言，但以薤一大本，水一盂，置户屏前，自抱孙儿伏于户下。主簿白以为倨。参思其微意，良久曰："棠是欲晓太守也。水者，欲吾清也。拔大本薤者，欲吾击强宗也。抱儿当户，欲吾开门恤孤也。"于是叹息而还。参在职，果能抑强助弱，以惠政得民。

元初元年，迁护羌校尉，畔羌怀其恩信。明年，烧当羌种号多等皆降，始复得还都令居，通河西路。时先零羌豪僭号北地，诏参将降羌及湟中义从胡七千人，与行征西将军司马钧期会北地击之。参于道为羌所败。既已失期，乃称病引兵还，坐以诈疾征下狱。校书郎中马融上书请之曰："伏见西戎反畔，寇抄五州，陛下愍百姓之伤痍，哀黎元之失业，单竭府库以奉军师。昔周宣猃狁侵镐及方，孝文匈奴亦略上郡，而宣王立中兴之功，文帝建太宗之号。非惟两主有明睿之姿，抑亦捍城有虓虎之助，是以南仲赫赫，列在《周诗》，亚夫赳赳，载于汉策。窃见前护羌校尉庞参，文武昭备，智略弘远，既有义勇果毅之节，兼以博雅深谋之姿。又度辽将军梁懂，前统西域，勤苦数年，还留三辅，功效克立，间在北边，单于降服。今皆幽囚，陷于法网。昔荀林父败绩于邲，晋侯使复其位；孟明视丧师于崤，秦伯不替其官。故晋景并赤狄之土，秦穆遂霸西戎。宜远览二君，使参、懂得在宽宥之科，诚有益于折冲，毗佐于圣化。"书奏，赦参等。后以参为辽东太守。永建元年，迁度辽将军。四年，入为太鸿胪。尚书仆射虞诩荐参有宰相器能，以为太尉，录尚书事。是时三公之中，参名忠直，数为左右所陷毁，以所举用忤帝旨，司隶承风案之。时当会茂才孝廉，参以被奏，称疾不得会。上计掾广汉段恭因会上疏曰："伏见道路行人，农夫织妇，皆曰'太尉庞参，竭忠尽节，徒以直道不能曲心，孤立群邪之间，自处中伤之地'。臣犹冀在陛下之世，当蒙安全，而复以谗佞伤毁忠正，此天地之大禁，人主之至诫。昔白起赐死，诸侯酌酒相贺；季子来归，鲁人喜其纾难。夫国以贤化，君以忠安。今天下咸欣陛下有此忠贤，愿卒宠任，以安社稷。"书奏，诏即遣小黄门视参疾，太医令羊酒。后参夫人疾前妻子，投于井而杀之。参奏与洛阳令祝良不平，良闻之，率吏卒入太尉府案实其事，乃上参罪，遂因灾异策免。有司以良不先闻奏，辄折辱宰相，坐系诏狱。良能得百姓心，洛阳吏人守阙请代其罪者，日有数千万人，诏乃原刑。

阳嘉四年，复以参为太尉。永和元年，以久病罢，卒于家。

陈龟传

陈龟字叔珍，上党泫氏人也。家世边将，便习弓马，雄于北州。龟少有志气。永建中，举孝廉，五迁五原太守。永和五年，拜使匈奴中郎将。时南匈奴左部反乱，龟以单于不能制下，外顺内畔，促令自杀，坐征下狱免。后再迁，拜京兆尹。时三辅强豪之族，多侵枉小民。龟到，厉威严，悉平理其怨屈者，郡内大悦。会羌胡寇边，杀长吏，驱略百姓。桓帝以龟世谙边俗，拜为度辽将军。龟临行，上疏曰："臣龟蒙恩累叶，驰骋边垂，虽展鹰犬之用，顿毙胡房之庭，魂骸不返，荐享狐狸，犹无以塞厚责，答万分也。臣至顽驽，器无铅刀一割之用，过受国恩，荣秩兼优，生年死日，永惧不报。臣闻三辰不轨，擢士为相；蛮夷不恭，拔卒为将。臣无文武之才，而忝鹰扬之任，上惭圣明，下惧素餐，虽殁躯体，无所云补。今西州边鄙，土地塉埆，鞍马为居，射猎为业，男寡耕稼之利，女乏机杼之饶，守塞候望，悬命锋镝，闻急长驱，去不图反。自顷年以来，匈奴数攻营郡，残杀长吏，侮略细弱。战夫身膏沙漠，居人首系马鞍。或举国掩匿，尽种灰灭，孤儿寡妇，号哭空城，野无青草，室如悬罄。虽含生气，实同枯朽。往岁并州水雨，灾螟互

生，稼穑荒耗，租更空阙。老者虑不终年，少壮惧于困厄。陛下以百姓为子，品庶以陛下为父，焉可不日昊劳神，垂抚循之恩哉！唐尧亲舍其子以禅虞舜者，是欲民遭圣君，不令遇恶主也。故古公杖策，其民五倍；文王西伯，天下归之。岂复舆金辇宝，以为民惠乎！近孝文皇帝感一女子之言，除肉刑之法，体德行仁，为汉贤主。陛下继中兴之统，承光武之业，临朝听政，而未留圣意。且牧守不良，或出中官，惧逆上旨，取过目前。呼嗟之声，招致灾害，胡房凶悍，因衰缘隙。而令仓库单于豺狼之口，功业无铢两之效，皆由将帅不忠，聚奸所致。前凉州刺史祝良，初除到州，多所纠罚，太守令长，贬黜将半，政未逾时，功效卓然。实应赏异，以劝功能，改任牧守，去斥奸残。又宜更选匈奴乌桓护羌中郎将校尉，简练文武，授之法令，除并凉二州今年租更，宽赦罪隶，埽除更始。则遣吏知奉公之祐，恶者觉营私之祸，胡马可不窥长城，塞下无候望之患矣。"帝觉悟，乃更选幽、并刺史，自营郡太守都尉以下，多所革易，下诏"为陈将军除并、凉一年租赋，以赐吏民"。龟既到职，州郡重足震栗，鲜卑不敢近塞，省息经用，岁以亿计。大将军梁冀与龟素有隙，潜其沮毁国威，挑取功誉，不为胡房所畏。坐征还，遂乞骸骨归田里。复征为尚书。冀暴虐日甚，龟上疏言其罪状，请诛之。帝不省。自知必为冀所害，不食七日而死。西域胡夷，并、凉民庶，咸为举哀，吊祭其墓。

桥玄传

桥玄字公祖，梁国睢阳人也。七世祖仁，从同郡戴德学，著《礼记章句》四十九篇，号曰"桥君学"。成帝时为大鸿胪。祖父基，广陵太守。父肃，东莱太守。玄少为县功曹。时豫州刺史周景行部到梁国，玄谒景，因伏地言陈相羊昌罪恶，乞为部陈从事，察奏其奸。景壮玄意，署而遣之。玄到，悉收昌宾客，具考臧罪。昌素为大将军梁冀所厚，冀为驰檄救之。景承旨召玄，玄还檄不发，案之益急。昌坐槛车征，玄由是著名。举孝廉，补洛阳左尉。时梁不疑为河南尹，玄以公事当诣府受对，耻为所屈，弃官还乡里。后四迁为齐相，坐事当城旦。刑竟，征，再迁上谷太守，又为汉阳太守。时上邽令皇甫祯有臧罪，玄收考髡笞，死于冀市，一境皆震。郡人上邽姜岐，守道隐居，名闻西州。玄召以为吏，称疾不就。玄怒，敕督邮尹益逼致之，曰："岐若不至，趣嫁其母。"益争不能得，遽晓譬岐。岐坚卧不起。郡内士大夫亦竞往谏，玄乃止。时颇以为讥。后谢病免，复公车征为司徒长史，拜将作大匠。

桓帝末，鲜卑、南匈奴及高句骊嗣子伯固并畔，为寇抄，四府举玄为度辽将军，假黄钺。玄至镇，休兵养士，然后督诸将守讨击胡房及伯固等，皆破散退走。在职三年，边境安静。灵帝初，征入为河南尹，转少府、大鸿胪。建宁

三年，迁司空，转司徒。素与南阳太守陈球有隙，及在公位，而荐球为廷尉。玄以国家方弱，自度力无所用，乃称疾上疏，引咎灾以自劾。遂策罢。岁余，拜尚书令。时太中大夫盖升与帝有旧恩，前为南阳太守，臧数亿以上。玄奏免升禁锢，没入财贿。帝不从，而迁内侍中。玄托病免，拜光禄大夫。光和元年，迁太尉。数月，复以疾罢，拜太中大夫，就医里舍。

玄少子十岁，独游门次，卒有三人持杖劫执之，入舍登楼，就玄求货，玄不与。有顷，司隶校尉阳球率河南尹、洛阳令围守玄家。球等恐并杀其子，未欲迫之。玄瞋目呼曰："奸人无状，玄岂以一子之命而纵国贼乎！"促令兵进。于是攻之，玄子亦死。玄诣阙谢罪，乞下天下："凡有劫质，皆并杀之，不得赎以财宝，开张奸路。"诏书下其章。初自安帝以后，法禁稍弛，京师劫质，不避豪贵，自是遂绝。

玄以光和六年卒，时年七十五。玄性刚急无大体，然谦俭下士，子弟亲宗无在大官者。及卒，家无居业，丧无所殡，当时称之。

初，曹操微时，人莫知者。尝往候玄，玄见而异焉，谓曰："今天下将乱，安生民者其在君乎！"操常感其知己。及后经过玄墓，辄凄怆致祭。自为其文曰："故太尉桥公，懿德高轨，泛爱博容。国念明训，士思令谟。幽灵潜翳，懿哉缅矣！操以幼年，逮升堂室，特以顽质，见纳君子。增荣益观，皆由奖助，犹仲尼称不如颜渊，李生厚叹贾复。士死知己，怀此无忘。又承从容约誓之言：'殂没之后，路有经由，不以斗酒只鸡过相沃酹，车过三步，腹痛勿怨。'虽临时戏笑之言，非至亲之笃好，胡肯为此辞哉？怀旧惟顾，念之凄怆。奉命东征，屯次乡里。北望贵土，乃心陵墓。裁致薄奠，公其享之！"

玄子羽，官至任城相。

论曰：任棠、姜岐，世著其清。结瓮牖而辞三命，殆汉阳之幽人乎？庞参躬求贤之礼，故民悦其政；桥玄厉邦君之威，而众失其情。夫岂力不足欤？将有道在焉。如令其道可忘，则强梁胜矣。语曰："三军可夺帅，匹夫不可夺志。"子贡曰："宁丧千金，不失士心。"昔段干木逾墙而避文侯之命，泄柳闭门不纳穆公之请。贵必有所屈，贱亦有所申矣。

赞曰：李叟勤身，甘饥辞馈。禅为君隐，之死靡贰。龟习边功，参起徒中。桥公识运，先觉时雄。

卷八十二　　崔骃列传第四十二

崔骃传子瑗　孙寔

崔骃字亭伯，涿郡安平人也。高祖父朝，昭帝时为幽州从事，谏刺史无与燕刺王通。及刺王败，擢为侍御史。生子舒，历四郡太守，所在有能名。舒小子篆，王莽时为郡文学，以明经征诣公车。太保甄丰举为步兵校尉，篆辞曰："吾闻伐国不问仁人，战陈不访儒士。此举奚为至哉？"遂投劾归。莽嫌诸不附己者，多以法中伤之。时篆兄发以佞巧幸于莽，位至大司空。母师氏能通经学、百家之言，莽宠以殊礼，赐号义成夫人，金印紫绶，文轩丹毂，显于新世。后以篆为建新大尹，篆不得已，乃叹曰："吾生无妄之世，值浇、羿之君，上有老母，下有兄弟，安得独洁己而危所生哉？"乃遂单车到官，称疾不视事，三年不行县。门下掾倪敞谏，篆乃强起班春。所至之县，狱犴填满。篆垂涕曰："嗟乎！刑罚不中，乃陷人于阱。此皆何罪，而至于是！"遂平理，所出二千余人。掾吏叩头谏曰："朝廷初政，州牧峻刻。宥过申枉，诚仁者之心；然独为君子，将有悔乎！"篆曰："邾文公不以一人易其身，君子谓之知命。如杀一大尹赎二千人，盖所愿也。"遂称疾去。

建武初，朝廷多荐言之者，幽州刺史又举篆贤良。篆自以宗门受莽伪宠，惭愧汉朝，遂辞归不仕。客居荥阳，闭门潜思，著《周易林》六十四篇，用决吉凶，多所占验。临终作赋以自悼，名曰《慰志》。其辞曰：

嘉昔人之遘辰兮，美伊、傅之遇时。应规矩之淑质兮，过班、倕而裁之。协准檃之贞度兮，同断金之玄策。何天衢于盛世兮，超千载而垂绩。岂修德之极致兮，将天祚之攸适？

愍余生之不造兮，丁汉氏之中微。氛霓郁以横厉兮，羲和忽以潜晖。六柄制于家门兮，王纲漼以陵迟。黎、共奋以跋扈兮，羿、浞狂以恣睢。睹嫛媍臧而乘衅兮，窃神器之万机。思辅弼以婾存兮，亦号眺以询咨。嗟三事之我负兮，乃迫余以天威。岂无熊僚之微介兮？悼我生之歼夷。庶明哲之末风兮，惧《大雅》之所讥。遂翕翼以委命兮，受符守乎艮维。恨遭闭而不隐兮，违石门之高踪。扬蛾眉于复关兮，犯孔戒之冶容。懿氓蚩之悟悔兮，慕白驹之所从。乃称疾而屡复兮，历三祀而见许。悠轻举以远遁兮，托峻崿以幽处。净潜思于至赜兮，骋《六经》之奥府。皇再命而绍恤兮，乃云眷乎建武。运机枪以电埽兮，清六合之土宇。圣德滂以横被兮，黎庶恺以鼓舞。辟四门以博延兮，彼幽牧之我举。分画定而计决兮，岂云贲乎鄙耇，遂悬车以絷马兮，绝时俗之进取。叹暮春之成服兮，阖衡门以埽轨。聊优游以永日兮，守性命以尽齿。贵启体之归全兮，庶不忝乎先子。

篆生毅，以疾隐身不仕。

毅生骃，年十三能通《诗》、《易》、《春秋》，博学有伟才，尽通古今训诂百家之言，善属文。少游太学，与班固、傅毅同时齐名。常以典籍为业，未遑仕进之事。时人或讥其太玄静，将以后名失实。骃拟杨雄《解嘲》，作《达旨》以答焉。其辞曰：

或说己曰："《易》称'备物致用'，'可观而有所合'，故能扶阳以出，顺阴而入。春发其华，秋收其实，有始有极，爰登其质。今子韫椟《六经》，服膺道术，历世而游，高谈有日，俯钩深于重渊，仰探远乎九乾，穷至赜于幽微，测潜隐之无源。然下不步卿相之廷，上不登王公之门，进不党以赞己，退不黩于庸人。独师友道德，合符曩真，抱景特立，与士不群。盖高树靡阴，独木不林，随时之宜，道贵从凡。于时太上运天德以君世，宪王僚而布官，临雍泮以恢儒，疏轩冕以崇贤；率惇德以厉忠孝，扬茂化以砥仁义；选利器于良材，求镆铘于明智。不以此时攀台阶，窥紫闼，据高轩，望朱阙，夫欲千里而咫尺未发，蒙窃惑焉。故英人乘斯时也，犹逸禽之赴深林，虺蚓之趣大沛。胡为嘿嘿而久沈滞也？"

答曰："有是言乎？子苟欲勉我以世路，不知其跌而失吾之度也。古者阴阳始分，天地初制，皇纲云绪，帝纪乃设，传序历数，三代兴灭。昔大庭尚矣，赫胥罔识。淳朴散离，人物错乖。高辛攸降，厥趣各违。道无常稽，与时张弛。失仁为非，得义为是。君子通变，各审所履。故士或掩目而渊潜，或盥耳而山栖；或草耕而仅饱，或木茹而长饥；或重聘而不来，或屡黜而不去；或冒询以干进，或望色而斯举；或以役夫发梦于王公，或以渔父见兆于十亀。若夫纷绋塞路，凶虐播流，人有昏垫之厄，主有畴咨之忧，条垂藟蔓，上下相求。于是乎贤人授手，援世之灾，跋涉赴俗，急斯时也。昔尧含戚而皋陶谟，高祖叹而子房虑；祸不散而曹、绛奋，结不解而陈平权。及其策合道从，克乱弭冲，乃将镂玄珪，册显功，铭昆吾之冶，勒景、襄之钟。与其有事，则褰裳濡足，冠挂不顾。人溺不拯，则非仁也。当其无事，则躐缨整襟，规矩其步。德让不修，则非忠也。是以险则救俗，平则守礼，举以公心，不私其体。

"今圣上之育斯人也，朴以皇质，雕以唐文。六合怡怡，比屋为仁。壹天下之众异，齐品类之万殊。参差同量，坏冶一陶。群生得理，庶绩其凝。家家有以乐和，人人有以自优。威械臧而俎豆布，六典陈而九刑厝。济兹兆庶，出于平易之路。虽有力牧之略，尚父之厉，伊、皋不论，奚事范、蔡？夫广厦成而茂木畅，远求存而良马絷，阴事终而水宿藏，场功毕而大火入。方斯之际，处士山积，学者川流，衣裳被宇，冠盖云浮。譬犹衡阳之林，岱阴之麓，伐寻抱不为之稀，蓺拱把不为之数。悠悠罔极，亦各有得。彼采其华，我收其实。舍之则藏，己所学也。故进动以道，则不辞执珪而秉柱国；复静以理，则甘糟糠而安藜藿。

"夫君子非不欲仕也，耻夸毗以求举；非不欲室也，恶登墙而搂处。叫呼衒鬻，悬旌自表，非随和之宝也。暴智耀世，因以干禄，非仲尼之道也。游不伦党，苟以徇己，汗血竞时，利合而友。子笑我之沉滞，吾亦病子屑屑而不已也。先人有则而我弗亏，行有柱径而我弗随。臧否在予，唯世所议。固将因天质之自然，诵上哲之高训，咏太平之清风，行天下之至顺。惧吾躬之秽德，勤百亩之不耘。絷余马以安行，俟时命之所存。昔孔子起威于夹谷，晏婴发勇于崔杼；曹刿举节于柯盟，卞严克捷于强御；范蠡错执于会稽，伍员树功于柏举；鲁连辩言以退燕，包胥单辞而存楚；唐且华颠以悟秦，甘罗童牙而报赵；原衰见廉于壶飧，宣孟收德于束脯；吴札结信于丘木，展季效贞于门女；颜回明仁于度毂，程婴显义于赵武。仆诚不能编德于数者，窃慕古人之所序。"

元和中，肃宗始修古礼，巡狩方岳。骃上《四巡颂》以称汉德，辞甚典美，文多故不载。帝雅好文章，自见骃颂后，常嗟叹之，谓侍中窦宪曰："卿宁知崔骃乎？"对曰："班固数为臣说之，然未见也。"帝曰："公爱班固而忽崔骃，此叶公之好龙也。试请见之。"骃由此候宪。宪屣履迎门，笑谓骃曰："亭伯，吾受诏交公，公何得薄哉？"遂揖入为上客。居无几何，帝幸宪第，时骃适在宪所，帝闻而欲召见之。宪谏，以为不宜与白衣会。帝悟曰："吾能令骃朝夕在傍，何必于此！"适欲官之，会帝崩。

窦太后临朝，宪以重戚出内诏命。骃献书诫之曰：

骃闻交浅而言深者，愚也；在贱而望贵者，惑也；未信而纳忠者，谤也。三者皆所不宜，而或蹈之者，思效其区区，愤盈而不能已也。窃见足下体淳淑之姿，躬高明之量，意美志厉，有上贤之风。骃幸得充下馆，序后陈，是以竭其拳拳，敢进一言。

传曰："生而富者骄，生而贵者傲。"生富贵而能不骄傲者，未之有也。今宠禄初隆，百僚观行，当尧舜之盛世，处光华之显时，岂可不庶几凤夜，以永众誉，弘申伯之美，致周邵之事乎？语曰："不患无位，患所以立。"昔冯野王以外戚居位，称为贤臣；近阴卫尉克己复礼,终受多福。郏氏之宗,非不尊也;阳平之族,非不盛也。重侯累将,建天枢,执斗柄。其所以获讥于时,垂愆于后者,何也?盖在满而不挹,位有余而仁不足也。汉兴以后,迄于哀、平,外家二十,保族全身,四人而已。《书》曰:"鉴于有殷。"可不慎哉?窦氏之兴,肇自孝文。二君以淳淑守道,成名先日,安丰以佐命著德,显自中兴。内以忠诚自固,外以法度自守,卒享祚国,垂祉于今。夫谦德之光,《周易》所美;满溢之位,道家所戒。故君子福大而愈惧,爵隆而益恭。远察近览,俯仰有则,铭诸几杖,刻诸盘杆。矜矜业业,无殆无荒。如此,则百福是荷,庆流无穷矣。

及宪为车骑将军,辟骃为掾。宪府贵重,掾属三十人,皆故刺史、二千石,唯骃以处士年少,擢在其间。宪擅权骄恣,骃数谏之。及出击匈奴,道路愈多不法,骃为主薄,前后奏记数十,指切长短。宪不能容,稍疏之,因察骃高第,出为长岑长。骃自以远去,不得意,遂不之官而归。永元四年,卒于家。所著诗、赋、铭、颂、书、记、表、《七依》、《婚礼结言》、《达旨》、《酒警》合二十一篇。中子瑗。

瑗字子玉,早孤。锐志好学,尽能传其父业。年十八,至京师,从侍中贾逵质正大义,逵善待之,瑗因留游学,遂明天官、历数、《京房易传》、六日七分。诸儒宗之。与扶风马融、南阳张衡特相友好。初,瑗兄章为州人所杀,瑗手刃报仇,因亡命。会赦,归家。家贫,兄弟同居数十年,乡邑化之。年四十余,始为郡吏。以事系东郡发干狱。狱掾善为《礼》,瑗闲考讯时,辄问以《礼》说。其专心好学,虽颠沛必于是。后事释归家,为度辽将军邓遵所辟。居无何,遵被诛,瑗免归。后复辟车骑将军阎显府。时阎太后称制,显入参政事。先是安帝废太子为济阴王,而以北乡侯为嗣。瑗以侯立不以正,知显将败,欲说令废立,而显日沉醉,不能得见。乃谓长史陈禅曰:"中常侍江京、陈达等,得以燮宠惑盅先帝,遂使废黜正统,扶立疏孽。少帝即位,发病庙中,周勃之征,于斯复见。今欲与长史君共求见,说将军白太后,收京等,废少帝,引立济阴王,必上当天心,下合人望。伊、霍之功,不下席而立,则将军兄弟传祚于无穷。若拒违天意,久旷神器,则将以无罪并辜元恶。此所谓祸福之会,分功之时。"禅犹豫未敢从。会北乡侯薨,孙程立济阴王,是为顺帝。阎显兄弟悉伏诛,瑗坐被斥。门生苏祗具知瑗谋,欲上书言状,瑗闻而遽止之。时陈禅为司隶校尉,召瑗谓曰:"第听祗上书,禅请为之证。"瑗曰:"此譬犹儿妾屏语耳,愿使君勿复出口。"遂辞归,不复应州郡命。久之,大将军梁商初开莫府,复首辟瑗。瑗自以再为贵戚吏,不遇被斥,遂以疾固辞。岁中举茂才,迁汲令。在事数言便宜,为人开稻田数百顷。视事七年,百姓歌之。

汉安初,大司农胡广、少府窦章共荐瑗宿德大儒,从政有迹,不宜久在下位,由此迁济北相。时李固为太山太守,美瑗文雅,奉书礼致殷勤。岁余,光禄大夫杜乔为八使,徇行郡国,以臧罪奏瑗,征诣廷尉。瑗上书自讼,得理出。会病卒,年六十六。临终,顾命子曰:"夫人禀天地之气以生,及其终也,归精于天,还骨于地。何地不可藏形骸,勿归乡里。其赗赠之物,羊豕之奠,一不得受。"寔奉遗令,遂留葬洛阳。

瑗高于文辞,尤善为书、记、箴、铭,所著赋、碑、铭、箴、颂、《七苏》、《南阳文学官志》、《叹辞》、《移社文》、《悔祈》、《草书势》,七言,凡五十七篇。其《南阳文学官志》称于后世,诸能为文者皆自以弗及。瑗爱士,好宾客,盛修肴膳,单极滋味,不问余产。居常蔬食菜羹而已。家无担石储,当世清之。

寔字子真,一名台,字元始。少沉静,好典籍。父卒,隐居墓侧。服竟,三公并辟,皆不就。

桓帝初,诏公卿郡国举至孝独行之士。寔以郡举,征诣公车,病不对策,除为郎。明于政体,吏才有余,论当世便事数十条,名曰《政论》。指切时要,言辩而确,当世称之。仲长统曰:"凡为人主,宜写一通,置之坐侧。"其辞曰:

自尧舜之帝,汤武之王,皆赖明哲之佐,博物之臣。故皋陶陈谟而唐虞以兴,伊、箕作训而殷周用隆。及继体之君,欲立中兴之功者,曷尝不赖贤哲之谋乎!凡天下所以不理者,常由人主承平日久,俗渐敝而不悟,政浸衰而不改,习乱安危,怢不自睹。或荒耽嗜欲,不恤万机;或耳蔽箴海,厌伪忽真;或犹豫歧路,莫适所从;或见信之佐,括囊守禄;或疏远之臣,言以贱废。是以王纲纵弛于上,智士郁伊于下。悲夫!

自汉兴以来,三百五十余岁矣。政令垢玩,上下怠懈,风俗凋敝,人庶巧伪,百姓嚣然,咸复思中兴之救矣。且济时拯世之术,岂必体尧蹈舜然后乃理哉?期于补绽决坏,枝柱邪倾,随形裁割,要措斯世于安宁之域而已。故圣人执权,遭时定制,步骤之差,各有云设。不强人以不能,背急切而慕所闻也。盖孔子对叶公以来远,哀公以临人,景公以节礼,非其不同,所急异务也。是以受命之君,每辄创制;中兴之主,亦匡时失。昔盘庚愍殷,迁都易民;周穆有阙,甫侯正刑。俗人拘文牵古,不达权制,奇伟所闻,简忽所见,乌可与论国家之大事哉!故言事者,虽合圣德,辄见掎夺。何者?其顽士暗于时权,安守旧所见,不知乐成,况可虑始,苟云率由旧章而已。其达者或矜名妒能,耻策非己,舞笔奋辞,以破其义,寡不胜众,遂见摈弃。虽稷、契复存,犹将困焉。斯贾生之所以排绛、灌,屈子之所以摅其幽愤者也。夫以文帝之明,贾生之贤,绛、灌之忠,而有此患,况其余哉!量力度德,《春秋》之义。今既不能纯法八代,故宜参以霸政,则宜重赏深罚以御之，明著法术以检之。自非上德，严之则理，宽之则乱。何以明其然也？近孝宣皇帝明于君人之道，审于为政之理，故严刑峻法，破奸轨之胆，海内清肃，天下密如。春勋祖庙，享号中宗。算计见效，优于孝文。及元帝即位，多行宽政，卒以堕损，威权始夺，遂为汉室基祸之主。政道得失，于斯可监。昔孔子作《春秋》，褒齐桓，懿晋文，叹管仲之功。夫岂不美文、武之道哉？诚达权救敝之理也。故圣人能与世推移，而俗士苦不知变，以为结绳之约，可复理乱秦之绪，《干戚》之舞，足以解平城之围。

夫熊经鸟伸，虽延历之术，非伤寒之理；呼吸吐纳，虽度纪之道，非续骨之膏。盖为国之法，有似理身，平则致养，疾则攻焉。夫刑罚者，治乱之药石也；德教者，兴平之梁肉也。夫以德教除残，是以梁肉理疾也；以刑罚理平，是以药石供养也。方今承百王之敝，值厄运之会。自数世以来，政多恩贷，驭委其辔，马骇其衔，四牡横奔，皇路险倾。方将柑勒鞿辔以救之，岂暇鸣和銮，清节奏哉？昔高祖令萧何作九章之律，有夷三族之令，黥、劓、斩趾、断舌、枭首，故谓之具五刑。文帝虽除肉刑，当劓者笞三百，当斩左趾者笞五百，当斩右趾者弃市。右趾者既殒其命，笞挞者往往至死，虽有轻刑之名，其实杀也。当此之时，民皆思复肉刑。至景帝元年，乃下诏曰："加笞与重罪无异，幸而不死，不可为人。"乃定律，减笞轻棰。自是之后，笞者得全。以此言之，文帝乃重刑，非轻之也；以严致平，非以宽致平也。必欲行若言，当大定其本，使人主师五帝而式三王。荡亡秦之俗，遵先圣之风，弃苟全之政，蹈稽古之踪，复五等之爵，立井田之制。然后选稷契为佐，伊吕为辅，乐作而凤皇仪，击石而百兽舞。若不然，则多为累而已。

其后辟太尉袁汤、大将军梁冀府，并不应。大司农羊傅、少府何豹上书荐寔才美能高，宜在朝廷。召拜议郎，迁大将军冀司马，与边韶、延笃等著作东观。出为五原太守。五原土宜麻枲，而俗不知织绩，民冬月无衣，积细草而卧其中，见吏则衣草而出。寔至官，斥卖储峙，为作纺绩、织纴、练缊之具以教之，民得以免寒苦。是时胡虏连入云中、朔方，杀略吏民，一岁至九奔命。寔整厉士马，严烽候，虏不敢犯，常为边最。以病征，拜议郎，复与诸儒博士共杂定《五经》。会梁冀诛，寔以故吏免官，禁锢数年。

时鲜卑数犯边，诏三公举威武谋略之士，司空黄琼荐寔，拜辽东太守。行道，母刘氏病卒，上疏求归葬行丧。母有母仪淑德，博览书传。初，寔在五原，常训以临民之政，寔之善绩，母有其助焉。服竟，召拜尚书。寔以世方阻乱，称疾不视事，数月免归。

初，寔父卒，剽卖田宅，起冢茔，立碑颂。葬讫，资产竭尽，因穷困，以酤酿贩鬻为业。时人多以此讥之，寔终不改。亦取足而已，不致盈余。及仕官，历位边郡，而愈贫薄。建宁中病卒。家徒四壁立，无以殡敛，光禄勋杨赐，太仆袁逢、少府段颎为备棺椁葬具，大鸿胪袁隗树碑颂德。所著碑、论、箴、铭、答、七言、祠、文、表、记、书凡十五篇。

寔从兄烈，有重名于北州，历位郡守、九卿。灵帝时，开鸿都门榜卖官爵，公卿州郡下至黄绶各有差。其富者则先入钱，贫者到官而后倍输，或因常侍、阿保别自通达。是时段颎、樊陵、张温等虽有功勤名誉，然皆先输货财而后登公位。烈时因傅母入钱五百万，得为司徒。及拜日，天子临轩，百僚毕会。帝顾谓亲幸者曰："悔不小靳，可至千万。"程夫人于傍应曰："崔公冀州名士，岂肯买官？赖我得是，反不知姝邪！"烈于是声誉衰减。久之不自安，从容问其子钧曰："吾居三公，于议者何如？"钧曰："大人少有英称，历位卿守，论者不谓不当为三公；而今登其位，天下失望。"烈曰："何为然也？"钧曰："论者嫌其铜臭。"烈怒，举杖击之。钧时为虎贲中郎将，服武弁，戴鹖尾，狼狈而走。烈骂曰："死卒，父析而走，孝乎？"钧曰："舜之事父，小杖则受，大杖则走，非不孝也。"烈惭而止。烈后拜太尉。钧少交结英豪，有名称，为西河太守。献帝初，钧与袁绍俱起兵山东，董卓以是收烈付郿狱，锢之，锒铛铁锁。卓既诛，拜烈城门校尉。及李傕入长安，为乱兵所杀。烈，有文才，所著诗、书、教、颂等凡四篇。

论曰：崔氏世有美才，兼以沈沦典籍，遂为儒家文林。駰、瑗虽先尽心于贵戚，而能终之以居正，则其归旨异夫进趣者乎！李固、高絜之士也，与瑗邻郡，奉贽以结好。由此知杜乔之劾，殆其过矣。寔之《政论》，言当世理乱，虽晁错之徒不能过也。

赞曰：崔为文宗，世禅雕龙。建新耻洁，摧志求容。永矣长岑，于辽之阴。不有直道，曷取泥沈。瑗不言禄，亦离冤辱。子真持论，感起昏俗。

卷八十三
周黄徐姜申屠列传第四十三

《易》曰："君子之道，或出或处，或默或语。"孔子称"蘧伯玉邦有道则仕，邦无道则可卷而怀也"。然用舍之端，君子之所以存其诚也。故其行也，则濡足蒙垢，出身以效时；及其止也，则穷栖茹菽，藏宝以迷国。

太原闵仲叔者，世称节士，虽周党之洁清，自以弗及也。党见其含菽饮水，遗以生蒜，受而不食。建武中，应司徒侯霸之辟。既至，霸不及政事，徒劳苦而已。仲叔恨曰："始蒙嘉命，且喜且惧；今见明公，喜惧皆去。以仲叔为不足问邪,不当辟也。辟而不问,是失人也。"遂辞出,投劾而去。复以博士征,不至。客居安邑。老病家贫,不能得肉,日买猪肝一片,屠者或不肯与,安邑令闻,敕吏常给焉。仲叔怪而问之,知,乃叹曰:"闵仲叔岂以口腹累安邑邪?"遂去,客沛。以寿终。仲叔同郡荀恁,字君大,少亦修清节。资财千万,父越卒,悉散与九族。隐居山泽,以求厥志。王莽末,匈奴寇其本县广武,闻恁名节,相约不入荀氏间。光武征,以病不至。永平初,东平王苍为骠骑将军,开东阁延贤俊,辟而应焉。及后朝会,显宗戏之曰:"先帝征君不至,骠骑辟君而来,何也?"对曰:"先帝秉德以惠下,故臣可得不来。骠骑执法以检下,故臣不敢不至。"后月余,罢归,卒于家。

桓帝时,安阳人魏桓,字仲英,亦数被征。其乡人劝之行。桓曰:"夫干禄求进,所以行其志也。今后宫千数,其可损乎?厩马万匹,其可减乎?左右悉权豪,其可去乎?"皆对曰:"不可。"桓乃慨然叹曰:"使桓生行死归,于诸子何有哉!"遂隐身不出。若二三子,可谓识去就之概,候时而处。夫然,岂其枯槁苟而已哉?盖诡时审己,以成其道焉。余故列其风流,区而载之。

周燮传

周燮字彦祖,汝南安城人,决曹掾燕之后也。燮生而钦颐折頞,丑状骇人。其母欲弃之,其父不听,曰:"吾闻贤圣多有异貌。兴我宗者,乃此儿也。"于是养之。始在髫龀,而知廉让;十岁就学,能通《诗》、《论》;及长,专精《礼》、《易》。不读非圣之书,不修贺问之好。有先人草庐结于冈畔,下有陂田,常肆勤以自给。非身所耕渔,则不食也。乡党宗族希得见者。举孝廉、贤良方正,特征,皆以疾辞。延光二年,安帝以玄纁羔币聘燮,及南阳冯良,二郡各遣丞掾致礼。宗族更劝之曰:"夫修德立行,所以为国。自先世以来,勋宠相承,君独何为守东冈之陂乎?"燮曰:"吾既不能隐处巢穴,追绮季之迹,而犹显然不远父母之国,斯固以滑泥扬波,同其流矣。夫修道者,度其时而动。动而不时,焉得亨乎!"因自载到颍川阳城,遣门生送敬,遂辞疾而归。良亦载病到近县,送礼而还。诏书告二郡,岁以羊酒养病。

良字君郎。出于孤微,少作县吏。年三十,为尉从佐。奉檄迎督邮,即路慨然,耻在厮役,因坏车杀马,毁裂衣冠,乃逋至犍为,从杜抚学。妻子求索,踪迹断绝。后乃见草中有败车死马,衣裳腐朽,谓为虎狼盗贼所害,发丧制服。积十许年,乃还乡里。志行高整,非礼不动,遇妻子如君臣,乡党以为仪表。燮、良年皆七十余终。

黄宪传

黄宪字叔度,汝南慎阳人也。世贫贱,父为牛医。颍川荀淑至慎阳,遇宪于逆旅,时年十四,淑竦然异之,揖与语,移日不能去。谓宪曰:"子,吾之师表也。"既而前至袁闳所,未及劳问,逆曰:"子国有颜子,宁识之乎?"闳曰:"见吾叔度邪?"是时,同郡戴良才高倨傲,而见宪未尝不正容,及归,罔然若有失。其母问曰:"汝复从牛医儿来邪?"对曰:"良不见叔度,不自以为不及。既睹其人,则瞻之在前,忽焉在后,固难得而测矣。"同郡陈蕃、周举常相谓曰:"时月之间不见黄生,则鄙吝之萌复存乎心。"及蕃为三公,临朝叹曰:"叔度若在,吾不敢先佩印绶矣。"太守王龚在郡,礼进贤达,多所降致,卒不能屈宪。郭林宗少游汝南,先过袁闳,不宿而退;进往从宪,累日方还。或以问林宗。林宗曰:"奉高之器,譬诸氿滥,虽清而易挹。叔度汪汪若千顷陂,澄之不清,淆之不浊,不可量也。"宪初举孝廉,又辟公府,友人劝其仕,宪亦不拒之,暂到京师而还,竟无所就。年四十八终,天下号曰"征君。"

论曰:黄宪言论风旨,无所传闻,然士君子见之者,靡不服深远,去玼吝。将以道周性全,无德而称乎?余曾祖穆侯,以为宪隤然其处顺,渊乎其似道,浅深莫臻其分,清浊未议其方。若及门于孔氏,其殆庶乎!故尝著论云。

徐稚传

徐稚字孺子,豫章南昌人也。家贫,常自耕稼,非其力不食。恭俭义让,所居服其德。屡辟公府,不起。时陈蕃为太守,以礼请署功曹,稚不免之,既谒而退。蕃在郡不接宾客,唯稚来特设一榻,去则悬之。后举有道,家拜太原太守,皆不就。

延熹二年,尚书令陈蕃、仆射胡广等上疏荐稚等曰:"臣闻善人天地之纪,政之所由也。《诗》云:'思皇多士,生此王国。'天挺俊乂,为陛下出,当辅弼明时,左右大业者也。伏见处士豫章徐稚、彭城姜肱、汝南袁闳、京兆韦著、颍川李昙,德行纯备,著于人听。若使擢登三事,协亮天工,必能翼宣盛美,增光日月矣。"桓帝乃以安车玄纁,备礼征之,并不至。帝因问蕃曰:"徐稚、袁闳、韦著谁为先后?"蕃对曰:"闳生出公族,闻道渐训。著长于三辅礼义之俗,所谓不扶自直,不镂自雕。至于稚者,爱自江南卑薄之域,而角立杰出,宜当为先。"稚尝为太尉黄琼所辟,不就。及琼卒归葬,稚乃负粮徒步到江夏赴之,设鸡酒薄祭,哭毕而去,不告姓名。时会者四方名士郭林宗等数十人,闻之,疑其稚也,乃选能言语生茅容轻骑追之。及于涂,容为设饮,共言稼穑之事。临诀去,谓容曰:"为我谢郭林宗,大树将颠,非一绳所维,何为栖栖不遑宁处?"及林宗有母忧,稚往吊之,置生刍一束于庐前而去。众怪,不知其故。林宗曰:"此必南州高士徐孺子也。《诗》不云乎,'生刍一束,其人如玉。'吾无德以堪之。"灵帝初,欲蒲轮聘稚,会卒,时年七十二。

子胤字季登,笃行孝悌,亦隐居不仕。太守华歆礼请相见,固病不诣。汉末寇贼从横,皆敬胤礼行,转相约敕,不犯其闾。建安中卒。

李昙字云,少孤,继母严酷,昙事之愈谨,为乡里所称法。养亲行道,终身不仕。

姜肱传

姜肱字伯淮,彭城广戚人也。家世名族。肱与二弟仲海、季江,俱以孝行著闻。其友爱天至,常共卧起。及各娶妻,兄弟相恋,不能别寝,以系嗣当立,乃递往就室。肱博通《五经》,兼明星纬,士之远来就学者三千余人。诸公争加辟命,皆不就。二弟名声相次,亦不应征聘,时人慕之。肱尝与季江谒郡,夜于道遇盗,欲杀之。肱兄弟更相争死,贼遂两释焉,但掠夺衣资而已。既至郡中,见肱无衣服,怪问其故。肱托以它辞,终不言盗。盗闻而感悔,后乃就精庐,求见征君。肱与相见,皆叩头谢罪,而还所略物。肱不受,劳以酒食而遣之。后与徐稚俱征,不至。桓帝乃下彭城使画工图其形状。肱卧于幽暗,以被韬面,言患眩疾,不欲出风。工竟不得见之。中常侍曹节等专执朝事,新诛太傅陈蕃、大将军窦武,欲借宠贤德,以释众望,乃白征肱为太守。肱得诏,乃私告其友曰:"吾以虚获实,遂藉声价。明明在上,犹当固其本志,况今政在阉竖,夫何为哉!"乃隐身遁命,远浮海滨。再以玄纁聘,不就。即拜太中大夫,诏书至门,肱使家人对云"久病就医"。遂羸服间行,窜伏青州界中,卖卜给食。召命得断,家亦不知其处,历年乃还。年七十七,熹平二年终于家。弟子陈留刘操追慕肱德,共刊石颂之。

申屠蟠传

申屠蟠字子龙,陈留外黄人也。九岁丧父,哀毁过礼。服除,不进酒肉十余年。每忌日,辄三日不食。同郡缑氏女玉为父报仇,杀夫氏之党,吏执玉以告外黄令梁配,配欲论杀玉。蟠时年十五,为诸生,进谏曰:"玉之节义,足以感无耻之孙,激忍辱之子。不遭明时,尚当表旌庐墓,况在清听,而不加哀矜!"配善其言,乃谳得减死论。乡人称美之。家贫,佣为漆工。郭林宗见而奇之。同郡蔡邕深重蟠,及被州辟,乃辞让之曰:"申屠蟠禀气玄妙,性敏心通,丧亲尽礼,几于毁灭。至行美义,人所鲜能。安贫乐潜,味道守真,不为燥湿轻重,不为穷达易节。方之于邕,以齿则长,以德则贤。"后郡召为主簿,不行。遂隐居精学,博贯《五经》,兼明图纬。始与济阴王子居同在太学,子居临殁,以身托蟠,蟠乃躬推辇车,送丧归乡里。遇司隶从事于河巩之间,从事义之,为封传护送,蟠不肯受,投传于地而去。事毕还学。太尉黄琼辟,不就。及琼卒,归葬江夏,四方名豪会帐下者六七千人,互相谈论,莫有及蟠者。唯南郡一生与相酬对,既别,执蟠手曰:"君非聘则征,如是相见于上京矣。"蟠勃然作色曰:"始吾以子为可与言也,何意乃相拘教乐贵之徒邪?"因振手而去,不复与言。再举有道,不就。

先是京师游士汝南范滂等非讦朝政,自公卿以下皆折节下之。太学生争慕其风,以为文学将兴,处士复用。蟠独叹曰:"昔战国之世,处士横议,列国之王,至为拥篲先驱,卒有坑儒烧书之祸,今之谓矣。"乃绝迹于梁砀之间,因树为屋,自同佣人。居二年,滂等果罹党锢,或死或刑者数百人,蟠确然免于疑论。后蟠友人陈郡冯雍坐事系狱,豫州牧黄琬欲杀之。或劝蟠救雍,蟠不肯行,曰:"黄子琰为吾故邪,未合相干。如不用吾言,虽往何益!"琬闻之,遂免雍罪。

大将军何进连征不诣,进必欲致之,使蟠同郡黄忠书劝曰:"前莫府初开,至如先生,特加殊礼,优而不名,申以手笔,设几杖之坐。经过二载,而先生抗志弥高,所尚益固。窃论先生高节有余,于时则未也。今颍川荀爽载病在道,北海郑玄北面受署。彼岂乐羁牵哉,知时不可逸豫也。昔人之隐,遭时则放声灭迹,巢栖茹薇。其不遇也,则裸身大笑,被发狂歌。今先生处平壤,游人间,吟典籍,袭衣裳,事异昔人,而欲远蹈其迹,不亦难乎!孔氏可师,何必首阳。"蟠不答。

中平五年,复与爽、玄及颍川韩融、陈纪等十四人并博士征,不至。明年,董卓废立,蟠及爽、融、纪等复俱公车征,唯蟠不到。众人咸劝之,蟠笑而不应。居无几,爽等为卓所胁迫,西都长安,京师扰乱。及大驾西迁,公卿多遇兵饥,室家流散,融等仅以身脱。唯蟠处乱末,终全高志。年七十四,终于家。

赞曰:琛宝可怀,贞期难对。道苟违运,理用同废。与其退栖,岂若蒙秽?凄凄硕人,陵阿穷退。韬伏明姿,甘是堙暧。

卷八十四　　杨震列传第四十四

杨震传 子秉　孙赐　曾孙彪　玄孙脩

杨震字伯起，弘农华阴人也。八世祖喜，高祖时有功，封赤泉侯。高祖敞，昭帝时为丞相，封安平侯。父宝，习《欧阳尚书》。哀、平之世，隐居教授。居摄二年，与两龚、蒋诩俱征，遂遁逃，不知所处。光武高其节。建武中，公车特征，老病不到，卒于家。震少好学，受《欧阳尚书》于太常桓郁，明经博览，无不穷究。诸儒为之语曰："关西孔子杨伯起。"常客居于湖，不答州郡礼命数十年，众人谓之晚暮，而震志愈笃。后有冠雀衔三鳣鱼，飞集讲堂前，都讲取鱼进曰："蛇鳣者，卿大夫服之象也。数三者，法三台也。先生自此升矣。"年五十，乃始仕州郡。大将军邓骘闻其贤而辟之，举茂才，四迁荆州刺史、东莱太守。当之郡，道经昌邑，故所举荆州茂才王密为昌邑令，谒见，至夜怀金十斤以遗震。震曰："故人知君，君不知故人，何也？"密曰："暮夜无知者。"震曰："天知，神知，我知，子知。何谓无知！"密愧而出。后转涿郡太守。性公廉，不受私谒。子孙常蔬食步行，故旧长者或欲令为开产业，震不肯，曰："使后世称为清白吏子孙，以此遗之，不亦厚乎！"

元初四年，征入为太仆，迁太常。先是博士选举多不以实，震举荐明经名士陈留杨伦等，显传学业，诸儒称之。

永宁元年，代刘恺为司徒。明年，邓太后崩，内宠始横。安帝乳母王圣，因保养之勤，缘恩放恣。圣子女伯荣出入宫掖，传通奸赂。震上疏曰："臣闻政以得贤为本，理以去秽为务。是以唐虞俊乂在官，四凶流放，天下咸服，以致雍熙。方今九德未事，嬖幸充庭。阿母王圣出自贱微，得遭千载，奉养圣躬，虽有推燥居湿之勤，前后赏惠，过报劳苦，而无厌之心，不知纪极，外交属托，扰乱天下，损辱清朝，尘点日月。《书》诫牝鸡牡鸣，《诗》刺哲妇丧国。昔郑严公从母氏之欲，恣骄弟之情，几至危国，然后加讨，《春秋》贬之，以为失教。夫女子小人，近之喜，远之怨，实为难养。《易》曰：'无攸遂，在中馈。'言妇人不得与于政事也。宜速出阿母，令居外舍，断绝伯荣，莫使往来，令恩德两隆，上下俱美。惟陛下割塈婉娈之私，割不忍之心，留神万机，诚慎拜爵，减省献御，损节征发。令野无《鹤鸣》之叹，朝无《小明》之悔，《大东》不兴于今，劳止不怨于下。拟踪往古，比德哲王，岂不休哉！"奏御，帝以示阿母等，内幸皆怀忿恚。而伯荣骄淫尤甚，与故朝阳侯刘护从兄瓌交通，瓌遂以为妻，得袭护爵，位至侍中。震深疾之，复诣阙上疏曰："臣闻高祖与群臣约，非功臣不得封，故经制父死子继，兄亡弟及，以防篡也。伏见诏书封故朝阳侯刘护再从兄瓌袭护爵为侯。护同产弟威，今犹见在。臣闻天子专封封有功，诸侯专爵爵有德。今瓌无他功行，但以配阿母女，一时之间，既位侍中，又至封侯，不稽旧制，不合经义，行人喧哗，百姓不安。陛下宜览镜既往，顺帝之则。"书奏不省。

延光二年，代刘恺为太尉。帝舅大鸿胪耿宝荐中常侍李闰兄于震，震不从。宝乃自往候震曰："李常侍国家所重，欲令公辟其兄，宝唯传上意耳。"震曰："如朝廷欲令三府辟召，故宜有尚书敕。"遂拒不许，宝大恨而去。皇后兄执金吾阎显亦荐所亲厚于震，震又不从。司空刘授闻之，即辟此二人，旬日中皆见拔擢。由是震益见怨。时诏遣使者大为阿母修第，中常侍樊丰及侍中周广、谢恽等更相扇动，倾摇朝廷。震复上疏曰："臣闻古者九年耕必有三年之储，故尧遭洪水，人无菜色。臣伏念方今灾害发起，弥弥滋甚，百姓空虚，不能自赡。重以螟蝗，羌虏钞掠，三边震扰，战斗之役至今未息，兵甲军粮不能复给。大司农帑藏匮乏，殆非社稷安宁之时。伏见诏书为阿母兴起津城门内第舍，合两为一，连里竟街，雕修缮饰，穷极巧伎。今盛夏土王，而攻山采石，其大匠左校别部将作合数十处，转相迫促，为费巨亿。周广、谢恽兄弟，与国无肺腑枝叶之属，依倚近幸奸佞之人，与樊丰、王永等分威共权，属托州郡，倾动大臣。宰司辟召，承望旨意，招来海内贪污之人，受其货赂，至有臧锢弃世之徒复得显用。白黑溷淆，清浊同源，天下谨哗，咸曰财货上流，为朝结讥。臣闻师言：'上之所取，财尽则怨，力尽则叛。'怨叛之人，不可复使，故曰：'百姓不足，君谁与足？'惟陛下度之。"丰、恽等见震连切谏不从，无所顾忌，遂诈作诏书，调发司农钱谷、大匠见徒材木，各起家舍、园池、庐观，役费无数。震因地震，复上疏曰："臣蒙恩备台辅，不能奉宣政化，调和阴阳，去年十二月四日，京师地动。臣闻师言：'地者阴精，当安静承阳。'而今动摇者，阴道盛也。其日戊辰，三者皆土，位在中宫，此中臣近官盛于持权用事之象也。臣伏惟陛下以边境未宁，躬自菲薄，宫殿垣屋倾倚，枝柱而已，无所兴造，欲令远近咸知政化之清流，商邑之翼翼也。而亲近幸臣，未崇断金，骄溢逾法，多请徒士，盛修第舍，卖弄威福。道路谨哗，众所闻见。地动之变，近在城郭，殆为此发。又冬无宿雪，春节未雨，百僚焦心，而缮修不止，诚致旱之征也。《书》曰：'僭恒阳若，臣无作威作福玉食。'唯陛下奋乾刚之德，弃骄奢之臣，以掩诪言之口，奉承皇天之戒，无令威福久移于下。"震前后所上，转有切至，帝既不平之，而樊丰等皆侧目愤怨，俱以其名儒，未敢加害。寻有河间男子赵腾诣阙上书，指陈得失。帝发怒，遂收考诏狱，结以罔上不道。震复上疏救之曰："臣闻尧舜之世，谏鼓谤木，立之于朝；殷周哲王，小人怨詈，则还自敬德。所以达聪明，开不讳,博采负薪,尽极下情也。今赵腾所坐激讦谤语为罪,与手刃犯法有差。乞为亏除,全腾之命,以诱刍荛舆人之言。"帝不省,腾竟伏尸都市。

会三年春,东巡岱宗,樊丰等因乘舆在外,竞修第宅,震部掾高舒召大匠令史考校之,得丰等所诈下诏书,具奏,须行还上之。丰等闻,惶怖,会太史言星变逆行,遂共谮震云:"自赵腾死后,深用怨怼;且邓氏故吏,有恚恨之心。"及车驾行还,便时太学,夜遣使者策收震太尉印绶,于是柴门绝宾客。丰等复恶之,乃请大将军耿宝奏震大臣不服罪,怀恚望,有诏遣归本郡。震行至城西夕阳亭,乃慷慨谓其诸门人曰:"死者士之常分。吾蒙恩居上司,疾奸臣狡猾而不能诛,恶嬖女倾乱而不能禁,何面目复见日月!身死之日,以杂木为棺,布单被裁足盖形,勿归冢次,勿设祭祠。"因饮鸩而卒,时年七十余。弘农太守移良承樊丰等旨,遣吏于陕县留停震丧,露棺道侧,谪震诸子代邮行书,道路皆为陨涕。岁余,顺帝即位,樊丰、周广等诛死,震门生虞放、陈翼诣阙追讼震事。朝廷咸称其忠,乃下诏除二子为郎,赠钱百万,以礼改葬于华阴潼亭,远近毕至。先葬十余日,有大鸟高丈余,集震丧前,俯仰悲鸣,泪下沾地,葬毕,乃飞去。郡以状上。时连有灾异,帝感震之枉,乃下诏策曰:"故太尉震,正直是与,俾匡时政,而青蝇点素,同兹在藩。上天降威,灾眚屡作,尔卜尔筮,惟震之故。朕之不德,用彰厥咎,山崩栋折,我其危哉!今使太守丞以中牢具祠,魂而有灵,傥其歆享。"于是时人立石鸟象于其墓所。震之被谮也,高舒亦得罪,以减死论。及震事显,舒拜侍御史,至荆州刺史。

震五子。长子牧,富波相。牧孙奇,灵帝时为侍中,帝尝从容问奇曰:"朕何如桓帝?"对曰:"陛下之于桓帝,亦犹虞舜比德唐尧。"帝不悦曰:"卿强项,真杨震子孙,死后必复致大鸟矣。"出为汝南太守。帝崩后,复入为侍中卫尉,从献帝西迁,有功勤。及李傕胁帝归其营,奇与黄门侍郎钟繇诱傕部曲将宋晔、杨昂令反傕,傕由此孤弱,帝乃得东。后徙都许,追封奇子亮为阳成亭侯。震少子奉,奉子敷,笃志博闻,议者以为能世其家。敷早卒,子众,亦传先业,以谒者仆射从献帝入关,累迁御史中丞。及帝东还,夜走度河,众率诸官属步从至太阳,拜侍中。建安二年,追前功封蓩亭侯。震中子秉。

秉字叔节,少传父业,兼明《京氏易》,博通书传,常隐居教授。年四十余,乃应司空辟,拜侍御史,频出为豫、荆、徐、兖四州刺史,迁任城相。自为刺史、二千石,计日受奉,余禄不入私门。故吏赍钱百万遗之,闭门不受,以廉洁称。桓帝即位,以明《尚书》征入劝讲,拜太中大夫、左中郎将,迁侍中、尚书。帝时微行,私过幸河南尹梁胤府舍。是日大风拔树,昼昏,秉因上疏谏曰:"臣闻瑞由德至,灾应事生。

传曰:'祸福无门,唯人所召。'天不言语,以灾异谴告,是以孔子迅雷风烈必有变动。《诗》云:'敬天之威,不敢驱驰。'王者至尊,出入有常,警跸而行,静室而止,自非郊庙之事,则銮旗不驾。故《诗》称'自郊徂宫',《易》曰'王假有庙,致孝享也'。诸侯如臣之家,《春秋》尚列其诫,况以先王法服而私出槃游!降乱尊卑,等威无序,侍卫守空宫,绂玺委女妾,设有非常之变,任章之谋,上负先帝,下悔靡及。臣奕世受恩,得备纳言,又以薄学,充在讲劝,特蒙哀识,见照日月,恩重命轻,义使士死,敢惮摧折,略陈其愚。"帝不纳。秉以病乞退,出为右扶风。太尉黄琼惜其去朝廷,上秉劝讲帷幄,不宜外迁,留拜光禄大夫。是时大将军梁冀用权,秉称病。六年,冀诛后,乃拜太仆,迁太常。

延熹三年,白马令李云以谏受罪,秉争之不能得,坐免官,归田里,其年冬,复征拜河南尹。先是中常侍单超弟匡为济阴太守,以臧罪为刺史第五种所劾,窘急,乃赇客任方刺兖州从事卫羽。事已见《种传》。及捕得方,囚系洛阳,匡虑秉当穷竟其事,密令方等得突狱亡走。尚书召秉诘责,秉对曰:"《春秋》不诛黎比而鲁多盗,方等无状,衅由单匡。刺执法之吏,害奉公之臣,复令得逃窜,宽纵罪身,元恶大憝,终为国害。乞槛车征匡考核其事,则奸慝踪绪,必可立得。"而秉竟坐输作左校,以久旱赦出。会日食,太山太守皇甫规等讼秉忠正,不宜久抑不用。有诏公车征秉及处士韦著,二人各称疾不至。有司并劾秉、著大不敬,请下所属正其罪。尚书令周景与尚书边韶议奏:"秉儒学侍讲,常在谦虚;著隐居行义,以退让为节。俱征不至,诚违侧席之望,然逶迤退食,足抑苟进之风。夫明王之世,必有不召之臣,圣朝弘养,宜用优游之礼。可告在所属,喻以朝庭恩意。如遂不至,详议其罚。"于是重征,乃到,拜太常。

五年冬,代刘矩为太尉。是时宦官方炽,任人及子弟为官,布满天下,竞为贪淫,朝野嗟怨。秉与司空周景上言:"内外吏职,多非其人,自顷所征,皆特拜不试,致盗窃纵恣,怨讼纷错。旧典,中臣子弟不得居位秉势,而今枝叶宾客布列职署,或年少庸人,典据守宰,上下忿患,四方愁毒。可遵用旧章,退贪残,塞灾谤。请下司隶校尉、中二千石、二千石、城门五营校尉、北军中候,各实核所部,应当斥罢,自以状言,三府廉察有遗漏,续上。"帝从之。于是秉条奏牧守以下匈奴中郎将燕瑗、青州刺史羊亮、辽东太守孙喧等五十余人,或死或免,天下莫不肃然。时郡国计吏多留拜为郎,秉上言三署见郎七百余人,帑藏空虚,浮食者众,而不良守相,欲因国为池,浇灌衅秽。宜绝横拜,以塞觊觎之端。自此终桓帝世,计吏无复留拜者。

七年,南巡园陵,特诏秉从。南阳太守张彪与帝微时有旧恩,以车驾当至,因傍发调,多以入私。秉闻之,下书责让荆州刺史,以状闻言公府。及行至南阳,左右并通奸利,诏书多所除拜。秉复上疏谏曰:"臣闻先王建国,顺天制官。太微积星,名为郎位,入奉宿卫,出牧百姓。皋陶诫虞,在于官人。顷者道路拜除,恩加竖隶,爵以货成,化由此败,所以俗夫巷议,白驹远逝,穆穆清朝,远近莫观。宜割不忍之恩,以断求欲之路。"于是诏除乃止。时中常侍侯览弟参为益州刺史,累有臧罪,暴虐一州。明年,秉劾奏参,槛车征诣廷尉。参惶恐,道自杀。秉因奏览及中常侍具瑗曰:"臣案国旧典,宦竖之官,本在给使省闼,司昏守夜,而今猥受过宠,执政操权。其阿谀取容者,则因公褒举,以报私惠;有忤逆于心者,必求事中伤,肆其凶忿。居法王公,富拟国家,饮食极肴膳,仆妾盈纨素,虽季氏专鲁,穰侯擅秦,何以尚兹!案中常侍侯览弟参,贪残元恶,自取祸灭,览顾知衅重,必有自疑之意,臣愚以为不宜复见亲近。昔懿公刑邴歜之父,夺阎职之妻,而使二人参乘,卒有竹中之难,《春秋》书之,以为至戒。盖郑詹来而国乱,四佞放而众服。以此观之,容可近乎?览宜急屏斥,投畀豺虎。若斯之人,非恩所宥,请免官送归本郡。"书奏,尚书召对秉掾属曰:"公府外职,而奏劾近官,经典汉制有故事乎?"秉使对曰:"《春秋》赵鞅以晋阳之甲,逐君侧之恶。传曰:'除君之恶,唯力是视。'邓通懈慢,申屠嘉召通诘责,文帝从而请之。汉世故事,三公之职无所不统。"尚书不能诘。帝不得已,竟免览官,而削瑗国。每朝廷有得失,辄尽忠规谏,多见纳用。秉性不饮酒,又早丧夫人,遂不复娶,所在以淳白称。尝从容言曰:"我有三不惑:酒、色、财也。"八年薨,时年七十四,赐茔陪陵。子赐。

　　赐字伯献。少传家学,笃志博闻。常退居隐约,教授门徒,不答州郡礼命。后辟大将军梁冀府,非其好也。出除陈仓令,因病不行。公车征不至,连辞三公之命。后以司空高第,再迁侍中、越骑校尉。

　　建宁初,灵帝当受学,诏太傅、三公选通《尚书》桓君章句宿有重名者,三公举赐,乃侍讲于华光殿中。迁少府、光禄勋。

　　熹平元年,青蛇见御坐,帝以问赐,赐上封事曰:"臣闻和气致祥,乖气致灾,休征则五福应,咎征则六极至。夫善不妄来,灾不空发。王者心有所惟,意有所想,虽未形颜色,而五星以之推移,阴阳为其变度。以此而观,天之与人,岂不符哉?《尚书》曰:'天齐乎人,假我一日。'是其明征也。夫皇极不建,则有蛇龙之孽。《诗》云:'惟虺惟蛇,女子之祥。'故《春秋》两蛇斗于郑门,昭公殆以女败;康王一朝晏起,《关雎》见几而作。夫女谒行则谗夫昌,谗夫昌则苞苴通,故殷汤以之自戒,终济亢旱之灾。惟陛下思乾刚之道,别内外之宜,崇帝乙之制,受元吉之祉,抑皇甫之权,割艳妻之爱,则蛇变可消,祯祥立应。殷戊、宋景,其事甚明。"

　　二年,代唐珍为司空,以灾异免。复拜光禄大夫,秩中二千石。五年,代袁隗为司徒。是时朝廷爵授,多不以次,

而帝好微行,游幸外苑。赐复上疏曰:"臣闻天生蒸民,不能自理,故立君长使司牧之,是以唐虞兢兢业业,周文日昃不暇,明慎庶官,俊乂在职,三载考绩,以观厥成。而今所序用无他德,有形势者,旬日累迁,守真之徒,历载不转,劳逸无别,善恶同流,《北山》之诗,所为训作。又闻数微行出幸苑囿,观鹰犬之势,极槃游之荒,政事日堕,大化陵迟。陛下不顾二祖之勤止,追慕五宗之美踪,而欲以望太平,是由曲表而欲直景,却行而求及前人也。宜绝慢慠之戏,念官人之重,割用板之恩,慎贯鱼之次,无令丑女有四殆之叹,遐迩有愤怨之声。臣受恩偏特,忝任师傅,不敢自同凡臣,括囊避咎。谨自手书密上。"后坐辟党人免。复拜光禄大夫。光和元年,有虹霓昼降于嘉德殿前,帝恶之,引赐及议郎蔡邕等入金商门崇德署,使中常侍曹节、王甫问以祥异祸福所在。赐仰天而叹,谓节等曰:"吾每读《张禹传》,未尝不愤恚叹息,既不能竭忠尽情,极言其要,而反留意少子,乞还女婿。朱游欲得尚方斩马剑以理之,固其宜也。吾以微薄之学,充先师之末,累世见宠,无以报国。猥当大问,死而后已。"乃书对曰:"臣闻之经传,或得神以昌,或得神以亡,国家休明,则鉴其德。邪辟昏乱,则视其祸,今殿前之气,应为虹霓,皆妖邪所生,不正之象,诗人所谓蝃蝀者也。于《中孚经》曰:'霓之比,无德以色亲。'方今内多嬖幸,外任小臣,上下并怨,喧哗盈路,是以灾异屡见,前后丁宁。今复投霓,可谓孰矣。案《春秋谶》曰:'天投霓,天下怨,海内乱。'加四百之期,亦复垂及。昔虹贯牛山,管仲谏桓公无近妃宫。《易》曰:'天垂象,见吉凶,圣人则之。'今妾媵嬖人阉尹之徒,共专国朝,欺罔日月。又鸿都门下,招会群小,造作赋说,以虫篆小技见宠于时,如驩兜、共工更相荐说,旬月之间,并各拔擢,乐松处常伯,任芝居纳言。郤俭、梁鹄俱以便辟之性,佞辩之心,各受丰爵不次之宠,而令搢绅之徒委伏畎亩,口诵尧舜之言,身蹈绝俗之行,弃捐沟壑,不见逮及。冠履倒易,陵谷代处,从小人之邪意,顺无知之私欲,不念《板》《荡》之作,虺蜴之诫。殆哉之危,莫过于今。幸赖皇天垂象谴告。《周书》曰:'天子见怪则修德,诸侯见怪则修政,卿大夫见怪则修职,士庶人见怪则修身。'惟陛下慎经典之诫,图变复之道,斥远佞巧之臣,速征鹤鸣之士,内亲张仲,外任山甫,断绝尺一,抑止槃游,留思庶政,无敢怠遑。冀上天还威,众变可弭。老臣过受师傅之任,数蒙宠异之恩,岂敢爱惜垂没之年,而不尽其楼楼之心哉!"书奏,甚忤曹节等。蔡邕坐直对抵罪,徙朔方。赐以师傅之恩,故得免咎。其冬,行辟雍礼,引赐为三老。复拜少府、光禄勋,代刘郃为司徒。帝欲造毕圭灵琨苑,赐复上疏谏曰:"窃闻使者并出,规度城南人田,欲以为苑。昔先王造囿,裁足以修三驱之礼,薪莱刍牧,皆悉往焉。先帝之制,左开鸿池,右作上林,不奢不约,以合礼中。今猥规郊城之地,以为苑囿,坏

沃衍,废田园,驱居人,畜禽兽,殆非所谓'若保赤子'之义。今城外之苑已有五六,可以逞情意,顺四节也,宜惟夏禹卑宫,太宗露台之意,以尉下民之劳。"书奏,帝欲止,以问侍中任芝、中常侍乐松。松等曰:"昔文王之囿百里,人以为小;齐宣五里,人以为大。今与百姓共之,无害于政也。"帝悦,遂令筑苑。

四年,赐以病罢。居无何,拜太常,诏赐御府衣一袭,自所服冠帻绶,玉壶革带,金错钩佩。

五年冬,复拜太尉。中平元年,黄巾贼起,赐被召会议诣省阁,切谏忤旨,因以寇贼免。先是黄巾帅张角等执左道,称大贤,以诳耀百姓,天下繦负归之。赐时在司徒,召掾刘陶告曰:"张角等遭赦不悔,而稍益滋蔓,今若下州郡捕讨,恐更骚扰,速成其患。且欲切敕刺史、二千石,简别流人,各护归本郡,以孤弱其党,然后诛其渠帅,可不劳而定,何如?"陶对曰:"此孙子所谓不战而屈人之兵,庙胜之术也。"赐遂上书言之。会去位,事留中。后帝徙南宫,阅录故事,得赐所上张角奏及前侍讲注籍,乃感悟,下诏封赐临晋侯,邑千五百户。初,赐与太尉刘宽,司空张济并入侍讲,自以不宜独受封赏,上书愿分户邑于宽、济。帝嘉叹,复封宽及济子,拜赐尚书令。数日出为廷尉,赐自以代非法家,言曰:"三后成功,惟殷于民,皋陶不与焉,盖吝之也。"遂固辞,以特进就第。

二年九月,复代张温为司空。其月薨。天子素服,三日不临朝,赠东园梓器襚服,赐钱三百万,布五百匹。策曰:"故司空临晋侯赐,华岳所挺,九德纯备,三叶宰相,辅国以忠。朕昔初载,授道帷幄,遂阶成勋,以陟大猷。师范之功,昭于内外,庶官之务,劳亦勤止。七在卿校,殊位特进,五登衮职,弥纶义宁。虽受茅土,未答厥勋,哲人其萎,将谁咨度!朕甚惧焉。礼设殊等,物有服章。今使左中郎将郭仪持节追位特进,赠司空骠骑将军印绶。"及葬,又使侍御史持节送丧,兰台令史十人发羽林骑轻车介士,前后部鼓吹,又敕骠骑将军官属司空法驾,送至旧茔。公卿已下会葬。谥曰文烈侯。及小祥,又会焉。子彪嗣。

彪字文先,少传家学。初举孝廉,州举茂才,辟公府,皆不应。熹平中,以博习旧闻,公车征拜议郎,迁侍中、京兆尹。光和中,黄门令王甫使门生于郡界辜榷官财物七千余万,彪发其奸,言之司隶。司隶校尉阳球因此奏诛甫,天下莫不惬心。征还为侍中、五官中郎将,迁颍川、南阳太守,复拜侍中,三迁永乐少府、太仆、卫尉。

中平六年,代董卓为司空,其冬,代黄琬为司徒。明年,关东兵起,董卓惧,欲迁都以违其难。乃大会公卿议曰:"高祖都关中十有一世,光武宫洛阳,于今亦十世矣。案《石包谶》,宜徙都长安,以应天人之意。"百官无敢言者。彪曰:"移都改制,天下大事,故盘庚五迁,殷民胥怨。

昔关中遭王莽变乱,宫室焚荡,民庶涂炭,百不一在。光武受命,更都洛邑。今天下无虞,百姓乐安,明公建立圣主,光隆汉祚,无故捐宗庙,弃园陵,恐百姓惊动,必有糜沸之乱。《石包室谶》,妖邪之书,岂可信用?"卓曰:"关中肥饶,故秦得并吞六国。且陇右材木自出,致之甚易。又杜陵南山下有武帝故瓦陶灶数千所,并功营之,可使一朝而办。百姓何足与议!若有前却,我以大兵驱之,可令诣沧海。"彪曰:"天下动之至易,安之甚难,惟明公虑焉。"卓作色曰:"公欲沮国计邪?"太尉黄琬曰:"此国之大事,杨公之言得无可思?"卓不答。司空荀爽见卓意壮,恐害彪等,因从容言曰:"相国岂乐此邪?山东兵起,非一日可禁,故当迁以图之,此秦、汉之势也。"卓意小解。爽私谓彪曰:"诸君坚争不止,祸必有归,故吾不为也。"议罢,卓使司隶校尉宣播以灾异奏免琬、彪等,诣阙谢,即拜光禄大夫。十余日,迁大鸿胪。从入关,转少府、太常,以病免。复为京兆尹、光禄勋,再迁光禄大夫。三年秋,代淳于嘉为司空,以地震免。复拜太常。兴平元年,代朱儁为太尉,录尚书事。及李傕、郭汜之乱,彪尽节卫主,崎岖危难之间,几不免于害。语在《董卓传》。及车驾还洛阳,复守尚书令。

建安元年,从东都许。时天子新迁,大会公卿,兖州刺史曹操上殿,见彪色不悦,恐于此图之,未得宴设,托疾如厕,因出还营。彪以疾罢。时袁术僭乱,操托彪与术婚姻,诬以欲图废置,奏收下狱,劾以大逆。将作大匠孔融闻之,不及朝服,往见操曰:"杨公四世清德,海内所瞻。《周书》父子兄弟罪不相及,况以袁氏归罪杨公。《易》称'积善馀庆',徒欺人耳。"操曰:"此国家之意。"融曰:"假使成王杀邵公,周公可得言不知邪?今天下缨緌搢绅,所以瞻仰明公者,以公聪明仁智,辅相汉朝,举直厝枉,致之雍熙也。今横杀无辜,则海内观听,谁不解体!孔融鲁国男子,明日便当拂衣而去,不复朝矣。"操不得已,遂理出彪。

四年,复拜太常,十年免。十一年,诸以恩泽为侯者皆夺封。彪见汉祚将终,遂称脚挛不复行,积十年。后子修为曹操所杀,操见彪问曰:"公何瘦之甚?"对曰:"愧无日碑先见之明,犹怀老牛舐犊之爱。"操为之改容。

修字德祖,好学,有俊才,为丞相曹操主簿,用事曹氏。及操自平汉中,欲因讨刘备而不得进,欲守之又难为功,护军不知进止何依。操于是出教,唯曰"鸡肋"而已。外曹莫能晓,修独曰:"夫鸡肋,食之则无所得,弃之则如可惜,公归计决矣。"乃令外白稍严,操于此回师。修之几决,多有此类。修又尝出行,筹操有问外事,乃逆为答记,敕守舍儿:"若有令出,依次通之。"既而果然。如是者三,操怪其速,使廉之,知状,于此忌修。且以袁术之甥,虑为后患,遂因事杀之。修所著赋、颂、碑、赞、诗、哀辞、表、记、书凡十五篇。及魏文帝受禅,欲以彪为太尉,先遣吏示旨。彪辞曰:"彪备汉三公,遭世倾乱,不能有所补益。耄年被病,岂可赞惟新之朝?"遂固辞。乃授光禄大夫,赐几杖衣袍,因朝会引见,令彪著布单衣、鹿皮冠,杖而入,待以宾客之礼。年八十四,黄初六年卒于家。自震至彪,四世太尉,德业相继,与袁氏俱为东京名族云。

论曰:孔子称"危而不持,颠而不扶,则将焉用彼相矣"。诚以负荷之寄,不可以虚冒,崇高之位,忧重责深也。延、光之间,震为上相,抗直方以临权柄,先公道而后身名,可谓怀王臣之节,识所任之体矣。遂累叶载德,继踵宰相。信哉,"积善之家,必有馀庆"。先世韦、平,方之蔑矣。

赞曰:杨氏载德,仍世柱国。震畏四知,秉去三惑。赐亦无讳,彪诚匪忒。脩虽才子,渝我淳则。

卷八十五　章帝八王传第四十五

孝章皇帝八子:宋贵人生清河孝王庆,梁贵人生和帝,申贵人生济北惠王寿、河间孝王开,四王不载母氏。

千乘贞王伉传

千乘贞王伉,建初四年封。和帝即位,以伉长兄,甚见尊礼。立十五年薨。子宠嗣,一名伏胡。

永元七年,改国名乐安。立二十八年薨,是为夷王。父子薨于京师,皆葬洛阳。子鸿嗣。安帝崩,始就国。

鸿生质帝。质帝立,梁太后下诏,以乐安国土卑湿,租委鲜薄,改封鸿勃海王。立二十六年薨,是为孝王。无子,太后立桓帝弟蠡吾侯悝为勃海王,奉鸿祀。

延熹八年,悝谋为不道,有司请废之。帝不忍,乃贬为瘿陶王,食一县。悝后因中常侍王甫求还复国,许谢钱五千万。帝临崩,遗诏复为勃海王。悝知非甫功,不肯还谢钱。甫怨,阴求其过。初,迎立灵帝,道路流言悝恨不得立,欲钞征书,而中常侍郑飒、中黄门董腾并任侠通剽轻,数与悝交通。王甫伺察,以为有奸,密告司隶校尉段颎。熹平元年,遂收飒送北寺狱。使尚书令廉忠诬奏飒等谋迎立悝,大逆不道。遂诏冀州刺史收悝考实,又遣大鸿胪持节与宗正、廷尉之勃海,迫责悝。悝自杀。妃妾十一人,子女七十人,伎女二十四人,皆死狱中。傅、相以下,以辅导王不忠,悉伏诛。悝立二十五年国除。众庶莫不怜之。

平春悼王全传

平春悼王全,以建初四年封。其年薨,葬于京师。无子,国除。

清河孝王庆传

清河孝王庆,母宋贵人。贵人,宋昌八世孙,扶风平陵人也。父杨,以恭孝称于乡间,不应州郡之命。杨姑即明德马后之外祖母也。马后闻杨二女皆有才色,迎而训之。永平末,选入太子宫,甚有宠。肃宗即位,并为贵人。建初三年,大贵人生庆,明年立为皇太子,征杨为议郎,褒赐甚渥。贵人长于人事,供奉长乐宫,身执馈馔,太后怜之。太后崩后,窦皇后宠盛,以贵人姊妹并幸,庆为太子,心内恶之,与母比阳主谋陷宋氏。外令兄弟求其纤过,内使御者侦伺得失。后于掖庭门邀遮得贵人书,云"病思生菟,令家求之",因诬言欲作蛊道祝诅,以菟为厌胜之术,日夜毁谮,贵人母子遂渐见疏。庆出居承禄观,数月,窦后讽掖庭令诬奏前事,请加验实。七年,帝遂废太子庆而立皇太子肇。肇,梁贵人子也。乃下诏曰:"皇太子有失惑无常之性,爱自孩乳,至今益甚,恐袭其母凶恶之风,不可以奉宗庙,为天下主。大义灭亲,况降退乎!今废庆为清河王。皇子肇保育皇后,承训怀衽,导达善性,将成其器。盖庶子慈母,尚有终身之恩,岂若嫡后事正义明哉!今以肇为皇太子。"遂出贵人姊妹置丙舍,使小黄门蔡伦考实之,皆承讽旨傅致其事,乃载送暴室。二贵人同时饮药自杀。帝犹伤之,敕掖庭令葬于樊濯聚。于是免杨归本郡。郡县因事复捕系之。杨友人前怀令山阳张峻、左冯翊沛国刘均等奔走解释,得以免罪。杨失志憔悴,卒于家。庆时虽幼,而知避嫌畏祸,言不敢及宋氏,帝更怜之,敕皇后令衣服与太子齐等。太子特亲爱庆,入则共室,出则同舆。及太子即位,是为和帝,待庆尤渥,诸王莫得为比,常共议私事。后庆以长,别居丙舍。永元四年,帝移幸北宫章德殿,讲于白虎观,庆得入省宿止。帝将诛窦氏,欲得《外戚传》,惧左右不敢使,乃令庆私从千乘王求,夜独内之;又令庆传语中常侍郑众求索故事。及大将军窦宪诛,庆出居邸,赐奴婢三百人,舆马、钱帛、帷帐、珍宝、玩好充仞其第,又赐中傅以下至左右钱帛各有差。庆多被病,或时不安,帝朝夕问讯,进膳药,所以垂意甚备。庆小心恭孝,自以废黜,尤畏事慎法。每朝谒陵庙,常夜分严装,衣冠待明;约敕官属,不得与诸王车骑竞驱。常以贵人葬礼有阙,每窃感恨,至四节伏腊,辄祭于私室。窦氏诛后,始使乳母于城北遥祠。及窦太后崩,庆求上冢致哀,帝许之。诏太官四时给祭具。庆垂涕曰:"生虽不获供养,终得奉祭祀,私愿足矣。"欲求作祠堂,恐有自同恭怀梁后之嫌,遂不敢言。常泣向左右,以为没齿之恨。后上言外祖母王年老,遭忧病,下土无医药,愿乞诣洛阳疗疾。于是诏宋氏悉归京师,除庆舅衍、俊、盖、暹等皆为郎。

十五年，有司以日食阴盛，奏遣诸王侯就国。诏曰："甲子之异，责由一人。诸王幼稚，早离顾复，弱冠相育，常有《蓼莪》、《凯风》之哀。选懦之恩，知非国典，且复须留。"至冬，从祠章陵，诏假诸王羽林骑各四十人。后中傅卫讦私为臧盗千余万，诏使案理之，并责庆不举之状。庆曰："讦以师傅之尊，选自圣朝，臣愚唯知言从事听，不甚有所纠察。"帝嘉其对，悉以讦臧财赐庆。及帝崩，庆号泣前殿，呕血数升，因以发病。

明年，诸王就国，邓太后特听清河王置中尉、内史，赐什物皆取乘舆上御，以宋衍等并为清河中大夫。庆到国，下令："寡人生于深宫，长于朝廷，仰恃明主，垂拱受成。既以薄祐，早离顾复，属遭大忧，悲怀感伤。蒙恩大国，职惟藩辅，新去京师，忧心茕茕，夙夜屏营，未知所立。盖闻智不独理，必须明贤。今官属并居爵任，失得是均，庶望上遵策戒，下免悔咎。其纠督非枉，明察典禁，无令孤获怠慢之罪焉。"邓太后以殇帝襁抱，远虑不虞，留庆长子祜与嫡母耿姬居清河邸。至秋，帝崩，立祜为嗣，是为安帝。太后使中黄门送耿姬归国。帝所生母左姬，字小娥。小娥姊字大娥，犍为人也。初，伯父圣坐妖言伏诛，家属没官，二娥数岁入掖庭，及长，并有才色。小娥善《史书》，喜辞赋。和帝赐诸王宫人，因入清河第。庆初闻其美，赏傅母以求之。及后幸爱极盛，姬妾莫比。姊妹皆卒，葬于京师。

庆立凡二十五年，乃归国。其年病笃，谓宋衍等曰："清河埤薄，欲乞骸骨于贵人冢傍下棺而已。朝廷大恩，犹当应有祠室，庶母子并食，魂灵有所依庇，死复何恨？"乃上书太后曰："臣国土下湿，愿乞骸骨，下从贵人于樊濯，虽殁且不朽矣。及今口目尚能言视，冒昧干请。命在呼吸，愿蒙哀怜。"遂薨，年二十九。遣司空持节与宗正奉吊祭；又使长乐谒者仆射、中谒者二人副护丧事；赐龙旂九旒，虎贲百人，仪比东海恭王。太后使掖庭丞送左姬丧，与王合葬广丘。子愍王虎威嗣。

永初元年，太后封宋衍为盛乡侯，分清河为二国，封庆少子常保为广川王，子女十一人皆为乡公主，食邑奉。明年，常保薨，无子，国除。虎威立三年薨，亦无子。邓太后复立乐安王宠子延平为清河王，是为恭王。

太后崩，有司上言："清河孝王全德淳懿，载育明圣，承天奉祚，为郊庙主。汉兴，高皇帝尊父为太上皇，宣帝号父为皇考，序昭穆，置园邑。大宗之义，旧章不忘。宜上尊号曰孝德皇，皇妣左氏曰孝德后，孝德皇母宋贵人追谥曰敬隐后。"乃告祠高庙，使司徒持节与大鸿胪奉策书玺绶之清河，追上尊号。又遣中常侍奉太牢祠典，护礼仪侍中刘珍等及宗室列侯皆往会事。尊陵曰甘陵，庙曰昭庙，置令、丞，设兵车周卫，比章陵。复以广川益清河国。尊耿姬为甘陵大贵人。又封女弟侍男为涅阳长公主，别得为舞阴长公主，久长为濮阳长公主，直得为平氏长公主。余七主

并早卒，故不及进爵。追赠敬隐后女弟小贵人印绶，追封谥宋杨为当阳穆侯。杨四子皆为列侯，食邑各五千户。宋氏为卿、校、侍中、大夫、谒者、郎吏十余人。孝德后异母弟次及达生二人，诸子九人，皆为清河国郎中。耿贵人者，牟平侯舒之孙也。贵人兄宝，袭封牟平侯，帝以宝嫡舅，宠遇甚渥，位至大将军，事已见《耿舒传》。延平立三十五年薨，子蒜嗣。

冲帝崩，征蒜诣京师，将议为嗣。会大将军梁冀与梁太后立质帝，罢归国。蒜为人严重，动止有度，朝臣太尉李固等莫不归心焉。初，中常侍曹腾谒蒜，蒜不为礼，宦者由此恶之。及帝崩，公卿皆正议立蒜，而曹腾说梁冀不听，遂立桓帝。语在《李固传》。蒜由此得罪。

建和元年，甘陵人刘文与南郡妖贼刘鲔交通，讹言清河王当统天下，欲共立蒜。事发觉，文等遂劫清河相谢暠，将至王宫司马门，曰："当立王为天子，暠为公。"暠不听，骂之，文因刺杀暠。于是捕文、鲔诛之。有司因劾奏蒜，坐贬爵为尉氏侯，徙桂阳，自杀。立三年，国绝。

梁冀恶清河名，明年，乃改为甘陵。梁太后立安平孝王子经侯理为甘陵王，奉孝德皇祀，是为威王。理立二十五年薨，子贞王定嗣。定立四年薨，子献王忠嗣。黄巾贼起，忠为国人所执，既而释之。灵帝以亲亲故，诏复忠国。忠立十三年薨，嗣子为黄巾所害，建安十一年，以无后，国除。

济北惠王寿传

济北惠王寿，母申贵人，颍川人也，世吏二千石。贵人年十三，入掖庭。寿以永元二年封，分太山郡为国。和帝遵肃宗故事，兄弟皆留京师，恩宠笃密。有司请遣诸王归藩，不忍许之，及帝崩，乃就国。永初元年，邓太后封寿舅申转为新亭侯。寿立三十一年薨。自永初以后，戎狄叛乱，国用不足，始封王薨，减赗钱为千万，布万匹。嗣王薨，五百万，布五千匹。时唯寿最尊亲，特赐钱三千万，布三万匹。子节王登嗣。

永宁元年，封登弟五人为乡侯，皆别食太山邑。登立十五年薨，子哀王多嗣。多立三年薨，无子。永和四年，立战乡侯安国为济北王，是为釐王。安国立七年薨，子孝王次嗣。

本初元年，封次弟猛为亭侯。次九岁丧父，至孝。建和元年，梁太后下诏曰："济北王次以幼年守藩，躬履孝道，父没哀恸，焦毁过礼，草庐土席，衰杖在身，头不枇沐，体生疮肿，谅暗已来二十八月，自诸国有忧，未之闻也，朝廷甚嘉焉。《书》不云乎：'用德章厥善。'《诗》云'孝子不匮，永锡尔类。'今增次封五千户，广其土宇，以慰孝子恻隐之劳。"次立十七年薨，子鸾嗣。鸾薨，子政嗣。政薨，无子，建

安十一年,国除。

河间孝王开传

河间孝王开,以永元二年封,分乐成、勃海、涿郡为国。延平元年就国。开奉遵法度,吏人敬之。永宁元年,邓太后封开子翼为平原王,奉怀王胜祀;子德为安平王,奉乐成王党祀。开立四十二年薨,子惠王政嗣。

政懘佷,不奉法宪。顺帝以侍御史吴郡沈景有强能称,故擢为河间相。景到国谒王,王不正服,箕踞殿上。侍郎赞拜,景峙不为礼。问王所在,虎贲曰:"是非王邪?"景曰:"王不服,常人何别!今相谒王,岂谒无礼者邪!"王惭而更服,景然后拜。出住宫门外,请王傅责之曰:"前发京师,陛下见受诏,以王不恭,使相检督。诸君空受爵禄,而无训导之义。"因奏治罪。诏书让政而诘责傅。景因捕诸奸人上案其罪,杀戮尤恶者数十人,出冤狱百余人。政遂为改节,悔过自修。阳嘉元年,封政弟十三人皆为亭侯。政立十年薨,子贞王建嗣。建立十年薨,子安王利嗣。利立二十八年薨,子陔嗣。陔立四十一年,魏受禅,以为崇德侯。

蠡吾侯翼,元初六年邓太后征济北、河间王诸子诣京师,奇翼美仪容,故以为平原怀王后焉。留在京师。岁余,太后崩。安帝乳母王圣与中常侍江京等谮邓骘兄弟及翼,云与中大夫赵王谋图不轨,窥觎神器,怀大逆心。贬为都乡侯,遣归河间。翼于是谢宾客,闭门自处。永建五年,父开上书,愿分蠡吾县以封翼,顺帝从之。翼卒,子志嗣,为大将军梁冀所立,是为桓帝。

梁太后诏追尊河间孝王为孝穆皇,夫人赵氏曰孝穆后,庙曰清庙,陵曰乐成陵;蠡吾先侯曰孝崇皇,庙曰烈庙,陵曰博陵。皆置令、丞,使司徒持节奉策书、玺绶,祠以太牢。建和二年,更封帝弟都乡侯硕为平原王,留博陵,奉翼后。尊翼夫人马氏为孝崇博园贵人,以涿郡之良乡、故安,河间之蠡吾三县为汤沐邑。硕嗜酒,多过失,帝令马贵人领王家事。建安十一年,国除。

解渎亭侯淑,以河间孝王子封。淑卒,子苌嗣。苌卒,子宏嗣,为大将军窦武所立,是为灵帝。建宁元年,窦太后诏追尊皇祖淑为孝元皇,夫人夏氏曰孝元后,陵曰敦陵,庙曰靖庙;皇考长为孝仁皇,夫人董氏为慎园贵人,陵曰慎陵,庙曰奂庙。皆置令、丞,使司徒持节之河间奉策书、玺绶,祠以太牢,常以岁时遣中常侍持节之河间奉祠。

熹平三年,使使拜河间安王利子康为济南王,奉孝仁皇祀。康薨,子赟嗣,建安十二年,为黄巾贼所害。子开嗣,立十三年,魏受禅,以为崇德侯。

城阳怀王淑传

城阳怀王淑,以永元二年分济阴为国。立五年薨,葬于京师。无子,国除,还并济阴。

广宗殇王万岁传

广宗殇王万岁,以永元五年封,分钜鹿为国。其年薨,葬于京师。无子,国除,还并钜鹿。

平原怀王胜传

平原怀王胜,和帝长子也。不载母氏。少有痼疾,延平元年封。立八年薨,葬于京师。无子,邓太后立乐安夷王宠子得为平原王,奉胜后,是为哀王。得立六年薨,无子,永宁元年,太后又立河间王开子都乡侯翼为平原王嗣。安帝废之,国除。

论曰:"传称吴子夷昧,甚德而度,有吴国者,必其子孙。章帝长者,事从敦厚,继祀汉室,咸其苗裔。古人之言信哉!

赞曰:章祚不已,本枝流祉。资惟优孙,安亦庆子。河间多福,桓、灵承祀。济北无骄,皇恩宠饶。平原抱痼,三王薨朝。振振子孙,或秀或苗。

卷八十六
张王种陈列传第四十六

张皓传 子纲

张皓字叔明,犍为武阳人也。六世祖良,高帝时为太子少傅,封留侯。皓少游学京师,永元中,归仕州郡,辟大将军邓骘府,五迁尚书仆射,职事八年,出为彭城相。

永宁元年,征拜廷尉。皓虽非法家,而留心刑断,数与尚书辩正疑狱,多以详当见从。时安帝废皇太子为济阴王,皓与太常桓焉、太仆来历廷争之,不能得。事已具《来历传》。退而上疏曰:"昔戾臣江充,造构谗逆,至令戾园兴兵,终及祸难。后壶关三老一言,上乃觉悟,虽追前失,悔之何逮!今皇太子春秋方始十岁,未见保傅九德之义,宜简贤辅,就成圣质。"书奏不省。及顺帝即位,拜皓司空,在事多所荐达,天下称其推士。时清河赵腾上言灾变,讥刺朝政,章下有司,收腾系考,所引党辈八十余人,皆以诽谤当伏重法。皓上疏谏曰:"臣闻尧舜立敢谏之鼓,三王树诽谤之木,《春秋》采善书恶,圣主不罪刍荛。腾等虽干上犯法,所言本欲尽忠正谏。如当诛戮,天下杜口,塞谏争之源,非所以昭德示后也。"帝乃悟,减腾死罪一等,余皆司寇。四年，以阴阳不和策免。

阳嘉元年，复为廷尉。其年卒官，时年八十三。遣使者吊祭，赐葬地于河南县。子纲。

纲字文纪。少明经学。虽为公子，而厉布衣之节。举孝廉不就，司徒辟高第为侍御史。时顺帝委纵宦官，有识危心。纲常感激，慨然叹曰："秽恶满朝，不能奋身出命扫国家之难，虽生吾不愿也。"退而上书曰："《诗》曰：'不愆不忘，率由旧章。'寻大汉初隆，及中兴之世，文、明二帝，德化尤盛。观其理为，易循易见，但恭俭守节，约身尚德而已。中官常侍不过两人，近幸赏赐裁满数金，惜费重人，故家给人足。夷狄闻中国优富，任信道德，所以奸谋自消而和气感应。而顷者以来，不遵旧典，无功小人皆有官爵，富之骄之而复害之，非爱人重器，承天顺道者也。伏愿陛下少留圣思，割损左右，以奉天心。"书奏不省。

汉安元年，选遣八使徇行风俗，皆耆儒知名，多历显位，唯纲年少，官次最微。余人受命之部，而纲独埋其车轮于洛阳都亭，曰："豺狼当路，安问狐狸！"遂奏曰："大将军冀，河南尹不疑，蒙外戚之援，荷国厚恩，以芄莞之资，居阿衡之任，不能敷扬五教，翼赞日月，而专为封豕长蛇，肆其贪叨，甘心好货，纵恣无底，多树谄谀，以害忠良。诚天威所不赦，大辟所宜加也。谨条其无君之心十五事，斯皆臣子所切齿者也。"书御，京师震竦。时冀妹为皇后，内宠方盛，诸梁姻族满朝，帝虽知纲言直，终不忍用。时广陵贼张婴等众数万人，杀刺史、二千石，寇乱扬徐间，积十余年，朝廷不能讨。冀乃讽尚书，以纲为广陵太守，因欲以事中之。前遣郡守，率多求兵马，纲独请单车之职。既到，乃将吏卒十余人，径造婴垒，以慰安之，求得与长老相见，申示国恩。婴初大惊，既见纲诚信，乃出拜谒。纲延置上坐，问所疾苦。乃譬之曰："前后二千石多肆贪暴，故致公等怀愤相聚。二千石信有罪矣，然为之者又非义也。今主上仁圣，欲以文德服叛，故遣太守，思以爵禄相荣，不愿以刑罚相加，今诚转祸为福之时也。若闻义不服，天子赫然震怒，荆、扬、兖、豫大兵云合，岂不危乎？若不料强弱，非明也；弃善取恶，非智也；去顺效逆，非忠也；身绝血嗣，非孝也；背正从邪，非贞也；见义不为，非勇也；六者成败之几，利害所从，公其深计之。"婴闻，泣下，曰："荒裔愚人，不能自通朝廷，不堪侵枉，遂复相聚偷生，若鱼游釜中，喘息须臾间耳。今闻明府之言，乃婴等更生之辰也。既陷不义，实恐投兵之日，不免孥戮。"纲约之以天地，誓之以日月，婴深感悟，乃辞还营。明日，将所部万余人与妻子面缚归降。纲乃单车入婴垒，大会，置酒为乐，散遣部众，任从所之。亲为卜居宅，相田畴。子弟欲为吏者，皆引召之。人情悦服，南州晏然。朝廷论功当封，梁冀遏绝，乃止。天子嘉美，征欲擢用纲，而婴等上书乞留，乃许之。

纲在郡一年，年四十六卒。百姓老幼相携，诣府赴哀者不可胜数。纲自被疾，吏人咸为祠祀祈福，皆言"千秋万岁，何时复见此君"。张婴等五百余人制服行丧，送到犍为，负土成坟。诏曰："故广陵太守张纲，大臣之苗，剖符统务，正身导下，班宣德信，降集剧贼张婴万人，息干戈之役，济蒸庶之困，未升显爵，不幸早卒。婴等缞杖，若丧考妣，朕甚愍焉！"拜纲子续为郎中，赐钱百万。

王龚传

王龚字伯宗，山阳高平人也。世为豪族。初举孝廉，稍迁青州刺史，劾奏贪浊二千石数人，安帝嘉之，征拜尚书。建光元年，擢为司隶校尉，明年迁汝南太守。政崇温和，好才爱士，引进郡人黄宪、陈蕃等。宪虽不屈，蕃遂就吏。蕃性气高明，初到，龚不即召见之，乃留记谢病去。龚怒，使除其录。功曹袁阆请见，言曰："闻之传曰：'人臣不见察于君，不敢立于朝。'蕃既以贤见引，不宜退以非礼。"龚改容谢曰："是吾过也。"乃复厚遇待之。由是后进知名之士莫不归心焉。

阆字奉高，数辞公府之命，不修异操，而致名当时。

永建元年，征龚为太仆，转太常。四年，迁司空，以地震策免。

永和元年，拜太尉。在位恭慎，自非公事，不通州郡书记。其所辟命，皆海内长者。龚深疾宦官专权，志在匡正，乃上书极言其状，请加放斥。诸黄门恐惧，乃使宾客诬奏龚罪，顺帝命亟自实。前掾李固时为大将军梁商从事中郎，乃奏记于商曰："今旦闻下太尉王公敕令自实，未审其事深浅何如。王公束脩厉节，敦乐艺文，不求苟得，不为苟行，但以坚贞之操，违俗失众，横为谗佞所构毁，众人闻知，莫不叹慄。夫三公尊重，承天象极，未有诣理诉冤之义。纤微感概，辄引分决，是以旧典不有大罪，不至重问。王公沉静内明，不可加以非理。卒有它变，则朝廷获害贤之名，群臣无救护之节矣。昔绛侯得罪，袁盎解其过，魏尚获戾，冯唐诉其冤，时君善之，列在书传。今将军内倚至尊，外典国柄，言重信著，指拯无违，宜加表救，济王公之艰难。语曰：'善人在患，饥不及餐。'斯其时也。"商即言之于帝，事乃得释。

龚在位五年，以老病乞骸骨，卒于家。子畅。

论曰：张皓、王龚，称为推士，若其好通汲善，明发升荐，仁人之情也。夫士进则世收其器，贤用即人献其能。能献既已厚其功，器收亦理兼天下。其利甚博，而人莫之先，岂同折枝于长者，以不为为难乎？昔柳下惠见抑于臧文，淳于长受称于方进。然则立德者以幽陋好遗，显登者以贵涂易引。故晨门有抱关之夫，柱下无朱文之轸也。

畅字叔茂。少以清实为称，无所交党。初举孝廉，辞病不就。大将军梁商特辟举茂才，四迁尚书令，出为齐相。征拜司隶校尉，转渔阳太守。所在以严明为称。坐事免官。是时政事多归尚书，桓帝特诏三公，令高选庸能。太尉陈蕃荐畅清方公正，有不可犯之色，由是复为尚书。寻拜南阳太守。前后二千石逼惧帝乡贵戚，多不称职。畅深疾之，下车奋厉威猛，其豪党有衅秽者，莫不纠发。会赦，事得散。畅追恨之，更为设法，诸受赃二千万以上不自首实者，尽入财物。若其隐伏，使吏发屋伐树，埋井夷灶，豪右大震。功曹张敞奏记谏曰："五教在宽，著之经典。汤去三面，八方归仁。武王入殷，先去炮烙之刑。高祖鉴秦，唯定三章之法。孝文皇帝感一缇萦，蠲除肉刑。卓茂、文翁、召父之徒，皆疾恶严刻，务崇温厚。仁贤之政，流闻后世。夫明哲之君，网漏吞舟之鱼，然后三光明于上，人物悦于下。言之若迂，其效甚近。发屋伐树，将为严烈，虽欲惩恶，难以闻远。以明府上智之才，日月之曜，敷仁惠之政，则海内改观，实有折枝之易，而无挟山之难。郡为旧都侯甸之国，园庙出于章陵，三后生自新野，士女沾教化，黔首仰风流，自中兴以来，功臣将相，继世而隆。愚以为恳恳用刑，不如行恩；孳孳求奸，未若礼贤。舜举皋陶，不仁者远，随会为政，晋盗奔秦。虞、芮入境，让心自生。化人在德，不在用刑。"畅深纳敞谏，更崇宽政，慎刑简罚，教化遂行。郡中豪族多以奢靡相尚，畅常布衣皮褥，车马羸败，以矫其敝。同郡刘表时年十七，从畅受学。进谏曰："夫奢不僭上，俭不逼下，循道行礼，贵处可否之间。蘧伯玉耻独为君子。府君不希孔圣之明训，而慕夷齐之末操，无乃皎然自贵于世乎？"畅曰："昔公仪休在鲁，拔园葵，去织妇，孙叔敖相楚，其子被裘刈薪。夫以约失之鲜矣。闻伯夷之风者，贪夫廉，懦夫有立志。虽以不德，敢慕遗烈。"后征为长乐卫尉。建宁元年，迁司空，数月，以水灾策免。明年，卒于家。

子谦，为大将军何进长史。谦子泌，以文才知名。

种暠传

种暠字景伯，河南洛阳人，仲山甫之后也。父为定陶令，有财三千万。父卒，暠悉以赈恤宗族及邑里之贫者。其有进趣名利，皆不与交通。始为县门下史。时河南尹田歆外甥王谌，名知人。歆谓之曰："今当举六孝廉，多得贵戚书命，不宜相违，欲自用一名士以报国家，尔助我求之。"明日，谌送客于大阳郭，遥见暠，异之。还白歆曰："为尹得孝廉矣，近洛阳门下史也。"歆笑曰："当得山泽隐滞，乃洛阳吏邪？"谌曰："山泽不必有异士，异士不必在山泽。"歆即召暠于庭，辩诘职事。暠辞对有序，歆甚知之，召署主簿，遂举孝廉，辟太尉府，举高第。

顺帝末，为侍御史。时所遣八使光禄大夫杜乔、周举等，多所纠奏，而大将军梁冀及诸宦官互为请救，事皆被寝遏。暠自以职主刺举，志案奸违，乃复劾诸为八使所举蜀郡太守刘宣等罪恶章露，宜伏欧刀。又奏请敕四府条举近臣父兄及知亲为刺史、二千石尤残秽不胜任者，免遣案罪。帝乃从之。擢暠监太子于承光宫。中常侍高梵从中单驾出迎太子，时太傅杜乔等疑不欲从，惶惑不知所为。暠乃手剑当车，曰："太子国之储副，人命所系。今常侍来无诏信，何以知非奸邪？今日有死而已。"梵辞屈，不敢对，驰命奏之。诏报，太子乃得去。乔退而叹息，愧暠临事不惑。帝亦嘉其持重，称善者良久。

出为益州刺史。暠素慷慨，好立功立事。在职三年，宣恩远夷，开晓殊俗，岷山杂落皆怀服汉德。其白狼、槃木、唐菆、邛、僰诸国，自前刺史朱辅卒后遂绝。暠至，乃复举种向化。时永昌太守冶铸黄金为文蛇，以献梁冀，暠纠发逮捕，驰传上言，而二府畏懦，不敢案之，冀由是衔怒于暠。会巴郡人服直聚党数百人，自称"天王"，暠与太守应承讨捕，不克，吏人多被伤害。冀因此陷之。传逮暠、承。太尉李固上疏救曰："臣伏闻讨捕所伤，本非暠、承之意，实由县吏惧法畏罪，迫逐深苦，致此不详。比盗贼群起，处处未绝。暠、承以首举大奸，而相随受罪，臣恐沮伤州县纠发之意，更共饰匿，莫复尽心。"梁太后省奏，乃赦暠、承罪，免官而已。

后凉州羌动，以暠为凉州刺史，甚得百姓欢心。被征当迁，吏人诣阙请留之，太后叹曰："未闻刺史得人心若是。"乃许之。暠复留一年，迁汉阳太守，戎夷男女送至汉阳界，暠与相揖谢，千里不得乘车。及到郡，化行羌胡，禁止侵掠。迁使匈奴中郎将。时辽东乌桓反叛，复转辽东太守，乌桓望风率服，迎拜于界上。坐事免归。

后司隶校尉举暠贤良方正，不应。征拜议郎，迁南郡太守，入为尚书。会匈奴寇并凉二州，桓帝擢暠为度辽将军。暠到营所，先宣恩信，诱降诸胡，其有不服，然后加讨。羌虏先时有生见获质于郡县者，悉遣还之。诚心怀抚，信赏分明，由是羌胡、龟兹、莎车、乌孙等皆来顺服。暠乃去烽燧，除候望，边方晏然无警。

入为大司农。延熹四年，迁司徒。推达名臣桥玄、皇甫规等，为称职相。在位三年，年六十一薨。并、凉边人咸为发哀。匈奴闻暠卒，举国伤惜。单于每入朝贺，望见坟墓，辄哭泣祭祀。二子：岱，拂。

岱字公祖。好学养志。举孝廉、茂才，辟公府，皆不就。公车特征，病卒。

初，岱与李固子燮同征议郎，燮闻岱卒，痛惜甚，乃上书求加礼于岱。曰："臣闻仁义兴则道德昌，道德昌则政化明，政化明而万世宁。伏见故处士种岱，淳和达理，耽悦《诗》《书》，富贵不能回其虑，万物不能扰其心。禀命不永，奄然殂殒。若不絷桓难进,等辈皆已公卿矣。昔先贤既没,有加赠之典,《周礼》盛德,有铭诔之文,而岱生无印绶之荣,卒无官谥之号。虽未建忠效用,而为圣恩所拔,遐迩具瞻,宜有异赏。"朝廷竟不能从。

拂字颖伯。初为司隶从事,拜宛令。时南阳郡吏好因休沐,游戏市里,为百姓所患。拂出逢之,必下车公谒,以愧其心,自是莫敢出者。政有能名,累迁光禄大夫。初平元年,代荀爽为司空。明年,以地震策免,复为太常。李傕、郭汜之乱,长安城溃,百官多避兵冲。拂挥剑而出曰:"为国大臣,不能止戈除暴,致使凶贼兵刃向宫,去欲何之!"遂战而死。子劭。

劭字申甫。少知名。中平末,为谏议大夫。大将军何进将诛宦官,召并州牧董卓,至渑池,而进意更狐疑,遣劭宣诏止之。卓不受,遂前至河南。劭迎劳之,因譬令还军。卓疑有变,使其军士以兵胁劭。劭怒,称诏大呼叱之,军士皆披,遂前质责卓。卓辞屈,乃还军夕阳亭。及进败,献帝即位,拜劭为侍中。卓既擅权,而恶劭强力,遂左转议郎,出为益凉二州刺史。会父拂战死,竟不之职。服终,征为少府、大鸿胪,皆辞不受。曰:"昔我先父以身徇国,吾为臣子,不能除残复怨,何面目朝觐明主哉!"遂与马腾、韩遂及左中郎刘范、谏议大夫马宇共攻李傕、郭汜,以报其仇。与汜战于长平观下,军败,劭等皆死。腾遂还凉州。

陈球传

陈球字伯真,下邳淮浦人也。历世著名。父亹,广汉太守。球少涉儒学,善律令。阳嘉中,举孝廉,稍迁繁阳令。时魏郡太守讽县求纳货贿,球不与之,太守怒而挝督邮,欲令逐球。督邮不肯,曰:"魏郡十五城,独繁阳有异政,今受命逐之,将致议于天下矣。"太守乃止。复辟公府,举高第,拜侍御史。是时,桂阳黠贼李研等群聚寇钞,陆梁荆部,州郡懦弱,不能禁,太尉杨秉表球为零陵太守。球到,设方略,期月间,贼虏消散。而州兵朱盖等反,与桂阳贼胡兰数万人转攻零陵。零陵下湿,编木为城,不可守备,郡中惶恐,掾史白遣家避难,球怒曰:"太守分国虎符,受任一邦,岂顾妻孥而沮国威重乎?复言者斩!"乃悉内吏人老弱,与共城守,弦大木为弓,羽矛为矢,引机发之,远射千余步,多所杀伤。贼复激流灌城,球辄于内因地势反决水淹贼。相拒十余日,不能下。会中郎将度尚将救兵至,球募士卒,与尚共破斩朱盖等。赐钱五十万,拜子一人为郎。迁魏郡太守。征拜将作大匠,作桓帝陵园,所省巨万以上。迁南阳太守,以纠举豪右,为势家所谤,征诣廷尉抵罪。会赦,归家。

征拜廷尉。熹平元年,窦太后崩。太后本迁南宫云台,宦者积怨窦氏,遂以衣车载后尸,置城南市舍数日。中常侍曹节、王甫欲用贵人礼殡,帝曰:"太后亲立朕躬,统承大业。《诗》云:'无德不报,无言不酬。'岂宜以贵人终乎?"于是发丧成礼。及将葬,节等复欲别葬太后,而以冯贵人配祔。诏公卿大会朝堂,令中常侍赵忠监议。太尉李咸时病,乃扶舆而起,捣椒自随,谓妻子曰:"若皇太后不得配食桓帝,吾不生还矣。"既议,坐者数百人,各瞻望中官,良久莫肯先言。赵忠曰:"议当时定。"怪公卿以下各相顾望。球曰:"皇太后以盛德良家,母临天下,宜配先帝,是无所疑。"忠笑而言曰:"陈廷尉宜便操笔。"球即下议曰:"皇太后自在椒房,有聪明母仪之德。遭时不造,援立圣明,承继宗庙,功烈至重。先帝晏驾,因遇大狱,迁居空宫,不幸早世,家虽获罪,事非太后。今若别葬,诚失天下之望。且冯贵人冢墓被发,骸骨暴露,与贼并尸,魂灵污染,且无功于国,何宜上配至尊?"忠省球议,作色俛仰,蚩球曰:"陈廷尉建此议甚健!"球曰:"陈、窦既冤,皇太后无故幽闭,臣常痛心,天下愤叹。今日言之,退而受罪,宿昔之愿。"公卿以下,皆从球议。李咸始不敢先发,见球辞正,然后大言曰:"臣本谓宜尔,诚与臣意合。"会者皆为之愧。曹节、王甫复争,以为梁后家犯恶逆,别葬懿陵,武帝黜废卫后,而以李夫人配食。今窦氏罪深,岂宜合葬先帝乎?李咸乃诣阙上疏曰:"臣伏惟章德窦后虐害恭怀,安思阎后家犯恶逆,而和帝无异葬之议,顺朝无贬降之文。至于卫后,孝武皇帝身所废弃,不可以为比。今长乐太后尊号在身,亲尝称制,坤育天下,且援立圣明,光隆皇祚。太后以陛下为子,陛下岂得不以太后为母?子无黜母,臣无贬君,宜合葬宣陵,一如旧制。"帝省奏,谓曹节等曰:"窦氏虽为不道,而太后有德于朕,不宜降黜。"节等无复言,于是议者乃定。咸字元贞,汝南人。累经州郡,以廉干知名;在朝清忠,权幸惮之。

六年,迁球司空,以地震免。拜光禄大夫,复为廷尉、太常。光和元年,迁太尉,数月,以日食免。复拜光禄大夫。明年,为永乐少府,乃潜与司徒河间刘郃谋诛宦官。

初,郃兄侍中儵,与大将军窦武同谋俱死,故郃与球相结。事未及发,球复以书劝郃曰:"公出自宗室,位登台鼎,天下瞻望,社稷镇卫,岂得雷同容容无违而已?今曹节等放纵为害,而久在左右,又公兄侍中受害节等,永乐太后所亲知也。今可表徙卫尉阳球为司隶校尉,以次收节等诛之。政出圣主,天下太平,可翘足而待也。"又尚书刘纳以正直忤宦官,出为步兵校尉,亦深劝于郃。郃曰:"凶竖多耳目,恐事未会,先受其祸。"纳曰:"公为国栋梁,倾危不持,焉用彼相邪?"郃许诺,亦结谋阳球。

球小妻,程璜之女,璜用事宫中,所谓程大人也。节等颇得闻知,乃重赂于璜,且胁之。璜惧迫,以球谋告节,节因共白帝曰:"邰等常与藩国交通,有恶意。数称永乐声执,受取狼籍。步兵校尉刘纳及永乐少府陈球、卫尉阳球交通书疏,谋议不轨。"帝大怒,策免邰,邰与球及刘纳、阳球皆下狱死。球时年六十二。

子瑀,吴郡太守;瑀弟琼,汝阴太守;弟子珪,沛相;珪子登,广陵太守:并知名。

赞曰:安储遭谮,张卿有请。龚纠便佞,以直为眚。二子过正,埋车堙井。种公自微,临官以威。陈球专议,桓思同归。

卷八十七
杜栾刘李刘谢列传第四十七

杜根传

杜根字伯坚,颍川定陵人也。父安,字伯夷,少有志节,年十三入太学,号奇童。京师贵戚慕其名,或遗之书,安不发,悉壁藏之。及后捕案贵戚宾客,安开壁出书,印封如故,竟不离其患,时人贵之。位至巴郡太守,政甚有声。根性方实,好绞直。永初元年,举孝廉,为郎中。时和熹邓后临朝,权在外戚。根以安帝年长,宜亲政事,乃与同时郎上书直谏。太后大怒,收执根等,令盛以缣囊,于殿上扑杀之。执法者以根知名,私语行事人使不加力,既而载出城外,根得苏。太后使人检视,根遂诈死。三日,目中生蛆,因得逃窜,为宜城山中酒家保。积十五年,酒家知其贤,厚敬待之。及邓氏诛,左右皆言根等之忠。帝谓根已死,乃下诏布告天下,录其子孙。根方归乡里,征诣公车,拜侍御史。初,平原郡吏成翊世亦谏太后归政,坐抵罪,与根俱征,擢为尚书郎,并见纳用。或问根曰:"往者遇祸,天下同义,知故不少,何至自苦如此?"根曰:"周旋民间,非绝迹之处,邂逅发露,祸及知亲,故不为也。"顺帝时,稍迁济阴太守。去官还家,年七十八卒。

翊世字季明,少好学,深明道术。延光中,中常侍樊丰、帝乳母王圣共谮皇太子,废为济阴王。翊世连上书讼之,又言樊丰、王圣诬罔之状。帝既不从,而丰等陷以重罪,下狱当死,有诏免官归本郡。及济阴王立,是为顺帝,司空张皓辟之。皓以翊世前讼太子之废,荐为议郎。翊世自以其功不显,耻于受位,自劾归。三公比辟,不应。尚书仆射虞诩雅重之,欲引与共参朝政,乃上书荐之,征拜议郎。后尚书令左雄、仆射郭虔复举为尚书。在朝正色,百僚敬之。

栾巴传

栾巴字叔元,魏郡内黄人也。好道。顺帝世,以宦者给事掖庭,补黄门令,非其好也。性质直,学览经典,虽在中官,不与诸常侍交接。后阳气通畅,白上乞退,擢拜郎中,四迁桂杨太守。以郡处南垂,不闲典训,为吏人定婚姻丧纪之礼,兴立学校,以奖进之。虽干吏卑末,皆课令习读,程试殿最,随能升授。政事明察。视事七年,以病乞骸骨。荆州刺史李固荐巴治迹,征拜议郎,守光禄大夫,与杜乔、周举等八人徇行州郡。巴使徐州还,再迁豫章太守。郡土多山川鬼怪,小人常破赀产以祈祷。巴素有道术,能役鬼神,乃悉毁坏房祀,翦理奸巫,于是妖异自消。百姓始颇为惧,终皆安之。迁沛相。所在有绩,征拜尚书。会帝崩,营起宪陵。陵左右或有小人坟冢,主者欲有所侵毁,巴连上书苦谏。时梁太后临朝,诏诘巴曰:"大行皇帝晏驾有日,卜择陵园,务从省约,茔域所极,裁二十顷,而巴虚言主者坏人冢墓。事既非实,寝不报下,巴犹固遂其愚,复上诽谤。苟肆狂瞽,益不可长。"巴坐下狱,抵罪,禁锢还家。

二十余年,灵帝即位,大将军窦武、太傅陈蕃辅政,征拜议郎。蕃、武被诛,巴以其党,复谪为永昌太守。以功自劾,辞病不行,上书极谏,理陈、窦之冤。帝怒,下诏切责,收付廷尉。巴自杀。子贺,官至云中太守。

刘陶传

刘陶字子奇,一名伟,颍川颍阴人,济北贞王勃之后。陶为人居简,不修小节。所与交友,必也同志。好尚或殊,富贵不求合,情趣苟同,贫贱不易意。同宗刘恺,以雅德知名,独深器陶。时大将军梁冀专朝,而桓帝无子,连岁荒饥,灾异数见。陶时游太学,乃上疏陈事曰:

臣闻人非天地无以为生,天地非人无以为灵,是故帝非人不立,人非帝不宁。夫天之与帝,帝之与人,犹头之与足,相须而行也。伏惟陛下年隆德茂,中天称号,袭常存之庆,循不易之制,目不视鸣条之事,耳不闻檀车之声,天灾不有痛于肌肤,震食不即损于圣体,故蔑三光之谬,轻上天之怒。伏念高祖之起,始自布衣,拾暴秦之敝,追亡周之鹿,合散扶伤,克成帝业。功既显矣。勤亦至矣。流福遗祚,至于陛下。陛下既不能增明烈考之轨,而忽高祖之勤,妄假利器,委授国柄,使群丑刑隶,芟刈小民,雕敝诸夏,虐流远近。故天降众异,以戒陛下。陛下不悟,而竟令虎豹窟于麀场,豺狼乳于春囿。斯岂唐咨禹、稷,益典朕虞,议物赋土蒸民之意哉?又今牧守长吏,上下交竞;封豕长蛇,蚕食天下;货殖者为穷冤之魂,贫馁者作饥寒之鬼；高门获东观之辜，丰室罗妖叛之罪；死者悲于窀穸，生者戚于朝野：是愚臣所为咨嗟长怀叹息者也。且秦之将亡，正谏者诛，谀进者赏，嘉言结于忠舌，国命出于谗口，擅阊乐于咸阳，授赵高以车府。权去己而不知，威离身而不顾。古今一揆，成败同势。愿陛下远览强秦之倾，近察哀、平之变，得失昭然，祸福可见。

臣又闻危非仁不扶，乱非智不救，故武丁得傅说，以消鼎雉之灾，周宣用申、甫，以济夷、厉之荒。窃见故冀州刺史南阳朱穆，前乌桓校尉臣同郡李膺，皆履正清平，贞高绝俗。穆前在冀州，奉宪操平，摧破奸党，扫清万里。膺历典牧守，正身率下，及掌戎马，威扬朔北。斯实中兴之良佐，国家之柱臣也。宜还本朝，挟辅王室，上齐七耀，下镇万国。臣敢吐不时之义于讳言之朝，犹冰霜见日，必至消灭。臣始悲天下之可悲，今天下亦悲臣之愚惑也。

书奏不省。时有上书言人以货轻钱薄，故致贫困，宜改铸大钱。事下四府群僚及太学能言之士。陶上议曰：

圣王承天制物，与人行止，建功则众悦其事，兴戎而师乐其旅。是故灵台有子来之人，武旅有凫藻之士，皆举合时宜，动顺人道。臣伏读铸钱之诏，平轻重之议，访覃幽微，不遗穷贱。是以藿食之人，谬延逮及。

盖以为当今之忧，不在于货，在乎民饥。夫生养之道，先食后货。是以先王观象育物，敬授民时，使男不逋亩，女不下机。故君臣之道行，王路之教通。由是言之，食者乃有国之所宝，生民之至贵也。窃见比年已来，良苗尽于蝗螟之口，杼柚空于公私之求，所急朝夕之餐，所患靡盐之事，岂谓钱货之厚薄，铢两之轻重哉？就使当今沙砾化为南金，瓦石变为和玉，使百姓渴无所饮，饥无所食，虽皇羲之纯德，唐虞之文明，犹不能以保萧墙之内也。盖民可百年无货，不可一朝有饥，故食为至急也。议者不达农殖之本，多言铸冶之便，或欲因缘行诈，以贾国利。国利将尽，取者争竞，造铸之端于是乎生。盖万人铸之，一人夺之，犹不能给；况今一人铸之，则万人夺之乎？虽以阴阳为炭，万物为铜，役不食之民，使不饥之士，犹不能足无厌之求也。夫欲民殷财阜，要在止役禁夺，则百姓不劳而足矣。陛下圣德，愍海内之忧戚，伤天下之艰难，欲铸钱齐货以救其敝，此犹养鱼沸鼎之中，栖鸟烈火之上。水木本鱼鸟之所生也，用之不时，必至燋烂。愿陛下宽锲薄之禁，后冶铸之议，听民庶之谣吟，问路叟之所忧，瞰三光之文耀，视山河之分流。天下之心，国家大事，粲然皆见，无有遗惑者矣。

臣尝诵《诗》，至于鸿雁于野之劳，哀勤百堵之事，每喟尔长怀，中饐而叹。近听征夫饥劳之声，甚于斯歌。是以追悟匹妇吟鲁之忧，始于此乎？见白驹之意，屏营傍徨，不能监寐。伏念当今地广而不得耕，民众而无所食。群小竞进，秉国之位，鹰扬天下，乌钞求饱，吞肌及骨，并噬无厌。诚恐卒有役夫穷匠，起于板筑之间，投斤攘臂，登高远呼，使愁怨之民，响应云合，八方分崩，中夏鱼溃。虽方尺之钱，何能有救！其危犹举函牛之鼎，絓纤枯之末，诗人所以眷然顾之，潸焉出涕者也。

臣东野狂闇，不达大义，缘广及之时，对过所问，知必以身脂鼎镬，为天下笑。

帝竟不铸钱。后陶举孝廉，除顺阳长。县多奸猾，陶到官，宣募吏民有气力勇猛，能以死易生者，不烁亡命奸臧，于是剽轻剑客之徒过晏等十余人，皆来应募。陶责其先过，要以后效，使各结所厚少年，得数百人，皆严兵待命。于是覆案奸轨，所发若神。以病免，吏民思而歌之曰："邑然不乐，思我刘君。何时复来，安此下民。"陶明《尚书》、《春秋》，为之训诂。推三家《尚书》及古文，是正文字七百余事，名曰《中文尚书》。

顷之，拜侍御史。灵帝宿闻其名，数引纳之。时钜鹿张角伪托大道，妖惑小民，陶与奉车都尉乐松、议郎袁贡连名上疏言之，曰："圣王以天下耳目为视听，故能无不闻见。今张角支党不可胜计。前司徒杨赐奏下诏书，切敕州郡，护送流民，会赐去位，不复捕录。虽会赦令，而谋不解散。四方私言，云角等窃入京师，觇视朝政，鸟声兽心，私共鸣呼。州郡忌讳，不欲闻之，但更相告语，莫肯公文。宜下明诏，重募角等，赏以国土。有敢回避，与之同罪。"帝殊不悟，方诏陶次第《春秋》条例。明年，张角反乱，海内鼎沸，帝思陶言，封中陵乡侯，三迁尚书令。以所举将为尚书，难与齐列，乞从冗散，拜侍中。以数切谏，为权臣所惮，徙为京兆尹。到职，当出修宫钱直千万，陶既清贫，而耻以钱买职，称疾不听政。帝宿重陶才，原其罪，征拜谏议大夫。

是时天下日危，寇贼方炽，陶忧致崩乱，复上疏曰："臣闻事之急者不能安言，心之痛者不能缓声。窃见天下前遇张角之乱，后遭边章之寇，每闻羽书告急之声，心灼内热，四体惊竦。今西羌逆类，私署将帅，皆多段颎时吏，晓习战陈，识知山川，变诈万端。臣常惧其轻出河东、冯翊，钞西军之后，东之函谷，据厄高望。果已攻河东，恐遂转更冢突上京。如是则南道断绝，车骑之军孤立，关东破胆，四方动摇，威之不来，叫之不应，虽有田单、陈平之策，计无所用。臣前驿马上便宜，急绝诸郡赋调，冀尚可安。事付主者，留连至今，莫肯求问。今三郡之民皆以奔亡，南出武关，北徙壶谷，冰解风散，唯恐在后。今其存者尚十三四，军吏士民悲愁相守，民有百走退死之心，而无一前斗生之计。西寇浸前,去营咫尺,胡骑分布,已至诸陵。将军张温,天性精勇,而主者旦夕迫促,军无后殿,假令失利,其败不救。臣自知言数见厌,而言不自裁者,以为国安则臣蒙其庆,国危则臣亦先亡也。谨复陈当今要急八事,乞须臾之间,深垂纳省。"其八事,大较言天下大乱,皆由宦官。宦官事急,共谮陶曰:"前张角事发,诏书示以威恩,自此以来,各各改悔。今者四方安静,而陶疾害圣政,专言妖孽。州郡不上,陶何缘知?疑陶与贼通情。"于是收陶,下黄门北寺狱,掠按日急。陶自知必死,对使者曰:"朝廷前封臣云何?今反受邪谮。恨不与伊、吕同畴,而以三仁为辈。"遂闭气而死,天下莫不痛之。

陶著书数十万言,又作《七曜论》《匡老子》《反韩非》《复孟轲》,及上书言当世便事,条教、赋、奏、书、记、辩疑,凡百余篇。时司徒东海陈耽,亦以非罪与陶俱死。耽以忠正称,历位三司。光和五年,诏公卿以谣言举刺史、二千石为民蠹害者。时太尉许馘、司空张济承望内官,受取货赂,其宦者子弟宾客,虽贪污秽浊,皆不敢问,而虚纠边远小郡清修有惠化者二十六人。吏人诣阙陈诉,耽与议郎曹操上言:"公卿所举,率党其私,所谓放鸱枭而囚鸾凤。"其言忠切,帝以让馘、济,由是诸坐谣言征者悉拜议郎。宦官怨之,遂诬陷耽死狱中。

李云传

李云字行祖,甘陵人也。性好学,善阴阳。初举孝廉,再迁白马令。

桓帝延熹二年,诛大将军梁冀,而中常侍单超等五人皆以诛冀功并封列侯,专权选举。又立掖庭民女亳氏为皇后,数月间,后家封者四人,赏赐巨万。是时地数震裂,众灾频降。云素刚,忧国将危,心不能忍,乃露布上书,移副三府,曰:"臣闻皇后天下母,德配坤灵,得其人则五氏来备,不得其人则地动摇宫。比年灾异,可谓多矣,皇天之戒,可谓至矣。高祖受命,至今三百六十四岁,君期一周,当有黄精代见,姓陈、项、虞、田、许氏,不可令此人居太尉、太傅典兵之官。举厝至重,不可不慎。班功行赏,宜应其实。梁冀虽持权专擅,虐流天下,今以罪行诛,犹召家臣搤杀之耳。而猥封谋臣万户以上,高祖闻之,得无见非?西北列将,得无解体?孔子曰:'帝者,谛也。'今官位错乱,小人谄进,财货公行,政化日损,尺一拜用不经御省。是帝欲不谛乎?"帝得奏震怒,下有司逮云,诏尚书都护剑戟送黄门北寺狱,使中常侍管霸与御史廷尉杂考之。时弘农五官掾杜众伤云以忠谏获罪,上书愿与云同日死。帝愈怒,遂并下廷尉。大鸿胪陈蕃上疏救云曰:"李云所言,虽不识禁忌,干上逆旨,其意归于忠国而已。昔高祖忍周昌不讳之谏,成帝赦朱云腰领之诛。今日杀云,臣恐剖心之讥复议

于世矣。故敢触龙鳞,冒昧以请。"太常杨秉、洛阳市长沐茂、郎中上官资并上疏请云。帝恚甚,有司奏以为大不敬。诏切责蕃、秉,免归田里;茂、资贬秩二等。时帝在濯龙池,管霸奏云等事。霸诡言曰:"李云野泽愚儒,杜众郡中小吏,出于狂戆,不足加罪。"帝谓霸曰:"帝欲不谛,是何等语,而常侍欲原之邪?"顾使小黄门可其奏,云、众皆死狱中。后冀州刺史贾琮使行部,过祠云墓,刻石表之。

论曰:礼有五谏,讽为上。若夫托物见情,因文载旨,使言之者无罪,闻之者足以自戒,贵在于意达言从,理归乎正。曷其绞讦摩上,以衒沽成名哉?李云草茅之生,不识失身之义,遂乃露布帝者,班檄三公。至于诛死而不顾,斯岂古之狂也!夫未信而谏,则以为谤己,故说者识其难焉。

刘瑜传

刘瑜字季节,广陵人也。高祖父广陵靖王。父辩,清河太守。瑜少好经学,尤善图谶、天文、历算之术。州郡礼请不就。

延熹八年,太尉杨秉举贤良方正,及到京师,上书陈事曰:

臣瑜自念东国鄙陋,得以丰沛枝胤,被蒙复除,不给卒伍。故太尉杨秉知臣窃窥典籍,猥见显举,诚冀臣愚直,有补万一。而秉忠谟不遂,命先朝露。臣在下土,听闻歌谣,骄臣虐政之事,远近呼嗟之音,窃为辛楚,泣血涟如。幸得引录,备答圣问,泄写至情,不敢庸回。诚愿陛下且以须臾之虑,览今往之事,人何为咨嗟,天曷为动变。

盖诸侯之位,上法四七,垂文炳耀,关之盛衰者也。今中官邪孽,比肩裂土,皆竞立胤嗣,继体传爵,或乞子疏属,或买儿市道,殆乖开国承家之义。

古者天子一娶九女,娣侄有序,《河图》授嗣,正在九房。今女婢令色,充积闺帷,皆当盛其玩饰,冗食空宫,劳散精神,生长六疾。此国之费也,生之伤也。且天地之性,阴阳正纪,隔绝其道,则水旱为并。《诗》云:"五日为期,六日不詹。"怨旷作歌,仲尼所录。况从幼至长,幽藏殁身。又常侍、黄门,亦广妻娶。怨毒之气,结成妖眚。行路之言,官发略人女,取而复置,转相惊俱。孰不悉然,无缘空生此谤。邹衍匹夫,杞氏匹妇,尚有城崩霜陨之异。况乃群辈咨怨,能无感乎!

昔秦作阿房,国多刑人。今第舍增多,穷极奇巧,掘山攻石,不避时令。促以严刑,威以正法。民无罪而覆入之,民有田而覆夺之。州郡官府,各自考事,奸情赇赂,皆为吏饵。民愁郁结,起入贼党,官辄兴兵,诛讨其罪。贫困之民,或有卖其首级以要酬赏,父兄相代残身,妻孥相视分裂。穷之如彼,伐之如此,岂不痛

哉！

又陛下以北辰之尊，神器之宝，而微行近习之家，私幸宦者之舍，宾客市买，熏灼道路，因此暴纵，无所不容。今三公在位，皆博达道艺，而各正诸己，莫或匡益者，非不智也，畏死罚也。惟陛下设置七臣，以广谏道，及开东序金縢史官之书，从尧舜禹汤文武致兴之道，远佞邪之人，放郑卫之声，则政致和平，德感祥风矣。臣悾悾推情，言不足采，惧以触忤，征营愦悸。

于是特诏召瑜问灾咎之征，指事案经谶以对。执政者欲令瑜依违其辞，而更冀以它事。瑜复悉心以对，八千余言，有切于前，帝竟不能用。拜为议郎。及帝崩，大将军窦武欲大诛宦官，乃引瑜为侍中，又以侍中尹勋为尚书令，共同谋画。及武败，瑜、勋并被诛。事在《武传》。

勋字伯元，河南人。从祖睦为太尉，睦孙颂为司徒。勋为人刚毅直方。少时每读书，得忠臣义士之事，未尝不投书而仰叹。自以行不合于当时，不应州郡公府礼命。桓帝时，以有道征，四迁尚书令。延熹中，诛大将军梁冀，帝召勋部分众职，甚有方略，封宜阳乡侯。仆射霍谞，尚书张敬、欧阳参、李伟、虞放、周永，并封亭侯。勋后再迁至九卿，以病免，拜为侍中。八年，中常侍具瑗、左悺等有罪免，夺封邑，因黜勋等爵。瑜诛后，宦官悉焚其上书，以为讹言。

子琬，传瑜学，明占候，能著灾异。举方正，不行。

谢弼传

谢弼字辅宣，东郡武阳人也。中直方正，为乡邑所宗师。建宁二年，诏举有道之士，弼与东海陈敦、玄菟公孙度俱对策，皆除郎中。时青蛇见前殿，大风拔木，诏公卿以下陈得失。弼上封事曰：

臣闻和气应于有德，妖异生乎失政。上天告谴，则王者思其愆。政道或亏，则奸臣当其罚。夫蛇者，阴气所生；鳞者，甲兵之符也。《鸿范传》曰："厥极弱，时则有蛇龙之孽。"又荧惑守亢，裴回不去，法有近臣谋乱，发于左右。不知陛下所与从容帷幄之内，亲信者为谁。宜急斥黜，以消天戒。臣又闻"惟虺惟蛇，女子之祥"。伏惟皇太后定策宫闱，援立圣明。《书》云："父子兄弟，罪不相及。"窦氏之诛，岂宜咎延太后？幽隔空宫，愁感天心，如有雾露之疾，陛下当何面目以见天下？昔周襄王不能敬事其母，戎狄遂至交侵。孝和皇帝不绝窦后之恩，前世以为美谈。礼为人后者为之子，今以桓帝为父，岂得不以太后为母哉？《援神契》曰："天子行孝，四夷和平。"方今边境日蹙，兵革蜂起，自非孝道，何以济之！愿陛下仰慕有虞蒸蒸之化，

俯思《凯风》慰母之念。

臣又闻爵赏之设，必酬庸勋；开国承家，小人勿用。今功臣久外，未蒙爵秩，阿母宠私，乃享大封，大风雨雹，亦由于兹。又故太傅陈蕃，辅相陛下，勤身王室，夙夜匪懈，而见陷群邪，一旦诛灭。其为酷滥，骇动天下，而门生故吏，并离徙锢。蕃身已往，人百何赎！宜还其家属，解除禁网。夫台宰重器，国命所继。今之四公，唯司空刘宠断断守善，余皆素餐致寇之人，必有折足覆餗之凶。可因灾异，并加罢黜。征故司空王畅，长乐少府李膺，并居政事，庶灾变可消，国祚惟永。臣山薮顽闇，未达国典。策曰"无有所隐"，敢不尽愚，用忘讳忌。伏惟陛下裁其诛罚。

左右恶其言，出为广陵府丞。去官归家。中常侍曹节从子绍为东郡太守，忿疾于弼，遂以它罪收考掠按，死狱中，时人悼伤焉。初平二年，司隶校尉赵谦讼弼忠节，求报其怨魂，乃收绍斩之。

赞曰：邓不明辟，梁不损陵。慊慊栾、杜，讽辞以兴。黄寇方炽，子奇有识。武谋允臧，瑜亦协志。弼忤宦情，云犯时忌。成仁丧己，同方殊事。

卷八十八
虞傅盖臧列传第四十八

虞诩传

虞诩字升卿，陈国武平人也。祖父经，为郡县狱吏，案法平允，务存宽恕，每冬月上其状，恒流涕随之。尝称曰："东海于公高为里门，而其子定国卒至丞相。吾决狱六十年矣，虽不及于公，其庶几乎！子孙何必不为九卿邪？"故诩字曰升卿。诩年十二，能通《尚书》。早孤，孝养祖母。县举顺孙，国相奇之，欲以为吏。诩辞曰："祖母九十，非诩不养。"相乃止。后祖母终，服阕，辟太尉李脩府，拜郎中。

永初四年，羌胡反乱，残破并、凉，大将军邓骘以军役方费，事不相赡，欲弃凉州，并力北边，乃会公卿集议。骘曰："譬若衣败，坏一以相补，犹有所完。若不如此，将两无所保。"议者咸同。诩闻之，乃说李脩曰："窃闻公卿定策当弃凉州，求之愚心，未见其便。先帝开拓土宇，劬劳后定，而今惮小费，举而弃之。凉州既弃，即以三辅为塞；三辅为塞，则园陵单外。此不可之甚者也。谚曰：'关西出将，关东出相。'观其习兵壮勇，实过余州。今羌胡所以不敢入据三辅，为心腹之害者，以凉州在后故也。其土人所以推锋执锐，无反顾之心者，为臣属于汉故也。若弃其境域，徙其人

庶,安土重迁,必生异志。如使豪雄相聚,席卷而东,虽贲、育为卒,太公为将,犹恐不足当御。议者喻以补衣犹有所完,诩恐其疽食侵淫而无限极。弃之非计。"脩曰:"吾意不及此。微子之言,几败国事。然则计当安出?"诩曰:"今凉土扰动,人情不安,窃忧卒然有非常之变。诚宜令四府九卿,各辟彼州数人,其牧守令长子弟皆除为冗官,外以劝厉,答其功勤,内以拘致,防其邪计。"脩善其言,更集四府,皆从诩议。于是辟西州豪桀为掾属,拜牧守长吏子弟为郎,以安慰之。

邓骘兄弟以诩异其议,因此不平,欲以吏法中伤诩。后朝歌贼宁季等数千人攻杀长吏,屯聚连年,州郡不能禁,乃以诩为朝歌长。故旧皆吊诩曰:"得朝歌何衰!"诩笑曰:"志不求易,事不避难,臣之职也。不遇槃根错节,何以别利器乎?"始到,谒河内太守马棱。棱勉之曰:"君儒者,当谋谟庙堂,反在朝歌邪?"诩曰:"初除之日,士大夫皆见吊勉。以诩诖之,知其无能为也。朝歌者,韩、魏之郊,背太行,临黄河,去敖仓百里,而青、冀之人流亡万数。贼不知开仓招众,劫库兵,守城皋,断天下右臂,此不足忧也。今其众新盛,难与争锋。兵不厌权,愿宽假辔策,勿令有所拘阂而已。"及到官,设令三科以募求壮士,自掾史以下各举所知,其攻劫者为上,伤人偷盗者次之,带丧服而不事家业为下。收得百余人,诩为飨会,悉贳其罪,使入贼中,诱令劫掠,乃伏兵以待之,遂杀贼数百人。又潜遣贫人能缝者,佣作贼衣,以采綖缝其裾为帜,有出市里者,吏辄禽之。贼由是骇散,咸称神明,迁怀令。

后羌寇武都,邓太后以诩有将帅之略,迁武都太守,引见嘉德殿,厚加赏赐。羌乃率众数千,遮诩于陈仓、崤谷,诩即停军不进,而宣言上书请兵,须到当发。羌闻之,乃分钞傍县,诩因其兵散,日夜进道,兼行百余里。令吏士各作两灶,日增倍之,羌不敢逼。或问曰:"孙膑减灶而君增之。兵法日行不过三十里,以戒不虞,而今日且二百里。何也?"诩曰:"虏众多,吾兵少。徐行则易为所及,速进则彼所不测。虏见吾灶日增,必谓郡兵来迎。众多行速,必惮追我。孙膑见弱,吾今示强,势有不同故也。"既到郡,兵不满三千,而羌众万余,攻围赤亭数十日。诩乃令军中,使强弩勿发,而潜发小弩。羌以为矢力弱,不能至,并兵急攻。诩于是使二十强弩共射一人,发无不中,羌大震,退。诩因出城奋击,多所伤杀。明日悉陈其兵众,令从东郭门出,北郭门入,贸易衣服,回转数周。羌不知其数,更相恐动。诩计贼当退,乃潜遣五百余人于浅水设伏,候其走路。虏果大奔,因掩击,大破之,斩获甚众,贼由是败散,南入益州。诩乃占相地势,筑营壁百八十所,招还流亡,假赈贫人,郡遂以安。

先是运道艰险,舟车不通,驴马负载,僦五致一。诩乃自将吏士,案行川谷,自沮至下辩数十里中,皆烧石翦木,开漕船道,以人僦直雇借佣者,于是水运通利,岁省四千余万。诩始到郡,户裁盈万。及绥聚荒余,招还流散,二三年间,遂增至四万余户。盐米丰贱,十倍于前。坐法免。

永建元年,代陈禅为司隶校尉。数月间,奏太傅冯石、太尉刘熹、中常侍程璜、陈秉、孟生、李闰等,百官侧目,号为苛刻。三公劾奏诩盛夏多拘系无辜,为吏人患。诩上书自讼曰:"法禁者俗之堤防,刑罚者人之衔辔。今州曰任郡,郡曰任县,更相委远,百姓怨穷,以苟容为贤,尽节为愚。臣所发举,臧罪非一,二府恐为臣所奏,遂加诬罪。臣将从史鱼死,即以尸谏耳。"顺帝省其章,乃为免司空陶敦。

时中常侍张防特用权势,每请托受取,诩辄案之,而屡寝不报。诩不胜其愤,乃自系廷尉,奏言曰:"昔孝安皇帝任用樊丰,遂交乱嫡统,几亡社稷。今者张防复弄威柄,国家之祸将重至矣。臣不忍与防同朝,谨自系以闻,无令臣袭杨震之迹。"书奏,防流涕诉帝,诩坐论输左校。防必欲害之,二日之中,传考四狱。狱吏劝诩自引,诩曰:"宁伏欧刀以示远近。"宦者孙程、张贤等知诩以忠获罪,乃相率奏乞见。程曰:"陛下始与臣等造事之时,常疾奸臣,知其倾国。今者即位而复自为,何以非先帝乎?司隶校尉虞诩为陛下尽忠,而更被拘系;常侍张防臧罪明正,反构忠良。今客星守羽林,其占宫中有奸臣。宜急收防送狱,以塞天变。下诏出诩,还假印绶。"时防立在帝后,程乃叱防曰:"奸臣张防,何不下殿!"防不得己,趋就东箱。程曰:"陛下急收防,无令从阿母求请。"帝问诸尚书,尚书贾朗素与防善,证诩之罪。帝疑焉,谓程曰:"且出,吾方思之。"于是诩子颉与门生百余人,举幡候中常侍高梵车,叩头流血,诉言枉状。梵乃入言之,防坐徙边,贾朗等六人或死或黜,即日赦出诩。程复上书陈诩有大功,语甚切激。帝感悟,复征拜议郎。数日,迁尚书仆射。

是时长吏、二千石听百姓谪罚者输赎,号为"义钱",托为贫人储,而守令因以聚敛。诩上疏曰:"元年以来,贫百姓章言长吏受取百万以上者,匈匈不绝,谪罚吏人至数千万,而三公、刺史少所举奏。寻永平、章和中,州郡以走卒钱给贷贫人,司空劾案,州及郡县皆坐免黜。今宜遵前典,蠲除权制。"于是诏书下诩章,切责州郡。谪罚输赎自此而止。

先是宁阳主簿诣阙,诉其县令之枉,积六七岁不省。主簿乃上书曰:"臣为陛下子,陛下为臣父。臣章百上,终不见省,臣岂可北诣单于以告怨乎?"帝大怒,持章示尚书,尚书遂劾以大逆。诩驳之曰:"主簿所讼,乃君父之怨;百上不达,是有司之过。愚蠢之人,不足多诛。"帝纳诩言,笞之而已。诩因谓诸尚书曰:"小人有怨,不远千里,断发刻肌,诣阙告诉,而不为理,岂臣下之义?君与浊长吏何亲,而与怨人何仇乎?"闻者皆惭。诩又上言:"台郎显职,仕之通阶。今或一郡七八，或一州无人。宜令均平，以厌天下之望。"及诸奏议，多见从用。

诩好刺举，无所回容，数以此忤权戚，遂九见遣考，三遭刑罚，而刚正之性，终老不屈。永和初，迁尚书令，以公事去官。朝廷思其忠，复征之，会卒。临终，谓其子恭曰："吾事君直道，行己无愧，所悔为朝歌长时杀贼数百人，其中何能不有冤者。自此二十余年，家门不增一口，斯获罪于天也。"

恭有俊才，官至上党太守。

傅燮传

傅燮字南容，北地灵州人也。本字幼起，慕南容三复白珪，乃易字焉。身长八尺，有威容。少师事太尉刘宽。再举孝廉，闻所举郡将丧，乃弃官行服。后为护军司马，与左中郎将皇甫嵩俱讨贼张角。燮素疾中官，既行，因上疏曰："臣闻天下之祸，不由于外，皆兴于内。是故虞舜升朝，先除四凶，然后用十六相。明恶人不去，则善人无由进也。今张角起于赵、魏，黄巾乱于六州。此皆衅发萧墙，而祸延四海者也。臣受戎任，奉辞伐罪，始到颍川，战无不克。黄巾虽盛，不足为庙堂忧也。臣之所惧，在于治水不自其源，末流弥增其广耳。陛下仁德宽容，多所不忍，故阉竖弄权，忠臣不进。诚使张角枭夷，黄巾变服，臣之所忧，甫益深耳。何者？夫邪正之人不宜共国，亦犹冰炭不可同器。彼知正人之功显，而危亡之兆见，皆将巧辞饰说，共长虚伪。夫孝子疑于屡至，市虎成于三夫。若不详察真伪，忠臣将复有杜邮之戮矣。陛下宜思虞舜四罪之举，速行谗佞放殛之诛，则善人思进，奸凶自息。臣闻忠臣之事君，犹孝子之事父也。子之事父，焉得不尽其情？使臣身备铁钺之戮，陛下少用其言，国之福也。"书奏，宦者赵忠见而忿恶。及破张角，燮功多当封，忠诉潜之，灵帝犹识燮言，得不加罪，竟亦不封，以为安定都尉。以疾免。

后拜议郎。会西羌反，边章、韩遂作乱陇右，征发天下，役赋无已。司徒崔烈以为宜弃凉州。诏会公卿百官，烈坚执先议。燮厉言曰："斩司徒，天下乃安。"尚书郎杨赞奏燮廷辱大臣。帝以问燮。燮对曰："昔冒顿至逆也，樊哙为上将，愿得十万众横行匈奴中，愤激思奋，未失人臣之节，顾计当从与不耳，季布犹曰'哙可斩也。'今凉州天下要冲，国家藩卫。高祖初兴，使郦商别定陇右；世宗拓境，列置四郡，议者以为断匈奴右臂。今牧御失和，使一州叛逆，海内为之骚动，陛下卧不安寝。烈为宰相，不念为国思所以弭之策，乃欲割弃一方万里之土，臣窃惑之。若使左衽之虏得居此地，士劲甲坚，因以为乱，此天下之至虑，社稷之深忧也。若烈不知之，是极蔽也；知而故言，是不忠也。"帝从燮议。由是朝廷重其方格，每公卿有缺，为众议所归。顷之，赵忠为车骑将军，诏忠论讨黄巾之功，执金吾甄举等谓忠曰："傅南容前在东军，有功不侯，故天下失望。今将军亲当重任，宜进贤理屈，以副众心。"忠纳其言，遣弟城门校尉延致殷勤。延谓燮曰："南容少答我常侍，万户侯不足得也。"燮正色拒之曰："遇与不遇，命也；有功不论，时也。傅燮岂求私赏哉！"忠愈怀恨，然惮其名，不敢害。权贵亦多疾之，是以不得留，出为汉阳太守。

初，郡将范津明知人，举燮孝廉。及津为汉阳，与燮交代，合符而去，乡邦荣之。津字文渊，南阳人。燮善恤人，叛羌怀其恩化，并来降附，乃广开屯田，列置四十余营。

时刺史耿鄙委任治中程球，球为通奸利，士人怨之。中平四年，鄙率六郡兵讨金城贼王国、韩遂等。燮知鄙失众，必败，谏曰："使君统政日浅，人未知教。孔子曰：'不教人战，是谓弃之。'今率不习之人，越大陇之阻，将十举十危，而贼闻大军将至，必万人一心。边兵多勇，其锋难当，而新合之众，上下未和，万一内变，虽悔无及。不若息军养德，明赏必罚。贼得宽挺，必谓我怯，群恶争势，其离可必。然后率已教之人，讨已离之贼，其功可坐而待也。今不为万全之福，而就必危之祸，窃为使君不取。"鄙不从。行至狄道，果有反者，先杀程球，次害鄙，贼遂进围汉阳。城中兵少粮尽，燮犹固守。

时北地胡骑数千随贼攻郡，皆夙怀燮恩，共于城外叩头，求送燮归乡里。子幹年十三，从在官舍。知燮性刚，有高义，恐不能屈志以免，进谏曰："国家昏乱，遂令大人不容于朝。今天下已叛，而兵不足自守，乡里羌胡先被恩德，欲令弃郡而归，愿必许之。徐至乡里，率厉义徒，见有道而辅之，以济天下。"言未终，燮慨然而叹，呼幹小字曰："别成，汝知吾必死邪？盖'圣达节，次守节'。且殷纣之暴，伯夷不食周粟而死，仲尼称其贤。今朝廷不甚殷纣，吾德亦岂绝伯夷？世乱不能养浩然之志，食禄又欲避其难乎？吾行何之，必死于此。汝有才智，勉之勉之。主簿杨会，吾之程婴也。"幹哽咽不能复言，左右皆泣下。王国使故酒泉太守黄衍说燮曰："成败之事，已可知矣。先起，上有霸王之业，下成伊吕之勋。天下非复汉有，府君宁有意为吾属师乎？"燮案剑叱衍曰："若剖符之臣，反为贼说邪！"遂麾左右进兵，临阵战殁。谥曰壮节侯。

幹知名，位至扶风太守。

盖勋传

盖勋字元固，敦煌广至人也。家世二千石。初举孝廉，为汉阳长史。时武威太守倚恃权势，恣行贪横，从事武都苏正和案致其罪。凉州刺史梁鹄畏贵戚，欲杀正和以免其负，乃访之于勋。勋素与正和有仇，或劝勋可因此报隙。勋曰："不可。谋事杀良，非忠也；乘人之危，非仁也。"乃谏鹄曰："夫绁食鹰鸢欲其鸷,鸷而亨之,将何用哉?"鹄从其言。正和喜于得免,而诣勋求谢。勋不见,曰:"吾为梁使君谋,不为苏正和也。"怨之如初。

中平元年,北地羌胡与边章等寇乱陇右,刺史左昌因军兴断盗数千万。勋固谏,昌怒,乃使勋别屯阿阳以拒贼锋,欲因军事罪之,而勋数有战功。边章等遂攻金城,杀郡守陈懿,勋劝昌救之,不从。边章等进围昌于冀,昌惧而召勋。勋初与从事辛曾、孔常俱屯阿阳,及昌檄到,曾等疑不肯赴。勋怒曰:"昔庄贾后期,穰苴奋剑。今之从事,岂重于古之监军哉!"曾等惧而从之。勋即率兵救昌。到,乃诮让章等,责以背叛之罪。皆曰:"左使君若早从安言,以兵临我,庶可自改。今罪已重,不得降也。"乃解围而去。昌坐断盗征,以扶风宋枭代之,枭患多寇叛,谓勋曰:"凉州寡于学术,故屡致反暴。今欲多写《孝经》,令家习之,庶或使人知义。"勋谏曰:"昔太公封齐,崔杼杀君;伯禽侯鲁,庆父篡位。此二国岂乏学者?今不急静难之术,遽为非常之事,既足结怨一州,又当取笑朝廷,勋不知其可也。"枭不从,遂奏行之。果被诏书诘责,坐以虚慢征。时叛羌围护羌校尉夏育于畜官,勋与州郡合兵救育,至狐槃,为羌所破。勋收余众百余人,为鱼丽之陈。羌精骑夹攻之急,士卒多死。勋被三创,坚不动,乃指木表曰:"必尸我于此。"句就种羌滇吾素为勋所厚,乃以兵扞众曰:"盖长史贤人,汝曹杀之者为负天。"勋仰骂曰:"死反虏,汝何知?促来杀我!"众相视而惊。滇吾下马与勋,勋不肯上,遂为贼所执。羌戎服其义勇,不敢加害,送还汉阳。后刺史杨雍即表勋领汉阳太守。时人饥,相渔食,勋调谷禀之,先出家粮以率众,存活者千余人。后去官,征拜讨虏校尉。灵帝召见,问:"天下何苦而反乱如此?"勋曰:"幸臣子弟扰之。"时宦者上军校尉蹇硕在坐,帝顾问硕,硕惧,不知所对,而以此恨勋。帝又谓勋曰:"吾陈师于平乐观,多出中藏财物以饵士,何如?"勋曰:"臣闻'先王耀德不观兵'。今寇在远而设近陈,不足昭果毅,祇黩武耳。"帝曰:"善。恨见君晚,群臣初无是言也。"勋时与宗正刘虞、佐军校尉袁绍同典禁兵。勋谓虞、绍曰:"吾仍见上,上甚聪明,但拥蔽于左右耳。若共并力诛嬖幸,然后征拔英俊,以兴汉室,功遂身退,岂不快乎!"虞、绍亦素有谋,因相连结,未及发,而司隶校尉张温举勋为京兆尹。帝方欲延接勋,而蹇硕等心惮之,并劝从温奏,遂拜京兆尹。

时长安令杨党,父为中常侍,恃势贪放,勋案得其臧千余万。贵戚咸为之请,勋不听,具以事闻,并连党父,有诏穷案,威震京师。时小黄门京兆高望为尚药监,幸于皇太子,太子因蹇硕属望子进为孝廉,勋不肯用。或曰:"皇太子副主,望其所爱,硕帝之宠臣,而子违之,所谓三怨成府者也。"勋曰:"选贤所以报国也。非贤不举,死亦何悔!"勋虽在外,每军国密事,帝常手诏问之。数加赏赐,甚见亲

信,在朝臣右。

及帝崩,董卓废少帝,杀何太后,勋与书曰:"昔伊尹、霍光权以立功,犹可寒心,足下小丑,何以终此?贺者在门,吊者在庐,可不慎哉!"卓得书,意甚惮之。征为议郎。时左将军皇甫嵩精兵三万屯扶风,勋密相要结,将以讨卓。会嵩亦被征,勋以众弱不能独立,遂并还京师。自公卿以下,莫不卑下于卓,唯勋长揖争礼,见者皆为失色。卓问司徒王允曰:"欲得快司隶校尉,谁可作者?"允曰:"唯有盖京兆耳。"卓曰:"此人明智有余,然不可假以雄职。"乃以为越骑校尉。卓又不欲令久典禁兵,复出为颍川太守。未及至郡,征还京师。时河南尹朱儁为卓陈军事。卓折儁曰:"我百战百胜,决之于心,卿勿妄说,且污我刀。"勋曰:"昔武丁之明,犹求箴谏,况如卿者,而欲杜人之口乎?"卓曰:"戏之耳。"勋曰:"不闻怒言可以为戏?"卓乃谢儁。勋虽强直不屈,而内厌于卓,不得意,疽发背卒,时年五十一。遗令勿受卓赙赠。卓欲外示宽容,表赐东园秘器赗襚,送之如礼。葬于安陵。

子顺,官至永阳太守。

臧洪传

臧洪字子源,广陵射阳人也。父旻,有干事才。熹平元年,会稽妖贼许昭起兵句章,自称"大将军",立其父生为越王,攻破城邑,众以万数。拜旻扬州刺史。旻率丹阳太守陈夤击昭,破之。昭遂更屯结,大为人患。旻等进兵,连战三年,破平之,获昭父子,斩首数千级。迁旻为使匈奴中郎将。洪年十五,以父功拜童子郎,知名太学。洪体貌魁梧,有异姿。举孝廉,补即丘长。

中平末,弃官还家,太守张超请为功曹。时董卓弑帝,图危社稷。洪说超曰:"明府历世受恩,兄弟并据大郡。今王室将危,贼臣虎视,此诚义士效命之秋也。今郡境尚全,吏人殷富,若动桴鼓,可得二万人。以此诛除国贼,为天下唱义,不亦宜乎!"超然其言,与洪西至陈留,见兄邈计事。邈先谓超曰:"闻弟为郡,委政臧洪,洪者何如人?"超曰:"臧洪海内奇士,才略智数不比于超矣。"邈即引洪与语,大异之。乃使诣兖州刺史刘岱、豫州刺史孔伷,遂皆相善。邈既先有谋约,会超至,定议,乃与诸牧守大会酸枣。设坛场,将盟,既而更相辞让,莫敢先登,咸共推洪。洪乃摄衣升坛,操血而盟曰:"汉室不幸,皇纲失统,贼臣董卓,乘衅纵害,祸加至尊,毒流百姓。大惧沦丧社稷,翦覆四海。兖州刺史岱、豫州刺史伷、陈留太守邈、东郡太守瑁、广陵太守超等,纠合义兵,并赴国难。凡我同盟,齐心一力,以致臣节,陨首丧元,必无二志。有渝此盟,俾坠其命,无克遗育。皇天后土,祖宗明灵,实皆鉴之。"洪辞气慷慨,闻其言者,无不激扬。自是之后,诸军各怀迟疑,莫适先进,遂使

粮储单竭，兵众乖散。

时讨虏校尉公孙瓒与大司马刘虞有隙，超乃遣洪诣虞，共谋其难。行至河间而值幽冀交兵，行涂阻绝，因寓于袁绍。绍见洪，甚奇之，与结友好，以洪领青州刺史。前刺史焦和好立虚誉，能清谈。时黄巾群盗处处飘起，而青部殷实，军革尚众。和欲与诸同盟西赴京师，未及得行，而贼已屠城邑。和不理戎警，但坐列巫史，崇祷群神。又恐贼乘冻而过，命多作陷冰丸，以投于河。众遂溃散，和亦病卒。洪收抚离叛，百姓复安。

在事二年，袁绍惮其能，徙为东郡太守，都东武阳。时曹操围张超于雍丘，甚危急。超谓军吏曰："今日之事，唯有臧洪必来救我。"或曰："袁曹方穆，而洪为绍所用，恐不能败好远来，违福取祸。"超曰："子源天下义士，终非背本者也，或见制强力，不相左耳。"洪始闻超围，乃徒跣号泣，并勒所领，将赴其难。自以众弱，从绍请兵，而绍竟不听之，超城遂陷，张氏族灭。洪由是怨绍，绝不与通。绍兴兵围之，历年不下，使洪邑人陈琳以书譬洪，示其祸福，责以恩义。洪答曰：

隔阔相思，发于寤寐。相去步武，而趋舍异规，其为怆恨，胡可胜言！前日不遗，比辱雅况，述叙祸福，公私切至。以子之才，穷该典籍，岂将闻于大道，不达余趣哉？是以损弃翰墨，一无所酬，亦冀遥忖编心，粗识鄙性。重获来命，援引纷纭，虽欲无对，而义笃其言。

仆小人也，本乏志用，中因行役，特蒙倾盼，恩深分厚，遂窃大州，宁乐今日自还接刃乎？每登城临兵，观主人之旗鼓，瞻望帐幄，感故友之周旋，抚弦搦矢，不觉涕流之覆面也。何者？自以辅佐主人，无以为悔。主人相接，过绝等伦。受任之初，志计大事，埽清寇逆，共尊王室。岂悟本州被侵，郡将遘厄，请师见拒，辞行被拘，使洪故君，遂至沦灭。区区微节，无所获申，岂得复全交友之道，重亏忠孝之名乎？所以忍悲挥戈，收泪告绝。若使主人少垂古人忠恕之情，来者侧席，去者克己，则仆抗季札之志，不为今日之战矣。

昔张景明登坛咂血，奉辞弁走，卒使韩牧让印，主人得地。后但拜章朝主，赐爵获传之故，不蒙观过之贷，而受夷灭之祸。吕奉先讨卓来奔，请兵不获，告去何罪，复见斫刺。刘子璜奉使逾时，辞不获命，畏君怀亲，以诈求归，可谓有志忠孝，无损霸道，亦复僵尸麾下，不蒙亏除。慕进者蒙荣，违意者被戮，此乃主人之利，非游士之愿也。是以鉴戒前人，守死穷城，亦以君子之违，不适敌国故也。

足下当见久围不解，救兵未至，感婚姻之义，推平生之好，以为屈节而苟生，胜守义而倾覆也。昔晏婴不降志于白刃，南史不曲笔以求存，故身传图象，

名垂后世。况仆据金城之固，驱士人之力，散三年之畜以为一年之资，匡困补乏，以悦天下，何图筑室反耕哉？但惧秋风扬尘，伯珪马首南向，张扬、飞燕旅力作难，北鄙将告倒悬之急，股肱奏乞归之记耳。主人当鉴戒曹辈，反旆退师，何宜久辱盛怒，暴威于吾城之下哉！

足下讥吾恃黑山以为救，独不念黄巾之合从邪？昔高祖取彭越于钜野，光武创基兆于绿林，卒能龙飞受命，中兴帝业。苟可辅主兴化，夫何嫌哉！况仆亲奉玺书，与之从事！

行矣孔璋！足下徼利于境外，臧洪投命于君亲；吾子托身于盟主，臧洪策名于长安。子谓余身死而名灭，仆亦笑子生死而闻焉。本同末离，努力努力，夫复何言！

绍见洪书，知无降意，增兵急攻。城中粮尽，外无援救，洪自度不免，呼吏士谓曰："袁绍无道，所图不轨，且不救洪郡将，洪于大义，不得不死。念诸君无事，空与此祸，可先城未破，将妻子出。"将吏皆垂泣曰："明府之于袁氏，本无怨隙，今为郡将之故，自致危困，吏人何忍当舍明府去也？"初尚掘鼠，煮筋角，后无所复食，主簿启内厨米三斗，请稍为饘粥，洪曰："何能独甘此邪？"使为薄糜，遍班士众。又杀其爱妾，以食兵将。兵将咸流涕，无能仰视。男女七八十人相枕而死，莫有离叛。城陷，生执洪。绍盛帷幔，大会诸将见洪。谓曰："臧洪何相负若是！今日服未？"洪据地瞋目曰："诸袁事汉，四世五公，可谓受恩。今王室衰弱，无扶翼之意，而欲因际会，觊望非冀，多杀忠良，以立奸威。洪亲见呼将军呼张陈留为兄，则洪府君亦宜为弟，而不能同心戮力，为国除害，坐拥兵众，观人屠灭。惜洪力劣，不能推刃为天下报仇，何谓服乎？"绍本爱洪，意欲屈服赦之，见其辞切，知终不为用，乃命杀焉。

洪邑人陈容，少为诸生，亲慕于洪，随为东郡丞。先城未败，洪使归绍。时容在坐，见洪当死，起谓绍曰："将军举大事，欲为天下除暴，而专先诛忠义，岂合天意？臧洪发举为郡将，奈何杀之！"绍惭，使人牵出，谓曰："汝非臧洪畴，空复尔为？"容顾曰："夫仁义岂有常所，蹈之则君子，背之则小人。今日宁与臧洪同日死，不与将军同日生也。"遂复见杀。在绍坐者，无不叹息，窃相谓曰："如何一日戮二烈士！"先是洪遣司马二人出，求救于吕布。比还，城已陷，皆赴敌死。

论曰：雍丘之围，臧洪之感愤壮矣！想其行跋且号，束甲请举，诚足怜也。夫豪雄之所趣舍，其与守义之心异乎？若乃缔谋连衡，怀诈筹以相尚者，盖惟利势所在而已。况偏城既危，曹袁方穆，洪徒指外敌之衡，以纾倒县之会。忿悁之师，兵家所忌。可谓怀哭秦之节，存荆则未闻也。

赞曰：先零扰疆，邓、崔弃凉。诩、夔令图，再全金方。盖勋抗董，终然允刚。洪怀偏节，力屈志扬。

卷八十九　　张衡列传第四十九

张衡传

张衡字平子，南阳西鄂人也。世为著姓。祖父堪，蜀郡太守。衡少善属文，游于三辅，因入京师，观太学，遂通《五经》，贯《六艺》。虽才高于世，而无骄尚之情。常从容淡静，不好交接俗人。永元中，举孝廉不行，连辟公府不就。时天下承平日久，自王侯以下，莫不逾侈。衡乃拟班固《两都》，作《二京赋》，因以讽谏。精思傅会，十年乃成。文多故不载。大将军邓骘奇其才，累召不应。衡善机巧，尤致思于天文、阴阳、历算。常耽好《玄经》，谓崔瑗曰："吾观《太玄》，方知子云妙极道数，乃与《五经》相拟，非徒传记之属，使人难论阴阳之事，汉家得天下二百岁之书也。复二百岁，殆将终乎？所以作者之数，必显一世，常然之符也。汉四百岁，《玄》其兴矣。"安帝雅闻衡善术学，公车特征拜郎中，再迁为太史令。遂乃研核阴阳，妙尽璇机之正，作浑天仪，著《灵宪》《算罔论》，言甚详明。

顺帝初，再转，复为太史令。衡不慕当世，所居之官，辄积年不徙。自去史职，五载复还，乃设客问，作《应间》以见其志云：

有间余者曰：盖闻前哲首务，务于下学上达，佐国理民，有云为也。朝有所闻，则夕行之。立功立事，式昭德音。是故伊尹思使君为尧舜，而民处唐虞，彼岂虚言而已哉，必旌厥素尔。咎单、巫咸，实守王家，申伯、樊仲，实干周邦，服衮而朝，介圭作瑞。厥迹不朽，垂烈后昆，不亦丕欤！且学非以要利，而富贵萃之。贵以行令，富以施惠，惠施令行，故《易》称以"大业"。质以文美，实由华兴，器赖雕饰为好，人以舆服为荣。吾子性德体道，笃信安仁，约己博艺，无坚不钻，以思世路，斯何远矣！曩滞日官，今又原之。虽老氏曲全，进道若退，然行亦以需。必以学非所用，术有所仰，故临川将济，而舟楫不存焉。徒经思天衢，内昭独智，固合理民之式也？故尝见谤于郦儒。深厉浅揭，随时为义，曾何贪于支离，而习其孤技邪？参轮可使自转，木雕犹能独飞，已垂翅而还故栖，盍亦调其机而舔诸？昔有文王，自求多福。人生在勤，不索何获。曷若卑体屈己，美言以相克？鸣于乔木，乃金声而玉振之。用后勋，雪前吝，婞很不柔，以意谁靳也。

应之曰：是何观同而见异也？君子不患位之不尊，而患德之不崇；不耻禄之不夥，而耻智之不博。是故艺可学，而行可力也。天爵高悬，得之在命，或不速而自怀，或羡旒而不臻，求之无益，故智者偭而不思。阽身以徼幸，固贪夫之所为，未得而豫丧也。枉尺直寻，议者讥之，盈欲亏志，孰云非羞？于心有猜，则簋飧馈铺犹不屑餐，旌瞀以之。意之无疑，则兼金盈百而不嫌辞，孟轲以之。士或解袿褐而袭黼黻，或委毕筑而据文轩者，度德拜爵，量绩受禄也。输力致庸，受必有阶。

浑元初基，灵轨未纪，吉凶纷错，人用朣朦。黄帝为斯深惨。有风后者，是焉亮之，察三辰于上，迹祸福乎下，经纬历数，然后天步有常，则风后之为也。当少昊清阳之末，实或乱德，人神杂扰，不可方物，重黎又相颛顼而申理之，日月即次，则重黎之为也。人各有能，因艺授任，鸟师别名，四叔三正，官无二业，事不并济。昼长则宵短，日南则景北。天且不堪兼，况以人该之。夫玄龙，迎夏则陵云而奋鳞，乐时也；涉冬则淈泥而潜蟠，避害也。公旦道行，故制典礼以尹天下，惧教诲之不从，有人之不理。仲尼不遇，故论《六经》以俟来辟，耻一物之不知，有事之无范。所考不齐，如何可一？

夫战国交争，戎车竞驱，君若缀旒，人无所丽。烛武县缒而秦伯退师，鲁连系箭而聊城弛柝。从往则合，横来则离，安危无常，要在说夫。咸以得人为枭，失士为尤，故樊哙披帷，入见高祖；高祖踞洗，以对郦生。当此之会，乃鼋鸣而鳖应也。故能同心戮力，勤恤人隐，奄受区夏，遂定帝位，皆谋臣之由也。故一介之策，各有攸建，子长谍之，烂然有第。夫女魃北而应龙翔，洪鼎声而军容息；溽暑至而鹜火栖，寒冰冱而鼍鼍蛰。今也。皇泽宣洽，海外混同，万方亿丑，并质共剂，若修成之不暇，尚何功之可立！立事有三，言为下列；下列且不可庶矣，奚冀其二哉！

于兹搢绅如云，儒士成林，及津者风攄，失涂者幽僻，遭遇难要，趋偶为幸。世易俗异，事势舛殊，不能通其变，而一度以揆之，斯契船而求剑，守株而伺兔也。冒愧逞愿，必无仞以继之，有道者所不履也。越王句践事此，故厥绪不永。捷径邪至，我不忍以投步；干进苟容，我不忍以歇肩。虽有犀舟劲楫，犹人涉卬否，有须者也。姑亦奉顺敦笃，守以忠信，得之不休，不获不吝。不见是而不惛，居下位而不忧，允上德之常服焉。方将师天老而友地典，与之乎高眴而大谈，孔甲且不足慕，焉称殷彭及周聃！与世殊技，固孤是求。子忧朱泙曼之无所用，吾恨轮扁之无所教也。子睹木雕独飞，愍我垂翅故栖，吾感去蛙附鸱，悲尔先笑而后号也。

斐豹以毙督燔书，礼至以掖国作铭；弦高以牛饩退敌，墨翟以萦带全城；贯高以端辞显义，苏武以秃节效贞；蒲且以飞矰逞巧，詹何以沈钩致精；弈秋以棋局取誉，王豹以清讴流声。仆进不能参名于二立，退又不能群彼数子。愍《三坟》之既颓，惜《八索》之不理。庶前训之可钻，聊朝隐乎柱史。且韫椟以待价，踵颜氏以行止。曾不慊夫晋、楚，敢告诚于知己。

阳嘉元年，复造候风地动仪。以精铜铸成，员径八尺，合盖隆起，形似酒尊，饰以篆文山龟鸟兽之形。中有都柱，傍行八道，施关发机。外有八龙，首衔铜丸，下有蟾蜍，张口承之。其牙机巧制，皆隐在尊中，覆盖周密无际。如有地动，尊则振龙机发吐丸，而蟾蜍衔之。振声激扬，伺者因此觉知。虽一龙发机，而七首不动，寻其方面，乃知震之所在。验之以事，合契若神。自书典所记，未之有也。尝一龙机发而地不觉动，京师学者咸怪其无征，后数日驿至，果地震陇西，于是皆服其妙。自此以后，乃令史官记地动所从方起。

时政事渐损，权移于下，衡因上疏陈事曰："伏惟陛下宣哲克明，继体承天，中遭倾覆，龙德泥蟠。今乘云高跻，磐桓天位，诚所谓将隆大位，必先倥偬之也。亲履艰难者知下情，备经险易者达物伪。故能一贯万机，靡所疑惑，百揆允当，庶绩咸熙。宜获福神祇，受誉黎庶。而阴阳未和，灾眚屡见，神明幽远，冥鉴在兹。福仁祸淫，景响而应，因德降休，乘失致咎，天道虽远，吉凶可见，近世郑、蔡、江、樊、周广、王圣，皆为效矣。故恭俭畏忌，必蒙祉祚，奢淫谄慢，鲜不夷戮，前事不忘，后事之师也。夫情胜其性，流遁忘反，岂唯不肖，中才皆然。苟非大贤，不能见得思义，故积恶成衅，罪不可解也。向使能瞻前顾后，援镜自戒，则何陷于凶患乎！贵宠之臣，众所属仰，其有愆尤，上下知之。襃美讥恶，有心皆同，故怨讟溢乎四海，神明降其祸辟也。顷年雨常不足，思求所失，则《洪范》所谓'僭恒阳若'者也。惧群臣奢侈，昏逾典式，自下逼上，用速咎征。又前年京师地震土裂，裂者威分，震者人扰也。君以静唱，臣以动和，威自上出，不趣于下，礼之政也。窃惧圣朝厌倦，制不专己，恩不忍割，与众共威。威不可分，德不可共。《洪范》曰：'臣有作威作福玉食，害于而家，凶于而国。'天鉴孔明，虽疏不失。灾异示人，前后数矣，而未见所革，以复往悔。自非圣人，不能无过。愿陛下思惟所以稽古率旧，勿令刑德八柄，不由天子。若恩从上下，事依礼制，礼制修则奢僭息，事合宜则无凶咎。然后神望允塞，灾消不至矣。"

初，光武善谶，及显宗、肃宗因祖述焉。自中兴之后，儒者争学图纬，兼复附以祅言。衡以图纬虚妄，非圣人之法，乃上疏曰："臣闻圣人明审律历以定吉凶，重之以卜筮，杂之以九宫，经天验道，本尽于此。或观星辰逆顺，寒燠所由，或察龟策之占，巫觋之言，其所因者，非一术也。立言于前，有征于后，故智者贵焉，谓之谶书。谶书始出，盖知之者寡。自汉取秦，用兵力战，功成业遂，可谓大事，当此之时，莫或称谶。若夏侯胜、眭孟之徒，以道术立名，其所述著，无谶一言。刘向父子领校秘书，阅定九流，亦无谶录。成、哀之后，乃始闻之。《尚书》尧使鲧理洪水，九载绩用不成，鲧乃殛死，禹乃嗣兴。而《春秋谶》云'共工理水'。凡谶皆云黄帝伐蚩尤，而《诗谶》独以为'蚩尤败，然后尧受命'。《春秋元命包》中有公输班与墨翟，事见战国，非春秋时也。又言'别有益州'。益州之置，在于汉世。其名三辅诸陵，世数可知。至于图中讫于成帝。一卷之书，互异数事，圣人之言，势无若是，殆必虚伪之徒，以要世取资。往者侍中贾逵摘谶互异三十余事，诸言谶者皆不能说。至于王莽篡位，汉世大祸，八十篇何为不戒？则知图谶成于哀平之际也。且《河洛》、《六艺》，篇录已定，后人皮傅，无所容纂。永元中，清河宋景遂以历纪推言水灾，而伪称洞视玉版。或者至于弃家业，入山林。后皆无效，而复采前世成事，以为证验。至于永建复统，则不能知。此皆欺世罔俗，以昧势位，情伪较然，莫之纠禁。且律历、卦候、九宫、风角，数有征效，世莫肯学，而竞称不占之书。譬犹画工，恶图犬马而好作鬼魅，诚以实事难形，而虚伪不穷也。宜收藏图谶，一禁绝之，则朱紫无所眩，典籍无瑕玷矣。"后迁侍中，帝引在帷幄，讽议左右。尝问衡天下所疾恶者。宦官惧其毁己，皆共目之，衡乃诡对而出。阉竖恐终为其患，遂共谗之。衡常思图身之事，以为吉凶倚伏，幽微难明，乃作《思玄赋》，以宣寄情志。其辞曰：

仰先哲之玄训兮，虽弥高其弗违。匪仁里其焉宅兮，匪义迹其焉追？潜服膺以永靓兮，绵日月而不衰。伊中情之信修兮，慕古人之贞节。竦余身而顺止兮，遵绳墨而不跌。志团团以应悬兮，诚心固其如结。旌性行以制佩兮，佩夜光与琼枝。缀幽兰之秋华兮，又缀之以江蓠。美襞积以酷裂兮，允尘邈而难亏。既姱丽而鲜双兮，非是时之攸珍。奋余荣而莫见兮，播余香而莫闻。幽独守此仄陋兮，敢怠皇而舍勤。幸二八之遐虞兮，喜傅说之生殷；尚前良之遗风兮，恫后辰而无及。何孤行之茕茕兮，孑不群而介立？感鸾鹥之特栖兮，悲淑人之稀合。

彼无合其何伤兮，患众伪之冒真。旦获讟于群弟兮，启《金縢》而乃信。览烝民之多僻兮，畏立辟以危身。曾烦毒以迷或兮，羌孰可与言己？私湛忧而深怀兮，思缤纷而不理。愿竭力以守义兮，虽贫穷而不改。执雕虎而试象兮，阽焦原而跟止。庶斯奉以周旋兮，要既死而后已。俗迁渝而事化兮，泯规矩之圜方。珍萧艾于重笥兮，谓蕙芷之不香。斥西施而弗御兮，羁要袅以服箱。行陂僻而获志兮，循法度而离殃。惟天地之无穷兮,何遭遇之无常!不抑操而苟容兮,譬临河而无航。欲巧笑以干媚兮,非余心之所尝。袭温恭之馥衣兮,披礼义之绣裳。辨贞亮以为蓥兮,杂技艺以为珩。昭彩藻与雕琢兮,璜声远而弥长。淹栖迟以恣欲兮,耀灵忽其西藏。恃己知而华予兮,鶗鴂鸣而不芳。冀一年之三秀兮,遒自露之为霜。时謷謷而代序兮,畴可与乎比伉?咨妒媢之难并兮,想依韩以流亡,恐渐冉而无成兮,留则蔽而不章。心犹与而狐疑兮,即岐阯而摅情。文君为我端蓍兮,利飞遁以保名。历众山以周流兮,翼迅风以扬声。二女感于崧岳兮,或冰折而不营。天盖高而为泽兮,谁云路之不平!勖自强而不息兮,蹈玉阶之峣峥。惧筮氏之长短兮,钻东龟以观祯。遇九皋之介鸟兮,怨素意之不逞。游尘外而瞥天兮,据冥翳而哀鸣。雕鹗竞于贪婪兮,我修絜以益荣。予有故于玄鸟兮,归母氏而后宁。

占既吉而无悔兮,筒元辰而俶装。旦余沐于清原兮,晞余发于朝阳。漱飞泉之沥液兮,咀石菌之流英。翾鸟举而鱼跃兮,将往走乎八荒。过少皞之穷野兮,问三丘乎句芒。何道真之淳粹兮,去秽累而票轻。登蓬莱而容与兮,鳌虽抃而不倾。留瀛洲而采芝兮,聊且以乎长生。凭归云而遐逝兮,夕余宿乎扶桑。噏青岑之玉醴兮,餐沆瀣以为粮。发昔梦于木禾兮,谷昆仑之高冈。朝吾行于旸谷兮,从伯禹于稽山。集群神之执玉兮,疾防风之食言。

指长沙以邪径兮,存重华乎南邻。哀二妃之未从兮,翩偾处彼湘滨。流目覸夫衡阿兮,睹有黎之圮坟。痛火正之无怀兮,托山陂以孤魂。愁蔚蔚以慕远兮,越卬州而愉敖。跻日中于昆吾兮,憩炎天之所陶。扬芒燥而绛天兮,水泫沄而涌涛。温风翕其增热兮,怒郁邑其难聊。顿羁旅而无友兮,余安能乎留兹?

顾金天而叹息兮,吾欲往乎西嬉。前祝融使举麾兮,缅朱鸟以承旗。躔建木于广都兮,拓若华而踌躇。超轩辕于西海兮,跨氏之龙鱼。闻此国之千岁兮,曾焉足以娱余?

思九土之殊风兮,从蓐收而遂徂。欸神化而蝉蜕兮,朋精粹而为徒。暾白门而东驰兮,云台行乎中野。乱弱水之潺湲兮,逗华阴之滞渚。号冯夷俾清津兮,棹龙舟以济予。会帝轩之未归兮,怅相伴而延伫。呬河林之蓁蓁兮,伟《关雎》之戒女。黄灵詹而访命兮,摎天道其焉如。曰近信而远疑兮,六籍阙而不书。神逑昧其难覆兮,畴克谟而从诸。牛哀病而成虎兮,虽逢昆其必噬。鳖令殪而尸亡兮,取蜀禅而引世。死生错而不齐兮,虽司命其不昕。窦号行于代路兮,后膺祚而繁庑。王肆侈于汉庭兮,卒衔恤而绝绪。尉尨眉而郎潜兮,逮三叶而遭武。董弱冠而司衮兮,设王隧

而弗处。夫吉凶之相仍兮,恒反侧而靡所。穆负天以悦牛兮,竖乱叔而幽主。文断祛而忌伯兮,阉谒贼而宁后。通人暗于好恶兮,岂爱惑之能剖?赢擿谶而戒胡兮,备诸外而发内。或夤贿而违车兮,孕行产而为对。慎灶显于言天兮,占水火而妄诈。梁叟患夫黎丘兮,丁厥子而事刃。亲所睇而弗识兮,矧幽冥之可信。毋绵挛以涬己兮,思百忧以自疚。彼天监之孔明兮,用棐忱而佑仁。汤蠲体以祷祈兮,蒙庞褫以拯人。景三虑以营国兮,荧惑次于它辰。魏颗亮以从理兮,鬼亢回以敝秦。咎繇迈而种德兮,德树茂乎英、六。桑末寄夫根生兮,卉既雕而已毓。有无言而不仇兮,又何往而不复?盍远迹以飞声兮,孰谓时之可蓄?

仰矫首以遥望兮,魂僒惘而无畴。偭区中之隘陋兮,将北度而宣游。行积冰之磑磑兮,清泉沍而不流。寒风凄而永至兮,拂穹岫之骚骚。玄武缩于壳中兮,螣蛇蜿而自纠。鱼矜鳞而并凌兮,鸟登木而失条。坐太阴之屏室兮,慨含欷而增愁。怨高阳之相寓兮,曲颛顼之宅幽。庸织络于四裔兮,斯与彼其何瘳?望寒门之绝垠兮,纵余缭乎不周。迅飙潚其腾我兮,骛翩飘而不禁。趋鴒嘲之洞穴兮,标通渊之磝碟。经重阴乎寂寞兮,愍坟羊之潜深。追慌忽于地底兮,轶无形而上浮。出右密之暗野兮,不识蹊之所由。速烛龙令执炬兮,过钟山而中休。瞰瑶溪之赤岸兮,吊祖江之见刘。聘王母于银台兮,羞玉芝以疗饥。戴胜慭其既欢兮,又诮余之行迟。载太华之玉女兮,召洛浦之宓妃。咸姣丽以蛊媚兮,增嫮眼而蛾眉。舒妙婧之纤腰兮,扬杂错之桂徽。离朱唇而微笑兮,颜的砾以遗光。献环琨与琚缡兮,申厥好以玄黄。虽色艳而赂美兮,志浩荡而不嘉。双材悲于不纳兮,并咏诗而清歌。歌曰:天地烟煴,百卉含花。鸣鹤交颈,雎鸠相和。处子怀春,精魂回移。如何淑明,忘我实多。

将答赋而不暇兮,爰整驾而亟行。瞻昆仑之巍巍兮,临紫河之洋洋。伏灵龟以负坻兮,亘螭龙之飞梁。登阆风之曾城兮,构不死而为床。屑瑶蕊以为糇兮,斛白水以为浆。抨巫咸以占梦兮,乃贞吉之元符。滋令德于正中兮,含嘉禾以为敷。既垂颖而顾本兮,尔要思乎故居。安和静而随时兮,姑纯懿之所庐。

戒庶寮以夙会兮,佥恭职而并迓。丰隆轷其震霆兮,列缺晔其照夜。云师蘌以交集兮,冻雨沛其洒涂。轪雕舆而树葩兮,扰应龙以服辂。百神森其备从兮,屯骑罗而星布。振余袂而就车兮,修剑揭以低昂。冠罞罞其映盖兮,佩綝纚以辉煌。仆夫俨其正策兮,八乘摅而超骧。氛旄溶以天旋兮,霓旌飘而飞扬。抚轪辑而还睨兮,心灼药其如汤。羡上都之赫戏兮,何迷故而不忘?左青雕以捷芝兮,右素威以司钲。前长离

使拂羽兮,委水衡乎玄冥。属箕伯以函风兮,澂浣溰而为清。曳云旗之离离兮,鸣玉鸾之譻譻。涉清霄而升遐兮,浮蔑蒙以上征。纷翼翼以徐戾兮,焱回回其扬灵。叫帝阍使辟扉兮,觌天皇于琼宫。聆广乐之九奏兮,展泄泄以肜肜。考理乱于律钧兮,意建始而思终。惟盘逸之无斁兮,惧乐往而哀来。素抚弦而余音兮,大容吟曰念哉。既防溢而静志兮,迨我暇以翱翔。出紫宫之肃肃兮,集太微之阆阆。命王良掌策驷兮,逾高阁之锵锵。建罔车之幕幕兮,猎青林之芒芒。弯威弧之拨剌兮,射嶓冢之封狼。观壁垒于北落兮,伐河鼓之磅硠。乘天潢之泛泛兮,浮云汉之汤汤。倚招摇、摄提以低回剹流兮,察二纪、五纬之绸缪遹皇。偃蹇夭矫娬以连卷兮,杂沓丛悴颯以方骧。钺汨飂戾沛以罔象,烂漫丽靡藐以迭逿。凌惊雷之砝礚兮,弄狂电之淫裔。逾厐沶于宕冥兮,贯倒景而高厉。廓荡荡其无涯兮,乃今穷乎天外。

据开阳而颓盼兮,临旧乡之暗蔼。悲离居之劳心兮,情悁悁而思归。魂眷眷而屡顾兮,马倚辀而俳回。虽遨游以媮乐兮,岂愁慕之可怀。出阊阖兮降天涂,乘飙忽兮驰虚无。云霏霏兮绕余轮,风眇眇兮震余旟。缤联翩兮纷暗暖,倏眩眩兮反常闾。收畴昔之逸豫兮,卷淫放之遐心。修初服之娑娑兮,长余珮之参参。文章焕以粲烂兮,美纷纭以从风。御《六艺》之珍驾兮,游道德之平林。结典籍而为罟兮,欧儒、墨而为禽。玩阴阳之变化兮,咏《雅》、《颂》之徽音。嘉曾氏之《归耕》兮,慕历陵之钦崟。共凤昔而不贰兮,固终始之所服也。夕惕若厉以省愆兮,惧余身之未敕也。苟中情之端直兮,莫吾知而不恶。墨无为以凝志兮,与仁义乎消摇。不出户而知天下兮,何必历远以劬劳?

系曰:天长地久岁不留,俟河之清祗怀忧。愿得远度以自娱,上下无常穷六区。超逾腾跃绝世俗,飘摇神举逞所欲。天不可阶仙夫希,柏舟悄悄吝不飞。松、乔高跱孰能离,结精远游使心携。回志揭来从玄谋,获我所求夫何思!

永和初,出为河间相。时国王骄奢,不遵典宪;又多豪右,共为不轨。衡下车,治威严,整法度,阴知奸党名姓,一时收禽,上下肃然,称为政理。视事三年,上书乞骸骨,征拜尚书。年六十二,永和四年卒。著《周官训诂》,崔瑗以为不能有异于诸儒也。又欲继孔子《易》,说《彖》、《象》残缺者,竟不能就。所著诗、赋、铭、七言、《灵宪》、《应间》、《七辩》、《巡诰》、《悬图》凡三十二篇。

永初中,谒者仆射刘珍、校书郎刘䯄骏等著作东观,撰集《汉记》,因定汉家礼仪,上言请衡参论其事,会并卒,而衡常叹之,欲终成之。及为侍中,上疏请得专事东观,收捡遗文,毕力补缀。又条上司马迁、班固所叙与典籍不合

者十余事。又以为王莽本传但应载篡事而已,至于编年月,纪灾祥,宜为元后本纪。又更始居位,人无异望,光武初为其将,然后即真,宜以更始之号建于光武之初。书数上,竟不听。及后之著述,多不详典,时人追恨之。

论曰:崔瑗之称平子曰"数术穷天地,制作侔造化"。斯致可得而言欤!推其围范两仪,天地无所蕴其灵;运情机物,有生不能参其智。故知思引渊微,人之上术。记曰:"德成而上,艺成而下。"量斯思也,岂夫艺而已哉?何德之损乎!

赞曰:三才理通,人灵多蔽。近推形算,远抽深滞。不有玄虑,孰能昭晰?

卷九十上　　马融列传第五十上

马融传

马融字季长,扶风茂陵人也,将作大匠严之子。为人美辞貌,有俊才。初,京兆挚恂以儒术教授,隐于南山,不应征聘,名重关西,融从其游学,博通经籍。恂奇融才,以女妻之。

永初二年,大将军邓骘闻融名,召为舍人,非其好也,遂不应命,客于凉州武都、汉阳界中。会羌虏飙起,边方扰乱,米谷踊贵,自关以西,道殣相望。融既饥困,乃悔而叹息,谓其友人曰:"古人有言:'左手据天下之图,右手刎其喉,愚夫不为。'所以然者,生贵于天下也。今以曲俗咫尺之羞,灭无赀之躯,殆非老庄所谓也。"故往应骘召。

四年,拜为校书郎中,诣东观典校秘书。是时邓太后临朝,骘兄弟辅政。而俗儒世士,以为文德可兴,武功宜废,遂寝搜狩之礼,息战陈之法,故猾贼从横,乘此无备。融乃感激,以为文武之道,圣贤不坠,五才之用,无或可废,元初二年,上《广成颂》以讽谏。其辞曰:

臣闻孔子曰:"奢则不逊,俭则固。"奢俭之中,以礼为界。是以《蟋蟀》、《山枢》之人,并刺国君,讽以太康驰驱之节。夫乐而不荒,忧而不困,先王所以平和府藏,颐养精神,致之无疆。故夏击鸣球,载于《虞谟》;吉日车攻,序于《周诗》。圣主贤君,以增盛美,岂徒诲奢淫而已哉!伏见元年已来,遭值厄运,陛下戒惧灾异,躬自菲薄,荒弃禁苑,废弛乐悬,勤忧潜思,十有余年,以过礼数。重以皇太后体唐尧亲九族笃睦之德,陛下履有虞烝烝之孝,外舍诸家,每有忧疾,圣恩普劳,遣使交错,稀有旷绝。时时宁息,又无以自娱

乐,殆非所以逢迎太和,神助万福也。臣愚以为虽尚颇有蝗虫,今年五月以来,雨露时澍,祥应将至。方涉冬节,农事间隙,宜幸广成,览原隰,观宿麦,劝收藏,因讲武校猎,使寮庶百姓,复睹羽旄之美,闻钟鼓之音,欢嬉喜乐,鼓舞疆畔,以迎和气,招致休庆。小臣蝼蚁,不胜区区。职在书籍,谨依旧文,重述搜狩之义,作颂一篇,并封上。浅陋鄙薄,不足观省。

臣闻昔命师于鞬橐,偃伯于灵台,或人嘉而称焉。彼固未识夫雷霆之为天常,金革之作昏明也。自黄炎之前,传道罔记;三五以来,越可略闻。且区区之郑郊,犹廓七十里之囿,盛春秋之苗。《诗》咏圃草,乐奏《驺虞》。是以大汉之初基,宅兹天邑,总风雨之会,交阴阳之和。揆厥灵囿,营于南郊。徒观其垌场区宇,恢胎旷荡,蔲夐勿罔,寥豁郁泱,骋望千里,天与地莽。于是周陇环涘,右挈三涂,左概嵩岳,面据衡阴,箕背王屋,浸以波、溠,贲以荣、洛。金山、石林,殷起乎其中,峨峨硙硙,锵锵嶉嶉,隆穹槃回,崛峗错崔。神泉侧出,丹水涅池,怪石浮磬,耀焜于其陂。其土毛则搉牧荐草,芳茹甘荼,茈萁、芸藋,昌本、深蒱,芝蒱、菫、蒩,蘘荷、芋渠,桂荏、凫葵,格、韭、菹、芋。其植物则玄林包竹,藩陵蔽京,珍林嘉树,建木丛生,椿、梧、栝、柏、柜、柳、枫、杨,丰彤对蔚,查领棷爽。禽习春风,含津吐荣,铺于布濩,嗺嵔蘴荧,恶可殚形。

至于阳月,阴慝害作,百草毕落,林衡戒田,焚莱柞木。然后举天网,顿八纮,擎敛九薮之动物,缳橐四野之飞征。鸠之乎兹囿之中,山敦云移,群鸣胶胶,鄙骇噪谨,子野听耸,离朱目眩,隶首策乱,陈子筹昏。于时营围恢廓,充斥川谷,罦罝罗羉,弥纶阬泽,皋牢陵山。校队案部,前后有屯,甲乙相伍,戊己为坚。

乘舆乃以吉月之阳朔,登于疏镂之金路,六骐骥之玄龙,建雄虹之旌夏,揭鸣鸢之脩橦。曳长庚之飞髾,载日月之太常。栖招摇与玄弋,注枉矢于天狼。羽毛纷其影斿,扬金斝而扡玉瓌。屯田车于平原,播同徒于高冈,旃麾摻其如林,错五色以摛光。清氛埃,埽野场,誓六师,搜俊良。司徒勒卒,司马平行,车攻马同,教达戒通。伐咎鼓,撞华钟,猎徒纵,赴榛丛。徽婳霍奕,别骛分奔,骚扰聿皇,往来交轶,纷纷回回,南北东西。风行云转,匈磕隐訇,黄尘勃渤,暗若雾昏。日月为之笼光,列宿为之翳昧,儇佼课才,劲勇程气。狗马角逐,鹰鹯竞鸷,骁骑旁佐,轻车横厉,相与陆梁,聿皇于中原。绢猲獢,铗特肩,腔完豝,扚介鲜,散毛族,梏羽群。然后飞䝙电激,流矢雨坠,各指所质,不期俱殪,窜伏扔轮,发作梧輡。殳殳狂击,头陷颅碎,兽不得猱,禽不得瞥。或夷由未殊,颠狈顿踬,蠕蠕蠉蠉,充衢塞隧,葩华菷布,不可胜计。

若夫鸷兽毅虫,倨牙黔口,大匈哨后,缊巡欧纡,负隅依阻,莫敢婴御。乃使郑叔、晋妇之徒,瞵孤刲刺,裸裎袒裼。冒榛柘,搓棘枳,穷浚谷,底幽嶰,暴斥虎,搏狂兕,狱猰熊,拉封豨。或轻诊越悍,度疏嵝领,犯历嵩岔,陵乔松,履脩楠,踔幽枝,抄标端,尾苍虺,猗玄猨,木产尽,寓属单。罕冈合部,罾弋同曲,类行并驱,星布丽属,曹伍相保,各有分局,燔营飞流,纤罗络缦,游姓群惊,晨兔辈作,翠然云起,曶尔霆落。

尔乃窥观高蹈,改乘回辕,溯恢方,抚冯夷,策句芒,超荒忽,出重阳,厉云汉,横天潢。导鬼区,径神场,诏灵保,召方相,驱厉疫,走蜮祥。捎罔两,拂游光,枷天狗,缧坟羊。然后缓节舒容,裴回安步,降集波篽,川衡泽虞,矢鱼陈罟。兹飞、宿沙、田开、古蛊,羿终葵,扬关斧,刊重冰,拨蛰户,测潜鳞,躅介旅。逆猎湍濑,渌薄汾桡,沦灭潭渊,左挈夔龙,右提蛟鼍,春献王鲔,夏荐鳖鼍。于是流览遍照,殚变极态,上下究竟,山谷萧条,原野嵺愀,上无飞鸟,下无走兽,虞人植旌,猎者效具,车弊田罢,旋入禁囿。栖迟乎昭明之观,休息乎高光之树,以临乎宏池。镇以瑶台,纯以金堤,树以蒲柳,被以绿莎,旷溔沉潾,错紾槃委,天地虹洞,固无端涯,大明生东,月朔西陂。乃命壶涿,驱水蛊,逐罔蜽,灭短狐,簎鲸,鲵。然后方馀皇,连觥舟,张云帆,施蚬帱,靡飂风,陵迅流,发櫂歌,纵水讴,淫鱼出,菁蔡浮,湘灵下,汉女游。水禽鸿鹄,鸳鸯、鸥、鹥、鸧鸹、鸿、鹜、鹭、雁、鹕鹕,乃安斯寝,戢翩其涯。鲂、鲔、鳢、鳊、鳠、鲤、鲶、鲨,乐我纯德,腾踊相随,虽灵沼之白鸟,孟津之跃鱼,方斯蔑矣。然犹咏歌于伶箫,载陈于方策,岂不哀哉!

于是宗庙既享,庖厨既充,车徒既简,器械既攻。然后摆牲班禽,淤赐犒功,群师叠伍,伯校千重,山罍常满,房俎无空。酒正案队,膳夫巡行,清醪车凑,燔炙骑将,鼓骇举爵,钟鸣既觞。若乃《阳阿》衰斐之晋制,阐蛙华羽之南音,所以洞荡匈臆,发明耳目,疏越蕴慉,骇恫底伏,徨徨铃铃,奏于农郊大路之衢,与百姓乐之。是以明德曜乎中夏,威灵畅乎四荒,东邻浮巨海而入享,西旅越葱领而来王,南徼因九译而致贡,朔狄属象胥而来同。盖安不忘危,治不忘乱,道在乎兹,斯固帝王之所以曜神武而折遐冲者也。

方今大汉收功于道德之林,致获于仁义之渊,忽搜狩之礼,阙棐虞之佃。暗昧不睹日月之光,聋昏不闻雷霆之震,于今十二年,为日久矣。亦方将刊禁台之秘藏,发天府之官常,由质要之故业,率典刑之旧章。采清原,嘉岐阳,登俊杰,命贤良,举淹滞,拔幽荒。察淫佟之华誉,顾介特之实功,聘畎亩之群雅,宗重渊之潜龙。乃储精山薮,历思河泽,目瞩鼎俎,耳听钟簴,营传说于胥靡,求伊尹于庖厨,索胶鬲于鱼盐,听宁戚于大车。俾之昌言而宏议,轶越三家,驰骋五帝,悉览休祥,总括群瑞,遂栖凤皇于高梧,宿麒麟于西园,纳僬侥之珍羽,受王母之白环。永逍遥乎宇内,与二仪乎无疆,贰造化于后土,参神施于昊乾,超特达而无俦,焕巍巍而无原。丰千亿之子孙,历万载而永延。礼乐既阕,北辕反旆,至自新城,背伊阙,反洛京。

颂奏,忤邓氏,滞于东观,十年不得调。因兄子丧自劾归。太后闻之怒,谓融羞薄诏除,欲仕州郡,遂令禁锢之。太后崩,安帝亲政,召还郎署,复在讲部。出为河间王厩长史。时车驾东巡岱宗,融上《东巡颂》,帝奇其文,召拜郎中。及北乡侯即位,融移病去,为郡功曹。

阳嘉二年,诏举敦朴,城门校尉岑起举融,征诣公车,对策,拜议郎。大将军梁商表为从事中郎,转武都太守。时西羌反叛,征西将军马贤与护羌校尉胡畴征之,而稽久不进。融知其将败,上疏乞自效,曰:"今杂种诸羌转相钞盗,宜及其未并,亟遣深入,破其党众,而马贤等处处留滞。羌胡百里望尘,千里听声,今逃匿溃回,漏出其后,则必侵寇三辅,为民大害。臣愿请关所不可用关东兵五千,裁假部队之号,尽力率厉,埋根行首,以先吏士,三旬之中,必克破之。臣少习学艺,不更武职,猥陈此言,必受诬罔之辜。昔毛遂厮养,为众所贱,终以一言,克定从要。臣惧贤等专守一城,言攻于西而羌出于东,且其将士必有高克溃叛之变。"朝廷不能用。又陈:"星孛参、毕,参西方之宿,毕为边兵,至于分野,并州是也。西戎北狄,殆将起乎!宜备二方。"寻而陇西羌反,乌桓寇上郡,皆卒如融言。三迁,桓帝时为南郡太守。先是融有事忤大将军梁冀旨,冀讽有司奏融在郡贪浊,免官,髡徙朔方。自刺不殊,得赦还,复拜议郎,重在东观著述,以病去官。融才高博洽,为世通儒,教养诸生,常有千数。涿郡卢植,北海郑玄,皆其徒也。善鼓琴,好吹笛,达生任性,不拘儒者之节。居宇器服,多存侈饰。常坐高堂,施绛纱帐,前授生徒,后列女乐,弟子以次相传,鲜有入其室者。尝欲训《左氏春秋》,及见贾逵、郑众注,乃曰:"贾君精而不博,郑君博而不精。既精既博,吾何加焉!"但著《三传异同说》。注《孝经》、《论语》、《诗》、《易》、《三礼》、《尚书》、《列女传》、《老子》、《淮南子》、《离骚》,所著赋、颂、碑、诔、书、记、表、奏、七言、琴歌、对策、遗令,凡二十一篇。

初,融憝于邓氏,不敢复违忤势家,遂为梁冀草奏李固,又作大将军《西第颂》,以此颇为正直所羞。年八十八,延熹九年卒于家。遗令薄葬。族孙日磾,献帝时位至太傅。

论曰:马融辞命邓氏,逡巡陇汉之间,将有意于居贞乎?既而羞曲士之节,惜不赀之躯,终以奢乐恣性,党附成讥,固知识能匡欲者鲜矣。夫事苦,则矜全之情薄;生厚,故安存之虑深。登高不惧者,胥靡之人也;坐不垂堂者,千金之子也。原其大略,归于所安而已矣。物我异观,亦更相笑也。

卷九十下　蔡邕列传第五十下

蔡邕传

蔡邕字伯喈,陈留圉人也。六世祖勋,好黄老,平帝时为郿令。王莽初,授以厌戎连率。勋对印绶仰天叹曰:"吾策名汉室,死归其正。昔曾子不受季孙之赐,况可事二姓哉?"遂携将家属,逃入深山,与鲍宣、卓茂等同不仕新室。父棱,亦有清白行,谥曰贞定公。邕性笃孝,母常滞病三年,邕自非寒暑节变,未尝解襟带,不寝寐者七旬。母卒,庐于冢侧,动静以礼。有菟驯扰其室傍,又木生连理,远近奇之,多往观焉。与叔父从弟同居,三世不分财,乡党高其义。少博学,师事太傅胡广。好辞章、数术、天文,妙操音律。桓帝时,中常侍徐璜、左悺等五侯擅恣,闻邕善鼓琴,遂白天子,敕陈留太守督促发遣。邕不得已,行到偃师,称疾而归。闲居玩古,不交当世。感东方朔《客难》及扬雄、班固、崔骃之徒设疑以自通,乃斟酌群言,韪其是而矫其非,作《释诲》以戒厉云尔。

有务世公子诲于华颠胡老曰:"盖闻圣人之大宝曰位,故以仁守位,以财聚人。然则有位斯贵,有财斯富,行义达道,士之司也。故伊挚有负鼎之衒,仲尼设执鞭之言,宁子有清商之歌,百里有豢牛之事。夫如是,则圣哲之通趣,古人之明志也。夫子生清穆之世,禀醇和之灵,覃思典籍,韫椟《六经》,安贫乐贱,与世无营,沈精重渊,抗志高冥,包括无外,综析无形,其已久矣。曾不能拔萃出群,扬芳飞文,登天庭,序彝伦,埽六合之秽慝,清宇宙之埃尘,连光芒于白日,属炎气于景云。时逝岁暮,默而无闻。小子惑焉,是以有云。方今圣上宽明,辅弼贤知,崇英逸伟,不坠于地,德弘者建宰相而裂土,才羡者荷荣禄而蒙赐。盍亦回涂要至,俯仰取容,辑当世之利,定不拔之功,荣家宗于此时,遗不灭之令踪?夫独未之思邪,何为守彼而不通此?"

胡老傲然而笑曰:"若公子,所谓睹暧昧之利,而忘昭晢之害;必欲成之功,而忽蹉跌之败者已。"公子谡尔敛袂而兴曰:"胡为其然也?"胡老曰:"居,吾将释汝。昔自太极,君臣始基,有羲皇之洪宁,唐虞之至时。三代之隆,亦有缉熙,五伯扶微,勤而抚之。于斯已降,天网纵,人纮弛,王涂坏,太极陁,君臣土崩,上下瓦解。于是智者骋诈,辩者驰说,武夫奋略,战士讲锐。电骇风驰,雾散云披,变诈乖诡,以合时宜。或画一策而绾万金,或谈崇朝而锡瑞珪。连衡者六印磊落,合从者骈组流离。隆贵翕习,积富无崖,据巧蹈机,以忘其危。夫华离蒂而萎,条去干而枯,女冶容而淫,士背道而辜。人毁其满,神疾其邪,利端始萌,害渐亦牙。速速方毂,夭夭是加,欲丰其屋,乃蔀其家。是故天地否闭,圣哲潜形,石门守晨,沮、溺耦耕,颜歇抱璞,蘧瑗保生,齐人归乐,孔子斯征,雍渠骖乘,逝而遗轻。夫岂傲主而背国乎?道不可以倾也。

"且我闻之,日南至则黄钟应,融风动而鱼上冰,蕤宾统则微阴萌,兼葭苍而白露凝。寒暑相推,阴阳代兴,运极则化,理乱相承。今大汉绍陶唐之洪烈,荡四海之残灾,隆隐天之高,拆绲地之基。皇道惟融,帝猷显丕,汦汦庶类,含甘吮滋。检六合之群品,济之乎雍熙,群僚恭己于职司,圣主垂拱乎两楹。君臣穆穆,守之以平,济济多士,端委缙綎,鸿渐盈阶,振鹭充庭。譬犹钟山之玉,泗滨之石,累珪璧不为之盈,采浮磬不为之索。曩者,洪源辟而四陕集,武功定而干戈戢,猃狁攘而吉甫宴,城濮捷而晋凯入。故当其有事也,则蓑笠并载,擐甲扬锋,不给于务;当其无事也,则舒绅缓佩,鸣玉以步,绰有馀裕。

"夫世臣、门子,鬠御之族,天隆其祜,主丰其禄。抱膺从容,爵位自从,摄须理髯,馀官委贵。其取进也,顺倾转圆,不足以喻其便;逡巡放嫌,不足以况其易。夫夫有逸群之才,人人有优赡之智,童子不问疑于老成,瞳蒙不稽谋于先生。心恬澹于守高,意无为于持盈。粲乎煌煌,莫非华荣。明哲泊焉,不失所宁。狂淫振荡,乃乱其情。贪夫殉财,夸者死权。瞻仰此事,体躁心烦,暗谦盈之效,迷损益之数。骋骛骊于修路,慕骐骥而增驱,卑俯乎外戚之门,乞助乎近贵之誉。荣意未副,从而颠踬,下获熏胥之辜,高受灭家之诛。前车已覆,袭轨而驾,曾不鉴祸,以知畏惧。予惟悼哉,害其若是!天高地厚,局而蹐之。怨岂在明,患生不思。战战兢兢,必慎厥尤。

"且用之则行,圣训也;舍之则藏,至顺也。夫九河盈溢,非一块所防;带甲百万,非一勇所抗。今子责匹夫以清宇宙,庸可以水旱而累尧、汤乎?惧烟炎之毁燧,何光芒之敢扬哉!且夫地将震而枢星直,井无景则日阴食,元首宽则望舒朓,侯王肃则月侧匿。是以君子推微达著,寻端见绪,履霜知冰,践露知暑。时行则行,时止则止,消息盈冲,取诸天纪。利用遭泰,

可与处否,乐天知命,持神任己。群车方奔乎险路,安能与之齐轨?思危难而自豫,故在贱而不耻。方将骋驰乎典籍之崇涂,休息乎仁义之渊薮,榠旋乎周、孔之庭宇,揖儒、墨而与为友。舒之足以光四表,收之则莫能知其所有。若乃丁千载之运,应神灵之符,闾阎阖,乘天衢,拥华盖而奉皇枢,纳玄策于圣德,宣太平于中区。计合谋从,己之图也;勋绩不立,予之辜也。龟凤山翳,雾露不除,踊跃草莱,祇见其愚。不我知者,将谓之迂。修业思真,弃此焉如?静以俟命,不致不渝。'百岁之后,归乎其居。'幸其获称,天所诱也。罕漫而已,非已咎也。昔伯翳综声于鸟语,葛卢辩音于鸣牛,董父受氏于豢龙,奚仲供德于衡辀,倕氏兴政于巧工,造父登御于骅骝,非子享土于善圉,狼瞫取右于禽囚,弓父毕精于筋角,佽非明勇于赴流,寿王创基于格五,东方要幸于谈优,上官效力于执盖,弘羊据相于运筹,仆不能参迹于若人,故抱璞而优游。"

于是公子仰首降阶,忸怩而避。胡老乃扬衡含笑,援琴而歌。歌曰:"练余心兮浸太清,涤秽浊兮存正灵。和液畅兮神气宁,情志泊兮心亭亭,嗜欲息兮无由生。踔宇宙而遗俗兮,眇翩翩而独征。"

建宁三年,辟司徒桥玄府,玄甚敬待之。出补河平长。召拜郎中,校书东观。迁议郎。邕以经籍去圣久远,文字多谬,俗儒穿凿,疑误后学,熹平四年,乃与五官中郎将堂谿典、光禄大夫杨赐,谏议大夫马日磾、议郎张驯、韩说、太史令单飏等,奏求正定《六经》文字。灵帝许之,邕乃自书丹于碑,使工镌刻立于太学门外。于是后儒晚学,咸取正焉。及碑始立,其观视及摹写者,车乘日千馀两,填塞街陌。

初,朝议以州郡相党,人情比周,乃制婚姻之家及两州人士不得对相监临。至是复有三互法,禁忌转密,选用艰难。幽冀二州,久缺不补。邕上疏曰:"伏见幽、冀旧壤,铠马所出,比年兵饥,渐至空耗。今者百姓虚县,万里萧条,阙职经时,吏人延属,而三府选举,逾月不定。臣经怪其事,而论者云'避三互'。十一州有禁,当取二州而已。又二州之士,或复限以岁月,狐疑迟淹,以失事会。愚以为三互之禁,禁之薄者,今但申以威灵,明其宪令,在任之人岂不戒惧,而当坐设三互,自生留阂邪?昔韩安国起自徒中,朱买臣出于幽贱,并以才宜,还守本邦。又张敞亡命,擢授剧州。岂复顾循三互,继以末制乎?三公明知二州之要,所宜速定,当越禁取能,以救时敝;而不顾争臣之义,苟避轻微之科,选用稽滞,以失其人。臣愿陛下上则先帝,蠲除近禁,其诸州刺史器用可换者,无拘月三互,以差厥中。"书奏不省。

初,帝好学,自造《皇羲篇》五十章,因引诸生能为文

赋者。本颇以经学相招，后诸为尺牍及工书鸟篆者，皆加引召，遂至数十人。侍中祭酒乐松、贾护，多引无行趣势之徒，并待制鸿都门下，憙陈方俗间里小事，帝甚悦之，待以不次之位。又市贾小民，为宣陵孝子者，复数十人，悉除为郎中、太子舍人。时频有雷霆疾风，伤树拔木，地震、陨雹、蝗虫之害。又鲜卑犯境，役赋及民。六年七月，制书引咎，诰群臣各陈政要所当施行。邕上封事曰：

　　臣伏读圣旨，虽周成遇风，讯诸执事，宣王遭旱，密勿祗畏，无以或加。臣闻天降灾异，缘象而至。辟历数发，殆刑诛繁多之所生也。风者天之号令，所以教人也。夫昭事上帝，则自怀多福；宗庙致敬，则鬼神以著。国之大事，实先祀典，天子圣躬所当恭承。臣自在宰府，及备朱衣，迎气五郊，而车驾稀出，四时至敬，屡委有司，虽有解除，犹为疏废。故皇天不悦，显此诸异。《鸿范传》曰："政悖德隐，厥风发屋折木。"《坤》为地道，《易》称安贞。阴气愤盛，则当静反动，法为下叛。夫权不在上，则雹伤物；政有苛暴，则虎狼食人；贪利伤民，则蝗虫损稼。去六月二十八日，太白与月相迫，兵事恶之。鲜卑犯塞，所从来远，今之出师，未见其利。上违天文，下逆人事。诚当博览众议，从其安者。臣不胜愤满，谨条宜所施行七事表左：

　　一事：明堂月令，天子以四立及季夏之节，迎五帝于郊，所以导致神气，祈福丰年。清庙祭祀，追往孝敬，养老辟雍，示人礼化，皆帝之大业，祖宗所祗奉也。而有司数以蕃国疏丧，宫内产生，及吏卒小污，屡生忌故。窃见南郊斋戒，未尝有废，至于它祀，辄兴异议。岂南郊卑而它祀尊哉？孝元皇帝策书曰："礼之至敬，莫重于祭，所以竭心亲奉，以致肃祗者也。"又元和故事，复申先典。前后制书，推心恳悃。而近者以来，更任太史。忘礼敬之大，任禁忌之书，拘信小故，以亏大典。《礼》，妻妾产者，斋则不入侧室之门，无废祭之文也。所谓宫中有卒，三月不祭者，谓士庶人数堵之室，共处其中耳，岂谓皇居之旷，臣妾之众哉？自今斋制宜如故典，庶答风霆灾妖之异。

　　二事：臣闻国之将兴，至言数闻，内知己政，外见民情。是故先帝虽有圣明之姿，而犹广求得失。又因灾异，援引幽депь，重贤良、方正、敦朴、有道之选，危言极谏，不绝于朝。陛下自亲政以来，频年灾异，而未闻特举博选之旨。诚当思省述修旧事，使抱忠之臣展其狂直，以解《易传》"政悖德隐"之言。

　　三事：夫求贤之道，未必一涂，或以德显，或以言扬。顷者，立朝之士，曾不以忠信见赏，恒被谤讪之诛，遂使群下结口，莫图正辞。郎中张文，前独尽狂言，圣听纳受，以责三司。臣子旷然，众庶解悦。臣愚以为宜擢文右职，以劝忠謇，宣声海内，博开政路。

　　四事：夫司隶校尉、诸州刺史，所以督察奸枉，分别白黑者也。伏见幽州刺史杨憙、益州刺史庞芝、凉州刺史刘虔，各有奉公疾奸之心，憙等所纠，其效尤多。余皆枉桡，不能称职。或有抱罪怀瑕，与下同疾，纲网弛纵，莫相举察，公府台阁亦复默然。五年制书，议遣八使，又令三公谣言奏事。是时奉公者欣然得志，邪枉者忧悸失色。未详斯议，所因寝息。昔刘向奏曰："夫执狐疑之计者，开群枉之门；养不断之虑者，来谗邪之口。"今始闻善政，旋复变易，足令海内测度朝政。宜追定八使，纠举非法，更选忠清，平章赏罚。三公岁尽，差其殿最，使吏知奉公之福，营私之祸，则众灾之原庶可塞矣。

　　五事：臣闻古者取士，必使诸侯岁贡。孝武之世，郡举孝廉，又有贤良、文学之选。于是名臣辈出，文武并兴。汉之得人，数路而已。夫书画辞赋，才之小者，匡国理政，未有其能。陛下即位之初，先涉经术，听政余日，观省篇章，聊以游意，当代博弈，非以教化取士之本。而诸生竞利，作者鼎沸。其高者颇引经训风喻之言；下则连偶俗语，有类俳优；或窃成文，虚冒名氏。臣每受诏于盛化门，差次录第，其未及者，亦复随辈皆见拜擢。既加之恩，难复收改，但守奉禄，于义已弘，不可复使理人及仕州郡。昔孝宣会诸儒于石渠，章帝集学士于白虎，通经释义，其事优大，文武之道，所宜从之。若乃小能小善，虽有可观，孔子以为"致远则泥"，君子故当志其大者。

　　六事：墨绶长吏，职典理人，皆当以惠利为绩，日月为劳。褒责之科，所宜分明。而今在任无复能省，及其还者，多召拜议郎、郎中。若器用优美，不宜处之冗散。如有衅故，自当极其刑诛。岂有伏罪惧考，反求迁转，更相放效，臧否无章？先帝旧典，未尝有此。可皆断绝，以核真伪。

　　七事：伏见前一切以宣陵孝子为太子舍人。臣闻孝文皇帝制丧服三十六日，虽继体之君，父子至亲，公卿列臣，受恩之重，皆屈情从制，不敢逾越。今虚伪小人，本非骨肉，既无幸私之恩，又无禄仕之实，恻隐思慕，情何缘生？而群聚山陵，假名称孝，行不隐心，义无所依，至有奸轨之人，通容其中。桓思皇后祖载之时，东郡有盗人妻者亡在孝中，本县追捕，乃伏其辜。虚伪杂秽，难得胜言。又前至拜师，后辈被遗；或经年陵次，以暂归见漏；或以人自代，亦蒙宠荣。争讼怨恨，凶凶道路。太子官属，宜搜选令德，岂有但取丘墓凶丑之人？其为不祥，莫与大焉。宜遣归田里，以明诈伪。

书奏，帝乃亲迎气北郊，及行辟雍之礼。又诏宣陵孝子为舍人者，悉改为丞尉焉。光和元年，遂置鸿都门学，画孔子及七十二弟子像。其诸生皆敕州郡三公举用辟召,或出为刺史、太守,入为尚书、侍中,乃有封侯赐爵者,士君子皆耻与为列焉。

时妖异数见,人相惊扰。其年七月,诏召邕与光禄大夫杨赐、谏议大夫马日䃅、议郎张华、太史令单飏诣金商门,引入崇德殿,使中常侍曹节、王甫就问灾异及消改变故所宜施行。邕悉心以对,事在《五行》《天文志》。又特诏问曰:"比灾变互生,未知厥咎,朝廷焦心,载怀恐惧。每访群公卿士,庶闻忠言,而各存括囊,莫肯尽心。以邕经学深奥,故密特稽问,宜披露失得,指陈政要,勿有依违,自生疑讳。具对经术,以皁囊封上。"邕对曰:"臣伏惟陛下圣德允明,深悼灾咎,襃臣末学,特垂访及,非臣蝼蚁所能堪副。斯诚输写肝胆出命之秋,岂可以顾患避害,使陛下不闻至戒哉!臣伏思诸异,皆亡国之怪也。天于大汉,殷勤不已,故屡出妖变,以当谴责,欲令人君感悟,改危即安。今灾眚之发,不于它所,远则门垣,近在寺署,其为监戒,可谓至切。蜺堕鸡化,皆妇人干政之所致也。前者乳母赵娆,贵重天下,生则赀藏侔于天府,死则丘墓逾于园陵,两子受封,兄弟典郡;续以永乐门史霍玉,依阻城社,又为奸邪。今者道路纷纷,复云有程大人者,察其风声,将为国患。宜高为堤防,明设禁令,深惟赵、霍,以为至戒。今圣意勤勤,思明邪正。而闻太尉张颢,为玉所进;光禄勋伟璋,有名贪浊;又长水校尉赵玹、屯骑校尉盖升,并叨时幸,荣富优足。宜念小人在位之咎,退思引身避贤之福。伏见廷尉郭禧,纯厚老成;光禄大夫桥玄,聪达方直;故太尉刘宠,忠实守正。并宜为谋主,数见访问。夫宰相大臣,君之四体,委任责成,优劣已分,不宜听纳小吏,雕琢大臣也。又尚方工技之作,鸿都篇赋之文,可且消息,以示惟忧。《诗》云:'畏天之怒,不敢戏豫。'天戒诚不可戏也。宰府孝廉,士之高选。近者以辟召不慎,切责三公,而今并以小文超取选举,开请托之门,违明王之典,众心不厌,莫之敢言。臣愿陛下忍而绝之,思惟万机,以答天望。圣朝既自约厉,左右近臣亦宜从化。人自抑损,以塞咎戒,则天道亏满,鬼神福谦矣。臣以愚赣,感激忘身,敢触忌讳,手书具对。夫君臣不密,上有漏言之戒,下有失身之祸。愿寝臣表,无使尽忠之吏,受怨奸仇。"章奏,帝览而叹息,因起更衣,曹节于后窃视之,悉宣语左右,事遂漏露。其为邕所裁黜者,皆侧目思报。

初,邕与司徒刘郃素不相平,叔父卫尉质又与将作大匠阳球有隙。球即中常侍程璜女夫也,璜遂使人飞章言邕、质数以私事请托于郃,郃不听,邕含隐切,志欲相中。于是诏下尚书,召邕诘状。邕上书自陈曰:"臣被召,问以大鸿胪刘郃前为济阴太守,臣属吏张宛长休百日,郃为司隶,又托河内郡吏李奇为州书佐,及营护故河南尹羊陟、侍御史胡母班,郃不为用致怨之状。臣徵营怖悸,肝胆涂地,不知死命所在。窃自寻案,实属宛、奇,不及陟、班。凡休假小吏,非结恨之本。与陟姻家,岂敢申助私党?如臣父子欲相倾陷,当明言台阁,具陈恨状所缘。内无寸事,而谤书外发,宜以臣对与郃参验。臣得以学问特蒙襃异,执事秘馆,操管御前,姓名貌状,微简圣心。今年七月,召诣金商门,问以灾异,赍诏申旨,诱臣使言。臣实愚赣,唯识忠尽,出命忘躯,不顾后害,遂讥刺公卿,内及宠臣。实欲以上对圣问,救消灾异,规为陛下建康宁之计。陛下不念忠臣直言,宜加掩蔽,诽谤卒至,便用疑怪。尽心之吏,岂得容哉?诏书每下,百官各上封事,欲以改政思谴,除凶致吉,而言者不蒙延纳之福,旋被陷破之祸。今皆杜口结舌,以臣为戒,谁敢为陛下尽忠孝乎?臣季父质,连见拔擢,位在上列。臣被蒙恩渥,数见访逮。言事者因此欲陷臣父子,破臣门户,非复安纠奸伏,补益国家者也。臣年四十有六,孤特一身,得托名忠臣,死有余荣,恐陛下于此不复闻至言矣。臣之愚冗,职当咎患,但前者所对,质不及闻,而衰老白首,横见引逮,随臣摧没,并入阬埳,诚冤诚痛。臣一入牢狱,当为楚毒所迫,趣以饮章,辞情何缘复闻?死期垂至,冒昧自陈。愿身当辜戮,丐质不并坐,则身死之日,更生之年也。惟陛下加餐,为万姓自爱。"于是邕、质于洛阳狱,劾以仇怨奉公,议害大臣,大不敬,弃市。事奏,中常侍吕强愍邕无罪,请之,帝亦更思其章,有诏减死一等,与家属髡钳徙朔方,不得以赦除令。阳球使客追路刺邕,客感其义,皆莫为用。球又赂其部主使加毒害,所赂者反以其情戒邕,故每得免焉。居五原安阳县。邕前在东观,与卢植、韩说等撰补《后汉记》,会遭事流离,不及得成,因上书自陈,奏其所著十意,分别首目,连置章左。帝嘉其才高,会明年大赦,乃宥邕还本郡。邕自徙及归,凡九月焉。将就还路,五原太守王智饯之。酒酣,智起舞属邕,邕不为报。智者,中常侍王甫弟也,素贵骄,惭于宾客,诟邕曰:"徒敢轻我!"邕拂衣而去。智衔之,密告邕怨于囚放,谤讪朝廷。内宠恶之。邕虑卒不免,乃亡命江海,远迹吴会。往来依太山羊氏,积十二年,在吴。

吴人有烧桐以爨者,邕闻火烈之声,知其良木,因请而裁为琴,果有美音,而其尾犹焦,故时人名曰"焦尾琴"焉。初,邕在陈留也,其邻人有以酒食召邕者,比往而酒以酣焉。客有弹琴于屏,邕至门试潜听之,曰:"嘻!以乐召我而有杀心,何也?"遂反。将命者告主人曰:"蔡君向来,至门而去。"邕素为邦乡所宗,主人遽自追问其故,邕具以告,莫不怃然。弹琴者曰:"我向鼓弦,见螳螂方向鸣蝉,蝉将去而未飞,螳螂为之一前一却。吾心耸然,惟恐螳螂之失之也,此岂为杀心而形于声者乎?"邕莞然而笑曰:"此足以当之矣。"

中平六年,灵帝崩,董卓为司空,闻邕名高,辟之。称疾不就,卓大怒,詈曰:"我力能族人,蔡邕遂偃蹇者,不旋踵矣。"又切敕州郡举邕诣府,邕不得已,到,署祭酒,甚见敬重。举高第,补侍御史,又转侍书御史,迁尚书。三日之间,周历三台。迁巴郡太守,复留为侍中。

初平元年,拜左中郎将,从献帝迁都长安,封高阳乡侯。董卓宾客部曲议欲尊卓比太公,称尚父。卓谋之于邕,邕曰:"太公辅周,受命翦商,故特为其号。今明公威德,诚为巍巍,然比之尚父,愚意以为未可。宜须关东平定,车驾还反旧京,然后议之。"卓从其言。

二年六月,地震,卓以问邕。邕对曰:"地动者,阴盛侵阳,臣下逾制之所致也。前春郊天,公奉引车驾,乘金华青盖,爪画两轓,远近以为非宜。"卓于是改乘皂盖车。卓重邕才学,厚相遇待,每集宴,辄令邕鼓琴赞事,邕亦每存匡益。然卓多自很用,邕恨其言少从,谓从弟谷曰:"董公性刚而遂非,终难济也。吾欲东奔兖州,若道远难达,且逃逃山东以待之,何如?"谷曰:"君状异恒人,每行观者盈集。以此自匿,不亦难乎?"邕乃止。及卓被诛,邕在司徒王允坐,殊不意言之而叹,有动于色。允勃然叱之曰:"董卓国之大贼,几倾汉室。君为王臣,所宜同忿,而怀其私遇,以忘大节!今天诛有罪,而反相伤痛,岂不共为逆哉?"即收付廷尉治罪,邕陈辞谢,乞黥首刖足,继成汉史。士大夫多矜救之,不能得。太尉马日䃅驰往谓允曰:"伯喈旷世逸才,多识汉事,当续成后史,为一代大典。且忠孝素著,而所坐无名,诛之无乃失人望乎?"允曰:"昔武帝不杀司马迁,使作谤书,流于后世。方今国祚中衰,神器不固,不可令佞臣执笔在幼主左右。既无益圣德,复使吾党蒙其讪议。"日䃅退而告人曰:"王公其不长世乎?善人,国之纪也;制作,国之典也。灭纪废典,其能久乎!"邕遂死狱中。允悔,欲止而不及。时年六十一。搢绅诸儒莫不流涕。北海郑玄闻而叹曰:"汉世之事,谁与正之!"兖州、陈留间皆画像而颂焉。其撰集汉事,未见录以继后史。适作《灵纪》及十意,又补诸列传四十二篇,因李傕之乱,湮没多不存。所著诗、赋、碑、谏、铭、赞、连珠、箴、吊、论议、《独断》、《劝学》、《释诲》、《叙乐》、《女训》、《篆势》祝文、章表、书记,凡百四篇,传于世。

论曰:意气之感,士所不能忘也。流极之运,有生所共深悲也。当伯喈抱钳扭,徙幽裔,仰日月而不见照烛,临风尘而不得经过,其意岂及语平日倖全人哉!及解刑衣,窜欧越,潜舟江壑,不知其远,捷步深林,尚苦不密,但愿北首旧丘,归骸先垄,又可得乎?董卓一旦入朝,辟书先下,分明枉结,信宿三迁。匡导既申,狂僭屡革,资《同人》之先号,得北叟之后福。属其庆者,夫岂无怀?君子断刑,尚或为之不举,况国宪仓卒,虑不先图,矜情变容,而罚同邪党?执政乃追怨子长谤书流后,放此为戮,未或闻之典刑。

赞曰:季长戚氏,才通情侈。苑囿典文,流悦音伎。邕实慕静,心精辞绮。斥言金商,南徂北徙。籍梁怀董,名浇身毁。

卷九十一　左周黄列传第五十一

左雄传

左雄字伯豪,南阳涅阳人也。安帝时,举孝廉,稍迁冀州刺史。州部多豪族,好请托,雄常闭门不与交通。奏案贪猾二千石,无所回忌。

永建初,公车征拜议郎。时顺帝新立,大臣懈怠,朝多阙政,雄数言事,其辞深切。尚书仆射虞诩以雄有忠公节,上疏荐之曰:"臣见方今公卿以下,类多拱默,以树恩为贤,尽节为愚,至相戒曰:'白璧不可为,容容多后福。'伏见议郎左雄,数上封事,至引陛下身遭难厄,以为警戒,实有王臣蹇蹇之节,周公谟成王之风。宜擢在喉舌之官,必有匡弼之益。"由是拜雄尚书,再迁尚书令。上疏陈事曰:

臣闻柔远和迩,莫大宁人,宁人之务,莫重用贤,用贤之道,必存考黜。是以皋陶对禹,贵在知人。"安人则惠,黎民怀之。"分伯建侯,代位亲民,民用和穆,礼让以兴。故《诗》云:"有渰凄凄,兴雨祁祁。雨我公田,遂及我私。"及幽、厉昏乱,不自为政,褒艳用权,七子党进,贤愚错绪,深谷为陵。故其诗云:"四国无政,不用其良。"又曰:"哀今之人,胡为虺蜴?"言人畏吏如虺蜴也。宗周既灭,六国并秦,阬儒泯典,划革五等,更立郡县,县设令长,郡置守尉,什伍相司,封豕其民。大汉受命,虽未复古,然克慎庶官,䦆苛救敝,悦以济难,抚而循之。至于文、景,天下康乂。诚由玄靖宽柔,克慎官人故也。降及宣帝,兴于仄陋,综核名实,知时所病,刺史守相,辄亲引见,考察言行,信赏必罚。帝乃叹曰:"民所以安而无怨者,政平吏良也。与我共此者,其唯良二千石乎!"以为吏数变易,则下不安业;久于其事,则民服教化。其有政理者,辄以玺书勉励,增秩赐金,或爵至关内侯,公卿缺则以次用之。是以吏称其职,人安其业。汉世良吏,于兹为盛,故能降来仪之瑞,建中兴之功。

汉初至今,三百余载,俗浸凋敝,巧伪滋萌,下饰其诈,上肆其残。典城百里,转动无常,各怀一切,莫虑长久。谓杀害不辜为威风,聚敛整辨为贤能,以理己安民为劣弱,以奉法循理为不化。髡钳之戮,生于睚眦;覆尸之祸,成于喜怒。视民如寇仇,税之如豺虎。监司项背相望,与同疾疚,见非不举,闻恶不察,观政于亭传,责成于期月,言善不称德,论功不据实,虚诞者获誉,拘检者离毁。或因罪而引高,或色斯以求名。州宰不覆,竞共辟召,踊跃升腾,超等逾匹。或考奏捕案,而亡不受罪,会赦行赂,复见洗涤。朱紫同色,清浊不分。故使奸猾枉滥,轻忽去就,拜除如流,缺动百数。乡官部吏,职斯禄薄,车马衣服,一出于民,廉者取足,贪者充家,特选横调,纷纷不绝,送迎烦费,损政伤民。和气未洽,灾眚不消,咎皆在此。今之墨绶,犹古之诸侯,拜爵王庭,舆服有庸,而齐于匹竖,叛命避负,非所以崇宪明理,惠育元元也。臣愚以为守相长吏,惠和有显效者,可就增秩,勿使移徙,非父母丧不得去官。其不从法禁,不式王命,锢之终身,虽会赦令,不得齿列。若被劾奏,亡不就法者,徙家边郡,以惩其后。乡部亲民之吏,皆用儒生清白任从政者,宽其负算,增其秩禄,吏职满岁,宰府州郡乃得辟举。如此,威福之路塞,虚伪之端绝,送迎之役损,赋敛之源息。循理之吏,得成其化,率土之民,各宁其所。追配文、宣中兴之轨,流光垂祚,永世不刊。

帝感其言,申下有司,考其真伪,详所施行。雄之所言,皆明达政体,而宦竖擅权,终不能用。自是选代交互,令长易易,迎新送旧,劳扰不已,或官寺空旷,无人案事,每选部剧,乃至逃亡。

永建三年,京师、汉阳地皆震裂,水泉涌出。四年,司、冀复有大水。雄推较灾异,以为下人有逆上之征,又上疏言:"宜密为备,以俟不虞。"寻而青、冀、杨州盗贼连发,数年之间,海内扰乱。其后天下大赦,贼虽颇解,而官犹无备,流叛之馀,数月复起。雄与仆射郭虔共上疏,以为"寇贼连年,死亡太半,一人犯法,举宗群亡。宜及其尚微,开令改悔。若党与者,听除其罪;能诛斩者,明加其赏。"书奏,并不省。又上言:"宜崇经术,缮修太学。"帝从之。阳嘉元年,太学新成,诏试明经者补弟子,增甲乙之科,员各十人。除京师及郡国耆儒年六十以上为郎、舍人、诸王国郎者百三十八人。雄又上言:"郡国孝廉,古之贡士,出则宰民,宣协风教。若其面墙,则无所施用。孔子曰'四十而不惑',《礼》称'强仕'。请自今孝廉年不满四十,不得察举,皆先诣公府,诸生试家法,文吏课笺奏,副之端门,练其虚实,以观异能,以美风俗。有不承科令者,正其罪法。若有茂才异行,自可不拘年齿。"帝从之,于是班下郡国。明年,有广陵孝廉徐淑,年未及举,台郎疑而诘之。对曰:"诏书曰'有如颜回、子奇,不拘年齿',是故本郡以臣充选。"郎不能屈。雄诘之曰:"昔颜回闻一知十,孝廉闻一知几邪?"淑无以对,乃遣却郡。于是济阴太守胡广等十余人皆坐谬举免黜,唯汝南陈蕃、颍川李膺、下邳陈球等三十余人得拜郎中。自是牧守畏栗,莫敢轻举,迄于永熹,察选清平,多得其人。雄又奏征海内名儒为博士,使公卿子弟为诸生。有志操者,加其俸禄。及汝南谢廉、河南赵建,年始十二,各能通经,雄并奏拜童子郎。于是负书来学,云集京师。

初,帝废为济阴王,乳母宋娥与黄门孙程等共议立帝,帝后以娥前有谋,遂封为山阳君,邑五千户。又封大将军梁商子冀襄邑侯。雄上封事曰:"夫裂土封侯,王制所重。高皇帝约,非刘氏不王,非有功不侯。孝安皇帝封江京、王圣等,遂致地震之异。永建二年,封阴谋之功,又有日食之变。数术之士,咸归咎于封爵。今青州饥虚,盗贼未息,民有乏绝,上求禀贷。陛下乾乾劳思,以济民为务。宜循古法,宁静无为,以求天意,以消灾异。诚不宜追录小恩,亏失大典。"帝不听。雄复谏曰:"臣闻人君莫不好忠正而恶谗谀,然而历世之患,莫不以忠正得罪,谗谀蒙幸者,盖听忠难,从谀易也。夫刑罪,人情之所甚恶;贵宠,人情之所甚欲。是以时俗为忠者少,而习谀者多。故令人主数闻其美,稀知其过,迷而不悟,至于危亡。臣伏见诏书顾念阿母旧德宿恩,欲特加显赏。案尚书故事,无乳母爵邑之制,唯先帝时阿母王圣为野王君。圣造生逆贼废立之祸,生为天下所咀嚼,死为海内所欢快。桀、纣贵为天子,而庸仆弗与为比者,以其无义也。夷、齐贱为匹夫,而王侯争与为伍者,以其有德也。今阿母躬蹈约俭,以身率下,群僚蒸庶,莫不向风,而与王圣并同爵号,惧违本操,失其常愿。臣愚以为凡人之心,理不相远,其所不安,古今一也。百姓深惩王圣倾覆之祸,民萌之命,危于累卵,常惧时世复有此类。怵惕之念,未离于心;恐惧之言,未绝于口。乞如前议,岁以千万给奉阿母,内足以尽恩爱之欢,外可不为吏民所怪。梁冀之封,事非机急,宜过灾厄之运,然后平议可否。"会复有地震、缑氏山崩之异,雄复上疏谏曰:"先帝封野王君,汉阳地震,今封山阳君而京城复震,专政在阴,其灾尤大。臣前后瞽言封爵至重,王者可私人以财,不可以官,宜还阿母之封,以塞灾异。今冀已高让,山阳君亦宜崇其本节。"雄言数切至,娥亦畏惧辞让,而帝恋恋不能已,卒封之。后阿母遂以交遘失爵。

是时大司农刘据以职事被谴,召诣尚书,传呼促步,又加以捶扑。雄上言:"九卿位亚三事,班在大臣,行有佩玉之节,动有庠序之仪。孝明皇帝始有扑罚,皆非旧典。"帝从而改之,其后九卿无复捶扑者。自雄掌纳言,多所匡肃,每有章表奏议,台阁以为故事。迁司隶校尉。

初,雄荐周举为尚书,举既称职,议者咸称焉。及在司隶,又举故冀州刺史冯直以为将帅,而直尝坐臧受罪,举以此劾奏雄。雄悦曰:"吾尝事冯直之父而又与直善,今宣光以此奏吾,乃是韩厥之举也。"由是天下服焉。明年坐法免。后复为尚书。永和三年卒。

周举传

　　周举字宣光，汝南汝阳人，陈留太守防之子。防在《儒林传》。举姿貌短陋，而博学洽闻，为儒者所宗，故京师为之语曰："《五经》从横周宣光。"

　　延光四年，辟司徒李郃府。时宦者孙程等既立顺帝，诛灭诸阎，议郎陈禅以为阎太后与帝无母子恩，宜徙别馆，绝朝见。群臣议者咸以为宜。举谓郃曰："昔郑武姜谋杀庄公，庄公誓之黄泉；秦始皇怨母失行，久而隔绝，后感颍考叔、茅焦之言，循复子道，书传美之。今诸阎新诛，太后幽在离宫，若悲愁生疾，一旦不虞，主上将何以令于天下？如从禅议，后世归咎明公。宜密表朝廷，令奉太后，率厉群臣，朝觐如旧，以厌天心，以答人望。"郃即上疏陈之。明年正月，帝乃朝于东宫，太后由此以安。后长乐少府朱伥代郃为司徒，举犹为吏。时孙程等坐怀表上殿争功，帝怒，悉徙封远县，敕洛阳令促期发遣。举说朱伥曰："朝廷在西钟下时，非孙程等岂立？虽韩、彭、吴、贾之功，何以加诸！今忘其大德，录其小过，如道路夭折，帝有杀功臣之讥。及今未去，宜急表之。"伥曰："今诏怒，二尚书已奏其事，吾独表此，必致罪谴。"举曰："明公年过八十，位为台辅，不于今竭忠报国，惜身安宠，欲以何求？禄位虽全，必陷佞邪之讥，谏而获罪，犹有忠贞之名。若举言不足采，请从此辞。"伥乃表谏，帝果从之。举后举茂才，为平丘令。上书言当世得失，辞甚切正。尚书郭虔、应贺等见之叹息，共上疏称举忠直，欲帝置章御坐，以为规诫。举稍迁并州刺史。太原一郡，旧俗以介子推焚骸，有龙忌之禁。至其亡月，咸言神灵不乐举火，由是士民每冬中辄一月寒食，莫敢烟爨，老小不堪，岁多死者，举既到州，乃作吊书以置子推之庙，言盛冬去火，残损民命，非贤者之意，以宣示愚民，使还温食。于是众惑稍解，风俗颇革。转冀州刺史。阳嘉三年，司隶校尉左雄荐举，征拜尚书。举与仆射黄琼同心辅政，名重朝廷，左右惮之。是岁河南、三辅大旱，五谷灾伤，天子亲自露坐德阳殿东厢请雨，又下司隶、河南祷祀河神、名山、大泽。诏书以举才学优深，特下策问曰："朕以不德，仰承三统，夙兴夜寐，思协大中。顷年以来，旱灾屡应，稼穑焦枯，民食困乏。五品不训，王泽未流，群司素餐，据非其位。审所贬黜，变复之征，厥效何由？分别具对，勿有所讳。"举对曰："臣闻《易》称'天尊地卑，乾坤以定'。二仪交构，乃生万物，万物之中，以人为贵。故圣人养之以君，成之以化，顺四节之宜，适阴阳之和，使男女婚娶不过其时。包之以仁恩，导之以德教，示之以灾异，训之以嘉祥。此先圣承乾养物之始也。夫阴阳隔闭，则二气否塞；二气否塞，则人物不昌；人物不昌，则风雨不时；风雨不时，则水旱成灾。陛下处唐虞之位，未行尧舜之政，近废文帝光武之法，而循亡秦奢侈之欲，内积怨女，外有旷夫。今皇嗣不兴，东宫未立，伤之逆理，断绝人伦之所致也。非但陛下行此而已，竖宦之人，亦复虚以形势，威侮良家，取女闭之，至有白首殁无配偶，逆于天心。昔武王入殷，出倾宫之女；成汤遭灾，以六事克己；鲁僖遇旱，而自责祈雨：皆以精诚转祸为福。自枯旱以来，弥历年岁，未闻陛下改过之效，徒劳至尊暴露风尘，诚无益也。又下州郡祈神致请。昔齐有大旱，景公欲祀河伯，晏子谏曰：'不可。夫河伯以水为城国，鱼鳖为民庶。水尽鱼枯，岂不欲雨？自是不能致也。'陛下所行，但务其华，不寻其实，犹缘木希鱼，却行求前。诚宜推信革政，崇道变惑，出后宫不御之女，理天下冤枉之狱，除太官重膳之费。夫五品不训，责在司徒，有非其位，宜急黜斥。臣自藩外擢典纳言，学薄智浅，不足以对。《易传》曰：'阳感天，不旋日。'惟陛下留神裁察。"因召见举及尚书令成翊世、仆射黄琼，问以得失。举等并对以为宜慎官人，去斥贪污。离远佞邪，循文帝之俭，尊孝明之教，则时雨必应。帝曰："百官贪污佞邪者为谁乎？"举独对曰："臣从下州，超备机密，不足以别群臣。然公卿大臣数有直言者，忠贞也，阿谀苟容者，佞邪也。司徒视事六年，未闻有忠言异谋，愚心在此。"其后以事免司徒刘崎，迁举司隶校尉。

　　永和元年，灾异数见，省内恶之，诏召公、卿、中二千石、尚书诣显亲殿，问曰："言事者多云，昔周公摄天子事，及薨，成王欲以公礼葬之，天为动变。及更葬以天子之礼，即有反风之应。北乡侯亲为天子而葬以王礼，故数有灾异，宜加尊谥，列于昭穆。"群臣议者多谓宜如诏旨，举独对曰："昔周公有请命之应，隆太平之功，故皇天动威，以章圣德。北乡侯本非正统，奸臣所立，立不逾岁，年号未改，皇天不祐，大命夭昏。《春秋》王子猛不称崩，鲁子野不书葬。今北乡侯无它功德，以王礼葬之，于事已崇，不宜称谥。灾眚之来，弗由此也。"于是司徒黄尚、太常桓焉等七十人同举议，帝从之。尚字伯河，南郡人也，少历显位，亦以政称。举出为蜀郡太守，坐事免。大将军梁商表为从事中郎，甚敬重焉。六年三月上巳日，商大会宾客，宴于洛水，举时称疾不往。商与亲昵酣饮极欢，及酒阑倡罢，继以《薤露》之歌，坐中闻者，皆为掩涕。太仆张种时亦在焉，会还，以事告举。举叹曰："此所谓哀乐失时，非其所也。殃将及乎！"商至秋果薨。商疾笃，帝亲临幸，问以遗言。对曰："人之将死，其言也善。臣从事中郎周举，清高忠正，可重任也。"由是拜举谏议大夫。时连有灾异，帝思商言，召举于显亲殿，问以变眚。举对曰："陛下初立，遵修旧典，兴化致政，远近肃然。顷年以来，稍违于前，朝多宠幸，禄不序德。观天察人，准今方古，诚可危惧。《书》曰：'僭恒旸若。'夫僭差无度，则言不从而下不正；阳无以制，则上扰下竭。宜密严敕州郡，察强宗大奸，以时禽讨。"其后江淮猾贼周生、徐凤等处处并起，如举所陈。

时诏遣八使巡行风俗，皆选素有威名者，乃拜举为侍中，与侍中杜乔、守光禄大夫周栩、前青州刺史冯羡、尚书栾巴、侍御史张纲、兖州刺史郭遵、太尉长史刘班并守光禄大夫，分行天下。其刺史、二千石有臧罪显明者，驿马上之；墨绶以下，便辄收举。其有清忠惠利，为百姓所安，宜表异者，皆以状上。于是八使同时俱拜，天下号曰"八俊"。举于是劾奏贪猾，表荐公清，朝廷称之。迁河内太守，征为大鸿胪。

及梁太后临朝，诏以殇帝幼崩，庙次宜在顺帝下。太常马访奏宜如诏书，谏议大夫吕勃以为应依昭穆之序，先殇帝，后顺帝。诏下公卿。举议曰："《春秋》鲁闵公无子，庶兄僖公代立，其子文公遂跻僖于闵上。孔子讥之，书曰：'有事于太庙，跻僖公。'《传》曰：'逆祀也。'及定公正其序，经曰'从祀先公'，为万世法也。今殇帝在先，于秩为父，顺帝在后，于亲为子，先后之义不可改，昭穆之序不可乱。吕勃议是也。"太后下诏从之。迁光禄勋，会遭母忧去职，后拜光禄大夫。

建和三年卒。朝廷以举清公亮直，方欲以为宰相，深痛惜之。乃诏告光禄勋、汝南太守曰："昔在前世，求贤如渴，封墓轼闾，以光贤哲。故公叔见诔，翁归蒙述，所以昭忠厉俗，作范后昆。故光禄大夫周举，性侔夷、鱼，忠逾随、管，前授牧守，及还纳言，出入京辇，有钦哉之绩，在禁闱有密静之风。予录乃勋，用登九列。方欲式序百官，亮协三事，不永凤终，用乖远图。朝廷愍悼，良为怆然。《诗》不云乎：'肇敏戎功，用锡尔祉。'其令将大夫以下到丧发日复会吊。加赐钱十万，以旌委蛇素丝之节焉。"子勰。

勰字巨胜，少尚玄虚，以父任为郎，自免归家。夕故吏河南召奭为郡将，卑身降礼，致敬于勰。勰耻交报之，因杜门自绝。后太守举孝廉，复以疾去。时梁冀贵盛，被其征命者，莫敢不应，唯勰前后三辟，竟不能屈。后举贤良方正，不应。又公车征，玄纁备礼，固辞废疾。常隐处窜身，慕老聃清静，杜绝人事，巷生荆棘，十有余岁。至延熹二年，乃开门延宾，游谈宴乐，及秋而梁冀诛，年终而勰卒，时年五十。蔡邕以为知命。自勰曾祖父扬至勰孙恂，六世一身，皆知名云。

黄琼传

黄琼字世英，江夏安陆人，魏郡太守香之子也。香在《文苑传》。琼初以父任为太子舍人，辞病不就。遭父忧，服阕，五府俱辟，连年不应。

永建中，公卿多荐琼者，于是与会稽贺纯、广汉杨厚俱公车征。琼至纶氏，称疾不进。有司劾不敬，诏下县以礼慰遣，遂不得已。先是征聘处士多不称望，李固素慕于琼，乃以书逆遗之曰："闻已度伊、洛，近在万岁亭，岂即事有渐，将顺王命乎？盖君子谓伯夷隘，柳下惠不恭，故传曰'不夷不惠，可否之间'。盖圣贤居身之所珍也。诚欲枕山栖谷，拟迹巢、由，斯则可矣；若此辅政济民，今其时也。自生民以来，善政少而乱俗多，必待尧舜之君，此为志士终无时矣。常闻语曰：'峣峣者易缺，皦皦者易污。'《阳春》之曲，和者必寡，盛名之下，其实难副。近鲁阳樊君被征初至，朝廷设坛席，犹待神明。虽无大异，而言行所守无缺。而毁谤布流，应时折减者，岂非观听望深，声名太盛乎？自顷征聘之士，胡元安、薛孟尝、朱仲昭、顾季鸿等，其功业皆无所采，是故俗论皆言处士纯盗虚声。愿先生弘此远谟，令众人叹服，一雪此言耳。"琼至，即拜议郎，稍迁尚书仆射。

初，琼随父在台阁，习见故事。及后居职，达练官曹，争议朝堂，莫能抗夺。时连有灾异，琼上疏顺帝曰："间者以来，卦位错谬，寒燠相干，蒙气数兴，日暗月散。原之天意，殆不虚然。陛下宜开石室，案《河洛》，外命史官，悉条上永建以前至汉初灾异，与永建以后讫于今日，孰为多少。又使近臣儒者参考政事，数见公卿，察问得失。诸无功德者，宜皆斥黜。臣前颇陈灾眚，并荐光禄大夫樊英、太中大夫薛包及会稽贺纯、广汉杨厚，未蒙御省。伏见处士巴郡黄错、汉阳任棠，年皆耆耋，有作者七人之志。宜更见引致，助崇大化。"于是有诏公车征错等。

三年，大旱，琼复上疏曰："昔鲁僖遇旱，以六事自让，躬节俭，闭女谒，放逸佞者十三人，诛税民受货者九人，退舍南郊，天立大雨。今亦宜顾省政事，有所损阙，务存质俭，以易民听。尚方御府，息除烦费。明敕近臣，使遵法度，如有不移，示以好恶。数见公卿，引纳儒士，访以政化，使陈得失。又囚徒尚积，多致死亡，亦足以感伤和气，招降灾旱。若改敝从善，择用嘉谋，则灾消福至矣。"书奏，引见德阳殿，使中常侍以琼奏书属主者施行。

自帝即位以后，不行籍田之礼。琼以国之大典不宜久废，上疏奏曰："自古圣帝哲王，莫不敬恭明祀，增致福祥，故必躬郊庙之礼，亲籍田之勤，以先群萌，率劝农功。昔周宣王不籍千亩，虢文公以为大讥，卒有姜戎之难，终损中兴之名。窃见陛下遵稽古之鸿业，体虔肃以应天，顺时奉元，怀柔百神，朝夕触尘埃于道路，昼暮聆庶政以恤人。虽《诗》咏成汤之不怠遑，《书》美文王之不暇食，诚不能加。今庙祀适阕，而祈谷洁斋之事，近在明日。臣恐左右之心，不欲屡动圣躬，以为亲耕之礼，可得而废。臣闻先王制典，籍田有日，司徒咸戒，司空除坛。先时五日，有协风之应，王即斋宫，飨醴载耒，诚重之也。自癸巳以来，仍西北风，甘泽不集，寒凉尚结。迎春东郊，既不躬亲，先农之礼，所宜自勉，以逆和气，以致时风。《易》曰：'君子自强不息。'

斯其道也。"书奏，帝从之。顷之，迁尚书令。琼以前左雄所上孝廉之选，专用儒学文吏，于取士之义，犹有所遗，乃奏增孝悌及能从政者为四科，事竟施行。又雄前议举吏先试之于公府，又覆之于端门，后尚书张盛奏除此科。琼复上言："覆试之作，将以澄洗清浊，覆实虚滥，不宜改革。"帝乃止。出为魏郡太守，稍迁太常。和平中，以选入侍讲禁中。

元嘉元年，迁司空。桓帝欲褒崇大将军梁冀，使中朝二千石以上会议其礼。特进胡广、太常羊溥、司隶校尉祝恬、太中大夫边韶等，咸称冀之勋德，其制度赉赏，以宜比周公，锡之山川、土田、附庸。琼独建议曰："冀前以亲迎之劳，增邑三千，又其子胤亦加封赏。昔周公辅相成王，制礼作乐，化致太平，是以大启土宇，开地七百。今诸侯以户邑为制，不以里数为限。萧何识高祖于泗水，霍光定倾危于兴国，皆益户增封，以显其功。冀可比邓禹，合食四县，赏赐之差，同于霍光，使天下知赏必当功，爵不越德。"朝廷从之。冀意以为恨。会以地动策免。复为太仆。

永兴元年，迁司徒，转太尉。梁冀前后所托辟召，一无所用。虽有善人而为冀所饰举者，亦不加命。延熹元年，以日食免。复为大司农。明年，梁冀被诛，太尉胡广、司徒韩縯、司空孙朗皆坐阿附免废，复拜琼为太尉。以师傅之恩，而不阿梁氏，乃封为邟乡侯，邑千户。琼辞疾让封六七上，言旨恳恻，乃许之。梁冀既诛，琼首居公位，举奏州郡素行贪污至死徙者十余人，海内由是翕然望之。寻而五侯擅权，倾动内外，自度力不能匡，乃称疾不起。四年，以寇贼免。其年复为司空。秋，以地震免。

七年，疾笃，上疏谏曰："臣闻天者务刚其气，君者务强其政。是以王者处高自持，不可不安；履危任力，不可不据。夫自持不安则颠，任力不据则危。故圣人处高据上，则以德为首；涉危蹈倾，则以贤者为力。唐尧以德化为冠冕，以稷、契为筋力。高而益崇，动而愈据，此先圣所以长守万国，保其社稷者也。昔高皇帝应天顺民，奋剑而王，埽除秦、项，革命创制，降德流祚。至于哀、平，而帝道不纳，秕政日乱，遂使奸佞擅朝，外戚专恣。所冠不以仁义为冕，所蹈不以贤佐为力，终至颠蹶，灭汉祚。天维陵弛，民鬼惨怆，赖皇乾眷命，炎德复辉。光武以圣武天挺，继统兴业，创基冰泮之上，立足枳棘之林。擢贤于众愚之中，画功于无形之世。崇礼义于交争，循道化于乱离。是自历高而不倾，任力危而不跌，兴复洪祚，开建中兴，光被八极，垂名无穷。至于中叶，盛业渐衰。陛下初从藩国，爰升帝位，天下拭目，谓见太平。而即位以来，未有胜政。诸梁秉权，竖宦充朝，重封累职，倾动朝廷，卿校牧守之选，皆出其门，羽毛齿革、明珠南金之宝，殷满其室，富拟王府，势回天地。言之者必族，附之者必荣。忠臣惧死而杜口，万夫怖祸而木舌，塞陛下耳目之明，更为聋瞽之主。故太尉李固、杜乔，忠以直言，德以辅政，念国亡身，陨殁为报，而坐陈国议，遂见残灭。贤愚ท痛，海内伤惧。又前白马令李云，指言宦官罪秽宜诛，皆因众人之心，以救积薪之敝。弘农杜众，知云所言宜行，惧云以忠获罪，故上书陈理之，乞同日而死，所以感悟国家，庶云获免。而云既不幸，众又并坐，天下尤痛，益以怨结，故朝野之人，以忠为讳。昔赵杀鸣犊，孔子临河而反。夫覆巢破卵，则凤皇不翔；刳牲夭胎，则麒麟不臻。诚物类相感，理使其然。尚书周永，昔为沛令，素事梁冀，幸其威势，坐事当罪，越拜令职。见冀将衰，乃阳毁示忠，遂固奸计，亦取封侯。又黄门协邪，群辈相党，自冀兴盛，腹背相亲，朝夕图谋，共构奸轨。临冀当诛，无可设巧，复记其恶，以要爵赏。陛下不加清澂，审别真伪，复与忠臣并时显封，使朱紫共色，粉墨杂蹂，所谓抵金玉于沙砾，碎珪璧于泥涂。四方闻之，莫不愤叹。昔曾子大孝，慈母投杼，伯奇至贤，终于流放。夫谗谀所举，无高而不可升；阿党相抑，无深而不可沦。可不察与？臣至顽驽，世荷国恩，身轻位重，勤不补过，然惧于永殁，负衅益深。敢以垂绝之日，陈不讳之言，庶有万分，无恨三泉。"其年卒，时年七十九。赠车骑将军，谥曰忠侯。孙琼。

琼字子琰。少失父。早而辩慧。祖父琼，初为魏郡太守，建和元年正月日食，京师不见而琼以状闻。太后诏问所食多少，琼思其对而未知所况。琓年七岁，在傍，曰："何不言日食之余，如月之初？"琼大惊，即以其言应诏，而深奇爱之。后琼为司徒，琓以公孙拜童子郎，辞病不就，知名京师。时司空盛允有疾，琼遣琓候问，会江夏上蛮贼事副府，允发书视毕，微戏琓曰："江夏大邦，而蛮多士少。"琓奉手对曰："蛮夷猾夏，责在司空。"因拂衣辞去。允甚奇之。稍迁五官中郎将。时陈蕃为光禄勋，深相敬待，数与议事。旧制，光禄举三署郎，以高功久次才德尤异者为茂才四行。时权富子弟多以人事得举，而贫约守志者以穷退见遗，京师为之谣曰："欲得不能，光禄茂才。"于是琓、蕃同心，显用志士，平原刘醇、河东朱山、蜀郡殷参等并以才行蒙举。蕃、琓遂为权富郎所见中伤，事下御史中丞王畅、侍御史刁韪。韪、畅素重蕃、琓，不举其事，而左右复陷以朋党。畅坐左转议郎而免著官，琓、韪俱禁锢。

韪字子荣，彭城人。后陈蕃被征，而言事者多讼韪，复拜议郎，迁尚书。在朝有鲠直节，出为鲁、东海二郡相。性抗厉，有明略，所在称神。常以法度自整，家人莫见惰容焉。琓被废弃几二十年。至光和末，太尉杨赐上书荐琓有拨乱之才，由是征拜议郎，擢为青州刺史，迁侍中。中平初，出为右扶风，征拜将作大匠、少府、太仆。又为豫州牧。时寇贼陆梁，州境凋残，琓讨击平之，威声大震。政绩为天下表，封关内侯。及董卓秉政，以琓名臣，征为司徒，迁太尉，更封阳泉乡侯。卓议迁都长安，琓与司徒杨彪同谏不从。琬退而驳议之曰："昔周公营洛邑以宁姬,光武卜东都以隆汉,天之所启,神之所安。大业既定,岂宜妄有迁动,以亏四海之望?"时人惧卓暴怒,琬必及害,固谏之。琬对曰："昔白公作乱于楚,屈庐冒刃而前;崔杼弑君于齐,晏婴不惧其盟。吾虽不德,诚慕古人之节。"琬竟坐免。卓犹敬其名德旧族,不敢害。后与杨彪同拜光禄大夫,及徙西都,转司隶校尉,与司徒王允同谋诛卓。及卓将李傕、郭汜攻破长安,遂收琬下狱死,时年五十二。

论曰："古者诸侯岁贡士,进贤受上赏,非贤贬爵土。升之司马,辩论其才,论定然后官之,任官然后禄之。故王者得其人,进仕劝其行,经邦弘务,所由久矣。汉初诏举贤良、方正,州郡察孝廉、秀才,斯亦贡士之方也。中兴以后,复增敦朴、有道、贤能、直言、独行、高节、质直、清白、敦厚之属。荣路既广,觖望难裁,自是窃名伪服,浸以流竞。权门贵仕,请谒繁兴。自左雄任事,限年试才,虽颇有不密,固亦因识时宜。而黄琼、胡广、张衡、崔瑗之徒,泥滞旧方,互相诡驳,循名者屈其短,算实者挺其效。故雄在尚书,天下不敢妄选,十余年间,称为得人,斯亦效实之征乎?顺帝始以童弱反政,而号令自出,知能任使,故士得用情,天下喁喁仰其风采。遂乃备玄𬗟玉帛,以聘南阳樊英,天子降寝殿,设坛席,尚书奉引,延问失得。急登贤之举,虚降己之礼,于是处士鄙生,忘其拘儒,拂巾衽褐,以企旌车之招矣。至乃英能承风,俊乂咸事,若李固、周举之渊谟弘深,左雄、黄琼之政事贞固,桓焉、杨厚以儒学进,崔瑗、马融以文章显,吴祐、苏章、种暠、栾巴牧民之良干,庞参、虞诩将帅之宏规,王龚、张皓虚心以推士,张纲、杜乔直道以纠违,郎𫖮阴阳详密,张衡机术特妙。东京之士,于兹盛焉。向使庙堂纳其高谋,疆场宣其智力,帷幄容其謇辞,举厝禀其成式,则武、宣之轨,岂丰远而?《诗》云:'靡不有初,鲜克有终。'可为恨哉!及孝桓之时,硕德继兴,陈蕃、杨秉处称贤宰,皇甫、张、段出号名将,王畅、李膺弥缝衮阙,朱穆、刘陶献替匡时,郭有道奖鉴人伦,陈仲弓弘道下邑。其余宏儒远智,高心絜行,激扬风流者,不可胜言。而斯道莫振,文武陵队,在朝者以正议婴戮,谢事者以党锢致灾。往车虽折,而来轸方遒。所以倾而未颠,决而未溃,岂非仁人君子心力之为乎?呜呼!

赞曰:雄纳言,古之八元。举升以汇,越自下蕃。登朝理政,并纡灾昏。琼名夙知,累章国疵。琬亦早秀,位及志差。

卷九十二
荀韩钟陈列传第五十二

荀淑传子爽　孙悦

荀淑字季和,颍川颍阴人,荀卿十一世孙也,少有高行,博学而不好章句,多为俗儒所非,而州里称其知人。安帝时,征拜郎中,后再迁当涂长。去职还乡里。当世名贤李固、李膺等皆师宗之。及梁太后临朝,有日食地震之变,诏公卿举贤良方正,光禄勋杜乔、少府房植举淑对策,讥刺贵幸,为大将军梁冀所忌,出补朗陵侯相。莅事明理,称为神君。顷之,弃官归,闲居养志。产业每增,辄以赡宗族知友。年六十七,建和三年卒。李膺时为尚书,自表师丧。二县皆为立祠。有子八人:俭、绲、靖、焘、汪、爽、肃、专,并有名称,时人谓之"八龙"。初,荀氏旧里名西豪,颍阴令勃海苑康以为昔高阳氏有才子八人,今荀氏亦有八子,故改其里曰高阳里。

靖有至行,不仕,年五十而终,号曰玄行先生。

淑兄子昱字伯条,昙字元智。昱为沛相,昙为广陵太守,兄弟皆正身疾恶,志除阉宦。其支党宾客有在二郡者,纤罪必诛。昱后共大将军窦武谋诛中官,与李膺俱死。昙亦禁锢终身。

爽字慈明,一名谞。幼而好学,年十二,能通《春秋》《论语》。太尉杜乔见而称之,曰:"可为人师。"爽遂耽思经书,庆吊不行,征命不应。颍川为之语曰:"荀氏八龙,慈明无双。"

延熹九年,太常赵典举爽至孝,拜郎中。对策陈便宜曰:

臣闻之于师曰:"汉为火德,火生于木,木盛于火,故其德为孝,其象在《周易》之《离》。"夫在地为火,在天为日。在天者用其精,在地者用其形。夏则火王,其精在天,温暖之气,养生百木,是其孝也。冬时则废,其形在地,酷烈之气,焚烧山林,是其不孝也。故汉制使天下诵《孝经》,选吏举孝廉。夫丧亲自尽,孝之终也。今之公卿及二千石,三年之丧,不得即去,殆非所以增崇孝道而克称火德者也。往者孝文劳谦,行过乎俭,故有遗诏以日易月。此当时之宜,不可贯之万世。古今之制虽有损益,而谅闇之礼未尝改移,以示天下莫遗其亲。今公卿群寮皆政教所瞻,而父母之丧不得奔赴。夫仁义之行,自上而始;敦厚之俗,以应乎下。传曰:"丧祭之礼阙,则人臣之恩薄,背死忘生者众矣。"曾子曰："人未有自致者，必也亲丧乎！"《春秋传》曰："上之所为，民之归也。"夫上所不为而民或为之，故加刑罚；若上之所为，民亦为之，又何诛焉？昔丞相翟方进，以自备宰相，而不敢逾制。至遭母忧，三十六日而除。夫失礼之源，自上而始。古者大丧三年不呼其门，所以崇国厚俗笃化之道也。事失宜正，过勿惮改。天下通丧，可如旧礼。

臣闻有夫妇然后有父子，有父子然后有君臣，有君臣然后有上下，有上下然后有礼义。礼义备，则人知所厝矣。夫妇人伦之始，王化之端，故文王作《易》，上经首《乾》、《坤》，下经首《咸》、《恒》。孔子曰："天尊地卑，乾坤定矣。"夫妇之道，所谓顺也。《尧典》曰："厘降二女于妫汭，嫔于虞。"降者下也，嫔者妇也。言虽帝尧之女，下嫁于虞，犹屈体降下，勤修妇道。《易》曰："帝乙归妹，以祉元吉。"妇人谓嫁曰归，言汤以娶礼归其妹于诸侯也。《春秋》之义，王姬嫁齐，使鲁主之，不以天子之尊加于诸侯也。今汉承秦法，设尚主之仪，以妻制夫，以卑临尊，违乾坤之道，失阳唱之义。孔子曰："昔圣人之作《易》也，仰则观象于天，俯则察法于地，睹鸟兽之文，与地之宜。近取诸身，远取诸物，以通神明之德，以类万物之情。"今观法于天，则北极至尊，四星妃后。察法于地，则昆山象夫，卑泽象妻。睹鸟兽之文，鸟则雄166鸣鸲，雌能顺服；兽则牡为唱导，牝乃相从。近取诸身，则乾为人首，坤为人腹。远取诸物，则木实属天，根荄属地。阳尊阴卑，盖乃天性。且《诗》初篇实首《关雎》，《礼》始《冠》、《婚》，先正夫妇。天地《六经》，其旨一揆。宜改尚主之制，以称乾坤之性。遵法尧、汤，式是周、孔。合之天地而不谬，质之鬼神而不疑。人事如此，则嘉瑞降天，吉符出地，五韪咸备，各以其叙矣。

昔者圣人建天地之中而谓之礼，礼者，所以兴福祥之本，而止祸乱之源也。人能枉欲从礼者，则福归之；顺情废礼者，则祸归之。推祸福之所应，知兴废之所由来也。众礼之中，婚礼为首。故天子娶十二，天之数也；诸侯以下各有等差，事之降也。阳性纯而能施，阴体顺而能化，以礼济乐，节宣其气。故能丰子孙之祥，致老寿之福。及三代之季，淫佚无节。瑶台、倾宫，陈妾数百。阳竭于上，阴隔于下。故周公之戒曰："不知稼穑之艰难，不闻小人之劳，惟耽乐之从，时亦罔或克寿。"是其明戒。后世之人，好福不务其本，恶祸不易其轨。传曰："截趾适屦，孰云其愚？何与斯人，追欲丧躯？"诚可痛也。臣窃闻后宫采女五六千人，从官侍使复在其外。冬夏衣服，朝夕禀粮，耗费缣帛，空竭府藏，征调增倍，十而税一，空赋不辜之民，以供无用之女，百姓穷困于外，阴阳隔塞于内。故感动和气，灾异屡臻。臣愚以为诸非礼聘未曾幸御者，一皆遣出，使成妃合。一曰通怨旷，和阴阳。二曰省财用，实府藏。三曰修礼制，绥眉寿。四曰配阳施，祈蕃斯。五曰宽役赋，安黎民。此诚国家之弘利，天人之大福也。

夫寒热晦明，所以为岁；尊卑奢俭，所以为礼。故以晦明寒暑之气，尊卑侈约之礼为其节也。《易》曰："天地节而四时成。"《春秋传》曰："唯器与名不可以假人。"《孝经》曰："安上治民，莫善于礼。"礼者，尊卑之差，上下之制也。昔季氏八佾舞于庭，非有伤害困于人物，而孔子犹曰"是可忍也，孰不可忍"。《洪范》曰："惟辟作威，惟辟作福，惟辟玉食。"凡此三者，君所独行而臣不得同也。今臣僭君服，下食上珍，所谓害于而家，凶于而国者也。宜略依古礼尊卑之差，及董仲舒制度之别，严督有司，必行其命。此则禁乱善俗足用之要。

奏闻，即弃官去。后遭党锢，隐于海上，又南遁汉滨，积十余年，以著述为事，遂称为硕儒。党禁解，五府并辟，司空袁逢举有道，不应。及逢卒，爽制服三年，当世往往化以为俗。时人多不行妻服，虽在亲忧犹有吊问丧疾者，又私谥其君父及诸名士，爽皆引据大义，正之经典，虽不悉变，亦颇有改。后公车征为大将军何进从事中郎。进恐其不至，迎荐为侍中，及进败而诏命中绝。献帝即位，董卓辅政，复征之。爽欲遁命，吏持之急，不得去，因复就拜平原相。行至宛陵，复追为光禄勋。视事三日，进拜司空。爽自被征命及登台司，九十五日。因从迁都长安。爽见董卓忍暴滋甚，必危社稷，其所辟举皆取才略之士，将共图之，亦与司徒王允及卓长史何颙等为内谋。会病薨，年六十三。著《礼》、《易传》、《诗传》、《尚书正经》、《春秋条例》，又集汉事成败可为鉴戒者，谓之《汉语》。又作《公羊问》及《辩谶》，并它所论叙，题为《新书》。凡百余篇，今多所亡缺。

兄子悦、彧并知名。彧自有传。

论曰：荀爽、郑玄、申屠蟠俱以儒行为处士，累征并谢病不诣。及董卓当朝，复备礼召之。蟠、玄竟不屈以全其高。爽已黄发矣，独至焉，未十旬而取卿相。意者疑其乖趣舍，余窃商其情，以为出处君子之大致也，平运则弘道以求志，陵夷则濡迹以匡时。荀公之急急自励，其濡迹乎？不然，何为违贞吉而履虎尾焉？观其逊言迁都之议，以救杨、黄之祸。及后潜图董氏，几振国命，所谓"大直若屈"，道固逶迤也。

悦字仲豫，俭之子也。俭早卒。悦年十二，能说《春秋》。家贫无书，每之人间，所见篇牍一览多能诵记。性沉静，美姿容，尤好著述。灵帝时阉官用权，士多退身穷处，悦乃托疾隐居，时人莫之识，唯从弟或特称敬焉。初辟镇东将军曹操府,迁黄门侍郎。献帝颇好文学,悦与彧及少府孔融侍讲禁中,旦夕谈论。累迁秘书监、侍中。时政移曹氏,天子恭己而已。悦志在献替,而谋无所用,乃作《申鉴》五篇。其所论辩,通见政体,既成而奏之。其大略曰:

夫道之本,仁义而已矣。五典以经之,群籍以纬之,咏之歌之,弦之舞之,前监既明,后复申之。故古之圣王,其于仁义也,申重而已。

致政之术,先屏四患,乃崇五政。一曰伪,二曰私,三曰放,四曰奢。伪乱俗,私坏法,放越轨,奢败制。四者不除,则政未由行矣。夫俗乱则道荒,虽天地不得保其性矣;法坏则世倾,虽人主不得守其度矣;轨越则礼亡,虽圣人不得全其道矣;制败则欲肆,虽四表不得充其求矣。是谓四患。兴农桑以养其生,审好恶以正其俗,宣文教以章其化,立武备以秉其威,明赏罚以统其法。是谓五政。

人不畏死,不可惧以罪。人不乐生,不可劝以善。虽使契布五教,皋陶作士,政不行焉。故在上者先丰人财以定其志,帝耕籍田,后桑蚕宫,国无游人,野无荒业,财不贾用,力不妄加,以周人事。是谓养生。

君子之所以动天地,应神明,正万物而成王化者,必乎真定而已。故在上者审定好丑焉。善恶要乎功罪,毁誉效于准验。听言责事,举名察实,无惑诈伪,以荡众心,故事无不核,物无不切,善无不显,恶无不章,俗无奸怪,民无淫风。百姓上下睹利害之存乎己也。故肃恭其心,慎修其行,内不回惑,外无异望,则民志平矣。是谓正俗。

君子以情用,小人以刑用。荣辱者,赏罚之精华也。故礼教荣辱,以加君子,化其情也;桎梏鞭扑,以加小人,化其刑也。君子不犯辱,况于刑乎!小人不忌刑,况于辱乎!若教化之废,推中人而坠于小人之域;教化之行,引中人而纳于君子之涂。是谓章化。小人之情,缓则骄,骄则恣,恣则怨,怨则叛,危则谋乱,安则思欲,非威强无以惩之。故在上者,必有武备,以戒不虞,以遏寇虐。安居则寄之内政,有事则用之军旅。是谓秉威。

赏罚,政之柄也。明赏必罚,审信慎令,赏以劝善,罚以惩恶。人主不妄赏,非徒爱其财也,赏妄行则善不劝矣。不妄罚,非矜其人也,罚妄行则恶不惩矣。赏不劝谓之止善,罚不惩谓之纵恶。在上者能不止下为善,不纵下为恶,则国法立矣。是谓统法。四患既蠲,五政又立,行之以诚,守之以固,简而不怠,疏而不失,无为为之,使自施之,无事事之,使自交之。不肃而成,不严而化,垂拱揖让,而海内平矣。是谓为政之方。

又言:

尚主之制非古。厘降二女,陶唐之典。归妹元吉,帝乙之训。王姬归齐,宗周之礼。以阴乘阳违天,以妇陵夫违人。违天不祥,违人不义。又古者天子诸侯有事,必告于庙。朝有二史,左史记言,右史记事。事为《春秋》,言为《尚书》。君举必记,善恶成败,无不存焉。下及士庶,苟有茂异,咸在载籍。或欲显而不得,或欲隐而名章。得失一朝,而荣辱千载。善人劝焉,淫人惧焉。宜于今者备置史官,掌其典文,纪其行事。每于岁尽,举之尚书。以助赏罚,以弘法教。

帝览而善之。帝好典籍,常以班固《汉书》文繁难省,乃令悦依《左氏传》体以为《汉纪》三十篇,诏尚书给笔札。辞约事详,论辨多美。其序之曰:"昔在上圣,惟建皇极,经纬天地,观象立法,乃作书契,以通宇宙,扬于王庭,厥用大焉。先王光演大业,肆于时夏。亦惟厥后,永世作典。夫立典有五志焉:一曰达道义,二曰章法式,三曰通古今,四曰著功勋,五曰表贤能。于是天人之际,事物之宜,粲然显著,罔不备矣。世济其轨,不陨其业。损益盈虚,与时消息。臧否不同,其揆一也。汉四百有六载,拨乱反正,统武兴文,永惟祖宗之洪业,思光启乎万嗣。圣上穆然,惟文之恤,瞻前顾后,是绍是继,阐崇大猷,命立国典。于是缀叙旧书,以述《汉纪》。中兴以前,明主贤臣得失之轨,亦足以观矣。"

又著《崇德》《正论》及诸论数十篇。年六十二,建安十四年卒。

韩韶传

韩韶字仲黄,颍川舞阳人也。少仕郡,辟司徒府。时太山贼公孙举伪号历年,守令不能破散,多为坐法。尚书选三府掾能理剧者,乃以韶为嬴长。贼闻其贤,相戒不入嬴境。余县多被寇盗,废耕桑,其流入县界求索衣粮者甚众。韶愍其饥困,乃开仓赈之,所禀赡万余户。主者争谓不可。韶曰:"长活沟壑之人,而以此伏罪,含笑入地矣。"太守素知韶名德,竟无所坐。以病卒官。同郡李膺、陈寔、杜密、荀淑等为立碑颂焉。

子融,字元长。少能辩理而不为章句学。声名甚盛,五府并辟。献帝初,至太仆。年七十卒。

钟皓传

钟皓字季明,颍川长社人也。为郡著姓,世善刑律。皓少以笃行称,公府连辟,为二兄未仕,避隐密山,以诗律教授门徒千余人。同郡陈寔,年不及皓,皓引与为友。皓为郡功曹,会辟司徒府,临辞,太守问:"谁可代卿者?"皓曰:"明府欲必得其人,西门亭长陈寔可。"寔闻之,曰:"钟君似不察人,不知何独识我?"皓顷之自劾去。前后九辟公府，征为廷尉正、博士、林虑长，皆不就。时皓及荀淑并为士大夫所归慕。李膺常叹曰："荀君清识难尚，钟君至德可师。"

皓兄子瑾母，膺之姑也。瑾好学慕古，有退让风，与膺同年，俱有声名。膺祖太尉脩，常言："瑾似我家性，邦有道不废，邦无道免于刑戮。"复以膺妹妻之。瑾辟州府，未尝屈志。膺谓之曰："孟子以为'人无是非之心，非人也'。弟何期不与孟轲同邪？"瑾常与膺言白皓。皓曰："昔国武子好昭人过，以致怨本。卒保身全家，尔道之贵。"其体训所安，多此类也。年六十九，终于家。诸儒颂之曰："林虑懿德，非礼不处。悦此诗书，弦琴乐古。五就州招，九膺台辅。逡巡王命，卒岁容与。"

皓孙繇，建安中为司隶校尉。

陈寔传

陈寔字仲弓，颍川许人也。出于单微。自为儿童，虽在戏弄，为等类所归。少作县吏，常给事厮役，后为都亭佐。而有志好学，坐立诵读。县令邓邵试与语，奇之，听受业太学。后令复召为吏，乃避隐阳城山中。时有杀人者，同县杨吏以疑寔，县遂逮系，考掠无实，而后得出。及为督邮，乃密托许令，礼召杨吏。远近闻者，咸叹服之。家贫，复为郡西门亭长，寻转功曹。时中常侍侯览托太守高伦用吏，伦教署为文学掾。寔知非其人，怀檄请见。言曰："此人不宜用，而侯常侍不可违。寔乞从外署，不足以尘明德。"伦从之。于是乡论怪其非举，寔终无所言。伦后被征为尚书，郡中士大夫送至轮氏传舍。伦谓众人言曰："吾前为侯常侍用吏，陈君密持教还，而于外白署。比闻议者以此少之，此咎由故人畏惮强御，陈君可谓善则称君，过则称己者也。"寔固自引愆，闻者方叹息，由是天下服其德。司空黄琼辟选理剧，补闻喜长，旬月，以期丧去官。复再迁除太丘长。修德清静，百姓以安。邻县人户归附者，寔辄训导譬解，发遣各令还本司官行部。吏虑有讼者，白欲禁之。寔曰："讼以求直，禁之理将何申？其勿有所拘。"司官闻而叹息曰："陈君所言若是，岂有怨于人乎？"亦竟无讼者。以沛相赋敛违法，乃解印绶去，吏人追思之。及后逮捕党人，事亦连寔。余人多逃避求免，寔曰："吾不就狱，众无所恃。"乃请囚焉。遇赦得出。灵帝初，大将军窦武辟以为掾属。时中常侍张让权倾天下。让父死，归葬颍川，虽一郡毕至，而名士无往者，让甚耻之，寔乃独吊焉。及后复诛党人，让感寔，故多所全宥。寔在乡闾，平心率物。其有争讼，辄求判正，晓譬曲直，退无怨者。至乃叹曰："宁为刑罚所加，不为陈君所短。"时岁荒民俭，有盗夜入其室，止于梁上。寔阴见，乃起自整拂，呼命子孙，正色训之曰："夫人不可不自勉。不善之人未必本恶，习以性成，遂至于此。梁上君子者

是矣！"盗大惊，自投于地，稽颡归罪。寔徐譬之曰："视君状貌，不似恶人，宜深克己反善。然此当由贫困。"令遗绢二匹。自是一县无复盗窃。太尉杨赐、司徒陈耽，每拜公卿，群僚毕贺，赐等常叹寔大位未登，愧于先之。及党禁始解，大将军何进、司徒袁隗遣人敦寔，欲特表以不次之位。寔乃谢使者曰："寔久绝人事，饰巾待终而已。"时三公每缺，议者归之，累见征命，遂不起，闭门悬车，栖迟养老。中平四年，年八十四，卒于家。何进遣使吊祭，海内赴者三万余人，制衰麻者以百数。共刊石立碑，谥为文范先生。

有六子，纪、谌最贤。

纪字元方，亦以至德称。兄弟孝养，闺门雍和，后进之士皆推慕其风。及遭党锢，发愤著书数万言，号曰《陈子》。党禁解，四府并命，无所屈就。遭父忧，每哀至，辄欧血绝气，虽衰服已除，而积毁消瘠，殆将灭性。豫州刺史嘉其至行，表上尚书，图象百城，以厉风俗。董卓入洛阳，乃使就家拜五官中郎将，不得已，到京师，迁侍中。出为平原相，往谒卓，时欲徙都长安，乃谓纪曰："三辅平敞，四面险固，土地肥美，号为陆海。今关东兵起，恐洛阳不可久居。长安犹有宫室，今欲西迁何如？"纪曰："天下有道，守在四夷。宜修德政，以怀不附。迁移至尊，诚计之末者。愚以公宜事委公卿，专精外任。其有违命，则威之以武。今关东兵起，民不堪命。若谦远朝政，率师讨伐，则涂炭之民，庶几可全。若欲徙万乘以自安，将有累卵之危，峥嵘之险也。"卓意甚忤，而敬纪名行，无所复言。时议欲以为司徒，纪见祸乱方作，不复辨严，即时之郡。玺书追拜太仆，又征为尚书令。建安初，袁绍为太尉，让于纪；纪不受，拜大鸿胪。年七十一，卒于官。

子群，为魏司空。天下以为公惭卿，卿惭长。

弟谌，字季方。与纪齐德同行，父子并著高名，时号三君。每宰府辟召，常同时旌命，羔雁成群，当世者靡不荣之。谌早终。

论曰：汉自中世以下，陶竖擅恣，故俗遂以遁身矫絜放言为高。士有不谈此者，则芸夫牧竖已叫呼之矣。故时政弥惛，而其风愈往。唯陈先生进退之节，必可度也。据于德故物不犯，安于仁故不离群，行成乎身而道训天下，故凶邪不能以权夺，王公不能以贵骄，所以声教废于上，而风俗清乎下也。

赞曰：二李师淑，陈君友皓。韩韶就吏，赢寇怀道。太丘奥广，模我彝伦。曾是渊轨，薄夫以淳。庆基既启，有蔚颍滨，二方承则，八慈继尘。

卷九十三　　李杜列传第五十三

李固传子燮

李固字子坚，汉中南郑人，司徒郃之子也。郃在《方术传》。固貌状有奇表，鼎角匿犀，足履龟文。少好学，常步行寻师，不远千里。遂究览坟籍，结交英贤。四方有志之士，多慕其风而来学。京师咸叹曰："是复为李公矣。"司隶、益州并命郡举孝廉，辟司空掾。皆不就。阳嘉二年，有地动、山崩、火灾之异，公卿举固对策，诏又特问当世之敝，为政所宜。固对曰：

臣闻王者父天母地，宝有山川。王道得则阴阳和穆，政化乖则崩震为灾。斯皆关之天心，效于成事者也。夫化以职成，官由能理，古之进者，有德有命；今之进者，唯财与力。伏闻诏书务求宽博，疾恶严暴。而今长吏多杀伐致声名者，必加迁赏；其存宽和无党援者，辄见斥逐。是以淳厚之风不宣，浇薄之俗未革。虽繁刑重禁，何能有益？前孝安皇帝变乱旧典，封爵阿母。因造妖孽，使樊丰之徒乘权放恣，侵夺主威，改乱嫡嗣，至令圣躬狼狈，亲遇大艰，既拔自困殆，龙兴即位，天下喁喁，属望风政。积敝之后，易致中兴，诚当沛然思惟善道；而论者犹云，方今之事，复同于前。臣伏从山草，痛心伤臆。实以汉兴以来，三百余年，贤圣相继，十有八主。岂无阿乳之恩？岂忘贵爵之宠？然上畏天威，俯案经典，知义不可，故不封也。今宋阿母虽有大功勤谨之德，但加赏赐，足以酬其劳苦；至于裂土开国，实乖旧典。闻阿母体性谦虚，必有逊让，陛下宜许其辞国之高，使成万安之福。

夫妃后之家所以少完全者，岂天性当然？但以爵位尊显，专总权柄，天道恶盈，不知自损，故至颠仆。先帝宠遇阎氏，位号太疾，故其受祸，曾不旋时。《老子》曰："其进锐，其退速也。"今梁氏戚为椒房，礼所不臣，尊以高爵，尚可然也。而子弟群从，荣显兼加。永平、建初故事，殆不如此。宜令步兵校尉冀及诸侍中还居黄门之官，使权去外戚，政归国家，岂不休乎！又诏书所以禁侍中尚书中臣子弟不得为吏察孝廉者，以其秉威权，容请托故也。而中常侍在日月之侧，声势振天下，子弟禄仕，曾无限极，虽外托谦默，不干州郡，而谄伪之徒，望风进举。今可为设常禁，同之中臣。

昔馆陶公主为子求郎，明帝不许，赐钱千万。所以轻厚赐，重薄位者，为官人失才，害及百姓也。窃闻长水司马武宣、开阳城门候羊迪等，无它功德，初拜便真。此虽小失，而渐坏旧章。先圣法度，所宜坚守，政教一跌，百年不复。《诗》云："上帝板板，下民卒瘅。"刺周王变祖法度，故使下民将尽病也。

今陛下之有尚书，犹天之有北斗也。斗为天喉舌，尚书亦为陛下喉舌。斗斟酌元气，运平四时。尚书出纳王命，赋政四海，权尊势重，责之所归。若不平心，灾眚必至。诚宜审择其人，以毗圣政。今与陛下共理天下者，外则公卿尚书，内则常侍黄门，譬犹一门之内，一家之事，安则共其福庆，危则通其祸败。刺史、二千石，外统职事，内受法则。夫表曲者景必邪，源清者流必絜，犹叩树本，百枝皆动也。《周颂》曰："薄言振之，莫不震叠。"此言动之于内，而应于外者也。由此言之，本朝号令，岂可蹉跌？间隙一开，则邪人动心；利竞暂启，则仁义道塞，刑罚不能复禁，化导以之寝坏，此天下之纪纲。当今之急务，陛下宜开石室，陈图书，招会群儒，引问失得，指摘变象，以求天意，其言有中理，即时施行，显拔其人，以表能者。则圣听日有所闻，忠臣尽其所知。又宜罢退宦官，去其权重，裁置常侍二人。方直有德者，省事左右；小黄门五人，才智闲雅者，给事殿中。如此，则论者厌塞，升平可致也。臣所以敢陈愚瞽，冒昧自闻者，傥或皇天欲令微臣觉悟陛下。陛下宜熟察臣言，怜赦臣死。

顺帝览其对，多所纳用，即时出阿母还弟舍，诸常侍悉叩头谢罪，朝廷肃然。以固为议郎。而阿母宦者疾固言直，因诈飞章以陷其罪，事从中下。大司农黄尚等请之于大将军梁商，又仆射黄琼救明固事，久乃得拜议郎。出为广汉雒令，至白水关，解印绶，还汉中，杜门不交人事。岁中，梁商请为从事中郎。商以后父辅政，而柔和自守，不能有所整裁，灾异数见，下权日重，固欲令商先正风化，退辞高满，乃奏记曰："《春秋》褒仪父以开义路，贬无骇以闭利门。夫义路闭则利门开，利门开则义路闭也。前孝安皇帝内任伯荣、樊丰之属，外委周广、谢恽之徒，开门受赂，署用非次，天下纷然，怨声满道。朝廷初立，颇存清静，未能数年，稍复堕损。左右党进者，日有迁拜，守死善道者，滞涸穷路，而未有改敝立德之方。又即位以来，十有余年，圣嗣未立，群下继望。可令中宫博简嫔媵，兼采微贱宜子之人，进御至尊，顺助天意。若有皇子，母自乳养，无委保妾医巫，以致飞燕之祸。明将军望尊位显，当以天下为忧，崇尚谦省，垂则万方。而新营祠堂，费功亿计，非以昭明令德，崇示清俭。自数年以来，灾怪屡见，比无雨润，而沈阴郁泱。宫省之内，容有阴谋。孔子曰：'智者见变思刑，愚者睹怪讳名。'天道无亲，可为祗畏。加近者月食既于端门之侧。月者，大臣之体也。夫穷高则危，大满则溢，月盈则缺，日中则移。凡此四者,自然之数也。天地之心,福谦忌盛,是以贤达功遂身退,全名养寿,无有忧迫之忧。诚令王纲一整,道行忠立,明公踵伯成之高,全不朽之誉,岂与此外戚凡辈耽荣好位者同日而论哉!固狂夫下愚,不达大体,窃感古人,一饭之报,况受顾遇而容不尽乎!"商不能用。

永和中,荆州盗贼起,弥年不定,乃以固为荆州刺史。固到,遣吏劳问境内,赦寇盗前衅,与之更始。于是贼帅夏密等敛其魁党六百余人,自缚归首。固皆原之。遣还,使自相招集,开示威法。半岁间,余类悉降,州内清平。

上奏南阳太守高赐等臧秽,赐等惧罪,遂共重赂大将军梁冀,冀为千里移檄,而固持之愈急。冀遂令徙固为太山太守。时太山盗贼屯聚历年,郡兵常千人,追讨不能制。固到,悉罢遣归农,但选留任战者百余人,以恩信招诱之。未满岁,贼皆弭散。迁将作大匠,上疏陈事曰:"臣闻气之清者为神,人之清者为贤,养身者以练神为宝,安国者以积贤为道。昔秦欲谋楚,王孙囫设坛西门,陈列名臣,秦使懅然,遂为寝兵。魏文侯师卜子夏,友田子方,轼段干木。故群俊竞至,名过齐桓,秦人不敢窥兵于西河,斯盖积贤人之符也。陛下拨乱龙飞,初登大位,聘南阳樊英、江夏黄琼、广汉杨厚、会稽贺纯,策书嗟叹,待以大夫之位。是以岩穴幽人,智术之士,弹冠振衣,乐欲为用,四海欣然,归服圣德。厚等在职,虽无奇卓,然夕惕孳孳,志在忧国。臣前在荆州,闻厚、纯等以病免归,诚以怅然,为时惜之。一日朝会,见诸侍中并皆年少,无一宿儒大人可顾问者,诚可叹息。宜征还厚等,以副群望。琼久处议郎,已且十年,众人皆怪始任隆崇,今更滞久。光禄大夫周举,才谟高正,宜在常伯,访以言议。侍中杜乔,学深行直,当世良臣,久托疾病,可敕令起。"又荐陈留杨伦、河南尹存、东平王惔、陈国何临、清河房植等。是日有诏征用伦、厚等,而迁琼、举,以固为大司农。

先是周举等八使案察天下,多所劾奏,其中并是宦者亲属,辄为请乞,诏遂令勿考。又旧任三府选令史,光禄试尚书郎,时皆特拜,不复选试。固乃与廷尉吴雄上疏,以为八使所纠,宜急诛讨,选举署置,可归有司。帝感其言,乃更下免八使所举刺史、二千石。自是稀复特拜,切责三公,明加考察,朝廷称善。乃复与光禄勋刘宣上言:"自顷选举牧守,多非其人,至行无道,侵害百姓。又宜止槃游,专心庶政。"帝纳其言,于是下诏诸州劾奏守令以下,政有乖枉,遇人无惠者,免所居官;其奸秽重罪,收付诏狱。及冲帝即位,以固为太尉,与梁冀参录尚书事。明年帝崩,梁太后以杨、徐盗贼盛强,恐惊扰致乱,使中常侍诏固等,欲须所征诸王侯到乃发丧。固对曰:"帝虽幼少,犹天下之父。今日崩亡,人神感动,岂有臣子反共掩匿乎?昔秦皇亡于沙丘,胡亥、赵高隐而不发,卒害扶苏,以至亡国。近北乡侯薨,阎后兄弟及江京等亦共掩秘,遂有孙程手刃之事。

此天下大忌,不可之甚者也。"太后从之,即暮发丧。

固以清河王蒜年长有德,欲立之,谓梁冀曰:"今当立帝,宜择长年高明有德,任亲政事者,愿将军审详大计,察周、霍之立文、宣,戒邓、阎之利幼弱。"冀不从,乃立乐安王子缵,年八岁,是为质帝。时冲帝将北卜山陵,固乃议曰:"今处处寇贼,军兴用费加倍,新创宪陵,赋发非一。帝尚幼小。可起陵于宪陵茔内,依康陵制度,其于役费三分减一。"乃从固议。时太后以比遭不造,委任宰辅,固所匡正,每辄从用,其黄门宦者一皆斥遣,天下咸望遂平,而梁冀猜专,每相忌疾。

初,顺帝时诸所除官,多不以次,及固在事,奏免百余人。此等既怨,又希望冀旨,遂共作飞章虚诬固罪曰:"臣闻君不稽古,无以承天;臣不述旧,无以奉君。昔尧殂之后,舜仰慕三年,坐则见尧于墙,食则睹尧于羹。斯所谓聿追来孝,不失臣子之节者。太尉李固,因公假私,依正行邪,离间近戚,自隆支党。至于表举荐达,例皆门徒;及所辟召,靡非先旧。或富室财赂,或子婿婚属,其列在官牒者凡四十九人。又广选贾竖,以补令史;募求好马,临窗呈试。出入逾佚,辎軿曜日。大行在殡,路人掩涕,固独胡粉饰貌,搔头弄姿,槃旋偃仰,从容冶步,曾无惨怛伤悴之心。山陵未成,违矫旧政,善则称己,过则归君,斥逐近臣,不得侍送,作威作福,莫固之甚。臣闻台辅之位,实和阴阳,璇机不平,寇贼奸轨,则责在太尉。固受任之后,东南跋扈,两州数郡,千里萧条,兆人伤损,大化陵迟,而诋疵先主,苟肆狂狷。存无廷争之忠,没有诽谤之说。夫子罪莫大于累父,臣恶莫深于毁君。固之过衅,事合诛辟。"书奏,冀以白太后,使下其事。太后不听,得免。

冀忌帝聪慧,恐为后患,遂令左右进鸩。帝苦烦甚,使促召固。固入,前问:"陛下得患所由?"帝尚能言,曰:"食煮饼,今腹中闷,得水尚可活。"时冀亦在侧,曰:"恐吐,不可饮水。"语未绝而崩。固伏尸号哭,推举侍医。冀虑其事泄,大恶之。因议立嗣,固引司徒胡广、司空赵戒,先与冀书曰:"天下不幸,仍遭大忧。皇太后圣德当朝,摄统万机,明将军体履忠孝,忧存社稷,而频年之间,国祚三绝。今当立帝,天下重器,诚知太后垂心,将军劳虑,详择其人,务存圣明。然愚情眷眷,窃独有怀。远寻先世废立旧仪,近见国家践祚前事,未尝不询访公卿,广求群议,令上应天心,下合众望。且永初以来,政事多谬,地震宫庙,彗星竟天,诚是将军用情之日。传曰:'以天下与人易,为天下得人难。'昔昌邑之立,昏乱日滋,霍光忧愧发愤,悔之折骨。自非博陆忠勇,延年奋发,大汉之祀,几将倾矣。至忧至重,可不熟虑!悠悠万事,唯此为大。国之兴衰,在此一举。"冀得书,乃召三公、中二千石、列侯大议所立。固、广、戒及大鸿胪杜乔皆以为清河王蒜明德著闻,又属最尊亲,宜立为嗣。先是蠡吾侯志当取冀妹,时在京师,冀欲立之。众论既异,愤愤不得意,而未有以相夺。中常侍曹腾等闻而夜往说冀曰:"将军累世有椒房之亲,秉摄万机,宾客纵横,多有过差。清河王严明,若果立,则将军受祸不久矣。不如立蠡吾侯,富贵可长保也。"冀然其言。明日重会公卿,冀意气凶凶,而言辞激切。自胡广、赵戒以下,莫不慑惮之。皆曰:"惟大将军令。"而固独与杜乔坚守本议。冀厉声曰:"罢会。"固意既不从,犹望众心可立,复以书劝冀。冀愈激怒,乃说太后先策免固,竟立蠡吾侯,是为桓帝。

后岁余,甘陵刘文、魏郡刘鲔各谋立蒜为天子,梁冀因此诬固与文、鲔共为妖言,下狱。门生勃海王调贯械上书,证固之枉,河内赵承等数十人亦要铁锧诣阙通诉,太后明之,乃赦焉。及出狱,京师市里皆称万岁。冀闻之大惊,畏固名德终为己害,乃更据奏前事,遂诛之,时年五十四。临命,与胡广、赵戒书曰:"固受国厚恩,是以竭其股肱,不顾死亡,志欲扶持王室,比隆文、宣。何图一朝梁氏迷谬,公等曲从,以吉为凶,成事为败乎?汉家衰微,从此始矣。公等受主厚禄,颠而不扶,倾覆大事,后之良史,岂有所私?固身已矣,于义得矣,夫复何言!"广、戒得书悲惭,皆长叹流涕。

州郡收固二子基、兹于郾城,皆死狱中。小子燮得脱亡命。冀乃封广、戒而露固尸于四衢,令有敢临者加其罪。固弟子汝南郭亮,年始成童,游学洛阳,乃左提章钺,右秉铁锧,诣阙上书,乞收固尸,不许,因往临哭,陈辞于前,遂守丧不去。夏门亭长呵之曰:"李、杜二公为大臣,不能安上纳忠,而兴造无端。卿曹何等腐生,公犯诏书,干试有司乎?"亮曰:"亮含阴阳以生,戴乾履坤。义之所动,岂知性命,何为以死相惧?"亭长叹曰:"居非命之世,天高不敢不蹐,地厚不敢不蹐。耳目适宜视听,口不可以妄言也。"太后闻而不诛。南阳人董班亦往哭固,而殉尸不肯去。太后怜之,乃听襚敛归葬。二人由此显名,三公并辟,班遂隐身,莫知所归。固所著章、表、奏、议、教令、对策、记、铭凡十一篇。弟子赵承等悲叹不已,乃共论固言迹,以为《德行》一篇。

燮字德公,初,固既策罢,知不免祸,乃遣三子归乡里。时燮年十三,姊文姬为同郡赵伯英妻,贤而有智,见二兄归,具知事本,默然独悲曰:"李氏灭矣!自太公已来,积德累仁,何以遇此?"密与二兄谋豫藏匿燮,托言还京师,人咸信之。有顷难作,下郡收固三子。二兄受害,文姬乃告父门生王成曰:"君执义先公,有古人之节。今委君以六尺之孤,李氏存灭,其在君矣。"成感其义,乃将燮乘江东下,入徐州界内,令变名姓为酒家佣,而成卖卜于市。各为异人,阴相往来。燮从受学,酒家异,意非恒人,以女妻燮,燮专精经学。十余年间,梁冀既诛而灾眚屡见。明年,史官上言宜有赦令,又当存录大臣冤死者子孙,于是大赦天下,

并求固后嗣。燮乃以本末告酒家,酒家具车重厚遣之,皆不受,遂还乡里,追服。姊弟相见,悲感傍人。既而戒燮曰:"先公正直,为汉忠臣,而遇朝廷倾乱,梁冀肆虐,令吾宗祀血食将绝,今弟幸而得济,岂非天邪!宜杜绝众人,勿妄往来,慎无一言加于梁氏。加梁氏则连主上,祸重至矣,唯引咎而已。"燮谨从其诲。后王成卒,燮以礼葬之。感伤旧恩,每四节为设上宾之位而祠焉。州郡礼命,四府并辟,皆无所就,后征拜议郎。及其在位,廉方自守,所交皆舍短取长,好成人之美。时颍川荀爽、贾彪,虽俱知名而不相能,燮并交二子,情无适莫,世称其平正。

灵帝时拜安平相。先是安平王续为张角贼所略,国家赎王得还,朝廷议复其国,燮上奏曰:"续在国无政,为妖贼所虏,守藩不称,损辱圣朝,不宜复国。"时议者不同而续竟归藩。燮以谤毁宗室,输作左校。未满岁,王果坐不道被诛,乃拜燮为议郎。京师语曰:"父不肯立帝,子不肯立王。"擢迁河南尹,时既以货赂为官,诏书复横发钱三亿,以实西园。燮上书陈谏,辞义深切,帝乃止。先是颍川甄邵谄附梁冀,为邺令。有同岁生得罪于冀,亡奔邵,邵伪纳而阴以告冀,冀即捕杀之。邵当迁为郡守,会母亡,邵且埋尸于马屋,先受封,然后发丧。邵还至洛阳,燮行涂遇之,使卒投车于沟中,笞捶乱下,大署帛于其背曰:"谄贵卖友,贪官埋母。"乃具表其状。邵遂废锢终身。燮在职二年卒,时人感其世忠正,咸伤惜焉。

杜乔传

杜乔字叔荣,河内林虑人也。少为诸生,举孝廉,辟司徒杨震府。稍迁为南郡太守,转东海相,入拜侍中。

汉安元年,以乔守光禄大夫,使徇察兖州。表奏太山太守李固政为天下第一;陈留太守梁让、济阴太守汜宫、济北相崔瑗等臧罪千万以上。让即大将军梁冀季父,宫、瑗皆冀所善。还,拜太子太傅,迁大司农。

时梁冀子弟五人及中常侍等以无功并封,乔上书谏曰:"陛下越从藩臣,龙飞即位,天人属心,万邦攸赖。不急忠贤之礼,而先左右之封,伤善害德,兴长佞谀。臣闻古之明君,褒罚必以功过;末世闇主,诛赏各缘其私。今梁氏一门,宦者微孽,并带无功之绂,裂劳臣之土,其为乖滥,胡可胜言!夫有功不赏,为善失其望;奸回不诘,为恶肆其凶。故陈资斧而人靡畏,班爵位而物无劝。苟遂斯道,岂伊伤政,为乱而已,丧身亡国,可不慎哉!"书奏不省。益州刺史种暠举劾永昌太守刘君世以金蛇遗梁冀,事发觉,以蛇输司农。冀从乔借观之,乔不肯与,冀始为恨。累迁大鸿胪。时冀小女死,令公卿会丧,乔独不往,冀又衔之。迁光禄勋。建和元年,代胡广为太尉。桓帝将纳梁冀妹,冀欲令以厚礼迎之,乔据执旧典,不听。又冀属乔举汜宫为尚书,

乔以宫臧罪明著，遂不肯用，因此日忤于冀。先是李固见废，内外丧气，群臣侧足而立，唯乔正色无所回桡。由是海内叹息，朝野瞻望焉。在位数月，以地震免。宦者唐衡、左悺等因共譖于帝曰："陛下前当即位，乔与李固抗议言上不堪奉汉宗祀。"帝亦怨之。及清河王蒜事起，梁冀遂讽有司劾乔及李固与刘鲔等交通，请逮案罪。而梁太后素知乔忠，但策免而已。冀愈怒，使人胁乔曰："早从宜，妻子可得全。"乔不肯，明日冀遣骑至其门，不闻哭者，遂白执系之，死狱中。妻子归故郡，与李固俱暴尸于城北，家属故人莫敢视者。乔故掾陈留杨匡闻之，号泣星行到洛阳，乃著故赤帻，托为夏门亭吏，守卫尸丧，驱护蝇虫，积十二日，都官从事执之以闻。梁太后义而不罪。匡于是带鈇锧诣阙上书，并乞李、杜二公骸骨。太后许之。成礼殡殓，送乔丧还家，葬送行服，隐匿不仕。匡初好学，常在外黄大泽教授门徒。补蕲长，政有异绩，迁平原令。时国相徐曾，中常侍璜之兄也，匡耻与接事，托疾牧豕云。

论曰：夫称仁人者，其道弘矣。立言践行，岂徒徇名安己而已哉！将以定去就之概，正天下之风，使生以理全，死与义合也。夫专为义则伤生，专为生则骞义，专为物则害智，专为己则损仁。若义重于生，舍生可也；生重于义，全生可也。上以残闇失君道，下以笃固尽臣节。臣节尽而死之，则为杀身以成仁，去之不为求生以害仁也。顺桓之间，国统三绝，太后称制，贼臣虎视，李固据位持重，以争大义，确乎而不可夺。岂不知守节之触祸，耻夫覆折之伤任也。观其发正辞，及所遗梁冀书，虽机失谋乖，犹恋恋而不能已。至矣哉，社稷之心乎！其顾视胡广、赵戒，犹粪土也。

赞曰：李、杜司职，朋心合力。致主文、宣，抗情伊、稷。道亡时晦，终离罔极。燮同赵孤，世载弦直。

卷九十四
吴延史卢赵列传第五十四

吴祐传

吴祐字季英，陈留长垣人也。父恢，为南海太守。祐年十二，随从到官。恢欲杀青简以写经书，祐谏曰："今大人逾越五岭，远在海滨，其俗诚陋，然旧多珍怪，上为国家所疑，下为权威所望，此书若成，则载之兼两。昔马援以薏苡兴谤，王阳以衣囊徼名。嫌疑之间，诚先贤所慎也。"恢乃止，抚其首曰："吴氏世不乏季子矣。"及年二十，丧父，居无檐石，而不受赡遗。常牧豕于长垣泽中，行吟经书。遇父故人，谓曰："卿二千石子而自业贱事，纵子无耻，奈先

君何？"祐辞谢而已，守志如初。后举孝廉，将行，郡中为祖道，祐越坛共小史雍丘黄真欢语移时，与结友而别。功曹以祐倨，请黜之。太守曰："吴季英有知人之明，卿且勿言。"真后亦举孝廉，除新蔡长，世称其清节。时公沙穆来游太学，无资粮，乃变服客佣，为祐赁舂。祐与语大惊，遂共定交于杵臼之间。祐以光禄四行迁胶东侯相。时济北戴宏父为县丞，宏年十六，从在丞舍。祐每行园，常闻讽诵之音，奇而厚之，亦与为友，卒成儒宗，知名东夏，官至酒泉太守。祐政唯仁简，以身率物。民有争诉者，辄闭阁自责，然后断其讼，以道譬之。或身到闾里，重相和解。自是之后，争隙省息，吏人怀而不欺。啬夫孙性私赋民钱，市衣以进其父，父得而怒曰："有君如是，何忍欺之！"促归伏罪。性惭惧，诣阁持衣自首。祐屏左右问其故，性具谈父言。祐曰："掾以亲故，受污秽之名，所谓'观过斯知人矣'。"使归谢其父，还以衣遗之。又安丘男子毋丘长与母俱行市，道遇醉客辱其母，长杀之而亡，安丘追踪于胶东得之。祐呼长谓曰："子母见辱，人情所耻。然孝子忿必虑难，动不累亲。今若背亲逞怒，白日杀人，赦若非义，刑若不忍，将如之何？"长以械自系，曰："国家制法，囚身犯之。明府虽加哀矜，恩无所施。"祐问长有妻子乎？对曰："有妻未有子也。"即移安丘逮长妻，妻到，解其桎梏，使同宿狱中，妻遂怀孕。至冬尽行刑。长泣谓母曰："负母应死，当何以报吴君乎？"乃啮指而吞之，含血言曰："妻若生子，名之'吴生'，言我临死吞指为誓，属儿以报吴君。"因投缳而死。

祐在胶东九年，迁齐相，大将军梁冀表为长史。及冀诬奏太尉李固，祐闻而诣见，与冀争之，不听。时扶风马融在坐，为冀章草，祐因谓融曰："李公之罪，成于卿手。李公即诛，卿何面目见天下之人乎？"冀怒而起入室，祐亦径去，冀遂出祐为河间相，因自免归家，不复仕，躬灌园蔬，以经书教授。年九十八卒。

长子凤，官至乐浪太守；少子恺，新息令；凤子冯，鲖阳侯相：皆有名于世。

延笃传

延笃字叔坚，南阳犨人也。少从颍川唐谿典受《左氏传》，旬日能讽之，典深敬焉。又从马融受业，博通经传及百家之言，能著文章。有名京师。举孝廉，为平阳侯相。到官，表龚遂之墓，立铭祭祠，擢用其后于畎亩之间，以师丧弃官奔赴，五府并辟不就。桓帝以博士征，拜议郎，与朱穆、边韶共著作东观，稍迁侍中。帝数问政事，笃诡辞密对，动依典义。迁左冯翊，又徙京兆尹。其政用宽仁，忧恤民黎。擢用长者，与参政事，郡中欢爱，三辅咨嗟焉。先是陈留边凤为京兆尹，亦有能名，郡人为之语曰："前有赵张三王，后有边延二君。"

时皇子有疾，下郡县出珍药，而大将军梁冀遣客赍书诣京兆，并货牛黄。笃发书收客，曰："大将军椒房外家，而皇子有疾，必应陈进医方，岂当使客千里求利乎？"遂杀之。冀惭而不得言，有司承旨欲求其事。笃以病免归，教授家巷。

时人或疑仁孝前后之证，笃乃论之曰："观夫仁孝之辩，纷然异端，互引典文，代取事据，可谓笃论矣。夫人二致同源，总率百行，非复铢两轻重，必定前后之数也。而如欲分其大较，体而名之，则孝在事亲，仁施品物。施物则功济于时，事亲则德归于己。于己则事寡，济时则功多。推此以言，仁则远矣。然物有出微而著，事有由隐而章。近取诸身，则耳有听受之用，目有察见之明，足有致远之劳，手有饰卫之功，功虽显外，本之者心也。远取诸物，则草木之生，始于萌牙，终于弥蔓，枝叶扶疏，荣华纷缛，末虽繁蔚，致之者根也。夫仁人之有孝，犹四体之有心腹，枝叶之有本根也。圣人知之，故曰：'夫孝，天之经也，地之义也，人之行也。''君子务本，本立而道生，孝悌也者，其为仁之本与！'然体大难备，物性好偏，故所施不同，事少两兼者也。如必对其优劣，则仁以枝叶扶疏为大，孝以心体本根为先，可无讼也。或谓先孝后仁，非仲尼序回、参之意。盖以为仁孝同质而生，纯体之者，则互以为称，虞舜、颜回是也。若偏而体之，则各有其目，公刘、曾参是也。夫曾、闵以孝悌为至德，管仲以九合为仁功，未有论德不先回、参，考功不大夷吾。以此而言，各从其称者也。"

前越嶲太守李文德素善于笃，时在京师，谓公卿曰："延叔坚有王佐之才，奈何屈千里之足乎？"欲令引进之。笃闻，乃为书止文德曰："夫道之将废，所谓命也。流闻乃欲相为求还东观，来命虽笃，所未敢当，吾尝昧爽栉梳，坐于客堂。朝则诵羲、文之《易》，虞、夏之《书》，历公旦之典礼，览仲尼之《春秋》；夕则消摇内阶，咏《诗》南轩。百家众氏，投间而作。洋洋乎其盈耳也，涣烂兮其溢目也，纷纷欣欣兮其独乐也。当此之时，不知天之为盖，地之为舆，不知世之有人，己之有躯也。虽渐离击筑，傍若无人，高凤读书，不知暴雨，方之于吾，未足况也。且吾自束脩已来，为人臣不陷于不忠，为人子不陷于不孝，上交不谄，下交不黩，从此而殁，下见先君远祖，可不惭报。如此而不以善止者，恐如教羿射者也。慎勿迷其本，弃其生也。"后遭党事禁锢，永康元年，卒于家。乡里图其形于屈原之庙。笃论解经传，多所驳正，后儒服虔等以为折中。所著诗、论、铭、书、应讯、表、教令，凡二十篇云。

史弼传

史弼字公谦，陈留考城人也。父敞，顺帝时以佞辩至尚书、郡守。弼少笃学，聚徒数百。仕州郡，辟公府，迁北军中候。

是时桓帝弟渤海王悝素行险僻，僭傲多不法。弼惧其骄悖为乱，乃上封事曰："臣闻帝王之于亲戚，爱虽隆，必示之以威；体虽贵，必禁之以度。如是，和睦之道兴，骨肉之恩遂。昔周襄王恣甘昭公，孝景皇帝骄梁孝王，而二弟阶宠，终用勃慢，卒周有播荡之祸，汉有爰盎之变。窃闻渤海王悝，凭至亲之属，恃偏私之爱，失奉上之节，有僭慢之心，外聚剽轻不逞之徒，内荒酒乐，出入无常，所与群居，皆有口无行，或家之弃子，或朝之斥臣，必有羊胜、伍被之变。州司不敢弹纠，傅相不能匡辅。陛下隆于友于，不忍遏绝。恐遂滋蔓，为害弥大。乞露臣奏，宣示百僚，使臣得于清朝明言其失，然后诏公卿平处其法，法决罪定，乃下不忍之诏。臣下固执，然后少有所许。如是，则圣朝无伤亲之讥，勃海有享国之庆。不然，惧大狱将兴，使者相望于路矣。臣职典禁兵，备御非常，而妄知藩国，干犯至戚，罪不容诛。不胜愤懑，谨冒死以闻。"帝以至亲，不忍下其事。后悝竟坐逆谋，贬为廮陶王。

弼迁尚书，出为平原相。时诏书下举钩党，郡国所奏相连及者多至数百，唯弼独无所上。诏书前后切却州郡，髡笞掾史。从事坐传责弼："诏书疾恶党人，旨意恳恻。青州六郡，其五有党，近国甘陵，亦考南北部，平原何理而得独无？"弼曰："先王疆理天下，画界分境，水土异齐，风俗不同。它郡自有，平原自无，胡可相比？若承望上司，诬陷良善，淫刑滥罚，以逞非理，则平原之人，户可为党。相有死而已，所不能也。"从事大怒，即收郡僚职送狱，遂举奏弼。会党禁中解，弼以俸赎罪得免，济活者千余人。弼为政特挫抑强豪，其小民有罪，多所容贷。迁河东太守，被一切诏书当举孝廉。弼知多权贵请托，乃豫敕断绝书属。中常侍侯览果遣诸生赍书请之，并求假盐税，积日不得通。生乃说以它事谒弼，而因达书。弼大怒曰："太守忝荷重任，当选士报国，尔何人而伪诈无状！"命左右引出，楚捶数百，府丞、掾史十余人皆谏于廷，弼不对。遂付安邑狱，即日考杀之。侯览大怒，遂诈作飞章下司隶，诬弼诽谤，槛车征。吏人莫敢近者，唯前孝廉裴瑜送到崤渑之间，大言于道傍曰："明府摧折虐臣，选德报国，如其获罪，足以垂名竹帛，愿不忧不惧。"弼曰："'谁谓荼苦，其甘如荠。'昔人刎颈，九死不恨。"及下廷尉诏狱，平原吏人奔走诣阙讼之。又前孝廉魏劭毁变形服，诈为家僮，瞻护丁弼。弼遂受诬，事当弃市，劭与同郡人卖郡邸，行赂于侯览，得减死罪一等，论输左校。时人或讥曰："平原行货以免君，无乃蛊乎！"陶丘洪曰："昔文王牖里，闳、散怀金。史弼遭患，义夫献宝。亦何疑焉！"于是议者乃息。刑竟归田里，称病闭门不出。数为公卿所荐，议郎何休又讼弼有幹国之器，宜登台相，征拜议郎。侯览等恶之。光和中，出为彭城相，会病卒。裴瑜位至尚书。

论曰：夫刚烈表性，鲜能优宽；仁柔用情，多乏贞直。吴季英视人畏伤，发言恋恋，似夫儒者；而怀愤激扬，折让权枉，又何壮也！仁以矜物，义以退身，君子哉！语曰："活千人者子孙必封。"史弼频颜严吏，终全平原之党，而其后不大，斯亦未可论也。

卢植传

卢植字子幹，涿郡涿人也。身长八尺二寸，音声如钟。少与郑玄俱事马融，能通古今学，好研精而不守章句。融外戚豪家，多列女倡歌舞于前。植侍讲积年，未尝转眄，融以是敬之。学终辞归，闺门教授，性刚毅有大节，常怀济世志，不好辞赋，能饮酒一石。

时皇后父大将军窦武援立灵帝，初秉机政，朝议欲加封爵。植虽布衣，以武素有名誉，乃献书以规之曰："植闻嫠有不恤纬之事，漆室有倚楹之戚，忧深思远，君子之情。夫士立争友，义贵切磋。《书》陈'谋及庶人'，《诗》咏'询于刍荛'。植诵先王之书久矣，敢爱其瞽言哉！乃足下之于汉朝，犹旦、奭之在周室，建立圣主，四海有系。论者以为吾子之功，于斯为重。天下聚目而视，攒耳而听，谓准之前事，将有景风之祚。寻《春秋》之义，王后无嗣，择立亲长，年均以德，德均则决之卜筮。今同宗相后，披图案谍，以次建之，何勋之有？岂横叨天功以为己力乎！宜辞大赏，以全身名。又比世祚不竞，仍外求嗣，可谓危矣。而四方未宁，盗贼伺隙，恒岳、勃碣，特多奸盗，将有楚人胁比，尹氏立朝之变。宜依古礼，置诸子之官，征王侯爱子，宗室贤才，外崇训道之义，内息贪利之心，简其良能，随用爵之，强干弱枝之道也。"武并不能用。州郡数命，植皆不就。建宁中，征为博士，乃始起焉。熹平四年，九江蛮反，四府选植才兼文武，拜九江太守，蛮寇宾服。以疾去官。作《尚书章句》《三礼解诂》。时始立太学《石经》，以正《五经》文字，植乃上书曰："植少从通儒故南郡太守马融受古学，颇知今之《礼记》特多回冗。臣前以《周礼》诸经，发起秕谬，敢率愚浅，为之解诂，而家乏，无力供缮写上。愿得将能书生二人，共诣东观，就官财粮，专心研精，合《尚书》章句，考《礼记》失得，庶裁定圣典，刊正碑文。古文科斗，近于为实，而厌抑流俗，降在小学。中兴以来，通儒达士班固、贾逵、郑兴父子，并敦悦之。今《毛诗》、《左氏》、《周礼》各有传记，其与《春秋》共相表里，宜置博士，为立学官，以助后来，以广圣意。"会南夷反叛，以植尝在九江有恩信，拜为庐江太守。植深达政宜，务存清静，弘大体而已。

岁余，复征拜议郎，与谏议大夫马日磾、议郎蔡邕、杨彪、韩说等并在东观，校中书《五经》记传，补续《汉记》。帝以非急务，转为侍中，迁尚书。光和元年，有日食之异，植上封事谏曰："臣闻《五行传》'日晦而月见谓之朓，王侯其舒'。此谓君政舒缓，故日食晦也。《春秋传》曰'天子避位移时'，言其相掩不过移时也。而间者日食自已过午，既食之后，云雾晻暧。比年地震，彗孛互见。臣闻汉以火德，化当宽明。近色信谗，忌之甚者，如火畏水故也。案今年之变，皆阳失阴侵，消御灾凶，宜有其道。谨略陈八事：一曰用良，二曰原禁，三曰御疠，四曰备寇，五曰修礼，六曰遵尧，七曰御下，八曰散利。用良者，宜使州郡核举贤良，随方委用，责求选举。原禁者，凡诸党锢，多非其罪，可加赦恕，申宥回枉。御疠者，宋后家属，并以无辜委骸横尸，不得收葬，疫疠之来，皆由于此。宜敕收拾，以安游魂。备寇者，侯王之家，赋税减削，愁穷思乱，必致非常，宜使给足，以防未然。修礼者，应征有道之人，若郑玄之徒，陈明《洪范》，攘服灾咎。遵尧者，今郡守刺史一月数迁，宜依黜陟，以章能否，纵不九载，可满三岁。御下者，请谒希爵，一宜禁塞，迁举之事，责成主者。散利者，天子之体，理无私积，宜弘大务，蠲略细微。"帝不省。

中平元年，黄巾贼起，四府举植，拜北中郎将，持节，以护乌桓中郎将宗员副，将北军五校士，发天下诸郡兵征之。连战破贼帅张角，斩获万余人。角等走保广宗，植筑围凿堑，造作云梯，垂当拔之。帝遣小黄门左丰诣军观贼形势，或劝植以赂送丰，植不肯，丰还言于帝曰："广宗贼易破耳。卢中郎固垒息军，以待天诛。"帝怒，遂槛车征植，减死罪一等。及车骑将军皇甫嵩讨平黄巾，盛称植行师方略，嵩皆资用规谋，济成其功，以其年复为尚书。

帝崩，大将军何进谋诛中官，乃召并州牧董卓，以惧太后。植知卓凶悍难制，必生后患，固止之。进不从。及卓至，果陵虐朝廷，乃大会百官于朝堂，议欲废立。群僚无敢言，植独抗议不同。卓怒罢会，将诛植，语在《卓传》。植素善蔡邕，邕前徙朔方，植独上书请之。邕时见亲于卓，故往请植事。又议郎彭伯谏卓曰："卢尚书海内大儒，人之望也。今先害之，天下震怖。"卓乃止，但免植官而已。植以老病求归，惧不免祸，乃诡道从轘辕出。卓果使人追之，到怀，不及。遂隐于上谷，不交人事。冀州牧袁绍请为军师。初平三年卒。临困，敕其子俭葬于土穴，不用棺椁，附体单帛而已。所著碑、诔、表、记凡六篇。

建安中，曹操北讨柳城，过涿郡，告守令曰："故北中郎将卢植，名著海内，学为儒宗，士之楷模，国之桢干也。昔武王入殷，封商容之闾，郑丧子产，仲尼陨涕。孤到此州，嘉其余风。《春秋》之义，贤者之后，宜有殊礼。亟遣丞掾除其坟墓，存其子孙，并致薄醆，以彰厥德。"子毓，知名。

论曰：风霜以别草木之性，危乱而见贞良之节，则卢公之心可知矣。夫蜂虿起怀，雷霆骇耳，虽贲、育、荆、诸之伦，未有不尤豫夺常者也。当植抽白刃严阁之下，追帝河津之间，排戈刃，赴戕折，岂先计哉？君子之于忠义，造次必于是,颠沛必于是也。

赵岐传

赵岐字邠卿,京兆长陵人也。初名嘉,生于御史台,因字台卿,后避难,故自改名字,示不忘本土也。岐少明经,有才艺,娶扶风马融兄女。融外戚豪家,岐常鄙之,不与融相见。仕州郡,以廉直疾恶见惮,年三十余,有重疾,卧蓐七年,自虑奄忽,乃为遗令敕兄子曰:"大丈夫生世,遁无箕山之操,仕无伊、吕之勋。天不我与,复何言哉!可立一员石于吾墓前,刻之曰:'汉有逸人,姓赵名嘉。有志无时,命也奈何!'"其后疾瘳。

永兴二年,辟司空掾,议二千石得去官为亲行服,朝廷从之。其后为大将军梁冀所辟,为陈损益求贤之策,冀不纳。举理剧,为皮氏长。会河东太守刘祐去郡,而中常侍左悺兄胜代之,岐耻疾宦官,即日西归。京兆尹延笃复以为功曹。

先是中常侍唐衡兄玹为京兆虎牙都尉,郡人以玹进不由德,皆轻侮之。岐及从兄袭又数为贬议,玹深毒恨,延熹元年,玹为京兆尹,岐惧祸及,乃与从子戬逃避之,玹果收岐家属宗亲,陷以重法,尽杀之。岐遂逃难四方,江、淮、海、岱,靡所不历。自匿姓名,卖饼北海市中,时安丘孙嵩年二十余,游市见岐,察非常人,停车呼与共载。岐惧失色,嵩乃下帷,令骑屏行人。密问岐曰:"视子非卖饼者,又相问而色动,不有重怨,即亡命乎?我北海孙宾石,阖门百口,势能相济。"岐素闻嵩名,即以实告之,遂以俱归,嵩先入白母曰:"出行,乃得死友。"迎入上堂,飨之极欢,藏岐复壁中数年,岐作《厄屯歌》二十三章。后诸党死灭,因赦乃出。三府闻之,同时并辟。九年,乃应司徒胡广之命。会南匈奴、乌桓、鲜卑反叛,公卿举岐。擢拜并州刺史。岐欲奏守边之策,未及上,会坐党事免,因撰次以为《御寇论》。

灵帝初,复遭党锢十余岁。中平元年,四方兵起,诏选故刺史、二千石有文武才用者,征岐拜议郎,车骑将军张温西征关中,请补长史,别屯安定。大将军何进举为敦煌太守,行至襄武,岐与新除诸郡太守数人俱为贼边章等所执,贼欲胁以为帅。岐诡辞得免,展转还长安。及献帝西都,复拜议郎,稍迁太仆。及李傕专政,使太傅马日䃅抚慰天下,以岐为副。日䃅行至洛阳,表别遣岐宣扬国命,所到郡县,百姓皆喜曰:"今日乃复见使者车骑。"

是时袁绍、曹操与公孙瓒争冀州,绍及操闻岐至,皆自将兵数百里奉迎,岐深陈天子恩德,宜罢兵安人之道,又移书公孙瓒,为言利害。绍等各引兵去,皆与岐期会洛阳,奉迎车驾,岐南到陈留,得笃疾,经涉二年,期者遂不至。

兴平元年,诏书征岐,会帝当还洛阳,先遣卫将军董承修理宫室。岐谓承曰:"今海内分崩,唯有荆州境广地胜,西通巴蜀,南当交阯,年谷独登,兵人差全。岐虽迫大命,犹志报国家,欲自乘牛车,南说刘表,可使其身自将兵来卫朝廷,与将军并心同力,共奖王室,此安上救人之策也。"承即表遣岐使荆州,督租粮。岐至,刘表即遣兵诣洛阳助修宫室,军资委输,前后不绝。时孙嵩亦寓于表,表不为礼,岐乃称嵩素行笃烈,因共上为青州刺史。岐以老病,遂留荆州。

曹操时为司空,举以自代。光禄勋桓典、少府孔融上书荐之,于是就拜岐为太常。年九十余,建安六年卒,先自为寿藏,图季札、子产、晏婴、叔向四像居宾位,又自画其像居主位,皆为赞颂。敕其子曰:"我死之日,墓中聚沙为床,布簟白衣,散发其上,覆以单被,即日便下,下讫便掩。"岐多所述作,著《孟子章句》、《三辅决录》传于时。

赞曰:"吴翁温爱,义干刚烈。延、史字人,风和恩结。梁使显刑,诬党潜绝。子幹兼姿,逢掖临师,邠卿出疆,专命朝威。

卷九十五
皇甫张段列传第五十五

皇甫规传

皇甫规字威明,安定朝那人也。祖父棱,度辽将军。父旗,扶风都尉。

永和六年,西羌大寇三辅,围安定,征西将军马贤将诸郡兵击之,不能克。规虽在布衣,见贤不恤军事,审其必败,乃上书言状。寻而贤果为羌所没。郡将知规有兵略,乃命为功曹,使率甲士八百,与羌交战,斩首数级,贼遂退却。举规上计掾。其后羌众大合,攻烧陇西,朝廷患之。规乃上疏求乞自效,曰:"臣比年以来,数陈便宜。羌戎未动,策其将反,马贤始出,颇知必败。误中之言,在可考校。臣每惟贤等拥众四年,未有成功,悬师之费且百亿计,出于平人,回入奸吏。故江湖之人,群为盗贼,青、徐荒饥,襁负流散。夫羌戎溃叛,不由承平,皆由边将失于绥御。乘常守安,则加侵暴,苟竞小利,则致大害,微胜则虚张首级,军败则隐匿不言。军士劳怨,困于猾吏,进不得快战以徼功,退不得温饱以全命,饿死沟渠,暴骨中原。徒见王师之出,不闻振旅之声。酋豪泣血,惊惧生变。是以安不能久,败则经年。臣所以搏手叩心而增叹者也。愿假臣两营二郡,屯列坐食之兵五千,出其不意,与护羌校尉赵冲共相首尾。土地山谷,臣所晓习;兵势巧便,臣已更之。可不烦方寸之印,尺帛之赐,高可以涤患,下可以纳降。若谓臣年少官轻,不足用者,凡诸败将,非官爵之不高,年齿之不迈。臣不胜至诚，没死自陈。"时帝不能用。冲质之间，梁太后临朝，规举贤良方正，对策曰：

伏惟孝顺皇帝，初勤王政，纪纲四方，几以获安。后遭奸伪，威分近习，畜货聚马，戏谑是闻。又因缘嬖幸，受赂卖爵，轻使宾客，交错其间，天下扰扰，从乱如归。故每有征战，鲜不挫伤，官民并竭，上下穷虚。臣在关西，窃听风声，未闻国家有所先后，而威福之来，咸归权幸。陛下体兼乾坤，聪哲纯茂。摄政之初，拔用忠贞，其余维纲，多所改正。远近翕然，望见太平。而地震之后，雾气白浊，日月不光，旱魃为虐，大贼从横，流血丹野，庶品不安，谴咎累至，殆以奸臣权重之所致也。其常侍尤无状者，亟便黜遣，披坏凶党，收入财贿，以塞痛怨，以答天诫。

今大将军梁冀、河南尹不疑，处周、邵之任，为社稷之镇，加与王室世为姻族，今日立号甚尊可也。实宜增修谦节，辅以儒术，省去游娱不急之务，割减庐第无益之饰。夫君者舟也，人者水也。群臣乘舟者也，将军兄弟操楫者也。若能平志毕力，以度元元，所谓福也。如其急弛，将沦波涛，可不慎乎！夫德不称禄，犹凿墉之趾，以益其高，岂量力审功安固之道哉？凡诸宿猾、酒徒、戏客，皆耳纳邪声，口出谄言，甘心逸游，唱造不义。亦宜贬斥，以惩不轨。令冀等深思得贤之福，失人之累。又在位素餐，尚书怠职，有司依违，莫肯纠察，故使陛下专受谄谀之言，不闻户牖之外。臣诚知阿谀有福，深言近祸，岂敢隐心以避诛责乎！臣生长边ość，希涉紫庭，怖慑失守，言不尽心。

梁冀忿其刺己，以规为下第，拜郎中。托疾免归，州郡承冀旨，几陷死者再三。遂以《诗》、《易》教授，门徒三百余人，积十四年。后梁冀被诛，旬月之间，礼命五至，皆不就。

时太山贼叔孙无忌侵乱郡县，中郎将宗资讨之未服。公车特征规，拜太山太守。规到官，广设方略，寇贼悉平。延熹四年秋，叛羌零吾等与先零别种寇钞关中，护羌校尉段颎坐征。后先零诸种陆梁，覆没营坞。规素悉羌事，志自奋效，乃上疏曰："自臣受任，志竭愚钝，实赖兖州刺史牵颢之清猛，中郎将宗资之信义，得承节度，幸无咎誉。今滑贼就灭，太山略平，复闻群羌并皆反逆。臣生长邠岐，年五十有九，昔为郡吏，再更叛羌，豫筹其事，有误中之言。臣素有固疾，恐犬马齿穷，不报大恩，愿乞冗官，备单车一介之使，劳来三辅，宣国威泽，以所习地形兵势，佐助诸军。臣穷居孤危之中，坐观邦将，已数十年矣，自鸟鼠至于东岱，其病一也。力求猛敌，不如清平，勤明吴、孙，未若奉法。前变未远，臣诚戚之。是以越职，尽其区区。"至冬，羌遂大合，朝廷为忧。三公举规为中郎将，持节监关东兵，讨零吾等，破之，斩首八百级。先零诸种羌慕规威信，相劝降者十余万。明年，规因发其骑共讨陇右，而道路隔绝，军中大疫，死者十三四。规亲入庵庐，巡视将士，三军感悦。东羌遂遣使乞降，凉州复通。

先是安定太守孙儁受取狼籍，属国都尉李翕、督军御史张禀多杀降羌，凉州刺史郭闳、汉阳太守赵熹并老弱不堪任职，而皆倚恃权贵，不遵法度。规到州界，悉条奏其罪，或免或诛。羌人闻之，翕然反善。沈氏大豪滇昌、饥恬等十余万口，复诣规降。

规出身数年，持节为将，拥众立功，还督乡里，既无它私惠，而多所举奏，又恶绝宦官，不与交通，于是中外并怨，遂共诬规货赂群羌，令其文降。天子玺书诮让相属，规惧不免，上疏自讼曰："四年之秋，戎丑蠢庚，爰自西州，侵及泾阳，旧都惧骇，朝廷西顾。明诏不以臣愚驽，急使军就道。幸蒙威灵，遂振国命，羌戎诸种，大小稽首，辄移书营郡，以访诛纳，所省之费，一亿以上。以为忠臣之义，不敢告劳，故耻以片言自及微效，然比方先事，庶免罪悔，前践州界，先奏郡守孙儁，次及属国都尉李翕、督军御史张禀，旋师南征，又上凉州刺史郭闳、汉阳太守赵熹，陈其过恶，执据大辟。凡此五臣，支党半国，其余墨绶，下至小吏，所连及者，复有百余。吏托报将之怨，子思复父之耻，载贽驰车，怀粮步走，交构豪门，竞流谤蓝，云臣私报诸羌，谢其钱货。若臣以私财，则家无担石；如物出于官，则文簿易考。就臣愚惑，信如言者，前世尚遗匈奴以宫姬，镇乌孙以公主。今臣但费千万，以怀叛羌。则良臣之才略，兵家之所贵，将有何罪，负义违理乎？自永初以来，将出不少，覆军有五，动资巨亿。有旋车完封，写之权门，而名成功立，厚加爵封。今臣还督本土，纠举诸郡，绝交离亲，戮辱旧故，众谤阴害，固其宜也。臣虽污秽，廉絜无闻，今见覆没，耻痛实深。传称'鹿死不择音'，谨冒昧略上。"其年冬，征还拜议郎。论功当封，而中常侍徐璜、左悺欲从求货，数遣宾客就问功状，规终不答，璜等忿怒，陷以前事，下之于吏。官属欲赋敛请谢，规誓而不听，遂以余寇不绝，坐系廷尉，论输左校。诸公及太学生张凤等三百余人诣阙讼之。会赦，归家。征拜度辽将军，至营数月，上书荐中郎将张奂以自代。曰："臣闻人无常俗，而政有治乱；兵无强弱，而将有能否。伏见中郎将张奂，才略兼优，宜正其帅，以从众望。若犹谓愚臣宜充军事者，愿乞冗官，以为奂副。"朝庭从之，以奂代为度辽将军，规为使匈奴中郎将。及奂迁大司农，规复代为度辽将军。规为人多意算，自以连在大位，欲退身避第，数上病，不见听。会友人上郡太守王旻丧还，规缟素越界，到下亭迎之。因令客密告并州刺史胡芳，言规擅远军营，公违禁宪，当急举奏。芳曰："威明欲避第仕涂，故激发我耳。吾当为朝廷爱才，何能申此子计邪！"遂无所问。及党事大起，天下名贤多见染逮，规虽为名将，素誉不高。自以西州豪桀，耻不得豫，乃先自上言："臣前荐故大司农张奂，是附党也。又臣昔论输左校时，太学生张凤等上书讼臣,是为党人所附也。臣宜坐之。"朝廷知而不问,时人以为规贤。

在事数岁,北边威服。永康元年,征为尚书。其夏日食,诏公卿举贤良方正,下问得失。规对曰:"天之于王者,如君之于臣,父之于子也。诚以灾妖,使从福祥。陛下八年之中,三断大狱,一除内嬖,再诛外臣。而灾异犹见,人情未安者,殆贤愚进退,威刑所加,有非其理也。前太尉陈蕃、刘矩,忠谋高世,废在里巷;刘祐、冯绲、赵典、尹勋,正直多怨,流放家门;李膺、王畅、孔翊,洁身守礼,终无宰相之阶。至于钩党之辈,事起无端,虐贤伤善,哀及无辜。今兴改善政,易于覆手,而群臣杜口,鉴畏前害,互相瞻顾,莫肯正言。伏愿陛下暂留圣明,容受謇直,则前责可弭,后福必降。"对奏,不省。迁规弘农太守,封奉高亭侯,邑二百户,让封不受。再转为护羌校尉。熹平三年,以疾召还,未至,卒于穀城,年七十一。所著赋、铭、碑、赞、祷文、吊、章表、教令、书、檄、笺记,凡二十七篇。

论曰:孔子称"其言之不怍,则其为之也难。"察皇甫规之言,其心不怍哉!夫其审己则干禄,见贤则委位,故干禄不为贪,而委位不求让;称己不疑伐,而让人无惧情。故能功成于戎狄,身全于邦家也。

张奂传

张奂字然明,敦煌酒泉人也。父惇,为汉阳太守。奂少游三辅,师事太尉朱宠,学《欧阳尚书》。初,《牟氏章句》浮辞繁多,有四十五万余言,奂减为九万言。后辟大将军梁冀府,乃上书754,奏其《章句》,诏下东观,以疾去官,复举贤良,对策第一,擢拜议郎。

永寿元年,迁安定属国都尉。初到职,而南匈奴左奥鞬台耆、且渠伯德等七千余人寇美稷,东羌复举种应之,而奂壁唯有二百许人,闻即勒兵而出。军吏以为力不敌,叩头争止之。奂不听,遂进屯长城,收集兵士,遣将王卫招诱东羌,因据龟兹,使南匈奴不得交通东羌。诸豪遂相率与奂和亲,共击奥鞬等,连战破之。伯德惶恐,将其众降,郡界以宁。羌豪帅感奂恩德,上马二十匹,先零酋长又遗金镍八枚,奂并受之,而召主簿于诸羌前,以酒酹地曰:"使马如羊,不以入厩;使金如粟,不以入怀。"悉以金马还之。羌性贪而贵吏清,前有八都尉率好财货,为所患苦,及奂正身洁己,威化大行。迁使匈奴中郎将,时休屠各及朔方乌桓并同反叛,烧度辽将军门,引屯赤阬,烟火相望。兵众大恐,各欲亡去。奂安坐帷中,与弟子讲诵自若,军士稍安。乃潜诱乌桓阴与和通,遂使斩屠各渠帅,袭破其众,诸胡悉降。

延熹元年,鲜卑寇边,奂率南单于袭之,斩首数百级。

明年,梁冀被诛,奂以故吏免官禁锢。奂与皇甫规友善,奂既被锢,凡诸交旧莫敢为言,唯规荐举前后七上。在家四岁,复拜武威太守。平均徭赋,率厉散败,常为诸郡最,河西由是而全。其俗多妖忌,凡二月、五月产子及与父母同月生者,悉杀之。奂示以义方,严加赏罚,风俗遂改,百姓生为立祠。举尤异,迁度辽将军。数载间,幽、并清静。

九年春,征拜大司农。鲜卑闻奂去,其夏,遂招结南匈奴、乌桓数道入塞,或五六千骑,或三四千骑,寇掠缘边九郡,杀略百姓。秋,鲜卑复寇八九千骑入塞,诱引东羌与共盟诅,于是上郡沈氐、安定先零诸种共寇武威、张掖,缘边大被其毒。朝廷以为忧,复拜奂为护匈奴中郎将,以九卿秩督幽、并、凉三州及度辽、乌桓二营,兼察刺史、二千石能否,赏赐甚厚。匈奴、乌桓闻奂至,因相率还降,凡二十万口。奂但诛其首恶,余皆慰纳之。唯鲜卑出塞去。

永康元年春,东羌、先零五六千骑寇关中,围祋祤,掠云阳。夏,复攻没两营,杀千余人。冬,羌岸尾、摩蠡等胁同种复钞三辅。奂遣司马尹端、董卓并击,大破之,斩其酋豪,首虏万余人,三州清定。论功当封,奂不事宦官,故赏遂不行,唯赐钱二十万,除家一人为郎。并辞不受,而愿徙属弘农华阴。旧制边人不得内移,唯奂因功特听,故始为弘农人焉。

建宁元年,振旅而还。时窦太后临朝,大将军窦武与太傅陈蕃谋诛宦官,事泄,中常侍曹节等于中作乱,以奂新征,不知本谋,矫制使奂与少府周靖率五营士围武。武自杀,蕃因见害。奂迁少府,又拜大司农,以功封侯。奂深病为节所卖,上书固让,封还印绶,卒不肯当。

明年夏,青蛇见于御坐轩前,又大风雨雹,霹雳拔树,诏使百僚各言灾应。奂上疏曰:"臣闻风为号令,动物通气。木生于火,相须乃明。蛇能屈申,配龙腾蛰。顺至为休征,逆来为殃咎。阴气专用,则凝精为雹。故大将军窦武、太傅陈蕃,或志宁社稷,或方直不回,前以逸胜,并伏诛戮,海内默默,人怀震愤。昔周公葬不如礼,天乃动威。今武、蕃忠贞,未被明有,妖眚之来,皆为此也。宜急为改葬,徙还家属。其从坐禁锢,一切蠲除。又皇太后虽居南宫,而恩礼不接,朝臣莫言,远近失望。宜思大义顾复之报。"天子深纳奂言,以问诸黄门常侍,左右皆恶之,帝不得自从。转奂太常,与尚书刘猛、刁韪、卫良同荐王畅、李膺可参三公之选,而曹节等弥疾其言,遂下诏切责之。奂等皆自囚廷尉,数日乃得出,并以三月俸赎罪。司隶校尉王寓,出于宦官,欲借宠公卿,以求荐举,百僚畏惮,莫不许诺,唯奂独拒之。寓怒,因此遂陷以党罪,禁锢归田里。奂前为度辽将军,与段颎争击羌,不相平。及颎为司隶校尉,欲逐奂归敦煌,将害之。奂忧惧,奏记谢颎曰:"小人不明,得过州将,千里委命,以情相归。足下仁笃,照其辛苦,使人未反,复获邮书。恩诏分明,前以写白,而州期切促,郡县惶惧,屏营延企，侧待归命，父母朽骨，孤魂相托，若蒙矜怜，壹惠咳唾，则泽流黄泉，施及冥寞，非奂生死所能报塞。夫无毛发之劳，而欲求人丘山之用，此淳于髡所以拍髀仰天而笑者也。诚知言必见讥，然犹未能无望。何者？朽骨无益于人，而文王葬之；死马无所复用，而燕昭宝之。党同文、昭之德，岂不大哉！凡人之情，冤则呼天，穷则叩心。今呼天不闻，叩心无益，诚自伤痛。俱生圣世，独为匪人，孤微之人，无所告诉。如不哀怜，便为鱼肉。企心东望，无所复言。"奂虽刚猛，省书哀之，卒不忍也。时禁锢者多不能守静，或死或徙。奂闭门不出，养徒千人，著《尚书记难》三十余万言。

奂少立志节，尝与士友言曰："大丈夫处世，当为国家立功边境。"及为将帅，果有勋名。董卓慕之，使其兄遗缣百匹。奂恶卓为人，绝而不受。光和四年卒，年七十八。遗命曰："吾前后仕进，十要银艾，不能和光同尘，为逸邪所忌。通塞命也，始终常也。但地底冥冥，长无晓期，而复缠以纩绵，牢以钉密，为不喜耳。幸有前窀，朝殒夕下，措尸灵床，幅巾而已。奢非晋文，俭非王孙，推情从意，庶无咎吝。"诸子从之。武威多为立祠，世世不绝。所著铭、颂、书、教、诫述、志、对策、章表二十四篇。

长子芝，字伯英，最知名。芝及弟昶，字文舒，并善草书，至今称传之。

初，奂为武威太守，其妻怀孕，梦带奂印绶登楼而歌。讯之占者，曰："必将生男，复临兹邦，命终此楼。"既而生子猛，以建安中为武威太守，杀刺史邯郸商，州兵围之急，猛耻见擒，乃登楼自烧而死，卒如占云。

论曰：自鄀乡之封，中官世盛，暴恣数十年间，四海之内，莫不切齿愤盈，愿投兵于其族。陈蕃、窦武奋义草谋，征会天下，名士有识所共闻乞，而张奂见欺竖子，扬戈以断忠烈。虽恨毒在心，辞爵谢咎，《诗》云："啜其泣矣，何嗟及矣！"

段颎传

段颎字纪明，武威姑臧人也。其先出郑共叔段，西域都护会宗之从曾孙也。颎少便习弓马，尚游侠，轻财贿，长乃折节好古学。初举孝廉，为宪陵园丞、阳陵令，所在有能政。迁辽东属国都尉。时鲜卑犯塞，颎即率所领驰赴之。既而恐贼惊去，乃使驿骑诈赍玺书诏颎，颎于道伪退，潜于还路设伏。虏以为信然，乃入追颎。颎因大纵兵，悉斩获之。坐诈玺书伏重刑，以有功论司寇。刑竟，征拜议郎。

时太山、琅邪贼东郭窦、公孙举等聚众三万人，破坏郡县，遣兵讨之，连年不克。永寿二年，桓帝诏公卿选将有文武者，司徒尹颂荐颎，乃拜为中郎将。击窦、举等，大破

斩之，获首万余级，余党降散。封颎为列侯，赐钱五十万，除一子为郎中。

延熹二年，迁护羌校尉。会烧当、烧何、当煎、勒姐等八种羌寇陇西、金城塞，颎将兵及湟中义从羌万二千骑出湟谷，击破之，追讨南度河，使军吏田晏、夏育募先登，悬索相引，复战于罗亭，大破之，斩其酋豪以下二千级，获生口万余人，房皆奔走。

明年春，余羌复与烧何大豪寇张掖，攻没钜鹿坞，杀属国吏民，又招同种千余落，并兵晨奔颎军。颎下马大战，至日中，刀折矢尽，虏亦引退。颎追之，且斗且行，昼夜相攻，割肉食雪，四十余日，遂至河首积石山，出塞二千余里，斩烧何大帅，首虏五千余人。又分兵击石城羌，斩首溺死者千六百人。烧当种九十余口诣颎降。又杂种羌屯聚白石，颎复进击，首虏三千余人。冬，勒姐、零吾种围允街，杀略吏民，颎排营救之，斩获数百人。

四年冬，上郡沈氏、陇西牢姐、乌吾诸种羌共寇并凉二州，颎将湟中义从讨之。凉州刺史郭闳贪共其功，稽固颎军，使不得进。义从役久，恋乡旧，皆悉反叛。郭闳归罪于颎，颎坐征下狱，输作左校。羌遂陆梁，覆没营坞，转相招结，唐突诸郡，于是吏人守阙讼颎以千数。朝廷知颎为郭闳所诬，诏问其状。颎但谢罪，不敢言枉，京师称为长者。起于徒中，复拜议郎，迁并州刺史。

时滇那等诸种羌五六千人寇武威、张掖、酒泉、烧人庐舍。六年，寇势转盛，凉州几亡。冬，复以颎为护羌校尉，乘驿之职。明年春，羌封僇、良多、滇那等酋豪三百五十五人率三千落诣颎降。当煎、勒姐种犹自屯结。冬，颎将万余人击破之，斩其酋豪，首虏四千余人。

八年春，颎复击勒姐种，斩首四百余级，降者二千余人。夏，进兵击当煎种于湟中，颎兵败，被围三日，用隐士樊志张策，潜师夜出，鸣鼓还战，大破之，首虏数千人。颎遂穷追，展转山谷间，自春及秋，无日不战，虏遂饥困败散，北略武威间。颎凡破西羌，斩首二万三千级，获生口数万人，马牛羊八百万头，降者万余落。封颎都乡侯，邑五百户。

永康元年，当煎诸种复反，合四千余人，欲攻武威，颎复追击于鸾鸟，大破之，杀其渠帅，斩首三千余级，西羌于此弭定。而东羌先零等，自覆没征西将军马贤后，朝廷不能讨，遂数寇扰三辅。其后度辽将军皇甫规、中郎将张奂招之连年，既降又叛。桓帝诏问颎："先零东羌造恶反逆，而皇甫规、张奂各拥强众，不时辑定。欲颎移兵东讨，未识其宜，可参思术略。"颎因上言曰："臣伏见先零东羌虽数叛逆，而降于皇甫规者，已二万许落，善恶既分，余寇无几。今张奂踌躇久不进者，当虑外离内合，兵往必惊。且自冬践春，屯结不散，人畜疲羸，自亡之势，徒更招降，坐制强敌耳。臣以为狼子野心，难以恩纳，势穷虽服，兵去复动。唯当长矛挟胁，白刃加颈耳。计东种所余三万余落，居

近塞内,路无险折,非有燕、齐、秦、赵从横之势,而久乱并、凉,累侵三辅,西河、上郡,已各内徙,安定、北地,复至单危,自云中、五原,西至汉阳二千余里,匈奴、种羌,并擅其地,是为痈疽伏疾,留滞胁下,如不加诛,转就滋大。今若以骑五千,步万人,车三千两,三冬二夏,足以破定,无虑用费为钱五十四亿。如此,则可令群羌破尽,匈奴长服,内徙郡县,得反本土。伏计永初中,诸羌反叛,十有四年,用二百四十亿;永和之末,复经七年,用八十余亿。费耗若此,犹不诛尽,余孽复起,于兹作害。今不暂疲人,则永宁无期,臣庶竭驽尔,伏待节度。"帝许之,悉听如所上。

建宁元年春,颎将兵万余人,赍十五日粮,从彭阳直指高平,与先零诸种战于逢义山,房兵盛,颎众恐。颎乃令军中张镞利刃,长矛三重,挟以强弩,列轻骑为左右翼。激怒兵将曰:"今去家数千里,进则事成,走必尽死,努力共功名!"因大呼,众皆应声腾赴,颎驰骑于傍,突而击之,房众大溃,斩首八千余级,获牛马羊二十八万头。

时窦太后临朝,下诏曰:"先零东羌历载为患,颎前陈状,欲必埽灭。涉履霜雪,兼行晨夜,身当矢石,感厉吏士。曾未浃日,凶丑奔破,连尸积俘,掠获无算。洗雪百年之逋负,以慰忠将之亡魂。功用显著,朕甚嘉之。须东羌尽定,当并录功勤。今且赐颎钱二十万,以家一人为郎中。"敕中藏府调金钱彩物,增助军费。拜颎破羌将军。夏,颎复追羌出桥门,至走马水上。寻闻房在奢延泽,乃将轻兵兼行,一日一夜二百余里,晨及贼,击破之。余房走向落川,复相屯结。颎乃分遣骑司马田晏将五千人出其东,假司马夏育将二千人绕其西。羌分六七千人攻围晏等,晏等与战,羌溃走。颎急进,与晏等共追之于令鲜水上。颎士卒饥渴,乃勒众推方夺其水,房复散走。颎遂与相连缀,且斗且引,及于灵武谷。颎乃被甲先登,士卒无敢后者,羌遂大败,弃兵而走。追之三日三夜,士皆重茧。既到泾阳,余寇四千落,悉散入汉阳山谷间。

时张奂上言:"东羌虽破,余种难尽,颎性轻果,虑负败难常。宜且以恩降,可无后悔。"诏书下颎。颎复上言:"臣本知东羌虽众,而软弱易制,所以比陈愚虑,思为永宁之算。而中郎将张奂,说房强难破,宜用招降。圣朝明监,信纳瞽言,故臣谋得行,奂计不用。事势相反,遂怀猜恨。信叛羌之诉,饰润辞意,云臣兵累见折衄,又言羌一气所生,不可诛尽,山谷广大,不可空静,血流污野,伤和致灾。臣伏念周秦之际,戎狄为害,中兴以来,羌寇最盛,诛之不尽,降复叛。今先零杂种,累以反覆,攻没县邑,剽略人物,发冢露尸,祸及生死,上天震怒,假手行诛。昔邢为无道,卫国伐之,师兴而雨。臣动兵涉夏,连获甘澍,岁时丰稔,人无疾疫。上占天心,不为灾伤;下察人事,众和师克。自桥门以西,落川以东,故官县邑,更相通属,非为深险绝域之地,车骑安行,无应折衄。案奂为汉吏,身当武

职,驻军二年,不能平寇,虚欲修文戢戈,招降疙敌,诞辞空说,僭而无征。何以言之?昔先零作寇,赵充国徙令居内,煎当乱边,马援迁之三辅,始服终叛,至今为鲠。故远识之士,以为深忧。今傍郡户口单少,数为羌所创毒,而欲令降徒与之杂居,是犹种枳棘于良田,养虺蛇于室内也。故臣奉大汉之威,建长久之策,欲绝其本根,不使能殖。本规三岁之费,用五十四亿,今适期年,所耗未半,而余寇残烬,将向珍灭。臣每奉诏书,军不内御,愿卒斯言,一以任臣,临时量宜,不失权便。"

二年,诏遣谒者冯禅说降汉阳散羌。颎以春农,百姓布野,羌虽暂降,而县官无廪,必当复为盗贼,不如乘虚放兵,势必珍灭。夏,颎自进营,去羌所屯凡亭山四五十里,遣田晏、夏育将五千人据其山上。羌悉众攻之,厉声问曰:"田晏、夏育在此否?湟中义从羌悉在何面?今日欲决死生。"军中恐,晏等劝激兵士,殊死大战,遂破之。羌众溃,东奔。复聚射虎谷,分兵守诸谷上下门。颎规一举灭之,不欲复令散走,乃遣千人于西县结木为栅,广二十步,长四十里,遮之。分遣晏、育等将七千人,衔枚夜上西山,结营穿堑,去房一里许。又遣司马张恺等将三千人上东山。房乃觉之,遂攻晏等,分遮汲水道。颎自率步骑进击水上,羌却走,因与恺等挟东西山,纵兵击破之,羌复败散。颎追至谷上下门穷山深谷之中,处处破之,斩其渠帅以下万九千级,获牛马驴骡毡裘庐帐什物,不可胜数。冯禅等所招降四千人,分置安定、汉阳、陇西三郡,于是东羌悉平。凡百八十战,斩三万八千六百余级,获牛马羊骡驴骆驼四十二万七千五百余头,费用四十四亿,军士死者四百余人。更封新丰县侯,邑万户。颎行军仁爱,士卒疾病者,亲自瞻省,手为裹创。在边十余年,未尝一日蓐寝。与将士同苦,故皆乐为死战。

三年春,征还京师,将秦胡步骑五万余人,及汗血千里马,生口万余人。诏遣大鸿胪持节慰劳于镐。军至,拜侍中。转执金吾河南尹。有盗发冯贵人冢,坐左转谏议大夫,再迁司隶校尉。颎曲意宦官,故得保其富贵,遂党中常侍王甫,枉诛中常侍郑飒、董腾等,增封四千户,并前万四千户。

明年,代李咸为太尉,其冬病罢,复为司隶校尉。数岁,转颍川太守,征拜太中大夫。

光和二年,复代桥玄为太尉,在位月余,会日食自劾,有司举奏,诏收印绶,诣廷尉。时司隶校尉阳球奏诛王甫,并及颎,就狱中诘责之,遂饮鸩死,家属徙边。后中常侍吕强上疏,追讼颎功,灵帝诏颎妻子还本郡。

初,颎与皇甫威明、张然明,并知名显达,京师称为"凉州三明"云。

赞曰:山西多猛,"三明"俪踪。戎骖纠结,尘斥河、潼。

规、奂审策,亟遏嚣凶。文会志比,更相为容。段追两狄,束马县锋。纷纭腾突,谷静山空。

卷九十六　　陈王列传第五十六

陈蕃传

陈蕃字仲举,汝南平舆人也。祖河东太守。蕃年十五,尝闲处一室,而庭宇芜秽。父友同郡薛勤来候之,谓蕃曰:"孺子何不洒扫以待宾客?"蕃曰:"大丈夫处世,当扫除天下,安事一室乎!"勤知其有清世志,甚奇之。初仕郡,举孝廉,除郎中。遭母忧,弃官行丧。服阕,刺史周景辟别驾从事,以谏争不合,投传而去。后公府辟举方正,皆不就。太尉李固表荐,征拜议郎,再迁为乐安太守。时李膺为青州刺史,名有威政,属城闻风,皆自引去,蕃独以清绩留。郡人周璆,高洁之士。前后郡守招命莫肯至,唯蕃能致焉。字而不名,特为置一榻,去则县之。璆字孟玉,临济人,有美名。民有赵宣葬亲而不闭埏隧,因居其中,行服二十余年,乡邑称孝,州郡数礼请之。郡内以荐蕃,蕃与相见,问及妻子,而宣五子皆服中所生。蕃大怒曰:"圣人制礼,贤者俯就,不肖企及。且祭不欲数,以其易黩故也。况乃寝宿冢藏,而孕育其中,诳时惑众,诬污鬼神乎?"遂致其罪。大将军梁冀威震天下,时遣书诣蕃,有所请托,不得通,使者诈求谒,蕃怒,笞杀之,坐左转修武令。稍迁,拜尚书。时零陵、桂阳山贼为害,公卿议遣讨之,又诏下州郡,一切皆得举孝廉、茂才。蕃上疏驳之曰:"昔高祖创业,万邦息肩,抚养百姓,同之赤子。今二郡之民,亦陛下之赤子也。致令赤子为害,岂非所在贪虐,使其然乎?宜严敕三府,隐核牧守令长,其有在政失和,侵暴百姓者,即便举奏,更选清贤奉公之人,能班宣法令情在爱惠者,可不劳王师。而群贼弭息矣。又三署郎吏二千余人,三府掾属过限未除,但当择善而授之。简恶而去之。岂烦一切之诏,以长请属之路乎!"以此忤左右,故出为豫章太守。性方峻,不接宾客,士民亦畏其高。征为尚书令,送者不出郭门。迁大鸿胪。会白马令李云抗疏谏,桓帝怒,当伏重诛,蕃上书救云,坐免归田里。复征拜议郎,数日迁光禄勋。时封赏逾制,内宠猥盛,蕃乃上疏谏曰:"臣闻有事社稷者,社稷是为;有事人君者,容悦是为。今臣蒙恩圣朝,备位九列,见非不谏,则容悦也。夫诸侯上象四七,垂耀在天,下应分土,藩屏上国。高祖之约,非功臣不侯。而顷追录河南尹邓万世父遵之微功,更爵尚书令黄儁先人之绝封,近习以非义授邑,左右以无功传赏,授位不料其任,裂土莫纪其功,至乃一门之内,侯者数人,故纬象失度,阴阳谬序,稼用不成,民用不康。臣知封事已行,言之无及,诚欲陛下从是而止。又比年收敛,十伤五六,万人饥寒,不聊生活,而采女数千,食肉衣绮,脂油粉黛,不可计会。鄙谚言'盗不过五女门',以女贫家也。今后宫之女,岂不贫国乎!是以倾宫嫁而天下化,楚女悲而西宫灾。且聚而不御,必生忧悲之感,以致并隔水旱之困。夫狱以禁止奸违,官以称才理物。若法亏于平,官失其人,则王道有缺。而令天下之论,皆谓狱由怨起,爵以贿成。夫不有臭秽,则苍蝇不飞,陛下宜采求失得。择从忠善。尺一选举,委尚书三公,使褒责诛赏,各有所归,岂不幸甚!"帝颇纳其言,为出宫女五百余人,但赐儁爵关内侯,而万世南乡侯。

延熹六年,车驾幸广成校猎,蕃上疏谏曰:"臣闻人君有事于苑囿,唯仲秋西郊,顺时讲武,杀禽助祭,以敦孝敬。如或违此,则为肆纵,故皋陶戒舜'无教逸游',周公戒成王'无槃于游田'。虞舜、成王犹有此戒,况德不及二主者乎!夫安平之时,尚宜有节,况当今之世,有三空之厄哉!田野空,朝廷空,仓库空,是谓三空,加兵戎未戢,四方离散,是陛下焦心毁颜,坐以待旦之时也。岂宜扬旗曜武,骋心舆马之观乎!又秋前多雨,民始种麦。今失其劝种之时,而令给驱禽除路之役,非贤圣恤民之意也。齐景公欲观于海,放乎琅邪,晏子为陈百姓恶闻旌旗舆马之音,举首嚬眉之感,景公为之不行。周穆王欲肆车辙马迹,祭公谋父为诵《祈招》之诗,以止其心。诚恶逸游之害人也。"书奏不纳。自蕃为光禄勋,与五官中郎将黄琬共典选举,不偏权富,而为势家郎所谮诉,坐免归。顷之,征为尚书仆射,转太中大夫。八年,代杨秉为太尉。蕃让曰:"'不愆不忘,率由旧章。'臣不如太常胡广。齐七政,训五典,臣不如议郎王畅,聪明亮达,文武兼姿,臣不如弛刑徒李膺。"帝不许。中常侍苏康、管霸等复被任用,遂排陷忠良,共相阿媚。大司农刘祐、廷尉冯绲、河南尹李膺,皆以忤旨,为之抵罪。蕃因朝会,固理膺等,请加原宥,升之爵任。言及反覆,诚辞恳切。帝不听,因流涕而起。时小黄门赵津、南阳大猾张氾等,奉事中官,乘势犯法,二郡太守刘瓆、成瑨考案其罪,虽经赦令,而并竟考杀之。宦官怨恚,有司承旨,遂奏瓆、瑨罪当弃市。又山阳太守翟超,没入中常侍侯览财产,东海相黄浮,诛杀下邳令徐宣,超、浮并坐髡钳,输作左校。蕃与司徒刘矩、司空刘茂共谏请瓆、瑨、超、浮等,帝不悦。有司劾奏之,矩、茂不敢复言。蕃乃独上疏曰:"臣闻齐桓修霸,务为内政;《春秋》于鲁,小恶必书。宜先自整敕,后以及人。今寇贼在外,四支之疾;内政不理,心腹之患。臣寝不能寐。食不能饱,实忧左右日亲,忠言以疏,内患渐积,外难方深。陛下超从列侯,继承天位。小家畜产百万之资,子孙尚耻愧失其先业,况乃产兼天下,受之先帝。而欲懈怠以自轻忽乎?诚不爱己,不当念先帝得之勤苦邪？前梁氏五侯，毒遍海内，天启圣意，收而戮之，天下之议，冀当小平。明鉴未远，覆车如昨，而近习之权，复相扇结。小黄门赵津、大猾张氾等，肆行贪虐，奸媚左右，前太原太守刘瓆、南阳太守成瑨，纠而戮之。虽言赦后不当诛杀，原其诚心，在乎去恶。至于陛下，有何惆悒？而小人道长，营惑圣听，遂使天威为之发怒，如加刑谪，已为过甚，况乃重罚，令伏欧刀乎！又前山阳太守翟超、东海相黄浮，奉公不挠，疾恶如仇，超没侯览财物，浮诛徐宣之罪，并蒙刑坐，不逢赦恕，览之从横，没财已幸，宣犯衅过，死有余辜。昔丞相申屠嘉召责邓通，洛阳令董宣折辱公主，而文帝从而请之。光武加以重赏，未闻二臣有专命之诛。而今左右群竖，恶伤党类，妄相交构，致此刑遣。闻臣是言，当复啼诉。陛下深宜割塞近习豫政之源，引纳尚书朝省之事，公卿大官，五日壹朝，简练清高，斥黜佞邪。如是天和于上，地洽于下，休祯符瑞，岂远乎哉！陛下虽厌毒臣言，凡人主有自勉强，敢以死陈。"帝得奏愈怒，竟无所纳。朝廷众庶莫不怨之。宦官由此疾蕃弥甚，选举奏议，辄以中诏谴却，长史已下多至抵罪，犹以蕃名臣，不敢加害。瓆字文理，高唐人。瑨字幼平，陕人。并有经术称，处位敢直言，多所搏击，知名当时，皆死于狱中。

九年，李膺等以党事下狱考实。蕃因上疏极谏曰："臣闻贤明之君，委心辅佐；亡国之主，讳闻直辞。故汤武虽圣，而兴于伊吕；桀纣迷惑，亡在失人。由此言之，君为元首，臣为股肱，同体相须，共成美恶者也。伏见前司隶校尉李膺、太仆杜密、太尉掾范滂等，正身无玷，死心社稷。以忠忤旨，横加考案，或禁锢闭隔，或死徙非所。杜塞天下之口，聋盲一世之人，与秦焚书坑儒，何以为异？昔武王克殷，表闾封墓，今陛下临政，先诛忠贤。遇善何薄，待恶何忧？夫谗人似实，巧言如簧，使听之者惑，视之者昏。夫吉凶之效，存乎识善；成败之机，在于察言。人君者，摄天地之政，秉四海之维，举动不可以违圣法，进退不可以离道规。谬言出口，则乱及八方，何况髡无罪于狱，杀无辜于市乎！昔禹巡狩苍梧，见市杀人，下车而哭之曰：'万方有罪，在于一人！'故其兴也勃焉。又青、徐炎旱，五谷损伤，民物流迁，茹菽不足。而宫女积于房掖，国用尽于罗纨，外戚私门，贪财受赂，所谓'禄去公室，政在大夫。'昔春秋之末，周德衰微，数十年间无复告眚者，天所弃也。天之于汉，悢悢无已，故殷勤示变，以悟陛下。除妖去孽，实在修德。臣位列台司，忧责深重，不敢尸禄惜生，坐观成败。如蒙采录，使身首分裂，异门而出，所不恨也。"帝讳其言切，托以蕃辟召非其人，遂策免之。

永康元年，帝崩。窦后临朝，诏曰："夫民生树君，使司牧之，必须良佐，以固王业。前太尉陈蕃，忠清直亮。其以蕃为太傅，录尚书事。"时新遭大丧，国嗣未立，诸尚书畏惧权官，托病不朝，蕃以书责之曰："古人立节，事亡如存。

今帝祚未立，政事日蹙，诸君奈何委荼蓼之苦，息偃在床？于义不足，焉得仁乎！"诸尚书惶怖，皆起视事。

灵帝即位，窦太后复优诏蕃曰："盖褒功以劝善，表义以厉俗，无德不报，《大雅》所叹，太傅陈蕃，辅弼先帝，出内累年。忠孝之美，德冠本朝；謇谔之操，华首弥固。今封蕃高阳乡侯，食邑三百户。"蕃上疏让曰："使者即臣庐，授高阳乡侯印绶，臣诚悼心，不知所裁。臣闻让，身之文，德之昭也，然不敢盗以为名。窃惟割地之封，功德是为。臣孰自思省，前后历职，无它异能，合亦食禄，不合亦食禄。臣虽无素洁之行，窃慕'君子不以其道得之，不居也'。若受爵不让，掩面就之，使昊天震怒，灾流下民，于臣之身，亦何所寄？顾惟陛下哀臣朽老，戒之在得。"窦太后不许，蕃复固让，章前后十上，竟不受封。

初，桓帝欲立所幸田贵人为皇后。蕃以田氏卑微，窦族良家，争之甚固。帝不得已，乃立窦后。及后临朝，故委用于蕃。蕃与后父大将军窦武，同心尽力，征用名贤，共参政事，天下之士，莫不延颈想望太平。而帝乳母赵娆，旦夕在太后侧，中常侍曹节、王甫等与共交构，谄事太后。太后信之，数出诏命，有所封拜，及其支类，多行贪虐。蕃常疾之，志诛中官，会窦武亦有谋。蕃自以既从人望而德于太后，必谓其志可申，乃先上疏曰："臣闻言不直而行不正，则为欺乎天而负乎人。危言极意，则群凶侧目，祸不旋踵。钧此二者，臣宁得祸，不敢欺天也。今京师嚣嚣，道路喧哗，言侯览、曹节、公乘昕、王甫、郑飒等与赵夫人诸女尚书并乱天下。附从者升进，忤逆者中伤。方今一朝群臣，如河中木耳，泛泛东西，耽禄畏害。陛下前始摄位，顺天行诛，苏康、管霸并伏其辜。是时天地清明，人鬼欢喜，奈何数月复纵左右？元恶大奸，莫此之甚。今不急诛，必生变乱，倾危社稷，其祸难量。愿出臣章宣示左右，并令天下诸奸知臣疾之。"太后不纳，朝廷闻者莫不震恐。蕃因与窦武谋之，语在《武传》。

及事泄，曹节等矫诏诛武等。蕃时年七十余，闻难作，将官属诸生八十余人，并拔刃突入承明门，攘臂呼曰："大将军忠以卫国，黄门反逆，何云窦氏不道邪？"王甫时出，与蕃相连，适闻其言，而让蕃曰："先帝新弃天下，山陵未成，窦武何功，兄弟父子，一门三侯？又多取掖庭宫人，作乐饮宴，旬月之间，赀财亿计。大臣若此，是为道邪？公为栋梁，枉桡阿党，复焉求贼！"遂令收蕃。蕃拔剑叱甫，甫兵不敢近，乃益人围之数十重，遂执蕃送黄门北寺狱。黄门从官驺蹋踧蕃曰："死老魅！复能损我曹员数，夺我曹禀假不？"即日害之。徙其家属于比景，宗族、门生、故吏皆斥免禁锢。蕃友人陈留朱震，时为铚令，闻而弃官哭之，收葬蕃尸，匿其子逸于甘陵界中。事觉系狱，合门桎梏。震受考掠，誓死不言。故逸得免。后黄巾贼起，大赦党人，乃追还逸，官至鲁相。

震字伯厚，初为州从事，奏济阴太守单匡臧罪，并连匡兄中常侍车骑将军超。桓帝收匡下廷尉，以遣超，超诣狱谢。三府谚曰："车如鸡栖马如狗，疾恶如风朱伯厚。"

论曰：桓、灵之世，若陈蕃之徒，咸能树立风声，抗论惛俗。而驱驰险厄之中，与刑人腐夫同朝争衡，终取灭亡之祸者，彼非不能絜情志，违埃雾也。愍夫世士以离俗为高，而人伦莫相恤也。以遁世为非义，故屡退而不去；以仁心为己任，虽道远而弥厉。及遭际会，协策窦武，自谓万世一遇。懔懔乎伊、望之业矣！功虽不终，然其信义足以携持民心。汉世乱而不亡，百余年间，数公之力也。

王允传

王允字子师，太原祁人也。世仕州郡为冠盖。同郡郭林宗尝见允而奇之，曰："王生一日千里，王佐才也。"遂与定交。年十九，为郡吏。时小黄门晋阳赵津贪横放恣，为一县巨患，允讨捕杀之。而津兄弟谄事宦官，因缘谮诉，桓帝震怒，征太守刘瓆，遂下狱死。允送丧还平原，终毕三年，然后归家。复还仕，郡人有路佛者，少无名行，而太守王球召以补吏，允犯颜固争，球怒，收允欲杀之。刺史邓盛闻而驰传辟为别驾从事。允由是知名，而路佛以之废弃。允少好大节，有志于立功，常习诵经传，朝夕试驰射。三公并辟，以司徒高第为侍御史。中平元年，黄巾贼起，特选拜豫州刺史。辟荀爽、孔融等为从事，上除禁党。讨击黄巾别帅，大破之，与左中郎将皇甫嵩、右中郎将朱儁等受降数十万。于贼中得中常侍张让宾客书疏，与黄巾交通，允具发其奸，以状闻。灵帝责怒让，让叩头陈谢，竟不能罪之。而让怀协忿怨，以事中允。明年，遂传下狱。会赦，还复刺史。旬日间，复以它罪被捕。司徒杨赐以允素高，不欲使更楚辱，乃遣客谢之曰："君以张让之事，故一月再征。凶慝难量，幸为深计。"又诸从事好气决者，共流涕奉药而进之。允厉声曰："吾为人臣，获罪于君，当伏大辟以谢天下，岂有乳药求死乎！"投杯而起，出就槛车。既至廷尉，左右皆促其事，朝臣莫不叹息。大将军何进、太尉袁隗、司徒杨赐共上疏请之曰："夫内视反听，则忠臣竭诚；宽贤矜能，则义士厉节。是以孝文纳冯唐之说，晋悼宥魏绛之罪，允以特选受命，诛读抚顺，曾未期月，州境澄清。方欲列其庸勋，请加爵赏，而以奉事不当，肆其大戮。责轻罚重，有亏众望。臣等备位宰相，不敢寝默。诚以允宜蒙三槐之听，以昭忠贞之心。"书奏，得以减死论。是冬大赦，而允独不在宥，三公咸复为言。至明年，乃得解释。是时宦者横暴，睚眦触死，允惧不免，乃变易名姓，转侧河内、陈留间。及帝崩，乃奔丧京师。时大将军何进欲诛宦官，召允与谋事，请为从事中郎，转河南尹。献帝即位，拜太仆，再迁守尚书令。

初平元年，代杨彪为司徒，守尚书令如故。及董卓迁都关中，允悉收敛兰台、石室图书秘纬要者以从。既至长安，皆分别条上。又集汉朝旧事所当施用者，一皆奏之。经籍具存，允有力焉。时董卓尚留洛阳，朝政大小，悉委之于允。允矫情屈意，每相承附，卓亦推心，不生乖疑，故得扶持王室于危乱之中，臣主内外，莫不倚恃焉。允见卓祸毒方深，篡逆已兆，密与司隶校尉黄琬、尚书郑公业等谋共诛之。乃上护羌校尉杨瓒行左将军事，执金吾士孙瑞为南阳太守，并将兵出武关道，以讨袁术为名，实欲分路征卓，而后拔天子还洛阳。卓疑而留之，允乃引内瑞为仆射，瓒为尚书。

二年，卓还长安，录入关之功，封允为温侯，食邑五千户，固让不受。士孙瑞说允曰："夫执谦守约，存乎其时。公与董太师并位俱封，而独崇高节，岂和光之道邪？"允纳其言，乃受二千户。

三年春，连雨六十余日，允与士孙瑞、杨瓒登台请霁，复结前谋。瑞曰："自岁末以来，太阳不照，霖雨积时，月犯执法，彗孛仍见，昼阴夜阴，雾气交侵，此期应促尽，内发者胜。几不可后，公其图之。"允然其言，乃潜结卓将吕布，使为内应，会卓入贺，吕布因刺杀之。语在《卓传》。

允初议赦卓部曲，吕布亦数劝之。既而疑曰："此辈无罪，从其主耳。今若名为恶逆而特赦之，适足使其自疑，非所以安之之道也。"吕布又欲以卓财物班赐公卿、将校，允又不从。而素轻布，以剑客遇之。布亦负其功劳，多自夸伐，既失意望，渐不相平。允性刚棱疾恶，初惧董卓豺狼，故折节图之。卓既歼灭，自谓无复患难，及在际会，每乏温润之色，杖正持重，不循权宜之计，是以群下不甚附之。董卓将校及在位者多凉州人，允议罢其军。或说允曰："凉州人素惮袁氏而畏关东。今若一旦解兵，则必人人自危。可以皇甫义真为将军，就领其众，因使留陕以安抚之，而徐与关东通谋，以观其变。"允曰："不然。关东举义兵者，皆吾徒耳。今若距险屯陕，虽安凉州，而疑关东之心，甚不可也。"时百姓讹言，当悉诛凉州人，遂转相恐动。其在关中者，皆拥兵自守。更相谓曰："丁彦思、蔡伯喈但以董公亲厚，并尚从坐。今既不赦我曹，而欲解兵，今日解兵，明日当复为鱼肉矣。"卓部曲将李傕、郭汜等先将兵在关东，因不自安，遂合谋为乱，攻围长安。城陷，吕布奔走。布驻马青琐门外，招允曰："公可以去乎？"允曰："若蒙社稷之灵，上安国家，吾之愿也。如其不获，则奉身以死之。朝廷幼少，恃我而已，临难苟免，吾不忍也。努力谢关东诸公，勤以国家为念。"

初，允以同郡宋翼为左冯翊，王宏为右扶风，是时三辅民庶炽盛，兵谷富实，李傕等欲即杀允，惧二郡为患，乃先征翼、宏。宏遣使谓翼曰："郭汜、李傕以我二人在外，故未危王公。今日就征，明日俱族。计将安出？"翼曰："虽祸福难量,然王命所不得避也。"宏曰:"义兵鼎沸,在于董卓,况其党与乎!若举兵共讨君侧恶人,山东必应之,此转祸为福之计也。"翼不从。宏不能独立,遂俱就征,下廷尉。催乃收允及翼、宏,并杀之。允时年五十六。长子侍中盖、次子景、定及宗族十余人皆见诛害,唯兄子晨、陵得脱归乡里。天子感恸,百姓丧气,莫敢收允尸者,唯故吏平陵令赵戬弃官营丧。

王宏字长文,少有气力,不拘细行。初为弘农太守,考案郡中有事宦官买爵位者,虽位至二千石,皆掠考收捕,遂杀数十人,威动邻界。素与司隶校尉胡种有隙,及宏下狱,种遂迫促杀之。宏临命诉曰:"宋翼竖儒,不足议大计。胡种乐人之祸,祸将及之。"种后眠辄见宏以杖击之。因发病,数日死。后迁都于许,帝思允忠节,使改殡葬之,遣虎贲中郎将奉策吊祭,赐东园秘器,赠以本官印绶,送还本郡。封其孙黑为安乐亭侯,食邑三百户。

士孙瑞字君策,扶风人,颇有才谋。瑞以允自专讨董卓之劳,故归功不侯,所以获免于难。后为国三老、光禄大夫。每三公缺,杨彪、皇甫嵩皆让位于瑞。兴平二年,从驾东归,为乱兵所杀。

赵戬字叔茂,长陵人,性质正多谋。初平中,为尚书,典选举。董卓数欲有所私授,戬辄坚拒不听,色言强厉。卓怒,召将杀之,众人悚栗。而戬辞貌自若,卓悔,谢释之。长安之乱,客于荆州,刘表厚礼焉。及曹操平荆州,乃辟,执戬手曰:"恨相见晚。"卒相国钟繇长史。

论曰:士虽以正立,亦以谋济。若王允之推董卓而引其权,伺其间而敞其罪,当此之时,天下悬解矣。而终不以猜忤为衅者,知其本于忠义之诚也。故推卓不为失正,分权不为苟冒,伺间不为狙诈。及其谋济意从,则归成于正也。

赞曰:陈蕃芜室,志清天纲。人谋虽缉,幽运未当。言观殄瘁,曷非云亡?子师图难,晦心倾节。功全元丑,身残余孽。时有隆夷,事亦工拙。

卷九十七　　党锢列传第五十七

孔子曰:"性相近也,习相远也。"言嗜恶之本同,而迁染之涂异也。夫刻意则行不肆,牵物则其志流。是以圣人导人理性,裁抑宕佚,慎其所与,节其所偏,虽情品万区,质文异数,至于陶物振俗,其道一也。叔末浇讹,王道陵缺,而犹假仁以效己,凭义以济功。举中于理,则强梁褫气;片言违正,则囮台解情。盖前哲之遗尘,有足求者。霸德既衰,狙诈萌起。强者以决胜为雄,弱者以诈劣受屈。至

有画半策而绾万金,开一说而锡琛瑞。或起徒步而仕执珪,解草衣以升卿相。士之饰巧驰辩,以要能钓利者,不期而景从矣。自是爱尚相夺,与时回变,其风不可留,其敝不能反。及汉祖杖剑,武夫勃兴。宪令宽赊,文礼简阔,绪馀四豪之烈,人怀陵上之心,轻死重气,怨惠必雠,令行私庭,权移匹庶,任侠之方,成其俗矣。自武帝以后,崇尚儒学,怀经协术,所在雾会,至有石渠分争之论,党同伐异之说,守文之徒,盛于时矣。至王莽专伪,终于篡国,忠义之流,耻见缨绂,遂乃荣华丘壑,甘足枯槁。虽中兴在运,汉德重开,而保身怀方,弥相慕袭,去就之节,重于时矣。逮桓灵之间,主荒政缪,国命委于阉寺,士子羞与为伍,故匹夫抗愤,处士横议,遂乃激扬名声,互相题拂,品核公卿,裁量执政,婞直之风,于斯行矣。夫上好则下必甚,矫枉故直必过,其理然矣。若范滂、张俭之徒,清心忌恶,终陷党议,不其然乎?

初,桓帝为蠡吾侯,受学于甘陵周福。及即帝位,擢福为尚书。时同郡河南尹房植有名当朝,乡人为之谣曰:"天下规矩房伯武,因师获印周仲进。"二家宾客,互相讥揣,遂各树朋徒,渐成尤隙,由是甘陵有南北部,党人之议,自此始矣。后汝南太守宗资任功曹范滂,南阳太守成瑨亦委功曹岑晊,二郡又为谣曰:"汝南太守范孟博,南阳宗资主画诺。南阳太守岑公孝,弘农成瑨但坐啸。"因此流言转入太学,诸生三万余人,郭林宗、贾伟节为其冠,并与李膺、陈蕃、王畅更相褒重。学中语曰:"天下模楷李元礼,不畏强御陈仲举,天下俊秀王叔茂。"又渤海公族进阶、扶风魏齐卿,并危言深论,不隐豪强。自公卿以下,莫不畏其贬议,屣履到门。

时河内张成善说风角,推占当赦,遂教子杀人。李膺为河南尹,督促收捕,既而逢宥获免,膺愈怀愤疾,竟案杀之。初,成以方伎交通宦官,帝亦颇谇其占。成弟子牢脩因上书诬告膺等养太学游士,交结诸郡生徒,更相驱驰,共为部党,诽讪朝廷,疑乱风俗。于是天子震怒,班下郡国,逮捕党人,布告天下,使同忿疾,遂收执膺等。其辞所连及陈寔之徒二百余人,或有逃遁不获,皆悬金购募。使者四出,相望于道。明年,尚书霍谞、城门校尉窦武并表为请。帝意稍解,乃皆赦归田里,禁锢终身。而党人之名,犹书王府。

自是正直废放,邪枉炽结,海内希风之流,遂共相摽搒,指天下名士,为之称号。上曰"三君",次曰"八俊",次曰"八顾",次曰"八及",次曰"八厨",犹古之"八元"、"八凯"也。窦武、刘淑、陈蕃为"三君"。君者,言一世之所宗也。李膺、荀昱、杜密、王畅、刘祐、魏朗、赵典、朱宇为"八俊"。俊者,言人之英也。郭林宗、宗慈、巴肃、夏馥、范滂、尹勋、蔡衍、羊陟为"八顾"。顾者,言能以德行引人者也。张俭、岑晊、刘表、陈翔、孔昱、苑康、檀敷、翟超为"八及"。

及者，言其能导人追宗者也。度尚、张邈、王考、刘儒、胡母班、秦周、蕃向、王章为"八厨"。厨者，言能以财救人者也。又张俭乡人朱并，承望中常侍侯览意旨，上书告俭与同乡二十四人别相署号，共为部党，图危社稷。以俭及檀彬、褚凤、张肃、薛兰、冯禧、魏玄、徐乾为"八俊"，田林、张隐、刘表、薛郁、王访、刘祗、宣靖、公绪恭为"八顾"，朱楷、田槃、疏耽、薛敦、宋布、唐龙、嬴咨、宣褒为"八及"，刻石立墠，共为部党，而俭为之魁。灵帝诏刊章捕俭等。大长秋曹节因此讽有司奏捕前党故司空虞放、太仆杜密、长乐少府李膺、司隶校尉朱宇、颍川太守巴肃、沛相荀昱、河内太守魏朗、山阳太守翟超、任城相刘儒、太尉掾范滂等百余人，皆死狱中。余或先殁不及，或亡命获免。自此诸为怨隙者，因相陷害，睚眦之忿，滥入党中。又州郡承旨，或有未尝交关，亦离祸毒。其死徙废禁者，六七百人。

熹平五年，永昌太守曹鸾上书大讼党人，言甚方切。帝省奏大怒，即诏司隶、益州槛车收鸾，送槐里狱掠杀之。于是又诏州郡更考党人门生故吏父子兄弟，其在位者，免官禁锢，爰及五属。

光和二年，上禄长和海上言："礼，从祖兄弟别居异财，恩义已轻，服属疏末。而今党人锢及五族，既乖典训之文，有谬经常之法。"帝览而悟之，党锢自从祖以下，皆得解释。

中平元年，黄巾贼起，中常侍吕强言于帝曰："党锢久积，人情多怨。若久不赦宥，轻与张角合谋，为变滋大，悔之无救。"帝惧其言，乃大赦党人，诛徙之家皆归故郡。其后黄巾遂盛，朝野崩离，纲纪文章荡然矣。

凡党事始自甘陵、汝南，成于李膺、张俭，海内涂炭，二十余年，诸所蔓衍，皆天下善士。三君、八俊等三十五人，其名迹存者，并载乎篇。陈蕃、窦武、王畅、刘表、度尚、郭林宗别有传。荀昱附祖《淑传》。张邈附《吕布传》。胡母班附《袁绍传》。王考字文祖，东平寿张人，冀州刺史；秦周字平王，陈留平丘人，北海相；蕃向字嘉景，鲁国人，郎中；王璋字伯仪，东莱曲城人，少府卿：位行并不显。翟超，山阳太守，事在《陈蕃传》，字及郡县未详。朱宇，沛人，与杜密等俱死狱中。唯赵典名见而已。

刘淑传

刘淑字仲承，河间乐成人也。祖父称，司隶校尉。淑少学明《五经》，遂隐居，立精舍讲授，诸生常数百人。州郡礼请，五府连辟，并不就。永兴二年，司徒种皓举淑贤良方正，辞以疾。桓帝闻淑高名，切责州郡，使舆病诣京师。淑不得已而赴洛阳，对策为天下第一，拜议郎。又陈时政得失，灾异之占，事皆效验。再迁尚书，纳忠建议，多所补益。又再迁侍中、虎贲中郎将。上疏以为宜罢宦官，辞甚切直，

帝虽不能用，亦不罪焉。以淑宗室之贤，特加敬异，每有疑事，常密谘问之。灵帝即位，宦官谮淑与窦武等通谋，下狱自杀。

李膺传

李膺字元礼，颍川襄城人也。祖父脩，安帝时为太尉。父益，赵国相。膺性简亢，无所交接，唯以同郡荀淑、陈寔为师友。初举孝廉，为司徒胡广所辟，举高第，再迁青州刺史。守令畏威明，多望风弃官。复征，再迁渔阳太守。寻转蜀郡太守，以母老乞不之官。转护乌桓校尉。鲜卑数犯塞，膺常蒙矢石，每破走之，虏甚惮慑。以公事免官，还居纶氏，教授常千人。南阳樊陵求为门徒，膺谢不受。陵后以阿附宦官，致位太尉，为节志者所羞。荀爽尝就谒膺，因为其御，既还，喜曰："今日乃得御李君矣。"其见慕如此。

永寿二年，鲜卑寇云中，桓帝闻膺能，乃复征为度辽将军。先是羌虏及疏勒、龟兹，数出攻钞张掖、酒泉、云中诸郡，百姓屡被其害。自膺到边，皆望风惧服，先所掠男女，悉送还塞下。自是之后，声振远域。

延熹二年征，再迁河南尹。时宛陵大姓羊元群罢北海郡，臧罪狼藉，郡舍溷轩有奇巧，乃载以之归。膺表欲按其罪，元群行赂宦竖，膺反坐输作左校。

初，膺与廷尉冯绲、大司农刘祐等共同心志，纠罚奸幸，绲、祐时亦得罪输作。司隶校尉应奉上疏理膺等曰："昔秦人观宝于楚，昭奚恤莅以群贤；梁惠王玮其照乘之珠，齐威王答以四臣，夫忠贤武将，国之心膂。窃见左校弛刑徒前廷尉冯绲、大司农刘祐、河南尹李膺等，执法不挠，诛举邪臣，肆之以法，众庶称宜。昔季孙行父亲逆君命，逐出莒仆，于舜之功二十之一。今膺等投身强御，毕力致罪，陛下既不听察，而猥受谮诉，遂令忠臣同愆元恶。自春迄冬，不蒙降恕，遐迩观听，为之叹息。夫立政之要，记功忘失，是以武帝舍安国于徒中，宣帝征张敞于亡命。绲前讨蛮荆，均吉甫之功。祐数临督司，有不吐茹之节。膺著威幽、并，遗爱度辽。今三垂蠢动，王旅未振。《易》称'雷雨作解，君子以赦过宥罪'。乞原膺等，以备不虞。"书奏，乃悉免其刑。

再迁，复拜司隶校尉。时张让弟朔为野王令，贪残无道，至乃杀孕妇，闻膺厉威严，惧罪逃还京师，因匿兄让第舍，藏于合柱中。膺知其状，率将吏卒破柱取朔，付洛阳狱。受辞毕，即杀之。让诉冤于帝，诏膺入殿，御亲临轩，诘以不先请便加诛辟之意。膺对曰："昔晋文公执卫成公归于京师，《春秋》是焉。《礼》云公族有罪，虽曰宥之，有司执宪不从。昔仲尼为鲁司寇，七日而诛少正卯。今臣到官已积一旬，私惧以稽留为愆，不意获速疾之罪。诚自知衅责，死不旋踵，特乞留五日，剋殄元恶，退就鼎镬，始生之愿

也。"帝无复言，顾谓让曰："此汝弟之罪，司隶何愆？"乃遣出之。自此诸黄门常侍皆鞠躬屏气，休沐不敢复出宫省。帝怪问其故，并叩头泣曰："畏李校尉。"

是时朝庭日乱，纲纪颓阤，膺独持风裁，以声名自高。士有被其容接者，名为登龙门。及遭党事，当考实膺等。案经三府，太尉陈蕃却之曰："今所考案，皆海内人誉，忧国忠公之臣。此等犹将十世宥也，岂有罪名不章而致收掠者乎？"不肯平署。帝愈怒，遂下膺等于黄门北寺狱。膺等颇引宦官子弟，宦官多惧，请帝以天时宜赦，于是大赦天下。膺免归乡里，居阳城山中，天下士大夫皆高尚其道，而污秽朝廷。及陈蕃免太尉，朝野属意于膺，荀爽恐其名高致祸，欲令屈节以全乱世，为书贻曰："久废过庭，不闻善诱，陟岵瞻望，惟日为岁。知以直道不容于时，悦山乐水，家于阳城。道近路夷，当即聘问，无状婴疾，阙于所仰。顷闻上帝震怒，贬黜鼎臣，人鬼同谋，以为天子当贞观二五，利见大人，不谓夷之初旦，明而未融，虹蜺扬辉，弃和取同。方今天地气闭，大人休否，智者见险，投以远害。虽匿人望，内合私愿。想甚欣然，不为恨也。愿怡神无事，偃息衡门，任其飞沈，与时抑扬。"顷之，帝崩。陈蕃为太傅，与大将军窦武共秉朝政，连谋诛诸宦官，故引用天下名士，乃以膺为长乐少府。及陈、窦之败，膺等复废。后张俭事起，收捕钩党，乡人谓膺曰："可去矣。"对曰："事不辞难，罪不逃刑，臣之节也。吾年已六十，死生有命，去将安之？"乃诣诏狱。考死，妻子徙边，门生、故吏及其父兄，并被禁锢。

时侍御史蜀郡景毅子顾为膺门徒，而未有录牒，故不及于谴。毅乃慨然曰："本谓膺贤，遣子师之，岂可以漏夺名籍，苟安而已！"遂自表免归，时人义之。

膺子瓛，位至东平相。初，曹操微时，瓛异其才，将没，谓子宣等曰："时将乱矣，天下英雄无过曹操。张孟卓与吾善，袁本初汝外亲，虽尔勿依，必归曹氏。"诸子从之，并免于乱世。

杜密传

杜密字周甫，颍川阳城人也。为人沈质，少有厉俗志。为司徒胡广所辟，稍迁代郡太守。征，三迁太山太守、北海相。其宦官子弟为令长有奸恶者，辄捕案之。行春到高密县，见郑玄为乡佐，知其异器，即召署郡职，遂就学。后密去官还家，每谒守令，多所陈托。同郡刘胜，亦自蜀郡告归乡里，闭门扫轨，无所干及。太守王昱谓密曰："刘季陵清高士，公卿多举之者。"密知昱激己，对曰："刘胜位为大夫，见礼上宾，而知善不荐，闻恶无言，隐情惜己，自同寒蝉，此罪人也。今志义力行之贤而密达之，违道失节之士而密纠之，使明府赏刑得中，令问休扬，不亦万分之一乎？"昱惭服，待之弥厚。后桓帝征拜尚书令，迁河南尹，转太仆。党事既起，免归本郡，与李膺俱坐，而名行相次，故时人亦称"李杜"焉。后太傅陈蕃辅政，复为太仆。明年，坐党事被征，自杀。

刘祐传

刘祐字伯祖，中山安国人也。安国后别属博陵。祐初察孝廉，补尚书侍郎，闲练故事，文札强辨，每有奏议，应对无滞，为僚类所归。

除任城令，兖州举为尤异，迁扬州刺史。是时会稽太守梁旻，大将军冀之从弟也。祐举奏其罪，旻坐征。复迁祐河东太守。时属县令长率多中官子弟，百姓患之。祐到，黜其权强，平理冤结，政为三河表。再迁，延熹四年，拜尚书令，又出为河南尹，转司隶校尉。时权贵子弟罢州郡还入京师者，每至界首，辄改易舆服，隐匿财宝，威行朝廷。拜宗正，三转大司农。时中常侍苏康、管霸用事于内，遂固天下良田美业，山林湖泽，民庶穷困，州郡累气。祐移书所在，依科品没入之。桓帝大怒，论祐输左校。后得赦出，复历三卿，辄以疾辞，乞骸骨归田里。诏拜中散大夫，遂杜门绝迹。每三公缺，朝廷皆属意于祐，以谮毁不用。延笃贻之书曰："昔太伯三让，人无德而称焉。延陵高揖，华夏仰风。吾子怀蘧氏之可卷，体甯子之如愚，微妙玄通，冲而不盈，蔑三光之明，未暇以天下为事，何其劭与！"灵帝初，陈蕃辅政，以祐为河南尹。及蕃败，祐黜归，卒于家。明年，大诛党人，幸不及祸。

魏朗传

魏朗字少英，会稽上虞人也。少为县吏。兄为乡人所杀，朗白日操刃报仇于县中，遂亡命到陈国。从博士郤仲信学《春秋图纬》，又诣太学受《五经》，京师长者李膺之徒争从之。初辟司徒府，再迁彭城令，时中官子弟为国相，多行非法，朗与更相章奏，幸臣忿疾，欲中之。会九真贼起，乃共荐朗为九真都尉。到官，奖厉吏兵，讨破群贼，斩首二千级。桓帝美其功，征拜议郎。顷之，迁尚书。屡陈便宜，有所补益。出为河内太守，政称三河表。尚书令陈蕃荐朗公忠亮直，宜在机密，复征为尚书。会被党议，免归家。朗性矜严，闭门整法度，家人不见堕容。后窦武等诛，朗以党被急征，行至牛渚，自杀。著书数篇，号《魏子》云。

夏馥传

夏馥字子治，陈留圉人也。少为书生，言行质直。同县高氏、蔡氏并皆富殖，郡人畏而事之，唯馥比门不与交通，由是为豪姓所仇。桓帝初，举直言，不就。馥虽不交时宦，然以声名为中官所惮,遂与范滂、张俭等俱被诬陷,诏下州郡,捕为党魁。及俭等亡命,经历之处,皆被收考,辞所连引,布遍天下。馥乃顿足而叹曰:"孽自己作,空污良善,一人逃死,祸及万家,何以生为!"乃自翦须变形,入林虑山中,隐匿姓名,为冶家佣。亲突烟炭,形貌毁瘁,积二三年,人无知者。后馥弟静,乘车马,载缣帛,追之于涅阳市中。遇馥不识,闻其言声,乃觉而拜之。馥避不与语,静追随至客舍,共宿。夜中密呼静曰:"吾以守道疾恶,故为权宦所陷。且念营苟全,以庇性命,弟奈何载物相求,是以祸见追也。"明旦,别去。党禁未解而卒。

宗慈传

宗慈字孝初,南阳安众人也。举孝廉,九辟公府,有道征,不就。后为脩武令。时太守出自权豪,多取货赂,慈遂弃官去。征拜议郎,未到,道疾卒。南阳群士皆重其义行。

巴肃传

巴肃字恭祖,勃海高城人也。初察孝廉,历慎令、贝丘长,皆以郡守非其人,辞病去。辟公府,稍迁拜议郎。与窦武、陈蕃等谋诛阉官,武等遇害。肃亦坐党禁锢。中常侍曹节后闻其谋,收之。肃自载诣县。县令见肃,入阁解印绶与俱去。肃曰:"为人臣者,有谋不敢隐,有罪不逃刑。既不隐其谋矣,又敢逃其刑乎?"遂被害。刺史贾琮刊石立铭以记之。

范滂传

范滂字孟博,汝南征羌人也。少厉清节,为州里所服,举孝廉、光禄四行。时冀州饥荒,盗贼群起,乃以滂为清诏使,案察之。滂登车揽辔,慨然有澄清天下之志,及至州境,守令自知臧污,望风解印绶去。其所举奏,莫不厌塞众议。迁光禄勋主事。时陈蕃为光禄勋,滂执公仪诣蕃,蕃不止之,滂怀恨,投版弃官而去。郭林宗闻而让蕃曰:"若范孟博者,岂宜以公礼格之?今成其去就之名,得无自取不优之议也?"蕃乃谢焉。复为太尉黄琼所辟。后诏三府掾属举谣言,滂奏刺史、二千石权豪之党二十余人。尚书责滂所劾猥多,疑有私故。滂对曰:"臣之所举,自非叨秽奸暴,深为民害。岂以污简札哉!间以会日迫促,故先举所急,其未审者,方更参实。臣闻农夫去草,嘉谷必茂;忠臣除奸,王道以清。若臣言有贰,甘受显戮。"吏不能诘。滂睹时方艰,知意不行,因投劾去。太守宗资先闻其名,请署功曹,委任政事。滂在职,严整疾恶。其有行违孝悌,不轨仁义者,皆扫迹斥逐,不与共朝。显荐异节,抽拔幽陋。滂外甥西平李颂,公族子孙,而为乡曲所弃,中常侍唐衡以颂请资,资用为吏。滂以非其人,寝而不召。资迁怒,捶书佐朱零。零仰曰:"范滂清裁,犹以利刃齿腐朽。今日宁受笞死,而滂不可违。"资乃止。郡中人以下,莫不归怨,乃指滂之所用以为"范党"。后牢脩诬言钩党,滂坐系黄门北寺狱。狱吏谓曰:"凡坐系皆祭皋陶。"滂曰:"皋陶贤者,古之直臣。知滂无罪,将理之于帝;如其有罪,祭之何益!"众人由此亦止。狱吏将加掠考,滂以同囚多婴病,乃请先就格,遂与同郡袁忠争受楚毒。桓帝使中常侍王甫以次辨诘,滂等皆三木囊头,暴于阶下。余人在前,或对或否,滂、忠于后越次而进。王甫诘曰:"君为人臣,不惟忠国,而共造部党,自相褒举,评论朝廷,虚构无端,诸所谋结,并欲何为?皆以情对,不得隐饰。"滂对曰:"臣闻仲尼之言,'见善如不及,见恶如探汤。'欲使善善同其清,恶恶同其污,谓王政之所愿闻,不悟更以为党。"甫曰:"卿更相拔举,迭为唇齿,有不合者,见则排斥,其意如何?"滂乃慷慨仰天曰:"古之循善,自求多福,今之循善,身陷大戮。身死之日,愿埋滂于首阳山侧,上不负皇天,下不愧夷、齐。"甫愍然为之改容。乃得并解桎梏。滂后事释,南归。始发京师,汝南、南阳士大夫迎之者数千两。同囚乡人殷陶、黄穆,亦免俱归,并卫侍于傍,应对宾客。滂顾谓陶等曰:"今子相随,是重吾祸也。"遂遁还乡里。

初,滂等系狱,尚书霍谞理之。及得免,到京师,往候谞而不为谢,或有让滂者。对曰:"昔叔向婴罪,祁奚救之,未闻羊舌有谢恩之辞,祁老有自伐之色。"竟无所言。

建宁二年,遂大诛党人,诏下急捕滂等。督邮吴导至县,抱诏书,闭传舍,伏床而泣。滂闻之,曰:"必为我也。"即自诣狱。县令郭揖大惊,出解印绶,引与俱亡。曰:"天下大矣,子何为在此?"滂曰:"滂死则祸塞,何敢以罪累君,又令老母流离乎!"其母就与之诀。滂白母曰:"仲博孝敬,足以供养,滂从龙舒君归黄泉,存亡各得其所。惟大人割不可忍之恩,勿增感戚。"母曰:"汝今得与李、杜齐名,死亦何恨!既有令名,复求寿考,可兼得乎?"滂跪受教,再拜而辞。顾谓其子曰:"吾欲使汝为恶,则恶不可为;使汝为善,则我不为恶。"行路闻之,莫不流涕。时年三十三。

论曰:"李膺振拔污险之中,蕴义生风,以鼓动流俗,激素行以耻威权,立廉尚以振贵势,使天下之士奋迅感概,波荡而从之,幽深牢破室族而不顾,至于子伏其死而母欢其义。壮矣哉!子曰:'道之将废也与?命也!'"

尹勋传

尹勋字伯元,河南巩人也。家世衣冠。伯父睦为司徒,兄颂为太尉,宗族多居贵位者,而勋独持清操,不以地势尚人。州郡连辟，察孝廉，三迁邯郸令，政有异迹。后举高第，五迁尚书令。及桓帝诛大将军梁冀，勋参建大谋，封都乡侯。迁汝南太守。上书解释范滂、袁忠等党议禁锢。寻征拜将作大匠，转大司农。坐窦武等事，下狱自杀。

蔡衍传

蔡衍字孟喜，汝南项人也。少明经讲授，以礼让化乡里。乡里有争讼者，辄诣衍决之，其所平处，皆曰无怨。举孝廉，稍迁冀州刺史。中常侍具瑗托其弟恭举茂才，衍不受，乃收责书者案之。又劾奏河间相曹鼎臧罪千万。鼎者，中常侍腾之弟也。腾使大将军梁冀为书请之，衍不答，鼎竟坐输作左校。乃征衍拜议郎、符节令。梁冀闻衍贤，请欲相见，衍辞疾不往，冀恨之。时南阳太守成瑨等以收纠宦官考廷尉，衍与议郎刘瑜表奏之，言甚切厉，坐免官还家，杜门不出。灵帝即位，复拜议郎，会病卒。

羊陟传

羊陟字嗣祖，太山梁父人也。家世冠族。陟少清直有学行，举孝廉，辟太尉李固府，举高第，拜侍御史。会固被诛，陟以故吏禁锢历年。复举高第，再迁冀州刺史。奏案贪浊，所在肃然。又再迁虎贲中郎将、城门校尉，三迁尚书令。时太尉张颢、司徒樊陵、大鸿胪郭防、太仆曹陵、大司农冯方并与宦竖相姻私，公行货赂，并奏罢黜之，不纳，以前太尉刘宠、司隶校尉许冰、幽州刺史杨熙、凉州刺史刘恭、益州刺史庞艾清亮在公，荐举升进。帝嘉之，拜陟河南尹。计日受奉，常食干饭茹菜，禁制豪右，京师惮之。会党事起，免官禁锢，卒于家。

张俭传

张俭字元节，山阳高平人，赵王张耳之后也。父成，江夏太守。俭初举茂才，以刺史非其人，谢病不起。

延熹八年，太守翟超请为东部督邮。时中常侍侯览家在防东，残暴百姓，所为不轨。俭举劾览及其母罪恶，请诛之。览遏绝章表，并不得通，由是结仇。乡人朱并，素性佞邪，为俭所弃，并怀怨恚，遂上书告俭与同郡二十四人为党，于是刊章讨捕。俭得亡命，困迫遁走，望门投止，莫不重其名行，破家相容。后流转东莱，止李笃家。外黄令毛钦操兵到门，笃引钦谓曰："张俭知名天下，而亡非其罪。纵俭可得，宁忍执之乎？"钦因起抚笃曰："蘧伯玉耻独为君子，足下如何自专仁义？"笃曰："笃虽好义，明廷今日载其半矣。"钦叹息而去，笃因缘送俭出塞，以故得免。其所经历，伏重诛者以十数，宗亲并皆殄灭，郡县为之残破。

中平元年，党事解，乃还乡里。大将军、三公并辟，又举敦朴，公车特征，起家拜少府，皆不就。献帝初，百姓饥荒，而俭资计差温，乃倾竭财产，与邑里共之，赖其存者以百数。

建安初，征为卫尉，不得已而起。俭见曹氏世德已萌，乃阖门悬车，不豫政事。岁余卒于许下。年八十四。

论曰：昔魏齐违死，虞卿解印；季布逃亡，朱家甘罪。而张俭见怒时王，颠沛假命，天下闻其风者，莫不怜其壮志，而争为之主，至乃捐城委爵、破族屠身，盖数十百所，岂不贤哉！然俭以区区一掌，而欲独埋江河，终婴疾甚之乱，多见其不知量也。

岑晊传

岑晊字公孝，南阳棘阳人也。父豫，为南郡太守，以贪叨诛死。晊年少未知名，往候同郡宗慈，慈方以有道见征，宾客满门，以晊非良家子，不肯见。晊留门下数日，晚乃引入。慈与语，大奇之，遂将俱至洛阳，因诣太学受业。晊有高才，郭林宗、朱公叔等皆为友，李膺、王畅称其有干国器，虽在闾里，慨然有董正天下之志。太守弘农成瑨下车，欲振威严，闻晊高名，请为功曹，又以张牧为中贼曹吏。瑨委心晊、牧，褒善纠违，肃清朝府。宛有富贾张汜者，桓帝美人之外亲，善巧雕镂玩好之物，颇以赂遗中官，以此并得显位，恃其伎巧，用势纵横，晊与牧劝瑨收捕汜等，既而遇赦，晊竟诛之，并收其宗族宾客，杀二百余人，后乃奏闻。于是中常侍侯览使汜妻上书讼其冤。帝大震怒，征瑨，下狱死。晊与牧亡匿齐鲁之间，会赦出。后州郡察举，三府交辟，并不就。及李、杜之诛，因复逃窜，终于江夏山中云。

陈翔传

陈翔字子麟，汝南邵陵人也。祖父珍，司隶校尉。翔少知名，善交结。察孝廉，太尉周景辟举高第，拜侍御史。时正旦朝贺，大将军梁冀威仪不整，翔奏冀恃贵不敬，请收案罪，时人奇之。迁定襄太守，征拜议郎，迁扬州刺史。举奏豫章太守王永奏事中官，吴郡太守徐参在职贪秽，并征诣廷尉。参，中常侍璜之弟也。由此威名大振。又征拜议郎，补御史中丞。坐党事考黄门北寺狱，以无验见原，卒于家。

孔昱传

孔昱字元世，鲁国鲁人也。七世祖霸，成帝时历九卿，封褒成侯。自霸至昱，爵位相系，其卿相牧守五十三人，列侯七人。昱少习家学，大将军梁冀辟，不应。太尉举方正，对策不合，乃辞病去。后遭党事禁锢。灵帝即位，公车拜征议郎，补洛阳令，以师丧弃官，卒于家。

苑康传

苑康字仲真，勃海重合人也。少受业太学，与郭林宗亲善。举孝廉，再迁颍阴令，有能迹。迁太山太守。郡内豪姓多不法，康至，奋威怒，施严令，莫有干犯者。先所请夺人田宅，皆遽还之。是时山阳张俭杀常侍侯览母，案其宗党宾客，或有进匿太山界者，康既常疾阉官，因此皆穷相收掩，无得遗脱。览大怨之，诬康与兖州刺史第五种及都尉壶嘉诈上贼降，征康诣廷尉狱，减死罪一等，徙日南。颍阴人及太山羊陟等诣阙为讼，乃原还本郡，卒于家。

檀敷传

檀敷字文有，山阳瑕丘人也。少为诸生，家贫而志清，不受乡里施惠。举孝廉，连辟公府，皆不就。立精舍教授，远方至者常数百人。桓帝时，博士征，不就。灵帝即位，太尉黄琼举方正，对策合时宜，再迁议郎，补蒙令。以郡守非其人，弃官去。家无产业，子孙同衣而出。年八十，卒于家。

刘儒传

刘儒字叔林，东郡阳平人也。郭林宗常谓儒口讷心辩，有珪璋之质。察孝廉，举高第，三迁侍中。桓帝时，数有灾异，下策博求直言，儒上封事十条，极言得失，辞甚忠切。帝不能纳，出为任城相，顷之，征拜议郎。会窦武事，下狱自杀。

贾彪传

贾彪字伟节，颍川定陵人也。少游京师，志节慷慨，与同郡荀爽齐名。初仕州郡，举孝廉，补新息长，小民困贫，多不养子，彪严为其制，与杀人同罪。城南有盗劫害人者，北有妇人杀子者，彪出案发，而掾吏欲引南。彪怒曰："贼寇害人，此则常理，母子相残，逆天违道。"遂驱车北行，案验其罪。城南贼闻之，亦面缚自首。数年间，人养子者千数。佥曰"贾父所长"，生男名为"贾子"，生女名为"贾女"。

延熹九年，党事起，太尉陈蕃争之不能得，朝廷寒心，莫敢复言。彪谓同志曰："吾不西行，大祸不解。"乃入洛阳，说城门校尉窦武、尚书霍谞，武等讼之，桓帝以此大赦党人。李膺出，曰："吾得免此，贾生之谋也。"先是岑晊以党事逃亡，亲友多匿焉，彪独闭门不纳，时人望之。彪曰："《传》言'相时而动，无累后人。'公孝以要君致衅，自遗其

咎，吾以不能奋戈相待，反可容隐之乎？"于是咸服其裁正。以党禁锢，卒于家。

初，彪兄弟三人，并有高名，而彪最优，故天下称曰："贾氏三虎，伟节最怒。"

何颙传

何颙字伯求，南阳襄乡人也。少游学洛阳，颙虽后进，而郭林宗、贾伟节等与之相好，显名太学。友人虞伟高有父仇未报，而笃病将终，颙往候之。伟高泣而诉。颙感其义，为复仇，以头醻其墓。及陈蕃、李膺之败，颙以与蕃、膺善，遂为宦官所陷，乃变姓名，亡匿汝南间。所至皆亲其豪杰，有声荆豫之域。袁绍慕之，私与往来，结为奔走之友。是时党事起，天下多离其难，颙常私入洛阳，从绍计议。其穷困闭厄者，为求援救，以济其患。有被掩捕者，则广设权计，使得逃隐，全免者甚众。及党锢解，颙辟司空府。每三府会议，莫不推颙之长。累迁。及董卓秉政，逼颙以为长史，托疾不就，乃与司空荀爽，司徒王允等共谋卓。会爽薨，颙以它事为卓所系，忧愤而卒。初，颙见曹操，叹曰："汉家将亡，安天下者必此人也。"操以是嘉之。尝称"颍川荀彧，王佐之器。"及彧为尚书令，遣人西迎叔父爽，并致颙尸，而葬之爽之冢傍。

赞曰：渭以泾浊，玉以砾贞。物性既区，嗜恶从形。兰蕣无并，销长相倾。徒恨芳膏。煎灼灯明。

卷九十八　郭符许列传第五十八

郭太传

郭太字林宗，太原界休人也。家世贫贱。早孤。母欲使给事县廷。林宗曰："大丈夫焉能处斗筲之役乎？"遂辞。就成皋屈伯彦学，三年业毕，博通坟籍。善谈论，美音制。乃游于洛阳。始见河南尹李膺，膺大奇之，遂相友善，于是名震京师。后归乡里，衣冠诸儒送至河上，车数千两。林宗唯与李膺同舟而济，众宾望之，以为神仙焉。司徒黄琼辟，太常赵典举有道。或劝林宗仕进者，对曰："吾夜观乾象，昼察人事，天之所废，不可支也。"遂并不应。性明知人，好奖训士类。身长八尺，容貌魁伟，褒衣博带，周游郡国。尝于陈梁间行遇雨，巾一角垫，时人乃故折巾一角，以为《林宗巾》。其见慕皆如此。或问汝南范滂曰："郭林宗何如人？"滂曰："隐不违亲，贞不绝俗，天子不得臣，诸侯不得

友,吾不知其它。"后遭母忧,有至孝称。林宗虽善人伦,而不为危言核论,故宦官擅政而不能伤也。及党事起,知名之士多被其害,唯林宗及汝南袁闳得免焉。遂闭门教授,弟子以千数。

建宁元年,太傅陈蕃、大将军窦武为阉人所害,林宗哭之于野,恸。既而叹曰:"'人之云亡,邦国殄瘁'。'瞻乌爰止,不知于谁之屋'耳。"

明年春,卒于家,时年四十二。四方之士千余人,皆来会葬。同志者乃共刻石立碑,蔡邕为其文,既而谓涿郡卢植曰:"吾为碑铭多矣,皆有惭德,唯郭有道无愧色耳。"其奖拔士人,皆如所鉴。后之好事,或附益增张,故多华辞不经,又类卜相之书。今录其章章效于事者,著之篇末。左原者,陈留人也。为郡学生,犯法见斥。林宗尝遇诸路,为设酒肴以慰之。谓曰:"昔颜涿聚梁甫之巨盗,段干木晋国之大驵,卒为齐之忠臣,魏之名贤。蘧瑗、颜回尚不能无过,况其余乎?慎勿恚恨,责躬而已。"原纳其言而去。或有讥林宗不绝恶人者。对曰:"人而不仁,疾之以甚,乱也。"原后忽更怀忿,结客欲报诸生。其日林宗在学,原愧负前言,因遂罢去。后事露,众人咸谢服焉。

茅容字季伟,陈留人也。年四十余,耕于野,时与等辈避雨树下,众皆夷踞相对,容独危坐愈恭。林宗行见之而奇其异,遂与共言。因请寓宿。旦日,容杀鸡为馔,林宗谓为己设,既而以供其母,自以草蔬与客同饭。林宗起拜之曰:"卿贤乎哉!"因劝令学,卒以成德。

孟敏字叔达,钜鹿杨氏人也。客居太原。荷甑堕地,不顾而去。林宗见而问其意,对曰:"甑已破矣,视之何益?"林宗以此异之,因劝令游学。十年知名,三公俱辟,并不屈云。

庾乘字世游,颍川鄢陵人也。少给事县廷为门士。林宗见而拔之,劝游学官,遂为诸生佣。后能讲论,自以卑第,每处下坐,诸生博士皆就雠问,由是学中以下坐为贵。后征辟并不起,号曰"征君"。

宋果字仲乙,扶风人也。性轻悍,喜与人报仇,为郡县所疾。林宗乃训之义方,惧以祸败。果感悔,叩头谢负,遂改节自敕。后以烈气闻,辟公府,侍御史、并州刺史,所在能化。

贾淑字子厚,林宗乡人也。虽世有冠冕,而性险害,邑里患之。林宗遭母忧,淑来修吊,既而钜鹿孙威直亦至。威直以林宗贤而受恶人吊,心怪之,不进而去。林宗追而谢之曰:"贾子厚诚实凶德,然洗心向善。仲尼不逆互乡,故吾许其进也。"淑闻之,改过自厉,终成善士。乡里有忧者,淑辄倾身营救,为州闾所称。

史叔宾者,陈留人也。少有盛名。林宗见而告人曰:"墙高基下,虽得必失。"后果以论议阿枉败名云。

黄允字子艾,济阴人也。以隽才知名。林宗见而谓曰:"卿有绝人之才,足成伟器。然恐守道不笃,将失之矣。"后司徒袁隗欲为从女求姻,见允而叹曰:"得婿如是足矣。"允闻而黜遣其妻夏侯氏。妇谓姑曰:"今当见弃,方与黄氏长辞,乞一会亲属,以展离诀之情。"于是大集宾客三百余人,妇中坐,攘袂数允隐匿秽恶十五事,言毕,登车而去。允以此废于时。

谢甄字子微,汝南召陵人也。与陈留边让并善谈论,俱有盛名。每共候林宗,未尝不连日达夜。林宗谓门人曰:"二子英才有余,而并不入道,惜乎!"甄后不拘细行,为时所毁。让以轻侮曹操,操杀之。

王柔字叔优,弟泽,字季道,林宗同郡晋阳县人也。兄弟总角共候林宗,以访才行所宜。林宗曰:"叔优当以仕进显,季道当以经术通,然违方改务,亦不能至也。"后果如所言,柔为护匈奴中郎将,泽为代郡太守。又识张孝仲刍牧之中,知范特祖邮置之役,召公子、许伟康并出屠酤,司马子威拔自卒伍,及同郡郭长信、王长文、韩文布、李子政、曹子元、定襄周康子、西河王季然、云中丘季智、郝礼真等六十人,并以成名。

论曰:"庄周有言,人情险于山川,以其动静可识,而沈阻难征。故深厚之性,诡于情貌;'则哲'之鉴,惟帝所难。而林宗雅俗无所失,将其明性特有主乎?然而逊言危行,终亨时晦,恂恂善导,使士慕成名,虽墨、孟之徒,不能绝也。

符融传

符融字伟明,陈留浚仪人也。少为都官吏,耻之,委去。后游太学,师事少府李膺。膺风性高简,每见融,辄绝它宾客,听其言论。融幅巾奋袖,谈辞如云,膺每捧手叹息。郭林宗始入京师,时人莫识,融一见嗟服,因以介于李膺,由是知名。时汉中晋文经、梁国黄子艾,并恃其才智,炫曜上京,卧托养疾,无所通接。洛中士大夫好事者,承其声名,坐门问疾,犹不得见。三公所辟召者,辄以询访之,随所臧否,以为与夺。融察其非真,乃到太学,并见李膺曰:"二子行业无闻,以豪桀自置,遂使公卿问疾,王臣坐门。融恐其小道破义,空誉违实,特宜察焉。"膺然之。二人自是名论渐衰,宾徒稍省,旬日之间,惭叹逃去。后果为轻薄子,并以罪废弃。融益以知名。州郡礼请,举孝廉,公府连辟,皆不应,太守冯岱有名称,到官,请融相见。融一往,荐达郡士范冉、韩卓、孔伷等三人,因辞病自绝。会有党事,亦遭禁锢。妻亡,贫无殡敛,乡人欲为具棺服,融不肯受。曰:"古之亡者,弃之中野。唯妻子可以行志,但即土埋藏而已。"融同郡田盛,字仲向,与郭林宗同好,亦名知人,优游不仕,并以寿终。

许劭传

许劭字子将，汝南平舆人也。少峻名节，好人伦，多所赏识。若樊子昭、和阳士者，并显名于世。故天下言拔士者，咸称许、郭。初为郡功曹，太守徐璆甚敬之。府中闻子将为吏，莫不改操饰行。同郡袁绍，公族豪侠，去濮阳令归，车徒甚盛，将入郡界，乃谢遣宾客，曰："吾舆服岂可使许子将见。"遂以单车归家。劭尝到颍川，多长者之游，唯不候陈寔。又陈蕃丧妻还葬，乡人毕至，而劭独不往。或问其故，劭曰："太丘道广，广则难周，仲举性峻，峻则少通。故不造也。"其多所裁量若此。曹操微时，常卑辞厚礼，求为己目。劭鄙其人而不肯对，操乃伺隙胁劭，劭不得已，曰："君清平之奸贼，乱世之英雄。"操大悦而去。劭从祖敬，敬子训，训子相，并为三公，相以能谄事宦官，故自致台司封侯，数遣请劭。劭恶其薄行，终不候之。劭邑人李逵，壮直有高气，劭初善之，而后为隙。又与从兄靖不睦，时议以此少之。初，劭与靖俱有高名，好共核论乡党人物，每月辄更其品题，故汝南俗有"月旦评"焉。司空杨彪辟，举方正、敦朴，征，皆不就。或劝劭仕，对曰："方今小人道长，王室将乱，吾欲避地淮海，以全老幼。"乃南到广陵。徐州刺史陶谦礼之甚厚。劭不自安，告其徒曰："陶恭祖外慕声名，内非真正。待吾虽厚，其势必薄。不如去之。"遂复投扬州刺史刘繇于曲阿。其后陶谦果捕诸寓士。及孙策平吴，劭与繇南奔豫章而卒，时年四十六。兄虔亦知名，汝南人称平舆渊有二龙焉。

赞曰：林宗怀宝，识深甄藻。明发周流，永言时道。符融鉴真，子将人伦。守节好耻，并亦逡巡。

卷九十九　　窦何列传第五十九

窦武传

窦武字游平，扶风平陵人，安丰戴侯融之玄孙也。父奉，定襄太守。武少以经行著称，常教授于大泽中，不交时事，名显关西。

延熹八年，长女选入掖庭，桓帝以为贵人，拜武郎中。其冬，贵人立为皇后，武迁越骑校尉，封槐里侯，五千户。明年冬，拜城门校尉。在位多辟名士，清身疾恶，礼赂不通。妻子衣食裁充足而已。是时羌蛮寇难，岁俭民饥，武得两宫赏赐，悉散与太学诸生，及载肴粮于路，丐施贫民。兄子绍，为虎贲中郎将，性疏简奢侈。武每数切厉相戒，犹不觉悟，乃上书求退绍位，又自责不能训导，当先受罪。由是绍更遵节，大小莫敢违犯。

时国政多失，内官专宠，李膺、杜密等为党事考逮。永康元年，上疏谏曰："臣闻明主不讳讥刺之言，以探幽暗之实；忠臣不恤谏争之患，以畅万端之事。是以君臣并熙，名奋百世。臣幸得遭盛明之世，逢文武之化，岂敢怀禄逃罪，不竭其诚！陛下初从藩国，爰登圣祚，天下逸豫，谓当中兴。自即位以来，未闻善政。梁、孙、寇、邓虽或诛灭，而常侍黄门续为祸虐，欺罔陛下，竟行谲诈，自造制度，妄爵非人，朝政日衰，奸臣日强，伏寻西京放恣王氏，佞臣执政，终丧天下。今不虑前事之失，复循覆车之轨，臣恐二世之难，必将复及，赵高之变，不朝则夕。近者奸臣牢脩，造设党议，遂收前司隶校尉李膺、太仆杜密、御史中丞陈翔、太尉掾范滂等逮考，连及数百人，旷年拘录，事无效验。臣惟膺等建忠抗节，志经王室，此诚陛下稷、高、伊、吕之佐，而虚为奸臣贼子之所诬枉，天下寒心，海内失望。惟陛下留神澄省，时见理出，以厌人鬼喁喁之心。臣闻古之明君，必须贤佐，以成政道。今台阁近臣，尚书令陈蕃，仆射胡广，尚书朱宇、荀绲、刘祐、魏朗、刘矩、尹勋等，皆国之贞士，朝之良佐，尚书郎张陵、妫皓、苑康、杨乔、边韶、戴恢等，文质彬彬，明达国典。内外之职，群才并列，而陛下委任近习，专树饕餮，外典州郡，内干心膂，宜以次贬黜，案罪纠罚，抑夺宦官欺国之封，案其无状诬罔之罪，信任忠良。平决臧否，使邪正毁誉，各得其所，宝爱天官，唯善是授。如此，咎征可消，天应可待。间者有嘉禾、芝草、黄龙之见。夫瑞生必于嘉士，福至实由善人，在德为瑞，无德为灾。陛下所行，不合天意，不宜称庆。"书奏，因以病上还城门校尉、槐里侯印绶。帝不许，有诏原李膺、杜密等，自黄门北寺、若卢、都内诸狱，系囚罪轻者皆出之。其冬帝崩，无嗣。武召侍御史河间刘儵，参问其国中王子侯之贤者，儵称解渎亭侯宏。武入白太后，遂征立之，是为灵帝。拜武为大将军，常居禁中。帝既立，论定策功，更封武为闻喜侯；子机渭阳侯，拜侍中；兄子绍鄂侯，迁步兵校尉；绍弟靖西乡侯，为侍中，监羽林左骑。武既辅朝政，常有诛翦宦官之意，太傅陈蕃亦素有谋。时共会朝堂，蕃私谓武曰："中常侍曹节、王甫等，自先帝时操弄国权，浊乱海内，百姓匈匈，归咎于此。今不诛节等，后必难图。"武深然之。蕃大喜，以手推席而起。武于是引同志尹勋为尚书令，刘瑜为侍中，冯述为屯骑校尉；又征天下名士废黜者前司隶李膺、宗正刘猛、太仆杜密、庐江太守朱宇等，列于朝廷；前颍川陈寔为属；共定计策。于是天下雄俊，知其风旨，莫不延颈企踵，思奋其智力。

会五月日食，蕃复说武曰："昔萧望之困一石显，近者李、杜诸公祸及妻子，况今石显数十辈乎！蕃以八十之年，欲为将军除害，今可且因日食，斥罢宦官，以塞天变。又赵夫人及女尚书，且夕乱太后，急宜退绝。惟将军虑焉。"武乃白太后曰："故事，黄门、常侍但当给事省内，典门户，主近署财物耳。今乃使与政事而任权重，子弟布列，专为贪暴。天下匈匈，正以此故。宜悉诛废，以清朝廷。"太后曰："汉来故事世有，但当诛其有罪，岂可尽废邪？"时中常侍管霸颇有才略，专制省内。武先白诛霸及中常侍苏康等，竟死。武复数白诛曹节等，太后尤豫未忍，故事久不发。至八月，太白出西方。刘瑜素善天官，恶之，上书皇太后曰："太白犯房左骖，上将星入太微，其占宫门当闭，将相不利，奸人在主傍。愿急防之。"又与武、蕃书，以星辰错缪，不利大臣，宜速断大计。武、蕃得书将发，于是以朱宇为司隶校尉，刘祐为河南尹，虞祁为洛阳令。武乃奏免黄门令魏彪，以所亲小黄门山冰代之。使冰奏素狡猾尤无状者长乐尚书郑飒，送北寺狱。蕃谓武曰："此曹子便当收杀，何复考为！"武不从，令冰与尹勋、侍御史祝瑨杂考飒，辞连及曹节、王甫。勋、冰即奏收节等，使刘瑜内奏。

时武出宿归府，典中书者先以告长乐五官史朱瑀。瑀盗发武奏，骂曰："中官放纵者，自可诛耳。我曹何罪，而当尽见族灭？"因大呼曰："陈蕃、窦武奏白太后废帝，为大逆！"乃夜召素所亲壮健者长乐从官史共普、张亮等十七人，歃血共盟诛武等。曹节闻之，惊起，白帝曰："外间切切，请出御德阳前殿。"令帝拔剑踊跃，使乳母赵娆等拥卫左右，取棨信，闭诸禁门。召尚书官属，胁以白刃，使作诏板。拜王甫为黄门令，持节至北寺狱收尹勋、山冰。冰疑，不受诏，甫格杀之。遂害勋，出郑飒，还共劫太后，夺玺书。令中谒者守南宫，闭门，绝复道。使郑飒等持节，及侍御史、谒者捕收武。武不受诏，驰入步兵营，与绍共射杀使者，召会北军五校士数千人屯都亭下，令军士曰："黄门常侍反，尽力者封侯重赏。"诏以少府周靖行车骑将军，加节，与护匈奴中郎将张奂率五营士讨武。夜漏尽，王甫将虎贲、羽林、厩驺、都候、剑戟士，合千余人，出屯朱雀掖门，与奂等合。明旦悉军阙下，与武对陈。甫兵渐盛，使其士大呼武军曰："窦武反，汝皆禁兵，当宿卫省，何故随反者乎？先降有赏！"营府素畏服中官，于是武军稍稍归甫。自旦至食时，兵降略尽。武、绍走，诸军追围之，皆自杀，枭首洛阳都亭。收捕宗亲、宾客、姻属，悉诛之，及刘瑜、冯述皆夷其族。徙武家属日南，迁太后于云台。

当是时，凶竖得志，士大夫皆丧其气矣。武府掾桂阳胡腾，少师事武，独殡敛行丧，坐以禁锢。

武孙辅，时年二岁，逃窜得全。事觉，节等捕之急，胡腾及令史南阳张敞共逃辅于零陵界，诈云已死，腾以为己子，而使聘娶焉。后举桂阳孝廉，至建安中，荆州牧刘表闻而辟焉，以为从事，使还窦姓，以事列上，会表卒，曹操定荆州，辅与宗人徙居于邺，辟丞相府，从征马超，为流矢所中死。

初，武母产武而并产一蛇，送之林中。后母卒，及葬未窆，有大蛇自榛草而出，径至丧所，以头击柩，涕血皆流，俯仰蛣屈，若哀泣之容，有顷而去。时人知为窦氏之祥。

腾字子升，初，桓帝巡狩南阳，以腾为护驾从事。公卿贵戚车骑万计，征求费役，不可胜极。腾上言："天子无外，乘舆所幸，即为京师，臣请以荆州刺史比司隶校尉，臣自同都官从事。"帝从之。自是肃然，莫敢妄有干欲，腾以此显名。党锢解，官至尚书。

张敞者，太尉温之弟也。

何进传

何进字遂高，南阳宛人也。异母女弟选入掖庭为贵人，有宠于灵帝，拜进郎中，再迁虎贲中郎将，出为颍川太守。光和三年，贵人立为皇后，征进入，拜侍中、将作大匠、河南尹。

中平元年，黄巾贼张角等起，以进为大将军，率左右羽林五营士屯都亭，修理器械，以镇京师。张角别党马元义谋起洛阳，进发其奸，以功封慎侯。

四年，荥阳贼数千人群起，攻烧郡县，杀中牟县令，诏使进弟河南尹苗出击之。苗攻破群贼，平定而还。诏遣使者迎于成皋，拜苗为车骑将军，封济阳侯。

五年，天下滋乱，望气者以为京师当有大兵，两宫流血。大将军司马许凉、假司马伍宕说进曰："《太公六韬》有天子将兵事，可以威厌四方。"进以为然，入言之于帝。于是乃诏进大发四方兵，讲武于平乐观下。起大坛，上建十二重五采华盖，高十丈，坛东北为小坛，复建九重华盖，高九丈，列步兵、骑士数万人，结营为陈。天子亲出临军，驻大华盖下，进驻小华盖下。礼毕，帝躬擐甲介马，称"无上将军"，行陈三匝而还。诏使进悉领兵屯于观下。是时置西园八校尉，以小黄门蹇硕为上军校尉，虎贲中郎将袁绍为中军校尉，屯骑都尉鲍鸿为下军校尉，议郎曹操为典军校尉，赵融为助军校尉，淳于琼为佐军校尉，又有左右校尉。帝以蹇硕壮健而有武略，特亲任之，以为元帅，督司隶校尉以下，虽大将军亦领属焉。硕虽擅兵于中，而犹畏忌于进，乃与诸常侍共说帝遣进西击边章、韩遂。帝从之，赐兵车百乘，虎贲斧钺，进阴知其谋，乃上遣袁绍东击徐兖二州兵，须绍还，即戎事，以稽行期。

初，何皇后生皇子辩，王贵人生皇子协。群臣请立太子，帝以辩轻佻无威仪，不可为人主，然皇后有宠，且进又居重权，故久不决。

六年，帝疾笃，属协于蹇硕。硕既受遗诏，且素轻忌于进兄弟，及帝崩，硕时在内，欲先诛进而立协。及进从外入，硕司马潘隐与进早旧，迎而目之。进惊，驰从儳道归营,引兵入屯百郡邸,因称疾不入。硕谋不行,皇子辩乃即位,何太后临朝,进与太傅袁隗辅政,录尚书事。进素知中官天下所疾,兼忿蹇硕图己,及秉朝政,阴规诛之。袁绍亦素有谋,因进亲客张津劝之曰:"黄门常侍权重日久,又与长乐太后专通奸利,将军宜更清选贤良,整齐天下,为国家除患。"进然其言。又以袁氏累世宠贵,海内所归,而绍素善养士,能得豪杰用,其从弟虎贲中郎将术亦尚气侠,故并厚待之。因复博征智谋之士逢纪、何颙、荀攸等,与同腹心。蹇硕疑不自安,与中常侍赵忠等书曰:"大将军兄弟秉国专朝,今与天下党人谋诛先帝左右,扫灭我曹。但以硕典禁兵,故且沈吟。今宜共闭上阁,急捕诛之。"中常侍郭胜,进同郡人也,太后及进之贵幸,胜有力焉。故胜亲信何氏,遂共赵忠等议,不从硕计,而以其书示进。进乃使黄门令收硕,诛之。因领其屯兵。袁绍复说进曰:"前窦武欲诛内宠而反为所害者,以其言语漏泄,而五营百官服畏中人故也。今将军既有元舅之重,而兄弟并领劲兵,部曲将吏皆英俊名士,乐尽力命,事在掌握,此天赞之时也。将军宜一为天下除患,名垂后世。虽周之申伯,何足道哉!今大行在前殿,将军受诏领禁兵,不宜轻出入宫省。"进甚然之,乃称疾不入陪丧,又不送山陵。遂与绍定筹策,而以其计白太后。太后不听,曰:"中官统领禁省,自古及今,汉家故事,不可废也。且先帝新弃天下,我奈何楚楚与士人对共事乎?"进难违太后意,且欲诛其放纵者。绍以为中官亲近至尊,出入号令,今不悉废,后必为患。而太后母舞阳君及苗数受诸宦官赂遗,知进欲诛之,数白太后,为其障蔽。又言:"大将军专杀左右,擅权以弱社稷。"太后疑以为然。中官在省闼者或数十人,封侯贵宠,胶固内外。进新当重任,素敬惮之,虽外收大名而内不能断,故事久不决。

绍等又为画策,多召四方猛将及诸豪杰,使并引兵向京城,以胁太后。进然之。主簿陈琳入谏曰:"《易》称'即鹿无虞',谚有'掩目捕雀'。夫微物尚不可欺以得志,况国之大事,其可以诈立乎?今将军总皇威,握兵要,龙骧虎步,高下在心,此犹鼓洪炉燎毛发耳。夫违经合道,天人所顺,而反委释利器,更征外助。大兵聚会,强者为雄,所谓倒持干戈,授人以柄,功必不成,祗为乱阶。"进不听,遂西召前将军董卓屯关中上林苑,又使府掾太山王匡东发其郡强弩,并召东郡太守桥瑁屯城皋,使武猛都尉丁原烧孟津,火照城中,皆以诛宦官为言。太后犹不从。苗谓进曰:"始共从南阳来,俱以贫贱,依省内以致贵富。国家之事,亦何容易!覆水不可收。宜深思之,且与省内和也。"进意更狐疑。绍惧进变计,乃胁之曰:"交构已成,形势已露,事留变生,将军复欲何待,而不早决之乎!"进于是以绍为司隶校尉,假节,专命击断;从事中郎王允为河南尹,绍使洛阳方略武吏司察宦者,而促董卓等使驰驿上,欲进兵平乐观。太后乃恐,悉罢中常侍小黄门,使还里舍,唯留进素所私

人,以守省中。诸常侍小黄门皆诣进谢罪,唯所措置。进谓曰:"天下匈匈,正患诸君耳。今董卓垂至,诸君何不早各就国?"袁绍劝进便于此决之,至于再三。进不许。绍又为书告诸州郡,诈宣进意,使捕案中官亲属。进累积日,颇泄,中官惧而思变。张让子妇,太后之妹也。让向子妇叩头曰:"老臣得罪,当与新妇俱归私门。惟受恩累世,今当远离宫殿,情怀恋恋,愿复一入直,得暂奉望太后、陛下颜色,然后退就沟壑,死不恨矣。"子妇言于舞阳君,入白太后,乃诏诸常侍皆复入直。八月,进入长乐白太后,请尽诛诸常侍以下,选三署郎入守宦官庐。诸宦官相谓曰:"大将军称疾不临丧,不送葬,今欻入省,此意何为?窦氏事竟复起邪?"又张让等使人潜听,具闻其语,乃率常侍段珪、毕岚等数十人,持兵窃自侧闼入,伏省中。及进出,因诈以太后诏召进。入坐省闼,让等诘进曰:"天下愦愦,亦非独我曹罪也。先帝尝与太后不快,几至成败,我曹涕泣救解,各出家财千万为礼,和悦上意,但欲托卿门户耳。今乃欲灭我曹种族,不亦太甚乎?卿言省内秽浊,公卿以下忠清者为谁?"于是尚方监渠穆拔剑斩进于嘉德殿前。让、珪等为诏,以故太尉樊陵为司隶校尉,少府许相为河南尹。尚书得诏板,疑之,曰:"请大将军出共议。"中黄门以进头掷与尚书,曰:"何进谋反,已伏诛矣。"进部曲将吴匡、张璋,素所亲幸,在外闻进被害,欲将兵入宫,宫阁闭。袁术与匡共斫攻之,中黄门持兵守阁,会日暮,术因烧南宫九龙门及东西宫,欲以胁出让等。让等入白太后,言大将军兵反,烧宫,攻尚书闼,因将太后、天子及陈留王,又劫省内官属,从复道走北宫。尚书卢植执戈于阁道窗下,仰数段珪。段珪等惧,乃释太后,太后投阁得免。袁绍与叔父隗矫诏召樊陵、许相,斩之。苗、绍乃引兵屯朱雀阙下,捕得赵忠等,斩之。吴匡等素怨苗不与进同心,而又疑其与宦官同谋,乃令军中曰:"杀大将军者即车骑也。士吏能为报仇乎?"进素有仁恩,士卒皆流涕曰:"愿致死!"匡遂引兵与董卓弟奉车都尉旻攻杀苗,弃其尸于苑中。绍遂闭北宫门,勒兵捕宦者,无少长皆杀之。或有无须而误死者,至自发露然后得免。死者二千余人。绍因进兵排宫,或上端门屋,以攻省内。张让、段珪等困迫,遂将帝与陈留王数十人步出谷门,奔小平津。公卿并出平乐观,无得从者,唯尚书卢植夜驰河上,王允遣河南中部掾闵贡随植后。贡至,手剑斩数人,余皆投河而死。明日,公卿百官乃奉迎天子还宫,以贡为郎中,封都亭侯。

董卓遂废帝,又迫杀太后,杀舞阳君,何氏遂亡,而汉室亦自此败乱。

论曰:窦武、何进藉元舅之资,据辅政之权,内倚太后临朝之威,外迎群英乘风之势,卒而事败阉竖,身死功颓,为世所悲,岂智不足而权有余乎?《传》曰:"天之废商久

矣,君将兴之。"斯宋襄公所以败于泓也。

赞曰:武生蛇祥,进自屠羊。惟女惟弟,来仪紫房。上悟下嬖,人灵动怨。将纠邪慝,以合人愿。道之屈矣,代离凶困。

卷一百　　郑孔荀列传第六十

郑太传

郑太字公业,河南开封人,司农众之曾孙也。少有才略。灵帝末,知天下将乱,阴交结豪桀,家富于财,有田四百顷,而食常不足,名闻山东。初举孝廉,三府辟,公车征,皆不就。及大将军何进辅政,征用名士,以公业为尚书侍郎,迁侍御史。进将诛阉官,欲召并州牧董卓为助。公业谓进曰:"董卓强忍寡义,志欲无厌。若借之朝政,授以大事,将恣凶欲,必危朝廷。明公以亲德之重,据阿衡之权,秉意独断,诛除有罪,诚不宜假卓以为资援也。且事留变生,殷鉴不远。"又为陈时务之所急数事。进不能用,乃弃官去。谓颍川人荀攸曰:"何公未易辅也。"进寻见害,卓果作乱,公业等与侍中伍琼、卓长史何颙共说卓,以袁绍为勃海太守,以发山东之谋。及义兵起,卓乃会公卿议,大发卒讨之,群僚莫敢忤旨。公业恐其众多益横,凶强难制,独曰:"夫政在德,不在众也。"卓不悦,曰:"如卿此言,兵为无用邪?"公业惧,乃诡词更对曰:"非谓无用,以为山东不足加大兵耳。如有不信,试为明公略陈其要。今山东合谋,州郡连结,人庶相动,非不强盛。然光武以来,中国无警,百姓优逸,忘战日久。仲尼有言:'不教人战,是谓弃之。'其众虽多,不能为害。一也。明公出自西州,少为国将,闲习军事,数践战场,名振当世,人怀慑服。二也。袁本初公卿子弟,生处京师。张孟卓东平长者,坐不窥堂。孔公绪清谈高论,嘘枯吹生。并无军旅之才,执锐之干,临锋决敌,非公之俦。三也。山东之士,素乏精悍。未有孟贲之勇,庆忌之捷,聊城之守,良、平之谋,可任以偏师,责以成功。四也。就有其人,而尊卑无序,王爵不加,若恃众怙力,将各棋峙,以观成败,不肯同心共胆,与齐进退。五也。关西诸郡,颇习兵事,自顷以来,数与羌战,妇女犹戴戟操矛,挟弓负矢,况其壮勇之士,以当妄战之人乎!其胜可必。六也。且天下强勇,百姓所畏者,有并、凉之人,及匈奴、屠各、湟中义从、西羌八种,而明公拥之,以为爪牙,譬驱虎兕以赴犬羊。七也。又明公将帅,皆中表腹心,周旋日久,恩信淳著,忠诚可任,智谋可恃。以胶固之众,当解合之势,犹以烈风扫彼枯叶。八也。夫战有三亡,以乱攻理者亡,以邪攻正者亡,以逆攻顺者亡。今明公秉国平正,讨灭宦竖,忠义克立。以此三德,待彼三亡,奉辞伐罪,谁敢御之!九也。东州郑玄学该古今,北海邴原清高直亮,皆儒生所仰,群士楷式。彼诸将若询其计画,足知强弱。且燕、赵、齐、梁非不盛也,终灭于秦;吴、楚七国非不众也,卒败荥阳,况今德政赫赫,肱股惟良,彼岂赞成其谋,造乱长寇哉?其不然。十也。若其所陈少有可采,无事征兵以惊天下,使患役之民相聚为非,弃德恃众,自亏威重。"卓乃悦,以公业为将军,使统诸军讨击关东。或说卓曰:"郑公业智略过人,而结谋外寇,今资之士马,就其党与,窃为明公惧之。"卓乃收还其兵,留拜议郎。

卓既迁都长安,天下饥乱,士大夫多不得其命。而公业家有余资,日引宾客高会倡乐,所赡救者甚众。乃与何颙、荀攸共谋杀卓。事泄,颙等被执,公业脱身自武关走,东归袁术,术上以为杨州刺史。未至官,道卒,年四十一。

孔融传

孔融字文举,鲁国人,孔子二十世孙也。七世祖霸,为元帝师,位至侍中。父宙,太山都尉。融幼有异才。年十岁,随父诣京师。时河南尹李膺以简重自居,不妄接士宾客,敕外自非当世名人及与通家,皆不得白。融欲观其人,故造膺门。语门者曰:"我是李君通家子弟。"门者言之。膺请融,问曰:"高明祖父尝与仆有恩旧乎?"融曰:"然。先君孔子与君先人李老君同德比义,而相师友,则融与君累世通家。"众坐莫不叹息。太中大夫陈炜后至,坐中以告炜。炜曰:"夫人小而聪了,大未必奇。"融应声曰:"观君所言,将不早惠乎?"膺大笑曰:"高明必为伟器。"年十三,丧父,哀悴过毁,扶而后起,州里归其孝。性好学,博涉多该览。

山阳张俭为中常侍侯览所怨,览为刊章下州郡,以名捕俭。俭与融兄褒有旧,亡抵于褒,不遇。时融年十六,俭少之而不告。融见其有窘色,谓曰:"兄虽在外,吾独不能为君主邪?"因留舍之。后事泄,国相以下,密就掩捕,俭得脱走,遂并收褒、融送狱。二人未知所坐。融曰:"保纳舍藏者,融也,当坐之。"褒曰:"彼来求我,非弟之过,请甘其罪。"吏问其母,母曰:"家事任长,妾当其辜。"一门争死,郡县疑不能决,乃上谳之。诏书竟坐褒焉。融由是显名,与平原陶丘洪、陈留边让齐声称。州郡礼命,皆不就。辟司徒杨赐府。时隐核官僚之贪浊者,将加贬黜。融多举中官亲族。尚书畏迫内宠,召掾属诘责。融陈对罪恶,言无阿挠。河南尹何进当迁为大将军,杨赐遣融奉谒贺进,不时通,融即夺谒还府,投劾而去,河南官属耻之,私遣剑客欲追杀融。客有言于进曰:"孔文举有重名,将军若造怨此人,则四方之士引领而去矣。不如因而礼之,可以示广于天下。"进然之,既拜而辟融,举高第,为侍御史。与中丞赵舍不同，托病归家。后辟司空掾，拜中军候。在职三日，迁虎贲中郎将。会董卓废立，融每因对答，辄有匡正之言。以忤卓旨，转为议郎。时黄巾寇数州，而北海最为贼冲，卓乃讽三府同举融为北海相。融到郡，收合士民，起兵讲武，驰檄飞翰，引谋州郡。贼张饶等群辈二十万众从冀州还，融逆击，为饶所败，乃收散兵保朱虚县，稍复鸠集吏民为黄巾所误者男女四万余人，更置城邑，立学校，表显儒术，荐举贤良郑玄、彭璆、邴原等。郡人甄子然、临孝存知名早卒，融恨不及之，乃命配食县社，其余一介之善，莫不加礼焉。郡人无后及四方游士有死亡者，皆为棺具而敛葬之。时黄巾复来侵暴，融乃出屯都昌，为贼管亥所围。融逼急，乃遣东莱太史慈求救于平原相刘备。备惊曰："孔北海乃复知天下有刘备邪？"即遣兵三千救之，贼乃散走。

时袁、曹方盛，而融无所协附。左丞祖者，称有意谋，劝融有所结纳。融知绍、操终图汉室，不欲与同，故怒而杀之。融负其高气，志在靖难，而才疏意广，迄无成功。在郡六年，刘备表领青州刺史。建安元年，为袁谭所攻，自春至夏，战士所余裁数百人，流矢雨集，戈矛内接。融隐几读书，谈笑自若。城夜陷，乃奔东山，妻子为谭所虏。及献帝都许，征融为将作大匠，迁少府。每朝会访对，融辄引正定议，公卿大夫皆隶名而已。

初，太傅马日䃅奉使山东，及至淮南，数有意于袁术，术轻侮之，遂夺取其节，求去又不听，因欲逼为军帅。日䃅深自恨，遂呕血而毙。及丧还，朝廷议欲加礼，融乃独议曰："日䃅以上公之尊，秉髦节之使，衔命直指，宁辑东夏，而曲媚奸臣，为所牵率，章表署用，辄使首名，附下罔上，奸以事君。昔国佐当晋军而不挠，宜僚临白刃而正色。王室大臣，岂得以见胁为辞！又袁术僭逆，非一朝一夕，日䃅随从，周旋历岁。《汉律》与罪人交关三日已上，皆应知情。《春秋》鲁叔孙得臣卒，以不发扬襄仲之罪，贬不书日。郑人讨幽公之乱，斫子家之棺。圣上哀矜旧臣，未忍追案，不宜加礼。"朝廷从之。

时论者多欲复肉刑。融乃建议曰："古者敦庞，善否不别，吏端刑清，政无过失。百姓有罪，皆自取之，末世陵迟，风化坏乱，政挠其俗，法害其人，故曰上失其道，民散久矣。而欲绳之以古刑，投之以残弃，非所谓与时消息者也。纣斫朝涉之胫，天下谓为无道。夫九牧之地，千八百君，若各刖一人，是下常有千八百纣也。求俗休和，弗可得已。且被刑之人。虑不念生，志在思死，类多趋恶，莫复归正。夙沙乱齐，伊戾祸宋，赵高、英布，为世大患。不能止人遂为非也，适足绝人还为善耳，虽忠如鬻拳，信如卞和，智如孙膑，冤如巷伯，才如史迁，达如子政，一离刀锯，没世不齿。是太甲之思庸，穆公之霸秦，南睢之骨立，卫武之《初筵》，陈汤之都赖，魏尚之守边，无所复施也。汉开改恶之路，凡为此也。故明德之君，远度深惟，弃短就长，不苟革其政者也。"朝廷善之，卒不改焉。

是时荆州牧刘表不供职贡，多行僭伪，遂乃郊祀天地，拟斥乘舆。诏书班下其事。融上疏曰："窃闻领荆州牧刘表桀逆放恣，所为不轨，至乃郊祭天地，拟仪社稷，虽昏僭恶极，罪不容诛，至于国体，宜且讳之。何者？万乘至重，天王至尊，身为圣躬，国为神器，陛级县远，禄位限绝，犹天之不可阶，日月之不可逾也。每有一竖臣，辄去图之，若形之四方，非所以杜塞萌萌。愚谓虽有重戾，必宜隐忍。贾谊所谓'掷鼠忌器'，盖谓此也，是以齐兵次楚，唯责包茅；王师败绩，不书晋人。前以露袁术之罪，今复下刘表之事，是使跛牂欲窥高岸，天险可得而登也。案表跋扈，擅诛列侯，遏绝诏命，断盗贡篚，招呼元恶，以自营卫，专为群逆，主萃渊薮，郜鼎在庙，章孰甚焉！桑落瓦解，其势可见，臣愚以为宜隐郊祀之事，以崇国防。"

五年，南阳王冯、东海王祗薨。帝伤其早殁，欲为修四时之祭，以访于融。融对曰："圣恩敦睦，感时增思，悼二王之灵，发哀愍之诏，稽度前典，以正礼制。窃观故事，前梁怀王、临江愍王、齐哀王、临淮怀王并无后，同产昆弟，即景、武、昭、明四帝是也，未闻前朝修立祭祀。若临时所施，则不列传纪。臣愚以为诸在冲龀，圣慈哀悼，礼同成人，加以号谥者，宜称上恩，祭祀礼毕，而后绝之。至于一岁之限，不合礼意，又违先帝已然之法，所未敢处。"

初，曹操攻屠邺城，袁氏妇子多见侵略，而操子丕私纳袁熙妻甄氏。融乃与操书，称"武王伐纣，以妲己赐周公。"操不悟，后问出何经典。对曰："以今度之，想当然耳。"后操讨乌桓，又嘲之曰："大将军远征，萧条海外。昔肃慎氏不贡楛矢，丁零盗苏武牛羊，可并案也。"

时年饥兵兴，操表制酒禁，融频书争之，多侮慢之辞。既见操雄诈渐著，数不能堪，故发辞偏宕，多致乖忤。又尝奏宜准古王畿之制，千里寰内，不以封建诸侯。操疑其所论建渐广，益惮之。然以融名重天下，外相容忍，而潜忌正议，虑鲠大业。山阳郗虑承望风旨，以微法奏免融官。因显明仇怨，操故书激厉融曰："盖闻唐虞之朝，有克让之臣，故麟凤来而颂声作也。后世德薄，犹有杀身为君，破家为国。及至其敝，睚眦之怨必雠，一餐之惠必报，故晁错念国，遘祸于袁盎；屈平悼楚，受谮于椒、兰；彭宠倾乱，起自朱浮；郑禹威损，失于宗、冯。由此言之，喜怒怨爱，祸福所因，可不慎与！苟廉、蔺小国之臣，犹能相下，寇、贾仓卒武夫，屈节崇好，光武不问伯升之怨，齐侯不疑射钩之虏。夫立大操者，岂累细故哉！往闻二君有执法之平，以为小介，当收旧好；而怨毒渐积，志机危害，闻之怃然，中夜而起。昔国家东迁，文举盛叹鸿豫名实相副，综达经学，出于郑玄，又明《司马法》，鸿豫亦称文举奇逸博闻，诚怪今者与始相违。孤与文举既非旧好，又于鸿豫亦无恩纪，然愿人之相美，不乐人之相伤，是以区区思协欢好。又知二君群小所构,孤为人臣,进不能风化海内,退不能建德和人,然抚养战士,杀身为国,破浮华交会之徒,计有余矣。"

融报曰:"猥惠书教,告所不逮。融与鸿豫州里比郡,知之最早。虽尝陈其功美,欲以厚于见私,信于为国,不求其覆过掩恶,有罪望不坐也。前者黜退,欢欣受之。昔赵宣子朝登韩厥,夕被其戮,喜而求贺,况无彼人之功,而敢枉当官之平哉!忠非三闾,智非晁错,窃位为过,免罪为幸。乃使余论远闻,所以惭惧也。朱、彭、寇、贾,为世壮士,爱恶相攻,能为国忧。至于轻弱薄劣,犹昆虫之相啮,适足还害其身,诚无所至也。晋侯嘉其臣所争者大,而师旷以为不如心竞。性既迟缓,与人无伤,虽出胯下之负,榆次之辱,不知贬毁之于己,犹蚊虻之一过也。子产谓人心不相似,或矜势者,欲以取胜为荣,不念宋人待四海之客,大炉不欲令酒酸也。至于屈谷巨瓠,坚而无窍,当以无用罪之耳。它者奉遵严教,不敢失坠。郗为故吏,融所推进。赵衰之拔郤縠,不轻公叔之升臣也,知同其爱,训诲发中。虽懿伯之忌,犹不得念,况恃旧交,而欲自外于贤吏哉!辄布腹心,修好如初。苦言至意,终身诵之。"

岁余,复拜太中大夫。性宽容少忌,好士,喜诱益后进。及退闲职,宾客日盈其门。常叹曰:"坐上客恒满,尊中酒不空,吾无忧矣。"与蔡邕素善,邕卒后,有虎贲士貌类于邕,融每酒酣,引与同坐,曰:"虽无老成人,且有典刑。"融闻人之善,若出诸己,言有可采,必演而成之,面告其短,而退称所长,荐达贤士,多所奖进,知而未言,以为己过,故海内英俊皆信服之。

曹操既积嫌忌,而郗虑复构成其罪,遂令丞相军谋祭酒路粹枉状奏融曰:"少府孔融,昔在北海,见王室不静,而招合徒众,欲规不轨,云'我大圣之后,而见灭于宋,有天下者,何必卯金刀。'及与孙权使语,谤讪朝廷。又融为九列,不遵朝仪,秃巾微行,唐突宫掖。又前与白衣祢衡跌荡放言,云'父之于子,当有何亲?论其本意,实为情欲发耳。子之于母,亦复奚为?譬如寄物瓶中,出则离矣。'既而与衡更相赞扬。衡谓融曰:'仲尼不死。'融答曰:'颜回复生。'大逆不道,宜极重诛。"书奏,下狱弃市。时年五十六。妻子皆被诛。

初,女年七岁,男年九岁,以其幼弱得全,寄它舍。二子方弈棋,融被收而不动。左右曰:"父执而不起,何也?"答曰:"安有巢毁而卵不破乎?"主人有遗肉汁,男渴而饮之。女曰:"今日之祸,岂得久活,何赖知肉味乎?"兄号泣而止。或言于曹操,遂尽杀之。及收至,谓兄曰:"若死者有知,得见父母,岂非至愿!"乃延颈就刑,颜色不变,莫不伤之。

初,京兆朱脂习元升,与融相善,每戒融刚直。及被害,许下莫敢收者,习往抚尸曰:"文举舍我死,吾何用生为?"操闻大怒,将收习杀之,后得赦出。

魏文帝深好融文辞,每叹曰:"杨、班俦也。"募天下有上融文章者,辄赏以金帛。所著诗、颂、碑文、论议、六言、策文、表、檄、教令、书记凡二十五篇。文帝以习有栾布之节,加中散大夫。

论曰:昔谏大夫郑昌有言:"山有猛兽者,藜藿为之不采。"是以孔父正色,不容弑虐之谋;平仲立朝,有纾盗齐之望。若夫文举之高志直情,其足以动义概而忤雄心。故使移鼎之迹,事隔于人存;代终之规,启机于身后也。夫严气正性,覆折而已。岂有员园委屈,可以每其生哉!懔懔焉,皓皓焉,其与琨玉秋霜比质可也。

荀彧传

荀彧字文若,颍川颍阴人,朗陵令淑之孙也。父绲,为济南相。绲畏惮宦官,乃为彧娶中常侍唐衡女。彧以少有才名,故得免于讥议。南阳何颙名知人,见彧而异之,曰:"王佐才也。"

中平六年,举孝廉,再迁亢父令。董卓之乱,弃官归乡里。同郡韩融时将宗亲千余家,避乱密西山中。彧谓父老曰:"颍川,四战之地也。天下有变,常为兵冲。密虽小固,不足以扞大难,宜亟避之。"乡人多怀土不能去。会冀州牧同郡韩馥遣骑迎之,彧乃独将宗族从馥,留者后多为董卓将李傕所杀略焉。彧比至冀州,而袁绍已夺馥位,绍待彧以上宾之礼。彧明有意数,见汉室崩乱,每怀匡佐之义。时曹操在东郡,彧闻操有雄略,而度绍终不能定大业。初平二年,乃去绍从操。操与语大悦,曰:"吾子房也。"以为奋武司马,时年二十九。明年,又为操镇东司马。

兴平元年,操东击陶谦,使彧守甄城,任以留事。会张邈、陈宫以兖州反操,而潜迎吕布。布既至,诸城悉应之。邈乃使人谲彧曰:"吕将军来助曹使君击陶谦,宜亟供军实。"彧知邈有变,即勒兵设备,故邈计不行。豫州刺史郭贡率兵数万来到城下,求见彧。彧将往,东郡太守夏侯惇等止之。曰:"何如贡不与吕布同谋,而轻欲见之。今君为一州之镇,往必危也。"彧曰:"贡与邈等分非素结,今来速者,计必未定,及其犹豫,宜时说之,纵不为用,可使中立。若先怀疑嫌,彼将怒而成谋,不如往也。"贡既见彧无惧意,知城不可攻,遂引而去。彧乃使程昱说范、东阿,使固其守,卒全三城以待操焉。

二年,陶谦死,操欲遂取徐州,还定吕布。彧谏曰:"昔高祖保关中,光武据河内,皆深根固本,以制天下。进可以胜敌,退足以坚守。故虽有困败,而终济大业。将军本以兖州首事,故能平定山东,此实天下之要地,而将军之关河也。若不先定,根本将何寄乎?宜急分讨陈宫,使布不得西顾,乘其间而收熟麦,约食蓄谷,以资一举,则吕布不足破也。今舍之而东,未见其便。多留兵则力不胜敌,少留兵则后不足固。布乘虚寇暴，震动人心，纵数城或全，其余非复己有，则将军尚安归乎？且前讨徐州，威罚实行，其子弟念父兄之耻，必人自为守。就能破之，尚不可保。彼若惧而相结，共为表里，坚壁清野，以待将军，将军攻之不拔，掠之无获，不出一旬，则十万之众未战而自困矣。夫事固有弃彼取此，以权一时之势，愿将军虑焉。"操于是大收熟麦，复与布战。布败走，因分定诸县，兖州遂平。

建安元年，献帝自河东还洛阳，操议欲奉迎车驾，徙都于许。众多以山东未定，韩暹、杨奉负功恣睢，未可卒制。彧乃劝操曰："昔晋文公纳周襄王，而诸侯景从；汉高祖为义帝缟素，而天下归心。自天子蒙尘，将军首唱义兵，徒以山东扰乱，未遑远赴，虽御难于外，乃心无不在王室。今銮驾旋轸，东京榛芜，义士有存本之思，兆人怀感旧之哀。诚因此时奉主上以从人望，大顺也；秉至公以服天下，大略也；扶弘义以致英俊，大德也。四方虽有逆节，其何能为？韩暹、杨奉，安足恤哉！若不时定，使豪桀生心，后虽为虑，亦无及矣。"操从之。及帝都许，以彧为侍中，守尚书令。操每征伐在外，其军国之事，皆与彧筹焉。彧又进操计谋之士从子攸，及锺繇、郭嘉、陈群、杜袭、司马懿、戏志才等，皆称其举。唯严象为杨州，韦康为凉州，后并负败焉。袁绍既兼河朔之地，有骄气。而操败于张绣，绍与操书甚倨。操大怒，欲先攻之，而患力不敌，以谋于彧。彧量绍虽强，终为操所制，乃说先取吕布，然后图绍，操从之。三年，遂擒吕布，定徐州。

五年，袁绍率大众以攻许，操与相距。绍甲兵甚盛，议者咸怀惶惧。少府孔融谓彧曰："袁绍地广兵强，田丰、许攸智计之士为其谋，审配、逢纪尽忠之臣任其事，颜良、文丑勇冠三军，统其兵，殆难克乎？"彧曰："绍兵虽多而法不整，田丰刚而犯上，许攸贪而不正，审配专而无谋，逢纪果而自用，颜良、文丑匹夫之勇，可一战而擒也。"后皆如彧之筹，事在《袁绍传》。操保官度，与绍连战，虽胜而军粮方尽，书与彧议，欲还许以致绍师。彧报曰："今谷食虽少，未若楚汉在荥阳、成皋间也。是时刘项莫肯先退者，以为先退则势屈也。公以十分居一之众，画地而守之，扼其喉而不得进，已半年矣。情见势竭，必将有变，此用奇之时，不可失也。"操从之，乃坚壁持之。遂以奇兵破绍，绍退走。封彧万岁亭侯，邑一千户。

六年，操以绍新破，未能为患，但欲留兵卫之，自欲南征刘表，以计问彧。彧对曰："绍新既败，众惧人扰，今不因而定之，而欲远兵江汉，若绍收离纠散，乘虚以出，则公之事去矣。"操乃止。

九年，操拔邺，自领冀州牧。有说操宜复置九州者，以为冀部所统既广，则天下易服，操将从之。彧言曰："今若依古制，是为冀州所统，悉有河东、冯翊、扶风、西河、幽、并之地也。公前屠邺城，海内震骇，各惧不得保其土宇，守其兵众。今若一处被侵，必谓以次见夺，人心易动，若一旦生变，天下未可图也。愿公先定河北，然后修复旧京，南临楚郢，责王贡之不入。天下咸知公意，则人人自安。须海内大定，乃议古制，此社稷长久之利也。"操报曰："微足下之相难，所失多矣！"遂寝九州议。

十二年，操上书表彧曰："昔袁绍作逆，连兵官度，时众寡粮单，图欲还许。尚书令荀彧深建宜住之便，远恢进讨之略，起发臣心，革易愚虑，坚营固守，徼其军实，遂摧扑大寇，济危以安。绍既破败，臣粮亦尽，将舍河北之规，改就荆南之策。彧复备陈得失，用移臣议，故得反旆冀土，克平四州。向使臣退军官度，绍必鼓行而前，敌人怀利以自百，臣众怯沮以丧气，有必败之形，无一捷之势。复若南征刘表，委弃兖、豫，饥军深入，逾越江、沔，利既难要，将失本据。而彧建二策，以亡为存，以祸为福，谋殊功异，臣所不及。是故先帝贵指纵之功，薄搏获之赏，古人尚帷幄之规，下攻拔之力。原其绩效，足享高爵。而海内未喻其状，所受不侔其功，臣诚惜之。乞重平议，增畴户邑。"彧深辞让。操譬之曰："昔介子推有言：'窃人之财，犹谓之盗。'况君奇谟拔出，兴亡所系，可专有之邪？虽慕鲁连冲高之迹，将为圣人达节之义乎！"于是增封千户，并前二千户。又欲授以正司，彧使荀攸深自陈让，至于十数，乃止。操将伐刘表，问彧所策。彧曰："今华夏已平，荆、汉知亡矣，可声出宛、叶而间行轻进，以掩其不意。"操从之，会表病死。

十七年，董昭等欲共进操爵国公，九锡备物，密以访彧。彧曰："曹公本兴义兵，以匡振汉朝，虽勋庸崇著，犹秉忠贞之节。君子爱人以德，不宜如此。"事遂寝。操心不能平。会南征孙权，表请彧劳军于谯，因表留彧曰："臣闻古之遣将，上设监督之重，下建副二之任，所以尊严国命，谋而鲜过者也。臣今当济江，奉辞伐罪，宜有大使肃将王命。文武并用，自古有之。使持节侍中守尚书令万岁亭侯彧，国之重臣，德洽华夏，既停军所次，便宜与臣俱进，宣示国命，威怀丑虏，军礼尚速，不及先请，臣辄留彧，依以为重。"书奏，帝从之，遂以彧为侍中、光禄大夫，持节，参丞相军事。至濡须，彧病留寿春，操馈之食，发视，乃空器也，于是饮药而卒。时年五十。帝哀惜之，祖日为之废宴乐。谥曰敬侯。明年，操遂称魏公云。

论曰：自迁帝西京，山东腾沸，天下之命倒悬矣，荀君乃越河、冀，间关以从曹氏。察其定举措，立言策，崇明王略，以急国艰，岂云因乱假义，以就违正之谋乎？诚仁为己任，期纾民于仓卒也。及阻董昭之议，以致非命，岂数也夫！世言荀君者，通塞或过矣，常以为中贤以下，道无求备，智算有所研疏，原始未必要末，斯理之不可全诘者也。夫以卫赐之贤，一说而毙两国。彼非薄于仁而欲之，盖有全必有丧也，斯又功之不兼者也。方时运之屯邅，非雄才无以济其溺,功高势强,则皇器自移矣。此又时之不可并也。盖取其归正而已,亦杀身以成仁之义也。

赞曰:公业称豪,骏声升腾。权诡时逼,挥金僚朋。北海天逸,音情顿挫。越俗易惊,孤音少和。直响安归,高谋谁佐?彧之有弼,诚感国疾。功申运改,迹疑心一。

卷一百一
皇甫嵩朱儁列传第六十一

皇甫嵩

皇甫嵩字义真,安定朝那人,度辽将军规之兄子也。父节,雁门太守。嵩少有文武志介,好《诗》《书》,习弓马。初举孝廉、茂才。太尉陈蕃、大将军窦武连辟,并不到。灵帝公车征为议郎,迁北地太守。

初,钜鹿张角自称“大贤良师”,奉事黄老道,畜养弟子,跪拜首过,符水咒说以疗病,病者颇愈,百姓信向之。角因遣弟子八人使于四方,以善道教化天下,转相诳惑。十余年间,众徒数十万,连结郡国,自青、徐、幽、冀、荆、扬、兖、豫八州之人,莫不毕应。遂置三十六方。方犹将军号也。大方万余人,小方六七千,各立渠帅。讹言“苍天已死,黄天当立,岁在甲子,天下大吉。”以白土书京城寺门及州郡官府,皆作“甲子”字。中平元年,大方马元义等先收荆、扬数万人,期会发于邺。元义数往来京师,以中常侍封谞、徐奉等为内应,约以三月五日内外俱起。未及作乱,而张角弟子济南唐周上书告之,于是车裂元义于洛阳。灵帝以周章下三公、司隶,使钩盾令周斌将三府掾属,案验宫省直卫及百姓有事角道者,诛杀千余人,推考冀州,逐捕角等。角等知事已露,晨夜驰敕诸方,一时俱起。皆著黄巾为摽帜,时人谓之“黄巾”,亦名为“蛾贼”。杀人以祠天。角称“天公将军”,角弟宝称“地公将军”,宝弟梁称“人公将军”。所在燔烧官府,劫略聚邑,州郡失据,长吏多逃亡。旬日之间,天下响应,京师震动。诏敕州郡修理攻守,简练器械,自函谷、大谷、广成、伊阙、辗辕、旋门、孟津、小平津诸关,并置都尉。召群臣会议。嵩以为宜解党禁,益出中藏钱、西园厩马,以班军士。帝从之。于是发天下精兵,博选将帅,以嵩为左中郎将,持节,与右中郎将朱儁共发五校、三河骑士及募精勇,合四万余人,嵩、儁各统一军,共讨颍川黄巾。儁前与贼波才战,战败,嵩因进保长社。波才引大众围城,嵩兵少,军中皆恐,乃召军吏谓曰:“兵有奇变,不在众寡。今贼依草结营,易为风火。若因夜纵烧,必大惊乱,吾出兵击之,四面俱合,田单之功可成也。”其夕遂大风,嵩乃约敕军士皆束苣乘城,使锐士间出围外,纵火大呼,城上举燎应之,嵩因鼓而奔其陈,贼惊乱奔走。会帝遣骑都尉曹操将兵适至,嵩、操与朱儁合兵更战,大破之,斩首数万级。封嵩都乡侯。嵩、儁乘胜进讨汝南、陈国黄巾,追波才于阳翟,击彭脱于西华,并破之。余贼降散,三郡悉平。又进击东郡黄巾卜己于仓亭,生禽卜己,斩首七千余级。时北中郎将卢植及东中郎将董卓讨张角,并无功而还,乃诏嵩进兵讨之。嵩与角弟梁战于广宗。梁众精勇,嵩不能克。明日,乃闭营休士,以观其变。知贼意稍懈,乃潜夜勒兵,鸡鸣驰赴其陈,战至晡时,大破之,斩梁,获首三万级,赴河死者五万许人,焚烧车重三万余两,悉虏其妇子,系获甚众。角先已病死,乃剖棺戮尸,传首京师。嵩复与钜鹿太守冯翊郭典攻角弟宝于下曲阳,又斩之。首获十余万人,筑京观于城南。即拜嵩为左车骑将军,领冀州牧,封槐里侯,食槐里、美阳两县,合八千户。

以黄巾既平,故改年为中平。嵩奏请冀州一年田租,以赡饥民,帝从之。百姓歌曰:“天下大乱兮市为墟,母不保子兮妻失夫,赖得皇甫兮复安居。”嵩温恤士卒,甚得众情,每军行顿止,须营幔修立,然后就舍帐。军士皆食,已乃尝饭。吏有因事受赂者,嵩更以钱物赐之,吏怀惭,或至自杀。嵩既破黄巾,威震天下,而朝政日乱,海内虚匮。故信都令汉阳阎忠干说嵩曰:“难得而易失者,时也,时至不旋踵者,几也。故圣人顺时以动,智者因几以发。今将军遭难得之运,蹈易骇之机,而践运不抚,临机不发,将何以保大名乎?”嵩曰:“何谓也?”忠曰:“天道无亲,百姓与能。今将军受钺于暮春,收功于末冬。兵动若神,谋不再计,摧强易于折枯,消坚甚于汤雪,旬月之间,神兵电埽,封尸刻石,南向以报,威德震本朝,风声驰海外,虽汤武之举,未有高将军者也。今身建不赏之功,体兼高人之德,而北面庸主,何以求安乎?”嵩曰:“夙夜在公,心不忘忠,何故不安?”忠曰:“不然。昔韩信不忍一餐之遇,而弃三分之业,利剑已揣其喉,方发悔毒之叹者,机失而谋乖也。今主上势弱于刘、项,将军权重于淮阴,指挥足以振风云,叱咤可以兴雷电。赫然奋发,因危抵颓,崇恩以绥先附,振武以临后服,征冀方之士,动七州之众,羽檄先驰于前,大军响振于后,蹈流漳河,饮马孟津,诛阉官之罪,除群凶之积,虽僮儿可使奋拳以致力,女子可使褰裳以用命,况厉熊罴之卒。因迅风之势哉!功业已就,天下已顺,然后请呼上帝,示以天命,混齐六合,南面称制,移宝器于将兴,推亡汉于已坠,实神机之至会,风发之良时也。夫既朽不雕,衰世难佐。若欲辅难佐之朝,雕朽败之木,是犹逆坂走丸,迎风纵棹,岂云易哉?且今竖宦群居,同恶如市,上命不行,权归近习,昏主之下,难以久居,不赏之功,谗人侧目,如不早图,后悔无及。”嵩惧曰:“非常之谋,不施于有常之势。创图大功,岂庸才所致。黄巾细孽,敌非秦、项,新结易散,难以济业。且人未忘主,天不祐逆。若虚造不冀之功,以速朝夕之祸,孰与委忠本朝,守其臣节。虽云多逊,不过放废,犹有令名,死且不朽。反常之论,所不敢闻。"忠知计不用,因亡去。会边章、韩遂作乱陇右,明年春,诏嵩回镇长安,以卫园陵。章等遂复入寇三辅,使嵩因讨之。

初,嵩讨张角,路由邺,见中常侍赵忠舍宅逾制,乃奏没入之。又中常侍张让私求钱五千万,嵩不与,二人由此为憾,奏嵩连战无功,所费者多。其秋征还,收左车骑将军印绶,削户六千,更封都乡侯,二千户。

五年,凉州贼王国围陈仓,复拜嵩为左将军,督前将军董卓,各率二万人拒之。卓欲速进赴陈仓,嵩不听。卓曰:"智者不后时,勇者不留决。速救则城全,不救则城灭。全灭之势,在于此也。"嵩曰:"不然。百战百胜,不如不战而屈人之兵。是以先为不可胜,以待敌之可胜。不可胜在我,可胜在彼。彼守不足,我攻有余。有余者动于九天之上,不足者陷于九地之下。今陈仓虽小,城守固备,非九地之陷也。王国虽强,而攻我之所不救,非九天之势也。夫势非九天,攻者受害;陷非九地,守者不拔。国今已陷受害之地,而陈仓保不拔之城,我可不烦兵动众,而取全胜之功,将何救焉!"遂不听。王国围陈仓,自冬迄春,八十余日,城坚守固,竟不能拔。贼众疲敝,果自解去。嵩进兵击之。卓曰:"不可。兵法,穷寇勿追,归众勿迫。今我追国,是迫归众,追穷寇也。困兽犹斗,蜂虿有毒,况大众乎!"嵩曰:"不然。前吾不击,避其锐也。今而击之,待其衰也。所击疲师,非归众也。国众且走,莫有斗志。以整击乱,非穷寇也。"遂独进击,使卓为后拒。连战大破之,斩首万余级,国走而死。卓大惭恨,由是忌嵩。

明年,卓拜为并州牧,诏使以兵委嵩,卓不从。嵩从子郦时在军中,说嵩曰:"本朝失政,天下倒悬,能安危定倾者,唯大人与董卓耳。今怨隙已结,势不俱存。卓被诏委兵,而上书自请,此逆命也。又以京师昏乱,踌躇不进,此怀奸也。且其凶戾无亲,将士不附。大人今为元帅,杖国威以讨之,上显忠义,下除凶害,此桓文之事也。"嵩曰:"专命虽罪,专诛亦有责也。不如显奏其事,使朝廷裁之。"于是上书以闻。帝让卓,卓又增怨于嵩。及后秉政,初平元年,乃征嵩为城门校尉,因欲杀之。嵩将行,长史梁衍说曰:"汉室微弱,阉竖乱朝,董卓虽诛之,而不能尽忠于国,遂复寇掠京邑,废立从意。今征将军,大则危祸,小则困辱。今卓在洛阳,天子来西,以将军之众,精兵三万,迎接至尊,奉令讨逆,发命海内,征兵群帅,袁氏逼其东,将军迫其西,此成禽也。"嵩不从,遂就征。有司承旨,奏嵩下吏,将遂诛之。

嵩子坚寿与卓素善,自长安亡走洛阳,归投于卓。卓方置酒欢会,坚寿直前质让,责以大义,叩头流涕,坐者感动,皆离席请之。卓乃起,牵与共坐。使免嵩囚,复拜嵩议郎,迁御史中丞,及卓还长安,公卿百官迎谒道次。卓风令御史中丞已下皆拜以屈嵩,既而抵手言曰:"义真椎未乎?"嵩笑而谢之,卓乃解释。及卓被诛,以嵩为征西将军,又迁车骑将军。其年秋,拜太尉,冬,以流星策免。复拜光禄大夫,迁太常。寻李傕作乱,嵩以病卒,赠骠骑将军印绶,拜家一人为郎。

嵩为人爱慎尽勤,前后上表陈谏有补益者五百余事,皆手书毁草,不宣于外。又折节下士,门无留客。时人皆称而附之。坚寿亦显名,后为侍中,辞不拜,病卒。

朱儁

朱儁字公伟,会稽上虞人也。少孤,母尝贩缯为业。儁以孝养致名,为县门下书佐,好义轻财,乡闾敬之。时同郡周规辟公府,当行,假郡库钱百万,以为冠帻费,而后仓卒督责,规家贫无以备,儁乃窃母缯帛,为规解对。母既失产业,深恚责之。儁曰:"小损当大益,初贫后富,必然理也。"本县长山阳度尚见而奇之,荐于太守韦毅,稍历郡职。后太守尹端以儁为主簿。熹平二年,端坐讨许昭失利,为州所奏,罪应弃市。儁乃羸服间行,轻赍数百金到京师,赂主章吏,遂得刊定州奏,故端得输作左校。端喜于降免而不知其由,儁亦终无所言。后太守徐珪举儁孝廉,再迁除兰陵令,政有异能,为东海相所表。会交阯部群贼并起,牧守软弱不能禁。又交阯贼梁龙等万余人,与南海太守孔芝反叛,攻破郡县。光和元年,即拜儁交阯刺史,令过本郡简募家兵及所调,合五千人。分从两道而入。既到州界,按甲不前。先遣使诣郡,观贼虚实,宣扬威德,以震动其心;既而与七郡兵俱进逼之,遂斩梁龙,降者数万人,旬月尽定。以功封都亭侯,千五百户,赐黄金五十斤,征为谏议大夫。及黄巾起,公卿多荐儁才略,拜为右中郎将,持节,与左中郎将皇甫嵩讨颍川、汝南、陈国诸贼,悉破平之。嵩乃上言其状,而以功归儁,于是进封西乡侯,迁镇贼中郎将。

时南阳黄巾张曼成起兵,称"神上使",众数万,杀郡守褚贡,屯宛下百余日。后太守秦颉击杀曼成,贼更以赵弘为帅,众浸盛,遂十余万,据宛城。儁与荆州刺史徐璆及秦颉合兵万八千人围弘,自六月至八月不拔。有司奏欲征儁。司空张温上疏曰:"昔秦用白起,燕任乐毅,皆旷年历载,乃能克敌。儁讨颍川,已有功效,引师南指,方略已设。临军易将,兵家所忌,宜假日月,责其成功。"灵帝乃止。儁因急击弘,斩之。贼余帅韩忠复据宛拒儁。儁兵少不敌,乃张围结垒,起土山以临城内,因鸣鼓攻其西南,贼悉众赴之。儁自将精卒五千,掩其东北,乘城而入,忠乃退保小城,惶惧乞降。司马张超及徐璆、秦颉皆欲听之。儁曰:"兵有形同而势异者。昔秦项之际,民无定主,故赏附以劝来耳。今海内一统,唯黄巾造寇,纳降无以劝善,讨之足以惩恶。今若受之,更开逆意,贼利则进战,钝则乞降,纵敌长寇,非良计也。"因急攻,连战不克。儁登土山望之,顾谓张超曰:"吾知之矣。贼今外围周固,内营逼急,乞降不受,欲出不得,所以死战也。万人一心,犹不可当,况十万乎!其害甚矣。不如彻围,并兵入城。忠见围解,势必自出,出则意散,易破之道也。"既而解围,忠果出战,儁因击,大破之。乘胜逐北数十里,斩首万余级。忠等遂降。而秦颉积忿忠,遂杀之。余众惧不自安,复以孙夏为帅,还屯宛中。儁急攻之。夏走,追至西鄂精山,又破之。复斩万余级,贼遂解散。明年春,遣使者持节拜儁右车骑将军,振旅还京师,以为光禄大夫,增邑五千,更封钱塘侯,加位特进。以母丧去官,起家,复为将作大匠,转少府、太仆。

自黄巾贼后,复有黑山、黄龙、白波、左校、郭大贤、于氐根、青牛角、张白骑、刘石、左髭丈八、平汉、大计、司隶、掾哉、雷公、浮云、飞燕、白雀、杨凤、于毒、五鹿、李大目、白绕、畦固、苦哂之徒,并起山谷间,不可胜数。其大声者称雷公,骑白马者为张白骑,轻便者言飞燕,多髭者号于氐根,大眼者为大目,如此称号,各有所因。大者二三万,小者六七千。贼帅常山人张燕,轻勇趫捷,故军中号曰飞燕。善得士卒心,乃与中山、常山、赵郡、上党、河内诸山谷寇贼更相交通,众至百万,号曰黑山贼。河北诸郡县并被其害,朝廷不能讨。燕乃遣使至京师,奏书乞降,遂拜燕平难中郎将,使领河北诸山谷事,岁得举孝廉、计吏。燕后渐寇河内,逼近京师,于是出儁为河内太守,将家兵击却之。其后诸贼多为袁绍所定,事在《绍传》。复拜儁为光禄大夫,转屯骑,寻拜城门校尉、河南尹。

时董卓擅政,以儁宿将,外甚亲纳而心实忌之。及关东兵盛,卓惧,数请公卿会议,徙都长安,儁辄止之。卓虽恶儁异己,然贪其名重,乃表迁太仆,以为己副。使者拜,儁辞不肯受。因曰:"国家西迁,必孤天下之望,以成山东之衅,臣不见其可也。"使者诘曰:"召君受拜而君拒之,不问徙事而君陈之,其故何也?"儁曰:"副相国,非臣所堪也;迁都计,非事所急也。辞所不堪,言所非急,臣之宜也。"使者曰:"迁都之事,不闻其计,就有未露,何所承受?"儁曰:"相国董卓具为臣说,所以知耳。"使人不能屈。由是止不为副。卓后入关,留儁守洛阳,而儁与山东诸将通谋为内应。既而惧为卓所袭,乃弃官奔荆州。卓以弘农杨懿为河南尹,守洛阳。儁闻,复进兵还洛,懿走。儁以河南残破无所资,乃东屯中牟,移书州郡,请师讨卓。徐州刺史陶谦遣精兵三千,余州郡稍有所给,谦乃上儁行车骑将军。董卓闻之,使其将李傕、郭汜等数万人屯河南拒儁。儁逆击。为傕、汜所破,儁自知不敌,留关下不敢复前。及董卓被诛,傕、汜作乱,儁时犹在中牟。陶谦以儁名臣,数有战功,可委以大事。乃与诸豪桀共推儁为太师,因移檄牧伯,同时讨李傕等,奉迎天子。乃奏记于儁曰:"徐州刺史陶谦、前杨州刺史周乾、琅邪相阴德、东海相刘馗、彭城相汲

廉、北海相孔融、沛相袁忠、太山太守应劭、汝南太守徐璆、前九江太守服虔、博士郑玄等,敢言之行车骑将军河南尹莫府:国家既遭董卓,重以李傕、郭汜之祸,幼主劫执,忠良残敝,长安隔绝,不知吉凶。是以临官尹人,搢绅有识,莫不忧惧,以为自非明哲雄霸之士,曷能克济祸乱!自起兵已来,于兹三年,州郡转相顾望,未有奋击之功,而互争私变,更相疑惑。谦等共谘诹,议消国难。金曰:'将军君侯,既文且武,应运而出。凡百君子,靡不颙颙。'故相率厉,简选精悍,堪能深入,直指咸阳,多持资粮,足支半岁,谨同心腹,委之元帅。"会李傕用太尉周忠、尚书贾诩策,征儁入朝。军吏皆惮入关,欲应陶谦等。儁曰:"以君召臣,义不俟驾,况天子诏乎!且傕、汜小竖,樊稠庸儿,无他远略,又势力相敌,变难必作。吾乘其间,大事可济。"遂辞谦议而就傕征,复为太仆,谦等窭罢。

初平四年,代周忠为太尉,录尚书事。明年秋,以日食免,复行骠骑将军事,持节镇关东。未发,会李傕杀樊稠,而郭汜又自疑,与傕相攻,长安中乱,故儁止不出,留拜大司农。献帝诏儁与太尉杨彪等十余人譬郭汜,令与李傕和。汜不肯,遂留质儁等。儁素刚,即日发病卒。

子皓,亦有才行,官至豫章太守。

论曰:皇甫嵩、朱儁并以上将之略,受脤仓卒之时。及其功成师克,威声满天下。值弱主蒙尘,犷贼放命,斯诚叶公投袂之几,翟义鞠旅之日,故梁衍献规,山东连盟,而舍格天之大业,踏匹夫之小谅,卒狼狈虎口,为智士笑。岂天之长斯乱也?何智勇之不终甚乎!前史晋平原华峤,称其父光禄大夫表,每言其祖魏太尉歆称"时人说皇甫嵩之不伐,汝豫之战,归功朱儁,张角之捷,本之于卢植,收名敛策,而己不有焉。盖功名者,世之所甚重也。诚能不争天下之所甚重,则怨祸不深矣"。如皇甫公之赴履危乱,而能终以归全者,其致不亦贵乎!故颜子愿不伐善为先,斯亦行身之要与!

赞曰:黄妖冲发,嵩乃奋钺。孰是振旅,不居不伐。儁捷陈、颍,亦弭於越。言肃王命,并遘屯蹶。

卷一百二　董卓列传第六十二

董卓传

董卓字仲颖,陇西临洮人也。性粗猛有谋。少尝游羌中,尽与豪帅相结,后归耕于野,诸豪帅有来从之者,卓为杀耕牛,与共宴乐,豪帅感其意,归相敛得杂畜千余头以

遗之,由是以健侠知名。为州兵马掾,常徼守塞下。卓膂力过人,双带两鞬,左右驰射,为羌胡所畏。桓帝末,以六郡良家子为羽林郎,从中郎将张奂为军司马,共击汉阳叛羌,破之,拜郎中,赐缣九千匹。卓曰:"为者则己,有者则士。"乃悉分与吏兵,无所留。稍迁西域戊己校尉,坐事免。后为并州刺史,河东太守。

中平元年,拜东中郎将,持节,代卢植击张角于下曲阳,军败抵罪。其冬,北地先零羌及枹罕河关群盗反叛,遂共立湟中义从胡北宫伯玉、李文侯为将军,杀护羌校尉泠徵。伯玉等乃劫致金城人边章、韩遂,使专任军政,共杀金城太守陈懿,攻烧州郡。明年春,将数万骑入寇三辅,侵逼园陵,托诛宦官为名。诏以卓为中郎将,副左车骑将军皇甫嵩征之。嵩以无功免归,而边章、韩遂等大盛。朝廷复以司空张温为车骑将军,假节,执金吾袁滂为副。拜卓破虏将军,与荡寇将军周慎并统于温。并诸郡兵步骑合十余万,屯美阳,以卫园陵。章、遂亦进兵美阳。温、卓与战,辄不利。十一月,夜有流星如火,光长十余丈,照章、遂营中,驴马尽鸣。贼以为不祥,欲归金城。卓闻之喜,明日,乃与右扶风鲍鸿等并兵俱攻,大破之,斩首数千级。章、遂败走榆中,温乃遣周慎将三万人追讨之。温参军事孙坚说慎曰:"贼城中无谷,当外转粮食。坚愿得万人断其运道,将军以大兵继后,贼必困乏而不敢战。若走入羌中,并力讨之,则凉州可定也。"慎不从,引军围榆中城。而章、遂分屯葵园狭,反断慎运道,慎惧,乃弃车重而退。温时亦使卓将兵三万讨先零羌,卓于望垣北为羌胡所围,粮食乏绝,进退逼急,乃于所度水中伪立堨,以为捕鱼,而潜从堨下过军。比贼追之,决水已深,不得度,时众军败退,唯卓全师而还,屯于扶风,封斄乡侯,邑千户。

三年春,遣使者持节就长安拜张温为太尉。三公在外,始之于温。其冬,征温还京师,韩遂乃杀边章及伯玉、文侯,拥兵十余万,进围陇西。太守李相如反,与遂连和,共杀凉州刺史耿鄙,而鄙司马扶风马腾,亦拥兵反叛,又汉阳王国,自号"合众将军",皆与韩遂合,共推王国为主,悉令领其众,寇掠三辅。五年,围陈仓。乃拜卓前将军,与左将军皇甫嵩击破之。韩遂等复共废王国,而劫故信都令汉阳阎忠,使督统诸部。忠耻为众所胁,感恚病死,遂等稍争权利,更相杀害,其诸部曲并各乖离。

六年,征卓为少府,不肯就,上书言:"所将湟中义从及秦胡兵皆诣臣曰:'牢直不毕,廪赐断绝,妻子饥冻。'牵挽臣车,使不得行,羌胡敝肠狗态,臣不能禁止,辄将顺安慰。增异复上。"朝廷不能制,颇以为虑。及灵帝寝疾,玺书拜卓为并州牧,令以兵属皇甫嵩。卓复上书曰:"臣既无老谋,又无壮事,天恩误加,掌戎十年。士卒大小相狎弥久,恋臣畜养之恩,为臣奋一旦之命。乞将之北州,效力边垂。"于是驻兵河东,以观时变。

及帝崩,大将军何进、司隶校尉袁绍谋诛阉宦,而太后不许,乃私呼卓将兵入朝,以胁太后。卓得召,即时就道。并上书曰:"中常侍张让等窃幸承宠,浊乱海内。臣闻扬汤止沸,莫若去薪,溃痈虽痛,胜于内食,昔赵鞅兴晋阳之甲,以逐君侧之恶人。今臣辄鸣钟鼓如洛阳,请收让等,以清奸秽。"卓未至而何进败,虎贲中郎将袁术乃烧南宫,欲讨宦官,而中常侍段珪等,劫少帝及陈留王夜走小平津。卓远见火起,引兵急进,未明到城西,闻少帝在北芒,因往奉迎。帝见卓将兵卒至,恐怖涕泣。卓与言,不能辞对;与陈留王语,遂及祸乱之事。卓以王为贤,且为董太后所养,卓自以与太后同族,有废立意。

初,卓之入也,步骑不过三千,自嫌兵少,恐不为远近所服,率四五日辄夜潜出军近营,明旦乃大陈旌鼓而还,以为西兵复至,洛中无知者。寻而何进及弟苗先所领部曲皆归于卓,卓又使吕布杀执金吾丁原而并其众,卓兵士大盛。乃讽朝廷策免司空刘弘而自代之。因集议废立。百僚大会,卓乃奋首而言曰:"大者天地,其次君臣,所以为政。皇帝暗弱,不可以奉宗庙,为天下主。今欲依伊尹、霍光故事,更立陈留王,如何?"公卿以下莫敢对。卓又抗言曰:"昔霍光定策,延年案剑。有敢沮大议,皆以军法从之。"坐者震动。尚书卢植独曰:"昔太甲既立不明,昌邑罪过千余,故有废立之事。今上富于春秋,行无失德,非前事之比也。"卓大怒,罢坐。明日复集群僚于崇德前殿,遂胁太后,策废少帝。曰:"皇帝在丧,无人子之心,威仪不类人君,今废为弘农王。"乃立陈留王,是为献帝。又议太后蹙迫永乐太后。至令忧死,逆妇姑之礼,无孝顺之节,迁于永安宫,遂以弑崩。

卓迁太尉,领前将军事,加节传斧钺虎贲,更封郿侯。卓乃与司徒黄琬、司空杨彪,俱带鈇锧诣阙上书,追理陈蕃、窦武及诸党人,以从人望。于是悉复蕃等爵位,擢用子孙。寻进卓为相国,入朝不趋,剑履上殿。封母为池阳君,置令丞。

是时洛中贵戚室第相望,金帛财产,家家殷积。卓纵放兵士,突其庐舍,淫略妇女,剽虏资物,谓之"搜牢",人情崩恐,不保朝夕。及何后葬,开文陵,卓悉取藏中珍物。又奸乱公主,妻略宫人,虐刑滥罚,睚眦必死,群僚内外莫能自固。卓尝遣军至阳城,时人会于社下,悉令就斩之,驾其车重,载其妇女,以头系车辕,歌呼而还。又坏五铢钱,更铸小钱,悉取洛阳及长安铜人、钟虡、飞廉、铜马之属,以充铸焉。故货贱物贵,谷石数万。又钱无轮郭文章,不便人用。时人以为秦始皇见长人于临洮,乃铸铜人。卓,临洮人也,而今毁之。虽成毁不同,凶暴相类焉。卓素闻天下同疾阉官诛杀忠良,及其在事,虽行无道,而犹忍性矫情,擢用群士。乃任侍部尚书汉阳周珌、侍中汝南伍琼、尚书郑公业、长史何颙等。以处士荀爽为司空。其染党锢者陈纪、韩融之徒，皆为列卿，幽滞之士，多所显拔，以尚书韩馥为冀州刺史，侍中刘岱为兖州刺史，陈留孔伷为豫州刺史，颍川张咨为南阳太守，卓所亲爱，并不处显职，但将校而已。初平元年，馥等到官，与袁绍之徒十余人，各兴义兵，同盟讨卓，而伍琼、周珌阴为内主。

初，灵帝末，黄巾余党郭太等复起西河白波谷，转寇太原，遂破河东，百姓流转三辅，号为"白波贼"，众十余万。卓遣中郎将牛辅击之，不能却。及闻东方兵起，惧，乃鸩杀弘农王，欲徙都长安。会公卿议，太尉黄琬、司徒杨彪廷争不能得，而伍琼、周珌又固谏。卓因大怒曰："卓初入朝，二子劝用善士，故相从，而诸君到官，举兵相图。此二君卖卓，卓何用相负！"遂斩琼、珌。而彪、琬恐惧，诣卓谢曰："小人恋旧，非欲沮国事也，请以不及为罪。"卓既杀琼、珌，旋亦悔之，故表彪、琬为光禄大夫。于是迁天子西都。

初，长安遭赤眉之乱，宫室营寺焚灭无余，是时唯有高庙、京兆府舍，遂便时幸焉，后移未央宫。于是尽徙洛阳人数百万口于长安，步骑驱蹙，更相蹈藉，饥饿寇掠，积尸盈路。卓自屯留毕圭苑中，悉烧宫庙官府居家，二百里内无复孑遗。又使吕布发诸帝陵，及公卿已下冢墓，收其珍宝。

时长沙太守孙坚亦率豫州诸郡兵讨卓。卓先遣将徐荣、李蒙四出虏掠。荣遇坚于梁，与战，破坚，生禽颍川太守李旻，亨之。卓所得义兵士卒，皆以布缠裹，倒立于地，**热膏灌杀之**。

时河内太守王匡屯兵河阳津，将以图卓，卓遣疑兵挑战，而潜使锐卒从小平津过津北，破之，死者略尽。明年，孙坚收合散卒，进屯梁县之阳人。卓遣将胡轸、吕布攻之。布与轸不相能，军中自惊恐，士卒散乱。坚追击之，轸、布败走。卓遣将李傕诣坚求和，坚拒绝不受，进军大谷，距洛九十里，卓自出与坚战于诸陵墓间，卓败走，却屯黾池，聚兵于陕，坚进洛阳宣阳城门，更击吕布，布复破走。坚乃埽除宗庙，平塞诸陵，分兵出函谷关，至新安、黾池间，以截卓后。卓谓长史刘艾曰："关东诸将数败矣，无能为也。唯孙坚小戆，诸将军宜慎之。"乃使东中郎将董越屯黾池，中郎将段煨屯华阴，中郎将牛辅屯安邑，其余中郎将、校尉布在诸县，以御山东。卓讽朝廷使光禄勋宣璠持节拜卓为太师，位在诸侯王上。乃引还长安。百官迎路拜揖，卓遂僭拟车服，乘金华青盖，爪画两𫐓，时人号"竿摩车"，言其服饰近天子也。以弟旻为左将军，封鄠侯，兄子璜为侍中、中军校尉，皆典兵事。于是宗族内外，并居列位。其子孙虽在髫龀，男皆封侯，女为邑君。数与百官置酒宴会，淫乐纵恣。乃结垒于长安城东以自居。又筑坞于郿，高厚七丈，号曰："万岁坞"，积谷为三十年储。自云："事成，雄据天下，不成，守此足以毕老。"尝至郿行坞，公卿已下祖道于横门

外。卓施帐幔饮设，诱降北地反者数百人，于坐中杀之。先断其舌，次斩手足，次凿其眼目，以镬煮之。未及得死，偃转杯案间，会者战栗，亡失匕箸，而卓饮食自若。诸将有言语蹉跌，便戮于前。又稍诛关中旧族，陷以叛逆。

时太史望气，言当有大臣戮死者。卓乃使人诬卫尉张温与袁术交通，遂笞温于市，杀之，以塞天变。前温出屯美阳，令卓与边章等战，无功，温召又不时应命，既到而辞对不逊。时孙坚为温参军。劝温陈兵斩之。温曰："卓有威名，方倚以西行。"坚曰："明公亲帅王师，威振天下，何恃于卓而赖之乎？坚闻古之名将，杖钺临众，未有不断斩以示威武者也。故穰苴斩庄贾，魏绛戮杨干。今若纵之，自亏威重，后悔何及！"温不能从，而卓犹怀忌恨，故及于难。

温字伯慎，少有名誉，累登公卿，亦阴与司徒王允共谋诛卓，事未及发而见害。越骑校尉汝南伍孚忿卓凶毒，志手刃之，乃朝服怀佩刀以见卓。孚语毕辞去，卓起送至阁，以手抚其背，孚因出刀刺之，不中。卓自奋得免，急呼左右执杀之，而大诟曰："虏欲反耶！"孚大言曰："恨不得磔裂奸贼于都市，以谢天地！"言未毕而毙。

时王允与吕布及仆射士孙瑞谋诛卓。有人书"吕"字于布上，负而行于市，歌曰："布乎！"有告卓者，卓不悟。三年四月，帝疾新愈，大会未央殿。卓朝服升车，既而马惊堕泥，还入更衣。其少妻止之，卓不从，遂行。乃陈兵夹道，自垒及宫，左步右骑，屯卫周匝，令吕布等捍卫前后。王允乃与士孙瑞密表其事，使瑞自书诏以授布，令骑都尉李肃与布同心勇士十余人，伪著卫士服于北掖门内以待卓。卓将至，马惊不行，怪惧欲还。吕布劝令进，遂入门。肃以戟刺之，卓衷甲不入，伤臂堕车，顾大呼曰："吕布何在？"布曰："有诏讨贼臣。"卓大骂曰："庸狗敢如是邪！"布应声持矛刺卓，趣兵斩之。主簿田仪及卓仓头前赴其尸，布又杀之。驰赍赦书，以令宫陛内外。士卒皆称万岁，百姓歌舞于道。长安中士女卖其珠玉衣装市酒肉相庆者，填满街肆。使皇甫嵩攻卓弟旻于郿坞，杀其母妻男女，尽灭其族。乃尸卓于市。天时始热，卓素充肥，脂流于地。守尸吏然火置卓脐中，光明达曙，如是积日，诸袁门生又聚董氏之尸，焚灰扬之于路，坞中珍藏有金二三万斤，银八九万斤，锦绮缯縠纨素奇玩，积如丘山。

初，卓以牛辅子婿，素所亲信，使以兵屯陕。辅分遣其校尉李傕、郭汜、张济将步骑数万，击破河南尹朱儁于中牟。因掠陈留、颍川诸县，杀略男女，所过无复遗类。吕布乃使李肃以诏命至陕讨辅等，辅等逆与肃战，肃败走弘农，布诛杀之。其后牛辅营中无故大惊，辅惧，乃赍金宝逾城走，左右利其货，斩辅，送首长安。傕、汜等以王允、吕布杀董卓，故忿怒并州人，并州人其在军者男女数百人，皆诛杀之。牛辅既败，众无所依，欲各散去。傕等恐，乃先遣使诣长安，求乞赦免。王允以为一岁不可再赦，不许之。傕

等益怀忧惧，不知所为。武威人贾诩时在傕军，说之曰："闻长安中议欲尽诛凉州人，诸君若弃军单行，则一亭长能束君矣。不如相率而西，以攻长安，为董公报仇，事济，奉国家以正天下；若其不合，走未后也。"傕等然之。各相谓曰："京师不赦我，我当以死决之。若攻长安克，则得天下矣；不克，则钞三辅妇女财物，西归乡里，尚可延命。"众以为然，于是共结盟，率军数千，晨夜西行。王允闻之，乃遣卓故将胡轸、徐荣击之于新丰。荣战死，轸以众降。傕随道收兵，比至长安，已十余万，与卓故部曲樊稠、李蒙等合，围长安。城峻不可攻，守之八日，吕布军有叟兵内反，引傕众得入。城溃，放兵虏掠，死者万余人。杀卫尉种拂等。吕布战败出奔。王允奉天子保宣平城门楼上。于是大赦天下。李傕、郭汜、樊稠等皆为将军。遂围门楼，共表请司徒王允出，问"太师何罪"？允穷蹙下，后数日见杀。傕等葬董卓于郿，并收董氏所焚尸之灰，合敛一棺而葬之。葬日，大风雨，霆震卓墓，流水入藏，漂其棺木。傕又迁车骑将军，开府，领司隶校尉，假节。汜后将军，稠右将军，张济为镇东将军。并封列侯。傕、汜、稠共秉朝政。济出屯弘农。以贾诩为左冯翊，欲侯之。诩曰："此救命之计，何功之有！"固辞乃止。更以为尚书典选。

明年夏，大雨昼夜二十余日，漂没人庶，又风如冬时。帝使御史裴茂讯诏狱，原系者二百余人。其中有为傕所枉系者，傕恐茂赦之，乃表奏茂擅出囚徒，疑有奸故，请收之。诏曰："灾异屡降，阴雨为害。使者衔命宣布恩泽，原解轻微，庶合天心。欲释冤结而复罪之乎！一切勿问。"

初，卓之入关，要韩遂、马腾共谋山东。遂、腾见天下方乱，亦欲倚卓起兵。兴平元年，马腾从陇右来朝，进屯霸桥。时腾私有求于傕，不获而怒，遂与侍中马宇、右中郎将刘范、前凉州刺史种劭、中郎将杜禀合兵攻傕，连日不决。韩遂闻之，乃率众来欲和腾、傕，既而复与腾合。傕使兄子利共郭汜、樊稠与腾等战于长平观下。遂、腾败，斩首万余级，种劭、刘范等皆死。遂、腾走还凉州，稠又追之。韩遂使人语稠曰："天下反覆未可知，相与州里，今虽小违，要当大同，欲共一言。"乃骈马交臂相加，笑语良久。军还，利告傕曰："樊、韩骈马笑语，不知其辞，而意爱甚密。"于是傕、稠始相猜疑。犹加稠及郭汜开府，与三公合为六府，皆参选举。

时长安中盗贼不禁，白日虏掠，傕、汜、稠乃参分城内，各备其界，犹不能制，而其子弟纵横，侵暴百姓。是时谷一斛五十万，豆麦二十万，人相食啖，白骨委积，臭秽满路。帝使侍御史侯汶出太仓米豆为饥人作糜，经日而死者无降。帝疑赋恤有虚，乃亲于御前自加临检。既知不实，使侍中刘艾出让有司。于是尚书令以下皆诣省阁谢，奏收侯汶考实。诏曰："未忍致汶于理，可杖五十。"自是后多得全济。

明年春，傕因会刺杀樊稠于坐，由是诸将各相疑异，傕、汜遂复理兵相攻。安西将军杨定者，故卓部曲将也。惧傕忍害，乃与汜合谋迎天子幸其营。傕知其计，即使兄子暹，将数千人围宫。以车三乘迎天子、皇后。太尉杨彪谓暹曰："古今帝王，无在人臣家者。诸君举事，当上顺天心，奈何如是！"暹曰："将军计决矣。"帝于是遂幸傕营，彪等皆徒从。乱兵入殿，掠宫人什物，傕又徙御府金帛乘舆器服，而放火烧宫殿官府居人悉尽。帝使杨彪与司空张喜等十余人和傕、汜，汜不从，遂质留公卿。彪谓汜曰："将军达人间事，奈何君臣分争，一人劫天子，一人质公卿，此可行邪？"汜怒，欲手刃彪。彪曰："卿尚不奉国家，吾岂求生邪！"左右多谏，汜乃止。遂引兵攻傕，矢及帝前，又贯傕耳。傕将杨奉本白波贼帅，乃将兵救傕，于是汜兵乃退。

是日，傕复移帝幸其北坞，唯皇后、宋贵人俱。傕使校尉监门，隔绝内外。寻复欲徙帝于池阳黄白城，君臣惶惧。司徒赵温深解譬之，乃止。诏遣谒者仆射皇甫郦和傕、汜，郦先譬汜，汜即从命。又诣傕，傕不听。曰："郭多，盗马虏耳，何敢欲与我同邪！必诛之。君观我方略士众，足办郭多不？多又劫质公卿。所为如是，而君苟欲左右之邪！"汜一名多。郦曰："今汜质公卿，而将军胁主，谁轻重乎？"傕怒，呵遣郦，因令虎贲王昌追杀之。昌伪不及，郦得以免。傕乃自为大司马。与郭汜相攻连月，死者以万数。张济自陕来和解二人。仍欲迁帝权幸弘农。帝亦思旧京，因遣使敦请傕求东归，十反乃许。车驾即日发迈。李傕出屯曹阳，以张济为骠骑将军，复还屯陕。迁郭汜车骑将军，杨定后将军，杨奉兴义将军，又以故牛辅部曲董承为安集将军。汜等并侍送乘舆。汜遂复欲胁帝幸郿，定、奉、承不听。汜恐变生，乃弃军还就李傕。车驾进至华阴。宁辑将军段煨入具服御及公卿以下资储，请帝幸其营。初，杨定与煨有隙，遂诬煨欲反，乃攻其营，十余日不下。而煨犹奉给御膳，禀赡百官，终无二意。李傕、郭汜既悔令天子东，乃来救段煨，因欲劫帝而西。杨定为汜所遮，亡奔荆州。而张济与杨奉、董承不相平，乃反合傕、汜，共追乘舆，大战于弘农东涧。承、奉军败，百官士卒死者不可胜数，皆弃其妇女辎重，御物符策典籍，略无所遗。射声校尉沮儁被创坠马。李傕谓左右曰："尚可活不？"儁骂之曰："汝等凶逆，逼迫天子，乱臣贼子，未有如汝者！"傕使杀之。天子遂露次曹阳。承、奉乃谲傕等与连和，而密遣间使至河东，招故白波帅李乐、韩暹、胡才及南匈奴右贤王去卑，并率其众数千骑来，与承、奉共击傕等，大破之，斩首数千级，乘舆乃得进。董承、李乐拥卫左右，胡才、杨奉、韩暹、去卑为后距。傕等复来战，奉等大败，死者甚于东涧。自东涧兵相连缀四十里中，方得至陕，乃结营自守。时残破之余，虎贲羽林不满百人，皆有离心。承、奉等夜乃潜议过河，使李乐先度具舟舡，举火为应。帝步出营，临河欲济，岸高十余丈，乃以绢缒而下。

余人或匍匐岸侧，或从上自投，死亡伤残，不复相知。争赴舡者，不可禁制，董承以戈击披之。断手指于舟中者可掬。同济唯皇后、宋贵人、杨彪、董承及后父执金吾伏完等数十人。其宫女皆为傕兵所掠夺，冻溺死者甚众。既到大阳，止于人家，然后幸李乐营。百官饥饿，河内太守张杨使数千人负米贡饷。帝乃御牛车，因都安邑。河东太守王邑奉献绵帛，悉赋公卿以下。封邑为列侯，拜胡才征东将军，张杨为安国将军，皆假节、开府。其垒壁群竖，竞求拜职，刻印不给，至乃以锥画之。或赍酒肉就天子燕饮。又遣太仆韩融至弘农，与傕、汜等连和。傕乃放遣公卿百官，颇归宫人妇女，及乘舆器服。

初，帝入关，三辅户口尚数十万。自傕汜相攻，天子东归后，长安城空四十余日，强者四散，羸者相食，二三年间，关中无复人迹。建安元年春，诸将争权，韩暹遂攻董承，承奔张杨，杨乃使承先缮修洛宫。七月，帝还至洛阳，幸杨安殿。张杨以为己功。故因以"杨"名殿，乃谓诸将曰："天子当与天下共之，朝廷自有公卿大臣，杨当出扞外难，何事京师？"遂还野王。杨奉亦出屯梁。乃以张杨为大司马，杨奉为车骑将军，韩暹为大将军，领司隶校尉，皆假节钺。暹与董承并留宿卫。暹矜功恣睢，干乱政事，董承患之，潜召兖州牧曹操，操乃诣阙贡献，禀公卿以下。因奏韩暹、张杨之罪。暹惧诛，单骑奔杨奉。帝以暹、杨有翼车驾之功，诏一切勿问。于是封卫将军董承、辅国将军伏完等十余人为列侯。赠沮儁为弘农太守。曹操以洛阳残荒，遂移帝幸许。杨奉、韩暹欲要遮车驾，不及，曹操击之，奉、暹奔袁术，遂纵暴杨、徐间。明年，左将军刘备诱奉斩之。暹惧，走还并州。道为人所杀。胡才、李乐留河东，才为怨家所害。乐自病死。张济饥饿，出至南阳，攻穰，战死，郭汜为其将伍习所杀。

三年，使谒者仆射裴茂诏关中诸将段煨等讨李傕，夷三族。以段煨为安南将军，封閺乡侯。

四年，张杨为其将杨丑所杀。以董承为车骑将军，开府。自都许之后，权归曹氏，天子总己，百官备员而已。帝忌操专逼，乃密诏董承，使结天下义士共诛之。承遂与刘备同谋，未发。会备出征，承更与偏将军王服、长水校尉种辑、议郎吴硕结谋。事泄，承、服、辑、硕皆为操所诛。韩遂与马腾自还凉州，更相战争，乃下陇据关中。操方事河北，虑其乘间为乱，七年，乃拜腾征南将军，遂征西将军，并开府。后征段煨为大鸿胪，病卒，复征马腾为卫尉，封槐里侯，腾乃应召，而留子超领其部曲。十六年，超与韩遂举关中背曹操，操击破之，遂、超败走，腾坐夷三族。超攻杀凉州刺史韦康，复据陇右。十九年，天水人杨阜破超，超奔汉中，降刘备。韩遂走金城羌中，为其帐下所杀。初，陇西人宗建在枹罕，自称"河首平汉王"，署置百官三十许年。曹操因遣夏侯渊击建，斩之，凉州悉平。

论曰：董卓初以虓阚为情，因遭崩剥之势，故得蹈藉彝伦，毁裂畿服。夫以剖肝斫趾之性，则群生不足以厌其快，然犹折意缙绅，迟疑陵夺，尚有盗窃之道焉。及残寇乘之，倒山倾海，昆冈之火，自兹而焚，《版荡》之篇，于焉而极。呜呼，人之生也难矣！天地之不仁甚矣！

赞曰：百六有会，《过》、《剥》成灾。董卓滔天，干逆三才，方夏崩沸，皇京烟埃。无礼虽及，余祲遂广。矢延王辂，兵缠魏象。区服倾回，人神波荡。

卷一百三
刘虞公孙瓒陶谦列传第六十三

刘虞传

刘虞字伯安，东海郯人也。祖父嘉，光禄勋。虞初举孝廉，稍迁幽州刺史，民夷感其德化，自鲜卑、乌桓、夫余、秽貊之辈，皆随时朝贡，无敢扰边者，百姓歌悦之。公事去官。中平初，黄巾作乱，攻破冀州诸郡，拜虞甘陵相，绥抚荒余，以蔬俭率下。迁宗正。后车骑将军张温讨贼边章等，发幽州乌桓三千突骑，而牢禀逋悬，皆畔还本国。前中山相张纯私谓前太山太守张举曰："今乌桓既畔，皆愿为乱，凉州贼起，朝廷不能禁。又洛阳人妻生子两头，此汉祚衰尽，天下有两主之征也。子若与吾共率乌桓之众以起兵，庶几可定大业。"举因然之。四年，纯等遂与乌桓大人共连盟，攻蓟下，燔烧城郭，虏略百姓，杀护乌桓校尉箕稠、右北平太守刘政、辽东太守阳终等，众至十余万，屯肥如，举称"天子"，纯称"弥天将军安定王"，移书州郡，云举当代汉，告天子避位，敕公卿奉迎。纯又使乌桓峭王等步骑五万，入青冀二州，攻破清河、平原，杀害吏民。朝廷以虞威信素著，恩积北方，明年，复拜幽州牧。虞到蓟，罢省屯兵，务广恩信。遣使告峭王等以朝恩宽弘，开许善路。又设赏购举、纯。举、纯走出塞，余皆解散。纯为其客王政所杀，送首诣虞。灵帝遣使者就拜太尉，封容丘侯。及董卓秉政，遣使者授虞大司马，进封襄贲侯。初平元年，复征代袁隗为太傅，道路隔塞，王命竟不得达。旧幽部应接荒外，资费甚广，岁常割青、冀赋调二亿有余，以给足之。时处处断绝，委输不至，而虞务存宽政，劝督农植，开上谷胡市之利，通渔阳盐铁之饶，民悦年登，谷石三十。青、徐士庶避黄巾之难归虞者百余万口，皆收视温恤，为安立生业，流民皆忘其迁徙。虞虽为上公，天性节约，敝衣绳履，食无兼肉，远近豪俊夙僭者，莫不改操而归心焉。

初，诏令公孙瓒讨乌桓，受虞节度。瓒但务会徒众以自强大，而纵任部曲，颇侵扰百姓，而虞为政仁爱，念利民物，由是与瓒渐不相平。二年，冀州刺史韩馥、勃海太守袁绍及山东诸将议，以朝廷幼冲，逼于董卓，远隔关塞，不知存否，以虞宗室长者，欲立为主。乃遣故乐浪太守张岐等赍议，上虞尊号。虞见岐等，厉色叱之曰："今天下崩乱，主上蒙尘。吾被重恩，未能清雪国耻，诸君各据州郡，宜共勠力，尽心王室，而反造逆谋，以相垢误邪！"固拒之。馥等又请虞领尚书事，承制封拜，复不听。遂收斩使人。于是选掾右北平田畴、从事鲜于银蒙险间行，奉使长安。献帝既思东归，见畴等大悦。时虞子和为侍中，因此遣和潜从武关出，告虞将兵来迎。道由南阳，后将军袁术闻其状，遂质和，使报虞遣兵俱西。虞乃使数千骑就和奉迎天子，而术竟不遣之。

初，公孙瓒知术诈，固止虞遣兵，虞不从，瓒乃阴劝术执和，使夺其兵，自是与瓒仇怨益深。和寻得逃术还北，复为袁绍所留。瓒既累为绍所败，而犹攻之不已，虞患其黩武，且虑得志不可复制，固不许行，而稍节其禀假。瓒怒，屡违节度，又复侵犯百姓。虞所赉赏典当胡夷，瓒数抄夺之。积不能禁，乃遣驿使奉章陈其暴掠之罪，瓒亦上虞禀粮不周，二奏交驰，互相非毁。朝廷依违而已。瓒乃筑京于蓟城以备虞。虞数请瓒，辄称病不应。虞密谋讨之，以告东曹掾右北平魏攸。攸曰："今天下引领，以公为归，谋臣爪牙，不可无也。瓒文武才力足恃，虽有小恶，固宜容忍。"虞乃止。顷之攸卒，而积忿不已。四年冬，遂自率诸屯兵众合十万人以攻瓒。将行，从事代郡程绪免胄而前曰："公孙瓒虽有过恶，而罪名未正。明公不先告晓使得改行，而兵起萧墙，非国之利。加胜败难保，不如驻兵，以武临之，瓒必悔祸谢罪，所谓不战而服人者也。"虞以绪临事沮议，遂斩之以徇。戒军士曰："无伤余人。杀一伯珪而已。"时州从事公孙纪者，瓒以同姓厚待遇之。纪知瓒谋而夜告瓒。瓒时部曲放散在外，仓卒自惧不免，乃掘东城欲走。虞兵不习战，又爱人庐舍，敕不听焚烧，急攻围不下。瓒乃简募锐士数百人，因风纵火，直冲突之。虞遂大败，与官属北奔居庸县，瓒追攻之，三日城陷，遂执虞并妻子还蓟，犹使领州文书。会天子遣使者段训增虞封邑，督六州事；拜瓒前将军，封易侯，假节督幽、并、青、冀。瓒乃诬虞前与袁绍等欲称尊号，胁训斩虞于蓟市。先坐而咒曰："若虞应为天子者，天当风雨以相救。"时旱势炎盛，遂斩焉。传首京师，故吏尾敦于路劫虞首归葬之。瓒乃上训为幽州刺史。虞以恩厚得众，怀被北州，百姓流旧，莫不痛惜焉。

初，虞以俭素为操，冠敝不改，乃就补其穿。及遇害，瓒兵搜其内，而妻妾服罗纨，盛绮饰，时人以此疑之。和后从袁绍报瓒云。

公孙瓒

公孙瓒字伯珪，辽西令支人也。家世二千石。瓒以母贱，遂为郡小吏。为人美姿貌，大音声，言事辩慧。太守奇其才，以女妻之。后从涿郡卢植学于缑氏山中，略见书传。举上计吏。太守刘君坐事槛车征，官法不听吏下亲近，瓒乃改容服，诈称侍卒，身执徒养，御车到洛阳，太守当徙日南，瓒具豚酒于北芒上，祭辞先人，酹觞祝曰："昔为人子，今为人臣，当诣日南。日南多瘴气，恐或不还，便当长辞坟茔。"慷慨悲泣，再拜而去，观者莫不叹息。既行，于道得赦。瓒还郡，举孝廉，除辽东属国长史。尝从数十骑出行塞下，卒逢鲜卑数百骑，瓒乃退入空亭，约其从者曰："今不奔之，则死尽矣。"乃自持两刃矛，驰出冲贼，杀伤数十人，瓒左右亦亡其半，遂得免。

中平中，以瓒督乌桓突骑，车骑将军张温讨凉州贼。会乌桓反畔，与贼张纯等攻击蓟中，瓒率所领追讨纯等有功，迁骑都尉。张纯复与畔胡丘力居等寇渔阳、河间、勃海，入平原，多所杀略。瓒追击战于属国石门，虏遂大败，弃妻子逾塞走，悉得其所略男女。瓒深入无继，反为丘力居等所围于辽西管子城，二百余日，粮尽食马，马尽煮弩楯。力战不敌，乃与士卒辞诀，各分散还。时多雨雪，队阬死者十五六。虏亦饥困，远走柳城。诏拜瓒降虏校尉，封都亭侯，复兼领属国长史。职统戎马，连接边寇。每闻有警，瓒辄厉色愤怒，如赴仇敌，望尘奔逐，或继之以夜战。虏识瓒声，惮其勇，莫敢抗犯。瓒常与善射之士数十人，皆乘白马，以为左右翼，自号"白马义从"。乌桓更相告语，避白马长史，乃画作瓒形，驰骑射之，中者咸称万岁。虏自此之后，遂远窜塞外。瓒志埽灭乌桓，而刘虞欲以恩信招降，由是与虞相忤。初平二年，青、徐黄巾三十万众入勃海界，欲与黑山合。瓒率步骑二万人，逆击于东光南，大破之。斩首三万余级。贼弃其车重数万两，奔走渡河。瓒因其半济薄之，贼复大破，死者数万，流血丹水。收得生口七万余人，车甲财物不可胜算，威名大震，拜奋武将军，封蓟侯。瓒既谏刘虞遣兵就袁术，而惧术知怨之，乃使从弟越将千余骑诣术以自结。术遣越随其将孙坚，击袁绍将周昕，越为流矢所中死。瓒因此怨绍，遂出军屯磐河，将以报绍。乃上疏曰："臣闻皇羲已来，君臣道著，张礼以导人，设刑以禁暴。今车骑将军袁绍，托承先轨，爵任崇厚，而性本淫乱，情行浮薄。昔为司隶，值国大难，太后承摄，何氏辅朝。绍不能举直措枉，而专为邪媚，招来不轨，疑误社稷，至令丁原焚烧孟津，董卓造为乱始：绍罪一也。卓既无礼，帝主见质。绍不能开设权谋，以济君父，而弃置节传，迸窜逃亡，忝辱爵命，背违人主：绍罪二也。绍为勃海，当攻董卓，而默选戎马，不告父兄，至使太傅一门，累然同毙，不仁不孝：绍罪三也。绍既兴兵，涉历二载，不恤国难，广自封植，乃多引资粮，专为不急，割剥无方，考责百姓，其为痛怨，莫不咨嗟：绍罪四也。逼迫韩馥，窃夺其州，矫刻金玉，以为印玺，每有所下，辄皂囊施检，文称诏书。昔亡新僭侈，渐以即真。观绍所拟,将必阶乱:绍罪五也。绍令星工伺望祥妖,赂遗财货,与共饮食,克会期日,攻钞郡县。此岂大臣所当施为:绍罪六也。绍与故虎牙都尉刘勋,首共造兵,勋降服张杨,累有功效,而以小忿枉加酷害。信用逸慝,济其无道;绍罪七也。故上谷太守高焉,故甘陵相姚贡,绍以贪惏,横责其钱,钱不备毕,二人并命:绍罪八也。《春秋》之义,子以母贵。绍母亲为傅婢,地实微贱,据职高重,享福丰隆。有苟进之志,无虚退之心;绍罪九也。又长沙太守孙坚,前领豫州刺史,遂能驱走董卓,埽除陵庙,忠勤王室,其功莫大。绍遣小将盗居其位,断绝坚粮,不得深入,使董卓久不服诛:绍罪十也。昔姬周政弱,王道陵迟,天子迁徙,诸侯背畔,故齐桓立柯亭之盟,晋文为践土之会,伐荆楚以致菁茅,诛曹、卫以章无礼。臣虽阘茸,名非先贤,蒙被朝恩,负荷重任,职在鈇钺,奉辞伐罪,辄与诸将州郡共讨绍等。若大事克捷,罪人斯得,庶续桓文忠诚之效。"遂举兵攻绍,于是冀州诸城悉畔从瓒。绍惧,乃以所佩勃海太守印绶授瓒从弟范,遣之郡,欲以相结。而范遂背绍,领勃海兵以助瓒。瓒乃自署其将帅为青、冀、兖三州刺史,又悉置郡县守令,与绍大战于界桥。瓒军败还蓟。绍遣将崔巨业将兵数万攻围故安不下,退军南还。瓒将步骑三万人追击于巨马水,大破其众,死者七八千人。乘胜而南,攻下郡县,遂至平原,乃遣其青州刺史田揩据有齐地。绍复遣兵数万与揩连战二年,粮食并尽,士卒疲困,互掠百姓,野无青草。绍乃遣子谭为青州刺史,揩与战,败退还。

是岁,瓒破禽刘虞,尽有幽州之地,猛志益盛。前此有童谣曰:"燕南垂,赵北际,中央不合大如砺,唯有此中可避世。"瓒自以为易地当之,遂徙镇焉。乃盛修营垒,楼观数十,临易河,通辽海。刘虞从事渔阳鲜于辅等,合率州兵,欲共攻瓒。辅以燕国阎柔素有恩信,推为乌桓司马。柔招诱胡汉数万人,与瓒所置渔阳太守邹丹战于潞北,斩丹等四千余级。乌桓峭王感虞恩德,率种人及鲜卑七千余骑,共辅南迎虞子和,与袁绍将麹义合兵十万,共攻瓒。兴平二年破瓒于鲍丘,斩首二万余级。瓒遂保易京,开置屯田,稍得自支。相持岁余,麹义军粮尽,士卒饥困,余众数千人退走。瓒徼破之,尽得其车重。

是时旱蝗谷贵,民相食。瓒恃其才力,不恤百姓,记过忘善,睚眦必报,州里善士名在其右者,必以法害之。常言"衣冠皆自以职分富贵,不谢人惠"。故所宠爱,类多商贩庸儿。所在侵暴,百姓怨之。于是代郡、广阳、上谷、右北平各杀瓒所置长吏,复与辅、和兵合。瓒虑有非常,乃居于高京,以铁为门。斥去左右,男人七岁以上不得入易门。专侍姬妾,其文簿书记皆汲而上之。令妇人习为大言声,使闻数百步,以传宣教令。疏远宾客,无所亲信,故谋臣猛将,稍有乖散。自此之后,希复攻战,或问其故,瓒曰:"我昔驱畔胡于塞表,埽黄巾于孟津,当此之时,谓天下指麾可定。至于今日,兵革方始,观此非我所决,不如休兵力耕,以救凶年。兵法百楼不攻,今吾诸营楼橹千里,积谷三百万斛,食此足以待天下之变。"

建安三年,袁绍复大攻瓒。瓒遣子续请救于黑山诸帅,而欲自将突骑直出,傍西山以断绍后。长史关靖谏曰:"今将军将士,莫不怀瓦解之心,所以犹能相守者,顾恋其老小,而恃将军为主故耳。坚守旷日,或可使绍自退。若舍之而出,后无镇重,易京之危,可立待也。"瓒乃止。绍渐相攻逼,瓒众日蹙,乃却,筑三重营以自固。

四年春,黑山贼帅张燕与续率兵十万,三道来救瓒。未及至,瓒乃密使行人赍书告续曰:"昔周末丧乱,僵尸蔽地,以意而推,犹为否也。不图今日亲当其锋。袁氏之攻,状若鬼神,梯冲舞吾楼上,鼓角鸣于地中,日穷月急,不遑启处。乌厄归人,潸水陵高,汝当碎首于张燕,驰骤以告急。父子天性,不言而动。且厉五千铁骑于北隰之中,起火为应,吾当自内出,奋扬威武,决命于斯。不然,吾亡之后,天下虽广,不容汝足矣。"绍候得其书,如期举火,瓒以为救至,遂便出战。绍设伏,瓒遂大败,复还保中小城。自计必无全,乃悉缢其姊妹妻子,然后引火自焚。绍兵趣登台斩之。关靖见瓒败,叹恨曰:"前若不止将军自行,未必不济。吾闻君子陷人于危,必同其难,岂可以独生乎!"乃策马赴绍军而死。续为屠各所杀。田揩与袁绍战死。鲜于辅将其众归曹操,操以辅为度辽将军,封都亭侯。阎柔将部曲从曹操击乌桓,拜护乌桓校尉,封关内侯。张燕既为绍所败,人众稍散。曹操将定冀州,乃率众诣邺降,拜平北将军,封安国亭侯。

论曰:自帝室王公之胄,皆生长脂腴,不知稼穑,其能厉行饬身,卓然不群者,或未闻焉。刘虞守道慕名,以忠厚自牧。美哉乎,季汉之名宗子也!若虞瓒无间,同情共力,纠人完聚,蓄保燕、蓟之饶,缮兵昭武,以临群雄之隙,舍诸天运,征乎人文,则古之休烈,何远之有!

陶谦传

陶谦字恭祖,丹阳人也。少为诸生,仕州郡,四迁为车骑将军张温司马,西讨边章。会徐州黄巾起,以谦为徐州刺史,击黄巾,大破走之,境内晏然。时董卓虽诛,而李傕、郭汜作乱关中。是时四方断绝,谦每遣使间行,奉贡西京。诏迁为徐州牧,加安东将军,封溧阳侯。是时徐方百姓殷盛,谷实甚丰,流民多归之。而谦信用非所,刑政不理。别驾从事赵昱,知名士也,而以忠直见疏,出为广陵太守。曹宏等谗慝小人,谦甚亲任之,良善多被其害。由斯渐乱,下邳阙宣自称"天子",谦始与合从,后遂杀之而并其众。初,曹操父嵩避难琅邪,时谦别将守阴平,士卒利嵩财宝,遂袭杀之。初平四年，曹操击谦，破彭城傅阳。谦退保郯，操攻之不能克，乃还。过拔取虑、睢陵、夏丘，皆屠之。凡杀男女数十万人，鸡犬无余，泗水为之不流，自是五县城保，无复行迹。初三辅遭李傕乱，百姓流移依谦者皆歼。

兴平元年，曹操复击谦，略定琅邪、东海诸县，谦惧不免，欲走归丹阳。会张邈迎吕布据兖州，操还击布。是岁，谦病死。初，同郡人笮融，聚众数百，往依于谦，谦使督广陵、下邳、彭城运粮。遂断三郡委输，大起浮屠寺。上累金盘，下为重楼，又堂阁周回，可容三千许人。作黄金涂像，衣以锦彩。每浴佛，辄多设饮饭。布席于路，其有就食及观者且万余人。及曹操击谦，徐方不安，融乃将男女万口、马三千匹走广陵。广陵太守赵昱待以宾礼。融利广陵资货，遂乘酒酣杀昱，放兵大掠，因以过江，南奔豫章，杀郡守朱皓，入据其城。后为扬州刺史刘繇所破，走入山中，为人所杀。

昱字元达，琅邪人。清己疾恶，潜志好学，虽亲友希得见之。为人耳不邪听，目不妄视。太仆种拂举为方正。

赞曰：襄贲励德，维城燕北。仁能洽下，忠以卫国。伯珪疏犷，武才趫猛。虞好无终，绍势难并。徐方歼耗，实谦为梗。

卷一百四上
袁绍刘表列传第六十四上

袁绍传 子谭

袁绍字本初，汝南汝阳人，司徒汤之孙。父成，五官中郎将，壮健好交结，大将军梁冀以下莫不善之。绍少为郎，除濮阳长，遭母忧去官。三年礼竟，追感幼孤，又行父服。服阕，徙居洛阳。绍有姿貌威容，爱士养名。既累世台司，宾客所归，加倾心折节，莫不争赴其庭，士无贵贱，与之抗礼，辎軿柴毂，填接街陌。内官皆恶之。中常侍赵忠言于省内曰："袁本初坐作声价，好养死士，不知此儿终欲何作。"叔父太傅隗闻而呼绍，以忠言责之，绍终不改。后辟大将军何进掾，为侍御史、虎贲中郎将。

中平五年，初置西园八校尉，以绍为佐军校尉。灵帝崩，绍劝何进征董卓等众军，胁太后诛诸宦官，转绍司隶校尉。语已见《何进传》。及卓将兵至，骑都尉太山鲍信说绍曰："董卓拥制强兵，将有异志，今不早图，必为所制。及其新至疲劳，袭之可禽也。"绍畏卓，不敢发。顷之，卓议欲废立，谓绍曰："天下之主，宜得贤明，每念灵帝，令人愤毒。董侯似可，今当立之。"绍曰："今上富于春秋，未有不善宣于天下。若公违礼任情，废嫡立庶，恐众议未安。"卓案剑叱绍曰："竖子敢然！天下之事，岂不在我？我欲为之，谁敢不从！"绍诡对曰："此国之大事，请出与太傅议之。"卓复言"刘氏种不足复遗"。绍勃然曰："天下健者，岂惟董公！"横刀长揖径出。悬节于上东门，而奔冀州。董卓购募求绍。时侍中周珌、城门校尉伍琼为卓所信待，琼等阴为绍说卓曰："夫废立大事，非常人所及。袁绍不达大体，恐惧出奔，非有它志。今急购之，势必为变。袁氏树恩四世，门生故吏遍于天下，若收豪杰以聚徒众，英雄因之而起，则山东非公之有也。不如赦之，拜一郡守，绍喜于免罪，必无患矣。"卓以为然，乃遣授绍勃海太守，封邟乡侯。绍犹称兼司隶。

初平元年，绍遂以勃海起兵，与从弟后将军术、冀州牧韩馥、豫州刺史孔伷、兖州刺史刘岱、陈留太守张邈、广陵太守张超、河内太守王匡、山阳太守袁遗、东郡太守桥瑁、济北相鲍信等同时俱起，众各数万，以讨卓为名。绍与王匡屯河内，伷屯颍川，馥屯邺，馀家咸屯酸枣，约盟，遥推绍为盟主。绍自号车骑将军，领司隶校尉。董卓闻绍起山东，乃诛绍叔父隗，及宗族在京师者，尽灭之。卓乃遣大鸿胪韩融、少府阴循、执金吾胡母班、将作大匠吴循、越骑校尉王瓖暨解绍等诸军。绍使王匡杀班、瓖、吴循等，袁术亦执杀阴循，惟韩融以名德免。

是时豪杰既多附绍，且感其家祸，人思为报，州郡蜂起，莫不以袁氏为名。韩馥见人情归绍，忌其得众，恐将图己，常遣从事守绍门，不听发兵。桥瑁乃诈作三公移书，传驿州郡，说董卓罪恶，天子危逼，企望义兵，以释国难。馥于是方听绍举兵。乃谋于众曰："助袁氏乎？助董氏乎？"治中刘惠勃然曰："兴兵为国，安问袁、董？"馥意犹深疑于绍，每贬节军粮，欲使离散。

明年，馥将麹义反畔，馥与战失利。绍既恨馥，乃与义相结。绍客逢纪谓绍曰："夫举大事，非据一州，无以自立。今冀部强实，而韩馥庸才，可密要公孙瓒将兵南下，馥闻必骇惧。并遣辩士为陈祸福，馥迫于仓卒，必可因据其位。"绍然之，益亲纪，即以书与瓒。瓒遂引兵而至，外托讨董卓，而阴谋袭馥。绍乃使外甥陈留高幹及颍川荀谌等说馥曰："公孙瓒乘胜来南，而诸郡应之。袁车骑引军东向，其意未可量也。窃为将军危之。"馥惧，曰："然则为之奈何？"谌曰："君自料宽仁容众，为天下所附，孰与袁氏？"馥曰："不如也。""临危吐决，智勇迈于人，又孰与袁氏？"馥曰："不如也。""世布恩德，天下家受其惠，又孰与袁氏？"馥曰："不如也。"谌曰："勃海虽郡，其实州也。今将军资三不如之势，久处其上，袁氏一时之杰，必不为将军下也。且公孙提燕、代之卒，其锋不可当。夫冀州天下之重资，若两军并力，兵交城下，危亡可立而待也。夫袁氏将军之旧，且为同盟。当今之计，莫若举冀州以让袁氏，必厚德将军，公孙瓒不能复与之争矣。是将军有让贤之名，而身安于太山也。愿勿有疑。"馥素性恇怯,因然其计。馥长史耿武、别驾闵纯、骑都尉沮授闻而谏曰:"冀州虽鄙,带甲百万,谷支十年。袁绍孤客穷军,仰我鼻息,譬如婴儿在股掌之上,绝其哺乳,立可饿杀。奈何欲以州与之乎?"馥曰:"吾袁氏故吏,且才不如本初。度德而让,古人所贵,诸君独何病焉?"先是,馥从事赵浮、程奂将强弩万人屯孟津,闻之,率兵驰还,请以拒绍,馥又不听。乃避位,出居中常侍赵忠故舍,遣子送印绶以让绍。绍遂领冀州牧,承制以馥为奋威将军,而无所将御。引沮授为别驾,因谓授曰:"今贼臣作乱,朝廷迁移。吾历世受宠,志竭力命,兴复汉室。然齐桓非夷吾不能成霸,句践非范蠡无以存国。今欲与卿戮力同心,共安社稷,将何以匡济之乎?"授进曰:"将军弱冠登朝,播名海内。值废立之际,忠义奋发,单骑出奔,董卓怀惧,济河而北,勃海稽服。拥一郡之卒,撮冀州之众,威陵河朔,名重天下。若举军东向,则黄巾可扫;还讨黑山,则张燕可灭;回师北首,则公孙必禽;震胁戎狄,则匈奴立定。横大河之北,合四州之地,收英雄之士,拥百万之众,迎大驾于长安,复宗庙于洛邑,号令天下,诛讨未服。以此争锋,谁能御之!比及数年,其功不难。"绍喜曰:"此吾心也。"即表授为奋武将军,使监护诸将。魏郡审配、钜鹿田丰,并以正直不得志于韩馥。绍乃以丰为别驾,配为治中,甚见器任。馥自怀猜惧,辞绍索去,往依张邈。后绍遣使诣邈,有所计议,因共耳语。馥时在坐,谓见图谋,无何,如厕自杀。其冬,公孙瓒大破黄巾,还屯槃河,威震河北,冀州诸城无不望风响应。绍乃自击之。瓒兵三万,列为方陈,分突骑万匹,翼军左右,其锋甚锐。绍先令麴义领精兵八百,强弩千张,以为前登。瓒轻其兵少,纵骑腾之,义兵伏楯下,一时同发,瓒军大败,斩其所置冀州刺史严纲,获甲首千馀级。麴义追至界桥,瓒敛兵还战,义复破之,遂到瓒营,拔其牙门,馀众皆走。绍在后十数里,闻瓒已破,发鞍息马,唯卫帐下强弩数十张,大戟士百许人。瓒散兵二千馀骑卒至,围绍数重,射矢雨下。田丰扶绍,使却入空垣。绍脱兜鍪抵地曰:"大丈夫当前斗死,而反逃垣墙间邪?"促使诸弩竞发,多伤瓒骑。众不知是绍,颇稍引却。会麴义来迎,骑乃散退。三年,瓒又遣兵至龙凑挑战,绍复击破之。瓒遂还幽州,不敢复出。

四年初,天子遣太仆赵岐和解关东,使各罢兵。瓒因此以书譬绍曰:"赵太仆以周、邵之德,衔命来征,宣扬朝恩,示以和睦,旷若开云见日,何喜如之!昔贾复、寇恂争相危害,遇世祖解纷,遂同舆而出。衅难既释,时人美之。自惟边鄙,得与将军共同斯好,此诚将军之眷,而瓒之愿也。"绍于是引军南还。三月上巳,大会宾徒于薄落津。闻魏郡兵反,与黑山贼于毒等数万人共覆邺城,杀郡守。坐中客家在邺者,皆忧怖失色,或起而啼泣,绍容貌自若,不改常度。贼有陶升者,自号"平汉将军",独反诸贼,将部众

逾西城入,闭府门,具车重,载绍家及诸衣冠在州内者,身自扞卫,送到斥丘。绍还,因屯斥丘,以陶升为建义中郎将。六月,绍乃出军,入朝歌鹿肠山苍岩谷口,讨于毒。围攻五日,破之,斩毒及其众万馀级。绍遂寻山北行,进击诸贼左髭丈八等,皆斩之。又击刘石、青牛角、黄龙、左校、郭大贤、李大目、于氐根等,复斩数万级,皆屠其屯壁。遂与黑山贼张燕及四营屠各、雁门乌桓战于常山。燕精兵数万,骑数千匹,连战十余日,燕兵死伤虽多,绍军亦疲,遂各退。麴义自恃有功,骄纵不轨,绍召杀之,而并其众。

兴平二年,拜绍右将军。其冬,车驾为李傕等所追到曹阳,沮授说绍曰:"将军累叶台辅,世济忠义。今朝廷播越,宗庙残毁,观诸州郡,虽外托义兵,内实相图,未有存社稷恤人之意。且今州城粗定,兵强士附,西迎大驾,即宫邺都,挟天子而令诸侯,蓄士马以讨不庭,谁能御之?"绍将从其计。颍川郭图、淳于琼曰:"汉室陵迟,为日久矣,今欲兴之,不亦难乎?且英雄并起,各据州郡,连徒聚众,动有万计,所谓秦失其鹿,先得者王。今迎天子,动辄表闻,从之则权轻,违之则拒命,非计之善者也。"授曰:"今迎朝廷,于义为得,于时为宜。若不早定,必有先之者焉。夫权不失机,功不厌速,愿其图之。"帝立既非绍意,竟不能从。

绍有三子:谭字显思,熙字显雍,尚字显甫。谭长而惠,尚少而美。绍后妻刘有宠,而偏爱尚,数称于绍,绍亦奇其姿容,欲使传嗣。乃以谭继兄后,出为青州刺史。沮授谏曰:"世称万人逐兔,一人获之,贪者悉止,分定故也。且年均以贤,德均则卜,古之制也。愿上惟先代成败之诫,下思逐兔分定之义。若其不改,祸始此矣。"绍曰:"吾欲令诸子各据一州,以视其能。"于是以中子熙为幽州刺史,外甥高幹为并州刺史。

建安元年,曹操迎天子都许,乃下诏书于绍,责以地广兵多而专自树党,不闻勤王之师,而但擅相讨伐。绍上书曰:

臣闻昔有哀叹而霜陨,悲哭而崩城者。每读其书,谓为信然,于今况之,乃知妄作。何者?臣出身为国,破家立事,至乃怀忠获衅,抱信见疑,昼夜长吟,剖肝泣血,曾无崩城陨霜之应,故邹衍、杞妇何能感彻。

臣以负薪之资,拔于陪隶之中,奉职宪台,擢授戎校。常侍张让等滔乱天常,侵夺朝威,贼害忠德,扇动奸党。故大将军何进忠国疾乱,义心赫怒,以臣颇有一介之节,可责以鹰犬之功,故授臣以督司,谘臣以方略。臣不敢畏悍强御,避祸求福,与进合图,事无违异。忠策未尽而元帅受败,太后被质,宫室焚烧,陛下圣德幼冲,亲遭厄困。时进既被害,师徒丧沮,臣独将家兵百余人,抽戈承明,竦剑翼室,虎叱群司,奋击

凶丑,曾不浃辰,罪人斯殄。此诚愚臣效命之一验也。会董卓乘虚,所图不轨。臣父兄亲从,并当大位,不惮一室之祸,苟惟宁国之义,故遂解节出奔。创谋河外。时卓方贪结外援,招悦英豪,故即臣勃海,申以军号,则臣之与卓,未有纤芥之嫌。若使苟欲滑泥扬波,偷荣求利,则进可以享窃禄位,退无门户之患。然臣愚所守,志无倾夺,故遂引会英雄,兴师百万,饮马孟津,歃血漳河。会故冀州牧韩馥怀挟逆谋,欲专权势,绝臣军粮,不得踵系,至使猾房肆毒,害及一门,尊卑大小,同日并戮。乌兽之情,犹知号呼。臣所以荡然忘哀,貌无隐戚者,诚以忠孝之节,道不两立,顾私怀已,不能全功。斯亦愚臣破家徇国之二验也。

又黄巾十万焚烧青、兖,黑山、张杨蹈藉冀域。臣乃旋师,奉辞伐畔。金鼓未震,狡敌知亡,故韩馥怀惧,谢咎归土,张杨、黑山同时乞降。臣时辄承制,窃比窦融,以议郎曹操权领兖州牧。会公孙瓒师旅南驰,陆掠北境,臣即星驾席卷,与瓒交锋。假天之威,每战辄克。臣备公族子弟,生长京辇,颇闻俎豆,不习干戈;加自乃祖先臣以来,世作辅弼,咸以文德尽忠,得免罪戾。臣非与瓒角戎马之势,争战阵之功者也。诚以贼臣不诛,《春秋》所贬,苟云利国,专之不疑。故冒践霜雪,不惮勋勤,实庶一捷之福,以立终身之功。社稷未定,臣诚耻之。太仆赵岐衔命来征,宣明陛下含弘之施,蠲除细故,与下更新,奉诏之日,引师南辕。是臣畏怖天威,不敢怠慢之三验也。

又臣所上将校,率皆清英宿德,令名显达,登锋履刃,死者过半,勤恪之功,不见书列。而州郡牧守,竞盗声名,怀持二端,优游顾望,皆列土锡圭,跨州连郡,是以远近狐疑,议论纷错者也。臣闻守文之世,德高者位尊;仓卒之时,功多者赏厚。陛下播越非所,洛邑乏祀,海内伤心,志士愤惋。是以忠臣肝脑涂地,肌肤横分而无悔心者,义之所感故也。今赏加无劳,以携有德;杜黜忠功,以疑众望。斯岂腹心之远图?将乃谗慝之邪说使之然也?臣爵为通侯,位二千石。殊恩厚德,臣既叨之,岂敢窥觊重礼,以希彤弓旅矢之命哉?诚伤偏裨列校,勤不见纪,尽忠为国,翻成重冤。斯蒙恬所以悲号于边狱,白起歔欷于杜邮也。太傅日碑位为师保,任配东征,而耗乱王命,宠任非所,凡所举用,皆众所捐弃。而容纳其策,以为谋主,令臣骨肉兄弟,还为仇敌,交锋接刃,构难滋甚。臣虽欲释甲投戈,事不得已。诚恐陛下日月之明,有所不照,四聪之听有所不闻,乞下臣章,咨之群贤,使三槐九棘,议臣罪戾。若以臣今行权为衅,则桓、文当有诛绝之刑;若以众不讨贼为贤,则赵盾可无书弑之贬矣。臣虽小人,志守一介。若使得申明本心,不愧先帝,则伏首欧

刀,褰衣就镬,臣之愿也。惟陛下垂《尸鸠》之平,绝邪谄之论,无令愚臣结恨三泉。

于是以绍为太尉,封邺侯。时曹操自为大将军,绍耻为之下,伪表辞不受。操大惧,乃让位于绍。二年,使将作大匠孔融持节拜绍大将军,锡号矢节钺,虎贲百人,兼督冀、青、幽、并四州,然后受之。绍每得诏书,患有不便于己,乃欲移天子自近,使说操以许下埤湿,洛阳残破,宜徙都甄城,以就全实。操拒之。田丰说绍曰:"徙都之计,既不克从,宜早图许,奉迎天子,动托诏令,响号海内,此算之上者。不尔,终为人所禽,虽悔无益也。"绍不从。四年春,击公孙瓒,遂定幽土,事在《瓒传》。绍既并四州之地,众数十万,而骄心转盛,贡御稀简。主簿耿包密白绍曰:"赤德衰尽,袁为黄胤,宜顺天意,以从民心。"绍乃包白事示军府僚属,议者以包妖妄宜诛。绍知众情未同,不得已乃杀包以弭其迹。于是简精兵十万,骑万匹,欲出攻许,以审配、逢纪统军事,田丰、荀谌及南阳许攸为谋主,颜良、文醜为将帅。沮授进说曰:"近讨公孙,师出历年,百姓疲敝,仓库无积,赋役方殷,此国之深忧也。宜先遣使献捷天子,务农逸人。若不得通,乃表曹操隔我王路,然后进屯黎阳,渐营河南,益作舟船,缮修器械,分遣精骑,抄其边鄙,令彼不得安,我取其逸。如此可坐定也。"郭图、审配曰:"兵书之法,十围五攻,敌则能战。今以明公之神武,连河朔之强众,以伐曹操,其势譬若覆手。今不时取,后难图也。"授曰:"盖救乱诛暴,谓之义兵;恃众凭强,谓之骄兵。义者无敌,骄者先灭。曹操奉迎天子,建宫许都。今举师南向,于义则违。且庙胜之策,不在强弱。曹操法令既行,士卒精练,非公孙瓒坐受围者也。今弃万安之术,而兴无名之师,窃为公惧之。"图等曰:"武王伐纣,不为不义;况兵加曹操,而云无名!且公师徒精勇,将士思奋,而不及时早定大业,所谓'天与不取,反受其咎'。此越之所以霸,吴之所以灭也。监军之计,在于持牢,而非见时知几之变也。"绍纳图言。图等因是潜沮授曰:"授监统内外,威震三军,若其浸盛,何以制之!夫臣与主同者昌,主与臣同者亡,此《黄石》之所忌也。且御众于外,不宜知内。"绍乃分授所统为三都督,使授及郭图、淳于琼各典一军,未及行。

五年,左将军刘备杀徐州刺史车胄,据沛以背曹操。操惧,乃自将征备。田丰说绍曰:"与公争天下者,曹操也。操今东击刘备,兵连未可卒解,今举军而袭其后,可一往而定。兵以几动,斯其时也。"绍辞以子疾,未得行。丰举杖击地曰:"嗟乎,事去矣!夫遭难遇之几,而以婴儿病失其会,惜哉!"绍闻而怒之,从此遂疏焉。曹操畏绍过河,乃急击备,遂破之。备奔绍,绍于是进军攻许。田丰以既失前几,不宜便行,谏绍曰:"曹操既破刘备,则许下非复空虚。且操善用兵,变化无方,众虽少,未可轻也。今不如久持之。将军据山河之固,拥四州之众,外结英雄,内修农战,

然后简其精锐，分为奇兵，乘虚迭出，以扰河南，救右则击其左，救左则击其右，使敌疲于奔命，人不得安业，我未劳而彼已困，不及三年，可坐克也。今释庙胜之策而决成败于一战，若不如志，悔无及也。"绍不从。丰强谏忤绍，绍以为沮众，遂械系之。乃先宣檄曰：

盖闻明主图危以制变，忠臣虑难以立权。曩者强秦弱主，赵高执柄，专制朝命，威福由己，终有望夷之祸，污辱至今。及臻吕后，禄、产专政，擅断万机，决事禁省，下陵上替，海内寒心。于是绛侯、朱虚兴威奋怒，诛夷逆暴，尊立太宗，故能道化兴隆，光明融显。此则大臣立权之明表也。

司空曹操祖父腾，故中常侍，与左悺、徐璜并作妖孽，饕餮放横，伤化虐人。父嵩，乞丐携养，因臧买位，舆金辇宝，输货权门，窃盗鼎司，倾覆重器。操赘阉遗丑，本无令德，儇狡锋侠，好乱乐祸。幕府董统鹰扬，埽夷凶逆，续遇董卓侵官暴国，于是提剑挥鼓，发命东夏，广罗英雄，弃瑕录用，故遂与操参咨策略，谓其鹰犬之才，爪牙可任。至乃愚佻短虑，轻进易退，伤夷折衄，数丧师徒。幕府辄复分兵命锐，修完补辑，表行东郡太守、兖州刺史，被以虎文，授以偏师，奖就威柄，冀获秦师一克之报。而遂乘资跋扈，肆行酷烈，割剥元元，残贤害善。故九江太守边让，英才俊逸，以直言正色，论不阿谄，身被枭悬之戮，妻孥受灰灭之咎。自是士林愤痛，人怨天怒，一夫奋臂，举州同声，故躬破于徐方，地夺于吕布，彷徨东裔，蹈据无所，幕府惟强干弱枝之义，且不登畔人之党，故复援旌擐甲，席卷赴征，金鼓响震，布众破沮，拯其死亡之患，复其方伯之任。是则幕府无德于兖土，而有大造于操也。

会銮驾东反，群虏乱政。时冀州方有北鄙之警，匪遑离局，故使从事中郎徐勋就发操，使缮修郊庙，翼卫幼主。而便放志专行，威劫省禁，卑侮王僚，败法乱纪，坐召三台，专制朝政，爵赏由心，刑戮在口，所爱光五宗，所怨灭三族，群谈者受显诛，腹议者蒙隐戮，道路以目，百辟钳口，尚书记期会，公卿充员品而已。

故太尉杨彪，历典二司，元纲极位。操因睚眦，被以非罪，笞楚并兼，五毒俱至，触情放慝，不顾宪章。又议郎赵彦，忠谏直言，议有可纳，故圣朝含听，改容加锡。操欲迷夺时明，杜绝言路，擅收立杀，不俟报闻。又梁孝王先帝母弟，坟陵尊显，松柏桑梓，犹宜恭肃。操率将吏士，亲临发掘，破棺裸尸，掠取金宝，至令圣朝流涕，士民伤怀，又署发丘中郎将、摸金校尉，所过毁突，无骸不露，身处三公之官，而行桀虏之态，污国虐民，毒施人鬼。加其细政苛惨，科防互设，缯缴充蹊，阬阱塞路，举手挂网罗，动足蹈机陷，是以兖、

豫有无聊之人，帝都有呼嗟之怨。

历观古今书籍所载，贪残虐烈无道之臣，于操为甚。莫府方诘外奸，未及整训，加意含覆，冀可弥缝。而操豺狼野心，潜包祸谋，乃欲桡折栋梁，孤弱汉室，除忠害善，专为枭雄。往岁伐鼓北征，讨公孙瓒，强御桀逆，拒围一年，操因其未破，阴交书命，欲助王师，以见掩袭，故引兵造河，方舟北济。会行人发露，瓒亦枭夷，故使锋芒挫缩，厥图不果。屯据敖仓，阻河为固，乃欲运螳螂之斧，御隆车之隧。幕府奉汉威灵，折冲宇宙，长戟百万，胡骑千群，奋中黄、育、获之士，骋良弓劲弩之势，并州越太行，青州涉济、漯，大军泛黄河以角其前，荆州下宛、叶而掎其后。雷震虎步，并集虏廷，若举炎火以焚飞蓬，覆沧海而注熛炭，有何不消灭者哉？

当今汉道陵迟，纲弛网绝，操以精兵七百，围守宫阙，外称陪卫，内以拘质，惧篡逆之祸，因斯而作。乃忠臣肝脑涂地之秋，烈士立功之会也。可不勖哉！

乃先遣颜良攻曹操别将刘延于白马，绍自引兵至黎阳。沮授临行，会其宗族，散资财以与之。曰："势存则威无不加，势亡则不保一身。哀哉！"其弟宗曰："曹操士马不敌，君何惧焉？"授曰："以曹兖州之明略，又挟天子以为资，我虽克伯珪，众实疲敝，而主骄将忲，军之破败，在此举矣。杨雄有言：'六国蚩蚩，为嬴弱姬。'今之谓乎！"曹操遂救刘延，击颜良斩之。绍乃度河，壁延津南。沮授临船叹曰："上盈其志，下务其功，悠悠黄河，吾其济乎！"遂以疾退，绍不许而意恨之，复省其所部，并属郭图。绍使刘备、文丑挑战，曹操又击破之，斩文丑。再战而禽二将，绍军中大震。操还屯官度，绍进保阳武。沮授又说绍曰："北兵虽众，而劲果不及南军；南军谷少，而资储不如北。南幸于急战，北利在缓师。宜徐持久，旷以日月。"绍不从。连营稍前，渐逼官度，遂合战。操军不利，复还坚壁。绍为高橹，起土山，射营中，营中皆蒙楯而行。操乃发石车击绍楼，皆破，军中呼曰"霹雳车"。绍为地道欲袭操，操辄于内为长堑以拒之。又遣奇兵袭绍运车，大破之，尽焚其谷食。相持百余日，河南人疲困，多畔应绍。绍遣淳于琼等将兵万馀人北迎粮运。沮授说绍可遣蒋奇别为支军于表，以绝曹操之钞。绍不从。许攸进曰："曹操兵少而悉师拒我，许下余守势必空弱。若分遣轻军，星行掩袭，许拔则操成禽。如其未溃，可令首尾奔命，破之必也。"绍又不能用。会攸家犯法，审配收系之，攸不得志，遂奔曹操，而说使袭取淳于琼等。琼等时宿在乌巢，去绍军四十里。操自将步骑五千人，夜往攻破琼等，悉斩之。

初，绍闻操击琼，谓长子谭曰："就操破琼，吾拔其营，彼固无所归矣。"乃使高览、张郃等攻操营，不下。二将闻琼等败，遂奔操。于是绍军惊扰，大溃。绍与谭等幅巾乘

马，与八百骑度河，至黎阳北岸，入其将军蒋义渠营。至帐下，把其手曰："孤以首领相付矣。"义渠避帐而处之，使宣令焉。众闻绍在，稍复集。余众伪降，曹操尽阬之，前后所杀八万人。沮授为操军所执，乃大呼曰："授不降也，为所执耳。"操见授谓曰："分野殊异，遂用圮绝，不图今日乃得相得也。"授对曰："冀州失策，自取奔北。授知力俱困，宜其见禽。"操曰："本初无谋，不相用计。今丧乱过纪，国家未定，方当与君图之。"授曰："叔父、母、弟悬命袁氏，若蒙公灵，速死为福。"操叹曰："孤早相得，天下不足虑也。"遂赦而厚遇焉。授寻谋归袁氏，乃诛之。绍外宽雅有局度，忧喜不形于色，而性矜愎自高，短于从善，故至于败。及军还，或谓田丰曰："君必见重。"丰曰："公貌宽而内忌，不亮吾忠，而吾数以至言迕之。若胜而喜，必能赦我，战败而怨，内忌弥发。若军出有利，当蒙全耳，今既败矣，吾不望生。"绍还，曰："吾不用田丰言，果为所笑。"遂杀之。官度之败，审配二子为曹操所禽。孟岱与配有隙，因蒋奇言于绍曰："配在位专政，族大兵强，且二子在南，必怀反畔。"郭图、辛评亦为然。绍遂以岱为监军，代配守邺。护军逢纪与配不睦，绍以问之，纪对曰："配天性烈直，每所言行，慕古人之节，不以二子在南为不义也。公勿疑之。"绍曰："君不恶之邪？"纪曰："先所争者私情，今所陈者国事。"绍曰："善"。乃不废配，配、纪由是更协。冀州城邑多畔，绍复击定之。自军败后发病，七年夏，薨。未及定嗣，逢纪、审配宿以骄侈为谭所病，辛评、郭图皆比于谭而与配、纪有隙。众以谭长，欲立之。配等恐谭立而评等为害，遂矫绍遗命，奉尚为嗣。

卷一百四下
袁绍刘表列传第六十四下

袁绍传子谭

谭自称车骑将军，出军黎阳。尚少与其兵，而使逢纪随之。谭求益兵，审配等又议不与。谭怒，杀逢纪。曹操度河攻谭，谭告急于尚，尚乃留审配守邺，自将助谭，与操相拒于黎阳。自九月至明年二月，大战城下，谭、尚败退。操将围之，乃夜遁还邺。操进军，尚逆击破操，操军还许。谭谓尚曰："我铠甲不精，故前为曹操所败。今操军退，人怀归志，及其未济，出兵掩之，可令大溃，此策不可失也。"尚疑而不许，既不益兵，又不易甲。谭大怒，郭图、辛评因此谓谭曰："使先公出军为兄后者，皆是审配之所构也。"谭然之。遂引兵攻尚，战于外门。谭败，乃引兵还南皮。别驾王脩率吏人自青州往救谭，谭还欲更攻尚，问脩曰："计将安出？"脩曰："兄弟者，左右手也。譬人将斗而断其右手，曰'我必胜若'，如是者可乎？夫弃兄弟而不亲，天下其谁亲之？属有谗人交斗其间，以求一朝之利，愿塞耳勿听也。若斩佞臣数人，复相亲睦，以御四方，可横行于天下。"谭不从。尚复自将攻谭，谭战大败，婴城固守。尚围之急，谭奔平原，而遣颍川辛毗诣曹操请救。

刘表以书谏谭曰：

天降灾害，祸难殷流，初交殊族，卒成同盟，使王室震荡，彝伦攸致。是以智达之士，莫不痛心入骨，伤时人不能相忍也。然孤与太公，志同愿等，虽楚魏绝邈，山河迥远，戮力乃心，共奖王室，使非族不干吾盟，异类不绝吾好，此孤与太公无贰之所致也。功绩未卒，太公殂陨，贤胤承统，以继洪业，宣奕世之德，履丕显之祚，摧严敌于邺都，扬休烈于朔土，顾定疆宇，虎视河外，凡我同盟，莫不景附。何悟青蝇飞于竿旌，无忌游于二垒，使股肱分成二体，匈膂绝为异身。初闻此问，尚谓不然，定闻信來，乃知阏伯、实沈之忿已成，弃亲即仇之计已决，旌旆交于中原，暴尸累于城下。闻之哽咽，若存若亡。昔三王、五伯，下及战国，君臣相猷，父子相杀，兄弟相残，亲戚相灭，盖时有之。然或欲以成王业，或欲以定霸功，皆所谓逆取顺守，而徼富强于一世也。未有弃亲即异，兀其根本，而能全于长世者也。

昔齐襄公报九世之仇，士匄卒荀偃之事，是故《春秋》美其义，君子称其信。夫伯游之恨于齐，未若太公之忿于曹也；宣子之臣承业，未若仁君之继统也。且君子违难不适仇国，交绝不出恶声，况忘先人之仇，弃亲戚之好，而为万世之戒，遗同盟之耻哉！蛮夷戎狄将有诮让之言，况我族类，而不痛心邪！

夫欲立竹帛于当时，全宗祀于一世，岂宜同生分谤，争校得失乎？若冀州有不弟之傲，无惭顺之节，仁君当降志辱身，以济事为务。事定之后，使天下平其曲直，不亦为高义邪？今仁君见憎于夫人，未若郑庄之于姜氏，昆弟之嫌，未若重华之于象敖。然庄公卒崇大隧之乐，象敖终受有鼻之封。愿捐弃百痾，追摄旧义，复为母子昆弟如初。今整勒士马，瞻望鹄立。

又与尚书谏之，并不从。

曹操遂还救谭，十月至黎阳。尚闻操度河，乃释平原还邺。尚将吕旷、高翔畔归曹氏，谭复阴刻将军印，以假旷、翔。操知谭诈，乃以子整娉谭女以安之，而引军还。

九年三月，尚使审配守邺，复攻谭于平原。配献书于谭曰："配闻良药苦口而利于病，忠言逆耳而便于行。愿将军缓心抑怒，终省愚辞。盖《春秋》之义，国君死社稷，忠臣死君命。苟图危宗庙，剥乱国家，亲疏一也。是以周公垂涕以蔽管、蔡之狱，季友歔欷而行叔牙之诛。何则？义重人轻，事不获已故也。昔先公废黜将军以续贤兄，立我将军以为嫡嗣，上告祖灵，下书谱牒，海内远近，谁不备闻！何意凶臣郭图，妄画蛇足，曲辞谄媚，交乱懿亲。至令将军忘孝友之仁，袭阋、沈之迹，放兵钞突，屠城杀吏，冤魂痛于幽冥，创痍被于草棘。又乃图获邺城，许赏賂秦胡，其财物妇女，豫有分数。又云'孤虽有老母，趣使身体完具而已'。闻此言者，莫不悼心挥涕，使太夫人忧哀愤隔，我州君臣监寐悲叹。诚拱默以听执事之图，则惧违《春秋》死命之节，诒太夫人不测之患，损先公不世之业。我将军辞不获命，以及馆陶之役。伏惟将军至孝蒸蒸，发于岐嶷，友于之性，生于自然，章之以聪明，行之以敏达，览古今之举措，睹兴败之征符，轻荣财于粪土，贵名位于丘岳。何意奄然迷沈，堕贤哲之操，积怨肆忿，取破家之祸！翘企延颈，待望仇敌，委慈亲于虎狼之牙，以逞一朝之志，岂不痛哉！若乃天启尊心，革图易虑，则我将军匍匐悲号于将军股掌之上，配等亦当敷躬布体以听斧锧之刑。又不悛，祸将及之。愿熟详吉凶，以赐环玦。"谭不纳。曹操因此进攻邺，审配将冯礼为内应，开突门内操兵三百馀人。配觉之，从城上以大石击门。门闭，入者皆死。操乃凿堑围城，周回四十里，初令浅，示若可越。配望见，笑而不出争利。操一夜浚之，广深二丈，引漳水以灌之。自五月至八月，城中饿死者过半。尚闻配急，将军万馀人还救城，操逆击破之。尚走依曲漳为营，操复围之，未合，尚惧，遣阴夔、陈琳求降，不听。尚还走蓝口，操复进，急围之。尚遣马延等临阵降，众大溃，尚奔中山。尽收其辎重，得尚印绶节钺及衣物，以示城中，城中崩沮。审配令士卒曰："坚守死战，操军疲矣。幽州方至，何忧无主！"操出围，配伏弩射之，几中。以其兄子荣为东门校尉，荣夜开门内操兵，配拒战城中，生获配。操谓配曰："吾近行围，弩何多也？"配曰："犹恨其少。"操曰："卿忠于袁氏，亦自不得不尔。"意欲活之，配意气壮烈，终无挠辞，见者莫不叹息，遂斩之。全尚母妻子，还其财宝。高幹以并州降，复为刺史。曹操之围邺也，谭复背之，因略取甘陵、安平、勃海、河间，攻尚于中山。尚败，走故安从熙，而谭悉收其众，还屯龙凑。十二月，曹操讨谭，军其门。谭夜遁走南皮，临清河而屯。明年正月，急攻之。谭欲出战，军未合而破。谭被发驱驰，追者意非恒人，趋奔之。谭堕马，顾曰："咄，儿过我，我能富贵汝。"言未绝口，头已断地。于是斩郭图等，戮其妻子。熙、尚为其将焦触、张南所攻，奔辽西乌桓。触自号幽州刺史，驱率诸郡太守令长背袁向曹，陈兵数万。杀白马盟，令曰："违者斩！"众莫敢仰视，各以次歃。至别驾代郡韩珩，曰："吾受袁公父子厚恩，今其破亡，智不能救，勇不能死，于义阙矣。若乃北面曹氏，所不能为也！"一坐为珩失色。触曰："夫举大事，当立大义。事之济否，不待一人，可卒珩志，以厉事君。"曹操闻珩节，甚高之，屡辟不至，卒于家。高幹复叛，

执上党太守，举兵守壶口关。十一年，曹操自征幹，幹乃留其将守城，自诣匈奴求救，不得，独与数骑亡，欲南奔荆州。上洛都尉捕斩之。

十二年，曹操征辽西，击乌桓。尚、熙与乌桓逆操军，战败走，乃与亲兵数千人奔公孙康于辽东。尚有勇力，先与熙谋曰："今到辽东，康必见我，我独为兄手击之，且据其郡，犹可以自广也。"康亦心规取尚以为功，乃先置精勇于厩中，然后请尚、熙。熙疑不欲进，尚强之，遂与俱入，未及坐，康叱伏兵禽之，坐于冻地。尚谓康曰："未死之间，寒不可忍，可相与席。"康曰："卿头颅方行万里，何席之为！"遂斩首送之。

康，辽东人。父度，初避吏为玄菟小吏，稍仕。中平元年，还为本郡守。在职敢杀伐，郡中名豪与己凤无恩者，遂诛灭百馀家。因东击高句骊，西攻乌桓，威行海畔。时王室方乱，度恃其地远，阴独怀幸。会襄平社生大石丈馀，下有三小石为足，度以为己瑞。初平元年，乃分辽东为辽西、中辽郡，并置太守，越海收东莱诸县，为营州刺史，自立为辽东侯、平州牧，追封父延为建义侯。立汉二祖庙，承制设坛墠于襄平城南，郊祀天地，藉田理兵，乘鸾辂九旒旄头羽骑。建安九年，司空曹操表为奋威将军，封永宁乡侯。度死，康嗣，故遂据辽土焉。

刘表传

刘表字景升，山阳高平人，鲁恭王之后也。身长八尺馀，姿貌温伟。与同郡张俭等俱被讪议，号为"八顾"。诏书捕案党人，表亡走得免。党禁解，辟大将军何进掾。

初平元年，长沙太守孙坚杀荆州刺史王叡，诏书以表为荆州刺史。时江南宗贼大盛，又袁术阻兵屯鲁阳，表不能得至，乃单马入宜城，请南郡人蒯越、襄阳人蔡瑁与共谋画。表谓越曰："宗贼虽盛而众不附，若袁术因之，祸必至矣。吾欲征兵，恐不能集，其策焉出？"对曰："理平者先仁义，理乱者先权谋。兵不在多，贵乎得人。袁术骄而无谋，宗贼率多贪暴。越有所素养者，使人示之以利，必持众来。使君诛其无道，施其才用，威德既行，襁负而至矣。兵集众附，南据江陵，北守襄阳，荆州八郡可传檄而定。公路虽至，无能为也。"表曰："善。"乃使越遣人诱宗贼帅，至者十五人，皆斩之而袭取其众。唯江夏贼张虎、陈坐拥兵据襄阳城，表使越与庞季往譬之，乃降。江南悉平。诸守令闻表威名，多解印绶去。表遂理兵襄阳，以观时变。袁术与其从兄绍有隙，而绍与表相结，故术共孙坚合从袭表。表败，坚遂围襄阳。会表将黄祖救至，坚为流箭所中死，馀众退走。及李傕等入长安，冬，表遣使奉贡。傕以表为镇南将军、荆州牧，封成武侯，假节，以为己援。

建安元年，骠骑将军张济自关中走南阳，因攻穰城，

中飞矢而死。荆州官属皆贺。表曰："济以穷来，主人无礼，至于交锋，此非牧意，牧受吊不受贺也。"使人纳其众，众闻之喜，遂皆服从。三年，长沙太守张羡率零陵、桂阳三郡畔表。表遣兵攻围，破羡，平之。于是开土遂广，南接五岭，北据汉川，地方数千里，带甲十余万。初，荆州人情好扰，加四方骇震，寇贼相扇，处处麇沸。表招诱有方，威怀兼洽，其奸猾宿贼更为效用，万里肃清，大小咸悦而服之。关西、兖、豫学士归者盖有千数，表安慰赈赡，皆得资全。遂起立学校，博求儒术，綦毋闿、宋忠等撰立《五经》章句，谓之后定。爱民养士，从容自保。及曹操与袁绍相持于官度，绍遣人求助，表许之，不至，亦不援曹操，且欲观天下之变。从事中郎南阳韩嵩、别驾刘先说表曰："今豪桀并争，两雄相持，天下之重在于将军。若欲有为，起乘其敝可也；如其不然，固将择所宜从。岂可拥甲十万，坐观成败，求援而不能助，见贤而不肯归！此两怨必集于将军，恐不得中立矣。曹操善用兵，且贤俊多归之，其势必举袁绍，然后移兵以向江汉，恐将军不能御也。今之胜计，莫若举荆州以附曹操，操必重德将军，长享福祚，垂之后嗣，此万全之策也。"蒯越亦劝之。表狐疑不断，乃遣嵩诣操，观望虚实。谓嵩曰："今天下未知所定，而曹操拥天子都许，君为我观其衅。"嵩对曰："嵩观曹公之明，必得志于天下。将军若欲归之，使嵩可也；如其犹豫，嵩至京师，天子假嵩一职，不获辞命，则成天子之臣，将军之故吏耳。在君为君，不复为将军死也。惟加重思。"表以为惮使，强之。至许，果拜嵩侍中，零陵太守。及还，盛称朝廷曹操之德，劝遣子入侍。表大怒，以为怀贰，陈兵诘嵩，将斩之。嵩不为动容，徐陈临行之言。表妻蔡氏知嵩贤，谏止之。表犹怒，乃考杀从行者。知无它意，但囚嵩而已。

六年，刘备自袁绍奔荆州，表厚相待结而不能用也。十三年，曹操自将征表，未至。八月，表疽发背卒。在荆州几二十年，家无余积。二子：琦，琮。表初以琦貌类于己，甚爱之，后为琮娶其后妻蔡氏之侄，蔡氏遂爱琮而恶琦，毁誉之言日闻于表。表宠耽后妻，每信受焉。又妻弟蔡瑁及外甥张允并得幸于表，又睦于琮。而琦不自宁，尝与琅邪人诸葛亮谋自安之术。亮初不对。后乃共升高楼，因令去梯，谓亮曰："今日上不至天，下不至地，言出子口而入吾耳，可以言未？"亮曰："君不见申生在内而危，重耳居外而安乎？"琦感意悟，阴规出计。会表将江夏太守黄祖为孙权所杀，琦遂求代其任。及表病甚，琦归省疾，素慈孝，允等恐其见表而父子相感，更有托后之意，乃谓琦曰："将军命君抚临江夏，其任至重。今释众擅来，必见谴怒。伤亲之欢，重增其疾，非孝敬之道也。"遂遏于户外，使不得见。琦流涕而去之，人众闻而伤焉。遂以琮为嗣。琮以侯印授琦。琦怒，投之地，将因奔丧作难。会曹操军至新野，琦走江南。蒯越、韩嵩及东曹掾傅巽等说琮归降。琮曰："今与诸君据全楚之地，守先君之业，以观天下，何为不可？"巽曰："逆顺有大体，强弱有定势。以人臣而拒人主，逆道也；以新造之楚而御中国，必危也；以刘备而敌曹公，不当也。三者皆短，欲以抗王师之锋，必亡之道也。将军自料何与刘备？"琮曰："不若也。"巽曰："诚以刘备不足御曹公，则虽全楚不能以自存也。诚以刘备足御曹公，则备不为将军下也。愿将军勿疑。"及操军到襄阳，琮举州请降，刘备奔夏口。操以琮为青州刺史，封列侯。蒯越等侯者十五人。乃释嵩之囚，以其名重，甚加礼待，使条品州人优劣，皆擢而用之。以嵩为大鸿胪，以交友礼待之。蒯越光禄勋，刘先尚书令。初表之结袁绍也，侍中从事邓义谏不听。义以疾退，终表世不仕，操以为侍中。其余多至大官。操后败于赤壁，刘备表琦为荆州刺史。明年卒。

论曰：袁绍初以豪侠得众，遂怀雄霸之图，天下胜兵举旗者，莫不假以为名。及临场决敌，则悍夫争命；深筹高议，则智士倾心。盛哉乎，其所资也！《韩非》曰："佷刚而不和，愎过而好胜，嫡子轻而庶子重，斯之谓亡征。"刘表道不相越，而欲卧收天运，拟踪三分，其犹木禺之于人也。

赞曰：绍姿弘雅，表亦长者。称雄河外，擅登南夏。鱼俪汉舳，云屯冀马。窥图讯鼎，禋天类社。既云天工，亦资人亮。矜强少成，坐谈奚望。回皇冢嬖，身颓业丧。

卷一百五
刘焉袁术吕布列传第六十五

刘焉传

刘焉字君郎，江夏竟陵人也，鲁恭王后也。肃宗时，徙竟陵。焉少任州郡，以宗室拜郎中。去官居阳城山，精学教授。举贤良方正，稍迁南阳太守、宗正、太常。

时灵帝政化衰缺，四方兵寇，焉以为刺史威轻，既不能禁，且用非其人，辄增暴乱，乃建议改置牧伯，镇安方夏，清选重臣，以居其任。焉乃阴求为交阯，以避时难。议未即行，会益州刺史郗俭在政烦扰，谣言远闻，而并州刺史张懿、凉州刺史耿鄙并为寇贼所害，故焉议得用。出焉为监军使者，领益州牧，太仆黄琬为豫州牧，宗正刘虞为幽州牧，皆以本秩居职。州任之重，自此始。

是时益州贼马相亦自号"黄巾"，合聚疲役之民数千人，先杀绵竹令，进攻雒县，杀郗俭，又击蜀郡、犍为，旬月之间，破坏三郡。马相自称"天子"，众至十余万人，遣兵破巴郡，杀郡守赵部。州从事贾龙，先领兵数百人在犍为，遂纠合吏人攻相，破之，龙乃遣吏卒迎焉。焉到，以龙为校尉，徙居绵竹。抚纳离叛，务行宽惠，而阴图异计。

沛人张鲁，母有恣色，兼挟鬼道，往来焉家，遂任鲁以为督义司马，与别部司马张修将兵掩杀汉中太守苏固，断绝斜谷，杀使者。鲁既得汉中，遂复杀张修而并其众。焉欲立威刑以自尊大，乃托以它事，杀州中豪强十余人，士民皆怨。初平二年，犍为太守任岐及贾龙并反，攻焉。焉击破，皆杀之。自此意气渐盛，遂造作乘舆车重千馀乘。焉四子，范为左中郎将，诞治书御史，璋奉车都尉，并从献帝在长安，唯别部司马瑁随焉在益州。朝廷使瑁晓譬焉，焉留璋不复遣。兴平元年，征西将军马腾与范谋诛李傕，焉遣叟兵五千助之，战败，范及诞并见杀，焉既痛二子，又遇天火烧其城府车重，延及民家，馆邑无余，于是徙居成都，遂疽发背卒。州大吏赵韪等贪璋温仁，立为刺史。诏书因以璋为监军使者，领益州牧，以韪为征东中郎将。先是荆州牧刘表表焉僭拟乘舆器服，韪以此遂屯兵朐䏰备表。

初，南阳、三辅民数万户流入益州，焉悉收以为众，名曰"东州兵"。璋性柔宽无威略，东州人侵暴为民患，不能禁制，旧士颇有离怨。赵韪之在巴中，甚得众心，璋委之以权。韪因人情不辑，乃阴结州中大姓。建安五年，还共击璋，蜀郡、广汉、犍为皆反应。东州人畏见诛灭，乃同心并力，为璋死战，遂破反者，进攻韪于江州，斩之。张鲁以璋暗懦，不复承顺。璋怒，杀鲁母及弟，而遣其将庞羲等攻鲁，数为所破。鲁部曲多在巴土，故以羲为巴郡太守。鲁因袭取之，遂雄于巴汉。

十三年，曹操自将征荆州，璋乃遣使致敬。操加璋振威将军，兄瑁平寇将军。璋因遣别驾从事张松诣操，而操不相接礼。松怀恨而还，劝璋绝曹氏，而结好刘备。璋从之。

十六年，璋闻曹操当遣兵向汉中讨张鲁，内怀恐惧，松复说璋迎刘备以拒操。璋即遣法正将兵迎备。璋主簿巴西黄权谏曰："刘备有枭名，今以部曲遇之，则不满其心，以宾客待之，则一国不容二主，此非自安之道。"从事广汉王累自倒悬于州门以谏。璋一无所纳。备自江陵驰至涪城，璋率步骑数万与备会。张松劝备于会袭璋，备不忍。明年，出电葭萌。松兄广汉太守肃惧祸及己，乃以松谋白璋，收松斩之，敕诸关戍勿复通。备大怒，还兵击璋，所在战克。十九年，进围成都，数十日，城中有精兵三万人，谷支一年，吏民咸欲拒战。璋言："父子在州二十余岁，无恩德以加百姓，而攻战三载，肌膏草野者，以璋故也。何心能安！"遂开城出降，群下莫不流涕。备迁璋于公安，归其财宝，后以病卒。

明年，曹操破张鲁，定汉中。

鲁字公旗。初，祖父陵，顺帝时客于蜀，学道鹄鸣山中，造作符书，以惑百姓。受其道者辄出米五斗，故谓之"米贼"。陵传子衡，衡传于鲁，鲁遂自号"师君"。其来学者，初名为"鬼卒"，后号"祭酒"。祭酒各领部众，众多者名曰"理头"。皆校以诚信，不听欺妄，有病但令首过而已。诸祭酒各起义舍于路，同之亭传，县置米肉以给行旅。食者量腹取足，过多则鬼能病之。犯法者先加三原，然后行刑。不置长吏，以祭酒为理，民夷信向。朝廷不能讨，遂就拜鲁镇夷中郎将，领汉宁太守，通其贡献。韩遂、马超之乱，关西民奔鲁者数万家。时人有地中得玉印者，群下欲尊鲁为汉宁王。鲁功曹阎圃谏曰："汉川之民，户出十万，四面险固，财富土沃，上匡天子，则为桓文，次方窦融，不失富贵。今承制署置，势足斩断，遽称王号，必为祸先。"鲁从之。鲁自在汉川垂三十年，闻曹操征之，至阳平，欲举汉中降。其弟卫不听，率众数万，拒关固守。操破卫，斩之。鲁闻阳平已陷，将稽颡归降。阎圃说曰："今以急往，其功为轻，不如且依巴中，然后委质，功必多也。"于是乃奔南山。左右欲悉焚宝货仓库。鲁曰："本欲归命国家，其意未遂。今日之走，以避锋锐，非有恶意。"遂封藏而去。操入南郑，甚嘉之。又以鲁本有善意，遣人慰安之。鲁即与家属出迎，拜镇南将军，封阆中侯，邑万户，将还中国，待以客礼。封鲁五子及阎圃等皆为列侯。鲁卒，谥曰原侯。子富嗣。

论曰：刘焉睹时方艰，先求后亡之所，庶乎见几而作。夫地广则骄尊之心生，财衍则僭奢之情用，固亦恒人必至之期也。璋能闭隘养力，守案先图，尚可与岁时推移，而遽输利器，静受流斥，所谓羊质虎皮，见豺则恐，吁哉！

袁术传

袁术字公路，汝南汝阳人，司空逢之子也。少以侠气闻，数与诸公子飞鹰走狗，后颇折节。举孝廉，累迁至河南尹、虎贲中郎将。

时董卓将欲废立，以术为后将军。术畏卓之祸，出奔南阳。会长沙太守孙坚杀南阳太守张咨，引兵从术。刘表上术为南阳太守，术又表坚领豫州刺史，使率荆、豫之卒，击破董卓于阳人。术从兄绍因坚讨卓未反，远遣其将会稽周昕夺坚豫州。术怒，击昕走之。绍议欲立刘虞为帝，术好放纵，惮立长君，托以公义不肯同，积此衅隙遂成。乃各外交党援，以相图谋，术结公孙瓒，而绍连刘表。豪桀多附于绍，术怒曰："群竖不从吾，而从吾家奴乎！"又与公孙瓒书，云绍非袁氏子，绍闻大怒。初平三年，术遣孙坚击刘表于襄阳，坚战死。公孙瓒使刘备与术合谋共逼绍，绍与曹操会击，皆破之。四年，术引军入陈留，屯封丘。黑山馀贼及匈奴於扶罗等佐术，与曹操战于匡亭，大败。术退保雍丘，又将其馀众奔九江，杀扬州刺史陈温而自领之，又兼称徐州伯。李傕入长安，欲结术为援，乃授以左将军，假节，封阳翟侯。

初，术在南阳，户口尚数十百万，而不修法度，以钞掠为资，奢恣无厌，百姓患之。又少见谶书，言"代汉者当涂高"，自云名字应之。又以袁氏出陈为舜后，以黄代赤，德运之次，遂有僭逆之谋。又闻孙坚得传国玺，遂拘坚妻夺之。兴平二年冬，天子播越，败于曹阳。术大会群下，因谓曰："今海内鼎沸，刘氏微弱。吾家四世公辅，百姓所归，欲应天顺民，于诸君何如？"众莫敢对。主簿阎象进曰："昔周自后稷至于文王，积德累功，叁分天下，犹服事殷。明公虽奕世克昌，孰若有周之盛？汉室虽微，未至殷纣之敝也。"术嘿然，使召张范。范辞疾，遣弟承往应之。术问曰："昔周室陵迟，则有桓文之霸；秦失其政，汉接而用之。今孤以土地之广，士人之众，欲徼福于齐桓，拟迹于高祖，可乎？"承对曰："在德不在众。苟能用德以同天下之欲，虽云匹夫，霸王可也。若陵僭无度，干时而动，众之所弃，谁能兴之！"术不悦。

自孙坚死，子策复领其部曲，术遣击杨州刺史刘繇，破之，策因据江东。策闻术将欲僭号，与书谏曰："董卓无道，陵虐王室，祸加太后，暴及弘农，天子播越，宫庙焚毁，是以豪桀发愤，沛然俱起。元恶既毙，幼主东顾，乃使王人奉命，宣明朝恩，偃武修文，与之更始。然而河北异谋于黑山，曹操毒被于东徐，刘表僭乱于南荆，公孙叛逆于朔北，正礼阻兵，玄德争盟，是以未获从命，櫜弓戢戈。当谓使君与国同规，而舍是弗恤，完然有自取之志，惧非海内企望之意也。成汤讨桀，称'有夏多罪'；武王伐纣，曰'殷有重罚'。此二王者，虽有圣德，假使时无失道之过，无由逼而取也。今主上非有恶于天下，徒以幼小胁于强臣，异于汤武之时也。又闻幼主明智聪敏，有凤成之德，天下虽未被其恩，咸归心焉。若辅而兴之，则旦、奭之美，率土所望也。使君五世相承，为汉宰辅，荣宠之盛，莫与为比，宜效忠守节，以报王室。时人多惑图纬之言，妄牵非类之文，苟以悦主为美，不顾成败之计，古今所慎，可不勖欤！忠言逆耳，驳议致憎，苟有益于尊明，无所敢辞。"术不纳，策遂绝之。

建安二年，因河内张炯符命，遂果僭号，自称"仲家"。以九江太守为淮南尹，置公卿百官，郊祀天地。乃遣使以窃号告吕布，并为子娉布女。布执术使送许。术大怒，遣其将张勋、桥蕤攻布，大败而还。术又举兵击陈国，诱杀其王宠及相骆俊，曹操乃自征。术闻大骇，即走渡淮，留张勋、桥蕤于蕲阳，以拒操。操击破斩蕤，而勋退走。术兵弱，大将死，众情离叛。加天旱岁荒，士民冻馁，江、淮间相食殆尽。时舒仲应为术沛相，术以米十万斛与为军粮，仲应悉散以给饥民。术闻怒，陈兵将斩之。仲应曰："知当必死，故为之耳。宁可以一人之命，救百姓于涂炭。"术下马牵之曰："仲应，足下独欲享天下重名，不与吾共之邪？"术虽矜名尚奇，而天性骄肆，尊己陵物。及窃伪号，淫侈滋甚，媵御数百，无不兼罗纨，厌粱肉，自下饥困，莫之简恤。于是资实空尽，不能自立。四年夏，乃烧宫室，奔其部曲陈简、

雷薄于灊山。复为简等所拒，遂大困穷，士卒散走。忧懑不知所为，遂归帝号于绍，曰："禄去汉室久矣，天下提挈，政在家门。豪雄角逐，分割疆宇。此与周末七国无异，唯强者兼之耳。袁氏受命当王，符瑞炳然。今君拥有四州，人户百万，以强则莫与争大，以位则无所比高。曹操虽欲扶衰奖微，安能续绝运，起已灭乎！谨归大命，君其兴之。"绍阴然其计。术因欲北至青州从袁谭，曹操使刘备徼之，不得过，复走还寿春。六月，至江亭。坐簀床而叹曰："袁术乃至是乎！"因愤慨结病，欧血死，妻子依故吏庐江太守刘勋。孙策破勋，复见收视，术女入孙权宫，子曜仕吴为郎中。

论曰：天命符验，可得而见，未可得而言也。然大致受大福者，归于信顺乎！夫事不以顺，虽强力广谋，不能得也。谋不可得之事，日失忠信，变诈妄生矣。况复苟肆行之，其以欺天乎！虽假符僭称，归将安所容哉！

吕布传

吕布字奉先，五原九原人也。以弓马骁武给并州。刺史丁原为骑都尉，屯河内，以布为主簿，甚见亲待。灵帝崩，原受何进召，将兵诣洛阳，为执金吾。会进败，董卓诱布杀原而并其兵。卓以布为骑都尉，誓为父子，甚爱信之。稍迁至中郎将，封都亭侯。卓自知凶恣，每怀猜畏，行止常以布自卫。尝小失卓意，卓拔手戟掷之。布拳捷得免，而改容顾谢，卓意亦解。布由是阴怨于卓。卓又使布守中阁，而私与傅婢情通，益不自安。因往见司徒王允，自陈卓几见杀之状。时允与尚书仆射士孙瑞密谋诛卓，因以告布，使为内应。布曰："如父子何？"曰："君自姓吕，本非骨肉。今忧死不暇，何谓父子？掷戟之时，岂有父子情也？"布遂许之，乃于门刺杀卓，事已见《卓传》。允以布为奋威将军，假节，仪同三司，封温侯。允既不赦凉州人，由是卓将李傕等遂相结，还攻长安。布与傕战，败，乃将数百骑，以卓头系马鞍，走出武关，奔南阳。袁术待之甚厚。布自恃杀卓，有德袁氏，遂恣兵钞掠。术患之，布不安，复去从张杨丁河内。时李傕等购募求布急，杨下诸将皆欲图之。布惧，谓杨曰："与卿州里，今见杀，其功未必多。不如生卖布，可大得傕等爵宠。"杨以为然。有顷，布得走投袁绍。绍与布击张燕于常山。燕精兵万馀，骑数千匹。布常御良马，号曰赤兔，能驰城飞堑，与其健将成廉、魏越等数十骑驰突燕阵，一日或至三四，皆斩首而出。连战十馀日，遂破燕军。布既恃其功，更请兵于绍，绍不许，而将士多暴横，绍患之。布不自安，因求还洛阳。绍听之，承制使领司隶校尉，遣壮士送布而阴使杀之。布疑其图已，乃使人鼓筝于帐中，潜自逋出。夜中兵起，而布已亡。绍闻，惧为患，募遣追之，皆莫敢逼，遂归张杨。道经陈留，太守张邈遣使迎之，相待甚

厚,临别把臂言誓。

邈字孟卓,东平人,少以侠闻。初辟公府,稍迁陈留太守。董卓之乱,与曹操共举义兵。及袁绍为盟主,有骄色,邈正义责之。绍既怨邈,且闻与布厚,乃令曹操杀邈。操不听,然邈心不自安。兴平元年,曹操东击陶谦,令其将武阳人陈宫屯东郡。宫因说邈曰:"今天下分崩,雄桀并起。君拥十万之众,当四战之地,抚剑顾眄,亦足以为人豪,而反受制,不以鄙乎!今州军东征,其处空虚,吕布壮士,善战无前,迎之共据兖州,观天下形势,俟时事变通,此亦从横一时也。"邈从之,遂与弟超及宫等迎布为兖州牧,据濮阳,郡县皆应之。曹操闻而引军击布,累战,相持百馀日。是时旱蝗少谷,百姓相食,布移屯山阳。二年间,操复尽收诸城,破布于钜野,布东奔刘备。邈诣袁术求救,留超将家属屯雍丘。操围超数月,屠之,灭其三族。邈未至寿春,为其兵所害。

时刘备领徐州,居下邳,与袁术相拒于淮上。术欲引布击备,乃与布书曰:"术举兵诣阙,未能屠裂董卓。将军诛卓,为术报耻,功一也。昔金元休南至封丘,为曹操所败。将军伐之,令术复明目于遐迩,功二也。术生年以来,不闻天下有刘备,备乃举兵与术对战。凭将军威灵,得以破备,功三也。将军有三大功在术,术虽不敏,奉以死生。将军连年攻战,军粮苦少,今送米二十万斛。非唯止此,当骆驿复致。凡所短长者唯命。"布得书大悦,即勒兵袭下邳,获备妻子。备败走海西,饥困,请降于布。布又患术运粮不复至,乃具车马迎备,以为豫州刺史,遣屯小沛。布自号徐州牧。术惧布为已害,为子求婚,布复许之。

术遣将纪灵等步骑三万以攻备,备求救于布。诸将谓布曰:"将军常欲杀刘备,今可假手于术。"布曰:"不然。术若破备,则北连太山,吾为在术围中,不得不救也。"便率步骑千馀,驰往赴之。灵等闻布至,皆敛兵而止。布屯沛城外,遣人招备,并请灵等与共飨饮。布谓灵曰:"玄德,布弟也,为诸君所困,故来救之。布性不喜合斗,但喜解斗耳。"乃令军候植戟于营门,布弯弓顾曰:"诸君观布射戟小支,中者当各解兵,不中可留决斗。"布即一发,正中戟支。灵等皆惊,言"将军天威也"。明日复欢会,然后各罢。术遣韩胤以僭号事告布,因求迎妇,布遣女随之。沛相陈珪恐术报布成姻,则徐杨合从,为难未已。于是往说布曰:"曹公奉迎天子,辅赞国政,将军宜与协同策谋,共存大计。今与袁术结婚,必受不义之名,将有累卵之危矣。"布亦素怨术,而女已在涂,乃追还绝婚,执胤送许,曹操杀之。

陈珪欲使子登诣曹操,布固不许,会使至,拜布为左将军,布大喜,即听登行,并令奉章谢恩。登见曹操,因陈布勇而无谋,轻于去就,宜早图之。操曰:"布狼子野心,诚难久养,非卿莫究其情伪。"即增珪秩中二千石,拜登广陵太守。临别,操执登手曰:"东方之事,便以相付。"令阴合部众,以为内应。始布因登求徐州牧,不得。登还,布怒,拔戟斫机曰:"卿父劝吾协同曹操,绝婚公路。今吾所求无获,而卿父子并显重,但为卿所卖耳。"登不为动容,徐对之曰:"登见曹公,言养将军譬如养虎,当饱其肉,不饱则将噬人。公曰:'不如卿言。譬如养鹰,饥即为用,饱则飏去。'其言如此。"布意乃解。袁术怒布杀韩胤,遣其大将张勋、桥蕤等与韩暹、杨奉连势,步骑数万,七道攻布。布时兵有三千,马四百匹,惧其不敌,谓陈珪曰:"今致术军,卿之由也,为之奈何?"珪曰:"暹、奉与术,卒合之师耳。谋无素定,不能相维。子登策之,比于连鸡,势不俱栖,立可离也。"布用珪策,与暹、奉书曰:"二将军亲拔大驾,而布手杀董卓,俱立功名,当垂竹帛。今袁术造逆,宜共诛讨,奈何与贼还来伐布?可因今者同力破术,为国除害,建功天下,此时不可失也。"又许破术兵,悉以军资与之。暹、奉大喜,遂共击勋等于下邳,大破之,生禽桥蕤,馀众溃走,其所杀伤、堕水死者殆尽。

时太山臧霸等攻破莒城,许布财币以相结,而未及送,布乃自行求之。其督将高顺谏止曰:"将军威名宣播,远近所畏,何求不得,而自行求赂。万一不克,岂不损邪?"布不从。既至莒,霸等不测往意,固守拒之,无获而还。顺为人清白有威严,少言辞,将众整齐,每战必克,布性决易,所为无常。顺每谏曰:"将军举动,不肯详思,忽有失得,动辄言误。误事岂可数乎?"布知其忠而不能从。

建安三年,布遂复从袁术,遣顺攻刘备于沛,破之。曹操遣夏侯惇救备,为顺所败。操乃自将击布,至下邳城下。遗布书,为陈祸福。布欲降,而陈宫等自以负罪于操,深沮其计,而谓布曰:"曹公远来,势不能久。将军若以步骑出屯于外,宫将馀众闭守于内。若向将军,宫引兵而攻其背;若但攻城,则将军救于外。不过旬月,军食毕尽,击之可破也。"布然之。布妻曰:"昔曹氏待公台如赤子,犹舍而归我。今将军厚公台不过于曹氏,而欲委全城,捐妻子,孤军远出乎?若一旦有变,妾岂得为将军妻哉!"布乃止。而潜遣人求救于袁术,自将千馀骑出。战败走还,保城不敢出。术亦不能救。曹操堑围之,壅沂、泗以灌其城,三月,上下离心。其将侯成使客牧其名马,而客策之以叛。成追客得马,诸将合礼以贺成。成分酒肉,先入诣布而言曰:"蒙将军威灵,得所亡马,诸将齐贺,未敢尝也,故先以奉贡。"布怒曰:"布禁酒而卿等酝酿,为欲因酒谋布邪?"成忿惧,乃与诸将共执陈宫、高顺,率其众降。布与麾下登白门楼。兵围之急,令左右取其首诣操。左右不忍,乃下降。布见操曰:"今日已往,天下定矣。"操曰:"何以言之?"布曰:"明公之所患不过于布,今已服矣。令布将骑,明公将步,天下不足定也。"顾谓刘备曰:"玄德,卿为坐上客,我为降虏,绳缚我急,独不可一言邪?"操笑曰:"缚虎不得不急。"乃命缓布缚。刘备曰:"不可。明公不见吕布事丁建阳、董太师乎？"操领之。布目备曰："大耳儿最叵信！"操谓陈宫曰："公台平生自谓智有馀，今意何如？"宫指布曰："是子不用宫言，以至于此。若见从，未可量也。"操又曰："奈卿老母何？"宫曰："老母在公，不在宫也。夫以孝理天下者，不害人之亲。"操复曰："奈卿妻子何？"宫曰："宫闻霸王之主，不绝人之祀。"固请就刑，遂出不顾，操为之泣涕。布及宫、顺皆缢杀之，传首许市。

赞曰：焉作庸牧，以希后福。曷云负荷？地堕身逐。术既叨贪，布亦翻覆。

卷一百六　　循吏列传第六十六

初，光武长于民间，颇达情伪，见稼穑艰难，百姓病害，至天下已定，务用安静，解王莽之繁密，还汉世之轻法。身衣大练，色无重彩，耳不听郑卫之音，手不持珠玉之玩，宫房无私爱，左右无偏恩。建武十三年，异国有献名马者，日行千里，又进宝剑，贾兼百金，诏以马驾鼓车，剑赐骑士。损上林池籞之官，废骋望弋猎之事。其以手迹赐方国者，皆一札十行，细书成文。勤约之风，行于上下。数引公卿郎将，列于禁坐。广求民瘼，观纳风谣。故能内外匪懈，百姓宽息。自临宰邦邑者，竞能其官。若杜诗守南阳，号为"杜母"，任延、锡光移变边俗，斯其绩用之最章章者也。又第五伦、宋均之徒，亦足有可称谈。然建武、永平之间，吏事刻深，亟以谣言单辞，转易守长。故朱浮数上谏书，笺切峻政，钟离意等亦规讽殷勤，以长者为言，而不能得也。所以中兴之美，盖未尽焉。自章、和以后，其有善绩者，往往不绝。如鲁恭、吴祐、刘宽及颍川四长，并以仁信笃诚，使人不欺；王堂、陈宠委任贤良，而职事自理：斯皆可以感物而行化也。边凤、延笃先后为京兆尹，时人以辈前世赵、张。又王涣、任峻之为洛阳令，明发奸伏，吏端禁止，然导德齐礼，有所未充，亦一时之良能也。今缀集殊闻显迹，以为《循吏篇》云。

卫飒传

卫飒字子产，河内修武人也。家贫好学问，随师无粮，常佣以自给。王莽时，仕郡历州宰。

建武二年，辟大司徒邓禹府。举能案剧，除侍御史、襄城令。政有名迹，迁桂阳太守。郡与交州接境，颇染其俗，不知礼则。飒下车，修庠序之教，设婚姻之礼。期年间，邦俗从化。先是含洭、浈阳、曲江三县，越之故地，武帝平之，内属桂阳。民居深山，滨溪谷，习其风土，不出田租。去郡远者，或且千里。吏事往来，辄发民乘船，名曰"传役"。每一吏出，徭及数家，百姓苦之。飒乃凿山通道五百馀里，列亭传，置邮驿。于是役省劳息，奸吏杜绝。流民稍还，渐成聚邑，使输租赋，同之平民。又耒阳县出铁石，佗郡民庶常依因聚会，私为冶铸，遂招来亡命，多致奸盗。飒乃上起铁官，罢斥私铸，岁所增入五百馀万。飒理恤民事，居官如家，其所施政，莫不合于物宜。视事十年，郡内清理。

二十五年，征还。光武欲以为少府，会飒被疾，不能拜起，敕以桂阳太守归家，须后诏书。居二岁，载病诣阙，自陈困笃，乃收印绶，赐钱十万，后卒于家。南阳茨充代飒为桂阳。亦善其政，教民种殖桑柘麻紵之属，劝令养蚕织履，民得利益焉。

任延传

任延字长孙，南阳宛人也。年十二，为诸生，学于长安，明《诗》、《易》、《春秋》，显名太学，学中号为"任圣童"。值仓卒，避兵之陇西。时隗嚣已据四郡，遣使请延，延不应。

更始元年，以延为大司马属，拜会稽都尉。时年十九，迎官惊其壮。及到，静泊无为，唯先遣馈礼祠延陵季子。时天下新定，道路未通，避乱江南者皆未还中土，会稽颇称多士。延到，皆聘请高行如董子仪、严子陵等，敬待以师友之礼。掾吏贫者，辄分奉禄以赈给之。省诸卒，令耕公田，以周穷急。每时行县，辄使慰勉孝子，就餐饭之。吴有龙丘苌者，隐居太末，志不降辱。王莽时，四辅三公连辟，不到。掾史白请召之。延曰："龙丘先生躬德履义，有原宪、伯夷之节。都尉埽洒其门，犹惧辱焉，召之不可。"遣功曹奉谒，修书记，致医药，吏使相望于道。积一岁，苌乃乘辇诣府门，愿得先死备录。延辞让再三，遂署议曹祭酒。苌寻病卒，延自临殡，不朝三日。是以郡中贤士大夫争往宦焉。

建武初，延上书愿乞骸骨，归拜王庭。诏征为九真太守。光武引见，赐马杂缯，令妻子留洛阳。九真俗以射猎为业，不知牛耕，民常告籴交阯，每致困乏。延乃令铸作田器，教之垦辟。田畴岁岁开广，百姓充给。又骆越之民无嫁娶礼法，各因淫好，无适对匹，不识父子之性，夫妇之道。延乃移书属县，各使男年二十至五十，女年十五至四十，皆以年齿相配。其贫无礼娉，令长吏以下各省奉禄以赈助之。同时相娶者二千余人。是岁风雨顺节，谷稼丰衍。其产子者，始知种姓。咸曰："使我有是子者，任君也。"多名子为"任"。于是徼外蛮夷夜郎等慕义保塞，延遂止罢侦候戍卒。

初，平帝时，汉中锡光为交阯太守，教导民夷，渐以礼义，化声侔于延。王莽末，闭境拒守。建武初，遣使贡献，封盐水侯。领南华风，始于二守焉。

延视事四年，征诣洛阳，以病稽留，左转睢阳令，九真吏人生为立祠。拜武威太守,帝亲见,戒之曰:"善事上官,无失名誉。"延对曰:"臣闻忠臣不私,私臣不忠。履正奉公,臣子之节。上下雷同,非陛下之福。善事上官,臣不敢奉诏。"帝叹息曰:"卿言是也。"既之武威,时将兵长史田绀,郡之大姓,其子弟宾客为人暴害。延收绀系之,父子宾客伏法者五六人。绀少子尚乃聚会轻薄数百人,自号将军,夜来攻郡。延即发兵破之。自是威行境内,吏民累息。郡北当匈奴,南接种羌,民畏寇抄,多废田业。延到,选集武略之士千人,明其赏罚,令将杂种胡骑休屠黄石屯据要害,其有警急,迎击追讨。房恒多残伤,遂绝不敢出。河西旧少雨泽,乃为置水官吏,修理沟渠,皆蒙其利。又造立校官,自掾史子孙,皆令诣学受业,复其繇役。章句既通,悉显拔荣进。郡遂有儒雅之士。后坐擅诛羌不先上,左转召陵令。显宗即位,拜颍川太守。永平二年,征会辟雍,因以为河内太守。视事九年,病卒。少子恺,官至太常。

王景传

王景字仲通,乐浪讲邯人也。八世祖仲,本琅邪不其人。好道术,明天文。诸吕作乱,齐哀王襄谋发兵,而数问于仲。及济北王兴居反,欲委兵师仲,仲惧祸及,乃浮海东奔乐浪山中,因而家焉。父闳,为郡三老。更始败,土人王调杀郡守刘宪,自称大将军、乐浪太守。建武六年,光武遣太守王遵将兵击之。至辽东,闳与郡决曹史杨邑等共杀调迎遵,皆封为列侯,闳独让爵。帝奇而征之,道病卒。景少学《易》,遂广窥众书,又好天文术数之事,沈深多伎艺,辟司空伏恭府。时有荐景能理水者,显宗诏与将作谒者王吴共修作浚仪渠。吴用景垺流法,水乃不复为害。

初,平帝时,河、汴决坏,未及得修。建武十年,阳武令张汜上言:"河决积久,日月侵毁,济渠所漂数十许县。修理之费,其功不难。宜改修堤防,以安百姓。"书奏,光武即为发卒。方营河功,而浚仪令乐俊复上言:"昔元光之间,人庶炽盛,缘堤垦殖,而瓠子河决,尚二十余年,不即拥塞。今居家稀少,田地饶广,虽未修理,其患犹可。且新被兵革,方兴役力,劳怨既多,民不堪命。宜须平静,更议其事。"光武得此遂止。后汴渠东侵,日月弥广,而水门故处,皆在河中,兖、豫百姓怨叹,以为县官恒兴佗役,不先民急。永平十二年,议修汴渠,乃引见景,问以理水形便。景陈其利害,应对敏给,帝善之。又以尝修浚仪,功业有成,乃赐景《山海经》、《河渠书》、《禹贡图》,及钱帛衣物。夏,遂发卒数十万,遣景与王吴修渠筑堤,自荥阳东至千乘海口千余里。景乃商度地势,凿山阜,破砥绩,直截沟涧,防遏冲要,疏决壅积,十里立一水门,令更相洄注,无复溃漏之患。景虽简省役费,然犹以百亿计。明年夏,渠成。帝亲自巡行,诏滨河郡国置河堤员吏,如西京旧制。景由是知

名。王吴及诸从事掾史皆增秩一等。景三迁为侍御史。十五年,从驾东巡狩,至无盐,帝美其功绩,拜河堤谒者,赐车马缣钱。

建初七年,迁徐州刺史。先是杜陵杜笃奏上《论迁都赋》,欲令车驾迁还长安。耆老闻者,皆怀怀土之心,莫不眷然仁立西望。景以宫庙已立,恐人情疑惑,会时有神雀诸瑞,乃作《金人论》,颂洛邑之美,天人之符,文有可采。

明年,迁庐江太守。先是百姓不知牛耕,致地力有余而食常不足。郡界有楚相孙叔敖所起苟陂稻田。景乃驱率吏民,修起芜废,教用犁耕,由是垦辟倍多,境内丰给。遂铭石刻誓,令民知常禁。又训令蚕织,为作法制,皆著于乡亭,庐江传其文辞。卒于官。

初,景以为《六经》所载,皆有卜筮,作事举止,质于蓍龟,而众书错糅,吉凶相反,乃参纪众家数术文书,冢宅禁忌,堪舆日相之属,适于事用者,集为《大衍玄基》云。

秦彭传

秦彭字伯平,扶风茂陵人也。自汉兴之后,世位相承。六世祖袭,为颍川太守,与群从同时为二千石者五人,故三辅号曰"万石秦氏"。彭同产女弟,显宗时入掖庭为贵人,有宠。永平七年,以彭贵人兄,随四姓小侯擢为开阳城门候。十五年,拜骑都尉,副驸马都尉耿秉北征匈奴。

建初元年,迁山阳太守。以礼训人,不任刑罚,崇好儒雅,敦明庠序。每春秋飨射,辄修升降揖让之仪。乃为人设四诫,以定六亲长幼之礼。有遵奉教化者,擢为乡三老,常以八月致酒肉以劝勉之。吏有过咎,罢遣而已,不加耻辱。百姓怀爱,莫有欺犯。兴起稻田数千顷,每于农月,亲度顷亩,分别肥塉,差为三品,各立文簿,藏之乡县。于是奸吏跼蹐,无所容诈。彭乃上言,宜令天下齐同其制。诏书以其所立条式,班令三府,并下州郡。在职六年,转颍川太守,仍有凤皇、麒麟、嘉禾、甘露之瑞,集其郡境。肃宗巡行,再幸颍川,辄赏赐钱谷,恩宠甚异。章和二年卒。彭弟悺、褒,并为射声校尉。

王涣传

王涣字稚子,广汉郪人也。父顺,安定太守。涣少好侠,尚气力,数通剽轻少年。晚而改节,敦儒学,习《尚书》,读律令,略举大义。为太守陈宠功曹,当职割断,不避豪右。宠风声大行,入为大司农。和帝问曰:"在郡何以为理?"宠顿首谢曰:"臣任功曹王涣以简贤选能,主簿镡显拾遗补阙,臣奉宣诏书而已。"帝大悦,涣由此显名。州举茂才,除温令。县多奸猾,积为人患。涣以方略讨击,悉诛之。境内清夷,商人露宿于道。其有放牛者,辄云以属稚

子,终无侵犯。在温三年,迁兖州刺史,绳正部郡,风威大行。后坐考妖言不实论。岁余,征拜侍御史。

永元十五年,从驾南巡,还为洛阳令。以平正居身,得宽猛之宜。其冤嫌久讼,历政所不断,法理所难平者,莫不曲尽情伪,压塞群疑。又能以谲数发擿奸伏。京师称叹,以为涣有神算。元兴元年,病卒。百姓市道莫不咨嗟。男女老壮皆相与赋敛,致奠醊以千数。涣丧西归,道经弘农,民庶皆设槃桉于路。吏问其故,咸言平常持米到洛,为卒司所钞,恒亡其半。自王君在事,不见侵枉,故来报恩。其政化怀物如此。民思其德,为立祠安阳亭西,每食辄弦歌而荐之。

永初二年,邓太后诏曰:"夫忠良之吏,国家所以为理也。求之甚勤,得之至寡。故孔子曰:'才难不其然乎!'昔大司农朱邑、右扶风尹翁归,政迹茂异,令名显闻,孝宣皇帝嘉叹愍惜,而以黄金百斤策赐其子。故洛阳令王涣,秉清修之节,蹈羔羊之义,尽心奉公,务在惠民,功业未遂,不幸早世,百姓追思,为之立祠。自非忠爱之至,孰能若斯者乎!今以涣子石为郎中,以劝劳勤。"延熹中,桓帝事黄老道,悉毁诸房祀,唯特诏密县存故太傅卓茂庙,洛阳留王涣祠焉。镡显后亦知名,安帝时为豫州刺史。时天下饥荒,竟为盗贼,州界收捕且万余人。显愍其困穷,自陷刑辟,辄擅赦之,因自劾奏。有诏勿理。后位至长乐卫尉。自涣卒后,连诏三公特选洛阳令,皆不称职。永和中,以剧令勃海任峻补之。峻擢用文武吏,皆尽其能,纠剔奸盗,不得旋踵,一岁断狱,不过数十。威风猛于涣,而文理不及之。峻字叔高,终于太山太守。

许荆传

许荆字少张,会稽阳羡人也。祖父武,太守第五伦举为孝廉。武以二弟晏、普未显,欲令成名,乃请之曰:"礼有分异之义,家有别居之道。"于是共割财产以为三分,武自取肥田广宅奴婢强者,二弟所得并悉劣之。乡人皆称弟兑让而鄙武贪婪,晏等以此并得选举。武乃会宗亲,泣曰:"吾为兄不肖,盗声窃位,二弟年长,未豫荣禄,所以求得分财,自取大讥。今理产所增,三倍于前,悉以推二弟,一无所留。"于是郡中翕然,远近称之。位至长乐少府。荆少为郡吏,兄子世尝报仇杀人,怨者操兵攻之。荆闻,乃出门逆怨者,跪而言曰:"世前无状相犯,咎皆在荆不能训导。兄既早没,一子为嗣,如令死者伤其灭绝,愿杀身代之。"怨家扶荆起,曰:"许掾郡中称贤,吾何敢相侵?"因遂委去,荆名誉益著。太守黄兢举孝廉。和帝时,稍迁桂阳太守。郡滨南州,风俗脆薄,不识学义,荆为设丧纪婚姻制度,使知礼禁。尝行春到耒阳县,人有蒋均者,兄弟争财,互相言讼。荆对之叹曰:"吾荷国重任,而教化不行,咎在

太守。"乃顾使吏上书陈状,乞诣廷尉。均兄弟感悔,各求受罪。在事十二年,父老称歌。以病自上,征拜谏议大夫,卒于官。桂阳人为立庙树碑。

荆孙馘,灵帝时为太尉。

孟尝传

孟尝字伯周,会稽上虞人也。其先三世为郡吏,并伏节死难。尝少修操行,仕郡为户曹史。上虞有寡妇至孝养姑。姑年老寿终,夫女弟先怀嫌忌,乃诬妇厌苦供养,加鸩其母,列讼县庭。郡不加寻察,遂结竟其罪。尝先知枉状,备言之于太守,太守不为理。尝哀泣外门,因谢病去,妇竟冤死。自是郡中连旱二年,祷请无所获。后太守殷丹到官,访问其故,尝诣府具陈寡妇冤诬之事。因曰:"昔东海孝妇,感天致旱,于公一言,甘泽时降。宜戮讼者,以谢冤魂,庶幽枉获申,时雨可期。"丹从之,即刑讼女而祭妇墓,天应澍雨,谷稼以登。尝后策孝廉,举茂才,拜徐令。州郡表其能,迁合浦太守。郡不产谷实,而海出珠宝,与交阯比境,常通商贩,贸籴粮食。先时宰守并多贪秽,诡人采求,不知纪极,珠遂渐徙于交阯郡界。于是行旅不至,人物无资,贫者饿死于道。尝到官,革易前敝,求民病利。曾未逾岁,去珠复还,百姓皆反其业,商货流通,称为神明。以病自上,被征当还,吏民攀车请之。尝既不得进,乃载乡民船夜遁去。隐处穷泽,身自耕佣。邻县士民慕其德,就居止者百余家。桓帝时,尚书同郡杨乔上书荐尝曰:"臣前后七表言故合浦太守孟尝,而身轻言微,终不蒙察。区区破心,徒然而已。尝安仁弘义,耽乐道德。清行出俗,能干绝群。前更守宰,移风改政,去珠复还,饥民蒙活。且南海多珍,财产易积,掌握之内,价盈兼金,而尝单身谢病,躬耕垄次,匿景藏采,不扬华藻。实羽翮之美用,非徒腹背之毛也。而沈沦草莽,好爵莫及,廊庙之宝,弃于沟渠。且年岁有讫,桑榆行尽,而忠贞之节,永谢圣时。臣诚伤心,私用流涕。夫物以远至为珍,士以稀见为贵。槃木朽株,为万乘用者,左右为之容耳。王者取士,宜拔众之所贵,臣以斗筲之姿,趋走日月之侧。思立微节,不敢苟私乡曲。窃感禽息,亡身进贤。"尝竟不见用。年七十,卒于家。

第五访传

第五访字仲谋,京兆长陵人,司空伦之族孙也。少孤贫,常佣耕以养兄嫂。有闲暇,则以学文。仕郡为功曹,察孝廉,补新都令。政平化行,三年之间,邻县归之,户口十倍。迁张掖太守。岁饥,粟石数千,访乃开仓赈给以救其敝。吏惧谴,争欲上言。访曰:"若上须报,是弃民也。太守乐以一身救百姓!"遂出谷赋人,顺帝玺书嘉之。由是一郡

得全。岁余，官民并丰，界无奸盗。迁南阳太守，去官。拜护羌校尉，边境服其威信。卒于官。

刘矩传

刘矩字叔方，沛国萧人也。叔父光，顺帝时为司徒。矩少有高节，以父叔辽未得仕进，遂绝州郡之命。太尉朱宠、太傅桓焉嘉其志义，故叔辽以此为诸公所辟，拜议郎，矩乃举孝廉。稍迁雍丘令，以礼让化之，其无孝义者，皆感悟自革。民有争讼，矩常引之于前，提耳训告，以为忿恚可忍，县官不可入，使归更寻思。讼者感之，辄各罢去。其有路得遗者，皆推寻其主。在县四年，以母忧去官。后太尉胡广举矩贤良方正，四迁为尚书令。矩性亮直，不能谐附贵势，以是失大将军梁冀意，出为常山相，以疾去官。时冀妻兄孙祉为沛相，矩惧为所害，不敢还乡里，乃投彭城友人家。岁余，冀意少悟，乃止。补从事中郎，复为尚书令，迁宗正、太常。

延熹四年，代黄琼为太尉。琼复为司空，矩与琼及司徒种暠同心辅政，号为贤相。时连有灾异，司隶校尉以劾三公。尚书朱穆上疏，称矩等良辅，及言殷汤、高宗不罪臣下之义。帝不省，竟以蛮夷反叛免。后复拜太中大夫。灵帝初，代周景为太尉。矩再为上公，所辟召皆名儒宿德。不与州郡交通。顺辞默谏，多见省用。复以日食免。因乞骸骨，卒于家。

刘宠传

刘宠字祖荣，东莱牟平人，齐悼惠王之后也。悼惠王子孝王将闾，将闾少子封牟平侯，子孙家焉。父丕，博学，号为通儒。宠少受父业，以明经举孝廉，除东平陵令，以仁惠为吏民所爱。母疾，弃官去。百姓将送塞道，车不得进，乃轻服遁归。后四迁为豫章太守，又三迁拜会稽太守。山民愿朴，乃有白首不入市井者，颇为官吏所扰。宠简除烦苛，禁察非法，郡中大化。征为将作大匠。山阴县有五六老叟，尨眉皓发，自若邪山谷间出，人赍百钱以送宠。宠劳之曰："父老何自苦？"对曰："山谷鄙生，未尝识郡朝。它守时吏发求民间，至夜不绝，或狗吠竟夕，民不得安。自明府下车以来，狗不夜吠，民不见吏。年老遭值圣明，今闻当见弃去，故自扶奉送。"宠曰："吾政何能及公言邪？勤苦父老！"为人选一大钱受之。转为宗正、大鸿胪。延熹四年，代黄琼为司空，以阴雾愆阳免。顷之，拜将作大匠，复为宗正。建宁元年，代王畅为司空，频迁司徒、太尉。二年，以日食策免，归乡里。宠前后历宰二郡，累登相位，而清约省素，家无货积。尝出京师，欲息亭舍，亭吏止之，曰："整顿洒埽，以待刘公，不可得止。"宠无言而去，时人称其长者。以老病卒于家。

弟方，官至山阳太守。方有二子：岱字公山，繇字正礼。兄弟齐名称。董卓入洛阳，岱从侍中出为兖州刺史。虚己爱物，为士人所附。初平三年，青州黄巾贼入兖州，杀任城相郑遂，转入东平。岱击之，战死。兴平中，繇为扬州牧、振威将军。时袁术据淮南，繇乃移居曲阿。值中国丧乱，士友多南奔，繇携接收养，与同优剧，甚得名称。袁术遣孙策攻破繇，因奔豫章，病卒。

仇览传

仇览字季智，一名香，陈留考城人也。少为书生淳默，乡里无知者。年四十，县召补吏，选为蒲亭长。劝人生业，为制科令，至于果菜为限，鸡豕有数，农事既毕，乃令子弟群居，还就黉学。其剽轻游恣者，皆役以田桑，严设科罚。躬助丧事，赈恤穷寡。期年称大化。览初到亭，人有陈元者，独与母居，而母诣览告元不孝。览惊曰："吾近日过舍，庐落整顿，耕耘以时。此非恶人，当是教化未及至耳。母守寡养孤，苦身投老，奈何肆忿于一朝，欲致子以不义乎？"母闻感悔，涕泣而去。览乃亲到元家，与其母子饮，因为陈人伦孝行，譬以祸福之言。元卒成孝子。乡邑为之谚曰："父母何在在我庭，化我鸱枭哺所生。"

时考城令河内王涣，政尚严猛，闻览以德化人，署为主簿。谓览曰："主簿闻陈元之过，不罪而化之，得无少鹰鹯之志邪？"览曰："以为鹰鹯，不若鸾凤。"涣谢遣曰："枳棘非鸾凤所栖，百里岂大贤之路？今日太学曳长裾，飞名誉，皆主簿后耳。以一月奉为资，勉卒景行。"览入太学。时诸生同郡符融有高名，与览比宇，宾客盈室。览常自守，不与融言。融观其容止，心独奇之，乃谓曰："与先生同郡壤，邻房牖。今京师英雄四集，志士交结之秋，虽务经学，守之何固？"览乃正色曰："天子修设太学，岂但使人游谈其中！"高揖而去，不复与言。后融以告郭林宗，林宗因与融贽刺就房谒之，遂请留宿。林宗嗟叹，下床为拜。览学毕归乡里，州郡并请，皆以疾辞。虽在宴居，必以礼自整。妻子有过，辄免冠自责。妻子庭谢，候览冠，乃敢升堂。家人莫见喜怒声色之异。后征方正，遇疾而卒。

三子皆有文史才。少子玄，最知名。

童恢传

童恢字汉宗，琅邪姑幕人也。父仲玉，遭世凶荒，倾家赈恤，九族乡里赖全者以百数。仲玉早卒。恢少仕州郡为吏，司徒杨赐闻其执法廉平，乃辟之。及赐被劾当免，掾属悉刺疾去，恢独诣阙争之。及得理，掾属悉归府，恢杖策而逝。由是论者归美。复辟公府，除不其令，吏人有犯违禁法,辄随方晓示。若吏称其职,人行善事者,皆赐以酒肴之礼,以劝励之。耕织种收,皆有条章。一境清静,牢狱连年无囚。比县流人归化,徙居二万余户。民尝为虎所害,乃设槛捕之,生获二虎。恢闻而出,咒虎曰:"天生万物,唯人为贵。虎狼当食六畜,而残暴于人。王法杀人者死,伤人则论法。汝若是杀人者,当垂头服罪;自知非者,当号呼称冤。"一虎低头闭目,状如震惧,即时杀之。其一视恢鸣吼,踊跃自奋,遂令放释。吏人为之歌颂。青州举尤异,迁丹阳太守,暴疾而卒。

弟翊字汉文,名高于恢,宰府先辟之。翊阳喑不肯仕,及恢被命,乃就孝廉,除须昌长。化有异政,吏人生为立碑。闻举将丧,弃官归。后举茂才,不就。卒于家。

赞曰:政畏张急,理善亨鲜。推忠以及,众瘼自蠲。一夫得情,千室鸣弦。怀我风爱,永载遗贤。

卷一百七　　酷吏列传第六十七

汉承战国余烈,多豪猾之民。其并兼者则陵横邦邑,桀健者则雄张闾里。且宰守旷远,户口殷大。故临民之职,专事威断,族灭奸轨,先行后闻。肆情刚烈,成其不桡之威。违众用己,表其难测之智。至于重文横入,为穷怒之所迁及者,亦何可胜言。故乃积骸满阱,漂血十里。致温舒有虎冠之吏,延年受屠伯之名,岂虚也哉!若其揣挫强势,摧勒公卿,碎裂头脑而不顾,亦为壮也。自中兴以后,科网稍密,吏人之严害者,方于前世省矣。而阉人亲娅,侵虐天下。至使杨球磔王甫之尸,张俭剖曹节之墓。若此之类,虽厌快众愤,亦云酷矣!俭知名,故附《党人篇》。

董宣传

董宣字少平,陈留圉人也。初为司徒侯霸所辟,举高第,累迁北海相,到官,以大姓公孙丹为五官掾。丹新造居宅,而卜工以为当有死者,丹乃令其子杀道行人,置尸舍内,以塞其咎。宣知,即收丹父子杀之。丹宗族亲党三十余人,操兵诣府,称冤叫号。宣以丹前附王莽,虑交通海贼,乃悉收系剧狱,使门下书佐水丘岑尽杀之。青州以其多滥,奏宣考岑,宣坐征诣廷尉。在狱,晨夜讽诵,无忧色。及当出刑,官属具馔送之,宣乃厉色曰:"董宣生平未曾食人之食,况死乎!"升车而去。时同刑九人,次应及宣,光武驰使驺骑特原宣刑,且令还狱。遣使者诘宣多杀无辜,宣具以状对,言水丘岑受臣旨意,罪不由之,愿杀臣活岑。使者以闻,有诏左转宣怀令,令青州勿案岑罪。岑官至司隶校尉。

后江夏有剧贼夏喜等寇乱郡境,以宣为江夏太守。到界,移书曰:"朝廷以太守能禽奸贼,故辱斯任。今勒兵界首,檄到,幸思自安之宜。"喜等闻,惧,即时降散。外戚阴氏为郡都尉,宣轻慢之,坐免。

后特征为洛阳令,时湖阳公主苍头白日杀人,因匿主家,吏不能得。及主出行,而以奴参乘,宣于夏门亭候之,乃驻车叩马,以刀画地,大言数主之失,叱奴下车,因格杀之。主即还宫诉帝,帝大怒,召宣,欲箠杀之。宣叩头曰:"愿乞一言而死"。帝曰:"欲何言?"宣曰:"陛下圣德中兴,而纵奴杀良人,将何以理天下乎?臣不须箠,请得自杀。"即以头击楹,流血被面。帝令小黄门持之,使宣叩头谢主,宣不从,强使顿之,宣两手据地,终不肯俯。主曰:"文叔为白衣时,臧亡匿死,吏不敢至门。今为天子,威不能行一令乎?"帝笑曰:"天子不与白衣同。"因敕强项令出。赐钱三十万,宣悉以班诸吏。由是搏击豪强,莫不震慄。京师号为"卧虎"。歌之曰:"枹鼓不鸣董少平。"

在县五年。年七十四,卒于官。诏遣使者临视,唯见布被覆尸,妻子对哭,有大麦数斛、敝车一乘。帝伤之,曰:"董宣廉絜,死乃知之!"以宣尝为二千石,赐艾绶,葬以大夫礼。拜子并为郎中,后官至齐相。

樊晔传

樊晔字仲华,南阳新野人也。与光武少游旧。建武初,征为侍御史,迁河东都尉,引见云台。初,光武微时,尝以事拘于新野,晔为市吏,馈饵一笥,帝德之不忘,仍赐晔御食,及乘舆服物。因戏之曰:"一笥饵得都尉,何如?"晔顿首辞谢。及至郡,诛讨大姓马适匡等。盗贼清,吏人畏之。数年,迁杨州牧,教民耕田种树理家之术。视事十余年,坐法左转轵长。隗嚣灭后,陇右不安,乃拜晔为天水太守。政严猛,好申韩法,善恶立断。人有犯其禁者,率不生出狱,吏人及羌胡畏之。道不拾遗。行旅至夜,聚衣装道傍,曰"以付樊公"。凉州为之歌曰:"游子常苦贫,力子天所富。宁见乳虎穴,不入冀府寺。大笑期必死,忿怒或见置。嗟我樊府君,安可再遭值。"视事十四年,卒官。

永平中,显宗追思晔在天水时政能,以为后人莫之及,诏赐家钱百万。子融,有俊才,好黄老,不肯为吏。

李章传

李章字第公,河内怀人也。五世二千石。章习《严氏春秋》,经明教授,历州郡吏。光武为大司马,平定河北,召章置东曹属,数从征伐。

光武即位,拜阳平令。时赵、魏豪右往往屯聚,清河大姓赵纲遂于县界起坞壁,缮甲兵,为在所害。章到,乃设飨会,而延谒纲。纲带文剑,被羽衣,从士百徐人来到。章与对宴饮,有顷,手剑斩纲,伏兵亦悉杀其从者,因驰诣坞壁,掩击破之,吏人遂安。迁乘太守,坐诛斩盗贼过滥,征下狱免。岁中拜侍御史,出为琅邪太守。时北海安丘大姓夏长思等反,遂囚太守处兴,而据营陵城。章闻,即发兵千人,驰往击之。掾史止章曰:"二千石行不得出界,兵不得擅发。"章按剑怒曰:"逆虏无状,囚劫郡守,此何可忍!若坐讨贼而死,吾不恨也。"遂引兵安丘城下,募勇敢烧城门,与长思战,斩之,获三百徐级,得牛马五百徐头而还。兴归郡,以状上帝,悉以所得班劳吏士。后坐度人田不实征,以章有功,但司寇论。月徐免刑归。复征,会病卒。

周纡传

周纡字文通,下邳徐人也。为人刻削少恩,好韩非之术。少为廷尉史。永平中,补南行唐长。到官,晓吏人曰:"朝廷不以长不肖,使牧黎民,而性仇猾吏,志除豪贼,且勿相试!"遂杀县中尤无状者数十人,吏人大震。迁博平令。收考奸臧,无出狱者。以威名迁齐相,亦颇严酷,专任刑法,而善为辞案条教,为州内所则。后坐杀无辜,复左转博平令。

建初中,为勃海太守。每赦令到郡,辄隐闭不出,先遣使属县尽决刑罪,乃出诏书。坐征诣廷尉,免归。纡廉洁无资,常筑堲以自给。肃宗闻而怜之,复以为郎,再迁召陵侯相。廷掾惮纡严明,欲损其威,乃晨取死人断手足,立寺门,纡闻,便往至死人边,若与死人共语状。阴察视口眼有稻芒,乃密问守门人曰:"悉谁载藁入城者?"门者对:"唯有廷掾耳。"又问铃下:"外颇有疑令与死人语者不?"对曰:"廷掾疑君。"乃收廷掾考问,具服"不杀人,取道边死人"。后人莫敢欺者。征拜洛阳令。下车,先问大姓主名,吏数闾里豪强以对。纡厉声怒曰:"本问贵戚若马、窦等辈,岂能知此卖菜佣乎?"于是部吏望风旨,争以激切为事。贵戚跼蹐,京师肃清。皇后弟黄门郎窦笃从宫中归,夜至止奸亭,亭长霍延遮止笃,笃苍头与争,延遂拔剑拟笃,而肆詈恣口。笃以表闻,诏召司隶校尉、河南尹诣尚书谴问,遣剑戟士收纡送廷尉诏狱。数日贳出。帝知纡奉法疾奸,不事贵戚,然奇惨失中,数为有司所奏。八年,遂免官。后为御史中丞。和帝即位,太傅邓彪奏纡在任过酷,不宜典司京辇。免归田里。后窦氏贵盛,笃兄弟秉权,睚眦宿怨,无不僵仆。纡自谓全,乃柴门自守,以待其祸。然笃等以纡公正,而怨隙有素,遂不敢害。

永元五年,复征为御史中丞。诸窦虽诛,而夏阳侯瑰犹尚在朝。纡疾之,乃上疏曰:"臣闻臧文仲之事君也,见有礼于君者,事之如孝子之养父母;见无礼于君者,诛之如鹰鹯之逐鸟雀。案夏阳侯瑰,本出轻薄,志在邪僻,学无经术,而妄构讲舍,外招儒徒,实会奸桀。轻忽天威,侮慢王室,又造作巡狩封禅之书,惑众不道,当伏诛戮,而主者营私,不为国计。夫涓流虽寡,浸成江河;爝火虽微,卒能燎野。履霜有渐,可不惩革?宜寻吕产专窃之乱,永惟王莽篡逆之祸,上安社稷之计,下解万夫之惑。"会瑰归国。纡迁司隶校尉。

六年夏旱,车驾自幸洛阳录囚徒,二人被掠生虫,坐左转骑都尉。七年,迁将作大匠。九年,卒于官。

黄昌传

黄昌字圣真,会稽馀姚人也。本出孤微。居近学官,数见诸生修庠序之礼,因好之,遂就经学。又晓习文法,仕郡为决曹。刺史行部,见昌,甚奇之,辟从事。后拜宛令,政尚严猛,好发奸伏。人有盗其车盖者,昌初无所言,后乃密遣亲客至门下贼曹家掩取得之,悉收其家,一时杀戮。大姓战惧,皆称神明。朝廷举能,迁蜀郡太守。先太守李根年老多悖政,百姓侵冤。及昌到,吏人讼者七百徐人,悉为断理,莫不得所。密捕盗帅一人,胁使条诸县强暴之人姓名居处,乃分遣掩讨,无有遗脱。宿恶大奸,皆奔走它境。

初,昌为州书佐,其妇归宁于家,遇贼被获,遂流转入蜀为人妻。其子犯事,乃诣昌自讼。昌疑母不类蜀人,因问所由。对曰:"妾本会稽馀姚戴次公女,州书佐黄昌妻也。妾尝归家,为贼所略,遂至于此。"昌惊,呼前谓曰:"何以识黄昌邪?"对曰:"昌左足心有黑子,常自言当为二千石。"昌乃出足示之。因相持悲泣,还为夫妇。

视事四年,征,再迁陈相。县人彭氏旧豪纵,造起大舍,高楼临道。昌每出行县,彭氏妇人辄升楼而观。昌不喜,遂敕收付狱,案杀之。又迁为河内太守,又再迁颍川太守。永和五年,征拜将作大匠。汉安元年,进补大司农,左转太中大夫,卒于官。

阳球传

阳球字方正,渔阳泉州人也。家世大姓冠盖。球能击剑,习弓马。性严厉,好申韩之学。郡吏有辱其母者,球结少年数十人,杀吏,灭其家,由是知名。初举孝廉,补尚书侍郎,闲达故事,其章奏处议,常为台阁所崇信。出为高唐令,以严苛过理,郡守收举,会赦见原。辟司徒刘宠府,举高弟。九江山贼起,连月不解。三府上球有理奸才,拜九江太守。球到,设方略,凶贼殄破,收郡中奸吏尽杀之。迁平原相。出教曰:"相前莅高唐,志埽奸鄙,遂为贵郡所见枉举。昔桓公释管仲射钩之仇,高祖赦季布逃亡之罪。虽以不德,敢忘前义。况君臣分定,而可怀宿昔哉!今一蠲往愁，期诸来效。若受教之后而不改奸状者，不得复有所容矣。"郡中咸畏服焉。时天下大旱，司空张颢条奏长吏苛酷贪污者，皆罢免之。球坐严苦，征诣廷尉，当免官。灵帝以球九江时有功，拜议郎。迁став作大匠，坐事论。顷之，拜尚书令。奏罢鸿都文学，曰："伏承有诏敕中尚方为鸿都文学乐松、江览等三十二人图象立赞，以劝学者。臣闻《传》曰：'君举必书。书而不法，后嗣何观！'案松、览等皆出于微蔑，斗筲小人，依凭世戚，附托权豪，俯眉承睫，徼进明时。或献赋一篇，或鸟篆盈简，而位升郎中，形图丹青。亦有笔不点牍，辞不辩心，假手请字，妖伪百品，莫不被蒙殊恩，蝉蜕淬浊。是以有识掩口，天下嗟叹。臣闻图象之设，以昭劝戒，欲令人君动鉴得失。未闻竖子小人，诈作文颂，而可妄窃天官，垂象图素者也。今太学、东观足以宣明圣化。愿罢鸿都之选，以消天下之谤。"书奏不省。

时中常侍王甫、曹节等奸虐弄权，扇动外内，球尝拊髀发愤曰："若阳球作司隶，此曹子安得容乎？"光和二年，迁为司隶校尉。王甫休沐里舍，球诣阙谢恩，奏收甫及中常侍淳于登、袁赦、封易、中黄门刘毅、小黄门庞训、朱禹、齐盛等，及子弟为守令者，奸猾纵恣，罪合灭族。太尉段颎谄附佞幸，宜并诛戮。于是悉收甫、颎等送洛阳狱，及甫子永乐少府萌、沛相吉。球自临考甫等，五毒备极。萌谓球曰："父子既当伏诛，少以楚毒假借老父。"球曰："若罪恶无状，死不灭责，乃欲求假借邪？"萌乃骂曰："尔前奉事吾父子如奴，敢欲反汝主乎！今日困吾，行自及也！"球使以土窒萌口，箠朴交至，父子悉死杖下。颎亦自杀。乃僵磔甫尸于夏城门，大署牓曰"贼臣王甫"。尽没入财产，妻子皆徙比景。球既诛甫，复欲以次表曹节等，乃敕中都官从事曰："且先去大猾，当次案豪右。"权门闻之，莫不屏气。诸奢饰之物，皆各缄縢，不敢陈设。京师畏震。

时顺帝虞贵人葬，百官会丧还，曹节见磔甫尸道次，慨然抆泪曰："我曹自可相食，何宜使犬舐其汁乎？"语诸常侍，今且俱入，勿过里舍也。节直入省，白帝曰："阳球故酷暴吏。前三府奏当免官，以九江微功，复见擢用。愆过之人，好为妄作，不宜使在司隶，以骋毒虐。"帝乃徙球为卫尉。时球出谒陵，节敕尚书令召拜，不得稽留尺一。球被召急，因求见帝，叩头曰："臣无清高之行，横蒙鹰犬之任。前虽纠诛王甫、段颎，盖简落狐狸，未足宣示天下。愿假臣一月，必令豺狼鸱枭，各服其辜。"叩头流血。殿上呵叱曰："卫尉扞诏邪！"至于再三，乃受拜。其冬，司徒刘郃与球议收案张让、曹节、节等知之，共诬白郃等。语已见《陈球传》。遂收球送洛阳狱，诛死，妻子徙边。

王吉传

王吉者，陈留浚仪人，中常侍甫之养子也。甫在《宦者传》。吉少好诵读书传，喜名声，而性残忍。以父秉权宠，年二十余，为沛相。晓达政事，能断察疑狱，发起奸伏，多出众议。课使郡内各举奸吏豪人诸常有微过酒肉为贼者，虽数十年犹加贬弃，注其名籍。专选剽悍吏，击断非法。若有生子不养，即斩其父母，合土棘埋之。凡杀人皆磔尸车上，随其罪目，宣示属县。夏月腐烂，则以绳连其骨，周遍一郡乃止，见者骇惧。视事五年，凡杀万余人。其馀惨毒刺刻，不可胜数。郡中惴恐，莫敢自保。及阳球奏甫，乃就收执，死于洛阳狱。

论曰：古者敦庞，善恶易分。至于画衣冠，异服色，而莫之犯。叔世偷薄，上下相蒙，德义不足以相洽，化导不能以惩违，遂乃严刑痛杀，随物绳之，致刻深之吏，以暴理奸，倚疾邪之公直，济忍苛之虐情。汉世所谓酷能者，盖有闻也。皆以敢捍精敏，巧附文理，风行霜烈，威誉喧赫。与夫断断守道之吏，何工否之殊乎！故严君蛀黄霸之术，密人笑卓茂之政，猛既穷矣，而犹或未胜。然朱邑不以笞辱加物，袁安未尝鞫人臧罪，而猾恶自禁，人亡欺犯。何者？以为威辟既用，而苟免之行兴；仁信道孚，故感被之情著。苟免者威隙则奸起，感被者人亡而思存。由一邦以言天下，则刑讼繁措，可得而求乎！

赞曰：大道既往，刑礼为薄。斯人散矣，机诈萌作。去杀由仁，济宽非虐。末暴虽胜，崇本或略。

卷一百八　　宦者列传第六十八

《易》曰："天垂象，圣人则之。"宦者四星，在皇位之侧，故《周礼》置官，亦备其数。阍者守中门之禁，寺人掌女宫之戒。又云"王之正内者五人"。《月令》："仲冬，命阉尹审门闾，谨房室。"《诗》之《小雅》，亦有《巷伯》刺谗之篇。然宦人之在王朝者，其来旧矣。将以其体非全气，情志专良，通关中人，易以役养乎？然而后世因之，才任稍广。其能者，则勃貂、管苏有功于楚、晋，景监、缪贤著庸于秦、赵。及其敝也，则竖刁乱齐，伊戾祸宋。

汉兴，仍袭秦制，置中常侍官。然亦引用士人，以参其选，皆银珰左貂，给事殿省。及高后称制，乃以张卿为大谒者，出入卧内，受宣诏命。文帝时，有赵谈、北宫伯子，颇见亲幸。至于孝武，亦爱李延年。帝数宴后庭，或潜游离馆，故请奏机事，多以宦人主之。至元帝之世，史游为黄门令，勤心纳忠，有所补益。其后弘恭、石显以佞险自进。卒有萧、周之祸，损秽帝德焉。

中兴之初，宦官悉用阉人，不复杂调它士。至永平中，始置员数，中常侍四人，小黄门十人。和帝即祚幼弱，而窦宪兄弟专总权威，内外臣僚，莫由亲接，所与居者，唯阉宦而已。故郑众得专谋禁中，终除大憝，遂享分土之封，超登宫卿之位。于是中官始盛焉。

自明帝以后，迄乎延平，委用渐大，而其员稍增，中常侍至有十人，小黄门二十人，改以金珰右貂，兼领卿署之职。邓后以女主临政，而万机殷远，朝臣国议，无由参断帷幄，称制下令，不出房闱之间，不得不委用刑人，寄之国命。手握王爵，口含天宪，非复掖廷永巷之职，闺牖房闼之任也。其后孙程定立顺之功，曹腾参建桓之策，续以五侯合谋，梁冀受钺，迹因公正，恩固主心，故中外服从，上下屏气。或称伊、霍之勋，无谢于往载；或谓良、平之画，复兴于当今。虽时有忠公，而竟见排斥。举动回山海，呼吸变霜露。阿旨曲求，则光宠三族；直情忤意，则参夷五宗。汉之纲纪大乱矣。若夫高冠长剑，纡朱怀金者，布满宫闱，苴茅分虎，南面臣人者，盖以十数。府署第馆，棋列于都鄙；子弟支附，过半于州国。南金、和宝、冰纨、雾縠之积，盈仞珍藏；嫱媛、侍儿、歌童、舞女之玩，充备绮室。狗马饰雕文，土木被缇绣。皆剥割萌黎，竞恣奢欲。构害明贤，专树党类。其有更相援引，希附权强者，皆腐身熏子，以自衒达。同敝相济，故其徒有繁，败国蠹政之事，不敢单书。所以海内嗟毒，志士穷栖，寇剧缘间，摇乱区夏。虽忠良怀愤，时或奋发，而言出祸从，旋见孥戮。因复大考钩党，转相诬染。凡称善士，莫不离被灾毒。窦武、何进，位崇戚近，乘九服之嚣怨，协群英之势力，而以疑留不断，至于珍败。斯亦运之极乎！虽袁绍龚行，芟夷无余。然以暴易乱，亦何云及！自曹腾说梁冀，竟立昏弱。魏武因之，遂迁龟鼎。所谓"君以此始，必以此终"，信乎其然矣！

郑众传

郑众字季产，南阳犨人也。为人谨敏有心几。永平中，初给事太子家。肃宗即位，拜小黄门，迁中常侍。和帝初，加位钩盾令。时窦太后秉政，后兄大将军宪等并窃威权，朝臣上下莫不附之，而众独一心王室，不事豪党，帝亲信焉。及宪兄弟图作不轨，众遂首谋诛之，以功迁大长秋。策勋班赏，每辞多受少。由是常与议事。中官用权，自众始焉。十四年，帝念众功美，封为鄛乡侯，食邑千五百户。永初元年，和熹皇后益封三百户。元初元年卒，养子闳嗣。闳卒，子安嗣。后国绝。桓帝延熹二年，绍封众曾孙石雠为关内侯。

蔡伦传

蔡伦字敬仲，桂阳人也。以永平末始给事宫掖，建初中，为小黄门。及和帝即位，转中常侍，豫参帷幄。伦有才学，尽心敦慎，数犯严颜，匡弼得失。每至休沐，辄闭门绝宾，暴体田野。后加位尚方令。永元九年，监作秘剑及诸器械，莫不精工坚密，为后世法。自古书契多编以竹简，其用缣帛者谓之为纸。缣贵而简重，并不便于人。伦乃造意，用树肤、麻头及敝布、鱼网以为纸。元兴元年奏上之，帝善其能，自是莫不从用焉，故天下咸称"蔡侯纸"。元初元年，邓太后以伦久宿卫，封为龙亭侯，邑三百户。后为长乐太仆。四年，帝以经传之文多不正定，乃选通儒谒者刘珍及博士良史诣东观，各雠校家法，令伦监典其事。伦初受窦后讽旨，诬陷安帝祖母宋贵人。及太后崩，安帝始亲万机，敕使自致廷尉。伦耻受辱，乃沐浴整衣冠，饮药而死。国除。

孙程传

孙程字稚卿，涿郡新城人也。安帝时，为中黄门，给事长乐宫。时邓太后临朝，帝不亲政事。小黄门李闰与帝乳母王圣常共谮太后兄执金吾悝等，言欲废帝，立平原王翼，帝每忿惧。及太后崩，遂诛邓氏而废平原王，封闰雍乡侯，又小黄门江京以谗谄进，初迎帝于邸，以功封都乡侯，食邑各三百户。闰、京并迁中常侍，江京兼大长秋，与中常侍樊丰、黄门令刘安、钩盾令陈达及王圣、圣女伯荣扇动内外，竞为侈虐。又帝舅大将军耿宝、皇后兄大鸿胪阎显更相阿党，遂枉杀太尉杨震，废皇太子为济阴王。明年帝崩，立北乡侯为天子。显等遂专朝争权，乃讽有司奏诛樊丰，废耿宝、王圣，及党与皆见死徙。十月，北乡侯病笃。程谓济阴王谒者长兴渠曰："王以嫡统，本无失德，先帝信谗，遂至废黜。若北乡疾不起，共断江京、阎显，事乃可成。"渠等然之。又中黄门南阳王康，先为太子府史，自太子之废，常怀叹愤。又长乐大官丞京兆王国，并附同于程。至二十七日，北乡侯薨。阎显白太后，征诸王子简为帝嗣。未及至。十一月二日，程遂与王康等十八人聚谋于西钟下，皆截单衣为誓。四日夜，程等共会崇德殿上，因入章台门。时江京、刘安及李闰、陈达等俱坐省门下，程与王康共就斩京、安、达，以李闰权势积为省内所服，欲引为主，因举刃胁闰曰："今当立济阴王，无得摇动。"闰曰："诺。"于是扶闰起，俱于西钟下迎济阴王立之，是为顺帝。召尚书令、仆射以下，从辇幸南宫云台，程等留守省门，遮扞内外。

阎显时在禁中，忧迫不知所为，小黄门樊登劝显发兵，以太后诏召越骑校尉冯诗、虎贲中郎将阎崇，屯朔平门，以御程等。诱诗入省，太后使授之印，曰："能得济阴王者封万户侯，得李闰者五千户侯。"显以诗所将众少，使与登迎吏士于左掖门外。诗因格杀登，归营屯守。显弟卫尉景遽从省中还外府，收兵至盛德门。程传召诸尚书使收景，尚书郭镇时卧病，闻之，即率直宿羽林出南止车门，逢景从吏士,拔白刃,呼曰:"无干兵。"镇即下车,持节诏之。景曰:"何等诏?"因斫镇,不中。镇引剑击景堕车,左右以戟叉其匈,遂禽之,送廷尉狱,即夜死。旦日,令侍御史收显等送狱,于是遂定。下诏曰:"夫表功录善,古今之通义也。故中常侍长乐太仆江京、黄门令刘安、钩盾令陈达与故车骑将军阎显兄弟谋议恶逆,倾乱天下。中黄门孙程、王康、长乐太官丞王国、中黄门黄龙、彭恺、孟叔、李建、王成、张贤、史泛、马国、王道、李元、杨佗、陈予、赵封、李刚、魏猛、苗光等,怀忠愤发,戮力协谋,遂埽灭元恶,以定王室。《诗》不云乎:'无言不雠,无德不报。'程为谋首,康、国协同。其封程为浮阳侯,食邑万户;康为华容侯,国为郦侯,各九千户;黄龙为湘南侯,五千户;彭恺为西平昌侯,孟叔为中庐侯,李建为复阳侯,各四千二百户;王成为广宗侯,张贤为祝阿侯,史泛为临沮侯,马国为广平侯,王道为范县侯,李元为褒信侯,杨佗为山都侯,陈予为下隽侯,赵封为析县侯,李刚为枝江侯,各四千户;魏猛为夷陵侯,二千户;苗光为东阿侯,千户。"是为十九侯。加赐车马金银钱帛各有差。李闰以先不豫谋,故不封。遂擢拜程骑都尉。

永建元年,程与张贤、孟叔、马国等为司隶校尉虞诩讼罪,怀表上殿,呵叱左右。帝怒,遂免程官,因悉遣十九侯就国,后徙封为宜城侯。程既到国,怨恨恚怼,封还印绶、符策,亡归京师,往来山中。诏书追求,复故爵土,赐车马衣物,遣还国。

三年,帝念程等功勋,悉征还京师。程与王道、李元皆拜骑都尉,馀悉奉朝请。阳嘉元年,程病甚,即拜奉车都尉,位特进。及卒,使五官中郎将追赠车骑将军印绶,赐谥刚侯。侍御史持节监护丧事,乘舆幸北部尉传,瞻望车骑。程临终,遗言上书,以国传弟美。帝许之,而分程半,封程养子寿为浮阳侯。后诏书录微功,封兴渠为高望亭侯。四年,诏宦官养子悉听得为后,袭封爵,定著乎令。王康、王国、彭恺、王成、赵封、魏猛六人皆早卒。黄龙、杨佗、孟叔、李建、张贤、史泛、王道、李元、李刚九人与阿母山阳君宋娥更相货赂,求高官增邑,又诬罔中常侍曹腾、孟贲等。永和二年,发觉,并遣就国,减租四分之一。宋娥夺爵归田舍。唯马国、陈予、苗光保全封邑。

初,帝见废,监太子家小黄门籍建、傅高梵、长秋长赵熹、丞良贺、药长夏珍皆以无过获罪,建等坐徙朔方。及帝即位,并擢为中常侍。梵坐臧罪,减死一等。建后封东乡侯,三百户。贺清俭退厚,位至大长秋。阳嘉中,诏九卿举武猛,贺独无所荐。帝引问其故,对曰:"臣生自草茅,长于宫掖,既无知人之明,又未尝交知士类。昔卫鞅因景监以见,有识知其不终。今得臣举者,匪荣伊辱。"固辞之。及卒,帝思贺忠,封其养子为都乡侯,三百户。

曹腾传

曹腾字季兴,沛国谯人也。安帝时,除黄门从官。顺帝在东宫,邓太后以腾年少谨厚,使侍皇太子书,特见亲爱。及帝即位,腾为小黄门,迁中常侍。桓帝得立,腾与长乐太仆州辅等七人,以定策功,皆封亭侯,腾为费亭侯,迁大长秋,加位特进。腾用事省闼三十馀年,奉事四帝,未尝有过。其所进达,皆海内名人,陈留虞放、边韶、南阳延固、张温、弘农张奂、颍川堂豁典等。时蜀郡太守因计吏赂遗于腾,益州刺史种暠于斜谷关搜得其书,上奏太守,并以劾腾,请下廷尉案罪。帝曰:"书自外来,非腾之过。"遂寝暠奏。腾不为纤介,常称暠为能吏,时人嗟美之。腾卒,养子嵩嗣。种暠后为司徒,告宾客曰:"今身为公,乃曹常侍力焉。"嵩灵帝时货赂中官及输西园钱一亿万,故位至太尉。及子操起兵,不肯相随,乃与少子疾避乱琅邪,为徐州刺史陶谦所杀。

单超传

单超,河南人;徐璜,下邳良城人;具瑗,魏郡元城人;左悺,河南平阴人;唐衡,颍川郾人也。桓帝初,超、璜、瑗为中常侍,悺、衡为小黄门史。

初,梁冀两妹为顺桓二帝皇后,冀代父商为大将军,再世权威,威振天下。冀自诛太尉李固、杜乔等,骄横益甚,皇后乘势忌恣,多所鸩毒,上下钳口,莫有言者。帝逼畏久,恒怀不平,恐言泄,不敢谋之。延熹二年,皇后崩,帝因如厕,独呼衡问:"左右与外舍不相得者皆谁乎?"衡对曰:"单超、左悺前诣河南尹不疑,礼敬小简,不疑收其兄弟送洛阳狱,二人诣门谢,乃得解。徐璜、具瑗常怀私忿疾外舍放横,口不敢道。"于是帝呼超、悺入室,谓曰:"梁将军兄弟专固国朝,迫胁外内,公卿以下从其风旨。今欲诛之,于常侍意何如?"超等对曰:"诚国奸贼,当诛日久。臣等弱劣,未知圣意何如耳。"帝曰:"审然者,常侍密图之。"对曰:"图之不难,但恐陛下复生中狐疑。"帝曰:"奸臣胁国,当伏其罪,何疑乎!"于是更召璜、瑗等五人,遂定其议,帝啮超臂出血为盟。于是诏收冀及宗亲党与悉诛之。悺、衡迁中常侍,封超新丰侯,二万户,璜武原侯,瑗东武阳侯,各万五千户,赐钱各千五百万;悺上蔡侯,衡汝阳侯,各万三千户,赐钱各千三百万。五人同日封,故世谓之"五侯"。又封小黄门刘普、赵忠等八人为乡侯。自是权归宦官,朝廷日乱矣。

超病,帝遣使者就拜车骑将军。明年薨,赐东园秘器,棺中玉具,赠侯将军印绶,使者理丧。及葬,发五营骑士,侍御史护丧,将作大匠起冢茔。其后四侯转横,天下为之语曰："左回天,具独坐,徐卧虎,唐两堕。"皆竞起第宅,楼观壮丽,穷极伎巧。金银罽眊,施于犬马。多取良人美女以为姬妾,皆珍饰华侈,拟则宫人。其仆从皆乘牛车而从列骑。又养其疏属,或乞嗣异姓,或买苍头为子,并以传国袭封。兄弟姻戚皆宰州临郡,辜较百姓,与盗贼无异。超弟安为河东太守,弟子匡为济阴太守,璜弟盛为河内太守,悺弟敏为陈留太守,瑗兄恭为沛相,皆为所在蠹害。璜兄子宣为下邳令,暴虐尤甚。先是求故汝南太守下邳李暠女不能得,及到县,遂将吏卒至暠家,载其女归,戏射杀之,埋著寺内。时下邳县属东海,汝南黄浮为东海相,有告言宣者,浮乃收宣家属,无少长悉考之。掾史以下固谏争。浮曰："徐宣国贼,今日杀之,明日坐死,足以瞑目矣。"即案宣罪弃市,暴其尸以示百姓,郡中震栗。璜于是诉怨于帝,帝大怒,浮坐髡钳,输作右校。五侯宗族宾客虐遍天下,民不堪命,起为寇贼。七年,衡卒,亦赠车骑将军,如超故事。璜卒,赗赠钱布,赐冢茔地。

明年,司隶校尉韩演因奏悺罪恶,及其兄太仆南乡侯称请托州郡,聚敛为奸,宾客放纵,侵犯吏民,悺、称皆自杀。演又奏瑗兄沛相恭臧罪,征诣廷尉。瑗诣狱谢,上还东武侯印绶,诏贬为都乡侯,卒于家。超及璜、衡袭封者,并降为乡侯,租入岁皆三百万,子弟分封者,悉夺爵土。刘普等贬为关内侯。

侯览传

侯览者,山阳防东人。桓帝初为中常侍,以佞猾进,倚势贪放,受纳货遗以巨万计。延熹中,连岁征伐,府帑空虚,乃假百官奉禄,王侯租税。览亦上缣五千匹,赐爵关内侯。又托以与议诛梁冀功,进封高乡侯。小黄门段珪家在济阴,与览并立田业,近济北界,仆从宾客侵犯百姓,劫掠行旅。济北相滕延一切收捕,杀数十人,陈尸路衢。览、珪大怨,以事诉帝,延坐多杀无辜,征诣廷尉,免。延字伯行,北海人,后为京兆尹,有理名,世称为长者。览等得此愈放纵。览兄参为益州刺史,民有丰富者,辄诬以大逆,皆诛灭之,没入财物,前后累亿计。太尉杨秉奏参,槛车征,于道自杀。京兆尹袁逢于旅舍阅参车三百馀两,皆金银锦帛珍玩,不可胜数。览坐免,旋复复官。

建宁二年,丧母还家,大起茔冢。督邮张俭因举奏览贪侈奢纵,前后请夺人宅三百八十一所,田百一十八顷。起立第宅十有六区,皆有高楼池苑,堂阁相望,饰以绮画丹漆之属,制度重深,僭类宫省。又豫作寿冢,石椁双阙,高庑百尺,破人居室,发掘坟墓,虏夺良人,妻略妇子,及诸罪衅,请诛之。而览伺候遮截,章竟不上。俭遂破览冢宅,籍没资财,具言其状。又奏览母生时交通宾客,干乱郡国。复不得御。览遂诬俭为钩党,及故长乐少府李膺、太仆杜密等,皆夷灭之。遂代曹节领长乐太仆。

熹平元年,有司举奏览专权骄奢,策收印绶,自杀。阿党者皆免。

曹节传

曹节字汉丰,南阳新野人也。其本魏郡人,世吏二千石。顺帝初,以西园骑迁小黄门。桓帝时,迁中常侍,奉车都尉。建宁元年,持节将中黄门虎贲羽林千人,北迎灵帝,陪乘入宫。及即位,以定策封长安乡侯,六百户。

时窦太后临朝,后父大将军武与太傅陈蕃谋诛中官,节与长乐五官史朱瑀、从官史共普、张亮、中黄门王尊、长乐谒者腾是等十七人,共矫诏以长乐食监王甫为黄门令,将兵诛武、蕃等,事已具《蕃》、《武传》。节迁长乐卫尉,封育阳侯,增邑三千户;甫迁中常侍,黄门令如故;瑀封都乡侯,千五百户;普、亮等五人各三百户;馀十一人皆为关内侯,岁食租二千斛。先是瑀等阴于明堂中祷皇天曰:"窦氏无道,请皇天辅皇帝诛之,令事必成,天下得宁。"既诛武等,诏令大官给塞具,赐瑀钱五千万,馀各有差,后更封华容侯。二年,节病困,诏拜为车骑将军。有顷疾瘳,上印绶,罢,复为中常侍,位特进,秩中二千石,寻转大长秋。

熹平元年,窦太后崩,有何人书朱雀阙,言"天下大乱,曹节、王甫幽杀太后,常侍侯览多杀党人,公卿皆尸禄,无有忠言者。"于是诏司隶校尉刘猛逐捕,十日一会。猛以诽书言直,不肯急捕,月馀,主名不立。猛坐左转谏议大夫,以御史中丞段颎代猛,乃四出逐捕,及太学游生,系者千馀人。节等怨猛不已,使颎以它事奏猛,抵罪输左校。朝臣多以为言,乃免刑,复公车征之。节遂与王甫等诬奏桓帝弟勃海王悝谋反,诛之。以功封者十二人。甫封冠军侯。节亦增邑四千六百户,并前七千六百户。父兄子弟皆为公卿列校、牧守令长,布满天下。节弟破石为越骑校尉,越骑营五百妻有美色,破石从求之,五百不敢违,妻执意不肯行,遂自杀。其淫暴无道,多此类也。

光和二年,司隶校尉阳球奏诛王甫及子长乐少府萌、沛相吉,皆死狱中。时连有灾异,郎中梁人审忠以为朱瑀等罪恶所感,乃上书曰:"臣闻理国得贤则安,失贤则危,故舜有臣五人而天下理,汤举伊尹不仁者远。陛下即位之初,未能万机,皇太后念在抚育,权时摄政,故中常侍苏康、管霸应时诛殄。太傅陈蕃、大将军窦武考其党与,志清朝政。华容侯朱瑀知事迹露,祸及其身,遂兴造逆谋,作乱王室,撞蹋省闼,执夺玺绶,迫胁陛下,聚会群臣,离间骨肉母子之恩,遂诛蕃、武及尹勋等。因共割裂城社,自相封赏,父子兄弟被蒙尊荣,素所亲厚布在州郡,或登九列,或据三司。不惟禄重位尊之责,而苟营私门,多蓄财货,缮修第舍,连里竟巷。盗取御水以作鱼钓,车马服玩拟于天家。

群公卿士杜口吞声,莫敢有言。州牧郡守承顺风旨,辟召选举,释贤取愚。故虫蝗为之生,夷寇为之起。天意愤盈,积十馀年,故频岁日食于上,地震于下,所以谴戒人主,欲令觉悟,诛锄无状。昔高宗以雉雊之变,故获中兴之功。近者神祇启悟陛下,发赫斯之怒,故王甫父子应时馘截,路人士女莫不称善,若除父母之仇。诚怪陛下复忍孽臣之类,不悉殄灭。昔秦信赵高,以危其国,吴使刑人,身遘其祸。虞公抱宝牵马,鲁昭见逐乾侯,以不用宫之奇、子家驹以至灭辱。今以不忍之恩,赦夷族之罪,奸谋一成,悔亦何及!臣为郎十五年,皆耳目闻见,瑀之所为,诚皇天所不复赦。愿陛下留漏刻之听,裁省臣表,埽灭丑类,以答天怒。与瑀考验,有不如言,愿受汤镬之诛,妻子并徙,以绝妄言之路。"章寝不报。节遂领尚书令。四年,卒,赠车骑将军。后瑀亦病卒,皆养子传国。

审忠字公诚,宦官诛后,辟公府。

吕强传

吕强字汉盛,河南成皋人也。少以宦者为小黄门,再迁中常侍。为人清忠奉公。灵帝时,例封宦者,以强为都乡侯。强辞让恳恻,固不敢当,帝乃听之。因上疏陈事曰:

臣闻诸侯上象四七,下裂王土,高祖重约非功臣不侯,所以重天爵明劝戒也。伏闻中常侍曹节、王甫、张让等,及侍中许相,并为列侯。节等宦官祐薄,品卑人贱,谀谄媚主,佞邪徼宠,放毒人物,疾妒忠良,有赵高之祸,未被轘裂之诛,掩朝廷之明,成私树之党。而陛下不悟,妄授茅土,开国承家,小人是用。又并及家人,重金兼紫,相继为蕃辅。受国重恩,不念尔祖,述修厥德,而交结邪党,下比群佞。陛下惑其琐才,特蒙恩泽。又授位乖越,贤才不升,素餐私幸,必加荣擢。阴阳乖刺,稼穑荒蔬,人用不康,罔不由兹。臣诚知封事已行,言之无逮,所以冒死干触陈愚忠者,实愿陛下损改既谬,从此一止。

臣又闻后宫彩女数千馀人,衣食之费,日数百金。比谷虽贱,而户有饥色。案法当贵而今更贱者,由赋发繁数,以解县官,寒不敢衣,饥不敢食。民有斯厄,而莫之恤。宫女无用,填积后庭,天下虽复尽力耕桑,犹不能供。昔楚女悲愁,则西宫致灾,况终年积聚,岂无忧怨乎!夫天生蒸民,立君以牧之。君道得,则民戴之如父母,仰之犹日月,虽时有征税,犹望其仁恩之惠。《易》曰:"悦以使民,民忘其劳;悦以犯难,民忘其死。"储君副主,宜讽诵斯言;南面当国,宜履行其事。

又承诏书,当于河间故国起解渎之馆。陛下龙飞即位,虽从藩国,然处九天之高,岂宜有顾恋之意。且河间疏远,解渎邈绝,而当劳民单力,未见其便。又今外戚四姓贵幸之家,及中官公族无功德者,造起馆舍,凡有万数,楼阁连接,丹青素垩,雕刻之饰,不可单言。丧葬逾制,奢丽过礼,竞相放效,莫肯矫拂。《穀梁传》曰:"财尽则怨,力尽则怼。"《尸子》曰:"君如杆,民如水,杆方则水方,杆圆则水圆。"上之化下,犹风之靡草。今上无去奢之俭,下有纵欲之敝,至使禽兽食民之甘,木土衣民之帛。昔师旷谏晋平公曰:"梁柱衣绣,民无褐衣;池有弃酒,士有渴死;厩马秣粟,民有饥色。近臣不敢谏,远臣不得畅。"此之谓也。

又闻前召议郎蔡邕对问于金商门,而令中常侍曹节、王甫等以诏书喻旨。邕不敢怀道迷国,而切言极对,毁刺贵臣,讥呵竖宦。陛下不密其言,至令宣露,群邪项领,膏唇拭舌,竞欲咀嚼,造作飞条。陛下回受诽谤,致邕刑罪,室家徙放,老幼流离,岂不负忠臣哉!今群臣皆以邕为戒,上畏不测之难,下惧剑客之害,臣愿朝廷不复得闻忠言矣。故太尉段颎,武勇冠世,习于边事,垂发服戎,功成皓首,历事二主,勋烈独昭。陛下既已式序,位登台司,而为司隶校尉阳球所见诬胁,一身既毙,而妻子远播。天下悁怅,功臣失望。宜征邕更授任,反颎家属,则忠贞路开,众怨以弭矣。

帝知其忠而不能用。时帝多蓄私臧,收天下之珍,每郡国贡献,先输中署,名为"导行费"。强上疏谏曰:

天下之财,莫不生之阴阳,归之陛下。归之陛下,岂有公私?而今中尚方敛诸郡之宝,中御府积天下之缯,西园引司农之藏,中厩聚太仆之马,而所输之府,辄有导行之财。调广民困,费多献少,奸吏因其利,百姓受其敝。又阿媚之臣,好献其私,容谄姑息,自此而进。旧典选举委任三府,三府有选,参议掾属,咨其行状,度其器能,受试任用,责以成功。若无可察,然后付之尚书。尚书举劾,请下廷尉,覆案虚实,行其诛罚。今但任尚书,或复敕用。如是,三公得免选举之负,尚书亦复不坐,责赏无归,岂肯空自苦劳乎!

夫立言无显过之咎,明镜无见玼之尤。如恶立言以记过,则不当学也;不欲明镜之见玼,则不当照也。愿陛下详思臣言,不以记过见玼为责。

书奏不省。

中平元年,黄巾贼起,帝问强所宜施行。强欲先诛左右贪浊者,大赦党人,料简刺史、二千石能否。帝纳之,乃先赦党人。于是诸常侍人人求退,又各自征还宗亲子弟在州郡者。中常侍赵忠、夏恽等遂共构强,云"与党人共议朝廷,数读《霍光传》。强兄弟所在并皆贪秽"。帝不悦,使中黄门持兵召强。强闻帝召,怒曰:"吾死,乱起矣。丈夫欲尽忠国家,岂能对狱吏乎!"遂自杀。忠、恽复谮曰:"强见召未知所问，而就外草自屏，有奸明审。"遂收捕宗亲，没入财产焉。

时宦者济阴丁肃、下邳徐衍、南阳郭耽、汝阳李巡、北海赵祐等五人称为清忠，皆在里巷，不争威权。巡以为诸博士试甲乙科，争第高下，更相告言，至有行赂定兰台漆书经字，以合其私文者，乃白帝，与诸儒共刻《五经》文于石，于是诏蔡邕等正其文字。自后《五经》一定，争者用息。赵祐博学多览，著作校书，诸儒称之。又小黄门甘陵吴伉，善为风角，博达有奉公称。知不得用，常托病还寺舍，从容养志云。

张让传

张让者，颍川人。赵忠者，安平人也。少皆给事省中，桓帝时为小黄门。忠以与诛梁冀功封都乡侯。延熹八年，黜为关内侯，食本县租千斛。

灵帝时，让、忠并迁中常侍，封列侯，与曹节、王甫等相为表里。节死后，忠领大长秋。让有监奴典任家事，交通货赂，威形喧赫。扶风人孟佗，资产饶赡，与奴朋结，倾竭馈问，无所遗爱。奴咸德之，问佗曰："君何所欲？力能办也。"曰："吾望汝曹为我一拜耳。"时宾客求谒让者，车恒数百千两，佗时诣让，后至，不得进，监奴乃率诸仓头迎拜佗于路，遂共舆车入门。宾客咸惊，谓佗善于让，皆争以珍玩赂之。佗分以遗让，让大喜，遂以佗为凉州刺史。

是时让、忠及夏恽、郭胜、孙璋、毕岚、栗嵩、段珪、高望、张恭、韩悝、宋典十二人，皆为中常侍，封侯贵宠，父兄子弟布列州郡，所在贪残，为人蠹害。黄巾既作，盗贼糜沸，郎中中山张钧上书曰："窃惟张角所以能兴兵作乱，万人所以乐附之者，其源皆由十常侍多放父兄、子弟、婚亲、宾客典据州郡，辜榷财利，侵掠百姓，百姓之冤无所告诉，故谋议不轨，聚为盗贼。宜斩十常侍，县头南郊，以谢百姓，又遣使者布告天下，可不须师旅，而大寇自消。"天子以钧章示让等，皆免冠徒跣顿首，乞自致洛阳诏狱，并出家财以助军费。有诏皆冠履视事如故。帝怒钧曰："此真狂子也。十常侍固当有一人善者不？"钧复重上，犹如前章，辄寝不报。诏使廷尉、侍御史考为张角道者，御史承让等旨，遂诬奏钧学黄巾道，收拷死狱中。而让等实多与张角交通。后中常侍封谞、徐奉事独发觉坐诛，帝因怒诘让等曰："汝曹常言党人欲为不轨，皆令禁锢，或有伏诛。今党人更为国用，汝曹反与张角通，为可斩未？"皆叩头云："故中常侍王甫、侯览所为。"帝乃止。

明年，南宫灾。让、忠等说帝令敛天下田亩税十钱，以修宫室。发太原、河东、狄道诸郡材木及文石，每州郡部送至京师，黄门常侍辄令谴呵不中者，因强折贱买，十分顾一，因复货之于宦官，复不为即受，材木遂至腐积，宫室连年不成。刺史、太守复增私调，百姓呼嗟。凡诏所征求，皆令西园驺密约敕，号曰"中使"，恐动州郡，多受赇赂。刺史、二千石及茂才孝廉迁除，皆责助军修宫钱，大郡至二三千万，馀各有差。当之官者，皆先至西园谐价，然后得去。有钱不毕者，或至自杀。其守清者，乞不之官，皆迫遣之。

时巨鹿太守河内司马直新除，以有清名，减责三百万。直被诏，怅然曰："为民父母，而反割剥百姓，以称时求，吾不忍也。"辞疾，不听。行至孟津，上书极陈当世之失，古今祸败之戒，即吞药自杀。书奏，帝为暂绝修宫钱。又造万金堂于西园，引司农金钱缯帛，仞积其中。又还河间买田宅，起第观。帝本侯家，宿贫，每叹桓帝不能作家居，故聚为私臧，复寄小黄门常侍钱各数千万。常云："张常侍是我公，赵常侍是我母。"宦官得志，无所惮畏，并起第宅，拟则宫室。帝常登永安候台，宦官恐其望见居处，乃使中大人尚但谏曰："天子不当登高，登高则百姓虚散。"自是不敢登望台榭。

明年，遂使钩盾令宋典缮修南宫玉堂。又使掖庭令毕岚铸铜人四列于仓龙、玄武阙。又铸四钟，皆受二千斛，县于玉堂及云台殿前。又铸天禄虾蟆，吐水于平门外桥东，转水入宫。又作翻车渴乌，施于桥西，用洒南北郊路，以省百姓洒道之费。又铸四出文钱，钱皆四道。识者窃言侈虐已甚，形象兆见，此钱成，必四道而去。及京师大乱，钱果流布四海。复以忠为车骑将军，百馀日罢。

六年，帝崩。中军校尉袁绍说大将军何进，令诛中官以悦天下。谋泄，让、忠等因进入省，遂共杀进。而绍勒兵斩忠，捕宦官无少长悉斩之。让等数十人劫质天子走河上。追急，让等悲哭辞曰："臣等殄灭，天下乱矣。惟陛下自爱！"皆投河而死。

论曰：自古丧大业绝宗禋者，其所渐有由矣。三代以嬖色取祸，嬴氏以奢虐致灾，西京自外戚失祚，东都缘阉尹倾国。成败之来，先史商之久矣。至于衅起宦夫，其略犹或可言。何者？刑馀之丑，理谢全生，声荣无晖于门阀，肌肤莫传于来体，推情未鉴其敞，即事易以取信，加渐染朝事，颇识典物，故少主凭谨旧之庸，女君资出内之命，顾访无猜惮之心，恩狎有可悦之色。亦有忠厚平顺，怀术纠邪；或敏才给对，饰巧乱实；或借誉贞良，先时荐誉。非直苟恣凶德，止于暴横而已。然真邪并行，情貌相越，故能回惑昏幼，迷瞀视听，盖亦有其理焉。诈利既滋，朋徒日广，直臣抗议，必漏先言之间，至戚发愤，方启专夺之隙，斯忠贤所以智屈，社稷故其为墟。《易》曰："履霜，坚冰至。"云所从来久矣。今迹其所以，亦岂一朝一夕哉！

赞曰：任失无小，过用则违。况乃巷职，远参天机。舞文巧态，作惠作威。凶家害国，夫岂异归！

卷一百九上
儒林列传第六十九上

昔王莽、更始之际，天下散乱，礼乐分崩，典文残落。及光武中兴，爱好经术，未及下车，而先访儒雅，采求阙文，补缀漏逸。先是四方学士多怀协图书，遁逃林薮。自是莫不抱负坟策，云会京师，范升、陈元、郑兴、杜林、卫宏、刘昆、桓荣之徒，继踵而集。于是立《五经》博士，各以家法教授，《易》有施、孟、梁丘、京氏，《尚书》欧阳、大小夏侯，《诗》齐、鲁、韩，《礼》大小戴，《春秋》严、颜，凡十四博士，太常差次总领焉。

建武五年，乃修起太学，稽式古典，笾豆干戚之容，备之于列，服方领习矩步者，委它乎其中。中元元年，初建三雍。明帝即位，亲行其礼。天子始冠通天，衣日月，备法物之驾，盛清道之仪，坐明堂而朝群后，登灵台以望云物，袒割辟雍之上，尊养三老五更。飨射礼毕，帝正坐自讲，诸儒执经问难于前，冠带缙绅之人，圜桥门而观听者盖亿万计。其后复为功臣子孙、四姓末属别立校舍，搜选高能以受其业，自期门羽林之士，悉令通《孝经》章句，匈奴亦遣子入学。济济乎，洋洋乎，盛于永平矣！

建初中，大会诸儒于白虎观，考详同异，连月乃罢。肃宗亲临称制，如石渠故事，顾命史臣，著为通义。又诏高才生受《古文尚书》、《毛诗》、《穀梁》、《左氏春秋》，虽不立学官，然皆擢高第为讲郎，给事近署，所以网罗遗逸，博存众家。孝和亦数幸东观，览阅书林。及邓后称制，学者颇懈。时樊准、徐防并陈敦学之宜，又言儒职多非其人，于是制诏公卿妙简其选，三署郎能通经术者，皆得察举。自安帝览政，薄于艺文，博士倚席不讲，朋徒相视怠散，学舍颓敝，鞠为园蔬，牧儿荛竖，至于薪刈其下。顺帝感翟酺之言，乃更修黉宇，凡所造构二百四十房，千八百五十室。试明经下第补弟子，增甲乙之科员各十人，除郡国耆儒皆补郎、舍人。本初元年，梁太后诏曰："大将军下至六百石，悉遣子就学，每岁辄于乡射月一飨会之，以此为常。"自是游学增盛，至三万馀生。然章句渐疏，而多以浮华相尚，儒者之风盖衰矣。党人既诛，其高名善士多坐流废，后遂至忿争，更相言告，亦有私行金货，定兰台漆书经字，以合其私文。熹平四年，灵帝乃诏诸儒正定《五经》，刊于石碑，为古文、篆、隶三体书法以相参检，树之学门，使天下咸取则焉。

初，光武迁还洛阳，其经牒秘书载之二千馀两，自此以后，参倍于前。及董卓移都之际，吏民扰乱，自辟雍、东观、兰台、石室、宣明、鸿都诸藏典策文章，竞共剖散，其缣帛图书，大则连为帷盖，小乃制为縢囊。及王允所收而西者，裁七十馀乘，道路艰远，复弃其半矣。后长安之乱，一时焚荡，莫不泯尽焉。东京学者猥众，难以详载，今但录其能通经名家者，以为《儒林篇》。其自有列传者，则不兼书。若师资所承，宜标名为证者，乃著之云。《前书》云：田何传《易》授丁宽，丁宽授田王孙，王孙授沛人施雠、东海孟喜、琅邪梁丘贺，由是《易》有施、孟、梁丘之学。又东郡京房受《易》于梁国焦延寿，别为京氏学。又有东莱费直，传《易》，受琅邪王横，为费氏学。本以古字，号《古文易》。又沛人高相传《易》，授子康及兰陵毋将永，为高氏学。施、孟、梁丘、京氏四家皆立博士，费、高二家未得立。

刘昆传

刘昆字桓公，陈留东昏人，梁孝王之胤也。少习容礼。平帝时，受《施氏易》于沛人戴宾。能弹雅琴，知清角之操。王莽世，教授弟子恒五百馀人。每春秋飨射，常备列典仪，以素木瓠叶为俎豆，桑弧蒿矢，以射"菟首"。每有行礼，县宰辄率吏属而观之。王莽以昆多聚徒众，私行大礼，有僭上心，乃系昆及家属于外黄狱。寻莽败得免。既而天下大乱，昆避难河南负犊山中。

建武五年，举孝廉，不行，遂逃，教授于江陵。光武闻之，即除为江陵令。时县连年火灾，昆辄向火叩头，多能降雨止风。征拜议郎，稍迁侍中、弘农太守。先是崤、黾驿道多虎灾，行旅不通。昆为政三年，仁化大行，虎皆负子度河。帝闻而异之。二十二年，征代杜林为光禄勋。诏问昆曰："前在江陵，反风灭火，后守弘农，虎北度河，行何德政而致是事？"昆对曰："偶然耳。"左右皆笑其质讷。帝叹曰："此乃长者之言也。"顾命书诸策。乃令入授皇太子及诸王小侯五十馀人。二十七年，拜骑都尉。三十年，以老乞骸骨，诏赐洛阳第舍，以千石禄终其身。中元二年卒。

子轶，字君文，传昆业，门徒亦盛。永平中，为太子中庶子。建初中，稍迁宗正，卒官，遂世掌宗正焉。

洼丹传

洼丹字子玉，南阳育阳人也。世传《孟氏易》。王莽时，常避世教授，专志不仕，徒众数百人。建武初，为博士，稍迁，十一年，为大鸿胪。作《易通论》七篇，世号《洼君通》。丹学义研深，《易》家宗之，称为大儒。十七年，卒于官，年七十。时中山觟阳鸿，字孟孙，亦以《孟氏易》教授，有名称，永平中为少府。

任安传

任安字定祖，广汉绵竹人也。少游太学，受《孟氏易》，兼通数经。又从同郡杨厚学图谶，究极其术。时人称曰："欲知仲桓问任安。"又曰："居今行古任定祖。"学终，还家教授，诸生自远而至。初仕州郡。后太尉再辟，除博士，公车征，皆称疾不就。州牧刘焉表荐之，时王涂隔塞，诏命竟不至。年七十九，建安七年，卒于家。

杨政传

杨政字子行，京兆人也。少好学，从代郡范升受《梁丘易》，善说经书。京师为之语曰："说经铿铿杨子行。"教授数百人。范升尝为出妇所告，坐系狱，政乃肉袒，以箭贯耳，抱升子潜伏道傍，候车驾，而持章叩头大言曰："范升三娶，唯有一子，今适三岁，孤之可哀。"武骑虎贲惧惊乘舆，举弓射之，犹不肯去；旄头又以戟叉政，伤胸，政犹不退。哀泣辞请，有感帝心，诏曰："乞杨生师。"即尺一出升。政由是显名。为人嗜酒，不拘小节，果敢自矜，然笃于义。时帝婿梁松，皇后弟阴就，皆慕其声名，而请与交友。政每共言论，常切磋恳至，不为屈挠。尝诣扬虚侯马武，武难见政，称疾不为起。政入户，径升床排武，把臂责之曰："卿蒙国恩，备位藩辅，不思求贤以报殊宠，而骄天下英俊，此非养身之道也。今日动者刀入胁。"武诸子及左右皆大惊，以为见劫，操兵满侧，政颜色自若。会阴就至，责数武，令为交友。其刚果任情，皆如此也。建初中，官至左中郎将。

张兴传

张兴字君上，颍川鄢陵人也。习《梁丘易》以教授。建武中，举孝廉为郎，谢病去，复归聚徒。后辟司徒冯勤府，勤举为孝廉，稍迁博士。永平初，迁侍中祭酒。十年，拜太子少傅。显宗数访问经术。既而声称著闻，弟子自远至者，著录且万人，为梁丘家宗。十四年，卒于官。

子鲂，传兴业，位至张掖属国都尉。

戴凭传

戴凭字次仲，汝南平舆人也。习《京氏易》。年十六，郡举明经，征试博士，拜郎中。时诏公卿大会，群臣皆就席，凭独立。光武问其意。凭对曰："博士说皆不如臣，而坐居臣上，是以不得就席。"帝即召上殿，令与诸儒难说，凭多所解释。帝善之，拜为侍中，数进见问得失。帝谓凭曰："侍中当匡补国政，勿有隐情。"凭对曰："陛下严。"帝曰："朕何用严？"凭曰："伏见前太尉西曹掾蒋遵，清亮忠孝，学通古今，陛下纳肤受之诉，遂致禁锢，世以是为严。"帝怒曰："汝南子欲复党乎？"凭出，自系廷尉，有诏敕出。后复引见，凭谢曰："臣无謇谔之节，而有狂瞽之言，不能

尸伏谏，偷生苟活，诚惭圣朝。"帝即敕尚书解遵禁锢，拜凭虎贲中郎将，以侍中兼领之。正旦朝贺，百僚毕会，帝令群臣能说经者更相难诘，义有不通，辄夺其席以益通者，凭遂重坐五十馀席。故京师为之语曰："解经不穷戴侍中。"在职十八年，卒于官，诏赐东园梓器，钱二十万。

时南阳魏满字叔牙，亦习《京氏易》，教授。永平中，至弘农太守。

孙期传

孙期字仲彧，济阴成武人也。少为诸生，习《京氏易》《古文尚书》。家贫，事母至孝，牧豕于大泽中，以奉养焉。远人从其学者，皆执经垄畔以追之，里落化其仁让。黄巾贼起，过期里陌，相约不犯孙先生舍。郡举方正，遣吏赍羊酒请期，期驱豕入草不顾。司徒黄琬特辟，不行，终于家。

建武中，范升传《孟氏易》，以授杨政，而陈元、郑众皆传《费氏易》，其后马融亦为其传。融授郑玄，玄作《易注》，荀爽又作《易传》，自是《费氏》兴，而《京氏》遂衰。

《前书》云：济南伏生传《尚书》，授济南张生及千乘欧阳生，欧阳生授同郡兒宽，宽授欧阳生之子，世世相传，至曾孙欧阳高，为《尚书》欧阳氏学；张生授夏侯都尉，都尉授族子始昌，始昌传族子胜，为大夏侯氏学；胜传从兄子建，别为小夏侯氏学：三家皆立博士。又鲁人孔安国传《古文尚书》授都尉朝，朝授胶东庸谭，为《尚书》古文学，未得立。

欧阳歙传

欧阳歙字正思，乐安千乘人也。自欧阳生传《伏生尚书》，至歙八世，皆为博士。歙既传业，而恭谦好礼让。王莽时，为长社宰。更始立，为原武令。世祖平河北，到原武，见歙在县修政，迁河南都尉，后行太守事。世祖即位，始为河南尹，封被阳侯。建武五年，坐事免官。明年，拜扬州牧，迁汝南太守。推用贤俊，政称异迹。九年，更封夜侯。歙在郡，教授数百人，视事九岁，征为大司徒。坐在汝南臧罪千馀万发觉下狱。诸生守阙为歙求哀者千馀人，至有自髡剔者。平原礼震，年十七，闻狱当断，驰之京师，行到河内获嘉县，自系，上书求代歙死。曰："伏见臣师大司徒欧阳歙，学为儒宗，八世博士，而以臧咎当伏重辜。歙门单子幼，未能传学，身死之后，永为废绝，上令陛下获杀贤之讥，下使学者丧师资之益。乞杀臣身以代歙命。"书奏，而歙已死狱中。歙掾陈元上书追讼之，言甚切至，帝乃赐棺木，赠印绶，赙缣三千匹。

子复嗣。复卒，无子，国除。

济阴曹曾字伯山,从歆受《尚书》,门徒三千人,位至谏议大夫。子祉,河南尹,传父业教授。

又陈留陈弇,字叔明,亦受《欧阳尚书》于司徒丁鸿,仕为蕲长。

牟长传

牟长字君高,乐安临济人也。其先封牟,春秋之末,国灭,因氏焉。长少习《欧阳尚书》,不仕王莽世。建武二年,大司空弘特辟,拜博士,稍迁河内太守,坐垦田不实免。长自为博士及在河内,诸生讲学者常有千馀人,著录前后万人。著《尚书章句》,皆本之欧阳氏,俗号为《牟氏章句》。复征为中散大夫,赐告一岁,卒于家。

子纡,又以隐居教授,门生千人。肃宗闻而征之,欲以为博士,道物故。

宋登传

宋登字叔阳,京兆长安人也。父由,为太尉。登少传《欧阳尚书》,教授数千人。为汝阴令,政为明能,号称"神父"。迁赵相,入为尚书仆射。顺帝以登明识礼乐,使持节临太学,奏定典律,转拜侍中。数上封事,抑退权臣,由是出为颍川太守。市无二价,道不拾遗。病免,卒于家,汝阴人配社祠之。

张驯传

张驯字子儁,济阴定陶人也。少游太学,能诵《春秋左氏传》。以《大夏侯尚书》教授。辟公府,举高第,拜议郎。与蔡邕共奏定《六经》文字。擢拜侍中,典领秘书近署,甚见纳异。多因便宜陈政得失,朝廷嘉之。迁丹阳太守,化有惠政。光和七年,征拜尚书,迁大司农。初平中,卒于官。

尹敏传

尹敏字幼季,南阳堵阳人也。少为诸生。初习《欧阳尚书》,后受《古文》,兼善《毛诗》、《穀梁》、《左氏春秋》。

建武二年,上疏陈《洪范》消灾之术。时世祖方草创天下,未遑其事,命敏待诏公车,拜郎中,辟大司空府。帝以敏博通经记,令校图谶,使蠲去崔发所为王莽著录次比。敏对曰:"谶书非圣人所作,其中多近鄙别字,颇类世俗之辞,恐疑误后生。"帝不纳。敏因其阙文增之曰:"君无口,为汉辅。"帝见而怪之,召敏问其故。敏对曰:"臣见前人增损图书,敢不自量,窃幸万一。"帝深非之,虽竟不罪,而亦以此沈滞。与班彪亲善,每相遇,辄日旰忘食,夜分不寝,自以为钟期伯牙、庄周惠施之相得也。

后三迁长陵令。永平五年,诏书捕男子周虑。虑素有名称,而善于敏,敏坐系免官。及出,叹曰:"喑聋之徒,真世之有道者也,何谓察察而遇斯患乎?"十一年,除郎中,迁谏议大夫。卒于家。

周防传

周防字伟公,汝南汝阳人也。父扬,少孤微,常修逆旅,以供过客,而不受其报。防年十六,仕郡小吏。世祖巡狩汝南,召掾史试经,防尤能诵读,拜为守丞。防以未冠,谒去。师事徐州刺史盖豫,受《古文尚书》。经明,举孝廉,拜郎中。撰《尚书杂记》三十二篇,四十万言。太尉张禹荐补博士,稍迁陈留太守,坐法免。年七十八,卒于家。

子举,自有传。

孔僖传

孔僖字仲和,鲁国鲁人也。自安国以下,世传《古文尚书》、《毛诗》。曾祖父子建,少游长安,与崔篆友善。及篆仕王莽为建新大尹,尝劝子建仕。对曰:"吾有布衣之心,子有衮冕之志,各从所好,不亦善乎!道既乖矣,请从此辞。"遂归,终于家。僖与崔篆孙驷复相友善,同游太学,习《春秋》。因读吴王夫差时事,僖废书叹曰:"若是,所谓画龙不成反为狗者。"驷曰:"然。昔孝武皇帝始为天子,年方十八,崇信圣道,师则先王,五六年间,号胜文、景。及后恣己,忘其前之为善。"僖曰:"书传若此多矣!"邻房生梁郁傥和之曰:"如此,武帝亦是狗邪?"僖、驷默然不对。郁怒恨之,阴上书告驷、僖诽谤先帝,刺讥当世。事下有司,驷诣吏受讯。僖以吏捕方至,恐诛,乃上书肃宗自讼曰:"臣之愚意,以为凡言诽谤者,谓实无此事而虚加诬之也。至如孝武皇帝,政之美恶,显在汉史,坦如日月。是为直说书传实事,非诽谤也。夫帝者为善,则天下之善咸归焉;其不善,则天下之恶亦萃焉。斯皆有以致之,故不可以诛于人也。且陛下即位以来,政教未过,而德泽有加,天下所具也,臣等独何讥刺哉?假使所非实是,则固应悛改;傥其不当,亦宜含容,又何罪焉?陛下不推原大数,深自为计,徒肆私忿,以快其意。臣等受戮,死即死耳,顾天下之人,必回视易虑,以此事窥陛下心。自今以后,苟见不可之事,终莫复言者矣。臣之所以不爱其死,犹敢极言者,诚为陛下深惜此大业。陛下若不自惜,则臣何赖焉?齐桓公亲扬其先君之恶,以唱管仲,然后群臣得尽其心。今陛下乃欲以十世之武帝,远讳实事,岂不与桓公异哉?臣恐有司卒然见构,衔恨蒙枉,不得自叙,使后世论者,擅以陛下有所方比,宁可复使子孙追掩之乎?谨诣阙伏待重诛。"帝始亦无罪僖等意,及书奏,立诏勿问,拜僖兰台令史。

元和二年春,帝东巡狩,还过鲁,幸阙里,以太牢祠孔子及七十二弟子,作六代之乐,大会孔氏男子二十以上者六十三人,命儒者讲《论语》。僖因自陈谢,帝曰:"今日之会,宁于卿宗有光荣乎?"对曰:"臣闻明王圣主,莫不尊师贵道。今陛下亲屈万乘,辱临敝里,此乃崇礼先师,增辉圣德。至于光荣,非所敢承。"帝大笑曰:"非圣者子孙,焉有斯言乎!"遂拜僖郎中,赐褒成侯损及孔氏男女钱帛,诏僖从还京师,使校书东观。冬,拜临晋令,崔骃以《家林》筮之,谓为不吉,止僖曰:"子盍辞乎?"僖曰:"学不为人,仕不择官,凶吉由己,而由卜乎?"在县三年,卒官,遗令即葬。

二子长彦、季彦,并十馀岁。蒲坂令许君然劝令反鲁。对曰:"今载柩而归,则违父令;舍墓而去,心所不忍。"遂留华阴。长彦好章句学,季彦守其家业,门徒数百人。延光元年,河西大雨雹,大者如斗。安帝诏有道术之士极陈变眚,乃召季彦见于德阳殿,帝亲问其故。对曰:"此皆阴乘阳之征也。今贵臣擅权,母后党盛,陛下宜修圣德,虑此二者。"帝默然,左右皆恶之。举孝廉,不就。三年,年四十七,终于家。

初,平帝时王莽秉政,乃封孔子后孔均为褒成侯,追谥孔子为褒成宣尼。及莽败,失国。建武十三年,世祖复封均子志为褒成侯。志卒,子损嗣。永元四年,徙封褒亭侯。损卒,子曜嗣。曜卒,子完嗣。世世相传,至献帝初,国绝。

杨伦传

杨伦字仲理,陈留东昏人也。少为诸生,师事司徒丁鸿,习《古文尚书》。为郡文学掾。更历数将,志乖于时,以不能人间事,遂去职,不复应州郡命。讲授于大泽中,弟子至千馀人。元初中,郡礼请,三府并辟,公车征,皆辞疾不就。后特征博士,为清河王傅。是岁,安帝崩,伦辄弃官奔丧,号泣阙下不绝声。阎太后以其专擅去职,坐抵罪。

顺帝即位,诏免伦刑,遂留行丧于恭陵。服阕,征拜侍中。是时邵陵令任嘉在职贪秽,因迁武威太守,后有司奏嘉臧罪千万,征考廷尉,其所牵染将相大臣百有余人。伦乃上书曰:"臣闻《春秋》诛恶及本,本诛则恶消;振裘持领,领正则毛理。今任嘉所坐狼藉,未受冥戮,猥以垢身,改典大郡,自非案坐举者,无以禁绝奸萌。往者湖陆令张叠、萧令驷贤、徐州刺史刘福等,畔秽既章,咸伏其诛,而豺狼之吏至今不绝者,岂非本举之主不加之罪乎?昔齐威之霸,杀奸臣五人,并及举者,以弭谤读。当断不断,《黄石》所戒。夫圣王所以听憧夫匹妇之言者,犹尘加嵩岱,雾集淮海,虽未有益,不为损也。惟陛下留神省察。"奏御,有司以伦言切直,辞不逊顺,下之。尚书奏伦探知密事,激以求

直。坐不敬,结鬼薪。诏书以伦数进忠言,特原之,免归田里。

阳嘉二年,征拜太中大夫。大将军梁商以为长史。谏诤不合,出补常山王傅,病不之官。诏书敕司隶催促发遣,伦乃留河内朝歌,以疾自上曰:"有留死一尺,无北行一寸。刎颈不易,九裂不恨。匹夫所执,强于三军。固敢有辞。"帝乃下诏曰:"伦出幽升高,宠以藩傅,稽留王命,擅止道路,托疾自从,苟肆狷忘。"遂征诣廷尉,有诏原罪。

伦前后三征,皆以直谏不合。既归,闭门讲授,自绝人事。公车复征,逊遁不行,卒于家。中兴,北海牟融习《大夏侯尚书》,东海王良习《小夏侯尚书》,沛国桓荣习《欧阳尚书》。荣世习相传授,东京最盛。扶风杜林传《古文尚书》,林同郡贾逵为之作训,马融作传,郑玄注解,由是《古文尚书》遂显于世。

卷一百九下
儒林列传第六十九下

《前书》鲁人申公受《诗》于浮丘伯,为作诂训,是为《鲁诗》,齐人辕固生亦传《诗》,是为《齐诗》;燕人韩婴亦传《诗》,是为《韩诗》;三家皆立博士。赵人毛苌传《诗》,是为《毛诗》,未得立。

高诩传

高诩字季回,平原般人也。曾祖父嘉,以《鲁诗》授元帝,仕至上谷太守。父容,少传嘉学,哀平间为光禄大夫。诩以父任为郎中,世传《鲁诗》。以信行清操知名。王莽篡位,父子称盲,逃,不仕莽世。光武即位,大司空宋弘荐诩,征为郎,除符离长。去官,后征为博士。建武十一年,拜大司农。在朝以方正称。十三年,卒官,赐钱及冢田。

包咸传

包咸字子良,会稽曲阿人也。少为诸生,受业长安,师事博士右师细君,习《鲁诗》、《论语》。王莽末,去归乡里,于东海界为赤眉贼所得,遂见拘执。十馀日,咸晨夜诵经自若,贼异而遣之。因住东海,立精舍讲授。光武即位,乃归乡里。太守黄谠署户曹史,欲召咸入授其子。咸曰:"礼有来学,而无往教。"谠遂遣子师之。举孝廉,除郎中。建武中,入授皇太子《论语》,又为其章句。拜谏议大夫、侍中、右中郎将。永平五年,迁大鸿胪。每进见,锡以几杖,入屏不趋,赞事不名。经传有疑,辄遣小黄门就舍即问。显宗以咸有师傅恩,而素清苦,常特赏赐珍玩束帛,奉禄增于诸

卿，咸皆散与诸生之贫者。病笃，帝亲辇驾临视。八年，年七十二，卒于官。子福，拜郎中，亦以《论语》入授和帝。

魏应传

魏应字君伯，任城人也。少好学。建武初，诣博士受业，习《鲁诗》。闭门诵习，不交僚党，京师称之。后归为郡吏，举明经，除济阴王文学。以疾免官，教授山泽中，徒众常数百人。永平初，为博士，再迁侍中。十三年，迁大鸿胪。十八年，拜光禄大夫。建初四年，拜五官中郎将，诏入授千乘王伉。应经明行修，弟子自远方至，著录数千人。肃宗甚重之，数进见，论难于前，特受赏赐。时会京师诸儒于白虎观，讲论《五经》同异，使应专掌难问，侍中淳于恭奏之，帝亲临称制，如石渠故事。明年，出为上党太守，征拜骑都尉，卒于官。

伏恭传

伏恭字叔齐，琅邪东武人，司徒湛之兄子也。湛弟黯，字稚文，以明《齐诗》，改定章句，作《解说》九篇，位至光禄勋，无子，以恭为后。恭性孝，事所继母甚谨，少传黯学，以任为郎。建武四年，除剧令。视事十三年，以惠政公廉闻。青州举为尤异，太常试经第一，拜博士，迁常山太守。敦修学校，教授不辍，由是北州多为伏氏学。永平二年，代梁松为太仆。四年，帝临辟雍，于行礼中拜恭为司空，儒者以为荣。初，父黯章句繁多，恭乃省减浮辞，定为二十万言。在位九年，以病乞骸骨罢，诏赐千石奉以终其身。十五年，行幸琅邪，引遇如三公仪。建初二年冬，肃宗行飨礼，以恭为三老。年九十，元和元年卒，赐葬显节陵下。子寿，官至东郡太守。

任末传

任末字叔本，蜀郡繁人也。少习《齐诗》，游京师，教授十馀年。友人董奉德于洛阳病亡，末乃躬推鹿车，载奉德丧致其墓所，由是知名。为郡功曹，辞以病免。后奔师丧，于道物故。临命，敕兄子造曰："必致我尸于师门，使死而有知，魂灵不惭；如其无知，得土而已。"造从之。

景鸾传

景鸾字汉伯，广汉梓潼人也。少随师学经，涉七州之地。能理《齐诗》、《施氏易》，兼受《河洛》图纬，作《易说》及《诗解》，文句兼取《河洛》，以类相从，名为《交集》。又撰《礼内外记》，号曰《礼略》。又抄风角杂书，列其占验，作《兴道》一篇。及作《月令章句》，凡所著述五十馀万言。数上书陈救灾变之术。州郡辟命不就。以寿终。

薛汉传

薛汉字公子，淮阳人也。世习《韩诗》，父子以章句著名。汉少传父业，尤善说灾异谶纬，教授常数百人。建武初，为博士，受诏校定图谶。当世言《诗》者，推汉为长。永平中，为千乘太守，政有异迹。后坐楚事辞相连，下狱死。弟子犍为杜抚、会稽澹台敬伯、钜鹿韩伯高最知名。

杜抚传

杜抚字叔和，犍为武阳人也。少有高才。受业于薛汉，定《韩诗章句》。后归乡里教授。沈静乐道，举动必以礼。弟子千馀人。后为骠骑将军东平王苍所辟，及苍就国，掾史悉补王官属，未满岁，皆自劾归。时抚为大夫，不忍去，苍闻，赐车马财物遣之。辟太尉府。建初中，为公车令，数月卒官。其所作《诗题约义通》，学者传之，曰《杜君法》云。

召驯传

召驯字伯春，九江寿春人也。曾祖信臣，元帝时为少府。父建武中为卷令，倜傥不拘小节。驯少习《韩诗》，博通书传，以志义闻，乡里号之曰"德行恂恂召伯春"。累仕州郡，辟司徒府。建初元年，稍迁骑都尉，侍讲肃宗。拜左中郎将，入授诸王。帝嘉其义学，恩宠甚崇。出拜陈留太守，赐刀剑钱物。元和二年，入为河南尹。章和二年，代任隗为光禄勋，卒于官，赐冢茔陪园陵。孙休，位至青州刺史。

杨仁传

杨仁字文义，巴郡阆中人也。建武中，诣师学习《韩诗》，数年归，静居教授。仕郡为功曹，举孝廉，除郎。太常上仁经中博士，仁自以年未五十，不应旧科，上府让选。显宗特诏补北宫卫士令，引见，问当世政迹。仁对以宽和任贤，抑黜骄戚为先。又上便宜十二事，皆当世急务。帝嘉之，赐以缣钱。及帝崩，时诸马贵盛，各争欲入宫。仁被甲持戟，严勒门卫，莫敢轻进者。肃宗既立，诸马共谮仁刻峻，帝知其忠，愈善之，拜什邡令。宽惠为政，劝课掾史弟子，悉令就学。其有通明经术者，显之右署，或贡之朝，由是义学大兴。垦田千馀顷。行兄丧去官。后辟司徒桓虞府。掾有宋章者，贪奢不法，仁终不与交言同席，时人畏其节。后为阆中令，卒于官。

赵晔传

赵晔字长君，会稽山阴人也。少尝为县吏，奉檄迎督邮，晔耻于厮役，遂弃车马去。到犍为资中，诣杜抚受《韩诗》，究竟其术，积二十年，绝问不还，家为发丧制服。抚卒乃归。州召补从事，不就。举有道。卒于家。晔著《吴越春秋》、《诗细历神渊》。蔡邕至会稽，读《诗细》而叹息，以为长于《论衡》。邕还京师，传之，学者咸诵习焉。时山阳张匡，字文通，亦习《韩诗》，作章句。后举有道，博士征不就。卒于家。

卫宏传

卫宏字敬仲，东海人也。少与河南郑兴俱好古学。初，九江谢曼卿善《毛诗》，乃为其训。宏从曼卿受学，因作《毛诗序》，善得《风雅》之旨，于今传于世。后从大司空杜林更受《古文尚书》，为作《训旨》。时济南徐巡师事宏，后从林受学，亦以儒显，由是古学大兴。光武以为议郎。宏作《汉旧仪》四篇，以载西京杂事；又著赋、颂、诔七首，皆传于世。中兴后，郑众、贾逵传《毛诗》，后马融作《毛诗传》，郑玄作《毛诗笺》。

《前书》鲁高堂生，汉兴传《礼》十七篇。后瑕丘萧奋以授同郡后苍，苍授梁人戴德及德兄子圣、沛人庆普。于是德为《大戴礼》，圣为《小戴礼》，普为《庆氏礼》：三家皆立博士。孔安国所献《礼》古经五十六篇及《周官经》六篇，前世传其书，未有名家。中兴已后，亦有《大小戴》博士，虽相传不绝，然未有显于儒林者。建武中，曹充习庆氏学，传其子褒，遂撰《汉礼》，事在《褒传》。

董钧传

董钧字文伯，犍为资中人也。习《庆氏礼》。事大鸿胪王临。元始中，举明经，迁廪牺令，病去官。建武中，举孝廉，辟司徒府。钧博通古今，数言政事。永平初，为博士。时草创五郊祭祀，及宗庙礼乐，威仪章服，辄令钧参议，多见从用，当世称为通儒。累迁五官中郎将，常教授门生百馀人。后坐事左转骑都尉。年七十馀，卒于家。中兴，郑众传《周官经》，后马融作《周官传》，授郑玄，玄作《周官注》。玄本习《小戴礼》，后以古经校之，取其义长者，故为郑氏学。玄又注小戴所传《礼记》四十九篇，通为《三礼》焉。

《前书》齐胡母子都传《公羊春秋》，授东平嬴公，嬴公授东海孟卿，孟卿授鲁人眭孟，眭孟授东海严彭祖、鲁人颜安乐。彭祖为《春秋》严氏学，安乐为《春秋》颜氏学，又瑕丘江公传《穀梁春秋》：三家皆立博士。梁太傅贾谊为《春秋左氏传训诂》，授赵人贯公。

丁恭传

丁恭字子然，山阳东缗人也。习《公羊严氏春秋》。恭学义精明，教授常数百人，州郡请召不应。建武初，为谏议大夫、博士，封关内侯。十一年，迁少府。诸生自远方至者，著录数千人，当世称为大儒。太常楼望、侍中承宫、长水校尉樊儵等皆受业于恭。二十年，拜侍中祭酒、骑都尉，与侍中刘昆俱在光武左右，每事谘访焉。卒于官。

周泽传

周泽字稚都，北海安丘人也。少习《公羊严氏春秋》，隐居教授，门徒常数百人。建武末，辟大司马府，署议曹祭酒。数月，征试博士。中元元年，迁黾池令。奉公克己，矜恤孤羸，吏人归爱之。永平五年，迁右中郎将。十年，拜太常。泽果敢直言，数有据争。后北地太守廖信，坐贪秽下狱，没入财产，显宗以信臧物班诸廉吏，唯泽及光禄勋孙堪、大司农常冲特蒙赐焉。是时京师翕然，在位者咸自勉励。

堪字子稚，河南缑氏人也。明经学，有志操，清白贞正，爱士大夫，然一毫未尝取于人，以节介气勇自行。王莽末，兵革并起，宗族老弱在营保间，堪常力战陷敌，无所回避，数被创刃，宗族赖之，郡中咸服其义勇。

建武中，仕郡县。公正廉絜，奉禄不及妻子，皆以供宾客。及为长吏，所在有迹，为吏人所敬仰。喜分明去就。尝为县令，谒府，趋步迟缓，门长遣堪御吏，堪便解印绶去，不之官。后复仕为左冯翊，坐御下促急，司隶校尉举奏免官。数月，征为侍御史，再迁尚书令。

永平十一年，拜光禄勋。堪清廉，果于从政，数有直言，多见纳用。十八年，以病乞身，为侍中骑都尉，卒于官。堪行类于泽，故京师号曰"二稚"。

十二年，以泽行司徒事，如真。泽性简，忽威仪，颇失宰相之望。数月，复为太常。清絜循行，尽敬宗庙。常卧疾斋宫，其妻哀泽老病，窥问所苦。泽大怒，以妻干犯斋禁，遂收送诏狱谢罪。当世疑其诡激。时人为之语曰："生世不谐，作太常妻，一岁三百六十日，三百五十九日斋。"十八年，拜侍中骑都尉。后数为三老五更。建初中致仕，卒于家。

钟兴传

钟兴字次文,汝南汝阳人也。少从少府丁恭受《严氏春秋》。恭荐兴学行高明,光武召见,问以经义,应对甚明。帝善之,拜郎中,稍迁左中郎将。诏令定《春秋》章句,去其复重,以授皇太子。又使宗室诸侯从兴受章句。封关内侯。兴自以无功,不敢受爵。帝曰:"生教训太子及诸王侯,非大功邪?"兴曰:"臣师丁恭。"于是复封恭,而兴遂固辞不受爵,卒于官。

甄宇传

甄宇字长文,北海安丘人也。清静少欲。习《严氏春秋》,教授常数百人。建武中,为州从事,征拜博士,稍迁太子少傅,卒于官。传业子普,普传子承。承尤笃学,未尝视家事,讲授常数百人。诸儒以承三世传业,莫不归服之。建初中,举孝廉,卒于梁相。子孙传学不绝。

楼望传

楼望字次子,陈留雍丘人也。少习《严氏春秋》。操节清白,有称乡间。建武中,赵节王栩闻其高名,遣使赍玉帛请以为师,望不受。后仕郡功曹。永平初,为侍中、越骑校尉,入讲省内。十六年,迁大司农。十八年,代周泽为太常。建初五年,坐事左转太中大夫,后为左中郎将。教授不倦,世称儒宗,诸生著录九千馀人。年八十,永元十三年,卒于官。门生会葬者数千人,儒家以为荣。

程曾传

程曾字秀升,豫章南昌人也。受业长安,习《严氏春秋》,积十馀年,还家讲授。会稽顾奉等数百人常居门下。著书百馀篇,皆《五经》通难,又作《孟子章句》。建初三年,举孝廉,迁海西令,卒于官。

张玄传

张玄字君夏,河内河阳人也。少习《颜氏春秋》,兼通数家法。建武初,举明经,补弘农文学,迁陈仓县丞。清净无欲,专心经书,方其讲问,乃不食终日。及有难者,辄为张数家之说,令择从所安。诸儒皆伏其多通,著录千馀人。玄初为县丞,尝以职事对府,不知官曹处,吏白门下责之。时右扶风琅邪徐业,亦大儒也,闻玄诸生,试引见之,与语,大惊曰:"今日相遭,真解矇矣!"遂请上堂,难问极日。

后玄去官,举孝廉,除为郎。会《颜氏》博士缺,玄试策第一,拜为博士。居数月,诸生上言玄兼说《严氏》、《冥氏》,不宜专为《颜氏》博士。光武且令还署,未及迁而卒。

李育传

李育字元春,扶风漆人也。少习《公羊春秋》。沈思专精,博览书传,知名太学,深为同郡班固所重。固奏记荐育于骠骑将军东平王苍,由是京师贵戚争往交之。州郡请召,育到,辄辞病去。常避地教授,门徒数百。颇涉猎古学。尝读《左氏传》,虽乐文采,然谓不得圣人深意,以为前世陈元、范升之徒更相非折,而多引图谶,不据理体,于是作《难左氏义》四十一事。

建初元年,卫尉马廖举育方正,为议郎。后拜博士。四年,诏与诸儒论《五经》于白虎观,育以《公羊》义难贾逵,往返皆有理证,最为通儒。再迁尚书令。及马氏废,育坐为所举免归。岁馀复征,再迁侍中,卒于官。

何休传

何休字邵公,任城樊人也。父豹,少府。休为人质朴讷口,而雅有心思,精研《六经》,世儒无及者。以列卿子诏拜郎中,非其好也。辞疾而去,不仕州郡,进退必以礼。太傅陈蕃辟之,与参政事。蕃败,休坐废锢,乃作《春秋公羊解诂》,覃思不窥门,十有七年。又注训《孝经》、《论语》风角七分,皆经纬典谟,不与守文同说。又以《春秋》驳汉事六百馀条,妙得《公羊》本意。休善历算,与其师博士羊弼,追述李育意以难二传,作《公羊墨守》、《左氏膏肓》、《穀梁废疾》。党禁解,又辟司徒。群公表休道术深明,宜侍帷幄,幸臣不悦之,乃拜议郎,屡陈忠言。再迁谏议大夫,年五十四,光和五年卒。

服虔传

服虔字子慎,初名重,又名祇,后改为虔,河南荥阳人也。少以清苦建志,入太学受业。有雅才,善著文论,作《春秋左氏传解》,行之至今。又以《左传》驳何休之所驳汉事六十条。举孝廉,稍迁,中平末,拜九江太守。免,遭乱行客,病卒。所著赋、碑、诔、书记、《连珠》《九愤》凡十余篇。

颍容传

颍容字子严,陈国长平人也。博学多通,善《春秋左氏》,师事太尉杨赐,郡举孝廉,州辟,公车征,皆不就。初平中,避乱荆州,聚徒千馀人。刘表以为武陵太守,不肯起。著《春秋左氏条例》五万馀言,建安中卒。

谢该传

谢该字文仪,南阳章陵人也。善明《春秋左氏》,为世名儒,门徒数百千人。建安中,河东人乐详条《左氏》疑滞数十事以问,该皆为通解之,名为《谢氏释》,行于世。仕为公车司马令,以父母老,托疾去官。欲归乡里,会荆州道断,不得去。少府孔融上书荐之曰:"臣闻高祖创业,韩、彭之将征讨暴乱,陆贾、叔孙通进说《诗》《书》。光武中兴,吴、耿佐命,范升、卫宏修述旧业,故能文武并用,成长久之计。陛下圣德钦明,同符二祖,劳谦厄运,三年乃讙。今尚父鹰扬,方叔翰飞,王师电骛,群凶破殄,始有櫜弓卧鼓之次,宜得名儒,典综礼纪。窃见故公车司马令谢该,体曾、史之淑性,兼商、偃之文学,博通群艺,周览古今,物来有应,事至不惑,清白异行,敦悦道训。求之远近,少有畴匹。若乃巨骨出吴,隼集陈庭,黄能入寝,亥有二首,非夫洽闻者,莫识其端也。隼不疑定北阙之前,夏侯胜辩常阴之验,然后朝士益重儒术。今该实卓然比迹前列,间以父母老疾,弃官欲归,道路险塞,无由自致。猥使良才抱朴而逃,逾越山河,沈沦荆楚,所谓往而不反者也。后日当更馈乐以钓由余,克像以求傅说,岂不烦哉?臣愚以为可推录所在,召该令还。楚人止孙卿之去国,汉朝追匡衡于平原,尊儒贵学,惜失贤也。"书奏,诏即征还,拜议郎。以寿终。

建武中,郑兴、陈元传《春秋左氏》学。时尚书令韩歆上疏,欲为《左氏》立博士,范升与讼争之未决,陈元上书讼《左氏》,遂以魏郡李封为《左氏》博士。后群儒蔽固者数廷争之。及封卒,光武重违众议,而因不复补。

许慎传

许慎字叔重,汝南召陵人也。性淳笃,少博学经籍,马融常推敬之,时人为之语曰:"《五经》无双许叔重。"为郡功曹,举孝廉,再迁除洨长。卒于家。初,慎以《五经》传说臧否不同,于是撰为《五经异义》,又作《说文解字》十四篇,皆传于世。

蔡玄传

蔡玄字叔陵,汝南南顿人也。学通《五经》,门徒常千人,其著录者万六千人。征辟并不就。顺帝特诏征拜议郎。讲论《五经》异同,甚合帝意。迁侍中,出为弘农太守,卒官。

论曰:自光武中年以后,干戈稍戢,专事经学,自是其风世笃焉。其服儒衣,称先王,游庠序,聚横塾者,盖布之于邦域矣。若乃经生所处,不远万里之路,精庐暂建,赢粮动有千百,其著名高义开门受徒者,编牒不下万人,皆专相传祖,莫或讹杂。至有分争王庭,树朋私里,繁其章条,穿求崖穴,以合一家之说。故杨雄曰:"今之学者,非独为之华藻,又从而绣其鞶帨。"夫书理无二,义归有宗,而硕学之徒,莫之或徙,故通人鄙其固焉,又雄所谓"诐诐之学,各习其师"也。且观成名高第,终能远至者,盖亦寡焉,而迂滞若是矣。然所谈者仁义,所传者圣法也。故人识君臣父子之纲,家知违邪归正之路。自桓、灵之间,君道秕僻,朝纲日陵,国隙屡启,自中智以下,靡不审其崩离;而权强之臣,息其窥盗之谋,豪俊之夫,屈于鄙生之议者,人诵先王言也,下畏逆顺势也。至如张温、皇甫嵩之徒,功定天下之半,声驰四海之表,俯仰顾眄,则天业可移,犹鞠躬昏主之下,狼狈折札之命,散成兵,就绳约,而无悔心。暨乎剥桡自极,人神数尽,然后群英乘其运,世德终其祚。迹衰敝之所由致,而能多历年所者,斯岂非学之效乎?故先师垂典文,褒励学者之功,笃矣切矣。不循《春秋》,至乃比于杀逆,其将有意乎!

赞曰:斯文未陵,亦各有承。涂分流别,专门并兴。精疏殊会,通阂相征。千载不作,渊源谁激?

卷一百十上 文苑列传第七十上

杜笃传

杜笃字季雅,京兆杜陵人也。高祖延年,宣帝时为御史大夫。笃少博学,不修小节,不为乡人所礼。居美阳,与美阳令游,数从请托,不谐,颇相恨。令怒,收笃送京师。会大司马吴汉薨,光武诏诸儒诔之,笃于狱中为诔,辞最高,帝美之,赐帛免刑。笃以关中表里山河,先帝旧京,不宜改营洛邑,乃上奏《论都赋》曰:

臣闻知而复知,是为重知。臣所欲言,陛下已知,故略其梗概,不敢具陈。昔殷庚去奢,行俭于亳,成周之隆,乃即中洛。遭时制都,不常厥邑。贤圣之虑,盖有优劣;霸王之姿,明知相绝。守国之势,同归异术:或弃去阻厄,务处平易;或据山带河,并吞六国;或富贵思归,不顾见袭;或掩空击虚,自蜀汉出;即日车驾,策由一卒;或知而不从,久都墝垧。臣不敢有所据。窃见司马相如、杨子云作辞赋以讽主上,臣诚慕之,伏作书一篇,名曰《论都》,谨并封奏如左。

皇帝以建武十八年二月甲辰,升舆洛邑,巡于西岳。推天时,顺斗极,排阊阖,入函谷,观厄于崤、黾,图险于陇、蜀。其三月丁酉,行至长安。经营宫室,伤愍旧京,即诏京兆,乃命扶风,斋肃致敬,告觐园陵。凄然有怀祖之思,喟乎以思诸夏之隆。遂天旋云游,造舟于渭,北航泾流。千乘方毂,万骑骈罗,衍陈于岐、梁,东横乎大河。瘗后土,礼邠郊。其岁四月,反于洛都。明年,有诏复函谷关,作大驾宫,六王邸、高车厩于长安,修理东都城门,桥泾、渭。往往缮离观,东临霸、浐,西望昆明,北登长平,规龙首,抚未央,觇平乐,仪建章。

是时山东翕然狐疑,意圣朝之西都,惧关门之反拒也。客有为笃言:"彼坎井之潢污,固不容夫吞舟;且洛邑之渟潴,曷足以居乎万乘哉?咸阳守国利器,不可久虚,以示奸萌。"笃未甚然其言也,故因为述大汉之崇,世据雍州之利,而今国家未暇之故,以喻客意。曰:

昔在强秦,爰初开畔,霸自岐、雍,国富人衍,卒以并兼,桀虐作乱。天命有圣,托之大汉。大汉开基,高祖有勋。斩白蛇,屯黑云,聚五星于东井,提干将而呵暴秦。蹠沧海,跨昆仑,奋彗光,埽项军,遂济人难,荡涤于泗、沂。刘敬建策,初都长安。太宗承流,守之以文。躬履节俭,侧身行仁,食不二味,衣无异采,赈人以农桑,率下以约己,曼丽之容不悦于目,郑卫之声不过于耳,佞邪之臣不列于朝,巧伪之物不鬻于市,故能理升平而刑几措。富衍于孝景,功传于后嗣。

是时孝武因其馀财府帑之蓄,始有钩深图远之意,探冒顿之罪,校平城之仇。遂命票骑,勤任卫青,勇惟鹰扬,军如流星,深入匈奴,割裂王庭,席卷漠北,叩勒祁连,横分单于,屠裂百蛮,烧蔚帐,系阏氏,燔康居,灰珍奇,椎鸣镝,钉鹿蠡,驰阬岸,获昆弥,虏徼僥,驱骡驴,驭宛马,鞭駃騠。拓地万里,威震八荒。肇置四郡,据守敦煌。并域属国,一郡领方。立候隅北,建护西羌。捶驱氐、僰,寥狼邛、莋。东摅乌桓,蹂辚涉貊。南羁钩町,水剑强越。残夷文身,海波沫血。郡县日南,漂概朱崖。部尉东南,兼有黄支。连缓耳,琐雕题,摧天督,牵象犀,椎蜻蛤,碎琉璃,甲瑇瑁,戕碧犀。于是同穴裘褐之域,共川鼻饮之国,莫不祖跽稽颡,失气虏伏。非夫大汉之盛,世藉雍土之饶,得御外理内之术,孰能致功若斯! 故创业于高祖,嗣传于孝惠,德隆于太宗,财衍于孝景,威盛于圣武,政行于宣、元,侈极于成、哀,祚缺于孝平。传世十一,历载三百,德衰而复盈,道微而复章,皆莫能迁于雍州,而背于咸阳。宫室寝庙,山陵相望,高显弘丽,可思可荣,羲、农已来,无兹著明。

夫雍州本帝皇所以育业,霸王所以衍功,战士角难之场也。禹贡所载,厥田惟上。沃野千里,原隰弥望。保殖五谷,桑麻条畅。滨据南山,带以泾、渭,号曰陆海,蓄生万类。楩楠檀柘,蔬果成实。畎浍润淤,水泉灌溉,渐泽成川,粳稻陶遂。厥土之膏,亩价一金。田田相如,镈耰株林。火耕流种,功浅得深。既有蓄积,隘塞四临:西被陇、蜀,南通汉中,北据谷口,东阻嶔岩。关函守嶤,山东道穷,置列汧、陇,雍偃西戎,拒守褒斜,岭南不通,杜口绝津,朔方无从。鸿、渭之流,径入于河,大船万艘,转漕相过,东综沧海,西纲流沙,朔南暨声,诸夏是和。城池百尺,厄塞要害。关梁之险,多所衿带。一卒举瓀,千夫沈滞;一人奋戟,三军沮败。地势便利,介胄剽悍,可与守近,利以攻远。士卒易保,人不肉袒。肇十有二,是为赠腴。用霸则兼并,先据则功殊,修文则财衍,行武则士要,为政则化上,篡逆则难诛,进攻则百克,退守则有馀:斯固帝王之渊囿,而守国之利器也。逮及亡新,时汉之衰,偷忍渊囿,篡器慢违,徒以势便,莫能卒危。假之十八,诛自京师。天昺更始,不能引维。慢藏招寇,复致赤眉。海内云扰,诸夏灭微,群龙并战,未知是非。于时圣帝,赫然申威。荷天人之符,兼不世之姿。受命于皇上,获助于灵祇。立号高邑,骞旗四麾。首策之臣,运筹出奇,虓怒之旅,如虎如螭。师之攸向,无不靡披。盖夫燔鱼剸蛇,莫之方斯。大呼山东,响动流沙。要龙渊,首镇铘,命腾太白,亲发狼、弧。南禽公孙,北背强胡,西平陇、冀,东据洛都。乃廓平帝宇,济蒸人于涂炭,成兆庶之亹亹,遂兴复乎大汉。

今天下新定,矢石之勤始瘳,而主上方以边垂为忧,忿葭萌之不柔,未遑于论都而遗思雍州也。方躬劳圣思,以率海内,厉抚名将,略地疆外,信威于征伐,展武乎荒裔。若夫文身鼻饮缓耳之主,椎结左衽镵镵偶之君,东南殊俗不羁之国,西北绝域难制之邻,靡不重译纳贡,请为藩臣。上犹谦让而不伐勤。意以为获无用之虏,不如安有益之民,略荒裔之地,不如保殖五谷之渊,远救于已亡,不若近而存存也。今国家躬修道德,吐惠含仁,湛恩沾洽,时风显宣。徒垂意于持平守实,务在爱育元元,苟有便于王政者,圣主纳焉。何则?物罔挹而不损,道无隆而不移,阳盛则运,阴满则亏,故存不忘亡,安不讳危,虽有仁义,犹设城池也。客以器不可久虚,而国家亦不忘乎西都,何必去洛邑之渟潴与?

笃后仕郡文学掾,以目疾,二十馀年不窥京师。笃之外高祖破羌将军辛武贤,以武略称。笃常叹曰:"杜氏文明善政,而笃不任为吏,辛氏秉义经武,而笃又怯于事。外内五世,至笃衰矣!"女弟适扶风马氏。建初三年,车骑将军马防击西羌,请笃为从事中郎,战没于射姑山。所著赋、诔、吊、书、赞、《七言》、《女诫》及杂文,凡十八篇。又著《明世论》十五篇。

子硕,豪侠,以货殖闻。

王隆传

王隆字文山,冯翊云阳人也。王莽时,以父任为郎,后避难河西,为窦融左护军。建武中,为新汲令。能文章,所著诗、赋、铭、书凡二十六篇。初,王莽末,沛国史岑子孝亦以文章显,莽以为谒者,著颂、诔、《复神》、《说疾》凡四篇。

夏恭传

夏恭字敬公,梁国蒙人也。习《韩诗》、《孟氏易》,讲授门徒常千馀人。王莽末,盗贼从横,攻没郡县,恭以恩信为众所附,拥兵固守,独安全。光武即位,嘉其忠果,召拜郎中,再迁太山都尉。和集百姓,甚得其欢心。恭善为文,著赋、颂、诗、《励学》凡二十篇。年四十九卒官,诸儒共谥曰宣明君。

子牙,少习家业,著赋、颂、赞、诔凡四十篇。举孝廉,早卒。乡人号曰文德先生。

傅毅传

傅毅字武仲。扶风茂陵人也。少博学。永平中,于平陵习章句,因作《迪志诗》曰:

　　咨尔庶士,迨时斯勖。日月逾迈,岂云旋复!
　　哀我经营,旅力靡及。
　　在兹弱冠,靡所庶立。
　　於赫我祖,显于殷国。二迹阿衡,克光其则。
　　武丁兴商,伊宗皇士。
　　爰作股肱,万邦是纪。奕世载德,迄我显考。
　　保膺淑懿,缵修其道。
　　汉之中叶,俊乂式序。秩彼殷宗,光此勋绪。
　　伊余小子,秽陋靡逮。惧我世烈,自兹以坠。
　　谁能革浊,清我灌溉?
　　谁能昭暗,启我童昧?先人有训,我讯我诰。
　　训我嘉务,诲我博学。
　　爰率朋友,寻此旧则。契阔夙夜,庶不懈忒。
　　秩秩大猷,纪纲庶式。匪勤匪昭,匪壹匪测。
　　农夫不息,越有黍稷。谁能云作,考之居息?二事败业,多疾我力。如彼遵衢,则罔所极。
　　二志靡成,聿劳我心。如彼兼听,则溷于音。
　　於戏君子,无恒自逸。徂年如流,鲜兹暇日。
　　行迈屡税,胡能有迄。
　　密勿朝夕,聿同始卒。

毅以显宗求贤不笃,士多隐处,故作《七激》以为讽。

建初中,肃宗博召文学之士,以毅为兰台令史,拜郎中,与班固、贾逵共典校书。毅追美孝明皇帝功德最盛,而庙颂未立,乃依《清庙》作《显宗颂》十篇奏之,由是文雅显于朝廷。车骑将军马防,外戚尊重,请毅为军司马,待以师友之礼。及马氏败,免官归。

永元元年,车骑将军窦宪复请毅为主记室,崔骃为主簿。及宪迁大将军,复以毅为司马,班固为中护军。宪府文章之盛,冠于当世。毅早卒,著诗、赋、诔、颂、祝文、《七激》、《连珠》凡二十八篇。

黄香传

黄香字文强,江夏安陆人也。年九岁,失母,思慕憔悴,殆不免丧,乡人称其至孝。年十二,太守刘护闻而召之,署门下孝子,甚见爱敬。香家贫,内无仆妾,躬执苦勤,尽心奉养。遂博学经典,究精道术,能文章,京师号曰"天下无双江夏黄童"。

初除郎中,元和元年,肃宗诏香诣东观,读所未尝见书。香后告休,及归京师,时千乘王冠,帝会中山邸,乃诏香殿下,顾谓诸王曰:"此'天下无双江夏黄童'者也。"左右莫不改观。后召诣安福殿言政事,拜尚书郎,数陈得失,赏赉增加。尝独止宿台上,昼夜不离省闼,帝闻善之。

永元四年,拜左丞,功满当迁,和帝留,增秩。六年,累迁尚书令。后以为东郡太守,香上疏让曰:"臣江淮孤贱,愚蒙小生,经学行能,无可算录。遭值太平,先人馀福,得以弱冠特蒙征用,连阶累任,遂极台阁。讫无纤介效,报恩效死,诚不意悟,卒被非望,显拜近郡,尊位千里。臣闻量能授官,则职无废事;因劳施爵,则贤愚得宜。臣香小丑,少为诸生,典郡从政,固非所堪,诚恐蒙顿,孤忝圣恩。又惟机密端首,至为尊要,复非臣香所当久奉。承诏惊惶,不知所裁。臣香年在方刚,适可驱使。愿乞馀恩,留备冗官,赐以督责小职,任之宫台烦事,以毕臣香蝼蚁小志,诚瞑目至愿,土灰极荣。"帝亦惜香干用,久习旧事,复留为尚书令,增秩二千石,赐钱三十万。是后遂管枢机,甚见亲重,而香亦祗勤物务,忧公如家。

十二年,东平清河奏妖言卿仲辽等,所连及且千人。香科别据奏,全活甚众。每郡国疑罪,辄务求轻科,爱惜人命,每存优济。又晓习边事,均量军政,皆得事宜。帝知其精勤,数加恩赏,疾病存问,赐医药。在位多所荐达,宠遇甚盛,议者讥其过幸。

延平元年,迁魏郡太守。郡旧有内外园田,常与人分种,收谷岁数千斛。香曰:"《田令》'商者不农',《王制》'仕者不耕'，伐冰食禄之人，不与百姓争利。"乃悉以赋人，课令耕种。时被水年饥，乃分奉禄及所得赏赐班赡贫者，于是丰富之家各出义谷，助官禀贷，荒民获全。后坐水潦事免，数月，卒于家。所著赋、笺、奏、书、令凡五篇。子琼，自有传。

刘毅传

刘毅，北海敬王子也。初封平望侯，永元中，坐事夺爵。毅少有文辩称，元初元年，上《汉德论》并《宪论》十二篇。时刘珍、邓耽、尹兑、马融共上书称其美，安帝嘉之，赐钱三万，拜议郎。

李尤传

李尤字伯仁，广汉雒人也。少以文章显。和帝时，侍中贾逵荐尤有相如、杨雄之风，召诣东观，受诏作赋，拜兰台令史。稍迁，安帝时为谏议大夫，受诏与谒者仆射刘珍等俱撰《汉记》。后帝废太子为济阴王，尤上书谏争。顺帝立，迁乐安相。年八十三卒。所著诗、赋、铭、诔、颂、《七叹》《哀典》凡二十八篇。尤同郡李胜，亦有文才，为东观郎，著赋、诔、颂、论数十篇。

苏顺传

苏顺，字孝山，京兆霸陵人也。和安间以才学见称。好养生术，隐处求道。晚乃仕，拜郎中，卒于官。所著赋、论、诔、哀辞、杂文凡十六篇。时三辅多士，扶风曹众伯师亦有才学，著诔、书、论四篇。又有曹朔，不知何许人，作《汉颂》四篇。

刘珍传

刘珍字秋孙，·名宝，南阳蔡阳人也。少好学。永初中，为谒者仆射。邓太后诏使与校书刘騊駼、马融及《五经》博士，校定东观《五经》、诸子传记、百家艺术，整齐脱误，是正文字。永宁元年，太后又诏珍与騊駼作建武已来名臣传，迁侍中、越骑校尉。延光四年，拜宗正。明年，转卫尉，卒官。著诔、颂、连珠凡七篇。又撰《释名》三十篇，以辩万物之称号云。

葛龚传

葛龚字元甫，梁国宁陵人也。和帝时，以善文记知名。性慷慨壮烈，勇力过人。安帝永初中，举孝廉，为太官丞，上便宜四事，拜荡阴令。辟太尉府，病不就。州举茂才，为临汾令。居二县，皆有称绩。著文、赋、碑、诔、书记凡十二篇。

王逸传

王逸字叔师，南郡宜城人也。元初中，举上计吏，为校书郎。顺帝时，为侍中。著《楚辞章句》行于世。其赋、诔、书、论及杂文凡二十一篇。又作《汉诗》百二十三篇。

子延寿，字文考，有儁才。少游鲁国，作《灵光殿赋》。后蔡邕亦造此赋，未成，及见延寿所为，甚奇之，遂辍翰而已。曾有异梦，意恶之，乃作《梦赋》以自厉。后溺水死，时年二十馀。

崔琦传

崔琦字子玮，涿郡安平人，济北相瑗之宗也。少游学京师，以文章博通称。初举孝廉，为郎。河南尹梁冀闻其才，请与交。冀行多不轨，琦数引古今成败以戒之，冀不能受。乃作《外戚箴》。其辞曰：

赫赫外戚，华宠煌煌。昔在帝舜，德隆英、皇。周兴三母，有莘崇汤。

宣王晏起，姜后脱簪。齐桓好乐，卫姬不音。皆辅主以礼，扶君以仁。

达才进善，以义济身。

爰暨末叶，渐已颓亏。贯鱼不叙，九御差池。晋国之难，祸起于丽。

惟家之索，牝鸡之晨。专权擅爱，显己蔽人。陵长间旧，圮剥至亲。

并后匹嫡，淫女毙陈。匪贤是上，番为司徒。荷爵负乘，采食名都。

诗人是刺，德用不恢。暴辛惑妇，拒谏自孤。蝮蛇其心，纵毒不辜。

诸父是杀，孕子是刳。天怒地忿，人谋鬼图。甲子昧爽，身首分离。

初为天子，后为人螭。

非但耽色，母后尤然。不相率以礼，而竞奖以权。先笑后号，卒以辱残。

家国泯绝，宗庙烧燔。末嬉丧夏，褒姒毙周，妲己亡殷，赵灵沙丘。

戚姬人豕，吕宗以败。陈后作巫，卒死于外。霍欲鸩子，身乃罹废。

故曰：

无谓我贵，天将尔摧。无恃常好，色有歇微。无怙常幸，爱有陵迟。

无曰我能,天人尔违。患生不德,福有慎机。日不常中,月盈有亏。履道者固,杖势者危。微臣司戚,敢告在斯。

琦以言不从,失意,复作《白鹄赋》以为风。梁冀见之,呼琦问曰:"百官外内,各有司存,天下云云,岂独吾人之尤,君何激刺之过乎?"琦对曰:"昔管仲相齐,乐闻机谏之言;萧何佐汉,乃设书过之吏。今将军累世台辅,任齐伊、公,而德政未闻,黎元涂炭,不能结纳贞良,以救祸败,反复欲钳塞士口,杜蔽主听,将使玄黄改色,马鹿易形乎?"冀无以对,因遣琦归。后除为临济长,不敢之职,解印绶去。冀遂令刺客阴求杀之。客见琦耕于陌上,怀书一卷,息辄偃而咏之。客哀其志,以实告琦,曰:"将军令吾要子,今见君贤者,情怀忍忍,可亟自逃,吾亦于此亡矣。"琦得脱走,冀后竟捕杀之。所著赋、颂、铭、诔、箴、吊、论、《九咨》、《七言》,凡十五篇。

边韶传

边韶字孝先,陈留浚仪人也。以文章知名,教授数百人。韶口辩,曾昼日假卧,弟子私嘲之曰:"边孝先,腹便便。懒读书,但欲眠。"韶潜闻之,应时对曰:"边为姓,孝为字。腹便便,《五经》笥。但欲眠,思经事,寐与周公通梦,静与孔子同意。师而可嘲,出何典记?"嘲者大惭。韶之才捷皆此类也。桓帝时,为临颍侯相,征拜太中大夫,著作东观。再迁北地太守,入拜尚书令。后为陈相,卒官。著诗、颂、碑、铭、书、策凡十五篇。

卷一百十下 文苑列传第七十下

张升传

张升字彦真,陈留尉氏人,富平侯放之孙也。升少好学,多关览,而任情不羁。其意相合者,则倾身交结,不问穷贱。如乖其志好者,虽王公大人,终不屈从。常叹曰:"死生有命,富贵在天。其有知我,虽胡越可亲。苟不相识,从物何益?"仕郡为纲纪,以能出守外黄令。吏有受赇者,即论杀之。或讥升守领一时,何足趋明威戮乎?对曰:"昔仲尼暂相,诛齐之侏儒,首足异门而出,故能威震强国,反其侵地。君子仕不为己,职思其忧,岂以久近而异其度哉?"遇党锢去官,后竟见诛,年四十九。著赋、诔、颂、碑、书,凡六十篇。

赵壹传

赵壹字元叔,汉阳西县人也。体貌魁梧,身长九尺,美须豪眉,望之甚伟,而恃才倨傲,为乡党所摈,乃作《解摈》。后屡抵罪,几至死,友人救得免。壹乃贻书谢恩曰:

昔原大夫赎桑下绝气,传称其仁。秦越人还虢太子结脉,世著其神。设曩之二人不遭仁遇神,则结绝之气竭矣。然而糒脯出乎车轮,针石运乎手爪。今所赖者,非直车轮之糒脯,手爪之针石也。乃收之于斗极,还之于司命,使干皮复含血,枯骨复被肉,允所谓遭仁遇神,真所宜传而著之。余畏禁,不敢班班显言,窃为《穷鸟赋》一篇。其辞曰:

有一穷鸟,戢翼原野。毕网加上,机阱在下,前见苍隼,后见驱者。

缴弹张右,羿子彀左,飞丸激矢,交集于我。思飞不得,欲鸣不可。

举头畏触,摇足恐堕。内独怖急,乍冰乍火。幸赖大贤,我矜我怜。

昔济我南,今振我西。鸟也虽顽,犹识密恩,内以书心,外用告天。

天乎祚贤,归贤永年。且公且侯,子子孙孙。

又作《刺世疾邪赋》,以舒其怨愤。曰:

伊五帝之不同礼,三王亦又不同乐,数极自然变化,非是故相反驳。德政不能救世溷乱,赏罚岂足惩时清浊?春秋时祸败之始,战国愈复增其荼毒。秦、汉无以相逾越,乃更加其怨酷。宁计生民之命,唯利己而自足。于兹迄今,情伪万方。佞诌日炽,刚克消亡。舐痔结驷,正色徒行。妪媚名势,抚拍豪强。偃蹇反俗,立致咎殃。捷慑逐物,日富月昌。浑然同惑,孰温孰凉。邪夫显进,直士幽藏。

原斯瘼之攸兴,实执政之匪贤。女谒掩其视听兮,近习秉其威权。所好则钻皮出其毛羽,所恶则洗垢求其瘢痕。虽欲竭诚而尽忠,路绝险而靡缘。九重既不可启,又群吠之狺狺。安危亡于旦夕,肆嗜欲于目前。奚异涉海之失舵,积薪而待燃。荣纳由于闪揄,孰知辨其蚩妍。故法禁屈挠于势族,恩泽不逮于单门。宁饥寒于尧舜之荒岁兮,不饱暖于当今之丰年。乘理虽死而非亡,违义虽生而匪存。有秦客者,乃为诗曰:河清不可俟,人命不可延。顺风激靡草,富贵者称贤。文籍虽满腹,不如一囊钱。伊优北堂上,抗脏倚门边。

鲁生闻此辞,系而作歌曰:势家多所宜,咳唾自成珠。被褐怀金玉,兰蕙化为刍。贤者虽独悟,所困在群愚。且各守尔分,勿复空驰驱。哀哉复哀哉,此是命矣夫!

光和元年,举郡上计到京师。是时司徒袁逢受计,计吏数百人皆拜伏庭中,莫敢仰视,壹独长揖而已。逢望而异之,令左右往让之,曰:"下郡计吏而揖三公,何也?"对曰:"昔郦食其长揖汉王,今揖三公,何遽怪哉?"逢则敛衽下堂,执其手,延置上坐,因问西方事,大悦,顾谓坐中曰:"此人汉阳赵元叔也。朝臣莫有过之者,吾请为诸君分坐。"坐者皆属观。既出,往造河南尹羊陟,不得见。壹以公卿中非陟无足以托名者,乃日往到门,陟自强许通,尚卧未起,壹径入上堂,遂前临之,曰:"窃伏西州,承高风旧矣,乃今方遇而忽然,奈何命也!"因举声哭,门下惊,皆奔入满侧。陟知其非常人,乃起,延与语,大奇之。谓曰:"子出矣。"陟明旦大从车骑奉谒造壹。时诸计吏多盛饰车马帷幕,而壹独柴车草屏,露宿其傍,延陟前坐车下,左右莫不叹愕。陟遂与言谈,至熏夕,极欢而去,执其手曰:"良璞不剖,必有泣血以相明者矣!"陟乃与袁逢共称荐之。名动京师,士大夫想望其风采。及西还,道经弘农,过候太守皇甫规,门者不即通,壹遂遁去。门吏惧,以白之。规闻壹名大惊,乃追书谢曰:"蹉跌不面,企德怀风,虚心委质,为日久矣。侧闻仁者憋其区区,冀承清诲,以释遥悚。今旦外白有一尉两计吏,不道屈尊门下,更启乃知已去。如印绶可投,夜岂待旦。惟君明睿,平其风心。宁当慢傲,加于所天。事在悖惑,不足具责。傥可原察,追修前好,则何福如之!谨遣主簿奉书,下笔气结,汗流竟趾。"壹报曰:"君学成师范,缙绅归慕,仰高希骥,历年滋多。旋辕兼道,渴于言侍,沐浴晨兴,昧旦守门,实望仁兄,昭其悬迟。以贵下贱,握发垂接,高可敷玩坟典,起发圣意,下则抗论当世,消弭时灾。岂悟君子,自生息倦,失恂恂善诱之德,同亡国骄惰之志!盖见机而作,不俟终日,是以凫退自引,畏使君劳。昔人或历说而不遇,或思士而无从,皆归之于天,不尤于物。今壹自遣而已,岂敢有猜!仁君忽一匹夫,于德何损?而远辱手笔,追路相寻,诚足愧他。壹之区区,曷云量己,其嗟可去,谢也可食,诚则顽薄,实识其趣。但关节疢动,膝灸坏溃,请俟它日,乃奉其情。辄诵来贶,永以自慰。"遂去不顾。州郡争致礼命,┃碑公府,并不就,终于家。初袁逢使善相者相壹,云"仕不过郡吏",竟如其言。著赋、颂、箴、诔、书、论及杂文十六篇。

刘梁传

刘梁字曼山,一名岑,东平宁阳人也。梁宗室子孙,而少孤贫,卖书于市以自资。常疾世多利交,以邪曲相党,乃著《破群论》。时之览者,以为"仲尼作《春秋》,乱臣知惧,今此论之作,俗士岂不愧心。"其文不存。又著《辩和同之论》。其辞曰:

夫事有违而得道,有顺而失义,有爱而为害,有恶而为美。其故何乎?盖明智之所得,暗伪之所失也。是以君子之于事也,无适无莫,必考之以义焉。得由和兴,失由同起,故以可济否谓之和,好恶不殊谓之同。《春秋传》曰:"和如羹焉,酸苦以剂其味,君子食之以平其心。同如水焉,若以水济水,谁能食之?琴瑟之专一,谁能听之?"是以君子之行,周而不比,和而不同,以救过为正,以匡恶为忠。经曰:"将顺其美,匡救其恶,则上下和睦能相亲也。"

昔楚恭王有疾,召其大夫曰:"不穀不德,少主社稷。失先君之绪,覆楚国之师,不穀之罪也。若以宗庙之灵,得保首领以殁,请为灵若厉。"大夫许诸。及其卒也,子囊曰:"不然。夫事君者,从其善,不从其过。赫赫楚国,而君临之,扶正南海,训及诸夏,其宠大矣。有是宠也,而知其过,可不谓恭乎!"大夫从之。此违而得道者也。及灵王骄淫,暴虐无度,芋尹申亥从王之欲,以殡于乾溪,殉之二女。此顺而失义者也。鄢陵之役,晋楚对战,阳穀献酒,子反以毙。此爱而害之者也。臧武仲曰:"孟孙之恶我,药石也;季孙之爱我,美疢也。疢毒滋厚,石犹生我。"此恶而为美者也。孔子曰:"智之难也。有臧武仲之智,而不容于鲁国,抑有由也,作不顺而施不恕也。"盖善其知义,讥其违道。

夫知而违之,伪也;不知而失之,暗也。暗与伪焉,其患一也。患之所在,非徒在智之不及,又在及而违之者矣。故曰"智及之仁不能守之,虽得之,必失之"也。《夏书》曰:"念兹在兹,庶事恕施。"忠智之谓矣。

故君子之行,动则思义,不为利回,不为义疢,进退周旋,唯道是务。苟失其道,则兄弟不阿;苟得其义,虽仇雠不废。故解狐蒙祁奚之荐,二叔被周公之害,勃鞮以逆文为成,傅瑕以顺厉为败,管苏以憎忤取进,申侯以爱从见退,考之以义也。故曰:"不在逆顺,以义为断;不在憎爱,以道为贵。"《礼记》曰:"爱而知其恶,憎而知其善。"考义之谓也。

桓帝时,举孝廉,除北新城长。告县人曰:"昔文翁在蜀,道著巴汉,庚桑琐隶,风移碨碟。吾虽小宰,犹有社稷,苟赴期会,理文墨,岂本志乎!"乃更大作讲舍,延聚生徒数百人,朝夕自往劝诫,身执经卷,试策殿最,儒化大行。此邑至后犹称其教焉。特召入拜尚书郎,累迁。后为野王令,未行。光和中,病卒。

孙桢,亦以文才知名。

边让传

边让字文礼,陈留浚仪人也。少辩博,能属文。作《章华赋》，虽多淫丽之辞，而终之以正，亦如相如之讽也。其辞曰：

楚灵王既游云梦之泽，息于荆台之上。前方淮之水，左洞庭之波，右顾彭蠡之隩，南眺巫山之阿。延目广望，骋观终日。顾谓左史倚相曰："盛哉斯乐，可以遗老而忘死也！"于是遂作章华之台，筑乾谿之室，穷木土之技，单珍府之实，举国营之，数年乃成。设长夜之淫宴，作北里之新声。于是伍举知夫陈、蔡之将生谋也。乃作斯赋以讽之：

胄高阳之苗胤兮，承圣祖之洪泽。建列藩于南楚兮，等威灵于二伯。超有商之大彭兮，越隆周之两虢。达皇佐之高勋兮，驰仁声之显赫。惠风春施，神武电断，华夏肃清，五服攸乱。且垂精于万机兮，夕回辇于门馆。设长夜之欢饮兮，展中情之嬿婉。竭四海之妙珍兮，尽生人之秘玩。

尔乃携窈窕，从好仇，径肉林，登糟丘，兰肴山竦，椒酒渊流。激玄醴于清池兮，糜微风而行舟。登瑶台以回望兮，冀弥日而消忧。于是招宓妃，命湘娥，齐倡列，郑女罗。扬《激楚》之清宫兮，展新声而长歌。繁手超于北里，妙舞丽于《阳阿》。金石类聚，丝竹群分。被轻袿，曳华文，罗衣飘飖，组绮缤纷。纵轻躯以迅赴，若孤鹄之失群；振华袂以逶迤，若游龙之登云。于是欢嬿既洽，长夜向半，琴瑟易调，繁手改弹，清声发而响激，微音逝而流散。振弱支而纡绕兮，若绿繁之垂干。忽飘飖以轻逝兮，似鸾飞于天汉。舞无常态，鼓无定节，寻声响应，修短靡跌。长袖奋而生风，清气激而绕结。尔乃妍媚递进，巧弄相加，俯仰异容，忽兮神化。体迅轻鸿，荣曜春华，进如浮云，退如激波。虽复柳惠，能不咨嗟！于是天河既回，淫乐未终，清籥发徵，《激楚》扬风。于是音气发于丝竹兮，飞响轶于云中。比目应节而双跃兮，孤雌感声而鸣雄。美繁手之轻妙兮，嘉新声之弥隆。于是众变已尽，群乐既考。归乎生风之广厦兮，修黄轩之要道。携西子之弱腕兮，援毛嫔之素肘。形便娟以婵媛兮，若流风之靡草。美仪操之姣丽兮，忽遗生而忘老。

尔乃清夜晨，妙技单，收尊俎，彻鼓盘。惘焉若醒，抚剑而叹。虑理国之须才，悟稼穑之艰难。美吕尚之佐周，善管仲之辅桓。将超世而作理，焉沈湎于此欢！于是罢女乐，堕瑶台。思夏禹之卑宫，慕有虞之土阶。举英奇于仄陋，拔毫秀于蓬莱。君明哲以知人，官随任而攸能。百揆时叙，庶绩咸熙，诸侯慕义，不召同期。继高阳之绝轨，崇成、庄之洪基。虽齐桓之一匡，岂足方于大持？尔乃育之以仁，临之以明。致虔报于鬼神，尽肃恭乎上京。驰淳化于黎元，永历世而太平。

大将军何进闻让才名，欲辟命之，恐不至，诡以军事征召。既到，署令史，进以礼见之。让善占射，能辞对，时宾客满堂，莫不羡其风。府掾孔融、王朗并修刺候焉。议郎蔡邕深敬之，以为让宜处高任，乃荐于何进曰："伏惟幕府初开，博选清英，华发旧德，并为元龟。虽振鹭之集西雍，济济之在周庭，无以或加。窃见令史陈留边让，天授逸才，聪明贤智。髫龀凤孤，不尽家训。及就学庐，便受大典。初涉诸经，见本知义，授者不能对其问，章句不能逮其意。心通性达，口辩辞长。非礼不动，非法不言。若处狐疑之论，定嫌审之分，经典交至，捡括合参。众夫寂焉，莫之能夺也。使让生在唐、虞，则元、凯之次，运值仲尼，则颜、冉之亚，岂徒俗之凡偶近器而已者哉！阶级名位，亦宜超然。若复随辈而进，非所以章瑰伟之高价，昭知人之绝明也。传曰：'函牛之鼎以烹鸡，多汁则淡而不可食，少汁则熬而不可熟。'此言大器之于小用，固有所不宜也。邕窃悁邑，怪此宝鼎未受牺牛大羹之和，久在煎熬窑割之间，愿明将军回谋垂虑，裁加少纳，贡之机密，展之力用。若以年齿为嫌，则颜回不得贯德行之首，子奇终无阿理之功。苟堪其事，古今一也。"让后以高才擢进，屡迁，出为九江太守，不以为能也。

初平中，王室大乱，让去官还家。恃才气，不屈曹操，多轻侮之言。建安中，其乡人有构让于操，操告郡就杀之。文多遗失。

郦炎传

郦炎字文胜，范阳人，郦食其之后也。炎有文才，解音律，言论给捷，多服其能理。灵帝时，州郡辟命，皆不就。有志气，作诗二篇曰：

大道夷且长，窘路狭且促。修翼无卑栖，远趾不步局。

舒吾陵霄羽，奋此千里足。超迈绝尘驱，倏忽谁能逐。

贤愚岂尝类，禀性在清浊。富贵有人籍，贫贱无天录。

通塞苟由己，志士不相卜。陈平敖里社，韩信钓河曲。

终居天下宰，食此万钟禄。德音流千载，功名重山岳。

灵芝生河洲，动摇因洪波。兰荣一何晚，严霜瘁其柯。

哀哉二芳草，不植太山阿。交质道所贵，遭时用有嘉。

绛、灌临衡宰，谓谊崇浮华。贤才抑不用，远投荆南沙。

抱玉乘龙骥，不逢乐与和。安得孔仲尼，为

世陈四科!

炎后风病慌忽,性至孝,遭母忧,病甚发动。妻始产而惊死,妻家讼之,收系狱。炎病不能理对,熹平六年,遂死狱中,时年二十八。尚书卢植为之诔赞,以昭其懿德。

侯瑾传

侯瑾字子瑜,敦煌人也。少孤贫,依宗人居。性笃学,恒佣作为资,暮还辄燃柴以读书。常以礼自牧,独处一房,如对严宾焉。州郡累召,公车有道征,并称疾不到。作《矫世论》以讥切当时,而徙入山中,覃思著述,以莫知于世,故作《应宾难》以自寄。又案《汉记》撰中兴以后行事,为《皇德传》三十篇,行于世。馀所作杂文数十篇,多亡失。河西人敬其才而不敢名之,皆称为侯君云。

高彪传

高彪字义方,吴郡无锡人也。家本单寒,至彪为诸生,游太学,有雅才而讷于言。常从马融欲访大义,融疾不获见,乃覆刺遗融书曰:"承服风问,从来有年,故不待介者而谒大君子之门,冀一见龙光,以叙腹心之愿。不图遭疾,幽闭莫启。昔周公父文兄武,九命作伯,以尹华夏,犹挥沐吐餐,垂接白屋,故周道以隆,天下归德。公今养疴傲士,故其宜也。"融省écs,追谢还之,彪逝而不顾。后郡举孝廉,试经第一,除郎中,校书东观,数奏赋、颂、奇文,因事讽谏,灵帝异之。

时京兆第五永为督军御史,使督幽州,百官大会,祖饯于长乐观。议郎蔡邕等皆赋诗,彪乃独作箴曰:"文武将坠,乃俾俊臣。整我皇纲,董此不虔。古之君子,即戎忘身。明其果毅,尚其桓桓。吕尚七十,气冠三军。诗人作歌,如鹰如鹯。天有太一,五将三门;地有九变,丘陵山川;人有计策,六奇五间:总兹三事,谋则咨询。无曰己能,务在求贤。淮阴之勇,广野是尊。周公大圣,石碏纯臣,以威克爱,以义灭亲。勿谓时险,不正其身。勿谓无人,莫识已真。忘富遗贵,福禄乃存。枉道依合,复无所观。先公高节,越可永遵。佩藏斯戒,以厉终身。"邕等甚美其文,以为莫尚也。后迁外黄令,帝敕同僚临送,祖于上东门,诏东观画彪像以劝学者。彪到官,有德政,上书荐县人申徒蟠等。病卒于官,文章多亡。

子岱,亦知名。

张超传

张超字子并,河间鄚人也,留侯良之后也。有文才。灵帝时,从车骑将军朱儁征黄巾,为别部司马。著赋、颂、碑文、荐、檄、笺、书、谒文、嘲,凡十九篇。超又善于草书,妙绝时人,世共传之。

祢衡传

祢衡字正平,平原般人也。少有才辩,而尚气刚傲,好矫时慢物。兴平中,避难荆州。建安初,来游许下。始达颍川,乃阴怀一刺,既而无所之适,至于刺字漫灭。是时许都新建,贤士大夫四方来集。或问衡曰:"盍从陈长文、司马伯达乎?"对曰:"吾焉能从屠沽儿耶!"又问:"荀文若、赵稚长云何?"衡曰:"文若可借面吊丧,稚长可使监厨请客。"唯善鲁国孔融及弘农杨修。常称曰:"大儿孔文举,小儿杨德祖。馀子碌碌,莫足数也。"融亦深爱其才。衡始弱冠,而融年四十,遂与为交友。上疏荐之曰:"臣闻洪水横流,帝思俾乂,旁求四方,以招贤俊。昔孝武继统,将弘祖业,畴咨熙载,群士响臻。陛下叡圣,纂承基绪,遭遇厄运,劳谦日昃。惟岳降神,异人并出。窃见处士平原祢衡,年二十四,字正平,淑质贞亮,英才卓砾。初涉艺文,升堂睹奥,目所一见,辄诵于口,耳所瞥闻,不忘于心。性与道合,思若有神。弘羊潜计,安世默识,以衡准之,诚不足怪。忠果正直,志怀霜雪,见善若惊,疾恶如仇。任座抗行,史鱼厉节,殆无以过也。鸷鸟累伯,不如一鹗。使衡立朝,必有可观。飞辩骋辞,溢气坌涌,解疑释结,临敌有馀。昔贾谊求试属国,诡系单于;终军欲以长缨,牵致劲越。弱冠慷慨,前世美之。近日路粹、严象,亦用异才擢拜台郎,衡宜与为比。如得龙跃天衢,振翼云汉,扬声紫微,垂光虹蜺,足以昭近署之多士,增四门之穆穆。钧天广乐,必有奇丽之观;帝室皇居,必蓄非常之宝。若衡等辈,不可多得。《激楚》、《杨阿》,至妙之容,台牧者之所贪;飞兔、腰褭,绝足奔放,良、乐之所急。臣等区区,敢不以闻。"融既爱衡才,数称述于曹操。操欲见之,而衡素相轻疾,自称狂病,不肯往,而数有恣言。操怀忿,而以其才名,不欲杀之。闻衡善击鼓,乃召为鼓史,因大会宾客,阅试音节。诸史过者,皆令脱其故衣,更著岑牟单绞之服。次至衡,衡方为《渔阳》参挝,蹀躞而前,容态有异,声节悲壮,听者莫不慷慨。衡进至操前而止,吏诃之曰:"鼓史何不改装,而轻敢进乎?"衡曰:"诺。"于是先解袒衣,次释馀服,裸身而立,徐取岑牟、单绞而著之,毕,复参挝而去,颜色不怍。操笑曰:"本欲辱衡,衡反辱孤。"孔融退而数之曰:"正平大雅,固当尔邪?"因宣操区区之意,衡许往。融复见操,说衡狂疾,今求得自谢。操喜,敕门者有客便通,待之极晏。衡乃著布单衣、疏巾,手持三尺棁杖,坐大营门,以杖捶地大骂。吏白:外有狂生,坐于营门,言语悖逆,请收案罪。操怒,谓融曰:"祢衡竖子,孤杀之犹雀鼠耳。顾此人素有虚名,远近将谓孤不能容之,今送与刘表,视当何如。"于是遣人骑送之。临发，众人为之祖道，先供设于城南，乃更相戒曰："祢衡勃虐无礼，今因其后到，咸当以不起折之也。"及衡至，众人莫肯兴，衡坐而大号。众问其故，衡曰："坐者为冢，卧者为尸，尸冢之间，能不悲乎！"刘表及荆州士大夫先服其才名，甚宾礼之，文章言议，非衡不定。表尝与诸文人共草章奏，并极其才思。时衡出，还见之，开省未周，因毁以抵地。表怃然为骇。衡乃从求笔札，须臾立成，辞义可观。表大悦，益重之。后复侮慢于表，表耻不能容，以江夏太守黄祖性急，故送衡与之，祖亦善待焉。衡为作书记，轻重疏密，各得体宜。祖持其手曰："处士，此正得祖意，如祖腹中之所欲言也。"

祖长子射为章陵太守，尤善于衡。尝与衡俱游，共读蔡邕所作碑文，射爱其辞，还恨不缮写。衡曰："吾虽一览，犹能识之，唯其中石缺二字为不明耳。"因书出之，射驰使写碑还校，如衡所书，莫不叹伏。射时大会宾客，人有献鹦鹉者，射举卮于衡曰："愿先生赋之，以娱嘉宾。"衡揽笔而作，文无加点，辞采甚丽。后黄祖在蒙冲船上，大会宾客，而衡言不逊顺，祖惭，乃诃之，衡更熟视曰："死公，云等道？"祖大怒，令五百将出，欲加箠，衡方大骂，祖恚，遂令杀之。祖主簿素疾衡，即时杀焉。射徒跣来救，不及。祖亦悔之，乃厚加棺敛。衡时年二十六，其文章多亡云。

赞曰：情志既动，篇辞为贵。抽心呈貌，非雕非蔚。殊状共体，同声异气。言观丽则，永监淫费。

卷一百十一　独行列传第七十一

孔子曰："与其不得中庸，必也狂狷乎！"又云："狂者进取，狷者有所不为也。"此盖失于周全之道，而取诸偏至之端者也。然则有所不为，亦将有所必为者矣；既云进取，亦将有所不取者矣。如此，性尚分流，为否异适矣。中世偏行一介之夫，能成名立方者，盖亦众也。或志刚金石，而克抃于强御。或意严冬霜，而甘心于小谅。亦有结朋协好，幽明共心；蹈义陵险，死生等节。虽事非通圆，良其风轨有足怀者。而情迹殊杂，难为条品。片辞特趣，不足区别。措之则事或有遗，载之则množство贯序无统。以其名体虽殊，而操行俱绝，故总为《独行篇》焉。庶备诸阙文，纪志漏脱云尔。

谯玄传

谯玄字君黄，巴郡阆中人也。少好学，能说《易》、《春秋》。仕于州郡。成帝永始二年，有日食之灾，乃诏举敦朴逊让有行义者各一人。州举玄，诣公车，对策高第，拜议郎。帝始作期门，数为微行。立赵飞燕为皇后，后专宠怀忌，皇子多横夭。玄上书谏曰："臣闻王者承天，继宗统极，保业延祚，莫急胤嗣，故《易》有干蛊之义，《诗》咏众多之福。今陛下圣嗣未立，天下属望，而不惟社稷之计，专念微行之事，爱幸用于所惑，曲意留于非正。窃闻后宫皇子产而不育。臣闻之怛然，痛心伤剥，窃怀忧国，不忘须臾。夫警卫不修，则患生非常。忽有醉酒狂夫，分争道路，既无尊严之仪，岂识上下之别。此为胡狄起于毂下，而贼乱发于左右也。愿陛下念天下之至重，爱金玉之身，均九女之施，存无穷之福，天下幸甚。"时数有灾异，玄辄陈其变。既不省纳，故久稽郎官。后迁太常丞，以弟服去职。

平帝元始元年，日食，又诏公卿举敦朴直言。大鸿胪左咸举玄诣公车对策，复拜议郎，迁中散大夫。四年，选明达政事能班化风俗者八人。时并举玄，为绣衣使者，持节，与太仆王恽等分行天下，观览风俗，所至专行诛赏。事未及终，而王莽居摄，玄于是纵使者车，变易姓名，间窜归家，因以隐遁。后公孙述僭号于蜀，连聘不诣。述乃遣使者备礼征之。若玄不肯起，便赐以毒药。太守乃自赍玺书至玄庐，曰："君高节已著，朝廷垂意，诚不宜复辞，自招凶祸。"玄仰天叹曰："唐尧大圣，许由耻仕；周武至德，伯夷守饿。彼独何人，我亦何人。保志全高，死亦奚恨！"遂受毒药。玄子瑛泣血叩头于太守曰："方今国家东有严敌，兵师四出，国用军资或不常充足，愿奉家钱千万，以赎父死。"太守为请，述听许之。玄遂隐藏田野，终述之世。

时兵戈累年，莫能修尚学业，玄独训诸子勤习经书。建武十一年卒。明年，天下平定，玄弟庆以状诣阙自陈。光武美之，策诏本郡祠以中牢，敕所在还玄家钱。

时亦有犍为费贻，不肯仕述，乃漆身为厉，阳狂以避之，退藏山薮十馀年。述破后，仕至合浦太守。瑛善说《易》，以授显宗，为北宫卫士令。

李业传

李业字巨游，广汉梓潼人也。少有志操，介特。习《鲁诗》，师博士许晃。元始中，举明经，除为郎。会王莽居摄，业以病去官，杜门不应州郡之命。太守刘咸强召之，业乃载病诣门。咸怒，出教曰："贤者不避害，譬犹彀弩射市，薄命者先死。闻业名称，故欲与之为治，而反托疾乎？"令诣狱养病，欲杀之。客有说咸曰："赵杀鸣犊，孔子临河而逝。未闻求贤而胁以牢狱者也。"咸乃出之，因举方正。王莽以业为酒士，病不之官，遂隐藏山谷，绝匿名迹，终莽之世。及公孙述僭号，素闻业贤，征之，欲以为博士，业固疾不起。数年，述羞不致之，乃使大鸿胪尹融持毒酒奉诏命以劫业：若起，则受公侯之位；不起，赐之以药。融譬旨曰："方今天下分崩，孰知是非，而以区区之身，试于不测之渊乎！朝廷贪慕名德，旷官缺位，于今七年，四时珍御，不以忘君。宜上奉知己，下为子孙，身名俱全，不亦优乎！今数年不起，猜疑寇心，凶祸立加，非计之得者也。"业乃叹曰："危国不入，乱国不居。亲于其身为不善者，义所不从。君子见危授命，何乃诱以高位重饵哉？"融见业辞志不屈，复曰："宜呼室家计之。"业曰："丈夫断之于心久矣，何妻子之为？"遂饮毒而死。述闻业死，大惊，又耻有杀贤之名，乃遣使吊祠，赗赠百匹。业子翚逃辞不受。蜀平，光武下诏表其闾，《益部纪》载其高节，图画形象。

初，平帝时，蜀郡王皓为美阳令，王嘉为郎。王莽篡位，并弃官西归。及公孙述称帝，遣使征皓、嘉，恐不至，遂先系其妻子。使者谓嘉曰："速装，妻子可全。"对曰："犬马犹识主，况于人乎！"王皓先自刭，以首付使者。述怒，遂诛皓家属。王嘉闻而叹曰："后之哉！"乃对使者伏剑而死。

是时犍为任永及业同郡冯信，并好学博古。公孙述连征命，待以高位，皆托青盲以避世难。永妻淫于前，匿情无言；见子入井，忍而不救。信侍婢亦对信奸通。及闻诛，皆盥洗更视曰："世适平，目即清。"淫者自杀。光武闻而征之，并会病卒。

刘茂传

刘茂字子卫，太原晋阳人也。少孤，独与母居。家贫，以筋力致养，孝行著于乡里。及长，能习《礼经》，教授常数百人。哀帝时，察孝廉，再迁五原属国候，遭母忧去官。服竟后为沮阳令。会王莽篡位，茂弃官，避世弘农山中教授。

建武二年，归，为郡门下掾。时赤眉二十馀万众攻郡县，杀长吏及府掾史。茂负太守孙福逾墙藏空穴中，得免。其暮，俱奔孟县。昼则逃隐，夜求粮食。积百馀日，贼去，乃得归府。明年，诏书求天下义士。福言茂曰："臣前为赤眉所攻，吏民坏乱，奔走趣山，臣为贼所围。命如丝发，赖茂负臣逾城，出保孟县。茂与弟触冒兵刃，缘山负食，臣及妻子得度死命，节义尤高。宜蒙表擢，以厉义士。"诏书即征茂拜议郎，迁宗正丞。后拜侍中，卒官。

延平中，鲜卑数百馀骑寇渔阳，太守张显率吏士追出塞，遥望虏营烟火，急趣之。兵马掾严授虑有伏兵，苦谏止，不听。显瞋令进，授不获已，前战，伏兵发，授身被十创，殁于阵。显拔刃追散兵，不能制，虏射中显，主簿卫福、功曹徐咸遽赴之，显遂堕马，福以身拥蔽，虏并杀之。朝廷愍授等节，诏书褒叹，厚加赏赐，各除子一人为郎中。

永初二年，剧贼毕豪等入平原界，县令刘雄将吏士乘船追之。至厌次河，与贼合战。雄败，执雄，以矛刺之。时小吏所辅前叩头求哀，愿以身代雄。豪等纵雄而刺辅，贯心洞背即死。东郡太守捕得豪等，以状上。诏书追伤之，赐钱二十万，除父奉为郎中。

温序传

温序字次房，太原祁人也。仕州从事。建武二年，骑都尉弓里戍将兵平定北州，到太原，历访英俊大人，问以策谋。戍见序奇之，上疏荐焉。于是征为侍御史，迁武陵都尉，病免官。

六年，拜谒者，迁护羌校尉。序行部至襄武，为隗嚣别将苟宇所拘劫。宇谓序曰："子若与我并威同力，天下可图也。"序曰："受国重任，分当效死，义不贪生苟背恩德。"宇等复晓譬之。序素有气力，大怒，叱宇等曰："虏何敢迫胁汉将！"因以节楇杀数人。贼众争欲杀之。宇止之曰："此义士死节，可赐以剑。"序受剑，衔须于口，顾左右曰："既为贼所迫杀，无令须污土。"遂伏剑而死。序主簿韩遵、从事王忠持尸归敛。光武闻而怜之，命司送丧到洛阳，赐城傍为冢地，赗谷千斛，缣五百匹，除三子为郎中。长子寿，服竟为邹平侯相。梦序告之曰："久客思乡里。"寿即弃官，上书乞骸骨归葬。帝许之，乃反旧茔焉。

彭脩传

彭脩字子阳，会稽毗陵人也。年十五时，父为郡吏，得休，与脩俱归，道为盗所劫，脩困迫，乃拔佩刀前持盗帅曰："父辱子死，卿不顾死邪？"盗相谓曰："此童子义士也，不宜逼之。"遂辞谢而去。乡党称其名。后仕郡为功曹。时西部都尉宰晁行太守事，以微过收吴县狱吏，将杀之，主簿钟离意争谏甚切，晁怒，使收缚意，欲案之，掾史莫敢谏。脩排阁直入，拜至庭，曰："明府发雷霆于主簿，请闻其过。"晁曰："受教三日，初不奉行，废命不忠，岂非过邪？"脩因拜曰："昔任座面折文侯，朱云攀毁栏槛，自非贤君，焉得忠臣？今庆明府为贤君，主簿为忠臣。"晁遂原意罚，贳狱吏罪。后州辟从事。时贼张子林等数百人作乱，郡言州，请脩守吴令。脩与太守俱出讨贼，贼望见车马，竞交射之，飞矢雨集。脩障扞太守，而为流失所中死，太守得全。贼素闻其恩信，即杀弩中脩者，馀悉降散。言曰："自为彭君故降，不为太守服也。"

索卢放传

索卢放字君阳，东郡人也。以《尚书》教授千馀人。初署郡门下掾。更始时，使者督行郡国，太守有事，当就斩刑。放前言曰："今天下所以苦毒王氏，归心皇汉者，实以圣政宽仁故也。而传车所过，未闻恩泽。太守受诛，诚不敢言，但恐天下惶惧，各生疑变。夫使功者不如使过，愿以身代太守之命。"遂前就斩。使者义而赦之，由是显名。建武六年,征为洛阳令,政有能名。以病乞身,徙谏议大夫,数纳忠言,后以疾去。建武末,复征不起,光武使人舆之,见于南宫云台,赐谷二千斛,遣归,除子为太子中庶子。卒于家。

周嘉传

周嘉字惠文,汝南安城人也。高祖父燕,宣帝时为郡决曹掾。太守欲枉杀人,燕谏不听,遂杀囚而黜燕。囚家守阙称冤,诏遣复考,燕见太守曰:"愿谨定文书,皆著燕名,府君但言时病而已。"出谓掾史曰:"诸君被问,悉当以罪推燕。如有一言及于府君,燕手剑相刃。"使者乃收燕系狱。屡被掠楚,辞无屈挠。当下蚕室,乃叹曰:"我平王之后,正公玄孙,岂可以刀锯之馀下见先君?"遂不食而死。燕有五子,皆为刺史、太守。嘉仕郡为主簿。王莽末,群贼入汝阳城,嘉从太守何敞讨贼,敞为流矢所中,郡兵奔北,贼围绕数十重,白刃交集,嘉乃拥敞,以身扞之。因呵贼曰:"卿曹皆人隶也。为贼既逆,岂有还害其君者邪?嘉请以死赎君命。"因仰天号泣。群贼于是两两相视,曰:"此义士也!"给其车马,遣送之。后太守寇恂举为孝廉,拜尚书侍郎。光武引见,问以遭难之事。嘉对曰:"太守被伤,命悬寇手,臣实驽怯,不能死难。"帝曰:"此长者也。"诏嘉尚公主,嘉称病笃,不肯当。稍迁零陵太守,视事七年,卒,零陵颂其遗爱,吏民为立祠焉。

嘉从弟畅,字伯持,性仁慈,为河南尹。永初二年,夏旱,久祷无应,畅因收葬洛城傍客死骸骨凡万馀人,应时澍雨,岁乃丰稔。位至光禄勋。

范式传

范式字巨卿,山阳金乡人也,一名氾。少游太学,为诸生,与汝南张劭为友。劭字元伯。二人并告归乡里。式谓元伯曰:"后二年当还,将过拜尊亲,见孺子焉。"乃共克期日。后期方至,元伯具以白母,请设馔以候之。母曰:"二年之别,千里结言,尔何相信之审邪?"对曰:"巨卿信士,必不乖违。"母曰:"若然,当为尔酝酒。"至其日,巨卿果到,升堂拜饮,尽欢而别。式仕为郡功曹。后元伯寝疾笃,同郡郅君章、殷子徵晨夜省视之。元伯临尽,叹曰:"恨不见吾死友!"子徵曰:"吾与君015共尽心于子,是非死友,复欲谁求?"元伯曰:"若二子者吾生友耳。山阳范巨卿,所谓死友也。"寻而卒。式忽梦见元伯玄冕垂缨屣履而呼曰:"巨卿,吾以某日死,当以尔时葬,永归黄泉。子未我忘,岂能相及?"式怳然觉寤,悲叹泣下,具告太守,请往奔丧。太守虽心不信而重违其情,许之。式便服朋友之服,投其葬日,驰往赴之。式未及到,而丧已发引,既至圹,将窆,而柩不肯进。其母抚之曰:"元伯,岂有望邪?"遂停柩移时,乃见有素车白马,号哭而来。其母望之曰:"是必范巨卿也。"巨卿既至,叩丧言曰:"行矣元伯!死生路异,永从此辞。"会葬者千人,咸为挥涕。式因执绋而引,柩于是乃前。式遂留止冢次,为修坟树,然后乃去。后到京师,受业太学。时诸生长沙陈平子亦同在学,与式未相见,而平子被病将亡,谓其妻:"吾闻山阳范巨卿,烈士也,可以托死。吾殁后,但以尸埋巨卿户前。"乃裂素为书,以遗巨卿。既终,妻从其言。时式出行适还,省书见瘗,怆然感之,向坟揖哭,以为死友。乃营护平子妻儿,身自送丧于临湘。未至四五里,乃委素书于柩上,哭别而去。其兄弟闻之,寻求不复见。长沙上计掾史到京师,上书表式行状,三府并辟,不应。举州茂才,四迁荆州刺史。友人南阳孔嵩,家贫亲老,乃变名姓,佣为新野县阿里街卒。式行部到新野,而县选嵩为导骑迎式。式见而识之,呼嵩,把臂谓曰:"子非孔仲山邪?"对之叹息,语及平生。曰:"昔与子俱曳长裾,游息帝学,吾蒙国恩,致位牧伯,而子怀道隐身,处于卒伍,不亦惜乎!"嵩曰:"侯嬴长守于贱业,晨门肆志于抱关。子欲居九夷,不患其陋。贫者士之宜,岂为鄙哉!"式敕县代嵩,嵩以为先佣未竟,不肯去。嵩在阿里,正身厉行,街中子弟皆服其训化。遂辟公府。之京师,道宿下亭,盗共窃其马,寻问知其嵩也,乃相责让曰:"孔仲山善士,岂宜侵盗乎!"于是送马谢之,嵩官至南海太守,式后迁庐江太守,有威名,卒于官。

李善传

李善字次孙,南阳淯阳人,本同县李元苍头也。建武中疫疾,元家相继死没,唯孤儿续始生数旬,而赀财千万,诸奴婢私共计议,欲谋杀续,分其财产。善深伤李氏而力不能制,乃潜负续逃亡,隐山阳瑕丘界中,亲自哺养,乳为生湩,推燥居湿,备尝艰勤,续虽在孩抱,奉之不异长君,有事辄长跪请白,然后行之。闾里感其行,皆相率修义。续年十岁,善与归本县,修理旧业。告奴婢于长吏,悉收杀之。时锺离意为瑕丘令,上书荐善行状。光武诏拜善及续并为太子舍人。

善,显宗时辟公府,以能理剧,再迁日南太守。从京师之官,道经淯阳,过李元冢。未至一里,乃脱朝服,持锄去草。及拜墓,哭泣甚悲,身自炊爨,执鼎俎以修祭祀。垂泣曰:"君夫人,善在此。"尽哀,数日乃去。到官,以爱惠为政,怀来异俗。迁九江太守,未至,道病卒。续至河间相。

王忳传

王忳字少林,广汉新都人也。忳尝诣京师,于空舍中见一书生疾困，愍而视之。书生谓忳曰："我当到洛阳，而被病，命在须臾，腰下有金十斤，愿以相赠，死后乞藏骸骨。"未及问姓名而绝。忳即鬻金一斤，营其殡葬，馀金悉置棺下，人无知者。后归数年，县署忳大度亭长。初到之日，有马驰入亭中而止。其日，大风飘一绣被，复堕忳前，即言之于县，县以归忳。忳后乘马到雒县，马遂奔走，牵忳入它舍。主人见之喜曰："今禽盗矣。"问忳所由得马，忳具说其状，并及绣被。主人怅然良久，乃曰："被随旋风与马俱亡，卿何阴德而致此二物？"忳自念有葬书生事，因说之，并道书生形貌及埋金处。主人大惊号曰："是我子也。姓金名彦。前往京师，不知所在，何意卿乃葬之。大恩久不报，天以此章卿德耳。"忳悉以被马还之，彦父不取，又厚遗忳，忳辞让而去。时彦父为州从事，因告新都令，假忳休，自与俱迎彦丧，馀金俱存。忳由是显名。仕郡功曹，州治中从事。举茂才，除郿令。到官，至𣜽亭。亭长曰："亭有鬼，数杀过客，不可宿也。"忳曰："仁胜凶邪，德除不祥，何鬼之避！"即入亭止宿。夜中闻有女子称冤之声。忳咒曰："有何枉状，可前求理乎？"女子曰："无衣，不敢进。"忳便投衣与之。女子乃前诉曰："妾夫为涪令，之官过宿此亭，亭长无状，贼杀妾家十馀口，埋在楼下，悉取财货。"忳问亭长姓名。女子曰："即今门下游徼者也。"忳曰："汝何故数杀过客？"对曰："妾不得白日自诉，每夜陈冤，客辄眠不见应，不胜感忿，故杀之。"忳曰："当为汝理此冤，勿复杀良善也。"因解衣于地，忽然不见。明旦召游徼诘问，具服罪，即收系，及同谋十馀人悉伏辜，遣吏送其丧归乡里，于是亭遂清安。

张武传

张武者，吴郡由拳人也。父业，郡门下掾，送太守妻子还乡里，至河内亭，盗夜劫之，业与贼战死，遂亡失尸骸。武时年幼，不及识父。后之太学受业，每节，常持父遗剑，至亡处祭酹，泣而还。太守第五伦嘉其行，举孝廉。遭母丧过毁，伤父魂灵不返，因哀恸绝命。

陆续传

陆续字智初，会稽吴人也。世为族姓。祖父闳，字子春，建武中为尚书令。美姿貌，喜著越布单衣，光武见而好之，自是常敕会稽郡献越布。续幼孤，仕郡户曹史。时岁荒民饥，**太守尹兴使续于都亭赋民饘粥**。续悉简阅其民，讯以名氏。事毕，兴问所食几何？续因口说六百馀人，皆分别姓字，无有差谬。兴异之，刺史行部，见续，辟为别驾从事。以病去，还为郡门下掾。

是时楚王英谋反，阴疏天下善士，及楚事觉，显宗得

其录，有尹兴名，乃征兴诣廷尉狱。续与主簿梁宏、功曹史驷勋及掾史五百馀人诣洛阳诏狱就考，诸吏不堪痛楚，死者大半，唯续、宏、勋掠考五毒，肌肉消烂，终无异辞。续母远至京师，觇候消息，狱事特急，无缘与续相闻，母但作馈食，付门卒以进之。续虽见考苦毒，而辞色慷慨，未尝易容，唯对食悲泣，不能自胜。使者怪而问其故。续曰："母来不得相见，故泣耳。"使者大怒，以为门卒通传意气，召将案之。续曰："因食饷羹，识母所自调和，故知来耳，非人告也。"使者问："何以知母所作乎？"续曰："母尝截肉未尝不方，断葱以寸为度，是以知之。"使者问诸谒舍，续母果来，于是阴嘉之，上书说续行状。帝即赦兴等事，还乡里，禁锢终身。续以老病卒。

长子稠，广陵太守，有理名。中子逢，乐安太守。少子褒，力行好学，不慕荣名，连征不就。褒子康，已见前传。

戴封传

戴封字平仲，济北刚人也。年十五，诣太学，师事鄮令东海申君。申君卒，送丧到东海，道当经其家。父母以封当还，豫为娶妻，封暂过拜亲，不宿而去。还京师卒业。时同学石敬平温病卒，封养视殡敛，以所赍粮市小棺，送丧到家。家更敛，见敬平行时书物皆在棺中，乃大异之。封后遇贼，财物悉被略夺，唯馀缣七匹，贼不知处，封乃追以与之，曰："知诸君乏，故送相遗。"贼惊曰："此贤人也。"尽还其器物。后举孝廉，光禄主事，遭伯父丧去官。诏书求贤良方正直言之士，有至行能消灾伏异者，公卿郡守各举一人。郡及大司农俱举封。公车征，陛见，对策第一，擢拜议郎。迁西华令。时汝、颍有蝗灾，独不入西华界。时督邮行县，蝗忽大至，督邮其日即去，蝗亦顿除，一境奇之。其年大旱，封祷请无获，乃积薪坐其上以自焚。火起而大雨暴至，于是远近叹服。迁中山相。时诸县囚四百馀人，辞状已定，当行刑。封哀之，皆遣归家，与克期日，皆无违者。诏书策美焉。

永元十二年，征拜太常，卒官。

李充传

李充字大逊，陈留人也。家贫，兄弟六人同食递衣。妻窃谓充曰："今贫居如此，难以久安，妾有私财，愿思分异。"充伪酬之曰："如欲别居，当酝酒具会，请呼乡里内外，共议其事。"妇从置酒宴客。充于坐中前跪白母曰："此妇无状，而教充离间母兄，罪合遣斥。"便呵叱其妇，逐令出门，妇衔涕而去。坐中惊肃，因遂罢散。充后遭母丧，行服墓次，人有盗其墓树者，充手自杀之。服阕，立精舍讲授。太守鲁平请署功曹，不就。平怒，乃揭充以捐沟中，因

谪署县都亭长。不得已，起亲职役。后和帝公车征，不行。延平中，诏公卿、中二千石各举隐士大儒，务取高行，以劝后进，特征充为博士。时鲁平亦为博士，每与集会，常叹服焉。充迁侍中。大将军邓骘贵戚倾时，无所下借，以充高节，每卑敬之。尝置酒请充，宾客满堂，酒酣，骘跪曰："幸托椒房，位列上将，幕府初开，欲辟天下奇伟，以匡不逮，惟诸君博求其器。"充乃为陈海内隐居怀道之士，颇有不合。骘欲绝其说，以肉啖之。充抵肉于地，曰："说士犹甘于肉！"遂出，径去。骘甚望之。同坐汝南张孟举往让充曰："一日闻足下与邓将军说士未究，激刺面折，不由中和，出言之责，非所以光祚子孙者也。"充曰："大丈夫居世，贵行其意，何能远为子孙计哉！"由是见非于贵戚。迁左中郎将，年八十八，为国三老。安帝常特进见，赐以几杖。卒于家。

缪肜传

缪肜字豫公，汝南召陵人也。少孤，兄弟四人，皆同财业。及各娶妻，诸妇遂求分异，又数有斗争之言。肜深怀愤叹，乃掩户自挝曰："缪肜，汝修身谨行，学圣人之法，将以齐整风俗，奈何不能正其家乎！"弟及诸妇闻之，悉叩头谢罪，遂更为敦睦之行。仕县为主簿。时县令被尝见考，吏皆畏惧自诬，而肜独证据其事，掠考苦毒，至乃体生虫蛆，因复传换五狱，逾涉四年，令卒以自免。太守陇西梁湛召为决曹史。安帝初，湛病卒官，肜送丧还陇西。始葬，会西羌反叛，湛妻子悉避乱它郡，肜独留不去，为起坟冢，乃潜穿井旁以为窟室，昼则隐窜，夜则负土，及贼平而坟已立。其妻子意肜已死，还见大惊。关西咸称传之，共给车马衣资，肜不受而归乡里。辟公府，举尤异，迁中牟令。县近京师，多权豪，肜到，诛诸奸吏及托名贵戚宾客者百有馀人，威名遂行。卒于官。

陈重传

陈重字景公，豫章宜春人也。少与同郡雷义为友，俱学《鲁诗》、《颜氏春秋》。太守张云举重孝廉，重以让义，前后十馀通记，云不听。义明年举孝廉，重与俱在郎署。有同署郎负息钱数十万，责主日至，诡求无已，重乃密以钱代还。郎后觉知而厚辞谢之。重曰："非我之为，将有同姓名者。"终不言惠。又同舍郎有告归宁者，误持邻舍郎绔以去。主疑重所取，重不自申说，而市绔以偿之。后宁丧者归，以绔还主，其事方显。重后与义俱拜尚书郎，义代同时人受罪，以此黜退，重见义去，亦以病免。后举茂才，除细阳令。政有异化，举尤异，当迁为会稽太守，遭姊忧去官。后为司徒所辟，拜侍御史，卒。

雷义传

雷义字仲公，豫章鄱阳人也。初为郡功曹，尝擢举善人，不伐其功。义尝济人死罪，罪者后以金二斤谢之，义不受，金主伺义不在，默投金于承尘上。后葺理屋宇，乃得之，金主已死，无所复还，义乃以付县曹。后举孝廉，拜尚书侍郎，有同时郎坐事当居刑作，义默自表取其罪，以此论司寇。同台郎觉之，委位自上，乞赎义罪。顺帝诏皆除刑。义归，举茂才，让于陈重，刺史不听，义遂佯狂被发走，不应命。乡里为之语曰："胶漆自谓坚，不如雷与陈。"三府同时俱辟二人。义遂为守灌谒者。使持节督郡国行风俗，太守令长坐者凡七十人。旋拜侍御史，除南顿令，卒官。

子授，官至苍梧太守。

范冉传

范冉字史云，陈留外黄人也。少为县小吏，年十八，奉檄迎督邮，冉耻之，乃谢去。到南阳，受业于樊英。又游三辅，就马融通经，历年乃还。冉好违时绝俗，为激诡之行。常慕梁伯鸾、闵仲叔之为人。与汉中李固、河内王奂亲善，而鄙贾伟节、郭林宗焉。奂后为考城令，境接外黄，屡遣书请冉，冉不至。及奂迁汉阳太守，将行。冉乃与弟协步赍麦酒，于道侧设坛以待之。冉见奂车徒骆驿，遂不自闻，惟与弟共辩论于路。奂识其声，即下车与相揖对。奂曰："行路仓卒，非陈契阔之所，可共到前亭宿息，以叙分隔。"冉曰："子前在考城，思欲相从，以贱质自绝豪友耳。今子远适千里，会面无期，故轻行相候，以展诀别。如其相追，将有慕贵之讥矣。"便起告违，拂衣而去。奂瞻望弗及，冉长逝不顾。

桓帝时，以冉为莱芜长，遭母忧，不到官。后辟太尉府，以猥急不能从俗，常佩韦于朝。议者欲以为侍御史，因遁身逃命于梁沛之间，徒行敝服，卖卜于市。遭党人禁锢，遂推鹿车，载妻子，捃拾自资，或寓息客庐，或依宿树荫。如此十馀年，乃结草室而居焉。所止单陋，有时粮粒尽，穷居自若，言貌无改，闾里歌之曰："甑中生尘范史云，釜中生鱼范莱芜。"及党禁解，为三府所辟，乃应司空命。是时西羌反叛，黄巾作难，制诸府掾属不得妄有去就。冉首自劾退，诏书特原不理罪。又辟太尉府，以疾不行。

中平二年，年七十四，卒于家。临命遗令敕其子曰："吾生于昏暗之世，值乎淫侈之俗，生不得匡世济时，死何忍自同于世！气绝便敛，敛以时服，衣足蔽形，棺足周身，敛毕便穿，穿毕便埋。其明堂之奠，干饭寒水，饮食之物，勿有所下。坟封高下，令足自隐。知我心者李子坚、王子炳也。今皆不在，制之在尔，勿令乡人宗亲有所加也。"于是三府各遣令史奔吊。大将军何进移书陈留太守，累行论谥，佥曰宜为贞节先生。会葬者二千馀人，刺史郡守各为立碑表墓焉。

戴就传

戴就字景成，会稽上虞人也。仕郡仓曹掾，扬州刺史欧阳参奏太守成公浮臧罪，遣部从事薛安案仓库簿领，收就于钱唐县狱。幽囚考掠，五毒参至。就慷慨直辞，色不变容。又烧鈠斧，使就挟于肘腋。就语狱卒曰："可熟烧斧，勿令冷。"每上彭考，因止饭食不肯下，肉焦毁堕地者，掇而食之。主者穷竭酷惨，无复余方，乃卧就覆船下，以马通熏之。一夜二日，皆谓已死，发船视之，就方张眼大骂曰："何不益火，而使灭绝！"又复烧地，以大针刺指爪中，使以把土，爪悉堕落。主者以状白安，安呼见就，谓曰："太守罪衅狼藉，受命考实，君何故以骨肉拒扞邪？"就据地答言："太守剖符大臣，当以死报国。卿畏衔命，固宜申断冤毒，奈何诬枉忠良，强相掠理，令臣谤其君，子证其父！薛安酷骏怛行无义，就考死之日，当白之于天，与群鬼杀汝于亭中。如蒙生全，当手刃相裂！"安深奇其壮节，即解械，更与美谈，表其言辞，解释郡事。征浮还京师，免归乡里。

太守刘宠举就孝廉，光禄主事，病卒。

赵苞传

赵苞字威豪，甘陵东武城人。从兄忠，为中常侍，苞深耻其门族有宦官名势，不与忠交通。初仕州郡，举孝廉，再迁广陵令。视事三年，政教清明，郡表其状，迁辽西太守。抗厉威严，名振边俗。以到官明年，遣使迎母及妻子，垂当到郡，道经柳城，值鲜卑万馀人入塞寇钞，苞母及妻子遂为所劫质，载以击郡。苞率步骑二万，与贼对阵。贼出母以示苞，苞悲号谓母曰："为子无状，欲以微禄奉养朝夕，不图为母作祸，昔为母子，今为王臣，义不得顾私恩，毁忠节，唯当万死，无以塞罪。"母遥谓曰："威豪，人各有命，何得相顾，以亏忠义！昔王陵母对汉使伏剑，以固其志，尔其勉之。"苞即时进战，贼悉摧破，其母妻皆为所害。苞殡敛母毕，自上归葬。灵帝遣策吊慰，封鄃侯。苞葬讫，谓乡人曰："食禄而避难，非忠也；杀母以全义，非孝也。如是，有何面目立于天下！"遂欧血而死。

向栩传

向栩字甫兴，河内朝歌人，向长之后也。少为书生，性卓诡不伦。恒读《老子》，状如学道，又似狂生，好被发，著绛绢头。常于灶北坐板床上，如是积久，板乃有膝踝足指之处。不好语言而喜长啸，宾客从就，辄伏而不视。有弟子，名为"颜渊"、"子贡"、"季路"、"冉有"之辈。或骑驴入市，乞丐于人。或悉邀诸乞儿俱归止宿，为设酒食。时人莫能测之。郡礼请辟，举孝廉、贤良方正、有道，公府辟，皆不到。又与彭城姜肱、京兆韦著并征，栩不应。后特征，到，拜赵相。及之官，时人谓其必当脱素从俭，而栩更乘鲜车，御良马，世疑其始伪。及到官，略不视文书，舍中生蒿莱。征拜侍中，每朝廷大事，侃然正色，百官惮之。会张角作乱，栩上便宜，颇讥刺左右，不欲国家兴兵，但遣将于河上北向读《孝经》，贼自当消灭。中常侍张让谮栩不欲令国家命将出师，疑与角同心，欲为内应。收送黄门北寺狱，杀之。

谅辅传

谅辅字汉儒，广汉新都人也。仕郡为五官掾。时夏大旱，太守自出祈祷山川，连日而无所降，辅乃自暴庭中，慷慨咒曰："辅为股肱，不能进谏纳忠，荐贤退恶，和调阴阳，承顺天意，至令天地否隔，万物焦枯，百姓嗷嗷，无所诉告，咎尽在辅。今郡太守改服责己，为民祈福，精诚恳到，未有感彻。辅今敢自祈请，若至日中不雨，乞以身塞无状。"于是积薪柴聚茭茅以自环，构火其傍，将自焚焉。未及日中时，而天云晦合，须臾澍雨。一郡沾润。世以此称其至诚。

刘翊传

刘翊字子相，颍川颍阴人也。家世丰产，常能周施而不有其惠。曾行于汝南界中，有陈国张季礼远赴师丧，遇寒冰车毁，顿滞道路。翊见而谓曰："君慎终赴义，行宜速达。"即下车与之，不告姓名，自策马而去。季礼意其子相也，后故到颍阴，还所假乘。翊闭门辞行，不与相见。常守志卧疾，不屈聘命。河南种拂临郡，引为功曹，翊以拂名公之子，乃为起焉。拂以其择时而仕，甚敬任之。阳翟黄纲恃程夫人权力，求占山泽以自营植。拂召翊问曰："程氏贵盛，在帝左右，不听则恐见怨，与之则夺民利，为之奈何？"翊曰："名山大泽不以封，盖为民也。明府听之，则被佞幸之名矣。若以此获祸，贵子申甫，则自不孤也。"拂从翊言，遂不与之。乃举翊为孝廉，不就。后黄巾贼起，郡县饥荒，翊救给乏绝，资其食者数百人。乡族贫者，死亡则为具殡葬，孤独则助营妻娶。献帝迁都西京，翊举上计掾。是时寇贼兴起，道路隔绝，使驿稀有达者。翊夜行昼伏，乃到长安。诏书嘉其忠勤，特拜议郎，迁陈留太守。翊散所握珍玩，唯馀车马，自载东归。出关数百里，见士大夫病亡道次，翊以马易棺，脱衣敛之。又逢知故困馁于路，不忍委去，因杀所驾牛，以救其乏。众人止之，翊曰："视没不救，

王烈传

王烈字彦方,太原人也。少师事陈寔,以义行称。乡里有盗牛者,主得之,盗请罪曰:"刑戮是甘,乞不使王彦方知之。"烈闻而使人谢之,遗布一端。或问其故,烈曰:"盗惧吾闻其过,是有耻恶之心。既怀耻恶,必能改善,故以此激之。"后有老父遗剑于路,行道一人见而守之。至暮,老父还,寻得剑,怪而问其姓名,以事告烈。烈使推求,乃先盗牛者也。诸有争讼曲直,将质之于烈,或至涂而反,或望庐而还。其以德感人若此。察孝廉,三府并辟,皆不就。遭黄巾、董卓之乱,乃避地辽东,夷人尊奉之。太守公孙度接以昆弟之礼,访酬政事。欲以为长史,烈乃为商贾自秽,得免。曹操闻烈高名,遣征不至。建安二十四年,终于辽东,年七十八。

赞曰:乘方不忒,临义罔惑。惟此刚絜,果行育德。

卷一百十二上
方术列传第七十二上

仲尼称《易》有君子之道四焉,曰:"卜筮者尚其占。"占也者,先王所以定祸福,决嫌疑,幽赞于神明,遂知来物者也。若夫阴阳推步之学,往往见于坟记矣。然神经怪牒,玉策金绳,关扃于明灵之府,封滕于瑶坛之上者,靡得而窥也。至乃《河》《洛》之文,龟龙之图,箕子之术,师旷之书,纬候之部,钤决之符,皆所以探抽冥赜,参验人区,时有可闻焉。其流又有风角、遁甲、七政、元气、六日七分、逢占、日者、挺专、须臾、孤虚之术,及望云省气,推处祥妖,时亦有以效于事也。而斯道隐远,玄奥难原,故圣人不语怪神,罕言性命。或开末而抑其端,或曲辞以章其义,所谓"民可使由之,不可使知之"。汉自武帝颇好方术,天下怀协道艺之士,莫不负策抵掌,顺风而届焉。后王莽矫用符命,及光武尤信谶言,士之赴趣时宜者,皆驰骋穿凿,争谈之也。故王梁、孙咸名应图箓,越登槐鼎之任,郑兴、贾逵以附同称显,桓谭、尹敏以乖忤沦败,自是习为内学,尚奇文,贵异数,不乏于时矣。是以通儒硕生,忿其妄托不经,奏议慷慨,以为宜见藏摈。子长亦云:"观阴阳之书,使人拘而多忌。"盖为此也。夫物之所偏,未能无蔽,虽云大道,其碎或同。若乃《诗》之失愚,《书》之失诬,然则数术之失,至于诡俗乎?如令温柔敦厚而不愚,斯深于《诗》者也;疏通知远而不诬,斯深于《书》者也;极数知变而不诡俗,斯深于数术者也。故曰:"苟非其人,道不虚行。"意者多迷

其统,取遣颇偏,甚有虽流宕过诞亦失也。中世张衡为阴阳之宗,郎顗咎征最密,馀亦班班名家焉。其徒亦有雅才伟德,未必体极艺能。今盖纠其推变尤长,可以弘补时事,因合表之云。

任文公传

任文公,巴郡阆中人也。父文孙,明晓天官风角秘要。文公少修父术,州辟从事。哀帝时,有言越巂太守欲反,刺史大惧,遣文公等五从事检行郡界,潜伺虚实。共止传舍,时暴风卒至,文公遽趣白诸从事促去,当有逆变来害人者,因起驾速驱。诸从事未能自发,郡果使兵杀之,文公独得免。后为治中从事。时天大旱,白刺史曰:"五月一日,当有大水,其变已至,不可防救,宜令吏人豫为其备。"刺史不听,文公独储大船,百姓或闻,颇有为防者。到其日旱烈,文公急命促载,使白刺史,刺史笑之。日将中,天北云起,须臾大雨,至晡时,湔水涌起十余丈,突坏庐舍,所害数千人。文公遂以占术驰名。辟司空掾。平帝即位,称疾归家。王莽篡后,文公推数,知当大乱,乃课家人负物百斤,环舍趋走,日数十,时人莫知其故。后兵寇并起,其逃亡者少能自脱,惟文公大小负粮捷步,悉得完免。遂奔子公山,十余年不被兵革。公孙述时,蜀武担石折。文公曰:"噫!西州智士死,我乃当之。"自是常会聚子孙,设酒食。后三月果卒。故益部为之语曰:"任文公,智无双。"

郭宪传

郭宪字子横,汝南宋人也。少师事东海王仲子。时王莽为大司马,召仲子,仲子欲往。宪谏曰:"礼有来学,无有往教之义。今君贱道贵身,窃所不取。"仲子曰:"王公见重,不敢违之。"宪曰:"今正临讲业,且当讫事。"仲子从之,日晏乃往。莽问:"君来何迟?"仲子具以宪言对,莽阴奇之。及后篡位,拜宪郎中,赐以衣服。宪受衣焚之,逃于东海之滨。莽深忿恚,讨逐不知所在。光武即位,求天下有道之人,乃征宪为博士。再迁,建武七年,代张堪为光禄勋。从驾南郊。宪在位,忽面向东北,含酒三潠。执法奏为不敬。诏问其故。宪对曰:"齐国失火,故以此厌之。"后齐果上火灾,与郊同日。

八年,车驾西征隗嚣,宪谏曰:"天下初定,车驾未可以动。"宪乃当车拔佩刀以断车靷。帝不从,遂上陇。其后颍川兵起,乃回驾而还。帝叹曰:"恨不用子横之言。"

时匈奴数犯塞,帝患之,乃召百僚廷议。宪以为天下疲敝,不宜动众。谏争不合,乃伏地称眩瞀,不复言。帝令两郎扶下殿,宪亦不拜。帝曰:"常闻'关东觥觥郭子横',竟不虚也。"宪遂以病辞退,卒于家。

许杨传

许杨字伟君,汝南平舆人也。少好术数。王莽辅政,召为郎,稍迁酒泉都尉。及莽篡位,杨乃变姓名为巫医,逃匿它界。莽败,方还乡里。汝南旧有鸿郤陂,成帝时,丞相翟方进奏毁败之。建武中,太守邓晨欲修复其功,闻杨晓水脉,召与议之。杨曰:"昔成帝用方进之言,寻而自梦上天,天帝怒曰:'何故败我濯龙渊?'是后民失其利,多致饥困,时有谣歌曰:'败我陂者翟子威,饴我大豆,亨我芋魁。反乎覆,陂当复。'昔大禹决江疏河以利天下,明府今兴立废业,富国安民,童谣之言,将有征于此。诚愿以死效力。"晨大悦,因署杨为都水掾,使典其事。杨因高下形势,起塘四百馀里,数年乃立。百姓得其便,累岁大稔。初,豪右大姓因缘陂役,竞欲辜较在所,杨一无听,遂共谮杨受取赇赂。晨遂收杨下狱,而械辄自解。狱吏恐,遽白晨。晨惊曰:"果滥矣。太守闻忠信可以感灵,今其效乎!"即夜出杨,遣归。时天大阴晦,道中若有火光照之,时人异焉。后以病卒。晨于都宫为杨起庙,图画形像,百姓思其功绩,皆祭祀之。

高获传

高获字敬公,汝南新息人也。为人尼首方面。少游学京师,与光武有旧。师事司徒欧阳歙。歙下狱当断,获冠铁冠,带鈇锧,诣阙请歙。帝虽不赦,而引见之。谓曰:"敬公,朕欲用子为吏,宜改常性。"获对曰:"臣受性于父母,不可改之于陛下。"出便辞去。三公争辟不应。后太守鲍昱请获,既至门,令主簿就迎,主簿但使骑吏迎之,获闻之,即去。昱遣追请获,获顾曰:"府君但为主簿所欺,不足与谈。"遂不留。时郡境大旱。获素善天文,晓遁甲,能役使鬼神。昱自往问何以致雨,获曰:"急罢三部督邮,明府当自北出,到三十里亭,雨可致也。"昱从之,果得大雨。每行县,辄轼其间。获遂远遁江南,卒于石城。石城人思之,共为立祠。

王乔传

王乔者,河东人也。显宗世,为叶令。乔有神术,每月朔望,常自县诣台朝。帝怪其来数,而不见车骑,密令太史伺望之。言其临至,辄有双凫从东南飞来,于是候凫至,举罗张之,但得一只舄焉。乃诏上方诊视,则四年中所赐尚书官属履也。每当朝时,叶门下鼓不击自鸣,闻于京师。后天下玉棺于堂前,吏人推排,终不摇动。乔曰:"天帝独召我邪?"乃沐浴服饰寝其中,盖便立覆。宿昔葬于城东,土自成坟。其夕,县中牛皆流汗喘乏,而人无知者。百姓乃为立庙,号叶君祠。牧守每班录,皆先谒拜之。吏人祈祷,无不如应。若有违犯,亦立能为祟。帝乃迎取其鼓,置都亭下,略无复声焉。或云此即古仙人王子乔也。

谢夷吾

谢夷吾字尧卿,会稽山阴人也。少为郡吏,学风角占候。太守第五伦擢为督邮。时乌程长有臧衅,伦使收案其罪。夷吾到县,无所验,但望阁哭而还。一县惊怪,不知所为。及还,白伦曰:"窃以占候,知长当死。近三十日,远不过六十日,游魂假息,非刑所加,故不收之。"伦听其言。至月余,果有驿马赍长印绶,上言暴卒。伦以此益礼信之。举孝廉,为寿张令,稍迁荆州刺史,迁钜鹿太守。所在爱育人物,有善绩。及伦作司徒,令班固为文荐夷吾曰:"臣闻尧登稷、契,政隆太平。舜用皋陶,政致雍熙。殷、周虽有高宗、昌、发之君,犹赖傅说、吕望之策,故能克崇其业,允协大中。窃见钜鹿太守会稽谢夷吾,出自东州,厥土涂泥,而英姿挺特,奇伟秀出。才兼四科,行包九德,仁足济时,知周万物。加以少膺儒雅,韬含六籍,推考星度,综校图录,探赜圣秘,观变征征,占天知地,与神合契,据其道德,以经王务。昔为陪隶,与臣从事,奋忠毅之操,躬史鱼之节,董臣严纲,勖臣懦弱,得以免戾,实赖厥勋。及其应选作宰,惠敷百里,降福弥异,流化若神,爰牧荆州,威行邦国。奉法作政,有周、召之风;居俭顺约,绍公仪之操。寻功简能,为外台之表;听声察实,为九伯之冠。迁守钜鹿,政合时雍。德量绩谋,有伊、吕、管、晏之任;阐弘道奥,同史苏、京房之伦。虽密勿在公,而身出心隐,不殉名以求誉。不驰鹜以要宠,念存逊遁,演志箕山。方之古贤,实有伦序;采之于今,超然绝俗。诚社稷之元龟,大汉之栋甍。宜当拔擢,使登鼎司,上令三辰顺轨于历象,下使五品咸训于嘉时,必致休征克昌之庆,非徒循法奉职而已。臣以顽驽,器非其畴,尸禄负乘,夕惕若厉。愿乞骸骨,更授夷吾,上以光七曜之明,下以厌率土之望,庶令微臣塞咎免悔。"后以行春乘柴车,从两吏,冀州刺史上其仪序失中,有损国典,左转下邳令。豫克死日,如期果卒。敕其子曰:"汉末当乱,必有发掘露骸之祸。"使悬棺下葬,墓不起坟。时博士渤海郭凤亦好图谶,善说灾异,吉凶占应。先自知死期,豫令弟子市棺敛具,至其日而终。

杨由传

杨由字哀侯,蜀郡成都人也。少习《易》,并七政、元气、风云占候。为郡文学掾。时有大雀夜集于库楼上,太守廉范以问由。由对曰:"此占郡内当有小兵,然不为害。"后二十余日,广柔县蛮夷反,杀伤长吏,郡发库兵击之。又有风吹削哺,太守以问由。由对曰:"方当有荐木实者,其色黄赤。"顷之,五官掾献橘数包。由尝从人饮,敕御者曰:"酒若三行,便宜严驾。"既而趣去。后主人舍有斗相杀者,人请问何以知之。由曰:"向社中木上有鸠斗,此兵贼之象也。"其言多验。著书十余篇,名曰《其平》。终于家。

李南传

李南字孝山,丹阳句容人也。少笃学,明于风角,和帝永元中,太守马棱坐盗贼事被征,当诣廷尉,吏民不宁,南特通谒贺。棱意有恨,谓曰:"太守不德,今当即罪,而君反相贺邪?"南曰:"旦有善风,明日中时应有吉问,故来称庆。"旦日,棱延望景晏,以为无征。至晡,乃有驿使赍诏书原停棱事。南问其迟留之状,使者曰:"向度宛陵浦里舤,马踠足,是以不得速。"棱乃服焉。后举有道,辟公府,病不行,终于家。南女亦晓家术,为乌程县人妻。晨诣爨室,卒有暴风,妇便上堂从姑求归,辞其二亲。姑不许,乃跪而泣曰:"家世传术,疾风卒起,先吹灶突及井,此祸为妇女主爨者,妾将亡之应。"因著其亡日。乃听还家,如期病卒。

李郃传

李郃字孟节,汉中南郑人也。父颉,以儒学称,官至博士。郃袭父业,游太学,通《五经》。善《河》《洛》风星,外质朴,人莫之识。县召署幕门候吏。和帝即位,分遣使者,皆微服单行,各至州县,观采风谣。使者二人当到益部,投郃候舍。时夏夕露坐,郃因仰观,问曰:"二君发京师时,宁知朝廷遣二使邪?"二人默然,惊相视曰:"不闻也。"问何以知之。郃指星示云:"有二使星向益州分野,故知之耳。"

后三年,其使者一人拜汉中太守,郃犹为吏,太守奇其隐德,召署户曹史。时大将军窦宪纳妻,天下郡国皆有礼庆,郡亦遣使。郃进谏曰:"窦将军椒房之亲,不修礼德,而专权骄恣,危亡之祸可翘足而待,愿明府一心王室,勿与交通。"太守固遣之,郃不能止,请求自行,许之。郃遂所在留迟,以观其变。行至扶风,而宪就国自杀,支党悉伏其诛,凡交通宪者,皆以免官,唯汉中太守不豫焉。郃岁中举孝廉,五迁尚书令,又拜太常。元初四年,代袁敞为司空,数陈得失,有忠臣节。在位四年,坐请托事免。安帝崩,北乡侯立,复为司徒。及北乡侯病,郃阴与少府河南陶范、步兵校尉赵直谋立顺帝,会孙程等事先成,故郃功不显。明年,坐吏民疾病,仍有灾异,赐策免。将作大匠翟酺上郃"潜图大计,以安社稷",于是录阴谋之功,封郃涉都侯,辞让不受。年八十余,卒于家。门人上党冯胄独制服,心丧三年,时人异之。

郃字世威,奉世之后也。常慕周伯况、闵仲叔之为人,隐处山泽,不应征辟。

郃子固,已见前传。弟子历,字季子。清白有节,博学善交,与郑玄、陈纪等相结。为新城长,政贵无为,亦好方术。时天下旱,县界特雨。官至奉车都尉。

段翳传

段翳字元章,广汉新都人也。习《易经》,明风角。时有就其学者,虽未至,必豫知其姓名。尝告守津吏曰:"某日当有诸生二人,荷担问翳舍处者,幸为告之。"后竟如其言。又有一生来学,积年,自谓略究要术,辞归乡里。翳为合膏药,并以简书封于筒中,告生曰:"有急发视之。"生到葭萌,与吏争度,津吏棁破从者头。生开筒得书,言到葭萌,与斗头破者,以此膏裹之。生用其言,创者即愈。生叹服,乃还卒业。翳遂隐居窜迹,终于家。

廖扶传

廖扶字文起,汝南平舆人也。习《韩诗》、《欧阳尚书》,教授常数百人。父为北地太守,永初中,坐羌没郡下狱死。扶感父以法丧身,惮为吏。及服终而叹曰:"老子有言:'名与身孰亲?'吾岂为名乎!"遂绝志世外。专精经典,尤明天文、谶纬、风角、推步之术,州郡公府辟召皆不应。就问灾异,亦无所对。扶逆知岁荒,乃聚谷数千斛,悉用给宗族姻亲,又敛葬遭疫死亡不能自收者。常居先人冢侧,未曾入城市。太守谒焕,先为诸生,从扶学,后临郡,未到,先遣吏修门人之礼,又欲擢扶子弟,固不肯,当时人因号为北郭先生。年八十,终于家。

二子,孟举、伟举,并知名。

折像传

折像字伯式,广汉雒人也。其先张江者,封折侯,曾孙国为郁林太守,徙广汉,因封氏焉。国生像。国有赀财二亿,家僮八百人。像幼有仁心,不杀昆虫,不折萌牙。能通《京氏易》,好黄老言。及国卒,感多藏厚亡之义,乃散金帛资产,周施亲疏。或谏像曰:"君三男两女,孙息盈前,当增益产业,何为坐自殚竭乎?"像曰:"昔斗子文有言:'我乃逃祸,非避富也。'吾门户殖财日久,盈满之咎,道家所忌。今世将衰,子又不才。不仁而富,谓之不幸。墙隙而高,其崩必疾也。"智者闻之咸服焉。自知亡日,召宾客九族饮食辞诀,忽然而终。时年八十四。家无余资,诸子衰劣如其言云。

樊英传

樊英字季齐,南阳鲁阳人也。少受业三辅,习《京氏易》,兼明《五经》,又善风角、星算、《河》《洛》七纬,推步灾异。隐于壶山之阳,受业者四方而至。州郡前后礼请不应;公卿举贤良方正、有道,皆不行。尝有暴风从西方起,英谓学者曰:"成都市火甚盛。"因含水西向漱之,乃令记其日时。客后有从蜀都来,云"是日大火,有黑云卒从东起,须臾大雨,火遂得灭"。于是天下称其术艺。安帝初,征为博士。至建光元年,复诏公车赐策书,征英及同郡孔乔、李昺、北海郎宗、陈留杨伦、东平王辅六人。唯郎宗、杨伦到洛阳,英等四人并不至。

永建二年,顺帝策书备礼,玄纁征之,复固辞疾笃。乃诏切责郡县,驾载上道。英不得已,到京,称病不肯起。乃强舆入殿,犹不以礼屈。帝怒,谓英曰:"朕能生君,能杀君;能贵君,能贱君;能富君,能贫君。君何以慢朕命?"英曰:"臣受命于天,生尽其命,天也;死不得其命,亦天也。陛下焉能生臣,焉能杀臣!臣见暴君如见仇雠,立其朝犹不肯,可得而贵乎?虽在布衣之列,环堵之中,晏然自得,不易万乘之尊,又可得而贱乎?陛下焉能贵臣,焉能贱臣!臣非礼之禄,虽万钟不受;若申其志,虽箪食不厌也。陛下焉能富臣,焉能贫臣!"帝不能屈,而敬其名,使出就太医养疾,月致羊酒。至四年三月,天子乃为英设坛席,令公车令导,尚书奉引,赐几杖,待以师傅之礼,延问得失。英不敢辞,拜五官中郎将。数月,英称疾笃,诏以为光禄大夫,赐告归。令在所送谷千斛,常以八月致牛一头,酒三斛。如有不幸,祠以中牢。英辞位不受,有诏譬旨勿听。英初被诏命,佥以为必不降志,及后应对,又无奇谟深策,谈者以为失望。初,河南张楷与英俱征,既而谓英曰:"天下有二道,出与处也。吾前以子之出,能辅是君也,济斯人也。而子始以不訾之身,怒万乘之主。及其享受爵禄,又不闻匡救之术,进退无所据矣。"英既善术,朝廷每有灾异,诏辄下问变复之效,所言多验。

初,英著《易章句》,世名樊氏学,以图纬教授。颍川陈寔少从英学。尝有疾,妻遣婢拜问,英下床答拜。寔怪而问之。英曰:"妻,齐也,共奉祭祀,礼无不答。"其恭谨若是。年七十余,卒于家。

孙陵,灵帝时以谄事宦人为司徒。陈郡郄巡学传英业,官至侍中。

论曰:"汉世之所谓名士者,其风流可知矣。虽弛张趣舍,时有未纯,于刻情修容,依倚道艺,以就其声价,非所能通物方,弘时务也。及征樊英、杨厚,朝廷若待神明,至竟无它异。英名最高,毁最甚。李固、朱穆等以为处士纯盗虚名,无益于用,故其所以然也。然而后进希之以成名,世主礼之以得众,原其无用亦所以为用,则其有用或归于无用矣。何以言之?夫焕乎文章,时或乖用;本乎礼乐,适末或疏。及其陶揩绅,藻心性,使由之而不知者,岂非道逸用表,乖之数跡乎?而或者忽不践之地,赊无用之功,至乃诮嘲远术,贱斥国华,以为力诈可以救沦敝,文律足以致宁平,智尽于猜察,道足于法令。虽济万世,其将与夷狄同也。孟轲有言曰:"以夏变夷,不闻变夷于夏。"况有未济者乎?

卷一百十二下
方术列传第七十二下

唐檀传

唐檀字子产,豫章南昌人也。少游太学,习《京氏易》、《韩诗》、《颜氏春秋》,尤好灾异星占。后还乡里,教授常百余人。

元初七年,郡界有芝草生,太守刘祗欲上言之,以问檀。檀对曰:"方今外戚豪盛,阳道微弱,斯岂嘉瑞乎?"祗乃止。永宁元年,南昌有妇人生四子,祗复问檀变异之应。檀以为京师当有兵气,其祸发于萧墙。至延光四年,中黄门孙程扬兵殿省,诛皇后兄车骑将军阎显等,立济阴王为天子,果如所占。

永建五年,举孝廉,除郎中。是时白虹贯日,檀因上便宜三事,陈其咎徵。书奏,弃官去。著书二十八篇,名为《唐子》。卒于家。

公沙穆传

公沙穆字文乂,北海胶东人也。家贫贱。自为儿童不好戏弄,长习《韩诗》、《公羊春秋》,尤锐思《河》《洛》推步之术。居建成山中,依林阻为室,独宿无侣。时暴风震雷,有声于外呼穆者三,穆不与语。有顷,呼者自牖而入,音状甚怪,穆诵经自若,终亦无它妖异,时人奇之。后遂隐居东莱山,学者自远而至。有富人王仲,致产千金。谓穆曰:"方今之世,以货自通,吾奉百万与子为资,何如?"对曰:"来意厚矣。夫富贵在天,得之有命,以货求位,吾不忍也。"后举孝廉,以高第为主事,迁缯相。时缯侯刘敞,东海恭王之后也,所为多不法,废嫡立庶,傲狠放恣。穆到官,谒曰:"臣始除之日,京师咸谓臣曰:'缯有恶侯',以吊小相。明侯何因得此丑声之甚也?幸承先人之支体,传茅土之重,不战战兢兢,而违越法度,故朝廷使臣为辅。愿改往修来,自求多福。"乃上没敞所侵官民田地,废其庶子,还立嫡嗣。其苍头儿客犯法,皆收考之。因苦辞谏敞。敞涕泣为谢,多从其所规。迁弘农令。县界有螟虫食稼,百姓惶惧。穆乃设坛谢曰:"百姓有过,罪穆之由,请以身祷。"于是暴雨,既霁而螟虫自销,百姓称曰神明。永寿元年,霖雨大水,三辅以东莫不湮没。穆明晓占候,乃豫告令百姓徙居高地,故弘农人独得免害。

迁辽东属国都尉,善得吏人欢心。年六十六卒官。六子皆知名。

许曼传

许曼者,汝南平舆人也。祖父峻,字季山,善卜占之术,多有显验,时人方之前世京房。自云少尝笃病,三年不愈,乃谒太山请命,行遇道士张巨君,授以方术。所著《易林》,至今行于世。曼少传峻学。桓帝时,陇西太守冯绲始拜郡,开绶笥,有两赤蛇分南北走。绲令曼筮之。卦成,曼曰:"三岁之后,君当为边将,官有东名,当东北行三千里。复五年,更为大将军,南征。"延熹元年,绲出为辽东太守,讨鲜卑,至五年,复拜车骑将军,击武陵蛮贼,皆如占。其余多此类云。

赵彦传

赵彦者,琅邪人也。少有术学,延熹三年,琅邪贼劳丙与太山贼叔孙无忌杀都尉,攻没琅邪属县,残害吏民。朝廷以南阳宗资为讨寇中郎将,杖钺将兵,督州郡合讨无忌。彦为陈《孤虚》之法,以贼屯在莒,莒有五阳之地,宜发五阳郡兵,从孤击虚以讨之。资具以状上,诏书遣五阳兵到。彦推遁甲,教以时进兵,一战破贼,燔烧屯坞,徐兖二州一时平夷。

樊志张传

樊志张者,汉中南郑人也。博学多通,隐身不仕。尝游陇西,时破羌将军段颎出征西羌,请见志张。其夕,颎军为羌所围数重,因留军中,三日不得去。夜谓颎曰:"东南角无复羌,宜乘虚引出,住百里,还师攻之,可以全胜。"颎从之,果以破贼。于是以状表闻。又说其人既有梓慎、焦、董之识,宜翼圣朝,咨询奇异。于是有诏特征,会病终。

单飏传

单飏字武宣,山阳湖陆人也。以孤特清苦自立,善明天官、算术。举孝廉,稍迁太史令,侍中。出为汉中太守,公

事免。后拜尚书,卒于官。

初,熹平末,黄龙见谯,光禄大夫桥玄问飏:"此何祥也?"飏曰:"其国当有王者兴。不及五十年,龙当复见,此其应也。"魏郡人殷登密记之。至建安二十五年春,黄龙复见谯,其冬,魏受禅。

韩说传

韩说字叔儒,会稽山阴人也。博通《五经》,尤善图纬之学。举孝廉。与议郎蔡邕友善。数陈灾眚,及奏赋、颂、连珠。稍迁侍中。光和元年十月,说言于灵帝,云其晦日必食,乞百官严装。帝从之,果如所言。中平二年二月,又上封事,克期宫中有灾。至日南宫大火。迁说江夏太守,公事免。年七十,卒于家。

董扶传

董扶字茂安,广汉绵竹人也。少游太学,与乡人任安齐名,俱事同郡杨厚,学图谶。还家讲授,弟子自远而至。前后宰府十辟,公车三征,再举贤良方正、博士、有道,皆称疾不就。灵帝时,大将军何进荐扶,征拜侍中,甚见器重。扶私谓太常刘焉曰:"京师将乱,益州分野有天子气。"焉信之,遂求出为益州牧,扶亦为蜀郡属国都尉,相与入蜀。去后一岁,帝崩,天下大乱,乃去官还家。年八十二卒。后刘备称天子于蜀,皆如扶言。蜀丞相诸葛亮问广汉秦密,董扶及任安所长。密曰:"董扶褒秋毫之善,贬纤介之恶。任安记人之善,忘人之过"云。

郭玉传

郭玉者,广汉雒人也。初,有老父不知何出,常渔钓于涪水,因号涪翁。乞食人间,见有疾者,时下针石,辄应时而效,乃著《针经》、《诊脉法》传于世。弟子程高寻求积年,翁乃授之。高亦隐迹不仕。玉少师事高,学方诊六微之技,阴阳隐测之术。和帝时,为太医丞,多有效应。帝奇之,仍试令嬖臣美手腕者与女子杂处帷中,使玉各诊一手,问所疾苦。玉曰:"左阳右阴,脉有男女,状若异人。臣疑其故。"帝叹息称善。玉仁爱不矜,虽贫贱厮养,必尽其心力,而医疗贵人,时或不愈。帝乃令贵人羸服变处,一针即差。召玉诘问其状。对曰:"医之为言意也。腠理至微,随气用巧,针石之间,毫芒即乖。神存于心手之际,可得解而不可得言也。夫贵者处尊高以临臣,臣怀怖慑以承之。其为疗也,有四难焉:自用意而不任臣,一难也;将身不谨,二难也;骨节不强,不能使药,三难也;好逸恶劳,四难也。针有分寸,时有破漏,重以恐惧之心,加以裁慎之志,臣意且犹不尽,

何有于病哉！此其所为不愈也。"帝善其对。年老卒官。

华佗传

华佗字元化，沛国谯人也，一名旉。游学徐土，兼通数经。晓养性之术，年且百岁而犹有壮容，时人以为仙。沛相陈珪举孝廉，太尉黄琬辟，皆不就。精于方药，处齐不过数种，心识分铢，不假称量。针灸不过数处。若疾发结于内，针药所不能及者，乃令先以酒服麻沸散，既醉无所觉，因刳破腹背，抽割积聚。若在肠胃，则断截湔洗，除去疾秽，既而缝合，傅以神膏，四五日创愈，一月之间皆平复。佗尝行道，见有病咽塞者，因语之曰："向来道隅有卖饼人，萍齑甚酸，可取三升饮之，病自当去。"即如佗言，立吐一蛇，乃悬于车而候佗。时佗小儿戏于门中，逆见，自相谓曰："客车边有物，必是逢我翁也。"及客进，顾视壁北，悬蛇以十数，乃知其奇。又有一郡守笃病久，佗以为盛怒则差。乃多受其货而不加功。无何弃去，又留书骂之。太守果大怒，令人追杀佗。不及，因嗔恚，吐黑血数升而愈。又有疾者，诣佗求疗。佗曰："君病根深，应当剖破腹。然君寿亦不过十年，病不能相杀也。"病者不堪其苦，必欲除之。佗遂下疗，应时愈，十年竟死。广陵太守陈登忽患匈中烦懑，面赤，不食。佗脉之，曰："府君胃中有虫，欲成内疽，腥物所为也。"即作汤二升，再服，须臾，吐出三升许虫，头赤而动，半身犹是生鱼脍，所苦便愈。佗曰："此病后三期当发，遇良医可救。"登至期疾动，时佗不在，遂死。曹操闻而召佗，常在左右。操积苦头风眩，佗针，随手而差。有李将军者，妻病，呼佗视脉。佗曰："伤身而胎不去。"将军言间实伤身，胎已去矣。佗曰："案脉，胎未去也。"将军以为不然。妻稍差，百余日复动，更呼佗。佗曰："脉理如前，是两胎。先生者去，血多，故后儿不得出也。胎既已死，血脉不复归，必燥著母脊。"乃为下针，并令进汤。妇因欲产而不通。佗曰："死胎枯燥，势不自生。"使人探之，果得死胎，人形可识，但其色已黑。佗之绝技，皆此类也。为人性恶，难得意，且耻以医见业，又去家思归，乃就操求还取方，因托妻疾，数期不反。操累书呼之，又敕郡县发遣，佗恃能厌事，犹不肯至。操大怒，使人廉之，知妻诈疾，乃收付狱讯，考验首服。荀彧请曰："佗方术实工，人命所悬，宜加全宥。"操不从，竟杀之。佗临死，出一卷书与狱吏，曰："此可以活人。"吏畏法不敢受，佗不强与，索火烧之。

初，军吏李成苦咳，昼夜不寐。佗以为肠痈，与散两钱服之，即吐二升脓血，于此渐愈。乃戒之曰："后十八岁，疾当发动，若不得此药，不可差也。"复分散与之。后五六岁，有里人如成先病，请药甚急，成愍而与之，乃故往谯更从佗求，适值见收，意不忍言。后十八年，成病发，无药可服而死。广陵吴普、彭城樊阿皆从佗学。普依准佗疗，多所全济。佗语普曰："人体欲得劳动，但不当使极耳。动摇则谷气得销，血脉流通，病不得生，譬犹户枢，终不朽也。是以古之仙者为导引之事，熊经鸱顾，引挽腰体，动诸关节，以求难老。吾有一术，名五禽之戏：一曰虎，二曰鹿，三曰熊，四曰猿，五曰鸟。亦以除疾，兼利蹄足，以当导引。体有不快，起作一禽之戏，怡而汗出，因以著粉，身体轻便而欲食。"普施行之，年九十余，耳目聪明，齿牙完坚。阿善针术。凡医咸言背及匈藏之间不可妄针，针之不可过四分，而阿针背入一二寸，巨阙匈藏乃五六寸，而病皆瘳。阿从佗求方可服食益于人者，佗授以漆叶青黏散：漆叶屑一斗，青黏十四两，以是为率。言久服，去三虫，利五藏，轻体，使人头不白。阿从其言，寿百余岁。漆叶处所而有。青黏生于丰、沛、彭城及朝歌间。汉世异术之士甚众，虽云不经，而亦有不可诬，故简其美者列于传末：泠寿光、唐虞、鲁女生三人者，皆与华佗同时。寿光年可百五六十岁，行容成公御妇人法，常屈颈鸱息，须发尽白，而色理如三四十时，死于江陵。唐虞道赤眉、张步家居里落，若与相及，死于乡里不其县。鲁女生数说显宗时事，甚明了，议者疑其时人也。董卓乱后，莫知所在。

徐登传

徐登者，闽中人也。本女子，化为丈夫。善为巫术。又赵炳，字公阿，东阳人，能为越方。时遭兵乱，疫疾大起，二人遇于乌伤溪水之上，遂结言约，共以其术疗病。各相谓曰："今既同志，且可各试所能。"登乃禁溪水，水为不流，炳复次禁枯树，树即生荑。二人相视而笑，共行其道焉。登年长，炳师事之。贵尚清俭，礼神唯以东流水为酌，削桑皮为脯。但行禁架，所疗皆除。后登物故，炳东入章安，百姓未之知也。炳乃故升茅屋，梧鼎而爨，主人见之惊懅，炳笑不应，既而爨熟，屋无损异。又尝临水求度，船人不和之，炳乃张盖坐其中，长啸呼风，乱流而济。于是百姓神服，从者如归。章安令恶其惑众，收杀之。人为立祠室于永康，至今蚊蚋不能入也。

费长房传

费长房者，汝南人也。曾为市掾。市中有老翁卖药，悬一壶于肆头，及市罢，辄跳入壶中。市人莫之见，唯长房于楼上睹之，异焉，因往再拜奉酒脯。翁知长房之意其神也，谓之曰："子明日可更来。"长房旦日复诣翁，翁乃与俱入壶中。唯见玉堂严丽，旨酒甘肴盈衍其中，共饮毕而出。翁约不听与人言之。后乃就楼上候长房曰："我神仙之人，以过见责，今事毕当去，子宁能相随乎？楼下有少酒，与卿为别。"长房使人取之，不能胜，又令十人扛之，犹不举。翁闻，笑而下楼，以一指提之而上。视器如一升许，而二人饮之终日不尽。长房遂欲求道，而顾家人为忧。翁乃断一青竹，度与长房身齐，使悬之舍后。家人见之，即长房形也，以为缢死，大小惊号，遂殡葬之。长房立其傍，而莫之见也。于是遂随从入深山，践荆棘于群虎之中。留使独处，长房不恐。又卧于空室，以朽索悬万斤石于心上，众蛇竞来啮索且断，长房亦不移。翁还，抚之曰："子可教也。"复使食粪，粪中有三虫，臭秽特甚，长房意恶之。翁曰："子几得道，恨于此不成，如何！"长房辞归，翁与一竹杖，曰："骑此任所之，则自至矣。既至，可以杖投葛陂中也。"又为作一符，曰："以此主地上鬼神。"长房乘杖，须臾来归，自谓去家适经旬日，而已十余年矣。即以杖投陂，顾视则龙也。家人谓其久死，不信。长房曰："往日所葬，但竹杖耳。"乃发冢剖棺，杖犹存焉。遂能医疗众病，鞭笞百鬼，及驱使社公，或在它坐，独自嗔怒。人问其故，曰："吾责鬼魅之犯法者耳。"汝南岁岁常有魅，伪作太守章服，诣府门椎鼓者，郡中患之。时魅适来，而逢长房谒府君，惶惧不得退，便前解衣冠，叩头乞活。长房呵之云："便于中庭正汝故形！"即成老鳖，大如车轮，颈长一丈。长房复令就太守服罪，付其一札，以敕葛陂君。魅叩头流涕，持札植于陂边，以颈绕之而死。后东海君来见葛陂君，因淫其夫人，于是长房劾系之三年，而东海大旱。长房至海上，见其人请雨，乃谓之曰："东海君有罪，吾前系于葛陂，今方出之使作雨也。"于是雨立注。长房曾与人共行，见一书生黄巾被裘，无鞍骑马，下而叩头。长房曰："还它马，赦汝死罪。"人问其故，长房曰："此狸也，盗社公马耳。"又尝坐客，而使至葛市鲊。须臾还，乃饭。或一日之间，人见其在千里之外者数处焉。后失其符，为众鬼所杀。

蓟子训传

蓟子训者，不知所由来也。建安中，客在济阴宛句。有神异之道。尝抱邻家婴儿，故失手堕地而死，其父母惊号怨痛，不可忍闻，而子训唯谢以过误，终无它说，遂埋藏之。后月余，子训自抱儿归焉。父母大恐，曰："死生异路，虽思我儿，乞不用复见也。"儿识父母，轩渠笑悦，欲往就之，母不觉揽取，乃实儿也。虽大喜庆，心犹有疑，乃窃发视死儿，但见衣被，方乃信焉。于是子训流名京师，士大夫皆承风向慕。后乃驾驴车，与诸生俱诣许下。道过荥阳，止主人舍，而所驾之驴忽然卒僵，蛆虫流出，主遽白之。子训曰："乃尔乎？"方安坐饭，食毕，徐出以杖扣之，驴应声奋起，行步如初，即复进道。其追逐观者常有千数。既到京师，公卿以下候之者，坐上恒数百人，皆为设酒脯，终日不匮。后因遁去，遂不知所止。初去之日，唯见白云腾起，从旦至暮，如是数十处。时有百岁翁，自说童儿时见子训卖药于会稽市，颜色不异于今。后人复于长安东霸城见之，与一老公共摩挲铜人，相谓曰："适见铸此，已近五百岁矣。"顾视见人而去，犹驾昔所乘驴车也。见者呼之曰："蓟先生小住。"并行应之，视若迟徐，而走马不及，于是而绝。

刘根传

刘根者，颍川人也。隐居嵩山中。诸好事者自远而至，就根学道，太守史祈以根为妖妄，乃收执诣郡，数之曰："汝有何术，而诬惑百姓？若果有神，可显一验事。不尔，立死矣。"根曰："实无它异，颇能令人见鬼耳！"祈曰："促召之，使太守目睹，尔乃为明。"根于是左顾而啸，有顷，祈之亡父祖近亲数十人，皆反缚在前，向根叩头曰："小儿无状，分当万坐。"顾而叱祈曰："汝为子孙，不能有益先人，而反累辱亡灵！可叩头为吾陈谢。"祈惊惧悲哀，顿首流血，请自甘罪坐。根嘿而不应，忽然俱去，不知在所。

左慈传

左慈字元放，庐江人也。少有神道。尝在司空曹操坐，操从容顾众宾曰："今日高会，珍羞略备，所少吴松江鲈鱼耳。"放于下坐应曰："此可得也。"因求铜盘贮水，以竹竿饵钓于盘中，须臾引一鲈鱼出。操大拊掌笑，会者皆惊。操曰："一鱼不周坐席，可更得乎？"放乃更饵钩沈之，须臾复引出，皆长三尺余，生鲜可爱。操使目前鲙之，周浃会者。操又谓曰："既已得鱼，恨无蜀中生姜耳。"放曰："亦可得也。"操恐其近即所取，因曰："吾前遣人到蜀买锦，可过敕使者，增市二端。"语顷，即得姜还，并获操使报命。后操使蜀反，验问增锦之状及时日早晚，若符契焉。后操出近郊，士大夫从者百许人，慈乃为赍酒一升，脯一斤，手自斟酌，百官莫不醉饱。操怪之，使寻其故，行视诸垆，悉亡其酒脯矣。操怀不喜，因坐上收，欲杀之，慈乃却入壁中，霍然不知所在。或见于市者，又捕之，而市人皆变形与慈同，莫知谁是。后人逢慈于阳城山头，因复逐之，遂入走羊群。操知不可得，乃令就羊中告之曰："不复相杀，本试君术耳。"忽有一老羝屈前两膝，人立而言曰："遽如许。"即竞往赴之，而群羊数百皆变为羝，并屈前膝人立，云"遽如许"，遂莫知所取焉。

计子勋传

计子勋者，不知何郡县人，皆谓数百岁，行来于人间。一旦忽言日中当死，主人与之葛衣，子勋服而正寝，至日中果死。

上成公传

上成公者,密县人也。其初行久而不还,后归,语其家云:"我已得仙。"因辞家而去。家人见其举步稍高,良久乃没云。陈寔、韩韶同见其事。

解奴辜传

解奴辜、张貂者,亦不知是何郡国人也。皆能隐沦,出入不由门户。奴辜能变易物形,以诳幻人。又河南有麴圣卿,善为丹书符劾,厌杀鬼神而使命之。又有编盲意,亦与鬼物交通。初,章帝时有寿光侯者,能劾百鬼众魅,令自缚见形。其乡人有妇为魅所病,侯为劾之,得大蛇数丈,死于门外。又有神树,人止者辄死,鸟过者必坠,侯复劾之,树盛夏枯落,见大蛇长七八丈,悬死其间。帝闻而征之。乃试问之:"吾殿下夜半后,常有数人绛衣被发,持火相随,岂能劾之乎?"侯曰:"此小怪,易销耳。"帝伪使三人为之,侯劾三人,登时仆地无气。帝大惊曰:"非魅也,朕相试耳。"解之而苏。

甘始传

甘始、东郭延年、封君达三人者,皆方士也。率能行容成御妇人术,或饮小便,或自倒悬,爱啬精气,不极视大言。甘始、元放、延年皆为操所录,问其术而行之。君达号"青牛师"。凡此数人,皆百余岁及二百岁也。

王真传

王真、郝孟节者,皆上党人也。王真年且百岁,视之面有光泽,似未五十者。自云:"周流登五岳名山,悉能行胎息胎食之方,嗽舌下泉咽之,不绝房室。"孟节能含枣核,不食可至五年十年。又能结气不息,身不动摇,状若死人,可至百日半年。亦有宰家,为人质谨不妄言,似士君子。曹操使领诸方士焉。

王和平传

北海王和平,性好道术,自以当仙。济南孙邕少事之,从至京师。会和平病殁,邕因葬之东陶。有书百余卷,药数囊,悉以送之。后弟子夏荣言其尸解,邕乃恨不取其宝书仙药焉。

赞曰:幽赜罕征,明数难校。不探精远,曷感灵效?如或迁讹,实乖玄奥。

卷一百十三　逸民列传第七十三

《易》称"《遁》之时义大矣哉"。又曰:"不事王侯,高尚其事。"是以尧称则天,不屈颍阳之高;武尽美矣,终全孤竹之洁。自兹以降,风流弥繁,长往之轨未殊,而感致之数匪一。或隐居以求其志,或回避以全其道,或静己以镇其躁,或去危以图其安,或垢俗以动其概,或疵物以激其清。然观其甘心畎亩之中,憔悴江海之上,岂必亲鱼鸟乐林草哉,亦云性分所至而已。故蒙耻之宾,屡黜不去其国;蹈海之节,千乘莫移其情。适使矫易去就,则不能相为矣。彼虽硁硁有类沽名者,然而蝉蜕嚣埃之中,自致寰区之外,异夫饰智巧以逐浮利者乎!荀卿有言曰:"志意修则骄富贵,道义重则轻王公"也。汉室中微,王莽篡位,士之蕴藉义愤甚矣。是时裂冠毁冕,相携持而去之者,盖不可胜数。杨雄曰:"鸿飞冥冥,弋者何篡焉。"言其违患之远也。光武侧席幽人,求之若不及,旌帛蒲车之所征贲,相望于岩中矣。若薛方、逢萌聘而不肯至,严光、周党、王霸至而不能屈。群方咸遂,志士怀仁,斯固所谓"举逸民天下归心"者乎!肃宗亦礼郑均而征高凤,以成其节。自后帝德稍衰,邪孽当朝,处子耿介,羞与卿相等列。至乃抗愤而不顾,多失其中行焉。盖录其绝尘不反,同夫作者,列之此篇。

野王二老传

野王二老者,不知何许人也。初,光武贰于更始,会关中扰乱,遣前将军邓禹西征,送之于道。既反,因于野王猎,路见二老者即禽。光武问曰:"禽何向?"并举手西指,言:"此中多虎,臣每即禽,虎亦即臣,大王勿往也。"光武曰:"苟有其备,虎亦何患。"父曰:"何大王之谬邪!昔汤即桀于鸣条,而大城于亳;武王亦即纣于牧野,而大城于郏鄏。彼二王者,其备非不深也。是以即人者,人亦即之,虽有其备,庸可忽乎!"光武悟其旨,顾左右曰:"此隐者也。"将用之,辞而去,莫知所在。

向长传

向长字子平,河内朝歌人也。隐居不仕,性尚中和,好通《老》、《易》。贫无资食,好事者更馈焉,受之取足而反其余。王莽大司空王邑辟之,连年乃至,欲荐之于莽,固辞乃止。潜隐于家。读《易》至损、益卦,喟然叹曰:"吾已知富不如贫,贵不如贱,但未知死何如生耳。"建武中,男女娶嫁既毕,敕断家事勿相关,当如我死也。于是遂肆意,与同好北海禽庆俱游五岳名山,竟不知所终。

逢萌传

逢萌字子康,北海都昌人也。家贫,给事县为亭长。时尉行过亭,萌候迎拜谒,既而掷楯叹曰:"大丈夫安能为人役哉!"遂去之长安学,通《春秋经》。时王莽杀其子宇,萌谓友人曰:"三纲绝矣!不去,祸将及人。"即解冠挂东都城门,归,将家属浮海,客于辽东。萌素明阴阳,知莽将败,有顷,乃首戴瓦盎,哭于市曰:"新乎新乎!"因遂潜藏。及光武即位,乃之琅邪劳山,养志修道,人皆化其德。北海太守素闻其高,遣吏奉谒致礼,萌不答。太守怀恨而使捕之。吏叩头曰:"子康大贤,天下共闻,所在之处,人敬如父,往必不获,只自毁辱。"太守怒,收之系狱,更发它吏。行至劳山,人果相率以兵弩捍御,吏被伤流血,奔而还。后诏书征萌,托以老耄,迷路东西,语使者云:"朝廷所以征我者,以其有益于政,尚不知方面所在,安能济时乎?"即便驾归。连征不起,以寿终。初,萌与同郡徐房、平原李子云、王君公相友善,并晓阴阳,怀德秽行。房与子云养徒各千人,君公遭乱独不去,侩牛自隐。时人谓之论曰:"避世墙东王君公。"

周党传

周党字伯况,太原广武人也。家产千金。少孤,为宗人所养,而遇之不以理,及长,又不还其财。党诣乡县讼,主乃归之。既而散与宗族,悉免遣奴婢,遂至长安游学。初,乡佐尝众中辱党,党久怀之。后读《春秋》,闻复仇之义,便辍讲而还,与乡佐相闻,期克斗日。既交刃,而党为乡佐所伤,困顿。乡佐服其义,舆归养之,数日方苏,既悟而去。自此敕身修志,州里称其高。及王莽窃位,托疾杜门。自后贼暴从横,残灭郡县,唯至广武,过城不入。

建武中,征为议郎,以病去职,遂将妻子居黾池。复被征,不得已,乃著短布单衣,縠皮绡头,待见尚书。及光武引见,党伏而不谒,自陈愿守所志,帝乃许焉。博士范升奏毁党曰:"臣闻尧不须许由、巢父,而建号天下;周不待伯夷、叔齐,而王道以成。伏见太原周党、东海王良、山阳王成等,蒙受厚恩,使者三聘,乃肯就车。及陛见帝廷,党不以礼屈,伏而不谒,偃蹇骄悍,同时俱逝。党等文不能演义,武不能死君,钓采华名,庶几三公之位。臣愿与坐云台之下,考试图国之道。不如臣言,伏虚妄之罪。而敢私窃虚名,夸上求高,皆大不敬。"书奏,天子以示公卿。诏曰:"自古明王圣主必有不宾之士。伯夷、叔齐不食周粟,太原周党不受朕禄,亦各有志焉。其赐帛四十匹。"党遂隐居黾池,著书上下篇而终。邑人贤而祠之。初,党与同郡谭贤伯升、雁门殷谟君长,俱守节不仕王莽世。建武中,征并不到。

王霸传

王霸字儒仲,太原广武人也。少有清节。及王莽篡位,弃冠带,绝交宦。建武中,征到尚书,拜称名,不称臣。有司问其故。霸曰:"天子有所不臣,诸侯有所不友。"司徒侯霸让位于霸。阎阳毁之曰:"太原俗党,儒仲颇有其风。"遂止,以病归。隐居守志,茅屋蓬户。连征不至,以寿终。

严光传

严光字子陵,一名遵,会稽余姚人也。少有高名,与光武同游学。及光武即位,乃变名姓,隐身不见。帝思其贤,乃令以物色访之。后齐国上言:"有一男子,披羊裘钓泽中。"帝疑其光,乃备安车玄纁,遣使聘之,三反而后至。舍于北军,给床褥,太官朝夕进膳。司徒侯霸与光素旧,遣使奉书。使人因谓光曰:"公闻先生至,区区欲即诣造,迫于典司,是以不获。愿因日暮,自屈语言。"光不答,乃投札与之,口授曰:"君房足下:位至鼎足,甚善。怀仁辅义天下悦,阿谀顺旨要领绝。"霸得书,封奏之。帝笑曰:"狂奴故态也。"车驾即日幸其馆。光卧不起,帝即其卧所,抚光腹曰:"咄咄子陵,不可相助为理邪?"光又眠不应,良久,乃张目熟视,曰:"昔唐尧著德,巢父洗耳。士故有志,何至相迫乎!"帝曰:"子陵,我竟不能下汝邪?"于是升舆叹息而去。复引光入,论道旧故,相对累日。帝从容问光曰:"朕何如昔时?"对曰:"陛下差增于往。"因共偃卧,光以足加帝腹上。明日,太史奏客星犯御坐甚急。帝笑曰:"朕故人严子陵共卧耳。"除为谏议大夫,不屈,乃耕于富春山,后人名其钓处为严陵濑焉。建武十七年,复特征,不至。年八十,终于家。帝伤惜之,诏下郡县赐钱百万、谷千斛。

井丹传

井丹字大春,扶风郿人也。少受业太学,通《五经》,善谈论,故京师为之语曰:"《五经》纷纶井大春。"性清高,未尝修刺候人。建武末,沛王辅等五王居北宫,皆好宾客,更遣请丹,不能致。信阳侯阴就,光烈皇后弟也,以外戚贵盛,乃诡说五王,求钱千万,约能致丹,而别使人要劫之。丹不得已,既至,就故为设麦饭葱叶之食,丹推去之,曰:"以君侯能供甘旨,故来相过,何其薄乎?"更置盛馔,乃食。及就起,左右进辇。丹笑曰:"吾闻桀驾人车,岂此邪?"坐中皆失色,就不得已而令去辇。自是隐闭不关人事,以寿终。

梁鸿传

梁鸿字伯鸾,扶风平陵人也。父让,王莽时为城门校尉,封脩远伯,使奉少昊后,寓于北地而卒。鸿时尚幼,以遭乱世,因卷席而葬。后受业太学,家贫而尚节介,博览无不通,而不为章句。学毕,乃牧豕于上林苑中。曾误遗火延及它舍,鸿乃寻访烧者,问所去失,悉以豕偿之。其主犹以为少,鸿曰:"无它财,愿以身居作。"主人许之。因为执勤,不懈朝夕。邻家耆老见鸿非恒人,乃共责让主人,而称鸿长者。于是始敬异焉,悉还其豕。鸿不受而去,归乡里。势家慕其高节,多欲女之,鸿并绝不娶。同县孟氏有女,状肥丑而黑,力举石臼,择对不嫁,至年三十。父母问其故。女曰:"欲得贤如梁伯鸾者。"鸿闻而娉之。女求作布衣、麻屦,织作筐缉绩之具。及嫁,始以装饰入门。七日而鸿不答。妻乃跪床下请曰:"窃闻夫子高义,简斥数妇,妾亦偃蹇数夫矣。今而见择,敢不请罪。"鸿曰:"吾欲裘褐之人,可与俱隐深山者尔。今乃衣绮缟,傅粉墨,岂鸿所愿哉?"妻曰:"以观夫子之志耳。妾自有隐居之服。"乃更为椎髻,著布衣,操作而前。鸿大喜曰:"此真梁鸿妻也。能奉我矣!"字之曰德曜,名孟光。居有顷,妻曰:"常闻夫子欲隐居避患,今何为默默?无乃欲低头就之乎?"鸿曰:"诺。"乃共入霸陵山中,以耕织为业,咏《诗》《书》,弹琴以自娱。仰慕前世高士,而为四皓以来二十四人作颂。因东出关,过京师,作《五噫之歌》曰:"陟彼北芒兮,噫!顾览帝京兮,噫!宫室崔嵬兮,噫!人之劬劳兮,噫!辽辽未央兮,噫!"肃宗闻而非之,求鸿不得。乃易姓运期,名燿,字侯光,与妻子居齐鲁之间。有顷,又去适吴。将行,作诗曰:"逝彼邦兮遐征,将遥集兮东南。心怆悢兮伤悴,志菲菲兮升降。欲乘策兮纵迈,疾吾俗兮作逸。竞举枉兮措直,咸先佞兮唲嗢。固靡惭兮独建,冀异州兮尚贤。聊逍摇兮遨嬉,缵仲尼兮周流。倪云睹兮我悦,遂舍车兮即浮。过季札兮延陵,求鲁连兮海隅。虽不察兮光貌,幸神灵兮与休。惟季春兮华阜,麦含含兮方秀。哀茂时兮逾迈,愍芳香兮日臭。悼吾心兮不获,长委结兮焉诉!口嚣嚣兮余讪,嗟恇恇兮谁留?"遂至吴,依大家皋伯通,居庑下,为人赁舂。每归,妻为具食,不敢于鸿前仰视,举案齐眉。伯通察而异之,曰:"彼佣能使其妻敬之如此,非凡人也。"乃方舍之于家。鸿潜闭著书十余篇。疾且困,告主人曰:"昔延陵季子葬子于嬴博之间,不归乡里,慎勿令我子持丧归去。"及卒,伯通等为求葬地于吴要离冢傍。咸曰:"要离烈士,而伯鸾清高,可令相近。"葬毕,妻子归扶风。

初,鸿友人京兆高恢,少好《老子》,隐于华阴山中。及鸿东游思恢,作诗曰:"鸟嘤嘤兮友之期,念高子兮仆怀思,想念恢兮爰集兹。"二人遂不复相见。恢亦高抗,终身不仕。

高凤传

高凤字文通,南阳叶人也。少为书生,家以农亩为业,而专精诵读,昼夜不息。妻尝之田,曝麦于庭,令凤护鸡。时天暴雨,而凤持竿诵经,不觉潦水流麦。妻还怪问,凤方悟之。其后遂为名儒,乃教授业于西唐山中。邻里有争财者,持兵而斗,凤往解之,不已,乃脱巾叩头,固请曰:"仁义逊让,奈何弃之!"于是争者怀感,投兵谢罪。凤年老,执志不倦,名声著闻。太守连召请,恐不得免,自言本巫家,不应为吏,又诈与寡嫂讼田,遂不仕。建初中,将作大匠任隗举凤直言,到公车,托病逃归。推其财产,悉与孤兄子。隐身渔钓,终于家。

论曰:先大夫宣侯尝以讲道徐隙,寓乎逸士之篇。至《高文通传》,辍而有感,以为隐者也。因著其行事而论之曰:"古者隐逸,其风尚矣。颍阳洗耳,耻闻禅让;孤竹长饥,羞食周粟。或高栖以违行,或疾物以矫情,虽轨迹异区,其去就一也。若伊人者,志陵青云之上,身晦泥污之下,心名犹且不显,况怨累之为哉!与夫委体渊沙,鸣弦搂日者,不其远乎!"

台佟传

台佟字孝威,魏郡邺人也。隐于武安山,凿穴为居,采药自业。建初中,州辟不就。刺史行部,乃使从事致谒。佟载病往谢。刺史及执贽见佟曰:"孝威居身如是,甚苦,如何?"佟曰:"佟幸得保终性命,存神养和。如明使君奉宣诏书,夕惕庶事,反不苦邪?"遂去,隐逸,终不见。

韩康传

韩康字伯休,一名恬休,京兆霸陵人。家世著姓。常采药名山,卖于长安市,口不二价,三十余年。时有女子从康买药,康守价不移。女子怒曰:"公是韩伯休那?乃不二价乎?"康叹曰:"我本欲避名,今小女子皆知有我,何用药为?"乃遁入霸陵山中。博士公车连征不至。桓帝乃备玄纁之礼,以安车聘之。使者奉诏造康,康不得已,乃许诺。辞安车,自乘柴车,冒晨先使者发。至亭,亭长以韩征君当过,方发人牛修道桥。及见康柴车幅巾,以为田叟也,使夺其牛。康即释驾与之。有顷,使者至,夺牛翁乃征君也。使者欲奏杀亭长。康曰:"此自老子与之,亭长何罪!"乃止。康因中道逃遁,以寿终。

矫慎传

矫慎字仲彦,扶风茂陵人也。少学黄老,隐遁山谷,因穴为室,仰慕松、乔导引之术。与马融、苏章乡里并时,融以才博显名,章以廉直称,然皆推先于慎。汝南吴苍甚重之,因遗书以观其志曰:"仲彦足下,勤处隐约,虽乘云行泥,栖宿不同,每有西风,何尝不叹!盖闻黄老之言,乘虚入冥,藏身远遁,亦有理国养人,施于为政。至如登山绝迹,神不著其证,人不睹其验。吾欲先生从其可者,于意何如?昔伊尹不怀道以待尧舜之君。方今明明,四海开辟,巢许无为箕山,夷齐悔入首阳。足下审能骑龙弄凤,翔嬉云间者,亦非狐兔燕雀所敢谋也。"慎不答,年七十余,竟不肯娶。后忽归家,自言死日,及期果卒。后人有见慎于敦煌者,故前世异之,或云神仙焉。慎同郡马瑶,隐于汧山,以兔罝为事。所居俗化,百姓美之,号马牧先生焉。

戴良传

戴良字叔鸾,汝南慎阳人也。曾祖父遵,字子高,平帝时,为侍御史。王莽篡位,称病归乡里。家富,好给施,尚侠气,食客尝三四百人。时人为之语曰:"关东大豪戴子高。"良少诞节,母憙驴鸣,良常学之以娱乐焉。及母卒,兄伯鸾居庐啜粥,非礼不行,良独食肉饮酒,哀至乃哭,而二人俱有毁容。或问良曰:"子之居丧,礼乎?"良曰:"然。礼所以制情佚也,情苟不佚,何礼之论。夫食旨不甘,故致毁容之实。若味不存口,食之可也。"论者不能夺之。良才既高达,而论议尚奇,多骇流俗。同郡谢季孝问曰:"子自视天下孰可为比?"良曰:"我若仲尼长东鲁,大禹出西羌,独步天下,谁与为偶!"举孝廉,不就。再辟司空府,弥年不到,州郡迫之,乃遁辞诣府,悉将妻子,既行在道,因逃入江夏山中。优游不仕,以寿终。

初,良五女并贤,每有求姻,辄便许嫁,疏裳布被,竹笥木屐以遣之。五女能遵其训,皆有隐者之风焉。

法真传

法真字高卿,扶风郿人,南郡太守雄之子也。好学而无常家,博通内外图典,为关西大儒。弟子自远方至者,陈留范冉等数百人。性恬静寡欲,不交人间事。太守请见之,真乃幅巾诣谒。太守曰:"昔鲁哀公虽为不肖,而仲尼称臣。太守虚薄,欲以功曹相屈,光赞本朝,何如?"真曰:"以明府见待有礼,故敢自同宾末。若欲吏之,真将在北山之北,南山之南矣。"太守慑然,不敢复言。辟公府,举贤良,皆不就。同郡田弱荐真曰:"处士法真,体兼四业,学穷典奥,幽居恬泊,乐以忘忧,将蹈老氏之高踪,不为玄纁屈也。臣愿圣朝就加衮职,必能唱《清庙》之歌,致来仪之凤矣。"会顺帝西巡,弱又荐之。帝虚心欲致,前后四征。真曰:"吾既不能遁形远世,岂饮洗耳之水哉?"遂深自隐绝,终不降屈。友人郭正称之曰:"法真名可得闻,身难得而见,逃名而名我随,避名而名我追,可谓百世之师者矣!"乃共刊石颂之,号曰玄德先生。年八十九,中平五年,以寿终。

汉阴老父传

汉阴老父者,不知何许人也。桓帝延熹中,幸竟陵,过云梦,临沔水,百姓莫不观者,有老父独耕不辍。尚书郎南阳张温异之,使问曰:"人皆来观,老父独不辍,何也?"老父笑而不对。温下道百步,自与言。老父曰:"我野人耳,不达斯语。请问天下乱而立天子邪,理而立天子邪,立天子以父天下邪,役天下以奉天子邪?昔圣王宰世,茅茨采椽,而万人以宁。今子之君,劳人自纵,逸游无忌。吾为子羞之,子何忍欲人观之乎!"温大惭。问其姓名,不告而去。

陈留老父传

陈留老父者,不知何许人也。桓帝世,党锢事起,守外黄令陈留张升去官归乡里,道逢友人,共班草而言。升曰:"吾闻赵杀鸣犊,仲尼临河而反;覆巢竭渊,龙凤逝而不至。今宦竖日乱,陷害忠良,贤人君子其去朝乎?夫德之不建,人之无援,将性命之不免,奈何?"因相抱而泣。老父趋而过之,植其杖,太息言曰:"吁!二大夫何泣之悲也?夫龙不隐鳞,凤不藏羽,网罗高县,去将安所?虽泣何及乎!"二人欲与之语,不顾而去,莫知所终。

庞公传

庞公者,南郡襄阳人也。居岘山之南,未尝入城府。夫妻相敬如宾。荆州刺史刘表数延请,不能屈,乃就候之。谓曰:"夫保全一身,孰若保全天下乎?"庞公笑曰:"鸿鹄巢于高林之上,暮而得所栖;鼋鼍穴于深渊之下,夕而得所宿。夫趣舍行止,亦人之巢穴也。且各得其栖宿而已,天下非所保也。"因释耕于垄上,而妻子耘于前。表指而问曰:"先生苦居畎亩而不肯官禄,后世何以遗子孙乎?"庞公曰:"世人皆遗之以危,今独遗之以安,虽所遗不同,未为无所遗也。"表叹息而去。后遂携其妻子登鹿门山,因采药不反。

赞曰:江海冥灭,山林长往。远性风疏,逸情云上。道就虚全，事违尘柱。

卷一百十四　　列女传第七十四

《诗》《书》之言女德尚矣。若夫贤妃助国君之政，哲妇隆家人之道，高士弘清淳之风，贞女亮明白之节，则其徽美未殊也，而世典咸漏焉。故自中兴以后，综其成事，述为《列女篇》。如马、邓、梁后别见前纪，梁嫕、李姬各附家传，若斯之类，并不兼书。馀但搜次才行尤高秀者，不必专在一操而已。

鲍宣妻

勃海鲍宣妻者，桓氏之女也，字少君。宣尝就少君父学，父奇其清苦，故以女妻之，装送资贿甚盛。宣不悦，谓妻曰："少君生富骄，习美饰，而吾实贫贱，不敢当礼。"妻曰："大人以先生修德守约，故使贱妾侍执巾栉。既奉承君子，唯命是从。"宣笑曰："能如是，是吾志也。"妻乃悉归侍御服饰，更著短布裳，与宣共挽鹿车归乡里。拜姑礼毕，提瓮出汲。修行妇道，乡邦称之。宣，哀帝时官至司隶校尉。子永，中兴初为鲁郡太守。永子昱从容问少君曰："太夫人宁复识挽鹿车时不？"对曰："先姑有言：'存不忘亡，安不忘危。'吾焉敢忘乎！"永、昱已见前传。

王霸妻

太原王霸妻者，不知何氏之女也。霸少立高节，光武时，连征不仕。霸已见《逸人传》。妻亦美志行。初，霸与同郡令狐子伯为友，后子伯为楚相，而其子为郡功曹。子伯乃令子奉书于霸，车马服从，雍容甚也。霸子时方耕于野，闻宾至，投耒而归，见令狐子，沮怍不能仰视。霸目之，有愧容，客去而久卧不起。妻怪问其故，始不肯告，妻请罪，而后言曰："吾与子伯素不相若，向见其子容服甚光，举措有适，而我儿曹蓬发历齿，未知礼则，见客而有惭色。父子恩深，不觉自失耳。"妻曰："君少修清节，不顾荣禄。今子伯之贵孰与君之高？奈何忘宿志而惭儿女子乎！"霸屈起而笑曰："有是哉！"遂共终身隐遁。

姜诗妻

广汉姜诗妻者，同郡庞盛之女也。诗事母至孝，妻奉顺尤笃。母好饮江水，水去舍六七里，妻常溯流而汲。后值风，不时得还，母渴，诗责而遣之。妻乃寄止邻舍，昼夜纺绩，市珍羞，使邻母以意自遗其姑。如是者久之，姑怪问邻母，邻母具对。姑感惭呼还，恩养愈谨。其子后因远汲溺死，妻恐姑哀伤，不敢言，而托以行学不在。姑嗜鱼鲙，又不能独食，夫妇常力作供鲙，呼邻母共之。舍侧忽有涌泉，味如江水，每旦辄出双鲤鱼，常以供二母之膳。赤眉散贼经诗里，弛兵而过，曰："惊大孝必触鬼神。"时岁荒，贼乃遗诗米肉，受而埋之，比落蒙其安全。永平三年，察孝廉，显宗诏曰："大孝入朝，凡诸举者一听平之。"由是皆拜郎中。诗寻除江阳令，卒于官。所居治，乡人为立祀。

周郁妻

沛郡周郁妻者，同郡赵孝之女也，字阿。少习仪训，闲于妇道，而郁骄淫轻躁，多行无礼。郁父伟谓阿曰："新妇贤女，当以道匡夫。郁之不改，新妇过也。"阿拜而受命，退谓左右曰："我无樊卫二姬之行，故君以责我。我言而不用，君必谓我不奉教令，则罪在我矣。若言而见用，是为子违父而从妇，则罪在彼矣。生如此，亦何聊哉！"乃自杀。莫不伤之。

曹世叔妻

扶风曹世叔妻者，同郡班彪之女也，名昭，字惠班，一名姬。博学高才。世叔早卒，有节行法度。兄固著《汉书》，其八表及《天文志》未及竟而卒，和帝诏昭就东观藏书阁踵而成之。帝数召入宫，令皇后诸贵人师事焉，号曰大家。每有贡献异物，辄诏大家作赋颂。及邓太后临朝，与闻政事。以出入之勤，特封子成关内侯，官至齐相。时《汉书》始出，多未能通者，同郡马融伏于阁下，从昭受读，后又诏融兄续继昭成之。

永初中，太后兄大将军邓骘以母忧，上书乞身，太后不欲许，以问昭。昭因上疏曰："伏惟皇太后陛下，躬盛德之美，隆唐虞之政，辟四门而开四聪，采狂夫之瞽言，纳刍荛之谋虑。妾昭得以愚朽，身当盛明，敢不披露肝胆，以效万一。妾闻谦让之风，德莫大焉，故典坟述美，神祇降福。昔夷齐去国，天下服其廉高；太伯违邠，孔子称为三让。所以光昭令德，扬名于后者也。《论语》曰：'能以礼让为国，于从政乎何有。'由是言之，推让之诚，其致远矣。今四舅深执忠孝，引身自退，而以方垂未静，拒而不许。如后有毫毛加于今日，诚恐推让之名不可再得。缘见逮及，故敢昧死竭其愚情。自知言不足采，以示虫蚁之赤心。"太后从而许之。于是骘等各还里第焉。作《女诫》七篇，有助内训。其辞曰：

鄙人愚暗，受性不敏，蒙先君之余宠，赖母师之典训。年十有四，执箕帚于曹氏，于今四十余载矣。战战兢兢,常惧黜辱,以增父母之羞,以益中外之累。夙夜劬心,勤不告劳,而今而后,乃知免耳。吾性疏顽,教道无素,恒恐子榖负辱清朝。圣恩横加,猥赐金紫,实非鄙人庶几所望也。男能自谋矣,吾不复以为忧也。但伤诸女方当适人,而不渐训诲,不闻妇礼,惧失容它门,取耻宗族。吾今疾在沈滞,性命无常,念汝曹如此,每用惆怅。间作《女诫》七章,愿诸女各写一通,庶有补益,裨助汝身。去矣,其勖勉之。

卑弱第一:古者生女三日,卧之床下,弄之瓦砖,而斋告焉。卧之床下,明其卑弱,主下人也。弄之瓦砖,明其习劳,主执勤也。斋告先君,明当主继祭祀也。三者盖女人之常道,礼法之典教矣。谦让恭敬,先人后己,有善莫名,有恶莫辞,忍辱含垢,常若畏惧,是谓卑弱下人也。晚寝早作,勿惮夙夜,执务私事,不辞剧易,所作必成,手迹整理,是谓执勤也。正色端操,以事夫主,清静自守,无好戏笑,絜齐酒食,以供祖宗,是谓继祭祀也。三者苟备,而患名称之不闻,黜辱之在身,未之见也。三者苟失之,何名称之可闻,黜辱之可远哉!

夫妇第二:夫妇之道,参配阴阳,通达神明,信天地之弘义,人伦之大节也。是以《礼》贵男女之际,《诗》著《关雎》之义。由斯言之,不可不重也。夫不贤,则无以御妇;妇不贤,则无以事夫。夫不御妇,则威仪废缺;妇不事夫,则义理堕阙。方斯二事,其用一也。察今之君子,徒知妻妇之不可不御,威仪之不可不整,故训其男,检以书传,殊不知夫主之不可不事,礼义之不可不存也。但教男而不教女,不亦蔽于彼此之数乎!《礼》,八岁始教之书,十五而至于学矣。独不可依此以为则哉!

敬慎第三:阴阳殊性,男女异行。阳以刚为德,阴以柔为用,男以强为贵,女以弱为美。故鄙谚有云:"生男如狼,犹恐其尪;生女如鼠,犹恐其虎。"然则修身莫若敬,避强莫若顺。故曰敬顺之道,妇人之大礼也。夫敬非它,持久之谓也。夫顺非它,宽裕之谓也。持久者,知止足也。宽裕者,尚恭下也。夫妇之好,终身不离。房室周旋,遂生媟黩。媟黩既生,语言过矣。语言既过,纵恣必作。纵恣既形,则侮夫之心生矣。此由于不知止足也。夫事有曲直,言有是非。直者不能不争,曲者不能不讼。讼争既施,则有忿怒之事矣。此由于不尚恭下者也。侮夫不节,谴呵从之;忿怒不止,楚挞从之。夫为夫妇者,义以和亲,恩以好合,楚挞既行,何义之存?谴呵既宣,何恩之有?恩义俱废,夫妇离矣。

妇行第四:女有四行,一曰妇德,二曰妇言,三曰妇容,四曰妇功。夫云妇德,不必才明绝异也;妇言,不必辩口利辞也;妇容,不必颜色美丽也;妇功,不必工巧过人也。清闲贞静,守节整齐,行己有耻,动静有法,是谓妇德。择辞而说,不道恶语,时然后言,不厌于人,是谓妇言。盥浣尘秽,服饰鲜絜,沐浴以时,身不垢辱,是谓妇容。专心纺绩,不好戏笑,絜齐酒食,以奉宾客,是谓妇功。此四者,女人之大德,而不可乏者也。然为之甚易,唯在存心耳。古人有言:"仁远乎哉?我欲仁,而仁斯至矣。"此之谓也。

专心第五:《礼》,夫有再娶之义,妇无二适之文,故曰夫者天也。天固不可逃,夫固不可离也。行违神祇,天则罚之;礼义有愆,夫则薄之。故《女宪》曰:"得意一人,是谓永毕;失意一人,是谓永讫。"由斯言之,夫不可不求其心。然所求者,亦非谓佞媚苟亲也,固莫若专心正色。礼义居絜,耳无淫听,目无邪视,出无冶容,入无废饰,无聚会群辈,无看视门户,此则谓专心正色矣。若夫动静轻脱,视听陕输,入则乱发坏形,出则窈窕作态,说所不当道,观所不当视,此谓不能专心正色矣。

曲从第六:夫得意一人,是谓永毕;失意一人,是谓永讫。欲人定志专心之言也。舅姑之心,岂当可失哉?物有以恩自离者,亦有以义自破者也。夫虽云爱,舅姑云非,此所谓以义自破者也。然则舅姑之心奈何?固莫尚于曲从矣。姑云不尔而是,固宜从令;姑云尔而非,犹宜顺命。勿得违戾是非,争分曲直。此则所谓曲从矣。故《女宪》曰:"妇如影响,焉不可赏。"

和叔妹第七:妇人之得意于夫主,由舅姑之爱己也;舅姑之爱己,由叔妹之誉己也。由此言之,我臧否誉毁,一由叔妹,叔妹之心,复不可失也。皆莫知叔妹之不可失,而不能和之以求亲,其蔽也哉!自非圣人,鲜能无过。故颜子贵于能改,仲尼嘉其不贰,而况妇人者也!虽以贤女之行,聪哲之性,其能备乎!是故室人和则谤掩,外内离则恶扬。此必然之势也。《易》曰:"二人同心,其利断金。同心之言,其臭如兰。"此之谓也。夫嫂妹者,体敌而尊,恩疏而义亲。若淑媛谦顺之人,则能依义以笃好,崇恩以结援,使徽美显章,而瑕过隐塞,舅姑矜善,而夫主嘉美,声誉曜于邑邻,休光延于父母。若夫蠢愚之人,于嫂则托名以自高,于妹则因宠以骄盈。骄盈既施,何和之有!恩义既乖,何誉之臻!是以美隐而过宣,姑忿而夫愠,毁誉布于中外,耻辱集于厥身,增益父母之羞,退益君子之累。斯乃荣辱之本,而显否之基也。可不慎哉!然则求叔妹之心,固莫尚于谦顺矣。谦则德之柄,顺则妇之行。凡斯二者,足以和矣。《诗》云:"在彼无恶,在此无射。"其斯之谓也。

马融善之,令妻女习焉。昭女妹曹丰生,亦有才惠,为书以难之,辞有可观。

昭年七十余卒,皇太后素服举哀,使者监护丧事。所著赋、颂、铭、谏、问、注、哀辞、书、论、上疏、遗令,凡十六篇。子妇丁氏为撰集之,又作《大家赞》焉。

乐羊子妻

河南乐羊子之妻者,不知何氏之女也。羊子尝行路,得遗金一饼,还以与妻。妻曰:"妾闻志士不饮盗泉之水,廉者不受嗟来之食,况拾遗求利,以污其行乎!"羊子大惭,乃捐金于野,而远寻师学。一年来归,妻跪问其故。羊子曰:"久行怀思,无它异也。"妻乃引刀趋机而言曰:"此织生自蚕茧,成于机杼,一丝而累,以至于寸,累寸不已,遂成丈匹。今若断斯织也,则捐失成功,稽废时日。夫子积学,当日知其所亡,以就懿德。若中道而归,何异断斯织乎?"羊子感其言,复还终业,遂七年不反,妻常躬勤养姑,又远馈羊子。尝有它舍鸡谬入园中,姑盗杀而食之,妻对鸡不餐而泣。姑怪问其故。妻曰:"自伤居贫,使食有它肉。"姑竟弃之。后盗欲有犯妻者,乃先劫其姑。妻闻,操刀而出。盗人曰:"释汝刀从我者可全,不从我者,则杀汝姑。"妻仰天而叹,举刀刎颈而死。盗亦不杀其姑。太守闻之,即捕杀贼盗,而赐妻缣帛,以礼葬之,号曰:"贞义。"

陈文矩妻

汉中陈文矩妻者,同郡李法之姊也,字穆姜。有二男,而前妻四子。文矩为安众令,丧于官。四子以母非所生,憎毁日积,而穆姜慈爱温仁,抚字益隆,衣食资供皆兼倍所生。或谓母曰:"四子不孝甚矣,何不别居以远之?"对曰:"吾方以义相导,使其自迁善也。"及前妻长子兴遇疾困笃,母恻隐自然,亲调药膳,恩情笃密。兴疾久乃瘳,于是呼三弟谓曰:"继母慈仁,出自天授。吾兄弟不识恩养,禽兽其心。虽母道益隆,我曹过恶亦已深矣!"遂将三弟诣南郑狱,陈母之德,状己之过,乞就刑辟。县言之于郡,郡守表异其母,蠲除家徭,遣散四子,许以修革,自后训导愈明,并为良士。穆姜年八十余卒。临终敕诸子曰:"吾弟伯度,智达士也。所论薄葬,其义至矣。又临亡遗令,贤圣法也。令汝曹遵承,勿与俗同,增吾之累。"诸子奉行焉。

孝女曹娥

孝女曹娥者,会稽上虞人也。父盱,能弦歌,为巫祝。汉安二年五月五日,于县江溯涛婆娑迎神,溺死,不得尸骸。娥年十四,乃沿江号哭,昼夜不绝声,旬有七日,遂投江而死。至元嘉元年,县长度尚改葬娥于江南道傍,为立碑焉。

许升妻

吴许升妻者,吕氏之女也,字荣。升少为博徒,不理操行,荣尝躬勤家业,以奉养其姑。数劝升修学,每有不善,辄流涕进规。荣父积忿疾升,乃呼荣欲改嫁之。荣叹曰:"命之所遭,义无离贰!"终不肯归。升感激自厉,乃寻师远学,遂以成名。寻被本州辟命,行至寿春,道为盗所害。刺史尹耀捕盗得之。荣迎丧于路,闻而诣州,请甘心仇人。耀听之。荣乃手断其头,以祭升灵。后郡遭寇贼,贼欲犯之,荣逾垣走,贼拔刀追之。贼曰:"从我则生,不从我则死。"荣曰:"义不以身受辱寇虏也。"遂杀之。是日疾风暴雨,雷电晦冥,贼惶惧叩头谢罪,乃殡葬之。

袁隗妻

汝南袁隗妻者,扶风马融之女也,字伦。隗已见前传。伦少有才辩。融家世丰豪,装遣甚盛。及初成礼,隗问之曰:"妇奉箕帚而已,何乃过珍丽乎?"对曰:"慈亲垂爱,不敢逆命。君若欲慕鲍宣、梁鸿之高者,妾亦请从少君、孟光之事矣。"隗又曰:"弟先兄举,世以为笑。今处姊未适,先行可乎?"对曰:"妾姊高行殊邈,未遭良匹,不似鄙薄,苟然而已。"又问曰:"南郡君学穷道奥,文为辞宗,而所在之职,辄以货财为损,何邪?"对曰:"孔子大圣,不免武叔之毁;子路至贤,犹有伯寮之愬。家君获此,固其宜耳。"隗默然不能屈,帐外听者为惭。隗既宠贵当时,伦亦有名于世。年六十余卒。

伦妹芝,亦有才义。少丧亲长而追感,乃作《申情赋》云。

庞淯母

酒泉庞淯母者,赵氏之女也,字娥。父为同县人所杀,而娥兄弟三人,时俱病物故,仇乃喜而自贺,以为莫己报也。娥阴怀感愤,乃潜备刀兵,常帷车以候仇家。十余年不能得。后遇于都亭,刺杀之。因诣县自首,曰:"父仇已报,请就刑戮。"禄福长尹嘉义之,解印绶欲与俱亡。娥不肯去,曰:"怨塞身死,妾之明分;结罪理狱,君之常理。何敢苟生,以枉公法。"后遇赦得免。州郡表其闾。太常张奂嘉叹,以束帛礼之。

刘长卿妻

沛刘长卿妻者,同郡桓鸾之女也。鸾已见前传。生一男五岁而长卿卒,妻防远嫌疑,不肯归宁。儿年十五,晚又夭殁。妻虑不免,乃豫刑其耳以自誓。宗妇相与悯之,共谓曰:"若家殊无它意,假令有之,犹可因姑姊妹以表其诚,何贵义轻身之甚哉!"对曰:"昔我先君五更,学为儒宗,尊为帝师。五更已来,历代不替,男以忠孝显,女以贞顺称。《诗》云:'无忝尔祖,聿修厥德。'是以豫自刑翦,以明我情。"沛相王吉上奏高行,显其门闾,号曰:"行义桓氂",县邑有祀必膰焉。

皇甫规妻

安定皇甫规妻者,不知何氏女也。规初丧室家,后更娶之。妻善属文,能草书,时为规答书记,众人怪其工。及规卒时,妻年犹盛,而容色美。后董卓为相国,承其名,娉以辎軿百乘,马二十匹,奴婢钱帛充路。妻乃轻服诣卓门,跪自陈请,辞甚酸怆。卓使傅奴侍者悉拔刀围之,而谓曰:"孤之威教,欲令四海风靡,何有不行于一妇人乎!"妻知不免,乃立骂卓曰:"君羌胡之种,毒害天下犹未足邪!妾之先人,清德奕世。皇甫氏文武上才,为汉忠臣。君亲非其趣使车走吏乎?敢欲行非礼于尔君夫人邪!"卓乃引车庭中,以其头悬轭,鞭扑交下。妻谓持杖者曰:"何不重乎?速尽为惠。"遂死车下。后人图画,号曰"礼宗"云。

阴瑜妻

南阳阴瑜妻者,颍川荀爽之女也。名采,字女荀。聪敏有才艺。年十七,适阴氏。十九产一女,而瑜卒。采时尚丰少,常虑为家所逼,自防御甚固。后同郡郭奕丧妻,爽以采许之,因诈称病笃,召采。既不得已而归,怀刃自誓。爽令傅婢夺其刃,扶抱载之,犹忧致愤激,敕卫甚严。女既到郭氏,乃伪为欢悦之色,谓左右曰:"我本立志与阴氏同穴,而不免逼迫,遂至于此,素情不遂,奈何?"乃命使建四灯,盛装饰,请奕入相见,共谈,言辞不辍。奕敬惮之,遂不敢逼,至曙而出。采因敕令左右办浴。既入室而掩户,权令侍人避之,以粉书扉上曰:"尸还阴。""阴"字未及成,惧有来者,遂以衣带自缢。左右玩之不为意,比视,已绝,时人伤焉。

盛道妻

犍为盛道妻者,同郡赵氏之女也,字媛姜。建安五年,益部乱,道聚众起兵,事败,夫妻执系,当死。媛姜夜中告道曰:"法有常刑,必无生望,君可速潜逃,建立门户,妾自留狱,代君塞咎。"道依违未从。媛姜便解道桎梏,为赍粮货。子翔时年五岁,使道携持而走。媛姜代道持夜,应对不

失。度道已远,乃以实告吏,应时见杀。道父子会赦得归。道感其义,终身不娶焉。

孝女叔先雄

孝女叔先雄者,犍为人也。父泥和,永建初为县功曹。县长遣泥和拜檄谒巴郡太守,乘船堕湍水物故,尸丧不归。雄感念怨痛,号泣昼夜,心不图存,常有自沈之计。所生男女二人,并数岁,雄乃各作囊,盛珠环以系儿,数为诀别之辞。家人每防闲之,经百许日后稍懈,雄因乘小船,于父堕处恸哭,遂自投水死。弟贤,其夕梦雄告之:"却后六日,当共父同出。"至期伺之,果与父相持,浮于江上,郡县表言,为雄立碑,图像其形焉。

董祀妻

陈留董祀妻者,同郡蔡邕之女也。名琰,字文姬。博学有才辩,又妙于音律。适河东卫仲道。夫亡无子,归宁于家。兴平中,天下丧乱,文姬为胡骑所获,没于南匈奴左贤王,在胡中十二年,生二子。曹操素与邕善,痛其无嗣,乃遣使者以金璧赎之,而重嫁于祀。

祀为屯田都尉,犯法当死,文姬诣曹操请之。时公卿名士及远方使驿坐者满堂,操谓宾客曰:"蔡伯喈女在外,今为诸君见之。"及文姬进,蓬首徒行,叩头请罪,音辞清辩,旨甚酸哀,众皆为改容。操曰:"诚实相矜,然文状已去,奈何?"文姬曰:"明公厩马万匹,虎士成林,何惜疾足一骑,而不济垂死之命乎!"操感其言,乃追原祀罪。时且寒,赐以头巾履袜。操因问曰:"闻夫人家先多坟籍,犹能忆识之不?"文姬曰:"昔亡父赐书四千许卷,流离涂炭,罔有存者。今所诵忆,裁四百余篇耳。"操曰:"今当使十吏就夫人写之。"文姬曰:"妾闻男女之别,礼不亲授。乞给纸笔,真草唯命。"于是缮书送之,文无遗误。后感伤乱离,追怀悲愤,作诗二章。其辞曰:

汉季失权柄,董卓乱天常。志欲图篡弑,先害诸贤良。

逼迫迁旧邦,拥主以自强。海内兴义师,欲共讨不祥。

卓众来东下,金甲耀日光。平土人脆弱,来兵皆胡羌。

猎野围城邑,所向悉破亡。斩截无孑遗,尸骸相撑拒。

马边悬男头,马后载妇女。长驱西入关,迥路险且阻。

还顾邈冥冥,肝脾为烂腐。所略有万计,不得令屯聚。

或有骨肉俱,欲言不敢语。失意机微间,辄言毙降虏。

要当以亭刃,我曹不活汝。岂复惜性命,不堪其詈骂。

或便加棰杖,毒痛参并下。旦则号泣行,夜则悲吟坐。

欲死不能得,欲生无一可。彼苍者何辜,乃遭此厄祸。

边荒与华异,人俗少义理。处所多霜雪,胡风春夏起。

翩翩吹我衣,肃肃入我耳。感时念父母,哀叹无穷已。

有客从外来,闻之常欢喜。迎问其消息,辄复非乡里。

邂逅徼时愿,骨肉来迎己。己得自解免,当复弃儿子。

天属缀人心,念别无会期。存亡永乖隔,不忍与之辞。

儿前抱我颈,问母欲何之。'人言母当去,岂复有还时。

阿母常仁恻,今何更不慈?我尚未成人,奈何不顾思?'

见此崩五内,恍惚生狂痴。号泣手抚摩,当发复回疑。

兼有同时辈,相送告离别。慕我独得归,哀叫声摧裂。

马为立踯躅,车为不转辙。观者皆歔欷,行路亦呜咽。

去去割情恋,遄征日遐迈。悠悠三千里,何时复交会?

念我出腹子,匈臆为摧败。既至家人尽,又复无中外。

城郭为山林,庭宇生荆艾。白骨不知谁,从横莫覆盖。

出门无人声,豺狼号且吠。茕茕对孤景,怛咤糜肝肺。

登高远眺望,魂神忽飞逝。奄若寿命尽,旁人相宽大。

为复强视息,虽生何聊赖。托命于新人,竭心自勖厉。

流离成鄙贱,常恐复捐废。人生几何时,怀忧终年岁。

其二章曰:

嗟薄祜兮遭世患,宗族殄兮门户单。身执略兮入西关,历险阻兮之羌蛮。

山谷眇兮路曼曼,眷东顾兮但悲叹。冥当寝兮不能安,饥当食兮不能餐。

常流涕兮眦不干,薄志节兮念死难,虽苟活兮无形颜。惟彼方兮远阳精,

阴气凝兮雪夏零。沙漠壅兮尘冥冥,有草木兮春不荣。人似禽兮食臭腥,

言兜离兮状窈停。岁聿暮兮时迈征,夜悠长兮禁门扃。不能寐兮起屏营,

登胡殿兮临广庭。玄云合兮翳月星,北风厉兮肃泠泠。胡笳动兮边马鸣,

孤雁归兮声嘤嘤。乐人兴兮弹琴筝,音相和兮悲且清。心吐思兮匈愤盈,

欲舒气兮恐彼惊,含哀咽兮涕沾颈。家既迎兮当归宁,临长路兮捐所生。

儿呼母兮号失声,我掩耳兮不忍听。追持我兮走茕茕,顿复起兮毁颜形。

还顾之兮破人情,心怛绝兮死复生。

赞曰:端操有踪,幽闲有容。区明风烈,昭我管彤。

卷一百十五 东夷列传第七十五

东夷

《王制》云:"东方曰夷。"夷者,柢也,言仁而好生,万物柢地而出。故天性柔顺,易以道御,至有君子、不死之国焉。夷有九种,曰畎夷、于夷、方夷、黄夷、白夷、赤夷、玄夷、风夷、阳夷。故孔子欲居九夷也。昔尧命羲仲宅嵎夷,曰旸谷,盖日之所出也。夏后氏太康失德,夷人始畔。自少康已后,世服王化,遂宾于王门,献其乐舞。桀为暴虐,诸夷内侵,殷汤革命,伐而定之。至于仲丁,蓝夷作寇。自是或服或畔,三百余年。武乙衰敝,东夷浸盛,遂分迁淮、岱,渐居中土。及武王灭纣,肃慎来献石砮、楛矢。管、蔡畔周,乃招诱夷狄,周公征之,遂定东夷。康王之时,肃慎复至。后徐夷僭号,乃率九夷以伐宗周,西至河上。穆王畏其方炽,乃分东方诸侯,命徐偃王主之。偃王处潢池东,地方五百里,行仁义,陆地而朝者三十有六国。穆王后得骥𬳿之乘,乃使造父御以告楚,令伐徐,一日而至。于是楚文王大举兵而灭之。偃王仁而无权,不忍斗其人,故致于败。乃北走彭城武原县东山下,百姓随之者以万数,因名其山为徐山。厉王无道,淮夷入寇,王命虢仲征之,不克,宣王复命召公伐而平之。及幽王淫乱,四夷交侵,至齐桓修霸,攘而

却焉。及楚灵会申,亦来豫盟。后越迁琅邪,与共征战,遂陵暴诸夏,侵灭小邦。秦并六国,其淮、泗夷皆散为民户。陈涉起兵,天下崩溃,燕人卫满避地朝鲜,因王其国。百有余岁,武帝灭之,于是东夷始通上京。王莽篡位,貊人寇边。建武之初,复来朝贡。时辽东太守祭肜威詟北方,声行海表,于是濊、貊、倭、韩万里朝献,故章、和已后,使聘流通。逮永初多难,始入寇钞;桓、灵失政,渐滋曼焉。

自中兴之后,四夷来宾,虽时有乖畔,而使驿不绝,故国俗风土,可得略记。东夷率皆土著,憙饮酒歌舞,或冠弁衣锦,器用俎豆。所谓中国失礼,求之四夷者也。凡蛮、夷、戎、狄总名四夷者,犹公、侯、伯、子、男皆号诸侯云。

夫馀国,在玄菟北千里。南与高句骊,东与挹娄,西与鲜卑接,北有弱水。地方二千里,本濊地也。初,北夷索离国王出行,其侍儿于后妊身,王还,欲杀之。侍儿曰:"前见天上有气,大如鸡子,来降我,因以有身。"王囚之,后遂生男。王令置于豕牢,豕以口气嘘之,不死。复徙于马兰,马亦如之。王以为神,乃听母收养,名曰东明。东明长而善射,王忌其猛,复欲杀之。东明奔走,南至掩淲水,以弓击水,鱼鳖皆聚浮水上,东明乘之得度,因至夫馀而王之焉。于东夷之域,最为平敞,土宜五谷。出名马、赤玉、貂豽、大珠如酸枣。以员栅为城,有宫室、仓库、牢狱。其人粗大强勇而谨厚,不为寇钞。以弓矢刀矛为兵。以六畜名官,有马加、牛加、狗加,其邑落皆主属诸加。食饮用俎豆,会同拜爵洗爵,揖让升降。以腊月祭天,大会连日,饮食歌舞,名曰"迎鼓"。是时断刑狱,解囚徒。有军事亦祭天,杀牛,以蹄占其吉凶。行人无昼夜,好歌吟,音声不绝。其俗用刑严急,被诛者皆没其家人为奴婢。盗一责十二。男女淫皆杀之,尤治恶妒妇,既杀,复尸于山上。兄死妻嫂。死则有椁无棺。杀人殉葬,多者以百数。其王葬用玉匣,汉朝常豫以玉匣付玄菟郡,王死则迎取以葬焉。

建武中,东夷诸国皆来献见。二十五年,夫馀王遣使奉贡,光武厚答报之,于是使命岁通。至安帝永初五年,夫馀王始将步骑七八千人寇钞乐浪,杀伤吏民,后复归附。永宁元年,乃遣嗣子尉仇台诣阙贡献,天子赐尉仇台印绶金彩。顺帝永和元年,其王来朝京师,帝作黄门鼓吹、角抵戏以遣之。桓帝延熹四年,遣使朝贺贡献。永康元年,王夫台将二万余人寇玄菟,玄菟太守公孙域击破之,斩首千余级。至灵帝熹平三年,复奉章贡献。夫馀本属玄菟,献帝时,其王求属辽东云。

挹娄,古肃慎之国也。在夫馀东北千余里,东滨大海,南与北沃沮接,不知其北所极。土地多山险。人形似夫馀,而言语各异。有五谷、麻布,出赤玉、好貂。无君长,其邑落各有大人。处于山林之间,土气极寒,常为穴居,以深为贵,大家至接九梯。好养豕,食其肉,衣其皮。冬以豕膏涂身,厚数分,以御风寒。夏则裸袒,以尺布蔽其前后。其人臭秽不洁,作厕于中,圜之而居。自汉兴已后,臣属夫馀。种众虽少,而多勇力,处山险,又善射,发能入人目。弓长四尺,力如弩。矢用楛,长一尺八寸,青石为镞,镞皆施毒,中人即死。便乘船,好寇盗,邻国畏患,而卒不能服。东夷夫馀饮食类皆用俎豆,唯挹娄独无,法俗最无纲纪者也。

高句骊,在辽东之东千里,南与朝鲜、濊貊,东与沃沮,北与夫馀接。地方二千里,多大山深谷,人随而为居。少田业,力作不足以自资,故其俗节于饮食,而好修宫室。东夷相传以为夫馀别种,故言语法则多同,而跪拜曳一脚,行步皆走。凡有五族,有消奴部、绝奴部、顺奴部、灌奴部、桂娄部。本消奴部为王,稍微弱,后桂娄部代之。其置官,有相加、对卢、沛者、古邹大加、主簿、优台、使者、帛衣先人。武帝灭朝鲜,以高句骊为县,使属玄菟,赐鼓吹伎人。其俗淫,皆洁净自憙,暮夜辄男女群聚为倡乐。好祠鬼神、社稷、零星,以十月祭天大会,名曰"东盟"。其国东有大穴,号襚神,亦以十月迎而祭之。其公会衣服皆锦绣、金银以自饰。大加、主簿皆著帻,如冠帻而无后;其小加著折风,形如弁。无牢狱,有罪,诸加评议便杀之,没入妻子为奴婢。其昏姻皆就妇家,生子长大,然后将还,便稍营送终之具。金银财币尽于厚葬,积石为封,亦种松柏。其人性凶急,有气力,习战斗,好寇钞,沃沮、东濊皆属焉。

句骊一名貊,有别种,依小水为居,因名曰小水貊。出好弓,所谓"貊弓"是也。王莽初,发句骊兵以伐匈奴,其人不欲行,强迫遣之,皆亡出塞为寇盗。辽西大尹田谭追击,战死。莽令其将严尤击之,诱句骊侯驺入塞,斩之,传首长安。莽大说,更名高句骊王为下句骊侯,于是貊人寇边愈甚。建武八年,高句骊遣使朝贡,光武复其王号。二十三年冬,句骊蚕支落大加戴升等万余口诣乐浪内属。二十五年春,句骊寇右北平、渔阳、上谷、太原,而辽东太守祭肜以恩信招之,皆复款塞。后句骊王宫生而开目能视,国人怀之,及长勇壮,数犯边境。和帝元兴元年春,复入辽东,寇略六县,太守耿夔击破之,斩其渠帅。安帝永初五年,宫遣使贡献,求属玄菟。元初五年,复与濊貊寇玄菟,攻华丽城。建光元年春,幽州刺史冯焕、玄菟太守姚光、辽东太守蔡讽等将兵出塞击之,捕斩濊貊渠帅,获兵马财物。宫乃遣嗣子遂成将二千余人逆光等,遣使诈降;光等信之,遂成因据险隘以遮大军,而潜遣三千人攻玄菟、辽东,焚城郭,杀伤二千余人。于是发广阳、渔阳、右北平、涿郡属国三千余骑同救之,而貊人已去。夏,复与辽东鲜卑八千余人攻辽队,杀略吏人。蔡讽等追击于新昌,战殁,功曹耿耗、兵曹掾龙端、兵马掾公孙酺以身捍讽,俱没于陈,死者百余人。秋,宫遂率马韩、濊貊数千骑围玄菟。夫馀王遣子尉仇台将二万余人,与州郡并力讨破之,斩首五百余级。

是岁宫死,子遂成立。姚光上言欲因其丧发兵击之,议者皆以为可许。尚书陈忠曰："宫前桀黠，光不能讨，死而击之，非义也。宜遣吊问，因责让前罪，赦不加诛，取其后善。"安帝从之。明年，遂成还汉生口，诣玄菟降。诏曰："遂成等桀逆无状，当斩断葅醢，以示百姓，幸会赦令，乞罪请降。鲜卑、濊貊连年寇钞，驱略小民，动以千数，而裁送数十百人，非向化之心也。自今已后，不与县官战斗而自以亲附送生口者，皆以赎直，缣人四十匹，小口半之。"

遂成死，子伯固立。其后濊貊率服，东垂少事。顺帝阳嘉元年，置玄菟郡屯田六部。质、桓之间，复犯辽东西安平，杀带方令，掠得乐浪太守妻子。建宁二年，玄菟太守耿临讨之，斩首数百级，伯固降服，乞属玄菟云。

东沃沮在高句骊盖马大山之东，东滨大海；北与挹娄、夫馀，南与濊貊接。其地东西夹，南北长，可折方千里。土肥美，背山向海，宜五谷，善田种，有邑落长帅。人性质直强勇，便持矛步战。言语、食饮、居处、衣服有似句骊。其葬，作大木椁，长十余丈，开一头为户，新死者先假埋之，令皮肉尽，乃取骨置椁中。家人皆共一椁，刻木如生，随死者为数焉。武帝灭朝鲜，以沃沮地为玄菟郡。后为夷貊所侵，徙郡于高句骊西北，更以沃沮为县，属乐浪东部都尉。至光武罢都尉官，后皆以封其渠帅，为沃沮侯。其土迫小，介于大国之间，遂臣属句骊。句骊复置其中大人为使者，以相监领，责其租税，貂布鱼盐，海中食物，发美女为婢妾焉。又有北沃沮，一名置沟娄，去南沃沮八百余里。其俗皆与南同。界南接挹娄。挹娄人喜乘船寇抄，北沃沮畏之，每夏辄臧于岩穴，至冬船道不通，乃下居邑落。其耆老言，尝于海中得一布衣，其形如中人衣，而两袖长三丈。又于岸际见一人乘破船，顶中复有面，与语不通，不食而死。又说海中有女国，无男人。或传其国有神井，窥之辄生子云。

濊北与高句骊、沃沮，南与辰韩接，东穷大海，西至乐浪。濊及沃沮、句骊，本皆朝鲜之地也。昔武王封箕子于朝鲜，箕子教以礼义田蚕，又制八条之教。其人终不相盗，无门户之闭。妇人贞信，饮食以笾豆。其后四十余世，至朝鲜侯准，自称王。汉初大乱，燕、齐、赵人往避地者数万口，而燕人卫满击准而自王朝鲜，传国至孙右渠。元朔元年，濊君南闾等畔右渠，率二十八万口诣辽东内属，武帝以其地为苍海郡，数年乃罢。至元封三年，灭朝鲜，分置乐浪、临屯、玄菟、真番四郡。至昭帝始元五年，罢临屯、真番，以并乐浪、玄菟。玄菟复徙居句骊。自单单大领已东，沃沮、濊貊悉属乐浪。后以境土广远，复分领东七县，置乐浪东部都尉。自内属已后，风俗稍薄，法禁亦浸多，至有六十余条。建武六年，省都尉官，遂弃领东地，悉封其渠帅为县侯，皆岁时朝贺。无大君长，其官有侯、邑君、三老。耆旧自谓与句骊同种，言语法俗大抵相类。其人性愚悫，少

嗜欲，不请丐。男女皆衣曲领。其俗重山川，山川各有部界，不得妄相干涉。同姓不婚。多所忌讳，疾病死亡，辄捐弃旧宅，更造新居。知种麻，养蚕，作绵布。晓候星宿，豫知年岁丰约。常用十月祭天，昼夜饮酒歌舞，名之为"舞天"。又祠虎以为神。邑落有相侵犯者，辄相罚，责生口牛马，名之为"责祸"，杀人者偿死。少寇盗。能步战，作矛长三丈，或数人共持之。乐浪檀弓出其地。又多文豹，有果下马，海出班鱼，使来皆献之。

韩有三种：一曰马韩，二曰辰韩，三曰弁辰。马韩在西，有五十四国，其北与乐浪，南与倭接。辰韩在东，十有二国，其北与濊貊接。弁辰在辰韩之南，亦十有二国，其南亦与倭接。凡七十八国，伯济是其一国焉。大者万余户，小者数千家，各在山海间，地合方四千余里，东西以海为限，皆古之辰国也。马韩最大。共立其种为辰王，都目支国，尽王三韩之地。其诸国王先皆是马韩种人焉。

马韩人知田蚕，作绵布。出大栗如梨。有长尾鸡，尾长五尺。邑落杂居，亦无城郭。作土室，形如冢，开户在上。不知跪拜。无长幼男女之别。不贵金宝锦罽，不知骑乘牛马，唯重璎珠，以缀衣为饰，及县颈垂耳。大率皆魁头露紒，布袍草履。其人壮勇，少年有筑室作力者，辄以绳贯脊皮，缒以大木，讙呼为健。常以五月田竟祭鬼神，昼夜酒会，群聚歌舞，舞辄数十人相随蹋地为节。十月农功毕，亦复如之。诸国邑各以一人主祭天神，号为"天君"。又立苏涂，建大木以县铃鼓，事鬼神。其南界近倭，亦有文身者。

辰韩，耆老自言秦之亡人，避苦役，适韩国，马韩割东界地与之。其名国为邦，弓为弧，贼为寇，行酒为行觞，相呼为徒，有似秦语，故或名之为秦韩。有城栅屋室。诸小别邑，各有渠帅，大者名臣智，次有俭侧，次有樊祇，次有杀奚，次有邑借。土地肥美，宜五谷，知蚕桑，作缣布。乘驾牛马，嫁娶以礼，行者让路。国出铁，濊、倭、马韩并从市之。凡诸贸易，皆以铁为货。俗熹歌舞饮酒鼓瑟。儿生欲令其头扁，皆押之以石。

弁辰与辰韩杂居，城郭衣服皆同，言语风俗有异。其人形皆长大，美发，衣服洁清。而刑法严峻。其国近倭，故颇有文身者。

初，朝鲜王准为卫满所破，乃将其余众数千人走入海，攻马韩，破之，自立为韩王，准后灭绝，马韩人复自立为辰王。建武二十年，韩人廉斯人苏马谌等诣乐浪贡献。光武封苏马谌为汉廉斯邑君，使属乐浪郡，四时朝谒。灵帝末，韩、濊并盛，郡县不能制，百姓苦乱，多流亡入韩者。

马韩之西，海岛上有州胡国。其人短小，髡头，衣韦衣，有上无下。好养牛豕。乘船往来货市韩中。

倭在韩东南大海中，依山岛为居，凡百余国。自武帝灭朝鲜，使驿通于汉者三十许国，国皆称王，世世传统。其大倭王居邪马台国。乐浪郡徼，去其国万二千里，去其西北界拘邪韩国七千余里。其地大较在会稽东冶之东，与朱崖、儋耳相近，故其法俗多同。土宜禾稻、麻纻、蚕桑，知织绩为缣布。出白珠、青玉。其山有丹土。气温腰，冬夏生菜茹。无牛马虎豹羊鹊。其兵有矛、楯、木弓，竹矢或以骨为镞。男子皆黥面文身，以其文左右大小别尊卑之差。其男衣皆横幅结束相连。女人被发屈紒，衣如单被，贯头而著；并以丹朱坋身，如中国之用粉也。有城栅屋室。父母兄弟异处，唯会同男女无别。饮食以手，而用笾豆。俗皆徒跣，以蹲踞为恭敬。人性嗜酒。多寿考，至百余岁者甚众。国多女子，大人皆有四五妻，其余或两或三。女人不淫不妒。又俗不盗窃，少争讼。犯法者没其妻子，重者灭其门族。其死停丧十余日，家人哭泣，不进酒食，而等类就歌舞为乐。灼骨以卜，用决吉凶。行来度海，令一人不栉沐，不食肉，不近妇人，名曰"持衰"。若在涂吉利，则雇以财物；如病疾遭害，以为持衰不谨，便共杀之。

建武中元二年，倭奴国奉贡朝贺，使人自称大夫，倭国之极南界也。光武赐以印绶。安帝永初元年，倭国王帅升等献生口百六十人，愿请见。

桓、灵间，倭国大乱，更相攻伐，历年无主。有一女子名曰卑弥呼，年长不嫁，事鬼神道，能以妖惑众，于是共立为王。侍婢千人，少有见者，唯有男子一人给饮食，传辞语。居处宫室楼观城栅，皆持兵守卫。法俗严峻。自女王国东度海千余里至拘奴国，虽皆倭种，而不属女王。自女王国南四千余里至朱儒国，人长三四尺。自朱儒东南行船一年，至裸国、黑齿国，使驿所传，极于此矣。会稽海外有东鳀人，分为二十余国。又有夷洲及澶洲。传言秦始皇遣方士徐福将童男女数千人入海，求蓬莱神仙不得，徐福畏诛不敢还，遂止此洲，世世相承，有数万家。人民时至会稽市。会稽东冶县人有入海行遭风，流移至澶洲者。所在绝远，不可往来。

论曰：昔箕子违衰殷之运，避地朝鲜。始其国俗未有闻也，及施八条之约，使人知禁，遂乃邑无淫盗，门不夜扃，回顽薄之俗，就宽略之法，行数百千年。故东夷通以柔谨为风，异乎三方者也。苟政之所畅，则道义存焉。仲尼怀愤，以为九夷可居。或疑其陋。子曰："君子居之，何陋之有！"亦徒有以焉尔。其后遂通接商贾，渐交上国。而燕人卫满扰杂其风，于是从而浇异焉。《老子》曰："法令滋章，盗贼多有。"若箕子之省简文条而用信义，其得圣贤作法之原矣。

赞曰：宅是嵎夷，曰乃旸谷。巢山潜海，厥区九族。嬴末纷乱，燕人违难。杂华浇本，遂通有汉。眇眇偏译，或从或畔。

卷一百十六
南蛮西南夷列传第七十六

南蛮

昔高辛氏有犬戎之寇，帝患其侵暴，而征伐不克。乃访募天下，有能得犬戎之将吴将军头者，购黄金千镒，邑万家，又妻以少女。时帝有畜狗，其毛五采，名曰槃瓠。下令之后，槃瓠遂衔人头造阙下，群臣怪而诊之，乃吴将军首也。帝大喜，而计槃瓠不可妻之以女，又无封爵之道，议欲有报而未知所宜。女闻之，以为帝皇下令，不可违信，因请行。帝不得已，乃以女配槃瓠。槃瓠得女，负而走入南山，止石室中。所处险绝，人迹不至。于是女解去衣裳，为仆鉴之结，著独力之衣。帝悲思之，遣使寻求，辄遇风雨震晦，使者不得进。经三年，生子一十二人，六男六女。槃瓠死后，因自相夫妻。织绩木皮，染以草实，好五色衣服，制裁皆有尾形。其母后归，以状白帝，于是使迎致诸子。衣裳斑兰，语言侏离，好入山壑，不乐平旷。帝顺其意，赐以名山广泽。其后滋蔓，号曰"蛮夷"。外痴内黠，安土重旧。以先父有功，母帝之女，田作贾贩，无关梁符传，租税之赋。有邑君长，皆赐印绶，冠用獭皮。名渠帅曰精夫，相呼为姎徒。今长沙武陵蛮是也。其在唐虞，与之要质，故曰要服。夏商之时，渐为边患。逮于周世，党众弥盛。宣王中兴，乃命方叔伐蛮方，诗人所谓"蛮荆来威"者也。又曰："蠢尔蛮荆，大邦为雠。"明其党众繁多，是以抗敌诸夏也。

平王东迁，蛮遂侵暴上国。晋文侯辅政，乃率蔡共侯击破之。至楚武王时，蛮与罗子共败楚师，杀其将屈瑕。庄王初立，民饥兵弱，复为所寇。楚师既振，然后乃服，自是遂属于楚。鄢陵之役，蛮与恭王合兵击晋。及吴起相悼王，南并蛮越，遂有洞庭、苍梧。秦昭王使白起伐楚，略取蛮夷，始置黔中郡。汉兴，改为武陵。岁令大人输布一匹，小口二丈，是谓賨布。虽时为寇盗，而不足为郡国患。

光武中兴，武陵蛮夷特盛。建武二十三年，精夫相单程等据其险隘，大寇郡县。遣武威将军刘尚发南郡、长沙、武陵兵万余人，乘船溯沅水入武谿击之。尚轻敌入险，山深水疾，舟船不得上。蛮氏知尚粮少入远，又不晓道径，遂屯聚守险。尚食尽引还，蛮缘路徼战，尚军大败，悉为所没。二十四年，相单程等下攻临沅，遣谒者李嵩、中山太守马成击之，不能克。明年春，遣伏波将军马援、中郎将刘匦、马武、孙永等，将兵至临沅，击破之。单程等饥困乞降，会援病卒，谒者宗均听悉受降。为置吏司，群蛮遂平。

或畔。

肃宗建初元年，武陵澧中蛮陈从等反叛，入零阳蛮界。其冬，零阳蛮五里精夫为郡击破从、从等皆降。三年冬，溇中蛮覃儿健等复反，攻烧零阳、作唐、屡陵界中。明年春，发荆州七郡及汝南、颍川驰刑徒吏士五千余人，拒守零阳，募充中五里蛮精夫不叛者四千人，击澧中贼。五年春，覃儿健等请降，不许。郡因进兵与战于宏下，大破之。斩儿健首，余皆弃营走还溇中。复遣乞降，乃受之。于是罢武陵屯兵，赏赐各有差。

和帝永元四年冬，溇中、澧中蛮潭戎等反，燔烧邮亭，杀略吏民，郡兵击破降之。安帝元初二年，澧中蛮以郡县徭税失平，怀怨恨，遂结充中诸种二千余人，攻城杀长吏。州郡募五里蛮六亭兵追击破之，皆散降。赐五里、六亭渠帅金帛各有差。明年秋，溇中、澧中蛮四千人并为盗贼。又零陵蛮羊孙、陈汤等千余人，著赤帻，称将军，烧官寺，抄掠百姓。州郡募善蛮讨平之。

顺帝永和元年，武陵太守上书，以蛮夷率服，可比汉人，增其租赋。议者皆以为可。尚书令虞诩独奏曰："自古圣王不臣异俗，非德不能及，威不能加，知其兽心贪婪，难率以礼。是故羁縻而绥抚之，附则受而不逆，叛则弃而不追。先帝旧典，贡税多少，所由来久矣。今猥增之，必有怨叛。计其所得，不偿所费，必有后悔。"帝不从。其冬澧中、溇中蛮果争贡布非旧约，遂杀乡吏，举种反叛。明年春，蛮二万人围充城，八千人寇夷道。遣武陵太守李进破之，斩首数百级，余皆降服。进乃简选良吏，得其情和。在郡九年，梁太后临朝，下诏增进秩二千石，赐钱二十万。桓帝元嘉元年秋，武陵蛮詹山等四千余人反叛，拘执县令，屯结深山。至永兴元年，太守应奉以恩信招诱，皆悉降散。

永寿三年十一月，长沙蛮反叛，屯益阳。至延熹三年秋，遂抄掠郡界，众至万余人，杀伤长吏。又零陵蛮入长沙。冬，武陵蛮六千余人寇江陵，荆州刺史刘度、谒者马睦、南郡太守李肃皆奔走。肃主簿胡爽扣马首谏曰："蛮夷见郡无徼备，故敢乘间而进。明府为国大臣，连城千里，举旄鸣鼓，应声十万，奈何委符守之重，而为逋逃之人乎！"肃拔刃向爽曰："掾促去！太守今急，何暇此计。"爽抱马固谏，肃遂杀爽而走。帝闻之，征肃弃市，度、睦减死一等，复爽门闾，拜家一人为郎。于是以右校令度尚为荆州刺史，讨长沙贼，平之。又遣车骑将军冯绲讨武陵蛮，并皆降散。军还，贼复寇桂阳，太守廖祈奔走。武陵蛮亦更攻其郡，太守陈奉率吏人击破之，斩首三千余级，降者二千余人。至灵帝中平三年，武陵蛮复叛，寇郡界，州郡击破之。

《礼记》称"南方曰蛮，雕题交阯"。其俗男女同川而浴，故曰交阯。其西有啖人国，生首子辄解而食之，谓之宜弟。味旨，则以遗其君，君喜而赏其父。取妻美，则让其兄。今乌浒人是也。

交阯之南有越裳国。周公居摄六年，制礼作乐，天下和平，越裳以三象重译而献白雉，曰："道路悠远，山川岨深，音使不通，故重译而朝。"成王以归周公。公曰："德不加焉，则君子不飨其质；政不施焉，则君子不臣其人。吾何以获此见赐也！"其使请曰："吾受命国之黄耇曰'久矣，天之无烈风雷雨，意者中国有圣人乎？有则盍往朝之。'"周公乃归之于王，称先王之神致，以荐于宗庙。周德既衰，于是稍绝。

及楚子称霸，朝贡百越。秦并天下，威服蛮夷，始开领外，置南海、桂林、象郡。汉兴，尉佗自立为南越王，传国五世。至武帝元鼎五年，遂灭之，分置九郡，交阯刺史领焉。其珠崖、儋耳二郡在海洲上，东西千里，南北五百里。其渠帅贵长耳，皆穿而缒之，垂肩三寸。武帝末，珠崖太守会稽孙幸调广幅布献之，蛮不堪役，遂攻郡杀幸。幸子豹合率善人还复破之，自领郡事，讨击余党，连年乃平。豹遣使封还印绶，上书言状，制诏即以豹为珠崖太守。威政大行，献命岁至。中国贪其珍赂，渐相侵侮，故率数岁一反。元帝初元三年，遂罢之。凡立郡六十五岁。

逮王莽辅政，元始二年，日南之南黄支国来献犀牛。凡交阯所统，虽置郡县，而言语各异，重译乃通。人如禽兽，长幼无别。项髻徒跣，以布贯头而著之。后颇徙中国罪人，使杂居其间，乃稍知言语，渐见礼化。

光武中兴，锡光为交阯，任延守九真，于是教其耕稼，制为冠履，初设媒娉，始知姻娶，建立学校，导之礼义。

建武十二年，九真徼外蛮里张游，率种人慕化内属，封为归汉里君。明年，南越徼外蛮夷献白雉、白菟。至十六年，交阯女子徵侧及其妹徵贰反，攻郡。徵侧者，麊泠县雒将之女也。嫁为朱䳒人诗索妻，甚雄勇。交阯太守苏定以法绳之，侧忿，故反。于是九真、日南、合浦蛮里皆应之，凡略六十五城，自立为王。交阯刺史及诸太守仅得自守。光武乃诏长沙、合浦、交阯具车船，修道桥，通障谿，储粮谷。十八年，遣伏波将军马援、楼船将军段志，发长沙、桂阳、零陵、苍梧兵万余人讨之。明年夏四月，援破交阯，斩徵侧、徵贰等，余皆降散。进击九真贼都阳等，破降之。徙其渠帅三百余口于零陵。于是领表悉平。

肃宗元和元年，日南徼外蛮夷究不事人邑豪献生犀、白雉。和帝永元十二年夏四月，日南、象林蛮夷二千余人寇掠百姓，燔烧官寺，郡县发兵讨击，斩其渠帅，余众乃降。于是置象林将兵长史，以防其患。安帝永initial元年，九真徼外夜郎蛮夷举土内属，开境千八百四十里。元初二年，苍梧蛮夷反叛。明年，遂招诱郁林、合浦蛮汉数千人攻苍梧郡。邓太后遣侍御史任逴奉诏赦之，贼皆降散。延光元年，九真徼外蛮贡献内属。三年，日南徼外蛮复来内属。顺帝永建六年，日南徼外叶调王便遣使贡献，帝赐调便金印紫绶。

永和二年，日南、象林徼外蛮夷区怜等数千人攻象林县,烧城寺,杀长吏。交阯刺史樊演发交阯、九真二郡兵万余人救之。兵士惮远役,遂反,攻其府。二郡虽击破反者,而贼势转盛。会侍御史贾昌使在日南,即与州郡并力讨之,不利,遂为所攻。围岁余而兵谷不继,帝以为忧。明年,召公卿百官及四府掾属,问其方略,皆议遣大将,发荆、杨、兖、豫四万人赴之。大将军从事中郎李固驳曰:"若荆、杨无事,发之可也。今二州盗贼槃结不散,武陵南郡蛮夷未辑,长沙、桂阳数被征发,如复扰动,必更生患。其不可一也。又兖、豫之人卒被征发,远赴万里,无有还期,诏书迫促,必致叛亡。其不可二也。南州水土温暑,加有瘴气,致死亡者十必四五。其不可三也。远涉万里,士卒疲劳,比至领南,不复堪斗。其不可四也。军行三十里为程,而去日南九千余里,三百日乃到,计人禀五升,用米六十万斛,不计将吏驴马之食,但负甲自致,费便若此。其不可五也。设军到所在,死亡必众,既不足御敌,当复更发,此为刻割心腹以补四支。其不可六也。九真、日南相去千里,发其吏民,犹尚不堪,何况乃苦四州之卒,以赴万里之艰哉!其不可七也。前中郎将尹就讨益州叛羌,益州谚曰:'虏来尚可,尹来杀我。'后就征还,以兵付刺史张乔。乔因其将吏,旬月之间,破殄寇虏。此发将无益之效,州郡可任之验也。宜更选有勇略仁惠任将帅者,以为刺史、太守,悉使共住交阯。今日南兵单无谷,守既不足,战又不能。可一切徙其吏民北依交阯,事静之后,又命归本。还募蛮夷,使自相攻,转输金帛,以为其资。有能反间致头首者,许以封侯列土之赏。故并州刺史长沙祝良,性多勇决,又南阳张乔,前在益州有破虏之功,皆可任用。昔太宗就加魏尚为云中守,哀帝即拜龚舍为太山太守。宜即拜良等,便道之官。"四府悉从固议,即拜祝良为九真太守,张乔为交阯刺史。乔至,开示慰诱,并皆降散。良到九真,单车入贼中,设方略,招以威信,降者数万人,皆为良筑起府寺。由是岭外复平。

建康元年,日南蛮夷千余人复攻烧县邑,遂扇动九真。与相连结。交阯刺史九江夏方开恩招诱,贼皆降服。时梁太后临朝,美方之功,迁为桂阳太守。桓帝永寿三年,居风令贪暴无度,县人朱达等及蛮夷相聚,攻杀县令,众至四五千人,进攻九真,九真太守兒式战死,诏赐钱六十万,拜子二人为郎。遣九真都尉魏朗讨破之,斩首二千级,渠帅犹屯据日南,众转强盛。延熹三年,诏复拜夏方为交阯刺史。方威惠素著,日南宿贼闻之,二万余人相率诣方降。灵帝建宁三年,郁林太守谷永以恩信招降乌浒人十余万内属,皆受冠带,开置七县。熹平二年冬十二月,日南徼外国重译贡献。光和元年,交阯、合浦乌浒蛮反叛,招诱九真、日南,合数万人,攻没郡县。四年,刺史朱儁击破之。六年,日南徼外国复来贡献。

巴郡南郡蛮,本有五姓:巴氏、樊氏、瞫氏、相氏、郑氏。皆出于武落钟离山。其山有赤黑二穴,巴氏之子生于赤穴,四姓之子皆生黑穴。未有君长,俱事鬼神,乃共掷剑于石穴,约能中者,奉以为君。巴氏子务相乃独中之,众皆叹。又令各乘土船,约能浮者,当以为君。余姓悉沈,唯务相独浮。因共立之,是为廪君。乃乘土船,从夷水至盐阳。盐水有神女,谓廪君曰:"此地广大,鱼盐所出,愿留共居。"廪君不许。盐神暮辄来取宿,旦即化为虫,与诸虫群飞,掩蔽日光,天地晦冥。积十余日,廪君伺其便,因射杀之,天乃开明。廪君于是君乎夷城,四姓皆臣之。廪君死,魂魄世为白虎。巴氏以虎饮人血,遂以人祠焉。及秦惠王并巴中,以巴氏为蛮夷君长,世尚秦女,其民爵比不更,有罪得以爵除。其君长岁出赋二千一十六钱,三岁一出义赋千八百钱。其民户㠔布八丈二尺,鸡羽三十鍭。汉兴,南郡太守靳强请一依秦时故事。

至建武二十三年,南郡潳山蛮雷迁等始反叛,寇掠百姓,遣武威将军刘尚将万余人讨破之,徙其种人七千余口置江夏界中,今沔中蛮是也。和帝永元十三年,巫蛮许圣等以郡收税不均,怀怨恨,遂屯聚反叛。明年夏,遣使者督荆州诸郡兵万余人讨之。圣等依凭阻隘,久不破。诸军乃分道并进,或自巴郡、鱼复数路攻之,蛮乃散走,斩其渠帅,乘胜追之,大破圣等。圣等乞降,复悉徙置江夏。灵帝建宁二年,江夏蛮叛,州郡讨平之。光和三年,江夏蛮复反,与庐江贼黄穰相连结,十余万人,攻没四县,寇患累年。庐江太守陆康讨破之,余悉降散。板楯蛮夷者,秦昭襄王时有一白虎,常从群虎数游秦、蜀、巴、汉之境,伤害千余人。昭王乃重募国中有能杀虎者,赏邑万家,金百镒。时有巴郡阆中夷人,能作白竹之弩,乃登楼射杀白虎。昭王嘉之,而以其夷人,不欲加封,乃刻石盟要,复夷人顷田不租,十妻不算,伤人者论,杀人者得以倓钱赎死。盟曰:"秦犯夷,输黄龙一双;夷犯秦,输清酒一钟。"夷人安之。至高祖为汉王,发夷人还伐三秦。秦地既定,乃遣还巴中,复其渠帅罗、朴、督、鄂、度、夕、龚七姓,不输租赋,余户乃岁入賨钱,口四十。世号为板楯蛮夷。阆中有渝水,其人多居水左右。天性劲勇,初为汉前锋,数陷陈。俗喜歌舞,高祖观之,曰:"此武王伐纣之歌也。"乃命乐人习之,所谓《巴渝舞》也。遂世世服从。

至于中兴,郡守常率以征伐。桓帝之世,板楯数反,太守蜀郡赵温以恩信降服之。灵帝光和二年,巴郡板楯复叛,寇掠三蜀及汉中诸郡。灵帝遣御史中丞萧瑗督益州兵讨之,连年不能克。帝欲大发兵,乃问益州计吏,考以征讨方略。汉中上计程包对曰:"板楯七姓,射杀白虎立功,先世复为义人。其人勇猛,善于兵战。昔永初中,羌入汉川,郡县破坏,得板楯救之,羌死殆尽,故号为神兵。羌人畏忌,传语种辈,勿复南行。至建和二年,羌复大入,实赖板楯连摧破之。前车骑将军冯绲南征武陵,虽受丹阳精兵之锐，亦倚板楯以成其功。近益州郡乱，太守李颙亦以板楯讨而平之。忠功如此，本无恶心。长吏乡亭，更赋至重，仆役箠楚，过于奴虏，亦有嫁妻卖子，或乃至自刭割。虽陈冤州郡，而牧守不为通理。阙庭悠远，不能自闻。含怨呼天，叩心穷谷。愁苦赋役，困罹酷刑。故邑落相聚，以致叛戾。非有谋主僭号，以图不轨。今但选明能牧守，自然安集，不烦征伐也。"帝从其言，遣太守曹谦宣诏赦之，即皆降服。至中平五年，巴郡黄巾贼起，板楯蛮夷因此复叛，寇掠城邑，遣西园上军别部司马赵瑾讨平之。

西南夷

西南夷者，在蜀郡徼外。有夜郎国，东接交阯，西有滇国，北有邛都国，各立君长。其人皆椎结左衽，邑聚而居，能耕田。其外又有巂、昆明诸落，西极同师，东北至叶榆，地方数千里。无君长，辫发，随畜迁徙无常。自巂东北有莋都国，东北有冉駹国，或土著，或随畜迁徙。自冉駹东北有白马国，氐种是也。此三国亦有君长。

夜郎者，初有女子浣于遁水，有三节大竹流入足间，闻其中有号声，剖竹视之，得一男儿，归而养之。及长，有才武，自立为夜郎侯，以竹为姓。武帝元鼎六年，平南夷，为牂柯郡，夜郎侯迎降，天子赐其王印绶。后遂杀之。夷獠咸以竹王非血气所生，甚重之，求为立后。牂柯太守吴霸以闻，天子乃封其三子为侯。死，配食其父。今夜郎县有竹王三郎神是也。

初，楚顷襄王时，遣将庄豪从沅水伐夜郎，军至且兰，椓船于岸而步战。既灭夜郎，因留王滇池。以且兰有椓船牂柯处，乃改其名为牂柯。牂柯地多雨潦，俗好巫鬼禁忌，寡畜生，又无蚕桑，故其郡最贫。句町县有桄桹木，可以为面，百姓资之。公孙述时，大姓龙、傅、尹、董氏，与郡功曹谢暹保境为汉，乃遣使从番禺江奉贡。光武嘉之，并加褒赏。桓帝时，郡人尹珍自以生于荒裔，不知礼义，乃从汝南许慎、应奉受经书图纬，学成还乡里教授，于是南域始有学焉。珍官至荆州刺史。

滇王者，庄蹻之后也。元封二年，武帝平之，以其地为益州郡，割牂柯、越巂各数县配之。后数年，复并昆明地，皆以属之此郡。有池，周回二百余里，水源深广，而末更浅狭，有似倒流，故谓之滇池。河土平敞，多出鹦鹉、孔雀，有盐池田渔之饶，金银畜产之富。人俗豪忕。居官者皆富及累世。及王莽政乱，益州郡夷栋蚕，若豆等起兵杀郡守，越巂姑复夷人大牟亦皆反，杀略吏人。莽遣宁始将军廉丹，发巴蜀吏人及转兵谷卒徒十余万击之。吏士饥疫，连年不能克而还。以广汉文齐为太守，造起陂池，开通溉灌，垦田二千余顷。率厉兵马，修障塞，降集群夷，甚得其和。及公孙述据益土，齐固守拒险，述拘其妻子，许以封侯，齐遂不

降。闻光武即位，乃间道遣使自闻。蜀平，征为镇远将军，封成义侯。于道卒，诏为起祠堂，郡人立庙祀之。

建武十八年，夷渠帅栋蚕与姑复、楪榆、桥栋、连然、滇池、建伶、昆明诸种反叛，杀长吏。益州太守繁胜与战而败，退保朱提。十九年，遣武威将军刘尚等发广汉、犍为、蜀郡人及朱提夷，合万三千人击之。尚军遂度泸水，入益州界。群夷闻大兵至，皆弃垒奔走，尚获其赢弱、谷畜。二十年，进兵与栋蚕等连战数月，皆破之。明年正月，追至不韦，斩栋蚕帅，凡首虏七千余人，得生口五千七百人，马三千匹，牛羊三万余头，诸夷悉平。

肃宗元和中，蜀郡王追为太守，政化尤异，有神马四匹出滇池河中，甘露降，白乌见，始兴起学校，渐迁其俗。灵帝熹平五年，诸夷反叛，执太守雍陟。遣御史中丞朱龟讨之，不能克。朝议以为郡在边外，蛮夷喜叛，劳师远役，不如弃之。太尉掾巴郡李颙建策讨伐，乃拜颙益州太守，与刺史庞芝发板楯蛮击破平之，还得雍陟。颙卒后，夷人复叛，以广汉景毅为太守，讨定之。毅初到郡，米斛万钱，渐以仁恩，少年间，米至数十云。

哀牢夷者，其先有妇人名沙壹，居于牢山。尝捕鱼水中，触沈木若有感，因怀妊，十月，产子男十人。后沈木化为龙，出水上。沙壹忽闻龙语曰："若为我生子，今悉何在？"九子见龙惊走，独小子不能去，背龙而坐，龙因舐之。其母鸟语，谓背为九，谓坐为隆，因名子曰九隆。及后长大，诸兄以九隆能为父所舐而黠，遂共推以为王。后牢山下有一夫一妇，复生十女子，九隆兄弟皆娶以为妻，后渐相滋长。种人皆刻画其身，象龙文，衣皆著尾。九隆死，世世相继。乃分置小王，往往邑居，散在谿谷。绝域荒外，山川阻深，生人以来，未尝交通中国。

建武二十三年，其王贤栗遣兵乘箪船，南下江、汉，击附塞夷鹿茤。鹿茤人弱，为所禽获。于是震雷疾雨，南风飘起，水为逆流，翻涌二百余里，箪船沈没，哀牢之众，溺死数千人。贤栗复遣其六王将万人以攻鹿茤，鹿茤王与战，杀其六王。哀牢耆老共埋六王，夜虎复出其尸而食之，余众惊怖引去。贤栗惶恐，谓其耆老曰："我曹入边塞，自古有之，今攻鹿茤，辄被天诛，中国其有圣帝乎？天祐助之，何其明也。"二十七年，贤栗等遂率种人户二万七千七百七十，口万七千六百五十九，诣越巂太守郑鸿降，求内属，光武封贤栗等为君长。自是岁来朝贡。

永平十二年，哀牢王柳貌遣子率种人内属，其称邑王者七十七人，户五万一千八百九十，口五十五万三千七百一十一。西南去洛阳七千里，显宗以其地置哀牢、博南二县，割益州郡西部都尉所领六县，合为永昌郡。始通博南山，度兰仓水，行者苦之。歌曰："汉德广，开不宾。度博南，越兰津。度兰仓，为它人。"

哀牢人皆穿鼻儋耳，其渠帅自谓王者，耳皆下肩三

寸，庶人则至肩而已。土地沃美，宜五谷、蚕桑。知染采文绣，罽旄帛叠，兰干细布，织成文章如绫锦。有梧桐木华，绩以为布，幅广五尺，絜白不受垢污。先以覆亡人，然后服之。其竹节相去一丈，名曰濮竹。出铜、铁、铅、锡、金、银、光珠、虎魄、水精、琉璃、轲虫、蚌珠、孔雀、翡翠、犀、象、猩猩、貊兽。云南县有神鹿两头，能食毒草。

先是，西部都尉广汉郑纯为政清絜，化行夷貊，君长感慕，毕献土珍，颂德美。天子嘉之，即以为永昌太守。纯与哀牢夷人约，邑豪岁输布贯头衣二领，盐一斛，以为常赋，夷俗安之。纯自为都尉、太守，十年卒官。建初元年，哀牢王类牢与守令忿争，遂杀守令而反叛，攻巂唐城。太守王寻奔楪榆。哀牢三千余人攻博南，燔烧民舍。肃宗募发越巂、益州、永昌夷汉九千人讨之。明年春，邪龙县昆明夷卤承等应募，率种人与诸郡兵击类牢于博南，大破斩之。传首洛阳，赐卤承帛万匹，封为破虏傍邑侯。

永元六年，郡徼外敦忍乙王莫延慕义，遣使译献犀牛、大象。九年，徼外蛮及掸国王雍由调遣重译奉国珍宝，和帝赐金印紫绶，小君长皆加印绶、钱帛。

永初元年，徼外僬侥种夷陆类等三千余口举种内附，献象牙、水牛、封牛。永宁元年，掸国王雍由调复遣使者诣阙朝贺，献乐及幻人，能变化吐火，自支解，易牛马头。又善跳丸，数乃至千。自言我海西人。海西即大秦也，掸国西南通大秦。明年元会，安帝作乐于庭，封雍由调为汉大都尉，赐印绶、金银、彩缯各有差也。

邛都夷者，武帝所开，以为邛都县。无几而地陷为污泽，因名为邛池，南人以为邛河。后复反叛。元鼎六年，汉兵自越巂水伐之，以为越巂郡。其土地平原，有稻田。青蛉县禺同山有碧鸡金马，光景时时出见。俗多游荡，而喜讴歌，略与牂柯相类。豪帅放纵，难得制御。

王莽时，郡守枚根调邛人长贵，以为军候。更始二年，长贵率种人攻杀枚根，自立为邛谷王。领太守事。又降于公孙述。述败，光武封长贵为邛谷王。建武十四年，长贵遣使上三年计，天子即授越巂太守印绶。十九年，武威将军刘尚击益州夷，路由越巂。长贵闻之，疑尚既ового南边，威法必行，已不得自放纵，即聚兵起营台，招呼诸君长，多酿毒酒，欲先以劳军，因袭击尚。尚知其谋，即分兵先据邛都，遂掩长贵诛之，徙其家属至成都。

永平元年，姑复夷复叛，益州刺史发兵讨破之，斩其渠帅，传首京师。后太守巴郡张翕，政化清平，得夷人和。在郡十七年，卒，夷人爱慕，如丧父母。苏祈叟二百余人，赍牛羊送丧，至翕本县安汉，起坟祭祀。诏书嘉美，为立祠堂。

安帝元初三年，郡徼外夷大羊等八种，户三万一千，口十六万七千六百二十，慕义内属。时郡县赋敛烦数，五年，卷夷大牛种封离等反畔，杀遂久令。明年，永昌、益州及蜀郡夷皆叛应之，众遂十余万，破坏二十余县，杀长吏，燔烧邑郭，剽略百姓，骸骨委积，千里无人。诏益州刺史张乔选堪能从事讨之。乔乃遣从事杨竦将兵至楪榆击之，贼盛未敢进，先以诏书告示三郡，密征求武士，重其购赏。乃进兵与封离等战，大破之，斩首三万余级，获生口千五百人，资财四千余万，悉以赏军士。封离等惶怖，斩其同谋渠帅，诣竦乞降，竦厚加慰纳。其余三十六种皆来降附。竦因奏长吏奸猾侵犯蛮夷者九十人，皆减死。州中论功未及上，会竦病创卒，张乔深痛惜之，乃刻石勒铭，图画其像。天子以张翕有遗爱，乃拜其子湍为太守。夷人欢喜，奉迎道路。曰："郎君仪貌类我府君。"后湍颇失其心，有欲叛者，诸夷耆老相晓语曰："当为先府君故。"遂以得安。后顺桓间，广汉冯颢为太守，政化尤多异迹云。

莋都夷者，武帝所开，以为莋都县。其人皆被发左衽，言语多好譬类，居处略与汶山夷同。土出长年神药，仙人山图所居焉。元鼎六年，以为沈黎郡。至天汉四年，并蜀为西部，置两都尉，一居旄牛，主徼外夷，一居青衣，主汉人。

永平中，益州刺史梁国朱辅，好立功名，慷慨有大略。在州数岁，宣示汉德，威怀远夷。自汶山以西，前世所不至，正朔所未加。白狼、槃木、唐菆等百余国，户百三十余万，口六百万以上，举种奉贡，称为臣仆。辅上疏曰："臣闻《诗》云：'彼徂者岐，有夷之行。'传曰：'岐道虽僻，而人不远。'诗人诵咏，以为符验。今白狼王唐菆等慕化归义，作诗三章。路经邛来大山零高坂，峭危峻险，百倍岐道。襁负老幼，若归慈母。远夷之语，辞意难正。草木异种，鸟兽殊类。有犍为郡掾田恭与之习狎，颇晓其言，臣辄令讯其风俗，译其辞语。今遣从事史李陵与恭护送诣阙，并上其乐诗。昔在圣帝，舞四夷之乐；今之所上，庶备其一。"帝嘉之，事下史官，录其歌焉。

《远夷乐德歌诗》曰：
大汉是治，堤官隗构。与天意合。魏冒逾糟。吏译平端，闾驿刘脾。
不从我来，旁莫支留。闻风向化，征衣随旅。所见奇异。知唐桑艾。
多赐缯布，邪毗缉续。甘美酒食。推潭仆远。昌乐肉飞，拓拒苏便。
屈申悉备。局后仍离。蛮夷贫薄，偻让龙洞。无所报嗣。莫支度由。
愿主长寿，阳雒僧鳞。子孙昌炽。莫稚角存。

《远夷慕德歌诗》曰：
蛮夷所处，偻让皮尼。日入之部。且交陵悟。慕义向化，绳动随旅。
归日出主。路旦拣雒。圣德深恩，圣德渡诺。与人富厚。魏菌度洗。
冬多霜雪，综邪流藩。夏多和雨。莋邪寻螺。寒温时适，筑浮泸漓。
部人多有，菌补邪推。涉危历险，辟危归险。不远
万里，莫受万柳。
去俗归德，术迷附德。心归慈母，仍路尊摸。
《远夷怀德歌》曰：
荒服之外，荒服之仪。土地绕埆，黎籍怜怜。食肉
衣皮，阻苏邪犁。
不见盐谷，莫砀粗沐。吏译传风，周译传徽。大汉
安乐，是汉夜拒。
携负归仁，踪优路仁。触冒险陕，雷折险龙。高山
岐峻，伦狼藏幢。
缘崖磻石，扶路侧禄。木薄发冢，息落服淫。百宿
到洛，理历髤雒。
父子同赐，捕荃菌毗。怀抱匹帛，怀稿匹漏。传告
种人，传言呼敕。
长愿臣仆，陵阳臣仆。

肃宗初，辅坐事免。是时郡尉府舍皆有雕饰，画山神
海灵奇禽异兽，以眩燿之，夷人益畏惮焉。和帝永元十二
年，旄牛徼外白狼、楼薄蛮夷王唐缯等，遂率种人十七万
口，归义内属。诏赐金印紫绶，小豪钱帛各有差。

安帝永初元年，蜀郡三襄种夷与徼外汙衍种并兵三
千余人反叛，攻蚕陵城，杀长吏。二年，青衣道夷邑长令
田，与徼外三种夷三十一万口，赍黄金、旄牛毦，举土内
属。安帝增令田爵号为奉通邑君。延光二年春，旄牛夷叛，
攻零关，杀长吏，益州刺史张乔与西部都尉击破之。于是
分置蜀郡属国都尉，领四县如太守。桓帝永寿二年，蜀郡
夷叛，杀略吏民。延熹二年，蜀郡三襄夷寇蚕陵，杀长吏。
四年，犍为属国夷寇郡界，益州刺史山昱击破之，斩首千
四百级，余皆解散。灵帝时，以蜀郡属国为汉嘉郡。

冉駹夷者，武帝所开。元鼎六年，以为汶山郡。至地节
三年，夷人以立郡赋重，宣帝乃省并蜀郡为北部都尉。其
山有六夷七羌九氐，各有部落。其王侯颇知文书，而法严
重。贵妇人，党母族。死则烧其尸。土气多寒，在盛夏冰犹
不释，故夷人冬则避寒，入蜀为佣，夏则违暑，反其聚
邑。皆依山居止，累石为室，高者至十余丈，为邛笼。又土
地刚卤，不生谷粟麻菽，唯以麦为资，而宜畜牧。有旄牛，
无角，一名童牛，肉重千斤，毛可为毦。出名马。有灵羊，
可疗毒。又有食药鹿，鹿麑有胎者，其肠中粪亦疗毒疾。又
有五角羊、麝香、轻毛毦鸡、牲牲。其人能作旄毡、班罽、青
顿、毞毲、羊羧之属。特多杂药。地有碱土，煮以为盐，鷹羊
牛马食之皆肥。

其西又有三河、槃于虏，北有黄石、北地、卢水胡，其
表乃为徼外。灵帝时，复分蜀郡北部为汶山郡云。

白马氐者，武帝元鼎六年开，分广汉西部，合以为武
都。土地险阻，有麻田，出名马、牛、羊、漆、蜜。氐人勇慭抵

冒，贪货死利。居于河池，一名仇池，方百顷，四面斗绝。数
为边寇，郡县讨之，则依固自守。元封三年，氐人反叛，遣
兵破之，分徙酒泉郡。昭帝元凤元年，氐人复叛，遣执金吾
马适建、龙頟侯韩增、大鸿胪田广明，将三辅、太常徒讨破
之。

及王莽篡乱，氐人亦叛。建武初，氐人悉附陇蜀。及隗
嚣灭，其酋豪乃背公孙述降汉，陇西太守马援上复其王侯
君长，赐以印绶。后器族人隗茂反，杀武都太守。氐人大豪
齐钟留为种类所敬信，威服诸豪，与郡丞孔奋击茂，破斩
之。后亦时为寇盗，郡县讨破之。

论曰：汉氏征伐戎狄，有事边远，盖亦与王业而终始
矣。至于倾没疆垂，丧师败将者，不出时岁，卒能开四夷之
境，款殊俗之附。若乃文约之所沾渐，风声之所周流，几将
日所出入处也。著自山经、水志者，亦略及焉。虽服叛难
常，威泽时旷，及其化行，则缓耳雕脚之伦，兽居鸟语之
类，莫不举种尽落，回面而请吏，陵海越障，累译以内属
焉。故其录名中郎、校尉之署，编数都护、部守之曹，动以
数百万计。若乃藏山隐海之灵物，沈沙栖陆之玮宝，莫不
呈表怪丽，雕被宫幄焉。又其赍嫁火毳驯禽封兽之赋，轺
积于内府；夷歌巴舞殊音异节之技，列倡于外门。岂柔服
之道，必足于斯？然亦云致远者矣。蛮夷虽附阻岩谷，而类
有土居，连涉荆、交之区，布护巴、庸之外，不可极量。然其
凶勇狡算，薄于羌狄，故陵暴之害，不能深也。西南之徼，
尤为劣焉。故关守永昌，肇自远离，启土立人，至今成都
焉。

赞曰：百蛮蠡居，仞彼方徼。镂体卉衣，凭深阻峭。亦
有别夷，屯彼蜀表。参差聚落，纡余岐道。往化既乎，改襟
输宝，俾建永昌，同编亿兆。

卷一百十七　　西羌传第七十七

西羌

西羌之本，出自三苗，姜姓之别也。其国近南岳。及舜
流四凶，徙之三危，河关之西南地是也。滨于赐支，至乎
河首，绵地千里。赐支者，《禹贡》所谓析支者也。南接蜀、
汉徼外蛮夷，西北接鄯善、车师诸国。所居无常，依随水
草。地少五谷，以产牧为业。其俗氏族无定，或以父名母姓
为种号。十二世后，相与婚姻，父没则妻后母，兄亡则纳釐
嫂，故国无鳏寡，种类繁炽。不立君臣，无相长一，强则分
种为酋豪，弱则为人附落，更相抄暴，以力为雄。杀人偿

死，无它禁令。其兵长在山谷，短于平地，不能持久，而果于触突，以战死为吉利，病终为不祥。堪耐寒苦，同之禽兽。虽妇人产子，亦不避风雪。性坚刚勇猛，得西方金行之气焉。

王政修则宾服，德教失则寇乱。昔夏后氏太康失国，四夷背叛。及后相即位，乃征畎夷，七年然后来宾。至于后泄，始加爵命，由是服从。后桀之乱，畎夷入居邠岐之间，成汤既兴，伐而攘之。及殷室中衰，诸夷皆叛。至于武丁，征西戎、鬼方，三年乃克。故其诗曰："自彼氐羌，莫敢不来王。"

及武乙暴虐，犬戎寇边，周古公逾梁山而避于岐下。及子季历，遂伐西落鬼戎。太丁之时，季历复伐燕京之戎，戎人大败周师。后二年，周人克余无之戎，于是太丁命季历为牧师。自是之后，更伐始呼、翳徒之戎，皆克之。及文王为西伯，西有昆夷之患，北有猃狁之难，遂攘戎狄而戍之，莫不宾服。乃率西戎，征殷之叛国以事纣。

及武王伐商，羌、髳率师会于牧野。至穆王时，戎狄不贡，王乃西征犬戎，获其五王，又得四白鹿，四白狼，王遂迁戎于太原。夷王衰弱，荒服不朝，乃命虢公率六师伐太原之戎，至于俞泉，获马千匹。厉王无道，戎狄寇掠，乃入犬丘，杀秦仲之族，王命伐戎，不克。及宣王立四年，使秦仲伐戎，为戎所杀，王乃召秦仲子庄公，与兵七千人，伐戎破之，由是少却。后二十七年，王遣兵伐太原戎，不克。后五年，王伐条戎、奔戎，王师败绩。后二年，晋人败北戎于汾隰，戎人灭姜侯之邑。明年，王征申戎，破之。后十年，幽王命伯士伐六济之戎，军败，伯士死焉。其年，戎围犬丘，虏秦襄公之兄伯父。时幽王昏虐，四夷交侵，遂废申后而立褒姒。申侯怒，与戎寇周，杀幽王于郦山，周乃东迁洛邑，秦襄公攻戎救周。后二年，邢侯大破北戎。

及平王之末，周遂陵迟，戎逼诸夏，自陇山以东，及乎伊、洛，往往有戎。于是渭首有狄、獂、邽、冀之戎，泾北有义渠之戎，洛川有大荔之戎，渭南有骊戎，伊、洛间有杨拒、泉皋之戎，颍首以西有蛮氏之戎。当春秋时，间在中国，与诸夏盟会。鲁庄公伐秦取邽、冀之戎。后十余岁，晋灭骊戎。是时，伊、洛戎强，东侵曹、鲁，后十九年，遂入王城，于是秦、晋伐戎以救周。后二年，又寇京师，齐桓公征诸侯戍周。后九年，陆浑戎自瓜州迁于伊川，允姓戎迁于渭汭，东及轘辕。在河南山北者号曰阴戎，阴戎之种遂以滋广。晋文公欲修霸业，乃赂戎狄通道，以匡王室。秦穆公得戎人由余，遂霸西戎，开地千里。及晋悼公，又使魏绛和诸戎，复修霸业。是时楚、晋强盛，威服诸戎，陆浑、伊、洛、阴戎事晋，而蛮氏从楚。后陆浑叛晋，晋令荀吴灭之。后四十四年，楚执蛮氏而尽囚其人。是时义渠、大荔最强，筑城数十，皆自称王。

至周贞王八年，秦厉公灭大荔，取其地。赵亦灭代戎，即北戎也。韩、魏复共稍并伊、洛、阴戎，灭之。其遗脱者皆逃走，西逾汧、陇。自是中国无戎寇，唯余义渠种焉。至贞王二十五年，秦伐义渠，虏其王。后十四年，义渠侵秦至渭阴。后百许年，义渠败秦师于洛。后四年，义渠国乱，秦惠王遣庶长操将兵定之。义渠遂臣于秦。后八年，秦伐义渠，取郁郅。后二年，义渠败秦师于李伯。明年，秦伐义渠，取徒泾二十五城。及昭王立，义渠王朝秦，遂与昭王母宣太后通，生二子。至王赧四十三年，宣太后诱杀义渠王于甘泉宫，因起兵灭之，始置陇西、北地、上郡焉。

戎本无君长，夏后氏末及商周之际，或从侯伯征伐有功，天子爵之，以为藩服。春秋时，陆浑、蛮氏戎称子，战国世，大荔、义渠称王，及其衰亡，余种皆反旧为酋豪云。

羌无弋爰剑者，秦厉公时为秦所拘执，以为奴隶。不知爰剑何戎之别也。后得亡归，而秦人追之急，藏于岩穴中得免。羌人云爰剑初藏穴中，秦人焚之，有景象如虎，为其蔽火，得以不死。既出，又与劓女遇于野，遂成夫妇。女耻其状，被发覆面，羌人因以为俗，遂俱亡入三河间。诸羌见爰剑被焚不死，怪其神，共畏事之，推以为豪。河湟间少五谷，多禽兽，以射猎为事，爰剑教之田畜，遂见敬信，庐落种人依之者日益众。羌人谓奴为无弋，以爰剑尝为奴隶，故因名之。其后世世为豪。

至爰剑曾孙忍时，秦献公初立，欲复穆公之迹，兵临渭首，灭狄獂戎。忍季父卬畏秦之威，将其种人附落而南，出赐支河曲西数千里，与众羌绝远，不复交通。其后子孙分别，各自为种，任随所之。或为牦牛种，越巂羌是也；或为白马种，广汉羌是也；或为参狼种，武都羌是也。忍及弟舞独留湟中，并多娶妻妇。忍生九子为九种，舞生十七子为十七种，羌之兴盛，从此起矣。

及忍子研立，时秦孝公雄强，威服羌戎。孝公使太子驷率戎狄九十二国朝周显王。研至豪健，故羌中号其后为研种。及秦始皇时，务并六国，以诸侯为事，兵不西行，故种人得以繁息。秦既兼天下，使蒙恬将兵略地，西逐诸戎，北却众狄，筑长城以界之，众羌不复南度。

至于汉兴，匈奴冒顿兵强，破东胡，走月氏，威震百蛮，臣服诸羌。景帝时，研种留何率种人求守陇西塞，于是徙留何等于狄道、安故，至临洮、氐道、羌道县。及武帝征伐四夷，开地广境，北却匈奴，西逐诸羌，乃度河、湟，筑令居塞；初开河西，列置四郡，通道玉门，隔绝羌胡，使南北不得交关。于是障塞亭燧出长城外数千里。时先零羌与封养牢姐种解仇结盟，与匈奴通，合兵十余万，共攻令居、安故，遂围枹罕。汉遣将军李息、郎中令徐自为将兵十万人击平之。始置护羌校尉，持节统领焉。羌乃去湟中，依西海、盐池左右。汉遂因山为塞，河西地空，稍徙人以实之。

至宣帝时，遣光禄大夫义渠安国视行诸羌，其先零种豪言："愿得度湟水，逐人所不田处以为畜牧。"安国以事奏闻，后将军赵充国以为不可听。后因缘前言，遂度湟水，郡县不能禁。至元康三年，先零乃与诸羌大共盟誓，将欲寇边。帝闻，复使安国将兵观之。安国至，召先零豪四十余人斩之，因放兵击其种，斩首千余级。于是诸羌怨怒，遂寇金城。乃遣赵充国与诸将将兵六万人击破平之。至研十三世孙烧当立。元帝时，乡姐等七种羌寇陇西，遣右将军冯奉世击破降之。从爰剑种五世至研，研最豪健，自后以研为种号。十三世至烧当，复豪健，其子孙更以烧当为种号。自乡姐羌降之后数十年，四夷宾服，边塞无事。至王莽辅政，欲耀威德，以怀远为名，乃令译讽旨诸羌，使共献西海之地，初开以为郡，筑五县，边海亭燧相望焉。

滇良者，烧当之玄孙也。时王莽末，四夷内侵，及莽败，众羌遂还据西海为寇。更始、赤眉之际，羌遂放纵，寇金城、陇西。隗嚣虽拥兵而不能讨之，乃就慰纳，因发其众与汉相拒。建武九年，隗嚣死，司徒掾班彪上言："今凉州部皆有降羌，羌胡被发左衽，而与汉人杂处，习俗既异，言语不通，数为小吏黠人所见侵夺，穷恚无聊，故致反叛。夫蛮夷寇乱，皆为此也。旧制益州部置蛮夷骑都尉，幽州部置领乌桓校尉，凉州部置护羌校尉，皆持节领护，理其怨结，岁时循行，问所疾苦。又数遣使驿通动静，使塞外羌夷为吏耳目，州郡因此可得儆备。今宜复如旧，以明威防。"光武从之，即以牛邯为护羌校尉，持节如旧。及邯卒而职省。十年，先零豪与诸种相结，复寇金城、陇西，遣中郎将来歙等击之，大破。事已具《歙传》。十一年夏，先零种复寇临洮，陇西太守马援破降之。后悉归服，被置天水、陇西、扶风三郡。明年，武都参狼羌反，援又破降之。事已具《援传》。自烧当至滇良，世居河北大允谷，种小人贫。而先零、卑湳并皆强富，数侵犯之。滇良父子积见陵易，愤怒，而素有恩信于种中，于是集会附落及诸杂种，乃从大榆入，掩击先零、卑湳，大破之，杀三千人，掠取财畜，夺居其地大榆中，由是始强。

滇良子滇吾立。中元元年，武都参狼羌反，杀略吏人，太守与战不胜，陇西太守刘盱遣从事辛都、监军掾李苞，将五千人赴武都，与羌战，斩其酋豪，首虏千余人。时武都兵亦更破之，斩首千余级，余悉降。时滇吾附落转盛，常雄诸羌，每欲侵边者，滇吾转教以方略，为其渠帅。二年秋，烧当羌滇吾与弟滇岸率步骑五千寇陇西塞，刘盱遣兵于袍罕击之，不能克，又战于允街，为羌所败，杀五百余人。于是守塞诸羌皆复相率为寇。遣谒者张鸿领诸郡兵击之，战于允吾、唐谷，军败，鸿及陇西长史田飒皆没。又天水兵为牢姐种所败于白石，死者千余人。

时烧何豪有妇人比铜钳者，年百余岁，多智算，为种人所信向，皆从取计策。时为卢水胡所击，比铜钳乃将其众来依郡县。种人颇有犯法者，临羌长收系比铜钳，而诛杀其种六七百人。显宗怜之，乃下诏曰："昔桓公伐戎而无仁惠，故《春秋》贬曰'齐人'。今国家无德，恩不及远，赢弱何辜，而当并命！夫长平之暴，非帝者之功，咎由太守长吏妄加残戮。比铜钳尚生者，所在致医药养视，令招其种人，若欲归故地者，厚遣送之。其小种若束手自诣，欲效功者，皆除其罪。若有逆谋为吏所捕，而狱状未断，悉以赐有功者。"

永平元年，复遣中郎将窦固、捕虏将军马武等击滇吾于西邯，大破之。事已具武等传。滇吾远引去，余悉散降，徙七千口置三辅。以谒者窦林领护羌校尉，居狄道。林为诸羌所信，而滇岸遂诣林降。林为下吏所欺，谬奏上滇岸以为大豪，承制封为归义侯，加号汉大都尉。明年，滇吾复降，林复奏其第一豪，与俱诣阙献见。帝怪一种两豪，疑其非实，以事诘林。林辞窘，乃伪对曰："滇岸即滇吾，陇西语不正耳。"帝穷验知之，怒而免林官。会凉州刺史又奏林臧罪，遂下狱死。谒者郭襄代领校尉事，到陇西，闻凉州羌盛，还诣阙，抵罪，于是复省校尉官。滇吾子东吾立，以父降汉，乃入居塞内，谨愿自守。而诸弟迷吾等数为寇盗。

肃宗建初元年，安夷县吏略妻卑湳种羌妇，吏为其夫所杀，安夷长宗延追之出塞，种人恐见诛，遂共杀延，而与勒姐及吾良二种相结为寇。陇西太守孙纯遣从事李睦及金城兵会和罗谷，与卑湳等战，斩首虏数百人。后拜故度辽将军吴棠领护羌校尉，居安夷。二年夏，迷吾遂与诸众聚兵，欲叛出塞。金城太守郝崇追之，战于荔谷，崇兵大败，崇轻骑得脱，死者二千余人。于是诸种及属国卢水胡悉与相应，吴棠不能制，坐征免。武威太守傅育代为校尉，移居临羌。迷吾又与封养种豪布桥等五万余人共寇陇西、汉阳，于是遣行车骑将军马防，长水校尉耿恭副之，讨破之。于是临洮、索西、迷吾等悉降。防乃筑索西城，徙陇西南部都尉戍之，悉复诸亭候。至元和三年，迷吾复与弟号吾诸杂种反叛。秋，号吾先轻入寇陇西界，郡督烽掾李章追之，生得号吾，将诣郡。号吾曰："独杀我，无损于羌。诚得生归，必悉罢兵，不复犯塞。"陇西太守张纡权宜放之，羌即为解散，各归故地，迷吾退居河北归义城。傅育不欲失信伐之，乃募人斗诸羌胡，羌胡不肯，遂复叛出塞，更依迷吾。

章和元年，育上请发陇西、张掖、酒泉各五千人，诸郡太守将之，育自领汉阳、金城五千人，合二万兵，与诸郡克期击之，令陇西兵据河南，张掖、酒泉兵遮其西。并未及会，育军独进。迷吾闻之，徙庐落去。育选精骑三千穷追之，夜至建威南三兜谷，去虏数里，须旦击之，不设备。迷吾乃伏兵三百人，夜突育营，营中惊坏散走，育下马手战，杀十余人而死，死者八百八十人。及诸郡兵到，羌遂引去。育，北地人也。显宗初，为临羌长，与捕虏将军马武等击羌滇吾，功冠诸军，及在武威，威声闻于匈奴。食禄数十年，秩奉尽赡给知友，妻子不免操井臼。肃宗下诏追褒美之。封其子毅为明进侯，七百户。以陇西太守张纡代为校尉，将万人屯临羌。

迷吾既杀傅育，狃忕边利。章和元年，复与诸种步骑七千人入金城塞。张纡遣从事司马防将千余骑及金城兵会战于木乘谷，迷吾兵败走，因译使欲降，纡纳之。遂将种人诣临羌县，纡设兵大会，施毒酒中，羌饮醉，纡因自击，伏兵起，诛杀酋豪八百余人。斩迷吾等五人头，以祭育冢。复放兵击在山谷间者，斩首四百余人，得生口二千余人。迷吾子迷唐及其种人向塞号哭，与烧何、当煎、当闐等相结，以子女及金银聘纳诸种，解仇交质，将五千人寇陇西塞，太守寇盱与战于白石，迷唐不利，引还大、小榆谷，北招属国诸胡，会集附落，种众炽盛，张纡不能讨。永元元年，纡坐征，以张掖太守邓训代为校尉，稍以赏赂离间之，由是诸种少解。

东吾子东号立。是时号将其种人降。校尉邓训遣兵击迷唐，迷唐去大、小榆谷，徙居颇岩谷。和帝永元四年，训病卒，蜀郡太守聂尚代为校尉。尚见前人累征不克，欲以文德服之，乃遣译使招呼迷唐，使还居大、小榆谷。迷唐既还，遣祖母卑缺诣尚，尚自送于塞下，为设祖道，令译田汜等五人护送至庐落。迷唐因而反叛，遂与诸种共生屠裂汜等，以血盟诅，复寇金城塞。五年，尚坐征免，居延都尉贯友代为校尉。友以迷唐难用德怀，终于叛乱，乃遣译使构离诸种，诱以财货，由是解散。友乃遣兵出塞，攻迷唐于大、小榆谷，获首虏八百余人，收麦数万斛，遂夹逢留大河筑城坞，作大航，造河桥，欲度兵击迷唐。迷唐乃率部落远依赐支河曲。至八年，友病卒，汉阳太守史充代为校尉。充至，遂发湟中羌胡出塞击迷唐，而羌迎败充兵，杀数百人。明年，充坐征，代郡太守吴祉代为校尉。其秋，迷唐率八千人寇陇西，杀数百人，乘胜深入，胁塞内种人羌共为寇盗，众羌复悉与相应，合步骑三万人，击破陇西兵，杀大夏长。遣行征西将军刘尚、越骑校尉赵代副，将北军五营、黎阳、雍营、三辅积射及边兵羌胡三万人讨之。尚屯狄道，代屯枹罕。尚遣司马寇盱监诸郡兵，四面并会。迷唐惧，弃老弱奔入临洮南。尚等追至高山。迷唐穷迫，率其精强大战。盱斩虏千余人，得牛马羊万余头。迷唐引去。汉兵死伤亦多，不能复追，乃还入塞。明年，尚、代并坐畏懦征下狱，免。谒者王信领尚营屯枹罕，谒者耿谭领代营屯白石。谭乃设购赏，诸种颇来内附。迷唐恐，乃请降。信、谭遂受降罢兵，遣迷唐诣阙。其余种人不满二千，饥窘不立，入居金城。和帝令迷唐将其种人还大、小榆谷。迷唐以为汉作河桥，兵来无常，故地不可复居，辞以种人饥饿，不肯远出。吴祉等乃多赐迷唐金帛，令籴谷市畜，促使出塞，种人更怀猜惊。十二年，遂复背叛，乃胁将湟中诸胡，寇钞而去。王信、耿谭、

吴祉皆坐征，以酒泉太守周鲔代为校尉。明年，迷唐复还赐支河曲。

初，累姐种附汉，迷唐怨之，遂击杀其酋豪，由是与诸种为仇，党援益疏。其秋，迷唐复将兵向塞，周鲔与金城太守侯霸，及诸郡兵、属国湟中月氏诸胡、陇西牢姐羌，合三万人，出塞至允川，与迷唐战。周鲔还营自守，唯侯霸兵陷陈，斩首四百余级。羌众折伤，种人瓦解，降者六千余口，分徙汉阳、安定、陇西。迷唐遂弱，其种众不满千人，远逾赐支河首，依发羌居。明年，周鲔坐畏懦征，侯霸代为校尉。安定降羌烧何种胁诸羌数百人反叛，郡兵击灭之，悉没入弱口为奴婢。

时西海及大、小榆谷左右无复羌寇。隃糜相曹凤上言："西戎为害，前世所患，臣不能纪古，且以近事言之。自建武以来，其犯法者，常从烧当种起。所以然者，以其居大、小榆谷，土地肥美，又近塞内，诸种易以为非，难以攻伐。南得钟存以广其众，北阻大河因以为固，又有西海鱼盐之利，缘山滨水，以广田蓄，故能强大，常雄诸种，恃其权勇，招诱羌胡。今者衰困，党援坏沮，亲属离叛，余胜兵者不过数百，逃亡栖窜，远依发羌。臣愚以为宜及此时，建复西海郡县，规固二榆，广设屯田，隔塞羌胡交关之路，遏绝狂狡窥欲之源。又殖谷富边，省委输之役，国家可以无西方之忧。"于是拜凤为金城西部都尉，将徙士屯龙耆。后金城长史上官鸿上开置归义、建威屯田二十七部，侯霸复上置东西邯屯田五部，增留、逢二部，帝皆从之。列屯夹河，合三十四部。其功垂立。至永初中，诸羌叛，乃罢。迷唐失众，病死。有一子来降，户不满数十。

东号子麻奴立。初随父降，居安定。时诸降羌布在郡县，皆为吏人豪右所徭役，积以愁怨。安帝永初元年夏，遣骑都尉王弘发金城、陇西、汉阳羌数千骑征西域，弘迫促发遣，群羌惧远屯不还，行到酒泉，多有散叛。诸郡各发兵徼遮，或覆其庐落。于是勒姐、当煎大豪东岸等愈惊，遂同时奔溃。麻奴兄弟因此遂与种人俱西出塞。先零别种滇零与钟羌诸种大为寇掠，断陇道。时羌归附既久，无复器甲，或持竹竿木枝以代戈矛，或负板案以为楯，或执铜镜以象兵，郡县畏懦不能制。冬，遣车骑将军邓骘、征西校尉任尚副，将五营及三河、三辅、汝南、南阳、颍川、太原、上党兵合五万人，屯汉阳。明年春，诸郡兵未及至，钟羌数千人先击败骘军于冀西，杀千余人。校尉侯霸坐众羌反叛征免，以西域都护段禧代为校尉。其冬，骘使任尚及从事中郎司马钧率诸郡兵与滇零等数万人战于平襄，尚军大败，死者八千余人。于是滇零等自称"天子"于北地，招集武都、参狼、上郡、西河诸杂种，众遂大盛，东犯赵、魏，南入益州，杀汉中太守董炳，遂寇钞三辅，断陇道。湟中诸县粟石万钱，百姓死亡不可胜数。朝延不能制，而转运难剧，遂

诏骘还师，留任尚屯汉阳，为诸军节度。朝廷以邓太后故，迎拜骘为大将军，封任尚乐亭侯，食邑三百户。

三年春，复遣骑都尉任仁督诸郡屯兵救三辅。仁战每不利，众羌乘胜，汉兵数挫。当煎、勒姐种攻没破羌县，钟羌又没临洮县，生得陇西南部都尉。明年春，滇零遣人寇褒中，燔烧邮亭，大掠百姓。于是汉中太守郑勤移屯褒中。军营久出无功，有废农桑，乃诏任尚将吏兵还屯长安，罢遣南阳、颍川、汝南吏士，置京兆虎牙都尉于长安，扶风都尉于雍，如西京三辅都尉故事。时羌复攻褒中，郑勤欲击之。主簿段崇谏，以为虏乘胜，锋不可当，宜坚守待之。勤不从，出战，大败，死者三千余人，段崇及门下史王宗、原展以身捍刃，与勤俱死。于是徙金城郡居襄武。任仁战累败，而兵士放纵，槛车征诣廷尉诏狱死。段禧病卒，复以前校尉侯霸代之，遂移居张掖。五年春，任尚坐无功征免。羌遂入寇河东，至河内，百姓相惊，多奔南度河。使北军中候朱宠将五营士屯孟津，诏魏郡、赵国、常山、中山缮作坞候六百一十六所。

羌既转盛，而二千石、令、长多内郡人，并无守战意，皆争上徙郡县以避寇难。朝廷从之，遂移陇西徙襄武，安定徙美阳，北地徙池阳，上郡徙衙。百姓恋土，不乐去旧，遂乃刈其禾稼，发彻室屋，夷营壁，破积聚。时连旱蝗饥荒，而驱蹙劫略，流离分散，随道死亡，或弃捐老弱，或为人仆妾，丧其太半。复以任尚为侍御史，击众羌于上党羊头山，破之，诱杀降者二百余人，乃罢孟津屯。其秋，汉阳人杜琦及弟季贡、同郡王信等与羌通谋，聚众入上邽城，琦自称安汉将军。于是诏购募得琦首者，封列侯，赐钱百万，羌胡斩琦者赐金百斤，银二百斤。汉阳太守赵博遣刺客杜习刺杀琦，封习讨奸侯，赐钱百万。而杜季贡、王信等将其众据樗泉营。侍御史唐喜领诸郡兵讨破之，斩王信等六百余级，没入妻子五百余人，收金银彩帛一亿已上。杜季贡亡从滇零。六年，任尚复坐征免。滇零死，子零昌代立，年尚幼少，同种狼莫为其计策，以杜季贡为将军，别居丁奚城。七年夏，骑都尉马贤与侯霸掩击零昌别部牢羌于安定，首虏丁人，得驴骡骆驼马牛羊二万余头，以畀得者。

元初元年春，遣兵屯河内，通谷冲要三十三所，皆作坞壁，设鸣鼓。零昌遣兵寇雍城，又号多与当煎、勒姐大豪共胁诸种，分兵钞掠武都、汉中。巴郡板楯蛮将兵救之，汉中五官掾程信率壮士与蛮共击破之。号多退走，还断陇道，与零昌通谋。侯霸、马贤将湟中吏人及降羌胡于枹罕击之，斩首二百余级。凉州刺史皮杨击羌于狄道，大败，死者八百余人，杨坐征免。侯霸病卒，汉阳太守庞参代为校尉。参以恩信招诱之。二年春，号多等率众七千余人诣参降，遣诣阙，赐号多侯印绶遣之。参始还居令居，通河西道。而零昌种众复分寇益州，遣中郎将尹就将南阳兵，因发益部诸郡屯兵击零昌党吕叔都等。至秋，蜀人陈省、罗

横应募，刺杀叔都，皆封侯赐钱。又使屯骑校尉班雄屯三辅，遣左冯翊司马钧行征西将军，督右扶风仲光、安定太守杜恢、北地太守盛包、京兆虎牙都尉耿溥、右扶风都尉皇甫旗等，合八千余人，又庞参将羌胡兵七千余人，与钧分道并北击零昌。参兵至勇士东，为杜季贡所败，于是引退。钧等独进，攻拔丁奚城，大克获。杜季贡率众伪逃。钧令光、恢、包等收羌禾稼，光等违钧节度，散兵深入，羌乃设伏要击之。钧在城中，怒而不救，光等并没，死者三千余人。钧乃遁还，坐征自杀。庞参以失期军败抵罪，以马贤代领校尉事。后遣任尚为中郎将，将羽林、缇骑、五营子弟三千五百人，代班雄屯三辅。尚临行，怀令虞诩说尚曰："使君频奉国命讨逐寇贼，三州屯兵二十余万人，弃农桑，疲苦徭役，而未有功效，劳费日滋。若此出不克，诚以使君危之。"尚曰："忧惶久矣，不知所如。"诩曰："兵法弱不攻强，走不逐飞，自然之势也。今虏皆马骑，日行数百，来如风雨，去如绝弦，以步追之，势不相及，所以旷而无功也。为使君计者，莫如罢诸郡兵，各令出钱数千，二十人共市一马。如此，可舍甲胄，驰轻兵，以万骑之众，逐数千之虏，追尾掩截，其道自穷。便人利事，大功立矣。"尚大喜，即上言用其计。乃遣轻骑钞击杜季贡于丁奚城，斩首四百余级，获牛马羊数千头。

明年夏，度辽将军邓遵率南单于及左鹿蠡王须沈万骑，击零昌于灵州，斩首八百余级，封须沈为破虏侯，金印紫绶，赐金帛各有差。任尚遣兵击破先零羌于丁奚城。秋，筑冯翊北界候坞五百所。任尚又遣假司马募陷陈士，击零昌于北地，杀其妻子，得牛马羊二万头，烧其庐落，斩首七百余级，得僭号文书及所没诸将印绶。

四年春，尚遣当阗种羌榆鬼等五人刺杀杜季贡，封榆鬼为破羌侯。其夏，尹就以不能定益州，坐征抵罪，以益州刺史张乔领尹就军屯。招诱叛羌，稍稍降散。秋，任尚复募效功种号封刺杀零昌，封号封为羌王。冬，任尚将诸郡兵与马贤并进北地击狼莫，贤先至安定青石岸，狼莫逆击败之。会尚兵到高平，因合势俱进，狼莫等引退，乃转营迫之。至北地，相持六十余日，战于富平上河，大破之，斩首五千级，还得所略人男女千余人，牛马驴羊骆驼十余万头，狼莫逃走，于是西河虔人种羌万一千口诣邓遵降。

五年，邓遵募上郡全无种羌雕何等刺杀狼莫，赐雕何为羌侯，封遵武阳侯，三千户。遵以太后从弟故，爵封优大。任尚与遵争功，又诈增首级，受赇枉法，臧千万已上，槛车征弃市，没入田庐奴婢财物。自零昌、狼莫死后，诸羌瓦解，三辅、益州无复寇儆。

自羌叛十余年间，兵连师老，不暂宁息。军旅之费，转运委输，用二百四十余亿，府帑空竭。延及内郡，边民死者不可胜数，并凉二州遂至虚耗。

六年春，勒姐种与陇西种羌号良等通谋欲反，马贤逆

击之于安故,斩号良及种人数百级,皆降散。

永宁元年春,上郡沈氏种羌五千余人复寇张掖。其夏,马贤将万人击之。初战失利,死者数百人,明日复战,破之,斩首千八百级,获生口千余人,马牛羊以万数,余虏悉降。时当煎种大豪饥五等,以贤兵在张掖,乃乘虚寇金城,贤还军追之出塞,斩首数千级而还。烧当、烧何种闻贤军还,率三千余人复寇张掖,杀长吏。初,饥五同种大豪卢忽、忍良等千余户别留允街,而首施两端。建光元年春,马贤率兵召卢忽斩之,因放兵击其种人,首虏二千余人,掠马牛羊十万头,忍良等皆亡出塞。玺书封贤安亭侯,食邑千户。忍良等以麻奴兄弟本烧当世嫡,而贤抚恤不至,常有怨心。秋,遂相结共胁将诸种步骑三千人寇湟中,攻金城诸县。贤将先零种赴击之,战于牧苑,兵败,死者四百余人。麻奴等又败武威、张掖郡兵于乌居,因胁将先零、沈氏诸种四千余户,缘山西走,寇武威。贤追到鸾鸟,招引之,诸种降者数千,麻奴南还湟中。延光元年春,贤追到湟中,麻奴出塞度河,贤复追击战破之,种众散遁,诣凉州刺史宗汉降。麻奴等孤弱饥困,其年冬,将种众三千户诣汉阳太守耿种降。安帝假金印紫绶,赐金银彩缯各有差。是岁,虔人种羌与上郡胡反,攻榖罗城,度辽将军耿夔将诸郡兵及乌桓骑赴击破之。三年秋,陇西郡始还狄道焉。麻奴弟犀苦立。

顺帝永建元年,陇西钟羌反,校尉马贤将七千余人击之,战于临洮,斩首千余级,皆率种人降。进封贤都乡侯。自是凉州无事。

至四年,尚书仆射虞诩上疏曰:"臣闻子孙以奉祖为孝,君上以安民为明,此高宗、周宣所以上配汤、武也。《禹贡》雍州之域,厥田惟上。且沃野千里,谷稼殷积,又有龟兹盐池以为民利。水草丰美,土宜产牧,牛马衔尾,群羊塞道。北阻山河,乘隘据险。因渠以溉,水舂河漕。用功省少,而军粮饶足。故孝武皇帝及光武筑朔方,开西河,置上郡,皆为此也。而遭元元无妄之灾,众羌内溃,郡县兵荒二十余年。夫弃沃壤之饶,损自然之财,不可谓利。离河山之阻,守无险之处,难以为固。今三郡未复,园陵单外,而公卿选懦,容头过身,张解设难,但计所费,不图其安。宜开圣德,考行所екс。"书奏,帝乃复三郡。使谒者郭璜督促徙者,各归旧县,缮城郭,置候驿。既而激河浚渠为屯田,省内郡费岁一亿计。遂令安定、北地、上郡及陇西、金城常储谷粟,令周数年。

马贤以犀苦兄弟数背叛,因系质于令居。其冬,贤坐征免,右扶风韩皓代为校尉。明年,犀苦诣皓自言求归故地,皓复不遣。因转湟中屯田,置两河间,以逼群羌。皓复坐征,张掖太守马续代为校尉。两河间羌以屯田近之,恐必见图,乃解仇诅盟,各自儆备。续欲先示恩信,乃上移屯田还湟中,羌意乃安。至阳嘉元年,以湟中地广,更增置屯田五部,并为十部。二年夏,复置陇西南部都尉如旧制。

三年,钟羌良封等复寇陇西、汉阳,诏拜前校尉马贤为谒者,镇抚诸种。马续遣兵击良封,斩首数百级。四年,马贤亦发陇西吏士及羌胡兵击杀良封,斩首千八百级,获马牛羊五万余头,良封亲属并诣贤降。贤复进击种羌且昌,且昌等率诸种十余万诣凉州刺史降。永和元年,马续迁度辽将军,复以马贤代为校尉。初,武都塞上白马羌攻破屯官,反叛连年。二年春,广汉属国都尉击破之,斩首六百余级,马贤又击斩其渠帅饥指累祖等三百级,于是陇右复平。明年冬,烧当种那离等三千余骑寇金城塞,马贤兵赴击,斩首四百余级,获马千四百匹。那离等复西招羌胡。杀伤吏民。

四年,马贤将湟中义从兵及羌胡万余骑掩击那离等,斩之,获首虏千二百余级,得马骡羊十万余头。征贤为弘农太守,以来机为并州刺史,刘秉为凉州刺史,并当之职。大将军梁商谓机等曰:"戎狄荒服,蛮夷要服,言其荒忽无常。而统领之道,亦无常法,临事制宜。略依其俗。今三君素性疾恶,欲分明白黑。孔子曰:'人而不仁,疾之已甚,乱也。'况戎狄乎!其务安羌胡,防其大故,忍其小过。"机等天性虐刻,遂不能从。到州之日,多所扰发。

五年夏,且冻、傅难种羌等遂反叛,攻金城,与西塞及湟中杂种羌胡大寇三辅,杀害长吏。机、秉并坐征。于是发京师近郡及诸州兵讨之,拜马贤为征西将军,以骑都尉耿叔副,将左右羽林、五校士及诸州郡兵十万人屯汉阳。又于扶风、汉阳、陇道作坞壁三百所,置屯兵,以保聚百姓。且冻分遣种人寇武都,烧陇关,掠苑马。六年春,马贤将五六千骑击之,到射姑山,贤军败,贤及二子皆战殁。顺帝悯之,赐布三千匹,谷千斛,封贤孙光为舞阳亭侯,租入岁百万。遣侍御史督录征西营兵,存恤死伤。于是东西羌遂大合。巩唐种三千余骑寇陇西,又烧园陵,掠关中,杀伤长吏,邠阳令任頵追击,战死。遣中郎将庞浚募勇士千五百人顿美阳,为凉州援。武威太守赵冲追击巩唐羌,斩首四百余级,得马牛羊驴万八千余头,羌二千余人降。诏冲督河西四郡兵为节度。罕种羌千余寇北地,北地太守贾福与赵冲击之,不利。秋,诸种八九千骑寇武威,凉部震恐。于是复徙安定居扶风,北地居冯翊,遣行车骑将军执金吾张乔将左右羽林、五校士及河内、南阳、汝南兵万五千屯三辅。汉安元年,以赵冲为护羌校尉。冲招怀叛羌,罕种乃率邑落五千余户诣冲降。于是罢张乔军屯。唯烧何种三千余落据参䜌北界。三年夏,赵冲与汉阳太守张贡掩击之,斩首千五百级,得牛羊驴十八万头。冬,冲击诸种,斩首四千余级。诏冲一子为郎。冲复追击于阿阳,斩首八百级。于是诸种前后三万余户诣凉州刺史降。

建康元年春,护羌从事马玄遂为诸羌所诱,将羌众亡出塞,领护羌校尉卫瑶追击玄等,斩首八百余级,得牛马羊二十余万头。赵冲复追叛羌到建威鹯阴河。军度未竟,所将降胡六百余人叛走,冲将数百人追之,遇羌伏兵,与战殁。冲虽身死,而前后多所斩获,羌由是衰耗。永嘉元年,封冲子恺义阳亭侯,以汉阳太守张贡代为校尉。左冯翊梁并稍以恩信招诱之,于是离湳、狐奴等五万余户诣并降,陇右复平。并,大将军冀之宗人,封为鄠侯,邑二千户。自永和羌叛,至乎是岁,十余年间,费用八十余亿。诸将多断盗牢禀,私自润入,皆以珍宝货赂左右,上下放纵,不恤军事,士卒不得其死者,白骨相望于野。

桓帝建和二年,白马羌寇广汉属国,杀长吏。是时西羌及湟中胡复畔为寇,益州刺史率板楯蛮讨破之,斩首招降二十万人。

永寿元年,校尉张贡卒,以前南阳太守第五访代为校尉,甚有威惠,西垂无事。延熹二年,访卒以中郎将段颎代为校尉。时烧当八种寇陇右,颎击大破之。四年,零吾复与先零及上郡沈氏、牢姐诸种并力寇并、凉及三辅。会段颎坐事征,以济南相胡闳代为校尉。闳无威略,羌遂陆梁,覆没营坞,寇患转盛,中郎将皇甫规击破之。五年,沈氏诸种复寇张掖、酒泉,皇甫规招之,皆降。事已具《规传》。鸟吾种复寇汉阳,陇西、金城诸郡兵共击破之,各还降附。至冬,滇那等五六千人复攻武威、张掖、酒泉,烧民庐舍。六年,陇西太守孙羔击破之,斩首溺死三千余人。胡闳疾,复以段颎为校尉。

永康元年,东羌岸尾等胁同种连寇三辅,中郎将张奂追破斩之,事已具《奂传》。当煎羌寇武威,破羌将军段颎复破灭之,余悉降散。事已具《颎传》。灵帝建宁三年,烧当羌奉使贡献。中平元年,北地降羌先零种因黄巾大乱,乃与湟中羌、义从胡北宫伯玉等反,寇陇右。事已具《董卓传》。兴平元年,冯翊降羌反,寇县,郭汜、樊稠击破之,斩首数千级。自爰剑后,子孙支分凡百五十种。其九种在赐支河首以西,及在蜀、汉徼北,前史不载口数。唯参狼在武都,胜兵数千人,其五十二种衰少,不能自立,分散为附落,或绝灭无后,或引而远去。其八十九种,唯钟最强,胜兵十余万。其余大者万余人,小者数千人,更相钞盗,盛衰无常,无虑顺帝时胜兵合可二十万人。发羌、唐旄等绝远,未尝往来。牦牛、白马羌在蜀、汉,其种别名号,皆不可纪知也。建武十三年,广汉塞外白马羌豪楼登等率种人五千余户内属,光武封楼登为归义君长。至和帝永元六年,蜀郡徼外大牂夷种羌豪造头等率种人五十余万口内属,拜造头为邑君长,赐印绶。至安帝永初元年,蜀郡徼外羌龙桥等六种万七千二百八十口内属。明年,蜀郡徼外羌薄申等八种三万六千九百口复举土内属。冬,广汉塞外参狼种羌二千四百口复来内属。桓帝建和二年,白马羌千余人寇广汉属国,杀长吏,益州刺史率板楯蛮讨破之。

湟中月氏胡,其先大月氏之别也。旧在张掖、酒泉地。月氏王为匈奴冒顿所杀,余种分散,西逾葱领。其羸弱者南入山阻,依诸羌居止,遂与为婚姻。及骠骑将军霍去病破匈奴,取西河地,开湟中,于是月氏来降,与汉人错居。虽依附县官,而首施两端。其从汉兵战斗,随势强弱。被服饮食言语略与羌同,亦以父名母姓为种。其大种有七,胜兵合九千余人,分在湟中及令居。又数百户在张掖,号曰义从胡。中平元年,与北宫伯玉等反,杀护羌校尉冷徵、金城太守陈懿,遂寇乱陇右焉。

论曰:羌戎之患,自三代尚矣。汉世方之匈奴,颇为衰寡,而中兴以后,边难渐大。朝规失绥御之和,戎帅骞然诸之信。其内属者,或倥偬于豪右之手,或屈折于奴仆之勤。塞候时清,则愤怒而思祸;桴革暂动,则属鞬以鸟惊。故永初之间,群种蜂起。遂解仇嫌,结盟诅,招引山豪,转相啸聚,揭木为兵,负柴为械。毂马扬埃,陆梁于三辅;建号称制,恣睢于北地。东犯赵、魏之郊,南入汉、蜀之鄙,塞湟中,断陇道,烧陵园,剽城市,伤败踵系,羽书日闻。并、凉之士,特冲残毙,壮悍则委身于兵场,女妇则徽纆而为虏,发冢露胔,死生涂炭。自西戎作逆,未有陵斥上国若斯其炽也。和熹以女君亲政,威不外接。朝议惮兵力之损,情存苟安。或以边州难报,宜见捐弃;或惧疽食浸淫,莫知所限。谋夫回遹,猛士疑虑,遂徙西州四郡之人,杂寓关右之县。发屋伐树,塞其恋土之心,燔破赍积,以防顾还之思。于是诸将邓骘、任尚、马贤、皇甫规、张奂之徒,争设雄规,更奉征讨之命,征兵会众,以图其隙。驰骋东西,奔救首尾,摇动数州之境,日耗千金之资。至于假人增赋,借奉侯王,引金钱缣彩之珍,征粮粟盐铁之积。所以赂遗购赏,转输劳来之费,前后数十巨万。或枭克酋健,摧破附落,降俘载路,牛羊满山。军书未奏其利害,而离叛之状已言矣。故得不酬失,功不半劳。暴露师徒,连年而无所胜。官人屈竭,烈士愤丧。段颎受事,专掌军任,资山西之猛性,练戎俗之态情,穷武思尽飙锐以事之。被羽前登,身当百死之陈,蒙没冰雪,经履千折之道,始殄西种,卒定东寇。若乃陷击之所歼伤,追走之所崩籍,头颅断落于万丈之山,支革判解于重崖之上,不可校计。其能穿窬草石,自脱于锋镞者,百不一二。而张奂盛称"戎狄一气所生,不宜诛尽,流血污野,伤和致妖"。是何言之迂乎!羌虽外患,实深内疾,若攻之不根,**是养疾疴于心腹也**。惜哉寇敌略定矣,而汉祚亦衰焉。呜呼!昔先王疆理九土,判别畿荒,知夷貊殊性,难以道御,故斥远诸华,薄其贡职,唯与辞要而已。若二汉御戎之方,失其本矣。何则?先零侵境,赵充国迁之内地,煎当作寇,马文渊徙之三辅。贪其暂安之势,信其驯服之情,计日用之权宜,忘经世之远略,岂夫识微者之为乎?故微子垂泣于象箸,辛有浩叹于伊川也。

赞曰：金行气刚，播生西羌。氐豪分种，遂用殷强。虔刘陇北，假僭泾阳。朝劳内谋，兵急外攘。

卷一百十八　　西域传第七十八

西域

武帝时，西域内属，有三十六国。汉为置使者、校尉领护之。宣帝改曰都护。元帝又置戊己二校尉，屯田于车师前王庭。哀平间，自相分割为五十五国。王莽篡位，贬易侯王，由是西域怨叛，与中国遂绝，并复役属匈奴。匈奴敛税重刻，诸国不堪命，建武中，皆遣使求内属，愿请都护。光武以天下初定，未遑外事，竟不许之。会匈奴衰弱，莎车王贤诛灭诸国，贤死之后，遂更相攻伐。小宛、精绝、戎庐、且末为鄯善所并。渠勒、皮山为于寘所统，悉有其地。郁立、单桓、孤胡、乌贪訾离为车师所灭。后其国并复立。永平中，北虏乃胁诸国共寇河西郡县，城门昼闭。十六年，明帝乃命将帅，北征匈奴，取伊吾卢地，置宜禾都尉以屯田，遂通西域，于寘诸国皆遣子入侍。西域自绝六十五载，乃复通焉。明年，始置都护、戊己校尉。及明帝崩，焉耆、龟兹攻没都护陈睦，悉覆其众，匈奴、车师围戊己校尉。建初元年春，酒泉太守段彭大破车师于交河城。章帝不欲疲敝中国以事夷狄，乃迎还戊己校尉，不复遣都护。二年，复罢屯田伊吾，匈奴因遣兵守伊吾地。时军司马班超留于寘，绥集诸国。和帝永元元年，大将军窦宪大破匈奴。二年，宪因遣副校尉阎槃将二千余骑掩击伊吾，破之。三年，班超遂定西域，因以超为都护，居龟兹。复置戊己校尉，领兵五百人，居车师前部高昌壁，又置戊部候，居车师后部候城，相去五百里。六年，班超复击破焉耆，于是五十余国悉纳质内属。其条支、安息诸国至于海濒四万里外，皆重译贡献。九年，班超遣掾甘英穷临西海而还。皆前世所不至，《山经》所未详，莫不备其风土，传其珍怪焉。于是远国蒙奇、兜勒皆来归服，遣使贡献。

及孝和晏驾，西域背畔。安帝永初元年，频攻围都护任尚、段禧等，朝廷以其险远，难相应赴，诏罢都护。自此遂弃西域。北匈奴即复收属诸国，共为边寇十余岁。敦煌太守曹宗患其暴害，元初六年，乃上遣行长史索班，将千余人屯伊吾以招抚之，于是车师前王及鄯善王来降。数月，北匈奴复率车师后部王共攻没班等，遂击走其前王。鄯善逼急，求救于曹宗，宗因此请出兵击匈奴，报索班之耻，复欲进取西域。邓太后不许，但令置护西域副校尉，居敦煌，复部营兵三百人，羁縻而已。其后北虏连与车师入寇河西，朝廷不能禁，议者因欲闭玉门、阳关，以绝其患。

延光二年，敦煌太守张珰上书陈三策，以为"北虏呼衍王常展转蒲类、秦海之间，专制西域，共为寇钞。今以酒泉属国吏士二千余人集昆仑塞，先击呼衍王，绝其根本，因发鄯善兵五千人胁车师后部，此上计也。若不能出兵，可置军司马，将士五百人，四郡供其犁牛、谷食，出据柳中，此中计也。如又不能，则宜弃交河城，收鄯善等悉使入塞，此下计也。"朝廷下其议。尚书陈忠上疏曰："臣闻八蛮之寇，莫甚北虏。汉兴，高祖窘平城之围，太宗屈供奉之耻。故孝武愤怒，深惟久长之计，命遣虎臣，浮河绝漠，穷破虏庭。当斯之役，黔首陨于狼望之北，财币糜于卢山之壑，府库单竭，杼柚空虚，算至舟车，赀及六畜。夫岂不怀，虑久故也。遂开河西四郡，以隔绝南羌，收三十六国，断匈奴右臂。是以单于孤特，鼠窜远藏。至于宣、元之世，遂备蕃臣，关徼不闭，羽檄不行。由此察之，戎狄可以威服，难以化狎。西域内附久，区区东望扣关者数矣，此其不乐匈奴慕汉之效也。今北虏已破车师，势必南攻鄯善，弃而不救，则诸国从矣。若然，则虏财贿益增，胆势益殖，威临南羌，与之交连。如此，河西四郡危矣。河西既危，不得不救，则百倍之役兴，不訾之费发矣。议者但念西域绝远，恤之烦费，不见先世苦心勤劳之意也。方今边境守御之具不精，内郡武卫之备不修，敦煌孤危，远来告急，复不辅助，内无以慰劳吏民，外无以威示百蛮。蹙国减土，经有明诫。臣以为敦煌宜置校尉，案旧增四郡屯兵，以西抚诸国。庶足折冲万里，震怖匈奴。"帝纳之。乃以班勇为西域长史，将弛刑士五百人，西屯柳中。勇遂破平车师。自建武至于延光，西域三绝三通。顺帝永建二年，勇复击降焉耆。于是龟兹、疏勒、于寘、莎车等十七国皆来服从，而乌孙、葱领已西遂绝。六年，帝以伊吾旧膏腴之地，傍近西域，匈奴资之，以为钞暴，复令开设屯田如永元时事，置伊吾司马一人。自阳嘉以后，朝威稍损，诸国骄放，转相陵伐。元嘉二年，长史王敬为于寘所没。永兴元年，车师后王复反攻屯营。虽有降首，曾莫惩革，自此浸以疏慢矣。班固记诸国风土人俗，皆已详备《前书》。今撰建武以后其事异于先者，以为《西域传》，皆安帝末班勇所记云。

西域内属诸国，东西六千余里，南北千余里，东极玉门、阳关，西至葱岭。其东北与匈奴、乌孙相接。南北有大山，中央有河。其南山东出金城，与汉南山属焉。其河有两源，一出葱岭东流，一出于寘南山下北流，与葱岭河合，东注蒲昌海。蒲昌海一名盐泽，去玉门三百余里。

自敦煌西出玉门、阳关，涉鄯善，北通伊吾千余里，自伊吾北通车师前部高昌壁千二百里，自高昌壁北通后部金满城五百里。此其西域之门户也，故戊己校尉更互屯焉。伊吾地宜五谷、桑麻、蒲萄。其北又有柳中，皆膏腴之地。故汉常与匈奴争车师、伊吾，以制西域焉。自鄯善逾葱岭出西诸国,有两道。傍南山北,陂河西行至莎车,为南道。南道西逾葱岭,则出大月氏、安息之国也。自车师前王庭随北山,陂河西行至疏勒,为北道。北道西逾葱岭,出大宛、康居、奄蔡焉。出玉门,经鄯善、且末、精绝三千余里至拘弥。

拘弥国居宁弥城,去长史所居柳中四千九百里,去洛阳万二千八百里。领户二千一百七十三,口七千二百五十一,胜兵千七百六十人。

顺帝永建四年,于寘王放前杀拘弥王兴,自立其子为拘弥王,而遣使者贡献于汉。敦煌太守徐由上求讨之,帝赦于寘罪,令归拘弥国,放前不肯。阳嘉元年,徐由遣疏勒王臣槃发二万人击于寘,破之,斩首数百级,放兵大掠,更立兴宗人成国为拘弥王而还。至灵帝熹平四年,于寘王安国攻拘弥,大破之,杀其王,死者甚众,戊已校尉、西域长史各发兵辅立拘弥侍子定兴为王。时人众裁有千口。其国西接于寘三百九十里。

于寘国居西城,去长史所居五千三百里,去洛阳万一千七百里。领户三万二千,口八万三千,胜兵三万余人。

建武末,莎车王贤强盛,攻并于寘,徙其王俞林为骊归王。明帝永平中,于寘将休莫霸反莎车,自立为于寘王。休莫霸死,兄子广德立,后遂灭莎车,其国转盛。从精绝西北至疏勒十三国皆服从。而鄯善王亦始强盛。自是南道自葱领以东,唯此二国为大。

顺帝永建六年,于寘王放前遣侍子诣阙贡献。元嘉元年,长史赵评在于寘病痈死,评子迎丧,道经拘弥。拘弥王成国与于寘王建素有隙,乃语评子云:"于寘王令胡医持毒药著创中,故致死耳。"评子信之,还入塞,以告敦煌太守马达。明年,以王敬代为长史,达令敬隐核其事。敬先过拘弥,成国复说云:"于寘国人欲以我为王,今可因此罪诛建,于寘必服矣。"敬贪立功名,且受成国之说,前到于寘,设供具请建,而阴图之。或以敬谋告建,建不信,曰:"我无罪,王长史何为欲杀我?"且日,建从官属数十人诣敬。坐定,建起行酒,敬叱左右执之,吏士并无杀建意,官属悉得突走。时成国主簿秦牧随敬在会,持刀出曰:"人事已定,何为复疑?"即前斩建。于寘侯将输獎等遂会兵攻敬,敬持建头上楼宣告曰:"天子使我诛建耳。"于寘侯将遂焚营舍,烧杀吏士,上楼斩敬,悬首于市。输獎欲自立为王,国人杀之,而立建子安国焉。马达闻之,欲将诸郡兵出塞击于寘,桓帝不听,征达还,以宋亮代为敦煌太守。亮到,开募于寘,令自斩输獎。时输獎死已经月,乃断死人头送敦煌,而不言其状。亮后知其诈,而竟不能出兵。于寘恃此遂骄。自于寘经皮山,至西夜、子合、德若焉。

西夜国一名漂沙,去洛阳万四千四百里。户二千五百,口万余,胜兵三千人。地生白草,有毒,国人煎以为药,傅箭镞,所中即死。《汉书》中误云西夜、子合是一国,今各自有王。

子合国居呼鞬谷。去疏勒千里。领户三百五十,口四千,胜兵千人。

德若国领户百余,口六百七十,胜兵三百五十人。东去长史居三千五百三十里,去洛阳万二千一百五十里,与子合相接。其俗皆同。

自皮山西南经乌秅,涉悬度,历罽宾,六十余日行至乌弋山离国,地方数千里,时改名排持。复西南马行百余日至条支。

条支国城在山上,周回四十余里。临西海,海水曲环其南及东北,三面路绝,唯西北隅通陆道。土地暑湿,出师子、犀牛、封牛、孔雀、大雀。大雀其卵如瓮。转北而东,复马行六十余日至安息。后役属条支,为置大将,监领诸小城焉。

安息国居和椟城,去洛阳二万五千里。北与康居接,南与乌弋山离接。地方数千里,小城数百,户口胜兵最为殷盛。其东界木鹿城,号为小安息,去洛阳二万里。

章帝章和元年,遣使献师子、符拔。符拔形似麟而无角。和帝永元九年,都护班超遣甘英使大秦,抵条支。临大海欲度,而安息西界船人谓英曰:"海水广大,往来者逢善风三月乃得度,若遇迟风,亦有二岁者,故入海人皆赍三岁粮。海中善使人思土恋慕,数有死亡者。"英闻之乃止。十三年,安息王满屈复献师子及条支大鸟,时谓之安息雀。

自安息西行三千四百里至阿蛮国。从阿蛮西行三千六百里至斯宾国。从斯宾南行度河,又西南至于罗国九百六十里,安息西界极矣。自此南乘海,乃通大秦。其土多海西珍奇异物焉。

大秦国一名犁鞬,以在海西,亦云海西国。地方数千里,有四百余城。小国役属者数十,以石为城郭。列置邮亭,皆垩塈之。有松柏诸木百草。人俗力田作,多种树蚕桑。皆髡头而衣文绣,乘辎軿白盖小车,出入击鼓,建旌旗幡帜。

所居城邑,周围百余里。城中有五宫,相去各十里。宫室皆以水精为柱,食器亦然。其王日游一宫,听事五日而后遍。常使一人持囊随王车,人有言事者,即以书投囊中,王至宫发省,理其枉直。各有官曹文书。置三十六将,皆会议国事。其王无有常人,皆简立贤者。国中灾异及风雨不时,辄废而更立,受放者甘黜不怨。其人民皆长大平正,有类中国,故谓之大秦。土多金银奇宝,有夜光璧、明月珠、骇鸡犀、珊瑚、琥珀、琉璃、琅玕、朱丹、青碧。刺金缕绣,织成金缕罽、杂色绫。作黄金涂、火浣布。又有细布,或言水羊毳,野蚕茧所作也。合会诸香,煎其汁以为苏合。凡外国诸珍异皆出焉。

以金银为钱,银钱十当金线一。与安息、天竺交市于海中,利有十倍。其人质直,市无二价。谷食常贱,国用富饶。邻国使到其界首者,乘驿诣王都,至则给以金钱。其王常欲通使于汉,而安息欲以汉缯彩与之交市,故遮阂不得自达。至桓帝延熹九年,大秦王安敦遣使自日南徼外献象牙、犀角、玳瑁,始乃一通焉。其所表贡,并无珍异,疑传者过焉。

或云其国西有弱水、流沙,近西王母所居处,几于日所入也。《汉书》云"从条支西行二百余日,近日所入",则与今书异矣。前世汉使皆自乌弋以还,莫有至条支者也。又云"从安息陆道绕海北行出海西至大秦,人庶连属,十里一亭,三十里一置,终无盗贼寇警。而道多猛虎、师子,遮害行旅,不百余人,赍兵器,辄为所食。"又言"有飞桥数百里可度海北"。诸国所生奇异玉石诸物,谲怪多不经,故不记云。

大月氏国居蓝氏城,西接安息,四十九日行,东去长史所居六千五百三十七里,去洛阳万六千三百七十里。户十万,口四十万,胜兵十余万人。

初,月氏为匈奴所灭,遂迁于大夏,分其国为休密、双靡、贵霜、肸顿、都密,凡五部翎侯。后百余岁,贵霜翎侯丘就却攻灭四翎侯,自立为王,国号贵霜。侵安息,取高附地。又灭濮达、罽宾,悉有其国。丘就却年八十余死,子阎膏珍代为王。复灭天竺,置将一人监领之。月氏自此之后,最为富盛,诸国称之皆曰贵霜王。汉本其故号,言大月氏云。

高附国在大月氏西南,亦大国也。其俗似天竺,而弱,易服。善贾贩,内富于财。所属无常,天竺、罽宾、安息三国强则得之,弱则失之,而未尝属月氏。《汉书》以为五翎侯数,非其实也。后属安息。及月氏破安息,始得高附。

天竺国一名身毒,在月氏之东南数千里。俗与月氏同,而卑湿暑热。其国临大水,乘象而战。其人弱于月氏,修浮图道,不杀伐,遂成俗。从月氏、高附国以西,南至西海,东至磐起国,皆身毒之地。身毒有别城数百,城置长。别国数十,国置王。虽各小异,而俱以身毒为名,其时皆属月氏。月氏杀其王而置将,令统其人。土出象、犀、玳瑁、金、银、铜、铁、铅、锡,西与大秦通,有大秦珍物。又有细布、好毾㲪、诸香、石蜜、胡椒、姜、黑盐。

和帝时,数遣使贡献,后西域反畔,乃绝。至桓帝延熹二年、四年,频从日南徼外来献。

世传明帝梦见金人,长大,顶有光明,以问群臣。或曰:"西方有神,名曰佛,其形长丈六尺而黄金色。"帝于是遣使天竺问佛道法,遂于中国图画形像焉。楚王英始信其术,中国因此颇有奉其道者。后桓帝好神,数祀浮图、老子,百姓稍有奉者,后遂转盛。

东离国居沙奇城,在天竺东南三千余里,大国也。其土气、物类与天竺同。列城数十,皆称王。大月氏伐之,遂臣服焉。男女皆长八尺,而怯弱。乘象、骆驼,往来邻国。有寇,乘象以战。

栗弋国属康居,出名马牛羊、蒲萄众果,其土水美,故蒲萄酒特有名焉。

严国在奄蔡北,属康居,出鼠皮以输之。

奄蔡国改名阿兰聊国,居地城,属康居。土气温和,多桢松、白草。民俗衣服与康居同。

莎车国西经蒲犁、无雷至大月氏,东去洛阳万九百五十里。

匈奴单于因王莽之乱,略有西域,唯莎车王延最强,不肯附属。元帝时,尝为侍子,长于京师,慕乐中国,亦复参具典法。常敕诸子,当世奉汉家,不可负也。天凤五年,延死,谥忠武王,子康代立。

光武初,康率傍国拒匈奴,拥卫故都护吏士妻子千余口,檄书河西,问中国动静,自陈思慕汉家。建武五年,河西大将军窦融乃承制立康为汉莎车建功怀德王、西域大都尉,五十五国皆属焉。

九年,康死,谥宣成王。弟贤代立,攻破拘弥、西夜国,皆杀其王,而立其兄康两子为拘弥、西夜王。十四年,贤与鄯善王安并遣使诣阙贡献,于是西域始通。葱岭以东诸国皆属贤。十七年,贤复遣使奉献,请都护。天子以问大司空窦融,以为贤父子兄弟相约事汉,款诚又至,宜加号位以镇安之。帝乃因其使,赐贤西域都护印绶,及车旗黄金锦绣。敦煌太守裴遵上言:"夷狄不可假以大权,又令诸国失望。"诏书收还都护印绶,更赐贤以汉大将军印绶。其使不肯易,遵迫夺之,贤由是始恨。而犹诈称大都护,移书诸国,诸国悉服属焉,号贤为单于。贤浸以骄横,重求赋税,数攻龟兹诸国,诸国愁惧。

二十一年冬,车师前王、鄯善、焉耆等十八国俱遣子入侍,献其珍宝。及得见,皆流涕稽首,愿得都护。天子以中国初定,北边未服,皆还其侍子,厚赏赐之。是时贤自负兵强,欲并兼西域,攻击益甚。诸国闻都护不出,而侍子皆还,大忧恐,乃与敦煌太守檄,愿留侍子以示莎车,言侍子见留,都护寻出,冀且息其兵。裴遵以状闻,天子许之。

二十二年,贤知都护不至,遂遗鄯善王安书,令绝通汉道。安不纳而杀其使。贤大怒,发兵攻鄯善。安迎战,兵败,亡入山中。贤杀略千余人而去。其冬,贤复攻杀龟兹王,遂兼其国。鄯善、焉耆诸国侍子久留敦煌,愁思,皆亡归。鄯善王上书,愿复遣子入侍,更请都护。都护不出,诚迫于匈奴。天子报曰:"今使者大兵未能得出,如诸国力不从心,东西南北自在也。"于是鄯善、车师复附匈奴,而贤益横。妫塞王自以国远,遂杀贤使者,贤击灭之,立其国贵人驷鞬为妫塞王。贤又自立其子则罗为龟兹王。贤以则罗年少,乃分龟兹为乌垒国,徙驷鞬为乌垒王,又更以贵人为妫塞王。数岁,龟兹国人共杀则罗、驷鞬,而遣使匈奴,更请立王。匈奴立龟兹贵人身毒为龟兹王，龟兹由是属匈奴。贤以大宛贡税减少，自将诸国兵数万人攻大宛，大宛王延留迎降，贤因将还国，徙拘弥王桥塞提为大宛王。而康居数攻之，桥塞提国岁余，亡归，贤复以为拘弥王，而遣延留还大宛，使贡献如故。贤又徙于寘王俞林为骊归王，立其弟位侍为于寘王。岁余，贤疑诸国欲畔，召位侍及拘弥、姑墨、子合王，尽杀之，不复置王。但遣将镇守其国。位侍子戎亡降汉，封为守节侯。莎车将君得在于寘暴虐，百姓患之。

明帝永平三年，其大人都末出城，见野豕，欲射之。豕乃言曰："无射我，我乃为汝杀君得。"都末因此即与兄弟共杀君得。而大人休莫霸复与汉人韩融等杀都末兄弟，自立为于寘王，复与拘弥国人攻杀莎车将在皮山者，引兵归。于是贤遣其太子、国相，将诸国兵二万人击休莫霸，霸迎与战，莎车兵败走，杀万余人。贤复发诸国数万人，自将击休莫霸，霸复破之，斩杀过半，贤脱身走归国。休莫霸进围莎车，中流矢死，兵乃退。于寘国相苏榆勒等共立休莫霸兄子广德为王。匈奴与龟兹诸国共攻莎车，不能下。广德承莎车之敝，使其辅国侯仁将兵攻贤。贤连被兵革，乃遣使与广德和。先是广德父拘在莎车数岁，于是贤归其父，而以女妻之，结为昆弟，广德引兵去。明年，莎车相且运等患贤骄暴，密谋反城降寘。于寘王广德乃将诸国兵三万人攻莎车。贤城守，使使谓广德曰："我还汝父，与汝妇，汝来击我何为？"广德曰："王，我妇父也，久不相见，愿各从两人会城外结盟。"贤以问且运，且运曰："广德女婿至亲，宜出见之。"贤乃轻出，广德遂执贤。而且运等因内于寘兵，虏贤妻子而并其国。锁贤将归，岁余杀之。

匈奴闻广德灭莎车，遣五将发焉耆、尉黎、龟兹十五国兵三万余人围于寘，广德乞降，以其太子为质，约岁给罽絮。冬，匈奴复遣兵将贤质子不居徵立为莎车王，广德又攻杀之，更立其弟齐黎为莎车王，章帝元和三年也。时长史班超发诸国兵击莎车，大破之，由是遂降汉。事已具《班超传》。莎车东北至疏勒。

疏勒国去长史所居五千里，去洛阳万三百里。领户二万一千，胜兵三万余人。

明帝永平十六年，龟兹王建攻杀疏勒王成，自以龟兹左侯兜题为疏勒王。冬，汉遣军司马班超劫缚兜题，而立成之兄子忠为疏勒王。忠后反畔，超击斩之。事已具《超传》。

安帝元初中，疏勒王安国以舅臣磐有罪，徙于月氏，月氏王亲爱之。后安国死，无子，母持国政，与国人共立臣磐同产弟遗腹为疏勒王。臣磐闻之，请月氏王曰："安国无子，种人微弱，若立母氏，我乃遗腹叔父也，我当为王。"月氏乃遣兵送还疏勒。国人素敬爱臣磐，又畏惮月氏，即共夺遗腹印绶，迎臣磐立为王，更以遗腹为磐稿城侯。后莎车连畔于寘，属疏勒，疏勒以强，故得与龟兹、于寘为敌国焉。

顺帝永建二年，臣磐遣使奉献，帝拜臣磐为汉大都尉，兄子臣勋为守国司马。五年，臣磐遣侍子与大宛、莎车使俱诣阙贡献。阳嘉二年，臣磐复献师子、封牛。至灵帝建宁元年，疏勒王汉大都尉于猎中为其季父和得所射杀，和得自立为王。

三年，凉州刺史孟佗遣从事任涉将敦煌兵五百人，与戊司马曹宽、西域长史张晏，将焉耆、龟兹、车师前后部，合三万余人，讨疏勒，攻桢中城，四十余日不能下，引去。其后疏勒王连相杀害，朝廷亦不能禁。东北经尉头、温宿、姑墨、龟兹至焉耆。

焉耆国王居南河城，北去长史所居八百里，东去洛阳八千二百里。户万五千，口五万二千，胜兵二万余人。其国四面有大山，与龟兹相连，道险隘易守。有海水曲入四山之内，周匝其城三十余里。

永平末，焉耆与龟兹共攻没都护陈睦、副校尉郭恂，杀吏士二千余人。至永元六年，都护班超发诸国兵讨焉耆、危须、尉黎、山国，遂斩焉耆、尉黎二王首，传送京师，县蛮夷邸。超乃立焉耆左候元孟为王，尉黎、危须、山国皆更立其王。至安帝时，西域背畔。延光中，超子勇为西域长史，复讨定诸国。元孟与尉黎、危须不降。永建二年，勇与敦煌太守张朗击破之，元孟乃遣子诣阙贡献。

蒲类国居天山西疏榆谷，东南去长史所居千二百九十里，去洛阳万四百九十里。户八百余，口二千余，胜兵七百余人。庐帐而居，逐水草，颇知田作。有牛、马、骆驼、羊畜。能作弓矢。国出好马。蒲类本大国也，前西域属匈奴，而其王得罪单于，单于怒，徙蒲类人六千余口，内之匈奴右部阿恶地，因号曰阿恶国。南去车师后部马行九十余日。人口贫羸，逃亡山谷间，故留为国云。

移支国居蒲类地，户千余，口三千余，胜兵千余人。其人勇猛敢战，以寇钞为事。皆被发，随畜逐水草，不知田作。所出皆与蒲类同。

东且弥国东去长史所居八百里，去洛阳九千二百五十里。户三千余，口五千余，胜兵二千余人。庐帐居，逐水草，颇田作。其所有亦与蒲类同。所居无常。

车师前王居交河城。河水分流绕城，故号交河。去长史所居柳中八十里，东去洛阳九千一百二十里。领户千五百余，口四千余，胜兵二千人。

后王居务涂谷，去长史所居五百里，去洛阳九千六百二十里。领户四千余，口万五千余，胜兵三千余人。前后部及东且弥、卑陆、蒲类、移支，是为车师六国，北与匈奴接。前部西通焉耆北道，后部西通乌孙。

建武二十一年，与鄯善、焉耆遣子入侍，光武遣还之，乃附属匈奴。明帝永平十六年，汉取伊吾卢，通西域，车师始复内属。匈奴遣兵击之,复降北虏。

和帝永元二年,大将军窦宪破北匈奴,车师震慑,前后王各遣子奉贡入侍,并赐印绶金帛。

八年,戊己校尉索頵欲废后部王涿鞬,立破虏侯细致。涿鞬忿前王尉卑大卖己,因反击尉卑大,获其妻子。

明年,汉遣将兵长史王林,发凉州六郡兵及羌胡二万余人,以讨涿鞬,获首虏千余人。涿鞬入北匈奴,汉军追击,斩之。立涿鞬弟农奇为王。至永宁元年,后王军就及母沙麻反畔,杀后部司马及敦煌行事。至安帝延光四年,长史班勇击军就,大破,斩之。

顺帝永建元年,勇率后王农奇子加特奴及八滑等,发精兵击北虏呼衍王,破之。勇于是上立加特奴为后王,八滑为后部亲汉侯。阳嘉三年夏,车师后部司马率加特奴等千五百人,掩击北匈奴于阊吾陆谷,坏其庐落,斩数百级,获单于母、季母及妇女数百人,牛羊十余万头,车千余两,兵器什物甚众。四年春,北匈奴呼衍王率兵侵后部,帝以车师六国接近北虏,为西域蔽扞,乃令敦煌太守发诸国兵,及玉门关候、伊吾司马,合六千三百骑救之,掩击北虏于勒山,汉军不利。秋,呼衍王复将二千人攻后部,破之。

桓帝元嘉元年,呼衍王将三千余骑寇伊吾,伊吾司马毛恺遣吏兵五百人于蒲类海东与呼衍王战,悉为所没,呼衍王遂攻伊吾屯城。夏,遣敦煌太守司马达将敦煌、酒泉、张掖属国吏士四千余人救之,出塞至蒲类海,呼衍王闻而引去,汉军无功而还。

永兴元年,车师后部王阿罗多与戊部候严皓不相得,遂忿戾反畔,攻围汉屯田且固城,杀伤吏士。后部候炭遮领余人畔阿罗多诣汉吏降。阿罗多迫急,将其母妻子从百余骑亡走北匈奴中,敦煌太守宋亮上立后部故王军就质子卑君为后部王。后阿罗多复从匈奴中还,与卑君争国,颇收其国人。戊校尉阎详虑其招引北虏,将乱西域,乃开信告示,许复为王,阿罗多乃诣详降。于是收夺所赐卑君印绶,更立阿罗多为王,仍将卑君还就敦煌,以后部人三百帐别属役之,食其税。帐者,犹中国之户数也。

论曰:西域风土之载,前古未闻也。汉世张骞怀致远之略,班超奋封侯之志,终能立功西遐,羁服外域。自兵威之所肃服,财赂之所怀诱,莫不献方奇,纳爱质,露顶肘行,东向而朝天子。故设戊己之官,分任其事;建都护之帅,总领其权。先驯则赏籝金而赐龟绶,后踬则系头颡而衅北阙。立屯田于膏腴之野,列邮置于要害之路。驰命走驿,不绝于时月;商胡贩客,日款于塞下。其后甘英乃抵条支而历安息,临西海以望大秦,拒玉门、阳关者四万余里,靡不周尽焉。若其境俗性智之优薄,产载物类之区品,川河领障之基源,气节凉暑之通隔,梯山栈谷绳行沙度之道,身热首痛风灾鬼难之域,莫不备写情形,审求根实。至

于佛道神化,兴自身毒,而二汉方志莫有称焉。张骞但著地多暑湿,乘象而战,班勇虽列其奉浮图,不杀伐,而精文善法导达之功靡所传述。余闻之后说也,其国则殷乎中土,玉烛和气,灵圣之所降集,贤懿之所挺生,神迹诡怪,则理绝人区,感验明显,则事出天外。而骞、超无闻者,岂其道闭往运,数开叔叶乎?不然,何诬异之甚也!汉自楚英始盛斋戒之祀,桓帝又修华盖之饰。将微义未译,而但神明之邪?详其清心释累之训,空有兼遣之宗,道书之流也。且好仁恶杀,蠲敝崇善,所以贤达君子多爱其法焉。然好大不经,奇谲无已,虽邹衍谈天之辩,庄周蜗角之论,尚未足以概其万一。又精灵起灭,因报相寻,若晓而昧者,故通人多惑焉。盖导俗无方,适物异会,取诸同归,措夫疑说,则大道通矣。

赞曰:邈矣西胡,天之外区。土物琛丽,人性淫虚。不率华礼,莫有典书。若微神道,何恤何拘。

卷一百十九
南匈奴列传第七十九

南匈奴

《前书》直言《匈奴传》,不言南北,今称南者,明其为北生义也。以南单于向化尤深,故举其顺者以冠之。《东观记》称《匈奴南单于列传》,范晔因去其"单于"二字。

南匈奴醢落尸逐鞮单于比者,呼韩邪单于之孙,乌珠留若鞮单于之子也。自呼韩邪后,诸子以次立,至比季父孝单于舆时,以比为右薁鞬日逐王,部领南边及乌桓。

建武初,彭宠反畔于渔阳,单于与共连兵,因复权立卢芳,使入居五原。光武初,方平诸夏,未遑外事。至六年,始令归德侯刘飒使匈奴,匈奴亦遣使来献,汉复令中郎将韩统报命,赂遗金币,以通旧好。而单于骄踞,自比冒顿,对使者辞语悖慢,帝待之如初。初,使命常通,而匈奴数与卢芳共侵北边。九年,遣大司马吴汉等击之,经岁无功,而匈奴转盛,钞暴日增。十三年,遂寇河东,州郡不能禁。于是渐徙幽、并边人于常山关、居庸关已东,匈奴左部遂复转居塞内。朝廷患之,增缘边兵郡数千人,大筑亭候,修烽火。匈奴闻汉购求卢芳,贪得财帛,乃遣芳还降,望得其赏。而芳以自归为功,不称匈奴所遣,单于复耻言其计,故赏遂不行。由是大恨,入寇尤深。二十年,遂至上党、扶风、天水。二十一年冬,复寇上谷、中山,杀略钞掠甚众,北边无复宁岁。

初,单于弟右谷蠡王伊屠知牙师以次当为左贤王。左

贤王即是单于储副。单于欲传其子,遂杀知牙师。知牙师者,王昭君之子也。昭君字嫱,南郡人也。初,元帝时,以良家子选入掖庭。时呼韩邪来朝,帝敕以宫女五人赐之。昭君入宫数岁,不得见御,积悲怨,乃请掖庭令求行。呼韩邪临辞大会,帝召五女以示之。昭君丰容靓饰,光明汉宫,顾景裴回,竦动左右。帝见大惊,意欲留之,而难于失信,遂与匈奴。生二子。及呼韩邪死,其前阏氏子代立,欲妻之,昭君上书求归,成帝敕令从胡俗,遂复为后单于阏氏焉。

比见知牙师被诛,出怨言曰:"以兄弟言之,右谷蠡王次当立;以子言之,我前单于长子,我当立。"遂内怀猜惧,庭会稀阔。单于疑之,乃遣两骨都侯监领比所部兵。二十二年,单于舆死,子左贤王乌达鞮侯立为单于。复死,弟左贤王蒲奴立为单于。比不得立,既怀愤恨。而匈奴中连年旱蝗,赤地数千里,草木尽枯,人畜饥疫,死耗大半。单于畏汉乘其敝,乃遣使诣渔阳求和亲。于是遣中郎将李茂报命。而比密遣汉人郭衡奉匈奴地图,二十三年,诣西河太守求内附。两骨都侯颇觉其意,会五月龙祠,因白单于,言奥鞬日逐фы来欲为不善,若不诛,且乱国。时比弟渐将王在单于帐下,闻之,驰以报比。比惧,遂敛所主南边八部众四五万人,待两骨都侯还,欲杀之。骨都侯且到,知其谋,皆轻骑亡去,以告单于。单于遣万骑击之,见比众盛,不敢进而还。

二十四年春,八部大人共议立比为呼韩邪单于,以其大父尝依汉得安,故欲袭其号。于是款五原塞,愿永为藩蔽,捍御北虏。帝用五官中郎将耿国议,乃许之。其冬,比自立为呼韩邪单于。

二十五年春,遣弟左贤王莫将兵万余人击北单于弟奥鞬左贤王,生获之;又破北单于帐下,并得其众合万余人,马七千匹、牛羊万头。北单于震怖,却地千里。初,帝造战车,可驾数牛,上作楼橹,置于塞上,以拒匈奴。时人见者或相谓曰:"谶言汉九世当却北狄地千里,岂谓此邪?"及是,果拓地焉。北部奥鞬骨都侯与右骨都侯率众三万余人来归南单于,南单于复遣使诣阙,奉藩称臣,献国珍宝,求使者监护,遣侍子,修旧约。

二十六年,遣中郎将段郴、副校尉王郁使南单于,立其庭,去五原西部塞八十里。单于乃延迎使者。使者曰:"单于当伏拜受诏。"单于顾望有顷,乃伏称臣。拜讫,令译晓使者曰:"单于新立,诚惭于左右,愿使者众中无相屈折也。"骨都侯等见,皆泣下。郴等反命,诏乃听南单于入居云中。遣使上书,献骆驼二头,文马十匹。夏,南单于所获北虏奥鞬左贤王将其众及南部五骨都侯合三万余人畔归,去北庭三百余里,共立奥鞬左贤王为单于。月余日,更相攻击,五骨都侯皆死,左贤王遂自杀,诸骨都侯子各拥兵自守。秋,南单于遣子入侍,奉奏诣阙。诏赐单于冠带、衣裳、黄金玺、盭绶,安车羽盖,华藻驾驷,宝剑弓箭,黑

节三,驸马二,黄金、锦绣、缯布万匹,絮万斤,乐器鼓车,棨戟甲兵,饮食什器。又转河东米糒二万五千斛,牛羊三万六千头,以赡给之。令中郎将置安集掾史将弛刑五千人,持兵弩随单于所处,参辞讼,察动静。单于岁尽辄遣奉奏,送侍子入朝,中郎将从事一人将领诣阙。汉遣谒者送前侍子还单于庭,交会道路。元正朝贺,拜祠陵庙毕,汉乃遣单于使,令谒者将送,赐彩缯千匹,锦四端,金十斤,太官御食酱及橙、橘、龙眼、荔支;赐单于母及诸阏氏、单于子及左右贤王、左右谷蠡王、骨都侯有功善者,缯彩合万匹。岁以为常。

匈奴俗,岁有三龙祠,常以正月、五月、九月戊日祭天神。南单于既内附,兼祠汉帝,因会诸部,议国事,走马及骆驼为乐。其大臣贵者左贤王,次左谷蠡王,次右贤王,次右谷蠡王,谓之四角;次左右日逐王,次左右温禺鞮王,次左右渐将王,是为六角;皆单于子弟,次第当为单于者也。异姓大臣左右骨都侯,次左右尸逐骨都侯,其余日逐、且渠、当户诸官号,各以权力优劣、部众多少为高下次第焉。单于姓虚连题。异姓有呼衍氏、须卜氏、丘林氏、兰氏四姓,为国中名族,常与单于婚姻。呼衍氏为左,兰氏、须卜氏为右,主断狱听讼,当决轻重,口白单于,无文书簿领焉。冬,前畔五骨都侯子复将其众三千人归南部,北单于使骑追击,悉获其众。南单于遣兵拒之,逆战不利。于是复诏单于徙居西河美稷,因使中郎将段郴及副校尉王郁留西河拥护,为设官府、从事、掾史。令西河长史岁将骑二千,弛刑五百人,助中郎将卫护单于,冬屯夏罢。自后以为常,及悉复缘边八郡。南单于既居西河,亦列置诸部王,助为扞戍。使韩氏骨都侯屯北地,右贤王屯朔方,当于骨都侯屯五原,呼衍骨都侯屯云中,郎氏骨都侯屯定襄,左南将军屯雁门,栗籍骨都侯屯代郡,皆领部众为郡县侦罗耳目。北单于惶恐,颇还所略汉人,以示善意。钞兵每到南部下,还过亭候,辄谢曰:"自击亡虏奥鞬日逐耳,非敢犯汉人也。"

二十七年,北单于遂遣使诣武威求和亲,天子召公卿廷议,不决。皇太子言曰:"南单于新附,北虏惧于见伐,故倾耳而听,争欲归义耳。今未能出兵,而反交通北虏,臣恐南单于将有二心,北虏降者且不复来矣。"帝然之,告武威太守勿受其使。

二十八年,北匈奴复遣使诣阙,贡马及裘,更乞和亲,并请音乐,又求率西域诸国胡客与俱献见。帝下三府议酬答之宜。司徒掾班彪奏曰:

臣闻孝宣皇帝敕边守尉曰:"匈奴大国,多变诈。交接得其情,则却敌折冲;应对入其数,则反为轻欺。"今北匈奴见南单于来附,惧谋其国,故数乞和亲,又远驱牛马与汉合市,重遣名王,多所贡献,斯皆外示富强,以相欺诞也。臣见其献益重,知其国益虚,

归亲愈数,为惧愈多。然今既未获助南,则亦不宜绝北,羁縻之义,礼无不答。谓可颇加赏赐,略与所献相当,明加晓告以前世呼韩邪、郅支行事。

报答之辞,令必有适。今立稿草并上,曰:"单于不忘汉恩,追念先祖旧约,欲修和亲,以辅身安国,计议甚高,为单于嘉之。往者,匈奴数有乖乱,呼韩邪、郅支自相仇隙,并蒙孝宣皇帝垂恩救护,故各遣侍子称藩保塞。其后郅支忿戾,自绝皇泽,而呼韩附亲,忠孝弥著。及汉灭郅支,遂保国传嗣,子孙相继。今南单于携众南向,款塞归命。自以呼韩嫡长,次第当立,而侵夺失职,猜疑相背,数请兵将,归埽北庭,策谋纷纭,无所不至。惟念斯言不可独听,又以北单于比年贡献,欲修和亲故拒而未许,将以成单于忠孝之义。汉秉威信,总率万国,日月所照,皆为臣妾。殊俗百蛮,义无亲疏,服顺者褒赏,畔逆者诛罚,善恶之效,呼韩、郅支是也。今单于欲修和亲,款诚已达,何嫌而欲率西域诸国俱来献见?西域国属匈奴,与属汉何异?单于数连兵乱,国内虚耗,贡物裁以通礼,何必献马裘?今赍杂缯五百匹,弓鞬韥丸一,矢四发,遗遗单于。又赐献马左骨都侯、右谷蠡王杂缯各四百匹,斩马剑各一。单于前言先帝时所赐呼韩邪竽、瑟、空侯皆败,愿复裁赐。念单于国尚未安,方厉武节,以战攻为务,竽瑟之用不如良弓利剑,故未以赍。朕不爱小物于单于,便宜所欲,遣译以闻。"

帝悉纳从之。二十九年,赐南单于羊数万头。三十一年,北匈奴复遣使如前,乃玺书报答,赐以彩缯,不遣使者。单于比立九年薨,中郎将段郴将兵赴吊,祭以酒米,分兵卫护之。比弟左贤王莫立,帝遣使者赍玺书镇慰,拜授玺绶,遗冠帻,绛单衣三袭,童子佩刀、绲带各一,又赐缯彩四千匹,令赏赐诸王、骨都侯已下。其后单于薨,吊祭慰赐,以此为常。

丘浮尤鞮单于莫,中元元年立,一年薨,弟汗立。

伊伐于虑鞮单于汗,中元二年立。永平二年,北匈奴护于丘率众千余人来降。南部单于汗立二年薨,单于比之子适立。

醯僮尸逐侯鞮单于适,永平二年立。五年冬,北匈奴六七千骑入于五原塞,遂寇云中至原阳,南单于击却之,西河长史马襄赴救,虏乃引去。

单于适四年薨,单于莫子苏立,是为丘除车林鞮单于。数月复薨,单于适之弟长立。

胡邪尸逐侯鞮单于长,永平六年立。时北匈奴犹盛,数寇边,朝廷以为忧,会北单于欲合市,遣使求和亲,显宗冀其交通,不复为寇,乃许之。

八年,遣越骑司马郑众北使报命,而南部须卜骨都侯等知汉与北虏交使,怀嫌怨欲畔,密因北使,令遣兵迎之。

郑众出塞,疑有异,伺候果得须卜使人,乃上言宜更置大将,以防二虏交通。由是始置度辽营,以中郎将吴棠行度辽将军事,副校尉来苗、左校尉阎章、右校尉张国将黎阳虎牙营士屯五原曼柏。又遣骑都尉秦彭将兵屯美稷。其年秋,北虏果遣二千骑候望朔方,作马革船,欲度迎南部畔者,以汉有备,乃引去。复数寇钞边郡,焚烧城邑,杀略甚众,河西城门昼闭。帝患之。

十六年,乃大发缘边兵,遣诸将四道出塞,北征匈奴。南单于遣左贤王信随太仆祭肜及吴棠出朔方高阙,攻皋林温禺犊王于涿邪山。虏闻汉兵来,悉度漠去。肜、棠坐不至涿邪山免,以骑都尉来苗行度辽将军。其年,北匈奴入云中,遂至渔阳,太守廉范击却之。诏遣使者高弘发三郡兵追之,无所得。

建初元年,来苗迁济阴太守,以征西将军耿秉行度辽将军。时皋林温禺犊王复将众还居涿邪山,南单于闻知,遣轻骑与缘边郡及乌桓兵出塞击之,斩首数百级,降者三四千人。其年,南部苦蝗,大饥,肃宗禀给其贫人三万余口。七年,耿秉迁执金吾,以张掖太守邓鸿行度辽将军。八年,北匈奴三木楼訾大人稽留斯等率三万八千人、马二万匹、牛羊十余万,款五原塞降。

元和元年,武威太守孟云上言北单于复愿与吏人合市,诏书听云遣驿使迎呼慰纳之。北单于乃遣大且渠伊莫訾王等,驱牛马万余头来与汉贾客交易。诸王大人或前至,所在郡县为设官邸,赏赐待遇之。南单于闻,乃遣轻骑出上郡,遮略生口,钞掠牛马,驱还入塞。

二年正月,北匈奴大人车利、涿兵等亡来入塞,凡七十三辈。时北虏衰耗,党众离畔,南部攻其前,丁零寇其后,鲜卑击其左,西域侵其右,不复自立,乃远引而去。

单于长立二十三年薨,单于汗之子宣立。

伊屠于闾鞮单于宣,元和二年立。其岁,单于遣兵千余人猎至涿邪山,卒与北虏温禺犊王遇,因战,获其首级而还。冬,孟云上言:"北虏以前既和亲,而南部复往钞掠,北单于谓汉欺之,谋欲犯塞,谓宜还南所掠生口,以慰安其意。"肃宗从太仆袁安议,许之。乃下诏曰:"昔猃狁、獯粥之敌中国,其所由来尚矣。往者虽有和亲之名,终无丝发之效。烧埛之人,屡婴涂炭,父战于前,子死于后。弱女乘于亭障,孤儿号于道路。老母寡妻设虚祭,饮泣泪,想望归魂于沙漠之表,岂不哀哉!传曰:'江海所以能长百川者,以其下之也。'少加屈下,尚何足病?况今与匈奴君臣分定,辞顺约明,贡献累至,岂宜违信,自受其曲。其敕度辽及领中郎将庞奋倍雇南部所得生口,以还北虏。其南部斩首获生,计功受赏如常科。"于是南单于复令莫鞮日逐王师子将轻骑数千出塞掩击北虏,复斩获千人。北虏众以南部为汉所厚,又闻取降者岁数千人。

章和元年,鲜卑入左地击北匈奴,大破之,斩优留单于，取其匈奴皮而还。北庭大乱，屈兰、储卑、胡都须等五十八部，口二十万，胜兵八千人，诣云中、五原、朔方、北地降。

单于宣立三年薨，单于长之弟屯屠何立。

休兰尸逐侯鞮单于屯屠何，章和二年立。时北虏大乱，加以饥蝗，降者前后而至。南单于将并北庭，会肃宗崩，窦太后临朝。其年七月，单于上言："臣累世蒙恩，不可胜数。孝章皇帝圣思远虑，遂欲见成就，故令乌桓、鲜卑讨北虏，斩单于首级，破坏其国。今所新降虚渠等诣臣自言：'去岁三月中发虏庭，北单于创刈南兵，又畏丁令、鲜卑，遁逃远去，依安侯河西。今年正月，骨都侯等复共立单于异母兄右贤王为单于，其人以兄弟争立，并各离散。'臣与诸王骨都侯及新降渠帅杂议方略，皆曰宜及北虏分争，出兵讨伐，破北成南，并为一国，令汉家长无北念。又今月八日，新降右须日逐鲜堂轻从虏庭远来诣臣，言北虏诸部多欲内顾，但耻自发遣，故未有至者。若出兵奔击，必有响应。今年不往，恐复并壹。臣伏念先父归汉以来，被蒙覆载，严塞明候，大兵拥护，积四十年。臣等生长汉地，开口仰食，岁时赏赐，动辄亿万，虽垂拱安枕，惭无报效之地。愿发国中及诸部故胡新降精兵，遣左谷蠡王师子、左呼衍日逐王须訾将万骑出朔方，左贤王安国、右大且渠王交勒苏将万骑出居延，期十二月同会虏地。臣将余兵万人屯五原、朔方塞，以为拒守。臣素愚浅，又兵众单少，不足以防内外。愿遣执金吾耿秉、度辽将军邓鸿及西河、云中、五原、朔方、上郡太守并力而北，令北地、安定太守各屯要害，冀因圣帝威神，一举平定。臣国成败，要在今年。已敕诸部严兵马，讫九月龙祠，悉集河上。唯陛下裁哀省察！"太后以示耿秉。秉上言："昔武帝单极天下，欲臣虏匈奴，未遇天时，事遂无成。宣帝之世，会呼韩来降，故边人获安，中外为一，生人休息六十余年。及王莽篡位，变更其号，耗扰不止，单于乃畔。光武受命，复怀纳之，缘边坏郡得以还复。乌桓、鲜卑咸胁归义，威镇四夷，其效如此。今幸遭天授，北虏分争，以夷伐夷，国家之利，宜可听许。"秉因自陈受恩，分发出命效用。太后从之。

永元元年，以秉为征西将军，与车骑将军窦宪率骑八千，与度辽兵及南单于众三万骑，出朔方击北虏，大破之。北单于奔走，首虏二十余万人。事已具《窦宪传》。

二年春，邓鸿迁大鸿胪，以定襄太守皇甫棱行度辽将军。南单于复上求灭北庭，于是遣左谷蠡王师子等将左右部八千骑出鸡鹿塞，中郎将耿谭遣从事将护之。至涿邪山，乃留辎重，分为二部，各引轻兵两道袭之。左部北过西海至河云北，右部从匈奴河水西绕天山，南度甘微河，二军俱会，夜围北单于。单于大惊，率精兵千余人合战。单于被创，堕马复上，将轻骑数十通走，仅而免脱。得其玉玺，获阏氏及男女五人，斩首八千级，生虏数千口而还。是时南部连克获纳降，党众最盛，领户三万四千，口二十三万七千三百，胜兵五万一百七十。故事中郎将置从事二人，耿谭以新降者多，上增从事十二人。

三年，北单于复为右校尉耿夔所破，逃亡不知所在。其弟右谷蠡王於除鞬自立为单于，将右温禺鞬王、骨都侯已下众数千人，止蒲类海，遣使款塞。大将军窦宪上书，立於除鞬为北单于，朝廷从之。四年，遣耿夔即授玺绶，赐玉剑四具，羽盖一驷，使中郎将任尚持节卫护屯伊吾，如南单于故事。方欲辅归北庭，会窦宪被诛。五年，於除鞬自畔还北，帝遣将兵长史王辅以千余骑与任尚共追诱将还斩之，破灭其众。

单于屯屠何立六年薨，单于宣弟安国立。

单于安国，永元五年立。安国初为左贤王而无称誉。左谷蠡王师子素勇黠多知，前单于宣及屯屠何皆爱其气决，故数遣将兵出塞，掩击北庭，还受赏赐，天子亦加殊异。是以国中尽敬师子，而不附安国。安国由是疾师子，欲杀之。其诸新降胡初在塞外，数为师子所驱掠，皆多怨之。安国因是委计降者，与同谋议。安国既立为单于，师子以次转为左贤王，觉单于与新降者有谋，乃别居五原界。单于每龙会议事，师子辄称病不往。皇甫棱知之，亦拥护不遣，单于怀愤益甚。

六年春，皇甫棱免，以执金吾朱徽行度辽将军。时单于与中郎将杜崇不相平，乃上书告崇，崇讽西河太守令断单于章，无由自闻。而崇因与朱徽上言："南单于安国疏远故胡，亲近新降，欲杀左贤王师子及左台且渠刘利等。又右部降者谋共迫胁安国，起兵背畔，请西河、上郡、安定为之儆备。"和帝下公卿议，皆以为"蛮夷反覆，虽难测知，然大兵聚会，必未敢动摇。今宜遣有方略使者之单于庭，与杜崇、朱徽及西河太守并力，观其动静。如无他变，可令崇等就安国会其左右大臣，责其部众横暴为边害者，共平罪诛。若不从命，令为权时方略，事毕之后，裁行客赐，亦足以威示百蛮"。帝从之。于是徽、崇遂发兵造其庭。安国夜闻汉军至，大惊，弃帐而去，因举兵及将新降者欲诛师子。师子先知，乃悉将庐落入曼柏城。安国追到城下，门闭不得入。朱徽遣吏晓譬和之，安国不听。城既不下，乃引兵屯五原。崇、徽因诸郡骑追赴之急，众皆大恐，安国舅骨都侯喜为等虑并被诛，乃格杀安国。

安国立一年，单于适之子师子立。

亭独尸逐侯鞮单于师子，永元六年立。降胡五六百人夜袭师子，安集掾王恬将卫护士与战，破之。于是新降胡遂相惊动，十五部二十余万人皆反畔，胁立前单于屯屠何子奥鞬日逐王逢侯为单于，遂杀略吏人，燔烧邮亭庐帐，将车重向朔方，欲度漠北。于是遣行车骑将军邓鸿、越骑校尉冯柱、行度辽将军朱徽将左右羽林、北军五校士及郡国积射、缘边兵，乌桓校尉任尚将乌桓、鲜卑，合四万人讨之。时南单于及中郎将杜崇屯牧师城,逢侯将万余骑攻围之,未下。冬,邓鸿等至美稷,逢侯乃乘冰度隘,向满夷谷。南单于遣子将万骑,及杜崇所领四千骑,与邓鸿等追击逢侯于大城塞,斩首三千余级,得生口及降者万余人。冯柱复分兵追击其别部,斩首四千余级。任尚率鲜卑大都护苏拔廆、乌桓大人勿柯八千骑,要击逢侯于满夷谷,复大破之。前后凡斩万七千余级。逢侯遂率众出塞,汉兵不能追。七年正月,军还。冯柱将虎牙营留屯五原,罢遣鲜卑、乌桓、羌胡兵,封苏拔廆为率众王,又赐金帛。邓鸿还京师,坐逗留失利,下狱死。后帝知朱徽、杜崇失胡和,又禁其上书,以致反畔,皆征下狱死,以雁门太守庞奋行度辽将军。逢侯于塞外分为二部,自领右部屯涿邪山下,左部屯朔方西北,相去数百里。八年冬,左部胡自相疑畔,还入朔方塞,庞奋迎受慰纳之。其胜兵四千人,弱小万余口悉降,以分处北边诸郡。南单于以其右温禺犊王乌居战始与安国同谋,欲考问之。乌居战得数千人遂反畔,出塞外山谷间,为吏民害。秋,庞奋、冯柱与诸郡兵击乌居战,其众降,于是徙乌居战众及诸还降者二万余人于安定、北地。冯柱还,迁作大匠。逢侯部众饥穷,又为鲜卑所击,无所归,窜逃去塞者骆驿不绝。

单于师子立四年薨,单于长之子檀立。

万氏尸逐鞮单于檀,永元十年立。十二年,庞奋迁河南尹,以朔方太守王彪行度辽将军。南单于比岁遣兵击逢侯,多所虏获,收还生口前后以千数,逢侯转困迫。十六年,北单于遣使诣阙贡献,愿和亲,修呼韩邪故约。和帝以其旧礼不备,未许之,而厚加赏赐,不答其使。元兴元年,重遣使诣敦煌贡献,辞以国贫未能备礼,愿请大使,当遣子入侍。时邓太后临朝,亦不答其使,但加赐而已。

永初三年夏,汉人韩琮随南单于入朝,既还,说南单于云:"关东水潦,人民饥饿死尽,可击也。"单于信其言,遂起兵反畔,攻中郎将耿种于美稷。秋,王彪卒。冬,遣行车骑将军何熙、副中郎将庞雄击之。四年春,檀遣千余骑寇常山、中山,以西域校尉梁慬行度辽将军,与辽东太守耿夔击破之。事已具《慬》、《夔传》。单于见诸军并进,大恐怖,顾让韩琮曰:"汝言汉人死尽,今是何等人也?"乃遣使乞降,许之。单于脱帽徒跣,对庞雄等拜陈,道死罪。于是赦之,遇待如初,乃还所钞汉民男女及羌所略转卖入匈奴中者合万余人。五年,梁慬免,以云中太守耿夔行度辽将军。

元初元年,夔免,以乌桓校尉邓遵为度辽将军。遵,皇太后之从弟,故始为真将军焉。

四年,逢侯为鲜卑所破,部众分散,皆归北虏。五年春,逢侯将百余骑亡还,诣朔方塞降,邓遵奏徙逢侯于颍川郡。

建光元年,邓遵免,复以耿夔代为度辽将军。时鲜卑寇边,夔与温禺犊王呼尤徽将新降者连年出塞,讨击鲜卑。还,复各令屯列冲要。而耿夔征发烦剧,新降者皆悉恨谋畔。单于檀立二十七年薨,弟拔立。耿夔复免,以太原太守法度代为将军。乌稽侯尸逐鞮单于拔,延光三年立。夏,新降一部大人阿族等遂反畔,胁呼尤徽欲与俱去。呼尤徽曰:"我老矣,受汉家恩,宁死不能相随!"众欲杀之,有救者,得免。阿族等遂将妻子辎重亡去,中郎将马翼遣兵与胡骑追击,破之,斩首及自投河死者殆尽,获马牛羊万余头。冬,法度卒。四年,汉阳太守傅众代为将军。其冬,傅众复卒。永建元年,以辽东太守庞参代为将军。先是朔方以西障塞多不修复,鲜卑因此数寇南部,杀渐将王。单于忧恐,上言求复障塞,顺帝从之。乃遣黎阳营兵出屯中山北界,增置缘边诸郡兵,列屯塞下,教习战射。

单于拔立四年薨,弟休利立。去特若尸逐就单于休利,永建三年立。四年,庞参迁大鸿胪,以东平相宋汉代为度辽将军。阳嘉二年,汉迁太仆,以乌桓校尉耿晔代为度辽将军。永和元年,晔病征,以护羌校尉马续代为将军。

五年夏,南匈奴左部句龙王吾斯、车纽等背畔,率三千余骑寇西河,因复招诱右贤王,合七八千骑围美稷,杀朔方、代郡长史。马续与中郎将梁并、乌桓校尉王元发缘边兵及乌桓、鲜卑、羌胡合二万余人,掩击破之。吾斯等遂更屯聚,攻没城邑。天子遣使责让单于,开以恩义,令相招降。单于本不豫谋,乃脱帽避帐,诣并谢罪。并以病征,五原太守陈龟代为中郎将。龟以单于不能制下,逼迫之,单于及其弟左贤王皆自杀。单于休利立十三年,龟又欲徙单于近亲于内郡,而降者遂更狐疑。龟坐下狱免。大将军梁商以羌胡新反,党众初合,难以兵服,宜用招降,乃上表曰:"匈奴寇畔,自知罪极,穷鸟困兽,皆知救死,况种类繁炽,不可单尽。今转运日增,三军疲苦,虚内给外,非中国之利。窃见度辽将军马续素有谋谟,且典边日久,深晓兵要,每有续书,与臣策合。宜令续深沟高壁,以恩信招降,宣示购赏,明其期约。如此,则丑类可服,国家无事矣。"帝从之,乃诏续招降畔虏。商又移书续等曰:"中国安宁,忘战日久。良骑野合,交锋接矢,决胜当时,戎狄之所长,而中国之所短;强弩乘城,坚营固守,以待其衰,中国之所长,而戎狄之所短也。宜务先所长,以观其变,设购开赏,宣示反悔,勿贪小功,以乱大谋。"续及诸郡并各遵行。于是右贤王部抑鞬等万三千口诣续降。秋,句龙吾斯等立句龙王车纽为单于。东引乌桓,西收羌戎及诸胡等数万人,攻破京兆虎牙营,杀上郡都尉及军司马,遂寇掠并、凉、幽、冀四州。乃徙西河治离石,上郡治夏阳,朔方治五原。冬,遣中郎将张耽将幽州乌桓诸郡营兵,击畔车纽等,战于马邑,斩首三千级,获生口及兵器牛羊甚众。车纽等将诸豪帅骨都侯乞降,而吾斯犹率其部曲与乌桓寇钞。六年春，马续率鲜卑五千骑到縠城击之，斩首数百级。张耽性勇锐，而善抚士卒，军中皆为用命。遂绳索相悬，上通天山，大破乌桓，悉斩其渠帅，还得汉民，获其畜生财物。夏，马续复免，以城门校尉吴武代为将军。

汉安元年秋，吾斯与薁鞬台耆、且渠伯德等复掠并部。

呼兰若尸逐就单于兜楼储先在京师，汉安二年立之。天子临轩，大鸿胪持节拜授玺绶，引上殿。赐青盖驾驷、鼓车、安车、驸马骑、玉具、刀剑什物，给彩布二千匹。赐单于阏氏以下金锦错杂具，軿车马二乘。遣行中郎将持节护送单于归南庭。诏太常、大鸿胪与诸国侍子于广阳城门外祖会，飨赐作乐，角抵百戏。顺帝幸胡桃宫临观之。冬，中郎将马寔募刺杀句龙吾斯，送首洛阳。建康元年，进击余党，斩首千二百级。乌桓七十万余口皆诣寔降，车重牛羊不可胜数。

单于兜楼储立五年薨。

伊陵尸逐就单于居车儿，建和元年立。至永寿元年，匈奴左薁鞬台耆、且渠伯德等复畔，寇钞美稷、安定，属国都尉张奂击破降之。事已具《奂传》。

延熹元年，南单于诸部并畔，遂与乌桓、鲜卑寇缘边九郡，以张奂为北中郎将讨之，单于诸部悉降。奂以单于不能统理国事，乃拘之，上立左谷蠡王。桓帝诏曰："《春秋》大居正，居车儿一心向化，何罪而黜！其遣还庭。"

单于居车儿立二十五年薨，子某立。

屠特若尸逐就单于某，熹平元年立。六年，单于与中郎将臧旻出雁门击鲜卑檀石槐，大败而还。是岁，单于薨，子呼徵立。

单于呼徵，光和元年立。二年，中郎将张脩与单于不相能，脩擅斩之，更立右贤王羌渠为单于。脩以不先请而擅诛杀，槛车征诣廷尉抵罪。

单于羌渠，光和二年立。中平四年，前中山太守张纯反畔，遂率鲜卑寇边郡。灵帝诏发南匈奴兵，配幽州牧刘虞讨之。单于遣左贤王将骑诣幽州。国人恐单于发兵无已，五年，右部酷落与休著各胡白马铜等十余万人反，攻杀单于。

单于羌渠立十年，子右贤王于扶罗立。

持至尸逐侯单于于扶罗，中平五年立。国人杀其父者遂畔，共立须卜骨都侯为单于，而于扶罗诣阙自讼。会灵帝崩，天下大乱，单于将数千骑与白波贼合兵寇河内诸郡。时民皆保聚，钞掠无利，而兵遂挫伤。复欲归国，国人不受，乃止河东。须卜骨都侯为单于一年而死，南庭遂虚其位，以老王行国事。

单于于扶罗立七年死，弟呼厨泉立。

单于呼厨泉，兴平二年立。以兄被逐，不得归国，数为鲜卑所钞。建安元年，献帝自长安东归，右贤王去卑与白波贼帅韩暹等侍卫天子，拒击李傕、郭汜。及车驾还洛阳，又徙迁许，然后归国。二十一年，单于来朝，曹操因留于邺，而遣去卑归监其国焉。

论曰：汉初遭冒顿凶黠，种众强炽。高祖威加四海，而窘平城之围。太宗政邻刑措，不雪愤辱之耻。逮孝武亟兴边略，有志匈奴，赫然命将，戎旗星属，候列郊甸，火通甘泉，而犹鸣镝扬尘，出入畿内，至于穷竭武力，单用天财，历纪岁以攘之。寇虽颇折，而汉之疲耗略相当矣。宣帝值房庭之争，呼韩邪来臣，乃权纳怀柔，因为边卫，罢关徼之儆，息兵民之劳。龙驾帝服，鸣钟传鼓于清渭之上，南面而朝单于，朔、易无复匹马之踪，六十余年矣。后王莽陵篡，扰动戎夷，续以更始之乱，方夏幅裂。自是匈奴得志，狼心复生，乘间侵佚，害流傍境。及中兴之初，更通旧好，报命连属，金币载道，而单于骄踞益横，内暴滋深。世祖以用事诸华，未遑沙塞之外，忍愧思难，徒报谢而已。因徙幽、并之民，增边屯之卒。及关东稍定，陇、蜀已清，其猛夫扞将，莫不顿足攘手，争言卫、霍之事。帝方厌兵，间修文政，未之许也。其后匈奴争立，日逐来奔，愿修呼韩之好，以御北狄之冲，奉藩称臣，永为外扞。天子总揽群策，和而纳焉。乃诏有司开北鄙，择肥美之地，量水草以处之。驰中郎之使，尽法度以临之。制衣裳，备文物，加玺绂之绶，正单于之名。于是匈奴分破，始有南北二庭焉。仇雠既深，互伺便隙，控弦抗戈，觇望风尘、云屯鸟散，更相驰突，至于陷溃创伤者，靡岁或宁，而汉之塞地晏然矣。后亦颇为出师，并兵穷讨，命窦宪、耿夔之徒，前后并进，皆用果谲，设奇数，异道同会，究掩其窟穴，蹑北追奔三千余里，遂破龙祠，焚罽幕，阬十角，梏阏氏，铭功封石，倡呼而还。单于震慑屏气，蒙毡遁走于乌孙之地，而漠北空矣。若因其时势，及其虚旷，还南房于阴山，归西河于内地，上申光武权宜之略，下防戎羯乱华之变，使耿国之算不谬于当世，袁安之议见从于后王，平易正直，若此其弘也。而窦宪矜三捷之效，忽经世之规，狼戾不端，专行威惠。遂复更立北房，反其故庭，并恩两护，以私己福，弃蔑天公，坐树大鲠。永言前载，何恨愤之深乎！自后经纶失方，畔服不一，其为疢毒，胡可单言！降及后世，玩为常俗，终于吞噬神乡，丘墟帝宅。呜呼！千里之差，兴自毫端，失得之源，百世不磨矣。

赞曰：匈奴既分，羽书稀闻。野心难悔，终亦纷纭。

卷一百二十
乌桓鲜卑列传第八十

乌桓

乌桓者，本东胡也。汉初，匈奴冒顿灭其国，余类保乌桓山，因以为号焉。俗善骑射，弋猎禽兽为事。随水草放牧，居无常处。以穹庐为舍，东开向日。食肉饮酪，以毛毳为衣，贵少而贱老，其性悍塞。怒则杀父兄，而终不害其母，以母有族类，父兄无相仇报故也。有勇健能理决斗讼者，推为大人，无世业相继。邑落各有小帅，数百千落自为一部。大人有所召呼，则刻木为信，虽无文字，而部众不敢违犯。氏姓无常，以大人健者名字为姓。大人以下，各自畜牧营产，不相徭役。其嫁娶则先略女通情，或半岁百日，然后送牛马羊畜，以为娉币。婿随妻还家，妻家无尊卑，旦旦拜之，而不拜其父母。为妻家仆役，一二年间，妻家乃厚遗送女，居处财物一皆为办。其俗妻后母，报寡嫂，死则归其故夫。计谋从用妇人，唯斗战之事乃自决。父子男女相对踞蹲。以髡头为轻便。妇人至嫁时乃养发，分为髻，着句决，饰以金碧，犹中国有簂步摇。妇人能刺韦作文绣，织氀毼，男子能作弓矢鞍勒，锻金铁为兵器。其土地宜穄及东墙。东墙似蓬草，实如穄子，至十月而熟。见鸟兽孕乳，以别四节。俗贵兵死，敛尸以棺，有哭泣之哀，至葬则歌舞相送。肥养一犬，以彩绳缨牵，并取死者所乘马衣物，皆烧而送之，言以属累犬，使护死者神灵归赤山。赤山在辽东西北数千里，如中国人死者魂神归岱山也。敬鬼神，祠天地日月星辰山川及先大人有健名者。祠用牛羊，毕皆烧之。其约法：违大人言者，罪至死；若相贼杀者，令部落自相报，不止，诣大人告之，听出马牛羊以赎死；其自杀父兄则无罪；若亡畔为大人所捕者，邑落不得受之，皆徙逐于雍狂之地，沙漠之中。其土多蝮蛇，在丁令西南，乌孙东北焉。乌桓自为冒顿所破，众遂孤弱，常臣伏匈奴，岁输牛马羊皮，过时不具，辄没其妻子。及武帝遣骠骑将军霍去病击破匈奴左地，因徙乌桓于上谷、渔阳、右北平、辽西、辽东五郡塞外，为汉侦察匈奴动静。其大人岁一朝见，于是始置护乌桓校尉，秩二千石，拥节监领之，使不得与匈奴交通。

昭帝时，乌桓渐强，乃发匈奴单于冢墓，以报冒顿之怨。匈奴大怒，乃东击破乌桓。大将军霍光闻之，因遣度辽将军范明友将二万骑出辽东邀匈奴，而虏已引去。明友乘乌桓新败，遂进击之，斩首六千余级，获其三王首而还。由是乌桓复寇幽州，明友辄破之。宣帝时，乃稍保塞降附。及王莽篡位，欲击匈奴，兴十二部军，使东域将严尤领乌桓、丁令兵屯代郡，皆质其妻子于郡县。乌桓不便水土，惧久屯不休，数求谒去。莽不肯遣，遂自亡畔，还为抄盗，而诸郡尽杀其质，由是结怨于莽。匈奴因诱其豪帅以为吏，余者皆羁縻属之。

光武初，乌桓与匈奴连兵为寇，代郡以东尤被其害。居止近塞，朝发穹庐，暮至城郭，五郡民庶，家受其辜，至于郡县损坏，百姓流亡。其在上谷塞外白山者，最为强富。

建武二十一年，遣伏波将军马援将三千骑出五阮关掩击之。乌桓逆知，悉相率逃走，追斩百级而还。乌桓复尾击援后；援遂晨夜奔归，比入塞，马死者千余匹。

二十二年，匈奴国乱，乌桓乘弱击破之，匈奴转北徙数千里，漠南地空，帝乃以币帛赂乌桓。二十五年，辽西乌桓大人郝旦等九百二十二人率众向化，诣阙朝贡，献奴婢牛马及弓虎豹貂皮。是时四夷朝贺，络驿而至，天子乃命大会劳飨，赐以珍宝。乌桓或愿留宿卫，于是封其渠帅为侯王君长者八十一人，皆居塞内，布于缘边诸郡，令招来种人，给其衣食，遂为汉侦候，助击匈奴、鲜卑。时司徒掾班彪上言："乌桓天性轻黠，好为寇贼，若久放纵而无总领者，必复侵掠居人，但委主降掾史，恐非所能制。臣愚以为宜复置乌桓校尉，诚有益于附集，省国家之边虑。"帝从之。于是始复置校尉于上谷宁城，开营府，并领鲜卑，赏赐质子，岁时互市焉。

及明、章、和三世，皆保塞无事。安帝永初三年夏，渔阳乌桓与右北平胡千余众代郡、上谷。秋，雁门乌桓率众王无何，与鲜卑大人丘伦等，及南匈奴骨都侯，合七千骑寇五原，与太守战于九原高渠谷，汉兵大败，杀郡长吏。乃遣车骑将军何熙、度辽将军梁慬等击，大破之。无何乞降，鲜卑走还塞外。是后乌桓稍复亲附，拜其大人戎朱魇为亲汉都尉。

顺帝阳嘉四年冬，乌桓寇云中，遮截道上商贾车牛千余两，度辽将军耿晔率二千余人追击，不利，又战于沙南，斩首五百级。乌桓遂围晔于兰池城，于是发积射士二千人，度辽营千人，配上郡屯，以讨乌桓，乌桓乃退。永和五年，乌桓大人阿坚、羌渠等与南匈奴左部句龙吾斯反畔，中郎将张耽击破斩之，余众悉降。桓帝永寿中，朔方乌桓与休著屠各并畔，中郎将张奂击平之。延熹九年夏，乌桓复与鲜卑及南匈奴寇缘边九郡，俱反，张奂讨之，皆出塞去。

灵帝初，乌桓大人上谷有难楼者，众九千余落，辽西有丘力居者，众五千余落，皆自称王，又辽东苏仆延，众千余落，自称峭王；右北平乌延，众八百余落，自称汗鲁王；并勇健而多计策。中平四年，前中山太守张纯畔，入丘力居众中，自号弥天安定王，遂为诸郡乌桓元帅，寇掠青、徐、幽、冀四州。五年，以刘虞为幽州牧，虞购募斩纯首，北州乃定。

献帝初平中,丘力居死,子楼班年少,从子蹋顿有武略,代立,总摄三郡,众皆从其号令。建安初,冀州牧袁绍与前将军公孙瓒相持不决,蹋顿遣使诣绍求和亲,遂遣兵助击瓒,破之。绍矫制赐蹋顿、难楼、苏仆延、乌延等,皆以单于印绶。后难楼、苏仆延率其部众奉楼班为单于,蹋顿为王,然蹋顿犹秉计策。广阳人阎柔,少没乌桓、鲜卑中,为其种人所归信,柔乃因鲜卑众,杀乌桓校尉邢举而代之。袁绍因宠慰柔,以安北边。及绍子尚败,奔蹋顿。时幽、冀吏人奔乌桓者十万余户,尚欲凭其兵力,复图中国。会曹操平河北,阎柔率鲜卑、乌桓归附,操即以柔为校尉。

建安十二年,曹操自征乌桓,大破蹋顿于柳城,斩之,首虏二十余万人。袁尚与楼班、乌延等皆走辽东,辽东太守公孙康并斩送之。其余众万余落,悉徙居中国云。

鲜卑

鲜卑者,亦东胡之支也,别依鲜卑山,故因号焉。其言语习俗与乌桓同。唯婚姻先髡头,以季春月大会于饶乐水上,饮宴毕,然后配合。又禽兽异于中国者,野马、原羊、角端牛,以角为弓,俗谓之角端弓者。又有貂、豽、鼲子,皮毛柔蠕,故天下以为名裘。

汉初,亦为冒顿所破,远窜辽东塞外,与乌桓相接,未常通中国焉。光武初,匈奴强盛,率鲜卑与乌桓寇抄北边,杀略吏人,无有宁岁。

建武二十一年,鲜卑与匈奴入辽东,辽东太守祭肜击破之,斩获殆尽,事已具《肜传》,由是震怖。及南单于附汉,北虏孤弱。

二十五年,鲜卑始通驿使。其后都护偏何等诣祭肜求自效功,因令击北匈奴左伊育訾部,斩首二千余级。其后偏何连岁出兵击北虏,还辄持首级诣辽东受赏赐。

三十年,鲜卑大人于仇贲、满头等率种人诣阙朝贺,慕义内属。帝封于仇贲为王,满头为侯。时渔阳赤山乌桓歆志贲等数寇上谷。永平元年,祭肜赂偏何击歆志贲,破斩之,于是鲜卑大人皆来归附,并诣辽东受赏赐,青徐二州给钱岁二亿七千万为常。明章二世,保塞无事。

和帝永元中,大将军窦宪遣右校尉耿夔击破匈奴,北单于逃走,鲜卑因此转据其地。匈奴余种留者尚有十余万落,皆自号鲜卑,鲜卑由此渐盛。九年,辽东鲜卑攻肥如县,太守祭参坐沮败,下狱死。十三年,辽东鲜卑寇右北平,因入渔阳,渔阳太守击破之。

延平元年,鲜卑复寇渔阳,太守张显率数百人出塞追之。兵马掾严授谏曰:"前道险阻,贼势难量,宜且结营,先令轻骑侦视之。"显意甚锐,怒欲斩之。因复进兵,遇虏伏发,士卒悉走,唯授力战,身被十创,手杀数人而死。显中流矢,主簿卫福、功曹徐咸皆自投赴显,俱殁于阵。邓太后策书褒叹,赐显钱六十万,以家二人为郎,授、福、咸各钱十万,除一子为郎。

安帝永初中,鲜卑大人燕荔阳诣阙朝贺,邓太后赐燕荔阳王印绶,赤车参驾,令止乌桓校尉所居宁城下,通胡市,因筑南北两部质馆。鲜卑邑落百二十部,各遣入质。是后或降或畔,与匈奴、乌桓更相攻击。

元初二年秋,辽东鲜卑围无虑县,州郡合兵固保清野,鲜卑无所得。复攻扶黎营,杀长吏。四年,辽西鲜卑连休等遂烧塞门,寇百姓。乌桓大人于秩居等与连休有宿怨,共郡兵奔击,大破之,斩首千三百级,悉获其生口牛马财物。

五年秋,代郡鲜卑万余骑遂穿塞入寇,分攻城邑,烧官寺,杀长吏而去。乃发缘边甲卒,黎阳营兵,屯上谷以备之。冬,鲜卑入上谷,攻居庸关,复发缘边诸郡,黎阳营兵、积射士步骑二万人,屯列冲要。

六年秋,鲜卑入马城塞,杀长吏,度辽将军邓遵发积射士三千人。及中郎将马续率南单于,与辽西、右北平兵马会,出塞追击鲜卑,大破之,获生口及牛羊财物甚众。又发积射士三千人,马三千匹,诣度辽营屯守。

永宁元年,辽西鲜卑大人乌伦,其至鞬率众诣邓遵降,奉贡献。诏封乌伦为率众王,其至鞬为率众侯,赐彩缯各有差。

建光元年秋,其至鞬复畔,寇居庸,云中太守成严击之,兵败,功曹杨穆以身捍严,与俱战殁。鲜卑于是围乌桓校尉徐常于马城。度辽将军耿夔与幽州刺史庞参发广阳、渔阳、涿郡甲卒,分为两道救之;常夜遣潜出,与夔等并力并进,攻贼围,解之。鲜卑既累杀郡守,胆意转盛,控弦数万骑。延光元年冬,复寇雁门、定襄,遂攻太原,掠杀百姓。二年冬,其至鞬自将万余骑入东领候,分为数道,攻南匈奴于曼柏,薁鞬日逐王战死,杀千余人。三年秋,复寇高柳,击破南匈奴,杀渐将王。

顺帝永建元年秋,鲜卑其至鞬寇代郡,太守李超战死。明年春,中郎将张国遣从事将南单于兵步骑万余人出塞,击破之,获其资重二千余种。时辽东鲜卑六千余骑亦寇辽东玄菟,乌桓校尉耿晔发缘边诸郡兵及乌桓率众王出塞击之,斩首数百级,大获其生口牛马什物,鲜卑乃率种众三万人诣辽东乞降。三年,四年,鲜卑频寇渔阳、朔方。六年秋,耿晔遣司马将胡兵数千人,出塞击破之。冬,渔阳太守又遣乌桓兵击之,斩首八百级,获牛马生口。乌桓豪人扶漱官勇健,每与鲜卑战,辄陷敌,诏赐号"率众君"。

阳嘉元年冬,耿晔遣乌桓亲汉都尉戎朱廆率众王侯咄归等,出塞抄击鲜卑,大斩获而还,赐咄归等已下为率众王、侯、长,赐彩缯各有差。鲜卑后寇辽东属国,于是耿晔乃移屯辽东无虑城拒之。二年春,匈奴中郎将赵稠遣从事将南匈奴骨都侯夫沈等,出塞击鲜卑,破之,斩获甚众,**诏赐夫沈金印紫绶及缣彩各有差。秋鲜卑穿塞入马城,代郡太守击之,不能克。**后其至鞬死,鲜卑抄盗差稀。

桓帝时,鲜卑檀石槐者,其父投鹿侯,初从匈奴军三年,其妻在家生子。投鹿侯归,怪欲杀之。妻言尝昼行闻雷震,仰天视而雹入其口,因吞之,遂妊身,十月而产,此子必有奇异,且宜长视。投鹿侯不听,遂弃之。妻私语家令收养焉,名檀石槐。年十四五,勇健有智略。异部大人抄取其外家牛羊,檀石槐单骑追击之,所向无前,悉还得所亡者,由是部落畏服。乃施法禁,平曲直,无敢犯者,遂推以为大人。檀石槐乃立庭于弹汗山歠仇水上,去高柳北三百余里,兵马甚盛,东西部大人皆归焉。因南抄缘边,北拒丁零,东却夫余,西击乌孙,尽据匈奴故地,东西万四千余里,南北七千余里,网罗山川水泽,盐池。

永寿二年秋,檀石槐遂将三四千骑寇云中。延熹元年,鲜卑寇北边。冬,使匈奴中郎将张奂率南单于出塞击之,斩首二百级。二年,复入雁门,杀数百人,大抄掠而去。六年夏,千余骑寇辽东属国。九年夏,遂分骑数万人入缘边九郡,并杀掠吏人,于是复遣张奂击之,鲜卑乃出塞去。朝廷积患之,而不能制,遂遣使持印绶封檀石槐为王,欲与和亲。檀石槐不肯受,而寇抄滋甚。乃自分其地为三部,从右北平以东至辽东,接夫余、濊貊二十余邑为东部,从右北平以西至上谷十余邑为中部,从上谷以西至敦煌、乌孙二十余邑为西部,各置大人主领之,皆属檀石槐。灵帝立,幽、并、凉三州缘边诸郡无岁不被鲜卑寇抄,杀略不可胜数。

熹平三年冬,鲜卑入北地,太守夏育率休著屠各追击破之。迁育为护乌桓校尉。五年,鲜卑寇幽州。六年夏,鲜卑寇三边。秋,夏育上言:"鲜卑寇边,自春以来,三十余发,请征幽州诸郡兵出塞击之,一冬二春,必能禽灭。"朝廷未许。先是护羌校尉田晏坐事论刑被原,欲立功自效,乃请中常侍王甫求得为将,甫因此议遣晏与育并力讨贼。帝乃拜晏为破鲜卑中郎将。大臣多有不同,乃召百官议朝堂。议郎蔡邕议曰:

《书》戒猾夏,《易》伐鬼方,周有猃狁、蛮荆之师,汉有阗颜、瀚海之事。征讨殊类,所由尚矣。然而时有同异,势有可否,故谋有得失,事有成败,不可齐也。

武帝情存远略,志辟四方,南诛百越,北讨强胡,西伐大宛,东并朝鲜。因文、景之蓄,藉天下之饶,数十年间,官民俱匮。乃兴盐铁酒榷之利,设告缗重税之令,民不堪命,起为盗贼,关东纷扰,道路不通。绣衣直指之使,奋铁钺而并出。既而觉悟,乃息兵罢役,封丞相为富民侯。故主父偃曰:"夫务战胜,穷武事,未有不悔者也。"夫以世宗神武,将相良猛,财赋充实,所拓广远,犹有悔焉。况今人财并乏,事劣昔时乎!

自匈奴遁逃,鲜卑强盛,据其故地,称兵十万,才力劲健,意智益生。加以关塞不严,禁网多漏,精金良铁,皆为贼有;汉人逋逃,为之谋主,兵利马疾,过于匈奴。昔段颎良将,习兵善战,有事西羌,犹十余年。今育、晏才策,未必过颎,鲜卑种众,不弱于曩时。而虚计二载,自许有成,若祸结兵连,岂得中休?当复征发众人,转运无已,是为耗竭诸夏,并力蛮夷。夫边垂之患,手足之蚧搔;中国之困,胸背之瘭疽。方今郡县盗贼尚不能禁,况此丑房而可伏乎!

昔高祖忍平城之耻,吕后弃慢书之诟,方之于今,何者为甚?

天设山河,秦筑长城,汉起塞垣,所以别内外,异殊俗也。苟无蹙国内侮之患则可矣,岂与虫蚁狡寇计争往来哉!虽或破之,岂可殄尽,而方令本朝为之旰食乎?

夫专胜者未必克,挟疑者未必败,众所谓危,圣人不任,朝议有嫌,明主不行也。昔淮南王安谏伐越曰:"天子之兵,有征无战。言其莫敢校也。如使越人蒙死以逆执事厮舆之卒,有一不备而归者,虽得越王之首,而犹为大汉羞之。"而欲以齐民易丑房,皇威辱外夷,就如其言,犹已危矣,况乎得失不可量邪!昔珠崖郡反,孝元皇帝纳贾捐之言,而下诏曰:"珠崖背畔,今议者或曰可讨,或曰弃之。朕日夜惟思,羞威不行,则欲诛之;通于时变,复忧万民。夫万民之饥与远蛮之不讨,何者为大?宗庙之祭,凶年犹有不备,况避不嫌之辱哉!今关东大困,无以相赡,又当动兵,非但劳民而已。其罢珠崖郡。"此元帝所以发德音也。夫恤民救急,虽成郡列县,尚犹弃之,况障塞之外,未尝为民居者乎!守边之术,李牧善其略,保塞之论,严尤申其要,遗业犹在,文章具存,循二子之策,守先帝之规,臣曰可矣。

帝不从。遂遣夏育出高柳,田晏出云中,匈奴中郎将臧旻率南单于出雁门,各将万骑,三道出塞二千余里。檀石槐命三部大人各帅众逆战,育等大败,丧其节传辎重,各将数十骑奔还,死者十七八。三将槛车征下狱,赎为庶人。冬,鲜卑寇辽西。光和元年冬,又寇酒泉,缘边莫不被毒。种众日多,田畜射猎不足给食,檀石槐乃自徇行,见乌侯秦水广从数百里,水停不流,其中有鱼,不能得之。闻倭人善网捕,于是东击倭人国,得千余家,徙置秦水上,令捕鱼以助粮食。

光和中,檀石槐死,时年四十五,子和连代立。和连才力不及父,亦数为寇抄,性贪淫,断法不平,众畔者半。后出攻北地,廉人善弩射者,射中和连,即死。其子骞曼年小,兄子魁头立。后骞曼长大,与魁头争国,众遂离散。魁头死,弟步度根立。自檀石槐后,诸大人遂世相传袭。

论曰:四夷之暴,其势互强矣。匈奴炽于隆汉,西羌猛于中兴。而灵献之间,二房迭盛,石槐骁猛,尽有单于之地,蹋顿凶桀,公据辽西之土。其陵跨中国,结患生人者,靡世而宁焉。然制御上略,历世无闻;周汉之策,仅得中下。将天之冥数,以至于是乎?

赞曰:二房首施,鲠我北垂。道畅则驯,时薄先离。